DICTIONNAIRE
GÉNÉALOGIQU

DES

FAMILLES CANADIENNE

DEPUIS LA FONDATION DE LA COLONIE
JUSQU'A NOS JOURS

PAR

L'ABBÉ CYPRIEN TANGUAY

Attaché du Bureau des Statistiques du Canada, Docteur-ès-Lettres de l'Université Laval, membre de la Société Royale du Canada, membre des Sociétés historiques de Montréal et du Missouri.

Monumentum exegi ære peren
HOR., Liv. III, Od

TROISIÈME VOLUME

Canada et la ...

NON UT VIDEAR.

MONTRÉAL, (CANADA)

EUSÈBE SENÉCAL & FILS, IMPRIMEURS-ÉDITEURS

MDCCCLXXXVII

DICTIONNAIRE
GÉNÉALOGIQUE

DES

FAMILLES CANADIENNES

DICTIONNAIRE
GÉNÉALOGIQUE

DES

FAMILLES CANADIENNES

DEPUIS LA FONDATION DE LA COLONIE
JUSQU'A NOS JOURS

PAR

L'ABBÉ CYPRIEN TANGUAY

Attaché du Bureau des Statistiques du Canada, Docteur-ès-Lettres de l'Université Laval, membre de la Société Royale du Canada, membre des Sociétés historiques de Montréal et du Missouri.

Monumentum exegi ære perennius
HOR., LIV. III, Odes.

TROISIÈME VOLUME

MONTRÉAL, (CANADA)
EUSÈBE SENÉCAL & FILS, IMPRIMEURS–EDITEURS

MDCCCLXXXVII

DICTIONNAIRE

GÉNÉALOGIQUE

DES

FAMILLES CANADIENNES

C

1654, LaRochelle.

I.—CHARBONNEAU (1), Olivier,
b 1611; s 21 nov. 1687, à la Pte-aux-Trembles, M.[7]
Garnier, Marie-Marguerite,
b 1626.
Jean, b 1662; 1° m 15 juillet 1686, à Marie-Jeanne Picard, à Boucherville; 2° m [7] 11 nov. 1688, à Françoise Beauchamp; 3° m [7] 19 sept. 1700, à Catherine Chaudillon.

I.—CHARBONNEAU (1), Jean.
Allaire, Isabelle,
b 1658; s 30 sept. 1744, à Montréal.[6]
Marguerite, b... m 10 fevrier 1700, à Jean Renaud, à Charlesbourg [7]—*Suzanne-Elisabeth*, b 1678; 1° m [7] 1er oct. 1703, à Mathurin Bourdon; 2° m [7] 4 fevrier 1716, à Etienne Delaporte; s [6] 14 fevrier 1747.—*Marie*, b... m [7] 21 juillet 1711, à Marcel Garigour.—*Françoise*, b... 1° m 3 mai 1717, à Jacques Suier, à Quebec, 2° m [6] 13 janvier 1723, à Martin Lory; s [6] 7 août 1736.—*Jean*, b [7] 6 juillet 1695, 1° m à Angelique Etienne; 2° m 16 fevrier 1719, à Agathe Chaussé, à Lachine 3° m 18 août 1749, à Marie-Silvie Lahaye, à Ste-Geneviève, M.—*Gilles*, b [7] 12 avril 1698.—*Anne* b 1700; 1° m [6] 7 janvier 1721, à Pierre LeBer, 2° m [6] 23 juillet 1725, à Louis Neveu.—*Jean-Baptiste*, b... m 1727, à Marie-Anne Charpentier.—*Marie-Catherine*, b [7] 15 août 1702; 1° m [6] 7 oct. 1720, à Jean-Baptiste Chotard; 2° m [6] 23 sept. 1748, à Claude-François Fréchaud.—*Geneviève*, b [7] 4 mai 1705; s [6] 9 fevrier 1720.

(1) Voy. vol. I, p. 115.

1686, (15 juillet) Boucherville.[2]

II.—CHARBONNEAU (1), Jean, [Olivier I.
b 1662
1° Picard, Marie-Jeanne, [Pierre I.
b 1670, s [2] 7 nov. 1687.
1688, (11 nov.) Pte-aux-Trembles, M.[3]
2° Beauchamp, Françoise, [Jean I.
b 1672, s [3] 1er mars 1700.
Jean, b [3] 20 fevrier 1693; m 28 nov. 1717, à Anne Hébert, à Varennes.[4]—*Marie-Madeleine*, b [4] 25 fevrier 1695; m [4] 14 nov. 1715, à Andre Renaud; s 12 fevrier 1760, à Chambly.—*Pierre*, b [3] 1er janvier 1698; m [4] 1er juillet 1721, à Marguerite Senécal.—*Jeanne-Elisabeth*, b [3] 21 fevrier 1700.
1700, (19 sept.)[3]
3° Chaudillon, Catherine, [Antoine I.
b 1672.
Jacques, b [3] 1er juillet 1701; m [4] 7 janvier 1737, à Agathe Messier.—*Charles*, b [3] 7 janvier 1703.

1688, (8 janvier) Boucherville.[4]

II.—CHARBONNEAU (1), Joseph, [Olivier I.
b 1660.
Picard, Anne, [Pierre I.
b 1671, veuve de Jean Desroches; s 10 janvier 1748, à Lachenaye.[6]
Joseph, b [4] 16 oct. 1689; 1° m 28 fevrier 1713, à Marie-Therèse Brunet, à St-François, I. J.[7]; 2° m 25 juillet 1723, à Geneviève Gariepy, à Ste-Anne-de-la-Perade; 3° m à Judith Labrèche.—*Michel*, b [4] 10 fevrier 1692; 1° m [7] 5 nov. 1714, à Geneviève Hubout; 2° m [6] 17 janvier 1735, à Marguerite Rochereau.—*François*, b [4] 12 nov. 1698; 1° m 1722, à Marie-Suzanne Rochon; 2° m à Marie-Joseph Brunet.—*Marie-Rose*, b [7] 29 avril 1706, m à Athanase Hubout, s [6] 2 mai 1741—*Jean*, b... m [6] 17 juin 1734, à Barbe Séguin.

(1) Voy. vol. I, p 115.

1692, (12 nov.) Boucherville.[9]
II.—CHARBONNEAU (1), MICHEL, [OLIVIER I.
b 1666; s[9] 3 mai 1724.
DENOYON, Marguerite, [JEAN I.
b 1673.
Marie, b[9] 7 août 1693; m[9] 7 nov.1712, à Louis REGUINDEAU.—*Jacques,* b[9] 23 juillet 1695; 1° m à Françoise LAMOUREUX; 2° m[9] 9 avril 1736, à Angelique CHAUVIN.—*Jean,* b[9] 19 août 1697; m 10 janvier 1729, à Marie-Catherine DENIAU, à Longueuil.—*Michel,* b[9] 22 nov. 1699; 1° m[9] 12 oct. 1722, à Geneviève BABIN; 2° m[9] 14 oct. 1743, à Marie DAUNAY.—*Marguerite,* b 1701, m[9] 27 sept 1723, à Jean-Baptiste GICOT.—*Louise,* b 1707; m[9] 10 fevrier 1727, à Louis QUAY.—*Pierre,* b 1707; m[9] 26 mai 1732, à Angelique FAVREAU.—*Marie-Anne,* b 1716; s[9] 18 mai 1725.—*Louis,* b[9] 22 janvier et s[9] 29 avril 1718.

1713, (28 février) St-François, I J.[9]
III.—CHARBONNEAU (2), JOSEPH, [JOSEPH II.
b 1689.
1° BRUNET, Marie-Therèse, [FRANÇOIS II.
b 1693.
1723, (25 juillet) Ste-Anne-de-la-Pérade.
2° GARIÉPY, Geneviève, [FRANÇOIS II.
b 1695.
Joseph, b... m 1745, à Marie-Anne CHARTRAND.—*Jacques,* b... m 6 fevrier 1758, à Marie-Amable MAISONNEUVE, à Ste-Rose.—*François,* b[9] 26 nov. 1728.—*Isabelle,* b[9] 24 juillet 1730.—*Monique,* b 1732; s[9] 30 juillet 1733.—*Marie-Reine,* b[9] 24 mars 1734; s[9] 9 janvier 1739—*Jacques-Amable,* b[9] 25 janvier 1736.—*Marie-Marguerite,* b[9] 13 mai 1738.
3° LABRÈCHE (3), Judith.
Victoire, b 1741; s 3 août 1753, à St-Vincent-de-Paul.[8]—*Marie-Amable,* b[8] 17 juin 1751; s[8] 2 sept. 1753.—*Marguerite,* b... s[8] 28 août 1753.—*Marie-Marguerite,* b[8] 7 mars et s[8] 8 juillet 1754.—*Marie,* b... s[8] 18 août 1756.

1714, (5 nov.) St-François, I. J.[1]
III.—CHARBONNEAU (4), MICHEL, [JOSEPH II.
b 1692.
1° HUBOUT (5), Geneviève, [JEAN-BTE II.
b 1696; s[1] 15 mai 1733.
Michel, b[1] 20 déc. 1715; s[1] 10 avril 1716.—*Joseph,* b[1] 8 nov. 1716; 1° m 6 mai 1743, à Angelique LAMOUREUX, à Terrebonne[2]; 2° m 10 fevrier 1755, à Marie-Louise VALIQUET, au Sault-au-Récollet.—*François-Marie,* b[1] 13 dec. 1717.—*Marie-Anne,* b[1] 8 dec. 1727; s[1] 4 mai 1733 (picote).—*Michel,* b[1] 5 fevrier 1729; s[1] 6 juillet 1730.—*Pierre,* b[1] 22 mars et s[1] 7 juin 1730.—*Marie-Véronique,* b 9 avril 1731, à Lachenaye[3]; s[1] 20 avril 1733.—*Pierre,* b[1] 25 mars et s[1] 25 juillet 1732—*Marie-Françoise,* b[3] 17 avril 1733.

(1) Voy. vol. I, p. 115.
(2) Dit St-Louis.
(3) Dit Reneau.
(4) Et Carbonneau, 1733.
(5) Dit Tourville et Filion.

1735, (17 janvier).[3]
2° ROCHEREAU, Marguerite. [FRANÇOIS II.
Michel, b[3] 9 avril 1737.—*Charles-Amable,* b[3] 14 nov. 1738; 1° m 21 oct. 1761, à Marie-Anne GUIBORD, à Ste-Anne-de-la-Perade; 2° m 4 mars 1764, à Marie FILIATRAULT, à Ste-Rose.[4]—*Pierre,* b[3] 22 août 1740; m[4] 11 janvier 1762, à Marie-Françoise ETHIER.

1715, (11 nov.) St-François, I. J.[1]
III.—CHARBONNEAU, PIERRE, [JOSEPH II.
b 1694; s avant 1725.
BERLOIN (1), Marguerite, [JEAN I.
b 1696.
Joseph, b[1] 28 juillet 1716; m[1] 17 février 1738, à Therèse RÉAUME.—*Jean-Baptiste,* b[1] 3 janvier 1718; m 13 nov. 1747, à Marie-Louise RÉAUME, à St-Vincent-de-Paul.—*Louis,* b... 1° m à Marie-Joseph LACROIX; 2° m 24 mai 1752, à Marie-Louise RAYMOND, à St-Constant.

1717, (28 nov) Varennes.[3]
III.—CHARBONNEAU, JEAN, [JEAN II.
b 1693.
HÉBERT (2), Anne, [IGNACE II.
b 1701; s avant 1744.
Jean-Baptiste, b... m[3] 19 mai 1743, à Elisabeth BISSONNET.—*Suzanne,* b... m[3] 23 nov. 1744, à Jean-Baptiste DUMONTET.—*Marie,* b[3] 8 déc. 1726.—*Madeleine,* b... m[3] 12 fevrier 1748, à Louis HAMEL.—*Marie-Anne,* b... m 5 août 1754, à Jean-Baptiste OUELLET, à Verchères.

II.—CHARBONNEAU, JEAN, [JEAN I.
b 1695.
1° ETIENNE, Angélique. [DOMINIQUE II.
Joseph, b... m 13 janvier 1750, à Marie-Charlotte MARTIN, au Bout-de-l'Ile, M.
1719, (16 fevrier) Lachine.[3]
2° CHAUSSÉ (3), Agathe, [PIERRE I.
b 1695; s avant 1749.
Marie-Anne, b[3] 7 nov. 1719.—*Agathe,* b... m 1745, à Simon BERGIN.—*Marie-Joseph,* b... m 16 nov.1761, à Louis NOURRIS, à Soulanges.—*Angélique,* b[3] 23 fevrier 1721; m 5 nov. 1753, à Christophe MALAIRE, à Chambly[4]; s[4] 21 août 1756.—*Charlotte,* b 1728; m 19 mai 1749, à Pierre DENIS, à Montreal.
1749, (18 août) Ste-Geneviève, M.
3° LAHAYE, Marie-Silvie, [JEAN I.
b 1710; veuve de Jacques-François Benoit-Laguerre.

1721, (1er juillet) Varennes.[4]
III.—CHARBONNEAU, PIERRE, [JEAN II.
b 1698.
SENÉCAL, Marguerite, [ETIENNE II.
b 1702.
Marie, b[4] 24 mai 1726.

(1) Dit Nantel. Elle épouse, en 1726, Nicolas Réaume.
(2) *Pep.* Louis Letourneau.
(3) Dit Lemaine.

1722, (12 oct.) Boucherville.[1]
III.—CHARBONNEAU, MICHEL, [MICHEL II.
b 1699.
1° BABIN (1), Geneviève, [PIERRE I.
b 1703.
Marie-Madeleine, b [1] 24 juillet et s [1] 14 août 1723. — *Marie-Madeleine*, b [1] 5 juillet 1724. — *Michel*, b [1] 28 dec. 1725; 1° m 2 mai 1747, à Angelique ROBERT, à Lavaltrie; 2° m 25 nov. 1759, à Madeleine TOUPIN, à la Pte-aux-Trembles, Q.— *Jean-Baptiste*, b 1727; m [1] 1er mars 1756, à Marguerite DENIAU; s 17 juin 1791, au Détroit.— *Marie-Anne*, b... m 7 janvier 1756, à Contrecœur; [4] 1° m à Pierre LABATY; 2° m [4] 9 janvier 1758, à François RENAULT. — *Pierre*, b 1730; m 27 mai 1754, à Louise PETIT, à Montreal.
1743, (14 oct.) [1]
2° DAUNAY, Marie. [PIERRE II.
Marie-Madeleine, b [4] 21 fevrier 1756; s [4] 22 fevrier 1757.—*Marie-Louise*, b [4] 23 août 1757.

1722.
III.—CHARBONNEAU, FRANÇOIS, [JOSEPH II.
b 1698.
1° ROCHON, Marie-Suzanne, [JEAN II.
b 1703.
François, b 1723; s 23 janvier 1738, à St-François, I. J. [8] — *Marie-Anne*, b 1726; s [8] 26 janvier 1738.—*Jean-Charles*, b [8] 22 déc. 1727, m 8 janvier 1753, à Louise GALARNEAU, à St-Vincent-de-Paul. [9] — *Isabelle*, b [8] 22 avril 1730, m [9] 17 nov. 1749, à Pierre CHARTRAN; s [9] 1er juin 1759. — *Isabelle*, b [8] 2 juin 1732. — *Olivier*, b 27 mars 1736, à Lachenaye [4]; m [9] 14 nov. 1757, à Marie-Joseph BÉLANGER. — *Marie*, b... m [9] 6 juin 1749, à François BÉLANGER.— *Madeleine*, b... m [9] 15 nov. 1751, à François GRAVEL.—*Catherine*, b... s [9] 20 oct. 1753.
2° BRUNET, Marie-Joseph.
Marie-Joseph, b [4] 19 janvier 1742.

III.—CHARBONNEAU, JACQUES, [MICHEL II.
b 1695, s avant 1772.
1° LAMOUREUX, Françoise, [JEAN-BTE II
b 1693.
Marguerite, b 28 juillet 1726, à Boucherville [1]; m [1] 17 avril 1747, à Jean-Baptiste AUDET.
1736, (9 avril). [1]
2° CHAUVIN, Angelique, [JEAN I.
b 1697.
Madeleine, b... m [1] 13 janvier 1766, à Louis FAVREAU.— *Marie-Anne*, b... m [1] 17 avril 1752, à Joseph AUDET.—*Marie-Joseph*, b... m [1] 17 août 1772, à Gabriel ROCH.—*Charles*, b... m 12 avril 1763, à Marie-Louise ROCH, à Varennes.

1727.
II.—CHARBONNEAU, JEAN-BTE. [JEAN I.
CHARPENTIER, Marie-Anne, [JEAN I.
b 1705.
Charles-Joseph, b 13 mars 1728, à Lachenaye.[1] —*Philippe*, b [1] 30 avril 1729; m [1] 11 janvier 1751, à Catherine FORGET; s 27 nov. 1752, à Ste-Rose. [6] — *Michel-Marie*, b [1] 9 juin 1730. — *Marie-Anne*, b 30 juillet et s 28 août 1731, à St-François, I. J. [7] —*Toussaint*, b [7] 18 sept. 1732.— *Pierre*, b [1] et s [1] 2 avril 1733.— *Jean*, b... m [6] 16 janvier 1758, à Marie-Joseph BROUILLET.

1729, (10 janvier) Longueuil.
III.—CHARBONNEAU, JEAN, [MICHEL II.
b 1697.
DENIAU (1), Marie-Catherine, [PIERRE II.
b 1711.

CHARBONNEAU JEAN,
s avant 1772.
BENOIT, Marie-Joseph.
Marie-Desanges, b... m 7 nov. 1757, à François PATENOTE, à Boucherville.[1]—*Charlotte*, b... m [1] 5 nov. 1764, à Simon FAVREAU. — *Catherine*, b... m [1] 11 nov. 1765, à Louis LAVALLEÉ.—*Marguerite*, b... m [1] 12 sept. 1772, à Pierre LÉPINE.

CHARBONNEAU, JEAN.
BENOIT, Catherine.
Joseph, b... m 30 janvier 1758, à Geneviève PETIT, à Varennes.

CHARBONNEAU,
ROUSSON, Marie-Anne,
b 1688, s 5 août 1748, au Bout-de-l'Ile, M.

1732, (26 mai) Boucherville. [6]
III.—CHARBONNEAU, PIERRE, [MICHEL II.
b 1707.
FAVREAU, Angélique, [JEAN II.
b 1713.
François, b... m [6] 13 janvier 1772, à Véronique ROBERT.

1732, (14 juillet) Lachenaye [6]
III.—CHARBONNEAU, PHILIPPE, [JOSEPH II.
b 1708, s [6] 22 janvier 1759.
FORGET, Marie-Charlotte. [JEAN-BTE II.
Marie-Charles, b [6] 24 mai 1733; m [6] 20 sept. 1751, à Louis GRATON; s [6] 18 juin 1775.—*Philippe*, b [6] 24 août 1734; m 18 oct 1756, à Marie-Joseph GERVAIS, à la Pte-aux-Trembles, M.— *Madeleine*, b [8] 17 juin 1736.—*Marie-Anne*, b... 1° m [6] 24 sept. 1754, à Jacques DUPRAT; 2° m 25 janvier 1762, à Ambroise GOGUET, à St-Henri-de-Mascouche.—*Jean-Baptiste*, b [6] 1er mars et s [6] 26 juillet 1739. — *Elisabeth*, b [6] 21 juin 1740, s [6] 20 nov. 1744. — *Marie-Agathe*, b [6] 23 janvier 1742; m [6] 10 nov. 1760, à Joseph PERRAULT. — *Geneviève*, b [6] 1er août 1745. — *Louis-Joseph*, b [6] 17 nov. 1746, m [6] 6 fevrier 1769, à Marguerite MOYEN. — *Dominique*, b... 1° m [6] 3 oct. 1768, à Marie-Joseph MULOUIN; 2° m 19 janvier 1795, à Marie-Joseph CORBEIL, à Repentigny.—*Marie-Catherine*, b [6] 23 fevrier 1748.—*Marie-Elisabeth*, b [6] 30 oct. 1750, m [6] 15 février 1768, à Augustin HUBOUT; s [6] 2 avril 1772.—*Jérôme*, b [6] 13 fevrier 1752.—*Jean-Baptiste*, b [6] 25 sept. 1753.— *Joseph*, b... m [6] 25 janvier 1773, à Marie-Geneviève ROCHON. — *Jean-Baptiste*, b [6] 1er janvier 1756. — *Louis*, b... m à Agnès VAUDRY.

(1) Dit Richaume.

(1) Elle épouse, le 19 janvier 1750, Charles Cardinal, à Lachine.

CHARBONNEAU, Geneviève, épouse de Jean-Baptiste-Joseph Duquet.

CHARBONNEAU, Marie, b 1735; s 11 nov. 1755, à Ste-Rose.

1734, (17 juin) Lachenaye.
III.—CHARBONNEAU, Jean. [Joseph II.
Séguin (1), Barbe. [Pierre II
Joseph, b 1er juillet 1735, à Terrebonne.[4]—*Marie*, b [4] 11 mai 1737.—*Marie-Louise*, b [4] 21 février 1739.—*Marie-Thérèse*, b[4] 11 juillet 1740; m 6 octobre 1760, à Jean Cordier, à Ste-Rose[5], s[5] 16 janvier 1762.—*Marie-Rose*, b[4] 23 oct. 1742, m[5] 12 janvier 1761, à Jean-Baptiste Sarazin.—*Pierre*, b [4] 25 juin 1744.—*Barbe*, b[4] 13 mars 1747.—*Jean-Baptiste*, b[5] 31 mai 1749 —*Marie-Françoise*, b[5] 10 juillet 1751; m 1768, à François Lauzon; s 5 oct. 1776, à la Longue-Pointe.—*Augustin*, b [5] 15 oct. 1754.

1737, (7 janvier) Varennes.[6]
III—CHARBONNEAU, Jacques, [Jean II.
b 1701.
Messier, Agathe, [René II.
s avant 1765
Elisabeth, b... m [6] 4 avril 1758, à Charles DeSel.—*Françoise*, b... m[6] 12 août 1765, à Jean-Baptiste Desjardins.—*Agnès*, b... m [6] 6 nov. 1769, à François Lhuissier.

1738, (17 février) St-François, I. J [7]
IV.—CHARBONNEAU, Joseph, [Pierre III.
b 1716.
Réaume, Therèse. [Pierre II.
Marie, b [7] 8 mars 1739.—*Pierre*, b 29 janvier 1745, à St-Vincent-de-Paul.[8]—*Geneviève*, b [8] 16 mai 1747.—*Marie-Françoise*, b [8] 10 et s [8] 13 nov. 1748.—*François*, b [8] 3 août 1750.—*Ambroise*, b [8] 15 oct. 1752.—*Marie-Thérèse*, b [8] 16 oct. 1755.

1743, (6 mai) Terrebonne.
IV.—CHARBONNEAU, Joseph, [Michel III.
b 1716.
1° Lamoureux, Angélique. [Jean-Bte III.
Joseph, b 1er oct. et s 1er nov. 1751, à Ste-Rose.[9]
1755, (10 février) Sault-au-Recollet.
2° Valiquet, Marie-Louise. [Louis III.
Joseph, b [9] 2 et s[9] 22 déc. 1755.—*Jean-Baptiste*, b [9] 2 janvier 1757.—*Joseph*, b [9] 13 juillet 1758.—*Joseph*, b [9] 29 oct. 1760.—*Pierre*, b [9] 3 oct. 1762.

1743, (19 mai) Varennes.[2]
IV.—CHARBONNEAU, Jean-Bte, [Jean III.
s avant 1770.
Bissonnet, Elisabeth. [Paul II.
Marie-Anne, b... 1° m [2] 10 février 1766, à François Barabé: 2° m [2] 11 juin 1770, à Michel Brouillet.—*Jean-Baptiste*, b... m [2] 25 juin 1770, à Archange Brouillet.

(1) Dit Ladeioute.

CHARBONNEAU, Jacques.
Laporte, Catherine.
Marie-Catherine, b 8 nov. 1744, à Lavaltrie[1]; s [1] 30 mai 1745.—*Marie-Marguerite*, b [1] 12 mars 1746.—*Louis-Joseph*, b[1] 1er août 1751.—*Charles*, b [1] 1er avril 1753.—*Marie-Catherine*, b [1] 4 mai 1755; s [1] 21 avril 1756.—*Jean-Baptiste*, b [1] 21 janvier 1757.—*Pierre*, b [1] 8 et s [1] 21 août 1760.

IV.—CHARBONNEAU, Louis, [Pierre III.
s avant 1769.
1° Lacroix (1), Marie-Joseph,
Marie-Louise, b 12 et s 20 oct. 1745, à St-Vincent-de-Paul. [1]—*Louis*, b [1] 16 dec. 1746.—*Marguerite*, b... m 9 janvier 1769, à Pierre-François Maccabé, à Lachine.—*Marie-Angélique*, b 13 juillet 1750, à St-Laurent, M. [2]
1752, (24 mai) St-Constant.[3]
2° Raymond, Marie-Louise, [Jean-Bte I.
b 1724.
Pélagie-Louise, b [3] 10 mars 1753; s [3] 4 mai 1761.—*Marie-Michelle*, b[3] 14 mars 1757.—*Marie-Françoise*, b 29 avril 1760, à St-Philippe.[4]—*Marie-Louise*, b [4] 1er mars 1763.

1745.
IV.—CHARBONNEAU, Joseph. [Joseph III.
Chartrand, Anne. [Joseph III.
Joseph, b 8 août et s 1er sept. 1746, à St-Vincent-de-Paul. [1]—*Joseph-Marie*, b [1] 12 février 1748.—*Marie-Joseph*, b [1] 28 mai et s [1] 20 juin 1749.—*Marie-Françoise*, b [1] 26 sept. 1750.—*Jean-Baptiste*, b [1] 27 mars 1752—*François-Marie*, b [1] 22 août et s[1] 15 sept. 1754.—*Charles-Amable*, b [1] 2 fevrier 1756.

1747, (2 mai) Lavaltrie.[2]
IV.—CHARBONNEAU, Michel, [Michel III.
b 1725.
1° Robert, Angélique, [Jean-Bte III.
s [2] 21 janvier 1750.
1759, (25 nov.) Pte-aux-Trembles, Q.
2° Toupin, Madeleine, [Jean-François III.
b 1733.

1747, (13 nov.) St-Vincent-de-Paul.[4]
IV.—CHARBONNEAU, Jean-Bte, [Pierre III.
b 1718.
Réaume, Marie-Louise, [René III.
b 1726.
Marie-Louise, b [4] 12 oct. 1748.—*Marie-Charlotte*, b [4] 14 mars 1750.—*Jean-Baptiste*, b [4] 27 oct. 1751.—*Marie-Amable*, b [4] 20 oct. 1753.—*Joseph*, b [4] 12 sept. et s [4] 6 oct. 1755.

1748, (26 fevrier) Varennes.
CHARBONNEAU, Joseph.
Roc, Marie. [Jean-Bte II.

1750, (13 janvier) Bout-de-l'Ile, M.
III.—CHARBONNEAU, Joseph. [Jean-Bte II.
Martin (2), Marie-Charlotte, [Jean I.
b 1731.

(1) Dit Langevin.
(2) Dit St-Jean.

Joseph-Marie, b 8 mars 1752, à Soulanges.[5]—*Marie-Charlotte*, b [5] 15 oct. 1753.—*Marie-Joseph*, b [5] 20 et s [5] 24 oct. 1755. — *Marie-Archange*, b [5] 28 fevrier 1757. — *Marie-Joseph*, b [5] 10 janvier 1759.—*Charles*, b [5] 23 avril 1761.

1751, (11 janvier) Lachenaye. [5]

III—CHARBONNEAU, PHILIPPE, [JEAN II.
b 1729 ; s 27 nov. 1752, à Ste-Rose.
FORGET (1), Catherine, [JEAN-BTE II.
b 1732.
Marie-Catherine, b 12 mai 1751, à Terrebonne, s [5] 12 oct. 1752.—*Pierre-André*, b [5] 30 sept. 1752. — *Jérôme*, b... m [5] 13 fevrier 1775, à Marie-Charlotte MARTEL.—*Philippe*, b...—*Louis*, b...—*Joseph*, b...—*Dominique*, b...

CHARBONNEAU, PIERRE.
RONDEAU, Jeanne.
Pierre, b 15 et s 26 mars 1752, à St-Ours. [2]—*Marie-Charlotte*, b [2] 2 mars 1754 — *Jacques*, b [2] 15 août 1755. — *Louise-Catherine*, b [2] 17 avril et s [2] 24 juillet 1757.—*Joseph-Marie*, b [2] 9 et s [2] 28 mai 1758.

CHARBONNEAU, JOSEPH.
VANDANDAIQUE, Elisabeth
Marie-Anne, b 7 juillet et s 16 août 1752, à St-Henri-de-Mascouche.[3]— *Joseph*, b [3] 17 juillet et s [3] 8 août 1753. — *Marie-Elisabeth*, b [3] 16 oct. et s [3] 9 nov. 1753. — *Marguerite*, b [3] 3 oct. 1754.—*Marie-Marguerite*, b [3] 4 oct. 1755.—*Marie-Joseph*, b [3] 11 avril 1757.—*Joseph-Marie*, b [3] 30 oct. 1758. —*Marie-Elisabeth*, b 27 avril, à Lachenaye [5] et s [5] 5 juillet 1761. — *Michel-Marie*, b [5] 22 nov 1766.

1753, (8 janvier) St-Vincent-de-Paul.[7]

IV.—CHARBONNEAU, JEAN-CHS, [FRANÇOIS III.
b 1727.
GALARNEAU, Louise, [CHARLES III.
b 1734.
François, b [7] 16 mai 1754.—*Marie-Louise*, b [7] 10 avril et s [7] 27 mai 1756.

CHARBONNEAU, JACQUES.
DUCHESNE, Marie-Agathe.
Germain, b 25 février 1753, à Terrebonne.

CHARBONNEAU, JEAN.
DESSUREAUX, Angelique.
Marie-Joseph, b 3 fevrier 1754, à Ste-Rose. [8]—*Jean-Baptiste*, b [8] 27 dec. 1755.—*Marie-Anne*, b [8] 17 juin 1761 ; m 30 sept. 1776, à Joseph GUINDON, à Terrebonne.

1754, (27 mai) Montreal.

IV.—CHARBONNEAU, PIERRE, [MICHEL III.
b 1730.
PETIT, Marie-Louise, [JEAN-BTE II.
b 1735.
Pierre, b... s 1er juillet 1757, à St-Antoine-de-Chambly.— *Madeleine*, b 15 juillet 1758, à Contrecœur.

(1) Elle epouse, le 6 oct. 1760, Joseph Roland, a Terrebonne.

1756, (1er mars) Boucherville.

IV.—CHARBONNEAU, JEAN-BTE, [MICHEL III.
b 1727 ; s 17 juin 1791, au Detroit.
DENIAU, Marguerite, [PIERRE III.
b 1735.

1756, (18 oct.) Pte-aux-Trembles, M.

IV.—CHARBONNEAU, PHILIPPE, [PHILIPPE III.
b 1734.
GERVAIS, Marie-Joseph, [JOSEPH III.
b 1738.
Jean-Philippe, b 27 juillet 1757, à Lachenaye.[7] —*Marie*, b [7] 21 juin 1758.—*Jacques-Philippe*, b [7] 30 juin 1759 —*Marie-Barbe*, b 22 fevrier 1761, à St-Henri-de-Mascouche. — *Marie-Joseph*, b [7] 14 juin 1769.— *Louis*, b... m 6 oct. 1788, à Marie MEUNIER, à Repentigny.

CHARBONNEAU, PIERRE.
LAPORTE, Marie-Louise
Pierre, b... s 8 avril 1758, à Lavaltrie.

1757, (14 nov.) St-Vincent-de-Paul.

IV.—CHARBONNEAU, OLIVIER, [FRANÇOIS III.
b 1736.
BÉLANGER, Marie-Joseph, [BASILE IV.
b 1739.

1758, (16 janvier) Ste-Rose [9]

III.—CHARBONNEAU, JEAN. [JEAN II.
BROUILLET, Marie-Joseph, [JEAN III
b 1743.
Marie-Joseph, b [9] 28 juillet 1760; s [9] 18 août 1762.—*Marie-Reine*, b [9] 15 mai 1762.

1758, (30 janvier) Varennes.

CHARBONNEAU, JOSEPH. [JEAN.
PETIT, Geneviève. [MICHEL III.

1758, (6 fevrier) Ste-Rose. [9]

IV.—CHARBONNEAU, JACQUES. [JOSEPH III.
MAISONNEUVE (1), Marie-Amable, [JEAN-BTE II.
b 1738.
Marie-Amable, b [9] 23 fevrier et s [9] 21 août 1759.

IV.—CHARBONNEAU, LOUIS. [PHILIPPE III.
VAUDRY, Agnès, [JACQUES III.
b 1737.
Louis, b 26 août 1761, à Lachenaye.[1] — *Agnès*, b...—*Jean-Baptiste*, b [1] 14 fevrier 1765 ; m [1] 10 fevrier 1783, à Marie-Charlotte ROCHON.—*Philippe*, b [1] 19 oct. 1766.—*François-Martin*, b [1] 27 mai 1777.—*Joseph*, b [1] 27 mai 1777 ; m à Amable MIGNERON.

1761, (21 oct.) Ste-Anne-de-la-Pérade.

IV.—CHARBONNEAU, CHARLES, [MICHEL III.
b 1738.
1° GUIBORD, Marie-Anne, [LOUIS II.
b 1733.
1764, (4 mars) Ste-Rose.
2° FILIATREAU, Marie, [MICHEL III.
b 1736

(1) Elle epouse, le 12 janvier 1761, Paul Guindon, a Ste-Rose.

1762, (11 janvier) Ste-Rose.
IV.—CHARBONNEAU, PIERRE, [MICHEL III.
b 1740.
ETHIER, Marie-Françoise, [JOSEPH III
b 1743.
Pierre, b 26 avril 1762, à Lachenaye.

CHARBONNEAU, FRANÇOIS.
GUÉRIN, Marguerite.
François-Amable, b 10 fevrier 1763, à Lachenaye.

1763, (12 avril) Varennes.
IV.—CHARBONNEAU, CHARLES. [JACQUES III.
ROCH, Marie-Louise. [JOSEPH II.

CHARBONNEAU, MICHEL.
1° DUSSAULT, Madeleine.
1765, (18 février) Boucherville.
2° LAMOUREUX, Madeleine. [JOSEPH III.

1768, (3 oct.) Lachenaye. [2]
IV.—CHARBONNEAU (1), DOM. [PHILIPPE III
1° MULOUIN, Marie-Joseph. [JACQUES III
Dominique, b... *Marguerite*, b... s [2] 9 sept. 1791.—*Joseph*, b...
1795, (19 janvier) Repentigny.
2° CORBEILLE, Marie-Joseph. [JEAN-BTE III.

1769, (6 fevrier) Lachenaye. [3]
IV.—CHARBONNEAU, LS-JOS., [PHILIPPE III.
b 1746.
MOYEN, Marguerite, [JACQUES I.
b 1753; s [3] 21 juin 1771.
Marie-Marguerite, b [3] 7 juin 1771.

1770, (25 juin) Varennes.
V.—CHARBONNEAU, JEAN-BTE. [JEAN-BTE IV
BROUILLET, Archange. [LOUIS III.

CHARBONNEAU, ANTOINE.
QUENNEVILLE, Catherine.
Antoine, b 19 fevrier 1771, à Lachenaye.

1772, (13 janvier) Boucherville.
IV.—CHARBONNEAU, FRANÇOIS. [PIERRE III.
ROBERT, Veronique. [JOSEPH IV

1773, (25 janvier) Lachenaye. [4]
IV.—CHARBONNEAU, JOSEPH. [PHILIPPE III.
ROCHON, Marie-Geneviève, [AMBROISE III.
b 1755.
Marie-Joseph, b [4] 30 oct. 1773.—*Marie-Charlotte*, b [4] 28 nov. 1774.—*Marie-Elisabeth*, b [4] 17 dec. 1775.—*Joseph-Marie*, b [4] 9 avril et s [4] 21 juillet 1777.—*Jean-Marie*, b [4] 8 dec. 1779.—*Augustin*, b [4] 22 juillet 1781.—*Joseph*, b [4] 2 août 1782, s [4] 1er mai 1784.—*Louis*, b [4] 8 oct. 1787.

(1) De Ste-Anne de la Grande-Chaussee.

1775, (13 fevrier) Lachenaye. [5]
IV.—CHARBONNEAU, JÉRÔME. [PHILIPPE III.
MARTEL, Marie-Charlotte, [AUGUSTIN III.
b 1756.
Marie-Marguerite, b [5] 11 janvier 1785.

CHARBONNEAU, JOSEPH. [JOSEPH.
TAILLON, Angelique.
Joseph, b 19 janvier 1782, à Lachenaye. [6] — *Marie-Joseph*, b [6] 19 mars 1787.

1783, (10 février) Lachenaye.
V.—CHARBONNEAU, JEAN-BTE, [LOUIS IV
b 1765.
ROCHON, Marie-Charlotte. [AMBROISE III.

1788, (6 oct.) Repentigny.
V.—CHARBONNEAU, LOUIS. [PHILIPPE IV.
MEUNIER, Marie. [FRANÇOIS.

CHARBONNEAU, MARIE, épouse, de Luc ROGER.

CHARBONNEAU, GENEVIÈVE, epouse de Michel PALARDY.

CHARBONNEAU, MARIE, épouse de Louis JOACHIM.

CHARBONNEAU, ELISABETH, épouse de Mathurin LANGEVIN.

CHARBONNEAU, CHARLOTTE, épouse de Pierre MARSAN; s avant 1748.

CHARBONNEAU, MARIE-JOSEPH, b 1699; m à Maurice KIRARD; s 3 mars 1805, à l'Hôpital-General, M.

CHARBONNEAU, LOUISE, epouse de François TUÉ-DRAGON.

CHARBONNEAU, ANNE, épouse de Pierre LEBERT.

CHARBONNEAU, MARIE-JOSEPH, épouse de François LECLERC.

CHARBONNEAU, MARIE-ANNE, b... m à François TERRIEN; s 23 dec. 1756, à Terrebonne.

CHARBONNEAU, LOUISE, epouse de Jean-Baptiste PETIT.

CHARBONNEAU, MARIE, épouse de Jacques HOGUE.

CHARBONNEAU, MARGUERITE, épouse de Jean DESSUREAUX.

CHARBONNEAU, CATHERINE, épouse de Jean-Baptiste CHAUBERT.

CHARBONNEAU, MARGUERITE, épouse de Raphaël VAILLANCOUR.

CHARBONNEAU, MARIE, epouse d'Alexandre ROY.

CHARBONNEAU, GENEVIÈVE, épouse de Jean MATHIEU.

CHARBONNEAU, ANGÉLIQUE, épouse de Pierre LAPORTE.

CHARBONNEAU, MARIE-ANNE, b 1733; m à Joseph LAPOINTE; s 9 oct. 1754, à Longueuil.

CHARBONNEAU, MARIE, épouse de Charles FILIATREAU.

CHARBONNEAU, ANGÉLIQUE, épouse de Paul ETHIER.

CHARBONNEAU, MARIE-JOSEPH, épouse de Jean-Louis DUPRAS.

CHARBONNEAU, ELISABETH, épouse de Joseph DUQUET.

CHARBONNEAU, MARIE-JOSEPH, épouse de Michel CUSSON.

CHARBONNEAU, JUDITH, épouse de François LAMOUREUX.

CHARBONNEAU, MARIE-REINE, épouse de Jean-Baptiste LABELLE.

CHARBONNEAU, ELISABETH, épouse d'Etienne DUBOIS.

CHARBONNEAU, MARIE-MADELEINE, épouse de Joseph CHEVAUDIER.

CHARBONNEAU, ARCHANGE, epouse de Joachim TERRIEN.

CHARBONNIER.—*Surnoms :* DESJARDINS—ST-LAURENT.

CHARBONNIER, MADELEINE, b... m 1673, à François LENOIR-ROLLAND.

CHARBONNIER (1), ANTOINE, b 1680; s 21 sept. 1730, à Montreal.

CHARBONNIER, ...
TALMY, Marie,
b 1675; s 19 déc. 1737, au Bout-de-l'Ile, M.

I.—CHARDIN (2), JACQUES, b 1721; de Boisyvon, diocèse d'Avranches; s 11 août 1749, à Montreal.

I.—CHARDON, JEAN, b 1697; du diocèse de Xaintes; s 6 août 1755, à Montreal.
QUENNEVILLE, Jeanne.

(1) Dit Desjardins

(2) Dit Brasdefer, soldat.

Ignace, b 12 mars 1739, au Sault-au-Recollet.[2] —*Marie-Jeanne*, b [2] 18 juin 1746.

CHARDON, LOUIS, b 1701, en France; curé de Beauport pendant quinze ans; s 14 mars 1759, à Beauport.

1760, (20 oct.) Longue-Pointe. [6]

I.—CHARDONNEROT (1), JEAN-JACQUES, fils de Joseph et de Marie Charpentier, de Ste-Marguerite, Paris.
LÉONARD, Marie-Archange. [LOUIS III.
Marie-Archange, b [6] 5 fevrier 1763.—*Guillaume*, b [6] 2 mai 1764; s [6] 13 oct. 1765.

CHARETS.—*Variations et surnoms :* CHAURET —CHARET—CHAREST—LEROY—DUFILS.

1670, (27 nov.) Quebec. [2]

I.—CHARETS (2), ETIENNE.
BISSOT, Catherine. [FRANÇOIS I.
Geneviève, b 1676; s 16 janvier 1750, à Levis. [3] —*Jean-Baptiste*, b [3] 4 avril 1683; m [2] 28 janvier 1714, à Louise ALLEMAND; s [3] 9 mars 1715 — *Jean*, b... m 1727, à Marie-Jeanne CARRIER.— *Marie-Madeleine*, b [3] 22 sept. 1690; s [3] 21 fevrier 1691.

1693, (15 sept) Lévis.

I.—CHARETS (2), JACQUES,
b 1665; s 5 janvier 1725, à Beaumont [2]
DUBOIS, Jeanne, [JACQUES I.
b 1673, s [2] 26 dec 1705.
Marie-Radegonde, b [2] 14 avril 1699, m 29 avril 1726, à Gaspard MAGNANT, à Montreal.—*Marie-Joseph*, b [2] 15 mai 1701; m 4 juin 1727, à Louis ROY-ST-LOUIS, à Boucherville. — *Marie-Jeanne*, b [2] 6 juillet 1703; m 23 août 1734, à Barthelemi BERNIER, à Québec.

1696, (20 fevrier) Château-Richer.

II.—CHARETS (2), JEAN, [JEAN I.
s 2 fevrier 1743, à Ste-Anne-de-la-Perade. [3]
BIDON, Catherine, [LOUIS I.
b 1676.
Joseph, b 20 sept. 1698, à Ste-Famille, I. O. [9]; m [3] 10 avril 1725, à Madeleine CHÊNE.—*Catherine*, b [9] 3 dec. 1700; 1° m [3] 16 mai 1742, à Julien CADET; 2° m [3] 27 sept. 1745, à Martin LEFEBVRE; s [3] 8 nov. 1770. — *François*, b... m 29 oct. 1738, à Marie-Joseph MERCURE, au Cap-Santé.—*Pierre*, b 8 fevrier 1711, aux Grondines [5], s [3] 17 oct. 1741. — *Antoine*, b [5] 9 mars 1716, m [3] 12 juin 1741, à Marie-Anne LAPIERRE.— *Joachim*, b [3] 3 sept. 1718; s [3] 10 dec. 1733.

1713, (6 février) Québec. [2]

II.—CHARETS, ETIENNE, [ETIENNE I.
b 1676; marchand et deuxième seigneur; s 13 mai 1734, à Levis. [6]
DUROY, Anne-Therèse, [PIERRE I.
b 1695, s [2] 13 avril 1719, dans l'église.

(1) Dit Parisien, soldat du regiment de Bearn.

(2) Voy. vol. I, p 116.

Joseph-Marie, b [6] 10 déc. 1713; s [6] 14 mai 1722. — *Thérèse*, b 1715; m [6] 26 fevrier 1732, à Jacques Charly; s 26 mars 1744, à Montréal. — *Etienne*, b 1717; m [6] 22 oct. 1742, à Catherine Trotier. — *Joseph*, b [2] 4 avril 1719; m [6] 22 oct. 1742, à Marguerite Trotier.

1714, (28 janvier) Québec. [2]

II.—CHARETS (1), Jean-Bte, [Etienne I. b 1683; marchand, s [2] 9 mars 1715, dans l'église.

Allemand, Louise, [Pierre I. veuve de Jean Brousse; s [2] 23 janvier 1722, dans l'eglise.

Anonyme, b [2] et s [2] 6 déc. 1714.

1725, (10 avril) Ste-Anne-de-la-Perade. [1]

III.—CHARETS, Joseph, [Jean II. b 1698.

Chêne, Madeleine, [Raymond I. b 1695.

Joseph, b [1] 19 déc. 1726; m 1749, à Catherine Lefebvre.—*Marie-Madeleine*, b [1] 9 déc. 1728; 1° m [1] 8 fevrier 1749, à Jean-Baptiste Gervais; 2° m [1] 18 nov. 1760, à Pierre Vallée. — *Louis*, b [1] 17 mars 1730; s [1] 27 juillet 1733 —*Marie-Joseph*, b [1] 17 dec. 1731; m [1] 22 fevrier 1751, à François Ricard.

1727.

II.—CHARETS, Jean. [Etienne I.

Carrier, Marie-Jeanne, [Jean II. b 1709.

Madeleine, b 27 mars 1728, à Lévis [9]; s [9] 25 août 1743.—*Jean-François*, b [9] 30 mars 1730; m [9] 16 janvier 1753, à Angelique Laroche.—*Ambroise*, b [9] 17 août 1732; s [9] 29 juin 1733.—*Marie-Geneviève*, b [9] et s [9] 8 mai 1734.—*Geneviève*, b [9] 12 juin 1736; m [9] 13 février 1764, à Charles Douville. —*Ambroise*, b [9] 24 mars 1738; 1° m [9] 15 janvier 1759, à Elisabeth Guay; 2° m [9] 1er juillet 1765, à Geneviève Corneau.—*Marie-Thérèse*, b [9] 16 et s [9] 20 juillet 1740.—*Joseph*, b [9] 31 juillet 1741; s [9] 14 janvier 1763.—*Joseph*, b 1742, s [9] 14 janvier 1763. —*Etienne*, b [9] 8 dec. 1743; s [9] 5 avril 1744.—*Marie-Louise*, b [9] 4 sept. 1746.—*Charles-Bernardin*, b [9] 20 mai et s [9] 15 juin 1749.

1738, (14 avril) Lachenaye. [4]

III.—CHARETS, Louis, [Jean II. b 1709.

Gariépy, Marie-Joseph, [Jean II. b 1709.

Marie-Euphrozide, b [4] 1er oct. 1739.—*Marie-Louise*, b [4] 22 oct. 1740, s [4] 10 nov. 1745.—*Marie*, b [4] 20 avril 1742; m [4] 22 fevrier 1762, à Charles Lecours —*Louis*, b [4] 1er juin et s [4] 4 août 1743.—*Marie-Catherine*, b [4] 25 juillet 1744.—*Charles*, b [4] 24 fevrier 1746.—*Hyacinthe*, b [4] 2 juillet 1747.—*François*, b [4] 4 et s [4] 25 oct. 1748. —*Marie-Louise*, b [4] 16 juillet 1750.—*François-Marie*, b [4] 15 fevrier et s [4] 20 mars 1752 —*Jean-Amable*, b [4] 25 avril 1754.—*Marie-Rosalie*, b [4] 17 août 1755.—*Bonaventure*, b [4] 15 sept. 1756.—*Jean-Baptiste*, b [4] 2 juillet 1758.—*Antoine*, b [4] 25 oct. 1759; m [4] 1er juillet 1782, à Marie-Charlotte Marion.—*Angélique*, b [4] 17 déc. 1761; m [4] 6 oct. 1782, à Michel Cristin.—*Marie-Joseph*, b [4] 9 et s [4] 18 juillet 1764.—*Marie-Joseph*, b... s [4] 11 sept. 1765.

(1) Dit Dufils.

1738, (29 oct.) Cap-Santé.

III.—CHARETS, François. [Jean II.

Mercure, Marie-Joseph. [François I.

Marie-Joseph, b 16 août 1739, à Ste-Anne-de-la-Pérade [6]; m [6] 21 fevrier 1757, à François Baribaut.—*Marie-Madeleine*, b [6] 21 août 1740, m [6] 15 janvier 1759, à Pierre Baribeau.—*Marie-Geneviève*, b [6] 23 oct. 1741; m [6] 7 janvier 1761, à Jean Perrin.—*Marie-Anne*, b [6] 9 déc. 1743; m [6] 23 sept. 1764, à Jean Richard.—*François*, b [6] 30 janvier 1746.—*Antoine*, b [6] 8 mai 1747; m [6] 24 fevrier 1772, à Geneviève Laquerre.—*Thérèse*, b [6] 26 oct. 1749; m [6] 21 janvier 1771, à Joseph-Benoni Clermont.—*Pierre*, b [6] 12 nov. 1751.—*Louis*, b [6] 5 janvier 1754.—*Jean-Baptiste*, b [6] 14 fevrier 1756. —*Joseph*, b [6] 6 oct. 1758.—*Marie-Louise*, b [6] 5 et s [6] 22 fevrier 1760.

1741, (12 juin) Ste-Anne-de-la-Pérade. [7]

III.—CHARETS, Antoine, [Jean II. b 1716.

Laquerre, Marie-Anne, [Pierre II. b 1715.

Marie-Anne, b [7] 14 juillet 1742; m [7] 9 sept. 1771, à Charles Trotier.—*Marie-Elisabeth*, b [7] 30 oct. 1743; s [7] 21 mai 1748.—*Antoine-Joseph*, b [7] 22 sept. 1745; s [7] 28 juillet 1747.—*Marie-Joseph*, b [7] 16 mars 1748; s [7] 24 fevrier 1757 —*Alexis*, b [7] 25 mars 1752; s [7] 19 nov. 1753.—*Marie-Elisabeth*, b [7] 11 mai 1754; m [7] 13 janvier 1776, à Jean-Baptiste Leduc. — *Joseph*, b [7] 28 avril 1756; m 1778, à Marie-Joseph Guillet.—*Marie-Louise*, b [7] 20 oct. 1759, s [7] 22 fevrier 1760. — *Antoine*, b... m 26 janvier 1778, à Monique LePelle, à Batiscan.

1742, (22 oct.) Lévis. [8]

III.—CHARETS (1), Etienne, [Etienne II b 1717; marchand.

Trotier (2), Catherine, [Pierre IV. b 1727.

Etienne, b [8] 23 nov. 1743.—*François*, b [8] 12 déc. 1744.—*Joseph*, b [8] 5 février 1746.—*Joseph-François-Xavier*, b [8] 24 août 1747.—*Catherine*, b [8] 31 janvier 1749; s [8] 3 oct 1751.—*Marie-Joseph*, b [8] 8 juin 1750.—*Marie-Catherine*, b [8] 6 avril 1752 —*Philippe-Marie*, b [8] 4 avril 1753.—*Louise*, b [8] 22 nov. 1754; m à Louis LePellé. — *Marie-Madeleine*, b 16 déc. 1755, à Quebec. [4]— *Thérèse*, b [4] 26 mars 1757. — *Thomas-Marie*, b [4] 2 sept 1758; s [4] 22 sept. 1763.—*Marie-Anne-Antoinette*, b [4] 29 juin 1763.

(1) 3ème seigneur de Lauzon.

(2) Dit Desaulniers.

1742, (22 oct.) Levis.[1]

III.—CHARETS (1), JOSEPH, [ETIENNE II.
b 1719.
TROTIER (2), Marguerite, [PIERRE IV.
b 1728.
Joseph, b 16 déc. 1743, à Québec[2]; s[1] 22 août 1744.—*Marguerite-Joseph*, b[2] 19 mars 1745; s[2] 13 juin 1746. — *Joseph*, b[2] 30 mars 1746, s[2] 11 sept. 1747. — *Marie-Joseph*, b[2] 7 juillet 1747; s[2] 5 mai 1748.—*Marie-Louise*, b[2] 10 juin 1749. — *Marguerite*, b[2] 19 mai 1750; s[2] 23 août 1751.—*Pierre-Joseph*, b[2] 18 fevrier 1752.—*Anne-Joseph*, b[2] 18 fevrier 1753.—*Marguerite*, b[2] 8 avril 1756.—*Etienne*, b[2] 12 mai 1757.

1749.

IV.—CHARETS, JOSEPH, [JOSEPH III.
b 1726; s avant 1771.
LEFEBVRE, Marie-Catherine.
Geneviève, b... m 1er juillet 1771, à Pierre TELLIER, à Ste-Anne-de-la-Perade.[8] — *Marie-Joseph*, b[8] 27 avril 1750, m[8] 10 janvier 1774, à Louis TESSIER.—*Joseph*, b...

CHARETS, ANTOINE.
HAMELIN (3), Marie-Anne.
Marie-Anne, b... 1° m à Charles TROTIER; 2° m 10 janvier 1780, à Joseph PAQUIN, aux Grondines.

1753, (16 janvier) Lévis.[9]

III.—CHARETS, JEAN-BTE-FRS, [JEAN-BTE II.
b 1730.
LAROCHE, Marie-Angelique, [JEAN II.
b 1725.
Jean-Baptiste, b[9] 14 mai 1755.—*Joseph*, b[9] 3 oct. 1756 —*Marie-Catherine*, b[9] 22 mars 1759.—*Joseph*, b[9] 20 mars 1761 —*Marie-Angélique*, b[9] 27 juillet 1763; s[9] 26 dec. 1765. — *François*, b[9] 8 sept. 1765. — *Angélique*, b[9] 9 août 1767.—*Louis*, b[9] 17 mars 1770.

CHARETS, ETIENNE.
DION, Madeleine.
Pierre, b 4 oct. 1757, à St-Pierre-du-Sud.

1759, (15 janvier) Levis.[9]

III.—CHARETS, AMBROISE, [JEAN II.
b 1738.
1° GUAY, Elisabeth, [JEAN-FRANÇOIS III.
b 1743.
Marie-Anne, b[9] 15 février et s[9] 23 août 1762.
1765, (1er juillet).[9]
2° CORNEAU, Geneviève, [FRANÇOIS II.
b 1742.
Geneviève, b[9] 28 août 1766.—*Marie-Marguerite*, b[9] 6 dec. 1767. — *Ambroise*, b[9] 24 mai 1769.—*Marie*, b 1775; s 25 mai 1790, à Repentigny.

(1) Dufils Charets, co-seigneur de Lauzon.
(2) Dit Desaulniers.
(3) Dit Lacavée.

1772, (24 février) Ste-Anne-de-la-Pérade.[5]

IV.—CHARETS, ANTOINE, [FRANÇOIS III.
b 1747.
LAQUERRE, Geneviève, [JOSEPH III.
b 1744.
Marie-Geneviève, b[5] 26 janvier 1773.—*Marie-Joseph*, b[5] 17 janvier 1775.—*Antoine*, b[5] 2 mars 1780.

1778.

IV.—CHARETS, JOSEPH, [ANTOINE III.
b 1756.
GUILLET (1), Marie-Joseph, [JOSEPH IV.
b 1754.
Marie-Joseph, b 6 déc. 1778, à Ste-Anne-de-la-Perade.

1778, (26 janvier) Batiscan.

IV.—CHARETS, ANTOINE. [ANTOINE III.
LEPELLÉ (2), Monique, [FRANÇOIS IV.
b 1755.
Marie-Marguerite, b 22 août 1779, à Ste-Anne-de-la-Perade.

1782, (1er juillet) Lachenaye.[5]

IV.—CHARETS (3), ANTOINE, [LOUIS III.
b 1759.
MARION, Marie-Charlotte, [MICHEL III.
b 1761.
Marie-Agathe, b[5] 26 juin 1783 — *Antoine*, b[5] 3 mars 1786.—*Louis-Amable*, b[5] 16 fevrier 1788.—*Marie-Euphrosine*, b.. s[5] 27 juillet 1789.

CHARETS, LOUISE, epouse de François FILTEAU.

CHARETS, MARIE-MADELEINE, b... m 1723, à Joseph GUILBAUT, à St-Anne-de-la-Perade.

CHARETS, MARIE, épouse de Pierre GAUTIER.

CHARETS, LOUISE, épouse de Charles DAUVILLE.

CHARETS, THÉRÈSE, epouse de Joseph-Bénoni DUBORD.

CHARETS, FRANÇOISE, epouse d'Hyacinthe HAMELIN.

II.—CHARIER (4), PIERRE,
b 1683; s 9 fevrier 1758, à St-Jean-Deschaillons.

1728, (28 sept.) Québec.[7]

I.—CHARIER, JACQUES-ANTOINE, fils de Pierre et de Marthe Moule, de St-Eustache, Paris.
RIVIÈRE (5), Madeleine, [FRANÇOIS I.
veuve de Pierre Barbeau; s[7] 20 mars 1760.

(1) Dit St-Mars.
(2) Dit Lahaye
(3) Il signait "Louis Charest, fils."
(4) Dit St-Amand.
(5) Dit DesRivières.

Marie-Madeleine, b [7] 25 janvier 1730; m [7] 25 avril 1757, à Mathurin FILION.— *Marie-Joseph*, b [7] 17 sept. 1731; s [7] 8 dec. 1735. — *Charlotte-Catherine*, b [7] 30 nov. 1732; m [7] 12 janvier 1756, à Jean DROUIN.—*Suzanne-Anne*, b [7] 4 juin 1736. —*Pierre*, b [7] 6 nov. 1737; s [7] 12 mars 1760.— *Jacques-Nicolas*, b [7] 4 août 1741; s [7] 8 avril 1742.—*Antoine*, b [7] 30 mai et s [7] 11 juillet 1743. —*Marie-Joseph*, b [7] 8 mai et s [7] 16 août 1747.

I.—CHARIER (1), ANDRÉ.
COTILLON, Marie.
Pierre, b... m 12 août 1733, à Marie-Jeanne CHESNE, à Ste-Anne-de-la-Perade.

1733, (12 août) Ste-Anne-de-la-Pérade. [1]
II.—CHARIER (1), PIERRE. [ANDRÉ I.
LAGRAVE (2), Marie-Jeanne, [RAYMOND I.
b 1702.
Pierre, b 7 avril 1734, à Lotbinière; s [1] 13 mai 1734.

1746, (7 février) St-Laurent, I. O. [5]
I.—CHARIER, PIERRE, fils d'Etienne et de Marthe Bourassa, de N.-D. des Erbier, diocèse de Luçons.
1° CARREAU (3), Jeanne, [PIERRE III.
b 1724; s 6 mai 1757, à St-Charles. [6]
Pierre, b [5] 3 avril 1747.—*Marie-Joseph*, b [5] 19 avril 1748.—*Joseph*, b [6] 24 avril 1750.—*Marie-Thérèse*, b [6] 21 mai 1751.—*Louis*, b [6] 27 juillet 1752.— *Charles*, b [6] 14 nov. 1755; s [6] 28 juillet 1758.—*François*, b [6] 14 avril 1757; s [6] 8 février 1758.
1758, (25 janvier). [6]
2° POLIQUIN, Marie-Jeanne, [JEAN II.
b 1738.
Jean-Baptiste, b [6] 23 oct. 1758. — *Charles*, b [6] et s [6] 31 oct. 1759.—*Michel*, b [6] 23 juin 1760.

CHARLAND.—*Variation et surnom:* CHARLAN FRANCŒUR.

CHARLAND, FRANÇOISE, épouse de Jacques PARIS.

CHARLAND, MARIE, épouse d'André PLANTE.

1652, (8 janvier) Québec. [1]
I.—CHARLAND (4), CLAUDE,
b 1626; s 22 janvier 1705, à Ste-Famille, I. O. [7]
1° BORDE, Jacqueline,
b 1637; s [1] 19 avril 1660.
1661, (12 sept.) [1]
2° PELLETIER, Jeanne,
b 1639.
Michelle, b [7] 29 juin 1667; m [7] 24 janvier 1691, à Pierre PARIS; s [7] 17 dec. 1708. — *Gabriel*, b [7] 11 janvier 1671; 1° m [7] 10 oct. 1708, à Angélique TETU; 2° m [7] 3 nov. 1715, à Marguerite DROUIN; s [7] 4 nov. 1759. — *Marie-Louise*, b [7] 3 mars 1701; s [7] 18 février 1703.

(1) Dit St-Amand.
(2) Dit Chêne.
(3) Ou Caron—Lafraicheur.
(4) Dit Francœur; voy. vol. I, p. 110.

1681, (17 nov.) Ste-Famille, I. O. [1]
II.—CHARLAND (1), DENIS, [CLAUDE I.
b 1656; s 26 fevrier 1703, à St-Jean, I. O. [2]
1° LESTOURNEAU, Marie-Anne, [DAVID II.
b 1665; s [2] 6 mai 1687.
1688, (10 fevrier). [1]
2° GAUTIER, Marie, [ELIE I.
b 1671; s [2] 6 mai 1755.
Alexis, b [2] 21 avril 1691; m à Marie-Anne ALAIRE.—*Jacques*, b [2] 1er mai 1696; 1° m 1er sept. 1721, à Marie-Charlotte DENEAU, à Laprairie [4]; 2° m [4] 18 janvier 1745, à Marie DÉNIGER.— *Denis*, b 1703; m [4] 6 fevrier 1736, à Marie-Madeleine DENEAU; s 29 avril 1748, à Montreal.

1682, (29 oct.) Ste-Famille, I. O. [6]
II.—CHARLAND (1), JOSEPH-NOEL, [CLAUDE I.
b 1652.
TURCOT, Marie, [ABEL I.
b 1664; s 16 avril 1701, à St-Jean, I. O. [7]
Joseph, b [6] 6 janvier 1684; m [6] 7 mars 1707, à Anne GAGNON; s 8 avril 1747, au Château-Richer. —*François-Noel*, b [7] 18 août 1699; m à Ursule JAHAN; s [7] 2 juin 1761.—*Angélique*, b 1701; m [7] 8 juin 1733, à Julien BENAC; s 11 dec. 1759, à Lorette.

1691, (30 oct.) Ste-Famille, I. O. [2]
II.—CHARLAND (1), JEAN, [CLAUDE I.
b 1663; s 27 janvier 1738, à l'Hôpital-Général, M.
PARE, Anne.
Pierre, b [2] 29 sept. 1694; m 12 juin 1719, à Angélique HARDOUIN, à Montreal [6], s [6] 24 mars 1748.— *Elisabeth*, b 10 nov. 1704, à la Pte-aux-Trembles, M.—*Joseph*, b 1704; 1° m à Thérèse-Louise MAILLOT; 2° m 15 janvier 1770, à Marie-Charlotte GENDRON, à St-Jean-Deschaillons [7]; 3° m 10 oct. 1778, à Elisabeth MORAND, à Ste-Anne-de-la-Pérade; s [7] 30 sept. 1784. — *Guillaume*, b [6] 3 juillet 1709; s [6] 16 mars 1710.—*Jeanne-Françoise*, b [6] 9 mars et s [6] 22 août 1712. — *Jeanne*, b [6] 12 sept. et s [6] 6 nov. 1713.

1707, (7 mars) Ste-Famille, I. O. [6]
III.—CHARLAND, JOSEPH, [NOEL II.
b 1684; s 8 avril 1747, au Château-Richer. [7]
GAGNON, Anne, [ROBERT I.
b 1675, veuve d'Hypolite Tibierge; s [7] 19 mars 1767.
Anne, b [6] 2 et s [6] 10 janvier 1708. — *Marie-Joseph*, b [6] 16 et s [6] 31 dec. 1708.—*Marguerite*, b [6] 1er et s [6] 21 janvier 1710.—*Marie-Anne*, b [6] 3 février 1711; m [7] 27 juin 1729, à Pierre LÉGARÉ.— *Pierre*, b 14 et s 26 juillet 1713, à Charlesbourg. [8] — *Marie-Charlotte*, b [8] 7 et s [8] 17 août 1714. — *Marie-Joseph*, b [8] 1er et s [8] 20 dec. 1715.—*Agnès*, b [6] 27 fevrier 1717; m [7] 20 avril 1740, à Charles CREPEAU.

(1) Voy. vol I, p. 117.

III.—CHARLAND, Pierre, [Denis II.
b 1684 ; s 2 fevrier 1750, à Ste-Famille, I. O.[2]
Guillemet, Marie-Anne, [Nicolas I.
s [2] 20 nov. 1753.
Pierre, b 19 oct. 1707, à St-Jean, I.O.[3], m 3 février 1733, à Marie-Angélique Chantal, à St-Pierre, I.O — *Marie-Jeanne*, b 1709, s [3] 25 fevrier 1711.— *Bernard*, b [3] 11 et s [3] 25 mars 1711. — *Marie-Joseph*, b [3] 2 juin 1712 ; m[2] 30 avril 1734, à Pierre Cote ; s 17 mars 1765, à St-Antoine-Tilly.—*Dorothée*, b [3] 1er et s [3] 25 sept. 1714 —*Félicité*, b [2] 13 août 1721 ; m [2] 15 fevrier 1740, à Joseph Turcot.—*Marie-Angélique*, b [2] 28 oct. 1723 ; m [2] 7 avril 1750, à Pierre Audet.—*Marie-Thérèse*, b [2] 17 et s [2] 20 mars 1728. — *Marie-Thérèse*, b [2] 30 juillet 1732 ; m [2] 17 avril 1758, à Jacques Hély.

1708, (10 oct) Ste-Famille, I. O. [8]
II.—CHARLAND, Gabriel, [Claude I.
b 1671 ; s [8] 4 nov. 1759.
1° Tètu, Angelique, [Pierre I.
b 1675 ; veuve de François Aubert ; s [8] 8 janvier 1710.
1715, (3 nov.) [8]
2° Drouin, Marguerite, [Nicolas II
b 1695 ; veuve de Jacques Asselin ; s [8] 10 mai 1766.
Marie, b [8] 16 mai 1717. — *Gabriel*, b [8] 13 nov 1719. — *Marie*, b [8] 14 nov. et s [8] 3 dec. 1720. — *Joseph-Gabriel*, b [8] 20 nov. 1721 ; s [8] 18 janvier 1722.—*Pierre*, b [8] 27 juillet et s[8] 15 août 1723.— *Joseph*, b [8] 23 sept. et s [8] 2 nov. 1724. — *Joseph*, b [8] 11 nov. 1725 ; 1° m 18 avril 1746, à Veronique Raté, à St-Pierre, I. O. ; 2° m [8] 30 juillet 1760, à Marguerite Tibierge. — *Marie-Marguerite*, b [8] 1er fevrier 1727 ; m [8] 13 fevrier 1747, à Ignace Raté. — *Gabriel*, b [8] 24 avril et s [8] 24 mai 1728 —*Marie-Françoise*, b [8] 17 juillet 1729, s [8] 8 juillet 1730 —*Marie-Joseph*, b [8] 12 août et s[8] 14 oct 1731.—*Jean-Baptiste*, b [8] 3 janvier 1735 ; m [8] 16 fevrier 1756, à Felicite Guyon.

CHARLAND, Jean-Bte,
s avant 1758.
Paquet, Marie-Joseph,
s 5 fevrier 1758, à St-Jean, I. O.

1710, (20 oct.) Quebec. [1]
II.—CHARLAND (1), Joseph, [Claude I.
b 1675.
Harbour (2), Marie-Angélique, [Michel I.
b 1672.
Jean-Marie, b [1] 12 et s [1] 26 août 1711.—*Marie-Angelique*, b [1] 23 avril 1713, m [1] 4 fevrier 1737, à Pierre Daviau. — *Marie-Angelique*, b [1] 8 oct 1715.—*Joseph-Marie*, b [1] 19 juillet 1717.—*Marie-Madeleine*, b [1] 8 mars 1719, s 22 janvier 1741, à Montreal.[7]—*Noé*, b [1] 2 janvier 1721.—*René-Louis*, b [1] 26 juillet 1723 ; m 12 fevrier 1753, à Marguerite Bazinet, à la Pte-aux-Trembles, M. — *Jean-Baptiste*, b [1] 24 juin 1725. — *Angelique*, b 1726 ; m [7] 10 juin 1756, à Alexis Delsort.

(1) Dit Francœur, 1713.

(2) Elle epouse, le 2 avril 1731, Jean-Pierre Jarland, à Quebec.

1719, (12 juin) Montréal. [2]
III.—CHARLAND (1), Pierre, [Jean II.
b 1694 ; s [2] 24 mars 1748.
Hardouin, Angelique, [Pierre I.
b 1699.
Pierre, b [2] 30 mars 1720.—*François*, b [2] 6 oct. 1721 ; s [2] 6 juin 1722.—*Marie-Angélique*, b [2] 9 sept. 1723.—*Marie-Madeleine*, b [2] 9 avril 1725.— *Jean-Baptiste*, b [2] 1er oct. 1726 —*Louis-François*, b [2] 16 mai 1728.—*Michelle*, b [2] 23 mai et s[2] 6 juin 1729.—*Suzanne*, b [2] 23 mai 1729.—*Louis*, b [2] 22 août 1730.—*Marie-Joseph*, b [2] 18 février 1733. — *Anonyme*, b [2] et s [2] 28 janvier 1734.—*Marie-Amable*, b [2] 14 mars 1735. — *Marie-Louise*, b [2] 4 mars 1737 ; m [2] 24 mai 1752, à Jean Longpré.— *Marie-Archange*, b... m [2] 10 janvier 1757, à Jean Gidé —*Agathe*, b... m [2] 29 juillet 1748, à Paul Prevost.—*Marie-Angélique*, b [2] 23 nov. 1739. — *Charles*, b [2] 21 nov. 1740 ; s [2] 14 février 1741.

CHARLAND, Jean,
s avant 1751.
Desgranges, Marie.
Joseph, b 1721 ; m 27 avril 1751, à Geneviève Aumier, à Montreal.

1721, (1er sept.) Laprairie. [3]
III.—CHARLAND, Jacques, [Denis II.
b 1696.
1° Deneau, Marie-Charlotte, [Charles I.
b 1699 ; s [3] 27 sept. 1743.
Marie-Angélique, b [3] 2 août 1722 ; m [3] 18 oct 1745, à Joseph Favreau.—*Marie-Anne*, b [3] 17 oct. 1724.—*Jacques*, b [3] 7 juillet et s [3] 15 sept. 1726. —*Anonyme*, b [3] et s [3] 2 nov. 1727.—*Jacques*, b [3] 30 janvier et s [3] 23 juin 1729.—*Marie-Louise*, b [3] 7 dec. 1730, m [3] 8 avril 1755, à Pierre Jourdanais. — *Marie-Françoise*, b [3] 24 dec. 1731. — *François*, b... s [3] 16 fevrier 1732.—*François*, b [3] 15 mars 1733 ; m 19 sept. 1763, à Marie Bousquet, à Varennes.—*Marie-Marguerite*, b[3] 19 sept. 1734 ; s [3] 28 janvier 1738.—*Joseph*, b [3] 19 mars 1736.— *Charlotte-Ambroise*, b [3] 13 dec. 1737 ; s [3] 13 fevrier 1738.—*Pierre* et *Joseph*, b[3] 28 oct. 1739 —*Hélène*, b [3] 1er janvier 1742.—*Marie-Madeleine*, b [3] 26 et s [3] 30 sept. 1743.
1745, (18 janvier). [3]
2° Déniger (2), Marie, [Jean II.
b 1714 ; veuve de Charles Tougas.
Marie, b...m 21 nov. 1768, à Etienne Desnoyers, à St-Philippe.

CHARLAND.
Louise, b... s 25 nov. 1718, à Ste-Famille, I. O.

III.—CHARLAND, François-Noel, [Noel II.
b 1699 ; s 2 juin 1761, à St-Jean, I. O. [5]
Jahan, Ursule, [Jacques II.
b 1697 ; s [5] 5 nov. 1750.
Marie-Charlotte, b [5] 27 février 1721, m [5] 8 fevrier 1740, à Louis Turcot, s [5] 26 juin 1748.— *François-Noel*, b [5] 8 sept. 1723 ; s [5] 20 juin 1747.

(1) Dit Francœur.

(2) Elle épouse, le 18 juillet 1750, Jean-Baptiste Boullard, à Montreal.

—*Jean-Baptiste*, b 15 janvier 1732, à Ste-Famille, I. O.; m 24 août 1761, à Marguerite DASYLVA, à Québec;[4] s[4] 12 nov. 1784.—*Marie-Renée-Marguerite*, b [5] 14 avril 1734.—*Ursule-Elisabeth*, b [5] 4 avril 1737; s [5] 29 mars 1752.—*Thérèse*, b [5] 10 sept. et s[5] 6 déc. 1739.—*Joseph-Marie*, b [5] 2 sept. 1741 —*François*, b...—*Jean*, b...—*Pierre*, b... m à Marie-Anne DEFOY.—*Marie-Thècle*, b... m [5] 4 août 1760, à Jean-Baptiste PAQUET.

III.—CHARLAND, ALEXIS, [DENIS II.
b 1691.
ALAIRE, Marie-Anne, [CHARLES II.
b 1694.
Louis, b... 1° m 8 février 1740, à Louise LAURENT, à Québec [4]; 2° m[4] 15 fevrier 1762, à Marie TAPHORIN.—*Alexis*, b 2 mars 1720, à St-Jean, I. O.[1]; m [4] 11 juin 1743, à Felicité ROUILLARD. — *Jean-Baptiste*, b [1] 17 fevrier 1725; m [4] 26 avril 1745, à Elisabeth BAUSANG. — *Marie*, b 1728; s [4] 14 fevrier 1743.

1733, (3 février) St-Pierre, I O.
IV.—CHARLAND, PIERRE, [PIERRE III
b 1707.
CHANTAL, Marie-Angelique. [PIERRE I.
Louis, b 1er janvier 1734, à Ste-Famille, I. O.; m 22 sept. 1761, à Marie-Geneviève COUTURE, à St-Antoine-Tilly.[1]—*Joseph*, b 29 avril 1735, à Ste-Foye[2], s [1] 13 sept. 1755. — *Marie-Angélique*, b [2] 26 mars 1736; m [1] 14 nov. 1763, à Jean-Baptiste COTÉ.—*Marie-Joseph*, b [1] 15 août 1737; s [1] 5 nov. 1749. — *Pierre-Noel*, b [1] 26 mai 1739; m 10 nov. 1762, à Marguerite DUBOIS, à St-Nicolas. —*Alexis*, b [1] 26 sept. 1740; m 1764, à Marie-Angelique BOUCHER. — *Isidore*, b [1] 14 oct. 1742. — *Charles*, b [1] 3 avril 1746.

1736, (6 fevrier) Laprairie.
III.—CHARLAND, DENIS, [DENIS II.
b 1703, s 29 avril 1748, à Montreal.
DENEAU, Marie-Madeleine, [CHARLES I.
b 1689; veuve de Rene Rivet.

1740, (8 fevrier) Quebec. [6]
IV.—CHARLAND, LOUIS. [ALEXIS III.
1° LAURENT (1), Louise, [JEAN-BTE II.
b 1712; s [6] 27 mars 1761.
Louis, b [6] 2 dec. 1740, s [6] 4 oct. 1741. — *Charles-Marie*, b [6] 26 fevrier 1742. — *Marie-Louise*, b [6] 27 sept. 1743. — *Alexis*, b [6] 23 sept 1745. — *Louis-Henri*, b [6] 22 oct. et s [6] 27 dec 1747.— *Marie-Charlotte*, b [6] 15 fevrier 1749, s [6] 8 dec. 1753.
1762, (15 fevrier). [6]
2° TAPHORIN, Marie, [GUILLAUME I
veuve d'Hilarion Landry.

CHARLAND, LOUIS,
b 1715; s 8 nov. 1790, à Québec.
MIGNERON Louise.

CHARLAND, MARIE-JOSEPH, b 1744; s 25 avril 1794, à St-Jean-Deschaillons.

(1) Dit Lortie

1743, (11 juin) Quebec. [6]
IV.—CHARLAND, ALEXIS, [ALEXIS III.
b 1720.
ROUILLARD (1), Marie-Felicité, [JEAN III.
b 1715.
Marie-Félicité, b [6] 20 dec. 1746; m [6] 10 nov. 1761, à Joseph MONMELLIAN. — *Alexis*, b [6] 21 avril 1748.

III.—CHARLAND, JOSEPH, [JEAN II.
b 1705; s 30 sept. 1784, à St-Jean-Deschaillons.[6]
1° MAILLOT, Thérèse-Louise, [JACQUES II.
b 1724; s [6] 4 dec. 1767.
Thérèse, b... m [6] 14 nov. 1763, à Pierre BARIL. —*Marie-Monique*, b 29 sept. 1743, à St-Pierre-les-Becquets[7]; 1° m [6] 15 juillet 1765, à Joseph ROIROUX; 2° m [6] 20 août 1770, à Jean-Baptiste BARABÉ; s [6] 16 oct. 1811. — *Pierre-Basile*, b [7] 31 juillet 1745; 1° m [6] 3 nov. 1765, à Marie COURTOIS, 2° m [6] 11 juillet 1774. à Marie-Elisabeth AUGÉ; 3° m [6] 8 oct 1792, à Marie-Charlotte MARTEL; s [6] 28 mars 1798.— *Judith*, b [6] 18 avril 1747. — *Joachim*, b [6] 11 avril 1753. — *Augustin*, b [6] 2 avril 1755, m [6] 23 fevrier 1778, à Rosalie COURTOIS; s [6] 21 mars 1809. — *Marie-Marguerite*, b [6] 13 août 1757, m [6] 17 août 1783, à Jacques VALLÉE.—*Joseph-Pierre*, b [6] 20 août 1759 — *Valentin*, b [6] 5 juin 1761; s [6] 15 oct. 1807.
1770, (15 janvier). [6]
2° GENDRON, Marie-Charlotte, [ANTOINE II.
b 1708; veuve de Jean-Baptiste Lebœuf.
1778, (10 oct.) Ste-Anne-de-la-Perade.
3° MORAND, Marie-Elisabeth, [JEAN II.
b 1732; veuve de François-René Tessier

1745, (26 avril) Québec.
IV.—CHARLAND, JEAN-BTE, [ALEXIS III.
b 1725.
BAUSANG, Marie-Elisabeth, [JACQUES I.
b 1724.

CHARLAND (2), JOSEPH, b 1705; s 9 dec. 1767, à l'Hôpital-Général, M.

1746, (18 avril) St-Pierre, I. O.
III.—CHARLAND, JOSEPH-MARIE, [GABRIEL II
b 1725.
1° RATÉ, Véronique, [PIERRE-IGNACE II
b 1726; s 10 mars 1760, à Ste-Famille, I. O.[9]
Gabriel, b [9] 18 janvier 1748. — *Joseph-Marie*, b [9] 20 oct. 1749. — *Pierre-François*, b [9] 5 avril 1751; s [9] 28 mars 1752. — *Jean-Baptiste*, b [9] 31 dec. 1752; s [9] 8 janvier 1755.—*Basile*, b [9] 28 fevrier et s[9] 6 avril 1755. — *Jean-Baptiste*, b [9] 23 juin et s [9] 24 juillet 1757.—*Marie-Marguerite*, b [9] 11 oct. 1758.
1760, (30 juillet). [9]
2° TIBIERGE, Marguerite, [JEAN-FRS III.
b 1736.

(1) Elle épouse, le 15 nov. 1766, Antoine Couturier, à Quebec.
(2) Dit Francœur.

Jean-Marie, b[9] 15 mai 1761 ; m 8 nov. 1784, à Marie Bolf, à St-Augustin. — *Marguerite*, b[9] 1er janvier et s[9] 4 mars 1763. — *Pierre*, b[9] 3 mars 1764. — *Marguerite*, b[9] 13 oct. 1765. — *Jacques*, b[9] 26 mars et s[9] 30 mai 1767.—*Louis*, b[9] 13 juin 1768.

CHARLAND, Joseph.
Chobet, Marie-Joseph, [Charles III.
b 1729; s 15 mai 1806, à St-Vincent-de-Paul.

CHARLAND (1), Charles, b 1751; s 13 août 1761.

1751, (27 avril) Montreal.[3]
CHARLAND, Joseph. [Jean
Aumier, Geneviève, [Michel II.
b 1729; s[3] 5 nov. 1755.

IV—CHARLAND (2), Pierre. [François III
Defoy, Marie-Anne.
Pierre, b 8 nov. 1751, à St-Jean, I. O.[4] — *Marie-Anne*, b[4] 4 avril et s[4] 18 juillet 1753 — *Marie-Angelique*, b[4] 27 avril 1754.—*Gabriel*, b[4] 13 mai 1756; s[4] 15 déc. 1759. — *Louise*, b[4] 23 janvier 1758; s[4] 2 janvier 1760. — *Marie-Anne*, b[4] 24 janvier 1760.

1753, (12 fevrier) Pte-aux-Trembles, M.[1]
III.—CHARLAND, René-Louis, [Joseph II.
b 1723.
Bazinet (3), Marguerite, [Joseph II.
b 1730.
Joseph-Marie, b[1] 27 fevrier 1754.

1755, (10 fevrier) Quebec.[2]
I.—CHARLAND, François.
Delahaye, Louise-Agnès. [François I.
Louis-François, b[2] 9 mars 1756; s[2] 16 déc. 1757. —*Marie-Louise*, b[2] 2 et s[2] 21 mars 1758.

1756, (16 février) Ste-Famille, I. O.[3]
III.—CHARLAND, Jean-Bte, [Gabriel II.
b 1735.
Guyon, Felicité, [Jean IV.
b 1732.
Anonyme, b[2] et s[2] 8 février 1757.

1761, (24 août) Quebec.[3]
IV.—CHARLAND, Jean-Bte, [Frs-Noel III.
b 1732, navigateur, s[3] 12 nov. 1784.
Dasylva, Marguerite, [Dominique II.
b 1737.
Jean-Baptiste, b[3] 7 et s[3] 14 oct. 1762.—*Marie-Marguerite*, b[3] 24 nov. 1763.

---

(1) L'acte dit qu'il est décédé dans une chambre du séminaire; que l'on ne connait ni son nom, ni sa famille, ni sa paroisse, et que quelqu'un suppose être Charles Charland.

(2) Et Noel dit Charland, 1759.

(3) Elle épouse, le 13 janvier 1766, Jean-Baptiste Moiin, à la Pointe-aux-Trembles, M.

CHARLAND, Charles,
b 1738; s 19 avril 1778, à Québec.[3]
Devaux (1), Marie-Louise.
Marie, b... m[3] 9 nov. 1790, à Jean-Augustin McIntyre.

1761, (22 sept.) St-Antoine-Tilly.[6]
V.—CHARLAND, Louis, [Pierre IV.
b 1734.
Couture, Marie-Geneviève, [Joseph III.
b 1731; veuve d'Augustin Langlois.
Louis-Charles, b[6] 8 août 1762.—*Alexis*, b[6] 22 et s[6] 26 nov. 1763.—*Marie-Marguerite*, b[6] 28 oct. 1764.—*Rosalie*, b[6] 12 dec. 1766.

1762, (10 nov.) St-Nicolas.
V.—CHARLAND, Pierre-Noel, [Pierre IV.
b 1739.
Dubois, Marguerite, [Pierre III.
b 1732; veuve de Joseph Marion.
Charlotte, b 2 nov. 1765, à St-Antoine-Tilly.

1763, (19 sept.) Varennes.
IV.—CHARLAND, François, [Jacques III.
b 1733.
Bousquet, Marie. [Claude III.

1764.
V.—CHARLAND (2), Alexis, [Pierre IV.
b 1740.
Boucher, Marie-Angelique, [Joseph V.
b 1737.
Alexis, b 2 juin et s 10 août 1765, à St-Antoine-Tilly.[4] — *Marie-Angelique*, b[4] 8 juillet 1766.

CHARLAND, Alexis,
s avant 1798.
Girard, Angelique.
Louis, b... m 5 juin 1798, à Marie-Madeleine Loisel, à Quebec.

1765, (3 nov.) St-Jean-Deschaillons.[7]
IV.—CHARLAND (3), Basile, [Joseph III.
b 1745, s[7] 28 mars 1798.
1° Courtois, Marie, [Jean III.
b 1746, s[7] 18 nov. 1766.
Joseph, b[7] 10 nov. et s[7] 30 déc. 1766.
1774, (11 juillet).[7]
2° Augé, Marie-Elisabeth, [Pierre III.
b 1749; s[7] 20 juillet 1789.
1792, (8 oct.)[7]
3° Martel, Marie-Charlotte, [Paul IV.
b 1758.
Joseph, b... m[7] 26 avril 1813, à Marguerite Baudet.

CHARLAND, Pierre.
Gendreau, Catherine.
Pierre, b 18 sept. 1773, à St-Jean, I. O.[8]; s[8] 4 fevrier 1775.—*Marie-Anne*, b[8] 6 juillet 1776.—

---

(1) Elle épouse, le 27 sept. 1791, Charles Pepin, à Québec.

(2) Michel en 1766.

(3) Dit Francœur.

Marie-Victoire, b [8] 3 février 1778.—*Marie-Joseph*, b [8] 15 janvier 1782.—*Jean-Baptiste*, b [8] 12 oct. 1783.—*Etienne*, b [8] 21 sept. 1786.

1778, (23 fevrier) St-Jean-Deschaillons. [9]
IV.—CHARLAND, AUGUSTIN, [JOSEPH III.
b 1755; s [9] 21 mars 1809.
COURTOIS, Rosalie, [JEAN III.
b 1754; veuve de Louis Letourneau; s [9] 26 août 1789.

1784, (8 nov.) St-Augustin. [1]
IV.—CHARLAND, JEAN-MARIE, [JOS.-MARIE III.
b 1761.
BOLF, Marie-Madeleine. [MATHIEU I.
Jean-Baptiste, b [1] 16 janvier 1786.—*Marie*, b [1] 30 juillet 1787.—*Charles*, b [1] 18 sept. 1789.—*Joseph*, b [1] 22 août 1792.

1798, (5 juin) Québec.
CHARLAND, LOUIS [ALEXIS.
LOISEL, Marie-Madeleine. [LOUIS.

CHARLAND, AMABLE,
b 1779; s 10 mars 1821, à St-Jean-Deschaillons. [3]
LAPRISE, Françoise.
Nathalie, b... m [3] 10 février 1823, à Jean MAUPAS.—*Louise*, b... m [3] 7 août 1827, à Clovis LEMAY.

CHARLAND, PIERRE.
HAMEL, Scholastique.
Scholastique, b... m 23 sept. 1823, à Jean-Baptiste HOUDE, à St-Jean-Deschaillons.

1813, (26 avril) St-Jean-Deschaillons. [1]
V.—CHARLAND, JOSEPH. [BASILE IV.
BAUDET Marguerite, [URBAIN IV.
b 1791; s [1] 16 août 1815.

CHARLEBOIS, MARIE-JOSEPH, épouse de Jean-Baptiste LEGAUT.

CHARLEBOIS, MARIE-LOUISE, b... m 1821, à Pierre OUIMET, à Montréal.

CHARLEBOIS, FRANÇOISE, epouse de Jacques PILON.

1686, (25 nov.) Montreal. [6]
I.—CHARLEBOIS (1), JEAN, b 1656; fils d'Antoine et de Marie Dosque, de St-André, ville de St-Machaixe, diocèse de Bazas.
PERRIER, Marthe, [JEAN I.
b 1670.
Jacques-Charles, b [6] 28 juillet 1694; m [6] 23 nov. 1716, à Françoise DANNY; s [6] 24 janvier 1722. — *Joseph*, b [6] 2 juin 1697; m à Catherine TRIOLET.—*Pierre*, b 10 sept. 1699, à Lachine; m 18 nov. 1726, à Marie-Madeleine DUBOIS, à la Pointe-Claire.—*Antoine*, b 21 dec. 1703, au Bout-de-l'Ile, M.; m 23 fevrier 1729, à Catherine CHAMAILLARD, à Terrebonne.

(1) Dit Joly; de la Compagnie de M. Crisafy; voy. vol. I, p. 116.

1716, (23 nov.) Montréal. [1]
II.—CHARLEBOIS, JACQUES-CHS, [JEAN I.
b 1694; s [1] 24 janvier 1722.
DANNY (1), Françoise, [JEAN II.
b 1695.
Jean-Baptiste, b... m 30 janvier 1747, à Marguerite LEBRODEUR, à Varennes.—*Marie-Charlotte*, b 23 août 1717, au Bout-de-l'Ile, M. [7]; 1° m [1] 6 février 1736, à Louis DENIS; 2° m [7] 17 janvier 1757, à Antoine SAUVÉ. — *Jacques*, b [1] 6 fevrier 1719; 1° m [7] 7 janvier 1745, à Marie PORTELANCE; 2° m 13 nov. 1752, à Thérèse DUCHARME, à Lachine; 3° m [7] 15 fevrier 1768, à Marie-Louise BRUNET.

1726, (18 nov.) Pte-Claire.
II.—CHARLEBOIS, PIERRE, [JEAN I.
b 1699.
DUBOIS, Madeleine. [ANTOINE I.
Dominique, b... m 15 janvier 1759, à Marie-Anne DAOUT, au Bout-de-l'Ile, M. [2] — *Jacques-Amable*, b 1734; m [2] 7 février 1763, à Marie-Joseph DAOUT; s 15 août 1789, à Lachenaye.—*Pierre*, b... m 26 janvier 1756, à Eugénie PARÉ, à Lachine.

1729, (23 fevrier) Terrebonne.
II.—CHARLEBOIS (2), ANTOINE, [JEAN I.
b 1703.
CHAMAILLARD, Catherine, [JEAN II.
b 1704.

II.—CHARLEBOIS, JOSEPH, [JEAN I.
b 1697.
TRIOLET, Catherine, [JACQUES I.
b 1701.
Jean, b... m 22 nov. 1756, à Suzanne RANGER, au Bout-de-l'Ile, M.—*André*, b... 1° m 5 fevrier 1759, à Marie-Joseph ROUSSEAU, à Ste-Geneviève, M.: 2° m 11 février 1765, à Marie-Joseph DAOUT, à Soulanges.

CHARLEBOIS, LOUIS.
GOYER, Françoise.
Louis, b... m 27 janvier 1766, à Archange ROBILLARD, au Bout-de-l'Ile, M.

1745, (7 janvier) Bout-de-l'Ile, M. [6]
III.—CHARLEBOIS, JACQUES, [JACQUES-CHS II.
b 1719.
1° PORTELANCE, Marie-Catherine, [LOUIS II.
b 1726.
Joseph, b [6] 10 nov. 1745.
1752, (13 nov.) Lachine. [8]
2° DUCHARME, Thérèse, [JOSEPH-JEAN III.
b 1725; s [8] 9 juin 1753.
1768, (15 février). [6]
3° BRUNET, Marie-Louise, [FRANÇOIS II.
b 1717; veuve de Joseph Emery-Coderre.

(1) Elle épouse, le 16 nov. 1722, Jean-Baptiste Desmarets, à Montréal.
(2) Dit Boyer.

1747, (30 janvier) Varennes.
III.—CHARLEBOIS, JEAN-BTE. [JACQUES-CHS II.
BRODEUR, Marie-Madeleine. [JOSEPH II.
Véronique, b 1752; s 4 dec. 1753, à Lachine.

CHARLEBOIS, JOSEPH,
b 1728; s 7 janvier 1759, à Lachine. [3]
LADOUCEUR (1), Angelique,
b 1724, s [3] 16 mars 1759.
Marie-Catherine, b 18 sept. 1752, à Ste-Geneviève, M.[5]; s[5] 25 juillet 1755.—*Marie-Angélique*, b[5] 17 juin 1754.—*Marie-Joseph*, b [5] 1er sept. 1755, s 23 avril 1763, au Bout-de-l'Ile, M.—*Madeleine-Angélique*, b [3] 30 janvier 1758.

1756, (26 janvier) Lachine.
III.—CHARLEBOIS, PIERRE. [PIERRE II.
PARÉ, Eugénie. [JOSEPH II.
Dominique, b... m à Angélique CASTONGUAY.

1756, (22 nov.) Bout-de-l'Ile, M [3]
III.—CHARLEBOIS, JEAN. [JOSEPH II.
RANGER, Suzanne, [JOSEPH II.
b 1736.
Marie-Suzanne, b 3 sept. 1757, à Ste-Geneviève, M. [1] — *Geneviève*, b [1] 4 janvier 1759; s [3] 15 août 1759.

1759, (15 janvier) Bout-de-l'Ile, M.
III.—CHARLEBOIS, DOMINIQUE. [PIERRE II
DAOUT, Marie-Anne. [LOUIS II

1759, (5 février) Ste-Geneviève, M.
III.—CHARLEBOIS, ANDRÉ. [JOSEPH II
1° ROULEAU (2), Marie-Joseph. [JOSEPH II
André, b 7 oct. 1759, au Bout-de-l'Ile, M. [3]—*Marie-Joseph*, b [3] 14 fevrier 1762.
1765, (11 fevrier) Soulanges.
2° DAOUT, Marie-Joseph, [GUILLAUME III.
b 1744.

1763, (7 fevrier) Bout-de-l'Ile, M. [2]
III.—CHARLEBOIS, JACQ.-AMABLE, [PIERRE II.
b 1734; s 15 août 1789, à Lachenaye.
DAOUT, Marie-Joseph, [LOUIS II.
b 1741.
Joseph-Amable, b [2] 31 dec. 1763; s [2] 4 mai 1765. — *Véronique-Amable*, b 21 juin 1765, au Lac-des-Deux-Montagnes. [3] — *André*, b [3] 29 juin 1766.—*Marguerite*, b [3] 10 mai 1768.

1766, (27 janvier) Bout-de-l'Ile, M. [3]
CHARLEBOIS, LOUIS. [LOUIS.
ROBILLARD, Archange, [LAMBERT III.
b 1749.
Marie-Louise, b [3] 24 juin 1767.

CHARLEBOIS, CHRISTOPHE.
ROY, Marguerite
Véronique-Amable, b 19 février 1768, au Bout-de-l'Ile, M.

(1) Dit Madeleine.
(2) Ou Rousseau.

IV.—CHARLEBOIS, DOMINIQUE. [PIERRE III.
CASTONGUAY, Angelique.
Basile-Hyacinthe, b 16 août 1791, au Lac-des-Deux-Montagnes.

CHARLELEAU, ELISABETH, épouse de Jean-Baptiste ROIROU.

CHARLERY, MADELEINE, b... 1° m à François ALARD; 2° m 24 oct. 1796, à Jacques PAPIE-LAFLEUR, à Quebec.

CHARLERY, MARGUERITE, épouse de Pierre NORMANDEAU.

1713, (28 nov.) Québec.[1]
I.—CHARLERY (1), FRANÇOIS, fils de François et de Renee Foissier, de Durtal, Angers; s [1] 13 avril 1749.
LECLERC, Marie-Marguerite, [ROBERT I.
b 1692; s [1] 13 juin 1751.
François, b [1] 5 sept. et s [1] 29 nov. 1714.—*François*, b [1] 3 dec. 1715; m [1] 11 mai 1739, à Marie-Joseph MARCHAND, s [1] 8 janvier 1779.—*Marie-Angélique*, b [1] 4 sept. 1717; s [1] 5 sept. 1723.—*André*, b [1] 20 avril 1720.—*Geneviève*, b [1] 26 janvier 1722.—*Michel*, b [1] 8 juin 1724; 1° m [1] 8 nov. 1745, à Marguerite ROSA; 2° m [1] 13 mai 1761, à Charlotte MORAS.

1739, (11 mai) Québec.[1]
II.—CHARLERY, FRANÇOIS, [FRANÇOIS I.
b 1715; s [1] 8 janvier 1779.
1° MARCHAND, Marie-Joseph, [FRANÇOIS II.
b 1712; s [1] 13 oct. 1751.
Marie-Joseph, b [1] 16 février 1740; m [1] 13 oct. 1761, à Joseph MARANDA.—*Marie-Marguerite*, b [1] 28 août 1743. — *Geneviève*, b [1] 13 mai 1746.—*François*, b [1] 6 avril 1749.—*François*, b [1] 7 oct. 1751, s 24 juillet 1752, à Charlesbourg.
1752, (11 avril).[1]
2° MARCOU, Angelique, [JEAN III.
b 1728.
François, b [1] 11 janvier 1753.—*Jacques*, b [1] 18 janvier 1754. — *Joseph-Marie*, b [1] 9 mai et s [1] 22 juin 1755. — *Antoine*, b [1] 10 dec. 1756. — *Jean-Baptiste*, b [1] 24 fevrier 1758.— *André*, b [1] 14 oct. 1759.—*Marie-Angélique*, b [1] 24 avril et s [1] 7 mai 1761.—*Marie-Angélique*, b [1] 8 oct. 1762.

1745, (8 nov.) Quebec.[1]
II.—CHARLERY, MICHEL, [FRANÇOIS I.
b 1724.
1° ROSA, Marguerite, [BARTHÉLEMI I.
b 1720, s [1] 18 mai 1760.
Marie-Marguerite, b [1] 13 juin 1746. — *Angélique*, b [1] 19 sept. 1748. — *Michel*, b [1] 9 et s [1] 18 avril 1750 — *Michel*, b [1] 26 juin 1751.—*Marie-Joseph*, b [1] 21 août et s [1] 20 sept. 1753. — *Elisabeth-Joseph*, b [1] 3 oct. 1754; s [1] 10 avril 1755.—*Marie-Anne*, b [1] 23 oct. 1755. — *Thérèse*, b [1] 12 nov. 1756.—*Joseph*, b [1] 12 et s 16 janvier 1758, à St-Augustin.—*Jean-Baptiste*, b [1] 16 juin 1759.

(1) Dit Lavaleur; soldat du marquis d'Alogny.

1761, (13 mai).[1]
2° MORAS (1), Charlotte. [JEAN I.
Charlotte, b [1] 23 fevrier 1762; m 8 mai 1784, à Joseph ROUILLARD, à Nicolet.[2]—*Marie-Louise*, b [1] 30 juillet et s [1] 16 août 1763.—*Madeleine*, b... m [2] 8 août 1787, à Joseph PROVENCHER.

CHARLES. — *Variations et surnoms* : BRULEVILLAGE— LAJEUNESSE— DUVAL— CLÉMENT— OLÉRON.

CHARLES, MARIE-JOSEPH, b 1706; m à Ange DROUSSON; s 6 mai 1736, à Longueuil.

CHARLES, BARBE, epouse de Joseph FALARDEAU.

CHARLES (2), FRANÇOISE, épouse de François GIPOULON.

CHARLES, CATHERINE, b... m 1659, à Urbain JETTÉ.

CHARLES, MARGUERITE, epouse de ...... JOLICŒUR.

CHARLES, MARIE, épouse de Jean-Baptiste LAJEUNESSE.

CHARLES, MARGUERITE, b... m 1727, à Jean-Baptiste MAISONNEUVE.

CHARLES (2), MARIE, épouse de Louis PETIT.

1667, (24 oct.) Trois-Rivières.
I.—CHARLES (3), ETIENNE,
b 1649.
NIEL, Madeleine,
b 1652; s 16 août 1732, à St-François, I. J.[6]
Clément, b 29 oct. 1671, à Boucherville [2]; 1° m à Marie DUPRÉ; 2° m à Suzanne RICHARD, s 13 fevrier 1743, à Terrebonne.—*Hélène*, b 12 août 1678, à Montreal[4]; 1° m [2] 28 oct. 1698, à Michel VIAU; 2° m 23 juin 1722, à Etienne BENOIT, à Longueuil[3], s [3] 23 fevrier 1752.—*Etienne*, b [2] 4 dec. 1680; m [3] 3 sept. 1702, à Marie-Joseph ROBIN. —*Marie-Madeleine*, b [2] 3 fevrier 1687; m [3] 31 janvier 1718, à Pierre RENIER.—*Jean-Baptiste*, b [2] 16 avril 1689; 1° m [2] 29 oct. 1715, à Marie-Anne BOURDON; 2° m [6] 25 fevrier 1729, à Marie LAMOTTE.—*Anne*, b [2] 21 janvier 1691; 1° m [2] 23 dec. 1709, à Marin BOURDON; 2° m [4] 28 fevrier 1720, à Charles SUREAU.—*Jeanne*, b [2] 5 avril 1693, m [3] 13 avril 1711, à Ignace BOURDON.

CHARLES, JACQUES.
TRUDEL, Jeanne.
Jean-François, b 24 mars 1693, à St-Frs-du-Lac.

CHARLES (4), ..., b... s 29 dec. 1739, à Montreal.

(1) Ou Morard.
(2) Dit Lajeunesse.
(3) Dit Lajeunesse; voy. vol. I, p. 117.
(4) Dit Brûlevillage.

1698, (16 juin) Boucherville.
II.—CHARLES (1), MICHEL, [ETIENNE I.
b 1676.
CADIEUX (2), Jeanne, [JEAN I.
b 1678.
Marguerite, b 30 janvier 1701, à Longueuil.—*Michel*, b 11 fevrier 1703, à St-François, I. J.; s 16 mai 1728, à Montreal.

II.—CHARLES (1), CLÉMENT, [ETIENNE I.
b 1671; s 13 fevrier 1743, à Terrebonne.[3]
1° DUPRÉ, Marie.
Marie-Antoinette, b 23 sept. 1702, à Longueuil. —*Marie-Angélique*, b 14 mai 1707, à St-François, I J.[6]; 1° m [4] 9 avril 1731, à Joseph HUBOUT; 2° m 28 juillet 1748, à Jean-Baptiste TAILLON, à Lachenaye[4]; s[4] 5 juin 1749.—*Marie-Charlotte*, b [5] 14 juin 1709. — *Antoine*, b 1712; m [3] 21 fevrier 1735, à Marie-Françoise BEAUMONT; s [3] 1er sept. 1747. — *Joseph*, b [6] 10 oct. 1713; 1° m [3] 4 mars 1737, à Marie LIMOGES; 2° m [3] 21 sept. 1749, à Marie-Joseph CARBONNEAU.—*Marie*, b [5] 15 sept. 1715; m [4] 3 nov. 1734, à Etienne ROBIN. — *Marie*, b... m [5] 20 nov. 1717, à Jean TAILLON.—*Marguerite*, b [5] 30 nov. 1717.—*Madeleine*, b... m [4] 30 sept. 1738, à Prisque MAISONNEUVE.—*Ignace*, b... m [4] 6 nov. 1741, à Elisabeth ROUSSIN; s [3] 15 nov. 1747. — *Jean-Baptiste*, b... m [4] 19 août 1743, à Marguerite GARIÉPY.
2° RICHARD, Suzanne, [JEAN I.
b 1704, s [3] 28 nov. 1760.
Marie-Antoinette, b [3] 15 mai 1728. — *Marie-Suzanne*, b 1729; s [3] 17 mai 1733.—*Clément*, b [3] 28 juillet 1730.—*Angelique*, b [3] 17 mai 1732; m [3] 13 oct. 1749, à Jean-Baptiste TOUIN.— *Joseph*, b [3] 17 fevrier 1734; s [3] 18 nov. 1760.—*Marie-Joseph*, b [3] 28 mars 1737; m [4] 5 mars 1764, à Jean-François BÉLANGER. —*Reine*, b [3] 2 mars 1741; m [3] 3 nov. 1760, à Nicolas JAMET.—*Bonaventure* (posthume), b [3] 30 mai 1743.

CHARLES, FRANÇOIS.
VALIQUET, Elisabeth.
Michel, b 11 janvier 1704, à Longueuil.

1702, (3 sept.) Longueuil.[2]
II.—CHARLES (1), ETIENNE-CHS, [ETIENNE I.
b 1680, s 6 fevrier 1759, à Ste-Rose.
ROBIN (3), Marie-Joseph, [JEAN I.
b 1684, s avant 1739.
Marie-Madeleine, b [2] 12 août 1708; m à François DROSSON, s 17 avril 1733, à St-François, I. J.[3] — *Jeanne*, b 1710; m 7 janvier 1734, à Julien ROCHON, à Terrebonne[5]; s [5] 2 fevrier 1740. — *Angélique*, b [3] 16 juin 1713; m [5] 7 avril 1737, à Julien MALBŒUF; s [5] 20 mai 1744. —*Jacques-Etienne*, b [3] 25 oct. 1714. — *Jean-Baptiste*, b [3] 18 août 1716; 1° m [3] 11 janvier 1740, à Marie-Renée DESSUREAU; 2° m 26 avril 1756, à Agathe MARTEL, à Ste-Geneviève, M. — *Michel*, b... m [3] 18 oct. 1728, à Marie BEAUCHAMP.—*Marie-*

(1) Dit Lajeunesse.
(2) Elle épouse, le 14 mai 1704, André Colin, à St-François, I. J.
(3) Dit Lapointe, 1714.

Anne, b 1720 ; s[3] 9 mai 1733 (morte de la picote). —*Marie-Antoinette*, b 4 nov. et s 4 déc. 1728, à Montreal.—*Charles-Clément*, b... m 22 février 1762, à Marie MATTE, à Lachenaye.

CHARLES, JEAN-BTE.
ILLINOISE, Madeleine.
Jean-Baptiste, b 1705; m 20 juillet 1750, à Marie-Joseph DUMAS, à Montréal.

1715, (29 oct.) Boucherville. [5]
II.—CHARLES (1), JEAN-BTE, [ETIENNE I
b 1689 ; s avant 1752.
1° BOURDON, Marie-Anne, [JACQUES I.
b 1698; s 5 oct. 1728, à St-François, I. J. [9]
Jean-Louis, b [5] 25 janvier 1717.—*Marie-Anne*, b [5] 12 février 1719; m [9] 9 fevrier 1739, à François LABERGE.—*Pierre*, b [5] 1er fevrier 1721.—*Pierre*, b [5] 29 avril 1723.—*Jean-Baptiste*, b 26 sept. 1725, à Longueuil; s 25 oct. 1747, à Terrebonne. [4] — *Jean-Baptiste*, b... m 10 avril 1752, à Elisabeth GIPOULON, à Ste-Rose.
1729 (2), (25 février). [9]
2° LAMOTTE (DE), Marie-Anne, [FRANÇOIS I.
b 1704.
Etienne, b 1729; 1° m [4] 16 nov. 1750, à Marie-Charlotte ROY; 2° m [4] 19 nov. 1764, à Marie-Joseph CARBONNEAU.—*Marie-Louise*, b [9] 25 avril et s [9] 27 mai 1731.—*Marguerite*, b [9] 7 mars et s [9] 14 août 1732. — *Judith*, b [9] 7 mars et s [9] 10 nov. 1732. — *Marie-Jeanne*, b [9] 4 sept. 1733; s [9] 15 août 1734.—*Antoine*, b [9] 21 mai 1735; s [9] 28 avril 1736. — *Charles*, b [9] 21 avril 1737; s [9] 27 mai 1738.—*Antoine*, b [9] 15 mars et s [9] 7 mai 1739.—*François*, b [9] 25 janvier 1740.

1718, (17 janvier) Québec. [9]
I.—CHARLES (3), LOUIS, fils d'André (marchand) et de Marie Potien, de St-Louis, Paris.
BONIER (4), Marie-Anne, [JACQUES I.
b 1700; s [9] 13 mai 1775.
Louise-Hyacinthe, b [9] 11 sept. 1720. — *Marie-Anne*, b [9] 2 nov. 1722; m [9] 27 sept. 1745, à Jean DARROCQ.—*Pierre*, b [9] 22 janvier 1725.—*Marie-Françoise*, b [9] 26 mars 1727.—*Noel-François*, b [9] 6 janvier 1729.—*Louis*, b [9] 2 août 1731. — *Marguerite*, b [9] 24 juillet 1734 —*Marie-Françoise*, b [9] 12 fevrier 1737; s [9] 24 janvier 1743. — *Jacques*, b [9] 21 fevrier 1740. — *Marie-Jeanne*, b [9] 16 avril 1742.

1728, (18 oct) St-François, I. J. [6]
III.—CHARLES (1), MICHEL. [ETIENNE II.
BEAUCHAMP, Marie. [PIERRE II.
Marie-Anne, b... s 21 nov. 1729, à Terrebonne. [4] — *Marie*, b 1731, s [6] 26 avril 1732. — *Marie-Anne*, b [6] 26 sept. 1732; s [6] 6 août 1733.—*Michel*, b [3] 4 fevrier et s [6] 6 août 1735. — *Jean-Baptiste*, b [8] 23 et s [3] 25 mai 1736.— *Etienne*, b [8] 12 avril 1737; m 3 sept. 1760, à Marie-Catherine LALONDE, à Montréal. — *Marie-Thérèse*, b [3] 15 juillet 1739; s [8] 4 sept. 1740. — *Anonyme*, b [3] et s [8] 20 août 1744.

(1) Dit Lajeunesse.
(2) Réhabilité, le 26 nov. 1730, par cause d'affinité spirituelle.
(3) Dit Duval.
(4) Dit Laplante.

1735, (21 février) Terrebonne. [6]
III.—CHARLES (1), ANTOINE, [CLÉMENT II.
b 1712; s [5] 1er sept. 1747.
BEAUMONT (2), Marie-Françoise, [VINCENT II.
b 1719.
Antoine, b [5] 16 mars et s [5] 2 juillet 1736. — *Marie-Françoise*, b [5] 24 mai 1737; m 18 fevrier 1760, à Basile ALAIRE, à Ste-Rose. [6]— *Elisabeth*, b [6] 25 sept. 1738.—*Charles*, b [5] 17 juillet 1740.—*Basile*, b [5] 24 juin 1742; m [6] 20 fevrier 1764, à Marie-Charlotte GIPOULON.—*Marie-Joseph*, b [5] 15 nov. 1744. — *Marguerite*, b [6] 14 mars et s [6] 19 juin 1746. — *Jean-Baptiste*, b [6] 9 avril 1747. — *Anonyme*, b... s [5] 28 juin 1747.

1735, (27 juillet) Terrebonne.
CHARLES, ETIENNE,
b 1678.
LECLERC, Françoise, [ROBERT I.
b 1689; veuve de Jean Brouillet.

III.—CHARLES, JOSEPH. [CLÉMENT II.
LAMOUREUX, Angélique.
Angélique, b... m 24 janvier 1757, à Joseph AUDET, à Boucherville [4]— *Madeleine*, b... m [4] 21 oct. 1765, à Alexis BOUTEILLER.

1737, (4 mars) Terrebonne. [9]
III.—CHARLES (1), JOSEPH, [CLÉMENT II.
b 1713.
1° LIMOGES, Marie, [PIERRE I.
b 1709; s [9] 19 janvier 1749.
Joseph, b [9] 14 juin 1738. — *Marie-Madeleine*, b [9] 11 nov. 1739. — *Brigide*, b [9] 2 février 1741 · s [9] 4 juillet 1744. — *Marie-Agathe*, b [9] 27 mars 1742; m [9] 7 fevrier 1763, à Jean-Louis DELAGE. —*Jean-Baptiste*, b [9] 11 juillet 1744.—*Amable*, b [9] 23 et s [9] 26 août 1746. — *Marie-Angélique*, b [9] 6 et s [9] 20 août 1748. — *Marie-Charlotte*, b... 1° m [9] 7 nov. 1757, à Charles CUSSON; 2° m [9] 17 juin 1771, à Pierre CADIEU.
1749, (21 sept.) [9]
2° CARBONNEAU (3), Marie-Joseph, [PIERRE II.
b 1730.
Marie-Joseph, b [9] 23 déc. 1750.—*François*, b [9] 13 nov. 1752; s [9] 25 oct. 1755.— *Marie-Angélique*, b [9] 18 avril et s [9] 16 mai 1754. — *Marie-Reine*, b [9] 16 oct. et s [9] 3 nov. 1755.—*François*, b [9] 2 dec. 1756. — *Marie-Elisabeth*, b [9] 12 août 1758.

(1) Dit Clément.
(2) Elle épouse, le 28 avril 1749, Nicolas Poutré, à Ste-Rose.
(3) Elle épouse, le 19 janvier 1761, Jean-Baptiste Ranger, à Terrebonne.

1740, (11 janvier) St-François, I. J.
III.—CHARLES (1), JEAN-BTE, [ETIENNE II.
b 1716.
1° DESSUREAU, Marie-Renée. [JEAN-BTE II.
Michel, b 30 sept. 1740, à Terrebonne.[5]— *Marie-Françoise*, b [5] 5 juillet 1742. — *Jean-Baptiste*, b [5] 27 sept. 1744.—*Marie-Marguerite*, b 11 août 1746, à Ste-Rose.[6] — *Charles*, b [5] 17 sept. 1748. — *Antoine*, b [6] 5 sept. et s [6] 3 oct. 1750.— *Jean-Baptiste*, b [6] 22 juin 1753. — *Marie-Angélique*, b... m 10 mai 1768, à Eustache RANGER, au Bout-de-l'Ile, M.

1756, (26 avril) Ste-Geneviève, M.
2° MARTEL, Marie-Agathe. [FRANÇOIS II.
Toussaint, b [6] 27 avril 1760. — *Françoise*, b [6] 25 avril 1762.

1741, (6 nov.) Lachenaye.
III.—CHARLES (2), IGNACE, [CLÉMENT II.
b 1712; s 15 nov. 1747, à Terrebonne.[5]
ROUSSIN, Elisabeth, [LOUIS III.
b 1722, s [5] 15 oct. 1756.
Elisabeth, b [5] 13 sept. 1742.— *Ignace*, b [5] 25 mars 1744; m [5] 11 avril 1774, à Marie-Céleste LIMOGES. — *Marie-Joseph*, b [5] 24 juin 1745.— *Marie-Reine*, b 1747; s [5] 16 juillet 1747.— *Louis*, (posthume) b [5] 15 mai et s [5] 2 sept. 1748.

1743, (19 août) Lachenaye.[8]
III.—CHARLES (2), JEAN-BTE. [CLÉMENT II.
GARIEPY, Marguerite. [JEAN-BTE III.
Marguerite, b 3 juillet 1744, à Terrebonne.[5]— *Marie-Louise*, b [5] 23 sept. 1745; s [5] 11 août 1747. — *Jean-Baptiste*, b 28 déc. 1746, à Ste-Rose[6]; m [6] 9 février 1767, à Françoise ROBIN.—*Joseph*, b [5] 1er avril 1748; m [5] 21 janvier 1771, à Marie-Angélique LIMOGES.— *Marie-Louise*, b [6] 2 février 1750; m [5] 19 avril 1773, à François MAISONNEUVE. —*Marie-Françoise*, b [5] 18 mai 1751; m [5] 27 avril 1772, à Pierre RANCOUR; s [5] 4 avril 1773.—*Marie-Charles*, b [8] 3 février 1753; m [5] 23 nov. 1772, à Joseph RANCOUR. —*Charles*, b [5] 22 juin 1758. — *Angélique*, b... m [5] 8 février 1779, à Jean-Baptiste SÉGUIN.—*Pierre*, b... m [5] 8 février 1779, à Archange LIMOGES.—*Michel*, b [6] 27 février 1764

CHARLES, LOUIS.
DESSUREAU, Madeleine.
Louis, b 24 août 1743, à Terrebonne.[5] — *Jean-Baptiste*, b [5] 2 avril et s [5] 7 sept. 1745.

CHARLES, FRANÇOIS, b 1748; s 21 juin 1764, à Ste-Rose.

CHARLES, MARIE-JOSEPH, b 1752; s 21 nov. 1755, à Ste-Rose.

CHARLES, MARIE-REINE, b... s 14 août 1756, à Ste-Rose.

CHARLES, MARGUERITE, b... s 28 mai 1757, à Ste-Rose.

(1) Dit Lajeunesse.
(2) Dit Clement, voy. ce nom.

1750, (20 juillet) Montréal.
CHARLES, JEAN-BTE, [JEAN-BTE.
b 1705.
DUMAS, Marie-Joseph, [JOSEPH III.
b 1733.
Antoine, b 8 janvier 1754, à St-Laurent, M.

1750, (19 oct.) Ste-Rose.
CHARLES, LOUIS.
BROUILLET, Catherine, [GILLES II.
b 1719.

1750, (16 nov.) Terrebonne.[8]
III.—CHARLES (1), ETIENNE, [JEAN-BTE II.
b 1729.
1° ROY, Marie-Charlotte, [AUGUSTIN I.
Louis, b [8] 7 janvier 1752.—*Etienne*, b 19 août 1753, à Ste-Rose[9]; s [9] 9 juin 1754.—*Marie-Thérèse*, b [9] 4 sept. 1754; s [9] 9 dec. 1755. — *Marie-Reine*, b [8] 16 janvier 1756.—*Marie-Angélique*, b [9] 12 juin 1757. — *Marie-Catherine*, b [8] 26 février 1759.—*Marie-Charlotte*, b... m [8] 28 sept. 1772, à Jacques TERRIEN.—*Marie*, b... m [8] 2 oct. 1775, à Raphaël GIROUX. — *Etienne* et *Jean-Baptiste*, b [9] 21 février et s [9] 3 juillet 1761. — *Marie-Marguerite*, b [9] 9 juin 1762.

1764, (19 nov.) [8]
2° CARBONNEAU, Marie-Joseph, [PIERRE II.
b 1730; veuve de Jean-Baptiste Ranger.

1752, (10 avril) Ste-Rose.[1]
III.—CHARLES (1), JEAN-BTE. [JEAN-BTE II.
GIPOULON, Elisabeth, [FRANÇOIS II.
b 1731; s [1] 28 nov. 1755.
Marie-Joseph, b 26 mars 1753, à Terrebonne.[2] —*Jean-Baptiste*, b [2] 13 oct. 1755.

1752, (18 sept.) Montréal.
I.—CHARLES (2), PIERRE, b 1710; fils d'André et de Marie Dontal, d'Aubat, diocèse de Xaintes.
DENIORD (3), Elisabeth, [JACQUES I.
b 1728.

CHARLES, FRANÇOIS.
CHARPENTIER, Catherine.
Marie-Catherine, b 20 nov. 1759, à Ste-Rose.

CHARLES, ETIENNE,
b 1739; s 27 février 1764, à Ste-Rose.
LACOMBE, Catherine.

1760, (3 sept.) Montreal
IV.—CHARLES (1), ETIENNE, [MICHEL III.
b 1737.
LALONDE, Marie-Catherine. [LOUIS

(1) Dit Lajeunesse.
(2) Dit Oleron.
(3) Elle épouse, le 7 janvier 1762, Nicolas Mouras, à Montréal.

1762, (22 février) Lachenaye. [4]
III.—CHARLES (1), CLÉMENT-CHS. [ETIENNE II.
MATTE, Marie. [PIERRE III.
Pierre, b[4] 27 mai 1770.—*Marie-Archange*, b... m [4] 14 juillet 1783, à François MAISONNEUVE.

1764, (20 février) Ste-Rose.
IV.—CHARLES (2), BASILE, [ANTOINE III.
b 1742.
GIPOULON, Marie-Charlotte, [FRANÇOIS II.
b 1741.
Marie-Charlotte, b 27 avril 1768, à Lachenaye.

1767, (9 février) Terrebonne.
IV.—CHARLES (2), JEAN-BTE, [JEAN-BTE III.
b 1746.
ROBIN (3), Françoise, [PIERRE III.
b 1746.

1771, (21 janvier) Terrebonne.
IV.—CHARLES (2), JOSEPH, [JEAN-BTE III.
b 1748.
LIMOGES, Marie-Angélique, [JOSEPH II.
b 1751.

1774, (11 avril) Terrebonne.
IV.—CHARLES (2), IGNACE, [IGNACE III.
b 1744.
LIMOGES, Marie-Céleste, [JOSEPH II.
b 1746.

1779, (8 février) Terrebonne.
IV.—CHARLES (2), PIERRE. [JEAN-BTE III.
LIMOGES, Archange, [JOSEPH II.
b 1755.

I.—CHARLESTEGUY, PIERRE.
DELISLE, Marie-Louise.
Augustin, b 24 et s 26 dec. 1735, à Québec.

1744, (31 août) Montréal. [4]
I.—CHARLOPIN (4), JEAN-BTE, b 1704; fils de Jean-Baptiste et de Marie St-Ange, de St-Marin, diocèse de Xaintes.
LEREAU (5), Geneviève, [PIERRE I.
b 1711.
Jean-Baptiste, b [4] 17 oct. 1744.—*Louis*, b [4] 14 mai et s [4] 16 juillet 1746.—*Etienne*, b [4] 17 mai 1747; s [4] 13 mars 1750.—*Marie*, b [4] 22 mai 1749.

CHARLOT (6). [JEAN.
MANSION Jeanne.
Marie-Thérèse, b 3 février 1678, à Sorel.

I.-CHARLOT, JACQUES,
DENEAU, Marie-Charlotte.
Marie-Anne, b... m 14 oct. 1748, à Jean-Louis DAUNAY.

(1) Dit Clément, Lajeunesse et Quenoche, 1770.
(2) Dit Clément.
(3) Dit Lapointe; elle épouse, le 5 février 1770, Joseph Filion, à Terrebonne.
(4) Dit St-Onge; soldat de la compagnie de Lepervanche.
(5) Et Levreau.
(6) Dit Desmoulins.

CHARLOTTE, LOUISE, b 1732; m 1er juin 1757, à Jean GIROUX.

CHARLU.—Voy. CHANTELOUP, 1706.

CHARLY. — *Variations et surnoms* : BEGNÈS—MARTIN—ST-ANGE.

1654, (9 nov.) Montréal. [2]
I.—CHARLY (1), ANDRÉ,
b 1633, s [2] 6 fevrier 1688.
DUMESNIL, Marie,
b 1644.
Elisabeth, b [2] 3 juin 1659; m [2] 18 oct. 1677, à Joseph DEMONTENON; sœur Ste-Françoise, de la Congregation N.-D.; s [2] 17 fevrier 1713.—*Jean-Baptiste*, b [2] 17 août 1668; 1° m [2] 4 juillet 1701, à Charlotte LECOMPTE-DUPRÉ; 2° m [2] 18 sept. 1722, à Catherine DAILLEBOUT.

1701, (4 juillet) Montréal. [7]
II.—CHARLY, JEAN-BTE, [ANDRÉ I.
b 1668.
1° LECOMPE-DUPRÉ, Marie-Charlotte, [LOUIS I.
b 1684; s [7] 5 nov. 1705.
Jacques, b [7] 26 avril 1702; m 26 fevrier 1732, à Thérèse CHARETS, à Lévis. — *Charlotte*, b [7] 9 août 1704; s [7] 28 août 1706. — *Jean-Daniel*, b [7] 28 sept. 1705; s [7] 25 juin 1707.
1722, (18 sept.) [7]
2° D'AILLEBOUT (2), Catherine, [NICOLAS III.
b 1697.
Claude, b [7] 20 mai et s 14 déc. 1723, à Boucherville.—*Louise-Archange*, b [7] 19 janvier 1725; s [7] 16 fevrier 1729. — *Charles*, b [7] 28 août et s 17 sept. 1727, à Laprairie.—*Jean-Baptiste-François*, b [7] 5 nov. 1728.

CHARLY (3), MARIE-AGNÈS, épouse de Charles FORTIN.

1732, (22 janvier) Trois-Rivières.
III.—CHARLY (4), LOUIS, [JEAN-BTE II.
b 1703.
GODFROY (5), Ursule. [RENÉ III.
Marie-Louise, b 1732; s 8 février 1733, à Montreal. [8] — *Catherine-Marguerite*, b 28 nov. 1733, à Quebec; s 18 fevrier 1734, à Beauport. — *Louis-Jacques-Joachim*, b [8] 7 sept. 1735. — *Marie-Anne-Thérèse*, b [8] 8 mars et s [8] 20 sept. 1737. — *Suzanne-Ursule*, b [8] 15 mai 1738. — *André-René*, b [8] 11 juin 1739.—*André*, b [8] 4 nov. 1740. — *Ursule*, b [8] 8 nov. 1741.

1732, (26 fevrier) Lévis. [6]
III.—CHARLY, JACQUES, [JEAN-BTE II.
b 1702.
CHARETS, Thérèse, [ETIENNE II.
b 1715; s 26 mars 1744, à Montreal. [7]

(1) Dit St-Ange, voy. vol. I, p 117.
(2) DeMantet.
(3) Dit Martin.
(4) Dit St-Ange; il signait St-Ange-Charly.
(5) De Tonnancour.

Marie-Thérèse, b 30 oct. 1732, à Québec. [a]—*Jacques-Etienne,* b [6] 7 et s [6] 9 mars 1734.—*Thérèse,* b [6] 28 mars et s [6] 21 août 1735.—*Marguerite,* b [7] 17 août 1738; m [7] 10 janvier 1756, à Thomas-Marie CUGNET.—*Jacques,* b [7] 13 avril 1741.—*Charlotte,* b [7] 20 et s [7] 23 mars 1744.

CHARLY, FRANÇOIS.
MARCOU, Angelique.
Antoine, b 1757; s 4 février 1760, à Beauport [4]—*André,* b 1759; s [4] 25 février 1760.

CHARLY, JEAN-BTE, b... s 12 juillet 1759, à Lorette.

CHARLY, MICHEL.
SANSOUCY, Therèse.
Joseph, b 3 avril 1787, à Lachenaye.

CHARLY, MARIE-LOUISE, épouse de Jean-Baptiste CHARPENTIER.

CHARLY, ANGÉLIQUE, épouse de Pierre DEGUISE-FLAMANT.

I.—CHARNA (1), JEAN-BTE, b 1666; de Xaintes, Saintonge; s 10 août 1749, à l'Hôpital-Géneral, M.

1761, (23 nov.) St-Thomas.
I.—CHARNERRE, JOSEPH, fils de Jean et de Catherine Laporte, de Biard, diocèse d'Avranches.
CHOUINARD (2), Marie-Elisabeth, [EUSTACHE II.
b 1744.

CHARON.—*Variations et surnoms:* CHARRON—LAFERRIÈRE—DUCHARME—LAROSE—CABANAC.

1653.
I.—CHARON (3), CLAUDE,
b 1621.
1° CAMUS, Claude,
b 1623; s 12 avril 1684, à Québec. [4]
1684, (21 août). [4]
2° DAMOURS, Elisabeth, [MATHIEU I.
b 1658; s 9 janvier 1724, à Montreal.

1665, (19 oct.) Montréal. [5]
I.—CHARON (3), NICOLAS-PIERRE,
b 1640; s [5] 26 dec. 1700.
PILET-PLAT (4), Marie-Catherine,
b 1651; s [5] 23 juillet 1717.
Pierre, b 1672; 1° m 4 nov. 1697, à Marie ROBIN, à Boucherville [4]; 2° m 18 juillet 1734, à Marie GAUTIER, à Longueuil [8]; s [8] 3 juin 1737—*Nicolas,* b [4] 9 avril 1676; m [8] 15 janvier 1703, à Marie VIAU.—*Hélène,* b [5] 3 nov. 1682; m à Charles EDELINE; s [8] 8 mars 1738.—*Jean,* b [4] 18 oct. 1684; m à Madeleine GUERTIN.—*Louise,* b [4] 7 sept. 1686; m [8] 19 fevrier 1703, à Michel COLIN.

(1) Dit Lafripe; tambour de la compagnie de M. de Muy.
(2) Elle épouse, le 23 janvier 1764, Denis Coquillier, à St-Thomas.
(3) Voy. vol. I, p. 118.
(4) Elle épouse, le 13 janvier 1709, Sébastien Brisson, à Montréal.

1697, (4 nov.) Boucherville. [6]
II.—CHARON (1), PIERRE, [PIERRE I.
b 1672; s 3 juin 1737, à Longueuil. [3]
1° ROBIN, Marie, [JEAN I.
b 1679.
Pierre, b [6] 25 sept. 1698; m [3] 17 fevrier 1721, à Marie DEBLUCHE; s [3] 13 mars 1742.—*Marie-Madeleine,* b [3] 5 janvier 1701; m [3] 15 nov. 1723, à Pierre LEDOUX.—*Angélique,* b [3] 26 mai 1704; s [3] 10 oct. 1722.—*Jean-Baptiste,* b [3] 25 juillet 1706; s [3] 11 janvier 1709.—*Jean-Baptiste,* b [3] 25 avril 1709, 1° m 26 nov. 1731, à Marguerite LAVIGNE, à Varennes [2]; 2° m [3] 24 janvier 1735, à Marie-Joseph MALARD; s 10 fevrier 1754, à Verchères.—*Antoine,* b [3] 17 mai 1711; m à Catherine JOLY.—*Bertrand,* b [3] 3 sept. 1713; m [2] 11 janvier 1740, à Marie-Anne LEDOUX.—*Marie-Joseph,* b [3] 29 mai et s [3] 10 juillet 1716.—*Marguerite,* b [3] 4 mai 1717.—*Charles,* b [3] 19 juillet 1719; m [2] 29 sept. 1743, à Françoise CHOQUET.—*Joseph,* b [3] 4 sept. 1721.
1734, (18 juillet). [3]
2° GAUTIER (2), Marie, [JEAN-JACQUES I.
b 1682; veuve de Gervais Malard.

1701, (30 janvier) Sorel. [1]
II.—CHARON (3), FRANÇOIS, [PIERRE I.
b 1678.
PIET (4), Marguerite, [JEAN I.
b 1680.
Jean-François, b 23 juin 1704, à l'Ile-Dupas. [2]—*Marie-Anne,* b [2] 1er mai 1706; m 10 janvier 1735, à Jean BARRÉ, à St-Frs-du-Lac. [3]—*Etienne,* b [2] 2 juin 1708.—*Marie-Charlotte,* b [1] 1er juin 1710, m [3] 27 juin 1734, à Jean-Baptiste SÉCHERET.—*Marguerite,* b [1] 2 juin 1712.—*Jean,* b [1] 26 janvier 1715.—*Marc-Antoine,* b [1] 22 août 1718.—*Joseph,* b [2] 5 sept. 1723; m 13 fevrier 1748, à Marie-Anne ROSEAU, à Ste-Anne-de-la-Pérade.—*Geneviève,* b [1] 21 sept. 1723.

II.—CHARON (5), JEAN, [JEAN-BTE I.
b 1679; s 24 mai 1757, à St-Michel.

1703, (15 janvier) Longueuil. [4]
II.—CHARON, NICOLAS, [PIERRE I.
b 1676.
VIAU, Marie-Madeleine, [JACQUES I.
b 1673.
Nicolas, b [4] 7 juillet 1704; s [4] 25 janvier 1717.—*Pierre,* b [4] 11 juillet et s [4] 14 sept. 1706.—*Joseph,* b [4] 25 nov. 1708; m 16 nov. 1739, à Marie-Anne REGUINDEAU, à Boucherville [5]—*Jacques,* b [4] 1er sept. 1710; m [5] 16 sept. 1743, à Marie AUDET.

(1) Voy. vol. I, p 118.
(2) Elle épouse, le 30 sept. 1738, Philippe Dantin, à Montréal.
(3) Dit Ducharme.
(4) Dit Trempe.
(5) Dit Laferrière.

—*Marie-Madeleine*, b [4] 23 avril 1712; m [4] 9 nov. 1733, à Jean-Baptiste BRODEUR. — *Jean-Baptiste*, b [4] 4 sept. 1714; m [5] 5 février 1742, à Marie-Catherine BOURDON.—*Louis*, b... m [5] 13 oct. 1749, à Catherine HOBERTIN.— *Marie-Louise*, b [4] 25 août 1716; m [4] 24 sept. 1742, à Joseph ROBERT. —*Catherine*, b [4] 25 août 1716.—*Jean-Baptiste*, b [4] 14 juillet 1718; m [4] 7 janvier 1744, à Madeleine MALARD.—*Louise*, b [4] 24 mai 1720 —*François*, b [4] 21 avril 1722; m [5] 19 nov. 1753, à Marie-Joseph LAMOUREUX.—*Pierre*, b [4] 31 janvier 1724; m [4] 8 janvier 1753, à Marie-Françoise BIGUET, s [4] 23 août 1760.—*Antoine*, b [4] 20 janvier 1726, 1° m 14 nov. 1757, à Charlotte BLAU, à Montréal, 2° m [4] 21 janvier 1760, à Marguerite BIGUET.—*Marie-Pélagie*, b [4] 5 février 1728, m [4] 19 février 1748, à Joseph BOURDON.—*Christophe*, b [4] 25 juillet 1730.

1710, (20 janvier) St-Augustin.

II.—CHARON (1), JEAN-BTE, [JEAN-BTE I.
b 1686; forgeron.

DUPILLE, Geneviève, [RÉMI I.
s 13 sept. 1752, à St-Michel. [9]

Marie-Geneviève, b 8 nov. 1710, à St-Pierre, I. O. [6]; m [6] 20 février 1730, à Simon PRADET.—*Marie-Angélique*, b [6] 11 déc. 1712; m [6] 21 sept. 1727, à Alexandre BLANCHARD. — *Marie-Madeleine*, b [6] 8 nov. 1714; 1° m [6] 20 février 1730, à Jean FLEURET; 2° m à Joseph LAVERGNE. — *Marie-Louise*, b [6] 4 oct. 1716; 1° m 9 février 1739, à Louis DECHAUFNES, à Beaumont [7], 2° m 2 août 1745, à Joseph OUELLET, à St-Roch [8]; s [8] 12 mars 1750.—*Jean-Baptiste*, b [6] 23 avril 1719, m 14 sept. 1739, à Marie-Joseph SAMSON, à Lévis.—*Marie-Cécile*, b [6] 3 nov. 1721, m [9] 21 février 1746, à Joseph MIMAUX.— *Anonyme*, b [6] et s [6] 2 mars 1724.—*Marie-Thècle*, b [6] 3 nov. 1725; 1° m [9] 17 février 1749, à Joseph OUELLET, 2° m 21 nov. 1763, à Jean MACCUTCHON, à Kamouraska. [5]—*Marie-Marguerite*, b [6] 20 février 1730; m [9] 22 février 1751, à François VRIGNOT —*Madeleine*, b... m [7] 3 février 1739, à Etienne SAMSON. — *Pierre*, b... m [5] 2 août 1779, à Marie-Madeleine LEBEL

II.—CHARON, JEAN, [PIERRE I.
b 1684.

GUERTIN, Madeleine, [LOUIS II.
b 1690.

Jean-Baptiste, b 3 janvier 1712, à Repentigny. [1] —*Jacques*, b [1] 19 mars 1713.—*Marie-Madeleine*, b [1] 20 février 1715.—*Marie-Louise*, b... m 22 mai 1741, à Joseph CASAVAN, à Verchères.

1713, (26 février) Montréal. [1]

I.—CHARON (2), CHARLES, b 1683, fils de Pierre et de Marie-Françoise Selle, de St-Agnan, diocèse de Chartres, s 26 avril 1754, à Verchères. [2]

POUPARD, Elisabeth, [RENÉ I.
b 1690.

(1) Dit Laferrière.

(2) Dit Larose-Cabanac; soldat de la compagnie de Duvivier.

Charles, b 9 janvier 1714, à Sorel; m à Madeleine COLIN.—*Elisabeth*, b [1] 29 août 1715. — *Antoine*, b [1] 13 juillet 1717.—*Marie-Anne*, b [2] 28 mai 1719. — *Marie-Françoise*, b 30 oct. 1720, à St-Ours. — *Louis*, b [2] 24 juillet et s [2] 23 déc. 1727. — *Joseph*, b [2] 13 et s [2] 16 avril 1729. — *Thérèse*, b... m [2] 16 janvier 1747, à François JARRET.—*Jean-Baptiste*, b... m 1750, à Marie-Anne CHICOINE.

1721, (17 février) Longueuil. [6]

III.—CHARON, PIERRE, [PIERRE II.
b 1698, s [6] 13 mars 1742.

DEBLUCHE (1), Marie-Angélique, [BERTRAND I.
b 1701; s [6] 28 avril 1742.

Elisabeth, b 1722; m 17 février 1744, à Louis PIVERT, à Montréal. [1] — *Charlotte*, b [6] 24 mai 1723; 1° m [6] 29 juillet 1741, à Pierre BRAY; 2° m [6] 23 oct. 1752, à Etienne GELINEAU.—*Marie-Jeanne*, b [6] 14 nov. 1724, m 25 février 1743, à Pierre MEUNIER, à Verchères. [8] — *Antoine*, b [6] 3 février 1726. — *Joseph*, b [6] 11 oct. 1727; m [8] 21 janvier 1754, à Marie-Joseph BENOIT. — *Marie-Antoinette*, b [6] 30 nov. 1729, s [6] 29 juin 1730.—*Marie-Louise*, b [6] 25 août 1731; m [1] 15 nov. 1751, à Laurent BRAY. — *Louis*, b [6] 25 avril et s [6] 30 août 1733. —*Antoine*, b [6] 3 sept. 1734. — *Marie-Joseph*, b [6] 18 janvier 1738. — *Marie-Angélique*, b [6] 16 août 1739. — *Félix*, b 1741, s [6] 14 avril 1742.

1726, (4 février) Montréal.

I.—CHARON, MARTIAL, b 1700; fils de Guillaume et de Marie Penaud, de St-Pierre, Bordeaux; s 26 oct. 1771, à l'Hôpital-Général, M.

VACHER, Marie-Anne, [JEAN-GUILLAUME I.
b 1700; s 5 juillet 1786, à l'Hôpital-Général, M.

CHARON, ANTOINE, b 1732, s 25 sept. 1754, à Verchères.

I.—CHARON, JEAN-BTE.

MARET, Marguerite.

Jean-Baptiste, b 16 nov. 1732, à Lavaltrie.—*Charles*, b... m 28 oct. 1761, à Madeleine GOUR, à Lanoraie.

CHARON, FRANÇOIS.

JOLY, Marie-Catherine.

Joseph, b 17 août 1735, à Lanoraie.

1731, (26 nov.) Varennes.

III.—CHARON, JEAN-BTE, [PIERRE II.
b 1709; s 10 février 1754, à Verchères. [1]

1° LAVIGNE, Marguerite, [JEAN-BTE II.
b 1709; s 8 février 1733, à Longueuil. [7]

Jean-Baptiste, b [7] 2 et s [7] 10 février 1733.

1735, (24 janvier). [7]

2° MALARD (2), Marie-Joseph, [GERVAIS I.
b 1710.

Jean-Baptiste, b [7] 24 oct. 1735. — *Marie-Gene-*

(1) Dit Lasève.

(2) Dit Laverdure.

viève, b [7] 11 avril 1737. — *Marie-Joseph*, b [7] 17 sept. 1738. — *Angélique*, b [7] 18 fevrier 1740. — *Félix* et *Charles*, b [7] 13 juillet 1741.—*Jean-Baptiste*, b [7] 28 nov. 1744. — *Desanges*, b [7] 8 août 1745.—*Marie-Louise*, b 1746; m [1] 12 janvier 1761, à Joseph-Marie PAQUET.

1733.

III.—CHARON, ANTOINE, [PIERRE II.
b 1711.
JOLY, Catherine. [JEAN-BTE III.
Antoine, b 1738; m 14 février 1757, à Therèse MARTINEAU, au Sault-au-Recollet. [1] — *Marie-Joseph*, b [1] 3 dec. 1738; 1° m [1] 12 fevrier 1759, à Joseph SIRE; 2° m [1] 12 janvier 1761, à François DAGENAIS. — *Pierre*, b... m 12 janvier 1761, à Louise DAGENAIS, à St-Vincent-de-Paul. [2]— *André-Amable*, b [1] 3 juin 1740; s [1] 16 janvier 1741. — *Michel*, b [1] 1er et s [1] 24 oct. 1741. — *Marie-Louise*, b [1] 1er mars 1743.—*Marie-Barbe*, b [1] 27 nov. 1744.—*Louise-Angélique*, b [1] 22 janvier 1747. —*Antoine*, b [2] 5 juillet 1749.

CHARON, JEAN.
BOUCHER, Geneviève.
Marie-Madeleine, b 16 mars 1736, à Lanoraie. [2] — *Marie-Catherine*, b [2] 25 juillet et s [2] 10 août 1738

1739, (14 sept.) Levis.

III.—CHARON (1), JEAN-BTE, [JEAN-BTE II.
b 1719.
SAMSON, Marie-Joseph. [JEAN II.
Joseph-Jean, b 6 janvier 1742, à St-Michel. [6]— *Ignace*, b [6] 3 sept. 1744; s [6] 10 mars 1746. — *Marie-Joseph*, b 24 janvier 1747, à Beaumont.— *Pierre-Marie*, b [6] 24 mars 1749.—*Marie-Suzanne*, b [6] 23 août 1751. — *Joseph*, b [6] 6 janvier 1753, s [6] 29 nov. 1755.—*Joseph*, b... s [6] 6 avril 1756.— *Marie-Elisabeth*, b [6] 17 avril et s [6] 10 juin 1757. —*Marguerite*, b [6] 21 janvier 1761.

1739, (16 nov.) Boucherville. [9]

III.—CHARON, JOSEPH, [NICOLAS II.
b 1708.
REGUINDEAU, Marie-Anne. [LOUIS II.
Marie-Anne, b... m [9] 1er fevrier 1768, à Joseph LEBRUN.— *Joseph*, b 13 août 1741, à Longueuil. [2] — *Marguerite*, b [2] 23 mars 1746; m [9] 15 fevrier 1760, à Antoine GAUTIER.

1740, (11 janvier) Varennes.

III.—CHARON, BERTRAND, [PIERRE II.
b 1713.
LEDOUX (2), Marie-Anne, [NICOLAS II.
b 1726.
Veronique, b... m 21 juillet 1760, à Verchères.

1742, (5 fevrier) Boucherville. [9]

III.—CHARON, JEAN-BTE, [NICOLAS II.
b 1714.
BOURDON, Marie-Catherine, [JOSEPH-FRS II.
b 1722.

(1) Dit Laferrière.

(2) Elle epouse, le 5 février 1748, Pierre Isoir, à Varennes

Marie-Joseph, b... m [9] 6 février 1764, à Joseph DEMERS.

1743, (16 sept.) Boucherville.

III.—CHARON, JACQUES, [NICOLAS II.
b 1710.
AUDET, Marie. [INNOCENT II.

1743, (29 sept.) Varennes. [6]

III.—CHARON, CHARLES, [PIERRE II.
b 1719.
CHOQUET, Françoise. [JULIEN II.
Françoise, b... m [6] 24 oct. 1761, à Pierre BROUSSEAU. — *Marie-Joseph*, b... m [6] 16 nov. 1772, à Jean-Baptiste CHAGNON.

CHARON, JEAN-BTE.
HOUDE, Jeanne.
Marie-Antoinette, b 6 février 1747, à l'Ile-Dupas.

CHARON, JEAN-BTE.
ALAIRE, Marie-Joseph.
Marie-Desanges, b... m 30 oct. 1769, à Augustin GAUTIER.

1744, (7 janvier) Longueuil. [8]

III.—CHARON, JEAN-BTE, [NICOLAS II.
b 1718.
MALARD, Madeleine, [GERVAIS I.
b 1718.
Marie-Louise, b [8] 3 février 1744. — *François*, b [8] 19 dec. 1745; s [8] 12 oct. 1751.— *Louis-François*, b [8] 7 mars 1748. — *Jean-Baptiste*, b... m 3 août 1772, à Catherine SOREL, à Boucherville.— *Marie*, b [8] 20 fevrier 1751; s 5 janvier 1752, à Verchères. — *Marie-Catherine*, b [8] 9 sept. 1753. — *Rene*, b... s [8] 3 août 1754. — *Marie-Joseph*, b 1756; s [8] 18 fevrier 1757. — *Véronique*, b [8] 4 mars et s [8] 9 juillet 1760.—*Antoine*, b [8] 20 mars 1761.

1748, (13 février) Ste-Anne-de-la-Pérade.

III.—CHARON (1), JOSEPH, [FRANÇOIS II.
b 1723.
ROSEAU, Marie-Anne, [JACQUES I.
b 1725.

CHARON (2), FRANÇOIS.
SAUCIER, Marie-Joseph.
Marie-Joseph, b... m 8 janvier 1770, à Joseph LEVÊQUE, à Kamouraska.

1749, (13 oct.) Boucherville. [1]

III.—CHARON, LOUIS. [NICOLAS II.
HOBERTIN, Marie-Catherine, [PIERRE II.
b 1724.
Marie-Catherine, b 1er août 1750, à Longueuil [2]; m [1] 24 sept. 1770, à Gabriel BRAY.—*Marie-Joseph*, b [2] 29 août 1751.—*Marie-Françoise*, b [2] 19 fevrier 1753.—*Louis*, b [2] 13 juin 1754.—*Angélique*, b [2] 15 sept. 1760.

(1) Dit Ducharme.

(2) Dit Laferrière.

CHARON, François.
Plouf, Françoise.
Marie-Céleste, b 1er oct. 1750, à Lavaltrie.

II.—CHARON (1), Jean-Bte. [Charles I.
Chicoine, Marie-Anne.
Jean-Baptiste, b 10 sept. 1751, à Verchères.[3]—*Marie-Madeleine*, b [3] 2 avril 1754.—*Marie-Françoise*, b [3] 7 oct. 1755.—*Jean-Louis*, b [3] 7 mars et s [3] 9 sept. 1759.—*François*, b [3] 25 juillet 1760.

II.—CHARON (1), Charles, [Charles I.
b 1714.
Colin, Madeleine.
Anonyme, b et s 6 avril 1752, à Verchères [4] — *François-Marie* et *Jean-Marie*, b [4] 1er avril et s [4] 5 mai 1753.—*Antoine*, b [4] 7 et s [4] 15 nov. 1754.—*Marie-Judith*, b... m [4] 24 janvier 1763, à Gabriel Godu.

1753, (8 janvier) Longueuil.[5]

III.—CHARON, Pierre, [Nicolas II.
b 1724 ; s [5] 23 août 1760.
Biguet (2), Marie-Françoise, [Jean-Bte II.
b 1728.
Pierre, b [5] 18 janvier 1754.—*François*, b [5] 13 février 1757.

CHARON, Michel.
Marié, Angélique.
Marie-Victoire, b 24 août 1754, à St-Antoine-de-Chambly.

CHARON, Joseph.
Lemaire, Marie-Joseph.
Joseph, b... s 30 août 1755, à Verchères.

1753, (19 nov.) Boucherville.

III.—CHARON, François, [Nicolas II.
b 1722.
Lamoureux, Marie-Joseph. [François III.
Marguerite, b 24 oct. 1754, à Longueuil.[6]—*Marie*, b [6] 15 juin 1760.

CHARON, Ignace.
Hardy, Elisabeth.
Ignace-Amable, b... s 22 mai 1754, au Château-Richer.

1754, (21 janvier) Verchères.[7]

IV.—CHARON, Joseph, [Pierre III.
b 1727.
Benoit, Marie-Joseph. [François II.
Joseph, b [7] 30 juin 1755 —*Marie-Joseph*, b [7] 23 août 1756.—*Joseph*, b [7] 31 août et s [7] 17 oct. 1759 —*Jean-Baptiste*, b [7] 14 oct. 1760.

(1) Dit Cabanac.

(2) Elle épouse, le 25 janvier 1761, Jean-Baptiste Hugron, à Longueuil.

1756, (16 août) Lorette.

I.—CHARON, Pierre, fils de Pierre et de Catherine Gemon, de St-Fort-de-Conac, diocèse d'Evreux.
Chartier (1), Geneviève, [Nicolas I.
b 1743.

1757, (14 février) Sault-au-Recollet.

IV.—CHARON, Antoine, [Antoine III.
b 1738
Martineau, Thérèse, [Mathurin III.
b 1738.

1757, (14 nov.) Montréal.

III.—CHARON, Antoine, [Nicolas II.
b 1726.
1° Blau, Charlotte, [Frs-Jacques II.
b 1735, s 14 juin 1759, à Longueuil.[7]
1760, (21 janvier).[7]
2° Biguet, Marguerite, [Jean-Bte II
b 1738.
Marguerite, b [7] 9 janvier 1762.

1761, (12 janvier) St-Vincent-de-Paul.

IV.—CHARON, Pierre. [Antoine III.
Dagenais, Louise, [François III.
b 1744.

1761, (28 oct.) Lanoraie.

II.—CHARON, Charles. [Jean I.
Gour, Madeleine. [Pierre.

CHARON (2), Jean-Bte.
Picard (3), Marie-Joseph.
Marie-Joseph, b 11 oct. 1766, à Kamouraska.

1772, (3 août) Boucherville.

IV.—CHARON, Jean-Bte. [Jean-Bte III.
Sorel, Catherine. [Michel II.

1779, (2 août) Kamouraska.

III.—CHARON (2), Pierre. [Jean-Bte II.
Lebel, Marie-Madeleine. [Nicolas III.

CHARON, Marguerite, b 1734 ; m à Jean-Baptiste Coursol, s 24 mai 1776, à Terrebonne.

CHARON, Elisabeth, épouse de François-Xavier Guertin.

CHARON, Angélique, épouse de Charles Jarret.

CHARON, Madeleine, epouse de Joseph Lafrance.

CHARON (2), Madeleine, b 1781 ; m à Nicolas Leblond ; s 29 janvier 1800, aux Trois-Pistoles.

CHARON, Marie-Charlotte, épouse de Basile Ledoux.

(1) Elle epouse, le 17 nov. 1760, Jean Soviat, a Lorette.

(2) Dit Laferrière.

(3) Dit Destroismaisons.

CHARON, MARGUERITE, b... m à Pierre PLOUF, s 26 mars 1749, à Lavaltrie.

CHARON, AGATHE, épouse de Chrysostôme RAVENEL.

CHARON, CATHERINE, epouse de Pierre VESSIÈRE.

CHARON, MARIE-CHARLOTTE, épouse de Raymond VIGEANT.

1756, (19 janvier) Montréal.

I.—CHAROT (1), RENÉ, b 1734; fils de René et de Marie Hernimete, de Trinite, Angers.
HERVÉ, Marie-Louise, [JEAN I. b 1733.

I.—CHAROUX, ANTOINE.
DUTAUT, Marie-Charlotte.
Geneviève, b 1742; m 10 janvier 1757, à Jacques-Antoine CHAPON, à Montreal.

1752, (15 mai) Québec. [5]

I.—CHAROUX (2), ANDRÉ, soldat, fils de François et de Catherine Maugros, de St-Benoit, Poitiers.
AMIOT (3), Marie-Catherine, [ETIENNE IV b 1729.
Marie-Louise, b [5] 27 mai et s [5] 25 juin 1753.—*Marie-Louise*, b[5] 20 août et s[5] 4 oct. 1754.

1758, (26 janvier) Quebec.

I.—CHARPENET (4), ETIENNE, s avant 1774.
BEAUPRE, Louise, [FRANÇOIS-PIERRE I. b 1727; veuve de Pierre Masson; s 1er janvier 1774, à Repentigny. [7]
Marie-Anne, b 1762; s [7] 19 déc. 1769.—*Pierre-Amable*, b [7] 21 mai 1767.

CHARPENTIER.—*Surnoms :* LALAGE—LALAGUE—SANSFAÇON—BELLEGARDE—BRINDAMOUR—ST-ONGE—LAGIROFLÉE.

CHARPENTIER, MARIE-REINE, b 1659; 1° m 28 juillet 1672, à Louis PRINSEAU, à Quebec [5]; 2° m [5] 28 août 1681, à Etienne DOMINGO; s 25 janvier 1728, à Montréal.

1661, (10 mars) Québec.

I.—CHARPENTIER (5), JEAN, b 1731.
RENAUD (6), Barbe, [VINCENT I. b 1649; s 22 janvier 1719, à Boucherville.

I.—CHARPENTIER, ETIENNE, sergent de la compagnie de M. de St-Ours, b 1641; s 10 janvier 1706, à Montreal.

(1) Dit Belfin, soldat.
(2) Dit Laliberté.
(3) Dit Lincour.
(4) Gentil dit Carpenet; voy. aussi Carpenet, p. 559.
(5) Voy. vol. I, p. 118.
(6) Elle épouse, le 18 avril 1678, Nicolas Cochart, à Québec

I.—CHARPENTIER, PAUL, b 1663; célibataire, tailleur de pierre, s 30 dec. 1740, à Montreal.

CHARPENTIER, JOSEPH, b 1685; s 5 mars 1757, à Lanoraie.

CHARPENTIER, JOSEPH, b 1699; s 9 mai 1758, à Lanoraie.

1688, (23 août) Boucherville.

I.—CHARPENTIER (1), DENIS, b 1660; s 7 mars 1714, à Repentigny.
DESPERNAY, Marie-Anne, veuve de Pierre Abiron.
Denis, b 21 mai 1689, à la Pte-aux-Trembles, M.; m à Geneviève COITU.—*Jacques*, b 26 mars 1696, à Varennes [4]; 1° m [4] 8 nov. 1723, à Isabelle MONGEAU; 2° m 3 nov. 1744, à Jeanne FAVREAU, à Verchères.—*Joseph*, b [4] 10 avril 1700, m 5 fevrier 1726, à Agathe CHAPDELAINE, à St-Ours.

I.—CHARPENTIER (2), JEAN-BTE.
HUNAULT, Françoise, [TOUSSAINT I. b 1667, veuve de Nicolas Joly; s 2 mai 1748, à Lachenaye. [3]
François, b 18 nov. 1694, à la Pte-aux-Trembles, M. [4]; m à Marie-Anne TIBAUT.—*Léonard-Joseph*, b [4] 4 avril 1702; m à Marie-Françoise CADIEU.—*Marie-Anne*, b [4] 31 oct. 1705; m à Jean CHARBONNEAU.—*Nicolas*, b 7 juillet 1709, à Montreal.—*Marie-Louise*, b... m 1726, à Pierre FORGET. — *Gabriel*, b... m [3] 29 avril 1737, à Marie-Anne MONTEILLE.

CHARPENTIER, ALEXIS.
MARTIN, Marie.
Jean-Alexandre, b 1er nov. 1703, à Charlesbourg.

II.—CHARPENTIER, JEAN, [JEAN I. b 1700.
1° ......
2° CADIEU Jeanne.
Marie-Thérèse, b... m 23 sept. 1749, à Jean-Baptiste TAILLON, à Lachenaye. [6]—*Joseph*, b... m 24 janvier 1757, à Therèse CHERBY, à Lavaltrie. —*Marie-Jeanne*, b [6] 16 oct. 1727.

1732, (29 janvier). [6]

3° BOURGOIN, Françoise, [PIERRE II. b 1713; s [6] 23 avril 1733.
Jean-Baptiste, b [6] 12 avril 1733.

1733, (2 nov.) [6]

4° MÉNARD, Marie, b 1693; veuve d'Antoine Duquet; s [6] 26 mai 1748.

1749, (14 avril). [6]

5° BRIEN, Marie-Marguerite, [LOUIS I. b 1697; veuve de Joseph Guibord; s 26 nov. 1768, à St-Henri-de-Mascouche.

(1) Dit Sansfaçon; voy. vol. I, p. 118.
(2) Voy. vol. I, p. 119.

1719, (25 janvier) Montréal. [2]

I.—CHARPENTIER, HENRI-JACQUES, b 1691; fils de Jacques et d'Angelique-Elisabeth Clément, de St-Gervais, Paris.

DEBLUCHE, Helène-Marguerite. [BERTRAND I.

Henri-Jacques, b [2] 12 nov. 1718. — *Geneviève,* b... s [2] 7 fevrier 1719.—*Marie-Marguerite,* b [2] 6 dec. 1719; s [2] 5 oct. 1720.— *Henri-Jacques,* b [2] 17 mars 1721; s [2] 18 juillet 1722.

II.—CHARPENTIER, FRANÇOIS, [JEAN-BTE I. b 1694.

TIBAUT, Marie-Anne.

Jean-Marie, b... m 27 janvier 1750, à Madeleine GIROUX, à la Longue-Pointe.—*Marie,* b 27 mai et s 24 juin 1728, à Lachenaye. [5]— *Chrysostome,* b [5] 7 et s [5] 25 mai 1729.—*Michel,* b [5] 22 oct. 1730.— *Marie-Catherine,* b [5] 6 janvier 1732. — *Marie-Angèle,* b [5] 20 fevrier 1733. — *Marie-Anne,* b... m 18 août 1760, à Louis CARDINAL, à la Pte-du-Lac.

1723, (8 nov.) Varennes.

II.—CHARPENTIER (1), JACQUES, [DENIS I. b 1696.

1° MONGEAU, Elisabeth, [JEAN-BTE II. b 1704.

Jacques, b 1726; s 21 juillet 1728, à Vercheres. [6]—*Pierre-Félix,* b [6] 1er fevrier 1728.— *Jacques,* b... m [6] 7 janvier 1754, à Marie-Anne DESMARETS.—*Marie-Angélique,* b 1735; s [6] 8 juillet 1753. — *Joseph,* b... m [6] 19 nov. 1759, à Marie-Anne BACHAND.—*Elisabeth,* b... m [6] 4 août 1760, à François LEMAIRE.

1744, (3 nov.) [6]

2° FAVREAU, Jeanne, [CHARLES II. b 1725.

Marie-Anne, b... s [6] 29 août 1751.— *Pierre,* b [6] 16 et s [6] 30 août 1752. — *Marie-Anne,* b... s [6] 13 mai 1753.— *Marie-Anne,* b [6] 27 nov. 1753; s [6] 10 août 1754. — *Marie-Geneviève,* b [6] 22 fevrier 1755 —*Marie-Amable,* b [6] 31 avril 1756.—*Jacques,* b [6] 24 février 1759.

1726, (5 février) St-Ours. [3]

II.—CHARPENTIER (1), JOSEPH, [DENIS I. b 1700.

CHAPDELAINE, Agathe, [ANDRÉ I. b 1707.

Marie-Gertrude, b [3] 13 mars 1727.— *François,* b 1740; s [3] 8 juin 1760.—*Marie-Joseph,* b... m 14 nov. 1757, à Etienne MIQUEL, à Lavaltrie.

CHARPENTIER, JOSEPH.—Voy. LALAGUE, 1726.

II.—CHARPENTIER, DENIS, [DENIS I. b 1689.

COTTU, Geneviève.

Augustin, b... m 18 juillet 1757, à Marie-Joseph COURTIN, à Lanoraie. [5]—*Marie-Anne,* b [5] 18 oct. 1735.— *Denis,* b... s 23 mars 1751, à Lavaltrie.

(1) Dit Sansfaçon.

II.—CHARPENTIER, LÉONARD, [JEAN-BTE I. b 1702.

CADIEU, Marie-Françoise, s avant 1752.

Joseph, b... m 7 nov. 1752, à Marie-Françoise ROY, à Lachenaye. — *Jean-Baptiste,* b 5 juillet 1729, à St-François, I. J.; m 24 janvier 1757, à Marie-Louise CHEARBY, à Lavaltrie. — *Marie-Joseph,* b 20 fevrier 1732, à Terrebonne.

1730, (22 juin) Repentigny. [7]

I.—CHARPENTIER (1), CLAUDE-CHARLES, journalier, fils de Claude-Charles et de Marie-Madeleine ......, de St-Laurent, Paris.

1° MIREAU, Madeleine, [MATHIEU I. b 1711; veuve de Pierre Criquet-Poitevin.

Claude-Michel, b [7] 23 avril 1731; m 15 janvier 1759, à Angèle LIÉNARD, à Quebec. [8]— *Marie-Madeleine,* b [7] 15 nov. 1732; s [7] 9 fevrier 1733.—*François,* b [7] 20 dec. 1733, m 11 fevrier 1760, à Marie-Therèse BOUTIN, à St-Vincent-de-Paul.—*Joseph,* b [7] 10 mars 1735; s [7] 12 janvier 1736. — *Marie-Catherine,* b [7] 5 et s [7] 13 janvier 1737. — *Marie-Jeanne,* b [7] 5 juillet 1738, s [7] 7 juin 1741 —*Marie-Catherine,* b [7] 29 mars 1740; s [7] 17 fevrier 1741. — *Pierre,* b [7] 14 oct. 1741, s [7] 14 mai 1742. — *Louis-Joseph,* b [7] 21 avril 1743.—*Catherine,* b... m [8] 9 fevrier 1756, à Martin HENAULT.

1744, (29 août). [8]

2° LEMERLE, Genevieve, [CLAUDE II. b 1725.

Marie-Angélique, b [8] 9 et s [8] 30 juin 1745. — *Marie-Geneviève,* b [8] 21 mai et s [8] 26 juin 1746. —*Gabriel,* b [8] 9 et s [8] 25 juillet 1747. — *Marie-Geneviève,* b [8] 9 déc. 1751; m [7] 30 janvier 1775, à Ignace TESSIER. — *Louis-Charles,* b [8] 9 dec. 1752; s [8] 12 fevrier 1753 —*Michel,* b [8] 11 fevrier et s [8] 30 juillet 1754. — *Marie-Angèle,* b [8] 19 mai et s [8] 12 août 1755. — *Etienne,* b [8] 12 nov. 1756; s [8] 16 juin 1758.—*Joseph,* b [8] 2 juin 1761.

1737, (5 mars) Québec. [2]

I.—CHARPENTIER (2), JEAN, b 1721; fils de Gabriel et de Marie Chevalier, de Ste-Radegonde, diocèse de Xaintes, en Saintonge; s [2] 15 avril 1790.

1° PARANT, Jeanne-Cécile, [ETIENNE II. b 1706; veuve d'Olivier Hugron; s [2] 28 avril 1789.

1789, (8 août). [2]

2° DEGRÈS, Madeleine, [RAYMOND I. b 1738; s [2] 1er oct. 1789.

1737, (29 avril) Lachenaye. [6]

II.—CHARPENTIER, GABRIEL. [JEAN I.

MONTEILLE (3), Marie-Anne. [RENÉ I.

Anonyme, b [6] et s [6] 20 mai 1739. — *Gabriel-Mathieu,* b [6] 22 sept 1740, m 7 fevrier 1763, à Marie-Joseph GINGRAS, à Montreal.—*Joseph-Marie,* b [6] 24 août 1742.—*Marie-Rose,* b [6] 20 avril 1744; 1° m 25 mai 1767, à Basile BEAUCHAMP, à St-Henri-de-Mascouche [5]; 2° m [5] 17 janvier 1774, à Joseph

(1) Dit Bellegarde.

(2) Dit St-Onge; perruquier.

(3) Dit Bienvenu.

DESJARDINS. — *Thérèse*, b [6] 13 mars 1746 ; m [5] 9 nov. 1772, à Joseph BOCAGE. — *Elisabeth*, b [6] 11 dec. 1749.—*Sévère*, b [5] 3 juin 1751 ; s [6] 12 février 1752.—*Marie-Charlotte*, b [6] 13 oct. 1752 ; m [5] 11 oct. 1773, à Jean-Baptiste LUNEAU. — *François*, b [5] 24 fevrier 1757. — *Marie-Louise*, b 1758 ; s [5] 11 sept. 1759.—*Marie-Anne*, b... m 1751, à Vincent BOURGOIN.

CHARPENTIER, MICHEL,
s avant 1767.
MERSAN, Angélique.
Joseph, b 1741 ; m 2 février 1767, à Françoise BOURGOIN, à la Longue-Pointe.—*Elisabeth*, b... m 7 fevrier 1763, à François DAVID, à St-Vincent-de-Paul.

1743, (29 nov.) Montréal. [1]
I.—CHARPENTIER (1), JEAN-FRANÇOIS, b 1716, fils de Pierre et de Jeanne Manourie, de Notre-Dame-de-Bonnenouvelle, Paris, s [1] 26 janvier 1749.
BERTRAND (2), Marie-Renée, [JEAN-BTE I.
b 1713.
Marie-Madeleine, b [1] 18 août 1744 ; s [1] 19 août 1745.—*Jean-Baptiste*, b [1] 12 mars 1746.—*Marie-Françoise*, b [1] 26 mars 1748.

CHARPENTIER, FRANÇOIS.
CARDENEAU, Claire.
Rose, b... s 2 sept. 1750, à Quebec.

1749, (17 juin) Québec.
I.—CHARPENTIER (3), PASCHAL, fils d'Alexandre et de Madeleine Rivière, de Teville, diocèse de Chartres.
DORION, Marie-Jeanne, [PIERRE II.
b 1723.

1750, (27 janvier) Longue-Pointe. [4]
III.—CHARPENTIER, JEAN. [FRANÇOIS II.
GIROUX, Madeleine. [LOUIS III.
Marie-Madeleine, b [4] 23 oct. 1750 ; s 7 janvier 1751, à St-Laurent, M.—*Marie-Marguerite*, b... s 31 août 1754, à St-Constant.—*Jean-Marie*, b [4] 16 janvier 1752 ; s [4] 11 août 1754.—*Jean*, b... s [4] 2 dec. 1755. — *Marie-Agathe*, b [4] 12 dec. 1755.—*Marie-Geneviève*, b 28 août 1759, à l'Ile-Dupas.

1752, (7 nov.) Lachenaye. [6]
III.—CHARPENTIER, JOSEPH. [LÉONARD II.
ROY, Marie-Françoise, [JEAN-BTE III.
b 1731.
Marie-Françoise, b [6] 26 avril et s [6] 17 août 1753.—*Marie-Marguerite*, b [6] 1er août 1754 ; m 22 fevrier 1773, à Jean-Baptiste CADIEUX, à St-Henri-de-Mascouche. [7]—*Marie*, b [7] 1er août et s [7] 6 dec. 1755 —*Joseph-Marie*, b [7] 17 sept. 1756.—*Jean-Baptiste*, b [7] 18 janvier 1758.—*Marie-Charlotte*, b [7] 10 juillet et s [7] 10 août 1759.—*Marie-Archange*, b [7] 2 août 1760.—*Marie-Constance*, b [6] 4 fevrier 1769.

(1) Dit Brindamour, soldat de la compagnie de M. de Varennes

(2) Dit Toulouse ; elle épouse, le 2 juin 1749, Jean Launelier, à Montréal.

(3) Caporal de la compagnie de M. De Gannes.

1754, (7 janvier) Verchères. [5]
III.—CHARPENTIER, JACQUES. [JACQUES II.
DESMARETS, Marie-Anne, [PAUL III.
veuve de Pierre-Basile Foisy.
Marie-Joseph, b [5] 5 mars 1756.—*Jacques*, b [5] 22 mai et s [5] 10 août 1759.—*Ambroise*, b [5] 11 mars 1761.

CHARPENTIER, ... soldat ; s 28 nov. 1756, au Château-Richer.

1756, (2 fevrier) Montréal. [8]
I.—CHARPENTIER, ANTOINE, soldat, b 1718, fils de Louis et de Marguerite Poulin, de St-Nicolas-de-la-Neuville, Châlons.
1° DUBÉ, Marie-Joseph, [PIERRE III.
b 1738.
1758, (16 oct.) [8]
2° MARTEL, Marguerite, [JOSEPH II.
b 1725
Marguerite-Elisabeth, b 1759 ; s 13 nov. 1776, à l'Hôpital-General, M. — *Pierre-Antoine*, b 23 oct. 1761, à St-Laurent, M.

1757, (24 janvier) Lavaltrie.
III.—CHARPENTIER, JEAN-BTE, [LÉONARD II.
b 1729.
CHEARBY, Marie-Louise, [GUILLAUME I.
b 1741.
Marie-Louise, b 16 janvier 1758, à Lachenaye [5] ; m [5] 30 avril 1787, à Gabriel PICARD.

1757, (24 janvier) Lavaltrie.
III.—CHARPENTIER, JOSEPH. [JEAN II.
CHEARBY, Therèse, [GUILLAUME I.
b 1736.
Pierre, b 18 fevrier 1761, à Lachenaye. [4]—*Joseph-Marie*, b [4] 6 fevrier 1762.

1757, (18 juillet) Lanoraie. [5]
III.—CHARPENTIER, AUGUSTIN. [DENIS II.
COURTIN, Marie-Joseph. [JEAN-BTE I.
Marguerite, b [5] 25 août 1758. — *Augustin*, b [5] 18 sept. 1759.

1758, (7 fevrier) Quebec. [4]
I.—CHARPENTIER (1), MARC, fils de Georges et de Louise Steinville, de St-Jean-du-Cloître, ville de Toul, Lorraine.
VIVIER, Marie-Joseph, [JACQUES III
b 1737 ; veuve de Pierre Aly.
Deux anonymes, b [4] et s [4] 12 juillet 1762.

1759, (15 janvier) Quebec. [4]
II.—CHARPENTIER (2), MICHEL, [CLAUDE I.
b 1731.
LIÉNARD (3), Angèle, [FRANÇOIS III.
b 1733.
Geneviève, b [4] 14 août 1759 ; s [4] 4 oct. 1761.—*Michel-Joseph*, b [4] 6 avril 1763. — *François*, b [4] 8

(1) Dit Lagiroflee, canonnier-bombardier.

(2) Dit Bellegarde, 1764.

(3) Dit Dubois.

juillet 1764.—*Marie-Joseph*, b 24 oct. 1767, à Yamachiche. — *Joseph*, b... s 16 dec. 1769, à Repentigny.

1759, (19 nov.) Verchères. [5]
III.—CHARPENTIER (1), JOSEPH. [JACQUES II.
BACHAND, Marie-Anne. [JOSEPH II.
Joseph-Marie, b [5] 18 sept. 1760.

CHARPENTIER, JEAN-BTE
CHARLY, Marie-Louise.
Jean-Baptiste, b 7 mai 1760, à St-Henri-de-Mascouche.

1760, (11 février) St-Vincent-de-Paul.
II.—CHARPENTIER, FRANÇOIS, [CLAUDE I.
b 1733.
BOUTIN, Marie-Thérèse, [GABRIEL III.
b 1737.

1763, (7 fevrier) Montréal.
III.—CHARPENTIER, GABRIEL, [GABRIEL II.
b 1740.
GINGRAS, Marie-Joseph, [JEAN-BTE II.
b 1738.

CHARPENTIER, JEAN.
BROCHU, Marie.
Marie-Joseph, b 5 et s 14 juillet 1764, à la Longue-Pointe.

1767, (2 février) Longue-Pointe.
CHARPENTIER, JOSEPH, [MICHEL
b 1741.
BOURGOUIN, Françoise, [JOSEPH III.
b 1749.

CHARPENTIER, GABRIEL.
FAUVEL (2), Geneviève-Amable, [FRANÇOIS II.
b 1741.
Jean-Baptiste, b 1770 ; s 1er janvier 1772, au Detroit.

CHARPENTIER, JEAN-BTE-THOMAS.
ROBERTJEANNE, Marie-Joseph.
Thomas, b 3 mars 1781, au Detroit.

CHARPENTIER, CATHERINE, epouse de Daniel COTTU.

CHARPENTIER, JEANNE, epouse de François DOUILLET.

CHARPENTIER, CATHERINE, epouse de Claude-Nicolas FANEF.

CHARPENTIER, MARIE-CATHERINE, épouse de Mathias FANEF.

CHARPENTIER, MARIE, epouse de Pierre GAUDIN.

(1) Dit Sansfaçon.

(2) Dit Bigras, elle épouse, le 12 août 1771, Guillaume Laforest, au Detroit

CHARPENTIER, ANGÉLIQUE, epouse de Pierre GUYON.

CHARPENTIER, MARGUERITE, épouse de Claude JANVIER.

CHARPENTIER, MADELEINE, épouse de Pierre JEAN.

CHARPENTIER, CATHERINE, épouse de François LAJEUNESSE.

CHARPENTIER, MARGUERITE, b... 1° m à René MEUNIER ; 2° m 23 janvier 1705, à Jean FARIC, à la Pte-aux-Trembles, Q.

CHARPENTIER, CATHERINE, b... m 1813, à Joseph OUIMET.

CHARPENTIER, MARIE-ANNE, épouse de Claude PINEAU.

CHARPENTIER, LOUISE, b... m 7 sept. 1750, à Jean RONDEAU, à Lavaltrie.

I.—CHARNÈVE, JOSEPH, de Biard, diocèse d'Avranches.

I.—CHARRÉ (1), JOSEPH.
Jean-Baptiste, b 1712; s 21 sept. 1727, à L'Assomption.

1663, (27 nov.) Montréal. [8]
I.—CHARTIER (2), GUILLAUME,
b 1635; s 23 mai 1707, à la Pte-aux-Trembles, M.[9]
FAUCON (3), Marie,
b 1644.
Jacqueline, b [8] 24 nov. 1664; m [9] 26 nov. 1681, à Jacques ST-AGNE, s [8] 4 avril 1717.—*Marie*, b [9] 23 fevrier 1676; m [9] 24 juin 1697, à Bernard BROUILLET; s [9] 20 mars 1719.—*Catherine*, b [9] 17 janvier 1678; m [9] 10 juin 1698, à Jean SABOURIN; s [9] 22 déc. 1700.—*Robert*, b [9] 13 dec. 1679; m [9] 15 nov. 1706, à Anne DEMERS.—*Elisabeth*, b [9] 13 août 1683; 1° m [9] 21 janvier 1703, à Jean PETIT; 2° m [9] 20 janvier 1711, à Pierre ROY. — *Marie-Anne*, b [9] 1er janvier 1686 ; s 13 juillet 1742, à l'Hôpital-General, Q.—*Etienne*, b [9] 3 juin 1688, m à Jeanne DRAPEAU.

CHARTIER, ...
Jean, b 1672; s 20 oct. 1732, à Lévis. [2]—*Thomas*, b 1675, s [2] 26 oct. 1749.

1688, (11 juillet) St-François, I. O. [1]
II.—CHARTIER (4), MICHEL, [MICHEL I.
b 1667; s 4 juillet 1750, à Berthier. [2]
1° CHAMBERLAN, Catherine, [SIMON I.
b 1671.

(1) Engagé de Pierre-Rene Vaillant.

(2) Voy vol. I, p. 120; l'un des 100 hommes de cette paroisse (1707).

(3) Et Lafont ; elle épouse, le 15 oct. 1708, François Jocteau, à la Pointe-aux-Trembles, M.

(4) Voy. vol. I, p. 120.

Jacques, b 18 avril 1701, à St-Michel; 1° m à Madeleine BLANCHET, 2° m 4 sept. 1737, à Rose GUILLET, au Cap-St-Ignace; s 21 déc. 1749, à St-Pierre-du-Sud.

1704, (7 janvier) St-Thomas. [8]

2° DESTROISMAISONS, Marie-Anne, [PHILIPPE I. b 1686; s [8] 4 avril 1721.

Marie-Anne, b [8] 18 nov. 1704; m [2] 12 nov. 1731, à Antoine BLAIS.—*Louis*, b [1] 24 janvier 1707; m [2] 26 avril 1728, à Madeleine LEFEBVRE; s 29 juillet 1747, à St-Valier. [4] — *Philippe*, b [2] 8 sept. 1711; m [2] 17 avril 1730, à Elisabeth ROY. —*Isabelle*, b... m [2] 4 oct. 1734, à Pierre GAGNON, —*François*, b [4] 8 juin 1717; m [2] 4 nov. 1738, à Thérèse CHARTRÉ; s [2] 16 nov. 1781.—*Michel*, b [4] 18 oct. 1719 —*Marie-Françoise*, b [2] 2 mars 1721.

1722, (15 avril) Québec.

3° GRONDIN, Jeanne, [JEAN I. b 1678; veuve de Jean Hayot; s [2] 5 juin 1731.

Joseph-Marie (1), b [2] 28 mars 1723.

1734, (12 juillet). [1]

4° CHARTRÉ (2), Marie-Jeanne, [FRANÇOIS I. b 1699; veuve de François Gagnon.

1694, (11 août) Québec. [6]

II.—CHARTIER (3), CHARLES, [MICHEL I. b 1666.

LEMAITRE, Marie-Louise, b 1669; veuve de Pierre Lelac; s [6] 1er déc. 1704.

Geneviève, b [6] 31 janvier 1702; m 26 avril 1718, à Augustin PLANTE, aux Grondines.

1699, (23 mars) Montréal. [4]

I.—CHARTIER (4), MATHURIN, b 1664, s [4] 20 sept. 1723.

BESNARD, Marguerite, [MATHURIN-RENÉ I. b 1682.

1706, (15 nov.) Pte-aux-Trembles, M. [3]

II.—CHARTIER, ROBERT, [GUILLAUME I. b 1679; s avant 1747.

DEMERS, Anne, [JEAN-BTE II. b 1689.

Pierre, b [3] 3 oct. 1707; s [3] 31 mars 1708.—*Jean-François*, b [3] 16 dec. 1710. — *Marie-Anne*, b [3] 5 juin 1712. — *Jacques*, b [3] 13 février 1714.— *Angélique*, b... m 1740, à Jacques BÉIQUE. — *Louis*, b 1718; 1° m 12 janvier 1750, à Marie-Joseph LONGPRÉ, à la Longue-Pointe [3], 2° m [3] 12 janvier 1761, à Agathe ARCHAMBAULT.—*Catherine*, b [3] 1er juin 1719, m [3] 20 nov. 1747, à Louis BLAIS.—*Dominique*, b 1721; m [3] 12 janvier 1750, à Marie-Anne LONGPRÉ. — *François*, b... m [3] 17 avril 1741, à Hélène LARCHEVÊQUE. — *Jean-Baptiste*, b [3] 11 oct 1728.

(1) Jour de Pâques.

(2) Elle épouse, le 5 juin 1752, Pierre Ménard, à Berthier.

(3) Voy. vol. I, p. 121.

(4) Voy. vol. I, p. 121; dit Lamarche, en 1715, à la Pte-Claire.

II.—CHARTIER, ETIENNE, [GUILLAUME I. b 1688.

DRAPEAU, Jeanne, [JEAN I. b 1695.

Thérèse, b 15 déc. 1712, à St-François, I. J. [1] — *Marie-Anne*, b [1] 8 dec. 1717; s [1] 3 février 1718. — *Charles*, b 1721, m 25 janvier 1751, à Catherine CHAUDILLON, à la Pte-aux-Trembles, M. [3]—*Joseph*, b 1722, 1° m à Marie-Joseph BRICAUT; 2° m [3] 18 oct. 1756, à Marie-Anne DUCLOS. —*Jean*, b [3] 2 janvier 1724; m [3] 9 janvier 1747, à Marie BOMBARDIER.

1711, (14 avril) Quebec. [2]

III.—CHARTIER (1), EUSTACHE, [RENÉ-LS II. b 1688; s [2] 15 février 1749.

RENAUD (2), Marie-Françoise, [FRANÇOIS I. b 1693; s [2] 25 avril 1723.

Marie-Françoise, b [2] 3 août 1712; m [2] 13 mai 1737, à Antoine JUCHEREAU. — *Louise*, b [2] 17 février et s 27 août 1714, à Lorette. [3]—*Eustache*, b [2] 16 août 1715; ord. [2] 23 sept. 1741, s [3] 17 oct. 1786.—*François-Louis*, b [2] 13 dec. 1716; recollet, ord. 23 sept. 1741; s 1784, aux Etats-Unis. — *Louise*, b [2] 28 mars 1718; religieuse —*Joseph*, b [2] 16 sept. et s 19 oct. 1719, à St-Augustin.— *Louise*, b [2] 2 mars et s 19 mai 1721, à Beauport. —*Michel* (3), b [2] 12 avril 1723; m [2] 20 nov. 1747, à Louise CHAUSSEGROS.

1717, (27 nov.) Montreal. [2]

I.—CHARTIER, PIERRE, b 1670; fils de Guillaume et de Marie Fuson, de la Flèche, Anjou; s [2] 5 nov. 1735.

CATIN (4), Catherine, [HENRI I. b 1693.

CHARTIER (5), MARIE-RENÉE, épouse de Joseph ARCAN.

CHARTIER, JEAN-MARC, s 11 mai 1737, à St-Laurent, I. O.

CHARTIER, CHARLES. [MICHEL. LARIVÉE, Marie.

Charles, b 25 oct. 1721, à Berthier. [2] — *Marie-Angélique*, b [2] 9 et s [2] 13 avril 1729.

II.—CHARTIER, GILLES, [ROBERT I. b 1670; s 29 janvier 1738, à Levis.

II.—CHARTIER, JEAN, [ROBERT I. b 1671; s 20 oct. 1732, à Lévis.

CHARTIER (6), MARIE, b... s 21 avril 1725, à Ste-Famille, I. O.

(1) De Lotbinière; enseigne des troupes, conseiller En 1723, étant devenu veuf, il entra dans le sacerdoce. Il fut ordonné prêtre le 14 avril 1726, et devint archidiacre et doyen de la cathedrale de Québec.

(2) D'Avennes de Desmeloises.

(3) Créé marquis en 1784.

(4) Elle épouse, le 22 déc. 1737, Charles Douaire, à Montréal.

(5) De Lotbinière.

(6) Pensionnaire perpétuelle de la Congrégation de N.-D.

1720, (6 nov.) Lévis.
III.—CHARTIER, Charles, [Michel II.
b 1692; s 12 mars 1736, à St-Frs-du-Sud. [2]
Carrier (1), Marie, [Ignace II.
b 1700.
Marie-Anne, b 26 février 1727, à Berthier.[4]—*Jean-François*, b [4] 7 dec. 1730.—*Augustin*, b [3] 14 mars 1734.—*Michel*, b... m 6 oct. 1761, à Marguerite Morin, à St-Pierre-du-Sud.

I.—CHARTIER, Jean.
Courtemanche, Marie,
b 1690; s 20 nov. 1760, à St-Antoine-de-Chambly.[5]
Marie, b 1724; m [5] 3 août 1750, à Pierre Hubert.—*Jacques*, b 1731; s [5] 19 mars 1750.—*Marie-Joseph*, b 1732; s [5] 7 fevrier 1750.—*Théodore*, b... m [5] 12 janvier 1756, à Therèse Loupe.

1721, (28 dec.) Québec. [6]
III.—CHARTIER (2), Chs-Claude, [Charles II.
b 1696.
Chevalier, Jeanne, [Guillaume II.
b 1689, s [6] 6 janvier 1750.
Louis-Jacques, b [6] 15 oct. 1722; s [6] 24 nov. 1749.—*Marie-Joseph*, b [6] 1er mai 1724; m [6] 29 mai 1747, à Pierre Hubert; s 26 dec. 1782, à Montréal. —*Marie-Jeanne*, b [6] 25 mai 1727, s [6] 6 mai 1733.

1722, (27 janvier) Lorette. [7]
I.—CHARTIER (3), Nicolas, b 1682; fils de Pierre et de Françoise Barault, de St-Paul-de-Partenay, diocèse de Poitiers; s [7] 10 avril 1757.
1° Dulin (4), Marie-Anne, [Philippe I.
b 1677; veuve de Laurent Guestier; s [7] 3 sept. 1740.
1741, (2 déc.) Charlesbourg.
2° Guérin, Marie-Jeanne, [Henri II.
b 1703, veuve de Philippe André-Dupont; s [7] 5 janvier 1763.
Marie-Geneviève, b [7] 24 mai 1743; 1° m [7] 16 août 1756, à Pierre Charon; 2° m [7] 17 nov. 1760, à Jean Soviat; s [7] 1er avril 1764.

1727, (25 janvier) Québec [5]
III.—CHARTIER, Gabriel, [Michel II
b 1699; navigateur; s [5] 15 oct. 1762.
Cosance (5), Marie-Jeanne, [Pierre I.
b 1708, s [5] 2 mai 1776.
Michel, b [5] 9 août 1728; s [5] 28 nov. 1729. —*Gabriel*, b [5] 19 oct. 1730; s [5] 25 sept. 1732.—*Marie-Anne*, b [5] 13 avril 1732, s [5] 31 mai 1733 —*Joseph*, b [5] 4 juillet 1733; m 15 juin 1761, à Elisabeth Dufour, à St-Michel.[7]—*Simon-François*, b [5] 21 dec. 1734; s [5] 24 juillet 1738 —*Jean-Marc*, b [5] 25 avril 1737. — *Marie-Louise*, b [5] 15 fevrier 1739.—*Marie-Jeanne*, b [5] 4 juin 1740, s [5] 28 nov. 1792. — *Marie-Françoise*, b 1741; s [7] 17 avril 1760. — *Sévérin*, b [5] 4 fevrier 1742; s 15 août 1743, à St-Laurent, I. O. — *Etienne*, b [5] 10 et s [5] 16 mars 1744.—*Marie-Louise*, b [5] 10 mars et s [5] 14 août 1744.—*Sévérin*, b [5] 9 et s [5] 20 août 1745.

(1) Elle épouse, plus tard, Jacques Frégeau.
(2) Absent de la colonie en 1747.
(3) Dit Parthenay.
(4) Et Hulin.
(5) Voy Coutance et Argencour.

1728, (26 avril) Berthier. [3]
III.—CHARTIER, Louis, [Michel II.
b 1707; s 29 juillet 1747, à St-Valier. [4]
Lefebvre (1), Madeleine. [Pierre II.
Louise, b [3] 11 juin 1729; m [4] 11 janvier 1751, à Jacques Bilodeau.—*Louis*, b [3] 16 fevrier 1731; m [3] 2 juillet 1753, à Madeleine Talbot.—*Marie-Joseph*, b [3] 5 déc. 1732; m 12 nov. 1770, à Jean-Baptiste Archambault, à la Longue-Pointe.—*Marie-Françoise*, b 9 mai 1734, à St-Frs-du-Sud [5]; s 17 avril 1760, à St-Michel.—*Anonyme*, b [5] et s [5] 17 oct. 1735.—*Thérèse*, b [5] 16 nov. 1736.—*Jean-Baptiste*, b [3] 22 juin 1738.—*Michel*, b [3] 20 avril 1740.—*Joseph-Marie*, b [4] 8 juin 1742.—*Marie-Catherine*, b [4] 24 nov. 1743.—*Joseph-Marie*, b [4] 20 mars 1746.

CHARTIER, Joseph, b 1723; s 18 juin 1749, à la Pte-aux-Trembles, M.

1729.
III.—CHARTIER, Jacques, [Michel II.
b 1701, s 21 dec. 1749, à St-Pierre-du-Sud.[4]
1° Blanchet, Madeleine. [Pierre II.
Jacques, b 14 mars 1730, à Berthier [3]; m [3] 19 juillet 1751, à Marie-Louise Blais. — *Jean-Baptiste*, b... m [4] 7 fevrier 1757, à Marie-Joseph Morin. — *Joseph*, b... m 1749, à Marie-Françoise Morin.
1737, (4 sept.) Cap-St-Ignace.
2° Guillet (2), Rose, [Mathieu I.
b 1714.

1730, (17 avril) Berthier. [7]
III.—CHARTIER, Philippe, [Michel II.
b 1711.
Roy, Elisabeth, [Nicolas II.
b 1693; veuve de Gabriel Bilodeau; s [7] 27 février 1773.
Marie-Joseph, b [7] 31 mars 1731; s [7] 20 avril 1745.—*Marie-Anne*, b [7] 6 mai 1733; m [7] 22 nov. 1751, à Jacques Carbonneau. — *Philippe*, b [7] 30 mars 1736; s [7] 3 juin 1737.

1738, (4 nov.) Berthier. [7]
III.—CHARTIER, François, [Michel II.
b 1717; s [7] 16 nov. 1781.
Chartré, Therèse, [François I.
b 1715, s [7] 30 août 1777.
François-Xavier, b [7] 4 sept. 1740; m [7] 3 oct. 1774, à Marie-Louise Fondjami.—*Marie-Thérèse*, b [7] 24 avril 1742, m [7] 23 nov. 1761, à Michel Dubord. — *Marie-Judith*, b [7] 15 janvier 1744. —*Joseph-Marie*, b [7] 8 mars et s [7] 9 avril 1745.—*Joseph*, b [7] 28 mars 1746; m [7] 24 oct. 1774, à Elisabeth Guignard. — *Pierre-Nicolas*, b [7] 6 dec. 1747; s [7] 25 juin 1748. — *Marie-Thérèse*, b [7] 20

(1) Elle épouse, le 1er juillet 1748, Jean-François Hayot, à St-Valier.
(2) Elle épouse, le 11 juin 1751, François Rousseau, à St-Pierre-du-Sud.

février et s [7] 26 juin 1749.—*Jean-Baptiste*, b [7] 25 mai 1750; m [7] 15 sept. 1778, à Therèse Hill. — *Pierre*, b [7] 1er nov. 1751.—*Gabriel*, b [7] 26 mai et s [7] 15 juin 1753.—*Marie-Marguerite*, b [7] 21 avril et s [7] 13 mai 1756.

CHARTIER, Charlotte, b... s 13 avril 1743, à St-Valier.

CHARTIER, Joseph, b 13 oct. 1743, à la Longue-Pointe.

1741, (17 avril) Longue-Pointe. [7]

III.—CHARTIER (1), François. [Robert II
Larchevêque, Helène, [Joseph III
b 1721.

Hélène, b [7] 20 janvier 1742; m [7] 28 oct. 1770, à Alexis-Amable Lebeau. — *François-Jean-Baptiste*, b [7] 30 juin 1743; m [7] 12 février 1781, à Marie-Joseph Bricaut —*Marie-Angélique*, b [7] 11 fevrier 1745; m [7] 5 oct. 1767, à Jean-Baptiste Marineau.— *Jean-Baptiste*, b [7] 1er dec. 1746; s [7] 12 sept. 1769.—*Dorothée*, b [7] 2 dec. 1747, s [7] 31 janvier 1748.—*Marie-Monique*, b [7] 3 fevrier 1749. —*Dominique*, b [7] 11 fevrier 1751. — *Jean-Louis*, b [7] 1er et s [7] 3 mai 1753. — *Jean-Baptiste*, b 29 mars 1754, à la Pte-aux-Trembles, M.; s [7] 30 janvier 1755.—*Marie-Joseph*, b [7] 13 février 1756. — *Robert-Nicolas*, b [7] 12 mars 1758.—*Jean-Baptiste*, b [7] 3 oct. 1760. — *Marie-Victoire*, b [7] 26 mars et s [7] 18 juin 1764.

CHARTIER, Marie-Angélique, épouse de Pierre Hertin.

1747, (9 janvier) Pte-aux-Trembles, M. [4]

III.—CHARTIER, Jean, [Etienne II.
b 1724.
Bombardier, Marie-Françoise. [André I.

Marie-Angélique, b [4] 25 janvier et s [4] 2 juillet 1749.—*Marie-Joseph*, b [4] 28 juin 1750.—*Marie-Euphrasie*, b [4] 20 oct. et s [4] 12 dec. 1751.—*Marie-Françoise*, b 5 et s 24 mai 1753, à St-Antoine-de-Chambly. [5]—*Marie*, b [5] 13 mai 1754.

1747, (20 nov.) Québec. [1]

IV.—CHARTIER (2), Michel, [Eustache III.
b 1723.
Chaussegros, Louise-Madeleine, [Gaspard I.
b 1726.

Anonyme, b... s 23 août 1755, à Beauport. [2] — *Eustache-Gaspard-Michel*, b [1] 31 août 1748; 1° m à DeTonnancour; 2° m à veuve Denny Munro. —*Marie-Charlotte*, b... m à DeBonne (juge).— *Jean-Hugues*, b [1] 26 déc. 1750; s [2] 23 mars 1751. —*Marie-Louise*, b [1] 13 juin 1755; s [2] 23 août 1755. —*Louise*, b [1] 5 dec. 1756, s [1] 15 sept. 1757.—*Michel-Alain*, b [1] 27 sept. 1758; s 23 août 1759, aux Trois-Rivières. [3]—*Marie-Louise*, b [3] 27 août 1760.

---

(1) Dit Robert.

(2) De Lotbinière; seigneur d'Allainville; lieutenant des troupes; seul Canadien fait marquis.

Antoine-Marie d'Hozier de Serigny, chevalier, juge d'armes de la noblesse de France, etc.

Sur ce qui nous a été exposé par Michel Chartier de Lotbinière, chevalier, marquis, heréditaire de Chartier de Lotbinière, seigneur-marquis de Lotbinière et de Rigaud, au district de Québec, en Canada, de Lotbinière dans la seigneurie de Vaudreuil et de la dite seigneurie de Vaudreuil en total, de Villechauve et autres lieux, le tout dans la Province de Québec; aussi seigneur-marquis de Lotbinière et d'Allainville, à New-York, dans les Etats-Unis de l'Amérique, et chevalier de l'Ordre Royal et Militaire de St-Louis: que ses ancêtres, ayant toujours été en Canada depuis 1646, n'ont pu faire enrégistrer leurs armoiries particulières à l'Armorial Général ordonné par édit du mois de novembre 1696: à raison de quoi il nous requiert de les enrégistrer en notre dépôt d'armoiries.

Vues en original les Lettres patentes du Roi données par Sa Majesté à Versailles, le 25 de juin 1784, dans lesquelles Sa Majesté s'exprime ainsi: " Sur le compte qui Nous a été " rendu en Notre Conseil de l'ancienneté de la noblesse du " sieur Michel Chartier de Lotbinière, chevalier de Notre " Ordre Royal et Militaire de St-Louis, capitaine d'Infan- " terie, ainsi que de ses services militaires et de ceux de sa " famille, Nous avons reconnu, par les titres authentiques, " qui Nous ont été representés, que le dit sieur Michel " Chartier de Lotbinière prouvait cinq filiations de noblesse " sans dérogeance; qu'il était issu d'une des familles " françaises les plus distinguées et les plus anciennement " établies dans le Canada; qu'elle y a possédé les premières " places dans l'état ecclésiastique, le militaire et le civil; " que le sieur Michel Chartier de Lotbinière lui-même y " avait servi avec distinction, qu'ayant été reçu cadet " dans les troupes de la marine en 1736 et enseigne en 1742, " il avait fait la campagne de l'Acadie en 1746; qu'après " avoir été nommé l'un de Nos ingénieurs en 1755 et em- " ployé en chef en cette qualité, il avait servi constamment " sous les ordres des sieurs de Montcalm et du Maréchal " de Lévis jusqu'à la reddition du Canada; qu'il s'était " trouvé à toutes les actions où ces généraux avaient com- " mandé; enfin qu'il avait été fait capitaine d'Infanterie " et chevalier de Notre Ordre Royal et Militaire de St- " Louis; que depuis cette époque il s'était voué avec la " plus grande générosité et le plus grand desintéressement " aux intérêts de sa patrie, qu'après la reddition du Ca- " nada, ayant été forcé de se transporter à Londres pour y " réclamer des concessions à lui accordées par le feu Roi, " dans ce pays, le Gouvernement anglais trouva sa récla- " mation si juste qu'il lui fit une pension de 400 guinées " jusqu'à ce qu'il eût obtenu la restitution de ses biens; " que, malgré la modicité de sa fortune, le dit sieur Chartier " de Lotbinière, n'écoutant que son zèle pour son ancienne " patrie, avait abandonné, au commencement des troubles " de l'Amérique, cette pension, tous ses droits et s'était " transporté en France pour y offrir des services qu'il a " rendus avec un désintéressement et une fidélité dont il y " a peu d'exemples, mais qui le mettent dans l'impossi- " bilité absolue de jamais rentrer, comme sujet anglais, " dans le Canada et au sein de sa famille; qu'en 1776 il fût " envoyé à Boston pour une mission qu'il a remplie avec " le zèle qui l'a toujours caractérisé dans ses opérations.

" Considérant que la naissance du sieur Michel Chartier " de Lotbiniere le rend susceptible des distinctions réser- " vées à l'ancienne noblesse; voulant d'ailleurs récom- " penser ses services militaires, ceux de ses ancêtres, le " sacrifice qu'il a fait de sa fortune et de sa famille, enfin " son dévouement pour son ancienne patrie: à ces causes " et autres, Nous mouvant de l'avis de Notre Conseil qui a " vu le Brevet ci-attaché sous le contre-scel de la chan- " cellerie, Nous avons de notre pleine puissance et auto- " rité royale fait et créé, et, par ces présentes signées de " Notre main, faisons et créons marquis le dit sieur Michel " Chartier de Lotbinière, ensemble les ainés de ses enfants " et descendants mâles, nés et à naitre en légitime mariage; " leur permettons de se dire et qualifier marquis en tous " actes et endroits, tant en jugement que hors jugement, " sans qu'ils soient tenus d'affecter ce titre à aucune terre " ni d'en faire ériger pour cet effet en marquisat: de quoi " Nous les avons dispensés et dispensons, à condition que le " dit titre et qualité relèvera de Nous et de Nos successeurs " Rois. Voulons en outre que le dit sieur Michel Chartier " de Lotbinière et ses descendants mâles, nés et à naitre " en légitime mariage, puissent porter dans leurs armoiries " la couronne de marquis." Lesquelles Lettres signées " Louis," et sur le repli: par le Roi, le " Maréchal de Castries," à côté · visa " Hué de Miroménil," et scellées furent régistrées en la Chambre des comptes de Paris, le 21 d'avril de l'année suivante par arrêt signé " Marsolan;" à raison de quoi le dit Michel marquis de Chartier de Lotbinière fit hommage au Roi en la dite Chambre des comptes, le 4 de mai de la dite année 1785.

IV.—CHARTIER, Louis, [Charles-Claude III.
b 1722; tonnelier; s 24 nov. 1749, à Québec.

1749.

IV.—CHARTIER, Joseph. [Jacques III.
Morin, Marie-Françoise. [Germain IV.
Marie-Françoise, b... m 29 oct. 1769, à Pierre Vaillancourt, à St-Jean-Port-Joli. — *Joseph-Marie*, b 6 oct. 1749, à St-Frs-du-Sud; s 10 avril 1750, à St-Pierre-du-Sud.[6] — *Rosalie*, b[6] 30 oct. 1752.—*Joseph-Marie*, b[6] 20 février 1754.—*Marie-Joseph*, b[6] 13 dec. 1759.

1750, (12 janvier) Longue-Pointe.

III.—CHARTIER, Dominique, [Robert II.
b 1721.
Longpré, Marie-Anne, [Guillaume II.
b 1728.
Dominique, b 4 déc. 1751, à la Pointe-aux-Trembles, M.[7] — *Marie-Anne*, b[7] 11 août 1753.

1750, (12 janvier) Longue-Pointe.[8]

III.—CHARTIER, Louis, [Robert II.
b 1718.
1° Longpré, Marie-Joseph, [Guillaume II
b 1727; s[8] 3 fevrier 1756.
Louis, b[8] 26 février 1751; s[8] 14 mai 1753.—*Marie-Joseph*, b[8] 3 nov. 1752, m[8] 12 nov. 1770, à Jean-Baptiste Archambault.—*Jacques*, b[8] 3 mars 1754; m[8] 11 fevrier 1782, à Suzanne Lebeau.

1761, (12 janvier).[8]

2° Archambault, Marie-Agathe, [Jean-Bte IV.
b 1731; s[8] 23 nov. 1781.
Louis-Charles, b[8] 24 janvier 1762.—*Marie-Agathe*, b[8] 5 déc. 1764.—*François-Xavier*, b[8] 13 nov. 1765.—*Dominique*, b[8] 8 janvier 1767.—*Marie-Monique*, b[8] 25 mars 1768.

III.—CHARTIER, Joseph, [Etienne II.
b 1722.
1° Bricaut, Marie-Joseph,
s avant 1756.
François, b 23 février 1751, à la Pte-aux-Trembles, M.[2]—*Charles-Bénoni*, b[2] 2 mars 1753.—*Jean-Baptiste*, b[2] 12 sept. et s[2] 14 nov. 1754.—*Joseph*, b... m 8 nov. 1773, à Marie-Anne Godard, à Terrebonne.—*Marie-Anne*, b... s 24 juillet 1756, à la Longue-Pointe.

1756, (18 oct.)[2]

2° Duclos, Marie-Anne, [Jean-Bte II.
b 1728.

1751, (25 janvier) Pte-aux-Trembles, M.[8]

III.—CHARTIER, Charles, [Etienne II
b 1721.
Chaudillon, Catherine, [Pierre-Louis II.
b 1729.
Etienne-Charles, b 30 sept. 1752, à la Longue-Pointe.[4] — *Antoine*, b[8] 4 et s[8] 22 déc. 1753. — *Marie-Charlotte*, b... m[4] 27 oct. 1783, à Charles Chartran.

1751, (19 juillet) Berthier.

IV.—CHARTIER, Jacques, [Jacques III.
b 1730; s 22 janvier 1756, à St-Pierre-du-Sud[6]
Blais (1), Marie-Louise, [Pierre III.
b 1732.
Jacques, b[6] 26 juin et s[6] 26 juillet 1752. — *Jacques*, b 14 sept. 1753, à St-François-du-Sud; s[6] 24 déc. 1753. — *Jean-Baptiste*, b[6] 25 avril 1755; m 7 oct. 1776, à Angélique Cloutier, à l'Islet.

1753, (2 juillet) Berthier.[1]

IV.—CHARTIER, Louis, [Louis III.
b 1731.
Talbot, Marie-Madeleine. [Jean II.
Marie-Françoise, b 20 avril 1754, à St-Valier.[2] — *Louis-Ignace*, b[2] 3 février 1756. — *Eustache*, b[2] 28 nov. 1758. — *Marie-Victoire*, b[1] 13 avril 1766.—*Marie-Amable*, b... m 9 nov. 1789, à Louis Archambault, à Repentigny.[3]—*Marie-Catherine*, b 1777; m[3] 2 fevrier 1795, à Michel Rivet; s[3] 22 nov. 1795.—*Jean-Baptiste*, b...—*Marie*, b...

CHARTIER, Philippe,
b 1725; s 20 mai 1785, à St-Jean-Port-Joli.
Boulé, Marie-Angelique.
Marie-Angélique, b 13 août 1774, à Berthier.

CHARTIER, Joseph.
Hubert, Ursule.
Joseph-Marie, b 31 mai et s 8 juin 1753, à St-Antoine-de-Chambly.[1]—*Ursule*, b[1] 12 août 1754. — *Pierre-Marie*, b[1] 5 sept. 1756. — *Jean-Marie*, b[1] 7 avril 1758. — *Jacques-Marie*, b[1] 11 mai et s[1] 7 juillet 1760.

1755, (5 nov.) Québec.

I.—CHARTIER, Michel, fils de Michel et de Marie Bellefond, de St-Martin-de-Verton, diocèse de Bourges.
Dufaux, Marie-Joseph, [Gilles II.
b 1734.

CHARTIER, Jean.
Roy, Marguerite.
Alexis, b 20 sept. 1755, à St-Antoine-de-Chambly.

CHARTIER, Jean.
Roy, Marie-Angelique.
Marie-Angélique, b 25 avril 1759, à Chambly.

1756, (12 janvier) Chambly.[4]

CHARTIER, Théodore. [Jean.
Loupe, Therese. [François I.
François, b[4] 24 dec. 1758; s[4] 27 août 1759.—*Charlotte*, b[4] 9 mars 1760.

1757, (7 fevrier) St-Pierre-du-Sud.[4]

IV.—CHARTIER, Jean-Bte. [Jacques III.
Morin, Marie-Joseph. [Germain IV.
Jean-Baptiste, b[4] 21 mai 1758; s[4] 5 août 1759.—*Marie-Joseph*, b 1759; s[4] 28 dec. 1759.

(1) Elle epouse, le 25 juillet 1757, Joseph Gagne, à St-Pierre du-Sud.

1757, (10 oct.) Montreal.
I.—CHARTIER (1), Pierre, b 1728; fils de Jacques et de Marie Pamier, de St-Laurent, Paris.
Rocheleau (2), Geneviève, [Antoine II. b 1726; veuve de Charles Rossignol.

1761, (15 juin) St-Michel.
IV.—CHARTIER, Joseph, [Gabriel III b 1733.
Dufour (3), Elisabeth, [Jean-Bte I. b 1742.
Joseph, b 17 avril 1762, à Québec.[2]—*Elisabeth-Dorothée*, b [2] 14 mai 1763.

1761, (6 oct.) St-Pierre-du-Sud.
IV.—CHARTIER, Michel. [Charles III.
Morin, Marguerite. [Germain IV.

CHARTIER, Alexandre.
Bourgeau, Geneviève.
Geneviève, b 7 dec. 1770, à Lachenaye.

1773, (8 nov.) Terrebonne.
IV.—CHARTIER, Joseph. [Joseph III.
Godard (4), Marie-Anne. [Antoine.

1774, (3 oct.) Berthier.
IV.—CHARTIER, Frs-Xavier, [François III. b 1740.
Fondjami, Marie-Louise, [Léonard I. b 1749.

1774, (24 oct.) Berthier.
IV.—CHARTIER, Joseph, [François III. b 1746.
Guignard, Marie-Elisabeth, [Jean-Bte III. b 1751.

IV.—CHARTIER (5), Frs-Louis. [Eustache III. b 1716; s 1784, aux Etats-Unis.

1776, (7 oct.) Islet.
V.—CHARTIER, Jean-Bte, [Jacques IV. b 1755.
Cloutier, Marie-Angélique, [Pierre V. b 1749.

CHARTIER, Joseph.
Baudouin, Geneviève.
Paul-Leon, b 18 août 1778, à Batiscan.[1]—*Marguerite*, b [1] 5 sept 1779.

1778, (15 sept.) Berthier.[8]
IV.—CHARTIER, Jean-Bte, [François III. b 1750.
Hill, Therèse. [Barthélemi I.
Jean-Baptiste, b [8] 7 juin 1780.—*François*, b [8] 27 dec. 1781.—*Ignace-Olivier*, b [8] 3 fevrier 1795.

(1) Dit Lavictoire, soldat.

(2) Dit Vivier.

(3) Elle épouse, le 21 juin 1779, François Filion, à Québec.

(4) Dit Lapointe.

(5) Prêtre de l'Ordre de Malte, aumônier au service du Congrès pour tous les catholiques romains, revêtu des pouvoirs du fermier, préfet apostolique de toute la partie septentrionale. (Reg. de Québec, 30 avril 1776).

1781, (12 fevrier) Longue-Pointe.
IV.—CHARTIER, François, [François III. b 1743.
Bricaut, Marie-Jos., [Laurent-Pierre III. b 1756.

1782, (11 fevrier) Longue-Pointe.
IV.—CHARTIER (1), Jacques-Louis, [Louis III. b 1754.
Lebeau, Suzanne. [Albert III.

CHARTIER, Eustache.
Letourneau, Marie-Louise.
Jean-Baptiste, b... s 24 sept. 1784, à Repentigny.[2]—*Jean-Marie*, b [2] 21 sept. 1786; s [2] 27 août 1787.—*Marie-Joseph*, b [2] 24 janvier 1788.—*Marie*, b [2] 26 juin et s [2] 22 juillet 1789.—*Marie-Amable*, b [2] 22 nov. 1791.—*Marie-Anne*, b [2] 5 mars 1793; s [2] 1er mars 1795.—*Marie-Véronique*, b [2] 10 février et s [2] 28 mai 1794.—*Marie-Anne*, b [2] 4 mai 1795.

CHARTIER, Gabriel.
Janot, Marie-Joseph.
Anonyme, b et s 24 oct. 1789, à Repentigny.[3]—*Marie-Joseph*, b [3] 19 janvier 1791.

CHARTIER, Jean-Bte.
Letourneau, Thérèse.
François-Xavier, b... s 13 août 1790, à Repentigny.[4]—*Catherine*, b [4] 2 juin et s [4] 2 oct. 1795.

CHARTIER, François.
Arbour, Marie-Catherine, veuve de Léonard Fonjamy.

V.—CHARTIER (2), E.-G.-Michel, [Michel IV. b 1748.
1° DeTonnancour, Marie.
2° Munro, Marie, veuve de Denny (officier anglais du commissariat).
Louise-Joseph, b 14 dec. 1803; m à ... Harwood.—*Marie-Charlotte*, b juillet 1805, m à ... Bingham.—*Angélique*, b... s à 12 ans.—*Marie*, b... s avant un an.—*Julie-Christine*, b 21 juin 1810; m à Gustave Joly.—*George*, b... —*François-Xavier*, b... s âge de 18 mois.

V.—CHARTIER, Jean-Bte. [Joseph IV.
Destroismaisons, Geneviève. [François.
Pierre, b... m 1816, à ... Langevin, à St-Hyacinthe.—*Adélaide*, b... 1° m à Augustin Morin; 2° m à Joseph Coran; s 1852, à l'Islet.—*Philippe*, b... m à ... à St-Pie.—*Angélique*, b... m à Joseph Simoneau, à St-Pierre-du-Sud.[4]—*Thomas*, b... m à Adelaïde Auger, à St-Hugues.—*Nicolas*, b... m à Eleonore Valières, à Quebec.—*Ignace*, b... m à Rose Chamberland.—*Etienne*, b [4] 26 dec. 1798; ordonné le 28 dec. 1828; s 6 juillet 1853, à l'Hôpital-General, Q.—*Emérance*, b... m [4] à Antoine Talbot.

(1) Dit Robert.

(2) Seigneur de Lotbinière, Rigaud, Vaudreuil, conseiller législatif, colonel, marquis.

CHARTIER, Louis,
b 1747; s 22 oct. 1791, au Detroit.

CHARTIER, Jeanne, b... m 1669, à Pierre Rousset.

CHARTIER, Catherine, epouse de Pierre St-Yves.

CHARTIER, Marie, épouse de François Lamontagne.

CHARTIER, Marie-Anne, épouse de Jean Lacroix.

CHARTIER, Jeanne, b... m 1673, à Pierre Durand.

CHARTIER, Marie-Anne, b 1714; m à Laurent Janot; s 27 février 1761, à la Longue-Pointe.

CHARTIER, Marie-Joseph, epouse d'Antoine Daunay.

CHARTIER, Catherine, épouse de Jean-Baptiste Chaunier.

CHARTIER, Thérèse, épouse de Jacques Fonteneau.

CHARTIER, Marie-Anne, épouse d'Antoine Dutremble.

CHARTIER, Angélique, épouse de Jean-Baptiste Marois.

CHARTIER, Marie-Joseph, epouse de .... Ouilem.

CHARTIER, Elisabeth, b... 1° m à François Bazinet; 2° m 27 juillet 1772, à Antoine Gautier, à Boucherville.

CHARTIER, Louis-Philippe.
Desglis, ...

CHARTIER, Marie-Joseph, b... 1° m à Pierre Toupin; 2° m 25 janvier 1761, à Alexis Disy, au Cap-de-la-Madeleine.

CHARTIER, Marie-Reine, épouse de Paschal Corriveau.

1698, (17 juillet) Québec. [2]

I.—CHARTRAIN (1), Noel,
b 1651; officier du roi; s [2] 14 dec. 1738.
Denis, Marie-Françoise, [Simon I.
b 1666; veuve de Jean Outlan.
Bernard-Noel, b 23 août 1705, à Lorette [3]; m [3] 4 mars 1726, à Marie-Madeleine Constantin; s [3] 5 fevrier 1762.—*Ignace*, b [3] 30 juillet 1707; m [3] 14 nov. 1731, à Marie-Françoise Masse.

(1) Voy vol. I, p. 121.

II.—CHARTRAIN (1), Claude-Noel, [Noel I.
b 1704.

1726, (4 mars) Lorette. [3]

II.—CHARTRAIN, Bernard-Noel, [Noel I.
b 1705; capitaine; s [3] 5 fevrier 1762.
Constantin, Marie-Madeleine, [Pierre II.
b 1703.
Marguerite-Françoise, b [3] 1er déc. 1726; s 5 mars 1727, à St-Augustin. [4]—*Joseph*, b [3] 28 janvier 1728; m [3] 27 août 1753, à Marie-Joseph Robitaille, s [4] 17 oct. 1755.—*André*, b [3] 28 janvier 1730; m [3] 14 février 1757, à Angelique Hamel; s [3] 4 février 1758.—*Louis-Hyacinthe*, b [3] 2 oct. 1732; m [3] 24 nov. 1760, à Therèse Robitaille; s [3] 22 fevrier 1761.—*Marie-Angélique*, b [3] 9 oct 1735; m [3] 26 janvier 1750, à François Robitaille.

1731, (14 nov.) Lorette. [4]

II.—CHARTRAIN, Ignace, [Noel I.
b 1707.
Masse, Marie-Françoise, [Denis III.
b 1712.
Joseph, b [4] 3 sept 1732.—*André-Ignace*, b [4] 15 août 1734.—*Marie-Louise*, b [4] 17 mai 1736; s 29 mai 1756, à l'Hôpital-General, M.—*Charlotte-Catherine*, b [4] 8 janvier 1738, m 18 août 1760, à Louis Dufresne, à Montreal. [5] — *Marie-Joseph*, b [4] 25 janvier 1740.—*Marie-Elisabeth*, b [5] 2 nov. 1741; s [5] 9 nov. 1748.—*Pierre-Thomas*, b [5] 21 dec. 1743.—*Marie-Louise*, b [5] 1er janvier 1746; s [5] 18 juillet 1747.—*Joseph-Alexis*, b [5] 24 janvier et s [5] 6 nov. 1748.—*Marie-Françoise*, b [5] 10 avril 1750.

1753, (27 août) Lorette. [7]

III.—CHARTRAIN, Joseph, [Bernard-Noel II.
b 1728, s 17 oct. 1755, à St-Augustin. [4]
Robitaille, Marie-Joseph, [Joseph II.
b 1734.
Joseph, b [4] 13 juin 1755, s [7] 1er nov. 1755.

1757, (14 fevrier) Lorette. [8]

III.—CHARTRAIN, André, [Bernard-Noel II.
b 1730; s [8] 24 fevrier 1758.
Hamel, Marie-Angelique, [Jean III.
b 1738, s [8] 11 août 1759.
André-Hyacinthe, (posthume) b [8] 6 mars 1758; s [8] 21 juin 1759.

1760, (24 nov.) Lorette. [9]

III.—CHARTRAIN, Louis, [Bernard-Noel II.
b 1732; s [9] 22 fevrier 1761.
Robitaille (2), Therèse, [Joseph II.
b 1737.
Louis-François-Marie, (posthume) b [9] 10 oct. 1761.

CHARTRAN, Marie-Joseph, b... m à Andre Corbeil; s avant 1754.

(1) Dit Limetière, 1721—Desormeaux; il était, le 1er avril 1788, à Lorette.

(2) Elle epouse, le 1er oct 1764, Benjamin Drolet, à Lorette.

CHARTRAN, LOUISE, b... m à Simon CORBEIL; s avant 1755.

CHARTRAN, ANNE, b... m 1707, à Paul-Charles DAZÉ.

CHARTRAN, MARGUERITE, b 1730; m à Louis DENEAU; s 9 avril 1760, à St-Vincent-de-Paul.

I.—CHARTRAN (1), ABRAHAM, b 1646, s 10 déc. 1684, à Ste-Famille, I. O.

I.—CHARTRAN, JEANNE, b 1643; m à Jean ROBIN; s 6 juin 1703, à Longueuil.

CHARTRAN, ELISABETH, b 1718; m à Jacques LACOMBE; s 15 avril 1741, au Sault-au-Récollet.

CHARTRAN, MARGUERITE, épouse de Pierre TAILLEFER.

CHARTRAN, GENEVIÈVE, epouse de Jean-Baptiste LORRAIN.

1669, (29 janvier) Montréal.[2]

I.—CHARTRAN (2), THOMAS.
1° HUNAULT, Thècle, [TOUSSAINT I.
b 1655; s [2] 12 mars 1674.
1679, (17 avril).[2]
2° MATOU, Jeanne, [PHILIPPE I.
b 1664.
Joseph, b... m [2] 19 avril 1728, à Geneviève JOUBERT.—*Jean-Paul*, b [2] 10 mars 1698; m à Marguerite CORBEIL.

1694, (22 nov.) Varennes.

II.—CHARTRAN (2), THOMAS, [THOMAS I.
b 1670, s 27 août 1728, à Montreal.[4]
VOYNE, Marguerite. [JACQUES II.
Barbe, b 16 mars 1704, à St-Frs, I. J.[4]; m à Jean GRAVEL.—*Geneviève*, b [3] 3 mai 1715.—*Françoise*, b [4] 31 janvier 1717; 1° m [4] 9 fevrier 1739, à Augustin VALIQUET; 2° m 19 fevrier 1759, à Pierre JOLY, à St-Vincent-de-Paul [5]; s [5] 13 juillet 1759.—*Joseph*, b... m à Marie CHAPDELAINE.—*François*, b... m à Catherine LAUZON.

1702, (15 mai) Montreal.

II.—CHARTRAN, PIERRE, [THOMAS I.
b 1684.
HOGUE, Jeanne, [PIERRE I.
b 1684.

CHARTRAN, PIERRE.
JOIN, Angelique.
Marie-Madeleine, b... s 29 sept. 1725, à Montreal.

(1) Sergent de la compagnie de Mr Descloches.

(2) Voy. vol. I, p. 121.

III.—CHARTRAN, JOSEPH. [THOMAS II.
CHAPDELAINE, Marie,
s avant 1749.
François, b... m 16 nov. 1739, à Marguerite LACOMBE, au Sault-au-Recollet.—*Jean-Baptiste*, b... m 23 nov. 1744, à Madeleine MONTAU, à St-Vincent-de-Paul.[8]—*Marie-Anne*, b... m 1745, à Joseph CHARBONNEAU.—*Jean-Baptiste*, b 1724; m 6 oct. 1749, à Angélique VALADE, à Montréal.—*Pierre*, b... 1° m [8] 17 nov. 1749, à Elisabeth CHARBONNEAU; 2° m [8] 18 fevrier 1760, à Marie SYRE.—*Joseph*, b... m [8] 11 janvier 1751, à Marie MONTAU.

III.—CHARTRAN, CHARLES, [THOMAS II.
b 1698; s 6 avril 1736, à St-François, I. J.[8]
BARBEAU (1), Madeleine, [JOSEPH I.
b 1698.
Marie, b 1722; 1° m 8 janvier 1742, à François ROSE, au Sault-au-Recollet [7]; 2° m [7] 7 fevrier 1757, à Antoine QUENNEVILLE.—*Marie-Joseph*, b [8] 21 dec. 1727; m [7] 15 nov. 1745, à Pierre LEMAY.—*Jean-Baptiste*, b [8] 29 nov. 1729; m [7] 7 janvier 1754, à Marie-Joseph ST-ROMAIN.—*Joseph*, b... m [7] 14 avril 1749, à Marie-Joseph CHORET.—*Charles*, b... m [7] 15 nov. 1745, à Marie-Catherine LEMAY.—*Marie-Françoise*, b [8] 31 juillet 1732, m [7] 11 janvier 1751, à Jacques BRIGNON.—*Pierre*, b [8] 30 mars 1734.

II.—CHARTRAN, JEAN-PAUL, [THOMAS I.
b 1698, s avant 1754.
CORBEIL (2), Marguerite, [ANDRÉ I.
b 1698.
Pierre, b 1724; m 12 janvier 1750, à Marie-Anne DEMERS, à Montréal.—*Marie-Joseph*, b 1732, m 25 nov. 1754, à Jacques LEMAY, au Sault-au-Recollet.—*Marie-Jeanne*, b...—*Jean-Baptiste*, b... m 6 fevrier 1758, à Catherine LACOMBE, à Cahokia.

1728, (19 avril) Montreal.

II.—CHARTRAN, JOSEPH, [THOMAS I.
s avant 1759.
JOUBERT, Geneviève, [PIERRE II.
b 1706.
Marie, b... m 1746, à Joseph BOUCHER.—*Marie-Joseph*, b... m 8 janvier 1759, à Louis PAQUET, à St-Vincent-de-Paul.

III.—CHARTRAN, FRANÇOIS, [THOMAS II.
LAUZON (3), Catherine, [SÉRAPHIN II.
b 1714.
François, b... s 8 mai 1734, à St-François, I. J.[4]—*Marie-Charlotte*, b 1735; s [4] 25 janvier 1736.—*Marie-Judith*, b... s [4] 16 juillet 1738.—*Judith*, b [4] 29 avril 1740; m 21 fevrier 1757, à Louis GRATON, à St-Vincent-de-Paul.

(1) Dit Potvin, elle épouse, le 29 février 1740, Ignace Lemay, à St-François, I. J.

(2) Et Gourbeil dit Tranchemontagne; elle épouse plus tard Joseph Lemarié.

(3) Elle épouse, le 30 juin 1744, Raphael Gagnon, à St-Vincent-de-Paul.

1739, (16 nov.) Sault-au-Recollet. [3]
IV.—CHARTRAN, François, [Joseph III.
s avant 1751.
Lacombe (1), Marguerite. [Jean II.
François, b [3] 3 avril 1741 ; m 12 janvier 1761, à Marguerite Provost, à St-Vincent-de-Paul. [4] — *Jean-Baptiste*, b [3] 21 et s [3] 22 mars 1743. — *Marie-Anne*, b [4] 9 et s [4] 17 août 1745. — *Marie-Catherine*, b [3] 22 sept. 1746 ; m [4] 13 juillet 1761, à Pierre Labelle. — *François*, b... s [4] 1er sept. 1750. — *Marie-Anne*, b [4] 10 avril et s [4] 27 nov. 1748.—*Marie-Marguerite*, b [4] 10 dec. 1749.

1744, (23 nov.) St-Vincent-de-Paul. [8]
IV.—CHARTRAN, Jean-Bte, [Joseph III.
Montau (2), Madeleine. [Pierre I.
Jean-Baptiste, b 5 nov. 1745, au Sault-au-Recollet.—*Pierre*, b [3] 12 août 1747 ; m 28 janvier 1771, à Louise-Françoise Paris, à Terrebonne.— *Joseph*, b [3] 23 nov. 1750 —*François*, b [3] 8 avril 1752, s [3] 14 juillet 1753.—*Marie-Madeleine*, b [3] 6 août 1754.

CHARTRAN, Joseph.
Corbeil, Therèse.
Charles, b... 1° m à Marguerite Lafleur ; 2° m 27 oct. 1783, à Marie-Charlotte Chartier, à la Longue-Pointe.

1745, (15 nov.) Sault-au-Récollet.
IV.—CHARTRAN, Charles. [Charles III
Lemay, Marie-Catherine, [Joseph-Ignace II
b 1728.
Charles, b 12 juin 1747, à St-Vincent-de-Paul. [1] —*Jean-Baptiste*, b [1] 14 août 1749.

1749, (14 avril) Sault-au-Récollet.
IV.—CHARTRAN (3), Joseph. [Charles III.
Choret, Marie-Joseph, [Pierre III.
b 1723 ; veuve de Joseph Dagenais.
Marie-Anne, b 23 avril 1750, à St-Vincent-de-Paul. [4] — *Marie-Joseph*, b [4] 7 dec. 1751.— *Marie*, b [4] 20 déc. 1753.— *Vincent*, b [4] 25 mars 1756.

1749, (6 oct.) Montréal.
IV.—CHARTRAN, Jean-Bte, [Joseph III.
b 1724.
Valade, Angélique, [Guillaume II.
b 1725.

1749, (17 nov.) St-Vincent-de-Paul. [1]
IV.—CHARTRAN, Pierre. [Joseph III.
1° Charbonneau, Elisabeth, [François III.
b 1730, s [1] 1er juin 1759.
Pierre, b [1] et s [1] 27 sept. 1750.— *Elisabeth*, b [1] 17 sept. 1752.—*Marie-Catherine*, b [1] 14 août 1755.
1760, (18 fevrier). [1]
2° Syre, Marie, [Michel II.
veuve de Jacques Ouimet.

---

(1) Elle épouse, le 7 février 1752, Jean Gagnon, à St-Vincent-de-Paul.

(2) Et Monsiau dit Desormeaux.

(3) Rehabilité : dispense de parenté spirituelle.

1750, (12 janvier) Montréal. [6]
III.—CHARTRAN, Pierre, [Jean II.
b 1724.
Demers, Marie-Anne, [André III.
b 1724.
Marie-Anne, b [6] 2 et s [6] 6 nov. 1750.

1751, (11 janvier) St-Vincent-de-Paul. [4]
IV.—CHARTRAN, Joseph. [Joseph III.
Montau (1), Marie. [Pierre I.
Marie, b... s [4] 20 janvier 1752.— *Marie-Joseph*, b [4] 17 mars 1753 ; s 29 nov. 1755, à Ste-Geneviève, M. [5]—*Marie-Anne*, b [5] 20 janvier 1756.— *Jean-Baptiste-Amable*, b [5] 21 sept. 1758.

1754, (7 janvier) Sault-au-Récollet.
IV.—CHARTRAN, Jean-Bte, [Charles III.
b 1729.
St-Romain, Marie-Joseph. [Jean-Bte I.
Jean-François, b 16 sept. 1755, à St-Vincent-de-Paul.

CHARTRAN, Joseph.
DeVeau, Madeleine-Louise.
Joseph-Marie, b 15 et s 21 juin 1755, à St-Vincent-de-Paul. [1]— *Marie-Joseph*, b [1] 30 sept. 1756.

1758, (6 fevrier) Cahokia. [7]
III.—CHARTRAN, Jean-Bte. [Jean II.
Lacombe, Catherine, [Bernard I.
b 1741.
Jean-Baptiste, b [7] 5 nov. 1758. — *Julie*, b [7] 30 mai 1761.

1761, (12 janvier) St-Vincent-de-Paul.
V.—CHARTRAN, François, [François IV.
b 1741.
Provost, Marguerite, [Guillaume III.
b 1735.

1771, (28 janvier) Terrebonne.
V.—CHARTRAN, Pierre, [Jean-Bte IV.
b 1747.
Paris, Louise-Françoise, [Jean-Bte II.
b 1752.
Marie-Marguerite, b 24 mai 1776, à Lachenaye. [3] —*Michel*, b [3] 23 juin 1787.

CHARTRAN, Charles. [Joseph.
1° Lafleur, Marguerite.
1783, (27 oct.) Longue-Pointe.
2° Chartier, Marie-Charlotte. [Charles III.

CHARTRAN, Angélique, épouse de Pierre Giroux.

CHARTRAN, Joseph (2), b... à St-Vincent-de-Paul ; m 1883, à Ernestine-Jeanne-Marguerite DeLatour, à Grenade, Haute-Garonne.

---

(1) Et Monsiau dit Desormeaux.

(2) Sous-lieutenant au 3ème régiment des Zouaves à Bône, Algérie ; ancien comptable au bureau du *National*, à Montréal.

I.—CHARTRÉ, Pierre, b 1665; s 29 juillet 1737, à l'Hôpital-General, Q.

1692, (26 nov.) Charlesbourg. [3]

I.—CHARTRÉ (1), François, b 1662.
Morin, Marie-Apolline, [André I. b 1677.
André, b [3] 1er janvier 1697; m 14 janvier 1721, à Marie-Madeleine Hubert, à Québec. [4]— *Marie-Jeanne*, b [3] 14 juillet 1699; 1° m [4] 15 avril 1733, à François Gagnon; 2° m 12 juillet 1734, à Michel Chartier, à St-François, I. O., 3° m 5 juin 1752, à Pierre Ménard, à Berthier. [5]—*Thérèse*, b [3] 3 juillet 1710; m [5] 4 nov. 1738, à François Chartier; s [5] 30 août 1777 —*Jacques-François*, b [3] 9 fevrier 1713; m 8 oct. 1738, à Louise Rancin, à l'Hôpital-Genéral, Q; s [4] 22 fevrier 1788.—*Madeleine*, b [3] 21 juillet 1715; s [4] 18 oct. 1729.—*Marie-Anne*, b [4] 19 juin 1718, m 21 janvier 1737, à Pierre Drolet, à Lorette [6], s [6] 25 janvier 1756.—*Pierre*, b [3] 25 mars 1722.

1721, (14 janvier) Québec.

II.—CHARTRE, Andre, [François I b 1697.
Hubert, Marie-Madeleine, [Simon II. b 1701.
Pierre-François, b 28 janvier 1723, à Charlesbourg [8]; m [8] 22 janvier 1748, à Marie-Françoise Philippe-Lebel.—*Charles*, b [8] 22 janvier 1725 m 16 fevrier 1756, à Marie-Angélique Martineau à Deschambault.—*Jacques*, b [8] 7 dec. 1726.—*Charles*, b [8] 13 nov. 1728, s [8] 17 août 1729.—*Eustache*, b [8] 22 nov. 1730; m [8] 10 janvier 1763, à Angelique Parant.—*Joseph*, b [8] 19 sept. 1732 —*Louis*, b [8] 16 et s [8] 17 juillet 1734. — *Marie-Madeleine*, b [8] 2 sept. 1735, m [8] 22 nov. 1756, à Jean Messan.—*Louis*, b [8] 22 fevrier 1737; s [8] 13 août 1744.—*Anonyme*, b [8] et s [8] 13 oct 1738 — *Anonyme*, b [8] et s [8] 30 mars 1741.—*Marie-Louise*, b [8] 12 sept. et s [8] 28 dec. 1742.—*Nicolas-Joseph*, b [8] 6 juillet et s [8] 11 août 1744.—*Marie-Louise*, b [8] 4 juin 1746; s [8] 21 nov. 1748.—*Marie-Agnès*, b [8] 4 et s [8] 5 juin 1746

1738, (8 oct.) Hôpital-Général, Q.

II.—CHARTRÉ, Jacques, [François I. b 1713; s 22 fevrier 1788, à Québec. [2]
Rancin, Marie-Louise, [Jean-Bte II b 1717.
Claude-François, b [2] 19 juillet 1739 —*Jean-Baptiste*, b [2] 2 fevrier 1741; m à Madeleine Hellot; s [2] 24 mai 1774.—*Jacques*, b [2] 7 oct. 1742.—*Marie-Louise*, b [2] 26 août 1751, m [2] 17 fevrier 1778, à Etienne Thibodeau.—*Marie-Cécile*, b [2] 28 juillet 1755.

1748, (22 janvier) Charlesbourg. [8]

III.—CHARTRÉ, Pierre-François, [André II. b 1723.
Philippe, Marie-Françoise, [Jacques III. b 1727.
Marie-Françoise, b [8] 28 janvier 1749. —*Marie-Madeleine*, b [8] 5 oct. 1750. — *Marie-Louise*, b [3] 5 oct. 1750; m à Joseph Metot.—*François*, b [8] 29 dec. 1751; s [8] 9 fevrier 1752. — *Pierre-François*, b [8] 10 février 1755.

1756, (16 février) Deschambault. [6]

III.—CHARTRÉ, Jean-Charles, [André II. b 1725.
Martineau (1), Marie-Angélique, [Simon II. b 1737.
Jean-Charles, b 17 oct. 1756, aux Grondines [5]; s [5] 20 nov. 1759.—*Joseph-Michel*, b [6] 29 sept. 1758. —*Marie-Marguerite*, b [5] 8 sept. 1760; s [5] 20 mai 1762.—*Antoine*, b [6] 7 mars 1763.—*Marie-Angélique*, b [6] 3 avril 1765. — *Marguerite*, b [5] 11 août 1771; m [6] 24 juin 1791, à Pierre Mathieu.

III.—CHARTRÉ, Jean-Bte, [Jacques II. b 1741; s 24 mai 1774, à Quebec.
Hellot, Madeleine, [Denis-François II. b 1753

1763, (10 janvier) Charlesbourg.

III.—CHARTRÉ, Eustache, [André II. b 1730.
Parant, Madeleine-Angélique, [Antoine III. b 1737, veuve de Jean Morel.

I.—CHARUEL, Jean-Bte, b 1737; de Bia, diocèse d'Avranches, Basse-Normandie; s 6 avril 1759, à la Rivière-Ouelle.

I.—CHARUEL (2), Michel.
1° Martin, Marie-Joseph.
1762, (22 fevrier) Cap-St-Ignace. [3]
2° Caron, Véronique, [François-Xavier IV. b 1742.
Véronique, b [3] 7 oct. 1763.

1758, (25 sept.) Ste-Foye.

I.—CHARVET, Antoine (messire), fils d'Hubert et d'Anne Perot, de Lisle, Flandre.
Lambert, Jeanne-Elisabeth, [Louis-René III. b 1737.

1668, (19 nov.) Quebec. [8]

I.—CHASLE (3), Claude, b 1648; s [8] 9 août 1698.
1° Lepine, Andree, b 1645; s [8] 22 dec. 1688.
Anne-Andrée, b [8] 14 sept. 1669; m [8] 9 février 1686, à Pierre Prudhomme; s 27 mai 1720, à Montreal.
1691, (15 janvier). [8]
2° Fol, Catherine, b 1640; veuve de Jean DeMosny; s [8] 8 déc. 1700.
Nicolas-Joseph (4), b [8] 18 fevrier 1694; ordonné [8] 20 fevrier 1717, s 23 mars 1754, à Beaumont.

(1) Et Chartrain, voy. vol. I, p 121.

(1) Dit St-Onge.
(2) Il était, le 6 oct. 1760, au Cap-St-Ignace.
(3) Voy. vol. I, p 121.
(4) Curé de Beaumont.

1689, (2 déc.) Lachine.[8]

I.—CHASLE (1), JACQUES,
b 1658.
BOURGERY, Madeleine, [JEAN-BTE I.
b 1652; veuve de Jean Beaune.
Louise-Madeleine, b [8] 21 janvier 1691. — *Jacques*, b [8] 11 mai 1693; m [8] 28 fevrier 1729, à Marie-Louise QUESNEL.—*Jean*, b [8] 20 mai 1696; m [8] 7 janvier 1727, à Marie-Madeleine QUESNEL.

1712, (28 avril) Québec.[6]

II.—CHASLE, CLAUDE, [CLAUDE I.
b 1679, marchand; s [6] 3 nov. 1716, dans l'église.
DUROY (2), Marie-Marguerite, [PIERRE I.
b 1693.
Pierre, b [6] 14 janvier 1713, s [6] 21 août 1714. —*Claude*, b [6] 30 janvier et s 27 mai 1714, à Charlesbourg. — *Marie-Anne*, b [6] 28 août 1716; 1° m [6] 30 oct. 1732, à Guillaume GOUZE; 2° m [6] 16 sept. 1745, à Joseph PERTHUIS.

1727, (7 janvier) Lachine.

II.—CHASLE, JEAN, [JACQUES I.
b 1696.
QUESNEL, Marie-Madeleine, [JEAN-BTE II.
b 1707.
Marie-Madeleine, b 24 janvier 1728, au Bout-de-l'Ile, M.

1729, (28 fevrier) Lachine.

II.—CHASLE, JACQUES, [JACQUES I.
b 1693.
QUESNEL, Louise, [OLIVIER I.
b 1705.
Jacques, b... m 29 janvier 1759, à Marie-Joseph LEMAIRE, au Lac-des-Deux-Montagnes.

1759, (29 janvier) Lac-des-Deux-Montagnes.

III.—CHASLE, JACQUES. [JACQUES II
LEMAIRE (3), Marie-Joseph. [BERNARDIN II.

I.—CHASSÉ, SÉBASTIEN, de Lesursone, diocèse de Besançon (4).
GRANDMAITRE, Elisabeth,
b 1687; s 8 sept. 1757, à Kamouraska.[6]
Jean, b en France: 1° m [6] 27 juin 1735, à Marie-Joseph MIGNEAU; 2° m [6] 1er août 1757, à Marie-Louise-Angelique ASSELIN.—*Françoise*, b 1714; 1° m [6] 4 fevrier 1743, à Jean-Baptiste MICHAUD; 2° m [6] 10 fevrier 1766, à Pierre DOUCET; s [6] 7 nov. 1780. — *Sébastien*, b 1724; s [6] 11 juillet 1746. — *Marie*, b... m [6] 21 nov. 1746, à Benjamin MICHAUD —*Jeanne*, b... m [6] 26 fevrier 1748, à Etienne MICHAUD. — *Geneviève*, b... m à Jean-Baptiste MICHAUD.

(1) Dit Duhamel; voy. vol. I, p. 122.

(2) Elle épouse, le 21 déc. 1719, Jean-Eustache de La Nouiller, a Québec.

(3) Et Lemer.

(4) Marié et décédé en France.

1735, (27 juin) Kamouraska.[6]

II.—CHASSE, JEAN, [SEBASTIEN I.
b 1714.
1° MIGNEAU, Marie-Joseph, [PIERRE II.
b 1715; s [6] 2 mars 1757.
Jean, b [6] 20 et s [6] 29 mars 1736.—*Jean-Baptiste*, b [6] 13 juillet 1737; m [6] 24 janvier 1763, à Elisabeth LEVASSEUR.—*Elisabeth*, b [6] 19 juillet 1739, m [6] 27 nov. 1758, à Toussaint MICHAUD; s [6] 25 mars 1764 —*Anne*, b [6] 1er juin 1741; m [6] 28 janvier 1765, à Jean LEBEL, s [6] 5 janvier 1771 — *Sébastien*, b [6] 24 août 1743; m à Theotiste PARADIS. — *François-Gabriel*, b [6] 8 février 1746. — *Marie-Catherine*, b [6] 23 mars 1748. — *François*, b 1751; s [6] 17 mars 1772.—*Marie-Joseph*, b [6] 17 février et s [6] 23 mai 1754.— *Marie-Joseph*, b [6] 10 août 1755, s [6] 2 sept. 1756 (1). — *Théotiste*, b... m [6] 19 oct. 1772, à Etienne MICHAUD — *Marie*, b... m [6] 7 janvier 1777, à Joseph SIROIS.

1757, (1er août) [6]

2° ASSELIN, Marie-Lse-Angelique. [LOUIS III.
Joseph, b [6] 21 avril 1762; m [6] 15 juin 1789, à Judith QUÉRET.— *Isidore*, b [6] 24 fevrier 1764, m à Madeleine NADEAU. — *Alexandre*, b [6] 27 oct. 1765; s [6] 15 juin 1766 — *Benjamin*, b [6] 8 avril 1767, 1° m à Marie-Louise LAVOIE; 2° m [6] 12 nov. 1804, à Judith LEMCOGNAC.—*Jean-Germain*, b [6] 4 août 1769.—*Philippe*, b [6] 29 mars et s [6] 10 oct. 1772 —*Clément*, b... m [6] 23 sept. 1787, à Marie PELLETIER.

1763, (24 janvier) Kamouraska [8]

III.—CHASSÉ, JEAN-BTE, [JEAN II.
b 1737.
LEVASSEUR, Elisabeth, [PIERRE IV.
b 1744.
Jean-Baptiste, b [8] 20 février 1764; m [8] 17 janvier 1785, à Anne PINET.—*Elisabeth*, b [8] 24 mai 1768.—*Pierre*, b [8] 5 juin 1774, s [8] 13 nov. 1780. —*Marie-Luce*, b [8] 8 août 1781.— *Théotiste*, b [8] 8 et s [8] 15 août 1783.—*Anselme*, b [8] 17 oct. 1784.

III.—CHASSÉ, SÉBASTIEN, [JEAN II.
b 1743.
PARADIS, Théotiste, [GABRIEL IV.
b 1752.
Jean-Baptiste, b 29 oct. 1773, à Kamouraska.[7] — *Marie-Théotiste*, b [7] 20 avril 1775. — *Marie-Rosalie*, b [7] 23 dec. 1776.—*Sébastien*, b [7] 6 juillet 1778 —*François*, b [7] 25 mai 1780.—*Joseph*, b [7] 20 mai et s [7] 26 août 1782 —*Marie-Geneviève*, b [7] 31 janvier 1785.

1785, (17 janvier) Kamouraska.[9]

IV.—CHASSÉ, JEAN-BTE, [JEAN III.
b 1764.
PINET, Anne, [PIERRE I.
b 1766.
Pierre, b [9] 7 avril 1786.—*Jean-Baptiste*, b [9] 16 dec. 1787.—*Chrysostôme*, b [9] 25 oct. 1789

(1) Inhumee sous le nom de Jean

1787, (23 sept) Kamouraska. [2]
III.—CHASSÉ, Clément. [Jean II.
Pelletier, Marie-Anne, [Charles VI.
b 1765.
Clément, b [2] 22 sept. 1788.

III.—CHASSÉ, Isidore, [Jean II.
b 1764.
Nadeau, Madeleine-Rose, [Louis IV.
b 1766.
Isidore, b 7 et s 12 dec. 1788, à Kamouraska. [6]
—*Alexandre*, b [6] 22 oct. 1789.

1789, (15 juin) Kamouraska.
III.—CHASSÉ, Joseph, [Jean II.
b 1762.
Quéret, Judith. [Pierre.

III.—CHASSÉ, Benjamin, [Jean II.
b 1767.
1° Lavoie, Marie-Louise. [François.
1804, (12 nov.) Kamouraska.
2° Lemcognac, Judith. [Bernard.

I.—CHASSIN, Jean, b 1660; de St-Jean-d'Angely, diocèse de Xaintes; s 24 avril 1716, à Montreal.

I.—CHASSIN (1), Nicolas-Michel.

I.—CHATAIGNE, Jean.
Lavallee, Marie-Anne.
Marie-Anne, b 15 dec. 1758; s 13 fevrier 1759, à St-Laurent, M.

CHATARD.—Voy. Chotard dit St-Onge.

CHATEAU.—Voy. Chaillon—Mulaire.

I.—CHATEAU (2), André, b 1709: fils de Joseph et de Jeanne Sevau, de Brignon, diocèse d'Angers, s 3 août 1779, à Quebec. [6]
1° Metot, Marie-Joseph.
1749, (28 juillet). [6]
2° Gingras, Marie-Joseph, [Joseph II.
b 1711; s [6] 9 janvier 1789.

I.—CHATEAU (3), Jean.
Couvret, Françoise,
b 1717; s 8 sept. 1771, à Repentigny.

CHATEAUBRIANT.—Voy. Georget.

CHATEAUFORT.—Voy. Guy, 1722.—Rousset.

I.—CHATEAUFORT, Joseph.
Prenouveau, Therèse.
Joseph, b... m 7 janvier 1760, à Elisabeth Harnois, aux Trois-Rivières.

(1) Commis de la Compagnie d'Occident, Illinois; il était à Kaskakia, le 7 mars 1721.
(2) Dit St-Georges; soldat de Linctot.
(3) Dit Fleur-d'épine.

1760, (7 janvier) Trois-Rivières.
II.—CHATEAUFORT, Joseph. [Joseph I.
Harnois, Elizabeth, [Joseph III.
b 1735.

CHATEAUGUAY.—Voy. Perrot.

I.—CHATEAUGUAY, Joseph, b 1706; s 28 mars 1778, à Repentigny.

CHATEAUGUAY, Louis.
Girouard, Marie.
Marie-Anne, b 1761, s 9 juin 1776, à Quebec.

CHATEAUNEUF. — *Variations et surnoms :* Meneux — Lemenu — DeMontel — DeMonteuil—Antaya—Desranlot—Desranleau.

1693, (13 juillet) Quebec. [1]
I.—CHATEAUNEUF (1), Henri-François,
b 1660.
LeMarquis (2), Marie-Madeleine, [Charles I.
b 1675.
Joseph, b [1] 11 et s [1] 30 mai 1694.

CHATEAUNEUF.
Quenneville, Louise,
b 1699, s 19 mai 1769, à Lachenaye.

CHATEAUNEUF, Madeleine, b 1748; s 16 déc. 1766, à Sorel.

CHATEAUNEUF (3), Pierre,
b 1734; s 9 février 1763, à Sorel.
Bergeron (4), Marie-Joseph.

CHATEAUNEUF (3), Catherine, b... s 15 déc. 1755, à Sorel.

CHATEAUNEUF, Marthe, epouse de Joseph Hélie.

CHATEAUNEUF, Marie, epouse de Louis Cloutier.

CHATEAUVERT.—Voy. Faucher.

CHATEAUVEIL, Julie, epouse de Joseph Lefebvre.

CHATEAUVIEUX.—Voy. Gamelin.

CHATEAUVILLE.—Voy. Germelin.

(1) Sieur de Monteuil, capitaine dans les troupes; voy. vol. I, p. 122.
(2) Elle épouse, le 29 juillet 1727, Louis Tremblay, à Quebec.
(3) Dit Antaya.
(4) Elle épouse, le 23 janvier 1764, François Sylvestre, à Sorel.

1685, (23 oct.) Pte-aux-Trembles, Q.
I.—CHATEL (1), MICHEL,
b 1649.
LAMBERT, Françoise-Marguerite, [AUBIN I.
b 1671.
Marie-Thérèse, b 1694; m 2 mai 1718, à Nicolas DUBOIS, à St-Nicolas[7]; s[7] 25 janvier 1755.—*Jacques,* b[7] 11 janvier 1696; s[7] 10 fevrier 1723. —*Catherine,* b 1696; s 17 mars 1761, à St-Joachim.—*Marie-Charlotte,* b[7] 18 mai 1698; m[7] 11 avril 1728, à Philippe DUBOIS; s[7] 10 janvier 1758.

1718, (22 nov.) Ste-Foye.[8]
II.—CHATEL, FRANÇOIS, [HENRI I
b 1689.
BELLEAU, Angélique, [BLAISE I.
b 1702, s 21 août 1758, à Contrecœur.[9]
Louis, b[8] 19 janvier 1720; m 1749, à Marie-Anne PERRAULT. — *François,* b[8] 16 mars 1721; s[8] 3 avril 1722.—*Jean-Baptiste,* b[8] 8 juillet 1723; m 1748, à Marie-Catherine DESAUTELS.—*Charles,* b[8] 20 mai 1725. — *Marie-Angélique,* b 18 mars 1727, à Sorel.—*Joseph-Marie,* b[8] 17 mai 1733; m[9] 7 nov. 1757, à Marie-Joseph GIARD. — *François,* b... m 1755, à Marie-Anne LECOMPTE. — *Pierre,* b[6] 8 fevrier 1736, m à Marie GINGRAS.

1721, (20 janvier) Ste-Foye.[3]
II.—CHATEL, PIERRE, [HENRI I.
b 1685.
ROBIN (2), Marie-Gertrude. [PIERRE I.
Marie-Louise, b[3] 16 nov. 1721; m 26 juin 1741, à Julien-Florent GADDÉ.—*Marie-Madeleine,* b[3] 5 sept. 1723; m 7 fevrier 1752, à Pierre MARION, à St-Nicolas.

II.—CHATEL (3), LOUIS. [HENRI I.
Catherine, b... m 1er mars 1756, à Louis TIBAUT, à St-Ours.

1748.
III.—CHATEL, JEAN-BTE, [FRANÇOIS II.
b 1723.
DESAUTELS (4), Marie-Catherine. [PIERRE II.
Marie-Louise, b 8 et s 13 avril 1749, à Lavaltrie.[7] —*Marie-Monique,* b[7] 7 mai 1750.—*Jean-Baptiste,* b 1752; s 20 janvier 1754, à St-Ours.

III.—CHATEL, PIERRE, [FRANÇOIS II.
b 1736.
GINGRAS, Marie.
Marie-Louise, b... m 18 juin 1764, à Amand PRIMONT, à Quebec.

1749.
III.—CHATEL, LOUIS, [FRANÇOIS II.
b 1720.
PERRAULT (5), Marie-Anne.

(1) Voy. vol. I, p. 122.
(2) Elle epouse, le 14 nov. 1734, Nicolas Bergeron, à Québec.
(3) Dit Desautels.
(4) Dit Lapointe.
(5) Et Pérot.

Marie-Claude, b 25 janvier 1750, à St-Frs-du-Lac.—*Jean-Baptiste,* b 7 mai 1751, à Lanoraie[8]; s[8] 19 nov. 1752.—*Marie-Joseph,* b[8] 30 nov. 1752. —*Antoine* et *Marie-Amable,* b 24 dec. 1760, à Lachine.

1755.
III.—CHATEL, FRANÇOIS. [FRANÇOIS II.
LECOMPTE (1), Marie-Anne. [SAMUEL I.
Marie-Joseph, b 10 et s 25 février 1756, à Contrecœur.[3] — *Jean-François,* b 9 dec. 1756, à St-Ours; s 26 juillet 1767 (noyé), au Bout-de-l'Ile, M.—*Louis-Joseph,* b[3] 19 mars 1758.

1757, (7 nov.) Contrecœur.
III.—CHATEL, JOSEPH-MARIE, [FRANÇOIS II.
b 1733.
GIARD, Marie-Joseph. [GABRIEL I.
Marie-Joseph, b 7 août 1758, à St-Ours[4]; s[4] 2 sept. 1759.

CHATEL, MADELEINE, epouse d'Etienne LESIÈGE.

CHATEL, MARIE, épouse de Jacques ROUX.

1722, (21 nov.) Trois-Rivières.[3]
I.—CHATELAIN (2), FRANÇOIS, b 1698; fils de François (procureur au châtelet de Paris) et de Catherine Royer, de St-Mery, Paris; s[3] 29 avril 1761.
1° TOURILLON, Marie-Françoise, [CLAUDE I.
b 1703; s[3] 28 dec. 1723.
1729, (13 fevrier).[3]
2° CARDIN, Marguerite, [MAURICE II.
b 1708.
Gabriel, b[3] 17 mai 1730; s[3] 15 mai 1731.—*Marguerite,* b[3] 18 mai 1731; s[3] 14 mars 1747.—*Marie-Liboire,* b[3] 28 dec. 1733; s[3] 1er janvier 1746.—*Anonyme,* b[3] et s[3] 14 dec. 1734.—*Anonyme,* b[3] et s[3] 17 juin 1736.—*Marie-Joseph,* b[3] 8 mai 1737; m[3] 5 oct. 1757, à Joseph BOUCHER DE NIVERVILLE. — *Pierre-François,* b[3] 5 mars et s 15 mars 1739, à Nicolet.—*Anonyme,* b[3] et s[3] 31 mai 1740.—*Marie-Madeleine,* b[3] 5 juin 1741; m[3] 17 janvier 1758, à Pierre PHELIP; s[3] 19 mars 1762.—*Louis-Jean-François,* b[3] 27 nov. 1742.—*Anonyme,* b[3] et s[3] 1er mai 1745 —*Anne-Liboire,* b[3] 30 janvier 1747.—*Monique-Marguerite,* b[3] 3 juillet 1751.

CHATELAIN (3), JOACHIM, b 1733; s 14 avril 1760, au Bout-de-l'Ile, M.

CHATELAIN (4), ANTOINE.
LESAGE, Marie-Therese.
Antoine, b et s 11 sept. 1772, à Repentigny.—*Jacques,* b 14 juillet 1774, au Detroit.

CHATELET (5), PIERRE.

(1) Dit Larimaudière.
(2) Lieutenant des troupes, 1739.
(3) Allemand.
(4) Sieur Dérigny, médecin.
(5) Dit Lajoie; soldat au régiment de Berry; il était à St-Pierre, I. O, le 20 fevrier 1759.

CHATELLEREAU.—Voy. BONNEDEAU — ROY— RENAUX.

CHATELLEREAU, MARIE, épouse de François DESOURDY.

CHATELLEREAU, CHARLOTTE, épouse de Pierre MOGRAIN.

CHATELLEREAU, EDMOND.—Voy. ROY, de 1701.

I.—CHATELLEREAU, JOSEPH.
........., Louise.
Joseph, b... m 19 mai 1794, à Archange DUSSAUT, au Detroit.

1794, (19 mai) Detroit.
II.—CHATELLEREAU, JOSEPH. [JOSEPH I
DUSSAUT, Archange,
veuve de Joseph Mesny.

1760, (10 nov.) Beauport.
I.—CHATELLIER (1), JEAN, grenadier de la compagnie de Foulhiac, regiment de Berry, fils de Jacques et de Marie Dubos, de St-Martin, ville de Cadillac, diocèse de Bordeaux.
GIROUX, Marie-Jeanne, [PIERRE IV.
b 1741.

1689, (30 mai) Batiscan.
I.—CHATENAY (2), JEAN,
b 1644.
1° FAFARD, Jeanne, [FRANÇOIS I.
b 1664.
2° LAVERDURE, Marie-Angélique.
Catherine, b... m à Jean-Baptiste SENNEVILLE.

1717, (12 avril) Cap-Sante. [1]
II.—CHATENAY (3), JEAN-BTE, [JEAN I.
b 1694; s [1] 9 mars 1732.
CHAILLÉ, Geneviève, [CLAUDE II.
b 1697; s [1] 16 oct. 1746.
Jean-Baptiste, b [1] 13 sept. 1721; m [1] 26 janvier 1750, à Françoise LEFEBVRE.—*Jean-François*, b [1] 7 juillet 1725; s [1] 3 janvier 1734. — *Joseph*, b 1727, m [1] 30 janvier 1747, à Marie-Louise LEFEBVRE; s [1] 16 oct. 1747. — *Marie-Madeleine*, b [1] 19 janvier 1729; s [1] 22 août 1730.—*Marie-Charlotte*, b [1] 2 avril 1730, m [1] 22 nov. 1751, à Jean-Baptiste PLEAU. — *Marie-Françoise*, b [1] 13 sept. 1731, m 18 juillet 1757, à Jacques PLEAU, aux Ecureuils.

1747, (30 janvier) Cap-Santé. [1]
III.—CHATENAY, JOSEPH, [JEAN-BTE II.
b 1720; s [1] 16 oct. 1747.
LEFEBVRE, Marie-Louise, [JEAN-BTE II.
b 1725.

(1) Dit Belamour; il était à Beauport le 8 janvier 1759.
(2) Voy Chastenay, vol I, p. 122.
(3) Et Chastenay.

1750, (26 janvier) Cap-Santé. [1]
III.—CHATENAY, JEAN-BTE, [JEAN-BTE II.
b 1721.
LEFEBVRE, Françoise, [JEAN-BTE II.
b 1730.
Marie-Françoise, b [1] 7 février 1751. — *Jean-Baptiste*, b [1] 19 juillet 1752.—*Joseph*, b 9 janvier 1755, aux Ecureuils. — *Augustin*, b 1er mars 1758, à Deschambault.

CHATERNEAU.—Voy. Jean RÉGNAULT, 1720.

I.—CHATERNEAU, JACQUES, b 1674; de Saint-Onge; s 18 mars 1752, à St-Nicolas.

1741, (30 janvier) Québec. [2]
I.—CHATIGNON (1), PHILIPPE, soldat; fils de Leger et de Jeanne Cavillac, de Trasilac, diocèse de Perigueux.
GIRARD, Louise, [JEAN II.
b 1721; s [2] 16 dec. 1792.
Louis-Philippe, b [2] 13 sept. 1741; s [2] 18 juin 1742.— *Marie-Louise*, b [2] 27 mars 1743.— *Marie-Françoise*, b [2] 28 mars 1745; s [2] 11 nov. 1747.— *Anonyme*, b [2] et s [2] 27 fevrier 1750.—*Geneviève*, b [2] 31 janvier 1752; m [2] 4 mai 1784, à Pierre GAGNÉ. — *Marie-Jeanne*, b [2] 9 fevrier et s [2] 25 juillet 1754.—*Cécile*, b [2] 29 juin 1757; s [2] 30 mai 1758.—*Marie-Charlotte*, b [2] 15 oct. 1761.

I.—CHATIGNY (2), VINCENT.
AUVRAY, Françoise.
Marie-Françoise, b 22 avril 1695, à Québec, m à François JAHAN-LAVIOLETTE. — *Pierre*, b... m 26 nov. 1710, à Angelique MARTIN, à St-Pierre, I. O.

1710, (26 nov.) St-Pierre, I. O. [2]
II.—CHATIGNY (3), PIERRE, [VINCENT I.
s avant 1748
MARTIN, Angelique, [JOACHIM I.
b 1678; veuve de Pierre Chantal, s [2] 10 nov. 1758.
Marie-Charlotte, b [2] 25 fevrier 1712—*Joseph*, b [2] 29 dec. 1718; m 17 avril 1741, à Marguerite-Geneviève CORBIN, à St-Augustin.—*Joseph-Philippe*, b [2] 24 août 1720.—*Marie-Catherine*, b [2] 29 sept. 1722, m [2] 29 juillet 1748, à Joseph DROUIN. —*Pierre*, b... m [2] 29 oct. 1742, à Marguerite RATÉ.—*Louis*, b... m [2] 7 avril 1750, à Marie-Anne LECLERC.

1741, (17 avril) St-Augustin. [4]
III.—CHATIGNY, JOSEPH, [PIERRE II.
b 1718.
CORBIN, Marguerite-Geneviève, [JEAN-BTE III.
b 1726.
Marie-Marguerite, b [4] 8 juillet et s [4] 19 août 1742.—*Marie-Angélique*, b [4] 21 nov. 1743; m 1764, à Pierre BLAY.—*Joseph*, b [4] 18 mars 1745, m 18 janvier 1768, à Marie-Madeleine MONIER, à la Pte-aux-Tremble, Q.—*Pierre-Noel*, b [4] 24 dec.

(1) Dit Lacouture et St-Onge
(2) Dit Lepine, voy. vol. I, p 122
(3) Dit Lepine.

1747; s [4] 10 janvier 1748.—*Marie-Louise*, b 25 fevrier 1754, à Ste-Foye.—*Louis*, b [4] 25 août 1755.—*Jean-Baptiste*, b [4] 1er mars et s [4] 20 oct. 1758.

1742, (29 oct.) St-Pierre, I. O. [6]

III.—CHATIGNY (1), PIERRE. [PIERRE II.
RATÉ, Marguerite, [GUILLAUME II.
b 1724.

Marie-Angélique, b [6] 12 oct. 1743.—*Marie-Thérèse*, b [6] 16 août 1745.—*Charlotte*, b [6] 3 mai 1747.—*Geneviève*, b [6] 18 juin 1749. — *Pierre-Laurent*, b 21 oct. 1751, à Ste-Famille, I. O.—*Joseph*, b [6] 26 mai 1753; s [6] 17 avril 1756.—*Antoine*, b [6] 15 avril et s [6] 11 juin 1756.—*François*, b [6] 18 avril 1757.

1750, (7 avril) St-Pierre, I. O. [7]

III.—CHATIGNY, LOUIS. [PIERRE II.
LECLERC, Marie-Anne, [JEAN III.
b 1733

Louis-Barthélemi, b [7] 11 déc. 1751.—*Pierre*, b [7] 25 août 1753.—*Pierre*, b 3 sept 1755, à St-Charles. [8]—*Jean-Baptiste*, b [8] 4 oct. 1757; s [8] 13 oct. 1758.—*Félix*, b [8] 20 oct. 1759.

1768, (18 janvier) Pte-aux-Trembles, Q.

IV.—CHATIGNY, JOSEPH, [JOSEPH III.
b 1745.
MONIER (2), Marie-Madeleine, [FRANÇOIS I.
b 1746.

CHATIGNY, MARIE, b 1747; m à Pierre TIVIERGE, s 5 oct. 1779, à Ste-Foye.

CHATIGNY, MARIE, epouse de Joseph POIRIER

CHATIGNY, MARIE, epouse d'Antoine TABAUT.

CHATILLON.—Voy. MIGNOT.

I.—CHATILLON, LAURENT.
GUÉRIN, Marie-Anne.

Marie-Marguerite, b 1702; m 19 juin 1724, à Charles DERAINVILLE, à Montreal.

I.—CHATILLON, JEAN-JOSEPH, b 1707; de Poitou; s 7 juillet 1775, à l'Hôpital-General, M.

CHATILLON, MARIE, épouse de Jean-Baptiste MARCOT.

I.—CHATON (3), JACQUES, tonnelier; b 1724; de Calorien, diocèse de St-Malo.

II.—CHATOUTEAU, ETIENNE, [MATHIAS I.
b 1687, s 10 juin 1710, à Lachine.

(1) Dit Desilles, 1745.

(2) Et Lemonier dit Molière.

(3) Venu en 1756, fait prisonnier par les Anglais sur l'Ile de Terreneuve avec Yves Tachot.

I.—CHAUBERT, JEAN-BTE.
CHARBONNEAU, Catherine.

Charles, b 16 oct. 1743, à Montréal.

1749, (28 avril) Montréal. [3]

I.—CHAUBERT (1), JEAN-CHARLES, b 1729; fils de Mathurin et de Catherine Leprou, de St-Victor-d'Orleans.
1° CASSIN, Françoise, [ANDRÉ I.
b 1732.

Marie-Françoise, b [3] 21 janvier et s [3] 3 mai 1750.

1757, (8 janvier). [3]

2° DUBREUIL, Marguerite, [JEAN I.
b 1742.

1752, (20 nov.) Québec. [4]

I.—CHAUBERT, HILAIRE, fils de Noël, et de Madeleine Pichon, de St-Donatien, ville d'Orleans.
RATE, Marie-Madeleine, [PIERRE III.
b 1733; s [4] 8 avril 1760.

Marie-Madeleine, b [4] 2 sept. 1753. — *François-Marie*, b [4] 27 janvier 1755, s [4] 7 dec. 1759.—*Marie-Charlotte*, b [4] 24 mai 1757; s 7 janvier 1762, à Levis. [2]—*Hilaire-François*, b [4] 21 juin et s [2] 15 sept. 1758.—*Anonyme*, b [4] et s [4] 8 avril 1760.

1670.

I.—CHAUDILLON (2), ANTOINE,
b 1643; s 6 oct. 1707, à la Pte-aux-Trembles, M. [5]
BOUCHER, Marie, [FRANÇOIS II.
b 1652; s [5] 16 dec. 1713.

Catherine, b 1672; 1° m [5] 9 oct. 1688, à François LENEVEU; 2° m [5] 19 sept. 1700, à Jean CHARBONNEAU.—*Marie*, b 12 août 1674, à Sorel [4]; m 16 fevrier 1694, à Jean CHAPERON, à la Pte-aux-Trembles, Q.—*Marie-Charlotte*, b [4] 6 avril 1676; 1° m [5] 28 sept. 1693, à Joseph DESAUTELS; 2° m 8 juillet 1707, à Jean BARTE, à Varennes; s 27 avril 1760, à Lavaltrie. — *Louise*, b [4] 11 janvier 1682, m 22 juin 1701, à Jean GORIOU, à Lachine. —*Pierre-Louis*, b [4] 2 janvier 1687; m à Charlotte DUMAY.

II.—CHAUDILLON, PIERRE-LOUIS, [ANTOINE I.
b 1687, s avant 1755.
DUMAY, Charlotte. [JEAN-BTE II.

Marie, b 1720, 1° m à Louis CATY; 2° m 29 janvier 1753, à Jean-Baptiste LAHAIZE, à la Pte-aux-Trembles, M. [5]— *Marie-Anne*, b [5] 31 juillet 1723; m 1745, à François MONET. — *Antoine*, b 1727; 1° m [5] 20 janvier 1755, à Marie-Joseph BLAIS; 2° m 16 janvier 1769, à Marie-Louise BROCHU, à la Longue-Pointe. [4] — *Catherine*, b 1729, m [5] 25 janvier 1751, à Charles CHARTIER. — *Marguerite*, b 1731; m [5] 10 nov. 1760, à Pierre CHALIFOUR.—*Jean-Baptiste*, b 1737; m [4] 25 janvier 1768, à Marie-Amable-Joseph RENAUD.

(1) Dit St-Jean.

(2) Voy. vol. I, p. 122.

1755, (20 janvier) Pte-aux-Trembles, M.
III.—CHAUDILLON, ANTOINE, [PIERRE II.
b 1727.
1° BLAIS, Marie-Joseph, [GABRIEL II.
b 1735.
1769, (16 janvier) Longue-Pointe.
2° BROCHU, Marie-Louise, [MATHURIN III.
b 1736.

1768, (25 janvier) Longue-Pointe.
III.—CHAUDILLON, JEAN-BTE, [PIERRE II.
b 1737.
RENAUD, Marie-Amable-Joseph, [FRANÇOIS III.
b 1754.

I.—CHAUDRON (1), MICHEL,
b 1657.
BAILLARGEON, Marie, [MATHURIN I.
b 1663.
Michel, b 1678. — *Marie*, b 1680. — *Pierre*, b 1701; s 23 juillet 1743, aux Trois-Rivières.

II.—CHAUDRON, PIERRE, [MICHEL I.
b 1701; s 23 juillet 1743, aux Trois-Rivières.

I.—CHAUFAU (2), PIERRE, b 1721; s 10 juin 1761, à St-Michel-d'Yamaska.

1723, (29 août) Montréal. [4]
I.—CHAUFOUR, JEAN-BTE, b 1695; fils de Pierre et de Françoise Lavigne, de Ste-Marguerite, ville de Paris.
BOISSEAU, Angélique, [PIERRE I.
b 1683; veuve de Guillaume Laserre.
Pierre (3), b [4] 22 juin 1724, ordonné le 23 sept. 1747; s 20 juillet 1760, à St-Michel.—*Marie-Madeleine-Françoise*, b [4] 13 février 1726, m [4] 30 janvier 1758, à Jean LEGAY.—*Marie-Amable*, b [4] 10 avril et s [4] 26 juillet 1729.

CHAULET.—Voy. ST-PAUL.

I.—CHAULET, PIERRE,
b 1712; s 5 sept. 1786, à Quebec.
LAFLÈCHE, Catherine.

CHAUMARD, MADELEINE, b... m 1741, à Nicolas BONHOMME.

I.—CHAUMARD (4), JEAN.
RICHARD, Marie-Joseph.

I.—CHAUMAUX (5), PIERRE.
LAMAINS, Catherine.
Antoine, b 19 et s 20 dec. 1738, à Montreal.

I.—CHAUMELOT, LÉONARD.
LEVREAU, Louise.
Marie-Françoise, b 1743; m 6 nov. 1758, à Leonard LABRIANCE, à Montreal.

(1) Voy. vol. I, p. 122.
(2) Dit Lalime.
(3) Curé de St-Michel.
(4) Soldat de la compagnie de Mainard au régiment de Berry.
(5) Dit Larivière.

1720, (11 février) Quebec. [1]
I.—CHAUMEREAU (1), FRANÇOIS, b 1683; fils d'Antoine et de Pauline Grille, de St-Jean-de-Ligoar, diocèse de Limoges, s 11 mars 1743, dans l'eglise de la Basse-Ville.
ARGUIN, Françoise-Rose, b 1697; fille de Bernard et de Jeanne Pétrot, de Canaret, diocèse de Cornouailles; s [1] 25 avril 1739.
Charles-François, b [1] 25 fevrier 1721. — *Françoise-Geneviève*, b [1] 7 nov. 1722; 1° m [1] 7 janvier 1743, à Noël SOUZANET; 2° m [1] 9 août 1751, à Joseph PILOTE; s [1] 13 août 1753.—*Marguerite*, b [1] 28 mars 1724, s [1] 4 sept 1727.—*Joseph-Athanase*, b [1] 8 mai et s [1] 31 juillet 1725.—*Joseph-Normandin*, b [1] 29 nov. et s [1] 23 dec. 1726.—*Marie-Joseph*, b [1] 30 sept. 1728; s [1] 18 déc. 1729. —*Marie-Joseph*, b [1] 22 fevrier et s [1] 14 juillet 1731.—*Louis-Yves-Marie*, b [1] 17 juin 1732; s [1] 18 sept. 1733.—*Marie-Joseph*, b [1] 24 juillet 1734; m [1] 23 juin 1755, à François PELISSON. — *Marie-Louise*, b [1] 16 dec. 1735; s [1] 27 janvier 1736.—*Marie-Thérèse*, b [1] 9 juin 1737.

CHAUMINE.—Voy. Paul TESSIER.

CHAUMONT (DE). — *Surnoms :* DUBORD, 1760 —GUILLET—SMIL.

CHAUMONT, NICOLAS. —Voy. GUILLET de 1721.

I.—CHAUMONT, FRANÇOIS.
HARBOUR (2), Marie-Anne, [AUGUSTIN II.
b 1730.

CHAUMONT, JOSEPH.—Voy. GUILLET de 1765.

CHAUNIÈRE.— *Variation et surnom :* CHAUNIER —SABOURIN.

1750, (1er juin) Québec. [2]
I.—CHAUSSART (3), ARNAULT, menuisier; b 1725; fils de Jean et de Catherine Pantureau, de Julliart-le-Coq, diocèse de Xaintes, Angoumois; s [2] 10 déc. 1785.
L'HÉRAUX, Catherine, [SIMON III
b 1735; s [2] 16 mai 1798.

1681, (24 août) Islet.
I.—CHAUSSÉ (4), PIERRE,
b 1651.
SEL, Madeleine,
b 1652; veuve de Louis Auriot; s 11 dec. 1700, à Levis. [3]
Agathe, b [3] 26 janvier 1687; m 14 fevrier 1719, à Jean CHARBONNEAU, à Lachine.—*Geneviève*, b [3] 25 fevrier 1691.—*Marie-Catherine*, b... m 18 fevrier 1715, à Joseph-Denis DESÈVRE, à Québec. —*Angélique*, b... 1° m 28 fevrier 1724, à Joseph FAUCHER, à Montreal [4], 2° m [4] 21 oct. 1732, à Germain VITRY.—*Geneviève*, b [3] 11 et s [3] 14 déc. 1700.

(1) Dit LaGiroflée; sacristain de la Basse-Ville
(2) Elle epouse, le 3 août 1761, Jacques Boudillon, à Montreal
(3) Dit St-Onge.
(4) Dit Lemeine; voy. vol. I, p 123.

1712, (13 juin) Québec. [5]
II.—CHAUSSÉ (1), JEAN-BAPTISTE, [PIERRE I.
s [5] 30 sept. 1737.
BÉRIAU (2), Marie-Madeleine, [VINCENT I.
b 1691 ; s [5] 7 sept. 1758.
Jean-Baptiste, b [5] 19 avril 1713 ; m à Françoise FAVREAU.—*Marie-Joseph,* b [5] 16 juillet 1715 ; s 31 déc. 1717, à Levis. [6]—*Marie-Angélique,* b [6] 17 février 1718 ; 1° m [5] 6 février 1741, à Jean-Baptiste LEROUX ; 2° m 1er mars 1745, à Joseph DROUIN, à Ste-Famille, I. O. [7] ; s [7] 21 janvier 1750.—*Marie-Anne,* b [6] et s [6] 13 oct. 1719.—*Joseph-Marie,* b [6] 26 oct. 1720 ; m [5] 27 mai 1744, à Marie-Anne LAROCHE, s [5] 8 déc. 1757.—*Charles,* b [6] 29 nov. 1722 ; s [5] 4 mars 1725.—*Marie-Marguerite,* b 1724 ; m [6] 14 sept 1750, à Jean-Marie PALIN ; s [5] 16 sept. 1758.—*Marie-Charlotte,* b [5] 5 février 1725.—*Thomas,* b [5] 18 déc. 1726 ; m [5] 27 sept. 1762, à Françoise BEAUVILLAIS.—*Louise,* b [5] 20 sept. 1728 ; m [5] 16 nov. 1750, à Michel VALENTIN.—*Marie-Gabrielle,* b [5] 6 sept. 1730 ; s [5] 16 oct. 1732.—*Charles,* b [5] 29 oct. et s [5] 8 nov. 1732—*Antoine-Augustin,* b [5] 27 août et s [5] 12 sept. 1734.

I.—CHAUSSÉ-HAN, JEAN-FRS.
PREUNIER, Marie-Madeleine. [NICOLAS I.
Nicolas, b 10 mai 1689, à la Pte-aux-Trembles, M. ; m à Geneviève LAPORTE.

II.—CHAUSSÉ, NICOLAS, [JEAN-FRS I.
b 1689.
LAPORTE, Geneviève.
Nicolas, b... m 23 janvier 1741, à Marie CHAGNON, à l'Assomption. — *Louise-Geneviève,* b 3 janvier 1714, à Verchères. [1]—*Joseph,* b [1] 22 juin 1717 ; m à Ursule BUISSON.

CHAUSSÉ, FRANÇOIS.
CASSE, Françoise.
Catherine, b 27 juillet 1728, à Québec.

1741, (23 janvier) l'Assomption.
III—CHAUSSÉ, NICOLAS. [NICOLAS II
CHAGNON, Marie. [RAYMOND II.

1744, (27 mai) Québec. [3]
III.—CHAUSSÉ (1), JOSEPH, [JEAN-BTE II.
b 1720 ; cordonnier ; s [3] 8 déc. 1757.
LAROCHE, Marie-Anne, [JEAN II.
b 1722 ; s [3] 10 nov. 1757.
Joseph, b 3 mars, à Ste-Famille, I. O. et s [3] 6 déc. 1745.—*Joseph,* b [3] 27 février 1746 ; s [3] 11 déc. 1748.—*Jacques-Victoire,* b [3] 27 août et s [3] 14 sept. 1747.—*Brigitte,* b [3] 19 sept. 1748.—*Marie-Louise,* b [3] 30 sept. 1750, m [3] 7 juin 1781, à Jean FITZPATRICK.—*Marie-Joseph,* b [3] 18 janvier 1753, s [3] 21 mai 1754.—*Joseph,* b [3] 16 mars 1755 ; s [3] 10 sept. 1758.—*Thomas,* b [3] 28 et s [3] 29 janvier 1757.

(1) Dit Lemeine.
(2) Dit Poitevin.

III.—CHAUSSÉ, JEAN-BTE, [JEAN-BTE II.
b 1713.
FAVREAU (1), Françoise. [NICOLAS III.
Pierre, b 14 oct. 1748, à Lavaltrie [3] ; s [3] 7 avril 1751.—*Marie-Louise,* b [3] 14 juillet 1752 ; s [3] 15 mai 1753.—*Joseph,* b... s [3] 16 nov. 1755.—*Jean,* b... m 1778, à Agathe BOURDON.

III.—CHAUSSÉ, JOSEPH, [NICOLAS II.
b 1717.
BUISSON, Ursule, [FRS-JOSEPH III.
b 1729.
Joseph-François, b 11 janvier 1752, à Lanoraie.

CHAUSSÉ, FRANÇOIS, b 1730 ; s 7 février 1780, à Repentigny.

CHAUSSÉ, FRANÇOIS.
CHAUSSÉ, Angélique.
Maurice, b 11 mai 1754, à Lavaltrie.

1762, (27 sept.) Québec. [3]
III.—CHAUSSE (2), THOMAS, [JEAN-BTE II.
b 1726 ; navigateur.
BEAUVILLAIS, Françoise. [CHARLES I
Thomas, b [3] 11 août 1763.—*Françoise,* b... m [3] 13 sept. 1785, à Jean DAGNEAU.

CHAUSSÉ, SULPICE.
AUGER, Mectilde.
Jean, b... s 30 déc. 1779, à Repentigny.

1778.
IV.—CHAUSSÉ, JEAN. [JEAN-BTE III.
BOURDON, Agathe, [MARC-ANTOINE IV.
b 1756.
Marie-Françoise, b... s 21 juillet 1779, à Repentigny. [8]—*Marie-Geneviève,* b... s [8] 8 août 1784.

CHAUSSÉ, JEAN-BTE.
ST-PIERRE, Louise.
Marie-Louise, b 7 mars 1793, à Repentigny.

CHAUSSÉ, MARIE-JOSEPH, épouse de Jean-Baptiste MARTIN.

CHAUSSÉ, MARIE-ANGÉLIQUE, épouse de François DESAL.

CHAUSSÉ, GENEVIÈVE, épouse de Joseph HERRAULT.

CHAUSSÉ, MARIE-JOSEPH, b 1747 ; m à Antoine SANSREGRET ; s 6 janvier 1779, à Repentigny.

1758, (9 janvier) Montréal.
I.—CHAUSSEFOUIN, ETIENNE, sergent, b 1732, fils de Claude et de Marie Carteau, de St-Etienne-du-Mont, Paris.
DESCARIS, Marie, [LOUIS III.
b 1736.

(1) Elle épouse, le 20 janvier 1754, Joseph Lescarbot, à Lavaltrie.
(2) Dit Lemeine

1717, (13 oct.) Quebec.[1]

I.—CHAUSSEGROS (1), GASPARD, b 1682; fils de Gaspard (ingenieur du Roi) et d'Anne de Vidal, de N.-D. de Toulon; s[1] 23 mars 1756.

LEGARDEUR (2), Marie-Renee, [RENE III. b 1697; s[1] 4 dec. 1743, dans l'église.

Marie-Gertrude, b[1] 5 août 1720; s 20 mars 1721, à Ste-Foye, dans la nouvelle eglise.—*Gaspard-Joseph,* b[1] 21 juillet 1721; m[1] 24 sept. 1753, à Louise MARTEL. — *René-Antoine,* b[1] et s[1] 16 oct. 1722, à Beauport.—*Marie-Madeleine-Régis,* b[1] 23 sept. 1723; m[1] 20 avril 1750, à Louis LEGARDEUR; s 15 juillet 1784, à la Guadeloupe.—*Marie-Jeanne,* b[1] 29 janvier 1725; s[1] 20 mai 1730.—*Louise-Madeleine,* nee le 7 juin et b[1] 11 juillet 1726; m[1] 20 nov. 1747, à Michel CHARTIER.—*Charles,* ne le 1er janvier 1728, b[1] 16 mai 1729; s après 1760, à Roucoux, Nouvelle-Cayenne. —*Joseph-Antoinette,* b[1] 4 juillet 1729; reçue religieuse, à l'Hôpital-General, Q, le 16 mars 1749.—*Anonyme,* b et s 23 juin 1731, à Charlesbourg.—*Marie-Gilles,* née le 23 juillet et b[1] 5 août 1732; m 25 juin 1761, à Jean-Marie DESBORDES-LANDRIÈRE, à Montreal.—*Joseph-Etienne,* b[1] 13 août et s 13 oct. 1734, à Lévis.

1753, (24 sept.) Quebec.[2]

II.—CHAUSSEGROS (3), GASP.-JOS., [GASPARD I. b 1721.

MARTEL (4), Louise, [FRANÇOIS II. b 1738.

François-Joseph, b[2] 12 sept. 1754.—*Marie-Angélique,* b[2] 28 août 1756, m[2] 14 juillet 1784, à Jean-Baptiste COUILLARD.—*Geneviève-Louise-Joseph,* b[2] 3 janvier 1758.—*Pierre-Charles-Joseph,* b[2] 25 avril 1759.— *Gaspard-Roch-Georges,* b... *Charles-Etienne,* b...—*Catherine,* b... — *Louise-Gabrielle,* b... s 21 juillet 1773, à Ste-Foye[9]— *Marie-Louise-Eulalie,* b... s[9] 31 août 1775.

CHAUSSON, MARIE-ELISABETH, b... sœur de la Croix, s 4 juillet 1730, à l'Hôpital-General, Q.

CHAUVAGE, CHARLOTTE, b 1707; s 12 août 1725, à Quebec.

1707, (22 août) Beauport.[3]

I.—CHAUVEAU, PIERRE, b 1684; tonnelier et capitaine de milice, fils de Pierre et de Peronne ......, du diocèse de Bordeaux, s 23 nov. 1754, à Charlesbourg.[4]

LAVALLÉE, Marie-Charlotte, [PIERRE I. b 1685; s 19 sept. 1756, à Quebec.[5]

Marie-Charlotte, b[3] 4 fevrier 1709; m[4] 6 fevrier 1730, à Ambroise TRUDEL. — *Marie-Françoise,* b[4] 6 sept. 1710; s[4] 4 dec. 1711. — *Geneviève,* b[4] 9 et s[4] 10 fevrier 1712. — *Marie-Anne,* b[4] 8 janvier et s[4] 18 mars 1713. — *Charles,* b[4] 10 nov. 1714; m[5] 29 oct. 1738, à Marguerite BOISSONNEAU.—*Pierre,* b[4] 10 sept. 1717.—*Marie-Madeleine,* b[4] 8 août 1719; m[4] 20 nov. 1737, à Jacques MARTIN.—*Marie-Geneviève,* b[4] 10 sept. 1721; m[4] 24 sept. 1742, à Joseph GRAVEL.—*Jean-Baptiste,* b[4] 25 juin et s[4] 3 juillet 1723. — *Claude,* b[4] 2 août 1724; m[5] 18 sept. 1747, à Catherine FILTEAU; s 7 mai 1793, à St-Pierre du-Sud. — *Louis,* b[4] 21 fevrier 1727; m[5] 26 juillet 1751, à Geneviève CHAMARD.—*Augustin,* b[4] 2 janvier 1729; s[5] 13 nov. 1749.—*Angélique-Jeanne,* b[4] 27 dec. 1731; m[4] 24 avril 1752, à Antoine PARANT.

(1) De Léry; ingénieur de la marine, chevalier de St-Louis.

(2) De Beauvais.

(3) De Léry; lieutenant, chevalier de St-Louis, conseiller, seigneur de Legardeur, Belleplaine, Gentilly, Rigaud, etc.

(4) De Brouague.

1731, (2 mai) Ste-Foye.[8]

I.—CHAUVEAU (1), JOSEPH-JEAN, b 1705; fils de Joseph et de Perinne Legendre, de St-Guino, diocèse de St-Malo; s[3] 21 janvier 1760.

1° LIÉNARD, Frse-Catherine, [SÉBASTIEN II. b 1707; s[3] 6 dec. 1747.

Jean-Charles, b[3] 13 mars et s[3] 13 mai 1730.—*Jean,* b[3] 31 mars 1732; m 10 avril 1752, à Marie-Madeleine SILVAIN, à Quebec.[5]— *Joseph,* b[3] 19 fevrier 1733 —*Michel,* b[3] 5 mai 1739.—*Elisabeth,* b[3] 1er oct. 1742; s[3] 4 août 1743.

1749, (21 avril).[5]

2° LEREAU, Marguerite, [PIERRE II. veuve d'Etienne Lagneau.

1738, (29 oct.) Quebec.[3]

II.—CHAUVEAU, CHARLES, [PIERRE I. b 1714; charpentier.

BOISSONNEAU (2), Marguerite, [NICOLAS II. b 1711; s[3] 10 juin 1786.

Marie-Louise, b[3] 3 dec. 1739; 1° m[3] 19 février 1759, à Pierre BELET; 2° m 1768, à Jean-Bte-Antoine DALCIAT. — *Pierre,* b[3] 26 sept. 1741. —*Marie-Charlotte,* b[3] 6 juin 1743.— *Marie-Thérèse,* b[3] 25 mars 1745. — *Louise,* b[3] 20 fevrier 1747.—*Charles-Denis,* b[3] 21 et s 25 nov. 1748, à Charlesbourg.— *François-Gabriel,* b[3] 15 fevrier et s 28 mars 1750, à Beauport.— *Charles,* b[3] 26 mai 1754, m[3] 11 fevrier 1782, à Françoise BELET.

1747, (18 sept.) Quebec.[3]

II.—CHAUVEAU, CLAUDE, [PIERRE I. b 1724; tonnelier; s 7 mai 1793, à St-Pierre-du-Sud.

FILTEAU, Catherine, [NICOLAS II. b 1719, s[3] 9 juin 1793.

Pierre (3), b[3] 27 août 1748, m[3] 9 août 1774, à Anne BELLET. — *Marie-Catherine,* b[3] 27 nov. 1749; s[3] 25 sept. 1751.— *Angélique,* b[3] 20 nov. 1750, m[3] 30 mai 1768, à Michel BOUCHAUD.—*Catherine,* b[3] 16 dec. 1751; m[3] 16 sept. 1771, à Augustin RABY, s[3] 25 juin 1780.—*Françoise,* b[3] 17 janvier 1753, m[3] 24 janvier 1774, à Charles PINGUET-VAUCOUR. — *Louise,* b[3] 31 août 1754, m[3] 17 oct. 1793, à Louis LEVASSEUR. — *Claude,* b[3] 27 juin 1756, s 12 oct. 1758, à Levis.—*Char-*

(1) Ou Cheneau.

(2) Dit St-Onge.

(3) Grand-père de l'honorable P.-J.-O. Chauveau.

les, b [8] 2 août 1758 ; ordonne [8] 22 sept. 1781 ; s 1er dec. 1794, à Ste-Anne-de-la-Pocatière. — *Joseph*, b 1759 ; s[3] 31 oct. 1762.—*Marie-Geneviève*, b [3] 12 mars 1762.—*Pierre*, b...

1751, (26 juillet) Québec.

II.—CHAUVEAU, Louis, [Pierre I.
b 1727 ; s avant 1755.
Chamard (1), Geneviève, [Pierre III.
b 1729.

1752, (10 avril) Québec. [2]

III.—CHAUVEAU (2), Jean-Bte, [Jean II
b 1732.
Silvain, Marie-Madeleine. [Pierre I
Marie-Madeleine, b [2] 6 dec. 1753.

1774, (9 août) Québec. [2]

III.—CHAUVEAU, Pierre. [Claude II.
Bellet, Marie-Anne. [François I.
Pierre-Charles, b [2] 12 juillet 1791.

1782, (11 fevrier) Québec. [3]

III.—CHAUVEAU, Charles, [Charles II.
b 1754
Bellet, Françoise. [François I
Marie-Reine, b .. m [3] 23 janvier 1827, à Jean-Baptiste Chevalier-de-la-Durantaye.

CHAUVEAU, Marie-Louise, b 1745 ; m à François Thomas-Bigaouette ; s 22 juillet 1788, à Quebec.

CHAUVEAU, Marie-Joseph, épouse de Joseph Gode.

CHAUVELEAU, Charles, b 1691 ; s 4 fevrier 1749, à St-Valier.

CHAUVET.—*Variations et surnoms :* Choué—Camirand—Lagerne.

I.—CHAUVET, André, b 1664 ; de St-Pierre de Camiran, diocèse de Bazas ; s 28 mars 1755, aux Trois-Rivières.

1681, (15 sept.) Quebec. [7]

I.—CHAUVET (3), Jean,
b 1652.
Prevost, Marie, [Antoine I.
b 1650 ; veuve de François Bruneau.
André, b... m 17 juillet 1707, à Anne Pastourel, à Montreal.—*Pierre*, b 26 mai 1686, à Charlesbourg ; 1° m [7] 15 avril 1709, à Marie-Madeleine Gaudin ; 2° m 7 nov. 1726, à Marie-Madeleine Panise, à Beauport.

(1) Elle épouse, le 21 avril 1755, Simon Barbeau, à Québec.
(2) Et Chenaux.
(3) Dit Lagerne ; voy. vol. I, p. 123.

1707, (17 juillet) Montreal.

II.—CHAUVET (1), Andre. [Jean I.
Pastourel (2), Anne, [Claude I.
b 1677 ; veuve de Jean Morisseau ; s 23 avril 1746, aux Trois-Rivières. [9]
André, b 14 mai 1708, au Détroit. [8]— *Pierre*, b [8] 2 mai 1710 ; m à Madeleine Morisseau.—*Marie-Joseph*, b 1712 ; s [9] 8 oct. 1714. — *Marie-Madeleine*, b [9] 27 juillet 1714 ; m [9] 26 août 1744, à Antoine Clerc. — *Thérèse*, b [9] 14 oct. 1716 ; m [9] 24 nov. 1738, à Pierre Villain.—*Marguerite*, b [9] 24 sept. 1719 ; m [9] 30 sept. 1742, à Nicolas Morin.

1709, (15 avril) Québec. [7]

II.—CHAUVET (3), Pierre, [Jean I.
b 1686.
1° Gaudin, Marie-Madeleine, [Charles I.
b 1673 ; veuve de Jacques-René Deneau ; s [7] 8 janvier 1720.
Angélique, b [7] 13 mai 1710 ; m [7] 18 janvier 1729, à François Clesse.—*Marie-Louise*, b [7] 8 et s [7] 10 dec. 1711.—*Geneviève*, b [7] 21 juillet 1713 ; m à Jean-Baptiste Blais.

1726, (7 nov.) Beauport.

2° Panise, Marie-Madeleine,
b 1697 ; s 29 juillet 1777, à Nicolet. [1]
Marie-Françoise, b [7] 12 oct. 1729 ; s [1] 27 avril 1746.—*Marie-Ursule*, b [1] 16 mars 1732 ; m à Jean-Bte Dumas ; s [1] 26 sept. 1792. — *Michel*, b [1] 13 fevrier 1735 ; s [1] 26 fevrier 1740.—*Pierre*, b [1] 22 sept. 1737 ; m [1] 20 août 1760, à Marie-Jeanne Terrien.

III.—CHAUVET (4), Pierre, [André II.
b 1710.
Morisseau, Madeleine, [Pierre II.
b 1717.
Marie-Anne, b 27 juillet 1736, aux Trois-Rivières [1] ; m 6 février 1758, à Pierre Montour, à la Pte-du-Lac. [2]—*Pierre*, b [1] 27 janvier 1738.—*Modeste*, b [1] 12 nov. 1739.—*Charlotte-Amable*, b [1] 23 janvier 1742. — *Marie-Joseph*, b [1] 14 fevrier 1744.—*Marie-Madeleine*, b [2] 9 mars 1746.—*Marie-Madeleine*, b [2] 13 mars 1749.—*Véronique*, b [2] 12 et s [2] 18 août 1750.—*Pélagie*, b [2] 12 août 1750.—*Véronique*, b [2] 13 février 1753. — *Jean-Baptiste-André*, b [2] 14 janvier 1755. — *Louis*, b [2] 8 dec. 1756.

1751, (11 janvier) Québec.

I.—CHAUVET, André (5), fils de Pierre et de Marie-Anne Sabotier, de St-Louis-de-Rochefort, Larochelle.
Chalou, Marie-Elisabeth, [Pierre I.
b 1728.

(1) Dit Lagerne—Camirand, compagnie de Courtemanche.
(2) Dit Lafranchise.
(3) Dit Lagerne.
(4) Dit Camirand.
(5) Pilote des vaisseaux du roy.

1759, (25 février) Montreal.

I.—CHAUVET, André, b 1733, soldat; fils de Jean et de Marguerite Guiveau, de Villeneuve, diocèse de Vienne.

Hunault, Archange, [Alexandre III. b 1737.

1760, (20 août) Nicolet. [2]

III.—CHAUVET, Pierre, [Pierre II. b 1737.

Terrien, Marie-Jeanne, [Joseph III. b 1739.

Pierre, b 1761; m [2] 13 février 1787, à Marie Morisset; s [2] 31 mai 1789.—*Marguerite*, b... m [2] 9 oct. 1797, à Pierre Parant.

CHAUVIN.—*Surnoms* · Bernet—Lafortune.

CHAUVIN, Geneviève, épouse de Sébastien Magot.

CHAUVIN, Angélique, epouse de Michel Gastonguay.

CHAUVIN, Hélène, *b... m 1er nov. 1813, à* François Lebeau.

1658, (16 sept.) Montréal. [4]

I.—CHAUVIN (1), Pierre, b 1631; s [4] 4 août 1699.

Autreuil, Marthe, b 1636; s 25 février 1714, à St-François, I. J

Marie-Marthe, b [4] 17 janvier 1662; 1° m [4] 16 nov. 1676, à Nicolas Barron; 2° m à André Frier.—*Barbe-Thérèse*, b [4] 15 oct. 1665; m 20 mai 1687, à Ignace Hubert, à Boucherville.—*Michelle* (2), b [4] 21 mai 1670; m [4] 24 oct. 1695, à Jacques Nepveu; s 22 juin 1722, à Kaskakia.—*Joseph* (3), b [4] 14 avril 1674.—*Nicolas* (3), b [4] 19 janvier 1676.—*Louis* (3), b [4] 17 fevrier 1678.—*Jean-Baptiste*, b [4] 13 juin 1684; m à Marie Poineau.

CHAUVIN, Pierre, b 1671; s 19 mars 1761, à Lachenaye.

1696, (16 janvier) Quebec. [3]

I.—CHAUVIN (4), Jacques, b 1665.

Cauchon, Marie-Madeleine, [Jean II. b 1655; veuve d'Olivier Michel.

Louise, b [3] 7 nov. 1696, 1° m [3] 10 février 1725, à François Becquemont, 2° m 27 déc. 1736, à Nicolas Lauzon, au Detroit [4]; s [4] 6 mars 1766.—*Charles*, b [3] 4 nov. 1702; m [4] 27 oct. 1726, à Marie-Anne Casse; s [4] 17 août 1772.

(1) Voy. vol. I. p. 123.

(2) Tuée avec trois de ses enfants par les sauvages, près d'Ouabache; son mari pris et emmené en esclavage.

(3) Etabli à la Louisiane.

(4) Voy. vol. I, p. 124

I.—CHAUVIN, Jean.

LaGardelette, Marie-Françoise, [François I. b 1675.

Marie, b... m 5 nov. 1725, à Charles Dumas, aux Trois-Rivières.

1696, (29 avril) Boucherville. [4]

I.—CHAUVIN (1), Jean, b 1666.

1° Fauconnet, Marie, [Jean I. b 1678; s [4] 9 fevrier 1697.

Marie-Angélique, b [4] 15 janvier 1697; m [4] 9 avril 1736, à Jacques Charbonneau.

1702, (26 nov.) [4]

2° Courtois, Marie-Madeleine, [Jean I. b 1676; s [4] 27 août 1722.

Jeanne, b... m [4] 5 nov. 1725, à Noël Lemoine-Jasmin.—*Madeleine*, b... m [4] 20 juillet 1744, à Pierre Martin.—*François*, b... m à Madeleine Blin.—*Marie-Michelle*, b 1703; 1° m [4] 30 juillet 1732, à Nicolas Petit; 2° m [4] 26 oct. 1746, à Pierre Joachim.—*Jean*, b 1710, m [4] 16 juin 1732, à Marie-Marthe Blin.

1697, (21 janvier) Montréal. [7]

II.—CHAUVIN (1), Gilles, [Pierre I. b 1668.

1° Cabassier, Marie, [Pierre I. b 1676.

Pierre, b [7] 5 janvier 1698; s [7] 28 nov. 1718.—*Louise*, b [7] 13 avril 1699, m [7] 20 fevrier 1721, à Nicolas Perthuis; s [7] 13 juillet 1737.

1700, (24 nov.) [7]

2° Guyon (2), Angelique, [Michel II. b 1683.

Anne, b [7] 10 avril 1705; m [7] 16 avril 1732, à Henri-Nicolas Catin; s [7] 23 oct. 1744.—*Philippe*, b [7] 4 juillet 1707.—*Marie-Anne*, b [7] 18 juin 1709, m [7] 11 mai 1733, à Etienne Petit.—*Marguerite*, b [7] 10 août 1711; m [7] 2 mai 1737, à Barthelemi Métivier.—*Joseph*, b [7] 5 mai 1713.—*Anonyme*, b [7] et s [7] 18 sept. 1714.—*Marie-Elisabeth*, b [7] 27 juillet 1716.—*Charles-François*, b [7] 10 juin 1721; s [7] 8 déc. 1722.—*Anonyme*, b [7] et s [7] 2 sept. 1725.

II.—CHAUVIN, Jean, [Pierre I. b 1684.

Poineau, Marie.

Joseph, b... m 8 août 1735, à Marie-Françoise Riquet, à Boucherville.

1721, (10 nov.) Montréal.

I.—CHAUVIN (3), Pierre, b 1692; fils de Pierre et de Marguerite Valin, de St-Martin, diocèse de Xaintes.

Marcel (4), Françoise, [François I. b 1684; veuve de Noel Pabo.

(1) Voy. vol. I, p 124.

(2) Dit Durouvray.

(3) Dit St-Germain, soldat de Lignery.

(4) Et mercier.

1726, (27 oct.) Détroit. [6]
II.—CHAUVIN (1), CHARLES, [JACQUES I.
b 1702; s [6] 17 août 1772.
CASSE Marie-Anne, [JEAN I.
b 1710.
Jacques, b [6] 15 et s [6] 17 nov. 1727. — *Marie-Anne,* b [6] 28 sept. et s [6] 3 oct. 1728.—*Agathe,* b [6] 30 janvier et s [6] 6 fevrier 1730.—*Noel,* b [6] 19 janvier 1732; m [6] 13 sept. 1756, à Jeanne MELOCHE. —*Pierre,* b [6] 1er et s [6] 7 mars 1735. — *Jean-Baptiste,* b [6] 3 et s [6] 29 juin 1736. — *Charles,* b [6] 22 juin 1737; m [6] 2 mai 1761, à Marie-Louise BOYER —*Jean-Baptiste,* b [6] 25 mars 1740; m [6] 11 mai 1767, à Therèse SÉGUIN. — *Marie-Anne,* b [6] 17 et s [6] 24 janvier 1743. — *Pierre,* b [6] 13 mars 1744, s [6] 24 sept. 1793.— *Toussaint,* b [6] 11 juillet 1746.

1732, (16 juin) Boucherville. [1]
II.—CHAUVIN JEAN, [JEAN I.
b 1710.
BLIN, Marie-Marthe, [LOUIS I.
b 1716.
Françoise, b... m [1] 26 nov. 1753, à Louis REGUINDEAU. — *Madeleine,* b... m [1] 12 juillet 1755, à Joseph PAQUET. — *Angélique,* b... m 27 fevrier 1764, à Joseph REGUINDEAU.—*Marie-Amable,* b... m [1] 10 juin 1771, à Joseph OUILEM. — *Antoine,* b... m 27 juillet 1772, à Marie-Joseph LHUISSIER, à Varennes.

1735, (8 août) Boucherville. [3]
III.—CHAUVIN, JOSEPH. [JEAN II.
RIQUET, Marie-Françoise. [FRANÇOIS I.
Louis, b... m [3] 12 nov. 1764, à Madeleine ROBERT.—*Agathe,* b... m 27 nov. 1758, à Joseph JAUDOIN, aux Trois-Rivières.

1738, (27 janvier) Quebec. [4]
I.—CHAUVIN, NICOLAS, b 1711, fils de Jacques et d'Etiennette de St-Charles, de St-Malo, s [4] 24 mai 1761.
CAIN (2), Madeleine, [HENRI I.
b 1717.
Nicolas, b [4] 19 juin 1738. — *Jean-Baptiste,* b [4] 4 mai 1740; m 2 fevrier 1768, à Marie-Agnès DENIS, à l'Ile-Dupas.—*Marie-Geneviève,* b [4] 15 juin 1742.—*Jean,* b [4] 4 et s [4] 18 juin 1744.—*Marie,* b [4] 1er juillet 1745; s [4] 16 juin 1746.—*Cécile,* b [4] 17 et s [4] 23 avril 1747.—*François,* b [4] 6 sept. 1749, m 22 fevrier 1773, à Marie-Anne LAROCHE, à Sorel.—*Marie-Anne,* b [4] 3 oct. 1751; s [4] 28 avril 1753.—*Charlotte,* b [4] 7 oct. 1752.

II.—CHAUVIN, FRANÇOIS. [JEAN I.
BLIN, Madeleine, [LOUIS I.
b 1721.
Suzanne, b... m 14 oct. 1762, à Pierre REGUINDEAU, à Varennes.—*Angélique,* b... m 4 janvier 1769, à Louis FORGET, à Boucherville. [7]—*François,* b... m [7] 12 août 1771, à Marie-Madeleine JOLY.—*Marie-Joseph,* b... m [7] 23 sept. 1771, à Louis DAUNAY.

(1) Lieutenant des milices.
(2) Dit Lataille.

1756, (13 sept.) Detroit. [4]
III.—CHAUVIN, NOEL, [CHARLES II.
b 1732.
MELOCHE, Jeanne, [PIERRE II.
b 1742.
Pierre, b [4] 29 déc. 1757; s [4] 10 janvier 1758.—*Suzanne,* b [4] 25 juillet 1759.—*Charles,* b [4] 7 mars 1761. — *Marie-Anne,* b [4] 19 fevrier 1763. — *Noel-Etienne,* b [4] 27 et s [4] 29 mars 1765. — *François,* b [4] 14 août 1766.—*Jacques,* b [4] 31 mai 1768.—*Marie-Jeanne,* b [4] 21 mars 1770.— *Pierre,* b [4] 29 fevrier 1772. — *Angelique,* b [4] 26 février 1774.—*Anne,* b [4] 3 août 1781.

1761, (2 mai) Détroit. [8]
III.—CHAUVIN, CHARLES, [CHARLES II.
b 1737, maitre-forgeron.
BOYER, Marie-Louise, [PIERRE III.
b 1745.
Jacques, b... m [8] 29 janvier 1784, à Marguerite AIDE-CRÉQUY.—*Angélique,* b [8] 14 fevrier 1764.—*Joseph-Toussaint,* b [8] 8 juillet 1766; m [8] 3 fevrier 1794, à Catherine MESNY.—*Pierre,* b [8] 26 oct. 1767.—*Charles,* b [8] 3 avril 1770; m [8] 27 janvier 1794, à Marie-Joseph DUBÉ.—*Louis,* b [8] 26 juin 1772.—*Antoine,* b [8] 1er juin 1775.—*Jean-Baptiste,* b [8] 20 fevrier 1778.—*Marie-Catherine,* b [8] 16 avril 1784.

1764, (12 nov.) Boucherville.
IV.—CHAUVIN, LOUIS. [JOSEPH III.
ROBERT, Madeleine. [JOSEPH IV.

1767, (11 mai) Détroit. [9]
III.—CHAUVIN (1), JEAN-BTE, [CHARLES II.
b 1740.
SEGUIN, Thérèse, [JOSEPH III.
b 1752.
Jean-Baptiste, b [9] 14 déc. 1768, m [9] 13 janvier 1794, à Elisabeth CAMPEAU.—*Thérèse,* b [9] 28 janvier 1771; m [9] 9 mai 1791, à Louis BILLIAU.—*Charles,* b [9] 2 nov. 1772.—*Agnès,* b [9] 1er nov. 1774.—*Marie-Joseph,* b [9] 29 mars 1777.—*Louis,* b [9] 2 oct 1779.—*Cécile,* b [9] 10 fevrier 1781.—*Nicolas,* b [9] 4 mars 1784.

1768, (2 février) Ile-Dupas. [2]
II.—CHAUVIN, JEAN-BTE, [NICOLAS I.
b 1740.
DENIS, Marie-Agnès. [JOSEPH.
Jean-Baptiste, b [2] 2 avril 1769.—*Anonyme,* b [2] et s [2] 24 fevrier 1771.—*Marie-Geneviève,* b [2] 7 fevrier 1774.—*Marie-Marguerite,* b [2] 2 janvier 1776.

1771, (12 août) Boucherville.
III.—CHAUVIN, FRANÇOIS. [FRANÇOIS II.
JOLY, Marie-Madeleine. [PIERRE II.

1772, (27 juillet) Varennes.
III.—CHAUVIN, ANTOINE. [JEAN II.
LHUISSIER, Marie-Joseph. [LOUIS III.

(1) Habitant du Grandmarais.

1773, (22 février) Sorel.
II.—CHAUVIN, François, [Nicolas I.
b 1749.
Caré (1), Marie-Anne. [Jean-Marie III.

1784, (29 janvier) Détroit.
IV.—CHAUVIN, Jacques. [Charles III.
Aide-Créquy, Marguerite, [Jean-Bte III.
b 1769.

1794, (13 janvier) Détroit.
IV.—CHAUVIN, Jean-Bte, [Jean-Bte III.
b 1768.
Campeau, Elisabeth, [Jean-Bte IV.
b 1772.

1794, (27 janvier) Détroit.
IV.—CHAUVIN, Charles, [Charles III.
b 1770.
Dubé, Marie-Joseph, [Jean-Marie IV.
b 1771.

1794, (3 février) Détroit.
IV.—CHAUVIN, Joseph, [Charles III.
b 1766.
Mesny, Catherine. [Antoine III.

1770, (26 fevrier) St-Philippe.
I.—CHAVAN, Jean, fils de Jean et de Jeanne Mabile, de Ste-Foye-Legrand, Quercy.
Viviers, Marie-Joseph, [Joseph III
b 1750.

I.—CHAVANE (2), Michel, b 1727; s 22 juin 1767, à St-Constant.

CHAVAUDRAY, Françoise, épouse d'Augustin Lozeau.

CHAVERLANGE.—Voy. Levasseur.

I.—CHAVET (3), Louis, de Landes-de-Roué, diocèse de Coutances.

1757, (10 janvier) St-Antoine-de-Chambly.[5]
I.—CHAVET, Joseph, soldat; fils de Jean-Pierre et de Catherine Thomas, de Saur, Franche-Comte.
Paquet (4), Marie-Anne, [Noel-Nicolas IV.
b 1739.
Marie-Anne, b [5] 13 et s [5] 27 déc. 1757.—*Jean-Baptiste,* b [5] 7 déc. 1758; s [5] 28 mai 1759.—*Marie-Joseph,* b [5] 16 juillet et s [5] 23 août 1760.

CHAVEUDREUIL.—Voy. Dutalmé 1733.

CHAVIGNY.—Voy. De Chavigny.

CHAVILLON.—Voy. Gavillon.

(1) Dit Laroche.
(2) Dit Parisien.
(3) Régistres des procès-verbaux, archevêché de Québec, 1767.
(4) Dit Larivière.

CHAVITEAU, Madeleine, épouse de Jean-Baptiste Mignau.

1758, (9 janvier) Longue-Pointe.[5]
I.—CHAZAL (1), Etienne, fils d'Etienne et de Petronille Bouchard, de St-Blaise, diocèse de Clermont.
Simon, Marie. [François III.
Marie-Thérèse, b [5] 26 août 1760.

CHEARBY.—*Variations :* Cherbi—Chérubi.

1722, (16 février) St-Laurent, I. O.[3]
I.—CHEARBY, Guillaume, b 1676; fils de Thomas et d'Anne Declız, d'Angleterre; s 2 juillet 1757, à Lavaltrie.[4]
Millet, Marie-Anne, [Pierre I.
b 1707.
Marie-Anne, b 2 janvier 1723, à Québec[7]; s[4] 3 oct. 1746.—*Marie-Louise,* b [7] 31 janvier et s [7] 25 fevrier 1724.—*Marie-Geneviève,* b [7] 16 janvier et s [7] 30 déc. 1725.—*Marie-Agnès,* b... m [4] 2 juillet 1748, à Charles Fortin.—*Geneviève,* b [3] 22 avril 1727; m [4] 18 oct. 1756, à Jean Ménard.—*Marie-Louise,* b 25 août 1729, à Charlesbourg.[5]—*Louis-Guillaume,* b 1730; s 29 janvier 1734, à Montreal.[6]—*Jean-Marie,* b [5] 2 fevrier 1732; m [4] 14 avril 1760, à Marie-Therèse Bourdon.—*Catherine-Amable,* b [6] 22 août 1734, s [6] 18 sept. 1735.—*Marie-Thérèse,* b [6] 27 juin 1736; m [4] 24 janvier 1757, à Joseph Charpentier.—*Catherine-Amable,* b [4] 18 nov. 1739; m [4] 30 janvier 1758, à Jean Bourgoin.—*Michel,* b [4] 28 sept. 1741; m à Marie Sansoucy.—*Louise,* b [4] 28 sept. 1741; m [4] 24 janvier 1757, à Jean-Baptiste Charpentier.—*Pierre,* b [4] 5 et s [4] 18 juillet 1743.—*Jean-Baptiste,* b [4] 10 juillet 1746.—*François,* b [4] 6 et s [4] 21 mars 1749.

1760, (14 avril) Lavaltrie.
II.—CHEARBY, Jean-Marie, [Guillaume I.
b 1732.
Bourdon, Marie-Thérèse. [Ignace II.

II.—CHEARBY, Michel, [Guillaume I.
b 1741.
Sansoucy, Marie.
Marie-Louise, b... s 4 juin 1781, à Repentigny.[5]—*Jean-Baptiste,* b... s [5] 8 fevrier 1783.—*François,* b 1787; s [5] 25 mai 1788.—*Marie,* b [5] 11 oct 1789.

I.—CHEBŒUF (2), Charles-Jean-Baptiste.

CHEFDEVERGUE.—*Variations et surnoms :* Chedevert—Chidverne—Larose.

I.—CHEFDEVERGUE (3), Louis,
s avant 1723.
Dupont, Marie-Françoise.
Marie-Louise, b 21 déc. 1695, à Champlain[4]; m 21 juin 1721, à François Laporte, à Becancour.[8]

(1) Dit St-Etienne; soldat de la compagnie de Sarre.
(2) Sieur de Langevin, il était au Détroit, en 1718.
(3) Dit Larose; voy. vol. I, p. 124.

—*Louis*, b 1701; m 5 février 1725, à Elisabeth DE-LAPORTE, à St-Ours; s 26 oct. 1765, à St-Antoine-de-Chambly.—*Marguerite*, b... m[8] 3 février 1723, à François GARAUD.—*Madeleine*, b... m[8] 21 juin 1723, à Antoine COUILLAU.—*Pierre*, b... m[4] 21 avril 1727, à Marie BECHARD.

1725, (5 février) St-Ours.[8]

II.—CHEFDEVERGUE (1), LOUIS, [LOUIS I.
b 1701; s 26 oct. 1765, à St-Antoine-de-Chambly.[9]
LAPORTE (De), Elisabeth. [JACQUES II.
Elisabeth, b[8] 29 dec. 1725; m[9] 8 nov. 1762, à Louis BOUTIN-DUBORD.—*Marie-Anne*, b[8] 2 février 1727. — *Marie-Charlotte*, b 13 nov. 1729, à la Longue-Pointe; s[9] 5 avril 1758.—*Louis*, b 1732; s[9] 31 janvier 1750 — *Marie-Amable*, b 1736; m[9] 9 juin 1766, à Louis-Marie-Joseph POULIN. — *Ursule*, b... m[9] 10 nov. 1760, à Joseph MACÉ.—*Marie*, b 1744; m[9] 21 mai 1764, à Pierre LAVIMAUDIÈRE.

1727, (21 avril) Champlain.[7]

II.—CHEFDEVERGUE (1), PIERRE. [LOUIS I
BECHARD (2), Marie, [YVES I
b 1709.
Marie-Joseph, b[7] 8 mai 1728.—*Marie-Louise*, b[7] 27 juillet et s[7] 28 août 1729.—*Marie-Félicité*, b[7] 9 dec. 1730; s[7] 5 janvier 1731.—*Marie-Joseph*, b[7] 8 mars 1732. — *Pierre-François*, b[7] 6 dec. 1733.—*Louise-Geneviève*, b[7] 1er oct. 1735.— *Marie-Charlotte*, b[7] 22 oct. 1737. — *Marie-Louise-Thérèse*, b[7] 28 dec 1739.—*Marie-Angélique*, b[7] 12 sept. 1741.—*Joseph-Louis*, b 30 août 1745, à Batiscan.

CHEFDEVILLE.— *Variations et surnoms* : CHEFVILLE—DEMERS—LAGARENNE.

CHEFDEVILLE, MARIE, b 1638, m 1654, à André DUMETS; s 23 nov. 1708, à Montreal.

1713, (11 mai) Quebec.[8]

II.—CHEFDEVILLE (3), JACQUES, [MAXIME I.
b 1686, s[8] 7 oct. 1754.
CAILLÉ, Marie-Anne, [JEAN I.
b 1685, veuve de Pierre Valières, s[8] 18 février 1751.
Jacques-Maxime, b[8] 28 mars 1714; ordonne[8] 23 sept. 1741, s 2 nov. 1770, à Yamachiche.[9] — *Marie-Anne*, b[8] 17 oct. 1715; s[9] 13 dec. 1760.—*Marie-Elisabeth*, b[8] 18 oct. et s[8] 8 nov. 1717.—*Marie-Anne*, b[8] 5 février 1719; s[8] 8 juillet 1724. —*Henri*, b 1720; m 1737, à Therèse POIRIER. — *Marie-Michelle*, b[8] 23 dec. 1722, m[8] 22 août 1752, à Joseph LOUINEAU.—*Louise-Catherine*, b[8] 19 mai 1725.

1737.

III.—CHEFDEVILLE, HENRI, [JACQUES II.
b 1720.
POIRIER, Thérèse.
Joseph-Henri, b 23 mars 1738, à Montréal.

(1) Dit Larose.
(2) Ou Béchet.
(3) Dit Lagarenne; voy. vol. I, p. 124.

I.—CHEL (1), LOUIS, b 1702; s 21 nov. 1754, à St-Thomas.

I.—CHEMIT, CHRISTIE,
soldat.
LANDRY, Marie-Madeleine.
Marie-Madeleine, b 18 mars 1760, à Ste-Anne-de-la-Perade.

CHENAIS.—Voy. CHENET.

CHENARD.—*Variation et surnom* : CHOUINARD —DE LA GIRAUDAIS.

I.—CHENARD (2), FRANÇOIS,
s avant 1759.
DONAIS, Cecile.
François, b... m 9 nov. 1759, à Catherine DORVAL, aux Grondines.

1752, (31 janvier) Beauport.

I.—CHENARD, GUILLAUME, fils de Michel et de Marguerite Bret, d'Arnay, diocèse de Limoges.
PARANT (3), Marie-Anne, [FRANÇOIS III.
b 1731.
Henri, b 12 avril 1753, à St-Roch.[2] — *Marie-Joseph*, b[2] 20 avril 1754.—*Louis-Henri*, b[2] 2 juin 1755.—*François*, b[2] 15 février 1757.—*Marie-Brigitte*, b[2] 9 janvier 1759; m à Pierre CARON. —*Pierre*, b[2] 31 dec. 1759 —*Marie-Judith*, b[2] 19 mars 1761.—*Marie-Madeleine*, b[2] 21 août 1762; s[2] 28 juin 1763.—*Michel*, b[2] 20 déc. 1763.

1759, (9 nov.) Grondines.

II.—CHENARD (2), FRANÇOIS. [FRANÇOIS I.
DORVAL, Catherine. [JOSEPH IV.

CHENARTERIRA, SALOMEE, b 1720; m à Jean-Baptiste NOEL; s 7 mars 1760, à St-Charles.

1748, (26 nov.) Beauport.

I.—CHENAUT (4), MATHURIN, fils de François et d'Yvonne Follanges, de St-Briard, diocèse de St-Malo.
HARNOIS, Geneviève, [LAURENT II.
b 1727.

CHENAUT, FRANÇOIS.—Voy. DUCHESNEAU de 1740.

CHENAUX, JEAN.—Voy. CHAUVEAU.

CHENAY.—*Variations et surnoms* : CHESNAY—CHESNÉ—LAGARENNE—LEJARDIN—LOTHAINVILLE—VANDAMOIS.

(1) Dit St-André; tue accidentellement par un fusil.
(2) De la Giraudais.
(3) Elle épouse, le 3 février 1766, Guillaume Malenfant, à Ste-Anne-de-la-Pocatière.
(4) Dit Garandière.

1656, (7 août) Québec. [1]

I.—CHENAY (1), BERTRAND,
b 1621; s [1] 16 janvier 1683.
1° BÉLANGER, Marie-Madeleine, [FRANÇOIS I.
b 1643.

1671, (4 février) Château-Richer. [2]

2° AUBERT (2), Elisabeth, [CLAUDE I.
b 1654.

Jean-Baptiste, b [2] 26 nov. 1682; m 8 juillet 1703, à Elisabeth BOUCHER, à Ste-Anne; s 8 sept. 1731, à St-Antoine-Tilly.

1703, (8 juillet) Ste-Anne. [7]

II.—CHENAY (3), JEAN-BTE, [BERTRAND I.
b 1682; s 8 sept 1731, à St-Antoine-Tilly. [1]
BOUCHER, Elisabeth, [JEAN I.
b 1682; veuve de Julien Maufils; s avant 1741.

Elisabeth, b [7] 9 juillet 1703; m 13 nov. 1724, à Jean AUBIN, à St-Pierre, I. O. [2]—*Jean-Baptiste*, b 1706; m à Marie CARPENTIER; s [1] 5 juin 1731.—*Félicité*, b... m [1] 1er nov. 1731, à Etienne DUMATS.—*Marie*, b... m 11 juin 1733, à Charles HUOT, à St-Nicolas. [3]—*Charles*, b [2] 25 mai 1712; m [1] 26 juin 1736, à Geneviève DUMATS; s [1] 17 juillet 1760.—*Pierre*, b [2] 10 déc. 1713; 1° m [1] 11 sept. 1741, à Geneviève COTÉ; 2° m [3] 14 fevrier 1752, à Marie-Charlotte DEMERS. — *Ignace*, b [2] 25 juin 1716; m 7 août 1741, à Marie-Angelique HUBERT, à Lotbiniere.—*Joseph*, b [2] 15 nov. 1718; s 28 avril 1743, à Ste-Anne-de-la-Pocatière. — *Marie-Angélique*, b [2] 14 juillet 1722; m [1] 16 avril 1741, à Michel COTÉ.

III.—CHENAY (4), JEAN-BTE, [JEAN-BTE II.
b 1706; s 5 juin 1731, à St-Antoine-Tilly.
CARPENTIER, Marie.

Marguerite, b... m 23 oct. 1747, à Pierre BÉLANGER, à Becancour.

1736, (26 juin) St-Antoine-Tilly. [8]

III.—CHENAY, CHARLES, [JEAN-BTE II.
b 1712; s [8] 17 juillet 1760.
DUMATS, Geneviève. [CHARLES II.

Charles-Etienne, b [8] 16 mai 1737; m [8] 2 fevrier 1761, à Marie-Louise CROTEAU. — *Marie-Geneviève*, b [8] 9 juin 1738; m [8] 4 oct. 1762, à Louis-Marie CROTEAU; s [8] 15 janvier 1764.—*Marie-Felicité*, b [8] 30 oct. 1739; m [8] 11 fevrier 1765, à François CROTEAU.—*Pierre-Marie*, b [8] 6 avril et s [8] 9 juillet 1741.—*Geneviève-Catherine*, b [8] 27 août 1742; m [8] 25 janvier 1761, à François BERGERON.—*Jean-Baptiste*, b [8] 22 août et s [8] 25 oct. 1744.—*Jean-Baptiste*, b [8] 20 nov. 1745; s [8] 11 fevrier 1749.—*Pierre*, b [8] 26 sept. 1747.—*Marie-Louise*, b [8] 24 juin 1749.—*Jean-Baptiste*, b [8] 27 juin 1751.—*Marie-Véronique*, b [8] 27 janvier et s [8] 28 sept. 1754.—*Ignace*, b [8] 5 oct. 1757.

(1) Dit Lagarenne, voy. vol. I, pp. 124, 338.

(2) Elle epouse, le 4 fevrier 1683, Jean-Bte-Louis Franquelin, à Québec.

(3) Et Chesnay dit Lagarenne; marié sous ce nom.

(4) Et Chesné—Lagarenne.

1741, (7 août) Lotbinière.

III.—CHENAY, IGNACE, [JEAN-BTE II.
b 1716.
HUBERT, Marie-Angelique,
veuve de Joseph Faucher.

1741, (11 sept.) St-Antoine-Tilly. [4]

III.—CHENAY, PIERRE, [JEAN-BTE II.
b 1713.
1° COTÉ, Geneviève, [JOSEPH III.
b 1721, s [4] 1er dec. 1751.

Marie-Geneviève, b [4] 10 nov. 1742; s [4] 23 février 1743.—*Pierre*, b [4] 21 août 1744.—*Marie-Geneviève*, b [4] 12 mai 1746.—*Augustin*, b [4] 17 nov. 1747; s [4] 21 février 1749.—*Joseph-Charles*, b [4] 3 juin 1749. — *Angélique-Geneviève*, b [4] 3 avril 1751; s [4] 8 avril 1752.

1752, (14 février) St-Nicolas.

2° DEMERS, Marie-Charlotte, [JOS.-EUSTACHE III
b 1731.

Louis, b [4] 27 juin et s [4] 9 juillet 1753.

1761, (2 fevrier) St-Antoine-Tilly.

IV.—CHENAY, Charles-Etienne, [CHARLES III.
b 1737.
CROTEAU, Marie-Louise, [FRANÇOIS III.
b 1740.

CHÊNE, PIERRE, b 1650; s 18 mai 1730, à Montreal.

CHENEDRET, SALOMÉE, épouse de Mathieu NAGLE.

CHENELER.—Voy. SCHINDLER.

CHENET — *Variations et surnoms :* CHENAIS — CHENAY — CLERMONT — FRAPPE D'ABORD— SENEZ.

I.—CHENET (1), JEAN-BTE.
ALARD, Elisabeth.

Elisabeth, b 11 mai 1760, à Ste-Anne-de-la-Perade. [8]—*Joseph*, b [8] 27 mai 1763; s [8] 17 nov 1772.—*Marie-Thérèse*, b [8] 19 oct. 1765.—*Joachim*, b [8] 22 juin 1768.—*Marie-Marguerite*, b [8] 6 fevrier 1771.—*Louise-Charlotte*, b [6] 11 avril 1778.

I.—CHENET (2), LOUIS, b 1735; de Vésin, près Biards.

CHENEVERT. — *Variations et surnoms :* MORIN—MARBEC, Pierre—PIERRE DE MARBRE.

CHENEVERT, b 1655, s 6 dec. 1735, à Montreal.

CHENEVERT, MARIE-ANNE, b 1756; s 7 nov. 1757, aux TROIS-RIVIÈRES.

I.—CHENEVERT, JOSEPH.
ROCHON, Marie-Agathe

Marie-Agathe, b 12 mars 1777, à Lachenaye.

(1) Dit Clermont

(2) Venu en 1752

CHÉNIER — *Variations et surnoms :* CHÉNIÉ — CHESNIER — LECHENU.

CHÉNIER, MARIE-JOSEPH, épouse de Jean GASPARD.

CHÉNIER, FRANÇOIS, b 1653; s 17 oct. 1708, à Montreal.

CHÉNIER, FRANÇOIS, b 1696, s 16 mai 1756, à Lachine.

CHÉNIER JEAN, b 1657; s 16 juin 1729, à l'Hôpital-General, M.

1709, (7 avril) Lachine. [1]

III.—CHÉNIER (1), JEAN-BTE, [JEAN II.
b 1684; s [1] 27 sept. 1760.
RAPIN, Barbe, [ANDRÉ I.
b 1689.

Marie-Louise, b 15 dec. 1709, à Montréal [2]; s [2] 7 sept. 1710. — *Françoise,* b [2] 26 janvier 1711, m à Joseph GERVAIS; s 19 mars 1753, à la Pte-aux-Trembles, M.—*Marie-Charlotte,* b [2] 7 août 1712. — *Marguerite-Apolline,* b [2] 2 juillet 1714; m à Paschal PILOTE —*Joseph-Julien,* b [2] 13 février 1716; 1° m à Marie-Anne LAPORTE; 2° m à Suzanne RAIZENNE.—*Marie-Joseph,* b [2] 15 janvier 1718; m [1] 29 fevrier 1740, à François VIGER. — *Marie-Clémence,* b [2] 16 sept. 1719, m à Joachim BIRON.—*Jean-Baptiste,* b [2] 15 avril 1721.—*Marie-Joachim,* b [2] 20 mars 1723; m [1] 11 nov. 1743, à Antoine FOUCHER; s [2] 23 janvier 1786. — *Ignace,* b... m 4 avril 1758, à Marie-Joseph AUBUCHON, à la Longue-Pointe.—*Amable-Charlotte,* b [1] 9 juillet 1728.—*Geneviève-Gabrielle,* b [1] 18 mars 1731; m [1] 30 janvier 1758, à Basile PROU. — *François,* b... m [1] 27 nov. 1752, à Suzanne-Amable BLONDEAU.—*Marie-Catherine,* b... m à Louis MOREL.

1713, (18 sept.) Quebec. [1]

III.—CHÉNIER, JOSEPH, [JEAN II.
b 1686; s 4 fevrier 1735, à Montreal [2]
DUBOC (2), Madeleine, [GUILLAUME I.
b 1693.

Marguerite, b [1] 5 juillet et s [1] 6 août 1714. — *Charles,* b [1] 25 oct. 1715; s [1] 15 fevrier 1717 — *Marie-Joseph,* b [2] 6 août 1717; m 15 fevrier 1734, à Joseph NORMAND, au Bout-de-l'Ile, M. [4]—*Jean-Baptiste,* b [2] 19 janvier et s [2] 15 mars 1719.—*Louise,* b [2] 13 août et s [2] 12 oct. 1720. — *Jean-Etienne,* b [3] 7 juin 1722; m 4 juin 1752, à Anne-Therèse-Esther CHEVALIER, à Mackinac. — *Paul-Joseph,* b [3] 28 mars 1724; m à Catherine LAURENT —*Philippe,* b [3] 8 août 1725.—*François,* b [3] 28 sept. 1727.—*Marie-Françoise,* b [3] 15 juillet 1731.—*Marie-Angélique,* b 1732, m [2] 7 fevrier 1752, à Charles LENOIR. — *Marie-Madeleine,* b [4] 8 fevrier 1733, m [2] 20 juillet 1761, à François-Jean COUTURIER.—*Charles,* b [2] 22 juillet 1735.

CHÉNIER, ETIENNE, b 1726; s 20 avril 1786, à l'Ile-Perrot.

(1) Voy vol I, p. 125
(2) Elle épouse, le 17 avril 1736, Jacques Gautier, à Montréal.

CHÉNIER, JEAN-BTE.
DUBÉ, Catherine.
Joseph, b 5 sept. 1728, au Bout-de-l'Ile, M.

CHÉNIER, MARGUERITE. b 1664; s 29 oct. 1728, à l'Hôpital-Géneral, Q.

IV.—CHÉNIER, JOSEPH-JULIEN, [JEAN-BTE III.
b 1716.
1° LAPORTE, Marie-Anne.
Jean-Baptiste, b... m 12 février 1770, à Catherine CARDINAL, à St-Philippe.
2° RAIZENNE, Suzanne.
Marie-Joseph-Barbe, b 5 nov. 1750, au Lac-des-Deux-Montagnes [2]; s [2] 26 août 1751.—*Elisabeth-Joseph,* b [2] 1er janvier 1753.—*Barbe-Reine,* b [2] 3 sept. 1759.—*Antoine,* b [2] 5 sept. 1762.—*Antoine-Hyacinthe,* b [2] 6 février 1766.

1752, (4 juin) Mackinac.

IV.—CHÉNIER, JEAN-ETIENNE, [JOSEPH III.
b 1722.
CHEVALIER, Anne-Thérèse-Esther, [J.-BTE II.
b 1732.

1752, (27 nov.) Lachine. [3]

IV.—CHÉNIER, FRANÇOIS. [JEAN-BTE III.
BLONDEAU, Suzanne-Amable, [JOSEPH III.
b 1730.
Jean-François, b [3] 27 janvier 1753.—*François-Charles,* b 17 janvier 1755, au Bout-de-l'Ile, M. —*Angelique-Suzanne,* b [3] 21 oct. 1756.

1758, (4 avril) Longue-Pointe.

IV.—CHÉNIER, IGNACE. [JEAN-BTE III.
AUBUCHON, Marie-Joseph, [JACQUES III.
b 1733.
Jean-Ignace, b 17 février 1759, au Bout-de-l'Ile, M.

CHÉNIER, JEAN.
MICHAUD, Catherine.
Jean-Baptiste, b 5 oct. 1759, à Lorette.

IV.—CHÉNIER, JOSEPH, [JOSEPH III.
b 1724.
LAURENT (1), Catherine.
Catherine, b 3 janvier 1765, au Lac-des-Deux-Montagnes.

1770, (12 fevrier) St-Philippe.

V.—CHÉNIER, JEAN-BTE. [JOSEPH-JULIEN IV.
CARDINAL, Catherine, [CHARLES IV.
b 1750.

CHENISIER, ANNE, epouse d'Antoine RHODES.

CHENNEQUI.—*Variations et surnoms :* CHINIC —CHINIQUY—TCHENIC.

(1) Ou Lorrin.

1760, (24 juin) Québec.[4]

I.—CHENNEQUI (DE) (1), MARTIN, navigateur; fils de Martin et de Marie Ourcoudoile, de St-Pierre, diocèse de Bayonne.

1° ROLLET (2), Suzanne, [FRANÇOIS I. b 1739.

Marie-Thérèse, b [4] 1er avril 1761.—*Suzanne,* b [4] 21 juin 1762; s 4 mai 1763, à Levis.—*Martin,* b [4] 11 juillet 1763; m [4] 15 nov. 1791, à Julienne-Claire ENOUILLE.

1774, (9 mai). [4]

2° PELLERIN, Elisabeth. [CHARLES I.

1791, (15 nov.) Québec. [5]

II.—CHENNEQUI, MARTIN, [MARTIN I. b 1763.

1° ENOUILLE (3), Julienne-Claire. [FRANÇOIS II.

Marie-Anne, b... 1° m [5] 8 janvier 1816, à Auguste-Alexandre VÉSINA; 2° m [5] 16 sept. 1823, à Louis TALBOT.—*Joseph-Martin,* b... m [5] 8 janvier 1816, à Julie MEASON.—*Julienne-Claire,* b... m [5] 28 juin 1815, à Edouard CARTIER.

1817, (20 janvier). [5]

2° BOURDAGES, Antoinette, veuve de Louis Dubord.

1816, (8 janvier) Québec. [6]

III.—CHENNEQUI, JOS.-MARTIN, [MARTIN II. courtier.

MEASON, Julie, fille de Guillaume et d'Angelique Chamberland, s [6] 2 août 1819.

Joseph-Martin, b 1817; s [6] 4 avril 1836.—*Guillaume-Eugène,* b [6] 26 oct. 1818.

CHENNEVILLE. — *Variations et surnoms :* BABIE—BADY—BIGOT.

CHENNEVILLE, JACQUES.

MARLET (4), Marie-Suzanne.

Jacques, b 25 sept. 1757, à Soulanges.[5]—*Catherine,* b [5] 4 dec. 1758.

I.—CHENON (5), FRANÇOIS, b 1708; fils de Gilbert et d'Elisabeth Cauchois, de Ronceray, diocèse du Mans; s 17 juillet 1742, à Montreal.

CHENU, CHARLES, b 1708, s 15 avril 1776, à Quebec.

I.—CHÉON (6), JEAN-FRANÇOIS.

SEDILOT, Angelique. [PIERRE IV.

François-Xavier, b 29 janvier 1788, à Québec.

CHERBI.—Voy. CHEARBY—CHÉRUBI.

(1) Ou Tchenic, 1761.
(2) Dit Lamarre et Grenet.
(3) Dit Lanoix.
(4) Ou Verly.
(5) Dit Ladouceur; soldat de la compagnie de Beauvais.
(6) Dit Cambray.

1669, (9 oct.) Québec.

I.—CHERLOT (1), JEAN, b 1649.

MANSION (2), Jeanne, b 1649.

Marie-Anne, b... m 1698, à Guillaume IMBAULT, à Montreal.

I.—CHERNEL (3), JACQUES-SERVANT.

CHERON, MARIE-ANNE, epouse de Jean-Joseph COURVAL.

1690, (17 avril) Québec.[5]

I.—CHERON (4), MARTIN, b 1662; s [5] 27 avril 1717.

1° THIVIERGE, Marie-Anne, [HIPPOLYTE I. b 1669; s [5] 19 janvier 1705.

Marguerite, b [5] 24 avril 1704; m [5] 27 dec. 1723, à Pierre TROTIER.—*Léonard,* b [5] 17 janvier 1705.

1706, (1er fevrier). [5]

2° LEBOULLANGER, Marie-Joseph, [PIERRE I. b 1683; s [5] 2 août 1733.

Marie-Joseph, b [5] 2 nov. 1706; m [5] 27 juin 1725, à Pierre-Andre CARREROT.— *Martin,* b [5] 23 mai 1708.—*Anne,* b [5] 6 août 1710, m 13 fevrier 1730, à Joseph POULIN-NICOLET, à Charlesbourg.[6] — *Marie-Madeleine,* b [5] 24 août 1712; m [6] 27 juin 1735, à Philippe DAILLEBOUT. — *Ignace-Michel,* (posthume) b [5] 28 sept. 1717.

1748, (15 janvier) Montréal.[7]

I.—CHERON (5), FIRMIN, b 1719; fils de César et de Geneviève Paquet, de St-Firmin de Beaugency, diocèse d Orleans.

CAILLÉ, Therèse, [JACQUES III. b 1731.

Marie-Therèse, b [7] 24 oct. 1748.—*Jean-Firmin,* b [7] 1er fevrier 1750.

I.—CHEROUX (6), ANTOINE, b 1700; fils de Jacques et de Jeanne Lalande, de St-Placide de Croiseau, diocèse de Bourges, en Berry.

1° ALACHAISE, Sylvine.

1761, (22 juin) Montreal.[7]

2° DURET, Marie-Charlotte, [JACQUES I. b 1704; veuve de Pierre Leblanc.

1743, (14 janvier) Longueuil.[8]

I.—CHERRIER, FRANÇOIS-PIERRE, fils de François et de Perinne Isambart, de Savigny-Lévêque, diocèse du Mans.

DUBUC, Marie, [MICHEL II. b 1716.

(1) Dit Desmoulins; voy. vol. I, p. 125.
(2) Elle épouse, le 5 juin 1712, Vincent Tudault, à Montréal.
(3) Dit LaGrandière; sergent de Tonty; il était à Montreal, le 7 janvier 1712.
(4) Conseiller du conseil suprême de Quebec; voy. vol. I, p. 125.
(5) Dit Beaugency; soldat de la compagnie de Duplessis.
(6) Et Cleroux.

Marie-Charlotte, b [6] 22 nov. 1743.—*François*, b [6] 16 janvier 1745. — *Catherine-Périnne*, b [6] 9 avril 1746. — *Joseph-Simon*, b [6] 23 août et s [6] 6 sept. 1747. — *Paschal-Joseph-Marie*, b [6] 8 avril 1749 ; m 20 janvier 1777, à Marie-Joseph Gaté, à Quebec.—*Michel-Charles*, b [6] 6 juillet 1750 ; s [6] 16 juin 1751. — *Marie-Anne*, b [6] 2 sept. 1751.—*Scholastique*, b [6] 13 et s [6] 19 juin 1753.—*Geneviève-Charlotte*, b [6] 16 dec. 1754.

1777, (20 janvier) Québec. [2]

II.—CHERRIER, Paschal-Jos., [François I.
b 1749.
Gaté (1), Marie-Joseph, [Louis I.
b 1760.
François-Xavier-Alexis, b [2] 30 nov. 1780. — *Seraphin-Marie*, b [2] 9 août 1783.—*Louis-Michel*, b [2] 1er oct. 1784 — *George-Hypolite*, b [2] 2 avril 1786.—*Louis-Flavien* et *Pierre-Séraphin*, b [2] 20 dec. 1788.— *Séraphin-Edouard*, b [2] 14 oct 1792 —*Charles-Denis*, b 6 et s 21 août 1794, à Repentigny.—*Marie-Rosalie*, b... m à Joseph Papineau

CHERUBY.—Voy. Chearby.

CHERY, Rose, epouse de Noel Pinel.

CHESNE, 1690.—*Variations et surnoms* : Chaine Chêne—Labutte—Lagrave.

1676, (29 nov.) Montreal. [7]

I.—CHESNE (2), Pierre,
b 1654.
1° Bailly, Louise-Jeanne, [François I.
b 1663.
1700, (9 oct.) [7]
2° Moitié, Marie, b 1662, fille de Charles et de Nicole Chaise, de St-Sulpice de Paris, veuve de Jean Magnan ; s [7] 31 dec. 1727.

1722, (18 janvier) Detroit. [3]

II.—CHESNE, Charles, [Pierre I.
b 1694.
Sauvage, Catherine, [Jacques I.
b 1695 ; s [3] 21 oct. 1778.
Marie-Catherine, b [3] 14 oct. 1722, m [3] 5 mars 1737, à Pierre Tetart.— *Marie*, b... s [3] 14 fevrier 1738.—*Pierre*, b [3] 23 sept. 1724, m [3] 7 mai 1747, à Marie-Clémence Chapoton. — *Anonyme*, b [3] et s [3] 11 fevrier 1726.—*Agathe*, b [3] 18 mai 1727, s [3] 10 fevrier 1732.—*Antoine*, b [3] 12 fevrier et s [3] 6 oct. 1729. — *Bonaventure*, b [3] 7 janvier 1731, s [3] 30 mai 1741. — *Charles*, b [3] 5 nov. 1732 ; m [3] 18 août 1755, à Marie-Joseph Descomps-Labadie.— *Léopold* (3), b [3] 17 nov. 1734, m à Outaouaise, s [3] 13 janvier 1778.—*Pierre*, b [3] 22 sept. 1736, m [3] 23 fevrier 1784, à Cecile Campeau.—*Isidore*, b [3] 6 janvier 1738, m [3] 28 nov. 1758, à Thérèse Becquet ; s [3] 1er juillet 1793.—*Theodore*, b [3] 7 et s [3] 12 sept. 1740.—*Ildephonse-Antoine*, b [3] 13 juin 1742.

(1) Dit Bellefleur.
(2) Voy. vol. I, p. 125.
(3) Capitaine des Interprètes.

1728, (25 mai) Detroit. [4]

II.—CHESNE (1), Pierre, [Pierre I.
b 1698 ; s [4] 16 mai 1774.
1° Roy (2), Marie-Madeleine, [Pierre I.
b 1710 ; s [4] 20 nov. 1732.
Pierre, b [4] 24 mai 1729, m [4] 10 février 1750, à Marie-Anne Cuillerier.
1736, (2 janvier). [4]
2° Barrois, Louise, [François II.
b 1722, s [4] 5 avril 1781.

1747, (7 mai) Detroit. [8]

III.—CHESNE Pierre, [Charles II.
b 1724.
Chapoton, Marie-Clemence, [Jean-Bte I.
b 1726 ; s [8] 20 nov. 1753.
Pierre, b [8] 27 janvier et s [8] 25 août 1748.— *Marie-Anne* (3), b [8] 14 fevrier 1749, s [8] 28 déc. 1752. —*Angelique*, b [8] 24 avril 1751 ; s [8] 28 dec. 1752.—*Pierre-Toussaint*, b [8] 2 nov. 1752, s [8] 9 avril 1754

1750, (10 fevrier) Detroit. [5]

III.—CHESNE (4), Pierre, [Pierre II.
b 1729.
Cuillerier, Marie-Anne, [Antoine III.
b 1730.
Marie-Anne, b [5] 31 mai 1750. — *Agathe-Françoise*, b [5] 31 dec 1751. — *Pierre*, b [5] 15 juillet 1753 ; s [5] 28 fevrier 1769.—*Claude-Thomas*, b [5] 2 fevrier 1755 —*Alexis*, b [5] 3 janvier 1757 —*Julien*, b [5] 15 mai 1759.—*Marie-Catherine*, b [5] 24 fevrier 1761.

1755, (18 août) Détroit. [5]

III.—CHESNE (5), Charles, [Charles II.
b 1732
Descomps (6), Marie-Joseph, [Pierre I.
b 1737
Marie-Catherine, b [5] 3 sept. 1756 ; m à Thomas Vincelet. — *Charles*, b [5] 21 juin 1758.—*Pierre*, b... m [5] 23 fevrier 1784, à Cecile Campeau.— *Nicolas*, b [5] 10 sept. 1760 ; s [5] 27 janvier 1763.— *Charles*, b [5] 18 oct. 1763 ; s [5] 29 juillet 1766. — *Elisabeth*, b [5] 17 août 1766. — *Toussaint*, b [5] 1er nov. 1768.—*Gabriel*, b [5] 29 fevrier 1772 m [5] 7 janvier 1793, à Geneviève Campeau. — *Marie-Joseph*, b [5] 26 août 1774. — *Agathe*, b [5] 11 nov. 1776 ; m [5] 28 sept. 1795, à Alexis Campeau.

CHESNE, Charles
St-Aubin, Marie-Catherine,
b 1731, s 27 août 1753, au Detroit.

CHESNE, Charles.
Becquet, Marie-Anne.
Marie-Joseph, b... m 10 avril 1780, à François Chabert, au Detroit.

(1) Dit LaButte, 1774 ; marguillier, marchand, rue Ste-Anne, Détroit, et interprète des langues sauvages.
(2) Voy. vol I, p. 536.
(3) Brûlée dans la maison de son père avec sa petite sœur Angelique.
(4) Dit Labutte.
(5) Habitant de la côte Sud-Ouest.
(6) Dit Labadie

1758, (28 nov.) Détroit. [1]

III.—CHESNE (1), Isidore, [Charles II.
b 1738; s [1] 1er juillet 1793.
Becquet, Thérèse. [Pierre II.
Thérèse, b [1] 30 déc. 1759; s [1] 6 nov. 1763.

III.—CHESNE (2), Léopold, [Charles II.
b 1734, capitaine des interprètes; s 13 janvier 1778, au Detroit. [1]
Outaouaise.
Charles, b [1] 25 oct. 1775. — *Catherine,* b [1] 12 mai 1776.

CHESNE, Antoine.
Sauteuse.
Charles, ne 1770; b 12 mai 1776, au Détroit

1784, (23 fevrier) Détroit.

IV.—CHESNE, Pierre. [Charles III.
Campeau, Cecile, [Nicolas III.
b 1747; veuve de Claude Leblond.

1793, (7 janvier) Detroit.

IV.—CHESNE, Gabriel, [Charles III.
b 1772.
Campeau, Geneviève, [Jean-Bte IV.
b 1774.

CHESNE, Marie, b... 1° m à ...... Bécot; 2° m à Joseph Robineau.

CHESNOT (3), Joseph, aumônier des vaisseaux du roi.

I.—CHÉTIL, Pierre, b 1679, s 13 sept. 1714, à Montreal.

CHÉTIL (4), Geneviève, b 1711, s 6 déc. 1733, aux Trois-Rivières.

I.—CHEVAL (5), Jacques-Joseph, b 1699; fils de Thomas et de Gilette Nève, de St-Nicolas, ville de Tournay, Flandre.
1° Cousineau, Marie-Renee, [Jean-Bte I.
b 1702; s 7 janvier 1743, à Montreal. [1]
Marie-Catherine, b 10 juin et s 26 août 1726, à St-Frs-du-Lac. — *Jacques,* b [1] 10 juillet 1727, m 7 mai 1759, à Marie-Charlotte Leroux, au Sault-au-Récollet. — *Paul-Antoine-François,* b [1] 14 août 1728; m 19 fevrier 1759, à Marie-Elisabeth Jarret, à St-Antoine-de-Chambly.—*Pierre-François,* b [1] 20 sept. 1729, m à Marie-Joseph Archambault.—*Pierre-Joseph,* b [1] 12 mars 1731; 1° m [1] 30 oct. 1752, à Jeanne Hus; 2° m à Marie-Catherine Gourgon.—*Antoine,* b [1] 12 mai 1732; s 23 juin 1733, à Lorette. — *Antoine,* b [1] 6 sept. 1733, s [1] 4 fevrier 1737. — *Marie-Angélique,* b [1] 12 avril et s [1] 22 juillet 1735.—*Paul,* b 1736; s [1] 30 janvier 1737.—*Marie-Cécile,* b [1] 24 oct. 1737; s [1] 20 août 1738. — *Véronique,* b [1] 7 août 1739; s [1] 13 août 1740.— *Marie-Joseph,* b [1] 2 février et s [1] 25 août 1741.

1743, (27 mai). [1] [4]

2° Leduc (1), Geneviève, [Charles II.
b 1704.
Michel, b [1] 7 nov. 1744.—*François-Xavier,* b [1] 8 janvier 1746. — *Paul-Joseph,* b [1] 24 nov. 1747. —*Basile-Joseph,* b [1] 4 et s [1] 13 janvier 1749.

1752, (30 oct.) Montréal.

II.—CHEVAL (2), Pierre-Joseph, [Jacques I.
b 1731.
1° Hus, Jeanne, [Antoine I.
b 1734.
2° Gourgon (3), Marie-Catherine, [Claude I.
b 1742.
Marie-Madeleine, b 10 juin 1764, au Lac-des-Deux-Montagnes. [4]—*Ignace-Athanase,* b [4] 2 mai 1766.

1757.

II.—CHEVAL (2), Pierre-Frs, [Jacq.-Joseph I.
b 1729.
Archambault, Marie-Joseph.
Pierre, b 24 janvier 1758, à St-Antoine-de-Chambly [2]; s [2] 23 sept. 1759.—*Marie-Joseph,* b [2] 9 nov. 1759.—*Marie-Agathe,* b [2] 25 mars et s [2] 12 juin 1761.—*Louise,* b... s [2] 12 juillet 1762.

1759, (19 fevrier) St-Antoine-de-Chambly. [2]

II.—CHEVAL (2), Paul-Ant.-Frs, [Jacques I.
b 1728.
Jarret, Marie-Elisabeth, [Jean-Bte III.
b 1742.
Pierre, b [2] 5 mars 1762.

1759, (7 mai) Sault-au-Récollet.

II.—CHEVAL, Jacques, [Jacques-Joseph I.
b 1727.
Leroux, Marie-Charlotte, [Louis III.
b 1738.

CHEVALET —Voy. Bouillet.

CHEVALIER.—*Variations et surnoms :* Cardinal—Caron, 1765 —Coursol—Laflèche—Léveillé— L'huillier—Lortan—Perigord —Sanschagrin.

CHEVALIER (4), Jean.
Lemarié, Marie-Charlotte.

I.—CHEVALIER (5), Louis, b 1624; s 2 nov. 1708, à Montreal.

(1) Habitant la côte des Pontouotamis.
(2) Habitant la côte sud-ouest.
(3) Il baptise aux Trois-Pistoles, le 26 avril 1759.
(4) Servante de M. Godfroy de Normanville.
(5) Dit St-Jacques; garde du port

(1) Elle épouse, le 26 février 1759, Jean Migneron, à St-Vincent-de-Paul.
(2) Dit St-Jacques.
(3) Ou Bourgon, 1766.
(4) Alias Cheveri, 1720.
(5) Natif de Caen, Normandie.

I.—CHEVALIER (1), JEAN, b 1627; s 29 mars 1707, à Montréal.

I.—CHEVALIER (2), b 1658; d'Auvergne; s 16 mars 1743, à Montréal.

I.—CHEVALIER, PIERRE, b... s 15 sept. 1736, à l'Hôpital-Genéral, M.

I.—CHEVALIER (3), PIERRE, b 1669; de Serge, diocèse de Lemans; s 9 mai 1749, à Montreal.

1670, (7 oct.) Montréal.[7]
I.—CHEVALIER (4), JOSEPH,
b 1644; s [7] 26 mai 1721.
BARTON, Marthe,
b 1653; s [7] 13 août 1699.
Marie-Françoise, b [7] 13 juillet 1671; m [7] 17 nov. 1692, à Urbain JETTÉ; s [7] 8 mai 1741.—*Jean,* b [7] 22 sept. 1675; m 28 nov. 1701, à Catherine LAVALLÉE, à la Pte-aux-Trembles, M.[9]; s 28 oct. 1752, à Sorel.[8] — *Jean-Baptiste,* b [7] 6 août 1677; m [7] 8 avril 1709, à Françoise ALAVOINE.—*Elisabeth,* b [7] 29 oct. 1679; m [7] 7 oct. 1697, à Seraphin LAUZON; s [7] 21 mai 1742.—*Anne-Angélique,* b [7] 11 janvier 1682; m [7] 3 sept. 1703, à Charles LEDUC; s [7] 23 juin 1742.—*Geneviève,* b [7] 28 juillet 1683; 1° m [7] 26 janvier 1701, à Jacques FAUCHER; 2° m [7] 24 oct. 1719, à François BOUGRET.—*Barbe,* b [7] 8 juillet 1685; 1° m [7] 14 mars 1713, à Jean LEVASSEUR; 2° m 1716, à Pierre DESNOYERS; s [7] 21 fevrier 1743.—*Madeleine,* b [7] 7 oct. 1690, m [7] 5 avril 1712, à Louis POITRAS —*Thérèse,* b [7] 10 mars 1692; m [9] 9 janvier 1724, à Pierre CREVIER; s 15 fevrier 1754, à Verchères.—*Louis,* b... m [8] 11 janvier 1724, à Elisabeth GAZAILLE.

1678, (5 sept.) Pte-aux-Trembles, M.[1]
I.—CHEVALIER (4), JACQUES,
b 1641.
VILLAIN, Jeanne, [JEAN I.
veuve de Mathurin Bernier.
Paul, b [1] 22 juin 1679, m 1er juin 1705, à Agathe CAMPEAU, à Montreal.[2]— *Jacques,* b [2] 15 juin 1681, s [2] 10 avril 1717.—*Marie,* b 1686; s 17 fevrier 1761, à Ste-Rose.—*Marie,* b 1688; m 1704, à Jean CAMPEAU.—*Pierre,* b 1690; m [2] 7 janvier 1717, à Marguerite CAMPEAU.

1682.
I.—CHEVALIER (4), ETIENNE,
b 1647; s 19 mars 1697, à St-Augustin.
1° PROVOST, Anne-Claude, [FRANÇOIS I.
b 1665.
Françoise-Catherine, b 25 nov. 1689, à la Pte-aux-Trembles, Q.; 1° m 16 août 1708, à Denis MASSE, à Ste-Foye[3]; 2° m [3] 11 août 1713, à Andre ROBITAILLE, s 3 dec. 1748, à Lorette.[4]—*Marthe-Agnès,* b... m 14 nov. 1707, à Louis FLUET, à Quebec[5], s [4] 27 juin 1741

(1) Dit Cardinal.
(2) Dit Sanschagrin.
(3) Dit Léveillé, ancien soldat de la compagnie de M. Desjordy.
(4) Voy. vol. I, p. 126.

1696, (17 juin).[5]
2° GAUTHIER, Jeanne, [MATHURIN I.
b 1670.

1686, (25 fevrier) Beauport.[6]
II.—CHEVALIER (1), JEAN, [RENÉ I.
b 1663; s [6] 26 nov. 1722.
AVISSE, Marguerite-Madeleine, [DENIS I.
b 1669; s [6] 24 janvier 1739.
Marie, b... m [6] 16 janvier 1723, à Nicolas MONJON.—*René-Lucien,* b [6] 9 mai 1697; m [6] 16 août 1723, à Geneviève RICHARD.—*Jeanne,* b [6] 29 sept. 1707; m [6] 4 oct. 1729, à Pierre PARANT.

1687, (13 nov.) Champlain.[8]
I.—CHEVALIER (2), JACQUES-FRANÇOIS.
DISY, Elisabeth (3), [PIERRE I.
b 1672.
Marie-Anne, b [8] 10 nov. 1689.—*François,* b [8] 27 oct. 1691, s 7 avril 1703, à Montreal.—*Marguerite,* b 12 juin 1694, à St-Frs-du-Lac.—*Angélique,* b... m 1726, à Joseph-Claude MAURICE.

1689, (3 fevrier) Beauport.[3]
II.—CHEVALIER, GUILLAUME, [RENÉ I.
b 1665; s 9 juin 1731, à Québec.[5]
GAUTIER, Jeanne, [RENÉ I.
b 1670; s 4 février 1759, à la Rivière-Ouelle.[4]
Jeanne, b [3] 13 nov. 1689; m [5] 28 dec. 1721, à Charles CHARTIER, s [5] 6 janvier 1750. — *Guillaume,* b [4] 29 oct. 1693.—*Louis,* b [3] 5 mars 1698. — *Jean-Alexis,* b [4] 16 juillet 1702; 1° m 26 août 1729, à Geneviève GODBOUT, à St-Laurent, I. O.; 2° m [6] 17 fevrier 1749, à Marie-Anne LECOQ. — *Jean-Baptiste,* b [3] 16 sept. 1705.—*Jean-François,* b [5] 5 et s [5] 24 avril 1711.—*Marie-Louise,* b [3] 1er juin 1712; s [4] 31 mai 1780.

1695, (10 janvier) Beauport.[2]
II.—CHEVALIER, MICHEL, [RENÉ I.
b 1670, s [2] 8 mars 1748.
PARANT, Marie-Charlotte, [PIERRE I.
s [2] 23 oct. 1763.
Geneviève, b 1700; m [2] 26 juillet 1727, à Jean MAILLOU; s [2] 24 dec. 1749.—*Charlotte,* b [2] 3 juin 1706; m [2] 26 juillet 1727, à Noel MAILLOU.— *Marie-Louise,* b [2] 1er avril 1710; m [2] 13 fevrier 1730, à Alexandre TOUPIN, s [2] 30 avril 1771. — *Catherine,* b [2] 29 janvier 1713, s [2] 7 nov. 1720.—*Michel,* b [2] 27 avril 1717; m [2] 19 juin 1741, à Marie-Louise MARCOU; s [3] 15 avril 1760.— *Jacques,* b [2] 2 nov. 1718; s [2] 2 janvier 1726. — *Marie-Jeanne,* b [2] 23 sept. et s [2] 1er oct. 1721.

1701, (28 nov.) Pte-aux-Trembles, M.[2]
II.—CHEVALIER, JEAN, [JOSEPH I.
b 1675; s 28 oct. 1752, à Sorel.[3]
LAVALLÉE, Catherine, [JEAN I.
b 1678.
Joseph, b [2] 7 mai 1702; 1° m 1730, à Marthe LALIBERTE; 2° m [3] 7 avril 1739, à Marguerite

(1) Voy. vol I, p. 126.
(2) Sieur de Bourchemin; voy. vol. I, p. 126.
(3) Elle épouse, le 26 janvier 1698, Alexis Guay, à Champlain.

DOUCET ; 3° m à Françoise BRUYÈRE ; 4° m [3] 23 mai 1757, à Marie-Renee BÉLAIR ; s 13 août 1778, à l'Ile-Dupas. — *Marie-Madeleine*, b [2] 10 mai 1704 ; m à Charles GOULET.—*Jean-Baptiste*, b [2] 6 mars 1706 ; m 17 janvier 1736, à Marie-Jeanne CARTIER, à St-Frs-du-Lac.[5] — *Alexis*, b [3] 9 avril 1708 — *Marguerite*, b [3] 27 avril 1710 ; m à François COLIN.—*Marie-Thérèse*, b [3] 28 février 1712 ; m [3] 24 nov. 1732, à Gabriel LÉPINE-BÉRARD ; s 16 avril 1778, à Québec.—*Geneviève*, b [3] 18 mars 1714 ; m [3] 5 fevrier 1742, à Jean-Baptiste FORCIER ; s [3] 5 avril 1769.—*Jacques*, b [3] 8 mars 1716, m [5] 10 janvier 1746, à Angelique BIBAUD ; s [3] 13 déc. 1766.—*Angélique*, b [3] 27 fevrier 1718, m [3] 15 février 1740, à François BIBAUD.—*Marie*, b... m [3] 22 sept. 1733, à Claude FOISY.

I.—CHEVANIER, ARMAND, b 1680, caporal ; s 4 avril 1715, à Montreal.

1705, (1er juin) Montreal. [5]

II.—CHEVALIER, PAUL, [JACQUES I.
b 1679.

CAMPEAU, Agathe-Barbe, [ETIENNE I
b 1685.

Marie-Agathe, b [3] 16 août 1705 ; m [3] 26 nov. 1725, à François HÉVÉ. — *Marie-Marguerite*, b [3] 23 janvier 1707 ; m 1727 à Jacques LEVERT.—*Marie-Joseph*, b [3] 6 oct. et s [3] 1er dec. 1708.—*Pierre*, b [3] 24 août 1710.—*François-Marie*, b [3] 8 juin 1712.—*Jacques*, b [3] 13 janvier 1714.—*Paul*, b... m à Marie ST-JEAN-LAPERCHE.

1707, (7 nov.) Quebec. [3]

II.—CHEVALIER, ETIENNE, [ETIENNE I.
b 1683 ; s [3] 19 sept. 1725.

DELESSARD, Marguerite, [CHARLES II.
b 1685, s [3] 24 mars 1757.

Jean-Etienne, b [3] 11 et s 14 janvier 1709, à Lorette. — *Jean-Etienne*, b [3] 28 dec. 1709 ; 1° m 5 nov. 1732, à Marguerite PAQUET, à Charlesbourg [4] ; 2° m [3] 6 nov. 1747, à Geneviève VIVIER. —*Anonyme*, b [3] et s [3] 27 oct. 1710.—*Marguerite*, b [3] 12 fevrier 1713 ; m [3] 29 juillet 1733, à Jean-Baptiste JOBIN. — *Pierre*, b [3] 29 avril 1714 ; m [3] 16 août 1746, à Marie-Anne COTIN-DUGAL.—*Marie-Thérèse*, b [3] 12 janvier 1715 ; m [3] 14 oct. 1743, à Adrien LEGRIS.—*Louis*, b... m à Marie-Therèse COTÉ.—*Etienne*, b... s [3] 7 fevrier 1717.—*Marie-Angélique*, b [3] 2 fevrier 1719, m [4] 13 nov. 1741, à Jean-Charles THOMAS.—*Geneviève*, b [3] 28 janvier 1721 ; m [3] 6 nov. 1747, à Gilles DACHAS.—*Louis*, b [3] 9 août 1722 ; s [3] 26 oct. 1749.—*Marie-Louise*, b [3] 23 mai 1724 ; s [3] 2 dec. 1725.

1709, (8 avril) Montreal. [4]

II.—CHEVALIER, JEAN-BTE, [JOSEPH I.
b 1677 ; s avant 1752.

ALAVOINE, Françoise, [CHARLES I.
b 1690, s [4] 20 mars 1756.

Marie-Charlotte, b [4] 3 août 1710 ; m à Antoine DESHÊTRES.—*Marie-Anne*, b [4] 22 janvier 1712.—*Catherine*, b [4] 10 et s [4] 12 mars 1714. — *Michel-Jean-Baptiste*, b [4] 20 janvier 1715.—*Marie-Joseph*, b [4] 26 mai 1718. — *Constance*, b 3 avril 1719, à Mackinac [5] ; 1° m [5] 30 août 1741, à Joseph HINS, 2° m [5] 6 juillet 1751, à François-Louis CARDIN.—*Louise-Therèse*, b [5] 30 nov. 1720. — *Marguerite-Joseph*, b [5] 18 mars 1723 ; m [5] 17 juillet 1738, à Pierre GRIGNON. — *Marie-Madeleine*, b [5] 12 oct 1724 ; m [5] 21 juillet 1744, à Jacques DUMÉE. — *Joseph*, b 1725, 1° m [4] 4 nov. 1749, à Louise DUROZEAU ; 2° m à Marie-Joseph LANGLOIS.—*Anne-Charlotte-Véronique*, b [5] 1er mars 1726 ; m [5] 3 août 1744, à Rene BOURASSA.—*Charles*, b [5] 10 oct. 1727.—*Joseph-Maurice*, b [5] 5 oct. 1728.—*Louis-Paschal*, b [5] 22 juillet 1730.—*Anne-Thérèse-Esther*, b [5] 28 mars 1732 ; m [5] 4 juin 1752, à Jean-Etienne CHÉNIER. — *Angélique*, b [5] 11 juillet 1733 ; 1° m 22 fevrier 1759, à Antoine LAUZON, au Detroit [6], 2° m [6] 26 mai 1775, à Louis CASSE.—*Luc*, b [5] 22 mai 1735 ; m à SAUVAGESSE.

1710, (14 juillet) Québec. [4]

I.—CHEVALIER, JEAN, marchand ; veuf de Françoise Greze, de Plaisance, Terreneuve.

GUYON, Anne, [FRANÇOIS II.
b 1667 ; veuve d'Antoine LeGendre.

Geneviève, b... s 7 oct. 1713, à Ste-Foye — *Geneviève*, b 1720 ; m à Pierre LABROUSSE ; s [4] 4 mai 1760.

1717, (7 janvier) Montreal [1]

II.—CHEVALIER (1), PIERRE, [JACQUES I.
b 1690.

CAMPEAU, Marguerite, [ETIENNE II.
b 1692.

Marie-Jeanne, b [1] 5 février 1718, m [1] 7 avril 1741, à Charles LHUILLIER.—*Pierre-François*, b [1] 7 dec. 1724 ; s 17 fevrier 1725, à la Longue-Pointe.

I.—CHEVALIER (2), MARGUERITE, épouse de Pierre LACOMBE.

I.—CHEVALIER (3), FRANÇOIS.

QUAY (4), Louise, [LOUIS I.
b 1698.

Joseph, b... m 18 août 1755, à Marie-Catherine BEAUGRAND, à Lanoraie.

1718, (10 oct.) Beauport.

I.—CHEVALIER, FRANÇOIS, fils de Jean et de Françoise Brouille, de l'Ile Royale.

1° CHAVIGNY (DE), Elisabeth, [FRANÇOIS II.
b 1700, s 10 août 1731, à Québec. [2]

1732, (2 février). [2]

2° DOYON, Marie-Marguerite, [NICOLAS II.
b 1699.

1719, (24 juillet) Beauport. [4]

III.—CHEVALIER, LOUIS, [MICHEL II.
b 1696.

LEFEBVRE, Charlotte, [JEAN II.
b 1697 ; s 30 avril 1744, à Québec. [5]

---

(1) Dit Dubaut.

(2) Dit Laflèche.

(3) Dit Périgord.

(4) Dit Dragon ; elle épouse, le 31 juillet 1731, Pierre Gendras, aux Trois-Rivières

Marie-Charlotte, b [4] 27 mars 1720; m [5] 7 sept. 1750, à Etienne NICOLAS. — *Louis*, b [4] 1er et s [4] 15 déc. 1721. — *Louise-Charlotte*, b [4] 4 déc. 1722; m [5] 14 nov. 1740, à Jean-Baptiste THIVIERGE.—*Marie-Joseph*, b [4] 12 oct. 1724.—*Marie*, b... 1° m [5] 12 février 1748, à Jean-François LEVASSEUR; 2° m [5] 18 nov. 1754, à Jean VALLÉE.—*Louis*, b [4] 27 janvier 1727.—*Alexis*, b [4] 2 janvier 1728.—*Marie-Thérèse*, b [4] 10 janvier 1731; 1° m [5] 18 janvier 1752, à Pierre ST-ANDRÉ; 2° m [5] 2 juillet 1764, à François REY.—*Joseph*, b 1731; s [5] 6 mai 1733.—*Marie-Joseph*, b [5] 13 mars 1733, m [5] 5 juillet 1751, à Pierre-Ignace ROUSSET, s [5] 7 nov. 1758.—*Anne*, b [5] 12 juin 1735; m [5] 16 juin 1755, à Philippe-Augustin CUVILLIER.—*Jacques-Philippe*, b [5] 11 mars 1738.

1719, (16 oct.) Beauport.[1]

III.—CHEVALIER, JEAN, [JEAN II.
b 1694; s [1] 3 nov 1749.
CRÊTE (1), Marie-Marguerite, [PIERRE II.
b 1697.
Pierre, b... m à Marie-Charlotte LÉVÊQUE.

1720, (6 nov.) Québec.[3]

I.—CHEVALIER (2), NICOLAS-RENÉ, b 1696; fils de Louis et de Marie Lafleur, de St-Paul, Paris; s [3] 26 août 1775.
1° BRISSET, Marguerite, [JEAN I.
b 1706, s 16 mars 1727, à Montréal [4]
René, b... m à Geneviève DERAINVILLE.

1727, (4 août).[4]

2° LEBLANC, Marie-Madeleine, [JULIEN II.
b 1710, s [3] 17 juin 1780.
Marie-Madeleine, b [3] 18 janvier 1729; m [3] 22 nov. 1751, à Antoine MARTINET. — *François-Joseph*, b [3] 10 sept. 1730; s [3] 9 mai 1733.—*Marie-Madeleine*, b [3] 24 juillet 1732; m [4] 20 oct. 1760, à Jean-Baptiste LAMPY.—*Claude-Guillaume*, b [4] 9 mars 1734; m [3] 22 avril 1754, à Marie-Anne LAVAUX.—*Geneviève*, b [4] 24 février 1736.—*Marie-Geneviève*, b [3] 12 juillet 1738. — *Jacques*, b [3] 9 janvier 1741; 1° m à Marie-Joseph LAVIGNE, 2° m [3] 3 août 1784, à Marie-Charlotte LEVASSEUR. —*Reine*, b [3] 10 mars 1742. — *Stanislas*, b [3] 29 mai et s 10 juin 1744, à Charlesbourg.[5] —*Louis-François*, b [3] 20 juin et s [5] 10 juillet 1745.—*Nicolas-René*, b [3] 19 sept. 1746, s [3] 17 nov. 1747. —*Geneviève*, b [3] 28 oct. 1747; s [3] 9 sept. 1748.—*Jean-Baptiste*, b [3] 27 déc. 1748; m [3] 14 février 1774, à Marie-Louise LEMIRE.—*Jean*, b [3] 21 avril 1750, 1° m à Marie-Louise SIMARD, 2° m [3] 7 janvier 1783, à Esther ROBITAILLE.—*Louis*, b [3] 29 août et s [5] 6 sept. 1751. — *Marie-Hélène*, b [3] 22 sept. 1752; m à François GRENFARD, s [3] 25 nov. 1793.

1723, (16 août) Beauport.[6]

III.—CHEVALIER, RENÉ-LUCIEN, [JEAN II.
b 1697; s avant 1764.
RICHARD, Geneviève, [PIERRE I.
b 1695, s [6] 9 mai 1768.

(1) Elle épouse, le 16 février 1751, François Robert, à Beauport.

(2) Maître d'armes à Québec.

Marguerite-Geneviève, b 1723; m 3 mai 1751, à Claude-Raphael CAHOUET, au Cap-St-Ignace[7]; s [7] 3 mai 1756.—*Marguerite*, b [6] 19 juin 1724; m [6] 30 juillet 1764, à Jacques GUILLOT.—*René*, b [6] 21 juin 1726. — *Marie-Catherine*, b [6] 8 et s [6] 31 oct. 1727.—*Philippe*, b [6] 23 oct. 1728.—*Marie-Madeleine-Louise*, b [6] 17 mars 1731; m [7] 16 juillet 1753, à Jean-Baptiste BERNIER.— *Louis*, b [6] 19 août et s [6] 10 sept. 1732. — *Marie-Ursule*, b [6] 27 mars 1734.—*Jean-Baptiste*, b [6] 28 janvier 1736.—*Marie-Joseph*, b [6] 29 mars 1737.—*Rosalie*, b [6] 6 et s [6] 23 août 1738 —*André*, b [6] 3 août 1740; s 26 nov. 1765, au Bout-de-l'Ile, M.

1724, (11 janvier) Sorel.[1]

II.—CHEVALIER, LOUIS, [JOSEPH I.
s avant 1753.
GAZAILLE (1), Elisabeth, [JEAN I.
b 1683; s [1] 11 mai 1753.

CHEVALIER, FRANÇOIS.
BADEAU, Marie-Anne.
Marie-Anne, b 5 janvier 1727, à Québec.

I.—CHEVALIER (2), NICOLAS, fils de Claude et de Marie Guillet, de Chailly-bourg-la-Reine, près Paris; s 13 août 1741, à Montréal.

CHEVALIER, CHARLES.
CORBIN, Marie-Anne.
Charles, b 24 déc. 1728, à Québec.[2] — *Catherine*, b 1731; s [2] 3 juin 1733.

CHEVALIER, MARIE, b 1735; s 20 oct. 1762, au Cap-St-Ignace.

1729, (26 août) St-Laurent, I. O.

III.—CHEVALIER, JEAN-ALEXIS, [GUILLAUME II.
b 1702, journalier.
1° GODBOUT, Geneviève, [NICOLAS II.
b 1708; s 1er mai 1748, à Québec.[3]
Etienne, b [3] 16 oct. 1730; s [3] 14 mai 1733.—*Marie-Geneviève*, b 29 février 1732, à St-Pierre, I. O.; s [3] 20 juin 1733.—*Alexis-Jean-Baptiste*, b [3] 12 juin 1734.— *Marie-Jeanne*, b [3] 13 oct. 1735, m à Urbain PAGEOT; s [3] 9 déc 1777—*Louis*, b [3] 23 déc. 1736; m 23 avril 1770, à Marguerite CHEVREFILS, à la Baie-du-Febvre —*Marie-Geneviève*, b [3] 1er mars 1738, s [3] 19 déc. 1740.—*Etienne*, b [3] 13 oct. 1739, s [3] 23 nov. 1741.—*Joseph*, b [3] 19 janvier 1741; s [3] 19 mai 1742.—*Louise-Eléonore*, b [3] 22 avril 1742; m à Simon LESCUYER; s [3] 12 mars 1787.—*Marie-Angélique*, b [3] 27 avril et s [3] 31 juillet 1744.—*Louise*, b [3] 15 janvier 1746; m à Jean BUCHANAN; s [3] 18 sept. 1780.

1749, (17 février).[3]

2° LECOQ, Marie-Anne, [PIERRE I.
b 1718; veuve de Joseph Pin; s [3] 3 août 1755.
Jean, b [3] 13 déc. 1749, s [3] 6 mai 1750. — *Jean-Marie*, b [3] 6 et s [3] 12 oct 1750.—*Marie-Anne*, b [3] 16 janvier et s [3] 2 avril 1752.

(1) Dit Blette.

(2) Soldat de la compagnie de M. de Beaujeu.

1730.

III.—CHEVALIER, Joseph, [Jean II.
b 1702; s 13 août 1778, à l'Ile-Dupas. [4]
1° Laliberté, Marthe,
s 10 août 1738, à Sorel. [5]
Elisabeth, b [5] 12 dec. 1734, m [4] 15 oct. 1753, à Jean-Baptiste Bérard.—*Jean-Baptiste*, b [5] 25 avril et s [5] 10 août 1737.

1739, (17 avril). [5]

2° Doucet, Marguerite, [Pierre I.
s [4] 4 mai 1743.
Joseph, b [4] 19 sept. 1739; m [5] 10 février 1766, à Ursule Hus-Cournoyer — *Marie-Marguerite*, b [5] 10 mars 1741.—*Geneviève*, b [4] 3 avril et s [4] 26 mai 1743.
3° Bruyère, Françoise.

1757, (23 mai). [5]

4° Bélair, Marie-Renee. [Pierre-Jacques.

1732, (5 nov.) Charlesbourg.

III.—CHEVALIER, Jean-Etienne, [Etienne II.
b 1709.
1° Paquet, Marguerite, [Philippe II.
b 1712.

1747, (6 nov.) Québec.

2° Vivier (1), Geneviève, [Pierre II.
b 1725.

CHEVALIER, ...
Fasche, Angélique,
b 1710; s 19 dec. 1740, à Montréal.

1736, (17 janvier) St-Frs-du-Lac.

III.—CHEVALIER, Jean-Bte, [Jean-Bte II.
b 1706.
Cartier, Marie-Jeanne, [Nicolas II.
b 1710.
Marie-Gertrude, b 15 oct. 1736, à Sorel [5]; 1° m [5] 15 janvier 1759, à Jean-Baptiste Plante; 2° m [5] 24 juin 1765, à Hypolite Amelot.—*Marie-Marthe*, b [5] 4 nov. 1742. — *Marie-Geneviève*, b [5] 21 août 1746; m [5] 22 juin 1767, à Alexis Loiseau.—*Therèse*, b [5] 19 dec. 1752; m [5] 1er juillet 1771, à Jean-Baptiste Chapdelaine.—*Agathe*, b... m [5] 6 juin 1763, à Joseph Chapdelaine.

1736.

III.—CHEVALIER, Paul. [Paul II.
Laperche (2), Marie. [Jean-Bte I.
Jean-Paul, b 26 août 1737, à Montreal [5], s [5] 1er août 1738. — *Marie-Elisabeth*, b [5] 20 juillet 1739; s [5] 14 avril 1740.—*Paul*, b [5] 10 sept. 1741 — *Jean*, b [5] 20 nov. et s [5] 3 dec. 1743 — *Joseph*, b [5] 5 juillet 1745.—*Marie-Louise*, b [5] 18 juin 1747. —*François-Marie*, b [5] 17 mars 1749. —*Rene*, b [5] 15 sept. 1750; s 24 août 1751, à St-Laurent, M.

1736.

CHEVALIER, François-Eliézer.
Becquet, Angelique, [François I.
b 1701; veuve de Jean-Baptiste Dubourg.
François-Eliézer, b 20 août 1737, à Montreal.

(1) Elle épouse, le 19 août 1750, Joseph Biard, à Quebec.
(2) Dit St-Jean.

CHEVALIER, Joseph,
s avant 1781.
Aubuchon, Geneviève, [Joseph II.
b 1705; veuve de Charles Deroche; s 9 mars 1781, à l'Ile-Dupas.

IV.—CHEVALIER, Pierre. [Jean III.
Lévêque, Marie-Charlotte.
Thérèse, b... m 11 avril 1768, à Urbain Jette, à Repentigny.

1740, (12 sept.) Québec. [2]

I.—CHEVALIER, Jean, marchand; fils de Gilbert et de Catherine Dumas, de Terja, diocèse de Moulins, Bourbonnois.
Pelletier, Angelique, [Noel II.
veuve de Pierre Gaudet; s [2] 27 sept. 1758.
Jean, b [2] 30 juillet 1741; s [2] 10 oct. 1747.—*Brigitte*, b 1er avril 1743, au Cap-St-Ignace.—*François-Louis*, b [2] 19 juillet 1744; s [2] 5 août 1746.—*Théodore-Thierry-Gaspard*, b 13 janvier à la Baie-St-Paul et s [2] 3 juin 1746. — *Théodose*, b [2] 9 oct. 1747; s [2] 12 juin 1749. — *Marie-Ignace*, b [2] 28 avril 1750; s 5 sept. 1751, à Beaumont. — *Jean-Charles*, b [2] 30 avril 1752; m à Marie-Louise Lecours. — *Louis-Michel*, b [2] 29 sept. 1754 —*Geneviève*, b... m 20 février 1775, à Charles Marié, à l'Ile-aux-Coudres.

1740, (14 nov.) Québec. [7]

I.—CHEVALIER, François, fils de François et de Marie Tessier, de St-Sauveur, diocèse de LaRochelle.
Bedard, Jeanne-Elisabeth, [François III.
b 1701; veuve de Jean-Baptiste Chretien.
Marie-Louise, b [7] 29 oct. 1741; m [7] 24 mai 1762, à Joseph Martel.

1741, (19 juin) Beauport. [1]

III.—CHEVALIER, Michel, [Michel II.
b 1717; s [1] 15 avril 1760.
Marcou, Marie-Louise, [Andre II.
b 1716.
Marie-Louise, b 5 et s 20 juin 1743, à Quebec. [8] — *Marie-Louise*, b [8] 17 juin 1744, s [8] 10 mars 1745. — *Nicolas-Clément*, b 1745; s [8] 10 janvier 1749.—*Marie-Angelique*, b [8] 10 avril 1746, s [8] 2 mars 1747. — *Marguerite*, b [8] 25 oct 1748, s [8] 2 mai 1749 — *Marie-Thérèse*, b [8] 4 août 1751. — *Marguerite*, b [8] 1er sept. 1753; s [8] 19 août 1755.— *Marie-Angélique*, b [8] 30 nov. 1755.

II.—CHEVALIER, René, [Nicolas-René I.
s avant 1761.
Rainville (De), Geneviève, [Noel III.
b 1723.
Jean-Baptiste, b... m 2 février 1761, à Jeanne Morneau, à St-Michel-d'Yamaska.

I.—CHEVALIER, Michel, b 1723; de Bouillon, diocese de Coutances; s 13 mai 1760, à Berthier.

1743, (21 janvier) Québec. [7]

I.—CHEVALIER, RENÉ, fils de François et de Marie Tessier, de St-Barthelemy, diocèse de LaRochelle.

MAROIS, Thérèse, [BASILE II.
b 1722; s [7] 26 avril 1778.

François, b [7] 28 oct. 1743. — *Françoise*, b [7] 24 janvier 1745. — *René*, b [7] 1er mai 1746; s [7] 21 mars 1747.— *Geneviève-Thérèse*, b [7] 28 mai et s [7] 29 oct 1748.— *Marie-Angélique*, b [7] 23 mai 1750. — *Marie-Elisabeth*, b [7] 1er déc. 1751; s [7] 26 oct. 1752.—*Madeleine*, b [7] 21 janvier 1753. — *Jean-Marie*, b 2 avril et s 14 juin 1754, à St-Thomas. — *Joseph-Marie*, b [7] 16 avril 1761; s [7] 14 avril 1762.—*Geneviève*, b... 1° m [7] 25 août 1778, à Guillaume BERLINGUET; 2° m 22 nov. 1784, à Joseph CHAMBERLAN, à la Rivière-Ouelle.

CHEVALIER, JACQUES.

LEBLANC, Marie-Madeleine.

Marie-Louise, b 1742, s 11 février 1743, à St-Augustin.

1746, (10 janvier) St-Frs-du-Lac.

III.—CHEVALIER, JACQUES, [JEAN II.
b 1716; s 13 déc. 1766, à Sorel.

BIBAUD, Françoise-Angelique, [PIERRE II.
b 1720.

1746, (16 août) Québec. [4]

III.—CHEVALIER, PIERRE, [ETIENNE II.
b 1714; charretier.

COTIN (1), Marie-Anne, [MATHIEU II.
b 1721; s [4] 28 oct. 1775.

Pierre, b [4] 16 août 1747; s [4] 8 nov. 1748.— *Jean-Etienne*, b [4] 15 oct. 1748. — *Marie-Anne*, b [4] 8 mai 1750.—*Louis*, b [4] 17 sept. 1751.—*Etienne*, b [4] 31 déc. 1753. — *Marie-Geneviève*, b [4] 22 oct. 1755.—*Marie-Catherine*, b [4] 15 sept. 1757; s [4] 28 nov. 1758. — *Ignace*, b [4] 22 avril et s [4] 6 juillet 1761.—*Jean-Baptiste*, b [4] 5 août 1762.

1749, (4 nov.) Montréal.

III.—CHEVALIER, JOSEPH, [JEAN-BTE II.
b 1725, armurier.

1° DUROZEAU, Louise, [ANTOINE I.
b 1730.

Marie-Louise, b 11 août 1750, aux Trois-Rivières. [4]—*Barthélemi*, b [4] 15 déc. 1751.—*Paul*, b [4] 27 oct. et s [4] 25 déc. 1752.—*Claude*, b [4] 21 janvier 1754.—*Louise-Angélique*, b [4] 29 mars 1755; s [4] 12 janvier 1757. — *Antoine*, b [4] 30 avril 1756; s [4] 12 mai 1758.—*Marie*, b [4] 23 juin 1757. —*Joseph*, b [4] 31 oct. 1758.—*Louise*, b [4] 20 oct. 1760.—*Jean-Baptiste*, b... m 19 nov. 1804, à Marie-Anne HERVIEUX, à Repentigny. [6]

2° LANGLOIS (2), Marie-Joseph.

Joseph-Nicolas, b [6] 29 oct. 1766; m [6] 1er février 1790, à Angelique MIGNERON.—*Jean-Baptiste*, b [6] 21 mars et s [6] 2 août 1768.—*Pierre*, b [6] 17 avril et s [6] 6 août 1771.—*François*, b [6] 30 oct. 1772.— *Marie*, b... m [6] 15 oct. 1792, à Joseph CHEVAUDIER —*Angélique*, b... m [6] 6 oct. 1794, à François LACOMBE.—*Louise*, b 1775; s [6] 28 oct. 1788.—*Marie-Madeleine*, b 1784; s [6] 21 mai 1786.—*Marie*, b... s [6] 4 sept. 1785.—*Louis*, b [6] 24 juin 1786.—*Antoine*, b [6] 9 août 1788, s [6] 25 février 1789.—*Bénoni*, b [6] 18 mars 1793.—*Marie-Charlotte*, b... — *Marie-Marguerite*, b...

(1) Dit Dugal

(2) Dit Lachapelle.

III.—CHEVALIER, LOUIS. [ETIENNE II.

COTÉ, Marie-Therèse, [JOSEPH III.
b 1715; s 8 janvier 1775, à Québec. [4]

Louis, b [4] 26 oct. et s [4] 5 nov. 1754.

1754, (22 avril) Québec. [4]

II.—CHEVALIER, CLAUDE-GUIL., [NICOLAS I.
b 1734.

LAVAUX, Marie-Anne, [PIERRE I.
b 1735.

Jean-Baptiste, b [4] 21 février 1754; m 23 février 1778, à Therèse POULIN, à St-Joachim.

1755, (18 août) Lanoraie. [4]

II.—CHEVALIER (1), JOSEPH. [FRANÇOIS I.

BEAUGRAND (2), Marie-Catherine. [ANTOINE III.

Joseph, b 1757; s [4] 4 août 1758.—*Antoine*, b 17 mai 1759, à l'Ile-Dupas.

1755, (24 nov.) Montreal.

I.—CHEVALIER, ELIE, b 1725, soldat; fils de Jean et de Louise Subron, de Chalaure, diocèse de Bordeaux.

LECOMPTE, Elisabeth, [FRANÇOIS I.
b 1736.

CHEVALIER, FRANÇOIS.

PARÉ, Marguerite.

Marie-Marguerite, b 28 sept. 1759, à Verchères.

1759, (19 février) St-Frs-du-Lac.

I.—CHEVALIER, JEAN, fils de Renaud (Vilier) et de Barbe Desauel, de St-Jur, diocèse de Metz, Lorraine.

BABIE, Marie-Jeanne-Elisabeth, [PIERRE II.
b 1711; veuve de Louis Cartier.

1759, (26 nov.) Montréal.

I.—CHEVALIER, JULIEN, b 1714; fils de Julien et de Renee Veron, de St-Augustin, Angers.

CAVELIER, Marie-Catherine, [JEAN-BTE II.
b 1715.

1760, (14 janvier) Bout-de-l'Ile, M. [1]

I.—CHEVALIER (3), LOUIS, fils de Jean et de Marguerite Marchechaude, de Saugeon, diocèse de Xaintes.

POIRIER, Marie-Therèse. [JACQUES II.

Antoine, b [1] 5 déc. 1760. — *Marie-Amable*, b [1] 15 nov. 1761.

(1) Dit Perigord.

(2) Dit Champagne.

(3) Dit L'Espérance; soldat de la compagnie de Lignery.

1761, (2 fevrier) St-Michel-d'Yamaska. [2]
III.—CHEVALIER, JEAN-BTE. [RENÉ II.
MORNEAU, Jeanne, [PIERRE IV.
b 1745.
Marie-Jeanne, b [2] 30 avril 1763.—*Jean-Baptiste,* b [2] 8 juillet 1765.—*Marie-Jeanne,* b [2] 23 mai 1769.

1762.
I.—CHEVALIER (1), ANTOINE,
b 1731 ; de St-Projut, Bordeaux.
PAQUIN, Thérèse, [JOSEPH III.
b 1739.
Antoine, b 7 janvier 1763, à Deschambault. [3] — *Marie-Angélique,* b [3] 24 nov. 1767; s 21 mars 1770, à Ste-Anne-de-la-Perade. [4] — *Alexis,* b [4] 11 fevrier 1770, m 16 sept. 1794, à Marie GUENET, à Québec.—*Michel,* b [4] 23 nov. 1771.

CHEVALIER, JOSEPH.
VALIÈRES, Marie.
Michel, b 29 mai 1765, à Kamouraska. [5] — *Marie-Thérèse,* b [5] 19 juillet 1767.

II.—CHEVALIER, JEAN-CHARLES, [JEAN I.
b 1752.
LECOURS, Marie-Louise, [AMBROISE III.
b 1750, s avant 1798.
Marie-Louise, b... m 17 avril 1798, à Louis AUDET, à Quebec.

II.—CHEVALIER (2), FRANÇOIS. [FRANÇOIS I.
LAROCHE, Marie-Charlotte. [FRANÇOIS.
Louis, b 1er fevrier 1766, à Lachenaye.

1766, (10 février) Sorel.
IV.—CHEVALIER, JOSEPH, [JOSEPH III.
b 1739.
HUS-COURNOYER, Ursule, [CHARLES III.
b 1746.
Ursule, b 27 déc. 1766, à l'Ile-Dupas. [8] —*Joseph,* b [8] 26 oct. 1768 —*Marie-Geneviève,* b [8] 12 janvier 1771; s [8] 10 août 1781.—*Marie-Madeleine,* b [8] 24 janvier 1778.—*Jean-Baptiste,* b [8] 3 mars 1780.— *Marie-Anne,* b [8] 1er oct. 1782.

CHEVALIER, JEAN-BTE,
b 1745; s 14 fevrier 1783, à Repentigny. [9]
CUSSON, Marie.
Charlotte-Eulalie, b [9] 12 février 1769.—*Marie-Joseph,* b [9] 26 fevrier 1770.—*Jean-Baptiste,* b [9] 30 mars 1771.—*Joseph,* b [9] 11 sept. 1773.—*Basile,* b... s [9] 2 déc. 1782.

II.—CHEVALIER, JACQUES, [NICOLAS I
b 1741.
1° LAVIGNE, Marie-Joseph, [JOSEPH II
b 1738; s 22 avril 1779, à Québec. [1]
1784, (3 août). [1]
2° LEVASSEUR, Marie-Charlotte. [PIERRE IV

(1) Venu en 1756 sur le "Fortuné," capitaine Daniel, de Marseilles.

(2) Dit Coursel ; voy. ce nom.

1770, (23 avril) Baie-du-Febvre. [2]
IV.—CHEVALIER, LOUIS, [ALEXIS III.
b 1736 ; aubergiste.
CHEVREFILS, Marguerite. [LOUIS III.
Louis, b [2] 29 janvier 1772.

CHEVALIER, JACQUES.
1° CHALOU, Louise.
1775, (23 oct.) Quebec.
2° BÉRIAU, Françoise, [JOSEPH II
b 1745.

CHEVALIER, PAUL.
BROCHU, Marie-Joseph,
b 1742 ; s 22 dec. 1778, à la Longue-Pointe [2]
Louis, b [2] 2 et s [2] 22 dec. 1778.

CHEVALIER, ETIENNE, [ETIENNE II
b 1708, s 31 janvier 1790, à Quebec. [4]
1° PAQUET, Marguerite,
b 1718; s [4] 24 mai 1778.
1781, (21 mai). [4]
2° LANGLOIS (1), Louise, [JEAN IV.
b 1760.

1774, (14 fevrier) Québec. [4]
II.—CHEVALIER, JEAN-BTE, [NICOLAS I.
b 1748.
LEMIRE, Marie-Louise, [ANTOINE IV.
b 1753, s [4] 25 juin 1798.
Geneviève, b... s 8 août 1786, à St-Augustin.

II.—CHEVALIER (2), JEAN-BTE, [NICOLAS I.
b 1750.
1° SIMARD, Marie-Louise, [AUGUSTIN III.
b 1751, s 2 août 1782, à Quebec. [4]
1783, (7 janvier). [4]
2° ROBITAILLE, Marie-Esther. [JOSEPH III
Jean-Baptiste, b... m [4] 23 janvier 1827, à Marie-Reine CHAUVEAU.

1778, (23 fevrier) St-Joachim. [4]
III.—CHEVALIER, JEAN-BTE, [CLAUDE II.
b 1754.
POULIN, Thérèse. [DOMINIQUE IV.
Jean-Baptiste, b [4] 14 janvier 1779.

1779, (7 sept) Québec.
I.—CHEVALIER, JEAN, fils de Jean et de Marie Tessier, d'Herneville, diocèse de Coutances, Normandie.
PHILIPPON, Marie-Joseph, [PIERRE I.
b 1760

III.—CHEVALIER, LUC, [JEAN-BTE II.
b 1735.
SAUVAGESSE.
Marguerite, née 23 déc. 1778, à Mackinac [4]; b [4] 20 juillet 1786. — *Joseph,* ne [4] 17 avril 1782; b [4] 20 juillet 1786 — *Jean-Baptiste,* ne [4] 4 fevrier 1785; b [4] 20 juillet 1786.

(1) Elle épouse, le 6 juillet 1796, Gabriel Dionne, à Quebec.

(2) De La Durantaye ; gentilhomme et officier de milice

CHEVALIER, Barthélemi.
Sauvagesse.
Marguerite, née 1784; b 22 juillet 1786, à Mackinac.

CHEVALIER, Amable,
Sauvage.
Kini8ena, Catherine.
Marie, b 15 août 1787, à Mackinac. [4]—*Marie-Louise,* b [4] 1er sept. 1789.

1790, (1er février) Repentigny.
IV.—CHEVALIER, Jos.-Nicolas, [Joseph III.
b 1766.
Migneron, Marie-Ange, [François IV.
b 1766.

1794, (16 sept.) Québec.
II.—CHEVALIER, Alexis, [Antoine I.
b 1770.
Guenet, Marie. [Charles I.

1827, (23 janvier) Québec.
III.—CHEVALIER (1), Jean-Bte. [Jean-Bte II.
Chauveau, Marie-Reine. [Charles III.

CHEVARILLE.—Voy. Baby.

CHEVAUDIER.—*Variations et surnoms :* Chabaudié— Chabaudier— Chavoyer— Chevautier—Chevauthier—Chevoyer—Lespine.

CHEVAUDIER, Louise, b... m à Pierre Delasse; s avant 1757.

CHEVAUDIER, Madeleine, épouse de Robert Pepin.

1671, (19 oct.) Québec.
I.—CHEVAUDIER (2), Jean.
Mercier, Marie,
b 1651.
Jacques-Pierre, b 23 janvier 1682, aux Trois-Rivières; m à Madeleine Lanthier.

I.—CHEVAUDIER, Charles.
Roy, Marie.
Charles, b... m 30 mai 1701, à Marie Jousset, à la Pte-aux-Trembles, M.

I.—CHEVAUDIER (3), Charles.
François (4), Madeleine.
Joseph, b 1684; 1° m 7 juin 1706, à Marie-Jeanne Vaudry, à Montréal [7]; 2° m [7] 28 avril 1710, à Marie-Charlotte Guyonet.—*Jacques,* b 1691; m [7] 7 février 1718, à Simon Maufay.

1701, (30 mai) Pte-aux-Trembles, M. [9]
II.—CHEVAUDIER, Charles. [Charles I.
Jousset, Marie, [Pierre I.
b 1684
Pierre, b [9] 2 mars 1702.—*Paul,* b... m 1732, à Marie-Anne Barbe-Abel.—*Joseph,* b... m 18 oct. 1734, à Marie-Joseph Brien, à Varennes.

1706, (7 juin) Montréal. [5]
II.—CHEVAUDIER (1), Joseph, [Charles I.
b 1684.
1° Vaudry, Jeanne, [Jacques I.
b 1678; veuve de Gabriel Perrin; s [5] 5 février 1710.
1710, (28 avril). [5]
2° Guyonet (2), Marie-Charlotte, [Jean I.
b 1693.
Jean-Joseph, b [5] 27 février et s [5] 5 août 1711.—*Marie-Louise,* b [5] 15 août 1712; s [5] 11 nov. 1714. — *Charlotte,* b [5] 6 et s [5] 7 oct. 1714. — *Jean-Charles,* b [5] 21 sept. 1716; m [5] 15 janvier 1748, à Françoise Chiquot.

1718, (7 février) Montréal.
II.—CHEVAUDIER (3), Jacques, [Charles I.
b 1691.
Maufay, Simone, [Pierre I.
b 1663, veuve de Louis Brassard.

II.—CHEVAUDIER (4), Jacq.-Pierre, [Jean I.
b 1682.
Lantier, Madeleine.
Marie-Angélique, b 31 déc. 1729, à L'Assomption [1]; m 1er juillet 1754, à Louis Guibord, à Lachenaye. [2]—*Marie-Madeleine,* b [1] 14 mars 1731. — *Marie-Joseph,* b... m [2] 4 juin 1746, à Pierre Marbec.

1732.
III.—CHEVAUDIER, Paul-Chs. [Charles II.
Abel-Barbe (5), Marie-Anne. [Louis-Jos. I.
Paul, b 13 nov. 1732, à L'Assomption. — *Charles,* b 1734; m 7 oct. 1754, à Marie-Joseph Clément, à la Pte-aux-Trembles, M. — *Joseph,* b... m à Agathe Prudhomme.—*Marie-Joseph,* b... m 13 juillet 1767, à Michel Roture, à Lachenaye. —*François,* b 30 avril 1738, à St-François, I. J. —*Marie-Angélique,* b... m 27 août 1764, à Louis Cadoret, à la Longue-Pointe.

1734, (18 oct.) Varennes.
III.—CHEVAUDIER, Joseph. [Charles II.
Brien, Marie-Joseph. [François-Marie II.

1748, (15 janvier) Montréal. [5]
III.—CHEVAUDIER (6), Jean-Chs, [Joseph II.
b 1716.
Chiquot (7), Françoise, [Jean-Bte III.
b 1728.
Jean-Charles, b [5] 6 janvier et s [5] 17 juin 1749.

(1) De la Durantaye; gentilhomme et huissier de la cour du banc du roi.
(2) Voy. vol. I, p. 109.
(3) Et Chabaudier dit Lépine.
(4) Dit Dumont, en 1706.

(1) Et Chabaudier dit Lepine.
(2) Et Dionet dit Lafleur; elle épouse, le 7 juillet 1744, François Tarte, à Montréal.
(3) Et Chevauthier.
(4) Dit Lépine; voy. vol I, p. 109.
(5) Elle épouse, le 28 avril 1760, Joseph Senet, à la Longue-Pointe.
(6) Dit Lépine.
(7) Et Sicot.

1754, (7 oct.) Pte-aux-Trembles, M.
IV.—CHEVAUDIER (1), CHARLES, [PAUL III.
b 1734.
CLÉMENT (2), Marie-Joseph, [GERMAIN II.
b 1734.
Marie-Charlotte, b 4 juillet 1766, à Lachenaye.

CHEVAUDIER (1), PIERRE.
1° MAGUET, Marie.
1761, (22 juin) Terrebonne.
2° HUGUÉ, Marie. [THOMAS.

CHEVAUDIER (1), JOSEPH,
b 1737; s 23 mars 1767, à St-Henri-de-Mascouche.
GARIÉPY (3), Marie.

CHEVAUDIER, JOSEPH.
CHARBONNEAU, Marie-Madeleine.
Joseph, b 9 mars 1781, à Lachenaye.

IV.—CHEVAUDIER (4), JOSEPH. [PAUL III.
PRUDHOMME, Agathe.
Joseph, b... m 15 oct. 1792, à Marie CHEVALIER, à Repentigny.

1792, (15 oct.) Repentigny.
V.—CHEVAUDIER (4), JOSEPH. [JOSEPH IV.
CHEVALIER, Marie. [JOSEPH III.

CHEVAUDREUIL, URSIN.—Voy. DUTALMÉ.

I.—CHEVELY (5), PIERRE, b 1740; de Bidac, diocèse de Bayonne.

CHEVEREAU.—*Variations et surnoms* : BARBENOIRE—BELLEREAU—BENUREAU.

1749, (10 sept.) Ste-Foye.
I.—CHEVEREAU (6), PIERRE, veuf de Jeanne Baudet, de St-Michel-du-May, diocèse de La-Rochelle.
GABOURY, Marie-Catherine, [ANTOINE II.
b 1723.
Marie-Catherine, b 17 avril 1751, à Québec. [4]—*Marie-Françoise*, b [4] 7 mars 1752.—*Jean-Baptiste*, b [4] 30 août 1753.—*Marie-Anne*, b [4] 22 oct. et s [4] 7 nov. 1755. — *Françoise*, b [4] 25 dec. 1756, s [4] 10 mars 1759.—*David*, b [4] 1er et s [4] 14 nov. 1759.—*Pierre*, b [4] 3 juin 1761.

CHEVERT, PIERRE—Voy. CHORET.

CHEVERY.—*Variations* : DECHEVERY—DESCHEVERY—DETCHEVERY.

(1) Dit Lépine.
(2) Dit Charles.
(3) Elle épouse, le 1er août 1768, Basile Crépeau, à St-Henri-de-Mascouche.
(4) Dit Lépine—Chevoyer.
(5) Navigateur, venu, en 1756, sur le vaisseau *La Victoire*, capitaine Fosselave, cousin-germain de Michel Cadet.
(6) Dit Barbenoire.

I.—CHEVERY, JEAN-BTE.
MARIE, Marie-Charlotte.
Marie-Charlotte, b 25 mars 1718, à St-Nicolas.

1747, (13 nov.) Québec. [7]
I.—CHEVERY, JEAN, fils de Dominique et d'Elisabeth Desgli, de St-Pierre-de-Maisance
PAQUET (1), Marie-Marthe, [ETIENNE III.
b 1724.
Louis, b [7] 5 sept. 1748.

1763, (31 janvier) St-Thomas.
I.—CHEVERY, PIERRE, fils de Jean et de Marie Caseneuve, de Bayonne, diocèse de Vidard.
PROU (2), Marie-Anne, [JEAN III.
b 1746.
Marie-Anne, b 14 avril et s 26 août 1764, à Kamouraska. [4]—*Marie-Rosalie*, b [4] 21 août et s [4] 1er sept. 1765.—*Pierre*, b [4] 8 dec. 1766.—*Marie-Judith*, b [4] 18 août et s [4] 2 sept. 1770.—*Marie-Judith*, b [4] 10 et s [4] 27 oct. 1771.

1781, (26 fevrier) Québec.
I.—CHEVERY, ANTOINE, de St-Pierre, Ile St-Jean.
AUDET, Catherine,
veuve de Germain Minet.

CHEVERY, DOMINIQUE.
SAUVAGESSE.
Madeleine, née 17 mars 1782 ; b 13 août 1786, à Mackinac. [4] —*Etienne*, né 5 février 1785 ; b [4] 13 août 1786.

CHEVERY, MARIE, épouse de Philippe MARCOT.

CHEVIGNY.—*Variations et surnoms* : DE CHEVIGNY—DURAND—VALETTE.

I.—CHEVIGNY (3), JACQUES,
s avant 1752.
ALAIRE, Marie-Charlotte.
Angélique, b 1720 ; m 3 juin 1743, à Michel BOUVIER, à Verchères [4] ; s [4] 24 mars 1756.—*Marie-Anne*, b 1727 ; m à Antoine-Andre PAQUET, s [4] 19 mars 1759. — *Thomas*, b... m [4] 25 fevrier 1743, à Catherine HUET.—*Jacques*, b... m 1750, à Marie-Rose PION. — *Marguerite*, b... m [4] 31 janvier 1752, à Antoine HUET.—*Marie-Charlotte*, b... m [4] 14 fevrier 1752, à Claude FOISY.

1720, (25 nov.) Québec. [4]
I.—CHEVIGNY (4), MÉDARD-GABRIEL, écrivain du roi ; fils de Charles (procureur du roi des eaux et forêts de Vitry) et de Marie-Anne Deschamps-de-Fellière, de St-Medard, Orleans.
MAILLOU, Marguerite, [JEAN II.
b 1704.

(1) Elle epouse, le 8 janvier 1759, Jean-Pierre Gaudon, à Québec.
(2) Dit Mignier
(3) Dit Durand.
(4) Valette de Chevigny.

Michel, b [4] 13 oct. 1721. — *Marguerite-Ursule*, b [4] 10 oct. 1722.—*Louis*, b [4] 3 oct. 1723.—*Marie-Françoise*, b [4] 27 dec. 1725.—*Médard*, b [4] 5 mars 1727; s [4] 24 août 1728.—*Marie-Angélique*, b [4] 19 mars 1728; s [4] 31 mars 1752. — *Louise-Thérèse*, b [4] 2 mars 1730; s [4] 15 dec. 1733.—*Michel-Médard*, b [4] 19 avril 1734.—*Victor*, b [4] 16 juillet 1735.—*Marie-Louise*, b [4] 11 juin 1737.—*Gilles-Frédéric*, b 1740; s [4] 3 fevrier 1746.—*Jean-Antoine-François*, b 1743, s [4] 28 janvier 1746.

1743, (25 février) Verchères. [4]

II.—CHEVIGNY (1), THOMAS. [JACQUES I.
1° HUET, Catherine, [JOSEPH II.
b 1719, s [4] 7 oct. 1754.
Marie-Joseph, b [4] 8 oct. 1751. — *Marie-Louise*, b [4] 11 mai 1754.

1756, (1er mars). [4]

2° BISSONNET, Suzanne. [MICHEL III.
Amable-Marie, b [4] 10 et s [4] 24 oct. 1759.—*Marie-Amable*, b [4] 4 et s [4] 20 sept. 1760.

1750.

II.—CHEVIGNY, JACQUES. [JACQUES I.
PION, Marie-Rose
Marie-Charlotte, b 26 juillet 1753, à Verchères.

CHEVOYER.—Voy. CHEVAUDIER.

CHEVREAU, MARIE, epouse de René RÉAUME.

CHEVREAU, ... b... s 27 fevrier 1724, au Château-Richer.

CHÈVREFILS.—*Surnoms :* BELISLE — LALIME.

1672.

I.—CHÈVREFILS (2), FRANÇOIS,
b 1643; s 18 mars 1678, à Sorel.
LAMY (3), Marie,
b 1653.
Anne, b 1672; m à André CHAPDELAINE; s 10 avril 1719, à Verchères.

1705, (6 juillet) Montréal. [4]

II.—CHÈVREFILS, LOUIS, [FRANÇOIS I.
b 1674; s avant 1752.
PAILLART, Geneviève, [LÉONARD I.
b 1685; s [4] 29 juillet 1734.
Louis, b [4] 13 avril 1706; 1° m 7 janvier 1733, à Marie-Anne MESSIER, à Varennes; 2° m 13 oct. 1764, à Marie-Anne MARCOT, à la Baie-du-Febvre. [6] — *Marie-Geneviève*, b [4] 9 juin 1709. — *Marie-Françoise*, b [4] 15 mars 1711; m 13 janvier 1740, à Pierre VÉRONNEAU, à Boucherville. — *Charles-François*, b [4] 14 sept. 1712; s [4] 18 sept. 1713. — *Jacques*, b [4] 14 sept. 1714. —*Gabriel*, b [4] 16 mai 1716; 1° m 22 nov. 1740, à Marie-Jeanne TÉTREAU, à Verchères, 2° m 1745, à Catherine HENRI dit ZACHARIE.—*André*, b [4] 24 mars 1718; m 15 mai 1752, à Elisabeth MALLET, à Lachine, s [6] 3 février 1771.—*Pierre*, b [4] 24 mars 1718; s [4] 9 dec. 1745.—*Marie-Joseph*, b [4] 12 nov. 1719; 1° m 17 juin 1742, à Joseph AUBRY, aux Trois-Rivières; 2° m [6] 21 sept. 1750, à Antoine LAFOND. —*Simon*, b [4] 20 août 1721.—*Jean-Baptiste*, b [4] 12 mai 1723; s 23 janvier 1761, à Lachenaye.—*François*, b [4] 19 fevrier 1725.—*Louise-Charlotte*, b [4] 15 juin 1727.

1733, (7 janvier) Varennes.

III.—CHÈVREFILS (1), LOUIS, [LOUIS II.
b 1706, maître-charron.
1° MESSIER (2), Marie-Anne, [RENÉ II.
b 1709.
Marie-Joseph, b 13 avril 1735, à la Baie-du-Febvre. [1] — *Marie-Louise*, b [1] 14 avril 1737; m [1] 10 fevrier 1755, à Joseph COURCHÊNE.—*Marie-Anne*, b... m [1] 10 fév. 1755, à Louis COURCHÊNE.—*Marie-Geneviève*, b [1] 21 sept. 1738; m [1] 8 janvier 1758, à Antoine LEMIRE.—*Louis*, b [1] 1er et s [1] 7 dec. 1739.—*André*, b 13 et s 31 dec. 1740, aux Trois-Rivières. [2] — *Anonyme*, b [1] et s [1] 6 fevrier 1742. — *Jean-Joseph*, b [2] 6 fevrier 1742; m [1] 19 nov. 1766, à Elisabeth BENOIT-LAFOREST. — *Louis-Joseph*, b [2] 5 avril 1745. — *Marie-Joseph*, b [2] 25 mai et s [2] 12 juillet 1746.—*Véronique*, b [2] 20 dec. 1747; s [2] 5 janvier 1748.—*Louis-Amable* et *Marie-Marguerite*, b [1] 30 août et s [1] 6 sept. 1750.—*Marguerite*, b... m [1] 23 avril 1770, à Louis CHEVALIER. — *Amable*, b [1] 18 oct. 1753; m à Elisabeth DELORME.

1764, (13 oct.) [1]

2° MARCOT, Marie-Anne,
veuve de Louis Laboursière.
François, b [1] 20 janvier 1766.—*Louis-Henri*, b [1] 29 janvier 1769.

III.—CHÈVREFILS (1), JEAN-BTE, [LOUIS II.
b 1723; s 23 janvier 1761, à Lachenaye.

1740, (22 nov.) Verchères.

III.—CHÈVREFILS (1), GABRIEL, [LOUIS II.
b 1716.
1° TETREAU, Marie-Jeanne. [JOSEPH-MARIE II.

1745.

2° HENRI (3), Catherine.
Gabriel, b 1745; s 28 fevrier 1746, à Montreal. [3] —*Suzanne*, b [3] 4 mars et s [3] 8 juillet 1746 — *Marie-Marguerite*, b [3] 26 avril 1747.—*Ignace-Gabriel*, b [3] 31 mars 1748.—*Louis-André*, b [3] 24 août 1749; s [3] 23 mai 1750.—*Marie*, b [3] 12 dec. 1750.—*Pierre-Joseph*, b... m 11 juillet 1780, à Catherine HALLÉ, à Quebec.

1752, (15 mai) Lachine. [4]

III.—CHÈVREFILS (1), ANDRÉ, [LOUIS II.
b 1718; s 3 fevrier 1771, à la Baie-du-Febvre.
MALLET, Elisabeth, [JEAN-BTE III.
b 1731, s [4] 21 fevrier 1757.
Jean-Louis, b [4] 2 mars 1753. — *Guillaume-Amable*, b [4] 18 fevrier et s [4] 31 mars 1756.—*Marie-Joseph-Amable*, b [4] 4 fevrier 1757.

(1) Dit Durand.
(2) Voy. vol. I, p. 127.
(3) Elle épouse, en 1680, Jean Duval.

(1) Dit Belisle.
(2) Dit Duchesne, 1738.
(3) Dit Zacharie, 1746.

1766, (19 nov.) Baie-du-Febvre. [5]
IV.—CHÈVREFILS, Joseph, [Louis III.
b 1742.
Benoit (1), Marie-Elisabeth, [François III.
b 1747.
Marie-Elisabeth, b [5] 12 sept. 1767.—*Marie-Angélique*, b [5] 16 mai 1769. — *Marie-Joseph*, b [5] 28 avril 1771.

1780, (11 juillet) Québec. [6]
IV.—CHÈVREFILS, Pierre-Jos., [Gabriel III
marchand.
Hallé, Catherine-Rosalie, [Jean-Bte III.
b 1754.
Gabriel, b [6] 21 oct. 1786.

IV.—CHÈVREFILS, Amable, [Louis III.
b 1753.
Delorme, Elisabeth.

CHÈVREFILS (2), Françoise, épouse d'Antoine Crevier.

CHEVREMONT.—Voy. DeGaudron.

I.—CHEVREMONT, Pierre.
Rouvie, Marie.
Agathe, b... s 10 mars 1733, à Laprairie.—*Anonyme* (3), b... s 21 sept. 1741, à Lachine.

1739, (17 août) Quebec.
I.—CHEVRET, François, fils de Jean et de Jeanne Gabireaux, de St-Michel, Bordeaux.
Roy, Elisabeth. [Jean II.
b 1716.

1753, (7 mai) St-Thomas. [7]
I.—CHEVRET, Etienne, fils de Jacques et d'Anne Cazeau, de Vair, diocèse d'Avranches.
1° Boulet, Françoise-Marthe, [Paul III.
b 1734.
Etienne, b [7] 9 mars 1754.
1757, (14 fevrier) [7]
2° Guyon (4), Marie-Madeleine, [Pierre IV.
b 1735.

1707, (24 nov.) Quebec.
I.—CHEVREUL (5), Guillaume, fils de Michel et de Jeanne Duval, de N.-D. de St-Lo, Basse-Normandie.
Domingo, Louise-Angelique, [Etienne I.
b 1686.
Marie-Anne-Angélique, b 15 sept. 1708, à Montréal [1]; m [1] 7 janvier 1735, à Jean-Baptiste Ivron.—*Marie-Charlotte*, b 1710, m [1] 12 sept. 1740, à Pierre Mayer.

CHEVREUSE.—Voy. Paul.

(1) Dit Laforest.
(2) Dit Belisle.
(3) Enfant en nourrice chez Joseph Samson.
(4) Et Dion.
(5) Dit Duval.

CHÈVREVILLE (1), ...

1728, (5 janvier) Lachine. [1]
I.—CHEVRIER, François, fils de Jean et de Marie Chauvaux, de St-Germain, Paris.
Gibaut, Marie-Anne, [Jean-Bte II
b 1693.
Louise-Angélique, b 24 sept. 1728, à Montreal.—*Marie-Anne*, b [1] 5 mars 1730.—*Louis*, b 1732, s 30 oct. 1754, à Verchères.—*Jean-Baptiste*, b 23 avril et s 23 juin 1736, à Laprairie.—*Marie-Joseph*, b 20 avril 1738, à Sorel [2]; m 1759, à Claude Marin. — *François*, b... s [2] 30 janvier 1739.—*François*, b... m 3 oct. 1763, à Marguerite Jodoin, à Varennes. [3]— *Madeleine*, b... m [3] 26 oct. 1767, à Michel Lavigne.—*Joseph*, b... m à Madeleine Cholet.

II.—CHEVRIER (2), Joseph. [François I.
Cholet (3), Madeleine. [Jean-Bte II.
Marie-Marguerite, b 25 mai 1761, au Bout-de-l'Ile, M. [2] — *Joseph*, b [2] 17 mars 1763. — *Marie-Madeleine*, b 19 janvier 1765, au Lac-des-Deux-Montagnes.— *André-Amable*, b [2] 21 fevrier 1766.—*François*, b 25 dec. 1767, à Soulanges.

CHEVRIER, Joseph.
Lemer, Angelique.
Marie-Charlotte, b 26 sept. 1762, à St-Michel-d'Yamaska.

1763, (3 oct.) Varennes.
II.—CHEVRIER, François. [François I
Jodoin, Marguerite. [Jacques-Charles III.

CHEVROTIER.—Voy. Chevaudier.

CHEVROTIER, Marie, épouse de Jean-Baptiste Lymbé.

I.—CHÈZE (4), François, b 1683; s 25 mai 1740, à Montreal.

1706, (30 juin) St-Jean, I. O. [1]
I.—CHIASSON, Michel, b 1675; fils de Joseph et de Jeanne Bernard, de St-Jean-Baptiste, Port-Royal, s 20 mars 1759, à St-Frs-du-Sud. [2]
Mourier, Marguerite, [Jean I.
b 1687.
Elisabeth, b 8 oct. 1707, à St-François, I. O; m 20 fevrier 1730, à Louis Boulé, à Berthier. [3] —*Marie-Joseph*, b 1710, m [4] 20 février 1730, à Jacques Boulé; s 6 nov. 1742, à St-Thomas. [4] — *Marie-Hélène*, b [1] 24 dec. 1711; m [3] 26 mai 1732, à François Gaudreau — *Michel*, b [4] 15 janvier 1714. — *Louis*, b 1716; s [3] 7 oct. 1731. — *Joseph*, b... m [4] 22 janvier 1748, à Geneviève Gaudreau.—*Jean-Baptiste*, b [3] 13 juin 1727.—*Louis*, b... m [2] 25 oct. 1745, à Geneviève Quemeneur. — *Marie-Charles*, b [3] 29 oct. 1730.—*Marguerite*, b... m à Jacques-Christophe Moyen.

(1) Curé aux mines, 1753, Acadie.
(2) Dit Lajeunesse.
(3) Dit Laviolette.
(4) Pretre du Séminaire de St-Sulpice.

I.—CHIASSON, FRANÇOIS.
DOUCET, Anne.
Marie-Anne, b... m 10 oct. 1746, à Nicolas BOUCHARD, à St-Thomas.

1745, (25 oct.) St-François-du-Sud.[7]
II.—CHIASSON, LOUIS. [MICHEL I.
QUEMENEUR, Geneviève, [FRANÇOIS I.
b 1721.
Marie-Geneviève, b 22 juin 1749, à St-Pierre-du-Sud; s [7] 8 sept. 1750.—*Jean-Baptiste*, b [7] 16 mai 1751.—*Marie-Joseph*, b [7] 29 avril 1753.—*Marie-Joseph*, b [7] 29 mars 1755.—*Geneviève*, b [7] 20 mai 1757.

1748, (22 janvier) St-Thomas.
II.—CHIASSON, JOSEPH. [MICHEL I.
GENDREAU, Geneviève, [JACQUES III.
b 1724.
Marie-Geneviève, b 19 mars 1749, à St-François-du-Sud.[7]—*Joseph-Marie*, b [7] 10 mars 1751.—*Marie-Joseph*, b [7] 7 juin 1753.—*Marie-Anne*, b [7] 17 mars 1758.

CHIASSON, FRANÇOISE, épouse de Pierre MORIN.

CHIASSON, ANNE, épouse de Jean PINEAU.

CHIASSON, MARIE, épouse de Joseph HÉBERT.

CHIASSON, HÉLÈNE, epouse de Henri LOUINEAU.

CHIASSON, MARGUERITE, épouse de Pierre-René DAGUET.

CHICOINE.—*Variations et surnoms:* CHICOUAGNE—CHICOESNE—DAUZOIS—LAFRESNIÈRE.

1670, (20 oct.) Montréal.[1]
I.—CHICOINE (1), PIERRE,
b 1641.
CHRÉTIEN (2), Madeleine, [TOUSSAINT I.
b 1652.
Madeleine, b [1] 11 mars 1672; m 1690, à Louis GUERTIN; s 15 mai 1745, à Verchères.[2]—*Pierre*, b 13 dec. 1676, à Boucherville; 1° m [1] 31 mai 1700, à Marie-Anne BÉTOURNÉ; 2° m 9 juillet 1727, à Marie-Anne BOURGAUX, à St-Ours.—*Thérèse*, b [1] 1er mai 1688; 1° m à Maurice PION; 2° m [2] 24 avril 1729, à Paul TÉTREAULT.

1700, (31 mai) Montréal.[1]
II.—CHICOINE (3), PIERRE, [PIERRE I.
b 1676.
1° BÉTOURNÉ, Marie-Anne, [ADRIEN I.
b 1684.
Marie-Madeleine, b [1] 28 oct. 1701.—*Pierre*, b [1] 27 juillet 1704; s [1] 9 janvier 1708.—*Marguerite*, b 7 juin 1708, à Contrecœur; m 8 juillet 1727, à Jean-Louis BOUGRET, à Verchères.[2]—*Marie*, b 1710, s [2] 26 oct. 1711.—*Paul*, b... m 1718, à Marie BOISSEAU.—*Pierre*, b... m [2] 25 août 1740, à Marie-Angélique CHAGNON.—*Joseph*, b... m [2] 27 janvier 1755, à Marie-Anne CHAGNON.—*Jean-Baptiste*, b 1717, s [1] 22 juin 1738.—*Marie*, b [2] 25 mars 1719.—*Françoise*, b 25 juillet et s 15 août 1720, à St-Ours.[3]—*Victorien*, b [3] 25 mai 1724.

1727, (9 juillet).[3]
2° BOURGAUX, Marie-Anne, [GILLES I.
b 1706.
Louis, b [3] 15 avril 1728.

1704, (12 nov.) Contrecœur.
II.—CHICOINE (1), FRANÇOIS, [PIERRE I.
b 1678.
AMIOT, Jeanne,
veuve de Nicolas Pion; s 6 février 1745, à Verchères.
François, b... m à Françoise DANSEREAU.

1718.
III.—CHICOINE (2), PAUL. [PIERRE II.
BOISSEAU, Marie, [PIERRE I.
b 1693.
Pierre, b... m 9 oct. 1741, à Marie-Louise DUBUC, à Longueuil.—*Paul*, b 17 sept. 1720, à St-Ours[7]; m 17 mai 1744, à Madeleine PAYET, à Boucherville.—*Louis*, b [7] 27 mars et s [7] 28 avril 1724.—*Marie-Anne*, b 27 mai 1728, à Verchères.[8]—*Véronique*, b... m [8] 1er mars 1745, à Louis MEUNIER.—*Agathe*, b... m 1751, à François BENOIT.—*Marguerite*, b... m 1754, à Pierre BENOIT.—*Madeleine*, b... m à Jean-Baptiste TOURNOIRE.

1740, (25 août) Verchères.
III.—CHICOINE (2), PIERRE. [PIERRE II.
CHAGNON, Marie-Angélique. [FRANÇOIS II.

CHICOINE (3), PIERRE, b 1716; s 13 juin 1766, à Ste-Anne.

1741, (9 oct.) Longueuil.
IV.—CHICOINE (2), PIERRE. [PAUL III.
DUBUC, Marie-Louise, [MICHEL II.
b 1721.
Jean-Pierre, b 5 sept. 1753, à Verchères.[8]—*Claude-François*, b [8] 17 nov. 1755.—*Marie-Louise*, b... s [8] 2 juin 1759.—*Antoine*, b [8] 31 oct. 1760.

1744, (17 mai) Boucherville.
IV.—CHICOINE (2), PAUL, [PAUL III.
b 1720.
PAYET (4), Madeleine. [NICOLAS II.
Madeleine-Amable, b 1746; s 12 fevrier 1754, à Verchères.[9]—*Paschal*, b [9] 7 juillet 1751.—*Louis-François*, b [9] 22 sept. 1752; s [9] 1er sept. 1759.—*Joseph*, b [9] 24 nov. et s [9] 8 déc. 1753.—*Claude-François*, b [9] 9 fevrier 1755.—*Marie-Françoise*, b [9] 9 fevrier et s [9] 1er juin 1759.—*Marie-Marguerite* et *Marie-Angélique*, b [9] 28 sept. 1760.

(1) Voy. vol. I, p. 127.
(2) Elle épouse, le 19 juin 1702, Louis Audet-Pierre-Cot, à Contrecœur.
(3) Marié sous le nom de Chicouagne.

(1) Dit LaFresnière.
(2) Dit Dozois.
(3) Habitant de Verchères, noyé le 6 janvier 1766.
(4) Et Peguet.

CHICOINE, PIERRE.
BAUDRY, Madeleine.
Augustin, b 27 février 1755, à St-Antoine-de-Chambly.

III.—CHICOINE, FRANÇOIS, [FRANÇOIS II.
s avant 1769.
DANSEREAU, Françoise, [PIERRE I.
b 1714; s avant 1769.
Pierre, b... m 19 janvier 1761, à Angélique PAQUET, à Verchères.[1]—*Marie-Joseph*, b... m 6 février 1769, à Jean-Baptiste RENAUD, à l'Ile-Dupas.—*Marie-Anne*, b [1] 13 sept. 1755.

1755, (27 janvier) Verchères.
III.—CHICOINE, JOSEPH. [PIERRE II.
CHAGNON, Marie-Anne, [FRANÇOIS II
veuve de Jean-Baptiste Guyon.

1761, (19 janvier) Verchères.
IV.—CHICOINE, PIERRE. [FRANÇOIS III.
PAQUET, Angélique. [CHARLES III.

CHIMAIS.—Voy. LANOIX, 1742.

1742, (30 juillet) Montréal.[4]
I.—CHIMAIS (1), JACQUES, b 1719, tailleur; fils de Toussaint et de Marie Itasse, de St-Martin, diocèse de Laon.
MARCHETEAU (2), Angélique, [LAURENT II.
b 1726.
Marie-Françoise, b [4] 2 mars et s [4] 1er juin 1743.—*Marie-Céleste*, b [4] 23 mai et s [4] 5 juin 1745.—*Jacques*, b [4] 31 juillet et s [4] 12 août 1746.—*Elisabeth*, b [4] 30 avril 1748.

CHINIC.—Voy. CHENNEQUI (DE)—CHENNEQUY—CHINIQUY.

CHIQUET.—Voy. EZÉCHIEL—EZÉQUEL.

CHIQUOT.—*Variations et surnoms:* CHICOT—CICOT—SICOTTE—GOSSELIN, 1735.

1697, (20 mars) Boucherville.[5]
II.—CHIQUOT (3), JEAN, [JEAN I.
b 1666.
1° LAMOUREUX, Madeleine, [LOUIS I.
b 1680.
Marie-Madeleine, b [5] 25 mars 1698; m [5] 6 nov. 1719, à Louis BABIN.—*Françoise*, b [5] 6 avril 1700; 1° m [5] 25 avril 1729, à Jean-Baptiste PEPIN; 2° m [5] 23 oct. 1752, à François BAU.—*Jean-Baptiste*, b 1701; m [5] 27 sept. 1723, à Marguerite CHARBONNEAU.—*François*, b 1707; 1° m [5] 15 février 1730, à Marie-Joseph BAU; 2° m [5] 10 mai 1746, à Marguerite REGUINDEAU; 3° m [5] 2 mai 1757, à Marie-Anne QUINTAL.—*Joseph*, b... m [5] 1er août 1734, à Angélique ROBERT.—*Zacharie*, b 1708; m 8 janvier 1736, à Marie-Angélique GODEFROY, au Detroit[6]; s [6] 11 août 1775.—*Pierre*, b [5] 22 déc. 1717.—*Marie-Louise*, b [5] 22 février 1720; m [5] 26 février 1753, à François ARRIVÉ.—*Louis*, b... m 5 juillet 1751, à Marie-Amable MARSIL, à Longueuil.
2° LEVERRIER, Anne.
Louis, b 21 juin 1726, à Varennes.

(1) Dit Lanoix; soldat.
(2) Elle épouse, le 17 juin 1754, Paul Baillargeon, à Ste-Anne-de-la-Pérade.
(3) Devenu Cicot et Sicotte; voy. vol. I, p. 127.

CHIQUOT, ETIENNE, b... s 19 avril 1735, à Rimouski.

1723, (27 sept.) Boucherville.[1]
III.—CHIQUOT (1), JEAN-BTE, [JEAN II.
b 1701.
CHARBONNEAU, Marguerite, [MICHEL II.
b 1701.
Marie-Anne, b [1] 27 juillet 1724; s [1] 10 juin 1726.—*Véronique*, b [1] 25 sept. 1725; m 11 juin 1742, à Charles-Joseph RAYMOND, à Montréal.[2]—*Marie-Elisabeth*, b [1] 7 oct. 1726.—*Françoise*, b 1728; m [2] 15 janvier 1748, à Jean CHEVAUDIER.—*Marie-Amable*, b 1731; 1° m [2] 23 nov. 1761, à Jean-Baptiste VILLENEUVE; 2° m [2] 10 janvier 1763, à Joseph LECLERC.—*Marie-Charlotte*, b 1733; m [2] 3 février 1755, à Jean DUPRAT.

1730, (15 février) Boucherville.[1]
III.—CHIQUOT, FRANÇOIS, [JEAN II.
b 1707.
1° BAU (2), Marie-Joseph, [MATHURIN II.
b 1710.
Marie-Joseph, b... m [1] 17 avril 1752, à Michel REGUINDEAU.—*Françoise*, b... m [1] 5 février 1753, à Louis QUINTAL.
1746, (10 mai).[1]
2° REGUINDEAU, Marguerite, [JACQUES II.
b 1705; veuve de Louis Quintal.
1757, (2 mai).[1]
3° QUINTAL (3), Marie-Anne, [FRANÇOIS II.
b 1720; veuve de Guillaume Tougas.

1734, (1er août) Boucherville.[1]
III.—CHIQUOT (1), JOSEPH. [JEAN II.
ROBERT, Angélique, [PIERRE III.
veuve de Joseph Pepin.
Louise, b... 1° m [1] 14 février 1754, à François SÉGUIN; 2° m [1] 24 oct. 1763, à Pierre GAUTIER.—*Euphrasie*, b... m [1] 3 mai 1751, à Joseph BOURGERY.—*Jean-Baptiste*, b... 1° m [1] 30 janvier 1759, à Charlotte LACOSTE; 2° m [1] 22 avril 1771, à Madeleine PEPIN.

1736, (8 janvier) Détroit.[3]
III.—CHIQUOT (4), ZACHARIE, [JEAN II.
b 1708; bourgeois; s [3] 11 août 1775.
GODEFROY, Marie-Angélique, [JACQUES II.
b 1720; s [3] 28 déc. 1791.
Angélique, b [3] 23 et s [3] 24 janvier 1737.—*Angélique*, b [3] 24 mars et s [3] 13 avril 1739.—*Angé-*

(1) Et Cicot.
(2) Et Lebeau.
(3) Elle épouse, le 18 février 1765, Jean Morel, à Boucherville.
(4) A sa mort, il était ancien marguillier, marchand, lieutenant et major de milice, et demeurait sur sa terre, sise sur la côte du sud-ouest.

lique, b [3] 4 juillet 1741; m [3] 4 mai 1767, à Medard Gamelin; s [3] 18 avril 1777. — *Catherine*, b [3] 21 et s [3] 22 oct. 1744.—*Zacharie*, b [3] 10 juin et s [3] 18 sept. 1746. — *Louise*, b [3] 11 et s [3] 14 février 1748.—*Jean-Baptiste*, b [3] 20 juin 1749; m [3] 18 juin 1770, à Angelique POUPART.—*Catherine-Jeanne*, b [3] 8 mai et s [3] 1er sept. 1752.—*Marie-Louise*, b [3] 26 mars et s [3] 13 juin 1755. — *Geneviève*, b [3] 22 et s [3] 25 fevrier 1760.

1751, (5 juillet) Longueuil.

III.—CHIQUOT, LOUIS. [JEAN II.
MARSIL, Marie-Amable, [ANDRÉ II.
b 1731.

1759, (30 janvier) Boucherville.[1]

IV.—CHIQUOT, JEAN-BTE. [JOSEPH III.
1° LACOSTE, Charlotte. [LOUIS II.
1771, (22 avril).[1]
2° PEPIN, Madeleine. [JEAN-BTE III.

1770, (18 juin) Détroit.[1]

IV.—CHIQUOT (1), JEAN-BTE, [ZACHARIE III.
b 1749.
POUPART, Angélique, [JOSEPH III.
b 1753.
Anonyme, b [1] et s [1] 26 nov. 1770. — *Marie-Angelique*, b [1] 17 janvier et s [1] 4 sept. 1772.—*Agathe*, b [1] 15 mars 1773.—*Marie-Catherine*, b [1] 19 avril 1774. — *Zacharie*, b [1] 17 fevrier 1776.—*Joseph* et *Suzanne*, b [1] 29 janvier 1777.—*Angélique*, b [1] 14 fevrier et s [1] 19 août 1779 — *Thérèse*, b [1] 6 fevrier 1780. — *Mathieu*, b [1] 30 mai 1782.—*Jean-Baptiste*, b [1] 25 avril 1783.—*Jacques*, b [1] 29 janvier 1785.—*Edouard*, b [1] 9 nov. 1793.

CHIQUOT, JEAN-BTE.
LABELLE, Marie-Rose.
Marie-Joseph, b 25 déc. 1790, à Lachenaye.

I.—CHISHOLM (2), AUGUSTIN.
GRANT, Anne.
Alexandre, b 1778; s 22 mars 1784, à Lachenaye.

1767, (2 fevrier) Châteauguay.

I.—CHNIDER, GEORGE, fils de Jean et de Françoise Scheinder-her-chien, de Rodemaker, Thionville, diocèse de Metz.
GENDRON, Marie-Amable. [JOSEPH III.

CHOIÉ.—Voy. SOYER, 1742.

I.—CHOISIE (3), JEAN-BTE-FRANÇOIS.
ROBIN, Marie-Ursule. [FRANÇOIS II.
Marie-Marthe, b 1735; m 30 janvier 1758, à François CHALIFOUR, à l'Islet [6]; s [6] 18 août 1762. —*Madeleine*, b 1735 m à Jean PINEL.

(1) Lieutenant de milice.
(2) Ecossais.
(3) Voy. DeChoisy.

1754, (22 avril) Montréal.

I.—CHOISSER, JEAN, b 1721; fils de Mathurin et de Nicole Hebert, de Forges, diocèse de Verdun.
BEURNONVILLE, Frse-Amable, [ANTOINE I.
b 1735.

CHOLET —*Variations et surnoms* : CHAULET — LAVIOLETTE—ST-PAUL—ST-ANDRÉ.

1705, (19 oct.) Montréal.[2]

I.—CHOLET (1), SÉBASTIEN, b 1679; fils de Sébastien et de Perine Hilaire, d'Aubigny, Anjou.
HARD (2), Anne, b 1681; fille de Benjamin et d'Elisabeth Roberts, de Chitcho, près Douvres, Nouvelle-Angleterre.
Marie-Anne, b [2] 26 juillet 1706. —*Jean-Baptiste*, b [2] 5 nov. 1707; m à Marie-Anne FAUCHER. —*Marie-Marthe*, b [2] 6 juillet 1709.—*Marie-Joseph*, b [2] 27 fevrier 1711; s [2] 18 janvier 1712.—*Joseph-Sébastien*, b [2] 24 janvier 1713.— *Marie-Joseph*, b 25 mars et s 20 avril 1714, à la Pte-Claire.[3]— *Sébastien*, b [3] 7 mars 1715. — *Louis-Sebastien*, b 24 fevrier 1717, au Bout-de-l'Ile, M.; s [2] 12 juillet 1729.

I.—CHOLET (3), RENÉ.
GAZAILLE (4), Jeanne, [JEAN I.
b 1676.
Michelle, b... 1° m 4 mars 1726, à François VIGER, à Montréal [2]; 2° m [2] 22 nov. 1729, à Jacques CUSSON; s [2] 21 mars 1745.

1743, (4 fevrier) Quebec.[6]

I.—CHOLET, PIERRE, charpentier; fils de Jacques et de Marie Blanchard, de St-George, Ile Oléron, diocèse de Xaintes.
PELOT (5), Marie-Catherine, [PIERRE I.
b 1723; s [6] 6 nov. 1793.
Pierre, b [6] 26 août et s [6] 12 sept. 1743. —*Thimothé*, b [6] 7 oct. 1744.— *Louis-François*, b [6] 25 mars 1746; s [6] 14 janvier 1748. — *Marie-Catherine*, b [6] 19 oct. 1747.— *Marguerite*, b [6] 31 mars 1749. — *Pierre*, b [6] 2 oct. 1750. — *Louis*, b [6] 13 sept. et s [6] 19 oct. 1751.—*Ignace*, b [6] 20 oct. 1752. —*Jean*, b [6] 20 déc. 1754, s [6] 19 fevrier 1757.— *Louise-Charlotte*, b [6] 25 avril 1756 —*Dominique*, b [6] 22 nov. 1757; s [6] 13 janvier 1758.—*Yves*, b [6] 8 août 1761.—*Hyacinthe*, b... m [6] 5 juillet 1796, à Marie-Joseph BILLEMER.

II.—CHOLET (6), JEAN-BAPTISTE, [SÉBASTIEN I.
b 1707.
FAUCHER, Marie-Anne, [MARTIN II.
b 1710.
Marie-Antoinette, b... m 1764, à Louis DAOUT. —*André*, b... m 10 janvier 1769, à Ursule BRISEBOIS, à Lachine. — *Madeleine*, b... m à Joseph CHEVRIER.

(1) Dit Laviolette, tisserand.
(2) Voy. vol. I, p. 9; prise, le 25 janvier 1692, par les sauvages Loups
(3) Dit St-Paul.
(4) Dit St-Germain; elle épouse, le 2 février 1717, Jean Valteau, à Montreal.
(5) Dit Lafléche.
(6) Dit Laviolette.

1759, (26 février) Montréal.
I.—CHOLET (1), JEAN, b 1725; fils de Joseph et de Catherine Chalais, de St-Martial, diocèse d'Angoulême.
DENEAU (2), Catherine. [JOACHIM III.

1769, (10 janvier) Lachine.
III.—CHOLET (3), ANDRÉ. [JEAN-BTE II.
BRISEBOIS, Ursule. [AMBROISE III.

1796, (5 juillet) Québec.
II.—CHOLET, HYACINTHE, [PIERRE I.
BILLEMER (4), Marie-Joseph, [FRANÇOIS I.
b 1760; veuve de Charles Bezeau.

CHOLET, LOUISE-AMABLE, épouse de François ROY.

CHOMEDEY. — *Variations :* CHAMILLIER, 1711 —CHOMELIER, 1718—SOUMILLIER.

1711, (23 nov.) Montréal. [1]
I.—CHOMEDEY (5), FRANÇOIS,
b 1681, s avant 1752.
BARON, Marie, [LÉGER I.
b 1694, s avant 1752.
Anne-Marguerite, b [1] 20 sept. 1714.— *Marie,* b [1] 10 avril 1718; 1° m à Jean-Baptiste BOISSON, 2° m 20 nov. 1752, à Joseph BOURDON, à Ste-Geneviève, M.—*Pierre,* b [1] 21 janvier 1720.

CHOMELIER.—Voy. CHOMEDEY.

1752, (5 juin) Ste-Geneviève, M.
I.—CHOMERAUX (6), VINCENT, fils de Charles-Leon et de Jeanne Reliquet, de St-Paul, Paris.
AUBAN (7), Marie-Thérèse. [FRANÇOIS I.

1760, (9 nov.) Deschambault. [4]
I.—CHON (8), JEAN-FRANÇOIS, boulanger; de Ste-Croix, ville de Cambray.
BOISVERD, Marie-Madeleine, [JEAN III.
veuve de Paul Montambault.
Jean-François, b [4] 1er août 1761.

CHONIÈRE.—Voy. SABOURIN de 1735.

CHOPIN.—Voy. CHUPIN.

1668, (12 nov.) Montréal. [1]
I.—CHOQUET (9), NICOLAS,
b 1643, s 6 mai 1707, à Varennes. [2]
JULIEN, Anne,
b 1651.

(1) Dit St-Andre; soldat.
(2) Dit Destaillis.
(3) Dit Laviolette.
(4) Dit Blondin; elle s'est mariée sous ce nom avec Bezeau; voy. vol. II, p. 271.
(5) Chomelier 1718, Chamillier; voy. aussi ce nom vol. II, p. 611.
(6) Dit St-Vincent.
(7) Dit Lagarde.
(8) Dit Cambray; sodat de Bear, compagnie de Figuen
(9) Dit Champagne; voy. vol. I, p. 128.

Jeanne, b [1] 7 août 1675; m [2] 2 sept. 1698, à Yves-Pierre GODU; s [2] 27 mars 1706.—*Catherine,* b [2] 31 juillet 1694; 1° m [2] 5 août 1717, à Gabriel MONJEAU; 2° m [2] 8 sept. 1728, à Jacques GAUTIER.

1694, (1er février) Pte-aux-Trembles, M.
II.—CHOQUET (1), JULIEN, [NICOLAS I.
b 1669; s 1739.
1° LAUZON, Marie-Madeleine, [GILLES I.
b 1677.
1714, (23 juillet) Varennes. [3]
2° DAUDELIN, Françoise, [RENÉ II.
b 1691.
Jean-Baptiste, b [3] 17 février 1726; m [3] 18 oct 1751, à Marie BRODEUR.—*Catherine,* b [3] 10 et s [3] 15 oct. 1727. — *Julien,* b... m [3] 14 janvier 1743, à Marguerite-Ursule HÉBERT.—*Françoise,* b... m [3] 29 sept. 1743, à Charles CHARON.—*Pierre,* b... m à Marie-Louise PINAUT.

CHOQUET, NICOLAS.
LAPORTE, Geneviève.
Jeanne-Marguerite, b 25 août 1718, à St-Ours.

1705, (23 nov.) Varennes. [4]
II.—CHOQUET, NICOLAS, [NICOLAS I.
b 1681.
HÉBERT, Marguerite, [IGNACE II
b 1690; s [4] 23 oct. 1727.
Marguerite, b [4] 25 avril 1707; m [4] 4 mars 1726, à Jean-Baptiste GIRARD.—*Joseph,* b [4] 28 août 1708; m [4] 18 juin 1736, à Marie LHUISSIER.—*Michel,* b [4] 5 oct. 1709.—*Anne,* b... m [4] 6 juin 1729, à Jean-Baptiste LHUISSIER.—*Nicolas,* b [4] 17 mars 1711; 1° m [4] 27 janvier 1738, à Elisabeth PETIT; 2° m à Marie-Anne CASAVAN.—*Marie,* b [4] 10 et s [4] 21 mars 1712.—*Marie-Joseph,* b [4] 5 avril 1713.—*Marie-Anne,* b [4] 4 et s [4] 7 mai 1714.—*Françoise,* b... m [4] 3 avril 1742, à Pierre BANLIER —*Gabriel,* b... m [4] 20 juillet 1744, à Françoise PETIT.—*Jean,* b... m 7 janvier 1754, à Angelique BACHAND, à Verchères.—*Michel,* b [4] 29 juin 1727.

1721, (25 février) Varennes. [5]
III.—CHOQUET, JACQUES, [JULIEN II.
b 1699; s avant 1752.
PETIT (2), Elisabeth, [PAUL II.
b 1704.
Félix, b [5] 4 sept. 1726.—*Marie-Joseph,* b... m [5] 23 nov. 1744, à Claude GAUTIER. — *Jacques,* b... 1° m [5] 23 nov. 1744, à Marie-Joseph GAUTIER; 2° m [5] 3 août 1766, à Charlotte RICHARD. —*Véronique,* b... m [5] 7 oct. 1748, à Joseph PREVOST —*Jean-Baptiste,* b... 1° m [5] 8 janvier 1753, à Angélique CADIEU; 2° m 2 oct. 1758, à Charlotte ROBERT, à Boucherville. [6] — *Marie-Monique,* b... m [5] 9 janvier 1759, à Joseph DUBOIS. —*Marie-Judith,* b... 1° m [5] 14 février 1763, à André MENARD; 2° m [6] 12 août 1771, à Joseph BOURDON.

(1) Voy. vol. I, p. 128.
(2) Dit Lalumiere, elle épouse, le 18 sept. 1752, Louis Lacoste, à Varennes.

1736, (18 juin) Varennes. [7]

III.—CHOQUET, JOSEPH, [NICOLAS II.
b 1708.
LHUISSIER, Marie, [JACQUES II.
b 1705.
Marie-Anne, b... m [7] 16 janvier 1764, à Barthélemi COLLET.

1738, (27 janvier) Varennes. [8]

III.—CHOQUET, NICOLAS, [NICOLAS II.
b 1711.
1° PETIT, Elisabeth. [MICHEL II.
2° CASAVAN, Marie-Anne.
Marie-Joseph, b... m [8] 13 oct. 1760, à Jean-Baptiste PLANTIER.

1743, (14 janvier) Varennes.

III.—CHOQUET, JULIEN, [JULIEN II.
s avant 1749.
HEBERT (1), Marguerite-Ursule, [JOSEPH III.
b 1727.

1744, (20 juillet) Varennes.

III.—CHOQUET, GABRIEL, [NICOLAS II.
s avant 1757.
PETIT (2), Françoise. [PAUL III.
Marie-Joseph, b... m 11 février 1765, à Pierre-Benjamin PEPIN, à la Longue-Pointe. [9] — *Marie-Elisabeth*, b 1749, m [9] 19 janvier 1767, à Basile JANOT.—*Jean-Baptiste*, b... m [9] 5 oct. 1778, à Marie LARCHEVÊQUE.

1744, (23 nov.) Varennes. [2]

IV.—CHOQUET, JACQUES. [JACQUES III.
1° GAUTIER, Marie-Joseph, [AUGUSTIN II.
Jacques, b... m 17 avril 1769, à Marie-Joseph BESNARD, à Boucherville.—*Marie-Joseph*, b... m [2] 21 janvier 1765, à Joseph MESSIER.—*Monique*, b... m [2] 11 juillet 1768, à Jacques GIRARD.

1766, (3 août). [2]

2° RICHARD, Charlotte, [URBAIN II.
veuve de Jean Troye.

III.—CHOQUET, PIERRE. [JULIEN II.
PINAUT, Marie-Louise, [FRANÇOIS III.
b 1721.
Pierre-Amable, b 30 avril 1750, à St-Antoine-de-Chambly [4], s [4] 12 juillet 1751. — *Pierre*, b [4] 7 nov. 1751 ; s [4] 1er sept. 1752.—*Marie-Madeleine*, b [4] 28 avril 1753.—*Nicolas*, b [4] 20 sept. 1754.

1751, (18 oct.) Varennes.

III.—CHOQUET, JEAN, [JULIEN II.
b 1726.
BRODEUR (LE), Marie. [JEAN-BTE III.
Marie, b 3 oct. 1753, à St-Antoine-de-Chambly. [6] —*Jean-Baptiste*, b [6] 7 janvier 1756.

(1) Elle épouse, le 10 fevrier 1749, Jean-Baptiste Bazinet, à Varennes.

(2) Elle épouse, le 4 juillet 1757, Jacques Goguet, à Varennes.

1753, (8 janvier) Varennes.

IV.—CHOQUET, JEAN-BTE. [JACQUES III.
1° CADIEU, Angelique. [JEAN-BTE III.

1758, (2 oct.) Boucherville.

2° ROBERT, Charlotte. [JACQUES III.

1754, (7 janvier) Verchères.

III.—CHOQUET, JEAN. [NICOLAS II.
BACHAND, Angelique. [JOSEPH II.

1769, (17 avril) Boucherville.

V.—CHOQUET, JACQUES, [JACQUES IV.
BESNARD, Marie-Joseph. [JEAN-LOUIS IV.

1778, (5 oct.) Longue-Pointe.

IV.—CHOQUET, JEAN-BTE. [GABRIEL III.
LARCHEVÊQUE, Marie. [JOSEPH IV.

CHOQUET, MARIE-ANNE, b 1712, m à Toussaint PATENOTE ; s 19 dec. 1752, à Verchères.

CHOQUET, MARIE, epouse de Jean-Baptiste PETIT.

CHOREL.—*Surnoms:* DORVILLIERS—ST-ROMAIN.

1663, (27 nov.) Trois-Rivières.

I.—CHOREL (1), FRANÇOIS,
b 1639, s 6 janvier 1709, à Champlain. [1]
AUBUCHON, Marie-Anne, [JACQUES I.
b 1650; s [1] 15 janvier 1708.
Madeleine, b 1668 ; m [1] 7 janvier 1689, à François LEFEBVRE ; s 21 sept. 1712, à Montreal. [2]— *Jaqueline*, b 1677 ; m à Joseph-Antoine DUFRESNEL, s [2] 17 août 1707. — *Rene*, b [1] 29 juin 1685 ; m [2] 11 fevrier 1714, à Marie-Joseph BIRON. — *Elisabeth*, b [1] 1er avril 1691 ; m [2] 24 mars 1718, à Robert GROSTON.— *Marie-Madeleine-Jaqueline*, b 8 oct. 1694, à Québec ; m [2] 21 sept. 1714, à Jacques GADOIS, s [2] 8 avril 1750. — *Jacques*, b 1698 ; s [2] 2 fevrier 1723.

1711, (20 août) Québec

II.—CHOREL (2), FRANÇOIS, [FRANÇOIS I.
b 1680.
COUILLARD, Marie, [JACQUES III.
b 1692.
Marie-Anne, b 29 mai 1717, à Champlain [7]; m à Joseph LANGY (DE) ; s 30 janvier 1755, à Batiscan. — *Pierre-François*, b [7] 14 nov. 1719 ; m 1749, à Marie-Joseph LAMBERT.— *Marie-Thérèse*, b [7] 10 août 1721.

CHOREL, FRANÇOIS, b 1707; s 13 août 1735, à Montreal.

1714, (11 fevrier) Montréal. [2]

II.—CHOREL (3), RENÉ-JOSEPH, [FRANÇOIS I.
b 1685.
BIRON, Marie-Joseph, [PIERRE II.
b 1697.

(1) Voy. vol. I, p. 128.

(2) Sieur Dorvilliers.

(3) Dit St-Romain ; notaire royal.

Anne-Charlotte, b[2] 8 et s[2] 16 oct. 1714. — *Marie-Jeanne*, b[2] 25 mars 1716; s[2] 29 mai 1728. —*Anne*, b[2] 17 déc. 1717. — *Joseph*, b[2] 30 avril 1719.—*Marie-Jeanne*, b[2] 20 sept. 1720; m 9 nov. 1744, à Louis Audet-Pierre-Cot, à Verchères. —*Joseph-Alphonse*, b[2] 10 janvier 1722.— *Marie-Joseph*, b[2] 18 janvier et s[2] 14 avril 1723.—*Marie-Joseph*, b[2] 12 et s[2] 18 oct. 1725.—*Marie-Joseph-Louise*, b[2] 30 oct. 1726.

II.—CHOREL (1), Louis-Chs, [François I.
b 1686; s 24 janvier 1712, à Montreal.

1715, (23 juillet) Quebec.

I.—CHOREL, Hilaire, b 1695; fils de Pierre et d'Anne ......, de St-Léon, Carcassone.
Brault (2), Geneviève, [George II.
b 1694.

1749.

III.—CHOREL, Pierre-Frs, [François II.
b 1719.
Lambert, Marie-Joseph. [Michel II.
Joseph, b 6 nov. 1751, aux Trois-Rivières.[5]—*Marie-Louise*, b[5] 14 août 1753. — *Sebastien*, b[5] 21 avril 1756; s[5] 24 août 1761. — *Ursule*, b[5] 28 juin 1758. — *Denis*, b[5] 3 janvier et s[5] 13 sept. 1760. —*Jean-Baptiste*, b[5] 5 nov. 1761.—*Simon*, b[5] 16 oct. 1763.

CHOREL, Jean-Bte.—Voy. St-Romain.

CHORET. — *Variation et surnom :* Chauret—Chevert.

I.—CHORET (3), Pierre.
Pilette, Catherine.
Antoinette, b 20 nov. 1670, à Sorel.[5]—*Thérèse*, b[5] 26 février 1674.—*François*, b[5] 5 juin 1678.

1674.

II.—CHORET (4), Robert, [Mathieu I.
b 1648.
1° Paradis, Marie-Madeleine, [Pierre I
b 1655; s 1684.
Marie, b 31 janvier 1675, à Ste-Famille, I. O., m 29 oct. 1693, à Joseph LeNormand, à Quebec.[0] —*Jean*, b 9 janvier 1684, à St-Pierre, I. O.; m[0] 3 mars 1710, à Jeanne Lemire; s 10 fevrier 1758, à Ste-Croix.

1686, (7 fevrier).[5]

2° Lerouge, Marguerite, [Jean I.
b 1665.
François, b[5] 23 nov. 1705; m 5 février 1731, à Anne Petit, à Varennes.

1676, (29 oct.) Ste-Famille, I. O.

II.—CHORET (4), Joseph, [Mathieu I.
b 1650; s 28 oct. 1684, à Quebec.
Loignon (5), Anne, [Pierre I.
b 1663.

(1) De St-Romain; officier.
(2) Dit Pominville.
(3) Dit Chevert; voy. vol I, p. 127.
(4) Voy. vol. I, p. 128.
(5) Elle épouse, le 13 février 1685, Antoine Paulet, à St-Pierre, I. O.

1684, (30 oct.) Ste-Famille, I. O.[5]

II.—CHORET (1), Jean, [Mathieu I.
b 1657; s 6 juin 1699, à St-Laurent, I. O.
Bauché (2), Claire, [Guillaume I.
b 1668.
Claire, b 17 février et s 7 mars 1686, à St-Pierre, I. O.[6]—*Jean-Baptiste*, b[6] 10 juillet 1687; m à Marie-Anne Ouellet; s 13 juin 1777, à Kamouraska.—*Marguerite*, b[6] 2 fevrier 1689; m[5] 16 nov. 1707, à Jean Boissonneau.—*Anne*, b[6] 27 déc. 1690; s[6] 26 juillet 1706.—*Pierre*, b[6] 12 février 1693; m 29 oct. 1721, à Marie-Geneviève Liénard, à la Pte-aux-Trembles, Q.—*Marie*, b[6] 20 janvier 1695; s[6] 24 nov. 1702. — *Françoise*, b[6] 27 nov. 1696; m[6] 26 avril 1718, à Jacques Lis.— *Anne-Charlotte*, b[6] 19 déc. 1698; 1° m à Emmanuel Ricosse; 2° m 4 nov. 1720, à Louis Boutin, à St-Jean, I. O.[9] — *Catherine*, b... 1° m à Jean-Pierre Boissonneau; 2° m[9] 1er oct. 1736, à Pierre Lepage.

1685, (26 nov.) Beauport.[8]

II.—CHORET (1), Ignace, [Mathieu I.
b 1655; s 1704.
Bélanger (3), Marie, [Nicolas II.
b 1668.
Marie-Louise, b[8] 19 janvier 1692; m 14 janvier 1716, à Jean Laurent-Lortie, à Quebec; s[8] 8 avril 1768. — *Pierre*, b[8] 11 fevrier 1698; 1° m[8] 9 nov. 1723, à Marie-Françoise Baugis; 2° m[8] 6 août 1753, à Madeleine Pichet; s[8] 26 fevrier 1760.

1686, (21 janvier) Beauport.[4]

II.—CHORET (1), Pierre, [Mathieu I.
b 1662; s[4] 5 mai 1736.
Baugis, Anne, [Michel II.
b 1669; s[4] 24 janvier 1748.
Françoise, b... m[4] 17 nov. 1721, à Mathurin Marié.—*Charles*, b[4] 19 juin 1697; 1° m 20 sept. 1723, à Marie-Joseph Roy, à Quebec[5]; 2° m[4] 27 nov. 1737, à Marie-Ursule Huppé. — *Ignace*, b[4] 7 juillet 1701; 1° m 21 juin 1723, à Marie-Joseph Martin, à Montreal, 2° m 1740, à Marie-Joseph Gautier; s 26 sept. 1750, à Ste-Geneviève, M.—*Jean-Baptiste*, b[4] 24 oct. 1710; 1° m à Angelique Rapidiou-Lemaire; 2° m 18 janvier 1754, à Marie-Anne Mossion, à Lachine.[6] — *Louis*, b[4] 1er avril 1713; 1° m[4] 19 nov. 1731, à Geneviève Roy; 2° m[5] 22 février 1745, à Marie-Joseph Boutillet.—*Michel*, b... m[6] 3 sept. 1750, à Therèse Trotier.

III.—CHORET, Jean-Bte, [Jean II.
b 1687; s 13 juin 1777, à Kamouraska.[1]
Ouellet, Marie-Anne, [Grégoire II.
b 1682; s[1] 7 fevrier 1758.
Marguerite, b 1710, m[1] 14 nov. 1735, à Michel Boucher. — *Jeanne*, b... m[1] 7 janvier 1741, à Charles Berthody; s[1] 16 oct. 1742. — *François*,

(1) Voy. vol. I, p. 129
(2) Elle épouse, le 22 février 1700, Jean Valières, à St-Pierre, I. O.
(3) Elle épouse, le 9 nov. 1705, Jacques Parant, à Beauport.

b... 1° m [1] 11 nov. 1743, à Marie-Régis Autin; 2° m [1] 2 juillet 1770, à Marie-Anne Tardif.—*Marie-Judith*, b... m [1] 7 janvier 1744, à Jean-Baptiste Autin.—*Véronique*, b... m 1744, à Jean François Autin.—*Marie-Joseph*, b... m [1] 5 juin 1747, à Bernard Levêque. — *Jean-Baptiste*, b... m 4 nov. 1748, à Marie-Anne Gauvin, à St-Roch. —*Marie*, b... 1° m 15 sept. 1749, à Jean Bérubé, à la Rivière-Ouelle [4]; 2° m [4] 19 juin 1762, à Pierre Gautier.

1704, (13 oct.) Québec. [1]

III.—CHORET, Robert, [Robert II.
b 1677.

DeRainville (1), Angélique, [Charles II.
b 1685.

Marie-Madeleine-Angélique, b [1] 4 août 1705; 1° m [1] 8 mai 1729, à Pierre Michelon; 2° m [1] 12 janvier 1738, à Jean Bernard; s [1] 28 fevrier 1742.

CHORET, Jean-Bte, s (dans l'église) 24 juin 1755, à Ste-Croix.

1710, (3 mars) Québec. [2]

III.—CHORET, Jean, [Robert II.
b 1684; s 10 fevrier 1758, à Ste-Croix. [3]

Lemire, Jeanne, [Joseph II.
b 1691.

Jean-Baptiste, b 1711; s [2] 28 mai 1731 (noyé). —*Suzanne*, b... 1° m à Jean-Baptiste Roignon; 2° m [2] 10 août 1761, à Jean-Baptiste Delage.—*Marie-Catherine*, b 11 oct. 1716, à St-Antoine-Tilly. [4]—*Pierre-Antoine*, b [4] 2 avril 1724; m 1748, à Marie-Joseph Grenier.—*Jean-Robert*, b [4] 17 février 1726.—*Marie-Joseph*, b [4] 23 oct. 1727.—*Marie-Angélique*, b [3] 26 mars et s [3] 18 août 1730 —*Marie-Françoise*, b [4] 15 août 1731; m 1749, à Etienne Boisverd.—*Angélique*, b [3] 25 mai 1733; m [3] 13 avril 1750, à François Grenier.

1711, (13 avril) L'Ange-Gardien.

III.—CHORET, Jean, [Joseph II.
b 1681; s 26 mai 1715, à St-Pierre, I. O. [5]

Trudel (2), Thérèse, [Nicolas II.
b 1694.

Jean, b [5] 17 sept. 1713; s [5] 14 nov. 1714.—*Pierre*, b [5] 13 avril 1715; 1° m [5] 20 nov. 1741, à Marie-Anne Paradis; 2° m [5] 22 fevrier 1745, à Marie-Thérèse Nolin.

1712, (1er février) Charlesbourg.

III.—CHORET, Jean-Bte, [Robert II.
b 1687.

Martin (3), Jeanne, [Antoine II.
b 1691.

Marie-Joseph, b 13 juin 1714, à Lotbinière.—*François-Xavier*, b 1714; m à Angelique Lambert; s 26 mai 1784, à Québec.—*Catherine*, b... m 16 août 1752, à Nicolas Grenier, à Ste-Croix. [6]

(1) Elle épouse, le 4 février 1712, Jean Larchevêque, à Quebec.

(2) Elle épouse, le 8 oct. 1715, Guillaume Nolin, à St-Pierre, I. O.

(3) Dit Montpellier.

—*Pierre-Antoine*, b 17 août 1727, à St-Antoine-Tilly; m 1748, à Marie-Joseph Grenier.—*Michel*, b [6] 11 mai 1730; m 16 nov. 1761, à Jeanne Perrault, à Montréal.—*François-de-Sales*, b... 1° m à Marie Grenier; 2° m à Marie-Joseph Dabonville.—*Jean-Joseph*, b... m à Françoise Lambert.—*Jean-Baptiste*, b... m [6] 22 fevrier 1751, à Marie-Joseph Bergeron.

1712, (1er février) Charlesbourg. [7]

III.—CHORET (1), Pierre, [Pierre II.
b 1690; s 22 juillet 1749, au Sault-au-Récollet. [8]

Turcot (2), Angélique, [Jean I.
b 1691.

Marie-Anne, b [7] 15 avril 1713; m 1743, à Jean-Baptiste Bergeron; s 9 avril 1760, à St-Antoine-Tilly.—*Jeanne-Elisabeth*, b [7] 5 nov. 1714; 1° m à François Bayard; 2° m [8] 22 avril 1754, à Joseph Martineau.—*Joseph-Pierre*, b [7] 13 sept. 1716; m [8] 8 janvier 1742, à Marie-Elisabeth Lemay.—*Marie-Louise*, b 13 mars 1718, à Montréal [9]; m [8] 26 nov. 1737, à Barthélemi Chaslu.—*Joseph-François*, b [9] 26 sept. 1719; m 1742, à Marie-Anne Lemay.—*Jacques*, b 23 juillet et s 15 dec. 1721, à St-Laurent, M.—*Marie-Joseph*, b 1723; 1° m [8] 24 oct. 1740, à Joseph Dagenais; 2° m [8] 14 avril 1749, à Joseph Chartran.—*Charlotte*, b [9] 19 juillet 1725; 1° m [8] 8 janvier 1742, à Joseph Giroux; 2° m [8] 6 juin 1746, à Guillaume Valade. — *Michel-François*, b [9] 8 mars et s [9] 23 juillet 1727. — *Paul-Marie*, b [9] 29 juin 1728.—*Marie-Anne*, b 1734; m [8] 17 juillet 1752, à Joseph Valade. — *Jean-Louis*, b [8] 16 juillet et s [8] 1er août 1737.

1718, (21 nov.) Charlesbourg. [2]

III.—CHORET, Jacques, [Pierre II.
b 1692; s 4 déc. 1763, à Beauport. [3]

Chrétien, Madeleine, [Jean II.
b 1699.

Jacques, b [3] 19 juillet 1719; m 9 fevrier 1751, à Marie-Louise-Anne Laroche, à Quebec.—*Jean-Charles*, b [3] 25 avril et s [3] 14 juillet 1721.—*Charles-Marie*, b [3] 16 janvier 1723; m [3] 25 nov. 1765, à Marie-Geneviève Duprac.—*Jean-Baptiste*, b [3] 10 dec. 1724; m [3] 19 août 1754, à Angelique Magnan.—*Marie-Geneviève*, b [3] 18 avril 1727; 1° m [3] 7 nov. 1746, à Louis Leclerc; 2° m [3] 14 avril 1760, à Etienne Ouellet.—*Angélique*, b [2] 18 oct. 1729; m [3] 20 sept. 1751, à Pierre Parant. —*Nicolas*, b [2] 12 nov. 1731.—*Thomas*, b [3] 13 sept. 1733; m [3] 13 oct. 1766, à Marie-Françoise Guillot.—*Joseph*, b [3] 18 nov. 1736.

1721, (29 oct.) Pte-aux-Trembles, Q. [4]

III.—CHORET, Pierre, [Jean II.
b 1693.

Liénard, Marie-Geneviève, [Jean-Frs II.
b 1698.

Marie-Geneviève, b [4] 2 fevrier 1723; m [4] 6 fevrier 1758, à Jean Millet.—*Marie-Madeleine*,

(1) Contremaître de la menagerie des pauvres, près de Montréal.

(2) Elle épouse, le 5 oct. 1750, Jacques Massier, au Sault-au-Récollet.

b [4] 11 août 1724.—*Marie-Anne*, b [4] 14 mars 1726; m [4] 26 juillet 1756, à Jacques-Philippe LABERGE. *Pierre*, b [4] 3 et s [4] 29 déc. 1727. — *Pierre*, b [4] 11 juillet 1729; m 1768, à Marie-Anne SOULARD.—*Marie-Geneviève*, b... s [4] 2 avril 1731.— —*Catherine*, b [4] 7 juillet et s [4] 17 août 1731.— *Marie*, b [4] 30 juin 1732; s [4] 16 juillet 1733.— *Marie-Madeleine*, b [4] 10 août 1734; m [4] 21 sept. 1761, à Jean LABORDE.

III.—CHORET, GASPARD, [ROBERT II.
b 1698; s 29 mai 1733, à Ste-Croix. [4]
1° LEMAY, Marie-Angelique, [CHARLES II.
b 1703; s [4] 27 juin 1731.
Madeleine, b 1723; s 16 mars 1727, à St-Antoine-Tilly. [5] — *Marie-Marguerite*, b [5] 17 sept 1724. — *Charles-Gaspard*, b [5] 6 janvier et s [5] 19 oct. 1726.—*Joseph*, b [5] 2 avril 1727; m [4] 26 janvier 1750, à Angélique GRENIER. — *Marie-Anne*, b... m à Jean BERGERON. — *Marie-Angélique*, b [4] 29 nov. 1729; m à Pierre JACQUES. — *Gaspard*, b [4] 10 juin 1731.

1732.
2° AUGÉ, Marie-Marguerite.
Marie-Joseph, b [4] 12 mai 1733.

1723, (21 juin) Montréal. [1]
III.—CHORET, IGNACE, [PIERRE II.
b 1701; s 26 sept. 1750, à Ste-Geneviève, M. [2]
1° MARTIN, Marie-Joseph, [PIERRE I.
b 1702.
Ignace, b [1] 17 fevrier 1724; m 10 janvier 1746, à Madeleine LACOMBE, au Sault-au-Recollet — *Marie-Joseph*, b [1] 4 et s [1] 24 août 1726. — *Marie-Barbe*, b [1] 22 janvier et s [1] 14 fevrier 1728.— *Marie-Joseph*, b [1] 4 et s [1] 21 avril 1729.
2° GAUTIER (1), Marie-Joseph, [JOSEPH II.
b 1719.
Marie-Joseph, b [2] 10 sept. et s [2] 4 nov. 1741.— *Jean-Baptiste*, b [2] 26 nov. 1742. — *Joseph*, b [2] 7 mars 1745; m [2] 15 fevrier 1768, à Marie-Catherine PROU. — *Marie-Joseph*, b [2] 15 mai 1747.— *François-Marie*, b [2] 8 nov. 1749.

1723, (20 sept.) Québec. [6]
III.—CHORET, CHARLES, [PIERRE II.
b 1697.
1° ROY, Marie-Joseph, [JEAN III.
b 1704.
Charles-Marie, b 8 nov. 1724, à Beauport [7]; s [7] 20 juillet 1728. — *Marie-Madeleine*, b [7] 22 mars 1726; 1° m [7] 8 janvier 1748, à Ignace LEVASSEUR; 2° m [7] 7 fevrier 1752, à Michel LEJEUNE; 3° m [7] 24 avril 1758, à Jean-François GODFROY. —*Louise*, b [7] 21 dec. 1727; m [7] 13 oct. 1749, à Michel LAROCHE. — *Marie-Joseph*, b...... s [6] 23 mars 1741.—*Marie-Joseph*, b [7] 4 août 1729; m à Joseph CHARLAND; s 15 mai 1806, à St-Vincent-de-Paul.—*Marie-Geneviève*, b [7] 7 mars 1731; m [7] 19 avril 1762, à François PARANT. — *Charles-Marie*, b [7] 6 janvier 1733; 1° m [7] 14 nov. 1757, à Marie-Catherine PARANT; 2° m [7] 16 janvier 1764, à Marie Madeleine TOUPIN.

(1) Elle épouse, le 25 janvier 1761, Philippe Rollin, à Ste-Geneviève, M.

1737, (27 nov.) [7]
2° HUPPÉ, Marie-Ursule, [ANTOINE II.
b 1699.
Marie-Ursule, b [7] 30 oct. 1738; s [7] 3 février 1739. — *Marie-Anne*, b [7] 6 mars 1740; m [7] 8 oct. 1764, à Dominique LAURENT; s [7] 1er fevrier 1767. —*Jacques-Pierre*, b [7] 6 août 1741. — *Madeleine*, b... s [7] 9 oct. 1741.

1723, (9 nov.) Beauport. [8]
III.—CHORET, PIERRE, [IGNACE II.
b 1698; s [8] 26 février 1760.
1° BAUGIS (1), Marie-Françoise, [MICHEL III.
b 1700; s [8] 5 mai 1751.
Pierre-Clément, b [8] 2 oct. 1724; m [8] 30 sept. 1754, à Marie-Jeanne PARANT; s 27 mars 1768, à Kamouraska. — *Louis-Michel*, b [8] 10 mars 1726; s 10 sept. 1785, à l'Hôpital-Général, M.— *Marie-Françoise*, b [8] 23 mars et s [8] 29 mai 1727. — *Marie-Angélique*, b [8] 25 avril 1728; s [8] 19 août 1753. — *Mathias*, b [8] 27 sept. et s [8] 14 nov. 1729.—*Jacques-André*, b [8] 30 nov. 1730.—*Joseph*, b [8] 31 dec. 1731; s [8] 3 mars 1732.—*Jeanne-Marguerite*, b [8] 7 mai 1733, s [8] 11 nov. 1740.—*Marie-Anne*, b [8] 29 mars 1735; m [8] 19 janvier 1756, à Michel MAHEU. — *Marie-Louise*, b [8] 25 mai et s [8] 26 juin 1736. — *Augustin*, b [8] 5 mai 1738; s [8] 6 mars 1760. — *Marie-Madeleine*, b [8] 28 avril 1741. — *Marie-Angélique*, b [8] 4 mars et s [8] 10 avril 1743.

1753, (6 août). [8]
2° PICHET, Madeleine, [JACQUES II.
b 1704; veuve de Jean Turgeon.

1724, (7 mai) Québec. [9]
III.—CHORET (2), IGNACE, [IGNACE II.
b 1686; s 30 mars 1731, au Cap-St-Ignace.
FERRÉ (3), Marie-Madeleine, [THOMAS I.
b 1704.
Marie-Madeleine, b [9] 25 janvier 1725; m [9] 22 sept. 1743, à Andre GODBOUT.—*Jeanne-Elisabeth*, b [9] 14 nov. 1727; m [9] 24 nov. 1749, à Jean-Baptiste PAQUET.— *Marie-Françoise*, b... m [9] 5 mars 1753, à Jean-Baptiste DUBORD. — *Marie-Joseph-Thomas* (posthume), b [9] 15 sept. 1731.

1731, (5 fevrier) Varennes.
III.—CHORET, JEAN-FRANÇOIS, [ROBERT II.
b 1705.
PETIT (4), Anne, [NICOLAS II.
b 1700.

1731, (19 nov.) Beauport.
III.—CHORET, LOUIS, [PIERRE II.
b 1713.
1° ROY, Geneviève, [JEAN III.
b 1708; s 6 oct. 1744, à Québec. [6]

(1) Angélique en 1724, Madeleine en 1730.
(2) Engagé au chantier d'Alary.
(3) Elle épouse, le 28 avril 1738, George Dumas, à Québec
(4) Elle épouse, le 19 nov. 1736, Barthélemy Collet, à Varennes.

1745, (22 février). [6]
2° Boutillet, Marie-Joseph, [Jacques I.
b 1712; veuve de Pierre-François Paris; s[6] 21 août 1762.
Louis, b[6] 3 nov. 1745. — *Marie-Anne*, b[6] 18 avril 1747; s[6] 25 janvier 1756.— *François*, b[6] 9 dec. 1748. — *Jean-Baptiste*, b[6] 18 août 1751.— *Anonyme*, b[6] et s[6] 20 juillet 1754.—*Thérèse*, b[6] et s[6] 30 juin 1755. — *Anonyme*, b[6] et s[6] 1er mai 1757.

III.—CHORET, Jean-Bte, [Pierre II.
b 1710.
1° Lemaire (1), Angélique, [Charles I.
b 1709.
Jean-Baptiste, b... m 15 janvier 1759, à Marie-Catherine Letourneux, à la Pte-Claire.—*Charles*, b... m à Marie Letourneux.
1754, (18 janvier) Lachine.
2° Mossion, Marie-Anne, [Robert II.
b 1718.

1741, (20 nov.) St-Pierre, I.O. [1]
IV.—CHORET, Pierre, [Jean III.
b 1715.
1° Paradis, Marie-Anne, [Ignace III.
b 1722; s[1] 20 avril 1744.
Marie-Anne, b[1] 24 fevrier et s[1] 2 mars 1743. —*Pierre*, b[1] 15 et s[1] 18 avril 1744.
1745, (22 février). [1]
2° Nolin, Marie-Therèse, [Pierre II.
b 1724.
Pierre, b[1] 29 déc. 1745; s[1] 15 janvier 1746.— *François*, b[1] 3 dec. 1746; s[1] 18 nov. 1755.— *Pierre*, b[1] 26 mars 1748; s[1] 8 dec. 1755.— *Ignace*, b[1] 2 juillet 1750. — *Marie-Madeleine*, b[1] 11 mars 1752. — *Agathe*, b[1] 21 fevrier 1754.— *Marie-Anne*, b[1] 5 mars 1756.—*Jean-Baptiste*, b[1] 23 mars 1758.

1742, (8 janvier) Sault-au-Récollet. [9]
IV.—CHORET, Pierre, [Pierre III.
b 1716.
Lemay (2), Marie, [Ignace II.
b 1723.
Marie-Madeleine, b[9] 2 nov. 1742.— *Marie*, b[9] 1er août 1745.—*Jacques*, b[9] 30 mai 1747.

1742.
IV.—CHORET, Joseph, [Pierre III.
b 1719.
Lemay, Marie-Anne. [Ignace II.
Marie-Elisabeth, b 4 février 1743, au Sault-au-Récollet. [9] — *Joseph-Charles*, b[9] 24 mai 1745.— *Marie-Amable*, b[9] 17 mai 1747.— *Jean-Baptiste*, b[9] 23 mars 1749.

1743, (11 nov.) Kamouraska. [5]
IV.—CHORET, François. [Jean-Bte III.
1° Autin, Marie-Régis, [François II.
b 1725; s[5] 22 fevrier 1770.

(1) Dit Rapidiou.

(2) Elle epouse, le 9 février 1756, Charles Cadot, au Sault-au-Récollet.

Marie-Geneviève, b[5] 25 sept. 1744. — *Marie-Françoise*, b[5] 20 avril 1746; m[5] 1er juin 1767, à Louis Vaillancour.—*François*, b[5] 18 août 1748. —*Joseph*, b... m[5] 30 avril 1770, à Marie-Joseph Phocas.—*Marie-Catherine*, b[5] 26 août 1752, s[5] 25 mai 1757.—*François-Laurent*, b[5] 23 fevrier 1755. —*François*, b[5] 20 fevrier 1757; m[5] 6 août 1781, à Euphrosine Parant. — *Marie-Véronique*, b[5] 20 oct. 1758. — *Euphrosine*, b[5] 7 fevrier 1761. — *Marguerite-Félicité*, b[5] 9 août 1763; s[5] 19 nov. 1768.—*Michel-Raphael*, b[5] 7 mars 1765.—*Marie-Joseph*, b[5] 28 août 1767.
1770, (2 juillet). [5]
2° Tardif, Marie-Anne, [Charles III.
veuve de François Paradis.

IV.—CHORET, Louis-Michel, [Pierre III.
b 1726; s 10 sept. 1785, à l'Hôpital-Général, M.

1746, (10 janvier) Sault-au-Récollet.
IV.—CHORET, Ignace, [Ignace III.
b 1724.
Lacombe, Madeleine. [Jean II.
Ignace, b 21 oct. 1750, à Ste-Geneviève, M. [6]— *Marie-Marguerite*, b[6] 24 sept. 1752; s[6] 5 juillet 1753. — *Marie-Madeleine*, b[6] 17 juillet 1754.— *Marie-Joseph*, b[6] 28 août 1756.

1748, (4 nov.) St-Roch.
IV.—CHORET, Jean-Bte. [Jean-Bte III.
Gauvin, Marie-Anne, [Jacques II.
b 1728; s 20 dec. 1780, à Kamouraska. [7]
Jean-Baptiste, b[7] 13 nov. 1751. —*Marie-Scholastique*, b[7] 24 avril 1753. — *Alexandre*, b[7] 5 et s[7] 17 nov. 1754. — *Ignace*, b[7] 1er sept. 1756; s[7] 29 mars 1759.—*Marie-Joseph*, b... m[7] 11 janvier 1768, à Jean-Baptiste Michaud.—*Marie*, b... m[7] 4 nov. 1771, à Benoit Michaud. — *Joseph-Marie*, b[7] 16 et s[7] 18 août 1758.—*Alexandre*, b[7] 8 dec. 1760.—*Augustin*, b[7] 11 juillet 1762; m[7] 13 nov. 1780, à Marie-Joseph Sirois.—*Pierre*, b[7] 6 mai 1764.—*Marie-Modeste*, b[7] 6 juillet 1768.

1748.
IV.—CHORET, Pierre-Antoine, [Jean-Bte III.
b 1727.
Grenier (1), Marie-Joseph. [François III.
Marie-Joseph, b 30 dec. 1749, à Ste-Croix. [8]— *Jean-Baptiste-François*, b[8] 25 mars 1751. — *Marie*, b[8] 30 avril 1753. — *Pierre-Antoine*, b[8] 9 et s[8] 15 fevrier 1756. — *Marie-Thérèse*, b 2 oct. 1757, à St-Antoine-Tilly.

IV.—CHORET, François, [Jean-Bte III.
b 1714; s 26 mai 1784, à Québec. [5]
Lambert, Marie-Angelique, [Michel II.
b 1724.
Marie-Louise, b... m 7 août 1758, à Jean-Baptiste Hamel, à Ste-Croix. [6] — *Gervais*, b[6] 12 sept. 1749; m 29 mai 1775, à Marie-Geneviève Girard, à St-Antoine-Tilly. [7]—*François-de-Sales*, b[6] 24 nov. 1752. — *Joseph*, b[6] 18 juin 1756.— *Michel*, b[7] 2 oct. 1757; s[6] 30 août 1758.— *Louis*,

(1) Et Garnier.

b... m [5] 24 mai 1785, à Marie-Anne BOURBEAU.—*Joseph*, b... m... — *Henri*, b... m... — *Jean-Baptiste*, b... s... — *Marie-Charlotte*, b... m à Antoine BERGERON.

IV.—CHORET, JEAN-JOSEPH. [JEAN-BTE III.
LAMBERT, Françoise [MICHEL II.
Antoine-Joseph, b 3 mai 1750, à Ste-Croix.[1] — *Marie-Françoise*, b [1] 2 dec. 1751; m à Joseph CHORET.—*Henri*, b [1] 12 mai 1753, m 20 février 1775, à Angelique CHORET, à St-Antoine-Tilly.[2] —*Marie-Angélique*, b [1] 10 oct. 1755; s [1] 17 avril 1757. — *Euphrosine*, b [1] 24 avril et s [1] 11 mai 1757.—*Madeleine*, b [1] 27 nov. 1758.—*Rosalie*, b [2] 6 nov. 1766.

1750, (26 janvier) Ste-Croix.[3]
IV.—CHORET, JOSEPH, [GASPARD III.
b 1727; s avant 1775.
GRENIER, Marie-Angelique. [JOSEPH III.
Joseph, b [3] 30 oct. 1750; m à Marie-Françoise CHORET.—*Marie-Angélique*, b [3] 25 dec. 1752; m 20 fevrier 1775, à Henri CHORET, à St-Antoine-Tilly.[4] — *Antoine*, b [3] 16 janvier 1755.—*Marie-Louise*, b... m à Joseph DUSSAULT.—*Marie-Geneviève*, b [4] 26 sept. 1756; m [4] 20 février 1775, à Pierre SÉVIGNY.—*Euphrosine*, b...

1750, (3 sept.) Lachine.[5]
III.—CHORET, MICHEL. [PIERRE II.
TROTIER, Therèse. [JOSEPH IV.
Michel-Amable, b [5] 5 juin 1751; s [5] 23 nov. 1755.—*Marie-Madeleine*, b [5] 14 juillet 1753, s [5] 22 nov. 1755. — *François-Paul-Marie*, b [5] 2 avril 1755.—*Louis*, b [5] 24 dec. 1756.

1751, (9 fevrier) Quebec.[6]
IV.—CHORET, JACQUES, [JACQUES III.
b 1719.
LAROCHE (DE), Marie-Louise-Anne, [MICHEL II.
b 1724; veuve d'Ignace Roy.
Jacques-Étienne, b [6] 26 déc. 1751.—*Madeleine-Louise*, b [6] 11 et s [6] 24 janvier 1753.—*Marie-Louise*, b [6] 19 juillet 1754.—*Charles-Marie*, b [6] 21 mai et s [6] 4 juin 1757.—*Marie-Anne*, b 25 juillet 1762, à St-François-du-Lac.

1751, (22 fevrier) Ste-Croix.
IV.—CHORET, JEAN-BTE. [JEAN-BTE III.
BERGERON, Marie-Joseph. [CHARLES III.

1754, (19 août) Beauport.[7]
IV.—CHORET, JEAN, [JACQUES III.
b 1724.
MAGNAN, Angélique, [MICHEL III.
b 1734.
Marie-Geneviève, b [7] 19 mars 1756.

1754, (30 sept.) Beauport.[8]
IV.—CHORET (1), PIERRE-CLÉMENT, [PIERRE III.
b 1724; s 27 mars 1768, à Kamouraska.
PARANT, Marie-Jeanne, [PIERRE IV.
b 1735.

(1) Maitre huissier de Quebec; blessé à mort d'un coup de fusil par le sieur Belarbre, négociant de l'Islet.

Pierre-Clément, b [8] 30 juin 1757; s 12 sept. 1758, à Québec.[9] — *Marie-Madeleine*, b [9] 27 janvier 1759.—*Marie-Jeanne*, b [8] 18 sept. 1760.—*Marguerite*, b [9] 28 déc. 1761.—*Marie-Hélène*, b [9] 27 mai 1763.

1757, (14 nov.) Beauport.[1]
IV.—CHORET, CHARLES, [CHARLES III.
b 1733.
1° PARANT, Marie-Catherine, [FRANÇOIS III.
b 1734; s [1] 20 mars 1763.
1764, (16 janvier).[1]
2° TOUPIN, Marie-Madeleine, [ALEXANDRE III.
b 1742.

1759, (15 janvier) Pte-Claire.[2]
IV.—CHORET, JEAN-BTE. [JEAN-BTE III.
LETOURNEUX, Marie-Catherine.
Joseph-Louis, b [2] 9 mars 1767; m 1788, à Agathe FRANCHE, à Ste-Geneviève, M.—*Raphael*, b [2] 23 nov. 1773.

IV.—CHORET, CHARLES. [JEAN-BTE III.
LETOURNEUX, Marie,
s avant 1787.
Joseph, b... m 2 oct. 1787, à Geneviève DEGUIRE, à St-Eustache.

1761, (16 nov.) Montréal.
IV.—CHORET, MICHEL, [JEAN-BTE III.
b 1730.
PERRAULT, Marie-Jeanne, [JEAN III.
b 1744.

1765, (25 nov.) Beauport.
IV.—CHORET, CHARLES-MARIE, [JACQUES III.
b 1723.
DUPRAC, Marie-Geneviève, [JEAN III.
b 1733.

1766, (13 oct.) Beauport.
IV.—CHORET, THOMAS, [JACQUES III.
b 1733.
GUILLOT, Marie-Françoise, [RENÉ III.
b 1746.

1768, (15 fevrier) Ste-Geneviève, M.
IV.—CHORET, JOSEPH, [IGNACE III.
b 1745.
PROU, Marie-Catherine, [CLÉMENT II.
b 1753.

1768.
IV.—CHORET, PIERRE, [PIERRE III.
b 1729.
SOULARD, Marie-Anne, [JEAN-BTE III.
b 1747.
Marie-Félicité, b 10 août 1769, à la Pte-aux-Trembles, Q.[2]—*Pierre*, b [2] 12 nov. et s [2] 20 déc. 1771.

1770, (30 avril) Kamouraska.[3]
V.—CHORET, JOSEPH. [FRANÇOIS IV.
PHOCAS, Marie-Joseph. [JEAN II.
Joseph-Amable, b [3] 29 déc. 1770; s [3] 8 janvier 1771.—*Louis-Amable*, b [3] 15 février 1772.

1775, (20 février) St-Antoine-Tilly.
V.—CHORET, Henri, [Jean-Joseph IV.
b 1753.
Choret, Angélique, [Joseph IV.
b 1752.

1775, (29 mai) St-Antoine-Tilly.
V.—CHORET, Gervais, [François IV.
b 1749.
Girard, Marie-Geneviève. [Philippe III.

1780, (13 nov.) Kamouraska.
V.—CHORET, Augustin, [Jean-Bte IV.
b 1762.
Sirois, Marie-Joseph, [Augustin III.
b 1755.
Marie, b... m 26 avril 1803, à Laughlin Ross, à Rimouski.[1]—*Augustin*, b... m[1] 29 fevrier 1808, à Elisabeth Bouillon. — *Rosalie*, b... 1° m[1] 29 fevrier 1808, à Theodore Bouillon; 2° m[1] 22 janvier 1811, à Gilbert Ruest. — *Marie-Joseph*, b... m[1] 5 juin 1810, à Augustin Phiola.—*André*, b... m[1] 5 janvier 1813, à Marie-Joseph Ross.—*Basilice*, b... m 23 nov. 1813, à Martin Beriau.

1781, (6 août) Kamouraska.
V.—CHORET, François, [François IV.
b 1757.
Parant, Marie-Euphrosine, [Gabriel I.
b 1762.

1785, (24 mai) Québec.
V.—CHORET, Louis. [François IV
Bourbeau, Marie-Anne, [Louis-Joseph IV.
b 1764.

1787, (13 février) Nicolet.[5]
IV.—CHORET (1), Pierre, [Pierre III.
b 1738; s[5] 31 mai 1789.
Morisset (2), Marie. [Jean.

V.—CHORET, Henri. [François IV.
Mosny, Marie.
Henri, b... m à Marie Villoche.—*Joseph*, b... m à Marie Ducharme. — *Basile*, b... m à Marie Michel. — *Lazare*, b... m à Marie Rhault.—*Ignace*, b... m aux Etats-Unis, (parti à 16 ans).—*Osithe*, b... m à Jean-Baptiste Dumas.—*Cécile*, b... m à Pierre Roy.—*Marie*, b... m à Joseph Laroche.

1787, (2 oct.) St-Eustache.
V.—CHORET, Joseph. [Charles IV.
Deguire, Geneviève. [François.

1788, Ste-Geneviève, M.[7]
V.—CHORET, Joseph-Louis, [Jean-Bte IV.
b 1767.
Franche, Marie-Agathe.
Joseph, b[7] 16 juin 1790.

(1) Voy. Chauvet.
(2) Elle épouse, le 10 janvier 1791 Jean-Baptiste Provencher, à Nicolet

V.—CHORET, Joseph, [Joseph IV.
b 1750.
Choret, Marie-Françoise, [Jean-Joseph IV.
b 1751.
Marie-Françoise, b... m à Jean Croteau.—*Rose*, b... — *Louise*, b... m à Julien Bergeron. — *Elisabeth*, b... — *Eléonore*, b... — *Marie-Marguerite*, b... m à Louis Dubois. — *Théotiste*, b...

1808, (29 février) Rimouski.
VI.—CHORET, Augustin. [Augustin V.
Bouillon, Elisabeth, [Ambroise II.
b 1783.

1813, (5 janvier) Rimouski.
VI.—CHORET, André. [Augustin V.
Ross, Marie-Joseph. [Guillaume II.

CHORET, Jacques, b 1698; s 2 février 1723, à Montreal.

CHORET, Marie, b 1694; s 13 janvier 1709, à Ste-Famille, I. O.

CHORET, Louise, b 1682; m à Guillaume Imbault; s 1er juin 1727, à Montréal.

CHORET, Louise, épouse de Jean-Baptiste Matha.

CHORET, Jeanne, b... m à ...... Mercier; s 27 sept. 1718, à Ste-Famille, I. O.

CHORET, Marie-Jeanne, epouse de Mathurin Morier.

CHORET, Marguerite, epouse de Louis Laurin.

CHORET, Elisabeth, epouse de Charles Lemire.

CHORET, Marie-Charlotte, épouse de Louis Couture.

CHORET, Marie-Anne, epouse de Charles Pelletier.

CHORET, Angélique, epouse de Joseph Payment.

CHORET, Angélique, epouse de Joseph Larivière.

CHORET, Marie-Joseph, epouse de Joseph Fortier.

CHORET, Thérèse, épouse de ...... Dubois.

CHORET, Marie, epouse de Pierre Grenier.

CHORET, Marie, epouse de Joseph Trotier.

CHORET, Thérese, epouse de Pierre Villin.

CHORINAU, Geneviève, b 1751; m à Guillaume Roy; s 21 dec. 1811, à Beaumont.

CHORITIER, Marie-Claire, épouse de Joseph-Michel Morin.

1768, (7 nov.) Terrebonne.
CHORON, Ambroise.
Villeneuve, Marguerite.

1717, (7 mars) Laprairie.
I.—CHOSSARD (1), Jean, fils de Gilles et de Marie Pageot, de la Garnache, Poitou.
Deniger, Marie, [Bernard I.
b 1675; veuve de Claude Mesnil.

I.—CHOTARD, Jeanne, b 1625; s 10 février 1711, à St-Laurent, I. O.

1700, (25 avril) Lachine. [1]
I.—CHOTARD (2), Jean-Bte, b 1655; fils de Bertrand et de Marie Chaineau, de Marenne, diocèse de Xaintes; s 22 oct. 1746, à Montreal. [2]
1° Fortin, Madeleine-Catherine, [Louis I.
b 1675; veuve de Louis Pichard; s [1] 19 mai 1703.
Marie-Anne, b [1] 30 juin 1701; 1° m [2] 25 juin 1720, à Antoine Perrin; 2° m [2] 25 sept. 1741, à Jacques Boudart; s [2] 7 nov. 1750.
1720, (7 oct.) [2]
2° Charbonneau (3), Marie-Catherine, [Jean I.
b 1702.
Jean-Jacques, b [2] 22 janvier 1722. — *Louis-Joseph*, b 11 oct. 1723, au Bout-de-l'Ile, M. [3]— *Jacques*, b [3] 20 mars 1725.—*Charles*, b [3] 10 août 1726.—*Marie-Anne*, b... m 2 oct. 1741, à Edme Loreau, à Quebec.

CHOTARD, Marie-Anne, epouse de Jean Dussault.

1761, (26 oct.) Montréal.
I.—CHOUAN, Guillaume, b 1732, fils de Guillaume et d'Elisabeth Galman, de N.-D. de Bonne-Nouvelle, Paris.
Maillou, Madeleine, [Jean IV.
b 1744.
Denis, b 28 mars 1764, à Québec.—*Louis*, b 26 juillet 1765, à St-Jean-Deschaillons.

I.—CHOUARD, Pierre.
...... Marie-Catherine,
b 1695; s 14 oct. 1714, à Montréal.

CHOUARD.—Voy. Desgroseillers—Dorval.

CHOUBERT.—Voy. Joubert.

CHOUDIN (4), Pierre,
b 1661; s 30 mai 1736, à Montréal.

(1) Soldat de Repentigny.
(2) Dit St-Onge; soldat de Delorimier.
(3) Elle épouse, le 23 sept. 1748, Claude-François Fréchaud, a Montréal.
(4) Dit Latulippe.

CHOUINARD. — *Variation et surnom :* Choanard—Lagiroflée.

CHOUINARD, Geneviève, épouse de Jacques Colin.

CHOUINARD, Marguerite, b... m à Pierre Fortin; s 27 janvier 1751, à St-Ours.

CHOUINARD, Geneviève, épouse de Joachim Gamache.

CHOUINARD, Marie, épouse de Charles Prou.

CHOUINARD, Marie-Anne, b... 1° m à Alexandre St-Pierre, 2° m 10 nov. 1766, à Jean-Baptiste Mignot-Labry, à Ste-Anne-de-la-Pocatière.

CHOUINARD, Louise, epouse de Laurent Tondreau.

CHOUINARD, Louis, b 1729; s 5 oct. 1759, à la Pte-aux-Trembles, Q.

1689, (21 nov.) Charlesbourg. [1]
II.—CHOUINARD (1), Nicolas, [Pierre I.
b 1667.
Renaud, Marie-Jeanne, [Jacques II.
b 1666; veuve de Claude Fournier; s [1] 19 fevrier 1737.
Madeleine-Angélique, b [1] 1er avril 1712; m 9 sept. 1737, à Antoine Quemeleur, à St-Joachim.

1692, (2 juin) Québec. [1]
I.—CHOUINARD (2), Jacques,
b 1662.
Jean, Louise, [Pierre I.
b 1678.
Pierre, b [1] 20 avril 1695; 1° m 18 nov. 1727, à Geneviève Lizot, à Ste-Anne-de-la-Pocatière [2]; 2° m 4 dec. 1743, à Marie-Anne Pelletier, à St-Roch. — *Pierre*, b [1] 1er mars 1702; 1° m [2] 14 fevrier 1724, à Ursule Martin; 2° m à Madeleine Morin.—*Charles*, b 12 août 1720, à l'Islet, m à Marie-Dorothee Fortin.

1699, (22 avril), Montréal.
I.—CHOUINARD (3), Pierre,
b 1667.
1° Dagenais, Françoise, [Pierre I.
b 1668; veuve de Pierre Roy.
Gilbert-Pierre, b 12 fevrier 1701, à Beaumont, s 17 juin 1706, à la Pte-aux-Trembles, M. [2]
1708, (4 dec.) [2]
2° Favot (4), Marie-Madeleine, [Pierre I.
b 1693.
Marie-Madeleine, b [2] 14 sept. 1710.—*Pierre*, b 21 mars 1714, aux Trois-Rivières.

(1) Et Chamard; voy. aussi ce nom vol. II, p. 606.
(2) Voy. vol. I, p 129.
(3) Chonar et Chouanard dit Lagiroflée; voy. vol I, p. 129.
(4) Et Faye, Fayan.

1724, (14 février) Ste-Anne-de-la-Pocatière.
II.—CHOUINARD, PIERRE, [JACQUES I.
b 1702.
1° MARTIN, Ursule, [LOUIS I.
b 1704.
Marie-Louise, b 20 nov. 1724, à l'Islet[3]; 1° m 1751, à Jean LABBÉ; 2° m [3] 23 février 1757, à Louis BOURGET. — *Pierre*, b [3] 26 dec. 1725. — *Anonyme*, b [3] et s [3] 18 mai 1727.—*Louis-Marie*, b [3] 6 juin 1728; 1° m à Barbe RONDEAU, 2° m 25 nov. 1771, à Françoise PELLETIER, à St-Jean-Port-Joli.[4]; s [4] 6 juin 1784.—*Marie-Thérèse*, b [3] 7 mai 1730; s [3] 19 oct. 1732.—*Jean-François*, b [3] 24 février 1732; m 18 février 1754, à Marie-Marguerite MORIN, à St-Frs-du-Sud.—*Marie-Ursule*, b [3] 8 mars 1734; m [3] 14 fevrier 1752, à Nicolas DUCROS.—*Gabriel*, b [3] 6 fevrier 1736; 1° m [3] 8 nov. 1762, à Marie-Françoise LECLERC; 2° m [4] 8 fevrier 1768, à Françoise TOUSSAINT.—*Julien*, b [3] 4 janvier 1739; s [3] 4 août 1742.—*Charles-François*, b [3] 3 déc. 1740.—*Guillaume*, b... m à Marie-Anne PARANT.—*Marie-Reine*, b... m [3] 30 janvier 1764, à Louis TOUSSAINT.

2° MORIN, Madeleine.
Pierre, b [3] 28 avril 1749; m [4] 20 nov. 1781, à Marie-Angelique LECLERC. — *Marie-Marguerite*, b [3] 9 dec. 1759.—*Charles-François*, b [3] 8 oct 1763.—*Jacques*, b... m [4] 22 juillet 1782, à Françoise DUCROS —*Madeleine*, b... m 8 nov. 1779, à Louis-Marie FOURNIER, à St-Roch.

II.—CHOUINARD, EUSTACHE, [JACQUES I
b 1700; s 5 nov. 1760, à St-Thomas. [5]
BERUBÉ, Marie-Madeleine, [PIERRE II.
b 1708; s [6] 10 mars 1763.
Marie-Ursule, b 4 août 1726, à l'Islet[6]; m [5] 15 juillet 1748, à Joseph GAUDREAU; s [5] 8 mai 1761. —*Louise-Françoise*, b [6] 25 août 1727; m [5] 12 juillet 1756, à Jacques ALEXANDRE.—*Eustache*, b [6] 28 oct. 1728; m [5] 30 juin 1751, à Geneviève FOURNIER.—*Marie-Geneviève*, b [6] 12 mars 1730, m [5] 20 nov. 1747, à Louis THÉBERGE.—*Alexandre*, b [6] 23 oct. 1731.—*Marie-Madeleine*, b [6] 16 juin 1733; m [5] 14 fevrier 1763, à Joseph DANDURAND —*Joseph-Marie*, b [6] 6 janvier 1735.—*Marguerite*, b [6] 17 juin 1736; s [6] 9 dec. 1739.—*Noel*, b [6] 25 déc. 1738.—*Marie-Liduvine*, b [6] 30 mai 1740.—*Charles*, b [6] 18 nov. 1741.—*Pierre-François*, b [5] 10 mars 1743; m [5] 18 février 1765, à Marie-Cécile CORMIER.—*Marie-Elisabeth*, b [5] 19 nov 1744; 1° m [5] 23 nov. 1761, à Joseph CHARNERRE, 2° m [5] 23 janvier 1764, à Denis COQUILLIER; s [5] 23 fevrier 1771.—*Anonyme*, b [5] et s [5] 21 oct. 1746.—*Charles*, b [5] 12 fevrier et s [5] 2 juin 1748.—*Roger*, b [5] 11 avril 1749; s [5] 4 janvier 1750.—*Marie-Claire*, b [5] 8 oct. 1750; m [5] 15 fevrier 1768, à Jean-Noël DEPONT.—*Ignace*, b [5] 12 janvier 1754.

1727, (18 nov.) Ste-Anne-de-la-Pocatière.[7]
II.—CHOUINARD, PIERRE, [JACQUES I.
b 1695.
1° LIZOT, Geneviève. [NOEL II.
Louis, b 5 fevrier 1729, à l'Islet[8]; m [7] 26 février 1753, à Rosalie BOUCHARD.—*Marie-Angélique*, b [8] 10 juin et s [8] 1er juillet 1731.—*Pierre-François*, b [8] 3 juin 1732; m 27 juillet 1752, à Marie-Françoise PELLETIER, à St-Roch.[9]—*Marie-Geneviève*, b [8] 18 oct. 1733; s [8] 5 janvier 1736.—*Reine*, b [8] 17 mai 1735; s [8] 5 nov. 1737.—*Elisabeth-Ursule*, b [8] 8 sept. 1736; s [8] 28 oct. 1737.

1743, (4 déc.) [9]
2° PELLETIER, Marie-Anne, [CHARLES III.
b 1725.
Romain, b [8] 9 juin 1748; 1° m [8] 20 juin 1774, à Marie THIBAUT; 2° m 11 janvier 1779, à Marie-Modeste VAILLANCOUR, à St-Jean-Port-Joli.[6] — *Marie-Anne*, b [8] 7 juin 1750; m [8] 20 nov. 1775, à Simon DUBÉ. — *Amable*, b [8] 17 oct. 1751.—*Joseph*, b [8] 12 nov. 1753. — *Marie-Anne*, b [8] 25 fevrier 1754; m [6] 10 février 1777, à Jean LABBÉ. —*Julien*, b [8] 14 avril 1755; 1° m [6] 26 janvier 1779, à Angélique ASSELIN; 2° m [8] 15 oct. 1781, à Angélique ASSELIN.— *Jean-Marie*, b [8] 26 déc. 1756.— *Marie-Geneviève*, b [8] 13 mars 1761; m [6] 4 oct. 1784, à Jean-Baptiste DAMOURS. — *Anonyme*, b [8] et s [8] 29 août 1762.—*André*, b [8] 29 oct. 1763.—*Geneviève*, b [8] 1er nov. 1764; m [6] 11 oct. 1784, à Jean-Baptiste BÉLANGER.—*Marie-Louise*, b... m [6] 10 février 1777, à Jean AUBÉ.

II.—CHOUINARD, FRANÇOIS, [JACQUES I.
b 1712.
HURETTE (1), Marguerite. [BERNARD I.
François, b 2 nov. 1738, à l'Islet.[1]—*Anonyme*, b [1] et s [1] 23 oct. 1739.—*Pierre*, b [1] 9 janvier 1741. —*Laurent*, b [1] 14 janvier 1743.—*Marguerite*, b [1] 2 fevrier 1749.

1741, (16 janvier) Islet. [2]
II.—CHOUINARD, JULIEN, [JACQUES I.
b 1716.
FORTIN, Reine, [PIERRE II.
b 1708.
Marie-Reine, b [2] 10 février 1743; m [2] 7 janvier 1759, à François MORIN.—*Louise*, b [2] 20 avril 1744.—*Joseph*, b [2] 1er janvier 1751; m 9 fevrier 1769, à Marguerite CARON, à St-Jean-Port-Joli.—*Elisabeth*, b... m [2] 18 janvier 1764, à Laurent CARON.

II.—CHOUINARD, CHARLES, [JACQUES I.
b 1720.
FORTIN, Marie-Dorothee.
Marie-Dorothée, b 17 oct. 1751, à l'Islet.—*Geneviève*, b... m 14 janvier 1771, à Germain CARON, à St-Jean-Port-Joli.[3]—*Louise*, b... m [3] 26 oct. 1773, à Joseph ROBICHAUD.

1751, (30 juin) St-Thomas. [4]
III.—CHOUINARD, EUSTACHE, [EUSTACHE II.
b 1728; s avant 1815.
FOURNIER, Geneviève, [AMBROISE III.
b 1730; s [4] 22 avril 1815.
Marie-Geneviève, b [4] 2 mai 1752. — *Marie-Joseph*, b [4] 15 juillet 1753.—*Eustache*, b 8 fevrier 1755, à St-Frs-du-Sud.[5]—*Joseph-Marie*, b [4] 15 mars 1757. — *Marie-Reine*, b [5] 15 mai 1759; s 23 fevrier 1833, à Beaumont.

---

(1) Dit Rochefort.

1752, (27 juillet) St-Roch.
III.—CHOUINARD, Pierre, [Pierre II.
b 1732.
Pelletier, Marie-Françoise. [Joseph IV.
Geneviève, b... m 11 oct. 1784, à Jean-Baptiste Bélanger, à St-Jean-Port-Joli.

1753, (26 février) Ste-Anne-de-la-Pocatière.[1] (1)
III.—CHOUINARD, Louis, [Pierre II.
b 1729.
Bouchard (2), Rosalie, [Joseph III.
b 1736.
Marie-Rosalie, b [1] 28 nov. et s [1] 8 déc. 1753.—*Pierre-Antoine*, b [1] 3 déc. 1754.—*Marie-Reine*, b 12 janvier 1760, à l'Islet.

III.—CHOUINARD, Louis, [Pierre II.
b 1728 ; s 6 juin 1784, à St-Jean-Port-Joli.[1]
1° Rondeau, Barbe.
Pierre, b 11 avril 1754, à l'Islet[2]; m [1] 25 nov. 1776, à Geneviève Caron.—*Marie-Louise* et *Antoine*, b [2] 12 janvier 1760.—*Antoine*, b [2] 1er mars 1762; 1° m à Véronique Hugues; 2° m 26 nov. 1805, à Marie Vallée, à Rimouski.
1771, (25 nov.) [1]
2° Pelletier, Françoise, [Jean-François V.
b 1751.

1754, (18 février) St-François-du-Sud.
III.—CHOUINARD, Jean-François, [Pierre II.
b 1732.
Morin (3), Marie-Marguerite. [Antoine II.
Marguerite, b et s 7 oct. 1758, à l'Islet.[7]—*Louis-Marie*, b [7] 16 mars 1761.—*Marguerite*, b... m 12 janvier 1779, à François Mignot, à St-Jean-Port-Joli. — *Jean-Marie*, b... m 17 août 1779, à Geneviève Miville, à St-Roch.

III.—CHOUINARD, Guillaume. [Pierre II.
Parant, Marie-Anne.
Pierre, b... m 26 nov. 1781, à Marie-Louise Levêque, à la Rivière-Ouelle.

1762, (8 nov.) Islet.[4]
III.—CHOUINARD, Gabriel, [Pierre II.
b 1736.
1° Leclerc (4), Marie-Françoise. [Joseph II.
Marie-Madeleine, b [4] 21 sept. 1764.
1768, (8 fevrier) St-Jean-Port-Joli.
2° Toussaint, Françoise, [Jean I.
b 1742; veuve de François Asselin.
Procule, b 15 juillet 1783, à Rimouski[5]; m [5] 13 fevrier 1804, à Louis Dutremble. — *Marie-Françoise*, b... m [6] 8 janvier 1794, à Alexis Desrosiers.—*Noel*, b... m [5] 29 avril 1805, à Claire Parant. — *Emmanuel*, b... 1° m [5] 17 sept. 1805, à Louise McMalem; 2° m [5] 29 fevrier 1808, à Marie Ross. — *Claire*, b... m [5] 17 sept. 1805, à Joseph Drapeau.

(1) Dispense du 3ème au 3ème degré.
(2) Elle épouse, le 21 juillet 1760, Joseph-Augustin Miville, à Ste-Anne-de-la-Pocatière.
(3) Dit Valcour.
(4) Dit Francœur.

1765, (18 février) St-Thomas.
III.—CHOUINARD, Pierre-Frs, [Eustache II.
b 1743.
Cormier, Marie-Cécile. [Pierre I.

1769, (9 février) St-Jean-Port-Joli.
III.—CHOUINARD, Joseph, [Julien II.
b 1751.
Caron, Marguerite, [Louis III.
b 1745.

1774, (20 juin) Islet.
III.—CHOUINARD, Romain, [Pierre II.
b 1748.
1° Thibaut, Marie. [Louis III.
1779, (11 janvier) St-Jean-Port-Joli.
2° Vaillancour, Marie-Modeste, [Jean-Bte III.
b 1749.

1776, (25 nov.) St-Jean-Port-Joli.
IV.—CHOUINARD, Pierre. [Louis III.
b 1754.
Caron, Geneviève, [Etienne IV.
b 1750.

1779, (26 janvier) St-Jean-Port-Joli.
III.—CHOUINARD, Julien, [Pierre II.
b 1755.
1° Asselin, Marie-Angélique, [Philippe III.
b 1752.
1781, (15 oct.) Islet (1).
2° Asselin, Angelique. [François III.

1779, (17 août) St-Roch.
IV.—CHOUINARD, Jean-Marie. [Jean-Frs III.
Miville, Geneviève, [Joseph IV.
b 1762.

1781, (20 nov.) St-Jean-Port-Joli.
III.—CHOUINARD, Pierre, [Pierre II.
b 1749.
Leclerc, Marie-Angélique. [Jean-Bte III.

1781, (26 nov.) Rivière-Ouelle.
IV.—CHOUINARD, Pierre. [Guillaume III.
Levêque, Marie-Louise, [Jean-Bte III.
b 1744; veuve d'Etienne Malenfant.

1782, (22 juillet) St-Jean-Port-Joli.
III.—CHOUINARD, Jacques. [Pierre II.
Ducros, Françoise. [Nicolas II.

IV.—CHOUINARD, Antoine. [Louis III.
1° Hugues, Veronique.
1805, (26 nov.) Rimouski.
2° Vallée, Marie. [Alexis IV.

1805, (29 avril) Rimouski.
IV.—CHOUINARD, Noel. [Gabriel III.
Parant, Claire. [Jacques.

(1) Mariage rehabilite avec dispense du 3ème au 3ème degré.

1805, (17 sept.) Rimouski.[8]

IV.—CHOUINARD, EMMANUEL. [GABRIEL III.
1° McMALEM, Louise. [JEAN.
1808, (29 février).[8]
2° ROSS, Marie. [JEAN.

1809, (7 nov.) Rimouski.

CHOUINARD, JACQUES.
PROU, Marguerite. [CHARLES.

I.—CHOULTE, FRÉDÉRIC.
LABERGE, Françoise.
Françoise, b 14 nov. 1785, à Québec.

I.—CHOUX, THOMAS, b 1700; s 12 nov. 1770, à la Baie-du-Febvre.

CHOYER (1), JEAN-BTE.
TIBAUT, Marie-Louise.
Marie-Madeleine, b 18 et s 27 août 1750, à Sorel.

CHOYSY.—Voy. CHOISIE—DECHOYSY.

CHRÉTIEN, ELISABETH, épouse de ..... ST-LOUIS

CHRÉTIEN, MARIE-ANNE, épouse de Charles TRUTEAU.

1665, (13 oct.) Québec.[1]

I.—CHRÉTIEN (2), MICHEL,
b 1639; s 24 déc. 1721, à Charlesbourg.[2]
MEUNIER, Marie,
b 1642; s[2] 28 août 1698.
Jean-Baptiste, b[1] 12 sept. 1678; 1° m[2] 17 sept. 1703, à Catherine ROY; 2° m[2] 15 janvier 1736, à Thérèse DÉRY.

1668.

I.—CHRÉTIEN (2), VINCENT,
b 1643.
LECLERC, Anne,
b 1645; s 5 oct. 1716, à St-François, I. O.[1]
Jean, b[1] 2 juin 1674, 1° m 22 août 1701, à Madeleine LOUINEAU, à Quebec; 2° m 20 avril 1716, à Marie LEFEBVRE, à St-Thomas.—*Thomas,* b 26 dec. 1679, à Ste-Famille, I. O.[2]; 1° m[2] 19 nov. 1710, à Reine CANAC; 2° m 5 mai 1738, à Agathe BÉLANGER, à Ste-Anne; s[1] 21 avril 1749.

1692, (12 juin) Charlesbourg.[4]

II.—CHRÉTIEN (2), MICHEL, [MICHEL I.
b 1670; s[4] 25 mars 1711.
CŒUR (3), Marguerite, [PIERRE I.
b 1673.
Thérèse, b[4] 13 nov. 1709; m[4] 15 nov. 1734, à Jean-Charles RENAUD.

(1) Voy. aussi Chaille, vol. II, p. 600.
(2) Voy. vol. I, p. 130.
(3) Elle épouse, le 5 avril 1712, François Bedard, à Charlesbourg.

1694, (22 nov.) Charlesbourg.[7]

II.—CHRÉTIEN (1), JEAN-CHS, [MICHEL I.
b 1673.
ROY, Marguerite, [ETIENNE II.
b 1673; s[7] 16 nov. 1730.
Jean-Baptiste, b[7] 19 janvier 1697; m 25 février 1726, à Marguerite SIMON, au Château-Richer[8]; s 12 fevrier 1763, aux Trois-Rivières.—*Madeleine,* b[7] 25 janvier 1699; m[7] 21 nov. 1718, à Jacques CHORET.—*Marie-Joseph,* b[7] 30 déc. 1703; s[7] 11 juin 1731.—*Agnès-Angélique,* b[7] 14 avril 1709; 1° m[7] 24 oct. 1735, à Paul BÉLANGER; 2° m[8] 7 janvier 1742, à Thomas TOUCHET; s[8] 15 fevrier 1747.

1701, (22 août) Québec.[1]

II.—CHRÉTIEN (2), JEAN, [VINCENT I.
b 1674, s 18 janvier 1749, à St-Thomas.[3]
1° LOUINEAU (3), Madeleine, [PIERRE I.
b 1684; s[3] 18 août 1715.
Marie-Madeleine, b[1] 16 juillet 1702; s 11 nov. 1703, à Ste-Famille, I. O.—*Madeleine* (4), b 29 nov. 1703, à St-François, I. O.; m[1] 16 nov. 1744, à Jean DESPAGNOL; s[1] 23 juin 1787.—*Elisabeth,* b[3] 4 août 1705; s[3] 21 fevrier 1714.—*Angélique,* b[3] 6 fevrier 1707.—*Louis,* b[3] 4 mars 1708.—*Jean-Baptiste,* b[3] 9 fevrier 1710; m à Marie-Jeanne BEDARD; s[1] 18 nov. 1736.—*Joseph,* b[3] 25 août 1711; m 22 fevrier 1740, à Marie PAQUET, à St-Michel.—*François,* b[3] 26 mars 1713.—*Louise,* b 1714; m[1] 16 août 1740, à Antoine RONDEAU; s 24 fevrier 1754, à St-Antoine-Tilly.—*Marie-Anne,* b[3] 17 mars et s[3] 17 nov. 1715.
1716, (20 avril).[3]
2° LEFEBVRE (5), Marie, [JEAN II.
b 1691; s[3] 2 juillet 1763.
Elisabeth, b[3] 2 mars 1717; m[3] 30 oct. 1747, à Charles LACOMBE.—*Geneviève,* b[3] 18 avril 1718; m[3] 21 fevrier 1746, à Louis ROY.—*Marie-Anne,* b... 1° m[3] 22 janvier 1742, à Louis PINON; 2° m[3] 30 juillet 1753, à Pierre LAMARRE.—*Jean,* b[3] 15 août 1721; m[3] 20 nov. 1758, à Marie-Geneviève PROU.—*Dorothée,* b[3] 15 mars et s[3] 19 avril 1725.—*Marie,* b[3] 17 mars 1726; m[3] 16 nov. 1739, à Jean BARNÈCHE.—*Marie-Félicité,* b[3] 15 mai 1728; m 12 fevrier 1753, à Louis-Marie PELLETIER, à Ste-Anne-de-la-Pocatière.[4]—*Louis,* b[3] 24 et s[3] 28 juillet 1730.—*Claire,* b[3] 18 mai 1732; s[3] 11 juin 1733.—*Angélique,* b[3] 14 janvier 1734; m[4] 19 nov. 1764, à François FOURNIER.—*Louis-Marie,* b[3] 19 juillet 1735; s[3] 30 juin 1737.—*François,* b[3] 25 mai 1737; m[4] 13 nov. 1764, à Marie-Angélique MIGNIER.—*Charles,* b... m à Marie-Joseph BLONDEAU.—*Marie-Françoise,* b[3] 22 sept. 1743.—*Antoine,* b... m[4] 14 oct. 1766, à Marie-Anne LAIGU-LANOUX.

(1) Voy. vol. I, p. 130.
(2) Dit Vincent.
(3) Et Luneau dit Duchesneau.
(4) Les registres la disent âgée de 100 ans; elle n'en avait que 84.
(5) Dit Boulanger.

1703, (17 sept.) Charlesbourg.[1]

II.—CHRÉTIEN, JEAN-BTE, [MICHEL I.
b 1678.
1° ROY, Catherine, [ETIENNE II.
b 1681; s[1] 24 janvier 1734.
Anne-Marguerite, b[1] 15 sept. 1704; m[1] 29 oct. 1732, à Joseph DUBOIS.—*Marie-Catherine,* b[1] 19 oct. et s[1] 13 nov. 1706.— *Marie-Madeleine,* b[1] 12 avril 1708; m à Joseph BOUCHER. — *Catherine-Elisabeth,* b[1] 19 dec. 1710 ; m[1] 3 février 1739, à Jacques LACROIX.—*Marie-Madeleine,* b... m[1] 27 sept. 1734, à Jean-Baptiste ROY.—*Charles,* b[1] 15 oct. 1715; m[1] 19 oct. 1739, à Marie-Joseph MORAND.—*Louis,* b[1] 15 oct. 1715; 1° m 5 oct. 1744, à Therèse COTIN, à Québec[2]; 2° m[1] 5 fevrier 1759, à Marie-Madeleine BERNIER; 3° m 5 oct. 1761, à Elisabeth HÉLY, à St-Valier.—*Marie-Jeanne,* b... 1° m[1] 3 fevrier 1739, à Jean BERNIER; 2° m[1] 1er mai 1752, à Nicolas-Charles DAUNAY.—*Gabriel,* b[1] 17 mars 1721; s[2] 8 dec. 1749.—*Pierre,* b[1] 23 fevrier 1724; m[2] 29 mai 1749, à Charlotte MEZERET.
1736, (16 janvier).[1]
2° DÉRY, Thérèse, [MAURICE I.
b 1689; veuve de Pierre Renaud.

1710, (19 nov.) Ste-Famille, I. O.[1]

II.—CHRÉTIEN, THOMAS, [VINCENT I.
b 1679; s 21 avril 1749, à St-François, I. O.[2]
1° CANAC (1), Reine, [MARC-ANTOINE I.
b 1691; s[2] 24 avril 1725.
Thomas, b[1] 29 oct. 1711; s[2] 9 oct. 1777. — *Marc-Antoine,* b[2] 24 mars 1714. — *Reine,* b[1] 10 mars 1716; m[2] 15 fevrier 1745, à François BAUDON.—*Joseph,* b 1717; m[2] 24 août 1750, à Gertrude JOLIN; s 5 juillet 1787, à Quebec.—*Pierre,* b[2] 4 janvier 1718; s[2] 6 juin 1745. — *Marie,* b 1725; s[2] 25 mai 1758.
1738, (5 mai) Ste-Anne.
2° BÉLANGER, Agathe, [JEAN II.
b 1682; veuve de Joseph Gagnon.

1713.

II.—CHRÉTIEN (2), FRANÇOIS, [VINCENT I.
b 1682; s 19 juin 1758, à Québec.[7]
MIGNERON, Louise, [JEAN II.
b 1690; s 13 avril 1749, à Montréal.[6]
François, b 24 mars 1714, à St-François, I O.[8] — *Anonyme,* b[8] et s[8] 18 janvier 1716.—*Marie-Anne,* b[8] 30 mars 1717; m[6] 23 juin 1749, à Claude TIEBLÉ. — *Angélique,* b 1719; m[6] 12 février 1748, à Nicolas TOMERAUX. — *Marie-Jeanne,* b 21 avril 1722, aux Trois-Rivières[9]; s[9] 28 dec. 1724. — *Louise-Marguerite,* b[9] 14 oct. 1723; m[7] 9 sept. 1749, à Jean AMIOT.—*Joseph,* b[9] 13 avril 1725.—*Jeanne-Charlotte,* b[6] 28 août 1726; m[7] 4 août 1750, à Pierre-Louis LEROUX.—*Louis,* b... m[6] 1er fevrier 1751, à Françoise RAPIN. — *Marie-Amable,* b 1732; m[6] 12 fevrier 1753, à André BABEU.

(1) Dit Lemarquis.

(2) Dit Vincent, 1717.

1713, (20 février) St-François, I. O.[1]

II.—CHRÉTIEN (1), JACQUES, [VINCENT I.
b 1685.
1° BAUDON (2), Marie-Joseph, [JACQUES II.
b 1685; s 12 mai 1722, aux Trois-Rivières.[2]
François, b[1] 20 dec. 1713; m[2] 14 oct. 1738, à Marie-Charlotte BONNEAU. — *Marie,* b[1] 14 oct. 1715; s[2] 31 dec. 1740. — *Dorothée,* b[1] 29 sept. 1717; 1° m 1741, à Pierre BOUCHER; 2° m 25 février 1759, à Rene RUHOT, à Montreal.—*Jean-François,* b[2] 30 juin 1721, m[2] 27 oct. 1749, à Marie-Anne DENOYON; s[2] 9 juillet 1762.
2° BANJAC, Marguerite,
s[2] 18 janvier 1756.

1723, (22 nov.) Charlesbourg.

III.—CHRÉTIEN, JEAN-BTE, [MICHEL II.
b 1699, s 18 nov. 1736, à Québec.[7]
BEDARD (3), Jeanne-Elisabeth, [FRANÇOIS III.
b 1701.
Marie-Madeleine, b[7] 14 mai et s[7] 6 juin 1736. —*Jean-Baptiste* (posthume), b[7] 5 juin 1737; 1° m[7] 25 juin 1764, à Marie-Louise MAGOT; 2° m[7] 5 juin 1780, à Marie-Geneviève LETELLIER.

1726, (25 février) Château-Richer.

III.—CHRÉTIEN, JEAN-BTE, [JEAN-CHARLES II.
b 1697; s 12 fevrier 1763, aux Trois-Rivières.
SIMON, Marguerite, [GUILLAUME II.
b 1697; s 17 juin 1728, à Charlesbourg.[7]
Jean-Baptiste, b[7] 30 mars 1727; m[7] 26 février 1753, à Marie-Françoise BOURÉ.—*Marguerite,* b[7] 17 juin 1728, m 22 janvier 1753, à Pierre LACOMBE, à Beauport.

1727.

III.—CHRÉTIEN, VINCENT, [VINCENT II.
b 1700.
LEFEBVRE, Marie.
Marie-Félicité, b 7 mai 1728, à St-Pierre-du-Sud.

1738, (14 oct.) Trois-Rivières.

III.—CHRÉTIEN, FRANÇOIS, [JACQUES II.
b 1713.
BONNEAU, Marie-Charlotte, [JEAN II.
b 1718.
Agathe, b 26 sept. 1754, à Yamachiche.

1739, (19 oct.) Charlesbourg.[7]

III.—CHRÉTIEN, CHARLES, [JEAN-BTE II.
b 1715; s 3 dec. 1796, à Québec.
MORAND, Marie-Joseph, [JACQUES II.
b 1716.
Anonyme, b[7] et s[7] 5 août 1740.—*Jacques,* b[7] 4 oct. 1741; m 14 mai 1766, à Marie-Geneviève BLANCHET, à St-Thomas.[8]—*Jean-Charles,* b[7] 28 mars 1743, m[8] 10 fevrier 1766, à Genevieve LAMARRE.—*Marie-Joseph,* b[7] 22 juin 1745.—*Marie-Louise,* b[7] 13 juillet 1747.—*Marie-Jeanne,* b[7] 11

(1) Dit Le Sourd, 1722.

(2) Dit Larivière.

(3) Elle épouse, le 14 nov. 1740, François Chevalier, à Québec.

mai 1749. — *Marie-Charlotte*, b [7] 22 déc. 1750; m [8] 2 mars 1772, à Joseph Pouliot. — *Marie-Thérèse*, b [7] 12 sept. 1752; m 26 nov. 1781, à Bernard Dubé, à St-Jean-Port-Joli.—*Jean-René*, b [7] 30 juillet 1754.—*Marie-Françoise*, b [7] 7 avril 1756.—*Michel*, b 1757; s [7] 30 août 1758.

III.—CHRÉTIEN, Thomas, [Thomas II.
b 1711; s 9 oct. 1777, à St-François, I. O.

I.—CHRÉTIEN (1), Nicolas.

1740, (22 fevrier) St-Michel.

III.—CHRÉTIEN, Joseph, [Jean II.
b 1711.
Paquet (2), Marie, [Charles II.
b 1696; veuve de Jacques Bilodeau.

1741, (31 avril) St-Valier.

I.—CHRÉTIEN, Jean, de St-Malo.
Bigué (3), Therèse-Françoise, [Etienne I.
veuve de Jean Bourgaud.

III.—CHRÉTIEN, Charles. [Jean II.
Blondeau, Marie-Joseph.
Marie-Françoise, b... m 7 janvier 1784, à Jean-Baptiste Morier, à Québec.

1744, (5 oct.) Québec. [2]

III.—CHRÉTIEN, Louis, [Jean-Bte II.
b 1715.
1° Cotin (4), Marie-Thérèse, [Mathieu II.
b 1716; s [2] 1er juin 1758.
Louis, b [2] 24 juillet 1745; s [2] 16 mai 1746.—*Judith*, b [2] 18 mai 1747; m [2] 8 juillet 1790, à Tobie Aénéké.—*Louis*, b [2] 4 janvier 1750.—*Thomas*, b [2] 28 mars 1752; s [2] 30 juillet 1753.—*Angélique*, b [2] 11 août 1754.

1759, (5 fevrier) Charlesbourg. [3]

2° Bernier, Marie-Madeleine,
b 1735; veuve de Joseph Maréchal; s [3] 28 oct. 1759.

1761, (5 oct.) St-Valier.

3° Hély, Elisabeth, [Jean III.
b 1735.

CHRÉTIEN, Jean.
Rocheleau, Madeleine.
Louise, b et s 12 mai 1749, à Montréal.

1749, (29 mai) Québec. [4]

III.—CHRÉTIEN, Pierre, [Jean-Bte II.
b 1724; s avant 1793.
Mezeret, Charlotte, [René III.
b 1723.
Pierre-René, b [4] 3 avril et s [4] 21 juillet 1750.—*Catherine-Elisabeth*, b [4] 7 juin 1751; m [4] 7 mai 1793, à Joseph-Louis Dubois.—*Louis*, b [4] 29 nov. 1754; s [4] 19 avril 1756. —*Marie-Angélique*, b 17 mai et s 7 juin 1761, à la Pte-aux-Trembles, Q.—*Marie-Elisabeth*, b [4] 6 février et s [4] 18 juin 1763.

(1) DeLisandrac; il était, en 1743, à St-Augustin.
(2) Dit Lavallee.
(3) Et Behier.
(4) Dit Dugal.

1749, (27 oct.) Trois-Rivières. [5]

III.—CHRÉTIEN, Jean-François, [Jacques II.
b 1721; s [5] 9 juillet 1762.
Denoyon (1), Marie-Anne, [Jacques II.
b 1726.
Joseph, b [5] 5 mars 1750.—*Jean-Baptiste*, b [5] 12 mars 1753.—*Marie-Anne*, b [5] 9 mars 1755; s [5] 6 mai 1760.—*Pierre*, b [5] 5 sept. 1757; s [5] 10 mai 1760.—*Jacques*, b [5] 20 sept. 1759; s [5] 20 dec. 1761.—*Alexis*, b [5] 31 mars 1761.

1750, (24 août) St-François, I. O.

III.—CHRÉTIEN, Joseph, [Thomas II.
b 1717; s 5 juillet 1787, à Québec.
Jolin (2), Gertrude, [Simon II.
b 1731.

1751, (1er février) Montréal.

III.—CHRÉTIEN, Louis, [François II.
s avant 1766.
Rapin, Françoise, [Antoine-Jean II.
b 1728; s avant 1766.
Françoise, b... m 10 février 1766, à Louis Morel, à Lachine.

1753, (26 fevrier) Charlesbourg. [6]

IV.—CHRÉTIEN, Jean-Bte, [Jean-Bte III.
b 1727; s 31 août 1770, à la Pte-aux-Trembles, Q. (noyé).
Bouré, Marie-Françoise, [François III.
b 1735.
Jean-Baptiste, b [6] 13 février 1755.—*Marie-Louise*, b [6] 29 oct. 1756.—*Anonyme*, b [6] et s [6] 10 fevrier 1758.—*Marie-Françoise*, b... s [6] 17 juillet 1762.

CHRÉTIEN, Louis,
s avant 1760.
David (3), Marie. [Nicolas II.
Jacques-Etienne, b 1758; s 31 mars 1760, à St-Philippe. [7] — *Marie*, b 1759; s [7] 12 avril 1760.

CHRÉTIEN, Alexis.
Tremblay (4), Marie.
Alexis, b 22 juillet 1757, aux Trois-Rivières. [8] —*Adrien-Roch*, b [8] 3 oct. 1758.—*Marie*, b [8] 3 fevrier 1760.—*Etienne*, b [8] 25 mai et s [8] 1er août 1761.

1758, (20 nov.) St-Thomas.

III.—CHRÉTIEN, Jean, [Jean II.
b 1721.
Prou, Marie-Geneviève, [Jean-Bte II.
veuve de Jean-Baptiste Beland.

(1) Elle épouse, le 7 mai 1764, Paul Ménard, à Boucherville.
(2) Elle épouse, le 22 juillet 1788, Victor Martineau, à Québec.
(3) Elle épouse, le 5 août 1760, François Prémont, à St-Philippe
(4) Trempe en 1758 et Piette en 1760.

1764, (25 juin) Québec.[4]
IV.—CHRÉTIEN, JEAN-BTE, [JEAN-BTE III.
b 1737.
1° MAGOT (1), Marie-Louise, [SÉBASTIEN I.
b 1744; s [4] 13 mars 1774.
Elisabeth, b... m [4] 3 oct. 1795, à Louis SIVRAC.
1780, (5 juin).[4]
2° LETELLIER, Marie-Geneviève, [NICOLAS I.
b 1760.

1764, (13 nov.) Ste-Anne-de-la-Pocatière.
III.—CHRÉTIEN, FRANÇOIS, [JEAN II.
b 1737.
MIGNIER (2), Marie-Angélique, [BERNARD III.
b 1742; veuve de Charles Pelletier.

1765, (11 février) Berthier.[9]
I.—CHRÉTIEN (3), CHARLES-FRANÇOIS, fils de Jacques et de Julienne Moire, de St-Gervais, diocèse d'Avranches.
GUIMONT, Ursule, [FRANÇOIS-JOSEPH III.
b 1726; veuve de Joseph Buteau.
Jean-François, b [9] 7 avril 1767.

1766, (10 fevrier) St-Thomas.
IV.—CHRÉTIEN, JEAN-CHARLES, [CHARLES III.
b 1743.
CHABOT (4), Geneviève. [PIERRE IV.

1766, (14 mai) St-Thomas.
IV.—CHRÉTIEN, JACQUES, [CHARLES III.
b 1741.
BLANCHET, Marie-Geneviève, [FRANÇOIS III.
b 1737.

1766, (14 oct.) Ste-Anne-de-la-Pocatière.
III.—CHRÉTIEN, ANTOINE. [JEAN II.
LAIGU (5), Marie-Anne. [FRANÇOIS II.

1786, (5 sept.) Québec.
I.—CHRÉTIEN, ANTOINE, fils d'André et de Madeleine Schmit, de Brunswick, Allemagne.
BILLEMER, Catherine, [FRANÇOIS I.
b 1762.

CHRÉTIEN, JEAN-FRANÇOIS.
BLAIS, Angélique.
Rosalie, b 20 août 1795, à Berthier.

CHRISTIANSERS, MARIE-ANNE, b 1675; m à Moïse DUPUIS.

1787.
I.—CHRISTIE, THOMAS.
BONHOMME, Marie-Angélique, [PIERRE IV.
b 1753.
Thomas, b... s 29 août 1788, à Ste-Foye.

(1) Et Magau dit Boulogne.
(2) Dit Lagace.
(3) Venu en 1752.
(4) Dit Lamarre.
(5) Dit Lanoux.

I.—CHRISTIE (1), MARTIN, b 1781; de la Suisse; s 11 fevrier 1817, à l'Hôtel-Dieu, M.

CHRISTIN.—Voy. CRISTIN.

CHRISTIN, CATHERINE, épouse d'André MARSIL.

CHRISTIN, PÉLAGIE, épouse de Jean-Marie VINCELET.

CHRISTOFLE.—Voy. LAVIOLETTE.

I.—CHRYSTOPHE, JEAN.
LESPÉRANCE, Marie.
Marie, b 1728; s 7 juin 1748, à Montréal.

CHRISTOPHE (2), JOSEPH, b 1750; s 20 sept 1762, à la Baie-du-Febvre.

1759, (8 janvier) Sault-au-Récollet.
I.—CHULLE (3), JEAN-PIERRE, b 1733; fils d'Etienne et de Catherine Martin, de St-Pierre-aux-liens, diocèse de St-Paul-Trois-Châteaux, Avignon.
MÉNARD, Marie-Anne. [FRANÇOIS III.
Marie-Charlotte, b 1er janvier 1761, à St-Henri-de-Mascouche.

CHOPIN.—Voy. CLOPIN.

CHUPIN.—Voy. LAJOIE.

1736, (13 fevrier) Charlesbourg.
I.—CHUPIN (4), PIERRE, b 1708; fils de Pierre et de Marie Toussaint, de St-Pierre-de-Châtelet, diocèse de LaRochelle; s 22 février 1778, à Quebec.[5]
1° BOUTET (5), Marie-Jeanne, [PIERRE-JEAN I.
b 1706; s [5] 20 juillet 1744.
1744, (24 nov.) Lorette.
2° MEUNIER, Marguerite, [JEAN III.
b 1725; s [5] 26 fevrier 1778.
Geneviève, b... 1° m [5] 5 nov. 1759, à Pierre MONIER; 2° m [5] 2 dec. 1762, à Jacques CRÉMAZIE; s [5] 12 nov. 1781.

CHURLOT.—Voy. DESMOULINS.

I.—CIBARD, PIERRE, b 1677; s 16 janvier 1759, à l'Hôpital-General, M.

(1) Sergent du régiment de Vatteville.
(2) Dit Gautier.
(3) Dit Bélair; soldat de Laferté, régiment de la Sarre.
(4) Dit Vadeboncœur — Jusgrain — Lajoie; soldat de la compagnie de M. de Ramezay.
(5) Dit Lebeuf.

1691, (9 juillet) Montreal. [5]
I.—CIBARDIN (1), François, b 1660, maître-cordonnier ; fils de François et d'Antoinette Vergnaud, de Beaulieu, ville d'Angoulême ; s [5] 11 août 1691.
DeGuittre (2), Louise, b 1670 ; fille de Louis et de Renée de Scène, de St-Barthélemi, diocèse de LaRochelle.

CICATRICE.—Voy. Dorloge, 1741.

CICOT.—Voy. Chiquot.

CIMETIÈRE.—Voy. Janson.

CIRCÉ.—*Variation et surnom :* Sircé—St-Michel.

CIRCÉ, Marie-Anne, épouse d'Eustache Dumais.

1680, (4 janvier) Québec. [1]
I.—CIRCÉ (3), François,
b 1656.
Berthelot, Marie-Madeleine,
b 1662.
François, b [1] 9 mars 1680 ; m à Marie-Madeleine Provost. —*Joseph,* b 27 fevrier 1691, à Becancour ; m à Agathe Meunier.— *Jean-Baptiste,* b 1691 ; m 1731, à Marguerite Bonin ; s 3 juin 1767, à St-Antoine-de-Chambly. — *Madeleine,* b 1700 ; m 25 nov. 1737, à Joseph Bouvet, à Montréal.—*Stanislas,* b 1705 ; m 4 avril 1731, à Jeanne Rousseau, à Laprairie. — *Louise,* b... m 14 janvier 1720, à Rene Baudin, à St-Ours.

II.—CIRCÉ (4), François, [François I.
b 1680 , s 25 juin 1768, à St-Philippe.
Provost, Marie-Madeleine
Stanislas, b 24 avril 1703, à Sorel ; m à Marie Lajoie ; s 30 juin 1747, à la Pte-aux-Trembles, M.

1724, (18 mai) Laprairie. [4]
II.—CIRCÉ, Michel-François, [François I.
b 1698.
Babeu (5), Marie-Anne, [André I.
b 1700.
Marie-Catherine, b [4] 15 mars 1725 ; m 22 fevrier 1762, à Charles Bonhomme, à St-Constant. [7] — *Marie-Anne,* b [4] 11 oct. 1726 ; 1° m à Laurent-Eustache Demers ; 2° m 15 avril 1765, à Jean-Bte Rentant, à St-Philippe. — *Joseph-Michel,* b [4] 27 mai 1728.—*Jeanne-Hélène,* b [4] 27 mai 1728 ; s [4] 17 mars 1729. — *Pierre,* b [4] 6 mai 1730.—*François-Marie,* b [4] 12 mars 1732 ; m [7] 8 avril 1755, à Marie-Joseph St-Agne. — *Jean-Baptiste,* b [4] 22 fevrier 1734. — *Louis,* b [4] 5 oct. 1735. — *Marie-Joseph,* b [4] 12 juillet 1737.—*Marie-Madeleine,* b [4] 10 juin 1739 , m [5] 13 nov. 1763, à Jean Page.— *Joseph-Marie,* b [4] 14 juillet 1741.

(1) Voy vol. I, p. 130.
(2) Elle épouse, le 14 janvier 1692, Jacques Robidas, à Montréal.
(3) Dit St-Michel, chirurgien ; voy. vol. I, p. 554.
(4) Dit St-Michel.
(5) Elle épouse, le 5 juin 1754, François Deniger. à Laprairie.

1731.
II.—CIRCÉ (1), Jean-Bte, [François I.
b 1691 ; s 3 juin 1767, à St-Antoine-de-Chambly. [9]
Bonin, Marguerite. [André I.
Jean-Baptiste, b 1732 ; m [9] 28 avril 1755, à Marie-Barbe Royer ; s 11 mai 1761, à St-Constant.— *Marie-Marguerite,* b... m [9] 13 avril 1750, à Louis Quay. — *Ursule,* b 1735 ; s [9] 10 mars 1752. — *Marie-Louise,* b 1736 ; m [9] 20 oct. 1760, à Pierre Marassé. — *Marie-Marguerite,* b 1741 ; m [9] 26 fevrier 1759, à Joseph Quay. — *Marie-Françoise,* b 1742 ; m [9] 14 fevrier 1763, à Jean-Baptiste Menard. —*Angélique,* b 1744 ; m [9] 10 août 1767, à Jean-Baptiste Chalifour.

III.—CIRCÉ (2), Stanislas, [François II.
b 1703 ; s 30 juin 1747, à la Pte-aux-Trembles, M.
Lajoie (3), Marie. [Pierre.

1731, (4 avril) Laprairie. [9]
II.—CIRCÉ, Stanislas, [François I.
b 1705.
Rousseau, Marie-Jeanne, [Pierre II.
b 1709.
Marie-Joseph, b 1738 ; s 6 juillet 1761, à St-Constant.— *Marie-Joseph,* b [9] 29 mars et s [9] 29 juin 1744.

II.—CIRCÉ, Joseph, [François I.
b 1691.
Meunier, Agathe, [Pierre II.
b 1718 ; s avant 1766.
Joseph, b 1740 ; m 18 août 1766, à Marie-Isabelle Gervais, à St-Antoine-de-Chambly.

CIRCÉ, Joseph.
Maillet, Marie-Joseph.
Anonyme, b et s 14 oct. 1755, à St-Antoine-de-Chambly. [6]—*Marie-Elisabeth,* b [6] 28 oct. 1759.

1755, (8 avril) St-Constant. [1]
III —CIRCÉ (2), Frs-Marie. [Michel-Frs II.
St-Agne (4), Marie-Joseph. [Joseph II.
François, b... s 16 oct. 1757, à St-Philippe.[2] — *Jean-Baptiste,* b [1] 29 août 1757.—*Claude,* b [2] 8 et s [2] 24 juin 1758.—*Joachim,* b... s [2] 7 oct. 1759.

1755, (28 avril) St-Antoine-de-Chambly. [3]
III.—CIRCÉ, Jean-Bte, [Jean-Bte II.
b 1732 ; s 11 mai 1761, à St-Constant.
Royer, Marie-Barbe, [Jean-Bte I.
b 1733.
Jean-Baptiste, b [3] 18 fevrier 1757.

(1) Dit St-Michel ; voy. vol. I, p. 554.
(2) Dit St-Michel.
(3) Elle épouse, le 5 mai 1749, Pierre Rose, à la Pte-aux-Trembles, M.
(4) Dit St-Yves.

1756, (18 oct.) St-Constant. [4]

III.—CIRCÉ (1), PIERRE, [PIERRE II.
b 1722.
RÉAUME, Marie-Angélique, [JOSEPH III.
b 1729.
Marie-Angélique, b [4] 20 février 1762.—*Marie-Amable*, b 11 avril 1764, à St-Philippe.

1766, (18 août) St-Antoine-de-Chambly.

III.—CIRCÉ, JOSEPH, [JOSEPH II.
b 1740.
GERVAIS, Marie-Isabelle, [PIERRE III.
b 1748.

CIRE.—Voy. SYRE.

CIRE, GENEVIÈVE, épouse de Jean LECLERC.

I.—CIRE, JEAN, Acadien; s 12 mars 1759, à St-Michel.

CIRIER, ROSE, épouse de Jacques FRADET; s avant 1797.

1710, (12 juin) Détroit.

II.—CIRIER (2), MARTIN. [NICOLAS I
BEAUNE, Marie-Anne, [JEAN I
b 1678, veuve de François Lorry.
Marie-Louise-Angélique, b 28 juillet 1714, à la Pointe-Claire; m 14 juillet 1732, à Joseph BACHAN, à la Longue-Pointe. [2] — *Antoine*, b 10 août 1718, à Montreal [3]; m [2] 10 oct. 1740, à Marie-Joseph LENOIR.—*Marthe*, b.. m [3] 10 fevrier 1727, à Jacques DENIS.—*Angélique*, b... m 1750, à François DURIVAGE.

1740, (10 oct.) Longue-Pointe. [4]

III.—CIRIER (3), ANTOINE, [MARTIN II.
b 1718.
LENOIR, Marie-Joseph, [JOSEPH II.
b 1720.
Marie-Joseph, b [4] 6 avril 1742; m [4] 7 janvier 1760, à Dominique TRUTAUT; s [4] 26 avril 1761.—*Antoine*, b [4] 1er juin et s [4] 18 août 1743.—*Marie-Françoise*, b [4] 8 mai 1745; m 24 oct. 1763, à Charles FISSIAU, à la Pte-aux-Trembles, M. [5] — *Angélique*, b 1747; s [4] 11 avril 1748.—*Joseph-Antoine*, b [5] 2 mai 1749; s [5] 7 mai 1750.—*Clémence*, b [4] 30 dec. 1750; s [5] 21 août 1751.—*Marie-Judith*, b [5] 24 mars 1752; m à Pierre DESROCHES.—*Marguerite*, b [5] 27 janvier 1754.

CIRIER, FRANÇOIS.
NADEAU, Anne.
Anne, b 1754; s 28 oct. 1755, à Beaumont. [9]—*François*, b [9] 12 août et s 12 sept. 1756, à St-Charles.

(1) Dit Baudin; voy. Pierre Baudin de 1756, vol. II, p. 142.
(2) Soldat; voy. vol. I, p. 130.
(3) Sculpteur et architecte.

1760, (24 nov.) Verchères. [6]

I.—CIRIER (1), NICOLAS, b 1729; fils de Nicolas et de Marguerite Carton, de Rûe St-Pierre, Election de Clermont, en Beauvaisiers, Picardie; s [6] 22 janvier 1761.
PINEAU, Marie-Catherine. [FRANÇOIS III.

I.—CISTARA, JACQUES, b... s 30 juin 1706, à Montreal.

I.—CITOLEUX, MICHEL.
RANCOUR, Marie-Louise,
s 16 juin 1794, au Detroit.

CIVADIER (2), ..., s 23 août 1758, à St-Nicolas.

CLAIR.—Voy. LECLERC.

CLAIR, ANTOINE.
DEFOYE, Therèse.
Michel, b 23 sept. 1759, à la Pte-aux-Trembles, Q.

I.—CLAIRAMBAUT (3), FRANÇOIS, messire, sieur d'Aigremont, commissaire de la marine, depute de la cour pour visiter les postes avances du Canada.

CLAIRIN (DE).—Voy. DUBOURGET.

I.—CLAIRZON, MARIE, b... m 1er août 1774, à Pierre LUPIEN, à Nicolet.

I.—CLAMOR, MARIE-ANNE-YVES, b 1716; s 14 mai 1733, à Quebec.

I.—CLAMORQUANS, MARIE-ANNE, épouse de Jean-Baptiste MARIAGE.

I.—CLAN, J.-BTE, b 1759; de Manheïm, Allemagne; soldat du régiment d'Anhaltsorbs (4).

1753, (15 oct.) Trois-Rivières. [5]

I.—CLAPIER (5), SIMON, fils de Pierre et de Marie Geoffroy, du diocèse et de la ville d'Usez, Languedoc.
LAGUERCHE, Madeleine. [JEAN-FRANÇOIS I.
Jean, b [5] 19 juin 1754. — *Simon*, b [5] 28 avril 1756; s [5] 15 janvier 1759. — *Antoine*, b [5] 2 et s [5] 22 mars 1757.

CLARC, MARGUERITE, épouse de Guillaume PINAUD.

1749, (7 juillet) Québec. [4]

I.—CLAREMBAUT (6), LOUIS, caporal; fils de Louis et d'Anne Vallerand, de St-Nicolas, diocèse de Laon.
PELOT, Charlotte, [PIERRE I.
b 1718

(1) Soldat de la compagnie de Daureillant, Royal Roussillon.
(2) Est-ce l'époux ou l'épouse qui est inhumé?
(3) Il était au Détroit, en 1708.
(4) Certificat date du 3 sept. 1793.
(5) Il signe le 20 fevrier 1715, à Charlesbourg.
(6) Dit Vadeboncœur; sergent dans les troupes.

Anne-Catherine, b [4] 25 mai 1750.—*Jean*, b [4] 9 mars 1752.—*Marie-Angélique*, b[4] 16 février 1754. —*Louise-Marguerite*, b [4] 25 mars 1755. — *Dominique*, b [4] 27 et s [4] 30 mars 1757.

I.—CLARKE, Délivrance, d'Oyster-River, Nouvelle-Angleterre, épouse de Nathaniel Lamax.

I.—CLARKE, Thomas, Son Excellence l'honorable, lieutenant-general des troupes et colonel du 31e regiment.
Becher, Anne-Luce-Marie-Madeleine, b 1730; s 2 juillet 1784, à Quebec (dans l'église, sous le banc d'œuvre.)

1725, (28 oct.) Québec. [4]

I.—CLARTON, Joseph, fils de Pierre et de Jeanne Durand, de St-Louis-de-Rochefort, diocèse de La Rochelle.
Frapier, Marie-Anne, [Hilaire I. b 1689; veuve de Jacques Coquet
Joseph, b 1726; s [4] 29 avril 1730.—*Pierre*, b [4] et s [4] 7 juillet 1728.—*Joseph*, b [4] 8 oct. 1731; s [4] 22 juin 1733.

CLAUDE, Madeleine, b... 1° m à Joseph Joly; 2° m 21 fevrier 1757, à Pierre Servant, à Ste-Anne-de-la-Perade.

1752, (12 juin) Ste-Geneviève, M. [4]

I.—CLAUDE (1), Nicolas, fils de Sebastien et de Catherine Grammetif, de St-Nicolas, diocèse de Strasbourg, Basse-Alsace.
Boileau, Geneviève. [Pierre.
Elisabeth, b[4] 6 fevrier 1753.—*Marie-Geneviève*, b [4] 19 oct. 1754; s [4] 7 fevrier 1757. — *Nicolas-Amable*, b [4] 14 juillet 1756.

1755, (20 oct.) Montréal.

I.—CLAUSERET (2), Jacques, b 1725, soldat; fils de Joseph et de Marie Caton, de Cheveria, diocèse de Lyon.
Aubin, Catherine, [Antoine I. b 1725; veuve de Claude Bouillet.

CLAVEAU.—*Variations:* Clavaux—Lavau.

CLAVEAU, Françoise, epouse d'Ambroise Trouillet.

CLAVEAU, Marie-Amable, épouse de Jean-Baptiste Lafrance.

CLAVEAU, Marie-Anne, b... m 9 fevrier 1779, à Jean DeSabrevois, à Montreal [2]; s [2] 12 fevrier 1783.

CLAVEAU, Marie-Anne, épouse de Jean-Baptiste Dragon.

(1) Il abjure le luthérianisme, le 11 juin 1752

(2) Dit Sanscartier.

1736, (26 nov.) Quebec. [4]

I.—CLAVEAU, Jean, tailleur; fils d'Eustache et de Catherine Bonnet, de Marand, diocèse de LaRochelle.
1° Doyon, Marie-Louise, [Thomas II. b 1716; s [4] 3 janvier 1748.
Marie-Louise, b [4] 23 sept. 1737; m 6 février 1758, à André Rembert, à Montréal.—*Jean-Baptiste*, b [4] 26 sept. 1739.—*Pierre*, b [4] 2 sept. 1740. — *Marie-Catherine*, b [4] 4 et s [4] 28 sept. 1741. — *François*, b [4] 1er janvier 1743. — *Marie-Pélagie*, b [4] 27 avril 1744.—*Louis*, b [4] 25 mai et s 9 août 1745, à Charlesbourg.—*Marie-Françoise*, b [4] 24 juillet 1746. — *Noel-Natal*, b [4] 25 dec. 1747; s 18 juillet 1748, à Beaumont.

1749, (18 avril) Lévis.

2° Patry, Marie-Catherine, [René II. b 1722.
Jean-Baptiste, b [4] 19 mars 1750; s 12 fevrier 1751, à St-Charles. — *Jean-François-Régis*, b 21 août 1751, au Cap-St-Ignace. [5]—*Louis*, b [5] 9 oct. 1752.—*Augustin-René*, b [5] 10 mars 1754.

1746, (8 janvier) Montréal. [1]

I.—CLAVEAU (1), Pierre, b 1719; fils d'Eustache et de Marie Bonnet, de Marant, diocèse de LaRochelle.
Parant, Marie-Louise, [André III. b 1727.
Marie-Louise, b [1] 7 janvier 1746; m [1] 25 mai 1761, à Etienne Dumeynion.—*Marie-Anne*, b [1] 8 mars 1748.—*Joseph-Marie*, b [1] 20 oct. 1749.

I.—CLAVEAU (2), Joseph.
Maillot, Marie.
Pélagie, b... m 12 janvier 1761, à Joseph Laporte, à St-Antoine-de-Chambly.

1762, (7 janvier) Ste-Rose. [2]

I.—CLAVEL, François, fils de Jacques et de Catherine Roche, d'Aurisse, diocèse de Grenoble.
Vermet, Marie-Madeleine, [Antoine II. b 1741.
François, b [2] 7 oct. 1762.

CLAVERIE.—*Variation et surnom:* Clavery —St-Surin.

I.—CLAVERIE (3), Pierre, b 1688; s 27 déc. 1759, à l'Hôpital-General, M.

1753, (29 janvier) Québec. [8]

I.—CLAVERIE (4), Pierre, b 1719; fils de Jean et de Jeanne LaBarthe, de Susmion, diocèse d'Oléron; s 21 août 1756, à Montreal.
Dupéré, Marie-Anne, [Jean-Bte II. b 1737.
Ignace-Julie, b [8] 7 février 1755.

(1) Dit Lalancette; soldat de la compagnie de Lanctot.

(2) Dit Langevin.

(3) Dit St-Surin.

(4) Garde-magasin du Roy. De simple particulier il fut fait garde-magasin à Québec, sous le sieur Estèbe (1755). On confia à ces deux sieurs le soin d'une maison à Québec dont le but était d'attirer tout le commerce et surtout de fournir tous les magasins du Roy; car l'Intendant envoyait, tous

I.—CLAVET, MICHEL,
s avant 1789.
TIBAUT, Catherine.
Joseph, b... m 30 juin 1789, à Marie-Louise SERINDAC, à Québec.—*Michel-Jean-Baptiste*, b 11 sept. 1761, à St-Valier; m à Marguerite LANGLOIS.

II.—CLAVET, MICHEL-JEAN-BTE, [MICHEL I.
b 1761.
LANGLOIS, Marguerite.
Pierre, b 13 mars 1788, à Ste-Foye.

1789, (30 juin) Québec.

II.—CLAVET, JOSEPH. [MICHEL I.
SERINDAC, Marie-Louise. [GILLES-VICTOR II

CLEAU, FRANÇOIS.—Voy. BLAU.

I.—CLÉMENCEAU (1), DANIEL, b 1670; s 18 août 1709, à Montreal.

1692, (3 nov.) Quebec.

I.—CLÉMENCEAU (2), LOUIS,
b 1663.
MARQUET, Françoise, [FRANÇOIS I.
b 1670, s 15 dec. 1727, à Berthier.
Marguerite, b 1721; m à Jean-Baptiste LEJEUNE; s 24 nov. 1756, à St-Jean, I. O.

1767, (26 oct.) Lachine.[6]

I.—CLÉMENCEAU, ANTOINE, b 1733; fils d'Antoine et de Madeleine Caillaud, de la ville de LaRochelle; s[6] 29 déc. 1768.
LANDROCHE, Geneviève. [ANDRE I.

CLÉMENT.—*Variations et surnoms :* BOREL — CHARLES — DELISLE — LABONTÉ — LACOUTURE — LAJEUNESSE — LARIVIÈRE — LÉONARD — QUENOCHE.

1687, (7 avril) Québec.

I.—CLÉMENT (3), PHILIPPE,
b 1655.
BISSOT, Jeanne, [FRANÇOIS I.
b 1671.

1699, (27 juillet) Ste-Famille, I. O.

I.—CLEMENT (4), LÉONARD,
b 1677; s 12 oct. 1757, à St-Michel.[1]
MORISSET, Jeanne, [JEAN I.
b 1683; s[1] 3 juillet 1756.

les ans, à la cour, l'état de tout ce qui était nécessaire pour l'annee suivante, il pouvait diminuer à son gré la quantité à demander qui, d'ailleurs, par les circonstances, n'était jamais suffisante et que souvent on diminuait; et ce magasin se trouvait justement fourni de ce qui manquait à celui du Roy. Le peuple, s'apercevant de l'objet de ce nouvel établissement, le nomma par derision : "La Friponne." Comme recompense de sa bonne gestion de "La Friponne", il fut nomme conseiller du Roy au conseil superieur, en place du sieur Estèbe. Il mourut au bout de huit mois.

(1) Dit Larose; tambour dans la compagnie DesBergères.

(2) Voy. vol. I, p. 131.

(3) Seigneur de Vallerenne et de St-Germain-de-la-Poterie; capitaine d'une compagnie d'infanterie. Il était, le 17 nov. 1687, à Levis; voy. Duvault, vol. I, p. 223.

(4) Voy. vol. I. p. 131; voy. aussi Labonté, vol. I, p. 332.

Marie-Joseph, b[1] 6 avril 1705; m 24 mai 1728, à Pierre GOSSELIN, à St-Valier[2]; s[2] 3 fevrier 1732. —*Louis*, b 31 juillet 1707, à Beaumont[3]; m 31 août 1733, à Madeleine PLANTE, à St-Jean, I. O. —*Jean-Baptiste*, b[3] 13 juin 1723; s[2] 11 sept. 1733.

CLÉMENT, ..., sieur, b 1689; s 17 déc. 1759, à St-Michel.

1702, (19 avril) Montréal.[1]

I.—CLÉMENT, PIERRE, fils de Pierre et de Catherine ......, de St-Jacques, ville de Tarrascone, diocèse d'Arles.
PRÉZOT (1), Marie-Catherine, [MICHEL I.
b 1679.
Marie-Louise, b[1] 19 mars 1703. — *Bernard*, b 1703, m 8 janvier 1721, à Marie MESSAGUIER, à Lachine.[2] —*Germain*, b... m à Marie BAUTREAU. —*Angélique*, b[2] 24 nov. 1705; 1° m à Jacques FAUVEL; 2° m 7 mai 1752, à Jean BRISARD, au Détroit.—*Antoine*, b[2] 13 fevrier 1708. — *Pierre*, b[2] 14 déc. 1710. — *Jacques*, b 1712; m à Marie-Anne BOURDON. — *Mathieu*, b 11 et s 12 mars 1715, à la Pointe-Claire — *Marie-Charlotte*, b 29 août 1717, au Bout-de-l'Ile, M.; m à Etienne BENOIT.

1710, (27 oct.) Quebec.

I.—CLÉMENT, EDOUARD, fils de Robert et d'Elisabeth Willis, de St-Laurent, Exester, Angleterre.
GAUTIER, Catherine-Angélique, [JEAN I.
b 1677; veuve de Pierre Samson.

I.—CLÉMENT (2), ETIENNE.
LAPOINTE (3), Marie-Joseph, [NICOLAS I.
b 1690; s 18 avril 1729, à Montréal.
Catherine, b... m 4 juillet 1752, à François MARECK, aux Trois-Rivières.

1720, (18 nov.) St-Augustin.[1]

I.—CLÉMENT, ANDRÉ, fils de Gilbert et de Madeleine Buisson, de St-Andre, diocèse de Vienne, Autriche.
GABOURY, Marie, [ANTOINE I.
b 1686; veuve de Pierre Racet.
Marie, b[1] 6 août 1721; m[1] 24 nov. 1739, à Louis MORACHE.—*Augustin*, b[1] 30 avril 1724; m à Rose TESSIER.—*Marie-Rosalie*, b[1] 31 janvier 1726.

1721, (8 janvier) Lachine

II.—CLÉMENT (4), BERNARD, [PIERRE I.
b 1703.
MESSAGUIER, Marie, [HUGUES I.
b 1697.

CLÉMENT, JEAN.
LAISNÉ, Geneviève.
Pierre, b 3 avril 1728, à Québec.

(1) Et Préjeau—Larivière—Chambelli—Chambly, 1703.

(2) Dit Lajeunesse.

(3) Audet dit Lapointe.

(4) Dit Larivière.

I.—CLÉMENT, CLAUDE, b 1712, soldat; de la Paix, Valentienne; s 13 déc. 1747, à Montréal.

1733, (31 août) St-Jean, I. O.

II.—CLÉMENT (1), LOUIS, [LÉONARD I. b 1706; s 21 dec. 1750, à St-Michel.[2]

PLANTE (2), Marie-Madeleine, [PIERRE II. b 1707.

Louis-Marie, b 3 juillet 1734, à St-Valier[3]; m [2] 9 janvier 1758, à Marie-Geneviève GOSSELIN. —*Joseph-Marie,* b [3] 16 juin 1735.—*Marie-Joseph,* b [2] 16 mars 1737.—*Pierre,* b [2] 30 juin 1738; m [2] 23 nov. 1760, à Marguerite BISSONNET.—*Joseph-François-Xavier,* b [2] 3 déc. 1739; m [2] 25 janvier 1762, à Marie GOUPY.—*Marie-Catherine,* b [2] 15 fevrier 1741; m [2] 18 fevrier 1765, à Ignace PILOTE.—*Jean-François,* b [2] 16 mars 1742.—*Marie-Madeleine,* b [2] 29 juin 1743; m [2] 7 janvier 1761, à Noël SIMARD.—*Michel,* b [2] 22 nov. 1745. —*Marie-Thérèse,* b... m 1er fevrier 1762, à Henri ARDOUIN, à la Longue-Pointe.—*Gabriel,* b... m à Françoise COUPY.—*Ignace,* b [2] 1er fevrier 1750.

II.—CLÉMENT, GERMAIN. [PIERRE I.

BAUTREAU (3), Marie.

Marie-Joseph, b 1734; m 7 oct. 1754, à Charles CHEVAUDIER, à la Pte-aux-Trembles, M.[1]—*Louis,* b 1741; m 5 juin 1769, à Marie-Joseph LÉONARD-SIMON, à la Longue-Pointe. — *Charles,* b [1] et s [1] 16 janvier 1751.—*Marie-Joseph,* b [1] 26 juin 1752. —*Marie-Catherine,* b [1] 30 avril 1754.

II.—CLÉMENT (4), JACQUES, [PIERRE I. b 1712.

BOURDON, Marie-Anne, [CÉSAR-MARIE II. b 1712.

Jacques, b... m 10 mai 1756, à Madeleine ARRIVÉE, à Soulanges.

CLÉMENT, JACQUES.—Voy. LANGLOIS de 1737.

1736, (9 janvier) Québec.[2]

I.—CLÉMENT, JACQUES, charpentier; fils de Jean et de Julienne Vivier, de St-Pair, diocèse de Coutances; s avant 1749.

GIRAUD, Marie-Louise, [GUILLAUME I. b 1719; veuve d'Olivier Gueguin; s [2] 2 dec. 1757.

Louise-Julienne, b [2] 29 juin 1737; m [2] 1er juillet 1754, à Pierre BLANCHARD.—*Louise-Geneviève,* b [2] 10 juillet 1738; m [2] 24 oct. 1757, à Maurice RICHARD.—*Jacques,* b [2] 20 juin 1739; s [2] 30 dec. 1740. — *Marguerite,* b [2] 5 fevrier et s 18 avril 1742, à Charlesbourg.—*Jean-Pierre,* b [2] 24 juin 1743.—*René-Michel,* b [2] 22 janvier 1746.—*Marie-Marguerite,* b [2] 29 fevrier 1748; s [2] 2 oct. 1749.—*Jacques,* b... m à Marie-Barbe BALAN.

(1) Dit Labonté.

(2) Elle épouse, le 11 février 1754, Michel Lefebvre, à St-Michel.

(3) Et Baudria.

(4) Dit Larivière.

II.—CLÉMENT (1), ANDRÉ, [LÉONARD I. b 1713.

DUBAU, Marie-Françoise, [PIERRE III. b 1719.

Marie-Françoise, b 25 août 1739, à St-Valier[3]; m 1er février 1761, à François HENS, à St-Michel.[4] —*Marie-Angélique,* b [4] 3 juillet 1742; 1° m [3] 24 janvier 1757, à Augustin ROY; 2° m [3] 26 fevrier 1770, à Jacques LABRECQUE.—*Marie-Madeleine,* b [4] 23 mars 1744.—*Marie-Louise,* b [4] 7 juillet 1747.—*André,* b [4] 4 mai 1749; s [4] 10 juin 1750.—*André,* b [4] 2 fevrier 1751.—*Marie-Catherine,* b [4] 25 nov. 1753.—*Anonyme,* b [4] et s [4] 31 oct. 1755. —*Marie-Brigitte,* b [4] 23 déc. 1756.—*Marie-Joseph,* b [4] 27 et s [4] 30 juillet 1760.

1741, (6 nov.) Lachenaye.

III.—CLÉMENT (2), IGNACE, [CLÉMENT II. b 1712; s 15 nov. 1747, à Terrebonne.[7]

ROUSSIN, Elisabeth, [LOUIS III. b 1722; s [7] 15 oct. 1756.

Marie-Reine, b 6 avril 1747, à Ste-Rose; s [7] 16 juillet 1747.

1746, (7 nov.) Montréal.[6]

I.—CLÉMENT, JOSEPH-AUGUSTIN, b 1713; fils de Guillaume et Marie Collet, de St-Sauveur, diocèse de St-Claude; s [6] 20 mars 1748.

CORDIER (3), Elisabeth, [GABRIEL I. b 1720.

Elisabeth-Charlotte, b [6] 14 nov. 1747; s [6] 2 juillet 1748.

1749, (17 février) St-Michel.[9]

II.—CLÉMENT (1), IGNACE, [LÉONARD I. b 1715.

FLEURET, Véronique, [JEAN I. b 1731.

Geneviève, b [9] 4 juillet 1750.—*Marie-Marguerite,* b [9] 23 nov. 1751.—*Ignace,* b [9] 26 août 1753; s [9] 31 mars 1760.—*Marie-Félicité,* b [9] 10 mai 1755. —*Marie-Joseph,* b 2 sept. 1757, à St-Valier.—*Marie-Catherine,* b [9] 20 mai 1759. — *Ignace,* b [9] 8 mai 1761.

II.—CLÉMENT, AUGUSTIN, [ANDRÉ I. b 1724.

TESSIER, Rose, [PIERRE I. b 1735.

Augustin, b 18 oct. 1754, à St-Augustin.[6]—*Marie-Rose,* b [6] 2 dec. 1758. —*Charles-Isaac,* b [6] 14 août 1761. — *Joseph,* b 19 janvier 1763, à la Pte-aux-Trembles. Q.

1756, (10 mai) Soulanges.[7]

III.—CLÉMENT (4), JACQUES. [JACQUES II.

ARRIVÉE (5), Madeleine. [PHILIPPE III.

Jacques, b [7] 15 juillet 1759.—*Marie-Jeanne,* b [7] 27 sept. 1760.

(1) Dit Labonté.

(2) Voy. aussi Charles de 1741.

(3) Elle épouse, le 3 nov. 1750, Jean-Joseph Legal, à Montreal.

(4) Dit Larivière.

(5) Dit Delisle.

1758, (9 janvier) St-Michel.
III.—CLÉMENT, Louis, [Louis II.
b 1734.
Gosselin, Marie-Geneviève, [Pierre III.
b 1734.
Marie, b 11 août et s 8 sept. 1760, à St-Charles.

1760, (23 nov.) St-Michel. [9]
III.—CLÉMENT (1), Pierre, [Louis II.
b 1738.
Bissonnet, Marguerite, [Jean-Bte III.
b 1735, veuve de Joseph Quéret.
Pierre, b [9] 22 avril et s [9] 22 juillet 1762.

1762, (25 janvier) St-Michel. [8]
III.—CLEMENT (2), Joseph-Frs-X., [Louis II.
b 1739.
Goupil, Marie, [Louis II.
b 1741.
Marie-Madeleine, b [8] 13 nov. 1762.

III.—CLÉMENT, Gabriel. [Louis II.
Coupy, Marie-Françoise.
Marie-Marguerite, b 8 avril 1761, à Quebec.

CLÉMENT (3), Joseph.
Forcier, Marguerite.
Jean-Jacques, b 9 janvier 1768, à St-Michel-d'Yamaska.

1769, (5 juin) Longue-Pointe.
III.—CLÉMENT, Louis, [Germain II.
b 1741.
Simon (4), Marie-Joseph, [Louis III.
b 1738.

CLÉMENT, Geneviève, épouse de Pierre Lacasse.

CLÉMENT, Marie, épouse de Jean-Baptiste Laperle.

CLÉMENT, Louise, épouse de Jacques Lauzon.

CLÉMENT, Marie-Anne, épouse de Jacques Legaut.

CLÉMENT, Marie-Germaine, épouse de Charles Lépine.

CLÉMENT, Marguerite, b... 1° m à François Roy; 2° m 17 août 1767, à Jean-Baptiste Hubou, à St-Henri-de-Mascouche.

CLÉMENT, Reine, b 1740; m à Nicolas Comptois; s 2 avril 1775, à Terrebonne.

CLÉMENT, Elisabeth, epouse de Pierre Truteau.

(1) Dit Labonté.
(2) Dit Léonard en 1762.
(3) Dit Lacouture.
(4) Dit Léonard.

CLÉMENT (1), Rose, épouse de Joseph Tinon.

CLERC.—Voy. Leclerc.

CLERC, Marie-Françoise, épouse de Mathurin Fuseau.

CLÉRICE, Catherine, b... m 1671, à Jacques Lussier, à Quebec.

CLÉRIN (de).—Voy. d'Estienne.

CLERJAUX, Marguerite, b... 1° m à Henri Métivier; 2° m à Pierre Lachauvetat.

CLERMONT.—*Surnoms :* Batellot—Battelio—Borel—Chenais—Dubord.—Lafontaine—Larose—Manuby—Montalon, 1760—Pontu.

I.—CLERMONT (2), François, b 1636; de Louisbourg; s 30 avril 1742, à l'Hôpital-Genéral, Q.

I.—CLERMONT (3), Louis, b 1716; s 15 février 1756, à Lachine.

CLERMONT (4), Louis, b... s 12 mars 1793, à Kaskakia.

CLERMONT, Ursule, b... s 13 juin 1752, à Soulanges.

CLERMONT, Marie-Joseph, épouse de Jacques Dufaut.

CLERMONT, Madeleine, b... m à Antoine Guillet; s avant 1773.

1747, (9 nov.) Baie-St-Paul. [1]
I.—CLERMONT (5), Léonard,
s avant 1780.
Simard, Dorothée, [François II.
b 1721; s [1] 27 février 1762.
Jean-Marie, b [1] 18 août 1748; m 17 janvier 1780, à Marie D'Auteuil, à la Rivière-Ouelle. — *Pierre,* b... m 7 janvier 1777, à Geneviève Papillon, à la Pte-aux-Trembles, Q.

1777, (7 janvier) Pte-aux-Trembles, Q. [3]
II.—CLERMONT, Pierre. [Leonard I.
Papillon, Geneviève, [Joseph III.
b 1756.
Marie-Thérèse, b [3] 4 juillet 1777.

1780, (18 janvier) Rivière-Ouelle.
II.—CLERMONT (6), Jean, [Léonard I.
b 1748.
D'Auteuil, Marie. [Charles IV.

(1) Dit Lallemand.
(2) Dit Larose.
(3) Dit Battalio; ancien soldat.
(4) Tué avec Pierre Lacoste, sur la rivière Cumberland.
(5) Dit Borel; voy. aussi ce nom, vol. II, p. 359.
(6) Dit Borel.

CLEROUX.—Voy. CHEROUX.

I.—CLEROUX, GUILLAUME,
b 1685; s 17 août 1762, à St-Vincent-de-Paul. [6]
BOISSEAU (1), Jeanne.
Marie-Louise, b 23 mars 1738, à Lévis; m [6] 28 oct. 1753, à Pierre BOURGEOIS —*Antoine,* b 22 février, à Québec et s 12 avril 1740, à Lorette. —*Nicolas,* b 6 février 1744, à Montréal; m à Marie CAILLET-JASMIN.—*René-André,* b... m 18 février 1765, à Marie-Barbe BRUNEL, à la Longue-Pointe.

1765, (18 février) Longue-Pointe.
II.—CLEROUX, RENÉ-ANDRÉ. [GUILLAUME I.
BRUNEL, Marie-Barbe, [JEAN-BTE.
b 1737.

II.—CLEROUX (2), NICOLAS, [GUILLAUME I.
b 1744.
CAILLET-JASMIN, Marie.
Michel, b 1784, à Québec; m 28 janvier 1800, à Marie LEMIEUX, à St-Martin [1]—*Thérèse-Marie,* b... m [1] à Louis LAVOIE.—*Marie,* b... m [1] à Jean-Baptiste BIGRAS. — *Marie,* b... m [1] à ...... DUFRESNE. — *Marie,* b... m [1] à ...... LARIN.—*René-André,* b...

1800, (28 janvier) St-Martin. [2]
III.—CLEROUX, MICHEL, [NICOLAS II.
b 1784.
LEMIEUX, Marie.
François-Xavier, b [2] 1819; m 1843, à Emilie CABANAC, à Ste-Scholastique.

1843, Ste-Scholastique.
IV.—CLEROUX, FRS-XAVIER, [MICHEL III.
b 1819.
CABANAC, Emilie.

1729, (18 janvier) Québec. [9]
I.—CLESSE (3), FRANÇOIS, fils de François et de Françoise Larcelet, de St-Blaise, diocèse de Toul.
1° CHAUVET, Angélique, [PIERRE II.
b 1710.
François, b [9] 15 oct. 1730; s [9] 16 mai 1733.
1735, (27 juin). [9]
2° ROY, Marie-Jeanne, [LAURENT II.
b 1717.
François-Ignace, b [9] 13 juillet 1736; m à Marie-Anne POULIN. — *Marie-Madeleine,* b [9] 3 juillet 1737; m [9] 17 février 1757, à Louis JAGADEAU.—*Louise,* b [9] 3 et s [9] 19 juin 1738. — *Louis-Simon,* b [9] 29 oct. 1739. — *Marie-Elisabeth,* b [9] 7 sept. 1741; s [9] 18 août 1743. — *Simon-Nicolas,* b [9] 28 oct. 1742.—*Marie-Louise,* b [9] 13 oct. 1744.—*Jean-François-Xavier,* b [9] 13 mars 1746; m [9] 30 déc. 1776, à Marguerite GAUDIN DE LA POTERIE; s [9] 18 février 1781.— *Marie-Gilles,* b [9] 2 et s 28 sept. 1747, à Charlesbourg. — *François-Marie,* b [9] 21 déc. 1748, m à Geneviève ROY. — *Marie-Charlotte,* b [9] 15 juillet 1750. — *Marie-Louise,* b [9] 29 déc. 1751; s [9] 11 janvier 1752.—*Louis-Marie,* b [9] 3 oct. 1754.—*Marie-Françoise,* b [9] 26 juin 1756; s [9] 17 août 1758.

II.—CLESSE, FRANÇOIS-IGNACE, [FRANÇOIS I.
b 1736.
POULIN, Marie-Anne.
Geneviève, b... m 20 nov. 1788, à Jean-Baptiste LARUE, à Quebec.

1776, (30 déc.) Québec. [6]
II.—CLESSE, JEAN-FRS-XAVIER, [FRANÇOIS I.
b 1746; s [6] 18 février 1781.
GAUDIN (1), Marie-Madeleine, [NICOLAS I.
b 1731.

II.—CLESSE, FRANÇOIS-MARIE, [FRANÇOIS I.
b 1748.
ROY, Geneviève.
Pierre, b 14 janvier 1777, à la Baie-St-Paul.

1675, (13 oct.) Ste-Anne.
I.—CLICHE (2), NICOLAS,
s 23 déc. 1687, à Quebec. [1]
PELLETIER (3), Marie-Madeleine, [GEORGES I.
b 1658.
Madeleine, b [1] 30 juillet 1681; m [1] 7 janvier 1698, à Nicolas JEAN-DENIS.

1709, (19 nov.) Québec. [5]
II.—CLICHE, CLAUDE, [NICOLAS I.
b 1683.
1° DUNKIN, Catherine, b 1682; fille de Jean et de Jeanne Daphrius, de Belriqui, Nouvelle-Angleterre; s [5] 4 oct. 1727.
Claude (4), b [5] 1er sept. 1710; ordonné le 23 sept. 1741; s [5] 7 février 1780.—*Marie-Catherine,* b [5] 26 février 1712; m [5] 9 février 1733, à Joseph CARON; s [5] 27 avril 1733. — *Marie-Thérèse,* b [5] 3 juillet et s [5] 8 août 1714.—*Jean,* b [5] 27 mars 1716; s [5] 16 juin 1717.—*Marie-Elisabeth-Geneviève,* b... m à Dominique DASILVA; s [5] 20 juillet 1746.
1728, (3 janvier). [5]
2° DUBOIS (5), Marie-Joseph, [JEAN I.
b 1699.
Marie-Joseph, b [5] 25 oct. 1728; m [5] 4 mai 1744, à Charles AMIOT. — *Nicolas,* b [5] 10 oct. 1729.—*Noel,* b [5] 10 nov. 1730. — *Charles,* b [5] 18 janvier et s 9 juin 1732, à Charlesbourg.—*Marie-Jeanne,* b [5] 24 juin et s [5] 17 août 1733.—*Marie-Agathe,* b [5] 16 et s [5] 30 juillet 1734. — *François-Roch,* b [5] 2 février 1736. — *Augustin,* b [5] 25 février et s [5] 4 sept. 1737.—*Charles-Marie,* b [5] 25 nov. 1737; s [5] 20 août 1739.—*Alexis,* b [5] 17 oct. 1740.

(1) Cette femme porte successivement, dans les registres les noms de Barbeau, Boisneau, Boisniau, Boisseau, Boisinet dit Jasmin.

(2) Capitaine; son fils Michel est né sur mer et baptisé à Québec.

(3) Huissier du conseil.

(1) De la Poterie; elle épouse, le 12 février 1782, Guillaume Ennis, à Québec.

(2) Voy. vol. I, p. 131.

(3) Elle épouse, le 13 nov. 1690, Pierre Millier, à Québec.

(4) Il était recollet.

(5) Elle épouse, le 9 janvier 1747, Louis Louineau, à Québec.

1711, (9 sept.) Charlesbourg.[7]

II.—CLICHE, VINCENT, [NICOLAS I.
b 1684; s [7] 6 mars 1751.
CHORET, Marie-Anne, [PIERRE II
b 1690; s [7] 21 mars 1761.
Louis-Vincent, b [7] 3 juillet 1712; m [7] 15 nov 1734, à Marie-Madeleine AUCLAIR.—*Jacques,* b [7] 11 et s [7] 23 mars 1714. —*Marie-Charlotte,* b [7] 23 fevrier et s [7] 8 mai 1715. — *Ignace,* b [7] 2 juin 1716; m [7] 19 oct. 1739, à Marie-Jeanne RENAUD —*Joseph,* b [7] 19 juin 1718; 1° m 30 janvier 1747, à Geneviève GIGUÈRE, à Ste-Anne[8]; 2° m 7 avril 1750, à Catherine MAROIS, à L'Ange-Gardien, s [7] 7 août 1750.—*Jean-François,* b [7] 8 avril et s [7] 8 oct. 1720. — *Jean,* b [7] 10 août 1721; m [7] 21 fevrier 1746, à Jeanne VERRET; s [7] 1er fevrier 1752.— *Marie-Anne,* b [7] 25 mai 1723; m [7] 8 janvier 1742, à Pierre JOBIN; s [7] 30 déc. 1754.— *Marie-Charlotte,* b... m [7] 10 janvier 1746, à André POULIN. — *André,* b [7] 2 mars et s [7] 27 dec 1725.—*Geneviève-Hélène,* b [7] 12 nov. 1726; s [7] 13 nov. 1727.—*Marie-Antoinette,* b [7] 25 fevrier 1728 —*Marie-Marguerite,* b [7] 25 fevrier 1728; m [7] 10 janvier 1746, à Claude POULIN. — *François,* b [7] 13 juillet 1729; m [8] 8 fevrier 1752, à Dorothee PARÉ.—*Marie-Madeleine,* b [7] 5 mars et s [7] 17 mai 1731.—*Marie-Madeleine,* b [7] 25 juillet 1732; s [7] 29 avril 1733.

1734, (15 nov.) Charlesbourg.[3]

III.—CLICHE, LOUIS-VINCENT, [VINCENT II.
b 1712.
AUCLAIR (1), Marie-Madeleine, [CHARLES II
b 1713.
Marie-Louise, b [3] 24 août 1735; m [3] 24 nov. 1760, à Alexis SEVIN.—*Louis-Vincent,* b [3] 18 janvier 1737.

1739, (19 oct.) Charlesbourg.[6]

III.—CLICHE, IGNACE, [VINCENT II.
b 1716.
RENAUD, Marie-Jeanne, [LOUIS II.
b 1720.
Ignace, b [6] 11 sept. 1740; m à Marie-Françoise TRUDEL.—*Marie-Adrienne,* b [6] 20 mars 1742 —*Marie-Anne,* b [6] 6 nov. 1743; s [6] 31 juillet 1744 —*Pierre-François,* b [6] 26 mars 1745, s [6] 11 juin 1762.—*Marie-Louise,* b [6] 12 juin 1746. — *André,* b [6] 20 sept. 1747, m à Joseph BEAULIEU. — *Geneviève,* b [6] 11 avril et s [6] 13 août 1749. — *Marie-Madeleine,* b [6] 3 août et s [6] 11 nov. 1750.—*Joseph,* b [6] 5 août 1752. — *Marie-Louise,* b [6] 7 janvier 1755.—*Pierre,* b [6] 18 nov. 1756.—*Etienne,* b [6] 24 fevrier 1758.

1746, (21 février) Charlesbourg.[2]

III.—CLICHE, JEAN, [VINCENT II.
b 1721; s [2] 1er février 1752.
VERRET (2), Jeanne, [JACQUES II.
b 1722.
Marie-Geneviève, b [2] 13 février et s [2] 28 sept. 1747.—*Jean-Baptiste,* b [2] 6 nov. 1748; m 1773, à Geneviève BOURBEAU. —*Marie-Françoise,* b [2] 28 août 1750.—*François* (posthume), b [2] 20 mai 1752.

1747, (30 juin) Ste-Anne.

III.—CLICHE, JOSEPH, [VINCENT II.
b 1718; s 7 août 1750, à Charlesbourg.[6]
1° GIGUÈRE, Geneviève, [JOSEPH II.
b 1715; s [6] 3 juin 1749.
Marie-Geneviève, b [6] 30 avril et s [6] 25 nov. 1749.

1750, (7 avril) L'Ange-Gardien.

2° MAROIS (1), Catherine, [FRANÇOIS II.
b 1718.

1752, (8 février) Ste-Anne.

III.—CLICHE, FRANÇOIS, [VINCENT II.
b 1729; s 21 mai 1756, à Charlesbourg.[4]
PARÉ (2), Marie-Dorothée, [TIMOTHÉE III.
b 1734.
François, b [4] 3 déc. 1752; s [4] 14 mars 1754.— *Etienne,* b [4] 20 nov. 1754; s [4] 26 juillet 1755.— *François,* b [4] 4 sept. 1756; s [4] 22 nov. 1759.

IV.—CLICHE, IGNACE, [IGNACE III.
b 1740.
TRUDEL, Marie-Françoise, [PIERRE IV.
b 1754.

1773.

IV.—CLICHE, JEAN-BTE, [JEAN III.
b 1748.
BOURBEAU, Geneviève, [JACQUES III.
b 1745.
Jean-Baptiste, b 7 juillet 1774, à St-Joseph, Beauce.[9] — *Ignace,* b [9] 20 janvier 1776.—*Marie-Geneviève,* b [9] 20 mars 1778.

IV.—CLICHE, ANDRÉ, [IGNACE III.
b 1747.
BEAULIEU (3), Marie-Joseph.
Marguerite, b 23 fevrier 1781, à St-Augustin.[8] —*Joseph,* b [8] 7 juin 1783.

1757, (10 janvier) Montréal.

I.—CLIN, FRANÇOIS, b1729, soldat; fils de Claude et de Charlotte Dumont, de St-Omer-des-Rosiers, diocèse d'Amiens.
LENORMAND, Marie-Isabelle, [PIERRE I.
b 1736.

I.—CLINCHAMPS (4), (DE), JACQUES-RENÉ.

I.—CLIRET, MOÏSE, b 1639; du diocèse de La-Rochelle; s 7 nov. 1719, à Montreal.

CLOCHER.—*Surnoms :* MARQUET — ST-PIERRE —LAMOLLET.

---

(1) Elle épouse, le 29 août 1740, François Estiambre, à Charlesbourg.

(2) Elle épouse, le 7 août 1752, Pierre-François Drouin, à Charlesbourg.

(1) Elle épouse, le 31 janvier 1752, Charles Lefrançois, à L'Ange-Gardien.

(2) Elle épouse, le 10 janvier 1757, Etienne Morin, à Québec.

(3) Dit Lebel, 1783.

(4) Chevalier de Clinchamps; officier au régiment de la Reine (Ste-Foye, 17 déc. 1758.)

1698, (3 nov.) Charlesbourg.[3]
II.—CLOCHER (1), Louis, [François I.
s[3] 24 oct. 1761.
Tessier, Michelle, [Marc I.
b 1674; s[3] 15 juin 1741.
Geneviève, b[3] 26 nov. 1698; m[3] 6 février 1719, à Pierre Boutet; s[3] 29 oct. 1736. — *Cécile*, b 1710: m[3] 24 nov. 1725, à Jean-Louis Lenoir, s[3] 18 oct. 1762.

1699, (3 février) Charlesbourg.[3]
II.—CLOCHER (2), Jacques, [François I.
b 1669; s[3] 30 juin 1715.
Guérin (3), Louise, [Clément I.
b 1684.
Pierre, b[3] 2 sept. 1703; m 18 sept. 1730, à Catherine Descent, à Montréal.[4] — *Marie-Louise*, b[3] 18 oct. 1705; m 12 avril 1728, à Louis Roy, à Quebec.—*Jean-Baptiste-François*, b[3] 7 oct. 1709, m[4] 29 février 1740, à Marie-Joseph Valade.—*Marie-Marguerite*, b[3] 25 mai 1713. — *Marie-Joseph*, b[3] 18 fevrier 1715.

1730, (18 sept.) Montréal.
III.—CLOCHER, Pierre, [Jacques II.
b 1703.
Descent, Jeanne-Catherine, [Raphael I
b 1704.

1740, (29 fevrier) Montréal.[6]
III.—CLOCHER (4), Jean-Bte-Frs, [Jacques II
b 1709.
Valade, Marie-Joseph, [Jean-Bte II
b 1718.
Marie-Marguerite, b[6] 21 janvier 1741; s[6] 24 nov. 1744.—*Marie-Angélique*, b[6] 10 nov. 1742.—*Jean-Baptiste*, b[6] 20 fevrier 1745.—*Joseph*, b[6] 20 août 1746.—*François*, b[6] 22 mars 1748.—*Joseph*. b[6] 7 nov. 1749; s[6] 11 mai 1750.

CLOISEL (5), Jean.—Voy. Clozel.

CLOPIN.—*Variations :* Chopin—Chupin.

1739, (7 avril) Montréal.[4]
I.—CLOPIN (6), Antoine, b 1715; fils de Jean et de Suzanne Lasègue, de St-Sauveur, diocèse de LaRochelle.
Lepage, Marguerite, [Jacques I.
b 1710, veuve de Thomas Letendre.
Louise, b[4] 20 janvier 1740. — *Marie-Marguerite*, b 1741; s 30 juillet 1742, à Quebec.[5] — *Pierre-Antoine*, b[5] 24 dec. 1742.—*Marie-Suzanne*, b[5] 17 avril 1744. — *Louise*, b 1744; s[5] 30 août 1745.—*Anne-Esther*, b[5] 9 sept. 1745.

(1) Dit Lamollet; voy. vol. I, p. 131. Marie sous le nom de Marquet; voy. vol. I, p. 413.
(2) Dit St-Pierre; voy. vol. I, p. 131. Il s'est marié sous le nom de Marquet; voy. aussi vol. I, p. 413.
(3) Elle épouse, le 27 janvier 1716, Barthelemi Chaillé, à Charlesbourg.
(4) Dit St-Pierre.
(5) Dit Brindamour.
(6) Dit St-Sauveur, soldat.

CLORIDAN.—Voy. Morin.

1657, (12 août) Montréal.[4]
I.—CLOSSE (1), Lambert,
s[4] 6 fevrier 1662.
Moyen, Elisabeth, [Jean-Bte I.
b 1641; s[4] 3 juin 1722.

1709, (3 dec.) Contrecœur.
I.—CLOSSE, Nicolas, fils de Jean et de Madeleine Pounier.
LaPorte, Geneviève. [Jacques II.

I.—CLOTEAU, François.
Maillot, Marie-Madeleine.
Marie-Françoise, b 13 février 1741, à Batiscan.

I.—CLOTUS, Marie, b 1658; m à François Guyon; s 20 sept. 1698, au Cap-St-Ignace.

CLOUD, Anne, b... m 20 mai 1727, à Jean D'Angers, à Quebec.

1682, (7 avril) Beauport.[2]
I.—CLOUET (1), Jean.
Lefebvre, Marie, [Pierre I.
b 1664; s 26 juillet 1738, à Québec.[3]
Ignace, b[3] 6 avril 1704; m[2] 27 nov. 1724, à Marie-Madeleine Marcou. — *Jacques*, b... m à Marguerite Fontaine.

II.—CLOUET, Jacques. [Jean I.
Fontaine, Marguerite.
Michel, b... m 4 nov. 1760, à Catherine Tibaut, à St-Valier.

1724, (27 nov.) Beauport.[2]
II.—CLOUET, Ignace, [Jean I.
b 1704.
Marcou, Marie-Madeleine, [Jean II.
b 1706.
Ignace-Marie, b[2] 5 août 1726.—*Marie-Madeleine*, b[2] 12 sept. 1727; m[2] 29 sept. 1749, à Jacques Ménard. — *Marie-Joseph*, b[2] 16 juillet 1730, m[2] 15 fevrier 1762, à Paul de Rainville; s[2] 26 janvier 1764. — *Guillaume*, b[2] 28 fevrier 1732. — *Marie-Pélagie*, b[2] 10 avril 1734; m 8 juillet 1754, à Jean-Baptiste Corriveau, à St-Valier. — *Joseph-Marie*, b[2] 19 août 1736; m[2] 16 août 1762, à Marie Bergevin.—*Marie-Geneviève*, b[2] 26 janvier 1739; m[2] 25 janvier 1762, à Louis Toupin. — *Michel*, b[2] 17 fevrier 1741, m[2] 4 fevrier 1765, à Marie-Rose Grenier.—*Marie-Louise*, b[2] 9 août 1743; s[2] 5 août 1744.

1760, (4 nov.) St-Valier.
III.—CLOUET, Michel. [Jacques II.
Tibaut, Catherine, [Pierre IV.
b 1740.

(1) Voy. vol. I, p. 131.

1762, (16 août) Beauport. [6]
III.—CLOUET, JOSEPH-MARIE, [IGNACE II.
b 1736.
BERGEVIN, Marie-Madeleine, [LOUIS III.
b 1749.
Joseph, b [6] 22 juin 1763.—*Jean-Madeleine*, b [6] 15 janvier 1764. — *Michel*, b [6] 9 janvier 1770; m 15 juin 1801, à Marie-Joseph LÉPINE, à Québec.

1765, (4 février) Beauport.
III.—CLOUET, MICHEL, [IGNACE II.
b 1741.
GRENIER, Marie-Rose, [JOSEPH III.
b 1741.
Marie, b 8 janvier 1766, à St-Joseph, Beauce.

1801, (15 juin) Québec.
IV.—CLOUET, MICHEL, [JOSEPH-MARIE III.
b 1770.
LÉPINE, Marie-Joseph. [MICHEL III.

CLOUET, LOUISE, épouse de Pierre SIMARD.

CLOUTIER, FRANÇOISE, b 1707; m à Joachim TERRIEN; s 26 avril 1791, à Repentigny.

CLOUTIER, ETIENNETTE, b... m à Pierre GAGNON; s avant 1740.

CLOUTIER, REINE, b... m à Gabriel DUVAL; s 27 fevrier 1775, à l'Islet.

CLOUTIER, MARIE-JOSEPH, épouse de Simon ELBEUF.

CLOUTIER, ELISABETH, epouse de Joseph VALIÈRES.

CLOUTIER, MARIE-MADELEINE, b... m à Julien DUMONT; s avant 1736.

CLOUTIER, REINE, épouse d'Augustin RICHARD.

CLOUTIER, BRIGITTE, épouse de Jean-Baptiste FOURNIER.

CLOUTIER, ANNE, épouse de Charles GAGNON.

I.—CLOUTIER (1), ZACHARIE,
b 1590; s 17 sept. 1677, au Château-Richer. [7]
DUPONT, Xainte,
b 1596; s [7] 14 juillet 1680.

1640.
II.—CLOUTIER (1), ZACHARIE, [ZACHARIE I.
b 1616; s 3 fevrier 1708, au Château-Richer. [6]
AYMARD, Madeleine-Barbe,
b 1626; s [6] 28 mai 1708.

(1) Voy. vol I, p 132.

1648, (21 janvier) Quebec.
II.—CLOUTIER (1), JEAN, [ZACHARIE I.
b 1621; s 16 oct. 1690, au Château-Richer. [6]
MARTIN, Marie, [ABRAHAM I.
b 1635; s [6] 25 avril 1699.
Marie-Madeleine, b [6] 7 mai 1676; m [6] 25 mai 1693, à Julien MAUFILS.

1659, (20 avril) Québec. [2]
II.—CLOUTIER (1), CHARLES, [ZACHARIE I.
b 1624; s 5 juin 1709, au Château-Richer. [1]
MORIN, Louise, [NOEL I.
b 1643; s [1] 28 avril 1713.
Marie-Madeleine, b [1] 24 sept. 1662; m [1] 13 oct. 1681, à Paul TESSIER.—*Marie-Anne*, b [1] 26 fevrier 1663; m [1] 7 fevrier 1684, à Charles GARIÉPY; s [2] 19 nov. 1708.— *Jeanne*, b... m [1] 4 février 1687, à Claude GRAVEL. — *Charlotte*, b [1] 15 déc. 1670; s [1] 27 juin 1687.—*Louise*, b [1] 13 fevrier 1673; m [2] 26 janvier 1695, à Nicolas BONHOMME. —*Charles*, b [1] 15 mai 1674; s [1] 8 dec. 1692. — *Hélène*, b 1676; m [1] 28 février 1696, à Pierre GAGNON.—*Marie*, b [1] 13 mars 1679; m [1] 26 janvier 1699, à Joseph GAGNON.—*Jean-Baptiste*, b [1] 16 mai 1681; m 6 nov. 1702, à Anne MORISSET, à Ste-Famille, I. O.; s [1] 20 sept. 1745.—*Zacharie*, b [1] 3 août 1683; m [1] 23 mai 1708, à Jeanne BACON; s [1] 4 déc. 1732.—*Augustin*, b [1] 14 janvier 1686; s [1] 19 avril 1736.

III.—CLOUTIER (1), RENÉ, [ZACHARIE II.
b 1651.
LEBLANC, Marie-Elisabeth, [LÉONARD I.
b 1658; s 15 fevrier 1727, à l'Islet. [2]
Marie-Catherine, b 3 juin 1686, au Cap-St-Ignace [3]; m [2] 24 avril 1702, à Alexis GAGNE, s [3] 2 oct. 1746. — *Jacques*, b... m 1711, à Marie-Agathe DUFAYE. — *René*, b... m à Marie-Joseph DOYON.

1679, (14 nov.) Château-Richer. [4]
III.—CLOUTIER (1), JEAN, [JEAN II.
b 1652; s [4] 4 déc. 1709.
BÉLANGER, Louise, [FRANÇOIS I.
b 1657; s [4] 5 juillet 1726.
Angélique, b [4] 23 août 1694; m [4] 4 nov. 1721, à Jean LÉGARÉ; s [4] 6 mars 1731.—*Agnès*, b [4] 31 mars 1698; m [4] 19 juillet 1716, à Gabriel LACROIX, s 3 février 1761, à St-Michel.—*Marguerite*, b [4] 25 oct. 1700; m [4] 19 nov. 1731, à Pierre TIBAUT.

1685, (26 février) Château-Richer. [5]
III.—CLOUTIER (1), CHARLES, [ZACHARIE II.
b 1662; s [5] 31 mars 1729.
TIBAUT, Anne, [GUILLAUME I.
b 1665; s [5] 13 avril 1749.
Marie-Angélique, b [5] 24 juillet 1692; 1° m [5] 3 février 1716, à Noël GAGNON, 2° m [5] 29 mai 1724, à Jacques ALAIRE; s [5] 16 dec. 1749.—*Joseph*, b [5] 29 nov. 1695; m à Marie HERVÉ.—*Marguerite*, b [5] 30 nov. 1697; m [5] 28 août 1730, à Guillaume LABERGE; s [5] 15 mai 1770.—*Basile*, b [5] 7 mars 1703; m 7 février 1735, à Marie MOREAU, à St-Laurent, I. O.; s [5] 2 fevrier 1744.—*Zacharie*,

(1) Voy. vol. I, p. 132.

b [5] 2 mars 1705; 1° m [5] 13 nov. 1730, à Rosalie LÉGARÉ; 2° m [5] 9 fevrier 1733, à Marie-Madeleine BRISSON; s [5] 18 nov. 1771.—*Cecile*, b... m [5] 6 mars 1743, à Nicolas MAGNY.

1687, (25 nov.) Château-Richer. [6]

III.—CLOUTIER (1), PIERRE, [ZACHARIE II.
b 1666.
GUYON (2), Marie-Charlotte, [SIMON II.
b 1671.

Alexandre, b [6] 3 nov. 1688; ordonné 8 oct. 1713; s 10 avril 1758, à St-François, I. O.—*Augustin*, b [6] 21 dec. 1703; s [6] 10 nov. 1725.—*Louis*, b [6] 13 sept. 1709; m [6] 9 nov. 1728, à Geneviève CHAPELAIN; s [6] 12 mars 1748.

1696, (27 février) Château-Richer. [7]

III.—CLOUTIER (1), PIERRE, [JEAN II.
b 1667.
VERREAU (3), Jeanne. [BARTHÉLEMI I
Pierre, b [7] 4 juin 1698; m à Marie LACROIX, s [7] 5 mai 1745.

III.—CLOUTIER, AUGUSTIN, [CHARLES II.
b 1686; s 19 avril 1736, au Château-Richer.

IV.—CLOUTIER, AUGUSTIN, [PIERRE III.
b 1703; s 19 nov. 1725, au Château-Richer.

1702, (6 nov.) Ste-Famille, I. O.

III.—CLOUTIER, JEAN-BTE, [CHARLES II.
b 1681; s 20 sept. 1745, au Château-Richer [9]
MORISSET, Anne, [JEAN I.
b 1685.

Jean-Baptiste, b [9] 29 janvier 1704; m [9] 11 février 1730, à Madeleine ALAIRE.—*Charles*, b [9] 13 oct. 1705; s [9] 20 août 1728.—*Marie-Anne*, b [9] 9 nov. 1707, m [9] 12 nov. 1731, à Romain RACET.—*Louis*, b [9] 25 mai 1710, m [9] 18 nov. 1737, à Therèse GOULET.—*Pierre*, b [9] 11 avril 1712; m à Helène ALAIRE.—*Elisabeth*, b [9] 3 et s [9] 21 mars 1714.—*Louise*, b [9] 25 août 1715; m [9] 12 oct. 1750, à Pierre POULIN.—*Catherine*, b [9] 21 janvier 1718, m [9] 20 janvier 1738, à Pierre GAGNON.—*Augustin*, b [9] 6 mai 1720; m 20 janvier 1744, à Marie LESSARD, à St-Joseph, Beauce.—*Agathe*, b [9] 20 sept. et s [9] 8 oct. 1722.—*Anne*, b [9] 3 oct. 1723, m [9] 7 avril 1750, à Jean LAMBERT.—*Hélène*, b [9] 14 dec. 1725; m [9] 21 fevrier 1746, à Joseph ALAIN.—*Roger-Marie*, b [9] 24 avril et s [9] 23 mai 1728.—*Jacques-Amable*, b [9] 6 juillet 1730; s [9] 16 oct. 1731.

1703, (1er dec.) Cap-St-Ignace. [4]

IV.—CLOUTIER, LOUIS, [RENÉ III.
b 1678; s 10 mai 1733, à l'Islet. [3]
TIBAULT, Marie-Anne, [FRANÇOIS-LOUIS I.
b 1680.

Anonyme, b [3] et s [3] 30 sept. 1705.—*Athanase*, b [3] 14 août 1706; m [3] 9 sept. 1733, à Madeleine GUILLET.—*Marie-Elisabeth*, b [3] 1er avril 1708; s [3] 11 oct. 1727.—*Louis*, b [3] 17 février 1710; s [3] 12 nov. 1727.—*Marguerite-Barbe*, b [3] 4 mai 1711; m [3] 27 août 1730, à Joseph DUBÉ.—*Anne-Cécile*, b [3] 21 janvier 1713; m [3] 8 nov. 1745, à François GOULET.—*François*, b [3] 7 juin 1716; s [3] 16 déc. 1727.—*Henri-François-Zacharie*, b [3] 5 déc. 1720; 1° m à Felicite-Claire VACHON; 2° m 6 juin 1763, à Madeleine DUQUET, à St-Joseph, Beauce.—*Zacharie*, b [3] 1er janvier 1722.—*Joseph*, b 1723; s [3] 22 déc. 1727.—*Marie-Louise-Jacobée*, b [3] 2 sept. 1725; m [3] 20 oct. 1749, à Louis BOULÉ.

(1) Voy. vol. I, p. 133.

(2) Elle épouse, le 21 sept. 1719, François Lesot, à Québec.

(3) Elle épouse, le 16 avril 1703, Jacques Cauchon, au Château-Richer.

1706, (26 avril) Cap-St-Ignace. [4]

IV.—CLOUTIER, JEAN-BTE, [RENÉ III.
b 1681; s 6 sept. 1756, à l'Islet. [5]
GERBER, Marie-Anne, [JACQUES II.
b 1687.

Marthe, b [5] 17 avril 1707; m [4] 24 juillet 1729, à Jean TONDREAU.—*Jean-Baptiste*, b [5] 6 sept. 1708; s [5] 10 juillet 1712.—*Jean-Baptiste*, b 1709; m [5] 4 nov. 1732, à Marie TIBAUT.—*Ignace*, b [5] 1er août 1710.—*Louis*, b [5] 27 juin 1712.—*Marie-Anne*, b [5] 26 nov. 1713; m [5] 29 oct. 1732, à François TONDREAU; s [5] 28 mai 1736.—*Marguerite*, b [5] 24 oct. 1715; m [5] 12 nov. 1738, à Jean-Baptiste DURAND.—*Pierre*, b [5] 28 janvier 1717, m [5] 26 avril 1746, à Geneviève LANGELIER.—*Geneviève*, b [5] 19 mai 1719; m [5] 6 nov. 1736, à Jean-François TIBAUT.—*Pierre-Paul*, b [5] 1er juillet 1721; 1° m 30 janvier 1741, à Marie-Geneviève GAUDREAU, à St-Thomas [6]; 2° m 15 oct. 1743, à Angelique TURCOT, à St-François, I. O.—*Joseph*, b... 1° m à Elisabeth MORIN; 2° m [6] 28 sept. 1733, à Madeleine LEFEBVRE.—*Marie-Rosalie*, b [5] 12 dec. 1723; 1° m [5] 22 janvier 1742, à Augustin BÉLANGER; 2° m [5] 11 janvier 1762, à Jean-Jacques HUGUES.—*Françoise-Ursule*, b [5] 15 février 1726; m [5] 21 fevrier 1746, à Louis TIBAUT.—*Brigitte*, b [5] 28 déc. 1727.

1708, (23 mai) Château-Richer. [6]

III.—CLOUTIER, ZACHARIE, [CHARLES II.
b 1683; s [6] 4 dec. 1732.
BACON, Jeanne, [EUSTACHE II.
b 1684.

Prisque, b [6] 18 mars 1709; m 5 nov. 1736, à Marguerite SIMARD, à Ste-Anne. — *Zacharie*, b [6] 29 mars 1710; m [6] 13 nov. 1737, à Agnès BÉLANGER; s [6] 9 mars 1774.—*Gabriel*, b [6] 3 juillet 1711; m à Marie-Françoise TOUPIN. — *Louis-Marc*, b [6] 16 fevrier 1713, s [6] 8 nov. 1714.—*Monique*, b [6] 4 nov. et s [6] 6 dec. 1714.—*Jeanne*, b [6] 7 oct. 1715; m [6] 28 août 1741, à Pierre DELESSARD s 7 juin 1764, à St-Joseph, Beauce. — *Pierre*, b [6] 9 nov. et s [6] 12 dec. 1716.—*Marie-Françoise*, b [6] 21 avril 1718; m [6] 29 oct. 1738, à Ignace CAUCHON; s [6] 4 sept. 1757.—*Amant*, b [6] 24 fevrier et s [6] 19 mars 1720.—*Pierre-Paul*, b [6] 5 janvier et s [6] 28 fevrier 1721.—*Anne*, b [6] 26 juillet et s [7] 18 nov. 1722. — *Louise* et *Geneviève*, b [6] 19 oct. et s [6] 27 nov. 1723.—*Charles*, b [6] 4 et s [6] 14 août 1725.—*Marie-Catherine*, b [6] 9 sept 1726.

1709, (11 nov.) Château-Richer. [6]
IV.—CLOUTIER, JOSEPH, [JEAN III.
b 1681 ; s 13 mai 1759, à Deschambault. [7]
LESOT, Marguerite, [JOSEPH II.
b 1690 ; s [7] 12 janvier 1750.
Jean, b [6] 10 oct. 1710 ; s [7] 18 nov. 1729.—*Marthe*, b [6] 1er sept. 1712 ; s [6] 17 oct. 1714.—*Marie*, b [6] 10 juillet et s [6] 27 sept. 1714.—*Marie-Marthe*, b [7] 5 et s [7] 22 oct. 1715.—*Isabelle*, b [7] 9 déc. 1716 ; m [7] 1er sept. 1743, à Joseph NAUD ; s [7] 18 avril 1792.—*Marie*, b 1719 ; s [7] 5 oct. 1724.—*Marie-Agathe*, b 1720 ; m [7] 12 juillet 1739, à Jacques PERROT ; s [7] 6 janvier 1750.—*Marguerite*, b [7] 28 janvier 1721 ; m [7] 22 avril 1748, à Joseph PAQUIN ; s [7] 5 dec. 1790.—*Joseph*, b [7] 19 mars 1723 ; m [7] 6 avril 1750, à Veronique ARCAN.—*Louis*, b [7] et s [7] 28 mai 1725.—*Marie-Charlotte*, b [7] 25 avril et s [7] 28 juillet 1726.—*Charlotte*, b 1727 ; s [7] 18 janvier 1751.—*Marie-Marguerite*, b [7] 13 juillet 1728.—*Jean*, b [7] 20 août 1730 ; s [7] 13 déc. 1750.—*Marie-Anne*, b [7] 27 oct. 1732 ; m [7] 24 oct. 1757, à Jean-Baptiste MARANDA.

1711.
IV.—CLOUTIER, JACQUES. [RENÉ III.
DUFAYE, Marie-Agathe.
Marie-Angélique, b 1er nov. 1712, au Cap-St-Ignace.

1713, (6 nov.) Rivière-Ouelle.
IV.—CLOUTIER, GUILLAUME, [RENÉ III.
b 1683 ; s 25 mai 1731, à l'Islet. [7]
PELLETIER, Marie-Anne, [JEAN III.
b 1692.
Guillaume, b [7] 20 mars 1716 ; m 15 février 1745, à Françoise BERNIER, au Cap-St-Ignace.—*Marie-Anne*, b [7] 22 février 1718 ; m [7] 28 janvier 1739, à Charles BÉLANGER ; s [7] 17 juin 1775.—*Elisabeth*, b [7] 19 janvier 1721 ; m [7] 25 oct. 1740, à François-Xavier CARON ; s [7] 13 dec. 1748.—*Marthe*, b [7] 23 avril 1723 ; 1° m [7] 15 janvier 1748, à Vincent BLANCHET ; 2° m 11 mai 1750, à Jean FONTAINE, à Lévis.—*Marie-Véronique*, b [7] 4 juin 1725.—*Joseph-François*, b [7] 22 juin 1727 ; s [7] 13 oct. 1738 (subite).—*Charles-François*, b [7] 6 mai 1730 ; 1° m [7] 16 nov. 1750, à Marie-Françoise MORNAUX ; 2° m [7] 9 oct. 1775, à Marie-Françoise GIROIR.

1714, (9 oct.) Château-Richer. [6]
IV.—CLOUTIER, FRANÇOIS, [JEAN III.
b 1688 ; s [6] 23 sept. 1747.
MORISSET, Elisabeth, [JEAN I.
b 1694.
Jean-Baptiste, b [6] 7 nov. 1715 ; m 6 oct. 1742, à Thérèse DUBOIS, à St-Antoine-Tilly ; s 12 nov. 1747, à St-Nicolas.—*François*, b [6] 26 sept. 1717 ; m 13 nov. 1752, à Marie-Anne FILION, à St-Joachim.—*Marie-Madeleine*, b [6] 22 mars 1720 ; m [6] 11 avril 1747, à Rene TANGUAY.—*Elisabeth*, b [6] 26 sept. 1722 ; m [6] 10 avril 1752, à Pierre BOLDUC.—*Dorothée*, b [6] 26 janvier 1725 ; m [6] 15 février 1751, à Louis POULIN.—*Joseph*, b [6] 20 mars 1727 ; s [6] 29 mars 1730.—*Pierre*, b [6] 18 mai 1729, m [6] 26 juin 1758, à Monique TIBAUT —*Joseph*, b 12 sept. 1731, à Ste-Anne [7] ; m 31 août 1761, à Therèse BEDARD, à Charlesbourg ; s 16 juillet 1797, à Quebec. [8] —*Louis*, b [7] 29 janvier 1734 ; m 1758, à Marie CHATEAUNEUF.—*Prisque*, b [6] 13 février 1736 ; 1° m [8] 5 fevrier 1759, à Louise BEDARD ; 2° m [8] 19 juin 1787, à Marie-Elisabeth BADEAU.

1719, (13 février) Château-Richer. [8]
IV.—CLOUTIER, FRANÇOIS, [CHARLES III.
b 1687 ; s avant 1769.
DAVID, Marguerite, [JEAN II.
b 1700 ; s [8] 22 juin 1769.
Zacharie, b [8] 16 janvier 1720.—*François*, b [8] 9 nov. 1721 ; m [8] 25 oct. 1751, à Agnès LABERGE.—*François*, b [8] 22 mai 1723.—*Anne*, b [8] 2 avril 1725 ; s [8] 31 août 1733.

1719, (3 août) Islet. [9]
IV.—CLOUTIER, JOSEPH, [RENÉ III.
b 1689 ; s [9] 18 nov. 1737.
BOIRY, Marie-Thérèse, [JEAN I.
b 1697.
Joseph, b [9] 22 janvier 1721 ; m [9] 22 nov. 1740, à Aimée FOURNIER ; s [9] 19 mars 1749.—*Marie-Reine*, b [9] 5 janvier 1723.—*Pierre-Paul*, b [9] 8 juin 1725 ; m [9] 10 nov. 1749, à Marie-Angélique FOURNIER.—*Marie-Angélique*, b [9] 22 dec. 1727 ; m [9] 16 nov. 1750, à Charles THIBAUT.—*Simon*, b [9] 25 mars 1730.—*Charles*, b [9] 4 juin 1733.—*Joseph-Basile*, b [9] 21 avril 1736 ; m [9] 22 oct. 1753, à Angelique JANOT ; s [9] 19 mai 1761.—*Michel*, b... m [9] 9 janvier 1753, à Angélique THIBAUT.

1721, (24 juillet) Château-Richer. [2]
IV.—CLOUTIER, CHARLES, [CHARLES III.
b 1699.
GRAVEL, Marguerite, [CLAUDE II.
b 1688.
Marie-Madeleine (idiote), b [2] 5 oct. 1721 ; s [2] 14 avril 1776.—*Geneviève*, b [2] 13 mars 1723 ; m [2] 6 oct. 1747, à Jean BUSQUE.—*Charles*, b [2] 5 janvier 1725 ; 1° m [2] 18 nov. 1748, à Geneviève MOREAU ; 2° m [2] 14 juillet 1760, à Françoise DION.—*Marie-Louise*, b [2] 5 mai 1727 ; m [2] 23 août 1751, à Etienne RÉAUME.—*Marguerite*, b [2] 20 juin 1730, m [2] 12 nov. 1753, à Paul VERREAU.

IV.—CLOUTIER, PIERRE, [PIERRE III.
b 1698 ; s 5 mai 1745, au Château-Richer. [3]
LACROIX, Marie,
b 1704 ; s [3] 15 nov. 1767.
Marie-Anne, b [3] 11 fev. 1725 ; s [3] 13 nov. 1738.—*Prisque*, b [3] 6 mars 1727 ; m [3] 7 janvier 1763, à Rose LÉGARÉ.—*Pierre*, b [3] 6 mars 1727 ; m 7 février 1752, à Marie-Joseph POULIN, à St-Joachim.—*Zacharie*, b [3] 6 sept. 1728.—*Augustin*, b [3] 9 oct. 1730, m [3] 16 fevrier 1762, à Madeleine MALBOEUF ; s [3] 16 oct. 1769.—*Marie-Louise*, b [3] 14 juillet 1733.—*Thérèse*, b [3] 13 avril 1735, m [3] 25 oct. 1773, à Louis CLOUTIER.—*Marguerite*, b [3] 13 sept. 1737, m [3] 3 fevrier 1765, à Alexis ELOT.—*Marie-Angélique*, b [3] 22 fevrier 1740.—*Marie-Anne*, b [3] 25 mai 1742 ; s [3] 9 oct. 1755.—*Hélène*, b 17 juin 1744, à Ste-Anne.

IV.—CLOUTIER, Joseph, [Charles III.
b 1695.
Hervé (1), Marie. [Sébastien II.
Marguerite, b 1729; s 24 nov. 1749, à St-Pierre-du-Sud.[5]—*Dorothée*, b... m [5] 3 déc. 1748, à Jean-Baptiste Malboeuf.—*François*, b...—*Joseph*, b... m 17 nov. 1762, à Marie-Louise Tondreau, à l'Islet.

IV.—CLOUTIER, René. [René III.
Doyon, Marie-Joseph.
François, b... s 12 janvier 1727, au Château-Richer.

1728, (9 nov.) Château-Richer.[6]

IV.—CLOUTIER, Louis, [Pierre III
b 1709; s [6] 12 mars 1748.
Chapelain (2), Geneviève. [Pierre III.
Pierre, b [6] 2 mars 1730; s 8 déc. 1749, à l'Islet. — *Charlotte*, b [6] 20 avril 1732; m [6] 26 oct. 1750, à Louis Trudel. — *Louise*, b [6] 10 sept. 1734; m [6] 15 nov. 1751, à Louis Lefrançois. — *Louis*, b [6] 20 mars 1736; s [6] 12 déc. 1737. — *Louis*, b [6] 24 juin 1740. — *Alexandre*, b [6] 13 mai 1742; m [6] 8 fevrier 1768, à Marguerite Gosselin.—*Geneviève*, b [6] 18 juillet 1744: m [6] 24 fevrier 1772, à Alexandre Bélanger.—*Simon*, b [6] 8 déc. 1745; s [6] 20 mai 1746.—*Marguerite*, b [6] 7 avril 1747; s [6] 19 nov. 1748.

1730, (11 février) Château-Richer.[7]

IV.—CLOUTIER, Jean-Bte, [Jean-Bte III.
b 1704.
Alaire, Madeleine, [Charles II.
b 1701; s 24 fevrier 1759, à Lorette.[8]
Marie-Madeleine, b [7] 9 nov. 1730; 1° m [8] 10 mai 1751, à Philippe Hamel; 2° m [8] 4 nov. 1760, à Jean-Baptiste Coubronne.—*Marie-Joseph*, b [8] 1er déc. 1731; m [8] 10 nov. 1749, à Gabriel Roy. —*Jean-Baptiste*, b [8] 22 mai 1735; s [8] 20 fevrier 1736.—*Marie-Louise*, b [8] 11 janvier 1737; m [8] 2 février 1761, à Jacques Légaré.

IV.—CLOUTIER, Pierre, [Jean-Bte III.
b 1712.
Allaire, Marie-Hélène.
Anonyme, b et s 26 dec. 1740, à Lorette.[5]—*Marie-Joseph*, b 6 mai 1742, à Quebec. — *André*, b... s [5] 1er août 1744. — *Pierre*, b 17 mai 1744, à St-Jean, I. O.

1730, (13 nov.) Château-Richer.[6]

IV.—CLOUTIER, Zacharie, [Charles III.
b 1705; s [6] 18 nov. 1771.
1° Légaré, Rosalie, [Nicolas II.
b 1707; s [6] 9 mars 1732.
Geneviève, b [6] 28 nov. 1731; s [6] 2 août 1733.
1733, (9 février).[6]
2° Brisson, Marie-Madeleine, [Charles II.
b 1709; s [6] 25 avril 1770.

(1) Elle épouse, le 19 janvier 1750, Alexis Bélanger, à l'Islet.

(2) Elle épouse, le 15 nov. 1751, Gabriel Michel, au Château-Richer.

René, b [6] 31 mai 1734; m 19 oct. 1760, à Marie-Joseph Campeau, au Détroit.—*Zacharie*, b [6] 18 déc. 1736.—*Charles*, b [6] 31 mai et s [6] 6 juin 1739. —*Prisque*, b [6] 3 mai 1742; m [6] 25 juin 1764, à Reine Langlois.—*François*, b [6] 17 juin 1745; m [6] 8 nov. 1774, à Claire Gosselin.

1732, (4 nov.) Islet.[7]

V.—CLOUTIER, Jean-Bte, [Jean-Bte IV.
b 1709.
Tibaut (1), Marie-Angelique, [Jean-Frs II.
Jean-Baptiste, b [7] 24 sept. 1733.—*Marie-Claire*, b [7] 5 février 1735; m [7] 23 janvier 1757, à Michel Morin.—*Joseph-François*, b [7] 5 juillet 1736; m [7] 22 fevrier 1762, à Angelique Deblois.—*Charles-François*, b [7] 7 mars 1738; m 28 avril 1760, à Rosalie Corneau, à Ste-Rose.—*Alexis*, b [7] 28 mai 1739.—*Elisabeth-Véronique*, b [7] 24 août 1740. —*Elisabeth-Ursule*, b [7] 22 février 1742; m [7] 19 avril 1762, à Raphaël Caouette.—*Pierre*, b [7] 31 mars et s [7] 7 mai 1743.—*Marie-Madeleine*, b [7] 31 août 1750.—*Jacques*, b... m [7] 27 fevrier 1775, à Marie-Claire Fortin.

1733, (9 sept.) Islet.[9]

V.—CLOUTIER, Athanase, [Louis IV.
b 1706.
Guillet, Madeleine, [Mathieu I.
b 1701; veuve de Jean-François Belanger.
Louis-Mathieu, b [9] 1er nov. 1734. — *Anonyme*, b [9] et s [9] 2 mars 1736. — *Marie-Madeleine*, b [9] 3 août 1737; m [9] 9 janvier 1758, à François Bélanger. — *Zacharie*, b [9] 25 avril 1739. — *Marie-Julienne*, b [9] 15 avril 1741. — *Pierre-Blaise*, b [9] 31 mars 1743 — *Louis-Athanase*, b... m [9] 18 février 1760, à Madeleine Gaudreau; s [9] 28 février 1760.

V.—CLOUTIER, Joseph. [Jean-Bte IV.
1° Morin, Elisabeth, [Joseph III.
b 1708.
Jean-Baptiste-Basile, b... m 22 avril 1754, à Angelique Blanchet, à St-Pierre-du-Sud.[7]—*Marie-Elisabeth*, b... m à Joseph Valier.—*Joseph*, b... m 10 avril 1747, à Marie Bussière, à St-Pierre, I. O. — *Laurent*, b... m 22 nov. 1751, à Marie-Geneviève Boulet, à St-Thomas.[8]
1733, (28 sept.)[8]
2° Lefebvre, Madeleine, [Jean II.
b 1714
François, b... m [7] 12 nov. 1753, à Marie-Ursule, Morin. — *Madeleine*, b 1737; s [7] 20 dec. 1749.—*Pierre*, b 1745; s [7] 20 oct. 1749.— *Jean-Baptiste*, b 1748; s [7] 20 oct. 1749. — *Michel*, b [7] 30 juin et s [7] 13 juillet 1750 —*Eustache*, b [7] 2 mars 1752. —*Joseph-Marie*, b 15 mars 1755, à St-François-du-Sud.—*Marie-Marthe*, b... m [7] 23 nov. 1761, à Pierre Blanchet.—*Charles*, b... m 4 fevrier 1765, à Marguerite Belanger, au Cap-St-Ignace.

CLOUTIER, Joseph, b 1735; s 14 janvier 1758, à Lorette.

(1) Elle épouse, le 29 janvier 1753, François Janot, à l'Islet.

1735, (7 février) St-Laurent, I. O.
IV.—CLOUTIER, BASILE, [CHARLES III.
b 1703; s 2 fevrier 1744, au Château-Richer.[8]
MOREAU (1), Marie, [PIERRE II.
b 1711.
Basile, b [8] 9 mars 1736; s 26 mars 1756, à St-Joseph, Beauce. [9]—*Marie-Anne*, b [8] 28 nov. 1737; s 1er août 1751, à L'Ange-Gardien [2] (tuee par le tonnerre).—*Charles*, b [8] 28 oct. 1739; m [9] 7 fevrier 1763, à Marguerite LALAGUE.—*Louis*, b [8] 30 juillet 1741; s [8] 3 nov. 1748.—*Marie-Julienne*, b [2] 10 juin 1743; m [9] 1er sept. 1765, à Joseph BONHOMME. — *Louis*, b... m [9] 6 fevrier 1769, à Marie-Joseph GRAVEL. — *Hélène*, b 1744; s [8] 31 mars 1745.

1736, (5 nov.) Ste-Anne.
IV.—CLOUTIER, PRISQUE, ZACHARIE III.
b 1709.
SIMARD, Marguerite, AUGUSTIN II.
b 1715.

1737, (13 nov.) Château-Richer. [8]
IV.—CLOUTIER, ZACHARIE, [ZACHARIE III.
b 1710; s [8] 9 mars 1774.
BÉLANGER, Agnès, [ALEXIS III.
b 1719; s [8] 16 mars 1774.
Marie-Agnès, b [8] 24 juillet 1739; m [8] 22 janvier 1755, à Prisque DOYON. — *Zacharie*, b [8] 11 sept. 1742, m à Marie-Geneviève HUOT —*Louis-Marie*, b [8] 15 déc. 1744; s [8] 24 mars 1762. —*Pierre*, b [8] 20 nov. 1746; m [8] 30 oct. 1769, à Angélique LANGLOIS —*Jean*, b [8] 27 dec. 1748. — *Joseph*, b [8] 4 janvier 1751. — *Augustin*, b [8] 29 août et s [8] 11 sept. 1752. — *Louis*, b... m [8] 28 janvier 1771, à Madeleine GAGNON. — *Marie*, b [8] 3 mars 1755; m [8] 26 fevrier 1772, à François VERREAU.—*Marie-Françoise*, b [8] 20 juillet 1757.—*Marie-Madeleine*, b... m [8] 5 fevrier 1777, à Louis COTÉ.

CLOUTIER, LOUIS.
CHABLINE, Julienne.
Monique, b 1738; s 26 nov. 1754, à Québec.

1737, (18 nov.) Château-Richer. [7]
IV.—CLOUTIER, LOUIS, [JEAN-BTE III.
b 1710.
GOULET, Thérèse, [LOUIS III.
b 1713.
Marie-Thérèse, b 21 août 1738, à Ste-Anne [8]; m [7] 30 mars 1761, à Joseph LÉGARÉ.—*Anne*, b [7] 29 oct. et s [7] 13 nov. 1739.—*Louis*, b 5 oct. 1740, à L'Ange-Gardien; m [7] 25 oct. 1773, à Therèse CLOUTIER.—*Jean-Baptiste*, b [7] 28 mars 1742; s [7] 24 août 1743. — *Joseph*, b [7] 16 oct. 1743; s [7] 20 juin 1746.—*Charles*, b [7] 25 janvier et s [7] 9 sept 1745.—*Cécile*, b [7] 19 oct. 1746; s [7] 8 avril 1749 —*Marie-Louise*, b [8] 16 janvier 1748; s [7] 8 avril 1749.—*Prisque*, b [7] 17 avril 1749; m 19 fevrier 1770, à Marie-Charlotte LESSARD, à St-Joseph, Beauce.—*Jacques-Roger*, b [7] 12 oct. 1750. — *Marie-Louise*, b [7] 12 janvier 1752.—*Marie-Françoise*, b [7] 24 avril 1753; m [7] 18 mai 1778, à François GUÉRIN.—*Marguerite*, b [7] 17 juillet 1755; m [7] 13 juillet 1778, à Maurice CRÉPEAU.

(1) Elle épouse, le 22 août 1749, Joseph Lalague, au Château-Richer.

1740, (22 nov.) Islet. [2]
V.—CLOUTIER, JOSEPH, [JOSEPH IV.
b 1721; s [2] 19 mars 1749.
FOURNIER, Marie-Aimée, [LOUIS II.
b 1718.
Joseph, b [2] 17 sept. 1741.—*Marie-Reine*, b... m 6 août 1764, à Gabriel DUPAULO, au Cap-St-Ignace.

1741, (30 janvier) St-Thomas. [3]
V.—CLOUTIER, PIERRE-PAUL, [JEAN-BTE IV.
b 1721.
1° GAUDREAU, Marie-Geneviève, [CHARLES II.
b 1720; s [3] 10 avril 1742.
Marie-Geneviève-Ursule, b [3] 29 mars 1742; m 30 mars 1761, à Jacques COUTURE, à l'Islet [4]; s [4] 4 nov. 1774.
1743, (15 oct.) St-François, I. O.
2° TURCOT, Marie-Louise-Angelique, [LOUIS II.
b 1712.
Jérôme, b [4] 25 avril 1750; m à Marie JONCAS. —*Marie-Reine*, b [4] 2 mars 1752.—*Marie-Brigitte*, b [4] 15 déc. 1753.—*Simon-Marc*, b [4] 5 avril 1756.

CLOUTIER, CATHERINE, b 1741; s 25 janvier 1758, à Lorette.

1742, (6 oct.) St-Antoine-Tilly.
V.—CLOUTIER, JEAN, [FRANÇOIS IV.
b 1715; s 12 nov. 1747, à St-Nicolas. [6]
DUBOIS (1), Marie-Thérèse, [NICOLAS II.
b 1720.
Louis-Jean, b [6] 26 août 1743.—*Pierre*, b... s [6] 14 mai 1747.—*Marie-Thérèse*, b [6] 2 mars 1748.

1744, (20 janvier) St-Joseph, Beauce. [7]
IV.—CLOUTIER, AUGUSTIN, [JEAN-BTE III.
b 1720.
LESSARD, Marie-Angélique, [FRANÇOIS III.
b 1725.
Marie-Louise, b [7] 9 nov. 1744.—*Marie-Joseph*, b [7] 17 mars 1746; m [7] 8 février 1768, à Louis POULIN.—*Jean-François*, b [7] 17 nov. 1747; m [7] 23 sept. 1766, à Catherine-Judith DROUIN.—*Angélique*, b [7] 27 juillet 1754, s [7] 26 juin 1773.—*Marie-Charlotte*, b 1755; s [7] 29 déc. 1777.—*Marie-Hélène*, b [7] 10 août 1760; s [7] 30 mai 1773. —*Charles*, b [7] 6 déc. 1762.—*Augustin*, b [7] 8 et s [7] 29 avril 1764.—*Marie-Louise*, b [7] 14 mars 1767.—*Louis*, b [7] 8 avril 1771; s [7] 26 juin 1773.

1745, (15 février) Cap-St-Ignace. [8]
V.—CLOUTIER, GUILLAUME, [GUILLAUME IV.
b 1716.
BERNIER, Marie-Frse-Elisabeth, [JACQUES III.
b 1721.
Joseph-Marie, b 16 mars 1746, à l'Islet. [9]—*Marie-Françoise-Elisabeth*, b [9] 8 février 1747.—*Marie-Joseph*, b [9] 2 fevrier 1749; m [9] 7 août 1775,

(1) Elle épouse, le 23 juillet 1748, Etienne Marion, à St-Nicolas.

à Jean-Baptiste BOUCHER.—*Jacques*, b [9] 26 déc. 1750.—*Marie-Véronique*, b [9] 29 août 1752.—*Geneviève-Eléonore*, b [9] 2 août 1754; m [9] 26 avril 1773, à Alexandre BELISLE.—*Thérèse*, b [9] 7 oct. 1756.—*Marie-Théotiste*, b [8] 27 juillet 1758.—*Jacques*, b [8] 6 avril 1761.

1746, (26 avril) Islet. [2]

V.—CLOUTIER, PIERRE, [JEAN-BTE IV. b 1717.

LANGELIER (1), Marie-Geneviève, [LOUIS III. b 1729; veuve d'Alexis Lemieux.

Marie-Angélique, b [2] 29 mars 1749; m [2] 7 oct. 1776, à Jean-Baptiste CHARTIER.—*André*, b [2] 3 nov. 1750.—*Marie-Joseph*, b 22 août 1753, au Cap-St-Ignace. [3]—*Ignace*, b [3] 4 janvier 1756.—*Claire*, b... m [2] 8 mai 1781, à Joseph RODRIGUE—*Pierre-Joseph*, b... m [2] 2 oct. 1781, à Marie-Elisabeth CARON.

IV.—CLOUTIER, GABRIEL, [ZACHARIE III. b 1711.

TOUPIN, Marie-Françoise. [IGNACE II.

François-Noel, b 11 août 1747, à St-Thomas.—*Marie-Bonne*, b 12 mars 1750, à St-Pierre-du-Sud. [4]—*Marie*, b... s [4] 15 janvier 1753.—*Marie-Judith*, b [4] 7 et s [4] 9 février 1753.—*Marie-Charlotte*, b... m [4] 4 nov. 1760, à Joseph GOSSELIN.

1747, (10 avril) St-Pierre, I. O.

VI.—CLOUTIER, JOSEPH. [JOSEPH V.

BUSSIÈRE (2), Marie-Tècle-Frse, [JEAN III b 1718.

Marie-Tècle-Françoise, b 23 sept. et s 12 oct. 1748, à St-Antoine-Tilly. [6]—*Marie-Angélique*, b [6] 14 mai et s [6] 19 juin 1750.—*Marie-Thérèse*, b [6] 14 juillet 1753; s [6] 18 janvier 1763.—*Véronique*, b [6] 10 avril et s [6] 7 sept. 1755.—*Marie-Véronique*, b [6] 20 mars 1760.—*Joseph*, b [6] 13 sept. 1762.—*Marie-Geneviève*, b [6] 3 juillet 1765.—*Thérèse*, b 31 août et s 6 sept. 1769, à la Baie-du-Febvre.

CLOUTIER, MARGUERITE-VÉRONIQUE, b 13 avril 1748, à Lorette.

1748, (18 nov.) Château-Richer. [6]

V.—CLOUTIER, CHARLES, [CHARLES IV. b 1725.

1° MOREAU, Geneviève, [PIERRE II. b 1727.

Louise, b [6] 23 août 1749; m [6] 25 nov. 1771, à Jean CAUCHON.—*Marguerite*, b [6] 7 oct. 1751.—*Geneviève*, b [6] 28 fevrier 1753; m [6] 2 août 1774, à Pierre VERREAU.—*Charles*, b [6] 11 mai 1755.—*Marie-Catherine*, b [6] 18 juin 1757.—*Marie-Geneviève*, b 25 sept. et s 4 oct. 1759, à Quebec.

1760, (14 juillet). [6]

2° GUYON, Françoise, [FRANÇOIS IV. b 1729.

Charles, b [6] 30 mars 1761.—*Marguerite*, b [6] 6 janvier 1763.—*Marie-Françoise*, b [6] 22 dec. 1764.—*Marie-Joseph*, b [6] 20 août 1766; s [6] 28 fevrier 1767—*François*, b [6] 4 mars 1768.—*Marie-Joseph*, b [6] 27 juin 1770.

(1) Elle épouse, le 15 janvier 1775, Louis Marois, à l'Islet.
(2) Dit Sivadier.

CLOUTIER, PIERRE, b 1722; s 14 fevrier 1762, à l'Islet.

1749, (10 nov.) Islet.

V.—CLOUTIER, PIERRE-PAUL, [JOSEPH IV. b 1725.

FOURNIER, Marie-Angelique, [JEAN III. b 1728; s 17 fevrier 1750, au Cap-St-Ignace. [1]

Marie-Placide, b [1] 16 fevrier 1750; m [1] 12 nov. 1764, à Antoine COTÉ.

1750, (6 avril) Deschambault. [3]

V.—CLOUTIER, JOSEPH, [JOSEPH IV. b 1723.

ARCAN, Véronique, [PIERRE II. b 1726; s [3] 9 janvier 1773.

Marie-Joseph, b [3] 27 mai 1752; m à François ARCAN.—*Joseph*, b [3] 17 oct. 1753; m [3] 20 janvier 1784, à Françoise PERRON.—*Pierre*, b [3] 22 mai 1756.—*Antoine*, b [3] 11 sept. 1757; 1° m à Marguerite GARIÉPY; 2° m [3] 1er août 1791, à Marie-Joseph BOUCHARD.—*François*, b [3] 6 mars 1759.—*Germain*, b [3] 22 oct. 1760; m [3] 21 nov. 1791, à Marie-Joseph COUCEAU.—*Louis*, b [3] 6 mai 1763; 1° m [3] 21 janvier 1793, à Geneviève PAQUIN; 2° m [3] 31 janvier 1797, à Madeleine DELISLE.—*Hyacinthe*, b [3] 14 juillet 1765; m [3] 13 janvier 1789, à Marie CHAVIGNY.—*Jean*, b [3] 9 avril 1767.

CLOUTIER, JOSEPH.

MORIN, Marie.

Jacques, b 15 fevrier 1751, à St-Pierre-du-Sud.

1750, (16 nov.) Islet. [3]

V.—CLOUTIER, CHARLES-FRS, [GUILLAUME IV. b 1730.

1° MORNAUX, Marie-Françoise, [FRANÇOIS III. b 1731.

Jean-François, b [3] 27 mai 1753.—*Marie-Véronique*, b [3] 13 mai 1754.—*Marie-Anne*, b [3] 23 mars 1756; m [3] 20 fevrier 1775, à Charles BELANGER.—*Chrysostôme*, b [3] 29 juin 1757; m 9 janvier 1782, à Marie-Françoise AUBUT, à St-Jean-Port-Joli.—*Marie-Anne-Judith*, b [3] 13 juin 1759; m [3] 20 février 1781, à Joseph HOULE.—*Marie-Desanges*, b [3] 30 août 1761.—*Marie-Reine*, b... s [3] 16 mars 1763.—*Noel-Bénoni*, b [3] 21 avril et s [3] 28 août 1763.—*Jean-Baptiste*, b...

1775, (9 oct.) [3]

2° GIROIR, Marie-Françoise, [GERMAIN I. Acadienne.

1751, (25 oct.) Château-Richer.

V.—CLOUTIER (1), FRANÇOIS, [FRANÇOIS IV. b 1721.

LABERGE, Agnès, [FRANÇOIS III. b 1732.

1751, (22 nov.) St-Thomas.

VI.—CLOUTIER, LAURENT, [JOSEPH V.

BOULET, Marie-Geneviève, [GUILLAUME III. b 1732.

(1) Réhabilité le 6 avril 1753, au Château-Richer.

Joseph-Marie, b 30 dec. 1752, à St-Pierre-du-Sud.[4]—*Geneviève*, b [4] 22 juillet 1754.—*Laurent*, b [4] 2 et s [4] 3 mars 1756.—*François*, b [4] 25 janvier 1757.—*Louis*, b [4] 26 août et s [4] 8 oct. 1758. —*Pierre-Noel*, b [4] 8 août et s [4] 8 sept. 1759.

1752, (7 fevrier) St-Joachim. [6]

V.—CLOUTIER, PIERRE, [PIERRE IV.
b 1727.
POULIN, Marie-Joseph-Monique, [IGNACE III.
b 1729.
Pierre, b [6] 20 janvier 1753.—*Louis*, b [6] 27 avril 1754. —*Jean-Louis*, b [6] 28 janvier 1756.—*Jean-Marie*, b [6] 25 nov. 1757. —*Jacques-Christophe*, b 10 mai 1759, à Quebec —*Ignace-Michel*, b [6] 11 mars et s [6] 22 avril 1760.—*Jean-Baptiste*, b [6] 11 et s [6] 28 juillet 1762.—*Prisque*, b [6] 25 janvier 1764.—*Marie-Joseph*, b [6] 24 août 1765. —*Marie-Françoise*, b [6] 27 dec. 1767.

1752, (13 nov) St-Joachim.

V.—CLOUTIER, FRANÇOIS, [FRANÇOIS IV.
b 1717.
FILION, Marie-Anne, [PAUL III.
b 1734.
François, b 3 et s 4 avril 1754, au Château-Richer.[5] —*Joseph-Marie*, b [5] 18 avril 1755. —*Jean-Baptiste*, b [5] 21 dec. 1760; s [5] 3 janvier 1764.—*Joseph*, b [5] 3 fevrier 1763 —*Marie-Anne*, b [5] 2 dec. 1764. —*François*, b [5] 20 janvier 1766. —*Elisabeth*, b 1768; s [5] 12 août 1776. —*Basile*, b [5] 26 janvier 1770. —*Marguerite*, b [5] 4 et s [5] 11 sept. 1771.—*Anonyme*, b [5] et s [5] 18 déc. 1772.

1753, (9 janvier) Islet. [9]

V.—CLOUTIER, MICHEL, [JOSEPH IV.
s avant 1781.
THIBAUT, Marie-Angélique, [JEAN-FRANÇOIS II.
b 1732.
Joseph-Michel, b [9] 2 mai 1754. —*François*, b [9] 22 sept. 1755; m [9] 27 août 1781, à Marie-Claire DESSAINT.—*Marie-Rose*, b [9] 27 janvier 1757, m [9] 4 février 1782, à Julien GAUDREAU. —*Marie-Desanges*, b [9] 25 sept. 1758. —*Pierre*, b [9] 9 dec. 1759.—*Marie-Théotiste*, b [9] 14 dec. 1761.—*Marie-Reine*, b [9] 1er fevrier 1763.—*Joachim*, b [9] 31 janvier 1764.

1753, (22 oct.) Islet. [9]

V.—CLOUTIER, BASILE, [JOSEPH IV.
b 1736; s [9] 19 mai 1761.
JAHOT (1), Marie-Angelique, [ETIENNE I.
b 1735.
Marie-Desanges, b [9] 11 mars 1761.

1753, (12 nov.) St-Pierre-du-Sud. [4]

VI.—CLOUTIER, FRANÇOIS. [JOSEPH V.
MORIN, Marie-Ursule. [GERMAIN IV.
Marie-Joseph, b [4] 2 sept. 1755. —*François*, b [4] 2 oct. 1757; m 21 juillet 1783, à Marie-Antoinette LAPLANTE, à Nicolet.—*Jean-Baptiste*, b [4] 30 sept. 1759.

(1) Elle épouse, le 24 janvier 1763, Jean Bertaut, à l'Islet

V.—CLOUTIER, ZACHARIE, [LOUIS IV.
b 1720.
1° VACHON, Félicité-Claire, [NOEL III.
b 1730; s 28 août 1760, à St-Joseph, Beauce.[7]
Claire, b [7] 1er fevrier 1754; m [7] 22 août 1775, à Pierre LAMBERT. —*Marguerite*, b [7] 28 mars 1755.—*Antoine*, b [7] 1er mars 1756; s [7] 20 mai 1777 (noye). —*Scholastique*, b [7] 5 mars 1757, m [7] 15 fevrier 1779, à Jean LESSARD. —*Marie-Louise*, b [7] 2 août 1758.—*François*, b [7] 4 et s [7] 6 déc. 1759.—*Marie-Jeanne*, b... m [7] 27 août 1770, à Louis-Marie GAGNÉ.—*Zacharie*, b... m [7] 25 janvier 1780, à Angelique BUREAU.

1763, (6 juin). [7]

2° DUQUET (1), Madeleine, [GABRIEL III.
b 1740.
Marie-Dorothée, b 27 déc. 1763, à Lévis. —*Marie-Joseph*, b [7] 8 fevrier et s [7] 1er mai 1765. —*Joseph*, b [7] 17 février 1766.—*Louis*, b [7] 6 janvier 1768. —*Judith*, b [7] 3 avril 1770. —*Marie-Joseph*, b [7] 18 avril 1773. —*Joseph*, b [7] 19 mars 1775. —*Marguerite*, b [7] 23 fevrier et s [7] 5 août 1777.—*Marie-Marguerite*, b [7] 19 juillet 1778.

1754, (22 avril) St-Pierre-du-Sud. [1]

VI.—CLOUTIER, JEAN-BTE-BASILE. [JOSEPH V.
BLANCHET, Marie-Angélique. [JOSEPH III.
Marie-Angélique, b 31 janvier 1755, à St-François-du-Sud; s [1] 23 février 1758. —*Marie-Thérèse*, b [1] 16 fevrier 1756. —*Louis-Basile*, b [1] 25 mars 1757.—*Marie-Françoise*, b 30 sept. 1758, à l'Islet.[2] —*Charles-François*, b 25 fevrier 1760, au Cap-St-Ignace.[3] —*Marie-Luce*, b [2] 1er nov. 1761.—*Marie-Joseph*, b [3] 20 janvier 1765.

CLOUTIER, PIERRE.
DUPONT, Marie-Marthe.
Marie-Marthe, b 18 janvier 1758, à St-Joseph, Beauce.[4] —*Pierre*, b [4] 11 août 1759 —*Jean-Baptiste*, b [4] 5 août 1761.—*Marie-Madeleine*, b [4] 23 mai 1763.

1758, (26 juin) Château-Richer.

V.—CLOUTIER, PIERRE, [FRANÇOIS IV.
b 1729.
TIBAUT, Monique, [FRANÇOIS III.
b 1734.

V.—CLOUTIER, LOUIS, [FRANÇOIS IV.
b 1734.
CHATEAUNEUF, Marie.
Jean-Baptiste, b 14 juillet 1759, à St-Valier.

1759, (5 fevrier) Québec. [1]

V.—CLOUTIER, PRISQUE, [FRANÇOIS IV.
b 1736.
1° BEDARD, Marie-Louise, [CHARLES III.
b 1725; veuve de François Villeneuve; s [1] 17 juillet 1785.
Prisque, b [1] 27 janvier 1760. —*Marie-Louise*, b [1] 16 fevrier 1761, m [1] 23 janvier 1781, à Jean LEFEBVRE. —*Alexis*, b [1] 14 janvier 1763; m 1er fevrier 1785, à Geneviève DORVAL, à St-Augustin.

(1) Dit Desrochers.

1787, (19 juin). [1]
2° BADEAU, Elisab.-Therèse, [JACQ.-FABIEN IV. b 1731 ; veuve de Bernard Dieze.

1760, (18 février) Islet. [4]
VI.—CLOUTIER, Ls-ATHANASE, [ATHANASE V. s [4] 28 fevrier 1760.
GAUDREAU (1), Madeleine, [JEAN III. b 1736.

1760, (28 avril) Ste-Rose. [4]
VI.—CLOUTIER, CHS-FRANÇOIS, [JEAN-BTE V. b 1738.
CORNEAU, Rosalie, [JEAN-BTE II. b 1738.
Marie-Monique, b [4] 4 fevrier 1761. — *Rosalie*, b [4] 8 mars 1762.

1760, (19 oct) Detroit. [4]
V.—CLOUTIER, RENÉ, [ZACHARIE IV. b 1734.
CAMPEAU, Marie-Joseph, [MICHEL III. b 1745.
René, b... m [4] 13 février 1792, à Elisabeth ROBIDOUX. — *Thérèse*, b... m [4] 13 fevrier 1792, à Antoine DAVIGNON.—*Charles*, b [4] 11 juillet 1767. —*Catherine*, b... m [4] 25 juin 1792, à Pierre SOLO.

1761, (31 août) Charlesbourg.
V.—CLOUTIER, JOSEPH, [FRANÇOIS IV. b 1731, maçon, s 16 juillet 1797, à Quebec. [1]
BEDARD, Marie-Thérèse, [CHARLES III. b 1731 ; s [4] 26 janvier 1797.
Anonyme, b [4] et s [4] 20 mai 1762. —*Joseph*, b [4] 18 et s [4] 27 juillet 1763. — *Marie-Thérèse*, b [4] 18 et s [4] 31 juillet 1763.—*Marie-Thérèse*, b... m [4] 12 oct. 1790, à Jean GARNEAU

1762, (16 fevrier) Château-Richer. [4]
V.—CLOUTIER, AUGUSTIN, [PIERRE IV. b 1730 ; s [4] 16 oct. 1769.
MALBEUF (2), Madeleine. [JOSEPH II.

1762, (22 février) Lorette. [3]
I.—CLOUTIER (3), ANDRE.
NOREAU, Louise, [MATHURIN I. b 1730.
Pierre-André, b [3] 6 dec. 1762 — *Marie-Louise*, b [3] 6 nov. 1764.— *Marie-Angélique*, b 11 janvier 1771, à Ste-Foye.

1762, (22 février) Islet.
VI.—CLOUTIER, JOS.-FRANÇOIS, [JEAN-BTE V. b 1736.
DEBLOIS, Angelique.

(1) Elle épouse, le 30 mars 1761, Joachim Mercier, à l'Islet.

(2) Elle épouse, le 15 nov. 1772, Augustin Gagnon, au Chateau-Richer.

(3) Fils adoptif de Pierre Cloutier et d'Hélène Alaire.

1762, (17 nov.) Islet. [4]
V.—CLOUTIER, JOSEPH. [JOSEPH IV.
TONDREAU, Marie-Luce, [JEAN II. b 1740.
Marie-Marthe, b... m [4] 26 nov. 1781, à François BÉLANGER.

1763, (7 janvier) Château-Richer. [3]
V.—CLOUTIER (1), PRISQUE, [PIERRE IV. b 1727, s [3] 28 dec. 1773.
LÉGARÉ, Rose, [JEAN III. b 1733.
Prisque, b 20 février 1765, à Ste-Famille, I.O. —*Marguerite*, b [3] 9 nov. 1770.

1763, (7 février) St-Joseph, Beauce. [3]
V.—CLOUTIER, CHARLES, [BASILE IV. b 1739.
LALAGUE, Marguerite. [JOSEPH I.
Ursule, b [3] 3 dec. 1763 ; s [3] 22 janvier 1764. — *Jean*, b [3] 30 dec 1765, s [3] 14 avril 1766.—*Charles*, b [3] 6 juin 1767. — *Marie-Geneviève*, b [3] 6 août 1769.—*François-Etienne*, b [3] 1er nov. 1771.—*Marie-Marguerite*, b [3] 27 fevrier 1774.— *Basile*, b [3] 9 juin 1776.

1764, (25 juin) Château-Richer. [3]
V.—CLOUTIER, PRISQUE, [ZACHARIE IV. b 1742.
LANGLOIS, Reine, [JACQUES IV. b 1742.
Prisque, b [3] 6 mars et s [3] 13 avril 1765.— *Reine*, b [3] 26 avril 1767.

1765, (4 février) Cap-St-Ignace.
VI.—CLOUTIER, CHARLES. [JOSEPH V.
BÉLANGER, Marguerite, [JOSEPH IV. b 1746.

1766, (23 sept.) St-Joseph, Beauce. [4]
V.—CLOUTIER, JEAN-FRANÇOIS, [AUGUSTIN IV. b 1747.
DROUIN, Catherine-Judith, [JEAN III. b 1741.

1768, (8 février) Château-Richer. [4]
V.—CLOUTIER, ALEXANDRE, [LOUIS IV. b 1742.
GOSSELIN, Marguerite, [GUILLAUME IV. b 1741.
Marguerite, b [4] 11 mars 1769; s [4] 27 avril 1779.—*Monique*, b [4] 3 août 1770.—*Louise*, b [4] 25 mai 1778.

V.—CLOUTIER, ZACHARIE, [ZACHARIE IV. b 1742.
HUOT, Marie-Geneviève, [MICHEL III. b 1749.
Anonyme, b et s 2 nov. 1768, au Château-Richer. [3] — *Zacharie*, b [3] 29 mars 1770. — *Marie-Marguerite*, b [3] 23 avril 1772.

(1) Major de milice.

1769, (6 février) St-Joseph, Beauce. [3]
V.—CLOUTIER, Louis. [BASILE IV.
GRAVEL, Marie-Joseph. [CLAUDE IV.
Bonaventure, b [3] 25 juillet et s [3] 17 oct. 1770. —*Marie-Geneviève*, b [3] 10 nov. 1771.—*Louis*, b [3] 25 février 1774. — *Pierre*, b [3] 21 janvier 1776.— *Etienne*, b [3] 29 déc. 1777; s [3] 11 janvier 1778.— *Agathe*, b [3] 2 mai 1779.

1769, (30 oct.) Château-Richer. [2]
V.—CLOUTIER, PIERRE, [ZACHARIE IV.
b 1746.
LANGLOIS (1), Angélique, [JACQUES IV.
b 1749.
Pierre, b 3 juillet 1770, à Ste-Anne.—*Jean*, b [2] 2 déc. 1771.—*Joseph*, b [2] 27 nov. 1777. — *Louis*, b [2] 13 sept. et s [2] 22 déc. 1779.

1770, (19 février) St-Joseph, Beauce. [1]
V.—CLOUTIER, PRISQUE, [LOUIS IV.
b 1749.
LESSARD, Marie-Charlotte. [JEAN III
Anonyme, b [1] et s [1] 8 déc. 1770.—*Prisque*, b [1] 18 janvier et s [1] 21 juillet 1772.—*Anonyme*, b [1] et s [1] 6 mars 1773.

1771, (28 janvier) Château-Richer. [2]
V.—CLOUTIER, Louis. [ZACHARIE IV.
GAGNON, Madeleine, [BONIFACE IV.
b 1750.
Louis, b [2] 30 nov. 1771.—*Augustin*, b [2] 1er janvier et s [2] 5 août 1773.—*Marie-Madeleine*, b [2] 9 juin 1778.

CLOUTIER, PIERRE.
PAIN, Catherine.
Catherine, b 17 août 1773, à l'Islet. [3]— *Joseph-Marie*, b [3] 3 mars 1775.

CLOUTIER, PIERRE-PAUL.
Marie, b 1770; s 10 mai 1773, à l'Islet.

VI.—CLOUTIER, JÉRÔME, [PIERRE-PAUL V.
b 1750.
JONCAS, Marie.
Prosper, b 7 février 1773, à l'Islet. [4] —*Joseph*, b [4] 20 oct. 1774.—*Marie-Marguerite*, b [4] 21 mai 1776.

1773, (25 oct.) Château-Richer.
V.—CLOUTIER, Louis, [LOUIS IV.
b 1740.
CLOUTIER, Therèse, [PIERRE IV.
b 1735.

CLOUTIER, ALEXANDRE.
BIDET, Marguerite.
Alexandre, b 9 mars 1774, au Château-Richer.

CLOUTIER, PIERRE.
CLOUTIER, Marie-Françoise.
Marie-Françoise, b 8 mars 1774, à l'Islet. [5] — *Marie-Thérese*, b [5] 3 mars 1776.

(1) Dit Clément, 1779.

1774, (8 nov.) Château-Richer. [6]
V.—CLOUTIER, FRANÇOIS, [ZACHARIE IV.
b 1745.
GOSSELIN, Claire, [IGNACE IV.
b 1749.
Marie-Madeleine, b 1776; s [6] 18 mars 1777.— *François-Gervais*, b [6] 19 et s [6] 23 juin 1778.

1775, (27 février) Islet. [7]
VI.—CLOUTIER, JACQUES. [JEAN-BTE V.
FORTIN, Marie-Claire, [JOSEPH.
b 1757.
Jean-Baptiste, b [7] 17 avril 1776.

CLOUTIER, JEAN.
GAGNON, Louise.
Zacharie-Marc, b 24 avril 1779, au Château-Richer.

1780, (25 janvier) St-Joseph, Beauce.
VI.—CLOUTIER, ZACHARIE. [ZACHARIE V.
BUREAU (1), Marie-Angelique, [PIERRE III.
b 1764.

1781, (9 janvier) St-Jean-Port-Joli.
VI.—CLOUTIER, CHRYSOSTÔME, [CHS-FRS V.
b 1757.
AUBUT, Marie-Françoise, [FRANÇOIS I.
b 1758, s avant 1806.
Marie-Constance, b... m 4 nov. 1806, à Simon-Alexandre KÉROAC, à l'Islet.

1781, (27 août) Islet.
VI.—CLOUTIER, FRANÇOIS, [MICHEL V.
b 1755.
DESSAINT, Marie-Claire. [JÉRÔME.

1781, (2 oct.) Islet.
VI.—CLOUTIER, PIERRE-JOSEPH. [PIERRE V.
CARON, Elisabeth,
veuve de Louis Rottot.

1783, (21 juillet) Nicolet.
VII.—CLOUTIER, FRANÇOIS, [FRANÇOIS VI.
b 1757.
LAPLANTE, Marie-Antoinette. [JOSEPH I.

1784, (20 janvier) Deschambault.
VI.—CLOUTIER, JOSEPH, [JOSEPH V.
b 1753.
PERRON, Françoise, [ANTOINE III.
b 1762.

1785, (1er février) St-Augustin.
VI.—CLOUTIER, ALEXIS, [PRISQUE V.
b 1763.
DORVAL, Geneviève. [IGNACE IV.

1789, (13 janvier) Deschambault.
VI.—CLOUTIER, HYACINTHE, [JOSEPH V.
b 1765.
CHAVIGNY, Marie-Rose, [AUGUSTIN IV.
b 1768.

(1) Dit Sanssoucy.

VI.—CLOUTIER, ANTOINE, [JOSEPH V.
b 1757.
1° GARIÉPY, Marguerite, [JOSEPH IV.
b 1765; s 28 janvier 1790, à Deschambault.[8]
1791, (1er août).[8]
2° BOUCHARD, Marie-Joseph. [JOSEPH.

1791, (21 nov.) Deschambault.
VI.—CLOUTIER, GERMAIN, [JOSEPH V.
b 1760.
COUCEAU, Marie-Joseph, [ETIENNE I.
b 1763.

1792, (13 fevrier) Détroit.
VI.—CLOUTIER, RENÉ. [RENÉ V.
ROBIDOUX, Elisabeth. [LOUIS.

1793, (21 janvier) Deschambault.[9]
VI.—CLOUTIER, LOUIS, [JOSEPH V.
b 1763.
PAQUIN, Geneviève, [JEAN III.
b 1772; s[9] 31 mars 1794.
1797, (31 janvier).[9]
2° DELISLE, Madeleine, [NICOLAS-CLÉMENT IV.
b 1761; veuve de Pierre Stigny.

CLOZEL. — *Variation et surnom :* CLOISEL—BRINDAMOUR.

1760, (5 nov.) Charlesbourg.
I.—CLOZEL (1), PIERRE, b 1734; fils d'Antoine et de Françoise Montillet, de Bazin, diocèse d'Agens.
1° FALARDEAU, Marie-Madeleine, [GUILLAUME II.
b 1741; s 9 avril 1764, à Québec.[1]
2° LAMBERT, Marie-Louise.
Marie-Joseph, b et s 30 août 1779, à Ste-Foye. — *Marie-Louise*, b... m[1] 22 avril 1788, à Jean BOURGET. — *Catherine*, b... m[1] 16 nov. 1790, à Pierre BOURGET. — *Pierre*, b... m[1] 10 fevrier 1789, à Marie-Anne PLAMONDON.

1789, (10 fevrier) Québec.
II.—CLOZEL (2), PIERRE. [PIERRE I.
PLAMONDON, Marie-Anne. [JACQUES III.

CLUSEAU.— *Variations et surnoms :* CLUZEAU — L'ORANGE — LORANGER —MONCLUSEAU.— ORANGE.

CLUSEAU, CÉCILE, épouse de Guillaume LAPIERRE.

1694, (6 sept.) Québec.[6]
I.—CLUSEAU (3), JEAN,
b 1666.
JAMIEN, Anne, [JULIEN I.
b 1675; s[6] 31 oct. 1750.
Jean-Etienne, b[6] 2 sept. 1704; m 8 juillet 1737, à Marie-Jeanne GUERTIN, à Montreal.

(1) Dit Brindamour; soldat de la reine.
(2) Dit Brindamour.
(3) Dit L'orange; voy. vol. I, p. 133.

1720, (10 nov.) Québec.[7]
II.—CLUSEAU (1), JEAN, [JEAN I.
b 1694; s[7] 25 avril 1754.
MAGNAN, Catherine, [ETIENNE I.
b 1688; s[7] 8 fevrier 1758.
Marie-Catherine, b[7] 27 juillet 1721; s[7] 23 avril 1724.—*Jean-Baptiste-Joseph*, b[7] 5 janvier 1723. —*Anne-Catherine*, b[7] 30 mai 1725; s[7] 15 fevrier 1727. — *Agathe*, b[7] 21 mars 1727; m[7] 10 juin 1748, à Jean COLLET—*Etienne*, b[7] 14 mars 1729; s[7] 16 juillet 1730. — *Jean-Baptiste*, b[7] 19 juin 1731; s[7] 16 mai 1733.

1721, (30 avril) Québec.[9]
II.—CLUSEAU (2), FRANÇOIS, [JEAN I.
b 1696.
BOISSEL, Françoise, [GILLES II.
b 1697; s[9] 1er avril 1781.
Joseph-François, b[9] 12 oct. 1722. — *Marie-Françoise*, b[9] 17 juillet 1726. — *Marie-Anne*, b 1728, s[9] 18 janvier 1748.

1726, (27 fevrier) Québec.[6]
II.—CLUSEAU (3), SIMON, [JEAN I.
b 1702.
VERGEAT (4), Marie-Madeleine, [JEAN-BTE I.
b 1706.
Marie-Joseph, b[6] 14 et s[6] 22 nov. 1726.—*Louis-Simon*, b[6] 26 nov. et s[6] 5 dec. 1727.— *Maurice*, b[6] 17 dec. 1728; m[6] 30 janvier 1753, à Geneviève LABORDE; s 11 mars 1780, à Kamouraska.

1727, (25 fevrier) Quebec.[1]
II.—CLUSEAU (2), PIERRE, [JEAN-BTE I.
b 1698.
1° BOISSEL, Marie-Joseph, [GILLES II.
b 1708.
Pierre, b 1727; s 11 août 1816, à l'Hôtel-Dieu, M.
1731, (24 sept.)[1]
2° PELLETIER, Marie, [NICOLAS I.
veuve de Louis Polet.
Marie-Geneviève, b[1] 17 mai 1732; m 25 fevrier 1754, à Claude BERTIN, à Laprairie.—*Pierre*, b 1735, m 5 oct. 1761, à Marie-Joseph LEROUX, à Montreal.—*Marie-Marguerite*, b[1] 5 et s[1] 12 juillet 1736 —*Marguerite*, b 18 fevrier 1740, à Ste-Anne.— *Marie-Louise*, b[1] 22 oct. et s[1] 27 nov. 1742.—*Joseph*, b 5 dec. 1743, à L'Ange-Gardien; s[1] 26 dec. 1743. — *Joseph*, b 11 fevrier 1745, à Lachenaye.

1731, (6 fevrier) Québec.[1]
II.—CLUSEAU (2), LOUIS, [JEAN I.
b 1706.
BOURGOIN, Marie-Françoise, [CLAUDE II.
b 1709.
Marie-Françoise, b[1] 14 janvier 1731; m[1] 22 fevrier 1751, à Guillaume LAMADELAINE.—*Louise-Joseph*, b[1] 1er fevrier 1735; s[1] 12 fevrier 1738.

(1) Dit Orange, 1724.
(2) Dit Loranger.
(3) L'acte de mariage le nomme Moncluseau.
(4) Elle épouse, le 24 janvier 1757, Vital LeCompte, à Québec.

—*Geneviève*, b [1] et s [1] 5 juin 1738.—*Marie-Agathe*, b [1] 5 juin 1738; s [1] 31 mars 1739.—*Marie-Catherine*, b [1] 8 juin 1742.

1737, (8 juillet) Montréal.

II.—CLUSEAU (1), JEAN-ETIENNE, [JEAN I.
b 1704.
GUERTIN, Marie-Jeanne, [LOUIS II.
b 1715; s 19 juin 1792, à l'Hôpital-General, M.

1737, (17 nov.) Quebec. [8]

II.—CLUSEAU (2), CHARLES, [JEAN I.
b 1708.
MAGNAN, Marie-Thérèse, [ETIENNE II.
b 1717; s [8] 27 sept. 1777.
Augustin, b [8] 28 août 1738; m [8] 25 juin 1764, à Marguerite LUCAS. —*Marie-Jeanne*, b [8] 6 avril 1740. — *Marie-Marguerite*, b [8] 30 mars 1742.—*Marie-Joseph*, b [8] 19 mars 1744. — *Marie-Anne*, b [8] 26 mars 1746; s [8] 12 nov. 1747. — *Charles*, b 1757; s [8] 21 avril 1759.

1753, (30 janvier) Quebec. [6]

III.—CLUSEAU, MAURICE, [SIMON II.
b 1728; s 11 mars 1780, à Kamouraska. [7]
LABORDE, Geneviève, [PIERRE II
b 1732.
François, b [6] 31 janvier 1753; s [6] 28 mars 1757. — *Louis*, b [6] 27 mai 1754. — *Vital*, b [6] 27 fevrier 1756; s [6] 19 dec. 1758. — *Joseph*, b [6] 22 avril 1758; s [6] 18 dec. 1759. — *Joseph-François*, b [6] 3 et s [6] 18 mars 1762.—*Charles*, b [6] 18 juillet 1763; s [7] 25 fevrier 1774.

1761, (5 oct.) Montreal.

III.—CLUSEAU (2), PIERRE, [PIERRE II.
LEROUX, Marie-Joseph, [JOSEPH II.
b 1740.

1764, (25 juin) Québec.

III.—CLUSEAU, AUGUSTIN, [CHARLES II.
b 1738.
LUCAS, Marguerite, [JOSEPH I.
Acadienne.

1757, (7 février) Boucherville.

I.—COALIER (3), PHILIBERT, fils de Pierre et d'Anne Steverin, de Moriou, diocèse de Reims, Champagne.
FAVREAU, Therèse, [PIERRE II.
b 1720.

I.—COATES (4), JEAN.

I.—COCHEMOUETTE, LOUISE, fille de Jean et de Marie Meriasse; m 5 avril 1701, à Nicolas GLADU, aux Trois-Rivières [6]; s [6] 6 janvier 1704.

(1) Dit Loranger.
(2) Dit Lorange.
(3) Sergent de la compagnie de Maubeuge, du regiment de Béarn.
(4) Notaire public en 1781, à Mackinac.

I.—COCHER (1), ANTOINE.

I.—COCHER (2), LOUIS, b 1704; s 10 juillet 1764, à l'Hôpital-General, M.

I.—COCHERY, JEAN-BTE-GUILLAUME,
PELLETIER (3), Marie-Joseph,
b 1705; s 2 avril 1755, à Québec. [2]
Guillaume, b 1738; m à Françoise AUBERT; s [2] 18 dec. 1793. — *Marie-Joseph*, b 1742; m 17 mai 1758, à François DÉMET, à Montréal.

II.—COCHERY (4), GUILLAUME, [GUILLAUME I.
b 1738; s 18 dec. 1793, à Quebec.
AUBERT, Françoise.

COCHEU.—*Variation:* COCHU.

COCHEU, MARIE-ANGÉLIQUE, epouse de François DUFAUX.

I.—COCHEU (5), JACQUES.
MORIN (6), Marie.
Marie-Madeleine, b 7 août 1693, à Quebec [1]; 1° m [1] 17 sept. 1714, à Michel ROUSSEAU; 2° m 17 janvier 1735, à François FRÉCHET, à St-Nicolas [2]; s [2] 31 mai 1753.—*Pierre*, b [1] 27 juillet 1699; 1° m 7 fevrier 1728, à Marie-Angelique CANTARA, à St-Michel-d'Yamaska, 2° m 5 mai 1763, à Felicite BERTHIAUME, à Yamachiche.

1728, (9 février) St-Michel-d'Yamaska. [3]

II.—COCHEU, PIERRE, [JACQUES I.
b 1699.
1° CANTARA, Marie-Angélique, [BERNARDIN I.
b 1705; s avant 1757.
Anonyme, b [3] et s [3] 21 oct. 1728.—*Pierre-Louis*, b [3] 29 sept. 1732; m à Geneviève BELLEHUMEUR. —*Marie*, b... m 21 nov. 1757, à Charles-François DUFAUT, à Lanoraie. [4] —*François*, b... m [4] 19 fevrier 1760, à Geneviève COLIN-LALIBERTÉ.—*Louis*, b [3] 2 avril et s [3] 4 juillet 1734. — *Jean-Baptiste*, b [3] 20 avril 1736, m à Agathe BELLEHUMEUR. — *Marie-Elisabeth*, b [3] 8 avril 1742; m 1er fevrier 1762, à Pierre TIFAUT, à Sorel. [5] — *Antoine*, b [6] 6 avril 1745, s [6] 16 dec. 1748.—*Charles*, b [6] 1er juillet 1748; s [6] 20 août 1750.

1763, (5 mai) Yamachiche.

2° BERTHIAUME, Felicite, [PIERRE II.
b 1712; veuve de Jacques Chaillon.

COCHEU, MATHURIN.
MAILLOU, Madeleine.
Elisabeth, b 18 août 1733, à Quebec.

COCHEU, PIERRE.
LAFRANCE, Marie,
b 1724; s 13 mars 1762, à Sorel.

(1) Sergent du régiment Royal-Roussillon; il était, le 18 avril 1759, à Verchères.
(2) Dit St-Louis.
(3) Dit Antaya.
(4) Et Cocheri dit St-Onge.
(5) Voy. vol. I, p. 133.
(6) Elle épouse, le 3 février 1710, Jean Pinet, à Québec.

1760, (19 février) Lanoraie.

III.—COCHEU, François. [Pierre II.
Colin (1), Geneviève. [François III.

III.—COCHEU, Pierre, [Pierre II.
b 1732.
Bellehumeur (2), Geneviève.
Jean-Baptiste, b 1766; s 26 janvier 1770, à Repentigny.[2] — *Clément,* b[2] 24 mars 1770. — *Joseph,* b[2] 24 oct. 1771; s[2] 30 sept. 1772.—*Marie,* b... s[2] 19 mars 1774.—*Marie-Geneviève,* b[2] 3 août 1775.

III.—COCHEU, Jean-Bte, [Pierre II.
b 1736.
Bellehumeur, Agathe.
Agathe, b... s 23 sept. 1779, à Repentigny.

COCHON.—Voy. Cauchon.

COCHU.—Voy. Cocheu.

1759, (15 oct.) Québec.[8]

I.—COCHY (3), Guilin.
Raté, Marie-Joseph, [Pierre III.
b 1745.
Ignace, b... m[3] 11 sept 1792, à Helène Cote. —*Marie-Louise,* b... m[3] 14 oct. 1794, à Pierre Bardy.

1792, (11 sept.) Québec.

II —COCHY (4), Ignace. [Guilin I
Coté, Helène, [Gabriel IV
b 1769.

COCQUIN.—*Surnom :* LaTournelle.

1671, (12 oct.) Quebec.

I.—COCQUIN (5), Pierre,
b 1628, s 4 octobre 1702, à la Pointe-aux-Trembles, Q.[3]
Baudin, Catherine,
b 1652; s[3] 9 août 1718.
Madeleine, b[3] 10 sept. 1681; m 1708, à Claude Grenier.—*Marie-Anne,*b[3] 13 dec. 1687; m à Jean-Baptiste Page; s 8 janvier 1745, aux Ecureuils. —*Thérèse,* b[3] 24 mai 1693; m à Jean-Baptiste Liénard.

1708, (26 nov.) Pte-aux-Trembles, Q.[4]

II.—COCQUIN (6), Nicolas, [Pierre I.
b 1675; s[4] 14 fevrier 1737.
1° Cartier, Therèse, [Pierre I.
b 1683; s[4] 7 sept. 1711.
1716, (20 juillet) Cap-Sante.
2° Pagé (7), Marie-Anne, [Guillaume III.
b 1695.

(1) Dit Laliberté.
(2) Dit Bloze.
(3) Dit Lacouture; voy. aussi Cauchy, vol. II, p. 586.
(4) Dit Lacouture.
(5) Voy. vol. I, pp. 134-135.
(6) Dit LaTournelle.
(7) Elle épouse, le 26 août 1737, François Morin, à la Pte-aux-Trembles, Q.

COCQUOT.—Voy. Lorty.

CODBEC.—Voy. Mercier.

CODERRE.—*Variations et surnoms :* Beauvais —Cauder — Emeray — Emeri—Emery—Godaire—Hemery dit Codart—Humeris — Lacaillade—Langevin.

1670.

I.—CODERRE (1), Antoine.
Desvaux (2), Marie.
Pierre, b 4 fevrier 1671, à Boucherville; m à Jeanne Gilles.

1689.

II.—CODERRE (1), Antoine, [Antoine I.
s avant 1718.
Favreau, Marie-Anne. [Pierre I.
Antoine, b 4 juin 1690, à Boucherville[6]; m 10 fevrier 1716, à Marguerite Brunel, à Montreal. —*Gabriel,* b... m à Geneviève-Agathe Dalpec.— *Catherine,* b 25 fevrier 1696, à la Pte-aux-Trembles, M.; m 19 mars 1718, à Michel Bouvier, à St-Ours.[7]—*Joseph,* b[6] 24 février 1698; 1° m 16 juillet 1725, à Marie Perrin, au Bout-de-l'Ile, M.[6]; 2° m[6] 30 avril 1737, à Marie-Louise Brunet; s[6] 22 avril 1762—*Jean,* b 23 janvier 1703, à Contrecœur; m à Marie Meunier; s[7] 7 mai 1756.

1697, (2 mai) Pte-aux-Trembles, M.

II.—CODERRE (3), Louis, [Antoine I.
b 1674, s 10 mai 1703, à Varennes.
Leclerc, Marie-Madeleine, [Guillaume I.
b 1679.
Louis, b 25 février 1700, à Boucherville[3]; 1° m[3] 26 août 1722, à Marguerite Audet; 2° m à Marie-Anne Couvret; s 28 fevrier 1761, à St-Laurent, M.

CODERRE (4), Louis.
St-Amant, Marie-Jeanne,
b 1686; s 24 mai 1764, à l'Hôpital-Géneral,M.

1715, (19 nov.) Montreal.[8]

I.—CODERRE (5), Guillaume, b 1689; soldat de la compagnie de Chalut; fils de Guillaume et de Marie Benard, de St-Pierre, Angers.
Jacoti (6), Marie-Anne, [Jean I.
b 1695; veuve de Jean Barady; s[8] 16 sept. 1716.
Guillaume, b... s[8] 7 oct. 1716.

1716, (10 fevrier) Montréal.[6]

III.—CODERRE (4), Antoine, [Antoine II.
b 1690; s avant 1742.
Brunel (7), Marguerite, [Jean I.
b 1694.

(1) Voy. vol. I, p 135.
(2) Ou Deneau.
(3) Dit Emery; voy. vol. I, p. 135
(4) Dit Emery.
(5) Godaire dit Langevin.
(6) Dit Côté.
(7) De la Sablonnière.

Marguerite, b 1717 ; m à René St-Paul ; s 23 oct. 1750, à St-Antoine-de-Chambly. [7] — *Marie-Louise*, b 5 août 1718, à St-Ours.[8]—*Jacques*, b... m à Marguerite Gazaille. — *Jean-Antoine*, b [8] 3 fevrier 1720 ; m [6] 24 janvier 1742, à Marie-Anne Senécal. — *Joseph*, b 1724; m [7] 14 avril 1755, à Marie-Joseph Corbeil ; s [7] 7 août 1764.—*Richard*, b [8] 16 janvier 1725 ; 1° m à Barbe Lebeau; 2° m [7] 17 oct. 1763, à Elisabeth Ménard. — *Marie-Ursule*, b [8] 2 août 1727. — *Marie-Charlotte*, b... m [8] 25 février 1754, à Antoine Lamoureux.—*Marie-Amable*, b... m [8] 6 oct. 1760, à Jacques Lamoureux.

1719, (10 nov.) Verchères. [8]

III.—CODERRE (1), Louis, [Antoine II.
b1694 ; s 21 dec.1761, à l'Hôpital-General, M.
Ménard, Elisabeth. [Pierre II.
Elisabeth, b 16 août 1720, à St-Ours.[4]—*Marie-Joseph*, b... m [4] 8 janvier 1753, à Joseph Rondeau.—*Marie-Brigitte*, b [4] 1er fevrier 1724 ; m à Antoine Herpin. — *Antoinette*, b [4] 24 janvier 1726.—*Marie-Ursule*, b... m [4] 22 août 1757, à Laurent Lefebvre.—*Jean-Louis*, b... m à Madeleine Royer.—*Marie-Ours*, b... m [8] 30 juin 1755, à Marie-Joseph Casavan. — *Marguerite*, b... m [4] 20 nov. 1758, à Joseph Marcoux.— *Jacques*, b... m [4] 6 juillet 1753, à Marie-Anne Roy.—*Jean-Baptiste*, b 1732 ; m 27 janvier 1755, à Marie-Renée Lebeau, à St-Antoine-de-Chambly.

III.—CODERRE, Gabriel. [Antoine II.
Dalpec, Geneviève-Agathe.
Pierre, b... m 18 oct. 1756, à Marie-Anne Laporte, à Lavaltrie.

II.—CODERRE (1), Pierre, [Antoine I.
b 1671.
Gilles, Jeanne.
Joseph, b 1er nov. 1721, à l'Ile-Dupas [5] ; s [5] 8 janvier 1722.—*Jeanne*, b 1729 ; m 1749, à Marc-Antoine Benoit ; s 11 juin 1756, à St-Ours.

CODERRE (2), Joseph.
Garaut, Marie,
b 1709 ; s 12 janvier 1729, au Bout-de-l'Ile, M.

1722, (26 août) Boucherville.

III.—CODERRE (3), Louis, [Louis II.
b 1700 ; s 28 fevrier 1761, à St-Laurent, M [3]
1° Audet, Marguerite, [Nicolas I.
b 1686.
2° Couvret (4), Marie-Anne, [Victor I.
b 1704.
Louis, b... 1° m 20 fevrier 1748, à Catherine David, au Sault-au-Récollet; 2° m 19 fevrier 1787, à Marie Boilard, à Quebec.—*Charles*, b... m 25 oct. 1751, à Elisabeth Eriché, à Ste-Geneviève, M.—*Marie*, b... m [3] 1er mars 1756, à Jean-Baptiste Eriché.—*Catherine*, b... m [3] 8 janvier 1760, à Antoine Huguin.

(1) Dit Emery.
(2) Ou Goderre.
(3) Dit Beauvais, Emery et Humiris.
(4) Dit Victor.

1725, (16 juillet) Bout-de-l'Ile, M.[4]

III.—CODERRE (1), Joseph, [Antoine II.
b 1698 , s [4] 22 avril 1762.
1° Perrin, Marie, [Mathieu II.
b 1702.
Joseph, b [4] 17 mars 1726 ; s [4] 3 nov. 1729.—*Marie-Angélique*, b [4] 10 juillet 1727 ; m [4] 14 fevrier 1746, à Claude Brunet.

1737, (30 avril).[4]

2° Brunet (2), Marie-Louise, [François II.
b 1717.
Paul-Amable, b [4] 16 nov. 1737. — *Françoise-Gabrielle*, b [4] 21 oct. 1740 ; m [4] 10 fevrier 1766, à Joseph Lalonde.—*Francois-Amable*, b [4] 4 fevrier et s [4] 29 nov. 1749. — *Marguerite-Amable*, b [4] 21 sept. 1752.—*Geneviève*, b [4] 17 juin 1755.

1728, (11 août) Lachenaye.[3]

III.—CODERRE (3), Antoine, [Louis II.
b 1702 ; s 14 fevrier 1774, à St-Henri-de-Mascouche.[3]
Truchon, Louise. [Louis I.
Louis-Antoine, b 11 oct. 1730, à L'Assomption ; m [3] 12 janvier 1761, à Marie-Ursule Asselin.—*Marguerite*, b 1738 : s [2] 11 janvier 1739.—*Marie-Thérèse*, b... m [3] 2 fevrier 1761, à Louis-Antoine Roy. — *Jean-Baptiste*, b... m [3] 18 avril 1763, à Marie-Marguerite Asselin.—*Joseph*, b [2] 14 et s [2] 26 mars 1740.—*Marie-Joseph*, b [2] 22 mars 1742 ; m [3] 31 mars 1761, à Philippe Chalifour.—*Charles*, b [2] 25 mars 1743.—*Joseph*, b [2] 25 avril 1746; m [3] 11 janvier 1768, à Marie-Joseph Beauchamp. —*Marie-Charlotte*, b [2] 24 avril 1748.

I.—CODERRE (4), Guillaume, b 1700 ; natif de Bretagne , s 25 avril 1745, à Montréal.

III.—CODERRE (1), Jean, [Antoine II.
b 1703 , s 7 mai 1756, à St-Ours.[4]
Meunier, Marie
Louise, b... m 1744, à Pierre Alaire.—*Marie-Agathe*, b... m [4] 6 fevrier 1758, à Antoine-Philippe Pepin. — *Françoise*, b 1740 ; s [4] 25 août 1756.

I.—CODERRE (5), Pierre,
Favron (6), Marie-Louise.
Toussaint, b 13 août 1739, à Montréal. [1] — *Marie*, b [1] 23 sept. 1740. — *Marie-Charlotte*, b [1] 5 nov. 1742 ; s [1] 12 sept. 1743 — *Alexandre*, b... m 6 oct. 1760, à Marguerite Ledoux

1742, (24 janvier) Montréal.[1]

IV.—CODERRE (1), Jean-Ant., [Antoine III.
b 1721.
Senécal, Marie-Anne, [Joseph II.
b 1713 ; s [1] 15 mars 1743.
Jean-François, b [1] 13 et s [1] 23 mars 1743.

(1) Dit Emery.
(2) Elle épouse, le 15 février 1768, Jacques Charlebois, au Bout-de-l'Ile, M.
(3) Et Gaudaire dit Emery.
(4) Dit Emery ; habitant de l'Ile-aux-Grues.
(5) Et Gaudère dit LaCaillade.
(6) Et Féron, 1739.

1748, (20 février) Sault-au-Récollet.[1]
IV.—CODERRE (1), LOUIS. [LOUIS III.
1° DAVID (2), Catherine. [RENÉ III.
Louis, b [1] 22 et s [1] 24 déc. 1748.—*Joseph*, b... m 7 nov. 1774, à Marie-Joseph BRISSON, à Ste-Foye. — *Marie-Charlotte*, b 7 oct. 1751, à St-Laurent, M.[2] — *Véronique*, b [2] 28 mars 1753.
1787, (19 fevrier) Québec.
2° BOILARD, Marie,
veuve de Jacques Desting.

IV.—CODERRE (3), JACQUES. [ANTOINE III.
GAZAILLE (4), Marguerite, [JEAN II.
b 1727.
Joseph, b 9 mars 1751, à St-Antoine-de-Chambly.[5]—*Antoine*, b [5] 5 sept. 1753.

IV.—CODERRE (3), RICHARD, [ANTOINE III.
b 1725.
1° LEBEAU (5), Barbe, [RENÉ III.
b 1730; s 2 dec. 1761, à St-Antoine-de-Chambly.[5]
Marie-Barbe, b 1748; m [5] 18 février 1765, à Jean-Baptiste MÉNARD. — *Jean-Baptiste*, b [5] 6 fevrier 1752. — *Marguerite*, b [5] 27 juin 1754. — *Richard*, b [5] 7 février 1756.—*Simon*, b [5] 13 sept. 1758.—*François-Marie*, b [5] 1er avril 1760.—*Marie-Madeleine*, b [5] 28 nov. 1761.
1763, (17 oct.) [5]
2° MÉNARD, Elisabeth, [JEAN-ADRIEN III.
b 1742.

IV.—CODERRE (3), JEAN-LOUIS. [LOUIS III.
BOYER, Madeleine.
Jean-Louis, b 28 août 1752, à St-Ours.[1] — *Antoine*, b [1] 25 oct. 1758.

1751, (25 oct.) Ste-Geneviève, M.[2]
IV.—CODERRE (1), CHARLES. [LOUIS III.
ERICHE-LOUVETEAU, Elisabeth. [FRANÇOIS II.
Charles, b... s 23 juillet 1753, à St-Laurent, M.[3] —*Charles*, b [2] 23 avril et s [2] 7 juin 1754.—*Jean*, b [2] 11 et s [2] 15 avril 1755.—*Charles*, b [2] 8 mars et s [2] 1er sept. 1756.—*Jacques*, b [3] 9 janvier 1759

1753, (6 juillet) St-Ours.[4]
IV.—CODERRE, JACQUES. [LOUIS III.
ROY (6), Marie-Anne. [PIERRE.
Jacques, b [4] 4 juin 1754. —*Jean-Pierre*, b [4] 27 avril 1756. — *Joseph*, b [4] 12 avril et s [4] 1er juin 1758.—*Louis*, b [4] 13 et s [4] 20 mai 1759.

1755, (27 janvier) St-Antoine-de-Chambly.
IV.—CODERRE (3), JEAN-BTE, [LOUIS III.
b 1732.
LEBEAU (5), Marie-Renee, [RENÉ III.
b 1737.

(1) Dit Emery—Beauvais.
(2) Dit Lacourse.
(3) Dit Emery.
(4) Dit St-Germain.
(5) Et Bau.
(6) Dit Potvin.

Marie-Reine, b 21 et s 22 déc. 1755, à St-Ours.[5] —*Marie-Madeleine*, b [5] 18 mars 1756 —*Marie-Charlotte*, b [5] 2 août 1758; s [5] 27 mai 1759.

1755, (14 avril) St-Antoine-de-Chambly.[6]
IV.—CODERRE (1), JOSEPH, [ANTOINE III.
b 1724: s [6] 7 août 1764.
CORBEIL, Marie-Joseph, [SIMON II.
b 1737; s [6] 13 oct. 1755.

1755, (30 juin) Verchères.[7]
IV.—CODERRE (1), MARIE-OURS. [LOUIS III.
CASAVAN, Marie-Joseph. [PIERRE II.
Marie-Joseph, b 26 avril 1756, à St-Ours.[8] — *Marie-Hélène*, b [8] 7 oct. 1757.—*Marie-Ours*, b [8] 1er fevrier et s [8] 28 juin 1759.—*Angelique*, b [7] 23 avril 1760.

CODERRE, PIERRE, b 1734; s 17 mars 1764, à l'Hôpital-General, M.

1756, (18 oct.) Lavaltrie.
IV.—CODERRE, PIERRE. [GABRIEL III.
LAPORTE, Marie-Anne [PIERRE II.
Marie-Anne, b 6 août 1757, à Lanoraie.[4] — *Marie-Madeleine*, b [4] 19 nov. 1758.—*Pierre*, b [4] 28 janvier 1760.

CODERRE, PIERRE.
BOYER, Marguerite.
Joseph, b... m 1er mars 1794, à Angélique ROCH, à St-Louis, Mo.

1760, (6 oct.) Verchères.
II.—CODERRE (2), ALEXANDRE. [PIERRE I.
LEDOUX, Marguerite, [PIERRE II.
veuve de Jean-Baptiste Foisy.

1761, (12 janvier) St-Henri-de-Mascouche [5]
IV.—CODERRE (3), LOUIS-ANT., [ANTOINE III.
b 1730.
ASSELIN, Marie-Ursule, [JEAN-BTE III.
b 1739.
Louis-Charles, b [5] 3 nov. 1761.—*Marie-Ursule*, b 2 mai et s 14 juin 1770, à Lachenaye.[6]—*Marie-Françoise*, b [6] 29 juillet et s [6] 13 août 1771.—*Jean-Baptiste*, b [6] 8 juillet et s [6] 20 août 1772.—*Louis-Antoine*, b [6] 11 juin et s [6] 6 août 1773.—*Marie-Madeleine*, b [6] 17 nov. 1774; s [6] 18 juin 1775.—*Marie-Marguerite*, b [6] 21 nov. 1775; s [6] 15 janvier 1776 —*Marie-Ursule*, b [6] 26 oct. 1776; s [6] 16 sept. 1777.—*François-Thomas*, b [6] 15 nov. 1780; s [6] 6 janvier 1781.

1763, (18 avril) St-Henri-de-Mascouche.
IV.—CODERRE, JEAN-BTE. [ANTOINE III.
ASSELIN, Marie-Marguerite, [JEAN-BTE III.
b 1742.

(1) Dit Emery.
(2) Ou Goder dit Lacaillade.
(3) Ou Gandaire.

1768, (11 janvier) St-Henri-de-Mascouche.
IV.—CODERRE, Joseph, [Antoine III.
b 1746.
Beauchamp, Marie-Joseph, [Joseph III.
b 1738; veuve de François Asselin.
Marie-Joseph, b 22 mars 1769, à Lachenaye.

1774, (7 nov.) Ste-Foye.
V.—CODERRE (1), Joseph. [Louis IV.
Bisson, Marie-Joseph, [Joseph IV.
b 1738.

CODERRE, Gabriel.
Prudhomme, Marie-Joseph.
Joseph, b... s 1er oct. 1778, à Repentigny. [8] — *Marie-Anne,* b... s [8] 15 oct. 1780.

CODERRE, Louis.
Masta, Marie-Joseph.
Marie, b et s 22 juillet 1776, à Lachenaye.

CODERRE (2), Joseph.
Cusson, Marie.
Antoine, b et s 17 mai 1781, à Repentigny.

1794, (1er mars) St-Louis, Mo. [5]
CODERRE (3), Joseph. [Pierre.
Roch, Angelique. [Joseph.
Joseph, b [5] 23 mai 1795.

CODERRE (1), Isabelle, épouse de François Lusignan.

CODERRE (1), Marie, epouse de François Péloquin.

CODERRE, Marie-Anne, épouse d'Ignace Pichet.

CODERRE (1), Marguerite, épouse de Claude Forget.

CODERRE, Marie-Ursule, epouse de François Plouf.

CODERRE (4), Scholastique, epouse de Jean Nerne.

I.—COET, Charlotte, b 1647; s 12 mai 1707, à Montréal.

1718, (14 sept.) Quebec.
I.—COFFINIER, Henri, fils de Simon et de Marie Mercier, de Noyes, diocèse d'Amiens, Picardie.
Coiffard, Marie-Therèse,
veuve de Gaspard Lemery.

COGNARD.— *Variations :* Caniard — Cognart.

(1) Dit Emery.
(2) Dit Lacaillade.
(3) Goderre et Couder dit Emery.
(4) Dit Emeray.

1690, (20 avril) Lévis.
I.—COGNARD (1), Joseph,
b 1670.
Autebout, Geneviève, [Michel I.
b 1675.
Charles, b... m à Marie-Angélique Pineau; s avant 1759.

II.—COGNARD, Charles, [Joseph I.
s avant 1759.
Pineau, Marie-Angélique, [Joseph II.
b 1696, veuve de Raymond Végiard.
Charlotte, b... m 19 fevrier 1759, à Alexis Astrud, à Verchères.

COGNART.—Voy. Cognard.

1753, (5 février) St-Jean I. O.
I.—COHORNOU (2), Lambert, fils de Pierre et d'Anne Danty, du Fort-St-Pierre, Martinique.
Gosselin (3), Marie-Françoise, [Joseph III.
b 1738.

COIFFARD, Marie-Françoise, épouse de Martin Sauroy.

COIGNAC.—*Surnoms :* DeBoucherville — Lajeunesse.

1672.
I.—COIGNAC (1), Claude,
s 1678.
Simon (4), Françoise,
b 1646.

1702, (6 juin) Château-Richer.
II.—COIGNAC (5), Pierre, [Claude I.
b 1675; s 4 janvier 1741, à Quebec. [5]
1° Plante, Louise, [Jean I.
b 1678; s [5] 19 dec. 1733.
Pierre, b [5] 30 août 1704; m [5] 24 oct. 1728, à Charlotte Michelon, s [5] 11 nov. 1755.—*Marguerite-Louise,* b [5] 22 juillet et s [5] 9 oct. 1706.—*Marguerite,* b [5] 17 sept. 1707, s [5] 1er avril 1711. —*Marie-Thérèse,* b [5] 14 oct. 1709; m [5] 28 juin 1734, à Pierre Desco, s [5] 5 sept. 1740.—*Jean-Baptiste,* b [5] 18 nov. et s [5] 13 dec. 1711.—*Marie-Louise,* b [5] 7 dec. 1712; s [5] 20 août 1731.—*Pierre-Eustache,* b [5] 11 juillet 1715; m [5] 21 oct. 1743, à Anne Derenom; s [5] 13 janvier 1744.—*Jean-Marie,* b [5] 27 juin et s [5] 3 juillet 1717.
1735, (5 juin). [6]
2° Forgues, Marie-Françoise, [Jean-Pierre I.
veuve de Bernard Gontier.

(1) Voy. vol. I, p. 135.
(2) Capitaine de navire; il signe, le 1er oct. 1740, à St-Jean, I. O.
(3) Elle épouse, le 22 sept. 1757, Pierre Laforce, à St-Jean, I. O.
(4) Elle epouse, en 1679, Gilles Dufaut.
(5) DeBoucherville.

1728, (24 oct.) Québec. [8]
III.—COIGNAC, Pierre, [Pierre II.
b 1704, menuisier; s [8] 11 nov. 1755.
Michelon, Charlotte, [Jean II.
b 1708.
Pierre, b [8] 28 août 1729; m à Françoise Quercy. — *Marie-Marguerite*, b [8] 11 juillet 1732. — *Charles-Marie*, b [8] 27 mars 1734; s [8] 9 avril 1780. —*François-Régis*, b [8] 22 mars et s [8] 12 avril 1736.—*Marie-Geneviève*, b [8] 4 avril 1737; s [8] 11 nov. 1755.—*Catherine-Louise*, b [8] 11 sept. 1739. —*François-Marie*, b [8] 14 et s [8] 26 oct. 1742.— *Joseph-Marie*, b [8] 7 oct. 1743.—*Pierre-Claude*, b [8] 2 dec. 1745.—*Marie-Anne*, b [8] 18 fevrier 1748.— *Anonyme*, b [8] et s [8] 12 dec. 1750. — *Claude*, b 1751; s [8] 3 janvier 1776.

1743, (21 oct.) Québec. [9]
III.—COIGNAC, Pierre-Eustache, [Pierre II.
b 1715, s [9] 13 janvier 1744.
Derenom, Marie-Anne, [Jean I.
b 1723.
Pierre-Eustache, b [9] 23 nov. et s [9] 15 dec. 1743.

IV.—COIGNAC, Pierre, [Pierre III.
b 1729, menuisier.
Quercy, Françoise,
Acadienne.
Marie-Françoise, b 8 août et s 26 déc. 1757, à Quebec. [1]—*Pierre*, b [2] 31 oct. et s [2] 2 nov. 1758. —*Madeleine*, b 3 janvier 1760, à Beaumont.— *Marguerite*, b [2] 10 nov. 1761; s [2] 20 août 1762.— *Catherine-Louise*, b [2] 3 et s [2] 15 oct. 1763.

1757, (21 février) St-Antoine-de-Chambly. [2]
I.—COIGNAT (1), Pierre, soldat; fils de Jean-Claude et de Marie Pannaut, de la Bergeman, juridiction de Balais.
Lefort, Marie-Joseph. [Jean-Bte
Pierre, b [2] 5 sept. 1758. — *Jean-Baptiste*, b [2] 8 sept. 1759, s [2] 20 mai 1760.— *Marie-Gertrude-Amable*, b [2] 20 sept. 1760.

1741, (5 fevrier) Québec.
I—COINTA, Louis, fils de Jacques et de Gabrielle Renard, de St-Mammer, diocèse de Langres.
Picquet, Therèse, [Joseph I
b 1714.

1761, (26 oct.) Ste-Anne-de-la-Perade.
I.—COINTEAU, Jacques, fils de Jean-Claude et de Françoise Convert, de St-Laurent, diocèse de Dole, Franche-Comte.
Lavoie (De), Françoise, [Antoine III.
b 1742.

I.—COINTRAY (2), Jean, soldat.

COITARD.—Voy. Cotard.

(1) Dit Leveillé.
(2) Il signe, le 7 fevrier 1757, à Lorette.

COITEUX.— *Variations et surnoms :* Cayteux —Coiteu—Coitou—Mathieu—St-Jean.

1669, (3 nov.) Château-Richer.
I.—COITEUX (1), Jean,
b 1637; s 1er mai 1699, à L'Ange-Gardien. [1]
DuTertre, Anne,
b 1654; s [1] 14 avril 1696.
Jean, b [1] 12 juillet 1676; 1° m 16 février 1705, à Marie-Madeleine Leclerc, à Contrecœur; 2° m à Angelique Bonin.

I.—COITEUX (2), Jean,
b 1651.
Petit Marie-Thérèse,
b 1652.
Mathieu, b 17 juin 1681, à Contrecœur [7]; m 23 nov. 1705, à Anne Richard, à la Pte-aux-Trembles, M. [8]—*Marie-Anne*, b [7] 14 fevrier 1687; m [8] 15 mai 1702, à Michel Lauzon. — *Pierre*, b... m [8] 24 juillet 1713, à Marie Voyne.—*Jacques*, b [8] 11 juin 1690; m [8] 24 janvier 1718, à Catherine Bricaut. — *Hyacinthe*, b [8] 27 janvier 1697; s [8] 12 nov. 1700.

1680, (4 nov.) Montréal. [1]
I.—COITEUX (3), Jacques,
b 1651.
Dumets, Barbe, [André I.
b 1665, s 7 sept. 1699, à la Pte-aux-Trembles, M. [2]
Jacques, b [2] 21 nov. 1683; m [2] 27 nov. 1707, à Marguerite Hogue. — *Barbe*, b [2] 20 avril 1686; m [2] 19 nov. 1704, à Jean-Baptiste Hogue; s 28 fevrier 1767, à St-Antoine-de-Chambly.— *Jean-Baptiste*, b [2] 4 mars 1689; m à Catherine Gervais.—*Marie-Madeleine*, b [2] 14 fevrier 1692; m [2] 27 juillet 1710, à Jean-Baptiste Deguire; s [1] 23 janvier 1723.—*François*, b [2] 11 mars 1695; 1° m [1] 13 fevrier 1719, à Françoise Viger; 2° m [1] 1er mars 1734, à Marguerite Mezeret; s [1] 20 juin 1736.—*Angélique*, b [2] 11 nov. 1697.

1705, (16 fevrier) Contrecœur. [8]
II.—COITEUX (4), Jean, [Jean I.
b 1676.
1° Leclerc, Madeleine, [Guillaume I.
b 1679; veuve de Louis Coderre; s [8] 20 avril 1708.
Marguerite, b [8] 1er avril 1705; m 12 août 1737, à François Rasset, à L'Ange-Gardien. [9]—*Jean-Baptiste*, b 10 avril 1707, à Verchères [7]; m [9] 16 oct. 1730, à Marie Hébert.
2° Bonin, Angelique, [Nicolas I.
b 1692.
Joseph, b [7] 5 février 1714. —*Jean-Baptiste*, b [7] 30 dec. 1715; m à Marie Barriere —*Françoise-Marguerite*, b [7] 3 avril 1719. — *Jean-Louis*, b 5 oct. 1720, à St-Ours. [5] — *Isabelle*, b [5] 21 et s [5] 29 oct. 1724.

(1) Voy. aussi Mathieu, vol. I, p. 420.
(2) Dit St-Jean; voy. vol. I, p. 135.
(3) Voy. vol. I, p. 136.
(4) Dit Mathieu—St-Jean.

1705, (23 nov.) Pte-aux-Trembles, M.
II.—COITEUX, MATHIEU, [JEAN I.
b 1681.
RICHARD Anne, [GUILLAUME I.
b 1686.

1707, (22 nov.) Montréal.
II.—COITEUX, JACQUES, [JACQUES I.
b 1683.
HOGUE, Marguerite, [PIERRE I.

1713, (24 juillet) Pte-aux-Trembles, M. [9]
II.—COITEUX (1), PIERRE. [JEAN I.
VOYNE, Marie, [JEAN II.
b 1687.
Marie-Catherine, b [9] 10 juillet 1714.—*Antoine*, b [9] 8 février 1719. — *Marie-Barbe*, b [9] 21 mars 1721.—*Marie-Thérèse*, b [9] 28 mars 1724.

II.—COITEUX, JEAN-BTE, [JACQUES I.
b 1689.
GERVAIS, Catherine,
b 1694; s 20 sept. 1779, à la Longue-Pointe.
Catherine, b 9 mai 1718, à la Pte-aux-Trembles, M. [8]; m à Laurent ARCHAMBAULT.—*Joseph-François*, b [8] 29 janvier 1720 —*Geneviève*, b 1721; s [8] 31 mai 1722. — *Marie-Madeleine*, b [8] 26 juin 1723. — *Marie-Joseph*, b [8] 2 et s [8] 30 oct. 1724.—*Jacques*, b 1726, m [8] 11 juin 1752, à Marie-Charlotte BAUDRY. — *Barbe*, b 1730; 1° m [8] 12 janvier 1750, à Urbain BRIEN.—*Thérèse*, b 1733; m [8] 8 février 1751, à Jacques FISSIAU.

1718, (24 janvier) Pte-aux-Trembles, M. [6]
II.—COITEUX (1), JACQUES, [JEAN I.
b 1690.
BRICAUT, Catherine, [JEAN I.
b 1701.
Jean-Baptiste, b [6] 10 déc. 1718.—*Marie-Angélique*, b [6] 27 janvier 1722.—*Jacques*, b [6] 6 juillet 1723. — *François*, b 1724; s 25 août 1753, à la Longue-Pointe.

1719, (13 juin) Montréal. [7]
II.—COITEUX, FRANÇOIS, [JACQUES I.
b 1695; s [7] 20 juin 1736.
1° VIGER, Françoise, [CHARLES II.
b 1695.
François, b [7] 21 et s [7] 24 nov. 1719. — *Marie-Madeleine*, b [7] 7 oct. 1720; 1° m [7] 3 février 1740, à Hyacinthe BRIEN; 2° m 21 nov. 1757, à Antoine TROYE, à Varennes.— *François*, b [7] 26 mai 1722; s [7] 23 janvier 1724.— *François*, b [7] 28 janvier 1724; m [7] 8 janvier 1759, à Marie-Joseph BLAU. — *Thérèse*, b [7] 11 oct. 1725; m [7] 26 nov. 1753, à Antoine PREVOST. — *Louis*, b [7] 17 juin 1727; m [7] 30 juin 1761, à Thérèse TRUTEAU. — *René*, b [7] 18 nov. 1728; m [7] 6 février 1758, à Madeleine PREVOST. — *Charles*, b [7] 15 mai et s [7] 26 dec. 1730.

(1) Dit St-Jean.

1734 (1er mars). [7]
2° MEZERET (1), Marie-Marguerite. [JEAN II
Marguerite, b [7] 11 oct. 1735; m [7] 11 juillet 1763, à Jean-Baptiste BIRABIN.

III.—COITEUX (2), FRANÇOIS, [JACQUES II.
b 1724; s 25 août 1753, à la Longue-Pointe.

III.—COITEUX, JEAN-BTE, [JEAN II.
b 1715; s avant 1766.
BARRIÈRE, Marie.
Marie, b 1744; m 16 juin 1766, à Antoine COURTEMANCHE, à St-Antoine-de-Chambly.

COITEUX, JOSEPH.
LOISEL, Marie.
Marie-Joseph, b 1747; s 13 juin 1752, à la Pte-aux-Trembles, M. [5] — *Marie-Joseph*, b [5] 11 sept et s [5] 21 oct. 1754.

1752, (11 juin) Pte-aux-Trembles, M. [5]
III.—COITEUX, JACQUES, [JEAN-BTE II.
b 1726.
BAUDRY, Marie-Charlotte, [TOUSSAINT III.
b 1736.
Marie-Charlotte, b [5] 6 mai 1753; s [5] 25 janvier 1754. — *Joseph*, b 28 mai 1766, à la Longue-Pointe.

COITEUX, JEAN-BTE.
PICOTE, Anne-Madeleine.
François-Xavier, b 30 oct. 1754, à Verchères [9] —*Louis*, b [9] 9 mars 1756.

1758, (6 février) Montréal.
III.—COITEUX, RENÉ, [FRANÇOIS II.
b 1728.
PREVOST, Madeleine, [EUSTACHE II
b 1735.
René, b... s 15 juin 1760, à Longueuil.—*Marie-Madeleine*, b 10 dec. 1766, à la Longue-Pointe [4], s [4] 1er janvier 1767.

1759, (8 janvier) Montréal.
III.—COITEUX, FRANÇOIS, [FRANÇOIS II
b 1729.
BLAU, Marie-Joseph, [ETIENNE II
b 1740.

1761, (30 juin) Montréal.
III.—COITEUX, LOUIS, [FRANÇOIS II.
b 1727.
TRUTEAU, Thérèse, [LAURENT II.
b 1728.

COITEUX, MARIE-ANNE, épouse de Guillaume LABERGE.

COITEUX, MARIE, épouse de Pierre CHRISTIN.

COITTY.—*Surnom :* PHLIBOURG.

(1) Elle épouse, le 22 juillet 1743, Charles Desgritaux, à Montreal.

(2) Inhumé dans le Fort de la Presqu'île, dans les pays d'en haut. (Signé) frère DENIS BARON, Récollet-Aumônier.

1760, (18 février) St-Michel-d'Yamaska.[5]

I.—COITTY (1), PIERRE, fils de Jean-Julien et de Julienne Giquel, de Toussaint, diocèse de Rennes.
BADAILLAC, Esther. [GILLES III.
Toussaint, b [5] 16 déc. 1760.

1756, (30 mai) Yamachiche.[9]

I.—COLARD, FRANÇOIS, fils de Robert et de Catherine Dufresne, de Lizieux, Normandie.
BALAN, Marguerite-Angélique, [JEAN-BTE III. b 1732.
François, b [9] 1er avril 1757; s [9] 20 mai 1759.—*Claude*, b [9] 13 mai 1758.—*Jacques-Placide*, b [9] 8 février 1762.—*Marie-Anne*, b [9] 5 mai 1763; s [9] 29 juin 1764. — *Marie-Joseph*, b [9] 27 mai 1764.—*Marie-Louise*, b [9] 28 mars 1766. — *Madeleine*, b [9] 27 avril 1767. — *Marie-Marguerite*, b [9] 17 sept. 1768.

1757, (16 août) Québec.[5]

I.—COLARD (2), JOSEPH, fils de Joseph et de Marguerite Été, de Ste-Catherine, Honfleur, diocèse de Lizieux.
1° DESPAGNOL, Catherine. [JEAN I.
Marie-Catherine, b [5] 8 juillet 1758; m à Thomas-Michel LEVASSEUR. — *Marie-Louise*, b [5] 31 juillet 1760; s 1er sept. 1761, à Lévis.[6] — *Joseph*, b [5] 1er janvier 1762.—*Joseph*, b [6] 22 juin 1763; m [5] 30 sept. 1783, à Therèse LEMIRE.—*Marie-Rosalie*, b... m [5] 7 mars 1791, à Thomas-Joseph TANSWELL.
2° DESJARDINS (3), Marie-Françoise. [JOSEPH.

1783, (30 sept.) Québec.

II.—COLARD, JOSEPH, [JOSEPH I. b 1763.
LEMIRE, Marie-Therèse. [ANTOINE.

COLBEC.—Voy. MERCIER.

COLBERT.—Voy. CORBET.

1759, (23 oct.) Montréal.

I.—COLBY, JEAN, b 1733; fils de Pierre et de Marie Stra, de Newton, Nouvelle-Angleterre.
LAMARRE, Marie-Joseph, [JEAN III. b 1733.

I.—COLE, JOSEPH, Anglais de Boston.
SERÉ, Marie.
Madeleine, b 1696; m 11 nov. 1715, à Simon SÉGUIN, à Boucherville.[1] — *Thérèse*, née 9 mai 1701; b 8 déc. 1703, à Montreal; m [1] 17 janvier 1718, à Pierre ROUGEAU.

1753, (21 août) Ste-Croix.

I.—COLE (4), VALENTIN-JEAN-BTE.
MARTEL, Marie-Joseph, [PAUL III. b 1731.

(1) Dit Phlibourg.
(2) Navigateur, capitaine des postes du Nord.
(3) Elle épouse, le 16 janvier 1775, François Poitou dit St-Jean, à Terrebonne.
(4) Dit Langlais; Anglais de Boston, il fait abjuration et reçoit le baptême le 21 avril 1753, à St-Antoine-Tilly.

Marie-Anne, b 1754; m 20 février 1775, à Julien COURTEAU, à St-Jean-Deschaillons[3]; s [3] 20 nov. 1797.—*Marie-Louise*, b 14 janvier 1758, à St-Pierre-les-Becquets. — *Jean-Baptiste*, b 30 déc. 1760, aux Trois-Rivières. — *Marie-Joseph*, b [3] 16 juin 1765.

1794, (13 avril) Québec.

I.—COLE, JEAN-WILSON, fils de Guillaume et d'Ealie Word, de Maestrick, Hollande.
MARRE, Helène. [CHARLES.

COLE, ANDRÉ.
SERRE, Charlotte.
André, b 28 sept. 1765, à St-Jean-Deschaillons.

COLERET.—Voy. COLLERET.

I.—COLIGNON (1), PHILIPPE, b1709; marchand; de Sains, près des Avennes, Hainault, en Flandres; s 8 dec. 1759, à Quebec.

COLIN. — *Variations et surnoms:* COLLIN—COLLINS—DESGRAVIERS—LAFRAMBOISE—LALIBERTÉ.

COLIN (2), ...

COLIN (3), ROSE, b 1641, m 1669, à François DEGUISE; s 5 mai 1722, à Montréal.

COLIN, MARIE-ANNE, epouse de Joseph DELPÉ.

COLIN, ANNE, epouse de Benoit MORIN.

COLIN, MARIE, épouse de Jean-Baptiste RIEL.

COLIN, MARIE-LOUISE, épouse de Thomas-Antoine SIMON.

1668.

I.—COLIN (4), MATHURIN, b 1643; s 14 avril 1708, à Montréal.[8]
LABBÉ, Jaqueline, b 1651,
Michel, b 24 août 1677, à Boucherville[4]; m 19 fevrier 1703, à Louise CHARON, à Longueuil.[5] — *Marguerite*, b [4] 16 mars 1680, m à Leger BRAY; s [5] 21 janvier 1717.—*Marie-Madeleine*, b [4] 8 mai 1681; m à Antoine PAGÉ; s [5] 3 avril 1756.—*Pierre*, b [4] 7 oct. 1682; m [5] 11 août 1715, à Marthe BOUTEILLER.—*Marie-Joseph*, b [4] 1er mai 1686; m [5] 10 janvier 1707, à Guillaume HÉROUF.—*Marie-Thérèse*, b [8] 21 fevrier 1692, 1° m [5] 14 juin 1710, à Pierre CÉSAR; 2° m à Pierre ROBILLARD.

(1) Dit Tabac rapé.
(2) Interprete, brûlé avec LaBossiere par les Iroquois, en 1690.
(3) Appelée Dubuisson.
(4) Dit Laliberte; voy. vol. I, p. 136.

1703, (19 fevrier) Longueuil.[3]
II.—COLIN (1), MICHEL, [MATHURIN I.
b 1677.
CHARON, Louise, [PIERRE I.
b 1686.
Marie-Louise, b [3] 29 août 1704.—*François*, b [3] 3 fevrier 1706; m à Marguerite CHEVALIER. — *Claude*, b [3] 30 janvier 1708. — *Alexandre*, b [3] 26 janvier 1710. — *Jacques*, b 24 mars 1712, à Repentigny. [4]—*Marie-Madeleine*, b [4] 25 février 1714. —*Joseph*, b... m 15 oct. 1743, à Marie-Angélique BÉRARD, à l'Ile-Dupas.

1704, (14 mai) St-François, I. J.[2]
II.—COLIN (1), ANDRÉ, [MATHURIN I.
b 1675.
CADIEU (2), Jeanne, [JEAN I.
b 1678, veuve de Michel Charles; s 16 mai 1742, à Terrebonne.[3]
Joseph, b [2] 26 avril 1706; m [3] 5 juillet 1728, à Jeanne MASSON.—*Marie-Jeanne*, b [2] 1er mai 1708. —*André*, b [2] 10 août 1710. — *André*, b [2] 25 août 1712; m [3] 3 avril 1742, à Elisabeth BOURHIS; s [3] 13 février 1767.—*Suzanne*, b [2] 15 avril 1714; 1° m 26 fevrier 1748, à François DESLAURIERS, à Montreal [4]; 2° m [4] 3 juillet 1752, à Jean MOREL. —*Marie-Rose*, b 1715; m [3] 6 fevrier 1739, à Jacques GAUTIER; s [3] 22 oct. 1751. — *Françoise*, b [2] 23 mars 1716.—*Antoinette*, b 1718; m [3] 25 janvier 1740, à François RENAUD.— *Marie-Basilice*, b 1722; m [3] 7 janvier 1743, à Jacques BARBE; s [3] 16 oct. 1744. — *Pierre*, b... m [3] 10 janvier 1735, à Marie-Jeanne FORGET.

1715, (11 août) Longueuil.[1]
II.—COLIN (1), PIERRE, [MATHURIN I
b 1682; s avant 1757.
BOUTEILLER, Marthe, [ANDRE I
b 1696; s [1] 25 mars 1737.
Joseph, b... m [1] 29 juillet 1742, à Elisabeth REGNIER.—*Louis*, b... m 30 oct. 1747, à Marie-Anne ROBILLARD, à Lavaltrie. [6]—*François*, b... m [1] 20 fevrier 1757, à Marie-Louise BRIQUET.— *Claude*, b... m [6] 5 nov. 1758, à Marie-Louise HÉTU.—*Amable*, b... m [6] 14 juillet 1760, à Marie-Agathe PROVOST.

1728, (5 juillet) Terrebonne.[1]
III.—COLIN, JOSEPH, [ANDRÉ II.
b 1706.
MASSON, Jeanne, [PIERRE II.
b 1711.
Joseph, b [1] 2 juin 1729, m 31 mai 1756, à Louise ANDRÉ, au Lac-des-Deux-Montagnes.— *Marie-Joseph*, b [1] 20 mars 1732; s [1] 22 juin 1733. —*André*, b [1] 5 avril 1734; m 14 juin 1762, à Françoise PARANT, à Ste-Rose. [6]—*Antoine*, b [1] 23 mars 1736.—*Marie-Joseph*, b [1] 20 nov. 1738; m [6] 4 avril 1758, à Antoine PARANT.— *Anonyme*, b [1] et s [1] 21 nov. 1740.—*Jean-Baptiste*, b [1] 6 déc. 1741. — *Pierre*, b 23 nov. 1743, à Montreal. — *François*, b 24 oct. 1746, à Sorel. [7]— *Joseph*, b [7] 28 juillet 1751.

(1) Dit Laliberté.
(2) Dit Mayeux, 1752.

COLIN, PIERRE.
LARRIVÉE, Marie.
Pierre-Ignace, b 31 juillet 1734, à Quebec.

III.—COLIN (1), FRANÇOIS, [MICHEL II.
b 1706.
CHEVALIER, Marguerite, [JEAN II.
b 1710.
Marguerite, b... m 10 juillet 1751, à Basile PICHET, à Lavaltrie. [7]— *Geneviève*, b... m 19 fevrier 1760, à François COCHEU, à Lanoraie. [9]— *Marie-Angélique*, b... m [9] 28 sept. 1761, à François MARION. — *Jean-Marie*, b [7] 6 sept. 1750.— *Joseph-Marie*, b [9] 8 et s [9] 18 juillet 1755.

1735, (10 janvier) St-François, I. J.
III.—COLIN (1), PIERRE, [ANDRÉ II.
b 1710; s 4 mars 1745, à Terrebonne.[6]
FORGET, Marie-Jeanne, [JACQUES III
b 1715; s [6] 16 sept. 1744.
Pierre, b [6] 28 nov. 1735; s [6] 29 janvier 1745 —*Jacques*, b [6] 6 janvier et s [6] 24 mars 1737.— *Marie-Agathe*, b [6] 3 avril et s [6] 12 août 1738.— *Marie-Joseph*, b [6] 24 avril 1741; m 24 oct. 1757, à François BEAUCHAMP, à St-Henri-de-Mascouche. — *Anonyme*, b [6] et s [6] 24 juillet 1742 — *Marie-Angélique*, b [6] 26 août et s [6] 4 oct. 1743.

COLIN, PIERRE.
1° CANTARA, Angélique,
s 12 nov. 1755, à Lanoraie.[1]
1757, (8 janvier).[1]
2° JOURDAIN, Marie,
veuve de Pierre Gladus.

1742, (3 avril) Terrebonne.[3]
III.—COLIN (1), ANDRÉ, [ANDRÉ II.
b 1712; s [3] 13 fevrier 1767.
BOURHIS, Elisabeth, [YVES II.
b 1725.
Marie-Joseph, b [3] 16 mai 1743; 1° m [3] 19 février 1759, à Pierre PASCHAL-POISSANT; 2° m [3] 13 fevrier 1764, à Paul DESJARDINS. — *Marie-Joseph*, b [3] 30 sept. 1744.—*Marie-Suzanne*, b [3] 8 nov. 1747; m [3] 9 janvier 1775, à Pierre PARANT.—*Marie-Elisabeth*, b [3] 19 nov. 1749, m [3] 29 oct. 1770, à Jean-Baptiste DUBOIS.—*André*, b [3] 21 et s [3] 31 oct. 1752.

1742, (29 juillet) Longueuil.[8]
III.—COLIN (1), JOSEPH. [PIERRE II.
REGNIER, Elisabeth, [PIERRE I
b 1720; s 25 mai 1815, à l'Hôtel-Dieu, M.
Antoine, b 10 fevrier 1743, à Montreal.[9]— *Joseph-Marie*, b [9] 31 août 1746.—*Charles*, b [9] 31 oct. 1747.—*Joseph-Marie*, b [8] 2 avril 1750 — *Marie-Elisabeth*, b 6 août 1752, à St-Laurent, M

1743, (15 oct.) Ile-Dupas.
III—COLIN (1), JOSEPH. [MICHEL II
BÉRARD (2), Marie-Angélique. [GABRIEL II

(1) Dit Laliberte.
(2) Elle épouse, en 1750, Jacques Valois.

I.—COLIN (1), Barthélemi.
Jeanchoux, Anne.
Barthélemi-Anne-Christophe, né 1745 ; b 29 nov. 1747, à Quebec.

1747, (16 janvier) St-Thomas. [6]

I.—COLIN, Pierre, fils de Thomas et de Françoise Charnée, de Biard, diocèse d'Avranches.
1° Tibierge, Marie-Charlotte, [Nicolas III. b 1727 ; s 11 mai 1758, à St-François-du-Sud[7],
Marie, b [6] 10 nov. 1747.—*Pierre*, b [7] 2 février 1751 ; m à Louise Bouillon.—*Jacques*, b [7] 19 mai 1752 ; s [7] 24 avril 1754.—*Marie-Madeleine*, b [7] 19 mai 1754.—*Joseph*, b [7] 12 nov. 1755.—*Anonyme*, b [7] et s [7] 14 mars 1757.—*Marie-Geneviève*, b [7] 1er mai 1758.

1758, (23 oct.) [7]

2° Louineau (2), Madeleine, [Henri III. b 1739.
Marie-Françoise, b [7] 9 août et s [7] 25 sept. 1759. —*Jean-Baptiste*, b [7] 18 oct. 1760.

1747, (30 oct.) Lavaltrie.

III.—COLIN (3), Louis. [Pierre II.
Robillard, Marie-Anne. [Pierre II.

1748, (8 janvier) Québec. [1]

I.—COLIN (4), Jean, fils d'Hughes et de Marguerite Royer, des Ecoublans, diocèse de Langres.
Lallemand, Marie-Louise, [François I. b 1724.
Pierre, b [1] 9 oct. 1748.

COLIN (3), Joseph.
Charpentier, Marie-Joseph.
Jean-Baptiste, b 13 août 1752, à Lanoraie. [2] — *Michel*, b [2] 20 août 1754 —*Anonyme*, b [2] et s [2] 29 fevrier 1756.—*Marie-Marguerite*, b [2] 31 janvier 1757.

COLIN, Pierre.
Cochon, Marie-Tècle.
Marie-Antoinette, b 31 janvier 1752, à Verchères.

1756, (31 mai) Lac-des-Deux-Montagnes.

IV.—COLIN, Joseph, [Joseph III. b 1729.
André (5), Louise. [Louis I.
Geneviève, b 14 janvier 1757, à Ste-Rose. [3] — *Marie-Joseph*, b [3] 31 janvier 1758 ; m 1777, à Jean-Baptiste Perrault. — *Marie-Charlotte*, b [3] 11 janvier 1759. — *Joseph*, b [3] 1er oct. 1760. — *Françoise-Amable*, b [3] 22 dec. 1762.

(1) Et Collins ; Anglais, venu de Chouagan.
(2) Ou Luneau ; appelée Juvreau en 1759.
(3) Dit Laliberté.
(4) Dit Laframboise.
(5) Dit St-Amant.

1756, (8 nov.) Rivière-Ouelle. [4]

I.—COLIN, Jacques, fils de Nicolas et de Marie-Anne Lureau, de St-Aubin, diocèse de Nisme.
Lévêque, Brigitte, [Joachim II. b 1705 ; veuve de Jean Chapet ; s [4] 25 janvier 1760.
Jacques, b [4] 16 oct. 1757.—*Marie-Brigitte*, b [4] 1er nov. 1759.—*Pierre*, b... m [4] 26 fevrier 1781, à Marie-Charlotte Lavoie.

1757, (20 février) Longueuil. [5]

III.—COLIN (1), François. [Pierre II.
Briquet (2), Marie-Louise. [Louis I.
Geneviève, b [5] 13 mai 1761.

1758, (6 nov.) Lavaltrie. [6]

III.—COLIN (1), Claude. [Pierre II.
Hétu, Marie-Louise. [Jean-Bte II.
Jean-Baptiste, b [6] 16 oct. 1758.

1760, (14 juillet) Lavaltrie.

III.—COLIN, Amable. [Pierre II.
Provost, Marie-Agathe, [Joseph IV. veuve d'Etienne LeSiège.

1761, (8 janvier) Ste-Anne-de-la-Pocatière.

I.—COLIN (3), Pierre, fils de Jean et de Louise-Olive Badel, de St-Sauveur de Rennes.
Bouchard, Rosalie, [Gabriel II. b 1708 ; veuve de Charles Saucier.

COLIN, Jacques.
Chouinard, Geneviève.
Jean-Baptiste, b 22 nov. 1761, à l'Islet.

1762, (14 juin) Ste-Rose.

IV.—COLIN, André, [Joseph III. b 1734.
Parant, Françoise. [Antoine III.

1771, (28 janvier) St-Thomas.

I.—COLIN (4), Jacques, b 1736 ; fils de François et de Françoise Paurais, des Biards, diocèse d'Avranches.
Lemieux, Marie-Geneviève, [Louis III. b 1742.

1781, (26 fevrier) Rivière-Ouelle.

II.—COLIN, Pierre. [Jacques I.
Lavoie, Marie-Charlotte. [Joseph.

II.—COLIN, Pierre, [Pierre I. b 1751.
Bouillon, Louise, [Jacques I. b 1752.
Vital, ne 21 avril 1781 ; b 20 juillet 1783, à Rimouski. [1]—*Félix*, b [1] 20 juillet 1783. —*Hélène*, b [1] 28 oct. 1786.—*Julien*, b [1] 19 juillet 1790 ; m [1] 11 janvier 1813, à Rose Hudon.— *Joseph*, b [1] 3 mars 1792.—*Michel*, b [1] 12 sept. 1796.

(1) Dit Laliberté.
(2) Dit Thomas, 1761.
(3) Dit Desgraviers.
(4) Venu en 1752 ; registre des procès verbaux, 1770.

COLIN, ANTOINE.
MILARD, Marguerite.
Marie-Charlotte, b 20 février 1792, à Repentigny. [2]— *Françoise,* b [2] 12 sept. 1793. — *Louis,* b [2] 7 nov. 1794.

COLIN (1), MARIE, épouse de Jean-Baptiste LAPERCHE.

1813, (11 janvier) Rimouski.
III.—COLIN, JULIEN, [PIERRE II.
b 1790.
HUDON, Rose. [PIERRE.

I.—COLLANGE (2), JEAN.

COLLÉGIEN.—Voy. SAILLANT, 1750.

COLLERET.—*Variation :* COLERET.

I.—COLLERET (3), FRANÇOIS.
DRAPEAU, Marie.
François, b... m 20 juin 1740, à Rosalie LEBLANC, au Sault-au-Récollet. [3]— *Marie-Joseph,* b... m [3] 20 août 1742, à Augustin LALONGÉ.—*Marie,* b... m [3] 1er oct. 1742, à Maurice PAQUET.—*Joseph,* b 1726; 1° m [3] 19 mai 1749, à Marie-Joseph BOHÉMIER; 2° m à Marie-Jeanne BOISSY.—*Madeleine,* b 1730; m [3] 13 janvier 1755, à Jean ETHIER. — *Jean,* b... m 23 avril 1759, à Marie-Anne MONET, à St-Vincent-de-Paul.

1740, (20 juin) Sault-au-Récollet. [3]
II.—COLLERET (3), FRANÇOIS. [FRANÇOIS I.
LEBLANC, Rosalie, [CHARLES II.
b 1720.
Jean-Baptiste, b [3] 4 juillet 1741.—*Charles,* b [3] 21 août 1743.—*Marie-Rose,* b [3] 28 fevrier 1746.—*François-Timothée,* b [3] 18 sept. 1748; s [3] 22 sept. 1749.

1749, (19 mai) Sault-au-Récollet.
II.—COLLERET, JOSEPH, [FRANÇOIS I.
b 1726.
1° BOHÉMIER, Marie-Joseph, [JEAN II.
b 1718; veuve de Joseph Monet.
2° BOISSY, Marie-Jeanne, [JULIEN II.
b 1717.
Alexis-Joseph, b... m 12 février 1776, à Marie-Anne GALIPEAU, à la Longue-Pointe.

1759, (23 avril) St-Vincent-de-Paul.
II.—COLLERET, JEAN. [FRANÇOIS I.
MONET, Marie-Anne, [CHARLES II.
b 1735, veuve de Jacques Galarneau.

1776, (12 fevrier) Longue-Pointe.
III.—COLLERET, ALEXIS-JOS. [JOSEPH II.
GALIPEAU, Marie-Anne, [ANTOINE III.
b 1754.

(1) Dit Laliberté.

(2) Sergent de la compagnie de Calau, régiment du Languedoc; il était à St-Michel-d'Yamaska, le 28 juillet 1760.

(3) Dit Bourguignon.

COLLET. — *Variation et surnom :* CARGUERET, 1715 — PICARD.

COLLET, MARGUERITE, b 1667; m à Pierre GIRARD; s 2 oct. 1727, à Varennes.

COLLET, MARIE, b... 1° m à Jean-Baptiste LEMAITRE; 2° m 5 oct. 1751, à Jean-Louis FRÉMONT, à Quebec [1]; s [1] 29 oct. 1754.

I.—COLLET (1), RENÉ.

1668, (16 février) Montréal.
I.—COLLET (2), JEAN,
b 1637; s 12 sept. 1699, à Bécancour. [1]
1° DESCHARD, Jeanne,
b 1646.
1687, (13 janvier). [1]
2° LEFEBVRE, Elisabeth, [PIERRE I.
b 1651; veuve de Félix Thunés; s [1] 10 sept. 1687.
1688, (19 oct.) Pte-aux-Trembles, Q.
3° AUBÉ, Marguerite,
b 1651; veuve de Jean Cosset.

1686.
I.—COLLET (3), PIERRE-JOSEPH,
b 1666; s 13 mars 1730, à Charlesbourg. [1]
COURTOIS, Marguerite, [BERTRAND I.
b 1672; veuve d'Adrien Rigau.
Jean-Baptiste, b [2] 10 juin 1700; s [2] 14 oct 1722.—*Marguerite-Louise,* b [2] 17 avril 1705, m [2] 21 avril 1730, à Jacques NORMAND; s 13 mai 1737, à Québec.—*Joseph,* b [2] 10 sept. 1707; 1° m [2] 26 avril 1728, à Marie-Françoise ALARD; 2° m [2] 8 janvier 1742, à Marie HENNE-LEPIRE.— *Joseph-Barthélemi,* b [2] 4 janvier 1714; m 19 nov. 1736, à Marie-Anne PETIT, à Varennes.

1713, (7 janvier) Québec. [4]
I.—COLLET (4), MATHIEU-BENOIT, fils de Benoit (avocat au parlement de Paris) et d'Antoinette Tome, de Ste-Croix, Lyon; s [4] 7 mars 1727, dans l'église.
DENIS, Elisabeth, [PAUL II.
b 1690; s [4] 25 sept. 1714, dans l'eglise.
Mathieu, b [4] 3 nov. 1713; s [4] 9 oct. 1714.

I.—COLLET, CLAUDE, b 1684; fils de Claude et d'Anne Philippon, de St-Alpin, diocèse de Châlons, Champagne; s 31 dec. 1749, à Montreal. [4]
1° FAUCHER, Marguerite,
b 1694, s [4] 1er sept. 1737.
Marie-Joseph, b 1718, 1° m [4] 4 mars 1737, à François BERGERON; 2° m 30 janvier 1753, à Jean BORDE-ST-SURIN, au Detroit.—*Madeleine,* b 1725, m [4] 8 janvier 1743, à Jean-Baptiste SAPPE.—*Marie-Angélique,* b [4] 7 dec. 1727; s [4] 16 nov.

(1) Voyageur aux Outaouais, il était à Montréal, le 15 nov. 1711.

(2) Voy vol. I, p. 136.

(3) Dit Picard; voy. vol. I, pp. 136-137.

(4) Procureur général du roi au conseil supérieur de la Nouvelle-France.

1729.—*Marguerite-Elisabeth*, b [4] 11 déc. 1729; m 27 oct. 1780, à Pierre LAMY-DEFOND, à Sorel. —*Françoise-Amable*, b [4] 23 mars et s [4] 9 juin 1734.

1739, (6 février). [4]

2° SARAULT, Angélique, [JEAN I. b 1710.

Marie-Geneviève, b [4] 15 oct. 1740. — *Jean-Baptiste*, b [4] 28 nov. 1742.

1728, (26 avril) Charlesbourg. [4]

II.—COLLET, JOSEPH, [PIERRE-JOSEPH I. b 1707.

1° ALARD, Marie-Françoise, [GEORGES II. b 1710; s [4] 10 juin 1741.

Joseph-André, b [4] 14 mars 1729, m 6 sept. 1774, à Marie-Joseph PARANT, à Québec. — *Thomas*, b [4] 18 janvier 1731; m 10 janvier 1757, à Marie-Joseph LHUISSIER, à Varennes. — *Marie-Joseph*, b [4] 17 février 1733; m [4] 16 oct. 1762, à Philibert MALISSON. — *Marie-Véronique*, b [4] 31 déc. 1734; m [4] 23 sept. 1754, à Joseph BRISSET. —*Marie-Louise*, b [4] 28 juin 1737; m [4] 1er février 1757, à Louis VIDET.— *Jeanne-Françoise*, b [4] 1er février 1740; m [4] 19 février 1759, à Pierre BRISSET.

1742, (8 janvier). [4]

2° HENNE-LEPIRE, Marie. [JACQUES II.

Marie-Louise, b [4] 20 nov. 1742; s [4] 27 avril 1744.—*Charles-Joseph*, b [4] 23 avril 1744.—*Louis*, b [4] 17 déc. 1745. — *François*, b [4] 11 mai 1747. — *Jean-Baptiste*, b [4] 13 août 1748; s [4] 24 nov. 1749 —*Jean-Baptiste*, b [4] 3 et s [4] 16 juillet 1750.— *Marie-Louise*, b [4] 26 mai 1753.

1735, (21 nov.) Quebec. [4]

II.—COLLET (1), NOEL, [PIERRE-JOSEPH I. b 1712, teinturier; s avant 1792.

1° DORION (2), Marguerite, [PIERRE I. b 1710; s [4] 23 juillet 1759.

Marguerite, b [4] 10 février 1738; m à Pierre-Thomas COTÉ; s [4] 9 août 1774. — *Marie-Louise*, b [4] 28 janvier et s [4] 20 mars 1740.—*Marie-Angélique*, b [4] 3 août 1741; m [4] 27 février 1764, à Joseph WEXLER. — *Barbe-Louise*, b [4] 21 nov. 1743, s [4] 2 août 1744. — *Noel-André*, b [4] 29 déc. 1744; m 10 avril 1769, à Marie RENAUD, à Varennes.—*Jean*, b [4] 19 avril et s [4] 15 juin 1746. — *Pierre*, b [4] 9 oct. 1747; s [4] 16 mai 1763.—*Marie-Thérèse*, b [4] 7 janvier 1749. — *Geneviève*, b [4] 10 mai et s [4] 10 sept. 1750. — *Marie-Joseph*, b [4] 21 janvier et s [4] 15 février 1752. — *Joseph*, b [4] 23 mars 1753.

1761, (26 janvier). [4]

2° HUART, Therèse, [ETIENNE II. b 1727.

Marie-Louise, b [4] 1er mars 1762.—*Jean-Baptiste*, b [4] 31 mars 1763.

3° JANIS, Marie-Angélique, [FRANÇOIS I. b 1717, veuve de Joseph Simon; s [4] 23 mars 1792.

(1) Dit Picard.

(2) Et Dorionne.

1736, (19 nov.) Varennes. [4]

II.—COLLET, BARTHÉLEMI, [PIERRE-JOSEPH I. b 1714.

PETIT, Marie-Anne, [NICOLAS II. b 1700; veuve de Jean-François Choret.

Thérèse, b... m [4] 27 oct. 1760, à Nicolas SIMON. —*Barthélemi*, b... m [4] 16 janvier 1764, à Marie-Anne CHOQUET.

1748, (10 juin) Québec. [3]

I.—COLLET, JEAN, navigateur; fils de Jean et d'Elisabeth Sylvestre, de St-Nicolas, Nantes.

CLUSEAU, Agathe, [JEAN II. b 1727.

Agathe-Marie-Louise, b [3] 4 mai 1749, s [3] 23 janvier 1751.—*Jean-François*, b [3] 3 mai et s [3] 21 juillet 1750.—*Jean-François*, b [3] 23 juin 1753.

1757, (10 janvier) Varennes.

III.—COLLET, THOMAS, [JOSEPH II. b 1731.

LHUISSIER, Marie-Joseph. [PAUL III.

1762, (26 juillet) St-Valier.

I.—COLLET (1), FRANÇOIS, b 1741, menuisier; fils d'Alain et de Marie Nau, du diocèse de Lyon.

TANGUAY, Marguerite, [ANDRÉ II. b 1744.

1764, (16 janvier) Varennes.

III.—COLLET, BARTHÉLEMI. [BARTHÉLEMI II.

CHOQUET, Marie-Anne. [JOSEPH III.

1769, (10 avril) Varennes.

III.—COLLET, NOEL-ANDRÉ, [NOEL II. b 1744.

RENAUD, Marie. [CHARLES.

1774, (6 sept.) Québec.

III.—COLLET, JOSEPH-ANDRÉ, [JOSEPH II. b 1729.

PARANT, Marie-Joseph, [PIERRE III. b 1745.

COLLON.—Voy. COTARD.

I.—COLO, MARIE-ANNE, b 1726; m à Louis DUVAL; s 6 juillet 1776, à Quebec.

COLOMBE.— *Variations et surnoms* · COULOMBE BONTEMPS—MOULEVIN.

COLOMBE, LOUISE, épouse de François MORIN.

1670, (30 sept.) Ste-Famille, I. O. [1]

I.—COLOMBE (2), LOUIS, b 1641; s 30 nov. 1720, à St-Laurent, I. O. [2]

BOUCAULT, Jeanne, b 1651; s 25 janvier 1696, à Beauport.

Marie-Marthe, b [1] 27 juin 1673; m à Pierre LABRECQUE; s [2] 5 avril 1760.—*Jean*, b [1] 17 mars

(1) Il est venu au Canada en 1757 et s'est établi à St-Valier.

(2) Voy. vol. I, p. 137.

1675; 1° m 27 avril 1706, à Jeanne BALAN, à St-Thomas; 2° m 20 avril 1716, à Marie-Jeanne LEBLOND, à St-Michel; s 10 sept. 1746, à Berthier.—*Marguerite*, b 2 2 nov. 1681; 1° m 7 nov. 1703, à François BOUVET, à Quebec 3; 2° m 3 1er janvier 1727, à Thomas FORD. — *Louis*, b 2 28 nov. 1683; m 17 nov. 1710, à Hélène PAULET, à St-Pierre, I. O. 4; s 2 7 oct. 1759—*Catherine*, b 2 12 et s 2 18 février 1687.—*Catherine*, b 4 13 déc. 1692; m 3 18 avril 1716, à Pierre PRUDHOMME.

I.—COLOMBE (1), PIERRE, b 1654, fils de Louis et de Marguerite Tardif, de St-Georges, diocèse de Perigueux; s 28 juillet 1734, à Montréal.

1694, (8 nov.) Beaumont. 1

II.—COLOMBE, NICOLAS, [LOUIS I.
b 1671.
MAILLOU (2), Jeanne, [MICHEL I.
b 1674.

1706, (27 avril) St-Thomas. 5

II.—COLOMBE, JEAN, [LOUIS I.
b 1675; s 10 sept. 1746, à Berthier 6
1° BALAN, Jeanne. [PIERRE I.
Alexis, b 1706; m 6 26 janvier 1733, à Marie-Madeleine GROISARD; s 6 1er nov. 1773.—*Marie-Jeanne*, b 5 9 avril 1707. — *Jean-Baptiste*, b 5 8 sept. 1708; m 3 juillet 1730, à Marie-Anne LIÉNARD, à Ste-Foye. — *Marie*, b 5 10 oct. 1710, m 26 nov. 1727, à Jacques NOLET, à Beaumont.9 —*Pierre*, b 6 17 juillet 1712. — *François*, b... m 6 25 juillet 1746, à Marie-Joseph LAVOYE.

1716, (20 avril) St-Michel. 8

2° LEBLOND, Jeanne,
veuve de Jean Bissonnet; s 6 18 mars 1750
Marie-Louise, b 8 10 janvier 1717; s 9 4 nov. 1719.—*Marie-Anne*, b 1717; m 6 10 juillet 1736, à Joseph BALAN-LACOMBE; s 6 23 oct. 1754.

1710, (17 nov.) St-Pierre, I. O. 8

II.—COLOMBE, LOUIS, [LOUIS I.
b 1683; s 7 oct. 1759, à St-Laurent, I. O. 9
PAULET (3), Helène, [ANTOINE II.
b 1693; s 9 1er mai 1756.
Louis, b 7 oct. 1711, à Beaumont; m 9 16 août 1734, à Marguerite POULIOT.—*Pierre*, b 9 8 mars 1713; m 9 26 oct. 1739, à Marie-Anne COTÉ.—*Madeleine*, b 9 4 oct. 1714; 1° m 9 15 fevrier 1733, à Joseph CHABOT; 2° m 9 19 août 1743, à Jean-Baptiste VAILLANCOUR.—*Marie*, b 9 1er avril 1716; m 9 17 juillet 1752, à Michel VALLÉE.—*Catherine*, b 9 6 nov. 1717; m 9 20 janvier 1738, à Louis ROULEAU.—*Antoine*, b 9 7 fevrier 1721, m 15 juillet 1748, à Geneviève MEIGUIN, à Charlesbourg.—*Gertrude*, b 9 7 fevrier 1721.—*Rosalie*, b 9 26 oct. 1722; m 9 30 mai 1763, à Ignace NOEL. —*Joseph*, b 9 2 avril 1724, s 9 7 juillet 1747.—*Elisabeth*, b... m 9 6 février 1748, à Michel MIGNAU.—*Hélène*, b 9 29 sept. 1725, m 9 10 juin 1748, à Laurent MOREAU.—*Jean-Baptiste*, b 9 8 juillet 1728; s 9 15 avril 1731.—*Laurent*, b 9 26 dec. 1730; s 9 18 janvier 1731.

COLOMBE, JEAN-BTE.
FLIBOT, Marie.
Pierre, b 13 mars 1715, à Beaumont.2—*Marie-Anne*, b 2 30 juin 1719.—*Louis*, b 2 22 mars 1722.

COLOMBE, MARIE-ANNE, b 1726; s 12 févrer 1748, à Montréal.

1730, (3 juillet) Ste-Foye. 3

III.—COLOMBE, JEAN-BTE, [JEAN II.
b 1708.
LIÉNARD, Marie-Anne, [SÉBASTIEN II.
b 1705; s 3 13 oct. 1764.
Jean-Baptiste, b 3 22 déc. 1734; m 3 18 février 1760, à Louise LANIAU.—*Marie-Joseph*, b 3 16 juillet 1737, m 3 7 nov. 1757, à Blaise ZACHARIE —*Anne-Françoise*, b 3 11 fevrier 1739; m 3 30 janvier 1764, à Michel BONHOMME.—*Pierre-Ignace*, b 3 5 sept. 1740.—*Guillaume*, b 3 27 mars 1742. —*Marie-Louise-Angélique*, b 3 16 mars 1745; s 3 19 mars 1746.—*Ursule*, b 3 24 mars 1749.

1733, (26 janvier) Berthier. 4

III.—COLOMBE, ALEXIS, [JEAN II
b 1706, s 4 1er nov. 1773.
GROISARD, Marie-Madeleine, [JEAN I
b 1706.
François, b 4 21 nov. 1733; m 7 janvier 1756, à Suzanne VALIER, à St-Pierre-du-Sud. 5 — *Alexis*, b... —*Marie*, b 4 16 oct. 1735; 1° m 5 4 avril 1758, à Basile DESTROISMAISONS; 2° m 4 11 janvier 1767, à Clement CORRIVEAU.—*Geneviève*, b 4 22 nov. 1739, m 4 6 nov. 1769, à Pierre QUERET.—*Marguerite*, b 18 mars 1742, à St-Thomas; s 4 21 mars 1742.—*Jean-Baptiste*, b 4 29 août et s 4 17 oct. 1743.—*Marie-Bénoine*, b 4 22 février 1746—*Louis-Marie*, b 4 11 mars 1749; m 4 15 fevrier 1779, à Angelique DELESSARD.—*Augustin*, b 4 16 mai et s 4 19 juin 1751.—*Augustin*, b 4 7 mars 1753; m 4 5 nov. 1776, à Geneviève GUIGNARD.

1734, (16 août) St-Laurent, I. O. 6

III.—COLOMBE, LOUIS, [LOUIS II.
b 1711.
POULIOT, Marguerite-Angélique, [CHARLES II.
b 1706.
Louis, b 6 21 et s 6 25 mai 1736.—*Louis*, b 6 19 mai 1737; m 6 10 oct. 1757, à Marie AUDET—*Joseph-Marie*, b 6 20 et s 6 26 avril 1739.—*Marguerite*, b 6 4 avril 1740; m 6 10 oct. 1763, à Laurent AUDET.—*Pierre*, b 6 10 juin 1742.—*Marie*, b 6 24 juillet et s 6 6 août 1744.—*Joseph*, b 6 11 février 1746; s 6 12 dec. 1749.

1737, (20 mai) Montréal.

I.—COLOMBE (1), CLAUDE, b 1717; fils de Claude et de Catherine Nabos, de Vivien, diocese de Lyon.
LEHAYS, Madeleine, [JEAN I.
b 1715.

(1) Dit Bontemps; soldat de la compagnie de St-Ours.
(2) Elle épouse, le 1er mai 1696, René Adam, à Beaumont.
(3) Appelée Pouliot en 1714.

(1) Dit Moulevin.

1739, (26 oct.) St-Pierre, I. O.

III.—COLOMBE, PIERRE, [LOUIS II.
b 1713.
COTÉ, Marie-Anne, [PIERRE III.
b 1712; s 17 déc. 1761, à St-Antoine-Tilly.[8]
Marie-Madeleine, b 4 oct. 1740, à St-Jean, I. O.[4] —*Marie-Charles*, b [4] 26 mars 1743; m [3] 27 août 1764, à Louis-Marie CROTEAU.—*Marie-Françoise*, b [4] 28 oct. 1744; m [3] 23 fevrier 1767, à Antoine ROGNON. — *Marie-Anne*, b [4] 1er nov. 1746; s [4] 31 août 1747. — *Marie-Anne*, b [3] 19 mai 1751. — *Marie-Monique*, b [3] 1er mars 1753.

1746, (25 juillet) Berthier.[5]

III.—COLOMBE, FRANÇOIS. [JEAN II.
LAVOYE (DE), Marie-Joseph, [PIERRE II.
b 1720.
François, b [5] 3 mai 1747.—*Joseph*, b [5] 19 nov. 1753; m [5] 21 janvier 1783, à Marie-Elisabeth FOURNIER. — *Marie-Joseph*, b [5] 30 mars et s [5] 2 août 1755.—*Thomas-Charles*, b [5] 22 juin 1756.

1748, (15 juillet) Charlesbourg.

III.—COLOMBE, ANTOINE, [LOUIS II.
b 1721.
MEIGUIN, Geneviève, [GERMAIN II.
b 1727.
Antoine, b 11 mai 1749, à St-Laurent, I. O.[5]; m à Marie-Louise BOISSONNEAU.— *Pierre*, b [5] 14 fevrier 1751.—*Louis*, b [5] 20 nov. 1752. — *Joseph*, b [5] 25 février 1755.—*Geneviève*, b [5] 9 mars 1758. —*François*, b [5] 30 nov. 1761.—*Guillaume*, b [5] 26 sept. 1763.

1756, (7 janvier) St-Pierre-du-Sud.[9]

IV.—COLOMBE, FRANÇOIS, [ALEXIS III.
b 1733.
VALIÈRES, Suzanne. [JEAN III.
Marie-Suzanne, b [9] 22 janvier 1757. — *Marie-Françoise*, b [9] 22 mars 1758.—*François*, b [9] 26 août 1759.

1757, (10 oct.) St-Laurent, I. O.[3]

IV.—COLOMBE, LOUIS, [LOUIS III.
b 1737.
AUDET, Marie, [JEAN III.
b 1733.
Ambroise, b [3] 15 sept. 1758. — *Louis*, b 19 sept. 1760, à St-Jean, I. O.[4] —*Marie*, b [4] 30 mars 1762. — *Louise*, b [4] 24 fevrier 1764 — *Isaac*, b... m 14 juin 1796, à Angelique DUPONT, à Quebec.

1760, (18 février) Ste-Foye.[4]

IV.—COLOMBE (1), JEAN-BTE, [JEAN-BTE III.
b 1734.
LANIAU (2), Marie-Louise, [ETIENNE I.
b 1738.
Marie-Louise, b [4] 16 mars 1761.—*Marie-Anne*, b [4] 28 janvier et s [4] 23 mars 1763.—*Marie-Angélique*, b 13 mai 1764, à St-Joseph, Beauce.

(1) Appelé Coulombe.
(2) Et Lagneau.

COLOMBE, FRANÇOIS.
GENDRON, Madeleine.
Marie-Madeleine, b 2 nov. 1768, à Berthier.[5]—*Marie-Joseph*, b [5] 18 nov. 1770.—*Marie*, b [5] 8 déc. 1774.

COLOMBE, JEAN-BTE.
SYRE, Madeleine.
Jean-Baptiste, b 31 mars 1768, à Berthier.

IV.—COLOMBE, ANTOINE, [ANTOINE III.
b 1749.
BOISSONNEAU, Marie-Louise, [JOS.-MARIE III.
b 1752.
Marie, b 28 oct. 1772, à St-François, I. O.

1776, (5 nov.) Berthier.[9]

IV.—COLOMBE, AUGUSTIN, [ALEXIS III.
b 1753.
GUIGNARD, Geneviève, [JEAN-BTE III.
b 1756.
Augustin, b [9] 2 oct. 1776.

1779, (15 fevrier) Berthier.[9]

IV.—COLOMBE (1), LOUIS, [ALEXIS III.
b 1749.
DELESSARD, Marie-Angélique. [JOSEPH IV.
Louis, b [9] 12 juin et s [9] 29 juillet 1780. — *Augustin*, b [9] 15 oct. 1781. — *Antoine*, b [9] 17 oct. 1795.

1783, (21 janvier) Berthier.

IV.—COLOMBE, JOSEPH, [FRANÇOIS III.
b 1753.
FOURNIER, Marie-Elisabeth. [THOMAS IV.

COLOMBE, FRANÇOIS.
LAVOIE, Suzanne.
Elie, b 18 sept. 1785, aux Eboulements.

1796, (14 juin) Quebec.

V.—COLOMBE, ISAAC. [LOUIS IV.
DUPONT, Angelique, [JOSEPH III.
b 1755.

I.—COLOMBEAU, ...
DEBIEN, Marie.
Joseph, b... s 23 nov 1759, à St-Laurent, M.

COLOMBEL, ANTOINETTE, épouse d'Armand DERIGAUT.

1726, (9 sept.) Beauport.

I.—COLOMBIER (2), JACQUES, fils de Jean et de Marguerite Vachon, de Lorette, diocèse de St-Flour.
1° LANGLOIS, Marie. [GERMAIN II.
1729, (30 oct.) Charlesbourg.[1]
2° FAFARD, Marie-Joseph, [FRANÇOIS II.
b 1698; veuve de Pierre Auclair; s [1] 16 janvier 1752.

(1) Joseph, 1795.
(2) Père adoptif de Marie-Angélique Bergeron, épouse de Jean Falardeau.

COLOMBIÈRE (De la).—Voy. Lacorne.

1749, (10 février) Montréal.[1]

I.—COLONGES (1), Jean-Bte, b 1710; fils de Charles-Etienne (conseiller du roi et controleur général des finances de la généralité de Riom) et de Jeanne Garnaud de la Fabrie, de St-Amable, ville de Riom, diocèse de Clermont.
Moisan, Marguerite, [Jean II.
b 1726.
Jean-Baptiste, b [1] 12 et s [1] 26 nov. 1749.— *Marguerite,* b [1] 12 et s [1] 22 nov. 1749. — *Jean-Baptiste,* b... m 27 fevrier 1775, à Marie-Hypolite Tabaut, à Lachine.

1775, (27 fevrier) Lachine.

II.—COLONGES, Jean-Bte. [Jean-Bte I.
Tabaut, Marie-Hypolite, [Antoine III.
b 1752.

COLTRET.—*Variations et surnoms :* Colteret Costeret— Cotray — Couteret — DeColtret—DeCotret—René—Pipardeau.

I.—COLTRET (2), René,
s 6 mars 1699, aux Trois-Rivières. [3]
Gladu, Marguerite.
Pierre, b 1687, m [3] 11 oct. 1725, à Marie-Louise Terrien; s 1er mai 1773, à Nicolet. [4]— *René,* b [3] 2 fevrier 1695; m à Marguerite Terrien; s [4] 22 juin 1749. — *Françoise,* b... m [4] 15 août 1723, à Claude Robert.—*François,* b... s [4] 26 fevrier 1784.—*Marie-Anne* (posthume), b [3] 25 juillet 1699; s [4] 18 avril 1724.

II.—COLTRET, René, [René I
b 1695; s 22 juin 1749, à Nicolet. [5]
Terrien, Marguerite, [Jean II.
b 1702; s [5] 22 nov. 1772.
Jean-Baptiste, b [5] 10 dec. 1717. — *Marguerite,* b [5] 6 oct. 1720; m [5] 10 fevrier 1755, à Jean-Baptiste Coutancineau; s [5] 31 janvier 1757.— *Jean-René,* b [5] 12 dec. 1723; m [5] 10 fevrier 1749, à Marie-Joseph Dumas; s [5] 31 mars 1763.—*Marie-Louise,* b [5] 24 juin 1725.—*Marie-Angélique,* b [5] 23 juin 1727; s [5] 11 mai 1749. — *Joseph,* b [5] 25 mars 1729, s [5] 24 mars 1731.—*Marie-Joseph,* b [5] 26 avril 1731. — *Amable,* b [5] 28 mars 1733; m [5] 8 janvier 1760, à Madeleine Berard.—*Louis,* b [5] 26 fevrier 1735; 1° m [5] 25 sept. 1760, à Michelle Provencher; 2° m [5] 27 mai 1782, à Marie-Louise Provencher. — *Gabriel,* b [5] 7 janvier 1737; m [5] 10 oct. 1760, à Louise Pitre; s [5] 21 fevrier 1776 —*Joseph,* b [5] 8 dec. 1739, m [5] 15 avril 1765, à Elisabeth Lemire.—*Véronique,* b [5] 13 sept. 1742, s [5] 1er janvier 1743. — *Michel,* b [5] 24 dec. 1743. 1° m [5] 27 fevrier 1764, à Marie-Madeleine Courois; 2° m [5] 20 juillet 1767, à Marie-Louise Dupuis; 3° m [5] 5 août 1782, à Marie Bourgeois

(1) Garde-magasin du roy.
(2) Voy. vol. I, p. 147.

1725, (11 oct.) Trois-Rivières.

II.—COLTRET (1), Pierre, [René I.
b 1687; s 1er mai 1773, à Nicolet. [3]
Terrien, Marie-Louise, [Jean II
b 1706; s [4] 26 août 1753.
Jean-Baptiste, b [3] 20 avril 1727; m [3] 4 nov. 1754, à Marie-Geneviève Lefebvre. — *Marie-Joseph,* b [3] 3 avril 1729; m [3] 7 janvier 1749, à Antoine Ratier.—*Marie-Louise,* b [3] 28 juin 1731, 1° m [3] 21 sept. 1750, à Ignace Daniau; 2° m [3] 11 avril 1758, à Joseph Laplante. — *Joachim,* b [3] 9 août 1732; s [3] 2 sept. 1753.—*Angélique* et *Françoise,* b [3] 2 et s [3] 16 nov. 1735.— *Alexis,* b [3] 2 et s [3] 4 juin 1737. — *Marie-Antoinette,* b [3] 2 sept. 1738; m [3] 19 fevrier 1754, à Joseph Ratier, s [3] 16 sept. 1770. — *Basile,* b [3] 22 nov. 1740.—*Thérèse,* b [3] 23 mai et s [3] 9 juillet 1744.— *Elisabeth,* b... 1° m à Pierre Lamy-Defond; 2° m 24 fevrier 1772, à Pierre Lasizeray, à l'Ile-Dupas.

1749, (10 fevrier) Nicolet.

III.—COLTRET, Jean-René, [René II
b 1723; s [6] 31 mars 1763.
Dumas, Marie-Joseph, [Jean-Bte III
b 1731.
Marie-Joseph, b [6] 14 déc. 1749, s [6] 10 juin 1751. — *Marie-Marguerite,* b [6] 11 janvier 1751, m [6] 15 janvier 1781, à Louis Martin. — *Marie-Antoinette,* b [6] 24 juillet et s [6] 24 oct. 1752— *Marie-Joseph,* b [6] 16 déc. 1755; m [6] 8 nov. 1773, à Michel Benoit.— *Marie-Françoise,* b [6] 20 mars 1757. — *Jean-Vital,* b [6] 4 janvier et s [6] 9 juillet 1759.— *Marie-Thérèse,* b... m [6] 7 fevrier 1780, à Dominique Dupont. — *Marie-Louise,* b... m [6] 13 août 1781, à Louis Lemire. — *Elisabeth,* b... m [6] 7 janvier 1783, à Michel Précour.

1754, (4 nov.) Nicolet. [8]

III.—COLTRET, Jean-Bte, [Pierre II
b 1727.
Lefebvre (2), Marie-Geneviève, [Nicolas II
veuve de Jean-Baptiste Oulem.
Marie, b [8] 10 oct. 1755.—*Judith,* b [8] 6 fevrier 1760.

1760, (8 janvier) Nicolet. [2]

III.—COLTRET, Amable, [René II
b 1733
Bérard (3), Madeleine, [François II.
b 1733; s [2] 21 avril 1797.
Marie-Madeleine, b [2] 13 janvier 1760. — *Marguerite,* b... m [2] 7 juin 1790, à François Morel.

1760, (25 sept.) Nicolet. [2]

III.—COLTRET, Louis, [René II.
b 1735.
1° Provencher (4), Michelle, [Charles III.
b 1740, s [2] 20 nov. 1781.

(1) Et Costeret—Couteret dit Pipardeau.
(2) Dit Descoteaux-Courville.
(3) Dit Lépine—Varennes
(4) Dit Villard.

Marie-Joseph, b... m [2] 16 juin 1788, à Louis BÉRIAU.—*Jean-Baptiste*, b... m [2] 7 nov. 1791, à Marie-Joseph LEMIRE.

1782, (27 mai). [2]

2° PROVENCHER, Marie-Lse-Angél., [ALEXIS III. b 1752.

1760, (10 oct.) Nicolet. [2]

III.—COLTRET, GABRIEL, [RENÉ II. b 1737; s [2] 21 fevrier 1776.

PITRE, Louise, [JEAN-BTE I. b 1739; s [2] 16 mai 1791.

1764, (27 février) Nicolet. [5]

III.—COLTRET, MICHEL, [RENÉ II. b 1743.

1° COUROIS, Marie-Madeleine, [PIERRE I. b 1740; s [5] 26 juillet 1766.

Marie-Joseph, b... m [5] 20 janvier 1783, à Michel TRUDEL.

1767, (20 juillet). [5]

2° DUPUIS, Marie-Louise, [JEAN-BTE II. b 1748; s [5] 23 fevrier 1782.

Françoise, b 1768, m [5] 14 janvier 1793, à Joseph BAUDOIN; s [5] 22 avril 1794. — *Marguerite*, b... m [5] 1er oct. 1792, à Joseph RATIER.

1782, (5 août). [5]

3° BOURGEOIS, Marie. [GRÉGOIRE I.

1765, (15 avril) Nicolet. [4]

III.—COLTRET (1), JOSEPH, [RENÉ II. b 1739.

LEMIRE, Elisabeth, fille de Pierre et de Marie-Anne Thibodeau.

François, b... m [4] 20 fevrier 1792, à Marie-Claire LACROIX. — *Marie-Anne*, b... m [4] 4 fevrier 1793, à Joseph PROVENCHER.—*Louis*, b... m [4] 20 avril 1795, à Madeleine ST-LAURENT.

1791, (7 nov.) Nicolet.

IV.—COLTRET, JEAN-BTE. [LOUIS III.

LEMIRE, Marie-Joseph. [JEAN-BTE IV.

1792, (20 fevrier) Nicolet.

IV.—COLTRET, FRANÇOIS. [JOSEPH III.

LACROIX, Marie-Claire. [JEAN-BTE II.

1795, (20 avril) Nicolet.

IV.—COLTRET (1), LOUIS. [JOSEPH III.

ST-LAURENT, Madeleine. [CHARLES.

COMARTIN.—Voy. COMMARTIN.

I.—COMBETTE (2), ANTOINE.

I.—COMBRAY (3), FRANÇOIS, s 31 juillet 1723, à Quebec (noye).

COMEAU, FRANÇOISE, epouse de Michel DAGNEAU.

(1) Dit René.

(2) Sergent de la compagnie de Patri, regiment de Guyenne; il etait, le 31 janvier 1757, a Charlesbourg.

(3) Dit Léveillé, soldat de la compagnie de Péan.

COMEAU, MARGUERITE, b... m à Charles DAIGLE; s 16 nov. 1756, à St-Laurent, I. O.

COMEAU, MARIE-JOSEPH, b... 1° m à Joseph GAUDET; 2° m 19 mai 1785, à Pierre LEMIRE, à Nicolet [4]; s [4] 20 dec. 1796.

COMEAU, ANNE, b 1715; m à Joseph GREYSAC; s 12 déc. 1757, à Québec.

COMEAU, CATHERINE, épouse de Paul-Pierre JOBET.

COMEAU, MARIE, épouse de Jean-Baptiste LANDRY.

COMEAU, MADELEINE, b... 1° m à Jean LAUR; 2° m 24 oct. 1763, à Pierre DUPAUL, à Yamachiche.

COMEAU, MARGUERITE, épouse de Jean-Baptiste LEVRON.

COMEAU, MADELEINE, épouse de Joseph MICHEL.

COMEAU, MARIE, épouse de Louis ROUISSE.

COMEAU, MARIE, épouse d'Honoré SAVOYE.

I.—COMEAU, JEAN, Acadien.

1° HEBERT, Françoise, s avant 1719.

Marguerite, b... m 23 janvier 1719, à Ambroise MELANÇON, à Port-Royal. [3]

1719, (23 janvier). [3]

2° COMEAU, Marguerite. [JEAN.

1715, (7 janvier) Québec. [4]

I.—COMEAU, FRANÇOIS, fils de Jean et de Françoise Imbert, de Port-Royal, Acadie; s [4] 22 nov. 1717.

SOULARD (1), Marie-Jeanne, [JEAN I. b 1696.

1726, (25 fevrier) Annapolis.

I.—COMEAU, FRANÇOIS, b 1701; fils de Pierre et de Jeanne Bourgeois, d'Annapolis, Acadie; s avant 1760.

LAUR, Anne, b 1705; fille d'Alexandre et de Françoise Bariau, d'Annapolis, Acadie; s avant 1760.

Elisabeth, b... m 18 fevrier 1760, à Jean-Baptiste MICHEL, à St-Pierre-les-Becquets.—*Maurice*, b.. m 9 fevrier 1766, à Marie-Joseph GAUDET, à Yamachiche.

I.—COMEAU, AMAND, Acadien.

BABINEAU, Marie.

Félicité, b 1757; s 2 sept. 1758, à St-Charles. [4] —*Pierre*, b [4] 27 nov. 1759.

(1) Elle épouse, le 6 juillet 1719, Pierre Dubreuil, à Québec.

I.—COMEAU, GUILLAUME,
Acadien.
BLANCHARD, Elisabeth.
Félicité, b... m 8 janvier 1770, à Pierre ALARD, à Sorel.

I.—COMEAU, JOSEPH,
Acadien.
LAUR, Elisabeth, fille d'Alexandre et de Françoise Bariau, d'Annapolis, Acadie.
Marie-Louise, b 8 déc. 1763, à Yamachiche. [3] —*Jean*, b [3] 25 février 1768.

1766, (9 février) Yamachiche. [3]
II.—COMEAU, MAURICE. [FRANÇOIS I.
GAUDET, Marie-Joseph. [JEAN.
Joseph, b [3] 16 mars 1767.

I.—COMES, VINCENT.
TERRIEN, Madeleine.
Vincent, b 4 sept. 1777, à Lachenaye.

COMET.—Voy. COMÈTE.

1755, (10 février) Pte-aux-Trembles, M.
I.—COMÈTE, JOSEPH, b 1729; fils d'Armand et de Jeanne Barère, de Lanne, diocèse de Condom.
MERSAN, Marie-Amable, [FRANÇOIS II.
b 1737.

I.—COMÈTE, ETIENNE.
......, Marie-Therèse.
Noel, b... m 8 août 1770, à Marguerite MAGNAN, à St-Constant.

1770, (8 août) St-Constant.
II.—COMÈTE, NOEL. [ETIENNE I.
MAGNAN, Marguerite, [PIERRE II.
b 1736; veuve de Jean Réaume.

COMIRÉ.—*Variation:* QUÉMÉRÉ.

COMIRÉ, MADELEINE, épouse de Jean-Baptiste NORMAND.

I.—COMIRÉ (1), NICOLAS.
b 1701; s 9 janvier 1746, à St-Joseph, Beauce. [5]
1° PERNAY (2), Julienne,
s [5] 21 oct. 1739.
Antoinette, b... m 13 juillet 1750, à Jacques PARANT, à Beauport. — *Vincent*, b 10 juillet 1737, à Québec; m [5] 4 fevrier 1765, à Marie-Louise PARANT.
1741, (28 janvier) Lévis. [6]
2° MARCHAND (3), Geneviève, [LOUIS II.
b 1712.
Anonyme, b [6] et s [6] 26 nov. 1741. — *Marie-Madeleine*, b [5] 3 juillet 1744; m à Alexandre BLANCHARD. — *Pierre*, b... m à Françoise BLANCHARD.—*Alexandre*, b... — *Alexis*, b... m 19 janvier 1767, à Marguerite BISSON, à Ste-Foye.

(1) Et Quémére.

(2) Ou Pernée

(3) Elle épouse, le 3 février 1753, François Chapais, à Lévis.

II.—COMIRÉ, PIERRE. [NICOLAS I.
BLANCHARD, Françoise, [ALEXANDRE I.
Jean-Baptiste, b 28 mars 1761, à St-Joseph, Beauce. [4] —*Pierre-Jean*, b [4] 8 juillet 1763.

1765, (4 fevrier) St-Joseph, Beauce.
II.—COMIRÉ, VINCENT. [NICOLAS I.
PARANT, Marie-Louise, [JACQUES III.
b 1747.

1767, (19 janvier) Ste-Foye.
II.—COMIRÉ, ALEXIS. [NICOLAS I.
BISSON, Marguerite, [JEAN-FRANÇOIS IV.
b 1744.
Marie-Marguerite, b 8 mai 1768, à St-Joseph, Beauce. [4] — *Etienne-Alexis*, b [4] 18 février 1770, s [4] 12 avril 1773.— *Marie-Angélique*, b [4] 10 dec. 1775.—*Marie-Anne*, b [4] 7 sept. et s [4] 24 déc. 1777. —*Jean-Alexis*, b [4] 31 janvier 1779.

1740, (21 nov.) Québec. [1]
I.—COMMARTIN, ARNAUD, fils de Jacques et de Gabrielle Labonnier, de St-Esprit, diocèse de Latour, Gascogne.
LIÉNARD (1), Louise, [SÉBASTIEN II.
b 1717.
Marie-Louise, b .. s [1] 10 août 1744.

1753, (9 juillet) Québec. [1]
I.—COMMARTIN (2), JOSEPH, b 1721; fils de Pierre et de Jeanne Baque, de Beaumarche, diocèse d'Auch.
DRAPEAU, Geneviève. [PIERRE II.
Marie-Anne, b [1] 14 mai 1754.—*Joseph-Gabriel*, b [1] 16 août 1755.—*Geneviève*, b [1] 20 mai 1757.—*Marie*, b [1] 18 déc. 1758, s [1] 7 sept. 1763.—*Marie-Charlotte*, b 14 sept. et s 14 oct. 1760, à St-Charles.—*Jean*, b [1] 2 oct. 1761. — *Pierre*, b [1] 24 oct. 1763.

I.—COMMERGE, MARTIN, de St-Pé, St-Jean-de-Luz.

COMPAIN.—*Variation et surnom:* COMPEING—LESPÉRANCE.

1706, (10 juin) Montréal. [2]
I.—COMPAIN (3), BONAVENTURE, b 1674; fils de Jerôme et de Suzanne Robert, de St-Jean-Moutierneuf, ville de Poitiers.
1° BADAILLAC, Marie-Catherine, [LOUIS I
b 1673; s [2] 13 sept. 1715.
Marie-Catherine, b 14 nov. 1707, au Detroit [3], m [2] 21 janvier 1726, à Jean ROUSSEAU; s [2] 20 déc 1749.—*Pierre*, b [3] 13 janvier 1710; m [2] 9 juin 1732, à Françoise VACHER. — *Jean-Bonaventure*, b [2] 6 août 1712; s [2] 24 avril 1720.—*Marie-Catherine*, b [2] 7 mai et s [2] 12 nov. 1714.

(1) Elle épouse, le 29 sept. 1749, Pierre Fournier, à Québec.

(2) Arrivé à Québec, en 1748.

(3) Dit Lesperance; appelé Compeing, 1707; soldat de Longueuil.

1715, (27 oct.) [2]
2° POUPARD (1), Catherine, [PIERRE I.
b 1684.
Charles, b [2] 8 sept. 1716; m [2] 12 janvier 1739, à Marie-Jeanne DROUILLARD; s 23 juillet 1762, à Longueuil.

1732, (9 juin) Montréal. [1]
II.—COMPAIN (2), PIERRE, [BONAVENTURE I.
b 1710.
VACHER, Françoise, [JEAN-GUILLAUME I.
b 1705.
Pierre-Joseph, b [1] 11 avril 1740. — *Pierre-Amable*, b [1] 15 oct. 1741; s [1] 21 juin 1747.—*Louis-Sébastien*, b [1] 15 oct. 1741; s [1] 30 juillet 1742.—*Marie-Jeanne*, b [1] 29 mars 1743.—*Marie-Louise*, b [1] 3 sept. 1745.—*Marie-Louise*, b [1] 29 janvier 1747.

1739, (12 janvier) Montréal. [3]
II.—COMPAIN, CHARLES, [BONAVENTURE I
b 1716; s 23 juillet 1762, à Longueuil. [4]
DROUILLARD, Marie-Jeanne, [RENÉ I.
b 1712.
Charles-François, b [4] 27 déc. 1739.—*Pierre*, b [4] 21 mai 1741.—*Marie-Joseph*, b [3] 25 mars 1743. —*Jean-Baptiste*, b [4] 19 dec. 1745.—*Louis*, b [4] 28 juillet 1747.—*Marie-Amable*, b [4] 13 oct. 1748.

1729, (1er nov.) Batiscan.
I.—COMPARET, FRANÇOIS, notaire royal; fils de Jean et de Barbe Clément, de Gustine (des Augustins) ci-devant Condé, Lorraine; s avant 1757.
1° DESBROYEUX, Marguerite, [FRANÇOIS II.
b 1709.
Pierre-Marie, b 9 janvier et s 15 février 1733, à Montréal.
2° BRISEBOIS, Françoise. [CHARLES II.
François, b... m 11 oct. 1757, à Marie-Judith TREMBLAY, au Detroit.
3° GAZAILLE, Charlotte,
Clémence, b 1740; m 30 avril 1759, à Jean-Pierre ANTHOINE, à la Pte-aux-Trembles, M. [7] — *François*, b 1743; m [7] 13 janvier 1766, à Marguerite MORAN.
4° LAMARRE (3), Marie-Joseph, [HENRI I.
b 1693.
Marguerite, b [7] 31 mai et s [7] 16 juin 1750. —*François*, b [7] 4 juin 1751.— *Marie-Catherine*, b [7] 27 sept. 1752; m 15 avril 1776, à Joseph MALBEUF, à Terrebonne. [8] — *Marie-Joseph*, b... m [8] 22 oct. 1764, à Pierre FORTIN. — *Angélique*, b... m [8] 28 janvier 1765, à Louis BOUR. — *Jean-Baptiste*, b... m [8] 16 mai 1768, à Marguerite LIMOGES.

1757, (11 oct.) Détroit. [1]
II.—COMPARET, FRANÇOIS. [FRANÇOIS I
TREMBLAY, Marie-Judith, [AUGUSTIN III
b 1738, s [1] 24 fevrier 1768.

(1) Elle épouse, le 18 février 1732, François Lanctot, à Montréal.

(2) Dit Lespérance; perruquier.

(3) Dit Belisle; elle épouse, le 18 avril 1757, Jean Lagorce, à la Pte-aux-Trembles, M.

François-Marie, b [1] 20 juillet 1758.—*Marie-Geneviève*, b [1] 10 août 1765; m [1] 13 déc. 1784, à François AUCLAIR.—*Louis-Michel*, b [1] 29 nov. 1767; m [1] 12 janvier 1795, à Agnès JEANNE.

1766, (13 janvier) Pte-aux-Trembles, M.
II.—COMPARET, FRANÇOIS, [FRANÇOIS I.
b 1743.
MORAN, Marguerite, [LAURENT III.
b 1748.

1768, (16 mai) Terrebonne.
II.—COMPARET, JEAN-BTE. [FRANÇOIS I.
LIMOGES, Marguerite, [JOSEPH II.
b 1742.
Jean-Baptiste, b... m 17 août 1795, à Agnès AIDE-CREQUY, au Detroit.

1795, (12 janvier) Détroit.
III.—COMPARET, MICHEL. [FRANÇOIS II.
JEANNE, Agnès, [ROBERT III.
b 1774.

1795, (17 août) Détroit.
III.—COMPARET, JEAN-BTE. [JEAN-BTE II.
AIDE-CRÉQUY, Agnès, [JEAN-BTE III.
b 1777.

I.—COMPEAU (1), JACQUES, b 1709; de N.-D.-de-la-Rochelle; s 25 mai 1775, à Quebec.
LORANCÉ, Madeleine.

I.—COMPIAUX (2), GUILLAUME, b 1697; s 17 oct. 1746, à Quebec.

COMPTOIR.—*Surnoms :* GILBERT—MOREAU.

COMPTOIS. — *Variations et surnoms :* BOUILLERON—COMTOIS — FORDET, 1760 — GILBERT —HUGUES — HUJOT, 1743 — JANET, 1759 — MAR, 1752—MARC—ROUSSE—ROYER.

COMPTOIS, JEAN.
LAHAIE, Marie-Madeleine,
b 1714; s 1er mai 1740, à Terrebonne.

COMPTOIS, MICHEL, b 1738; s 8 mars 1756, à St-Antoine-de-Chambly.

COMPTOIS (3), ARCHANGE, b... s 18 janvier 1755, à St-Antoine-de-Chambly.

COMPTOIS, NICOLAS.
CLÉMENT, Reine,
b 1740; s 2 avril 1775, à Terrebonne.

I.—COMPTOIS, GODILLON, b 1690, caporal; de Besançon, s 6 oct. 1747, à Montreal.

COMTE.—Voy. LECOMPTE.

(1) Dit Jaquet.

(2) Sieur Desaleurs, commandant le navire *Le fourneau*.

(3) Demeurant chez M. Saquepée.

1752, (2 oct.) Québec. [5]

I.—CONDAMINE, JEAN, soldat ; fils de Jean et de Marguerite Lacroix, de St-Pierre, diocèse de Rhodes.

LAFOREST, Marie-Jeanne, [PIERRE II. b 1721.

Marie-Joseph, b [5] 27 sept. et s [5] 10 déc. 1753.—*Jean*, b [5] 15 février et s [5] 19 juin 1755.—*Marguerite*, b [5] 11 avril et s [5] 25 juillet 1756. — *Jean-François*, b [5] 25 oct. 1758, s [5] 7 avril 1759.—*François-Régis*, b [5] 9 août 1761.

CONDÉ.—*Surnoms :* ANGELIN—COIGNAC — JUSSELIN.

I.—CONDÉ (1), JACQUES, b 1713 ; de St-Léger, diocèse de Xaintes ; s 7 juillet 1736, à Montréal.

I.—CONDON, JEAN, Irlandais.

SWEENEY, Sarah.

Georges, b 3 sept. 1758, au Bout-de-l'Ile, M.[5]—*Marie*, b [5] 22 mai 1760.

CONDRAT.—*Surnom :* LANGLOIS.

1760, (14 avril) St-Michel-d'Yamaska.

I.—CONDRAT (2), MICHEL, fils de Jean-Baptiste et de Marie-Anne Uncle, de Tourla, Allemagne.

BADAILLAC, Isabelle, [IGNACE III. b 1736.

Louis-Michel, b [4] 27 janvier 1761.—*Marguerite*, b 1763 ; s [4] 10 avril 1764.— *Marie-Louise*, b [4] 26 août 1770.

1748, (19 août) Québec. [4]

I.—CONEFROY (3), ROBERT, b 1715, navigateur ; fils de Guillaume et de Marie Lemière, de Quetelot, Élection de Valogne, diocèse de Coutances, Normandie.

MÉTIVIER, Marie-Joseph, [JEAN III. b 1720.

Louis-Robert, b [4] 10 juin et s [4] 6 nov. 1750.—*Marie-Joseph*, b [4] 17 dec. 1751 ; s [4] 8 nov. 1763. —*Pierre*, b [4] 28 déc. 1752.— *Marie-Anne*, b [4] 1er juin 1754 ; m à François-Antoine SERINDAC ; s [4] 11 juin 1788.—*Marie-Louise*, b [4] 9 nov. 1755 ; m à Jean WADE.—*Antoine-François-Bernard*, b [4] 3 mai 1757. — *Louis-Joseph*, b [4] 23 avril 1758. — *Ursule*, b [4] 22 dec. 1759 ; s [4] 14 juillet 1762.—*Marie-Angélique*, b [4] 12 fevrier 1762.—*Jean-Baptiste*, b [4] 29 mai 1763.

CONFOULAN.—Voy. GENTIL.

(1) Dit Coignac; soldat de la compagnie de M. de St-Ours.

(2) Dit Langlois.

(3) Dit Lafontaine; il était, le 22 août 1744, à St-Thomas.

1744, (25 nov.) Québec. [4]

I.—CONFOULAN, JEAN, b 1718, navigateur ; fils de Pierre et de Marie Lacurieuse, de St-Pierre, diocèse de Bordeaux ; s [4] 27 août 1750.

BEAUPRÉ (1), Marie-Louise, [FRS-PIERRE I. b 1727.

Marie-Louise, b 30 janvier 1746, à St-Michel. — *Louise-Ursule*, b [4] 23 janvier 1750.

CONILLARD.—Voy. COUILLARD.

1763, (14 février) St-Joseph, Beauce.

I.—CONILLE (2), NICOLAS, b 1739 ; fils de Jean et de Marie Lionois, de St-Surin, ville et diocèse de Bordeaux.

MAHEU, Marie-Marguerite. [NOEL III.

1759, (19 février) Baie-St-Paul. [4]

I.—CONNAISSANT (3), JEAN-BTE, fils de Jean et d'Elisabeth Langlois, de St-Charles de Sedan, diocèse de Rheims, Champagne.

PERRON, Marie-Ursule, [JACQUES III. b 1738.

Marie-Ursule-Marguerite-Judith, b [4] 21 février 1759.—*Marie-Marguerite-Elisabeth*, b [4] 16 juillet 1761. — *Marie-Joseph*, b [4] 26 nov. 1763. — *Jean-Baptiste-Charles-David*, b [4] 4 nov. 1765. — *Ambroise-Samson*, b [4] 12 août 1767 ; s 2 mai 1770, à Ste-Anne. [2] — *Clotilde-Suzanne*, b [2] 6 avril et s [2] 24 mai 1770.

I.—CONNOR, JEAN.

MCKENZIE, Marie.

Marie-Anne, b... m 18 sept. 1781, à Joseph LETOURNEAU, à Quebec.

CONNOR, CATHERINE, épouse de Jean MORARE.

1775, (27 fevrier) Québec.

I.—CONNORS, MICHEL, fils de Denis et de Cecile Butler, de St-Pierre, Dublin, Irlande.

GAGNÉ, Marguerite, veuve d'Honoré Kelly.

I.—CONNORS, EDMOND.

HARDY, Marie, b 1763 ; s 18 fevrier 1790, à Québec.

1785, (9 avril) Québec (4).

I.—CONNORS, EDOUARD, de Gleen, comté de Wexford, Irlande.

LABRYE, Marie.

I.—CONQUET (5), ALBERT, fils d'Antoine et de Marie Laforce, de St-Cyr, diocèse de Cahors ; s 22 janvier 1751, à Montréal.

(1) Elle épouse, le 22 fevrier 1751, Pierre Masson, à Québec.

(2) Arrivé au Canada en 1756.

(3) Soldat de la compagnie de M. Dugué.

(4) Ce mariage avait été fait, le 13 avril 1780, devant un ministre protestant.

(5) Dit LaTerreur.

1783, (11 nov.) Québec.

I.—CONRAD (1), Georges, fils de Georges et de Marie Conrad, de Reichemberg, Franconie.
GAGNÉ, Angelique. [FRANÇOIS.

CONSIGNY.—*Surnom :* SANSFAÇON.

1735, (21 nov.) Québec. [1]

I.—CONSIGNY (2), FRANÇOIS, fils de Jacques et de Jeanne Bijolet, de Buche, diocèse de Langres.
1° DUCHARME, Marie-Louise, [JACQUES II.
b 1718, s [1] 4 avril 1757.
Charles-François, b [1] 1er mars et s [1] 11 juin 1737.—*Marie-Charlotte,* b [1] 23 nov. 1738.—*Marie-Louise,* b 1739; m 6 avril 1761, à Nicolas ARNOUX, à Montréal. — *Marie-Louise,* b 18 juillet 1740, à St-Joseph, Beauce [2], m [2] 15 fevrier 1774, à Gabriel LABRECQUE. — *Agathe,* b... m [2] 4 oct. 1762, à Charles JACQUES. — *Marie-Jeanne,* b [2] 22 mai 1745; m 8 juillet 1765 à Pierre ASSELIN, à Châteauguay. — *Joseph-François,* b [2] 17 nov. 1746.
1757, (24 nov.) St-Nicolas
2° GAGNON, Geneviève, [JEAN III.
b 1723, veuve de François Demers.

CONSTANT, GENEVIÈVE, épouse de Luc HUMBLOT.

I.—CONSTANT (3), PIERRE.

I.—CONSTANT, GABRIEL.
HÉRY (4), Marie.
Catherine, b 18 nov. 1771, au Détroit. [1]—*Théotiste,* b [1] 28 déc. 1772.

CONSTANTIN —Voy. CAPELIER.

CONSTANTIN, BRIGITTE, b 1727, m à Jacques DELISLE; s 3 fevrier 1750, aux Ecureuils.

CONSTANTIN, LOUISE, épouse de Joseph PARADIS.

CONSTANTIN, MARIE-JOSEPH, épouse de Louis GADOURY.

CONSTANTIN, FRANÇOISE, b 1779; s 1er avril 1795, à St-Augustin.

I.—CONSTANTIN (5), LOUIS-ALEXANDRE, b... décede le 28 mars et inhume le 2 avril 1760, à St-Joseph, Beauce.

(1) Soldat du régiment de Brunswick; procès verbaux de 1792.

(2) Dit Sansfaçon.

(3) Soldat de la compagnie de Lanaudière, 7 février 1757 à Charlesbourg.

(4) Dit Duplanti.

(5) En religion frère Justinien, récollet; missionnaire à la Beauce pendant sept ans.

1696, (6 nov.) St-Augustin. [3]

II.—CONSTANTIN (1), PIERRE, [GUILLAUME I.
b 1666.
GUYON (2), Suzanne-Marguerite, [MICHEL II.
b 1679.
Marguerite-Joseph, b 21 déc. 1698, à Québec [4], m [4] 18 fevrier 1727, à René CARTIER. —*Marie-Madeleine,* b [4] 28 nov. 1703; m 4 mars 1726, à Bernard-Noël CHARTRAIN, à Lorette.—*Pierre,* b [3] 12 mai 1706; m [3] 16 janvier 1730, à Marie-Geneviève DORÉ; s [3] 7 janvier 1759. — *Marie-Joseph,* b [3] 2 sept. 1714; m [3] 20 sept. 1733, à Joseph ROY; s [4] 18 mars 1796.—*Angélique,* b [3] 15 juin 1716; m [3] 7 janvier 1737, à Jean ALAIN. — *François-Augustin,* b [3] 7 nov. 1718, m [3] 29 mai 1747, à Marie-Geneviève GINGRAS.—*Marie-Thérèse,* b [3] 14 mai 1720; m [3] 7 janvier 1737, à Joseph ALAIN.

1700, (25 janvier) Québec.

II.—CONSTANTIN, FRANÇOIS, [GUILLAUME I.
b 1673.
LOISEAU (3), Anne, [PIERRE I.
b 1679.

1727, (21 oct.) Québec.

III.—CONSTANTIN, DENIS, [DENIS II.
b 1700.
HÉVÉ, Catherine-Elisabeth, [PIERRE II.
b 1707.

1730, (16 janvier) St-Augustin. [4]

III.—CONSTANTIN, PIERRE, [PIERRE II.
b 1706, capitaine; s [4] 7 janvier 1759.
DORÉ, Marie-Geneviève, [LOUIS-PIERRE II.
b 1709; s [4] 8 nov. 1784.
Marie, b [4] 6 oct. 1730; m 7 août 1752, à François MOREAU, à Ste-Foye. [5]—*Marie-Françoise,* b [4] 22 oct. 1731; m [5] 23 fevrier 1752, à Pierre BELLEAU. — *Marie-Angélique,* b 4 août 1733, à la Pte-aux-Trembles, Q. [6] — *Pierre-Louis,* b [4] 7 fevrier 1735; 1° m à Geneviève COTÉ; 2° m 9 août 1773, à Françoise PARIS, à Terrebonne; s 26 sept. 1781, à Lachenaye.—*Jean-Baptiste,* b [4] 25 fevrier 1736; s [4] 28 mars 1759.—*Marie-Thérèse,* b [4] 27 dec. 1737.—*Louis-Joseph,* b [4] 18 mai 1739. — *Brigitte-Suzanne,* b [4] 6 avril 1741. — *Ignace,* b [4] 24 sept. et s [4] 15 oct. 1742. — *Jean-Baptiste,* b [4] 19 sept. 1743; m 1777, à Marguerite SOULARD. — *Louis-Augustin,* b [4] 1er mai 1745. — *Marie-Anne,* b [4] 14 mai et s [4] 29 août 1747.— *Marie-Françoise,* b [6] 13 janvier 1752. — *Michel,* b... m 1783, à Marie-Anne GAUVIN.

CONSTANTIN, JÉROME, b 1731; s 4 août 1733, à St-Frs-du-Lac.

1747, (29 mai) St-Augustin. [5]

III.—CONSTANTIN, FRS-AUGUSTIN, [PIERRE II.
b 1718.
GINGRAS, Marie-Geneviève, [JOSEPH II.
b 1727.

(1) Voy. vol I, p. 138.

(2) Dit Durouvray.

(3) Elle épouse, le 9 février 1706, Jean Boucher, à Québec.

Geneviève, b... m [5] 10 février 1783, à Jean-Baptiste GAGNON.—*Louis*, b [5] 11 février 1759, m [5] 3 février 1794, à Angélique VIDAL.—*Marie-Thérèse*, b [5] 24 mars 1762; m [5] 8 nov. 1790, à Augustin BOURBEAU.—*Louise*, b... m [5] 28 février 1791, à Joseph BOURBEAU.

1754, (21 janvier) Montréal.

I.—CONSTANTIN, VINCENT, b 1724; fils de Vincent et de Marie Picot, de St-Pierre-du-Chatel, diocèse de Lisieux.
DEMERS (1), Madeleine, [CHARLES II.
b 1729.

1756, (22 nov.) St-Constant.

I.—CONSTANTIN (2), JEAN-PIERRE, fils de Jacques et de Marguerite ...., de St-Etienne de Toulouse, Languedoc.
LONGTIN, Marie-Christine, [MICHEL II.
b 1725.

IV.—CONSTANTIN, PIERRE-LS., [PIERRE III.
b 1735; s 26 sept. 1781, à Lachenaye.
1° COTÉ, Geneviève.
1773, (9 août) Terrebonne.
2° PARIS, Françoise, [AMBROISE II.
b 1746; veuve de Joseph Bernard.

1777.

IV.—CONSTANTIN, JEAN-BTE, [PIERRE III.
SOULARD, Marguerite.
Marguerite, b 29 janvier 1778, à la Pte-aux-Trembles, Q. — *Marie*, b 21 déc. 1780, à St-Augustin. [3]—*Rose*, b [3] 1er mai 1787.—*Ursule*, b [3] 21 janvier 1790.—*Jean-Baptiste*, b [3] 11 mars 1792.

IV.—CONSTANTIN, MICHEL. [PIERRE III
GAUVIN, Marie-Anne.
Isaac, b 11 déc. 1783, à St-Augustin.

1794, (3 février) St-Augustin. [9]

IV.—CONSTANTIN, LOUIS, [FRS-AUGUSTIN III.
b 1759.
VIDAL, Angélique. [ANTOINE I.
Antoine, b [9] 17 août 1795.

CONSTANTINEAU.—Voy. COUTANCINEAU.

CONTANT.—*Variation :* CONTENT.

CONTANT, MARIE-ANNE, épouse de Michel BIGOT-DORVAL.

CONTANT, THÉRÈSE, épouse de Pierre LÉVEILLÉ.

CONTANT, LOUISE, épouse de Pierre LEDUC.

CONTANT, MARIE, b... m 1740, à Julien ROCHERON.

CONTANT, ISABELLE, épouse de Jean-Baptiste ST-ANTOINE.

(1) Dit Dessermons.
(2) Caporal de la compagnie de Bernard Laval.

1669, (14 oct.) Ste-Famille, I. O. [4]

I.—CONTANT (1), ETIENNE,
b 1635; s 18 juin 1685, à Charlesbourg.
LAISNÉ, Anne,
b 1653.
Jean, b [4] 16 avril 1671; s 19 sept. 1732, au Détroit.—*Etienne*, b [4] 11 février 1676; 1° m 19 avril 1700, à Marie BÉLANGER, au Château-Richer; 2° m 6 février 1719, à Marie-Françoise BAZINET, à la Pte-aux-Trembles, M.; s 12 sept. 1752, à Lachenaye.

1700, (19 avril) Château-Richer. [3]

II.—CONTANT, ETIENNE, [ETIENNE I.
b 1676, s 12 sept. 1752, à Lachenaye. [4]
1° BELANGER, Marie, [CHARLES II.
b 1670, veuve de Joseph Gravel; s 2 oct. 1713, à Québec.
Jean-Baptiste, b... m 1731, à Marie-Charlotte MORAN.—*Marie*, b [3] 15 avril 1709; m [4] 2 février 1728, à Pierre BEAUCHAMP.
1719, (6 février) Pte-aux-Trembles, M. [5]
2° BAZINET, Marie-Françoise, [ANTOINE I.
b 1694; s [4] 12 mai 1734.
Jean-Baptiste, b [5] 22 juin 1720; m [4] 17 juin 1748, à Marie MATHIEU. —*Etienne*, b... 1° m [4] 20 janvier 1749, à Marie DUPRAT, 2° m [4] 13 août 1781, à Marie-Joseph HUBOUT.—*Charlotte*, b 1724, s [4] 11 avril 1733.—*Marie-Anne*, b 1725; m [4] 22 sept. 1744, à Jean DUPRAT; s [4] 31 août 1749.—*Agathe*, b 1728, 1° m à Paul DELORME; 2° m 7 janvier 1760, à Jean-Philippe LEPROHON, à Montréal.—*Léonard*, b 25 janvier 1729, à St-François, I. J., m [4] 11 mai 1750, à Elisabeth HUBOUT.—*Marie-Françoise*, b [4] 10 juillet 1731.— *Marie-Anne*, b... m [4] 8 nov. 1751, à François MATHIEU.

1712, (18 oct.) Pte-aux-Trembles, Q. [1]

II.—CONTANT, ANDRÉ, [ETIENNE I.
b 1684; s 26 mai 1761, à Terrebonne. [2]
1° SYLVESTRE, Marie-Anne, [NICOLAS I
b 1692, veuve de Barbe Neveu; s 26 mars 1732, à Champlain. [3]
Marie-Clémence, b [1] 9 et s [1] 14 sept. 1713.—*Marie-Thérèse*, b et s 20 août 1714, à Québec.—*Jean-Baptiste*, b [1] 20 juillet 1715. — *Angélique*, b... m 1750, à Pierre DESFOSSÉS.—*Marie-Anne*, b 30 juin 1718, à Sorel [4]; 1° m 14 août 1735, à Noël GUGNEU, aux Trois-Rivières; 2° m 30 juin 1736, à Michel MOUTELLE, à Batiscan. — *Marie-Françoise-Claire*, b 7 déc. 1721, à l'Ile-Dupas [5], 1° m 15 juin 1748, à Thomas LANIEL, à Montréal [6], 2° m [6] 27 oct. 1760, à Antoine DURAND.—*Antoine-André*, b [5] 2 janvier 1724; s 21 mars 1738, au Cap-de-la-Madeleine.— *Pierre-Paul*, b [4] 4 août 1726; s [5] 4 avril 1750. — *Louise*, b [5] 8 oct. 1727.—*Marie-Geneviève*, b [3] 7 juin 1729; m 1750, à Luc IMBLAUT.—*Marie-Thérèse*, b [3] 9 juin 1731, s 23 mai 1803, à l'Hôpital-Général, M. — *Anonyme*, b [3] et s [3] 26 mars 1732.
1734, (7 janvier). [3]
2° DENEVERS, Ursule, [FRANÇOIS III.
veuve de Louis Jodoin

(1) Voy. vol. I, p. 133.

André-François, b [8] 9 février 1735. — *Louis-Gaspard*, b [8] 13 et s [8] 30 avril 1736. — *Louis-Balthazar*, b [8] 3 mai 1737. — *Joseph-Marie*, b [8] 2 avril 1739.—*Marie-Ursule*, b [8] 15 mai 1741.

1732, (26 janvier) St-Augustin.

I.—CONTANT, Michel, fils de Jean et d'Anne Vinet, de St-Martin-de-Luçon, Bas-Poitou.
Brousseau, Marie-Jeanne, † [Nicolas II.
b 1707.

III.—CONTANT (1), Jean-Bte. [Etienne II.
Moran, Marie-Charlotte,
s 15 nov. 1795, à St-Augustin.[8]
Jean-Baptiste, b 1731, s [8] 11 juillet 1743.—*Marie-Charlotte*, b 1735; s [8] 28 février 1744.—*Jean-Marie*, b 1737; s [8] 28 avril 1738 — *Marie-Marguerite*, b [8] 3 mai 1739; s [8] 14 avril 1755.—*Joseph*, b [8] 5 avril et s [8] 3 juin 1741.

1748, (17 juin) Lachenaye [9]

III.—CONTANT, Jean-Bte, [Etienne II.
b 1720.
Mathieu, Marie, [Charles II.
b 1731, s [9] 29 avril 1791.
Marie-Amable, b [9] 24 février 1751; m [9] 29 janvier 1770, à Augustin Navers.—*Jean-Baptiste* (1), b [9] 11 mars 1754; s 22 août 1777, à Quebec.—*Marie-Joseph*, b [9] 6 mai 1759; m à Ernest Wilhelmi. — *Etienne*, b [9] 23 dec. 1764; s [9] 10 août 1785.

1749, (20 janvier) Lachenaye [9]

III.—CONTANT, Etienne, [Etienne II.
1° Duprat, Marie, [Jacques II.
b 1732, s [9] 9 avril 1781.
Marie-Rosalie, b [9] 11 sept. 1751.—*Marie-Agathe*, b [9] 17 dec. 1752; s [9] 20 août 1753.—*Marie-Marguerite*, b [9] 26 dec. 1753. — *Etienne*, b [9] 26 juillet 1756.—*Jean-Baptiste*, b [9] 10 sept. 1757, s [9] 11 oct. 1765 —*Etienne*, b [9] 8 oct. 1758.—*Nicolas-Charles*, b [9] 31 dec. 1760; 1° m [9] 27 oct. 1783, à Marie-Amable Mathieu; 2° m 16 mai 1791, à Marie-Joseph Daunay. — *Marie-Archange*, b [9] 3 mars et s [9] 20 juillet 1762.—*Marie-Amable*, b [9] 3 mars 1762, m [9] 15 octobre 1781, à Joseph Parant.—*Marie-Joseph*, b [9] 11 avril 1763.—*Marie-Joseph*, b [9] 7 mars et s [9] 11 juillet 1765. — *Jean-Baptiste*, b [9] 9 sept. et s [9] 1er oct. 1766.

1781, (13 août). [9]

2° Hubout, Marie-Joseph. [Jérome IV.
Etienne, b [9] 28 mai 1785.—*Marie-Cécile*, b [9] 13 oct. et s [9] 23 nov. 1787.

I.—CONTANT, Pierre.
François, b... m 30 oct. 1781, à Angelique Brilland, au Detroit.

1750, (11 mai) Lachenaye. [9]

III.—CONTANT (2), Jos.-Léonard, [Etienne II.
b 1729.
Hubout, Marie-Elisabeth, [Augustin III.
b 1732.

(1) Acolyte.

(2) Appelé Léonard en 1766.

Etienne, b [9] 5 février 1751; m [9] 1er février 1773, à Françoise Bélanger.—*Joseph-Marie*, b [9] 3 juillet 1752; m 1781, à Marie-Amable Bleau. —*Marie-Charlotte*, b [9] 14 août 1754; m [9] 19 oct. 1772, à François Archambault. — *Marie-Joseph*, b [9] 18 avril et s [9] 23 juin 1757.—*Marie-Amable*, b [9] 8 juillet 1758.—*Marie-Joseph*, b [9] 20 août 1759.— *Marie-Rose*, b [9] 27 sept. 1760. —*Amable*, b [9] 26 janvier 1762. — *Léonard*, b [9] 9 nov. 1766; s [9] 9 sept. 1767.—*Léonard*, b [9] 9 dec. 1773; s [9] 11 oct. 1776.—*Jean-Baptiste*, b... m [9] 6 oct. 1782, à Marie-Anne Vaillancour.

1773, (1er février) Lachenaye.

IV.—CONTANT, Etienne, [Jos.-Léonard III.
b 1751.
Bélanger, Marie-Françoise, [François IV.
b 1754.

1781, (30 oct.) Détroit. [8]

II.—CONTANT, François [Pierre I.
Brilland, Angelique. [Jean-Bte I.
François, b [8] 23 août et s [8] 2 oct. 1782. — *Simon*, b [8] 22 oct. 1783.

1781.

IV.—CONTANT, Jos.-Marie, [Jos.-Léonard III.
b 1752.
Bleau, Marie-Amable.
Etienne, b 20 juin 1782, à Lachenaye.[9]—*Eléonore*, b [9] 28 février 1784.—*Louis*, b [9] 24 janvier 1786.—*Marie-Amable*, b [9] 24 mai 1790.

1782, (6 oct.) Lachenaye.

IV.—CONTANT, Jean-Bte. [Jos.-Léonard III.
Vaillancour, Marie-Anne. [François III.

1783, (27 oct.) Lachenaye. [9]

IV.—CONTANT, Nicolas-Chs, [Etienne III.
b 1760.
1° Mathieu, Marie-Amable, [Jean-Bte III.
b 1766, s [9] 22 mars 1790.
Marie-Amable, b [9] 18 juillet et s [9] 22 août 1784.—*Nicolas-Charles*, b [9] 2 oct. 1785.—*Marie-Victoire*, b [9] 9 oct. 1786. — *Marie-Cécile*, b [9] 24 février 1788.

1791, (16 mai). [9]

2° Daunay, Marie-Joseph, fille de Louis et de Marie-Joseph Mayet.

CONTANT, Michel, b 1785; s 18 oct. 1814, à l'Hotel-Dieu, M.

1751, (7 janvier) Québec. [3]

I.—CONTERY (1), Jean, fils d'Antoine et de Jeanne Rescoussière, de Lunelle, diocèse de Montpellier.
Caron, Marie-Joseph, [Joseph III.
b 1729.
Jean-François, b [3] 15 août et s [3] 8 sept. 1751. —*Marie-Joseph*, b [3] 26 sept. et s [3] 17 oct. 1752.

(1) Et Coutery.

CONTOIS.—*Variations et surnoms :* COMPTOIS—COMTOIS—D'ESTREME—GARNIER—ROUSSE—ROYER.

CONTRECŒUR.—Voy. PÉCODY.

CONTREMINE.—*Variations et surnoms :* CONTEMINE—COURTEMINE—JOLICOEUR.

1758, (28 nov.) Charlesbourg.

I.—CONTREMINE (1), JEAN-BTE, fils de François et de Marguerite Vernay, de St-Michel-de-Leon, diocèse de Limoges.
BEDARD, Marie-Madeleine, [JEAN-BTE III. b 1723; veuve de Jean-Baptiste-Charles Falardeau.
Joseph, b... m 12 avril 1785, à Marie-Judith GIRAULT, à Quebec.[1]—*Jacques,* b... 1° m[1] 12 janvier 1790, à Marie-Louise ROY; 2° m[1] 19 juin 1792, à Madeleine PETITCLERC; s[1] 11 juillet 1834.—*Thomas,* b... m[1] 13 avril 1790, à Marie-Louise PETITCLERC.

1785, (12 avril) Québec.

II.—CONTREMINE (2), JOSEPH. [JEAN-BTE I.
GIRAULT, Marie-Judith. [CHARLES.
Joseph, b... s 25 oct. 1788, à Ste-Foye.

1790, (12 janvier) Quebec.[2]

II.—CONTREMINE (2), JACQUES, [JEAN-BTE I. s[2] 11 juillet 1834.
1° ROY, Marie-Louise, [GUILLAUME V. b 1770; s[2] 3 nov. 1790.
Louise, b... s[2] 3 nov. 1790.
1792, (19 juin).[2]
2° PETITCLERC, Marie-Madeleine. [JEAN-BTE IV.

1790, (13 avril) Québec.

II.—CONTREMINE (2), THOMAS. [JEAN-BTE I.
PETITCLERC, Marie-Louise. [LOUIS IV.

I.—COOK, ESTHER, Anglaise, b... 1° m à Pierre PROVOST; 2° m à Edouard HAMBLETON; s 1741.

1790, (21 juin) Repentigny.[3]

I.—COOK (3), ANTOINE, chirurgien; fils de Laurent et de Madeleine Fourneau, de Horsebourg, Principaute de Brunswick, Allemagne.
JANOT, Marie-Françoise. [JEAN-BTE IV.
Marie-Charlotte, b[3] 29 nov. 1790. — *Marie-Geneviève,* b[3] 7 mai et s[3] 9 juillet 1792.—*Antoine,* b[3] 4 août 1793.

1783, (28 oct.) Québec.

I.—COPPAY, FRÉDÉRIC, fils de Jean-Louis et de Catherine Colley, de Kromsheim, diocèse de Gandersheim, Duche de Brunswick, Allemagne.
DUBEAU, Marguerite, [PHILIPPE III. b 1751.

(1) Dit Jolicœur, grenadier de la compagnie de Montreuil, régiment de la Reine.
(2) Dit Jolicœur.
(3) Il signe Kock en 1792.

1742, (11 août) Beaumont.[4]

I.—COPPIN, JACQUES, b 1706; fils de Claude et de Jaquette Couturier, de St-Genest, Bourgogne; s 27 oct. 1756, à St-Charles.[5]
ROY, Marie-Françoise, [GUILLAUME II. veuve de Jean-Baptiste Filteau.
Marie-Joseph, b[4] 11 mai 1744; m[5] 17 janvier 1757, à Jean CASSÉ.

I.—COQUELET, MARIE, épouse de François LEMAÎTRE.

1710, (29 avril) Québec.[6]

I.—COQUET (1), JACQUES, fils de Jean et d'Anne Levrard, de St-George-d'Oléron, diocèse de Xaintes.
FRAPIER (2), Anne, [HILAIRE I. b 1689.
Marie-Anne, b[6] 2 juillet 1712; m[6] 13 avril 1733, à François MALHERBE.—*Jacques,* b[6] 24 sept. et s[6] 1er oct. 1716.—*Marie-Charlotte,* b[6] 19 oct. 1717; s[6] 14 nov. 1719.

COQUET, JEAN.—Voy. GOGUET.

COQUILLARD.—Voy. CÉRAT—SÉRAT.

1764, (23 janvier) St-Thomas.[7]

I.—COQUILLIER (3), DENIS, fils de Denis et de Françoise Poirier, de St-Chrystophe, diocèse de Coutances.
CHOUINARD, Marie-Elisabeth, [EUSTACHE II. b 1744; veuve de Joseph Charnerre; s[7] 23 fevrier 1771.
1771, (17 juin).[7]
2° TIBIERGE, Marthe-Angelique, [NICOLAS III. b 1740.
Madeleine, b... m à Jean-Baptiste GAUDREAU.

I.—COQUINEAU, PIERRE, b 1683; s 17 sept. 1742, à l'Hôpital-General, Q.

1760, (3 nov.) Terrebonne.[2]

I.—CORBEAU, PIERRE, b 1726; fils de Pierre et d'Anne Dees, de la ville de Nantes; s[2] 20 juin 1782.
HUBOUT (4), Marie-Joseph, [AUGUSTIN III. b 1741.

CORBEIL. — *Variation et surnom :* GOURBEIL—TRANCHEMONTAGNE.

CORBEIL, MADELEINE, b 1715; m à Pierre FONTIGNY; s 15 avril 1747, à la Pte-aux-Trembles, M.

CORBEIL, MARIE-JOSEPH, épouse de Paul LABELLE.

CORBEIL, THÉRÈSE, b 1722; m à Jean-Baptiste LAUZON; s 20 avril 1754, à Terrebonne.

(1) Appelé Gautier en 1712
(2) Elle épouse, le 28 oct 1725, Joseph Clarton, à Québec.
(3) Il était, le 10 août 1772, à Berthier.
(4) Dit Tourville.

CORBEIL, MARIE-CHARLOTTE, epouse de Charles LORRAIN.

CORBEIL, MARIE-JOSEPH, b... 1° m à François VAILLANCOUR; 2° m 30 juin 1756, à Joseph ETHIER, au Sault-au-Recollet.

1693, (4 janvier) Pte-aux-Trembles, M. [1]
I.—CORBEIL (1), ANDRE, b 1664; s 20 avril 1755, à St-Antoine-de-Chambly.
1° BIZELON, Françoise,
veuve, en troisièmes noces, de Pierre Merçan; s [1] 30 mai 1694.
1695, (14 fevrier). [1]
2° POUTRÉ (2), Charlotte, [ANDRÉ I
b 1678.
André, b [1] 14 janvier 1696; 1° m à Marie-Joseph CHARTRAN, 2° m à Marie-Catherine TAILLEFER; 3° m à Marie-Anne BOUTILLET.—*Marguerite,* b [1] 20 oct. 1698; 1° m à Jean CHARTRAN; 2° m à Joseph LEMARIÉ.—*Jean-Baptiste,* b [1] 3 juillet 1701; m à Marie BOULLARD.—*Simon,* b... 1° m à Louise CHARTRAN; 2° m à Marie-Charlotte GUERTIN —*Joseph,* b 27 sept. 1707, à St-François, I. J.

II.—CORBEIL, JEAN-BTE, [ANDRÉ I.
b 1701.
BOULLARD, Marie.
Jean-Baptiste, b 1728; m 22 nov 1751, à Catherine ARCHAMBAULT, à la Longue-Pointe.

II.—CORBEIL, SIMON. [ANDRÉ I.
1° CHARTRAN, Louise,
s avant 1755.
Pierre-Simon, b 1732; m 14 avril 1755, à Françoise ARCHAMBAULT, à St-Antoine-de-Chambly. [2] — *Marie-Joseph,* b 1735, m [2] 14 avril 1755, à Joseph CODERRE-EMERY; s [2] 13 oct. 1755.—*Marie-Amable,* b... m [2] 16 janvier 1758, à Joseph TETREAU.—*Simon,* b 1736, m [2] 21 juillet 1760, à Marie SAVARY.—*Marie-Angélique,* b 1737, m [2] 26 fevrier 1759, à Louis BEIGNET.—*Jean-Baptiste,* b 1738; m [2] 22 fevrier 1762, à Marie ARCHAMBAULT.
2° GUERTIN, Marie-Charlotte, [LOUIS II
b 1712; veuve de Joseph Tetreau; s [2] 4 janvier 1762.

II.—CORBEIL, ANDRE, [ANDRE I.
b 1696.
1° CHARTRAN, Marie-Joseph,
s avant 1744.
André, b... 1° m à Marie BONNEVILLE; 2° m 25 nov. 1754, à Marie-Joseph SYRE, à St-Vincent-de-Paul. [3] — *Jean,* b... m 17 mai 1756, à Marie-Joseph HUST, au Sault-au-Recollet.—*Barbe,* b... m 1er juin 1761, à Antoine LAPOINTE-GODARD, à Terrebonne.
2° TAILLEFER, Marie-Catherine.
Marie-Agathe, b [3] 22 juillet 1745.
3° BOUTILLET (3), Marie-Anne.

(1) Et Gourbeil dit Tranchemontagne, voy vol. I, p 279.
(2) Dit Lavigne.
(3) Elle épouse, le 12 oct. 1778, Jacques Lauzon, à Terrebonne.

1751, (22 nov.) Longue-Pointe.
III.—CORBEIL, JEAN-BTE, [JEAN-BTE II.
b 1728.
ARCHAMBAULT, Catherine, [JEAN-BTE IV.
b 1728.

III.—CORBEIL, ANDRÉ. [ANDRÉ II.
1° BONNEVILLE, Marie.
Marie-Anne, b... m 9 oct. 1775, à Antoine COURVAL, à Terrebonne.
1754, (25 nov.) St-Vincent-de-Paul.
2° SYRE, Marie-Joseph, [JOSEPH II.
b 1733.

1755, (14 avril) St-Antoine-de-Chambly. [7]
III.—CORBEIL, PIERRE-SIMON, [SIMON II.
b 1732.
ARCHAMBAULT, Françoise, [FRANÇOIS IV.
b 1739.
Simon-Pierre, b [7] 18 et s [7] 27 janvier 1757.—*Marie-Françoise,* b [7] 3 et s [7] 17 avril 1758. — *Pierre-Charles,* b [7] 6 et s [7] 27 sept. 1759 —*Marie-Charlotte,* b [7] 9 sept. 1760.— *Simon-Pierre,* b... m 25 janvier 1798, à Angelique BRUGIÈRE, à St-Charles, Mo.

1756, (17 mai) Sault-au-Recollet.
III.—CORBEIL, JEAN. [ANDRÉ II.
HUST, Marie-Joseph. [THOMAS II.

1760, (21 juillet) St-Antoine-de-Chambly. [5]
III.—CORBEIL, SIMON, [SIMON II.
b 1736.
SAVARY, Marie, [JOSEPH II.
s [5] 2 avril 1768.
Marie-Catherine, b [5] 22 sept. 1760.—*Marie-Charlotte,* b [5] 15 oct. 1761.

1762, (22 février) St-Antoine-de-Chambly.
III.—CORBEIL, JEAN-BTE, [SIMON II.
b 1738.
ARCHAMBAULT, Marie-Catherine, [FRANÇOIS IV.
b 1742.
Jean-Baptiste, b 12 février et s 9 oct. 1772, à Repentigny. [6] — *Marie-Anne,* b... m [6] 21 janvier 1788, à François JANOT.—*Marie-Joseph,* b... m [6] 19 janvier 1795, à Dominique CHARBONNEAU.

CORBEIL, JEAN-BTE.
LAPOINTE, Marguerite.
Marie-Joseph, b 22 janvier 1771, à Lachenaye.

CORBEIL, JOSEPH.
1° ROY, Marie-Judith.
1779, (11 janvier) Longue-Pointe.
2° SENET, Marie-Jeanne. [JEAN-BTE III.

CORBEIL, PAUL.
ALINAUD, Marie-Joseph. [ANTOINE.
Paul, b 6 fevrier 1783, à Lachenaye.

1798, (25 juin) St-Charles, Mo. [1]
IV.—CORBEIL, SIMON. [PIERRE-SIMON III.
BRUGIERE (1), Angelique, [JEAN-BTE.

(1) Elle epouse, le 23 sept. 1811, Jean-Baptiste Dau, à St-Charles, Mo.

Simon, b... m[1] 28 février 1819, à Marie-Louise LEMAY. — *François*, b... m[1] 17 janvier 1829, à Judith LEBEAU. — *Suzanne*, b... m[1] 19 janvier 1824, à Jean-Baptiste MADELAINE.

I.—CORBET (1), JULIEN, b 1650 ; s 10 déc. 1728, à l'Hôpital-Général, M.

1751, (2 février) Québec.[1]

I.—CORBET, LOUIS, b 1728 ; fils de Jean-Baptiste et de Marguerite LeBailly, de Mouchaton, diocèse de Coutances ; s[1] 20 fevrier 1756.
CADORET (2), Marie-Madeleine, [PIERRE II.
b 1725.
Jean-Baptiste, b[1] 5 nov. 1751.— *Pierre-Henri*, b[1] 29 juin 1754. — *Hypolite* (posthume), b[1] 6 juillet 1756.

1752, (28 août) Montréal.

I.—CORBIÈRE (3), LOUIS, b 1720, fils de Jean et de Marguerite Lavallet, de St-Denis, Montpellier.
ROULEAU, Marie-Anne, [LOUIS I.
b 1710 ; veuve de René Bigeot.

CORBIN.— *Variations et surnoms :* COURBIN — LACROIX—LARICHARDIÈRE.

CORBIN, MADELEINE, épouse d'André PRÉCOUR.

1670, (25 nov.) Québec.[1]

I.—CORBIN (4), DAVID,
b 1641 ; s[1] 19 août 1684.
PARANT (5), Marie, [PIERRE I.
b 1655.
Marie-Louise, b[1] 24 août 1676.

1700, (22 nov.) Quebec.[1]

II.—CORBIN, PIERRE, [DAVID I.
b 1679 ; s 7 janvier 1703, à Beauport.[2]
BRASSARD (6), Françoise, [JEAN II.
b 1679.
Jean-Baptiste, b[2] 24 mai 1702 ; m 12 oct. 1722, à Geneviève AMYOT, à St-Augustin ; s[1] 13 nov. 1749.

1706, (26 janvier) Québec.[2]

II.—CORBIN, ANDRÉ, [DAVID I.
b 1682.
DERAINVILLE, Charlotte, [JEAN II.
b 1680 ; s[2] 17 fevrier 1749.
Marie-Louise, b 1er juin 1706, à Montréal[3] ; 1° m[2] 9 avril 1724, à Augustin LAROCHE ; 2° m[2] 30 janvier 1749, à Nicolas DOYON.— *Marie-Charlotte*, b[3] 15 mars 1708 ; m[2] 1er août 1729, à François DEL'ŒIL.—*André*, b[2] 2 mai 1709 ; 1° m 16 juillet 1731, à Louise PETIT, aux Trois-Rivières[4] ; 2° m[4] 8 janvier 1748, à Véronique BABY.—*Jacques*, b[3] 21 oct. 1710. — *Etienne*, b[3] 10 mars 1712 ; s[2] 17 juillet 1714.—*François*, b[2] 13 déc. 1714 ; s 26 sept. 1715, à Beauport.— *François-Charles*, b[2] 1er juillet 1716 ; s[2] 6 avril 1717. — *André-François*, b[2] 3 janvier 1719 — *Marie-Catherine*, b[2] 12 sept. 1721 ; m[2] 13 avril 1744, à Jacques BAUDIN ; s[2] 23 juin 1751.

(1) Dit LaRosée.
(2) Elle épouse, le 26 oct. 1760, Joseph Potier, à la Pte-du-Lac.
(3) Dit Languedoc ; soldat.
(4) Voy. vol I, p. 138.
(5) Elle épouse, le 5 février 1685, Joseph Rancour, à Beauport.
(6) Elle épouse, le 23 nov. 1712, Jean-Baptiste Brière, à Québec.

1707, (28 fevrier) Quebec.[4]

II.—CORBIN (1), DAVID, [DAVID I.
b 1673 ; s[4] 2 oct. 1755.
1° FAVERON, Marie-Jeanne, [NOEL I.
b 1687 ; s[4] 9 mai 1717.
Jeanne, b[4] 14 dec. 1707. — *Gaspard-Richard*, b[4] 8 oct. 1709 ; m[4] 3 avril 1731, à Madeleine ROLAND ; s[4] 6 fevrier 1780.— *Etienne*, b... m[4] 6 juillet 1733, à Angélique BOULET ; s[4] 15 janvier 1768.—*Joseph-Marie* (2), b[4] 17 oct. 1711, s[4] 22 oct. 1757. — *Louise*, b[4] 26 août 1713 ; s[4] 23 juin 1714. —*Marie-Louise-Suzanne*, b[4] 28 oct. 1715 ; m[4] 22 juin 1734, à Ignace MAILLOU.— *Marie-Jeanne*, b[4] 4 mai 1717 ; 1° m[4] 1er oct. 1742, à Jean-Baptiste MARCHESSEAU ; 2° m[4] 15 nov. 1751, à Pierre LABERGE.

1719, (12 février).[4]

2° GARIÉPY, Geneviève, [CHARLES II.
b 1686 ; s[4] 11 mars 1763.

1722, (10 oct.) St-Augustin.[1]

III.—CORBIN, JEAN-BTE, [PIERRE II.
b 1702 ; s[1] 13 nov. 1749.
AMYOT (3), Geneviève, [PHILIPPE III.
b 1697.
Jean-Baptiste, b[1] 19 fevrier et s[1] 5 mars 1724. —*Marie-Geneviève*, b[1] 28 déc. 1724 ; s[1] 21 mars 1726.—*Marguerite-Geneviève*, b[1] 27 mars 1726 ; m[1] 17 avril 1741, à Joseph CHATIGNY. — *Jean-Baptiste*, b[1] 27 avril 1727 ; s[1] 24 mars 1729.— *Marie-Agathe*, b[1] 23 avril et s[1] 2 mai 1728.— *Marie-Joseph*, b[1] 10 sept. 1729 ; s[1] 25 juillet 1730.—*Augustin*, b[1] 15 oct. 1730 ; s[1] 25 avril 1732. —*Geneviève-Joseph*, b[1] 5 juin et s[1] 8 juillet 1732. —*Marie-Louise*, b[1] 11 oct. 1733 ; s[1] 30 mai 1737. —*Jean-Baptiste*, b[1] 21 juillet et s[1] 12 août 1736.—*Jean-Baptiste*, b[1] 15 oct. 1737 ; m 26 sept. 1764, à Marie-Suzanne MORISSET, au Cap-de-la-Madeleine.

1731, (3 avril) Québec.[8]

III.—CORBIN, GASPARD-RICHARD, [DAVID II.
b 1709 ; s[8] 6 fevrier 1780.
ROLAND (4), Marie-Madeleine, [FRANÇOIS I.
b 1706.
Louis, b[8] 4 juillet 1732 ; m[8] 1er mars 1756, à Marie-Anne LEVITRE. — *François-Eusèbe*, b[8] 7 fevrier 1734, m[8] 8 janvier 1757, à Marie-Anne PERRON.—*David*, b[8] 18 avril 1735. — *Joseph*, b[8] 3 mars et s[8] 1er avril 1737 — *Marie-Madeleine*, b[8] 14 mai 1738 ; m[8] 10 janvier 1757, à Hypolite LAFORCE.—*Joseph*, b[8] 17 juillet 1739.— *Guillau-*

(1) Contracteur de navires.
(2) Maître charpentier du roy ; inhumé dans l'église.
(3) Dit L'Arpinière.
(4) Dit Bonneau.

me, b [8] 9 mars et s 24 juillet 1741, à St-Augustin. —*Marie-Angélique*, b [8] 22 mai et s [8] 23 juin 1742. —*Louise-Jeanne*, b [8] 23 juin et s [8] 9 août 1743.

1731, (16 juillet) Trois-Rivières. [4]

III.—CORBIN, André, [André II.
b 1709, maître-forgeron et conducteur des forges du roi.
1° Petit, Louise, [Pierre I.
b 1708; s [4] 3 sept. 1746.
André-Marie, b 14 et s 30 avril 1732, à Québec. [5]—*André-François*, b [5] 29 avril et s [5] 21 mai 1733.— *Joseph*, b [4] 12 juillet 1734; m 7 janvier 1755, à Marie-Joseph Potier, à la Pte-du-Lac.— *André*, b [4] 20 mai 1736 ; s [4] 17 août 1752.—*Louise*, b [4] 4 août 1737. — *Marie-Anne*, b [4] 1er et s 13 août 1738, à Nicolet.—*Thérèse*, b [4] 1er sept. 1739 ; m [4] 10 mars 1763, à Jean-Rene Baudry-Soulard. — *Michel-François*, b [4] 2 et s 6 oct. 1740, à St-Frs-du-Lac.—*Charlotte*, b [5] 4 juin 1743.—*Nicolas*, b [5] 2 et s 9 juillet 1744, à Levis.
1748, (8 janvier). [4]
2° Baby, Véronique, [Jacques II.
b 1716 ; s [4] 27 janvier 1763.
Pierre, b [4] 3 dec. 1748. — *Antoine*, b [5] 3 et s [5] 11 février 1751.—*André*, b [4] 23 juin 1754.

1733, (6 juillet) Québec. [1]

III.—CORBIN, Etienne, [David II.
maître-charpentier et constructeur pour Sa Majeste ; s [1] 15 janvier 1768.
Boulet, Marie-Angelique. [Martin II.
Marie-Angélique, b [1] 21 mars 1736. — *Etienne*, b [1] 31 mars et s [1] 25 avril 1737. — *Louis*, b [1] 18 mai 1738 ; m 16 janvier 1758, à Marie-Renee-Agnès Fortin, à St-Joachim ; s [1] 24 nov. 1794.— *Etienne*, b [1] 29 juillet et s 6 sept. 1739, à Charlesbourg. [2]—*Etienne*, b [1] 18 sept. et s [2] 29 oct. 1740. —*Jean-Baptiste*, b [1] 25 sept. 1741.—*Marie-Catherine*, b [1] 14 sept. 1742 ; s [1] 8 déc. 1758.—*François*, b [1] 3 déc. 1745. — *Etienne*, b [1] 2 fevrier 1747. — *Marie-Joseph*, b [1] 9 et s [1] 12 janvier 1757.

1755, (7 janvier) Pte-du-Lac.

IV.—CORBIN, Joseph, [André III.
b 1734.
Potier, Marie-Joseph, [Jean II.
b 1737.

1756, (1er mars) Québec. [1]

IV.—CORBIN, Louis, [Richard III.
b 1732.
Levitre, Marie-Anne-Frse, [François III.
b 1733.
Richard, b [1] 25 mai et s [1] 21 sept. 1757.— *Marie-Elisabeth*, b [1] 4 mai 1758. — *Marie-Madeleine*, b [1] 15 oct. 1759. — *Marie-Louise*, b 17 oct. 1760, à St-Joachim. — *Basile*, b [1] 2 janvier 1762. — *Marie-Anne*, b [1] 5 janvier 1763 ; m [1] 29 oct. 1793, à Jean-Baptiste Corbin.—*Marie-Joseph*, b [1] 15 mai 1764 ; s [1] 22 dec. 1837.

1757, (8 janvier) Québec. [1]

IV.—CORBIN, Frs-Eusèbe, [Richard III.
b 1734, capitaine.
Perron (1), Marie-Anne, [Joseph I.
b 1741.
Joseph, b [1] 2 nov. 1757.—*François*, b [1] 27 déc. 1758 ; s [1] 11 janvier 1759.—*Richard*, b 21 juin et s 6 juillet 1760, à St-Joachim.—*Marie-Joseph*, b [1] 3 août 1761.—*Henri*, b [1] 19 oct. 1762. — *Julie*, b 30 janvier 1764, à Kamouraska. — *François-Léger*, b 10 août 1780, à l'Ile-Dupas.

1758, (16 janvier) St-Joachim. [2]

IV.—CORBIN, Louis, [Etienne III.
b 1738 ; s 24 nov. 1794, à Québec. [1]
Fortin, Renée-Agnès, [Julien-Pierre III.
b 1737 ; s [1] 6 mai 1798.
Marie-Jaqueline, b 1758 ; s 10 juin 1759, à Charlesbourg.—*Agnès*, b [1] 15 avril 1759.—*Louis*, b [2] 1er mars 1761 ; s [2] 19 mai 1763.—*Jean-Baptiste*, b [2] 18 avril 1763 ; m [1] 29 oct. 1793, à Marie-Anne Corbin, s [1] 31 mai 1825. — *Marie*, b... m [1] 10 nov. 1795, à Louis Dufresnay.—*Jean-Olivier*, b... m [1] 6 fevrier 1798, à Elisabeth Moreau.

1764, (26 sept.) Cap-de-la-Madeleine. [2]

IV.—CORBIN, Jean-Bte, [Jean-Bte III.
b 1737.
Morisset, Marie-Suzanne, [Pierre III.
b 1739.
Madeleine, b... m [2] 19 février 1787, à André Vanasse.—*Marie-Charlotte*, b... m [2] 21 nov. 1791, à Pierre Lacombe. — *Jean-Baptiste*, b... m [2] 23 fevrier 1789, à Marie-Joseph Arceneau.

1789, (23 février) Cap-de-la-Madeleine. [2]

V.—CORBIN, Jean-Bte. [Jean-Bte IV.
Arceneau, Marie-Joseph. [Joseph III.
Jean-Baptiste, b [2] 25 mai 1790.—*Marie-Joseph*, b 1791 ; s [2] 17 mars 1793. — *Théotime*, b [2] 3 février 1793 ; s [2] 24 février 1794. — *Joseph*, b [2] 28 mars 1794.

1793, (29 oct.) Québec. [2]

V.—CORBIN (2), Jean-Bte, [Louis-Etienne IV.
b 1763 ; s [2] 31 mai 1825.
Corbin, Marie-Anne, [Louis-Richard IV.
b 1763.

1798, (6 fevrier) Québec.

V.—CORBIN, Jean-Olivier. [Louis IV.
Moreau, Elisabeth. [Jean.

I.—CORBINEAU, Pierre, maître-boulanger ; de Xaintes, diocese de St-Onge.
Verton (3), Marie.
Jeanne, b 1742 ; s 7 janvier 1756, à Québec. [2]— *Françoise*, b... m [2] 1er fevrier 1757, à Jacques Masson. — *Etienne*, b... — *Jean*, b... — *Marie*, b...

I.—CORBOR, Marie, epouse de Laurent Girardeau.

---

(1) Dit Lorrain.
(2) Lieutenant-colonel et professeur de langues.
(3) Elle épouse, vers 1750, Louis Pacaud.

1726, (28 oct.) Québec.

I.—CORBY, CLAUDE, fils de Pierre et de Marie Brezeu, de Claireux, diocèse de Vienne, Dauphiné.
SENELLE, Marguerite,
veuve de Prisque Dubois.

1700, (4 mai) Québec.[2]

I.—CORDA (1), JÉROME, fils d'Isaac et d'Anne ......, de St-Eustache, Paris.
NORMAND, Anne, [PIERRE I.
b 1677.
Jérôme, b [2] 31 déc. 1701.

CORDEAU.—*Surnom* : DESLAURIERS.

1659, (17 nov.) Québec.

I.—CORDEAU (2), JEAN,
b 1636.
LATOUR (3), Catherine,
b 1638 ; s 4 fevrier 1678, à St-François, I. O.

1702, (22 août) Château-Richer.[2]

II.—CORDEAU (4), JACQUES, [JEAN I.
b 1671.
TOUPIN, Marguerite, [ANTOINE II.
b 1685.
Jacques, b [2] 15 août 1703 ; m à Madeleine MIRANDE, s 22 janvier 1747, à Kamouraska.[3]—*Marguerite*, b [2] 18 juillet 1704 ; m [3] 7 avril 1739, à Joseph MICHAUD. — *Marie-Madeleine*, b 6 dec. 1707, à la Rivière-Ouelle[4] ; m [3] 30 mai 1729, à Antoine MICHAUD ; s [3] 26 oct. 1780.—*François-Toussaint*, b... m [3] 13 janvier 1738, à Geneviève MICHAUD.—*Jean-François* et *Antoine*, b [4] 29 janvier 1709.—*Marie*, b 1711 ; m [2] 29 janvier 1731, à Jacques BOUTILLET ; s 26 dec. 1761, à L'Ange-Gardien. — *Geneviève*, b 1712 ; m [3] 6 nov. 1741, à François-Romain PHOCAS.—*Brigitte*, b 1717 ; m [3] 12 janvier 1739, à Alexandre MICHAUD. — *Marie-Joseph*, b... m [3] 10 janvier 1746, à Joseph TAILLON ; s [3] 4 mars 1756.

III.—CORDEAU (4), JACQUES, [JACQUES II.
b 1703 ; s 22 janvier 1747, à Kamouraska.[3]
MIRANDE, Marie-Madeleine,
s [3] 11 juin 1773.
Marie-Judith, b... m [3] 18 nov. 1748, à Augustin DUBÉ.—*Madeleine*, b... s [3] 15 fevrier 1756.

1738, (13 janvier) Kamouraska.[3]

III.—CORDEAU (4), TOUSSAINT. [JACQUES II.
MICHAUD, Genevieve. [PIERRE II.
François-Germain, b [3] 18 fevrier 1739, m [3] 8 oct. 1764, à Marie OUELLET. — *Marie-Catherine*, b [3] 18 dec. 1740 ; m [3] 28 sept. 1761, à Jean-Baptiste ROY.—*Geneviève*, b [3] 23 fevrier et s [3] 23 mai 1743.—*Marie-Geneviève*, b [3] 3 avril 1744 ; s [3] 22 août 1745.—*Dorothée*, b [3] 25 février 1746, m [3] 12 oct. 1767, à Charles MIGNOT. — *Joseph*, b [3] 23 mars 1748 ; m [3] 8 oct. 1770, à Marie-Véronique SIROIS. — *Marie-Angélique*, b [3] 7 nov. 1752.—*Marie-Madeleine*, b [3] 1er fevrier et s [3] 13 avril 1756.—*Marie-Ursule*, b [3] 22 mai 1757 ; m [3] 2 oct. 1775, à Augustin ROY.

1750, (18 nov.) St-Antoine-de-Chambly.[2]

I.—CORDEAU, NICOLAS, b 1720 ; fils de Sebastien et de Madeleine Vincent, de Croideau, diocèse de Verdun ; s [2] 16 nov. 1760
BOYER (1), Marie-Joseph, [JACQUES I.
b 1720 ; s [2] 10 mai 1751.
Nicolas, b [2] 2 mai et s [2] 28 juin 1751.

1761, (5 oct.) Varennes.

I.—CORDEAU (2), LOUIS, fils de Jacques et de Catherine Dupuis, de St-Barthelemy, diocèse de Poitiers.
FONTAINE, Marie-Joseph. [PAUL III.

1764, (8 oct.) Kamouraska.[5]

IV.—CORDEAU, GERMAIN, [FRS-TOUSSAINT III.
b 1739.
OUELLET, Marie-Angelique. [JEAN IV.
Marie-Geneviève, b [5] 13 janvier et s [5] 3 mars 1766.— *Marie-Catherine*, b [5] 1er fevrier 1767 ; s [5] 18 juillet 1769.—*Marie-Anne*, b [5] 1er fevrier 1767.—*Marie-Joseph*, b [5] 2 nov. 1768.—*Marie-Euphrosine*, b [5] 15 sept. 1770.

1770, (8 oct.) Kamouraska.[5]

IV.—CORDEAU, JOSEPH, [FRS-TOUSSAINT III.
b 1748
SIROIS, Marie-Veronique. [MAURICE.
Joseph-François, b [5] 29 juin 1771.

CORDIER.—Voy. POITIERS.

I.—CORDIER, GABRIEL,
s 3 janvier 1751, à Montréal.[4]
CÉSAR (3), Madeleine.
Elisabeth, b 1720, 1° m à Joseph-Augustin CLEMENT ; 2° m [4] 3 nov. 1750, à Jean-Joseph LEGAL.—*Catherine*, b 1725 ; m [4] 22 avril 1748, à Laurent ROY.

1716, (5 août) Québec.[1]

I.—CORDIER, JACQUES, fils de Nicolas et de Jeanne Lefranc, de Rennes.
CORNEAU (4), Marie-Françoise, [JEAN I.
b 1700.
Jeanne-Catherine. b [1] 10 nov. 1717 ; m 20 mai 1742, à Pierre JOBET, aux Trois-Rivières. — *Marie-Françoise*, b 16 mars 1720, à Lorette.

1760, (6 oct.) Ste-Rose.[2]

I.—CORDIER, JEAN, fils de Jean et de Geneviève Velin, de Cours, diocèse de Vienne.
CHARBONNEAU, Marie-Therèse, [JEAN III
b 1740 ; s [2] 16 janvier 1762.

(1) Louis Joliet, le découvreur du Mississipi, était présent à ce mariage.
(2) Voy. vol. I, pp. 138, 139.
(3) Dit Simonet.
(4) Dit Deslauriers.

(1) Et Poyer.
(2) Soldat de la compagnie de Chambeau, régiment de Guyenne.
(3) Dit Levrard.
(4) Dit Boulanger.

I.—CORDONNIER, JEAN, Allemand.
RICHARD, Marie-Joseph.
Marie-Joseph, b 28 avril 1763, à Québec.

I.—CORDONNIER (1), JEAN,
b 1721, s 20 février 1777, à Québec.
CORPRON, Marie.

III.—CORIGNAN (2), LOUIS. [PIERRE II.
Louise, b 1723; s 19 oct. 1726, à Québec.

CORMIER.—*Surnoms*: LORMIÈRE—MARTINEAU, 1727—ROSSIGNOL.

CORMIER, ROSALIE, Acadienne, b... 1° m à Claude BAROLET; 2° m 9 nov. 1762, à Pierre ROUILLARD, à Batiscan.

CORMIER, MARGUERITE, épouse de Jean CYR

CORMIER, MARIE, épouse d'Antoine LANDRY.

CORMIER, CATHERINE, épouse de François LANDRY.

I.—CORMIER, ...
Marie-Marguerite, b... m à Jacques BOURQUE.—*Madeleine*, b... m à Etienne MIGNEAU.—*Marie*, b... m à Jean-Baptiste ALAIN.

CORMIER, MARGUERITE, épouse de Martin RICHARD.

CORMIER, MARIE-AGNÈS, épouse de Joseph TERRIAU.

CORMIER, MADELEINE, épouse de Pierre THIBAUDEAU.

I.—CORMIER, PIERRE, Acadien,
s avant 1761.
CYR, Marie-Marguerite,
b 1706; s 27 déc. 1757, à Quebec. [3]
Pierre, b 1741; s [3] 12 déc. 1757.—*François*, b... m 7 janvier 1760, à Jeanne-Victoire PRINCE, à Becancour. [4]—*Rosalie*, b... m [4] 27 oct. 1760, à Amant-Gregoire TIBAUT.—*Marie*, b... m [4] 24 août 1761, à Amable CHAMPOUX.

I.—CORMIER, PIERRE, Acadien,
s avant 1765.
THIBAUDEAU, Cécile.
Jean, b... m 5 juillet 1762, à Madeleine LANDRY, à Kamouraska.—*Jacques*, b... m à Anastasie BLAUSON.—*Marie-Cécile*, b... m 18 fevrier 1765, à Pierre-François CHOUINARD, à St-Thomas.

I.—CORMIER, FRANÇOIS, Acadien.
DOUCET (3), Madeleine. [FRANÇOIS I.
Madeleine, b 1746; s 11 déc. 1757, à Quebec. [5]—*Pierre*, b 1751; s [5] 20 dec. 1757.—*Félix*, b 1753; s [5] 7 déc. 1758.—*Marie*, b 1755; s [5] 21 sept. 1756.

(1) Dit Prêt-à-boire.
(2) Voy Carignan, vol. II, p. 546.
(3) Elle épouse, le 18 février 1760, Pierre Giroir, à Deschambault.

I.—CORMIER, PIERRE, Acadien.
DOUCET (1), Marie.

I.—CORMIER, PIERRE, Acadien.
GAUDET, Marie.
Joseph-Michel, b 14 mars 1761, à l'Islet. [6]—*Marie-Anne*, b [6] 23 nov. 1762.—*Marie-Cécile*, b [6] 23 sept. 1764.

I.—CORMIER, JEAN, Acadien.
BERNARD, Madeleine.
Marie-Rose, b 17 mars et s 5 avril 1761, à St-Antoine-de-Chambly. [7]—*Marie-Madeleine*, b [7] 1er oct. 1762.

1760, (7 janvier) Bécancour. [8]
II.—CORMIER (2), FRANÇOIS. [PIERRE I.
PRINCE, Jeanne-Victoire. [HONORÉ I.
Simon, b [8] 4 oct. 1760.

1761, (3 août) St-Pierre-du-Sud.
II.—CORMIER, FRANÇOIS. [PIERRE I.
BLAUSON, Anastasie, [PAUL I.
veuve de Claude Brun.

1762, (5 juillet) Kamouraska.
II.—CORMIER, JEAN. [PIERRE I.
LANDRY, Madeleine. [ALEXIS I.

CORNEAU, MARIE, epouse de Jean DESLAURIERS.

CORNEAU, FRANÇOISE, épouse de Pierre DOUCET.

CORNEAU, MARIE-ANNE, épouse de Claude LARIVIÈRE.

1695, (9 nov.) Château-Richer.
I.—CORNEAU (3), JEAN,
b 1668; s 24 août 1730, à Québec. [3]
LEFEBVRE, Marie, [CLAUDE I.
b 1676; s [3] 12 oct. 1720.
Jean, b... m à Elisabeth GAGNÉ.—*Françoise*, b 30 mars 1700, à l'Islet [1]; m [3] 5 août 1716, à Jacques CORDIER.—*François*, b [1] 25 mars 1704; 1° m 12 avril 1728, à Marie-Angélique HALLÉ, à Lotbinière; 2° m 7 janvier 1735, à Marie-Françoise BOUCHER, à Levis [2]; s [2] 11 janvier 1750.—*Marie-Agnès*, b 18 sept 1706, à Lorette [4]; 1° m [3] 23 nov. 1721, à Claude LEMERLE; 2° m [3] 5 fevrier 1731, à François LIÉNARD-DURBOIS.—*Madeleine*, b [4] 7 sept. et s [4] 10 oct. 1708.—*Etienne-Marie*, b [3] 5 oct. 1709; m 25 nov. 1738, à Marie-Louise GAGNÉ, à la Baie-St-Paul [5]; s [5] 9 mars 1756.—*Jean-Baptiste*, b [3] 12 mars 1715; m 4 nov. 1737, à Veronique TOUIN, à Terrebonne [6]; s [6] 26 janvier 1761.

II.—CORNEAU, JEAN. [JEAN I.
GAGNÉ, Elisabeth.
Charles, b... m 26 avril 1740, à Marguerite POULIN, à St-Joachim.

(1) Elle épouse, le 2 juillet 1764, Jean-Baptiste Vacher, aux Trois-Rivières.
(2) Dit Rossignol.
(3) Voy. vol. I, p. 139.

1728, (12 avril) Lotbinière.

II.—CORNEAU, FRANÇOIS, [JEAN I.
b 1704; s 11 janvier 1750, à Lévis. [9]

1° HALLÉ, Marie-Angelique, [JEAN-BTE II.
b 1708; s [9] 13 oct. 1733.

Nicolas, b [9] 31 août 1729; s [9] 3 sept. 1730.—*Jean-François*, b [9] 16 et s [9] 19 août 1731.—*Anonyme*, b [9] et s [9] 26 juin 1733.

1735, (7 janvier). [9]

2° BOUCHER, Marie-Françoise, [PRISQUE III.
b 1713; s 31 oct. 1790, à Québec.

François, b [9] 6 dec. 1735.—*Michel*, b [9] 3 mai 1737; m [9] 26 nov. 1763, à Françoise PITRE.—*Joseph-Marie*, b [9] 5 avril 1739.—*André*, b [9] 29 janvier 1741; m [9] 29 avril 1765, à Ursule CASSE.—*Marie-Geneviève*, b [9] 22 mai 1742; m [9] 1er juillet 1765, à Ambroise CHAREST.—*Jean-Baptiste*, b [9] 27 mars 1744.—*Louis*, b [9] 30 nov. 1745.—*Marie-Joseph* (posthume), b [9] 15 mars 1750.

1737, (4 nov.) Terrebonne. [5]

II.—CORNEAU, JEAN-BTE, [JEAN-BTE I.
b 1715; s [5] 26 janvier 1761.

TOUIN, Véronique. [ROCH II.

Rosalie, b [5] 12 nov. 1738, m 28 avril 1760, à Charles CLOUTIER, à Ste-Rose. [6]—*Jean-Baptiste*, b [5] 25 fevrier 1740; s [5] 23 août 1754.—*François-Xavier*, b [5] 1er avril 1742.—*Joseph*, b [5] 22 août et s [5] 11 sept. 1744.—*Marie-Joseph*, b [5] 20 sept. et s [5] 14 nov. 1745.—*Marie-Anne*, b [6] 18 sept. 1746, m 1766, à Guillaume AMRINGER.—*Véronique*, b [6] 25 mai et s [6] 8 juin 1749.—*Joseph*, b [6] 3 sept. 1750.—*Michel*, b [6] 26 nov. 1752, s [5] 7 août 1753.—*Marie-Angélique*, b [5] 14 août 1754; s [5] 26 mars 1755.—*Antoine*, b [6] 29 août et s [6] 12 sept. 1757.—*Charles*, b [6] 6 et s [6] 13 août 1759.

1738, (25 nov.) Baie-St-Paul. [7]

II.—CORNEAU, ETIENNE-MARIE, [JEAN I.
b 1709; s [7] 9 mars 1756.

GAGNÉ (1), Marie-Louise. [IGNACE IV.

Etienne, b [7] 26 nov. 1740.—*Joseph-Marie*, b [7] 20 juin 1743.—*Marie-Joseph-Victoire*, b [7] 3 nov. 1745.—*Marie-Thérèse*, b [7] 7 dec. 1747.—*Marie-Geneviève-Sylvie*, b [7] 14 février 1750.—*Anonyme*, b [7] et s [7] 20 janvier 1753.—*Jean-Baptiste-Clément*, b [7] 20 fevrier 1754; m [7] 8 janvier 1777, à Felicite BOIVIN.—*Dominique* (posthume), b [7] 26 juillet 1756; m 26 août 1782, à Marie-Madeleine GAUDRAULT, à l'Ile-aux-Coudres.

1740, (20 avril) St-Joachim.

III.—CORNEAU, CHARLES. [JEAN II.
POULIN (2), Marguerite. [IGNACE III.

CORNEAU, ALEXIS.
POITIER, Marie-Anne.

Anne-Rosalie, b 6 avril 1761, à Ste-Anne-de-la-Pocatiere.

CORNEAU, MICHEL.
JOURDAIN, Marie-Anne.

(1) Elle épouse, le 10 avril 1758, Pierre Dessalines, à la Baie-St-Paul

(2) Elle épouse, le 2 février 1747, Claude Gravel, à St-Joachim.

Marguerite, b... m 6 juin 1791, à Jacques POUSSARD, à Québec. [1]—*Michel*, b... m [1] 13 sept. 1796, à Geneviève MOREAU.

1763, (26 nov.) Lévis. [1] (1)

III.—CORNEAU, MICHEL, [FRANÇOIS II.
b 1737.

PITRE, Françoise. [JEAN-BTE I.

Françoise, nee 18 sept. 1763, aux Iles-de-la-Madeleine; b [1] 24 nov. 1763; s 20 juillet 1764, à Québec.

1765, (29 avril) Lévis.

III.—CORNEAU, ANDRÉ, [FRANÇOIS II.
b 1741.

CASSE (2), Ursule, [JOSEPH III.
b 1742.

1777, (8 janvier) Baie-St-Paul. [2]

III.—CORNEAU, J.-BTE-CLÉMENT, [ETIENNE II.
b 1754.

BOIVIN, Felicité, [AUGUSTIN III.
b 1756.

Alexis, b [2] 19 avril et s [2] 3 mai 1777.

1782, (26 août) Ile-aux-Coudres.

III.—CORNEAU, DOMINIQUE, [ETIENNE II.
b 1756.

GAUDRAULT, Marie-Madeleine, [JACQUES III.
b 1755.

1796, (13 sept.) Quebec.

CORNEAU, MICHEL. [MICHEL.
MOREAU, Genevieve. [CHARLES.

CORNEILLE, MARIE, epouse de Joseph DUBOURG.

CORNELIER—*Variation et surnom* : CORESSIER—GRANDCHAMP

I.—CORNELIER (3), PIERRE,
s 31 dec. 1704, à St-François, I O. [3]

SARLIN, Catherine,
s [3] 28 fevrier 1703.

Cécile, b 3 dec. 1688, à Montréal; m 22 février 1721, à Charles AUBÉ, à Ste-Famille, I. O. [4]—*Pierre*, b 1699; m [4] 1er juillet 1720, à Marie-Anne LEHOUX; s [4] 3 sept. 1766.

1720, (1er juillet) Ste-Famille, I. O. [5]

II.—CORNELIER (4), PIERRE, [PIERRE I.
b 1699; s [5] 3 sept. 1766.

LEHOUX, Marie-Anne, [HYPOLITE III.
b 1704.

Marie-Anne, b [5] 6 et s [5] 27 sept. 1722.—*Joseph*, b [5] 23 août 1723; s [5] 17 dec. 1749.—*Pierre-Charles*, b [5] 26 janvier 1726; m 25 oct. 1756, à Angélique BOIVIN, à Ste-Anne.—*Pierre*, b [5] 2 fevrier 1728, m 31 janvier 1752, à Marie-Agathe

(1) Mariés aux Iles-de-la-Madeleine par contrat naturel, en presence de quatre temoins.

(2) Et Lacasse.

(3) Voy. vol I, p. 139.

(4) Dit Grandchamp.

Leclerc, à St-Pierre, I. O.—*Marie-Angélique*, b [5] 22 janvier 1729; s [5] 5 sept. 1730.—*Charles-Joseph*, b [5] 1er fevrier 1731.—*Marie-Anne*, b [5] 12 déc. 1732; m [5] 23 janvier 1764, à Jean Leclerc.—*Jean-Baptiste*, b [5] 28 avril et s [5] 14 mai 1734.—*Geneviève*, b [5] 4 avril 1735; m [5] 17 oct. 1757, à Michel Morin; s [5] 10 juillet 1762.—*Marie-Thérèse*, b [5] 6 sept. 1736; m [5] 8 nov. 1762, à Jacques Turcot.—*Jean-Baptiste*, b [5] 6 août 1739; m [5] 5 juillet 1762, à Therèse Bauché.—*Rose-Amable*, b [5] 25 avril 1741; s [5] 8 nov. 1759.—*Jacques*, b [5] 1er mai 1743; s [5] 9 oct. 1744.—*Marie-Joseph*, b [5] 27 dec. 1744.

1752, (31 janvier) St-Pierre, I. O.

III.—CORNELIER (1), Pierre, [Pierre II.
b 1728.
Leclerc, Marie-Agathe, [Adrien III.
b 1735.

Marie-Agathe, b 3 dec. 1752, à Ste-Famille, I. O. [6]; s [6] 11 mai 1755.—*Pierre*, b [6] 20 juillet 1754; s [6] 22 mars 1758.—*Marie-Agathe*, b [6] 15 fevrier 1756; s [6] 18 juillet 1758.—*Marie-Angélique*, b [6] 25 nov. 1757.—*Jean-Baptiste*, b [6] 28 janvier 1760.—*Marguerite*, b 26 nov. 1761, à Quebec [7], m [7] 28 nov. 1780, à Jean-Baptiste Valières.—*Geneviève*, b [7] 14 oct. 1763.—*Marie-Scholastique*, b... m [7] 19 août 1783, à Jean Migneron.—*Charlotte*, b... m [7] 4 août 1795, à Basile Amiot.

1756, (25 oct.) Ste-Anne. [8]

III.—CORNELIER (1), Pierre-Chs, [Pierre II.
b 1726.
Boivin (2), Angelique, [Alexis II.
b 1731.

Marie-Charlotte, b [8] 3 nov. 1757, s 20 mai 1761, à Ste-Famille, I. O. [9]—*Charles*, b [9] 3 dec. 1759, m 1er oct. 1782, à Marie-Françoise Martin, à Quebec.

1762, (5 juillet) Ste-Famille, I. O. [3]

III.—CORNELIER, Jean-Bte, [Pierre II.
b 1739.
Bauché, Therèse-Gertrude, [Basile III.
b 1742.

Jean-Baptiste, b [3] 26 avril 1763.—*Charles-Amable*, b [3] 23 sept. 1764.—*Thérèse*, b [3] 2 dec. 1765.—*Jean-Baptiste*, b [3] 26 dec. 1766.—*Marguerite*, b [3] 23 fevrier 1768.

1782, (1er oct.) Québec.

IV.—CORNELIER (1), Charles, [Charles III.
b 1759.
Martin, Marie-Françoise. [Charles.

1726, (21 mars) Boucherville. [8]

I.—CORNET, Joseph, b 1694, fils de François et de Marguerite Coy, de Châteaulin, diocèse de Quimper-Corantin.
Lebeau (3), Françoise. [René II.

Marie-Joseph, b... m [8] 26 mai 1743, à Jean-Baptiste Pelletier.

1741, (30 oct.) Québec. [2]

I.—CORNETTE, Pierre, fils de Jean et de Marie Videau, de St-Pardon, diocèse de Livourne.
Brodière (1), Marie-Anne, [Joseph I.
b 1724.

Marie-Françoise, b [2] 15 fevrier 1743; m à Pierre Portneuf-Grandmaison; s [2] 7 janvier 1794.

1716, (17 août) Québec.

I.—CORNIÈRE, Nicolas, fils de Nicolas et de Marguerite Potonne, de Ste-Marie-Madeleine, Danchalier, diocèse de Poitiers.
Croteau, Marie-Anne, [Vincent II.
veuve de Jean Daigle.

I.—CORNU (2), Jean,
sergent.
Torbingue, Agathe.

Joseph-Marie, b... s 11 oct. 1760, à Quebce.

1751, (19 août) Quebec.

I.—COROLLAIRE (3), Christophe-Jean, fils de Christophe et de Marie Dorolaire, de Kerquisinoir, diocèse de Quimper, Bretagne.
Laurent, Françoise. [Guillaume.

1670, (13 oct.) Montreal. [3]

I.—CORON (4), Jean,
b 1644, s [3] 3 oct. 1687.
Lauzon, Anne-Michelle, [Gilles I.
b 1657, s 9 fevrier 1683, à la Pte-aux-Trembles, M. [4]

Anne, b [3] 14 mai 1676; m [3] 19 mars 1699, à Léonard Liberson; s [4] 10 fevrier 1700.

CORON, Marie-Louise, epouse de Jean Leverd.

CORON, Marie-Anne, épouse de Jacques St-Amour-Payet.

CORON, Elisabeth, epouse de Jean Vandandaique.

1702, (11 sept.) St-François, I. J. [1]

II.—CORON, François, [Jean I.
b 1678; notaire royal, s [1] 14 janvier 1733.
Cyr, Marie, [André I.
b 1684; s avant 1743.

Madeleine, b [1] 11 mai 1703; m 1727, à Michel Chabot, s [1] 21 avril 1737.—*Charles-François*, b [1] 31 dec. 1704; 1° m 8 janvier 1731, à Angelique Roland, à Montreal; 2° m 24 oct. 1757, à Marie-Louise Bineau, au Detroit.—*Jean*, b [1] 16 janvier 1707; m 5 nov. 1734, à Marie-Anne Masson, à Terrebonne. [2]—*Thérèse*, b... m [1] 30 juin 1732, à Noel Boucher; s 11 fevrier 1744, à St-Vincent-de-Paul. [3]—*Marie-Victoire*, b [1] 27 mai 1709, m [1]

(1) Dit Grandchamp.
(2) Elle épouse, le 2 mars 1767, Pierre Leroux, à Ste-Anne.
(3) Et Bau; elle épouse, le 1er déc. 1730, Jacques Metay, à Boucherville.

(1) Elle épouse, le 9 janvier 1753, Joseph Hue, à Québec.
(2) Dit Sanssoucy.
(3) Exécuteur de la haute justice.
(4) Voy. vol. I, p. 139.

25 janvier 1734, à Charles MONET.—*Paul*, b [1] 12 fevrier 1712. — *Agnès*, b 18 avril 1713, à Batiscan; 1° m [1] 22 juin 1734, à Charles DRAPEAU; 2° m [3] 18 avril 1746, à Jean-François OUELLET; s [3] 29 mars 1750.—*André*, b [1] 16 fevrier 1715; m [2] 4 nov. 1743, à Marie-Louise MAISONNEUVE; s 2 avril 1760, à Ste-Rose. [4]—*Elisabeth*, b [1] 30 août 1716. —*Joseph*, b... 1° m [4] 7 février 1752, à Marie-Anne MAISONNEUVE; 2° m [4] 12 août 1754, à Marie-Thérèse FORGET; 3° m [4] 23 nov. 1761, à Madeleine BERTHIAUME.—*Antoine*, b... m 18 février 1754, à Marie-Anne MÉTIVIER, à St-Antoine-de-Chambly. —*Marie-Joseph*, b [1] 16 janvier 1727; m [4] 10 juillet 1752, à Jacques LIMOGES. — *François*, b [1] 25 sept. 1728.

1731, (8 janvier) Montréal.

III.—CORON, CHS-FRANÇOIS, [FRANÇOIS II.
b 1704; notaire royal.
1° ROLAND, Angélique. [FRANÇOIS I.
Anonyme, b et s 3 janvier 1734, à St-François, I. J. [2]—*Charles-Augustin*, b 2 juillet 1736, à Lachenaye.—*Etienne*, b [2] 28 déc. 1737; s [2] 6 janvier 1738.—*Anonyme*, b [2] et s [2] 16 janvier 1739.

1757, (24 oct.) Detroit. [3]

2° BINEAU, Marie-Louise. [LOUIS II.
Marie-Catherine, b [3] 23 mai 1759. — *Marie-Desanges*, b [3] 27 mai 1761.

1734, (8 nov.) Terrebonne. [2]

III.—CORON, JEAN, [FRANÇOIS II.
b 1707; s avant 1760.
MASSON, Marie-Anne, [PIERRE II.
b 1715.
Jean, b 1736; s 12 avril 1758, à Ste-Rose. [3]—*Marie-Anne*, b [2] 21 fevrier 1737; 1° m [3] 26 fevrier 1759, à Thomas MARIÉ, 2° m [3] 1er avril 1761, à Ignace TIBAUT.—*Anonyme*, b [2] et s [2] 16 mai 1739. —*Jean-Baptiste*, b 11 et s 12 mars 1740, à St-François, I. J. — *Marie-Joseph*, b [2] 22 dec. 1743. — *Marie-Catherine*, b [2] 20 mars et s [3] 10 juillet 1746. — *Marie-Louise*, b [2] 14 janvier 1748. — *Pierre*, b... 1° m à Marie-Joseph CAILLET; 2° m [2] 20 oct. 1760, à Marie-Joseph MARIÉ.— *Jean-Baptiste*, b [3] 20 août 1752.

1743, (4 nov.) Terrebonne. [2]

III.—CORON (1), ANDRÉ, [FRANÇOIS II.
b 1715; s 2 avril 1760, à Ste-Rose. [3]
MAISONNEUVE (2), Marie-Louise. [FRANÇOIS III.
François, b [2] 11 sept. 1744.—*André*, b [3] 11 dec. 1745; s [3] 7 mars 1746. — *Joseph*, b [2] 18 mars et s [2] 2 août 1747.—*Marie-Louise*, b [2] 29 mars 1748 — *Charles-Amable*, b [3] 9 et s [3] 19 sept. 1750. — *Marie-Marguerite*, b [3] 3 janvier 1752. — *Louis-André*, b [3] 10 et s [3] 14 mars 1753. — *Jacques*, b [4] 24 mai et s [3] 22 juin 1754.— *Marie-Françoise*, b [3] 29 fevrier et s [3] 11 juin 1756. — *Pierre*, b [3] 27 mars 1757.—*Paul-André*, b [3] 30 janvier et s [3] 13 sept. 1759.

(1) Et Caron.

(2) Elle épouse, le 2 février 1761, Joseph Foucault, à Ste-Rose.

1752, (7 février) Ste-Rose. [5]

III.—CORON, JOSEPH. [FRANÇOIS II.
1° MAISONNEUVE, Marie-Anne, [JEAN-BTE II.
b 1728; s [5] 15 mars 1754.
Marie-Marguerite, b [5] 12 nov. 1752. — *Marie-Anne*, b... s [5] 21 juin 1754.

1754, (12 août). [5]

2° FORGET, Marie-Therèse. [JEAN III.
b 1730; s [5] 23 février 1761.

1761, (23 nov.) [5]

3° BERTHIAUME, Madeleine,
veuve de Joseph Lafleur.
Joseph, b [5] 25 nov. 1762.

1754, (18 février) St-Antoine-de-Chambly. [4]

III.—CORON, ANTOINE. [FRANÇOIS II.
MÉTIVIER, Marie-Geneviève, [NOEL III.
b 1734.
Marie-Geneviève, b [4] 27 janvier et s [4] 3 fevrier 1755.—*Antoine*, b [4] 27 juillet 1756, s [4] 12 juillet 1757.—*Marie-Geneviève*, b [4] 2 sept. 1758.—*Marie-Joseph*, b [4] 28 juillet et s [4] 14 août 1760.—*Charles-François*, b [4] 12 oct. 1761.

IV.—CORON, PIERRE. [JEAN III.
1° CAILLET, Marie-Joseph.
Marie-Joseph, b 15 avril et s 10 mai 1753, à St-Vincent-de-Paul. [1]— *Marie-Hélène*, b [1] 26 juillet 1755.—*Marie-Joseph*, b 1758; s 9 sept. 1810, à l'Hôpital-General, M.

1760, (20 oct.) Terrebonne.

2° MARIÉ (1), Marie-Joseph, [PIERRE III.
b 1738.
Marie-Joseph, b 6 sept. et s 22 nov. 1761, à Ste-Rose.

CORON, FRANÇOIS.
WAMDER, Reine.
Thérèse, b 7 mai 1780, à Lachenaye.

CORPORAL.—Voy. HU.

CORPRON.—*Variation :* CORPERON.

CORPRON, MARIE-FRANÇOISE, épouse de Jean-Baptiste ROY.

1754, (1er juillet) Québec. [6]

I.—CORPRON (2), JEAN, fils de Charles et de Marie Sabory, de Pizanie, diocèse de Xaintes.
ROY, Marie, [JOSEPH III.
b 1723; veuve de Joseph Lépine.
Jean-Marie-Victor, b [6] 16 nov. 1753. — *Jean-Pierre-Ignace*, b [6] 30 mai 1755. — *Marie-Antoinette*, b [6] 31 mai 1756. — *Angélique*, b [6] 13 sept. 1758.

(1) Elle épouse, le 26 juillet 1773, Jean Dessureaux à Terrebonne.

(2) Marchand; homme de néant, que Cadet eut pendant deux ou trois ans à son service; il devint son homme de confiance; il examinait les comptes-rendus et avait le détail du gouvernement de Québec. Quels arrangements fit-il avec le munitionnaire? Personne ne le sut, mais personne n'ignora qu'il y gagna très vite une immense fortune, 1757.

1758, (6 fevrier) Québec.

I.—CORRAN (1), Joseph, fils de Pierre et de Marie Jambert, de N.-Dame de Grenoble.
Levrond, Marie, [Joseph I.
Acadienne.

CORRIVEAU, Elisabeth, épouse de Jacques Nau-Labrie.

CORRIVEAU, Jeanne, épouse de Jean Perrot.

1669, (28 oct.) St-François, I. O. [8]

I.—CORRIVEAU (2), Etienne,
b 1643.
Bureau, Catherine,
b 1651.
Pierre, b [8] 20 mars 1678; 1° m 6 février 1702, à Anne Gaboury, à St-Michel [9]; 2° m 3 juillet 1741, à Marie-Ambroise Fournier, à St-Valier [7]; s [9] 22 juin 1756.—*Jean-Baptiste*, b 5 sept. 1683, à Lévis; m 1713, à Françoise Hély; s [7] 14 janvier 1750.

1693, (19 oct.) St-Michel. [1]

II.—CORRIVEAU, Jacques, [Etienne I.
b 1671; s 9 oct. 1748, à St-Valier. [2]
1° Gaboury, Henriette-Françoise, [Louis I.
b 1675; s [2] 12 janvier 1728.
Jacques, b [1] 10 sept. 1699; m [2] 7 oct. 1724, à Marie Buteau.
1728, (7 juillet) Québec [5].
2° L'Archevêque, Marie-Madeleine, [Jean II.
b 1670; veuve de Noel Rouillard; s [5] 29 oct. 1749.

1700, (26 août) St-Michel. [2]

II.—CORRIVEAU, Etienne, [Etienne I.
b 1676; s 20 oct. 1761, à St-Valier. [8]
1° Gaboury, Louise-Françoise, [Louis I.
b 1678; s [2] 10 mars 1703.
Marie-Louise, b [2] 21 mai 1701.— *Geneviève*, b [2] 1er et s [2] 18 mars 1703.
1703, (26 nov.) Ste-Famille, I. O.
2° Rabouin, Jeanne, [Jean I.
b 1684; s [8] 15 juin 1750.
Marie-Madeleine, b [2] 30 nov. 1704, m [8] 18 février 1727, à Philippe Martineau. — *Geneviève*, b [2] 11 juillet 1706.—*Etienne*, b [2] 1er janvier 1708; m [2] 21 juillet 1755, à Marie-Geneviève Alaire. —*Geneviève*, b 1710; m [8] 5 juillet 1733, à Pierre Alaire; s [8] 12 février 1765.—*Marie-Anne*, b [2] 17 oct. 1711; m [8] 2 nov. 1741, à Louis Canuel.—*Marguerite*, b... m [8] 25 nov. 1737, à Augustin Marceau.— *Jean-Baptiste*, b [8] 22 janvier 1716; s [8] 11 janvier 1718. — *Jacques*, b [8] 4 août 1718; m [8] 23 oct. 1747, à Angelique Gautron.—*Marie-Joseph*, b [8] 25 mai 1721. — *Augustin-Pierre*, b [8] 2 nov. 1723; m 11 fevrier 1751, à Elisabeth Fortin, au Cap-St-Ignace.—*Marie-Françoise*, b [8] 14 mai 1726; s [8] 22 fevrier 1760.—*Jean-Baptiste*, b [8] 5 août 1729; m [8] 8 juillet 1754, à Marie-Pelagie Clouet.

(1) Dit Dauphiné, caporal.
(2) Voy. vol. I, p. 139.

1702, (6 fevrier) St-Michel. [1]

II.—CORRIVEAU, Pierre, [Etienne I.
b 1678; s [1] 22 juin 1756.
1° Gaboury, Anne, [Louis I.
b 1668; veuve de François Rémillard; s 28 mai 1740, à St-Valier. [2]
Anne-Louise, b [1] 11 nov. 1702; m [2] 6 nov. 1724, à Etienne Silvain; s [2] 30 avril 1727.—*Suzanne*, b [1] 19 fevrier 1704; s [1] 7 mars 1707.—*Geneviève*, b [1] 17 janvier et s [1] 27 février 1706.—*Marguerite*, b [1] 30 avril 1707; m [2] 27 mai 1726, à Louis Terrien. —*Joseph*, b [1] 24 août 1709; m 2 nov. 1728, à Françoise Bolduc, à St-Joachim.—*Pierre*, b [2] 10 et s [2] 12 sept. 1715.
1741, (3 juillet). [2]
2° Fournier, Marie-Ambroise, [Jean II.
veuve d'Antoine Blais.

1709, (10 nov.) St-Michel. [3]

II.—CORRIVEAU, Guillaume, [Etienne I.
s 29 mars 1715, à St-Valier. [4]
Rémillard (1), Marie-Françoise. [François I.
Marie-Elisabeth, b [3] 1er mars et s [3] 25 mai 1710. —*Marie-Joseph*, b [3] 13 mai 1711; m [4] 6 août 1727, à Joseph Hély.—*Marie-Suzanne*, b... m [4] 5 mai 1733, à Augustin Boulet.—*Guillaume*, b... m à Geneviève Gagnon.

1713.

II.—CORRIVEAU, Jean-Bte, [Etienne I.
b 1683; s 14 janvier 1750, à St-Valier. [5]
Hély (2), Françoise, [François II.
b 1693.
Marie-Joseph, b [5] 28 janvier 1714.—*Jean*, b [5] 5 et s [5] 24 oct. 1715.—*Jean*, b [5] 17 sept. 1716, m 15 janvier 1748, à Felicite Courteau, à St-Thomas. —*Marie-Françoise*, b [5] 10 fevrier 1719.—*Marguerite*, b [5] 8 janvier 1721; m [5] 17 nov. 1738, à Ignace Isabel.—*François*, b [5] 7 janvier 1723; m [5] 16 oct. 1747, à Elisabeth Courteau; s [5] 23 oct. 1750. —*Jean-Marie*, b [5] 5 avril 1724; m 9 nov. 1750, à Marie Simoneau, à St-Pierre-du-Sud.—*Philippe-Mathieu-Julien*, b [5] 12 fevrier 1729.—*André*, b [5] 18 avril 1731.—*Marie-Geneviève*, b [5] 4 avril 1733; m [5] 31 août 1761, à Charles Pouliot.—*Dorothée-Angélique*, b [5] 30 janvier 1736, m [5] 14 fevrier 1765, à François Baquet. — *Marie-Anne*, b... 1° m [5] 8 janvier 1753, à François Caron; 2° m 14 février 1763, à Jean-Baptiste Gautier, au Cap-St-Ignace. — *Marie*, b... m [5] 29 oct. 1743, à Antoine Blais.

1724, (7 oct.) St-Valier. [6]

III.—CORRIVEAU, Jacques, [Jacques II.
b 1699.
Buteau, Marie. [Pierre II.
Marie-Françoise, b [6] 17 mars 1726.—*Jacques*, b [6] 6 fevrier et s [6] 25 avril 1728.—*Jacques-Philippe-Hyacinthe*, b [6] 21 août 1729; m 12 juin 1752, à Louise-Jeanne Dupéré, à Berthier. [7] — *Paschal-Valier*, b [6] 24 avril 1734; m [6] 24 nov.

(1) Elle épouse, le 3 mai 1719, Ignace Querignon, à St-Valier.
(2) Elle épouse, le 26 juin 1752, Jean-Baptiste Montminy, à St-Valier.

1760, à Elisabeth BÉLANGER.—*François*, b [6] 3 dec. 1735.—*Marie-Catherine*, b [6] 20 août 1737; m [6] 21 sept. 1761, à Pierre PACAUD. — *Jean-Médard*, b [7] 17 mai 1739.—*Marie-Anne-Basilisse*, b... s [6] 7 sept. 1741.—*Marie-Basilisse*, b [6] 3 nov. 1742; m [6] 30 juin 1761, à Joseph GABOURY. —*Pierre-Simon*, b [6] 29 oct. 1744, 1° m [7] 1er sept. 1766, à Marie-Madeleine BLAIS; 2° m [6] 3 avril 1769, à Marie-Charlotte TANGUAY.—*Joseph*, b... m [8] 18 nov. 1754, à Marie-Joseph TANGUAY.—*Jean-Guillaume*, b [6] 5 juillet 1750.—*Marie-Félicité*, b [6] 14 mai 1751.

1728, (2 nov.) St-Joachim.

III.—CORRIVEAU, JOSEPH, [PIERRE II.
b 1709.
BOLDUC, Marie-Françoise. [RENÉ II.
Joseph-Marie, b 29 oct. 1729, à St-Valier. [7] — *Marie-Joseph* (1), b [7] 14 mai 1733; 1° m [7] 17 nov. 1749, à Charles BOUCHARD, 2° m [7] 20 juillet 1761, à Louis DODIER; s avril 1763, à Levis.—*Jacques-Joseph*, b [7] 1er et s [7] 16 mai 1736.—*Marie-Louise*, b [7] 1er oct. 1739.—*Julien-Pierre*, b [7] 11 juillet et s [7] 29 août 1742.—*Jean-Baptiste*, b [7] et s [7] 10 juillet 1744.—*Marie-Françoise*, b [7] 2 juillet 1745. —*Pierre-René*, b [7] 8 et s [7] 18 fevrier 1747.—*Jean-Baptiste*, b [7] 21 juin 1748.

1747, (16 oct.) St-Valier. [7]

III.—CORRIVEAU, FRANÇOIS, [JEAN-BTE II.
b 1723; s [7] 23 oct. 1750.
COURTEAU (2), Elisabeth, [JOSEPH II.
b 1730.
Marie-Geneviève, b [7] 3 janvier 1749.—*Isabelle*, b [7] 14 mars 1750.

1747, (23 oct.) St-Valier. [6]

III.—CORRIVEAU, JACQUES, [ETIENNE II.
b 1718.
GAUTRON, Angélique-Reine, [JOSEPH II.
b 1730.
François, b [6] et s [6] 26 sept. 1750.—*Marie-Thérèse*, b [6] 10 août 1751. — *Charles-Alexandre* et *Marie-Marguerite*, b [6] 4 mars 1754.—*Pierre*, b 20 mars 1757, à St-Michel. [7] — *Angelique*, b [7] 12 fevrier 1760. — *Etienne*, b [7] 7 nov. 1762.

1748, (15 janvier) St-Thomas.

III.—CORRIVEAU, JEAN, [JEAN-BTE II.
b 1716.
COURTEAU, Felicité, [JOSEPH II.
b 1732.

1750, (9 nov.) St-Pierre-du-Sud.

III.—CORRIVEAU, JEAN, [JEAN-BTE II.
b 1734.
SIMONEAU, Marie, [JEAN-BTE II.
b 1730.
Marie-Joseph, b 4 février 1752, à St-Valier; s 15 dec. 1754, à St-Roch. [7] — *Marie-Rose*, b [7] 31 janvier 1754. — *Jean-Baptiste*, b [7] 26 mars 1756 —*Simon-Henri*, b [7] 26 mai et s [7] 19 sept. 1758.—*Charles-Alexandre*, b 2 sept. 1759, au Cap-St-Ignace.— *Marie-Euphrasie*, b [7] 18 nov. 1761. — *Marie-Louise*, b [7] 2 juillet 1764.

1751, (11 février) Cap-St-Ignace.

III.—CORRIVEAU, PIERRE-AUG., [ETIENNE II.
b 1723.
FORTIN, ELISABETH, [PIERRE III.
b 1730.
Pierre-Blaise, b 3 février 1754, à St-Valier. [7] —*Marie*, b [7] et s [7] 29 nov. 1755.—*Pierre-Etienne*, b [7] 14 mai 1758.—*François*, b [7] 27 dec. 1761.

1752, (12 juin) Berthier.

IV.—CORRIVEAU, JACQ.-PHIL.-HYAC., [JACQ. III.
b 1729.
DUPÉRÉ, Marie-Louise-Jeanne, [LOUIS II.
b 1729.
Marie-Thomas, b 1er mai 1753, à St-Valier. [8] — *Marie-Angélique*, b [8] 15 nov. 1754. — *Jacques-Thomas-Marie*, b [8] 19 avril 1758.—*Joseph-Marie*, b [8] 27 nov. 1759.—*Joseph-Basile*, b [8] 29 mai 1761.

1754, (8 juillet) St-Valier. [8]

III.—CORRIVEAU, JEAN-BTE, [ETIENNE II.
b 1729.
CLOUET, Marie-Pélagie, [IGNACE II.
b 1734.
Marie-Pélagie, b [8] 19 mai et s [8] 25 nov. 1755. — *Jeanne-Madeleine*, b [8] 26 sept. 1758; s [8] 21 mars 1760 —*Jean-Baptiste*, b [8] 8 janvier 1761.

1754, (18 nov.) St-Valier. [8]

IV.—CORRIVEAU, JOSEPH. [JACQUES III.
TANGUAY, Marie-Joseph, [JEAN-BTE II.
b 1738.
Marie-Joseph, b [8] 6 août 1755.— *Jacques*, b [8] 5 déc. 1756.—*Marie-Joseph*, b [8] 17 janvier et s [8] 22 sept. 1758. — *Joseph-Marie*, b [8] 3 mars 1759. — *Jean-Basile*, b [8] 27 août 1760.—*Marie*, b 30 mars 1763, à Berthier.

1755, (21 juillet) St-Michel. [6]

III.—CORRIVEAU, ETIENNE, [ETIENNE II.
b 1708.
ALAIRE, Marie-Geneviève,
veuve de François Couturier.
Marie-Joseph, b [6] 20 juin 1756.—*Marie-Judith*, b [6] 9 juin et s [6] 1er juillet 1759.

III.—CORRIVEAU, GUILLAUME. [GUILLAUME II.
GAGNON, Geneviève,
s avant 1788, à Quebec. [6]
Marguerite, b... m [6] 1er avril 1788, à Andre POULET.

1760, (24 nov.) St-Valier.

IV.—CORRIVEAU, PASCHAL, [JACQUES III.
b 1734.
BÉLANGER, Elisabeth-Brigitte, [PRISQUE IV.
b 1740.
Elisabeth-Ursule, b 30 nov. 1763, à Berthier. [6] —*Charles-Paschal*, b [6] 13 sept. 1765; m à Marie-Reine CHARTIER.—*Jacques*, b [6] 14 et s [6] 16 avril

(1) Exécutée en 1763 pour meurtres; voy. "Les Anciens Canadiens," par M. De Gaspe.

(2) Elle épouse, le 18 janvier 1751, Jacques Roy, a St-Valier.

1767.—*François*, b [6] 4 avril 1768 ; s [6] 23 janvier 1795 (dans l'eglise).—*Elisabeth*, b [6] 22 nov. 1770. — *Pierre*, b [6] 15 janvier 1773. — *Marie*, b [6] 19 août 1774.—*Simon-Lazare*, b [6] 30 août 1775 ; s [6] 11 juillet 1776. — *Victoire*, b [6] 15 juin 1777. — *Louis*, b [6] 29 août 1779.

1766, (1er sept.) Berthier.

IV.—CORRIVEAU, PIERRE-SIMON, [JACQUES III
b 1744.
1° BLAIS, Marie-Madeleine, [AUGUSTIN III.
b 1747.
1769, (3 avril) St-Valier.
2° TANGUAY, Marie-Charlotte, [ANDRÉ II.
b 1752.

1767, (11 janvier) Berthier.

CORRIVEAU, CLÉMENT
COULOMBE, Marie, [ALEXIS III.
b 1735 ; veuve de Basile Destroismaisons.

V.—CORRIVEAU, CHS-PASCHAL, [PASCHAL IV.
b 1765.
CHARTIER, Marie-Reine.
Anonyme, b et s 12 mars 1795, à Berthier.

CORRIVEAU, JACQUES-PRISQUE.
CARBONNEAU, Marie-Ursule, [AUGUSTIN IV.
b 1768.
Marguerite, b 4 janvier 1795, à Berthier.

I.—CORSIN (1), JEAN.
MOUSSEAU, Marie-Anne, [JEAN III.
b 1739, s 7 janvier 1773, à Repentigny.

CORUS.—Voy. ALAIRE.

1724, (1er oct.) Québec. [7]

I.—CORVAISIER (2), GUILLAUME, fils de Pierre et de Catherine Cabaret, de Dinan, diocèse de St-Malo.
1° MADRAC, Louise-Denis, [DENIS I.
b 1707 ; s [7] 26 sept. 1725.
Marie-Louise, b [7] 15 sept. 1725.
1732, (7 janvier) Batiscan.
2° LAGRAVE (3), Geneviève, [RAYMOND I.
veuve de François Rivard.

1755, (23 nov.) Charlesbourg.

I.—CORVAISIER (4), CHARLES, fils de Pierre et de Catherine Cabaret, de Dinan, diocèse de St-Malo.
MARTIN, Ursule, [ANTOINE II.
b 1707 ; veuve de Jean-Baptiste Garneau.

(1) Dit Prêt-à-boire.
(2) Ou Corvessier.
(3) Dit Chêne.
(4) Ou Corvessier ; il signe le 21 août 1749 à Charlesbourg ; instituteur à Ste-Anne-de-la-Pérade, le 26 juin 1788.

1699, (7 déc.) Québec. [8]

I.—COSANCE (1), PIERRE,
b 1668.
COCHART, Jeanne, [NICOLAS I.
b 1679.
Jeanne, b [8] 18 sept. 1700.—*Marie-Jeanne*, b [8] 30 juillet 1708 ; m [8] 25 janvier 1727, à Gabriel CHARTIER. — *Pierre*, b [8] 26 sept. 1711 ; s 10 février 1741, à Montreal.

II.—COSANCE (2), PIERRE, [PIERRE I.
b 1711 ; s 10 fevrier 1741, à Montreal.

COSME.—*Variation :* ST-COSME.

1717, (22 nov.) Laprairie. [6]

I.—COSME (3), PIERRE, fils d'Etienne et de Marie Clair, de St-Alari, Bordeaux, diocèse de Tournay.
FAYE, Elisabeth, [MATHIEU I.
b 1695.
Pierre-Mathieu, b 21 sept. et s 19 nov. 1718, à Montreal. [b] — *Pierre-Laurent*, b [6] 30 oct. 1721 ; m 25 janvier 1747, à Catherine BARROIS, au Detroit.—*Marie-Louise*, b 1724, s [6] 7 juin 1726. —*Marie-Elisabeth*, b [6] 14 août 1725.—*Joseph*, b [6] 17 juin 1729 ; s [5] 29 mai 1731.—*Marie*, b .. s [5] 3 juin 1736. — *Elisabeth*, b [6] 6 juin et s [5] 1er juin 1737.

1747, (25 janvier) Détroit.

II.—COSME (4), PIERRE-LAURENT, [PIERRE I.
b 1721.
BARROIS, Catherine, [FRANÇOIS II.
b 1727, s [3] 3 nov. 1790.
Elisabeth, b [3] 17 nov. 1747 ; m [3] 28 nov. 1763, à Augustin LAFOY ; s [3] 2 mars 1776.—*Catherine*, b [3] 26 janvier 1749 ; m [3] 29 oct. 1764, à Charles-Denis COURTOIS. — *Pierre-Laurent*, b [3] 3 mai 1750.—*Amable*, b [3] 30 oct. 1751 ; m 30 mars 1785, à Geneviève BOURDEAU.—*Marie-Francoise-Anne*, b [3] 30 juin 1753, m [3] 5 janvier 1773, à Jean-Baptiste PITRE, s [3] 28 août 1783.—*Théotiste*, b [3] 8 fevrier 1755 ; m [3] 25 nov. 1776, à Philippe DEJEAN.—*Rose*, b [3] 27 dec. 1756 ; s [3] 2 janvier 1757.—*Dominique*, b [3] 28 avril 1758 — *Marie-Rose*, b [3] 16 avril 1760.—*Jean-Baptiste*, b [3] 13 dec. 1763.—*Michel*, b [3] 28 sept. et s [3] 17 oct. 1766.—*Louis*, b [3] 24 août 1772.

1785, (30 mars) Détroit.

III.—COSME (3), AMABLE, [PIERRE-LAURENT II.
b 1751.
BOURDEAU, Geneviève, [JOSEPH III.
b 1763.

1725, (22 oct.) Ste-Foye.

I.—COSSAU, ETIENNE, fils de François et de Françoise Lheureux, de St-Etienne, diocèse de Sens.
DAVID, Therèse. [PHILIPPE I.

(1) Voy. vol I, p. 140.
(2) Et Coutance dit Argentcour.
(3) Et St-Cosme.
(4) Et St-Cosme ; bourgeois.

I.—COSSERAIS, DENISE, épouse de Jacques-Joseph LÉGER.

COSSET.—*Variation:* COLLET.

COSSET, GENEVIÈVE, b 1717; s 25 août 1771, aux Grondines.

COSSET, MARIE-ANNE, épouse d'Alexis RAUX.

1667.

I.—COSSET (1), JEAN,
b 1645; s 13 nov. 1687, à la Pte-aux-Trembles, Q.
AUBÉ (2), Marguerite,
b 1651.
René, b 17 oct. 1670, au Château-Richer; m à Jeanne ST-GERMAIN.

II.—COSSET (3), RENÉ, [JEAN I.
b 1670.
ST-GERMAIN, Jeanne.
Michelle, b 1705; m 4 mars 1726, à François VIGER.

1694, (23 nov.) Batiscan.[2]

II.—COSSET (1), FRANÇOIS, [JEAN I.
b 1674.
LAFOND, Catherine, [JEAN II.
b 1677.
Marie-Catherine, b [2] 1er février 1699; m 7 janvier 1735, à Pierre-Mathieu GUIBAUT, à Ste-Anne-de-la-Perade.—*François*, b [2] 27 dec. 1701; m 1727, à Françoise TIFAUT.—*Pierre*, b 28 mars 1710, à Becancour; m 6 février 1730, à Jeanne BERTRAND, à Ste-Geneviève.[4]—*Marguerite*, b [2] 21 sept. 1715; m [2] 18 sept. 1736, à Jean HÉLY.—*Madeleine*, b [2] 9 juillet 1718; 1° m [4] 6 mai 1736, à Louis LEBELLET; 2° m [2] 22 août 1780, à Julien LEFEBVRE.

1727.

III.—COSSET, FRANÇOIS, [FRANÇOIS II.
b 1701.
TIFAUT, Françoise, [JACQUES I.
b 1705.
François, b 21 août 1728, à Ste-Geneviève.[4]—*Marie-Joseph*, b [4] 28 juin 1730

1730, (6 février) Ste-Geneviève.[4]

III.—COSSET, PIERRE, [FRANÇOIS II.
b 1710.
BERTRAND (4), Marie-Jeanne, [PAUL I.
b 1707.
Marie-Joseph, b [4] 1er nov. 1730; s [4] 29 juillet 1734.—*Pierre*, b [4] 29 mai 1732; m à Marie-Anne BARIL.—*Marguerite*, b [4] 21 mars 1734.—*Marie-Joseph*, b [4] 11 février 1736.—*Jean-Baptiste*, b [4] 18 mai 1738.—*François*, b [4] 19 mai 1740.

(1) Voy. vol. I, p. 140.

(2) Elle épouse, le 19 oct. 1688, Jean Collet, à la Pte-aux-Trembles, Q.

(3) Et Collet.

(4) Dit St-Arnaud.

1734, (31 oct.) Batiscan.[2]

III.—COSSET, JEAN, [FRANÇOIS II.
b 1704.
BARIBAULT, Marie-Joseph, [PIERRE II.
b 1710.
Jean-Baptiste (1), b 25 oct. 1736, à Ste-Geneviève[4]; s [2] 23 avril 1748.—*Marie-Joseph*, b [4] 27 juillet 1739.

I.—COSSET (2), PIERRE.

COSSET, FRANÇOIS.
LEFEBVRE (3), Marie-Jeanne.

IV.—COSSET, PIERRE, [PIERRE III.
b 1732.
BARIL, Marie-Anne, [JACQUES II.
b 1730.
Augustin, b 11 fevrier 1762, à Batiscan.—*Jean-Baptiste*, b... m 31 janvier 1780, à Marie-Joseph PAPLAU, à Ste-Anne-de-la-Perade.—*Pierre*, b...

1780, (31 janvier) Ste-Anne-de-la-Pérade.

V.—COSSET, JEAN-BTE. [PIERRE IV.
PAPLAU (4), Marie-Joseph. [FRANÇOIS II.

COSSET, ANTOINE.
BROUILLET, Marie-Joseph.
Marc-Antoine, b 26 avril 1795, à Batiscan.

COSTE, ANGÉLIQUE, epouse de Pierre DOUSTOU.

COSTE, MARTHE-FRANÇOISE, b 1741; m à Antoine RIGAUDIAU; s 28 juillet 1774, à Québec.

1761, (15 sept.) Petite-Rivière.

I.—COSTE (5), FRANÇOIS, b 1726; fils de Jean (notaire royal) et de Suzanne Charland, de St-Pierre, diocèse de Lavour, Languedoc
ROUSSER, Veronique. [FRANÇOIS II.

COSTERET.—Voy. COLTRET.

1786, (5 sept.) Quebec.

I.—COSTILLE, LAURENT, tailleur; fils d'Hilaire et de Louise Viendroit, de Ste-Madeleine, ville de Besançon, Franche-Comte.
CASGRAIN, Marguerite. [JEAN I.

COTARD.—*Variations et surnoms:* COITARD—COLLON.—ROUBLINE.

1716, (20 janvier) Quebec.[1]

I.—COTARD, JACQUES, fils de Jean et d'Isabelle ......, de Brouage, St-Onge.
EDMOND (6), Marie-Marguerite, [JEAN I.
b 1695.
Jacques, b [1] 23 janvier et s [1] 20 février 1718.

(1) Empoisonné par la carotte-à-moreau.

(2) Dit Lagiroflée; soldat de la compagnie de la Ferté, regiment de la Sarre, 10 août 1759, à Charlesbourg.

(3) Elle était, en 1764, à Batiscan.

(4) Et Papillaux—Papillou.

(5) Maître-maréchal; venu en 1756.

(6) Née en juin 1694.

I.—COTARD, PIERRE, fils de Pancrace et de Marguerite Duchêne, de St-Malo.
1° BOURGEOIS, Agnès.
b 1720; s 29 sept. 1755, à Québec.[1]
Marguerite, b... s[1] 3 juin 1763 (noyée), à St-Joseph, Beauce.—*Agathe*, b 1744; m 12 mai 1766, à Jean-Baptiste NORMANDIN, à St-Antoine-de-Chambly.[2]— *Théotiste*, b 1750; m[2] 12 janvier 1767, à Antoine PAULIN.—*Marie*, b 1751; s[1] 17 dec. 1758.—*Madeleine*, b 1754; s[1] 9 nov. 1755.

1757, (14 février).[1]
2° GOSSELIN, Dorothée, [FRANÇOIS III.
b 1725; veuve de Nicolas Gautier.
Ursule, b[1] 21 oct. 1758; s[1] 11 oct. 1759.—*Geneviève*, b[1] 26 fevrier 1762.—*Pierre*, b[1] 22 juin 1764.

1747, (14 janvier) Ste-Anne-de-la-Pérade.[4]
I.—COTARD (1), GUILLAUME, fils de Pierre et de Jeanne Lacroix, de Plouzen, diocèse de St-Brieux, Bretagne.
NIOF (2), Marie-Charlotte-Agathe, [GEORGE I.
b 1720.
Marie-Anne, b 27 août 1747, aux Trois-Rivières.—*François-Marie*, b 8 juin et s 14 juillet 1750, à Ste-Croix[5]— *Guillaume*, b[5] 6 et s[5] 9 juin 1751.—*Marie-Joseph*, b[4] 20 juillet 1752.—*Jacques*, b... m 1789, à Elisabeth VERGER.

1789.
II.—COTARD, JACQUES. [GUILLAUME I.
VERGER, Elisabeth.
François, b 27 avril 1791, à Lachenaye.

1635, (17 nov.) Québec.[1]
I.—COTÉ (3), JEAN,
s[1] 28 mars 1661.
MARTIN, Anne, [ABRAHAM I.
b 1614; s[1] 4 dec. 1684.

1662, (6 nov.) Québec.
II.—COTÉ (3), LOUIS, [JEAN I.
b 1635; s 1669.
LANGLOIS (4), Elisabeth, [NOEL I.
b 1645.

1667, (25 juillet) Château-Richer.
II.—COTÉ (3), MARTIN, [JEAN I.
b 1639; s 30 août 1710, à St-Pierre, I. O.[5]
PAGÉ, Suzanne, [RAYMOND I.
b 1654; s[5] 16 sept. 1719.
Marguerite, b 9 août 1672, à Ste-Famille, I. O.; 1° m[5] 29 oct. 1692, à Andre PARANT; 2° m 2 fevrier 1701, à Noël MARCOUX, à Beauport[6]; s[6] 3 mars 1709. — *Marie*, b 1674; m[5] 7 fevrier 1691, à Guillaume COUTURE; s 27 mars 1703, à St-Laurent, I. O. — *Elisabeth*, b[5] 3 nov. 1681; m[5] 26 nov. 1703, à Pierre PICHET.—*Pierre-Martin*, b[5] 8 mars 1684; m[5] 31 janvier 1707, à Marie BAILLARGEON. — *Louis*, b[5] 29 juin 1686; s[5] 24 juin 1712.—*Anne*, b[5] 10 fevrier 1695.

(1) Dit Roubline, (12 août 1755, à Ste-Anne-de-la-Perade).
(2) Dit Lafrance.
(3) Voy. vol. I, p. 140.
(4) Elle épouse, le 15 déc. 1669, Guillaume Lemieux, à Québec.

1669, (11 nov.) Québec.[6]
II.—COTÉ (1), JEAN, [JEAN I.
b 1644; capitaine.
1° COUTURE, Anne, [GUILLAUME I.
b 1652; s[6] 26 nov. 1684.
Jean-Baptiste, b[6] 31 août 1670; m 24 oct. 1695, à Françoise CHORET, à St-Pierre, I. O.[7]; s 26 mars 1736, à Rimouski.—*Noel*, b[6] 11 déc. 1672; m 28 fevrier 1696, à Madeleine DROUIN, à Ste-Famille, I. O.; s[7] 30 mars 1701. — *Elisabeth*, b 1676; s[6] 24 janvier 1744.—*Marie*, b 1677; m 1700, à André LADIENNE. — *Pierre*, b[7] 23 nov. 1679; m[7] 27 avril 1707, à Marie-Charlotte RONDEAU; s[7] 19 août 1715. — *Guillaume*, b[7] 9 nov. 1681; m[6] 8 mai 1719, à Clotilde AMELOT. — *Anne*, b[7] 27 juillet 1683.

1686, (25 fevrier).[6]
2° VERDON (2), Geneviève, [VINCENT I.
b 1666.
Marie-Charlotte, b[7] 16 oct. 1686; m[7] 26 août 1705, à François TINON-DESROCHERS; s[6] 9 déc. 1755. — *Joseph*, b[7] 29 juin 1689; 1° m 13 avril 1711, à Therese HUOT, aux Grondines[8]; 2° m[8] 23 janvier 1730, à Jeanne ROUSSIN; s[8] 22 déc. 1760.—*Marie*, b[7] 1er sept. 1691.—*Jacques*, b[7] 10 déc. 1693. — *Jean-Marie*, b[7] 8 mars 1696; m[6] 4 fevrier 1716, à Madeleine HUOT. — *François*, b[7] 8 fevrier 1698. — *Ignace*, b 27 avril 1700, à la Baie-St-Paul[9]; m[8] 5 oct. 1733, à Veronique HÉBERT. — *Gabriel*, b[9] 30 avril 1702; m[6] 14 nov. 1739, à Cecile GOSSELIN; s[6] 11 nov. 1742. — *Charles*, b[7] 5 sept. 1704; 1° m[8] 7 avril 1739, à Geneviève FISET; 2° m 14 avril 1749, à Françoise ESTIAMBE, à Charlesbourg —*Thomas*, b[7] 28 mars 1707; 1° m[9] 8 janvier 1733, à Geneviève SIMARD; 2° m à Geneviève GAGNON.—*Marie*, b[8] 11 mars 1711; m[6] 14 juin 1733, à Andre ALLIÉS.

1669.
II.—COTÉ (3), MATHIEU, [JEAN I.
b 1642, s 27 fevrier 1696, à St-Pierre, I.O.[5]
GRAVEL, Elisabeth, [MASSÉ-JOSEPH I.
b 1651; s[3] 28 nov. 1707.
Marie-Charlotte, b 10 oct. 1670, à Ste-Famille, I. O.[1]; m à François GOSSELIN; s[3] 15 janvier 1746. — *Martin*, b[1] 28 janvier 1673; m[3] 16 oct. 1698, à Marguerite FERLAND; s[3] 14 mars 1727.—*Pierre*, b[3] 9 fevrier 1684; m[3] 2 mai 1707, à Geneviève FERLAND, s[3] 1er avril 1726.—*Mathieu*, b[3] 7 mars 1686; m[3] 21 juillet 1710, à Françoise DUPILLE, s[3] 14 avril 1715.—*Jean-Baptiste*, b[3] 17 et s[3] 20 sept. 1689.

1673.
II.—COTÉ (3), JEAN-NOEL, [JEAN I.
b 1646; s 8 mars 1701, à St-Pierre, I. O.[5]
GRATON, Helène, [CLAUDE-JACQUES I.
s[5] 23 nov. 1735.

(1) Voy. vol. I, pp 140-141.
(2) Dit Lefebvre.
(3) Voy. vol. I, p. 141.

Jean-Baptiste, b 23 nov. 1674, à Ste-Famille, I. O.[8]; s [5] 8 sept. 1712.—*Louise*, b [8] 31 oct. 1676; m [5] 24 nov. 1698, à Anet JALADON.—*Jean-Baptiste*, b [5] 20 juillet 1682. — *Jacques*, b [5] 16 avril 1686, 1° m [5] 8 fevrier 1706, à Madeleine RONDEAU; 2° m 26 avril 1713, à Marie-Catherine-Therèse LAMBERT, à St-Nicolas; 3° m 25 août 1732, à Geneviève CAUCHON, à St-Antoine-Tilly [6]; s [6] 27 fevrier 1734.—*Marie-Charlotte*, b [5] 1er août 1688.—*Anne*, b [5] 28 janvier 1690; m [5] 29 oct. 1710, à François POSÉ. — *Augustin*, b [5] 1er sept. 1695; m 29 janvier 1720, à Madeleine BAILLARGEON, à St-Laurent, I. O., s [5] 12 mars 1737. — *Joseph*, b... 1° m [6] 16 avril 1714, à Marie-Anne LAMBERT; 2° m [6] 25 août 1727, à Françoise HUOT.

1691, (8 janvier) Cap-St-Ignace. [8]

III.—COTÉ (1), LOUIS, [LOUIS II.
b 1665; capitaine; s 2 nov. 1714, à St-Thomas. [7]

BERNIER, Geneviève, [JACQUES I.
b 1670.

Louis, b [6] 16 août 1693; 1° m [7] 28 avril 1716, à Elisabeth COUILLARD; 2° m à Angelique TIBIERGE; s [7] 26 juin 1751. — *Marthe*, b [7] 19 nov. 1694; m [7] 17 nov. 1721, à Louis COUILLARD. — *Joseph*, b [7] 24 avril 1704; 1° m 7 nov. 1726, à Marguerite COUILLARD, 2° m à Marie-Françoise MORIN.—*Jean-Baptiste*, b [7] 17 sept. 1706, m [6] 17 juillet 1729, à Marthe FORTIN; s [7] 14 sept. 1733. —*Paul*, b [7] 1er avril 1708; m [7] 4 oct. 1734, à Geneviève LANGLOIS, s [7] 22 sept. 1759.—*Isidore*, b [7] 4 nov. 1709; 1° m 1734, à Geneviève BOUCHARD; 2° m 3 juillet 1758, à Marie-Angelique BACON, à St-Pierre-du-Sud.

1694, (8 février) Beauport.

III.—COTÉ (2), JEAN, [MARTIN II.
b 1670; s 16 mars 1739, à Québec. [1]

LANGLOIS, Marie-Anne. [NOEL II.

Marie-Anne, b 16 dec. 1694, à St-Pierre, I. O. [2], m [2] 10 nov. 1710, à Louis PICHET; s [2] 29 août 1729.—*Marie-Madeleine*, b [2] 7 août 1696; m [2] 21 oct. 1720, à Charles ROBERGE; s [2] 14 mars 1758. —*Marie-Thérèse*, b [2] 21 sept. 1698; m [2] 21 oct. 1720, à Jean LECLERC.—*Jean*, b [2] 8 fevrier 1701; m 20 oct. 1721, à Geneviève TRÉPAGNY, au Château-Richer; s 20 mars 1733, à Ste-Geneviève. —*Pierre*, b [2] 26 avril 1703; m 18 fevrier 1726, à Marguerite DELAGE, à St-Laurent, I. O. — *Geneviève*, b [2] 20 sept. 1705; 1° m [1] 2 sept. 1743, à Gilles GABRIEL; 2° m [1] 26 août 1748, à François LEVASSEUR, s [1] 2 sept. 1751.—*Paul*, b [2] 24 nov. 1707; m 24 fevrier 1733, à Madeleine MOREAU, à Ste-Foye.—*Hélène*, b [2] 20 mars 1710, m [1] 3 fevrier 1732, à François LECLERC.—*Basile*, b [2] 24 août 1712.—*Joseph*, b [2] 29 dec. 1714; s [2] 31 mai 1720. — *Louise*, b [2] 10 oct. 1716; m [1] 4 juillet 1740, à Charles LHERAUX. — *Gabriel*, b 13 juillet 1719, à L'Ange-Gardien; m 29 juillet 1743, à Cecile LEPAGE, à Rimouski.

---

(1) Voy. vol. I, p. 141.

(2) Dit Lefrisé, voy. vol I, p 141.

1695, (24 oct.) St-Pierre, I. O. [6]

III.—COTÉ (1), JEAN-BTE, [JEAN II.
b 1670; s 26 mars 1736, à Rimouski. [7]

CHORET, Françoise-Charlotte, [JOSEPH II.
b 1680; s 14 sept. 1755, à l'Ile-Verte.

Marie-Anne, b 20 août 1696, à la Baie-St-Paul.[8] —*Jean-Baptiste*, b [8] 14 juillet 1697; m 17 juillet 1720, à Geneviève BERNIER, au Cap-St-Ignace.[9] —*Gabriel*, b [8] 19 nov. 1698; 1° m 7 oct. 1722, à Isabelle BERNIER, à Quebec; 2° m 6 nov. 1740, à Madeleine LEBEL, à Kamouraska. — *Paul*, b [8] 26 fevrier et s [8] 20 mars 1700. — *Prisque*, b [8] 7 sept. 1701, m [9] 17 juillet 1720, à Ursule BERNIER. — *Anne*, b [8] 11 avril et s [8] 15 mai 1703.— *Françoise*, b [8] 28 juin 1704; m [7] 13 fevrier 1736, à Jean-Baptiste LEVÊQUE. — *Agathe*, b [8] 5 fevrier 1708.—*Rosalie*, b [8] 23 janvier 1710.—*Pierre*, b... 1° m [7] 27 juin 1735, à Marie-Anne LEPAGE; 2° m 30 oct. 1748, à Madeleine MIVILLE, à la Rivière-Ouelle.

1696, (28 février) Ste-Famille, I. O.

III.—COTE (2), NOEL, [JEAN II.
b 1672; s 30 mars 1701, à St-Pierre, I. O.[6]

DROUIN (3), Marie-Madeleine, [NICOLAS II.
b 1680.

Marie, b [6] 14 dec. 1696; s [6] 23 déc. 1702.— *Jean*, b [6] 3 oct. 1698; s [6] 2 janvier 1703.—*Pierre*, b [6] 23 mai et s [6] 24 juin 1700. — *Pierre*, (posthume) b [6] 25 avril 1701; m 9 avril 1720, à Dorothee MARCEAU, à St-François, I. O.

1698, (16 oct.) St-Pierre, I. O. [1]

III.—COTÉ, MARTIN, [MATHIEU II.
b 1673; s [1] 14 mars 1727.

FERLAND (4), Marguerite, [FRANÇOIS I.
b 1681; s 21 janvier 1747, à Beaumont. [3]

Pierre, b [1] 14 et s [1] 15 oct. 1699. — *Jean-Baptiste*, b [1] 9 nov. 1700, m 16 nov. 1733, à Marie-Louise BOUFFARD, à St-Laurent, I. O. [4]; s 26 fevrier 1760, à St-Charles. —*Joseph*, b [1] 8 mai 1703; s [1] 10 mars 1727. — *Charles*, b [1] 29 fevrier 1705.—*Paul*, b [1] 13 dec. 1706. — *Jean-François*, b [1] 19 mars 1709; m [4] 25 fevrier 1737, à Catherine PAQUET. —*Etienne*, b [1] 5 déc. 1711; m [3] 9 nov. 1739, à Marie GONTIER. — *Louis*, b [1] 9 dec. 1713, m à Anne ROBIDEAU. — *Marie-Marguerite*, b [1] 11 fevrier 1716; m [3] 6 sept. 1740, à Joseph LAGASSE; s [3] 11 juin 1756. —*Louis*, b .. m [3] 21 août 1741, à Marie-Louise BÉCHARD.—*Michel*, b [1] 25 sept. 1720, m [3] 20 nov. 1747, à Elisabeth GONTIER.

1706, (8 fevrier) St-Pierre, I. O.

III.—COTÉ, JACQUES, [NOEL II.
b 1686; s 27 fevrier 1734, à St-Antoine-Tilly. [8]

1° RONDEAU, Madeleine, [THOMAS I.
b 1680; s 11 sept. 1712, à St-Nicolas. [4]

---

(1) Seigneur de l'Ile-Verte; voy. vol. I, p. 141.

(2) Voy. vol I, p 141.

(3) Elle épouse, le 27 juillet 1701, Pierre Paradis, à St-Pierre, I. O.

(4) Et Fellan.

Fabien, b [4] 10 nov. 1706; m [8] 26 août 1727, à Marie-Anne Lemarié.—*Jacques*, b [4] 9 juillet 1708; 1° m [3] 8 sept. 1731, à Madeleine Blouard; 2° m [4] 24 avril 1747, à Marie-Françoise Daigle; 3° m [3] 1er mars 1756, à Marie-Joseph Bergeron. — *Louise*, b [4] 6 avril 1710; m [3] 9 avril 1731, à Joseph Huot; s [4] 5 dec. 1749. — *Jean-Baptiste*, b [4] 22 août 1711; 1° m [3] 9 avril 1736, à Marie-Angelique Dubois; 2° m [3] 30 juin 1750, à Geneviève Croteau.

1713, (26 avril). [4]

2° Lambert (1), Catherine-Therèse, [Aubin I. b 1682; s [3] 23 nov. 1730.

Joseph, b [3] 3 et s [3] 24 mai 1714.—*Louis-Joseph*, b [4] 25 juillet 1716, m [4] 22 nov. 1746, à Marie-Joseph Houde.—*Geneviève*, b [3] 9 nov. 1719, m [3] 25 juin 1740, à Jean-François Croteau.—*Michel-Augustin*, b... m [3] 16 avril 1741, à Angelique Chenay. — *Marie-Charlotte*, b [3] 9 sept. 1723, m [3] 5 oct. 1739, à Augustin Huot. — *Pierre*, b [3] 14 mars 1726. — *Marie-Joseph*, b [3] 2 avril 1729; 1° m [4] 13 nov. 1747, à Denis Boucher; 2° m [4] 14 janvier 1749, à Alexandre Genest; s [4] 11 nov. 1749.

1732, (25 août). [3]

3° Cauchon, Geneviève, [Jacques II. b 1682; veuve de Joseph Huot; s [3] 30 sept. 1754.

1707, (31 janvier) St-Pierre, I. O. [1]

III.—COTÉ, Pierre-Martin, [Martin II. b 1684.

Baillargeon, Marie, [Jean II. b 1688; s [1] 22 mars 1743.

Pierre, b [1] 28 mars 1708.— *Nicolas*, b [1] 11 oct. 1709.—*Marie-Madeleine*, b [1] 8 avril 1711; m [1] 19 fevrier 1748, à Augustin Dupille.—*Marie-Joseph*, b [1] 2 avril 1714.—*Joseph*, b [1] 7 fevrier 1717; m [1] 7 avril 1750, à Marie Paradis. — *Marie-Angélique*, b [1] 22 oct. 1719.—*Ursule*, b [1] 5 août 1722, m [1] 10 sept. 1749, à François Paradis. — *François*, b [1] 5 mars 1725. — *Marie-Elisabeth*, b [1] 1er mars 1728. — *Alexis*, b [1] 9 fevrier 1731; s [1] 11 août 1734.

1707, (27 avril) St-Pierre, I. O. [8]

III.—COTÉ, Pierre, [Jean II b 1679; s [8] 19 août 1715.

Rondeau, Marie-Charlotte, [Thomas I b 1684.

Jean-Baptiste, b [8] 23 février 1708. — *Marie-Charlotte*, b [8] 4 avril 1709; s [8] 16 dec. 1710. — *Geneviève*, b [8] 19 oct. 1710, s [8] 8 avril 1713.— *Ursule*, b [8] 28 janvier 1712; m [8] 22 nov. 1735, à Louis Langlois. — *Augustin*, b [8] 2 dec. 1713. — *Jean François* (posthume), b [8] 20 dec. 1715; m à Madeleine Huot.

1707, (2 mai) St-Pierre, I. O. [8]

III.—COTÉ, Pierre, [Mathieu II. b 1684; s [8] 1er avril 1726.

Ferland (2), Geneviève, [François I. b 1683; s [8] 24 avril 1730.

(1) Dit Brière—Vincenne.

(2) Et Fellan

Marie-Elisabeth, b [8] 22 mars 1708; s [8] 7 avril 1727. — *Geneviève*, b [8] 25 mars 1709; s [8] 22 mai 1715. — *Joseph*, b [8] 22 mars 1710; m [8] 26 avril 1735, à Marie-Elisabeth Baudon. — *Guillaume*, b [8] 3 oct. 1711; s [8] 11 dec. 1712. — *Marie-Anne*, b [8] 5 nov. 1712; m [8] 26 oct. 1739, à Pierre Coulombe; s 17 dec. 1761, à St-Antoine-Tilly. — *Pierre*, b [8] 5 janvier 1714. — *Marie-Joseph*, b [8] 7 et s [8] 14 nov. 1715.—*Guillaume*, b [8] 22 nov. 1716; s [8] 10 août 1734. — *Marie-Madeleine*, b [8] 6 mai 1719; m [8] 29 juillet 1740, à Jean-Baptiste Goulet; s [8] 28 juin 1744. — *Marie-Geneviève*, b [8] 13 sept. 1722; m [8] 11 janvier 1746, à Charles Dorval. — *Marie-Joseph*, b... 1° m [8] 21 nov. 1740, à Louis-Pierre Goulet; 2° m 21 oct. 1748, à Antoine Paquet, à Beaumont.

1710, (21 juillet) St-Pierre, I. O. [8]

III.—COTE, Mathieu, [Mathieu II. b 1686; s [8] 14 avril 1715.

Dupille (1), Françoise, [Rémi I.

Pierre, b [8] 27 juin 1711; m 30 avril 1734, à Marie-Joseph Charland, à Ste-Famille, I. O., s 12 dec. 1761, à St-Antoine-Tilly. [9] — *Augustin*, b [8] 28 janvier 1713; 1° m [9] 11 août 1739, à Charlotte-Joseph Grenon; 2° m [9] 11 mai 1750, à Marie-Charlotte Genest; s [8] 28 août 1758. — *Isidore*, b [8] 1er oct. 1714, m [9] 11 août 1739, à Marie-Joseph Grenon, s 6 juin 1768, à la Baie-du-Febvre.

1711, (13 avril) L'Ange-Gardien. [6]

III.—COTÉ, Joseph, [Jean II. b 1689, s [6] 22 dec. 1760.

1° Huot, Therèse, [Mathurin I. b 1693.

Joseph, b [6] 22 janvier 1712; m 30 mai 1740, à Marie-Anne Jobidon, au Château-Richer [7]; s 18 mars 1782, à St-Augustin. — *François*, b [6] 8 oct. 1713; m [6] 9 nov. 1739, à Marguerite Trudel.— *Marie-Anne*, b [6] 19 nov. 1715; m [6] 13 août 1741, à Nicolas Roussin. — *Marie-Thérèse*, b [6] 30 nov. 1717. — *Marie-Genevieve*, b [6] 13 avril 1721; m [6] 30 juin 1744, à Nicolas Quentin.—*Marie-Joseph*, b [6] 6 sept. 1722. — *Pierre*, b [6] 2 janvier 1724; 1° m 13 fevrier 1748, à Felicite Racine, à Ste-Anne; 2° m [6] 23 mai 1757, à Barbe Riopel. — *Marie-Louise*, b [6] 12 dec. 1725, m [6] 29 janvier 1749, à Guillaume Quentin. — *Yves-Marie*, b [6] 9 fevrier 1728, m [7] 25 fevrier 1754, à Madeleine Quentin. —*Jean*, b... m 21 avril 1749, à Marie-Anne Bisaillon, à Laprairie. [8]

1730, (23 janvier). [6]

2° Roussin, Marie-Jeanne, [Joseph III. b 1705; s 20 oct. 1784, à Québec.

Prisque, b [6] 8 nov. 1730, m 4 fevrier 1771, à Marie Lefebvre, à St-Constant. — *Ignace*, b [6] 26 mai 1732, m [8] 9 nov. 1761, à Rosalie Pinsonneau. —*Louis* (2), b [6] 8 nov. 1734; s 31 oct. 1762, au

(1) Elle epouse, le 20 janvier 1716, Jean Bussière, à St-Pierre, I. O.

(2) On trouve la note suivante à l'acte de sépulture : Inhumé dans l'église; decédé sur le chemin de l'Epinière d'où il revenait, y ayant été blessé par une branche morte et sèche, qui lui tomba sur la tête tandis qu'il y travaillait de sa profession de charpentier.

Quoique l'éloignement nous ait privé de la satisfaction

Détroit.—*Marie*, b[6] 14 nov. 1736.—*Marie-Jeanne*, b[6] 1er juin 1739. — *Gabriel*, b[6] 11 janvier 1742; m 11 avril 1768, à Hélène PICHET, à St-Pierre, I. O. — *Marie-Joseph*, b[6] 1er juillet 1744; m[6] 5 fevrier 1759, à Alexis LEFRANÇOIS.—*Charles*, b[6] 10 nov. 1749. — *Isabelle*, b... m[6] 8 nov. 1772, à Ambroise TRUDEL.

1714, (16 avril) St-Antoine-Tilly.[7]

III.—COTÉ, JOSEPH. [NOEL II.
1° LAMBERT, Marie-Anne, [PIERRE I.
b 1690; s[7] 16 mars 1727.

Joseph, b 8 mars 1716, à St-Nicolas[9]; m[7] 11 nov. 1736, à Marie-Françoise LEMARIÉ. — *Jean-Baptiste*, b[9] 20 oct. 1717; m 18 nov. 1748, à Françoise MICHEL, à Montreal.—*Marie-Angélique*, b[7] 30 mars 1721. — *Geneviève*, b 1722; m[7] 11 sept. 1741, à Pierre CHENAY; s[7] 1er dec. 1751. — *Louis-Joseph*, b[7] 24 août 1723. — *Louis*, b[7] 24 août 1723, m 8 nov. 1751, à Marie-Joseph PION, à Verchères. — *Pierre-Noel*, b[7] 15 et s[7] 26 avril 1725.

1727, (25 août).[7]

2° HUOT, Françoise, [LAURENT-ETIENNE II.
b 1703.

Pierre, b[7] 14 et s[7] 15 avril 1728. — *Charles-Augustin*, b[7] 25 mars 1729; s[7] 10 sept. 1733. — *Augustin-Joseph*, b[7] 18 mai 1731; m[9] 29 oct. 1749, à Angelique GRENON.—*Pierre-Noël*, b[7] 1er mai 1733; s[7] 25 mars 1734. — *Joseph-Charles*, b[7] 3 oct. 1736; m[7] 24 nov. 1755, à Geneviève BOUCHER. — *Noel-François*, b[7] 23 mai 1739. — *Pierre*, b[7] 5 avril 1742; s[7] 5 fevrier 1743.

1716, (4 février) L'Ange-Gardien.[7]

III.—COTÉ, JEAN-MARIE, [JEAN II.
b 1696.
HUOT, Madeleine, [MATHURIN I.
b 1695.

Marie-Madeleine, b[7] 3 mars 1717; m[7] 21 oct. 1738, à Pierre ROUSSIN.—*Jean-Baptiste*, b[7] 9 juin 1719, m[7] 8 juillet 1748, à Angelique QUENTIN; s[7] 12 déc. 1748.—*Louis*, b[7] 11 avril 1720; m 18 février 1754, à Marie-Joseph PINSONNEAU, à Laprairie. — *Françoise-Thérèse*, b[7] 4 avril 1722. — *François*, b[7] 20 janvier 1725 —*Jean*, b[7] 8 juillet 1726.—*Joseph*, b[7] 15 janvier 1729; s[7] 22 nov. 1750 (subite).—*François*, b[7] 18 sept. 1730; s[7] 2 août 1750.—*Ignace*, b[7] 11 mai 1732; 1° m 12 nov. 1753, à Marie-Joseph PARADIS, à St-Pierre, I. O.; 2° m[7] 20 nov. 1758, à Madeleine RIOPEL. — *Pierre*, b[7] 1er août 1734; 1° m à Marie-Louise TRUDEL; 2° m 1er fevrier 1762, à Geneviève GODBOUT, à St-Laurent, I. O.—*Marie-Joseph*, b[7] 21 juillet 1738; m[7] 29 mai 1758, à François HÉBERT.

1716, (28 avril) St-Thomas.[5]

IV.—COTÉ, LOUIS, [LOUIS III.
b 1693, s[5] 26 juin 1751.
1° COUILLARD, Elisabeth, [LOUIS III.
b 1691; s[5] 27 mars 1725.

de lui administrer les sacrements, le soin qu'il avait eu de les recevoir avant son départ, la piété que nous lui avons toujours connue et qui nous le faisait regarder comme l'exemple des jeunes gens de la paroisse fait notre consolation et nous donne tout lieu d'espérer que Dieu lui a fait miséricorde. (Registres du Détroit, 31 oct. 1762.)

Marie, b[5] 9 juillet 1717; s[5] 11 janvier 1734. —*Louis*, b[5] 24 mars 1719; s[5] 12 janvier 1734. — *Jacques*, b[5] 20 janvier 1721; m[5] 18 nov. 1749, à Madeleine SIMIOT; s[5] 4 avril 1758.— *François*, b[5] 29 nov. 1722; m à Hélène THIBIERGE. — *Marie-Françoise*, b[5] 16 fevrier et s[5] 1er mai 1725.

2° THIBIERGE, Angélique,
b 1700, s[5] 23 mars 1767.

Marie-Anne, b... s[5] 1er août 1729. — *Louise-Angélique*, b[5] 6 fevrier et s[5] 24 juillet 1730.— *Marguerite*, b[5] 22 juillet 1731; m[5] 28 nov. 1753, à Gabriel DUREPOS; s[5] 29 juillet 1770. — *Joseph*, b[5] 23 mai 1733; s[5] 23 janvier 1734.— *Louis*, b[5] 26 mars 1735; 1° m[3] 25 nov. 1754, à Geneviève LANGLOIS; 2° m 19 fevrier 1759, à Marie-Joseph CARON, à l'Islet.—*Joseph-Marie*, b[5] 2 mars 1737, m[5] 21 nov. 1763, à Marie-Anne BOULET.—*Marie-Angélique*, b[5] 22 fevrier et s[5] 28 mars 1744.

1719, (8 mai) Québec.[8]

III.—COTÉ (1), GUILLAUME, [JEAN II.
b 1681.
AMELOT, Clotilde, [JACQUES I.
b 1695; s[8] 14 mars 1744.

Geneviève-Angélique, b[8] 23 février 1720; m[8] 22 fevrier 1745, à Joseph DUPONT.—*Marie-Louise*, b[8] 21 avril 1722.— *Aimée-Françoise*, b[8] 15 sept. 1723; s[8] 18 nov. 1726. — *Guillaume-Ignace*, b[8] 26 avril 1725.—*Louis*, b[8] 4 août 1727.—*Charles-Thomas*, b[8] 22 dec. 1728; s[8] 23 janvier 1729.— *Louis*, b[8] 21 oct. 1730, s[8] 9 déc. 1732.—*Marie-Marthe*, b[8] 18 avril 1732; m 22 janvier 1753, à Nicolas LEFEBVRE, aux Ecureuils. — *Jean-Baptiste*, b[8] 9 avril 1734. — *Anonyme*, b[8] et s[8] 16 dec. 1735. — *Ursule*, b[8] 7 nov. 1737; s[8] 27 dec. 1741. — *Pierre-Thomas*, b[8] 1er août 1739.—*Simon*, b[8] 16 et s[8] 17 avril 1742.

1720, (29 janvier) St-Laurent, I. O.[3]

III.—COTE, AUGUSTIN, [JEAN II.
b 1695; s 12 mars 1737, à St-Pierre, I. O.[4]
BAILLARGEON, Madeleine, [JEAN II.
b 1694; s[4] 6 fevrier 1748.

Augustin, b[4] 4 nov. 1720; m à Marie-Joseph COUTURE.—*Marie-Madeleine*, b[4] 19 fevrier 1722, m[4] 15 juillet 1748, à Ignace LECLERC.—*François*, b... m[3] 18 oct. 1751, à Agnès ROUSSEAU.—*Marie-Joseph*, b[4] 8 sept. 1725; 1° m[4] 15 fevrier 1751, à Jean-Baptiste ROUSSEAU; 2° m[3] 15 fevrier 1762, à Jean GODBOUT.—*Pierre*, b[4] 1er nov. 1727. — *Joseph-Etienne-Marie*, b[4] 25 dec. 1729; m[3] 22 août 1763, à Therèse DORVAL. — *Nicolas*, b[4] 29 août 1732. —*Marie-Louise*, b[4] 19 juillet 1735; s[3] 1er mars 1760.

1720, (9 avril) St-François, I. O.[6]

IV.—COTÉ, PIERRE, [NOEL III.
b 1701.
MARCEAU, Dorothée, [LOUIS II.
b 1702.

Pierre, b 7 nov. 1722, à St-Pierre, I. O.[7]; m 7 avril 1750, à Marie-Anne RONDEL, à Quebec.— *Jean-Marie*, b[7] 4 oct. 1724; m 6 nov. 1747, à

(1) Charpentier de navires.

Marie-Marthe Ruel, à St-Laurent, I. O.[6]—*Marie-Dorothee*, b [7] 21 juillet 1726; 1° m [7] 25 juin 1743, à Jean-Baptiste Bonneau, 2° m [6] 24 janv. 1774, à Joseph DeBlois. — *Marie-Angélique*, b [7] 27 janvier 1729; s [7] 12 août 1733. — *Joseph-Marie*, b [7] 4 nov. 1730; m [6] 5 nov. 1753, à Thècle Emond.— *Antoine*, b [7] 21 janvier 1733; m 17 janvier 1757, à Marie-Angelique Terrien, à St-Jean, I. O.— *Marie-Angélique*, b [7] 28 fevrier 1735; m [7] 29 oct. 1753, à Michel Emond. — *Marie-Joseph*, b [7] 2 fevrier 1736. — *Jacques*, b [7] 21 janvier 1737, m à Marguerite Gendron. — *Agathe*, b [7] 28 janvier 1739; m 3 nov. 1761, à Charles Boucher, à Levis. — *Alexis*, b [7] 5 janvier et s [7] 26 juillet 1741.— *Louis-Marie*, b [7] 7 sept. 1742.

1720, (17 juillet) Cap-St-Ignace.[1]

IV.—COTÉ (1), Jean-Bte, [Jean-Bte III.
b 1697.

Bernier, Geneviève, [Jean-Bte II.
b 1697.

Marie, b... m 5 nov. 1748, à Jean-François Dubé, à la Rivière-Ouelle. — *Marie-Louise*, b 4 mai 1728, à Kamouraska; m [1] 23 nov. 1750, à Pierre-Alexandre Cahouet. — *Marie-Anne*, b... m 27 oct. 1752, à François Michaud, aux Trois-Pistoles. [4]—*Catherine*, b 18 août 1731, à Rimouski[2]; m à Louis Valentin. — *Pierre*, b [2] 8 mai 1733; m [4] 15 mai 1769, à Isabelle Coté. —*Geneviève*, b... m 27 oct. 1770, à Joseph Bergeron, à l'Ile-Verte.

1720, (17 juillet) Cap-St-Ignace.

IV.—COTÉ, Prisque, [Jean-Bte III.
b 1701.

Bernier, Ursule, [Jean-Bte II.
b 1699; s 11 janvier 1770, à l'Ile-Verte.

Louise, b 1er sept. 1728, à Kamouraska. [8]— *Françoise*, b 16 juillet 1730, à Rimouski[1]; m 29 oct. 1752, à Joseph Marquis, aux Trois-Pistoles.[8]— *Louise*, nee 1729, b [1] 13 août 1730. — *Agnès*, b... m à François Marquis.—*Prisque*, b... m [1] 9 juillet 1755, à Geneviève Lepage. — *Alexandre*, b [1] 10 avril 1735; m [8] 4 fevrier 1765, à Elisabeth Michaud. — *Pierre*, b[1] 17 nov. 1737; m [8] 3 fevrier 1766, à Marie-Joseph Albert.— *Marie*, b [8] 7 juin 1740 —*Joseph*, b... m [8] 10 sept. 1764, à Louise Lepage. — *Jean-Baptiste*, b... 1° m [8] 22 juillet 1766, à Veronique-Madeleine Rioux; 2° m [8] 9 janvier 1769, à Madeleine Marquis.— *Geneviève-Elisabeth*, b... m [8] 12 nov. 1781, à Maurice Sirois.

COTÉ, Joseph.
.... Elisabeth.

Michel-Augustin, b 27 août 1721, à St-Antoine-Tilly.

1721, (20 oct.) Château-Richer.

IV.—COTE, Jean, [Jean III.
b 1701; s 20 mars 1733, à Ste-Geneviève.[4]

Trépagny (De) (2), Geneviève, [François II.
b 1699.

Geneviève, b 10 oct. 1722, à St-Pierre, I. O.; m [4] 26 avril 1740, à Joseph Rivard.—*Cécile*, b 3 oct. 1724, à Quebec[5]; s [5] 5 fevrier 1726.—*Elisabeth*, b [5] 22 juin 1726; 1° m à Louis Rochereau; 2° m 23 juillet 1770, à Joseph Boulet, à Ste-Anne-de-la-Perade.—*Marie*, b [4] 27 et s [4] 30 août 1728.— *Marie-Joseph*, b [4] 8 sept. 1729. — *Marie-Jeanne*, b [4] 3 mai 1731. — *Marie*, b [4] 26 février 1733.

1722, (7 oct.) Québec.

IV.—COTÉ, Gabriel, [Jean-Bte III.
b 1698.

1° Bernier, Elisabeth, [Jean-Bte II.
b 1704.

Marie-Geneviève, b... 1° m 1er juillet 1749, à Jean-Baptiste Roy, aux Trois-Pistoles[2]; 2° m à Philippe Voisine. — *Rose*, b... m [2] 29 août 1764, à François Michaud. — *Barthélemi*, b 7 sept. 1727, à Kamouraska.[3] — *Basile*, b... m à Marie-Agnès Lepage. — *Marie*, b 1730, à Rimouski[4]; m [4] 14 mai 1754, à Antoine Lepage.—*Jean-Baptiste*, b [4] 20 avril 1732; m 20 juillet 1766, à Marie-Catherine Miville, à l'Ile-Verte.[5] — *Joseph-Claude*, b [4] 13 sept. 1735; m [5] 12 juillet 1762, à Marie-Louise Levasseur. — *Rose*, b [4] 17 nov. 1737; m à Joseph Toussaint.

1740, (6 nov.)[3]

2° Lebel, Marie-Madeleine. [Nicolas II.

Marie-Catherine, b [3] 13 août 1741; m [5] 28 juillet 1766, à Prisque Soucy; s [6] 7 juillet 1767. —*Gabriel*, b [3] 7 sept. 1743, 1° m [3] 25 juillet 1768, à Elisabeth Vaillancour; 2° m [4] 15 juillet 1783, à Marie-Elisabeth Lepage. — *Marie-Brigitte*, b [2] 14 mars 1751. — *Marie-Rosalie*, b 1755, m [5] 15 janvier 1772, à Etienne Rioux; s [2] 19 janvier 1794. — *Marie-Ursule*, b... m à Basile Guyon.— *Marie-Joseph*, b... m [3] 5 août 1765, à André Ouellet.

1724, (20 juillet) Québec.[4]

I.—COTÉ, Claude, b 1702; fils d'Andre et d'Aimee Bazilla, de St-Dizier, Lyon; s 5 avril 1747, à St-Thomas.[5]

1° Pampalon, Frse-Angelique, [François I.
b 1705; s [4] 15 oct. 1727.

Marie-Angelique, b [4] 30 oct. 1725; m[5] 18 avril 1746, à Pierre Dastout. —*Marie-Charles*, b [4] 3 et s [4] 8 nov. 1726. — *Marie-Ursule*, b [4] 4 et s [4] 6 sept. 1727.

1728, (20 juin).[4]

2° Baudoin (1), Marie-Geneviève, [Louis II.
b 1708.

Marie-Marguerite, b [4] 31 juillet 1729; m [4] 11 juin 1778, à Pierre Forton. — *Claude-Charles*, b [4] 17 oct. 1730, m [5] 7 janvier 1754, à Elisabeth Prou; s [5] 2 avril 1763. — *Marie-Geneviève*, b [5] 6 juillet 1732; m [4] 3 sept. 1782, à François Coupeau.—*Louise*, b [5] 29 avril 1734; m [4] 4 nov. 1760, à Charles Giroux. — *Marie-Catherine*, b [5] 24 mars 1736; m [4] 4 nov. 1760, à Martial Bardy; s [4] 26 janvier 1782. — *Marthe*, b [5] 2 juin 1738, s [4] 5 dec. 1752. —*Marthe-Françoise*, b [5]

(1) Propriétaire de la seigneurie de l'Ile-Verte.

(2) Elle épouse, le 14 sept. 1735, Pierre Lefebvre, à Ste-Geneviève.

(1) Elle épouse, le 5 février 1748, François Rageot, à St-Thomas.

26 mars 1740 — *Louis*, b [5] 17 mai 1742; s [4] 7 mars 1762.—*André*, b [5] 12 avril 1744; m [4] 27 fevrier 1764, à Marguerite LEVITRE.—*Joseph-Marie*, b [5] 8 juin 1746.

COTE, JACQUES, b 1724; s 6 mai 1748, à St-Pierre, I. O.

COTE, AUGUSTIN, b 1724; s 5 juin 1750, à St-Pierre, I. O.

1726, (18 février) St-Laurent, I. O.

IV.—COTÉ, PIERRE, [JEAN III.
b 1703.
DELAGE, Marguerite-Angélique, [CHARLES II.
b 1707.

Jean-Baptiste, b 1er déc. 1726, à St-Pierre, I. O.[5]; s [5] 18 nov. 1746.— *Pierre*, b [5] 23 mars 1728; m [5] 16 août 1752, à Marguerite BARBEL; s [5] 15 fevrier 1757.—*Joseph-Marie*, b [5] 4 mars 1730.—*Gabriel*, b [5] 9 mai 1732.—*Louise*, b [5] 31 juillet 1734.—*Marie-Joseph*, b [5] 1er mai 1737. — *Geneviève*, b [5] 25 août 1739. — *Geneviève*, b [5] 5 oct. 1742.—*Marie-Marguerite*, b [5] 20 août 1745. — *Louis-François*, b [5] 13 février 1748. — *Philippe*, b [5] 1er juin 1752.

1726, (7 nov.) Beaumont.

IV.—COTÉ, JOSEPH, [LOUIS III
b 1704.
1° COUILLARD (1), Marguerite, [CHS-THOMAS II
b 1707; s 7 janvier 1734, à St-Thomas.[7]

Joseph, b [7] 2 août 1727; s [7] 31 dec. 1733.—*Louis*, b [7] 26 mars 1729. — *Marguerite*, b... m [7] 18 août 1749, à Joseph BOUCHARD.—*Joseph*, b... m [7] 17 juin 1771, à Angelique LABERGE.

2° MORIN, Marie-Françoise, [PIERRE I
b 1709.

Elisabeth, b [7] 26 août 1735; m [7] 23 nov. 1761, à Pierre RENAUD. — *Marie-Geneviève*, b [7] 12 fevrier 1737; m [7] 10 août 1767, à Jean-Marie BELANGER.—*Françoise*, b [7] 14 avril 1739; s [7] 7 août 1741.—*Antoine*, b [7] 5 mars 1741; m 12 nov. 1764, à Marie-Placide CLOUTIER, au Cap-St-Ignace.—*Louis*, b [7] 23 oct. 1743. — *Paul*, b [7] 5 août 1746, m [7] 2 mars 1772, à Marie-Geneviève LEMIEUX.—*Jean-Marie*, b [7] 9 nov. 1748. — *Etienne*, b [7] 25 mars 1751.

COTÉ, FRANÇOIS-AUGUSTIN-NOEL, b 1726; s 3 juin 1754, à St-Pierre, I. O.

1727, (26 août) St-Antoine-Tilly.[1]

IV.—COTÉ, FABIEN, [JACQUES III.
b 1706.
LEMARIÉ, Marie-Anne, [MICHEL III.
b 1705; s [1] 15 avril 1739.

Marie-Anne, b [1] 18 juin 1728.—*Marie-Charlotte*, b [1] 14 avril 1730.—*Michel*, b [1] 10 avril 1732.—*Joseph-Fabien*, b [1] 8 et s [1] 15 février 1734.—*Joseph-Jacques*, b 20 mars 1735, à St-Nicolas. — *Marie-Anne*, b [1] 17 mars 1737; m 29 sept. 1760, à François DEVIN, à Montreal.—*Charles-Joseph*, b [1] 25 mars 1739.

(1) DeBeaumont.

1729, (17 juillet) Cap-St-Ignace.

IV.—COTÉ, JEAN-BTE, [LOUIS III.
b 1706; s 14 sept. 1733, à St-Thomas.[2]
FORTIN (1), Marie-Marthe, [EUSTACHE II.
b 1714.

Jean-Baptiste, b [2] 10 avril et s [2] 27 juillet 1730.—*Jean-Baptiste*, b... m [2] 1er fevrier 1751, à Marie-Charlotte-Marthe BOULET.—*Marie-Marthe*, b [2] 15 fevrier 1733; m [2] 23 nov. 1750, à Augustin BOULET.

COTÉ, JEAN-BTE, b... s 7 janvier 1736, à St-Pierre, I. O.

COTÉ, AUGUSTIN.
Charlotte-Joseph, b... s 19 juin 1741, à St-Pierre, I. O.

COTÉ, MARIE, b 1730; s 19 sept. 1787, à l'Ile-Verte.

COTÉ, FABIEN.
CADIEU, Marie-Angélique,
b 1711; s 31 janvier 1773, à l'Hôpital-Genéral, M.

COTÉ, MARIE-CHARLOTTE, b 1730; s 10 août 1806, à l'Hôpital-Géneral, M.

1731, (8 sept.) St-Antoine-Tilly.[3]

IV.—COTÉ, JACQUES, [JACQUES III.
b 1708.
1° BLOUARD, Madeleine, [MATHIEU II.
b 1708, s [3] 26 janvier 1747.

Marie-Madeleine, b [3] 11 avril 1733; m [3] 21 fevrier 1757, à Joseph MARCHAND.—*Jacques*, b [3] 3 oct. 1734.—*Marie-Charlotte*, b [3] 12 fevrier 1736; m [3] 18 avril 1764, à Alexandre MARION.—*Jean-Baptiste-Augustin*, b [3] 30 août 1737; m [3] 6 juin 1763, à Marie-Madeleine BERGERON. — *Marie-Geneviève*, b [3] 16 nov. 1739 —*Marie-Catherine*, b [3] 3 et s [3] 25 janvier 1741.—*Anonyme*, b [3] et s [3] 3 janvier 1741.—*Antoine*, b [3] 30 mai 1742; s [3] 29 juillet 1744.—*François-de-Sales*, b [3] 17 janvier 1746.

1747, (24 avril).[3]

2° DAIGLE, Marie-Françoise, [ANDRÉ II.
b 1716.

Alexis, b [3] 1er et s [3] 2 juin 1748.—*Jean-Marie*, b [3] 21 sept. 1749.—*Marie-Françoise*, b [3] 16 mars et s [3] 22 avril 1751.—*Charles*, b [3] 20 août 1752.—*Anonyme*, b [3] et s [3] 4 mai 1755.

1756, (1er mars).[3]

3° BERGERON, Marie-Joseph, [JEAN-BTE III.
b 1726.

Marie-Judith, b [3] 10 avril et s [3] 17 nov. 1757.—*Marie-Joseph*, b [3] 23 dec. 1759.—*Joseph-Marie*, b [3] 25 avril 1762.—*Marie-Geneviève*, b [3] 12 avril 1764.—*Jean-Charles*, b [3] 29 oct. 1767.

(1) Elle épouse, le 4 oct. 1734, Jean-Baptiste Langlois, à St-Thomas

1733, (8 janvier) Baie-St-Paul. [8]

III.—COTÉ, THOMAS, [JEAN II.
b 1707.
1° SIMARD, Geneviève, [ETIENNE II.
b 1707; s [8] 26 juin 1733.
2° GAGNON, Geneviève, [JOSEPH III.
b 1716; s [8] 9 janvier 1776.

Joseph, b 12 février 1736, aux Eboulements; m 20 février 1759, à Dorothee TREMBLAY, à la Petite-Rivière.—*Marie-Geneviève*, b [8] 29 juillet 1737; m [8] 14 oct. 1776, à Jean-Baptiste CARLING. —*Marie-Rose*, b [8] 19 janvier 1739, m [8] 1er mars 1764, à Jean-Charles SIMARD —*Marie-Angelique*, b [8] 23 juin 1740; s [8] 16 janvier 1743.—*Augustin*, b [8] 24 nov. 1742; m [8] 18 nov. 1767, à Dorothee-Ursule GUAY.—*Angelique*, b [8] 2 sept. 1744; m [8] 30 janvier 1764, à Jean BOIVIN.—*Symphorose-Sophie*, b [8] 18 juillet 1746.—*Pierre*, b [8] 4 juillet et s [8] 26 nov. 1748.—*Anonyme*, b [8] et s [8] 28 août 1749.—*Léonard-Joseph*, b [8] 11 nov. 1750 —*Félicité*, b [8] 13 nov. 1752; m [8] 8 nov. 1773, à Godfroy SIMARD.—*Rose*, b [8] 30 juillet 1754.—*Ursule-Dorothée-Constance*, b [8] 19 mai et s [8] 8 juin 1756.

1733, (24 février) Ste-Foye.

IV.—COTÉ, PAUL, [JEAN III.
b 1707; s 26 fevrier 1777, à Quebec [9]
MOREAU, Madeleine, [MICHEL II.
b 1709, s [9] 5 déc. 1780.

1733, (5 oct.) L'Ange-Gardien. [1]

III.—COTE, IGNACE, [JEAN II.
b 1700
HÉBERT (1), Veronique, [GUILLAUME II.
b 1713

Marie, b [1] 31 juillet 1734; m 22 fevrier 1751, à Jacques POLIQUIN, à St-Charles. [2]—*Louise*, b [1] 16 fevrier 1736.—*Véronique*, b [1] 5 mai 1738; m [2] 10 janvier 1757, à Jean-Baptiste VALIÈRES.— *Louis*, b...m [2] 22 août 1757, à Angelique VALIÈRES.—*Ignace-Augustin*, b [1] 22 dec. 1740.— *Marie-Geneviève*, b 19 nov. 1742, à St-Valier. [3] — *Jean-Valier*, b [3] 25 avril 1744. — *Pierre*, b 7 nov 1745, à Beaumont. [4] — *Joseph*, b [4] 6 mai 1747, m à Anne-Madeleine TURGEON.— *Ignace*, b [4] 30 juillet 1749. —*Ignace*, b [2] 9 sept. 1750.—*Marie-Angélique*, b 10 nov. 1752, à St-Pierre, I. O. [5] — *Marie-Thècle*, b [5] 10 nov. 1752; 1° m à Etienne TURGEON, 2° m [4] 6 nov. 1797, à Joseph-Marie CARRIER, s [4] 26 avril 1810.

1733, (16 nov.) St-Laurent, I. O. [1]

IV.—COTÉ, JEAN-BTE, [MARTIN III.
b 1700; s 26 fevrier 1760, à St-Charles. [2]
BOUFFARD, Marie-Louise, [JEAN II.
b 1714.

Ursule, b [1] 26 oct. 1734.— *Marie-Geneviève*, b 1er sept. 1736, à St-Pierre, I. O.; m [2] 15 janvier 1759, à François GUENET; s [2] 2 mars 1760.— *Marie-Thérèse*, b 13 janvier 1739, à Beaumont. [3] —*Jean-Baptiste*, b [3] 7 et s [3] 14 sept. 1740.—*Jean-Baptiste*, b [3] 10 sept. 1741. — *Marie-Marguerite*, b [3] 30 juillet et s [3] 24 sept. 1743.— *Marie-Louise*, b [3] 27 août 1745; m [2] 16 fevrier 1757, à Laurent GOSSELIN.—*Joseph*, b [3] 27 avril 1748; 1° m 1770, à Marie-Louise PAQUET; 2° m 27 nov. 1781, à Marie-Anne VÉSINA, à Québec [4]; s [4] 18 avril 1785.—*Charles-Célestin*, b [2] 19 mai et s [2] 20 sept. 1753.—*Marie-Joseph*, b [3] 29 juin 1756.

(1) Dit Lecompte.

1734, (30 avril) Ste-Famille, I. O.

IV.—COTÉ, PIERRE, [MATHIEU III.
b 1711; s 12 dec. 1761, à St-Antoine-Tilly. [4]
CHARLAND, Marie-Joseph, [PIERRE III.
b 1712; s [4] 17 mars 1765.

Marie-Joseph, b 17 mars 1735, à St-Pierre, I.O.; m [4] 7 fevrier 1762, à Pierre MEUNIER. — *Marie-Louise*, b [4] 30 oct. 1736; s [4] 16 avril 1766.— *Pierre*, b [4] 13 sept. 1742; s [4] 8 dec. 1749.—*Louis-Joseph*, b [4] 19 mars 1745. — *Jean-Baptiste*, b [4] 30 sept. 1748.—*Marie-Thérèse*, b [4] 15 oct. 1754.

1734, (4 oct.) St-Thomas. [5]

IV.—COTÉ, PAUL, [LOUIS III.
b 1708; s [5] 22 sept. 1759.
LANGLOIS, Geneviève, [JOSEPH III.
b 1711, veuve de Jean-Baptiste Couillard; s [5] 29 juin 1758.

Anonyme, b [5] et s [5] 27 mai 1735.—*Marie-Geneviève*, b [5] 8 avril 1736; m [5] 16 juin 1760, à Etienne SIMARD, s [5] 28 mars 1763.—*Paul*, b [5] 26 janvier 1738, s [5] 24 fevrier 1748.— *Véronique*, b [5] 11 oct. 1739; m [5] 26 janvier 1761, à Charles COUILLARD. — *Louis*, b [5] 24 oct. 1741; s [5] 4 sept. 1750. — *Joseph-Marie*, b [5] 28 août 1743, m [5] 16 fevrier 1767, à Elisabeth BELANGER. — *Marie-Louise*, b [5] 18 août et s [5] 18 sept. 1745.—*Marie-Louise*, b [5] 5 nov. 1746, s [5] 4 sept. 1750. — *Anonyme*, b [5] et s [5] 26 août 1748. — *Thérèse*, b [5] 19 oct. 1749; m [5] 10 oct. 1768, à Henri GAMACHE — *Marie-Joseph*, b [5] 22 sept. 1751; s [5] 12 avril 1752.

1734.

IV.—COTÉ, ISIDORE, [LOUIS III.
b 1709.
1° BOUCHARD, Geneviève, [PIERRE II.
b 1713; s 4 dec. 1752, à St-Pierre-du-Sud. [6]

Marie-Geneviève, b 6 fevrier 1735, à St-Thomas [7]; m [6] 3 mai 1752, à Nicolas LABERGE. — *Marie*, b [7] 4 janvier 1737.—*Elisabeth*, b 1744; s [6] 15 nov. 1749.—*Thérèse*, b... m [6] 4 nov. 1760, à Germain MORIN.

1758, (3 juillet). [6]

2° BACON, Marie-Angelique. [NOEL III.

1735, (26 avril) St-Pierre, I. O. [7]

IV.—COTE, JOSEPH, [PIERRE III.
b 1710.
BAUDON, Marie-Elisabeth, [JACQUES III.
b 1714.

Jean-Joseph, b [7] 18 fevrier 1738.—*Marie-Madeleine*, b [7] 30 oct. 1739; m 25 janvier 1761, à Pierre MEUNIER, à St-Antoine-Tilly [8]; s [8] 15 avril 1761.—*Marie-Louise*, b... m [8] 27 juillet 1767, à Etienne HUOT.—*Jean-Baptiste*, b [7] 30 mars 1741; s [8] 14 août 1744.—*Jean-Marie*, b [8] 3 janvier 1745. —*Alexis-François*, b [8] 25 oct. 1746.—*Marie-Thérèse*, b [8] 17 juillet 1748; m [8] 26 janvier 1767, à Jean-Baptiste CROTEAU. — *Marguerite*, b [8] 28 avril 1750.—*Marie-Joseph*, b... s [8] 22 oct. 1751. —*Marie-Charlotte*, b [8] 6 février 1752.—*Antoine*, b [8] 27 déc. 1753.

1735, (27 juin) Rimouski. [1]
IV.—COTÉ, PIERRE. [JEAN-BTE III.
1° LEPAGE, Marie-Anne, [RENÉ II.
b 1714.
Gabriel, b [1] 2 avril 1736.—*Charles*, b [1] 8 juin 1738 ; m 2 août 1768, à Marie-Louise BÉRUBÉ, à la Rivière-Ouelle.[2]— *Germain*, b 4 juin 1740, à Kamouraska[3]; m [3] 19 janvier 1767, à Brigitte ALBERT.—*Reine*, b... m 13 juillet 1767, à Joseph ST-LAURENT, à l'Ile-Verte.[4]
1748, (30 oct.) [3]
2° MIVILLE, Madeleine. [PIERRE-FRS IV.
Marie-Ursule, b 25 janvier 1754, aux Trois-Pistoles.[5] — *Pierre*, b [5] 29 août 1755 ; m[3] 18 oct. 1780, à Marie-Catherine LAPLANTE. — *Jacques*, b... s 26 sept. 1755, à St-Pierre, I. O.—*Joseph-Marie*, b [5] 10 oct. 1756; m [4] 17 janvier 1785, à Marie-Joseph GAUDIN.—*Jean-Baptiste*, b... m [4] 2 fevrier 1784, à Madeleine DUBÉ.—*Basile*, b... m [4] 9 janvier 1786, à Marie-Anne CHALOU.

COTÉ, JEAN.
GAMACHE, Françoise.
Rose, b 5 sept. 1736, à la Rivière-Ouelle.

IV.—COTÉ, LOUIS, [MARTIN III.
b 1713.
ROBIDEAU, Anne.
Louis, b... m 21 janvier 1765, à Geneviève LAMARRE, à St-Thomas.

1736, (9 avril) St-Antoine-Tilly. [6]
IV.—COTE, JEAN-BTE, [JACQUES III.
b 1711.
1° DUBOIS, Marie-Angélique, [JEAN-BTE II.
b 1713 ; s [6] 18 mai 1748.
Marie-Françoise, b [6] 19 fevrier 1737 ; m [6] 10 nov. 1760, à Pierre MERCIER, s 19 avril 1763, à Levis.—*Jean-Charles-Joseph*, b 13 février 1738, à St-Nicolas.—*Jean-Baptiste*, b... m [6] 14 nov. 1763, à Marie-Angelique CHARLAND. — *Marie-Marthe*, b... m [6] 3 février 1766, à Joseph BERGERON.— *Marie-Madeleine*, b [6] 22 mai 1740 ; s [6] 4 mai 1741. —*Angélique*, b [6] 6 mars 1742, m [6] 26 nov. 1765, à Pierre ROUSSEAU.—*Pierre*, b [6] 7 mars 1744.— *Ursule*, b [6] 9 oct. 1746 ; s [6] 29 nov. 1747.
1750, (30 juin). [6]
2° CROTEAU, Geneviève, [LOUIS II.
b 1724 ; s [6] 7 mai 1757.
Marie-Louise, b [6] 12 et s [6] 31 oct. 1750.—*Geneviève*, b [6] 24 août et s [6] 13 sept. 1752.—*Pierre-Noel*, b [6] 12 août 1755.

1736, (11 nov.) St-Antoine-Tilly. [7]
IV.—COTÉ, JOSEPH, [JOSEPH III.
b 1716.
LEMARIE, Marie-Françoise, [MICHEL II.
b 1699 ; veuve de Denis Gagnon.
Joseph, b [7] 8 juillet 1738 ; s 29 avril 1744, à la Longue-Pointe.

IV.—COTÉ, JEAN-FRANÇOIS, [PIERRE III.
b 1715.
HUOT, Madeleine.
François, b... m 10 oct. 1765, à Marie-Anne DESROCHERS, à la Baie-du-Febvre.

1737, (25 fevrier) St-Laurent, I. O.
IV.—COTÉ, JEAN-FRANÇOIS, [MARTIN III.
b 1709.
PAQUET, Catherine, [ANTOINE II.
b 1715.
François, b 10 juillet 1738, à St-Pierre, I. O.— *Marie-Marguerite*, b 3 juin 1740, à Beaumont.[8]— *Catherine*, b [8] 12 mars 1743.—*Jean-Baptiste*, b [8] 22 nov. 1745 ; s [8] 1er juin 1748.—*Augustin*, b [8] 30 juin 1748 ; s 28 août 1751, à St-Charles.[9]—*Joseph*, b [9] 29 mars 1752.—*Marie-Judith*, b[9] 17 mai 1754.

COTÉ, JEAN-BTE.
FORTIN, Marguerite.
Marguerite, b 24 fevrier 1738, à Lachenaye.[1] —*Jean-Baptiste*, b [1] 10 juin 1739.—*Joseph*, b [1] 20 janvier et s [1] 13 juillet 1741.—*Joseph*, b [1] 7 juin 1742.—*Marie-Anne*, b [1] 2 fevrier 1744.

1739, (7 avril) L'Ange-Gardien.
III.—COTÉ, CHARLES, [JEAN II.
b 1704.
1° FISET, Geneviève, [CHARLES II.
b 1715.
Charles, b 16 janvier 1740, à Lorette.[1]—*Louis*, b [1] 23 fevrier 1742. —*Joseph*, b [1] 16 juillet 1744. —*Jean-Baptiste*, b [1] 12 mars 1748.
1749, (14 avril) Charlesbourg (1).
2° ESTIAMBE, Françoise, [NICOLAS I.
b 1723 ; s 30 déc. 1786, à St-Augustin.
Marie-Joseph, b [1] 14 et s [1] 29 avril 1750.— *Jean-Baptiste*, b [1] 19 mars 1757. — *Pierre*, b [1] 24 dec. 1762.—*Etienne*, b [1] 2 et s [1] 6 juin 1765.

1739, (11 août) St-Antoine-Tilly. [1]
IV.—COTE, ISIDORE, [MATHIEU III.
b 1714 ; s 6 juin 1768, à la Baie-du-Febvre.[2]
GRENON (2), Marie-Joseph, [JEAN-FRS II.
b 1721.
Charles, b [1] 26 août 1740 ; m [2] 27 oct. 1767, à Marie-Joseph MANSEAU. — *Louis-Isidore*, b [1] 25 août 1742 ; m [2] 26 oct. 1767, à Marie-Joseph BENOIT. — *François*, b [1] 29 août 1744 ; m [2] 15 oct. 1770, à Marie-Jeanne BENOIT. — *Marie-Joseph*, b [1] 20 mars 1747 ; m [2] 4 nov. 1765, à Antoine BOISVERD.—*Marie-Véronique*, b [1] 11 fevrier 1750 ; m [2] 16 oct. 1770, à Joseph MANSEAU.—*Marie-Angélique*, b [1] 28 oct. 1752. — *Joseph*, b [1] 11 et s [1] 14 mai 1755. — *Pierre*, b [1] 11 mai et s [1] 15 août 1755.—*Marie-Louise*, b [1] 30 sept. 1756.— *Michel*, b [2] 8 dec. 1759.—*Isidore*, b [2] 24 juillet 1762.

(1) Réhabilité le 30 avril 1749, à Lorette, pour troisième degré d'affinité : Françoise Estiambe étant troisième cousine de Geneviève Fiset. Inhumée sous le nom de Schambre.

(2) Elle épouse, le 15 nov. 1769, Joseph Robida, à la Baie-du-Febvre.

1739, (11 août) St-Antoine-Tilly. [1]

IV.—COTÉ, AUGUSTIN, [MATHIEU III.
b 1713; s 28 août 1758, à St-Pierre, I. O.
1° GRENON, Charlotte-Joseph, [JEAN-FRS II.
b 1722; s [1] 25 nov. 1740.
Marie-Charlotte, b [1] 2 nov. 1740.
1750, (11 mai). [1]
2° GENEST, Louise-Charlotte, [JACQUES II.
b 1717; s [1] 17 janvier 1761.
Augustin, b [1] 27 mars 1751; s [1] 12 avril 1752.
—*Marie-Charlotte*, b [1] 18 avril 1754; s [1] 24 mars 1757.

1739, (9 nov.) Beaumont. [9]

IV.—COTÉ, ETIENNE, [MARTIN III.
b 1711.
GONTIER, Marie. [DENIS II.
François, b [2] 18 sept. 1740; m 16 avril 1765, à Marie-Joseph CARLOT, au Cap-St-Ignace. — *Anonyme*, b [2] et s [2] 22 avril 1742. — *Joseph-Etienne*, b [2] 21 mars 1743.—*Marie-Louise*, b [2] 30 et s [2] 31 juillet 1745. — *Etienne*, b [2] 23 et s [2] 27 juillet 1749.— *Antoine*, b 24 déc. 1750, à St-Charles.— *Louis-Marie*, b 25 fevrier 1754, à Kamouraska.

1739, (9 nov.) L'Ange-Gardien. [2]

IV.—COTÉ, FRANÇOIS, [JOSEPH III.
b 1713
TRUDEL, Marguerite, [PIERRE II.
b 1713.
François, b [2] 4 sept. 1740. — *Marie*, b 15 août 1743, à Québec; m 5 juillet 1762, à Raphael ROCHERON, à St-Augustin. [3] — *Marie-Angélique*, b [3] 28 dec. 1744. — *Marguerite*, b 14 fevrier 1748, à la Pte-aux-Trembles, Q.; m [3] 18 avril 1762, à Joseph VÉSINA.—*François*, b [3] 27 juin 1755.

1739, (14 nov.) Quebec. [4]

III.—COTÉ, GABRIEL, [JEAN II.
b 1702; navigateur; s [4] 11 nov. 1742
GOSSELIN (1), Cecile, [PIERRE II
b 1709; veuve de Pierre Sorbès.

1740, (30 mai) Château-Richer. [4]

IV.—COTÉ, JOSEPH, [JOSEPH III
b 1712; s 18 mars 1782, à St-Augustin. [5]
JOBIDON (2), Marie-Anne, [LOUIS III.
b 1718.
Anne, b [4] 9 fevrier 1741. — *Joseph*, b 5 juillet 1742, à L'Ange-Gardien, m [5] 13 fevrier 1775, à Marie-Joseph COTIN.—*Michel*, b [4] 14 mars 1744; m [5] 8 fevrier 1773, à Brigitte THIBAULT.—*Pierre*, b [4] 29 avril 1746, m [5] 20 janvier 1777, à Marie-Joseph GINGRAS.—*Marie-Thérèse*, b 12 oct. 1747, à Charlesbourg [6], m à Augustin THIBAULT— *Louis-Joseph*, b [6] 30 mars 1749, s [6] 12 janvier 1751. — *Jean*, b [6] 28 février 1751. — *Charles*, b [5] 25 avril 1755; m [5] 27 janvier 1783, à Marguerite GOULET.—*Louis*, b... m [5] 29 sept. 1777, à Marie-Louise THIBAULT.—*Romain*, b [5] 23 avril 1757.

(1) Elle épouse, le 19 février 1746, Charles-Dominique Douaire, à Quebec.

(2) Et Bidon.

1741, (10 avril) Kamouraska. [8]

IV.—COTÉ, NICOLAS. [JEAN-BTE III.
LEVASSEUR, Marie-Claude, [PIERRE III.
b 1721.
Gabriel, b [8] 12 juin 1742; m à Agathe DESJARDINS. — *Marie-Joseph*, b [8] 30 janvier 1744.— *Elisabeth*, b... m [8] 2 mars 1767, à Louis CASTONGUAY.—*Geneviève*, b [8] 29 mars 1746.—*Marie-Anne*, b 1747, s [8] 11 dec. 1756. — *Honoré-Michel*, b [8] 7 janvier et s [8] 4 sept. 1748. — *Anonyme*, b [8] et s [8] 20 juillet 1752.—*Henri*, b... m [8] 22 oct. 1777, à Marie-Judith BEAULIEU.— *Pierre-Nicolas*, b [8] 7 mars 1754; m [8] 16 juin 1779, à Ursule SINDON. —*Jean-Baptiste*, b [8] 15 fevrier 1758; m [8] 9 fevrier 1778, à Marguerite THIBAUDEAU.

1741, (16 avril) St-Antoine-Tilly.

IV.—COTÉ, MICHEL. [JACQUES III.
CHENAY, Angelique, [JEAN-BTE II.
b 1722.

1741, (21 août) Beaumont.

IV.—COTÉ, LOUIS. [MARTIN III.
BÉCHARD (1), Marie-Louise, [LOUIS II.
b 1721.

1743, (29 juillet) Rimouski. [4]

IV.—COTÉ, GABRIEL, [JEAN III.
b 1719.
LEPAGE, Cécile, [PIERRE III.
b 1720.
Pierre, b [4] 13 janvier 1749.—*Joseph*, b [4] 23 dec. 1750.—*Jean-Baptiste*, b [4] 20 mars 1753; m 5 mai 1773, à Marie-Anne ROY, à Kamouraska.— *Françoise-Apolline*, b [4] 10 juillet 1755.—*Louis*, b [4] 2 juillet 1757; m à Marie CANUEL.—*Gabriel*, b... m [4] 5 juillet 1774, à Reine CANUEL.—*Hyacinthe*, b...

1746, (22 nov.) St-Antoine-Tilly. [8]

IV.—COTÉ, LOUIS. [JACQUES III
HOUDE, Marie-Joseph, [JACQUES III.
b 1726; s [8] 21 oct. 1766.
Louis-Jacques, b [8] 22 oct. 1748; s [8] 31 juillet 1749.—*Louis-Charles*, b [8] 23 juin 1750.—*Marie-Joseph*, b [8] 1er juillet 1752.—*François*, b [8] 20 mai 1754.—*Louis*, b [8] 3 mai 1757.—*Marie-Catherine*, b [8] 5 et s [8] 17 mai 1759.—*Marie-Monique*, b [8] 30 avril 1761.—*Jean-Marie*, b [8] 28 sept. 1764.— *Joseph-Marie*, b [8] 15 oct. 1766.

1747, (6 nov.) St-Laurent, I. O

V.—COTÉ, JEAN-BTE-MARIE, [PIERRE IV.
b 1724.
RUEL, Marie-Marthe, [JEAN II.
b 1724.
Marie-Marthe, b 11 mai 1749, à St-Antoine-Tilly [9], m [9] 3 fevrier 1766, à Joseph BERGERON. —*Jean-Baptiste*, b [9] 19 nov. 1750, m [9] 10 oct. 1774, à Marie-Therèse BOUCHER.—*Marie-Angélique*, b [9] 3 dec. 1752.—*Marie-Geneviève*, b [9] 30 mars 1755; s [9] 23 nov. 1758.—*Brigitte*, b 4 sept. 1757, à St-Nicolas; s [9] 2 nov. 1758.—*Marie-Rose*,

(1) Elle épouse, le 27 nov. 1758, Jean-François Autin, à Kamouraska.

b [9] 6 et s [9] 12 mars 1761.—*Marie-Joseph*, b [9] 6 et s [9] 20 mars 1761.—*Marie-Louise*, b [9] 26 juin 1762; s [9] 6 août 1765.—*Joseph*, b [9] 6 avril 1766.

1747, (20 nov.) Beaumont. [8]

IV.—COTÉ, MICHEL, [MARTIN III.
b 1720.
GONTIER, Elisabeth, [DENIS II.
b 1724.

Marie, b [8] 5 avril et s [8] 7 sept. 1749.—*François*, b 30 mai 1750, à St-Charles. [4] — *Marie-Elisabeth*, b [4] 10 juin 1752.—*Marguerite*, b [4] 22 et s [4] 26 mars 1754.—*Joseph*, b [4] 13 sept. 1755.—*Elisabeth*, b [4] 13 mars 1757; s [4] 15 nov. 1758.

V.—COTÉ, FRANÇOIS, [LOUIS IV.
b 1722.
THIBIERGE, Helène. [NICOLAS III.

Louis-François, b 23 avril 1749, à St-Thomas. [8] —*Marguerite-Hélène*, b [8] 22 février 1751; m [8] 12 février 1770, à Julien ROCHEFORT.—*Hélène*, b [8] 4 avril 1753.—*Jean-Baptiste*, b [8] 1er sept. 1756.—*Louis*, b 1757; s [8] 16 nov. 1759.—*Marie-Angélique*, b [8] 14 août 1758.

1748, (13 février) Ste-Anne.

IV.—COTÉ, PIERRE, [JOSEPH III.
b 1724.
1° RACINE, Félicité, [CLAUDE III.
b 1730; s 2 mars 1756, à L'Ange-Gardien. [1]

Félicité, b [1] 30 janvier 1750.—*Marie*, b [1] 17 août 1751.—*Marie-Reine*, b [1] 6 janvier 1753.—*Pierre*, b [1] 4 août 1754.—*Joseph-Louis*, b [1] 18 fevrier et s [1] 7 mars 1756.

1757, (23 mai). [1]

2° RIOPEL, Barbe, [PIERRE II.
b 1730.

Joseph, b [1] 27 février 1758.—*Nicolas*, b [1] 6 février 1760; m 20 oct. 1783, à Marie-Agnès VÉSINA, à St-Augustin. [2] — *Marie-Charlotte*, b... m à Prisque GOULET.—*Ignace*, b [1] 11 avril 1761.—*Ambroise*, b [1] 5 nov. 1762.—*Louis*, b [1] 31 dec. 1764; m [2] 13 avril 1795, à Marie GINGRAS.—*Barbe*, b 11 fevrier 1766, au Château-Richer.

1748, (8 juillet) L'Ange-Gardien. [3]

IV.—COTÉ, JEAN-BTE, [JEAN-MARIE III.
b 1719; s [3] 12 déc. 1748.
QUENTIN (1), Angelique, [GUILLAUME III.
b 1727.

1748, (18 nov.) Montréal.

IV.—COTÉ, JEAN-BTE, [JOSEPH III.
b 1717.
MICHEL, Françoise, [ANDRÉ I.
b 1726.

V.—COTÉ, BASILE. [GABRIEL IV.
LEPAGE, Marie-Agnès, [PIERRE III.
b 1723; s 1er juin 1791, à Rimouski. [8]

Isabelle, b... m 15 mai 1769, à Pierre COTÉ, aux Trois-Pistoles.—*Geneviève*, b [8] 15 nov. 1749.—*Marie-Thérèse*, b [8] 14 avril 1751; m 21 août 1785, à Jean-François ROUSSEL, à l'Ile-Verte.—*Antoine*, b [8] 25 mai 1753; m [8] 16 oct. 1787, à Reine LEPAGE; s [8] 3 nov. 1792.—*Basile*, b [8] 26 déc. 1754; 1° m [8] 22 mai 1786, à Marie-Anne LAVOIE; 2° m [8] 2 février 1796, à Louise BOUILLON.—*Jean-Baptiste*, b [8] 30 avril 1756.—*Marie-Agnès*, b [8] 25 sept. 1757.—*Marie-Louise*, b... m [8] 5 juillet 1774, à Julien REHEL.

(1) Elle épouse, le 7 avril 1750, Nicolas Julien, à L'Ange-Gardien.

1749, (21 avril) Laprairie.

IV.—COTÉ, JEAN. [JOSEPH III.
BISAILLON, Marie-Anne, [ETIENNE II.
b 1725.

1749, (29 oct.) St-Nicolas.

IV.—COTÉ, AUGUSTIN-JOSEPH, [JOSEPH III.
b 1731.
GRENON, Marie-Angélique, [JEAN-FRS II
b 1732.

Augustin-Joseph, b 26 oct. 1752, à St-Antoine-Tilly. [4] — *Marie-Françoise*, b [4] 7 mars et s [4] 19 oct. 1755.—*Etienne*, b [4] 30 oct. 1756.—*Jean-Baptiste*, b [4] 23 fevrier et s [4] 10 août 1758. — *Jean-Baptiste*, b [4] 13 sept. 1759. — *Jean-Joseph*, b [4] 7 août 1761. — *Anonyme*, b [4] et s [4] 28 oct 1763 — *Marie-Angélique*, b 11 déc. 1768, à la Baie-du-Febvre.

1749, (18 nov.) St-Thomas [4]

V.—COTÉ, JACQUES, [LOUIS IV
b 1721; s [4] 4 avril 1758.
SIMIOT, Madeleine, [JOSEPH I.
b 1730.

Jacques, b [4] 4 sept. 1750; s [4] 21 mars 1768. — *Joseph*, b [4] 20 mars 1755.

1750, (7 avril) St-Pierre, I. O. [5]

IV.—COTÉ, JOSEPH, [PIERRE III
b 1717.
PARADIS, Marie. [IGNACE III

Marie-Thérèse, b [5] 28 janvier 1751. — *Marie*, b [5] 11 nov. 1752. — *Marie-Joseph*, b [5] 7 fevrier 1755.—*Dominique*, b [5] 9 avril 1758.

1750, (7 avril) Québec. [4]

V.—COTÉ, PIERRE, [PIERRE IV.
b 1722.
RONDEL, Marie-Anne. [JOSEPH-MATHURIN I.

Pierre, b [4] 21 dec. 1750; m [4] 4 sept. 1775, à Marie-Madeleine PARANT.—*Charles-Joseph*, b [4] 3 mars 1752; s [4] 2 août 1788. — *Marie-Anne*, b [4] 7 avril 1753. — *Jacques*, b [4] 16 août 1755; 1° m à Pélagie DUBOIS, 2° m [4] 27 avril 1790, à Geneviève MONTMINY.—*Germain*, b [4] 17 et s [4] 19 nov. 1756. — *Marie-Louise*, b [4] 2 mars 1758. — *Marie-Anne*, b [4] 16 oct. 1760.

1751, (1er fevrier) St-Thomas. [6]

V.—COTÉ, JEAN-BTE. [JEAN-BTE IV.
BOULET, Marie-Charlotte-Marthe, [CHARLES III.
b 1735.

Jean-Baptiste, b [6] 20 déc. 1751; s [6] 27 dec. 1770.—*Charles-Prisque*, b [6] 26 fevrier 1754; s [6] 22 déc. 1758.—*François*, b [6] 19 et s [6] 27 janvier 1756.—*Marie-Marthe*, b [6] 12 mars 1757.

IV.—COTÉ, JOSEPH, [IGNACE III.
b 1747.
TURGEON, Marie-Madeleine,
s 5 oct. 1790, à Beaumont. [5]
Joseph, b... m [5] 9 août 1790, à Geneviève LECLAIR.— *Jean-Baptiste*, b... m [5] 10 nov. 1794, à Charlotte MUNRO.—*Louis*, b... m [5] 15 avril 1793, à Louise MUNRO.

1751, (18 oct.) St-Laurent, I. O. [5]
IV.—COTÉ, FRANÇOIS. [AUGUSTIN III.
ROUSSEAU, Agnès, [ANTOINE II.
b 1718.
François, b 8 sept. 1752, à St-Pierre, I. O. [4] — *Alexis*, b [4] 6 sept. 1753 ; s [5] 24 nov. 1759.

1751, (8 nov.) Verchères.
IV.—COTÉ, LOUIS, [JOSEPH III.
b 1723.
PION, Marie-Joseph, [MAURICE II.
b 1718 ; veuve de Jean-Baptiste Jarret.

1752, (16 août) St-Pierre, I. O. [4]
V.—COTÉ, PIERRE, [PIERRE IV.
b 1728 ; s [4] 15 février 1757.
BARBEL, Marguerite, [JACQUES I.
b 1711 ; veuve de Jacques Gourdeau.

1753, (5 nov.) St-François, I. O.
V.—COTÉ, JOSEPH-MARIE, [PIERRE IV.
b 1730.
EMOND, Thècle, [MICHEL III.
b 1737 ; s avant 1796.
Joseph-Marie, b 27 sept. 1754, à St-Pierre, I. O. [5]—*Charles*, b [5] 24 sept. 1756.—*Marie-Thècle*, b [5] 19 janvier 1758 ; m 6 fevrier 1781, à Charles GESSERON, à Quebec. [6] — *Michel*, b... — *Marie-Joseph*, b... m [6] 19 juillet 1796, à Jean VALIN.

1753, (12 nov.) St-Pierre, I. O.
IV.—COTE (1), IGNACE, [JEAN III.
b 1732.
1° PARADIS, Marie-Joseph, [IGNACE III.
b 1736 ; s 17 fevrier 1755, à L'Ange-Gardien.[5]
Marie-Joseph, b [5] 11 fevrier 1755.
1758, (20 nov.) [5]
2° RIOPEL, Madeleine, [PIERRE II.
b 1735.
Marie-Anne, b [5] 11 déc. 1760. — *Angélique*, b [5] 24 dec. 1762. — *Madeleine*, b 6 juillet 1765, au Château-Richer. [6]—*Ignace*, b [6] 29 mai 1767.

IV.—COTÉ, PIERRE, [JEAN-MARIE III.
b 1734 ; s 23 janvier 1798, à Quebec. [6]
1° TRUDEL, Marie-Louise.
Joseph, b 25 mars 1754, à St-Augustin [7] ; m [7] 24 janvier 1791, à Marie JULIEN. — *Louise*, b [7] 27 août 1755.— *Marie-Angélique*, b... m [6] 9 août 1785, à Antoine GREFFARD.
1762, (1er fevrier) St-Laurent, I. O. [8]
2° GODBOUT, Geneviève, [PIERRE III.
b 1739.
Pierre, b [8] 19 mars 1763.—*Joseph*, b 1766 ; s [6] 23 juillet 1789.— *Thérèse*, b... m [6] 9 nov. 1790, à Dominique BERNARD. — *Geneviève*, b... m [6] 11 février 1794, à Joseph GINGRAS.

(1) Dit Grignon.

1754, (7 janvier) St-Thomas. [6]
II.—COTÉ, CHARLES-CLAUDE, [CLAUDE I.
b 1730 ; s [6] 2 avril 1763.
PROU (1), Elisabeth, [JEAN-BTE III.
b 1736.
Marie-Reine, b [6] 5 janvier 1756. — *Charles-Claude*, b [6] 26 avril 1757, m 13 février 1787, à Victoire DUPÉRÉ, à Québec. — *Marie-Louise*, b [6] 5 oct. 1758.—*Elisabeth*, b [6] 15 oct. 1760.

1754, (18 février) Laprairie.
IV.—COTÉ, LOUIS, [JEAN III.
b 1720.
PINSONNEAU, Marie-Joseph, [PAUL III.
b 1730.
Anonyme, b et s 29 mars 1755, à St-Constant.

1754, (25 fevrier) Château-Richer. [6]
IV.—COTÉ, YVES, [JOSEPH III.
b 1728.
QUENTIN (2), Madeleine, [GUILLAUME III.
b 1733 ; veuve de Boniface Gagnon.
Louis, b [6] 15 juin 1755 ; m [6] 5 fevrier 1777, à Marie-Madeleine CLOUTIER.

1754, (25 nov.) St-Thomas.
V.—COTÉ, LOUIS, [LOUIS IV.
b 1735.
1° LANGLOIS, Geneviève, [JEAN-BTE IV.
b 1737.
Marie-Geneviève, b 17 mai 1756, à l'Islet. [6]
1759, (19 février). [6]
2° CARON, Marie-Joseph, [JOSEPH III.
b 1730 ; veuve de Joseph-François Tondreau.
Marie-Victoire, b [6] 16 sept. 1760.— *Marie-Brigitte*, b [6] 7 mai 1762.

1755, (9 juillet) Rimouski.
V.—COTÉ, PRISQUE. [PRISQUE IV.
LEPAGE, Marie-Geneviève, [PIERRE III.
b 1733 ; s 24 janvier 1785, à l'Ile-Verte. [8]
Marie-Geneviève, b 25 mai 1756, aux Trois-Pistoles [7] ; m à Etienne RIAUX.—*Marie-Madeleine*, b... m à Jean-Baptiste RIAUX. — *Louis*, b... m 4 oct. 1779, à Brigitte ALBERT, à Kamouraska. —*Marguerite*, b...m à Paul RIAUX.—*Ignace*, b [7] 25 déc. 1762, m [8] 26 oct. 1789, à Elisabeth CHALOU. —*Marie-Françoise*, b [7] 12 juin 1764 ; m [8] 20 nov. 1786, à Benjamin LEVASSEUR. — *Rose*, b... m [8] 2 sept. 1789, à François DUC.

1755, (24 nov.) St-Antoine-Tilly. [7]
IV.—COTÉ, JOSEPH-CHARLES, [JOSEPH III.
b 1736.
BOUCHER, Geneviève, [ETIENNE IV.
b 1738.

(1) Elle epouse, le 23 nov. 1767, Antoine Lamarre, à St-Thomas.

(2) Elle épouse, le 7 juillet 1760, Sulpice Gagnon, au Château-Richer.

François, b [7] 20 et s [7] 26 nov. 1756.— *Marie-Geneviève*, b [7] 11 janvier 1758. — *Gabriel*, b [7] 23 sept. 1761.—*Marie-Madeleine*, b [7] 28 dec. 1763.— *Marie-Geneviève*, b [7] 18 mars 1766.—*Marie-Joseph*, b [7] 16 janvier 1768.

COTÉ, Jean-Bte.
Lepage, Isabelle.
Jean-Baptiste, b 26 mai 1756, aux Trois-Pistoles.

COTÉ, Pierre.
Vidal, Marie-Anne.
Jean-Baptiste, b 1er août 1759, à l'Ile-Dupas.

COTÉ, Joseph, b 1744; s 30 mars 1773, à St-Thomas.

1757, (17 janvier) St-Jean, I. O.
V.—COTÉ, Antoine, [Pierre IV.
b 1733.
Terrien, Marie-Angelique. [Pierre III.
Antoine, b 7 sept. 1758, à Lévis. [5]— *Antoine*, b 22 juillet 1761, à Quebec.— *Louis*, b [5] 25 mars 1763; s [5] 7 oct. 1764.—*Marie-Louise*, b [5] 10 août 1764; s [5] 4 août 1765. — *Marie-Madeleine*, b [5] 28 oct. 1765.

1757, (22 août) St-Charles. [7]
IV.—COTÉ, Louis. [Ignace III.
Valières, Angelique, [Antoine III.
b 1739.
Marie, b [7] 21 juillet 1758. — *Louis*, b [7] 5 sept. 1760.

COTÉ, François.
Plante, Geneviève, [Pierre III.
b 1727.
Marie-Geneviève, b 21 juillet 1749, à St-Pierre, I. O. [1]—*Jean-François*, b [1] 13 oct. 1750.— *Marie-Angélique*, b [1] 2 et s [1] 20 oct. 1752.— *Agathe*, b [1] 21 janvier 1754. — *Marie*, b [1] 18 août 1756. — *Marie-Thècle*, b [1] 4 mars et s [1] 14 juillet 1758 — *Marie-Victoire*, b [1] 20 mai et s 3 oct. 1759, à Charlesbourg.

1759, (20 février) Petite-Rivière. [1]
IV.—COTÉ, Joseph, [Thomas III.
b 1736.
Tremblay, Dorothée, [Louis III.
b 1739.
Joseph-André-Elie-Samson, b [1] 31 mai 1760.— *Alexis-Bruno*, b 21 avril 1762, à la Baie-St-Paul. [6]—*Louis-Marc-Théodore-Thierry-Gaspard* b [6] 15 mars 1764. — *Dorothée-Ursule-Constance*, b [6] 20 janvier 1766. — *Marie-Joseph-Barbe*, b [6] 5 dec. 1767 — *Laurent-Moïse*, b [6] 10 août 1770 — *André*, b [6] 16 fevrier 1772, s [6] 15 avril 1773 — *Marie-Madeleine*, b [6] 3 avril 1774. — *Félicité*, b [6] 16 sept. 1776.

COTÉ, Charles-François.
Boucher, Charlotte.
Charles, b 4 oct. 1759, à St-Antoine-Tilly.

1761, (9 nov.) Laprairie.
IV.—COTÉ, Ignace, [Joseph III.
b 1732.
Pinsonneau, Rosalie, [Paul III.
b 1723; veuve de Joseph Lefebvre.

1762, (12 juillet) Kamouraska. [7]
V.—COTÉ, Joseph-Claude, [Gabriel IV.
b 1735.
Levasseur, Marie-Louise, [Pierre IV.
b 1742.
Bénoni, b 16 fevrier 1764, aux Trois-Pistoles [9], m [9] 29 sept. 1794, à Judith Levêque. — *Marie-Euphrosine*, b [7] 26 août 1767. — *Benjamin*, b 6 mai 1770, à l'Ile-Verte. [1]—*Marie-Marguerite*, b [1] 14 janvier 1772.—*Jean-Baptiste*, b... m à Marie-Louise Coté.—*Julienne*, née [1] 2 nov. 1782, b [1] 10 juin 1783. — *Christine*, b [1] 21 mars 1785.— *Joseph*, b [1] 4 mars 1787.

V.—COTÉ, Jacques, [Pierre IV.
b 1737.
Gendron, Marguerite.
Marie-Marguerite, b 7 mars 1763, à Lévis. [8]— *Jacques*, b [8] 12 fevrier 1764. — *Marie-Marguerite*, b [8] 15 sept. 1765. — *Marie-Geneviève*, b [8] 15 fevrier 1767.

COTÉ, Pierre.
Decomte, Madeleine.
Jean-Baptiste, b 15 oct. 1762, aux Trois-Pistoles.

COTÉ, François.
1° Croteau, Marie-Louise,
b 1734; s 27 déc. 1774, à St-Antoine-Tilly. [6]
1775, (12 juin). [6]
2° Bergeron, Marguerite, [Jean-Bte III.
b 1755.

COTÉ, Jean-Charles.
Bergeron, Françoise. [Jean.
Louis, b...—*Pierre*, b...—*Geneviève*, b... m à Joseph Boucher.

COTÉ, Pierre-Thomas.
1° Collet, Marguerite, [Noel II.
b 1738; s 9 août 1774, à Québec. [5]
1777, (28 oct.) [5]
2° Chamberlan, Louise,
veuve de Charles Vallée.

1763, (6 juin) St-Antoine-Tilly. [6]
V.—COTÉ, Jean-Bte-Augustin, [Jacques IV
b 1737.
Bergeron, Marie-Madeleine. [Pierre III.
Jean-Baptiste, b [6] 10 juin 1764.—*Joseph-Benoit*, b [6] 20 mars 1766. — *Joseph-Augustin*, b [6] 11 fevrier 1768.

1763, (22 août) St-Laurent, I. O.
IV.—COTÉ, Joseph-Etienne, [Augustin III.
b 1729.
Dorval, Thérèse, [Charles III.
b 1729; veuve de Louis Baillargeon.

1763, (14 nov.) St-Antoine-Tilly. [2]
V.—COTÉ, Jean-Bte. [Jean-Bte IV.
Charland, Marie-Angélique, [Pierre IV.
b 1736.
Marie-Angélique et *Marie-Françoise*, b [2] 14 et s [2] 20 sept. 1764. — *Louis-Charles*, b [2] 25 oct. 1765.—*Joseph-Marie*, b [2] 26 déc. 1766.

1763, (21 nov.) St-François, I. O.
V.—COTÉ, Joseph-Marie, [Louis IV.
b 1737.
Boulet, Marie-Anne, [Jacques III.
b 1740.

IV.—COTÉ, Augustin, [Augustin III.
b 1720.
Couture, Marie-Joseph.
Ignace, b... m 14 nov. 1791, à Geneviève Alaire, à Beaumont.

1764, (27 février) Québec.
II.—COTÉ, André, [Claude I.
b 1744.
Levitre, Marguerite, [Joseph III.
b 1744.

1764, (10 sept.) Trois-Pistoles.
V.—COTÉ, Joseph. [Prisque IV.
Lepage, Louise-Veronique, [Nicolas III.
b 1748.
Joseph, b... m 3 nov. 1796, à Suzanne Coté, à Rimouski. — *Marie-Thérèse*, b... m 13 janvier 1789, à Alexis Robin, à l'Ile-Verte.

1764, (12 nov.) Cap-St-Ignace.
V.—COTÉ, Antoine, [Joseph IV.
b 1741.
Cloutier, Marie-Placide, [Pierre V.
b 1750.

1765, (21 janvier) St-Thomas.
V.—COTÉ, Louis. [Louis IV.
Lamarre, Geneviève, [Antoine IV.
b 1747.

1765, (4 février) Kamouraska.
V.—COTÉ, Alexandre, [Prisque IV.
b 1735.
Michaud, Elisabeth, [Jean-Bte III.
b 1744.
Alexandre, b 8 déc. 1765, aux Trois-Pistoles. —*Marie-Joseph*, b 5 juin 1767, à l'Ile-Verte. [2]— *Sébastien*, ne [2] 14 juillet et b [2] 5 oct. 1783.— *Paschal*, b [2] 20 juillet 1785.—*Nicolas-Ambroise*, b [2] 16 déc. 1786.

1765, (16 avril) Cap-St-Ignace.
V.—COTÉ, François, [Etienne IV.
b 1740 ; s 1793, à Québec. [1]
Carlot (1), Marie-Joseph, [Jean-Claude I.
b 1740.
François, b... m [1] 7 juillet 1793, à Marie Luissier.

(1) Et Carelot.

1765, (10 oct.) Baie-du-Febvre. [2]
V.—COTÉ, François. [Jean-François IV.
Desrochers, Marie-Anne, [Gabriel II.
b 1733.
Elisabeth, b [2] 15 août 1766. — *Marie-Anne*, b [2] 30 sept. 1768.

V.—COTÉ, Gabriel, [Nicolas IV.
b 1742.
Roy-Desjardins, Agathe.
Marie-Anne, née 28 fevrier 1767, à Mackinac [2]; b [2] 25 juillet 1768.—*Agathe*, b...

COTÉ, Charles.
Bordeleau, Marie-Madeleine.
Marie-Charles, b 5 juin 1766, à Lachenaye.[7]— *Marie-Marthe*, b [7] 18 fevrier 1773.

1766, (3 février) Kamouraska.
V.—COTÉ, Pierre, [Prisque IV.
b 1737.
Albert, Marie-Joseph, [François II.
b 1738.
Pierre, b 19 juillet 1768, à l'Ile-Verte. [8]— *Marie-Joseph*, b [8] 6 mai 1770.

1766, (20 juillet) Ile-Verte. [7]
V.—COTÉ, Jean-Bte. [Gabriel IV.
Dechène (1), Catherine, [Pierre-François IV.
b 1746.
Marie-Joseph, b [7] 5 juin 1767 ; m [7] 13 oct. 1788, à François Hudon.—*Marie-Louise*, b [7] 19 juillet 1768.—*Marie-Françoise*, b [7] 16 sept. 1770 ; m 24 fevrier 1794, à Maxime Damours, aux Trois-Pistoles.—*Marie-Elisabeth*, née [7] 13 fevrier et b [7] 8 juillet 1774.—*Jean-Baptiste*, b... m à Ursule Dion.

1766, (22 juillet) Trois-Pistoles.
V.—COTÉ, Jean-Bte. [Prisque IV.
1° Rioux, Véronique, [Nicolas III.
b 1749.
1769, (9 janvier) Kamouraska.
Marquis (Le), Madeleine. [François II.

1767, (19 janvier) Kamouraska.
V.—COTÉ, Germain, [Pierre IV.
b 1740.
Albert (2), Brigitte, [François II.
b 1746.
François-Amable, b 5 juin 1767, à l'Ile-Verte [1]; m 22 juillet 1794, à Petronille Lepage, à Rimouski.—*Pierre*, b [1] 16 mai 1768.—*Germain*, b [1] 6 sept. 1771.

1767, (16 fevrier) St-Thomas
V.—COTÉ, Joseph-Marie, [Paul IV.
b 1743.
Bélanger, Elisabeth, [Charles IV.
b 1743.

(1) Dit Mivalle.
(2) Elle épouse, le 4 oct. 1779, Louis Côté, à Kamouraska.

1767, (26 oct.) Baie-du-Febvre.[6]
V.—COTÉ, LOUIS, [ISIDORE IV.
b 1742.
BENOIT, Marie-Joseph, [GABRIEL III.
b 1747.
Louis-Joseph, b [6] 31 août 1768.—*François*, b[6] 15 dec. 1769.—*Marie-Joseph*, b [6] 28 février 1771. —*Joseph*, b [6] 14 août 1772.

1767, (27 oct.) Baie-du-Febvre.[6]
V.—COTÉ, CHARLES, [ISIDORE IV.
b 1740.
MANSEAU, Marie-Joseph, [JOSEPH III.
b 1748.
Charles, b [6] 31 juillet 1768. — *Marie-Joseph*, b [6] 8 juillet 1770.—*Jean-Baptiste*, b[6] 7 sept. 1771, s [6] 18 oct. 1772.

1767, (18 nov.) Baie-St-Paul.[7]
IV.—COTÉ, AUGUSTIN, [THOMAS III.
b 1742.
GUAY (1), Dorothée-Ursule, [NOEL IV.
b 1750; s 18 sept. 1850, à St-Urbain.
Ignace, b [7] 10 janvier 1770. — *Louis-Urbain-Moïse*, b [7] 26 sept. 1771.—*Joseph*, b [7] 17 janvier 1774.—*Augustin*, b [7] 13 nov. 1775.—*Ursule*, b [7] 18 nov. 1777.

1768, (11 avril) St-Pierre, I. O.
IV.—COTÉ, GABRIEL, [JOSEPH III.
b 1742.
PICHET, Hélène [LOUIS III.
b 1747.
Marie-Hélène, b 20 mars 1769, à Québec[1]; m [1] 11 sept. 1792, à Ignace COCHY.—*Pierre-Gabriel*, b [1] 15 juin 1770. — *Joachim*, b... m à Marie PARMER. — *François-Xavier*, b [1] 1er nov. 1788 ; ordonné 10 octobre 1813; s 1er mars 1862, à Ste-Geneviève. — *Thérèse*, b... m [1] 15 janvier 1793, à Joseph GOUPIL.

1768, (6 juin) St-Constant.
I.—COTÉ, JEAN, fils d'Antoine et d'Elisabeth Lafleur, de St-Projet, Languedoc.
LEFEBVRE, Marie-Françoise, [LOUIS III
b 1737.

1768, (25 juillet) Kamouraska.
V.—COTÉ, GABRIEL, [GABRIEL IV.
b 1743.
1° VAILLANCOUR, Elisabeth. [JOSEPH III.
Benjamin, b... m 3 août 1795, à Félicité ASSELIN, aux Trois-Pistoles. — *Marie-Suzanne*, b 6 mai 1770, à l'Ile-Verte.—*Basile*, b...
1783, (15 juillet) Rimouski.
2° LEPAGE, Marie-Elisabeth, [GERMAIN IV.
b 1752.

1768, (2 août) Rivière-Ouelle.
V.—COTÉ, CHARLES, [PIERRE IV.
b 1738.
BÉRUBÉ, Marie-Louise, [ANDRÉ III
b 1750.

(1) Une centenaire.

1769, (15 mai) Trois-Pistoles.
V.—COTE, PIERRE, [JEAN-BTE IV.
b 1733.
COTÉ, Isabelle. [BASILE V.
Julien, b 15 janvier 1772, à l'Ile-Verte.[4] — *André*, b 24 août 1776, à Rimouski[5]; m [5] 27 janvier 1801, à Marie-Claire RUEST.—*Osithe*, b [5] 13 juillet 1783. — *Léocadie*, b [4] 17 oct. 1785. — *Ursule*, b... m [5] 29 janvier 1811, à Jean Ross.

1770, (15 oct.) Baie-du-Febvre.[6]
V.—COTÉ, FRANÇOIS, [ISIDORE IV.
b 1744.
BENOIT (1), Marie-Jeanne, [FRANÇOIS III.
b 1753.
François-Antoine, b [6] 13 juin 1772.

1770.
V.—COTÉ, JOSEPH, [JEAN-BTE IV.
b 1748; s 18 avril 1785, à Québec.[3]
1° PAQUET, Marie-Louise,
b 1751; s [3] 29 nov. 1779.
1781, (27 nov.)[3]
2° VÉSINA, Marie-Anne,
veuve de Louis Renvoize.

1771, (4 février) St-Constant.
IV.—COTÉ, PRISQUE, [JOSEPH III.
b 1730, maitre-charpentier.
LEFEBVRE, Madeleine. [JOSEPH III.
Prisque, b 21 mai 1772, au Détroit.[3]—*Marie-Madeleine*, b [3] 16 janvier 1774. — *Antoine*, b [3] 19 janvier 1776.—*Louis*, b [3] 25 oct. 1779; s [3] 2 juillet 1780. — *Rose*, b [3] 15 déc. 1783; s [3] 18 juillet 1784.

1771, (17 juin) St-Thomas.
V.—COTÉ, JOSEPH. [JOSEPH IV.
LABERGE, Angelique, [NICOLAS III.
veuve de Joseph Prou.

COTÉ, LÉONARD.
ST-HILAIRE (2), Agnès.
Thomas-Joseph, b 11 sept. 1772, à la Baie-St-Paul[2]; s [2] 7 mars 1773.—*Agnès*, b [2] 24 oct. 1773. — *Pierre*, b [2] 13 sept. 1775. — *Geneviève*, b [2] 5 nov. 1776.

1772, (2 mars) St-Thomas.
V.—COTÉ, PAUL, [JOSEPH IV.
b 1746.
LEMIEUX, Marie-Geneviève, [LOUIS III.
b 1745.

COTÉ (3), Louis.
FABAS, Marie.
Charles-Marie, b 13 avril 1773, à l'Islet[3]; s [3] 11 janvier 1774. — *Pierre-Noël*, b [3] 25 dec. 1774.

(1) Dit Laforest.
(2) Dit Guérin.
(3) Dit Fleuridor, 1774.

1773, (8 février) St-Augustin. [3]
V.—COTÉ, MICHEL, [JOSEPH IV.
b 1744.
THIBAULT, Brigitte. [ETIENNE III.
Catherine, b [3] 6 mars 1780.—*Geneviève*, b [3] 24 janvier 1781.—*Geneviève*, b [3] 24 janvier 1782. — *Anne*, b [3] 29 juin 1783; s [3] 18 oct. 1794.—*Joseph*, b [3] 4 février 1785. — *Jean-Baptiste*, b [3] 6 janvier 1787.—*François-Xavier*, b [3] 4 oct. 1788.— *Marie-Madeleine*, b [3] 14 mai 1790.— *Pierre*, b [3] 1er oct. 1792.—*Charles*, b [3] 5 juillet 1794.

1773, (5 mai) Kamouraska.
V.—COTÉ, JEAN-BTE, [GABRIEL IV.
b 1753.
ROY, Marie-Anne. [PIERRE IV.

COTÉ, ETIENNE.
FABAS (1), Marthe.
Ursule, b 19 mai 1774, à l'Islet. [3]—*Etienne*, b [3] 20 sept. 1775.

COTÉ, JOSEPH.
LAURENCE, Agathe.
Jean-Baptiste, b... s 18 août 1783, à Repentigny.

1774, (5 juillet) Rimouski. [5]
V.—COTÉ, GABRIEL. [GABRIEL IV
CANUEL, Reine, [LOUIS I
b 1755.
Suzanne, b 1775; m [5] 3 nov. 1796, à Joseph COTÉ; s [5] 31 dec. 1812. — *Marie-Thérèse*, b [5] 13 juillet 1783. — *Cordule*, b... m [5] 30 mai 1808, à Macaire LEPAGE. — *Jean-Baptiste*, b [5] 8 juillet 1788.—*Ursule*, b [5] 20 mars 1791; m [5] 12 janvier 1813, à Anselme PINEAU.—*Restitute*, b [5] 15 avril 1793; m [5] 16 juin 1812, à Joseph-Marie BÉLANGER.—*Ulric*, b [5] 4 juillet 1795.

1774, (10 oct.) St-Antoine-Tilly.
VI.—COTÉ, JEAN-BTE, [JEAN-MARIE V.
b 1750.
BOUCHER, Marie-Thérèse, [JOSEPH V.
b 1754.

1775, (13 février) St-Augustin. [6]
V.—COTÉ, JOSEPH, [JOSEPH IV.
b 1742.
COTIN, Marie-Joseph, [CHARLES III.
Joseph, b [6] 17 oct. 1782. — *Suzanne*, b [6] 20 août 1785.— *Augustin*, b [6] 29 fevrier 1788. — *Louis*, b [6] 22 fevrier 1791. — *Suzanne*, b [6] 16 février 1794.

1775, (4 sept.) Québec.
VI.—COTÉ, PIERRE, [PIERRE V.
b 1750.
PARANT, Marie-Madeleine, [FRANÇOIS IV.
b 1755.

1775.
VI.—COTÉ, JACQUES. [PIERRE V.
1° DUBOIS, Pélagie, [JEAN-BTE III.
b 1755.
1790, (27 avril) Québec.
2° MONTMINY, Geneviève,
veuve d'Edmond Pucelle-Champagne.

1777, (20 janvier) St-Augustin. [7]
V.—COTÉ, PIERRE, [JOSEPH IV.
b 1746.
GINGRAS, Marie-Joseph. [JOSEPH III.
Marie-Joseph, b [7] 26 juin 1781.—*Pierre*, b [7] 24 août 1782.—*Jean-Romain*, b [7] 11 avril 1784; s [7] 17 fevrier 1786.—*Jean-Baptiste*, b [7] 11 juin et s [7] 5 sept. 1786.— *Marie-Joseph*, b [7] 29 juin 1787.— *Michel*, b [7] 20 nov. 1789. — *Jean-Baptiste*, b [7] 5 janvier et s [7] 27 mai 1791.—*Brigitte*, b [7] 19 mars 1792.

1777, (5 fevrier) Château-Richer. [4]
V.—COTÉ, LOUIS, [YVES IV.
b 1755.
CLOUTIER, Marie-Madeleine. [ZACHARIE IV.
Louis, b [4] 7 mars 1778.

1777, (29 sept.) St-Augustin. [6]
V.—COTÉ, LOUIS. [JOSEPH IV.
THIBAULT, Marie-Louise, [ETIENNE III.
b 1758.
Louis, b [6] 1er août 1779.—*Pierre*, b [6] 29 mars 1781.—*Joseph*, b [6] 23 mars 1784. — *Louise*, b [6] 7 déc. 1785.—*Madeleine*, b [6] 23 sept. 1787. — *Thomas*, b [6] 22 dec. 1788. — *Michel*, b [6] 25 janvier 1790.—*Olivier*, b [6] 5 juin 1791.—*Augustin*, b [6] 7 mai 1792; m [6] 17 juin 1817, à Louise LETARTE. —*Olivier*, b [6] 18 fevrier 1794.— *Charles*, b [6] 30 oct. 1795.—*François*, b... m 11 nov. 1822, à Monique RICHER, à St-Jean-Deschaillons.

1777, (22 oct.) Kamouraska. [2]
V.—COTÉ, HENRI. [NICOLAS IV.
BEAULIEU, Marie-Judith, b 1759; fille de Joseph et d'Angélique Simard.
Henri, b 1778; s [2] 18 fevrier 1781.

1778, (9 fevrier) Kamouraska.
V.—COTÉ, JEAN-BTE, [NICOLAS IV.
b 1758.
THIBAUDEAU, Marguerite. [JEAN-BTE I.
Hilary, ne 3 janvier 1782, à l'Ile-Verte [7]; b [7] 11 janvier 1783.— *Marie-Isabelle*, nee [7] 7 oct. et b [7] 20 déc. 1783. — *Marie-Madeleine*, née [7] 24 sept. et b [7] 31 oct. 1785. — *Nicolas-Clément*, b [7] 27 nov. 1787.

1779, (16 juin) Kamouraska.
V.—COTÉ, PIERRE-NICOLAS, [NICOLAS IV.
b 1754.
SINDON, Marie-Ursule. [MICHEL I.
Léon, né 22 juin 1783, à l'Ile-Verte [8]; b [8] 6 janvier 1784.—*Moïse*, b [8] 25 nov. 1786.— *Michel*, b [8] 29 déc. 1788.

---

(1) Dit Phabien.

1779, (4 oct.) Kamouraska.

VI.—COTÉ, LOUIS (1). [PRISQUE V.
ALBERT, Marie-Brigitte, [FRANÇOIS II.
b 1746; veuve de Germain Coté.
Casimir, b 14 août 1784, à l'Ile-Verte.[1] —*Monique*, b [1] 20 fevrier 1786.—*Louis-Gonzague*, b [1] 17 janvier 1788.

—

V.—COTÉ, LOUIS, [GABRIEL IV.
b 1757.
CANUEL, Marie. [LOUIS I.
Hyacinthe, b... 1° m 4 nov. 1801, à Marie GASSE, à Rimouski [2]; 2° m...—*Marie-Thérèse*, b... m [2] 18 oct. 1803, à François PINEAU.

—

1780, (18 oct.) Kamouraska.

V —COTÉ, PIERRE, [PIERRE IV.
b 1755.
DELABOURLIÈRE(2), Marie-Catherine, [JEAN III.
b 1761.
Julie, nee 17 dec. 1781, à l'Ile-Verte [2]; b [2] 12 janvier 1783 —*Adrien*, b [2] 2 nov. 1783.—*Elizée*, b [2] 6 fevrier 1786.

—

COTÉ, FRANÇOIS.
SOULARD, Angelique.
Marguerite, b 30 mars 1781, à St-Augustin. [3] —*Marie-Joseph*, b [3] 20 janvier 1783.—*François-Xavier*, b [3] 2 oct. 1785.

—

COTÉ, PIERRE.
OUVRARD, Madeleine.
Pierre, b 2 juin 1781, à St-Augustin. [4]—*François*, b [4] 24 dec. 1782.—*Joseph*, b [4] 15 sept. 1784. —*Elisabeth*, b [4] 16 mars 1792. — *Hélène*, b [4] 18 oct. 1793.

—

COTÉ, JOSEPH.
OUVRARD, Geneviève.
Joseph, b 13 oct. 1781, à St-Augustin.[5]—*François-Xavier*, b [5] 7 oct. 1783. — *Jean-Baptiste*, b [5] 15 déc. 1785.—*Pierre*, b [5] 28 oct. 1787.—*François-Régis*, b [5] 14 août 1790.

—

COTÉ, JOSEPH-MARIE.
VÉSINA, Marie-Anne.
Augustin-Joseph, b... s 3 sept. 1783, à St-Augustin.

—

VI.—COTÉ (3), JEAN-BTE. [JOSEPH-CLAUDE V.
COTÉ, Marie-Louise.
Barthélemi, ne 15 juin 1782, à l'Ile-Verte [6]; b [6] 10 janvier 1783.—*Amable*, b [6] 24 fevrier 1784.—*Anicet*, b [6] 30 mai 1786.

—

1783, (27 janvier) St-Augustin.

V.—COTÉ, CHARLES, [JOSEPH IV.
b 1755.
GOULET, Marguerite. [PRISQUE IV.

(1) Germain en 1771.
(2) Dit Laplante.
(3) Seigneur de l'Ile-Verte; voy. 24 février 1784.

1783, (20 oct.) St-Augustin. [7]

V.—COTÉ, NICOLAS, [PIERRE IV.
b 1760.
VÉSINA, Marie-Agnès. [JOSEPH IV.
Nicolas, b [7] 21 août 1784.—*Marie*, b [7] 4 mai 1786.—*Nicolas*, b [7] 6 janvier 1788.—*Joseph*, b [7] 18 avril 1790.—*Marie-Anne*, b [7] 11 mars 1792.—*Catherine*, b [7] 25 nov. 1794.

—

COTE, JOSEPH,
b 1748; s 24 nov. 1823, à Beaumont. [8]
GUAY, Angélique,
b 1768; s [8] 12 août 1834.

—

COTÉ, PIERRE.
LEVASSEUR (1), Marie.

—

COTÉ (2), JEAN-BTE.
1° LEPAGE, Madeleine-Elisabeth.
1784, (16 août) Ile-Verte.
2° LEVASSEUR, Marie,
veuve de Pierre Coté.

—

1784, (2 février) Ile-Verte. [1]

V.—COTÉ, JEAN-BTE. [PIERRE IV.
DUBÉ, Marie-Madeleine. [JEAN-FRS IV.
Marie-Claire, b [1] 24 nov. 1786.

—

1785, (17 janvier) Ile-Verte.

V.—COTÉ, JOSEPH-MARIE, [PIERRE IV.
b 1756.
GAUDIN, Marie-Joseph. [JEAN I.

—

COTÉ (2), JEAN-BTE.
LEVASSEUR, Scholastique,
veuve de Jean Gaudin.
Benoit, b 16 mai et s 9 déc. 1786, à l'Ile-Verte.[2] —*Zacharie*, b [2] 30 dec. 1788.

—

COTÉ, JOSEPH-MARIE.
CATALOGNE, Marie-Joseph.
Eloi, b 26 juin 1786, à l'Ile-Verte.

—

1786, (9 janvier) Ile-Verte. [3]

V.—COTÉ, BASILE. [PIERRE IV.
CHALOU, Marie-Anne, [JEAN-BTE II.
b 1768; veuve de Pierre Sirois.
Marie-Véronique, nee [3] 14 et b [3] 24 février 1787.

1786, (22 mai) Rimouski. [3]

VI.—COTÉ, BASILE, [BASILE V.
b 1754.
1° LAVOIE, Marie-Anne,
b 1755; veuve de Louis Pinaut, s [3] 25 février 1795.
Basile, b [3] 16 juillet 1787. — *Paul*, b [3] 18 mai 1789; m [3] 5 juin 1810, à Pelagie ST-LAURENT. — *Marguerite*, b [3] 18 mars 1791; m [3] 5 juin 1810, à Jean-Pierre ARCENEAU. — *Marie-Agnès*, b [3] 15 avril 1793; m [3] 29 janvier 1811, à Eucher LEPAGE.
1796, (2 février). [3]
2° BOUILLON, Louise. [JACQUES II.

(1) Elle épouse, le 16 aout 1784, Jean-Baptiste Coté, à l'Ile-Verte.
(2) Seigneur de l'Ile-Verte.

1787, (13 février) Québec. [2]
III.—COTÉ, Charles-Claude, [Charles II.
b 1757.
Dupéré, Victoire, [Jean-Bte III.
b 1752; s [2] 17 juin 1798.

1787, (16 oct.) Rimouski. [2]
V.—COTÉ, Antoine, [Basile IV.
b 1753; s [2] 3 nov. 1792.
Lepage (1), Reine, [Antoine IV.
b 1756.
Rosalie, b [2] 18 juillet 1790. — *Agnès*, b... m [2] 29 février 1808, à Jean-Baptiste Bouillon.—*Marie-Louise*, b [2] 1er nov. 1792; m [2] 2 mai 1809, à Charles Lepage.

1789, (26 oct.) Ile-Verte.
VI.—COTÉ, Ignace, [Prisque V.
b 1762.
Chalou, Elisabeth. [Jean-Bte II.

1790, (9 août) Beaumont.
V.—COTÉ, Joseph. [Joseph IV.
Leclaire, Geneviève. [Louis.

1791, (24 janvier) St-Augustin. [4]
V.—COTÉ, Joseph, [Pierre IV.
b 1754.
Julien, Marie. [Jacques.
Joseph, b [4] 25 février 1792.—*Nicolas*, [4] 26 août 1795.

1791, (14 nov.) Beaumont.
V.—COTÉ, Ignace. [Augustin IV.
Dalaire, Geneviève. [Louis.

VI.—COTÉ (2), Jean-Bte. [Jean-Bte V.
Dion, Ursule.
Marthe, b 4 août 1792, à Rimouski [2], m [2] 12 juin 1812, à Jean-Chrysostôme Canuel.—*Mathias*, b [2] 25 février et s [2] 14 mars 1794.—*Pierre-Fabien*, b [2] 20 janvier 1795.

1793, (15 avril) Beaumont.
V.—COTÉ, Louis. [Joseph IV.
Munro, Louise. [Jean-Philippe I.

1793, (7 juillet) Québec.
VI.—COTÉ (3), François. [François V.
Luissier, Marie. [Jean-Bte.

1794, (22 juillet) Rimouski.
VI.—COTE, François-Amable, [Germain V.
b 1767.
Lepage, Petronille. [Pierre IV.

COTÉ, Joseph.
Rehel, Theotiste.
Helène, b 9 fevrier 1794, à Rimouski.

(1) Elle épouse, le 4 oct. 1796, Joseph Fournier, à Rimouski.

(2) Dit Caron.

(3) Ils avaient, le 8 avril 1791, à la baie de Séradac, sur le lac Champlain, contracté mariage en presence d'un juge de paix.

1794, (29 sept.) Trois-Pistoles.
VI.—COTÉ, Bénoni, [Joseph V.
b 1764.
Lévêque, Judith, [Jean III.
b 1755.

1794, (10 nov.) Beaumont. [2]
V.—COTÉ, Jean-Bte. [Joseph IV.
Munro (1), Charlotte, [Jean-Philippe I.
b 1773; s [2] 18 août 1807.

1795, (13 avril) St-Augustin.
V.—COTÉ, Louis, [Pierre IV.
b 1764.
Gingras, Marie. [Charles.

1795, (3 août) Trois-Pistoles. [4]
VI.—COTÉ, Benjamin. [Gabriel V.
Asselin, Felicité. [Louis IV.
Ursule, b [4] 6 nov. 1796. — *Cécile*, b [4] 15 avril 1798.—*Marie-Thècle* (2), b [4] 10 mai 1805.

1796, (4 oct.) Quebec.
COTÉ, François. [Joseph.
Pelletier, Madeleine. [Jean.

1796, (3 nov.) Rimouski. [4]
VI.—COTÉ, Joseph. [Joseph V.
Cote, Suzanne, [Gabriel V.
b 1775; s [4] 31 déc. 1812.
Helène, b... m [4] 16 fevrier 1813, à Charles Drapeau.

COTÉ, Louis,
b 1771; s 5 nov. 1810, à Beaumont,
Turgeon, Louise.

1801, (27 janvier) Rimouski.
VI.—COTÉ, André, [Pierre V.
b 1776
Ruest, Marie-Claire, [Joseph II.
b 1783.
Abel, b... 1° m à ...... Rehel; 2° m à Marguerite Lepage.

1801, (4 nov.) Rimouski.
VI.—COTÉ, Hyacinthe. [Louis V.
Gasse, Marie. [Louis III.

1810, (5 juin) Rimouski.
VII.—COTÉ, Paul, [Basile VI.
b 1789.
St-Laurent, Pélagie, [André III.
b 1787.

1817.
VI.—COTÉ, Augustin, [Louis V.
b 1792.
Letarte, Marie-Louise. [François.
Augustin (3), b 1818, à Québec; m à .... Lemieux.

(1) Dit Moreau, 1807.

(2) Elle est inscrite sur le registre de 1788.

(3) Propriétaire du "Journal de Québec."

1822, (11 nov.) St-Jean-Deschaillons.
VI.—COTÉ, François. [Louis V.
Richer, Monique. [Joseph.

COTÉ, François.
Lessard, Marie-Joseph.
Marguerite, b 4 sept. 1825, à St-Henri-de-Mascouche; m à David Gravel.

COTÉ, Isidore,
b... s 1833, aux Trois-Rivières.[9]
Gautier, Marie-Anne,
s [9] 1833.
Olivier, b 1824.

VII.—COTÉ (1), Abel. [André VI.
1° Rehel, Marie. [Melchior III.
2° Lepage, Marguerite. [Charles VI.

COTÉ, Gaspard,
charpentier.
Frenet, Marie.
David (2), b 5 août 1855, à Québec.

COTÉ, Marie, épouse de Charles Provost.

COTÉ, Louise, b 1736; m à André Provost; s 11 janvier 1797, à Quebec.

COTÉ, Marie-Joseph, épouse de Pierre Crépeau.

COTÉ, Marie-Anne, epouse de Gabriel Paradis; s 12 avril 1757, à Kamouraska.

COTÉ, Marguerite, épouse de Jean-Baptiste Dieu-de-part.

COTÉ, Louise, épouse de Basile Dubé.

COTÉ, Marie-Anne, épouse de Joseph-Christian Folmer.

COTÉ, Angélique, épouse de Robert Vaillancour.

COTÉ, Reine, épouse de Nicolas Mathieu.

COTÉ, Marie, épouse d'Antoine Manseau.

COTÉ, Thérèse, b... 1° m à François Meunier; 2° m 22 juillet 1793, à Jean-Baptiste Baudry, à Repentigny.

COTÉ, Geneviève, épouse de Michel Simon.

COTÉ, Catherine, epouse de Jean Rochon.

COTÉ, Marie, épouse de Pierre Rouleau.

COTÉ, Apolline, b 1787; m à Michel Lemieux; s 5 sept. 1868, à Lévis.

COTIN.—*Surnom :* Dugal.

(1) Père de l'abbé Philémon Coté.
(2) Actuellement à Ottawa, 1885.

1672, (10 janvier). Québec.
I.—COTIN (1), Dugal,
b 1641.
Baudon, Etiennette,
b 1653; s 11 nov. 1699, à St-Augustin. [1]
Charles, b... 1° m [1] 16 avril 1720, à Thérèse-Angélique Gaboury; 2° m [1] 6 oct. 1738, à Madeleine Rasset.

1709, (14 janvier) Pte-aux-Trembles, Q. [2]
II.—COTIN, Louis, [Dugal I.
b 1679.
Bélan, Jeanne, [Jean I.
b 1680; veuve de Pierre Bedard; s 10 déc. 1761, à St-Augustin. [3]
Marie-Louise, b [2] 11 et s [2] 14 oct. 1709.—*Louise*, b 10 avril 1711, à Québec [4]; s [4] 30 mai 1713.—*Jacques*, b 1712; s 6 oct. 1713, à St-Foye.—*Louis*, b [4] 23 mai 1713.—*Marie-Elisabeth*, b [3] 18 oct. 1714; m [3] 16 fevrier 1733, à Jean-Baptiste Gaboury.—*Charles*, b [3] 31 janvier 1717; m [3] 19 nov. 1742, à Madeleine Amiot; s [3] 15 mars 1758.—*Marie-Jeanne*, b [3] 27 oct. 1719; s [3] 26 janvier 1720.—*Jean-Louis*, b [3] 8 janvier 1721; s [3] 6 fevrier 1726.—*Jean-Baptiste*, b [3] 20 oct. 1723.

1709, (8 juillet) St-Augustin. [4]
II.—COTIN, Mathieu, [Dugal I.
b 1683.
1° Meunier, Marie-Charlotte, [Julien I.
b 1683; veuve de Philippe Gusillier; s 25 juin 1747, à Québec. [5]
Anonyme, b et s 11 avril 1710, à Lorette. [6]—*Anonyme*, b [6] et s [6] 7 mars 1711.—*Marie-Charlotte*, b [4] 14 mars 1714; m [5] 4 sept. 1741, à Jacques Bridard, s [6] 26 sept. 1778.—*Marie-Thérèse*, b [4] 12 avril 1716; m [5] 5 oct. 1744, à Louis Chrétien; s [5] 1er juin 1758.—*Joseph*, b [4] 1er juillet 1717; m [5] 12 fevrier 1748, à Madeleine Duret; s [5] 16 août 1749.—*Marie-Geneviève*, b [4] 2 nov. 1719.—*Marie-Anne*, b [4] 5 mars 1721; m [6] 16 août 1746, à Pierre Chevalier, s [5] 28 oct. 1775.—*Augustin*, b [4] 1er oct. 1723; m [5] 21 juillet 1749, à Marie-Louise Chalifour; s [5] 5 août 1756.—*Marie-Charlotte*, b 1725; s [5] 23 sept. 1732.—*Marie-Joseph*, b [4] 23 mai 1726.—*Jean-Baptiste*, b [4] 3 juin 1728.—*Anonyme*, b [5] et s [5] 3 juin 1731.
1749, (29 mai) [5]
2° Sévigny, Marie, [Jean-François II.
veuve de Charles-Jacques Deleugre.

1709, (18 août) St-Augustin. [7]
II.—COTIN, Joseph, [Dugal I.
b 1681.
Gaboury, Marie-Charlotte, [Antoine I.
b 1691.
Joseph, b [7] 4 mai 1710; m [7] 30 mai 1740, à Marie-Louise Brière; s [7] 23 juin 1791.—*Antoine*, b 23 février 1712, à Lorette. [8]—*Jean-Baptiste*, b [7] 14 avril 1714; m [7] 11 fevrier 1760, à Marie-Augustine Gingras.—*Marie-Charlotte*, b [7] 1er janvier 1717; m [7] 6 février 1741, à George Dagory; s [7] 10 juin 1784.—*Marie*, b [7] 15 mars 1719; m [7] 14

(1) Voy. vol. I, p. 141.

sept. 1744, à Alexandre PEPIN.—*Marie-Madeleine*, b [7] 8 déc. 1720; m 1746, à Michel BONHOMME; s [8] 16 nov. 1780.—*Augustin*, b [7] 8 juillet 1723; m [8] 5 fevrier 1748, à Laurence FLUET.—*Marie-Joseph*, b [7] 11 juin 1725; m 1753, à Eustache BOURBEAU; s [7] 22 mars 1781.—*Jean-Marie*, b [7] 31 mai 1727. —*Marie-Louise*, b [7] 26 juin 1729; m [7] 10 avril 1747, à Jacques LAMOTTE.—*Marie-Thérèse*, b [7] 8 sept. 1731.—*Marie-Agathe*, b [7] 8 mai 1734; m à Jean TINON

1720, (16 avril) St-Augustin. [9]

II.—COTIN, CHARLES. [DUGAL I.
1° GABOURY, Thérèse-Angélique, [ANTOINE I.
b 1695; s [9] 16 fevrier 1736.
Charles, b [9] 19 fevrier 1721; m 1750, à Marie-Joseph ROCHERON; s [9] 30 avril 1785.—*Marie-Thérèse*, b [9] 13 oct. 1722.—*Pierre*, b [9] 1er janvier et s [9] 5 mars 1724.—*Marie-Joseph*, b [9] 10 mai 1725; m [9] 12 fevrier 1748, à Joseph-Marie BOIVIN.—*Etienne*, b [9] 4 août 1726; s [9] 26 avril 1728.—*Marie-Catherine*, b [9] 27 et s [9] 31 mars 1728.—*Marie-Elisabeth*, b [9] 1er fevrier et s [9] 14 mars 1730.—*Marie-Charlotte*, b [9] 17 sept. 1731; s [9] 6 juin 1733.—*Marie-Anne*, b [9] 5 et s [9] 9 nov. 1732. —*Marie-Louise*, b [9] 24 août 1734; s [9] 13 février 1736.—*Jean-Baptiste*, b [9] 21 et s [9] 29 janvier 1736.
1738, (6 oct.) [9]
2° RASSET, Madeleine, [JEAN I.
b 1686; veuve d'Eustache Bourbeau.
Marie, b... m 19 sept. 1768, à Louis HUPPÉ, à Terrebonne.

1722, (7 août) St-Augustin. [1]

II.—COTIN, JEAN-BTE, [DUGAL I.
b 1693; s [1] 5 janvier 1736.
BOURBEAU, Madeleine, [EUSTACHE II.
b 1697; s [1] 14 août 1734.
Jean-François (1), b [1] 27 sept. 1722; s 20 juillet 1796, à Quebec.—*Antoine*, b [1] 20 mai 1724.—*Joseph*, b [1] 18 août 1726.—*Pierre*, b [1] 14 mars 1728.—*Marie-Joseph*, b [1] 20 mars 1730; 1° m 15 mai 1752, à François MASSICOT, à Batiscan [2]; 2° m [2] 5 nov. 1758, à Louis LEHOULLIER.—*Augustin*, b [1] 6 mai 1732.—*Mathieu*, b [1] 8 mai et s 9 nov. 1734, à Lorette.

1740, (30 mai) St-Augustin. [6]

III.—COTIN, JOSEPH, [JOSEPH II.
b 1710; s [6] 23 juin 1791.
BRIÈRE, Marie-Louise, [JEAN-BTE II.
b 1715; veuve de Laurent Harnois.
Joseph, b [6] 6 et s [6] 12 mars 1741.—*Marie-Louise*, b [6] 15 sept. 1742.—*Joseph-André*, b [6] 15 fevrier 1744.—*Jacques*, b [6] 13 avril 1745; 1° m à Marie-Louise CHANTAL, 2° m 29 mai 1781, à Marie-Joseph LEGRIS, à Quebec. [7]—*Augustin*, b [6] 9 août 1747.—*Marie-Charlotte*, b... m [7] 1er mai 1781, à François COUTURE.

---

(1) Soldat de l'ancienne compagnie Royale-Canadienne volontaire.

1742, (19 nov.) St-Augustin. [8]

III.—COTIN (1), CHARLES, [LOUIS II.
b 1717; s [8] 15 mars 1758.
AMIOT (2), Marie-Madeleine. [ETIENNE III.
Marie-Anne, b [8] 16 oct. 1743.—*Charles*, b [8] 11 mars et s [8] 21 juin 1745.—*Marie-Agathe*, b [8] 6 déc. 1747.—*Marie-Joseph*, b [8] 7 janvier 1750.—*François*, b [8] 5 nov. 1754.

1748, (5 février) Lorette.

III.—COTIN, AUGUSTIN, [JOSEPH II.
b 1723.
FLUET, Marie-Laurence, [LOUIS II.
b 1728.
Augustin, b 1748; m 9 janvier 1775, à Marguerite PARANT, à Quebec.—*Joseph*, b 28 mars 1754, à St-Augustin. [4]—*Jean-Baptiste*, b 1er sept. 1755, à Ste-Foye; s [4] 9 sept. 1755.—*Marie-Louise*, b [4] 15 mars 1761.—*Madeleine*, b... m 28 janvier 1788, à Pierre ST-HILAIRE, à Beaumont.

1748, (12 février) Québec. [1]

III.—COTIN (1), JOSEPH, [MATHIEU II.
b 1717; s [1] 16 août 1749.
DURET, Madeleine-Judith, [JACQUES I.
b 1698; veuve de Charles Dugre.

1749, (21 juillet) Québec. [1]

III.—COTIN (1), AUGUSTIN, [MATHIEU II.
b 1723; s [1] 5 août 1756.
CHALIFOUR (3), Lse-Marguerite, [BERNARD III.
b 1727.
Augustin-Joseph, b [1] 31 mai 1750; m [1] 1er sept. 1778, à Marie-Anne DION. — *Marie-Marguerite*, b [1] 10 juillet 1752. — *Marie-Ursule*, b [1] 13 août 1753, s [1] 7 juin 1755. — *Fabien*, b [1] 24 février 1755; m [1] 6 nov. 1781, à Madeleine DION.

1750.

III.—COTIN (1), CHARLES, [CHARLES II.
b 1721; s 30 avril 1785, à St-Augustin. [2]
ROCHERON, Thérèse-Joseph, [JACQUES II.
b 1727.
Marie-Madeleine, b [2] et s [2] 28 février 1755.—*Charles*, b 1756; s [2] 29 août 1758. — *Joseph*, b 1757; s [2] 30 dec. 1761. — *Pierre*, b [2] 14 janvier 1758; s [2] 13 nov. 1760. — *Marie-Joseph*, b... m [2] 13 février 1775, à Joseph COTÉ.—*Madeleine*, b [2] 3 nov. 1761; m 1er fevrier 1785, à Michel BOIVIN, à Quebec.

COTIN, CHARLES,
s 1785.
VALIÈRES, Brigitte.
Augustin, b 1770. s 29 sept. 1785, à St-Augustin

---

(1) Dit Dugal.

(2) Elle épouse, le 19 février 1759, Joseph Rode, à St-Augustin.

(3) Elle épouse, le 21 février 1757, Claude Morjeret, à Québec.

1752, (16 août) Montréal.

I.—COTIN, CHARLES, b 1725, chirurgien; fils de Charles et de Marie Fortin, de St-François-Havre-de-Grâce, Normandie.
BARTHE (1), Catherine. [THÉOPHILE I.
Charles, b et s 12 mai 1754, à Longueuil.

1760, (11 février) St-Augustin.[2]

III.—COTIN, JEAN-BTE, [JOSEPH II.
b 1714.
GINGRAS, Marie-Augustine, [PIERRE III.
b 1720; veuve de Jean Laisné; s[2] 13 nov. 1760.
Anonyme, b[2] et s[2] 13 nov. 1760.

IV.—COTIN (2), JACQUES, [JOSEPH III.
b 1745.
1° CHANTAL, Marie-Louise.
1781, (29 mai) Québec.
2° LEGRIS, Marie-Joseph, veuve de Joseph Parant.

1775, (9 janvier) Québec.

IV.—COTIN, AUGUSTIN, [AUGUSTIN III.
b 1748.
PARANT, Marguerite-Joseph, [LOUIS-FRS IV.
b 1751.

1778, (1er sept.) Québec.[1]

IV.—COTIN, AUGUSTIN-JOSEPH, [AUGUSTIN III.
b 1750.
DION, Marie-Anne, [NICOLAS I.
b 1759; s[1] 27 mai 1794.

1781, (6 nov.) Quebec.

IV.—COTIN, FABIEN, [AUGUSTIN III.
b 1755.
DION, Madeleine, [NICOLAS I.
b 1761.

COTIN, MARIE, épouse de François GIRARD.

COTIN, MARIE-LOUISE, epouse de Charles FAUCHER.

COTIN, MARIE-ANNE, épouse d'Augustin MORIN.

COTIN (2), JACQUES.
LABATH, Louise-Anne, [LOUIS-ANTOINE II.
s 4 mars 1860, à la Rivière-du-Loup.
Louis, b... — *Charles*, b... 1° m à ...... HUOT, au Château-Richer; 2° m... — *Jacques*, b... m à ...... LEVÊQUE. — *Delphine*, b... m à Ferdinand CHAMBERLAND.—*Théophile*, b... m 19 juillet 1852, à Caroline ALARIE.—*Théodule*, b...

COTINEAU.— *Variations et surnoms :* COUTINAULT—GOTINEAU—CHAMP-LAURIER — DESLAURIERS—LAURIER.

(1) Elle épouse, le 9 sept. 1754, Joseph Bargeat, à Montréal.
(2) Dit Dugal.

1677, (7 janvier) Montréal.

I.—COTINEAU (1), FRANÇOIS-JACQUES,
b 1641.
MILOT, Madeleine, [JACQUES I.
b 1662.

1704, (19 janvier) St-François, I. J.[7]

II.—COTINEAU (2), JEAN-BTE, [FRS-JACQUES I.
b 1678; s 7 mars 1745, à Lachenaye.[8]
LAMOUREUX, Catherine, [LOUIS I.
b 1688; s[8] 12 mai 1757.
Jean-Baptiste, b[7] 10 juillet 1705; m 1748, à Marie-Madeleine LABELLE; s[8] 2 fevrier 1789.—*Marie-Catherine*, b[7] 15 fevrier 1708; m 1728, à Jean-Baptiste MAROIS. — *Marie*, b[7] 19 fevrier 1710; m[8] 9 janvier 1736, à François BEAUCHAMP; s[8] 9 nov. 1737.—*Agathe*, b[7] 8 juillet 1712, s[8] 14 sept. 1736. — *Jacques*, b[7] 25 oct. 1714; 1° m[8] 19 nov. 1742, à Agathe ROCHON; 2° m[8] 26 février 1753, à Françoise LEMARIÉ.—*Rose*, b[7] 19 juillet 1716; m[8] 25 janvier 1745, à François GUYON-DESPRÉS. — *Thérèse*, b 1720; s[8] 11 août 1738.—*Joseph*, b 1725; s[8] 26 août 1746—*Pierre*, b[8] 23 sept. 1726; s[8] 11 avril 1789.—*Marie-Anne*, b[7] 6 août 1728. — *Véronique*, b[8] 15 mai 1729; s[8] 30 nov. 1746.

1707, (22 août) St-François, I. J.

II.—COTINEAU (2), JOSEPH, [FRS-JACQUES I.
b 1680.
LAMOUREUX (3), Marguerite, [LOUIS I.
b 1690.

III.—COTINEAU, PIERRE, [JEAN-BTE II.
b 1726; s 11 avril 1789, à Lachenaye.

1742, (19 nov.) Lachenaye.[6]

III.—COTINEAU, JACQUES, [JEAN-BTE II.
b 1714; s avant 1785.
1° ROCHON, Agathe, [JEAN II.
b 1721; s[6] 12 mars 1751.
Jean-Charles, b[6] 31 oct. 1743; m[6] 31 juillet 1763, à Madeleine MULOIN. — *Jacques*, b[6] 8 dec. 1744; m 1784, à Marie-Françoise AUDIN.—*Joseph-Marie*, b[6] 9 juillet et s[6] 26 août 1746. — *Jean-Charles*, b[6] 14 sept. 1748; m 1774, à Marie-Marguerite PARANT.—*Marie-Agathe*, b[6] 7 mars 1751.
1753, (26 février).[6]
2° LEMARIE, Françoise, veuve d'Athanase Rochon; s[6] 19 juin 1772
Joseph-Félix, b[6] 20 nov. 1753; m 1776, à Marie-Marguerite MONGEAU. — *Marie-Françoise*, b[6] 20 nov. 1754. — *Pierre*, b[6] 24 août 1756; s[6] 14 avril 1778 (dans l'eglise).—*Marie-Renée*, b[6] 9 sept. 1757.—*Antoine*, b[6] 8 dec. 1758; m[6] 4 avril 1785, à Marie-Archange MATHIEU. — *Marie-Rose*, b[6] 29 août 1760.—*François-Xavier*, b[6] 9 janvier 1762; m 1783, à Marie-Joseph DUBREUIL. — *Marie-Geneviève*, b[6] 15 dec. 1762; m[6] 2 juin 1783, à Jean-Marie MATHIEU.—*Michel*, b[6] 2 avril et s[6] 20 juillet 1764.— *Rosalie*, b[6] 20 avril et s[6] 24 juin 1765.

(1) Dit Laurier; voy vol. I, p. 142.
(2) Dit Laurier.
(3) Elle épouse, le 25 nov. 1709, Joseph Labelle, à St-François, I. J.

1748.

III.—COTINEAU (1), JEAN-BTE, [JEAN-BTE II.
b 1705; s 2 février 1789, à Lachenaye. [1]
LABELLE, Marie-Madeleine, [JOACHIM II.
b 1716.
Jean-Baptiste, b [1] 1er oct. 1749; m 1780, à Marie-Charlotte HUBOUT.—*Marie-Amable*, b 1752; m [1] 13 fevrier 1774, à Michel MATHIEU; s [1] 12 oct. 1780.—*Marie-Marguerite*, b [1] 3 juin 1754.—*François* et *Marie-Françoise*, b [1] 6 juin 1754.—*Joseph*, b [1] 8 oct. 1758.—*Marie-Anne*, b [1] 3 avril 1761; m [1] 23 février 1784, à Augustin HUBOUT.

1763, (31 juillet) Lachenaye. [9]

IV.—COTINEAU, JEAN-CHARLES, [JACQUES III.
b 1743.
MULOIN, Madeleine. [JACQUES III.
Marie-Françoise, b [9] 18 juin et s [9] 11 août 1764—*Jean-Baptiste*, b [9] 3 fevrier 1766.—*Marie-Catherine*, b [9] 22 mars et s [9] 2 sept. 1767.—*Joseph-Félix*, b [9] 20 avril et s [9] 24 juin 1770.—*Marie-Félix*, b... s [9] 9 nov. 1771.—*Jean*, b [9] 3 fevrier et s [9] 26 février 1773.—*Michel*, b [9] 2 et s [9] 13 juillet 1774.—*Marie-Charlotte*, b... s [9] 22 nov 1777.—*Marie-Céleste*, b [9] 30 sept. 1785.

COTINEAU, JACQUES.
MAILLOT, Françoise.
Anonyme, b et s 3 mai 1773, à Lachenaye.

1774.

IV.—COTINEAU (1), CHARLES, [JACQUES III.
b 1748.
PARANT, Marie-Marguerite. [JOSEPH.
Charles, b... s 5 oct. 1775, à Lachenaye. [9]—*Charles*, b [9] 9 mars 1777.—*Toussaint*, b [9] 23 nov. 1781.—*Joseph*, b [9] 18 janvier et s [9] 8 juin 1786

1776.

IV.—COTINEAU, JOSEPH-FÉLIX, [JACQUES III.
b 1753.
MONGEAU, Marie-Marguerite.
Joseph-Félix, b 30 nov. 1776, à Lachenaye [9], s [9] 3 juillet 1778.—*Joseph*, b... s [9] 22 sept. 1779.—*Jean*, b 1779, s [9] 19 fevrier 1784.—*Marie-Joseph*, b [9] 14 mai 1781.—*Joseph-Félix*, b [9] 12 juillet 1783.—*Jacques*, b [9] 14 juin 1785—*Marie-Françoise*, b [9] 20 sept. 1787

1780.

IV.—COTINEAU, JEAN-BTE, [JEAN-BTE III.
b 1749.
HUBOUT, Marie-Charlotte, [LOUIS IV.
b 1766.
Marie-Anne, b 21 janvier 1781, à Lachenaye. [9]—*Marie-Charlotte*, b [9] 8 et s [9] 25 sept. 1782.—*Jean-Baptiste*, b [9] 13 mai 1784.—*Charles*, b [9] 27 sept. 1788.

1783.

IV.—COTINEAU, FRS-XAVIER, [JACQUES III.
b 1762.
DUBREUIL, Marie-Joseph.

(1) Dit Laurier.

Marie-Joseph, b 29 juillet 1784, à Lachenaye [9]; s [9] 11 mars 1785.—*Marguerite-Catherine*, b [9] 22 nov. 1785.—*Marie-Françoise*, b [9] 15 août 1789.—*François-Xavier*, b [9] 3 mai 1791.

1784.

IV.—COTINEAU, JACQUES, [JACQUES III.
b 1744.
AUDIN, Marie-Françoise.
Marie-Françoise, b 20 février et s 31 mars 1785, à Lachenaye. [9]—*Jacques*, b [9] 8 oct. 1786.—*Marie-Françoise*, b [9] 25 juillet et s [9] 13 août 1788.—*Marie-Marguerite*, b... s [9] 29 août 1789.

1785, (4 août) Lachenaye. [8]

IV.—COTINEAU (1), ANTOINE, [JACQUES III.
b 1758.
MATHIEU, Marie-Archange, [FRANÇOIS III.
b 1766.
Marie-Clémence, b [8] 10 février et s [8] 4 oct. 1787.—*Antoine-Jean*, b [8] 26 fevrier et s [8] 12 août 1788.—*Marie-Archange*, b [8] 20 avril et s [8] 6 sept. 1789.—*François*, b [8] 22 mars et s [8] 19 mai 1791.

COTINEAU, MARIE, b... m à Jean-Baptiste DUTRISAC; s avant 1761.

COTRAY.—Voy. COLTRET.

COTTARD.—Voy. COTARD.

1748, (9 juillet) Québec. [8]

I.—COTTE (2), JOSEPH
DION, Marie-Anne, [PIERRE II.
b 1721.
Joseph, b [8] 17 avril 1749.

I.—COTTENAY, LOUIS,
Irlandais.
VAGENET, Isabelle
Jean-Baptiste, b 18 juin 1775, au Detroit.

COTTENOIRE.—*Surnom* : PRÉVILLE.

1690.

I.—COTTENOIRE (3), ANTOINE,
s 4 mai 1731, à l'Ile-Dupas. [9]
PROVENCHER, Marguerite, [SÉBASTIEN I
b 1666; s [9] 29 oct. 1739.
Etienne (4), b...—*Louis*, b 1693; m 20 nov. 1715, à Angélique DESROSIERS-DUTREMBLE, à Sorel [8]; s 17 janvier 1755, à St-Michel-d'Yamaska.—*Marguerite*, b 1694; s [9] 14 janvier 1710.—*François*, b 1695; s 29 déc. 1746, à Becancour.—*Antoine*, b... m 1726, à Marie-Joseph DESROSIERS-DUTREMBLE.—*Marie-Joseph*, b... m [9] 28 août 1738, à Jean-Baptiste RIVARD.—*Marie-Renée*, b... m à Antoine BRULÉ; s [8] 10 fevrier 1711.

COTTENOIRE, MARIE-RENÉE, b... s 2 déc. 1764, à l'Ile-Dupas.

(1) Dit Laurier.
(2) Dit Contois; voy. Caute, vol. II, p. 586.
(3) Voy. vol. I, p. 142
(4) Il était, le 14 avril 1738, à l'Ile-Dupas.

1715, (20 nov.) Sorel. [9]
II.—COTTENOIRE, Louis, [Antoine I.
b 1693; s 17 janvier 1755, à St-Michel-d'Yamaska. [8]
Desrosiers (1), Angélique. [Pierre II.
Antoine, b... m 5 nov. 1742, à Louise Forcier, à St-Frs-du-Lac. [6]—*Louis*, b [9] 31 mars 1718; m [8] 9 février 1750, à Madeleine Parenteau.—*Marie-Marguerite*, b [9] 17 déc. 1719.—*Marie-Françoise*, b [6] 30 janvier 1722, m 25 fevrier 1743, à François-Joseph Baril, à l'Ile-Dupas. — *Marie-Anne*, b [6] 31 juillet 1724.— *Anne-Elisabeth*, b [6] 25 février 1726; 1° m [8] 22 juillet 1749, à Joseph Théroux; 2° m [8] 4 nov. 1760, à Claude-François Boulier. —*Jean-Baptiste*, b [6] 11 juin 1728; m 1759, à Marie-Joseph 8agak8at, à Mackinac.—*Marie-Joseph*, b [6] 8 mai 1732; s [8] 5 avril 1735. — *Michel*, b [8] 8 mai 1734.— *François-Régis*, b [8] 20 janvier 1737; m [8] 15 février 1768, à Marie-Catherine Danis. — *Anonyme*, b [8] et s [8] 29 mars 1747.

1725.
II.—COTTENOIRE (2), Antoine, [Antoine I.
s avant 1760.
Desrosiers (1), Marie-Joseph.
Antoine, b 9 nov. 1725, à Sorel.[1]— *Marie-Joseph*, b 21 juillet 1727, à l'Ile-Dupas[2]; m [2] 11 février 1760, à Joseph Beaufort. — *Pierre*, b [2] 12 mars 1729; m [2] 23 nov. 1761, à Marie-Antoinette Carpentier. — *Marie-Joseph*, b [2] 16 mai 1731. — *Marie-Louise*, b... m [2] 29 janvier 1753, à Noël Carpentier. — *Marguerite*, b [1] 30 mars 1736; m [2] 14 juillet 1760, à Pierre Vilandré.—*Joseph-Etienne*, b [2] 14 avril 1738.—*Marie-Amable*, b [2] 30 nov. 1740.—*Apolline*, b... m [2] 15 fevrier 1768, à Jean-Baptiste Carpentier.

II.—COTTENOIRE, François, [Antoine I.
b 1695, s 29 dec. 1746, à Becancour.

1742, (5 nov.) St-Frs-du-Lac. [8]
III.—COTTENOIRE, Antoine, [Louis II.
s avant 1766.
Forcier, Marie-Louise. [Joseph II.
Antoine, b [8] 30 sept. 1743, m 27 mai 1766, à Marie-Claire Bélanger, à St-Michel-d'Yamaska.

1750, (9 fevrier) St-Michel-d'Yamaska. [4]
III.—COTTENOIRE, Louis, [Louis II.
b 1718.
Parenteau, Madeleine, [Pierre II.
b 1729.
Pierre, b [4] 8 oct. 1752.—*Geneviève*, b [4] 1er et s [4] 30 sept. 1754.—*Marie-Joseph*, b [4] 2 mars 1759. —*Joseph*, b [4] 11 avril 1764.—*Marie-Angélique-Cécile*, b [4] 28 sept. 1766.—*Marguerite*, b [4] 28 mars et s [4] 11 avril 1769.—*Jacques*, b [4] 28 mars et s [4] 6 avril 1769.—*Elisabeth*, b [4] 15 juillet 1770.

COTTENOIRE, Louis.
Beaugrand, Madeleine.
Marie-Angélique, b 12 avril 1757, à l'Ile-Dupas.

(1) Dit Dutremble.
(2) Dit Préville.

1759.
III.—COTTENOIRE, Jean-Bte, [Louis II.
b 1728.
8agak8at, Marie-Joseph, Sauvagesse.
Marie, née 1er nov. 1759; b 16 juillet 1760, à Mackinac.

1761, (23 nov.) Ile-Dupas. [6]
III.—COTTENOIRE (1), Pierre, [Antoine II.
b 1729.
Carpentier, Marie-Antoinette, [Noel II.
b 1740.
Pierre, b [6] 4 février 1762.—*Antoine*, b [6] 19 juin 1763; s [6] 9 mai 1764.—*Joseph*, b [6] 2 oct. 1767.—*Marie-Joseph*, b... s [6] 12 juillet 1770.—*Emmanuel*, b [6] 12 août 1771.—*Noel-Antoine*, b [6] 8 mars et s [6] 31 juillet 1774.—*Marie-Victoire*, b [6] 2 mars 1775.—*Marie-Antoinette*, b [6] 7 mars 1778.—*Marguerite*, b [6] 14 juin 1782.

1766, (27 mai) St-Michel-d'Yamaska. [7]
IV.—COTTENOIRE, Antoine, [Antoine III.
b 1743.
Bélanger, Marie-Claire, [Pierre-Paul III.
b 1746.
Louis-Michel, b [7] 23 sept. 1768.—*Jean-Baptiste-Louis*, b 1769, s [7] 8 janvier 1770. — *Marie-Françoise*, b [7] 15 sept. 1770.

1768, (15 février) St-Michel-d'Yamaska. [8]
III.—COTTENOIRE, Frs-Régis, [Louis II.
b 1737.
Danis, Marie-Catherine, [Gabriel III.
b 1744.
Marie-Angélique, b [8] 9 déc. 1768; s [8] 1er août 1769.—*François-Marie*, b [8] 17 mai 1770.

COTTENOIRE (1), Pierre.
Hus-Lemoine, Marie.
Jean-Baptiste, b 23 janvier 1773, à l'Ile-Dupas.

COTTENOIRE, Pierre.
DeRainville, Marie.
Anonyme, b et s 11 avril 1779, à l'Ile-Dupas.

COTTENOIRE, Marie-Catherine, épouse de Joseph Rivard.

COTTENOIRE (1), Thérèse, épouse de François Salouer.

1782, Détroit. [6]
I.—COTTERELL, George.
Aide-Créquy, Cécile, [Jean-Bte III.
b 1766.
Joseph, b [6] 10 oct. 1783.—*Elisabeth*, b [6] 22 juin 1785.

COTTON. — *Variation et surnom:* Couton — Fleur-d'Epée.

(1) Dit Préville.

1691, (24 sept.) Quebec. [5]

I.—COTTON, BARTHÉLEMI,
b 1641; s [5] 27 février 1727.
DEROUGE, Jeanne, [JEAN I.
veuve d'Emmanuel Loppez; s [5] 19 fevrier 1735.

Barthélemi, b [5] 2 juillet 1692; m [5] 13 nov. 1741, à Madeleine WILLIS; s [5] 27 mai 1780.—*Jeanne*, b [5] 2 sept. 1694; m 17 nov. 1710, à Pierre BASTIEN, à Charlesbourg; s [5] 8 avril 1715. — *Marguerite*, b [5] 20 oct. 1696. — *Jean-François*, b [5] 5 février 1699.—*Michel*, b [5] 2 juillet 1700, m 29 oct. 1726, à Françoise GAGNON, au Château-Richer.

1699, (11 février) Quebec. [3]

I.—COTTON (1), JEAN,
b 1669.
MOISAN, Charlotte, [PIERRE I.
b 1677.

Madeleine, b... 1° m... 2° m 7 janvier 1716, à Michel VANDET, à St-Michel.—*Jean-Baptiste-Paschal*, b 9 avril 1702, à Montreal [2]; s [3] 5 mars 1705.—*Omer*, b [3] 21 juin 1704.—*Louis-François*, b [3] 31 août 1716; m 23 août 1751, à Charlotte JOLIETTE, à St-Frs-du-Lac.—*Jean-Charles*, b [3] 31 août 1716.

1726, (29 oct.) Château-Richer. [4]

II.—COTTON, MICHEL, [BARTHÉLEMI I.
b 1700.
GAGNON, Françoise, [PIERRE II.
b 1708; s 6 nov. 1743, à Québec. [5]

Michel, b [4] 21 nov. 1727; s [5] 30 mars 1728.—*Joseph*, b [5] 9 avril et s [5] 25 mai 1729.—*Michel*, b 1730; s 23 avril 1731, à Lorette. [6]— *François-Joseph*, b 16 nov. 1731, à Montreal. [7]— *Michel*, b [7] 10 nov. 1731; s 22 nov. 1735, à Laprairie.—*Louise-Elisabeth*, b [7] 15 janvier 1737.—*Jeanne-Françoise*, b [5] 24 juillet 1739.—*Michel*, b [5] 4 mai 1741; m à Marie QUERCY; s [6] 19 fevrier 1825.

1728, (9 nov.) Quebec. [4]

II.—COTTON (2), JEAN-BTE, [JEAN I.
b 1705; s 14 déc. 1759, à St-Michel.
GAUTIER, Louise-Geneviève, [FRANÇOIS II.
b 1698; veuve de Louis Duplais; s [4] 3 déc. 1762.

Jean-Ignace, b [4] 1er août 1729. — *Pierre*, b [4] 11 et s [4] 21 janvier 1731.—*Marie-Joseph*, b 16 fevrier et s 2 mars 1734, à Montréal. [5]—*Elisabeth*, b [5] 25 avril et s [5] 4 août 1735. — *Marie-Louise*, b 1735; s [4] 19 janvier 1755. — *Pierre*, b [5] 9 et s [5] 21 avril 1736.—*Marguerite*, b [4] 19 nov. et s [4] 13 déc. 1737.—*Jean-Baptiste*, b 16 nov. 1738, à Ste-Foye.

1741, (13 nov.) Québec. [6]

II.—COTTON (3), BARTHÉLEMI, [BARTHÉLEMI I.
b 1692; s [6] 27 mai 1780.
WILLIS, Madeleine, [ETIENNE I.
b 1680; Anglaise; veuve de Pierre Derysy-Perrot; s [6] 17 nov. 1776.

(1) Dit Fleur-d'Epée; voy. vol. I, p. 142.
(2) Dit Fleur-d'Epée.
(3) Et Couton.

1751, (23 août) St-Frs-du-Lac. [4]

II.—COTTON (1), LOUIS-FRANÇOIS, [JEAN I.
b 1714.
JOLIETTE, Charlotte, [CHARLES III.
b 1716; veuve d'Ignace Abraham.

Agnès, b [4] 21 janvier 1753.— *Joseph-Louis*, b [4] 2 sept. 1754; s [4] 25 avril 1762.—*François*, b [4] 27 mars et s [4] 29 juillet 1756.—*Marie-Joseph*, b [4] 31 oct. 1757; s [4] 30 juillet 1758.

COTTON, GENEVIÈVE, b... s 7 juin 1782, aux Grondines.

COTTON, GUILLAUME.
PROULX, Angélique.

Marie-Angélique, b... m 18 nov. 1788, à Jean-Baptiste BRUNET, à Québec.

1682, (4 nov.) Québec.

I.—COTTU (2), FRANÇOIS,
b 1651.
1° VERDON, JEANNE, [VINCENT I.
b 1665.

Louise, b 23 mai 1684, à Contrecœur [3]; m 21 janvier 1704, à Jean-Baptiste RIEL, à l'Ile-Dupas [1]

1691.

2° LESIÈGE, Louise, [PIERRE I.
b 1673.

Catherine, b 21 mars 1694, à Montréal [7]; m à Pierre ROBILLARD.—*Daniel-Louis*, b [7] 21 janvier 1696; m à Catherine CHARPENTIER.—*Ignace*, b [7] 6 avril 1699. — *Jean-Baptiste*, b [3] 5 mai 1702.—*François*, b [1] 15 fevrier 1704; s [3] 10 août 1708.—*Françoise*, b 1er mai 1710, à Repentigny. [9]—*Etienne*, b [9] 6 janvier 1712; m 7 janvier 1733, à Marguerite COULON, à Lavaltrie.

1733, (7 janvier) Lavaltrie. [1]

II.—COTTU, ETIENNE, [FRANÇOIS I.
b 1712.
COULON (3), Marguerite, [RENÉ II.
b 1717; s [1] 30 avril 1758.

Marie-Amable, b... m [1] 13 oct. 1755, à Augustin DEFELTEAU.—*Etienne*, b 1733; m 23 avril 1759, à Marie-Therèse BRIEN, à St-Ours.—*Etienne*, b 1734; s 1er avril 1736, à Lanoraie. [9]— *Marie-Louise*, b 1736; s [9] 18 mars 1737.—*Joseph-Ambroise*, b [1] 2 février 1742.— *Marie-Joseph*, b [1] 21 nov. 1744.—*Marie-Marguerite*, b [1] 13 nov. 1748. — *Jean-Baptiste*, b [1] 21 juin 1750.—*Basile*, b [1] 12 avril 1752; s [1] 16 nov. 1753.—*Marie-Louise*, b [1] 27 mai 1757; s [1] 13 juin 1759.

II.—COTTU, DANIEL-LOUIS, [FRANÇOIS I.
b 1696.
CHARPENTIER, Catherine, [DENIS I.
b 1692.

Catherine, b... m 25 avril 1757, à Antoine MERÇAN, à Lavaltrie.—*Paul*, b... s 10 juillet 1735, à Lanoraie. [2] — *Louise*, b... m [2] 7 février 1752, à Jean-Baptiste PLANTE.

(1) Dit Fleur-d'Epee.
(2) DeLavaltrie; voy. vol. I, p. 142.
(3) Dit Mabriant en 1742.

1759, (23 avril) St-Ours.
III.—COTTU, ETIENNE, [ETIENNE II.
b 1733.
BRIEN (1), Marie-Thérèse, [SÉRAPHIN II.
b 1738.
Jacques, b [1] 19 déc. 1760.

COTTY. — *Variations et surnoms :* CARDERI—CARGUERET—COLLET—LADOUCEUR—LECOUTI—LÉVEILLÉ.

I.—COTTY (2), JEAN-NICOLAS.
HÉBERT, Jeanne, [THOMAS I.
b 1689.
Jeanne, b 6 sept. 1717 à Montréal.

1727, (27 nov.) Québec. [9]
II.—COTTY (3), JEAN, [NICOLAS I.
b 1700; s [9] 25 avril 1762.
RAYMONNEAU, Marie-Charlotte. [CHARLES I.
Charles, b [9] 12 janvier et s [9] 26 avril 1729.—*Jean-Baptiste*, b [9] 22 avril et s [9] 1er juillet 1731.—*Jean-Baptiste*, b [9] 18 fevrier et s [9] 23 mars 1733.—*Ignace*, b [9] 26 avril 1734. — *Louise-Françoise*, b [9] 28 sept. et s [9] 21 nov. 1736.—*Nicolas*, b 1739; s [9] 24 mai 1740. — *Charlotte*, b [9] 5 mai et s [9] 18 juin 1741. — *François-Xavier*, b [9] 6 nov. 1742.—*Alexis*, b [9] 30 mars et s [9] 21 juillet 1747.—*Louise-Marguerite*, b [9] 31 juillet 1748.

COTTY, ...
LACOMBE, Rose,
b 1758; s 14 juin 1832, à Québec.

1760, (4 nov.) Lorette. [6]
I.—COUBRONNE (4), JEAN-BTE, b 1723; fils de Guillaume et de Marie-Catherine Dehanne, de St-Lerin, diocèse de Boulogne-sur-mer, en Artois
CLOUTIER, Marie-Madeleine, [JEAN-BTE IV.
b 1730, veuve de Philippe Hamel.
Marie-Marguerite, b [6] 7 oct. 1761. — *Marie-Louise*, b [6] 10 janvier 1763. — *Marie-Angelique*, b [6] 10 déc. 1764.

COUC.—*Variations et surnoms :* COUCQUE—LAFLEUR—MONTOUR.

1657, (16 avril) Trois-Rivières. [7]
I.—COUC (5), PIERRE,
b 1624.
MITE8AMEG8K8E (6), Marie,
b 1631; s [7] 8 janvier 1699.
Pierre, b... s [7] 6 août 1665. — *Pierre*, b... s 5 avril 1690, à St-Thomas, Pierreville. — *Marguerite*, b [7] 1er juin 1664; m à Jean MASSE-FAFART—*Madeleine*, b 1669; m à Maurice MÉNARD.—*Jean-Baptiste*, b 1673; m à Anne SAUVAGESSE.

(1) Dit Desrochers.
(2) Carderi et Lecouti dit Ladouceur; voy. vol. I, p. 363.
(3) Et Lecouti dit Ladouceur.
(4) Dit St-Lieuvin; soldat de la reine, compagnie de Lasse
(5) Dit Lafleur; voy. vol. I, p. 142.
(6) Algonquine.

1681.
II.—COUC (1), LOUIS, [PIERRE I.
b 1659.
SACOKIE, Madeleine.
François, b 30 août 1682, à Sorel.
1688, (7 janvier) St-Frs-du-Lac. [8]
QUIGESIG8K8E (2), Jeanne,
b 1656.
Jean, b [8] 7 janvier 1688.

II.—COUC, JEAN-BTE, [PIERRE I.
b 1673.
SAUVAGESSE, Anne.
Jean-Baptiste, b 27 nov. 1706, à Lachine.

I.—COUC, JEAN.
.... Marguerite.
Marie-Julienne, b 13 avril 1763, à Québec.

1762, (1er juin) Deschambault. [5]
I.—COUCEAU (3), ETIENNE, fils de Pierre et de Françoise Gabriel, de St-Denis, diocèse de Metz, Lorraine.
1° NAU, Marguerite, [FRANÇOIS II.
b 1726; s [5] 15 nov. 1794.
Marie-Joseph, b [5] 4 avril 1763; m [5] 21 nov. 1791, à Germain CLOUTIER.—*Etienne*, b [5] 16 dec. 1766; s [5] 4 mai 1791.
1796, (15 nov.) [6]
2° LETOURNEAU, Marguerite, [ALEXIS III.
b 1760; veuve de Joseph-Clement Arcan.

I.—COUDAY, MICHEL, Anglais.
Marie-Catherine-Elisabeth, née 1734, à Philadelphie, b 27 juin 1749, à Montréal.

COUDER.—Voy. CODERRE.

1665, (25 oct.) Quebec.
I.—COUDRAY (4), ANDRÉ,
b 1643.
BOURGEOIS, Jeanne,
b 1644, s 17 janvier 1730, à Beauport.

COUÉNOND.—Voy. GUÉNOND.

COUET, THÉRÈSE, epouse de Joseph DEROME.

1725, (10 mars) Québec. [6]
I.—COUET (5), CHARLES, b 1692; fils d'Adrien et de Marie Catheron, de St-Eloy, fort St-Pierre, Ile de la Martinique; s [6] 11 janvier 1754.
LAROCHE, Charlotte, [INNOCENT II.
b 1705; s [6] 8 nov. 1759.
Marie-Charlotte, b 30 oct. 1725, à la Pte-aux-Trembles, Q. [7]; 1° m [6] 30 janvier 1747, à François TESSIER; 2° m [6] 2 fevrier 1756, à Pierre BAFRE.—*Jean-Charles*, b [6] 3 juillet 1727.—*Marie-*

(1) Dit Montour.
(2) Algonquine.
(3) Et Touzeau.
(4) Voy. vol. I, p. 142
(5) Il signe Cauhet; voy. vol. II p. 586.

Anne, b [7] 20 oct. 1729; m [6] 11 août 1749, à Joseph Marin.—*Geneviève*, b [6] 21 juin 1732; m [6] 9 janvier 1758, à Charles Guenet.—*Charles*, b [6] 3 mars 1734; m [6] 5 juillet 1751, à Marie-Louise Vivier.—*Louis*, b... m [6] 23 nov. 1756, à Madeleine Dugre. — *Adrien*, b [6] 28 mai 1737, m 25 août 1760, à Louise Aubert, à Levis. — *Andre*, b [6] 15 oct. 1739. — *Vincent*, b [6] 10 juillet 1743, m à Marguerite Crépeau; s [6] 29 sept. 1781.

1751, (5 juillet) Québec. [2]

II—COUET, Charles, [Charles I.
b 1734.
Vivier, Marie-Louise, [Jacques III.
b 1733.

Marie-Geneviève, b [2] 21 février et s [2] 7 sept. 1752.—*Marie-Joseph*, b [2] 1er sept. 1753. — *Marie-Charlotte*, b [2] 20 août 1755. — *Marie-Françoise*, b [2] 8 oct. 1757, s [2] 3 mars 1760.—*Charles*, b [2] 30 mars 1759; s [2] 30 mars 1760. — *Charles-Antoine*, b 15 juin 1760, à Lévis. — *Jean-Baptiste*, b [2] 24 dec. 1763.

1756, (23 nov.) Québec. [3]

II—COUET, Louis. [Charles I.
Dugre, Madeleine. [Charles II.

Catherine, b [3] 5 janvier et s [3] 20 dec. 1758. — *Louis*, b 26 août 1759, à Ste-Foye.

1760, (25 août) Levis. [3]

II—COUET, Adrien, [Charles I.
b 1737.
Aubert, Marie-Louise, [François IV
b 1735.

Marie-Louise, b [3] 3 juin 1761; m à Pierre Tavernier, s 21 fevrier 1784, à Quebec.—*Charles-André*, b [3] 4 août 1762; s [3] 4 mai 1763.—*Françoise*, b [3] 27 sept. 1763. — *Joseph*, b [3] 26 nov. 1765. — *Marie-Geneviève*, b [3] 21 août 1767, s [3] 21 fevrier 1768.—*Marguerite*, b... s [3] 11 avril 1768.

II—COUET, Vincent, [Charles I.
b 1743, s 29 sept. 1781, à Quebec.
Crépeau, Marguerite, [Guillaume III.
b 1751.

COUILLARD. — *Variations et surnoms :* De Beaumont — DesEssars — DesIslets — De l'Espinay—Desprès — Dupuis — Lafontaine.

1621, (26 août) Quebec. [3]

I.—COUILLARD (1), Guillaume,
s [3] 4 mars 1663.
Hébert, Guillemette, [Louis I.
b 1606, s [3] 20 oct. 1684.

1653, (29 avril) Québec. [3]

II—COUILLARD (2), Louis, [Guillaume I.
b 1629,
Desprès, Geneviève, [Nicolas I.
b 1639, s [3] 11 mai 1706.

(1) Voy. vol I, pp. 142-143.

(2) Sieur de l'Espinay; voy. vol. I, p. 143.

Jeanne, b [3] 9 juin 1654; m [3] 22 oct. 1668, à Paul Dupuis; s [3] 12 juillet 1702. — *Louis*, b [3] 29 nov. 1658; 1° m 1680, à Marie Vaudry, 2° m [3] 4 mai 1688, à Marie Fortin; 3° m 7 nov. 1712, à Marguerite Bélanger, à l'Islet [3]; 4° m 31 janvier 1719, à Louise Nolin, à St-Thomas; s 15 mai 1728, à St-Pierre-du-Sud.—*Geneviève*, b [3] 24 oct. 1660; s [3] 9 sept. 1720.

1666, (8 fevrier) Trois-Rivières. [3]

I.—COUILLARD (1), Pierre,
b 1639, s 7 avril 1713, à Sorel.
Bilodeau, Jeanne,
b 1629; veuve de Jacques Baubiche, s 26 août 1684, à Champlain. [2]

René, b [3] 19 février 1667; 1° m [2] 31 janvier 1690, à Marie-Denise Houré; 2° m 6 nov. 1708, à Geneviève Gignard, à Lachine.

1668, (10 janvier) Québec. [3]

II.—COUILLARD (2), Charles, [Guillaume I.
b 1647, s 8 mai 1715, à Beaumont. [4]
1° Pasquier, Marie, [Pierre I.
b 1640; s [3] 26 juin 1685 (dans l'église des recollets).

1686. [3]

2° Couture, Louise, [Guillaume I.
b 1665; s [4] 22 dec. 1751.

Louis, b 10 et s 12 avril 1687, à Levis. [5]—*Philippe*, b [5] 1er mai 1691, s [4] 30 juin 1698.—*Joseph*, b [4] 31 mai 1693; m [4] 8 août 1729, à Geneviève Turgeon; s [4] 17 juin 1755. —*Charles*, b [5] 24 août 1695; m 20 oct. 1728, à Madeleine Couillard-Desprès, à St-Thomas [9]. s [9] 31 oct. 1749.—*Marie*, b [4] 23 nov. 1697, m [4] 21 fevrier 1724, à Charles-Alexandre Morel; s 2 nov. 1745, à Kamouraska.

1668, (17 oct) Québec.

I.—COUILLARD (3), François,
b 1640.
D'Annese (4), Marie-Esther

Madeleine, b 1677, 1° m 22 juillet 1697, à Jacques Larue, à Ste-Anne-de-la-Perade, 2° m 14 août 1718, à Pierre Pineau, à St-Ours.

1680, (23 oct.) Québec. [4]

III.—COUILLARD (5), Louis, [Louis II.
b 1658; s 15 mai 1728, à St-Pierre-du-Sud.
1° Vaudry, Marie, [Jacques I.
b 1665.

Louis, b 6 mars et s 13 avril 1686, au Cap-St-Ignace.

1688, (4 mai). [4]

2° Fortin, Marie, [François I.
b 1670, s 26 fevrier 1710, à St-Thomas. [5]

Geneviève, b [4] 18 juillet 1689, s [5] 2 sept 1709. —*Elisabeth*, b [5] 17 avril 1691, m [5] 28 avril 1716, à Louis Coté, s [5] 27 mars 1725. — *Louis*, b [5] 6

(1) Voy vol I, p 143

(2) Souche des Couillard de Beaumont; voy. vol. I, p. 143.

(3) Dit Lafontaine; voy. vol I, p 143.

(4) Elle epouse, le 20 sept 1688, Pierre Janson, à Quebec.

(5) De l'Espinay et Dupuis, seigneur de St-Thomas; voy. vol. I, p. 143.

février 1694; m [5] 17 nov. 1721, à Marthe COTÉ; s [5] 17 janvier 1754. — *Marie-Simone*, b [5] 28 mai 1697; m [5] 11 oct. 1719, à Alexis-Jean GUYON; s [4] 27 oct. 1732. — *Joseph*, b [5] 18 sept. 1701; m 19 nov. 1725, à Marie-Marthe BÉLANGER, à l'Islet.[3]— *Jean-Baptiste-Charles*, b [5] 14 juillet 1703; m [5] 19 juin 1729, à Geneviève LANGLOIS; s [5] 19 juillet 1733.—*Paul*, b [5] 8 sept. 1707; m 10 nov. 1732, à Marie-Joseph COUTURE, à Beaumont.

1712, (7 nov.) [3]

3° BÉLANGER, Marguerite, [LOUIS II.
b 1696; s [5] 24 avril 1717.
Anonyme, b [5] et s [5] 18 avril 1717.

1719, (31 janvier). [5]

4° NOLIN, Louise, [JACQUES I.
b 1678; veuve de Joseph Langlois; s [5] 27 sept. 1754.
Antoine, b [5] 26 déc. 1719.—*Marie-Anne*, b [5] 15 août 1721; 1° m [5] 22 juin 1739, à Louis MARGANNE; 2° m 3 juillet 1747, à Louis FOURNIER, à Beauport.—*Louis*, b [5] 8 avril 1722.

1690, (31 janvier) Champlain.

II.—COUILLARD, RENÉ, [PIERRE I.
b 1667.
1° HOURÉ, Denise, [RENÉ I.
s 21 avril 1699, à Batiscan.
Simon, b 18 août 1693, à St-Jean, I. O.; m à Louise JENNE-ST-ONGE; s 14 février 1717, au Bout-de-l'Ile, M.

1708, (6 nov.) Lachine. [2]

2° GIGNARD, Geneviève, [LAURENT I.
b 1681.
Marie-Angélique, b [2] 16 août 1709. — *Pierre*, b [2] 13 sept. 1711.— *Laurent*, b 7 mars 1714, à la Pointe-Claire.

1691, (21 janvier) St-Thomas. [4]

III.—COUILLARD (1), JACQUES, [LOUIS II.
b 1665; s [4] 24 août 1737.
LEMIEUX, Elisabeth, [GUILLAUME I.
b 1672; s [4] 29 août 1739.
Elisabeth, b [4] 2 avril 1694; m [4] 9 nov. 1716, à Bernard DAMOURS; s [4] 10 avril 1771. — *Jacques*, b [4] 16 février 1696; 1° m [4] 22 nov. 1723, à Louise BOULÉ; 2° m 5 février 1731, à Véronique BELANGER, au Château-Richer; s [4] 30 déc. 1744.— *Marthe*, b [4] 23 avril 1698; m [4] 9 nov. 1716, à Pierre BÉLANGER; s [4] 5 déc. 1757. — *Augustin*, b 1700; s [4] 7 juillet 1721. — *Joseph*, b [4] 13 nov. 1701; 1° m 20 juillet 1733, à Marie-Geneviève CARON, à l'Islet; 2° m [4] 21 février 1746, à Elisabeth BLANCHET; s [4] 4 janvier 1761. —*Louise-Angélique* (2), b [4] 21 mars 1704; m [4] 18 oct 1736, à René-Louis DAMOURS; s [4] 5 avril 1755.—*Louis*, b [4] 1er sept. 1707; s [4] 4 sept. 1710 —*Marie-Madeleine*, b [4] 20 mai 1710; m [4] 20 oct 1728, à Charles COUILLARD.—*Clément*, b [4] 20 oct. 1712; m [4] 6 mai 1738, à Catherine DENEAU.— *Louis*, b [4] 8 sept. 1714; s [4] 17 nov. 1733.

(1) Dit Despres; voy. vol. I, p 144.
(2) Dame de St-Luc.

1699, (9 février) Lachine. [3]

II.—COUILLARD (1), PIERRE, [PIERRE I.
b 1672.
BRUNET, Anne, [FRANÇOIS I.
b 1680.
Joseph, b [3] 19 mars 1708; m à Marie-Therèse POINEAU.—*Marie-Joseph*, b [3] 25 avril 1711.

III.—COUILLARD, SIMON, [RENÉ II.
b 1693; s 14 février 1717, au Bout-de-l'Ile, M.[7]
JENNE (2), Louise, [PIERRE I.
b 1690.
Joseph, b [7] 27 et s [7] 30 janvier 1717.

1716, (19 avril) Bout-de-l'Ile, M.

III.—COUILLARD, PIERRE, [RENÉ II.
b 1694.
LAVIOLETTE, Marie-Louise, [PIERRE I.
b 1690.
Pierre, b... m à Marie-Anne MALLET.

1721, (17 nov.) St-Thomas. [2]

IV.—COUILLARD (3), LOUIS, [LOUIS III.
b 1694; s [2] 17 janvier 1754.
COTÉ, Marthe, [LOUIS III.
b 1694.
Marie-Geneviève, b [2] 5 sept. 1722; s [2] 2 mars 1739. — *Claire-Françoise*, b [2] 25 mars 1724.— *Louis*, b [2] 9 nov. 1725; s [2] 9 sept. 1729. — *Jean-Baptiste*, b [2] 27 juillet 1729; m [2] 25 août 1755, à Marie-Geneviève ALLIÉS; s [2] 22 sept. 1759.— *Jacques*, b [2] 2 mars 1731. — *Thérèse*, b [2] 28 oct. 1732; m [2] 6 oct. 1754, à Nicolas-Gaspard BOISSEAU; s [2] 16 janvier 1760. — *Louis*, b [2] 14 juillet 1734; 1° m [2] 24 janvier 1763, à Catherine LEPAGE; 2° m 26 oct. 1769, à Elisabeth LAJUS, à Lévis.—*Joseph-Marie* (4), b [2] 1er février 1736; s [2] 22 sept. 1759.—*André*, b [2] 2 mars 1738.

1723, (22 nov.) St-Thomas. [2]

IV.—COUILLARD (5), JACQUES, [JACQUES III.
b 1696, s [2] 30 déc. 1744.
1° BOULÉ, Louise, [MARTIN II.
b 1699; s [2] 1er janvier 1729.
Elisabeth, b [2] 26 nov. 1724; m [2] 12 oct. 1744, à Joseph BOUCHARD; s [2] 27 février 1748.—*Anonyme*, b [2] et s [2] 24 avril 1726.

1731, (5 février) Château-Richer.

2° BÉLANGER, Veronique, [CHARLES III.
b 1704; s [2] 7 janvier 1748.
Véronique, b [2] 23 nov. 1731; s 29 sept. 1750, à l'Islet. — *Jacques*, b [2] 4 oct. 1733; m [2] 14 février 1757, à Marie-Charlotte FOURNIER.—*Marie-Geneviève*, b [2] 30 oct. 1735; m [2] 31 janvier 1752, à Louis MORIN; s [2] 11 déc. 1763.—*Marie-Marthe*, b [2] 25 déc. 1737; m [2] 24 nov. 1760, à Jacques-François MIVILLE; s [2] 13 janvier 1763.—*Charles*, b [2] 3 juillet 1739.—*Marie-Reine*, b [2] 22 sept. 1741,

(1) Voy. vol I, p. 144.
(2) Dit St-Onge; elle épouse, le 29 janvier 1725, Pierre Prieur, à Lachine.
(3) Seigneur de St-Thomas et de St-Pierre.
(4) Tué par les Anglais.
(5) Dit Després.

s [2] 22 août 1756.—*Pierre-Roger*, b [2] 10 oct. 1743; s [2] 27 août 1744.—*Marie-Claire* (posthume), b [2] 26 août 1745 ; s [2] 7 déc. 1748.

1725, (19 nov.) Islet. [3]

IV.—COUILLARD (1), JOSEPH, [LOUIS III.
b 1701.
BÉLANGER, Marie-Marthe, [LOUIS II.
b 1706.

Marie-Marthe, b [3] 31 août 1727 ; m [3] 11 juillet 1746, à Pierre CARON. — *Marie-Joseph*, b [3] 22 et s [3] 30 sept. 1729.—*Véronique*, b [3] 25 sept. et s [3] 13 oct. 1730.—*Jacques*, b [3] 9 février 1732 ; s [3] 15 mai 1751. — *Marie-Geneviève*, b [3] 23 mai 1734 ; m [3] 22 juillet 1754, à Jean-Baptiste COUILLARD.—*Marguerite*, b [3] 5 avril 1736 ; m [3] 7 août 1758, à Joseph COUILLARD.—*Joseph* (2), b [3] 26 mai 1738; s 22 sept. 1759, à St-Thomas. [4] — *André*, b [3] 11 fevrier 1740.—*Reine-Félicité*, b [3] 10 juin 1741. — *Joseph*, b... m [3] 8 nov. 1762, à Marie-Joseph CARON.—*Romain*, b [3] 8 juin 1747; m à Geneviève CARON.

1726, (13 mai) Beaumont. [1]

III.—COUILLARD (3), CHS-MARIE, [CHARLES II.
b 1675; s [1] 19 fevrier 1753.
COUTURE, Marie-Françoise, [EUSTACHE II.
b 1707; s [1] 28 fevrier 1760.

Charles, b [1] 24 février et s [1] 9 avril 1727.—*Marie-Françoise*, b [1] 4 février 1728; m [1] 6 nov. 1758, à Louis TURGEON.—*Marie-Thérèse*, b [1] 24 août 1729 ; s 25 février 1744, à Montreal.—*Marie-Joseph*, b [1] 9 déc. 1730; s [1] 27 mars 1745.—*Charles*, b [1] 2 mai 1733; m [1] 7 janvier 1757, à Marie-Françoise BOILARD ; s [1] 15 oct. 1819.—*Marie-Louise*, b [1] 2 mai et s [1] 25 oct. 1733.—*Catherine*, b [1] 25 nov. 1735; s [1] 20 janvier 1736. —*Catherine*, b [1] 20 et s [1] 24 nov. 1737.—*Etienne*, b [1] 19 juillet et s [1] 10 août 1740.

1727, (22 juillet) Beaumont. [2]

III.—COUILLARD (3), PIERRE, [CHARLES II.
b 1703 , s [2] 10 janvier 1768.
NADEAU, Elisabeth. [JEAN II.

François, b 5 mai 1728, à Lévis, m [2] 22 nov. 1756, à Marie-Joseph MOLEUR.—*Elisabeth*, b [2] 1er oct. 1730; 1° m [2] 2 fevrier 1761, à Maurice JEAN; 2° m 18 oct. 1762, à Andre NOREAU, à Quebec.—*Marie-Anne*, b [2] 12 mars 1733 ; m [2] 5 mars 1753, à Jean-Baptiste GUENET. — *Marie-Françoise*, b [2] 21 et s [2] 26 nov. 1734.—*Marie-Geneviève*, b [2] 15 mars 1737. — *Marie-Louise*, b [2] 14 mai 1739.—*Pierre*, b [2] 29 juillet et s [2] 1er août 1741.—*Geneviève*, b [2] 9 fevrier 1743; s [2] 16 déc. 1750.—*Anonyme*, b [2] et s [2] 16 mars 1745.—*Françoise-Elisabeth*, b [2] 4 et s [2] 17 déc. 1747. — *Anonyme*, b [2] et s [2] 21 dec. 1749.

(1) DesEssars.

(2) Ecclésiastique ; tué par les Anglais le 14 sept. 1759, avec M. Jean-Baptiste Couillard et Paul Coté.

(3) DeBeaumont.

1728, (20 oct.) St-Thomas. [3]

III.—COUILLARD (1), CHARLES, [CHARLES II.
b 1695; s [3] 31 oct. 1749.
COUILLARD (2), Marie-Madeleine, [JACQUES III.
b 1710.

Madeleine, b 6 et s 8 juillet 1730, à Beaumont. [4] —*Charles*, b [4] 13 sept. 1731 ; s [4] 16 oct. 1733.—*Louis-Joseph*, b [4] 11 juin et s [4] 16 oct. 1733.—*Marie-Madeleine*, b [4] 9 oct. et s [4] 20 nov. 1734.—*Charles*, b [3] 29 déc. 1735; m [3] 26 janvier 1761, à Véronique COTÉ ; s [3] 14 juin 1769.—*Marie-Madeleine*, b [3] 16 mai 1737; m [3] 10 février 1755, à Jacques JONCAS.—*Louise*, b [3] 12 juillet 1738 ; m [3] 10 nov. 1760, à Louis JONCAS.—*Louis-François*, b [3] 23 juin et s [3] 24 sept. 1740.—*Louis*, b [3] 27 mai et s [3] 29 août 1742.—*Robert*, b [3] 22 et s [3] 30 août 1744.—*Roger*, b [3] 20 et s [3] 31 oct. 1746.—*Joseph*, b [3] 15 et s [3] 18 janvier 1748.

1728, (22 nov.) Cap-St-Ignace. [5]

IV.—COUILLARD (3), FRANÇOIS, [LOUIS III.
b 1699; s 1729.
BERNIER (4), Marie-Madeleine, [CHARLES II.
b 1707.

François (posthume), b [5] 28 oct. 1729; s [5] 17 sept. 1731.

1729, (19 juin) St-Thomas. [6]

IV.—COUILLARD(5), JEAN-BTE-CHS, [LOUIS III.
b 1703; s [6] 19 juillet 1733.
LANGLOIS (6), Geneviève, [JOSEPH III.
b 1711.

Jean-Baptiste, b [6] 9 sept. 1729.—*Louis*, b [6] 8 et s [6] 20 mai 1731.—*Louis*, b [6] 3 nov. 1732; s [6] 24 janvier 1733.—*François* (posthume), b [6] 14 déc. 1733 ; s [6] 4 mars 1734.

1729, (8 août) Beaumont. [7]

III.—COUILLARD (7), JOSEPH, [CHARLES II.
b 1693; s [7] 17 juin 1755.
TURGEON, Geneviève, [ZACHARIE II.
b 1707, s [7] 11 avril 1790.

Geneviève, b [7] 30 oct. 1730.—*Joseph*, b [7] 24 janvier 1732; s [7] 11 avril 1737.—*Charles*, b [7] 10 et s [7] 21 mars 1733.—*Marie-Geneviève*, b [7] 8 mars 1734; m [7] 22 oct. 1753, à Joseph ALAIRE; s [7] 23 juin 1809.—*Marguerite*, b [7] 11 janvier 1736 , m [7] 16 nov. 1761, à Jean GUAY; s [7] 20 nov. 1793.—*Joseph*, b [7] 24 mars 1738; m [7] 19 mai 1763, à Madeleine FILTEAU , s [7] 28 avril 1777.—*Marie-Louise*, b [7] 24 mars 1740 , s [7] 3 janvier 1757.—*Marie-Joseph*, b [7] 29 dec. 1742; s [7] 9 juin 1744.—*Cécile*, b [7] 8 juin 1745; m [7] 10 janvier 1766, à Thomas GUENET ; s [7] 27 août 1828.—*Marie-Joseph*, b [7] 8 avril 1748, s [7] 13 avril 1754.—*Marie-Fran-*

(1) DeBeaumont

(2) Dit Després.

(3) Co-seigneur de la Rivière-du-Sud.

(4) Elle épouse, le 23 nov. 1734, Jean Bossé, au Cap-St-Ignace.

(5) De L'Espinay.

(6) Elle épouse, le 4 oct. 1734, Paul Coté, à St-Thomas.

(7) Dit Hébert de Beaumont ; il fait baptiser ses enfants sous ce nom.

çoise, b [7] 21 sept. 1751 ; m à Louis ALAIRE.—*Marie*, b... m 26 mai 1759, à Jean-Baptiste GOSSELIN, à St-Charles.

1731, (3 juillet) Islet. [8]

IV.—COUILLARD (1), JEAN-BTE, [JACQUES III. b 1705; s [8] 29 nov. 1743.

CARON, Reine, [FRANÇOIS III. b 1711.

Jean-Baptiste, b [8] 23 juin 1732 ; 1° m [8] 22 juillet 1754, à Geneviève COUILLARD; 2° m 31 juillet 1758, à Marie-Joseph PAIN, à St-Roch.—*Joseph*, b [8] 23 août 1734 ; m [8] 7 août 1758, à Marguerite COUILLARD.—*Louis-Marie*, b [8] 15 sept. 1736.—*Emmanuel*, b [8] 3 nov. 1738 ; 1° m [8] 5 août 1763, à Geneviève CHALIFOUR ; 2° m 29 juillet 1794, à Elisabeth DUVAL, à Québec.—*Marie-Reine*, b [8] 26 avril 1741.—*Alexandre*, b [8] 22 août 1743 ; m à Marthe BERNIER.

1732, (10 nov.) Beaumont.

IV.—COUILLARD (2), PAUL, [LOUIS III b 1707; s 21 oct. 1750, à St-Thomas. [4]

COUTURE, Marie-Joseph, [EUSTACHE II. b 1710; s [4] 23 nov. 1773.

Marie-Joseph, b [4] 10 nov. 1734 ; s [4] 19 oct. 1750.—*Paul*, b [4] 8 janvier 1736 ; s [4] 15 déc. 1756.—*Marie-Louise*, b [4] 17 mai 1737; s [4] 1er sept. 1739—*Louis-André* (3), b [4] 1er sept. 1738 ; s [4] 4 oct 1764.—*Claire-Françoise*, b [4] 30 juillet 1740.—*Thérèse*, b [4] 4 juin 1742, m [4] 21 nov. 1763, à Jacques NICOLE, s [4] 2 janvier 1768.—*Marie-Louise*, b [4] 16 mai 1744.—*Pierre*, b [4] 8 janvier et s [4] 20 août 1747.—*Jean-Baptiste*, b [4] 28 mai et s [4] 17 oct. 1748.—*Jean-Baptiste*, b [4] 30 déc. 1749, m 20 fevrier 1775, à Therèse BERNIER.

1733, (20 juillet) Islet.

IV.—COUILLARD (4), JOSEPH, [JACQUES III. b 1701, s 4 janvier 1761, à St-Thomas. [4]

1° CARON, Marie-Geneviève, [FRANÇOIS III. b 1716, s [4] 8 avril 1745.

Joseph, b [4] 7 janvier 1735, m [4] 14 fevrier 1763, à Marie FOURNIER.—*François*, b [4] 20 sept. 1736, s [4] 2 avril 1749 —*Jean-Baptiste*, b [4] 25 oct. 1738, m [4] 21 sept. 1772, à Marie-Geneviève FOURNIER.—*Michel*, b [4] 6 oct. 1741. — *Pierre-André*, b [4] 19 avril et s [4] 22 août 1744.

1746, (21 février). [4]

2° BLANCHET, Elisabeth. [PIERRE-GUILLAUME II. *André*, b [4] 20 nov. 1746; s [4] 27 fevrier 1749. —*Guillaume*, b [4] 18 fevrier 1747. — *Louis-Marie*, b [4] 15 août 1750 ; s [4] 23 mai 1751.— *Marie-Madeleine*, b [4] 5 mai 1752.—*André* (5), b [4] 26 fevrier 1754 ; s [4] 30 juillet 1772.—*Charles*, b [4] 30 mars 1756.—*Marie-Elisabeth*, b [4] 4 mai 1758.—*Marie-Françoise*, b [4] 3 dec. 1760.

(1) Dit Desprès ; co-seigneur.
(2) Dit Dupuis.
(3) Minore.
(4) Dit Desprès.
(5) Tué par le tonnerre.

III.—COUILLARD, JOSEPH, [PIERRE II. b 1708.

POINEAU, Marie-Thérèse, [JEAN I. b 1708.

Pierre, b 11 oct. 1735, à Châteauguay [5]; 1° m [5] 26 janvier 1761, à Madeleine PRIMOT ; 2° m 3 août 1768, à Françoise BRAU, à Lachine.—*Véronique*, b... m [5] 26 janvier 1761, à Joachim PRIMOT.—*Angélique*, b... m [5] 23 nov. 1763, à Paul RICHARD.—*Joseph*, b... m [5] 10 janvier 1766, à Louise DORAY.—*Marguerite*, b... m [5] 7 janvier 1767, à Jacques PRIMOT.

1738, (6 mai) St-Thomas. [6]

IV.—COUILLARD (1), CLÉMENT, [JACQUES III. b 1712.

DENEAU, Catherine, [RENÉ I. b 1720; s [6] 26 février 1764.

Marie, b [6] 7 février 1739.—*Clément*, b [6] 8 sept. 1740 ; s [6] 29 avril 1741.—*Marguerite-Reine*, b [6] 13 juillet 1742 ; s [6] 9 déc. 1748.—*Clément*, b [6] 13 mars 1744.—*Thérèse*, b [6] 22 nov. 1745 ; s [6] 18 janvier 1746.—*Chrysostôme*, b [6] 1er fevrier 1747; s [6] 14 dec. 1748.—*René*, b [6] 27 déc. 1748.—*Joseph-Roger*, b [6] 23 janvier et s [6] 20 fevrier 1751.—*Marguerite*, b [6] 23 janvier 1751.—*Jacques*, b [6] 16 juin 1754 —*Roger*, b [6] 14 janvier 1756.—*Joseph*, b [6] 16 nov. 1757; s [6] 22 mars 1758.

IV.—COUILLARD, PIERRE. [PIERRE III. MALLET (2), Marie-Anne, [JEAN-BTE III. b 1719.

Pierre, b 1740 ; s 1er juillet 1752, à Lachine. [7] —*Rose*, b... m [7] 9 janvier 1769, à Augustin BRISEBOIS.

1754, (22 juillet) Islet. [8]

V.—COUILLARD (1), JEAN-BTE, [JEAN-BTE IV. b 1732.

1° COUILLARD (3), Marie-Geneviève, [JOSEPH IV. b 1734.

Marie-Geneviève, b [8] 1er février 1756.

1758, (31 juillet) St-Roch.

2° PAIN, Marie-Joseph, [JEAN I. b 1734 ; veuve de Pierre-Roch Gagnon.

Marie-Joseph, b [8] 13 mai 1759.—*Marie-Victoire*, b [8] 20 mai 1761.—*Jean-Baptiste*, b [8] 19 déc. 1763.—*Marie-Archange*, b [8] 11 août 1773.

1755, (25 août) St-Thomas. [9]

V.—COUILLARD (4), JEAN-BTE, [LOUIS IV. b 1729, s [9] 22 sept. 1759.

ALLIÉS, Marie-Geneviève, [ANDRÉ I b 1739.

Marie-Geneviève, b [9] 1er et s [9] 2 juillet 1756—*Marie-Geneviève*, b [9] et s [9] 20 mai 1757.—*Anonyme*, b [9] et s [9] 7 mars 1758.—*Jean-Baptiste*, b 20 juillet 1759, à la Pte-aux-Trembles, Q. ; m 1775, à Romaine CARON. — *Jean-Baptiste*, b... m 14 juillet 1784, à Angelique CHAUSSEGROS, à Quebec

(1) Dit Desprès.
(2) Elle épouse, le 6 mai 1748, Jean-Bte Rufiange, à Montréal
(3) DesEssars.
(4) Seigneur de la Rivière-du-Sud ; tué par les Anglais le 14 sept 1759.

1756, (22 nov.) Beaumont. [1]
IV.—COUILLARD (1), François, [Pierre III.
b 1728.
Moleur, Marie-Joseph, [Jean-Bte III.
b 1735.
Marie-Joseph, b [1] 18 sept. 1757.—*François,* b [1] 10 juin 1760.

1757, (7 janvier) Beaumont [2]
IV.—COUILLARD (1), Charles, [Chs-Marie III.
b 1733; s [2] 15 oct. 1819.
Boilard, Marie-Françoise, [Mathurin II.
b 1732; s [2] 5 dec. 1807.
Charles, b [2] 19 nov. 1757.—*Anonyme,* b et s 4 mai 1759, à St-Michel.—*Marie-Catherine,* b [2] 25 juin 1760; s [2] 22 août 1798.—*Marie-Françoise,* b... m [2] 29 janvier 1781, à Joseph-Nicolas Lafontaine.—*Charlotte,* b... m [2] 18 oct. 1785, à Jean-Baptiste Lacasse.—*Thérèse,* b... m [2] 10 mai 1791, à André Dubord.—*Abraham,* b... m 20 avril 1792, à Angelique Turgeon, à Quebec.

1757, (14 fevrier) St-Thomas. [6]
V.—COUILLARD (2), Jacques, [Jacques IV.
b 1733.
Fournier, Marie-Charlotte, [Nicolas III.
b 1733.
Marie-Louise, b [6] 6 mars et s [6] 30 août 1758.—*Marie-Geneviève,* b [6] 22 nov. 1760.

1758, (7 août) Islet.
V.—COUILLARD (2), Joseph, [Jean-Bte IV.
b 1734.
Couillard (3), Marguerite. [Joseph IV.
b 1736.

1761, (26 janvier) St-Thomas. [6]
IV.—COUILLARD (1), Charles, [Charles III.
b 1735; s [6] 14 juin 1769.
Coté, Véronique, [Paul IV.
b 1739.

1761, (26 janvier) Châteauguay.
IV.—COUILLARD, Pierre, [Joseph III.
b 1735.
1° Primot, Madeleine. [Joachim II.
1768, (3 août) Lachine.
2° Brau, Françoise, [Jean-Bte III.
veuve de Rene-Hubert Lacroix.

1762, (8 nov.) Islet. [1]
V.—COUILLARD (3), Joseph. [Joseph IV.
Caron, Marie-Joseph, [Louis III.
b 1740.
Marie-Joseph, b [1] 10 sept. 1763. — *Marie-Gabrielle,* b [1] 4 sept. 1764.—*Marie-Geneviève,* b [1] 9 oct. 1773

(1) DeBeaumont.
(2) Dit Desprès.
(3) DesEssars.

1763, (24 janvier) St-Thomas. [6]
V.—COUILLARD (1), Louis, [Louis IV.
b 1734.
1° Lepage, Catherine, [Louis II.
b 1732; s [6] 6 avril 1768.
Marie-Catherine, b... 1° m [6] 25 oct. 1779, à Pierre Dambourgès; 2° m à Guillaume-Fréderic Oliva.
1769, (26 octobre) Lévis.
2° Lajus, Elisabeth,
b 1720, veuve de Pierre-Victor Abain (2); s 29 février 1796, à Québec.

1763, (14 février) St-Thomas.
V.—COUILLARD (3), Joseph, [Joseph IV.
b 1735.
Fournier, Marie-Geneviève, [Nicolas III.
b 1737.

1763, (19 mai) Beaumont. [8] (4)
IV.—COUILLARD, Joseph, [Joseph III.
b 1738; s [8] 28 avril 1777.
Filteau (5), Madeleine, [Jean-Bte III.
b 1747.
Madeleine, b 1764; m [8] 5 sept. 1785, à Joseph Couture; s [8] 30 avril 1838.—*Charles,* b... m [8] 23 janvier 1787, à Apolline Nadeau. — *Françoise,* b... m [8] 20 sept. 1790, à Antoine Turgeon.

1763, (5 août) Islet [9]
V.—COUILLARD (3), Emmanuel, [Jean-Bte IV.
b 1738.
1° Chalifour, Geneviève, [François III.
b 1742.
Marie-Archange, b [9] 23 juillet 1773. — *Isaac,* b [9] 9 sept. et s [9] 1er oct. 1774. — *André,* b [9] 23 sept. 1775. — *Marie-Geneviève,* b... m [9] 11 nov. 1782, à Jean Poitras.
1794, (29 juillet) Québec.
2° Duval-Dupaulo, Elisabeth,
veuve de Leonard Fonjamy.

1766, (10 janvier) Châteauguay.
IV.—COUILLARD, Joseph. [Joseph III.
Doray, Louise. [Jean I.

COUILLARD, Marie-Joseph, b 1771; s 25 juillet 1773, à l'Islet.

1772, (21 sept.) St-Thomas.
V.—COUILLARD (3), Jean-Bte, [Joseph IV.
b 1738.
Fournier, Marie-Geneviève, [Augustin.
b 1754.

V.—COUILLARD, Jos.-Romain, [Joseph IV.
b 1747.
Caron, Marie-Geneviève.

(1) Sieur DesIslets, co-seigneur de St-Thomas-du-Sud.
(2) Ecrivain du Roy.
(3) Dit Desprès.
(4) Réhabilité le 8 août 1763.
(5) Elle épouse, le 3 nov. 1779, Antoine Gendros, à Beaumont.

Joseph-Romain, b 3 mai 1773, à l'Islet.[9] — *Marie-Geneviève*, b [9] 24 sept. et s [9] 3 dec. 1774. —*Marie*, b [9] 20 février 1775. — *Marie-Victoire*, b [9] 17 février 1776.

V.—COUILLARD (1), ALEXAN., [JEAN-BTE IV. b 1743.
BERNIER, Marthe.
Louis-Alexandre, b 9 août 1773, à l'Islet.[9]— *Marie-Elisabeth*, b [9] 5 sept. 1774.—*Anonyme*, b [9] et s [9] 9 oct. 1775.—*Michel*, b [9] 30 sept. 1776.

1775, (22 février) Islet.
V.—COUILLARD (2), JEAN-BTE, [PAUL IV. b 1749.
BERNIER, Thérèse, [CHARLES-ALEXANDRE IV. b 1755.

1775.
VI.—COUILLARD (3), JEAN-BTE, [JEAN-BTE V. b 1759.
CARON, Romaine, [JOSEPH IV. b 1750.
Marie-Scholastique, b 15 mai 1776, à l'Islet.

1784, (14 juillet) Quebec.
VI.—COUILLARD, JEAN-BTE. [JEAN-BTE V.
CHAUSSEGROS, Marie-Angélique, [GASPARD II. b 1756.

COUILLARD (4), CHARLES, s 14 mars 1799, à Beaumont.
ST-PIERRE (DE), Françoise

1787, (23 janvier), Beaumont. [1]
V.—COUILLARD (5), CHARLES, [JOSEPH IV.
NADEAU, Apolline, [JEAN-BTE IV. b 1766; s [1] 21 juin 1798.
Charles, b... m [1] 2 août 1808, à Angelique ROY.

1792, (20 avril) Quebec.
V.—COUILLARD, ABRAHAM. [CHARLES IV.
TURGEON, Angelique. [LOUIS.

1808, (2 août) Beaumont.
VI.—COUILLARD (5), CHARLES. [CHARLES V.
ROY, Angelique. [GUILLAUME.

COUILLARD, MARIE-URSULE, epouse de François FAUBER.

COUILLARD, MARIE-JOSEPH, épouse de Paul PRIMOT.

COUILLARD, ANGÉLIQUE, b 1710; m à Jean DANIS; s 29 janvier 1755, à Ste-Geneviève, M.

COUILLARD, MARGUERITE, épouse de Joseph DUTARTE.

(1) Dit Desprès.
(2) Dit Dupuis.
(3) DesEssars.
(4) DeBeaumont.
(5) Dit Hebert.

COUILLARD (1), MARGUERITE, b... m à Joseph DUPONT; s 18 nov. 1773, à l'Islet.

COUILLARD, REINE, épouse de Jacques FRETAT.

COUILLARD, MARIE-REINE, épouse d'Anselme GAMACHE.

COUILLARD, MARIE-CLÉMENTE, épouse de Jacques LENORMAND.

COUILLAU.—*Variations et surnoms:* COUILLAUD —COUILLAUT—LAROCQUE—ROCH—ROQUEBRUNE.

COUILLAU (2).

1676.
I.—COUILLAU (3), PHILIBERT, b 1647.
DELAPORTE (4), Catherine, [JACQUES I. b 1663.
Antoine, b 7 nov. 1683, à Boucherville; m 21 juin 1723, à Madeleine CHEDEVERGUE, à Becancour.

1704, (11 sept.) Varennes. [1]
II.—COUILLAU, JEAN-BTE, [PHILIBERT I. b 1677.
DESLAURIERS, Anne.
Anne, b [1] 1er août 1705.—*Jean-Baptiste-Marie*, b [1] 14 oct. 1707.—*Joseph*, b [1] 24 nov. 1709 s 30 mai 1795, à l'Hôpital-General, M.—*Jean*, b [1] 25 sept. 1711.—*Marie-Rose*, b [1] 23 août 1713; s [1] 15 juin 1714.

1723, (21 juin) Bécancour. [1]
II.—COUILLAU (5), ANTOINE, [PHILIBERT I. b 1683.
CHEDEVERGUE, Madeleine. [LOUIS I.
Joseph-Antoine, b [1] 3 mars 1724.—*Madeleine*, b [1] 2 mars 1725.

III.—COUILLAU (6), JOSEPH, [JEAN II. b 1709, s 30 mai 1795, à l'Hôpital-Général, M.

COUIN, PIERRE.
BRISSON, Marie-Joseph.
Pierre, b 1763; s 1er oct. 1788, à l'Hôpital-Général, M.

1740, (26 sept.) Montréal. [1]
I.—COULEAU (7), PIERRE, b 1708; fils de Pierre et de Jeanne LACROIX, de St-Marceau, diocèse d'Angoulème.
LANGEVIN (8), Marie-Joseph, [MATHURIN II. b 1717.

(1) Dit Desprès.
(2) Dit Roquebrune; ce nom est devenu Larocque.
(3) Dit Laporte; voy. vol. I, p. 144.
(4) Elle épouse, le 9 oct. 1706, Jean Charpentier, à Varennes.
(5) Dit Larocque.
(6) Dit Roch.
(7) Dit Jolicœur; soldat.
(8) Dit Bourboulon.

Jacques, b [1] 17 déc. 1740. — *Pierre*, b [1] 7 avril 1742.—*Marie-Anne* et *Marie-Joseph*, b [1] 6 janvier 1746.—*Pierre*, b [1] 27 juin et s [1] 12 août 1748.—*Henri-Marie*, b [1] 14 juillet 1749.

I.—COULLART, ROBERT; s 9 août 1652, à Québec.

COULOMBE.—Voy. COLOMBE.

COULON.—*Variations et surnoms* : COURAULT —DEVILLIERS—MABRIANT—ST-JEAN.

COULON, MARIE, epouse de Méry RAPIN.

COULON, MARIE-FRANÇOISE, épouse de Jean MAILHOT.

COULON, MARIE, épouse de Pierre GRUARD.

COULON, MARIE-CHARLOTTE, épouse de René ETHIER; s 11 juillet 1749, à Lavaltrie.

COULON, MARIE-ANNE, épouse de François TOUSSIN.

COULON, MARIE-JOSEPH, épouse de Jean MARIÉ.

COULON (1), JOACHIME, épouse de François PICOTÉ.

1671, (13 oct.) Quebec.

I.—COULON (2), AUFRAY, b 1640, s 30 mars 1677, à Sorel.
TIERSE, Françoise, b 1656.

1671, (16 nov.) Québec. [1]

I.—COULON (3), PIERRE, b 1630; s 4 mai 1680, à Beauport.
DUVAL, Françoise, b 1647.

Louis, b 25 dec. 1673, à Sillery, m [1] 10 janvier 1695, à Marguerite MARTEL.

1695, (10 janvier) Quebec. [1]

II.—COULON (3), LOUIS, [PIERRE I. b 1673.
MARTEL (4), Marguerite, [HONORÉ I. b 1676.

Louis-Antoine, b [1] 14 déc. 1696; m 19 mars 1719, à Geneviève LALUE, à Varennes. [2] — *Jean-François*, b [1] 11 fevrier 1699; 1° m [2] 10 janvier 1724, à Marie-Anne BUREL; 2° m 15 février 1734, à Marie-Joseph DROUSSON, à Longueuil.

I.—COULON (5), NICOLAS-ANTOINE, s 1745.
JARRETS (6), Angélique, [FRANÇOIS I. b 1680, s 30 dec. 1734, à Montreal. [6]

(1) DeVilliers
(2) Voy. vol. I, p. 144.
(3) Voy. Courault, vol. I, p. 145.
(4) Dit Lamontagne; elle épouse, le 28 janvier 1704, Jean François Douault, à Varennes.
(5) DeVilliers; voy. vol. I, p. 144.
(6) DeVerchères.

Marie, b 1706; m [6] 7 août 1730, à Alexandre DAGNEAU. — *Madeleine*, b 1707; 1° m à François FABER-DUPLESSIS; 2° m [6] 30 déc. 1737, à Claude MARIN-DELAMARGUE, 3° m 29 juillet 1754, à Joseph DAMOURS, à Quebec.—*Nicolas*, b 1709; s [6] 4 avril 1750. — *Louis*, b 10 août 1710, à Contrecœur; m [6] 29 déc. 1753, à Marie-Amable PRUDHOMME.—*Joseph*, b 8 sept. 1718, à St-Ours [7]; m [6] 11 oct. 1745, à Anne-Marguerite SOUMANDE.— *Pierre*, b [7] 4 mai 1720 —*Charles-François*, b [7] 14 juin et s [7] 14 nov. 1721. — *Marie-Angélique*, b [7] 31 janvier 1726.

1711, (7 déc.) Verchères.

II.—COULON (1), RENÉ, [AUFRAY I. b 1676.
VANIER (2), Geneviève, [GERMAIN I. b 1682.

Geneviève, b 1712; m à Pierre DEFONTTROUVER. — *Marguerite*, b 1717; m 7 janvier 1733, à Etienne COTTU, à Lavaltrie [7]; s [7] 30 avril 1758.— *Marie-Antoinette-Charlotte*, b 3 juillet 1718, à St-Ours. [8] — *Gabriel*, b [8] 19 juin 1724; m [7] 7 nov. 1747, à Catherine HILAIRE. — *Jean-Baptiste*, b... m [8] 6 nov. 1752, à Marguerite BRIEN.

1719, (19 mars) Varennes. [6]

III.—COULON (3), LOUIS-ANTOINE, [LOUIS II. b 1696.
LALUE, Geneviève, [LÉONARD I. b 1691.

Marie-Joseph, b 16 juin 1720, à Boucherville, m [6] 10 janv. 1746, à Jacques ROUGEAU.—*Josephte*, b [6] 6 mars 1726; m [6] 10 janvier 1746, à Pierre ROUGEAU.—*Véronique*, b [6] 12 juillet 1727; s 15 juin 1805, à l'Hôpital-General, M. — *Louis*, b... m [6] 18 oct. 1756, à Marie-Louise LACHAMBRE.

1724, (10 janvier) Varennes. [8]

III.—COULON (4), FRANÇOIS, [LOUIS II. b 1699.
1° BUREL (5), Marie-Anne, [PIERRE I b 1699; s 4 mai 1733, à la Longue-Pointe. [9]

Marie, b [8] 6 fevrier 1726.—*Joseph*, b [8] 19 sept. 1727. — *Anne-Nanet*, b... m [8] 30 janvier 1748, à François JOURDAIN. — *Amable*, b [9] 28 mars et s [9] 7 nov. 1732.—*Marie-Madeleine*, b [9] 28 mars 1732, m 23 août 1751, à Jean-François PAQUET, à St-Antoine-de-Chambly. [7] — *Marguerite*, b... m [7] 9 nov. 1752, à Pierre LEFEBVRE.

1734, (15 fevrier) Longueuil.

2° DROUSSON, Marie-Joseph, [ROBERT I. b 1704; s [7] 7 avril 1754.

Louise, b... m [7] 28 oct. 1754, à Joseph LAPORTE.—*Françoise*, b... m [7] 16 mai 1757, à Louis ADNÉ.

COULON, JEAN.
LAHAYE, Marie-Louise.

Marie, b 1er oct. 1737, à Montréal.

(1) Dit Mabriant.
(2) Dit Lafontaine.
(3) Et Courault dit St-Jean.
(4) Et Courault.
(5) Noyée le 21 nov. 1732, en revenant de la ville de Montreal en canot.

II.—COULON (1), NICOLAS, [NICOLAS I.
b 1709, s 4 avril 1750, à Montréal.

1743, (7 oct.) Québec. [1]
II.—COULON (2), ANTOINE, [NICOLAS I.
b 1708; s [1] 3 nov. 1757 (dans l'église).
TARIEU (3), Madeleine-Marie-Anne, [PIERRE II.
b 1707; veuve de Richard Têtu.

1745, (11 oct.) Montréal. [2]
II.—COULON (4), JOSEPH, [NICOLAS I.
b 1718.
SOUMANDE (5), Anne-Marg., [JEAN-PASCHAL III.
b 1727.
Joseph, b [2] 21 et s [2] 26 août 1746.—*Joseph*, b [2] 6 mars 1748.—*Hypolite-Etienne*, b [2] 5 juillet 1749.—*Charlotte-Amable*, b [2] 16 août 1754.

1747, (7 nov.) Lavaltrie.
III.—COULON (6), GABRIEL, [RENÉ II.
b 1724.
HILAIRE, Catherine. [LOUIS III.

1752, (6 nov.) St-Ours. [3]
III.—COULON (6), JEAN-BTE. [RENÉ II.
BRIEN (7), Marguerite. [SÉRAPHIN II.
Jean-Baptiste, b [3] 18 août 1753.—*André*, b [3] 15 fevrier 1755.

1753, (29 déc.) Montréal. [4]
II.—COULON (8), LOUIS, [NICOLAS I.
b 1710, s avant nov. 1758.
PRUDHOMME (9), Marie-Amable, [LOUIS III.
b 1737.
Louise, b [4] 3 juin et s [4] 6 sept. 1755.

1756, (18 oct.) Varennes.
IV.—COULON (10), LOUIS. [LOUIS-ANTOINE III.
DECHAMBRE (11), Marie-Louise. [LOUIS III.

1761, (13 juillet) Montreal.
I.—COULON, FÉRÉOL, b 1730; fils de Jean et de Marie-Anne Bourgeat, de St-Pierre, diocèse de Rhodes.
BOUDIER, Marie-Louise, [JEAN-FRANÇOIS II.
b 1724; veuve d'Andre Lacoste.

I.—COULON, JACQUES, de Paris.
BEAUDOIN, Marie-Joseph.
Marie-Joseph, b... m à Jean-Joseph DEGONGRE.—*Marie-Geneviève*, b...

(1) Major des Trois-Rivières.
(2) Sieur de Villiers; lieutenant de marine.
(3) De la Pérade—De la Nouguère.
(4) DeVilliers, Sieur de Jumonville; enseigne.
(5) Elle épouse, le 15 dec. 1755, Jean-Pierre Bachoie, à Montréal.
(6) Dit Mabriant.
(7) Elle épouse, le 10 juin 1771, Pierre Darragon, à Boucherville.
(8) DeVilliers; capitaine.
(9) Elle épouse, le 15 sept. 1760, Michel Mougon, à Montréal.
(10) Dit Courault.
(11) Ou Lachambre.

COULONGES.—Voy.—DAILLEBOUT.

COUPAL.—*Surnom* : LAREINE.

1748, (22 janvier) Longueuil. [4]
I.—COUPAL (1), ANTOINE, fils de Pierre et de Marie Lapleine, de Reine, diocèse de Limoges.
PALIN, Marie-Louise, [LOUIS II.
b 1727.
Marie-Reine, b [4] 23 août 1748; m 31 juillet 1764, à Toussaint-Louis RAYMOND, à St-Philippe.—*Antoine*, b [4] 25 janvier 1750.—*Marguerite*, b... m à Jean-Baptiste BOUTRON.

I.—COUPART, PIERRE, b 1702; fils de Jacques et de Jacqueline Brohan, de St-Michel, diocèse d'Avranches, Normandie; s 1er août 1738, à St-Thomas.

1749, (13 janvier) St-Valier.
I.—COUPART (2), MAURICE, fils de Jacques et de Jacqueline Brohan, de St-Michel, Avranches, Normandie.
MORIN, Marie-Geneviève. [JEAN-FRS IV.
François, b 29 juillet 1750, à St-Frs-du-Sud. [6]—*Joseph-Marie*, b [6] 8 juin 1752.—*Marie-Geneviève*, b [6] 24 dec. 1753; s [6] 2 février 1756.—*Marie-Thérèse*, b [6] 5 mars 1755.—*Marie-Geneviève*, b [6] 7 oct. 1756.—*Jean-Baptiste*, b [6] 30 juin 1758.—*Marie-Reine*, b [6] 15 juin 1760.

COUPEAU.—*Surnoms* : LAVAL—ST-MARTIN.

1752, (18 mai) Quebec. [7]
I.—COUPEAU (3), FRANÇOIS, fils de Simon et d'Etiennette Coeffé, de Trinite, diocèse du Mans.
1° PARÉ, Marie-Madeleine, [LOUIS III.
b 1732, s [7] 5 mai 1782.
Marie-Geneviève, b [7] 5 juin 1753.—*Louis-François*, b [7] 1er mai 1755; m [7] 5 août 1776, à Marie THIBODEAU.—*Marguerite*, b... s [7] 3 juillet 1757.—*Joseph*, b [7] 22 oct. 1758; s [7] 27 août 1759.—*Marie-Angélique*, b 5 août 1760, à St-Joseph, Beauce. [8] — *Pierre*, b [8] 25 janvier et s [7] 9 nov. 1763. — *Marie-Anne*, b... m [7] 6 mai 1794, à Augustin SÇAVOIE.
1782, (3 sept.) [4]
2° COTÉ, Geneviève. [CLAUDE.

1776, (5 août) Québec.
II.—COUPEAU (4), LOUIS-FRS, [FRANÇOIS I
b 1755.
THIBODEAU, Marie, [ALEXIS.

I.—COUPIAU (5), LOUIS.
DAIGLE, Geneviève.
Marie, b 1741; s 3 nov. 1745, à Québec. [1]—*Jean-Louis*, b 1742, s [1] 29 sept. 1745. — *Pierre*, b 20 mai 1748, à l'Islet.

(1) Dit Lareine; soldat.
(2) Frère du précédent.
(3) Dit Laval; soldat.
(4) Dit St-Martin.
(5) Dit Desaleur.

COUPY.—Voy. Goupil—Goupy.

COUPY, Marie, b... 1° m à Antoine Olivier; 2° m 2 oct. 1730, à Joseph Anglais.

1698, (27 nov.) Montréal.[1]

I.—COURAGE (1), François, b 1669.
Joubert, Madeleine, [Jacques I b 1673; veuve de Joseph Jourdain s[1] 27 mars 1745.

COURAULT.—*Variations et surnoms* : Coulon —Courreau—Courrault—De la Coste.

COURAULT, Marie, épouse de Pierre Herpin

COURAULT, Marie-Joseph, épouse de Michel Périgny

I.—COURAULT (2), Cybar, b 1643.
Goupil (3), Marie-Françoise, [Nicolas I. b 1655.
Suzanne, b 9 nov. 1678, à Montreal[2], 1° m[2] 7 janvier 1697, à Jean Gateau; 2° m[2] 20 février 1704, à Julien St-Aubin.—*Hélène*, b 11 oct. 1680, à Lachine; m[2] 29 juin 1699, à Jacques Goguet; s[2] 12 janvier 1761.—*Geneviève*, b 1682; 1° m[2] 7 janvier 1694, à Pierre Heurtebise; 2° m[2] 14 fevrier 1706, à Nicolas Lecours; s[2] 30 mars 1730.—*Marie-Anne*, b 1689, m[2] 17 nov. 1710, à François Prudhomme

COURAULT, Pierre,
Maugue, Marie-Anne.
Pierre, b 21 dec. 1722, à Montréal.

1718, (26 sept.) Montréal.[4]

I.—COURAULT (4), Pierre, b 1696; fils d'Elie et de Catherine Coulaut, de St-André, diocèse d'Angoulême.
1° Macé, Marie-Anne, [Martin I. b 1684; veuve de Guillaume Malhiot; s[4] 24 sept. 1721.
Pierre, b[4] 21 sept. 1719; s[4] 12 mars 1723.—*Anonyme*, b[4] et s[4] 22 sept. 1721.
1722, (20 mars) Pte-aux-Trembles, M.
2° Aubuchon (5), Marguerite, [Jacques II. b 1702, s[4] 24 avril 1784.
Pierre, b[4] 21 déc. 1723; m[4] 24 nov. 1745, à Louise Lecompte.—*Jacques*, b[4] 10 mars 1725, s[4] 26 dec. 1742.—*Anonyme*, b[4] et s[4] 19 fevrier 1726. — *Marguerite-Joseph*, b[4] 27 janvier 1727; m[4] 22 août 1745, à Ignace-René Daillebout. — *Marin*, b[4] 8 fevrier 1728 —*Théodore*, b[4] 30 janvier 1729; s[4] 8 mars 1733. — *Catherine*, b[4] 3 avril 1730.

(1) Dit Jolicœur; voy. vol. I, p. 144.
(2) Voy. vol. I, p. 145.
(3) Elle epouse, le 11 août 1704, Julien Blays, à Montréal.
(4) De la Coste.
(5) Dit Lesperance.

1745, (24 nov.) Montréal.[1]

II.—COURAULT (1), Pierre, [Pierre I. b 1723.
Lecompte (2), Louise, [Jean-Bte II. b 1729.
Pierre, b[1] 5 sept. 1746. — *Louise*, b[1] 26 déc. 1747.—*Louise*, b[1] 14 janvier 1749; m[1] 28 avril 1767, à Louis-Toussaint Pothier.—*Marie-Joseph*, b[1] 24 avril 1750; m[1] 13 mai 1782, à Jean-Baptiste-Claude D'Estimauville. — *Jacques*, b[1] 7 août et s[1] 11 sept. 1751. — *Jacques*, b[1] 2 oct. 1752; s[1] 7 dec. 1779. — *Catherine*, b[1] 14 juin 1754.—*Jean-Baptiste-Elie*, b[1] 27 juin 1755.

I.—COURBET (3), Jean, b 1669; de Ste-Radegonde, Poitou; s 21 août 1749, à l'Hôpital-General, M.

1717, (1er dec) Québec.[3]

I.—COURBIER (4), Guillaume, fils de Guillaume et de Marie Godfroid, d'Alençon, diocèse de Séez.
Boesmier, Catherine-Angélique, [Jean I. b 1679; veuve de Romain Dechambe.
Marie-Joseph, b[3] 24 avril 1719.

1727, (7 fevrier) Détroit.[4]

I—COURCAMBEC (5), Pierre.
1° Deniau, Rose, fille de René et d'Anastasie ...... (6), s[4] 10 mars 1730.
Jean-Baptiste, b[4] 4 avril 1727.— *Pierre*, b[4] 9 mars et s[4] 13 nov. 1729.—*Louis*, b[4] 9 mars 1729; s[4] 2 mars 1730.
2° Dalongé (7), Jeanne.
Marie-Anne, b 15 juin 1733, à Lachenaye; m 10 fevrier 1755, à Gabriel Maranda, à Montreal.[1] —*Marie-Françoise*, b 1735; s[1] 12 juin 1739.—*Madeleine*, b 1736, m[4] 21 fevrier 1757, à Fiacre Boileau.—*Jean*, b[1] 29 janvier 1739.— *Jean-Baptiste*, b[1] 21 oct. 1740; s[1] 17 fevrier 1741. — *Pierre*, b... m 8 nov. 1762, à Catherine Hebert, à Varennes.

1762, (8 nov.) Varennes.

II.—COURCAMBEC (7), Pierre. [Pierre I.
Hébert, Catherine. [Joseph IV

COURCEL.—Voy. Coursel.

COURCHÈNE.—*Surnoms*: Brisset—Foucault.

1710, (13 janvier) Batiscan.[1]

I.—COURCHÈNE (8), Jean-Bte.
Lafond, Marguerite, [Jean II. b 1685; veuve de Joseph Fafard.

(1) De la Coste.
(2) Dit Dupré.
(3) Dit Lagiroflée; ancien soldat.
(4) Dit Sansfaçon.
(5) Ou Courcaubec—Courkamberq.
(6) Illinoise de nation.
(7) Dit Langoumois.
(8) Sauvage de la nation des Kiakionnas, habitué depuis longtemps à Batiscan.

Pierre, b [1] 14 sept. 1710; m à Marie-Anne JAUDOIN.—*Charles*, b 27 juin 1713, à Sorel[2]; s [2] 13 mai 1714.—*Marie-Françoise*, b [2] 16 juin 1715. —*Marie-Agathe*, b 6 mai 1717, à l'Ile-Dupas.—*Jean-Baptiste*, b [2] 1er juillet 1723; m à Marie-Catherine GLADU.—*Joseph*, b [2] 26 dec. 1724; m 10 fevrier 1755, à Marie-Louise CHEVREFILS, à la Baie-du-Febvre.[3]—*Louis*, b... m [3] 10 février 1755, à Marie-Anne CHEVREFILS.—*François*, b 1727; m [3] 8 janvier 1748, à Marie-Joseph ROBIDAS. s 20 août 1755, aux Trois-Rivières.

II.—COURCHÊNE, PIERRE, [JEAN-BTE I
b 1710.
JAUDOIN, Marie-Anne.
Marie-Anne, b... m 8 février 1759, à Pierre DESCHAUX, aux Trois-Rivières[3]; s [3] 2 juin 1759.

1748, (8 janvier) Baie-du-Febvre.[4]
II.—COURCHÊNE (1), FRANÇOIS, [JEAN-BTE I.
b 1727; s 20 août 1755, aux Trois-Rivières.[5]
ROBIDAS (2), Marie-Joseph, [JEAN-BTE II.
b 1729.
Marie-Joseph, b 25 oct. 1748, à Nicolet, s [4] 30 août 1749.—*François*, b [4] 5 février 1750; s [4] 25 mars 1751.—*Marie-Joseph*, b [4] 2 oct. et s [4] 19 déc. 1751.—*Joseph*, b [4] 9 déc. 1752.—*Marie-Joseph*, b [4] 1er mars 1755; s [4] 26 janvier 1766.

II.—COURCHÊNE (3), JEAN-BTE, [JEAN-BTE I
b 1723.
GLADU, Marie-Catherine, [NICOLAS II.
s 27 avril 1755, à l'Ile-Dupas.[5]
Joseph-Ambroise, b [5] 6 mars 1755.

1755, (10 février) Baie-du-Febvre.[6]
II.—COURCHÊNE, JOSEPH, [JEAN-BTE I.
b 1725.
CHEVREFILS (4), Marie-Louise, [LOUIS III.
b 1737.
Joseph-Louis, b [6] 15 oct. 1756.—*Jean-Baptiste*, b [6] 12 juillet 1762. — *Pierre*, b [6] 8 mai 1764.—*Gabriel*, b [6] 22 sept. 1765.—*Marie-Louise*, b [6] 24 mai 1767.—*Marie-Joseph*, b [6] 1er juin 1769.—*Marie-Rose*, b [6] 13 janvier 1771.—*Marie-Jeanne*, b [6] 8 avril 1772.

1755, (10 février) Baie-du-Febvre.[8]
II.—COURCHÊNE, LOUIS. [JEAN-BTE I.
CHEVREFILS (4), Marie-Anne. [LOUIS III.
Louis, b [8] 22 juillet 1757.—*Joseph*, b [8] 22 août 1759.—*Antoine*, b [8] 7 déc. 1760; m 13 février 1786, à Catherine PROU, à Nicolet. — *Marie-Joseph*, b [8] 26 sept. 1762.—*Marie-Louise*, b [8] 18 avril 1765.—*Marie-Marguerite*, b [8] 22 sept. 1766. —*Jean-Baptiste*, b [8] 7 juillet 1768 —*Joseph*, b [8] 21 sept 1770.—*Marie-Anne*, b [8] 17 mai 1772.

(1) Dit Foucault.
(2) Dit LeManseau.
(3) Dit Brisset.
(4) Dit Belisle

1786, (13 février) Nicolet.
III.—COURCHÊNE, ANTOINE, [LOUIS II.
b 1760.
PROU, Catherine, [AMABLE III.
b 1767.

COURCHÊNE, MADELEINE, b 1720; m à Michel ST-GERMAIN; s 15 sept. 1770, à St-Michel-d'Yamaska.

COURCHÊNE, MARIE-ANNE, b... m 8 janvier 1748, à Joseph MANSEAU, à la Baie-du-Febvre.

COURCHÊNE, GENEVIÈVE, épouse de Pierre LAVIGNE.

COURCHÊNE, VÉRONIQUE, épouse de Rene LAVIGNE.

COURCIVAL.—Voy. BAUDOIN.

COURCY.—*Surnoms :* POTIER—LEMIÈRE.

I.—COURCY, PIERRE.
MAJOR, Françoise.
Pierre, b 1699, m 28 février 1729, à Marie-Françoise PEPIN, à Montréal.

1729, (28 février) Montréal.
II.—COURCY, PIERRE, [PIERRE I.
b 1699.
PEPIN (1), Marie-Françoise, [ROBERT II.
b 1705.

COURIER —*Variations et surnoms :* COURRIER—BORDELAIS—BORDELET—BOURDELAIS—BOURDELAYE—BOURGUIGNON—BREM.

1697, (14 oct.) Trois-Rivières.[1]
I.—COURIER (2), MATHIEU,
b 1655; s [1] 24 janvier 1705.
VANASSE, Madeleine, [FRANÇOIS-NOEL I.
veuve de Rene DuRo.
Madeleine, b [1] 18 sept. 1698; 1° m 6 juillet 1717, à Nicolas LEFEBVRE, à la Baie-du-Febvre[2]; 2° m [2] 9 janvier 1741, à François LIONAIS; s [2] 18 avril 1769.—*Antoine*, b [1] 8 nov. 1700; m à Marie-Anne LARUE. — *Marie-Anne*, b [1] 11 fevrier 1703, m 19 juillet 1723, à Jean-Baptiste REGUINDEAU, à Boucherville.—*Marguerite*, b 1704, m à Pierre LEFEBVRE.

1702, (1er juin) Champlain.[3]
I.—COURIER (3), RAYMOND,
b 1647; s [3] 29 juin 1722.
DUMONT (4), Barbe,
b 1646; veuve de François Breton; s [3] 14 juin 1722.
Joseph, b... m à Marie-Catherine CHARON.—*Laurent*, b... m à Louise MACÉ.

(1) Elle épouse, le 7 janvier 1738, Elie Legros, à Montréal.
(2) Voy. vol. I, p. 145.
(3) Dit Bordelet; sergent de la compagnie de Cabanac; il était, en 1700, à Champlain.
(4) Native de Meaux, en Brie.

II.—**COURIER, Antoine,** [Mathieu I.
b 1700.
Larue, Marie-Anne.
Marie-Joseph, b 19 janvier 1724, à St-Ours.[4] — *Antoine*, b [4] 17 juin et s [4] 2 juillet 1725.—*Marie-Joseph*, b [4] 4 oct. 1726. — *Marie-Madeleine*, b 17 sept. 1729, à la Baie-du-Febvre.

II.—**COURIER (1), Joseph.** [Raymond I.
Charon, Marie-Catherine.
Joseph, b 1759 ; s 12 sept. 1777, à Repentigny.

II.—**COURIER (2), Laurent.** [Raymond I.
Macé, Louise,
b 1742; s 18 nov. 1782, à Repentigny.[1]
Madeleine, b 1777; s [1] 24 nov. 1782.—*Marguerite*, b... s [1] 15 juillet 1778.

I.—**COURNIVAL, François.**
Boisverd, Angélique.
François, b... s 21 dec. 1760, à Yamachiche.[2] —*Madeleine*, b [2] 8 déc. 1760.

COURNOYER.—*Surnoms:* Chambly—DeHertel—Hus.

I.—**COUROIS, Pierre,**
s avant 1764.
Vautour, Angélique.
Marie-Madeleine, b 1740; m 27 février 1764, à Michel Coltret, à Nicolet[1]; s [1] 26 juillet 1766. —*Marie-Madeleine*, b 8 avril 1746, à Rimouski.[2] —*Geneviève*, b [2] 5 déc. 1752.

COURSEL.—*Variations et surnoms :* Chevalier—Courcel—Courcelles.

I.—**COURSEL (3), François.**
1° Fasche, Angelique, [Robert II.
b 1712; s 19 déc. 1740, à Montréal.[3]
Marie-Françoise, b 1734 ; m [3] 1er juin 1771, à Etienne-Simon Mazurier. — *François*, b 1738, m [3] 30 juin 1761, à Marie-Anne Barbeau.

1743, (27 mai).[3]
2° Calvé, Marie-Madeleine, [François II.
b 1724.
François, b [3] 27 sept. et s [3] 31 nov. 1743.—*Françoise-Madeleine*, b 17 janvier 1745, à Ste-Geneviève, M.[4] — *Ambroise*, b [4] 10 sept. 1746.—*François*, b... 1° m 1758, à Marie-Louise Duverger; 2° m 11 fevrier 1765, à Marie-Charlotte Laroche, à Terrebonne.[5] — *Antoine-Amable*, b [4] 31 dec. 1747 , m [5] 7 janvier 1771, à Agathe Lachaise. —*Jean-Baptiste*, b [3] 26 nov. 1749.—*Angélique-Véronique*, b [4] 22 avril 1752.—*Paschal*, b [4] 11 et s [4] 21 juin 1754.—*Marie-Louise*, b 16 juillet 1759, à St-Laurent, M.

1758.

II.—**COURSEL, François.** [François I.
1° Duverger, Marie-Louise.
Jean-Baptiste, b 7 dec. 1759, à St-Laurent, M.

1765, (11 février) Terrebonne.
2° Laroche, Marie-Charlotte, [François.
b 1739.
Louis (1), b 1er février 1766, à Lachenaye.

1761, (30 juin) Montréal.

II.—**COURSEL, François** [François I.
b 1738.
Barbeau, Marie-Anne, [Jean II.
b 1731 ; veuve de Joseph Monplaisir

1771, (7 janvier) Terrebonne.

II.—**COURSEL, Antoine,** [François I.
b 1747.
Lachaise (2), Marie-Agathe, [Jean-Bte II.
b 1748.

COURSEL, Joseph.
Girard, Marguerite,
b 1747; s 14 fevrier 1793 à Quebec.

COURSOL.—*Variation et surnom*. Coursole—Laflotte.

COURSOL (3), Marie, epouse de Denis Ponsant

1723, (11 juillet) Montréal

I.—**COURSOL (3), Louis,** b 1701 ; fils de Pierre et de Jeanne Paquet, de Ste-Catherine, Ile-Re.
Marcheteau, Marie-Jeanne, [Pierre I
b 1703.

I.—**COURSOL, Jacques.**
Monteil, Marguerite-Renée, [René I.
b 1708.
Marie-Marguerite, b 13 janvier 1728, à Verchères.[5] — *Jean-Baptiste*, b... m à Marguerite-Amable Charon. — *Jacques*, b [5] 24 mars 1729.—*Marie-Joseph*, b... m à Pierre Bernet. — *Angélique*, b... 1° m 1752, à Charles Bilodeau ; 2° m 1759, à Gabriel Gosselin.—*Michel*, b... m à Marie-Joseph Dion.

II.—**COURSOL, Jean-Bte.** [Jacques I.
Charon, Marguerite-Amable,
b 1734; s 24 mai 1776, à Terrebonne.
Jacques, b 6 mars 1759, à Verchères.[5] — *Marguerite*, b [5] 20 juin 1760.

II.—**COURSOL, Michel.** [Jacques I.
Dion, Marie-Joseph.
Marie-Joseph, b... m 7 janvier 1756, à Pierre Brunet, à Verchères.[7] — *Elisabeth*, b... m [7] 16 janvier 1764, à Jean-Baptiste Bondy.—*Joseph*, b 1748 ; s [7] 10 janvier 1759.—*Marie-Madeleine*, b [7] 23 avril 1751.—*Jean-Marie*, b [7] 3 fevrier 1753 — *Louis*, b [7] 3 nov. 1754. — *Marie-Charlotte*, b [7] 3 avril 1756.

(1) Dit Bordelais.
(2) Biem dit Bordelais ; il était à Repentigny le 19 juillet 1791
(3) Dit Chevalier.

(1) Baptisé sous le nom de Chevalier.
(2) Dit Lavigne.
(3) Dit Laflotte.

1818, Boucherville.
COURSOL (1), MICHEL.
QUESNEL, Melanie. [JOSEPH.

COURTEAU, MARIE-REINE, b 1690; s 11 avril 1777, à St-Jean-Deschaillons.

1691, (25 juin) Ste-Famille, I. O.[1]
I.—COURTEAU (2), PIERRE, b 1665.
ST-DENIS (3), Marie-Madeleine, [PIERRE II. b 1676.
Marie-Madeleine, b 1695; m 9 février 1728, à François ROBIN, à St-Thomas[2]; s[2] 19 mai 1773. —*Joseph,* b[1] 7 janvier 1698; m[2] 20 nov. 1725, à Marie-Félicite ROBIN; s[2] 27 sept. 1731.—*Jacques,* b 20 nov. 1703, à Beaumont; m 28 février 1729, à Marie-Angelique LEBEUF, à Lotbinière.—*Geneviève,* b[2] 3 fevrier 1708; s[2] 18 nov. 1709.—*Paul,* b[2] 26 février 1710 — *François,* b[2] 5 février 1712; m à Marguerite MAILLOT; s 3 fevrier 1755, à St-Jean-Deschaillons.

1725, (20 nov.) St-Thomas.[3]
II.—COURTEAU, JOSEPH, [PIERRE I. b 1698; s[3] 27 sept. 1731.
ROBIN (4), Marie-Felicité, [FRANÇOIS II. b 1705.
Marie-Joseph, b[3] 26 déc. 1726; m[3] 29 oct 1743, à Pierre BOULÉ. — *Marie-Françoise,* b[3] 8 août 1728; s[3] 11 mai 1730. — *Elisabeth,* b[3] 24 juin 1730; 1° m 16 oct. 1747, à François CORRIVEAU, à St-Valier[4]; 2° m[4] 18 janvier 1751, à Jacques ROY.—*Marie-Félicité* (posthume, b[3] 19 fevrier 1732; m[3] 15 janvier 1748, à Jean CORRIVEAU.

1729, (28 février) Lotbinière.
II.—COURTEAU, JACQUES, [PIERRE I. b 1703.
LEBEUF, Marie-Angelique, [JEAN-BTE II. b 1708.
Marie-Joseph, b 23 déc. 1729, à Ste-Anne-de-la-Perade[6]; m 7 février 1752, à Jean-Baptiste PINEAU, aux Trois-Rivières.[7]—*Angélique,* b[6] 15 avril 1732; m[6] 24 janvier 1753, a Michel GENDRON.—*Pierre,* b[6] 26 oct. 1733; 1° m 23 janvier 1758, à Marie RICHER, à St-Jean-Deschaillons[8], 2° m[8] 28 juillet 1767, à Charlotte ROIROUX; s[8] 3 sept. 1779.—*Joseph,* b[6] 19 août 1737.— *Marie-Françoise,* b[6] 14 oct. 1739; s[8] 14 mai 1741.—*Véronique,* b[8] 4 mai 1742, m[6] 20 août 1764, à Louis VALLÉE. — *Marie-Monique,* b... s[7] 13 février 1754. — *Michel,* b 12 sept. 1743, à St-Pierre-les-Becquets.[9] — *Marie-Angélique,* b[9] 19 mai 1746.

II.—COURTEAU, FRANÇOIS, [PIERRE I. b 1712; s 3 fevrier 1755, à St-Jean-Deschaillons.[1]
MAILLOT, Marguerite. [LOUIS II.

(1) Ne vers 1793, à Varennes.
(2) Voy. vol. I, p. 145.
(3) Elle épouse, le 25 juin 1714, Charles Saucier, à St-Thomas.
(4) Elle épouse, le 24 nov. 1732, Amant Gaumont, à St-Thomas.

Marie-Françoise, b et s 19 février 1741, à St-Pierre-les-Becquets.[9] — *Augustin,* b[9] 28 août 1742; s[9] 3 juin 1743.—*Julien,* b... m[1] 20 février 1775, à Marie-Anne COLE. — *Augustin,* b[1] 6 oct. 1746; m 19 sept. 1768, à Marie-Anne HUBERT, à Lotbinière.[3]—*François,* b... m[3] 19 sept. 1768, à Marie NAUD.—*Joseph,* b[1] 16 oct. 1752. — *Marie-Françoise,* b[1] 16 juin 1754. — *Marie-Reine,* b... s[1] 24 février 1777.

1758, (23 janvier) St-Jean-Deschaillons.[8]
III.—COURTEAU, PIERRE, [JACQUES II. b 1733; s[8] 3 sept. 1779.
1° RICHER, Marie, [MICHEL III. b 1736; s[8] 10 avril 1766.
Pierre, b[8] 2 nov. 1758. — *Marie,* b[8] 9 août 1760.—*Amable,* b[8] 28 déc. 1763; m 20 avril 1795, à Marguerite PAQUIN, à Deschambault.—*Marc,* b[8] 31 mars et s[8] 14 mai 1766.

1767, (28 juillet).[8]
2° ROIROU (1), Charlotte.
Marie-Charlotte, b[8] 12 mai 1768.—*Joseph,* b 4 sept. 1769, à Ste-Anne-de-la-Perade.—*Marie-Françoise,* b[8] 3 dec. 1770; s[8] 28 dec. 1772.—*Louise,* b[8] 26 avril et s[8] 6 août 1772 — *Rémi-Denis,* b[8] 24 oct. 1773.—*Michel,* b[8] 29 sept. 1775.—*Augustin,* b[8] 6 avril 1777.

1768, (19 sept.) Lotbinière.
III.—COURTEAU, AUGUSTIN, [FRANÇOIS II. b 1746.
HUBERT, Marie-Anne, [ANDRÉ III. b 1752.
Augustin, b... m 15 nov. 1790, à Dieudonnée PERRON, à Deschambault.[9]—*Julien,* b... m[9] 10 fevrier 1795, à Madeleine PERRON.

1768, (19 sept.) Lotbinière.
III.—COURTEAU, FRANÇOIS. [FRANÇOIS II.
NAUD, Marie. [LOUIS III.

1775, (20 février) St-Jean-Deschaillons.[5]
III.—COURTEAU, JULIEN. [FRANÇOIS II.
COLE, Marie-Anne, [JEAN-BTE I. b 1753, s[5] 20 nov. 1797.
Jean-Baptiste-Jerémie, b[5] 17 avril et s[5] 16 août 1777.—*Urbain,* b... m[5] 25 fevrier 1805, à Thérèse COUTURE.

1790, (15 nov.) Deschambault.
IV.—COURTEAU, AUGUSTIN. [AUGUSTIN III.
PERRON, Dieudonnee, [ANTOINE III. b 1765.

1795, (10 février) Deschambault.
IV.—COURTEAU, JULIEN. [AUGUSTIN III.
PERRON, Madeleine, [ANTOINE III. b 1760; veuve de Pierre Groleau.

1795, (20 avril) Deschambault.
IV.—COURTEAU, AMABLE, [PIERRE III. b 1763.
PAQUIN, Marguerite. [JOSEPH III.

(1) Dit Laliberté.

1805, (25 février) St-Jean-Deschaillons.
IV.—COURTEAU, URBAIN. [JULIEN III.
COUTURE, Therèse. [FRANÇOIS-XAVIER V.

COURTEMANCHE. — *Surnoms :* JOLICOEUR — LEGARDEUR.

1663, (26 avril) Montréal.[3]
I.—COURTEMANCHE (1), ANTOINE,
b 1642; s [3] 16 juin 1671.
HAGUIN (2), Elisabeth,
b 1646.
Madeleine, b [3] 13 janvier 1664; m 15 juillet 1680, à Jean ROY, à la Pte-aux-Trembles, M.[4]; s [4] 3 août 1714.

1688, (8 nov.) Montreal.[3]
II.—COURTEMANCHE (3), ANT., [ANTOINE I.
VAUDRY, Marguerite. [JACQUES I.
Marie, b [3] 13 février 1691; m à Alexandre DAGNEAU.— *Antoine-Nicolas,* b [3] 26 janvier et s [3] 17 mars 1693.—*Marguerite,* b [3] 16 juin et s [3] 24 nov. 1694.—*Jacques,* b 12 dec. 1695, à la Pte-aux-Trembles, M.[4]; m à Marie-Anne MIGEON — *Suzanne,* b [4] 17 et s [4] 23 janvier 1700.—*Elisabeth,* b [4] 23 juin 1701.—*Pierre,* b [3] 14 sept. 1707; m 9 nov. 1733, à Marie FISSIAU, à la Longue-Pointe.—*Antoine,* b 1713; m 16 août 1752, à Catherine LACOSTE, à St-Antoine-de-Chambly. — *Barthélemi,* b... m à Marie-Joseph MAILLET.

COURTEMANCHE, JEAN, b 1705; s 3 juin 1766, à St-Antoine-de-Chambly.

1733, (9 nov.) Longue-Pointe.
III.—COURTEMANCHE, PIERRE, [ANTOINE II.
b 1707.
FISSIAU, Marie-Anne, [JACQUES II.
b 1712.
Marie-Elisabeth, b 2 juillet 1736, à Lachenaye.

III.—COURTEMANCHE, JACQUES, [ANTOINE II.
b 1695.
MIGEON, Marie-Anne. [DANIEL II.
Jacques, b... m 5 mars 1753, à Marie-Amable GODU, à Varennes. — *Marie-Louise-Angélique,* b 1732, m 9 fevrier 1768, à Olivier DUROCHER, à St-Antoine-de-Chambly.[5]—*Louis,* b 1733; m [5] 27 nov. 1758, à Marie-Joseph ALARD. — *Joseph,* b... — *Jean-Marie,* b... — *Louis-François,* b 1740; m [5] 25 nov. 1765, à Marguerite DUROCHER. — *Jean-Baptiste,* b 1741; m [5] 8 fevrier 1768, à Madeleine BOUSQUET.

III.—COURTEMANCHE, BARTH., [ANTOINE II.
MAILLET, Marie-Joseph.
Joseph, b 1743; m 4 juin 1764, à Marie-Charlotte CATUDAS, à St-Antoine-de-Chambly.[5]—*Antoine,* b 1744, m [5] 16 juin 1766, à Marie COITEUX. —*Amable,* b 1746, m [5] 3 août 1767, à Marie-Anne RIENDEAU. — *Barthélemi,* b... s 16 sept. 1759, à la Pte-aux-Trembles, M.—*Marie-Joseph,* b [5] 25 juillet 1754; s [5] 4 août 1759. — *Marie-Suzanne,* b [5] 29 mai 1756; s [5] 19 août 1759.—*Jean-Baptiste,* b [5] 21 mai 1759, m à Marie MARTIN.

(1) Voy. vol. I, p. 143.

(2) Elle épouse, le 11 août 1672, Paul Daveluy, à Montréal.

(3) Voy. vol. I, p. 145.

1752, (16 août) St-Antoine-de-Chambly.[5]
III.—COURTEMANCHE, ANT., [ANTOINE II.
b 1713.
LACOSTE, Catherine, [JEAN-BTE II.
b 1727.
Marie-Catherine, b [5] 13 mai 1753; s [5] 25 oct. 1754.—*Jean-Marie,* b [5] 6 janvier 1755; s [5] 18 nov. 1759.—*Jean-Baptiste,* b [5] 1er et s [5] 22 sept. 1756. —*Joseph,* b [5] 10 avril et s [5] 8 août 1758.—*Joseph,* b [5] 26 août 1759.—*André,* b [5] 22 fevrier 1762.

1753, (5 mars) Varennes.
IV.—COURTEMANCHE, JACQUES. [JACQUES III.
GODU, Marie-Amable. [RENÉ II.

1758, (27 nov.) St-Antoine-de-Chambly.[5]
IV.—COURTEMANCHE, LOUIS, [JACQUES III.
b 1733.
ALARD, Marie-Joseph, [JOSEPH-MÉRY II.
b 1740.
Marie-Méry, b [5] 21 sept. 1761.

1764, (4 juin) St-Antoine-de-Chambly.
IV.—COURTEMANCHE, JOS., [BARTHÉLEMI III.
b 1743.
CATUDAS, Marie-Charlotte, [JEAN-BTE I.
b 1741.

1765, (25 nov.) St-Antoine-de-Chambly.
IV.—COURTEMANCHE, LOUIS, [JACQUES III.
b 1740.
DUROCHER, Marie-Marguerite, [JOSEPH I.
b 1741.

1766, (16 juin) St-Antoine-de-Chambly.
IV.—COURTEMANCHE, ANT., [BARTHÉLEMI III.
b 1744.
COITEUX, Marie, [JEAN-BTE III.
b 1744.

1767, (3 août) St-Antoine-de-Chambly.
IV.—COURTEMANCHE, AMABLE, [BARTH. III.
b 1746.
RIENDEAU, Marie-Anne, [PIERRE I.
b 1745.

1768, (8 fevrier) St-Antoine-de-Chambly.
IV.—COURTEMANCHE, J.-BTE, [JACQUES III.
b 1741.
BOUSQUET, Marie-Madeleine, [CHARLES III.
b 1750.

IV.—COURTEMANCHE, J.-BTE, [BARTH. III.
b 1759.
MARTIN, Marie.
Barthélemi, b .. m 22 janvier 1799, à Angélique LAFONTAINE, à St-Louis, Mo.

COURTEMANCHE, PIERRE.
1° GIRARD, Madeleine.
1794, (24 février) Repentigny.
2° JANOT, Archange. [JEAN-BTE IV.

1799, (22 janvier) St-Charles, Mo.
V.—COURTEMANCHE, BARTH., [JEAN-BTE IV.
LAFONTAINE, Angélique. [JOSEPH (1).

COURTEMANCHE, ISABELLE, epouse de Michel MAGUET.

COURTEMANCHE, MARIE-ANNE, b... m à André VANDANDAIQUE.

I.—COURTET (2), JEAN,
b 1642; s 11 janvier 1717, à Québec.
MARTIN, Marie,
veuve de Jacques Chartier.

I.—COURTEVILLE, ...
DEMERS, Elisabeth,
b 1691; s 6 mai 1759, à l'Hôpital-Général, M.

I.—COURTIER, NICOLAS, b1710; de LaRochelle; s 12 février 1760, à Québec.

I.—COURTIN (3), ... s 19 juillet 1709, à Montréal.

I.—COURTIN (4), JEAN-BTE.
GLADU, Marie-Joseph.
Joseph-Pierre, b 24 oct. 1735, à Lanoraie. [1] — *Marie-Joseph*, b... m [1] 18 juillet 1757, à Augustin CHARPENTIER.—*Augustin*, b... s [1] 27 juillet 1757.

1723, (29 mai) Québec. [2]
I.—COURTIN, JEAN-BTE, b 1697; fils de Pierre et de Françoise Giraud, d'Angoulin, diocèse de LaRochelle; s [2] 30 dec. 1732.
PEPIN (5), Marguerite, [IGNACE II.
b 1700.
Louise-Marguerite, b [2] 29 oct. et s [2] 1er nov. 1723.—*Marie-Louise*, b [2] 4 fevrier 1725; s [2] 22 déc. 1729.—*Marguerite*, b [2] 17 fevrier et s [2] 24 août 1729.—*Jean-Baptiste*, b [2] 16 sept. 1730; m 8 avril 1755, à Madeleine LAROCHE, à la Pointe-aux-Trembles, Q. — *Marie-Madeleine*, b [2] 24 juillet 1732; m [2] 19 mai 1749, à François MALHERBE.

1735, (23 mai) Québec. [3]
I.—COURTIN (6), PIERRE, b 1711, fils de René et de Peronelle Caron, de N.-D.-des-Fontaines, diocèse de Treguier, Basse-Bretagne; s [3] 9 nov. 1749 (subite).
MAREC (7), Marie-Anne. [JOACHIM I.

(1) De la nation Iowa.
(2) Voy. vol. I, p. 145.
(3) Dit Paris; soldat de la compagnie de Tonty.
(4) Dit Sanschagrin.
(5) Dit Lachaussée; elle épouse, le 21 février 1735, Jacques Pilet, à Québec.
(6) Dit Huissier.
(7) Elle epouse, le 21 mai 1753, François Hérault, à Québec.

1755, (8 avril) Pte-aux-Trembles, Q.
II.—COURTIN, JEAN-BTE, [JEAN-BTE I.
b 1730.
LAROCHE, Madeleine, [NOEL II.
b 1737.

1756, (23 février) Québec. [4]
I.—COURTIN (1), LOUIS, fils de Louis et de Marie Ouvrard, de Faussay, diocèse de LaRochelle.
1° CHALOUP, Marie-Anne, [PIERRE-FRS I.
b 1730; s 26 mai 1760, à St-Antoine-de-Chambly.
Anonyme, b [4] et s [4] 30 nov. 1757.
2° MONTY, Marie-Angélique.
Marie-Marthe (2), b 24 oct. 1767, au Détroit.

COURTOIS.—Voy. MARIN, 1763.

1670, Picardie. [5]
I.—COURTOIS (3), JEAN,
b 1642; d'Amiens.
DANIEL, Catherine.
Marie-Madeleine, b [5] 1676; m 26 nov. 1702, à Jean CHAUVIN, à Boucherville [6]; s [6] 27 août 1722.

1670, (9 oct.) Québec. [7]
I.—COURTOIS (3), CHARLES,
b 1647.
BERGER, Marguerite,
b 1653; s 21 nov. 1728, à Lévis.

1671, (24 août) Québec. [7]
I.—COURTOIS (3), BERTRAND,
b 1647; s avant 1700.
HALLAY, Marie,
b 1639, s 10 déc. 1700, à Charlesbourg. [8]
Jean-Baptiste, b [7] 26 juin 1673; s [8] 17 janvier 1703.—*Simon*, b [7] 12 janvier 1679; m [8] 1er sept. 1704, à Marie-Jeanne VILLENEUVE; s [8] 30 mai 1711.—*Bertrand*, b 1680.

1700, (21 sept.) Lévis. [1]
II.—COURTOIS, DENIS, [CHARLES I.
b 1674; s avant 1730.
ARNAULT, Barbe, [MATHURIN I.
b 1680; s [1] 15 juillet 1757.
Marie-Madeleine (idiote), b [1] 9 avril 1701; s [1] 11 nov. 1721.—*Michel*, b [1] 23 mai 1708; s 15 dec. 1785, à l'Hôpital-Géneral, M.—*Joseph-Marie*, b [1] 8 avril 1711.—*Charles*, b [1] 8 avril 1711; m 1740, à Madeleine QUEVILLON.—*Marie-Joseph*, b... m [1] 21 fevrier 1730, à Ignace GUAY.—*Jean*, b... m [1] 7 janvier 1734, à Elisabeth BOULET.—*Marie-Louise*, b 1715; s 8 sept. 1790, à Québec.

(1) Boulanger du Fort.
(2) Née et ondoyée, le 15 oct. 1767, par Jacques Ginier, dans un canot sur les lacs.
(3) Voy. vol. I, p. 146.

1701, (5 avril) Batiscan. [2]

II.—COURTOIS, GABRIEL, [CHARLES I.
b 1672; s 10 février 1760, à Ste-Anne-de-la-Perade. [8]
MOREAU, Elisabeth, [LOUIS I.
b 1679.
Gabriel, b [2] 24 avril 1702; 1° m [3] 26 janvier 1739, à Marie-Joseph BARIL; 2° m [3] 3 sept. 1753, à Louise-Gabrielle DOLBEC; s [3] 9 nov. 1779.—*Jean*, b [3] 27 dec. 1703; m 1er mars 1745, à Marie ARCAN, à Deschambault; s 7 mars 1763, à St-Jean-Deschaillons. [4]—*Jacques*, b... 1° m à Marie-Joseph GERMAIN; 2° m 6 nov. 1780, à Marie-Thérèse PROVENCHER, à Nicolet.—*Marie-Madeleine*, b [3] 14 janvier 1707; m [3] 10 sept. 1753, à Thomas RICARD.—*Marie-Joseph*, b [3] 14 mai 1708.—*Marie-Elisabeth*, b [3] 19 août 1710, m [3] 12 nov. 1736, à Jean-Baptiste SPENARD.—*François*, b [3] 24 déc. 1712; m [4] 19 janvier 1756, à Marie-Joseph ROIROUX; s [4] 19 mars 1783.—*Joseph*, b [3] 12 juin 1715; s [3] 20 mai 1743.—*Marie-Anne*, b [3] 24 fevrier 1718; m [3] 8 juin 1751, à Jean-Baptiste DOLBEC.—*Charles*, b [3] 26 août 1720; m [3] 22 février 1751, à Marie-Joseph ROY.—*Geneviève*, b [3] 9 mai 1723; m [3] 30 janvier 1746, à Joseph BARIL.

1704, (1er sept.) Charlesbourg. [3]

II.—COURTOIS, SIMON, [BERTRAND I.
b 1679; s [3] 30 mai 1711.
VILLENEUVE, Marie-Jeanne, [MATHURIN I.
b 1674; veuve d'Etienne Bedard; s [3] 16 fevrier 1711.
Jean-Baptiste, b [3] 26 juin 1706, s [3] 30 janvier 1707.—*Thomas-Simon*, b [3] 18 avril 1708; m [3] 8 nov. 1734, à Marie-Joseph SAVARD; s [3] 25 nov. 1748.—*Charles*, b [3] 19 oct. 1710.

COURTOIS, CHARLES.
BOURGET, Anne.
Marie-Geneviève, b 15 oct. 1721, à Québec.

1727, (10 juillet) Québec. [1]

I.—COURTOIS, CHARLES, fils de Simon et de Martine France, de Beauvais, Picardie.
SOUPIRAN, Marie-Louise, [SIMON I.
Charles, b [1] 17 et s [1] 21 juillet 1728. — *Louise-Françoise*, b [1] 20 juin et s 11 juillet 1729, à Charlesbourg. [2] — *Louis*, b [1] 12 janvier et s [2] 22 mars 1731. — *Jean-Baptiste*, b [1] 12 janvier et s [2] 21 fevrier 1732. — *Anonyme*, b [1] et s [1] 29 janvier 1737.

1734, (7 janvier) Lévis.

III.—COURTOIS, JEAN. [DENIS II.
BOULET (1), Elisabeth. [PAUL II.

1734, (8 nov.) Charlesbourg. [5]

III.—COURTOIS, THOMAS-SIMON, [SIMON II.
b 1708; s [5] 25 nov. 1748.
SAVARD, Marie-Joseph, [SIMON II.
b 1709, s [5] 22 sept. 1748 (subite).
Thomas-Nicolas, b 3 avril 1737, au Detroit [6]; s [6] 28 dec. 1741.—*Marie-Joseph*, b [6] 1er dec. 1738; m [5] 21 janvier 1754, à Pierre BOESMÉ.—*Marie-Louise*, b [6] 7 avril 1741; m 1763, à Jean-Baptiste DUBERGER.—*Simon*, b [6] 1er février 1743.—*Marie-Charlotte*, b [5] 19 août et s [5] 16 oct. 1745. — *Thomas*, b [5] 17 mars 1747.

(1) Elle epouse, le 27 oct. 1755, François Ferland, à Lévis.

1739, (26 janvier) Ste-Anne-de-la-Pérade. [7]

III.—COURTOIS, GABRIEL, [GABRIEL II.
b 1702; s [7] 9 nov. 1779.
1° BARIL (1), Marie-Joseph, [JEAN II.
b 1713; s [7] 26 janvier 1746.
Marguerite-Joseph, b [7] 31 août 1739; s [7] 21 fevrier 1740.—*Marie-Thérèse*, b [7] 11 nov. 1740.—*Gabriel*, b [7] 18 avril 1742; m [7] 28 avril 1780, à Marguerite VIEN. — *Joseph*, b [7] 17 janvier 1744; s [7] 20 mai 1756. — *Louise-Rose*, b [7] 24 janvier 1746.

1753, (3 sept.) [7]

2° DOLBEC, Louise-Gabrielle, [JEAN-FRS II.
b 1723.
Marie-Joseph, b [7] 11 juin 1754; s [7] 25 août 1766. — *Louis-Joseph*, b [7] 30 nov. 1755; m [7] 12 janvier 1778, à Marie-Louise BOULLARD.—*Marie-Louise*, b [7] 21 août 1757. — *Charles*, b [7] 24 mars 1761.

1740.

III.—COURTOIS, CHARLES, [DENIS II.
b 1711.
QUEVILLON, Madeleine. [FRANÇOIS II.
Marie-Marguerite, b 31 oct. et s 2 nov. 1741, à Montreal. [3] — *Charles-Denis*, b [3] 27 dec. 1744; m 29 oct. 1764, à Catherine ST-COSME, au Detroit.

1745, (1er mars) Deschambault. [1]

III.—COURTOIS (2), JEAN, [GABRIEL II.
b 1703; s 7 mars 1773, à St-Jean-Deschaillons. [2]
ARCAN, Marie-Madeleine, [PIERRE II.
b 1723; s [2] 27 dec. 1760.
Marie, b 1746; m [2] 3 nov. 1765, à Basile CHARLAND; s [2] 18 nov. 1766. — *Marie-Elisabeth*, b 20 dec. 1747, à St-Pierre-les-Becquets.— *Marie-Joseph*, b... m [1] 27 août 1770, à François NAU.—*Marie-Félicité*, b [2] 11 août 1752.—*Marie-Rosalie*, b [2] 14 août 1754; 1° m 8 fevrier 1774, à Louis LETOURNEAU, à Batiscan; 2° m [2] 23 fevrier 1770, à Augustin CHARLAND; s [2] 26 août 1789 —*Angélique*, b [2] 24 avril 1756, m à François MIGNERON. —*Pierre*, b [2] 3 avril 1758; s [2] 26 janvier 1759.—*Jean-Baptiste*, b [2] 20 fevrier et s [2] 21 juillet 1760.

1751, (22 février) Ste-Anne-de-la-Perade [8]

III.—COURTOIS, CHARLES, [GABRIEL II.
b 1720.
ROY, Marie-Joseph, [MICHEL III.
b 1729.
Marie-Joseph, b [8] 21 juin 1752. — *Marguerite*, b [8] 14 mars 1754; s [8] 2 janvier 1767. — *Charles*, b [8] 3 janvier 1756. — *Joseph*, b [8] 23 oct. 1757.—*Joseph-Marie*, b [8] 8 janvier 1760. — *François*, b [8] 8 oct. 1761.—*Marie-Céleste*, b [8] 27 août 1763; s [8]

(1) Dit Duchény.
(2) Courteau en 1754.

27 avril 1764.—*Alexis*, b [8] 9 fevrier et s [8] 6 mai 1765.—*Jean-Joyeux*, b [8] 20 mai 1766.—*Louis-Célestin*, b [8] 31 août 1769.

1756, (19 janvier) St-Jean-Deschaillons. [6]
III.—COURTOIS, FRANÇOIS, [GABRIEL II.
b 1712; s [6] 19 mars 1783.
ROIROUX, Marie-Joseph, [JEAN-BTE I.
b 1734; s [6] 5 mai 1814.
François, b [6] 18 nov. 1756; m [6] 27 nov. 1780, à Marie-Louise MAILLOT. — *Etienne*, b [6] 4 dec. 1757; m [6] 9 sept. 1783, à Madeleine MAILLOT.—*Brigitte*, b [6] 2 juin 1759.—*Marie-Joseph*, b [6] 28 juin 1761; m [6] 3 fevrier 1794, à François MICHEL. —*Charles*, b [6] 25 février 1763. — *Catherine*, b... m [6] 19 oct. 1801, à Joseph ......—*Jean-Baptiste*, b [6] 1er nov. 1766; s [6] 23 mars 1790. — *Marie-Anne*, b [6] 16 janvier 1769; s [6] 25 oct. 1776.—*Joseph*, b [6] 23 mars 1771.—*Joseph*, b [6] 12 et s [6] 31 mai 1773.

III.—COURTOIS, JACQUES. [GABRIEL II.
1° GERMAIN (1), Marie-Joseph.
Louis, b 20 fevrier 1764, à Batiscan. — *Marguerite*, b... m 8 août 1791, à Joseph PROVENCHER, à Nicolet. [1]
1780, (6 nov.) [1]
2° PROVENCHER (2), Thérèse, [CHARLES III.
b 1755; veuve de Joseph Ouilem-Thomas.

1764, (29 oct.) Détroit. [1]
IV.—COURTOIS (3), CHS-DENIS, [CHS-DENIS III.
b 1744.
ST-COSME, Catherine, [PIERRE II.
b 1749.
Marie-Louise, b [1] 7 mars 1766.—*Charles-Denis*, b [1] 1er oct. 1768.—*Marie-Elisabeth*, b [1] 16 juillet 1770.—*Marie-Louise*, b [1] 22 avril et s [1] 8 sept. 1772.—*Jean-Marie*, b [1] 23 juillet et s [1] 1er sept. 1773.—*Marie-Charlotte*, b 5 janvier 1781, à Lachenaye.

1778, (12 janvier) Ste-Anne-de-la-Pérade.
IV.—COURTOIS, LOUIS-JOSEPH, [GABRIEL III.
b 1755.
BOULLARD, Marie-Louise. [NICOLAS I.

1780, (28 août) Ste-Anne-de-la-Pérade.
IV.—COURTOIS, GABRIEL, [GABRIEL III.
b 1742.
VIEN, Marguerite. [JOSEPH.

1780, (27 nov.) St-Jean-Deschaillons.
IV.—COURTOIS, FRANÇOIS, [FRANÇOIS III.
b 1756.
MAILLOT, Marie-Louise, [PIERRE III.
b 1761.

1783, (9 sept.) St-Jean-Deschaillons.
IV.—COURTOIS, ETIENNE, [FRANÇOIS III.
b 1757.
MAILLOT, Madeleine, [FRANÇOIS-LOUIS III.
b 1753.

(1) Dit Magny.
(2) Dit Villard.
(3) Dit Marin; médecin, demeurant sur sa terre en la côte du Sud-Ouest.

COURTOIS, LOUIS.
PÉRIGNY, Geneviève.
Louis, b 22 août 1793, au Cap-de-la-Madeleine.

III.—COURTOIS, MICHEL, [DENIS II.
b 1708; s 15 dec. 1785, à l'Hôpital-General, M.

I.—COURU, MARIE-ANNE, b... m 25 oct. 1728, à François PERROTIN, à Quebec.

COURVAL.—Voy. POULAIN.

COURVILLE.—*Surnoms:* ABRAHAM—BARETTE—BILLY—CADIEU—DESCOTEAUX—DESMARETS—PIETTE.

1681, (28 avril) Québec.
II.—COURVILLE (1), JEAN-CHS, [CHARLES I.
s 26 mai 1709, à Beauport.
NEPVEU, Marie-Madeleine. [PHILIPPE I.
Françoise, b... m 1713, à Joseph PASCHAL.

COURVILLE, MARIE, épouse de Jean RICHARD.

1712, (7 juin) Champlain. [2]
II.—COURVILLE (2), JEAN-FRS. [JEAN-FRS I.
VIEN, Marguerite, [JEAN I.
b 1688.
Ignace, b [2] 27 janvier 1722; m 21 février 1751, à Marie-Anne PERTHUIS, au Detroit [3]; s [3] 31 déc. 1766.

COURVILLE, NICOLAS.
COURIER, Madeleine.
Louise, b... m 22 mai 1739, à Claude LIONAIS, à la Baie-du-Febvre.

COURVILLE, JEAN-BTE.
LAMARCHE, Marguerite.
Anonyme, b et s 23 mai 1717, à St-Frs-du-Lac.

COURVILLE, NICOLAS.
BOURGUIGNON, Madeleine.
Marie-Geneviève, b 22 avril 1724, à St-Frs-du-Lac.

COURVILLE, ETIENNE, b 1757; s 17 mai 1758, à Lorette.

1740, (14 nov.) Bécancour.
III.—COURVILLE (3), FRANÇOIS, [JEAN II.
b 1714, s 27 déc. 1759, à Batiscan. [5]
TURBAL (4), Madeleine, [NICOLAS II.
b 1723.
Louise, b [5] 14 sept. 1759.

(1) Et Cadieu; voy. vol. II, p. 515.
(2) Dit Billy; voy. vol. II, p. 281.
(3) Voy. Billy de 1740, vol. II, p. 281.
(4) Dit Perrot.

1751, (21 février) Détroit. [6]

III.—COURVILLE (1), IGNACE, [FRANÇOIS II.
b 1722; s [6] 31 déc. 1766.
PERTHUIS, Marie-Anne, [NICOLAS II.
b 1735; s [6] 16 juillet 1752.
Ignace-Jean-Baptiste, b [6] 2 juillet et s [6] 4 oct. 1752.

COURVILLE (2), JOSEPH.
BEAUFORT, Marguerite,
veuve de Joseph Vien.

COURVILLE, CHARLOTTE, épouse de Thomas HERVIEUX.

COURVILLE, MARIE-JOSEPH, épouse de Jean-Baptiste LACOURSE.

COURVILLE, MARIE-ANGÉLIQUE, épouse de Jean-Baptiste LEFEBVRE.

I.—COUSEAU (3), ETIENNE.

1688, (15 mai) Repentigny. [7]

I.—COUSIN (4), JEAN,
b 1663; s avant 1726.
PERROT, Marie. [PAUL I.
Anne, b [7] 8 mai 1691; m 30 oct. 1726, à Jean-François NAU, à Deschambault [8], s [8] 18 oct. 1729.

1760, (6 oct.) St-Henri-de-Mascouche. [3]

I.—COUSIN (5), CLAUDE, b 1718, veuf de Marie Castiarine, de St-Christophe de Châlons-sur-Saône; s [3] 3 oct. 1768.
TRUCHON (6), Marie-Angelique, [PIERRE II.
b 1734.
Claude, b [3] 2 nov. 1760, s [3] 17 avril 1761.

COUSINEAU, MARIE, epouse de Louis DEGUIRE.

COUSINEAU, VÉRONIQUE, b 1730; m à Pierre MORAND, s 16 fevrier 1762, à St-Laurent, M.

1690, (2 janvier) Montreal. [3]

I.—COUSINEAU (4), JEAN-BTE, b 1662; fils de Guy et de Marie Péruchon, du Grand-Millar, diocèse de Périgueux.
BESNARD, Jeanne, [MATHURIN I.
b 1673; s 9 mai 1749, au Sault-au-Recollet.
Marie-Louise, b [3] 26 avril 1697; m [3] 20 nov. 1712, à Antoine LANGEVIN. — *Jean-Noël,* b [3] 17 fevrier 1699; 1° m [3] 24 sept. 1720, à Louise DIONET; 2° m 10 juin 1743, à Marie-Joseph BRUNET, à Ste-Geneviève, M. — *Louise-Angélique,* b [3] 24 août 1700; m [3] 12 oct. 1716, à Pierre GROU. — *Marie-Renée,* b [3] 4 sept. 1702; m à Jacques-Joseph CHEVAL; s [3] 7 janvier 1743.— *Marguerite,* b [3] 20 juillet 1704; m à Jean-Baptiste GOUVRET.—*Cécile,* b [3] 27 février 1706; 1° m à François RIVIÈRE; 2° m [3] 19 juin 1752, à Pierre MONTBRUN.—*Bernardine,* b [3] 13 février 1708, s [3] 3 juin 1716. — *Noel,* b [3] 16 mai 1709. — *Marie-Louise,* b [3] 25 août 1711. — *Pierre,* b [3] 8 et s [3] 10 sept. 1713. — *Marie-Jeanne,* b [3] 13 avril et s [3] 9 juin 1715. — *Elisabeth,* b [3] 4 mai et s [3] 18 août 1717.—*Françoise-Marie,* b [3] 21 août 1718.

(1) Dit Billy.

(2) Dit Piette; il était, en 1780 à Ste-Anne-de-la-Pérade.

(3) Venu en 1756 dans les Fichers; fit les campagnes de la dernière guerre jusqu'à la reddition du Canada.—(Registre des Procès Verbaux de 1766, Archevêché de Québec).

(4) Voy. vol. I, p. 146.

(5) Dit Châlons; soldat de la Sarre, compagnie de Villars.

(6) Elle épouse, le 19 juin 1770, Michel Beauchamp, à St-Henri-de-Mascouche.

1718, (16 mai) Montréal. [3]

II.—COUSINEAU, JEAN-BTE, [JEAN-BTE I.
b 1693.
HAY (1), Catherine, [PIERRE I.
b 1697; s 27 nov. 1760, à St-Laurent, M. [4]
Marie-Joseph, b [4] 20 oct. 1720; s [4] 25 avril 1721. —*François,* b... m à Geneviève MARCHETEAU.— *Gabriel,* b... m à Apolline GERMAIN. — *Marie-Joseph,* b... m [4] 12 juin 1758, à Henri GIROUARD. —*Jean-Amable,* b [3] 6 juillet 1728; s [3] 11 déc. 1729.—*Louis-Eustache,* b [3] 3 oct. 1729; m [4] 9 juin 1760, à Marguerite GROU. — *Marie-Joseph,* b 21 sept. 1735, à Sorel; s [3] 6 oct. 1736.

1720, (24 sept.) Montréal. [3]

II.—COUSINEAU, JEAN-NOEL, [JEAN-BTE I.
b 1699.
1° DIONET, Louise, [JEAN I.
b 1698.
Marie, b... m à Louis LÉTANG. — *Jacques-Marie,* b 20 août 1721, à St-Laurent, M. [4], m à Marie-Joseph BRUNET-LÉTANG.—*Louis,* b [3] 11 juin 1723, m 1752, à Marie-Joseph GROU. — *Pélagie,* b [3] 13 juin 1734; m [4] 15 fevrier 1751, à Jean-Baptiste AUBRY.—*Joseph,* b 1735; s [4] 28 fevrier 1754.
1743, (10 juin) Ste-Geneviève, M. [5]
2° BRUNET, Marie-Joseph, [MICHEL II.
Véronique, b [5] 8 sept. 1750; s [5] 13 avril 1752. —*Joseph-Amable,* b [5] 1er mai 1752. — *Jean-Baptiste-Amable,* b [5] 28 avril 1754.—*Hypolite,* b [5] 18 et s [5] 30 oct. 1755.—*Jacques-Gabriel,* b [5] 17 et s [5] 29 juin 1757.—*Henri-Paul,* b [5] 24 juin 1759.

III.—COUSINEAU, JACQUES, [JEAN-NOEL II.
b 1721; s avant 1780.
LÉTANG, Marie-Joseph,
s avant 1780.
Louis-Basile, b... m 10 janvier 1780, à Marie-Françoise DAVIGNON, au Detroit.

III.—COUSINEAU, FRANÇOIS. [JEAN-BTE II.
MARCHETEAU (2), Genevieve.
Marie-Archange, b 1749, s 9 juillet 1750, à St-Laurent, M. [6] — *François-Marie,* b [6] 18 janvier 1751.— *Joseph-Amable,* b [6] 4 avril 1752.—*Marie-Archange,* b [6] 20 oct. 1753. — *Marie-Jeanne,* b [6] 28 fevrier et s [6] 21 juillet 1755. — *Marie-Joseph,* b [6] 25 fevrier 1756. — *Antoine,* b [6] 23 mars et s [6] 21 juin 1757.—*Pierre,* b [6] 15 juin et s [6] 15 août 1758.—*Marie-Jeanne,* b [6] 5 et s [6] 13 août 1759.— *Marie-Anne,* b [6] 5 et s [6] 19 août 1759.—*Jean,* b [6] 13 nov. 1760; s [6] 23 août 1761.

(1) Et Ailly.

(2) Dit Marsolet.

III.—COUSINEAU, GABRIEL. [JEAN-BTE II.
GERMAIN, Apolline.
Gabriel, b 20 août et s 14 sept. 1749, à St-Laurent, M.[6] — *Marguerite*, b [6] 21 mars et s [6] 2 juillet 1752. — *Marguerite*, b [6] 19 mai 1753.—*Michel*, b [6] 23 juillet 1755.—*Marie-Joseph*, b [6] 11 juillet 1757; s [6] 1er sept. 1758. — *Amable*, b [6] 26 janvier 1760.—*Marie-Joseph*, b [6] 25 nov. 1761.

1752.

III.—COUSINEAU, LOUIS, [JEAN-NOEL II.
b 1723.
GROU, Marie-Joseph, [JEAN II.
b 1722.
Joseph-Marie, b 22 août 1753, à St-Laurent, M.[1] — *Louis-François*, b [1] 6 août 1755; s [1] 22 mars 1757.—*Marie-Marthe*, b [1] 1er mars et s [1] 28 juin 1757.—*Marie-Louise*, b [1] 26 juillet 1758.

1760, (9 juin) St-Laurent, M. [1]

III.—COUSINEAU, LOUIS-EUST., [JEAN-BTE II.
b 1729.
GROU, Marguerite. [MICHEL III.
Marie-Joseph, b [1] 22 mars 1761, m [1] 12 oct. 1789, à Clement AUBRY.

1780, (10 janvier) Détroit. [2]

IV.—COUSINEAU, LOUIS-BASILE. [JACQUES III.
DAVIGNON, Marie-Françoise. [ALEXIS.
Marie-Anne, b [2] 14 oct. 1780.

COUSINET, JACQUES, s 13 janvier 1734, à Montréal.

COUSINI.—Voy. CONSIGNY.

COUSSEAU.—*Surnom*. LAVIOLETTE.

COUSSEAU, MARIE, epouse de Louis ROUSSE.

1658, (28 nov.) Québec.

I.—COUSSEAU (1), PIERRE, b 1627; fils de Pierre et d'Anne Bourradier, de St-Nicolas, diocèse de LaRochelle.
BISSONNET, Marie, b 1639; fille de Jacques et de Marie Parochaux, de St-Gilles, Poitou.
Suzanne-Marie, b [8] 26 nov. 1660.

1671, (30 oct.) Québec.

I.—COUSSON (2), FRANÇOIS,
b 1641.
POIGNET, Marguerite,
b 1651.
Marie, b... m à Pierre-Charles HARLAY.—*Jean-Baptiste*, b 23 janvier 1689, à la Baie-St-Paul.

COUSSY. — *Variations et surnoms :* COUCY — COUSSI—SOUCY—LAFLEUR.

(1) Dit Laviolette; voy vol. I, p. 146.
(2) Voy. vol. I, p. 146.

1699, (3 mars) Montreal. [4]

I.—COUSSY (1), PIERRE,
b 1674.
1° FERRÉ, Marie-Françoise, [PIERRE I.
b 1679; s 18 déc. 1702, à Québec.[5]
Pierre-Louis, b [5] 23 mars 1702.

1703, (30 avril). [5]

2° MASSARD (2), Françoise, [NICOLAS I.
veuve de Charles Calet.
Jean-Baptiste, b [5] 10 juillet 1706; 1° m [4] 7 janvier 1727, à Angélique CADIEU; 2° m 1749, à Marie-Agathe GAZAILLE.

1727, (7 janvier) Montréal.

II.—COUSSY (3), JEAN-BTE, [PIERRE I.
b 1706.
1° CADIEU, Angélique, [JEAN-CHARLES II.
b 1686; s 29 août 1748, à Sorel. [8]
Marie, b... m [8] 30 juin 1744, à Michel BOURDON.—*Jean-Baptiste*, b... m 12 oct. 1752, à Marie-Thérèse BOISJOLY, à Lavaltrie.

1749.

2° GAZAILLE, Marie-Agathe, [PIERRE II.
b 1726.
Marie-Agathe, b [8] 7 oct. 1749.—*Jean-Baptiste*, b [8] 14 fevrier 1753.—*Marie*, b [8] 28 janvier et s [8] 13 fevrier 1755.—*Marguerite*, b [8] 30 janvier 1757.

1728, (7 oct.) Québec. [2]

II.—COUSSY (3), JOSEPH, [PIERRE I.
b 1708.
AUVRAY (4), Marie-Joseph, [JACQUES I.
b 1707.
Joseph, b [2] 15 oct. et s [2] 21 nov. 1729.—*Joseph-Gabriel*, b 6 fevrier 1731, à Lorette, s [2] 12 mai 1733.—*Agnès-Joseph* (posthume), b [2] 13 mai 1733, m [2] 11 nov. 1748, à Pierre ROBERT.

1752, (12 oct.) Lavaltrie. [3]

III.—COUSSY (3), JEAN-BTE. [JEAN-BTE II.
BOISJOLY (5), Marie-Therèse. [JEAN-BTE I.
Jean-Jacques, b [4] 24 nov. 1753.—*Joseph-Marie*, b [3] 26 mars 1755. — *Marie-Thérèse*, b [3] 24 août 1757.—*Jean-Baptiste*, b [3] 3 août 1759.

COUTANCE.— *Variation et surnom :* COSANCE —ARGENCOUR.

1728, (4 janvier) Québec. [4]

I.—COUTANCEAU, LOUIS, fils de Louis et de Françoise Jouet, de Candres, diocèse d'Angers.
DUPÉRÉ (6), Marie-Joseph, [MICHEL I.
b 1700.
Louis, b [4] 5 juin 1728; s [4] 10 janvier 1729.—*Marie-Angélique*, b [4] 27 sept. 1729; s [4] 19 juin

(1) Dit Lafleur; voy. vol I, p. 146.
(2) Elle épouse, le 26 déc. 1717, Pierre Barbereau, à Québec.
(3) Dit Lafleur.
(4) Elle épouse, le 20 mars 1735, Louis Bellefeuille, à Québec.
(5) Dit Griveau.
(6) Dit Lariviere; elle épouse, le 26 mai 1739, François Beausange, à Québec.

1730.—*Jean-Baptiste*, b 4 21 mai 1731, s 4 2 mai 1733.—*Marie-Louise*, b 4 10 janvier 1733.—*Jean-Baptiste*, b 4 17 oct. et s 4 21 déc. 1734. — *Marie-Marguerite*, b 4 11 sept. 1736.

COUTANCINEAU. — *Variation :* CONSTANTINEAU.

COUTANCINEAU, MARIE-ANNE, epouse de ...... LAFLEUR.

COUTANCINEAU, LOUISE, b... m à .... LABAMÉE; s 12 avril 1742, à Nicolet.

COUTANCINEAU, MADELEINE, épouse de François DUSSAUT; s 1769.

1663.

I.—COUTANCINEAU (1), JULIEN.
LANGLOIS (2), Marie,
b 1639.

1683, (24 février) Pte-aux-Trembles, Q. 8

II.—COUTANCINEAU (1), MICHEL, [JULIEN I
b 1660; s 8 9 mars 1728.
PINEL, Elisabeth-Ursule, [GILLES I.
b 1666; s 8 11 juin 1736.
Jean-François, b 8 23 mars 1692; 1° m à Marie-Louise MATTE; 2° m 21 fevrier 1735, à Marie-Catherine LEROUX, à St-Frs-du-Lac —*Marguerite*, b 8 20 juillet 1707; m 3 nov. 1734, à Gabriel MANSEAU, à la Baie-du-Febvre 9; s 9 17 avril 1766.

1690, (9 janvier) Pte-aux-Trembles, Q. 6

II.—COUTANCINEAU (1), PIERRE, [JULIEN I.
b 1664; s 6 22 juin 1736.
LEFEBVRE, Marie-Françoise, [SIMON I.
b 1669; s 6 14 juillet 1748.
Julien, b 6 1er mars 1693, m 28 juillet 1721, à Catherine LAMOUREUX, à Boucherville; s 3 mars 1735, à St-François, I. J. — *Marie-Catherine*, b 6 15 août 1695, m 6 19 nov. 1724, à François AIDE-CRÉQUY.

III—COUTANCINEAU, JEAN-FRS, [MICHEL II.
b 1692.
1° MATTE, Marie-Louise, [NICOLAS I.
b 1694; s 24 février 1734, à St-Frs-du-Lac.1
Jean-Baptiste, b 3 sept. 1715, à la Pte-aux-Trembles, Q. 3, 1° m 14 nov. 1740, à Madeleine MALBEUF, à Nicolet 2, 2° m 2 10 fevrier 1755, à Marguerite COLTRET; 3° m 8 janvier 1759, à Marie-Jeanne LEFEBVRE, à la Baie-du-Febvre; s 2 3 avril 1791.—*Jean-François*, b 3 24 janvier 1717; m à Marie-Thérèse LECLERC. — *Marie-Louise*, b 3 19 avril 1719; 1° m à Charles BERNIER; 2° m 5 sept. 1741, à Jean-Baptiste KERDORÈS, à Montreal; s 22 juillet 1765, à la Longue-Pointe. — *François-Ignace*, b 3 20 mai 1721. — *Marie-Catherine*, b 3 26 sept. 1723; m 25 oct. 1739, à Jean-Baptiste DUPUIS, aux Trois-Rivières 4; s 2 28 mai 1786. — *Marie-Angélique*, b 3 19 sept. 1725; s 3 17 nov. 1731.—*Augustin*, b 3 2 juin 1727; m 2 3 février 1755, à Jeanne LEFEBVRE.—*Marie-Françoise*, b 3 1er avril 1729; m 4 19 avril 1751, à Jean GAUSE.—*Joseph*, b 3 22 mai 1730; s 3 17 janvier 1733. — *Jérôme*, b 3 10 dec. 1731. — *Joseph*, b 1 1er mai et s 1 30 juillet 1733.— *Jean-Baptiste*, b 1 13 février 1734; s 1 21 juillet 1735.

1735, (21 février).1
2° LEROUX, Marie-Catherine, [GILBERT I.
Angélique, b... m 4 12 sept. 1757, à Gabriel GAUDREAU.

COUTANCINEAU (1), JEAN-FRANÇOIS.
CHAILLÉ, Catherine,
b 1700; s 9 avril 1740, aux Trois-Rivières.

1720, (5 fevrier) St-Augustin. 6

III.—COUTANCINEAU, LOUIS. [MICHEL II.
1° PETIT (2), Angelique, [ROBERT II.
b 1698, s 7 juin 1743, à Quebec. 7
Marie-Louise, b 6 20 oct. et s 6 2 nov. 1720.—*Marie-Elisabeth*, b 1er oct. 1721, à la Pte-aux-Trembles, Q. 8 — *Louis-Joseph*, b 6 17 mai 1723; s 7 14 mai 1743 —*Marie-Anne*, b 6 25 juillet et s 6 4 août 1724. — *Charles-Augustin*, b 6 1er avril 1726; m 28 sept. 1761, à Marie-Joseph MARTIN, à St-Michel-d'Yamaska. — *Marie-Louise*, b 6 1er janvier 1728; m 7 28 sept. 1750, à Joseph GAUDREAU.—*Marie-Céleste*, b 6 14 mai et s 6 22 juillet 1730.—*Joseph*, b 6 29 juin 1731; m 25 oct. 1756, à Angelique SIMON-LAPOINTE, à Ste-Foye; s 7 6 avril 1796.— *Marc*, b 6 25 avril 1733. — *Brigitte*, b 6 26 janvier 1737, s 7 19 juin 1743.—*François*, b 7 5 mars 1739, s 7 20 fevrier 1741. — *Pierre*, b 7 18 mars 1742.

1748, (17 sept.) 8
2° FOURNEL (3), Marie-Angelique, [JACQUES II.
b 1720
Anonyme, b 7 et s 7 27 août 1749. — *Louis*, b 7 26 juillet et s 7 24 août 1750 —*Marie-Angélique-Françoise*, b 7 4 oct. 1752; m 16 août 1774, à Jean-Baptiste TESSIER, à Terrebonne.— *Louis*, b 7 9 juin 1756.—*Louis*, b 7 27 juin 1758.

1721, (28 juillet) Boucherville

III.—COUTANCINEAU, JULIEN, [PIERRE II.
b 1693; s 3 mars 1735, à St-François, I. J. 3
LAMOUREUX (4), Catherine, [ADRIEN II.
b 1701.
Marie, b .. m 10 janvier 1746, à Antoine MOREL, à St-Vincent-de-Paul. 4 —*Pierre*, b 23 sept. 1726, à Lachenaye.— *Marie-Anne*, b 3 6 août 1728; m 4 17 avril 1747, à Alexandre ASSELIN; s 4 11 mai 1749. — *Marie-Françoise*, b 4 5 août 1730; m 4 7 avril 1750, à Jean-Baptiste LEMAY.—*Geneviève*, b 3 14 sept. 1732; m 4 19 oct. 1750, à Pierre LEMAY. — *Michel* (posthume), b 3 24 avril 1735; 1° m 4 21 fevrier 1757, à Marie-Anne PAQUET; 2° m à Angelique SERIN.

(1) Voy. vol. I, p 147.
(2) Elle épouse, le 11 août 1678, Denis Gentil, à Québec

(1) Ouvrier des forges de St-Maurice.
(2) Dit Milhomme.
(3) Elle épouse, le 13 oct. 1766, Adrien Quevillon, à Terrebonne.
(4) Elle épouse, le 26 août 1738, Michel Chabot, à Boucherville.

1730, (6 février) Pte-aux-Trembles, Q. [1]
III.—COUTANCINEAU (1), IGNACE, [MICHEL II
b 1702.
BENOIT (2), Marie-Louise, [PIERRE II.
b 1709; s 15 juin 1806, à Québec. [2]
Marie-Joseph, b [1] 14 nov. et s [1] 17 déc. 1730.—*Marie-Joseph*, b [1] 22 oct. 1731; s [1] 22 janvier 1732.—*Ignace-François*, b [1] 24 janvier 1733; 1° m 15 janvier 1760, à Marie-Joseph DOUCET, à Ste-Foye; 2° m [2] 21 avril 1789, à Marie-Catherine GARANT. — *Pierre*, b [2] 11 et s [2] 23 sept. 1734.—*Marie-Anne*, b [2] 17 déc. 1736; s [2] 26 oct. 1737.—*Barthélemi*, b [2] 25 nov. 1739; s [2] 14 juillet 1743.—*Marie-Joseph*, b [2] 5 juin 1742; s 9 janvier 1744, au Cap-Santé.—*Marie-Anne*, b [2] 17 juin 1744; s [2] 26 février 1746. — *Joseph*, b 22 février 1747, à Deschambault; s [2] 19 juillet 1748. — *François-Xavier*, b [2] 15 août 1749; s [2] 25 sept. 1752. —*Marie-Louise*, b [2] 15 août 1749; s [2] 5 août 1750. —*Marie-Marguerite*, b [2] 1er mars 1752; s [2] 8 janvier 1753.

1730, (25 sept.) Pte-aux-Trembles, Q. [3]
III.—COUTANCINEAU, MICHEL, [MICHEL II.
b 1704. ~~A 7-12-02~~
1° JUNEAU, Marie-Madeleine, [JEAN-PIERRE II.
b 1705.
Marie-Madeleine, b [3] 3 nov. 1731, s [3] 26 sept 1733. — *Marie-Thérèse*, b [3] 13 juin 1734, 1° m [3] 30 avril 1753, à Louis BELAND; 2° m 23 nov. 1761, à André POULET.—*Marie-Madeleine*, b [3] 27 sept 1736; s [3] 16 avril 1751.

1740, (8 février). [3]
2° FOURNEL, Marie-Charlotte, [JACQUES II
b 1709.
Marie-Charlotte, b [3] 25 juin et s [3] 18 août 1741 —*Louis-Joseph*, b [3] 28 août et s [3] 21 sept. 1744 —*Marie-Angélique*, b [3] 16 juillet 1746; s [3] 6 août 1760. — *Jean-Baptiste-Thierry*, b 13 nov 1747, aux Ecureuils; s [3] 6 oct. 1748. — *Thierry*, b [3] 4 sept. 1749; s [3] 9 février 1750. —*Jean-Baptiste* et *Marie-Anne*, b [3] 5 avril 1752.

1740, (14 nov.) Nicolet. [5]
IV.—COUTANCINEAU, J-BTE, [JEAN-FRS III.
b 1715; s [5] 3 avril 1791.
1° MALBEUF, Madeleine, [FRANÇOIS II.
b 1719; s [5] 16 juillet 1749.
Jean-Baptiste, b [5] 10 août 1741; m [5] 6 février 1764, à Marie-Pélagie BONNEAU. — *Joseph*, b [5] 24 juillet 1743. —*Jean-Baptiste*, b 14 oct. 1745, aux Trois-Rivières. — *Michel*, b [5] 4 janvier 1748.

1755, (10 février). [5]
2° COLTRET, Marguerite, [JEAN-RENÉ III.
b 1720; s [5] 31 janvier 1757.

1759, (8 janvier) Baie-du-Febvre.
3° LEFEBVRE (3), Marie-Jeanne, [JOSEPH II.
b 1737.

IV.—COUTANCINEAU, JEAN-FRS, [J.-FRS III.
b 1717.
LECLERC, Marie-Thérèse.

(1) Et Constantineau.
(2) Dit Abel.
(3) Dit Descôteaux.

Jean-Louis, b 1er juin 1750, à Sorel; s 25 nov. 1752, à St-Ours. [6] — *Joseph*, b [6] 30 mars 1752.—*Nicolas*, b [6] 1er oct. 1757.

1755, (3 février) Nicolet. [7]
IV.—COUTANCINEAU, AUGUSTIN, [J.-FRS III.
b 1727.
LEFEBVRE, Jeanne, [RENÉ III.
veuve de Jean-Baptiste Provencher; s [7] 10 nov. 1797.
Louis, b... m [7] 23 avril 1792, à Antoinette PARMENTIER.—*Marie-Louise*, b [7] 22 janvier 1760; s [7] 13 mars 1790.—*Marie-Joseph*, b... m [7] 24 avril 1786, à Firmin SYRE.—*Marguerite*, b... m [7] 3 mars 1794, à Jean-Baptiste MICHEL.— *Claire*, b... m [7] 23 oct. 1797, à Jean-Baptiste HOUDE.

1756, (25 oct.) Ste-Foye. [7]
IV.—COUTANCINEAU, JOSEPH, [LOUIS III.
b 1731, s 6 avril 1796, à Québec.
SIMON (1), Angelique, [PRISQUE III.
b 1739.
Angélique, b 12 déc. 1757, à L'Ange-Gardien [1] —*Joseph*, b 14 février 1760, à Beauport.—*Joseph-Marie*, b [1] 21 et s [1] 28 janvier 1761.—*Charles*, b [1] 1er oct. 1762. — *Angélique*, b [7] 29 déc. 1764.— *André*, b 30 nov 1778, au Château-Richer.

1757, (21 février) St-Vincent-de-Paul. [6]
IV.—COUTANCINEAU, MICHEL, [JULIEN III.
b 1735.
1° PAQUET, Marie-Anne, [MAURICE IV.
b 1738, s [6] 16 mars 1761
2° SERIN, Angélique.
Marie-Angélique, b 7 février 1774, à Lachenaye.

1760, (15 janvier) Ste-Foye. [9]
IV.—COUTANCINEAU, IGNACE, [IGNACE III.
b 1733.
1° DOUCET, Marie-Joseph,
b 1736; Acadienne; veuve de Basile Girouard; s 4 nov. 1787, à Québec. [8]
Joseph-Ignace, b [9] 22 août 1758; m [8] 17 juillet 1781, à Marie-Anne VOCELLE.

1789, (21 avril). [8]
2° GARANT, Marie-Catherine,
veuve de François Dubois.

1761, (28 sept.) St-Michel-d'Yamaska. [7]
IV.—COUTANCINEAU, CHS-AUG., [LOUIS III.
b 1726.
MARTIN (2), Marie-Joseph, [ETIENNE II.
s [7] 23 janvier 1765.
Jean-Baptiste, b [7] 27 juin 1762. — *Nicolas*, b [7] 30 avril 1764.

COUTANCINEAU, MARIE-MARGUERITE, b 10 avril 1767, à Repentigny.

(1) Dit Lapointe.
(2) Ondoyer dit Boisverd.

1764, (6 février) Nicolet.
V.—COUTANCINEAU, J.-BTE, [JEAN-BTE IV.
b 1741.
BONNEAU, Marie-Pélagie, [JACQUES II.
b 1746.

1781, (17 juillet) Québec.
V.—COUTANCINEAU, JOSEPH, [IGNACE IV.
b 1758.
VOCELLE, Marie-Anne, [JEAN-FRANÇOIS II.
b 1755.

1792, (23 avril) Nicolet.
V.—COUTANCINEAU, LOUIS. [AUGUSTIN IV.
PARMENTIER, Antoinette. [PAUL II.

COUTANCINEAU, LOUIS.
BOURG, Geneviève.
Louis, b et s 30 oct 1756, à Québec.

COUTANT.—Voy. CONTENT.

1671, (9 fevrier) Ste-Famille, I. O.
I.—COUTART (1), Robert,
b 1641 ; s 25 janvier 1706, à St-Antoine-Tilly.
JAROUSSEL, Suzanne,
b 1641 ; veuve de Simon Levreau.

1706, (11 janvier) Québec. [7]
I.—COUTART, JEAN, b 1669; fils de Jean et de Madeleine Malbranche, de Trinité, Angers, s [7] 12 sept. 1719 (dans l'église).
NIELLE, Marguerite, [PIERRE I.
b 1679 ; s [7] 4 juin 1726.
Marie-Madeleine, b [7] 4 et s [7] 12 août 1706.—*Charles-Gabriel*, b [7] 22 juin 1707.—*Marie-Angélique*, b [7] 30 avril 1709; m [7] 17 oct. 1726, à Mathieu DAMOURS.—*Marie-Anne*, b [7] 11 et s 26 avril 1710, à Charlesbourg.[8]—*Jean*, b [7] 19 avril 1711; s [7] 21 dec 1712.—*Jacques*, b [7] 3 avril 1712.—*Marie-Anne*, b [7] 24 juillet et s [8] 27 oct 1714.—*Marie-Louise*, b [7] 5 nov. et s [7] 4 déc. 1719.

I.— COUTART, FRANÇOIS, b 1661; s 17 avril 1716, à Montréal.

COUTAUT. — *Variations et surnoms :* COUTAU —COUTAUX — COUTEAU — COUTIN—LAFRANCHISE.

1713, (26 dec.) Pte-Claire. [6]
I.—COUTAUT (2), Jacques, fils de Charles et d'Elisabeth Ouvelielle, de Paris.
1° PICHARD (3), Louise, [LOUIS II.
b 1695.
Elisabeth, b [6] 2 déc. 1714; m 26 mai 1733, à Antoine TRANCHANT, à Quebec.[7]—*François*, b... m à Louise GOYER.—*Angélique*, b 3 janvier 1718, à Montréal [8]; 1° m [7] 3 mai 1734, à Joseph GAUDIN; 2° m [8] 17 oct. 1757, à Jean-Baptiste BOUVIER.—*Marie-Catherine*, b [6] 27 nov. 1719, s [6] 12 août 1720.—*Nicolas*, b [8] 14 août 1721.—*Jacques*, b [8] 8 sept. 1723; s [8] 21 nov. 1724. — *Thérèse*, b [8] 31 oct. 1725.— *Catherine*, b [7] 6 et s [7] 8 dec. 1727. —*Jean-Baptiste*, b [7] 19 avril 1729.—*Marie-Marthe*, b [7] 28 juin 1732; s [7] 26 avril 1733.

1744, (21 oct.) [8]
2° PÉRIER (1), Marguerite, [LAURENT I.
b 1708 ; veuve de Pierre Mouilleron.
Jeanne-Marie-Anne, b [8] 28 nov. et s [8] 6 déc. 1746.

1730, (8 oct.) Québec. [4]
I —COUTAUT, JEAN, b 1709; fils de Jean et de Marguerite Michel, de Dupont, diocèse de Xaintes, s [4] 21 nov. 1749.
DUPUIS (2), Marie-Joseph. [PIERRE I.
Marie-Jeanne, b [4] 3 sept. 1731 ; m [4] 22 fevrier 1751, à Jean SABATÉ.—*Marie-Louise*, b [4] 3 août 1733 ; m [4] 22 avril 1754, à Pierre-Simon LEDUC. — *Jean-Louis*, b [4] 31 juillet 1734 ; m [4] 5 juillet 1762, à Marguerite BOIS. — *Brigitte*, b 1738 ; s [4] 27 sept. 1743.—*Ursule*, b [4] 17 juin 1739. —*Marie-Joseph*, b [4] 10 juillet 1741. — *François*, b [4] 17 nov. 1743 ; s [4] 31 mai 1745. — *Jean*, b [4] 7 dec. 1745.—*Louise*, b 1746, s [4] 29 juillet 1748.—*Gillette*, b [4] 11 oct. 1747. — *François*, b [4] 8 janvier 1749.

COUTAUT, MARIE-JOSEPH, épouse de Michel DISY.

II —COUTAUT, FRANÇOIS. [JACQUES I.
GOYER, Louise.
Paul, b... m 22 nov. 1762, à Marie-Anne CHAILLON, à Yamachiche.

COUTAUT, LOUIS.
ST-PIERRE, Geneviève.
Louis, b 3 sept. 1736, à Québec.

COUTAUT, FÉLICITÉ, b... s 17 août 1748, à St-Valier.

1762, (5 juillet) Québec. [1]
II.—COUTAUT (3), JEAN-LOUIS, [JEAN I.
b 1734.
BOIS, Marguerite, [ETIENNE III.
b 1746.
Marie-Joseph, b [1] 21 août 1763.

1762, (22 nov.) Yamachiche. [2]
III.—COUTAUT, PAUL. [FRANÇOIS II.
CHAILLON, Marie-Anne, [JACQUES I.
b 1742.
Paul, b [2] 20 oct. 1763.

1730, (19 fevrier) Quebec. [3]
I.—COUTELAUX, MAURICE, fils de René et de Mathurine Durand, de St-Pierre-Montélimar, diocèse d'Angers.
FOREAU, Marie-Françoise. [RENÉ I.

(1) Voy. vol. I, p. 147.
(2) Dit Lafranchise ; soldat de M DeGannes.
(3) Appelée Fortin en 1724.

(1) Elle épouse, le 31 août 1761, Marin Donnery, à Montréal.
(2) Dit St-Pierre.
(3) Ou Coutin.

Marie-Françoise, b [3] 26 août 1730; s [3] 29 mai 1733.—*Marie-Louise*, b [3] 29 mars et s [3] 9 mai 1732.—*Maurice-Nicolas*, b [3] 3 mars 1734; m 23 août 1762, à Marie-Geneviève-Catherine POITEVIN, à Charlesbourg.— *Françoise*, b [3] 28 fevrier 1736; m [3] 13 nov. 1752, à François AMIOT. — *René-Ange*, b [3] 22 mars 1738; s [3] 16 oct. 1762.— *Marie-Agnès*, b [3] 16 fevrier et s [3] 28 avril 1741.— *Joseph*, b [3] 21 sept. 1742; s [3] 2 août 1743.

1762, (23 août) Charlesbourg.

II.—COUTELEAU, MAURICE-NICOLAS, [MAURICE I.
b 1734.
POITEVIN, Marie-Genev.-Catherine, [CHARLES III.
b 1739.
Maurice, b... s 11 juillet 1764, à Québec.

COUTELET.—*Variations et surnoms:* COUTELAIS—COUTLAY—COUTLÉ—COUTLEY—LAROCHELLE—MARCHETERRE.

1702, (27 mars) St-François, I. O.

I.—COUTELET (1), FRANÇOIS.
CATORS, Henriette.

1742, (3 sept.) Montréal. [4]

I.—COUTELET (2), LOUIS, b 1714, fils de François et de Marie Rene, de St-Germain-Vitry, Paris; s 19 février 1785, à l'Hôpital-Géneral, M. [5]
LABOSSÉE, Marie-Geneviève, [JACQUES I.
b 1717; s [5] 25 mars 1785.
Thérèse-Geneviève, b [4] 24 nov. 1742.—*Louis-François*, b [4] 20 février 1744; s [5] 9 nov. 1811.— *Marie-Louise*, b [4] 12 oct. 1745; s [4] 4 janvier 1747. —*Marie-Louise*, b [4] 8 juillet 1747; s [4] 21 févrıer 1748.—*Catherine*, b [4] 24 dec. 1748.—*Louis*, b [4] 10 avril 1750.

II.—COUTELET (3), LOUIS-FRANÇOIS, [LOUIS I.
b 1744, s 9 nov. 1811, à l'Hôpital-General, M.

COUTERET.—Voy. COLTRET.

1752, (19 janvier) Trois-Rivières. [6]

I.—COUTEROT (4), HUBERT, fils d'Hubert (écuier de la bouche du Roy) et de Marie-Anne De la Valoy, de St-Severin, Paris.
TASCHEREAU (5), Marie-Chs, [THS-JACQUES I.
b 1736.
Joseph-Hubert, b [6] 4 sept. et s [6] 19 nov. 1755.— *Pierre-Hubert-François-Xavier*, b 30 juillet 1761, à Batiscan.

COUTERY.—Voy. CONTERY, 1751.

COUTIN, JEAN.—Voy. COUTAUT.

COUTINAULT.—Voy. COTINEAU.

(1) Dit Larochelle.
(2) Dit Marcheterre; ancien soldat de la colonie.
(3) Dit Marcheterre.
(4) Enseigne; lieutenant d'infanterie, il était à Mackinac le 19 juillet 1756.
(5) Lunière.

1681, (9 juin) Quebec. [7]

I.—COUTRON (1), ANDRÉ,
b 1646.
BOUTIN (2), Marguerite, [JEAN I.
b 1664.
Jean-Baptiste, b [7] 30 juillet et s [7] 23 nov. 1685 —*Louise-Elisabeth*, b [7] 5 août 1695; m 24 janvier 1718, à Jean-Baptiste DETCHEVERY, à Montréal.

COUTU.—Voy. COTTU.

1682, (4 nov.) Quebec.

I.—COUTU (3), FRANÇOIS,
b 1651.
1° VERDON, Jeanne, [VINCENT I.
b 1665.
1691.
2° LESIÈGE, Louise, [PIERRE I.
b 1673.
Jacques, b... m 1750, à Marie-Louise BRISARD. — *Jean-Baptiste*, b 1702; 1° m 19 nov. 1753, à Marie SYLVESTRE, à l'Ile-Dupas [2]; 2° m [2] 19 oct. 1756, à Therèse CAILLIA. — *René*, b... m 1750, à Marguerite BRISARD. — *Daniel*, b 1718; m 1763, à Marie-Françoise FLEURY, s 21 janvier 1792, à Berthier.

COUTU, FRANÇOISE, épouse de Pierre LAMBERT.

1733, (7 janvier) Lavaltrie. [3]

II.—COUTU (3), ETIENNE. [FRANÇOIS I
COULON, Marguerite, [RENÉ II
b 1717; s [3] 30 avril 1758.
Louis, b 3 nov. 1737, à Lanoraie; m 23 fevrier 1767, à Marie-Jeanne DUFAUT, à Berthier.— *Joseph-Ambroise*, b [3] 2 fevrier 1742; m 1765, à Marie-Françoise QUAISSE.

II.—COUTU, JACQUES, [FRANÇOIS I
b 1712.
BRISARD (4), Marie-Louise. [JEAN I
Daniel, b 12 mars 1751, à Berthier [1]; m [1] 24 avril 1786, à Marie-Angelique BOUCHER.—*Marie-Louise*, b [1] 5 fevrier 1754. — *Marguerite*, b [1] 5 avril 1756.—*Angélique*, b [1] 5 juillet 1758. — *Corentin*, b [1] 23 août 1763.—*Marie-Claire*, b [1] 5 mai 1765.— *Ardouin*, b [1] 1er oct. 1768, m à Marie BONIN.—*Marie-Pélagie*, b [1] 6 juillet 1771.

II.—COUTU, RENÉ. [FRANÇOIS I
BRISARD (4), Marguerite, [JEAN I
b 1728, s 10 sept. 1805, à Berthier. [2]
Marie-Anne, b [2] 16 oct. 1751.— *Geneviève*, b [2] 25 dec. 1753 — *Marguerite*, b [2] 21 oct. 1755.— *Marie-Louise*, b [2] 30 mars 1757.— *Madeleine*, b [2] 12 avril 1759.— *Louis*, b [2] 3 juillet 1763, m [2] 16 mai 1791, à Rosalie GUIBAUT.—*Michel*, b [2] 10 mai 1765.—*René*, b [2] 10 mai 1765; s [2] 15 mars 1804, (noyé dans son puits).—*Basile*, b [2] 18 avril 1768. —*Ambroise*, b [2] 1er août 1770, m à Marie DUBORD.

(1) Voy. vol. I, p. 147.
(2) Elle epouse, le 25 nov. 1704, Jacques Guenet, à Québec.
(3) Voy. aussi Cottu, p. 159
(4) Et Brizard dit St-Germain.

1753, (19 nov.) Ile-Dupas.[1]
II.—COUTU, JEAN-BTE, [FRANÇOIS I.
b 1702.
1° SYLVESTRE, Marie. [DENIS-NICOLAS II.
Marie-Marguerite, b [1] 7 février et s [1] 5 mai 1755.
1756, (19 oct.) [1]
2° CAILLIA, Thérèse, [PIERRE III.
veuve de Regis Valois.
Marie-Joseph, b [1] 29 juillet 1760 — *Pierre,* b [1] 27 oct. 1766; m 13 janvier 1794, à Marguerite DENIS-LAFRANCE, à Berthier.

1759, (23 avril) St-Ours.
III.—COUTU (1), ETIENNE, [ETIENNE II.
b 1733; s 25 mars 1786.
BRIEN (2), Marie-Therèse, [SÉRAPHIN II.
b 1738.
Jacques, b 19 déc. 1760, à Lavaltrie.— *Marie-Thérèse,* b 8 avril 1768, à Batiscan.[3]—*Geneviève,* b [3] 24 juillet 1771.

1763.
II.—COUTU, DANIEL, [FRANÇOIS I.
b 1718, s 21 janvier 1792, à Berthier.[3]
FLEURY, Marie-Françoise,
b 1738, s [3] 15 juillet 1798.
Louis, b [3] 9 nov. 1765. — *Daniel,* b [3] 23 dec. 1767; m [3] 21 mai 1792, à Louise MASSICOT.— *Joseph,* b [3] 15 avril 1770. — *Jean-Baptiste,* b [3] 5 nov. 1771 .— *Alexis,* b [3] 15 juillet 1773; m [3] 21 nov. 1796, à Rosalie CHAMBERLAND.—*Marie-Françoise,* b [3] 28 juillet 1775.— *Marie-Louise,* b [3] 22 juin 1776. — *Marie-Françoise,* b [3] 23 mai 1778.— *Pierre,* b [3] 23 mars 1780, m [3] 27 juin 1803, à Geneviève BOUCHER. — *Marie-Rose,* b [3] 30 mars 1782.— *Joseph,* b [3] 2 juin 1784. — *Basile,* b [3] 31 oct. 1787.

1765.
III.—COUTU, JOSEPH-AMBROISE, [ETIENNE II.
b 1742.
QUAISSE (3), Marie-Françoise, [FRANÇOIS I
b 1741.
Joseph, b 3 sept. 1766, à Berthier. [4] — *Marie-Louise,* b [4] 7 avril 1768.—*Jean-Baptiste,* b [4] 10 août 1769.—*Françoise,* b [4] 22 mars 1771.— *Basile,* b [4] 9 juillet 1772.—*Pierre-Alexis,* b [4] 26 dec. 1776.— *Antoine,* b [4] 21 mars 1781.

1767, (23 fevrier) Berthier.[7]
III—COUTU, LOUIS, [ETIENNE II.
b 1737.
DUFAUT, Marie-Jeanne, [AUGUSTIN III.
b 1745.
Louis, b [7] 29 avril 1768. — *Jacques,* b [7] 9 sept. 1769. — *Marie-Marguerite,* b [7] 22 avril 1771.— *Rosalie,* b [7] 11 nov. 1772. — *Pierre-Antoine,* b [7] 1er août 1774, m [7] 18 août 1794, à Elisabeth POIRIER —*Marie-Amable,* b [7] 14 sept. 1779.

(1) Voy. aussi Cottu, p. 160.
(2) Et Brillard—Desrochers.
(3) Et Caisse.

COUTURE.—*Surnoms:* BELLERIVE—DE LA CRESSONNIÈRE—LAFRESNAIE—LAMONDE.

COUTURE, LOUISE, épouse de Charles MAURINGEAU.

COUTURE, MARIE-THÈCLE, épouse de Pierre JOBIN.

COUTURE, CATHERINE, épouse de Charles HUOT.

COUTURE, MARIE-CHARLOTTE, epouse de Joseph MARCOUX.

1649, (16 nov.) Québec.
I.—COUTURE (1), GUILLAUME,
b 1617, s 1702.
AYMARD, Anne,
b 1629; s 18 janvier 1700, à Lévis.
Guillaume, b 12 oct. 1662, à Quebec; 1° m 7 fevrier 1691, à Marie COTÉ, à St-Pierre, I. O , 2° m 5 juillet 1703, à Nicole BOUFFARD, à St-Laurent, I. O.[1]; 3° m [1] 23 oct. 1713, à Marie-Anne ADAM; s [1] 15 dec. 1738.

1686, (12 février) L'Ange-Gardien.
II.—COUTURE (2), JEAN-BTE, [GUILLAUME I.
b 1650; s avant 1720.
MARETTE, Anne, [JACQUES I.
b 1665; s 26 février 1743, à St-Pierre, I. O.[3]
Jean-Baptiste, b [3] 9 mars et s [3] 16 août 1687 — *Marie-Madeleine,* b [3] 24 oct. et s [3] 21 nov. 1688 —*Jean-Baptiste,* b [3] 2 et s [4] 20 dec. 1689.—*Guillaume,* b [3] 21 janvier 1691.—*Joseph,* b [3] 26 mai 1693; m à Geneviève LECLERC. — *Alexis,* b [3] 22 nov. 1695, m à Madeleine MORIN.—*Anne,* b [3] 25 dec. 1697; s 14 mai 1715, à St-Laurent, I. O.— *Jean-Baptiste,* b 1700; 1° m [3] 21 oct. 1720, à Marguerite LECLERC; 2° m [3] 24 nov. 1732, à Elisabeth GOSSELIN; s [3] 7 janvier 1750.

1690, (9 janvier) Levis.[5]
II.—COUTURE (3), CHARLES, [GUILLAUME I.
b 1660; s 9 sept. 1709, à Beaumont.[6]
HUARD, Marie-Anne, [JEAN I.
b 1671, s [6] 13 juillet 1758.
Marie-Anne, b [5] 10 janvier 1691.— *Joseph,* b [6] 30 mars 1707; m [6] 13 nov. 1731, à Angelique ROY.

1691, (7 fevrier) St-Pierre, I. O.[1]
II.—COUTURE (2), GUILLAUME, [GUILLAUME I.
b 1662.
1° COTÉ, Marie-Madeleine, [MARTIN II.
b 1674, s 27 mars 1703, à St-Laurent, I. O.[2]
Guillaume, b [1] 7 sept. 1692, m 16 nov. 1722, à Marie-Charlotte TURGEON, à Beaumont.[3] — s [3] 10 fevrier 1770. — *Augustin,* b [1] 8 juin 1696; m [3] 12 janvier 1723, à Elisabeth TURGEON.— *Pierre,* b 1698; m [2] 24 nov. 1727, à Marguerite BOUFFARD. — *Ignace,* b [2] 30 janvier 1701; s [2] 18

(1) Voy. vol. I, p. 147.
(2) Voy. vol. I, p 148.
(3) Dit Lafresnaie, voy. vol. I, p. 148.

nov. 1721. — *Joseph*, b [2] 9 février 1703 ; m [3] 12 janvier 1732, à Suzanne TURGEON.

1703, (5 juillet). [2]

2° BOUFFARD, Nicole, [JACQUES I. s [2] 10 avril 1713.

Marguerite, b [2] 24 juin 1704 ; m [2] 26 août 1732, à Gabriel GOSSELIN ; s [2] 22 oct. 1747. — *Marie-Madeleine*, b [2] 20 sept. 1705 ; m [2] 29 février 1740, à Antoine SIVADIER. — *Geneviève*, b [2] 26 février 1707 ; m [1] 14 fevrier 1752, à Pierre AUBIN. — *Clément*, b [2] 7 août 1709 ; s [2] 25 fevrier 1710 — *Clément*, b [2] 22 avril 1711 ; m [2] 24 nov. 1733, à Madeleine GOSSELIN ; s [2] 28 déc. 1757.

1713, (23 oct.) [2]

3° ADAM, Marie-Anne, [JEAN I b 1687 ; s [2] 26 janvier 1760.

Charles (1), b [2] 1er juillet et s [2] 6 oct. 1714.— *Charles*, b... m 8 février 1740, à Marie-Catherine POLIQUIN, à Levis. — *Louis*, b [2] 29 mars 1716, m [3] 28 sept. 1744, à Françoise GIRARD.—*Laurent*, b [2] 17 mars 1718 ; 1° m 16 nov. 1750, à Marie GROMELIN, à St-Michel [4] ; 2° m [4] 18 janvier 1762, à Marie BRISSON. — *Marie-Angélique*, b [2] 21 février 1720, 1° m 5 août 1748, à Joseph MORILLON, à Quebec [5] ; 2° m [5] 4 juillet 1764, à Jean-Baptiste BÉLANGER. — *Alexis*, b [2] 4 mars 1722, m [2] 26 février 1748, à Marie-Anne FOURNIER.— *Marie-Joseph*, b [2] 19 mars 1724 ; m [5] 15 sept. 1757, à Armand TEYSENAY. — *Marie-Françoise*, b [2] 21 juillet 1726 ; m [3] 5 fevrier 1743, à Pierre FOURNIER. — *Louise-Elisabeth*, b [2] 10 avril 1728, 1° m [5] 29 sept. 1749, à Jean-François-Paschal LARIVIÈRE ; 2° m [5] 15 fevrier 1779, à Yves ROUSSEL. —*François*, b [2] 9 mars 1730.

1695, (13 juin) Lévis. [1]

II.—COUTURE (2), JOS.-ODGER, [GUILLAUME I. b 1670.

HUARD, Jeanne, [JEAN I. b 1674 ; s [1] 6 sept. 1757.

Jean-Baptiste, b [1] 1er avril 1700 ; m 19 nov. 1725, à Marguerite-Charlotte SÉDILOT, à Ste-Foye ; s [1] 25 juillet 1756. — *Catherine*, b... m [1] 1er août 1740, à François BOURASSA. — *Louis*, b [1] 20 mars 1702 ; m à Marie-Charlotte CHORET.

1695, (7 nov.) Lévis. [1]

II—COUTURE (3), EUSTACHE, [GUILLAUME I. b 1667 ; s 22 janvier 1745, à Beaumont. [2]

1° BÉGIN, Marie-Marguerite, [LOUIS I. b 1672 ; s [2] 16 déc. 1700.

Philippe-Olivier, b [2] 5 dec. 1698 ; 1° m [2] 3 mai 1728, à Angelique GUAY ; 2° m [1] 5 oct. 1733, à Elisabeth BOURASSA ; s [2] 18 dec. 1749.— *Charlotte*, b [2] 24 oct. 1700 ; m [2] 3 juillet 1733, à François SUZOR ; s [1] 2 mai 1775.

1701, (18 avril). [1]

2° HUARD, Marie-Françoise. [JEAN I.

Charles, b [2] 10 mai 1705 ; 1° m [2] 19 janvier 1739, à Charlotte GIRARD ; 2° m 13 nov. 1741, à Elisabeth FOURNIER, à St-Thomas. [3] — *Marie-Joseph*, b [2] 2 avril 1710 ; m [2] 10 nov. 1732, à Paul COUILLARD. — *Joseph*, b [2] 2 mai 1712 ; m [2] 22 janvier 1736, à Geneviève FOURNIER ; s [2] 8 nov. 1779.—*Louis*, b [2] 20 août 1714 ; m [2] 29 oct. 1737, à Marie-Jeanne VALIÈRES. — *Nicolas*, b [2] 16 juillet 1719 ; 1° m [3] 14 juillet 1749, à Elisabeth JONCAS ; 2° m [1] 4 février 1760, à Therèse PICHET. — *Marie-Louise*, b [2] 6 avril 1727 ; m [2] 14 fevrier 1746, à Charles FORGUES.

(1) Inhumé sous le nom de Gabriel.

(2) De la Cressonnière ; voy. vol I, p. 148.

(3) Dit Bellerive, voy. vol. I, p. 148.

1720, (21 oct.) St-Pierre, I. O. [9]

III.—COUTURE (1), JEAN-BTE, [JEAN-BTE II. b 1700 ; s [9] 7 janvier 1750.

1° LECLERC, Marguerite, [JEAN-CHARLES II. b 1703 ; s [9] 17 oct. 1725.

Jean-Baptiste, b [9] 19 et s [9] 25 sept. 1721.— *Marguerite*, b [9] 1er nov. 1723 ; m [9] 20 juillet 1744, à Ignace LETOURNEAU.

1732, (24 nov.) [9]

2° GOSSELIN, Elisabeth, [FRANÇOIS II. b 1706 ; s [9] 20 sept. 1745.

François-Marie, b [9] 20 mai et s [9] 19 août 1734. —*Marie-Geneviève*, b [9] 3 août 1735 ; s [9] 29 nov. 1743.—*Marie-Anne*, b [9] 16 août 1737 ; m 23 février 1756, à Basile ASSELIN, à Ste-Famille, I. O — *Marie-Thècle*, b [9] 12 nov. 1739.—*Louis*, b [9] 30 oct. 1741, s [9] 8 oct. 1745.—*Marie-Thérèse*, b [9] 26 sept. 1744.

1722, (16 nov.) Beaumont [1]

III.—COUTURE, GUILLAUME, [GUILLAUME II. b 1692, s [1] 10 fevrier 1770.

TURGEON, Marie-Charlotte, [JACQUES II. b 1705 ; s [1] 8 janvier 1784.

Marie-Charlotte, b [1] 14 janvier 1725 ; s [1] 28 juin 1729.—*Marie-Marthe*, b [1] 9 mars 1727 ; m [1] 25 fevrier 1754, à Louis BOLDUC.—*Marie-Elisabeth*, b [1] 24 avril 1729 ; 1° m [1] 19 janvier 1756, à Antoine RÉMILLARD ; 2° m 17 juin 1760, à François BOUCHER, à St-Valier.—*Guillaume*, b [1] 25 avril 1731 ; m [1] 30 janvier 1758, à Marie-Joseph DANGEUGER ; s [1] 5 mai 1808.—*Etienne*, b [1] 15 avril 1733.—*Marie-Joseph*, b [1] 22 mars 1735 ; m [1] 17 janvier 1763, à Charles BOUCHER.—*Joseph-Marie*, b [1] 4 janvier 1737.—*Thérèse*, b [1] 29 avril 1739.— *Jean-Baptiste*, b [1] 11 mars 1741 ; m à Marie-Joseph BOSCHÉ ; s [1] 16 juin 1781.—*Pierre*, b [1] 27 fevrier 1743.—*Louis*, b [1] 25 avril 1748.

COUTURE, PIERRE, b 1698 ; s 16 janvier 1758, à St-Michel.

COUTURE, JEAN, b 1723 ; s 10 oct. 1745, à St-Pierre, I. O.

III.—COUTURE, LOUIS, [JOSEPH-ODGER II. b 1702.

CHORET, Marie-Charlotte.

Joseph, b 1723, s 4 sept. 1733, à St-Jean, I O

1722, (17 nov.) Beaumont. [2]

III.—COUTURE, JEAN-BTE. [GUILLAUME II.

LACASSE, Marie-Madeleine, [JOSEPH II. b 1697.

(1) Dit Lamonde.

Marie-Madeleine, b [2] 16 oct. 1723; m [2] 15 février 1745, à Louis GONTIER.—*Elisabeth*, b [2] 24 janvier 1726, m [2] 21 nov. 1746, à Pierre LECOURS.—*Jean-François*, b [2] 3 déc. 1727; s [2] 28 sept. 1733.—*Louis*, b [2] 6 février 1729. — *Joseph-Marie*, b [2] 2 février 1731; m 26 février 1753, à Marguerite GOSSELIN, à St-Charles.[3]—*Catherine*, b [2] 15 février 1733; m [3] 27 avril 1751, à Jean-Baptiste GOSSELIN; s [3] 15 janvier 1757.—*Jean-Baptiste*, b [2] 18 nov. 1735; m 25 oct. 1762, à Catherine CAMPEAU, au Détroit.—*Augustin*, b [2] 18 et s [2] 25 nov. 1736.—*Cécile*, b [2] 19 nov. 1739; 1° m [3] 4 février 1760, à Pierre-Joseph MERCIER; 2° m 31 janvier 1780, à Charles FOURNIER, à Berthier.

COUTURE, JEAN-BTE, b... s 26 août 1759, à St-Antoine-de-Chambly.

1723, (12 janvier) Beaumont. [4]

III.—COUTURE, AUGUSTIN, [GUILLAUME II. b 1696.

TURGEON, Elisabeth, [ZACHARIE II. b 1700.

Marie-Elisabeth, b [4] 25 nov. 1723, m [4] 7 janvier 1742, à Joseph ROBERGE.—*Marie-Marthe*, b [4] 31 juillet 1725; m [4] 12 nov. 1742, à Marc ISABEL.—*Geneviève*, b [4] 5 avril 1727; m [4] 21 avril 1749, à Jacques NAU.—*Angélique*, b [4] 14 déc. 1728; m [4] 25 nov. 1748, à Jean GOULET.—*Augustin*, b [4] 1er nov. 1730; m [4] 16 oct. 1752, à Marie-Françoise RANCOUR.—*Marie-Thérèse*, b [4] 26 oct. 1732; s [4] 8 oct. 1733.—*Alexandre*, b [4] 6 nov. 1734; m 27 nov. 1758, à Catherine FRONTIGNI, à St-Charles.—*Louis*, b [4] 5 août 1736 m 26 février 1759, à Marie-Louise HUARD, à St-Michel.—*Marie-Françoise*, b [4] 5 déc. 1738, s [4] 20 février 1739.

III.—COUTURE, JOSEPH, [JEAN-BTE II. b 1693.

LECLERC, Geneviève, [ADRIEN II. b 1703.

Marie-Joseph, b 20 janvier 1724, à St-Pierre, I. O. [3], m [3] 10 avril 1747, à Pierre GODBOUT.—*Marie-Agathe*, b [3] 13 avril et s [3] 7 mai 1725.—*Joseph*, b [3] 8 mars 1727; s [3] 4 oct. 1745.—*Dorothée*, b [3] 3 oct. 1729; m [3] 14 avril 1749, à Jacques JOBIN.—*Marie-Geneviève*, b [3] 17 oct. 1731; 1° m [3] 10 avril 1747, à Augustin LANGLOIS; 2° m 22 sept. 1761, à Louis CHARLAND, à St-Antoine-Tilly.—*Agathe*, b [3] 3 sept. 1734; m [3] 14 oct. 1754, à Jean-Baptiste JOBIN.—*Richard*, b [3] 8 août 1738.—*Marie-Brigitte*, b [3] 26 janvier 1741, s [3] 28 sept. 1745.—*Augustin*, b [3] 11 août 1743.—*Marie-Véronique*, b [3] 31 oct. 1745.—*Joseph*, b [3] 8 août 1749.—*Charlotte*, b... m [3] 19 février 1759, à Paul-François PICHET.

1725, (19 nov.) Ste-Foye.

III.—COUTURE, JEAN-BTE, [JOS-ODGER II. b 1700; premier capitaine, s 25 juillet 1755, à Levis. [3]

SÉDILOT (1), Marg.-Charlotte, [LOUIS-CHS III. b 1707.

(1) Aussi Sadilot.

Marie, b [3] 26 déc. 1726; m [3] 14 avril 1750, à Louis HALLÉ; s [3] 10 mai 1770.—*Marie-Joseph*, b [3] 18 février 1728; 1° m [3] 28 sept. 1744, à François BAILLARGEON; 2° m 29 janvier 1761, à Jean-Louis MAILLET, à Québec [4]; s [4] 12 mai 1764. — *Jean-Joseph*, b [3] 29 déc. 1729; 1° m [3] 14 février 1757, à Catherine HALLÉ; 2° m [3] 12 janvier 1767, à Thérèse CARRIER.—*Michel*, b [3] 7 avril 1732; m [3] 22 février 1757, à Marie-Reine FOURNIER.—*Joseph*, b [3] 5 oct. 1733.

1727, (24 nov.) St-Laurent, I. O. [1]

III.—COUTURE, PIERRE, [GUILLAUME II. b 1698.

BOUFFARD (1), Marguerite. [JACQUES I.

Marie-Geneviève, b [1] 25 sept. 1728; 1° m 19 août 1754, à Jacques RÉMILLARD, à St-Michel [2]; 2° m à Jacques-Christophe SAUBRAGE. — *Pierre*, b 10 sept. 1730, à St-Valier. [3]—*Marie-Madeleine*, b [3] 21 mars 1734; 1° m [2] 6 oct. 1750, à Prisque BÉLANGER; 2° m [2] 18 nov. 1754, à François FRADET.

III.—COUTURE, ALEXIS, [JEAN-BTE II. b 1695; capitaine; s avant 1768.

MORIN, Marie-Madeleine.

Jacques, b 11 déc. 1731, à St-Thomas [1]; 1° m 30 août 1751, à Angélique GAGNÉ, à St-Pierre-du-Sud [5]; 2° m 30 mars 1761, à Geneviève-Ursule CLOUTIER, à l'Islet. — *Joseph*, b... 1° m [5] 10 nov. 1749, à Marie-Louise BLANCHET; 2° m [1] 14 janvier 1766, à Louise LEMIEUX. — *Marie-Brigitte*, b... m 7 nov. 1768, à Jean BOURDEAU, à St-Constant.

1728, (3 mai) Beaumont. [4]

III.—COUTURE, PHIL.-OLIVIER, [EUSTACHE II. b 1698; s [4] 18 déc. 1749.

1° GUAY, Angelique-Elisabeth, [JACQUES II. b 1704; s [4] 14 avril 1729.

Angélique-Elisabeth, b [4] 6 avril 1729; s [4] 24 août 1730.

1733, (5 oct.) Lévis.

2° BOURASSA, Elisabeth, [JEAN II. b 1710, s [4] 13 janvier 1772.

Joseph, b [4] 13 oct. 1734; m [4] 5 nov. 1753, à Marguerite TURGEON; s [4] 27 juin 1788.—*Charles*, b [4] 11 juillet 1737; s [4] 2 janvier 1756.—*Etienne*, b [4] 7 avril 1740; m [4] 24 août 1761, à Marie-Madeleine TURGEON; s [4] 15 mars 1767.—*Marie-Elisabeth*, b [4] 31 août 1742, s [4] 8 juin 1758.—*Louis*, b [4] 7 février 1745; s 10 janvier 1760, à St-Charles.—*Geneviève*, b 1746; s [4] 27 sept. 1750. — *Marie-Judith*, b [4] 12 juillet et s [4] 28 nov. 1749.

1728, (8 nov.) Lévis. [5]

III.—COUTURE, AUGUSTIN, [JOSEPH-ODGER II.

1° CARRIER, Elisabeth, [IGNACE II. b 1702; s [5] 7 mars 1737.

Augustin, b... m [5] 24 oct. 1752, à Louise POULIOT.—*Joseph*, b [5] 13 janvier 1730. — *Joseph-Marie*, b [5] 5 sept. 1731; m [5] 18 février 1754, à Louise-Joseph CARRIER. — *Jean-Baptiste*, b [5] 4 février 1733.—*Charles*, b [5] 4 mai 1735; s [5] 31 mars 1758.

(1) Elle était, en 1740, à St-Michel.

—*Ignace*, b [5] 1er mars 1737; m [5] 19 oct. 1761, à Véronique CARRIER.

1739, (27 avril). [5]

2° BOURASSA, Marie-Françoise, [JEAN II.
b 1713; s [5] 8 mars 1768.

Marie-Suzanne, b [5] 26 fevrier 1741; 1° m [5] 26 février 1759, à Joseph VALLÉE; 2° m [5] 11 janvier 1762, à Michel AUBOIS; s [5] 12 nov. 1766.—*Etienne*, b [5] 3 mai et s [5] 15 août 1743. — *Marie-Anne*, b [5] 31 janvier 1745; s [5] 14 mai 1749.—*François*, b... m [5] 13 janvier 1767, à Geneviève HUOT-ST-LAURENT. — *Louis*, b [5] 17 fevrier 1751; s [5] 5 mars 1766.— *Protais-Augustin* (posthume), b [5] 19 juin 1753.

1731, (13 nov.) Beaumont. [5]

III.—COUTURE (1), JOSEPH, [CHARLES II.
b 1707.
ROY, Angélique, [GUILLAUME II.
b 1710.

Marie-Joseph, b [5] 11 août 1732; s [5] 30 août 1733.— *Marie-Angélique* et *Marie-Joseph*, b [5] 20 nov. 1733.—*Joseph-Marie*, b [5] 21 juin 1736. — *Marie-Catherine*, b [5] 31 août 1738; s [5] 11 août 1739.—*Alexandre*, b [5] 31 janvier 1740.—*Etienne*, b [5] 31 oct. 1741; m à Marie DAUPHINÉ. — *Charlotte*, b [5] 25 déc. 1742.—*Thérèse*, b [5] 8 mars 1744. — *Marie-Madeleine*, b [5] 20 juillet 1745. — *Marie-Brigitte*, b [5] 12 nov. 1746 —*Jean-Baptiste*, b [5] 30 mars 1749; s 22 avril 1753, à St-Charles. [6] — *Charles*, b [6] 6 juillet 1750; s [6] 3 nov. 1751.— *Catherine*, b [6] 2 sept. 1751.

1732, (12 janvier) Beaumont. [5]

III.—COUTURE, JOSEPH, [GUILLAUME II.
b 1703.
TURGEON, Suzanne, [ZACHARIE II.
b 1709.

Charles, b [5] 23 février 1733; m 6 février 1759, à Marie-Joseph GOSSELIN, à St-Charles.—*Joseph*, b [5] 9 juillet 1734. — *Marie-Joseph*, b [5] 19 fevrier 1736.—*Etienne*, b [5] 8 fevrier 1738.— *Alexandre*, b [5] 6 mai 1739; m 7 nov. 1763, à Louise POULIOT, à St-Laurent, I. O.—*Cécile*, b [5] 1er janvier 1741; s [5] 10 oct. 1743. — *Marie-Madeleine*, b [5] 6 août 1742; s [5] 22 oct. 1745. — *Jean-François*, b [5] 28 dec. 1744, s [5] 11 nov. 1746.—*Marie-Anne*, b [5] 23 oct. 1746, s [5] 13 sept. 1775. — *Geneviève*, b [5] 25 mai et s [5] 22 juillet 1748. — *Joseph*, b [5] 18 août 1754.

1732, (10 nov.) Quebec. [3]

III.—COUTURE (2), FRS-XAVIER, [JOS.-ODGER II.
b 1708, charpentier; s [3] 28 déc. 1757.
DUSSAUT, Marie-Madeleine, [JEAN-FRANÇOIS II.
b 1701; s [3] 7 mars 1784.

Jean-François, b 7 juillet et s 14 août 1733, à Levis. — *François*, b [3] 1er oct. 1735, 1° m 8 oct. 1761, à Thérèse GAUDIN, aux Ecureuils; 2° m 3 juillet 1810, à Marie-Françoise-Louise MORAND, à St-Jean-Deschaillons [4]; s [4] 15 juillet 1814. — *Marie-Joseph*, b [3] 16 mars 1737. — *Simon*, b [3] 26 janvier 1739; s [3] 24 déc. 1756.—*Louis*, b [3] 28 oct. 1740. — *Marie-Madeleine*, b [3] 30 avril 1742. — *Antoine*, b [3] 18 avril 1744; s [3] 15 mars 1745. — *Pierre-François*, b [3] 17 dec. 1745; m [3] 21 sept. 1779, à Angélique ROY. — *Jean-Baptiste*, b [3] 26 sept. 1748; m [3] 10 août 1779, à Marie-Félicite HAMEL. —*Charles*, b [3] 3 nov. 1751.

(1) Dit Lafresnaie.

(2) Dit Lacressonnière; voy. le registre de la Pointe-Lévis pour cette famille.

1733, (24 nov.) St-Laurent, I. O. [4]

III.—COUTURE, CLÉMENT, [GUILLAUME II.
b 1711; s [4] 28 déc. 1757.
GOSSELIN, Madeleine, [FRANÇOIS II.
b 1702, s [4] 14 fevrier 1760.

Clément, b [4] 25 nov. 1734, m 22 nov. 1762, à Marie-Angélique DANGEUGER, à Beaumont. [5] — *Guillaume*, b [4] 5 fevrier 1736; m [5] 14 fevrier 1763, à Marie-Joseph COUTURE. — *Antoine*, b [4] 21 fevrier 1740. — *Joseph-Amable*, b [4] 15 sept. 1742; m 11 oct. 1773, à Marie-Geneviève BERNIER, à St-Thomas. — *Marie-Joseph*, b [4] 10 mars et s [4] 28 août 1747. — *Antoine*, b [4] 26 avril 1752.

1736, (22 janvier) Beaumont. [5]

III.—COUTURE (1), JOSEPH, [EUSTACHE II
b 1712; s [5] 8 nov. 1779.
FOURNIER, Geneviève, [JACQUES II.
b 1717; s [5] 28 nov. 1811.

Geneviève, b [5] 28 et s [5] 31 mars 1737.—*Joseph*, b [5] 9 août 1738.—*Marie-Joseph*, b [5] 18 nov. 1741; m [5] 14 fevrier 1763, à Guillaume COUTURE; s [5] 30 nov. 1767. — *Jean-Baptiste*, b [5] 21 fevrier 1744, m [5] 17 oct. 1764, à Marguerite NADEAU; s [5] 3 janvier 1820.—*Thérèse*, b [5] 10 sept. 1748; s [5] 28 oct. 1767.—*Charles*, b [5] 6 nov. 1750; m 15 juillet 1776, à Marie-Louise MÉNARD, à Quebec. — *Louis*, b [5] 5 sept. 1753; s [5] 12 dec. 1755.—*Marie-Angelique*, b [5] 15 oct. 1756; s [5] 29 mars 1767.

COUTURE, ETIENNE, b 1734; s 11 janvier 1754, à la Longue-Pointe.

1737, (29 oct.) Beaumont. [8]

III.—COUTURE (1), LOUIS, [EUSTACHE II.
b 1714; s [8] 28 dec. 1749.
VALIÈRES (2), Marie-Jeanne, [RÉMI II.
b 1718.

Marie-Jeanne, b [8] 10 oct. 1738; m 14 fevrier 1757, à Nicolas GOSSELIN, à St-Charles. [9] —*Louis*, b [8] 14 avril 1740; m à Marie-Anne ROY; s 13 avril 1793, à Québec. — *Anonyme*, b [8] et s [8] 2 fevrier 1742. — *Pierre*, b [8] 13 juillet 1743.— *Joseph*, b [8] 22 juillet 1746; s [8] 8 mai 1751.—*Anonyme*, b [8] et s [8] 20 juillet 1748. — *Charles*, b [9] 23 nov. 1749, m 7 janvier 1771, à Geneviève MARCHAND, à Lévis.

1739, (19 janvier) Beaumont.

III—COUTURE (1), CHARLES, [EUSTACHE II.
b 1705.
1° GIRARD, Charlotte, [JACQUES II.
b 1707; s 30 sept. 1740, à St-Thomas. [5]

(1) Dit Bellerive.

(2) Elle épouse, le 22 nov. 1751, Joseph Gosselin, à St-Charles.

1741, (13 nov.) [5]

2° FOURNIER, Elisabeth. [JEAN III.

Anonyme, b [5] et s [5] 5 sept. 1742.—*Marie-Geneviève*, b [5] 18 sept. 1743 ; m [5] 18 janvier 1762, à Alexis MORIN ; s 15 oct. 1774, à Berthier, Q.—*Elisabeth*, b [5] 4 juillet 1745 ; m [5] 23 janvier 1764, à Pierre POIRIER.—*Marie-Louise*, b [5] 13 mars 1747, s [5] 21 dec. 1748.—*Charles*, b [5] 2 juin 1749 ; s [5] 22 oct. 1755.—*Anonyme*, b [5] et s [5] 25 mars 1751.—*Louis*, b [5] 16 juillet 1752 ; s [5] 27 dec. 1767.—*Marie-Catherine*, b [5] 24 et s [5] 30 juin 1754.—*Anonyme*, b [5] et s [5] 19 mai 1755 —*Charles*, b [5] 9 et s [5] 16 mai 1756.—*Marie-Thérèse*, b [5] 11 et s [5] 16 juillet 1757.

1740, (8 fevrier) Lévis. [7]

III.—COUTURE, CHARLES. [GUILLAUME II.

POLIQUIN (1), Marie-Catherine, [CLAUDE II

b 1722.

Charles, b 21 sept. 1740, à Beaumont ; m [7] 8 avril 1766, à Marie-Joseph GUAY.—*Joseph-Marie*, b [7] 2 mai 1744 —*Marie-Clotilde*, b [7] 28 fevrier 1746 —*Jean-Baptiste*, b [7] 1er mars 1750.—*Marie-Marthe*, b [7] 12 avril 1752 —*Louis-Marie*, b [7] 27 fevrier et s [7] 3 mars 1754.—*Pierre*, b... s [7] 6 sept. 1755. — *François*, b... m 1er mai 1781, à Marie-Charlotte CORIN, à Quebec.

COUTURE, JOSEPH.

BOLDUC, Marie-Françoise. [LOUIS II.

Jean-Baptiste, b 6 juillet 1744, à St-Valier.

1744, (28 sept.) Beaumont. [8]

III.—COUTURE, LOUIS, [GUILLAUME II.

b 1716.

GIRARD, Françoise. [JACQUES II.

Louis, b [8] 28 avril 1745 ; m 23 nov. 1767, à Geneviève DUMESNIL, à Ste-Foye.—*Marie-Françoise*, b [8] 11 sept. 1746, m [8] 14 janvier 1771, à Benoni FOURNIER.—*Marie-Anne*, b [8] 22 janvier 1749.—*François-Régis*, b [8] 21 juin 1751.

1748, (26 fevrier) St-Laurent, I. O.

III.—COUTURE, ALEXIS, [GUILLAUME II.

b 1722.

FOURNIER, Marie-Anne, [SIMON II.

b 1707 ; veuve de François Bouffard.

1749, (14 juillet) St-Thomas.

III.—COUTURE (2), NICOLAS, [EUSTACHE II.

b 1719.

1° JONCAS, Elisabeth, [JACQUES III.

b 1732, s 20 mai 1759, à St-Charles. [1]

François, b [1] 6 dec. 1750 ; s [1] 14 sept. 1751.—*Marie-Elisabeth*, b [1] 17 fevrier 1752 —*Marie-Louise*, b [1] 5 juillet 1753. — *Nicolas*, b [1] 7 sept. 1754.—*Charles*, b [1] 9 mars 1756.—*Etienne*, b [1] 11 août 1757.

1760, (4 fevrier) Lévis.

2° PICHET, Therèse, [LOUIS III.

b 1739.

Alexandre, b... m 12 janvier 1790, à Louise MOREAU, à Québec.

(1) Elle epouse, le 10 fevrier 1755, Pierre Nau, à Lévis.

(2) Dit Bellerive.

1749, (10 nov.) St-Pierre-du-Sud. [2]

IV.—COUTURE (1), JOSEPH. [ALEXIS III

1° BLANCHET, Marie-Louise, [LOUIS II.

b 1732 ; s 19 avril 1764, à St-Thomas. [3]

Marie-Louise, b [2] 3 avril 1753 ; s [3] 31 mars 1755.—*Angélique*, b [3] 9 mai 1756.—*Pierre*, b [3] 12 mai 1758.

1766, (14 janvier). [3]

2° LEMIEUX, Louise, [LOUIS III.

b 1744.

1750, (16 nov.) St-Michel. [4]

III.—COUTURE, LAURENT, [GUILLAUME II.

b 1718.

1° GROMELIN (2), Marie-Joseph, [JOS.-NOEL II.

b 1728 ; veuve de Jean Patry, s 14 mars 1760, à St-Charles. [5]

Marie-Suzanne, b [5] 6 avril 1754.—*Laurent*, b [5] 18 nov. 1755.—*Michel*, b [5] 13 août 1758.

1762, (18 janvier). [4]

2° BRISSON, Marie, [FRANÇOIS-MICHEL III.

b 1736.

IV.—COUTURE, JEAN-BTE, [GUILLAUME III

b 1741 ; s 16 juin 1781, à Beaumont. [6]

BOSCHÉ, Marie-Joseph.

Marie-Joseph, b... m [6] 12 août 1793, à Pierre GUAY.—*Jean-Baptiste*, b... m [6] 2 fevrier 1808, à Charlotte PAQUET.

1751, (30 août) St-Pierre-du-Sud. [6]

IV.—COUTURE (1), JACQUES, [ALEXIS III.

b 1731.

1° GAGNÉ, Angelique, [PIERRE IV.

b 1731 ; s [6] 10 janvier 1756.

Jacques-François, b 12 mars 1752, à St-Thomas. [7] — *Jean-Antoine*, b [7] 25 sept. 1753 ; m 29 juillet 1776, à Marie-Judith CARON, à l'Islet. [8]—*Marie-Angélique*, b [6] 23 juin 1755 ; s [6] 16 fevrier 1756.

1761, (30 mars). [8]

2° CLOUTIER, Genev.-Ursule, [PIERRE-PAUL V.

b 1742 ; s [8] 4 nov. 1774.

Pierre-Noel, b [8] 24 déc. 1761.— *Bénoni*, b [8] 13 janvier 1763.—*Marie-Joseph*, b [8] 24 fevrier et s [8] 25 mars 1764. — *Marie-Théotiste*, b [8] 24 fevrier 1773.—*Anonyme*, b [8] et s [8] 28 août 1774.

1752, (16 oct.) Beaumont.

IV.—COUTURE, AUGUSTIN, [AUGUSTIN III.

b 1730.

RANCOUR, Marie-Françoise, [CLAUDE II.

b 1726.

Anne-Michelle, b 2 sept. 1753, à St-Charles. [9]—*Joseph-Anne*, b [9] 20 oct. 1754. — *Thérèse*, b [9] 10 mars 1756 ; s [9] 24 juin 1757. — *Marie*, b [9] 19 fevrier 1758.—*Louise*, b [9] 9 oct. 1759.

1752, (24 oct.) Levis. [9]

IV.—COUTURE, AUGUSTIN. [AUGUSTIN III.

POULIOT, Marie-Louise, [JEAN III.

b 1731.

(1) Dit Lamonde.

(2) Dit Laforme.

Marie-Suzanne, b [9] 11 juillet 1755. — *Marie-Madeleine*, b [9] 29 mai 1757.—*Jean-Baptiste*, b [9] 4 oct. 1761.— *Jumeaux anonymes*, b [9] et s [9] 8 juin 1763.—*Joseph*, b [9] 10 déc. 1764, s [9] 22 mars 1766. —*Marie-Louise*, b [9] 11 mai 1766.—*Marie-Joseph*, b [9] 17 juin 1768.—*Joseph*, b [9] 30 avril 1771.

1753, (26 février) St-Charles. [9]

IV.—COUTURE, JOSEPH, [JEAN-BTE III.
b 1731.
GOSSELIN, Marguerite, [JEAN III
b 1730; s avant 1797.
François, b [9] 9 février 1754; m 16 avril 1787, à Marie-Charlotte GUYON, à Beaumont.—*Joseph-Marie*, b [9] 14 déc. 1755. — *Jean*, b [9] 12 janvier 1758.

1753, (5 nov.) Beaumont. [9]

IV.—COUTURE (1), JOSEPH, [PHIL.-OLIVIER III.
b 1734; s [9] 27 juin 1788.
TURGEON, Marguerite, [JEAN III.
b 1734.
Joseph, b 1754; m [9] 5 sept. 1775, à Madeleine COUILLARD; s [9] 30 août 1841.—*Charles*, b [9] 8 sept. et s [9] 31 oct. 1755. — *Marguerite*, b 1756; m [9] 7 fevrier 1780, à François VALIÈRES; s [9] 5 mai 1827.—*Charles*, b 1758; m [9] 22 nov. 1790, à Marie-Joseph FILTEAU; s [9] 27 juin 1827.—*Elisabeth*, b [9] 2 janvier 1759. — *Marie-Joseph*, b [9] 2 et s [9] 7 janvier 1759.—*Jean-Baptiste*, b [9] 8 nov. 1760; s [9] 3 août 1762.—*Louis*, b 1762; s [9] 25 fevrier 1794.

1754, (18 février) Lévis. [6]

IV.—COUTURE, JOSEPH-MARIE, [AUGUSTIN III.
b 1731.
CARRIER, Marie-Louise-Joseph, [JEAN III.
b 1734.
Marie-Louise, b [6] 3 août et s [6] 29 oct. 1755. — *Joseph*, b [6] 17 février 1757; s [6] 16 août 1768.—*François*, b [6] 14 janvier 1759.—*Marie-Louise*, b [6] 6 sept. 1761. — *Anonyme*, b [6] 24 oct. 1763. — *Charles*, b [6] 12 février 1764.—*Marguerite*, b [6] 30 juin 1766.—*Angélique*, b [6] 9 juin 1768.—*Joseph*, b [6] 22 janvier 1771.

1757, (14 février) Lévis. [6]

IV.—COUTURE (2), JEAN-JOSEPH, [JEAN III.
b 1729.
1° HALLÉ, Catherine, [AUGUSTIN III.
b 1737; s [6] 16 déc. 1759.
1767, (12 janvier). [6]
2° CARRIER (3), Therèse, [JACQUES-CHARLES III.
b 1744.

1757, (22 février) Lévis. [7]

IV.—COUTURE, MICHEL, [JEAN III.
b 1732.
FOURNIER, Marie, [JEAN III.
b 1736; veuve d'Augustin Hallé.

(1) Dit Bellerive.

(2) En 1783, n'ayant pas d'enfants, il s'est donné, ainsi que sa femme, à François Dallaire, père de M. Etienne Dallaire.

(3) Elle épouse, plus tard, Benoni Bernier, de Charlesbourg.

Marie, b [7] 1er et s [7] 11 avril 1758. — *Michel*, b 10 février 1760, au Cap-St-Ignace. [6]— *François*, b [6] 7 sept. 1762.—*Marie-Françoise*, b [6] 13 mai et s [6] 30 nov. 1764.— *Augustin*, b [7] 25 nov. 1765. — *Jean-Baptiste*, b [7] 25 oct. 1767; s [7] 9 déc. 1768.

1758, (30 janvier) Beaumont. [1]

IV.—COUTURE, GUILLAUME, [GUILLAUME III.
b 1731; s [1] 5 mai 1808.
DANGEUGER (1), Marie-Joseph, [JEAN I.
b 1738.
Marie-Joseph, b 11 février 1759, à St-Michel; m [1] 21 sept. 1796, à Jean POLET. — *Pierre*, b... m [1] 20 fevrier 1786, à Thérèse MOLEUR.

1758, (27 nov.) St-Charles.

IV.—COUTURE, ALEXANDRE, [AUGUSTIN III.
b 1734.
FRONTIGNI, Catherine, [PIERRE I.
b 1721; veuve de Jean-Baptiste Montrougeau.

1759, (6 février) St-Charles. [1]

IV.—COUTURE, CHARLES, [JOSEPH III.
b 1733.
GOSSELIN, Marie-Joseph, [JEAN III.
b 1740.
Charles, b [1] 4 et s [1] 6 août 1759.

1759, (26 fevrier) St-Michel.

IV.—COUTURE, LOUIS, [AUGUSTIN III.
b 1736.
HUARD, Marie-Louise. [JACQUES II.
Marie-Louise, b 20 janvier et s 6 août 1760, à St-Charles.

1761, (24 août) Beaumont. [1]

IV.—COUTURE, ETIENNE, [PHIL.-OLIVIER III.
b 1740; s [1] 15 mars 1767.
TURGEON, Marie-Madeleine, [JEAN III.
b 1740.
Marie-Joseph, b... m [1] 20 nov. 1786, à Joseph POIRÉ. — *Elisabeth*, b... m [1] 30 mars 1788, à Alexis FILTEAU.

1761, (8 oct.) Ecureuils. [4]

IV.—COUTURE, FRANÇOIS, [FRS-XAVIER III.
b 1735; s 15 juillet 1814, à St-Jean-Deschaillons. [5]
1° GAUDIN, Thérèse, [FRANÇOIS III.
b 1730; s [5] 28 février 1805.
Jean-François, b [4] 19 nov. 1761; 1° m 23 août 1785, à Therèse MÉTIVIER, à Quebec [6], 2° m [5] 14 sept. 1795, à Geneviève MAILLOT; 3° m [5] 19 nov. 1804, à Françoise RAGAUT.—*Jean-Baptiste*, b [4] 3 juin 1763.
1810, (3 juillet). [5]
2° MORAND (2), Marie-Frse-Louise, [FRANÇOIS.

(1) Dit Lechasseur.

(2) Dit Douville; elle épouse, le 16 janvier 1821, Joseph Becher, à St-Jean-Deschaillons.

1761, (19 oct.) Lévis. [6] (1)
IV.—COUTURE, IGNACE, [AUGUSTIN III.
b 1737.
CARRIER, Véronique, [FRANÇOIS III.
b 1734; veuve d'Ignace Carrier.
Marie-Anne, b [6] 18 août 1762. — *Ignace*, b [6] 22 août 1764. — *Joseph*, b [6] 18 juillet et s [6] 31 août 1766. — *Joseph*, b [6] 15 mai 1768. — *Geneviève*, b [6] 8 mars 1770. — *Marie-Thérèse*, b [6] 20 avril 1771.

1762, (25 oct.) Détroit. [7]
IV.—COUTURE (2), JEAN-BTE, [JEAN-BTE III.
b 1735.
CAMPEAU, Catherine, [ANTOINE III.
b 1742.
Jean-Baptiste, b [7] 1er février 1764. — *Marie-Catherine*, b [7] 9 mars 1766; m [7] 8 janvier 1781, à Gabriel GODFROY; s [7] 24 mars 1794. — *Pierre*, b [7] et s [7] 3 mars 1768. — *Médard*, b [7] 7 février 1769. — *Marie-Angélique*, b [7] 29 oct. 1770. — *Joseph*, b [7] 23 avril 1772; s [7] 9 avril 1773. — *Claude*, b [7] 21 fevrier 1777. — *Joseph*, b [7] 7 février 1781.

1762, (22 nov.) Beaumont. [1]
IV.—COUTURE, CLÉMENT, [CLÉMENT III.
b 1734.
DANGEUGER (3), Marie-Angélique, [JEAN I.
b 1736.
Pierre-Clément, b 3 juillet 1763, à Québec; m [1] 20 fevrier 1786, à Therèse MOLEUR.

1763, (14 février) Beaumont. [6]
IV.—COUTURE, GUILLAUME, [CLÉMENT III.
b 1736.
COUTURE, Marie-Joseph, [JOSEPH III.
b 1741; s [6] 30 nov. 1767.
Marie-Joseph, b... m [6] 3 fevrier 1789, à Louis LETELLIER.

1763, (7 nov.) St-Laurent, I. O.
IV.—COUTURE, ALEXANDRE, [JOSEPH III.
b 1739.
POULIOT, Louise, [PIERRE III.
b 1743.

1764, (17 oct.) Beaumont. [6]
IV.—COUTURE (4), JEAN-BTE, [JOSEPH III.
b 1744, s [6] 3 janvier 1820.
NADEAU, Marguerite, [ANTOINE III.
b 1745; s [6] 11 mai 1817.

1766, (8 avril) Lévis. [8]
IV.—COUTURE, CHARLES, [CHARLES III.
b 1740.
GUAY, Marie-Joseph. [IGNACE III.
Charles, b [8] 2 mars 1767. — *Marie-Joseph*, b 17 déc. 1769, à St-Joseph, Beauce.

(1) Dispenses du 2ème au 2ème degré d'affinité et du 3ème au 3ème degre de consanguinité. Ce mariage a été réhabilité par deux fois pour ces dispenses: le 10 fevrier 1763 et le 7 mars 1764.

(2) Habitant la Côte Sud.

(3) Dit Lechasseur.

(4) Dit Bellerive.

IV.—COUTURE, ETIENNE, [JOSEPH III.
b 1741.
DAUPHINÉ, Marie-Jeanne, [RENÉ III.
b 1735; veuve de Charles Drouin.
Marie-Angélique, b... m 15 février 1791, à Charles ROY, à Quebec.

1767, (13 janvier) Lévis. [6]
IV.—COUTURE, FRANÇOIS. [AUGUSTIN III.
HUOT (1), Geneviève. [IGNACE III.
Marie-Geneviève, b [6] 14 nov. 1767. — *François*, b [6] 4 sept. 1769.

1767, (23 nov.) Ste-Foye.
IV.—COUTURE, LOUIS, [LOUIS III.
b 1745.
DUMESNIL, Geneviève, [NICOLAS II.
b 1743.

IV.—COUTURE (2), LOUIS, [LOUIS III.
b 1740; s 13 avril 1793, à Québec.
ROY, Marie-Anne.

1771, (7 janvier) Lévis.
IV.—COUTURE, CHARLES, [LOUIS III.
b 1749.
MARCHAND, Geneviève, [JEAN III.
b 1751.

1773, (11 oct.) St-Thomas.
IV.—COUTURE, JOS.-AMABLE, [CLÉMENT III.
b 1742.
BERNIER, Marie-Geneviève, [JOSEPH III.
b 1731, veuve d'Alexis Guyon.

COUTURE, JEAN-BTE,
b 1750; s 16 août 1774, à Québec. [1]
SAVARD, Elisabeth.
Anonyme (posthume), b [1] et s [1] 27 août 1774.

1776, (15 juillet) Québec.
IV.—COUTURE (2), CHARLES, [JOSEPH III.
b 1750.
MÉNARD, Marie-Louise, [PIERRE.
b 1756; s 7 avril 1834, à Beaumont.

1776, (29 juillet) Islet.
V.—COUTURE, ANTOINE. [JACQUES IV.
CARON, Marie-Judith, [IGNACE IV.
b 1755.

1779, (10 août) Québec.
IV.—COUTURE, JEAN-BTE, [FRANÇOIS III.
b 1748.
HAMEL, Marie-Felicité, [JOSEPH IV.
b 1759.

1779, (21 sept.) Québec.
IV.—COUTURE, PIERRE, [FRANÇOIS III.
b 1745.
ROY, Angélique, [PIERRE IV.
b 1750.

(1) Dit St-Laurent.

(2) Dit Bellerive.

COUTURE, Charles.
Larue, Therèse. [Augustin III.

1781, (1er mai) Québec.
IV.—COUTURE, François. [Charles III.
Cotin, Marie-Charlotte. [Joseph III.

1785, (23 août) Québec.
V.—COUTURE, Jean-François, [François IV.
b 1761.
1° Metivier, Thérèse, [Jean-Bte V.
b 1764; s 12 avril 1794, à St-Jean-Deschaillons. [7]
Thérèse, b... m [7] 25 fevrier 1805, à Urbain Courteau.—*François,* b... m [7] 1er février 1813, à Marie Paris.
1795, (14 sept.) [7]
2° Maillot, Geneviève, [François.
b 1751; veuve de François Auger; s [7] 27 nov. 1802.
1804, (19 nov.) [7]
3° Ragaut, Françoise, [Etienne I.
b 1771, s [7] 28 mai 1823.

1785, (5 sept.) Beaumont. [9]
V.—COUTURE, Joseph, [Joseph IV.
b 1754; s [9] 30 août 1841.
Couillard (1), Madeleine, [Joseph IV
b 1764, s [9] 30 avril 1838.
Madeleine, b... m [9] 8 fevrier 1809, à Joseph Turgeon.

1786, (20 février) Beaumont.
V—COUTURE, Pierre, [Clément IV.
b 1763.
Moleur, Therèse. [Jean-Bte IV.

1787, (16 avril) Beaumont.
V.—COUTURE, François, [Joseph IV.
b 1754.
Guyon, Marie-Charlotte. [Pierre V.

1790, (12 janvier) Québec.
IV.—COUTURE (2), Alexandre. [Nicolas III.
Moreau, Louise. [François.

COUTURE, Alexandre.
1° Guay, Angelique,
b 1773; s 30 avril 1804, à Beaumont. [9]
1804, (18 sept.) [9]
2° Boulé, Françoise. [Augustin.

1790, (22 nov.) Beaumont. [1]
V.—COUTURE, Charles, [Joseph IV.
b 1759; s [1] 27 juin 1827.
Filteau, Marie-Joseph. [François III.

1808, (2 fevrier) Beaumont.
V.—COUTURE, Jean-Bte. [Jean-Bte IV.
Paquet, Charlotte. [Alexis

(1) Dit Hébert.
(2) Dit Bellerive.

1813, (1er février) St-Jean-Deschaillons.
VI.—COUTURE, François, [Jean-François V.
Paris, Marie. [Pierre IV.

COUTURIER.—*Surnoms :* Bourguignon — Durand—Labonté—Vadeboncœur—Verville.

COUTURIER, Madeleine, épouse de Jean-Baptiste Desrosiers.

1672.
I.—COUTURIER (1), Jacques,
b 1646.
Annennontak, Catherine,
b 1649; veuve de Jean Durand.
Denis-Joseph, b 20 mars 1681, à Lorette; 1° m 11 janvier 1712, à Catherine Proteau, à Becancour; 2° m 21 février 1718, à Angélique Tellier, au Cap-Santé, 3° m 13 avril 1733, à Therese Hamel, à Deschambault.

1674.
I.—COUTURIER (2), Gilles, b 1642, de Toussaint, diocèse de Rennes; s 23 mars 1726, à St-François-du-Lac. [3]
1° Tarragon (De), Marie-Jeanne-Elisabeth,
b 1651.
Pierre, b 28 oct. 1677, à Sorel [4]; m à Gertrude Maugras, s [3] 22 février 1745. — *Jean-Baptiste,* b [4] 28 août 1679; m [3] 17 mai 1705, à Jeanne Renou, s [3] 3 mai 1754.
1691, (9 déc.)
2° Moral, Marie-Jeanne, [Quentin I
b 1653; veuve de Jacques Maugras; s [3] 20 janvier 1714.

1689, (20 sept.) Montréal. [1]
I.—COUTURIER (1), François,
b 1660; s [1] 28 juillet 1705.
Campeau, Louise, [Etienne I
b 1675; s [1] 20 déc. 1730.
Jean-François, b 1690, m 11 déc. 1714, à Louise Hayot, à St-Nicolas; s 11 nov. 1731, à Québec. — *Louise,* b [1] 28 janvier 1693; m [1] 20 juillet 1718, à Pierre Haguenier. — *Pierre,* b [1] 2 juin 1695; s 8 dec. 1763, à Lachenaye. — *Jean-Baptiste,* b [1] 9 juin 1698; s 11 juillet 1715, à Longueuil. — *Marie-Madeleine,* b [1] 14 janvier 1700; m [1] 25 sept. 1724, à Jean-Baptiste Laniel. —*Marie-Joseph,* b [1] 17 mars 1702; s [1] 10 sept. 1708.—*Marie-Anne* (posthume), b [1] 8 fevrier 1706.

1700, (11 janvier) Pte-aux-Trembles, M
I.—COUTURIER (3), Pierre, b 1665; fils de Michel et de Marie Guillier, d'Arcq-en-Barrois, diocèse de Langres; s 8 janvier 1715, à Montreal. [4]
Payet, Marguerite, [Pierre I.
b 1681; s [4] 20 mai 1728.
Marguerite, b 1700; m [4] 13 nov. 1726, à Joseph Couvret.—*Jeanne-Charlotte,* b 1701; m [4] 12 janvier 1727, à Etienne Lecompte; s [4] 7 sept 173?

(1) Voy vol I, p 148.
(2) Dit Labonté; voy. vol I, p 148.
(3) Dit Bourguignon en 1708.

— *Charlotte*, b... m [4] 16 février 1722, à Louis JANSON. — *Gilbert*, b [4] 8 janvier 1705. — *Pierre-Joseph*, b [4] 25 juillet 1706. — *Marie-Joseph*, b 1707; m [4] 12 février 1726, à Dominique JANSON. —*Jean-Baptiste*, b [4] 5 février 1708; 1° m à Marguerite BEAUCHAMP; 2° m [4] 15 juillet 1748, à Madeleine BABIN.—*Marie-Joseph*, b [4] 13 juillet 1709. —*Joseph*, b... s [4] 24 déc. 1711. — *Marie-Anne* et *Elisabeth*, b [4] 23 avril 1711.—*Michel-Etienne*, b [4] 9 janvier 1713; s 26 juin 1748, à Québec. — *Charles*, b [4] 29 août 1714; s [4] 28 nov. 1716.

COUTURIER, PIERRE.
DURAND, Marie.
Joseph, b 1702; s 12 février 1703, à Québec

1705, (17 mai) St-Frs-du-Lac. [5]

II.—COUTURIER (1), JEAN-BTE, [GILLES I.
b 1679; s [5] 3 mai 1754.
RENOU, Jeanne, [FRANÇOIS I
b 1685; s [5] 9 juillet 1754.
Thérèse, b... m [5] 17 sept. 1731, à Louis BADAILLA.—*Anne-Elisabeth*, b [5] 20 mars 1710, s [5] 5 nov. 1736 —*Jean-Baptiste*, b 1710; m [5] 27 juin 1743, à Marguerite BABIE; s [5] 30 janvier 1750.— *Pierre*, b [5] 1er nov. 1711; m [5] 14 février 1752, à Thérèse PELLETIER. — *Marie-Jeanne*, b [5] 10 mai 1714; m [5] 19 oct. 1734, à Joseph GAGNÉ.—*Madeleine*, b [5] 20 nov. 1717; m [5] 3 mai 1751, à Joseph GIGUÈRE. — *Catherine*, b... m [5] 5 fevrier 1742, à Louis-Joseph CREVIER. — *Marguerite*, b... m [5] 22 août 1746, à Joseph VANASSE.—*Eustache-Xavier*, b [5] 4 oct. 1721; m [5] 30 juillet 1754, à Marie-Jeanne LANGLOIS; s 13 fevrier 1765, à St-Michel-d'Yamaska. — *Marie-Françoise*, b [5] 3 déc. 1723, m [5] 3 nov 1751, à Antoine CARTIER, s [5] 11 août 1758.—*Agathe*, b [5] 21 sept. 1725, m [5] 26 janvier 1750, à Claude GODARD. — *Marie-Anne* b [5] 2 juin 1727, m [5] 26 janvier 1750, à Jean-Baptiste CARTIER.

II.—COUTURIER (1), PIERRE, [GILLES I.
b 1677, s 22 fevrier 1745, à St-Frs-du-Lac.[6]
MAUGRAS, Gertrude.
Exupère, b... m [6] 31 mai 1723, à François CHAPDELEINE.—*Marie-Anne-Elisabeth*, b [6] 24 juin 1708; s [6] 11 juin 1722. — *Elisabeth*, b... m [6] 10 avril 1736, à Toussaint NIQUET.— *Charlotte*, b... m [6] 4 février 1738, à Denis-Joseph LEVASSEUR — *Joseph*, b [6] 27 dec. 1712; m [6] 28 août 1741, à Marie-Louise ALARD. — *Marie-Louise*, b [6] 3 avril 1715; s [6] 3 mars 1736. — *Marie-Jeanne*, b [6] 14 nov. 1717; s [6] 15 juin 1735. — *Marie-Gertrude*, b [6] 8 mars 1722; m [6] 29 mai 1747, à Joseph JOYELLE. — *Pierre-Marie*, b [6] 24 mars 1724; s [6] 23 fevrier 1726 —*Marguerite-Thérèse*, b [6] 3 et s [6] 11 fevrier 1727.—*Françoise*, b [6] 1er juillet 1728.— *François*, b... m [6] 1er fevrier 1750, à Françoise GIGUÈRE. — *Marie*, b... m [6] 11 janvier 1751, à Jacques CARTIER.

---

(1) Dit Labonté.

1712, (11 janvier) Batiscan. [8]

II.—COUTURIER, DENIS-JOSEPH, [JACQUES I.
b 1681.
1° PROTEAU, Catherine, [LUC I.
b 1691; s 31 mars 1717, à Ste-Anne-de-la-Perade [9] (dans l'eglise).
Marie-Anne, b [8] 23 dec. 1712; s [8] 22 juin 1714. —*Marie-Madeleine*, b [8] 22 mai 1714; s [9] 15 mars 1732. — *Marie-Joseph*, b [9] 18 janvier 1716; m [9] 1er juin 1733, à Joseph BARIL; s [9] 15 janvier 1746.

1718, (21 février) Cap-Santé.

2° LETELLIER, Angelique, [FRANÇOIS II.
b 1699; s [9] 7 dec. 1729.
Joseph, b [9] 28 fevrier 1719; s [9] 15 déc. 1720.— *François*, b [9] 3 nov. 1720; s [9] 5 sept. 1733.— *Joseph*, b [9] 7 août 1722. — *Marie-Thérèse*, b [9] 30 janvier 1724; s [9] 30 août 1733.—*Jean-Baptiste*, b [9] 4 mars 1726. — *Antoine*, b [9] 29 fevrier 1728; m [9] 27 oct. 1749, à Marie-Joseph BARIL.

1733, (13 avril) Deschambault.

3° HAMEL, Therèse, [JEAN-FRANÇOIS II.
b 1707; veuve de Jean Tousignan, s 14 mars 1737, à St-Pierre-les-Becquets.

1714, (11 déc.) St-Nicolas. [8]

II.—COUTURIER, JEAN-FRS, [FRANÇOIS I.
b 1690; s 11 nov. 1731, à Quebec. [9]
HAVOT, Louise, [LOUIS III.
veuve de Nicolas Huot-St-Laurent; s 9 mai 1718, à St-Antoine-Tilly.
Antoine, b [8] 11 dec. 1715, 1° m [9] 16 juillet 1742, à Rose MORILLON, 2° m [9] 15 nov. 1756, à Félicite ROUILLARD. —*Marie-Louise*, b [8] 18 sept. 1717; s 15 mai 1731, à Ste-Geneviève. — *Marie-Anne*, b... s 22 sept. 1729, à Montreal.

COUTURIER, ...
PIN, Angelique.
François, b 6 mars 1722, à Ste-Foye.

COUTURIER, JOSEPH.
........., Marie-Angelique.
Louis-François, b... s 1er mars 1701, à St-Frs-du-Lac.

COUTURIER, ANTOINE
François, b 1727, m 7 janvier 1751, à Geneviève DALLAIRE, à St-Michel [9]; s [9] 9 fevrier 1752.

II.—COUTURIER, PIERRE, [FRANÇOIS I.
b 1695, s 8 dec. 1763, à Lachenaye.

II.—COUTURIER, JEAN-BTE, [PIERRE I.
b 1708.
1° BEAUCHAMP, Marguerite-Jeanne, [JEAN II.
b 1706; s 30 mai 1747, à la Pte-aux-Trembles, M [7]
Marie-Marguerite, b 2 avril 1728, à Lachenaye [8], s [8] 8 mars 1730 — *Pierre*, b [8] 30 avril 1729, m 14 fevrier 1757, à Marie-Joseph TAILLON, à Terrebonne. — *Marie-Charles*, b [8] 5 juin 1733; s [8] 29 sept. 1749. — *Joseph*, b [8] 25 avril 1735. — *Marie-Angélique*, b [8] 2 août 1737; s [8] 7 février 1739. — *Marie-Joseph*, b... m 6 fevrier 1758, à Louis MARNEY, à Montréal. [9] — *Jacques*,

b [8] 8 juin 1739; s [8] 14 avril 1753 (noyé).—*Marie-Anne*, b [8] et s [8] 16 juillet 1742.—*Marie-Madeleine*, b [8] 18 avril 1744; s [8] 21 juillet 1746.

1748, (15 juillet). [9]

2° BABIN, Madeleine, [PIERRE II.
b 1724.

Marie-Amable, b [7] 8 oct. 1749.—*Louis*, b [7] 18 et s [7] 28 oct. 1750. — *Marie-Véronique*, b... s 3 juillet 1766, à la Longue-Pointe.

1741, (28 août) St-Frs-du-Lac. [3]

III.—COUTURIER (1), JOSEPH, [PIERRE II.
b 1712.

ALARD, Marie-Louise, [JEAN-FRANÇOIS II.
b 1720.

Marie-Louise, b 20 mai 1742, à St-Michel-d'Yamaska [4]; s [4] 27 mars 1759. — *Exupère*, b [4] 1er sept. 1743; s [4] 21 juin 1744.—*Marie-Charlotte*, b [4] 19 mars 1745; m [4] 9 février 1767, à Joachim RITCHOT.—*Joseph*, b [4] 25 mars 1746; m [4] 9 janvier 1769, à Marie LEBRUN. — *Marie-Joseph*, b [4] 31 mars 1748; m [4] 12 janvier 1767, à Bonaventure BRUN.—*Françoise*, b [4] 10 nov. 1750; s [4] 25 mai 1755. — *Marie-Madeleine*, b [4] 22 déc. 1752; m [4] 30 août 1773, à Jean-Baptiste ST-GERMAIN.—*Pierre*, b [4] 24 juillet 1754.—*Michel*, b [4] 21 mai 1758.

1742, (16 juillet) Québec. [6]

III.—COUTURIER, ANTOINE, [JEAN-FRS II.
b 1715.

1° MORILLON, Marie-Rose, [MATHURIN I.
b 1719; s [6] 22 mai 1756.

François, b [6] 25 mars et s [6] 22 mai 1743.—*Antoine*, b [6] 9 nov. 1744.—*Antoine*, b [6] 21 février et s [6] 15 mai 1746.—*Joseph-Marie*, b [6] 26 juillet et s [6] 7 sept. 1747.—*Marie-Joseph*, b [6] 26 juillet et s [6] 27 déc. 1747. — *Marie-Joseph*, b [6] 21 juillet 1748.—*Charles-François*, b [6] 23 mai et s 10 oct. 1751, à Lévis. — *Jacques*, b [6] 1er avril 1753. — *Marie-Rose*, b [6] 2 sept. et s [6] 1er oct. 1755.

1756, (15 nov.) [6]

2° ROUILLARD, Marie-Félicité, [JEAN III.
b 1715; veuve d'Alexis Charland.

1743, (27 juin) St-Frs-du-Lac. [3]

III.—COUTURIER (1), JEAN-BTE, [JEAN-BTE II.
b 1710; s [3] 30 janvier 1750.

BABIE (2), Marguerite. [PIERRE II.

Jeanne-Marguerite, b [3] 29 juillet 1745.—*Marie*, b [3] 11 déc. 1746. — *Jacques-Stanislas*, b [3] 3 février et s [3] 25 juin 1748. — *Marie-Joseph*, b [3] 28 mai 1749; s [3] 25 oct. 1750.

I.—COUTURIER (3), ETIENNE, b 1726; de St-Sylvestre-de-Grandmont, diocèse de Limoges; s 19 mai 1748, à Montréal.

1749, (27 oct.) Ste-Anne-de-la-Pérade.

III.—COUTURIER, ANTOINE, [DENIS-JOSEPH II.

BARIL, Marie-Joseph, [LOUIS II.
b 1730.

(1) Dit Labonté.

(2) Elle épouse, le 25 février 1754, Alexis Langlois, à St-Frs-du-Lac.

(3) Dit Vadeboncœur; soldat.

Marie-Angélique, b 6 sept. 1750, à St-Pierre-les-Becquets. [5] — *Madeleine*, b [5] 29 déc. 1751.—*Marie-Joseph*, b [5] 1er sept. 1754. — *Joseph-Marie*, b [5] 9 février 1757.—*François-Eustache*, b [5] 3 oct. 1759; s [5] 26 janvier 1760. — *Antoine*, b 1er juillet 1764, à la Baie-du-Febvre.

1750, (1er février) St-Frs-du-Lac. [1]

III.—COUTURIER (1), FRANÇOIS. [PIERRE II.

GIGUÈRE (2), Françoise, [ANTOINE III
b 1731.

Françoise, b [1] 23 déc. 1750.—*Marie-Gertrude*, b [1] 30 mai et s [1] 6 nov. 1752. — *Marie*, b [1] 14 oct. 1753.—*François*, b [1] 19 oct. 1755.—*Antoine*, b [1] 14 juillet 1757.—*Pierre*, b 1759; s [1] 2 déc. 1760 —*Pierre*, b [1] 18 mars 1761.

1751, (7 janvier) St-Michel. [7]

COUTURIER, FRANÇOIS, [ANTOINE.
b 1727; s [7] 9 février 1752.

DALLAIRE (3), Geneviève,
veuve de Joseph Carrier.

Ursule-Foy, b [7] 25 oct. 1751.

1752, (14 février) St-Frs-du-Lac. [2]

III.—COUTURIER (4), PIERRE, [JEAN-BTE II.
b 1711.

PELLETIER, Thérèse, [NOEL II.
b 1727.

Marie-Louise, b [2] 20 juillet 1753.—*Exupère*, b [2] 14 janvier 1755.—*Marie-Thérèse*, b [2] 21 mars 1756.—*Marie-Gertrude*, b [2] 12 sept. 1757; s [2] 27 juillet 1759.—*Agathe*, b [2] 23 février et s [2] 25 juin 1759.—*Pierre*, b [2] 20 février et s [2] 28 août 1761.

1754, (30 juillet) St-Frs-du-Lac.

III.—COUTURIER (4), EUSTACHE, [JEAN-BTE II.
b 1721; s 13 février 1765, à St-Michel-d'Yamaska. [3]

LANGLOIS, Marie-Jeanne, [NOEL III.
b 1724.

Anonyme, b [3] et s [3] 16 juillet 1755.—*Marie-Jeanne-Elisabeth*, b [3] 11 août 1756; s [3] 28 juin 1757.—*Jean-Baptiste*, b [3] 4 août 1757.—*Marie-Jeanne*, b [3] 29 août 1759; s [3] 10 juillet 1761.—*Eustache*, b [3] 21 février 1762; s [3] 8 février 1763. —*Marie-Claire*, b [3] 16 février 1764.

COUTURIER (5), JEAN-BTE, b 1738; s 7 février 1803, à l'Hôpital-Général, M.

1757, (14 février) Terrebonne.

III.—COUTURIER, PIERRE, [JEAN-BTE II.
b 1729.

TAILLON, Marie-Joseph, [JEAN III.
b 1740.

(1) Appelé Verville en 1753.

(2) Dit Despins.

(3) Elle épouse, le 21 juillet 1755, Etienne Corriveau, à St-Michel.

(4) Dit Labonté.

(5) Menuisier.

COUTURIER, FRANÇOIS.
DUPUIS, Jeanne.
Jacques, b 6 mai 1759, à St-Frs-du-Lac.

1761, (20 juillet) Montréal.

I.—COUTURIER, FRANÇOIS-JEAN, b 1733; fils de François et de Julienne Vitray, de St-Maclou, diocèse de Chartres.
CHÉNIER, Madeleine, [JOSEPH III.
b 1733.

1764, (24 sept.) Ile-aux-Coudres. 4

I.—COUTURIER (1), ANDRÉ, b 1740; fils de Jacques et de Jeanne Dominé, de Margelier, diocèse de Besançon.
SAVARD, Catherine, [JOSEPH-SIMON III.
b 1731; veuve d'Antoine Lemarié.
André, b 4 24 avril 1767.—*Anastasie*, b 4 6 oct. 1768; s 4 23 mars 1771.—*Louis-Marie*, b 25 août 1770, à la Baie-St-Paul; s 4 23 mars 1771.—*Louis-Marie*, b 4 12 février 1772.

1769, (9 janvier) St-Michel-d'Yamaska. 5

IV.—COUTURIER, JOSEPH, [JOSEPH III.
b 1746.
LEBRUN, Marie.
Marie-Joseph, b 5 26 oct. 1769.

COUVRET, MARIE-LOUISE, épouse de Pierre DEGUIRE.

COUVRET, MARIE-ANNE, épouse de Louis EMERY-GODERRE.

COUVRET, MARIE, épouse de Gabriel LOYER.

1695, (10 janvier) Montréal. 6

I.—COUVRET (2), VICTOR,
b 1666.
CHERLOT (3), Thérèse, [JEAN I.
b 1678.
Joseph, b 6 8 janvier 1695; 1° m 6 13 nov. 1726, à Marguerite COUTURIER; 2° m 8 3 nov. 1734, à Marie LEVASSEUR; 3° m 3 oct. 1749, à Marie-Charlotte SAUTEUSE, à Mackinac.—*Louise*, b 6 7 nov. 1697; m 6 2 juin 1716, à Aubin CALLIÈRE.—*Marie*, b... m à Clément GRELIER.—*François*, b 1700; s 6 11 août 1723.—*Jean-Baptiste*, b 6 3 juin 1705; m à Marguerite COUSINEAU. —*Charles*, b 6 5 sept. 1707; m à Marguerite SOMELIER; s 6 15 août 1744.—*Charles*, b 6 14 mars 1710; s 25 mars 1760, à St-Laurent, M.7—*Marie-Catherine*, b 1711; m 6 6 oct. 1732, à François PAINCHAUD.—*Marie-Thérèse*, b 6 8 oct. 1712; 1° m à Pierre MÉNARD; 2° m 7 15 sept. 1760, à Jean-Baptiste LAVOYE.—*Etienne*, b 6 10 nov. 1714.—*Jean-Louis*, b 6 14 juillet 1716; s 6 17 mai 1717.—*Marie-Françoise*, b 6 4 oct. 1718.

(1) Venu en 1757.
(2) Voy. vol. I, p 149.
(3) Dit Dumoulin.

1726, (13 nov.) Montréal. 8

II.—COUVRET, JOSEPH, [VICTOR I.
b 1695.
1° COUTURIER, Marguerite, [PIERRE I.
b 1700.
Joseph-Dominique, b 8 2 déc. 1727.

1734, (3 nov.) 8

2° LEVASSEUR, Marie, [JEAN-BTE I.
b 1713; s 8 28 oct. 1739.
Joseph-René, b 8 2 août 1735; s 8 22 mars 1737.

1749, (3 oct.) Mackinac. 9

3° SAUTEUSE, Marie-Charlotte.
Thérèse-Elisabeth, née 9 26 déc. 1751; b 9 21 sept. 1752.—*Joseph-Augustin*, b 9 27 sept. 1754. —*Marie-Angélique*, b 9 12 juin 1758.

II.—COUVRET, JEAN-BTE, [VICTOR I.
b 1705.
COUSINEAU, Marguerite, [JEAN-BTE I.
b 1704.
Marie-Joseph, b 1730; m 1er février 1751, à Louis SORIEUL, à St-Laurent, M.8—*Marguerite*, b 1731; m 8 31 janvier 1752, à Jean-Baptiste BOUTRON; s 8 24 avril 1757.—*Cécile*, b 1733; m 8 26 février 1753, à Claude DUBOIS. — *Jean-Marie*, b... m 8 11 oct. 1756, à Marie PLOUF. — *Louis*, b 1747; s 8 2 oct. 1756.—*Euphrasie*, b... m 8 17 janvier 1758, à Elie MIOT. — *Marie-Madeleine*, b... m 8 13 oct. 1760, à Romain TROVÉ.—*Joseph-Dominique*, b... m 8 4 nov. 1760, à Marguerite ROULEAU. — *Véronique*, b... m 8 24 août 1761, à Toussaint PIOT.

II.—COUVRET, CHARLES, [VICTOR I.
b 1707; s 15 août 1744, à Montreal. 5
SOMELIER, Marguerite, [FRANÇOIS I.
s avant 1758.
Charles, b 1737; m 5 2 oct. 1758, à Madeleine MALHERBE.

1756, (11 oct.) St-Laurent, M. 7

III.—COUVRET, JEAN-MARIE, [JEAN-BTE II.
PLOUF, Marie. [PIERRE III.
Jean-Baptiste, b 7 28 oct. 1757. — *Laurent*, b 7 11 août 1759.—*Marie-Cécile*, b 7 24 oct. 1761.

1758, (2 oct.) Montreal.

III.—COUVRET, CHARLES, [CHARLES II.
b 1737.
MALHERBE, Madeleine, [FRANÇOIS I.
b 1738.

1760, (4 nov.) St-Laurent, M. 7

III.—COUVRET, JOS-DOMINIQUE. [JEAN-BTE II.
ROULEAU, Marguerite [LOUIS II.
Joseph, b 7 24 sept. 1761.

II.—COUVRET, CHARLES, [VICTOR I.
b 1710; s 25 mars 1760, à St-Laurent, M.

I.—COWAN, MARGUERITE, épouse d'Alexandre FERGUSSON.

I.—COWEN, Guillaume.
Paumereau, Reine.
Guillaume, b 5 juin et s 2 août 1789, à Ste-Foye.

I.—COX, Thomas, b 23 mars 1785, au Détroit.

I.—COY, Charlotte, b 1649; 1° m 1669, à Jean Brac-Reverdra, 2° m 14 avril 1678, à Pierre Brunion, à Sorel.

CRAITE.—Voy. Crête.

I.—CRAMOISSAN, Madeleine-Frse-Cécile, b 1709; m à Jean-Thomas Laisné; s 10 dec 1749, à Quebec.

1689, (26 avril) Beauport.

I.—CRAPONE (1), Jean.
Toupin, Marie-Thérèse, [Pierre I.
b 1671, s [9] 9 mai 1760.

CRAZA.—Voy. Raza.

CRÉAU, Claude-Eustache, b... s 19 juin 1760, aux Trois-Rivières.

CREDISON, Elisabeth, epouse de Daniel Johnson.

CRÉDIT.—Voy. Péloquin.

1762, (2 dec.) Quebec.[1]

I.—CRÉMAZY (2), Jacques, b 1735, boulanger, fils de Pierre et d'Anne Loge, d'Artigal, diocèse de Rieux; s [1] 18 avril 1792.
1° Chupin, Geneviève, [Pierre I
b 1734, veuve de Pierre Monier; s [1] 12 nov 1781.
Geneviève, b [1] 13 juin et s 13 août 1763, à Lorette.—*Marie-Geneviève*, b [1] 20 juin 1764
1783, (29 avril). [1]
2° Breton (Le) (3), Marie-Joseph. [Pierre.
Jacques (4), b [1] 14 oct. 1786.

1757, (22 août) Longueuil.

I.—CREMER, Nicolas, fils de Jean et de Marie-Anne Chauvin, de St-Alban, diocèse de Mayence.
Robidou (5), Marie-Renée. [Laurent-Frs IV.

(1) Voy. vol. I, p. 149.

(2) Venu en 1759; il avait demeuré 7 ans à Pamiers, 2 ans à Bayonne; embarqué sur la *Flûte de Canon* avec Paul Marchand.—Registre des Procès-Verbaux, 1761.

(3) Dit Lalancette; elle épouse, le 14 janvier 1793, Pierre Guillet, à Québec.

(4) Père du poète Octave Crémazy.

(5) Elle épouse, le 20 oct. 1760, Joseph Abel, au Bout-de-l'Ile, M.

1713, (23 oct.) Québec.[1]

I.—CRENET (1), Juste, sergent; fils de Jean et de Suzanne Goulard, de Recueille-Labrèche, diocèse de Beauvais; s [1] 3 mai 1740 (subite).
Marchand, Marie-Catherine, [Charles II.
b 1683, veuve de Pierre Hévé; s [1] 27 avril 1753.
Marie-Louise, b [1] 26 mars 1714.—*Marie-Anne*, b [1] 28 mars 1715; s [1] 7 juillet 1740.—*Pierre*, b [1] 15 mars et s [1] 14 août 1716.—*Pierre-Nicolas*, b [1] 22 sept. et s [1] 6 nov. 1717.—*Marie-Louise*, b [1] 13 et s [1] 22 sept. 1718. — *Marie-Geneviève*, b [1] 13 et s [1] 24 sept. 1718. — *Jean*, b [1] 13 oct. 1719; s [1] 4 avril 1721.—*Marie-Elisabeth*, b [1] 9 mai et s [1] 17 août 1721. — *Marie-Joseph*, b [1] 18 mars 1723, 1° m [1] 17 mai 1742, à François Trevet; 2° m [1] 5 oct. 1751, à Jean-Charles Pollaingre.

I.—CRÉPA, Georges.
Hirhart (2), Eve.
Jean-Baptiste, b 19 nov. 1758, à St-Charles [5], s [5] 23 nov. 1759.

CRÉPEAU, Marie-Anne, epouse d'Antoine Provost.

CRÉPEAU, Marie-Anne, b 1739, m à Jean-Baptiste Fouché; s 12 oct. 1769, à Ste-Famille, I. O.

CRÉPEAU, Marie-Reine, épouse de Charles Goulet.

CRÉPEAU, Marie, epouse d'Ignace Noel.

CRÉPEAU, Marguerite, epouse d'Antoine Vallée.

1665.

I.—CRÉPEAU (3), Maurice,
b 1639, s 8 sept 1704, à St-Pierre, I. O [4]
Laverdure, Marguerite,
b 1646; s [4] 22 août 1727.
Madeleine, b 8 dec. 1675, à Ste-Famille, I O. [1], m [3] 28 janvier 1692, à Pierre Dufresne.—*Pierre*, b [4] 10 avril 1678, 1° m 17 mai 1712, à Angelique Aubuchon, à la Pte-aux-Trembles, M., 2° m 15 sept. 1715, à Marie Leduc, à Montreal.—*Robert*, b [3] 5 oct. 1681; m 6 nov 1703, à Madeleine Lemelin, à St-Laurent, I O [5], s [5] 29 nov 1749 — *Geneviève*, b [3] 2 oct. 1684, 1° m [3] 8 nov 1700, a Jean Pichet; 2° m [3] 9 juillet 1703, à Charles Pouliot.

1702, (6 fevrier) St-Jean, I. O.

II.—CRÉPEAU, Maurice, [Maurice I.
b 1673; major, s 3 dec. 1753, à St-Pierre, I O. [9]
Audet (4), Marie, [Nicolas I
b 1682.

(1) Dit Beauvais; sergent de Vaudreuil.

(2) Arrivée depuis peu à St-Charles.

(3) Voy. vol I, p. 149.

(4) Dit Lapointe.

Marie, b [9] 10 mars 1703. — *Basile*, b [9] 29 mars 1704; 1° m [9] 26 nov. 1725, à Marguerite RATÉ; 2° m 18 avril 1746, à Marie-Elisabeth MATAUT, au Château-Richer [8]; s [8] 18 février 1763. — *Geneviève*, b [9] 10 oct. 1705; m [9] 25 nov. 1726, à Gabriel GOSSELIN. — *François*, b [9] 22 mai 1707; s [9] 29 nov. 1726. — *Jean-Baptiste*, b [9] 13 mai 1709; m [9] 26 avril 1735, à Marie-Anne GOULET.—*Louis*, b [9] 9 janvier 1711; m [9] 9 nov. 1739, à Marie-Joseph LECLERC. — *Joseph*, b [9] 25 sept. 1712; m 27 nov. 1736, à Geneviève TURCOT, à Ste-Famille, I. O.—*Hélène*, b [9] 11 mai 1714; m [9] 17 nov. 1732, à Jean-Baptiste FERLAND. — *Ursule*, b [9] 9 août 1716; m [9] 22 nov. 1734, à Joseph CHABOT.— *Charles*, b .. m [8] 20 avril 1740, à Agnès CHARLAND. —*Pierre*, b 27 fevrier 1720, à L'Ange-Gardien; m [9] 6 nov. 1752, à Marie-Joseph BOUCHARD. —*Marie-Louise*, b [9] 17 fevrier 1722, m [9] 6 fevrier 1741, à Ignace DORVAL.

1703, (6 nov.) St-Laurent, I. O. [4]

II.—CRÉPEAU, ROBERT, [MAURICE I.
b 1681; s [4] 29 nov. 1749.

LEMELIN, Madeleine, [JEAN I.
b 1686, s [4] 14 mars 1754.

Madeleine, b [4] 11 dec. 1704; s [4] 22 déc. 1747. —*Marguerite*, b [4] 5 avril 1706; m [4] 19 fevrier 1748, à Antoine GOSSELIN. — *Françoise*, b [4] 18 avril 1707; m [4] 22 nov. 1734, à Joseph MARANDA. —*Geneviève*, b [4] 14 juillet 1708; m 17 nov. 1732, à Jean-Baptiste BOUCHARD, à St-Pierre, I. O. [5] — *Jean-Baptiste*, b [4] 29 juin 1710, m 23 sept. 1748, à Rebecca REALINGS, à Quebec. [6]—*Charles*, b [4] 15 oct. 1711, m [6] 24 oct. 1740, à Angelique LAMBERT. — *Marie-Thérèse*, b [4] 13 juillet 1713. — *Marie-Louise*, b [4] 10 juin 1715; m [5] 17 nov. 1732, à Pierre RATÉ.—*Joseph*, b [4] 10 janvier 1717; m [5] 7 nov. 1746, à Marguerite BOUCHARD. — *Louis*, b [4] 19 mars 1721 —*Guillaume*, b [4] 10 fevrier 1723; m [6] 28 mai 1748, à Marguerite LABADIE. — *François*, b [4] 10 nov. 1724. — *Pierre*, b... s [5] 24 juin 1733 —*Marie-Anne*, b [4] 19 avril et s [4] 3 mai 1726. —*Madeleine*, b... s [5] 2 août 1733. — *Marie-Anne*, b [4] 12 fevrier 1728; m [4] 22 janvier 1753, à Antoine BILLOT.—*Cécile*, b [4] 6 avril 1729. — *Marie-Véronique* et *Maurice*, b [5] 15 août 1730.

1712, (17 mai) Pte-aux-Trembles, M.

II.—CRÉPEAU, PIERRE, [MAURICE I.
b 1678; brasseur.

1° AUBUCHON, Angelique, [JACQUES II.
b 1690; s 12 mai 1714, à Montreal. [3]

1715, (15 sept.) [3]

2° LEDUC, Marie, [LAMBERT II
b 1689.

CRÉPEAU, ..., maitre-taillandier; s 27 sept 1751, à Lévis.

1725, (26 nov.) St-Pierre, I. O. [2]

III.—CRÉPEAU, BASILE, [MAURICE II.
b 1704, s 18 fevrier 1763, au Château-Richer. [3]

1° RATÉ, Marguerite, [PIERRE-IGNACE II
b 1706, s [3] 4 nov. 1745.

Marie-Joseph, b [2] 24 janvier 1727; 1° m [3] 14 nov. 1746, à Louis PLANTE, 2° m [3] 17 nov. 1777, à Joseph-Marie PEPIN.—*Marie-Thérèse*, b [2] 10 juillet 1728; 1° m [3] 22 juin 1750, à Dominique POULIN; 2° m 2 oct. 1769, à Louis HÉLY, à St-Joachim.—*Joseph-Marie*, b [2] 21 mars 1730.— *Marie-Rose*, b [2] 3 fevrier 1732; m [3] 10 nov. 1754, à Joseph GUILBAULT.—*Marie-Reine*, b [2] 4 juillet 1734; m 5 oct. 1761, à Thomas BARBEAU, à Québec.—*Basile*, b [2] 7 août 1736; 1° m 21 janvier 1765, à Angelique GRAVEL, à Lachenaye [4]; 2° m 1er août 1768, à Marie GARIÉPY, à St-Henri-de-Mascouche.—*Ignace*, b [2] 5 mai 1739; m [4] 19 avril 1762, à Madeleine PICARD —*Louis*, b [3] 29 mai 1742; m [4] 26 mai 1766, à Marie DUBREUIL.

1746, (18 avril). [3]

2° MATAUT, Marie-Elisabeth, [PIERRE II.
b 1720; s [3] 5 mars 1763.

Charles, b [3] 9 janvier 1747; m [4] 31 janvier 1774, à Clémence GOSSELIN.—*Marie*, b [3] 18 avril 1749.—*Marie-Louise*, b [3] 22 août 1750.—*Laurent*, b [3] 7 juillet 1752.—*Marie-Elisabeth*, b [3] 17 juin 1755 —*Geneviève*, b [3] 7 juin 1757.—*Marguerite*, b [3] 14 oct. 1759.—*Pierre*, b [3] 14 oct. 1759, m 9 juillet 1792, à Marie-Barbe MOISAN, à St-Augustin [5], s [5] 13 sept. 1795. — *Maurice*, b... m [3] 13 juillet 1778, à Marguerite CLOUTIER.— *François*, b [3] 19 fevrier et s [3] 3 oct. 1763.

1735, (26 avril) St-Pierre, I. O. [6]

III.—CRÉPEAU, JEAN-BTE, [MAURICE II.
b 1709.

GOULET, Marie-Anne, [LOUIS III.
b 1714.

Jean-Baptiste, b [6] 3 juillet 1736.—*François-Marie*, b [6] 2 nov. 1737 —*Marie-Anne*, b 4 août 1739, à L'Ange-Gardien.—*Joseph-Marie*, b [6] 12 juillet 1741.—*Charles*, b [6] 25 mai 1743 —*Louis*, b [6] 29 mai 1745, m 24 sept. 1770, à Marie-Joseph BUSSIÈRE, à Lévis. — *Ignace*, b [6] 29 mai 1747; s [6] 6 août 1748 —*Pierre*, b [6] 4 juillet 1749, s [6] 15 oct. 1750 —*Marie-Louise*, b [6] 12 sept. 1751.

1736, (27 nov.) Ste-Famille, I. O

III.—CRÉPEAU, JOSEPH, [MAURICE II.
b 1712.

TURCOT, Geneviève, [FRANÇOIS III.
b 1718.

Geneviève, b 10 juillet 1748, à St-Pierre, I. O. [7] —*Marie-Angélique*, b [7] 26 sept. 1752.—*Marie-Anne*, b [7] 11 dec. 1754 —*Thècle*, b [7] 15 oct. 1757.

1739, (9 nov.) St-Pierre, I. O. [8]

III.—CRÉPEAU, LOUIS, [MAURICE II.
b 1711.

LECLERC, Marie-Joseph, [JEAN-CHARLES II.
b 1721

Marie-Joseph, b [8] 20 janvier 1741, s [8] 11 mai 1742 — *Marie-Joseph*, b [8] 9 juillet 1742; m 14 février 1763, à Charles LIARD, à Quebec. [9] — *Louis*, b [9] 9 avril 1744, s [9] 29 oct. 1748.—*Marie-Louise*, b [9] 6 mars 1746, s [9] 10 nov. 1748. — *Marie-Geneviève*, b [9] 2 fevrier et s [9] 23 oct. 1748. —*Louis-Jean*, b [9] 27 fevrier et s [8] 28 oct. 1750. — *Marguerite-Rose*, b [9] 22 sept. 1751; m à Joseph GUILBAULT.—*Marie-Angélique*, b [9] 16 oct. 1752 — *Marie-Marguerite*, b [9] 20 nov. 1753. —

Marie-Françoise, b [9] 3 mai 1755.—*Louis*, b [9] 28 août 1756. — *Catherine*, b [9] 19 oct. 1757 ; s [9] 15 mars 1758. — *Louis*, b [9] 15 oct. 1758.— *Marie-Joseph*, b [9] 2 mars 1760.— *Marie-Louise*, b [9] 24 août 1761.—*Marie-Charlotte*, b [9] 18 oct. 1762.

1740, (20 avril) Château-Richer. [1]

III.—CRÉPEAU, CHARLES. [MAURICE II.
CHARLAND, Agnès, [JOSEPH III.
b 1717.
Charles, b [1] 5 nov. 1741; m [1] 18 nov. 1765, à Françoise GRAVEL.—*Marie-Joseph*, b [1] 6 mars 1743; 1° m [1] 1er juillet 1765, à Joseph LABERGE; 2° m [1] 3 fevrier 1779, à Paul VERREAU.—*Maurice*, b [1] 6 février 1745 ; s [1] 15 nov. 1763.—*Agnès*, b [1] 5 sept. 1746; s [1] 24 avril 1751.—*Marguerite*, b... m [1] 14 sept. 1767, à Alexandre VALIÈRES.—*Joseph*, b [1] 23 nov. 1750; m [1] 26 mai 1777, à Marie-Joseph GAGNON.—*Agnès-Elisabeth*, b [1] 12 déc. 1752; s [1] 19 oct. 1755.

1740, (24 oct.) Québec. [2]

III.—CRÉPEAU (1), CHARLES, [ROBERT II.
b 1711.
LAMBERT, Madeleine-Angélique. [AUBIN II.
Charles-Nicolas, b [2] 2 nov. 1741 ; s [2] 9 janvier 1742.—*Jean-François*, b [2] 27 août 1742.—*Pierre*, b [2] 9 août 1744 ; m 8 mai 1780, à Pelagie BRISSET, à l'Ile-Dupas.[3]—*Marie-Angélique*, b [2] 9 sept. 1746, s [2] 10 nov. 1748.—*Jean-Marie*, b [2] 7 juillet et s [2] 12 sept. 1748.—*Claude-Michel*, b [2] 1er sept. et s [2] 4 oct. 1750.—*Marie-Elisabeth*, b [2] 23 janvier 1752; m [3] 26 fevrier 1770, à Charles DEROME.—*Marie-Louise*, b [2] 5 mai et s [2] 15 juillet 1754.—*Jean*, b [2] 12 dec. 1755; s [2] 3 sept. 1756.

1746, (7 nov.) St-Pierre, I. O

III.—CRÉPEAU, JOSEPH, [ROBERT II.
b 1717.
BOUCHARD (2), Marguerite, [PIERRE III.
b 1721.
Marie-Marguerite, b 23 nov. et s 19 déc. 1747, à St-Laurent, I. O.[3]— *Marguerite*, b [3] 26 avril 1749. — *Marie-Rose*, b [3] 18 avril 1753. — *Marie-Anne*, b [3] 8 oct. 1756.—*Hélène*, b [3] 18 avril 1763.

1748, (28 mai) Quebec. [8]

III.—CRÉPEAU, GUILLAUME, [ROBERT II.
b 1723.
LABADIE, Marguerite, [FRANÇOIS II.
b 1726.
François, b [8] 25 mars et s [8] 16 avril 1749.—*Pierre-François*, b [8] 13 avril 1750.—*Marie-Marguerite*, b [8] 27 oct. 1751 ; m à Vincent COUET.—*Joseph*, b [8] 19 oct. 1754. — *Louis*, b [8] 26 mai 1758.

1748, (23 sept.) Québec. [8]

III.—CRÉPEAU (3), JEAN-BTE, [ROBERT II.
b 1710.
REALINGS, Rébecca. [THOMAS V.
Jean, b [8] 31 juillet 1749.

(1) Gardien au palais.
(2) Dit Dorval.
(3) Gardien du Trésor.

1752, (6 nov.) St-Pierre, I. O. [7]

III.—CRÉPEAU, PIERRE, [MAURICE II.
b 1720.
BOUCHARD, Marie-Joseph, [PIERRE III.
b 1726; veuve de Gabriel Ferland.
Pierre, b [7] 25 août et s [7] 20 oct. 1753.—*Pierre*, b [7] 27 juillet 1754. — *Marie-Thérèse*, b [7] 13 oct. 1755.—*Marie-Joseph*, b 24 nov. 1758, à Lévis.[8]—*Joseph*, b [8] 14 nov. 1760. — *Jean-Baptiste*, b [8] 5 août 1764.

CRÉPEAU, PIERRE.
COTÉ, Marie-Joseph.
Louis, b 1758 ; s 13 fevrier 1760, à Charlesbourg.

1762, (19 avril) Lachenaye. [9]

IV.—CRÉPEAU, IGNACE, [BASILE III.
b 1739.
PICARD, Madeleine, [PIERRE II.
b 1722; veuve de Jacques Muloin.
Marie-Marguerite, b [9] 7 mars 1763.

1765, (21 janvier) Lachenaye. [9]

IV.—CRÉPEAU, BASILE, [BASILE III.
b 1736.
1° GRAVEL, Angélique, [GUILLAUME III.
b 1742; s 14 mai 1767, à Terrebonne.
1768, (1er août) St-Henri-de-Mascouche.
2° GARIÉPY, Marie-Thérèse, [JEAN-BTE III
veuve de Joseph Chevaudier.
Marie-Antoinette, b [9] 28 déc 1773; s [9] 3 fevrier 1774.—*Basile*, b [9] 2 nov. 1775 ; s [9] 13 juillet 1777.—*Louis*, b 1778; s [9] 14 oct. 1786. — *Marie-Thérèse*, b [9] 24 mars 1782. — *Anonyme*, b [9] et s [9] 4 mai 1786.

1765, (18 nov.) Château-Richer.

IV.—CRÉPEAU, CHARLES, [CHARLES III.
b 1741.
GRAVEL, Françoise, [CLAUDE III.
b 1735.
Marie-Marguerite, b 27 mars 1767, à Lachenaye.

1766, (26 mai) Lachenaye.

IV.—CRÉPEAU, LOUIS, [BASILE III.
b 1742.
DUBREUIL, Marie. [ANDRÉ II.

1770, (24 sept.) Lévis.

IV.—CRÉPEAU, LOUIS, [JEAN-BTE III.
b 1745.
BUSSIÈRE, Marie-Joseph, [JEAN IV.
b 1753.

1774, (31 janvier) Lachenaye. [9]

IV.—CRÉPEAU, CHARLES, [BASILE III.
b 1747.
GOSSELIN, Marie-Clémence, [JEAN-BTE IV.
b 1735.
Marie-Clémence, b [9] 24 oct. 1774. — *Basile*, b [9] 20 mars 1787.

1777, (26 mai) Château-Richer.[7]
IV.—CRÉPEAU, JOSEPH, [CHARLES III.
b 1750.
GAGNON, Marie-Joseph, [PRISQUE IV.
b 1761.
Joseph, b [7] 5 mai 1779.

1778, (13 juillet) Château-Richer.
IV.—CRÉPEAU, MAURICE. [BASILE III.
CLOUTIER, Marguerite, [LOUIS IV.
b 1755.

1780, (8 mai) Ile-Dupas.[9]
IV.—CRÉPEAU, PIERRE, [CHARLES III.
b 1744.
BRISSET, Pélagie, [ANTOINE-BERNARD IV.
b 1757.
Pierre, b [9] 28 janvier et s [9] 10 février 1781.

CRÉPEAU, MICHEL.
BOUGIS, Madeleine.
Marguerite, b 1791 ; s 15 février 1795, à Québec.

CRÉPEAU, LOUIS, b... s 23 oct. 1787, à Repentigny.

1792, (9 juillet) St-Augustin.[2]
IV.—CRÉPEAU, PIERRE, [BASILE III.
b 1759 ; s [2] 13 sept. 1795.
MOISAN, Marie-Barbe. [ANTOINE III.
Théotiste, b [2] 14 mars 1793. — *Pierre*, b [2] 19 oct. 1794.

1756, (5 juillet) Yamachiche.
I.—CRÉPI (1), JEAN, fils de Jean et de Madeleine St-Per, de St-Augustin, diocèse de Perpignan.
BERTRAND (2), Marie-Joseph, [RENÉ II.
b 1734 ; veuve de Maurice Pineau.
Jean-Baptiste, b 8 et s 15 sept. 1756, à la Pte-du-Lac.

CRÉPIN.—*Variations et surnoms :* CRESPIN — BEAUSOLEIL—LAROSE— NARBONNE—RÉ—VIVESAC.

1692, (16 nov.) Montreal.[8]
I.—CRÉPIN (3), CLAUDE,
b 1652.
VAUDRY (4), Marie, [JACQUES I.
b 1667.
Marie-Anne, b 26 juillet 1695, à la Pte-aux-Trembles, M.[9] ; m [8] 13 juillet 1715, à Jacques DIEL.—*Marie*, b [9] 29 oct. 1698 ; m [8] 1er déc. 1724, à Pierre PERRAS.—*Geneviève*, b [8] 29 juillet 1701 ; m [8] 6 sept. 1726, à Bernard BLENIER-JARRY.

(1) Dit Vivesac.
(2) Elle était, le 25 janvier 1775, au Détroit.
(3) Voy. vol. I, p. 149.
(4) Elle épouse, le 27 nov. 1706, Silvain Miguet-LaTremouille, à Montréal.

1713, (17 janvier) Québec.[1]
I.—CRÉPIN (1), JEAN, b 1664 ; fils de Jean et d'Antoinette Corne, de Ste-Foy, ville d'Agen ; s [1] 7 janvier 1734 (dans l'eglise).
GUYON, Louise, [JACQUES III.
b 1691 ; s [1] 4 juin 1716 (dans l'église).
Marie-Jeanne, b [1] 10 nov. 1713 ; s [1] 11 oct. 1714. — *Marie-Louise*, b [1] 29 mai 1716 ; s [1] 20 mars 1719.

1741, (4 oct.) Trois-Rivières.[4]
I.—CRÉPIN (2), LOUIS, fils de Pierre et d'Anne Couillard, de St-Laurent, diocèse de Paris.
LABERGE, Françoise, [GUILLAUME III.
b 1724.
Marie-Françoise, b [4] 30 sept. 1742.

1750, (10 nov.) Charlesbourg.[3]
I.—CRÉPIN, ANTOINE, fils d'Antoine et de Nicole Savary, de St-Jose, diocèse d'Amiens.
PEPIN, Marie-Louise, [LOUIS II.
b 1721.
Marie-Louise, b 18 sept. 1751, au Château-Richer. [3]— *Antoine*, b [3] 24 sept. 1752.— *Louis*, b 1753 ; s [2] 6 déc. 1759. — *Marie-Anne*, b [3] 3 août 1755 ; m [3] 30 mai 1776, à Jean-Baptiste LAURENT. — *Marie-Geneviève*, b [3] 4 mars 1757. — *Marie-Joseph*, b [3] 17 mars 1765.

1758, (9 janvier) L'Ange-Gardien.
I.—CRÉPIN (3), JEAN, fils de Pierre et de Marie Froment, du diocèse de Mande, Languedoc.
METAYER, Marie-Joseph, [JEAN-BTE III.
b 1740.
Marie-Joseph, b 24 nov. 1758, à Levis ; s 2 août 1759, à Quebec.—*Louise-Angélique*, b 3 oct. 1760, à Deschambault.

I.—CRESCENT, RENÉ, b 1704 ; de Launay, Maine, s 14 mars 1802, à l'Hôpital-General, M.

1736, (9 janvier) Quebec.
I.—CRESPON, CHARLES, fils de Julien et de Marie Picoulo, de Conesse, diocèse du Mans.
BERGEVIN, Marie, [JEAN I.
veuve de Simon Morin.

CRESSÉ.—Voy. COURVAL—POULIN.

1674, (18 juin) Quebec.
I.—CRESSÉ (4) MICHEL,
b 1641.
DENIS, Marguerite, [SIMON I.
b 1651 ; s 7 juin 1700, aux Trois-Rivières.[1]
Charlotte (5), b [1] 28 août 1680 ; s 11 mars 1707, à Montreal.

(1) Conseiller et colonel de toute la milice.
(2) Dit Larose ; soldat de M. Cournoyer.
(3) Dit Beausoleil ; soldat de Becourt, régiment de la reine.
(4) Voy, vol I, p. 149.
(5) Sœur Ste-Pelagie, de la Congrégation Notre-Dame.

I.—CRESSÉ (1), CLAUDE.

CRÊTE.—*Variation* : CRAITE.

CRÊTE, MADELEINE, b 1723; m à Pierre PELLETIER ; s 2 mars 1753, à Quebec.

CRÊTE, MARIE-ANGÉLIQUE, épouse de Charles RENFOUR.

1654, (13 sept.) Québec. [2]
I.—CRÊTE (2), JEAN,
b 1626; s 5 mars 1717, à Beauport. [4]
GOSSELIN, Marguerite,
b 1628; s [4] 15 janvier 1703.
Marie, b [2] 10 oct. 1657; 1° m [2] 4 nov. 1670, à Robert PEPIN ; 2° m [2] 21 avril 1687, à Jean BRIDAULT ; 3° m [2] 9 janvier 1706, à Pierre JOURDAIN, s [2] 10 nov. 1722.

1693, (3 nov.) Beauport. [4]
II.—CRÊTE (2), PIERRE, [JEAN I.
b 1671; s [4] 16 nov. 1719.
1° MARCOU, Marthe, [PIERRE I.
s [4] 20 juin 1703.
Marie-Marguerite, b [4] 30 juillet 1697; 1° m [4] 16 oct. 1719, à Jean CHEVALIER; 2° m [4] 16 fevrier 1751, à François ROBERT ; s [4] 18 février 1760 — *Marie-Marthe*, b [4] 24 août 1699; m [4] 2 mai 1725, à Charles PRIEUR. — *Henri*, b [4] 8 février 1701, m 20 janvier 1732, à Elisabeth LEDUC, à Quebec. — *Pierre*, b [4] 24 juin 1702, m [4] 12 mai 1727, à Madeleine-Angelique RODRIGUE; s [4] 1er juin 1768.
1709, (29 oct.) Château-Richer.
2° DROUIN, Marie, [ETIENNE II.
b 1684.
Louis, b [4] 1er dec. 1711; m [4] 5 juin 1741, à Marie-Joseph MAHEU; s [4] 8 mars 1758. — *Geneviève*, b [4] 19 oct. 1714; m [4] 18 janvier 1732, à Charles VALLEE, s [4] 11 sept. 1759.—*Elisabeth*, b [4] 29 janvier 1718; m [4] 31 août 1739, à Charles BAUGIS; s [4] 27 avril 1756. — *Madeleine*, b [4] 13 oct. 1719; m [4] 4 fevrier 1743, à Laurent LORAINE.

1727, (12 mai) Beauport. [1]
III.—CRÊTE, PIERRE, [PIERRE II.
b 1702; s [1] 1er juin 1768.
RODRIGUE, Madeleine-Angélique, [VINCENT II.
b 1707.
Jean-Pierre, b [1] 2 déc. 1728; s [1] 5 juillet 1729 —*Marie-Angelique*, b [1] 17 mai 1730, s [1] 14 oct. 1738.—*Louise-Angélique*, b [1] 8 juin 1731; m [1] 25 mai 1761, à Joseph DEBARRAS. — *Etienne*, b [1] 21 oct. 1732; m [1] 5 fevrier 1759, à Catherine MAHEU; s 28 oct. 1786, à St-Augustin.— *Pierre-Antoine*, b [1] 4 mai 1734.—*Jean-Baptiste*, b [1] 20 mars 1736, 1° m 8 janvier 1757, à Felicite SAUVÉ, au Bout-de-l'Ile, M. [2], 2° m [2] 11 fevrier 1760, à Marie-Joseph AYMOND —*Joseph*, b [1] 7 mars 1738, m 24 août 1761, à Marie-Angelique SIMON, à Québec. —*Madeleine-Angélique*, b [1] 26 avril 1740; m [1] 19 nov. 1759, à Charles-René FOURÉ.—*Marie-Anne*, b [1] 25 juillet 1741; m [1] 15 juin 1761, à François BARBIER.

(1) De Courval, seigneur de Nicolet et maître des Forges, il était aux Trois-Rivieres en 1745.

(2) Voy. vol. I, p. 149.

1732, (20 janvier) Quebec. [3]
III.—CRÊTE, HENRI, [PIERRE II.
b 1701; s 1er août 1761, à l'Hôpital-Géneral, M.
LEDUC, Elisabeth, [GUILLAUME II.
b 1712.
Guillaume, b [3] 29 oct. et s [3] 8 nov. 1732.— *Elisabeth*, b [3] 6 avril 1734, s [3] 14 juillet 1735.— *Noel-Ignace*, b [3] 1er mai 1736; m à Catherine CARDINAL. — *Marie*, b [3] 22 fevrier et s [3] 16 avril 1738. — *Joseph*, b [3] 25 oct. et s [3] 24 déc. 1739 — *Pierre*, b [3] 18 fevrier et s [3] 9 avril 1741 — *Catherine*, b [3] 9 fevrier et s [3] 4 nov. 1742.— *Marie-Catherine*, b [3] 26 dec. 1743. — *Marie-Louise*, b [3] 12 fevrier 1746. — *Charles*, b 25 sept. 1750, à Beauport [4]; s [4] 26 juin 1755

1741, (5 juin) Beauport. [7]
III.—CRÊTE, LOUIS, [PIERRE II.
b 1711; s [7] 8 mars 1758.
MAHEU (1), Marie-Joseph, [PIERRE III
b 1722.
Louis, b [7] 4 fevrier 1742. — *Marie-Joseph*, b [7] 12 avril 1743. — *Eustache*, b [7] 20 sept. 1744 — *Charles-Marie*, b [7] 30 janvier 1746.— *Pierre*, b [7] 19 mai 1747.—*Marie-Louise*, b [7] 10 et s [7] 27 août 1748 —*Jean*, b [7] 24 oct. 1749.—*Marie-Jeanne*, b [7] 19 avril 1751.—*Marie-Charlotte*, b [7] 6 mai 1752, m [7] 4 sept. 1769, à Charles LEVASSEUR. — *Marie-Louise*, b [7] 8 août 1753. — *Joseph*, b [7] 19 juillet et s [7] 13 dec. 1755.—*Joseph*, b [7] 25 août 1756. — *Michel*, b [7] 29 dec. 1757, s [7] 17 janvier 1758.

1757, (8 janvier) Bout-de-l'Ile, M. [9]
IV.—CRÊTE, JEAN-BTE, [PIERRE III
b 1736, maître-menuisier.
1° SAUVE, Felicite, [PIERRE II.
b 1727; veuve de Charles Diel; s [9] 17 oct 1759.
Luc, b [9] 7 et s [9] 24 oct. 1759.
1760, (11 fevrier). [9]
2° AYMOND, Marie-Joseph, [JEAN-BTE I
b 1741.
Joseph-Noel, b [9] 25 dec. 1760.—*Charles*, b 1761; s 11 nov. 1776, au Detroit. [8] — *Marie-Joseph*, b [9] 5 mai 1763, m [8] 2 déc. 1780, à Julien DUHAMEL —*Angelique-Charlotte*, b... m à Thomas SMITH — *Madeleine*, b [9] 18 juin 1768; m [8] 5 sept. 1791, à François BERNARD.—*Geneviève*, b [8] 9 et s [8] 19 sept. 1773. — *Suzanne*, b [8] 9 et s [8] 23 sept. 1773. — *Marie-Thérèse*, b [8] 9 et s [8] 27 sept. 1773. — *Rose*, b [8] 8 nov. 1774; s [8] 17 mai 1776. — *Marie-Louise*, b [8] 8 dec. 1777.

1759, (5 fevrier) Beauport. [2]
IV.—CRÊTE, ÉTIENNE, [PIERRE III
b 1732; s 28 oct. 1786, à St-Augustin. [4]
MAHEU, Catherine, [PIERRE III
b 1729; veuve d'Ignace-Anatole Marcou

(1) Elle epouse, le 30 mai 1765, Alexis Brunet, à Beauport.

Jeanne, b [2] 18 oct. 1759. — *Anonyme*, b [2] et s [2] 4 fevrier 1760.—*Etienne*, b [2] 24 mars 1761. —*Joseph*, b [2] 24 août 1763; m 25 fevrier 1794, à Marguerite GAGNON, à Quebec. [8]—*Marie-Jeanne*, b [2] 17 nov. 1765; m [4] 10 juillet 1786, à François VÉRAN.—*Jean-Baptiste*, b... m [8] 11 janvier 1791, à Geneviève POUSSARD.

1761, (24 août) Québec. [9]

IV.—CRÊTE, JOSEPH, [PIERRE III.
b 1738.
SIMON (1), Marie-Angélique. [JOSEPH III.
Marie-Angélique, b [9] 21 juin 1762.

IV.—CRÊTE, NOEL-IGNACE. [HENRI III.
CARDINAL, Catherine.
Marie-Archange, b 14 janvier 1765, à St-Michel-d'Yamaska.—*Catherine*, b 2 oct. 1766, à Yamachiche.

1791, (11 janvier) Québec.

V.—CRÊTE, JEAN-BTE. [ETIENNE IV
POUSSARD, Geneviève. [JACQUES.

1794, (25 février) Québec.

V.—CRÊTE, JOSEPH, [ETIENNE IV.
b 1763.
GAGNON, Marguerite. [JOSEPH

1711, (10 fevrier) Québec. [9]

I.—CRETOT (2), JEAN, b 1678; fils de Gabriel et de Marguerite Picher, de St-Paul, Paris, s [9] 20 janvier 1723.
BOUCHER, Louise, [FRANÇOIS I.
b 1681.
Louise-Angélique, b [9] 31 mars 1711; s [9] 8 fevrier 1717. — *Jean-François*, [9] 17 juillet 1712; s [9] 6 oct. 1714.—*Jean-Simon*, b [9] 29 oct. 1714; s [9] 27 nov. 1733.

I.—CREVET, MARIE, b... 1° m 25 oct. 1637, à Robert CARON, à Quebec, 2° m 27 juillet 1666, à Noël LANGLOIS, au Château-Richer; s 22 nov. 1696, à la Baie-St-Paul.

CREVIER.—*Surnoms :* BELLERIVE— DE LA MESLÉ—DESCHENAUX— DUVERNAY — MANOCHE — ST-FRANÇOIS—ST-JEAN.

I.—CREVIER (3), CHRISTOPHE.
ENARD, Jeanne,
b 1619.
Marguerite, b 1645; 1° m 14 mai 1657, à Jacques FOURNIER, aux Trois-Rivières; 2° m 1663, à Michel GAMELIN, 3° m 21 août 1683, à François RENOU, à Boucherville; 4° m 1692, à Robert GROSTON; s 7 juin 1707, à Montreal.

(1) Dit Delorme
(2) Dit Lespérance
(3) Voy. vol I, p 150.

1663, (26 nov.) Trois-Rivières. [1]

II.—CREVIER (1), JEAN, [CHRISTOPHE I.
b 1642.
HERTEL, Marguerite, [JACQUES I.
b 1649, s 26 déc. 1711, à St-Frs-du-Lac. [2]
Joseph, b 1667; m à Angelique LEBOULANGER. —*Jean-Baptiste-René*, b [1] 13 sept. 1679, 1° m 30 avril 1708, à Marie-Madeleine BABIE, à Champlain; 2° m 23 janvier 1726, à Marie-Thérèse DEMIRAY, à Sorel. [3]—*Marguerite*, b [4] 18 sept. 1683; m [2] 1712, à François BABIE.—*Marie-Anne*, b [3] 25 juillet 1686; m [2] 13 fevrier 1708, à Pierre BABIE.

1682, (21 janvier) Champlain.

II.—CREVIER (2), JEAN-BTE, [CHRISTOPHE I.
b 1651; s 15 mars 1708, à Montreal. [4]
CHOREL, Charlotte, [FRANÇOIS I.
b 1664, s [4] 21 nov. 1739.
Pierre, b [4] 8 juin 1699, m 9 janvier 1724, à Thérèse CHEVALIER, à la Pte-aux-Trembles, M.; s 15 fevrier 1754, à Verchères.—*Anne-Françoise*, b [4] 10 juillet 1706, 1° m [4] 12 mai 1731, à Charles LEDUC; 2° m [4] 24 nov. 1744, à Jean-Baptiste DUFRESNE-JANVRIN.

II.—CREVIER (3), NICOLAS, [CHRISTOPHE I.
b 1641.
LELOUTRE, Louise,
b 1648.
Marie-Jeanne, b 1689; Sœur Ste-Hélène, Congregation N.-D.; s 21 fevrier 1726, à Montréal.—*Catherine*, b... m 22 juin 1702, à Michel DESERRE, à Sorel.

III —CREVIER (4), JOSEPH, [JEAN II.
b 1667.
LEBOULANGER, Marie-Angelique. [PIERRE I.
Jeanne-Elisabeth, b 26 mars 1700, à St-Frs-du-Lac [5], s [5] 22 nov. 1740.—*François-Louis*, b [5] 25 août 1701.—*Claire*, b 1707; m [5] 24 fevrier 1728, à Jean-Baptiste JUTRAS; s [5] 18 avril 1734.—*Marie-Renée*, b [5] 21 avril 1709.—*Madeleine-Angélique*, b [5] 4 mai et s [5] 19 sept. 1712. — *Joseph*, b... m 30 juin 1724, à Marie-Charlotte LEMAÎTRE, aux Trois-Rivières.

CREVIER (5), ...

1706, (7 janvier) Trois-Rivières. [6]

I.—CREVIER, CLAUDE.
1° PETIT, Marie-Jeanne, [JOSEPH II.
b 1680, s [6] 14 mars 1710.
Marie-Anne, b [6] 20 nov. 1706; m [6] 12 avril 1728, à Jean POTHIER.—*Agathe*, b [6] 11 août 1708, m 30 juin 1731, à Jean-Baptiste GAGNÉ, à Quebec.
1711, (26 nov.) [6]
2° JUTRAS, Catherine, [CLAUDE I.
b 1671.
Claude-Simon, b [6] 18 nov. 1712

(1) Fait prisonnier et decédé; voy. vol. I, p. 150.
(2) Dit Duvernay, voy. vol. I, p. 150.
(3) Dit Bellerive: voy. vol. I, p. 150.
(4) Dit St-François; officier, il était aux Trois-Rivières en 1694.
(5) Le sieur Crevier avait une chapelle domestique à St-Frs-du-Lac (18 juin 1690).

1708, (30 avril) Champlain.

III.—CREVIER (1), JEAN-BTE-RENÉ, [JEAN II.
b 1679.
1° BABIE, Marie-Madeleine, [JACQUES I.
b 1683.
Jean-Baptiste, b 20 déc. 1709, à St-Frs-du-Lac[1]; s[1] 15 sept. 1727.—*Louis-Joseph*, b[1] 12 mars 1711; m[1] 5 février 1742, à Catherine COUTURIER.—*Marie-Madeleine*, b[1] 27 dec. 1712; s[1] 25 février 1735.—*François-Xavier*, b[1] 11 sept. 1714; m 30 sept. 1744, à Geneviève-Marguerite TRUTEAU, à Montréal.—*Marie-Anne*, b[1] 11 sept. 1716; m[1] 31 janvier 1743, à Michel CARTIER.

1726, (23 janvier) Sorel.
2° DEMIRAY (2), Marie-Thérèse, [JEAN I.
b 1690; s[1] 28 nov. 1726.

III.—CREVIER (3), MICHEL, [NICOLAS II.
b 1680; s 19 janvier 1760, au Cap-de-la-Madeleine.[8]
MASSÉ, Angélique. [JACQUES I.
Marie-Joseph, b... m[8] 4 février 1737, à Etienne GÉLINAS.—*Marie-Charlotte*, b 1712; m 1735, à Louis CHAMPOUX, s[8] 11 mars 1753.—*Antoine*, b 1716; m[8] 6 juin 1746, à Marie-Joseph ARCENEAU; s[8] 11 sept. 1786.—*Angélique*, b 1719; s[8] 30 dec. 1737.

1713, (31 mai) Montréal.[4]

I.—CREVIER (4), JEAN, b 1678; fils d'Etienne et de Marie Roy, de St-Germain-en-Queret, diocèse de Cahors.
PREVOST, Rosalie, [EUSTACHE I.
b 1688; s 28 juin 1752, à St-Laurent, M.[5]
Louis, b[4] 28 juillet et s[4] 2 déc. 1714.—*Marie-Elisabeth*, b[4] 7 oct. 1715; m 14 nov. 1740, à Pierre ROSE, au Sault-au-Récollet[6]; s[6] 28 février 1748.—*Jean-Baptiste-François*, b... m[6] 14 janvier 1737, à Ursule PIGEON.—*Eustache*, b[4] 30 mai et s[4] 4 août 1717.—*Ignace*, b[4] 31 juillet 1718; m[6] 18 nov. 1748, à Marie-Charlotte DROUIN.—*Joseph-Marie*, b[4] 26 mars et s[4] 6 juin 1720.—*Jean-Etienne*, b[5] 15 déc. 1721.—*Louis*, b... m[6] 7 oct. 1748, à Marie-Louise TURCOT.—*Joseph*, b 1731, s[5] 29 mars 1755.—*Jacques*, b... m 1735, à Therèse PRUDHOMME.

1724, (9 janvier) Pte-aux-Trembles, M.

III.—CREVIER (5), PIERRE, [JEAN-BTE II.
b 1699; s 15 février 1754, à Verchères.[1]
CHEVALIER, Therèse, [JOSEPH I.
b 1692; s[1] 15 février 1754.
Jacques, b 13 nov. 1724, à Montréal[2], m à Marie-Anne TÉTREAU; s[1] 17 mai 1762.—*Joseph*, b[2] 14 sept. 1725.—*Pierre*, b[2] 12 oct. 1726; m 24 mai 1752, à Marie-Joseph MAILLOU, à Québec.

(1) Dit Deschenaux.
(2) De l'Argenterie.
(3) Dit Bellerive.
(4) Dit St-Jean; soldat de Bégon.
(5) Dit Duvernay.

1724, (30 juin) Trois-Rivières.[6]

IV.—CREVIER (1), JOSEPH, [JOSEPH III.
b 1697; s 19 juin 1734, à St-Frs-du-Lac.[7]
LEMAÎTRE, Marie-Charlotte, [PIERRE II.
b 1700; s avant 1761.
Joseph, b[7] 17 mars 1725; m[6] 15 juillet 1761, à Marie-Anne POULIN.—*Charles-Etienne*, b[7] 2 avril 1726; 1° m 24 mai 1752, à Charlotte DIEL, à Montreal; 2° m[7] 2 juin 1760, à Angélique GAMELIN.—*Jean-Baptiste*, b[7] 17 janvier 1728.—*Antoine*, b[7] 17 janvier 1729; s[7] 19 janvier 1730—*Antoine*, b[7] 13 mai 1730.—*Louis-Michel*, b[7] 9 oct. et s[7] 12 nov. 1731.—*Marie-Angélique*, b[7] 21 janvier 1733; 1° m[7] 5 février 1750, à Jacques BABIE; 2° m[7] 16 mai 1758, à Joseph PINARD

CREVIER, JEAN-BTE, co-seigneur; s 28 mars 1754, à St-Frs-du-Lac.

1735.

II.—CREVIER, JACQUES. [JEAN I
PRUDHOMME, Thérèse, [FRANÇOIS III.
b 1714.
Gabrielle-Amable, b 8 février 1736, au Bout-de-l'Ile, M.

1737, (14 janvier) Sault-au-Récollet.[1]

II.—CREVIER, JEAN-BTE-FRANÇOIS. [JEAN I.
PIGEON, Marie-Ursule, [LOUIS II.
b 1716.
Jean-Baptiste, b[1] 6 juin 1738.—*Marie-Ursule*, b[1] 3 oct. 1739; m 17 nov. 1770, à François BLENIER, à St-Laurent, M.[2]—*Marie-Agnès-Amable*, b[1] 8 janvier 1741.—*Joseph-Marie*, b[1] 25 mars 1742.—*François-Charles*, b[1] 29 juillet et s[1] 9 août 1743.—*Gabriel-Amable*, b[1] 13 nov. 1744, s[2] 19 juillet 1752.—*Etienne* (2), b[1] 22 dec. 1745, s 30 nov. 1764, au Bout-de-l'Ile, M.—*Marguerite*, b[2] 24 mars 1750.—*Marie-Elisabeth*, b[2] 3 oct. 1751.—*Marie-Joseph*, b[2] 9 et s[2] 21 juillet 1753.—*Louis-Gabriel*, b[2] 19 août 1754.—*Luc*, b[2] 9 juin 1756.—*Charles*, b[2] 23 nov. 1758; s[2] 22 juillet 1759.—*Marie-Louise*, b[2] 7 juin et s[2] 10 juillet 1761.

1742, (5 février) St-Frs-du-Lac.[9]

IV.—CREVIER (3), LOUIS-JOS., [J.-BTE-RENÉ III.
b 1711.
COUTURIER, Catherine. [JEAN-BTE II.
Jean-Baptiste, b[9] 27 nov. 1742; m[9] 24 juin 1762, à Jeanne THÉSARD.—*Marie-Madeleine*, b[9] 30 déc. 1743; s[9] 3 sept. 1745.—*Pierre*, b[9] 3 janvier 1747.—*François-Xavier*, b[9] 13 mars 1748.—*Marie-Catherine*, b[9] 28 oct. 1749.—*Louis-Antoine*, b[9] 1er mars 1751.—*Marie-Joseph*, b[9] 6 nov. 1752.—*Joseph*, b[9] 15 sept. 1755.

1744, (30 sept.) Montréal.

IV.—CREVIER (3), FRS-XAVIER, [J.-B.-RENÉ III.
b 1714.
TRUTEAU, Geneviève-Marg., [BERTRAND II.
b 1725.

(1) Dit St-François; seigneur de St-François.
(2) Il périt par accident avec le meunier de l'Ile-Perrot, nommé Jean Lepage (voy ce nom).
(3) Dit Deschenaux.

Marguerite, b 26 août et s 6 sept. 1745, à St-Frs-du-Lac. [6] — *Marguerite*, b [6] 11 déc. 1746. — *François*, b [6] 31 oct. et s [6] 16 nov. 1748. — *Jean-Baptiste*, b [6] 31 oct. et s [6] 26 nov. 1748.— *Marie-Anne*, b [6] 29 sept. 1750.—*Françoise*, b [6] 7 fevrier 1752. — *Marie-Hélène*, b [6] 24 mars et s [6] 9 avril 1756.—*Geneviève*, b [6] 20 nov. 1762.

1746, (6 juin) Cap-de-la-Madeleine. [8]

IV.—CREVIER (1), Antoine, [Michel III. b 1716; s [8] 11 sept. 1786.

Arceneau, Marie-Joseph. [François II.

Marie-Joseph, b [8] 15 mai 1747 ; m [8] 1er juin 1767, à Jacques Massé. — *Antoine*, b [8] 21 août 1748 ; m à Françoise Chèvrefils.—*Marie-Joseph*, b [8] 14 dec. 1749. — *Rosalie*, b... m [8] 6 juin 1792, à Jean-Baptiste Lefebvre.—*François-Joseph*, b [8] 18 fevrier 1752 ; m [8] 13 mai 1793, à Marguerite Lefebvre. — *Marie-Marguerite*, b [8] 31 janvier 1754. — *Marie-Madeleine*, b [8] 28 sept 1755. — *Jacques*, b... m [8] 26 nov. 1792, à Marie-Charlotte Lefebvre.—*Michel*, b [8] 23 janvier 1758.— *Marie-Anne*, b [8] 7 oct. 1759 ; m [8] 3 juin 1792, à Joseph Gignac.—*Alexis*, b [8] 25 nov. 1761. — *Véronique*, b [8] 9 oct. 1763, m [8] 7 février 1791, à Joseph Vivier.

1748, (7 oct) Sault-au-Recollet. [5]

II.—CREVIER, Louis. [Jean I.

Turcot, Marie-Louise. [Louis-Gabriel II.

Jean-Louis, b [5] 10 sept. 1749.—*Louis*, b 17 et s 25 sept. 1752, à St-Laurent, M. [6]—*Marie-Thérèse*, b [6] 3 oct. 1753.—*Marie-Louise*, b [6] 4 juin 1755.—*Véronique*, b [6] 6 mars et s [6] 2 août 1757.—*Louis-René*, b 26 août 1759, au Bout-de-l'Ile, M. [7]—*Jean-Baptiste*, b [7] 20 juillet 1761.—*Marie-Joseph*, b [7] 3 oct. 1763. — *Anonyme*, b [7] et s [7] 23 sept. 1764.—*Basile*, b [7] 16 avril 1766

1748, (18 nov.) Sault-au-Récollet. [1]

II.—CREVIER, Ignace, [Jean I. b 1718.

Drouin, Marie-Charlotte, [Pierre IV. b 1728 ; s 30 avril 1756, à St-Laurent, M. [2]

Ignace, b [1] 22 août 1749.—*Marie-Charlotte*, b [2] 12 mars 1751. — *Marie-Angélique*, b [2] 26 fevrier 1752. — *Joseph-Marie*, b [2] 17 août 1753.—*Marie-Thérèse*, b [2] 27 août et s [2] 21 sept. 1754. — *Jean-Baptiste*, b [2] 31 juillet 1755.

IV.—CREVIER (2), Jacques, [Pierre III. b 1724 ; s 17 mai 1762, à Verchères. [8]

Tétreau (3), Marie-Anne, [Jacques II.

Jacques, b... m [8] 9 nov. 1769, à Marguerite Quintal. — *Marie-Madeleine*, b... 1° m [8] 16 janvier 1769, à Louis Martel, 2° m [8] 22 nov. 1779, à Antoine Huet.—*Marie-Joseph*, b [8] 24 juin et s [8] 24 août 1751.-*Marie-Anne-Amable*, b [8] 7 sept.1752; 1° m [8] 3 nov. 1772, à Jean-Baptiste Quintal ; 2° m [8] 25 juillet 1774, à Urbain Favreau.—*Louis-Marie*, b [8] 19 mars 1754 ; m [8] 27 février 1775, à Victoire Benoit. — *Marie-Thérèse*, b [8] 8 nov. 1755 ; s [8] 23 mars 1756 — *Joseph-Marie*, b [8] 13 déc. 1756 ; 1° m [8] 27 nov. 1780, à Archange Lhuillier ; 2° m 17 avril 1792, à Anne-Julie Rocbert, à Varennes ; s 26 août 1820, à Lanoraie. —*Michel*, b [8] 15 nov. 1758 ; m [8] 20 janvier 1783, à Marie-Joseph Gosselin. — *Jean-Baptiste*, b [8] 10 juillet et s [8] 14 août 1760. — *Marie-Cécile*, b [8] 22 nov. 1761 ; m [8] 6 juin 1781, à Jean Lemonde.

1752, (24 mai) Montréal.

V.—CREVIER (1), Chs-Etienne, [Joseph IV. b 1726.

1° Diel, Charlotte, [Jacques II b 1726 ; s 24 mars 1760, à St-Frs-du-Lac. [7]

Charles-Joseph, b [7] 14 mars 1753. — *Marie-Anne*, b [7] 22 avril et s [7] 27 juin 1754. — *Marguerite*, b [7] 5 sept. 1755.— *Charles*, b [7] 2 déc. 1757, s [7] 26 sept. 1759.

1760, (2 juin). [7]

2° Gamelin, Angelique, [Antoine III. b 1734.

Antoine-Michel, b [7] 21 juin et s [7] 15 août 1761. —*Antoine*, b [7] 9 nov. 1762.

1752, (24 mai) Québec. [8]

IV.—CREVIER (2), Pierre, [Pierre III. b 1726.

Maillou, Marie-Joseph, [Pierre II. b 1724.

Marie-Louise, b [8] 28 mars et s 2 avril 1754, à Lévis.—*Pierre*, b [8] 14 mai 1755. — *Angélique*, b [8] 18 avril 1756. — *Pierre-Chrysologue*, b [8] 16 sept. 1757.— *Jean-Baptiste*, b [8] 26 et s [8] 30 déc. 1758. — *Marie-Joseph*, b et s 7 août 1761, à St-Laurent, M.

1761, (15 juillet) Trois-Rivières.

V.—CREVIER (3), Joseph, [Joseph IV b 1725.

Poulin, Marie-Anne, [Pierre IV. b 1727.

Joseph-Antoine, b 26 mai 1762, à St-Frs-du-Lac.

1762, (24 juin) St-Frs-du-Lac.

V.—CREVIER, Jean-Bte, [Louis-Joseph IV. b 1742.

Thésard, Jeanne, [François I. b 1739.

1769, (9 nov) Verchères.

V.—CREVIER (2), Jacques. [Jacques IV.

Quintal (4), Marguerite. [Michel II.

1780, (27 nov.) Verchères. [9]

V.—CREVIER (2), Joseph-Marie, [Jacques IV. b 1756 ; s 26 août 1820, à Lanoraie (noye).

1° Lhuillier, Archange. [Charles II.

---

(1) Dit Bellerive.

(2) Dit Duvernay.

(3) Elle épouse, le 9 juin 1776, Nicolas Truteau, à Verchères.

(1) Dit St-François.

(2) Dit Duvernay.

(3) Seigneur primitif de St-Frs-du-Lac.

(4) Elle épouse, le 12 oct 1778, Pierre Weilbrenner, à Verchères.

Marie-Archange, b ⁹ 29 sept. et s ⁹ 8 oct. 1781. — *Marie-Archange*, b ⁹ 6 juin 1783. — *Marie-Joseph*, b ⁹ 15 mai 1784. — *Jean-Marie*, b ⁹ 2 février et s ⁹ 24 juillet 1786.—*Pierre-Ignace*, b ⁹ 16 mars et s ⁹ 1er août 1787. — *Marie-Archange*, b ⁹ 6 et s ⁹ 28 février 1788.

1792, (17 avril) Varennes.

2° ROCBERT, Marie-Anne-Julie. [ETIENNE III.
Hortense, b ⁹ 23 mars 1793; 1° m à Paschal LANGEVIN; 2° m à Etienne GAUVREAU.—*Ludger*, b ⁹ 12 avril 1795.—*Séraphine*, b ⁹ 21 août 1796. —*Aglaée*, b ⁹ 19 août 1797.—*Joseph-Ludger*, b ⁹ 22 janvier 1799, m à Marie-Reine HARNOIS.—*Julie*, b... m à Pierre FORTIN (1).

1792, (26 nov.) Cap-de-la-Madeleine. ⁷

V.—CREVIER, JACQUES. [ANTOINE IV.
LEFEBVRE, Marie-Charlotte [PIERRE III
Paschal, b ⁷ 20 avril 1794.—*Anonyme*, b ⁷ et s ⁷ 11 oct. 1795

1793, (13 mai) Cap-de-la-Madeleine. ⁸

V.—CREVIER, FRANÇOIS, [ANTOINE IV.
b 1752.
LEFEBVRE, Marie-Marguerite. [JACQUES III.
François-Xavier, b ⁸ 24 février 1794.

V.—CREVIER (2), ANTOINE, [ANTOINE IV.
b 1748.
CHEVREFILS (3), Françoise.
Joseph, b 18 mars 1786, au Cap-de-la-Madeleine ¹, ordonné le 21 sept. 1816.—*Frédéric*, b ¹ 5 juillet 1794.—*Edouard-Joseph*, b ¹ 5 nov. 1799, ordonné 2 oct. 1825; s 22 janvier 1881, à Ste-Marie-de-Monnoir.

CREVIER (2), BENJAMIN, b 1789; s 16 avril 1791, au Cap-de-la-Madeleine.

I.—CRIMERIN, LIBÈRE, b ... m 28 août 1756, à Claude GOBEAU.

1728, (28 oct.) Québec. ⁷

I.—CRIQUET (4), PIERRE, fils de Pierre et d'Anne Biron, de St-Nicolas-du-Chardonet, diocèse de Paris.
MIREAU (5), Marie-Madeleine, [MATHIEU I.
b 1711.
Pierre, b ⁷ 13 nov. 1729, s ⁷ 10 avril 1730.—*François*, b... s 27 déc. 1763, à Deschambault.

I.—CRISAFY (DE), (6), s 6 mai 1709, aux Trois-Rivières.

(1) Père de l'hon. P. Fortin.

(2) Dit Bellerive.

(3) Dit Belisle.

(4) Dit Poitevin.

(5) Dit LaBouteille; elle épouse, le 22 juin 1730, Charles-Claude Charpentier, à Québec.

(6) Le marquis; chevalier de St-Louis, gouverneur des Trois-Rivières. Il rachète, en 1706, Marguerite Huggins, prisonnière de guerre.

I.—CRISAQUE (1), PIERRE,
Acadien.
VINCENT, Catherine.
Pierre, b 6 août et s 26 sept. 1760, à Kamouraska.—*Marie*, b... m 22 janvier 1776, à François SIVIDIQUE, à St-Joseph, Beauce. ⁵—*François*, b ⁵ 28 juillet 1770; s ⁵ 5 juillet 1772. — *Jean-Marie*, b ⁵ 24 mai et s ⁵ 5 juin 1772. — *Joseph*, b 1774; s ⁵ 9 mars 1776. — *Marie-Catherine*, b ⁵ 26 mai 1776.

CRISTIN.—*Variations et surnoms:* CHRISTIN—CRISTAIN—ST-AMOUR.

1699, (2 mars) Repentigny.

I.—CRISTIN (2), ISAAC,
b 1668.
CHARTRAN, Suzanne, [THOMAS I.
b 1681.
Paul-Charles, b 22 avril 1704, à St-François, I. J.; m 18 nov. 1727, à Madeleine BACHAND, à Boucherville. ¹—*Joseph*, b... m ¹ 15 mai 1747, à Françoise DEMERS.—*Marie*, b... m à Gabriel HUNAULT; s 20 février 1729, au Bout-de-l'Ile, M.—*Anonyme*, b et s 10 juin 1706, à Montréal. ²—*Suzanne-Catherine-Danielle*, b ² 16 avril 1708.—*Marie-Madeleine*, b ² 20 mai 1711; s ² 15 août 1712.—*Jean-Baptiste*, b ² 6 juin 1713; m à Geneviève TÉROUX.

1727, (18 nov.) Boucherville ¹

II.—CRISTIN, PAUL-CHARLES, [ISAAC I.
b 1704.
BACHAND, Madeleine. [NICOLAS I.
Marie-Anne, b... m ¹ 27 janvier 1749, à Antoine FAVREAU.—*Charlotte*, b... m ¹ 15 mai 1752, à Adrien FOURNIER.

II.—CRISTIN (3), JEAN-BTE, [ISAAC I.
b 1713.
TÉROUX (4), Geneviève
Marguerite, b 16 mai 1738, à St-François, I. J. ⁷—*Marie-Françoise*, b ⁷ 24 août 1740.—*Joseph*, b... m à Marie-Elisabeth LAGACÉ.

1747, (15 mai) Boucherville.

II.—CRISTIN, JOSEPH. [ISAAC I.
DEMERS, Françoise, [ETIENNE III.
b 1726.

III.—CRISTIN, JOSEPH. [JEAN-BTE II.
LAGACÉ (5), Marie-Elisabeth.
Michel, b... m 6 oct. 1782, à Marie-Angelique CHAREST, à Lachenaye.—*Joseph*, b... m à Veronique ROBICHAUD. — *Pierre*, b... m à Marie COITOU.—*Jean-Baptiste*, b... m à Louise ST-GERMAIN.

1782, (6 oct.) Lachenaye.

IV.—CRISTIN, MICHEL. [JOSEPH III
CHAREST, Marie-Angelique, [LOUIS III.
b 1761.

(1) Et Cressac—Crésac dit Toulouse.

(2) Dit St-Amour, voy. vol. I, p. 150.

(3) Et Christin.

(4) Dit Laferté, 1740.

(5) Appelée Magace, 1782

IV.—CRISTIN, PIERRE. [JOSEPH III.
Coitou, Marie.
Joseph, b 22 janvier 1784, à Lachenaye.[4]—*Marguerite*, b [4] 22 mai 1787.

IV.—CRISTIN, JOSEPH, [JOSEPH III.
ROBICHAUD, Veronique.
Marie-Louise, b 28 mai 1784, à Lachenaye.

IV.—CRISTIN, JEAN-BTE. [JOSEPH III.
ST-GERMAIN, Louise.
Joseph, b .. m 1820, à Marguerite BRISSET, à L'Assomption

1820, L'Assomption.[3]

V.—CRISTIN (1), JOSEPH, [JEAN-BTE IV.
s 1867.
BRISSET, Marguerite. [ANDRÉ
Joseph, b [3] 1823; m à Marie-Louise LADELLE.

CROAC.—Voy. KÉROAC—LEBRICE.

CROCH.—Voy. SYRE.

CROCHETIÈRE. — *Variations :* CROISETIÈRE—CROISTIÈRE—CROIZETIÈRE.

1761, (1er février) Yamachiche.[1]

II.—CROCHETIÈRE (2), CLAUDE, [CLAUDE I.
b 1738.
HÉROU, Marie-Joseph, [JACQUES III.
b 1738.
Etienne-Toussaint, b [1] 31 oct. 1761. — *Jean-Baptiste*, b [1] 7 janvier 1763, s [1] 5 sept. 1764. — *Augustin*, b [1] 24 fevrier 1764. — *Jacques*, b [1] 9 sept. 1765 — *Joseph*, b [1] 27 mai 1767. — *Joseph*, b [1] 6 mai 1768. — *Marie-Joseph*, b... m 1793, à Antoine BARTHE.

I.—CROCHON (3), FRANÇOIS.
BOISVERD, Madeleine.
François, b .. m 20 août 1782, à Angélique SEDILOT, à Quebec.

1782, (20 août) Quebec.

II.—CROCHON (3), FRANÇOIS. [FRANÇOIS I.
SÉDILOT, Angelique. [PIERRE IV.

CROCROIX.—Voy. CROQUELOIS.

CROISETIÈRE.—Voy. CROISTIÈRE.

CROISILLE (DE).—Voy. LEGARDEUR.

CROISY (DE), JACQUES-FRANÇOIS. —Voy. LEGARDEUR.

CROISTIÈRE. — *Variations :* CROCHETIÈRE — CROISETIÈRE—CROIZETIÈRE.

(1) Dit St-Amour.
(2) Le nom de son père est Claude Croistière; voy. ce nom
(3) Dit Cambray.

1735, (3 mai) Quebec.[6]

I.—CROISTIÈRE (1), CLAUDE, b 1703; fils de Geoffroy et de Suzanne LaTour, de St-Barthelemi, diocèse de LaRochelle; s [6] 30 mars 1776.
PROVOST, Marie-Jeanne, [JEAN-BTE II.
b 1703, veuve d'Antoine Billot; s 1er mai 1775, à Ste-Foye.
Pierre-Claude, b [6] 7 juillet 1736; s [6] 14 mai 1737.—*Etienne-Claude* (2), b [6] 26 avril 1738; m 1er fevrier 1761, à Marie-Joseph HEROU, à Yamachiche. — *Charles*, b [6] 18 juin 1740; m [6] 7 nov. 1763, à Veronique LEVASSEUR. — *Gabriel*, b [6] 5 nov. 1742; s [6] 28 mai 1743.—*Marie*, b... m à Jean GUILMET.

1763, (7 nov.) Québec.[6]

II.—CROISTIÈRE, CHARLES, [CLAUDE I.
b 1740.
LEVASSEUR, Geneviève-Veronique, [NOEL IV.
b 1733; s [6] 14 août 1781.

1749, (5 mai) Montréal.[1]

I.—CROIZAU (3), JOSEPH, b 1716, fils de Corneille et de Marie Azure, de St-Nicolas, ville de Liège.
GOURIAU, Marie-Louise, [JEAN-BTE I.
b 1718.
Joseph, b [1] 10 nov. 1743.—*Jean-Jerôme*, b [1] 10 oct. 1746.—*François*, b [1] 10 mai 1750.

CROIZETIÈRE.—Voy. CROISTIÈRE.

CROIZILLE.—Voy. LEGARDEUR.

I.—CROMBRIAU, JACQUES.
HENAUT (4), Madeleine, [TOUSSAINT II.
b 1697.
Noel, b 1731, m [1] 7 avril 1758, à Marie-Joseph JULIEN, à Montreal.

1758, (17 avril) Montreal.

II.—CROMBRIAU, NOEL, [JACQUES I.
b 1731.
JULIEN, Marie-Joseph, [JEAN I.
b 1733.

1764, (12 nov.) Lévis.

I.—CROMP, THOMAS, fils de Thomas et de Marie Vend, de Claoferd, principaute de Galles.
DUFRESNE (5), Marie. [FRANÇOIS III.

CROQS.—Voy. LANDRY.

I.—CROQUANT, ..., b 1647, s 7 mars 1713, aux Trois-Rivières.

(1) Et Croisetière.
(2) Marie sous le nom de Crochetière; voy. ce nom.
(3) Dit Larose, soldat de la compagnie de Laverendrye.
(4) Et Hunault.
(5) Dit Bonin.

1706, (30 août) Montréal. [3]

I.—CROQUELOIS (1), JACQUES, b 1669; fils de Jacques et de Madeleine Hay, de St-Jacques, Dieppe, diocèse de Rouen; s [3] 18 fevrier 1739.

DUMOUCHEL, Françoise, [BERNARD I.
b 1681; s [3] 23 nov. 1748.

Jacques, b [3] 6 sept. 1707. — *Catherine*, b 18 juin 1709, à l'Ile-Dupas; m 18 sept. 1747, à Jean LECLERC, aux Trois-Rivières. — *Claude*, b [3] 30 avril 1711; s [3] 29 oct. 1722.—*Marie*, b [3] 20 nov. 1712; 1° m [3] 27 juillet 1728, à Denis BENARD; 2° m [3] 4 mars 1737, à Charles GUILBAUT.—*Marie-Charlotte*, b [3] 30 déc. 1714; m [3] 6 fevrier 1736, à Joseph MORIN.—*Marie-Joseph*, b [3] 7 fevrier 1716; m [3] 4 fevrier 1737, à Nicolas VAUQUIER.—*Louise-Françoise*, b [3] 6 nov. 1717; s [3] 28 avril 1723.—*Louis-François*, b [3] 26 fevrier 1719; s [3] 4 oct. 1721.—*Louis*, b [3] 23 mars 1723.

CROSNIER.—Voy. GROINIER.

CROTEAU.—*Variations :* CROTHO—GROTEAU.

1669.

I.—CROTEAU (2), VINCENT,
b 1647.

GODEQUIN, Jeanne,
b 1649; s 4 oct. 1727, à St-Antoine-Tilly. [1]

Jeanne, b 3 juillet 1670, à Sillery [2]; 1° m 26 nov. 1685, à Antoine BESSIÈRE, à la Pte-aux-Trembles, Q. [3]; 2° m 15 août 1709, à Philippe BARBIL, à Montréal; s 9 mai 1719, à Quebec. [4]—*Louis*, b [4] 30 nov. 1672, 1° m [3] 22 nov. 1693, à Marie-Louise BORDELEAU; 2° m [1] 1er sept. 1721, à Angélique GAUDIN; s [1] 20 juin 1747. — *Nicolas*, b [2] 1er fevrier 1677; m 11 nov. 1709, à Catherine MESNY, à Ste-Anne; s [1] 14 mars 1723.—*Charles*, b 1682; 1° m 2 mai 1709, à Suzanne MESNY, à Ste-Famille, I. O; 2° m 13 oct. 1710, à Marie DION, à St-Nicolas — *Jacques*, b 1686; m [1] 11 oct. 1728, à Marie-Charlotte DUPONT; s [1] 19 déc. 1767.—*Pierre*, b [3] 7 sept 1687; m 29 avril 1715, à Marie CHARTRÉ, à Charlesbourg, s [1] 27 déc. 1765. — *Marie-Louise*, b [4] 6 nov. 1692, m [1] 22 nov. 1733, à Jacques GENEST; s [1] 14 avril 1734.

1686.

II.—CROTEAU (2), VINCENT. [VINCENT I.
GAUTIER, Jeanne-Françoise. [MATHURIN I.

Charles, b 1687; s 20 juin 1745, à St-Antoine-Tilly.

1695, (22 nov.) Pte-aux-Trembles, Q. [3]

II.—CROTEAU (3), LOUIS, [VINCENT I.
b 1672; s 20 juin 1747, à St-Antoine-Tilly. [4]

1° BORDELEAU, Marie-Louise, [ANTOINE I.
b 1676; s [4] 2 juillet 1720.

Louis, b [3] 2 nov. 1696; m 4 août 1728, à Catherine BARON, à St-Nicolas. [5] — *Louise*, b [3] 16 mai 1700; m [4] 14 août 1719, à Jean-François GRENON.—*Pierre*, b [4] 1er juillet 1703; s [4] 21 août 1728. — *Bernard*, b [5] 19 juin 1706; m 11 août 1728, à Catherine TRUCHON-LÉVEILLÉ, à Lachenaye. — *Angélique*, b [5] 16 nov. 1708; m [4] 22 nov. 1728, à Jean-Baptiste BERGERON; s [4] 14 janvier 1763. — *Marie*, b 1709; m [4] 27 août 1732, à Joseph BERGERON; s [4] 15 mars 1749. — *Pierre-Noel*, b [4] 26 et s [4] 28 mai 1711. — *Pierre*, b... m à Marie-Louise MORIN.

1721, (1er sept.) [4]

2° GAUDIN, Angelique, [PIERRE II.
b 1689; s [4] 17 dec. 1749.

Jean-François, b [4] 16 mai 1722; m [4] 25 juin 1740, à Geneviève COTÉ. — *Marie-Geneviève*, b [4] 30 avril 1724; m [4] 30 juin 1750, à Jean-Baptiste COTÉ; s [4] 7 mai 1757.—*Jacques*, b [4] 12 juin 1726. —*Joseph*, b [4] 12 oct. 1728.—*Jean-Baptiste*, b [4] 18 juin 1731; 1° m [4] 22 avril 1754, à Marie-Charlotte GRENIER; 2° m [4] 26 fevrier 1759, à Marie-Catherine BARON; 3° m [4] 26 janvier 1767, à Marie-Therèse COTÉ.

1709, (2 mai) Ste-Famille, I. O.

II.—CROTEAU, CHARLES, [VINCENT I.
b 1682.

1° MESNY (1), Suzanne, [ETIENNE I.
b 1686; s 2 juin 1709, à St-Nicolas. [5]

1710, (13 oct) [5]

2° DION (2), Marie-Suzanne, [PHILIPPE I.
b 1692, s 7 oct. 1752, à St-Antoine-Tilly. [6]

Charles-Louis, b [6] 3 dec. 1711; s [6] 3 janvier 1732.—*Louise*, b... m [6] 19 juin 1730, à Joseph ROGNON. — *Louis*, b [6] 11 oct. 1716, 1° m [6] 27 janvier 1738, à Marie-Françoise HOUDE; 2° m 27 avril 1756 à Marie-Catherine HOUDE, à Ste-Croix; s [6] 23 août 1762.

1709, (11 nov.) Ste-Anne.

II.—CROTEAU, NICOLAS, [VINCENT I.
b 1677; s 14 mars 1723, à St-Antoine-Tilly [9]

MESNY, Catherine, [ETIENNE I.
b 1691; s [9] 21 août 1758.

Nicolas, b [9] 24 fevrier 1711; m 19 nov. 1736, à Marie-Françoise ROIGNON, à la Pte-aux-Trembles, Q. — *Louis*, b [9] 8 dec. 1712; m [9] 4 fevrier 1737, à Marie-Anne ROBERGE.—*Pierre*, b [9] 2 dec. 1714; m [9] 11 août 1740, à Angélique BERGERON. — *Marie-Catherine*, b [9] 16 mai 1717, 1° m à Pierre BAUDRY; 2° m [9] 25 janvier 1761, à Jean-Baptiste BERGERON. — *Marie-Anne*, b [9] 27 nov. 1719; m [9] 11 nov. 1743, à François SÉVIGNY.—*Prisque*, b [9] 17 fevrier 1722; m [9] 15 sept. 1744, à Madeleine BOURGOIN.

1715, (29 avril) Charlesbourg.

II.—CROTEAU, PIERRE, [VINCENT I
b 1687, s 27 déc. 1765, à St-Antoine-Tilly [9]

CHARTRÉ (3), Marie, [FRANÇOIS I.
b 1694; s [9] 24 janvier 1775.

---

(1) Dit Laviolette; sergent de la compagnie de Longueuil.

(2) Voy. vol. I, p. 150.

(3) Et Groteau; voy. vol. I, p. 151.

(1) Elle s'est noyée le jour de la Pentecôte, en allant à la messe

(2) Dit Deslauriers.

(3) Et Chartrain.

Jean, b [9] 15 mars 1716; m 3 février 1744, à Marie TRUCHON, à Lachenaye [8]; s [8] 20 mars 1749. —*Pierre*, b... m 26 août 1737, à Geneviève GRENON, à la Pte-aux-Trembles, Q. — *Marie-Joseph*, b [9] 16 mai 1723; m [9] 7 mai 1741, à Louis ROGNON; s [9] 7 avril 1760. — *Charles*, b [9] 1er janvier 1726; m [9] 4 sept. 1761, à Marie-Charlotte HOUDE. — *Joseph*, b... m [9] 14 juin 1746, à Thérèse BERGERON. —*Charles*, b... m [9] 9 nov. 1761, à Angélique HOUDE.

1728, (4 août) St-Nicolas. [9]

III.—CROTEAU, LOUIS, [LOUIS II.
b 1696.
BARON, Catherine. [JACQUES II.
Marie-Catherine, b [9] 8 avril 1731. — *Louis*, b 14 avril 1733, à St-Antoine-Tilly. [5] — *Jean*, b [9] 5 sept. 1735; m [9] 12 janvier 1761, à Louise DEMERS. —*Charles-Augustin*, b [9] 20 février 1738.—*Marie-Thérèse*, b [9] 11 mars 1741, s [5] 11 fevrier 1742.—*Marie-Louise*, b [5] 25 janvier 1743.

1728, (11 août) Lachenaye. [8]

III.—CROTEAU (1), BERNARD, [LOUIS II.
b 1706.
TRUCHON (2), Catherine, [LOUIS I.
b 1708.
Marie-Catherine, b [8] 21 mai 1729. — *Marie-Catherine*, b 6 mai 1731, à St-Antoine-Tilly [7]; s 5 juin 1749, à Terrebonne. [6] — *Marie-Anne*, b 15 mars, à la Pte-aux-Trembles, Q. et s [7] 27 août 1733. —*Marie*, b [8] 5 mars 1735; 1° m [8] 12 nov. 1764, à Jean-Baptiste HUBOUT; 2° m 7 oct. 1771, à Paschal BEAUCHAMP, à St-Henri-de-Mascouche.—*Marie-Elisabeth*, b [8] 29 avril 1737, m [8] 6 oct. 1760, à Felix JOLY. — *Marie-Angélique*, b [7] 20 février 1740; m [8] 6 sept. 1762, à François DUFOUR; s [6] 9 oct. 1766.—*Marie-Charlotte*, b [8] 1er nov. 1742.—*Joseph-Marie*, b [8] 21 fevrier 1747.—*Marie-Catherine*, b [8] 25 juin 1749.

1728, (11 oct.) St-Antoine-Tilly. [9]

II.—CROTEAU, JACQUES, [VINCENT I.
b 1686, s [9] 19 dec. 1766.
DUPONT, Marie-Charlotte, [GUILLAUME I.
b 1704; s [9] 19 mai 1760.
Anonyme, b [9] 3 sept. 1729.—*Jacques*, b [9] 14 et s [9] 15 février 1731.—*Charlotte-Joseph*, b [9] 2 et s [9] 7 mai 1732. — *Marie-Louise*, b [9] 25 mars 1733, m [9] 23 nov. 1750, à Pierre HOUDE.— *Jacques*, b [9] 28 oct. 1734; m [9] 15 nov. 1756, à Louise ROGNON. — *Marie-Angélique*, b [9] 9 oct. 1735; s [9] 7 mai 1736. — *Louis-Joseph*, b [9] 18 nov. et s [9] 5 déc. 1736. — *Pierre-Noel*, b [9] 1er et s [9] 6 juillet 1738. — *Louis*, b [9] 24 août et s [9] 26 sept. 1739. — *Marie-Charlotte*, b [9] 30 oct. 1741, s [9] 15 nov. 1747.— *Jean-Joseph*, b [9] 11 dec. 1742. —*Anonyme*, b [9] et s [9] 7 fevrier 1744 —*Pierre*, b [9] 5 fevrier 1745; m [9] 4 juin 1764, à Angelique LAMOTTE.—*Marie-Catherine*, b [9] 23 mai et s [9] 6 dec. 1748.—*Marie-Angélique*, b... s [9] 19 janvier 1754.

(1) Et Groteau.

(2) Dit Léveillé; elle épouse, le 15 nov. 1756, Louis Graton, à Lachenaye.

III.—CROTEAU, PIERRE. [LOUIS II.
MORIN, Marie-Louise.
Charles, b 12 août 1737, à Québec; m à Marie-Louise LANDRY.

1736, (19 nov.) Pte-aux-Trembles, Q.

III.—CROTEAU (1), NICOLAS, [NICOLAS II.
b 1711.
ROIGNON, Marie-Françoise, [DENIS II.
b 1700.
Marie-Anne, b 23 juin 1738, à St-Antoine-Tilly [1], m [1] 7 fevrier 1757, à Simon BARON.—*Nicolas*, b [1] 7 juillet 1740; s [1] 10 août 1742.—*Nicolas-François*, b [1] 7 juin 1744; s [1] 3 dec. 1747.

1737, (4 février) St-Antoine-Tilly. [2]

III.—CROTEAU, LOUIS, [NICOLAS II.
b 1712.
ROBERGE, Marie-Anne, [JEAN II.
b 1710.
Louis-Nicolas, b [2] 18 et s [2] 19 sept. 1737.—*Antoine*, b [2] 18 et s [2] 20 sept. 1737.—*Louis-Marie*, b [2] 15 sept. 1738; 1° m [2] 4 oct. 1762, à Marie-Geneviève CHENAY; 2° m [2] 27 août 1764, à Marie-Charlotte COULOMBE.—*Marie-Anne*, b [2] 15 sept. 1740; s [2] 4 mars 1764.—*Joseph-Marie*, b [2] 24 fevrier et s [2] 19 août 1742.—*Marie-Ursule*, b [2] 17 juillet 1743; m [2] 14 nov. 1763, à Pierre MARTINEAU.—*Pierre*, b [2] 19 et s [2] 21 avril 1746.—*Marie-Félicité*, b [2] 19 avril et s [2] 31 mai 1746.—*Marie-Judith*, b [2] 18 mai 1747.

1737, (26 août) Pte-aux-Trembles, Q.

III.—CROTEAU, PIERRE. [PIERRE II.
GRENON, Geneviève, [PIERRE II.
b 1715.
Marie-Joseph, b 28 nov. et s 14 déc. 1738, à St-Antoine-Tilly. [3] — *Pierre-François*, b [3] 25 oct. 1739, s [3] 21 sept 1757.—*Marie-Joseph*, b [3] 16 mars 1741; m [3] 2 fevrier 1761, à Pierre DUSSAULT. —*Jean-Marie*, b [3] 14 et s [3] 24 juillet 1745.—*Joseph*, b [3] 3 juillet 1746; s [3] 21 juillet 1762.—*Marie-Charlotte*, b [3] 6 août 1748, m [3] 9 fevrier 1767, à Joseph BERGERON.—*Marie-Thérèse*, b [3] 26 août 1751; m [3] 11 janvier 1767, à Joseph-Marie FRÉCHET.—*Marguerite*, b [3] 2 avril 1754.

1738, (27 janvier) St-Antoine-Tilly. [4]

III.—CROTEAU, LOUIS, [CHARLES II.
b 1716; s [4] 23 août 1762.
1° HOUDE, Marie-Françoise, [JACQUES III.
b 1718; s [4] 4 dec. 1754.
Louis-François, b [4] 29 janvier 1739; m [4] 11 fevrier 1765, à Felicité CHENAY.—*Jacques*, b [4] 25 juillet 1740.—*Joseph-Marie*, b [4] 1er avril 1742, m à Madeleine HOULE.—*François*, b [4] 3 juin 1744. —*Jean-Marie*, b [4] 26 mars et s [4] 9 juillet 1746.—*Marie-Thérèse*, b [4] 11 avril 1747.—*Marie-Louise*, b [4] 14 janvier et s [4] 27 juillet 1749.—*Jean-Baptiste*, b [4] 10 mai et s [4] 27 août 1750.—*Marie-Françoise*, b [4] 16 et s [4] 25 fevrier 1752.—*Marie-Françoise*, b [4] 23 mars 1753.

(1) Ou Crotho.

1756, (27 avril) Ste-Croix.
2° HOUDE (1), Marie-Catherine, [CLAUDE III. b 1738.
Marie-Catherine, b [4] 27 et s [4] 31 août 1756.—*Jean-Baptiste*, b [4] 25 oct. 1757.—*Antoine*, b [4] 29 mai et s [4] 23 juin 1759. — *Jacques*, b... s [4] 13 juillet 1757.—*Pierre-Toussaint*, b [4] 9 et s [4] 28 août 1760. —*Louis-Charles*, b [4] 12 août 1761.—*Marie-Monique* (posthume), b [4] 23 janvier 1763.

1740, (25 juin) St-Antoine-Tilly. [5]
III.—CROTEAU, JEAN-FRANÇOIS, [LOUIS II. b 1722.
CÔTÉ, Geneviève-Louise, [JACQUES III. b 1719.
Marie-Louise, b [5] 28 nov. 1740; m [5] 2 février 1761, à Charles CHENAY.—*Joseph-François*, b [5] 6 oct. 1742; m [5] 23 fevrier 1767, à Marie-Thérèse BERGERON.—*Joseph-Marie*, b [5] 18 mars 1745; s [5] 27 déc. 1748.—*Marie-Françoise*, b [5] 4 avril 1747, s [5] 13 déc. 1748. — *Marie-Charlotte*, b [5] 11 juin 1749.—*Joseph*, b [5] 9 mai 1752.—*Joseph-Charles*, b [5] 21 déc. 1754.—*Augustin*, b [5] 21 juillet et s [5] 13 sept. 1757.—*Geneviève-Angélique* et *Marie-Thérèse*, b [5] 8 mars 1759.—*Marie-Marguerite*, b [5] 22 juillet 1761; s [5] 12 janvier 1765.

1740, (11 août) St-Antoine-Tilly. [6]
III.—CROTEAU, PIERRE, [NICOLAS II. b 1714.
BERGERON, Angélique, [ANDRÉ II. b 1721.
Marie-Angélique, b [6] 26 oct et s [6] 23 nov. 1741. —*Marie-Agathe*, b [6] 29 avril et s [6] 1er juillet 1743. —*Marie-Angélique*, b [6] 29 avril 1744; m [6] 18 fevrier 1765, à Pierre LAMOTTE.—*Marie-Charlotte*, b [6] 11 mars 1746.—*Pierre*, b [6] 10 mai 1748; s [6] 26 sept. 1766.—*Marie-Angélique*, b [6] 13 fevrier 1750; m [6] 27 fevrier 1775, à Joseph MAROT.—*Joseph-Marie*, b [6] 27 fevrier 1751; s [6] 18 avril 1752.—*Antoine*, b [6] 17 janvier 1753.—*Jean-Baptiste*, b [6] 10 avril et s [6] 11 sept. 1754.—*Charles*, b [6] 13 fevrier 1756, s [6] 28 juin 1764.—*Louis-Joseph*, b [6] 25 mars et s [6] 23 avril 1758.—*Louise*, b [6] 3 et s [6] 14 janvier 1763.—*Philippe*, b [6] 9 mars et s [6] 26 août 1764.

1744, (3 fevrier) Lachenaye. [7]
III.—CROTEAU, JEAN, [PIERRE II. b 1716; s [7] 20 mars 1749.
TRUCHON, Marie [PIERRE II
Elisabeth, b 1744; m à Fidèle JOLY; s [7] 29 sept. 1769.—*Jean-Baptiste*, b [7] 13 mai 1746, s [7] 10 avril 1750.—*Michel*, b [7] 15 février 1749, s [7] 6 oct. 1750. — *Marie-Reine*, b... m [7] 9 oct. 1769, à Nicolas GAMACHE; s [7] 15 avril 1772

1744, (15 sept) St-Antoine-Tilly. [9]
III.—CROTEAU, PRISQUE, [NICOLAS II. b 1722.
BOURGOIN, Madeleine, [ANTOINE-FRS III. s 4 janvier 1768, à St-Henri-de-Mascouche.
Prisque, b [9] 3 juin 1745; s [9] 7 mars 1753. — *Nicolas* et *Marie-Madeleine*, b [9] 16 et s [9] 18 juin 1747. — *Marie-Madeleine*, b [9] 7 avril 1748; s [9] 4 fevrier 1753.—*Pierre*, b [9] 30 avril 1751, s [9] 20 fevrier 1754. — *Marie-Catherine*, b [9] 4 nov. 1754. —*Simon*, b [9] 2 mars 1757; s [9] 17 janvier 1758. —*Marie-Madeleine*, b [9] 8 fevrier et s [9] 26 mars 1759.—*Marie-Ursule*, b [9] 18 mai 1761; s [9] 9 avril 1763.—*Prisque*, b [9] 21 mai 1763.

1746, (14 juin) St-Antoine-Tilly. [9]
III.—CROTEAU, JOSEPH. [PIERRE II.
BERGERON, Thérèse. [ANDRÉ II.
Marie-Thérèse, b [9] 22 nov. et s [9] 10 déc. 1747. — *Louis-Joseph*, b [9] 26 fevrier 1749. — *Charles*, b [9] 13 déc. 1750.—*Jean-Baptiste*, b [9] 9 nov. 1753. — *Joseph-Pierre*, b [9] 27 oct. 1755; s [9] 29 avril 1756.—*Augustin*, b [9] 13 mai 1757.—*Antoine*, b... s [9] 27 février 1762.—*Prisque*, b [9] 29 dec. 1763.—*Marie-Joseph*, b [9] 4 mars 1766.

1754, (22 avril) St-Antoine-Tilly. [9]
III.—CROTEAU, JEAN-BTE, [LOUIS II b 1731.
1° GRENIER, Marie-Charlotte, [JOSEPH III. b 1728; veuve de Jean-François Boucher, s [9] 28 avril 1758.
Marie-Joseph, b [9] 13 juin 1755.—*Anonyme*, b [9] et s [9] 21 avril 1758.
1759, (26 fevrier). [9]
2° BARON, Marie-Catherine, [JEAN III b 1742; s [9] 25 nov. 1765.
Marie-Catherine, b [9] 29 déc. 1759. — *Marie-Louise*, b 1763; s [9] 26 août 1765 — *Marie-Françoise*, b [9] 14 déc. 1764.
1767, (26 janvier). [9]
3° CÔTÉ, Marie-Thérèse, [JOSEPH IV. b 1748.

1756, (15 nov) St-Antoine-Tilly. [8]
III.—CROTEAU, JACQUES, [JACQUES II. b 1734.
ROGNON, Marie-Louise. [LOUIS-JOSEPH III
Jacques, b [8] 22 août 1758.— *Marie-Louise*, b [8] 23 janvier et s [8] 16 juin 1762.— *Jacob*, b 1763 s [8] 1er mars 1764. — *Anonyme*, b [8] et s [8] 5 nov. 1765.

1757, (4 juillet) Québec. [6]
I.—CROTEAU, JEAN, fils de Michel et de Marie Blondel, de St-Remi, ville de Rouen.
FOCQUE (1), Marie-Françoise, [RENE I. b 1738.
Marie-Françoise, b [6] 6 sept. 1758.— *Françoise*, b [6] 11 avril 1761. — *Marie-Charlotte*, b [6] 20 janvier 1763, m [6] 5 nov. 1782, à Louis DEROME — *Marguerite*, b... m [6] 6 juillet 1784, à Julien LANDRY.

1761, (12 janvier) St-Nicolas. [3]
IV.—CROTEAU, JEAN, [LOUIS III. b 1735.
DEMERS, Louise, [JOSEPH III. b 1743.

(1) Elle épouse, le 1er mai 1764, Antoine Cauchon, à St-Antoine-Tilly.

(1) Dit Hotte.

Marie-Louise, b [3] 30 mars 1762. — *Marie-Thérèse*, b 4 oct. 1764, à St-Antoine-Tilly.

1761, (4 sept.) St-Antoine-Tilly. [1]
III.—CROTEAU, CHARLOTTE, [PIERRE II. b 1726.
HOUDE, Marie-Charlotte. [JACQUES III.
Marie-Joseph, b [1] 8 sept. 1762. —*Louis*, b [1] 6 février 1764.—*Marie-Agathe*, b [1] 28 sept. 1765.—*Marie-Joseph*, b [1] 18 mars 1767.

1761, (9 nov.) St-Antoine-Tilly. [7]
III.—CROTEAU, CHARLES. [PIERRE II.
HOUDE, Angelique, [FRANÇOIS III. b 1745.
Marie-Angélique, b [7] 25 août 1762. — *Marie-Joseph*, b [7] 22 mai 1764.

1762, (4 oct.) St-Antoine-Tilly. [6]
IV.—CROTEAU, LOUIS-MARIE, [LOUIS III b 1738
1° CHENAY, Marie-Geneviève, [CHARLES III b 1738; s [6] 15 janvier 1764.
1764, (27 août). [6] (1)
2° COULOMBE, Marie-Charlotte, [PIERRE III b 1743.
Marie-Charlotte, b [6] 28 juillet 1765. — *Marie-Madeleine*, b [6] 16 juillet 1767

1764, (4 juin) St-Antoine-Tilly. [1]
III.—CROTEAU, PIERRE, [JACQUES II b 1745.
LAMOTTE (2), Angelique, [FRANÇOIS II. b 1746.
Marie-Angélique, b [1] 1er avril et s [1] 12 juillet 1765.—*Pierre*, b [1] 11 juillet 1766.

1765, (11 février) St-Antoine-Tilly. [2]
IV.—CROTEAU, LOUIS-FRANÇOIS, [LOUIS III b 1739.
CHENAY, Felicité, [CHARLES III b 1739
Louis-François, b [2] 4 mai 1766.—*Jacques*, b [2] 13 janvier 1768.

1767, (23 février) St-Antoine-Tilly.
IV.—CROTEAU, JOSEPH-FRS, [JEAN-FRS III. b 1742.
BERGERON, Marie-Thérèse, [CLAUDE III. b 1741.

IV.—CROTEAU, JOSEPH, [LOUIS III. b 1742.
HOULE, Madeleine.
Marie-Madeleine, b... m 2 oct. 1798, à Pierre MOISAN.

IV.—CROTEAU, CHARLES. [PIERRE III
LANDRY, Marie-Louise.
Marie-Joseph, b... m 24 mai 1796, à Nicolas AUDET.

(1) Réhabilité le 3 février 1765, à St-Antoine-Tilly, avec dispense au 4eme degré.
(2) Dit Cauchon.

CROTEAU, JEAN.
CHORET, Marie-Françoise. [JOSEPH V.

CROUSSEL, FRANÇOISE, b... 1° m à Simon MAZURIER; 2° m 24 avril 1775, à Urbain PAGEOT, à Quebec.

I.—CROZE (1), LAURENT.
CADIEU, Genevieve.
Laurent, b 20 août 1762, à Ste-Rose.—*Marie-Geneviève*, b 23 mars 1772, à Repentigny. [7] — *Anonyme*, b [7] et s [7] 18 nov. 1773.

I.—CUÉNOND, CHARLES, b 1741; de Lausanne, Suisse, s 27 dec 1783, à Quebec. [8]
GODBOUT, Agathe-Sophie, [FRANÇOIS III. b 1746, s [8] 24 juin 1781.
Sophie-Agathe-Charlotte, b 26 sept. 1770, à la Baie-St-Paul.

I.—CUGNET (2), FRANÇOIS-ETIENNE, b 1688; s 20 août 1751, à Quebec. [8]
DUSAUTOY, Louise-Madeleine, b 1694; s 24 août 1783, à Beauport.
François-Joseph, b [8] 27 juin 1720, m [8] 14 février 1757, à Marie-Joseph DELAFONTAINE, s [8] 18 nov. 1789.—*Charles-Henri*, b [8] 26 et s [8] 27 nov 1722. —*Louise-Charlotte*, b 1723; m [8] 18 juillet 1747, à Louis LIENARD; s [8] 30 août 1748 —*Jean-Baptiste*, b [8] 27 mars 1726 —*Thomas-Marie*, b [8] 14 fevrier 1728, m 10 janvier 1756, à Marguerite CHARLY, à Montreal.— *Gilles-Louis*, b [8] 11 juin 1731; ordonne 14 juillet 1754.

I.—CUGNET, JOSEPH.
BRO, Marie-Madeleine, b 1699, s 27 mars 1777, à Repentigny.

1756, (10 janvier) Montreal
II.—CUGNET (3), THS-MARIE, [FRS-ETIENNE I. b 1728.
CHARLY, Marguerite, [JACQUES III. b 1738.
Marie-Louise, b 30 janvier et s 11 sept. 1758, à Quebec.

1757, (14 fevrier) Quebec. [6]
II.—CUGNET (4), FRS-JOSEPH, [FRS-ETIENNE I. b 1720 s [6] 18 nov. 1789.
LAFONTAINE (DE) (5), Marie-Jos., [JACQUES I s [6] 27 juin 1816.
Jacques-François, b [6] 21 nov. 1757; m [6] 23 mai 1791, à Angelique LECOMPTE-DUPRÉ, s [6] 8 avril 1797. — *Marie-Joseph*, b [6] 16 août et s [6] 11 dec. 1759.—*François-Etienne*, b 19 mars 1761, à Charlesbourg —*Jacques*, b [6] 19 dec 1762.

(1) Dit Provençal
(2) Premier conseiller au conseil supérieur de Québec et directeur des fermes du Roy.
(3) Agent de la compagnie des Indes, conseiller assesseur au Conseil supérieur de Quebec. (4 oct. 1754. Edits t. III, p. 113.)
(4) Seigneur de St-Etienne, avocat et secrétaire français du gouverneur, greffier du Papier-Terrier du domaine du Roy. En 1760, lieutenant-general civil et criminel de la cour de Québec et pays conquis, en 1768, Grand Voyer, en Canada.
(5) De Belcour.

1791, (23 mai) Quebec.[6]
III.—CUGNET (1), JACQUES-FRS, [FRS-JOS. II.
b 1757; s[6] 8 avril 1797.
LECOMPTE (2), Angélique. [JEAN-BTE III.

CUILLERIER.— *Surnoms :* BEAUBIEN — DERIBERCOUR.

CUILLERIER, MARIE-ANNE, épouse de Joseph DESLOGES.

CUILLERIER, MARIE, épouse de Joseph GAUDET.

CUILLERIER, ANGÉLIQUE, épouse de Thomas LEDUC.

CUILLERIER, MONIQUE, épouse de François PRUDHOMME.

1665, (13 avril) Montréal.[7]
I.—CUILLERIER (3), RENÉ,
b 1640.
LUCAULT, Marie, [LÉONARD I.
b 1650, s[7] 22 dec. 1727.
Lambert, b 13 février 1682, à Lachine[8]; m[7] 28 dec. 1707, à Marguerite MÉNARD; s[7] 30 nov. 1709. — *Françoise*, b[8] 6 fevrier 1684; m[7] 18 fevrier 1700, à Joseph TROTIER; s 20 sept. 1752, au Bout-de-l'Ile, M.[9] — *Jean-Baptiste*, b[8] 18 mars 1686, m[9] 2 fevrier 1718, à Louise-Charlotte GUILLET.—*René-Hilaire*, b[7] 4 mai 1690; 1° m 28 avril 1710, à Marie-Jeanne CORNUO, au Cap-Sante; 2° m à Marie-Elisabeth PADOKA; s 2 janvier 1771, à l'Hôpital-General, M.

1696, (3 mai) Batiscan.
II.—CUILLERIER (3), JEAN, [RENÉ I.
b 1670.
TROTIER (4), Marie-Catherine. [ANTOINE II.
Françoise-Marie-Anne, b 9 déc. 1706, à Lachine[8]; m 28 nov. 1739, à Dominique GODET, à Montréal.—*Jean-Baptiste*, b[8] 6 janvier 1709; m 26 janvier 1742, à Marie-Anne BARROIS, au Detroit[9]; s[9] 31 août 1793.

1707.
II.—CUILLERIER (5), JOSEPH, [RENÉ I.
b 1678.
GUILLORY, Louise, [SIMON I.
b 1682; veuve de Jean Massiot.
René, b 27 avril 1709, à Lachine.[5]— *Joseph*, b 1710, s[5] 31 oct. 1721.—*Julienne*, b[5] 30 janvier 1711; m[5] 3 sept. 1731, à Joseph ST-AUBIN.—*Judith*, b[5] 5 juillet 1717.—*François-Marie*, b[5] 12 mai 1720. — *Thérèse*, b[5] 12 mai et s[5] 1er juillet 1720. — *Marie-Joseph*, b... m[5] 21 mai 1753, à Jean-Baptiste BOURHIS.—*Louis*, b... m[5] 1er mars 1756, à Marie-Amable LANGEVIN.

(1) Avocat et secrétaire français du gouverneur et conseil de Sa Majesté.
(2) Dit Dupré.
(3) Voy. vol. I, p. 151.
(4) Elle épouse, le 27 mai 1714, François Picoté-Beleatre, à Montreal.
(5) De Ribercour, 1777.

1707, (28 déc.) Montréal.[1]
II.—CUILLERIER, LAMBERT, [RENÉ I.
b 1682; s[1] 30 nov. 1709.
MÉNARD, Marguerite, [JEAN-BTE II
b 1689.
Marie, b 8 déc. 1708, à Lachine.[2]—*Angélique*, b 1709; m[1] 9 juin 1729, à Joseph BLONDEAU.—*Etienne* (posthume), b[1] 6 juin et s[2] 30 juillet 1710.

1710, (28 avril) Cap-Santé.[3]
II.—CUILLERIER, RENÉ-HILAIRE, [RENÉ I.
b 1690; s 2 janvier 1771, à l'Hôpital-General, M.
1° CORNUO (1), Marie-Jeanne, [MATHIEU I.
b 1694; s 15 mai 1756, au Bout-de-l'Ile, M.[4]
Marie-Angélique, b[3] 1er juin 1711; m[3] 6 avril 1728, à Nicolas LANGLOIS; s[3] 15 avril 1751.—*Marie-Jeanne*, b... m 13 août 1742, à Jean-Baptiste LANGLOIS, à la Pte-aux-Trembles, Q. — *René*, b[3] 17 nov. 1712; 1° m[3] 20 oct. 1738, à Françoise LAMOTTE, 2° m[3] 17 mai 1751, à Angelique JUGNAC.—*Marie-Charlotte*, b[3] 11 avril 1725, m[4] 5 fevrier 1742, à Michel HUNAULT.—*Marguerite*, b... m[4] 1er juin 1744, à Michel LEDUC.—*Marie-Anne*, b[3] 5 juin 1729; s[3] 19 mars 1731 — *Marie-Anne*, b[3] 30 mars 1731; m[4] 23 juin 1749, à Joseph POIRIER.—*Simon*, b[3] 16 fevrier 1733; m[4] 9 fevrier 1756, à Madeleine HUNAULT.—*Marie-Joseph*, b 14 fevrier, à Deschambault et s[3] 16 mars 1736.—*Marie-Françoise*, b[3] 9 mai 1737, m[4] 7 janvier 1756, à Louis-Amable RANGER.—*Joseph-Marie*, b... m[4] 2 fevrier 1761, à Françoise LALONDE.
2° PADOKA, Elisabeth.

1718, (2 fevrier) Bout-de-l'Ile, M.[5]
II.—CUILLERIER, JEAN-BAPTISTE, [RENÉ I.
b 1686.
GUILLET, Marie-Lse-Charlotte, [MATHURIN II.
b 1691; s avant 1740.
Marie-Charlotte, b 11 dec. 1718, à Montréal[6], m[6] 28 janvier 1740, à Charles HÉRY.—*Elisabeth*, b[5] 20 mai 1721.—*Marie-Renée*, b[5] 20 mars 1724, s[5] 3 juillet 1725.—*Jean-Louis*, b[6] 16 et s[6] 18 juin 1728.—*Marie-Anne*, b[6] 28 oct. et s[6] 13 nov. 1729.

1722, (3 juin) Lachine.[7]
III.—CUILLERIER (2), ANTOINE, [JEAN II.
b 1697.
GIRARD, Marie-Angelique, [LÉON I.
b 1690, veuve de Pierre Quesnel; s 12 avril 1783, au Detroit.[8]
Marie-Claire, b 1726, s[8] 5 juillet 1731.—*Marie-Angelique*, b[7] 3 juin 1728.—*Marie-Anne*, b[8] 19 avril 1730; m[8] 10 fevrier 1750, à Pierre LABUTTE-CHESNE —*Alexis*, b[8] 27 avril 1732; m 1770, à Marie-Louise RÉAUME.—*Marie-Joseph*, b... m[8] 13 janvier 1742, à Claude GOUIN.—*Angélique*, b[8] 24 sept. 1735, m à Jacques STERLING.

(1) Et Cornaut.
(2) Dit Beaubien, négociant; il était au Détroit, le 2 février 1755.

1738, (20 oct.) Cap-Santé. [1]
III.—CUILLERIER, René, [René-Hilaire II.
b 1712.
1° Lamotte, Françoise, [Jean II.
b 1722; s [1] 3 déc. 1748.
Jean-Baptiste-François, b 1er sept. 1739, à Deschambault.[2]—*Joseph,* b [1] 19 mars et s [1] 19 juillet 1741.—*René,* b [1] 11 juillet 1742.—*Joseph-Marie,* b [1] 19 avril 1746.—*Marie-Françoise,* b [1] 16 fevrier 1748; s [1] 15 déc. 1749.
1751, (17 mai). [1]
2° Jugnac, Angelique. [François I.
Jean-Baptiste, b [1] 11 juin 1751; s [1] 19 mars 1752.—*Angélique,* b [1] 3 avril 1752.—*Fabien,* b [2] 30 août 1753 —*Marie-Françoise,* b [1] 2 sept. 1754.

CUILLERIER (1), Philippe.

1742, (26 janvier) Détroit. [4]
III.—CUILLERIER (2), Jean-Bte, [Jean II.
b 1709; s [4] 31 août 1793.
Barrois, Marie-Anne, [François II.
b 1726.
Marie-Catherine, b [4] 6 août 1743, m [4] 18 nov. 1771, à Jacques Parant.

1756, (9 février) Bout-de-l'Ile, M. [6]
III.—CUILLERIER, Simon, [René-Hilaire II.
b 1733.
Hunault (3), Madeleine, [Jean-Bte III.
veuve de François Lalonde.
Joseph-Marie, b [6] 31 mars 1757.—*Michel,* b 22 avril 1759, à Soulanges.

1756, (1er mars) Lachine. [8]
III.—CUILLERIER, Louis. [Joseph II.
Langevin (4), Marie-Amable. [Antoine II.
Marie-Louise, b [8] 26 juillet 1757.—*Pierre-Louis,* b [8] 20 janvier 1759.—*Marie-Louise,* b [8] 12 août 1760.

1761, (2 février) Bout-de-l'Ile, M. [6]
III.—CUILLERIER, Jos.-Marie. [René-Hil. II.
Lalonde (5), Françoise. [Guillaume III.
Marie-Angélique, b [6] 15 nov. 1761; s [6] 19 juillet 1762. — *Marie-Françoise,* b [6] 3 mai 1763. — *Marie-Amable,* b [6] 26 mars 1765.

I.—CUILLIER (6), Charles-Michel, b 1665; s 7 nov. 1740, à Montreal.

CUISY (De).—Voy. Dailleboust.

I.—CUNNINGHAM, Jean.
Jourdain, Marie,
b 1755; s 8 janvier 1798, à Quebec.

(1) Beaubien-Cuillerier, 1735.

(2) Pour ses enfants, voy. Beaubien, vol II, p. 162.

(3) Elle épouse, le 20 oct. 1760, Pierre Boyer, au Bout-de-l'Ile, M.

(4) Dit Lacroix.

(5) Elle épouse, le 30 oct. 1766, François Dumesnil, au Bout-de-l'Ile, M.

(6) Dit Chevalier, ancien sergent.

I.—CUP, Catherine-Madeleine, épouse de Nicolas Mackinon.

CURAUDEAU.—*Variation :* Curodeau.

1733, (3 nov.) L'Ange-Gardien. [7]
I.—CURAUDEAU (1), Pierre, fils de Jean et de Catherine Villain, de St-Firmin, ville de Marenne, Saintonge.
1° Huot, Françoise, [René II.
b 1711; s 3 oct. 1739, à Québec. [8]
Pierre, b [7] 20 janvier 1735; m 22 avril 1754, à Marguerite Gosselin, à St-Jean, I. O. [9]—*Louise-Marguerite,* b [7] 29 fevrier 1736.
1740, (30 oct.) [8]
2° Gosselin (2), Marie. [Joseph III.
Jean-François, b [9] 27 juin 1742. —*Joseph,* b... s [9] 1er oct. 1749 — *Marie-Marguerite,* b [9] 11 juillet 1750. —*Marie-Catherine,* b [9] 16 janvier 1752.

1754, (22 avril) St-Jean, I. O. [5]
II.—CURAUDEAU, Pierre, [Pierre I.
b 1735.
Gosselin (3), Marguerite. [Joseph III.
b 1734.
Marie-Anne, b [5] 8 juin et s [5] 12 juillet 1755. — *François,* b [5] 25 fevrier 1757.—*Marguerite,* b [5] 11 avril 1759. — *Marie-Françoise,* b [5] 24 mars 1761. —*Pierre-Noel,* b [5] 21 avril 1763; m 27 nov. 1787, à Geneviève Bornais, à Quebec [7]; s [7] 4 fevrier 1791.

1787, (27 nov.) Québec. [6]
III.—CURAUDEAU, Pierre-Noel, [Pierre II.
b 1763; s [6] 4 fevrier 1791.
Bornais, Geneviève, [Augustin II.
b 1761.

CURAUX.—*Variation :* Curot

CURAUX, Madeleine, epouse de Jean Dusault.

1675.
I.—CURAUX (4), Etienne.
Goyer (5), Françoise, [Elie I.
b 1656.
Martin, b 27 mai 1679, à Montréal [6]; m [6] 26 août 1713, à Madeleine Cauchois.

1713, (26 août) Montréal. [6]
II.—CURAUX (6), Martin, [Etienne I.
b 1679.
Cauchois, Madeleine, [Jacques I.
b 1686.
Marguerite, b [6] 17 juin 1714; s [6] 24 déc. 1716. —*Marie-Louise,* b [6] 28 janvier 1716 —*Madeleine,*

(1) Capitaine de navire.

(2) Elle épouse, le 3 nov. 1756, François Laurent, à St-Jean, I. O.

(3) Appelée Gaulin en 1787.

(4) Taillandier, voy. vol. I, p. 151.

(5) Elle épouse, le 20 août 1679, Jacques Tessier, à Lachine.

(6) Garde-magasin au fort Frontenac, en 1713.

b [6] 16 février 1718.—*Catherine*, b [6] 24 déc. 1719; m [6] 23 nov. 1745, à Alexis Lepellé; s [6] 16 oct. 1755.—*Jacques-François*, b [6] 22 juillet 1724.

1728, (9 sept.) Montréal. [6]

I.—CURAUX, Martin, b 1680; fils de Pierre et de Louise Jabot, d'Angers.

Feron (1), Louise, [Jean I. b 1706.

Marie-Elisabeth, b [6] 30 août 1730; s [6] 14 janvier 1731. — *Nicolas*, b 1733; s [6] 6 juin 1750. — *Charles*, b 1734; 1° m [6] 14 sept. 1761, à Marie-Joseph Moquin; 2° m 24 oct. 1767, à Marie-Joseph Dunière, à Berthier, Q.; s [5] 4 juillet 1771.—*Louis*, b [6] 21 juillet et s 13 août 1736, à Nicolet. —*Antoine-Martin*, b [6] 21 juillet 1736.

1761, (14 sept.) Montréal. [5]

II.—CURAUX, Charles, [Martin I. b 1734; marchand; s [5] 4 juillet 1771.

1° Moquin, Marie-Joseph, [Jacques II. b 1739.

1767, (24 oct.) Berthier, Q.

2° Dunière (2), Marie-Joseph, [Louis II. b 1750.

Marie-Louise, b [5] 18 mai et s 3 juin 1769, à Longueuil.

CURAUX, Michel.

Hervilux, Marie-Joseph-Charlotte.

Marie-Joseph, b... m 19 oct. 1795, à Louis Guy, à Montréal.

CURÉ.—*Surnoms* : Champagne—Sansquartier.

CURÉ (3), Etienne, b 1708; s 11 février 1758, à St-Charles.

1762, (3 nov.) Québec. [1]

I.—CURÉ (4), Nicolas, b 1731; fils de Simon et de Marie Maupartuy, de N.-D. de Vitry-le-Français, diocèse de Châlons, Champagne.

1° Marchand, Madeleine, [Charles IV. b 1742, s [1] 1er avril 1774.

Elisabeth, b [1] 9 avril 1764.

1774, (19 sept.) [1]

2° Jahan, Elisabeth, [Joseph III. veuve de Dominique Dasilva.

CUREUX. —*Variation*: St-Germain.

1693.

I.—CUREUX (5), Michel, b 1664.

DeMer, Anne, s 5 août 1711, à Québec. [7]

Michel-Marie, b [7] 13 février 1698; m [7] 28 janvier 1725, à Marie-Louise Loup (Wolfe); s [7] 24 février 1780.

(1) Dit Sancerre.

(2) Elle épouse, le 19 février 1776, Louis Moquin, à Montréal.

(3) Dit Sansquartier.

(4) Dit Champagne; soldat grenadier de la reine, compagnie de Delmas.

(5) Dit St-Germain; voy. vol. I, p. 151.

1725, (7 janvier) Québec. [7]

II.—CUREUX (1), Louis-Antoine, [Michel I. b 1702, s [7] 16 janvier 1746.

Laroche, Marie-Anne, [Michel I. b 1699; s [7] 6 février 1758 (dans l'église).

Louis-Michel, b [7] 2 déc. 1725. — *Marie-Anne*, b [7] 8 février 1727; m [7] 30 sept. 1748, à Michel Fortier.—*Michel*, b [7] 19 janvier 1730; s [7] 6 sept. 1731.—*Louis*, b [7] 13 mars 1731; s [7] 31 mai 1732. — *Jean-François*, b [7] 26 sept. 1732. — *Louis-Joseph* (2), b [7] 20 janvier 1734. —*Antoine*, b [7] 11 janvier 1735; m 18 juillet 1768, à Louise Gouin, à Ste-Anne-de-la-Pérade. — *Marie-Louise*, b [7] 16 janvier 1736; m [7] 11 nov. 1784, à Bernard Dubergès.—*Jean-Baptiste*, b [7] 13 juin 1738.—*Marie-Barbe*, b [7] 3 sept. 1739.—*Marie-Geneviève*, b [7] 14 nov. 1741.

1725, (28 janvier) Québec. [7]

II.—CUREUX (1), Michel-Marie, [Michel I. b 1698; s [7] 24 février 1780.

Loup (3), Marie-Louise, [André I. b 1697; veuve de Blaise Lepage; s [7] 19 mai 1761.

Michel-André, b [7] 30 nov. et s [7] 31 déc. 1725. —*Marie-Louise*, b [7] 20 déc. 1726; s [7] 5 juin 1776. — *Marie-Anne*, b [7] 13 juillet 1728; m [7] 3 juin 1749, à François-Dominique Rousseau. —*Marie-Marguerite*, b [7] 24 juillet et s 11 août 1729, à Charlesbourg. [8] — *Michel*, b [7] 27 juillet 1730, s [7] 11 mai 1733.—*Marie-Françoise*, b [7] 9 sept. 1731. —*Marie-Jeanne*, b [7] 6 oct. 1733.— *Jacques*, b [7] 7 oct. et s [8] 2 déc. 1734. — *Marie-Madeleine*, b [7] 22 janvier 1736.—*Jean-Baptiste*, b [7] 28 juin 1737, m 22 février 1762, à Marie-Catherine Roy, à Kamouraska. — *Marguerite*, b [7] 10 déc. 1738, m [7] 27 oct. 1761, à François Dumas. — *Cécile*, b [7] 10 mars 1741; s [7] 15 janvier 1747.—*Marie-Charlotte*, b [7] 22 avril 1742. — *Louis*, b [7] 19 oct. et s [8] 6 déc. 1745.

1762, (22 février) Kamouraska.

III.—CUREUX (4), Jean-Bte, [Michel II b 1737.

Roy, Marie-Catherine, veuve de Louis Nevers.

1768, (18 juillet) Ste-Anne-de-la-Pérade. (5)

III.—CUREUX (1), Antoine, [Louis-Ant. II b 1735.

Gouin, Marie-Louise, [Joachim III b 1740; s 22 février 1802, à Québec [1]

Marie-Louise, b... m [1] 24 nov. 1789, à Pierre-Florent Baillargé; s [1] 15 juillet 1859.—*Antoine*, b 1771; s [1] 10 juin 1791.

I.—CUROC, Antoine, b 1728; de la ville de Bordeaux; s 26 déc. 1754, au Château-Richer

(1) Dit St-Germain.

(2) Capitaine de navires en 1768.

(3) Ou Wolfe—LaPolonaise.

(4) Dit St-Germain; il était à Kamouraska, le 6 janv. 1762

(5) Etaient présents à ce mariage Charles Tarieu de la Naudière, chevalier de St-Louis; Catherine DeLongueuil son épouse et leur fils Charles Tarieu de la Naudière, capitaine des troupes.

CURODEAU.—Voy. CURAUDEAU.

CURONNE.—Voy. ST-PIERRE.

CUROT.—Voy. CURAUX.

1761, (2 février) Québec. [2]

I.—CURTAIN, GUILLAUME, fils de Daniel et de Marie Diacon, de Carnevu, Cork, Irlande.
PROULX, Marie-Angélique, [JOSEPH II.
b 1739.
Marie-Anne-Rose, b [2] 20 mai 1762. — *Marie-Joseph*, b [2] 22 juillet 1763; m [2] 16 mai 1797, à Jean BERTHIAUME.

CUSSON.—*Variation :* DESORMIERS.

CUSSON, MARIE, épouse de Joseph TESSIER.

CUSSON, MARIE-MADELEINE, b 1710; m à Jean-Baptiste LAPORTE, s 8 janvier 1775, à Repentigny.

CUSSON, MARIE, épouse de Pierre RATEL.

CUSSON, THÉRÈSE, epouse de Joseph MAURICEAU.

CUSSON, ELISABETH, épouse de Jean-Baptiste MONET.

CUSSON, MARIE, épouse de Joseph CODERRE.

CUSSON, MARIE-JEANNE, épouse de Jean-Baptiste JOLIVET.

1656, (16 sept.) Trois-Rivières.

I.—CUSSON (1), JEAN,
b 1636.
FOUBERT, Marie,
b 1641.
Jean, b 1660; m 22 sept. 1689, à Marguerite AUBUCHON, à Montréal [8]; s [8] 18 dec. 1712.—*Marie-Jeanne*, b 1663; 1° m à Jean BARREAU; 2° m 28 janvier 1692, à Joachim LEBER, à Laprairie [9]; 3° m [8] 19 nov. 1696, à Claude GUÉRIN; s [9] 20 mars 1738.—*Jean-Baptiste*, b 1673; m 1703, à Marguerite ROCHEREAU; s 10 février 1740, à Lachenaye. —*Nicolas-Charles*, b... m [8] 15 oct. 1708, à Marguerite RENAUD.—*Ange*, b... m à Jeanne BARITEAU.

1689, (22 sept.) Montreal. [2]

II.—CUSSON (1), JEAN, [JEAN I.
b 1660, s [2] 18 déc. 1712.
AUBUCHON (2), Marguerite, [JEAN I.
b 1673.
Antoine, b... s [2] 24 juillet 1713.—*Marie-Joseph*, b [2] 16 nov. 1697; m [2] 3 oct. 1718, à Toussaint PÉRINAU.—*Jacques*, b [2] 5 août 1700; 1° m [2] 22 nov. 1729, à Michelle CHOLET; 2° m 21 nov. 1746, à Elisabeth MIMAUX, à Ste-Rose.—*Marguerite*, b [2] 9 janvier 1705; m [2] 24 nov. 1727, à François PICARD.—*Marie-Charlotte*, b [2] 5 juillet et s [2] 3 août 1706.—*Catherine*, b [2] 16 février 1709; s [2] 21 février 1741.

(1) Voy. vol. I, p. 151.

(2) Elle épouse, le 27 mai 1720, Pierre Voisin, à Montréal.

1703.

II.—CUSSON (1), JEAN-BTE, [JEAN I.
b 1673; s 10 fevrier 1740, à Lachenaye. [4]
ROCHEREAU, Marguerite,
b 1683; s [4] 17 janvier 1733.
Jean-Baptiste, b 3 nov. 1703, à St-François, I. J. [5]; m à Marguerite GAUTIER.—*Marie-Joseph*, b... m [4] 12 nov. 1731, à Michel ROCHON. — *Marguerite*, b [5] 3 oct. 1705.—*Marie-Madeleine*, b [5] 2 sept. 1707.—*Marie-Anne*, b 1709; s [5] 22 juillet 1716.—*Charles*, b... m à Marie-Geneviève VAUDRY.—*Joseph*, b [5] 14 janvier 1713; m [4] 7 oct. 1743, à Marie-Anne VAILLANCOUR.—*Jean-Baptiste*, b [5] 4 avril et s [5] 8 août 1715.—*Antoine*, b [5] 11 mars 1716; m [4] 7 août 1741, à Elisabeth MULOIS; s 25 juin 1758, à St-Henri-de-Mascouche.—*Marie*, b... m [4] 30 nov. 1741, à Pierre VILLENEUVE. — *Catherine*, b... m [4] 13 nov. 1741, à François RENAUD.

II.—CUSSON, ANGE, [JEAN I.
s avant 1759.
BARITEAU, Jeanne, [LOUIS I.
b 1678; s avant 1759.
Antoine, b 17 sept. 1706, à Montréal; m 1748, à Louise NOLET.—*Elisabeth*, b 3 avril 1714, à Repentigny, m 21 fevrier 1735, à Jean-Baptiste MONET, à Laprairie [6].—*Marie-Jeanne*, b... 1° m à Louis LACHAMBRE, 2° m 11 fevrier 1748, à Joseph BISSONNET, à Varennes.—*Ange*, b... 1° m [6] 29 avril 1748, à Marie-Catherine BISAILLON, 2° m [6] 29 janvier 1759, à Marie-Louise BOURDEAU. — *Jean-Baptiste*, b... m 22 nov. 1751, à Marie-Anne LAROCHE, à Longueuil.

1708, (15 oct.) Montréal. [7]

II.—CUSSON, NICOLAS-CHARLES. [JEAN I.
RENAUD, Marguerite, [ANTOINE II.
b 1684.
Antoinette, b [7] 2 sept. 1709; m à Pierre LAPORTE; s 3 août 1758, à Lavaltrie.—*Marie-Joseph*, b 8 mai 1711, à Repentigny [8], m à Charles BEAUPRÉ. — *Marie-Catherine*, b [8] 20 avril 1713. — *Jacques*, b... m 27 sept. 1745, à Marie-Joseph VÉGIARD, à Verchères.

II.—CUSSON, NICOLAS. [JEAN I.
GAUTIER (2), Marie-Françoise, [MATHURIN I.
b 1689.
Jean, b 30 sept. 1710, à Repentigny. [2]—*Marie-Madeleine*, b [2] 6 août 1713.—*François*, b [2] 24 août 1715, m 15 janvier 1748, à Marie-Anne BAZINET, à la Longue-Pointe [3]; s [3] 2 sept. 1748.—*Thérèse*, b [2] 8 sept. 1717.

1715, (21 janvier) Repentigny. [4]

II.—CUSSON, JOSEPH. [JEAN I.
BOUSQUET, Françoise, [JEAN I.
b 1690.
Joseph, b [4] 11 oct. 1717.

(1) Dit Desormiers, 1707.

(2) Elle épouse, le 29 mai 1719, Jean-Baptiste Richaume, à Repentigny.

1729, (22 nov.) Montreal. [7]

III.—CUSSON, JACQUES, [JEAN II.
b 1700.
1° CHOLET (1), Michelle, [RENÉ I.
veuve de François Viger; s [7] 21 mars 1745.
Jean-Baptiste-Amable, b [7] 1er oct. 1734; s 16 juillet 1735, à St-François, I. J. [8] — *Charles-Amable*, b [8] 7 déc. 1735; m 7 nov. 1757, à Marie CHARLES, à Terrebonne. [9] — *Marie-Amable*, b [8] 6 sept. 1739.—*Michel*, b [8] 27 août 1740, m à Marie-Joseph CHARBONNEAU.—*François*, b... m [9] 18 juin 1770, à Marie-Madeleine LABELLE.—*Marie-Anne*, b [7] 10 février 1745.
1746, (21 nov.) Ste-Rose.
2° MIMAUX, Elisabeth, [JEAN I
b 1716.
Marie-Elisabeth, b 26 août 1753, à Lachenaye [4] —*Marie-Joseph*, b [4] 16 mars 1755.—*Jean-Baptiste*, b... m [4] 3 juin 1771, à Geneviève VAILLANCOUR.

III.—CUSSON (2), JEAN-BTE, [JEAN-BTE II.
b 1703.
GAUTIER (3), Marguerite, [LOUIS II
b 1705.
Adrien, b 6 juillet 1737, à Terrebonne [8]; m [8] 2 février 1761, à Marie-Charlotte ROBIN. — *Jean-Baptiste*, b... m [8] 4 août 1760, à Marie-Joseph DUBOIS.—*Marie-Marguerite*, b [8] 19 et s [8] 20 juillet 1739. —*Marguerite*, b [8] 18 juillet 1740; m [8] 4 août 1760, à Etienne DUBOIS.

1741, (7 août) Lachenaye. [6]

III.—CUSSON (2), ANTOINE, [JEAN-BTE II
b 1716; s 25 juin 1758, à St-Henri-de-Mascouche. [7]
MULOIS, Elisabeth, [JACQUES II.
b 1717; s [7] 15 février 1760.
Antoine, b [6] 28 juin 1742; m [7] 7 janvier 1765, à Rose BEAUCHAMP.—*Pierre*, b 1744; m [7] 28 janvier 1771, à Cecile BELANGER.—*Marie-Elisabeth*, b [6] 5 juillet 1745; m [7] 15 juin 1761, à Pierre VAUDRY; s [7] 25 nov. 1768. — *Théodore*, b [6] 28 avril 1747. — *Marie-Suzanne*, b [6] 9 et s [6] 23 oct. 1749. — *Marie-Marguerite*, b [6] 6 juillet et s [6] 23 août 1751.—*Marie-Archange*, b [6] 11 juin et s [6] 18 août 1753.—*Charles*, b [7] 4 nov. 1756.

1743, (7 oct.) Lachenaye [8]

III.—CUSSON (2), JOSEPH, [JEAN-BTE II.
b 1713.
VAILLANCOUR, Marie-Anne. [JOSEPH II.
Marie-Amable, b [9] 10 oct. 1744; m 9 janvier 1764, à Amable JANARD, à St-Henri-de-Mascouche. [8] — *Marie-Anne*, b [9] 15 oct. 1745; m [8] 7 mai 1759, à Joseph JANARD.—*Joseph*, b [9] 7 août 1748. — *Marie-Marguerite*, b 1748; s [9] 17 août 1749.— *Judith*, b... m [8] 28 janvier 1771, à François BÉLANGER. —*Julie*, b [8] 12 août 1755.—*Marie-Archange*, b [8] 12 janvier 1757. — *Marie-Reine*, b [8] 11 et s [8] 31 oct. 1759.

(1) Dit St-Paul.
(2) Dit Desormiers.
(3) DeLandreville.

1745, (27 sept.) Verchères.

III.—CUSSON, JACQUES. [NICOLAS-CHARLES II.
VÉGIARD, Marie-Joseph, [RAYMOND I.
b 1728.

1748, (15 janvier) Longue-Pointe. [5]

III.—CUSSON, FRANÇOIS, [NICOLAS II.
b 1715; s [5] 2 sept. 1748.
BAZINET, Marie-Anne, [PIERRE III.
b 1726.

1748, (29 avril) Laprairie. [7]

III.—CUSSON, ANGE. [ANGE II
1° BISAILLON, Marie-Catherine.
1759, (29 janvier). [7]
2° BOURDEAU, Marie-Louise, [DOMINIQUE II.
b 1736.

1748.

III.—CUSSON, ANTOINE, [ANGE II.
b 1706; meunier.
NOLET, Marie-Louise, [FRANÇOIS II.
b 1721.
Antoine, b 14 mars 1749, à la Pte-aux-Trembles, M.—*Antoine*, b 18 février et s 22 août 1751, à Longueuil. [9] —*Julienne*, b [9] 14 dec. 1753.

1751, (22 nov.) Longueuil.

III.—CUSSON, JEAN-BTE. [ANGE II.
LAROCHE, Marie-Anne, [JEAN I.
b 1734.

III.—CUSSON (1), CHARLES. [JEAN-BTE II.
VAUDRY, Marie, [JEAN-BTE III.
b 1730; s 23 déc. 1770, à Lachenaye. [8]
Charles, b [8] 20 août 1757.— *Guillaume-Louis*, b [8] 26 janvier 1759. — *Marie-Louise*, b [8] 15 août 1760, s [8] 9 juillet 1765.—*Joseph*, b [8] 3 sept. 1761. — *Jean-Baptiste*, b [8] 24 janvier 1762. — *Marie-Charlotte*, b [8] 30 janvier 1764, s [8] 27 juillet 1765. —*Marie*, b [8] 30 juillet et s [8] 15 août 1765. — *Marie-Amable*, b [8] 20 dec. 1766; s [8] 17 août 1767.— *Augustin*, b [8] 14 avril et s [8] 25 juillet 1770.

1757, (7 nov.) Terrebonne.

IV.—CUSSON, CHARLES-AMABLE, [JACQUES III.
b 1735.
CHARLES (2), Marie. [JOSEPH III.
Jean-Baptiste, b 18 février 1761, à Lachenaye.

CUSSON, PAUL.
MAISONNEUVE, Louise.
Marie-Joseph, b 2 mars 1759, à Lachenaye.

1760, (4 août) Terrebonne.

IV.—CUSSON, JEAN-BTE. [JEAN-BTE III.
DUBOIS, Marie-Joseph, [ETIENNE II.
b 1739.
Marie, b... s 24 dec. 1762, à Ste-Rose.—*Joseph*, b 2 oct. 1772, à Lachenaye.

(1) Dit Desormiers.
(2) Elle epouse, le 17 juin 1771, Pierre Cadieu, à Terrebonne.

1761, (2 février) Terrebonne.
IV.—CUSSON, ADRIEN, [JEAN-BTE III.
b 1737.
ROBIN (1), Marie-Charlotte, [PIERRE III.
b 1740.
Jean-Baptiste, b 21 mars 1762, à Ste-Rose.

CUSSON, PIERRE.
CUSSON, Marie.
Pierre, b 9 fevrier 1763, à Lachenaye.

IV.—CUSSON, MICHEL, [JACQUES III.
b 1740.
CHARBONNEAU, Marie-Joseph.
Michel, b 25 janvier 1765, à Lachenaye.

1765, (7 janvier) St-Henri-de-Mascouche.
IV.—CUSSON, ANTOINE, [ANTOINE III.
b 1742.
BEAUCHAMP, Rose. [JEAN III.

1770, (18 juin) Terrebonne.
IV—CUSSON, FRANÇOIS. [JACQUES III.
LABELLE, Marie-Madeleine, [CHARLES III.
b 1744.

1771, (28 janvier) St-Henri-de-Mascouche.[1]
IV.—CUSSON, PIERRE, [ANTOINE III.
b 1744.
BÉLANGER, Cécile, [FRANÇOIS IV.
b 1753.
Joseph, b [1] 1786; m à Victoire VINET-SOULIGNY, à St-Roch.

1771, (3 juin) Lachenaye.[2]
IV—CUSSON, JEAN-BTE. [JACQUES III.
VAILLANCOUR, Genevieve, [FRANÇOIS III.
b 1751.
Marie-Marguerite, b [2] 11 juin 1772.

CUSSON, JOSEPH.
BAUDIN (2), Madeleine.

CUSSON, JOSEPH.
JANSON (3), Marie-Anne.
Marie-Anne, b... s 29 août 1784, à Repentigny.[7] —*François-Xavier,* b [7] 2 mars 1788

CUSSON, JEAN.
BAUDRY, Marguerite.
Cécile, b et s 10 août 1783, à Repentigny [7]— *Marguerite,* b [7] et s [7] 15 sept. 1784. — *Jean-Baptiste,* b [7] 30 août 1787; s [7] 28 août 1788.—*Marie-Charles,* b [7] 30 oct. 1788.—*Marie-Angélique,* b [7] 13 juin 1790.

CUSSON, PIERRE.
DUBREUIL, Judith
Joseph-Pierre, b 5 février 1793, à Repentigny.

CUSTAUD.—*Variations :* CUSTEAU—CUSTOS.

(1) Dit Lapointe.
(2) Elle épouse, le 4 mai 1767, Rémi Tremblay, à Repentigny.
(3) Dit Lapalme.

CUSTAUD, MADELEINE, epouse d'André GUITE.

CUSTAUD, MARIE-JOSEPH, épouse de Joseph MÉTIVIER.

CUSTAUD, CATHERINE, epouse de François PEPIN.

1694.
I.—CUSTAUD (1), PIERRE-JACQUES.
BOUVIER, Marie,
s 29 avril 1711, à Ste-Foye.[1]
Jean-Baptiste, b 1694; m 26 juin 1718, à Catherine FAUTEUX, à Lorette [2]; s [2] 21 nov. 1733.—*Jean,* b 1699, 1° m 11 sept. 1724, à Marie-Catherine DANY, à Montreal [3]; 2° m [3] 18 nov. 1743, à Marie-Charlotte ROBITAILLE.—*Marie-Thérèse,* b [1] 29 juin 1704; m [3] 26 nov. 1731, à Antoine PARANT.—*Marie-Louise,* b [1] 17 janvier 1709; m [3] 20 nov. 1731, à Etienne BOULAGUET. — *Thérèse,* b 1709, s 21 mai 1729, à l'Hôpital-General, Q.—*Marie-Catherine,* b 1710; m [3] 25 nov. 1743, à Gabriel DUMONT.

1718, (26 juin) Lorette.[7]
II.—CUSTAUD, JEAN-BTE, [PIERRE-JACQUES I.
b 1694; s [7] 21 nov. 1733 (2).
FAUTEUX, Catherine, [PIERRE I.
b 1689; s [7] 28 nov. 1749.
Marie, b [7] 6 juin 1721. — *Jean,* b [7] 4 et s [7] 6 juillet 1723.—*Jean,* b.. m 16 sept. 1754, à Marie-Madeleine FALARDEAU, à Charlesbourg.

CUSTAUD, JEAN.
SAVARY, Catherine.
Marie, b 3 fevrier 1725, à Ste-Foye.

1724, (11 sept.) Montréal.[6]
II.—CUSTAUD, JEAN, [PIERRE-JACQUES I.
b 1699.
1° DANY, Marie-Catherine, [HONORÉ II.
b 1702; s [6] 21 août 1739.
Marie-Joseph-Amable, b [6] 5 mai 1728; m à Felix METTAY.—*Jean-Baptiste,* b [6] 28 nov. 1729; s [6] 30 janvier 1730 — *Jean-Baptiste,* b [6] 9 mars 1735; m [6] 26 janvier 1761, à Marie-Geneviève GRUET.

1743, (18 nov.)[6]
2° ROBITAILLE, Marie-Charlotte, [ANDRÉ II.
b 1715.
François, b [6] 25 et s [6] 28 oct. 1744. — *Marie-Joseph,* b [6] 23 sept 1745 —*Gabriel,* b [6] 21 fevrier 1748.—*Marie-Amable,* b [6] 17 mars 1750.

1754, (16 sept.) Charlesbourg.
III.—CUSTAUD, JEAN. [JEAN-BTE II.
FALARDEAU, Marie-Madeleine, [RENÉ II.
b 1731, s 7 nov. 1760, à Ste-Foye [7]
Jean-Baptiste, b 20 oct. 1755, à Lorette.[8] — *Madeleine,* b [7] 4 sept. 1757; s [8] 8 fevrier 1758.—*Louis,* b [7] 13 fevrier et s [8] 14 dec. 1759. — *Madeleine,* b [7] 2 nov. 1760.

(1) Voy. vol. I, p. 152.
(2) Ecrase par la chute d'une cabane couverte de terre.

1761, (26 janvier) Montréal.

III.—CUSTAUD, Jean-Bte, [Jean II.
b 1735.
Gruet, Marie-Geneviève, [Charles I.
b 1729.

I.—CUTHBERT, Jacques.
Camns (1), Catherine, fille de David et de Catherine Wilson.

I.—CUVIER, Marie-Madeleine, fille de Jacques Crevier et de Marie-Anne Tétreau, voyez page 201.

CUVILLIERS.—*Variation :* Cuvillier.

1755, (16 juin) Québec.[1]

I.—CUVILLIERS, Philippe-Augustin, fils de Jean-Philippe et de Jacqueline Carpentier, de Penin, diocèse d'Arras.
Chevalier, Marie-Anne, [Louis III.
b 1735.
Augustin, b[1] 9 août 1756; m 3 nov. 1778, à Angelique Miot-Girard, à Beaumont; s 2 dec. 1789, à Montréal.—*Marie-Anne,* b 21 janvier 1760, à St-Jean, I. O.; m[1] 13 oct. 1778, à Joseph Cartier. — *Marie-Louise,* b 16 dec. 1762, à Ste-Foye.

1778, (3 nov.) Beaumont.

II.—CUVILLIERS, Augustin, [Philippe-Aug. I.
b 1756; s 2 dec. 1789, à Montreal.[3]
Miot (1), Angélique. [Joseph-Alexis I.
Augustin, b 21 août 1779, à Quebec[4]; m[3] 7 nov. 1802, à Claire Perrault.—*François-Joseph,* b[4] 26 janvier 1781. — *Jean-Thomas,* b[4] 20 dec. 1782. — *Marie-Angélique,* b[4] 12 janvier 1784.—*René-Hubert,* b[4] 5 juin 1785; s[4] 28 dec. 1786.—*Marie-Anne-Angélique,* b[4] 28 oct. 1786. — *Luce,* b[4] 7 janvier 1788. — *Marie-Adelaïde,* b[4] 20 nov. et s 4 déc. 1789, à Ste-Foye.

1802, (7 nov.) Montréal.[5]

III.—CUVILLIERS, Augustin, [Augustin II.
b 1779.
Perrault, Claire. [Joseph-Marie II.
Thomas-Augustin, b[5] 16 août 1803. — *Marie-Anne,* b[5] 7 dec. 1804. — *Joseph-Georges,* b[5] 27 juin et s[5] 31 août 1806. — *Jean,* b[5] 4 mars 1810. —*Angélique,* b[5] 17 nov. 1811.—*Augustin,* b[5] 21 déc. 1813.—*Maurice,* b[5] 26 fevrier 1816.—*Marie-Luce,* b[5] 12 juin 1817.

CUVILLON.—Voy. Quevillon.

CYPRIOT.—Voy. Michel Chrétien.

CYR.—Voy. Syre.

CYTOIS (2), François, b 1676; s 14 sept. 1727, à Montréal.

D

I.—DABADIE (2), Philibert, b 1719, soldat; de Grignon, ville de Dijon; s 6 sept. 1756, à Montreal.

1757, (30 juin) Montréal.

I.—DABADY (3), Pierre, b 1729; fils de Laurent et de Jeanne Guichemin, de N.-D. Montmarchand, diocèse de Bazas.
Gaillard, Louise, [Hypolite I.
b 1731.

1752, (24 avril) Québec.[1]

I.—DABIN, Jean, fils de Jean et d'Anne Loisel, de Labrefière, diocèse de Nantes.
Nau (4), Marie-Joseph, [Jacques III.
Jean-Baptiste, b[1] 3 juin 1753.—*Marie-Joseph,* b[1] 12 avril 1755.—*Alexandre,* b[1] 16 avril et s 16 juin 1760, à Beauport.[2]—*Marie-Françoise,* b[2] 3 juin 1762.

DABONVILLE.—Voy. Palin.

(1) Sœur de Mme Morrison.
(2) DeRéquier dit Desbordes.
(3) Dit St-Pierre.
(4) Dit Labrie.

DACHARD.—Voy. Dachas.

DACHAS.—*Variations :* Dachard—Dachat.

1747, (6 nov.) Québec.[1]

I.—DACHAS (3), Gilles, fils de François et de Marie Poilève, de St-Sauveur, diocèse de Soissons.
Chevalier, Geneviève, [Etienne II.
b 1721.
Pierre, b[1] 24 oct. 1748.—*Marie-Geneviève,* b[1] 27 août 1750; s[1] 20 août 1751. — *Geneviève,* b[1] 12 janvier 1752; m à Jacques Pépie-Lafleur; s[1] 8 mai 1794. — *François-Xavier,* b[1] 4 mars et s[1] 22 sept. 1754.—*Marie-Angélique,* b[1] 19 sept. 1755; s[1] 12 août 1756. — *Honoré,* b[1] 27 mars 1757; s[1] 13 juillet 1758. — *Marie-Brigitte,* b 8 avril 1760, à Ste-Famille, I. O.—*Marie-Charlotte,* b[1] 14 mars 1763.

DACIER.—Voy. Dasqué—Dassier—Lacier.

DAGEN, Catherine, b... m 31 mars 1758, à Pierre Roger, à Soulanges.

(1) Dit Girard.
(2) Et Citoys—De Chaumaux; prêtre de St-Sulpice.
(3) Et Dachard.

DAGENAIS.—*Variations et surnoms*. DAGENAY —DAGENET—DAGENEZ—LAJEUNESSE.

DAGENAIS, MADELEINE, b... 1° m à Jacques DAVID; 2° m à Pierre MARTINEAU.

DAGENAIS, MARIE-JOSEPH, b 1705; m à Jacques FORTIER; s 14 mai 1736, à Montreal.

DAGENAIS, FRANÇOISE, épouse de François SORIN.

1665, (17 nov.) Montréal.

I.—DAGENAIS (1), PIERRE,
b 1631.
BRANDON, Anne,
b 1641.

1695, (30 avril) Pte-aux-Trembles, M.[1]

II.—DAGENAIS (1), PIERRE, [PIERRE I.
b 1672; s 19 dec. 1749, au Sault-au-Recollet.[2]
DROUET, Marie, [MATHURIN I.
s[2] 29 janvier 1736.
Joseph-Michel, b[1] 1er juillet 1695; 1° m 31 janvier 1718, à Anne LEMAY, à Montreal[3]; 2° m[2] 12 sept. 1757, à Catherine BRUNET.—*Madeleine*, b[1] 1er juin 1698; m[3] 22 juin 1716, à Jacques DAVID. —*Pierre*, b[3] 25 nov. 1702; m 4 mai 1722, à Marie-Joseph DAVID, à Boucherville.—*François*, b[3] 6 sept. et s[3] 16 nov. 1706.—*Jean-Baptiste*, b[3] 25 nov. 1707; m 1736, à Marie-Louise PROU.— *François-Marie*, b[3] 16 nov. 1710; m[2] 16 nov. 1739, à Marie-Charlotte VANIER. — *Laurent*, b[3] 12 janvier 1713; m[2] 5 nov. 1736, à Elisabeth BRIGNON.

1718, (31 janvier) Montreal.[1]

III.—DAGENAIS, JOSEPH-MICHEL, [PIERRE II.
b 1695.
1° LEMAY, Anne. [JOSEPH II.
Joseph, b[1] 29 oct. 1718; m 24 oct. 1740, à Marie-Joseph CHORET, au Sault-au-Récollet[2]; s[2] 12 oct. 1747.—*François*, b[1] 27 août 1720; m[2] 17 janvier 1746, à Marie-Louise PIGEON.—*Marie*, b[1] 20 juillet 1722; m[2] 24 oct. 1740, à Joseph VANIER.

1757, (12 sept.)[2]

2° BRUNET, Catherine, [JEAN-FRANÇOIS III.
b 1730.

1722, (4 mai) Boucherville.[3]

III.—DAGENAIS, PIERRE, [PIERRE II.
b 1702.
DAVID, Marie-Joseph, [JACQUES II.
b 1702.
Marie-Anne, b[3] 11 février 1723; m 29 oct. 1743, à Louis LEMAY, au Sault-au-Recollet.[4] —*Marie-Joseph*, b[3] 16 août et s[3] 24 sept. 1724.—*Pierre*, b[3] 12 oct. 1725; m[4] 11 juin 1751, à Elisabeth LEMAY.—*Marie-Elisabeth*, b 1727; m[4] 12 janvier 1750, à François BOHEMIER. — *Marie-Joseph*, b 1734; m[4] 2 juin 1755, à Pierre QUENNEVILLE.— *Marie-Françoise*, b 1736, m[4] 5 mars 1753, à François LORAIN. — *Jean-Baptiste*, b[4] 12 déc. 1737.—*Louis-Basile*, b[4] 9 nov. 1738; m[4] 4 juillet 1757, à Françoise QUENNEVILLE.— *Jacques*, b 16 fevrier à Montréal et s[4] 17 mars 1740. — *Marie-Barbe*, b[4] 22 nov. 1742; s[4] 6 janvier 1745. — *Marie-Angélique*, b[4] 16 juin 1744; s[4] 20 juillet 1746.—*François*, b[4] 11 janvier 1747.

(1) Voy. vol I, p. 152.

1736, (5 nov.) Sault-au-Récollet.[2]

III.—DAGENAIS, LAURENT, [PIERRE II.
b 1713.
BRIGNON, Marie-Elisabeth. [JEAN II.
Laurent, b[2] 27 avril et s[2] 17 sept. 1737.— *Anne-Charlotte*, b[2] 12 nov. 1738; m[2] 27 nov. 1758, à Jean-Louis TURCOT. — *Laurent*, b[2] 21 nov. 1739; m à Marie-Joseph LEFEBVRE.—*Marie-Elisabeth*, b[2] 17 déc. 1740. — *Louis-Gabriel*, b[2] 14 fevrier 1742.—*Jean-Baptiste*, b[2] 1er mai 1743. —*François*, b[2] 23 août 1744. — *Marie-Louise*, b[2] 23 oct. 1745, s[2] 8 sept. 1746. — *Marie-Rosalie*, b 6 et s 18 dec. 1746, à St-Vincent-de-Paul.— *Marie-Louise*, b 17 janvier 1748, à Montreal.— *Joseph-Marie*, b[2] 17 mars 1749.

1736.

III.—DAGENAIS, JEAN-BTE, [PIERRE II.
b 1707.
PROUX, Marie. [JEAN-BTE II.
Jean-Baptiste, b 16 mars et s 18 sept. 1737, au Sault-au-Recollet.[3] — *Marie-Anne*, b[3] 27 juillet et s[3] 9 août 1738. — *Ursule*, b[3] 17 avril 1741; m 7 janvier 1761, à Joseph BARTHÉLEMY, à Montréal.[2] — *Jean-Baptiste*, b[3] 10 mars et s[3] 14 juin 1742.—*Marie-Angélique*, b[3] 17 nov. 1744.—*Marie-Catherine*, b[3] 28 janvier 1746. — *Jean-Baptiste-Ignace*, b[2] 9 juin 1748.

1739, (16 nov.) Sault-au-Récollet.[1]

III.—DAGENAIS, FRANÇOIS-MARIE, [PIERRE II.
b 1710.
VANIER, Marie-Charlotte, [JEAN-BTE II.
b 1719.
François, b[1] 23 août 1740, m[1] 12 janvier 1761, à Marie-Joseph CHARON.—*Marie-Joseph*, b[1] 17 fevrier 1742, m 27 sept. 1761, à Louis SUREAU, à St-Vincent-de-Paul[2] — *Marie-Louise*, b[2] 13 juin 1744, m[2] 12 janvier 1761, à Pierre CHARON. — *Jean-Baptiste*, b[2] 13 et s[2] 24 fevrier 1746.— *Jean-Baptiste*, b[2] 5 mars 1747. — *Marie-Ursule*, b[2] 30 mars 1749, s[2] 3 août 1750.—*François*, b[2] 14 mars 1751.— *Marie-Charlotte*, b[2] et s[2] 24 juillet 1752.—*Marie*, b[2] 1er sept. 1753. — *Marie-Charlotte* b[2] et s[2] 13 sept. 1754.

1740, (24 oct.) Sault-au-Récollet.[9]

IV.—DAGENAIS, JOSEPH, [JOSEPH III.
b 1718; s[9] 12 oct. 1747.
CHORET (1), Marie-Joseph, [PIERRE III.
b 1723.
Joseph-Marie, b[9] 2 mars 1742; m[9] 4 nov. 1760, à Louise-Thérèse SIMON.—*Ambroise*, b[9] 28 nov. 1743.—*Marie-Joseph*, b[9] 8 sept. 1745, m 13 oct. 1760, à Jean CASSÉ, à St-Vincent-de-Paul.—*Paschal*, b[9] 17 avril 1747.

(1) Elle épouse, le 14 avril 1749, Joseph Chartran, au Sault-au-Recollet

1746, (17 janvier) Sault-au-Récollet. [7]

IV.—DAGENAIS, François, [Jos.-Michel III.
b 1720.
Pigeon, Marie-Louise, [Louis II.
b 1721.
Marie-Louise, b [7] 20 nov. 1746. — *Marie-Angélique,* b [7] 20 juin 1748. — *Jean-François,* b [7] 10 oct. 1749; 1° m à Marie-Louise LeBelec; 2° m 8 février 1773, à Marie-Catherine Lebeau, à la Longue-Pointe.

1751, (11 janvier) Sault-au-Récollet.

IV.—DAGENAIS, Pierre, [Pierre III.
b 1725.
Lemay, Marie-Elisabeth, [Joseph-Ignace II.
b 1731.

DAGENAIS, Joseph,
b 1731.
1° Lorain, Marie-Joseph.
1760, (13 oct.) Sault-au-Récollet.
2° Quenneville, Madeleine, [Antoine III.
b 1742.

1757, (4 juillet) Sault-au-Recollet.

IV.—DAGENAIS, Louis-Basile, [Pierre III.
b 1738.
Quenneville, Françoise, [Jean II.
b 1731.

1760, (4 nov.) Sault-au-Récollet.

V.—DAGENAIS, Joseph-Marie, [Joseph IV.
b 1742.
Simon, Thérèse-Louise, [François III.
b 1740; veuve de Thomas L'Ecuyer.

1760, (10 nov.) Sault-au-Recollet.

I.—DAGENAIS, Pierre,
b 1738.
Berthiaume, Marie-Elisabeth, [Pierre III.
b 1744.

1761, (12 janvier) Sault-au-Récollet.

IV.—DAGENAIS, François, [Frs-Marie III.
b 1740.
Charon, Marie-Joseph, [Antoine III.
b 1738; veuve de Joseph Syre.

V.—DAGENAIS, Jean-François, [François IV.
b 1749.
1° LeBelec, Marie-Louise, [Louis-Joseph III.
1773, (8 février) Longue-Pointe.
2° Lebeau, Marie-Catherine, [Joseph III.
b 1754.

IV.—DAGENAIS, Laurent, [Laurent III.
b 1739.
Lefebvre, Marie-Joseph.
Marie-Joseph, b 18 oct. 1768, à la Longue-Pointe.

1758, (16 janvier) Montréal.

I.—DAGERT, Jean, b 1722; fils d'Antoine et de Jeanne Cortedouat, de Soulène, diocèse de Lescar.
Drouillard, Marie. [René II.
Marie-Ursule, b 15 février 1759, à St-Antoine-de-Chambly.

I.—DAGNAT, Madeleine, b 1676; 1° m à Guillaume Gouyon; 2° m 2 août 1711, à Louis Dufaut, à Longueuil.

DAGNAU.—Voy. Dagneau.

DAGNEAU. — *Variations et surnoms :* Dagnau —Daignault—Daigneau—Daniau—Daniaux — Dauville — Douville — DeQuindre — De la Motte — De la Picanier — De la Saussaye—Labrie—Laprise.

DAGNEAU, Marie-Joseph, b... m 1767, à Michel Gournay.

DAGNEAU, Madeleine, épouse de Pierre Gautron.

DAGNEAU, Marie, épouse de François Picard.

DAGNEAU, Antoinette, épouse de Joseph Pinard.

DAGNEAU, Geneviève, épouse de Jean Mercier.

DAGNEAU, Marie-Louise, b... m 19 janvier 1778, à Michel Tanguay, à St-Michel.

DAGNEAU, Madeleine, epouse de Jacques Laporte.

DAGNEAU, Marguerite, épouse de Jean Vallée-Sanssoucy.

1669.

I.—DAGNEAU (1), Jean-Pierre,
b 1651; s 12 nov. 1687, à Repentigny.
Vaillant, Marguerite,
b 1646.

1670, (10 sept.) Quebec. [1]

I.—DAGNEAU (1), Jean,
b 1637, s 6 janvier 1709, à St-Michel. [2]
1° Michaud, Marie-Louise,
b 1647.
Jacques, b [1] 21 janvier 1672; m 31 août 1702, à Louise Destroismaisons, à St-Thomas [3], s 19 juillet 1751, à St-Frs-du-Sud.
1686, (7 juin) St-Jean, I. O.
2° Rondeau, Françoise, [Pierre I.
b 1671; s 21 mars 1730, à St-Valier.
Jean, b... 1° m à Marthe Lamy; 2° m [2] 7 janvier 1716, à Françoise Guillemet; 3° m [2] 7 oct. 1748, à Marguerite Malboeuf; s [2] 20 juin 1759. —*Jean-Baptiste,* b... m 1728, à Claire Blanchet.

(1) Voy. vol. I, p. 156.

—*Guillaume*, b 1689; 1° m 3 février 1723, à Geneviève LAMY, à Berthier [4]; 2° m [4] 8 oct. 1736, à Suzanne DUMONT; 3° m [4] 14 oct. 1743, à Jeanne GUIMONT; s [4] 3 février 1761.—*François*, b... m à Marie ROUSSEAU. — *Laurent*, b [2] 18 oct. 1694; s [3] 19 mai 1715.—*Joseph*, b 1700, 1° m [4] 24 avril 1730, à Angélique LEPAGE; 2° m [4] 20 nov. 1758, à Marie-Angélique BILODEAU; s [4] 22 juillet 1795. —*Françoise-Martine*, b [2] 24 mars 1702; m [3] 18 août 1722, à Claude GENDRON; s [3] 14 mai 1723.

1683, (8 février) Trois-Rivières. [5]

I.—DAGNEAU (1), JACQUES,
b 1653; s 21 avril 1732, à Nicolet. [6]
LEPELÉ, Marie, [PIERRE I.
b 1664.

Jacques, b [5] 19 juin 1686; 1° m [6] 17 mai 1723, à Thérèse DUPUIS, 2° m [5] 26 mai 1732, à Marie-Anne DESROSIERS; s [6] 23 oct. 1752. — *Marie-Louise*, b [5] 25 sept. 1691; 1° m [6] 20 mai 1730, à Thomas STILET; 2° m [6] 3 sept. 1731, à Pierre LEFEBVRE.

1688, (18 mai) Sorel. [1]

I.—DAGNEAU (2), MICHEL, officier; s 24 mars 1753, à Montreal. [2]
LAMY, Marie, [ISAAC I.
b 1670; s avant 1730.

Charlotte-Catherine, b [1] 12 juillet 1689. — *Marie-Françoise*, b 8 fevrier 1691, à la Pte-aux-Trembles, Q. [3]—*Michel*, b [1] 14 et s [1] 17 nov. 1692. —*Henri*, b [3] 9 et s [3] 24 janvier 1694. — *Jean*, b [1] 31 dec. 1694; m 17 mars 1728, à Elisabeth RAIMBAULT, à la Longue-Pointe; s [2] 27 août 1741. — *Louis-Hector*, b [1] 5 oct. 1696; s [2] 22 juillet 1711. —*Alexandre*, b [1] 13 mai 1698; 1° m [2] 7 août 1730, à Marie COULON; 2° m à Marie COURTEMANCHE —*Philippe*, b [1] 9 juin 1700; m [2] 13 sept. 1727, à Madeleine RAIMBAULT. — *Pierre*, b [1] 22 juin 1702.—*Louis-Césaire*, b [1] 8 oct. 1704; m [2] 4 dec. 1736, à Marie-Anne PICOTÉ; s 2 février 1767, au Detroit. — *Guillaume*, b [1] 7 mai 1706; m [2] 5 fevrier 1742, à Louise LEFOURNIER.—*Marie-Claire*, b 12 août 1706, à l'Ile-Dupas; m [2] 23 juin 1736, à Pierre DESт-OURS; s [2] 5 juin 1743. —*Hyacinthe*, b [1] 16 août 1708; s [1] 27 mai 1709. —*Joseph*, né [1] 25 avril et b [1] 1er juin 1710. — *Antoine*, b [1] 20 fevrier et s [2] 21 août 1712.

1702, (31 août) St-Thomas. [2]

II—DAGNEAU (3), JACQUES, [JEAN I.
b 1672, s 19 juillet 1751, à St-Frs-du-Sud. [3]
DESTROISMAISONS (4), Louise, [PHILIPPE I.
b 1680, s [3] 30 juin 1755.

Jacques, b [2] 11 sept. 1703, m 7 janvier 1730, à Anne CLUSEAU, à Quebec.—*Jean-Baptiste*, b [2] 25 mars et s [2] 4 nov. 1705. — *Jean-Baptiste*, b [2] 25 mars 1707; m 3 juillet 1747, à Madeleine PLANTE, à St-Jean, I. O. [4] — *Philippe*, b [2] 27 mars 1710; 1° m 27 dec. 1734, à Marie BUTEAU, au Detroit; 2° m 26 juillet 1742, à Marie-Anne PICARD, à Montréal.—*Pierre*, b [2] 13 mai et s [2] 1er juin 1711. —*Joseph*, b [2] 17 juillet 1712; m [4] 25 oct. 1735, à Marie-Joseph GREFFARD.—*Marie-Geneviève*, b [2] 19 fevrier 1714; m 5 nov. 1731, à Louis BOULET, à Berthier.—*Marguerite*, b... m [3] 25 oct. 1734, à Antoine MORIN.—*Marthe*, b... m [3] 13 août 1737, à Etienne FONTAINE.

(1) Voy. vol. I, p. 156.
(2) Sieur Douville; enseigne et cadet de la compagnie de M Mine
(3) Dit Laprise
(4) Dit Picard.

II.—DAGNEAU (1), JEAN, [JEAN I.
s 20 juin 1759, à St-Michel. [6]
1° LAMY, Marthe, [PIERRE I.
b 1692.

1716, (7 janvier). [6]

2° GUILLEMET, Françoise, [NICOLAS I.
b 1685; veuve d'Andre Bissonnet; s [6] 5 fevrier 1748.

Jean, b [6] 21 février 1717; m 11 janvier 1740, à Marguerite-Therèse GUENET, à Beaumont [7]; s 4 août 1758, à Québec. [8] — *Joseph*, b [7] 6 mars 1719; m [6] 10 avril 1741, à Marie-Joseph ALLAIRE.—*Marie-Madeleine*, b [7] 31 mars 1721; 1° m [6] 6 nov. 1741, à Pierre ROULEAU; 2° m [6] 29 janvier 1748, à Pierre PATRY.—*Marie-Catherine*, b [7] 18 et s [8] 25 avril 1723.—*Marie-Joseph*, b [7] 16 juillet 1724; m [8] 11 janvier 1757, à François-Hubert LETARTRE.—*Angélique*, b [7] 23 avril 1726; s [6] 7 sept. 1747.

1748, (7 oct.) [6]

3° MALBOEUF, Marguerite, [JEAN-BTE I.
b 1695; veuve de Pierre Gagné.

1723, (3 février) Berthier. [2] (2)

II.—DAGNEAU (3), GUILLAUME, [JEAN I.
b 1689; s [4] 3 fevrier 1761.
1° LAMY, Geneviève, [PIERRE I.
b 1705; s [2] 28 août 1736.

Elisabeth-Geneviève, b 23 juillet 1724, à St-Valier [3]; m [3] 25 sept. 1747, à François BLAIS.—*Pierre-Arsène*, b [2] 12 mai 1726; m 28 oct. 1754, à Monique-Helène CADRIN, à St-Michel. [4]—*Joseph*, b [2] 2 et s [2] 8 mars 1728.—*Marie-Marthe*, b [2] 14 juin 1729; s [2] 16 août 1730.—*Catherine*, b [2] 20 mars 1731; m 20 oct. 1754, à Jean-Baptiste PELLETIER, à l'Islet. — *Michel*, b [2] 30 sept. 1733. — *Guillaume*, b [2] 22 fevrier 1736; m [4] 15 nov. 1762, à Isabelle NOEL.

1736, (8 oct.) [2]

2° DUMONT (4), Suzanne, [JULIEN II.
b 1713; s [2] 19 fevrier 1743.

Suzanne-Monique-Françoise, b [2] 17 mai 1739. —*Joseph-Marie*, b [2] 22 mai 1740; m à Therèse RANGER.

1743, (14 oct.) [2]

3° GUIMONT, Jeanne, [JOSEPH II.
b 1700; veuve de Jacques Charbonneau; s [2] 9 nov. 1778.

DAGNEAU, MARIE-JOSEPH, b 1717; s 2 juin 1782, à Nicolet.

(1) Dit Laprise.
(2) Le lendemain de la Chandeleur; Pâques était le 28 mars 1723.
(3) Fermier de M. DesBergères.
(4) Dit Lavoye, 1743.

DAGNEAU, Pierre, b 1703; s 18 déc. 1725, à St-Valier.

1723, (17 mai) Nicolet. [6]

II.—DAGNEAU, Jacques, [Jacques I. b 1686; s [6] 23 oct. 1752.

1° Dupuis, Therèse, [Jacques I. b 1700; s 10 oct. 1731, aux Trois-Rivières. [7]

Marie-Joseph, b [6] 26 mars 1724.—*François-Xavier,* b [6] 28 janvier 1725; m [7] 26 avril 1758, à Françoise Vacher; s [6] 12 oct. 1792. — *Ignace,* b [6] 25 oct. 1727; m [6] 21 sept. 1750, à Marie-Louise Coltret; s [6] 26 avril 1757.—*Marie-Madeleine,* b [6] 20 janvier 1730.

1732, (26 mai). [7]

2° Desrosiers (1), Marie-Anne, [Pierre II. b 1708; s 16 avril 1772, à la Baie-du-Febvre.

Marie-Joseph, b [6] 14 avril 1733; s [6] 23 juin 1749.—*Catherine,* b [6] 25 nov. 1734; m [6] 30 août 1751, à François Hamel.

II.—DAGNEAU (2), François. [Jean I.

Rousseau, Marie.

Jean-Baptiste, b... m 5 février 1753, à Marie-Joseph Morin, à Berthier.—*Madeleine,* b 1738; s 25 nov. 1755, à St-Pierre-du-Sud. [8]— *Marie,* b... m [8] 9 février 1756, à Pierre Morin. — *François,* b... m 1748, à Marie-Geneviève Morin.—*Charles,* b... 1° m 9 février 1750, à Françoise Fournier, à St-Thomas; 2° m [8] 17 nov. 1760, à Marie-Louise Destroismaisons.

1727, (13 sept.) Montréal. [4]

II.—DAGNEAU (3), Philippe, [Michel I b 1700; s avant 1755.

Raimbault, Madeleine, [Pierre II b 1701.

Philippe, b 1728; m [4] 17 nov. 1755, à Marie-Anne Jarret. — *Marie-Joseph,* b [4] 8 oct. 1730, m [4] 10 juin 1748, à Louis DeVarreil. — *Louise-Anne,* b [4] 18 nov. 1738.—*Marie-Charlotte,* b [4] 25 juillet 1740.

1728, (17 mars) Longue-Pointe.

II.—DAGNEAU (4), Jean, [Michel I. b 1694; s 27 août 1751, à Montréal.

Raimbault, Marie-Elisabeth, [Pierre II. b 1705.

Marie-Catherine (5), b 25 juin 1731, au Détroit. [4] —*Louise-Elisabeth,* b [4] 25 nov. 1739.

1728.

II.—DAGNEAU, Jean-Bte. [Jean I.

Blanchet, Marie-Claire, [Pierre-Alphonse II. b 1705, s 27 déc. 1746, à St-Frs-du-Sud. [4]

Jean-Baptiste, b 2 oct. 1729, à Berthier. [5]—*Jean-François,* b [5] 27 janvier 1731.—*Marie-Claire,* b [5] 30 mai 1732; m [4] 7 juillet 1749, à Jacques Bilodeau. — *Jean-François,* b [5] 29 avril 1734.—*Michel-Philippe,* b [4] 8 mai 1735; m [4] 16 oct. 1758, à Anne-Françoise Boissonneau.—*Marie-Marguerite,* b [5] 27 août et s [4] 5 sept. 1736. — *Anonyme,* b [4] et s [4] 21 sept. 1738. — *Antoine,* b 1739, s [4] 22 déc. 1747. — *Joseph-Marie,* b [4] 21 avril 1743.—*Philippe,* b [4] 21 sept. et s [4] 15 oct. 1744.

1730, (7 janvier) Québec. [5]

III.—DAGNEAU, Jacques, [Jacques II. b 1703.

Cluseau, Marie-Anne, [Jean-Bte I. b 1698.

Jacques-Charles, b [5] 28 février 1732 — *Marie-Anne,* b 14 février 1735, à Berthier; s 26 février 1735, à St-Frs-du-Sud.

1730, (24 avril) Berthier. [4]

II.—DAGNEAU, Joseph, [Jean I. b 1700; s [4] 22 juillet 1795.

1° Lepage, Angelique, [Louis I. b 1693, veuve d'Antoine Bilodeau, s [4] 30 avril 1758.

Marie-Joseph, b [4] 26 juin 1732; s [4] 17 août 1733. — *Geneviève,* b [4] 10 juillet et s [4] 28 août 1735.

1758, (20 nov.) [4]

2° Bilodeau, Marie-Angelique, [Jacques III. b 1731.

Marie-Geneviève, b [4] 9 sept. 1759; m [4] 7 nov. 1780, à Jean-Valier Nadeau.— *Marie,* b [4] 12 janvier 1761. — *Marie-Françoise,* b [4] 2 mai 1763.—*Marie-Angélique,* b [4] 1er mars 1766.—*Marie-Ursule,* b [4] 12 oct. 1769. — *Marguerite,* b [4] 12 oct 1769; s [4] 29 août 1773. — *Marie-Thècle,* b [4] 14 avril 1772. — *Marie-Joseph,* b... s [4] 17 oct. 1779.

1730, (7 août) Montréal [4]

II.—DAGNEAU (1), Alexandre, [Michel I. b 1698.

1° Coulon (2), Marie, [Nicolas-Antoine I. b 1706.

Marie-Louise, b [4] 16 février 1734; m [4] 23 avril 1759, à Pierre-Philippe Daubrespy.

2° Courtemanche, Marie, [Antoine II. b 1691.

Madeleine, b [4] 13 sept. et s [4] 1er oct. 1740.—*Marguerite,* b [4] 12 nov. 1744.—*Guillaume,* b [4] 15 août 1748; s [4] 28 février 1749.

1734, (27 dec.) Detroit.

III.—DAGNEAU, Philippe, [Jacques II. b 1710.

1° Buteau, Marie. [Pierre II.

1742, (26 juillet) Montréal. [4]

2° Picard, Marie-Anne, [Alexis II. b 1727.

Marie-Amable, b [4] 23 avril 1743.

1735, (25 oct.) St-Jean, I. O.

III.—DAGNEAU, Joseph, [Jacques II. enseigne.

Greffard, Marie-Joseph, [Louis II b 1711.

(1) Elle est appelée Marie-Jeanne à sa sépulture.
(2) Dit Laprise.
(3) Dauville de la Saussaye.
(4) Dit Dauville.
(5) Sa mère est une Iroquoise.

(1) Dit Douville.
(2) DeVilliers.

Marie-Joseph, b 22 juillet 1736, à St-Frs-du-Sud[4]; m[4] 13 janvier 1751, à Jean-Baptiste GAGNÉ. — *Marie-Reine*, b 1739; s[4] 19 dec. 1749. — *Claire*, b 1741; s[4] 21 mars 1748. — *Marie-Geneviève*, b[4] 1er août 1742.—*Marie-Françoise*, b[4] 24 janvier 1744; s[4] 27 avril 1756.—*Marie-Angélique*, b 10 oct. 1745, à Berthier.[5] — *Joseph-Marie*, b[5] 10 avril 1747. — *Philippe*, b[4] 6 nov. 1749; s[4] 12 janvier 1751. — *Marie-Marguerite*, b[4] 10 juin 1751.

1736, (4 déc.) Montréal.[4]

II.—DAGNEAU (1), LOUIS-CESAIRE, [MICHEL I. b 1704; colonel; s 2 fevrier 1767, au Detroit.[5]

PICOTÉ (2), Marie-Anne, [FRANÇOIS-MARIE II. b 1714; s[5] 5 mai 1756.

François-Césaire, b[4] 4 oct. 1737; s[4] 23 fevrier 1738.— *Marie-Anne*, b[4] 3 juin 1739; m[4] 21 dec. 1758, à François MAURIN. — *Pierre-Louis*, b[4] 7 juillet 1740. — *Catherine*, b 1742; 1° m[4] 29 nov. 1759, à Pierre LANDRIÈRE; 2° m à Charles-Dixie SHEKLETON; s 4 dec. 1826, à Quebec. — *Antoine*, b 1743; s[5] 18 avril 1784.—*Guillaume-François*, b[4] 23 juillet 1747; m[5] 11 fevrier 1779, à Therèse BOYER.—*Marie-Louise*, b[4] 1er juin 1749 — *Jean-Alexis*, b[5] 11 juillet et s[5] 16 sept. 1750.—*Antoine*, b[5] 4 août 1751. — *Charles*, b[5] 4 et s[5] 25 mai 1756.—*Alexis*, b[5] 4 mai et s[5] 30 juin 1756.

DAGNEAU (3), JEAN-BTE, b... s 31 janvier 1774, à l'Islet.

1740, (11 janvier) Beaumont.[7]

III.—DAGNEAU, JEAN, [JEAN II. b 1717; s 4 avril 1758, à Quebec.[8]

GUENET (4), Marguerite-Therèse, [JACQUES III. b 1724.

Marie-Joseph, b[7] 3 nov. 1740; s 8 janvier 1750, à St-Charles.[9] — *Geneviève*, b[7] 15 fevrier 1742, m[8] 28 juin 1763, à Etienne DESROCHES, s[8] 4 oct. 1795.—*Marguerite*, b[7] 11 avril 1744.—*Reine*, b 1746; s[9] 17 janvier 1750. — *Joseph*, b 1748; s[9] 31 dec. 1749.—*Joseph*, b[9] 30 sept. 1750, s[9] 10 sept. 1751.—*Louis*, b[8] 12 juin 1752; s[8] 13 mai 1754. — *Jean-Marie*, b[8] 19 mai 1754. — *Marie-Louise*, b[8] 6 sept. 1755.—*Jacques*, b[8] 2 mai 1757. —*Jean-Baptiste* (posthume), b[8] 9 nov. 1758.

1741, (10 avril) St-Michel.[2]

III.—DAGNEAU (5), JOSEPH, [JEAN II. b 1719.

ALLAIRE (6), Marie-Joseph. [JOSEPH II.

Marie-Joseph, b[2] 5 janvier 1743.—*Joseph*, b[2] 13 mars 1745 —*Marie-Louise*, b[2] 3 avril 1747, s[2] 26 sept. 1750.—*Nicolas*, b[2] 7 oct. 1748 — *Etienne-François*, b[2] 17 janvier 1751.—*Marie-Marguerite*, b[2] 16 juin 1753.—*Jean-Baptiste*, b[2] 11 mars 1757; s[2] 10 mars 1758.—*Jean-Baptiste*, b[2] 26 fevrier 1759.

(1) Dit Douville, sieur de Quindre. Il était, le 3 février 1755, au Détroit. Il signait toujours Fontenay.

(2) DeBelestre.

(3) Dit Labrie; voyageur.

(4) Elle épouse, le 14 fevrier 1763, François Greffard, à St-Michel.

(5) Dit Laprise.

(6) Et Dallaire.

1742, (5 fevrier) Montréal.

II.—DAGNEAU (1), GUILLAUME, [MICHEL I. b 1706.

LEFOURNIER (2), Louise, [LOUIS-HECTOR II. b 1721; s 16 mars 1761, au Détroit.[3]

Louise, b... s[3] 18 juillet 1745.

DAGNEAU (3), RENÉ,

GALLANT (4), Marie-Angélique.

Marie-Catherine, b 11 juillet 1747, à Québec.[4] —*Paschal-Antoine-Christophe*, b[4] 29 mars 1750.

1747, (3 juillet) St-Jean, I. O.

III.—DAGNEAU (5), JEAN-BTE, [JACQUES II. b 1707.

PLANTE, Marie-Madeleine. [CHARLES III.

Marie-Madeleine, b 26 mai 1748, à St-Frs-du-Sud.[2] —*René*, b[2] 18 oct. 1749.—*Pierre-Noel*, b[2] 15 nov. 1750; s[2] 20 avril 1751.—*Pierre*, b[2] 3 avril 1752; m 8 fevrier 1773, à Marie-Françoise BLAIS, à Berthier.—*Marie-Thècle*, b[2] 13 janvier 1754.—*Marie-Rose*, b[2] 12 avril 1755.

1748.

III.—DAGNEAU (5), FRANÇOIS. [FRANÇOIS II.

MORIN (6), Marie-Geneviève. [PIERRE-NOEL IV.

François, b 12 avril 1749, à St-Pierre-du-Sud.[3] —*Marie-Geneviève*, b[3] 4 juin 1750.—*Marie-Anne*, b[3] 12 dec. 1751 —*Madeleine*, b[3] 3 fevrier 1753. — *François-Pierre*, b[3] 3 mars 1754. — *Jean-Baptiste*, b... s[3] 5 mai 1755. — *Joseph-Anselme*, b[3] 27 juillet 1756.

I.—DAGNEAU, MICHEL, s avant 1776.

COMEAU, Françoise.

Jean-Baptiste, b... m 8 janvier 1776, à Marie-Françoise TRUDEL, à la Longue-Pointe.

DAGNEAU (7), PIERRE, s 24 juin 1753, à Soulanges.

III.—DAGNEAU, JOSEPH-MARIE, [GUILLAUME II. b 1740.

RANGER, Therèse, s avant 1779.

Joseph, b... m 15 février 1779, à Marie-Charlotte HUPPÉ, à Terrebonne.

1750, (9 fevrier) St-Thomas.

III.—DAGNEAU (5), CHARLES. [FRANÇOIS II.

1° FOURNIER, Françoise [LOUIS III.

(1) Sieur de la Motte, il était au Détroit, le 17 juillet 1750.

(2) Dit Duviviers.

(3) Maçon.

(4) Ou Charlan.

(5) Dit Laprise.

(6) Elle épouse, le 16 janvier 1759, Joseph Chamberland, à St-Pierre-du-Sud.

(7) Tué par le tonnerre, sur le lac St-François, avec Louis Roulette.

Marie-Françoise, b 7 mai 1752, à St-Pierre-du-Sud.[8]—*Charles-François,* b [8] 26 mars 1754.—*Marie-Marthe,* b [8] 26 mars 1754.—*Joseph,* b [8] 3 nov. 1755.—*Marie-Reine,* b [8] 8 nov. 1757.—*Marie-Charlotte,* b [8] 19 avril 1759.

1760, (17 nov.) [8]

2° DESTROISMAISONS, Marie-Louise. [LOUIS III.

1750, (21 sept.) Nicolet. [2]

III.—DAGNEAU, IGNACE, [JACQUES II.
b 1727 ; s [2] 26 avril 1757.

COLTRET (1), Marie-Louise, [PIERRE II.
b 1731.

Marie-Joseph, b [2] 7 août 1751 ; 1° m [2] 22 janvier 1770, à Louis PROVENCHER ; 2° m [2] 31 janvier 1780, à Antoine LEMIRE.—*François-Xavier,* b [2] 29 et s [2] 31 juillet 1752.—*Marie-Louise,* b [2] 31 juillet 1753 ; m [2] 7 janvier 1771, à Jean-Baptiste GAUDREAU.—*Ignace.* b [2] 15 mars 1755.—*Marie-Elisabeth,* b [2] 15 sept. 1756 ; m [2] 21 juin 1773, à Joseph MARCOT.

1753, (5 février) Berthier. [3]

III.—DAGNEAU, JEAN-BTE. [FRANÇOIS II.

MORIN, Marie-Joseph. [PIERRE-NOEL IV.

Marie-Joseph, b 7 déc. 1753, à St-Pierre-du-Sud. [4] — *Jean-Baptiste,* b [4] 28 déc. 1754 ; m [3] 27 janvier 1783, à Marie-Joseph BLAIS. — *Joseph-Marie,* b [4] 8 avril 1758.

1754, (28 oct.) St-Michel. [3]

III.—DAGNEAU (2), P.-ARSÈNE, [GUILLAUME II.
b 1726.

CADRIN, Monique-Hélène, [PIERRE II.
b 1735.

Marie-Monique, b [3] 7 sept. 1755 ; s [3] 20 oct. 1758.—*Marie-Marthe,* b [3] 6 nov. 1757 ; s [3] 9 nov. 1758. — *Pierre,* b [3] 13 mai et s [3] 7 déc. 1759.—*Pierre,* b [3] 8 janvier 1761. — *Dominique,* b [3] 6 juillet 1762. — *Marguerite,* b... m 6 nov. 1797, à Charles GIRARD.

1755, (17 nov.) Montréal.

III.—DAGNEAU (3), PHILIPPE, [PHILIPPE II.
b 1728.

JARRET (4), Marie-Anne, [JEAN-BTE II.
b 1732.

1758, (26 avril) Trois-Rivières.

III.—DAGNEAU, FRS-XAVIER, [JACQUES II.
b 1725 ; s 12 oct. 1792, à Nicolet. [5]

VACHER (5), Françoise. [JEAN-BTE III.
b 1732 ; s [5] 8 mars 1767.

Marie-Françoise, b [5] 14 sept. 1759. — *Joseph-Louis,* b... 1° m [5] 17 juillet 1786, à Elisabeth FLEURANT ; 2° m [5] 19 sept. 1791, à Marguerite LEMIRE.

(1) Elle épouse, le 11 avril 1758, Joseph Laplante, à Nicolet.

(2) Dit Laprise.

(3) De la Saussaye ; enseigne.

(4) Elle épouse, le 21 avril 1760, Pierre Trotier, à Montréal.

(5) Et Guivaché—Laserte.

1758, (16 oct.) St-Frs-du-Sud. [6]

III.—DAGNEAU, MICHEL-PHIL., [JEAN-BTE II.
b 1735.

BOISSONNEAU, Anne-Françoise, [NICOLAS III.
b 1738.

Jean-Philippe, b [6] 23 déc. 1760.

III.—DAGNEAU (1), ANTOINE, [LS-CÉSAIRE II.
b 1743 ; s 18 avril 1784, au Détroit.

Antoine, b... m 1782, à Catherine DESRIVIÈRES.

1762, (15 nov.) St-Michel.

III.—DAGNEAU, GUILLAUME, [GUILLAUME II.
b 1736.

NOEL, Isabelle, [PIERRE II.
b 1727 ; veuve de Joseph Fortier.

1773, (8 février) Berthier.

IV.—DAGNEAU, PIERRE, [JEAN-BTE III.
b 1752.

BLAIS, Marie-Françoise. [LOUIS III.

1776, (8 janvier) Longue-Pointe. [9]

II.—DAGNEAU, JEAN-BTE. [MICHEL I.

TRUDEL, Marie-Françoise, [ANTOINE IV.
b 1758 ; s [9] 11 déc. 1780.

1779, (11 février) Détroit. [5]

III.—DAGNEAU (2), GUILLAUME, [LS-CÉSAIRE II.
b 1747.

BOYER, Thérèse, [IGNACE III.
b 1755 ; veuve de Jean-Baptiste Casse.

François, b [5] 20 juin 1780.—*Catherine,* b [5] 30 mai 1782.—*Antoine,* b [5] 10 août 1784.

1779, (15 février) Terrebonne.

IV.—DAGNEAU, JOSEPH. [JOSEPH-MARIE III.

HUPPÉ, Marie-Charlotte. [CHARLES V.

IV.—DAGNEAU (1), ANTOINE. [ANTOINE III.

DESRIVIÈRES (3), Catherine.

Catherine, b 27 déc. 1782, au Détroit. [3] —*Julie,* b [3] 10 oct. 1784.—*Timothée,* b [3] 1er janvier 1792.

1783, (27 janvier) Berthier.

IV.—DAGNEAU, JEAN-BTE, [JEAN-BTE III
b 1754.

BLAIS, Marie-Joseph. [JEAN-BTE IV.

1786, (17 juillet) Nicolet. [3]

IV.—DAGNEAU, JOS.-LOUIS. [FRS-XAVIER III

1° FLEURANT, Elisabeth, [JOSEPH I.
b 1755 ; s [3] 27 juillet 1790.

1791, (19 sept.) [3]

2° LEMIRE, Marguerite. [PIERRE IV.

DAGORY.—*Variations :* GABOURY—GADOURY.

(1) DeQuindre.

(2) DeQuindre—De la Picanier, officier.

(3) Lamorandière.

1741, (6 février) St-Augustin.[5]

I.—DAGORY (1), GEORGE, b 1706; fils de François et d'Anne Neel, de Laluzerne, diocèse d'Avranches, Basse-Normandie; s [6] 15 janvier 1793.

COTIN, Marie-Charlotte, [JOSEPH II. b 1717; s [5] 10 juin 1784.

André-Joseph, b [5] 17 mars 1742.—*Charles,* b [5] 26 mars 1744. — *Marie-Geneviève,* b [5] 28 mars 1745. — *Nicolas,* b 16 fevrier 1748, à Lorette.—*Madeleine,* b [5] 3 juillet et s [5] 29 sept. 1754.—*Isaac-Joseph,* b [5] 18 dec. 1755.—*George,* b... m 5 fevrier 1765, à Marie-Charlotte GUIBAUT, à Ste-Anne-de-la-Perade.— *Madeleine,* b... m [5] 20 août 1781, à Joseph DORÉ. — *Jean-Marie,* b... m [5] 14 janvier 1783, à Brigitte LAISNÉ.

1765, (5 fevrier) Ste-Anne-de-la-Pérade.[1]

II—DAGORY (2), GEORGE. [GEORGE I

George, b [1] 2 oct. 1765.—*Marie-Joseph,* b [1] 16 fevrier 1768.

1783, (14 janvier) St-Augustin.[9]

II.—DAGORY, JEAN-MARIE. [GEORGE I.

LAISNÉ, Brigitte. [NICOLAS III.

Jean-Marie, b [9] 23 oct. 1783; s [9] 18 mars 1784.—*Jean-Marie,* b [9] 13 mars 1785.—*Jean-Baptiste,* b [9] 24 sept. 1786. — *Brigitte,* b [9] 14 mars 1788.—*Marie,* b [9] 18 fevrier 1790.—*Antoine,* b [9] 25 juin 1791.—*François,* b [9] 16 sept. 1792.—*Louise,* b [9] 6 janvier 1794.—*Louis,* b [9] 9 août 1795.

DAGUEIL.—*Variations et surnoms :* DAGUILH—DAGUILHE— DAGUILLE — DAGUILTHE — DANGUILLE—LEGUIDE—L'EGUILLE.

1711, (26 mai) Montreal.[3]

I.—DAGUEIL (3), JEAN-BTE, b 1685; fils de Pierre et de Marie Mondon, de St-Eloi, ville et diocèse de Bordeaux.

STORY, Priscille, b 1694, fille de Jérémie et de Ruth Master, de Boston.

Jean-Baptiste, b [3] 16 mars 1712; m 11 oct 1744, à Marie-Anne LEMOINE, à Varennes, s 22 janvier 1787, à Lachenaye.—*Charles,* b [3] 18 juin et s [3] 9 août 1714. — *Jean-François,* b [3] 17 oct. 1715 — *Marie-Louise,* b [3] 24 août 1717. — *Jean-Baptiste,* b [3] 18 mai 1719.—*Therèse-Priscille,* b [3] 12 oct. 1720, s [3] 26 juillet 1721.—*Pierre-Joachim,* b [3] 6 août 1723; s [3] 7 avril 1725 — *Thérèse,* b [3] 6 avril 1725; s [3] 2 juin 1741.—*Marguerite-Priscille,* b [3] 1er dec. 1726; s [3] 22 juillet 1727. — *Pierre-Alexandre,* b [3] 31 août 1730. — *Marie-Priscille,* b [3] 16 et s 30 juillet 1734, à St-François, I. J.

DAGUEIL (4), JACQUES-FRANÇOIS.

(1) Marié sous le nom de Gadoury et il signe Dagory

(2) Marie sous le nom de Gadory et il signe Dagory.

(3) Et Daguille, Leguide ou L'Eguille; sergent de la compagnie de Laforest.

(4) Marchand à Montréal. Il était, le 5 nov. 1751, à la Pte-aux-Trembles, Q.

1744, (11 oct.) Varennes.

II.—DAGUEIL, JEAN-BTE, [JEAN-BTE I. b 1712; notaire-royal; s 22 janvier 1787, à Lachenaye.[1]

LEMOINE (1), Marie-Anne. [JACQUES III.

Marie-Angélique, b 1751; m à Jean-Baptiste TRUTEAU; s [1] 6 dec. 1791.—*Marie-Anne,* b... m à André VIGER.

1757, (31 janvier) Québec.

I.—DAGUERRE, ADRIEN, fils de Joseph et de Jeanne Dordenez, de Tardis, diocèse d'Oleron.

LEMÉDÈQUE, Marie-Jeanne, [FÉLIX I. b 1734.

1757, (13 juin) Québec.[1]

I.—DAGUERRE, MICHEL, fils de Pierre et de Marie Elissade, de Sare, diocèse de Bayonne.

BLAIS, Marie-Louise, [FRANÇOIS II. b 1735.

Michel, b [1] 22 oct. 1757. — *Marie-Louise,* b 14 nov. 1760, à Berthier.

1757, (21 nov.) Québec.

I.—DAGUERRE, DOMINIQUE, fils de Jean et de Marguerite Cheveri, de St-Pie, diocèse de Bayonne.

HERVE (2), Madeleine. [JOSEPH III.

DAGUET.—*Variation et surnom :* DAILLET — RENAUD.

DAGUET, FRANÇOISE, epouse d'Etienne HÉRET.

I.—DAGUET (3), RENE-PIERRE.

GIASSON, Marguerite.

Geneviève, b 1737, s 8 oct. 1740, à Québec.[4]—*Marie-Anne,* b [4] 17 juin 1741.— *Marguerite,* b 23 oct. 1743, à St-Thomas[1], m [1] 18 nov. 1765, à Jean-Baptiste JONCAS — *Marie-Elisabeth,* b... 1° m à Joseph JONCAS, 2° m [1] 24 nov. 1761, à Jean HARBOUR.—*Marie-Madeleine,* b [1] 3 oct. 1749.

DAGUILHE.—Voy. DAGUEIL

DAGUILLE —Voy. DAGUEIL.

DAGUILTHE.—Voy. DAGUEIL.

DAIGLE. —*Variations et surnoms :* DAIGRE — TÈCLE—LALLEMAND.

DAIGLE, ANNE, epouse d'Etienne POTVIN.

DAIGLE, MARGUERITE, b 1733, m à Paul CYR; s 26 fevrier 1758, à St-Charles.

DAIGLE, ROSE, epouse de Pierre GAUDREAU.

DAIGLE, MARIE, epouse de Rene ROY.

(1) DeMartigny; elle etait, le 29 mars 1772, à Lachenaye.

(2) Pour Heve.

(3) Dit Renaud.

DAIGLE, RENÉ, b 1704; s 24 nov. 1757, à St-Michel.

I.—DAIGLE (1), JEAN.
CROTEAU (2), Marie-Anne. [VINCENT II.

1711, (9 nov.) Pte-aux-Trembles, Q. 4
II.—DAIGLE (3), ANDRÉ, [JEAN I.
b 1689; s 12 avril 1727, à St-Antoine-Tilly. 5
PROU, Therèse, [JEAN I.
b 1690; s 5 25 oct. 1758.
François, b 4 26 et s 4 27 janvier 1713.—*Marie-Thérèse*, b 4 26 janvier et s 4 15 mars 1713.—*Charles-François*, b 5 2 sept. 1714; m 5 4 fevrier 1737, à Marie-Anne ROGER.—*Marie-Françoise*, b 5 11 oct. 1716; m 5 24 avril 1747, à Jacques COTÉ.—*Joseph*, b 5 29 mars 1719; m 13 nov. 1741, à Geneviève BOUCHER, à St-Nicolas.—*Marie-Thérèse*, b 5 24 juin 1721; s 5 21 avril 1758.—*Jean-François*, b 5 28 oct. 1723; m 5 22 fevrier 1751, à Marie-Marguerite BOUCHER.—*Jacques*, b 5 2 mars 1726; 1° m 5 26 fevrier 1748, à Felicité BARON; 2° m 5 1er mars 1756, à Marie-Louise MARTEL.

I.—DAIGLE, JOSEPH, Acadien,
s avant 1758.
GAUDREAU, Madeleine, Acadienne,
b 1708; s 11 février 1758, à St-Charles. 6
Jean-Baptiste, b... 1° m 3 février 1755, à Blanche TRAHAN, à l'Ile-St-Jean; 2° m 6 12 février 1759, à Marie TRAHAN.—*Anastasie*, b... m 24 nov. 1760, à Pierre NAU-LABRIE, à St-Valier.

1737, (4 février) St-Antoine-Tilly. 8
III.—DAIGLE, CHARLES-FRANÇOIS, [ANDRÉ II.
b 1714.
ROGER, Marie-Anne, [JOSEPH II.
b 1718, s 8 18 avril 1758.
Charles-Joseph, b 8 17 oct. 1737; s 8 6 juillet 1748—*André-Joseph*, b 8 23 oct. 1739—*Gabriel-Joseph*, b 8 20 mars 1742.—*Antoine*, b 8 30 avril 1744; s 8 19 janvier 1746.—*Jean-Marie*, b 8 4 juin 1746—*Marie-Louise*, b 8 3 août 1748.—*Charles*, b... 1° m à Madeleine BASQUE; 2° m 23 nov. 1761, à Marie-Elisabeth ALARD, à Charlesbourg.

I.—DAIGLE, CHARLES, Acadien.
CORNEAU, Marguerite,
b 1738; s 16 nov. 1756, à St-Laurent, I. O.

1741, (13 nov.) St-Nicolas.
III.—DAIGLE, JOSEPH, [ANDRÉ II.
b 1719.
BOUCHER (4), Geneviève, [JEAN-FRANÇOIS IV.
b 1721.
Anonyme, b et s 9 juin 1743, à St-Antoine-Tilly. 9—*Jean-Joseph*, b 9 30 juillet 1744; m 9 9 fevrier 1767, à Marie-Joseph HOUDE.—*Jacques*, b 9 23 nov. 1746.—*Jean-François*, b 9 2 avril 1750.—*Jean*, b 9 5 et s 9 25 oct. 1759.

(1) Voy. vol. I, p. 152.
(2) Elle épouse, le 17 avril 1716, Nicolas Cornière, à Québec.
(3) Dit Lallemand.
(4) Dit Desrosiers.

I.—DAIGLE (1), GRÉGOIRE, b 1749; s 29 déc. 1761, à St-Henri-de-Mascouche.

1748, (26 février) St-Antoine-Tilly. 1
III.—DAIGLE, JACQUES, [ANDRÉ II.
b 1726.
1° BARON, Felicité, [JEAN III.
b 1729; s 1 2 mai 1755.
Jacques-Ignace, b 1 6 nov. 1748; s 1 11 fevrier 1749.—*Jean-Baptiste*, b 1 9 mars 1750; s 1 9 mars 1752.—*Marie-Thérèse*, b 1 26 oct. 1751.—*Joseph-Marie*, b 1 31 dec. 1754; s 1 27 mars 1755.
1756, (1er mars). 1
2° MARTEL, Marie-Louise. [JACQUES III
Marie-Louise, b 1 21 nov. 1756.—*Jean-Marie*, b 1 24 fevrier 1758; s 1 28 février 1759.—*Etienne*, b 1 24 juillet 1759.—*Marie-Thérèse*, b 1 22 juin 1761.—*Marie-Françoise*, b 1 1er janvier 1763.—*Marie-Joseph*, b 1 22 mars 1764.—*Pierre*, b 1 12 mai 1765.

1751, (22 février) St-Antoine-Tilly 6
III.—DAIGLE, JEAN-FRANÇOIS, [ANDRÉ II.
b 1723.
BOUCHER, Marie-Marguerite, [JOSEPH IV.
b 1734, s 6 12 dec. 1774.
Marie-Marguerite, b 6 18 mars 1752.—*Jean-François*, b 6 15 sept 1753.—*Jean-Charles*, b 6 7 mars 1755, s 6 16 dec. 1757.—*Jean-Marie*, b 6 22 oct. 1756, s 6 14 avril 1760.—*Marie-Charlotte*, b 6 11 sept. et s 6 24 dec. 1758.—*Marguerite*, b 6 21 oct. 1759.—*André*, b 6 26 janvier 1762.—*Joseph-André*, b 6 20 nov. 1763.—*Marie-Elisabeth*, b 6 25 juin 1766.

1755, (3 fevrier) Ile-St-Jean, Acadie 7
II.—DAIGLE (2), JEAN-BTE. [JOSEPH I.
1° TRAHAN, Blanche, fille de Claude et de Marie Tillar, de l'Ile-St-Jean, Acadie; s 1er janvier 1758, à St-Charles. 8
Marie-Blanche, nee 7 24 nov. 1755; b 7 9 mars 1756.
1759, (12 février). 8
2° TRAHAN, Marie, veuve de Jean-Baptiste Marquis; fille de Paul et de Marie Boudrot, de l'Ile-St-Jean, Acadie.
Jean-Baptiste, b 8 2 dec. 1759; s 8 7 août 1760.—*Anastasie*, b 26 sept. 1762, au Cap-St-Ignace. 9—*Marie-Madeleine*, b 9 23 sept. 1764.

1767, (9 février) St-Antoine-Tilly. 4
IV.—DAIGLE, JEAN-JOSEPH, [JOSEPH III.
b 1744.
HOUDE, Marie-Joseph, [CHARLES IV.
b 1747.
Marie-Joseph, b 4 30 oct. et s 4 2 nov. 1767.

IV.—DAIGLE (3), CHARLES. [CHARLES-FRS III.
1° BASQUE, Madeleine,
b 1737; s 12 nov. 1760, à Charlesbourg. 6

(1) Acadien réfugié.
(2) Et Daigre.
(3) Appele aussi Tècle.

1761, (23 nov.) [6]
2° ALARD, Marie-Elisabeth, [PIERRE III.
b 1736.
Elisabeth, b... s [6] 18 sept. 1762.

DAIGLE, JEAN-BTE.
1° JALBERT, Marie,
s 19 mars 1772, à St-Thomas. [6]
1772, (28 sept.) [6]
2° LABERGE, Marie-Ursule, [NICOLAS III.
b 1725.

DAIGNAULT.—Voy. DAGNEAU.

I.—D'AIGREBELLE (1), ...

I.—D'AIGREMONT (2), FRANÇOIS, b 1653; s 4 déc. 1728, à Québec.

DAILLEBOUT. — *Surnoms :* D'ARGENTEUIL — DECERRY — DECOULONGES — DECUISY — DE LA MADELEINE—DEMANTHET—DESMUSSEAUX — DEPÉRIGNY — DESRUISSEAUX — DEST-VILMÉ.

DAILLEBOUT, GENEVIÈVE, épouse de Jean-Baptiste DUQUET.

1652, (16 sept.) Quebec. [1]
II.—DAILLEBOUT (3), CHARLES, [NICOLAS I.
b 1624, s 20 nov. 1700, à Montreal. [3]
LEGARDEUR, Catherine, [PIERRE I.
b 1634, s [3] 30 nov. 1709.
Barbe, b [1] 11 dec. 1653; s [3] 3 août 1716. — *Catherine*, b [3] 27 mai 1669; m [3] 18 fevrier 1702, à Nicolas DANEAUX DE MUY; s [3] 13 mars 1755.

1687, (4 nov.) Quebec.
III.—DAILLEBOUT (4), PIERRE, [CHARLES II.
b 1660; s 16 mars 1711, à Montreal. [5]
DENIS, Marie-Louise, [PIERRE II.
b 1671, s [5] 5 nov. 1747.
Paul-Alexandre, b [5] 28 nov. 1696; m [5] 1er janvier 1727, à Therèse LEFOURNIER. — *Philippe-Marie*, b [5] 21 oct. 1702; m 27 juin 1735, à Marie-Madeleine CHERON, à Charlesbourg.—*Françoise-Charlotte*, b [5] 29 dec. 1704; m [5] 14 oct. 1732, à Pierre MARGANE. — *Jacqueline-Elisabeth-Louise*, b [6] 28 août 1706.

1689, (19 avril) Québec. [1]
III.—DAILLEBOUT (5), JEAN-BTE, [CHARLES II.
b 1666, s 2 sept. 1730, à Montreal. [5]
PICARD (6), Anne, [JEAN II.
b 1669; veuve de Vital Oriot (Oriau), s [5] 20 juillet 1736.

(1) Chevalier; il était, le 20 juin 1757, à Montreal.

(2) Clairambault, sieur d'Aigremont, subdélégué de l'intendant dans la marine; il était en 1704, à Montreal; voy. p. 84.

(3) Voy. vol. I, p. 152.

(4) Sieur d'Argenteuil, capitaine des troupes; voy. vol. I, p. 152.

(5) DesMusseaux; voy. vol. I, p. 152.

(6) Et LePicard.

Nicolas-Marie, b [1] 3 avril 1691; m [5] 26 août 1739, à Marie-Louise TROTIER.—*Marie-Catherine*, b [5] 1er sept. 1692; m [5] 21 août 1730, à Louis HERTEL. — *Louise-Catherine*, b [5] 19 nov. 1694; sœur des Séraphins, Congrégation N.-D.; s 6 mai 1768, à Lachine. — *Pierre-Joseph*, b [5] 27 avril 1696; m [5] 19 mai 1739, à Jeanne DEGOUTINS. —*Anne-Paule*, b [5] 13 août 1697; s [5] 28 nov. 1754. — *Charlotte-Angélique*, b [5] 2 sept. 1698; m [5] 31 oct. 1747, à Jacques BARSOLOU.—*François-Jean-Daniel*, b [5] 8 oct. 1702; m [5] 24 nov. 1732, à Charlotte GODFROY DE LINCTOT. — *Félicité-Joseph*, b [5] 7 mars 1706; m [5] 17 juin 1737, à Nicolas-Augustin GUILLET; s 14 mars 1772, à Terrebonne. — *Thérèse-Madeleine*, b [5] 15 oct. 1707; s [5] 5 déc. 1727. — *Ignace-René*, b [5] 15 oct. 1710; m [5] 22 août 1745, à Marguerite-Joseph COURAULT.

1690, (19 nov.) Quebec. [1]
III.—DAILLEBOUT (1), LOUIS, [CHARLES II.
b 1656.
PICARD (2), Felicité, [JEAN II.
b 1666, veuve de Noël Leblanc; s 4 janvier 1747, à Montreal. [6]
Marie-Catherine, b [6] 11 sept. 1691; m 13 nov. 1728, à Rene GODFROY, au Bout-de-l'Ile, M.[7]— *Catherine-Félicité*, b [6] 15 janvier 1695.—*Antoine*, b [6] 23 fevrier 1698; 1° m [6] 22 janvier 1728, à Marie-Louise DEVILLEDONNÉ; 2° m 5 février 1742, à Therèse JUCHEREAU, à Beauport; s [1] 28 janvier 1750 (subite). — *Louis*, b [6] 22 nov. 1699; 1° m [6] 22 oct. 1727, à Marguerite LEFOURNIER-DUVIVIER; 2° m [6] 9 sept. 1743, à Marie-Anne DE MIRAY; s [6] 2 nov. 1756. — *Charles* (3), b 1702; s [7] 30 avril 1718.

1696, (9 juin) Quebec. [6]
III.—DAILLEBOUT (4), NICOLAS, [CHARLES II.
b 1663.
DENIS, Françoise-Jeanne, [PIERRE II.
b 1664, veuve de Guillaume Bouthier; s 15 janvier 1738, à Montreal. [7]
Louise-Catherine, b [6] 2 juillet 1697; 1° m [7] 18 sept. 1722, à Jean-Baptiste CHARLY, 2° m 17 nov. 1731, à Pierre PAYEN DE NOYAN, à Longueuil.— *Marie-Madeleine*, b [7] 20 avril 1703; 1° m [7] 24 nov. 1721, à Jean-Baptiste JARED; 2° m 14 fevrier 1756, à Jean-Baptiste LEVREAU DE LANGIS, à Verchères.—*Charlotte*, b [7] 15 oct. 1706.

1698, (11 dec.) Montréal. [7]
III.—DAILLEBOUT (5), PAUL, [CHARLES II.
b 1661; s [7] 27 janvier 1746.
MARGANE, Madeleine-Louise, [SÉRAPHIN I.
b 1677.
Marie-Louise-Catherine, b [7] 22 janvier 1701; s [7] 31 mai 1713. — *Therèse-Judith*, b [7] 17 fevrier 1702; m [7] 17 nov. 1721, à Pierre HERTEL; s [7] 12 avril 1738.

(1) Sieur de la Madeleine et de Coulonges; voy. vol. I, p. 153.

(2) Et LePicard.

(3) Mort apres avoir été mortellement blessé.

(4) DeManthet; voy. vol. I, p. 153.

(5) DePérigny; voy. vol. I, p. 153.

1727, (1er janvier) Montréal. [5]
IV.—DAILLEBOUT (1), PAUL, [PIERRE III.
b 1696.
LEFOURNIER (2), Thérèse, [HENRI-JULES I.
b 1701.
Alexandre, b [5] 29 oct. 1727 ; s [5] 29 juillet 1728. —*Marie-Anne-Amable,* b [5] 7 dec. 1728. — *Louis-Gordian,* b [5] 10 mai 1730 ; 1° m à Marie-Joseph BABIE-CHENNEVILLE ; 2° m 13 fevrier 1775, à Françoise BOUCHER, à Boucherville.—*Elisabeth-Amable,* b 1732 ; s 7 oct. 1769, à l'Hôpital-General, M. —*Louis-Charles,* b [5] 28 mars 1737 ; 1° m [5] 10 nov. 1755, à Madeleine DEJONCAIRE ; 2° m 23 janvier 1758, à Françoise-Charlotte ALAVOINE, aux Trois-Rivières.

1727, (22 oct.) Montreal. [6]
IV.—DAILLEBOUT (3), LOUIS, [LOUIS III.
b 1699 ; s [6] 2 nov. 1756.
1° LEFOURNIER (2), Marguerite, [HENRI-JULES I.
b 1706 ; s [6] 20 fevrier 1742.
Louis-Amable, b [6] 26 sept. 1728 ; s [6] 22 oct. 1729.—*Louise-Marguerite,* b 1729.—*Louis-Charles,* b [6] 28 mars 1737.
1743, (9 sept.) [6]
2° DEMIRAY (4), Marie-Anne, [ETIENNE I.
b 1701 ; veuve de Rene-Louis LeFournier.

1728, (22 janvier) Montreal. [6]
IV.—DAILLEBOUT (5), ANTOINE, [LOUIS III.
b 1698 ; s 28 janvier 1750, à Quebec (subite).
1° DEVILLEDONNÉ, Marie-Louise, [ETIENNE I.
b 1698 ; s [6] 10 mars 1741.
Catherine-Amable, b [6] 25 nov. 1729, s 30 mars 1730, à Laprairie.—*Louis-Antoine,* b [6] 5 et s [6] 21 nov. 1730.—*Joseph,* b 1732, s [6] 1er février 1733.
1742, (5 février) Beauport. [7]
2° JUCHEREAU (6), Therèse, [IGNACE III.
b 1708 ; veuve de Denis de Vitré-Theodose.
Ignace-Louis, b [7] 13 janvier et s [7] 17 mars 1743.—*Philippe-Ignace,* b [7] 12 avril 1744 ; s [7] 19 avril 1745. — *Louis-Ignace,* b [7] 28 août 1746, s [7] 23 juillet 1747. — *Catherine-Félicité,* b [7] 28 mars et s [7] 15 mai 1749.

1732, (24 nov.) Montréal. [6]
IV.—DAILLEBOUT (7), FRANÇOIS, [J-BTE III.
b 1702.
GODFROY (8), Marie-Charlotte, [RENÉ III.
b 1712, s 8 avril 1806, à l'Hôpital-General, M.
Marie-Charlotte, b 1733 ; s 22 juillet 1734, à Laprairie. [7] — *Marie-Charlotte-Angélique,* b [6] 2 et s [7] 12 dec. 1734.—*Marie-Angélique,* b [6] 21 mai 1737 ; m à François-Marie DECOUAGNE ; s 18 janvier 1768, au Detroit (noyee). — *René-Charles-François,* b [6] 9 juin 1739, s 25 juin 1754, à St-Laurent, M — *Ignace,* b [6] 7 mai 1741.— *Félicité-Charlotte,* b [6] 14 sept. 1744. — *Jean-Baptiste,* b [6] 27 mai 1746. — *Marie-Claire,* b [6] 17 et s [6] 23 oct. 1747. — *Marie-Catherine,* b [6] 16 janvier 1749.— *Philippe,* b [6] 28 oct. 1750.

(1) Sieur de Cuisy.
(2) DuVivier.
(3) DeSt-Vilmé.
(4) DeL'Argenterie.
(5) Sieur de Coulonges—DeManthet.
(6) DuChesnay.
(7) Sieur de la Madeleine.
(8) DeLinctôt.

1735, (27 juin) Charlesbourg. [8]
IV.—DAILLEBOUT (1), PHILIPPE, [PIERRE III
b 1702.
CHERON, Marie-Madeleine, [MARTIN I.
b 1712 ; s 13 janvier 1758, à Quebec. [9]
Philippe-Louis, b [9] 5 avril et s [9] 13 juin 1738. — *Philippe-Antoine,* b [9] 7 juin 1739. — *Joseph-Louis,* b [9] 12 juin et s [9] 31 août 1742.—*Charles,* b [9] 16 et s [9] 30 juillet 1744. — *Pierre-Louis,* b [9] 9 nov. 1745. — *Madeleine-Geneviève,* b [9] 27 dec. 1746, s [9] 19 janvier 1747. — *Marie-Madeleine,* b [9] 24 avril et s [9] 3 nov. 1748. — *Madeleine,* b [9] 1er sept. 1750.—*Etienne,* b [9] 12 sept. 1751 ; s [9] 22 janvier 1752. — *Marie-Madeleine,* b [9] 14 juillet 1752. —*Marie-Louise,* b [9] 1er dec. 1753.—*Anne-Joseph,* b [9] 22 déc. 1754 ; 1° m à François MARCEAU, 2° m [9] 3 oct. 1780, à André CHANDONNET. — *Marie-Joseph,* b... s [8] 21 nov. 1755. —*Joseph-François,* b [9] 11 avril 1756, s [8] 24 nov. 1759. — *Pierre-Antoine* b [9] 28 nov. 1757.

1739, (19 mai) Montréal. [8]
IV.—DAILLEBOUT (2), PIERRE, [JEAN-BTE III
b 1696.
DEGOUTINS, Jeanne. [FRANÇOIS II.
Anonyme, b [8] et s [8] 29 janvier 1740. — *Jean-Joseph,* b [8] 14 août 1741. — *Joseph* (3), b 27 oct. au Detroit [9] et s [8] 7 nov. 1744. — *Marie-Catherine* (3), b [9] 22 août 1746 ; m 15 avril 1765, à Joseph GUILLET-CHAUMONT, à Terrebonne.—*Nicolas* (3), b [9] 7 dec. 1747, m 6 oct. 1779, à Marie-Angélique BOUCHER, à Boucherville.

1739, (26 août) Montréal. [6]
IV —DAILLEBOUT (4), NICOLAS, [JEAN-BTE III
b 1691.
TROTIER (5), Marie-Louise, [JULIEN III.
b 1718.
Louise-Etienne, b [6] 16 août 1740. — *Nicolas-Catherine-Marie,* b [6] 3 juillet 1743. — *Nicolas-Joseph,* b 9 et s 23 août 1744, au Detroit. [7]—*Joseph* b [7] 18 et s [7] 22 dec. 1745 — *Marie-Joseph-Anne,* b [7] 18 déc. 1745, s [7] 26 sept. 1746 — *Marie-Charlotte,* b [7] 20 avril et s [7] 6 juillet 1747. — *Marie-Angélique,* b [7] 29 mai 1748. — *Marie-Anne,* b [6] 2 et s [6] 29 oct. 1749. — *Nicolas-Ignace,* b [6] 30 nov. 1750.

1745, (22 août) Montréal. [1]
IV.—DAILLEBOUT (6), IGN.-RENE, [J.-BTE III
b 1710.
COURAULT, Marguerite-Joseph, [PIERRE I
b 1727.

(1) Sieur DeCerry ; capitaine de port à Québec ; il signe Cerry.
(2) DesMusseaux—De Manthet.
(3) Ce bapteme a été fait au Détroit et annexé aux registres de Montreal de 1740.
(4) DesMusseaux—DesRuisseaux ; major.
(5) Desrivières.
(6) Sieur de Périgny.

Marguerite-Joseph, b [1] 23 février et s [1] 22 avril 1747.—*Pierre-Ignace*, b [1] 20 sept. 1748.—*Pierre-Ignace*, b [1] 9 nov. 1749.

V.—DAILLEBOUT (1), LOUIS, [PAUL-ALEX. IV.
b 1730
1° BABIE (2), Marie-Joseph.
1775, (13 février) Boucherville.
2° BOUCHER (3), Françoise, [PIERRE IV.
b 1734; veuve de Jean-Baptiste Outlan.

1755, (10 nov.) Montreal.

V.—DAILLEBOUT (1), LS-CHARLES, [PAUL IV.
b 1737.
1° DEJONCAIRE, Madeleine, [PHILIPPE-THS II.
b 1731.
Charles, b 15 janvier et s 2 février 1756, à St-Laurent, M.
1758, (23 janvier) Trois-Rivières.
2° ALAVOINE, Frse-Charlotte, [CHARLES II.
b 1738.

1779, (6 oct.) Boucherville.

V.—DAILLEBOUT (4), NICOLAS, [JOSEPH IV.
b 1747.
BOUCHER (5), Marie-Angelique. [RENÉ IV.
Angelique-Catherine, b 25 oct. 1781, à Lachenaye.

DAILLET.—Voy. DAGUET.

1721, (5 oct.) Québec.[5]

I.—DAINE (6), FRANÇOIS, fils de Jacques (inspecteur de la manufacture royal du tabac) et de Marie-Antoinette Pelletier, de St-Remi de Charlesville, diocèse de Rheims.
1° PAGÉ, Angelique, [GUILLAUME II
b 1694; s [5] 15 août 1723.
Jacques-Marien, b [5] 13 et s [5] 28 août 1723.
1724, (20 août) Montreal.
2° BOUAT, Lse-Jeanne, [FRANÇOIS-MARIE II.
b 1704; s [5] 11 mai 1740.
1742, (8 mars) Boucherville.
3° PÉCODY (7), Louise, [FRANÇOIS-ANTOINE II.
b 1707.
Gilles-François-Louis, b [5] 15 nov. 1743; s [5] 13 janvier 1744.—*Gillette*, b [5] 23 sept. 1745.—*Marie-Françoise-Jacques*, b [5] 13 nov. 1746.—*Henri-Charles*, b [5] 19 janvier et s [5] 8 juin 1748.

1760, (12 sept.) Nicolet.

I.—DAIR, JEAN-FRANÇOIS, fils de Jean-François et de Marie-Anne Mille, de France.
VERTEFEUILLE, Marie-Joseph, [JEAN-FRS I.
b 1742.

(1) Sieur de Cuisy.
(2) Chesneville.
(3) DeBoucherville.
(4) Sieur de Musseau—DeManthet.
(5) De la Bruyère.
(6) Lieutenant-civil et criminel de la prévosté de Québec; conseiller du roy et greffier en chef du conseil souverain; en 1752, directeur du domaine du roy.
(7) DeContrecœur.

DAIR, EUPHRASIE, épouse de Jean-Baptiste MÉNY.

DALAIRE.—Voy. ALAIRE.

1754, (25 nov.) St-Jean, I. O.

IV.—DALAIRE (1), FRANÇOIS, [JACQUES III.
b 1734; s 1769, à l'Ile-aux-Coudres.[7]
DELAGE, Marie, [CHARLES III.
b 1732.
François, b [7] 18 sept. 1755; m 29 avril 1783, à Catherine LEVASSEUR, à Lévis [8]; s [8] 3 sept. 1812.

1783, (29 avril) Lévis.[3]

V.—DALAIRE, FRANÇOIS, [FRANÇOIS IV.
b 1755; s [3] 3 sept. 1812.
LEVASSEUR, Catherine, [LAURENT III.
b 1762.
Etienne, b [3] 15 mai 1796; m 5 août 1817, à Marie BAUDON-LARIVIÈRE.—*Catherine*, b... m à François DUMONT.—*Thérèse*, b... m à Jean-Baptiste DRAPEAU. — *Marie-Anne*, b... m à Joseph DRAPEAU.—*Monique*, b... m à Jacques GAGNÉ.—*Archange-Angélique*, b... m à François LEMIEUX.—*Marie-Louise*, b... m à Ignace CARRIER.—*Brigitte*, b... m à Jean BAUDON-LARIVIÈRE.

1745, (14 juin) Terrebonne.[8]

I.—DALAONDE, PIERRE-ANDRE, b 1716; fils de Pierre-Andre et de Marie Petit, du diocèse de St-Sébastien-de-la-Biscaye, Espagne; s [8] 6 février 1750.
BRIÈRE (2), Marie-Joseph. [JEAN II.
Pierre-André, b [8] 28 mars 1746. — *Michel*, b [8] 25 juillet 1747; s [8] 18 juin 1748.

DALBERT.—Voy. DEST-AGNAN, 1742.

DALBŒUF.—Voy. DELBŒUF.

I.—DALBRÈQUE, JEANNE, b 1667; s 21 janvier 1754, à St-Laurent, M.

DALCIAT.—*Variations et surnoms :* DARCIAT—DE LA FAGODE—DE LA FAYOLLE.

1768.

I.—DALCIAT (3), JEAN-BTE-ANTOINE, b 1742; de la Bastude de Seron, diocèse de Corresserant, province de Foix.
CHAUVEAU, Marie-Louise, [CHARLES II.
b 1739; veuve de Pierre Bellet.
Nicolas, b... s 11 avril 1770, à Ste-Foye. [6]—*Marguerite*, b 1775; s [6] 2 avril 1776.

DALCOUR.—Voy. GUIGNARD.

DALCOUR, MARIE-ANNE, épouse de Benoit ETHIER.

(1) Voy. Alaire, vol. II, p. 16.
(2) Elle épouse, le 14 mai 1753, Jean-François Taillon, à Terrebonne.
(3) Sieur de la Fayolle; à 16 ans, il fait deux campagnes au service du baron de Sintnac; vient à Londres avec M. Jacquin, marchand de Québec, puis à Québec.

I.—DALDELSHIEM (1), Chs-Fréd.-Christian.
Labadie, Marie-Louise, [Pierre III.
b 1759.
Pierre, b 3 février et s 20 juillet 1782, à Berthier, Q.[1] — *Marie-Claire*, b[1] 29 février 1786, s[1] 26 mai 1857.

I.—DALEN, Jean, b 1717, chirurgien; natif de St-Agnès, diocèse de Périgueux; s 7 janvier 1747, à Ste-Anne-de-la-Pocatière.

D'ALENÇON.—Voy. L'hermite.

1670, (28 août) Ste-Famille, I. O.[1]
I.—DALERET (2), Martin,
b 1636; s 26 mai 1707, à St-Laurent, I. O.[3]
1° Lafontaine, Marie-Anne,
b 1641; s[3] 17 oct. 1702.
Nicolas, b[1] 3 sept 1672; s[3] 19 mars 1750.— *Marie-Angélique*, b 1694; s 20 janvier 1762, à Québec.[4] — *Marie-Anne*, b... m à Pierre Pineau.
1703, (19 février)[3]
2° Leclerc, Denise,
b 1654; veuve de Claude DeLaunay.
Marie-Joseph, b... m 1753, à Jean Audet-Lapointe, s[4] 4 mars 1763.

II.—DALERET, Nicolas, [Martin I.
b 1672; s 19 mars 1750, à St-Laurent, I. O.

1702, (26 juin) St-Michel[1]
I.—DALMAS (3), Raymond, fils de Jean et de Marguerite Daielle, du diocèse d'Alby, Languedoc.
Guilmet, Jeanne, [Nicolas I.
b 1670; veuve de Pierre Guignard.
Anne-Françoise, b[1] 27 janvier 1704.

1703, (5 nov.) Québec.[9]
I.—D'ALOGNY (4), Charles-Henri, fils de Louis et de Marie Chasteigner (5), d'Ingrande, de Chatellereau, Poitou,
Macard, Geneviève, [Nicolas I.
b 1649; veuve de François Provost; s[9] 23 février 1724 (dans l'eglise).

DALPÉ.—*Variations et surnoms:* Delpé—Delpué—Delpèche—Pariseau.

I.—DALQUIER (6), Jean.

I.—DALSERIE, Pierre, b 1714; de Bretagne; s 30 déc. 1754, à Sorel (gele sur les glaces).

DALUMATE, Marie-Joseph, b... 1° m à Jacques Drolet, 2° m 17 avril 1758, à François-Raymond Lagrave, à Becancour.

(1) Baron d'Aldelshiem.
(2) Voy. vol I, p. 153.
(3) Dit l'Albigeois, 29 déc. 1710, à Berthier.
(4) Marquis de la Grois; major des troupes.
(5) Fille du comte de St-Georges.
(6) Sieur de Serriau, chevalier, commandant le régiment de Bearn; il était à Montréal, le 23 avril 1759.

I.—DALY, Charles, Irlandais.
Penny, Hélène.
Brigitte, nee en 1761; b 3 février 1762, à Quebec.[6]—*Charles*, b[6] 3 juin 1762.

DAMBOISE.—Voy. Bergeron.

DAMBOISE, Françoise, épouse d'Antoine Gerbert.

DAMBOISE (1), Etienne.

I.—DAMBOURGE (2), ...

1779, (25 oct.) St-Thomas.[1]
I.—DAMBOURGÈS, Pierre, marchand; fils de Pierre (negociant) et d'Anne de Lembaye, de Salis, diocèse d'Axe.
Couillard (3), Marie-Catherine. [Louis V.
Pierre-Louis (4), posthume, b[1] 25 avril 1781.

I.—DAMBOURNAY, Joseph.
Masta, Cunegonde, [Mathurin I.
b 1666; veuve de Jean-Baptiste Demers; s 29 janvier 1723, à Montréal[1]
Marie-Joseph, b 1697; 1° m[1] 25 avril 1716, à Pierre Arnoult; 2° m[1] 29 août 1729, à Louis Petit.

I—DAME, Pierre.
1° Blin, Marie-Reine, [Louis I.
b 1715.
Angélique, b... m 16 oct. 1768, à Jean-Baptiste Menard, à Boucherville.[3]
1750, (10 août).[3]
2° Denoyon, Madeleine, [Jacques II.
b 1720.

1756, (14 sept) Québec.[2]
I—DAMESTEUIL (5), Dominique, fils de Jean et de Marie Castagnet, de Brisque, diocèse de Bayonne.
Rancour, Charlotte-Françoise, [Claude II.
b 1729.
Marguerite, b[2] 17 et s[2] 18 mai 1757.

1669, (21 oct) Québec.
I—DAMIEN (6), Jacques,
b 1641; s 18 février 1686, à la Pte-aux-Trembles, Q.[4]
D'Ocquincourt (7), Anne,
b 1641.
Jean-Baptiste, b 1674; m à Marie-Joseph Goujon—*Marguerite*, b[4] 8 juillet 1681; m 16 juillet 1712, à Jean Vallée, à Montreal.

(1) Dit Bergeron, 6 août 1770, à Kamouraska.
(2) Il signe, le 26 février 1753, à St-Frs-du-Sud, négociant à St-Pierre-du-Sud. (St-Frs-du-Sud, 15 juillet 1754)
(3) Elle épouse plus tard Guillaume-Frédéric Oliva.
(4) Part du Canada comme matelot, y revient après 1818 et meurt à St-Thomas.
(5) Dit Lacroix.
(6) Voy. vol. I, pp. 153-154.
(7) Elle épouse, le 10 février 1687, Maurice Olivier, à la Pte-aux-Trembles, Q.

1729, (24 avril) Québec.[1]
I.—DAMIEN, Jacques, b 1686, maître-boucher; fils de Pierre et de Marie Viodde, de Coy, diocèse de Poitiers; s[1] 12 mars 1763.
1° Belleau (1), Marie-Geneviève, [Simon I.
b 1699; s[1] 28 août 1734.
1735, (31 janvier) Beauport.
2° Langlois, Marie-Joseph, [Germain II.
b 1712.
Jacques, b[1] 13 nov. 1735; m 8 nov. 1762, à Geneviève Carrier, à Levis. — *Gilles-Thomas*, b[1] 14 février 1737; m 6 nov. 1770, à Marguerite Gagnon, au Château-Richer[2]; s[2] 13 dec 1779.— *Marie-Joseph*, b[1] 1er février 1738; s 23 sept. 1759, à Charlesbourg. — *Angélique-Joseph*, b[1] 8 juin et s 3 oct. 1740, à St-Pierre, I. O. — *Etienne*, b[1] 27 déc. 1741; m 1er juin 1767, à Marguerite Miville, à St-Thomas.[3] — *Joseph-François*, b[1] 21 nov. 1743; m[3] 12 janvier 1767, à Marie-Claire Bernier. — *Marguerite-Louise*, b[1] 15 déc. 1745.—*Elisabeth*, b[1] 12 mai 1747. — *Louis*, b[1] 28 janvier 1749; s[1] 31 déc. 1750.— *Jacques-François*, b[1] 10 août 1752.

II.—DAMIEN, Jean-Bte, [Jacques I.
b 1674.
Goujon, Marie-Joseph, [Pierre I.
b 1704.
Anne-Amable, b 17 oct. 1730, à Montreal.

1743, (14 janvier) Beauport.
I.—DAMIEN (2), René, fils de Cosme et d'Anne Fontenay, de Montléry, diocèse de Paris.
Guillot, Marie-Therèse, [Vincent II.
b 1723.
René-Joseph, b 14 sept. 1744, à Québec.[4] — *Marie-Thérèse*, b[4] 2 fevrier 1746; m à Jean Dubé. —*Angélique*, b[4] 24 nov. 1747. — *Jean-Francois*, b[4] 4 mai 1750; s[4] 15 sept. 1751. — *Marie-Rose*, b[4] 14 fevrier 1752. — *Marie-Catherine*, b[4] 21 avril 1754. — *Jean-Baptiste*, b[4] 29 juillet et s[4] 5 août 1756.—*George*, b[4] 29 sept. 1757; s[4] 20 oct. 1758.—*Marie-Suzanne*, b[4] 24 nov. 1759.— *Germain*, b[4] 15 avril 1762.

1762, (8 nov.) Lévis.
II.—DAMIEN, Jacques, [Jacques I.
b 1735.
Carrier, Geneviève, [François III.
b 1738.
Jacques, b 2 août 1763, à Quebec.—*Julie*, b... m à François Pouliot.—*Elisabeth*, b... m à Louis Dugal; s 1833, à Yamachiche.

1767, (12 janvier) St-Thomas.
II.—DAMIEN, Joseph-François, [Jacques I.
b 1743.
Bernier, Marie-Claire, [Joseph III.
b 1751.

(1) Pour Pleau; voir registre de la Pte-aux-Trembles, Q, 1680.

(2) Dit Sansoucy.

1767, (1er juin) St-Thomas.
II.—DAMIEN, Etienne, [Jacques I.
b 1741.
Miville, Marguerite, [François IV.
b 1739; veuve de Pierre Bernier.

1770, (6 nov.) Château-Richer.[6]
II.—DAMIEN, Gilles-Thomas, [Jacques I.
b 1737; s[6] 13 dec. 1779.
Gagnon, Marguerite,
veuve de Nicolas Lefrançois; s[6] 22 sept. 1779.

I.—DAMNE, Michel,
s 1728.
Dubois, Geneviève.
Michel, b... s 21 juillet 1728, à Beauport.

DAMOURS.—*Variations et surnoms :* DeClignancour — DeCourberon—DeFresneuse—De la Morandière — De l'Isle-Ronde — De Louvières — DePlaine— DesChaufours. — Poitevin—St-Amant—Toulouse.

DAMOURS, Marie-Jeanne, épouse de Robert Drousson.

1652, (30 avril) Québec.[5]
I.—DAMOURS (1), Mathieu, b 1618; fils de Louis (conseiller du Roy en son château de Paris) et d'Elisabeth Tessier, de St-Paul, Paris; s[5] 9 oct. 1695.
Marsolet, Marie, [Nicolas I.
b 1638, s 24 nov. 1711, à Montreal.[6]
Nicolas, b[5] 17 et s[5] 25 avril 1653 (dans l'église). —*Louis*, b[5] 16 mai 1655; m[5] 1er oct. 1686, à Marguerite Guyon, s 9 mai 1708, à Annapolis.[7] —*Mathieu*, b[5] 14 mars 1657; m[5] 1er oct 1686, à Louise Guyon —*Elisabeth*, b[5] 2 dec. 1658, m[5] 21 août 1684, à Claude Charon; s[5] 9 janvier 1724 —*René*, b[5] 9 août 1660; m[5] 13 oct. 1689, à Françoise-Charlotte LeGardeur.—*Charles*, b[5] 5 mars 1662; 1° m[5] 26 janvier 1688, à Anne Genaple; 2° m 1697, à Anne-Louise Thibaudeau, en Acadie.—*Joseph-Nicolas*, b[5] 11 mai 1664; s[5] 17 nov. 1690. — *Claude-Louis*, b[5] 19 janvier 1666; m[7] 17 janvier 1708, à Anne Comeau. — *Bernard*, b[5] 15 déc. 1667; 1° m à Jeanne Le-Borgne; 2° m 9 nov. 1716, à Elisabeth Couillard, à St-Thomas[8]; s[8] 15 dec. 1749 — *Daniel*, b[5] 2 et s[5] 21 dec. 1669.—*Madeleine*, b[5] 12 sept. 1671. — *Geneviève*, b[5] 23 août 1673, m[6] 14 janvier 1703, à Jean-Baptiste Celoron; s[6] 24 mars 1703. — *Marie-Jacques*, b[5] 15 oct. 1675; m[5] 29 sept. 1697, à Etienne DeVilledonne, s[6] 2 avril 1703.—*Marguerite*, b[5] 1er dec. 1677; m[5] 24 sept. 1698, à Jacques Testart-Montigny.—*Philippe*, b[5] 7 fevrier 1680, 1° m[5] 12 fevrier 1722, à Marie-Madeleine Mesnage; 2° m 29 mars 1728, à Marie-Anne-Louise Juchereau, à Beauport.

(1) Seigneur DesChaufours, conseiller du Roy — De la Morandiere; voy. vol. I, p. 154.

1686, (1er oct.) Québec.

II.—DAMOURS (1), LOUIS, [MATHIEU I.
b 1655; s 9 mai 1708, à Annapolis.[8]
GUYON, Marguerite, [SIMON II.
b 1665.
Marie-Joseph, b 1694; m [8] 13 août 1709, à Pierre DEMORPAIN. — *Charlotte*, b... m [8] 31 oct. 1707, à Anselme DEST-CASTIN. — *Louis*, b 1698.

1686, (1er oct.) Québec.[6]

II.—DAMOURS (2), MATHIEU, [MATHIEU I.
b 1657.
GUYON (3), Louise, [SIMON II.
b 1668; veuve de Charles Thibaut.
Mathieu-François, b [6] 7 août 1692; m [6] 17 oct. 1726, à Angelique COUTARD.

1688, (26 janvier) Québec.[6]

II.—DAMOURS (4), CHARLES, [MATHIEU I.
b 1662.
1° GENAPLE, Marie-Anne, [FRANÇOIS I.
b 1667.
Marie-Anne, b [6] 26 oct. et s [6] 4 nov. 1688. — *Françoise*, b [6] 26 oct. 1689; s [6] 4 mars 1697.— —*Charles-Nicolas*, b [6] 1er juillet 1692, m 20 mai 1717, à Angelique ROUER-DEVILLERAY, à Ste-Foye[7]; s [7] 19 avril 1728.—*Jean*, b [6] 29 oct. 1694: 1° m 2 mai 1719, à Marie-Anne MOREL, à Beaumont; 2° m [6] 11 avril 1735, à Jeanne RENOYER

1697, Acadie.

2° THIBAUDEAU, Marie-Anne,
b 1682.
Louis, b [7] 16 juillet 1698; 1° m 2 déc. 1730, à Geneviève CATALOGNE (DE), à Montréal[8]; 2° m [8] 26 avril 1745, à Marie-Joseph TONTY, s [8] 22 janvier 1755.— *René-Louis* (5), b [6] 19 sept. 1700; 1° m 18 oct. 1736, à Louise-Angélique COUILLARD, à St-Thomas[9]; 2° m 27 oct. 1755, à Madeleine PELLETIER, à St-Roch; s [9] 22 sept. 1759.—*Charlotte*, b 1701, 1° m [8] 30 nov. 1724, à Joseph RAIMBAULT; 2° m [8] 11 mai 1738, à Louis-Hector LEFOURNIER.—*Marie-Louise* (6), b [6] 20 sept. 1705 —*Louis-Michel*, b [7] 16 juillet 1707 —*Marie-Anne*, b... m [6] 16 oct. 1722, à Jean-Baptiste JANVRIN.— *Marguerite*, b [7] 27 fevrier 1710, m [8] 2 mai 1741, à Etienne DEVILLEDONNÉ. — *Pierre*, b [7] 2 mars 1712. — *Marie-Madeleine*, b [7] 30 dec. 1713. — *Louis* (7), b [7] 20 juin 1716.

1689, (13 oct.) Québec.[8]

II.—DAMOURS (8), RENÉ, [MATHIEU I.
b 1660.
LEGARDEUR, Charlotte-Françoise, [CHARLES II.
b 1670; s 7 avril 1706, à St-François, I. J.[9]
René, b 1691.—*Joseph*, b 1693.—*Marie-Judith*, b 1696; hospitalière dite Ste-Thècle; s [8] 27 déc. 1722. — *Marie-Angélique*, b 1697; sœur Ste-Ursule, Congregation, N.-D.; s 25 déc. 1749, à Montréal.[7]—*Louis-Mathieu*, b 1699; m [7] 20 mars 1730, à Madeleine GUYON; s [7] 26 déc. 1753.— *Geneviève*, b 26 juillet 1704, à St-Antoine-Tilly; s [7] 14 avril 1730.—*Marie-Renée*, b [9] 25 avril 1705.

II.—DAMOURS (1), BERNARD, [MATHIEU I.
b 1667; s 15 dec. 1749, à St-Thomas.[6]
1° LEBORGNE (2), Marie-Jeanne, [ALEXANDRE I.
b 1680; s 24 oct. 1711, à Québec.[7]
René, b 1689; s 1er déc. 1702, à Annapolis.[8]— *Alexandre-François*, b [8] 28 oct. 1702; s [6] 11 nov 1733.—*Jean*, b [7] 20 mars 1706. — *Marie-Thérèse*, b [7] 16 juin 1709; 1° m 14 nov. 1728, à Jacques DOUAIRE, à Ste-Foye; 2° m [7] 9 juillet 1736, à Yves ARGUIN; s [7] 4 janvier 1745. — *Joseph* (3), b... 1° m 27 juillet 1735, à Catherine BOUCHER, à Lévis; 2° m [7] 29 juillet 1754, à Madeleine COULON.—*François*, b [7] 11 août 1711; s 6 avril 1716, à Beauport.

1716, (9 nov.)[6]

2° COUILLARD, Elisabeth, [JACQUES III
b 1694; s [6] 10 avril 1771.
Marie-Geneviève, b [6] 6 nov. 1717; m [6] 17 août 1747, à Nicolas FOURNIER.—*Jean-Baptiste*, b [6] 25 juin 1719, m [6] 19 avril 1746, à Marie-Therèse VALERAN.—*Joseph*, b [6] 10 avril 1721; s [6] 6 dec. 1749.—*Elisabeth*, b [6] 16 dec. 1722.—*Louise*, b [6] 8 nov. 1724; m [7] 9 nov. 1745, à Etienne TROTIER. —*Bernard*, b [6] 25 oct. 1727; s [6] 20 août 1730.— *Marie-Anne*, b [6] 25 mars et s [6] 30 juillet 1730— *Augustin*, b [6] 31 janvier 1732. — *François*, b [6] 4 et s [6] 16 déc. 1733. — *Michel*, b [6] 21 mai 1736, m [6] 15 nov. 1762, à Marie-Anne JONCAS.

1708, (17 janvier) Annapolis.

II.—DAMOURS, CLAUDE-LOUIS, [MATHIEU I.
b 1666.
COMEAU, Anne, fille de Jean et de Françoise Hebert, d'Annapolis, Acadie.

III.—DAMOURS (4), JOSEPH, [MATHIEU II.
b 1687.

III.—DAMOURS (5), ALEXANDRE, [BERNARD II.
b 1702; s 11 nov. 1733, à St-Thomas.

1717, (20 mai) Ste-Foye.[1]

III.—DAMOURS (6), CHS-NICOLAS, [CHARLES II.
b 1692, s [1] 19 avril 1728.
ROUER (7), Angelique-Hyac., [AUGUSTIN II.
b 1692.
Hyacinthe, b 15 février 1718, à Quebec [2]— *Geneviève-Charlotte*, b [1] 8 avril 1719; sœur

(1) Sieur DesChaufours, seigneur de Jemsec, Acadie, voy. vol. I, p. 154.

(2) Sieur de Fresneuse; voy. vol. I, p. 154.

(3) Voir le recensement de la Rivière-St-Jean, 1698.

(4) DeLouvières, seigneur du lac Matapédiac, 26 mai 1694; voy. vol. I, p. 155.

(5) Tué par les Anglais, le 14 sept. 1759.

(6) Elle avait deux ans et demi.

(7) Sieur de Courberon.

(8) Sieur de Clignancour; établi au Port-Royal, 1698, voy. vol. I, p. 154.

(1) Sieur de Plaine et de Fresneuse; voy. vol. I, p. 155.

(2) Belisle, voy. Delisle.

(3) Sa mère est Marie St-Etienne-de-la-Tour.

(4) DeFresneuse-Dujour, commandant la *Renommée* en 1736. Voir l'histoire du naufrage du P. Crespel, Amsterdam, 1757.

(5) DePlaine; il était aux Trois-Pistoles en 1724.

(6) DeLouvières; enseigne reformé.

(7) DeVilleray; elle épouse, le 7 juin 1736, Denis Rousseau, à St-Nicolas.

hospitalière dite St-Stanislas; s [2] 5 février 1745.—*Hyacinthe*, b [1] 15 déc. 1720.—*Marie-Joseph*, b [1] 26 nov. 1723; sœur hospitalière dite St-Jean-Baptiste; s [2] 20 sept. 1751.—*Gaspard-Joseph*, b [2] 28 janvier et s [2] 6 août 1725.—*Louis* b [1] 26 sept. 1726; s [1] 15 juillet 1743 (1). —*Joseph*, b 1728, m 24 janvier 1758, à Catherine BLONDEAU, à Montreal.

1719, (2 mai) Beaumont.

III.—DAMOURS (2), JEAN, [CHARLES II.
b 1694.
1° MOREL (3). Marie-Anne, [LOUIS-JOSEPH II.
b 1702.

Marie-Louise-Charlotte, b 19 février 1720, à St-Valier; m 12 sept. 1746, à Joseph HINS, à St-Thomas [1]; s [1] 31 déc. 1755. — *Marie-Madeleine*, b 1730; s 24 juillet 1731, à Québec. [2]

1735, (11 avril). [2]

2° RENOYER, Marie-Jeanne, [AMBROISE I.
veuve de Louis Boucher.

Marie-Françoise, b 16 mars 1736, à Berthier; m 10 nov. 1754, à Jean DEREMON, à St-Roch. [8] —*Louis-Charles*, b 23 mars 1738, à Kamouraska. —*Bernard*, b [3] 20 et s [3] 28 mai 1739 —*Ambroise*, b [3] 24 mai 1740; 1° m 21 sept. 1763, à Marie LAURENT, aux Trois-Pistoles [4]; 2° m 24 janvier 1785, à Reine PINAULT, à l'Ile-Verte; s [4] 21 oct. 1786.—*Marie-Jeanne*, b [3] 30 juillet 1741.—*Louis-Joseph*, b [3] 27 fevrier 1744; s [3] 4 juillet 1746. — *Marie-Anne*, b 25 juillet 1745, à Ste-Anne-de-la-Pocatière; s [8] 25 mars 1751. — *Louis-Joseph*, b [3] 2 nov. 1746. — *Jean*, b... m à Marie-Angélique ROBICHAUD.

1722, (12 février) Québec. [1]

II —DAMOURS (4), PHILIPPE, [MATHIEU I
b 1680. officier; s avant 1746.
1° MESNAGE, Marie-Madeleine, [PIERRE I.
b 1686; veuve de Pierre Gauvreau; s [1] 18 avril 1726.

Philippe, b [1] 16 dec. 1722 —*Louis*, b [1] 16 nov. et s 17 déc. 1723, à Lévis.—*Françoise-Madeleine*, b [1] 9 avril et s [1] 4 mai 1726.

1728, (29 mars) Beauport. [6]

2° JUCHEREAU (5), Marie-Anne-Lse, [IGNACE II
b 1689.

Ignace-Joseph, b [6] 3 janvier 1730, s [6] 13 juin 1733 —*Jacques-Ignace*, b [6] 9 mars 1731.

1726, (17 oct.) Québec.

III.—DAMOURS (6), MATHIEU-FRS, [MATHIEU II.
b 1692.
COUTARD, Angelique, [JEAN I
b 1709.

(1) L'acte dit: "Inhume un corps que l'on a dit être celui du sieur Louis Louvières de Bellivalle."

(2) DeLouvières, sieur des Plaines; il est appelé Jean-Baptiste en 1741.

(3) De la Durantaye.

(4) De la Morandière.

(5) Elle était, le 22 déc. 1746, à Beauport.

(6) Sieur de Fresneuse et de l'Ile-Ronde; commandant de vaisseau.

1730, (20 mars) Montreal. [3]

III.—DAMOURS (1), LOUIS-MATHIEU, [RENÉ II.
b 1699, s [3] 26 déc. 1753.
GUYON (2), Madeleine, [JOSEPH III.
b 1706; s avant 1760.

Jean-Mathieu, b [3] 6 oct. 1730; s [3] 12 février 1733. — *Marie-Madeleine*, b [3] 15 et s [3] 17 août 1736 —*Marie-Madeleine*, b [3] 29 avril 1738.— *Mathieu-Benjamin*, b [3] 27 mai 1740; m 12 mars 1765, à Marie DELORIMIER, à Lachine.—*Madeleine-Joseph*, b [3] 21 août 1741; m [3] 14 janvier 1760, à Joseph-Antoine-Guillaume DELORIMIER. —*Madeleine*, b 1742; m [3] 29 nov. 1773, à Jean-Baptiste TÉTARD.

1730, (2 déc.) Montréal. [3]

III.—DAMOURS (3), LOUIS, [CHARLES II.
b 1698, s [3] 22 janvier 1755.
1° DECATALOGNE, Marie-Geneviève, [GÉDÉON I.
b 1700; s [3] 7 janvier 1743.

Anonyme, b et s 16 mai 1732, à Champlain. [4] —*Marie-Madeleine-Geneviève*, b [4] 6 et s [4] 25 mars 1733. — *Louis-Michel*, b [4] 20 juin 1735; m [3] 24 août 1761, à Marie-Joseph LECOMPTE. — *Charles-Joseph*, b [4] 25 juin et s [4] 17 juillet 1736. — *Louis-Melchior*, b 22 juin, au Cap-de-la-Madeleine et s [4] 27 juillet 1737. — *Pierre-François*, b 2 août, aux Trois-Rivières et s [4] 27 août 1738.—*Louise-Geneviève*, b [4] 17 août 1739, s [3] 28 avril 1795, à l'Hôpital-General, M.

1745, (26 avril). [3]

2° TONTY (4), Marie-Joseph, [ALPHONSE I.
b 1713.

Marie-Thérèse, b [3] 2 sept. 1746; 1° m 18 fevrier 1760, à Louis DESHÈTRES, au Detroit, 2° m 27 avril 1771, à Joseph JOURDAIN, à St-Louis, Mo. [5] —*Marie-Charlotte*, b... m [5] 3 mai 1767, à Jean-Baptiste GAMACHE.

1733, (17 sept.) Montréal. [3]

I.—DAMOURS (5), JACQUES-JOSEPH, fils de Jean et de Marguerite Moreau, de Notre-Dame de Niort, diocèse de Poitiers.
PRIEUR, Françoise, [JEAN I.
b 1711.

Joseph, b [3] 12 juin 1735 s [3] 1er août 1737. — *Toussaint*, b [3] 14 mars 1737.—*Charles*, b [3] 21 février 1740.—*Antoine*, b [3] 3 juin 1742. s [3] 21 avril 1744.—*Pierre*, b [3] 3 oct. 1744; m 1770, à Marie-Anne LEGAUT.—*Jean-François*, b [3] 27 nov. 1746; m [3] 7 janvier 1772, à Louise OADER. — *Marie-Agathe*, b [3] 30 nov. 1750.

1735, (27 juillet) Levis.

III.—DAMOURS (6), JOSEPH. [BERNARD II.
1° BOUCHER (7), Catherine, [RENÉ-JEAN III.
b 1696, s 16 dec. 1752, à Quebec. [1]

(1) Sieur de Clignancourt.

(2) Dit Desprès.

(3) Sieur de Louvières.

(4) Elle épouse, plus tard, Pierre Tremblay.

(5) Dit Poitevin.

(6) Sieur de Plaine.

(7) DeMontbrun

Marie-Joseph, b [1] 4 et s [1] 6 juin 1736.—*Joseph-François*, b [1] 4 août 1738; s [1] 29 janvier 1759 (dans l'eglise).—*Louise-Angélique*, b...

1754, (29 juillet). [1]

2° COULON, Madeleine, [NICOLAS-ANTOINE I.
b 1707; veuve de Claude Marin-de-Lamarque.

1736, (18 oct.) St-Thomas. [2]

III.—DAMOURS (1), RENÉ-LOUIS, [CHARLES II.
b 1700; s [2] 22 sept. 1759.

1° COUILLARD (2), Lse-Angélique, [JACQUES III.
b 1704; s [2] 5 avril 1755.

Louis, b [2] 23 juillet 1737; s [2] 14 fevrier 1744.—*Charles*, b [2] 19 et s [2] 28 janvier 1739.—*Joseph*, b [2] 1er avril 1740, m 11 avril 1768, à Marguerite MIGNIER, à Ste-Anne-de-la-Pocatière. — *Louise-Angélique*, b [2] 14 mars 1742; m [2] 6 avril 1761, à Bénoni FOURNIER; s [2] 25 juin 1768.—*Charles*, b [2] 18 avril 1745; s [2] 28 oct. 1746.

1755, (27 oct.) St-Roch.

2° PELLETIER (3), Madeleine, [JEAN-BTE IV.
b 1732.

Jean-Baptiste-René, b [2] 2 février 1758; m 4 oct. 1784, à Geneviève CHOUINARD, à St-Jean-Port-Joli.—*Marie-Madeleine* (posthume), b [2] 10 dec. 1759.

1746, (19 avril) St-Thomas.

III.—DAMOURS, JEAN-BTE, [BERNARD II.
b 1719.

VALERAN, Marie-Therèse, [JACQUES I.
b 1716.

1754, (4 février) Bout-de-l'Ile, M. [3] (4)

I.—DAMOURS (5), JOSEPH.

PAGÉSI (6), Marie-Anne. [JEAN-BTE II.

Marie-Anne, b [3] 22 dec. 1754 —*Marie-Madeleine*, b 27 juillet 1762, à Montréal.

IV.—DAMOURS (7), JEAN. [JEAN III.

ROBICHAUD (8), Marie-Angélique. [PIERRE I.

Marguerite, b... m 30 sept. 1782, à Joseph GUYON.

1758, (24 janvier) Montréal.

IV.—DAMOURS (9), JOSEPH, [CHS-NICOLAS III.
b 1728.

BLONDEAU, Catherine, [JOSEPH-MAURICE III.
b 1731.

(1) Sieur de Courberon; il était à St-Thomas, le 14 sept. 1736.

(2) Dame du fief de St-Luc (Ile-aux-Oies).

(3) Elle épouse, le 8 nov. 1762, Jean Bosse, à St-Thomas.

(4) Réhabilité le 12 mars, avec dispense du 2ème au 2ème degré.

(5) Dit Toulouse, 1754.

(6) Dit St-Amand.

(7) DeLouvières.

(8) Elle epouse, le 28 oct. 1782, René Denault, à l'Islet.

(9) DeLouvières; cadet.

1761, (24 août) Montréal. [4]

IV.—DAMOURS (1), LOUIS-MICHEL, [LOUIS III.
b 1735.

LECOMPTE, Marie-Joseph, [URBAIN II.
b 1739.

Louis-Marie, b [4] 25 avril 1762. — *Louise-Geneviève*, b [4] 9 mars 1763.—*Marie-Catherine*, b [4] 16 août 1766.—*Marie-Anne*, b [4] 18 dec. 1767.

1762, (15 nov.) St-Thomas. [5]

III.—DAMOURS (2), MICHEL, [BERNARD II
b 1736.

JONCAS, Marie-Anne, [PIERRE III.
b 1741; s [5] 12 mai 1769.

Marie-Angélique, b [5] 25 juillet 1767.

1763, (21 sept.) Trois-Pistoles. [6]

IV.—DAMOURS (1), AMBROISE, [JEAN III.
b 1740; s [6] 21 oct. 1786.

1° ST-LAURENT, Marie-Geneviève, [JOSEPH II.
b 1748.

Marie-Véronique, b [6] 10 sept. 1764.—*Marie-Françoise*, b [6] 19 janvier 1766; m [6] 5 nov. 1787, à Clément PLOURDE —*Joseph-Maxime*, b [6] 28 janvier 1768; m [6] 24 fevrier 1794, à Marie-Françoise COTÉ.—*Louise-Véronique*, b [6] 9 sept. 1770; m [6] 8 oct. 1792, à Gabriel PLOURDE.—*Jean-Baptiste*, b... m à Elisabeth BOUCHER.—*Julienne*, b... m [6] 19 janvier 1795, à Jean-Baptiste LEBLOND. — *Etienne*, b... m [6] 4 nov. 1800, à Marie TURCOTTE —*Ambroise*, b 1777; s [6] 30 dec. 1792.—*Gabriel*, b 1779; s [6] 18 août 1793.—*Vincent*, ne 10 oct 1781; b [6] 4 sept. 1783.

1785, (24 janvier) Ile-Verte.

2° PINEAU (3), Reine, [LOUIS II.
b 1762.

Anonyme, b [6] et s [6] 13 nov. 1785.—*Reine* (posthume), b [6] 7 nov. 1786.

1768, (11 avril) Ste-Anne-de-la-Pocatière.

IV.—DAMOURS (4), JOSEPH, [RENÉ-LOUIS III.
b 1740.

MIGNIER (5), Marguerite, [MICHEL III.
b 1749.

Jacques, b 19 dec. 1768, à St-Thomas [7]; s [7] 5 février 1769.—*Charles*, b... m 1809, à Marie-Barbe HARBOUR, à St-Valier.—*Augustin*, b... m 1812, à Catherine PELLETIER, à Ste-Anne.

1770.

II.—DAMOURS (6), PIERRE, [JACQUES-JOSEPH I
b 1744

LEGAUT, Marie-Anne.

Marie-Anne, b 9 août 1771, à Montréal.

(1) DeLouvières.

(2) DePlaine.

(3) Elle epouse, le 5 nov. 1787, Claude Larrivée, aux Trois-Pistoles.

(4) DeCourberon.

(5) Dit Lagacé.

(6) Dit Potvin.

1772, (7 janvier) Montreal.
II.—DAMOURS, JEAN-FRS, [JACQUES-JOSEPH I.
b 1746.
OABER, Louise.

1784, (4 oct.) St-Jean-Port-Joli.
IV.—DAMOURS (1), JEAN-BTE, [RENÉ-LOUIS III.
b 1758
CHOUINARD, Geneviève, [PIERRE II.
b 1761.
Jean-Baptiste, b 14 sept. 1785, à la Rivière-Ouelle.

1794, (24 février) Trois-Pistoles. [1]
V.—DAMOURS, JOSEPH-MAXIME, [AMBROISE IV.
b 1768.
COTÉ, Marie-Françoise, [JEAN-BTE V.
b 1770.
Ambroise, b [1] 18 janvier 1795.—*Maximien*, b [1] 16 oct. 1796; s [1] 19 fevrier 1797.—*Joseph*, b [1] 11 fevrier 1798.—*Marie-Geneviève*, b [1] 5 janvier 1800.

V.—DAMOURS, JEAN-BTE. [AMBROISE IV.
BOUCHER, Elisabeth.
Marie-Céleste, b 10 juin 1798, aux Trois-Pistoles. [2]—*Jean-Saturnin*, b [2] 20 avril 1800, m [2] 16 janvier 1827, à Sophie RIOUX.

1800, (4 nov.) Trois-Pistoles.
V.—DAMOURS, ETIENNE. [AMBROISE IV
TURCOTTE, Marie, fille de Jean-Baptiste et de Marie-Joseph Gaumond.

1809, St-Valier.
V.—DAMOURS, CHARLES. [JOSEPH IV.
HARBOUR, Marie-Barbe, [MICHEL.
s 24 mars 1852, à St-Raphaël.

1812, Ste-Anne. [4]
V.—DAMOURS (2), AUGUSTIN. [JOSEPH IV.
PELLETIER, Catherine. [HENRI.
Augustin, b 1818, à St-Thomas [5]; m [5] à Olive MARTICOTTE.—*François*, b [5] 1820; m à Cecile LUNEAU, à St-Valier.—*Etienne*, b [5] 1822; m à ......, à St-François.—*George*, b [5] 1824; m [5] à Héloïse PROU.—*Eustache*, b [4] 1826.—*Séraphine*, b [4] 23 avril 1828, m 1850, à Alexis DORVAL, à Québec.

1827, (16 janvier) Trois-Pistoles.
VI.—DAMOURS, JEAN-SATURNIN, [JEAN-BTE V.
b 1800; pilote.
RIOUX, Sophie. [PAUL.
Adèle, b... sœur Ste-Marie du Crucifix (de la Congregation N.-D.)

I.—DAMPHOUS, FRANÇOIS, b 1717; s 2 mars 1769, à Ste-Anne-de-la-Pocatière.

(1) Sieur de Courbeion.
(2) Sieur de Louvières, seigneur et propriétaire du fief St-Luc (Ile-aux-Oies).

1734, (1er février) Québec. [6]
I.—DAMPHOUS, JEAN-ANSELME, fils de Joseph et de Françoise Curette, de St-Sauveur, diocèse d'Aix, Provence.
DANDURAND, Louise, [ANTOINE I.
b 1702.
Marie-Louise, b [6] 29 nov. et s [6] 9 dec. 1736.—*Paul-Antoine*, b [6] 5 janvier 1738.—*Marie-Louise*, b [6] 2 mars 1741; m 16 nov. 1767, à Nicolas BÉLAND, à St-Thomas.—*Marie-Pélagie*, b [6] 2 mars 1741; s [6] 2 nov. 1748.—*Anonyme*, b [6] et s [6] 29 juin 1743.—*François-Dominique*, b [6] 6 déc. 1746; m 3 fevrier 1766, à Marie-Joseph CARON, à Ste-Anne-de-la-Pocatière.

1766, (3 fevrier) Ste-Anne-de-la-Pocatière.
II.—DAMPHOUS, FRS-DOMINIQUE, [JEAN I.
b 1746.
CARON, Marie-Joseph, [AUGUSTIN IV.
b 1750.

I.—DANAIS, CHARLES, b 1694; s 14 mars 1777, à St-Joachim.

DANCOSSE.—*Variation :* DANGOSSE.

1679.
I.—DANCOSSE (1), PIERRE,
b 1641; s 13 août 1697, à Québec.
BOUCHARD (2), Marie-Madeleine, [MICHEL I.
b 1665.
Pierre, b 1686, m 10 juillet 1719, à Marie-Françoise DUVAL, à la Rivière-Ouelle [7]; s [7] 2 nov. 1753.

1719, (10 juillet) Rivière-Ouelle [8]
II.—DANCOSSE, PIERRE, [PIERRE I.
b 1686, s [8] 2 nov. 1753.
DUVAL (3), Marie-Françoise. [FRANÇOIS I.
François, b [8] 17 juin 1720; s [8] 24 déc. 1747.—*Joseph*, b [8] 17 août 1721, m 12 fevrier 1748, à Marie-Joseph MIVILLE, à Ste-Anne-de-la-Pocatière. — *Jean*, b 1727; s [8] 14 nov. 1757. — *Alexandre*, b... m 24 oct. 1757, à Angelique GAGNON, à l'Islet [9]; s [9] 12 juillet 1760.—*Marie-Anne*, b... m [8] 16 nov. 1750, à Pierre PHOCAS.—*Marie-Dorothée*, b [8] 18 fevrier 1733; m [8] 6 fevrier 1764, à Augustin FOURNIER.—*Pierre*, b [8] 12 janvier 1735; m [8] 16 avril 1763, à Françoise FOURNIER.

1748, (12 février) Ste-Anne-de-la-Pocatière.
III.—DANCOSSE, JOSEPH, [PIERRE II.
b 1721.
MIVILLE, Marie-Joseph, [GUILLAUME IV.
b 1727.
Joseph-Marie, b 26 mars et s 24 dec. 1749, à la Rivière-Ouelle. [1]—*Joseph-Marie*, b [1] 26 août 1750, m [1] 14 nov. 1785, à Marie-Louise LÉVÊQUE.—*Marie-Joseph*, b [1] 25 janvier 1752; m [1] 21 nov.

(1) Voy, vol. I, p 155.
(2) Elle épouse, le 29 mai 1702, Jean Gauvin, à la Rivière-Ouelle.
(3) Duponthaut.

1785, à Jean-Baptiste CHAMARE.—*Henri*, b [1] 16 oct. 1753; s [1] 16 mars 1756.—*Marie-Françoise*, b [1] 24 mars 1755; m [1] 5 février 1781, à Augustin LAMARRE.—*Jean-Baptiste*, b [1] 17 oct. 1756; s [1] 26 août 1757.—*Marie-Geneviève*, b [1] 1er avril 1758. —*Marie-Perpétue*, b [1] 4 février 1760.

1757, (24 oct.) Islet. [2]
III.—DANCOSSE, ALEXANDRE, [PIERRE II.
s [2] 12 juillet 1760.
GAGNON (1), Angélique, [PIERRE-PRISQUE IV.
b 1740.
Alexandre, b 1er oct. 1758, à la Rivière-Ouelle. —*Alexandre*, b [2] 3 août 1760, m [2] 9 nov. 1781, à Marie-Geneviève LANGLOIS.

1763, (16 avril) Rivière-Ouelle. (2)
III.—DANCOSSE, PIERRE, [PIERRE II.
b 1735.
FOURNIER, Marie-Françoise, [GUILLAUME III.
b 1737.
Marie-Julie, b 1768; s 29 sept. 1769, à Kamouraska. [3] — *Marie-Jeanne*, b [3] 4 dec. 1769.—*Marie-Rose*, b [3] 18 août 1771.

1781, (9 nov.) Islet.
IV.—DANCOSSE, ALEXANDRE, [ALEXANDRE III.
b 1760.
LANGLOIS, Marie-Geneviève, [LOUIS-JÉRÔME IV.

1785, (14 nov.) Rivière-Ouelle.
IV.—DANCOSSE, JOSEPH-MARIE. [JOSEPH III.
b 1750.
LÉVÊQUE, Marie-Louise, [LOUIS-CHARLES III.
b 1767.

DANDALOUSIE, MARIE, épouse de Louis-Joseph GODFROY.

1758, (9 mai) Ste-Foye.
I.—DANDANE-DANSEVILLE (3), NICOLAS-ANTOINE, messire; fils de messire Nicolas Dandane de St-Martin et de Catherine-Monique Cormont, de St-Jacques, ville de Dieppe, diocèse de Rouen.
DUPÉRÉ, Marie-Anne, [JEAN-BTE II.
b 1737; veuve de Pierre Clavery.
Nicolas, b 18 février 1762, à Quebec.

DANDONNEAU.—*Surnom :* DUSABLÉ.

1653, (16 janvier) Trois-Rivières.
I.—DANDONNEAU (4), PIERRE,
b 1626; s avant 1702.
JOBIN, Françoise,
b 1634; s 6 juillet 1702, à Champlain. [7]
Louis, b 1654; m [7] 8 oct. 1684, à Jeanne-Marguerite LENOIR; s 3 sept. 1709, à Montreal.

(1) Elle épouse, le 24 oct. 1763, Charles Langlois, à l'Islet.
(2) Réhabilitation de mariage.
(3) De l'Etendard; lieutenant du corps royal de l'artillerie et du génie.
(4) Sieur DuSablé; voy. vol. I, p. 155.

1684, (8 oct.) Champlain. [1]
II.—DANDONNEAU (1), LOUIS, [PIERRE I.
b 1654; s 3 sept. 1709, à Montréal. [2]
LENOIR, Jeanne-Marguerite,
b 1660.
Pierre, b [1] 20 sept. 1690; s 29 sept. 1702, à Sorel. [3] — *Louis-Adrien*, b [1] 15 nov. 1691; m [3] 7 déc. 1718, à Marie-Joseph DROUET; s [2] 31 dec 1747.

1695, (11 janvier) Champlain. [4]
II.—DANDONNEAU (1), JACQUES, [PIERRE I.
s avant 1754.
DUTAUT, Catherine, [CHARLES I.
b 1676; s 10 nov. 1754, à l'Ile-Dupas. [1]
Marie-Jeanne, b [4] 16 sept. 1700; s [1] 21 janvier 1771.—*Marie-Anne*, b [1] 3 février 1704.—*Geneviève*, b [1] 25 fevrier 1706; m 10 janvier 1735, à Jean VALOIS, à Sorel. [3] — *Jacques*, b [1] 21 janvier 1708; s [1] 24 mai 1732.—*Marie-Joseph*, b [3] 11 janvier 1710.—*Joseph*, b [3] 17 mai 1712; m [1] 7 janvier 1738, à Marie-Madeleine LOISEAU. — *Marie-Louise*, b... m [1] 8 janvier 1738, à Joseph-Marie LOISEAU. — *Charles*, b [3] 31 mai 1714; 1° m 1739, à Françoise FAFARD, 2° m [3] 28 avril 1755, à Therèse SALVAILLE —*Marie-Marguerite*, b [3] 17 juin 1718; s [1] 8 avril 1731.

1718, (7 déc.) Sorel. [3]
III.—DANDONNEAU (2), LS-ADRIEN, [LOUIS II.
b 1691; s 31 déc. 1747, à Montréal. [2]
DROUET (3), Marie-Joseph, [CLAUDE I.
b 1703.
Pierre-Louis, b 5 et s 24 février 1721, à l'Ile-Dupas. [5]—*Marie-Louise*, b [5] 21 nov. 1723; m [2] 22 avril 1748, à Pierre ROBINEAU. — *Louis-Adrien*, b [3] 30 juin 1726; m [2] 7 janvier 1754, à Marguerite SABREVOIS.— *Marie-Anne*, b [2] 25 et s [2] 28 fevrier 1728.—*Marie-Thérèse*, b [2] 17 janvier 1729. —*Apolline-Charlotte*, b [2] 15 août 1730. — *Marie-Geneviève*, b [5] 6 nov. 1731. —*Joseph-Amable*, b [5] 12 janvier 1738. — *Michel-Ignace*, b [5] 10 sept. 1738. — *Marie-Catherine*, b [5] 14 juin 1740, m [2] 2 mai 1757, à Antoine-Claude RAIMBAULT.—*Marie-Marguerite*, b [2] 14 mars et s [2] 4 mai 1743 — *Anne-Marguerite*, b [2] 14 et s [2] 31 oct. 1744 — *Pierre-Charles*, b [2] 28 mai 1747; s [2] 8 juin 1748.

1738, (7 janvier) Ile-Dupas [8]
III.—DANDONNEAU, JOSEPH, [JACQUES II.
b 1712.
LOISEAU (4), Marie-Madeleine, [PIERRE II.
b 1717.
Joseph-Marie, b [8] 29 oct. et s [8] 25 nov. 1738.—*Marie-Geneviève*, b [8] 5 oct. 1739; m [8] 18 février 1760, à Antoine BRISSET.—*Joseph*, b [8] 10 fevrier et s [8] 26 mars 1741.—*Jacques*, b [8] 14 mars 1743; 1° m [8] 22 juillet 1765, à Marie DUTAUT; 2° m [8] 10 août 1767, à Marie-Catherine MASSÉ. — *Joseph-Adrien*, b [8] 1er et s [8] 8 déc. 1749. — *Jean-Joseph*,

(1) Voy. vol. I, p. 155.
(2) Sieur DuSablé; lieutenant des troupes.
(3) DeRichardville.
(4) Dit Francœur.

b [3] 11 et s [3] 13 mars 1751.—*Antoine-Bernard*, b [3] 24 et s [3] 27 juin 1752. — *Marie-Joseph*, b [3] 13 février 1754 ; m [3] 18 janvier 1779, à Jean-Baptiste EVRARD.—*Thérèse*, b... m [3] 4 fevrier 1782, à Vital DUTAUT.—*Pierre*, b [3] 14 janvier 1756.—*Marie-Marguerite*, b [3] 9 août 1757. — *Amable*, b [3] 18 janvier 1760 ; m [3] 15 janvier 1781, à Angélique DUTAUT.

DANDONNEAU (1), CHARLES, b... s 8 avril 1750, à Lavaltrie.

1739.
III.—DANDONNEAU, CHARLES, [JACQUES II.
b 1714.
1° FAFARD (2), Marie-Françoise. [CHARLES III.
Anonyme, b et s 1er fevrier 1740, à l'Ile-Dupas [8] —*Marie-Françoise*, b [8] 31 mars et s [8] 6 mai 1741. —*Charles*, b... m [8] 12 mai 1766, à Felicité LECLAIR.—*Marguerite*, b [8] 27 mai 1743.

1755, (28 avril) Sorel.
2° SALVAILLE, Thérèse, [PIERRE II.
b 1719.
Marie-Marguerite, b [8] 16 août 1757 ; m [8] 24 janvier 1780, à François VALOIS ; s [8] 10 nov. 1780.—*Jean-Baptiste*, b [8] 16 août 1757. — *Geneviève*, b [8] 24 fevrier 1759.

1754, (7 janvier) Montréal.
IV.—DANDONNEAU (1), ADRIEN, [LOUIS III
b 1726
SABREVOIS (3), Marguerite, [CLÉMENT II.
b 1735.

1765, (22 juillet) Ile-Dupas. [5]
IV.—DANDONNEAU, JACQUES, [JOSEPH III.
b 1743.
1° DUTAUT, Marie, [PIERRE III
b 1746 ; s [5] 30 juin 1766.

1767, (10 août). [5]
2° MASSÉ, Catherine, [JEAN-BTE III.
b 1742.
Marie-Catherine, b [5] 17 sept. 1768.—*Jean-Baptiste*, b [5] 1er fevrier 1770. — *Marie-Madeleine*, b [5] 27 mars 1772.—*Marie-Joseph*, b [5] 10 déc. 1773.—*Geneviève*, b [5] 13 et s [5] 25 juin 1778.—*Joseph*, b [5] 26 nov. 1780.

1766, (12 mai) Ile-Dupas. [4]
IV.—DANDONNEAU, CHARLES. [CHARLES III
LECLAIR, Félicité, [NICOLAS II
b 1746.
Marie-Joseph, b [4] 28 oct. 1769. —*Charles*, b [4] 6 oct. 1771. — *Félicité*, b [4] 31 oct. 1775. — *Vital*, b [4] 8 oct. 1782.

1781, (15 janvier) Ile-Dupas. [6]
IV.—DANDONNEAU, AMABLE, [JOSEPH III.
b 1760.
DUTAUT (4), Angélique, [VITAL III.
b 1761.
Amable, b [6] 30 sept. 1781.

(1) DuSablé.
(2) Dit Delorme.
(3) DeBleury.
(4) Dit Vilandré.

1696, (29 février) Ste-Famille, I. O.
I.—DANDURAND (1), ANTOINE,
b 1663, s 21 dec. 1738, à St-Thomas. [7]
VÉRIEUL, Marie, [NICOLAS I.
b 1679.
Elisabeth, b [7] 21 sept. 1699 ; m [7] 26 janvier 1722, à Jacques GENDREAU. — *Marie-Louise*, b [7] 31 août 1702 ; m 1er fevrier 1734, à Jean-Anselme DAMPHOUS, à Quebec. — *Joseph-François*, b [7] 6 sept. 1705 ; m 18 juin 1729, à Madeleine BAUDOIN, à Berthier, Q. ; s [7] 13 février 1765. — *Geneviève*, b [7] 5 nov. 1708 ; s [7] 5 oct. 1714.—*Antoine*, b [7] 25 et s [7] 27 août 1711. — *Antoine*, b [7] 26 août 1712 ; m [7] 13 janvier 1738, à Véronique PROU.—*Anne*, b [7] 28 juillet 1715 ; m [7] 10 juin 1734, à Guillaume BOULET. — *Marie-Anne-Angélique*, b [7] 20 juin 1718 ; 1° m [7] 17 mai 1736, à Louis RUEL ; 2° m [7] 7 sept. 1739, à François DRUGEOT ; 3° m [7] 4 nov. 1756, à Claude CARLOT ; 4° m [7] 11 nov. 1761, à Joseph FOURNIER.

1729, (18 juin) Berthier, Q.
II.—DANDURAND, JOSEPH-FRS, [ANTOINE I.
b 1705 ; s 13 fevrier 1765, à St-Thomas. [8]
BAUDOIN, Madeleine, [LOUIS II.
b 1711.
Joseph, b [8] 11 sept. 1731 ; s [8] 16 juillet 1733.—*Louis*, b [8] 23 avril 1733.—*Joseph*, b [8] 24 mars 1735 ; m [8] 14 fevrier 1763, à Madeleine CHOUINARD.—*Marie-Geneviève*, b [8] 21 mai 1736 ; m [8] 9 mai 1758, à Alexis JEAN.—*Roger-Marie*, b [8] 21 fevrier 1738 ; s [8] 4 nov. 1755.—*Geneviève*, b [8] 2 avril 1740 ; s [8] 8 oct. 1755.—*Jacques*, b [8] 23 août 1741.—*Marie-Madeleine*, b [8] 28 janvier 1743 ; s [8] 24 oct. 1755.— *René*, b [8] 22 mars et s [8] 27 juillet 1744. — *Louis-Marie*, b [8] 25 août 1745 ; m [8] 27 sept. 1768, à Marie-Anne FOURNIER.— *Jean-Baptiste*, b [8] 25 nov. 1746, m [8] 14 janvier 1766, à Marie-Angelique PELLETIER.— *Marie-Angélique*, b [8] 18 avril 1748 ; s [8] 17 oct. 1755. — *Marie-Marguerite*, b [8] 26 juillet 1749. — *Antoine*, b [8] 6 dec. 1750. — *François-Roger*, b [8] 18 fevrier 1752.—*Marie-Louise*, b [8] 10 août 1753.

1738, (13 janvier) St-Thomas. [6]
II.—DANDURAND, ANTOINE, [ANTOINE I.
b 1712.
PROU, Veronique, [JEAN-BTE II.
b 1716.
Antoine, b [6] 16 nov. 1738. — *Joseph-François* b [6] 4 juin 1740.—*Jean-Baptiste*, b [6] 10 mars 1742 : m [6] 12 sept. 1763, à Elisabeth-Agnès MORIN.—*Marie-Louise*, b [6] 16 mars 1744. — *Marie-Madeleine*, b [6] 12 déc. 1745 ; s [6] 17 dec. 1748.—*Louis*, b [6] 1er février 1748.—*Jacques*, b [6] 11 juillet 1750. — *Charles*, b [6] 30 mars 1752. — *Germain*, b [6] 9 déc. 1753. — *Michel*, b [6] 20 sept. 1755. — *Marie-Geneviève*, b [6] 10 juin 1757. —*Marie-Madeleine*, b [6] 28 dec. 1759.

1763, (14 fevrier) St-Thomas.
III.—DANDURAND, JOSEPH, [JOSEPH-FRS II.
b 1735.
CHOUINARD, Madeleine, [EUSTACHE II.
b 1733

(1) Dit Marcheterre ; voy. vol. I, p. 155.

1763, (12 sept.) St-Thomas.
III.—DANDURAND, Jean-Bte, [Antoine II.
b 1742.
Morin, Elisabeth-Agnès, [Isidore IV.
b 1743.
Marie-Thérèse, b 7 février 1770, à Berthier, Q.

1766, (14 janvier) St-Thomas.
III.—DANDURAND, Jean-Bte, [Joseph-Frs II.
b 1746.
Pelletier, Marie-Angélique, [François V.

1768, (27 sept.) St-Thomas.
III.—DANDURAND, Louis, [Joseph-Frs II.
b 1745.
Fournier, Marie-Anne, [Joseph III.
b 1743.

DANEAU.—*Variations et surnoms:* Danaux—DeMuy—Tranchemontagne.

1686.
I.—DANEAU (1), Nicolas,
b 1651.
1° Bissot, Geneviève, [François I.
b 1653; veuve de Louis Maheu.
Nicolas, b 6 janvier 1687, à Lévis.
1687, (17 mai) Boucherville [3]
2° Boucher, Marguerite, [Pierre II.
b 1663; s [3] 30 juin 1698.
Marguerite-Philippe, b [3] 15 février 1688; m 26 juillet 1706, à René Robineau, à Montréal.[4] — *Jacques-Pierre*, b [3] 7 oct. 1695; m [4] 30 janvier 1725, à Louise-Geneviève Ruet-Dauteuil; s 20 mai 1758, au Detroit.
1702, (18 février).[4]
3° Dailleboust, Catherine, [Charles II.
b 1669; s [4] 13 mars 1755.
Anonyme, b [4] et s [4] 21 janvier 1703.— *Jean-Baptiste*, b [4] 3 oct. 1704.

I.—DANEAU (2), François, b 1707; fils de Louis et de Louise Laurier, du Bourget, diocèse de Nantes; s 3 avril 1737, à Montreal.

1725, (30 janvier) Montréal.[4]
II.—DANEAU (3), Jacques-Pierre, [Nicolas I.
b 1695; s 20 mai 1758, au Detroit.[5]
Dauteuil (4), Lse-Genev., [Frs-Madeleine II.
b 1696.
Jacques-François, b [4] 26 et s [4] 28 janvier 1726. —*Jacques-Denis*, b [4] 3 juin et s 13 août 1727, à Longueuil.—*Jacques-Daniel*, b [4] 7 août 1728; s [4] 9 février 1730. — *Madeleine*, b [4] 10 juillet 1729; m [4] 7 janvier 1760, à Jacques-Philippe Delisle. — *Marie-Louise*, b [4] 22 août 1730. — *Pierre-Charles*, b [4] 23 sept. 1736; m [5] 4 nov. 1760, à Charlotte Réaume.

(1) Voy. vol. I, p. 156.
(2) Dit Tranchemontagne; soldat de la compagnie de Périgny.
(3) Sieur de Muy, chevalier, capitaine, commandant pour le Roy au Détroit. L'acte de sépulture ajoute: " Ayant reçu les sacrements avec toute la piété que nous pouvions désirer à la fin d'une vie qui avait toujours ete des plus édifiantes "
(4) Ruet.

1760, (4 nov.) Détroit.
III.—DANEAU (1), Pierre-Chs, [Jacq.-Pierre II.
b 1736.
Réaume, Charlotte, [Pierre III
b 1738.

DANEST.—*Variations et surnoms:* Danais—Danay—Danès—Danet—Dannets.

DANEST, Madeleine, epouse de Joseph Goguet.

1699.
II.—DANEST (2), Charles, [Charles I.
b 1673.
1° Brassard, Catherine, [Guillaume II.
b 1677; s 21 fevrier 1703, à Ste-Foye.[3]
1711, (24 nov.)[3]
2° Berthiaume, Madeleine, [Jacques I.
b 1686.

I.—DANEST (3), César, b 1702; de St-Pierre-de-Vannes, Bretagne; s 27 nov. 1728, à Montréal.

1753, (3 juillet) Ste-Foye.[3]
III.—DANEST, Michel-Joseph, [Charles II.
b 1717; s [3] 7 janvier 1772.
Chaillé, Marie-Françoise, [Louis III.
b 1732.
Joseph, b [3] 16 avril 1754.—*Jean-Baptiste*, b [3] 6 juillet 1755. — *Charles-André*, b [3] 22 déc. 1756, s [3] 17 janvier 1757.—*Jean-Baptiste*, b [3] 28 juillet 1758; s [3] 23 janvier 1776. — *Pierre*, b [3] 2 avril 1761. — *Marie-Françoise*, b [3] 22 mai 1762.— *Marie-Louise* et *Marie-Angélique*, b [3] 7 mars et s [3] 14 sept. 1764. — *Louis*, b [3] 9 juillet 1765.— *André*, b [3] 20 février 1767. — *Charles*, b [3] 4 oct 1768; s [3] 16 mai 1781.—*Marie-Angélique*, b [3] 15 août et s [3] 5 sept. 1770.

DANEVERT.—Voy. Denevers.

I.—DANGEAC (4), Marie-Marguerite,
b 19 août 1752.

I.—DANGEAC (5), Geneviève-Antoinette,
b 26 oct. 1756.

1727, (20 mai) Québec.[5]
I.—D'ANGERS, Jean, fils de Jean et de Madeleine Deschamps, de St-Sulpice, diocèse de Rouen.
Cloud, Anne, fille de Jacques et d'Anne Buleteau, de Rouville, diocèse de Senlis.
Marie-Anne, b [5] 14 février et s [5] 12 juillet 1728

DANGÉUGER.—*Surnom :* Lechasseur.

(1) Sieur de Muy; enseigne en 1758, au Détroit.
(2) Et Dannets; voy. vol. I, p. 156.
(3) Soldat de la compagnie de St-Ours.
(4) DeMerville; pensionnée à Rochefort.
(5) DeMerville; pensionnée à St-Jean d'Angély.

1735, (18 avril) Québec. [5]

I.—DANGEUGER (1), Jean, b 1704; fils de Jean et de Marie Godpin, de St-Denis de Chappel, diocèse de Chartres; s 8 juin 1770, à Beaumont [6]

Roulois, Angelique-Agnès, [Noel III. b 1711; s [6] 6 nov. 1783.

Marie-Angélique, b [5] 27 janvier 1736; m [6] 24 juin 1752, à Joseph-Dominique Poliquin. — *Marie-Jeanne*, b [5] 4 et s [5] 18 dec. 1737. — *Marie-Joseph*, b [5] 24 dec. 1738; m [6] 30 janvier 1758, à Guillaume Couture.—*Marie*, b 1er avril 1741, à Levis [7]; m [6] 22 nov 1762, à Clement Couture.—*Jean-Baptiste*, b [7] 28 août 1743; m 14 nov. 1763, à Thérèse Terrien, à St-Jean, I. O.; s [6] 6 mai 1788.—*Marie-Madeleine*, b [7] 4 sept. 1745; s 3 déc. 1759, à St-Michel. [8] — *Louis*, b [8] 1er mars et s [6] 8 nov. 1748.—*Louis*, b [6] 3 nov. 1749; s [6] 24 février 1756.—*Pierre*, b [6] 29 dec. 1753.

1763, (14 nov.) St-Jean, I O.

II.—DANGEUGER, Jean-Bte, [Jean I. b 1743; s 6 mai 1788, à Beaumont. [6]

Terrien (2), Therèse, [Pierre III. b 1743.

Geneviève, b... m [6] 22 janvier 1788, à Antoine Petit. — *Joseph-Abraham*, b... m [6] 9 oct. 1797, à Angelique Bosché.

1797, (9 oct.) Beaumont.

III.—DANGEUGER (1), Jos.-Abrah [J.-Bte II.

Bosché, Angelique. [Guillaume.

DANGLADE.—Voy. Mouet.

DANGOSSE.—Voy. Dancosse.

DANGUEL.—*Variations :* Dagueil — Danquel.

1688, (23 août) Montréal. [1]

I.—DANGUEL (3), Jacques, b 1658; fils de Thomas et de Jeanne Leblanc, de Cresac, diocèse de Limoges.

1° Giard, Elisabeth, [Nicolas I. b 1667.

Jeanne-Elisabeth, b [1] 24 mai 1689.

1736, (12 juin) Varennes.

2° Gentès, Marie-Anne, [Etienne I. b 1679; veuve de Pierre Burel

I.—DANIAC, Jean-Daniel.

Boisdoré, Marie.

Charles-Daniel, b 1725, s 12 mai 1758, à l'Hôpital-General, M.

DANIAU.—Voy. Dagneau.

DANIEL, Marie-Charles, épouse d'Edme Hurpeau.

DANIEL, Marie, epouse de Joseph-Jean-Baptiste Roy.

(1) Dit Lechasseur.

(2) Elle épouse, le 20 fevrier 1792, Pierre Doiron, à Beaumont

(3) Et Danquel; voy. vol. I, p. 157.

1698.

I.—DANIEL (1), Thomas, b 1672; s 19 mars 1750, à St-Jean, I. O. [5]

1° Poisson, Barbe, [Martin I. b 1676, s [5] 17 nov. 1705.

François, b... 1° m [5] 4 fevrier 1737, à Agathe Terrien; 2° m 23 août 1756, à Marie-Catherine Sansaveu, à Beaumont.—*Joseph*, b [5] 17 mars 1704, m 30 sept. 1726, à Françoise Bilodeau, à St-François, I. O.; s 12 nov. 1736, à Québec (noyé).

2° Lefebvre, Suzanne, [Michel II. b 1692; s [5] 22 fevrier 1743.

Geneviève, b [5] 26 mai 1722; m 10 avril 1747, à François Prudhomme, à St-Pierre, I. O.

I.—DANIEL, Hugues, du bourg des Clertiny, diocèse de St-Malo.

....

Pierre, b... s 31 janvier 1721, aux Trois-Rivières.

1717, (18 janvier) Montréal. [6]

I.—DANIEL, Jacques, b 1695; fils de François et de Marie Bodon, de St-Sauveur, ville et diocèse de LaRochelle.

1° Barbeau, Madeleine, [Jean I. b 1697.

Anonyme, b [6] et s [6] 15 mars 1717. — *Jacques*, b [6] 24 fevrier 1718, s [6] 22 janvier 1719. — *Marie-Madeleine*, b [6] 27 mars 1720; m 6 nov. 1741, à Adrien Monet, au Sault-au-Récollet. [1]—*François*, b [6] 12 mai et s [6] 5 juin 1724. — *Marie-Catherine*, b [6] 8 et s [6] 26 juillet 1725. — *Catherine*, b [6] 15 nov. 1726. — *Marie-Marguerite*, b [6] 1er juillet 1727. — *Marie-Joseph*, b [6] 18 janvier et s [6] 17 février 1728. — *Thomas*, b [6] 20 déc. 1728; s [6] 28 janvier 1730.—*Louise*, b [6] 7 février et s [6] 22 sept. 1730.

1742, (3 avril). [1]

2° Quevillon (2), Catherine, [Adrien I. b 1686; veuve de Samuel Papineau.

1726, (30 sept.) St-François, I. O. [7]

II.—DANIEL, Joseph, [Thomas I. b 1704; s 12 nov. 1736, à Québec (noye).

Bilodeau (3), Marie-Françoise, [Antoine II. b 1702.

Joseph, b... m 23 août 1756, à Marie-Louise Chabot-Lamarre, à St-Pierre-du-Sud.—*Marguerite*, b 1729; s 12 avril 1734, à St-Jean, I. O. [9]—*Marie-Joseph*, b [9] 14 sept. 1733; m 8 janvier 1753, à Antoine Gautier, au Cap-St-Ignace.—*Nicolas*, b [7] 15 sept. 1735.

1737, (4 février) St-Jean, I. O. [9]

II.—DANIEL, François. [Thomas I.

Terrien, Agathe, [André II. b 1716; s [9] 1er février 1748.

François, b [9] 24 dec. 1737; m 7 janvier 1766, à Marie Martin, à Boucherville.—*Jean-Baptiste*, b 15 fevrier 1739, à St-François, I. O. — *Marie-*

(1) Voy. vol. I, pp. 156-157

(2) Elle épouse, le 18 février 1754, Jean-Baptiste de Verac, au Sault-au-Récollet.

(3) Elle épouse, plus tard, Pierre Gauthier.

Agathe, b [9] 30 mars 1740.— *Eustache*, b [9] 4 mars 1742.—*Marie-Angélique*, b [9] 15 août et s [9] 7 sept. 1743.—*Joseph*, b [9] 10 sept. 1744.—*Marie-Blanche*, b [9] 31 déc. 1745.—*Prisque*, b [9] 24 mars 1747.

1756, (23 août) Beaumont.

2° SANSAVEU, Marie-Catherine.

Jean-Baptiste, b 9 juillet 1757, à Lévis. — *François*, b 10 sept. 1758, à St-Charles. [8] — *Catherine*, b [8] 4 sept. 1760.—*Marie-Anne*, b... m 24 juillet 1792, à Joseph CHAPUY (1), à Quebec.

1756, (23 août) St-Pierre-du-Sud.

III.—DANIEL, JOSEPH. [JOSEPH II
CHABOT (2), Marie-Louise. [PIERRE IV.

Joseph-Marie, b 13 août et s 1er oct. 1757, au Cap-St-Ignace.—*Jean-Baptiste*, b... s 8 oct. 1757, à St-Charles.—*Joseph*, b 25 dec 1761, à St-Joseph, Beauce. [1] — *Marie-Louise*, b [1] 3 juillet 1764.

1759, (5 février) St-Vincent-de-Paul.

I.—DANIEL, JEAN-BTE, fils d'Antoine et de Catherine Seppé, de Vivarais, diocèse de Viviers.
SÉMUR, Geneviève. [MARC II.

1766, (7 janvier) Boucherville.

III.—DANIEL, FRANÇOIS, [FRANÇOIS II.
b 1737.
MARTIN, Marie. [PIERRE IV

1740, (19 janvier) Ste-Anne-de-la-Pocatière.

I.—DANJOU, JACQUES, fils de Gilles et de Louise Lenoble, de Rasilly, diocèse d'Avranches, Normandie.
GRONDIN, Angélique, [FRANÇOIS II
b 1711.

Marie-Angélique, b 23 oct et s 20 nov. 1740, à la Rivière-Ouelle. [2] — *Jacques-Pierre*, b [2] 15 dec. 1742; s 22 août 1761, à l'Islet.—*Marie-Anne*, b [2] 28 mars 1745; m 6 février 1769, à Joseph PELLETIER, à Kamouraska.—*Marie-Angélique*, b [2] 23 juin 1747; 1° m à Germain ST-PIERRE; 2° m [2] 5 juin 1769, à Joseph HUDON; 3° m [2] 15 fevrier 1779, à Joseph GAGNON. — *Geneviève*, b [2] 5 oct. 1749; m [2] 8 avril 1777, à Augustin SOUCY.—*Joseph-Marie*, b [2] 3 mars 1752; m [2] 3 fevrier 1777, à Marie-Joseph PARADIS.

1777, (3 février) Rivière-Ouelle.

II.—DANJOU, JOSEPH, [JACQUES I.
b 1752.
PARADIS, Marie-Joseph, [JEAN-BTE V.
b 1758.

I.—DANNEMARCIEN, FRANÇOIS, b 1703; s 19 mai 1788, à St-Augustin (noyé).

DANNEVERT.—Voy. DENEVERS.

DANQUEL.—Voy. DANGUEL.

1737, (25 nov.) Montréal.

I.—DANRÉ (1), LOUIS-CLAUDE, b 1710; fils de Charles (avocat) et de Suzanne Morillon, de St-Benoît, Paris.
D'ESTIENNE (2), Suzanne, [DENIS I.
b 1700.

DANSEREAU.—*Variation* : DANCEREAU.

I.—DANSEREAU, PIERRE.
LESIÈGE, Louise, [PIERRE I.
b 1673; veuve de François Cottu, s 13 janvier 1755, à Verchères.

1708, (19 juin) Varennes. [8]

I.—DANSEREAU, PIERRE, fils de Jean-Baptiste et de Catherine Noël, de St-Georges, diocèse de Poitiers.
ADIRON (3), Angélique, [PIERRE I
b 1686; s 23 juin 1742, à Verchères. [4]

Marie-Angélique, b [8] 20 janvier 1709; 1° m [8] 20 juillet 1728, à François FONTAINE; 2° m à Valerien CHAPDELAINE. — *Pierre*, b [8] 14 mars 1712.—*Jean-Baptiste*, b [8] 16 juillet 1713.—*Marie-Françoise*, b [8] 20 août 1714; m à François CHICOINE.—*Marie-Madeleine*, b [4] 12 et s [4] 22 janvier 1719.—*Anonyme*, b [4] et s [4] 8 sept. 1719.—*Anonyme*, b [4] et s [4] 13 dec. 1719 —*Joseph*, b... m [4] 16 août 1740, à Marie-Anne BOISSEAU.—*Anonyme*, b et s 24 juin 1721, à St-Ours. [6] — *Geneviève*, b... m [4] 3 avril 1742, à François-Marie CHAPDELAINE. — *François*, b [4] 11 oct. 1727; m à Marie-Charlotte RIVET.—*Elisabeth*, b... m [5] 7 fevrier 1752, à Louis CHAPDELAINE.—*Elisabeth*, b... m 1755, à François BEAULIEU.

---

(1) A l'occasion de ce mariage, nous trouvons la note suivante :

" Devant nous, vicaire-général du diocèse soussigné, est comparu le sieur Joseph Chappui, horloger et natif de la ville d'Auxerre, en Bourgogne, se disant agé de vingt-deux ans moins trois mois : sorti de sa patrie après son apprentissage fait chez monsieur son père, à l'age d'environ dix-sept ans : arrivé à Paris où il dit avoir demeuré environ trois ans et trois mois, tant en qualité de compagnon horloger chez M. Sandos qu'établi en boutique ; qu'il en est parti à l'occasion de la révolution de France, pour se transporter à Philadelphie dans la vue d'y exercer sa profession ; que sur mer il a essuye un naufrage occasionné par l'incendie du vaisseau où il a perdu son extrait de baptême et tous ses papiers, et qu'enfin arrivé de Philadelphie en Canada, il y a dix mois, il réquiert d'être declaré libre a contracter mariage.

" A cet effet, sont comparus les sieurs Augustin Savoi et Henri Lépousé, tous deux Français de nation, musiciens attaches à Son Altesse Royale, le prince Edouard d'Angleterre, tous deux ont déclaré, dans leur âme et conscience, avoir connu et souvent frequenté, à Paris, le premier il y a deux ans, le second il y a dix-neuf mois, le dit sieur Chappui comme étant un garçon libre, sans qu'ils aient jamais eu le soupçon qu'il fut marié et ont signé. Sur ce et après avoir fait les interrogations qui pouvaient éclaircir cette vérité, avons cru pouvoir déclarer le dit sieur Joseph Chappui libre à contracter mariage avec une fille de Quebec qu'il recherche.

" Fait au seminaire de Québec, le 16 juillet 1792.

" GRAVÉ, A. SÇAVOYE, musicien ;
" vicaire-général, H. LÉPOUSÉ, musicien ;
" JOSEPHE CHAPUY."

(Procès-verbal de liberté, 16 juillet 1792.)

(2) Dit Lamarre.

(1) DeBlanzy ; avocat de Paris ; greffier de la jurisdiction de Montréal ; il était à Montréal, le 15 avril 1752.

(2) DuClérin.

(3) Dit Sansfaçon.

1740, (16 août) Verchères. [6]

II.—DANSEREAU, Joseph. [Pierre I.
Boisseau, Marie-Anne, [Vincent II.
b 1720.
Jean-Baptiste, b [6] 5 juin 1754.

II.—DANSEREAU, François, [Pierre I.
b 1727.
Rivet, Marie-Charlotte.
François-Marie, b... s 22 juillet 1751, à Verchères.[7] — *Pierre*, b [7] 28 oct. 1752.—*Joseph-Marie*, b [7] 14 mai et s [7] 15 juin 1754. — *Marie-Charlotte*, b [7] 14 mai et s [7] 30 juin 1754.—*Joseph*, b [7] 9 oct. 1755.—*Marie-Joseph*, b [7] 6 fevrier 1759.

DANSEVILLE.—Voy. Dandane, sieur de l'Etendard, 1758.

DANTAGNAC.—Voy. Adhémar.

DANTAL.—Voy. Chantal.

1696, (12 janvier) St-Pierre, I. O. [8]

I.—DANTAL (1), Pierre.
Martin, Angelique, [Joachim I.
b 1678.
Marie-Angélique, b 4 mars 1705, au Château-Richer; m [8] 3 fevrier 1733, à Pierre Charland.

1738, (30 sept.) Montreal.

I.—DANTIN, Philippe, b 1683; fils de Jean et de Péronne Fontaine, de Dauchy-le-Moine, diocèse de Boulogne.
Gautier, Marie, [Jean I.
b 1682, veuve de Pierre Charon; s 30 mai 1760, à Longueuil.

DANY.—*Variations et surnoms* : Danis — Danny—Tourangeau.

DANY, Marie-Françoise, épouse de François Deguise.

1658, (23 sept.) Montreal. [1]

I.—DANY (2), Honoré,
b 1629.
1° Bedard, Marie,
b 1632; s [1] 17 juin 1664.
1666. [1]
2° De la Pierre (3), Perrine,
b 1646.
Jean, b [1] 17 janvier 1668; m [1] 10 sept. 1691, à Anne Badel; s [1] 5 oct. 1713.—*Pétronille*, b [1] 25 nov. 1671, 1° m [1] 18 mars 1688, à Charles Brouillard; 2° m [1] 8 oct. 1696, à Bernardin Cantara; s 13 mars 1753, à St-Michel-d'Yamaska.[2]— *Nicolas*, b [1] 16 août 1677, m 3 fevrier 1705, à Marie-Anne Fortier, à Lachine; s 26 juin 1758, à Ste-Geneviève, M.—*René*, b [1] 21 dec. 1679, m [1] 28 janvier 1705, à Marguerite Forcier; s [2] 15 juin 1757.

(1) Voy. Chantal; vol. II, pp 614-615.
(2) Dit Tourangeau, voy. vol I, p. 157.
(3) Elle épouse, le 19 mars 1705, Yves Lucas, a Lachine.

1691, (10 sept.) Montréal. [4]

II.—DANY (1), Jean, [Honoré I.
b 1668; s [4] 5 oct. 1713.
Badel, Anne, [André I.
b 1677; s [4] 12 mai 1742.
Marie-Françoise, b 29 sept. 1695, à Lachine; 1° m [4] 23 nov. 1716, à Jacques Charlebois; 2° m [4] 16 nov. 1722, à Jean-Baptiste Desmarais; s [4] 10 janvier 1734. — *Antoine*, b [4] 1er février 1700; m [4] 31 août 1726, à Angelique L'Escuyer. — *Marie*, b [4] 3 janvier 1708, m [4] 17 janvier 1729, à Charles Denis; s [4] 10 fevrier 1733.

1694, (15 nov.) Lachine. [1]

II.—DANY (1), Honoré, [Honoré I.
b 1669, s [1] 16 août 1722.
Brunet, Catherine, [Michel-Mathieu I.
b 1678.
Marie-Catherine, b [1] 21 mai 1702; m 11 sept. 1724, à Jean Custaud, à Montreal. [2] —*Marie-Joseph*, b... m [2] 23 janvier 1737, à Jean Chabot. —*Jean-François*, b [1] 10 juillet 1709; s [2] 14 janvier 1731.

1705, (28 janvier) Montréal. [3]

II.—DANY, René, [Honoré I.
b 1679; s 15 juin 1757, à St-Michel-d'Yamaska.[4]
Forcier, Marguerite, [Pierre I.
b 1684, s [4] 3 mai 1761.
René, b 1706; s [3] 3 fevrier 1719.—*Marie-Anne-Philippe*, b [3] 27 oct. 1707; m 22 nov. 1724, à François Modoue, à St-Frs-du-Lac [5]; s [4] 24 nov. 1760.—*Gertrude*, b [5] 21 avril 1709. — *Elisabeth*, b 1710; m [4] 4 mars 1737, à Joseph Théroux; s [4] 30 nov. 1737 —*Marie*, b [5] 20 mai 1711.— *Louise-Ursule*, b [5] 15 mai 1713. — *Jean-Baptiste*, b [5] 12 mai 1715; 1° m [4] 4 fevrier 1743, à Geneviève Giroux; 2° m [5] 10 avril 1752, à Agathe Vanasse; 3° m [4] 24 nov. 1760, à Marguerite Alard. —*Madeleine*, b... m [4] 14 oct. 1733, à Joseph Gauger.—*Geneviève*, b... m [4] 11 oct. 1735, à Etienne Modoue.—*Joseph*, b [5] 7 juillet 1721; m [4] 11 août 1749, à Catherine Plante — *Gabriel*, b... m [5] 13 janvier 1744, à Marie-Catherine Alard. — *Antoine-Laurent*, b [5] 6 juin 1723; m [5] 15 sept 1749, à Anne-Elisabeth St-Laurent. —*Jean-François*, b [5] 22 nov. 1724.—*Marie-Catherine*, b [5] 2 et s [5] 7 juin 1726. — *Marie-Charlotte*, b... m 27 janvier 1749, à Jean-Baptiste Vanasse, à Québec.

1705, (3 fevrier) Lachine. [3]

II.—DANY (2), Nicolas, [Honoré I.
b 1677; s 26 juin 1758, à Ste-Geneviève, M.[4]
Fortier, Marie-Anne, [Louis I.
b 1685.
Louis, b [3] 28 et s [3] 31 mars 1706. — *Jean*, b 6 mai 1708, à Lachenaye; 1° m à Angelique Couillard; 2° m [4] 21 fevrier 1757, à Marie-Anne Delasse —*Marie-Louise*, b [3] 24 mars 1710.—*Marie-Madeleine*, b [3] 22 nov. 1711; s 15 août 1714, à la Pte-Claire. — *Jean-Baptiste*, b... m 1744 à Geneviève-Brigitte Dubois.

(1) Voy. vol. I, p 157.
(2) Dit Tourangeau.

DANY, JACQUES.
GAUTIER, Anne.
Apolline, b 15 sept. 1711, à Lachine.

DANY, FRANÇOIS, b 1712; s 23 mai 1725, à Montreal.

DANY, JOSEPH.
MONEAU, Marie.
Marie-Joseph, b 2 oct. 1717, à Boucherville.[7]—*Pélagie*, b [7] 17 mars 1721.

1722, (7 janvier) Lachine. [5]
III.—DANY, JEAN-BTE, [JEAN II.
b 1693.
1° L'ESCUYER, Marguerite, [PAUL II.
b 1706; s [5] 13 juin 1724.
1725, (20 nov.) [5]
2° TROTIER, Elisabeth, [JOSEPH III.
b 1706; s 16 juin 1744, à Montreal. [6]
Marie-Joseph, b [6] 27 sept. 1726, m [6] 12 février 1748, à Joseph DESCARIS.—*Françoise-Véronique*, b [6] 7 sept. 1728; 1° m [6] 21 nov. 1746, à Joseph POIRIER; 2° m [6] 9 août 1756, à Germain LEFEBVRE. — *Amable*, b 1731; s [6] 30 janvier 1734. —*Thérèse*, b 1732; m [6] 20 oct. 1749, à Mathurin BRAU.—*Marie-Pélagie*, b [6] 15 avril 1735; m [6] 12 janvier 1756, à Jean LACOSTE.— *Marie-Elisabeth*, b [6] 25 avril 1736; m [6] 4 nov. 1754, à Pierre LENOIR.— *Marie-Anne*, b [6] 24 juin 1737. — *Jean-Baptiste*, b [6] 30 avril et s [6] 14 mai 1739.—*Jean-Baptiste*, b [6] 22 juillet et s [6] 24 sept. 1740.— *Jean-Baptiste*, b [6] 5 avril et s [6] 20 août 1742.— *Joseph-Amable*, b [6] 21 et s [6] 22 mai 1744.

1726, (7 janvier) Lachine.
III.—DANY, HONORÉ, [JEAN II.
b 1697.
ROBILLARD, Marie-Joseph, [CLAUDE II.
b 1706; s 27 fevrier 1750, à Montreal.[7]
Marie-Joseph, b [7] 3 janvier 1727; m [7] 14 août 1752, à Jean-Baptiste HÉBERT.— *Honoré*, b [7] 3 août 1728. — *Jean-Baptiste*, b [7] 18 juin 1730.— *Joseph*, b [7] 15 avril 1734; m 18 janvier 1762, à Marie-Joseph DESFORGES, à St-Laurent, M.— *Alexis*, b [7] 3 nov. 1735.—*Marguerite*, b... m [7] 10 janvier 1757, à Pierre GIRARD. — *Brigitte*, b [7] 2 mars 1738; m [7] 6 fevrier 1758, à Jean-Baptiste CAILLÉ.—*Marie-Monique*, b [7] 9 mars 1740; m [7] 7 juin 1762, à Jean-Baptiste MESSAGUÉ. — *Louis*, b [7] 24 et s [7] 25 mars 1741.— *Joseph-Marie*, b [7] 6 avril 1742.

1726, (31 août) Montreal.
III.—DANY, ANTOINE, [JEAN II.
b 1700.
L'ESCUYER (1), Angelique, [PAUL II.
b 1708.

1743, (4 février) St-Michel-d'Yamaska. [3]
III.—DANY, JEAN-BTE, [RENÉ II.
b 1715.
1° GIROUX, Geneviève, [PIERRE-FRANÇOIS III.
b 1719; s [3] 18 février 1750.

(1) Elle épouse, le 21 nov. 1757, André Gilbert, à Montréal.

Jean-Baptiste, b [3] 4 et s [3] 17 nov. 1743.—*Geneviève*, b [3] 11 février et s [3] 4 mars 1745.—*Marie-Françoise*, b [3] 2 et s [3] 6 fevrier 1746.—*Geneviève*, b [3] 13 nov. 1747; m [3] 11 janvier 1773, à Joseph CARDIN.—*Marie*, b [3] 14 et s [3] 15 fevrier 1750.
1752, (10 avril) St-Frs-du-Lac. [4]
2° VANASSE, Agathe, [ETIENNE II.
b 1731; s [3] 19 janvier 1757.
Jean-Baptiste, b [3] 6 janvier 1753; s [3] 22 oct. 1759. — *Joseph-Marie*, b [3] 27 avril et s [3] 25 mai 1754. — *Agathe*, b [3] 20 mai 1755; s [4] 27 sept. 1758.—*Joseph*, b [3] 1er août 1756.
1760, (24 nov.) [3]
3° ALARD, Marguerite, [JEAN-BTE III.
b 1740.
Jean-Baptiste, b [3] 14 mars 1762.—*Marie-Marguerite*, b [3] 3 oct. 1763.—*Marguerite*, b [3] 30 août et s [3] 1er sept. 1766.—*Michel-Pierre*, b [3] 28 sept. 1767.—*Marie-Marguerite*, b [3] 26 février 1769.

1744, (13 janvier) St-Frs-du-Lac.
III —DANY, GABRIEL. [RENE II.
ALARD, Marie-Catherine, [JEAN-FRANÇOIS II.
b 1722.
Marie-Catherine, b 12 déc. 1744, à St-Michel-d'Yamaska [3], m [3] 15 fevrier 1768, à François COTTENOIRE. — *François-Marie*, b [3] 1er fevrier 1746; m [3] 27 fevrier 1775, à Thérèse FONTAINE. —*Joseph*, b [3] 9 juin et s [3] 13 sept. 1747.—*Marie-Anne*, b [3] 29 juillet et s [3] 2 oct. 1748.—*Marie-Anne*, b [3] 8 oct. 1749; m [3] 26 fevrier 1770, à Louis HAREL. — *Geneviève*, b... m [3] 4 fevrier 1771, à Antoine LEPIRE. — *Suzanne*, b [3] 1er fevrier 1753, m [3] 14 février 1774, à Joseph LAMBERT.—*Jean-Baptiste*, b [3] 11 février 1755; s [3] 31 dec. 1774.—*Marie-Louise*, b [3] 23 janvier 1757— *Agathe*, b [3] 31 janvier 1759.—*Marie-Joseph*, b [3] 8 mars 1761. — *Pierre-Alexandre*, b [3] 5 et s [3] 14 août 1762.—*Gabriel*, b [3] 31 août 1763.

1744.
III —DANY, JEAN-BTE. [NICOLAS II
DUBOIS, Geneviève-Brigitte, [ANTOINE I
b 1715.
Marie-Thérèse, b 22 sept. 1745, à Ste-Geneviève, M. [5]; s [5] 3 janvier 1746.— *Marie-Joseph*, b [5] 7 et s [5] 8 mars 1747.—*Jean-Baptiste-Amond*, b [5] 4 mars 1748; s [5] 27 mars 1750. — *Genevieve-Amable*, b [5] 9 mars et s [5] 1er sept. 1750.—*Antoine-Amable*, b [5] 22 juin 1751, s [5] 6 janvier 1752 — *François*, b [5] 2 oct. 1752; s [5] 2 juillet 1754 — *Félicité*, b [5] 27 fevrier et s [5] 11 juin 1754.—*Jean-Baptiste-Nicodème*, b [5] 7 juin 1756.

1749, (11 août) St-Michel-d'Yamaska [4]
III —DANY, JOSEPH, [RENE II.
b 1721
PLANTE, Catherine. [LOUIS III.
Louis-Laurent, b [4] 10 juin 1750; m [4] 27 fevrier 1775, à Marie-Elisabeth CARTIER —*Joseph*, b [4] 15 nov. 1751.—*Catherine*, b [4] 5 avril 1753; m [4] 17 janvier 1774, à Etienne VANASSE. — *Anonyme*, b [4] et s [4] 17 avril 1755.

1749, (15 sept.) St-Frs-du-Lac.
III.—DANY, ANTOINE-LAURENT, [RENÉ II.
b 1723.
ST-LAURENT (1), Anne, [JACQUES-JULIEN II.
b 1726.
Laurent, b 10 août et s 13 oct. 1750, à St-Michel-d'Yamaska.[1]—*Elisabeth*, b [1] 10 janvier et s [1] 12 juillet 1752. — *Laurent*, b [1] 12 sept. 1753; s [1] 17 oct. 1758. — *Louis*, b [1] 19 juin 1755. — *Paul*, b [1] 4 sept. 1757; s [1] 14 avril 1758.—*Jeanne*, b [1] 30 août 1759. — *Joseph*, b [1] 10 oct. 1764. — *Jean-Baptiste*, b [1] 18 avril 1766. — *Laurent*, b 1767; s [1] 9 janvier 1768. — *Marie-Catherine*, b [1] 15 déc. 1769.

III.—DANY, JEAN, [NICOLAS II.
b 1708.
1° COUILLARD, Angélique, [RENÉ II.
b 1709; s 29 janvier 1755, à Ste-Geneviève, M.[7]
Joseph, b 1736; s [7] 24 mars 1755 —*Charlotte*, b 1737; s [7] 3 déc. 1755.—*Antoine-Amable*, b [7] 10 et s [7] 22 mars 1751.
1757. (21 fevrier).[7]
2° DELASSE, Marie-Anne, [JEAN I.
veuve de Robert Pepin.

DANY. JEAN-BTE, b et s 2 juillet 1754, à Longueuil.

1762, (18 janvier) St-Laurent, M.
IV.—DANY, JOSEPH, [HONORÉ III.
b 1734.
DESFORGES, Marie-Joseph. [JEAN-FRANÇOIS III.

1775, (27 février) St-Michel-d'Yamaska.
IV.—DANY, FRANÇOIS-MARIE, [GABRIEL III
b 1746.
FONTAINE, Therèse, [ETIENNE IV
b 1751.

1775, (27 fevrier) St-Michel-d'Yamaska.
IV.—DANY, LOUIS-LAURENT, [JOSEPH III
b 1750.
CARTIER, Marie-Elisabeth, [JACQUES III
b 1754.

DAOUST. — *Variations et surnoms* : DAULT — DAUT—D'O—D'AOUT.

DAOUST, MARIE-MADELEINE, epouse de Thomas PILON.

DAOUST, MARIE-ELISABETH, b 1718, m à Claude ROBILLARD, s 12 fevrier 1748, au Bout-de-l'Ile, M.

DAOUST, JEANNE, b 1732; m à Joseph LAFLEUR; s 24 mai 1755, au Bout-de-l'Ile, M.

DAOUST, MARIE-JOSEPH, epouse d'Andre POUTRÉ.

(1) Dit Julien.

DAOUST, ANGÉLIQUE, épouse de Pierre DESCHAMPS.

I.—DAOUST (1), JACQUES, b 1643; s 1er avril 1717, au Bout-de-l'Ile, M.

1686, (18 février) Lachine.[4]
I.—DAOUST (2), GUILLAUME,
b 1656; s 9 mars 1729, au Bout-de-l'Ile, M.[6]
LALONDE, Madeleine,
b 1672; s [6] 3 janvier 1761.
Charles, b [4] 16 août 1701; m à Marie-Angélique SAUVÉ. — *Marie-Joseph*, b... m [6] 28 fevrier 1724, à Mathieu PILON.—*Louis*, b 1712; m [6] 23 nov. 1733, à Marie-Renee MIGUET; s [6] 1er août 1766.

1715, (7 janvier) Pte-Claire.
II.—DAOUST, GUILLAUME, [GUILLAUME I.
b 1694.
PILON, Elisabeth, [ANTOINE I.
b 1696.
Guillaume, b 15 oct. 1715, au Bout-de-l'Ile, M.[6]; m [6] 6 mai 1738, à Marie-Catherine HUNAUT. — *Marie-Elisabeth*, b [6] 8 sept. 1717.—*Marie-Joseph*, b [6] 23 janvier 1728

II.—DAOUST, CHARLES, [GUILLAUME I.
b 1701.
SAUVE (3), Marie-Angelique, [PIERRE I.
b 1702.
Marie-Angélique, b 28 août 1724, au Bout-de-l'Ile, M.[5] — *Charles*, b [5] 3 nov. 1725, m [5] 2 février 1750, à Marie-Renee BRUNET, s [5] 17 janvier 1759. — *Marie-Charlotte*, b 1726; m [5] 7 janvier 1747, à Joseph HUNAUT; s [5] 12 nov. 1756.—*Marie-Joseph*, b [5] 18 avril 1727; m [5] 7 fevrier 1746, à Pierre MAUPETIT; s [5] 11 juillet 1762.—*Marie-Rosalie*, b [5] 26 sept 1729, m [5] 12 fevrier 1748, à Pierre BAUDOIN.—*François-Marie*, b [5] 26 mars 1733; m [5] 7 fevrier 1757, à Suzanne MAUPETIT.—*Joseph-Marie*, b [5] 21 sept. 1736, m [5] 8 fevrier 1762, à Marguerite LEDUC.—*Marie-Madeleine*, b [5] 24 août 1738: m [5] 7 janvier 1761, à Joseph LARRIVEE. — *Felicité*, b [5] 1er juin 1740; m [5] 15 juin 1761, à Jean-Baptiste HUNAUT. — *Marie-Agathe*, b [5] 1er et s [5] 26 juin 1740.—*Thérèse*, b [5] 15 dec. 1741, m [5] 9 janvier 1764, à Joseph ANDRÉ. — *Marie-Françoise*, b [5] 8 nov. 1745, m [5] 17 nov. 1766, à François BRUNET.—*Marie-Anne*, b... m [5] 8 janvier 1753, à Pierre POIRIER.—*Marie-Jeanne*, b... m [5] 12 janvier 1756, à Augustin LEFEBVRE.

1733, (23 nov.) Bout-de-l'Ile, M.[7]
II.—DAOUST, LOUIS, [GUILLAUME I.
b 1712, s [7] 1er août 1766.
MIGUET, Marie-Renee, [SILVAIN I.
b 1707.
Louis, b 1734; m 1764, à Marie-Antoinette CHOLET — *Marie-Anne*, b [7] 21 mai 1736; m [7] 15

(1) Et D'O, il etait à Montréal, en 1681.
(2) Voy. vol. I, p 157.
(3) Dit Laplante.

janvier 1759, à Dominique CHARLEBOIS. — *Marie-Joseph*, b 7 30 mai 1738; s 7 9 juin 1739. —*Antoine-Gabriel*, b 7 15 sept. 1739; m 7 28 janvier 1765, à Marie-Rose LEDUC.—*Marie-Joseph*, b 7 11 juin 1741; m 7 7 fevrier 1763, à Jacques-Amable CHARLEBOIS.— *Charlotte*, b 7 16 fevrier 1743; m 7 22 oct. 1764, à Jean-Baptiste LEDUC.— *Charles*, b... m 7 4 nov. 1766, à Agathe HUNAUT. —*Joseph-Marie*, b 7 30 avril 1745; s 7 19 mai 1746.—*Joseph*, b 7 10 juin 1749; s 7 22 juillet 1750.—*Pierre*, b 7 11 et s 7 15 janvier 1751.

1738, (6 mai) Bout-de-l'Ile, M. 7

III.—DAOUST, GUILLAUME, [GUILLAUME II. b 1715.

HUNAUT, Marie-Catherine, [ANTOINE III. b 1721.

Antoine, b... m 7 14 février 1764, à Agathe RANGER.—*Guillaume-Amable*, b 7 8 août 1740; 1° m 7 4 février 1760, à Renee-Angelique BRUNET; 2° m 7 11 janvier 1768, à Marie-Charlotte GRENIER.— *Joseph-Marie*, b 7 16 août 1742.— *Marie-Joseph*, b 7 8 mai 1744; m 11 février 1765, à Andre CHARLEBOIS, à Soulanges.—*Marie-Thérèse*, b 7 19 dec. 1745.— *Alexis*, b 7 5 fevrier 1747. — *Marie*, b 7 8 juin et s 7 11 août 1751.—*Marie-Françoise*, b 7 28 sept. 1752. — *Louis*, b 7 2 mars 1754.— *Augustin*, b 7 5 oct. 1755; s 7 18 août 1758.— *Louis-Amable*, b 7 31 juillet 1757, s 7 18 août 1758. — *Marie-Charlotte*, b 7 1er juillet 1759.— *Marie-Archange*, b 7 25 juin 1762.

1750, (2 février) Bout-de-l'Ile, M 7

III.—DAOUST, CHARLES, [CHARLES II. b 1725; s 7 17 janvier 1759.

BRUNET (1), Marie-Renee, [FRANÇOIS II. b 1729.

Charles-Marie, b 7 7 janvier et s 7 26 juillet 1751.—*Marie-Archange*, b 7 7 avril 1752; m 7 11 janvier 1768, à Guillaume LEDUC—*Marie-Angélique*, b 7 25 janvier 1754, s 7 13 mai 1757.— *Marie-Joseph*, b 7 1er nov. 1755.—*Elisabeth*, b 7 16 mai 1757.—*Charles*, b 7 15 oct. 1758.

1757, (7 fevrier) Bout-de-l'Ile, M. 7

III.—DAOUST, FRANÇOIS-MARIE, [CHARLES II. b 1733.

MAUPETIT, Suzanne, [PIERRE II. b 1730.

Pierre, b 21 déc. 1757, à Soulanges. — *Marie-Suzanne*, b 7 5 août 1759. — *Marie-Joseph*, b 7 2 fevrier 1761. — *François*, b 7 21 nov. 1762.— *François*, b 7 26 mai 1764.

1760, (4 février) Bout-de-l'Ile, M. 7

IV.—DAOUST, GUILL.-AMABLE, [GUILLAUME III. b 1740.

1° BRUNET, Renée-Angélique, [FRANÇOIS II. b 1729; veuve de Charles Daoust; s 7 8 juillet 1764.

Marie-Angélique, b 7 18 déc. 1760. — *Antoine*, b 7 5 nov. 1762.

1768, (11 janvier). 7

2° GRENIER, Marie-Charlotte. [ETIENNE III.

(1) Elle épouse, le 4 fevrier 1760, Guillaume Daoust, au Bout-de-l'Ile, M.

1762, (8 février) Bout-de-l'Ile, M. 7

III.—DAOUST, JOSEPH-MARIE, [CHARLES II. b 1736.

LEDUC, Marguerite-Cécile. [MICHEL II.

Joseph, b 7 3 sept. 1764.

1764, (14 fevrier) Bout-de-l'Ile, M. 6

IV.—DAOUST, ANTOINE. [GUILLAUME III.

RANGER, Marie-Agathe, [JOSEPH II. b 1740.

Luc, b 6 9 nov. 1764; s 6 15 août 1765. — *Antoine*, b 6 19 janvier 1767.

1764.

III—DAOUST, LOUIS, [LOUIS II. b 1734.

CHOLET, Marie-Antoinette. [JEAN-BTE II.

Marie-Louise, b 4 dec. 1765, au Bout-de-l'Ile, M. 1—*Marie-Antoinette*, b 1 10 mai 1767.

1765, (28 janvier) Bout-de-l'Ile, M. 7

III.—DAOUST, ANTOINE-GABRIEL, [LOUIS II. b 1739.

LEDUC, Marie-Rose, [MICHEL II. b 1746.

Marie-Archange, b 7 7 nov. 1765.— *Hyacinthe*, b 7 24 avril et s 7 2 août 1768.

1766, (4 nov.) Bout-de-l'Ile, M. 8

III.—DAOUST, CHARLES. [LOUIS II.

HUNAUT, Agathe, [PIERRE IV. b 1748

Françoise, b 8 24 août 1767.

I.—DAPRON (1), NICOLAS.

CLERMONT, Veronique.

Catherine, b 11 janvier 1769, au Détroit.

DARABI.—*Variation :* DESRABY.

I.—DARABI (2), JEAN-GUILLAUME, b 1695; s 12 août 1755, à Montreal.

DESLAURIERS (3), Marie

Jean-Julien, b 24 juin 1748, à Québec.— *Catherine*, b 1754; s 23 mai 1772, à l'Hôpital-General, M.

1758, (4 avril) Montréal.

I.—DARAC (4), JEAN-BTE, b 1725; fils de Jean-Baptiste et de Jeanne Marie, de St-Paul, diocèse d'Aix; s 18 avril 1764, au Bout-de-l'Ile, M.

LAURENT (5), Marguerite, [JEAN I. b 1737.

Paul-Alexis, b 19 août 1762, au Lac-des-Deux-Montagnes. 1—*Jean-Marie-Joseph* (posthume), b 1 24 fevrier 1764.

(1) Ses descendants sont à St-Louis, Mo.

(2) Meunier pour le roy au fort St-Frédéric.

(3) Elle épouse, le 6 février 1764, Charles-Martin Guillot, à Lachine.

(4) Ancien soldat, habitant de Carillon ; noyé dans l'automne de 1763.

(5) Elle épouse, le 2 mars 1767, François Vésina, au Bout-de-l'Ile, M.

1760, (14 janvier) St-Antoine-de-Chambly.
I.—DARCHE, Barthélemi, canonier ; fils de Nicolas et d'Anne Tiebaut, de Bourbonne-des-Bains, Champagne.
Racine, Charlotte, [François-Clément III.
b 1740.

DARCY.—Voy. Barsi, 1728.

I.—DARCY, Pierre,
b 1700.
Jetté, Geneviève, [Paul II.
b 1707.
Marie-Joseph, b 8 janvier 1730, à Montreal.

DARDENNE, Charles.—Voy. Davesne.

1668, (12 nov.) Montreal.[4]
II.—DARDENNE (1), René, [Pierre I
b 1639, s[4] 3 avril 1710.
Barbery, Françoise,
b 1650 ; s[4] 17 fevrier 1725.
Toussaint, b[4] 23 janvier 1671 ; m[4] 17 déc. 1715, à Marie-Jeanne Mezeret.—*Catherine*, b 1690, m[4] 17 avril 1712, à Antoine Guérin.

III.—DARDENNE (2), Gilbert, [René II.
b 1675.

1715, (17 déc.) Montréal.[1]
III.—DARDENNE, Toussaint, [René II.
b 1671.
Mezeret (3), Marie-Jeanne, [Jean-Bte II.
b 1693.
Toussaint, b[1] 23 janvier 1717. —*Louis*, b[1] 26 août 1718.

I.—DARDOISE, Louis, b 1709 ; s 18 mars 1739, à Montreal.

1756, (15 nov.) Montréal.[9]
I.—DARET, Arnauld, b 1716 ; fils de Pierre et de Catherine Dupuis, de St-Pierre-Dygors-en-Brassague, diocèse d'Acqs, s[9] 25 mai 1789, à l'Hôpital-Géneral, M.
Boissonière, Louise, [Pierre II.
b 1719.

I.—DARET, Jean-Marie.
Beaucbron, Geneviève.
Marie-Angélique, b 14 juillet 1767, à Repentigny.

I.—DARGENT, Jean-Bte.
Deslauriers, Marie-Catherine.
Marie-Anne, b 28 fevrier 1755, à Québec.

D'ARGENTEUIL.—Voy. Carillon. — Dailleboût.

(1) Voy. vol. I, p 158.
(2) Il était à la solde du roi (voir le recensement de la Louisiane, 1706).
(3) Elle épouse, le 18 mars 1720, Jean-François Boudier, à Montréal.

I.—D'ARGENTEUIL (1), Claude-Daniel, b... s 26 déc. 1723, au Bout-de-l'Ile, M.

DARGIS.—*Variation et surnom :* Dargy—Desrosiers.

I.—DARGIS, Jean-Bte,
s avant 1752.
Hus-Cournoyer, Marie. [Pierre II.
Joseph, b .. m 24 janvier 1752, à Therèse Plante, à l'Ile-Dupas.

1752, (24 janvier) Ile-Dupas.[9]
II.—DARGIS, Joseph. [Jean-Bte I.
Plante (2), Therèse, [François II.
b 1720.
Joseph-Marie, b[9] 14 janvier 1753 ; s[9] 30 mars 1774.—*Marie-Thérèse*, b[9] 17 mai 1754. — *Marie-Joseph*, b[9] 10 août 1757.

I.—DARIS (3), Pierre, de Gimont, Gascogne, arrivé en 1750.

I.—DARNAUD (4), ...
b 1714, enseigne.

DAROIS, Marguerite, epouse de Jean-Baptiste Durocher.

DAROIS, Marie, épouse de Jean-Baptiste Prince.

DAROIS, Marie, epouse de Jean Gaudet.

DAROIS, Modeste, epouse de Joseph Legros.

DAROIS, Marie, épouse de Joseph Grouce.

I.—DAROIS, Jean,
s avant 1762.
Brau, Marguerite.
Agnès, b... m 25 janvier 1762, à Jacques Gaudin, aux Ecureuils.

I.—DAROIS, Simon.
Leduc, Jeanne.
Jean-Baptiste, b 29 juillet et s 10 août 1761, à Becancour.

I.—DAROIS, Basile.
Morineau, Marie-Anne.
Joseph, b 8 août 1774, à l'Islet.[1] — *Anonyme*, b[1] et s[1] 18 avril 1776.

DARPENTIGNY.—Voy. DeRepentigny.

I.—DARPENTIGNY, Jean-Bte, b 1695 ; s 20 mai 1761, au Bout-de-l'Ile, M.

(1) Sieur de Carillon
(2) Elle épouse, le 29 mai 1765, Joseph Fahi, à l'Ile-Dupas.
(3) Registre des procès-verbaux, archevêché de Québec. 1766.
(4) Commandant du poste Miamis. Il était, en 1744, capitaine d'une compagnie à Québec (recensement de Québec, 1744).

DARRAGON. — *Variations et surnoms :* DARAGON— LACROIX—LAFRANCE.

1697.

I.—DARRAGON (1), FRANÇOIS,
b 1664; s 25 août 1734, à Montréal. [9]
GUILMET, Marie, [NICOLAS I.
b 1678; s [9] 11 juin 1726.
Marie-Marthe, b 16 dec. 1698, à St-Jean, I. O.; m [9] 23 nov. 1717, à Julien DELIERS.—*Michel,* b [9] 11 mai 1704; m 19 juin 1724, à Marguerite BOURDON, à Longueuil. — *Marie-Angélique,* b [9] 11 et s [9] 14 mai 1706. — *Hélène,* b [9] 2 juin 1707. — *Joseph,* b [9] 9 juin 1709. — *Marie-Angélique,* b [9] 25 mars 1711, m [9] 16 juillet 1731, à Jacques VARIN. — *François,* b [9] 17 déc. 1712; 1° m 1748, à Marie-Joseph LEFEBVRE; 2° m 23 mai 1757, à Françoise MARTEL, à Ste-Geneviève, M. [8] —*Charles,* b [9] 28 août et s [9] 7 sept. 1714.— *Marguerite-Charlotte,* b [9] 13 mars 1716; m [9] 26 février 1748, à Jacques PRESSÉ.— *Alexis,* b [9] 13 et s [9] 18 avril 1717.—*René-Joachim,* b [9] 2 oct. 1718; m à Marie-Anne CARDINAL.—*Philippe,* b [9] 7 juin 1720; 1° m 13 avril 1750, à Marie-Joseph JEAN-VINCENT, à Lachine; 2° m [8] 13 sept. 1756, à Felicité BRIQUET.

1724, (19 juin) Longueuil. [1]

II.—DARRAGON, MICHEL, [FRANÇOIS I
b 1704; s avant 1749.
BOURDON, Marguerite, [JACQUES I.
b 1695; veuve de François Provost.
Anonyme, b et s 9 mars 1725, à Boucherville.[2] —*Michel,* b [1] 9 mars 1726; m [1] 5 mai 1749, à Marie-Françoise DENIAU.— *Pierre,* b [1] 21 février 1731; 1° m [2] 9 oct. 1752, à Marie-Françoise AUDET; 2° m [2] 10 juin 1771, à Marguerite BRIEN. — *Marie-Madeleine,* b 1er et s 14 juin 1735, à Montréal.

1729.

I.—DARRAGON (2), LOUIS,
b 1685; s 8 sept. 1757, à Lachine. [4]
ROY, Madeleine.
Marie-Charlotte, b 8 nov. 1730, à Montréal; m [4] 19 fevrier 1759, à Jean-Baptiste TRUCHON-LÉVEILLÉ.

1748.

II.—DARRAGON, FRANÇOIS, [FRANÇOIS I.
b 1712.
1° LEFEBVRE (3), Marie-Joseph, [JOSEPH III.
b 1726; s 18 juin 1756, à Ste-Geneviève, M. [6]
Jean-Baptiste, b 11 sept. 1749, à St-Laurent, M. [5] — *Pierre,* b [5] 3 et s [5] 4 mai 1751.—*Marie-Marguerite,* b [5] 5 mai 1752.
1757, (23 mai). [6]
2° MARTEL, Françoise. [FRANÇOIS II.
Marie-Apolline, b [6] 23 mai 1758.

(1) Dit Lafrance.
(2) Dit Lacroix.
(3) Laciseraye.

1749, (5 mai) Longueuil. [1]

III.—DARRAGON, MICHEL, [MICHEL II.
b 1726.
DENIAU, Marie-Françoise. [JEAN-BTE III.
Marie, b [1] 6 juin 1750; m 25 sept. 1769, à François RÉGUINDEAU, à Boucherville.

1750, (13 avril) Lachine.

II.—DARRAGON (1), PHILIPPE, [FRANÇOIS I.
b 1720.
1° JEAN (2), Marie-Joseph, [JEAN-BTE II.
b 1724; s 5 février 1755, à Ste-Geneviève, M.[9]
François, b [9] 31 mars 1751.—*Marie-Madeleine,* b [9] 4 et s [9] 20 mai 1752.—*Philippe,* b [9] 26 juillet 1753.—*Marie-Françoise,* b [9] 7 oct. et s [9] 23 nov. 1754.
1756, (13 sept.) [9]
2° BRIQUET (3), Marie-Felicite. [NICOLAS I.
Louis, b [9] 27 avril 1757.—*Marie-Céleste,* b [9] 18 nov. 1758.

1752, (9 oct.) Boucherville. [1]

III.—DARRAGON, PIERRE, [MICHEL II
b 1731.
1° AUDET, Marie-Françoise. [JOACHIM II.
1771, (10 juin). [1]
2° BRIEN, Marguerite, [SÉRAPHIN II.
veuve de Jean-Baptiste Coulon.

II.—DARRAGON(1), RENÉ-JOACHIM, [FRANÇOIS I.
b 1718.
CARDINAL, Marie-Anne.
Joachim, b 19 sept. 1756, à Lachine. [2] —*Marguerite,* b [2] 15 août 1757.—*Marguerite,* b [2] 10 fevrier 1760.—*Joachim,* b [2] 5 août 1761.

DARRAS.—Voy. CLAUDE—LÉPINE.

DARRIS.—*Variation :* DAURISSE.

DARRIS, MARIE-JOSEPH, épouse de Louis MAURICEAU.

1767, (12 janvier) Kamouraska.

I.—DARRIS, PIERRE, marchand; fils de Jean et de Marie Brandelin, de Pruechiac, diocèse d'Auch, Gascogne.
SAJOT, Marie-Charlotte. [PIERRE I.
Jean-Pierre, b... m à Reine BOUCHER.

II.—DARRIS, JEAN-PIERRE. [PIERRE I
BOUCHER, Reine.
Pierre-Cyprien, b 5 janvier 1796, à la Rivière-Ouelle; 1° m...—2° m...—3° m à Cecile LUSSIER; s 29 mars 1877, à St-Michel-de-Napierreville.

III.—DARRIS, PIERRE-CYPRIEN, [JEAN-PIERRE II.
b 1796; s 29 mars 1877, à St-Michel-de-Napierreville.
1° ....
2° ....
3° LUSSIER, Cécile.

(1) Dit Lafrance.
(2) Dit Vincent.
(3) Dit St-Disier.

1745, (27 sept.) Québec. [3]

I.—DARROCQ, JEAN, capitaine de navire ; fils de Jean et de Marie Daguène, de Liboure, diocèse de Bayonne.

CHARLES (1), Marie-Anne, [LOUIS I. b 1722.

Jean-Martin, b [3] 16 et s [3] 19 août 1747.—*Marie-Geneviève*, b [3] 21 août 1748.—*Marie-Anne-Louise*, b [3] 15 juin et s [3] 2 juillet 1750.—*Angélique*, b [3] 9 avril 1753.

I.—DARTAGUIETTE (2), PIERRE.

DARTIGNY.—Voy. ROUER—VILLERAY.

DARUET, GENEVIÈVE, b... m 10 mai 1746, à Louis-Joseph PAYAN, à Québec.

1748, (22 avril) Québec. [1]

I.—DARUNS, JEAN, fils de Pierre et de Catherine Deperante, de Rougne, diocèse de Bayonne.

DUSSAULT, Marie-Anne, [FRANÇOIS II b 1717.

Jean-Baptiste, b 1749 ; s [1] 21 juin 1750.—*Marie-Anne*, b [1] 1er avril 1751 ; s [1] 22 août 1754.—*Françoise*, b [1] 6 mai 1752. — *Marguerite-Catherine*, b [1] 14 nov. 1753 ; s [1] 16 janvier 1755.—*Antoine*, b [1] 14 juin 1755 ; s [1] 11 août 1758.

DARUY, GENEVIÈVE, épouse de Timothée PRÉVOST.

DARVEAU.—*Variations et surnoms :* DERVAUX—D'HERVAUX—LANGOUMAIS.

1699.

I.—DARVEAU (3), FRANÇOIS, b 1664, s 2 mai 1743, à Charlesbourg. [2]

1° CONTENT, Marie-Anne, [ETIENNE I. b 1673, s [2] 10 mars 1711.

Jean-Baptiste, b [2] 24 sept. 1702 ; m 1725, à Marguerite JOURDAIN. — *Charles-François*, b [2] 9 nov. 1704 ; 1° m [2] 5 fevrier 1720, à Therèse AUVRAY ; 2° m [2] 18 fevrier 1732, à Marguerite LEREAU ; s [2] 25 août 1761. — *Marie-Thérèse*, b [2] 11 dec. 1707 ; s [2] 13 mars 1724.

1712, (7 nov.) [2]

2° MEZERAY, Catherine, [RENÉ I. b 1664, veuve de Jacques Auvray, s [2] 3 février 1721.

1720, (5 fevrier) Charlesbourg. [2]

II.—DARVEAU (4), CHARLES-FRS, [FRANÇOIS I. b 1704 ; s [2] 25 août 1761.

1° AUVRAY, Thérèse, [JACQUES I. b 1690 ; s [2] 10 mars 1731.

1732, (18 fevrier). [2]

2° LERFAU, Marguerite, [PIERRE II. b 1713.

Marie-Marguerite, b [2] 5 déc. 1732 ; s [2] 18 juillet 1733. — *François*, b [2] 9 mai 1734 ; m [2] 13 janvier 1761, à Marie-Jeanne SAVARD. — *Marie-Marguerite*, b [2] 11 oct. 1735 ; m [2] 12 janvier 1756, à Joseph HENNE-LEPIRE. — *Marie-Joseph*, b [2] 24 août 1737.—*Marie-Joseph*, b [2] 11 mars 1739 ; s [2] 9 déc. 1748.—*Joseph*, b [2] 21 mars 1741. — *Marie-Angélique*, b [2] 8 fevrier 1743. — *Louis-Jacques*, b [2] 17 nov. 1744. — *Marie-Madeleine*, b [2] 18 déc. 1746. — *Marie-Catherine*, b [2] 6 fevrier 1749.—*Jean-Charles*, b [2] 28 juin 1751.—*Marie-Joseph* et *Marie-Charles*, b [2] 17 juillet 1753.

1725.

II.—DARVEAU (1), JEAN-BTE, [FRANÇOIS I. b 1702 ; voiturier.

JOURDAIN, Marguerite, [THOMAS I. b 1707.

Jean-François, b 4 juillet 1726, à Lorette [2] ; s [2] 7 dec. 1730.—*François*, b [2] 24 avril 1728 ; m 25 juin 1754, à Marie-Charlotte TAREAU, à Quebec. [3] —*Joseph-Marie*, b [2] 28 juillet 1729.—*Marie-Marguerite*, b [2] 25 mai 1731 ; m [3] 8 fevrier 1751, à Pierre MEUNIER. — *Jean-Baptiste*, b [2] 11 avril 1733.—*Marie-Joseph*, b [2] 24 juin 1734 ; s [2] 4 juin 1736.—*Marie-Thérèse*, b [2] 2 juin 1736 ; m 24 janvier 1757, à Michel SÉNAT, à Montreal.—*Charles*, b [2] 20 mai 1738 ; s 30 avril 1769, au Detroit.—*Pierre*, b [2] 1er avril 1740. — *Marie-Elisabeth*, b [3] 15 juin 1742.—*Louis*, b [3] 22 mai 1746 ; s [3] 9 avril 1747.

1754, (25 juin) Quebec.

III.—DARVEAU, FRANÇOIS, [JEAN-BTE II. b 1728.

TAREAU, Marie-Charlotte, [LAURENT I. b 1728.

1761, (13 janvier) Charlesbourg.

III.—DARVEAU, FRANÇOIS, [CHARLES-FRS II. b 1734.

SAVARD, Marie-Jeanne, [PIERRE IV. b 1741.

DASILVA.—*Variations et surnoms :* DASYLVA—LEPORTUGAIS—PORTUGAIS.

1680.

I.—DASILVA (2), PIERRE, b 1647 ; bourgeois ; s 2 août 1717, à Québec. [6]

GRESLON (3), Jeanne, [JACQUES I. b 1663.

Marie-Madeleine, b 23 fevrier 1682, à Beauport ; m [6] 15 nov. 1700, à Jacques GERVAIS ; s 30

---

(1) Dit Duval.

(2) Capitaine des troupes ; il était à Kaskakia, le 9 juillet 1720.

(3) Voy. vol. I, p. 158.

(4) D'Hervaux dit Langoumais.

(1) Et Dervaux.

(2) Dit LePortugais ; voy vol. I, p. 158 Il etait natif de Lisbonne, en Portugal, en 1647. Il avait épousé, vers 1680, Jeanne Greslon dite Jolicœur. Il mourut et fut inhumé à Quebec, le 2 août 1717. Il était instruit et signait son nom comme suit : *Pedro Dasylva*. Il éleva une grande famille, s'étant fixé à Beauport.

(3) Elle épouse, le 23 janvier 1718, Jacques Morand, à Québec.

mars 1756, à Charlesbourg. — *Pierre*, b [6] 9 avril 1690; m [6] 2 mai 1713, à Jeanne MINGOU; s [6] 30 mai 1715. — *Jean*, b [6] 23 oct. 1692; m [6] 23 nov. 1716, à Angelique MINGOU.—*Marie-Anne*, b [6] 1695, m [6] 16 avril 1714, à Barthelemi ROZA; s [8] 14 février 1732. — *François*, b [6] 14 janvier 1697.— *Nicolas*, b 1698; 1° m [6] 12 avril 1722, à Elisabeth LAISNÉ; 2° m [6] 8 janvier 1759, à Marie-Gabrielle LAROCHE; s [6] 4 mai 1761.— *Dominique*, b [6] 27 mars 1702; 1° m [6] 3 juin 1725, à Elisabeth-Geneviève MILLET; 2° m à Elisabeth-Geneviève CLICHE; 3° m 22 août 1747, à Elisabeth JAHAN, à St-Jean, I. O. — *Jean-Marie*, b [6] 11 sept. 1704; 1° m 21 mai 1731, à Marguerite POULIN, à St-Joachim; 2° m [6] 25 avril 1739, à Marie-Anne CROTEAU. — *Jean-Baptiste-Marie*, b [6] 30 mai 1706, 1° m [6] 26 oct. 1727, à Angelique-Rosalie AMIOT; 2° m 1737, à Angelique AMIOT.

1713, (2 mai) Quebec. [6]

II.—DASILVA, PIERRE, [PIERRE I.
b 1690; s [6] 30 mai 1715.
MINGOU, Marie-Jeanne, [JEAN II.
b 1695.

Marie, b [6] 5 février et s [6] 22 août 1714.— *Pierre*, b [6] 14 avril 1715; m 12 janvier 1739, à Ursule DUPUIS, aux Trois-Rivières.

1716, (23 nov.) Quebec. [8]

II.—DASILVA, JEAN, [PIERRE I.
b 1692.
MINGOU, Angélique, [JEAN II.
b 1694.

Jean-Baptiste, b [8] 21 sept. 1717, s [8] 24 juin 1718.—*Pierre*, b [8] 17 dec. 1718.— *Jean-Baptiste*, b [8] 15 avril 1720; m [8] 24 oct. 1744, à Marie GIRARD. — *Marie-Thérèse*, b [8] 19 juillet et s [8] 30 août 1721. — *Marie-Jeanne*, b [8] 1er nov. 1722.— *Dominique*, b [8] 6 dec. 1723; s [8] 20 fevrier 1724. —*René*, b [8] 12 janvier 1725 —*Marie-Angelique*, b [8] 18 avril 1726, m [8] 9 janvier 1747, à Joseph GIRARD.—*François*, b [8] 28 mai et s [8] 28 nov. 1727. —*Marie-Elisabeth*, b [8] 8 juin et s [8] 14 sept. 1728. — *Joseph-Marie*, b [8] 4 août 1729; s [8] 15 avril 1730.— *Marie-Charles*, b [8] 25 avril 1731.—*Marguerite*, b [8] 26 oct. 1732, m à Gabriel MARANDA, s [8] 13 mars 1775. — *Marie-Joseph*, b [8] 5 janvier 1734. — *Marie*, b [8] 21 août 1735; m [8] 8 janvier 1759, à Jean TAJEAT. — *Nicolas-Albert*, b [8] 20 avril et s [8] 19 juin 1738. — *Marie-Madeleine*, b [8] 21 oct. 1739.

1722, (12 avril) Québec. [8]

II.—DASILVA, NICOLAS, [PIERRE I.
b 1698; maitre-maçon; s [8] 4 mai 1761
1° LAISNÉ, Elisabeth, [BERNARD I.
b 1701; s [8] 25 fevrier 1758.

Nicolas, b [8] 12 janvier et s [8] 13 août 1725.— *Anonyme*, b [8] et s [8] 16 mai 1726. — *François-Régis*, b [8] 5 sept. 1727. — *Nicolas*, b [8] 16 mai et s 8 juillet 1730, à Charlesbourg. [9]— *Elisabeth-Charlotte*, b [8] 28 juin 1731; s [8] 7 déc. 1732. — *Marie-Elisabeth*, b [8] 18 dec. 1732; 1° m [8] 16 nov. 1750, à Nicolas GAUVREAU; 2° m [8] 14 avril 1760, à Jean SAMSON.—*Geneviève*, b [8] 1er mars 1734; m [8] 13 nov. 1752, à Pierre PAQUET — *Nicolas*, b [8] 12 juin 1735; s [8] 6 nov. 1737.—*Jacques-Paul*, b [8] 25 janvier 1737; s [8] 28 juin 1738. — *Jacques*, b [8] 23 dec. 1740; s [9] 24 mars 1744. — *Jacques-Nicolas*, b [8] 15 avril 1742, m 11 février 1765, à Marie-Louise VACHON, à Beauport. — *Jean-Baptiste*, b [8] 15 avril 1742; m 5 mars 1764, à Marie-Joseph GÉLY, à Levis — *François-Régis*, b [8] 27 nov. 1743; s [9] 24 mars 1744.

1759, (8 janvier). [8]

2° LAROCHE (1), Marie-Gabrielle, [MICHEL I.
b 1710; veuve d'Antoine Vicque.

1725, (3 juin) Québec. [9]

II.—DASILVA, DOMINIQUE, [PIERRE I
b 1702.
1° MILLET, Elisabeth-Geneviève, [PIERRE I
b 1701.

Pierre-Dominique, b [9] 25 avril 1726, m 1749, à Marguerite FORTIER; s 10 janvier 1750, à St-Jean, I.O.[8]—*Charles-Etienne*, b [9] 8 janvier 1728 —*Elisabeth-Geneviève*, b [9] 2 mars 1731; s [9] 30 mai 1732.—*Joseph*, b [9] 9 nov. 1732; m 30 janvier 1755, à Marie-Françoise BROSSARD, à Montreal —*Geneviève-Elisabeth*, b [9] 4 fevrier 1735; s [9] 11 oct. 1739.—*Marguerite*, b [9] 15 fevrier 1737; m [9] 24 août 1761, à Jean-Baptiste CHARLAND.—*Jean-Dominique*, b [9] 21 août 1739.

2° CLICHE, Marie-Elisabeth-Genev., [CLAUDE II.
b 1717; s [9] 20 juillet 1746 (subite).

Marie-Agathe, b [9] 25 oct. 1741, s [9] 25 oct. 1743

1747, (22 août). [8]

3° JAHAN (2), Elisabeth. [JOSEPH III.

Marie-Elisabeth, b [9] 10 août 1748; s [9] 27 août 1749. — *Marie-Geneviève*, b [9] 15 juillet 1750. — *Anonyme*, b [9] et s [9] 11 fevrier 1752.— *Pierre-Dominique*, b [9] 9 août 1753 — *François-Laurent*, b [9] 10 août 1755; s [9] 28 mai 1758. — *Marie-Marguerite*, b [9] 11 sept. 1757; s [9] 21 sept. 1758 — *Marie-Thérèse*, b [9] 30 nov. 1763.

1727, (26 oct) Québec. [7]

II.—DASILVA, JEAN-BTE-MARIE, [PIERRE I.
b 1706.
1° AMIOT (3), Angelique-Rosalie, [ETIENNE IV.
b 1707; s [7] 22 oct. 1735.

Pierre-Marie, b [7] 8 oct 1728. — *Anonyme*, b [7] et s [7] 5 avril 1730. — *Elisabeth*, b [7] 4 et s [7] 25 janvier 1732. — *Anonyme*, b [7] et s [7] 10 juin 1732. —*Marie-Marguerite*, b [7] 16 janvier 1733.—*Joseph-Joachim*, b [7] 20 mars 1734; s [7] 14 oct. 1756. — *Jean-Marie*, b [7] 6 oct. 1735; m 1752, à Marie-Ambroise BARNABÉ.

1737.

2° AMIOT (4), Angelique,
b 1701, s [7] 17 août 1751.

Angélique-Madeleine, b [7] 22 juillet 1738; s [7] 24 mai 1746. — *Angelique*, b. . m [7] 14 janvier 1760, à Joseph GILBERT. — *Charles*, b [7] 19 et s [7] 29 juillet 1740. — *Geneviève-Charlotte*, b [7] 19 fevrier 1742. — *Antoine*, b [7] 19 janvier 1744. — *Pierre*, b [7] 10 et s [7] 14 oct 1747.

(1) Elle épouse le 30 sept 1763, Louis-Joseph Labady, à Québec
(2) Elle épouse, le 19 sept. 1771, Nicolas Curé, à Québec
(3) Dit Villeneuve.
(4) Dit Lincourt

1731, (21 mai) St-Joachim.

II.—DASILVA, JEAN-MARIE, [PIERRE I. b 1704.

1° POULIN, Marguerite. [JEAN III.

Marguerite, b... m 20 avril 1751, à Pierre GAGNON, au Château-Richer.

1739, (25 avril) Québec. [8]

2° CROTEAU (1), Marie-Anne. [LOUIS II.

Denis-Charles-Jean-François, b [8] 24 mai 1739. — *Marie-Anne-Charlotte*, b [8] 15 janvier 1741. — *Jean-Louis-Joseph*, b [8] 1er août 1742 : s [8] 15 déc. 1744. — *Jean-Marie*, b [8] 7 oct. 1745 ; s [8] 8 février 1748. — *Jean-Marie*, b [8] 22 juillet et s [8] 7 août 1750. — *Catherine*, b [8] 22 juillet et s [8] 10 août 1750.—*Anonyme*, b [8] et s [8] 17 juin 1752.—*Pierre*, b [8] 4 nov. 1753.—*Angélique*, b [8] 16 oct. 1756 ; s [8] 5 nov. 1758. — *Angelique-Elisabeth*, b [8] 20 nov. 1759.—*Jean-Baptiste*, b [8] 5 oct. 1761. — *Nicolas*, b [8] 29 janvier 1764.

1739, (12 janvier) Trois-Rivières. [7]

III.—DASILVA (2), PIERRE, [PIERRE II b 1715.

DUPUIS, Ursule. [FRANÇOIS I.

Marie-Joseph, b [7] 13 nov. 1739; s [7] 12 fevrier 1741. — *Marguerite*, b [7] 7 mai 1741 ; m [7] 2 fevrier 1761, à Jean BAUCHÉ. — *Marie-Ursule*, b [7] 25 fevrier 1743 ; s [7] 31 janvier 1744. — *Marie-Anne*, b [7] 30 déc. 1744. — *Madeleine*, b 1745 ; s [7] 19 sept. 1746. — *Marie-Ursule*, b [7] 20 fevrier 1747 ; s [7] 10 mars 1749. — *Louise-Catherine*, b [7] 19 août 1748 , s [7] 22 mars 1749.—*Pierre-Jean*, b [7] 13 mars 1750.—*Jean-Marie*, b [7] 2 février 1752.—*François*, b [7] 20 fevrier 1754.— *Marie-Joseph*, b [7] 8 nov. 1755. — *Antoine*, b [7] 15 juillet 1757.—*Marie-Amable*, b [7] 16 avril 1758.— *Marie-Amable*, b [7] 6 avril 1759. — *Marie-Ursule*, b [7] 5 janvier 1761. — *Marie-Rose*, b... 1° m 7 juillet 1789, à Edouard CACY, à Québec [4] ; 2° m [4] 8 juillet 1794, à Joseph GIROUX.

1744, (24 oct.) Québec. [6]

III.—DASILVA, JEAN-BTE, [JEAN-BTE II. b 1720.

GIRARD, Marie-Thérèse, [JEAN II. b 1719.

Marie-Angélique, b [6] 6 avril 1745 ; m [6] 12 nov. 1764, à Jean POUGEOLE. — *Jean-Baptiste*, b [6] 3 dec. 1746.—*Marie-Madeleine*, b [6] 29 janvier 1749 ; s [6] 9 oct. 1750. — *Marie-Marguerite*, b [6] 16 dec. 1750.—*Joseph*, b [6] 28 déc. 1752.—*Marie-Thérèse*, b [6] 17 sept. 1754. — *Anonyme*, b [6] et s [6] 28 sept. 1755.—*Jean-François*, b [6] 25 avril 1756.

1749.

III.—DASILVA, PIERRE-DOM., [DOMINIQUE II. b 1726; s 10 janvier 1750, à St-Jean, I. O. [1]

FORTIER, Marguerite, b 1721 ; s [1] 13 avril 1755.

Pierre (posthume), b [1] 19 mai 1750.

(1) Dit Martin.

(2) Dit Portugais.

1752.

III.—DASILVA, JEAN-MARIE, [J.-BTE-MARIE II. b 1735.

BARNABÉ, Marie-Ambroise.

Marie-Elisabeth, b 7 nov. 1752, à Québec. [4] — *Marie-Louise*, b [4] 21 fevrier 1754 ; s [4] 9 sept. 1755.

1755, (30 janvier) Montréal.

III.—DASILVA (1), JOSEPH, [DOMINIQUE II. b 1732.

BROSSARD, Marie-Françoise, [URBAIN III. b 1737.

1764, (5 mars) Lévis.

III.—DASILVA (1), JEAN-BTE, [NICOLAS II. b 1742.

GÉLY, Marie-Joseph. [ETIENNE III.

1765, (11 fevrier) Beauport.

III.—DASILVA, NICOLAS, [NICOLAS II. b 1742.

VACHON, Marie-Louise, [LOUIS IV. b 1740.

Nicolas, b 20 août et s 8 sept. 1767, à Levis.

DASILVA, PIERRE.

LABADIE, Marguerite.

Antoinette, b... m 31 janvier 1837, à André GAUDRY, à Quebec.

1757, (10 janvier) Québec. [8]

I.—DASQUE (2), ANTOINE, sergent ; fils de Jean et de Marie Auguy, de St-Surin-de-Puy-Nicrol, diocèse d'Agen.

LANDRY, Geneviève, [JEAN III. b 1735.

Pierre-François, b [8] 15 déc. 1757. — *Antoine*, b [8] 22 août et s [8] 9 sept. 1759.

1743, (30 sept.) Quebec. [4]

I.—DASSIER, ETIENNE, b 1712, capitaine de navire ; fils de Pierre et de Marie Brivet, de Notre-Dame de Bayonne.

BAUVE, Brigitte, [NICOLAS II. b 1724.

Etienne-Nicolas, b [4] 7 juillet 1744.—*Charlotte*, b [4] 15 juillet et s [4] 25 août 1745.— *Martin*, b [4] et s [4] 17 août 1747. — *Louis-Thomas*, b [4] 22 dec. 1751. — *Brigitte*, b [4] 20 fevrier et s 4 mars 1753, à Lévis.

1752, (19 sept.) Quebec. [9]

I.—DASSIER (3), MARTIN, capitaine de navire ; fils de Pierre et de Marie Brivet, de Notre-Dame de Bayonne.

AMIOT, Marguerite, [JEAN III. veuve de Marc Guerard.

Elisabeth, b [9] 20 mai 1753. — *Brigitte*, b [9] 9 oct. 1756 ; s [9] 25 fevrier 1758.

(1) Dit Portugais.

(2) Appelé Dacier, 1759.

(3) Frère du précédent.

I.—DASSIGNY (1), NICOLAS.

1765, (11 février) St-Antoine-de-Chambly.
I.—D'ASTIER, CLAUDE, fils de Claude et de Marie Vola, du diocèse de Vienne, Dauphine.
LEFORT, Marie-Amable, [JEAN-BTE II. b 1747.

1736, (6 nov.) Montréal. [5]
I.—DASTIGNY (2), LAURENT-JOSEPH, b 1700. fils de Joseph et de Jeanne Girardeau, de St-Projet, Bordeaux.
FILY, Marie-Anne, [MICHEL I. b 1708.
Marie-Anne, b [5] 7 avril et s [5] 24 août 1737.—*Jean-Gabriel*, b [5] 3 sept. 1742.

DASTOUT.—*Variations :* DASTOU—DOUSTOU.

1746, (18 avril) St-Thomas.
I.—DASTOUT (3), PIERRE, fils de Michel et d'Anne Maquinan, d'Aurogni, diocèse de Rouen, s 17 août 1762, à l'Islet. [4]
COTÉ, Angelique, [CLAUDE I. b 1725; s avant 1778.
Louis, b [4] 9 août 1750; m 28 nov. 1770, à Ozite BABIN, à St-Jean-Port-Joli. [6] — *Marie-Reine*, b... m [4] 12 avril 1779, à Joseph-Marie BÉLANGER.—*Jean-Baptiste*, b [4] 30 janvier 1752; m à ... — *Félicité*, b 1754, m [5] 22 juin 1778, à Jean-Baptiste CARON; s [5] 18 mai 1785. — *Marie-Madeleine*, b... m [5] 4 juillet 1785, à Jean-Baptiste GRANDMAISON.

II.—DASTOUT, JEAN-BTE, [PIERRE I. b 1752.
.... (4).

1770, (28 nov.) St-Jean-Port-Joli. [6]
II.—DASTOUT (3), LOUIS, [PIERRE I. b 1750.
BABIN, Ozite, [CLAUDE I. b 1754; s [6] 22 mars 1784.

DASYLVA.—Voy. DASILVA.

1759, (12 février) Sault-au-Récollet.
I.—DAUBAN (5), PIERRE, fils de Bertrand et de Louise Detache, de St-Etienne, diocèse de Toulouse.
PONTEU (6), Marie-Anne, [GUILLAUME I. b 1742.

1747, (29 mai) St-Michel. [7]
I.—DAUBERT, FRANÇOIS, fils de François et de Jeanne Mercier, de N.-D. d'Ouvres, diocèse de Bayeux, Normandie.
MORILLON (7), Marguerite, [MATHURIN I. b 1716.

(1) Dassigny de Longueuil Il etait, en 1722, à Batiscan
(2) Barrey-Dastigny, 1742.
(3) Et Doustou.
(4) Elle épouse François Vaillancourt.
(5) Dit St-Jean, soldat de la compagnie de Lapérière
(6) Dit Clermont.
(7) Elle épouse, le 12 juillet 1762, François Chamberlan, à Québec.

Joseph-François, b [7] 13 avril et s [7] 8 mai 1748. —*Joseph*, b 27 mars 1749, à Quebec. [8] — *Jean-Baptiste*, b [8] 27 mars et s [8] 8 août 1749.—*Marie-Louise*, b [8] 11 mars 1752. — *Joseph-François*, b [8] 16 juin 1753.—*Marie-Joseph*, b [8] 7 mai 1755; s [8] 13 avril 1756.

DAUBIGEON.—Voy. GANIER.

1652.
I.—DAUBIGEON, JULIEN.
LEMEUNIER (1), Perrine.
Catherine, b 25 nov. 1653, à Montréal [1]; m 1670, à Pierre GAGNÉ; s 13 mai 1712, à Lapraine. —*Claire*, b [1] 24 fevrier 1656.

DAUBIGEON, SUZANNE, épouse de Jacques DUPONT.

I.—D'AUBIGNY, JEAN-FIACRE, s 6 oct. 1712, à Montreal. [3]
DELEAU, Jacqueline.
Charles, b [3] 19 nov. 1706.—*Pierre-François*, b [3] 29 juin 1708.—*Catherine-Françoise*, b [3] 7 janvier 1710; s [3] 8 juillet 1712. — *Louis-Robert*, b [3] 12 juillet 1711. — *Jeanne-Marguerite* (posthume), b [3] 29 oct. 1712.

1759, (23 avril) Montréal.
I.—DAUBRESPY (2), PIERRE-PHILIPPE, b 1725; fils de Claude et de Catherine Lafarelle, de Notre-Dame, Montpellier.
DAGNEAU, Marie-Louise, [ALEXANDRE II. b 1734.

D'AUBUSSON —Voy. DUVERGER, 1689.

1758, (18 oct.) Montréal.
I.—DAUDEGAUD (3), PIERRE, b 1726; fils de Simon (seigneur de St-Germier) et de Sylvie de la Pellecerie, de St-Germier, diocèse de Lavour.
PARANT, Françoise, [JOSEPH III. b 1728; s 2 mai 1803, à l'Hôpital-General, M.

1665, (22 oct.) Château-Richer. [4]
I.—DAUDELIN (4), NICOLAS, b 1636; s 25 août 1699, à Ste-Anne-de-la-Perade.
GIRARD, Anne, b 1636.
Marie-Madeleine, b [4] 11 mai 1669; 1° m à Jean ROUGEAU, 2° m 30 mai 1732, à Antoine BERTHELET, à Montreal.

(1) Elle épouse, le 17 sept. 1658, François Royne, à Montreal
(2) DeLafarelle, chevalier, officier du régiment de Béarn; il était à Boucherville, le 18 avril 1737.
(3) Sieur de la Pivrane.
(4) Voy vol I, pp 158-159.

1687, (7 janvier) Batiscan.

II.—DAUDELIN (1), RENÉ, [NICOLAS I. b 1667 ; s avant 1736.

1° COLLET, Marguerite, [JEAN I. b 1669 ; s 8 avril 1703, à Varennes.[6]

Françoise, b 29 mai 1691, à Boucherville[7]; 1° m[6] 23 juillet 1714, à Julien CHOQUET ; 2° m[6] 11 mai 1739, à Mathieu LUMET.—*Marie-Marguerite*, b[6] 10 juin 1694; s[6] 18 avril 1703.—*Marie-Marguerite*, b[6] 13 sept. 1696 ; m[7] 18 oct. 1717, à Marien LATOUCHE. — *Pierre-René*, b 12 février 1699, à Ste-Anne-de-la-Perade[8]; m 1726, à Françoise GUERTIN.—*Marie-Thérèse*, b[8] 5 mars 1701 ; 1° m 1727, à Pierre PINEAU ; 2° m 1736, à Charles BOISSEL.

1703, (1er déc.)[6]

2° ABIRON, Marie-Madeleine, [PIERRE I. b 1680 ; s avant 1736.

Jean-Baptiste, b[6] 10 janvier 1706; m[6] 24 avril 1739, à Geneviève LUSSIER.—*Marie-Renée*, b[6] 6 déc. 1707.—*Joseph*, b[6] 12 nov. 1709; m à Marie-Anne HUET-DULUDE. — *Jacques*, b... m[6] 1er oct. 1741, à Judith SENÉCAL.—*Madeleine*, b[6] 3 avril 1712 ; 1° m[6] 27 août 1731, à Jean-Baptiste SOUCY ; 2° m 16 avril 1736, à Joseph RAYMOND, à Montréal.

1726.

III.—DAUDELIN, PIERRE-RENÉ, [RENÉ II. b 1699.

GUERTIN, Françoise, [PIERRE II. b 1705 ; s avant 1753, à Verchères[6]

Charlotte, b 21 oct. 1727, à Varennes, m[6] 16 août 1751, à Pierre MONET ; s[6] 23 mars 1760.—*Marie-Angélique*, b... m[6] 5 mars 1753, à Jean-Baptiste MORAN. — *Pierre*, b... m à Marguerite MONTEIL.

III.—DAUDELIN, JOSEPH, [RENÉ II. b 1709.

HUET (2), Marie-Anne, [JOSEPH II. b 1717.

Joseph, b 1735, m 17 janvier 1757, à Madeleine LABERGE, à St-Antoine-de-Chambly.

DAUDELIN, JOSEPH.

DUBUC, Marie-Anne.

Marie-Louise, b 2 oct. 1751, à Verchères.

1739, (24 avril) Varennes.[6]

III.—DAUDELIN, JEAN-BTE, [RENÉ II. b 1706.

LUSSIER (3), Geneviève, [JACQUES II. b 1712.

Claude, b... m[6] 16 août 1763, à Marie PASCHAL. — *Marie-Joseph*, b... m[6] 6 juillet 1766, à Jean-Baptiste DESJARDINS.

IV.—DAUDELIN, PIERRE. [PIERRE III.

MONTEIL, Marguerite.

(1) Voy. vol. I, p. 159.

(2) Dit Dulude

(3) Elle épouse, le 8 janvier 1753, Jean-Baptiste Desjardins, à Varennes.

Antoine, b... m 4 nov. 1760, à Marie-Charlotte PALARDY, à Verchères.[8] — *Angélique*, b... m[6] 26 janvier 1761, à Germain BLAISE.—*Joseph*, b 1742 ; s[6] 25 nov. 1755.—*Jean-Baptiste*, b 1744 ; m 12 janvier 1767, à Marie-Anne FAVREAU, à St-Antoine-de-Chambly.

1741, (1er oct.) Varennes.[9]

III.—DAUDELIN, JACQUES. [RENÉ II.

SENÉCAL, Judith. [ADRIEN III.

Jacques, b... m[9] 28 oct. 1765, à Marie-Anne LUSSIER.

1757, (17 janvier) St-Antoine-de-Chambly.[6]

IV.—DAUDELIN, JOSEPH, [JOSEPH III. b 1735.

LABERGE, Marie-Madeleine, [GUILLAUME III. b 1737.

Joseph, b[6] 10 février 1758.— *Marie-Elisabeth*, b[6] 4 août 1759; s[6] 27 août 1760. — *Louis*, b[6] 5 avril 1761.

1760, (4 nov.) Verchères.

V.—DAUDELIN, ANTOINE. [PIERRE IV.

PALARDY, Marie-Charlotte. [CHARLES I.

1763, (16 août) Varennes.

IV.—DAUDELIN, CLAUDE. [JEAN-BTE III.

PASCHAL, Marie. [NICOLAS I.

1765, (28 oct.) Varennes.

IV.—DAUDELIN, JACQUES. [JACQUES III.

LUSSIER, Marie-Anne. [LOUIS III.

1767, (12 janvier) St-Antoine-de-Chambly.

V.—DAUDELIN, JEAN-BTE, [PIERRE IV. b 1744.

FAVREAU, Marie-Anne, [RICHARD III. b 1749.

V.—DAUDELIN, JOSEPH. [PIERRE IV. b 1742; s 25 nov. 1755, à Verchères.

DAUNAY.—Voy. DAUNET.

DAUNET.—*Variations et surnoms :* DAUNAY—DONAI — DONAIS — DONAY—DONNET — FRESNIÈRE.

1669.

I.—DAUNET (1), ANTOINE, b 1641.

RICHARD, Marie, b 1647.

Marie-Gertrude, b 20 mai 1670, à Boucherville[3]; m[3] 10 mai 1689, à Nicolas SENET. — *Marie-Anne*, b[3] 23 janvier 1672 ; m[3] 25 janvier 1694, à Jacques MOUSSEAU. — *Denise*, b[3] 18 février 1674, m[3] 20 déc. 1701, à Pierre MEUNIER. —*Pierre-Antoine*, b[3] 30 juin 1676 ; 1° m[3] 6 nov. 1702, à Marguerite ROBERT ; 2° m[3] 8 mai 1735, à Madeleine RICHAUME ; 3° m[3] 15 février 1745, à Marie GAUTIER. — *Antoine*, b[3] 14 déc. 1678.

(1) Voy. vol. I, p. 159.

—*Jean*, b [3] 13 janvier 1682; m [3] 7 nov. 1712, à Marie-Louise GAREAU. — *Geneviève*, b 1684; m [3] 25 nov. 1706, à Dominique GAREAU. — *Louis*, b [3] 5 janvier 1690; m 3 janvier 1724, à Charlotte JANOT, à la Pte-aux-Trembles, M.; s 20 mars 1753, à Lachenaye.

1702, (6 nov.) Boucherville. [6]

II.—DAUNET (1), PIERRE-ANT., [ANTOINE I.
b 1676.
1° ROBERT, Marguerite, [LOUIS II.
b 1683.
Elisabeth, b 1703; m [6] 10 nov. 1727, à Jacques CHAPERON.—*Marie-Joseph*, b 9 juillet 1704, à l'Ile-Dupas [7]; m [6] 3 oct. 1735, à Pierre LAMOUREUX.—*Marie-Marguerite*, b [7] 9 juillet 1704; m... s 1er juin 1744, à Longueuil. [8]—*Antoine*, b... m à Elisabeth LEFRANÇOIS.— *Marie-Madeleine*, b... m [8] 7 nov. 1733, à Joseph FRANÇOIS. — *Marie-Charlotte*, b 1710; m [6] 18 sept. 1730, à Jacques FAYE. —*Marie-Suzanne*, b 30 sept. 1712, à Repentigny; 1° m [8] 7 janvier 1733, à Nicolas VARIN; 2° m [8] 7 fevrier 1752, à Joseph PERRAS; 3° m [8] 7 janvier 1758, à Pierre MAUFIN.— *Pierre*, b... m [6] 11 mai 1739, à Marie-Joseph DENOYON.—*Jean*, b... m [6] 16 nov. 1739, à Marie-Joseph PEPIN. — *Charles*, b... m [6] 7 nov. 1740, à Marie BABIN.—*Antoine*, b [6] 12 sept. 1719; m à Marie-Joseph CHARTIER. —*Marie*, b... m [6] 14 oct. 1743, à Michel CHARBONNEAU. — *Nicolas*, b... m 31 janvier 1757, à Marguerite ST-JEAN, à Contrecœur.

1735, (8 mai). [6]
2° RICHAUME, Madeleine, [PIERRE I.
b 1672; veuve de Pierre Babin.

1745, (15 février). [6]
3° GAUTIER, Marie, [GERMAIN I.
b 1688; veuve de Pierre Botquin.

DAUNET, MARIE-JOSEPH, b... m 1724, à Pierre MORIN.

1712, (7 nov.) Boucherville. [6]

II.—DAUNET, JEAN, [ANTOINE I.
b 1682.
GAREAU, Marie-Louise, [JEAN I.
b 1693.
Jean-Louis, b [6] 14 mars 1718; 1° m [6] 14 oct. 1748, à Marie-Anne CHARLOT; 2° m 10 août 1761, à Louise LEDOUX, à Varennes.—*Joseph-Antoine*, b [6] 9 mai 1720; m [6] 15 oct. 1764, à Elisabeth FONTENEAU. — *François*, b [6] 28 fevrier 1722; m [6] 18 janvier 1751, à Marie-Joseph LECOMPTE.—*Basile*, b [6] 8 sept. 1724; m [6] 1er mars 1756, à Marie LANGEVIN. — *Jean-Baptiste*, b... 1° m à Marguerite HERVIEUX; 2° m 18 janvier 1751, à Marie-Joseph GIRARD, à la Pte-aux-Trembles, Q. — *Marie-Madeleine*, b [6] 8 oct. 1726; m [6] 24 oct. 1749, à Pierre ARRIVÉE.— *Marie-Joseph*, b... m [6] 11 janvier 1751, à Albert ARRIVÉE.

III.—DAUNET, ANTOINE. [PIERRE II.
LEFRANÇOIS, Elisabeth.
Pierre, b... m 29 août 1740, à Marie-Anne BLIN, à Boucherville.

(1) Dit Fresnière.

DAUNET, JEAN-BTE, b 1721; s 30 sept. 1743, au Detroit.

1724, (3 janvier) Pte-aux-Trembles, M. [8]

II.—DAUNET, LOUIS, [ANTOINE I.
b 1690; s 20 mars 1753, à Lachenaye. [9]
JANOT (1), Marie-Charlotte, [ROBERT II.
b 1700; s [9] 24 déc. 1781.
Marie-Louise, b [8] 9 déc. 1724.— *Jean-Baptiste*, b 1726; s [9] 18 février 1761. — *Louis*, b [9] 25 mai 1728; 1° m 1749, à Marie CHABOT; 2° m [9] 22 avril 1754, à Angélique HUBOU; 3° m 1760, à Marie-Joseph MAYET.— *Marie-Louise*, b [9] 17 août 1730. —*Marguerite*, b [9] 11 oct. 1732; 1° m [9] 19 février 1748, à Pierre MULOIN; 2° m 19 oct. 1761, à Jean CHALIFOUR, à St-Henri-de-Mascouche.— *Marie*, b... m [9] 25 janvier 1751, à Louis BRIGAUT. —*Véronique*, b [9] 28 août 1734; m [9] 2 fevrier 1767, à Jean VISCONTE.—*Marie-Françoise*, b [9] 4 janvier 1737; m [9] 2 juin 1766, à Joseph HUBOU; s [9] 9 mars 1789.—*Marie*, b [9] 25 oct. et s [9] 8 nov. 1738 — *Joseph*, b [9] 13 nov. 1740. — *Marie-Joseph*, b [9] 28 oct. 1742.

DAUNET (2), LOUIS-CHARLES.

III.—DAUNET, ANTOINE, [PIERRE II.
b 1719.
CHARTIER, Marie-Joseph.
Marie-Joseph, b... m 17 oct. 1757, à François ARRIVÉE, à Boucherville. [1] — *Marie*, b... m [1] 7 nov. 1757, à Jacques ARRIVÉE.—*Antoine*, b... m 19 sept. 1763, à Louise DELPE, à Varennes.

1739, (11 mai) Boucherville.

III.—DAUNET, PIERRE. [PIERRE II.
DENOYON, Marie-Joseph, [JACQUES II.
b 1718.
Pierre, b 1740; m 19 avril 1762, à Marguerite RENAUD, à St-Antoine-de-Chambly.— *Marie-Angélique*, b 2 nov. 1752, à St-Ours.

1739, (16 nov.) Boucherville.

III.—DAUNET (3), JEAN. [PIERRE-ANTOINE II.
PEPIN, Marie-Joseph, [JEAN-BTE III.
b 1720.
Marie-Joseph, b... m 26 avril 1763, à Pierre DESMARAIS, à Verchères. — *Joseph*, b 1744, s 20 janvier 1747, à Longueuil. [4] — *Jean-Baptiste*, b [4] 13 février 1746.—*Marie-Amable*, b [4] 5 mars 1747.

1740, (29 août) Boucherville.

IV.—DAUNET, PIERRE. [ANTOINE III.
BLIN, Marie-Anne. [LOUIS I.

1740, (7 nov.) Boucherville.

III.—DAUNET, CHARLES. [PIERRE-ANTOINE II.
BABIN (4), Marie, [LOUIS II.
b 1720.

(1) Et Jeannot.
(2) Il était à Beauport, le 25 mai 1730.
(3) Dit Fresnière.
(4) Dit Lacroix.

Joseph, b 19 mars 1744, à Lachenaye.[1] — *Marie-Madeleine*, b[1] 24 nov. 1746.—*Charles*, b[1] 28 février 1748.—*François*, b[1] 15 sept. 1749.

1748, (14 oct.) Boucherville.[2]
III.—DAUNET (1), JEAN-LOUIS, [JEAN II.
b 1718.
1° CHARLOT, Marie-Anne. [JACQUES I.
Louis, b... m[2] 23 sept. 1771, à Marie-Joseph CHAUVIN.
1761, (10 août) Varennes.
2° LEDOUX, Louise. [JOSEPH II.

1749.
III.—DAUNET (1), LOUIS, [LOUIS II.
b 1728.
1° CHABOT, Marie. [ANDRÉ.
Louis, b 25 juillet 1750, à Lachenaye[3], m 1789, à Angelique BEAUCHAMP.—*Jean-Baptiste*, b[3] 26 oct. 1751.—*Joseph-Amable*, b[3] 28 août 1753.
1754, (22 avril).[3]
2° HUBOU, Angelique, [JOSEPH III.
b 1732; s[3] 2 dec. 1755.
Louis-Marie, b[3] 14 février et s[3] 4 dec. 1755.—*Deux anonymes*, b[3] et s[3] 27 nov. 1755.
3° MAYET, Marie-Joseph.
Louis, b[3] 24 nov. 1760.—*Marie-Joseph*, b[3] 2 juin 1762; m[3] 16 mai 1791, à Nicolas CONTENT.—*Joseph-Marie*, b[3] 8 dec. 1763; s[3] 24 nov. 1765.—*Rose-Céleste*, b[3] 1er nov. 1766; m[3] 28 sept. 1789, à Joseph TERRIEN.—*Joseph*, b[3] 15 juin 1768; s[3] 4 août 1769.—*Marie-Joseph*, b[3] 14 avril 1770.—*Louise*, b[3] 23 dec. 1771.—*Elisabeth*, b[3] 2 et s[3] 4 juillet 1773.—*Marie-Amable*, b[3] 13 oct. 1774.—*Joseph*, b[3] 11 et s[3] 15 mai 1775.—*Joseph*, b[3] 10 août et s[3] 21 sept. 1777.—*Marie-Angélique*, b[3] 11 sept. 1782.

DAUNET, DANIEL.
Anonyme, b et s 9 déc. 1750, à Terrebonne.

III.—DAUNET, JEAN-BTE. [JEAN II.
1° HERVIEUX, Marguerite.
1751, (18 janvier) Pte-aux-Trembles, Q.
2° GIRARD (2), Marie-Joseph, [JACQUES III.
b 1727; s 18 sept. 1758, à Contrecœur.[4]
Anonyme, b[4] et s[4] 4 janvier 1757. — *Jean-Baptiste*, b[4] 27 avril 1758.

1751, (18 janvier) Boucherville.
III.—DAUNET, FRANÇOIS, [JEAN II.
b 1722.
LECOMPTE, Marie-Joseph, [JOSEPH II
b 1730.

1752, (1er mai) Charlesbourg.
I.—DAUNET (3), NICOLAS-CHARLES, fils de Charles-Rene et de Françoise-Jeanne LeCamus, de Ste-Croix-de-Basval, diocèse de Soisson.
CHRÉTIEN, Marie-Jeanne, [JEAN-BTE II.
veuve de Jean-François Bernier.

(1) Dit Fresnière.
(2) Et Girardin—Jourdin, 1758
(3) Soldat de la compagnie de De la Naudière.

1756, (1er mars) Boucherville.
III.—DAUNET, BASILE, [JEAN II.
b 1724.
LANGEVIN, Marie. [CHARLES II.

1757, (31 janvier) Contrecœur.
III.—DAUNET, NICOLAS. [PIERRE-ANTOINE II.
ST-JEAN, Marguerite. [MATHIEU.

1758, (6 février) Pte-aux-Trembles, M.
I.—DAUNET (1), ANTOINE, fils d'Antoine et de Gabrielle Gatillon, de Leton, diocèse d'Auch, Gascogne.
DESBLÉS (2), Marie-Amable. [FRANÇOIS I.
Alexis, b... m à Marie COTÉ.

1762, (19 avril) St-Antoine-de-Chambly.
IV.—DAUNET, PIERRE, [PIERRE III.
b 1740.
RENAUD, Marguerite, [JEAN-BTE III.
b 1740.

1763, (19 sept.) Varennes.
IV.—DAUNET, ANTOINE. [ANTOINE III.
DELPÉ (2), Louise. [JOSEPH III.

1764, (15 oct.) Boucherville.
III.—DAUNET, JOSEPH-ANTOINE, [JEAN II.
b 1720.
FONTENEAU, Elisabeth. [JACQUES II.

1771, (23 sept.) Boucherville.
IV.—DAUNET, LOUIS. [LOUIS III.
CHAUVIN, Marie-Joseph. [FRANÇOIS II.

IV.—DAUNET, LOUIS, [LOUIS III.
b 1750.
BEAUCHAMP, Angélique.
Angélique, b... s 10 déc. 1789, à Lachenaye.[7] —*Pierre*, b... s[7] 12 nov. 1790.—*Marie-Joseph*, b[7] 13 mars 1791.

DAUNET, ANTOINE.
SAUVAGESSE.
Antoine, né 1779; b 7 juillet 1785, au Détroit.[5] —*Thérèse*, nee 1782; b[5] 7 juillet 1785.

II.—DAUNET, ALEXIS. [ANTOINE I.
COTE, Marie.
Marie-Joseph (3), b... 1° m 1818, à Désire LIMOGES, à Terrebonne[9]; 2° m[9] 1835, à Aimé TAILLON.

DAUPHIN.—*Surnoms :* BARTHÉLEMY, 1761—MALAFOSSE, 1759.

DAUPHIN, MARIE-MARTHE, epouse de Charles ST-ANDRÉ.

(1) Grenadier, regiment de Guyenne; voy. les régistres de la Pte-aux-Trembles, M.
(2) Dit Pariseau.
(3) Mère de M. Louis M. Taillon.

DAUPHIN, MARIE-JOSEPH, épouse de Jean-Baptiste HOULE.

1665, (15 nov.) Québec.

I.—DAUPHIN (1), ETIENNE,
b 1633.
MORIN (2), Marie,
b 1646; veuve de Paul Houdan.
Marie, b 7 oct. 1673, à Beauport.[7] — *Thérèse,* b [7] 9 sept. 1674; m [7] 15 nov. 1690, à Toussaint GIROUX; s [7] 18 mai 1732.

1686, (22 avril) Beauport.[7]

II.—DAUPHIN (1), RENÉ, [ETIENNE I.
b 1666.
GIGNARD, Marie-Suzanne, [LAURENT I.
b 1667; s [7] 1er août 1736.
Elisabeth, b [7] 19 janvier 1687; 1° m [7] 22 nov. 1703, à René RODRIGUE; 2° m [7] 11 nov. 1715, à Ignace DE L'EPINAY. — *Catherine-Geneviève,* b [7] 15 janvier 1692; m [7] 30 mai 1718, à Pierre VIVIER.—*René,* b [7] 29 août 1694; m [7] 2 mai 1719, à Marie-Angelique TESSIER.— *Pierre-Alexandre,* b [7] 24 fevrier 1708, m [7] 6 nov. 1730, à Marie-Therèse TOUPIN.—*Marie-Ursule,* b [7] 10 dec. 1710, m [7] 16 janvier 1730, à Jean SQUERRÉ.

1701, (14 juillet) Quebec.[3]

II.—DAUPHIN (3), JEAN, [ETIENNE I.
b 1677, s [3] 25 nov. 1714.
GÉLY (4), Jeanne-Ursule, [JEAN I.
b 1683.
Marie-Ursule, b [3] 25 fevrier et s [3] 14 mars 1702. — *Joseph,* b [3] 1er et s [3] 28 janvier 1703.— *Marie-Angélique,* b [3] 29 janvier 1704. — *Marie-Louise,* b [3] 26 août 1705; s [3] 27 fevrier 1707.— *Marie-Louise,* b [3] 25 oct. 1707; m [3] 20 nov. 1730, à Raymond DEGRÉ; s [3] 6 mai 1734.—*Thérèse,* b 7 juillet 1709, à Lorette; 1° m 24 avril 1729, à Jean DOUCET, au Cap-St-Ignace[8]; 2° m [8] 23 juin 1748, à Louis JUINEAU. — *Françoise,* b [3] 8 mars 1712, m [3] 28 sept. 1732, à Jean-Claude CARLOS; s [3] 23 juillet 1753. — *Marie-Claire,* b [3] 4 et s [3] 21 avril 1714.

1719, (2 mai) Beauport.[4]

III.—DAUPHIN, RENÉ, [RENÉ II.
b 1694.
TESSIER (5), Angelique, [MATHIEU I.
b 1699; s [4] 1er nov. 1745.
René-Mathieu, b [4] 12 nov. 1720; m 19 juillet 1745, à Thérèse BOUIN-DUFRESNE, à Lorette.— *Vincent,* b [4] 10 mars 1722, m [4] 24 juillet 1747, à Therèse BÉLANGER, s [4] 21 juillet 1762.—*Jean-Baptiste,* b [4] 22 avril 1724.—*Paul,* b [4] 6 et s [4] 10 sept. 1725.—*François,* b [4] 21 janvier 1727, s [4] 24 fevrier 1737. — *Marie-Angélique,* b [4] 1er janvier 1729. — *Louis,* b [4] 22 oct. et s [4] 4 déc. 1730.— *Marie-Joseph,* b [4] 9 fevrier 1733; m [4] 17 oct. 1757, à Jean-Baptiste HOLL. — *Marie-Jeanne,* b [4] 2 juin 1735; 1° m 2 fevrier 1761, à Charles DROUIN, à Charlesbourg[5]; 2° m à Etienne COUTURE. — *Marie-Louise,* b [4] 26 août 1737, m [5] 13 janvier 1755, à Jean-Charles RENAUD.— *Marie-Angélique,* b [4] 8 et s [4] 9 juin 1739.

(1) Voy. vol. I, p 159.
(2) Elle épouse, le 10 août 1694, Pierre Chaignon, à Beauport.
(3) Maitre-sculpteur.
(4) Elle épouse, le 8 nov. 1719, Louis Jollet, à Québec.
(5) Et Texier.

1730, (6 nov.) Beauport.[4]

III.—DAUPHIN, PIERRE-ALEXANDRE, [RENÉ II.
b 1708.
TOUPIN, Marie-Thérèse-Louise, [RENÉ II.
b 1710.
Marie-Geneviève, b [4] 23 août et s [4] 6 oct. 1731. —*Marie-Marguerite,* b [4] 5 oct. et s [4] 27 juin 1732. —*Pierre-Alexandre,* b [4] 23 juin 1734. — *Marie-Joseph,* b [4] 20 mars 1736. — *Alexis-Jacques,* b [4] 1er mai 1738.—*Marie-Louise,* b 1739; m 7 janvier 1760, à François SIMON, à la Pte-aux-Trembles, M —*Marie-Angélique,* b [4] 22 mars 1740; s [4] 9 août 1744.—*Anonyme,* b [4] et s [4] 13 nov. 1740.— *René,* b [4] 4 et s [4] 13 mars 1742.—*Angélique,* b 1743; s [4] 13 août 1745.—*Marie-Marguerite,* b [4] 14 mars 1745.—*Jean-Baptiste,* b [4] 3 juillet 1746.—*Charles-André,* b [4] 22 juillet 1748. — *Barthélemi,* b [4] 22 août 1750. — *Joseph,* b [4] 6 mai 1752.

1745, (19 juillet) Lorette.

IV.—DAUPHIN, RENÉ-MATHIEU, [RENÉ III.
b 1720.
BOUIN (1), Therèse. [CHARLES II.
René, b 25 sept. 1746, à Beauport [2] — *Louis-Antoine,* b [2] 25 août et s [2] 29 sept. 1748.—*Marie-Therèse,* b [2] 2 dec. 1749.— *Marie-Thérèse,* b [2] 19 mai 1751.—*Jean-Baptiste,* b [2] 20 mai 1753.

1747, (24 juillet) Beauport.[2]

IV.—DAUPHIN, VINCENT, [RENÉ III.
b 1722; s [2] 21 juillet 1762.
BÉLANGER (2), Therèse, [PAUL III.
b 1716.
Louise-Thérèse, b [2] 21 mai 1748; s [2] 14 dec 1753.—*Jean-Baptiste,* b [2] 26 nov. 1749. — *Marie-Angélique,* b [2] 5 juin 1751; m [2] 14 nov. 1768, à Jean-Baptiste DUBEAU. — *Marie-Thérèse,* b [2] 10 sept. 1752; s [2] 4 juin 1757.—*Ignace,* b [2] 19 mars et s [2] 16 avril 1754.—*Vincent-Noel,* b [2] 21 sept 1755.

1758, (21 nov.) Quebec.

I.—DAUPHIN (3), PIERRE, marchand; fils de Barthelemi et de Marie Nicolet, de St-Etienne, ville d'Agde, Languedoc.
GUILMOT, Marie-Madeleine, [MATHURIN II.
b 1714.

DAUPHIN, PIERRE.
........., Therese.
Pierre-Antoine, b 28 janvier 1777, à Lachenaye.

DAUPHINÉ.— *Surnoms :* BRUNET — JANTON— JEANTON—MAGNAC—ROBERT.

(1) Et Boin dit Dufresne, 1748.
(2) Elle épouse, le 21 nov. 1763, Pierre Giroux, à Beauport.
(3) Il était à Ste-Croix, le 26 avril 1754.

DAUPHINÉ, Catherine, épouse de Pierre Rochereau.

DAUPHINÉ, Daniel.
Bessière (1), Marie-Jeanne,
b 1703.

I.—DAUPHINÉ, François.
Guaudion, Marie-Madeleine.
Jean-Baptiste, b... m 7 juin 1751, à Françoise Sicard, à Verchères. — *François*, b... s 28 mars 1757, à Contrecœur.

1751, (7 juin) Verchères. [5]
II.—DAUPHINÉ, Jean-Bte. [François I.
Sicard, Françoise. [Jean.
Louise-Françoise, b [5] 17 mars 1752; m 25 juillet 1774, à Pierre DeHornay, à St-Michel-d'Yamaska. [4]—*Louis-Marie*, b [5] 26 nov. et s [5] 12 dec. 1760.—*Louis*, b [4] 15 août 1762.

DAUPHINÉ, François.
Petit, Marie-Joseph.
François, b 15 nov. 1759, à St-Antoine-de-Chambly.

1759, (10 février) Baie-du-Febvre. [4]
I.—DAUPHINÉ, Jean-Bte, fils de Pierre et de Marie-Catherine Maguai, de Noailles, diocèse de Limoges.
Desrochers, Marie-Antoinette, [Pierre II
b 1737.
Marie-Joseph-Marthe, b 1761; s [4] 5 mai 1762

1760, (22 janvier) Baie-du-Febvre.
I.—DAUPHINE, Jean-Bte, soldat; fils de Pierre et de Marie-Antoinette Majourne.
Desrochers, Marie. [Pierre.

DAUPHINÉ, Joseph,
b 1731; s 8 fevrier 1761, à St-Antoine-de-Chambly. [9]
Bouvier, Marie-Françoise.
Joseph, b 15 mars 1759, à Verchères.— *Marie-Françoise*, b [9] 8 nov. 1760.

DAUPHINÉ, François.
Prat, Marguerite.
Louis, b 13 mars 1779, à l'Ile-Dupas.

1753, (29 oct.) Lorette.
I.—DAUPHRESNE, Denis, fils de Denis et de Marie Hebert, de St-Thomas, diocèse d'Evreux.
Bonhomme, Therèse, [Noel III.
b 1729.

1757, (14 fevrier) Quebec. [9]
I.—DAUPLÈS (2), Nicolas, fils de Pierre-Paul et de Michelle Huguet, de St-Pierre de Guise, diocèse de Laon.
Lemay, Marie-Joseph, [Joseph III.
b 1736.

(1) Elle epouse, le 6 juillet 1722, Jean Martin-St-André, à Montreal.

(2) Dit Deslauriers; anspécède au régiment de Guyenne.

Madeleine-Charlotte, b [9] 3 oct. et s [9] 1er déc. 1757. — *Marie-Joseph*, b [9] 31 oct. et s [9] 29 déc. 1758.

I.—DAUREILLANT (1), ...

I.—DAURIC (2), Augustin, b 1667; de Grenoble; s 10 mai 1713, à St-Pierre, I. O.

DAURISSE.—Voy. Darris.

I.—DAUSACQ (3), Denis.

I.—DAUSSY, Pierre.
Lalonde, Marie-Rose.
Marie-Rose, b... m 16 nov. 1767, à Louis Lefebvre, au Bout-de-l'Ile, M.

1739, (2 mai) Trois-Rivières. [5]
I.—DAUTEL (4), Jean, fils de Jean-Claude et d'Anne Gravelon, de St-Senne, diocèse de Dijon.
Godard, Anne. [François II.
Gabrielle, b [5] 5 mars 1740; m [5] 28 janvier 1755, à Joseph Serail. — *Marie-Joseph*, b [5] 27 mars 1742.—*Nicolas*, b [5] 30 nov. 1743. — *Anne*, b [5] 20 nov. 1745.—*Joseph*, b [5] 20 août 1747.— *Marguerite*, b [5] 5 nov. 1750. — *Geneviève*, b [5] 29 mars 1753.—*Rosalie*, b [5] 15 sept. et s [5] 19 oct. 1754.— *Judith*, b [5] 30 oct. 1756.—*Marie-Euphrasie*, b [5] 4 juin 1758.

DAUTEUIL. — *Surnoms :* De la Malotière — Ruet.

1683, (23 fevrier) Québec. [1]
II.—DAUTEUIL (5), Frs-Madeleine, [Denis I.
b 1658; s [1] 11 juillet 1737.
Juchereau, Marie-Anne, [Nicolas II.
b 1653; veuve de François Pollet.
Claire-Marie, b [1] 18 mars 1685; m [1] 17 fevrier 1700, à Antoine DeCrisafy; s [1] 9 oct. 1705 — *Philippe-Marie*, b [1] 7 mai 1686.—*Louis-Augustin*, b [1] 16 avril 1687. — *Ignace-Alexandre* (6), b [1] 9 juin 1688. — *Madeleine-Catherine*, b [1] 24 juin 1689; m [1] 12 dec. 1713, à François DeSelle. — *Charles-François-Marie*, b [1] 9 sept. 1690; m 27 sept. 1734, à Therèse Catin, à Montreal [2],

(1) Officier d'une compagnie du Royal-Roussillon. Il était, le 12 janvier 1759, à Verchères.

(2) Premier cure de St-Pierre, I. O. Le 30 sept. 1718, son corps est transporte dans l'église neuve.

(3) Registre du conseil souverain, 19 avril 1664.

(4) Maitre-chauffeur aux forges de St-Maurice.

(5) Voy vol I, p 159.

(6) Une copie authentique d'un testament passé par devant Ferdinand-Ximenès de Pineda, notaire en la ville de Cartagine, et temoins, le 15 janvier 1756, d'Ignace Dauteuil, chevalier-seigneur Dauteuil en Monceraine, fils aine et héritier pour moitié de François-Madeleine Ruette, écuier, sieur Dauteuil et de Monceaux, et de dame Marie-Anne Juchereau, par lequel il appert que tout ce qui se trouvera au pouvoir de son beau-frère, monsieur DeMuy, en dépot et en confiance, partie des interets et hérédite que son défunt père lui a laissé, il lui cede de bonne volonte et gracieusement, et en outre mille piastres faites sur les biens de son fonds dont il lui fait don et legs en la meilleure forme qu'en droit puisse etre requis.

s 16 janvier 1755, à St-Antoine-de-Chambly.—*Pierre*, b [1] 5 nov. 1693; m à Charlotte PIOT DE LANGLOISERIE; s 28 mars 1735, à l'Hôpital-Général, M.—*Louise-Geneviève*, b [1] 5 août 1696; m [2] 30 janvier 1725, à Jacques-Pierre DANEAU DE MUY.

III.—DAUTEUIL (1), PIERRE, [FRANÇOIS II.
b 1693; s 28 mars 1735, à l'Hôpital-Général, M.
PIOT (2), Marie-Charlotte, [CHS-GASPARD I.
b 1691.
Charles, b... m 17 nov. 1750, à Angélique MOREAU, à Ste-Foye.

1734, (27 sept.) Montréal.

III.—DAUTEUIL (3), CHARLES, [FRANÇOIS II.
b 1690; s 16 janvier 1755, à St-Antoine-de-Chambly.
CATIN, Therèse, [HENRI I.
b 1686; veuve de Simon Réaume.

1750, (17 nov.) Ste-Foye. [5]

IV.—DAUTEUIL, CHARLES. [PIERRE III.
MOREAU, Angelique, [MICHEL III.
b 1730.
Marguerite-Angélique, b [5] 8 nov. 1751.—*Marie-Françoise*, b [5] 10 avril 1753.— *Louise-Elisabeth*, b [5] 24 avril et s [5] 8 oct. 1755. —*Marie-Elisabeth*, b [5] 4 oct. 1756; m 24 janvier 1785, à Anselme LEVÊQUE, à la Rivière-Ouelle. [6]— *Marie*, b... m [6] 17 janvier 1780, à Jean CLERMONT.—*Marie-Joseph*, b [5] 26 janvier 1759.—*Charles*, b [5] 30 sept. 1760.—*François*, b [5] 18 sept. 1762— *Marie-Anne*, b [5] 17 juillet 1764; s [5] 27 avril 1765. — *Louis*, b [5] 12 avril 1766; m à Marie-Joseph HUDON.

V.—DAUTEUIL, LOUIS, [CHARLES IV.
b 1766.
HUDON, Marie-Joseph.
Joseph-Louis, b... m 1836, à Marie-Justine GARON, à la Rivière-Ouelle.

1836, Rivière-Ouelle. [7]

VI.—DAUTEUIL, JOSEPH-LOUIS. [LOUIS V.
GARON, Marie-Justine
Philomène, b... m [7] à Prudent HUDON.—*George-Elzear*, b... m [7] à Virginie BÉRUBE. — *Joseph-Elzéar*, b [7] nov. 1842.

1784.

I.—DAUTH, GASPARD.

1738, (30 sept.) Montreal.

I.—DAUTIN, PHILIPPE.
GAUTIER, Marie, [JEAN I.
b 1682; veuve de Pierre Charon; s 30 mai 1760, à Longueuil.

(1) De la Malotière; il était à Beauport, le 14 sept. 1723
(2) DeLangloiserie.
(3) Ruet, sieur de Monceaux.

1695, (26 sept.) Quebec. [6]

I.—DAUTOUR (1), NICOLAS,
b 1636.
LEMARCHET (2), Catherine, [JEAN I.
b 1675.
Marie-Madeleine, b [6] 8 oct. 1696.—*Marie-Catherine*, b [6] 5 sept. 1698.—*Pierre-Michel*, b [6] 14 nov. 1701; m 30 août 1723, à Marguerite VALIÈRES, à St-Augustin.

1723, (30 août) St-Augustin. [4]

II.—DAUTOUR, PIERRE-MICHEL, [NICOLAS I.
b 1701.
VALIÈRES (3), Marguerite, [PIERRE II.
b 1708.
Noël-Augustin, b [4] 19 janvier 1726; m 30 oct. 1747, à Marie-Geneviève BERGEVIN, à Charlesbourg.—*Marie-Marguerite*, b [4] 12 nov. 1731.

1747, (30 oct.) Charlesbourg. [5]

III.—DAUTOUR, NOEL-AUGUSTIN, [PIERRE II.
b 1726.
BERGEVIN, Marie-Geneviève, [JEAN II
b 1725.
Marie-Geneviève, b [5] 3 et s [5] 14 sept. 1748—*Joseph*, b [5] 7 avril et s [5] 16 sept. 1750. — *Françoise-Angélique*, b [5] 10 oct. 1751.

1712, (19 janvier) Québec. [8]

I.—DAUTREPE (4), LOUIS, b 1682; fils de Guillaume et de Marie Ledoux, de St-Landry, Paris.
DELAUNAY, Marie-Madeleine, [HENRI II.
b 1694
Marie-Charlotte, b [8] 14 avril 1712; s [8] 18 juin 1713.—*Louis*, b [8] 10 nov. 1713; s [8] 6 avril 1715. —*Michel-Antoine*, b [8] 28 sept. 1715; s [8] 11 nov. 1718.

1749, (25 août) Québec.

I.—DAUTRIVE (5), PHILIPPE-ANTOINE, fils de Philippe (secrétaire du Roy) et d'Elisabeth Dupont, de St-Martin, diocèse de Langres.
DEJONCAIRE, Madeleine-Therèse, [LOUIS-THS I.
b 1717.
Madeleine-Elisabeth, b 13 dec. 1750, à Montreal.

DAUVIER.—Voy. DOYER.

DAUVIER (6), LOUIS.
DELINE, Marie.
Louis, b 1740; s 24 sept. 1742, à Montréal.

DAUZA, MARIE, épouse d'Antoine PELLETIER.

DAUZÉ.—*Variations* : DAUZET—DAZÉ—D'HASE.

(1) Voy. vol. I, pp. 159-160.
(2) Dit Laroche.
(3) Elle épouse, le 26 août 1742, François Juneau, à St-Augustin.
(4) Dit Lanoix; soldat d'Alogny.
(5) De Cuisi; avocat au parlement de Paris.
(6) Dit Lamarche.

I.—DAUZÉ, Pierre.
Guignard, Marguerite, [Pierre I.
b 1694.
Marie-Joseph, b 1706; m 24 mai 1731, à Michel Parant, au Detroit[1]; s[1] 16 oct. 1731.—*Joseph-Noel*, b 27 dec. 1718, à Lachine.

1673, (19 sept.) Québec.[9]
I.—DAVAUX (1), Charles,
b 1639.
D'Aubigny, Marguerite,
b 1655; s[9] 2 nov. 1705.
Marguerite, b[9] 2 mai 1675; m 20 oct. 1691, à François Biron, à la Pte-aux-Trembles, Q.[8] —*Marie*, b[9] 6 juin 1677.—*Marie-Françoise*, b[8] 15 sept. 1680; 1° m 18 sept. 1702, à Joseph Rancour, au Château-Richer; 2° m[9] 7 avril 1720, à Pierre Laforest—*Marie-Madeleine*, b[8] 17 juin 1685; m[9] 3 juin 1715, à Mathurin Hotte; s[9] 25 avril 1751.—*Charles*, b[8] 30 sept. 1687.—*Henri*, b[8] 7 dec. 1691.

DAVELUY.—*Surnom :* Larose.

1677, (8 nov.) Lachine.
I.—DAVELUY (2), Paul,
b 1646; s 21 dec. 1687, à la Pte-aux-Trembles, M.[1]
Haguin, Elisabeth,
b 1646; veuve d'Antoine Courtemanche; s 11 avril 1718, à Montréal.[2]
Jean, b[1] 15 sept. 1680; m 26 janvier 1712, à Françoise Lesage, à Quebec.—*Jean-Paul*, b... m[2] 6 fevrier 1713, à Marie-Françoise French; s[2] 24 fevrier 1755.—*Marie*, b... sœur de la Congregation N.-D., s[2] 8 fevrier 1731.

1712, (26 janvier) Montreal.[1]
II.—DAVELUY (3), Jean, [Paul I.
b 1680.
Lesage, Françoise, [Jean-Bernardin I.
b 1690
Elisabeth, b 9 sept. 1713, à la Pte-aux-Trembles, M.; s 27 avril 1723, à Repentigny.—*Catherine*, b[1] 19 oct. 1714; m 22 sept. 1732, à Michel Déry, à L'Assomption.[2]—*Marie-Cécile*, b 5 sept. 1716, à Quebec[3]; m[2] 3 fevrier 1734, à Pierre Rolland.—*Marie-Jeanne*, b[3] 11 sept. 1718; m[2] 7 janvier 1738, à Jean-Lambert Gautier.

1713, (6 fevrier) Montreal.[1]
II.—DAVELUY (3), Jean-Paul, [Paul I.
s[1] 24 fevrier 1755.
French, Marie-Françoise, [Thomas I
b 1692.
Françoise, b[1] 7 mars 1714, s[1] 17 juin 1745—*Catherine-Elisabeth*, b[1] 27 avril et s[1] 4 juillet 1716.—*Jean-Noel*, b[1] 25 déc. 1717; s[1] 19 mars 1718.—*Marie-Elisabeth*, b[1] 6 juin 1719; s[1] 11 fevrier 1733.—*Marie-Louise*, b[1] 8 fevrier et s[1] 6 sept. 1721.—*Marguerite*, b[1] 10 août 1722; m[1] 19 fevrier 1748, à Augustin Gautier.—*Jean-Baptiste*, b[1] 22 mars 1724; m 20 février 1748, à Marie-Judith Gautier, à Varennes.—*Marie-Anne*, b[1] 29 juillet 1726; s[1] 22 août 1727.—*Marie-Anne*, b[1] 16 oct. 1728.—*Louis*, b[1] 16 août 1730.—*Jeanne*, b[1] 8 et s[1] 12 août 1738.

(1) Voy. vol I, p. 160.
(2) Dit Larose, voy. vol. I, p. 160.
(3) Dit Larose.

1748, (20 février) Varennes.
III.—DAVELUY (1), Jean-Bte, [Jean II.
b 1724.
Gautier, Marie-Judith, [Augustin II.
b 1726; s 8 mai 1768, à la Longue-Pointe.
Marie-Judith, b 21 nov. 1748, à Montréal.[1]—*Jean-Baptiste*, b[1] 16 juillet 1750.

DAVENNE.—*Variations :* Davesne—Ravenne.

1670, (8 sept.) Château-Richer.[4]
I.—DAVENNE (2), Charles,
b 1637; s 25 nov. 1708, à St-Thomas.
Denoyon, Marie,
b 1643; s 21 juin 1709, à Québec.[5]
Louis, b 24 juillet 1672, à L'Ange-Gardien; s 21 déc. 1675, à Ste-Famille, I. O.—*Gabriel*, b[4] 19 avril 1674; m 18 nov. 1697, à Marie-Therèse Lis, à Levis; s[5] 23 juillet 1735.—*Marie-Charlotte*, b 14 avril 1676, à Lorette; m 1692, à Jean Bissonnet.—*Marie-Madeleine*, b[5] 21 mars 1678.—*Marie-Françoise*, b 1680; m à Michel Quéret; s 12 mars 1757, à St-Michel.

1697, (18 nov.) Levis.
II.—DAVENNE (2), Gabriel, [Charles I.
b 1674, s 23 juillet 1735, à Quebec.[5]
Lis, Marie-Thérèse, [Zacharie I.
b 1675; s[5] 4 juillet 1748.
Charles, b[5] 23 août 1698, m 9 janvier 1727, à Marie Brazeau, à Montreal.—*Marie-Joseph*, b[5] 13 dec. 1699; 1° m[5] 7 fevrier 1719, à Joseph Caddé; 2° m[5] 29 nov. 1724, à Pierre-Joseph Bernard (3).

1727, (9 janvier) Montréal.[8]
III.—DAVENNE (4), Charles, [Gabriel II.
b 1698
Brazeau, Marie, [Nicolas II.
b 1701.
Charles-Jean-François, b[8] 12 dec. 1727; s[8] 6 avril 1730.—*François-Joseph*, b[8] 23 fevrier et s[8] 23 déc. 1734.—*Françoise-Amable*, b[8] 6 fevrier et s[8] 16 août 1735.—*Pierre-Charles*, b[8] 14 mai 1736.—*Marie-Elisabeth*, b[8] 1er mars 1738; m[8] 26 fevrier 1753, à Jean Lechagne.—*Marguerite*, b[8] 14 juin et s[8] 21 juillet 1741.

DAVESNE.—Voy. Davenne.

(1) Dit Larose
(2) Voy. vol 1, p 160.
(3) Gontier dit Bernard.
(4) Et Ravenne.

1737, (4 fevrier) Québec.[7]

I.—**DAVIAU, Pierre, b 1703; fils de Jacques et de Jeanne Devau, de St-Pierre-de-Douai, diocèse d'Angers; s 27 janvier 1771, à St-Henri-de-Mascouche.**[8]
Charland, Marie-Angélique, [Joseph II. b 1713.
Augustin, b 22 mai 1738, à la Pte-aux-Trembles, Q.—*Marie-Angélique*, b[7] 25 avril 1740; m 27 fevrier 1764, à Joseph Asselin, à Lachenaye.—*Marie-Joseph*, b... m[8] 19 fevrier 1770, à François Gibaut. — *Marie-Louise-Catherine*, b 1747, s[7] 13 août 1748.

1757, (17 janvier) Varennes.

I.—**DAVIAU** (1) Julien, fils de Gilles et d'Anne Dunières, de St-Germain-des-pres, diocèse d'Angers.
Ledoux, Marie-Geneviève, [Nicolas II. veuve d'Antoine Brisson.

DAVID.—*Surnoms :* Lacourse—Pontife.

1649.

I.—DAVID (2), Claude, b 1621; s 2 déc. 1687, au Cap-de-la-Madeleine.
DeNoyon, Suzanne, b 1633.
Barthélemi, b 10 sept. 1659, aux Trois-Rivières[5]; m à Catherine Deshais —*Marie-Thérèse*, b[5] 4 sept. 1664; 1° m 1678, à Martin Massé, 2° m 12 juin 1706, à Jacob DeMarsac, à Montréal; s 24 sept. 1727, au Detroit.

1656.

I.—DAVID (2), Guillaume.
Armand, Marie.
Madeleine, b 15 fevrier 1666, à Québec; 1° m 1688, à Jacques Lepage, 2° m 8 nov. 1711, à Jean Poussard, à Montreal[1]; s[1] 3 fevrier 1715.

1662, (29 août) Château-Richer.[3]

I.—DAVID (3), Jacques. b 1631.
Grandin, Marie, b 1646.
Marie, b[3] 7 déc. 1663; 1° m[3] 10 février 1681, à Noël Faveron; 2° m 19 oct. 1688, à Jacques Boutrel, à Québec[4]; 3° m[4] 12 août 1702, à Joseph Brodière.—*Jean*, b[3] 12 oct. 1665; m[3] 4 nov. 1692, à Marie-Anne Prevost; s[3] 8 avril 1703. — *Marguerite*, b[3] 2 nov. 1667, 1° m[3] 21 nov. 1689, à Joseph Lesot; 2° m[3] 10 juin 1704, à Pierre Chapelain, s[3] 16 fevrier 1754. — *Anne*, b[3] 12 juin 1672; 1° m[3] 12 oct. 1694, à Vincent Gagnon; 2° m[3] 17 fevrier 1710, à Noel Toupin; s[3] 7 mai 1711.

(1) Dit Prêt-à-boire; soldat de Béarn.
(2) Voy. vol. I, p. 160.
(3) Dit Pontife; voy. vol. I, p. 160.

1673.

II.—DAVID (1), Michel, [Claude I. b 1650; s 11 mars 1692, à Champlain
Raclos, Françoise.
Madeleine, b 1674. — *René*, b 1676; m 24 janvier 1719, à Marie-Joseph Quay, à Verchères.—*Jean*, b 1678.—*Clémence*, b 28 nov. 1687, au Cap-de-la-Madeleine; m 1708, à Pierre Brault.

1684, (9 janvier) Champlain.[1]

II.—DAVID (1), Claude, [Claude I. b 1656.
Couillard (2), Marie-Jeanne. [Pierre I.
Françoise, b... m[1] 25 janvier 1706, à François Brunet.

1690, (11 oct.) Boucherville.[4]

II.—DAVID (1), Jacques, [Guillaume I. b 1657.
Lussier (3), Catherine, [Jacques I. b 1677.
Catherine, b[4] 13 février 1692; m[4] 14 nov. 1712, à Gervais Meunier-Lafleur; s 30 mai 1760, à St-Antoine-de-Chambly. — *Jacques*, b[4] 29 oct. 1693; m 22 juin 1716, à Madeleine Dagenais, à Montreal[5]; s[5] 14 oct. 1727. — *Joseph*, b[4] 18 oct. 1695; 1° m[4] 7 janvier 1717, à Marie Moneau; 2° m[4] 12 janvier 1733, à Catherine Tournois; s 11 mars 1763, à St-Thomas. — *Thérèse*, b[4] 2 mars 1698, s[5] 24 dec. 1709. — *Pierre*, b[4] 18 oct. 1699 — *Marie-Joseph*, b 1702; m[4] 4 mai 1722, à Pierre Dagenais. — *Marie-Madeleine*, b 1705; m[5] 5 février 1725, à Joseph Mousseau.

1692, (4 nov.) Château-Richer.[6]

II.—DAVID (4), Jean, [Jacques I. b 1665; s[6] 8 avril 1703.
Prevost (5), Marie-Anne. [Louis II.
Jean-Baptiste, b[6] 22 oct. 1693; s[6] 14 mars 1721 —*Marie*, b[6] 6 juin 1695; m[6] 12 nov 1714, à Gervais Rocheron; s 15 avril 1755, à Ste-Famille, I. O. — *Thérèse*, b[6] 19 dec. 1698; m[6] 8 nov. 1723, à Jacques Rocheron.

I.—DAVID, Pierre.
Vallée, Marie.
Nicolas, b 1707; m 14 mai 1730, à Marie-Anne Dupuis, à Laprairie; s 11 août 1763, à St-Philippe.

II.—DAVID, Barthélemi, [Claude I. b 1659.
Deshais, Catherine.
Marie-Madeleine, b... m 28 février 1729, à François Durand, à Champlain.[1]—*Michelle*, b... m[1] 2 dec. 1733, à Louis Paris.

(1) Voy. vol. I, p. 161.
(2) Elle épouse, le 22 fevrier 1694, Jacques Valois, à Champlain.
(3) Elle épouse, le 24 janvier 1713, Pierre Joly, à Boucherville.
(4) Dit Pontife; voy. vol. I, p 161.
(5) Elle épouse, le 2o juin 1704, Clément Langlois, au Château-Richer.

II.—DAVID, JOSEPH, [CLAUDE I.
b 1652.
MORNEAU, Marie.
Marie-Joseph, b... m 29 juin 1739, à François CATIGNON, au Détroit.—*Joseph*, b... 1° m 5 février 1742, à Marie-Madeleine GAUTIER, à Terrebonne; 2° m 15 avril 1749, à Madeleine ALINAU, à Ste-Rose.—*Marie*, b 30 oct. 1726, à Laprairie. [6]—*Gertrude*, b [6] 23 mars 1728.

I.—DAVID, PHILIPPE.
MIVILLE, Geneviève.
Thérèse, b... m 22 oct. 1725, à Etienne COSSAU, à Ste-Foye.

I.—DAVID, FRANÇOIS.
DROGUET, Marie.
Joseph, b... m 25 janvier 1729, à Anne THOMAS, à Quebec.

I.—DAVID, HONORÉ.
BRUNEL, Catherine, [JEAN I.
b 1687.
Marie-Joseph, b 13 sept. 1711, à Lachine.

1715, (17 sept.) Quebec. [1]

I.—DAVID (1), JACQUES, b 1678; fils de Paul et de Marie Montet, de Notre-Dame-de-la-Platé, diocèse de Castre, Languedoc; s 17 oct. 1726, à Montréal. [2]
NORMANDIN, Marie-Louise, [LAURENT I.
b 1696.
Paul-Laurent, b [2] 9 oct. 1717; 1° m [2] 6 février 1747, à Marie-Anne MORIER; 2° m 15 juin 1755, à Marie-Jeanne GIROUX, au Château-Richer, s [1] 1er janvier 1760.—*Marie-Anne*, b [2] 29 sept. 1719; m [2] 5 nov. 1753, à Pierre POULIN.—*Marie-Louise*, b [2] 3 fevrier 1721; m [2] 27 juillet 1745, à Rene DUMETS.— *Jacques-Salomon*, b [2] 25 août 1723.—*Françoise*, b [2] 13 sept. 1724; m 13 janvier 1755, à Jean-Baptiste MÉNARD, à Boucherville.

1716, (22 juin) Montreal. [1]

III.—DAVID, JACQUES, [JACQUES II.
b 1693; s [1] 14 oct. 1727.
DAGENAIS (2), Madeleine, [PIERRE II.
b 1698.
Jacques, b 19 février 1718, à Boucherville [2], m 17 janvier 1746, à Marie-Charlotte PIGEON, au Sault-au-Récollet. [3]—*Jacques*, b [2] 11 et s [2] 13 juin 1719.—*Marie-Joseph*, b [2] 6 juillet 1720; m [3] 10 avril 1736, à Mathurin MARTINEAU.—*Louis*, b [2] 7 fevrier et s [2] 8 juin 1722.—*Marie-Madeleine*, b [1] 6 mars et s [1] 27 juin 1723.—*Jean-Baptiste*, b [1] 12 juin 1724, m [3] 27 nov. 1747, à Marie-Angélique MARTINEAU.—*Louise-Madeleine*, b [1] 22 juillet et s [1] 1er août 1725.—*Jeanne-Marguerite*, b [1] 7 nov. 1726; s [1] 30 mars 1727.—*Marie-Thérèse*, (posthume) b [1] 11 dec. 1727.

(1) Greffier à Montréal, notaire-royal.
(2) Elle épouse, plus tard, Pierre Martineau.

I.—DAVID (1), JEAN,
s 6 mai 1748, à Bécancour. [4]
DESHAIES (2), Marie-Anne. [PIERRE I.
Marie-Joseph, b [4] 12 et s [4] 13 mai 1717.—*Charles-Joseph*, b [4] 12 mai 1717; s [4] 5 déc. 1719.—*Marie-Joseph*, b [4] 15 mai 1721; s [4] 28 oct. 1725.—*Marie-Jeanne*, b [4] 19 avril 1723; s [4] 2 sept. 1743.—*Jean-Baptiste*, b [4] 21 juin 1725.—*Louis-Joseph*, b [4] 25 août 1727; s [4] 10 fevrier 1728.—*Gabriel*, b [4] 18 fevrier 1729; m [4] 27 juillet 1761, à Marie-Joseph-Ursule DESHAIES.—*Marie-Anne*, b [4] 18 février 1729; m [4] 30 oct. 1759, à Charles MARIÉ; s [4] 28 avril 1760.—*Françoise*, b [4] 5 sept. 1732.—*François*, b... m [4] 25 oct. 1745, à Marie-Catherine PERROT.

1717, (7 janvier) Boucherville. [5]

III.—DAVID, JOSEPH, [JACQUES II.
b 1695, s 11 mars 1763, à St-Thomas.
1° MONEAU, Marie, [MICHEL-JEAN I.
b 1692.
Pélagie, b 1721; m 1er mars 1745, à Jacques RACICOT, à Montreal—*Madeleine*, b... m [5] 29 février 1740, à Joseph LETARD.—*Marie-Elisabeth*, b [5] 21 nov. 1722; s [5] 3 fevrier 1724.—*Joseph*, b [5] 7 janvier 1724.—*Jean-Baptiste*, b [5] 23 avril 1725.

1733, (12 janvier). [5]

2° TOURNOIS, Catherine, [JEAN I.
b 1691; veuve d'André Gauthier; s 7 fevrier 1765, à Terrebonne. [6]
Marie-Amable, b [6] 20 avril 1738; m 21 juin 1756, à Augustin ROCH, à la Pte-aux-Trembles, M.

DAVID, JOSEPH.
BLIN, Marguerite, [LOUIS I.
b 1710; veuve de Gilles Bondé.
Françoise (3), b... m 13 janvier 1755, à Jean-Baptiste MÉNARD, à Boucherville.

1719, (24 janvier) Verchères.

III.—DAVID, RENÉ, [MICHEL II.
b 1676, s avant 1748.
QUAY, Marie-Joseph. [LOUIS I.
Catherine, b... m 20 février 1748, à Louis CODERRE, au Sault-au-Recollet.

DAVID, FRANÇOISE, b 1724; s 10 oct. 1732, à Quebec.

1726, (29 juillet) Québec. [7]

I.—DAVID (4), CHARLES, fils de Michel et de Renee Picaud, de St-Michel-du-Tartre, diocèse d'Angers, s avant 1747.
DELAGE (5), Marie-Madeleine, [PIERRE II.
b 1702; s 3 sept. 1747, à Batiscan. [8]
Charles-Joseph, b [7] 31 août 1727; s [7] 4 mars 1730.—*Jacques-Michel*, b [7] 11 dec. 1728, s 31 janvier 1730, à Charlesbourg—*Marie-Madeleine*, b [7] 18 oct. 1730; m [8] 26 avril 1757, à Nicolas RIVARD.

(1) Dit Lacourse.
(2) Dit St-Cyr.
(3) Enfant adoptée.
(4) Archer de la Prévôté de Québec.
(5) Native de St-Pierre, I. O.; elle décède au presbytère de Batiscan.

—*Marie-Angélique-Jeanne*, b [7] 23 juin 1732; s [7] 12 avril 1737.—*Philippe-Charles*, b [7] 15 août 1733; s [7] 13 janvier 1735.—*François*, b [7] 27 janvier 1735.

DAVID, Marie-Louise, b... m 1742, à Pierre Valentin.

1729, (25 janvier) Québec.

II.—DAVID, Joseph. [François I.
Thomas (1), Marie-Anne,
veuve de George Mabile.

1730, (14 mai) Laprairie. [8]

II.—DAVID, Nicolas, [Pierre I.
b 1707; s 11 août 1763, à St-Philippe. [9]
Dupuis, Marie-Anne, [Moïse II.
b 1706.
Euphrasie, b [8] 12 février 1731.—*Marie-Anne*, b [8] 27 oct. 1732; s [8] 26 mars 1733.—*Marie-Céleste*, b [8] 29 nov. 1733; 1° m à Louis Chretien; 2° m [9] 5 août 1760, à François Prémont.—*Nicolas*, b [8] 21 nov. 1734.—*Joseph*, b [8] 27 nov. 1735.—*Marie-Anne*, b [8] 6 juillet 1737; m [9] 21 janvier 1765, à Jean Boulet.—*Hilaire*, b [8] 12 juin 1739; m à Marguerite Robidou. — *Michel-Marie*, b [8] 29 sept. 1741; s [8] 10 mars 1742. — *Charles*, b [8] 19 déc. 1743; m [9] 28 sept. 1767, à Marie-Angelique Lécuyer. — *Geneviève*, b... m [9] 12 fevrier 1770, à Joseph Supernant.

DAVID, Pierre, b 1736; s 2 mars 1760, à Beaumont.

1742, (5 fevrier) Terrebonne. [1]

III.—DAVID, Joseph. [Joseph II.
1° Gautier, Marie-Madeleine, [André II.
b 1724; s [1] 26 fevrier 1748.
Marie-Angélique, b 23 mars 1746, à Ste-Rose.[2] — *Joseph-Marie*, b [1] 25 fevrier et s [1] 30 juillet 1748.

1749, (15 avril). [2]

2° Alinau, Madeleine, [Antoine I
b 1726.
Joseph-Antoine, b [2] 11 août et s [2] 4 sept. 1750 —*Joseph*, b [2] 26 août et s [2] 12 oct. 1751.—*Marie-Rose*, b [2] 3 sept. 1752. — *Marie-Thérèse*, b [2] 22 oct. 1753. — *Marie-Gabrielle*, b [2] 7 fevrier 1755 —*Marie-Louise*, b [2] 29 août et s [2] 12 sept. 1756 —*Marie-Amable*, b [2] 27 mai 1758; s [2] 19 fevrier 1759. — *Angelique*, b [2] 11 et s [2] 16 déc. 1759. — *Marguerite*, b [2] 19 déc. 1760. — *Elisabeth*, b [2] 28 juillet 1762.

1745, (25 oct.) Becancour. [1]

II.—DAVID, François. [Jean I.
Perrot (2), Marie-Catherine, [Nicolas II.
b 1719.
François-Xavier, b [1] 23 juillet 1747. — *Pierre*, b... s [1] 8 sept. 1758.

(1) Dit Beaulieu.
(2) Dit Turbal

1746, (17 janvier) Sault-au-Récollet. [1]

IV.—DAVID, Jacques, [Jacques III.
b 1718.
Pigeon, Marie-Charlotte, [Louis II.
b 1722.
Jacques, b [1] 25 oct. 1746. — *Joseph-Marie*, b [1] 18 mars et s [1] 11 mai 1748. — *Jean-Baptiste*, b [1] 19 nov. 1749.

1747, (6 février) Québec. [1]

II.—DAVID, Paul-Laurent, [Jacques I.
b 1717; boulanger; s [1] 1er janvier 1760.
1° Morier, Marie-Anne, [Mathurin II.
b 1728; s [1] 11 fevrier 1755.
Madeleine, b [1] 1er et s [1] 16 juin 1748 — *Pierre-Joseph*, b [1] 28 janvier 1751. — *Pierre-Victor*, b [1] 11 oct. 1754.

1755, (15 juin) Château-Richer.

2° Giroux (1), Jeanne, [Jacq.-Jean-Bte II.
b 1732.
Marie-Madeleine, b [1] 28 juillet 1758; s [1] 17 déc. 1759. — *Marie-Geneviève*, b [1] 27 déc. 1759; s 19 juin 1760, à Beauport.

1747, (27 nov) Sault-au-Récollet. [1]

IV.—DAVID, Jean-Bte, [Jacques III.
b 1724.
Martineau, Marie-Angélique. [Pierre II.
Jean-Baptiste, b [1] 12 août 1748.

1761, (27 juillet) Becancour.

II.—DAVID, Gabriel, [Jean I.
b 1729.
Deshaies, Marie-Joseph-Ursule, [Joseph II.
b 1736.

1763, (7 février) St-Vincent-de-Paul.

I.—DAVID, François, fils de François et de Marie Pelouse, de St-Nizier, diocèse de Lyon.
Charpentier, Elisabeth, fille de Michel et d'Angélique Mersan.

DAVID, François.
Marsan (2), Marguerite.
François-Xavier, b 4 sept. 1763, à Batiscan.

DAVID, François.
Lapierre, Isabelle.
Marie, b 9 sept. 1769, à l'Ile-Dupas.

III.—DAVID, Hilaire, [Nicolas II.
b 1739.
Robidou, Marguerite.
Marguerite, b 21 juillet 1763, à St-Philippe.

1767, (28 sept.) St-Philippe.

III.—DAVID, Charles, [Nicolas II.
b 1743.
Lécuyer, Marie-Angélique. [Nicolas III.

(1) Elle épouse, le 23 nov. 1761, Louis Guillot, à Quebec.
(2) Dit Lapierre.

1771, (4 février) Ile-aux-Coudres. [3]

I.—**DAVID**, CHARLES, fils de Jean et d'Eléonore Hervieux, de la Normandie. [CHARLES.
DEMEULES, Rosalie.
Charles-Jean, b [3] 15 dec. 1771. — *Marie-Anne*, b [3] 17 août 1773. — *Louis*, b [3] 30 juillet 1775. — *Joseph*, b [3] 16 sept. 1777. — *Marguerite*, b [3] 21 dec. 1779.—*Pierre*, b [3] 10 juin 1782.

I.—**DAVIDSON**, JACQUES-EDOUARD, Ecossais.
ROBICHAUD, Catherine.
Jacques-Edouard, b 2 janvier 1767, à Kamouraska. [2]—*Edouard*, b [2] 16 août 1768.

DAVIGNON.— *Surnoms :* BEAUREGARD—JAVILLON—LAFEUILLADE.

I.—**DAVIGNON** (1), LOUIS, de Limoges; s 20 sept. 1754, au Detroit. [1]
MACOUCE, Marie-Anne, b 1697 ; s [1] 29 sept. 1752.
Joseph, b... m [1] 22 avril 1754, à Marie-Anne LEMELIN.

I.—**DAVIGNON** (2), FRANÇOIS.
MAILLOT, Madeleine. [JEAN I.
Jean-Baptiste, b... m 2 fevrier 1750, à Madeleine MASSÉ, à St-Antoine-de-Chambly. [5]— *André*, b... m [5] 19 juin 1752, à Marie-Suzanne VALIÈRES.—*Marie-Agathe*, b...m [5] 7 janvier 1756, à Jean SOUTIÈRE. —*Marguerite*, b... m [5] 7 janvier 1760, à Antoine MONTALON. — *Amable*, b... m [5] 2 fevrier 1761, à Marie-Anne LAMOUREUX.—*Alexis*, b... m à Marie-Louise CRÈTE. — *Marie-Catherine*, b [5] 10 mars 1747 ; s [5] 9 sept. 1749.—*Elisabeth-Amable*, b [5] 19 mars et s [5] 15 juillet 1749.—*Marie-Agathe*, b [5] 30 juillet 1750.—*Louise-Marguerite*, b [5] 7 dec. 1751. —*André*, b [5] 29 mars 1753. — *Marie-Elisabeth*, b [5] 24 juin et s [5] 5 juillet 1754 —*François-Alexis*, b [5] 1er et s [5] 21 août 1755.—*Marie-Archange*, b [5] 31 juillet et s [5] 12 août 1757.—*Marie-Marguerite*, b [5] 16 août et s [5] 1er sept. 1758.

1750, (2 février) St-Antoine-de-Chambly. [5]

II.—**DAVIGNON**, JEAN-BTE, [FRANÇOIS I.
MASSÉ, Madeleine. [FRANÇOIS II.
Jean-François, b [5] 16 oct. 1752.

II.—**DAVIGNON**, ALEXIS, [FRANÇOIS I.
s avant 1780.
CRÈTE (3), Marie-Louise.
Françoise, b... m 10 janvier 1780, à Louis-Basile COUSINEAU, au Detroit. [9] — *Antoine*, b... m [9] 13 fevrier 1792, à Therese CLOUTIER.

1752, (19 juin) St-Antoine-de-Chambly. [5]

II.—**DAVIGNON** (2), ANDRÉ. [FRANÇOIS I.
VALIÈRES (4), Marie-Suzanne, [ANTOINE III.
b 1733.
Marie-Suzanne, b [5] 27 mai 1753.

(1) Dit Lafeuillade ; ancien soldat du régiment de Carignan.

(2) Dit Beauregard.

(3) Elle epouse, plus tard, Louis Bernard-Lajoie.

(4) Elle epouse, le 8 nov. 1756, Charles Legrain, à St-Antoine-de-Chambly.

1754, (22 avril) Détroit. [9]

II.—**DAVIGNON** (1), JOSEPH. [LOUIS I.
LEMELIN, Marie-Anne. [GUILLAUME II.
Marie-Angélique, b [9] 8 juillet 1757. — *Joseph*, b [9] 27 janvier 1759. — *Marie-Anne*, b [9] 17 avril 1761.

1761, (2 février) St-Antoine-de-Chambly.

II.—**DAVIGNON**, AMABLE. [FRANÇOIS I.
LAMOUREUX, Marie-Anne, [PIERRE III.
b 1748.

1792, (13 février) Détroit.

III.—**DAVIGNON**, ANTOINE. [ALEXIS II.
CLOUTIER, Thérèse. [RENÉ V.

DAVION.—*Variations et surnoms :* RAVION—RAVIOT—BOISJOLI.

1700, (21 nov.) Trois-Rivières.

I.—**DAVION** (2), JACQUES-JEAN.
HUDDE, Suzanne, [JACQUES I.
b 1671, veuve de Claude Forsan, s 27 juillet 1711, à Quebec.
Marie-Thérèse, b... m 7 sept. 1728, à François BARBEAU, à Levis. — *Catherine*, b... m 16 juillet 1736, à Antoine CANAC, à Charlesbourg.

1727, (25 nov.) Beauport.

III.—**DAVION** (3), JOSEPH-RENÉ. [PIERRE II.
HUPPÉ, Angelique, [ANTOINE II.
b 1694 ; veuve de Jean Presseau ; s 29 mars 1751, à Ste-Rose.
Joseph, b 24 juillet et s 29 août 1729, à St-Pierre, I. O.—*Marie-Ursule*, b 3 juin 1732, à Charlesbourg. [7]—*Joseph*, b [7] 11 juillet 1733.

DAVIS, MARIE-JOSEPH, epouse de Joseph LARRIVEE.

I.—**DAVIS** (4), JEAN.
BALINGALL, Marie.
Elisabeth, b 21 sept. 1761, à St-Jean, I. O.

I.—**DAVIS**, PIERRE.
MARIGNY, Angelique.
Guillaume-Elie, b 3 sept. 1787, à Lachenaye.

I.—**DAVOST**, RENÉ, b 1642 ; de Loches, diocèse de Tours; s 13 juin 1726, à Montreal.

DAZÉ.—Voy. D'HAZÉ.

DAZMARD.—Voy. DELUSIGNAN.

DEBAILLEUL.—Voy. AUDET, SIEUR DE PIERRECOT.

DEBALANSIN.—Voy. DELAUR, 1699.

(1) Et Javillon dit Lafeuillade, 1709.

(2) Ou Ravion dit Boisjoli.

(3) Et non Ravion dit Boisjoli ; voy. vol. II, p. 329.

(4) Sergent dans le régiment royal américain, en garnison dans cette paroisse.

1761, (22 juin) Pte-du-Lac. [1]
I.—DEBAR, SCIPION-FRANÇOIS, fils d'Antoine-Martin et d'Anne Sautel.
POTIER, Marie-Anne, [JEAN II.
b 1741.
Jean, b [1] 2 oct. 1761.

DEBARRANTE.—Voy. SIEUR DE BACHOIE, 1755.

1752, (13 nov.) Quebec. [2]
I.—DEBARRAS (1), ANDRÉ, fils de Paul et d'Anne David, de Notre-Dame-des-Accoules, diocèse de Marseilles.
DELOUCHES, Louise, [PIERRE I.
b 1722; s [2] 3 oct. 1756 (dans l'église).
Marie-Louise, b [2] 3 février 1754.—*Marguerite-Françoise,* b [2] 28 janvier 1755.

1761, (25 mai) Beauport.
I.—DEBARRAS, JOSEPH, fils de Jean et de Catherine Barthelemi, de St-Jean, diocèse d'Auch.
CRÈTE, Louise-Angélique, [PIERRE III.
b 1731.

DEBARROLON.—Voy. RAIMBAULT, 1757.

I.—DEBART, JEAN, soldat.
VALLÉE, Louise-Madeleine.
Jean, b 1707, s 18 mai 1708, à Charlesbourg.

DEBASSIGNAC (chevalier). — Voy. DOUGLAS, 1760.

DEBAUDICOUR.—Voy. DROUET.

1735, (18 avril) Quebec. [3]
I.—DEBEAU (2), PIERRE, fils de Pierre et de Marie Dancalombre, de Cordion, diocèse de Xaintes.
L'ARDOISE, Marie-Ursule, [JEAN-BTE I.
b 1700.
Pierre, b [3] 21 juillet 1738; s [3] 27 août 1743.

DEBEAUCOURT.—Voy. AUBERT.

I.—DEBEAUHARNOIS (3), CHARLES-CLAUDE.

I.—DEBEAUHARNOIS (4), GUILLAUME.

DEBEAUJEU.— Voy. LIÉNARD—DEVILLEMONDE

DEBEAULAC.—Voy. HERTEL.

DEBEAUREGARD. — Voy. FRAPIER, SIEUR DE BEAUREGARD.

DEBEAUREPOS (5). — Voy. LEMERCIER.

(1) Visiteur du domaine du Roi.
(2) Dit Desfontaines—Lajeunesse
(3) Sieur de Beaumont; chevalier, commandeur de l'Ordre de St-Louis; il était a Longueuil, le 1er juin 1740, et à Montréal, le 10 août 1741.
(4) Chevalier de Beauvillier; lieutenant d'une compagnie.
(5) Voy. vol. I, p. 377.

DEBEAURIVAGE.—Voy. RAGEOT, 1724.

DEBELLECOSTE.—Voy. SOURIN.

1733, (9 fevrier) Québec. [4]
I.—DEBELLEFOND (1), GUILLAUME, fils de François (gentilhomme de la Reine, et capitaine des plaisirs du Roi au château) et de Marie-Therèse DeBellefond, de St-Soulerme, diocèse de Blois.
BRASSARD (2), Marie-Joseph, [JEAN-BTE III.
b 1709.
Louise-Charlotte, b [4] 12 nov. 1733.

DEBELLEVAL.—Voy. FOURNIER.

DEBELLISLE.—Voy. LEBORGNE.

DEBELLOT.—Voy. DOSTIE.

I.—DEBELLOT (3), ...

DEBELUGARD.—Voy. DUPIN, 1628.

I.—DEBERGE, ...
DUBOIS, Therèse.
Thérèse, b... s 13 juillet 1758, à St-Laurent, M.

1729.
II.—DEBERMAN (4), CLAUDE-ANT., [CLAUDE I.
b 1700; s 25 dec. 1761, à Quebec.
PARSONS, Catherine.
Claude-Jacques, b 24 août 1732, à Montreal; s 5 janvier 1733, à Ste-Foye.

I.—DEBERNES (5), LOUIS, b 1681; de Kenchem, diocèse de Langres; s 23 fevrier 1747, à l'Hôpital-General, M.

I.—DEBERNETZ (6), ...

1709, (13 sept.) Montreal. [4]
I.—DEBERRY (7), FRANÇOIS, b 1682, lieutenant; fils de Charles et d'Elisabeth Robert.
1° LEMAITRE (8), Marie-Anne, [FRANÇOIS II.
b 1689.
Françoise, b [4] 1er avril 1710.—*Marie-Angélique,* b [4] 2 août 1711; s [4] 25 juillet 1712.— *Geneviève-Elisabeth,* b [4] 18 janvier et s [4] 13 nov. 1713.—*Catherine-Geneviève,* b [4] 31 août et s [4] 5 sept. 1714. — *Marie-Charlotte,* b [4] 7 oct. 1715; s [4] 27 mars 1716.—*Marie-Anne,* b [4] 4 déc. 1716; s [4] 16 avril 1717.—*Anonyme,* b [4] et s [4] 1er nov. 1717—

(1) Chevalier.
(2) Elle épouse, le 24 janvier 1760, Alain Ferre, a la Pte-aux-Trembles, Q.
(3) Chevalier, capitaine au régiment de Guyenne, il était à la Pte-aux-Trembles, Q., le 26 sept. 1759.
(4) De la Martinière; voy. Berman, vol. II, p. 237.
(5) Dit Mailly, sergent de la compagnie de M. de Pèngny.
(6) Chevalier, lieutenant-colonel du Royal-Roussillon; il était, le 19 fevrier 1759, a Verchères.
(7) Sieur des Essars; enseigne dans les troupes. Son nom, dans les registres des Trois-Rivières, est écrit DeBercy.
(8) Lamorille.

Marie-Anne, b [4] 25 mars 1719 (sœur de la Congrégation N.-D.) ; s [4] 30 sept. 1801. — *Claude-Charles*, b [4] 10 juin 1720.

1722, (10 fevrier). [4]

2° NAFRECHON, Jeanne, [ISAAC I.
b 1689.

Jeanne-Angélique, b [4] 1er janvier 1723 ; m [4] 3 janvier 1742, à Jean-François DEVASSON.—*Louis-François*, b [4] 16 mai 1724.

1702, (24 avril) Champlain.

I.—DEBIDABÉ (1), JEAN-BTE, fils de Jean (notaire-royal) et de Marie DeBarne, de Dossas, diocèse de Ste-Marie-D'Oléron, Pays de Seville.

DESROSIERS, Anne, [ANTOINE I.
b 1661 ; veuve de Jacques Turcot ; s 10 oct. 1740, à l'Ile-Dupas.

DEBIDABÉ (2), JEAN.

LEBLANC, Madeleine,
veuve de Michel Arceneau.

1691, (2 janvier) Montreal. [1]

I.—DEBIEN (3), ETIENNE,
b 1661 ; s [1] 19 oct. 1708.

CAMPEAU (4), Marie, [ETIENNE I.
b 1665 ; veuve de Nicolas LePileur.

Etienne, b [1] 7 nov. 1691 ; 1° m 21 janvier 1715, à Marie-Dorothée TREMBLAY, à la Baie-St-Paul [2] ; 2° m 1er nov. 1734, à Suzanne ROYER, à Quebec ; s [2] 30 juillet 1766.—*François*, b [1] 27 août 1693, m [1] 30 sept. 1728, à Marie-Jeanne GOUJON ; s [1] 7 mars 1745. — *Michel*, b [1] 24 août 1695, 1° m 23 avril 1722, à Angélique BISET, à Lachine [3] ; 2° m à Marie-Anne JEAN-COLTIÈRE. — *Joseph*, b [1] 23 fevrier 1699 ; s [3] 19 sept. 1722. — *Jean-Baptiste*, b 1704 ; m [1] 19 janvier 1728, à Marie-Joseph GOUJON. — *Marie-Joseph*, b 1705 ; m [1] 8 nov. 1729, à Hypolite GAILLARD. — *Joseph*, b... m à Marie TREMBLAY, s 25 nov. 1769, à Ste-Foye. — *Marie-Charlotte*, b [1] 5 oct. 1706.—*Antoine*, b [1] 13 oct 1708.—*Marie-Anne* (posthume), b [1] 4 mars 1709, m [1] 22 nov. 1728, à Jean JULIEN ; s [1] 22 nov. 1744

1715, (21 janvier) Baie-St-Paul [1]

II.—DEBIEN, ETIENNE, [ETIENNE I.
b 1691, s [1] 30 juillet 1766.

1° TREMBLAY, Marie-Dorothee, [LOUIS II.
b 1692.

Marie-Madeleine, b [1] 12 juin 1717 ; m 21 avril 1746, à Jacques GAUDREAU, à l'Ile-aux-Coudres. [2]— *Etienne*, b [1] 1er mai 1719, m 4 nov. 1744, à Véronique GONTIER, aux Eboulements. [3]—*Françoise*, b [1] 23 fevrier 1721 ; m [3] 4 nov. 1744, à Nicolas GIRARD. — *Joseph*, b [1] 19 nov. 1722. — *Angélique*, b [1] 3 dec. 1724.—*Clotilde*, b 1725 ; m 1743, à Jean-Baptiste MARTEL ; s [2] 21 mars 1775.— *Brigitte*, b [1] 4 août 1728 ; 1° m [2] 18 nov. 1748, à François LAJOIE ; 2° m [2] 2 août 1773, à Joseph GONTIER. — *Félicité*, b [1] 29 dec. 1731 ; m [2] 1er nov. 1749, à Joseph NADEAU-BÉLAIR.

1734, (1er nov.) Québec.

2° ROYER, Suzanne, [JEAN II.
s 28 août 1746, à Kamouraska.

Jean, b... 1° m [2] 17 nov. 1756, à Marie HERVÉ ; 2° m [2] 6 avril 1761, à Luce PEDNEAU.— *Suzanne*, b... m [2] 27 août 1764, à Antoine PERRON. — *Etienne*, b 10 avril 1737, à la Petite-Rivière. [4] — *Marie-Angélique*, b [3] 26 mars 1738 ; m [1] 9 juin 1761, à François-Xavier BOUCHARD. — *Cécile*, b [4] 6 oct. 1740 ; m [1] 4 nov. 1766, à Mathieu SAVARD.

1722, (23 avril) Lachine. [4]

II —DEBIEN, MICHEL, [ETIENNE I.
b 1695 ; s avant 1756.

1° BISET, Angelique, [JACQUES I.
b 1704 ; s [4] 30 juillet 1722.

1725.

2° JEAN (1), Marie-Anne,
s avant 1756.

Madeleine, b 1726 ; m à François LEMIRE ; s 20 mai 1757, à Ste-Geneviève, M. [3]—*Ursule*, b 1735 ; s [3] 9 nov. 1756.

1728, (19 janvier) Montreal. [3]

II.—DEBIEN, JEAN-BTE, [ETIENNE I.
b 1704.

GOUJON, Marie-Joseph, [PIERRE I.
b 1704

Marguerite, b [3] 25 et s [3] 27 avril 1728.—*Marie-Joseph*, b 1731, m [3] 23 mai 1757, à Jean-Marie PHILIBOT.—*Marie-Louise*, b 1733 ; m [3] 27 janvier 1755, à Thomas RONDEAU. — *Joseph*, b 1735 ; m 7 février 1758, à Marie-Joseph JOANNET, au Sault-au-Recollet.

II.—DEBIEN, JOSEPH, [ETIENNE I.
s 25 nov. 1769, à Ste-Foye. [1]

TREMBLAY, Marie.

Joseph, b... m [1] 1er oct. 1752, à Marie-Louise LEMARIÉ.

1728, (30 sept.) Montréal [3]

II.—DEBIEN, FRANÇOIS, [ETIENNE I.
b 1693, s [3] 7 mars 1745.

GOUJON, Marie-Jeanne, [PIERRE I.
b 1711 ; s [3] 2 avril 1745.

Marie-Joseph, b [3] 24 juin 1729. — *François*, b [3] 25 juin 1730 ; s [3] 20 fevrier 1733. — *François-René*, b [3] 1er février 1734 — *Marie-Catherine*, b [3] 8 nov. 1736. — *Rosalie*, b [3] 18 janvier 1740, m [3] 16 mai 1763, à Julien ANGRILLON.

1744, (4 nov.) Eboulements.

III.—DEBIEN, ETIENNE, [ETIENNE II.
b 1719.

GONTIER, Veronique, [LOUIS II.
b 1725.

Etienne, b 6 avril 1746, à l'Ile-aux-Coudres [2] ; m 10 nov. 1768, à Françoise Tremblay, à la Baie-

(1) Dit Troyville, il était, le 12 janvier 1709, à Champlain, et, le 20 avril 1738, à l'Ile-Dupas.

(2) Dit Troyville ; il était, en 1714, à Champlain.

(3) Voy. vol. I, p. 161.

(4) Elle épouse, le 10 sept. 1710, Julien Pérucie, à Montréal.

(1) Dit Coltière.

St-Paul[3], s [2] 29 janvier 1776.—*Soulenne*, b [2] 12 juin 1747.— *Louis*, b [2] 13 mars 1749; 1° m [3] 13 août 1770, à Anne-Louise Tremblay; 2° m [2] 9 juillet 1782, à Elisabeth DELAGE.—*Joseph*, b [2] et s [2] 31 déc. 1750.—*Clotilde*, b [2] 22 nov. 1751; m[2] 1er oct. 1770, à Barthelemi BRISSON.—*Marie-Geneviève-Véronique*, b [2] 4 nov. 1753; m [2] 18 avril 1774, à Pierre BILODEAU. — *Marie-Louise*, b [2] 18 sept. 1755.— *Jean-Marie*, b [2] 8 mars 1757; s [2] 23 janvier 1758.—*Henri-Joseph*, b [3] 16 sept. 1759.—*Marie-Madeleine*, b [2] 22 août 1761; m [2] 13 nov. 1782, à Guillaume TREMBLAY. — *Joseph-Louis-Abraham*, b [2] 11 août 1764.— *Jean-Alexis*, b [2] 24 oct. 1770.

1752, (1er oct.) Ste-Foye.

III —DEBIEN, JOSEPH. [JOSEPH II.
LEMARIÉ, Marie-Louise, [ANTOINE III.
b 1737.

1756, (17 nov.) Ile-aux-Coudres. [3]

III.—DEBIEN, JEAN. [ETIENNE II.
1° HERVÉ, Marie, [SEBASTIEN II.
b 1739; s [3] 23 janvier 1758.

1761, (6 avril). [3]

2° PEDNEAU, Marie-Luce. [PIERRE-ETIENNE I.
Jean, b [3] 17 avril 1762. — *Cécile*, b [3] 29 juillet 1764. — *Madeleine*, b [3] 7 juin 1766; m 27 nov. 1784, à Alexis BRASSARD, aux Eboulements. — *Louis-Timothée*, b [3] 24 janvier 1768. — *Suzanne*, b [3] 22 avril 1770. — *Etienne*, b [3] 2 avril 1772.— *Charlotte*, b [3] 28 oct. 1775.

1758, (7 février) Sault-au-Recollet.

III.—DEBIEN, JOSEPH, [JEAN-BTE II
b 1735.
JOANNET (1), Marie-Joseph, [JOSEPH I
b 1738.
Joseph, b 11 mars 1759, à St-Laurent, M. [1]— *Marie-Joseph*, b [1] 15 janvier 1761, s [1] 11 fevrier 1762.—*Marie-Amable*, b [1] 15 janvier 1761.

1768, (10 nov.) Baie-St-Paul

IV.—DEBIEN, ETIENNE, [ETIENNE III.
b 1746; s 29 janvier 1776, à l'Ile-aux-Coudres. [1]
TREMBLAY (2), Françoise, [ANDRÉ III.
b 1751.
Marie-Félicité-Véronique, b [1] 18 août 1769 —*Geneviève*, b [1] 1er avril 1771. — *Véronique*, b [1] 9 dec. 1772. — *Etienne-Benjamin*, b [1] 18 janvier 1775.

1770, (13 août) Baie-St-Paul

IV.—DEBIEN, LOUIS-MARIE, [ETIENNE III.
b 1749.
1° TREMBLAY, Anne-Louise, [ANDRÉ III.
b 1743, s 2 juin 1781, à l'Ile-aux-Coudres. [7]
Françoise, b [7] 12 juillet 1771. — *Marie-Joseph*, b [7] 24 nov. 1772. — *Julie*, b [7] 20 avril 1774. — *Louis*, b [7] 22 août 1775. — *François*, b [7] 2 avril 1777.— *André*, b [7] 27 avril 1778; s [7] 1er janvier 1781.—*Ursule*, b [7] 19 janvier 1780.—*Jean-Olivier*, b [7] 15 et s [7] 25 mai 1781.

1782, (9 juillet). [7]

2° DELAGE, Elisabeth, [CHARLES III.
b 1736; veuve de Jacques Gaudreau.

DEBIEN, JOSEPH.
TESSIER, Therèse.
Jean, b 16 déc. 1776, à Lachenaye.

DEBIGARÉ.—Voy. BIDÉGARÉ.

DEBIRE, MARIE-CHARLOTTE, b... s 4 août 1758, à la Longue-Pointe.

DEBLAINVILLE.—Voy. CÉLORON.

DEBLANZY.—Voy. DAURÉ.

DEBLÉ—Voy. PARISEAU.

1716, (15 fevrier) Québec. [1]

I —DEBLÉ (1), CHARLES, b 1683, bourgeois; fils de Jean et d'Elisabeth Ledard, de St-Etienne-de-Caën, diocèse de Bayeux; s [1] 16 nov. 1725 (dans l'eglise).
JORIAN, Marie-Catherine, [ANDRÉ I.
b 1692, veuve de Nicolas Bonhomme.
Barbe-Catherine, b [1] 1er janvier 1717; s [1] 2 mai 1733.—*Françoise-Charlotte*, b [1] 7 août 1718; m [1] 8 fevrier 1734, à Guillaume-Joseph BESANÇON — *Marie-Elisabeth*, b [1] 13 février 1720; 1° m [1] 17 janvier 1735, à Jean-Baptiste HUPPÉ; 2° m [1] 22 oct. 1753, à Jean JACQUELIN.—*Joseph-Marie*, b [1] 22 fevrier 1721.—*Florent-Hyacinthe*, b [1] 21 mars 1722. — *François-Etienne*, b [1] 14 mai 1723. — *Charles-Augustin*, b [1] 5 et s 9 sept. 1724, à St-Augustin.

I —DEBLEAU (2), FRANÇOIS-LOUIS.

DEBLOIS.—*Surnom*: GRÉGOIRE.

1662, (11 sept.) Château-Richer. [1]

I.—DEBLOIS (3), GRÉGOIRE,
b 1632; s 24 nov. 1705, à Ste-Famille, I. O. [2]
VIGER, Françoise,
b 1646, s 23 mars 1712, à St-François, I. O [3]
Jean, b [1] 17 dec. 1665; 1° m [2] 22 nov. 1688, à Françoise ROUSSEAU; 2° m 21 juin 1706, à Geneviève LEMAITRE, à Quebec; 3° m [3] 12 juin 1710, à Marguerite MEUNIER, s [2] 13 nov. 1717. —*Germain*, b [2] 18 déc. 1672; m [2] 20 février 1696, à Marie-Madeleine DUPONT; s [2] 9 sept. 1747. — *Reine*, b [2] 21 juillet 1675; m [2] 15 fevrier 1694, à Xiste LEVREAU; s [2] 14 mars 1742. — *Jean-Baptiste*, b [2] 12 dec. 1680; 1° m [2] 13 août 1703, à Louise PELLETIER; 2° m [3] 28 avril 1710, à Marie-Madeleine LABBÉ; s [3] 4 mai 1769.

(1) Dit Rouango.

(2) Elle epouse, le 5 août 1776, Joseph Demeules, à l'Ile-aux-Coudres.

(1) L'acte dit: "Et vu le refus du R. P. Germain, supérieur des Jésuites de cette ville, de recevoir le dit DeBlé en sa compagnie pour religieux, par billet de ce jour."

(2) Chevalier; capitaine et commandant les troupes, régiment de Guyenne Il était à Verchères, le 26 déc. 1759.

(3) Voy. vol. I, pp 161-162.

1686, (26 février) Ste-Famille, I. O.[3]
II.—DEBLOIS (1), JOSEPH, [GRÉGOIRE I.
b 1664.
1° ROUSSEAU, Marguerite, [SYMPHORIEN I.
b 1664; s 11 sept. 1717, à St-François, I. O.[4]
Madeleine, b[3] 4 fevrier 1687; m[3] 27 nov. 1709, à Etienne BLUTEAU; s [3] 3 janvier 1733.—*Marguerite,* b[4] 5 oct. 1688; m à Jean PAQUET-LAVALLÉE. — *Simon,* b[4] 17 nov. 1691; 1° m[4] 24 fevrier 1716, à Marguerite GUÉRARD; 2° m à Marthe MARCEAU; s[3] 30 nov. 1756. — *Anne,* b 1699; m[4] 20 juillet 1717, à Noël BOUCHER; s 31 déc. 1764, à St-Joachim.
1718, (10 janvier).[4]
2° LEFORT, Marie, [ANTOINE I.
b 1670; veuve d'Ignace Pepin.

1688, (22 nov.) Ste-Famille, I. O.[5]
II.—DEBLOIS (1), JEAN, [GRÉGOIRE I.
b 1665; s[5] 13 nov. 1717.
1° ROUSSEAU, Françoise, [SYMPHORIEN I
b 1662; s[5] 1er mars 1703.
Françoise, b [5] 12 février 1691; m[5] 25 nov. 1709, à Jacques LABBÉ.—*François,* b[5] 29 nov. 1693; 1° m à Agathe POULIN, 2° m 20 avril 1733, à Gertrude VÉRIEUL, à St-François, I. O. — *Jeanne,* b[5] 8 janvier 1696; s 6 juin 1756, à St-Pierre, I. O. — *Claire,* b[5] 5 mai 1697; m[5] 20 nov. 1714, à Charles PARADIS. — *Marie-Marthe,* b... m[5] 3 fevrier 1721, à Mathieu PARANT.
1706, (21 juin) Québec.
2° LEMAÎTRE, Geneviève, [PASCHAL I.
b 1661; veuve de Pierre Laizeau, s[5] 20 déc. 1708.
1710, (12 juin) St-François, I O.
3° MEUNIER, Marguerite, [MATHURIN I.
b 1659; veuve de Pierre Labbe.

1696, (20 fevrier) Ste-Famille, I. O.[9]
II.—DEBLOIS (1), GERMAIN, [GRÉGOIRE I.
b 1672, s[9] 9 sept. 1747.
DUPONT, Marie-Madeleine, [FRANÇOIS I.
b 1679, s[9] 4 avril 1754.
Marie, b[9] 28 oct. 1707, m[9] 11 janvier 1746, à Charles LOISEAU.—*Germain,* b[9] 11 fevrier 1710; m[9] 24 nov. 1738, à Catherine LEHOUX; s[9] 21 dec. 1743.—*Marie-Marthe,* b 1er fevrier 1712, au Château-Richer; 1° m[9] 20 juin 1732, à Charles LOIGNON, 2° m[9] 17 oct. 1735, à Louis LETOURNEAU.—*Madeleine,* b[9] 24 dec. 1713; m[9] 11 fevrier 1734, à Pierre DROUIN.—*Thècle,* b [9] 2 fevrier 1716; m[9] 9 nov. 1739, à François GAGNON; s[9] 29 janvier 1748.—*Marie-Angélique,* b[9] 13 nov. 1718. 1° m[9] 25 juillet 1752, à Pierre SERAND, 2° m[9] 17 nov. 1760, à Jean ROCRAY, s[9] 28 avril 1770. —*Pierre,* b[9] 20 avril 1722, m[9] 1er fevrier 1745, à Catherine LETOURNEAU.

1703, (13 août) Ste-Famille, I. O.[6]
II.—DEBLOIS, JEAN-BTE, [GRÉGOIRE I.
b 1680; s 4 mai 1769, à St-François, I. O.[7]
1° PELLETIER, Louise, [FRANÇOIS II.
b 1678; s[6] 26 nov. 1703.

1710, (28 avril).[7]
2° LABBÉ, Marie-Madeleine, [PIERRE I.
b 1690; s[7] 23 fevrier 1728.
Jean-Baptiste, b[7] 7 sept. 1711; m[7] 19 février 1737, à Catherine GAGNÉ; s 31 mars 1777, à Terrebonne.—*Claire,* b[7] 9 février 1714; m[7] 23 nov. 1744, à Charles POULIN.— *Marie-Madeleine,* b[7] 6 juin 1716; m[7] 22 février 1740, à Antoine GAGNON; s[7] 19 juin 1761. — *Pierre,* b[7] 12 sept. 1718; m[6] 28 nov. 1747, à Angélique FOUGÈRE. — *Joseph-Marie,* b[7] 12 janvier 1721; 1° m[7] 30 juillet 1742, à Marie FOURNIER; 2° m[7] 24 janvier 1774, à Dorothée COTÉ.— *Catherine,* b... m[7] 7 nov. 1746, à Charles LANDRY. — *Marie-Félicité,* b[7] 23 mars 1726; m[7] 11 février 1748, à Augustin LANDRY; s [7] 12 mars 1750.—*Marguerite,* b[7] 18 février et s[7] 1er août 1728.

1716, (24 février) St-François, I. O.[8]
III.—DEBLOIS (1), SIMON, [JOSEPH II.
b 1691, s 30 nov. 1756, à Ste-Famille, I. O.[9]
1° GUÉRARD (2), Marguerite, [CHARLES II.
b 1699; s[8] 5 janvier 1745.
Charles-François, b [8] 5 janvier 1717; m[8] 20 nov. 1741, à Elisabeth FOUGÈRE, s [8] 20 janvier 1747.—*Anonyme,* b[8] et s[8] 6 nov. 1717.—*Grégoire,* b[8] 28 oct. 1718.—*Marie,* b[8] 24 oct. 1720; m[8] 20 nov. 1741, à Joseph FOUGÈRE. — *Marguerite-Hélène,* b[8] 17 et s[8] 19 sept. 1722. — *Marguerite,* b [8] 11 août 1723; m [8] 14 avril 1749, à Eustache LONGCHAMP.—*Louis-Laurent,* b [8] 10 août 1725, 1° m[9] 9 sept. 1743, à Marie-Joseph LARRIVÉE; 2° m[9] 2 août 1745, à Hélène GAGNON, s[8] 9 janvier 1783.—*Marie-Joseph,* b[8] 23 août et s[8] 3 nov. 1727.—*Joseph,* b[8] 13 mars 1729.—*Anonyme,* b[8] et s[8] 22 oct. 1730. — *Simon,* b[8] 23 mars 1732; s[8] 12 mai 1750.—*François,* b[9] 3 nov. 1733, m[9] 19 nov. 1753, à Thècle ASSELIN.—*Marie-Thérèse,* b[8] 15 oct 1735, m[8] 25 juin 1753, à Louis ALAIRE; s 3 mars 1759, à St-Michel.—*Marie-Madeleine,* b[8] 12 mai 1737; m[8] 26 avril 1757, à Joseph LEJEUNE.—*Joseph,* b[8] 16 et s[8] 26 dec. 1740.
2° MARCEAU (3), Marthe, [LOUIS II.
b 1706; veuve de Louis Asselin.

III.—DEBLOIS, FRANÇOIS, [JEAN II.
b 1693.
1° POULIN, Agathe,
b 1696; s 9 oct. 1732, à Ste-Famille, I. O.[8]
Marie-Agathe, b[8] 8 fevrier 1719, m[8] 26 oct. 1745, à Michel MORISSET.—*Félicité,* b[8] 30 oct. et s[8] 29 nov. 1720. — *François,* b[8] 21 dec. 1721; m[8] 16 oct. 1747, à Marthe GUYON.—*Joseph,* b 26 février 1724, à St-François, I. O.[4]—*Charles,* b[8] 5 mai 1725; m[8] 13 fevrier 1749, à Marthe ASSELIN, s[8] 4 fevrier 1758.— *Marie-Françoise,* b[8] 23 janvier et s[8] 14 mars 1727.— *Pierre,* b[8] 21 juillet 1728; m[4] 13 oct. 1749, à Marie GUÉRARD.— *Françoise,* b[8] 30 mars et s[8] 4 juillet 1730. — *Marie-Madeleine,* b[8] 1er juillet 1731. — *Marie-Hélène,* b[8] 7 sept. 1732. — *Marie,* b... m[8] 7 janvier 1754, à Louis ASSELIN.

(1) Voy. vol. I p 162.

(1) Dit Gregoire.
(2) Dit Legrapt.
(3) Elle epouse, le 19 avril 1757, Alexis Guérard, à St-Jean, I. O

1733, (20 avril). [4]
2° VÉRIEUL (1), Gertrude, [NICOLAS II.
b 1708.
Marie-Gertrude, b [8] 21 mai 1734 ; m [8] 4 nov. 1765, à François LEBREUX. — *Marie-Madeleine*, b [8] 23 déc. 1735; s [8] 10 fevrier 1736. — *Marie-Joseph*, b [8] 8 déc. 1736 ; 1° m [4] 20 juillet 1757, à François DUBÉ, 2° m 27 juillet 1778, à Augustin PELLETIER, à St-Jean-Port-Joly. — *Basile*, b [8] 21 août 1738, m [8] 9 août 1762, à Marthe LEHOUX.— *Marie-Angélique*, b [8] 3 juin 1740.—*Marie-Françoise*, b [8] 18 nov. 1741. — *Louis-Amant*, b [8] 1er et s [8] 2 mai 1743. — *Brigitte-Charlotte*, b [8] 5 juillet 1744.—*Marie-Marguerite*, b [8] 8 avril 1746 ; s [8] 11 sept. 1748.

DEBLOIS, AGATHE, épouse de Claude FOUCHÉ.

1724, (13 nov) St-François, I. O. [1]
III.—DEBLOIS, JOSEPH, [JOSEPH II.
b 1700; s [1] 3 janvier 1725.
MARTINEAU (2), Veronique, [PIERRE II.
b 1710.

1729, (22 mai) Quebec. [8]
III.—DEBLOIS, JEAN-BTE, [JOSEPH II.
b 1704 ; voiturier.
DUMONT (3), Angélique, [JULIEN II.
b 1707.
Marie-Anne, b [8] 20 janvier 1730, s [8] 11 mai 1733.—*Jean-Baptiste*, b [8] 4 mars 1732, m 3 nov. 1757, à Marguerite MONTMINY, à St-Michel. — *Pierre*, b [8] 11 nov. 1734.—*Michel*, b [8] 4 nov. 1735. —*Françoise*, b [8] 20 oct. 1737. — *Anne*, b 5 avril 1739, aux Trois-Rivières. — *Geneviève*, b [8] 29 nov. 1742. — *Marie-Geneviève*, b [8] 16 nov. 1744. — *Louis*, b [8] 5 dec. 1746 ; s [8] 10 oct. 1748.

1737, (19 fevrier) St-François, I. O. [2]
III.—DEBLOIS, JEAN-BTE, [JEAN-BTE II.
b 1711 ; s 31 mars 1777, à Terrebonne. [5]
GAGNÉ, Catherine, [DOMINIQUE IV.
b 1713.
Marie-Anne, b... m [2] 27 oct. 1755, à Jean GAGNON.—*Jean*, b [2] 7 août 1739 ; m [2] 19 fevrier 1759, à Madeleine GAGNON. — *Marie-Claire*, b [2] 7 avril 1741.—*Marie-Catherine* (4), b [2] 30 nov. 1745 ; s [2] 24 juillet 1761. — *Joseph*, b [2] 6 sept. 1748, m [3] 13 janvier 1772, à Marie-Louise VÉSINA.

DEBLOIS, JOSEPH-MARIE, b 1721 ; s 19 mai 1778, à St-François, I. O.

1738, (24 nov.) Ste-Famille, I. O. [4]
III.—DEBLOIS, GERMAIN, [GERMAIN II.
b 1710; s [4] 21 dec. 1743.
LEHOUX, Catherine, [JEAN III
b 1706 ; s [4] 29 mai 1746.

(1) Elle épouse, le 22 fevrier 1751, Louis Gaulin, à Ste-Famille, I. O.

(2) Elle épouse, le 2 sept. 1726, Alexis Guérard, à St-François, I. O.

(3) Elle épouse, le 11 oct 1751, Antoine Aucher, à Québec.

(4) Trouvée égorgée au bord du bois, à un quart de lieue de la maison de son pere.

1741, (20 nov.) St-François, I. O. [1]
IV.—DEBLOIS (1), CHARLES, [SIMON III.
b 1717, s [1] 20 janvier 1747.
FOUGÈRE (2), Marie-Elisabeth, [PIERRE I.
b 1720.
Charles, b [1] 15 oct. 1742 ; m [1] 30 avril 1760, à Thècle GAGNON.—*Marie-Elisabeth*, b [1] 21 nov. 1744 ; s 20 avril 1758, à St-Michel. — *Marie-Geneviève*, b [1] 22 février 1746. — *Marie*, b... m [1] 6 oct. 1766, à Joseph MARTINEAU.

1742, (30 juillet) St-François, I. O. [9]
III.—DEBLOIS, JOSEPH, [JEAN-BTE II.
b 1721.
1° FOURNIER, Marie, [PIERRE II.
b 1697 ; veuve de Joseph Lepage ; s [9] 27 nov. 1772.
1774, (24 janvier). [9]
2° COTÉ, Marie-Dorothee, [PIERRE IV
b 1726 ; veuve de Jean Bonneau.

1743, (9 sept.) Ste-Famille, I. O. [1]
IV.—DEBLOIS, LOUIS-LAURENT, [SIMON III.
b 1725 ; s 9 janvier 1783, à St-François, I O [2]
1° LABRIVÉE, Marie-Joseph, [JOSEPH II.
b 1723 ; s [1] 29 mai 1744.
1745, (2 août). [1]
2° GAGNON, Hélène, [JOSEPH II
b 1720 ; s [2] 4 dec. 1783.
Marie-Hélène, b [1] 18 sept. 1746 ; s [2] 24 juin 1747. — *Marie-Louise*, b [1] 8 sept 1748 ; m [2] 27 fevrier 1764, à Hyacinthe MARTINEAU. — *Marie-Hélène*, b [2] 2 sept. et s [1] 15 oct. 1750. — *Marie-Thècle*, b [1] 8 août 1751.—*Thérèse*, b... s [2] 18 avril 1753.—*Louis*, b [2] 12 août 1757.—*Marie-Victoire*, b [2] 6 nov. 1759 ; m [2] 20 janvier 1779, à Joseph LHEUREUX.—*Charlotte-Helène*, b [2] 27 nov. 1762, s [2] 17 mars 1764.

1745, (1er février) Ste-Famille, I. O. [3]
III.—DEBLOIS, PIERRE, [GERMAIN II
b 1722.
LETOURNEAU, Catherine, [LOUIS IV.
b 1728.
Pierre, b [3] 26 avril et s [3] 4 mai 1746 —*Pierre-Chrysologue*, b [3] 24 avril 1748.—*Charles-Maxime*, b [3] 28 fevrier 1750. — *Catherine-Cécile*, b [3] 16 janvier 1752.—*Marie-Anne-Anastasie*, b [3] 5 mars 1754, m à Urbain THIBAUDEAU —*Marie-Geneviève*, b [3] 18 fevrier et s [3] 13 août 1756.—*Gertrude*, b [3] 27 mai 1757 ; s [3] 14 oct. 1759.— *Marie-Charlotte*, b [3] 21 sept. 1759 ; s [3] 20 nov. 1761.—*Suzanne*, b [3] 29 janvier 1762. — *Pierre*, b [3] 12 avril 1764.— *François*, b [3] 8 mai 1766 — *Marie-Joseph*, b [3] 7 juillet 1768 ; s 24 sept. 1845, à l'Hôpital-Genéral, Q.—*Joseph*, b... 1° m 2 juillet 1804, à Veneraide RENVOYZÉ, à Quebec ; 2° m...

1747, (16 oct) Ste-Famille, I. O. [4]
IV.—DEBLOIS, FRANÇOIS, [FRANÇOIS III
b 1721
GUYON, Marie-Marthe, [JEAN IV
b 1721.

(1) Dit Gregoire.

(2) Elle epouse, le 7 janvier 1750, Jean Lefebvre, à St François, I O.

François, b 12 août 1748, à Ste-Anne ; s [3] 30 août 1748 — *Jean-François*, b [3] 2 oct. 1749. — *Joseph*, b [3] 18 mai 1751 ; m 20 sept. 1785, à Marguerite PARANT, à Québec.—*Marie-Marthe-Abondance*, b [3] 21 avril 1753. — *Etienne*, b [3] 25 mars 1755 ; s [3] 18 nov. 1759. — *Basile*, b [3] 20 mars 1757, s [3] 18 nov. 1759. — *Pierre*, b [3] 27 mars et s [3] 25 nov. 1759.—*Marguerite* et *Marie-Charlotte*, b [3] 11 dec. 1760.—*Marie-Pélagie*, b 17 sept. 1762, à St-François, I. O. — *Louis*, b [4] 28 juin et s [4] 3 août 1765.

1747, (28 nov.) Ste-Famille, I. O.
III.—DEBLOIS, PIERRE, [JEAN-BTE II.
b 1718.
FOUGÈRE, Angélique, [PIERRE I.
b 1722.
Pierre, b 28 juin et s 16 juillet 1748, à St-François, I. O.—*Marie-Rose*, b 28 sept. 1760, à St-Joseph, Beauce.

1749, (13 fevrier) Ste-Famille, I. O. [4]
IV.—DEBLOIS, CHARLES, [FRANÇOIS III.
b 1725, s [4] 4 fevrier 1758.
ASSELIN, Marthe, [FRANÇOIS III.
b 1720 ; veuve de Joseph Lehoux ; s [4] 27 oct. 1769.
Charles-Joseph, b [4] 6 février 1750, m 15 février 1773, à Marie-Joseph BAUDON, à St-François, I.O. —*Basile*, b [4] 15 nov. 1752.

1749, (13 oct.) St-François, I O.
IV.—DEBLOIS (1), PIERRE, [FRANÇOIS III
b 1728.
GUÉRARD, Marie. [CHARLES III.
Pierre, b 13 sept. 1761, à St-Joseph, Beauce [4], m 8 oct. 1793, à Marie PARANT, à Beaumont. —*Marie-Helène*, b [4] 11 janvier 1763.— *Marie-Hélène*, b [4] 28 avril 1764.

1753, (19 nov.) Ste-Famille, I. O.
IV.—DEBLOIS, FRANÇOIS, [SIMON III.
b 1733
ASSELIN, Thècle. [NICOLAS II.

1757, (3 nov.) St-Michel.
IV.—DEBLOIS, JEAN-BTE, [JEAN-BTE III.
b 1732.
MONTMINY, Marguerite, [JEAN-BTE III.
b 1738.
Jean-Baptiste, b 28 nov. 1758, à Quebec [4] ; s [4] 2 juillet 1759.

DEBLOIS, JOSEPH, b... s 23 juin 1759, à Lorette.

1759, (19 février) St-François, I. O. [4]
IV.—DEBLOIS, JEAN-BTE, [JEAN-BTE III.
b 1739.
GAGNON, Madeleine, [JEAN IV.
b 1736.
Marie-Madeleine, b [4] 24 janvier et s [4] 21 mars 1762. — *Marie-Catherine*, b [4] 3 juillet et s [4] 12 août 1763 —*Marie-Louise*, b [4] 8 oct. 1764.—*Jean-Baptiste*, b [4] 22 déc. 1765 ; s [4] 18 janvier 1766.—*Marie-Thècle*, b [4] 2 et s [4] 26 janvier 1767.—*Jean-Baptiste*, b [4] 8 mars et s [4] 5 mai 1769.

1760, (30 avril) St-François, I. O. [4]
V.—DEBLOIS (1), CHARLES, [CHARLES IV.
b 1742.
GAGNON, Thècle, [FRANÇOIS III.
b 1740.
Charles, b [4] 15 et s [4] 17 déc. 1760. — *Charles*, b [4] 20 sept. 1761.

1762, (9 août) Ste-Famille, I. O.
IV.—DEBLOIS, BASILE, [FRANÇOIS III.
b 1738.
LEHOUX, Marthe, [JOSEPH IV.
b 1746.
Basile, b 19 sept. 1764, à St-François, I. O.

DEBLOIS, CLAIRE, épouse de Charles PARADIS.

1772, (13 janvier) Terrebonne.
IV.—DEBLOIS, JOSEPH, [JEAN-BTE III.
b 1748.
VÉSINA, Marie-Louise, [ATHANASE IV.
b 1752.
Marie-Hypolite, b 8 oct. 1788, à Lachenaye.

1773, (15 fevrier) St-François, I. O. [5]
V.—DEBLOIS, CHARLES-JOSEPH, [CHARLES IV.
b 1750.
BAUDON, Marie-Joseph, [JACQUES IV.
b 1753.
Basile, b [5] 4 avril 1774.

1785, (20 sept.) Québec.
V.—DEBLOIS, JOSEPH, [FRANÇOIS IV.
b 1751.
PARANT, Marguerite, [JACQUES III.
b 1751.

1793, (8 oct.) Beaumont.
V.—DEBLOIS (1), PIERRE, [PIERRE IV.
b 1761.
PARANT, Marie. [JEAN-MARIE.

1697, (27 juillet) Boucherville. [6]
I.—DEBLUCHE (2), BERTRAND,
b 1675.
EDELINE, Catherine, [CHARLES I.
b 1677.
Catherine, b [6] 10 août 1698 —*Hélène-Marguerite*, b... m 25 janvier 1719, à Henri-Jacques CHARPENTIER, à Montreal. [7] — *Marie-Angélique*, b 1701, m 17 fevrier 1721, à Pierre CHARON, à Longueuil [8] ; s [8] 28 avril 1742.—*Françoise-Antoinette*, b [8] 30 janvier 1702 ; s [7] 13 fevrier 1719.— *Marie-Joseph*, b [8] 5 oct. 1703 ; m [8] 10 fevrier 1727, à Jean-Baptiste GOGUET, s [7] 6 janvier 1741. — *Charles*, b [8] 29 oct. 1705 ; s [8] 18 sept. 1706.— *Geneviève*, b [8] 3 dec. 1707, m 7 janvier

(1) Marié sous le nom de Gregoire.

(1) Dit Gregoire

(2) Dit LaSerre, voy vol I, p. 162.

1727, à Louis PALIN, à Québec. — *Barbe*, b [8] 10 juin 1710. — *Marie-Euphrosine* (1), b [7] 9 sept. 1713; m [8] 13 oct. 1732, à Honoré TESSON.

DEBOILLEMONT.—Voy. SIEUR DE BEAUSACQUE.

I.—DEBOIS-ANDRÉ, CATHERINE, b 1640; m 1663, à Marc-Antoine GOBELIN, à Québec.

DEBOISBRIAND. — Voy. MOREL DE LADURANTAYE.

I.—DEBOISBRIAND (2), PIERRE.

DEBOISBRIAND, CHARLES. — Voy. MOREL de 1751.

DEBOISHÉBERT.—Voy. DESCHAMPS.

I.—DEBOISROND (3), RENÉ-ANTOINE.

DEBONDY.—Voy. DOUAIRE.

1751, (14 juillet) Montréal. [6]

I.—DEBONNE (4), LOUIS, b 1717; fils de Louis-Joseph (de Missègle, co-seigneur de Viviers-les-Montagnes) et de Marie Villeneuve, de St-Martin, diocèse de Lavour.
PRUDHOMME (5), Marie-Louise, [LOUIS III. b 1734.
Louis, b [6] 18 sept. et s [6] 21 oct. 1752.—*Marie-Louise*, b [6] 31 août 1753. — *Louis*, b [6] 23 oct. 1756.—*Pierre-Amable*, b [6] 25 nov. 1758.

1760, (22 sept.) Rivière-des-Prairies.

I.—DEBONNE, DANIEL, chirurgien; fils de Claude et de ....; s 1788.
LEMEILLEUR, Marie-Anne, [JOSEPH III. b 1743.
Marie-Louise, b... m à Joseph CADIEU.—*Marie*, b... m à Jean-Baptiste TAILLEFER.—*Rose-Louise*, b 18 juin 1763, à Terrebonne; s 11 août 1788, à Lachenaye. — *Marguerite*, b... s 8 juillet 1768, à la Longue-Pointe. [9] — *Louis*, b... s [9] 9 mai 1770.

1734, (28 oct.) Quebec. [2]

I.—DEBOUCHEL (6), JACQUES-FRANÇOIS.
CARDINET, Marie-Françoise, [JEAN-BTE I. b 1710.
Louis, b [2] 2 et s 9 juillet 1742, à Beauport.

DEBOUCHERVILLE.—Voy. BOUCHER.

DEBOUCHERVILLE(7), MARIE-MARGUERITE, b... m 9 avril 1774, à Luc LACORNE, à Montréal.

(1) Marie-Euphrosine, baptisée, le 9 sept. 1713, à Montréal, est dite enfant de "Bertrand Laserre et de Catherine Delisle."

(2) Lieutenant du Roy, le 20 janvier 1720, a Kaskakia.

(3) Chevalier; il était a Montréal, le 19 juillet 1748.

(4) Chevalier, capitaine au régiment de Condé.

(5) Elle épouse, le 6 mars 1770, Joseph-Dominique Lemoyne, à Montréal.

(6) D'Orceval; voy. aussi Bouchel, vol. II, p. 378.

(7) Boucher.

I.—DEBOURDIN (1), GUILLAUME-FRANÇOIS.

1735, (10 oct.) Pte-Claire. [4]

I.—DEBOUT, ANTOINE, fils de Charles et de Catherine Lemoine, de Descais-sur-Saône, diocèse de Besançon.
FRANCHE (2), Marie-Elisabeth, [ANDRÉ I. b 1714.
Marie-Anne, b [4] 25 nov. 1737; s [4] 5 janvier 1756.— *Marie-Suzanne*, b 1739, s [4] 12 oct. 1740. —*François-Marie*, b 20 janvier et s 5 août 1741, à Ste-Geneviève, M. [5] — *Pierre*, b [5] 20 janvier et s [5] 10 mai 1741. — *Marie-Louise*, b [4] 8 juin 1742. —*Antoine*, b [4] 12 nov. 1743.

DEBOVIGNI.—Voy. VERCHÈRES.

DEBRAGELONNE.—Voy. BRAGELONNE.

I.—DEBRAIS, ...
Anglais.
Anne, b... m à Jean ETIENNE.

1759, (22 avril) St-François, I. O. [4]

I.—DEBREU (3), PIERRE, fils de Charles et de Charlotte Thuillier, de St-Eustache, Paris
DOMPIERRE, Thérèse. [MARC-ANTOINE III
Pierre-Noel, b [4] 25 dec. 1759.

DEBUDEMONT (chevalier). — Voy. DERIVON 1712.

I.—DEBUSSAT (4), JOSEPH.

I.—DEBUIS, MARIE-MADELEINE, b... 1° m à Noël BUTEAU; 2° m 9 janvier 1753, à Claude HAUTRAYE, à Quebec.

DEBUYS.—Voy. THIERSAN, 1715.

1760, (21 janvier) Trois-Rivières.

I.—DECAIRE (5), FRANÇOIS, fils de Joseph (chevalier) et de Françoise DeBergier, du diocèse de Grâce.
LEBÉ, Elisabeth. [JACQUES-FRANÇOIS II.

DÉCAMPE, ANDRÉ —Voy DESNOYERS, 1730.

I.—DECANCHY (6), ELISABETH, épouse de Jean-Baptiste BEAUMONT.

1794, (3 mars) St-Charles-de-Chambly.

I.—DÉCARAFFE, JEAN-BTE, b 1762; fils de Jean-Baptiste et de Marie-Louise Frémot, de Paris, s 16 mars 1813, à Becancour.
DUTREMBLE (7), Marie-Louise, [MICHEL.

(1) Sieur Duclos; lieutenant. Il était à St-François-du-Lac, le 7 mai 1689.

(2) Et Fraye dit Laframboise.

(3) Dit St-Eustache; soldat de la compagnie de Cambray, régiment de Berry.

(4) Il était, le 18 février 1773, a Lachenaye.

(5) Ingénieur du roi.

(6) DeLerolle.

(7) Dit Cottenoire.

André, b 27 nov. 1798, à St-Mathieu-de-Belœil. —*Julie*, b 1810; m 1826, à Jonas CAMPAGNA, à Yamachiche.

DECAREAU.—Voy. DEROME.

DECARQUEVILLE —Voy. DROUET.

I.—DECARRIÈRE (1), JOSEPH-PHILIPPE.

I.—DECARUEL (2), CHARLES, s 27 déc. 1708, à St-Laurent, I. O.[5]
DUBUC, Marie, b 1658; s[5] 6 dec. 1708.
Marie, b 1691; 1° m[5] 9 avril 1709, à Jean BOUFFARD; 2° m[5] 11 janvier 1717, à Pierre GOSSELIN; s[5] 16 août 1742. — *Marie-Louise*, b... m[5] 29 avril 1715, à Jean-Baptiste DUCAS.

I.—DECASTEL, JEAN-BARTHÉLEMI.
ALLARD, Marie-Charlotte.
Marie-Louise, b 20 mai 1752, à Québec.[3]— *Marie-Antoinette*, b[3] 31 mai 1754, m[3] 16 oct. 1781, à Louis DEMERS. — *Joseph-Marie*, b[3] 20 mars 1756; s[3] 22 dec. 1758.—*Marie*, b[3] 17 et s[3] 30 août 1759.

1757, (20 juin) Montréal.
I.—DECASTÈS, LÉONDE, b 1731, officier; fils de Jérôme et de Marthe Dabillion de Savignac, de Blaye, diocèse de Guyenne.
GAMELIN, Marie-Amable, [JOSEPH III. b 1739.

1741, (28 août) Québec.[9]
I.—DECASTRES, SIMON, navigateur; fils de Charles et d'Anne Chebœuf, de St-Eustache, Paris.
MIGNAU, Marguerite, [JEAN-BTE II. s[9] 18 mai 1747.
Marguerite, b[9] 10 mai 1744. — *Simon-Pierre*, b[9] 29 juin et s[9] 19 août 1746.

1690, (11 août) Montreal.[9]
I.—DECATALOGNE (3), GÉDÉON, b 1657, fils de Gédeon et de Marie Du Cap-de-Molle, de Bresse, en Béarn, s[9] 5 janvier 1729.
LEMIRE, Marie-Anne, [JEAN I. b 1669; s[9] 20 dec. 1749.
Jean-Philippe, b[9] 15 sept. 1691.—*Marie-Anne*, b[9] 12 et s[9] 21 avril 1693.—*Madeleine*, b[9] 12 et s[9] 15 avril 1693.—*Joseph*, b[9] 5 mai 1694; m[9] 3 fevrier 1733, à Charlotte RENAUD; s 1735, à Louisbourg.[8] —*Antoine*, b[9] 22 janvier 1696; s[9] 5 janvier 1697. —*Marie-Louise*, b[9] 14 février 1698, s[9] 5 avril 1723. — *Marie-Geneviève*, b[9] 19 mars 1700; m[9] 2 déc. 1730, à Louis DAMOURS; s[9] 7 janvier 1743. — *Daniel-Paschal-Gédéon*, b[9] 26 mars 1701; s[9] 22 mars 1708.— *Jean-Gédéon*, b[9] 13 sept. et s 19 nov. 1702, à Lachine.—*Louis*, b[9] 28 juin 1704; s[9] 29 nov. 1707. — *Antoine-Gédéon*, b[9] 18 sept. 1706; s[9] 11 juillet 1708.— *Elisabeth*, b[9] 23 août 1708; m à Michel DEGANNES; s[8] 13 août 1750.— *Jeanne-Elisabeth*, b... m[9] 26 août 1728, à Guillaume POTHIER-DUBUISSON.—*Charlotte-Julie*, b[9] 1er avril 1712; m[9] 28 déc. 1735, à Michel GAMELIN.—*Hortense*, b... m à ...... DELANDRIÈRE.

1733, (3 février) Montréal.[5]
II.—DECATALOGNE (1), JOSEPH, [GÉDÉON I. b 1694; s 1735, à Louisbourg.[6]
RENAUD (2), Charlotte, [CHARLES I. b 1702.
Louis-Charles-François-Gédéon, b[5] 14 février 1734; m[5] 19 fevrier 1759, à Marie-Louise GUYON; s 1781, à St-Domingue.

1759, (19 février) Montreal.[7]
III.—DECATALOGNE (3), GÉDÉON. [JOSEPH II. b 1734; s 1781, à St-Domingue.[8]
GUYON (4), Marie-Louise, [JACQUES IV. b 1736.
Charles-Gédéon, b[7] 11 sept. 1764; m[8] 30 mars 1791, à Marie GALLET-DE-ST-AURIN; s[8] 9 août 1854.

1791, (30 mars) St-Domingue.[6]
IV.—DECATALOGNE (5), CHARLES, [GÉDÉON III. b 1764; s[6] 9 août 1854.
GALLET-DE-ST-AURIN, Marie.
Nelly, b 1793, à la Trinité, Martinique; s[6] 1794. —*Gustave-Charles-Marie*, b 4 nov. 1794, à Gros-Morne, s[6] 29 août 1834.—*Augustin-François-Marie-Gédéon*, b[6] 22 juin 1796; m 1823, à Marie-Louise-Joseph DECARBONEL, s 31 janvier 1850, à Madison, New-Jersey. — *Gédéon*, b 1798, à la Base-Pilote, Martinique[8]; s[8] 1804 — *Louis-Charles-Jules*, b[6] 29 juillet 1800, s 1828.

1823.
V.—DECATALOGNE (6), AUGUST., [CHARLES IV. b 1796; s 31 janvier 1850, à Madison, New-Jersey.
DECARBONEL (7), Marie-Joseph.
Gédéon-Augustin, b 18 juillet 1824, à St-Pierre, Martinique[6]; m[6] 16 nov. 1852, à Louise-Hylaris TIBERGE, s[6] 6 sept. 1861.—*Jules-Charles* (8), b[6] 2 fevrier 1827; m à Georgina DESPOINTES.— *Paul-Gédéon*, b[6] 25 février 1833, s[6] 25 oct. 1838.

DECELLES.—Voy. CELLES-DUCLOS—DUCLOS.

(1) Dit Lemarchais; employe au domaine du roi; il etait, le 21 août 1720, à St-Pierre, I. O.

(2) Dit Belleville.

(3) Voy. vol. I, p. 107. Dans les "Mémoires de la Société Royale du Canada," tome II, pp 7 et suivantes, M. l'abbé Tanguay a donné une etude detaillée sur la famille Gedeon de Catalogne Voir aussi "A travers les Registres" pp. 70 à 73

(1) Lieutenant de la marine, chevalier de St-Louis, membre de l'academie des sciences, à Paris.

(2) DuBuisson.

(3) Chevalier de St-Louis; passe à St-Domingue, en 1766, où il meurt en 1781, commandant la place des Cayes. Il est inhume dans l'église de St-Domingue.

(4) Dit Desprès.

(5) Lieutenant des milices.

(6) Lieutenant des bataillons coloniaux, membre du conseil colonial.

(7) Petite nièce de l'abbé de l'Epée.

(8) Rédacteur-proprietaire du journal *Les Antilles*

1687, (26 août) Boucherville.
II.—DeCELLES (1), Gab.-Lambert, [Gabriel I.
b 1660.
Messier, Anne, [Michel I.
b 1670.
Anne, b 31 mai 1696, à Varennes[5]; 1° m[6] 25 oct. 1717, à Etienne Gautier; 2° m 22 juillet 1728, à Pierre Lemaitre, aux Trois-Rivières; s 18 août 1771, à la Baie-du-Febvre.— *Marie-Louise*, b... m à Jacques Triolet.

1721, (5 oct.) Varennes [5]
III.—DeCELLES (1), Etienne, [Lambert II.
b 1698.
Breillard, Geneviève, [Amable I.
b 1703.
Angélique, b... m 22 janvier 1741, à Augustin Lionais, à la Baie-du-Febvre.[6] — *Antoine*, b[6] 30 août 1735; m[5] 9 sept. 1765, à Marie-Anne Brisset. — *Marie-Joseph*, b[6] 15 sept. 1737.— *Marie-Angélique*, b[6] 29 juin 1741.

DeCELLES, Louis, b 1757, s 11 juin 1758, à Lorette.

DECHAINE, Louis, b 1746; s 28 nov. 1748, à Lorette.

I.—DECHAINÉ, Joseph.
Morvent (2), Jeanne-Charlotte, [François I.
b 1695; s 25 mai 1764, à Québec.

DECHAMBON, Louis —Voy Duchambon.

DeCHAMBRE.—*Variations et surnoms :* Chalut —Chanluc—Lachambre—Lagrange.

1696.
I.—DeCHAMBRE (3), François.
1° Amaury (4), Marie, [Jean I.
b 1677; s 21 dec. 1705, à St-François, I. O.[6]
Marie-Madeleine, b 8 sept. 1697, à St-Thomas[7]; m 25 nov. 1715, à Jean Girard, à Quebec[8]; s[8] 17 mai 1743. — *Marie-Geneviève*, b[7] 20 nov. 1699; m[8] 14 janvier 1727, à Guillaume Tailleur; s[8] 7 avril 1757.— *Charles-François*, b... s[8] 10 janvier 1717. — *Angélique*, b[7] 28 août 1704; s[8] 28 sept. 1720.
1714, (10 avril). [8]
2° Petit (5), Marie-Rose,
b 1646; veuve d'Hilaire Frapier; s[8] 6 fevrier 1719 (subitement).
1724, (9 oct.) [8]
3° Pruneau, Marie, [Jean I.
b 1704.
Marie-Françoise, b[8] 27 nov. 1725; s[8] 14 août 1738.—*François*, b[8] 7 sept. 1727, s[8] 27 avril 1728.—*Marie-Geneviève*, b[8] 24 janvier 1729, m[8] 14 avril 1749, à Antoine Drolet.— *François-Romain*, b[8] 30 avril 1731; s[8] 18 mai 1733.— *Marie-Anne*, b[8] 30 janvier 1733; m[8] 19 avril 1751, à Joseph Drolet. — *François-Marie*, b[8] 7 juin 1734; s[8] 29 avril 1735.—*Marie-Joseph*, b[8] 12 oct. 1735; s[8] 6 janvier 1737.—*Anonyme*, b[8] et s[8] 16 avril 1737.—*Louise*, b[8] 16 juin 1738; 1° m[8] 22 sept. 1755, à Jean-Baptiste Albert; 2° m[8] 12 oct. 1761, à Alexis Brunet; 3° m[8] 10 sept. 1777, à Charles Lamontagne; s[8] 29 sept. 1795. — *Anonyme*, b[8] et s[8] 1er mars 1741. — *Prisque-Romain*, b[8] 16 mars 1742. — *Marie-Françoise-Elisabeth*, b[8] 18 mai 1744; m[8] 7 février 1759, à George Borne.

1698, (14 avril) Charlesbourg.[9]
II.—DeCHAMBRE (1), Romain, [Jean I.
b 1673; s[9] 9 avril 1711.
Boesmé (2), Catherine-Angelique, [Jean I.
b 1679.
Marie-Thérèse, b[9] 6 janvier 1704, 1° m 21 avril 1727, à Joseph Bérubé (3), à Montreal, 2° m 7 nov. 1736, à Pierre Deniau, à Longueuil.

III.—DeCHAMBRE, Louis, [Romain II.
b 1705.
Cusson (4), Marie-Jeanne. [Ange II
Marie-Louise, b... m 18 oct. 1756, à Louis Coulon, à Varennes.[2] — *Louis*, b... m[2] 9 janvier 1758, à Marie-Louise Senécal.

1758, (9 janvier) Varennes.
IV.—DeCHAMBRE, Louis. [Louis III
Senécal, Marie-Louise. [Adrien III

I.—DeCHAMELAY.—Voy. DeGannes, 1751.

DeCHAMP-FLEURY.—Voy. Jacques Cailteau.

DeCHAMPIGNY.—Voy. DeRosy, 1730.

DeCHAMPLAIN.—Voy. Pézard.

DeCHAPT.—Voy. DeLacorne.

DeCHARLAY.—Voy. Gérard.

1701, (4 juillet) Montreal [4]
II.—DeCHARLY (5), Jean-Bte, [André I
b 1668; s 9 nov. 1728 (dans l'église), à Quebec.
Lecompte-Dupré, Marie-Charlotte, [Louis I.
b 1684; s[4] 5 nov. 1705.
Louis, b[4] 28 février 1703; m 22 janvier 1732, à Ursule Godfroy, aux Trois-Rivières.

---

(1) Et Celles-Duclos; voy. vol. II, p. 590.
(2) Dit Labonté.
(3) Dit Lagrange — Chanluc—Chalut; voy. Chanluc, vol. I, p. 113 et Chalut, vol. II, p. 605.
(4) Et Maury—Morille—Mary.
(5) Voy. Frappierre, vol. I, p. 241

(1) Voy. Dechambe, vol. I, p. 163.
(2) Elle épouse le 1er déc. 1717, Guillaume Courbier, à Quebec
(3) C'est le nom de sa mère, épouse de Rene Plourde.
(4) Elle épouse, le 11 fevrier 1748, Joseph Bissonnet, à Varennes.
(5) Charly—St-Ange-de-Charly, colonel des miliciens et marchand de Montreal; voy. vol. I, p. 117 et vol III, p. 19.

1755, (7 janvier) Québec. [8]

I.—DeCHARNAY (1), Jean-Bte, b 1727; fils de Didier (avocat ducal) et d'Elisabeth Noirot, de St-Martin, diocèse de Langres; s 7 avril 1760, au Cap-St-Ignace.
Pagé (2), Marie-Louise, [Joseph III.
b 1725, veuve de Joseph Dubois.
Marie-Louise, b [8] 12 oct. 1755, m 18 déc. 1780, à Jean-Baptiste Magnan, à Kamouraska.—*Marie-Louise-Renée*, b [8] 8 dec. 1756.—*Louis-Didier*, b [8] 7 avril 1758.

1760, (26 oct.) Québec. [6]

I.—DeCHARNAY, Jacques, fils de Jacques et de Catherine Cordian, de St-Marc, ville de Liège.
Alary, Marguerite, [René II.
b 1721, veuve de Pierre-Louis Pommier.
Joseph-François, b 30 mai 1761, à St-Nicolas [7], s [6] 5 mars 1763.—*Jacques-Louis*, b [7] 30 mai 1761.—*Geneviève-Marguerite*, b [6] 27 déc. 1763.

1727, (6 janvier) Champlain.

I.—DECHAU (3), Adrien,
b 1696; s 3 fevrier 1771, à Nicolet. [2]
Béchard (4), Marie-Marthe, [Yves I
b 1705, s [2] 16 fevrier 1766.
Joseph, b 17 sept. 1727, aux Trois-Rivières [3]; m [2] 21 janvier 1754, à Marie-Joseph Terrien.—*Marie-Anne*, b 19 janvier 1729, à Bécancour. [4]—*Louis-Adrien*, b 9 mars 1732, à Ste-Anne-de-la-Perade; s [3] 16 fevrier 1753 (5).—*François*, b [4] 8 mars 1734.—*Adrien*, b [4] 15 août 1736.—*Marie-Marguerite*, b [2] 20 juillet 1742; m [3] 21 avril 1760, à Pierre ...... —*Antoine*, b [2] 20 mars 1746, m à Marguerite Guay; s [2] 22 fevrier 1793.—*Jean-Baptiste*, b... m à Marie-Joseph Raymond.

II.—DECHAU, Antoine, [Adrien I.
b 1746, s 22 fevrier 1793, à Nicolet.
Guay, Marguerite.

1754, (21 janvier) Nicolet.

II.—DECHAU, Joseph, [Adrien I.
b 1727.
Terrien, Marie-Joseph, [Jean-Bte II.
b 1720, veuve de Louis Malbœuf.
Marie-Anne, b 13 avril 1755, à la Pte-du-Lac.

II.—DECHAU (6), Jean-Bte. [Adrien I.
Raymond, Marie-Joseph, [Charles II.
b 1727, veuve de François Girard.
Jean-Baptiste, b... m 14 avril 1777, à Marie Limoges, à Terrebonne.

1777, (14 avril) Terrebonne.

III.—DECHAU, Jean-Bte. [Jean-Bte II
Limoges, Marie [Michel III.

(1) Notaire-royal, praticien.

(2) Dit Quercy; seigneuresse de Kamouraska, elle était à Kamouraska, le 13 juillet 1767.

(3) Marié sous le nom de Deschamps; soldat de M. Tonty.

(4) Et Bechet.

(5) Ecrase par la chute d'un arbre.

(6) Dit Duchêne.

1739, (9 février) Beaumont.

I.—DeCHAULNES, Louis, chevalier; fils de Jean et de Therèse Clément, de St-Sevérin, Paris; s 2 oct. 1743 (1), à St-Valier.
Charon (2), Marie-Louise, [Jean II.
b 1716.
Jean-Baptiste-Antoine, b 26 mars 1743, à St-Michel.

I.—DeCHAVIGNY (3), François.
DeGrandmaison (4), Eleonore,
b 1619, veuve d'Antoine Boudier.
Marguerite, b 30 mai 1643, à Quebec [8]; 1° m [8] 26 juillet 1656, à Thomas Douaire; 2° m [8] 19 nov. 1671, à Jacques-Alexis DeFleury, s 13 nov. 1705, à Montreal.

1675, (19 juin) Quebec. [6]

II.—DeCHAVIGNY (5), François, [François I.
b 1648, s 14 fevrier 1725, à Deschambault. [7]
1° De l'Hopital, Antoinette,
Louise, b [8] 11 nov. 1675, m [8] 16 janvier 1696, à Pierre Dupont.

1699, (20 avril) Beauport. [6]

2° Guyon-Després, Geneviève, [François II.
b 1679, s [7] 22 janvier 1757.
Elisabeth, b [6] 30 janvier 1700; m [6] 10 oct. 1718, à François Chevalier; s [8] 10 août 1731. — *Geneviève*, b... m [7] 15 janvier 1724, à Joseph Hamelin. — *Joseph*, b [7] 5 mai 1705. — *François*, b... m 9 sept. 1731, à Marie-Françoise Trotier, à Batiscan, s [7] 1er avril 1754. — *Marie-Marguerite*, b... m [7] 2 fevrier 1739, à Henri Arnaud.—*Augustin*, b [8] 4 oct. 1711.—*Ambroise*, b [7] 13 juin 1713.— *Lisette*, b... m [7] 24 juin 1748, à Pierre Arcan.—*Marie-Joseph*, b [7] 25 juin 1717, m [6] 26 sept. 1734, à Jean-Baptiste Dorval-Desgroseillers.—*Marie-Louise*, b [7] 3 sept. 1719.

DeCHAVIGNY, Marie-Charlotte, epouse de Jean Pelletier.

1731, (9 sept.) Batiscan.

III.—DeCHAVIGNY (6), François, [François II.
b 1704, s 1er avril 1754, à Deschambault [4]
Trotier (7), Marie-Françoise, [Noel III.
b 1708, s [4] 27 juin 1759.
Marie-Françoise, b [4] 16 juin 1732; s [4] 21 fevrier 1784.—*Marie-Marguerite*, b [4] 30 sept. 1733, m à Nicolas Rivard, s 31 oct. 1789, à Quebec. [5] — *François*, b [4] 20 fevrier et s [4] 2 mars 1735. — *Joachim-François*, b [4] 2 août 1736; m [4] 18 janvier 1768, à Marie-Joseph Hamelin; s [5] 1er mai 1794. — *Pierre*, b [4] 11 fevrier 1738, s [4] 17 dec. 1755. — *François-Augustin*, b [4] 9 nov. 1739, m [4] 18 janvier 1768, à Marie-Rose Mathieu, s [4] 6 avril

(1) Noyé en passant à cheval la riviere du domaine, la veille, à onze heures du soir.

(2) Elle epouse, le 2 aout 1745, Joseph Ouellet, à St-Roch.

(3) Voy. vol. I, p. 163.

(4) Elle épouse, le 13 août 1652, Jacques Gourdeau, à Québec.

(5) De la Chevrotiere.

(6) Sieur De la Chevrotiere.

(7) De la Bissonnière

1790. — *Marie-Geneviève*, b [4] 15 oct. 1741 ; s [4] 13 sept. 1743. — *Louis-Marie*, b [4] 7 février 1743 ; m à Marie MATHIEU. — *Marie-Joseph*, b [4] 3 fevrier 1745; s [4] 28 avril 1746. — *Marie-Joseph*, b [4] 14 sept. et s [4] 7 oct. 1747. — *Marie-Joseph*, b [4] 14 juillet et s [4] 28 déc. 1749. — *Joseph*, b [4] 7 mars 1751; m 2 mars 1778, à Flavie RIVARD, aux Grondines.

1768, (18 janvier) Deschambault. [5]

IV.—DECHAVIGNY (1), AUGUST., [FRANÇOIS III.
b 1739, s [5] 6 avril 1790.
MATHIEU, Marie-Rose, [JEAN III.
b 1749.

Marie-Rose, b [5] 20 oct. 1768; m [5] 13 janvier 1789, à Hyacinthe CLOUTIER. — *Rose*, b... m 23 février 1789, à Jean-Baptiste BEAUPRÉ, à Quebec. —*Marie-Joseph*, b... m [5] 11 juillet 1791, à Jacques BEAUPRÉ. — *Augustin* (2), b 1773; s [5] 18 déc. 1788.—*Scholastique*, b... m [5] 20 janvier 1796, à Joseph ARCAN.—*François*, b 1780; s [5] 22 mars 1791.—*Basile*, b [5] 10 déc. 1783.

1768, (18 janvier) Deschambault. [4]

IV.—DECHAVIGNY (1), JOACHIM, [FRANÇOIS III.
b 1736; s 1er mai 1794, à Quebec. [8]
HAMELIN, Marie-Joseph, [ALEXIS II.
b 1745.

François, b [4] 4 nov. 1768; m [8] 9 sept. 1794, à Marguerite ROBITAILLE. — *Elisabeth*, b... m [8] 4 février 1794, à Nicolas DEHOU-VILLAIRE. — *Jean-Baptiste*, b [4] 18 février 1783; s [4] 1er sept. 1786. —*Louis-Judes*, b [4] 30 oct. 1785.

IV.—DECHAVIGNY, LS-MARIE, [FRANÇOIS III.
b 1743.
MATHIEU (3), Marie, [JEAN III.
b 1752.

Marie-Joseph, b... m 15 août 1797, à Michel MAILLET, à Deschambault.[1] — *Rose*, b... m [1] 30 janvier 1798, à Pierre ......

1778, (2 mars) Grondines.

IV.—DECHAVIGNY, JOSEPH, [FRANÇOIS III.
b 1751.
RIVARD, Flavie, [NICOLAS IV.
b 1758.

Marie-Flavie, b 21 août 1784, à Deschambault.[7] —*Marie-Elisabeth*, b [7] 30 sept. 1785; s [7] 17 juin 1786. — *Marie-Joseph*, b [7] 6 juin 1787. — *Joseph*, b [7] 24 août et s [7] 6 sept. 1788. — *Louis-François*, b [7] 30 nov. 1789.—*Marie-Angélique*, b [7] 26 avril et s [7] 29 août 1791. — *Joseph*, b [7] 15 juin 1792.— *Scholastique* et *Marguerite*, b [7] 7 et s [7] 15 sept. 1793.—*Ambroise*, b... m 23 mai 1814, à Sophie LHÉRAUX, à Quebec[8]; s [8] 27 juillet 1834.

1794, (9 sept.) Québec.

V.—DECHAVIGNY (1), FRANÇOIS, [JOACHIM IV.
b 1768.
ROBITAILLE, Marguerite. [FRANÇOIS IV.

(1) De la Chevrotière.

(2) Englouti dans les eaux, à la vue de ses parents.

(3) Elle épouse, le 23 août 1784, Jean-Baptiste Portelance, à Deschambault.

1814, (23 mai) Québec.[1]

V.—DECHAVIGNY (1), AMBROISE. [JOSEPH IV
s [1] 27 juillet 1834.
LHÉRAUX (2), Sophie, [ANTOINE

DECHAVOIS.—Voy. PAYEN DE NOYAN.

DECHÊNE.—Voy. MIVILLE.

DECHÊNE, GUILLAUME

Deux anonymes, b et s 28 déc. 1715, à St-Laurent, I. O.

DECHENNEVILLE, MARIE-MICHELLE, b 1722, m à Joseph LUNEAU; s 19 juillet 1787, à Quebec.

DECHEVALLET, CLAUDE.—Voy. BOUILLET, 1742.

DECHEVERY.—Voy. DESCHEVERY.

DECHEVREMONT.—Voy. GAUDRON.

1730, (27 nov.) St-Thomas. [6]

I.—DECHOISY (3), JEAN-BTE, fils de Marc-Antoine (chevalier, gouverneur de Grandville) et de Jeanne-Françoise DeBosne, de St-Jacques-de-Compiègne, Picardie.
ROBIN, Ursule, [FRANÇOIS II.
b 1707; s [6] 3 mars 1745.

Marie-Ursule, b [6] 21 mai 1732.—*Marie-Marthe*, b [6] 24 janvier 1735, m 30 janvier 1758, à François CHALIFOUR, à l'Islet[7]; s [7] 18 août 1762.— *Marie-Madeleine*, b [6] 24 janvier 1735; m 1760, à Jean PINEL.—*François*, b [6] 3 mars 1738.—*Jean-Baptiste*, b [6] 4 oct. 1743; s [6] 15 mai 1744.

I.—DECHOMEDEY (4), PAUL.

I.—DECHOURSES (5), JACQUES-LOUIS.

I.—[illegible]KER (6), JEAN.
T[illegible], Sarah.

J[illegible]uis (7), ne 1694, à Terreneuve; b 24 avril 1[illegible] à Montréal.

DECLEAU.—Voy. DUCLOS.

DECLÉRIN.—Voy. D'ESTIENNE en 1691.

DÉCLUS.—Voy. GALARD.

DECŒUR.—Voy. HEATE, (Irlandais).

(1) De la Chevrotiere.

(2) Dit Lheureux.

(3) DeSennecy.

(4) Sieur de Maisonneuve, fondateur et premier gouverneur de Ville-Marie Sa vie a été publiée, en 1886, par M. l'abbé Pierre Rousseau, prêtre de St-Sulpice, à Montréal.

(5) Chevalier, seigneur Depiacé, Bechereau, Chaigne, etc, officier au regiment de Guerne. Il était à St Antoine-de-Chambly, le 8 janvier 1759.

(6) Pécheur, établi à Hanzerbury, Terreneuve.

(7) Pris par les sauvages et racheté par M. Thomas de Joncaire, officier.

I.—DECOMBRE (1), Charles.

DÉCONGÉ, Marie, épouse d'Ignace Goulet.

DeCORBIÈRE.—Voy. Pétiot des Corbières.

1725, (18 août) Montréal. [1]

I.—DECOSTE (2), Jean-Bte, b 1703; fils de Louis (major des troupes, chevalier de St-Louis) et de Catherine Core, de St-Nicolas-des-Champs, Paris.

Marchand, Reine, [Nicolas I.
b 1705.

Jean-Christophe, b [1] 15 août 1726; m [1] 21 nov. 1757, à Marie-Joseph Dumouchel.— *Marie-Geneviève-Charlotte,* b [1] 18 fevrier et s [1] 2 mars 1728. —*Joseph,* b [1] 15 mars et s [1] 29 juillet 1729.— — *Marie-Anne,* b [1] 27 juillet 1734; 1° m [1] 5 mai 1755, à Pierre Sabourin; 2° m [1] 8 janvier 1759, à Antoine Berthe.—*Charles,* b [1] 18 nov. 1735; m [1] 9 janvier 1759, à Catherine Beneteau. — *Marie-Joseph,* b [1] 28 février et s [1] 1er avril 1738.—*Louis,* b [1] 18 fevrier 1739. —*Louis-Sébastien,* b [1] 8 août 1740, s 8 janvier 1741, au Sault-au-Récollet.[3] — *François,* b [1] 10 avril 1744. — *François,* b [1] 10 janvier et s [3] 11 août 1747.

1757, (21 nov.) Montréal.

II.—DECOSTE (3), Christophe, [Jean-Bte I.
b 1726.

Dumouchel, Marie-Joseph, [Bernard II.
b 1715; veuve de Pierre Bigeau.

1759, (9 janvier) Montreal.

II.—DECOSTE, Charles, [Jean-Bte I.
b 1735.

Beneteau, Catherine, [Jacques I.
b 1737.

DeCOTRET.—Voy. Coltret.

1680, (25 nov.) Québec.

I.—DeCOUAGNE (4), Charles,
b 1651; s 24 août 1706, à Montréal. [5]

1° Mars, Anne, [Simon I.
b 1659; s [5] 21 avril 1685.

Jacques-Charles, b [5] 10 nov. 1681; m [5] 6 mars 1707, à Marie-Anne Hubert; s [5] 17 nov. 1718.— *Marie-Anne,* b [5] 5 sept. 1683.

1685, (30 juillet). [5]

2° Godé (5), Marie, [Nicolas II.
b 1668.

Jean-Baptiste, b [5] 9 mars 1687, m à Marguerite DeGannes.—*Marie,* b [5] 19 oct. 1688. — *René,* b [5] 30 août 1690, m [5] 14 oct. 1716, à Louise Pothier. — *Nicolas,* b [5] 13 dec 1691. — *Pierre,* b [5] 9 janvier 1693. — *Marie-Joseph,* b [5] 3 août 1695; m [5] 12 août 1725, à Alexis Lemoine; s [5] 2 déc. 1743.—*Thérèse,* b [5] 19 janvier 1697; m [5] 27 nov. 1718, à François Poulin.

(1) Officier; voy. Porcheron; il etait à Batiscan, en 1757.

(2) Sieur de Mousel—De Létancour en 1755; huissier.

(3) Huissier.

(4) Voy. vol. I, p. 164.

(5) Elle épouse, le 18 nov. 1712, Pierre Derivon de Budemont, à Montréal.

1707, (6 mars) Montréal. [5]

II.—DeCOUAGNE, Jacques-Chs, [Charles I.
b 1681; s [5] 17 nov. 1718.

Hubert, Marie-Anne, [Jacques II.
b 1687.

Charles-Sylvestre, b [5] 31 déc. 1707. — *Louis,* b [5] 4 sept. et s [5] 18 oct. 1709.—*Anonyme,* b [5] et s [5] 4 juin 1710.—*François-Marie,* b [5] 18 août 1711; m [5] 7 janvier 1738, à Marie-Louise Lemoine; s [5] 12 déc. 1787.—*René,* b [5] 13 janvier 1714; m 5 oct. 1737, à Marie-Louise Cartier, à Quebec.

1716, (14 oct.) Montréal. [6]

II.—DeCOUAGNE, René, [Charles I.
b 1690.

Pothier, Louise, [Jean II.
b 1697; s [6] 4 avril 1745.

Marie-Louise, b [6] 7 déc. 1717; m [6] 3 avril 1742, à Simon Réaume; s [6] 4 dec. 1756.—*Jean-Baptiste,* b [6] 18 et s [6] 20 fevrier 1719. — *Jean-Baptiste,* b [6] 3 mars 1720. — *Marie-Joseph,* b [6] 20 mars 1721; m à Pierre-Alexis Lemoine.— *Anonyme,* b [6] et s [6] 7 août 1722 —*René,* b [6] 26 oct. 1723.—*Charlotte,* b [6] 28 fevrier 1725, s [6] 20 nov. 1750. — *Joseph-Alexis,* b [6] 4 et s [6] 6 sept. 1726. — *Marie-Catherine,* b [6] 12 et s 13 sept. 1728, à Laprairie. [7]— *Antoine,* b [6] 15 fevrier et s [7] 7 juin 1730. — *Marguerite,* b [6] 24 sept 1734; m [6] 11 janvier 1757, à Marcel-Louis DeParfourru.— *Marie,* b... s [7] 28 nov. 1735.—*Marie-Archange,* b [6] 5 nov. 1739.

1722.

II.—DeCOUAGNE (1), Jean-Bte, [Charles I.
b 1687.

DeGannes (2), Marguerite, [Louis I.
b 1703.

Marie-Françoise, b 1722; m 24 mai 1751, à George DeGannes, à Montréal. [4] — *Marguerite,* b 1724; 1° m [4] 8 mai 1747, à Claude Drouet; 2° m [4] 21 juin 1757, à Jean-Baptiste Godfroy.— *Marie-Anne,* b 1730, m [4] 8 janvier 1748, à Jean Lechelle. — *Louise,* b 1731; m [4] 24 juillet 1758, à Louis Baby.

1737, (5 oct.) Quebec. [8]

III.—DeCOUAGNE, Charles-Rene, [Jacques II.
b 1714.

Cartier, Marie-Louise. [René II.

Marie-Anne, b [8] 1er août 1738.—*Louis-Charles,* b [8] 21 juin et s [8] 18 juillet 1739. — *Marie-Louise,* b [8] 14 juin 1740; m [8] 31 oct. 1757, à Louis-Joseph Riverin.—*Rene-François,* b [8] 13 juillet 1741.— *Louise-Françoise,* b [8] 8 nov. 1742; s 29 janvier 1744, à Charlesbourg. — *Charles-François,* b [8] 2 dec. 1743.—*Louis-François,* b [8] 10 août 1745.

(1) Capitaine d'une compagnie, à Louisbourg.

(2) Falaise.

1738, (7 janvier) Montreal. [3]
III.—DeCOUAGNE, François, [Jacques II.
b 1711; s 12 déc. 1787, à Repentigny.[4]
Lemoine (1), Marie-Louise, [Alexis II.
b 1716; s[4] 8 juin 1786.
François-Ignace, b[3] 10 mars 1739; m à Marie-Angelique Daillebout de la Madeleine; s[4] 3 juin 1774.—*Louis*, b[3] 27 avril 1740.—*Jean-Marie*, b 1741; s 1er déc. 1752, à St-Laurent, M.—*Charles*, b[3] 15 mai 1741; m 9 avril 1766, à Marie-Charlotte Trudel, à Sorel.—*Joseph-Alexis*, b[3] 26 sept. 1742; s[3] 10 mai 1743.—*Catherine-Louise-Joseph*, b[3] 31 juillet 1744; m à Simon Evans.—*Joseph-Alexis*, b[3] 3 sept. 1745, s[3] 1er mai 1746.—*Marie-Anne*, b[3] 5 janvier et s 15 juin 1749, à la Pte-aux-Trembles, M.[5]—*Joseph*, b[5] 12 mai 1751.

IV.—DeCOUAGNE, Frs-Ignace, [François III.
b 1739; s 3 juin 1774, à Repentigny.
Daillebout (2), Angelique, [François IV.
b 1737; s 18 janvier 1768, au Detroit.[1]
Philippe-François, b 1766; s[1] 18 janvier 1768.

1766, (9 avril) Sorel.
IV.—DeCOUAGNE, Charles, [François III.
b 1741.
Trudel, Marie-Charlotte, [René III.
b 1736; veuve de Nicolas Meneclier.

DeCOURBUISSON.—Voy. Ménage.

DeCOURNOYER, Elisabeth, b... m 10 avril 1752, à Jean-Marie Pacaud, à Quebec.

1730, (7 janvier) Montréal.
I.—DeCOURTEVILLE, Barthélemi-Charles, b 1699; fils de Nicolas et de Madeleine Lemogne, de St-Pierre-des-Assis, diocèse de Paris.
Demers, Elisabeth, [Nicolas II.
b 1690.

1710, (17 fevrier) Montreal.
I.—DeCOURTIGNY (3), Pierre, b 1681; fils de Louis et de Françoise Coignan, de Jonais, diocèse de Poitiers.
Bonnedeau, Elisabeth, [Louis I.
b 1674; veuve de Jéan-Bte Mongeau.

DeCOURVILLE.—Voy. Aumasson.

1761, (14 nov.) Varennes.
I.—DeCOUSSE (4), Bernard, fils de Jean et de Bourlaguette-Marguerite de Fleury, de St-Etienne, diocese de Toulouse.
Gadois (5), Geneviève. [Jacques III.

(1) Dit Monier.
(2) De la Madeleine; submergée avec son fils Philippe, le 29 nov. 1767, dans un naufrage à la Pointe-Pelée, Lac Erié; aussi Jacques Vilbray.
(3) Sieur de Chandalon.
(4) DeRibaudin; ancien prieur de la Bours du 3ème ressort du parlement de Toulouse, et agent de la compagnie des Indes.
(5) Dit Mogé.

1700, (17 février) Québec. [1]
I.—DeCRISAFY (1), Antoine.
D'Auteuil, Marie-Claire, [François II.
b 1685; s[1] 9 oct. 1705 (dans l'eglise).

DeCROISIL.—Voy. LeGardeur.

DeCUISY.—Voy. Daillebout.

DeCUISY.—Voy. D'Auterive, 1749.

DEDEVIN.—Voy. Derdevens—DeGlandon.

DEDIEL, Pierre.—Voy. Delguel, 1763.

I.—DEDIEU, Jean, bourgeois; s 10 dec. 1731, à Quebec.

1742, (3 avril) Québec. [1]
I.—DEFARGE, Jean, journalier; fils d'André et de Louise Cartier, de St-Saturnin, diocèse de Clermont, Auvergne.
Rouiller, Marie, fille de Jacques et de Marie Orgeaude, de N.-D.-de-Larochelle.
Jean-Baptiste, b[1] 6 et s[1] 19 avril 1742.—*Jean*, b[1] 25 nov. 1744.—*Marie-Elisabeth*, b[1] 8 sept. 1747.

I.—DEFELTEAU (2), Augustin.
Angelium, Renee.
Augustin, b... m 13 oct. 1755, à Marie-Amable Cottu, à Lavaltrie.

1755, (13 oct.) Lavaltrie. [2]
II.—DEFELTEAU (2), Augustin. [Augustin I.
Cottu, Marie-Amable. [Etienne II.
François, b[2] 30 mai et s 7 juin 1757, à Lanoraie.

1741, (4 nov.) Québec.
I.—DeFELTZ (3), Chs-Jos.-Alexandre-Ferd, b 1710; fils d'Elémy-Theodore et d Ursule Mouet, de N.-D.-de-Mayence, de Rabstat, Autriche.
1° Aubert, Ursule, [François II.
b 1700; veuve de Charles LeMarchand, s 3 oct. 1756, à Montréal.
1757, (16 fevrier) Lachine.
2° Gosselin, Cecile.

I.—DeFERRIÈRE, Charles-François.
Roy, Marie-Madeleine.
Marie-Charlotte, b 25 mars 1766, à l'Ile-Dupas

I.—DEFFEREND (4), ... b 1680; s 4 dec. 1740, à l'Hôpital-Général, Q.

(1) Marquis, chevalier de St-Louis, lieutenant du roy pour la ville et gouvernement de Québec.
(2) Dit St-Onge.
(3) Chirurgien-major des hôpitaux.
(4) Enseigne de la compagnie de M. De la Vallière.

1755, (28 déc.) Montreal.

I.—DEFIGUIERY, ETIENNE-GUILLAUME, b 1724, fils de Guillaume et de Claire DePagès-de-Vessière, de St-Sauveur-de-Castel-Sarrazin, diocèse de Montauban.
GAMELIN, Marie-Joseph, [IGNACE III. b 1736.

DEFILÉ.—Voy. DUFAYE.

1710, (6 oct.) Québec.

I.—DEFLECHEUR, EDOUARD, fils de Jean et de Marie Henneson, de Narez, Angleterre.
PILMENT, Marie-Louise, veuve d'Etienne Willis.

DEFLEME, Yves.—Voy. PHLEM.

DEFLEURY.—Voy. GUYARD, 1740.

1671, (19 nov.) Québec. [3]

I.—DEFLEURY (1), JACQUES-ALEXIS, b 1642; s 31 mars 1715, à Montreal. [4]
1° DECHAVIGNY, Marguerite, [FRANÇOIS I. b 1643; veuve de Thomas Douaire; s [4] 13 nov. 1705.
Pierre, b 2 janvier 1680, au Cap-Santé [5]; s [3] 11 mars 1701.—*Charlotte*, nee [5] 10 janvier et b [5] 20 avril 1683; m [4] 15 juin 1704, à François LE-VERRIER.
1708, (9 juillet) Ste-Anne-de-la-Perade.
2° DENIS, Marguerite-Renee, [PIERRE II. b 1657, veuve de Thomas De la Naudière, s [3] 3 fevrier 1722.

1702, (11 mai) Québec. [6]

II.—DEFLEURY (2), JOSEPH, [JACQUES-ALEXIS I. b 1676, s [6] 3 mai 1755 (dans l'eglise).
JOLIET, Claire, [LOUIS II. b 1685, s [6] 19 février 1787.
Louis, b [6] 31 août 1705, 1° m [6] 31 août 1735, à Marie-Anne LANGLOIS, 2° m 7 janvier 1764, à Athalie BOUDREAU, à Deschambault [7], s [7] 17 août 1771.—*Marie-Claire*, b [6] 28 avril 1708, m [6] 17 janvier 1728, à Thomas-Jacques TASCHEREAU; s [6] 19 fevrier 1797.—*Joseph*, b [6] 1er mai 1709; m [6] 19 janvier 1738, à Catherine VÉRON, s [6] 25 sept. 1749.—*Jean-Baptiste*, b [6] 18 juillet 1710.—*Claire*, b [6] 18 juillet et s [6] 10 sept. 1711.—*Louise-Thérèse*, b [6] 6 mai 1713; m [6] 2 mai 1733, à Pierre-François RIGAUD DE VAUDREUIL; s en France.—*Marie-Charlotte*, b [6] 22 mai et s [6] 7 oct. 1714.—*Marie-Catherine*, b [6] 18 août 1715.—*Jean* (3), b [6] 16 oct. 1716; s 28 juillet 1729, au Cap-Sante.—*Francois-Alexis*, b [6] 3 juin 1718.—*Jean-Baptiste*, b [6] 11 juin 1719.—*François-Etienne*, b [6] 18 juillet 1720. — *Madeleine-Michelle*, b [6] 5 nov. 1721. — *Ignace-Louis*, b [6] 21 avril 1724.—*Charlotte-Ursule*, b [6] 26 janvier 1726; m [6] 20 sept. 1745, à Joseph LAMARQUE-ST-MARTIN. — *Marie-Madeleine-Françoise*, b [6] 12 mai 1727. — *Marie-Thomas*, b [6] 12 mai 1727; m [6] 25 mai 1747, à Thomas-Ignace TROTIER-DUFY.

(1) Lieutenant-General de Montréal; voy. vol. I, p. 164.

(2) Sieur de la Gorgendière, seigneur D'Eschambault.

(3) Noyé aux Trois-Rivières, et trouvé sur le rivage, au Cap-Santé.

1735, (31 août) Québec. [8]

III.—DEFLEURY (1), LOUIS, [JOSEPH II. b 1705; s 17 août 1771, à Deschambault. [9]
1° LANGLOIS, Marie-Anne, [JACQUES I. b 1689; veuve de Philippe Peire; s [9] 23 mars 1760.
Anonyme, b [8] et s [8] 9 mai 1738.
1764, (7 janvier). [9]
2° BOUDREAU, Athalie. [CHARLES I.
Louis, b [9] 9 nov. 1764; m 16 février 1789, à Marie-Amable AUBRY, à Ste-Geneviève-de-Batiscan.—*Jean-Charles*, b [9] 1er juin 1766.—*Gui-Claire*, b [9] 5 juillet 1767.—*Marie-Louise*, b [9] 27 mai 1768; m [9] 11 fevrier 1793, à Antoine-Louis JUCHEREAU.

1738, (19 janvier) Québec [1]

III.—DEFLEURY (2), JOSEPH, [JOSEPH II. b 1709; s [1] 25 sept. 1749.
VÉRON (3), Catherine, [ETIENNE III. b 1715.
Joseph, b 20 avril 1739, à Montréal [2]; s [2] 18 avril 1740.—*Marie-Anne-Catherine*, b [2] 7 août 1740; 1° m [2] 7 janvier 1754, à Charles-Jacques LEMOINE; 2° m à Guillaume GRANT.—*Marie-Claire*, b [2] 10 août 1741, m à Jean FRASER.—*Charles-François-Joseph*, b [2] 12 et s [2] 23 mars 1743.—*Thérèse-Joseph*, b [2] 5 février 1744. — *Joseph-Etienne*, b [2] 14 sept. 1745.—*Marie-Françoise*, b [2] 25 avril 1747.—*Joseph-Thomas*, b [2] 10 août 1748.

1789, (16 février) Ste-Geneviève-de-Batiscan.

IV.—DEFLEURY (4), LOUIS. [LOUIS III.
AUBRY, Marie-Amable-Blanche. [FRANÇOIS III.
Louis-Laurent-Olivier, b 17 juin 1790, à Deschambault. [6]— *Marie-Louise-Amable*, b [6] 28 nov. 1791.—*Julie-Henriette*, b [6] 27 avril 1794.

DEFOGAS.—*Variation et surnom:* PHOCAS — RAYMOND.

DEFOGAS, ROMAIN.—Voy. PHOCAS.

I.—DEFONBENNE (5)

DEFOND.—Voy. LAMY.

I.—DEFONTENAY (6), PIERRE.

DEFONTTROUVER.—*Variation :* DEFOND.

(1) De la Gorgendière; seigneur d'Eschambault.

(2) Deschambault, receveur du castor, 1748.

(3) DeGrandmesnil.

(4) De la Gorgendière.

(5) Commandant le régiment de Guyenne, il était à la Pte-aux-Trembles, M, le 16 fevrier 1756.

(6) Et Daignau — Dauville, officier; il était à St-Laurent, M., le 26 juillet 1760.

1711, (4 mai) Rivière-Ouelle.[1]

I.—DEFONTTROUVER (1), PIERRE, b 1681; fils de Pierre-François et de Marie-Françoise ...., de Tours-de-Belnal, Gascogne; s 22 mars 1748, à Montréal.[2]
EMOND (2), Marie-Agnès, [PIERRE I.
b 1691.
Marie-Anne, b[1] 15 nov. 1712; m 25 février 1732, à Claude GEORGETEAU, à St-Michel-d'Yamaska.[3] — *Pierre*, b[1] 6 oct. 1714; m à Geneviève COULON. — *Jean-Bernard*, b 24 janvier 1723, à Ste-Anne[4]; m à Louise-Gertrude .... — *Clotilde*, b... m 29 février 1740, à Pierre GARREAU, à Terrebonne.[5] — *Gabriel-Basile*, b[4] 5 février 1725; m[2] 16 oct. 1747, à Marie-Joseph HOTESSE. — *Antoine*, b 6 mai 1728, à St-Frs-du-Lac; m[2] 21 avril 1760, à Marie-Louise DUROZEAU. — *Pierre*, b[3] 5 nov. 1730; m 16 janvier 1758, à Felicité BRAULT, à Lachine.—*Marie*, b[5] 7 avril 1736.

—

1740.

II.—DEFONTTROUVER (1), PIERRE, [PIERRE I.
b 1714.
COULON (3), Geneviève, [RENÉ II.
b 1712.
François, b 10 nov. 1743, à Terrebonne.

II.—DEFONTTROUVER (1), JEAN, [PIERRE I.
b 1724.
......, Louise-Gertrude.
Marguerite, b... s 17 juillet 1749, aux Trois-Rivières.

—

1747, (16 oct.) Montréal.

II.—DEFONTTROUVER (1), GAB., [PIERRE I.
b 1725.
HOTESSE, Marie-Joseph, [PAUL II.
b 1729.

—

1758, (16 janvier) Lachine.

II.—DEFONTTROUVER (1), PIERRE, [PIERRE I.
b 1730.
BRAULT, Felicité, [JEAN-BTE III.
b 1731.

—

1760, (21 avril) Montréal.

II.—DEFONTTROUVER (1), ANT., [PIERRE I.
b 1728.
DUROZEAU, Marie-Louise, [ANTOINE I.
b 1734.

—

DEFOREST, PIERRE.—Voy. LAFOREST.

—

DEFORILLON.—Voy. AUBERT.

—

DEFOSSENEUVE.—Voy. VOLANT.

—

DEFOURNEAU.—Voy. NOUEL, 1733.

(1) Et Defond.
(2) Elle épouse, le 5 mai 1749, Charles Miville, à Terrebonne.
(3) Et Mabriant.

1696.

I.—DEFOY, LOUIS.
HÉBERT, Marie-Charlotte,
b 1655; s 18 déc. 1715, à Québec.
Charles, b 18 juin 1695, à Batiscan; m 30 mai 1718, à Marie-Angélique BROUSSEAU, à St-Augustin[4]; s[4] 13 nov. 1781.

—

1718, (30 mai) St-Augustin.[6]

II.—DEFOY, CHARLES, [LOUIS I.
b 1695; s[6] 13 nov. 1781.
BROUSSEAU (1), Marie-Angélique, [JEAN I.
b 1698; s[6] 27 fevrier 1781
Marie-Angélique, b[6] 25 sept. 1718; m[6] 28 fevrier 1745, à Pierre RASSET.—*Marie-Anne*, b[6] 4 avril 1720. — *Marie-Thérèse*, b[6] 1er et s[6] 5 dec. 1721. — *Jean-François*, b 13 février 1723, à la Pte-aux-Trembles, Q.; m 22 janvier 1748, à Jeanne MAURICE, à Montréal.[7] — *Marie-Charles*, b[6] 10 dec. 1724; s[6] 18 avril 1725. — *Charles-Augustin*, b[6] 27 janvier 1726; m 10 juin 1754, à Catherine DROUIN, à Ste-Famille, I. O.[8] —*Pierre*, b[6] 30 oct. 1727; 1° m[7] 25 sept. 1752, à Françoise LALANDE; 2° m 1760, à Françoise AUGER; s[6] 26 mai 1790. — *Charles*, b[6] 12 fevrier 1730; m[8] 8 fevrier 1757, à Marie-Hélène DROUIN. — *Marie-Thérèse*, b[6] 1er mai 1732; m 1754, à Antoine ALARY.—*Etienne*, b[6] 20 fevrier 1734; s[6] 11 sept. 1735. — *Pierre-Joseph*, b[8] 6 avril 1736; m 1755, à Marie-Louise LABERGE.—*Marie*, b... m à Joseph DOLBEC.

—

1722, (27 sept.) Québec.[1]

I.—DEFOY (2), JEAN-JÉRÉMIE, major; fils de François et de Marie Lourse, de St-Sulpice, Paris.
1° MAUFAIT, Angélique, [PIERRE I.
b 1688; s[1] 17 sept. 1723.
1724, (30 mars).[1]
2° CHAPPAU, Marguerite, [JEAN II.
b 1704.
Jean-Baptiste-Guillaume, b[1] 19 déc. 1724 — *Joseph-Marie*, b 1727; s[1] 23 juin 1728.— *Jean*, b 1728; s[1] 29 avril 1730. — *Elisabeth-Marie-Madeleine*, b[1] 9 janvier 1729; m 1764, à Claude-Antoine MORAS. — *Geneviève*, b 1er nov. 1730, au Detroit; m[1] 28 janvier 1749, à Nicolas MARCHAND; s[1] 3 juin 1763. — *Louise*, b[1] 10 oct. 1733.

—

1723, (23 août) Charlesbourg.[1]

I.—DEFOY (3), ANTOINE, b 1677; fils d'Andre et de Françoise Ferrand, de Labenâtre, diocèse de Xaintes; s 3 juin 1743, à l'Hôpital-General, Q.
CHAILLÉ, Marie-Anne, [HENRI II.
b 1693; s[1] 21 juin 1763.

(1) Et Bruseau.
(2) Et Defouet.
(3) Dit Baron.

1748, (22 janvier) Montréal. [2]
III.—DEFOY, JEAN-FRANÇOIS, [CHARLES II. b 1723.
MAURICE, Marie-Jeanne, [CHARLES II. b 1726.
Charles, b [2] 23 nov. et s [2] 1er déc. 1748. — *Marie-Charlotte*, b [2] 16 déc 1749. — *Jean-Baptiste-Christophe*, b [2] 15 janvier 1751.

1752, (25 sept.) Montréal.
III.—DEFOY, PIERRE, [CHARLES II. b 1727; s 26 mai 1790, à St-Augustin. [2]
1° LALANDE, Françoise, [JACQUES II. b 1733.
François, b... m [2] 5 oct. 1784, à Alexis BERNARD. — *Pierre*, b... m 1780, à Marie-Thérèse GILBERT.—*Madeleine*, b... m [2] 12 février 1787, à Joseph BÉLAND.
1760.
2° AUGER, Françoise.
Nicolas, b 4 janvier 1762, à la Pointe-aux-Trembles, Q.

1754, (10 juin) Ste-Famille, I. O
III.—DEFOY, CHARLES-AUGUSTIN, [CHARLES II. b 1726.
DROUIN, Catherine, [NICOLAS III. b 1723.
Augustin, b 16 mars 1755, à St-Augustin [2], m 1780, à Angélique HUOT. — *Marie-Joseph*, b... m [2] 7 fevrier 1785, à Pierre SAVARD —*François-Zacharie*, b [2] 28 fevrier 1758; m [2] 21 janvier 1782, à Angelique TRUDEL. — *Denis-Toussaint*, b 22 avril 1760, à la Pte-aux-Trembles, Q. [3] — *Geneviève*, b [3] 19 août 1761, m [2] 19 fevrier 1781, à Augustin OUVRARD. — *Antoine*, b [3] 26 mars 1764; m [2] 20 janvier 1783, à Marie-Anne TRUDEL.—*Benjamin*, b... m à Brigitte TRUDEL.

1755.
III.—DEFOY, PIERRE-JOSEPH, [CHARLES II. b 1736
LABERGE, Louise, [PIERRE III. b 1722.
Pierre, b 14 juin 1756, à la Pte-aux-Trembles, Q. [2] — *Marie-Françoise*, b [2] 20 janvier 1758; s 2 oct. 1771, à Lachenaye.

1757, (8 février) Ste-Famille, I. O. [2]
III—DEFOY, CHARLES, [CHARLES II. b 1730.
DROUIN, Marie-Helène, [NICOLAS III. b 1727.
Marie-Hélène, b [2] 24 nov. 1759; s [2] 17 avril 1760.—*Marie-Hélène*, b [2] 14 janvier et s [2] 1er juillet 1763—*Augustin*, b [2] 10 mars 1764. — *Louis-Charles*, b [2] 10 août 1765; m 12 fevrier 1787, à Marguerite VÉSINA, à St-Augustin. [3] — *Etienne*, b... m [3] 12 nov. 1787, à Marguerite TRUDEL. — *Catherine-Basilice*, b 31 déc. 1768, à la Pte-aux-Trembles, Q.

DEFOY, JOSEPH.
LAVAL, Marie-Louise.
Jean-Baptiste et *Louis*, b 20 mai 1764, à Lachenaye.—*Pierre*, b... m à Marie-Rose MAROIS.

1780.
IV.—DEFOY, AUGUSTIN, [CHARLES-AUGUSTIN III. b 1755.
HUOT, Angelique.
Charles, b 11 mars 1781, à St-Augustin. [4]— *Euphrasie*, b [4] 9 juillet 1782.

1780.
IV.—DEFOY, PIERRE. [PIERRE III.
GILBERT, Marie-Therèse.
Pierre, b 24 sept. 1781, à St-Augustin. [2]— *Françoise*, b [2] 13 fevrier 1783. — *Pélagie*, b [2] 28 mars 1784.—*Joseph*, b [2] 13 nov. 1785.— *Marguerite*, b [2] 4 août 1787. — *Marie-Charlotte*, b [2] 16 mars 1789.

1782, (21 janvier) St-Augustin. [2]
IV.—DEFOY, FRS-ZACHARIE, [AUGUSTIN III. b 1758
TRUDEL, Angélique. [NICOLAS IV.
Louise (fille adoptee), b 1780; s [2] 1er juin 1794.

1783, (20 janvier) St-Augustin. [2]
IV.—DEFOY, ANTOINE, [AUGUSTIN III. b 1764.
TRUDEL, Marie-Anne, [NICOLAS IV. b 1762.
Joseph, b [2] 7 avril 1784.—*Augustin*, b [2] 7 avril 1788.—*Antoine*, b [2] 9 juin 1789. — *Marie-Angélique*, b [2] 11 fevrier 1791. — *Thérèse*, b [2] 27 juin 1792. — *Olivier*, b [2] 18 oct. 1793. — *Charles*, b [2] 25 oct. 1795.

IV.—DEFOY, BENJAMIN. [AUGUSTIN III.
TRUDEL, Brigitte. [NICOLAS IV.
Anonyme, b et s 15 juin 1784, à St-Augustin.

DEFOY, PIERRE.
MAROIS, Marie-Rose. [JOSEPH.
Pierre-Joseph, b 15 fevrier 1787, à Lachenaye.

1787, (12 fevrier) St-Augustin. [4]
IV.—DEFOY, LOUIS-CHARLES, [CHARLES III. b 1765.
VÉSINA, Marguerite. [JOSEPH.
Marguerite, b [4] 15 déc. 1787. — *Joseph*, b [4] 10 mai 1789. — *Marie-Anne*, b [4] 20 mars 1791. — *Madeleine*, b [4] 6 mai 1793. — *Geneviève*, b [4] 25 juin 1795.

1787, (12 nov.) St-Augustin. [7]
IV.—DEFOY, ETIENNE. [CHARLES III.
TRUDEL, Marguerite. [NICOLAS IV.
Etienne, b [7] 28 mars 1789. — *Marie-Angélique*, b [7] 31 déc. 1790.—*Marguerite*, b [7] 24 mars 1792, m 17 oct. 1809, à Charles DUBUC, à Québec.— *François-Xavier*, b [7] 6 août 1793.

DeFOY, Catherine, épouse d'Ignace Jean-Denis.

1729, (29 dec.) Beauport.

I.—DeFRANFLEUR (1), François-Roger.
DeSt-Vincent (2), Marie-Françoise, [Pierre I.
b 1695.
Pierre-Henri, b 13 oct. 1730, à Québec.

1694, (25 nov.) Champlain.

I—DEFRENEL (3), Joseph-Antoine,
b 1662.
1° Chorel, Jacqueline, [François I.
b 1678.
Catherine, b 23 mars 1705, à Montréal. [1]— *Louis*, b 1706; s [1] 19 sept. 1714.

1712, (21 février) Laprairie.

2° De la Marque (4), Marie-Anne, [Jacques I.
b 1669; veuve de Jean-Baptiste Nolan.

I.—DEFREVILLE (5).

1697, (14 janvier) Québec. [4]

I.—DeGALIFET (6), François,
b 1666.
Aubert, Marie-Catherine, [Charles I.
b 1681.
Marguerite, b [4] 18 juin et s [4] 1er oct. 1700.—*Marie-Joseph*, b [4] 25 avril 1702.— *Antoine*, b et s 9 juin 1703, à la Pte-aux-Trembles, M.

1700, (19 juin) Trois-Rivières.

I.—DeGALIMARD (7), Augustin, fils de Nicolas et d'Anne Lemire, de St-Florentin, diocèse de Sens.
Godfroy, Marie-Françoise-Ursule, [Michel II.
b 1665; veuve de Pierre Bretigny.

I.—DeGANEAU (8), Gilles-François.

DeGANNES.—*Surnoms :* Chamelay—Falaise.

DeGANNES, Marie-Joseph, epouse de Louis Maheu.

DeGANNES, Marie, épouse de Pierre Ratel.

DeGANNES, Elisabeth, épouse de Jacques Riel.

DeGANNES, Antoinette, épouse d'Antoine Roussel.

DeGANNES, Marie, epouse d'Arnaud Tessenet.

(1) Sieur de Villers; officier.

(2) De Narcy; elle épouse, le 12 août 1748, Charles Dubeau, à Québec.

(3) De la Pipardière; voy. vol. I, p. 164.

(4) Elle épouse, le 3 mai 1717, Alphonse DeTonty, à Montréal.

(5) Il signe, en 1725, à St-Jean, I. O.

(6) Lieutenant du roy; voy. vol. I, p. 165.

(7) Seigneur de Champlain.

(8) Chevalier-seigneur de Senneville; il signe, le 17 sept. 1742, à Charlesbourg.

I.—DeGANNES (1), Louis-François.
LeNeuf (2), Marguerite, [Michel II.
b 1680, s 25 avril 1760, aux Trois-Rivières. [1]
Marguerite-Madeleine, b 18 mai 1703, à Annapolis [4]; m à Jean-Baptiste DeCouagne. — *Louis-Joseph*, b [4] 29 mars 1704; m 4 oct. 1751, à Marie-Catherine-Amable Ménard, au Bout-de-l'Ile, M. — *Pierre*, b [4] 18 nov. 1705; m à Marguerite Coulon de Villiers. —*Jacques*, b [4] 27 oct. 1706. — *Simon*, b [4] 2 nov 1707.—*Anonyme*, b [4] et s [4] 7 juillet 1708.—*Michel*, b... m à Elisabeth De Catalogne.—*Louis*, b 28 nov. 1711, à Québec [3]; s [3] 10 février 1714. — *Louise-Thérèse*, b [3] 6 oct. 1713; s [3] 12 juillet 1714.—*Charles-Thomas*, b... m [1] 23 oct. 1749, à Angelique Coulon de Villiers.

1713, (30 nov.) Montréal. [3]

I.—DeGANNES (3), François, b 1677; fils de Louis (seigneur de Falaise et de Rosne) et de Françoise LeBloy, de Busseuil, diocèse de Poitiers; s [3] 28 sept. 1746.
Nafrechon, Marguerite, [Isaac I.
b 1679; s [3] 21 fevrier 1749.

1721, (3 février) Repentigny. [1]

II.—DeGANNES (4), Laurent, [Léon I.
b 1696.
Levèque, Marie-Joseph, [Jacques I.
b 1701.
Jacques, b [1] 13 dec. 1721. — *Charles*, b [1] 19 février 1725.

I.—DeGANNES (5), François,
b 1666.
1° LeBlois, Marie-Joseph.
Marie-Anne, b 1727; s 30 nov. 1733, aux Trois-Rivières.

1742, (30 juillet) Boucherville.

2° Lamoureux, Marie-Elisabeth, [Adrien II.
veuve de François Menard.

1744, (7 nov.) Montréal.

I.—DeGANNES (6), Jean-Bte, b 1711; fils de George (capitaine) et de Catherine Durand, d'Auches, diocèse de Tours.
Bouat, Madeleine-Thérèse, [Frs-Marie II.
b 1711; veuve de Louis Poulain-Courval.

II.—DeGANNES, Michel. [Louis-François I.
DeCatalogne (7), Marie-Elisabeth, [Gédéon I.
b 1708; s 13 août 1750, à Louisbourg.

(1) Sieur de Falaise; major de la province de l'Acadie, chevalier de St-Louis.

(2) De LaVallière.

(3) Sieur de Falaise; capitaine des troupes.

(4) Voy. DeGame, vol. I, p. 165.

(5) Lieutenant du roy aux Trois-Rivières.

(6) Enseigne.

(7) Elle était à la Pte-aux-Trembles, Q., le 21 juillet 1747.

1749, (23 oct.) Trois-Rivières.[7]

II.—DEGANNES (1), CHS-THOMAS. [LOUIS-FRS I.
COULON (2), Angélique, [NICOLAS-ANTOINE I.
b 1726.

Marguerite-Anne, b [7] 26 et s [7] 29 sept. 1750.—*Marguerite-Angélique,* b [7] 18 oct. 1751; s [7] 31 dec. 1756.— *Charlotte,* b [7] 16 sept. 1752; s [7] 20 dec. 1756.— *Gabrielle,* b [7] 14 août et s [7] 17 sept. 1756.—*Marie-Antoinette,* b [7] 5 juillet et s [7] 9 oct. 1758.

1751, (24 mai) Montréal.

I.—DEGANNES (3), GEORGE, b 1706 ; fils de George (capitaine reformé) et de Catherine Durand, d'Auches, diocèse de Tours.
DECOUAGNE, Marie-Françoise, [JEAN-BTE II.
b 1722.

Marie-Françoise, b 27 et s 29 février 1752, aux Trois-Rivières.[7] — *George-Nicolas,* b [7] 23 mars et s [7] 10 sept 1753.—*Charlotte-Françoise,* b [7] 20 oct. 1755.—*Antoine-Charlotte,* b [7] 12 oct. 1757.—*George,* b [7] 26 oct. 1759.

II.—DEGANNES (4), PIERRE, [LS-FRANÇOIS I.
b 1705.
COULON (2), Marguerite. [NICOLAS-ANT. I.

Marie-Anne, b... s 27 sept. 1750, à la Pte-du-Lac.

1751, (4 oct.) Bout-de-l'Ile, M.[1]

II.—DEGANNES, LOUIS-JOSEPH, [LS-FRANÇOIS I.
b 1704.
MÉNARD, Marie-Catherine-Amable, [LOUIS III.
b 1732.

Jean-Baptiste, b [1] 27 dec. 1753.—*Joseph,* b [1] 5 février 1756. — *Marie,* b 13 nov. 1760, à St-Laurent, M. — *Marie,* b 18 avril 1764, à St-Michel-d'Yamaska.

DEGANNES, CHARLES.
LALONDE, Agathe.

Marie-Elisabeth, b 26 déc. 1766, à Repentigny.[7] —*Charles,* b [7] 3 et s [7] 27 juillet 1768.

DEGASPÉ.—Voy. AUBERT.

III.—DEGASPÉ (5), IGNACE. [PIERRE II.
COULON (2), Marie-Anne. [NICOLAS-ANT. I.

Anonyme, b et s 8 nov. 1759, à Verchères.

1765, (18 nov.) St-Thomas.

I.—DEGAUCHE, YVES, fils d'Olivier et de Marie Goupy, de Pleude, diocèse de Dol.
BOULÉ (6), Marie-Angélique, [ALEXIS III.
b 1742.

DEGEARCHEZ, SARA, epouse de Jean QUÉE.

(1) Chevalier de Falaise; lieutenant des troupes et aide-major. Il signe à Ste-Anne-de-la-Perade, le 9 sept. 1755.

(2) Voy DeVilliers.

(3) Sieur de Chamelay ; aide-major des Trois-Rivières.

(4) DeFalaise.

(5) Capitaine d'infanterie; voy. aussi Aubert, vol. II, p. 63.

(6) Et Boulet.

DEGENLIS.—Voy. THIERSAN.

DEGERLAIS.—*Variation et surnom :* DEJARLAIS —ST-AMAND.

1678.

I.—DEGERLAIS (1), JEAN.
TRUDEL, Marie-Jeanne, [JEAN I.
b 1656 ; veuve de Jean Jacquet.

Jeanne, b 1679 ; m 20 août 1705, à Pierre BENOIT, aux Trois-Rivières ; s 25 nov. 1771, à la Baie-du-Febvre.

1709, (25 mai) Trois-Rivières.

II.—DEGERLAIS (2), ANTOINE. [JEAN I.
PELLETIER, Marie-Angelique, [FRANÇOIS II.
b 1662; veuve de François Baillac.

1719, (23 juin) Quebec.[1]

II.—DEGERLAIS (2), JEAN-FRANÇOIS. [JEAN I.
AUBERT, Catherine, [FRANÇOIS III.
b 1701.

Joseph, b... m 29 mai 1752, à Marie-Joseph HERVIEUX, à Lavaltrie —*Jean-Augustin,* b [1] 1er juillet 1728; m 15 fevrier 1762, à Marie-Marguerite RENAUD, à Beauport.

1752, (29 mai) Lavaltrie.

III.—DEGERLAIS, JOSEPH. [JEAN-FRANÇOIS II.
HERVIEUX, Marie-Joseph. [PAUL III.

Théotiste, b 7 avril 1756, à Contrecœur[3], s [3] 13 mars 1757.—*Paul,* b [3] 19 mars 1757.—*Judith,* b 29 août 1758, à St-Ours.

1762, (15 fevrier) Beauport.

III.—DEGERLAIS, JEAN-AUGUST., [JEAN-FRS II.
b 1728.
RENAUD, Marie-Marguerite, [PIERRE.

Charles, b... 1° m à Madeleine BEAUNOYER ; 2° m 27 fevrier 1800, à Lucie HODGES, à St-Charles, Mo. — *Antoine,* b... 1° m 1792, à Thérèse GAGNE ; 2° m 30 oct. 1797, à Therèse PELLETIER, à Florissant, Mo.

1792.

IV.—DEGERLAIS, ANTOINE. [JEAN-AUGUST. III.
1° GAGNÉ, Therèse.

Therèse, b... m 31 juillet 1815, à Michel FORTIN, à Florissant, Mo.[2]

1797, (30 oct.)[2]

2° PELLETIER, Therèse. [ANDRÉ I.

Théodore et *Albert,* b 15 sept. 1829, à St-Louis, Mo.

IV.—DEGERLAIS (3), CHARLES. [JEAN-AUG. III.
1° BEAUNOYER, Madeleine.

Marie-Anne, b... 1° m 8 janvier 1801, à Alexis CADOT, à Florissant, Mo.[8]; 2° m [8] 9 janvier 1804, à Amable OUIMET ; 3° m [8] 10 février 1807, à Jean-Baptiste DESROSIERS.

(1) Voy. vol. I, p 165.

(2) Dit St-Amand.

(3) Et Dejarlais.

1800, (27 fevrier) St-Charles, Mo.
2° Hodges, Lucie, fille d'Edmond et de Rachel Godfrey, de Florissant, Mo.

I.—DeGLAINE (1), Charles,
b 1709; s 26 juillet 1759, à Lachine.
Mezeray, Marguerite, [Jean II.
b 1697; s 9 juin 1761, à l'Hôpital-General, M.

DeGLANDON.—Voy. Derdevens.

DEGONGRE, Jean-Joseph.—Voy. Descougres.

DeGONNEVILLE.—Voy. Desjardins.

I.—DeGOUTIN (2), Mathieu.
Tibaudeau, Jeanne.
François-Marie, b 1687; 1° m à Angelique Aubert; 2° m à Angelique Lafosse; s 6 janvier 1752, à l'Ile-St-Jean.—*Anne*, b... 1° m 26 fevrier 1710, à Michel Dupont, à Annapolis[5], 2° m à Michel Hertel.—*Antoine*, b [5] 24 juillet 1703.—*Joseph*, b [5] 20 mars 1705.—*Jeanne*, b [5] 7 avril 1707; m à George Dubois-Berthelot.—*Madeleine*, b [5] 11 nov. 1708.

II.—DeGOUTIN (3), Frs-Marie, [Mathieu I.
b 1687; s 6 janvier 1752, à l'Ile-St-Jean. [2]
1° Aubert, Angelique, [Charles I.
b 1699.
Angélique, b 1722; sœur Ste-Scholastique, Congregation de N.-D.; s 27 oct. 1748, à Montreal.[4]—*Marie-Anne*, b 1723; m [4] 13 janvier 1740, à François-Augustin Bailly.—*Jeanne*, b... m [4] 19 mai 1739, à Pierre-Joseph Daillebout.
2° Lafosse, Angelique,
s [2] 31 mars 1750.
Françoise-Angélique, b... s [2] 24 sept 1749.

DEGRAIS.—Voy. Degré—Langevin.

1737, (5 février) Baie-du-Febvre. [5]
I.—DEGRAIS (4), François, fils de François et de Louise Labranche, de Marlay, Provence.
Vanasse, Marie-Catherine, [François II.
b 1714.
Marie-Joseph, b [5] 11 déc. 1737; m [5] 7 janvier 1768, à Joseph Bertrand.—*Marie-Catherine*, b [5] 5 juin 1740.—*François-Antoine*, b [5] 13 juin 1742; m 10 oct. 1763, à Marie-Anne Jared, à St-Antoine-de-Chambly.—*Joseph*, b [5] 25 juillet 1744.—*Jean-Baptiste*, b [5] 28 juillet 1746.—*Thérèse*, b [5] 23 mars 1752.—*Marie-Françoise*, b... s [5] 1er mai 1758.

I.—DeGRANGE (5).

DeGRANVAL.—Voy. Rainauld de la Roche.

(1) Dit Desnoyers; il était à Montréal, le 28 avril 1749.
(2) Ecrivain du Roi et lieutenant-général de l'Acadie; seigneur de Mouscoudabouet, en Acadie, 4 août 1691.
(3) Conseiller à l'Ile-Royale.
(4) Dit Langevin, 1752.
(5) Juge; il etait à Lorette, le 10 février 1755.

DEGRÉ.—*Variations et surnoms*: Degrais—Dugré—Laliberté—Précour—St-Pierre.

1730, (20 nov.) Québec. [7]
I.—DEGRÉ (1), Raymond, fils de Raymond et de Suzanne DeSion, de St-Jean-de-la-Chataignerais, Fontenay-le-Compte, diocèse de La-Rochelle.
1° Dauphin, Louise, [Jean II.
b 1707; s [7] 6 mai 1734.
Marie-Louise, b 11 mars 1731, au Cap-St-Ignace; 1° m [7] 11 oct. 1751, à Jean-Baptiste Dussault; 2° m [7] 29 sept 1778, à Jean-Baptiste Guillet.—*Nicolas-François*, b [7] 29 mai et s [7] 28 juin 1732.
1735, (17 janvier) Charlesbourg. [8]
2° Gatien, Madeleine, [Pierre I.
b 1707; s [7] 20 sept. 1751.
Marie-Madeleine, b [7] 8 déc. 1735; m [7] 23 nov. 1756, à Pierre Borneuf.—*Raymond*, b [7] 18 et s [8] 29 août 1737.—*Angélique-Madeleine*, b [7] 20 août 1738; m [7] 8 août 1789, à Jean Charpentier, s [7] 1er oct. 1789.—*Marie-Madeleine*, b [7] 23 mars 1740, m 8 janvier 1763, à Jean Garnier, à Batiscan.—*Marie-Marguerite*, b [7] 10 oct. 1741.—*Nicolas*, b [7] 17 mars 1743.—*Marie-Thérèse*, b [7] 23 oct 1744, s [7] 17 oct. 1746.—*François-Xavier*, b [7] 12 fevrier 1747.—*Etienne*, b [7] 3 avril et s [8] 24 mai 1749.—*Joseph-Raymond*, b... m à Marie-Joseph Caron.

1736, (10 avril) Québec. [1]
I.—DEGRÉ, François-Didier, fils de François et de Jeanne Hervieux, de St-Pierre, diocèse de Langres.
Poitevin, Thérèse, [Jean II.
b 1715.
Marie-Thérèse, b [1] 21 avril 1736.—*Marie-Thérèse*, b [1] 6 oct. 1737; s [1] 28 oct. 1740.—*Marie-Louise*, b [1] 9 oct. 1739; s [1] 28 mai 1742.—*François-Didier*, b [1] 15 mars 1742; m [1] 15 fevrier 1762, à Catherine Vaillancourt.—*Marie*, b... m [1] 24 avril 1759, à Pierre Rousseau.

1743, (29 août) Montréal. [2]
I.—DEGRÉ (2), Philippe, b 1716; fils de Laurent et d'Anne Duhamel, de Pavanne, diocèse de St-Malo; s avant 1781.
Chapelain, Marguerite, [Jacques III.
b 1722, s avant 1781.
Marie-Marguerite, b [2] 29 oct. 1742; s [2] 31 juillet 1743.—*Marie-Jeanne*, b [2] 27 mai 1744; s [2] 5 mai 1745.—*Philippe*, b [2] 19 avril 1746.—*Marie-Joseph*, b [2] 23 fevrier 1748.—*Marguerite*, b [2] 22 dec. 1750; m 1766, à Jean Landry.—*Pierre*, b... m 26 nov. 1781, à Marie-Louise Leonard, à la Longue-Pointe.

I.—DEGRÉ, Jean, tonnelier.
Maurice, Marie-Joseph. [Claude I
Louis, b 4 juin 1746, à Quebec.

(1) Sergent dans les troupes.
(2) Dit St-Pierre; soldat de la compagnie de Varennes.

1752, (10 avril) Trois-Rivières. [3]
II.—DEGRÉ, Charles. [Charles I.
Poitevin, Suzanne, [Jean I.
b 1722.
Marie-Charlotte, b [3] 27 juin 1753.—*Hubert*, b [3] 17 avril 1755.

1756, (16 nov.) Québec. [4]
I.—DEGRÉ (1), Nicolas, fils de Jean-Baptiste et de Pierrette Tessier, de la Rivière-sous-Aigrement, diocèse de Besançon.
Guignard, Françoise, fille de Jean-Claude et de Jeanne Roux, des Barbières, diocèse de Valence, Dauphine.
Thérèse, b 1755; s [4] 27 sept. 1756.—*Marie-Hélène*, b [4] 6 août 1757; s [4] 1er oct. 1758.—*Louise-Marguerite*, b [4] 2 août 1759.

1762, (15 février) Quebec [5]
II.—DEGRÉ, François-Didier, [Frs-Didier I
b 1742.
Vaillancourt, Catherine, [Jean-Bte III.
b 1744
Joseph-François, b [5] 16 nov. 1762.

1763, (10 oct.) St-Antoine-de-Chambly.
II.—DEGRÉ (2), François, [François I.
b 1742.
Jared, Marie-Anne, [Jean-Bte III
b 1742.

II.—DEGRÉ, Raymond, [Raymond I.
b 1737.
Caron, Marie-Joseph.
Marie-Anne, b 10 mars 1767, à Lachenaye.

1781, (26 nov.) Longue-Pointe. [6]
II.—DEGRÉ (3), Pierre. [Philippe I.
Simon (4), Marie-Louise, [Antoine II.
b 1750; veuve de Pierre Carre; s [6] 14 oct. 1785.

1753, (29 oct.) Montréal. [7]
I.—DEGUINNE, Jacques, b 1720; fils de François et de Marguerite Volant, d'Autereau, diocèse de Boulogne.
Laforest, Marie-Charlotte, [Jacques I.
b 1730.
Marie-Madeleine, b [7] 24 janvier 1753.

DEGUIRE.—*Variations et surnoms :* Dekéré—Dekir—Desrosiers—Larose.

1669.
I.—DEGUIRE (5), François,
b 1641; s 12 sept. 1699, à Montréal. [8]
Colin, Marie-Rose,
b 1641.

(1) Dit Laliberté; soldat.
(2) Dit Précour.
(3) Dit St-Pierre.
(4) Dit Léonard.
(5) Voy. vol. I, p. 165.

Jean, b 1674; m à Marie Ménard; s [8] 22 août 1719.—*Pierre*, b 1675; m à Jeanne Gazaille; s 4 oct. 1747, à St-Michel-d'Yamaska. — *Madeleine*, b 1679, 1° m [8] 25 nov. 1700, à François Journet, 2° m [8] 23 fevrier 1716, à Charles Valade; s [8] 1er août 1718.—*Jeanne*, b 1er janvier 1683, à Contrecœur [9]; m [8] 23 sept. 1708, à Jean Boyer; s [8] 13 mars 1723. — *François*, b [9] 28 nov. 1684; m 16 nov. 1713, à Marguerite Véronneau, à Boucherville. — *Jean-Baptiste*, b [9] 3 mai 1687; 1° m 27 juillet 1710, à Madeleine Coiteu à la Pte-aux-Trembles, M.; 2° m [8] 14 fevrier 1724, à Cunegonde Picard; 3° m [8] 8 avril 1728, à Marie-Michelle Deniau.

II.—DEGUIRE (1), Pierre, [François I.
b 1675, s 4 oct. 1747, à St-Michel-d'Yamaska. [7]
Gazaille-Blet, Jeanne, [Jean I.
b 1671; s [7] 7 fevrier 1750.
Elisabeth, b... m 8 février 1717, à Louis Giguère, à St-Frs-du-Lac. [8] — *Joseph*, b 1er oct. 1704, à Contrecœur; m [7] 16 mars 1731, à Angelique Pepin. —*Antoine*, b [8] 29 janvier 1707 — *Marie-Rose*, b 8 juillet 1709, à Montreal; m à Louis-Paul Hus, s 30 déc. 1750, à Sorel —*Louis*, b [8] 7 et s [8] 8 mars 1715. — *Pierre*, b [8] 23 juillet 1719; 1° m à Marie-Louise Couvret; 2° m 1738, à Jeanne Gazaille.

II—DEGUIRE, Jean, [François I.
b 1674, s 22 août 1719, à Montreal. [2]
Ménard, Marie,
b 1675; s [2] 15 sept. 1713.
Marie-Thérèse, b 30 nov. 1704, à Contrecœur. —*Louis*, b 1705, m 1730, à Thérèse Herpin; s 26 mars 1757, à St-Antoine-de-Chambly — *Marie-Jeanne*, b... m 5 fevrier 1727, à Etienne Larue, à St-Ours.—*François*, b... m à Françoise Danys.

1710, (27 juillet) Pte-aux-Trembles, M. [8]
II.—DEGUIRE, Jean-Bte, [François I.
b 1687.
1° Coiteu, Marie-Madeleine, [Jacques I.
b 1692; s 23 janvier 1723, à Montréal. [9]
Jean-Baptiste, b [9] 30 juillet 1711; s [9] 18 fevrier 1714.—*Louis*, b [9] 30 juillet 1713; m 1736, à Marie-Louise Cousineau, s [9] 14 juin 1755. — *Jean-Baptiste*, b [9] 16 juillet 1715. — *Marie-Angélique*, b [9] 21 janvier et s [9] 6 mars 1717. — *Nicolas*, b [8] 24 avril 1718, m à Marie Baudry. — *Marie-Madeleine*, b [9] 11 février et s [9] 4 mars 1720.—*Pierre*, b [9] 30 août 1721; m [9] 3 mai 1745, à Elisabeth Parant.—*François*, b... m 1749, à Marie-Geneviève Parant.

1724, (14 février). [9]
2° Picard, Cunegonde, [Jacques II.
b 1698, s [9] 1er dec. 1727.
Jacques, b [9] 12 et s [9] 18 fevrier 1726.—*Jacques*, b [9] 28 et s 29 juillet 1727, à Repentigny.

1728, (8 avril). [9]
3° Deniau, Marie-Michelle, [Joseph II.
b 1693, veuve de Jacques Payet.
Marie-Catherine, b [9] 21 dec. 1728; s [9] 19 jan-

(1) Dit Desrosiers.

vier 1729.—*Charles*, b[9] 28 janvier 1730; m[9] 24 juin 1754, à Therèse MORAND.—*Marie-Rose*, b[9] 9 avril et s[9] 5 août 1737.

1713, (16 nov.) Boucherville.

II.—DEGUIRE, FRANÇOIS, [FRANÇOIS I.
b 1684.
VÉRONNEAU, Marie-Marguerite, [DENIS I.
b 1693.

François, b 27 mars 1715, à Montreal[9]; m à Marie-Clemence POIRIER.—*Jacques*, b...—*Marie*, b[9] 1er janvier 1717. — *Marie-Elisabeth*, b[9] 1er juin 1718; s[9] 18 mai 1742.—*Charles*, b[9] 3 dec. 1721.—*Joseph*, b 1724; s[9] 7 juillet 1738.—*Pierre*, b[9] 27 fevrier 1725; m 9 fevrier 1750, à Marie-Joseph GROU, à St-Laurent, M.

III.—DEGUIRE, FRANÇOIS. [JEAN II.
DANYS, Marie-Françoise.

Jean-Baptiste, b 31 dec. 1719, à Montreal.[9]—*Joseph*, b[9] 22 sept. et s[9] 9 dec. 1723 — *Jean-Louis*, b[9] 8 juillet 1729.

1730.

III.—DEGUIRE, LOUIS, [JEAN II.
b 1705; s 26 mars 1757, à St-Antoine-de-Chambly.[6]
HERPIN, Thérèse, [EMERY II.
b 1710; s[6] 10 oct. 1766.

François, b 1732; s[6] 21 dec. 1751. — *Etienne*, b 1734; 1° m[6] 13 oct. 1760, à Marie-Joseph ARCHAMBAULT; 2° m 9 juin 1766, à Marie-Louise GAUTRON-LAROCHELLE, à Sorel.[7] — *François*, b 1738; m 14 oct. 1760, à Marie-Jeanne DUPRÉ, à St-Ours; s[6] 26 dec. 1763. — *Pierre*, b 1742; s[6] 20 avril 1762. — *Marie-Charlotte*, b 1744; m[6] 23 fevrier 1767, à Pierre DUPRE — *Marguerite*, b 1747; m[6] 14 avril 1766, à Joseph BERNARD. — *Brigitte*, b 1749; m[6] 12 janvier 1767, à Louis MARTIN.—*Jean-Louis*, b[6] 30 juillet 1752.— *Jean-Baptiste*, b... m[7] 21 sept. 1767, à Geneviève CHÊNE.

1731, (16 mars) St-Michel-d'Yamaska.[6]

III.—DEGUIRE (1), JOSEPH, [PIERRE II.
b 1704.
PEPIN, Angelique, [ROBERT II.
b 1711.

Joseph, b[6] 9 dec. 1732; m[6] 4 fevrier 1755, à Louise CARRY.—*Marie-Elisabeth*, b[6] 14 juin 1733; m[6] 30 avril 1753, à Lucas SHMID.—*Jean-Baptiste*, b[6] 12 et s[6] 27 mai 1736. — *Henri-Louis*, b[6] 15 juillet 1737; m à Marie-Anne LAPLANTE.—*Jean-Baptiste*, b[6] 1er oct. 1739; m[6] 25 janvier 1768, à Marie-Charlotte LUSSIER; s 4 juin 1814, à l'Hôtel-Dieu, M. — *Marie-Angélique*, b[6] 2 juillet 1741. — *Marie-Rose*, b[6] 17 et s[6] 24 fevrier 1743. — *Marie*, b[6] 1er mars 1744; m[6] 30 août 1767, à Pierre LEVERRIER. — *Marguerite*, b[6] 10 août 1746, m[6] 14 fevrier 1763, à Pierre HÉBERT.—*Pierre*, b[6] 20 mars 1749. — *Marie-Rose*, b[6] 2 et s[6] 8 janvier 1752. — *Geneviève*, b[6] 29 sept, 1754; m[6] 11 janvier 1773, à Antoine COURNOYER.

(1) Dit Desrosiers; seigneur de la rivière David.

1736.

III.—DEGUIRE (1), LOUIS, [JEAN-BTE II.
b 1713; s 14 juin 1755, à Montreal.[5]
COUSINEAU, Marie-Louise, [JEAN-BTE I.
b 1711.

Louis, b[5] 14 oct. 1737.— *Marie-Joseph*, b... m 23 nov. 1761, à Etienne WADDENS, à St-Laurent, M.[6] — *Marguerite*, b[6] 11 juin 1750. —*Jean-Baptiste*, b[6] 15 oct. 1751. — *Marie-Barbe*, b[6] 21 juin 1753. — *Marie-Amable* (posthume), b[6] 29 juin 1755.

III.—DEGUIRE (2), PIERRE, [PIERRE II.
b 1719.
1° COUVRET, Marie-Louise, [VICTOR I.
b 1697; veuve d'Aubin Callière.

Louis, b... m 10 nov. 1760, à Angélique-Amable GROU, à St-Laurent, M.

2° GAZAILLE (3), Jeanne, [MATHURIN II.
b 1725.

Antoine, b 12 janvier 1739, à Sorel.

1745, (3 mai) Montréal.[1]

III.—DEGUIRE, PIERRE, [JEAN-BTE II.
b 1721.
PARANT, Elisabeth, [JOSEPH II
b 1723.

Marie-Jeanne, b[1] 9 oct. 1746. — *Pierre*, b[1] 4 mars et s[1] 1er avril 1748 —*Pierre*, b[1] 22 fevrier et s[1] 30 mars 1749 —*Jean-Baptiste*, b[1] 14 mars 1750.

1749.

III.—DEGUIRE, FRANÇOIS. [JEAN-BTE II.
PARANT, Marie-Geneviève, [JEAN-BTE III
b 1720.

Joseph, b 3 mai 1750, à St-Laurent, M.[9]—*Louis*, b[9] 19 oct. 1752.—*Augustin*, b[9] 23 fevrier 1754. — *Marie-Amable*, b[9] 11 et s[9] 22 nov. 1755 —*Marie-Amable*, b[9] 5 mars 1757; s[9] 22 mai 1759.—*Michel*, b[9] 26 sept. 1760.

III.—DEGUIRE, FRANÇOIS, [FRANÇOIS II
b 1715.
POIRIER, Marie-Clémence, [PIERRE I
b 1720.

Geneviève, b... m 2 oct 1787, à Joseph CHORET, à St-Eustache.

III—DEGUIRE (1), NICOLAS, [JEAN-BTE II
b 1718.
BAUDRY, Marie-Angelique, [JACQUES II
b 1719.

Jean-Baptiste, b... m 12 mai 1766, à Marie-Anne SENECAL, à Varennes.—*Joseph*, b 3 mai et s 11 juin 1749, à la Pte-aux-Trembles, M.[4]—*Thérèse-Hypolite*, b[4] 3 juin et s[4] 24 août 1750.—*Marie-Joseph*, b[4] 2 nov. 1751.—*Marie-Amable*, b[4] 13 juin et s[4] 1er juillet 1753.

(1) Dit Larose.
(2) Dit Desrosiers.
(3) Dit Blet; elle épouse, le 28 oct. 1744, Antoine Delbec, à Sorel

1750, (9 février) St-Laurent, M. [1]
III.—DEGUIRE, PIERRE, [FRANÇOIS II.
b 1725.
GROU, Marie-Françoise, [JEAN III.
b 1733.
Marie-Françoise, b [1] 20 mai 1751. — *Marie-Joseph,* b [1] 13 août et s [1] 13 sept. 1752. — *Marie-Amable,* b [1] 21 août 1753. — *Marie-Charlotte,* b [1] 13 oct. 1754. — *Marie-Anne-Véronique,* b [1] 23 février 1756.—*Agathe,* b [1] 19 fevrier et s [1] 28 juillet 1757.— *Ursule,* b [1] 4 mai 1758. — *Jean-Baptiste,* b [1] 9 mai et s [1] 2 août 1759.— *Marie-Amable,* b [1] 12 sept. 1760.—*Marie-Joseph,* b [1] 25 déc. 1761.

1754, (24 juin) Montréal.
III.—DEGUIRE, CHARLES, [JEAN-BTE II.
b 1730 ; notaire-royal.
MORAND, Thérèse, [VINCENT II.
b 1732 ; s 9 juillet 1806, à l'Hôpital-Général, M.
Charles, b... s 1er mars 1756, à St-Laurent, M. —*Marie-Anne-Félicité,* b 17 avril 1761, à St-Antoine-de-Chambly.

1755, (4 fevrier) St-Michel-d'Yamaska. [1]
IV.—DEGUIRE (1), JOSEPH, [JOSEPH III.
b 1732.
CARRY, Marie-Louise, [FRANÇOIS I.
b 1732.
Marie, b [1] 27 juin 1755 ; s [1] 7 sept. 1758. — *Joseph,* b [1] 25 oct. 1756.—*Louis,* b [1] 10 sept. 1758, s [1] 6 sept. 1759.—*Modeste,* b [1] 6 mai 1760 ; s [1] 1er mars 1761 —*Angélique,* b [1] 14 déc. 1761.—*Marie-Isabelle,* b [1] 19 fevrier 1764. — *Antoine,* b [1] 25 janvier 1766. — *Marie-Charlotte,* b [1] 23 fevrier 1768, s [1] 20 juillet 1769.—*Louis,* b [1] 5 mai 1770.

1760, (13 oct.) St-Antoine-de-Chambly.
IV.—DEGUIRE, ETIENNE, [LOUIS III.
b 1734.
1° ARCHAMBAULT, Marie-Joseph, [ANTOINE IV
b 1740
1766, (9 juin) Sorel.
2° GAUTRON (2), Marie-Louise. [JOSEPH III.

1760, (14 oct.) St-Ours.
IV.—DEGUIRE, FRANÇOIS, [LOUIS III.
b 1738, s 26 déc. 1763, à St-Antoine-de-Chambly.
DUPRÉ, Marie-Jeanne. [FRANÇOIS III.

DEGUIRE, JOSEPH, b 1740 ; s 14 février 1780, à Repentigny.

1760, (10 nov.) St-Laurent, M. [2]
IV.—DEGUIRE, LOUIS. [PIERRE III.
GROU, Angelique-Amable. [MICHEL III.
Louis, b [2] 19 dec. 1761.

(1) Dit Desrosiers.
(2) Dit LaRochelle.

1766, (12 mai) Varennes.
IV.—DEGUIRE (1), JEAN-BTE. [NICOLAS III.
SENÉCAL, Marie-Anne, [JOSEPH III.
b 1746.

1767, (21 sept.) Sorel.
IV.—DEGUIRE, JEAN-BTE. [LOUIS III.
CHÊNE (2), Geneviève. [LOUIS II.

1768, (25 janvier) St-Michel-d'Yamaska.
IV.—DEGUIRE (3), JEAN-BTE, [JOSEPH III.
b 1739, s 4 juin 1814, à l'Hôtel-Dieu, M.
LUSSIER, Marie-Charlotte, [JACQUES II.
b 1710.

IV.—DEGUIRE (3), HENRI-LOUIS, [JOSEPH III.
b 1737.
LAPLANTE, Marie-Anne.
Marie-Angélique, b 23 déc. 1768, à St-Michel-d'Yamaska. [2]—*Louis,* b [2] 1er nov. 1770.

DEGUISE.—*Surnom :* FLAMAND.

DEGUISE, MADELEINE, epouse de Thierry PELLETIER.

DEGUISE, FRANÇOISE, épouse de Paul THIBODEAU.

DEGUISE, LOUISE, épouse de François GIGAUT.

1691, (12 août) Québec. [3]
I.—DEGUISE (4), GUILLAUME,
b 1666 ; maître-maçon ; s [3] 18 février 1711.
MORIN, Marie-Anne, [PIERRE II.
b 1673, s [3] 24 nov. 1743.
Girard-Guillaume, b [3] 8 sept. 1694, m 7 janvier 1717, à Marie ROUILLARD, à Lorette ; s [3] 22 mars 1752.—*Jacques,* b [3] 6 mars 1697 ; 1° m [3] 10 sept. 1725, à Therèse RINFRET ; 2° m 5 fevrier 1742, à Marie-Elisabeth LAISNÉ, à St-Augustin. —*Marie-Joseph,* b [3] 12 fevrier 1702 ; m [3] 21 avril 1721, à Julien HELLOT.

1717, (7 janvier) Lorette. [2]
II.—DEGUISE (5), GIRARD-GUILL., [GUILLAUME I.
b 1694 ; maître-maçon ; s 22 mars 1752, à Quebec. [3]
ROUILLARD, Marie-Anne, [NOEL II.
b 1696, s [3] 21 dec. 1756.
Marie-Anne, b [3] 27 mars 1718 ; m [3] 22 août 1735, à Pierre GAUVREAU.— *Marie-Geneviève,* b [3] 10 juin 1720 ; m [3] 25 février 1743, à Pierre DORION.—*Marie-Charlotte,* b [3] 19 sept. 1722.—*Catherine,* b... m [3] 2 mai 1743, à Simon BOURBONNAIS.— *Marie-Joseph,* b [3] 25 fevrier 1725.—*Marie-Ursule,* b [3] 20 mars 1726 ; m [3] 9 juin 1745, à Louis MANSEAU. — *Guillaume,* b [3] 21 juillet 1728. — *Jean-Marie,* b [3] 20 fevrier 1731 ; m 5 nov. 1759, à Ma-

(1) Dit Larose.
(2) Dit Lagrave.
(3) Dit Desrosiers.
(4) Voy. vol. I, p 165.
(5) Dit Flamand

rie-Louise JOUBERT, à Charlesbourg.—*Joseph*, b[2] 22 oct. 1733; m [3] 17 janvier 1763, à Marguerite GUILLIMIN. — *Françoise*, b... m [3] 4 nov. 1749, à Jean-Baptiste RÉAUME.—*Charles*, b... m [3] 9 février 1750, à Geneviève GUILLIMIN.—*Louis-Benjamin*, b [2] 18 avril 1737; m 22 nov. 1763, à Geneviève HUGUET, à la Pte-aux-Trembles, Q.—*Angélique*, b [3] 6 nov. 1739; m [3] 19 oct. 1761, à Louis TURGOT.—*Pierre-Alexandre*, b [3] 1er juillet 1744; m à Angelique HARDY.

1725, (25 juin) Québec. [2]

II.—DEGUISE (1), FRANÇOIS, [GUILLAUME I.
b 1699, s [2] 12 mars 1763.
LEGRIS, Marie-Louise, [JEAN I.
b 1701, s [2] 11 janvier 1752.
Jean-François, b [2] 5 juillet 1726; 1° m [2] 29 avril 1749, à Marguerite JOSSE; 2° m [2] 2 mai 1752, à Marguerite ROUSSEAU.—*Marie-Louise*, b[2] 20 oct. 1727; s [2] 7 juin 1731. — *Marie-Geneviève*, b [2] 3 mai 1730. — *Marie-Thérèse*, b [2] 4 juillet et s [2] 9 août 1733. — *Marie-Louise*, b 1734; m [2] 10 fevrier 1749, à Thomas CARRÉ; s [2] 2 mars 1761. —*Michel*, b [2] 30 août 1739; m 26 nov. 1764, à Madeleine SIMON, à Ste-Foye.

1725, (10 sept.) Quebec [4]

II.—DEGUISE (1), JACQUES, [GUILLAUME I
b 1697; maître-maçon.
1° RINFRET, Thérèse, [PIERRE I.
b 1706, s [4] 21 nov. 1730.
François, b [4] 19 août 1726, m [4] 28 avril 1749, à Catherine-Françoise JOURDAIN; s 25 août 1781, à Repentigny.—*Jacques*, b [4] 17 janvier et s [4] 15 fevrier 1728.—*Marie-Angélique*, b [4] 30 janvier et s [4] 1er mars 1729.

1742, (5 février) St-Augustin. [5]

2° LAISNÉ (2), Marie-Elisabeth. [CHARLES II.
Marie-Angélique, b [4] 25 oct. 1742, m [4] 27 sept 1756, à Michel-Augustin JOURDAIN. — *Marie-Marthe*, b [4] 7 dec. 1743. — *Jacques-Claude*, b [4] 19 nov. 1745; s [4] 17 janvier 1746.—*Angélique*, b [4] 11 nov. et s [4] 20 dec. 1746 — *François*, b [4] 10 déc. 1747, s [4] 7 janvier 1748.—*Pierre-Noel*, b [4] 25 déc. 1748.—*Marie-Louise*, b [4] 21 dec. 1749, m [4] 24 oct. 1763, à Augustin JOURDAIN.—*Marie-Charlotte*, b [4] 14 janvier 1751.—*Charlotte-Joseph*, b [4] 20 mars 1752.—*Elisabeth*, b [4] 19 juin 1753.—*Marguerite-Joseph*, b [4] 10 nov. 1754.—*Jacques*, b... s [5] 27 août 1755. — *Marie-Louise*, b [4] 29 nov. 1755; s [4] 28 juillet 1759. — *Jacques*, b [4] 11 déc. 1756 —*Louis-Jacques*, b [4] 2 et s [5] 9 avril 1758. — *Jacques*, b 29 août 1760, à Beauport; s 20 juillet 1765, à Lorette. — *Ursule*, b [4] 29 janvier 1762.

1738, (10 février) Québec.

II.—DEGUISE (1), PIERRE-THS, [GUILLAUME I.
b 1706.
LANGLOIS, Marguerite, [JEAN II
b 1719.

(1) Dit Flamand.
(2) Dit Laliberté.

1749, (28 avril) Quebec. [5]

III.—DEGUISE, FRANÇOIS, [JACQUES II.
b 1726; maçon; s 25 août 1781, à Repentigny.
JOURDAIN (1), Catherine-Françoise, [PIERRE I.
b 1727.
Marie-Françoise, b [5] 1er août 1750. — *Joseph*, b [5] 2 avril et s [5] 24 juillet 1752. — *Angélique*, b [5] 3 juin et s 20 juillet 1753, à Lorette. [6]—*Augustin*, b [5] 29 août 1754; s [5] 13 nov. 1755.—*Marie-Joseph*, b... s [6] 21 déc. 1755. — *Marguerite*, b [5] 2 janvier et s [6] 12 déc. 1756.—*Marguerite*, b [5] 18 fevrier et s [6] 27 mars 1757. — *Marie-Charlotte*, b [5] 4 nov. 1758. — *François-Joseph*, b [5] 28 dec. 1759. — *Charles-Emmanuel*, b [5] 10 mars 1762. — *Joseph*, b [5] 12 mai 1764.

1749, (29 avril) Québec [6]

III.—DEGUISE, JEAN-FRANÇOIS, [FRANÇOIS II.
b 1726.
1° JOSSE, Marguerite, [FRANÇOIS I
b 1733; s [6] 3 mars 1751.

1752, (2 mai). [6]

2° ROUSSEAU, Marguerite, [JOSEPH III.
b 1734.
Marie-Marguerite, b [6] 2 février 1753.—*Joseph*, b [6] 19 mars 1754. — *Marguerite*, b [6] 11 et s [6] 12 août 1755. — *Louis*, b [6] 26 août et s [6] 11 sept. 1756.—*Véronique*, b [6] 9 sept. 1757.

1750, (9 fevrier) Québec. [7]

III.—DEGUISE, CHARLES, [GUILLAUME II.
GUILLIMIN, Geneviève, [JEAN II.
b 1732.
Jacques, b [7] 24 janvier 1751.—*Marie-Anne*, b [7] 30 sept. 1752. — *Geneviève*, b [7] 12 sept. 1754, s [7] 4 sept. 1755.—*Joseph-Charles*, b [7] 30 mai 1756 — *Pierre*, b [7] 20 mars et s [7] 7 juillet 1758. — *Pierre*, b [7] 4 août et s [7] 4 sept. 1759.—*Marguerite*, b [7] 17 oct. et s [7] 13 déc. 1761.— *Augustin*, b [7] 16 nov. 1762.

1759, (5 nov.) Charlesbourg.

III.—DEGUISE (2), JEAN-MARIE, [GUILLAUME II.
b 1731.
JOUBERT, Marie-Louise, [MICHEL III.
b 1738.
Marie-Louise, b 1er nov. 1762, à Quebec. [8]— *Marie-Ursule*, b [8] 7 juillet 1764.

DEGUISE (2), HENRI.
JOUBERT, Marie-Joseph. [JEAN III.
Marie-Joseph, b 21 oct. 1760, à Charlesbourg.

1763, (17 janvier) Québec. [8]

III.—DEGUISE, JOSEPH, [GUILLAUME II.
b 1733.
GUILLIMIN, Marguerite, [JEAN II.
b 1743.
Marguerite, b [8] 25 avril et s [8] 23 mai 1763. — *Joseph*, b [8] 10 et s [8] 12 juillet 1764.

(1) Dit Bellerose.
(2) Dit Flamand.

1763, (22 nov.) Pte-aux-Trembles, Q.

III.—DEGUISE (1), Ls-Benjamin, [Guillaume II. b 1737.
Huguet, Geneviève, [Thomas I. veuve de Jean-Baptiste Larue.
Louis-Benjamin, b 30 nov. 1765, aux Ecureuils.

1764, (26 nov.) Ste-Foye.

III.—DEGUISE, Michel, [François II. b 1739.
Simon, Madeleine. [Joseph IV.

III.—DEGUISE (1), Pierre, [Guillaume II. b 1744.
Hardy (2), Angélique.
Angélique, b 1er août 1766, aux Ecureuils. — *Marie-Catherine,* b 9 juillet 1768, à la Pte-aux-Trembles, Q.[2]—*Marie-Joseph,* b[2] 29 juin 1770.

DEGUISE (1), Joseph.
Thouin, Marie-Anne.
Joseph, b 19 juillet 1791, à Repentigny.

I.—DEGUITRE (3), Louise, b 1670; 1° m 9 juillet 1691, à François Cibardin, à Montréal[7], 2° m[7] 14 janvier 1692, à Jacques Robidas; s 10 août 1732, à la Baie-du-Febvre.

DEHAI.—Voy. Deshaies.

DEHAIS.—Voy. Deshaies.

DeHAUTMENY.—Voy. Philippes — Hautmesny —Amiot.

I.—DEHAUTPRAY (4), Marguerite, épouse de Laurent Bory.

DEHAYE.—Voy. Deshaies.

1754, (4 nov.) Cap-St-Ignace.[2]

I.—DÉHEGNE, Jean, fils de Martin et de Catherine Detral, de la Bastide-de-Clérance, diocèse de Bayonne,
Gerbert, Marie. [Joseph III.
Joseph, b[2] 11 mars 1755.—*Jean-Chrysostôme,* b[2] 18 nov. 1756; s[2] 26 sept. 1757. — *Louis,* b[2] 31 janvier et s[2] 4 mars 1758.—*Marie-Angélique,* b[2] 2 janvier et s[2] 12 fevrier 1759.—*François,* b[2] 11 et s[2] 15 oct. 1760.—*Jean-Marie,* b[2] 10 oct. et s[2] 1er déc. 1761.—*Marie-Victoire,* b[2] 17 sept. et s[2] 28 nov. 1762. — *Marie-Madeleine,* b[2] 26 janvier et s[2] 12 fevrier 1764.

DEHESTRE.—Voy. Deshêtres.

(1) Dit Flamand.
(2) Et Charly.
(3) Voy. vol. I, p. 130.
(4) Elle etait à Lachine, en 1676.

1724, (28 sept.) Québec.

I.—DeHOGUE (1), Jean.
Minet (2), Anne-Therèse, [Jean II. b 1697; veuve de Charles Morin-Cloridan.

DeHORNAY.—*Variations et surnoms :* HeHorné— DeHornés — Duhaut-René — LaNeuville—Laramée—Deroché.

DeHORNAY, Marie-Louise, b 1712; m à Jean Nau; s 5 avril 1787, à Deschambault.

1702, (24 janvier) St-Laurent, I. O.[1]

I.—DeHORNAY (3), Jacques, b 1664; fils de Jacques et de Catherine Duval, de Dieppe; s 7 mars 1730, à Ste-Croix.
Sivadier, Marie, [Louis I. b 1677.
Jacques, b[1] 26 déc. 1701; m à Marie-Madeleine Boucher —*Joseph,* b... m 7 janvier 1732, à Elisabeth Foucault, à Nicolet. — *Marie-Jeanne,* b 17 août 1704, à St-Antoine-Tilly.[2]— *Jacques,* b 1706; m 23 nov. 1733, à Therèse Leblanc-Labrie, à Becancour.[3]—*Marie,* b 1715, s[2] 13 nov. 1726. —*Isabelle,* b... m[3] 15 avril 1737, à Gabriel Desmaisons. — *Madeleine,* b... m[3] 6 avril 1739, à Joseph-Clément Dubois.

II.—DeHORNAY (4), Jacques, [Jacques I. b 1701.
Boucher (5), Marie-Madeleine, [Pierre III. b 1692.
Marie, b 13 janvier 1727, à St-Antoine-Tilly.[1] —*Joseph,* b... m[1] 30 janvier 1747, à Marie-Charlotte Bergeron. — *Marie-Charlotte,* b... m[1] 20 avril 1748, à Charles-Joseph Marot.

1732, (7 janvier) Nicolet.[1]

II.—DeHORNAY, Joseph. [Jacques I.
Foucault, Elisabeth. [Denis II.
Marie-Antoinette, b[1] 14 février 1736. — *Denis,* b[1] 9 fevrier 1740.—*Pierre,* b... m 25 juillet 1774, à Marie-Louise-Françoise Dauphiné, à St-Michel-d'Yamaska.

1733, (23 nov.) Bécancour.[3]

II.—DeHORNAY (6), Jacques, [Jacques I. b 1706.
Leblanc (7), Thérèse. [Nicolas I.
Anonyme, b[3] et s[3] 7 nov. 1734. — *Marie-Thérèse,* b[3] 30 juillet et s[3] 8 août 1736. — *Marie-Charlotte,* b[3] 26 août 1737. — *Antoine-Louis,* b[3] 14 juin 1739, m 11 juillet 1757, à Louise Houle, à Ste-Croix. — *Marie-Joseph,* b... m[3] 21 juillet 1760, à Marc-Joseph Martel.—*Marie-Madeleine,* b[3] 24 juin 1742.

(1) Capitaine de navire, décédé avant 1727.
(2) Elle épouse, le 21 nov. 1728, Philippe Raineau de la Roche.
(3) Dit LaNeuville; soldat de Vasseur, notaire-royal.
(4) Dit Déroche.
(5) Elle épouse, 1736, Jacques Baron.
(6) Dit LaNeuville.
(7) Dit Labrie.

1747, (30 janvier) St-Antoine-Tilly [1] (1).

III.—DEHORNAY (2), JOSEPH. [JACQUES II.
BERGERON, Marie-Charlotte, [JEAN-BTE III.
b 1724.

Jean-Joseph, b [1] 19 nov. 1747; s [1] 22 avril 1749. —*Marie-Charles*, b [1] 2 février 1749.—*Jean-Baptiste-Joseph*, b 7 août 1750, à Ste-Croix. [2] — *Pierre*, b... m [1] 27 mars 1775, à Marie-Anne LALIBERTÉ. — *Joseph*, b [2] 16 janvier 1756. — *Jean-Baptiste*, b [2] 8 février et s [1] 22 sept. 1758.

1757, (11 juillet) Ste-Croix.

III.—DEHORNAY (2), ANTOINE-LS, [JACQUES II.
b 1739.
HOUDE (3), Marie-Louise. [FRANÇOIS III.

Louis-Antoine, b 29 mars 1758, aux Trois-Rivières.—*Marie*, b 1760; s 21 oct. 1761, à Becancour.[3] — *Jean-Baptiste* (4), b [3] 29 août 1761; m 23 février 1789, à Marie-Anne MARANDA, au Cap-de-la-Madeleine.

1761, (2 février) Lorette.

I.—DEHORNAY (5), JOSEPH, fils de Nicolas et de Catherine Delestre, de Banan, Normandie.
TARDIF, Geneviève, [FRANÇOIS IV.
b 1740.

Marie-Geneviève, b 7 fevrier 1766, à St-Michel-d'Yamaska. [3] — *Marie-Angélique*, b 1767, s [3] 15 sept. 1768. — *Marie-Barbe*, b [3] 29 janvier et s [3] 8 oct. 1769.—*Pierre* (6), b [3] 11 juillet et s [3] 23 dec. 1770.

1774, (25 juillet) St-Michel-d'Yamaska.

III.—DEHORNAY (2), PIERRE. [JOSEPH II.
DAUPHINÉ, Marie-Louise-Frse, [JEAN-BTE II.
b 1752.

1775, (27 mars) St-Antoine-Tilly.

IV.—DEHORNAY, PIERRE. [JOSEPH III
LALIBERTÉ, Marie-Anne. [JEAN.

DEHOU.—*Variations et surnoms :* DEHOUX — DEON—DION—VILAIRE—VILLERS.

1737, (27 dec.) Ste-Foye.[3]

I.—DEHOU (7), PIERRE, fils d'Antoine et de Françoise DeNizard, de Villers, diocèse de Guise, Picardie.
LIÉNARD (8), Marie-Angélique, [LOUIS II.
b 1717.

Charles-Nicolas, b [3] 24 avril 1740; m 9 février 1767, à Marie THIBODEAU, à Québec.— *Marie-Louise*, b... m [3] 4 août 1766, à André SIMON-LAPOINTE.—*Pierre*, b [3] 9 janvier 1742; m à Marie GUILBAUT.

(1) Rehabilité, le 28 avril 1748, à St-Antoine-Tilly, avec dispense du 4ème au 4ème degré.
(2) Dit LaNeuville.
(3) Elle épouse, plus tard, Jean-Marie Bergeron.
(4) Marié sous le nom de Duverné.
(5) Dit Laramée.
(6) A ce baptême, le père est appelé Beauharnois.
(7) Marié sous le nom de Dion.
(8) Dit Durbois; elle épouse, le 18 février 1750, Antoine Pouliot, à Ste-Foye.

1767, (9 février) Québec.[4]

II.—DEHOU (1), CHS-NICOLAS, [PIERRE I.
b 1740.
THIBODEAU, Marie. [JOSEPH I.

Nicolas, b... m [4] 4 février 1794, à Elisabeth DECHAVIGNY.

1794, (4 février) Québec.

III.—DEHOU (2), NICOLAS. [CHS-NICOLAS II.
DECHAVIGNY, Elisabeth. [FRS-JOACHIM IV.

Marie-Lucie, (3), b... m à François AUDET.

DÉJADON. — Voy. DUBOUCHET, sieur DE LA CODRÈS.

DEJARNAY.—Voy. DECHARNAY, 1760.

1759, (12 fevrier) Québec.

I.—DEJEAN, ETIENNE, fils d'Andre et de Jeanne Viole, de Milhand, diocèse de Rhodez
DROLET, Catherine, [CHARLES III.
b 1740.

1761, (12 janvier) Montreal.

I.—DEJEAN, PHILIPPE, b 1734; fils de Philippe (procureur-général) et de Jeanne Roques-de-Carboire, de St-Etienne-de-Toulouse, Languedoc.
1° LARCHEVÊQUE, Marie-Joseph, [JACQUES IV.
b 1740.
2° AUGER, Marie-Louise, [PAUL II.
b 1739.

Marie-Louise, b 27 sept. et s 14 oct. 1769, au Detroit.[3] — *Marie-Louise*, b [3] 24 août 1770.— *Philippe*, b [3] 12 sept. 1772.

1776, (25 nov.)[3]

3° COSME, Theotiste, [PIERRE-LAURENT II.
b 1755.

Pierre, b [3] 3 oct. 1777. — *Pierre*, b [3] 2 mars 1779.

I.—DEJOANNES (4), FRANÇOIS-AUGUSTIN.

....

Anonyme, b et s 16 oct. 1717, à Quebec.

1741, (11 sept.) Québec.

I.—DEJOIE, PIERRE, fils de François et d'Anne Giroux, de Brueille, diocèse de St-Dennepart.
BEAN (5), Anne, [CORNEILLE I
b 1720.

DEJONCAIRE.—*Surnom :* CHABERT.

(1) De Memramcouk, Acadie.
(2) Dit Vilaire; maître-charpentier.
(3) Mère de l'abbe Octave Audet, chapelain du couvent de Jésus-Marie, à Sillery.
(4) Baron de Joannès.
(5) Dit Onelle; elle epouse, le 11 juin 1751, Pierre Anfrié, à Québec.

1706, (1er mars) Montréal. [1]

I.—DeJONCAIRE (1), Louis-Thomas, b 1670; fils d'Antoine-Marie et de Gabrielle Hardi, de St-Rémi, diocèse d'Arles, Provence.

LeGuay (2), Madeleine, [Jean-Jérome I. b 1689; s 22 juin 1771, à Repentigny (dans l'église).

Philippe-Thomas, b [1] 9 janvier 1707; m [1] 23 juillet 1731, à Madeleine Renaud. — *Madeleine*, b [1] 8 mai 1708; s [1] 14 mai 1709.—*Jean-Baptiste*, b [1] 25 août et s [1] 6 nov. 1709. — *Louis-Romain*, b [1] 18 nov. 1710. — *Marie-Madeleine*, b [1] 4 avril et s [1] 23 août 1712. — *Louis-Marie*, b [1] 28 oct. 1715. — *Daniel*, b 1716; m [1] 19 janvier 1751, à Marguerite Rocbert; s 5 juillet 1771, au Détroit.—*Madeleine-Thérèse*, b [1] 23 mars 1717; m [1] 25 août 1749, à Philippe-Antoine Dauterive — *Louis-Marie*, b [1] 5 août 1719. — *François*, b [1] 20 juin 1723.

1731, (23 juillet) Montréal. [1]

II.—DeJONCAIRE (3), Philippe, [Thomas I. b 1707; capitaine.

Renaud (4), Madeleine, [Charles I. b 1708.

Marie-Madeleine, b 1732; m [1] 10 nov. 1755, à Louis-Charles Dailleboût.—*Gabrielle*, b [1] 5 juin 1736; m [1] 19 sept. 1757, à Honore Dubois de la Miltière. — *Philippe-Charles*, b [1] 19 avril 1741. — *Marie-Louise*, b [1] 9 juin et s [1] 30 juillet 1745.

1751, (19 janvier) Montréal.

II.—DeJONCAIRE (5), Daniel, [Thomas I. b 1716; s 5 juillet 1771, au Détroit.[8]

Rocbert, Marguerite, [Etienne II. b 1730; s[8] 21 janvier 1773.

1672, (17 oct.) Québec. [1]

I.—DeJOYBERT (6), Pierre, b 1644.

Chartier, Marie-Françoise, [Ls-Théandre I. b 1647.

Louise-Elisabeth (7), b [1] 15 juin 1675; m [1] 21 nov. 1690, à Philippe DeRigaud.

1702, (7 nov.) Québec. [6]

II.—DeJOYBERT (8), Pierre-Jacq., [Pierre I. b 1677, s [6] 16 janvier 1703 (dans l'église).

Bequart (9), Marie-Anne, [Pierre I. b 1677; s 10 avril 1767, à Soulanges.

(1) Sieur de Chabert; interprète du roy, lieutenant dans les troupes.

(2) De Beaulieu.

(3) Hardy, sieur DeJoncaire. Les cinq nations se déterminèrent en faveur des Anglais et l'obligèrent a se retirer à Niagara, puis ils brûlèrent sa maison et pillèrent ses marchandises. Les Anglais étaient alors devant Niagara (1759).

(4) DuBuisson.

(5) Sieur de Chabert et de Clausonne; frère de Philippe. Il était dans un petit fort qui servait d'entrepôt, à deux lieues de Niagara (1759). Pour ses enfants, voy. Chabert, vol. II, p. 593.

(6) Voy. vol. I, p. 166.

(7) Née, le 18 août 1673, à la Rivière-St-Jean, Acadie.

(8) De Marsan, chevalier, seigneur de Soulanges; enseigne de vaisseau et capitaine d'une compagnie franche de la marine.

(9) Et Bécard—De Grandville.

Marie-Geneviève (1) (posthume), b [6] 6 oct. 1703; m [6] 19 oct. 1728, à Joseph Lemoine.

1736, (25 nov.) Ste-Anne-de-la-Pocatière.

I.—DeKERVERZO (2), Nicolas-Jean, fils de François et de Marie-Jeanne-Elisabeth Des Longpres, de N.-D. de St-Brieuc.

Lisotte, Françoise, [Guillaume I. b 1681; veuve de Gabriel Bouchard.

I.—DeKIERK (3), Marie-Anne, b... m 15 sept. 1718, à Denis Dagneau, à Québec.

De la BARRE.—Voy. DeRoy, 1726.

1741, (28 nov.) Québec.

I.—De la BARRE (4), Augustin-Antoine, fils d'Antoine (chevalier de St-Louis) et de Marie-Anne Capon, de St-Germain-en-Laye.

Adhémar, Marie-Anne, [Gaspard I. b 1722.

1750, (5 oct.) Beauport. [1]

I.—DeLABATH (5), Louis, fils de François et d'Elisabeth DeDucos, de St-Pierre, diocèse de Condom.

Maranda, Agathe. [Jacques I.

Geneviève, b [1] 2 nov. 1751; s [1] 20 mars 1760.— *Marie-Louise*, b [1] 23 juillet 1753.—*Louis-Antoine*, b [1] 27 mai 1755.—*Agathe*, b [1] 13 février 1764.— *Joseph*, b [1] 18 mars 1769.

De la BLANCHETIÈRE.—Voy. Renaudin.

De la BORDE.—Voy. Mouet.

De la BOUCHETERIE.—Voy. Filleau.

De la BOURLIÈRE.—*Variations et surnoms:* Labordelière—Labourier—Labourlière—Laplante.

1697, (11 février) St-Pierre, I. O.

I.—De la BOURLIÈRE (6), Jean-Bte, fils de Jacques et de Françoise Ferrand, de St-Andre-de-Niort.

Martin, Catherine-Françoise, [Joachim I. b 1680, s 17 janvier 1747, à Kamouraska. [4]

Jacques, b... 1° m [4] 20 avril 1740, à Marie-Joseph Michaud, 2° m 1751, à Claire Autin; 3° m [4] 6 juin 1756, à Marie-Joseph Miville.

(1) Filleule du gouverneur de Vaudreuil.

(2) Olide, sieur de Kerverzo, arpenteur royal; il signe aux registres de St-Roch-des-Aulnets, le 18 janvier 1735, et le 5 nov, 1742. Il etait, le 25 nov. 1738, à la Rivière-Ouelle.

(3) Allemande.

(4) Seigneur DuJardin; officier.

(5) Chevalier, sieur de Sivrac.

Une lettre de messire Fasiqué, vicaire-général du diocèse d'Auch, en date du 29 sept. 1869, nous informe que le dernier représentant male de la famille de Labath, sieur de Sivrac, est décédé, en 1860, à Fourier, près Condom, laissant deux sœurs, Mme Gardry de Larroumieux et Mme de Lartigue. Les notes, titres et contrats des Labath de Sivrac sont conserves dans la noble famille de Moncade, qui descend aussi des Labath.

(6) Dit Laplante; soldat de la compagnie du sieur St-Jean; voy. vol. I, p. 166.

1730, (27 nov.) Kamouraska.[4]
II.—De la BOURLIÈRE (1), J.-Bte, [Jean-Bte I.
b 1706.
Michaud, Marie-Madeleine, [Jean-Bte II.
b 1708; s avant 1756.
Jean-Baptiste, b [4] 17 janvier 1732; 1° m à Marie-Louise Autin; 2° m [4] 11 janvier 1762, à Marie-Reine Paradis; 3° m [4] 9 janvier 1764, à Geneviève Michaud. — *Jean*, b... m [4] 9 nov. 1756, à Marie-Catherine Michaud.—*Joseph-François*, b [4] 25 janvier 1734; m 1751, à Marie-Anne Mignau.—*Marie-Madeleine*, b [4] 24 avril 1736, m [4] 24 oct. 1757, à Joseph Phocas.—*Pierre*, b [4] 10 août 1738.—*Marie-Agathe*, b [4] 17 février et s [4] 3 avril 1740.—*Alexandre*, b [4] 24 mars 1741; m [4] 9 janvier 1769, à Madeleine Michaud.—*Antoine*, b [4] 22 avril 1743; s [4] 23 fevrier 1745.—*Yves*, b [4] 11 déc. 1745; s [4] 26 avril 1747.—*Jean-Roch*, b... m [4] 11 janvier 1763, à Marie-Geneviève Phocas.

1740, (20 avril) Kamouraska. [5]
II.—De la BOURLIÈRE(1), Jacques. [Jean-Bte I.
1° Michaud, Marie-Joseph, [Joseph III.
b 1720; s [6] 22 déc. 1743.
Marie-Joseph, b [5] 20 nov. 1740.—*Marie-Jeanne*, b [5] 5 février 1742; m [5] 13 fevrier 1775, à Jean Autin.—*Jean-Baptiste*, b [5] 17 nov. 1743; s [5] 9 fevrier 1744.

1751.
2° Autin, Claire, [François II.
b 1730; s [6] 23 janvier 1756.
Catherine, b [5] 10 et s [5] 14 mai 1752.—*Marie-Madeleine*, b [5] 1er et s [5] 4 juin 1753.

1756, (6 juin). [5]
3° Miville, Marie-Joseph, [Pierre-Frs IV.
veuve de Basile Autin.
Marie-Geneviève, b... m [5] 8 fevrier 1779, à Joseph Ouellet.—*Marie-Geneviève*, b [5] 17 et s [6] 26 avril 1757.—*Jacques*, b 1758, s [5] 26 avril 1769 —*Marie-Judith*, b [5] 19 août 1761.—*Joseph*, b [5] 2 mai 1763.—*Marie-Françoise*, b [5] 3 juillet 1765.—*Marie-Catherine*, b [5] 23 oct. 1767 —*Joseph-Antoine*, b [5] 14 oct. 1769.—*Amable*, b [5] 10 sept. 1771.

1742, (20 nov.) Kamouraska. [6]
II.—De la BOURLIÈRE(1), Augustin [J.-Bte I.
Michaud, Marie-Anne, [Joseph III.
b 1722.
Benjamin, b [6] 31 août 1743; 1° m [6] 9 nov. 1767, à Marie-Rose Nadeau; 2° m [6] 8 avril 1777, à Catherine Ouellet.—*Augustin-Amador*, b [6] 4 avril 1746; m [6] 12 juillet 1773, à Marie-Joseph Ouellet.—*Marie*, b [6] 14 nov. 1748; m [6] 11 nov. 1771, à Joseph Paradis.—*Antoine*, b [6] 6 fevrier 1753; m [6] 22 oct. 1781, à Marie-Brigitte Autin. —*Jean*, b... m [6] 10 fevrier 1777, à Marie Pelletier.

1751.
III.—De la BOURLIÈRE(1), Jos.-Frs, [J.-Bte II.
b 1734.
Mignau, Marie-Anne. [Jean-Bte II.

Marie-Joseph, b 25 février 1752, à Kamouraska [7]; m [7] 19 nov. 1778, à Pierre Audivar'que — *Marie-Joseph*, b [7] 4 déc. 1753 —*Marie-Geneviève*, b [7] 13 oct. 1755; m [7] 5 juillet 1779, à Charles Lavoie. — *Marie-Madeleine*, b [7] 6 août 1757; m [7] 15 oct. 1781, à Toussaint Pelletier.—*Jean-Baptiste*, b [7] 16 mai 1759, s [7] 15 janvier 1761.—*Michel*, b [7] 6 janvier 1762; m 3 nov. 1784, à Marie-Catherine Hudon, à la Rivière-Ouelle.—*Félix*, b [7] 15 mars 1764. — *Marie-Anne*, b [7] 19 mars 1766.—*Jean-Baptiste*, b [7] 16 mai 1769, s [7] 29 avril 1770.—*Joseph*, b [7] 20 mars 1771.

III.—De la BOURLIÈRE (1), J.-Bte, [J.-Bte II.
b 1732.
1° Autin, Marie-Louise, [François II.
b 1733; s 14 mars 1761, à Kamouraska [3]
Marie-Madeleine, b [4] 2 juillet 1752; m [4] 7 janvier 1771, à Jean-Baptiste Jouvin.—*Antoine*, b [3] 4 janvier 1754.—*Marie-Anne*, b [3] 15 février 1755, m [3] 10 janvier 1780, à Antoine Michaud —*Joseph-Amable*, b [3] 28 fevrier 1757. — *François*, b [3] 22 fevrier et s [3] 14 mars 1761.

1762, (11 janvier). [3]
2° Paradis, Marie-Reine, [Jean III
b 1731; s [3] 8 mars 1763.

1764, (9 janvier). [3]
3° Michaud, Geneviève, [Antoine III
b 1736; veuve de Jean Vaillancourt.
Alexandre, b [3] 7 oct. 1764 —*François-Germain*, b [3] 31 mars 1766; s [3] 7 nov. 1767.—*Louis*, b [3] 7 fevrier 1768.—*François*, b [3] 13 mai 1770.

1756, (9 nov.) Kamouraska. [3]
III.—De la BOURLIÈRE (1), Jean. [Jean-Bte II.
Michaud, Marie-Catherine, [Louis III.
b 1739.
Jean-Jacques, b [3] 1er mai 1759.—*Marie-Catherine*, b [3] 10 mars 1761; m [3] 18 oct. 1780, à Pierre Coté. — *André*, b [3] 12 fevrier 1763.—*Jean-Baptiste*, b [3] 18 nov. 1764, s [4] 1er sept. 1765 —*Marie-Geneviève*, b [3] 20 août 1766.—*Antoine*, b [3] 8 sept. 1768.—*Marie-Madeleine*, b [3] 3 août 1770 —*Marie*, b... m [3] 6 juillet 1778, à Charles Grandmaison.

1763, (11 janvier) Kamouraska. [3]
III.—De la BOURLIÈRE (1), Roch. [J.-Bte II.
Phocas, Marie-Geneviève, [Jean II
b 1740.
Jean-Baptiste, b [3] 17 oct. 1763.—*Marie-Geneviève*, b [3] 11 avril 1765.—*Jacques-Moïse*, b [3] 23 mai 1767. — *Marie-Madeleine*, b [3] 25 juillet 1768. s [3] 7 avril 1769. — *Ignace*, b [3] 29 avril 1770 — *Marie-Anne*, b [3] 27 fevrier 1772.

1767, (9 nov.) Kamouraska. [3]
III.—De la BOURLIÈRE (1), Benj., [August II
b 1743.
1° Nadeau, Marie-Rose, [Alexis III.
b 1747; s [3] 13 fevrier 1776
Marie-Rosalie, b [3] 16 sept. 1768. — *Marie-Judith* et *Marie-Joseph*, b [3] 28 nov. et s [3] 3 dec 1769.—*Marie-Euphrosine*, b [3] 3 mars 1771.

(1) Dit Laplante.

(1) Et Labourier dit Laplante.

1777, (8 avril). [8]
2° OUELLET, Marie-Catherine, [BARTHÉLEMI IV.
b 1752.

1769, (9 janvier) Kamouraska. [8]
III.—DE LA BOURLIÈRE (1), ALEX., [J.-BTE II.
b 1741.
MICHAUD, Madeleine, [ANTOINE III.
b 1747.
Alexandre, b [8] 18 oct. 1769; s [8] 4 février 1770.
—*Marie-Madeleine*, b [8] 15 dec. 1770.

1773, (12 juillet) Kamouraska.
III.—DE LA BOURLIÈRE (1), AUG., [AUGUSTIN II.
b 1746.
OUELLET, Marie-Joseph. [JEAN IV.

1777, (10 fevrier) Kamouraska.[5]
III —DE LA BOURLIÈRE, JEAN. [AUGUSTIN II.
PELLETIER, Marie, [BASILE.
s [5] 24 janvier 1778.

1781, (22 oct) Kamouraska.
III.—DE LA BOURLIÈRE (1), ANT., [AUGUST. II.
b 1753.
AUTIN, Marie-Brigitte, [BASILE III.
b 1755.

1784, (3 nov.) Rivière-Ouelle.
IV.—DE LA BOURLIÈRE (2), MICHEL, [JOS. III.
b 1762.
HUDON, Marie-Catherine, [LOUIS III.
b 1760.

DE LA BREGEONNIÈRE. — Voy. DEVAREIL, 1751,

DE LA BROQUERIE.—Voy. BOUCHER.

DELACELLE.—Voy. aussi LACELLE.

1698, (8 août) Montreal.[6]
I.—DELACELLE (3), JACQUES,
b 1670, menuisier.
GIBAUT, Angelique, [GABRIEL I.
b 1677.
Anne-Louise, b [6] 25 juin 1699. — *Jacques*, b 5 juin 1701, à Boucherville, m [6] 16 février 1733, à Marie-Anne LALANDE.—*Marie-Madeleine*, b 4 mai 1704, à l'Ile-Dupas, s [6] 20 avril 1722. — *Marie-Angélique*, b [6] 20 fevrier 1706; m [6] 17 nov. 1727, à Pierre DESCOMPTES-LABADY. — *Etienne*, b [6] 20 oct. 1707; s [6] 23 avril 1708.—*Agathe*, b [6] 31 mars 1709, m [6] 17 nov. 1727, à Hyacinthe RÉAUME. —*François*, b [6] 13 mai 1711; s [6] 15 oct. 1714.—*René*, b [6] 9 juin 1713; m 25 janvier 1740, à Louise-Jeanne LANGLOIS, au Sault-au-Récollet.—*Nicolas*, b [6] 17 fevrier 1715. — *Françoise-Angélique*, b [6] 12 février 1717, s [6] 8 sept. 1721.—*Marguerite*, b [6] 21 mars et s [6] 5 juillet 1719.

DE LA CHATEIGNERAIE.—Voy. GAZON, 1694.

(1) Dit Laplante.
(2) Et Labourier dit Laplante.
(3) Voy. vol. I, p. 166 et p. 333.

DE LA CHAUSSÉE. — Voy. MOREL, sieur DE LA DURANTAYE.

1764, (15 déc.) Kamouraska. [4]
IV.—DE LA CHAUSSÉE (1), FRS. [MICHEL III.
MOREL, Brigitte, [CHARLES-ANDRÉ III.
b 1745.
Dorothée, b [4] 27 oct. 1765.

DE LA CHAUVIGNERIE.—Voy. MARAY.

1698, (21 nov.) Québec. [8]
I.—DE LA CHENAYE (2), PROSPER,
b 1669.
JOLY, Madeleine, [JEAN I.
b 1680; s [8] 9 mai 1699.
Philippe, b [8] 8 mai 1699; m 24 nov. 1721, à Marguerite TESSIER, à Montréal.

1721, (24 nov.) Montreal.
II.—DE LA CHENAYE, PHILIPPE, [PROSPER I.
b 1699.
TESSIER, Marguerite, [JEAN II.
b 1701.

I —DE LA CITIÈRE (3), FLORENT,
b 1668, s 30 oct. 1728, à Québec. [8]
AUBUCHON (4), Jeanne, [PIERRE I.
b 1674; s [8] 12 mai 1729.
Marie-Madeleine, b [8] 17 dec. 1697; m [8] 18 mars 1715, à Pierre DESGUERROIS; s [8] 10 juin 1717.

DE LA CODRÉS —Voy DEJADON—DUBOUCHET.

DE LA COLOMBIÈRE.—Voy. DELACORNE.

DELACORNE — *Surnoms :* DECHAPT — DE LA COLOMBIERE — DEST-LUC — DUBREUIL — LE VILLIERS.

1695, (11 juin) Montréal. [4]
I.—DELACORNE (5), JEAN-LOUIS,
b 1666.
PÉCAUDY, Marie, [ANTOINE I.
b 1677; s [4] 11 avril 1752.
Louis, b [4] 24 juin 1696; m [4] 1er sept. 1740, à Elisabeth DERAMEZAY; s 2 avril 1762, à Terrebonne. — *Louis-Luc*, b [4] 21 juin 1704; m [4] 21 janvier 1728, à Marie-Anne HUBERT-LACROIX. — *Antoine*, b 1er dec. 1708, à Contrecœur; m [4] 16 nov. 1744, à Marguerite PETIT LE VILLIERS. — *François-Josué*, b [4] 7 oct. 1710; m [4] 28 dec. 1745, à Marie-Michelle HERVIEUX; s 19 oct. 1753, à Quebec. —*Luc*, b 1711; 1° m [4] 10 dec. 1742, à Marie-Anne HERVIEUX, 2° m [4] 3 sept. 1757, à Marie-Joseph GUILLIMIN; 3° m [4] 9 avril 1774, à Madeleine BOUCHER DE BOUCHERVILLE.—*Joseph-*

(1) Ecuier, sieur de la Durantaye; voy. son père, Michel Morel, 1718.
(2) Voy. vol. I, p. 166.
(3) Juge de Beauport; voy. vol. I, p. 166.
(4) Et Pluchon—Plusson.
(5) Sieur de Chapt, chevalier; voy. vol. I, p. 167.

Marie (1), b 2 nov. 1714, à Verchères ; ordonné avant 1739 ; s en France. — *Marie-Anne*, b [4] 11 nov. 1716.— *Charles*, b [4] 3 et s [4] 13 nov.1718.

1728, (21 janvier) Montreal.
II.—DeLACORNE (2), Louis-Luc, [Jean-Louis I. b 1704.
Hubert (3), Marie-Anne, [René I. b 1677 ; s 4 février 1768, à Repentigny.

1740, (1er sept.) Montréal. [3]
II.—DeLACORNE (4), Louis, [Jean-Louis I. b 1696 ; s 2 avril 1762, à Terrebonne. [4]
DeRamezay, Elisabeth, [Claude I. b 1707.
Marie-Charlotte (5), b [3] 10 août 1741 ; m [3] 13 avril 1757, à François-Prosper Douglass. — *Jeanne-Louise*, b [3] 3 août et s [3] 12 nov. 1743.— *Elisabeth-Louise*, b [3] 31 juillet 1744, m[3] 10 avril 1769, à Charles Tarieu de la Naudière.—*Marie-Angélique*, b [3] 22 sept. 1746 ; m [4] 31 mars 1766, à Pierre-Paul Margane. — *Marie-Anne*, b [3] 4 et s [3] 25 oct. 1747. — *Louis*, b [3] 19 nov. 1748.— *François-Josué*, b [3] 23 mars 1750.

1742, (10 déc.) Montreal. [5]
II.—DeLACORNE (6), Luc, [Jean-Louis I. b 1711.
1° Hervieux, Marie-Anne, [Jean-Bte II s [5] 3 janvier 1753.
Marie-Anne, b [5] 31 mars 1744 ; m à .... Campbell.—*Louis-François*, b [5] 11 mars 1745.— *Luc-Jean-Baptiste*, b [5] 14 janvier 1746 — *Louis-Marie*, b [5] 13 avril 1747. — *Geneviève-Elisabeth*, b [5] 28 août 1748. — *Michel*, b [5] 20 oct. 1749. — *Marie-Louise-Charlotte*, b [5] 18 sept. 1750.
1757, (3 sept.) [5]
2° Guillimin, Marie-Joseph, [Charles I. b 1714 ; veuve de Jacques LeGardeur.
1774, (9 avril). [5]
3° Boucher (7), Marie-Marguerite. [Pierre IV.

1744, (16 nov.) Montréal. [4]
II.—DeLACORNE (8), Antoine, [Jean-Louis I. b 1708.
Petit (9), Marguerite, [Charles I. b 1704 ; veuve de Louis-Joseph Rocbert.
Pierre, b [4] 22 mars 1745. — *Antoine*, b... s [4] 23 sept. 1755 (dans l'eglise).—*Marguerite*, b [4] 20 oct. 1746 ; s [4] 21 mars 1747.

(1) Vicaire-général de Mgr Briand.
(2) De St-Luc—De Chapt.
(3) Dit Lacroix.
(4) Sieur de Chapt ; chevalier, seigneur de Terrebonne. Il était à Terrebonne, en 1752.
(5) Filleule du marquis de Beauharnois.
(6) Sieur de Chapt et de St-Luc ; officier, chevalier, capitaine d'infanterie. Il etait, le 28 mars 1762, à Longueuil.
(7) DeBoucherville ; sa mère est Marguerite Raimbault.
(8) Sieur de la Colombière — chevalier et capitaine. Il était à St-Michel, en 1741.
(9) LeVilliers.

1745, (28 déc.) Montreal. [1]
II.—De la CORNE (1), Frs-Josué, [Jean-Louis I. b 1710 ; s 19 oct. 1753 (dans l'eglise), à Québec.
Hervieux, Michelle, [Léonard II. b 1720 ; s [1] 11 février 1773.
François-Michel, b [1] 18 mai 1748.

III.—De la CORNE (2), Frs-Josué, [Louis II. b 1750.

I.—De la COULONNERIE (3).

I.—De la COUR (4), Jean, b 1701 ; s 13 nov. 1781, à l'Hôpital-Général, M.

1732, (4 fevrier) Québec. [1]
I.—De la CROIX (5), Hubert-Joseph, chirurgien ; fils de Dominique (seigneur de Maufoies) et de Catherine Clément, de Liège.
Dontaille, Anne-Madeleine, [Jacques I. b 1710.
Louis-Dominique, b 20 nov.1732, à St-Thomas.[2] —*Marie-Madeleine*, b [2] 23 janvier 1734.— *Louis-Joseph-Frédéric*, b [1] 27 janvier et s [1] 30 mars 1736.—*Marie-Catherine*, b [1] 19 nov. 1737, m à Joseph Turgeon.—*Christophe-Jean-Hubert*, b [1] 20 et s [1] 25 juin 1739.—*Paul*, b [1] 26 juillet 1740, m[1] 10 janvier 1764, à Marguerite Maclure.—*Ursule-Charles*, b [1] 13 mai et s[1] 13 juillet 1742.—*Hubert-Joseph*, b [1] 5 mai 1743.—*Antoine*, b [1] 13 et s [1] 14 nov. 1744.—*Madeleine*, b [1] 27 nov. 1745, s [1] 31 oct. 1748.—*Marie-Anne*, b [1] 29 nov. 1747, s [1] 13 mars 1748.—*Louise-Joseph-Madeleine*, b [1] 19 mars et s [1] 16 juin 1749.—*Louise-Judith*, b [1] 29 juillet 1750.—*Françoise*, b [1] 30 août 1752 ; s [1] 1er dec 1753.—*Hubert-Ignace*, b [1] 17 sept. 1754.—*Gilles-François*, b [1] 18 avril et s [1] 11 août 1757

1764, (10 janvier) Quebec
II.—De la CROIX, Paul, [Hubert I b 1740.
Maclure, Marguerite. [Jean I

I.—DeLACROUZETTE (6), Antoine.

De la DURANTAYE.—*Surnoms* : DeBoisbriand —De la Chaussée—Morel.

De la FARAUDIÈRE.—Voy. Blaye, 1760—Maréchal.

De la FARELLE (chevalier).—Voy. Daubrespy, 1759.

De la FAYOLLE.—Voy. Dalciat.

(1) Sieur Dubreuil ; lieutenant.
(2) Chevalier ; il était à Lachenaye, le 13 déc 1764.
(3) Il était à l'Ile-Dupas, le 13 juillet 1750.
(4) DeSt-Onge ; ancien soldat de la colonie
(5) Seigneur de Maufoies.
(6) Il était à Beauport, le 8 juin 1759.

I.—De la FEUILLÉE, Alixe, b 1640; 1° m à Louis Desgranges; 2° m 24 déc. 1680, à Dominique De la Mothe, à Montréal.

De la FONTAINE. — *Variations et surnoms :* DeBellecour—Dubord.—Lafontaine.

1703, (16 août) Pte-aux-Trembles, Q. [3]

I.—De la FONTAINE (1), Jean, b 1681; fils de Jacques et de Françoise LeRoux, du bourg Pastreily-en-Caux, diocèse de Rouen; s 9 janvier 1712, à Québec.[4]

1° Hardy, Catherine, [Jean I. b 1676; s [3] 9 avril 1709.

Jean-François, b [3] 26 juillet 1704; m [3] 11 février 1732, à Marguerite Laroche.—*Marie-Catherine*, b [3] 29 mars 1707.—*Marie-Anne*, b [3] 27 mars 1709; m [4] 18 fevrier 1732, à Ignace Martin.

1709, (29 oct.) [3]

2° Sylvestre (2), Marie-Jeanne, [Nicolas I. b 1686.

Jean-Baptiste, b [3] 14 sept. et s [3] 2 oct. 1710.—*Jean-Baptiste*, b [3] 20 oct. et s [3] 20 dec. 1711.

1728, (24 oct.) Québec. [4]

I.—De la FONTAINE (3), Jacques, fils de Jean (officier du roi) et de Bernardine Jouin, de Versailles, Paris.

1° Bissot, Charlotte, [François II. b 1704; s [4] 22 nov. 1749 (dans l'église).

Charles-Jacques (4), b [4] 13 août 1729, s [4] 24 août 1748.—*Louis-François*, b [4] 2 août 1730.—*Gilles*, b [4] 2 juin 1732.—*Louis-Antoine*, b [4] 9 juillet 1733; m 17 oct. 1757, à Marie-Anne Tougas, à Boucherville.—*Charlotte-Joseph*, b [4] 3 juin 1736; m [4] 14 fevrier 1757, à François-Joseph Cugnet; s [4] 27 juin 1816.—*Marie-Victor*, b [4] 27 mai 1737.—*Marguerite*, b [4] 22 juillet 1738; s [4] 1er fevrier 1742.—*Jacques-Gaspard*, b [4] 6 avril 1741.—*Louise-Charlotte*, b [4] 5 juin 1742; s [4] 8 avril 1745.—*Marie-Madeleine*, b [4] 24 juillet et s [4] 5 août 1743.—*Nicolas-Joseph*, b [4] 20 juillet 1744.—*François*, b [4] 22 déc. 1746.

1751, (7 août) Lévis. [5]

2° Lambert, Geneviève, [Louis-Joseph III. b 1723; s [4] 10 janvier 1756.

Geneviève, b [4] 1er juillet 1752; m [5] 5 nov. 1766, à Jean-Baptiste Chabot.—*Françoise-Angélique*, b [4] 18 et s [4] 27 nov. 1754.—*Claude-Jacques*, b [4] 8 et s [4] 20 oct. 1755.

(1) Et Lafontaine. Etabli dans cette paroisse l'automne dernier (1702) pour y exercer la chirurgie. Il avait fait la traversée depuis Honfleur jusqu'à l'île de Bonaventure avec Mr Mular, prêtre, récollet, qui lui donna un certificat signé de sa main, par lequel il certifiait qu'il avait toujours cru le dit Jean Lafontaine, pour être garçon et non marié. (Registre de la Pte-aux-Trembles, Q., 16 août 1703.)

(2) Elle épouse, plus tard, Augustin Balard.

(3) DeBelcour; secrétaire du gouverneur; contracteur.

(4) Filleul du gouverneur.

1732, (11 février) Pte-aux-Trembles, Q. [1]

II.—De la FONTAINE (1), Jean-Frs, [Jean I. b 1704.

Laroche, Marguerite, [Innocent II. b 1703; s [1] 19 février 1767.

Ambroise, b [1] 19 avril et s [1] 11 sept. 1733.—*Jean-François* et *Marie-Catherine*, b [1] 12 et s [1] 25 août 1734.—*Marie-Ursule*, b [1] 15 juillet et s [1] 7 août 1735.—*Marie-Angélique*, b [1] 15 juillet et s [1] 3 août 1735.—*Marie-Joseph*, b [1] 19 oct. 1738; m [1] 21 janvier 1754, à François Jean-Denis.

1757, (17 oct.) Boucherville.

II.—De la FONTAINE, Louis-Ant., [Jacques I. b 1733.

Tougas, Marie-Anne, [Guillaume II. b 1740.

1716, (8 août) Québec.

I.—De la FORCADE, Bernard, b 1689; fils de Jean et de Marthe Dupuy, de St-André, diocèse d'Aix.

Amiot (2), Thérèse, [Charles III. b 1683.

1702, (11 nov.) Québec. [4]

I.—De la FOREST (3), François, b 1648; fils de Gabriel (lieutenant de la marechaussee de Paris) et de Jeanne Nereau, de St-Germain l'Auxerrois, Paris; s [4] 16 oct. 1714 (dans l'eglise).

Juchereau (4), Charlotte-Frse, [Nicolas II. b 1660; veuve de François Pachot, s [4] 30 dec. 1732 (dans l'eglise).

Anonyme, b [4] et s [4] 24 juillet 1704.

De la FOSSE.—Voy. Puyperoux, 1711.

I.—De la FRENNÉE de BRUCY (5), Louis.

I.—De la GARDE (6), Jean, enseigne.

1756, (22 nov.) Quebec. [3]

I.—De la GARDE, Léonard, fils de Nicolas et de Jeanne Lacrainte, de Serre, diocèse d'Angoulême.

Dion, Marie-Louise, [Jacques II. b 1722, veuve de Julien Bezier.

Basile, b [3] 22 août 1757.—*Louise-Joseph*, b [3] 21 août 1758.—*Pierre*, b 18 sept. 1759, à Charlesbourg. [4]—*Charles*, b [4] 15 oct. 1760.—*Joseph*, b [4] 12 fevrier 1762.—*André*, b [4] 18 fevrier et s [4] 18 mars 1763.

I.—De la GARDE, Simon.

Monaster, Marie-Anne. [Jean I.

Pierre-Henri, b 24 avril 1760, à Beauport.

(1) Marié sous le nom de Lafontaine.

(2) Dit Villeneuve.

(3) Capitaine dans les troupes de la marine; commandant du fort Pontchartrain, au Détroit.

(4) Comtesse de St-Laurent.

(5) Il était, le 16 juillet 1707, à Ste-Foye.

(6) Il était, le 19 oct. 1688, à St-Frs-du-Lac.

DELAGE. — *Variations et surnoms :* DELASSE—LAFEUILLADE—LAFLEUR—LARIVIÈRE — LAVIGUEUR.

1669, (19 oct.) Ste-Famille, I. O.

I.—DELAGE (1), NICOLAS,
b 1637.
PETIT (2), Marie,
b 1643.
Charles, b 21 avril 1672, à St-François, I. O.; 1° m à Marie-Anne MANSEAU; 2° m 22 nov. 1706, à Marguerite PLANTE, à St-Jean, I. O.; s 19 juillet 1748, à St-Laurent, I. O.

I.—DELAGE, FRANÇOIS, b 1671; de Pera, diocèse de Poitiers; s 10 août 1741, à Montreal.

1690.

I.—DELAGE (3), LAURENT-JACQUES,
b 1643; s 13 nov. 1703, à Charlesbourg. [3]
BEZEAU (4), Marie-Renée, [PIERRE I.
b 1666.
Pierre, b 15 avril 1695, à Lorette [4]; m [4] 3 juillet 1716, à Marie MEUNIER. — *Jean,* b [4] 15 avril 1695.—*Michelle-Charlotte,* b [4] 20 avril 1696, m [4] 1er juin 1715, à Joseph LAURIOT.—*Marie-Jeanne,* b [3] 8 mars 1699; m [4] 27 janvier 1727, à Pierre LAURIOT; s 9 juin 1734, à la Pte-aux-Trembles, Q.—*Jean-Baptiste,* b [3] 21 mai 1702.

1692, (7 février) Beauport. [3]

I.—DELAGE (1), JEAN, b 1663; fils de Jean et de Michelle de la Mazerolle, d'Issidue, diocèse d'Angoulême; s [3] 7 mars 1724.
CHALIFOUR, Anne, [PAUL I.
b 1670; veuve de Jean LeNormand; s [3] 13 déc. 1730.
Jean-François, b [3] 27 janvier 1696, m [3] 23 oct. 1719, à Madeleine LOISEL; s 30 dec. 1757, à Quebec.— *Claude,* b [3] 23 sept. 1701; m 22 fevrier 1727, à Marie-Anne BRAGELONNE, à Charlesbourg; s [3] 16 nov. 1749.—*Louis-Claude,* b [3] 2 dec. 1703; s [3] 7 janvier 1726. — *Jean-Baptiste,* b [3] 18 février 1705; m 18 janvier 1734, à Therèse BONHOMME, à Terrebonne [4], s [4] 29 mai 1754.—*Marie-Anne,* b [3] 6 mars 1709; m [4] 14 mai 1727, à Joseph BRISSET. — *Geneviève,* b [3] 21 janvier 1711; m [3] 6 nov. 1731, à Jean DUPRAC.

II.—DELAGE, CHARLES, [NICOLAS I.
b 1672, s 19 juillet 1748, à St-Laurent, I.O. [3]
1° MANSEAU, Marie-Anne, [JACQUES I.
b 1675.
Charles, b 1698; 1° m [3] 22 nov. 1723, à Madeleine POULIOT; 2° m 3 sept. 1725, à Marie-Joseph PLANTE, à St-Jean, I. O. [4]; s [4] 28 nov. 1749.— *Guillaume,* b 1700; s [3] 21 mai 1721.

1706, (22 nov.) [4]
2° PLANTE, Marguerite, [GEORGE II.
b 1687; s [3] 7 mars 1756.

(1) Voy, vol. I, p 167.

(2) Elle épouse, le 22 juillet 1686, Mathieu Thibaudeau, à St-Laurent, I. O.

(3) Dit Larivière, voy. vol. I, p. 167

(4) Elle epouse, le 1er déc. 1703, Jean Langevin, à Charlesbourg.

Marguerite-Angélique, b [3] 14 août 1707; m [3] 18 fevrier 1726, à Pierre COTÉ.—*Marie-Anne,* b [3] 9 avril 1709; m [3] 6 nov. 1730, à Louis LABRECQUE; s [3] 21 avril 1756.—*Louis,* b [3] 24 août 1710, m à Marie-Charlotte DUPRAS. — *Anonyme,* b [3] et s [3] 3 sept. 1712. — *Nicolas,* b [3] 17 sept. 1713, s [3] 19 oct. 1714. — *Geneviève,* b [3] 26 oct. 1715, 1° m [3] 23 avril 1736, à Joseph PEPIN, 2° m [4] 27 mai 1744, à Gabriel FEUILLETEAU. — *Deux anonymes,* b [3] et s [3] 20 juillet 1717. — *Marie-Madeleine,* b [3] 19 juillet 1718. — *Jean,* b [4] 19 juillet 1720; 1° m à Marguerite LEMIEUX, 2° m 6 juillet 1761, à Blanche DOUCET, à Quebec. —*François,* b [3] 11 et s [3] 15 fevrier 1723.— *Gertrude,* b [3] 9 juin 1724; m 28 nov. 1747, à François CARON, au Château-Richer.—*Agathe,* b [3] 23 juillet 1729; m 2 avril 1750, à Prisque DE LESSARD, à St-Joachim.

1716, (3 juillet) Lorette. [5]

II.—DELAGE (1), PIERRE, [LAURENT I.
b 1695.
MEUNIER, Marie, [MATHIEU II.
b 1685, veuve de Pierre Bouvier; s [5] 12 fevrier 1743.
Joseph, b 1717; m [5] 23 février 1745, à Geneviève MARANDA; s [5] 8 déc. 1747. — *Marie-Geneviève,* b [5] 11 avril 1719. — *Marie-Geneviève,* b [5] 6 juin 1721; m [5] 26 nov. 1742, à Jean-Baptiste GIRARD. — *Marie-Louise,* b [5] 19 nov. 1724, s [5] 17 juillet 1732. — *Pierre,* b [5] 22 sept. 1726, m [5] 27 juillet 1750, à Anne-Laurence RIOPEL. — *Louis,* b [5] 15 juin 1728.

1719, (23 oct) Beauport. [1]

II.—DELAGE (2), JEAN-FRANÇOIS. [JEAN I.
b 1696; s 30 dec. 1757, à Québec. [2]
LOISEL, Madeleine. [LOUIS I.
Madeleine, b [1] 20 juillet 1720; 1° m à François DUBOIS; 2° m [2] 24 juillet 1752, à Jean BARBEAU.—*Anne,* b [1] 24 oct. 1721; s 29 nov. 1724, à Charlesbourg. [3] — *François,* b [2] 12 août 1723, m [3] 22 avril 1748, à Elizabeth DELESSARD —*Louise,* b [2] 9 avril 1725; m [3] 22 janvier 1748, à Jean-Baptiste DOUCET. — *Pierre,* b [3] 29 juillet 1727; m [2] 13 mai 1748, à Marie-Joseph MASSÉ.—*Louis,* b [3] 24 fevrier 1729, s [3] 5 mai 1733. — *Marie-Geneviève,* b [3] 8 mai 1731; m [3] 3 mai 1751, à Pierre THIBAULT. — *Jacques,* b [3] 19 août 1733; s [3] 14 sept. 1755. — *Nicolas,* b [3] 20 juillet 1735, m 17 juin 1760, à Therèse LENORMAND, à l'Hôpital-General, M. — *Jacques,* b 1736; m [2] 30 juin 1755, à Geneviève GODBOUT. — *Marie-Catherine,* b [3] 19 dec. 1740; m [3] 6 fevrier 1760, à Jean-Baptiste LEROUX.

1723, (22 nov.) St-Laurent, I. O. [6]

III.—DELAGE, CHARLES, [CHARLES II.
b 1698, s 28 nov. 1749, à St-Jean, I. O. [7]
1° POULIOT, Madeleine, [JEAN II.
b 1702; s [6] 11 juin 1724.
Charles, b [6] 9 et s [6] 11 juin 1724.

(1) Dit Lariviere.

(2) Dit Lavigueur.

1725, (3 sept.) [7]
2° PLANTE (1), Marie-Joseph, [GEORGE II.
b 1708.
Louis, b... m [7] 19 nov. 1753, à Marie-Madeleine ALLAIRE. — *Marie-Anne*, b... m [7] 29 juillet 1754, à Jean BLOUIN. — *Marie-Anne*, b [7] 26 janvier 1732 ; m [7] 25 nov. 1754, à François ALLAIRE. — *Marie*, b [7] 30 août 1734 ; m [7] 11 oct. 1751, à Basile FORTIER.—*Marie-Elisabeth*, b [7] 29 août 1736 ; 1° m [7] 5 oct. 1761, à Jacques GAUDREAU ; 2° m 9 juillet 1782, à Louis DEBIEN, à l'Ile-aux-Coudres.—*Marie-Angélique*, b [7] 23 oct. 1738 ; m [7] 7 nov. 1763, à Guillaume AUDET.—*Marie-Louise*, b [7] 25 février 1741. —*Charles*, b [7] 28 mai 1743 ; s [7] 27 nov. 1749.—*Marie-Charlotte*, b [7] 29 janvier 1746 ; m 2 juillet 1766, à Etienne TREMBLAY, à la Baie-St-Paul.—*Marie-Thérèse*, b [7] 8 fevrier 1748 ; s [7] 27 nov. 1749.

1727, (22 février) Charlesbourg.
II.—DELAGE, CLAUDE, [JEAN I.
b 1701 ; s 16 nov. 1749, à Beauport. [4]
BRAGELONNE (2), Marie-Anne. [PIERRE I.
Marie, b [4] et s [4] 5 mars 1728.—*Claude-Charles*, b [4] 31 déc. 1728 ; m [4] 13 janvier 1766, à Marie-Joseph ISOIR.—*Marie-Anne*, b [4] 20 juillet 1730 ; s [4] 26 avril 1733.—*Marie-Louise*, b [4] 16 et s [4] 17 sept. 1732.—*Marie-Anne*, b [4] 11 août 1733, m [4] 7 janvier 1754, à François BÉLANGER.—*Prisque*, b [4] 8 oct. 1735.— *Louise*, b [4] 4 oct. 1737 ; m [4] 12 janvier 1761, à François SASSEVILLE.—*Marie-Françoise*, b [4] 18 nov. 1740 ; m [4] 18 fevrier 1765, à Jean LECLERC. — *Marie-Agathe*, b [4] 30 janvier 1744 ; m [4] 18 janvier 1763, à Etienne DORION. — *Louis*, b [4] 30 août et s [4] 1er oct. 1746. — *Michel-Jean*, b [4] 18 sept. 1747.

1734, (18 janvier) Terrebonne. [6]
II.—DELAGE, JEAN-BTE, [JEAN I.
b 1705 ; s [6] 29 mai 1754.
BONHOMME (3), Therèse, [CHS-IGNACE III.
b 1708.
Jean-Baptiste, b [6] 17 dec. 1734 ; s [6] 15 nov. 1758.—*Marie-Thérèse*, b [6] 24 juillet 1736 ; m [6] 12 février 1759, à Pierre FILIATREAU.—*Marie-Louise*, b [6] 25 fevrier 1739 ; m [6] 12 fevrier 1759, à Louis FILIATREAU. — *Jean-Louis*, b [6] 11 août 1741 ; m [6] 7 fevrier 1763, à Agathe CLÉMENT.—*Marguerite*, b [6] 26 mai 1746 ; s [6] 11 juillet 1747. — *Marie-Reine*, b [6] 28 fevrier 1748 ; s [6] 29 nov. 1752.—*Madeleine*, b [6] 28 février 1748 ; m [6] 24 nov. 1766, à Joseph ETHIER.

1745, (23 février) Lorette. [1]
III.—DELAGE, JOSEPH, [PIERRE II.
b 1717 ; s [1] 8 déc. 1747.
MARANDA (4), Geneviève, [PIERRE III.
b 1726.
Joseph, b [1] 17 avril 1747 ; s 9 mai 1761, à l'Hôpital-Général, M.

(1) Elle épouse, le 28 août 1758, Jacques Tanguay, à St-François, I. O.

(2) Dit Cannard et Derbeville.

(3) Elle épouse, le 26 février 1759, Pierre Robin, à Terrebonne.

(4) Elle épouse, le 22 avril 1748, Joseph Noreau, à Lorette.

1745, (6 sept.) Montréal. [1]
I.—DELAGE, HUGUES, b 1723 ; fils de Sicard et de Péronne Beaune, de Belaigue, diocèse de Perigueux.
REGNIER, Thérèse, [PIERRE-HENRI I.
b 1722 ; veuve de Joseph Laporte.
Thérèse, b [1] 25 mai 1746 ; m [1] 11 janvier 1762, à Pierre GIROUX. — *Pierre*, b [1] 15 juin 1748.—*Marie-Joseph*, b [1] 13 juillet 1750.

DELAGE, FRANÇOIS, b 1722 ; s 8 déc. 1747, à Beauport.

DELAGE, PIERRE.
GÉLY, Marie-Anne, [FRANÇOIS III.
b 1715 ; veuve de Pierre Bouvier.
Marie-Anne (1), b... m 14 oct. 1754, à François HAMEL, à Lorette. [5] — *Marie-Geneviève*, b [5] 1er août 1748.—*Jean-Baptiste*, b [5] 10 août 1749.—*Augustin*, b [5] 14 mars et s [5] 18 oct. 1754.—*Marie-Elisabeth*, b [5] 2 sept. 1756.

III.—DELAGE, LOUIS, [CHARLES II.
b 1710.
DUPRAS (2), Marie-Charles, [NOEL II.
b 1712.

1748, (22 avril) Charlesbourg. [6]
III.—DELAGE (3), FRANÇOIS, [FRANÇOIS II.
b 1723.
DELESSARD, Elisabeth, [PRISQUE III.
b 1729.
Agathe, b 21 oct. 1751, à Québec. [7] — *Marie-Louise*, b [7] 27 avril 1753.—*Marie-Charlotte*, b [6] 3 mars 1756.—*François* (4), b [6] 22 janvier 1758 ; m à Louise BILODEAU —*Louis*, b [6] 27 mars 1760, m 1794, à Thècle BEDARD (5).—*Jean-Baptiste*, b [6] 2 juin 1762.

1748, (13 mai) Quebec. [8]
III.—DELAGE (6), PIERRE, [FRANÇOIS II.
b 1727.
MASSE, Marie-Joseph, [ANTOINE III.
b 1726.
Pierre-François, b [8] 24 juillet et s [8] 11 déc. 1749.—*Marie-Madeleine*, b [8] 17 sept. 1750 ; s [8] 1er avril 1751.—*Jean-Baptiste*, b [8] 18 janvier 1752.—*Marguerite-Joseph*, b [8] 23 juillet 1753 ; s [8] 19 août 1758.—*Jacques*, b [8] 31 janvier 1755 ; s [8] 31 janvier 1758.—*François*, b [8] 14 janvier 1757.—*Pierre*, b [8] 25 mars 1758.—*Elisabeth* et *Marie-Madeleine*, b 8 fevrier 1760, à Charlesbourg.—*Marie-Joseph*, b [8] 7 avril 1762.—*Nicolas*, b [8] 30 mai 1764.

1750, (27 juillet) Lorette. [9]
III.—DELAGE, PIERRE, [PIERRE II.
b 1726.
RIOPEL, Anne-Laurence, [LOUIS II.
veuve de Louis Dery.

(1) Fille adoptée.

(2) Elle épouse, le 6 oct. 1749, Ignace Gosselin, à St-Jean, I. O.

(3) Dit Lavigueur.

(4) Grand-père de Mr F.-X. Delage, junior.

(5) Sœur du curé Antoine Bedard.

(6) Dit Lavigueur ; charretier.

Marie-Rosalie, b [9] 17 mai et s [9] 20 juillet 1751. —*Louis-Jean-Marie*, b [9] 15 août 1753.—*Jacques*, b 3 oct. 1754, à Ste-Foye.—*Anne-Geneviève*, b [9] 30 nov. 1755.—*Marie-Joseph*, b [9] 9 juin 1757; s 17 mars 1758, à Quebec.—*Marie-Geneviève*, b [9] 12 mars 1759.—*Pierre*, b 30 juin 1760, à St-Augustin. — *Marie-Barbe*, b [9] 6 nov. 1761. — *Marie-Louise*, b [9] 26 mars 1763.—*Jean-Baptiste*, b [9] 26 sept. et s [9] 21 oct. 1764.

1753, (19 nov.) St-Jean, I. O. [6]

IV.—DELAGE, Louis. [Charles III.
Allaire, Marie-Madeleine, [Jacques III.
b 1728.
Louis, b [6] 5 mai 1755.—*Jean-Baptiste*, b [6] 23 déc. 1756.—*Joseph-Marie*, b 30 juillet 1758, à St-François, I. O.—*Marie-Madeleine*, b [6] 1er sept. 1761.—*Charles*, b [6] 18 juin 1763.—*François*, b [6] 18 juin 1763 ; s [6] 31 mai 1765.

1755, (30 juin) Québec. [7]

III.—DELAGE (1), Jacques, [François II.
b 1736.
Godbout (2), Geneviève, [Jean III.
b 1726.
Jean-Baptiste-François (posthume), b [7] 29 avril 1756 ; s [7] 15 février 1758.

III.—DELAGE, Jean, [Charles II.
b 1720.
1° Lemieux, Marguerite, [Michel II.
b 1719, s 6 oct. 1755, à Québec. [5]
Félicité, b 1753 ; s [5] 25 oct. 1755.—*Jean*, b... s [5] 12 oct. 1755.

1761, (6 juillet). [5]

2° Doucet (3), Blanche, [Jean I.
veuve d'Antoine Bariau.
Angélique, b [5] 23 juin 1762.

1760, (17 juin) Hôpital-Général, Q

III.—DELAGE, Nicolas, [Jean-François II.
b 1735
LeNormand, Therèse, [François III.
b 1739.
Marie-Thérèse, b 15 mars 1761, à Charlesbourg. —*Anonyme*, b et s 21 nov. 1762, à Beauport. [6] — *Marie-Louise*, b [6] 13 mars 1764.—*Marie-Françoise*, b [6] 8 dec. 1765

1761, (10 août) Quebec.

I.—DELAGE (4), Jean-Bte, fils de Jean-Baptiste et de Catherine Devaux, de St-Michel-de-Lyon, diocèse de Limoges.
Choret, Suzanne, [Jean III.
veuve de Jean-Baptiste Roignon.

1763, (7 fevrier) Terrebonne.

III.—DELAGE, Jean-Louis, [Jean-Bte II.
b 1741.
Charles (5), Agathe, [Joseph III.
b 1742.

(1) Dit Lavigueur.

(2) Elle épouse, le 4 sept. 1758, Nicolas Mathieu, à Québec.

(3) Nee à l'Assomption, en Acadie.

(4) Dit Lafeuillade.

(5) Dit Clément.

1766, (13 janvier) Beauport.

III.—DELAGE, Claude-Charles, [Claude II.
b 1728.
Isoir, Marie-Joseph, [Jean-Bte II.
b 1736.

IV.—DELAGE, François, [François III.
b 1758.
Bilodeau, Louise, [Jacques-Joseph IV.
b 1757.

1794.

IV.—DELAGE, Louis, [François III.
b 1760.
Bedard, Thècle. [Charles IV.
Julie, b... m à François-Xavier Frenet.—*Antoine-Charles*, b... m à Marie-Marthe Descormiers ; s 6 août 1862, au Cap-Santé. [5]—*François-Xavier* (1), b [5] 20 dec. 1805 ; ord. 6 juillet 1828.—*Marie*, b... m à Felix Marcot.—*Angélique*, b... m à Joseph Frenet.

DELAGE, Marie-Madeleine, épouse de Philippe Rasset.

De la GIMAUDIÈRE.—Voy. Lecompte, 1695.

De la GIRAUDAIS.—Voy. Chenard.

De la GROIS (le marquis). — Voy. D'Alogny, 1703.

De la HAYE. — *Variations et surnoms :* De la Haie—De la Haise— De la Haize — De la Heze — Lagrenade — Lahaie — Lahaise—Lahaye—Lahayse.

I.—De la HAYE (2), Nicolas,
b 1640.

De la HAYE, Michelle, b 1653 ; s 28 février 1723, à Montreal.

1687, (29 oct.) Champlain [4]

I.—De la HAYE (3), Jean-Bte,
b 1646, s avant 1724.
Limousin (4), Geneviève, [Hilaire I
b 1673.
Jean-Baptiste, b [4] 24 juin 1692 ; 1° m 1717, à Jeanne Guilbert, 2° m 6 fevrier 1736, à Louise Petit, à Montréal — *Pierre*, b [4] 8 sept. 1694, m 1723, à Elisabeth Poitras ; s 14 dec. 1737, à la Longue-Pointe.—*Marie*, b [4] 21 juillet 1697 ; m 31 juillet 1724, à François Sédilot, à la Pointe-aux-Trembles, M.

I.—De la HAYE, Jean,
Irlandais, s avant 1749.
Swarten (5), Marie,
Anglaise, s avant 1749.

(1) Curé de l'Islet.

(2) Volontaire, habitant de Lotbinière. Son nom paraît deux fois sur le recensement de 1681.

(3) Voy. vol. I, p. 168.

(4) Dit Beaufort.

(5) Dit Shaken, 1717.

Marie-Anne, b 30 juin 1706, à Montréal [8]; s [8] 10 sept. 1708.—*Jean-François*, b [8] 8 janvier 1708; m à Marie GAUTIER; s 28 février 1750, à Ste-Geneviève, M. [4]—*Silvie*, b [8] 19 mars 1710; 1° m 1740, à Jacques-François BENOIT-LAGUERRE; 2° m [4] 18 août 1749, à Jean-Baptiste CHARBONNEAU. —*Marie-Joseph*, b [8] 22 et s [8] 25 déc. 1711.—*Marie-Catherine*, b [8] 8 et s [8] 18 mars 1713.—*Joseph*, b [8] 12 février 1714; m à Suzanne GAUTIER—*Marie-Madeleine*, b [8] 13 oct. 1715.—*Claude-Jean-Baptiste*, b [8] 23 janvier 1717.

1717.

II.—DE LA HAYE, JEAN-BTE, [JEAN-BTE I.
b 1692.

1° GUILBERT (1), Jeanne, [JEAN I.
b 1700; s 2 février 1735, à Montréal. [4]

Marie-Anne, b [4] 1718; m [4] 21 juillet 1740, à Jean BILLON.—*Laurent*, b 6 juillet 1721, à la Pte-aux-Trembles, M. — *Louis*, b 25 avril 1725, à L'Assomption. [5] — *Marie-Françoise*, b [5] 4 mai 1726; m 24 oct. 1745, à Jean-Baptiste SAVIGNAC, à Ste-Anne-de-la-Pérade. — *Toussaint*, b [5] 19 juillet 1727; s [5] 1er mai 1728. — *Etienne*, b [5] 4 et s [5] 14 août 1728.

1736, (6 fevrier). [4]

2° PETIT, Louise, [GASPARD I.
b 1698.

1723.

II.—DE LA HAYE, PIERRE. [JEAN-BTE I.
b 1694; s 14 déc. 1737, à la Longue-Pointe. [4]

POITRAS (2), Elisabeth. [JEAN I.

Pierre, b 31 mai 1724, à la Pte-aux-Trembles, M. [5]; s [4] 26 avril 1733.— *Marie-Elisabeth*, b [4] 10 oct. 1725; s [4] 16 janvier 1726.—*Jean-Baptiste*, b [4] 18 juillet 1727; m [5] 29 janvier 1753, à Marie CHAUDILLON.—*Joseph*, b [4] 6 fevrier 1730; m [4] 10 avril 1758, à Marie-Joseph ROY.— *Marie-Jeanne*, b [4] 7 juin 1731; m [4] 11 février 1754, à Joseph VANIER. — *Marie-Joseph*, b [4] 8 fevrier et s [4] 26 juin 1733.—*Helène*, b [4] 14 mars 1734; m [4] 24 janvier 1752, à Jean-Baptiste BESNARD.— *Marie-Joseph*, b [4] 27 oct. 1735; s [4] 9 août 1736. — *Marie-Louise*, b [4] 2 et s [4] 7 fevrier 1737.

1729, (1er août) Montreal.

I.—DE LA HAYE, FIACRE, b 1706, fils de Fiacre et de Jeanne Ragot, de St-Nicolas de Montrouton, diocèse de Poitiers.

MANSEAU (3), Marie-Madeleine, [CHARLES II.
b 1702.

Jean-Baptiste, b 3 mars 1730, à St-Laurent, I. O.; s 11 oct. 1781, à Quebec. [1] — *Pierre*, b [1] 2 mai 1732, m à Elisabeth DESNOYERS — *Joseph-Marie*, b [1] 24 avril 1734, s 5 fevrier 1754, à St-Frs-du-Lac. — *Marie-Angélique*, b [1] 7 août 1736; m [1] 30 oct. 1753, à Claude GRAVELLE. — *Jean-Baptiste*, b [1] 26 février 1738. — *François*, b [1] 19 et s [1] 23 avril 1741.—*François*, b [1] 29 juin 1742; s [1] 12 fevrier 1744.

(1) Dit Laframboise.

(2) Elle épouse, le 9 juin 1739, Etienne Goguet, à la Longue-Pointe.

(3) Elle épouse, le 1er mai 1752, Jean Grala, à Québec.

I.—DE LA HAYE (1), FRANÇOIS, b 1711; de Verdun, Lorraine; s 1er mars 1736, à Montreal.

1735, (21 nov.) Québec. [6]

I.—DE LA HAYE, FRANÇOIS, fils de François et de Marie Lepage, de St-Marcel, diocèse d'Orleans.

BERNIER, Marie-Agnès, [JACQUES I.
b 1717.

François-Denis, b 10 oct. 1736, à Charlesbourg [7]; m [7] 6 fevrier 1758, à Marie-Françoise BERGEVIN.—*Louise-Agnès*, b... m [6] 10 fevrier 1755, à François CHARLAND.—*Charles*, b [7] 2 mars 1740. —*Marie-Jeanne*, b [7] 23 sept. 1741; m [6] 1er mai 1758, à Jean FRÈCHE. — *Marie-Suzanne*, b [7] 29 avril 1743; s [7] 24 mars 1760.— *Marie-Françoise*, b [7] 19 janvier 1745; m 14 sept. 1761, à Philippe CARTON, à Montreal. [8] — *Marie-Joseph*, b [7] 1er déc. 1746; m [6] 3 nov. 1761, à Jean-Baptiste MOREL.—*Jacques*, b [7] 22 mars 1748.—*Pierre*, b [7] 19 nov. 1749. — *Marie-Renée*, b [7] 22 oct. et s [7] 14 nov. 1751. — *Marie-Marguerite-Véronique*, b [7] 7 août 1753; s [6] 4 avril 1756. — *Geneviève*, b [6] 30 juillet et s [6] 27 oct. 1755. — *Marie-Joseph*, b [6] 22 août 1756; s [6] 22 janvier 1758. — *Marie-Ursule*, b [6] 20 nov. 1759.

II.—DE LA HAYE, JOSEPH, [JEAN I.
b 1714.

GAUTIER Suzanne.

Marie-Thérèse, b 1er mai 1741, à Ste-Geneviève, M. [3] — *Amable-Ignace*, b [3] 8 oct. 1741. — *Marie-Geneviève*, b [3] 23 dec. 1742. — *Marie-Suzanne*, b [3] 8 dec. 1744.— *Michel*, b [3] 4 janvier et s [3] 21 oct. 1746. — *Anonyme*, b [3] et s [3] 23 août 1746 —*Anonyme*, b [3] et s [3] 8 oct. 1748. — *Marie-Cécile*, b [3] 18 fevrier 1750.—*Marie-Archange*, b [3] 15 sept. 1751. — *Marie-Charlotte*, b [3] 1er mars 1753. — *Jean-Baptiste*, b [3] 22 juin et s [3] 3 juillet 1754. — *Marie-Madeleine*, b [3] 27 juillet 1755. — *Marie-Véronique*, b [3] 22 mai et s [3] 1er août 1757. —*Jean-Baptiste*, b [3] 19 nov. 1758.

II.—DE LA HAYE, JEAN-FRANÇOIS, [JEAN I.
b 1708, s 28 fevrier 1750, à Ste-Geneviève, M. [3]

GAUTIER, Marie.

Marie, b... s [3] 27 fevrier 1758. — *Pierre*, b [3] 15 sept. 1743. — *Marie-Joseph-Archange*, b [3] 19 mars 1748; s [3] 28 fevrier 1750. —*Antoine*, (posthume) b [3] 30 avril 1750.

II.—DE LA HAYE, PIERRE, [FIACRE I.
b 1732.

DESNOYERS Elisabeth.

Marie-Elisabeth, b 1er avril 1752, à Verchères [4] —*Louis*, b [4] 15 nov. 1753, s [4] 14 fevrier 1755.— *Louis*, b [4] 1er mars 1755. —*Jean-Louis*, b 1757, s [4] 18 déc. 1759.— *Pierre-Adrien*, b [4] 7 et s [4] 26 sept. 1759.—*Françoise*, b [4] 12 avril 1761.

(1) Dit Lagrenade; soldat de la compagnie de Montigny.

1753, (29 janvier) Pte-aux-Trembles, M. [5]
III.—De la HAYE, Jean-Bte, [Pierre II.
b 1727.
Chaudillon, Marie, [Pierre-Louis II.
b 1720; veuve de Louis Caty.
Marie-Madeleine, b [5] 23 nov. 1753.—*Jean-Baptiste*, b [5] 30 mars 1757.

1758, (6 février) Charlesbourg. [5]
II.—De la HAYE, François-Denis, [François I.
b 1736.
Bergevin, Marie-Françoise, [François II.
b 1729.
Marie-Geneviève, b [5] 16 nov. et s [5] 2 déc. 1758.
—*Charles*, b [5] 1er mars et s [5] 2 avril 1762.— *Marie-Charlotte*, b [5] 11 juin 1763.

1758, (10 avril) Longue-Pointe. [5]
III.—De la HAYE, Joseph, [Pierre II.
b 1730.
Roy, Marie-Joseph, [Pierre II.
b 1718; veuve de François Renaud.
Marie-Elisabeth, b [5] 10 mars 1759.

1760, (22 sept.) St-Frs-du-Sud.
I.—De la HAYE, Jacques-Charles, fils de Charles et de Jeanne Acolare, de St-Michel, diocèse d'Yprès.
Garand, Marie-Claire, [Pierre II.
veuve de Joseph Vivier.

De la HAYE, Marie-Anne, epouse de Charles Mercier.

De la HAYE, ...
Paradis, Louise, [Pierre I.
b 1661; s 1er fevrier 1741, à Terrebonne.

De la HAYE, Marie-Jeanne, b... m à Jean Tessier; s 7 mars 1748, à Ste-Anne-de-la-Pérade.

1777.
De la HAYE, Jean-Bte.
Ratel, Marie-Marguerite. [Pierre III.
Jean-Baptiste, b 1778; s 27 déc. 1780, à Repentigny. [5]— *Jacques*, b [5] et s [5] 30 août 1785. —
Marie-Marguerite, b [5] 17 et s [5] 18 juillet 1786.—
Jacques, b [5] 24 mai et s [5] 18 juin 1787.—*Thomas*, b [5] 13 dec. 1788. —*Marie-Louise*, b [5] 1er avril et s [5] 22 juillet 1792. — *Pierre*, b [5] 5 nov. 1793.—
Madeleine, b [5] 1er nov. 1795.

1759, (9 février) St-Michel.
I.—De la Houssaye (1), Jean-Charles-François, fils de François-Antoine (sieur Davault) et de Louise-Angelique de Chabot, de N.-D. de Mericour, diocèse d'Amiens, Picardie.
Gautron (2), Marie-Elisabeth, [Pierre II.
b 1735; veuve de Michel-François Magnac-Dauphine.

(1) Sieur d'Etreval, chevalier; il était encore à Berthier, le 29 sept. 1767.
(2) LaRochelle.

1761, (24 août) Québec. [4]
I.—DeLAIS, Jean, navigateur; fils de Sébastien et de Marie Marcou, de Culneras, diocèse de Bordeaux.
Alard, Marie-Madeleine, [Jean-Charles III.
b 1731; veuve de Louis Guyon.
Marie-Madeleine, b [4] 10 oct. 1762; s [4] 18 sept. 1763.—*Jean-Baptiste*, b [4] 3 janvier 1764.

I.— De la JONQUIÈRE (1), Pierre-Jacques, b 1686; s 20 mars 1752, à Québec.

1689, (3 nov.) Québec. [6]
I.—De la JOUE (2), François,
b 1656; architecte.
Mesnage, Marie-Anne, [Pierre I.
b 1674, s [6] 16 mars 1703.
Marie-Joseph, b [6] 2 avril 1695; 1° m 27 juillet 1716, à Jacques Manseau, à St-Laurent, I. O. [7], 2° m [7] 26 nov. 1724, à Antoine Gosselin.

DeLALANDE.—Voy. Lalande.

DeLALEU.—Voy. Laleu.

DELALORE.—Voy. Marin.

I.—DELALOUR, Jean.
Dupont, Marie-Anne,
b 1660; s 19 juin 1756, à St-Antoine-de-Chambly.

De la MADELEINE. — Voy. Daillebout, 1732.

De la MALETIE.—Voy. Lamaletie.

De la MALOTIÈRE.—Voy. D'Auteuil.

De la MARQUE. — Voy. Marin, sieur de la Massière.

DeLAMARRE.—*Variation et surnom*: Lamarre —Varin.

1684, (7 fevrier) St-Pierre, I. O. [4]
II—DeLAMARRE (2), Pierre, [Louis I.
b 1660.
Paulet, Marie, [Antoine I.
b 1662; s 14 août 1733, à Quebec.
Marie-Anne, b 6 sept. 1685, à L'Ange-Gardien [5]; m 24 nov. 1705, à Pierre Biort, à St-Thomas. [6]—
Catherine, b [5] 23 sept. 1688; m [6] 28 avril 1710, à Jacques Talbot. — *Joseph* (3), b 14 oct. 1692, à Beauport; m [6] 21 oct. 1715, à Marie Verieul.
—*Pierre*, b [4] 15 fevrier 1696.

De la MARTINIÈRE.—Voy. Berman, 1664.

De la MASSIÈRE —Voy. Marin.

(1) De Taffanell; marquis et gouverneur-general. Successeur de MM de Frontenac et de Vaudreuil; né en 1686, à la Jonquère, diocèse d'Albay, en Languedoc, mort à Québec, le 17 mars 1752, à l'âge de 67 ans; inhumé dans l'église des Récollets.
(2) Voy. vol. I, p 168.
(3) Marié sous le nom de Lamarre, voy. ce nom.

De la MILTIÈRE.—Voy. Dubois, 1757.

De la MINOTIÈRE.—Voy. Deniort, 1713.

De la MIRANDE.—Voy. DuLignon — Pic.

De la MOLLERAIE.—Voy. DeMalleray.

De la MORILLE.—Voy. Lemaître.

1716, (25 mars) Québec. [8]

I.—De la MORINET, Clément, b 1692, navigateur; fils de Julien et de Jeanne DeLausoy, de St-Malo.
Ducheron, Madeleine, [Mathurin I. b 1690; veuve de Benoît Ferre.
Louise, b [8] 10 mars et s [8] 6 avril 1717. — *Jeanne*, b 23 janvier 1720, à St-Jean, I. O.

De la MORINIÈRE.—Voy. Berthon.

De la MOTHE.—*Variations et surnoms :* Cadillac—Dagneau — De la Motte — De la Rue —Lamotte.

I.—De la MOTHE (1), Jacques, marchand.

1680, (24 déc.) Montréal. [5]

I.—De la MOTHE (2), Dominique, b 1636; s [5] 18 sept. 1700.
De la Feuillée, Alice, b 1640; veuve de Louis Desgranges; s [5] 24 nov. 1700.

1687, (25 juin) Québec.

I.—De la MOTHE (3), Antoine, b 1661.
Guyon, Marie-Thérèse, [Denis II. b 1671.
François, b 28 mars 1709, au Détroit.

De la MOTHE, François.—Voy. Lamotte.

De la MOTHE, Jean.—Voy. Lamotte.

De la NAUDIÈRE.—Voy. Tarieu, 1672.

DELANCOURT, Madeleine, b 1753; s 26 nov. 1768, à la Baie-du-Febvre.

DELANDE.—Voy. Deslandes.

DeLANGY. — *Surnoms :* Fontenelle, 1742 — Levraux.

(1) Son nom se trouve dans les registres du conseil souverain, à la date du 10 oct 1663

(2) Voy. vol. I, p. 169.

(3) De la Mothe-Cadillac, fondateur de la ville du Détroit; voy. vol I, p. 169.

1705, (25 nov.) Batiscan. [5]

I.—DeLANGY (1), Léon, fils de Pierre (noble Levraux de Langy, sieur de Maisonneuve) et d'Anne Aigron, de Notray, diocèse de Poitiers.
1° Trotier, Marguerite, [Pierre II. s [5] 23 avril 1717.
1718, (23 février) Verchères. [2]
2° Jarret, Margte-Gabrielle, [François I. b 1685; s [2] 3 août 1744.

DeLANGY (2), ..., b... s 1er juin 1760, à Longueuil.

De la NOUGUÈRE.—Voy. Tarieu, 1672.

1721, (4 janvier) Québec. [5]

I.— DeLANOUILLIER (3), Nicolas, b 1679; fils de Jean et de Marie Tollet, de St-Etienne-du-Mont, Paris; s [5] 8 janvier 1756.
1° André (4), Jeanne-Catherine, [Pierre I. b 1690; s [5] 12 mars 1722.
Marie-Germaine-Eustache, b [5] 6 mars 1722; m [5] 20 nov. 1741, à Michel Bénard.
2° Bocquet, Marie-Jeanne.

DeLANTAGNAC.—Voy. Adhémar.

1720, (7 mars) Québec. [5]

I.—DeLANTAGNAC (5), Gaspard, b 1683; s 7 nov 1756, à Montréal.
Martin (6), Geneviève-Françoise, [Mathieu I. b 1699.
Geneviève-Françoise, b [5] 19 août 1725. — *Jeanne-Elisabeth*, b [5] 6 et s 22 déc. 1726, à St-Augustin.—*Jeanne-Charlotte*, b [5] 6 oct. 1729.— *Angélique*, b [5] 30 oct. 1730. — *François*, b [5] 16 dec. 1732.—*Thérèse*, b 1738.

De LAPAUSE.—Voy. Plantanet, major.

De la PERCHE.—Voy. Sabourin, 1750.

De la PICANIER.—Voy. Dagneau—DeQuindre.

De la PIPARDIÈRE —Voy. Dufresnel.

De la PIVRANCE.—Voy Daudegand, 1758.

De la Porte.—*Variations et surnoms :* Laporte —DeLouvigny—Labonté—St-Georges.

1657, (3 sept) Montréal.

I.—De la Porte (7), Jacques, b 1626.
Duchesne, Nicole, b 1636.

(1) Lieutenant des troupes.

(2) Officier, noyé après Pâques, près de l'Ile-St-Paul.

(3) Garde des sceaux du conseil; avocat.

(4) DeLeigne.

(5) Dit Adhémar; chevalier, seigneur de Lantagnac, capitaine des troupes; voy. vol. II, p. 6.

(6) Delino.

(7) Dit St-Georges; voy, vol I, pp. 170-347.

1684, (26 oct.) Quebec.[5]
I.—De la PORTE (1), Louis, b 1652.
Nolan, Marie, [Pierre I. b 1664 ; s [5] 12 juin 1730.
François, b [5] 23 dec. 1685 ; s 9 déc. 1749, à Beauport.—*Marie-Anne*. b 16 sept. 1696, à Montreal [6]; m [5] 28 fevrier 1718, à Jacques Testard ; s [6] 25 mars 1763. — *Marie-Louise*, b [6] 19 nov. 1704 ; m [5] 2 juin 1727, à Didace Mouet de Moras ; s [6] 25 sept. 1752.

1687, (9 janvier) Contrecœur.[2]
II.—De la PORTE (2), Jacques, [Jacques I. b 1665.
Paviot, Madeleine, [Jacques I. b 1671, s 15 août 1750, à St-Antoine-de-Chambly.
Geneviève, b... m [2] 3 déc. 1709, à Nicolas Closse.—*Elisabeth*, b... m 5 février 1725, à Louis Chertdevergue, à St-Ours. — *Pierre*, b [2] 6 avril 1703.

De la PORTE, Paul.—Voy. Laporte.

II.—De la PORTE (3), François, [Louis I. b 1685 ; s 9 dec. 1749, à Beauport.

1716, (4 fevrier) Charlesbourg.
I.—De la PORTE (4), Etienne, b 1676 ; fils d'Etienne et de ...., de la ville d'Agen, s 24 mars 1748, à Montreal.[8]
Charbonneau, Suzanne-Elisabeth, [Jean I. b 1678 ; veuve de Mathurin Bourbon ; s [8] 14 février 1747.
Agnès, b 24 février 1717, à Québec[4] ; s [4] 16 mai 1718 —*Marie-Anne*, b 28 janvier 1720, à Lachine.—*Etienne*, b [8] 17 fevrier 1726 ; s [8] 10 juillet 1730.

De la POTERIE.—Voy. Gaudin—LeRoy.

I.—De la POTERIE (5), Claude-Charles.
De St-Ours, Elisabeth, [Pierre I. b 1679
Charles-Augustin (6), b...—*Marc-René* (7), b... —*Pierre-Denis* (8), b...

(1) Sieur de Louvigny, gouverneur des Trois-Rivières ; voy. vol I, p. 170.

(2) St-Georges dit Labonté.

(3) Sieur de Louvigny.

(4) Et Laporte.

(5) LeRoy de la Poterie.

(6) LeRoy de la Poterie ; chevalier, seigneur de Bacqueville et de la Touche, en Touraine, et co-seigneur de St-Ours (Canada) ; il était, en 1738, capitaine-aide-major pour le roi, en l'île de la Guadeloupe, où il demeurait, quartier du Bailly, paroisse St-Domingue.
Il envoyait, en même temps que ses deux frères, une procuration à Henri Hiché, pour la seigneurie de St-Ours. (Voy. Acte de foi et hommage, vol. II, pp 119-123.)

(7) Conseiller du roi au conseil supérieur de la Guadeloupe, où il avait sa résidence, quartier des Vieux-Habitants, paroisse St-Joseph

(8) LeRoy-LaPoterie-Desmauville, chevalier, ancien lieutenant de la marine, residant au quartier de Deshayes, paroisse St-Pierre, île de la Guadeloupe.

De la PRINCERIE.—Voy. Desparois.

DELARD.—Voy. Dellard.

De la RIBOTE.—Voy. Gannat.

I.—De la RIGON, Catherine, b... m 1740, à Jean-Baptiste Lasalle, s avant 1752.

De la RIVIÈRE.—Voy. Bissot.

1648, (25 oct.) Québec.[8]
I.—De la RIVIÈRE (1), François, b 1613 ; s [8] 26 juillet 1673.
Couillard (2), Marie, [Guillaume I. b 1633.
Geneviève, b [8] 20 mai 1653 ; 1° m [8] 12 juin 1673, à Louis Maheu, 2° m 1686, à Nicolas Daneaux de Muy.

I.—DeLARME (3), Charles.
Ferrace (4), Helene, b 1729 ; de Cork, Irlande, s 21 mars 1796, à l'Hôpital-Général, M.

1733, (9 sept.) Quebec.[8]
I.—DeLARMÉ (5), Pierre, boucher, fils de Pierre et de Marie Gabrielle, de Notre-Dame de Rochefort.
Rasset (6), Marie-Louise, [Jean-Bte I. b 1693.
Marie-Louise et *Thérèse*, b [8] 23 avril et s [8] 4 mai 1734. — *Marie-Louise*, b [8] 22 juillet 1735.—*Louis*, b [8] 24 fevrier et s [8] 7 sept. 1737.— *Louis-Alexis*, b [8] 17 sept. 1738. — *Louis-Antoine*, b [8] 2 nov. 1739.

1760, (21 janvier) Montréal.
I.—DeLARMINAT (7), Jean-François, b 1736, fils d'Hubert et de Marguerite Robert, de St-Maximin, ville de Thionville, diocèse de Metz.
Legras, Geneviève, [Jean-Bte II. b 1735.

1730, Paris.[6]
I.—De la ROCHE, Jean-Bte, bourgeois ; s [6] 17 fevrier 1753.
1° Morion, Claude.
Jean-Baptiste-Amable, b...
2° Mouchotie, Elisabeth-Geneviève, s [6] 5 nov. 1751.
Geneviève-Elisabeth, b 20 nov. 1735, à St-Eustache, Paris [7], 1° m [7] 6 fevrier 1753, à Pierre Gallet, 2° m 18 fevrier 1765, à Paul Navarre, à St-Sauveur de Cayenne, Guyanne ; 3° m 28 sept. 1768, à Raymond Ménard, à Montreal ; s 19 dec 1808, à Batiscan. — *Françoise-Geneviève*, b [6].. m [6] à Etienne Billoy

(1) Voy. Bissot, sieur de la Rivière, vol. I, p. 56, et vol. II, p 299.

(2) Elle épouse, le 7 sept. 1675, Jacques DeLalande, à Québec.

(3) DeLarme de Beaumont.

(4) Ou Ferris.

(5) Appelé Louis, en 1738.

(6) Elle épouse, le 13 avril 1744, Jean Breuzard, à Québec

(7) Chevalier et lieutenant.

I.—De la ROCHE, ...
Lemoine (1), Marie-Charlotte, [Jean-Bte II.
b 1718 ; s 21 mai 1755, à Montréal.

1755, (2 avril) Montréal. [6]

I.—De la ROCHE (2), Charles-René, b 1728 ; fils d'Armand-Charles (seigneur de Vernay, Mérin, etc.) et d'Henriette DeMousson, de Vernay, près Chinau, diocèse de Tours.
Marin-Lamarque, Geneviève, [Paul II.
b 1732.
Louise-Geneviève, b 30 janvier et s 30 avril 1756, au Detroit. [7]—*Marie-Anne*, b [7] 5 juin 1757 ; s [6] 19 juillet 1758. — *Marie-Louise*, b [6] 25 juin et s [6] 7 sept. 1758. — *Geneviève*, b [6] 12 août 1759, s [6] 22 mars 1760.

I.—De la ROCHEBLAVE (3), Philippe.

I.—De la ROCHELLE (4).

De la ROCHETTE.—Voy. Robert, 1760.

De la RONDE.—Voy. Céloron de Blainville—Denis.

1730, (25 oct.) Montréal.

II.—De la RONDE (5), Jean-Bte [Jean-Bte I.
Piot (6), Suzanne, [Charles-Gaspard I.
b 1700
Charles-François, b 4 août 1737, à Terrebonne.

De la ROUVILLIÈRE.—Voy. sieur de Villebois, 1737.

De la RUE.—*Variation et surnom :* Larue—De la Mothe.

I.—De la RUE (7), Louis.

1693.

II.—De la RUE (8), Jean-Bte, [Jean I.
b 1664.
1° Brassard, Marie-Anne, [Guillaume II.
b 1674 ; s 1er janvier 1694, à la Pte-aux-Trembles, Q. [1]
Marie-Jeanne-Françoise, b [1] 20 déc. 1693 ; m [1] 16 février 1722, à François Bonhomme ; s 29 avril 1768, à Ste-Foye.

1695, (10 janvier). [1]

2° Garnier (9), Catherine, [Jean I.
b 1676.

(1) De Martigny.

(2) De la Roche-Vernay ; chevalier et capitaine des troupes.

(3) Gouverneur de Kaskakia en 1778 ; ("American's Annals," by Holmes ; voy. vol. II, p. 304.) Il y avait alors 250 maisons à Kaskakia.

(4) Lieutenant des grenadiers, régiment de la Reine ; il était à la Pointe-aux-Trembles, M., le 16 février 1756.

(5) DeBlainville ; voy. Céloron, vol. II, p. 591.

(6) DeLangloiserie.

(7) Sieur De la Mothe ; capitaine ; il était à St-François-du-Lac, le 12 février 1689.

(8) Voy. vol. I, pp. 170-171.

(9) Et Grenier.

Françoise, b [1] 29 janvier 1698 ; 1° m [1] 9 juillet 1725, à Pierre Pagé ; 2° m 17 mai 1745, à Françoise Pelletier, aux Ecureuils [2] ; s [2] 18 avril 1775.—*Marie-Céleste*, b [1] 27 avril 1709 ; m [1] 3 février 1749, à Joseph Delisle.—*Jean-Baptiste*, b [1] 19 avril 1713, m 9 janvier 1741, à Geneviève Huguet, à Quebec, s [1] 22 mai 1760. — *Louis-Joseph*, b [1] 6 juin 1715 ; m [1] 14 fevrier 1746, à Marie-Louise Robitaille. — *Marie-Charlotte*, b [1] 27 janvier 1717 ; 1° m [1] 20 nov. 1741, à Antoine Delisle ; 2° m [1] 30 janvier 1751, à Jacques Garneau. — *Augustin*, b [1] 24 nov. 1719 ; m [1] 17 février 1749, à Therèse Delisle.

1704, (4 fevrier) Québec. [2]

II.—De la RUE, François-Xavier, [Jean I.
b 1669 ; s [2] 13 juin 1725.
LeNormand, Geneviève, [Jean I.
b 1672 ; veuve de François Trefflé ; s [2] 21 août 1741.

1741, (9 janvier) Québec. [6]

III.—De la RUE (1), Jean-Bte, [Jean-Bte II.
b 1713 ; s 22 mai 1760, à la Pte-aux-Trembles, Q. [7]
Huguet (2), Geneviève. [Thomas I.
Jean, b [7] 22 oct. 1741 — *Antoine*, b [7] 10 oct. 1744.—*Louis-Joseph*, b [7] 9 dec. 1745. — *Marie-Geneviève*, b [7] 12 avril 1747 ; m [7] 12 janvier 1767, à Prisque Garneau.—*Marie-Thérèse*, b [7] 1er juillet 1749.—*Louis-Augustin*, b [7] 8 sept. 1750 ; m [6] 20 oct. 1784, à Madeleine-Cecile Grageon. — *François-de-Sales*, b [7] 29 janvier 1752 ; m [6] 23 fevrier 1784, à Ursule Deguise. — *Thomas*, b [7] 9 août 1757.—*Pierre*, b [7] 11 déc. 1758. — *Marie-Catherine*, b [7] 22 février 1760.

1745, (9 janvier) St-Roch. [3]

I.—De la RUE, Jean, b 1716 ; fils de George et de Julienne LeChevalier, de Dielon, diocese de Coutances, Normandie, s [3] 11 juin 1760.
Pelletier, Marie-Joseph, [Joseph III.
b 1715.
Jean, b [3] 19 fevrier 1747 ; m 28 oct. 1771, à Hélène Maranda, à Ste-Anne-de-la-Pocatière. — *Marie-Joseph*, b [3] 13 juin 1748, s [3] 30 janvier 1750.—*Marie-Brigitte*, b [3] 22 juillet 1750 ; s [3] 20 janvier 1754.—*Jean-Raphael*, b [3] 10 août 1752.—*Joseph-Henri*, b [3] 2 mars 1756.

1746, (14 fevrier) Pte-aux-Trembles, Q. [1]

III.—De la RUE, Louis-Joseph, [Jean II.
b 1715.
Robitaille, Marie-Louise, [Chs-François II.
b 1718.
Joseph, b [1] 14 avril 1748 ; m 15 janvier 1781, à Marie-Angelique Doré, à St-Augustin.

(1) Et Larue ; noyé après le combat de l'*Atalande*.

(2) Elle épouse, le 22 nov. 1763, Benjamin Deguise, à la Pte-aux Trembles Q.

1749, (17 février) Pte-aux-Trembles, Q.[3]
III.—DE LA RUE (1), AUGUSTIN, [JEAN II.
b 1719.
DELISLE, Thérèse, [JEAN-BTE II.
b 1726; s[3] 29 sept. 1777.
Augustin, b[3] 5 dec. 1749; m à Marie-Anne JEAN. — *Joseph*, b[3] 3 mai 1757. — *Marie*, b 29 juillet 1759, aux Ecureuils; s[3] 13 avril 1760.— *Marie-Anne*, b[3] 1er juin 1761. — *Angélique*, b... m[3] 3 fevrier 1777, à François BERTRAND.—*François-Xavier*, b[3] 29 oct. 1763; m 4 oct. 1790, à Madeleine-Luce HAINS, à St-Augustin. — *Jean-Baptiste*, b[3] 1er février 1765; m 20 nov. 1788, à Geneviève CLESSE, à Québec. — *Thérèse*, b... m à Charles COUTURE.

1762, (21 juin) Terrebonne.
I.—DE LA RUE, PIERRE, fils de Pierre et de Foy Legendre, de St-Etienne-d'Albeuf, diocèse de Rouen.
DUPRÉ, Michelle-Judith, [JEAN-BTE II.
b 1727; veuve de Louis Roussin.

1771, (28 oct.) Ste-Anne-de-la-Pocatière.
II.—DE LA RUE (1), JEAN, [JEAN I.
b 1747.
MARANDA, Helène, [JOSEPH III.
b 1746.

1781, (15 janvier) St-Augustin.
IV.—DE LA RUE (1), JOSEPH, [JOSEPH III.
b 1749.
DORÉ, Marie-Angelique. [JOSEPH III.

IV.—DE LA RUE (1), AUGUSTIN, [AUGUSTIN III.
b 1749.
JEAN, Marie-Anne.
Jacques, b 12 mai et s 12 juillet 1784, à St-Augustin.[4]—*Catherine*, b[4] 12 mai 1784.—*François*, b[4] 27 oct. 1786. — *François-Xavier*, b[4] 9 fevrier 1789.

1784, (23 février) Québec.
IV.—DE LA RUE (1), FRS-DE-SALES, [J.-BTE III.
b 1752.
DEGUISE, Ursule, [JACQUES II.
b 1762.

1784, (20 oct.) Québec.
IV.—DE LA RUE (1), LS-AUGUSTIN, [J.-BTE III.
b 1750.
GRAGEON, Madeleine-Cécile. [RENÉ I.

1788, (20 nov.) Quebec.
IV.—DE LA RUE (1), JEAN-BTE, [AUGUSTIN III.
b 1765.
CLESSE, Geneviève. [FRANÇOIS-IGNACE II.

1790, (4 oct.) St-Augustin.[7]
IV.—DE LA RUE (1), FRS-XAVIER, [AUGUSTIN III.
b 1763.
HAINS, Marie-Madeleine-Luce. [BARTHÉLEMI.
Luce-Nathalie, b[7] 5 août 1791.

(1) Et Larue.

1698, (9 déc.) Montréal.[4]
I.—DE LA SALLE (1) JEAN,
b 1676; s[4] 7 mars 1745.
JOUSSET, Marie-Louise, [MATHURIN I.
b 1662; veuve de Claude Maugue; s[4] 19 juin 1742.
Catherine, b 1704; m[4] 6 mai 1727, à Jean-Baptiste GARAULT.

DE LA SALLE.—Voy. QUENTIN DE LA SALLE.

I.—DE LA SALLE (2), QUENTIN.
CAREROT, Marie-Anne.
Marie-Anne, b 5 sept. 1717, à Québec; s 18 déc. 1717, à Charlesbourg.

I.—DE LA SALLE, JEAN, b 1729, marchand, de Bordeaux; s 23 dec. 1759, à Quebec.

DE LA SALLE (3), FRANÇOIS.
GAGNON, Marguerite.
Marie-Marguerite, b 25 oct. 1761, au Château-Richer.[5]—*François*, b[5] 1er juillet 1768.—*Basile*, b[5] 22 août 1772.

DE LA SAUDRAIS.—Voy. GIRARD.

DE LA SAUDRAYE (4), PIERRE-RODOLPHE-GUIBERT, b 1660; de Rennes, Bretagne; s 18 mai 1721, à Montreal.

DE LA SAUSSAYE.—Voy. DAGNEAU.

DELASSE.—*Variation et surnom :* DELAGE—LAFLEUR.

1687, (7 janvier) Trois-Rivières.
I.—DELASSE (5), JEAN-PIERRE, b 1663; fils de Pierre et de Françoise Claude, de Langon-de-Basac.
CHABAUDIER (6), Jeanne, [JEAN I.
b 1672.
Marie-Anne, b 1691, à Quebec[4]; 1° m 15 sept. 1715, à Robert PEPIN, à Montreal[5], 2° m 21 fevrier 1757, à Jean DANY, à Ste-Geneviève, M. — *Pierre*, b 1694; m[5] 7 janvier 1727, à Madeleine AUGER. — *Charles-Marie*, b 27 fevrier 1695, à St-Pierre, I. O.[6] — *Jean-Baptiste*, b[6] 6 avril 1697; m 23 déc. 1720, à Marie-Joseph GASSE, à Rimouski. — *Marie-Madeleine*, b[6] 27 mai 1699; m[4] 29 juillet 1726, à Charles DAVID; s 3 sept. 1747, à Batiscan — *Louis*, b[6] 15 août 1701, 1° m 15 janvier 1725, à Marie-Joseph LEBRUN-LASONDE, à Deschambault; 2° m 17 août 1744, à Marie LETOURNEAU, à Longueuil.

(1) Dit LeBasque; voy. vol I, p 171
(2) Et Quentin; officier, lieutenant des troupes de la marine.
(3) Dit Sanschagrin.
(4) Prêtre S. S.; curé de Boucherville en 1688.
(5) Dit Lafleur; voy. vol. I, p. 171.
(6) Dit Lepine—Vauchy.

1720, (23 déc.) Rimouski.

II.—DELASSE (1), JEAN-BTE, [JEAN-PIERRE I.
b 1697.
GASSE, Marie-Joseph, [THOMAS I.
b 1702.
Charles, b 13 sept. 1721, à Québec. [1]—*Clotilde*, b 26 janvier 1725, à L'Ange-Gardien; 1° m 15 février 1745, à Jean-Baptiste MARANDA, à Montreal[2]; 2° m [2] 14 avril 1760, à Claude GRENOT.—*Jean-Baptiste*, b [1] 28 dec. 1727; m 22 nov. 1751, à Marie-Catherine GUILLOT, à Beauport.

1725, (15 janvier) Deschambault.[4]

II.—DELASSE (2), LOUIS, [JEAN-PIERRE I.
b 1701.
1° LEBRUN (3), Marie-Joseph, [JACQUES I.
b 1705; s [4] 6 janvier 1726.
Marie-Louise, b [4] 30 dec. 1725; s [4] 18 janvier 1726.

1744, (17 août) Longueuil.[5]

2° LETOURNEAU, Marie. [JEAN-BTE IV.
Marie-Catherine, b [5] 20 janvier 1745.—*Michel*, b [6] 9 oct. 1746.—*Véronique*, b [5] 19 avril 1748.—*Nicolas*, b [5] 29 sept. 1750. — *Jean-Baptiste*, b 23 déc. 1751, à Verchères[6]; s [6] 21 juin 1752. — *Marie-Charles*, b [6] 26 mars 1753. — *Marie-Geneviève*, b [6] 22 juin 1760.

1727, (7 janvier) Montréal.[3]

II.—DELASSE (4), PIERRE, [JEAN-PIERRE I.
b 1694.
AUGER (5), Marie-Madeleine, [JEAN-BTE II.
b 1702.
Pierre-Nicolas, b [3] 13 oct. et s [3] 10 nov. 1727. —*Pierre-Charles*, b [3] 21 nov. 1728.—*Marie-Anne*, b [3] 19 août 1730; m [3] 21 janvier 1754, à Pierre GADEBIN. —*Marie-Madeleine*, b 1737, m [3] 7 nov. 1757, à Léonard PELLETIER — *François*, b 1740, m [3] 20 oct. 1760, à Louise-Elisabeth HAPERT.—*Marie-Elisabeth*, b [3] 23 juin 1747.

1751, (22 nov.) Beauport.[2]

III.—DELASSE (6), JEAN-BTE, [JEAN-BTE II.
b 1727.
GUILLOT, Marie-Catherine, [JACQUES III.
b 1734.
Jean-Baptiste, b [2] 9 oct. 1752. — *Louis*, b [2] 14 nov. 1754.

1760, (20 oct.) Montreal.

III.—DELASSE (4), FRANÇOIS, [PIERRE II.
b 1740.
HAPERT, Louise-Elisabeth, [JACQUES I.
b 1745.

I.—DELASTRES (7), SIMON.

(1) Dit Lafleur—Delage en 1760.
(2) Dit Lafleur; marié sous le nom de Delage.
(3) Dit Lasonde.
(4) Dit Lafleur.
(5) Dit Baron.
(6) Dit Lafleur, marié sous ce nom. A son mariage, son père est appelé Charles.
(7) Il était à Ste-Anne-de-la-Pocatière, le 22 février 1744.

DE LA THIBAUDIÈRE.—Voy. DENIS.

DE LA TOUR.—Voy. BALARD—JÉRÔME.

I.—DE LA TUILLIÈRE (1), JEAN.

I.—DELAUBANIE (2).

DELAUNAY.—*Variations et surnoms :* DAUNET —DELONÈS—PAQUIER—PINGUET.

1645, (7 nov.) Québec.[4]

I.—DELAUNAY (3), PIERRE,
b 1616; s [4] 28 nov. 1654 (tué par les Iroquois).
PINGUET (4), Françoise. [LOUIS I.
Charles, b [4] 30 mai 1648; m 12 déc 1695, à Marie-Anne LEGRAS, à Montréal[5]; s [5] 26 fevrier 1737.—*Louis*, b [4] 8 mai 1650; m 1694, à Marie-Catherine R8ECANGA.

1669, (3 oct.) Ste-Famille, I. O.[4]

I.—DELAUNAY (3), CLAUDE,
b 1631.
LECLERC (5), Denise,
b 1654.
Jean, b [4] 23 sept. 1671.— *Bernard*, b [4] 3 sept. 1673 —*Marie-Anne*, b [4] 7 janvier 1676, m à Louis LEMELIN; s 29 avril 1756, à St-Laurent, I. O.

1679, (6 nov.) Beauport.[6]

II—DELAUNAY (6), HENRI, [PIERRE I.
b 1653; s 26 nov. 1715, à Québec.[7]
CRÊTE (7), Françoise, [JEAN I.
b 1660.
Catherine, b [7] 17 janvier 1686; m [7] 30 janvier 1704, à Jean-Baptiste-René HUBERT. — *René* (8), b [7] 16 fevrier 1691; s 4 mai 1725, à St-Valier.—*Jean*, b [7] 21 déc. 1696; m [7] 21 janvier 1732, à Angelique NORMAND. — *Marie-Angélique*, b [7] 10 août 1698; m [6] 5 fevrier 1725, à Antoine PARANT.

1694.

II.—DELAUNAY (9), LOUIS, [PIERRE I.
b 1650.
R8ECANGA, Marie-Catherine, Sauvagesse.
Jean-Jacob, b 25 juillet 1695, à Kaskakia. [1]—*Charles*, b [1] 29 mai 1698.

(1) Directeur des Forges de St-Maurice; il était aux Trois-Rivières, le 11 juin 1750.
(2) Chevalier, lieutenant au régiment de la Sarre; il était à St-Vincent-de-Paul, le 14 avril 1760.
(3) Voy. vol. I, p. 171.
(4) Elle épouse, le 8 février 1655, Vincent Poirier, à Québec.
(5) Elle épouse, le 19 février 1703, Martin Daleret, à St-Laurent, I. O.
(6) Voy. vol I, pp. 171-172.
(7) Et Croteau.
(8) Donne 3 arpents de terre à l'église de St-Valier.
(9) Paquier—Pinguet.

1695, (12 dec.) Montréal. [6]
II.—DELAUNAY (1), CHARLES, [PIERRE I.
b 1648; s [6] 26 fevrier 1737.
LEGRAS, Marie-Anne, [JEAN I.
b 1678; s [6] 9 avril 1755.
Marie-Joseph, b [6] 21 avril 1697; m [6] 15 avril 1714, à Gabriel LENOIR-ROLLAND, s [6] 22 sept. 1714. — *Marguerite*, b [6] 29 juin 1699; 1° m [6] 23 mai 1724, à Pierre LEBEAU; 2° m [6] 18 fevrier 1760, à Pierre MESSIN.—*Marie-Anne-Louise*, b [6] 26 juillet 1701; s [6] 9 déc. 1706. — *Geneviève-Marguerite*, b [6] 7 avril 1703, m [6] 4 nov. 1752, à Jean-Baptiste PARANT.—*Michel-Daniel*, b [6] 10 août 1705, 1° m 1er sept. 1749, à Jeanne TOURNOIS, à Terrebonne [7]; 2° m [7] 8 juillet 1765, à Marie-Rose LIMOGES; s [7] 30 mars 1770.—*François*, b [6] 11 fevrier 1707, m [6] 23 nov. 1750, à Marie-Joseph HÉRY.—*Marie-Elisabeth*, b [6] 25 mars 1708, s [6] 11 juillet 1727.— *Françoise-Michelle*, b [6] 29 sept. 1709, m [6] 8 janvier 1759, à Jean LARUE.— *Louis*, b [6] 27 janvier 1711; m [6] 4 août 1760, à Marie-Françoise FORTIER.—*Joseph*, b [6] 8 août 1712, m 1er oct. 1742, à Angelique DENIORT, au Sault-au-Recollet.— *Jean*, b [6] 22 avril 1715; s [6] 17 janvier 1728.— *Marie-Angélique*, b [6] 21 avril 1717; m [6] 31 janvier 1752, à François GATINEAU — *Marie-Catherine*, b [6] 28 mars 1721, m 1740, à Joseph PETIT

1732, (21 janvier) Quebec. [2]
III.—DELAUNAY, JEAN, [HENRI II.
b 1696.
NORMAND (2), Angelique, [LOUIS II.
b 1707.
Jean-Joseph, b [2] 23 août 1733. — *Marie-Angélique*, b [2] 18 dec. 1734; m [2] 7 janvier 1758, à Joseph DUSEMMETIENNE.—*Marie-Françoise*, b [2] 17 fevrier 1740.

1739, (11 mai) Boucherville.
III.—DELAUNAY (3), PIERRE. [PIERRE II.
DENOYON, Marie-Joseph, [JACQUES II.
b 1718.
Marie-Joseph, b 2 juin 1754, à St-Antoine-de-Chambly. [7] — *Marie-Marguerite*, b [7] 4 fevrier 1756.

1742, (1er oct.) Sault-au-Recollet.
III.—DELAUNAY, JOSEPH, [CHARLES II.
b 1712.
DENIORT, Angelique, [JACQUES I.
b 1722.
Marie-Angélique, b 9 juillet 1743, à Montréal [1], s [1] 4 mars 1744. — *Joseph*, b [1] 5 mai et s [1] 9 juillet 1745.—*Louis-Christophe*, b [1] 10 dec. 1746.— *Jean-Baptiste*, b [1] 11 et s [1] 30 avril 1749. — *Marie-Thérèse*, b [1] 24 janvier 1751.

I.—DELAUNAY, THOMAS.
DENIAU, Catherine, [JACQUES II
b 1728.
Thomas, b... m 18 août 1771, à Catherine DURANSEAU, à Boucherville.

(1) Voy. vol. I, p 172.

(2) Dit LaBriere en 1733; elle épouse, le 1er sept. 1744, Jacques Beda, à Québec.

(3) Daunet est son veritable nom, voy p 248.

1749, (1er sept.) Terrebonne. [2]
III.—DELAUNAY, MICHEL-DANIEL, [CHARLES II.
b 1705; s [2] 30 mars 1770.
1° TOURNOIS, Jeanne, [JEAN-BTE I.
b 1706; veuve de Charles Maisonneuve, s [2] 1er sept. 1761.
1765, (8 juillet). [2]
2° LIMOGES (1), Marie-Rose. [LOUIS II.
b 1741.

1750, (23 nov.) Montreal.
III.—DELAUNAY, FRANÇOIS, [CHARLES II.
b 1707.
HÉRY, Marie-Joseph, [JACQUES I.
b 1701; veuve de Joseph Gaudin.

1760, (4 août) Montreal.
III.—DELAUNAY, LOUIS, [CHARLES II.
b 1711.
FORTIER, Marie-Françoise, [FRANÇOIS II.
b 1740.

1771, (18 août) Boucherville.
II.—DELAUNAY, THOMAS. [THOMAS I.
DURANSEAU, Catherine. [THOMAS II

DELAUNAY, MARIE, b... m 1785, à Henri LECLAIR.

1741, (2 dec.) Québec. [5]
I.—DELAUNE, JACQUES, b 1710, journalier; fils de Louis et d'Anne LeRoy, de Duval-St-Pair, diocèse d'Avranches, s [5] 1er dec. 1750.
1° MEZERET, Marie-Geneviève, [RENE III.
b 1721.
Jacques, b [5] 6 janvier 1743; s [5] 30 janvier 1744. —*Marie-Madeleine*, b [5] 15 mars 1746; s [5] 9 mai 1747.
1746, (7 nov.) [5]
2° BUSSIÈRE (2), Madeleine, [JEAN II.
b 1710, veuve de Nicolas Duchesne.
Marie-Angélique, b [5] 8 oct. 1747; s [5] 26 sept. 1748.

1758, (13 nov.) Montréal.
I.—DELAUR, JOSEPH, b 1728, caporal; fils de Joseph et de Marie David, de St-Eutrope, ville de Xaintes.
GAREAU, Marguerite, [JACQUES I
b 1740.

I—DELAUX (3), JACQUES-FRANÇOIS.
BROSSARD, Marie. [DENIS III

DE LA VALLÉE, JEAN.—Voy. LAVALLÉE, 1702.

DE LA VALTRIE.—Voy. COTTU, 1682—MARGANE.

I.—DELAVAU, JACQUES, marchand-tanneur.
MARTIN, Marguerite.

(1) Elle épouse, le 8 avril 1771, Antoine Durocher, à Terrebonne.

(2) Elle épouse, le 10 janvier 1752, Léonard Carrier, à Québec.

(3) Il était à Lachenaye, en 1788.

Charles, b 10 juillet 1712, à Quebec⁶; m⁶ 4 nov. 1738, à Françoise-Joseph BOIVIN ; s⁶ 26 nov. 1757.—*Marie-Madeleine*, b⁶ 7 janvier 1714.—*Pierre-Jean*, b... m 15 janvier 1731, à Therèse BEZEAU, à Lorette.

1731, (15 janvier) Lorette.

II.—DELAVAU, PIERRE-JEAN. [JACQUES I
BEZEAU, Marie-Thérèse. [PIERRE II.
Marie-Charlotte, b 25 janvier 1732, à Quebec.⁷—*Jean-Baptiste*, b⁷ 23 sept. 1733.—*Noel*, b⁷ 27 nov. 1734.—*Marie-Thérèse*, b⁷ 26 juin 1736.—*Françoise*, b⁷ 29 avril 1738; s 2 déc. 1760, à Charlesbourg.—*Barthélemi*, b⁷ 1er janvier et s⁷ 7 mars 1740.—*Marie-Joseph*, b⁷ 4 juin 1741; s⁷ 4 dec. 1747.—*Jean-Baptiste*, b⁷ 25 janvier et s⁷ 29 juin 1743.

DE LA VÉRANDRYE.—Voy. GAUTIER.

I.—DE LA VERGE, LUCE, b 1681; m à Antoine-Marc HUARD; s 3 avril 1731, à Quebec.

DE LA VILLE.—Voy. Jacques FOURNIER.

DE LA VILLEMAUDIÈRE. — Voy. LECOMPTE, 1711.

DE LA VIMAUDIÈRE.—Voy. LECOMPTE, 1695

DELAVOYE. — *Variations* : DELAVOIE—LAVOIE LAVOYE.

DELAVOYE, MARGUERITE, b 1685; s 27 mars 1760, à Charlesbourg.

DELAVOYE, ISABELLE, epouse de Mathurin YVON-ST-MICHEL.

DELAVOYE, ANNE, epouse d'Augustin LAUNIÈRE.

1653.

I.—DELAVOYE (1), PIERRE,
b 1631; s 8 juillet 1708, à St-Augustin.²
1° GRINON, Jacquette.
Olive, b 1654, m 26 juin 1684, à Michel FRENET, à la Pte-aux-Trembles, Q.⁴; s 7 août 1729, au Cap-Sante. — *Jean*, b... 1° m⁴ 28 nov 1690, à Barbe L'HOMME; 2° m à Geneviève FONTAINE, s² 28 sept. 1724.

1672.

2° AUBERT, Elisabeth,
b 1644; s 24 juillet 1687, à Ste-Anne.
Madeleine, b 12 juin 1674, à Quebec, m² 26 nov. 1731, à Philippe PETIT; s² 18 juin 1736 — *Romain*, b⁴ 10 juin 1684; m⁴ 13 nov. 1730, à Therèse JEAN, s² 8 juillet 1736.

1656, (19 avril) Québec.

I.—DELAVOYE (2), RENÉ,
b 1633; s 11 mars 1696, au Château-Richer²
GODIN, Anne, [ELIE I.
s 27 fevrier 1678, à Ste-Anne.³

(1) Voy. vol. I, p. 173.
(2) Voy. vol. I, pp 172-173.

Pierre, b² 17 août 1666; 1° m à Constance DUCHÊNE; 2° m 10 février 1716, à Madeleine TOURNEROCHE, à St-Michel; s 28 avril 1736, à Berthier. — *Jacques*, b² 30 sept. 1669; 1° m 15 fevrier 1706, à Angelique GARAND, à la Baie-St-Paul; 2° m 7 août 1719, à Marie BARBOT, à Charlesbourg; s 3 janvier 1752, à la Petite-Rivière.—*Madeleine*, b³ 21 avril 1672, m³ 6 oct. 1687, à Etienne GODARD; s² 6 juin 1743.

1683, (4 nov.) Ste-Anne.¹

II.—DELAVOYE (1), RENÉ, [RENÉ I.
b 1657; s 10 dec. 1731, à la Baie-St-Paul.⁴
BOUCHARD, Marguerite, [CLAUDE I.
b 1665; s⁴ 6 avril 1731.
François-Xavier, b⁴ 5 oct. 1684; m⁴ 12 février 1714, à Marguerite SAVARD; s² 13 fevrier 1770. — *Rosalie*, b⁴ 26 avril 1686; m⁴ 27 nov. 1708, à François-ROUSSET.— *Jean*, b⁴ 9 fevrier 1693; m⁴ 18 nov. 1721, à Helène FORTIN; s 28 sept. 1748, à la Petite-Rivière⁵—*Elisabeth*, b⁴ 21 dec. 1695. — *Marie*, b⁴ 7 fevrier 1698, m⁴ 19 juillet 1720, à Jean BISSONNET. — *Michel*, b⁴ 8 mars 1700; m 1724, à Marie-Joseph FILION.—*Jacques*, b⁴ 1er nov. 1702; m⁴ 23 nov. 1729, à Angelique TREMBLAY; s⁵ 14 janvier 1768. — *Catherine*, b⁴ 4 sept. 1704; m⁴ 21 avril 1726, à Jean TREMBLAY; s 26 fevrier 1779, aux Eboulements.—*Joseph*, b⁴ 7 mai 1707; s⁴ 21 sept. 1727.

1688, (22 oct) Rivière-Ouelle.⁵

II—DELAVOYE, JEAN, [RENÉ I.
b 1660.
BOUCHER, Madeleine, [JEAN-GALERAN II.
b 1670.
Alexis, b⁵ 18 dec. 1695; 1° m 1715, à Françoise DUTERTRE; 2° m à Marie-Françoise MIGNIER; 3° m⁵ 3 juillet 1735, à Marie-Anne LEBEL. — *Joseph*, b⁵ 2 février 1702; m à Geneviève MIVILLE.—*Augustin*, b⁵ 17 fevrier 1704; 1° m 7 janvier 1728, à Marie-Angelique MIGNIER, à Ste-Anne-de-la-Pocatière, 2° m 7 fevrier 1729, à Angelique DUCHESNE, au Château-Richer. — *Marie-Françoise*, b⁵ 20 oct. 1710, m⁵ 4 mai 1741, à Jean MOYEN.

1690, (28 nov.) Pte-aux-Trembles, Q.¹

II.—DELAVOYE, JEAN, [PIERRE I.
s 28 sept. 1724, à St-Augustin.
1° L'HOMME, Barbe, [MICHEL I.
b 1670.
Madeleine, b¹ 16 sept. 1691; m 5 fevrier 1714, à Rene DEMERS, à St-Nicolas.²— *Angélique*, b¹ 19 oct. 1693, m² 29 janvier 1716, à Gabriel DION; s² 22 sept. 1758. — *Marie-Louise*, b² 1er mars 1696; m 2 mai 1728, à Gabriel MARANDA, à Quebec.
2° FONTAINE, Geneviève.
Angélique, b 1713; m 27 juillet 1730, à André CAMPAGNA, à St-François, I. J.; s 24 janvier 1758, à Ste-Anne-de-la-Perade.

(1) Capitaine de milice, voy vol. I, p 173.

II.—DeLAVOYE (1), Pierre, [René I.
b 1666 ; s 28 avril 1736, à Berthier. [9]
1° Duchêne, Constance, [Pierre I.
b 1673.
Elisabeth, b 14 oct. 1698, à St-Michel. [2] — *Jeanne*, b [2] 4 fevrier 1701. — *Jacques*, b... m 4 oct. 1728, à Charlotte Lefebvre, à St-Thomas. —*Marguerite*, b 1711 ; m 1er déc. 1731, à Ignace Brisson, à la Baie-St-Paul ; s 2 juillet 1774, à l'Ile-aux-Coudres.

1716, (10 février). [2]
2° Tourneroche (2), Madeleine, [Robert I.
b 1679 ; s [9] 28 avril 1736.
Marie-Geneviève, b 5 oct. 1717, à St-Valier [8] ; m [8] 5 avril 1742, à Jean-Baptiste Montminy. — *Marie-Madeleine*, b [8] 4 fevrier 1719. — *Marie-Joseph*, b [8] 13 sept. 1720 ; m [9] 25 juillet 1746, à François Coulombe.

—

1701, (21 nov.) Ste-Anne.
II.—DeLAVOYE, Joseph, [Rene I.
b 1678.
1° Guimont, Marie-Françoise, [Joseph II.
b 1685 ; veuve de Noël Racine.
Augustin, b... m à Marguerite Michaud ; s 16 oct. 1770, à Kamouraska. — *Marie-Joseph*, b 1711 ; m 3 fevrier 1733, à Jean Gagnon, au Château-Richer [3] ; s [3] 26 dec. 1737. — *Marguerite*, b... m 2 juillet 1731, à Jean Gagnon, à St-Joachim. [4] — *Rosalie*, b... m [4] 16 juillet 1731, à Pierre Guyon. — *Agnès*, b... m [4] 29 nov. 1737, à Jean-Baptiste Bernard-Hanse. —*Michel*, b... m [4] 4 oct. 1745, à Marie Gagnon. — *Françoise*, b... m [4] 26 fevrier 1753, à Louis Alaire. —*Anonyme*, b [4] et s [4] 11 mai 1725.

1726, (25 nov.) St-François, I. O.
2° Alaire (3), Catherine, [Charles II.
b 1698.

—

1706, (15 février) Baie-St-Paul. [7]
II.—DeLAVOYE, Jacques, [René I.
b 1669 ; s 3 janvier 1752, à la Petite-Rivière. [8]
1° Garand, Angelique, [Pierre I.
b 1686 ; s [7] 17 mai 1718.
Jacques, b [7] 20 mai 1707, m [7] 26 janvier 1733 ; à Madeleine Guay, s [7] 14 sept. 1758. — *François*, b [7] 8 avril 1709 ; m [8] 25 juin 1736, à Madeleine Simard. — *Marie-Joseph*, b [7] 23 juin 1711 ; m [7] 5 juin 1732, à Jean-Baptiste Martel. —*Jean*, b [7] 28 sept. 1713. — *Angélique*, b [7] 23 juillet 1716 ; m [7] 23 nov. 1739, à Pierre Duchesne.

1719, (7 août) Charlesbourg.
2° Barbot, Marie, [François I.
veuve de Jean Bernard ; s [7] 12 dec. 1767.
Marie-Louise, b [7] 9 juin 1720. —*Rosalie*, b [7] 28 sept. 1722 ; m [7] 1er juillet 1761, à Jacques Gagné. — *Pierre*, b [7] 3 dec. 1724 ; s [7] 22 dec. 1732. — *René-Roch*, b [7] 4 sept. 1726 ; m [7] 13 nov. 1752, à Jeanne Bonneau. — *Barthélemi-Augustin*, b [7] 26 fevrier 1729 ; 1° m [8] 9 nov. 1756, à Marie-Anne Gagné ; 2° m 9 nov. 1769, à Marie-Joseph Amont, à l'Ile-aux-Coudres. — *Geneviève*, b [7] 26 fevrier et s [7] 8 juillet 1729. — *Marie-Desanges*, b [7] 25 mars 1732 ; m [8] 3 nov. 1763, à Joseph Simard.

(1) Il était à Berthier, le 2 sept. 1712

(2) Et Royer.

(3) Elle épouse, le 16 oct. 1727, Joseph Savard, à St-François, I. O.

—

1714, (12 février) Baie-St-Paul. [9]
III.—DeLAVOYE, François-Xavier, [René II.
b 1684 ; s 13 fevrier 1770, à Ste-Anne.
Savard, Marguerite, [Jean II.
b 1694.
Joseph-François-Xavier, b [9] 3 janvier 1715, m [9] 2 fevrier 1746, à Marguerite Laforest ; s [9] 13 avril 1767. —*Marie-Joseph* (1), b [9] 15 mai 1717, m [9] 3 nov. 1751, à Augustin Boivin ; s [9] 28 janvier 1754. — *Basile*, b [9] 8 sept. 1719 ; 1° m 27 juillet 1750, à Marie-Jeanne-Françoise Tremblay, aux Eboulements, 2° m 13 janvier 1759, à Marie Martineau, à St-François, I. O. — *Ambroise*, b [9] 20 avril 1721 ; m 8 janvier 1759, à Geneviève Vignau, à Lavaltrie. — *Marguerite*, b [9] 15 nov. 1722 ; m [9] 1er fevrier 1745, à Charles-Amador Liénard-Durbois. —*Charlotte*, b [9] 20 juillet 1724, 1° m [9] 6 nov. 1747, à Etienne Alaire ; 2° m 9 janvier 1751, à Joseph Poulin, à St-Joachim. [4] — *Marie-Victoire*, b [9] 28 oct. 1728 ; m [9] 1er juin 1750, à Joseph Tremblay. — *Brigitte*, b [9] 4 sept 1731. —*Marie-Joseph*, b [9] 4 oct. 1734 ; m [4] 31 mai 1762, à Pierre Fournier.

—

1715.
III.—DeLAVOYE, Alexis, [Jean II
b 1695.
1° Dutertre, Marie-Françoise, [François I
b 1697.
Marie-Françoise, b 1716 ; m 8 nov. 1745, à Antoine Hudon, à la Rivière-Ouelle [7] ; s [7] 19 mai 1766.
2° Mignier (2), Marie-Françoise, [Andre II
b 1704.

1735, (3 juillet). [7]
3° Lebel, Marie-Anne, [Jean II
b 1690 ; veuve de Joseph Taillon, s [7] 29 oct. 1770.
Marie-Louise, b [7] 27 juillet 1736 ; m [7] 11 fevrier 1771, à Benjamin Dionne.

—

1721, (18 nov.) Baie-St-Paul. [9]
III.—DeLAVOYE, Jean, [René II.
b 1693 ; s 28 sept. 1748, à la Petite-Rivière [8]
Fortin, Helène, [Jacques II
b 1705 ; s [8] 1er mars 1773.
Jean-Baptiste, b [9] 29 nov. 1722 —*Joseph*, b [9] 20 avril 1725 ; m 18 janvier 1745, à Marie-Charlotte Gagnon, aux Eboulements. [7] —*Dominique*, b [9] 3 juin 1727 ; m [8] 7 janvier 1754, à Madeleine-Rose Simard. —*François*, b [9] 9 oct. 1729 ; m [7] 24 janvier 1757, à Agathe Gagnon. —*Louise*, b [9] 30 nov. 1732. —*Louis*, b 1734 ; m [8] 10 janvier 1757, à Julie Simard. —*Marie-Procule*, b [8] 9 fevrier 1735 ; m [8] 7 janvier 1754, à Augustin Girard ; s [7] 18 nov. 1769. — *Michel*, b [8] 29 mars 1737 ; m à Marguerite-Agathe Girard. — *Stanislas*, b [8] 16 août 1740 ; m à Ursule Simard — *Marguerite*, b [8] 24

(1) *Pep.* 1738, Baie-St-Paul.

(2) Dit Lagacé.

déc. 1743 ; m [8] 26 janvier 1762, à Pierre GAGNON. — *Joseph-Edouard*, b [8] 24 dec. 1743 ; m [7] 17 janvier 1775, à Madeleine GAGNON. — *Marie-Geneviève*, b [8] 24 dec. 1745 ; m [8] 31 janvier 1763, à Louis-Prisque SIMARD.

1724.

III.—DELAVOYE (1), MICHEL, [RENÉ II.
b 1700.
FILION, Marie-Joseph. [JEAN II.
Michel, b 14 août 1725, à la Baie-St-Paul [8] ; m 19 nov. 1753, à Marie-Louise SIMARD, à la Petite-Rivière. [7]—*René*, b [8] 12 mars 1727 ; m [7] 7 janvier 1754, à Marie-Agathe TREMBLAY.— *Pierre*, b [8] 30 août 1728 ; m [7] 17 nov. 1756, à Marie-Reine DUFOUR.—*Marguerite*, b [8] 10 fevrier 1730 ; s [8] 1er avril 1731.—*Honoré-Joseph*, b [8] 21 août 1731 ; 1° m 19 avril 1762, à Geneviève BOLDUC, à St-Joachim, 2° m 2 juillet 1764, à Madeleine BERNIER, au Cap-St-Ignace. — *Jean*, b [8] 27 février 1733 ; s [7] 8 août 1761.—*Marie-Joseph*, b [7] 4 nov. 1734, m [7] 7 janvier 1754, à François TREMBLAY. — *Madeleine*, b [7] 28 déc. 1736 ; m [7] 23 oct. 1756, à Jean-Baptiste SAVARD. — *Marguerite-Geneviève*, b [7] 18 mars 1738 ; m [7] 3 nov. 1761, à Antoine TREMBLAY.—*Emérance*, b [7] 23 janvier 1740 ; m [8] 17 nov. 1768, à Joseph DELAVOYE.

1728, (7 janvier) Ste-Anne-de-la-Pocatière.

III —DELAVOYE, AUGUSTIN, [JEAN II.
b 1704.
1° MIGNIER, Marie-Angélique, [ANDRÉ II.
b 1710.
1729, (7 fevrier) Château-Richer.
2° DUCHESNE (2), Angélique, [JACQUES II.
b 1710.
Joseph, b 9 déc. 1729, à St-Joachim [5] ; m 29 janvier 1759, à Ursule PARÉ, à Ste-Anne. — *Pierre*, b [5] 16 août et s [5] 28 oct. 1731.—*René*, b [5] 1er sept. 1732.—*Marie-Joseph*, b [5] 1er nov. 1734.— *Reine*, b [5] 25 oct. 1736, s 5 sept. 1738, à la Baie-St-Paul [6] — *Augustin*, b [6] 5 nov. 1738. — *Marie-Françoise*, b [6] 16 mai 1740. — *Pierre*, b [6] 28 fevrier 1742. — *Marie-Monique*, b [5] 27 fevrier 1744.—*Marie-Reine*, b [5] 17 janvier 1746 —*Marie-Angélique*, b [5] 8 fevrier 1748 ; m [6] 8 juillet 1771, à Etienne-Henri GAGNON. — *Marie-Anne*, b [5] 9 mars 1750.—*Louis-Michel*, b [5] 13 sept. 1752.

1728, (4 oct.) St-Thomas. [6]

III.—DELAVOYE, JACQUES. [PIERRE II.
LEFEBVRE, Charlotte, [JEAN II.
b 1704.
Pierre, b 2 mai 1730, à Berthier [7] ; s [6] 11 juin 1730.—*Pierre*, b [7] 18 juin 1731 ; m 1777, à Angelique POIRÉ.—*Jacques-Marie*, b [7] 18 juillet 1740 ; m 25 nov. 1765, à Marie-Louise ROY, à St-Valier —*André-Procope*, b [7] 8 juillet 1743.

III.—DELAVOYE, JOSEPH, [JEAN II.
b 1702.
MIVILLE, Geneviève. [CHARLES III.
Joseph, b... m 23 nov. 1750, à Madeleine MICHAUD, à Ste-Anne-de-la-Pocatière ; s 8 août 1764, à Kamouraska (noyé). — *Augustin*, b... m 21 janvier 1754, à Françoise-Judith BERUBÉ, à la Rivière-Ouelle. [6] — *Antoine*, b [6] 19 avril 1733 ; s [6] 27 mai 1738.—*Marie-Geneviève*, b [6] 13 juillet 1735 ; m [6] 27 fevrier 1775, à Jean DENIS. — *Jean-Roch*, b [6] 24 mars 1738 ; m à Marie-Joseph BÉRUBÉ. — *Jean-François*, b [6] 3 avril 1740 ; m [6] 9 janvier 1769, à Marie-Angélique LEVÊQUE. — *Marie-Anne*, b [6] 19 janvier 1742 ; m [6] 15 janvier 1781, à Pierre GAGNON.

(1) Notaire-royal.
(2) Dit Lapierre.

1729, (23 nov.) Baie-St-Paul. [8]

III.—DELAVOYE, JACQUES, [RENÉ II.
b 1702, s 14 janvier 1768, à la Petite-Rivière. [8]
TREMBLAY, Angélique, [PIERRE II.
b 1708.
Marie-Agathe-Françoise, b [6] 23 oct. 1730, 1° m [8] 16 juillet 1756, à François SIMARD ; 2° m [8] 18 fevrier 1760, à Joseph BLEAU. — *Jacques*, b [6] 29 mai 1732 ; m [8] 23 oct. 1756, à Marie-Geneviève PERRON. — *Angélique*, b [8] 23 juin 1734 ; m [8] 13 janvier 1755, à Etienne SIMARD ; s [8] 31 janvier 1756.—*Ursule*, b... s [8] 1er sept. 1736.—*Marie*, b [8] 10 sept. 1737 ; m [8] 3 nov. 1761, à François SIMARD. — *Charles*, b [8] 7 nov. 1739 ; m 1768, à Madeleine PARÉ. — *Marie-Rachel*, b [8] 5 et s [8] 19 dec. 1741.— *Apolline*, b [8] 27 janvier et s [8] 19 février 1743. — *Emérance*, b [8] 5 fevrier 1744 ; m [8] 17 nov. 1762, à Andre TREMBLAY.—*Thècle-Opportune*, b [8] 15 mai 1746. — *Henri-Marie*, b [8] 7 et s [8] 22 juillet 1748. — *Marguerite*, b [8] 3 nov. et s [8] 8 dec. 1749. — *Etienne-Henri*, b [8] 18 avril 1753.

III.—DELAVOYE (1), AUGUSTIN, [JOSEPH II.
s 16 oct. 1770, à Kamouraska. [9]
MICHAUD, Marguerite,
b 1707 ; s 5 mai 1784, à la Rivière-Ouelle. [6]
Joseph-Marie, b [9] 18 février 1730 ; m [9] 8 janvier 1753, à Therèse BÉCHARD.—*Pierre*, b... m [6] 3 nov. 1756, à Marie-Anne GAGNON.—*Basile*, b [6] 6 sept. 1733 ; m [9] 17 janvier 1757, à Marie-Elisabeth BÉCHARD —*Augustin*, b [6] 14 avril 1735, m [9] 9 nov. 1756, à Monique PARADIS, s [6] 17 février 1779.—*Jean-Baptiste*, b 5 mai 1737, à Ste-Anne-de-la-Pocatière [8], m [9] 8 nov. 1767, à Marie-Julienne DENEAU.—*Marguerite*, b [8] 2 sept. 1739 ; s [6] 7 mars 1750 —*Anonyme*, b [8] et s [8] 28 mai 1741. —*Marie-Judith*, b [8] 1er sept. 1742 ; s [8] 30 août 1743. — *Marie-Catherine*, b [8] 9 juillet 1744. — *Louis-Charles*, b [6] 26 avril 1747 ; m [9] 5 juillet 1779, à Geneviève DE LA BOURLIÈRE. — *Marie-Louise*, b 1750 ; s 8 juin 1759, à St-Nicolas. — *Louis*, b [6] 6 oct. 1751.

1730, (13 nov.) Pte-aux-Trembles, Q.

II.—DELAVOYE, ROMAIN, [PIERRE I.
b 1684 ; s 8 juillet 1736, à St-Augustin. [9]
JEAN (2), Marie-Therèse, [NICOLAS II.
b 1701.

(1) Habitant du Bras.
(2) Dit Denis ; elle épouse, le 17 février 1738, Charles Tinon, à St-Augustin.

Augustin, b [9] 29 août 1731; 1° m [9] 4 oct. 1762, à Marie-Madeleine Tinon; 2° m [9] 18 août 1783, à Marie-Louise Raté. — *Marie-Thérèse*, b [9] 16 juin 1733.—*Nicolas*, b [9] 20 mars 1735.

1731, (27 août) Kamouraska. [2]

III.—DeLAVOYE, Antoine, [Jean II.
b 1708.

Pelletier, Marie-Françoise, [Guillaume IV.
b 1708.

Louise-Geneviève, b [2] 12 juillet 1734; m 15 février 1757, à Jean Blondeau, à la Rivière-Ouelle. [6] — *Marie-Anne*, b [2] 9 avril 1736; s [2] 31 janvier 1737.—*Marie-Anne*, b [2] 23 mars 1738; m 26 janvier 1761, à Pierre Leclerc, à St-Pierre-du-Sud.—*Françoise*, b [2] 15 oct. 1742; m 26 oct. 1761, à Jacques Cointeau, à Ste-Anne-de-la-Perade. — *Marie-Madeleine*, b [6] 22 oct. 1744. — *Antoine*, b... m 8 juillet 1771, à Marie-Joseph Ratel, à Repentigny. — *Marie-Catherine*, b [2] 17 oct. 1751.

1733, (26 janvier) Baie-St-Paul. [9]

III.—DeLAVOYE, Jacques, [Jacques II.
b 1707; s [9] 14 sept. 1758.

Guay (1), Madeleine, [Noel III.
b 1718.

Marie-Madeleine, b [9] 27 avril 1735; m 25 oct. 1756, à Louis-Marc-François Perron, à la Petite-Rivière. — *Jacques*, b [9] 8 nov. 1736; s [9] 6 dec 1759. — *Jean-Baptiste*, b [9] 18 sept. 1738; m [9] 23 nov. 1767, à Sophie-Angelique Fortin.—*Marie-Angélique*, b [9] 22 août 1740, s [9] 21 nov. 1759. — *Hyacinthe-Louis-Hypolite*, b [9] 10 sept. 1742, s [9] 27 nov. 1759.—*Jean-Baptiste-François*, b [9] 3 nov 1744; s [9] 6 dec. 1759. — *Joseph*, b [9] 2 oct. 1746, m [9] 26 oct. 1772, à Geneviève Gagnon. — *Marie-Desanges*, b [9] 12 nov. 1748.— *Marie-Félicité*, b [9] 15 fevrier 1750; m 23 août 1779, à Louis-Marie Tremblay, à l'Ile-aux-Coudres.—*Gabriel-Antoine*, b [9] 15 oct. 1751. — *Athanase*, b [9] 11 août 1753.— *Pierre-Gaspard*, b [9] 2 mars 1756.

1736, (25 juin) Petite-Rivière. [6]

III.—DeLAVOYE, François, [Jacques II.
b 1709.

Simard, Marie-Madeleine, [Paul II.
b 1718, s [6] 3 nov. 1760.

Marie-Madeleine, b [6] 25 sept. 1737.—*François-Xavier*, b [6] et s [6] 7 nov. 1739 —*Geneviève*, b [6] 1er dec. 1740. — *Marie-Judith*, b [6] 24 dec. 1741. — *Apolline*, b [6] 24 dec. 1741, m 29 janvier 1765, à Etienne Tremblay, à la Baie-St-Paul. [7]—*Joseph-François*, b [6] 2 déc. 1745, m [7] 17 nov. 1768, à Emerance DeLavoye. — *Julie*, b [6] 11 avril 1748. —*Etienne*, b [6] 21 sept. 1750 —*Zozime-Judith*, b [6] 4 juillet 1753; s [6] 2 avril 1755.

1745, (18 janvier) Eboulements. [1]

IV.—DeLAVOYE, Joseph, [Jean III.
b 1725.

Gagnon, Marie-Charlotte, [Joseph III.
b 1727, s 18 nov. 1811, à Rimouski. [2]

(1) Voy Gastonguay.

Louis-Côme-Joseph-Fulbert, b 6 août 1746, à la Baie-St-Paul [3]; 1° m [3] 28 août 1775, à Judith Desrosiers; 2° m 1783, à Rose Duplessis. — *Marie-Charlotte-Clotilde*, b [1] 30 mars 1749, m [1] 16 sept. 1771, à Charles Paquet.—*Marie-Thérèse*, b [3] 5 juillet 1751. — *Marie-Madeleine*, b [1] 9 sept. 1753, m [1] 13 mai 1771, à Etienne Tremblay.—*Hélène*, b [1] 28 nov. 1755; m [1] 12 sept. 1774, à Joseph Ruest.—*Marie-Suzanne*, b [1] 5 déc. 1759.—*Joseph-René*, b [1] 6 mars 1760, 1° m [3] 4 août 1788, à Geneviève Ruest; 2° m [2] 24 nov. 1795, à Marie-Anne Bouillon. — *Marie-Félicité*, b [1] 8 août 1762; 1° m [2] 16 oct. 1787, à Michel Ruest; 2° m [2] 18 février 1805, à Jean Pineau. — *Antoine-Samson*, b [1] 4 nov. 1764, 1° m à Rosalie Tremblay; 2° m [2] 19 août 1806, à Angélique Pineau —*Marie-Charles*, b [1] 5 janvier 1765.—*Marie-Françoise*, b [1] 11 juin 1768; m [1] 8 juin 1786, à Etienne Tremblay.—*Agnès*, b [1] 12 mai 1771; m [2] 19 juillet 1790, à Jean Heppell.

1745, (4 oct.) St-Joachim.

III.—DeLAVOYE, Michel. [Joseph II

Gagnon, Marie

Michel, b 15 fevrier 1747, à St-Joseph, Beauce

1746, (2 fevrier) Baie-St-Paul. [4]

IV.—DeLAVOYE, Jos-Frs-X., [Frs-Xavier III
b 1715; s [4] 13 avril 1767.

Laforest (1), Marguerite, [Jean III.
b 1728.

Joseph, b [4] 18 nov. 1761.

1750, (27 juillet) Eboulements.

IV.—DeLAVOYE, Basile, [Frs-Xavier III.
b 1719.

1° Tremblay, Marie-Jeanne-Frse, [Louis III.
b 1723; s 7 juillet 1756, à la Baie-St-Paul. [5]

Basile-Pierre, b [5] 17 oct. 1751.—*Marie-Charlotte*, b [5] 7 oct. 1754; s [5] 12 janvier 1760.—*Etienne-Denis*, b [5] 5 et s [5] 7 juillet 1756.—*Marie-Denise*, b [5] 5 et s [5] 12 juillet 1756.

1759, (13 janvier) St-François, I O

2° Martineau, Marie, [Pierre III.
b 1730.

Ursule-Julie, b [5] 11 mars 1760 —*Laurent*, b [5] 11 août 1761. — *Marie-Suzanne-Thérèse*, b [5] 15 oct. 1762. — *David*, b [5] 29 janvier 1764.—*Basile*, b [5] 20 janvier 1766; m 22 nov. 1791, à Marie-Joseph Marié, à Quebec. [7] — *Augustin*, b [5] 25 juin 1767; s [7] 3 janvier 1791. — *Jean*, b [5] 10 mai 1769.—*André*, b [5] 28 juin 1772.

1750, (23 nov.) Ste-Anne-de-la-Pocatière

IV.—DeLAVOYE, Joseph, [Joseph III.
s 8 août 1764 (noye), à Kamouraska. [6]

Michaud, Madeleine, [François II
b 1729.

Marie-Joseph, b 8 oct. 1751, à la Rivière-Ouelle [7], m [7] 21 nov. 1774, à Pierre Levêque — *Marie*, b... m [7] 29 janvier 1781, à Pierre Plourde —*Marie-Geneviève*, b [7] 4 mars 1753, m [7] 18 nov 1782, à Charles DeLavoye —*Marie-Charlotte*, b [7]

(1) Elle épouse, le 3 nov. 1767, François Gagné, à St-Joachim.

2 janvier 1755; m [7] 26 février 1781, à Pierre Colin.—*Jean-Baptiste*, b [6] 13 mars 1757.—*Madeleine*, b[6] 11 mai 1761.—*Marie-Judith* (posthume), b [6] 3 oct. 1764.

1752, (13 nov.) Baie-St-Paul. [9]
III.—DeLAVOYE, René-Roch, [Jacques II
b 1726.
Bonneau, Marie-Jeanne, [Jean II
b 1722.
Thérèse-Régis, b [9] 25 août 1753; m [9] 7 nov 1768, à Louis-Théodore Boivin. —*Marie-Madeleine-Ursule*, b [9] 16 juillet 1755; m [9] 7 nov. 1768, à Félix-Eustache Boivin.

1753, (8 janvier) Kamouraska [5]
IV.—DeLAVOYE(1), Jos.-Marie, [Augustin III.
b 1730.
Béchard, Marie-Thérèse, [Louis II.
b 1735.
Marie, b [5] 30 sept. 1754.—*Joseph*, b [5] 15 juillet 1757.—*Pierre*, b 1758; s [5] 9 juillet 1768 —*Jean-Marie* (posthume), b 16 déc. 1759, à la Rivière-Ouelle.

1753, (19 nov.) Petite-Rivière. [6]
IV.—DeLAVOYE, Michel, [Michel III.
b 1725.
Simard, Marie-Louise, [Paul II.
b 1726.
Marie-Joseph, b [6] 25 sept. 1754; m [6] 9 nov. 1772, à Benjamin Tremblay.—*Michel*, b [6] 24 janvier 1756.—*Joseph-Prosper*, b [6] 14 janvier 1758; s [6] 20 février 1759.—*Michel-Joseph-Abraham*, né 14 oct. 1759; b [6] 1er avril 1760 —*Etienne-Yves-Adam* et *Mathurin-Balthazar*, b [6] 19 juillet 1762. — *Jean-Baptiste-Alexis*, b [6] 13 juillet 1766.

1754, (7 janvier) Petite-Rivière.
IV.—DeLAVOYE, Dominique, [Jean III
b 1727.
Simard, Madeleine-Rose, [Prisque III.
b 1736; s 25 oct. 1779, aux Eboulements. [9]
Marie-Marguerite, b [9] 25 oct. 1755, m [9] 27 juillet 1778, à Jean-Baptiste Claveau —*Jean-Marie*, b [9] 3 sept. 1757.—*Marie-Geneviève*, b [9] 9 oct. 1759, m [9] 26 oct. 1778, à Dominique Gagnon. —*Marie-Angélique*, b [9] 16 février 1762, m [9] 9 janvier 1786, à Alexis Tremblay.—*Marie-Rosalie*, b [9] 13 août 1767.—*Marie-Cécile*, b [9] 12 janvier 1770.—*Thérèse*, b [9] 9 août 1772.

1754, (7 janvier) Petite-Rivière.
IV.—DeLAVOYE, René, [Michel III.
b 1727.
Tremblay, Marie-Agathe, [François III.
b 1736.
René-Vincent, b 22 janvier 1755, à la Baie-St-Paul.[3]—*Michel* (2), b [3] 19 oct. et s [3] 26 déc. 1756. —*Joseph*, b [3] 11 nov. 1757.—*Michel*, b [3] 20 janvier 1760.—*Hypolite*, b [3] 12 août 1762.—*Madeleine-Emérance*, b [3] 12 oct. 1764.—*Marie-Félicité*, b [3] 6 sept. 1766.—*Marie-Gertrude-Françoise*, b [3] 20 nov. 1769.—*Etienne*, b [3] 25 février 1771; s [3] 26 avril 1772.—*Marie-Thérèse*, b [3] 2 mars 1773.—*Marie-Anne*, b [3] 10 nov. 1774.

1754, (21 janvier) Rivière-Ouelle. [5]
IV.—DeLAVOYE, Augustin. [Joseph III.
Bérubé, Françoise-Judith, [Pierre III.
b 1737.
Augustin, b [5] 10 mars 1755; m [5] 19 nov. 1781, à Madeleine Perrault.—*Marie-Françoise*, b [5] 11 et s [5] 13 janvier 1756.—*Joseph*, b [5] 16 juin 1757; m [5] 22 nov. 1779, à Charlotte Lisot.— *Ignace*, b [5] 24 nov. 1758; m [5] 11 nov. 1782, à Marie-Angelique Plourde.—*Marie-Victoire*, b [5] 25 nov. 1760; m [5] 20 nov. 1780, à Patrice Levêque.

1756, (23 oct.) Petite-Rivière.[1]
IV.—DeLAVOYE, Jacques, [Jacques III.
b 1732.
Perron, Marie-Geneviève, [François III.
b 1729.
Marie-Geneviève-Ursule, b [1] 1er oct. 1757; s [1] 15 sept. 1758. — *Marie-Geneviève-Marguerite-Angélique* (1), née [1] 27 juin et b [1] 27 sept. 1759 — *Marie-Geneviève*, b [1] 21 mars 1761.—*Jacques*, b [1] 11 mai 1763. —*Marie-Félicité-Ursule*, b [1] 7 mars 1767.—*Etienne-Henri*, b [1] 26 oct. 1770.

1756, (3 nov.) Rivière-Ouelle. [5]
IV.—DeLAVOYE, Pierre. [Augustin III.
Gagnon, Marie-Anne, [Jean-François III.
b 1733.
Pierre, b [5] 19 sept. 1757. — *Marie-Angélique*, b 11 juin, à St-Antoine-Tilly et s [5] 29 oct. 1759.—*Charles*, b... m [5] 18 nov. 1782, à Geneviève DeLavoye.

1756, (9 nov.) Kamouraska. [3]
IV.—DeLAVOYE, Augustin, [Augustin III.
b 1735; s 17 février 1779, à la Rivière-Ouelle.
Paradis, Monique, [Gabriel III.
b 1734.
Marie-Marthe, b... m [3] 10 février 1777, à Antoine Paradis — *Marie-Catherine*, b [3] 5 mars 1761.—*Jean-François*, b [3] 17 sept. 1762.—*Marie-Modeste*, b [3] 15 juillet 1764. — *Joseph-Marie*, b [3] 18 nov. 1765. — *Louis*, b [3] 9 oct. 1768.—*Joseph*, b [3] 2 juillet 1770.—*André*, b [3] 23 février 1772.

1756, (9 nov.) Petite-Rivière.
III —DeLAVOYE, Barth -August., [Jacques II.
b 1729.
1° Gagné, Marie-Anne, [François-Xavier IV.
b 1724; veuve de Joseph Amiot-Villeneuve, s 13 juin 1766, à l'Ile-aux-Coudres. [6]
Marie-Anne-Angélique, b [6] 5 avril 1759, m [6] 1er oct. 1781, à Jean Tremblay.—*Marie-Joseph*, b [6] 11 avril 1763.
1769, (9 nov.) [6]
2° Amont, Marie-Joseph.

(1) Dit Labombarbe.
(2) Premier enfant entré dans l'église neuve et enterré dans le nouveau cimetière de la Baie-St-Paul.

(1) Cet enfant naquit dans une cabane dans le bois où s'étaient réfugiés les habitants de cette paroisse pendant la guerre.

1756, (17 nov.) Petite-Rivière.
IV.—DeLAVOYE, Pierre, [Michel III.
b 1728.
Dufour, Marie-Reine. [Bonaventure II.
Pierre-Dominique, b 17 nov. 1757, au Cap-St-Ignace.[1] — *Jean,* b [1] 24 avril 1759. — *Marie-Reine,* b [1] 2 avril 1761. — *Joseph-Agapit,* b[1] 14 avril 1763.—*Hélène-Elisabeth,* b [1] 9 février 1765.

1757, (10 janvier) Petite-Rivière.[7]
IV.—DeLAVOYE, Louis, [Jean III.
b 1734.
Simard, Julie, [Pierre III.
b 1739.
Louis-Marie, b [7] 16 oct. 1758; m à Geneviève Guimont.—*Etienne,* b 11 déc. 1760, aux Eboulements.[8] — *Marie-Julie,* b [8] 25 oct. 1762.—*Marie-Charles,* b 1765; s [8] 11 mars 1780.—*Anonyme,* b [8] et s [8] 9 mai 1767. — *Pierre,* b [8] 24 juin 1771. — *Marie-Madeleine,* b [8] 16 mai 1773.—*Jean,* b [8] 10 sept. 1777; m 10 janvier 1804, à Batilde St-Laurent, à Rimouski.

1757, (17 janvier) Kamouraska.[9]
IV.—DeLAVOYE, Basile, [Augustin III.
b 1733.
Béchard, Marie-Elisabeth, [Louis II.
b 1738.
Basile, b [9] 29 avril et s [9] 7 nov. 1757.—*Basile,* b [9] 21 août 1758. — *Jean,* b 16 déc. 1759, à la Rivière-Ouelle. — *Etienne,* b [9] 22 avril 1761.— *Marguerite,* b [9] 10 avril 1763. — *Jean-Baptiste,* b [9] 4 juin 1767.—*Barthélemi,* b [9] 30 juillet 1769. —*Marie-Elisabeth,* b [9] 19 juin 1771.

1757, (24 janvier) Eboulements.[9]
IV.—DeLAVOYE, François, [Jean III.
b 1729.
Gagnon, Marie-Agathe, [Pierre IV.
b 1738.
Michel-René, b [9] 26 janvier 1758; m [9] 16 nov. 1778, à Geneviève Gagné.—*François-Jérôme,* b [9] 28 mai 1763.—*Marie-Madeleine,* b [9] 18 avril 1767. —*Louis-Joseph,* b [9] 3 juillet 1768.

1759, (8 janvier) Lavaltrie.
IV.—DeLAVOYE, Ambroise, [Frs-Xavier III.
b 1721.
Vignau, Marie-Louise. [Jean-Bte II.
Marguerite, b 1773; s 8 juin 1778, à Repentigny.[2] — *Marie-Louise,* b [2] 1775; s [2] 27 avril 1777. — *Jean-Baptiste,* b... s [2] 2 sept. 1779.

1759, (29 janvier) Ste-Anne.
IV.—DeLAVOYE, Joseph, [Augustin III.
b 1729.
Pare, Marie-Ursule, [Joseph III.
b 1737.

DeLAVOYE, Brigitte, b... s 25 mars 1761, à la Petite-Rivière.

1762, (19 avril) St-Joachim.
IV.—DeLAVOYE, Honoré-Joseph, [Michel III.
b 1731.
1° Bolduc, Geneviève, [Louis III.
b 1743; s 14 février 1763, au Cap-St-Ignace.[8]
1764, (2 juillet).[8]
2° Bernier, Madeleine, [Pierre III.
b 1742.

1762, (4 oct.) St-Augustin.[2]
III.—DeLAVOYE, Augustin, [Romain II.
b 1731.
1° Tinon, Marie-Madeleine, [Jean-Ignace II.
b 1709; veuve de Rene Letarte.
Marguerite, b... s 25 avril 1777, à la Pte-aux-Trembles, Q.
1783, (18 août)[2]
2° Raté, Marie-Louise. [Charles III.
Marie-Anne, b [2] 31 oct. 1784. — *Thérèse,* b [2] 7 janvier 1786.—*Louise,* b [2] 7 mars 1787.—*Augustin,* b [2] 26 mai 1790.—*Jean,* b [2] 31 mars 1792

1765, (25 nov.) St-Valier.
IV.—DeLAVOYE, Jacques-Marie, [Jacques III.
b 1740.
Roy, Marie-Louise, [Etienne III.
b 1745.
Marie-Louise, b 7 sept. 1766, à Berthier.[3] — *Jean-Baptiste,* b [3] 29 avril 1768.—*Jacques,* b [3] 10 mars 1770. — *Pierre,* b [3] 5 juin 1774. — *Marie-Anne,* b [3] 12 déc. 1777. — *Charles-François,* b [3] 16 février 1780.—*Marie-Ursule,* b [3] 27 déc. 1782

1767.
IV.—DeLAVOYE, Charles, [Jacques III.
b 1739.
Paré, Madeleine, [François III
b 1741.
Madeleine, b 7 oct. 1767, à la Petite-Rivière.[2] —*Charles-Alexandre,* b 17 sept. 1769, à la Baie-St-Paul.—*Félicité,* b [2] 1er mars 1772.

1767, (8 nov.) Kamouraska.[7]
IV.—DeLAVOYE, Jean-Bte, [Augustin III.
b 1737.
Deneau, Marie-Julienne, [Jacques I.
b 1747
Jean-Baptiste, b [7] 1er sept. 1768 —*Marie-Rosalie,* b [7] 2 janvier et s [7] 8 mars 1771.

1767, (23 nov.) Baie-St-Paul.[1]
IV.—DeLAVOYE, Jean-Bte, [Jacques III.
b 1738.
Fortin, Marie-Sophie-Angélique, [Jacques IV
b 1748.
Marie-Françoise-Modeste, b [1] 9 mars 1769 — *Jean,* b [1] 12 mars 1772—*Damase,* b [1] 21 mai 1774

1768, (17 nov.) Baie-St-Paul.
IV.—DeLAVOYE, Jos.-François, [François III
b 1745.
DeLavoye, Emerance, [Michel III
b 1740.
Joseph-Olivier-Michel, b 30 juin 1769, à la Petite-Rivière.

1769, (9 janvier) Rivière-Ouelle.
IV.—DeLAVOYE, Jean-François, [Joseph III.
b 1740.
Levêque, Marie-Angélique, [Louis III.
b 1749.

1771, (8 juillet) Repentigny.
IV.—DeLAVOYE, Antoine. [Antoine III.
Ratel, Marie-Joseph, [Pierre III.
b 1754.

IV.—DeLAVOYE, Michel, [Jean III.
b 1737.
Girard, Marguerite-Agathe, [Pierre III
b 1744.
Marie-Agnès, b 30 avril 1772, à la Petite-Rivière. [6]—*Victoire*, b [6] 9 août 1773.

1772, (26 oct.) Baie-St-Paul. [6]
IV.—DeLAVOYE, Joseph, [Jacques III
b 1746.
Gagnon, Geneviève, [Etienne IV
b 1750.
Euphrosine, b [6] 8 août 1773. — *Joseph*, b [6] 8 août 1773, s [6] 5 mars 1776.—*Agnès*, b [6] 6 janvier 1776.—*Moïse*, b [6] 16 juillet 1777.

IV.—DeLAVOYE, Jean-Roch, [Joseph III
b 1738
Bérubé, Marie-Joseph, [André III
b 1739.
Marcel, b... m 9 janvier 1797, à Cécile Rioux, aux Trois-Pistoles.—*Jean-Roch*, b...

1775, (17 janvier) Eboulements.
IV.—DeLAVOYE, Joseph-Edouard, [Jean III.
b 1743.
Gagnon, Marie-Madeleine. [Dominique IV.

1775, (28 août) Baie-St-Paul.
V.—DeLAVOYE, Louis-Côme, [Joseph IV.
b 1746.
1° Desrosiers, Marie-Judith, [Louis IV.
b 1757.
2° Duplessis, Rose.
Geneviève-Julie, b 13 juin 1784, à Rimouski [4], m [4] 17 janvier 1804, à François Gagné.—*Véronique*, b [4] 24 mars et s [4] 2 juin 1791.—*Anonyme*, b [4] et s [4] 29 nov. 1791.—*Magloire*, b [4] 21 avril 1793. — *Suzanne*, b [4] 1er oct. 1794.— *Louis*, b... m [4] 30 mai 1808, à Marie-Barbe Canuel.

1777.
IV.—DeLAVOYE, Pierre, [Jacques III.
b 1731.
Poiré, Angelique, [Jean-Bte III.
b 1760.
André, b 24 mars 1778, à Berthier.

1778, (16 nov.) Eboulements. [7]
V.—DeLAVOYE, Michel-Rene, [François IV.
b 1758.
Gagné, Geneviève, [Jacques V.
b 1756.
Scholastique, b [7] 10 mars 1780.—*Anonyme*, b [7] et s [7] 20 mai 1781. — *Louis-Michel*, b [7] 2 nov. 1782.—*Joseph*, b [7] 23 mai et s [7] 31 déc. 1784.—*Eloi*, b [7] 28 oct. 1785.—*Marie-Louise*, b [7] 20 nov. et s [7] 31 déc. 1786.

1779, (5 juillet) Kamouraska.
IV.—DeLAVOYE, Ls-Charles, [Augustin III.
b 1747.
De la Bourlière, Geneviève, [Joseph III.
b 1755.

1779, (22 nov.) Rivière-Ouelle.
V.—DeLAVOYE, Joseph, [Augustin IV.
b 1757.
Lisot, Charlotte, [Nicolas III.
b 1742

1781, (19 nov.) Rivière-Ouelle.
V.—DeLAVOYE, Augustin, [Augustin IV.
b 1755.
Perrault, Madeleine. [Etienne IV.

1782, (11 nov.) Rivière-Ouelle.
V.—DeLAVOYE, Ignace, [Augustin IV.
b 1758
Plourde, Marie-Angélique. [Joseph III.

1782, (18 nov.) Rivière-Ouelle.
V.—DeLAVOYE, Charles [Pierre IV.
DeLavoye, Geneviève, [Joseph IV.
b 1753.

IV.—DeLAVOYE, Stanislas, [Jean III.
b 1740.
Simard, Ursule-Phébee, [François III.
b 1762.
Euphrosie, b 27 juillet 1783, aux Eboulements.

DeLAVOYE, François.
Tremblay, Catherine.
François, b 7 août 1786, aux Eboulements.

1788, (4 août) Rimouski. [4]
V.—DeLAVOYE, Joseph-René, [Joseph IV.
b 1760.
1° Rulst (1), Geneviève,
s [4] 18 juillet 1790.
1795, (25 nov.) [4]
2° Bouillon, Marie-Anne. [Jacques II.
Flavie, b [4] 14 mars 1796, m [4] 12 janvier 1813, à Louis Lepage.

V.—DeLAVOYE, Antoine-Samson, [Joseph IV.
b 1764.
1° Tremblay, Rosalie, [Jean IV.
b 1766; s 9 dec. 1795, à Rimouski. [4]
Joseph, b [4] 16 fevrier 1792; m [4] 26 nov. 1811, à Domitilde Pineau. — *Marie-Geneviève*, b [4] 25 mars et s [4] 23 mai 1793.
1806, (19 août). [4]
2° Pineau, Angelique, [Jean-Bte IV.
b 1786.

(1) Dit Vaillancourt.

1791, (22 nov.) Québec.
V.—DeLAVOYE, Basile, [Basile IV.
b 1766.
Marié, Marie-Joseph, [Charles IV.
b 1762.

V.—DeLAVOYE, Louis-Marie, [Louis IV.
b 1758.
Guimont, Geneviève.
Louis-Joseph, b 2 juin 1791, à Rimouski[4]; m[4] 29 janvier 1811, à Pétronille Pineau.—*Marseille*, b[4] 5 mai 1793.—*Emérance*, b... m[4] 13 février 1804, à Eustache Dutremble.—*Marie-Jeanne*, b... m[4] 29 février 1808, à Jean Dutremble.—*Osithe*, b[4] 1er déc. 1794; m[4] 16 février 1813, à Jean-Baptiste Banville.

DeLAVOYE, Pierre.
1° Ruais, Madeleine.
1801, (20 oct.) Beaumont.
2° Lefebvre, Elisabeth. [Nicolas.

1797, (9 janvier) Trois-Pistoles.
V.—DeLAVOYE, Marcel. [Jean-Roch IV.
Rioux, Cécile. [Etienne IV.

1804, (10 janvier) Rimouski.
V.—DeLAVOYE, Jean, [Louis IV.
b 1777.
St-Laurent, Batilde. [Germain III.

1808, (30 mai) Rimouski.
VI.—DeLAVOYE, Louis. [Louis-Come V.
Canuel, Marie-Barbe, [Louis I.
b 1783.

1811, (29 janvier) Rimouski.
VI.—DeLAVOYE, Louis-Jos., [Louis-Marie V.
b 1791.
Pineau, Petronille, [Germain III.
b 1791.

1811, (26 nov.) Rimouski.
VI.—DeLAVOYE, Joseph, [Antoine-Samson V.
b 1792.
Pineau, Domitilde, [Jean-Bte IV.
b 1789.

DeLAVOYE, Agnès, épouse de Joseph Levron.

DeLAVOYE, Rosalie, b 1683; m à François Roussel; s 29 janvier 1717, à Quebec.

DeLAVOYE, Brigitte, épouse de Charles Rouher.

DeLAVOYE, Marie-Madeleine, b... m 21 avril 1710, à Jean-François Pelletier, à la Rivière-Ouelle; s avant 1736.

DeLAVOYE, Marie-Joseph, épouse de Jean Meunier.

DeLAVOYE, Marie-Françoise, b... 1° m à Michel Gendron; 2° m 16 août 1747, à François Richard, à Ste-Foye.

DeLAVOYE, Geneviève, épouse d'Etienne Racine.

DeLAVOYE, Marie-Joseph, épouse de Pierre Saunier.

DeLAVOYE, Elisabeth, épouse de Mathurin St-Michel.

DeLAVOYE, Marie-Thérèse, épouse de Guillaume Tremblay.

DeLAVOYE, Madeleine, épouse de Claude Lefebvre.

DeLAVOYE, Elisabeth, b 1696; m à .... Richard; s 7 juillet 1776, à Quebec.

DeLAVOYE, Marie-Joseph, b 1765; m à Etienne Rioux; s 2 mai 1796, aux Trois-Pistoles.

DeLAVOYE, Madeleine, épouse de Jean Patouel.

DELAYE.— *Variations et surnoms :* Delage—Delaie—Delay—Blandelet—Francœur.

1711, (16 sept.) Québec.[1]
I.—DELAYE (1), Toussaint, fils de René et de Madeleine Fossay, de Cancy, diocèse de Bayeux, Normandie.
Juneau (2), Suzanne, [Jean I.
b 1671; s[1] 21 juin 1753.
Joseph, b[1] 14 mars 1704.—*Marie-Suzanne*, b[1] 27 nov. 1705.—*Marie-Hélène*, b[1] 26 février 1708, m 9 nov. 1727, à Pierre Sorel, à Montréal.[2]—*Marie-Madeleine-Charlotte*, b[1] 16 juin 1710.—*Louise-Antoinette*, b[1] 16 janvier 1713; s[1] 23 mars 1714.—*Louise-Ursule*, b[1] 14 mai 1714, m[2] 22 juillet 1737, à Valentin Trivaret.

1751, (11 janvier) Quebec.
I.—DELBARD, Antoine-Joseph, fils de Pierre-François et de Jeanne Dolbec, de Ste-Catherine, diocèse de Cambray.
Benoit, Anne, fille de Jean et de Jeanne Perie, de Ste-Claire, diocèse de Bordeaux; veuve de Louis Cussac.

I.—DELBAY (3), Jean-Bte.

DELBEC.—*Surnom :* Joly.

1673, (4 juillet) Québec.
I.—DELBEC (4), Pierre,
b 1651.
Tessier, Geneviève,
b 1653.

(1) Dit Jacques-David Francœur— Blandelet en 1710 Les dits époux avaient été mariés contre les règles de l'Eglise et par surprise, par le Père Louis André (jésuite), le 25 oct 1708.

(2) Dit Larose.

(3) Sergent du regiment "le Royal Roussillon"; il était à Verchères, le 5 février 1759.

(4) Dit Joly; voy. vol. I, p. 173.

Pierre, b 11 mars 1678, à Sorel[2]; m[2] 23 février 1711, à Mathurine AUBUCHON. — *Geneviève*, b[2] 8 février 1693; m[2] 29 août 1712, à François BOUCHER.

1711, (23 février) Sorel.[3]

II.—DELBEC (1), PIERRE, [PIERRE I. b 1678.

AUBUCHON, Mathurine, [JOSEPH II. b 1690; s[3] 26 nov. 1725.

Marie-Catherine, b[3] 22 avril 1711. — *Joseph*, b[3] 12 juin 1712. — *François*, b[3] 11 sept. 1713.— *Jean-Baptiste*, b[3] 27 oct. 1715; m[3] 23 nov. 1739, à Therèse GAZAILLE.—*Marie-Anne*, b[3] 18 avril 1718.—*Antoine*, b[3] 18 avril 1718; m[3] 28 oct. 1744, à Jeanne GAZAILLE.

1739, (23 nov.) Sorel.[3]

III.—DELBEC (1), JEAN-BTE, [PIERRE II. b 1715.

GAZAILLE (2), Thérèse-Claire, [MATHURIN II. b 1719.

Geneviève, b[3] 1er oct. 1740.—*Marie-Jeanne*, b[3] 26 mai 1743.—*Joseph*, b[3] 19 oct. 1745.

1744, (28 oct.) Sorel.[3]

III.—DELBEC (1), ANTOINE, [PIERRE II. b 1718.

GAZAILLE (2), Marie-Jeanne, [MATHURIN II. b 1725; veuve de Pierre Desrosiers.

Marie-Jean, b[3] 22 juillet 1745.—*Marie-Rose*, b... m[3] 1er juillet 1765, à Etienne ST-MARTIN.— *Marie-Antoinette*, b[3] 4 sept. 1747; m[3] 22 fevrier 1773, à Joseph ST-MARTIN. — *Pierre*, b[3] 12 oct. 1753.—*Geneviève*, b[3] 21 juillet 1758.

1726, (5 mars) Montréal.[4]

I.—DELBOEUF (3), FRANÇOIS, fils de Claude et d'Antoine de Beaumont, de St-Andre d'Angoulême.

CADIEU, Marguerite, [JEAN-BTE I. b 1676; veuve de Jean Bouvier; s[4] 21 nov. 1740.

Marie, b... m 1758, à Joseph BLUTEAU.

DELBOEUF, MADELEINE, epouse de Louis FOISY.

DELEAU, JACQUELINE, épouse de Jean-Fiacre D'AUBIGNY.

I.—DELEBAT, JEAN.

JACOBET, Marie-Anne, b 1692; de Boulaine, Avignon; s 17 fevrier 1756, à Quebec.

I.—DE LE CHALLION (4), JEAN-BTE, messire

DELEIGNE, PIERRE.—Voy. DELERIQUE, 1760.

DELÉMON.—Voy. LENEPVEU.

---

(1) Dit Joly.

(2) Et Blet.

(3) Dit Desjardins.

(4) Lieutenant; il était à Verchères, en 1707.

1742, (8 janvier) Montréal.[2]

I.—DELÉMONT, FRÉDÉRIC, b 1722; fils de Pierre et de Marie-Anne Beaupré, de Semmerance, diocèse de Reims.

DUBÉ, Marie-Joseph, [PIERRE II. b 1721.

Agnès-Joseph, b[2] 3 juin 1745.

1749, (7 janvier) Bout-de-l'Ile, M.

I.—DELENAC (1), MARTIN, fils de Pierre et d'Antoinette Beal, de St-Nicolas, Artois.

RÉAUME, Marie-Joseph, [SIMON III. b 1729.

I.—DELENTIN (2), JEAN, de Vitray, diocèse de Coutances.

I.—DELEORÉE, JEAN, ne 1761; b 14 déc. 1763, au Detroit; fils de .... et de Marie De Leoree, Anglaise.

DELERIEUX.—Voy. GATIEN.

DELERIQUE.—*Surnoms:* DELEIGNE—ST-NICOLAS.

1760, (17 nov.) Montréal.

I.—DELERIQUE (3), PIERRE, fils de Jean-Baptiste et de Marguerite Dazelle, de St-Nicolas-des-Champs, Paris.

HARBOUR, Françoise, [AUGUSTIN II. b 1727; veuve de Joseph Sigouin; s 29 mai 1796, à Nicolet.[6]

Geneviève, b... m[6] 11 fevrier 1782, à Joseph LASPRON.

DELEROLLE.—Voy. DECANCHY.

DELÉRY.—Voy. CHAUSSEGROS, p. 44.

1753, (24 sept.) Quebec.[1]

II.—DELÉRY (4), JOSEPH-GASPARD, [GASPARD I. b 1721.

MARTEL (5), Louise, [FRANÇOIS II. b 1738.

---

(1) Dit Bapaume.

(2) Arrivé à Gaspé, en 1752 (Voy. Registres des procès-verbaux)

(3) Dit St-Nicolas

(4) Chaussegros de Léry, seigneur d'Eschaillons, chevalier de St-Louis, lieutenant dans les troupes de la marine; voy. Chaussegros, p. 44.

En 1756, son père, l'ingénieur DeLéry, fut chargé, par le marquis de Vaudreuil, d'une expédition contre le fort William et le fort Burl, que les ennemis avaient fait construire sur la rivière Collaer et sur celle des Cinq-Nations. Il detruisit le fort Burl, tua soixante hommes et fit trente prisonniers qu'il envoya a Montreal. Placé à l'Islet du Portage, lors des preparatifs contre la prise de Québec (1759). Etant à Beaumont, lorsque Wolfe fit debarquer des canons et des mortiers a la Pointe-Levis, il dut se sauver et fut si pressé qu'il oublia ses papiers qui tombèrent entre les mains du genéral anglais qui fut outré des termes de M. de Vaudreuil vis-à-vis de la nation anglaise. Il lui écrivit à ce sujet une lettre pleine de reproches (1759).

(5) De Berhouague—Brouague.

Pierre-Charles-Joseph, b [1] 25 avril 1759; s 13 mars 1760, à Lorette. — *Marie-Geneviève*, b 23 juillet, à Berthier, et s 20 août 1760, à St-Frs-du-Sud.—*Guy-Michel*, b 1767; s 8 nov. 1769, à Beauport.

DE L'ESPINAY.—*Variations et surnoms:* BARDET —LÉPINAY — LEPINÉ — LÉPINET — LESPINAY —L'ESPINAY.

1673, (11 sept.) Québec.

I.—DE L'ESPINAY (1), JEAN, b 1642; s 11 janvier 1727, à Beauport. [2]
GRANGER, Catherine, b 1653; s [2] 25 juillet 1731.

Madeleine, b 1675; 1° m [2] 22 février 1694, à Pierre MORIN; 2° m [2] 30 juillet 1724, à Guillaume DUBEAU; s [2] 29 nov. 1752.—*Jean-Baptiste*, b [2] 25 oct. 1684, m [2] 4 février 1709, à Marie-Françoise VACHON, s [2] 12 février 1731.—*Ignace*, b [2] 20 janvier 1690, m [2] 11 nov. 1715, à Elisabeth DAUPHIN; s [2] 26 oct. 1756.—*Marie-Françoise*, b 1691; s [2] 26 juin 1720. —*Marguerite-Anne*, b [2] 30 juin 1694, 1° m [2] 9 nov. 1722, à François BRUNEAU; 2° m [2] 19 avril 1735, à Guy GOUASIN, s [2] 8 février 1759.

1709, (4 février) Beauport. [6]

II.—DE L'ESPINAY, JEAN-BTE, [JEAN I. b 1684, s [6] 12 février 1731.
VACHON, Marie-Françoise, [PAUL I. b 1675; veuve de Joseph Binet; s [6] 12 mai 1740.

Jean-Baptiste, b [6] 3 février et s [6] 21 mai 1710. —*Marie-Catherine*, b [6] 23 mars 1711; s [6] 22 février 1731.—*Jean-Baptiste*, b [6] 7 dec. 1712, s [6] 24 avril 1729.—*Marie-Madeleine*, b [6] 22 mars 1715, m [6] 24 février 1732, à François BRUNEAU; s [6] 1er oct 1759.—*Charles-Marie*, b [6] 8 et s [6] 11 sept. 1717. — *Louis-Toussaint*, b [6] 1er et s [6] 30 nov. 1718.— *Madeleine*, b [6] 20 juin 1720, m [6] 15 juin 1744, à Antoine BERTON.

1715, (11 nov.) Beauport. [6]

II.—DE L'ESPINAY, IGNACE, [JEAN I. b 1690; s [6] 26 oct. 1756.
DAUPHIN, Elisabeth, [RENÉ II b 1687; veuve de René Rodrigue; s [6] 19 août 1758.

Ignace, b [6] 26 sept. 1716; m [6] 17 nov. 1738, à Marie-Louise GIROUX. — *Marie-Elisabeth*, b [6] 9 nov. 1718; 1° m [6] 3 février 1739, à Jean-Baptiste PROVOST; 2° m 7 nov. 1740, à Jean-Baptiste RAYMOND, à Montreal.—*Marguerite*, b [6] 11 août 1721, m [6] 3 février 1739, à Barthelemi RODRIGUE. —*Marie-Joseph*, b [6] 12 juin 1723; m [6] 15 février 1740, à François VÉSINA; s [6] 19 sept. 1749.— *Catherine*, b [6] 3 mai 1725.—*Marie-Madeleine*, b [6] 20 août 1726; m [6] 8 janvier 1748, à Ignace RODRIGUE.—*Cécile*, b [6] 17 juillet 1728; s [6] 27 juin 1733.

---

(1) Et Lépine, voy vol. I, p. 173.

1738, (17 nov.) Beauport. [4]

III.—DE L'ESPINAY, IGNACE, [IGNACE II. b 1716.
GIROUX, Marie-Louise, [NOEL III b 1720; s [4] 8 juin 1770.

Marie-Louise, b [4] 15 dec. 1739; s [4] 25 mai 1760 —*Ignace*, b [4] 12 et s [4] 16 janvier 1742 —*Ignace*, b [4] 8 et s [4] 29 janvier 1743 —*Antoine*, b [4] 9 mai et s [4] 24 déc. 1744.—*Louis-Marie*, b [4] 7 nov. 1745, s [4] 2 oct. 1748.—*Marie-Madeleine*, b [4] 30 sept. 1747; s [4] 1er oct. 1748.—*Jean-Baptiste*, b [4] 9 sept. 1749.—*Marie-Marguerite*, b [4] 28 juillet 1751 — *Ignace*, b [4] 30 mars 1753. — *Pierre*, b [4] 25 dec. 1754.—*Marie-Anne*, b [4] 3 mai 1756.—*Marie-Rose*, b [4] 3 juin 1758.—*Pierre-Noel*, b [4] 26 février 1760 —*Marie-Louise*, b 31 août 1761, à Charlesbourg.

DELESSARD (1).

DELESSARD.—*Variations et surnoms :* DELESSART—DESSALLIERS—LESSARD—LESSART.

1652, (8 avril) Québec.[1]

I.—DELESSARD (2), ETIENNE, b 1623, s 21 avril 1703, à Ste-Anne. [2]
SEVESTRE, Marguerite, [CHARLES II. s [2] 27 nov. 1720.

Etienne, b [1] 1er avril 1653; m [2] 17 avril 1679, à Marie POULAIN; s [2] 12 avril 1728.—*Noel*, b 4 mars 1669, au Château-Richer, 1° m [2] 9 février 1695, à Marie RACINE; 2° m [1] 1er mars 1718, à Geneviève DUBOIS; 3° m [2] 5 nov. 1725, à Madeleine BERTHELOT; s [2] 21 mars 1743 —*Joseph*, b [2] 28 février 1672; 1° m [2] 15 février 1700, à Marguerite RACINE; 2° m [2] 21 janvier 1715, à Madeleine PAQUET, s [2] 6 dec. 1763.—*Prisque*, b [2] 10 juin 1674, m 27 avril 1699, à Marie JACOB-MEUNIER, à L'Ange-Gardien, s [2] 24 mai 1755.

1679, (17 avril) Ste-Anne. [7]

II.—DELESSARD (3), ETIENNE, [ETIENNE I. b 1653; s [7] 12 avril 1728.
POULAIN, Marie, [CLAUDE I. b 1661; s [7] 28 mars 1743.

Etienne, b [7] 19 février 1692; 1° m [7] 20 nov. 1713, à Therèse RACINE, 2° m [7] 25 juin 1732, à Madeleine PEPIN; s [7] 11 dec. 1749.—*Jean*, b [7] 30 août 1704, m [7] 22 mai 1730, à Marie-Anne LACROIX, s [7] 13 avril 1756.

1684, (10 avril) Ste-Anne.

II.—DELESSARD (3), CHARLES, [ETIENNE I b 1656; s 27 nov. 1740, à Quebec. [1]
CARON, Marie-Anne, [JEAN II b 1665, s [1] 11 oct. 1750.

Charles, b [1] 4 mai 1698; m 10 février 1721, à Catherine PAQUET, à Charlesbourg. [2]—*François*, b [1] 8 sept. 1702, m [2] 20 juillet 1733, à Therèse-Charlotte SASSEVILLE.

---

(1) Ce nom, après quelques années, a été entré aux régistres sous le nom de " Lessard ", nous avons cru nécessaire, pour les références aux familles anciennes, de lui conserver le véritable nom " DeLessard."

(2) Voy. vol. I, pp 173-174.

(3) Voy vol. I. p. 174.

1690, (16 avril) Ste-Anne.[2]

II.—DeLESSARD (1), Pierre, [Etienne I.
b 1658 : s 8 mai 1737, à l'Islet.[3]
Fortin, Barbe, [Julien I.
b 1654 ; veuve de Pierre Gagnon ; s[3] 27 août 1737.
Etienne, b[2] 23 janvier 1691 ; s[3] 29 nov. 1714. —*Marie-Thérèse*, b[2] 20 sept. 1692 ; m[3] 1er août 1714, à Louis Gagné ; s 31 dec. 1750, au Cap-St-Ignace.—*Prisque*, b[2] 10 fevrier 1694.—*Geneviève*, b 18 fevrier 1698, au Château-Richer.

1695, (9 fevrier) Ste-Anne.[4]

II.—DeLESSARD (1), Noel, [Etienne I.
b 1669 ; s[4] 21 mars 1743.
1° Racine, Marie, [François II.
b 1677 ; s[4] 1er avril 1717.
1718, (1er mars) Quebec.
2° Dubois, Geneviève, [Jean I.
b 1696 ; s[4] 27 août 1724.
Noel, b[4] 17 avril 1719 ; m[4] 26 fevrier 1748, à Claire Gagné. — *Jean-Baptiste*, b[4] 25 avril 1720, m 30 sept. 1738, à Anne Gagnon, au Château-Richer.[5]—*Geneviève*, b[4] 28 juin 1721 ; s[4] 3 janvier 1736.—*Joseph-Marie*, b[4] 3 oct. 1722 ; 1° m[5] 17 fevrier 1749, à Agathe Gagnon ; 2° m 7 avril 1761, à Marie-Reine Blanchet, à St-Pierre-du-Sud.
1725, (5 nov.)[4]
3° Berthelot, Madeleine, [André I.
b 1662 ; veuve de Joseph Paré, s[4] 2 mars 1748.

1699, (27 avril) L'Ange-Gardien.

II.—DeLESSARD (1), Prisque, [Etienne I.
b 1674 ; capitaine, s 24 mai 1755, à Ste-Anne.[6]
Jacob (2), Marie, [Etienne I.
b 1679 ; s[6] 7 août 1756.
Prisque, b 4 avril 1702, à Québec ; 1° m 10 nov. 1727, à Marie-Joseph Parant, à Beauport ; 2° m 1er déc. 1742, à Marie-Françoise Penisson, à Charlesbourg ; 3° m 2 avril 1750, à Agathe Delage, à St-Joachim.—*Marie*, b... m[6] 26 juin 1730, à Joseph Barette — *Etienne*, b[6] 23 avril 1706 ; m[6] 20 nov. 1730, à Marie-Madeleine Simard. —*Madeleine*, b[6] 16 juin 1714 ; m[6] 19 nov. 1731, à Prisque Simon ; s 5 sept. 1741, à Ste-Foye.[8]—*Pierre*, b... 1° m[6] 25 janvier 1740, à Madeleine Barette ; 2° m 28 août 1741, à Jeanne Cloutier, au Château-Richer, 3° m 24 mars 1765, à Marguerite Poulin, à St-Joseph, Beauce.—*Jean-Baptiste*, b[6] 19 août 1716 ; m[8] 5 février 1750, à Therèse Brunet.

1700, (15 février) Ste-Anne.[7]

II.—DeLESSARD, Joseph, [Etienne I.
b 1672, s[7] 6 dec 1763.
1° Racine, Marguerite, [François II.
b 1679, s[7] 22 fevrier 1714.
Joseph, b[7] 4 dec. 1700.—*Etienne*, b... s[7] 20 avril 1703 (dans l'eglise).—*Marie-Thérèse*, b[7] 20 fevrier 1704 ; m[7] 30 mai 1728, à Pierre Chabot ; s 18 juillet 1778, à St-Joachim.[8]— *Bonaventure*, b[7] 25 déc. 1706 ; s[7] 21 mars 1708.—*Ignace*, b[7] 24 déc. 1709 ; m[8] 13 mai 1743, à Reine Bolduc ; s 19 mars 1761, à St-Joseph, Beauce. — *Marie-Madeleine*, b[7] 29 sept. 1711 ; m[7] 15 janvier 1731, à Louis Guimond —*Félicité*, b[7] 13 nov 1713, m[7] 22 juillet 1737, à Louis Paré ; s[7] 28 oct. 1748.
1715, (21 janvier).[7]
2° Pasquier (1), Madeleine, [Isaac I.
b 1692 ; s[7] 18 nov 1748.
Marie-Joseph, b[7] 17 nov. 1715 ; s[7] 29 nov. 1718.—*Jean-Baptiste*, b[7] 15 sept. 1717 ; m[8] 22 fevrier 1740, à Marie-Louise Gagné.—*Prisque*, b[7] 14 juin 1720, m[8] 26 avril 1745, à Françoise Alaire.—*Bonaventure*, b[7] 17 avril 1722 ; 1° m[7] 4 oct. 1741, à Elisabeth Paré ; 2° m[7] 21 nov. 1763, à Louise Bolduc.—*Augustin*, b[7] 22 avril 1724 ; 1° m 17 avril 1747, à Marie-Anne Paradis, à Beauport, 2° m 30 juillet 1749, à Louise Julien, à L'Ange-Gardien.—*Marie-Joseph*, b[7] 17 oct. 1727 ; m[7] 18 juillet 1747, à Louis Simard, s[7] 15 fevrier 1768.—*Joseph*, b[7] 9 août 1729, s[7] 18 dec. 1749 —*Etienne*, b[7] 14 fevrier 1732 ; m 17 juin 1754, à Marie-Joseph Chalifour, à Charlesbourg.

1718, (20 nov.) Ste-Anne.[9]

III.—DeLESSARD, Etienne, [Etienne II.
b 1692, s[9] 11 dec. 1749.
1° Racine, Therèse, [Noel II.
b 1691.
Marie-Thérèse, b[9] 1er fevrier 1715 ; m[9] 9 fevrier 1739, à Jacques Pepin, s[9] 11 mai 1772 —*Etienne*, b[9] 14 août 1716 ; m[9] 16 nov. 1744, à Marie-Madeleine Boivin, s 18 mars 1784, à St-François, I. O. — *Françoise*, b[9] 28 sept. 1718. —*Marie-Joseph*, b[9] 11 sept 1721, m[9] 21 nov. 1747, à Ignace Paré.—*Marguerite*, b[9] 21 janvier et s[9] 12 juin 1724.—*Jean*, b[9] 30 mars 1725, s[9] 9 nov. 1738.—*Dorothée*, b[9] 7 oct. 1727 ; s[9] 25 nov. 1738.—*Félicité-Flavie*, b[9] 27 mai et s[9] 24 juillet 1730.
1732, (25 juin).[9]
2° Pepin, Madeleine, [Jean II.
b 1708 ; s[9] 28 juin 1772.
Geneviève, b[9] 20 avril 1733 ; m[9] 9 janvier 1758, à Pierre Delmas —*Charles*, b[9] 31 juillet et s[9] 4 août 1734.—*Joseph*, b[9] 31 juillet et s[9] 14 sept. 1734.—*Madeleine*, b[9] 9 dec. 1735 —*François-Xavier*, b[9] 30 mai 1738 ; m[9] 6 nov. 1758, à Marie-Madeleine Morel.—*Charles-Amable*, b[9] 4 juillet 1740.—*Jean-Marie*, b[9] 19 juillet 1742.—*Antoine*, b[9] 29 juin 1744.—*Amable-Judith*, b[9] 19 et s[9] 21 janvier 1747.—*Marie-Joseph*, b[9] 20 mai 1748, s[9] 24 nov. 1755.—*Louis*, b[9] 20 mai 1748.

1721, (10 fevrier) Charlesbourg.[2]

III.—DeLESSARD, Charles, [Charles II.
b 1698.
Paquet, Catherine, [Philippe II.
b 1703.
Charles, b[2] 26 et s[2] 31 janvier 1722.—*Catherine*, b[2] 21 mai 1723 ; m 8 nov. 1745, à François Bureau, à Quebec.[3] — *Marie-Louise*, b[2] 2 sept.

(1) Voy. vol. I, p. 174.
(2) Dit Meunier, 1756

(1) Dit Lavallée.

1725; m [3] 4 juillet 1746, à Théophile Bourget.—*Charles*, b [2] 2 sept. 1727; m 14 février 1752, à Madeleine Godbout, à St-Laurent, I. O. — *Jean*, b [2] 22 juillet 1730.—*Marie-Catherine*, b [2] 21 août 1732; m [4] 4 juillet 1752, à Pierre Bourget.—*Jacques*, b [2] 4 juillet 1735.—*Marie-Thérèse*, b [2] 23 mai 1737.—*Etienne-Joseph*, b [3] 25 avril 1740; s [3] 13 oct. 1742.

1724, (28 nov.) Ste-Anne.[5]

III.—DeLESSARD, Frs-Malo, [Prisque II.
b 1704.
Racine, Angélique, [Etienne II.
b 1705.

Marie-Angélique, b [5] 12 sept. 1725; m 20 janvier 1744, à Augustin Cloutier, à St-Joseph, Beauce.[6] — *Marie-Geneviève-Victoire*, b [5] 12 sept. 1727; m [6] 31 janvier 1763, à Michel Vachon.—*Gabriel*, b [5] 4 sept. 1729, m 1754, à Geneviève Parant. — *Scholastique*, b [5] 13 juillet 1732; m [6] 24 oct. 1758, à Louis Gagné.— *François-Xavier*, b [5] 14 juin 1734; m [6] 2 février 1767, à Marie-Anne Gagne. — *Joseph*, b [5] 16 dec. 1736, m [6] 19 janvier 1761, à Angelique Vachon.— *Madeleine-Charlotte*, b [6] 31 mai 1740; s [5] 27 janvier 1761. —*Marie-Hélène*, b [6] 16 fevrier 1746; m [6] 19 janvier 1762, à Antoine Vachon.

1727, (10 nov.) Beauport.

III —DeLESSARD, Prisque, [Prisque II.
b 1702.
1° Parant, Marie-Joseph, [Jacques II.
b 1708, s 26 avril 1740, à Charlesbourg.[5]

Marie-Elisabeth, b [5] 1er juin 1729, m [5] 22 avril 1748, à François Delage. — *Louise-Barbe*, b [5] 9 mars 1731, m [5] 12 août 1754, à Jean-Baptiste Alard.—*Prisque*, b [5] 18 juillet 1732; m [5] 27 août 1753, à Anne-Charlotte Pageot.—*Jacques*, b [5] 3 août 1734; m 6 nov. 1755, à Charlotte-Geneviève Dessalines, à Quebec.—*Joseph*, b [5] 10 janvier 1736, m 26 juin 1758, à Marguerite Carbonneau, à Berthier.[6] — *Marie-Madeleine*, b [5] 23 juillet 1737, m [6] 24 janvier 1757, à Jean Vermet; s [6] 20 mars 1767.

1742, (1er dec.) [5]
2° Penisson, Marie-Françoise, [Jean I.
b 1716; s [5] 28 mars 1743.

1750, (2 avril) St-Joachim.
3° Delage, Agathe, [Charles II.
b 1729.

François-Prisque, b [5] 23 juin 1751; s [5] 11 fevrier 1753.—*Jean-François*, b... s [5] 23 oct. 1754. —*Marie-Joseph-Agathe*, b [5] 14 mars 1756.—*Marie-Geneviève*, b [6] 26 mars 1758.

DeLESSARD, Marie-Joseph, b... m 1752, à Jacques Minet.

1730, (22 mai) Ste-Anne.[1]

III.—DeLESSARD, Jean, [Etienne II.
b 1704; s [1] 13 avril 1756.
Lacroix, Marie-Anne, [Augustin II.
b 1708; s [1] 12 avril 1757.

Marie-Dorothee, b [1] 18 juin 1731; s [1] 30 mars 1732.—*Jean-Féréol*, b [1] 20 mai 1733; m [1] 22 mai 1757, à Marie-Anne Guimond.—*Marie-Joseph*, b [1] 19 juillet 1735; m [1] 5 fevrier 1759, à Pierre Alaire.—*Etienne*, b [1] 10 mai 1738; s [1] 11 fevrier 1749. — *Pierre*, b [1] 23 sept. 1742; m [1] 7 janvier 1767, à Geneviève Racine.—*François-Xavier*, b [1] 15 sept. 1745, m à Catherine Lemay; s 31 janvier 1779, à Terrebonne.—*Marie-Marthe*, b [1] 15 sept. 1750; s [1] 8 mai 1771.

1730, (20 nov.) Ste-Anne.[1]

III.—DeLESSARD, Etienne, [Prisque II.
b 1706.
Simard, Marie-Madeleine, [Augustin II.
b 1711.

Marie-Joseph, b [1] 20 nov. 1731; m [1] 2 avril 1757, à Etienne Morel. — *Louise*, b [1] 9 mars 1734. — *Marguerite-Charlotte*, b [1] 3 nov. 1736.—*Marie-Geneviève*, b [1] 16 janvier 1740; s [1] 12 sept 1743.—*Marie-Geneviève*, b [1] 19 fevrier 1744; m [1] 8 oct. 1764, à Joseph Giguère.—*Marie-Madeleine*, b [1] 2 juin 1746, s [1] 14 juin 1749.

1733, (20 juillet) Charlesbourg.

III.—DeLESSARD (1). François, [Charles II.
b 1702.
Sasseville, Thérèse-Charlotte, [René II.
b 1708; s 23 avril 1762, à Québec.[5]

Geneviève, b [5] 26 oct. 1734; m [5] 10 janvier 1752, à François Delisle.— *Charles-François*, b [5] 27 mars 1738; m [6] 8 fevrier 1763, à Marguerite Alard.

1738, (30 sept.) Château-Richer.[7]

III.—DeLESSARD, Jean-Bte, [Noel II.
b 1720.
Gagnon, Anne, [Raphael III.
b 1710

Jean-Baptiste, b 15 déc. 1739, à Ste-Anne[8], m [8] 27 sept. 1762, à Dorothée Giguère. — *Marie-Anne*, b... 1° m [8] 10 juin 1758, à Augustin Morand; 2° m 14 mai 1776, à François Hallé, à St-Joseph, Beauce.—*Etienne*, b [8] 30 mars 1742; m [8] 9 juillet 1764, à Marie-Joseph Dupont.—*Thérèse*, b [8] 4 avril 1744; m [8] 23 janvier 1764, à Etienne Boyer.—*Geneviève*, b [8] 13 mars 1746.—*Louis*, b [8] 21 sept. 1747; s [8] 6 fevrier 1750.—*Marie-Elisabeth*, b [8] 31 oct. 1749; m 21 août 1775, à François Filion, à St-Joachim.—*Antoine*, b [8] 11 juin 1751; m [7] 8 fevrier 1773, à Marie-Angélique Gagnon.

1740, (25 janvier) Ste-Anne.

III.—DeLESSARD, Pierre. [Prisque II.
1° Barette, Madeleine, [François II
b 1713; s 31 mars 1741, à St-Joseph, Beauce.[1]
Pierre, b [1] 10 mars et s [1] 4 avril 1741.

1741, (28 août) Château-Richer.
2° Cloutier, Jeanne, [Zacharie III
b 1715; s [1] 7 juin 1764.

Pierre, b 1743; m [1] 8 juillet 1765, à Suzanne Guay.—*Marie-Elisabeth*, b [1] 21 mai 1745; m [1] 23 janvier 1764, à Alexis Vachon. — *Marie-Joseph*,

(1) Et Dessalliers.

b... m[1] 19 fevrier 1770, à Basile VACHON. — *Marie-Victoire,* b [1] 27 fevrier 1758; m [1] 30 juin 1779, à Pierre POULIN.

1765, (24 mars). [1]

3° POULIN, Marguerite, [IGNACE III. *b* 1724; veuve de Claude Gravel.

1740, (22 février) St-Joachim. [8]

III.—DELESSARD, JEAN-BTE, [JOSEPH II. *b* 1717.

GAGNE, Marie-Louise, [PIERRE IV. b 1720.

Jean-Baptiste, b 1741; m [8] 23 janvier 1769, à Marie RANCOUR.—*Etienne,* b 29 août 1744, à St-Joseph, Beauce [2]; m 30 août 1774, à Marie-Joseph BERTHIAUME, à Ste-Foye. — *Ignace,* b [2] 2 fevrier et s [2] 15 mars 1746.—*Laurent,* b... m 15 février 1773, à Agnès BEAUCHAMP, à Lachenaye. —*Geneviève,* b... m 1774, à François RANCOUR.

1741, (4 oct.) St-Anne. [5]

III.—DELESSARD, BONAVENTURE, [JOSEPH II. b 1722.

1° PARÉ, Elisabeth, [FRANÇOIS III. b 1723; s 1762.

Marie-Geneviève, b [5] 27 janvier 1743; m [5] 14 nov. 1763, à Jean-Baptiste CARON.—*Marie-Charlotte,* b 1744; m [5] 3 fevrier 1772, à François RACINE.—*René-Bonaventure,* b [5] 7 nov. 1746; m [5] 18 fevrier 1772, à Elisabeth GAGNON. — *Marie-Louise,* b [5] 5 nov. 1748. — *Joseph-Marie,* b [5] 10 dec. 1750.— *Marie-Elisabeth,* b [5] 6 juillet 1755. —*Marie-Marguerite,* b [5] 27 mai 1757. — *Michel,* b [5] 10 mars 1760.— *Marie-Madeleine,* b [5] 15 sept. 1762.

1763, (21 nov.) [5]

2° BOLDUC, Louise, [RENÉ II veuve d'Etienne Simard.

1743, (13 mai) St-Joachim. [2]

III.—DELESSARD, IGNACE, [JOSEPH II b 1709; s 19 mars 1761, à St-Joseph, Beauce

BOLDUC (1), Reine. [RENÉ II.

Ignace, b [2] 28 dec. 1743. —*Jean-Baptiste,* b 29 avril 1745, à St-Michel. [1] — *Reine,* b [1] 26 fevrier 1747. — *Marie-Anne,* b [1] 12 mars et s [1] 11 août 1750.—*Louise,* b [1] 12 mars et s [1] 6 août 1750.— *Anonyme,* b [1] et s [1] 9 janvier 1752.—*Marie-Louise,* b [1] 4 fevrier 1753.—*Louis-Marie,* b [1] 26 mars 1755.

1744, (16 nov.) Ste-Anne. [8]

IV.—DELESSARD, ETIENNE, [ETIENNE III. b 1716; s 18 mars 1784, à St-François, I O.

BOIVIN, Marie-Madeleine, [JEAN II. b 1722.

Marie-Geneviève, b [8] 29 sept. 1745. — *Etienne,* b [8] 20 mars 1747; m 1772, à Marie-Angelique GUYON. — *Marie-Thérèse,* b [8] 13 avril 1749. — *François-Xavier,* b [8] 11 oct. 1751.—*Jean-Amable,* b [8] 6 dec. 1755. —*Jérôme,* b [8] 25 juillet 1758.— *Hélène,* b [8] 17 février 1762. — *Basile,* b [8] 29 mai 1764.—*Jean-Baptiste,* b [8] 5 août 1767.

(1) Elle épouse, le 9 fevrier 1762, Pierre Prévost, à St-Joseph, Beauce.

1745, (26 avril) St-Joachim. [1]

III.—DELESSARD, PRISQUE, [JOSEPH II. b 1720.

ALAIRE, Marie-Françoise. [JEAN II.

Marie-Françoise, b 22 oct. 1746, à Ste-Anne [2]; m [1] 26 janvier 1767, à Charles PARÉ. — *Marie-Anne,* b... s [2] 23 sept. 1747.—*Marie-Joseph,* b [2] 29 sept. 1748; m [1] 26 janvier 1767, à Pierre PARÉ. —*Marie-Etiennette,* b [2] 1er janvier 1750.

1747, (17 avril) Beauport.

III.—DELESSARD, AUGUSTIN, [JOSEPH II. b 1724.

1° PARADIS, Marie-Anne. [JEAN-ANDRÉ III.

Marie-Geneviève, b 13 fevrier 1748, à St-Joseph, Beauce [1]; m [1] 3 février 1777, à Charles LAMBERT.

1749, (30 juillet) L'Ange-Gardien.

2° JULIEN, Louise, [JEAN III. b 1718; veuve d'Etienne Racine.

Augustin, b... m [1] 25 août 1777, à Angélique FORTIN. — *Joseph,* b... m 1776, à Marie-Louise BOULÉ.—*Jean,* b... m [1] 15 fevrier 1779, à Scholastique CLOUTIER. — *François-Régis,* b [1] 6 fevrier 1755, m [1] 15 fevrier 1779, à Jeanne VACHON.—*Prisque,* b [1] 6 février 1757.—*Barbe,* b [1] 23 août 1758; s [1] 22 janvier 1761.—*Marie-Françoise,* b [1] 31 oct. 1760, s [1] 17 avril 1773.

1748, (26 fevrier) Ste-Anne. [2]

III.—DELESSARD, NOEL, [NOEL II. b 1719.

GAGNÉ, Claire.

Prisque, b [2] 8 mars 1756.

1749, (17 fevrier) Château-Richer.

III.—DELESSARD, JOSEPH-MARIE, [NOEL II. b 1722

1° GAGNON, Agathe, [PRISQUE III. b 1728.

Pierre, b 22 fevrier 1757, à Lévis. [8]

1761, (7 avril) St-Pierre-du-Sud.

2° BLANCHET, Marie-Reine. [JEAN II.

Jean-Baptiste, b [8] 30 oct. 1763; s [8] 23 juin 1765. —*Joseph-Marie,* b [8] 6 mars 1765.

1750, (5 fevrier) Ste-Foye.

III.—DELESSARD, JEAN-BTE, [PRISQUE II b 1716.

BRUNET (1), Therèse, [JEAN III. b 1728.

Marie-Louise, b 16 sept. et s 23 oct. 1754, à St-Joseph, Beauce. [8] — *Jean,* b [8] 22 nov. et s [8] 1er dec. 1755.—*Marie-Charlotte,* b... m [8] 19 fevrier 1770, à Prisque CLOUTIER.

1752, (14 fevrier) St-Laurent, I. O.

IV.—DELESSARD, CHARLES, [CHARLES III. b 1727.

GODBOUT, Madeleine, [PIERRE III. b 1735; s 29 dec. 1813, à l'Hotel-Dieu, M.

(1) Elle épouse, en 1759, Pierre Bureau.

1753, (27 août) Charlesbourg. [5]
IV.—DeLESSARD, Prisque, [Prisque III.
b 1732.
Pageot, Anne-Charlotte, [Joseph II.
b 1731.
Charles-Joseph, b [5] 4 nov. 1754; s [5] 22 oct. 1759. — *Charles*, b 1760; m 15 janvier 1781, à Felicite Vésina, à St-Augustin. — *Prisque*, b... m 27 nov. 1792, à Françoise Bertrand, à Québec. [1] — *Marie-Charlotte*, b... m [1] 23 sept. 1794, à Louis Laberge.

1754, (17 juin) Charlesbourg. [6]
III.—DeLESSARD, Etienne, [Joseph II.
b 1732.
Chalifour (1), Marie-Joseph, [Germain III.
b 1734.
Marie-Agathe, b [6] 14 avril 1755.—*Angélique*, b [6] 6 juillet 1756; s [6] 12 dec. 1758.—*Charles*, b [6] 17 sept. 1759.—*Marie-Joseph*, b... m 10 août 1778, à Joseph Forget, à Terrebonne.

1754.
IV.—DeLESSARD, Gabriel, [Frs-Malo III.
b 1729.
Parant (2), Marie-Geneviève, [Etienne III.
b 1734.
Etienne, b 7 et s 14 dec. 1755, à St-Joseph, Beauce. [8] — *Ignace*, b [8] 6 nov. 1756.—*Angélique*, b [8] 15 dec. 1758; m à Joseph Nadeau.

1755, (6 nov.) Quebec.
IV.—DeLESSARD, Jacques, [Prisque III.
b 1734.
Dessalines, Charlotte-Geneviève, [Jean-Bte I.
b 1724.

1757, (22 mai), Ste-Anne. [1]
IV.—DeLESSARD, Jean-Féréol, [Jean III.
b 1733.
Guimond, Marie-Anne, [Joseph III.
b 1732.
Marie-Anne, b [1] 30 juin 1758.—*Jean-Marie*, b [1] 20 août 1760.—*Joseph*, b [1] 15 fevrier 1763.—*Marie-Angélique*, b 31 août 1764, à St-Joachim.—*Marie-Marguerite*, b [1] 13 mai 1766.—*Etienne*, b [1] 3 nov. 1767.—*Marie-Louise*, b [1] 5 et s [1] 31 mars 1770.—*Louis-Féréol*, b [1] 15 août 1773.

1758, (26 juin) Berthier. [2]
IV.—DeLESSARD, Joseph, [Prisque III.
b 1736.
Carbonneau, Marguerite, [Jean-Bte III.
b 1740.
Joseph, b [2] 22 mars 1759.—*Marie-Elisabeth*, b [2] 7 avril 1771.—*Jacques*, b [2] 23 janvier 1774.—*Louis*, b [2] 18 mars 1779.—*Marie-Angélique*, b... m [2] 15 fevrier 1779, à Louis Coulombe.

(1) Elle épouse, le 19 août 1766, Amable Maurice, a Terrebonne.

(2) Elle épouse, le 17 avril 1760, Augustin Labbé, à St-Joseph, Beauce.

1758, (6 nov.) Ste-Anne. [3]
IV.—DeLESSARD, Frs-Xavier, [Etienne III.
b 1738.
Morel, Marie-Madeleine, [Antoine II.
b 1734.
François, b [3] 23 sept. 1759.—*Etienne*, b [3] 20 sept. 1760.—*Jean-Marie*, b [3] 1er oct. 1762.—*Joseph*, b [3] 14 fevrier 1764.—*Pierre*, b [3] 6 et s [3] 16 sept. 1765. — *Augustin*, b [3] 23 déc. 1766; m 1794, à Geneviève Blais.—*Charles*, b [3] 12 sept. 1769. — *Anonyme*, b [3] et s [3] 14 mars 1772.—*Louis-Joseph*, b [3] 5 et s [3] 12 avril 1773.

1761, (19 janvier) St-Joseph, Beauce. [4]
IV.—DeLESSARD, Joseph, [Frs-Malo III.
b 1736.
Vachon, Marie-Angélique, [Noel III.
b 1737.
Ignace, b [4] 15 nov. 1761.—*François-Joseph*, b [4] 15 janvier 1763; s [4] 28 août 1773.—*Madeleine*, b [4] 5 dec. 1764; s [4] 22 mai 1766.—*Hélène*, b [4] 21 sept. 1766; s [4] 7 août 1773.—*Véronique*, b [4] 21 mars 1768, s [4] 29 oct. 1769.—*Roger-Marie*, b [4] 30 juin 1770.—*Monique*, b [4] 1er fevrier 1772; s [4] 21 août 1773.—*Augustin* et *Marie-Angélique*, b [4] 22 février 1773. — *François*, b [4] 31 mars 1775. — *Marie-Louise*, b [4] 19 juillet 1778.— *Marie-Thérèse*, b [4] 14 nov. 1779.

1762, (27 sept.) Ste-Anne. [1]
IV.—DeLESSARD, Jean-Bte, [Jean-Bte III
b 1739.
Giguère, Dorothée, [Chrétien III.
b 1740.
Marie-Louise, b [1] 28 oct. 1763.—*Jean-Baptiste*, b [1] 21 nov. 1764; s [1] 24 juin 1765.— *Marie-Dorothée*, b [1] 10 mars 1766.— *Marie-Catherine*, b [1] 30 avril 1768. — *Geneviève*, b [1] 12 mars 1770. — *Joseph*, b 17 janvier 1773, à St-Joseph, Beauce. [5] — *Deux anonymes*, b [5] et s [5] 2 mars 1775. — *Etienne*, b [5] 6 juillet 1776.— *Judith*, b [5] 5 janvier 1779.

1763, (8 février) Québec. [9]
IV.—DeLESSARD, Chs-François, [François III.
b 1738.
Alard, Marguerite, [Jean-Charles III
b 1743.
François, b... m [9] 5 février 1793, à Angélique Vocelle.— *Geneviève*, b... m [9] 5 fevrier 1793, à Joseph Sevin.

1764, (9 juillet) Ste-Anne. [1]
IV.—DeLESSARD, Etienne, [Jean-Bte III.
b 1742.
Dupont, Marie-Joseph, [Marc III.
b 1739.
Etienne, b [1] 25 mai 1765.—*Jean-Marie*, b [1] 16 fevrier 1767.—*Joseph-François*, b [1] 9 oct. 1768.—*Antoine*, b [1] 31 août 1770. — *Marie-Joseph*, b [1] 29 fevrier 1772.

1765, (8 juillet) St-Joseph, Beauce. [2]
IV.—DeLESSARD, Pierre. [Pierre III.
Guay, Suzanne, [Ignace III.
b 1743.

Véronique, b [2] 15 avril et s [2] 21 mai 1766. — *Pierre*, b [2] 14 nov. 1767 ; s [2] 5 janvier 1768. — *Jacques*, b [2] 30 avril 1769.—*Marie-Ursule*, b [2] 21 oct. 1771.—*Pierre*, b 1775 ; s [2] 18 mars 1777. — *Marie-Rose*, b [2] 22 mai et s [2] 28 juin 1779.

1767, (7 janvier) Ste-Anne. [1]
IV.—DeLESSARD, Pierre, [Jean III.
b 1742.
Racine, Geneviève, [François IV.
b 1739.
Pierre-François, b [1] 20 nov. 1767. — *Marie-Anne* b [1] 10 oct 1769. — *Augustin*, b [1] 13 oct. 1771 ; s [1] 14 dec. 1772.

1767, (2 février) St-Joseph, Beauce. [4]
IV.—DeLESSARD, François, [Frs-Malo III.
b 1734.
Gagné, Marie-Anne, [Joseph IV.
b 1745.
Anonyme, b [4] et s [4] 5 janvier 1768. — *Etienne*, b [4] 3 dec. 1769.—*Hélène*, b [4] 23 juin 1771.—*Noel*, b [4] 25 déc. 1772.—*Marguerite*, b [4] 29 nov. 1774. —*Jacques*, b [4] 12 mai et s [4] 1er juin 1776.—*François*, b [4] 24 nov. 1777.— *Charles*, b [4] 24 juillet et s [4] 8 août 1779.

1769, (23 janvier) St-Joachim.
IV.—DeLESSARD, Jean-Bte, [Jean III
b 1741.
Rancour, Marie-Claire-Louise. [François III.
Marie-Louise, b 23 juin 1771, à St-Joseph, Beauce. [9]—*François*, b [9] 20 fevrier 1773. — *Jean-Baptiste*, b [9] 28 août 1774. — *Anonyme*, b [9] et s [9] 26 mars 1776.—*Marguerite*, b [9] 29 mai 1777.

1772, (18 février) Ste-Anne. [3]
IV.—DeLESSARD, René-B., [Bonaventure III.
b 1746.
Gagnon, Elisabeth, [Joseph IV.
b 1750.
René, b [3] 3 fevrier 1773.—*Marie-Elisabeth*, b... m [3] 6 nov. 1797, à Augustin Caron

V.—DeLESSARD, Etienne, [Etienne IV.
b 1747.
Guyon, Marie-Angélique, [Joseph V.
b 1750.
Etienne, b 7 dec. 1772, à St-François, I. O. [1] — *Marie-Angélique*, b [1] 9 juin 1774.

1773, (8 fevrier) Château-Richer.
IV.—DeLESSARD, Antoine, [Jean-Bte III.
b 1751.
Gagnon, Marie-Angelique, [Joseph IV.
b 1749.
Jean-Baptiste, b 9 mai 1775, à St-Joachim [1] ; s [1] 10 nov. 1778.—*Marie-Geneviève*, b [1] 27 oct. 1777.

1773, (15 fevrier) Lachenaye.
IV.—DeLESSARD, Laurent. [Jean-Bte III.
Beauchamp, Agnès, [Pierre III.
b 1754.

1774, (30 août) Ste-Foye. [3]
IV.—DeLESSARD, Etienne, [Jean-Bte III.
b 1744.
Berthiaume, Marie-Joseph, [Pierre III.
b 1753.
Marie-Anne, b [3] 24 juillet 1787.—*Marie-Joseph*, b [3] 20 janvier 1789.

1776.
IV.—DeLESSARD, Joseph. [Augustin III.
Boulé, Marie-Louise, [Joseph IV.
b 1759.
Marie-Louise, b 5 et s 10 janvier 1777, à St-Joseph, Beauce. [2] — *Marie-Joseph*, b [2] 19 mars 1778.—*Marie-Isabelle*, b [2] 24 déc. 1779.

1777, (25 août) St-Joseph, Beauce.
IV.—DeLESSARD, Augustin. [Augustin III.
Fortin, Angelique, [Joseph IV.
b 1755.

1779, (15 fevrier) St-Joseph, Beauce.
IV.—DeLESSARD, Frs-Régis, [Augustin III.
b 1755
Vachon, Marie-Jeanne, [Joseph IV.
b 1758.

1779, (15 fevrier) St-Joseph, Beauce. [3]
IV.—DeLESSARD, Jean [Augustin III.
Cloutier, Scholastique, [Zacharie V.
b 1757.
Jean, b [3] 19 fevrier 1780.

1781, (15 janvier) St-Augustin.
V.—DeLESSARD, Charles, [Prisque IV.
b 1760.
Vésina, Marie-Felicite, [Vincent IV.
b 1755.
Marie-Elisabeth, b... m 16 oct. 1798, à Joseph Dery, à Quebec.

V.—DeLESSARD, Augustin, [Frs-Xavier IV.
b 1766.
Blais, Geneviève, [Augustin IV.
b 1777.
Geneviève, b 28 sept. 1795, à Berthier.

IV.—DeLESSARD, Frs-Xavier, [Jean III.
b 1745 ; s 31 janvier 1779, à Terrebonne.
Lemay (1), Catherine, [Joseph IV.
b 1748.

1792, (27 nov.) Québec.
V.—DeLESSARD, Prisque. [Prisque IV.
Bertrand, Françoise. [Antoine III.

1793, (5 fevrier) Québec.
V.—DeLESSARD, François. [François IV.
Vocelle, Angelique. [Jean I.

DeLESSARD, Marie-Elisabeth, b... 1° m à Jean Paré ; 2° m 26 fevrier 1821, à Charles Vachon, à St-Jean-Deschaillons.

(1) Elle epouse, le 31 juillet 1780, François Audet-Lapointe, à Terrebonne.

1691, (21 août) Québec. [5]
I.—DEL'ESTAGE (1), JEAN,
b 1668; s [5] 25 sept. 1728.
VERMET, Marie-Anne-Catherine, [ANTOINE I.
b 1670; s [5] 6 mars 1732.
Jean-François, b [5] 30 juin 1692.—*Marie-Anne*, b [5] 21 nov. 1693.—*Joseph-Marie*, b [5] 5 avril 1701. —*Guillaume*, b [5] 17 mai 1704. — *Claude*, b [5] 1er mai 1705.—*François*, b [5] 23 fevrier 1709.

1712, (5 janvier) Montréal. [6]
I.—DEL'ESTAGE (2), PIERRE,
b 1681; s [6] 22 dec. 1743.
SAYER (3), Marie-Joseph, [GUILLAUME I.
b 1685.
Marie-Joseph, b [6] 1er oct. 1712, s [6] 30 nov. 1716. — *Jacques-Pierre*, b [6] 25 août 1714; s [6] 17 janvier 1715. — *Pierre*, b... m 22 juillet 1737, à Marie-Madeleine RIVET, à Laprairie.

1737, (22 juillet) Laprairie.
II.—DEL'ESTAGE (4), PIERRE. [PIERRE I.
RIVET, Marie-Madeleine, [RENÉ III.
b 1714.

DELESTRE.—*Variations et surnoms :* BEAUJOUR — DE L'ESTRE — HAGUENIER — LAMOUREUX — VADEBONCŒUR.

1697, (30 avril) Québec. [7]
II.—DELESTRE (5), JOSEPH, [THIERRY I.
b 1665; s 26 dec. 1738, à Levis.
JOURDAIN, Marie-Anne, [GUILLAUME I.
b 1679; s [7] 21 nov. 1749.

I.—DELESTRE (6), JACQUES, b 1714; noye 1er et s 11 juin 1739, à Montreal.

1732, (2 sept.) Pte-aux-Trembles, Q. [2]
III.—DELESTRE (7), PIERRE, [JOSEPH II.
b 1709.
SYLVESTRE, Marie-Anne, [PIERRE II.
b 1706.
Marie-Anne, b 17 juillet 1733, à Quebec [3]; m [3] 8 nov. 1756, à Michel MAILLOU.—*Pierre-Augustin*, b [2] 23 mars 1735; m 24 nov. 1760, à Véronique DUFRESNE, à Montréal. — *Jean-Baptiste*, b [3] 14 mars et s [3] 19 mai 1737.—*Augustin*, b [3] 16 juin et s [3] 5 sept. 1738.—*Charlotte*, b [3] 4 avril 1740, m [3] 24 janvier 1757, à François ROZA —*Joseph*, b [3] 27 août 1742, s [3] 10 oct. 1748.—*Marie-Madeleine*, b [3] 16 nov. 1745; m à Claude MORIN; s [3] 21 août 1782. — *Jean-Baptiste*, b [3] 23 avril et s [3] 13 mai 1749.

(1) Voy. vol. I, p. 174.
(2) Sieur Despeiroux, marchand.
(3) Voy. vol. I, p. 9.
(4) Seigneur de Berthier; parrain d'une cloche, 16 déc. 1742, à Terrebonne.
(5) Voy. vol. I, p. 175.
(6) Dit Vadeboncœur; soldat de la compagnie de M. de Contrecœur.
(7) Dit Beaujour.

1756, (26 oct.) Montréal.
I.—DELESTRE, PIERRE, b 1730; fils de Louis et de Madeleine Sabatier, de St-Martin, Marseilles.
LALANDE, Félicité-Charlotte, [ANTOINE II.
b 1729.

1760, (24 nov.) Montréal.
IV.—DELESTRE, PIERRE-AUGUSTIN, [PIERRE III.
b 1735.
DUFRESNE, Marie-Véronique, [LUC I
b 1736, veuve de Benoit Jacquet.

DE L'ÉTENDARD (messire). — Voy. DANDANE, 1758.

DELEUGRÉ.—*Variation et surnom :* DUGRÉ — DESINGRE.

1661, (13 oct.) Québec.
I.—DELEUGRÉ (1), JACQUES,
b 1632; s 28 dec. 1687, à Ste-Famille, I. O. [5]
TAUPIER, Marie,
b 1637, s [5] 16 nov. 1700.
Jacques, b 21 sept. 1662, au Château-Richer [6]; 1° m [6] 15 nov. 1688, à Catherine GENDRON, 2° m 1713, à Catherine VAILLANCOURT.

1688, (15 nov.) Château-Richer.
II.—DELEUGRÉ, JACQUES, [JACQUES I.
b 1662.
1° GENDRON (2), Catherine, [PIERRE I.
b 1671.
Marie, b 13 oct. 1695, à Ste-Famille, I. O. [2], m 30 oct. 1727, à Pierre-Jean-Baptiste ROY-DESJARDINS, à Repentigny. — *Dorothée*, b [2] 12 juin 1697; 1° m à Gaspard PERRON; 2° m 4 nov. 1737, à Julien HUET, à Deschambault. [3] — *Jean-Baptiste*, b 25 juin 1701, à St-Pierre, I. O.; s [2] 25 fevrier 1703 —*Charles*, b [2] 16 février 1705; 1° m 24 oct. 1727, à Marie-Louise CHABOT, à St-Laurent, I. O.; 2° m 27 sept. 1734, à Marie-Louise SÉVIGNY, à St-Augustin.
1713.
2° VAILLANCOURT, Catherine, [ROBERT I.
b 1696.
Louise-Catherine, b [3] 17 mars 1714

1727, (24 oct.) St-Laurent, I. O. [2]
III.—DELEUGRÉ (3), CHARLES, [JACQUES II.
b 1705.
1° CHABOT, Marie-Louise, [JEAN II.
b 1700; s [2] 15 juin 1734.
Jacques, b 26 mai 1729, à St-Valier. [3]— *Marie-Madeleine*, b [3] 18 mai 1734.
1734, (27 sept.) St-Augustin. [4]
2° SÉVIGNY (4), Marie-Louise, [JULIEN-CHS I
b 1696; veuve de Laurent Dubau.
Marie-Marguerite, b [4] 26 avril 1737; s [4] 3 avril 1738.—*Marie-Joseph*, b [4] 30 mai 1739.

(1) DeSingré ; voy. vol. I, p. 175.
(2) Et Gendreau.
(3) Appele Dugré.
(4) Elle epouse, le 29 mai 1749, Mathieu Cotin, à Québec.

DELEURIER, MARIE-ANNE, épouse de Jean-Baptiste ROE.

I.—DELÉVIS-LÉRAN (1).

DELEZENNE.—*Variation :* DELZENNE.

1748, (8 janvier) Montreal. [2]

I.—DELEZENNE, IGNACE-FRANÇOIS, b 1717, orfèvre ; fils de Martin et de Christine Jacquemont, de Ste-Catherine, ville de Lisle, diocèse de Tournay.
JANSON, Marie-Catherine, [LOUIS II.
b 1722.
Marie-Joseph, b [2] 8 mars 1749 ; s [2] 16 fevrier 1750.—*Dominique,* b [2] 13 sept 1750 ; s 31 janvier 1751, à St-Laurent, M. — *Marie-Catherine,* b 24 dec. 1752, à Québec[3] ; s 15 fevrier 1753, à Charlesbourg. [4]—*Ignace-Dominique,* b [3] 26 mars et s [3] 23 juillet 1754. — *Marie-Catherine-Joseph,* b [3] 26 mars 1755 ; 1° m à Christophe PELISSIER ; 2° m [3] 10 oct. 1799, à Pierre LATERRIÈRE.—*Joseph-Christophe,* b [3] 12 sept. 1756.—*Louis-Alexandre,* b [3] 23 sept. 1757.—*Martin,* b [3] 25 oct. 1758.—*François,* b... s [4] 5 sept. 1759. — *Michel-Mathieu,* b 21 sept. 1760, à St-Valier.—*Jacques,* b [3] 7 nov. 1761. —*Marie-Victoire,* b [3] 26 janvier et s 23 février 1763, à Beauport. —*Nicolas,* b [3] 24 février 1764

1761, (2 fevrier) Varennes.

I.—DELFOSSE (2), FERDINAND-JOSEPH, fils de Pierre et de Marie-Catherine Lambour, d'Angrian, diocèse de Cambray.
DUBOIS, Thérèse. [JOSEPH II.

DELFOURNEAU.—Voy. NOUEL.

DELFRÊNES.—Voy. GIGUÈRE, 1682.

DELGUEL.—Voy. DELGUIEL.

DELGUIEL.—*Variations et surnoms :* DALZIL—DEDIEL—DELGUEL— DESDIEL — DEZIEL—LABRÈCHE.

1699, (10 mai) St-Augustin. [6]

II.—DELGUIEL (3), JEAN-BTE, [JEAN I.
b 1673 ; s 16 oct. 1750, à Montréal. [7]
CAMPAGNA, Madeleine, [PIERRE I.
b 1684 ; s [6] 26 mars 1714.
Marie-Joseph, b [6] 21 juillet 1706 ; m 11 fevrier 1732, à François AUBER, à St-François, I. J. [8]—*Thérèse-Angélique,* b [6] 9 sept. 1708 ; m [8] 18 nov. 1728, à Jean DRAPEAU. — *Louise-Françoise,* b [6] 21 sept. 1710 ; m [7] 13 sept. 1751, à Etienne AUGER. — *Jean-Baptiste,* b 17 juillet 1712, à Ste-Foye ; 1° m à Madeleine MARSIL ; 2° m 1769, à Elisabeth ARCHAMBAULT ; s 2 nov. 1792, à Repentigny. — *Madeleine,* b... 1° m 11 sept. 1732, à Jean-Baptiste GRENIER, à l'Hôpital-Général, Q. ; 2° m 4 sept. 1743, à Richard TAILLARD, à Terrebonne.

1709, (5 février) Trois-Rivières. [6]

II.—DELGUIEL (1), PIERRE. [PIERRE I.
BARON-LUPIEN, Marie-Anne, [NICOLAS I.
b 1691.
Marie-Charlotte, b [6] 26 fevrier 1709.—*Marguerite,* b [6] 1er janvier 1713.

1715, (17 juin) Repentigny. [7]

II.—DELGUIEL (2), CHARLES. [JEAN I.
JEANNOT (3), Marie-Anne, [PIERRE I.
b 1695.
Marie-Anne, b [7] 11 sept. 1716 —*Marie-Marthe,* b [7] 15 mars 1718. — *Marie,* b [7] 25 avril 1719. — *Charles,* b [7] 31 mars 1721, m 1746, à Marguerite AUMIER.—*Jean-Baptiste,* b [7] 1er mars et s [7] 16 mai 1723.—*Marie-Louise,* b [7] 9 mai et s [7] 5 août 1724. — *Jean-Baptiste,* b [7] 27 avril 1725. — *Anonyme,* b [7] et s [7] 14 dec. 1726.—*Marie-Louise,* b [7] 17 janvier 1728. — *Marie-Véronique,* b [7] 16 nov. 1730. — *Joseph,* b... 1° m à Marguerite MARSIL ; 2° m à Marguerite RATEL, 3° m à Louise-Victoire ARCHAMBAULT.

1727.

II.—DELGUIEL (4), PIERRE, [JEAN I.
b 1687.
PAYET (5), Catherine. [PIERRE I.
Marie-Marguerite, b 14 juillet 1728, à St-François, I. J. [1] — *Jean-Marie,* b [1] 27 fevrier et s [1] 8 juin 1730.— *Marie-Joseph,* b [1] 29 mars 1731, s [1] 3 juin 1738.—*Pierre,* b [1] 5 oct. 1732 ; m 26 sept. 1763, à Marie MONTABERT, à St-Vincent-de-Paul. —*Marie-Elisabeth,* b [1] 19 mai et s [1] 3 juin 1734. —*Jean-Baptiste,* b [1] 12 août 1735. — *Jacques,* b 1736 ; s 3 mai 1806, à l'Hôpital-Genéral, M.— *Marie-Reine,* b [1] et s [1] 28 dec. 1738. — *Catherine,* b [1] 19 fevrier 1740. — *André,* b... m 21 sept. 1789, à Marie-Louise DEVAU, à Repentigny.

III.—DELGUIEL (4), JACQUES, [PIERRE II.
b 1736 ; s 3 mai 1806, à l'Hôpital-General, M.

1746.

III.—DELGUIEL (4), CHARLES, [CHARLES II.
b 1721.
AUMIER, Marguerite, [JEAN-BTE I.
b 1722.

(1) Chevalier et brigadier ; venu en Canada, sous les ordres de Montcalm, en mai 1756. Fait maréchal de camp en 1759, sous de Montcalm, dans le commandement de l'armée envoyée à Québec pour défendre cette ville contre Wolfe ; succéda a Montcalm à la mort de ce dernier. Entreprit de reprendre Québec aux Anglais ; s'y prépara tout l'hiver de 1759-1760, et le 29 au 30 avril 1760, il fit ouvrir la tranchée ; mais les travaux n'avançaient pas beaucoup la blessure de Bourlamarque en était la cause. Lévis fut infructueux. Le 14 mai, des vaisseaux anglais arrivèrent au secours de Murray ; le 18 mai, les vaisseaux donnèrent la chasse à celui commandé par DeVauclain. Ce ne fut alors que confusion dans l'armée assiégeante. M. de Lévis ordonna la levée du siège avec une précipitation qui ne pouvait lui faire honneur (1760).

(2) Dit Ladouceur ; soldat de la compagnie de Manneville.

(3) Dit Labrèche ; voy. vol. I, p. 175

(1) Et Desquiels dit Labrèche ; le premier qui s'est appelé Deziel.

(2) Et Desdiel (1723) dit Labrèche.

(3) Dit Belhumeur.

(4) Dit Labrèche.

(5) Dit St-Amour.

Marie-Anne, b 1747 ; s 26 oct. 1752, à St-Ours.[7] —*Marie-Geneviève*, b [7] 18 sept. 1752.— *Charles*, b [7] 26 janvier 1755.

1763, (26 sept.) St-Vincent-de-Paul.

III.—DELGUIEL (1), PIERRE, [PIERRE II. b 1732.
MONTABERT (2), Marie. [ETIENNE I.

III.—DELGUIEL (3), JEAN-BTE, [JEAN-BTE II. b 1712 ; s 2 nov. 1792, à Repentigny.[6]
1° MARSIL, Madeleine, [ANDRÉ II. b 1738 ; s [6] 21 fevrier 1767.
Jean-François-Régis, b [6] 14 et s [6] 24 fevrier 1767.

1769.

2° ARCHAMBAULT, Elisabeth, s avant 1789.
Joseph-Amable, b [6] 16 sept. 1770. — *Marie-Archange*, b [6] 5 sept. 1771.— *Marie-Marguerite*, b [6] 16 mai 1773.—*Marie-Elisabeth*, b [6] 27 août 1775 ; m [6] 13 mai 1793, à Charles JANOT.—*Marie-Charlotte*, b... m [6] 16 nov. 1789, à Michel DUPIL.

III.—DELGUIEL (3), JOSEPH. [CHARLES II.
1° MARSIL, Marguerite, [CHARLES III. b 1735.
Jean-Baptiste, b... m à Marie-Anne JANOT — *Marie*, b 15 mai 1771, à Repentigny.[2]
2° RATEL, Marguerite, [JEAN-BTE III. b 1762 ; s [2] 15 fevrier 1780.
3° ARCHAMBAULT, Louise-Victoire.
Joseph, b [2] et s [2] 20 mars 1784.—*François*, b [2] 26 août 1787. —*François*, b [2] 19 juin 1789 ; s [2] 2 fevrier 1790.—*Marie-Victoire*, b [2] 13 oct. 1790 —*Marie*, b [2] 27 mars 1795.

DELGUIEL (3), CHARLES.
PELLETIER, Catherine.
Charles, b 23 fevrier 1776, à Lachenaye.

IV.—DELGUIEL (4), JEAN-BTE. [JOSEPH III.
JANOT (5), Marie-Anne, [CHARLES III. b 1767.
Marie-Anne, b 6 dec. 1784, à Lachenaye.[7]—*Jean-Baptiste*, b et s 25 janvier 1785, à Repentigny.[8]— *Deux anonymes*, b [8] et s [8] 4 sept. 1785. —*Marie-Charles*, b [7] 21 nov. 1786.—*Marie-Anne*, b [8] 19 juillet 1788.

1789, (21 sept.) Repentigny.

III.—DELGUIEL (6), ANDRÉ. [PIERRE II.
DEVAU, Marie-Louise, [PIERRE I. b 1746.

(1) Marié sous le nom de Dediel.
(2) Dit St-Louis.
(3) Dit Labrèche.
(4) Et Deziel dit Labrèche; mariage réhabilité le 2 juillet 1788, avec dispense du 3ème au 3ème degré, à Repentigny.
(5) Dit Belhumeur.
(6) Et Deziel dit Labrèche.

1752, (27 juillet) Québec.[4]

I.—DELIASSE (1), JEAN, fils de Blaise et de Jeanne Breton, de Moncot, diocèse de Condom.
VALENTIN, Marie-Véronique, [MICHEL I. b 1731.
Nicolas-Blaise, b [4] 26 avril 1753 ; s [4] 31 août 1755.—*Jean*, b [4] 20 mai 1754.—*Pierre*, b [4] 26 fevrier 1756 ; s 9 mars 1761, à Lorette.[5] —*Marie-Jeanne-Elisabeth*, b [4] 14 juillet et s 11 août 1757, à Ste-Foye. — *Joseph-Marie*, b [4] 6 oct. 1758 — *Marie-Louise*, b [5] 19 août 1760.—*Claude*, b [5] 21 avril 1762.—*François*, b [4] 29 août 1763.

1761, (4 mai) Baie-du-Febvre.[2]

I.—DELIEF (2), LOUIS-RÉMI, fils de Henri et de Marguerite Labrosse, de Foi, diocèse de Reims, Champagne.
PERRON, Marie-Anne, [NICOLAS III. b 1742.
Louis-Joseph, b [2] 4 mai 1762. — *Charles*, b [2] 6 nov. 1763.

1752, (13 nov.) Montréal.

I.—DELIENNES (3), MARC-ALEXANDRE, b 1721 ; fils de Jean et de Jeanne Maufet, de St-Léger, Boulogne.
MARTINEAU, Antoinette-Jeanne, [PIERRE II. b 1729.
André-Etienne, b et s 4 juillet 1758, à St-Laurent, M.

DELIÈRES.—*Variations et surnoms :* DELIÈRE—DELIERS—DELIERRE—BONVOULOIR—EMELOIR.

1717, (23 nov.) Montréal.[1]

I —DELIÈRES (4), JULIEN, b 1681 ; fils de René et d'Emerance Godard, de Trinité, ville du Mans ; s [1] 1er avril 1737.
DARAGON, Marthe, [FRANÇOIS I. b 1698.
Jean-Baptiste, b [1] 27 oct. 1718 ; m 6 fevrier 1741, à Marie-Charlotte BOURDON, à Longueuil [1] —*Marie*, b [1] 14 mars 1720 ; s [1] 26 mai 1724 — *Catherine*, b [1] 19 avril 1722, m [2] 27 mai 1742, à François MÉNARD.—*Marie-Louise-Angélique*, b [1] 7 fevrier 1724 , m 10 janvier 1747, à Jean-Baptiste GOYAU, aux Hurons ; s 15 sept. 1766, au Detroit —*Marie-Joseph*, b [1] 6 avril 1725 ; m 21 janvier 1752, à Antoine ROBERT, à Boucherville [3]— *Julien*, b [1] 13 juillet 1726 , m [3] 12 fevrier 1759, à Catherine BINET.—*Jean*, b [1] 6 juillet 1728 , s [1] 22 juillet 1729.—*Joseph-Amable*, b [1] 16 mai 1730 ; m [3] 8 janvier 1759, à Veronique DENIS.—*François*, b... m 1754, à Marie-Charlotte CADIEU

1741, (6 février) Longueuil.[1]

II.—DELIÈRES (5), JEAN-BTE, [JULIEN I. b 1718.
BOURDON, Marie-Charlotte, [PIERRE II. b 1724.

(1) Dit St-Jean.
(2) Et Deliège, 1763
(3) Dit Bélanger.
(4) Dit Bonvouloir et Emeloir.
(5) Dit Bonvouloir.

Marie-Charlotte, b 1741; m [1] 20 nov. 1757, à Jean Arez.—*Joseph*, b [1] 20 et s [1] 21 mars 1743. —*Antoine*, b [1] 28 avril et s [1] 1er juin 1744.—*Marie-Antoinette*, b [1] 7 et s [1] 18 juillet 1745.—*Marie-Joseph*, b [1] 22 janvier et s [1] 8 mai 1747.—*Angélique*, b [1] 13 fevrier 1748.—*Marie-Reine*, b [1] 18 janvier et s [1] 15 mai 1750. —*Jacques-Amable*, b [1] 15 mars et s [1] 10 avril 1751.—*Antoine*, b [1] 29 nov. 1752.—*Joseph*, b [1] 27 avril et s [1] 9 mai 1754. —*François*, b [1] 17 juillet et s [1] 18 août 1760.

1754.

II.—DELIÈRES, François. [Julien I.
Cadieu, Marie-Charlotte. [Jacques III.
François-Antoine, b 23 déc. 1754, à Longueuil.

1759, (8 janvier) Boucherville.

II.—DELIÈRES (1), Joseph-Amable, [Julien I.
b 1730.
Denis, Veronique. [Pierre II.
Joseph, b et s 6 août 1764, au Detroit.

1759, (12 février) Boucherville.

II.—DELIÈRES, Julien, [Julien I.
b 1726.
Binet, Catherine. [Nicolas I.

DeLIETTE (2).—Voy. Tonty—Baron de Paludy

DeLIGNERY.—Voy. LeMarchand.

1748, (25 février) Ste-Foye.

I.—DELIGNY, Guillaume, fils de Louis et de Marie Fauchet, de Fournier, diocèse de Beauvais.
Manseau, Marie-Thérèse, [Joseph II.
b 1729.
François, b 13 mars 1749, à Quebec. [2]—*Marie*, b [2] 30 avril 1750. — *Marie-Françoise*, b [2] 19 janvier 1752. — *Marie-Thérèse*, b [2] 22 avril 1754. — *Maurice*, b [2] 4 nov. 1755.

DELIGNY, Marie-Anne, b... m 1800, à Etienne Métivier, à Quebec.

I.—DELIMEUR, George, b 1753, s 18 déc. 1793, à Repentigny.

DELINE.—Voy. Edeline.

DELINEL.—Voy. Glinel.

DELINO.—*Variations et surnoms:* DeBalmont —Delinel — Delinot—Glinel—Martin de Lino.

DELINO (3), Charles.

De l'INTELLE.—Voy. Lefebvre de Caumartin.

(1) Dit Bonvouloir.
(2) Et DesLiette, nom de la mère du Baron.
(3) DeBalmont.

1756, (26 janvier) Montréal.

I.—DELIQUE, Charles-François, orfèvre; fils de Charles et de Geneviève Paradis, de St-Barthelemi, Paris.
Guenet, Marie-Joseph, [François III.
b 1738.

DELISLE.— *Variations et surnoms:* Arrivé — Aubin—Bienvenu — Bonin — Delille — De Lisle—De L'Isle — Descormiers — De St-Eloi—Fontanne—Gautier.

1662.

I.—DELISLE (1), Jean,
b 1632; s 23 juin 1683, à Repentigny.
Lafleur, Marguerite.
Madeleine, b 1663; 1° m à Pierre Lamarque, 2° m 16 août 1718, à Dominique Destrée, à Laprairie; s 27 juillet 1755, à Montreal. [3] — *Guillaume*, b... m [3] 19 oct. 1710, à Jeanne Verret.

1664.

I.—DELISLE (2), Jacques,
b 1640.
Desportes (3), Renée,
b 1642.
Marie-Madeleine, b 20 janvier 1669, à Québec [5]; 1° m 15 janvier 1688, à Jean Dionet, à la Pte-aux-Trembles, Q.; 2° m 15 janvier 1720, à Jean Fontenelle, à Montreal. — *Jacques*, b [5] 7 mars 1671; 1° m 31 dec. 1696, à Barbe Perrin, à Lachine; 2° m 1707, à Michelle-Marguerite Maurice; s 23 juillet 1732, au Bout-de-l'Ile, M.

1669, (15 oct.) Québec. [3]

I.—DELISLE (1), Louis,
b 1645.
DesGranges, *Louise*,
b 1648; s 11 nov. 1721, à la Pte-aux-Trembles, Q. [3]
Antoine, b [3] 26 nov. 1670; m [3] 9 nov. 1694, à Catherine Faucher de St-Maurice; s [3] 29 oct. 1738.

1694, (9 nov.) Pte-aux-Trembles, Q. [3]

II.—DELISLE (1), Antoine, [Louis I.
b 1670; s [3] 29 oct. 1738.
Faucher (4), Marie-Catherine, [Léonard I.
b 1674; s [3] 9 sept. 1738.
Louis-Joseph, b [3] 5 sept. 1695; m [3] 28 fevrier 1724, à Madeleine Toupin. — *Marie-Catherine*, b [3] 17 déc. 1698; 1° m [3] 19 janvier 1722, à Jean Amiot; 2° m [3] 21 juin 1734, à Jean Renaud; s [3] 23 mai 1772. — *Françoise*, b [3] 11 avril 1701, 1° m à Jean Toupin; 2° m 23 avril 1731, à Augustin Raby, à Quebec. [4]—*Jean-Baptiste*, b [3] 27 janvier 1704; m 10 juin 1743, à Marie-Françoise Trottier, à Levis. — *Claire*, b [3] 27 janvier 1704; m 1729, à Michel Jourdain; s [4]

(1) Voy. vol. I, p. 176.
(2) Arrive dit Delisle, sieur Descormiers; voy. vol. I, p. 12.
(3) Elle épouse, le 29 janvier 1674, Michel Berthelot, à Québec.
(4) De St-Maurice

19 mai 1740.— *Antoine*, b [3] 15 fevrier 1713; m [3] 20 nov. 1741, à Marie-Charlotte DE LA RUE; s [3] 16 oct. 1749.—*Augustin*, b [3] 1er juin 1715; m 28 janvier 1743, à Marie-Anne RIVARD, à Ste-Anne-de-la-Pérade; s [3] 17 mai 1773.—*Jacques*, b [3] 18 mars 1718; 1° m 1749, à Brigitte CONSTANTIN; 2° m [3] 23 nov. 1750, à Angelique PAGÉ. — *Thierry-Jérôme*, b [3] 10 nov. 1720; 1° m [4] 21 nov. 1746, à Angelique HUBERT; 2° m [4] 11 sept. 1752, à Thérèse GAUTIER. — *Joseph-François-Xavier*, b... m [4] 10 janvier 1747, à Marie-Anne MOREL.

1696, (31 dec.) Lachine. [3]

II.—DELISLE (1), JACQUES, [JACQUES I.
b 1671; s 23 juillet 1732, au Bout-de-l'Ile, M.
1° PERRIN, Barbe, [HENRI I.
b 1667; veuve de René Huguet.

Philippe, b [3] 6 juin 1702; m 26 nov. 1727, à Marie-Anne LENORMAND, à Montreal; s 1er mars 1768, à Soulanges.

1707.

2° MAURICE, Michelle-Marguerite.

1699, (4 mai) Pte-aux-Trembles, Q. [5]

II.—DELISLE (2), JEAN-BTE, [LOUIS I.
b 1676.
1° MEZERAY, Scholastique, [JEAN II.
b 1677; s [5] 18 fevrier 1703.

1705, (26 janvier). [5]

2° FAUCHER (3), Marie-Anne, [LÉONARD I.
b 1686; s [5] 11 avril 1760.

Louis-Joseph, b [5] 23 nov. 1706; 1° m 24 janvier 1735, à Marie-Anne JUGNAC, au Cap-Sante [9]; 2° m [5] 3 fevrier 1749, à Celeste DE LA RUE.—*Alexis*, b [5] 19 juillet 1709; 1° m [9] 10 juin 1738, à Elisabeth JUGNAC; 2° m [5] 7 avril 1750, à Marie-Therèse DUBUC.—*François*, b [5] 15 mai 1713, s [5] 2 avril 1745. — *Pierre*, b [5] 21 oct. 1715; m [9] 20 nov. 1747, à Marie PICHÉ.—*Marie-Joseph*, b [5] 23 nov. 1717; m [5] 27 juillet 1738, à Jean-Baptiste LEFEBVRE-ANGERS. — *Thierry-Régis*, b [5] 26 nov. 1722; m [5] 10 fevrier 1749, à Felicite GAUVIN.— *Thérèse*, b [5] 20 avril 1725, m [5] 17 fevrier 1749, à Augustin DE LA RUE; s [5] 29 sept. 1777.—*François-Xavier*, b [5] 14 sept. 1728; m à Louise AMIOT; s [5] 9 juillet 1756.

1708, (5 nov.) Pte-aux-Trembles, Q. [7]

II.—DELISLE, FRANÇOIS, [LOUIS I
b 1682.
FAUCHER (4), Therèse, [LEONARD I.
b 1688.

Louis-François, b [7] 1er et s [7] 22 mars 1710.—*Marie-Françoise* (posthume), b [7] 14 juin 1711; m [7] 25 juin 1736, à Jean-Baptiste DUBUC.

1710, (19 oct.) Montréal. [2]

II.—DELISLE, GUILLAUME. [JEAN I.
VERRET, Jeanne, [MICHEL I.
b 1675; veuve de Jacques Brunet.

Louis, b [2] 22 nov. 1711.—*Louise-Catherine*, b [2] 27 juin 1715.—*Pierre*, b [2] et s [2] 13 juillet 1718.—*Thérèse*, b... m 28 sept. 1761, à Mathurin BERTIN, à Sorel.

1719, (17 sept.) Quebec. [2]

I.—DELISLE (1), GABRIEL,
b 1698; s [2] 8 fevrier 1747.
1° MARCHAND, Elisabeth, [CHARLES I.
b 1685; veuve de Jean Duprat; s [2] 7 mars 1726.

1727, (18 nov.) [2]

2° JÉRÉMIE, Françoise, [FRANÇOIS II.
b 1707; s [2] 7 mars 1742.

Marie-Françoise, b [2] 20 juin 1734; m 27 oct. 1760, à Jean-Baptiste GATIEN, aux Trois-Rivières. —*Louise*, b [2] 6 mars 1742; s 16 avril 1743, à St-Laurent, I. O.

1724, (28 février) Pte-aux-Trembles, Q [3]

III.—DELISLE, LOUIS-JOSEPH, [ANTOINE II
b 1695.
TOUPIN (2), Madeleine, [JEAN-BTE III.
b 1705.

Jean-Baptiste, b [3] 26 juin 1726; m 28 oct. 1751, à Geneviève Lemieux, au Cap-St-Ignace.[4]—*Louis-Joseph*, b... m [4] 29 sept. 1749, à Marie-Gertrude LEMIEUX.—*François-Xavier*, b [3] 5 nov. 1727; m 10 janvier 1752, à Geneviève DELESSARD, à Quebec.[2]—*Antoine*, b [3] 8 avril et s [2] 3 août 1729 —*Marie-Madeleine*, b [2] 13 juin 1730; m [2] 8 nov. 1762, à Jean GILBERT.— *Cécile*, b [2] 12 janvier 1732; s [2] 10 nov. 1747.— *Marie-Charlotte*, b [2] 14 déc. 1733; s [2] 5 juin 1735. — *Charles*, b [2] 2 juin 1735.— *Nicolas-Clément*, b [2] 2 juillet 1736; m [2] 14 janvier 1758, à Marie-Joseph ......—*Marguerite*, b [2] 20 mars 1738, m [2] 15 nov. 1756, à Jean-François LEPICARD.—*Antoine*, b [2] 2 août et s [3] 20 oct. 1739.—*Etienne*, b [2] 2 août 1739.—*Marie-Charles*, b [2] 5 avril 1741; s [2] 9 déc. 1757.—*Marie-Thérèse*, b [2] 13 oct. 1743.—*Marie-Joseph*, b [2] 24 mars 1745.—*François-Marie*, b [2] 6 juillet 1747.

1727, (26 nov.) Montréal.

III.—DELISLE, PHILIPPE, [JACQUES II.
b 1702; s 1er mars 1768, à Soulanges.
LENORMAND, Marie-Anne, [CHARLES II.
b 1706.

Jacques-René, b 16 février 1729, au Bout-de-l'Ile, M.[9]—*Joseph*, b [9] 5 juillet 1730.—*Agathe*, b [9] 7 sept. 1732.— *Marie-Anne-Amable*, b [9] 10 mars 1734.—*Philippe-Amable*, b [9] 18 juin 1741; m 12 fevrier 1770, à Marie-Joseph MELOCHE, à Lachine.

1735, (24 janvier) Cap-Sante.

III.—DELISLE, LOUIS-JOSEPH, [JEAN-BTE II.
b 1706.
1° JUGNAC, Marie-Anne, [JACQUES II.
b 1714; s 12 avril 1746, à Deschambault. [9]

Joseph, b [9] 29 janvier 1736; m [9] 1er fevrier 1768, à Marguerite PERROT, s [9] 24 oct. 1791.—*Jacques-Alexis*, b [9] 3 nov. 1737; s [9] 29 mars 1738. — *Marie-Anne*, b [9] 19 février 1739; m [9] 10

(1) Arrivé dit Delisle, voy. vol. I, p. 12 et vol. II. p. 53.
(2) Voy. vol. I, p. 176.
(3) De St-Maurice.
(4) De St-Maurice, elle épouse, le 20 février 1713, François Prou, à la Pte-aux-Trembles, Q.

(1) Aubin dit Delisle, voy. ce nom, vol II, p 65.
(2) Dit Dussault.

oct. 1757, à Jean PERROT. — *Marie-Joseph*, b 9 8 mars 1743; m 9 7 février 1763, à Nicolas PERROT; s 9 25 janvier 1791. — *Pierre*, b 9 3 mai 1745; m 7 janvier 1767, à Marie-Anne DESCOTEAUX, à Yamachiche.

1749, (3 février) Pte-aux-Trembles, Q.
2° DE LA RUE (1), Celeste, [JEAN-BTE II.
b 1709; s 9 11 nov. 1786.

1738, (10 juin) Cap-Santé. 9
III.—DELISLE, ALEXIS, [JEAN-BTE II.
b 1709.
1° JUGNAC, Elisabeth, [JACQUES II.
b 1719; s 9 26 avril 1749.
Jacques, b 9 30 juillet 1739. — *Alexis*, b 9 25 et s 9 27 juin 1740.—*Isabelle*, b 31 août 1741, à Deschambault.—*Marie-Madeleine*, b 9 7 nov. 1743.—*Marie-Joseph*, b 9 11 mars 1745; s 9 26 avril 1749.—*Catherine*, b 9 26 avril 1746.—*Marie-Thérèse*, b 9 14 sept. 1747.—*Marie-Anne*, b 9 13 avril 1749.

1750, (7 avril) Pte-aux-Trembles, Q.
2° DUBUC, Marie-Therèse, [JEAN-FRANÇOIS II.
b 1706.
Angélique, b 9 16 juin et s 9 19 août 1752.

1738, (22 sept.) Quebec. 4
I.—DELISLE (2), JACQUES, fils de Bernard et de Marie Lachaise, de St-Eustache, diocèse d'Alby.
GIRAUD, Marie-Louise, [GUILLAUME I
s 4 5 janvier 1758.
Jacques, b 4 27 juin 1739; s 4 26 août 1745.

1741, (20 nov.) Pte-aux-Trembles, Q. 5
III.—DELISLE, ANTOINE, [ANTOINE II
b 1713; s 5 16 oct. 1749.
DE LA RUE (3), Marie-Charlotte, [JEAN-BTE II
b 1717.
Marie-Anne, b 5 12 sept. 1743; m 5 20 janvier 1766, à Charles GARNEAU.—*Antoine-Joseph*, b 5 18 avril et s 5 30 juin 1745.—*Augustin*, b 5 28 août 1746.—*Antoine*, b... s 5 31 août 1776.—*Marie-Charlotte*, b 5 30 mars 1749, m 5 23 janvier 1775, à Jean-Baptiste GARNEAU.

1743, (28 janvier) Ste-Anne-de-la-Perade.
III.—DELISLE, AUGUSTIN, [ANTOINE II.
b 1715; capitaine; s 17 mai 1773, à la Pte-aux-Trembles, Q. 8
RIVARD (4), Marie-Anne, [PIERRE III.
b 1724, s 8 15 août 1771.
Augustin, b 8 19 nov. 1744; 1° m 25 janvier 1768, à Marie-Louise PERROT, à Deschambault 9, 2° m à Helène GERMAIN; s 9 28 mai 1799.—*Marie-Anne*, b 8 20 juillet 1746; m 8 15 juin 1767, à Michel HAMEL.—*Pierre*, b 8 15 oct. 1747; m 1773, à Felicite MÉNARD.—*Thérèse*, b 8 17 oct. 1749, m 8 6 fevrier 1769, à Joseph GRENIER.—*Marie-Geneviève*, b 8 25 juillet 1751, m 8 8 nov. 1773, à Louis GERMAIN.—*Joseph*, b 20 sept. 1754, aux Ecureuils; m 8 11 juillet 1774, à Marie-Louise GARNEAU.—*Marie-Joseph*, b 8 6 mai 1757.—*Joachim*, b 8 18 oct. 1758.—*Jean-Baptiste*, b 8 23 sept. 1760; s 8 24 fevrier 1766.—*Eustache*, b 8 29 et s 8 31 déc. 1761.—*Marie-Louise*, b 8 30 sept. 1764; m 7 nov. 1780, à Ignace PLAMONDON, à Ste-Foye.—*Jean-Baptiste*, b 8 18 mars 1769.

1743, (10 juin) Lévis. 2
III.—DELISLE, JEAN-BTE, [ANTOINE II.
b 1704.
TROTIER (1), Marie-Françoise, [FRANÇOIS III.
b 1719.
Jean-François, b 8 juin 1744, à Québec 3; s 2 18 août 1744.—*François* (2), b 19 sept. 1745, à Batiscan; m 7 nov. 1768, à Madeleine DUBERGÈS, à St-Thomas. — *Marie-Catherine*, b 3 18 janvier et s 3 7 août 1747.—*Joseph*, b 3 30 mai 1748.—*Antoine*, b 3 21 août 1749; s 3 24 mars 1756.—*Alexis*, b 3 27 juillet 1750; s 3 5 juin 1752.—*Louis*, b 3 9 oct. 1751; s 2 10 janvier 1752.—*Jean-Baptiste*, b 3 29 nov. 1752.—*Toussaint-Charles*, b 3 2 nov. 1753; s 2 24 sept. 1754.—*Louis-Valentin* et *Marie-Euphrasie*, b 3 15 juillet 1755.—*Marie-Françoise*, b 3 10 déc. 1756.—*Jérôme*, b 3 21 janvier 1758.

1746, (21 nov.) Québec. 5
III.—DELISLE, JÉRÔME-THIERRY, [ANTOINE II.
b 1720; navigateur.
1° HUBERT, Angelique, [CHARLES II.
b 1724; s 5 12 oct 1747.
Marie-Anne-Angélique, b 5 12 août 1747, s 10 nov. 1748, à Charlesbourg.

1752, (11 sept.) 5
2° GAUTIER (3), Marie-Therèse, [JEAN II.
b 1727.
Thérèse, b 5 3 août 1754; m 21 sept. 1772, à Felix PETIT, à Varennes.—*Madeleine-Catherine*, b 5 12 mars 1757.

1747, (10 janvier) Québec.
III.—DELISLE, JOS.-FRS-XAVIER, [ANTOINE II.
navigateur.
MOREL, Marie-Anne, [JOSEPH I.
veuve de Joseph Lecourt.

1747, (20 nov.) Cap-Santé. 6
III.—DELISLE, PIERRE, [JEAN-BTE II.
b 1715; s avant 1794.
PICHÉ, Marie-Isabelle, [ADRIEN III.
b 1732.
Pierre, b 6 25 nov. 1749 —*Louis-Joseph*, b 6 29 mars 1751.—*Jacques*, b... m 29 sept. 1794, à Geneviève MARCOT, à Deschambault.

1749.
III.—DELISLE, JACQUES, [ANTOINE II.
b 1718.
1° CONSTANTIN, Brigitte, [PIERRE II.
b 1727, s 3 fevrier 1750, aux Ecureuils 7
Anonyme, b 7 et s 7 27 janvier 1750.

(1) Et Larue.
(2) Thivierge, 1739.
(3) Dit Larue; elle épouse, le 30 janvier 1751, Jacques Garneau, à la Pointe-aux-Trembles, Q.
(4) Dit Lanouette.

(1) DeBelcourt.
(2) A ce baptême le père est appelé "Desire."
(3) DeLandreville.

1750, (23 nov.) Pte-aux-Trembles, Q. [8]
2° Pagé, Angélique. [Jean-François IV.
Angélique, b [7] 25 sept. 1751; s [7] 3 dec. 1759.—*Antoine*, b [7] 26 février 1753; 1° m [7] 6 fevrier 1775, à Marie-Françoise Baril; 2° m [7] 2 août 1779, à Therèse Léveillé.—*Jacques*, b [7] 20 juin 1755; m [8] 23 fevrier 1778, à Marie-Elisabeth Fiset.—*Marie-Rosalie*, b [7] 17 janvior 1758; m [7] 30 janvier 1781, à Augustin Dussault.—*Louis-Joseph*, b [7] 14 et s [7] 17 juin 1760.—*Joseph-Amable*, b [7] 26 déc. 1761.—*Françoise*, b [7] 23 oct. 1763; s [7] 9 mai 1766.—*Marie-Angélique*, b [7] 25 fevrier et s [7] 26 nov. 1766.

1749, (10 février) Pte-aux-Trembles, Q. [6]
III.—DELISLE, Thierry-Régis, [Jean-Bte II.
b 1722.
Gauvin, Anne-Félicité, [Pierre II.
b 1710, veuve de Jean-François Denis; s avant 1777.
Thierry, b [6] 1er février 1750. — *Pierre-Joseph*, b [6] 19 nov. 1751; m 11 oct. 1779, à Marie-Anne Pagé, aux Ecureuils. — *Hyacinthe*, b... m [6] 13 janvier 1777, à Marie-Louise Vésina.

1749, (29 sept.) Cap-St-Ignace. [1]
IV.—DELISLE, Louis-Joseph, [Ls-Joseph III.
menuisier.
Lemieux, Marie-Gertrude, [Joseph-Alexis III.
b 1729.
Marie-Madeleine, b 13 août 1751, à Québec. [2] —*Louis-Joseph*, b [2] 18 nov. 1752.—*Marie-Louise*, b [2] 15 août 1754; s 30 janvier 1774, à la Pte-aux-Trembles, Q. —*Thérèse-Françoise-Elisabeth*, b [1] 19 nov. 1756. — *Charles-Magloire*, b [1] 13 sept. et s [1] 14 oct. 1758.—*Marie-Joseph*, b 21 sept. et s 15 oct. 1759, aux Ecureuils. — *Isaac-Timothée*, b [1] 2 avril 1761. — *Anonyme*, b [1] et s [1] 28 mars 1762.—*Marguerite-Salomée*, b [1] 14 avril 1763. — *Anonyme*, b [1] et s [1] 23 sept. 1764.

III.—DELISLE, Frs-Xavier, [Jean-Bte II.
b 1728, chantre; s 9 juillet 1756, à la Pte-aux-Trembles, Q. [2]
Amiot (1), Louise, [Pierre IV.
b 1731.
François-Xavier, b [2] 14 mai et s [2] 24 sept. 1756.

1751, (28 oct.) Cap-St-Ignace. [6]
IV.—DELISLE, Jean-Bte, [Louis-Joseph III.
b 1726.
Lemieux, Geneviève. [Joseph-Alexis III.
Jean-Baptiste, b 22 oct. 1752, à Quebec [2]; s [6] 16 fevrier 1756. — *François-Marie*, b [2] 3 fevrier 1754.—*Marie*, b... s 27 oct. 1755, à St-Charles. [8] —*Louis*, b... s [8] 26 juillet 1755.

1752, (10 janvier) Quebec. [8]
IV.—DELISLE, Frs-Xavier, [Louis-Joseph III.
b 1727, menuisier.
DeLessard, Geneviève, [François III.
b 1734.

(1) Dit Villeneuve; elle épouse, le 22 août 1757, Romain Dubuc, à la Pte-aux-Trembles, Q

François-Xavier, b [8] 2 février 1753; s [8] 29 sept. 1755. — *Geneviève-Marguerite*, b [8] 10 nov. 1754. — *Marie-Thérèse*, b [8] 26 sept. 1756; s [8] 15 janvier 1758. — *Marie-Madeleine*, b [8] 23 août et s [8] 25 oct. 1759.

I.—DELISLE, François, fils de Martin et de Catherine Oursin, de Dragee, diocèse d'Avranches.
1° Dubois, Anne.
1759, (30 avril) Québec.
2° Pilet, Louise-Catherine, [Louis I.
b 1734.
Marie-Joseph, b 22 avril 1761, à Batiscan.

1758, (14 janvier) Québec. [8]
IV.—DELISLE, Nicolas-Clément, [Ls-Jos. III.
b 1736.
.... Marie-Joseph.
Antoine-Guillaume, b [8] 21 oct. 1758; s 8 mars 1759, à Beauport.—*Marie-Elisabeth*, b 10 mars 1760, aux Trois-Rivières. — *Marie-Madeleine*, b [8] 26 oct. 1761; 1° m à Pierre Stigny; 2° m 31 janvier 1797, à Louis Cloutier, à Deschambault — *Marie-Geneviève*, b [8] 5 mai et s [8] 12 nov. 1763.

1760, (7 janvier) Montréal.
I.—DELISLE (1), Jacques-Philippe, b 1731: fils de Jacques et de Catherine de Magny, de St-Léger, diocèse d'Evreux.
Daneau, Madeleine, [Jacques-Pierre II
b 1729.

1760, (24 nov.) St-Valier.
I.—DELISLE, Jean-Bte, fils de Jean-Baptiste et de Catherine Bourbon, de St-Remi, diocèse de Bordeaux.
Bonet, Marie-Joseph, [Jean I
b 1741.

I.—DELISLE (2), Jean-Victor, b 1737, d'Alais, Languedoc.

1767, (7 janvier) Yamachiche. [6]
IV.—DELISLE, Pierre, [Louis-Joseph III
b 1745.
Lefebvre (3), Marie-Anne. [Pierre III
Marie-Joseph, b [6] 9 dec. 1767; m 23 fevrier 1789, à Jacques Gautier, à Deschambault [8], s [8] 15 déc. 1797.

1768, (25 janvier) Deschambault. [8]
IV.—DELISLE, Augustin, [Augustin III
b 1744, s [8] 28 mai 1799.
1° Perrot, Marie-Louise, [Paul III
b 1747.
Augustin, b [8] 24 nov. 1768. — *Marie-Louise*, b... m [8] 1er oct. 1792, à Joseph Arcan.—*Marguerite*, b... m [8] 4 juillet 1797, à Pierre Arcan.
2° Germain, Helène.
Hélène, b 25 août et s 13 sept. 1778, à la Pte-aux-Trembles, Q. — *Antoine*, b 19 sept. 1793, à St-Augustin.

(1) Sieur de St-Eloi.
(2) Fontanne de Lisle; il était, en 1747, à la Martinique et, en 1755, au Canada (Registres des procès-verbaux, 1763).
(3) Dit Descoteaux.

1768, (1er février) Deschambault. [7]
IV.—DELISLE, JOSEPH, [LOUIS-JOSEPH III.
b 1736; s [7] 24 oct. 1791.
PERROT, Marguerite, [PAUL III.
b 1745; s [7] 29 juillet 1793.
Marie-Anne, b [7] 27 nov. 1768.

1768, (7 nov.) St-Thomas.
IV.—DELISLE, J.-BTE-FRANÇOIS, [JEAN-BTE III.
b 1745.
DUBERGÈS (1), Madeleine, [BERNARD I.
b 1746.

1770, (12 février) Lachine.
IV.—DELISLE, PHILIPPE-AMABLE, [PHILIPPE III.
b 1741.
MELOCHE, Marie-Joseph, [ANTOINE II.
b 1753.

1773.
IV.—DELISLE, PIERRE, [AUGUSTIN III.
b 1747.
MÉNARD, Felicité.
Pierre, b 20 dec. 1774, à la Pte-aux-Trembles, Q. [1] —*Marie-Felicité,* b [1] 25 dec. 1775. — *Marie-Louise,* b [1] 3 avril 1777.

1774, (11 juillet) Pte-aux-Trembles, Q.
IV.—DELISLE, JOSEPH, [AUGUSTIN III.
b 1754.
GARNEAU, Marie-Louise. [JACQUES IV.
Anonyme, b et s 30 juillet 1776, aux Ecureuils.

1775, (6 février) Ecureuils. [4]
IV.—DELISLE, ANTOINE, [JACQUES III.
b 1753.
1° BARIL, Marie-Françoise, [PIERRE III.
b 1753; s [4] 15 avril 1776.
Marie-Françoise, b [4] 24 oct. 1775.
1779, (2 août). [4]
2° LEVEILLÉ, Thérèse, [JEAN III.
b 1745; veuve de Joseph-Amable Dussault.
Marie-Thérèse-Desanges, b [4] 2 oct. 1781.

1777, (13 janvier) Pte-aux-Trembles, Q.
IV.—DELISLE, HYACINTHE. [THIERRY-RÉGIS III.
VÉSINA, Marie-Louise, [CHARLES IV.
b 1748.

1778, (23 fevrier) Pte-aux-Trembles, Q.
IV.—DELISLE, JACQUES, [JACQUES III.
b 1755.
FISET, Marie-Elisabeth, [JÉRÔME-THIERRY III.
b 1757.
Jacques, b 30 mars 1782, aux Ecureuils.

1779, (11 oct.) Ecureuils.
IV.—DELISLE, PIERRE-JOSEPH, [THIERRY III.
b 1751.
PAGÉ, Marie-Anne, [JOSEPH IV.
b 1757.

(1) Elle épouse, le 30 juillet 1770, Louis Hamelin, à St-Thomas.

1794, (29 sept.) Deschambault.
IV.—DELISLE, JACQUES. [PIERRE III.
MARCOT, Geneviève. [JOSEPH IV.

DELISLE, MARIE-LOUISE, épouse de Joseph FORTIN.

DELISLE, GENEVIÈVE, b... m 1705, à Jean-Baptiste GUEVREMONT.

DELISLE, MARIE-ANNE, épouse de Jacques MÉNARD.

DELISLE, MARIE-ANNE, b 1731; m à Guillaume ROY; s 19 sept. 1787, à Quebec.

DELISLE, ANGÉLIQUE, épouse de Jacques MÉNARD.

DELISLE, THÉRÈSE, b... m 21 sept. 1772, à Félix PETIT, à Varennes.

DELISLE, CATHERINE, epouse d'Amable PORLIER.

DELISLE, MARIE-CHARLOTTE, épouse de Jean GARNEAU.

DELISLE, THÉRÈSE, epouse d'Augustin GUYON.

DELISLE, MADELEINE, b... 1° m à Pierre TEGUY; 2° m 31 janvier 1797, à Louis CLOUTIER, à Deschambault.

DELISNE, CHARLES.—Voy. EDELINE.

DELIVAUDIÈRE.—Voy. PÉAN.

DELLARD.—*Variation :* DELARD.

1748, (8 août) St-Laurent, I. O.
I.—DELLARD, FRANÇOIS, fils de Guillaume et de Jeanne Verdon, de Lescabannes, diocèse de Cahors
1° TERRIEN, Marie-Thérèse, [GUILLAUME II.
b 1722, s 17 mai 1754, à St-Pierre-du-Sud [7]
Marie-Anne, b [7] 16 juin 1749. — *Guillaume,* b 26 mai 1751, à St-Frs-du-Sud. — *Marie-Thérèse,* b [7] 12 août 1752.—*François,* b [7] 1er dec. 1753; s [7] 6 sept. 1756.
1754, (26 nov.) Québec
2° BLAIS, Marie-Anne, [ANTOINE II.
b 1716; veuve de Jean-Baptiste LePrince.
Marie-Anne, b [7] 6 oct. 1756.
3° MARNESSE, Madeleine.
Michel, b 21 oct. 1769, à St-Michel-d'Yamaska.

1742, (11 juin) Québec.
I.—DELLEBLOND, LOUIS-CHARLES-CONSCIENT, fils de Henri et de Marie-Anne Decreil, de Bayoche-Nebuleux, Rollebec, diocèse de Rouen.
LENORMAND, Marie-Madeleine. [JEAN III.

I.—**DELLECROSSE** (1), JEAN.
MAROIS, Marie-Anne-Madeleine, [JEAN-BTE II.
b 1739; s 20 dec. 1757, à Québec. [1]
Marie-Anne; b [1] 3 août 1757; s [1] 21 mai 1758.

1736, (22 sept.) Québec.

I.—**DELLEUR**, FERDINAND-HENRI, fils de Thomas et de Jeanne Guati, de N.-D. d'Aufond, diocèse de Liège.
BRASSARD (2), Madeleine-Lse, [JEAN-BTE III.
b 1710.

1757, (26 janvier) Québec.

I.—**DELMAS** (3), JEAN, fils d'Antoine et de Catherine Vilade, de Galignac, diocèse de Rhodez
GUENET, Marie-Joseph, [THOMAS II.
b 1716, veuve de François Raymond.

1758, (9 janvier) Ste-Anne.

I.—**DELMAS** (4), PIERRE, b 1724, fils de Jean et de Cécile Michau, de Custenneau-de-Montratier, diocèse de Cahors, Quercy.
DELESSARD, Geneviève, [ETIENNE III
b 1733.
Jean-Pierre, b 20 nov. 1758, à Québec. [1]—*François*, b [1] 3 avril 1762. — *Pierre*, b [1] 9 avril 1764

1729, (1er août) Québec. [8]

I.—**DE L'ŒIL**, FRANÇOIS, b 1702, menuisier; fils de François et de Péronne Boulogne, de St-Nicolas-de-Boulogne; s [8] 4 oct. 1757
CORBIN, Marie-Charlotte, [ANDRÉ II.
b 1708.
Marie-Geneviève, b [8] 7 août 1732; s [8] 20 déc. 1733. — *Marie-Charlotte*, b [8] 6 août 1734; m 17 nov. 1777, à Louis DUBOIS, à Terrebonne.—*Marie-Françoise*, b [8] 28 avril 1736; m [8] 25 oct. 1756, à Stanislas LEVASSEUR. — *François-Michel*, b [8] 28 sept. 1737; m [8] 6 fevrier 1758, à Charlotte JOLIN — *Marie-Louise*, b [8] 28 déc. 1739; m [8] 21 nov. 1763, à Jean-Victor FONTANNE.

1758, (6 fevrier) Québec. [8]

II.—DE L'ŒIL, FRS-MICHEL, [FRANÇOIS I.
b 1737; menuisier.
JOLIN (5), Charlotte, [JACQUES-THOMAS I.
b 1738.
Marie-Charlotte, b [8] 17 déc. 1758. — *Marie-Louise*, b [8] 20 juillet 1761; s [8] 31 mars 1763.— *Marie-Joseph*, b [8] 5 sept 1762. — *Marie-Anne*, b [8] 27 nov. 1763. — *François*, b... m 1er mai 1793, à Ursule SOUDRIET, au Detroit.

1793, (1er mai) Détroit.

III.—DE L'ŒIL, FRANÇOIS. [FRS-MICHEL II.
SOUDRIET, Ursule. [FRANÇOIS.

(1) Dit Bellerose; soldat.

(2) Elle épouse, le 12 oct. 1750, Nicolas-Joseph Lesage, à Québec.

(3) Soldat au régiment de Guyenne, compagnie de St-Vincent.

(4) Dit Beauséjour; venu en 1756. Caporal au régiment de Berry, compagnie de Geoffreteau. Il s'etablit à la porte St-Jean, à Québec. (Registre des procès-verbaux de 1761)

(5) Et Jallain.

DELOGES.—Voy. POIRIER.

DELOGES, MARIE-HÉLÈNE, épouse de ...... HEMBOSROY.

DELOMÉ, MARIE-LOUISE, épouse de Jacques LARICHARDIE.

I.—**DELOMÉ** (1), BERNARD,
s 1er août 1753, à Deschambault. [2]
MARCOT, Marie-Angelique,
s [2] 8 août 1749.
Bernard, b... m à Marie BADAILLA. — *Marie-Françoise*, b 1694, m 1716, à Jacques RIPAU, aux Grondines [4]; s [4] 12 avril 1760. — *Marie-Angélique-Ursule*, b [2] 1er mai 1712; m [2] 7 août 1735, à Jean-Baptiste NAUD; s [2] 22 sept. 1789. — *Marie-Louise*, b [2] 26 mai 1714; m [2] 30 sept. 1731, à François MORIN.—*Marie-Joseph*, b... m [2] 21 nov. 1734, à Michel GRIGNON.—*Marie-Anne*, b [4] 29 oct. 1716; s [2] 3 janvier 1752.—*Pierre*, b... m [2] 12 janvier 1744, à Marie-Joseph ST-ONGE.

II.—**DELOMÉ**, BERNARD. [BERNARD I.
BADAILLA, Marie, [LOUIS I.
b 1675.
Joseph, b... m 3 juin 1726, à Marie-Jeanne GRIGNON, à Deschambault.

1726, (3 juin) Deschambault.

III.—**DELOMÉ**, JOSEPH. [BERNARD II.
GRIGNON, Marie-Jeanne, [JACQUES I.
b 1702.
Marie-Joseph, b 11 avril 1728, aux Grondines. [8] —*Joseph*, b [8] 24 janvier 1730.—*Pierre*, b [8] 27 août 1731, s [8] 4 sept. 1732.—*Marie-Cécile*, b [8] 13 juillet 1733; s [8] 15 mars 1750.—*Antoine*, b 20 août 1735, à Ste-Anne-de-la-Perade; s 18 mars 1737, à Lanoraie. [9]—*Marie-Angélique*, b [9] 28 oct. 1737.

1744, (12 janvier) Deschambault. [9]

II.—**DELOMÉ** (2), PIERRE. [BERNARD I.
ST-ONGE, Marie-Joseph. [SIMON.
Marie-Joseph, b [9] 19 oct. 1744; s [9] 22 août 1745.—*Pierre*, b [9] 22 août 1746. — *Marie-Joseph*, b [9] 9 mars 1748. — *Marie-Joseph*, b [9] 28 fevrier 1750.—*Marie-Félicité*, b [9] 14 mars 1750.—*Marie-Joseph*, b [9] 25 sept. 1751. — *Joseph*, b [9] 16 août 1753.—*François*, b 15 sept. 1757, à Yamachiche.

DELOMTROU.—Voy. DEMARSAC DIT DUROCHER.

DELONÈS.—Voy. DELAUNAY.

1751, (23 août) Quebec. [2]

I.—**DELONG** (3), ARMAND, fils de Pierre et de Jeanne Filiau, de Castelneau, diocèse de Lectoure, province d'Auch.
LEVITRE, Marie-Charlotte, [FRANÇOIS I.
b 1734; s [2] 19 juin 1779.

(1) Ancien capitaine de milice.

(2) Et Delorme.

(3) Et Denom dit Duchemin, 1710.

Jean-Arnaud, b [2] 20 et s [2] 29 avril 1752.—*Charlotte*, b [2] 25 juillet 1753.—*Joseph*, b [2] 17 février 1756 ; s [2] 23 avril 1760.

DeLONGUEUIL.—Voy. LEMOINE.

I.—DELOR (1).

1763, (14 février) Québec.

I.—DeLORBEHAIS (2), MARIN, *b* 1738 ; fils de Jacques et de Jeanne Mariette, de DeLorbehais, diocèse d'Avranches.
BEAUVALET, Marie-Louise, [VINCENT I.
b 1727.

1695, (27 janvier) Champlain.

I.—DeLORIMIER (3), GUILLAUME, capitaine, sieur des Bordes, en Gatinois ; fils de Guillaume et de Jeanne Guilbault, de St-Leu-et-St-Gilles, diocèse de Paris ; s 29 juillet 1709, à Montréal. [4]
CHOREL, Marguerite, [FRANÇOIS I.
b 1666 ; s [4] 28 mars 1736.
Marie-Jeanne, b 10 sept. 1702, à Lachine [5] ; m à Joachim DeSACQUESPÉE ; s [5] 13 mai 1765. —*Claude-Nicolas-Guillaume*, b [5] 22 mai 1705 ; m [4] 7 janvier 1730, à Louise LePAILLEUR.

1730, (7 janvier) Montréal. [8]

II.—DeLORIMIER, CLAUDE, [GUILLAUME I.
b 1705 ; chevalier et capitaine.
LePAILLEUR, Marie-Louise, [MICHEL I.
b 1705.
Marie-Marguerite, b 8 février 1730, à Lachine. [9] —*Catherine-Elisabeth*, b [9] 10 mars 1731, s [8] 19 février 1733.—*Marie-Louise*, b... m [9] 28 janvier 1759, à Pierre GAMELIN.—*Marie-Hypolite*, b... m [9] 12 mars 1765, à Benjamin-Mathieu DAMOURS —*Joseph-Antoine-Guillaume*, b 1737, m [8] 14 janvier 1760, à Madeleine DAMOURS. — *François-Thomas*, b... m [8] 16 août 1769, à Marguerite DE SABREVOIS.

1760, (14 janvier) Montréal.

III.—DeLORIMIER, JOS.-ANT.-GUIL., [CLAUDE II
b 1737.
DAMOURS, Madeleine, [LOUIS-MATHIEU III.
b 1741.
Guillaume-Mathieu, b 20 février 1761, à Lachine.

1769, (16 août) Montréal.

III —DeLORIMIER (4), FRS-THS. [CLAUDE II.
DeSABREVOIS, Marguerite, [CLÉMENT II.
b 1735 ; veuve de Louis-Adrien Dandonneau.

DELORME.—*Variations et surnoms :* DELAUNAY —DELOMÉ —DESLAURIERS—FAFARD— LEMAY, 1742 —SIMON, 1724—RIEL—SANSCRAINTE.

(1) Sergent ; il était à St-Antoine-Tilly, le 26 février 1759.
(2) Venu au Canada en 1751.
(3) Commandant le fort Rolland en 1705 ; voy. vol. I, p. 176.
(4) Sieur de Verneuil

1709, (18 février) Montréal. [7]

I.—DELORME (1), PIERRE, b 1674 ; fils de Jean et de Jeanne Leblanc, de Chanalade, diocèse de Limoges ; s [7] 10 nov. 1755.
LEBLANC, Françoise, [LÉONARD I.
b 1662 ; veuve de Jean Prévost.

DELORME, PIERRE, b 1691 ; s 9 juin 1774, à St-Michel-d'Yamaska.

1739, (31 janvier) Trois-Rivières. [7]

I.—DELORME (2), JEAN-BTE, fils d'Hubert et d'Etiennette Guenau, de Préchâteaux, diocèse de Dijon.
1° SAUVAGE, Charlotte-Monique, [FRANÇOIS I.
b 1718 ; s [7] 11 janvier 1750.
Charlotte, b [7] 5 janvier 1740 ; m [7] 10 août 1762, à Antoine BUISSON.—*Suzanne*, b [7] 29 sept. 1742 ; s [7] 20 juillet 1746. — *Jean-Baptiste*, b [7] 23 sept. 1744 ; s [7] 5 janvier 1746. — *Marie*, b [7] 9 février et s [7] 14 août 1746.
1751, (19 avril) Batiscan.
2° FRIGON, Louise, [FRANÇOIS II.
b 1725.
Marie-Louise, b [7] 12 février 1752.—*Marguerite-Geneviève*, b [7] 8 février 1753. — *Marie-Joseph*, b [7] 17 janvier 1754.—*Pierre*, b [7] et s [7] 10 février 1755. — *Suzanne*, b [7] 21 janvier et s [7] 22 février 1756. — *Marie-Brigitte*, b [7] 14 mars 1757 ; s [7] 13 nov. 1760.—*Marguerite*, b [7] 22 mai 1758.—*Charlotte*, b [7] 4 et s [7] 28 août 1760.— *Marie-Elisabeth*, b [7] 19 août 1761.

I.—DELORME (3), JACQUES-GASPARD, de St-Germain, s 16 août 1749, à Québec.

DELORME, JOSEPH.—Voy. LEMAY.

II.—DELORME (4), PAUL, [LÉONARD I.
b 1715 ; s 17 janvier 1750, à la Longue-Pointe.
CONTANT (5), Agathe, [ETIENNE II.
b 1728.
Paul, b 24 juillet 1750, à Montréal.

DELORME, HYACINTHE-SIMON-JACQUES. — Voy. SIMON, 1755.

DELORME, PIERRE.—Voy. DELOMÉ, 1744.

DELORME, PIERRE.
LEFEBVRE, Marie-Joseph.
Joseph-Amable, b 15 mai 1786, à l'Ile-Perrot.

1719, (11 oct.) Québec. [8]

I.—DELOUCHES, PIERRE, capitaine de vaisseau ; fils de François et de Marguerite Picard, de St-Denis, Ile-Oleron, Xaintes.
LEFEBVRE, Louise-Aimee, [JEAN I.
b 1676.

(1) Dit Sanscrainte ; soldat de la compagnie de Merville.
(2) Dit Deslauriers ; maître-fondeur pour le Roy aux forges de Saint-Maurice.
(3) Soldat de la compagnie de M. de Beaujeu.
(4) Et Simon, voy. Léonard Simon.
(5) Elle épouse, le 7 janvier 1760, Jean-Philippe Leprohon, à Montréal.

Pierre, b [8] 11 juillet 1720; ordonné [8] prêtre récollet, 21 dec. 1743; s déc. 1762. — *Marie-Louise*, b [8] 17 juin 1722; m [8] 13 nov. 1752, à Andre DeBarras; s [8] 3 oct. 1756. — *François*, b [8] 8 avril 1724.—*Marie-Joseph*, b [8] 8 oct. 1725; sœur hospitalière St-Michel; s [8] 31 juillet 1747.—*Marie-Anne*, b [8] 15 avril 1728; s [8] 5 sept. 1729.—*Angélique-Geneviève*, b [8] 4 janvier 1740.

DeLOUVAIS.—*Surnom* : Dragon.

I.—DeLOUVAIS, Jean.
1° Guéridon Louise.
Jean, b 1672, m 4 juin 1703, à Geneviève Greslon, à Quebec [1]; s [1] 12 dec. 1730.
1710, (1er sept.) [1]
2° Pivain, Marie,
b 1663; veuve de Jacques Glinel.

1703, (4 juin) Quebec. [8]
II.—DeLOUVAIS (1), Jean, [Jean I.
b 1672; s [8] 12 dec. 1730.
Greslon, Geneviève, [Jacques I.
b 1672; veuve de Charles Galarneau.
Jean, b [8] 13 oct 1704, s [8] 23 juin 1708 —*Marie-Geneviève*, b [8] 7 nov. 1705. — *Louise-Angélique*, b [8] 5 mars 1707; s [8] 14 mars 1710 —*Marie-Charlotte*, b [8] 8 et s [8] 13 mai 1708. — *Geneviève*, b [8] 8 mai 1708.—*Marie-Louise*, b [8] 6 juillet 1709.

DeLOUVIGNY.—Voy. DeLaporte.

I.—DELOUVRE, Jean-Bte. — Voy. Guyon-Durouvray.

1751, (22 nov.) Sorel.
I.—DELPEAU, Louis, fils de François et de Jeanne Hulin, de Champeau, diocèse d'Avranches.
Leroux (2), Marie-Joseph, [Germain III.
b 1733.
Marie-Joseph, b 30 juillet 1755, à St-Ours. [9] — *Marie-Anne*, b [9] 28 nov. 1756. — *François-Marie*, b [9] 27 fevrier 1759.

DELPÊCHES.—*Variations* : Dalpecque — Delpesches.

1667, (25 nov.) Montréal.
I.—DELPÊCHES (3), Bernard,
b 1641; s 9 dec. 1687, à Repentigny.
Jourdain, Marguerite,
b 1651.

1711, (7 juillet) Repentigny. [2]
II.—DELPÊCHES (4), Jean-Frs, [Bernard I.
b 1682.
Menard, Madeleine, [Pierre I.
b 1675; veuve de Pierre Chevalier.

(1) Dit Dragon, 1708
(2) Dit Provençal.
(3) Et Delpesches; voy. vol. I, p. 177.
(4) Appelé Talpé à son mariage, et Jean-Baptiste Dalpecque en 1712.

Louis, b [2] 3 sept. 1712.—*Geneviève-Agathe*, b [2] 30 nov. 1713.—*Jean-Baptiste*, b... m 7 avril 1739, à Marguerite Robillard, à Lavaltrie.

1739, (7 avril) Lavaltrie.
III.—DELPÊCHES, Jean-Bte. [Jean-Frs II.
Robillard (1), Marguerite, [Joseph II.
b 1720.

1762, (22 février) St-Michel-d'Yamaska. [3]
I.—DELPÊCHES, François, fils de Jean et de Marguerite Oustry, de Montauban, Quercy.
Cantara, Marie-Françoise, [Joseph II.
b 1741.
Marie, b [3] 30 mars 1763.

DELPÉE. — *Variations et surnoms* : Dalpec — Dalpée—Delpec— Delpué— Montour—Pariseau—Sincerny—St-Cerny—Talpé.

DELPÉE, Marie-Anne, épouse de Nicolas Nadereau.

DELPÉE, Marie, épouse de Benjamin Perrault.

DELPÉE, Françoise, épouse de Philippe Juneau.

1674, (19 nov.) Montréal,
I.—DELPÉE (2), Jean,
b 1648.
Lorion (3), Renée, [Mathurin I
b 1657.
Marie, b 19 nov. 1684, à la Pte-aux-Trembles, M. [2], m 1700, à Jean Dubord. — *Pierre*, b [2] 12 dec. 1688; m 5 oct. 1716, à Suzanne Gareau, à Boucherville.

1682, (3 août) Sorel.
I.—DELPÉE (4), François, b 1640, fils de Jean et de Jeanne ....; s 15 déc. 1725, aux Trois-Rivieres. [4]
Couc, Marie-Angelique, [Pierre I.
b 1661, s 7 janvier 1750, à la Pte-du-Lac [8]
Pierre, b et s 29 juin 1688, à St-Frs-du-Lac. [9] — *Marie-Jeanne*, b [9] 1er janvier 1690.—*François*, b [4] 28 mars 1697; m [4] 15 nov. 1728, à Catherine Morisseau, s [8] 3 dec 1753. — *Maurice*, b [4] 19 juin 1703, m [4] 27 juillet 1729, à Therèse Petit; s [8] 13 mai 1749.

1699, (20 août) Varennes. [6]
II.—DELPEE (5), François, [Jean I.
b 1677; s avant 1740.
Hayet, Marie-Catherine-Thérèse, [Jean I.
b 1684, s avant 1752.
Louis, b... m 13 juillet 1739, à Marguerite Meunier, à Boucherville —*François*, b [6] 31 dec. 1701; m [6] 24 nov. 1726, à Marie-Catherine Petit. —*Joseph*, b... m 1745, à Louise Senécal.—*Char-*

(1) Dit Tourblanche.
(2) Et Delpué; voy, vol. I, p. 177.
(3) Elle épouse, le 9 juillet 1691, Jean LeTellier, à la Pte-aux-Trembles, M.
(4) Dit St-Cerny—Sincerny; voy. vol. I, pp 176-177.
(5) Voy. vol I, p. 177.

lotte, b [6] 17 nov. 1705; m [6] 17 août 1727, à Julien BRIEN. — *Marie*, b 26 oct. 1711, à la Pte-aux-Trembles, M. [8]; 1° m [6] 14 février 1735, à Louis PETIT; 2° m [6] 10 août 1739, à Paul SENÉCAL. — *Jean-Baptiste*, b [8] 30 mars 1718; m [6] 28 février 1740, à Marie-Madeleine SENÉCAL. — *Gabriel*, b [6] 21 sept. 1726, 1° m [6] 24 janvier 1752, à Geneviève SENÉCAL; 2° m [6] 21 février 1757, à Marie-Jeanne HÉBERT.—*Marie-Louise*, b... 1° m [6] 6 février 1747, à Ferdinand-Joseph LEBRUN; 2° m [6] 7 janvier 1761, à Philippe LOUBET.

1716, (5 oct.) Boucherville. [7]

II.—DELPÉE (1), PIERRE, [JEAN I.
b 1688.
GAREAU, Suzanne, [JEAN I.
b 1695.

Marie-Anne, b [7] 1er août 1717; m 4 mars 1737, à Joseph MIGNERON, à l'Assomption.[8]—*Jean-Baptiste*, b [7] 13 déc. 1718. — *Marie-Louise*, b 1720; m 1737, à Joseph ROBILLARD. — *Judith*, b... m 1740, à Claude ROBILLARD — *François*, b... m 22 janvier 1759, à Marie-Catherine MOUSSEAU, à Lavaltrie. — *Pierre*, b 9 juin 1727, à Varennes.—*Toussaint*, b [8] 23 mai 1730.

1726, (24 nov.) Varennes.

III.—DELPÉE (2), FRANÇOIS, [FRANÇOIS II.
b 1701.
PETIT, Marie-Catherine, [LOUIS II.
b 1698.

1728, (15 nov.) Trois-Rivières. [6]

II.—DELPÉE (3), FRANÇOIS, [FRANÇOIS I
b 1697; s 3 déc. 1753, à la Pte-du-Lac. [2]
MORISSEAU, Catherine, [JEAN II.
b 1702, s [2] 6 nov. 1750.

Catherine, b [6] 9 oct. 1729, m [6] 14 nov 1757, à Etienne-Thomas DEVERGIER.—*François-Amable*, b [6] 1er nov. 1730; 1° m 1753, à Françoise BERTRAND; 2° m [2] 9 juin 1755, à Therèse DELPÉE-MONTOUR.—*Jean-Baptiste*, b [6] 27 juin 1732; s [6] 2 nov. 1733. — *Thérèse*, b [6] 29 juin 1734. — *Marie-Jeanne*, b [6] 15 juillet 1736.—*Marie-Joseph*, b [6] 14 juin 1739; s [6] 7 mars 1740. — *Marie-Amable*, b [6] 4 juin 1741.—*Marie-Charlotte*, b [6] 19 août 1743; m 22 avril 1766, à André LAFERRIÈRE, à l'Ile-Dupas. — *Thérèse*, b [2] 29 mars 1749. — *Marie-Anne*, b... 1° m à .... NANTET; 2° m [6] 22 août 1763, à Joseph GIRARD.

1729, (27 juillet) Trois-Rivières. [6]

II.—DELPÉE (4), MAURICE, [FRANÇOIS I.
b 1703, s 13 mai 1749, à la Pte-du-Lac. [2]
PETIT, Thérèse-Veronique, [PIERRE I.
b 1710.

Pierre, b [6] 1er mars 1730; m [2] 6 février 1758, à Marie-Anne CHAUVET.—*Thérèse-Véronique*, b [6] 30 mai 1733, m [2] 22 avril 1757, à Pierre TALUSIER. — *Thérèse*, b [6] 15 juillet 1735; m [2] 9 juin 1755, à François DELPÉE.—*Maurice-Hyacinthe*, b [6] 22 juin 1737; s [2] 16 déc. 1760.—*François-Jérôme*, b [6] 5 août 1739.—*Marie-Louise*, b [2] 25 août 1741; s [2] 22 nov. 1746.—*Marie-Claire*, b [2] 12 nov. 1743; s [2] 3 février 1750. — *André*, b [6] 24 mars et s [6] 24 juin 1746. — *Louise*, b [6] 24 mars 1746. — *Charles*, b... m [2] 27 sept. 1756, à Marie-Louise DÉRY.—*Marie*, b [2] 2 oct. 1748; s [2] 19 mai 1750.

(1) Et Dalpé dit Pariseau.
(2) Dit Pariseau.
(3) Dit St-Corny.
(4) Dit Montour.

1739, (13 juillet) Boucherville.

III.—DELPÉE, LOUIS. [FRANÇOIS II.
MEUNIER, Marguerite, [JACQUES II.
b 1719.

1740, (28 février) Varennes. [3]

III.—DELPÉE (1), JEAN-BTE, [FRANÇOIS II.
b 1718.
SENÉCAL, Marie-Madeleine. [NICOLAS II.

Geneviève, b... m [3] 26 janvier 1767, à Joseph BRIEN.—*Marie-Joseph*, b... m [3] 26 oct. 1767, à Alexis RICHARD.—*Jean-Baptiste*, b... m [3] 17 oct. 1768, à Catherine LECOMPTE.—*Louis*, b... m [3] 16 nov. 1772. à Marie-Judith PREVOST.

1745.

III.—DELPÉE, JOSEPH. [FRANÇOIS II.
SENÉCAL, Louise. [NICOLAS II.

Marie-Victoire, b 22 janvier 1751, à la Pte-aux-Trembles, M.; m 22 oct 1770, à Alexis SENÉCAL, à Varennes. [3] — *Louise*, b... m [3] 19 sept. 1763, à Antoine DONAIS. — *Angélique*, b... m [3] 2 mars 1767, à Joseph JODOIN. — *Joseph*, b... m 12 août 1771, à Marie-Joseph MARTINBAUT, à Boucherville.

1752, (24 janvier) Varennes. [3]

III.—DELPÉE (1), GABRIEL, [FRANÇOIS II.
b 1726.
1° SENECAL, Geneviève, [NICOLAS II.
s avant 1757.

Madeleine, b... m [3] 13 janvier 1772, à Gabriel JOFFRION.

1757, (21 février). [3]

2° HÉBERT, Marie-Jeanne. [JEAN-BTE III.

1753.

III.—DELPÉE, FRS-AMABLE, [FRANÇOIS II.
b 1730.
1° BERTRAND, Françoise, [PAUL II.
b 1736.

François, b 21 déc. 1753, à la Pte-du-Lac. [4]—*Marie*, b 1754; s 10 avril 1782, à l'Ile-Dupas.

1755, (9 juin). [4]

2° DELPÉE (2), Therèse, [MAURICE II.
b 1735.

Thérèse, b [4] 13 déc. 1756.—*Marie*, b 5 mars 1758, à Yamachiche [5], s [4] 11 sept. 1760.—*Françoise*, b [4] 11 août 1759.—*Elisabeth*, b [4] 1er janvier 1761.—*Louis*, b [5] 26 juillet 1765.—*Marie-Jeanne*, b [5] 29 mars 1767.

(1) Dit Pariseau.
(2) Dit Montour.

1759, (22 janvier) Lavaltrie.[6]
III.—DELPÉE (1), FRANÇOIS. [PIERRE II.
MOUSSEAU (2), Catherine. [FRANÇOIS III.
François, b[6] 4 janvier 1760; m 30 juillet 1792, à Madeleine GAGNÉ, à Repentigny.[7]—*Pierre*, b[7] 11 avril 1771.

1768, (17 oct.) Varennes.
IV.—DELPÉE (3), JEAN-BTE. [JEAN-BTE III.
LECOMPTE, Catherine, [PIERRE III.
b 1749.

1771, (12 août) Boucherville.
IV.—DELPÉE (4), JOSEPH. [JOSEPH III.
MARTINBAUT, Marie-Joseph, [LOUIS III.
b 1753.

1772, (16 nov.) Varennes.
IV.—DELPÉE (3), LOUIS. [JEAN-BTE III.
PREVOST, Marie-Judith. [JOSEPH III.

DELPÉE, JOSEPH.
COLIN, Marie-Anne.
Marie-Anne, b... s 8 fevrier 1781, à Repentigny.[8] — *Marie-Joseph*, b[8] 5 nov. 1788.

1792, (30 juillet) Repentigny.
IV.—DELPÉE (3), FRANÇOIS, [FRANÇOIS III.
b 1760.
GAGNÉ, Madeleine. [PIERRE.

1759, (5 fevrier) Laprairie.
I.—DELPRAT (5), GUILLAUME, fils de Jacques et de Marie Foubert, de Castelnaudary, diocèse de Montauban.
PAYAN (6), Marie-Joseph, [JOSEPH II.
b 1740.

DELPUÉ.—Voy. DELPEE.

1764, (15 fevrier) St-Thomas.
I.—DELRU (7), MARTIN-JOSEPH, fils de Jacques-François et de Françoise Genest, de Burbur, diocèse de Boulogne.
RASSET, Marguerite, [JEAN II.
b 1722; veuve de Germain Blondeau.
Angélique, b... m 31 mai 1791, à Charles MARTIN, à Quebec.[5] — *Marie-Anne*, b... m[5] 25 juin 1794, à Etienne DROUIN.

1756, (10 juin) Montréal.
I.—DELSORT (8), ALEXIS, b 1733; fils d'Etienne et de Jeanne Darvie, de Ladorade, diocèse de Cahors.
CHARLAND, Angélique, [JOSEPH II
b 1726.

(1) A l'acte du registre, il est appele Dalpee dit Pariseau.
(2) Dit Desilets.
(3) Dit Pariseau.
(4) Et Delpué.
(5) Dit Bellefleur; grenadier au régiment de Bearn.
(6) Elle epouse, le 22 fevrier 1762, Ignace Pinsonneau, à Laprairie.
(7) Et Demeru dit Artois.
(8) Dit Laviolette, soldat.

1762, (11 oct.) Longueuil.
I.—DeLUBAC (1), JEAN-LOUIS, fils de Jean et d'Elisabeth Bouvière, du St-Esprit, diocèse de Toulouse.
BOUTEILLER (2), Marguerite, [FRANÇOIS II.
b 1740.

1752, (11 janvier) Montréal.
I.—DELUCY, JEAN, b 1726; fils de Léonard et de Françoise Desforges, de Vansin, diocèse de Perigueux.
LECOMPTE (3), Marie-Joseph, [FRANÇOIS I.
b 1734.
François-Jean-Baptiste, b et s 4 juillet 1757, à St-Laurent, M.

1762, (19 avril) Québec.[5]
I.—DELUGA (4), GUILLAUME, b 1736, navigateur, fils de Jean et de Jeanne Nau, de Sadilac, diocèse de Bordeaux.
SASSEVILLE, Marie-Joseph, [RENÉ III.
b 1743; s[5] 18 sept. 1795.
Geneviève, b[5] 8 avril 1763. m[5] 5 août 1794, à Charles GREFFARD.—*Rose-Judith*, b... 1° m à Albert KLING, 2° m[6] 20 sept. 1825, à François-Xavier VAILLANCOURT.

I.—DELUGNY, ELISABETH, b 1627; m 1647, à Michel BLANOT-LAFONTAINE.

DeLUSERAT. — Voy. DeLIGERAS (5)—DESMOULINS.

DeLUSIGNAN.—*Surnom* : DAZMARD.

1689, (5 fevrier) Champlain.[4]
I.—DeLUSIGNAN (6), PAUL-LOUIS,
b 1657.
BABIE (7), Jeanne, [JACQUES I.
b 1671.
Paul-Louis, b[4] 19 nov. 1691; m 18 janvier 1722, à Marguerite BOUAT, à Montreal.

1722, (8 janvier) Montréal.[1]
II.—DeLUSIGNAN (8), PAUL-LS, [PAUL-LS I.
b 1691.
BOUAT, Madeleine-Marguerite, [FRANÇOIS II.
b 1701.
Louis, b[1] 6 juin 1723; s[1] 24 janvier 1724.—*Louis-Antoine*, b 21 sept. 1726, à Quebec[2]; m[2] 23 sept. 1754, à Louise RENAUD-DAVESNE.—*Louis*, b[2] 10 sept. et s 11 oct. 1728, à Ste-Foye. — *Madeleine-Angelique*, b[2] 20 oct et s[2] 3 nov. 1729. — *Charlotte-Madeleine*, b[2] 28 janvier 1733. — *Gilles-Victor*, b[2] 15 juin 1734 —*Marie-Madeleine*,

(1) Dit St-Jean.
(2) Dit Bonneville.
(3) DeBellegarde.
(4) Venu, en 1756, dans le *Dandanois*, commandé par le capitaine Fayal. (Registre des procés-verbaux.)
(5) Voy vol. I, p. 175.
(6) Voy vol. I, p. 177.
(7) Elle épouse, le 13 févrièr 1700, Claude Pauperet, à Champlain.
(8) Sieur Dazmard, lieutenant des troupes.

b[2] 23 nov. 1735.—*Madeleine-Geneviève-Charlotte*, b[2] 20 et s 28 août 1739, à St-Laurent, I. O.—*Madeleine-Françoise*, b[2] 28 avril 1743. — *Marie-Anne*, b... m[2] 18 juin 1764, à François DESAUNIERS.

1754, (23 sept.) Québec.[5]

III.—DELUSIGNAN (1), LS-ANTOINE, [PAUL II. b 1726.
RENAUD (2), Louise, [NICOLAS II. b 1732.
Louis-Antoine, b[5] 13 oct. 1755.—*Marie-Gilette*, b[5] 28 oct. 1757.

1758, (4 avril) Boucherville.

I.—DELUSIGNAN (3), CHARLES, marchand; fils de Mathieu et de Marie-Anne Madaleni, de St-Juste, Florence, en Toscane, Italie.
1° LARRIVÉE, Marie-Joseph, [JACQUES II. b 1735.
1789, (4 mars) Québec.
2° LAFORCE (4), Madeleine, [HYPOLITE IV. b 1760.

I.—DELZARD (5), ANTOINE, b 1729; s 19 juin 1756, à Ste-Anne-de-la-Perade.

DELZENNE.—Voy. DELEZENNE.

DEMAISONCELLE.—Voy. MAIZIÈRE, 1760.

DEMAISONNEUVE.—Voy. PUYBARO (6).

1687, (7 janvier) Montreal.[3]

I.—DEMALLERAY (7), JACQUES.
PICOTÉ, Françoise, [PIERRE I. b 1659.
Louis-Hector, b[3] 3 juillet 1692; s[3] 17 déc. 1714.

DEMANCHON (8), CLAUDE, épouse de Thomas LESUEUR.

DEMANTETH.—Voy. DAILLEBOUT.

DEMARBRELLE.—Voy. DESELLE, 1713.

DEMARCHAIS.—Voy. DESMARCHAIS.

1727, (9 nov.) Québec.[6]

I.—DEMARENNE, CHARLES, écrivain du roy; fils de Charles et de Louise Mayeux, de St-Germain-en-Laye.
DEROME, Catherine. [JEAN-BTE.
Marie-Angélique, b[6] 16 oct. 1728.

(1) Dazmard; sous-lieutenant des canoniers-bombardiers.
(2) Davesne.
(3) En italien Luciniani—dit Florence.
(4) Pepin.
(5) Soldat de la compagnie de Vallette, le Royal Roussillon.
(6) Voy. vol I, p. 503.
(7) Et Maleray, sieur de la Moellerie, enseigne; voy. vol. I, p. 406.
(8) Voy. vol. I, p. 388.

1756, (1er mars) Montréal.

I.—DEMARILLAC (1), CHARLES, b 1722; fils de Jean-Baptiste (chevalier) et de Marie-Marthe DeMelique, de St-Eustache, Paris.
ROUER-DARTIGNY, Marie-Hypolite, [HECTOR III. b 1741.

I.—DEMARLE, JOSEPH.
GAGNON, Marguerite.
Marie-Joseph, b 1730; m 4 sept. 1747, à François MARCHETEAU, à Montreal.

DEMARSAC.—*Variations et surnoms:* MARCAS — DE L'OBTROU — DE L'OMMESPROU — DE L'HOMME TROU — DESROCHERS—DUROCHER—LOMTROU—PORTAIL.

I.—DEMARSAC (2), JACOB, b 1667; s 27 avril 1747, au Detroit.[4]
DAVID, Thérèse, [CLAUDE II. s[4] 24 sept. 1727.
Jacob, b 1704; s 5 oct. 1706, à Montréal.[5] — *Jacques*, b[5] 7 nov. 1707; m[4] 20 janvier 1745, à Marie-Anne CHAPOTON; s[4] 24 déc. 1745.—*François*, b 1706; m[4] 18 mai 1734, à Thérèse-Cécile CAMPEAU; s[4] 17 nov. 1777.

1734, (18 mai) Detroit.[4]

II.—DEMARSAC (3), FRANÇOIS, [JACOB I. b 1706; s[4] 17 nov. 1777.
CAMPEAU, Thérèse-Cecile, [JACQUES II. b 1714, s[4] 22 nov. 1746.
Cécile, b[4] 16 mars 1735, m[4] 9 sept. 1776, à Vital SARRAZIN-DEPELTEAU; s[4] 20 mars 1809.—*François*, b[4] 21 avril 1736, m[4] 20 juillet 1767, à Marie-Charlotte BOURASSA; s[4] 19 oct. 1777.—*Thérèse*, b[4] 18 oct. 1737, m[4] 22 janvier 1767, à Louis BUFET.—*Jean-Baptiste*, b[4] et s[4] 27 août 1739.—*Jacques*, b[4] 8 et s[4] 24 déc. 1740.—*Jean-Baptiste*, b[4] 22 mars 1742; m[4] 28 juin 1773, à Geneviève SÉGUIN; s[4] 20 juillet 1793.—*Paul*, b[4] 19 fevrier 1743; s[4] 15 juillet 1781.—*Marie-Louise*, b[4] 27 oct. 1744; m[4] 13 déc. 1762, à Robert NAVARRE.—*Pierre*, b[4] 23 et s[4] 26 nov. 1746.

1745, (20 janvier) Détroit.[5]

II.—DEMARSAC (4), JACQUES, [JACOB I. b 1707; s[5] 24 déc. 1745.
CHAPOTON, Marie-Anne. [JEAN-BTE I.
Jacques, b[5] 25 nov. et s[5] 1er déc. 1745.

III.—DEMARSAC (5), PAUL, [FRANÇOIS II. b 1743, s 15 juillet 1781, au Detroit.

1767, (20 juillet) Détroit.[3]

III.—DEMARSAC (3), FRANÇOIS, [FRANÇOIS II. b 1736; s[3] 19 oct. 1777.
BOURASSA, Charlotte, [RENÉ III. b 1746

(1) Auger de Marillac, capitaine d'un détachement de la marine.
(2) Dit Durocher.
(3) Sieur de l'Homme Trou.
(4) DeLomtrou
(5) Portail de Marsac.

Cécile, b [3] 20 juillet 1768. — *François*, b [3] 16 mai 1770; m [3] 21 fevrier 1791, à Cecile Saucier. — *Jacques*, b [3] 25 mars 1772. — *Robert*, b [3] 11 mars 1774. — *Cajétan*, b [3] 22 nov. 1775.— *René*, b [3] 27 août 1777.

1773, (28 juin) Detroit. [1]

III.—DeMARSAC, Jean-Bte (1), [François II. b 1742; s [1] 20 juillet 1793.
Séguin, Geneviève. [Joseph III.
Archange, b [1] 21 mai 1774; m [1] 21 février 1791, à Jean-Baptiste Prudhomme.—*Rose*, b [1] 20 janvier 1776. — *Geneviève*, b [1] 17 nov. 1777.— *Charlotte*, b [1] 21 oct. 1779. — *Jean-Baptiste*, b [1] 22 juin 1782.—*Hélène*, b [1] 1er déc. 1784.

1791, (21 fevrier) Détroit. [1]

IV.—DeMARSAC, François, [François III. b 1770.
Saucier, Cécile, [Joseph IV. b 1773.
François, b [1] 4 sept. 1792.—*Joseph*, b [1] 4 oct. 1794.

I.—DeMASSOINGS (2), Louis-Dominique.

DeMAUBUISSON.—Voy. Lucas.

DeMAUPRÉ.—Voy. Desgranges.

DeMAURAMPON.—Voy. Duplessis.

DeMAZÉ.—Voy. Péronne.

1756, (26 juillet) Québec.

I.—DeMELLIS, Antoine, fils de Jean (conseiller du roy et maître particulier des eaux et forêts de Florence) et de Pauline Dufort, de Fleurance, diocèse d'Auch.
DeBernan, Charlotte, [Claude II. b 1736.

1722, (22 août) Longueuil.

I.—DEMERI, Michel, fils de Paschal et de Catherine Genson, de St-Michel, ville de Bordeaux.
Bagizil, Jeanne. [Jean I.

DEMERLE.—Voy. Denoyelle.

DEMERS (3). —*Variations et surnoms :* Demer —Dessermonts—Dumais— Dumay—Dumest —Dumets—Dumetz.

DEMERS, Françoise, épouse de Charles Desrochers.

DEMERS, Elisabeth, epouse de Charles Douillard.

(1) Appelé Benjamin en 1779.

(2) Sieur de Latour, lieutenant; il était à Montréal, le 13 nov. 1712.

(3) La plupart des premiers actes de mariages ayant été faits sous le nom "Dumay," nous reportons tous les actes "Demers" au nom originaire "Dumay."

DEMERS, Marie-Anne, epouse de Louis Durand.

DEMERS, Madeleine, b 1718, m à Joseph Durousseau; s 18 fevrier 1781, à Quebec.

DEMERS, Agathe, épouse de François Gagnon.

DEMERS, Louise, épouse de Louis Gervais.

DEMERS, Marie-Joseph, b... 1° m à Charles Gesseron; 2° m 12 fevrier 1766, à Ambroise Lecours, à Lévis.

DEMERS, Hélène, épouse de Joseph Gesseron.

DEMERS, Catherine, epouse de Pierre Hébert.

DEMERS, Marie-Jeanne, b... m à Jacques Houde; s 1er dec. 1749, à St-Antoine-Tilly.

DEMERS, Marie-Madeleine épouse de Joseph-Charles Houde.

DEMERS, Thérèse, épouse de Jean-Marie Huard.

DEMERS, Anne, épouse de Jacques Lebeau.

DEMERS, Thérèse, épouse de Guillaume Legendre.

DEMERS, Jeanne, épouse de Jean-Baptiste Leriche.

DEMERS, Angélique, b... m à François Martinbaut; s avant 1763.

DEMERS, Ursule, épouse de Louis Ménard.

DEMERS, Madeleine, b 1698, m à Joseph Ruel; s 11 oct. 1755, à Montreal.

DeMERU.—Voy. Delru.

DeMERVILLE —Voy. Dongeac, 1751.

1758, (17 mai) Montreal.

I.—DEMET, François, b 1737, soldat; fils de Jean-Baptiste et de Jeanne Bède, de St-Pierre, diocèse de Tournay, Flandre.
Cochery, Marie-Joseph, [Jean-Bte I. b 1742.
Ursule, b... m 30 juin 1794, à Jean-Barthélemi Rosa, à Quebec.

DEMEULES, Marie, épouse de Jean St-Onge.

I.—DEMEULES, François.
Tenue, Madeleine
Joseph, b... m 20 nov. 1707, à Marie-Catherine Dubeau, à St-Jean, I. O. [8], s [8] 10 oct. 1754.

1707, (20 nov.) St-Jean, I. O. [2]

II.—DEMEULES, Joseph, [François I. b 1685; s [2] 10 oct. 1754.
Dubeau, Marie-Catherine, [Pierre II. b 1688; s [2] 26 janvier 1760.

Geneviève, b 16 sept. 1710, à St-François, I. O.[3], s[3] 13 juin 1712.—*Marie-Geneviève*, b [2] 23 février 1713; s [2] 30 oct. 1714.—*Joseph*, b 17 mars 1717, à St-Laurent, I. O.[4]; 1° m 19 sept. 1740, à Angélique LAVIGNE, à Québec[5]; 2° m 30 avril 1753, à Marie-Louise SOLO, à Montréal.—*Marie-Joseph*, b... m [2] 9 février 1736, à Jean-Baptiste BOISSONNEAU.—*Jean-François*, b [4] 15 et s[2] 19 sept. 1721.—*Jean-François*, b [3] 21 oct. 1722; m 5 février 1748, à Françoise PERROT, à Ste-Famille, I. O. — *Jean-Baptiste*, b... m 3 juillet 1741, à Marie-Françoise POULIN, au Château-Richer; s[8] 25 avril 1782.— *Angélique*, b .. m [2] 5 nov. 1742, à Pierre MOREAU. — *Charles*, b [2] 3 oct. 1724; 1° m 16 nov. 1744, à Scholastique SAVARD, à l'Ile-aux-Coudres; 2° m à Cécile DESGAGNÉS; s 9 août 1759, à la Baie-St-Paul.—*Marie-Monique*, b... m [2] 11 oct. 1751, à Louis TREMBLAY.—*Louise*, b... m [2] 26 nov. 1753, à François MAUR.—*Thècle*, b [2] 20 avril et s [2] 9 août 1733.

1708, (23 avril) Québec. [5]

I.—DEMEULES, JEAN-BTE, b 1678; fils d'Edouard et de Marie Vance, d'Amsterdam; s [5] 24 juillet 1733 (dans l'eglise).

ROUSSEL, Marie-Louise, [TIMOTHÉ I. b 1671; s 21 mai 1743, à l'Hôpital-Général, Q.

1740, (19 sept.) Québec. [1]

III.—DEMEULES, JOSEPH, [JOSEPH II. b 1717, tonnelier.

1° LAVIGNE, Angélique, [GUILLAUME I b 1721, s [1] 4 oct. 1744.

Marie-Angélique, b [1] 14 juillet et s [1] 1er août 1741.—*Marie-Joseph*, b [1] 20 mai 1742. — *Joseph*, b [1] 17 juillet et s [1] 2 août 1742.—*Joseph-Etienne*, b [1] 4 août 1743.

1753, (30 avril) Montréal.

2° SOLO, Marie-Louise, [PIERRE-HENRI I. b 1731.

1741, (3 juillet) Château-Richer.

III.—DEMEULES, JEAN-BTE, [JOSEPH II. b 1716; s 25 avril 1782, à Québec.[5]

POULIN, Marie-Françoise, [ANDRÉ III. b 1715; s [5] 12 juin 1780.

Marie-Joseph, b [5] 20 mai 1742; m [5] 31 mars 1761, à Joseph GUÉLOU.—*Jean-André*, b 8 nov. 1743, à Ste-Anne.— *Angélique*, b 4 dec. 1745, à St-Joseph, Beauce[6]; m [5] 16 mai 1763, à Paul-Joseph FARINEAU. — *Jean-Baptiste*, b [6] 20 août 1747.—*Marie-Louise*, b 1749, s [5] 18 août 1751.—*Marie*, b [5] et s [5] 30 juillet 1751.—*Marie-Monique*, b [5] 6 et s [5] 19 sept. 1752. — *Marie-Madeleine*, b [5] 17 mai 1754; s [5] 17 sept. 1755. — *Joseph*, b [5] 5 mars 1756; s [5] 24 février 1758. — *Antoine*, b [5] 2 et s [5] 22 nov. 1759. — *Jean-Baptiste-Bernard*, b [5] 28 fevrier et s [5] 26 juillet 1761.

1744, (16 nov.) Ile-aux-Coudres. [4]

III.—DEMEULES, CHARLES, [JOSEPH II. b 1724; s 9 août 1759, à la Baie-St-Paul. [5]

1° SAVARD, Scholastique, [JOSEPH III. s [4] 20 sept. 1755.

Rosalie, b [4] 12 avril 1746; m [4] 4 février 1771, à Charles DAVID. — *Jean-Marc-François*, b [4] 22 mars 1748; m [4] 18 avril 1774, à Constance BILODEAU.—*Marie*, b [4] 19 nov. 1749; m [4] 2 sept. 1771, à Michel TREMBLAY. — *Joseph-François*, b [4] 21 nov. 1751; 1° m [4] 3 juillet 1775, à Therèse GUAY; 2° m [4] 5 août 1776, à Françoise TREMBLAY; s [4] 16 fevrier 1781. — *Scholastique*, b [4] 31 mars 1754; m [5] 30 oct. 1775, à Etienne TREMBLAY.

2° DESGAGNÉS (1), Cécile.

Marie-Charlotte, b [4] 27 juillet 1757.—*Jean-Baptiste*, b [5] 14 juillet 1759; m [4] 25 juillet 1782, à Marie-Charlotte GAGNON.

1748, (5 fevrier) Ste-Famille, I. O.

III.—DEMEULES, JEAN-FRANÇOIS, [JOSEPH II. b 1722.

PERROT, Françoise, [LOUIS III. b 1724.

Françoise, b 17 mars 1751, à St-Jean, I. O.[5]; s [5] 14 mars 1753.—*Marie-Anne*, b [5] 27 mars 1753. —*Joseph*, b [5] 11 avril 1755.—*Marie-Joseph*, b [5] 14 juillet 1757.—*Marie-Louise*, b [5] 10 avril 1759. —*Marie-Geneviève*, b [5] 24 août et s [5] 4 sept. 1760. — *Marie-Geneviève*, b [5] 28 juillet et s [5] 21 août 1762.—*Marie-Françoise*, b [5] 8 et s [5] 18 mars 1764. —*Charles*, b [5] 17 avril 1765.

1774, (18 avril) Ile-aux-Coudres. [5]

IV.—DEMEULES, JEAN-MARC, [CHARLES III. b 1748.

BILODEAU, Constance, [PIERRE IV. b 1757.

Joseph, b [5] 28 janvier 1775.—*Jean-Marc*, b [5] 29 nov. 1776. — *Marie-Anne*, b [5] 6 janvier 1779.—*Pulchérie*, b [5] 13 avril 1781.—*Louis*, b [5] 29 mai 1783.

1775, (3 juillet) Ile-aux-Coudres. [5]

IV.—DEMEULES, JOSEPH-FRS, [CHARLES III. b 1751; s [5] 16 fevrier 1781.

1° GUAY (2), Thérèse-Dorothée, [JOSEPH IV b 1755; s [5] 23 avril 1776.

Joseph, b [5] 28 mars et s 20 juin 1776, à la Baie-St-Paul.

1776, (5 août). [5]

2° TREMBLAY, Françoise, [ANDRÉ III. b 1751; veuve d'Etienne Debien.

Joseph-Marie, b [5] 29 avril 1777.

DEMEULES, JOSEPH, s avant 1795.

PAPIN, Angélique, b 1725; s 3 dec. 1795, à Repentigny.

1782, (25 juillet) Ile-aux-Coudres.

IV.—DEMEULES, JEAN-BTE, [CHARLES III. b 1759.

GAGNON, Marie-Charlotte, [JOSEPH IV. b 1760.

(1) Elle épouse, le 6 février 1775, François Bouchard, à l'Ile-aux-Coudres.

(2) Dit Ragona.

I.—DEMEURANT (1), GEORGE, b 1705; fils de George et de Charlotte Constantin, de St-Martin, diocèse de LaRochelle; s 18 janvier 1736, à Montreal.

I.—DEMILLETS, MARTIN,
b 1626; s 2 février 1720, à Champlain.[7]
ROYER, Nicole,
b 1652; s[7] 11 juin 1722.

DEMIRAY.—*Variation et surnom :* DEMIRÉ—DE L'ARGENTERIE.

1689.

I.—DEMIRAY (2), JEAN,
b 1660.
LEROY, Catherine, [SIMON I.
veuve de Pierre Salvaye.
Thérèse, b 5 juin 1690, à Sorel[4]; m[4] 23 janvier 1726, à Jean-Baptiste CREVIER; s 28 nov. 1726, à St-Frs-du-Lac.

1695, (22 déc.) Sorel [3]

I.—DEMIRAY (2), ETIENNE,
b 1670, s 10 oct. 1746, à Montreal.[4]
1° SALVAYE, Lse-Charlotte, [PIERRE I.
s 27 nov. 1709, à l'Ile-Dupas.
Marie-Louise, b[4] 20 juillet 1699; m[4] 1er oct. 1722, à Jacques LEBER; s[4] 5 fevrier 1733.—*Marie-Anne*, b[3] 13 juin 1701, 1° m[4] 7 juin 1732, à Louis-Rene LEFOURNIER; 2° m[4] 9 sept. 1743, à Louis-Hector DAILLEBOUT. — *Madeleine-Catherine*, b[3] 5 juillet 1703, m[4] 8 nov. 1729, à Michel BEAUSACQUE.—*Anonyme*, b[3] et s[3] 17 avril 1708.

1728, (23 sept.) [4]

2° BASSET, Jeanne, [BENIGNE I.
b 1667.

1727, (4 mai) Quebec. [6]

I.—DEMITRE, JEAN-ROBERT, fils de Jean et de Jeanne Gillet, de St-Malo.
PALIN, Marie-Angelique, [MATHURIN I.
b 1703.
Angélique, b[6] 21 avril 1729; 1° m[6] 12 août 1748, à Mathurin CHAPELET; 2° m[6] 4 juin 1764, à Pierre BATZ-LAFLEUR. — *Jean*, b[6] 18 nov. 1730; s[6] 25 janvier 1731. — *Jean-Antoine*, b[6] 30 avril 1732.— *Antoine*, b[6] 12 mars et s[6] 4 sept. 1734. —*Charles*, b[6] 5 juin 1735, s[6] 14 mars 1736. — *Jeanne*, b[6] 16 mars 1738, m[6] 22 nov. 1762, à Jean QUAILAN.

1757, (18 février) Montreal.

I.—DEMOITEMONT, NICOLAS-MAXIMILIEN-JOSEPH, b 1723; fils de Gaspard et de Catherine-Joseph Masson, de St-Germain-de-Mons, diocèse de Cambray.
1° LEPAGE, Louise-Catherine, [JACQUES II.
b 1724.

1760, (10 février) St-Laurent, M.

2° HALLE, Marie-Anne, [JEAN-BTE III.
b 1724; veuve de Pierre Souvigny.

(1) Dit St-Martin, soldat de la compagnie de Laperrière.
(2) Sieur de l'Argenterie; voy. vol. I, p. 178.

DEMOLIERS.—Voy. DESMOULIERS.

I.—DEMOLIERS, ETIENNE, b 1673; s 1er août 1732, à Québec.

DEMONCEAUX.—Voy. DAUTEUIL.

1729, (4 sept.) Beauport. [2]

I.—DEMONCEAUX, JEAN-CHRYSTOPHE, fils de Chrystophe-Marie (procureur du roy, au Chatelet de Paris) et de Catherine Dieuvre, de St-Andre-aux-Arts, Paris.
JUCHEREAU, Madeleine, [IGNACE III
b 1707.
Madeleine-Catherine, b[2] 30 mai et s[2] 3 juillet 1730.

DEMONFOY.—Voy. DE LA CROIX, 1732.

I.—DEMONMARQUE (1), CYPRIEN.
PICARD, Anne.
Cyprien-Joseph, b 1729; s 24 mars 1731, à Quebec [4]—*Charles-Michel*, b[4] 26 mars 1731.

I.—DEMONREDON (2).

DEMONREPOS.—Voy. GUITON.

DEMONSÉGUR.—Voy. ST-JEAN.

DEMONTAY.—Voy. MONTAY.

1718.

I.—DEMONTAY, PIERRE.
BOUAT, Angelique. [ABRAHAM I
Angélique, b 5 mars 1719, à Montréal.

1721, (3 juin) Québec. [6]

I.—DEMONTCHARVAUX (3), JEAN-FRANÇOIS, fils de François et de Marie-Louise de Vienne, de St-Pierre, diocèse de Langres.
L'ARCHEVÊQUE, Marie-Therèse, [JACQUES III.
b 1699.
Jean-François, b[6] 13 mai 1724.—*Pierre*, b[6] 16 juillet 1725.—*Charles* (4), b[6] 3 sept. 1727 —*Jean-Louis-Joseph*, b[6] 23 août 1729.

DEMONTEL.—Voy. CHATEAUNEUF, 1693.

1711, (16 fevrier) Beauport. [2]

I.—DEMONTÉLÉON (5), LOUIS, fils de Paul (Bouteiller du roy) à Paris; s avant 1717.
DE L'ESTRINGAN (6), Anne, [JOS.-ALEXANDRE I
b 1696.
Marie-Louise, b[2] 26 dec. 1711, s[2] 6 fevrier 1712.

(1) Sieur Dubreuil.
(2) Officier dans le régiment de Béarn, 17 janvier 1757, à Longueuil.
(3) Tisseran DeMontcharvaux : cornet des gardes du gouverneur.
(4) Filleul de Beauharnois; baptisé par Mgr de St-Valier.
(5) Officier; prince du comté de Nice et parent de Pontchartrain.
(6) Elle epouse, le 27 nov. 1730, Ignace-François-Gabriel Aubert, à Québec.

DeMONTESSON. — Voy. LeGardeur—Croizil.

DeMONTEUIL.—Voy. Chateauneuf.

DeMONTIGNY.—Voy. DeVancour — Minet — Papineau—Pinguet—Testard, 1659.

DeMONTMIDY.—Voy. Rémy, sieur de Montmidy.

DeMONTROCHAND.—Voy. Ménéclier.

DeMONVIEL.—Voy. Vassal.

DeMORAMPON.—Voy. Duplessis.

DeMORAS.—Voy. Mouet.

1673, (9 janvier) Québec. [2]

I.—DeMOSNY (1), Jean, chirurgien, b 1643; s [2] 30 juillet 1687.

Fol, Catherine, b 1650.

Marie-Angélique, b [2] 16 janvier 1682; sœur hospitalière Ste-Agnès; s 16 déc. 1702, à l'Hôtel-Dieu, Q [3] — *Jeanne-Thérèse*, b [2] 18 fevrier 1687, sœur hospitalière St-Paul, s [3] 6 sept. 1747.

1701, (18 janvier) Québec. [4]

II.—DeMOSNY, Jean, chirurgien, [Jean I. b 1674; s [4] 12 juin 1715.

1° Buisson (2), Julienne, [Michel II. b 1684; s [4] 24 déc. 1702.

Jean, b [4] 1er nov. et s [4] 13 déc. 1701. — *Marie-Jeanne-Françoise*, b [4] 26 oct. 1702; m 30 avril 1725, à Joseph Parant, à Montréal [5]; s [5] 9 janvier 1743

1704.

2° Albert, Marie-Louise. [Guillaume II.

Marie-Louise, b [4] 3 mars 1705, m [4] 23 nov. 1728, à Jacques Gourdeau; s [4] 24 avril 1731.—*Marie-Catherine*, b [4] 24 oct. 1706, m [4] 27 nov. 1726, à Jean Liquart; s [4] 6 juillet 1727.—*Marie-Anne*, b [4] 14 janvier 1708; m [4] 30 oct. 1736, à Jean-Baptiste Duperé.—*Jean-Charles*, b [4] 31 janvier 1710 — *Marie-Charlotte*, b [4] 7 janvier 1712. —*Pierre-Louis*, b [4] 15 juillet 1713; s [4] 4 février 1715.—*Jean-François*, b [4] 30 nov. 1714, m à Therèse Villedieu.

III.—DeMOSNY, Jean-François, [Jean II. b 1714.

Villedieu, Thérèse.

Marie-Anne, b 1746; s 12 déc. 1761, aux Trois-Rivières. [6] — *Angélique*, b 1754; s [6] 29 nov. 1761. —*Michel*, b 1757, s [6] 2 déc. 1761. — *Marie-Véronique*, b 5 juillet 1760, à St-Thomas.

I.—DeMOUCHY (3), Nicolas.

(1) Voy. vol. I, p 178.

(2) Et Bisson.

(3) Notaire-royal et greffier en la senechaussée de l'Ile de Montréal. (Registre du Conseil Souverain, 21 mai 1664.)

I.—DeMOUCHY (1), Jean-Thomas.

1758, (26 juin) St-Antoine-de-Chambly. [7]

I.—DEMOULIN, François, soldat; fils de Nicolas et de Marie ......, de St-Nicolas-de-Troye, Champagne.

Denoyon, Marie-Elisabeth, [Jean-Bte II. b 1738.

François, b [7] 20 mai et s [7] 5 août 1759.

DeMOUSEL.—Voy. DeCoste, 1725.

I.—DeMOYRES (2), Michel-André, b 1687, de l'Anjou; s 1er juillet 1747, à l'Hôpital-General, M.

DeMUY.—Voy. Daneaux.

1717, (7 janvier) Québec. [8]

I —DENANTHOIS (3), Joseph, fils de Jean et de Périne Dansus, de la ville de St-Malo.

Moran, Jeanne-Charlotte, [François I. b 1694.

Françoise, b [8] 12 fevrier 1718.

DeNARCY (baron).—Voy. De St-Vincent.

DENEAU.—*Variations et surnoms:* Denaut—Deniau—Detailly—Destaillis — Devau—Devos—Jolicœur—Rignan-St-Etienne.

DENEAU, Jeanne, épouse d'Andre Robidou.

DENEAU, Elisabeth, epouse de François Dupuis.

DENEAU, Marie, épouse d'Antoine Lacoste.

DENEAU, Marie-Joseph, epouse de Michel Mignot.

DENEAU, Geneviève, épouse de Jean-Baptiste Legris.

DENEAU, Françoise-Gabrielle, épouse de Louis St-Jean.

DENEAU, Jeanne, épouse de Raymond Quesnel.

DENEAU, Marie-Anne, epouse de François Lefebvre.

DENEAU, Marie-Joseph, épouse de Jean-Baptiste Tondreau.

DENEAU, Marie-Françoise, épouse de Françoise Leclair.

DENEAU, Marie, épouse d'Antoine Ménard.

(1) Chevalier d'Hocquincourt, officier; il était à Ste-Croix, le 12 janvier 1733, et à St-Antoine-Tilly, le 13 avril 1733.

(2) Supérieur des Frères hospitaliers, dits Les Frères Charons; inhumé dans leur église.

(3) Dit Duchesnay.

DENEAU, Ursule, épouse de Raphaël Provost.

DENEAU, Marie-Catherine, épouse de Jean Dupuis.

DENEAU, Marie-Anne, b 1746; m à Paul Dupuis; s 23 avril 1768, à St-Philippe.

1659, (24 nov.) Montréal. [1]

I.—DENEAU (1), Marin,
b 1621.
2° LeBreuil, Louise-Thérèse,
b 1636; s [1] 23 mars 1727.
Charles, b [1] 3 juin 1663, s [1] 18 oct. 1708.—*Joseph*, b [1] 14 mars 1666; m [1] 18 avril 1690, à Marie-Jeanne Adhémar; s [1] 25 février 1742.

1664, (21 janvier) Montréal. [3]

I.—DENEAU (2), Jean,
b 1630; s 12 août 1695, à Boucherville. [4]
Daudin, Helène,
b 1646; s [4] 12 août 1695.
Pierre, b [3] 6 fevrier 1670; m [4] 10 nov. 1698, à Marie-Anne César; s 4 mars 1750, à Longueuil.—*Jean-Baptiste*, b [3] 2 nov. 1673; m [4] 11 fevrier 1697, à Thérèse Ménard.

1685, (23 avril) Laprairie. [1]

I.—DENEAU (3), Charles-Marin.
Clément (4), Madeleine, [Jean I.
b 1668.
Madeleine, b [1] 6 mars 1689; 1° m [1] 12 mars 1710, à Rene Rivet; 2° m [1] 6 fevrier 1736, à Denis Charland.—*Claude*, b [1] 17 juin 1691; m [1] 21 nov. 1717, à Marie Poupart.—*Marie-Jeanne*, b [1] 9 nov. 1693; m [1] 7 janvier 1721, à Andre Banlier.—*Jacques*, b [1] 19 oct. 1695; m 18 nov. 1721, à Elisabeth Audughon, à Montreal [4]; s [4] 12 dec. 1726.—*Marie-Charlotte*, b [1] 14 juillet 1699, m [1] 1er sept. 1721, à Jacques Charlan—*Charles*, b [1] 12 juin 1701; 1° m [1] 14 oct 1726, à Anne Dumay; 2° m [1] 16 janvier 1741, à Marguerite Dupuis.—*François*, b [1] 8 juillet 1704; m [1] 6 nov. 1730, à Marguerite Deniger.—*Paul*, b [1] 4 mars 1706; m [1] 26 sept. 1746, à Marie-Louise Lefebvre.—*Marie-Anne*, b 1709; m [1] 12 janvier 1733, à Jean Perras.

I.—DENEAU (5), Jean, b 1710; de Loches, Touraine; s 17 fevrier 1756, à la Pointe-aux-Trembles, M.

1690.

I.—DENEAU, René,
s avant 1707.
Morin (6), Marie-Anne,
b 1668.

(1) Dit Sully; voy. vol. I, p. 179.
(2) Tué par les Iroquois, en même temps que sa femme.
(3) Et Destaillis dit Jolicœur.
(4) Elle épouse, le 7 juin 1718, René Dupuis, à Laprairie.
(5) Premier factionnaire au regiment de Guyenne.
(6) Elle épouse, le 15 juillet 1707, Jean-Claude Louët, à Quebec.

René, b 1691; m 1719, à Marie-Anne Morin-Valcour; s 15 déc. 1768, à St-Thomas. [1]—*Françoise-Gabrielle*, b 12 oct. 1695, à Québec [2]; m 23 nov. 1711, à Louis Langlois, à Berthier.—*Joseph*, b 1702; 1° m 12 janvier 1728, à Elisabeth Boulé, à St-Pierre-du-Sud; 2° m [1] 28 janvier 1732, à Geneviève Morin; s [1] 12 mars 1765.—*Marie-Anne*, b [2] 23 sept. 1706.

II.—DENEAU (1), Charles, [Marin I
b 1663; s 18 oct. 1708, à Montréal.

1690, (18 avril) Montreal. [3]

II.—DENEAU (2), Joseph, [Marin I.
b 1666; s [3] 25 fevrier 1742.
Adhemar, Marie-Jeanne, [Antoine I
b 1674; s [3] 23 mai 1743.
Jeanne, b 7 fevrier 1691, à Laprairie; m [3] 12 déc. 1718, à Charles Valade.—*Michelle*, b [3] 4 mai 1693, 1° m [3] 30 oct. 1719, à Jacques Payet, 2° m [3] 8 avril 1728, à Jean-Baptiste Deguire.—*Jean-Baptiste* b [3] 4 oct. 1696; 1° m à Marie Primot, 2° m 30 avril 1736, à Catherine Rufiange, à Châteauguay; s [3] 3 sept. 1748.—*Catherine-Marie-Joseph*, b [3] 28 juin 1699; m [3] 13 sept. 1723, à Denis Besnard; s [3] 30 janvier 1727.—*André*, b [3] 8 sept. 1702; m [3] 14 oct. 1726, à Françoise Boyer, s [3] 18 mars 1745.—*Marie-Joseph*, b 1703, s [3] 9 oct. 1722.—*Joseph*, b [3] 2 sept. 1704; s [3] 24 janvier 1705.—*Marie-Madeleine*, b [3] 28 avril 1706, sœur Ste-Apolline, de la congrégation N.-D.; s [3] 7 mai 1763.—*Marie-Denise*, b 1707; m [3] 12 oct. 1733, à François Jérôme.—*Marguerite*, b [3] 18 fevrier et s [3] 3 mars 1709.—*Marie-Anne*, b [3] 31 mars 1710; sœur St-Gilbert, de la congregation N.-D., s [3] 13 avril 1739.—*Geneviève*, b [3] 20 oct. 1711; s [3] 11 mai 1712.—*Jacques*, b [3] 8 déc. 1712; m [3] 31 janvier 1752, à Marguerite Cavelier; s [3] 5 janvier 1757.—*Jean-Baptiste*, b [3] 25 fevrier 1715, m [3] 21 nov. 1741, à Madeleine Catin; s [3] 26 nov 1750.—*Pierre*, b [3] 27 oct. 1719.—*Marie-Joseph*, b... s 23 mars 1727, à la Longue-Pointe.

1690, (18 avril) Montreal. [4]

II.—DENEAU (2), Jacques, [Marin I
b 1660.
1° Rivet, Marie. [Maurice II.
Joachim, b... m 5 mai 1721, à Catherine Levreau, à Laprairie. [5]—*Etienne*, b [5] 28 fevrier 1691, m [5] 7 fevrier 1718, à Catherine Bisaillon, s [5] 12 sept. 1730.—*Marie-Françoise*, b [5] 21 sept 1698, m [5] 15 sept. 1722, à Étienne Duquet.—*Marie-Joseph*, b [5] 3 août 1702; m [5] 15 avril 1720, à Jean-François Dumay.—*Marie-Anne*, b [5] 27 fevrier 1704.

1705, (5 mai). [4]

2° Daniau (3), Françoise, [Jean I.
b 1678.
Joseph, b [5] 4 janvier 1707; m [4] 10 avril 1741, à Marguerite Rousseau.—*François-Xavier*, b [5] 1er juillet 1709; m [5] 28 mai 1731, à Marie Supernant

(1) Dit Destaillis.
(2) Dit Destaillis; voy vol. I, p. 179.
(3) Elle épouse, le 2 déc. 1724, Louis Bouchard, à Laprairie.

—*Anonyme*, b [5] et s [5] 4 avril 1711.—*Nicolas*, b [5] 20 mai 1712.—*Jean-Baptiste*, b... m [5] 7 nov. 1740, à Marie-Joseph LEFORT.—*Marie-Jeanne*, b [5] 27 juin 1717; m [5] 20 nov. 1741, à Joseph BRUNEAU. —*Etienne*, b [5] 8 avril 1719.

1697, (11 février) Boucherville. [6]

II.—DENEAU, JEAN-BTE, [JEAN I.
b 1673.
MÉNARD (1), Thérèse, [JACQUES I.
b 1676.

Marie, b [6] 1er déc. 1698; m 12 janvier 1721, à Noel CARPENTIER, à Longueuil. [7]—*Jean-Baptiste*, b [6] 17 mars 1700; 1° m [7] 29 avril 1725, à Marie-Anne BENOIT; 2° m [7] 14 avril 1755, à Marie-Françoise BOUTEILLER.—*Pierre*, b [7] 27 juin 1704, 1° m [7] 25 nov. 1726, à Jeanne LAMARRE; 2° m [7] 7 nov. 1736, à Thérèse DECHAMBRE.—*Nicolas*, b [7] 4 juillet 1706; s [7] 10 nov. 1707.—*Joseph*, b 1707; s 29 août 1716, à Montréal.

1698, (10 nov.) Boucherville. [8]

II.—DENEAU, PIERRE, [JEAN I.
b 1670; s 4 mars 1750, à Longueuil. [4]
CÉSAR (2), Marie-Anne, [FRANÇOIS-JACQUES I.
b 1678; s [4] 5 dec. 1739.

Marie-Jeanne, b [4] 7 février 1701; m [4] 5 février 1725, à Jean-Baptiste TIBAUT.—*Jacques*, b [4] 9 fevrier 1703; m 1726, à Marie-Anne TIBAUT. —*Pierre*, b [4] 28 juillet 1704; 1° m 5 mars 1737, à Suzanne VAILLANCOURT, au Sault-au-Recollet [5]; 2° m [5] 2 fevrier 1750, à Marie-Joseph POUDRET.—*Pierre*, b [4] 3 oct. 1706, m [3] 7 mai 1731, à Angelique REGUINDEAU.— *Marie-Antoinette*, b [4] 22 fevrier et s [4] 21 juin 1709.— *Marie-Catherine*, b [4] 25 mars 1711; 1° m [4] 10 janvier 1729, à Jean CHARBONNEAU; 2° m 19 janvier 1750, à Charles CARDINAL, à Lachine [6]; s [6] 18 avril 1752.—*Marie-Antoinette*, b [4] 25 janvier 1713; m [4] 25 juillet 1735, à François PETIT.—*Etienne*, b 4 nov. 1714, à Montreal, s [4] 23 juillet 1715.— *Marie-Louise*, b [4] 10 nov. 1716; s [4] 27 mai 1718. —*Marie-Joseph*, b [4] 30 août 1718, m [3] 29 sept. 1740, à Joseph BAU.—*Anonyme*, b [4] et s [4] 1er avril 1720.—*Charlotte*, b [4] 17 et s [4] 18 août 1723.

I—DENEAU, PIERRE.
THUNAY, Catherine, [FÉLIX I.
b 1682; veuve de Jacques Filiatreau.

Joseph, b 17 oct. 1717, à Lachine. [4] — *Pierre-Noel*, b [4] 27 juillet 1719, m 7 avril 1750, à Madeleine HUNAUT, au Bout-de-l'Ile, M. — *Agathe*, b [4] 17 et s [4] 31 juillet 1728.

1717, (21 nov.) Laprairie [4]

II.—DENEAU (3), CLAUDE-JACQUES, [CHARLES I.
b 1691.
POUPART, Marie, [PIERRE I.
b 1694.

Claude, b [4] 7 sept. 1718.—*Antoine*, b [4] 13 oct 1720; m 18 fevrier 1753, à Marguerite POUGET, à Montréal. — *Marie*, b [4] 20 mars 1722; m [4] 11 fevrier 1743, à René LAMARQUE. — *Marie-Anne*, b [4] 1er mai 1724; m [4] 12 juin 1745, à Pierre BROSSEAU. — *Marie-Joseph*, b [4] 1er mai 1726. — *Marie-Anne*, b [4] 15 et s [4] 30 déc. 1727.—*Marguerite*, b [4] 13 fevrier et s [4] 9 mars 1729 —*Véronique*, b [4] 28 mars 1731.—*Joseph*, b [4] 1er sept. et s [4] 23 oct. 1737.

1718, (7 fevrier) Laprairie. [9]

III.—DENEAU (1), ETIENNE, [JACQUES II.
b 1691; s [9] 12 sept. 1730.
BISAILLON, Catherine, [BENOIT I.
b 1699.

Jacques, b [9] 26 janvier 1719; 1° m [9] 29 juillet 1748, à Marie-Angelique CAILLÉ; 2° m [9] 8 oct. 1753, à Marie-Charlotte PINSONNEAU. — *Marie-Françoise*, b... m [9] 25 février 1743, à Joseph PATENOTE. — *Basile*, b [9] 29 dec. 1721. — *Marie-Anne*, b [9] 20 juillet 1723. — *Pierre*, b [9] 13 juillet 1726; s [9] 7 janvier 1733 —*Marie-Monique*, b [9] 30 nov. 1727.—*Marie-Catherine*, b [9] 8 avril et s [9] 12 août 1729. — *Etienne-Jérémie* (posthume), b [9] 17 oct. 1730; m [9] 19 fevrier 1759, à Marie-Joseph BROSSEAU.

1719.

II.—DENEAU (2), RENE, [RENÉ I.
b 1691, s 15 dec. 1768, à St-Thomas. [8]
MORIN (3), Marie-Anne, [ALPHONSE II.
b 1702, s [8] 11 mai 1760.

Marie-Catherine, b [8] 6 août 1720, m [8] 6 mai 1738, à Clement COUILLARD; s [8] 26 fevrier 1764. —*René*, b [8] 30 juin 1722; 1° m [8] 12 nov. 1753, à Elisabeth BÉLANGER; 2° m 28 oct. 1782, à Angelique ROBICHAU, à l'Islet. — *Marie-Joseph*, b [8] 23 janvier 1724.—*Marie-Elisabeth*, b [8] 18 avril 1725; m [8] 26 oct. 1750, à Pierre BÉLANGER. — *Jacques*, b [8] 8 sept. 1726; s [8] 28 juin 1727.—*Joseph*, b [8] 23 janvier 1728; s [8] 20 août 1730. — *Simon*, b [8] 20 juin 1729; m [8] 2 août 1756, à Marie-Françoise LARCHER —*Charles-François*, b [8] 27 juin 1730 — *Louise-Ursule*, b [8] 3 nov. 1732. — *Geneviève*, b [8] 18 mars 1734, m [8] 7 février 1757, à Jacques FOURNIER, s [8] 1er juin 1760. — *Marie-Angelique*, b [8] 27 août et s [8] 16 sept. 1735.— *Clement*, b [8] 27 août 1735; s [8] 20 février 1736.— *Marie-Anne*, b [8] 27 sept. 1737; s [8] 28 mars 1738. *Marie-Françoise*, b [8] 23 fevrier 1740; m [8] 4 mai 1767, à Pierre PELLERIN.

1721, (5 mai) Laprairie. [9]

III.—DENEAU (4), JOACHIM, [JACQUES II.
s avant 1761.
LEREAU (5), Catherine, [PIERRE I.
b 1698.

Marie-Catherine, b [9] 30 mars 1722; m 26 fevrier 1759, à Jean CHOLET, à Montréal. [8]—*Marie-Joseph*, b [9] 26 mai 1723, m [8] 5 nov. 1753, à Pierre-François BESNARD. —*Jacques*, b [9] 28 avril 1725; 1° m à Charlotte DUPUIS; 2° m 19 nov.

(1) Elle épouse, en 1717, Jean Desmarets.
(2) Dit Lagardelette.
(3) Et Devau dit Jolicœur.

(1) Dit Destaillis.
(2) Seigneur du fief Deneau et du Port-Daniel.
(3) Dit Valcour.
(4) Et Deniau-Destaillis.
(5) Et Levreau.

1764, à Marie PIMPARÉ, à St-Philippe.—*Joachim*, b... 1° m à Pérınne RIGAUT; 2° m 7 avril 1761, à Marie DUPUIS, à St-Constant. — *Antoine*, b [9] 11 juillet 1728; m à Thérèse DENEAU.

1721, (18 nov.) Montréal. [9]

II.—DENEAU, JACQUES, [CHARLES I. b 1695; s [9] 12 dec. 1726.
AUBUCHON, Elisabeth, [JOSEPH II. b 1701; s 21 oct. 1732, à la Longue-Pointe.[8]
Marie-Louise, b [9] 25 août 1722; m [8] 13 oct. 1738, à Pierre DERAINVILLE. — *Marie-Joseph*, b [9] 29 mai 1725.—*Anonyme*, b [9] et s [9] 25 juillet 1726.

1725, (29 avril) Longueuil. [7]

III.—DENEAU (1), JEAN-BTE, [JEAN-BTE II. b 1700.
1° BENOIT (2), Marie-Anne, [ETIENNE II. b 1706; s [7] 31 août 1753.
Marie-Anne, b [7] 21 fevrier 1726; s [7] 14 mai 1731. — *Geneviève*, b... m [7] 11 janvier 1745, à Pierre AYMART.—*Marie-Françoise*, b... m [7] 5 mai 1749, à Michel DARAGON. — *Jean-Baptiste*, b [7] 5 juillet 1730, m à Marie-Anne DENEAU. — *Louis*, b [7] 25 août 1732; 1° m [7] 16 juin 1755, à Charlotte BOUTEILLER; 2° m 7 janvier 1760, à Angelique GAGNÉ, à Laprairie. — *Marie-Anne*, b [7] 3 sept. 1734; m [7] 9 fevrier 1750, à Claude KERGRECOLET. — *Pierre-Amable*, b [7] 27 juillet 1736. — *Marie-Joseph*, b [7] 16 mai et s [7] 3 juin 1739. — *Marie-Joseph*, b [7] 28 dec. 1740; m [7] 20 oct. 1760, à Pierre CAILLÉ. —*Marie-Charlotte*, b [7] 6 et s [7] 14 juillet 1742. — *Marie-Julie*, b [7] 1er et s [7] 15 février 1745.—*Antoine*, b [7] 28 mars et s [7] 2 juin 1747. — *Antoine*, b [7] 3 et s [7] 21 mai 1749. — *Augustin*, b [7] 25 fevrier et s [7] 4 avril 1751. — *Geneviève*, b [7] 1er et s [7] 27 mai 1752.

1755, (14 avril). [7]

2° BOUTEILLER, Marie-Françoise, [FRANÇOIS I. b 1710, veuve de Nicolas Lussier; s [7] 4 janvier 1760.

III.—DENEAU, JEAN-BTE, [JOSEPH II. b 1696; s 3 sept. 1748, à Montreal.
1° PRIMOT, Marie.
Joseph, b... m 9 nov. 1750, à Therèse RANGER, au Bout-de-l'Ile, M.

1736, (30 avril) Châteauguay [7]

2° RUFIANGE (3), Catherine, [BERNARD I. b 1712.
Marie-Françoise, b... m [7] 20 février 1764, à Jean-Baptiste DUQUET. — *Toussaint*, b... m [7] 11 février 1765, à Veronique DUQUET. — *Hypolite*, b... m [7] 14 avril 1766, à Marie-Anne PRIMOT.

1726.

III.—DENEAU, JACQUES, [PIERRE II. b 1703.
TIBAUT, Marie-Anne, [PIERRE I. b 1699.
Jacques, b 14 nov. 1726, à Boucherville; m 27 nov. 1747, à Marie-Catherine DUMETS, à Longueuil. — *Catherine*, b 1728; m à Thomas DELAUNAY. — *Marie-Anne*, b... m 14 avril 1749, à Pierre POUPART, à Laprairie. [1]— *Véronique*, b... m [1] 26 fevrier 1753, à Michel GIROU. — *Charles*, b [1] 27 février 1744; m 18 fevrier 1765, à Marie-Monique LESTAGE, à St-Philippe.

1726, (14 oct.) Montréal. [8]

III.—DENEAU (1), ANDRÉ, [JOSEPH II b 1702; s [8] 18 mars 1745.
BOYER, Françoise, [JEAN-ETIENNE II b 1710
Suzanne-Amable, b [8] 31 août 1729; m [8] 25 février 1754, à Jean-Baptiste ROMAIN.—*François-Amable*, b 9 mai 1735, au Bout-de-l'Ile, M., m [8] 26 avril 1756, à Marie-Joseph TRUDEL. — *Françoise*, b [8] 6 oct. 1738; m [8] 22 nov. 1762, à Louis LALUMAUDIÈRE.—*André-Pierre*, b [8] 23 avril et s [8] 5 juillet 1740. — *Anonyme*, b [8] et s [8] 20 fevrier 1741. — *Pierre*, b [8] 16 mai et s [8] 8 août 1742.—*Pierre*, b [8] 21 juillet 1743.

1726, (14 oct.) Laprairie. [3]

II.—DENEAU, CHARLES, [CHARLES I b 1701.
1° DUMETS, Marie-Anne, [JOSEPH II b 1697, s [3] 28 sept. 1739.
Marie-Anne, b [3] 8 sept. 1727; m 4 nov 1748, à Louis PAYET, à Montreal. [4] — *Marie-Geneviève*, b [3] 8 janvier 1730, m [3] 29 janvier 1748, à Pierre PINSONNEAU. — *Charles-Albert* b [3] 8 juin 1731, m 4 févrıer 1760, à Louise FONTENEAU, à St-Philippe. — *Marie-Madeleine*, b [3] 2 mars 1733 m [4] 1er fevrier 1751, à Jean-Baptiste DESÈVE — *Paul-Amable*, b [3] 14 mai 1735.— *Jacques*, b [3] 12 juin 1737.— *Michel-Philippe*, b [3] 6 et s [3] 18 sept 1739.

1741, (16 janvier). [3]

2° DUPUIS, Marguerite, [RENÉ II b 1702; veuve de Louis Betourné.
Charles, b [3] 12 nov. 1741.

1726, (25 nov.) Longueuil. [4]

III.—DENEAU, PIERRE, [JEAN-BTE II b 1704.
1° LAMARRE, Jeanne, [ANDRÉ I. b 1706, s [4] 6 dec 1734.
Jeanne, b [4] 26 janvier 1728; m 16 oct. 1752, à Charles BARON, à St-Antoine-de-Chambly. [3]— *Pierre-Jacques*, b [4] 25 juillet 1729; s [4] 18 mai 1730. — *Marie-Joseph*, b [4] 2 avril 1731; m [4] 25 sept 1747, à Andre FOUCAULT. — *Pierre*, b [4] 11 août 1732; s [4] 27 fevrier 1733.

1736, (7 nov) [4]

2° DECHAMBRE, Therèse, [ROMAIN II. b 1704; veuve de Joseph Plourde.
François, b 1746, s [3] 5 janvier 1753.—*Marie-Thérèse*, b [3] 27 avril et s [4] 2 juillet 1747.

(1) Desmarets en 1728, voy. ce nom.

(2) Dit Livernois.

(3) Elle épouse, le 24 mai 1756, André Florilda, à Châteauguay.

(1) Denos—Destaillis.

1728, (12 janvier) St-Pierre-du-Sud. [1]

II.—DENEAU (1), JOSEPH, [RENÉ I.
b 1702 ; s 12 mars 1765, à St-Thomas. [2]
1° BOULÉ, Elisabeth, [MARTIN II.
b 1710.
Joseph, b [1] 23 janvier 1728. — *Jacques*, b [2] 30 juin 1729.— *Joseph*, b [2] 29 oct. 1730 ; s [2] 20 mai 1743.

1732, (28 janvier). [3]

2° MORIN, Geneviève, [JOSEPH III.
b 1710 ; s [2] 3 janvier 1772.
Anne, b [2] 19 oct. 1732 ; s [2] 20 nov. 1733.— *Marie-Joseph*, b [2] 29 sept. 1734 ; m [2] 25 nov. 1765, à Michel AUBIN. — *Geneviève-Judith*, b... m [2] 25 nov. 1765, à Pierre MAUFILS. — *Joseph-Marie*, b [2] 26 juillet 1738 ; m [2] 11 avril 1768, à Marie-Catherine PROU. — *Augustin*, b [2] 27 juin 1740; m [2] 8 avril 1771, à Élisabeth HINS. — *Françoise-Brigitte*, b [2] 30 août 1742 ; m [2] 12 février 1770, à Augustin PROU. — *Marie-Louise*, b [2] 16 août 1744; m [2] 7 janvier 1771, à Louis PROU.—*Pierre-Basile*, b [2] 25 juin 1747. — *Marie-Anne*, b [2] 20 juillet 1749. — *Roger*, b [2] 26 avril et s [2] 19 mai 1752.

I.—DENEAU (2), CLAUDE.
LAISNÉ (3), Louise, [OLIVIER I.
b 1701 ; s 17 janvier 1750, à Montreal. [5]
Pierre, b [5] 14 sept. 1727.— *Pierre*, b [5] 9 avril 1738.—*Paul*, b 1743 ; s [5] 14 mars 1744.

I.—DENEAU, JACQUES.
JASSELIN, Marguerite.
Pierre, b 5 dec. 1730, à Montréal.

I.— DENEAU (4), NOEL, b 1707; de Ruffiat, diocèse de Vannes, s 14 août 1735, à Montreal.

I.—DENEAU, LOUIS.
LAPORTE, Madeleine.
Joseph, b... m 19 fevrier 1759, à Marie GRAVEL, à St-Vincent-de-Paul.

1730, (7 janvier) Repentigny. [1]

I.—DENEAU (5), CLAUDE, fils de Jean et de Marguerite Calus, de St-Martin, diocèse de Bourges.
QUINTIN, Catherine, [JEAN I.
b 1700.
Jean, b 1736; s [1] 31 mars 1772.

1730, (6 nov.) Laprairie. [6]

II.—DENEAU, FRANÇOIS, [CHARLES I.
b 1704.
DENIGER, Marguerite, [PIERRE II.
b 1712.
François-Marie, b [6] 13 sept. 1731. — *Marie-Marguerite*, b [6] 13 juin 1733 ; m 14 fevrier 1757, à René PÉRIER, à St-Constant. [5]— *Charles*, b [6] 28 janvier 1736 ; m 1763, à Marie-Anne ROBIDOUX. — *Jean-Baptiste*, b [6] 8 juillet 1738; s [5] 2 mai 1753. — *Marie-Françoise*, b [6] 29 mai 1740. — *Etienne*, b [6] 24 juillet 1742.—*Raphael*, b [6] 2 juin et s [6] 10 juillet 1744.—*Amable*, b 1749; s [6] 4 sept. 1753.

DENEAU, MARIE-ANNE b... s 8 avril 1733, à Beauport.

1731, (7 mai) Boucherville. [1]

III.—DENEAU, PIERRE, [PIERRE II.
b 1706.
REGUINDEAU (1), Angelique, [JOACHIM-JACQ II.
b 1712.
Angélique, b 11 février 1732, à Longueuil [2]; m [1] 19 fevrier 1753, à François BRUNEL.—*Joseph*, b [2] 20 août 1733 ; 1° m [1] 21 janvier 1765, à Veronique LESUEUR ; 2° m [1] 23 oct. 1769, à Marie-Joseph GAUTIER.—*Marguerite*, b [2] 19 avril 1735 ; m [1] 1er mars 1756, à Jean-Baptiste CHARBONNEAU. —*Louis*, b [2] 11 janvier 1737. — *Simon*, b 1742 ; m 13 oct. 1766, à Marie-Angelique PETIT, à la Pte-aux-Trembles, M.—*Jacques*, b... m [1] 12 oct. 1767, à Françoise OSSANT. — *Jean-Baptiste*, b... m [1] 7 janvier 1771, à Marie MAILLOT.

1731, (28 mai) Laprairie. [1]

III.—DENEAU (2), FRS-XAVIER, [JACQUES II.
b 1709.
SUPERNANT, Marie. [LAURENT II.
François, b [1] 12 mars et s [1] 16 juin 1732 — *Joseph*, b [1] 13 avril 1733; 1° m [1] 19 fevrier 1759, à Veronique GUERIN ; 2° m 10 juillet 1769, à Marie-Joseph ROUSSEL, à Lachine.—*Marie-Thérèse*, b [1] 9 avril 1735, m 1761, à Antoine DENEAU. — *Marie-Catherine*, b [1] 21 fevrier 1737.— *François-Alexis*, b [1] 19 oct. 1738.—*Ursule*, b [1] 18 avril 1740. — *Archange*, b [1] 26 mai et s [1] 21 juin 1741. — *Marie-Madeleine*, b [1] 5 août 1742 ; s [1] 11 août 1743. — *François*, b [1] 4 nov. 1743 ; m 25 nov. 1771, à Catherine MARIE-STE-MARIE, à St-Constant. [2] — *Louis*, b [2] 12 nov. et s [2] 14 dec. 1752.— *Marie-Marguerite*, b [2] 6 et s [2] 17 février 1754.

DENEAU (3), PIERRE.

1737, (5 mars) Sault-au-Récollet. [2]

III.—DENEAU, PIERRE, [PIERRE II.
b 1704.
1° VAILLANCOURT, Suzanne, [FRANÇOIS II.
b 1718 , s 16 mars 1748, à Montreal.
Joseph, b 18 janvier 1738, à Longueuil. [3] — *Marie-Charlotte*, b [3] 4 avril 1739 ; m [3] 17 janvier 1757, à Pierre DESTROCHES ; s [3] 8 juin 1763.— *Marie-Suzanne*, b [3] 2 avril 1740 , m [3] 7 janvier 1763, à Joseph FILIATREAU. — *Geneviève*, b [3] 15 nov. 1741.—*François*, b [3] 5 août 1742. —*Pierre*, b [3] 30 sept. 1744.—*Elisabeth*, b [3] 24 oct. 1745 ; m 5 juillet 1762, à Michel HARDY, à St-Philippe. —*Charles*, b [3] 6 fevrier et s [3] 6 juin 1748.

(1) Et Denaut.
(2) Dit Parisien.
(3) Dit Laplume.
(4) Dit Duverger ; soldat de la compagnie de Lafronière.
(5) Dit Jolicœur , soldat de M. de Chenneville.

(1) Dit Joachim ; elle épouse, le 7 février 1757, François Berthoumier, à Boucherville.
(2) Dit Destallis.
(3) Pour Rignan dit St-Etienne ; voy. ce nom, 1729.

1750, (2 février) [3]
2° POUDRET (1), Marie-Joseph, [PIERRE II.
b 1718.
Marie-Joseph, b [3] 19 avril 1752.— *Marie-Anne*, b [3] 26 fevrier 1761.

1740, (7 nov.) Laprairie. [7]
III.—DENEAU, JEAN-BTE. [JACQUES II.
LEFORT (2), Marie-Joseph, [JEAN I.
b 1723.
Jean-Baptiste, b [7] 2 nov. 1741.

1740, (10 nov.) Kamouraska. [3]
I.—DENEAU (3), JACQUES, fils de Thomas et de Jeanne Couillard, de St-Planche, diocèse de Coutances; s 17 déc. 1761, à Ste-Anne-de-la-Pocatière.[2]
1° BOUCHER, Marie-Charlotte, [PIERRE III.
b 1707; s [3] 20 sept. 1756.
Marie-Charles, b [3] 10 juillet 1741. — *Joseph-Clément*, b [3] 21 oct. 1742; m 27 février 1775, à Marie-Rose MICHAUD, à la Rivière-Ouelle.—*Jean-Baptiste*, b [3] 29 juin et s [3] 19 juillet 1744.—*Marie-Geneviève*, b [3] 24 mai 1745; s [3] 29 oct. 1756.—*Marie-Julienne*, b [3] 14 avril 1747, m [3] 8 nov. 1767, à Jean DELAVOYE.—*François-Germain*, b [3] 3 avril 1752; s [3] 18 oct. 1756. — *Marie-Madeleine*, b... m [3] 19 août 1771, à Pierre LAFOREST.
1758, (6 fevrier). [3]
2° MIGNIER (4), Angélique, [ANDRÉ III.
b 1736.
Jean-Baptiste, b [3] 14 février et s [3] 22 mars 1759.— *Charles*, b [2] 10 janvier 1760. — *Marie-Geneviève*, b... m [3] 24 nov. 1777, à Jean-Baptiste BÉLANGER.

1741, (10 avril) Laprairie. [4]
III.—DENEAU, JOSEPH, [JACQUES II.
b 1707.
ROUSSEAU, Marie-Marguerite, [PIERRE II.
b 1715.
Marie-Catherine, b [4] 9 août 1740. — *Marie-Joseph*, b [4] 21 mai 1742; m 5 mars 1764, à Pierre-Maurice JOLIVET, à St-Philippe.[5]—*Marie-Joseph*, b [4] 4 et s [4] 5 avril 1744. — *Joseph*, b 2 sept. 1752, à St-Constant. — *Louis-Jean*, b... m [5] 30 juillet 1770, à Marie-Joseph TREMBLAY.

1741, (21 nov.) Montréal. [1]
III.—DENEAU (5), JEAN-BTE, [JOSEPH II.
b 1715; s [1] 26 nov. 1750.
CATIN, Madeleine. [HENRI I.

1746, (26 sept.) Laprairie.
II.—DENEAU, PAUL, [CHARLES I.
b 1706.
LEFEBVRE, Marie-Louise, [FRANÇOIS II.
b 1718; veuve de Joseph Pinsonneau.

(1) Et Poutré.
(2) Dit Laprairie.
(3) Et Devos.
(4) Elle épouse, le 14 juin 1762, Charles Forton, à Kamouraska.
(5) Dit Destaillis.

IV.—DENEAU (1), JOACHIM. [JOACHIM III.
1° RIGAUT, Périne.
1761, (7 avril) St-Constant. [2]
2° DUPUIS, Marie-Thérèse, [CHARLES III.
b 1741; s [2] 18 fevrier 1762.
Joachim, b [2] 2 fevrier et s 7 avril 1762, à St-Philippe.

1747, (27 nov.) Longueuil. [3]
IV.—DENEAU, JACQUES, [JACQUES III.
b 1726.
DUMAY (2), Marie-Catherine, [EUSTACHE III.
b 1728.
Marie-Catherine, b 1749; s [3] 18 janvier 1750. —*Marie*, b [3] 14 sept. 1750, s [3] 8 août 1751.—*Elisabeth*, b [3] 13 fevrier 1753.—*Marie-Elisabeth*, b [3] 11 juin 1754.—*Marie-Charlotte*, b [3] 28 juillet 1760.—*Pierre*, b [3] 10 mars 1762.

1748, (29 juillet) Laprairie. [4]
IV.—DENEAU (1), JACQUES, [ETIENNE III.
b 1719.
1° CAILLE, Marie-Angélique, [ANTOINE II
b 1719.
1753, (8 oct.) [4]
2° PINSONNEAU, Marie-Charlotte, [PAUL III.
b 1728.

1750, (7 avril) Bout-de-l'Ile, M.
II.—DENEAU, PIERRE-NOEL, [PIERRE I.
b 1719
HUNAUT (3), Marie-Madeleine, [ANTOINE III
b 1727
Marie-Antoinette, b 9 janvier 1751, à Lachine[5], m [5] 23 avril 1770, à Jacques DUPONT.—*Eugénie*, b [5] 7 juillet 1754.—*Antoine*, b [5] 5 juillet 1756, s [5] 10 janvier 1759.—*Madeleine*, b [5] 5 juillet 1758—*Marie-Madeleine*, b [5] 25 juillet et s [5] 15 nov. 1759 —*Antoine*, b [5] 20 mai 1760.

1750, (9 nov.) Bout-de-l'Ile, M. [6]
IV.—DENEAU, JOSEPH. [JEAN-BTE III
RANGER, Thérèse, [PIERRE II.
b 1727, s [6] 14 mai 1764.
Marie-Suzanne, b [6] 18 août et s [6] 15 déc. 1751. —*Marie-Suzanne*, b [6] 24 oct. 1752.—*Marie-Joseph*, b [6] 2 sept 1754.—*Marie-Thérèse*, b [6] 29 sept. 1755; s [6] 2 oct. 1756.—*Joseph-Hubert*, b [6] 27 dec 1756.—*Joseph-Marie*, b [6] 19 sept. 1759.—*Pierre-Elie*, b [6] 3 mars et s [6] 6 juillet 1761.—*Marie-Cunégonde*, b [6] 13 juillet 1762.—*Marie-Louise*, b [6] 10 fevrier 1764; s [6] 20 mars 1765.

DENEAU, LOUIS.
CHARTRAN, Marguerite, [JEAN-PAUL II
b 1730; s 9 avril 1760, à St-Vincent-de-Paul

IV.—DENEAU, JEAN-BTE, [JEAN-BTE III.
b 1730
DENEAU, Marie-Anne
Joseph, b 25 et s 27 août 1753, à Longueuil.

(1) Dit Destaillis.
(2) Et Demers.
(3) Dit Deschamps.

1752, (31 janvier) Montréal. [8]

III.—DENEAU (1), JACQUES, [JOSEPH II.
b 1712 ; s [8] 5 janvier 1757.
CAVELIER, Marguerite, [JEAN-BTE II.
b 1730 ; s [8] 2 juillet 1756.
Marguerite, b 11 oct. 1754, à St-Laurent, M.

1753, (18 février) Montréal.

III.—DENEAU, ANTOINE, [CLAUDE II.
b 1720.
POUGET (2), Marguerite, [JEAN-BTE II.
b 1730.

1753, (12 nov.) St-Thomas. [3]

III.—DENEAU, CHARLES-RENÉ, [RENÉ II.
b 1722.
1° BÉLANGER, Elisabeth, [PIERRE IV.
b 1735.
Marie-Elisabeth, b [3] 22 février et s [3] 16 oct. 1755.—*Rene*, b [3] 15 août 1756, s [3] 18 nov. 1773.—*Marie-Elisabeth*, b [3] 26 mai et s [3] 16 août 1758.—*Louis*, b... s 18 oct. 1759, à St-Pierre-du-Sud.—*Denis*, b [3] 9 oct. 1760.
1782, (28 oct.) Islet.
2° ROBICHAUD, Marie-Angélique, [PIERRE I.
veuve de Jean Damours.

1755, (16 juin) Longueuil. [6]

IV.—DENEAU, LOUIS, [JEAN-BTE III.
b 1732.
1° BOUTEILLER, Charlotte, [FRANÇOIS II.
b 1737.
1760, (7 janvier) Laprairie.
2° GAGNÉ, Marie-Angelique, [JOSEPH II.
b 1739.
Louis-Toussaint, b [6] 9 janvier 1761.

1756, (28 avril) Montréal.

IV.—DENEAU, FRANÇOIS-AMABLE, [ANDRÉ III.
b 1735.
TRUDEL, Marie-Joseph, [JEAN III.
b 1731.
François, b 6 sept. 1759, à Lachine.

1756, (2 août) St-Thomas. [4]

II.—DENEAU, SIMON, [RENÉ I.
b 1729.
LARCHER, Marie-Françoise, [JEAN-BTE I.
b 1732 ; veuve de Joseph Prou.
Marie-Françoise, b [4] 4 mai 1757 ; s [4] 5 avril 1760.—*Geneviève*, b 16 oct. 1758, à St-Pierre-du-Sud.

DENEAU, JEAN-BTE.
DUMETS, Jeanne.
Jean, b 1755 ; s 28 juillet 1763, à St-Philippe. [4]—*Marie-Joseph*, b [4] 19 mars 1758.—*François*, b [4] 24 mars 1760.—*Charles*, b [4] 21 août 1762.

(1) Dit Destaillis.

(2) Elle épouse, le 31 janvier 1763, Pierre St-Pierre, à St-Philippe.

1757.

DENEAU, PIERRE.
BAUDIN, Marie-Joseph, [MICHEL II.
b 1737.
Marie-Joseph, b 25 mai 1758, à St-Philippe. [4]—*Marie-Catherine*, b [4] 16 et s [4] 17 février 1760.—*Pierre*, b 20 nov. 1761, à St-Constant.—*Jacques*, b [4] 28 juillet 1763.

1759.

DENEAU (1), PIERRE.
LESCARBOT, Marie-Louise, [PIERRE II.
s 13 sept. 1788, à Repentigny. [9]
Jean-Baptiste, b 1760 ; s [9] 15 juin 1781.—*Thérèse*, b... m [9] 19 janvier 1789, à Joachim NADON.—*Marie-Louise*, b... s [9] 12 août 1783.—*Joseph*, b [9] 30 dec. 1769 ; s [9] 16 février 1771.—*Marie*, b [9] 24 août 1772 ; m [9] 21 sept. 1789, à Andre LABRÈCHE. — *Marie-Madeleine*, b [9] 30 sept. 1774.—*Marie-Félicité*, b [9] 17 nov. 1786.

1759, (19 février) Laprairie.

IV.—DENEAU, JOSEPH, [FRANÇOIS-XAVIER III.
b 1733.
1° GUÉRIN, Marie-Veronique, [JEAN-BTE II.
b 1738 ; s 14 mars 1767, à St-Constant. [3]
Marie-Charlotte, b 1766 ; s [3] 6 juin 1767.
1769, (10 juillet) Lachine.
2° ROUSSEL (2), Marie-Joseph, [ANTOINE II.
veuve de Gabriel Bourhis.

1759, (19 février) Laprairie.

IV.—DENEAU, ETIENNE-JÉRÉMIE, [ETIENNE III.
b 1730.
BROSSEAU, Marie-Joseph, [FRANÇOIS III.
b 1739.

1759, (19 février) St-Vincent-de-Paul.

II.—DENEAU, JOSEPH, [LOUIS I.
GRAVEL, Marie, [ATHANASE III.
b 1741.

IV.—DENEAU, JACQUES, [JOACHIM III.
b 1725.
1° DUPUIS, Charlotte, [FRANÇOIS III.
b 1736.
1764, (19 nov.) St-Philippe.
2° PIMPARE, Marie, [JEAN I.
veuve de François Babeu.

1760, (4 fevrier) St-Philippe. [8]

III.—DENEAU, CHARLES-ALBERT, [CHARLES II.
b 1731.
FONTENEAU, Louise, [JOSEPH II.
b 1734.
Charles, b [8] 13 sept. 1760.

DENEAU, JEAN-BTE,
GAGNÉ, Marie-Joseph,
Jean-Baptiste, b 29 oct. 1761, à St-Constant.—*Marie-Reine*, b 6 janvier 1763, à St-Philippe.

(1) Et Devaut dit Jolicœur.

(2) Dit Sanssoucy.

1761.

IV.—DENEAU, Antoine, [Joachim III.
b 1728.
Deneau, Thérèse, [François-Xavier III.
b 1735.
Antoine, b 7 sept. 1762, à St-Philippe.[8]—*Marie-Catherine*, b [8] 18 juin et s [8] 18 août 1764.

1763.

III.—DENEAU, Charles, [François II.
b 1736.
Robidou, Marie-Anne, [Jean-Bte III.
b 1743.
Charles, b 13 janvier 1764, à St-Philippe.

1765, (21 janvier) Boucherville. [4]

IV.—DENEAU, Joseph, [Pierre III.
b 1733.
1° Lesueur, Véronique. [Jean-Bte II.
1769, (23 oct.) [4]
2° Gautier, Marie-Joseph. [Paul.

1765, (11 février) Châteauguay.

IV.—DENEAU, Toussaint. [Jean-Bte III.
Duquet, Veronique. [Charles III.

1765, (18 février) St-Philippe.

IV.—DENEAU, Charles, [Jacques III.
b 1744.
Lestage, Marie-Monique, [Pierre II.
b 1739.

1766, (14 avril) Châteauguay.

IV.—DENEAU, Hypolite. [Jean-Bte III.
Primot, Marie-Anne. [Pierre.

1766, (13 oct.) Pte-aux-Trembles, M.

IV.—DENEAU, Simon, [Pierre III.
b 1742.
Petit, Marie-Angélique, [Louis II.
b 1741.

1767, (12 oct.) Boucherville.

IV.—DENEAU, Jacques. [Pierre III.
Ossant, Françoise. [François III.

1768, (11 avril) St-Thomas.

III.—DENEAU, Joseph-Marie, [Joseph II.
b 1738.
Prou, Marie-Catherine. [Thomas II.

DENEAU, Charles.
Barette, Marie-Catherine,
s 19 mars 1770, à St-Constant.[7]
Marie-Catherine et *Marie-Joseph*, b [7] 17 mars 1770.

1770, (30 juillet) St-Philippe.

IV.—DENEAU, Louis-Jean. [Joseph III.
Tremblay, Marie-Joseph, [Jacques III.
b 1736; veuve de Jean-Joseph Desgougres.

1771, (7 janvier) Boucherville.

IV.—DENEAU, Jean-Bte. [Pierre III.
Maillot, Marie. [Charles III.

1771, (8 avril) St-Thomas.

III.—DENEAU, Augustin, [Joseph II.
b 1740.
Hins, Elisabeth, [Joseph II.
b 1754.

1771, (25 nov.) St-Constant.

IV.—DENEAU, François, [François III
b 1743.
Marie-Ste-Marie, Catherine, [Michel III.
b 1745.

1775, (27 février) Rivière-Ouelle.

II.—DENEAU (1), Joseph-Clément, [Jacques I.
b 1742.
Michaud, Marie-Rose, [Joseph III.
b 1756.

1756, (17 nov.) Québec.[7]

I.—DÉNÉCHAUD (2), Jacques, b 1728, chirurgien; fils de Pierre et d'Antoinette Lubet, de St-Savin-en-Bourgès, diocèse de Bordeaux, s 27 sept. 1810, à l'Hotel-Dieu, Q.[8]
Gastonguay (3), Angelique, [Jean-Bte III.
b 1731; s [7] 29 juin 1782.
Jean-Jacques, b [7] 19 août 1757. — *Antoine-Charles*, b [7] 9 janvier 1759; s [7] 24 juillet 1788 — *Marie-Angélique*, b [7] 13 déc. 1760; s 14 nov. 1761, à Charlesbourg.—*Jacques-Paul*, b [7] 8 sept. 1762. — *Marie-Françoise*, b [7] 31 janvier 1764 — *Charles-Denis*, b [7] 8 mars 1768; ord. 25 mai 1793; s [8] 12 avril 1837.—*Claude* (4), b...

DeNEUVILLET, Etienne.—Voy. DePortneuf.

DeNEVERS.—*Variations et surnoms :* Boisvert—Brentigny—Dannevers—Teneverd.

DeNEVERS, Ursule, épouse d'Etienne Houde.

---

(1) Et Drot.

(2) Arrivé à Québec, en 1752. Nous devons à l'obligeance du vénérable abbé Rondeau, curé de St-Savin (Gironde), la note suivante, accompagnant l'extrait de baptême de Jacques Dénéchaud.

" Jacques Dénéchaud, au dire de quelques vieillards, avait fréquenté un médecin nomme Cavalier, exerçant a St-Savin. Ils ont appris par la tradition qu'il serait parti pour l'étranger et que jamais on n'a eu de nouvelles de lui Il laissa deux frères qui forment les souches des nombreux Dénechaud établis dans St-Savin."

Acte de baptême de St-Savin (Gironde): Le 12 juillet 1728, a été baptisé Jacques, fils de Pierre Dénéchaud et d'Antoinette Lubet, mariés ensemble, habitants de ce bourg. Le parrain a été Jacques Denechaud et la marraine Marie Arnaud (Signé) Darsses, Ptre.

(3) Nom formé de Gaston et de Guay, voy. ce dernier nom.

(4) Grand-maître des Francsmaçons.

1652, (28 oct.) Québec.

I.—DeNEVERS (1), Etienne,
b 1622.
Hayot (2), Anne, [Thomas I.
b 1640.
Daniel, b 17 dec. 1656, à Sillery[4]; m 19 nov. 1691, à Madeleine Girard, à la Pte-aux-Trembles, Q.; s 10 sept. 1729, à Lotbinière.—*Etienne*, b 1660; m à Marie-Jeanne Lemay; s 19 sept. 1731, à Ste-Croix.—*Simon-Jean*, b [4] 27 déc. 1667; m à Madeleine Tousignan; s 1er nov. 1742, à Lachenaye.

1671.

II.—DeNEVERS (3), Guillaume, [Etienne I.
b 1654
Vitard, Louise,
b 1649.
François, b 1674, m 7 juillet 1698, à Marie-Anne Marcot, au Cap-Santé, s 13 avril 1753, à Lotbinière.—*Marie*, b 1678; m à Fabien Rondeau: s 13 avril 1712, à St-Nicolas.—*Alexis*, b 1699; m 1734, à Catherine-Charlotte Hamelin; s 20 janvier 1774, aux Grondines.

II.—DeNEVERS (4), Simon-Jean, [Etienne I.
b 1667; s 1er nov. 1742, à Lachenaye.
Tousignan, Madeleine, [Pierre I.
b 1672; s 25 mai 1756, à Québec.

II.—DeNEVERS (5), Etienne, [Etienne I.
b 1660; s 19 sept. 1731, à Ste-Croix. [1]
Lemay, Marie-Jeanne, [Michel I.
b 1672.
Etienne, b 1689, m 1720, à Marie-Anne Pichet; s 6 sept. 1759, aux Trois-Rivières. — *Jean*, b... 1° m 22 juillet 1725, à Marie Benoit, à Deschambault [2], 2° m 23 oct. 1730, à Thérèse Desnoyers, au Cap-Santé; 3° m [2] 30 août 1751, à Marie-Geneviève Arcan.—*Louis*, b... 1° m [1] 15 nov. 1729, à Marie-Catherine Pichet; 2° m à Marguerite Tinon-Desroches. — *Michel*, b... m [1] 30 nov. 1731, à Jeanne DeNevers.

1691, (19 nov.) Pte-aux-Trembles, Q.

II.—DeNEVERS (6), Daniel-Jean, [Etienne I.
b 1656; s 10 sept. 1729, à Lotbinière.
Girard (7), Madeleine, [Pierre I.
b 1674.
Marguerite, b... 1° m 6 avril 1723, à Mathurin Pineau, à Repentigny, 2° m 26 février 1748, à Jean-Baptiste Leduc, à Montreal.

(1) Et Tenevert dit Brentigny; voy. vol. I, p. 178.
(2) Elle épouse, en 1668, Léonard Dubord.
(3) Dit Boisverd; voy. vol. I, p. 179.
(4) Dit Brentigny; chirurgien de la compagnie de M. de Valrenne, établi à Lotbinière.
(5) Dit Boisverd, 1731.
(6) Dit Brentigny.
(7) Elle épouse, le 8 janvier 1731, Guillaume Rognon, à Lotbinière.

1698, (7 juillet) Cap-Santé.

III.—DeNEVERS (1), François, [Guillaume II.
b 1674; s 13 avril 1753, à Lotbinière.
Marcot, Marie-Anne, [Jacques I.
b 1680.
François, b 1699; m 1726, à Madeleine Dupré. —*Marie-Anne*, b... m 7 janvier 1728, à François Rondeau, à Ste-Croix [5]— *Marie-Jeanne*, b... m [5] 30 nov. 1731, à Michel DeNevers.—*Marie-Joseph*, b... m [5] 7 janvier 1732, à Michel Rognon. — *Ursule*, b... 1° m 6 avril 1728, à Louis Jodoin, à Champlain[1]; 2° m [1] 7 janvier 1734, à André Content.

III.—DeNEVERS (2), François. [Jean II.
Pichet, Madeleine, [Adrien II.
b 1699.
Madeleine, b... m 27 juillet 1739, à Pierre Labonne, aux Trois-Rivières. [5]—*Marie-Joseph*, b 20 janvier 1732, à Ste-Croix; m [5] 13 fevrier 1747, à Jean Pernin.— *Angélique*, b... m [5] 21 juin 1751, à François Bornival. — *Pierre-Joseph*, b... m 1749, à Therèse Lafrance. — *François*, b [5] 24 mars 1750.

1720.

III.—DeNEVERS (3), Etienne, [Etienne II.
b 1689; s 6 sept. 1759, aux Trois-Rivières.
Pichet, Marie-Anne, [Pierre II.
b 1704.
Marie-Joseph, b 30 mai 1723, à la Pte-aux-Trembles, Q.

1725, (22 juillet) Deschambault. [5]

III.—DeNEVERS (4), Jean. [Etienne II.
1° Benoit (5), Marie, [Pierre II.
b 1700; s [5] 23 mars 1730.
Jean-Marie, b [5] 10 sept. 1726; m 1749, à Marie-Angelique DeNevers.—*Marie-Ursule*, b [5] 22 juin 1728.—*Anonyme*, b [5] et s [5] 21 mars 1730.—*Marie*, b... m [5] 25 fevrier 1754, à Joseph-Gaspard Perron.

1730, (23 oct.) Cap-Santé. [6]

2° Desnoyers, Therèse, [François I.
b 1697; veuve de François Marcot; s [6] 23 nov. 1747.
Madeleine, b [5] 27 sept. 1731; 1° m [5] 14 février 1752, à Paul Montambault; 2° m [5] 9 nov. 1760, à Jean-François Chon (6).—*Pierre*, b [6] 8 juin 1733. —*Marie-Anne*, b [6] 6 nov. 1735; m [5] 8 avril 1755, à Joseph Gariépy.—*Alexis*, b [6] 22 nov. 1737.

1751, (30 août). [6]

3° Arcan, Marie-Geneviève, [Simon I.
b 1706; veuve de Simon Martineau.

1726.

IV.—DeNEVERS, François, [François III.
b 1699.
Dupré, Madeleine. [Jean-Bte II.

(1) Voy. vol. I, p. 179.
(2) Dit Boisverd; voy. vol. II, p. 335.
(3) Dit Boisverd; voy. aussi ce nom, vol. II, p. 335.
(4) Dit Boisverd.
(5) Dit Abel.
(6) Ce nom a formé ceux de Chéon, Crochon et Cambray.

Marie-Angélique, b 9 nov. 1727, à Ste-Croix, m 1749, à Jean-Baptiste DeNevers.—*Joseph*, b... m 16 nov. 1750, à Catherine Grondin, aux Trois-Rivières.[8]—*Marie-Joseph*, b... 1° m à ...... Palin ; 2° m [8] 22 mai 1751, à François Lemire. — *François*, b... m [3] 10 fevrier 1755, à Françoise-Madeleine Hostain-Marineau. — *Pierre*, b [3] 27 sept. 1739. — *Louis*, b [3] 29 mai 1742 ; m 11 janvier 1773, à Marie Poulin, à Terrebonne.—*Marie*, b [3] 6 juin 1744. — *Marie-Thérèse*, b [3] 31 dec. 1745.— *Jean*, b [3] 13 avril 1748.

DeNEVERS, Louis, b 1710 ; s 20 déc. 1794, à Nicolet.

1729, (15 nov.) Ste-Croix.

III.—DeNEVERS (1), Louis. [Etienne II.
1° Pichet, Marie-Catherine, [Pierre II.
b 1710.
2° Tinon (2), Marguerite, [Barthélemi II.
b 1711.

1731, (30 nov.) Ste-Croix.

III.—DeNEVERS (1), Michel. [Etienne II.
DeNevers, Jeanne. [François III.
Marie-Anne, b 1732; m 1751, à Louis Tousignan.—*Marie-Jeanne*, b... s 2 juillet 1741, à Lotbinière. [1]—*Etienne-Eustache*, b [1] 28 février 1741. —*Marie-Marguerite*, b [1] 26 nov. 1750.

1734.

III.—DeNEVERS (3), Alexis, [Guillaume II.
b 1699 ; s 20 janvier 1774, aux Grondines. [4]
Hamelin, Catherine-Charlotte, [François I.
b 1716.

1749.

IV.—DeNEVERS, Jean-Marie, [Jean III.
b 1726.
DeNevers (1), Marie-Angélique, [François IV
b 1727.
Marie-Charlotte, b 4 fevrier 1750, à Ste-Croix.[5] —*Jean-Baptiste*, b 1751 ; s [5] 2 nov. 1758.—*Anonyme*, b [5] 16 janvier 1755. — *Henri-Marie*, b [5] 27 janvier 1757.

1749.

IV.—DeNEVERS (1), Pierre-Jos. [François III
Lafrance, Therèse.
Pierre-Joseph, b 7 janvier 1750, aux Trois-Rivières [6] — *Joseph*, b [6] 18 avril 1752. — *Marie-Louise*, b [6] 27 août 1753.—*Michel*, b [6] 9 juillet 1757.—*Antoine*, b [6] 6 oct. 1759.

1750, (16 nov.) Trois-Rivières. [8]

V.—DeNEVERS (1), Joseph. [François IV.
Grondin (4), Catherine, [Jean-Bte III.
b 1737.
Marie-Catherine, b [8] 25 déc. 1751 ; s [8] 23 avril 1752.—*Joseph*, b [8] 13 janvier 1753.—*Jean-Baptiste*, b [8] 1er nov. 1754 ; s [8] 21 nov. 1755.—*Catherine*, b [8] 25 juillet 1756. — *Marie-Archange*, b .. m 2 février 1795, à Augustin Gagné, à Repentigny.

1755, (10 fevrier) Trois-Rivières. [9]

V.—DeNEVERS (1), François. [François IV.
Hostain (2), Françoise-Madeleine, [Louis II.
b 1738.
Marie-Françoise, b [9] 5 mai et s [9] 20 nov. 1755. —*Marie-Françoise*, b [9] 5 sept. et s [9] 18 nov. 1756. —*François*, b [9] 25 août 1757.

1773, (11 janvier) Terrebonne.

V.—DeNEVERS, Louis, [François IV.
b 1742.
Poulin-Courval, Marie. [Louis V.

I.—DENIBEL (3), Jean.

1761, (6 avril) Pte-aux-Trembles, M.

I.—DENICOUR, Pierre-François, b 1733, fils de François et de Cécile Gabiau, d'Auty, diocèse d'Amiens.
Monet, Madeleine, [Jean-Bte II.
b 1735.
Marie-Marguerite, b 4 déc. 1767, à Repentigny. [8]—*François*, b [8] 21 mars 1769.—*Pierre*, b [8] 17 fevrier 1771.—*Julie*, b [8] 21 et s [8] 25 mars 1772. —*Marie-Charlotte*, b [8] 6 mars et s [8] 16 juin 1773. —*Marie-Charlotte*, b [8] 27 mars 1774.—*Marie-Elisabeth*, b... s [8] 12 juillet 1781.

I.—DENIÈS, Jacques-Gaspard, b 1723 ; fils de Joseph et de Jeanne-Antoinette Denos; s 21 avril 1761, à Nicolet.

DeNIGER.—*Surnom :* Sansoucy.

1669.

I.—DeNIGER (4), Bernard,
b 1627.
Raisin, Marguerite,
b 1651 ; s 21 nov. 1700, à Laprairie. [6]
Marguerite, b 1677 ; sœur Ste-Marthe, congregation N.-D. ; s 28 juin 1720, à Montreal. [1] — *Pierre*, b 20 janvier 1678, à Sorel ; m 1708, à Catherine Têtu ; s [6] 16 mars 1730. — *René*, b 21 avril 1684, à Contrecœur ; m [1] 28 mai 1711, à Jeanne-Madeleine Dionet ; s [1] 18 janvier 1718

1705, (24 nov.) Laprairie. [2]

II.—DeNIGER, Jean, [Bernard I.
b 1672.
Supernant (5), Catherine, [Jacques I.
b 1686.
Marie-Marguerite, b [2] 22 mai 1707 ; m [2] 8 janvier 1731, à Gabriel Longtin.—*Laurent*, b [2] 30 mars 1709 ; m [2] 3 mai 1734, à Angelique Longtin. —*François*, b [2] 11 fevrier 1711 ; 1° m [2] 18 fevrier

---

(1) Dit Boisverd.
(2) Desroches.
(3) Voy. Boisverd, vol. II, p. 335
(4) Appelée Girardin en 1756.

(1) Dit Boisverd.
(2) Dit Marineau.
(3) Il était à Yamachiche, le 16 mars 1761.
(4) Dit Sansoucy ; voy vol. I, p. 180.
(5) Elle epouse, le 12 avril 1717, Julien Baritaut, à Laprairie.

1743, à Marie-Joseph GUY; 2° m [2] 5 juin 1754, à Marie-Anne BABEU.—*Marie*, b 1714; 1° m [2] 21 nov. 1735, à Charles TOUGAS; 2° m [2] 18 janvier 1745, à Jacques CHARLAND; 3° m 13 juillet 1750, à Jean-Baptiste BOULARD, à Montréal.—*Marie-Catherine*, b [2] 28 juillet 1715.—*Antoine*, b... 1° m [2] 15 janvier 1742, à Marie-Anne DUMAS; 2° m [2] 10 janvier 1746, à Marguerite RIVET.

1708.

II.—DENIGER, PIERRE, [BERNARD I.
b 1678; s 16 mars 1730, à Laprairie. [3]
TÊTU (1), Catherine, [JACQUES I.
b 1689.
Catherine, b [3] 16 février 1709; m [3] 17 nov. 1727, à Jacques LEMIEUX.— *Marie*, b [3] 29 juin 1711. — *Marguerite*, b 1712, m [3] 6 nov. 1730, à François DENEAU.—*Geneviève*, b [3] 13 nov. 1715, m [3] 22 janvier 1741, à Louis BABEU.—*François*, b [3] 8 mars 1717; m [3] 15 janvier 1742, à Marie-Rose ROY.—*Geneviève*, b [3] 7 mai 1719. — *Marie-Madeleine*, b [3] 11 juin 1721; m [3] 22 oct. 1742, à Jean-Baptiste POUPART.—*Marie-Elisabeth*, b [3] 1er août 1729; s [3] 2 avril 1730.

1711, (28 mai) Montréal. [4]

II.—DENIGER, RENÉ, [BERNARD I.
b 1684; s [4] 18 janvier 1718.
DIONET-LAFLEUR, Jeanne-Madeleine, [JEAN I.
b 1691.
François, b [4] 27 juillet 1712.—*Marie-Madeleine*, b [4] 4 oct. 1714; s [4] 15 dec. 1716.

1734, (3 mai) Laprairie. [8]

III.—DENIGER, LAURENT, [JEAN II.
b 1709.
LONGTIN, Angélique, [JÉRÔME II.
b 1710.
Laurent, b [8] 29 août 1734; m 4 août 1760, à Marie-Madeleine LESTAGE, à St-Philippe. [7] — *Marie-Françoise*, b [8] 3 dec. 1735; m 1758, à Antoine ROBERT. — *Antoine*, b [8] 26 mai et s [8] 17 oct. 1737. — *François*, b [8] 25 déc. 1738; s [8] 6 février 1742.—*Pierre*, b [8] 12 fevrier et s [8] 8 août 1740.—*Antoine*, b [8] 8 juin et s [8] 22 août 1741.—*Marie-Angélique*, b [8] 6 sept. 1742. — *Marguerite*, b [8] 19 sept. et s [8] 8 oct. 1743. — *Marie-Catherine*, b 1745; m [7] 4 juillet 1768, à Philippe DISLY.—*Louis*, b... m 19 oct. 1772, à Marie-Joseph HÉBERT, à Varennes.

1742, (15 janvier) Laprairie. [3]

III.—DENIGER, ANTOINE. [JEAN II.
1° DUMAS, Marie-Anne, [PIERRE II.
b 1717; s [3] 20 juin 1744.
Pierre, b [3] 10 et s [3] 31 mars 1743.
1746, (10 janvier). [3]
2° RIVET, Marguerite, [RENÉ III.
b 1723.

(1) Elle epouse, le 20 juin 1734, Jean-Baptiste Babeu, à Lapraine.

1742, (15 janvier) Laprairie. [3]

III.—DENIGER, FRANÇOIS, [PIERRE II.
b 1717.
ROY, Marie-Rose, [PIERRE II.
b 1718.
Anonyme, b [3] et s [3] 20 oct. 1743.

1743, (18 février) Laprairie. [3]

III.—DENIGER, FRANÇOIS, [JEAN II.
b 1711.
1° GUY, Marie-Joseph, [FRANÇOIS I.
b 1723.
François-Guy, b [3] 14 déc. 1743 s [3] 6 janvier 1744.— *Marie-Joseph*, b... m 10 juin 1765, à Hilaire DUPUIS, à St-Philippe.
1754, (5 juin). [8]
2° BABEU, Marie-Anne, [ANDRÉ I.
b 1700; veuve de Michel-François Circe.

DENIGER, FRANÇOIS, b 1730; s 18 février 1768, à St-Constant.

1760, (4 août) St-Philippe. [3]

IV.—DENIGER, LAURENT, [LAURENT III.
b 1734.
LESTAGE, Marie-Madeleine, [PIERRE II.
b 1738.
Laurent, b 30 janvier, à St-Constant et s [8] 6 juin 1762.

1772, (19 oct.) Varennes.

IV.—DENIGER, LOUIS. [LAURENT III.
HÉBERT, Marie-Joseph, [JOSEPH IV.
b 1746.

DENIORT —*Surnoms :* DE LA NORAYE — DE LA MINOTIÈRE—JOLICŒUR.

1672, (22 fevrier) Québec. [4]

I.—DENIORT (1), LOUIS,
b 1639; s 5 déc. 1708, à Ste-Famille, I. O.
SEVESTRE, Marie, [CHARLES II.
b 1639; veuve de Jacques Loyer; s [4] 7 nov. 1706.
Louis, b [4] 22 juin 1673; m [4] 9 août 1694, à Marie VANNECK.—*Pierre*, b 1676.—*Jean*, b 1678.—*Ursule*, b 1689; s 10 dec. 1729, à Montreal.

II.—DENIORT (2), PIERRE, [LOUIS I.
b 1676.

1694, (9 août) Québec.

II.—DENIORT, LOUIS, [LOUIS I.
b 1673.
VANNECK, Marie,
veuve de Lambert Dumont.

(1) Sieur de la Noraye; voy. vol. I, p 180.
(2) De la Minotière; il était à Ste-Foye, en 1713.

1712.

I.—DeNIORT (1), Jacques,
b 1676; s 9 déc. 1749, à Montréal.[1]
Lemoine (2), Marie-Marguerite, [Nicolas II.
b 1690.
Jean-Baptiste, b [1] 6 avril 1713. — *Pierre,* b [3] 3 nov. 1715. — *Marie-Louise,* b [3] 24 juillet 1717; 1° m [3] 22 sept. 1735, à René Laigu, 2° m [3] 9 nov. 1761, à Jacques Métayer.—*Jacques,* b [3] 5 mai 1720.—*Angélique,* b 1722; m 1er oct. 1742, à Joseph Delaunay, au Sault-au-Recollet. — *Marguerite,* b [3] 7 oct. 1724; m [3] 6 oct. 1755, à Antoine Mallard.—*Elisabeth,* b 1728; 1° m [3] 18 sept. 1752, à Pierre Charles; 2° m [3] 7 janvier 1761, à Nicolas Mouras.

DeNIORT, Charles.—Voy. Drouillard, 1724.

DENIS.—*Variations et surnoms :* Denys — St-Denis — DeBonaventure — DeFronsac — De la Ronde — De la Thibaudière — De la Trinité —DeSt-Simon — DeVitré — Jean — Lafontaine — Lapicardie — Lapierre — LeVallon — Lyonnais — Quimper — St-Amant—St-Onge—Véronneau.

DENIS, Marie-Anne, b 1695; m à François Nolet; s 11 mars 1745, à Beaumont.

DENIS, Marie-Joseph, epouse de Joseph Galesse.

DENIS, Monique, b... 1° m à Charles Normand; 2° m 4 fevrier 1732, à Guillaume Vinet, au Bout-de-l'Ile, M.

DENIS, Rose, b... m à .... Métayer; s 27 déc. 1748, à Montréal.

DENIS, Françoise, épouse de Michel Lefebvre.

DENIS, Louise, épouse de Jean Godbout.

DENIS, Marie-Joseph, epouse de Vital Maillou.

DENIS, Marie-Charlotte, épouse de François Maurice.

DENIS, Catherine, b 1737, m à Pierre Latour; s 27 sept. 1775, à Terrebonne.

DENIS, Geneviève, b 1748; m à Nicolas Lefebvre; s 12 janvier 1820, à Beaumont.

DENIS, Marie-Joseph, epouse de Joseph Laforme.

DENIS, Louise, b 1765; m à Guillaume Turgeon; s 26 mars 1841, à Beaumont.

DENIS, Félicité, epouse de Jean-Baptiste Rognon.

(1) Dit Jolicœur.

(2) Elle épouse, le 9 sept. 1761, Joseph Gouyon, à Longueuil.

I.—DENIS (1), Simon,
b 1599; de St-Vincent de Tours.
1° Dubreuil, Jeanne,
de St-Vincent de Tours.
2° DuTartre, Françoise,
b 1621; s 9 dec. 1670, à Quebec.[2]
Marie-Gabrielle (2), b [2] 19 août 1658; sœur hospitalière dite Gabrielle-de-l'Annonciation; professe [2] 2 dec. 1675.

1655, (23 août) Québec. [3]

II.—DENIS (3), Pierre, [Simon I.
b 1630; s [3] 6 juin 1708.
Leneuf, Catherine, [Jacques I.
b 1640, s [3] 25 oct. 1697.
Marie-Charlotte, b [3] 9 mars 1668; m [3] 8 nov. 1690, à Claude DeRamesay; s 9 juillet 1742, à Montréal.

1678, (18 janvier) Québec. [4]

II.—DENIS (4), Paul, [Simon I.
b 1649; s [4] 15 oct. 1731.
DePeiras, Louise-Madeleine, [Jean I.
b 1662; s [4] 25 mars 1744, à l'Hôpital-General.

1682.

II.—DENIS (5), Richard. [Nicolas I.
1° Parabego, Anne.
Nicolas, b 1682; m à Marie Sauvagesse, s 3 février 1732, à Beaumont. — *Marie-Anne,* b... m 16 oct. 1709, à Jean Mercan, à Quebec. [2]

1689, (15 oct.) [2]

2° Cailteau (6), Françoise, [Jacques I
b 1665.
Louis, né 31 oct. 1690; b [2] 29 oct. 1691.

1686.

III.—DENIS (7), Simon-Pierre, [Pierre II
b 1659.
1° Couillard, Geneviève, [Louis II.
b 1660.

1688.

2° Jannière, Jeanne,
veuve de .... Hombourg.
Claude, b... m 25 nov. 1748, à Louise-Marguerite Denis, à Quebec.

1687, (8 oct.) L'Ange-Gardien. [3]

I.—DENIS (8), Pierre,
b 1656; s 19 sept. 1727, à St-Laurent, I. O [4]
Gaudin, Marie, [Charles I.
b 1662; veuve de Louis Goulet.

(1) Voy. vol I, p 180.

(2) Filleule de l'abbé de Queylus.

(3) Sieur de la Ronde; voy. vol. I, pp. 180-181.

(4) Sieur de St-Simon; voy. vol. I, p. 181.

(5) Voy. vol. I, p. 181.

(6) Elle épouse, le 25 juillet 1694, Pierre Rey-Gaillard, à Québec.

(7) Sieur de Bonaventure; chevalier, capitaine de fregate et lieutenant du roi, en Acadie (1680); voy. vol. I, p. 181.

(8) Dit Lapierre, voy. vol. I, p 181.

Pierre, b [3] 13 sept. 1688; m [3] 22 oct. 1725, à Veronique Mathieu; s [4] 17 avril 1758. — *Joseph*, b 1690, m 9 nov. 1722, à Marie Labonté, à Beaumont; s 11 février 1760, à St-Michel. — *Marie*, b... m [4] 27 nov. 1713, à Jean Baillargeon; s [4] 27 mai 1722.—*Charles*, b 1694; m [4] 20 nov. 1719, à Marie-Madeleine Pichet.—*Marguerite*, b... m [4] 28 août 1730, à Louis Rouleau; s [4] 30 janvier 1735. — *Anne*, b [4] 27 mars 1701; m [4] 31 janvier 1724, à Jean Pouliot. — *François*, b [4] 19 mars et s [4] 20 août 1705.

1689, (22 février) Lachine. [1]

I.—DENIS (1), Jacques,
b 1657; s avant 1718.
Gautier, Anne, [Pierre I.
b 1676.

Barbe, b [1] 8 juillet 1698; m 13 janvier 1718, à Joseph Lefebvre, au Bout-de-l'Ile, M.[2]—*Charles*, b [2] 13 oct. 1709: 1° m 17 janvier 1729, à Marie Dany, à Montréal [3]; 2° m 1737, à Elisabeth Picard. — *Louis*, b 30 juillet 1714, à la Pointe-Claire, m [3] 6 février 1736, à Charlotte Charlebois; s [2] 15 janvier 1756.—*Jacques-Michel*, b... m [2] 7 fevrier 1745, à Marie Pilon.

1700, (18 mars) Lorette.

III.—DENIS (2), Charles. [Charles II.
Chrétien, Marie-Charlotte, [Jean I.
b 1669; s 19 nov. 1749, aux Trois-Rivières.

III.—DENIS (3), Nicolas, [Richard II.
b 1682; s 3 fevrier 1732, à Beaumont. [5]
Sauvagesse, Marie.

Françoise, b 1708; s [5] 22 janvier 1732. — *Gabriel*, b 1716; s [5] 28 déc. 1732.—*Jacques*, b 1717, s [5] 6 fevrier 1732.

III.—DENIS (4), Louis, [Richard II.
b 1691.

1709, (20 juillet) Québec. [6]

III.—DENIS (5), Louis, [Pierre II.
b 1675; s 25 mars 1741, à l'Hôtel-Dieu, Q.
Chartier, Marie-Louise, [Rene-Louis II.
b 1691; s 25 mars 1761, à l'Hôpital-General, M.

Philippe, né à l'Ile-Royale; b... m [6] 15 janvier 1753, à Louise-Marguerite DeRey-Gaillard.—*Marie-Catherine*, b... sœur St-Elzear, Hôpital-General, Q., s 1763, à Dieppe.—*Pierre-François-Paul*, b 14 juillet 1722, à l'Ile-St-Jean; m 29 juillet 1749, à Marguerite-Suzanne Celles-Duclos, à Montréal.—*Louise-Marguerite*, b [6] 31 dec. 1724; m [6] 25 nov. 1748, à Claude Denis — *Pierre*, b [6] 12 nov. 1726.—*Charlotte-Thérèse*, b [6] 19 dec. 1730; m [6] 17 janvier 1757, à Pierre Audet.

(1) Et St-Denis; voy. vol. I, p. 181.

(2) Sieur de Vitré; conseiller au Conseil Souverain; voy. vol. I, p. 182.

(3) Sieur de Fronsac.

(4) DeFronsac; pensionnaire chez messire Jacques Leblond, cure de St-François-Xavier, Petite Rivière, en 1707 et 1708.

(5) De la Ronde; enseigne de vaisseau et capitaine d'une compagnie de marine; chevalier de St-Louis, 1724.

1713, (17 oct.) Québec. [8]

III.—DENIS (1), Charles-Paul, [Paul II.
b 1688, s [8] 8 sept. 1748.
Prat, Marie-Joseph, [Louis I.
b 1696; s [8] 17 oct. 1756.

Marie-Louise, b [8] 11 sept. 1714; s [8] 1er avril 1715.—*Marie-Angélique*, b [8] 8 août 1716; s [8] 19 mai 1733.—*Jean-Paul*, b [8] 25 juin et s [8] 17 nov. 1718.—*Mathieu-Paul*, b [8] 16 nov. 1719; s [8] 22 mai 1733.—*Louise-Françoise*, b [8] 6 mars 1722; s [8] 3 oct. 1730.—*Marie-Madeleine*, b [8] 1er juin 1724; s [8] 7 janvier 1727.—*Antoine-Charles*, b [8] 29 juin 1726, s [8] 23 mars 1729.—*Victoire-Catherine*, b [8] 9 juillet 1727; s 1775, à l'Hôpital-General, Q. [9] — *Marie-Jacquette*, b [8] 2 avril et s [8] 15 mai 1729.—*Anne-Charlotte*, b [8] 6 juillet et s 26 nov. 1730, à Charlesbourg.—*Paul-Charles*, b [8] 26 avril 1733; s [8] 5 mai 1735.—*Antoine-Charles*, b [8] 4 nov. 1734; s 5 juin 1785, à Leoganne, Haïti.—*Catherine-Angélique*, b [8] 3 mars 1736; s [9] 1777.—*Louis-Achille*, b [8] 4 janvier 1738.—*Hugues-Mathurin*, b [8] 4 et s [8] 18 août 1739.—*Guillaume-Mathurin*, b [8] 2 avril et s [8] 16 mai 1741.

1719, (20 nov.) St-Laurent, I. O. [1]

II.—DENIS (2), Charles, [Pierre I.
b 1694.
Pichet, Marie-Madeleine, [Jean II.
b 1701, s 25 août 1765, à St-Valier. [2]

Marie-Madeleine, b [1] 1er dec. 1720, m [2] 10 nov. 1738, à Joseph-Marie Laverdière.—*Charles*, b [1] 29 juin 1723; m [2] 24 nov. 1749, à Louise Fradet. —*Marguerite*, b [1] 7 mai 1725; m [2] 31 janvier 1746, à Jean-Baptiste Racine.—*Elisabeth*, b [2] 21 janvier 1727.—*Joseph-Bernard*, b [2] 20 août 1728. —*Pierre*, b [2] 16 mai 1730.—*Jean-Baptiste*, b [2] 28 juin 1731; s [2] 4 juin 1733.—*Jean-Baptiste*, b [2] 18 juin 1734.—*François-Marie*, b [2] 8 mai 1737.—*Etienne*, b [2] 6 sept. 1740.—*Marie-Catherine*, b [2] 17 oct. 1742.—*Marie*, b... m [2] 14 avril 1766, à Nicolas Herpe.

1722, (22 sept.) Québec. [3]

III.—DENIS (3), Guil.-Emmanuel, [Paul II.
b 1693.
1° DesBergères, Marie-Joseph, [Raymond I.
b 1698; s [3] 9 août 1728.

Théodore-Mathieu (4), b [3] 8 nov. 1724.—*Marie-Anne-Noelle*, b [3] 24 dec. 1725.—*Pierre-Marie*, b [3] 11 sept. 1727; s [3] 1er fevrier 1730.

1729, (5 oct.) Hôpital-General, Q.

2° Juchereau (5), Marie-Therèse, [Ignace III.
b 1708.

(1) Sieur de St-Simon; conseiller, prevost de la Marechaussée.

(2) Dit Lapierre.

(3) Sieur de Vitré.

(4) Commandant une frégate française, il fut fait prisonnier pendant la guerre et trahit son pays en servant de pilote à l'escadre anglaise jusqu'à l'Ile d'Orléans, où elle arriva le 25 juin 1759. Pour prix de sa trahison, il fut récompensé par un grade au service de l'Angleterre; voy. Garneau, vol. II, p. 315.

(5) Elle epouse, le 5 fevrier 1742, Antoine Daillebout, à Beauport.

1722, (9 nov.) Beaumont.[4]

II.—DENIS (1), Joseph, [Pierre I.
b 1690; s 11 fevrier 1760, à St-Michel.[5]
Labonté (2), Marie-Jeanne, [Léonard I.
b 1704.

Marie-Joseph, b[4] 17 juillet 1724; m[5] 1er fevrier 1745, à Joseph Forgues.—*Marie-Madeleine*, b[5] 7 sept. 1725; 1° m[5] 22 avril 1743, à François Dallaire; 2° m 26 avril 1746, à Augustin Rémillard, à St-Valier.[6] — *Marie-Agnès*, b[6] 30 oct. 1726; m[5] 10 mai 1750, à Jacques Alard. — *Marie-Marguerite*, b[6] 29 avril 1728; m[5] 2 février 1756, à Jean-Baptiste Labbé.—*Joseph-Marie*, b[6] 24 mai 1729; s[6] 24 mai 1747.—*Pierre*, b[6] 2 juillet 1731; m[5] 30 janvier 1758, à Marie-Anne Fortin.—*Marie-Joseph*, b[6] 23 sept. 1734; s[5] 31 août 1738.—*Marie-Elisabeth*, b[5] 8 nov. 1735; m[6] 19 oct. 1761, à Jacques Bolduc.—*Marie-Thérèse*, b[5] 26 mai 1737; m[5] 14 janvier 1754, à Antoine Gontier.—*Jean-Baptiste*, b[5] 26 juin et s[5] 7 sept. 1739.—*Marie-Clotilde*, b[4] 28 août 1740; m[5] 8 avril 1755, à Joseph Rémillard.—*Marie-Agathe*, b[5] 6 dec. 1742, s[5] 9 dec. 1748.—*Joseph-Marie*, b 1743; s[5] 24 nov. 1748.

1725, (22 oct.) L'Ange-Gardien.

II.—DENIS (1), Pierre-Jacques, [Pierre I.
b 1688; s 17 avril 1758, à St-Laurent, I. O.[7]
Mathieu, Veronique, [René II.
b 1704.

Véronique, b[7] 3 nov. 1726, m[7] 17 janvier 1746, à Louis Fortier.—*Marie-Anne*, b[7] 22 avril 1728; m[7] 15 fevrier 1751, à Pierre Godbout.—*Jacques*, b[7] 18 juin 1732.—*Isabelle*, b[7] 24 mai 1737; m[7] 7 fevrier 1763, à Thomas Moor.—*Marie-Joseph*, b[7] 15 mai 1739.—*Nicolas*, b... m[7] 22 nov. 1762, à Charlotte Isabel.—*Marie-Joseph*, b[7] 28 oct. 1742. — *Geneviève*, b 14 dec. 1745, à St-Jean, I. O.[8] — *Marie*, b... m[8] 30 oct. 1760, à Michel Lacroix. — *François*, b[7] 1er juin 1748.

DENIS (3), ...
Poitevin, Catherine.
Catherine, b 19 août 1729, à Quebec.

DENIS, Joseph.—Voy. Jean dit Denis.

1729, (17 janvier) Montreal.[1]

II.—DENIS (4), Charles, [Jacques I.
b 1709.
1° Dany, Marie, [Jean II.
b 1708; s[1] 10 février 1733.

Joseph, b... m 23 avril 1759, à Agathe DeRainville, à Laprairie.—*Charles*, b[1] 18 oct. 1729, 1° m[1] 7 nov. 1757, à Cunegonde Descaris; 2° m 11 mai 1767, à Marie-Louise Auban, à Lachine.—*Véronique*, b 1731, m[1] 11 janvier 1761, à René Leduc. — *Deux anonymes*, b[1] et s[1] 29 janvier 1733.

(1) Dit Lapierre.
(2) Dit Clément.
(3) De la Ronde.
(4) Et St-Denis.

1737.
2° Picard (1), Elisabeth.

Marie-Madeleine, b[1] 3 fevrier 1738; m[1] 17 janvier 1757, à Nicolas Lenoir.—*Louis-Antoine*, b[1] 9 sept. 1739; m 19 fevrier 1760, à Cecile Sauvé, au Bout-de-l'Ile, M. — *Véronique-Françoise*, b[1] 23 août 1741.—*Marie-Joseph*, b[1] 18 janvier et s[1] 25 fevrier 1743.—*Marie-Catherine*, b[1] 17 janvier 1744. — *Marie-Elisabeth*, b[1] 27 août 1745.—*Marie-Anne*, b[1] 14 nov. 1746.—*Joseph-Marie*, b[1] 1er mars et s[1] 31 juillet 1748.—*Paul-Amable*, b[1] 26 janvier 1750.

DENIS, Michel, b 1710; s 29 dec. 1749, à la Pte-aux-Trembles, Q.

1733, (19 janvier) Ste-Anne-de-la-Pocatière.[7]

I.—DENIS (2), Pierre-Corentin, b 1700, fils de Pierre et de Thérèse Beurier, de St-Mathieu, diocèse de Quimper; s[7] 14 janvier 1746.
Lisotte (3), Marie-Madeleine, [Noel II.
b 1709.

Deux anonymes, b[7] et s[7] 11 mars 1735.—*Marie-Madeleine*, b[7] 27 juin 1736.—*Joseph-François*, b[7] 25 juin 1738; s[7] 1er oct. 1766.—*Pierre*, b[7] 18 mars 1740; m 12 janvier 1767, à Geneviève Michaud, à Kamouraska.— *Marie-Joseph*, b[7] 20 juin 1742. — *Marie-Reine-Françoise*, b[7] 8 sept. 1745; m[7] 22 août 1763, à Charles Martin.

1736, (6 fevrier) Montréal.

II.—DENIS (4), Louis, [Jacques I.
b 1714; s 15 janvier 1756, au Bout-de-l'Ile, M.[2]
Charlebois (5), Charlotte, [Jacques-Chs II.
b 1717.

Louis, b[2] 11 mai 1738; m[2] 24 janvier 1757, à Marie-Joseph Robillard.—*Michel-Amable*, b[2] 29 nov. 1741.—*Jacques*, b[2] 9 oct. 1745; m[2] 2 fevrier 1767, à Marie-Joseph Ranger.—*Marie-Louise*, b[2] 28 sept. 1748.

1737, (28 janvier) Québec.

I.—DENIS, Pierre, soldat, fils de Pierre et de Catherine Sez, de N.-D. de Crignol, diocèse de Tours.
Laroche (6), Marie-Jeanne, [Michel I.
b 1705.

1743, (25 nov.) Montreal.[1]

I.—DENIS (7), Jacques, b 1716; fils de Jean et de Catherine Collet, de St-Symphorien, diocèse de Lyon; s[1] 9 janvier 1755.
1° Edeline, Louise, [Louis-Antoine II.
b 1721; s[1] 26 avril 1748.

(1) Ou Prieur, 1748.
(2) Dit Quimper, 1740; lieutenant de malice.
(3) Elle épouse, le 22 nov. 1746, Isidore Bérubé, à Ste-Anne-de-la-Pocatière.
(4) Et St-Denis.
(5) Elle épouse, le 17 janvier 1757, Antoine Sauvé, au Bout-de-l'Ile, M.
(6) Elle epouse, le 25 nov. 1754, Pierre Durand, à Quebec.
(7) Dit Lyonnais—L'Ecuyer; soldat de la compagnie de Lafrenière.

Pierre, b [1] 30 sept. et s [1] 7 oct. 1744.—*Louise-Catherine*, b [1] 25 août 1745.—*Jacques-Michel*, b [1] 29 sept. 1746.—*Jean*, b [1] 22 avril 1748.

1748, (4 nov.) [1]

2° LeNormand (1), Françoise, [Charles III b 1731.

André, b [1] 2 août 1750.

1745, (7 février) Bout-de-l'Ile, M. [4]

II.—DENIS (2), Jacques-Michel. [Jacques I.
Pilon, Marie. [Jean II.

Marie-Amable, b [4] 20 juillet 1746; m [4] 19 oct. 1767, à Philibert Malet.—*Marie-Marguerite*, b [4] 16 février 1749; s [4] 17 sept. 1751.—*Michel*, b [4] 11 juin 1752 — *Félicité*, b [4] 11 nov. 1754. — *Michel*, b 1757; s [4] 15 déc. 1759.—*Marie-Marguerite*, b [4] 15 août 1760. — *Michel-Archange*, b [4] 29 nov. 1762; s [4] 22 août 1764. — *Marie-Joseph*, b [4] 12 janvier 1766.

1746, (11 oct.) St-Michel.

I.—DENIS (3), Jean-Bte.
St-Aubin (3), Judith.

1748, (25 nov.) Québec.

IV.—DENIS (4), Claude. [Simon III.
Denis, Louise-Marguerite, [Louis III. b 1724.

Anonyme, b et s 26 juin 1752, à l'Ile-St-Jean, Acadie. — *Marie-Louise*, b 7 août 1758, à Louisbourg

---

1749, (19 mai) Montréal. [5]

I.—DENIS (5), Pierre, *b* 1727; fils de Pierre et de Marie-Anne Flamand, de St-Eloi-de-Grandfrenoy, diocèse de Noyon.
Charbonneau, Charlotte, [Jean II b 1728.

Pierre, b [5] 23 février et s [5] 6 mars 1750.—*Marie-Archange*, b 25 avril et s 7 mai 1755, à Soulanges. [4]— *Marie-Françoise*, b [4] 22 mai et s [4] 17 juin 1756.—*Marie-Joseph*, b [4] 14 mars 1758.—*Pierre*, b [4] 28 juin 1760.

1749, (29 juillet) Montréal.

IV.—DENIS (6), François-Paul, [Louis III. b 1722.
Celles-Duclos, Marguerite, [Alexandre II. b 1721.

Louis, b...—*Paul* (7), b... s 1777. — *Marie-Archange*, b 17 sept. 1757, au Détroit. [4]—*Elisabeth*, b [4] 29 sept. 1760.

---

(1) Elle épouse, le 15 nov. 1756, René Gaudry, à Montréal.
(2) Et St-Denis.
(3) Amélicite de la Rivière-St-Jean.
(4) DeBonaventure; chevalier de St-Louis, major du bataillon de l'Ile Royale, amiral.
(5) Dit Lapicardie; soldat de la compagnie de Laperranche.
(6) Sieur de la Thibaudière et de la Ronde, officier.
(7) Tué à la guerre américaine, sous le pavillon anglais.

1749, (24 nov.) St-Valier. [2]

III.—DENIS (1), Charles, [Charles II. b 1723.
Fradet, Louise-Geneviève, [Jean I. b 1724.

Marie-Charlotte, b [2] 11 janvier 1751. — *Marie-Louise*, b [2] 30 avril 1752.—*Charles*, b 6 déc. 1756, à St-Charles. [3]—*Marguerite*, b [3] 4 avril 1759.

DENIS, François.
Vallée, Marie.

Marie-Archange, b 1er oct. 1751, à Verchères.

1753, (15 janvier) Quebec. [3]

IV.—DENIS (2), Philippe, [Louis III. né à l'Ile-Royale.
Gaillard (3), Lse-Marguerite, [Jean-Bte II. b 1736.

Philippe-Ambroise, b [3] 7 déc. 1753.—*Roch*, b [3] 20 mai et s [3] 10 sept. 1755.

1757, (24 janvier) Bout-de-l'Ile, M. [3]

III.—DENIS (4), Louis, [Louis II. b 1738.
Robillard, Marie-Joseph, [Claude III. b 1738.

Marie-Joseph, b [3] 14 nov. 1759.—*Marie-Charles*, b [3] 4 février 1761. — *Joseph*, b [3] 3 et s [3] 6 mai 1762. — *Marie-Françoise*, b [3] 29 mars 1763. — *Marie-Rose*, b [3] 14 sept. 1764. — *Joseph-Amable*, b [3] 30 avril 1766. — *Marie-Agathe*, b [3] 27 janvier 1768.

1757, (7 nov.) Montreal.

III.—DENIS (4), Charles, [Charles II. b 1729

1° Descaris, Cunégonde-Amable, [Joseph III. b 1732.

Catherine, b 23 et s 30 nov. 1758, à St-Laurent, M. [2]— *Joseph-Charles*, b [2] 29 août 1760.

1767, (11 mai) Lachine.

2° Auban, Marie-Louise, [Frs-Honoré I. b 1737; veuve de Pierre-Noël Legaut-Deslauriers.

1758, (30 janvier) St-Michel. [4]

III.—DENIS (1), Pierre, [Joseph II. b 1731.
Fortin, Marie-Anne, [Louis-Marie III. b 1743.

Joseph-Marie, b [4] 2 et s [4] 5 oct. 1759.— *Joseph-Marie*, b [4] 26 janvier 1761. — *Marie-Anne*, b [4] 11 janvier 1763.

DENIS (5), Joseph.
Guenet, Marie-Anne, b 1744; s 2 mars 1816, à l'Hôtel-Dieu, M.

---

(1) Dit Lapierre.
(2) Sieur de la Ronde; capitaine d'un détachement de marine.
(3) Et Rey-Gaillard.
(4) Et St-Denis.
(5) Dit St-Amand

1759, (23 avril) Laprairie.
III.—**DENIS**, JOSEPH. [CHARLES II.
DERAINVILLE, Agathe. [CHARLES III.
Joseph, b 2 juin 1762, à St-Philippe.[2] — *Paul*, b [2] 8 janvier 1764.

1760, (19 février) Bout-de-l'Ile, M. [7]
III.—**DENIS** (1), LOUIS-ANTOINE, [CHARLES II.
b 1739.
SAUVÉ, Cécile, [PIERRE II.
b 1739.
Antoine, b [7] 24 janvier et s [7] 28 juin 1765. — *Augustin*, b [7] 28 avril 1766.—*Amable-Esther*, b [7] 17 mars 1768.

1762, (22 nov.) St-Laurent, I. O. [2]
III.—**DENIS**, NICOLAS. [JACQUES II.
ISABEL, Charlotte, [THOMAS III.
b 1745.
Marie-Charlotte, b [2] 12 juin 1764.

DENIS, FRANÇOIS.
GARAUD, Marie.
Etienne, b 27 fevrier 1764, à Lachenaye.

1767, (12 janvier) Kamouraska.
II.—**DENIS** (2), PIERRE, [PIERRE I.
b 1740.
MICHAUD, Geneviève, [ALEXANDRE III.
b 1742.
Joseph, b 15 mars 1779, à la Rivière-Ouelle.

1767, (2 février) Bout-de-l'Ile, M. [8]
III.—**DENIS** (1), JACQUES, [LOUIS II.
b 1745.
RANGER, Marie-Joseph, [JOSEPH III.
b 1752.
Joseph, b [8] 22 janvier 1768.

DENISE.—Voy. LIONAIS.

DENISE, MARIE-LOUISE, epouse de Charles LACHAINE.

DENIVEL.—Voy. GLINEL.

DENIVELEC, MARGUERITE, b... m 1766, à Joseph ALBEUF.

DENIVERVILLE.—Voy. BOUCHER.

DENOEL, MARIE-ELISABETH, épouse de Jean-Baptiste PROVOST.

I.—**DENOGENT** (3), ANGE.

DENOM.—Voy. DELONG.

DENOM, JACQUES.—Voy. DESNOUX, 1735.

DENONCOUR.—Voy. LEFEBVRE.

(1) Et St-Denis.
(2) Dit Quimper.
(3) D'Aquin ; de la garnison du château St-Louis. (Registre du Conseil Souverain, 22 mars 1664)

I.—**DENORAY** (1), JACQUES.

II.—**DENORAY** (2), LS-SÉBASTIEN, [JACQUES I.
b 1695.

DENOUE.—Voy. DESNOUX—LÉVEILLÉ.

DENOYAN.—Voy. PAYEN—Sieur de CHAVOIS.

DENOYELLE. — *Variations et surnoms :* DE FLEURIMONT—DEMERLE—DESNOYELLES.

1718, (8 août) Montreal. [4]
I.—**DENOYELLE** (3), NICOLAS-JOSEPH, b 1694; fils de Joseph (colonel) et de Marguerite Boidoux, de Crecy, diocèse de Meaux, en Brie.
PETIT (4), Marie-Charlotte, [CHARLES-CLAUDE I
b 1695.
Charles-Joseph, b [4] 7 juillet 1719, m [4] 22 mai 1741, à Marguerite GADOIS-MAUGÉ.—*Pierre*, b [4] 3 nov. 1721. —*Nicolas-Timothé*, b [4] 26 janvier 1723. —*Pierre-Philippe*, b [4] 30 août 1726, m [4] 14 juin 1751, à Marie-Charlotte BOUCHER DE LA BROQUERIE.—*Marie-Joseph*, b . m 1750, à François DESNOYERS.—*Marie-Charlotte*, b [4] 13 mars 1734, m 7 janvier 1760, à Louis BLANCHARD, aux Trois-Rivières.—*Antoine-Eustache*, b [4] 20 et s [4] 21 sept 1736.—*Jean-Marie*, b [4] 25 et s [4] 28 nov. 1740.

1741, (22 mai) Montréal. [9]
II.—**DENOYELLE**, CHARLES-JOS., [NICOLAS I.
b 1719 ; lieutenant.
GADOIS (5), Marguerite, [JACQUES III.
b 1725.
Jacques-Joseph, b [9] 26 mai et s [9] 19 nov. 1742.—*Marie-Joseph-Marguerite-Madeleine*, b [9] 16 février 1744 ; m [9] 23 avril 1759, à Louis-Joseph-François DHUGUES.— *Charlotte-Madeleine*, b [9] 23 juillet 1745. — *Françoise-Radegonde*, b [9] 5 juillet 1748.—*Nicolas-Antoine*, b [9] 13 juin 1750.—*Joseph*, b et s 13 juin 1754, à la Pte-aux-Trembles, M.

1751, (14 juin) Boucherville. [6]
II.—**DENOYELLE** (6), PIERRE-PHIL., [NICOLAS I.
b 1726.
BOUCHER (7), Marie-Anne, [JOSEPH IV.
b 1734.
René-Joseph, b [6] 19 avril 1757.—*Joseph*, b [6] 30 juin 1758. — *Marie-Charles*, b [6] 15 mai 1761. — *Charles-Philippe*, b [6] 1er août 1764.— *Antoine*, b et s 13 déc. 1765, à Ste-Foye.

DENOYON. — *Surnoms :* VAUJON-DESNOYERS—LAFRAMBOISE.

(1) Voy. vol. I, p. 182.
(2) Marchal de Noray, il signe le 19 février 1747, à St-Jean, I. O
(3) DeFleurimont — DeMerle-Desnoyelles, chevalier, major des troupes.
(4) LeVilliers.
(5) Dit Maugé
(6) DeFleurimont, cadet à l'aiguillette.
(7) De la Broquerie.

1665, (20 juillet) Trois-Rivières.[2]

I.—DeNOYON (1), Jean,
b 1642; s 10 mars 1692, à Boucherville.[3]
Chauvin, Marie, [Marin I.
b 1650; veuve de Rolin Langlois; s [3] 31 mars 1723.
Guillaume, b... m 22 mars 1689, à Jacqueline Aubery, à Lachine; s 10 juillet 1704, à Montréal.[4] —*Jacques*, b [2] 12 fevrier 1668; m 14 fevrier 1704, à Marguerite Stebbens, à Dearfield, N. A.—*Marie*, b [3] 2 fevrier 1671; 1° m [3] 18 nov. 1686, à Jean Barbeau; 2° m [4] 29 nov. 1717, à Daniel Beauregard.—*Jean-Baptiste*, b [3] 11 mai 1686, m [3] 22 fevrier 1734, à Catherine Massé. —*Louise*, b [3] 28 sept. 1690; m [3] 29 nov. 1710, à Jean-Baptiste LeSueur.

1689, (22 mars) Lachine.

II.—DeNOYON, Guillaume, [Jean I.
s 10 juillet 1704, à Montréal.[1]
Aubery, Jacqueline,
b 1648, veuve d'Antoine LeGros-Laviolette, s [1] 23 janvier 1702.

1704, (14 février) Dearfield, N. A.[2]

II.—DeNOYON, Jacques, [Jean I
b 1668; sergent.
Stebbens, Marguerite, [Jean I.
b 1684.
Gabrielle, b 1706; m 5 avril 1723, à Nicolas Binet, à Boucherville.[1]—*Jean-Baptiste*, b 1709, m [1] 14 avril 1731, à Louise Blin.—*Dorothée*, b [1] 3 oct 1711.—*Marie*, b 1712; m [1] 8 janvier 1731, à Charles Babin.—*Jacques*, b... m 1736, à Geneviève Leroux.—*Marie-Charlotte*, b... m [1] 20 nov. 1736, à Jean-Baptiste Massé. — *Marie*, b... m [1] 13 janvier 1737, à Louis Renaud.—*François*, b... m [1] 17 oct. 1740, à Marie-Joseph Robert.—*Marie-Joseph*, b [1] 21 avril 1718; m [1] 11 mai 1739, à Pierre Daunay. — *Madeleine*, b [1] 11 sept. 1720, m [1] 10 août 1750, à Pierre Dame.—*Joseph*, b [1] 21 juin 1724; m [1] 19 nov. 1753, à Marie-Joseph Huet. — *Marie-Anne*, née [2] 27 fevrier et b [1] 5 nov. 1726; 1° m 27 oct. 1749, à Jean Chrétien, aux Trois-Rivières, 2° m [1] 7 mai 1764, à Paul Menard.

1706, (24 mai) Montréal.[1]

I.—DeNOYON (2), Pierre, b 1682; fils de Léonard et d'Anne LeTay, de St-Martin de Poitiers.
Provost, Marie-Jeanne, [Jean II.
b 1687.
Marie-Françoise, b [1] 1er déc. 1708. — *Pierre*, b [1] 10 juin 1711 — *Marie-Jeanne*, b [1] 23 janvier 1715.—*Laurent*, b [1] 7 mars 1718.—*Louis-Laurent*, b [1] 10 fevrier 1720.

1731, (14 avril) Boucherville.[2]

III.—DeNOYON, Jean-Bte, [Jacques II.
b 1709.
Blin, Louise, [Louis II.
b 1712; s avant 1764.

(1) Voy. vol. I, p. 182.

(2) Et Vaujon dit Laframboise.

Marie, b 1731; m [2] 7 oct. 1754, à Joseph Truchon; s 24 mars 1773, à St-Henri-de-Mascouche. —*Marguerite*, b... m [2] 19 janvier 1756, à François Herpin.— *Marie-Françoise*, b... m [2] 27 juin 1763, à Charles Plat. — *Jean-Baptiste*, b... m à Geneviève Duret.—*Toussaint*, b... m 23 janvier 1764, à Marie-Anne Bissonnet, à Varennes.

1734, (22 février) Boucherville.

II.—DeNOYON, Jean-Bte, [Jean I.
b 1686.
Massé (1), Catherine. [Jean I.
Marie-Catherine, b... m 3 juin 1758, à Charles-François Bergevin, à St-Antoine-de-Chambly.[3] —*Marie-Elisabeth*, b... m [4] 26 juin 1758, à François Dumoulin. — *Marie-Joseph*, b 1744, m 11 avril 1763, à Jacques Falardeau, à Montréal.

1736.

III.—DeNOYON, Jacques. [Jacques II.
Leroux, Geneviève. [Jean-Bte II.
Jean-Baptiste (2), b 29 janvier 1741, au Bout-de-l'Ile, M.; s 20 avril 1780, à Kaskakia.

1740, (17 oct.) Boucherville.[3]

III.—DeNOYON, François, [Jacques II.
s avant 1769.
Robert, Marie-Joseph, [Antoine III.
b 1724; s avant 1769.
Marie-Joseph, b... m [3] 16 janvier 1769, à Jérôme Robin.

1753, (19 nov.) Boucherville.

III.—DeNOYON, Joseph, [Jacques II.
b 1724.
Huet, Marie-Joseph, [Nicolas II.
b 1737.

1764, (23 janvier) Varennes.

IV.—DeNOYON, Toussaint, [Jean-Bte III.
Bissonnet, Marie-Anne. [Joseph III.

IV.—DeNOYON, Jean-Bte. [Jean-Bte III.
Duret (3), Geneviève, [Jacques I.
b 1718.

I.—D'ENTREMONT, ... officier.
Marguerite (4), b 5 nov. 1724.

1730, (16 janvier) Québec.[4]

I.—DENTU, Jean, b 1707; fils de Jean et de Marie Samson, de Val-St-Per, ville d'Avranches; s [4] 23 nov. 1734.
Jeannes (5), Marie-Joseph, [Martin II.
b 1708
Louis-Jean, b [4] 14 janvier 1732.

(1) Elle épouse, le 4 mai 1748, François Giroux, à Boucherville.

(2) Tué avec Joseph Lafleur, le 1er avril, dans la Belle-Rivière, et enterre, dans l'île aux Bœufs, par tous les gens d'une barge et d'une pirogue.

(3) Elle epouse, le 22 oct. 1770, François Morin, à Boucherville.

(4) Pensionnée à Fontenay-le-Comte, France.

(5) Elle épouse, le 20 mai 1739, George Dubois, à Québec.

1757, (11 janvier) Montréal.
I.—DePARFOURRU, Marcel-Louis, b 1728, capitaine; fils de Jacques (seigneur et patron de Jouveau) et de noble dame Marie-Madeleine DeDouze, de Jouveau, diocèse de Lisieux.
DeCouagne, Marguerite, [René II. b 1734.

DEPAROY.—Voy. Desparois dit Champagne.

DePELTEAU.—Voy. Sarrazin.

I.—DePENEFIÈRE, Augustin.
Bellefeuille, Charlotte.
Marie-Madeleine, b 5 et s 17 mai 1787, à Ste-Foye.

DEPIN.—Voy. Lefebvre.

DEPLAINE.—*Surnoms :* Damours—Dujour.

I.—DEPLAINE, Joseph.
Bourgaud, Madeleine. [Gilles I.
Joseph, b 1734; m à Madeleine DeLavoye; s 29 juin 1760, à St-Ours.[3]—*Françoise*, b 1735; s [3] 27 mars 1757. — *Elisabeth*, b... m [3] 5 mai 1760, à Amable Havard.—*Marguerite-Joachim*, b 1737; s [3] 4 mars 1752.— *Alexis*, b... m à Marie-Joseph Gladu.

II.—DEPLAINE, Alexis, [Joseph I. s avant 1777.
Gladu (1), Marie-Joseph, b 1750.

II.—DEPLAINE, Joseph, [Joseph I. b 1734.
DeLavoye, Madeleine,
Marie-Amable, b 8 mai 1752, à St-Ours.

1738, (2 juin) Quebec. [2]
I.—DEPOCA, Jean, fils de Jean et de Jeanne Riliard, de Cambo, diocèse de Bayonne.
Paquet, Marie-Louise, [Jacques III. b 1719.
Marie-Louise, b [2] 5 oct. 1738; s [2] 9 nov. 1739. —*Marie-Louise*, b [2] 13 fevrier 1740. — *Jean*, b [2] 23 juin 1741. — *Louis*, b [2] 24 fevrier 1743.— *Jeanne*, b 14 nov. 1748, à St-Michel-d'Yamaska —*Jean-Baptiste*, b 8 avril 1750, à St-Vincent-de-Paul [3]; s [3] 15 août 1752.—*Augustin* et *François*, b [3] 7 et s [3] 28 août 1751.—*Joseph*, b [3] 2 oct. 1752. —*Félicité*, b [3] 21 juin 1754.— *Marie-Françoise*, b [3] 28 mars 1756.

DePOITIERS.—Voy. Poitiers, sieur du Buisson.

1721, (7 janvier) Québec. [4]
I.—DEPOIX (2), Pierre, fils de Pierre et de Marguerite Deverre, de St-Medard, Paris.
Haimond, Marguerite, [Jean I. veuve de Joachim Marec; s [4] 17 août 1741.

(1) Elle épouse, le 21 avril 1777, Joseph Houle, a l'Ile-Dupas
(2) Le parisien.

Pierre-François, b [4] 15 déc. 1721; s [4] 23 mai 1722.—*Pierre*, b [4] 29 et s [4] 30 mai 1723.—*Pierre*, b 1724; s [4] 3 oct. 1729.—*Jeanne*, b [4] 5 juin 1726, s [4] 2 avril 1733.—*Charlotte*, b [4] 3 juillet 1729; s [4] 7 mai 1733. — *Marie-Catherine*, b [4] 8 et s [4] 11 avril 1733.— *Marie-Marguerite*, b [4] 30 juin 1735.

I.—DePOMMEROY.
Denis (1), Marie-Jeanne, b 1720.

DEPONT.—Voy. Desponts.

DEPORTE, Marguerite, b 1758; s 12 nov. 1759, à Lorette.

DePORTNEUF.—Voy. Robineau.

DePOULIGNY.—Voy. Jarret de Verchères.

DePRADAL.—Voy. Mériten.

DeQUILIEN.—*Variation :* Duplessis.

1754, (21 oct.) Pte-aux-Trembles, M.
I.—DeQUILIEN, Jean-Bte, b 1728; fils de Joseph et de Marguerite Poupart, de St-Roch, ville de St-Malo.
Fontigny (2), Marguerite, [Pierre I. b 1734.

DEQUIN.—Voy. Léveillé.

DeQUINDRE.—Voy. Dagneau.

DEQUOY.—*Variation et surnom :* DeCaouet—Picard

1740, (29 fevrier) Charlesbourg. [4]
I.—DEQUOY (3), Louis-Etienne, fils de Louis-Etienne et de Marie Pordel, de St-Martin, ville et diocèse de Noyon, Picardie.
Guilbaut, Marie-Joseph, [Joseph II. b 1716.
Louise, b 1er avril 1741, à Québec. [5] — *Guillaume*, b [5] 22 nov. 1742. — *Pierre*, b [5] 23 nov. 1744; s [5] 12 août 1748. — *Charles*, b [5] 30 nov. 1746; s [5] 7 juillet 1747.—*Marie-Elisabeth*, b [5] 17 mai 1748; s [5] 15 fevrier 1751. — *Charles-Louis*, b [5] 29 avril et s [5] 24 juillet 1750. — *Pierre*, b [5] 11 juillet 1752; m [5] 24 mai 1785, à Louise Harnois; s [5] 24 nov. 1785.— *Marie-Joseph*, b [5] 2 avril 1757. —*Marie-Louise*, b [4] 19 janvier 1760; s [4] 13 août 1761.

1785, (24 mai.) Quebec [1]
II.—DEQUOY, Pierre, [Louis-Etienne I. b 1752; s [1] 24 nov. 1785.
Harnois, Louise. [Joseph III. b 1763.

(1) Pensionnée à Xaintes.
(2) Elle épouse, le 15 oct 1764, Jean-Bte Deremond, à la Pte-aux-Trembles, M.
(3) Dit Picard—DeCaouet, caporal de la compagnie de Rigauville.

DeRAINVILLE.—*Variation :* Rainville.

1665, (26 juillet) Québec. [2]

II.—DeRAINVILLE (1), Jean. [Paul I.
1° Badeau, Suzanne, [Jacques I.
b 1651 ; *s* 1669.

Jean, b [2] 24 août 1666; m 30 janvier 1690, à Marguerite Lavallée, à Beauport [3]; s [3] 27 dec. 1723.

1671, (20 oct.) [2]

2° De la Guéripière, Elisabeth,
b 1648.

André, b 1673; s 22 oct. 1763, à l'Ile-Dupas.—*Charles,* b [3] 10 avril 1678; 1° m 11 mai 1705, à Jeanne Cabassier, à Montréal [4]; 2° m [4] 19 juin 1724, à Marguerite Gaudin-Chatillon ; s [4] 5 déc. 1742. — *Paul,* b [3] 10 avril 1678 ; 1° m 25 février 1710, à Marie-Anne Roberge, au Château-Richer; 2° m [3] 27 nov. 1715, à Marguerite Giroux ; s [3] 1er février 1731.—*René,* b [3] 4 oct. 1684 ; m 25 juin 1715, à Anne-Céleste Carpentier, à Champlain.

1690, (30 janvier) Beauport. [3]

III.—DeRAINVILLE (1), Jean, [Jean II.
b 1666 ; s [2] 27 dec. 1723.
Lavallée, Marguerite, [Pierre I.
b 1676 ; s [2] 1er nov. 1749.

Jean-Baptiste, b [2] 20 mai 1693; m [2] 4 février 1721, à Marie-Madeleine Marcou ; s [2] 13 juillet 1724.—*Paul,* b [2] 25 dec. 1697 ; m [2] 18 nov. 1726, à Helène-Felicite Huppé.

III.—DeRAINVILLE, André, [Jean II.
b 1673 ; s 22 oct. 1763, à l'Ile-Dupas.

1705, (11 mai) Montréal. [6]

III.—DeRAINVILLE, Charles, [Jean II.
b 1678 ; s [6] 5 dec. 1742.
1° Cabassier, Suzanne-Jeanne, [Pierre I.
b 1684.

Thérèse-Suzanne, b [6] 27 nov. et s [6] 11 déc. 1705. — *Charles-Vital,* b [6] 19 nov. 1706 ; m 20 mai 1728, à Marie-Louise LeSueur, à Boucherville, s 14 avril 1757, à St-Antoine-de-Chambly — *Marie-Thérèse,* b [6] 6 janvier 1709, s [6] 26 janvier 1711.—*Catherine,* b [6] 25 janvier 1711, sœur grise ; s 1er dec. 1783, à l'Hôpital-Géneral, M.—*Marie-Charlotte,* b [6] 24 janvier et s [6] 22 fevrier 1713 — *Pierre-Joseph,* b [6] 4 janvier 1714 ; 1° m 13 oct. 1738, à Marie-Louise Deneau, à la Longue-Pointe ; 2° m [6] 1er mars 1745, à Françoise Roy, 3° m 17 fevrier 1749, à Marie-Angelique Bétourne, à Laprairie. [5] — *Marie-Anne,* b [6] 23 avril et s 15 nov. 1720, à St-Laurent, M. [9]

1724, (19 juin). [6]

2° Gaudin (2), Marguerite. [Laurent II.

Louis, b [6] 2 mai 1725. — *Marie-Madeleine,* b... m 22 sept. 1744, à Ambroise Dupré, à Terrebonne. —*Marie-Marguerite,* b [6] 9 mars 1727. — *Amable,* b [6] 1er avril 1729. — *Louise,* b [6] 19 nov. 1734 ; s [6] 19 déc. 1742. — *Marguerite,* b [6] 12 avril 1737 ; m [9] 2 oct. 1752, à Jean Grou. — *Marie-Anne,* b [6] 5 avril 1739.—*Agathe,* b... m [5] 23 avril 1759, à Joseph Denis.— *Marie-Anne-Agathe,* b [6] 25 février 1741 ; m 8 janvier 1759, à Michel Bérard, à l'Ile-Dupas.—*Barbe-Charlotte,* b [6] 4 déc. 1742.

1710, (25 février) Château-Richer.

III.—DeRAINVILLE, Paul, [Jean II.
b 1678, s 1er fevrier 1731, à Beauport. [9]
1° Roberge, Marie-Anne, [Pierre I.
b 1688 ; s [9] 1er oct. 1714.

Marie-Anne-Louise, b [9] 25 mai 1711 ; m [9] 29 oct. 1731, à Michel Vallée ; s [9] 16 août 1744.—*Marie-Geneviève,* b [9] 29 dec. 1712 ; m [9] 22 janvier 1731, à Jean Alard : s [9] 27 mars 1743.—*Marie-Charlotte,* b [9] 21 sept. et s [9] 22 dec. 1714.

1715, (27 nov.) [9]

2° Giroux, Marguerite, [Raphael II.
b 1684 ; s [9] 8 fevrier 1731.

Paul, b [9] 16 sept. et s [9] 17 oct. 1716. — *Marie-Charlotte,* b [9] 28 août 1717, m 17 sept. 1739, à Joseph Gervais, à Quebec [8]; s [8] 1er janvier 1750. —*Marguerite,* b [9] 2 mai 1719 ; m [8] 9 oct. 1747, à Louis Gingras. — *Madeleine,* b 1720 ; s [8] 15 janvier 1741. — *Paul,* b [9] 18 juillet 1722. — *Marie-Angélique,* b [9] 2 oct. 1724, m [8] 22 nov. 1745, à Joseph Legris.—*Joseph,* b [9] 17 nov. 1726, 1° m [8] 3 nov 1750, à Marguerite Gauvreau ; 2° m [8] 9 août 1762, à Geneviève Levitre.

1712, (22 nov.) Québec. [8]

III.—DeRAINVILLE, Noel, [Jean II.
b 1687 ; s [8] 21 juillet 1752.
1° Maillou, Catherine, [Joseph II.
b 1686 ; veuve de René Paquet ; s [8] 29 dec. 1725.

Marie-Anne, b [8] 29 sept. et s [8] 29 nov. 1713. —*Marie-Angélique,* b 1714 ; m [8] 3 août 1744, à Pierre DeRavenel.—*Joseph,* b [8] 1er mai 1716, s [8] 11 fevrier 1717.— *Marie-Françoise-Charlotte,* b [8] 3 août 1717.— *Marie-Joseph,* b [8] 1er nov. 1718 ; m [8] 15 janvier 1748, à Charles Baugis.—*Nicolas,* b [8] 6 dec. 1719.— *Marie-Geneviève,* b 1723 ; m à Rene Chevalier.

1727, (2 nov.) [8]

2° Caron, Marie-Joseph, [Vital II.
b 1698 ; s [8] 5 fevrier 1748.

Anonyme, b [8] et s [8] 4 août 1728. — *Joseph,* b [8] 6 oct. 1729. — *Marie-Joseph,* b [8] 27 oct. 1730 ; 1° m [8] 7 sept. 1750, à Joseph Houle ; 2° m 1758, à Pierre Bélanger. — *Marie-Amable,* b [8] 8 avril et s [8] 14 juin 1732.— *Vital,* b [8] 8 juillet 1734.—*Marie-Anne,* b [8] 2 janvier 1736 ; m [8] 27 janvier 1755, à Jean-Baptiste Tauret ; s [8] 22 juillet 1755. — *Pierre,* b [8] 16 mai 1737 ; s [8] 13 dec. 1755.

1715, (25 juin) Champlain. [9]

III.—DeRAINVILLE, René, [Jean II.
b 1684.
Carpentier, Anne-Celeste, [Noel I
b 1691.

Joseph-René, b [9] 29 mai et s [9] 25 juin 1716.—*Joseph-Marie,* b [9] 1er mai 1718 ; m 16 janvier 1741, à Marguerite Caillia, à l'Ile-Dupas. [8]— *Marie-Geneviève,* b [9] 9 nov. 1719 ; m 13 fevrier 1740, à

(1) Voy. vol. I, p. 183.

(2) Dit Chatillon, elle épouse, le 6 sept. 1745, Alexis Berthelot, à Montréal.

Joseph Hus, à Sorel. [7]—*Marie-Madeleine*, b [9] 1er et s [9] 5 juillet 1721.—*Jean-Baptiste*, b [9] 2 juillet 1722; m [8] 5 fevrier 1754, à Marie-Joseph Dutaut ; s [7] 22 dec. 1760. — *Pierre-Ignace* b [9] 21 mars 1723; m [7] 3 août 1750, à Marie-Jeanne Hus-Lemoine.—*Anne-Céleste*, b [9] 7 mars 1726; 1° m [8] 30 oct. 1752, à Gabriel Bérard; 2° m [8] 28 janvier 1771, à Louis Baudin; s [8] 19 juillet 1771. — *Marie-Thérèse*, b [8] 16 nov. 1728. — *Alexis*, b [8] 22 et s [8] 27 fevrier 1730. — *Marie-Charlotte*, b 1734; m 1765, à Joseph Falardeau.— *Anonyme*, b [7] et s [7] 3 juillet 1736.

1721, (4 février) Beauport. [3]

IV.—DeRAINVILLE, Jean, [Jean III.
b 1693, s [3] 13 juillet 1724.
Marcou (1), Marie-Madeleine, [Noel II.
b 1704.
Jean-Baptiste, b [3] 30 mai 1723; m 9 nov. 1750, à Marie-Françoise Hains, à Quebec.— *François*, b [3] 16 juillet 1724.

1726, (18 nov.) Beauport. [5]

IV.—DeRAINVILLE, Paul, [Jean III.
b 1697.
Huppé, Helène-Félicité, [Jacques II.
b 1703.
Marie-Marguerite, b [5] 9 déc. 1727.—*Madeleine*, b 1729, s [5] 22 fevrier 1731.— *Paul-Vincent*, b [5] 20 avril 1730; m [5] 15 fevrier 1762, à Marie-Joseph Clouet. — *Marie-Madeleine*, b [5] 22 sept. 1731, m [5] 20 nov. 1752, à François Parant; s [5] 27 janvier 1754. — *Jean-François*, b [5] 23 mai 1733; m [5] 7 juin 1762, à Marie-Anne Parant.— *Marie-Geneviève*, b [5] 3 nov. 1735.—*Marie-Joseph*, b [5] 13 mars 1737. — *Michel*, b [5] 29 sept. 1739.— *Joseph-Charles*, b [5] 8 avril 1741. — *Jacques*, b [5] 11 fevrier 1743; s [5] 11 nov. 1760. — *Charles-Marie*, b [5] 3 juillet 1748; s [5] 14 juillet 1749.

1728, (20 mai) Boucherville.

IV.—DeRAINVILLE, Chs-Vital, [Charles III.
b 1706 : armurier; s 14 avril 1757, à St-Antoine-de-Chambly. [4]
LeSueur, Marie-Louise, [Jean-Bte II.
b 1711.
Louise, b... m [4] 8 sept. 1749, à Michel Lagu; s [4] 15 nov. 1760.— *Louis* (2), b 1732; s 29 nov. 1802, à l'Hôpital-General, M. —*Jean-Louis*, b [4] 4 déc. 1748, s [4] 9 janvier 1749.—*Deux anonymes*, b [4] et s [4] 12 dec. 1749.— *Suzanne*, b [4] 13 janvier 1752.

1738, (13 oct.) Longue-Pointe.

IV.—DeRAINVILLE, Pierre-Jos., [Charles III.
b 1714.
1° Deneau, Marie-Louise, [Jacques II.
b 1722; s 23 déc. 1743, à Laprairie. [7]
Marie-Louise, b 1742; m à Rene Barbeau; s 19 avril 1767, à St-Constant. [8]— *Suzanne*, b [7] 21 août et s [7] 24 nov. 1743.

(1) Elle épouse, le 6 nov. 1730, Antoine Carpentier, à Beauport.

(2) Dit Lamoselle.

1745, (1er mars) Montréal.
2° Roy, Françoise, [Jean II.
b 1709.
1749, (17 février). [7]
3° Bétourné, Marie-Angélique, [Louis III
b 1727; s [8] 18 juin 1769.
Marie-Angélique, b... m [8] 18 janvier 1768, à Alexis Bisson.—*Marie-Joseph*, b... m [8] 18 fevrier 1770, à Ignace Roy.— *Joseph*, b [8] 23 mars 1753, s 7 déc. 1806, à l'Hôpital-Général, M.— *Marie-Marguerite*, b [6] 11 nov. 1754; s [6] 12 mars 1755. —*Marie-Suzanne*, b [8] 26 oct. 1756.—*Marie-Marguerite*, b 24 janvier 1763, à St-Philippe. [6]— *Anonyme*, b [6] et s [6] 2 juin 1764.

1741, (16 janvier) Ile-Dupas. [1]

IV.—DeRAINVILLE, Joseph-Marie, [Rene III
b 1718.
Caillia, Marguerite, [Pierre III
b 1723.
Joseph, b 27 avril 1742, à Sorel. [2]— *Jean-Baptiste*, b [2] 7 et s [2] 21 juillet 1744. — *Marie-Renee*, b [2] 8 sept. 1745. — *Marie-Céleste*, b [2] 19 fevrier 1747.—*Michel*, b [2] 9 et s [2] 12 déc. 1748.—*Marie-Catherine*, b [2] 8 et s [2] 12 sept. 1750.—*Pierre*, b [1] 1er juin 1752. — *Marie-Geneviève*, b [1] 19 mars 1755. — *Marie*, b [1] 7 juin 1756. — *Pierre*, b [1] 6 dec. 1760.

1750, (3 août) Sorel.

IV.—DeRAINVILLE, Pierre-Ignace, [René III.
b 1723.
Hus (1), Marie-Jeanne, [Marc-Antoine III
b 1730.
Anne-Céleste, b 14 février 1753, à l'Ile-Dupas [1] m [1] 28 janvier 1771, à Pierre-Amable Gouin — *Pierre-Antoine*, b [1] 22 janvier et s [1] 6 fevrier 1755.—*Joseph-René*, b [1] 19 février 1757.—*Pierre*, b [1] 2 avril 1759.—*Marie-Anne*, b [1] 18 juillet 1763. — *Emmanuel*, b [1] 9 janvier 1766.

1750, (3 nov.) Québec. [7]

IV.—DeRAINVILLE, Joseph, [Paul III.
b 1726.
1° Gauvreau, Madeleine, [Etienne I.
b 1730.
Anonyme, b [7] et s [7] 28 fevrier 1752. — *Madeleine*, b [7] 17 août 1753, s [7] 25 mars 1755.—*Yves*, b [7] 12 déc 1754; s 9 oct. 1755, à Charlesbourg.
1762, (9 août). [7]
2° Levitre, Geneviève, [François III.
b 1735.
Geneviève, b [7] 28 mai 1763. — *Joseph*, b [7] 10 juin 1764.

1750, (9 nov.) Québec. [2]

V.—DeRAINVILLE, Jean-Bte, [Jean-Bte IV.
b 1723; tonnelier.
Hains, Marie-Françoise, [Joseph I.
b 1734.
Marie-Françoise, b [2] 16 nov. 1751; s [2] 3 mai 1756.—*Louise-Joseph*, b [2] 11 avril 1753.

(1) Dit Lemoine—Capistran.

1754, (5 février) Ile-Dupas.

IV.—DERAINVILLE (1), JEAN-BTE, [RENÉ III. b 1722; s 22 déc. 1760, à Sorel. [3]
DUTAUT (2), Marie-Joseph, [PIERRE II. b 1732.
Jean-Baptiste, b [3] 18 nov. 1754.—*Joseph*, b [3] 3 août et s [3] 11 oct. 1756.

1762, (15 fevrier) Beauport. [3]

V.—DERAINVILLE, PAUL-VINCENT, [PAUL IV. b 1730.
CLOUET, Marie-Joseph, [IGNACE II. b 1730; s [3] 26 janvier 1764.

1762, (7 juin) Beauport. [4]

V.—DERAINVILLE, JEAN-FRANÇOIS, [PAUL IV. b 1733.
PARANT, Marie-Anne, [PIERRE III. b 1735.
François, b [4] 21 mars 1763.

DERAMEZAY.—*Surnoms :* DE LA GESSE — DE MONOIR.

1690, (8 nov.) Québec. [5]

I.—DERAMEZAY (3), CLAUDE, b 1657; s [5] 2 août 1724.
DENIS, Marie-Charlotte, [PIERRE II. b 1668; s 9 juillet 1742, à Montréal. [4]
Louis (4), b 1er juillet 1694, aux Trois-Rivières.[8] — *Louise-Geneviève*, b [3] 22 nov. 1699, m [4] 10 déc. 1721, à Louis DESCHAMPS —*Madeleine-Angélique*, b [5] 21 janvier 1701; s [4] 26 dec. 1749.— *Françoise-Louise*, b [4] 8 juillet 1705. — *Marie-Elisabeth*, b [4] 14 février 1707; m [4] 1er sept. 1740, à Louis DELACORNE. — *Jean-Baptiste-Nicolas-Roch*, b [4] 4 sept. 1708; m [3] 6 déc. 1728, à Louise GODFROY — *Marie-Marguerite*, b [4] 20 août et s [4] 27 nov. 1711.

1728, (6 déc.) Trois-Rivières. [6]

II.—DERAMEZAY (5), JEAN-BTE, [CLAUDE I b 1708.
GODFROY (6), Louise, [RENÉ III. b 1706.
Charlotte-Marguerite, b [6] 16 nov. 1729; m 7 mars 1758, à Antoine-Joseph BELLEAU, à Quebec. —*Claude-François-Roch*, b [6] 6 et s[6] 18 août 1733. —*Pierre-Roch*, b [6] 19 sept. et s [6] 4 dec. 1736.— *Joseph-Joachim*, b [6] 19 et s [6] 28 août 1738. — *Louise-Hyacinthe*, b [6] 18 nov. et s [6] 8 déc. 1739. —*Jean-Baptiste*, b 1er janvier 1743, à Montréal [9]; s [9] 11 fevrier 1745.

(1) Marguillier en charge en 1760.
(2) Elle épouse, le 14 nov. 1768, Pierre Bergeron, à Sorel.
(3) Chevalier de l'ordre militaire de St-Louis et gouverneur de l'île de Montréal; voy. vol. I, p. 183.
(4) Sieur de Monoir; il était, le 30 mai 1710, à la Pte-aux-Trembles, M.
(5) Chevalier, lieutenant, major de Québec, seigneur de Sorel et de la Gesse; son mariage fut réhabilité, le 28 janvier 1729, aux Trois-Rivières, avec dispense de parenté au quatrième degré.
(6) De Tonnancourt.

1760, (30 sept.) Montréal.

I.—DERASTEL (1), PIERRE-LOUIS, b 1729, officier; fils du marquis Jean-Joseph et de Françoise-Elisabeth Diane de Dillon, de St-Jacques-de-la-Savournay, diocèse de Gap.
DUPLESSIS, Marie-Joseph, [CHARLES-DENIS II b 1743.

1744, (3 août) Québec. [7]

I.—DERAVENEL (2), PIERRE, soldat; fils de Jacques et de Marie Baron, de St-Pierre-de-la-Trimoulx, diocèse de Poitiers.
DERAINVILLE, Angélique, [NOEL III. b 1714.
Louis, b [7] 24 sept. et s[7] 15 nov. 1744.—*Pierre-Paul*, b [7] 11 nov. 1745; s[7] 19 déc. 1746.—*Louise-Angélique*, b [7] 30 nov. et s [7] 17 déc. 1746.— *Geneviève*, b [7] 21 déc. 1747; s [7] 25 août 1748.— *Suzanne*, b [7] 26 sept. 1749. — *Marie-Madeleine*, b [7] 3 sept. 1751; s [7] 9 nov. 1754. — *Marie-Angélique*, b [7] 17 juin et s [7] 22 juillet 1754. — *Pierre-Joachim*, b [7] 6 et s [7] 18 sept. 1756.

DERBANNE.—Voy. GUYON-DESPRÉS.

DERBEVILLE.—Voy. CANNARD.

DERDEVENS.—*Variation et surnom:* DEDEVIN —DEGLANDON.

I.—DERDEVENS (3), MAURICE, arpenteur.
MATHON, Therèse, [JOSEPH I. b 1752.
François, b 3 avril 1772, à la Pointe-aux-Trembles, Q. [3] — *Marie-Geneviève*, b [3] 15 avril 1775.

I.—DEREMIGNY (4), ...

1754, (10 nov.) St-Roch. [2]

I.—DEREMOND, JEAN-BAPTISTE-MOISE, b 1729; fils de Jean et d'Anne de la Fargue, de St-Pierre de Clerac, diocèse d'Agen.
1° DAMOURS (5), Marie-Françoise, [JEAN-BTE III. b 1736.
Jean, b [2] 5 mai 1755. — *Jean*, b [2] 7 sept. et s [2] 28 déc. 1756.—*Marie-Françoise*, b [2] 7 sept. et s [2] 19 oct. 1756. — *Jean-Baptiste*, b [2] 7 dec. 1757.— *Anonyme*, b [2] et s[2] 3 mai 1760.—*Marie-Rose*, b [2] 8 août 1760.

1764, (15 oct) Pte-aux-Trembles, M.
2° FONTIGNY, Marguerite, [PIERRE I. b 1734; veuve de Jean-Baptiste DeQuillien-Duplessis.

(1) Sieur de Rocheblave.
(2) Dit Chevalier.
(3) DeGlandon.
(4) Chevalier, capitaine au régiment de la Sarre, il était, le 11 juillet 1760, à la Longue-Pointe.
(5) DeLouvières.

1713, (31 juillet) Québec.[5]

I.—DeRENOM, Jean, b 1688; fils de Thomas et d'Anne Guéné, de St-Pierre de Cork, Irlande.
Joly, Marguerite, [Jean I.
b 1684; s[5] 28 déc. 1759.
Jean-Baptiste, b[5] 23 mai 1714. — *Marguerite*, b[5] 15 oct. 1716; m[5] 5 mai 1733, à Claude Vatel.—*Pierre*, b[5] 8 déc. 1718. — *Marie-Anne*, b[5] 19 avril 1723; m[5] 21 oct. 1743, à Pierre-Eustache Coignac.—*Jacques*, b[5] 21 août 1724; s[5] 1er oct. 1725.

1647, (3 sept.) Québec.

I.—DeREPENTIGNY (1), Marin,
b 1619.
Jallaut (2), Jeanne,
b 1624.
Pierre, b 14 juillet 1649, aux Trois-Rivières[6]; ordonne 19 sept. 1676; s 7 août 1713, à Montréal.—*Jacques*, b[6] 15 oct. 1652.

1756.

I.—DÉRER, François.
Marié, Anne.
François, b 15 juillet et s 23 oct. 1757, à Lévis.

1759, (26 février) Montreal.

I.—DEREUX (3), François, b 1727; fils de François et de Catherine Bertin, de St-Pierre-aux-liens, de Merinville, diocèse de Sens.
Hervé, Marie-Anne, [Jean I.
b 1737.

DeRIBAUDIN.—Voy. DeCousse, 1761.

DeRICHEBOURG.—Voy. Boileau, 1756.

I.—DeRICHETERRE (4), Michel.

DeRICHEVILLE.—Voy. Drouet.

DeRICOURT.—Voy. DeNicourt.

I.—DERIEN, Michel, b 1702; s 6 sept. 1752, au Détroit.

DeRIGAULT.—*Variations et surnoms:* DeRigaud — Rigaud — DeCavagnal — DeVaudreuil.

1690, (21 nov.) Québec.[4]

I.—DeRIGAULT (5), Philippe,
b 1643; s[4] 13 oct. 1725.
DeJoybert, Louise-Elisabeth, [Pierre I.
b 1675.
Louis-Philippe, b[4] 26 sept. 1691. — *Philippe-Antoine*, b[4] 30 mars 1693.—*Jean*, b[4] 24 janvier 1695.—*Pierre*, b[4] 22 nov. 1698; m[4] 2 mai 1733, à Louise DeFleury d'Eschambault; s 16 nov. 1793, à l'Hôtel-Dieu, Q. — *Marie-Louise*, b 23 juin 1701, à Montreal.[5] — *François*, b[5] 4 oct. 1702; s[5] 16 juillet 1708. — *Philippe-Arnaud*, b[4] 9 février 1705; m à Antoinette Colombel.— *Joseph-Hyacinthe*, b[4] 27 juin 1706. — *Marie-Joseph*, b[5] 15 août 1708.—*Louise-Elisabeth*, b[4] 12 sept. 1709.

II.—DeRIGAULT (1), Ls-Philippe, [Philippe I
b 1691.

DeRIGAULT, Frs-Pierre.—Voy. Rigaud, 1733.

II.—DeRIGAULT (2), Arnaud, [Philippe I.
b 1705.
Colombel, Antoinette.

DeRIGAUVILLE.—Voy. DesBergères.

I.—DERIGER (3), Jean, b... s 27 février 1723, à Montreal.

DERIGLE, Marie-Joseph, épouse de Rene Roy.

DERIGNY (Le chevalier de).—Voy. Chatelain, p. 39.

DeRISSETTERRE, Michel. — Voy. DeRicheterre.

1712, (13 nov.) Montréal.[6]

I.—DERIVON (4), Pierre, b 1671; fils de Jean (sieur du Bressieux) et d'Antoinette Durousseł, de St-Just, ville de Lyon; s[6] 27 janvier 1741.
Godé, Marie, [Nicolas II.
b 1668; veuve de Charles DeCouagne; s[6] 10 nov. 1728.

1713, (23 mars) Québec.[7]

I.—DERNY (5), Alexandre, b 1676; fils de Marc et de Marie Abel, de St-Etienne-de-Marseilles.
Bruneau, Jeanne, [René I.
b 1679; veuve de François Duclas.
Jean-Alexandre, b[7] 12 février 1713; s[7] 20 sept 1714.—*Marie-Françoise*, b[7] 1er août 1715; m[7] 30 sept. 1732, à Charles Berthody.—*Jacques*, b[7] 10 sept. 1717; s[7] 5 nov. 1722.—*Thérèse-Louise*, b[7] 3 oct. 1719; s[7] 23 août 1722.—*Geneviève*, b[7] 3 oct. 1719; m[7] 23 août 1734, à Thimothe Provost.

---

(1) Sieur de Francheville; voy. vol. I, p. 183.

(2) Elle épouse, le 9 sept. 1654, Maurice Poulain, aux Trois-Rivières.

(3) Dit Hardy de Merinville.

(4) Sieur Dessaillant; appelé aussi DeRissetterre Il était au Detroit, en 1706, et à Montréal, le 28 janvier 1708.

(5) Seigneur deVaudreuil, XIVe gouverneur; voy. vol I, pp. 183-184.

(1) Chevalier, baron de Vaudreuil; capitaine des Gardes du Roy.

(2) Chevalier, marquis de Vaudreuil.

(3) Dit Lajeunesse, soldat.

(4) Chevalier, sieur de Budemont; capitaine, 1728.

(5) Dit Larose.

I.—DEROBORAS (1), ...

DEROCHE.—Voy. DUQUET, 1770.

DEROCHEBLAVE.—Voy. DERASTEL et RATEL, 1760.

DEROCHEMOND. — Voy. BESCHERFS—DESCHEVERT.

DEROGÉ, PIERRE, chirurgien.
CASTONGUAY, Marie-Anne.
Angélique, b... m 24 oct. 1768, à Louis PARMENTIER, à la Baie-du-Febvre.

1707, (25 février) Québec. [1]
I.—DEROIGNY (2), JEAN-BTE, b 1684; fils de Louis et de Catherine Desconseils, de St-Sulpice, Paris.
LAIZEAU, Marie-Madeleine, [PIERRE I. b 1687; s [1] 14 fevrier 1749.
Marie, b [1] 4 et s [1] 28 mai 1708.—*Jean-Baptiste*, b [1] 22 mai et s [1] 5 sept. 1709.—*Geneviève-Marguerite*, b [1] 13 juillet 1711; m [1] 27 juillet 1732, à Michel GARNIER; s [1] 29 mars 1733. — *Pierre*, b [1] 19 dec. 1712; s [1] 20 oct. 1713.

DEROME.—*Surnom:* DESCARREAUX.

1705, (20 janvier) Pte-aux-Trembles, Q. [2]
II.—DEROME (3), MICHEL, [DENIS I. b 1680; s 14 mai 1743, à Québec. [3]
1° DUSSAULT, Madeleine, [FRANÇOIS I b 1678; s [3] 7 fevrier 1718.
François-Xavier, b [2] 8 février 1706; m 16 février 1733, à Charlotte VIAU, à Longueuil; s [3] 18 fevrier 1774.—*Jean-Baptiste*, b [2] 22 mars 1708; m 1734, à Marie-Joseph MOREAU —*Angelique-Félicité*, b [3] 27 août 1710; m [3] 17 sept. 1742, à Louis JEAN, s 12 dec. 1749, à Beaumont. [4] —*Marie-Catherine*, b [3] 12 janvier 1712; s [3] 23 nov. 1719.—*Michel*, b [3] 24 mars 1714.—*Michel*, b [3] 15 fevrier 1716; s [3] 28 janvier 1717.

1718, (9 mai). [3]
2° MÉTIVIER, Marie-Louise, [LOUIS I b 1698, s [3] 31 août 1744.
Marie-Louise, b [3] 31 oct. 1720; m [3] 1er juillet 1748, à Michel LEMOINE.—*Michel*, b [3] 18 mai 1723 s [3] 18 sept. 1725.—*Marie-Hélène*, b [3] 26 fevrier 1725, m [3] 27 juillet 1744, à Pierre VALENTIN, s [3] 5 nov. 1755.—*Louis*, b 1726, m à Marie-Joseph VÉSINA; s 8 janvier 1786, à St-Augustin.—*Marie-Madeleine-Françoise*, b [3] 22 août 1729, s [3] 6 mai 1733.—*George*, b [3] 17 sept. 1731.—*Marie-Joseph*, b [3] 18 nov. 1733; m [4] 27 nov. 1752, à Pierre MIHAU —*François*, b [3] 29 juillet 1738.—*Charles*, b [3] 27 mars 1741.

(1) Capitaine du navire l'*Aigle*, naufragé au Mecatina, en 1752 C'est ce capitaine dont parle l'Histoire de Rimouski sous le nom de Loubaras (Registres des Procès-verbaux, 1767, Archevêche de Québec).

(2) Dit le Parisien, faiseur de chandelles.

(3) Dit Descarreaux, voy. vol. I, p. 184.

1706, (1er février) Quebec. [5]
II.—DEROME (1), JEAN, [DENIS I. b 1678; s [5] 16 juin 1711.
FERRÉ, Marie-Anne, [PIERRE I. b 1677; veuve de Rene Lanceleur; s [5] 13 juin 1711.
Jacques-Jean, b [5] 10 et s [5] 27 avril 1707.—*Jean-Baptiste*, b [5] 4 mai 1708; 1° m [5] 16 sept. 1732, à Suzanne JEANNES; 2° m [5] 14 avril 1755, à Madeleine HUNAUT.—*Joseph*, b [5] 1er mars 1710; m [5] 1er sept. 1732, à Angelique FILLIAU.

I.—DEROME, JEAN-BTE.
JARRY, Marie-Rose, [HENRI II. b 1694.
Jean-Baptiste, b 27 février et s 11 mars 1720, à Quebec. [2] — *Catherine*, b... m [2] 9 nov. 1727, à Charles MARAINE.—*Marie-Bénigne*, b... m [2] 7 janvier 1730, à Charles GAUDRON.

1732, (1er sept.) Québec. [6]
III.—DEROME, JOSEPH, [JEAN II. b 1710; bedeau.
FILLIAU (2), Marie-Angelique, [JEAN I. b 1716
Joseph, b [6] 7 août 1734; m [6] 9 janvier 1764, à Marie-Louise GRENET.—*Marie-Louise*, b [6] 9 avril 1736; m [6] 1er juin 1761, à Joseph PARANT.—*François-Xavier*, b [6] 11 mars 1738; m [6] 28 sept. 1761, à Suzanne FLUET.—*Charles*, b [6] 4 fevrier 1740; 1° m 26 fevrier 1770, à Marie-Elisabeth CRÉPEAU, à l'Ile-Dupas; 2° m [6] 28 août 1781, à Marie-Elisabeth .... veuve Racine. — *Jean-Marie*, b [6] 20 janvier 1742; s [6] 17 nov. 1744. — *Louis*, b [6] 28 fevrier 1744, m 13 juin 1768, à Marie-Elisabeth LEMARIE, à Ste-Foye; s [6] 29 juin 1781. — *Marie-Joseph*, b [6] 16 oct. 1745; s [6] 15 oct 1747.—*Reine-Geneviève*, b [6] 7 janvier 1748. —*Françoise-Elisabeth*, b [6] 2 mars 1749; s [6] 17 sept. 1751.—*Pierre-François*, b [6] 23 mars 1750.—*Gabriel*, b [6] 18 avril et s 3 sept. 1751, à Charlesbourg. [7] —*Jacques*, b [6] 16 oct. 1752; ord. 20 avril 1777, s [7] 30 sept. 1808.—*Pierre-Amable*, b [6] 29 avril et s [6] 7 sept. 1754.—*Marie-Anne*, b [6] 4 fevrier 1756.

1732, (16 sept.) Quebec. [4]
III.—DEROME, JEAN-BTE, [JEAN II. b 1708, navigateur.
1° JEANNES, Suzanne, [MARTIN II. b 1712; s [4] 23 nov. 1754.
Jean-Baptiste, b [4] 13 janvier 1734; m 9 fevrier 1756, à Marie-Rose PROU, à la Pte-aux-Trembles, Q. [5] — *Marie-Suzanne*, b [4] 4 sept. 1735, m 22 mai 1758, à Antoine-Joseph SAMSON, à Ste-Foye.—*Pierre-Charles*, b [4] 21 mai 1738, s [5] 27 juin 1764. —*George*, b [4] 5 juin 1740, m 26 janvier 1767, à Amable LACOMBE, à Repentigny —*Marie-Louise*, b [4] 5 juin et s [4] 26 dec. 1743.—*Marie-Louise*, b [4] 6 juin 1745; m [5] 26 mai 1766, à Jean-Baptiste MARTIN.—*Joseph-Marie*, b [4] 30 mai 1747, s [4] 9 mars 1748.—*Joseph-François*, b [4] 7 mars 1749.—*François-Xavier*, b [4] 2 dec. 1752; s [4] 8 sept. 1755.

(1) Dit Descarreaux.

(2) Dit Durbois.

1755, (14 avril). [4]
2° HUNAUT, Madeleine, [GABRIEL III.
b 1731.
Magloire-Vivien, b [4] 22 sept. 1756.—*Louise-Madeleine*, b 13 janvier 1758, à Beauport[6]; s [6] 17 mars 1759.—*Michel*, b [6] 27 juillet 1759.—*Marie-Madeleine*, b [6] 17 janvier 1762. — *Jeanne-Ursule*, b [6] 17 janvier 1762.—*André*, b [6] 25 mars 1763.—*Pierre*, b [6] 6 oct. 1765.

1733, (16 fevrier) Longueuil. [7]
III.—DEROME (1), FRS-XAVIER, [MICHEL II.
b 1706; s 18 fevrier 1774, à Quebec [8]
VIAU (2), Charlotte, [MICHEL II.
b 1710.
François, b 1733; m [8] 26 nov. 1759, à Marie-Anne PREVOST; s [8] 3 dec 1786.—*Louis-Gabriel*, b [8] 9 mai 1737; m [8] 17 nov. 1760, à Marie-Joseph LEMAGE. — *Marie-Jeanne*, b [8] 15 avril 1739. — *Marie-Anne*, b... m 1757, à Jacques POUSSARD — *Michel*, b [8] 6 mars 1741, s [8] 12 janvier 1742.— *Joseph*, b [8] 19 mars 1743; s [8] 19 mars 1744.— *Joseph*, b [8] 11 mars 1745; m à Marie-Anne PICARD; s [8] 22 mars 1788. — *Michel*, b [8] 27 dec. 1746; m [8] 30 juin 1776, à Catherine ROUILLARD.— *Charles*, b [8] 21 janvier 1749; m [8] 5 juillet 1774, à Marie-Anne BOIS, s 1826, à Montreal.—*Jean-Baptiste*, b [7] 25 oct. 1750; s [7] 22 juin 1751.— *Marie-Joseph*, b [8] 9 déc. 1753; s [8] 28 janvier 1760.

1734.
III.—DEROME (3), JEAN-BTE, [MICHEL II.
b 1708.
MOREAU, Marie-Joseph, [MICHEL II.
s 30 mars 1756, à Quebec. [9]
Marie-Joseph, b [9] 9 sept. 1735; s [9] 12 fevrier 1737.—*Jean-François*, b [9] 15 dec. 1738; s [9] 10 mai 1758.—*Pierre*, b [9] 11 et s [9] 14 mars 1741.—*Jean-Baptiste*, b [9] 14 mai 1742; m [9] 30 mai 1763, à Angelique AIDE-CRÉQUY.—*Joseph*, b [9] 31 août 1746.—*Pierre*, b [9] 24 sept. 1748.—*Gabriel*, b [9] 22 juillet 1750.—*Marie-Joseph*, b [9] 26 sept. 1752.

DEROME, JEAN.
VIAU (4), Marie-Anne.
Jean-Baptiste, b... s 11 déc. 1748, à Québec. [1] —*Jean-Baptiste*, b [1] 30 mars 1749.

III.—DEROME (5), LOUIS, [MICHEL II.
b 1726; s 8 janvier 1786, à St-Augustin. [6]
VÉSINA, Marie-Joseph.
Joseph, b [6] 15 janvier 1754; m [6] 22 janvier 1787, à Marie-Joseph LEFEBVRE.—*Louis*, b... m 1782, à Angelique JOBIN. — *Elisabeth*, b 1757, s [6] 1er fevrier 1759 (6).

(1) Constructeur de navire.
(2) Dit Lespérance.
(3) Charpentier de navire.
(4) Dit Lespérance—Dusault.
(5) Dit Descarreaux.
(6) Cet acte n'est entré au registre que le 28 déc. 1761.

1756, (9 fevrier) Pte-aux-Trembles, Q [6]
IV.—DEROME (1), JEAN-BTE, [JEAN-BTE III
b 1734.
PROU, Marie-Rose, [JEAN II.
b 1730.
Jean-Baptiste, b [6] 22 avril 1759.—*Marie-Rose*, b [6] 10 oct 1760; s [6] 2 mars 1762.—*Jacques*, b [6] 8 avril 1764; s [6] 6 avril 1765. — *Michel*, b [6] 21 oct. 1765; s 28 fevrier 1790, à Quebec.— *Marie-Geneviève*, b [6] 18 mars 1770. — *Marie-Louise*, b 30 sept. 1771, aux Ecureuils.

1759, (26 nov.) Québec. [9]
IV.—DEROME, FRANÇOIS, [FRANÇOIS III
b 1733, s [9] 3 dec. 1786.
PREVOST, Marie-Anne, [JEAN-BTE III
b 1738; s [9] 17 dec. 1798.
François-Xavier, b [9] 12 janvier 1761.—*Joseph*, b [9] 2 mars 1762, m à Therèse COUET; s [9] 16 août 1795.—*Marie-Anne*, b [9] 20 nov. 1763. — *Michel*, b... m [9] 19 août 1788, à Marie-Anne TROYE —*Hélène*, b... m [9] 22 oct. 1793, à Jacques PERRON

1760, (17 nov.) Québec. [7]
IV.—DEROME, LOUIS-GABRIEL, [FRANÇOIS III.
b 1737.
LEMAGE, Marie-Joseph, [JACQUES I.
b 1741.
Louis, b [7] 17 oct 1761, m [7] 5 nov. 1782, à Marie-Charlotte GROTEAU; s [7] 25 oct. 1795 — *Marie-Joseph*, b [7] 13 mai 1763.—*Joseph*, b... m [7] 8 nov. 1791, à Marguerite BRAU.— *Marie-Anne*, b... m [7] 21 nov. 1797, à François PETITCLERC.

1761, (28 sept.) Québec. [1]
IV.—DEROME, FRANÇOIS-XAVIER, [JOSEPH III
b 1738.
FLUET, Suzanne, [LOUIS III.
b 1742.
Marie-Ursule, b [1] 11 janvier 1763, s [1] 27 juillet 1764.—*Suzanne*, b 14 juillet 1768, aux Ecureuils, s 24 janvier 1770, à la Pte-aux-Trembles, Q [2] — *Marguerite*, b [2] 22 juillet 1770, m [1] 29 avril 1794, à Jean-Baptiste LEMAÎTRE-JUGON. — *Marie-Charlotte*, b [2] 25 mars 1772. — *François*, b [2] 29 août 1773; m [1] 24 avril 1798, à Marie-Anne GABOURY

1763, (30 mai) Québec. [4]
IV.—DEROME, JEAN-BTE, [JEAN-BTE III.
b 1742.
AIDE-CRÉQUY, Angélique, [FRANÇOIS II
b 1736.
Marie-Angélique, b [4] 23 mai 1764, m [4] 31 juillet 1792, à Andre ROLET; s [4] 21 août 1793.— *Jean*, b... m [4] 12 janvier 1796, à Madeleine ALARY.

1764, (9 janvier) Québec.
IV.—DEROME, JOSEPH, [JOSEPH III.
b 1734.
GRENET, Marie-Louise, [PIERRE II.
b 1746

(1) Dit Descarreaux.

IV.—DEROME, JOSEPH, [FRANÇOIS-XAVIER III.
b 1745, s 22 mars 1788, à Québec.
PICARD, Marie-Anne, [JACQUES-JOSEPH III.
b 1744; s 20 août 1785, à Repentigny.

1767, (26 janvier) Repentigny. [4]
IV.—DEROME (1), GEORGE, [JEAN-BTE III.
b 1740.
LACOMBE, Amable. [JEAN-BTE III.
Michel, b... m [4] 17 février 1792, à Therèse PILOTE. — *Marie-Elisabeth,* b 10 nov. 1775, à Berthier [1]; s [1] 27 juillet 1777.—*Marie-Agathe,* b [1] 23 janvier 1778.

1768, (13 juin) Ste-Foye. [3]
IV.—DEROME, LOUIS, [JOSEPH III.
b 1744; s 29 juin 1781, à Quebec. [4]
LEMARIÉ, Marie-Elisabeth, [ANTOINE III.
b 1742.
Marie, b... m [4] 15 nov. 1795, à Pierre VALIN.—*François-Régis,* b [3] 2 et s [3] 19 août 1781.

1770, (26 fevrier) Ile-Dupas.
IV.—DEROME (1), CHARLES, [JOSEPH III
b 1740.
1° CRÉPEAU, Marie-Elisabeth, [CHARLES III
b 1752; s 29 oct. 1780, à Quebec. [1]
Michel, b 15 fevrier 1776, à Berthier.—*Joseph* (2), b 1778, s [1] 30 juin 1797.
1781, (28 août). [1]
2° .... Marie-Elisabeth,
veuve de Michel Racine.

DEROME, JOSEPH.
PLOUF, Marie-Charlotte.
Marie-Charlotte, b... m 7 nov. 1797, à Jean-Baptiste TARDIF, à Quebec.

1774, (5 juillet) Québec. [6]
IV.—DEROME, CHARLES, [FRANÇOIS III.
b 1749; s 1826, à Montréal. [7]
BOIS, Marie-Anne, [ETIENNE III.
b 1755; s [7] 10 oct. 1825.
Marie-Anne, b... m [6] 29 oct. 1798, à Jean-Baptiste SAUCIER.

1776, (30 juin) Québec.
IV.—DEROME, MICHEL, [FRANÇOIS III.
b 1746.
ROUILLARD, Catherine, [FRANÇOIS IV.
b 1755.

1782, (5 nov.) Québec. [5]
V.—DEROME, LOUIS, [LOUIS IV.
b 1761, s [5] 25 oct. 1795.
CROTEAU, Marie-Charlotte, [JEAN I.
b 1763.

1782.
IV.—DEROME (3), LOUIS. [LOUIS III.
JOBIN, Angélique.

(1) Dit Descarreaux.
(2) Noyé au Sault de la Chaudière avec Jacques Perrault.
(3) Dit Descarreaux—Caro.

Angélique, b 16 juillet 1783, à St-Augustin. [5]—*Nicolas,* b [5] 1er oct. 1784. — *François,* b [5] 21 oct. 1787.—*Angélique,* b [5] 3 août 1789. — *Pierre,* b [5] 23 juillet 1791.—*Thérèse,* b [5] 20 mai 1793.

1787, (22 janvier) St-Augustin. [5]
IV.—DEROME, JOSEPH, [LOUIS III.
b 1754.
LEFEBVRE, Marie-Joseph, [JEAN-BTE IV.
b 1762.
Joseph, b [5] 23 nov. 1788. — *Jean-Baptiste,* b [5] 14 dec. 1788.—*Marie-Joseph,* b [5] 28 avril 1792.—*Louis,* b [5] 26 oct. 1794.

1788, (19 août) Québec.
V.—DEROME, MICHEL. [FRANÇOIS IV.
TROYE (1), Marie-Anne, [LOUIS II
b 1767.

V.—DEROME, JOSEPH, [FRANÇOIS IV.
b 1762; s 16 août 1795, à Québec.
COUET, Thérèse.

1791, (8 nov) Québec.
V.—DEROME, JOSEPH. [LOUIS-GABRIEL IV.
BRAU, Marguerite. [THEODORE I.

1792, (17 février) Repentigny.
V.—DEROME (2), MICHEL. [GEORGE IV.
PILOTE, Therèse. [FRANÇOIS IV

1796, (12 janvier) Québec
V.—DEROME, JEAN. [JEAN-BTE IV.
ALARY, Madeleine. [PAUL.

1798, (24 avril) Quebec.
V.—DEROME, FRANÇOIS, [FRANÇOIS-XAVIER IV.
b 1773.
GABOURY, Marie-Madeleine. [JOSEPH IV.

1815.
V.—DEROME, FRANÇOIS-XAVIER, [CHARLES IV.
b 1793; horloger; s 11 oct. 1851, à Montreal.
PARTHENAIS, Angelique, [LOUIS.
b 1796.

DEROME, FRANÇOIS.
PAGÉ, Eleonore.
François-Magloire, b... 1° m 4 sept. 1848, à Theotiste LABADIE, à Quebec; 2° m à Marie-Malvina LANGEVIN; s à Rimouski.

1848, (4 sept.) Québec.
DEROME, FRS-MAGLOIRE, [FRANÇOIS.
avocat.
1° LABADIE, Theotiste. [GUILLAUME.
2° LANGEVIN, Marie-Malvina. [JEAN.

DEROMPRÉ.—Voy. LEVÈQUE, 1712.

I.—DEROQUEMAURE (3), ...

(1) Dit Lafranchise.
(2) Dit Descarreaux.
(3) Lieutenant-colonel, commandant le bataillon de la reine (1759).

I.—DEROSETTE, JEAN-BTE.
VAHORDE, Marie-Joseph.
Angélique, b... s 6 dec. 1754, à Longueuil.

1730, (26 août) Québec.

I.—DEROSY (1), PIERRE-PHILIPPE, fils de Pierre et de Catherine Blavet, de St-Sauveur, Paris.
JEAN DE GRANDMAISON, Catherine, fille de Simon et de Catherine Pellecer, de Dumesnil, diocèse de Bayeux.

DEROUEN.—Voy. DROUIN.

I.—DEROUSSEAU, JOSEPH, s avant 1786.
DEMERS, Madeleine.
Joseph, b... m 28 nov. 1786, à Marie-Louise NEXER, à Quebec.

DEROUSSEAU, LOUISE, épouse de Louis-Marie GAUDREAU.

1786, (28 nov.) Québec.

II.—DEROUSSEAU, JOSEPH. [JOSEPH I.
NEXER, Marie-Louise, [JEAN I.
b 1763.

DEROUSSON.—Voy. LEVERRIER.

1726, (21 juillet) Montréal.[5]

I.—DEROY (2), JEAN-MICHEL, b 1691; fils de Claude et de Jeanne Duriveau, diocèse d'Angers.
BENOIT, Marie-Anne. [JOSEPH I.
Thomas-Marie, b [5] 19 juillet 1727, s [5] 24 nov. 1729.

I.—DEROYBON (3), JACQUES, de Montargis.
Madeleine, b 1646, s 17 janvier 1718, à Montreal.

DEROYCOURT.—Voy. LEBRUN, 1760.

DEROYON.—Voy. DESVOYOU.

1758, (5 avril) Québec.

I.—DÉRUMÉ (4), FRANÇOIS-JOSEPH, caporal, fils de Jean et de Françoise-Marie-Anne Boucher, de N.-D. d'Aire, diocèse de St-Omer.
VALLÉE, Marie, [NICOLAS II.
b 1715, veuve de Nicolas Rousset.
Marie-Françoise, b 23 sept. 1760, à Beauport.

DERUPALLEY. — *Surnoms :* DEGONNEVILLE — DESJARDINS.

(1) Sieur de Chauvigny.
(2) Chevalier, sieur de la Barre
(3) Sieur d'Alonne.
(4) Dit Beausoleil.

1694, (9 nov.) Québec.

I.—DERUPALLEY (1), MARC-ANTOINE.
LEMIRE, Anne, [JEAN I.
b 1664; veuve, en 1ères noces, de Laurent Tessier, et, en 2des, de Jean-Pierre Jolliet, chevalier D'Au; s 12 juin 1750, à Montreal.[8]
Henri-Charles, b [8] 25 janvier 1698; m 13 mai 1731, à Charlotte LERIGER, à Laprairie.—*Louis-Antoine*, b [8] 17 mai 1700; s [8] 13 mars 1723.

1731, (13 mai) Laprairie.

II.—DERUPALLEY (2), CHARLES, [ANTOINE I
b 1698.
LERIGER, Marie-Charlotte, [CLÉMENT I.
b 1711.
Pierre-Antoine, b 10 août et s 6 oct. 1740, à Montréal.

DERVAUX.—*Variation :* DARVEAU.

1762, (21 juin) Quebec.

I.—DERVAUX (3), JOSEPH, b 1725; fils de François-Louis et de Catherine Gambette, de Tournay, Flandre.
DESÈVE, Marie-Anne. [FRANÇOIS II.

1706, (26 nov.) Trois-Rivières.[9]

I.—DERVILLIERS (4), BENJAMIN, fils de Jean (Ecuier de dame la maréchale duchesse de Villeroi) et de Marie Audry, de Paris.
GODFROY (5), Claire, [MICHEL II.
b 1683; s [9] 10 mai 1752.

DÉRY.—*Variations et surnoms :* DERRY—DESRY—D'HÉRY—LAROSE.

1669, (13 oct.) Quebec.

I.—DÉRY (6), JACQUES,
b 1646, s 19 fevrier 1709, à la Pte-aux-Trembles, Q.[2]
VITRY, Marguerite,
b 1648.
René, b [2] 2 juin 1681; m à Marie MARCOT; s 9 janvier 1742, au Cap-Sante.

1679, (16 janvier) Quebec.

I.—DÉRY (7), MAURICE,
b 1657; s 24 dec. 1724, au Château-Richer.[6]
PHILIPPEAU, Madeleine, [CLAUDE I.
b 1662; s 14 dec. 1748, à Charlesbourg.[7]
Marie-Madeleine, b 1679; m à François LEFEBVRE-ANGERS; s 3 janvier 1758, à la Pte-aux-Trembles, Q. — *Jeanne-Elisabeth*, b [7] 16 août 1693; m [7] 11 avril 1712, à Jean-Baptiste ROCHEREAU. — *Marie-Angélique*, b [7] 22 mars 1696; m [6] 17 fevrier 1721, à Augustin DETREPAGNY. — *Joseph*, b [7] 1er oct. 1698, m [6] 20 juin 1718, à

(1) Sieur Desjardins, enseigne; voy. vol. I, p. 185.
(2) Sieur de Gonneville.
(3) Soldat depuis 1739 en France (Procès-verbaux).
(4) Seigneur de la Boissière; lieutenant d'une compagnie franche.
(5) DeLinctot.
(6) Et Desry dit Larose, voy. vol. I, p. 185
(7) Voy. vol. I, p 185.

Marie Voyer; s [7] 26 avril 1753.—*Louis-Benjamin*, b [7] 24 juillet 1701; 1° m 1724, à Elisabeth Gagnon; 2° m 1746, à Marie-Anne-Laurence Riopel; s 3 déc. 1748, à Lorette. — *Marie-Suzanne*, b [7] 22 avril 1704; m [6] 15 juillet 1726, à Joseph Légaré. — *Maurice*, b [7] 27 juin 1707; 1° m à Thérèse Rocheleau; 2° m 3 mars 1734, à Jeanne Girard, aux Trois-Rivières; 3° m 1749, à Marie-Anne Lupien; 4° m 23 avril 1759, à Marie-Françoise Vanasse, à la Pte-du-Lac [8]; s [8] 10 mars 1760.

1705, (8 juin) Pte-aux-Trembles, Q. [5]

II.—DÉRY (1), Joseph-Samuel, [Jacques I.
b 1672.
Harbour (2), Marie-Elisabeth, [Michel I
b 1684.

Michel, b [5] 3 mars 1706; m 22 sept. 1732, à Catherine Daveluy, à l'Assomption.[6]—*Marie-Elisabeth*, b [5] 9 avril 1708.—*Marie-Madeleine*, b [5] 29 août 1710; 1° m [5] 7 janvier 1732, à Etienne Magnan; 2° m 16 juin 1738, à Pierre Boutet, à Charlesbourg. — *Louise-Gertrude*, b [5] 6 février 1713; m [6] 6 nov. 1741, à Jean-Baptiste Dufont.

II.—DÉRY (1), René, [Jacques I
b 1681; s 9 janvier 1742, au Cap-Santé.
Marcot, Marie,
s 27 nov. 1746, aux Ecureuils.

1718, (20 juin) Château-Richer. [2]

II.—DERY, Joseph, [Maurice I
b 1698; s 26 avril 1753, à Charlesbourg [3]
Voyer, Marie, [Barthélemi II.
b 1697.

Joseph, b [2] 24 mai 1719; m [3] 27 janvier 1744, à Marguerite Chalifour; s [3] 28 mai 1759.—*Marie-Madeleine*, b [3] 20 février 1721, m [3] 1er août 1757, à Athanase Poulin.—*Pierre*, b [3] 29 janvier et s [3] 14 février 1723. — *Noel*, b [3] 29 janvier 1725; m 1750, à Marie-Geneviève Proteau.—*Louis-Marie*, b [3] 14 nov 1726; s [3] 16 nov. 1729. — *Jean-Baptiste*, b [3] 22 avril 1728, s [3] 28 oct 1729 — *Marie-Elisabeth*, b [3] 11 juin et s [3] 6 juillet 1730.—*Jean-François*, b [3] 24 et s [3] 25 mai 1731. — *Angélique*, b [3] 1er dec. 1732.—*Marie-Geneviève*, b [3] 1er février 1734.—*Marie-Louise*, b [3] 17 fevrier et s [3] 10 avril 1735. — *Marguerite*, b [3] 14 juillet et s [3] 2 sept. 1736.— *Marie-Louise*, b [3] 26 oct. 1737, 1° m [3] 21 janvier 1754, à Joseph Grenier; 2° m 10 août 1761, à Germain Giroux, à Beauport —*Anonyme*, b [3] et s [3] 9 août 1739.—*Marie-Marguerite*, b [3] 16 et s [3] 24 avril 1741.

1724.

II.—DÉRY, Louis-Benjamin, [Maurice I.
b 1701; s 3 dec. 1748, à Lorette [8]
1° Gagnon, Elisabeth,
s [8] 30 nov. 1744.

Louis, b 23 sept. 1725, au Château-Richer, m [8] 24 juin 1748, à Marie-Louise Boivin.—*Marie-Anne*, b [8] 28 sept. 1726, s [8] 12 fevrier 1730. — *Marie-Joseph*, b [8] 18 mars 1728; m [8] 13 avril 1750, à Joseph Gagné.—*Michel*, b [8] 28 sept. 1729; s [8] 29 juillet 1730. — *Joseph*, b [8] 2 mai 1733.— *Michel*, b [8] 21 fevrier 1735; m à Madeleine Gagné.—*Marie-Angélique*, b [8] 8 août 1736; s [8] 23 dec. 1749.—*Pierre*, b [8] 15 mars 1738.—*Ignace*, b [8] 26 déc. 1740; m 30 avril 1764, à Marie-Louise Tifaut, à Batiscan —*Marguerite*, b [8] 29 mai 1742; s [8] 1er dec. 1749.—*Marie-Louise*, b [8] 4 mai et s [8] 28 juin 1744.

1746.

2° Riopel (1), Marie-Anne-Laurence [Louis II.
Louis-Benjamin, b [8] 27 sept. 1747; s [8] 19 janvier 1749.—*Marie-Louise*, b [8] 5 oct. 1748.

II.—DÉRY, Maurice, [Maurice I.
b 1707; s 10 mars 1760, à la Pte-du-Lac. [6]
1° Rocheleau (2), Therèse, [Pierre II.
b 1710; s 17 dec. 1733, aux Trois-Rivières. [5]

Alexis, b 1728; m [6] 9 mai 1757, à Felicite Gautier.—*Marie-Madeleine*, b [5] 1er juin 1729, s [5] 9 juillet 1730.—*Marie-Louise-Joseph*, b [5] 11 janvier 1731; m [6] 27 sept 1756, à Charles Montour.— *Anonyme*, b [5] et s [5] 11 janvier 1733.

1734, (3 mars). [5]

2° Girard, Jeanne, [François II.
b 1718; s [5] 13 avril 1748.

Dominique, b [5] 29 avril 1736 — *Louis*, b [5] 25 août 1737, m à Marie-Joseph Gagnon. — *Marie-Joseph*, b [5] 16 août 1739; m [6] 7 fevrier 1757, à Andre Guay.—*Marguerite*, b [5] 12 mai et s [5] 4 juin 1741.— *Joseph*, b [6] 29 juillet 1742; m 1763, à Geneviève Paplau.—*Antoine-Maurice*, b [6] 3 mai et s [6] 18 juin 1744. — *Maurice*, b [6] 28 juin et s [6] 1er juillet 1745. — *Marie-Agathe*, b [6] 18 juillet 1746.—*Michel*, b [6] 30 sept. 1747.

1749.

3° Lupien (3), Marie-Anne, [Pierre II.
b 1722; s [6] 24 mai 1758.

Jean-Baptiste, b [6] 16 et s [6] 19 dec. 1749.— *Marie-Anne*, b [6] 19 oct 1750; s [6] 30 nov. 1751.— *Jean-Baptiste*, b [6] 23 juillet 1752. — *Louis*, b [6] 4 sept. 1753; m 31 janvier 1774, à Geneviève Gervais, à Ste-Anne-de-la-Perade — *Angélique*, b [6] 31 juillet et s [6] 3 août 1755.—*Antoine*, b [6] 27 avril et s [6] 8 août 1757.—*Veronique*, b [6] 30 avril et s [6] 2 oct. 1758. — *Judith*, b [6] 30 avril et s [6] 15 mai 1758.

1759, (23 avril). [6]

4° Vanasse (4), Marie-Frse, [François II.
b 1729.

Marie-Anne, b [6] 9 fevrier et s [6] 26 mai 1760.

1732, (22 sept.) L'Assomption.

III.—DÉRY (5), Michel, [Joseph-Samuel II.
b 1706.
Daveluy, Catherine, [Jean II.
b 1714.

(1) Dit Larose.

(2) Elle épouse, le 12 sept. 1718, Louis Buteau, à Québec.

(1) Elle epouse, le 27 juillet 1750, Pierre Delage, à Lorette.

(2) Et Mauisseau.

(3) Dit Baron.

(4) Elle epouse, le 9 sept. 1765, Charles Lefebvre, aux Trois-Rivieres

(5) Dit Larose.

DÉRY, François.
Lefebvre, Marie-Françoise.
Françoise, b 5 avril 1742, à Montréal.

1744, (27 janvier) Charlesbourg.[4]

III.—DÉRY, Joseph, [Joseph II.
b 1719; s [4] 28 mai 1759.
Chalifour, Marguerite, [Pierre III.
b 1721.
Brigitte, b [4] 22 oct. 1744.— *Marie-Marguerite*, b [4] 8 oct. 1745.—*Joseph-Alexis*, b [4] 19 déc. 1746; s [4] 6 oct. 1755. — *Joseph-Antoine*, b [4] 9 janvier 1748; m à Geneviève Leclerc. — *Marie-Joseph*, b [4] 19 sept. 1749. — *Antoine-Maurice*, b 18 janvier 1751, à Beauport. [5]—*Catherine-Euphrosine*, b [5] 4 fevrier 1752, s [5] 21 oct. 1755. — *Louis*, b [5] 12 mars 1754; m 24 février 1778, à Madeleine Langlois, à Ste-Foye. — *Euphrosine*, b [5] 19 janvier et s [6] 16 sept. 1756.—*Marie-Charlotte*, b [5] 11 fevrier 1757; s [4] 12 dec. 1759.—*Euphrosine*, b [4] 11 déc. 1758; s [4] 21 dec. 1759.

1748, (24 juin) Lorette.[7]

III.—DÉRY, Louis, [Louis-Benjamin II.
b 1725.
Boivin, Marie-Louise, [Pierre II
b 1726.
Marie-Madeleine, b [7] 1er déc. 1756, s [7] 13 oct. 1763.

1750.

III.—DÉRY, Noel, [Joseph II
b 1725
Proteau, Marie-Geneviève, [Michel II
b 1722.
Marie-Geneviève, b 7 fevrier et s 20 août 1751, à Charlesbourg.[4]— *Joseph*, b [4] 12 sept. 1752.— *Charles*, b [4] 23 et s [4] 24 août 1761.

1756, (11 oct) Québec.[9]

I.—DÉRY, Guillaume-François, fils de Guillaume et de Marguerite Hapedry, de St-François, Hâvre-de-Grâce, diocèse de Rouen.
LeMarié, Marie-Anne, [Joseph III.
b 1737.
Jean-François, b [9] 8 juillet 1757.

III.—DÉRY, Michel, [Louis-Benjamin II
b 1735.
Gagne, Madeleine
Michel-Joseph, b 28 avril 1755, à Lorette. [3]— *Marie-Madeleine*, b [3] 25 dec. 1757.—*Michel*, b [3] 5 fevrier et s [3] 13 avril 1759. — *Marie-Joseph*, b [3] 18 avril 1760.—*Michel*, b [3] 27 mai 1763.—*Pierre*, b [3] 17 nov. 1764.

1757, (9 mai) Pte-du-Lac.[6]

III.—DÉRY, Alexis, [Maurice II.
b 1728
Gautier, Felicité, [Elie-Jean I
b 1736.
Angélique, b 13 avril 1758, aux Trois-Rivières, s [6] 5 nov. 1760.—*Alexis*, b [6] 16 oct. 1759, s [6] 26 oct. 1760.—*Louis*, b [6] 23 mars 1761.

DÉRY (1), Jean,
b 1728; s 12 déc. 1772, à Terrebonne.
Landry, Geneviève.

1763.

III.—DÉRY, Joseph, [Maurice II.
b 1742.
Paplau, Geneviève.
Louis, b 1er avril 1764, à Batiscan. [8]— *Pierre*, b... m [8] 1er août 1791, à Marie-Scholastique Frigon.

1764, (30 avril) Batiscan.

III.—DÉRY, Ignace, [Louis-Benjamin II.
b 1740
Tifaut, Marie-Louise. [Joseph II.

IV.—DÉRY, Joseph-Antoine, [Joseph III.
b 1748.
Leclerc, Geneviève.
Joseph, b... m 16 oct. 1798, à Marie-Elisabeth DeLessard, à Québec.

1774, (31 janvier) Ste-Anne-de-la-Perade.

III.—DÉRY, Louis, [Maurice II.
b 1753.
Gervais, Geneviève, [Louis-Joseph II.
b 1749.

1778, (24 février) Ste-Foye.[4]

IV.—DÉRY, Louis, [Joseph III.
b 1754.
Langlois, Madeleine. [François IV.
Marie-Louise, b [4] 28 fevrier 1779; s [4] 8 août 1781.—*Louis*, b [4] et s [4] 26 sept. 1780.—*Jean-Baptiste*, b [4] 25 mai et s [4] 9 sept. 1788.

1791, (1er août) Batiscan.

IV.—DÉRY, Pierre. [Joseph III.
Frigon, Marie-Scholastique. [Pierre III.

1798, (16 oct.) Quebec.

V.—DÉRY, Joseph, [Joseph IV.
DeLessard, Marie-Elisabeth. [Charles

DÉRY, Geneviève, epouse de Joseph Lefebvre.

DÉRY, Madeleine, epouse d'Augustin Liret.

DÉRY, Marie-Elisabeth, épouse de Jean Montary.

DÉRY, Louise, b... m 1791, à Alexis Pelletier.

DERYZY, Pierre —Voy. Perrot-Deryzy.

DESABRAIS.—Voy. Rullé.

1728, (26 août) Montréal.[8]

II.—DeSABREVOIS (2), Clément, [Jacq.-Chs I.
b 1702; s [8] 19 avril 1781.
Guichard, Marie-Charlotte, [Jean I.
b 1708; s [8] 24 janvier 1778.

(1) Dit Larose.
(2) Voy. vol I, p. 185.

Jean, b 8 16 juin 1729; 1° m 8 7 janvier 1754, à Marie-Renée Gamelin; 2° m 8 9 février 1779, à Marie-Anne Claveau; s 8 4 mai 1784. — *Marguerite*, b... 1° m 8 7 janvier 1754, à Louis Dandonneau; 2° m 8 16 août 1769, à François-Thomas DeLorimier de Verneuil.

1754, (7 janvier) Montréal. 6

III.—DeSABREVOIS, Jean, [Clément II
b 1729; s 6 4 mai 1784.
1° Gamelin, Marie-Renée, [Pierre III.
b 1736, s 6 30 oct. 1770.
Clément-Christophe-Anne, b 6 26 juillet 1755; m à Emilie Bower, aux Etats-Unis.

1779, (9 février). 6

2° Claveau, Marie-Anne, [Pierre I.
b 1748, s 6 12 février 1783.

IV—DeSABREVOIS, Clément, [Jean III.
b 1755.
Bower, Emilie.
Jean-François, b... ordonné 21 mars 1790, s 2 août 1802, à Boucherville 6—*Clémence-Charlotte*, b 6 9 juillet et s 6 8 sept. 1785.—*Marguerite-Emilie*, b 6 22 juin 1786; m 6 3 oct. 1812, à Pierre Boucher. —*Geneviève-Françoise*, b 6 27 juillet 1787; m 6 15 juillet 1806, à Basile-Benjamin Trotier-Desrivières-Beaubien — *Pierre-Clément*, b 4 janvier et s 29 juillet 1789, à Varennes.—*Clément-Charles*, b 28 oct 1798, à Sorel; m 16 janvier 1823, à Marie-Elisabeth Rocher, à St-Roch.

DeSACQUEREZ.—Voy. Caron.

1725, (9 nov.) Longueuil.

I.—DeSACQUESPÉE (1), Joachim, fils de Philippe (chevalier et capitaine de cavalerie) et de Marguerite Tronsom, s 1770, près du fleuve Mississipi.
1° Trotier (2), Louise-Catherine, [Noel III
b 1705; s 12 nov. 1731, à Batiscan. 6
Marie-Marguerite, b 6 25 mai 1726.—*Philippe*, b 6 11 janvier 1728.—*Louis*, b 6 11 déc. 1729.
2° DeLorimier, Marie-Jeanne, [Guillaume I
b 1702, s 13 mai 1765, à Lachine.

I.—DESAIVE (3), André, b 1709; d'One, diocèse de Liège; s 10 mai 1788, à l'Hôpital-Général, M.

DESALEURS.—Voy. Compiaux—Coupiau.

DESALINE, Pierre.—Voy. Dessalines.

1723.

DeSALLE, Jean-François.
Bonhomme, Marie. [Nicolas III.
Jean-François, b 12 nov. 1724, à Ste-Foye.

DeSALLE, Clément.
Loranger, Madeleine.
Clément, b 24 février 1743, à Québec.

(1) Ecuier, lieutenant des troupes et seigneur de Voispreux.
(2) De la Bissonnière.
(3) Ancien soldat de la colonie.

DeSALLE, François.
Chaussé, Marie-Angélique.
Marie-Louise, b 27 avril 1751, à Lavaltrie.

DESALLIERS.—Voy. Aubuchon—DeLessard.

I.—DESARDEAU, Jean,
arpenteur
Martigny, Renée.
Alexis, b 6 et s 8 juin 1756, à St-Laurent, M.

DESARENES.—Voy. Hugues, 1761.

DESAULES, Suzanne, épouse de Louis Laronde.

DESAULNIERS.—Voy. LeSieur—Trotier.

DESAUT, Marie, épouse de Jean Latache.

DESAUTELS.—*Surnom :* Lapointe.

1666, (11 janvier) Montréal. 1

I—DESAUTELS (1), Pierre,
b 1631; s 1 19 nov. 1708.
1° Rémy, Marie,
b 1646, s 1 11 nov. 1676.

1676, (23 nov.) 1

2° Lorion, Catherine, [Mathurin I.
b 1636; veuve de Nicolas Millet; s 1 20 avril 1720.
Pierre, b 1 13 sept. 1677; m 1 12 janvier 1699, à Thérèse-Angélique Thuillier; s 11 août 1753, à la Longue-Pointe. — *Gilbert*, b 1 17 déc. 1679; m 30 janvier 1708, à Charlotte Etienne, à la Pte-aux-Trembles, M.

1693, (28 sept.) Pte-aux-Trembles, M. 2

II.—DESAUTELS (2), Joseph, [Pierre I.
b 1668.
Chaudillon (3), Marie-Charlotte, [Antoine I.
b 1676.
Marie-Catherine, b 2 10 juillet 1694, m 12 février 1714, à Jean-Baptiste Lagage, à Montréal. 3 —*Marie-Anne*, b 16 sept. 1698, à Québec.—*Marie-Marguerite*, b 2 22 août 1699 —*Michel*, b 2 1er oct. 1701; m 20 août 1726, à Louise-Catherine Bergeron, à Sorel.—*Marie-Louise*, b 3 16 août 1704.

1699, (12 janvier) Montréal. 4

II.—DESAUTELS (2), Pierre, [Pierre I.
b 1677, s 11 août 1753, à la Longue-Pointe. 5
Thuillier (4), Thérèse-Angélique, [Jacques I.
b 1683, s 5 20 janvier 1765.
Angélique, b 4 25 déc. 1699, m 4 8 janvier 1720, à Simon Sicard.—*Louis*, b 4 3 août 1703, 1° m 5 15 février 1734, à Agathe Baudreau; 2° m 5 20 avril 1739, à Marie-Anne Larchevêque; s 5 5 avril 1782.—*Marie-Françoise*, b 4 15 juillet 1705, m 5 21 février 1729, à Joseph Patenote. — *Jean-Baptiste*, b 4 14 mars 1707; m 4 17 février 1738, à

(1) Voy, vol I, p. 185.
(2) Dit Lapointe, voy vol. I, p 185
(3) Elle épouse, le 8 juillet 1707, Jean Barte, à Varennes.
(4) Ou Lhuillier, 1707

Marie-Françoise Lefebvre.—*Marie-Joseph*, b [4] 14 oct. 1709; m [6] 4 nov. 1732, à Nicolas Patenote —*François*, b [4] 11 mars 1712; 1° m [5] 6 fevrier 1747, à Marie-Marguerite Vinet; 2° m [5] 15 janvier 1753, à Marie-Anne Bazinet.—*Joseph*, b [4] 10 avril 1714; s [5] 12 janvier 1729.—*Laurent*, b [4] 16 fevrier et s [4] 30 déc. 1716.—*Nicolas*, b [4] 25 mars 1718, m [5] 6 février 1741, à Marie-Catherine Dufresne; s [5] 17 fevrier 1783.—*Jacques*, b [4] 22 nov. 1720.—*Antoine*, b [4] 6 mai 1722.—*Charles-Basile*, b [4] 30 mars 1724.—*Marie-Anne*, b 1726; s [5] 27 mars 1730. —*Catherine*, b... m 1748, à Jean-Baptiste Chatel.

1708, (30 janvier) Pte-aux-Trembles, M.

II.—DESAUTELS, Gilbert, [Pierre I. b 1679.

Etienne, Marie-Charlotte, [Philippe I b 1690.

Marie-Charlotte, b 21 avril 1709, à Montréal [7], m [7] 17 janvier 1729, à Joseph Leduc —*Marie-Catherine*, b [7] 8 janvier 1711, m [7] 26 nov 1731, à Joseph Beaudry.—*Marie-Françoise*, b [7] 8 juin 1712.—*Marie-Catherine*, b... s [7] 31 dec. 1713.—*Gilbert*, b [7] 20 fevrier et s [7] 26 juillet 1714.—*Gilbert*, b [7] 8 oct. 1715; 1° m [7] 7 nov. 1740, à Marie-Anne Mallet, 2° m [7] 27 sept. 1762, à Marguerite Poitras.—*François*, b [7] 6 sept. 1716; s [7] 16 février 1747.—*Pierre*, b [7] 13 août 1717, s [7] 1er nov. 1718.—*Jacques*, b [7] 13 sept 1718; m 26 oct. 1744, à Marie-Françoise Fournier, à Longueuil. [8]—*Marie-Anne*, b [7] 24 mai 1720.—*Joseph*, b [7] 19 mai 1721; s [7] 15 oct. 1722.—*Joseph*, b [7] 11 sept. 1722, m [7] 10 nov. 1749, à Catherine Picard —*Pierre*, b [7] 23 janvier 1724; m [8] 19 mai 1749, à Marguerite Bouteiller.—*Etienne*, b [7] 16 déc. 1724; m [7] 17 juin 1748, à Catherine Prudhomme. —*Angélique*, b [7] 28 fevrier 1726; m [7] 11 janvier 1745, à Nicolas Lefebvre.—*Pierre*, b 1726, 1° m à Geneviève Bray; 2° m [7] 7 janvier 1760, à Marie-Joseph Favre.—*Jean-Baptiste*, b [7] 21 mai et s 18 juillet 1727, à la Longue-Pointe.—*Joseph-Marie*, b [7] 8 déc. 1728; m [8] 17 mai 1745, à Marie-Joseph Bouteiller.—*Timothé*, b [8] 27 oct. et s [8] 3 nov. 1729.

1726, (20 août) Sorel.

III.—DESAUTELS, Michel, [Joseph II. b 1701.

Bergeron, Louise-Catherine, [Jacques II. b 1708.

Michel, b 1727; m 8 juillet 1754, à Marie-Charlotte Rondeau, à St-Ours. [5]—*Jeanne*, b... m [5] 16 sept. 1754, à Antoine Martin.—*Joseph*, b 1730; m [5] 14 oct. 1756, à Marguerite Alaire.—*Marie-Angélique*, b 25 mai 1738, à Lanoraie.—*Nicolas*, b 17 mai 1747, à Lavaltrie. [6]—*Marie*, b [6] 1er nov. 1749, s [5] 24 avril 1757.

1734, (15 février) Longue-Pointe. [9]

III.—DESAUTELS (1), Louis, [Pierre II. b 1703; s [9] 5 avril 1782.

1° Baudreau, Agathe, [Paul II. b 1715; s [9] 25 nov. 1737.

Louis, b [9] 14 oct. 1735; s [9] 3 février 1736.—*Marie-Agathe*, b [9] 1er et s [9] 4 déc. 1736.—*Agathe*, b [9] 18 nov. et s [9] 21 déc. 1737.

1739, (20 avril). [9]

2° Larchevêque, Marie-Anne, [Joseph III. b 1722.

Joseph, b [9] 14 mars et s [9] 1er avril 1740.—*Marie-Anne*, b [9] 29 mai 1741.—*Louis*, b [9] 6 mars 1743.—*Jacques*, b [9] 16 oct. 1744; s [9] 2 janvier 1745.—*Marie-Marguerite*, b [9] 24 mars 1746, m [9] 24 sept. 1770, à Joseph Truteau.—*Marie-Louise*, b [9] 28 janvier et s [9] 24 fevrier 1748.—*Jean-Baptiste*, b [9] 9 mai et s [9] 7 juin 1749.—*Marie-Judith*, b [9] 22 mai et s [9] 23 août 1751.—*Jean-Baptiste*, b [9] 6 et s [9] 8 juin 1753.—*Marie-Anne*, b... s [9] 25 oct. 1755.—*Marie-Anne*, b [9] 25 janvier 1757.—*Jean-Baptiste*, b [9] 7 et s [9] 19 juillet 1758. —*Jean-Baptiste*, b [9] 5 et s [9] 20 avril 1760.—*Marie-Catherine*, b [9] 10 dec. 1761; m [9] 1er fevrier 1779, à Henri Pain.—*Jean-Baptiste*, b [9] 16 janvier et s [9] 25 août 1763.—*Pierre*, b [9] 6 sept. 1766, s [9] 27 dec. 1769.

1738, (17 fevrier) Montréal.

III.—DESAUTELS, Jean-Bte, [Pierre II b 1707.

Lefebvre, Marie-Françoise, [Charles II b 1719.

Françoise, b 16 dec. 1738, à la Longue-Pointe [4]; m [4] 26 fevrier 1759, à Prudent Vinet.—*Marie-Angelique*, b [4] 5 janvier 1740; m [4] 6 août 1764, à François Trudel.—*Jean-Baptiste*, b [4] 26 dec. 1740; m 1771, à Marie-Therèse Harnois.—*Louis*, b [4] 14 avril 1742.—*Marie-Joseph*, b [4] 1er et s [4] 5 fevrier 1744.—*Charles*, b [4] 19 dec. 1744.—*Marie-Louise*, b [4] 14 mai et s [4] 5 août 1746.—*Marie-Judith*, b [4] 8 juin et s [4] 26 juillet 1747.—*Antoine*, b [4] 8 juin 1748; 1° m [4] 3 fevrier 1772, à Angelique Picard, 2° m [4] 1er juillet 1782, à Françoise Bazinet.—*Simon-Basile*, b [4] 26 oct. 1749, m [4] 25 juin 1781, à Angelique Truteau.—*Pierre-Benjamin*, b [4] 3 et s [4] 16 mars 1751.—*Marguerite*, b [4] 7 et s [4] 10 mars 1752.—*Marie-Julie*, b [4] 4 avril 1753.—*François-Benjamin*, b [4] 3 et s [4] 7 mars 1755.

1740, (7 nov.) Montreal. [2]

III.—DESAUTELS, Gilbert, [Gilbert II b 1715.

1° Mallet, Marie-Anne, [Louis III. b 1719.

Louis-Amable, b [2] 1er août 1741.—*Angélique-Amable*, b [2] 29 juin 1743.—*Joseph*, b [2] 19 fevrier 1750.—*Pierre*, b... m 12 fevrier 1771, à Marie-Angelique Paris, à Terrebonne.—*Catherine*, b... m 5 juillet 1773, à Charles Braconnier, à St-Henri-de-Mascouche.

1762, (27 sept.) [2]

2° Poitras, Marguerite, [François III. b 1733, veuve de Joseph Truel.

1741, (6 fevrier) Longue-Pointe. [9]

III.—DESAUTELS, Nicolas, [Pierre II b 1718; s [9] 17 fevrier 1783.

Dufresne, Marie-Catherine, [Jean-Bte III b 1722.

---

(1) Dit Lapointe.

Marie-Angélique, b [9] 20 nov. 1741; s [9] 15 avril 1742.—*Marie-Catherine*, b... m [9] 30 janvier 1764, à Joseph PICARD.—*Marie-Marguerite*, b [9] 23 mars 1743; m [9] 11 février 1771, à Joseph BRUNEL.—*Jean-Baptiste*, b [9] 17 août 1744. — *Marie-Louise*, b [9] 10 janvier et s [9] 3 août 1746.—*Marie-Marguerite*, b [9] 11 mai 1747. — *Marie-Judith*, b [9] 4 janvier et s [9] 26 mai 1749.—*Marguerite*, b [9] 13 mai et s [9] 25 juillet 1750. —*Marie-Judith*, b [9] 11 nov. 1751; m [9] 22 février 1773, à Gervais ARCHAMBAULT.—*Amable*, b [9] 29 mai 1753; m 30 sept. 1782, à Catherine VALIQUET, à Terrebonne.—*Nicolas*, b [9] 9 déc. 1754.—*Joseph-Marie*, b [9] 16 juin 1756; s [9] 6 nov. 1769. — *Marie-Monique*, b [9] 11 juillet 1758; m [9] 18 juillet 1785, à Pierre DESCARIS.—*Marie-Agathe*, b [9] 28 nov. 1760; m [9] 31 janvier 1780, à Louis ARCHAMBAULT. — *Antoine*, b [9] 12 juin 1762.— *Marie-Madeleine*, b [9] 23 juillet 1766.

1744, (26 oct.) Longueuil. [5]

III.—**DESAUTELS, JACQUES**, [GILBERT II.
b 1718.
FOURNIER, Marie-Françoise, [ADRIEN II.
b 1719.
Louis-Jacques, b [5] 14 sept. 1760.—*Luc-Jacques*, b [5] 29 mars 1762.

1745, (17 mai) Longueuil. [5]

III.—**DESAUTELS, JOSEPH-MARIE**, [GILBERT II.
b 1728.
BOUTEILLER, Marie-Joseph, [ANTOINE II.
b 1722.
Joseph, b [5] 23 mars 1746.—*Marie-Anne*, b [5] 26 juillet 1747.—*Pierre*, b [5] 7 sept. 1748.— *Michel-Amable*, b [5] 24 janvier 1750.—*Marie-Joseph*, b [5] 26 mai 1752.

1747, (6 février) Longue-Pointe. [2]

III.—**DESAUTELS** (1), **FRANÇOIS**, [PIERRE II.
b 1712.
1° VINET, Marie-Marguerite, [FRANÇOIS II.
b 1717; s [2] 25 février 1751.
1753, (15 janvier). [2]
2° BAZINET, Marie-Anne, [PIERRE III.
veuve de François Cusson.
François, b [2] 26 oct. 1753. — *Prudent*, b [2] 10 janvier 1755.—*Antoine-Medard*, b [2] 4 avril et s [2] 21 nov. 1756.—*Louis*, b [2] 4 et s [2] 26 août 1757.—*Marie-Anne*, b [2] 25 août 1758; s [2] 26 avril 1759. —*Pierre-Benjamin*, b [2] 28 nov. 1759, s [2] 20 janvier 1760.—*Marie-Marguerite*, b [2] 29 mars et s [2] 10 août 1761. — *Marie-Catherine*, b [2] 9 avril et s [2] 29 juillet 1762.—*Pierre-Charles*, b [2] 18 avril et s [2] 14 août 1763.—*Laurent-Charles*, b [2] 12 juin et s [2] 7 août 1765.—*Jean-Baptiste-Paschal*, b [2] 14 avril et s [2] 11 juin 1767.—*Marie-Constance*, b [2] 7 juillet et s [2] 18 déc. 1768.—*Anne-Marguerite*, b [2] 24 janvier 1770.

1748, (17 juin) Montréal. [7]

III.—**DESAUTELS, ETIENNE**, [GILBERT II.
b 1724.
PRUDHOMME, Catherine, [FRANÇOIS III.
b 1729.

(1) Dit Lapointe.

Etienne, b [7] 18 nov. 1749. — *Catherine*, b [7] 11 déc. 1750. — *Michel*, b et s 17 août 1752, à la Longue-Pointe. [8] — *Pierre*, b [8] 24 juin 1753.

1749, (19 mai) Longueuil. [5]

III.—**DESAUTELS, PIERRE**, [GILBERT II.
b 1724.
BOUTEILLER, Marguerite, [ANTOINE II.
b 1728.
Pierre-Paschal, b [5] 28 mars et s [5] 3 avril 1750. —*Philippe*, b [5] 28 février 1751; s [5] 16 mars 1752.

III.—**DESAUTELS, PIERRE**, [GILBERT II.
b 1726.
1° BRAY, Geneviève.
1760, (7 janvier) Montréal.
2° FAVRE, Marie-Joseph, [JEAN I.
b 1737.

1749, (10 nov.) Montréal. [6]

III.—**DESAUTELS, JOSEPH**, [GILBERT II.
b 1722.
PICARD, Catherine, [FRANÇOIS III.
b 1730.
Joseph, b [6] 14 août 1750; m 6 août 1787, à Therèse MIVILLE, à St-Louis, Mo. — *Catherine*, b... s 23 juillet 1758, à St-Laurent, M.

1754, (8 juillet) St-Ours. [6]

IV.—**DESAUTELS, MICHEL**, [MICHEL III.
b 1727.
RONDEAU, Marie-Charlotte. [JOSEPH II.
Marie-Charlotte, b [6] 27 juillet 1755. — *Marie-Angélique*, b [6] 20 mai et s [6] 30 juillet 1757.—*Michel*, b [6] 20 mai et s [6] 23 sept. 1758. — *Michel*, b [6] 11 août 1759.

1756, (14 oct.) St-Ours. [4]

IV.—**DESAUTELS** (1), **JOSEPH**, [MICHEL III.
b 1730.
ALAIRE, Marguerite, [LOUIS III.
b 1736.
Joseph, b [4] 8 oct. 1757.—*Marie-Marguerite*, b [4] 14 oct. 1758.

DESAUTELS, JOSEPH.
PINOT, Marguerite.
Anonyme, b et s 25 août 1760, à Longueuil.

1771.

IV.—**DESAUTELS** (1), **JEAN-BTE**, [JEAN-BTE III.
b 1740.
HARNOIS, Marie-Therèse, [ANDRÉ III.
b 1753; s 22 sept 1784, à Repentigny. [6]
Jean-Baptiste, b [6] 10 dec. 1771. — *Joseph*, b [6] 21 sept. 1773. — *Marie-Thérèse*, b [6] 30 mai 1775. — *Angélique*, b 1776; s [6] 8 déc. 1793. — *Marie-Charlotte*, b... s [6] 4 août 1781. — *Jean-Baptiste*, b... s [6] 15 nov. 1782. — *Basile*, b... s [6] 20 août 1784.

(1) Dit Lapointe.

1771, (12 fevrier) Terrebonne.

IV.—DESAUTELS, PIERRE. [GILBERT III.
PARIS, Marie-Angelique, [AMBROISE II.
b 1757.

1772, (3 février) Longue-Pointe. [7]

IV.—DESAUTELS, ANTOINE, [JEAN-BTE III.
b 1748.
1° PICARD, Marie-Angélique, [PIERRE-JOS. III.
b 1749; s [7] 12 dec. 1772.
1782, (1er juillet.) [7]
2° BAZINET, Françoise, [ANTOINE IV.
b 1759.

1781, (25 juin) Longue-Pointe.

IV.—DESAUTELS, SIMON-BASILE, [J.-BTE III.
b 1749.
TRUTEAU, Angélique, [JOSEPH IV.
b 1763.

1782, (30 sept.) Terrebonne.

IV.—DESAUTELS, AMABLE, [NICOLAS III.
b 1753.
VALIQUET, Catherine, [PIERRE IV.
b 1758.

DESAUTELS (1), JEAN-BTE.
PIGEON, Agathe.
Antoine, b 5 mars 1787, à Repentigny. [4] — *Suzanne*, b... s [4] 23 août 1788. — *Marie-Agathe*, b [4] 10 mai et s [4] 28 juillet 1789.— *Agathe*, b... s [4] 12 juillet 1790.— *Marie-Louise*, b... s [4] 4 avril 1792. —*François*, b... s [4] 14 avril 1794.

1787, (6 août) St-Louis, Mo.

IV.—DESAUTELS (2), JOSEPH, [JOSEPH III.
b 1750.
MIVILLE, Thérèse, [JOSEPH V.
b 1771.

DESAUTELS, LOUISE, b... m 1737, à Louis VENNE.

DESAUTELS, MARIE, epouse de Jean-Baptiste ST-JEAN.

DESAUTELS, CATHERINE, epouse de Louis LEBEAU.

DESAUTELS, MARIE-ANNE, epouse de Pierre PICARD.

DESAVIER.—Voy. BEAUPRÉ, vol. II, p. 176.

DESBARATS.—*Variation :* DEBARRAS.

(1) Dit Lapointe.
(2) Ses descendants sont encore dans le Missouri.

1761, (25 mai) Beauport.

I.—DESBARATS (1), JOSEPH, b 1733, perruquier; de St-Jean-de-la-Dignan, diocèse d'Auch; s 10 janvier 1810, à Québec. [5]
CRÊTE, Marie-Louise, [PIERRE III.
b 1731; s avant 1798.
Louise, b...—*Pierre-Edouard*, b... m [5] 24 sept. 1798, à Marie-Joseph VOYER. — *Joseph*, b [5] 22 juin 1762, s 3 oct. 1770, à Levis.

1798, (24 sept.) Quebec. [1]

II.—DESBARATS, PIERRE-EDOUARD. [JOSEPH I.
VOYER, Marie-Joseph. [CHARLES IV
Frédéric-Joseph, b... m [1] 26 sept. 1837, à Marie-Louise DELORME.—*George-Edouard*, b... 1° m à Henriette DIONNE; 2° m... 3° m... — *Thérèse-Sophie*, b [1] 20 sept. 1810.—*Hélène-Henriette*, b [1] 2 nov. 1812.

III.—DESBARATS, GEO.-EDOUARD. [PIERRE II.
DIONNE, Marie-Henriette. [AMABLE.
George-Edouard, b 6 avril 1838, à Quebec [2], m [2] 30 avril 1860, à Lucianne BOSSÉ.

DESBELOTTES, PIERRE.—Voy. DOSTIE.

DESBERGÈRES.—*Surnom :* DERIGAUVILLE.

I.—DESBERGÈRES (2), RAYMOND-BLAISE, b 1655, fils de Jean et de Marie Boucher, de St-Pierre, ville d'Orleans, France; s 29 juillet 1711, à Montreal. [3]
1° RICHARD DE GOIGNI, Anne.
Nicolas, b... m 4 avril 1712, à Françoise PACHOT, à Quebec. [4]
1694, (8 nov.) [3]
2° CLOSSE, Cécile, [LAMBERT I
b 1660, veuve de Jacques Bizard; s [3] 9 fevrier 1700.
Joseph, b [3] 11 déc 1696; s [3] 8 janvier 1697.— *Marie-Joseph*, b [3] 3 mars 1698, m [4] 22 sept. 1722, à Theodore DENIS; s [4] 11 août 1728.
1709, (13 nov.) Ile-Dupas.
3° VAUVRIL (3), Marguerite, [PIERRE-CHS I.
b 1672; veuve de Lambert Boucher de Grand-Pre, s 8 janvier 1730, aux Trois-Rivières.

1712, (4 avril) Québec. [6]

II.—DESBERGÈRES (4), NICOLAS. [RAYMOND I.
PACHOT, Marie-Françoise, [FRANÇOIS I
b 1686; veuve d'Alexandre Berthier, seigneur de Villemur; s [6] 9 dec. 1749
Françoise-Marie-Madeleine, b [6] 25 avril 1713; s 11 janvier 1717, à St-Valier. [7] — *Nicolas-Joseph-Alexandre*, b [6] 3 et s 7 août 1715, à Lorette — *Nicolas-Augustin*, b [6] 22 août 1716. — *Marie-Joseph*, b [7] 31 août 1717.—*Therèse-Françoise*, b [6] 24 oct. 1719, s [6] 22 août 1725.—*Jean-Marie*, b 28 oct. 1720, à Berthier [8], m 9 nov. 1751, à Louise-

(1) Voy. aussi Debarras, p. 258; arrivé à Québec, en 1756, au service de M Duprat, de la compagnie de la Sarre (Registres des procès-verbaux, 1761.)
(2) Blaise DesBergères de Rigauville; capitaine d'une compagnie de marine, major des Trois Rivières.
(3) DeBlazon.
(4) DeRigauville, capitaine, seigneur de Bellechasse.

Suzanne CÉLORON DE BLAINVILLE, au Lac-des-Deux-Montagnes.—*Louise-Françoise*, b [8] 28 oct. 1721; s [6] 6 juillet 1747.—*Jean-Augustin-Hector*, b [6] 8 et s 11 janvier 1723, à Beauport.—*Charles*, b [6] 24 sept. 1724; ordonné 20 sept. 1749; s 24 déc. 1780, à l'Hôpital-General, Q.

1751, (9 nov.) Lac-des-Deux-Montagnes.

III.—DESBERGÈRES (1), J.-MARIE, [NICOLAS II.
b 1720
CÉLORON DE BLAINVILLE, LSE-SUZ., [JEAN-BTE II.
b 1739.
Charles-Marie, b 16 mai et s 5 juin 1764, à Québec.

DESBIENS.—Voy. DEBIEN.

DESBLÉS.—*Variation et surnom :* DESBLEDS—PARISEAU.

1719, (8 mai) Montréal. [5]

I.—DESBLÉS (2), FRANÇOIS,
b 1695, de Villeneuve-St-George, Paris, s 5 avril 1749, à la Pointe-aux-Trembles, M. [6]
MARTEL, Marie-Anne, [ETIENNE-JOSEPH I.
b 1696.
François-Joseph, b [5] 23 mars 1720.—*Marie-Anne*, b [5] 9 et s [5] 10 juillet 1721. — *Alexis*, b [6] 1er sept. 1722; m 22 fevrier 1751, à Marie-Joseph DUCLOS, à la Longue-Pointe. — *Marie-Louise*, b [6] 1er et s [6] 15 fevrier 1724.—*Marie-Joseph*, b... m [6] 6 fevrier 1747, à Joseph SENET.—*Apolline*, b... m [6] 10 fevrier 1749, à Jean-Baptiste LOISEL.—*Marie-Amable*, b... m [6] 6 fevrier 1758, à Antoine DAUNET.—*Marie-Antoinette*, b... m [6] 6 fevrier 1758, à Alexandre BAILLY.—*Marie-Anne*, b 1731; m [6] 22 février 1762, à Toussaint BAUDRY. — *Catherine-Angélique*, b 1732; s [5] 10 mai 1747.

1726, (5 mars) Montréal. [1]

I.—DESBOEUFS (3), FRANÇOIS, b 1701; fils de Claude et d'Antoinette Desbordes de Beaumont, de St-Andre, diocèse d'Angoulême.
1° CADIEU, Marguerite, [JEAN II.
b 1676, veuve de Jean Bouvier; s [1] 21 nov. 1740.
1742, (12 avril). [1]
2° LALUMAUDIÈRE, Louise, [FRANÇOIS I.
b 1720.

I.—DESBOIS, GENEVIÈVE, b 1716; m 10 juillet 1752, à Simon REGENT, à Montreal.

DESBORDES.—Voy. DABADIE DE RÉQUIER—LANDRIÈRE, 1761.

I.—DESBRIEUX (4), JEAN-BTE.

(1) Sieur de Rigauville, officier des troupes; il était au Détroit, le 9 février 1755

(2) Pour ses descendants voy. Pariseau.

(3) Voy. aussi Delbœuf, p. 307.

(4) Et Debroyeux; il signe, le 1er nov. 1745, à Ste-Anne-de-la-Perade.

1707, (15 juin) Batiscan. [8]

II.—DESBROYEUX (1), FRANÇOIS, [FRANÇOIS I.
b 1678; s [8] 2 mai 1750.
LESGUIER, Marie-Madeleine, [ANTOINE I.
b 1676; s [8] 9 août 1763.
Marguerite, b 13 juillet 1709, à Charlesbourg [9], m [8] 1er nov. 1729, à François COMPARET.—*Jean-François*, b [9] 4 nov. 1710; s [9] 30 oct. 1711.—*Madeleine*, b [9] 30 avril 1712; s [8] 31 janvier 1734. — *Marie-Charlotte*, b [9] 13 fevrier 1715; m [8] 21 nov. 1741, à Jean-Baptiste TROTIER.—*Pierre*, b [9] 16 oct. 1716; s [8] 12 avril 1738.

DESBUTTES.—*Surnoms :* BAUDRY—ST-MARTIN.

1721, (8 oct.) Quebec. [5]

III.—DESBUTTES (2), JEAN-BTE, [GUILLAUME II.
b 1684; armurier; s 20 nov. 1755, au Détroit. [6]
DOYON, Marie-Louise, [NICOLAS II.
b 1703, s [6] 15 sept. 1778.
Louise-Marguerite-Geneviève, b [5] 31 janvier 1724; 1° m à Jacques GODET; 2° m à Joseph DUSSAULT; s [6] 19 juillet 1766. — *Marguerite-Amable*, b [5] 7 nov. 1731; m [6] 26 juin 1758, à Louis JADOT; s [6] 26 sept 1764.— *Jacques*, b [5] 23 août 1733; m [6] 28 oct. 1760, à Marie-Anne NAVARRE, s [6] 18 juin 1768.

1757, (10 fevrier) Detroit. [7]

IV.—DESBUTTES (3), JOSEPH, [JEAN-BTE III.
b 1725; s [7] 12 fevrier 1778.
PAILLARD (4), Madeleine. [GABRIEL II.

1760, (28 oct.) Détroit. [9]

IV.—DESBUTTES (5), JACQUES, [JEAN-BTE III.
b 1733, s [9] 18 juin 1768.
NAVARRE (6), Marie-Anne, [ROBERT I.
b 1737.

DESCAMPES.—Voy. DESNOYERS.

DESCARDONNETS.—Voy. PEPIN.

DESCARIS. — *Variations et surnoms :* DÉCARIE—DECARY—DESCARIES—DESCARRIERS—DESCARRY—LEROUX.

1654, (5 oct.) Quebec.

I.—DESCARIS (7), JEAN,
b 1621; s 10 janvier 1687, à Montréal. [5]
ARTUS, Michelle,
b 1629, s [5] 15 sept. 1698.

(1) Lieutenant de milice, voy. vol. I, p 186

(2) Baudry-Desbuttes dit St-Martin, habitant la côte sud-ouest du Détroit.

(3) Baudry-Desbuttes; etabli au Détroit où il est l'interprete de la langue huronne.

(4) Et Paillé.

(5) Baudry-Desbuttes.

(6) Elle epouse .... Antony.

(7) Voy. vol. I, p. 186.

Paul, b [5] 7 août 1655, m 4 février 1686, à Marie HEURTEBISE, à Lachine; s [5] 25 août 1725. —*Michel*, b [5] 5 dec. 1656; m [5] 30 août 1691, à Marie CUILLERIER; s [5] 4 avril 1716.— *Louis*, b [5] 8 nov. 1660; m [5] 5 mai 1693, à Marguerite CUILLERIER; s [5] 23 avril 1730.

1686, (4 février) Lachine.

II.—DESCARIS (1), PAUL, [JEAN I.
b 1655; s 25 août 1725, à Montréal. [4]
HEURTEBISE, Marie, [MARIN I.
b 1670; s avant 1738.

Joseph, b [4] 6 août 1691; m [4] 6 avril 1717, à Cunégonde LEFEBVRE; s [4] 15 avril 1747.—*Paul*, b 1692; s [4] 28 juin 1715.—*Paul*, b [4] 27 sept. 1693; m [4] 2 juin 1738, à Marie-Joseph PICARD.—*Louis*, b [4] 12 fevrier 1696; m [4] 26 oct. 1722, à Madeleine PICARD. — *Jean-Baptiste*, b [4] 16 août 1698; m [4] 4 nov. 1721, à Jeanne LEFEBVRE; s [4] 31 déc. 1722.—*Marie-Joseph*, b [4] 14 mai 1700; s [4] 18 mars 1705.

1691, (30 août) Montréal. [5]

II.—DESCARIS (1), MICHEL, [JEAN I.
b 1656; s [5] 4 avril 1716.
CUILLERIER, Marie, [RENÉ I.
b 1674, s [5] 17 mai 1757.

Marie-Catherine, b [5] 7 dec. 1696; m [5] 9 juin 1721, à Jean-Baptiste LEDUC.—*Marie-Joseph*, b [5] 16 août 1699, m [5] 22 mai 1719, à Joseph ALAIRE. —*Marguerite*, b [5] 6 oct. 1701; m [5] 9 janvier 1730, à Barthelemi MÉTIVIER, s [5] 20 dec. 1734.—*Michel*, b [5] 27 sept. 1703. — *Lambert*, b [5] 3 et s [5] 5 août 1705.—*Joseph*, b [5] 6 nov. 1706. — *Madeleine*, b [5] 28 nov. et s [5] 3 déc. 1708.— *Gabriel*, b [5] 26 dec. 1709. — *Jean-Marie*, b [5] 26 avril 1713; 1° m [5] 30 oct. 1758, à Marie-Joseph SOUSTE; 2° m [5] 7 janvier 1761, à Louise GIGUÈRE — *Joachim*, b [5] 20 mars 1716; m [5] 6 oct. 1760, à Elisabeth CLÉRIN-D'ESTIENNE.

1693, (5 mai) Montréal. [6]

II.—DESCARIS (1), LOUIS, [JEAN I.
b 1660, s [6] 23 avril 1730.
CUILLERIER, Marguerite, [RENÉ I.
b 1676.

René-Joachim, b [6] 3 sept. 1698, s [6] 1er dec. 1741.—*Jean-Baptiste*, b [6] 8 mars 1704; m 10 juin 1748, à Marguerite TRUTEAU, à la Longue-Pointe. — *Anonyme*, b [6] et s [6] 28 avril 1706. — *Anonyme*, b [6] et s [6] 17 juillet 1707.—*Jean-Nicolas*, b [6] 4 sept. 1709, m [6] 1er mai 1747, à Marie-Joseph GAGNIER. — *Louis-François*, b [6] 2 nov. 1711; m 1741, à Marie-Amable DUBUC; s [6] 21 juin 1743.—*Julien-Paschal*, b [6] 13 mai 1715.

1717, (6 avril) Montreal. [7]

III.—DESCARIS, JOSEPH, [PAUL II.
b 1691; s [7] 15 avril 1747.
LEFEBVRE, Cunegonde, [JEAN-BTE I.
b 1694.

Marie-Apolline, b [7] 18 janvier 1718. — *Marie-Catherine*, b [7] 20 mai 1719.—*Marie-Joseph-Cunégonde*, b [7] 9 avril 1721; s [7] 25 février 1722. — *Jeanne-Apolline*, b [7] 2 août 1722. — *Jean-Marie*, b [7] 25 fevrier 1723. — *Joseph*, b 1724, m [7] 12 février 1748, à Marie-Joseph DANY. — *Paul*, b [7] 17 janvier 1725; m [7] 21 avril 1749, à Marie-Anne GAUTIER. — *Pierre-Marie*, b [7] 1er mars 1727. — *Clémence-Amable*, b [7] 9 février et s [7] 27 juillet 1729.—*Clément-Amable*, b [7] 5 et s [7] 9 oct. 1730.— *Cunégonde-Amable*, b 1732; m [7] 7 nov. 1757, à Charles DENIS. — *Jean-Baptiste*, b [7] 25 sept. 1734. — *Gervais*, b [7] 4 nov. 1735; m 20 fevrier 1764, à Catherine PICARD, à Lachine. — *Marie-Joseph*, b [7] 10 mars et s [7] 31 mai 1737.

DESCARIS, CHARLES.
LORRAIN, Françoise
Marie-Thérèse, b 2 juin 1722, à Montréal.

1721, (4 nov.) Montréal. [1]

III—DESCARIS, JEAN-BTE, [PAUL II.
b 1698; s [1] 31 dec. 1722.
LEFEBVRE (1), Jeanne, [JEAN-BTE I.
b 1700.

Jeanne, b 1722; m [1] 12 janvier 1750, à Urbain TESSIER; s [1] 8 déc. 1755.

1722, (26 oct.) Montréal [2]

III.—DESCARIS, LOUIS, [PAUL II
b 1696.
PICARD, Marie-Madeleine, [JACQUES II.
b 1704.

Louis-Marie, b [2] 20 août 1723; 1° m [2] 13 mai 1748, à Marguerite L'ECUYER, 2° m [2] 26 janvier 1756, à Marie-Joseph PÉRILLARD.—*Paul*, b [2] 6 mars et s [2] 7 juin 1725.—*Marie-Joseph*, b [2] 9 juillet 1726; 1° m [2] 23 nov. 1744, à Bernard MAURICE; 2° m [2] 6 fevrier 1758, à Henri MARTINET.—*Marie-Anne*, b [2] 6 mars 1728; m [2] 13 nov. 1747, à Jean-Baptiste GOYER. — *Marie-Amable*, b [2] 15 et s [2] 17 avril 1730.—*Joseph*, b 1731; s [2] 5 déc. 1750. —*Marie-Madeleine*, b 1732; m [2] 15 nov. 1756, à Antoine GUÉRIN.—*Marie-Françoise*, b [2] 4 oct 1734—*Marie*, b 1735; m [2] 9 janvier 1758, à Etienne CHAUSSEFOUIN.—*Jean-Louis*, b [2] 10 oct 1736.—*Jacques-Amable*, b [2] 18 oct. 1738.—*Jean-François*, b [2] 11 et s [2] 22 juin 1740.—*Marie-Emérance*, b [2] 21 août 1744.

DESCARIS, JEAN,
s avant 1767.
OUPLARD, Marguerite,
s avant 1767.

Louise, b 1740; m 12 janvier 1767, à Germain MAUGENET, à Lachine; s 20 oct. 1767, au Bout-de-l'Ile, M.

1738, (2 juin) Montréal. [3]

III—DESCARIS, PAUL, [PAUL II.
b 1693.
PICARD, Marie-Joseph, [JACQUES II
b 1717.

Marie-Joseph, b [3] 24 nov. 1739.—*Paul-Marie*, b [3] 27 sept. 1743; s [3] 11 mars 1746.—*Joseph*, b [3] 29 sept. 1745.—*Marie-Madeleine*, b [3] 2 juin 1749

(1) Voy. vol. I, p. 186.

(1) Elle epouse, le 19 avril 1728, Paul Tessier, à Montreal

1741.

III.—DESCARIS, Louis-François, [Louis II.
b 1711 ; s 21 juin 1743, à Montréal. [4]
Dubuc, Marie-Amable.
François-Amable, b [4] 2 oct. 1742.

1747, (1er mai) Montréal.

III.—DESCARIS, Jean-Nicolas, [Louis II.
b 1709.
Gagnier, Marie-Joseph, [Pierre II.
b 1723.

1748, (12 février) Montréal. [5]

IV.—DESCARIS, Joseph, [Joseph III.
b 1724.
Dany, Marie-Joseph, [Jean-Bte III.
b 1726.
Marie-Joseph, b [5] 30 sept. 1749.—*Marie-Elisabeth,* b 18 mars et s 19 mai 1752, à St-Laurent, M.[6] — *Pierre,* b [6] 20 et s [6] 30 juillet 1754.—*Cunégonde,* b [6] 18 et s [6] 28 sept. 1756.—*Joseph-Marie,* b [6] 17 janvier 1758. — *Jean-Baptiste,* b [6] 4 sept. et s [6] 12 oct. 1759.—*Marie-Louise,* b [6] 14 dec. 1760.

1748, (13 mai) Montréal. [7]

IV.—DESCARIS, Louis-Marie, [Louis III
b 1723.
1° L'Ecuyer, Marguerite, [René II
b 1722 ; s [7] 24 mai 1750.
Anonyme, b [7] et s [7] 22 janvier 1749. — *Joseph-Marie,* b [7] 12 mai et s [7] 14 juin 1750.
1756, (26 janvier). [7]
2° Périllard, Marie-Joseph, [Nicolas II.
b 1736.

1748, (10 juin) Longue-Pointe.

III.—DESCARIS, Jean-Bte, [Louis II.
b 1704.
Truteau, Marguerite, [Pierre II.
b 1714.

1749, (21 avril) Montréal. [8]

IV.—DESCARIS, Paul, [Joseph III.
b 1725.
Gautier, Marie-Anne, [Jean II.
b 1720.
Marie-Anne, b [8] 23 oct. 1750.—*Pierre,* b... m 18 juillet 1785, à Monique Desautels, à la Longue-Pointe.

1758, (30 oct.) Montreal. [9]

III.—DESCARIS, Jean-Marie, [Michel II.
b 1713.
1° Souste, Marie-Joseph, [Andre I
b 1727.
1761, (7 janvier). [9]
2° Giguère (1), Louise, [Jean-Bte II
b 1718.

(1) Elle épouse, le 4 août 1787, Antoine Foucher, à Montreal.

1760, (6 oct.) Montréal.

III.—DESCARIS, Joachim, [Michel II.
b 1716.
d'Estienne (1), Elisabeth-Françoise. [Denis I.
b 1708.

1764, (20 février) Lachine.

IV.—DESCARIS, Gervais, [Joseph III.
b 1735.
Picard, Catherine. [Paul.

1785, (18 juillet) Longue-Pointe.

V.—DESCARIS, Pierre. [Paul IV.
Desautels, Monique, [Nicolas III.
b 1758.

DESCARIS, Isidore.
Pigeon, Félicite,
s 3 avril 1877, à Montréal.

DESCARIS, Marguerite, épouse d'Etienne St-Etienne.

DESCARREAUX.—Voy. Derome.

I.—DESCASTINAUX (2), Bernard, s 10 février 1703, à St-Frs-du-Lac.

I.—DESCAUT, Jean-Bte.—Voy. Desco.

DESCENT —*Variation et surnom :* Dessent—Sanspitié.

1699, (25 fevrier) Montréal. [1]

I.—DESCENT (3), Raphael,
b 1674 ; s [1] 10 nov. 1727.
Boursier (4), Anne, [Jean I.
b 1682.
Antoine, b [1] 13 juillet 1702.—*Jeanne-Catherine,* b 5 août 1704, au Bout-de-l'Ile, M. [2]; m [1] 18 sept 1730, à Pierre Clocher. — *Jean-Baptiste,* b 25 juillet 1707, à Lachine.—*Marie-Louise,* b... m 19 nov. 1736, à François Aymard, à Châteauguay.[3]—*Pierre,* b... m [3] 18 janvier 1740, à Marie-Joseph Ridé. — *Marie-Anne,* b... m [3] 30 nov. 1741, à Jean Ridé.—*Marie-Ursule,* b [2] 24 janvier 1717. — *Marie-Joseph,* b 1723 ; m [1] 7 janvier 1749, à Claude Ridde.—*Raphaël,* b 1724 ; m [1] 10 nov. 1749, à Angelique-Catherine Gautier.

1740, (18 janvier) Châteauguay.

II.—DESCENT, Pierre. [Raphael I.
Ridé, Marie-Joseph. [Jean.

1749, (10 nov) Montréal.

II.—DESCENT (5), Raphael, [Raphael I.
b 1724.
Gautier, Angelique-Catherine, [Pierre II.
b 1724.

(1) Et Clérin.
(2) Dit Champagne.
(3) Dit Sanspitié ; voy. vol. I, p. 186.
(4) Dit Lavigne.
(5) Dit Sanspitié.

DESCENT, Ignace.
1° Fournier, Marthe.
1769, (4 sept) St-Thomas,
2° Prou, Marie-Madeleine. [Pierre III.

D'ESCHAILLONS.—Voy. DeSt-Ours.

I.—**DESCHAL,** Jean, b 1718, matelot; de Rogue, diocèse de Bayonne; s 25 juin 1747, à Québec.

DESCHAMPS. — *Surnoms :* DeBoishébert — Dechau — Hunault — Hunaut — Legadeau — Roger.

I.—**DESCHAMPS** (1), Marie, b 1609, de Dieppe, France; sœur hospitalière dite St-Joachim; s 1er mai 1690, à l'Hôtel-Dieu, Q.

1672, (24 oct.) Québec. [3]
I.—**DESCHAMPS** (2), Jean-Bte-François, b 1646; s 16 déc. 1703, à la Rivière-Ouelle. [4]
1° Macard, Catherine-Gertrude, [Nicolas I. b 1655; s 21 nov. 1681, à l'Islet.
Jean-Baptiste-François, b [3] 27 sept. 1673.—*Charles-Joseph,* b [3] 18 août 1674; ord. 15 avril 1702; s [3] 24 février 1726 —*Jean,* b [3] 12 août 1676. —*Louis-Henri,* b [3] 8 février 1679; m 10 déc. 1721, à Louise-Geneviève DeRamezay, à Montréal, s [8] 7 juin 1736.
1701, (5 avril). [4]
2° Chevalier, Jeanne-Marguerite, [Jean I b 1644; s [4] 25 nov. 1716.

1721, (10 déc.) Montréal. [8]
II.—**DESCHAMPS** (3), Ls-Henri, [Jean-Bte I. b 1679; s 7 juin 1736, à Quebec. [9]
DeRamezay, Louise-Geneviève, [Claude I. b 1699.
Claude-Louis, b [8] 22 sept. 1722; s [8] 3 juin 1723. —*Louise-Charlotte,* b [9] 2 sept. 1724; m [9] 30 juin 1745, à Roch DeSt-Ours.—*Louise-Geneviève,* b [9] 7 oct. 1725; m [9] 6 janvier 1743, à Charles-François Tarieu; s [9] 5 juillet 1762. — *Charles* (4), b [9] 13 fevrier 1727.—*Angélique-Joseph,* b [8] 20 mars 1728.

DESCHAMPS, Adrien —Voy. Dechau.

1740, (9 janvier) Ste-Anne-de-la-Pocatière. [7]
I.—**DESCHAMPS,** André, fils de Julien et de Jeanne Leboully, de Heudumeny, diocèse de Coutances, en Normandie; s 1766.
Cahouet, Marie-Suzanne, [Pierre I. b 1703; veuve de Jean-Baptiste Boucher

(1) Arrivée à Québec, le 15 août 1643, elle était la cinquième à la communauté de l'Hotel-Dieu, Q.

(2) Voy. vol. I, p. 186.

(3) Sieur de Boishébert; seigneur de la Bouteillerie, officier des troupes de la marine; en 1732 il avait le commandement du "Détroit."

(4) Filleul de Charles Marquis de Beauharnois, gouverneur; baptisé par Monseigneur de St-Valier.

Marie-Catherine, b [7] 6 oct. 1740; m [7] 24 nov 1766, à Jean Sirois. — *André,* b... m [7] 14 avril 1766, à Marie-Geneviève Bourgela. — *Marie-Charlotte,* b [7] 2 janvier 1744; 1° m [7] 12 janvier 1762, à Pierre Ouellet, 2° m [7] 8 août 1768, à Jean Sirois.—*André,* b [7] 14 oct. 1745; s [7] 8 avril 1746.

1741, (30 oct.) Québec. [1]
I.—**DESCHAMPS,** Pierre-Roger, maître-voilier, fils de Pierre et de Therèse Boivin, de N.-D. de Grâce, Normandie.
Cadoret, Marie-Anne, [Pierre II b 1723.
Marie-Anne, b [1] 23 août 1742. — *Pierre,* b [1] 6 oct. 1744, s [1] 21 sept. 1745.

DESCHAMPS, Amable.—Voy. Hunault, 1757.

I.—**DESCHAMPS** (1), Jean-Bte, b 1742, de Corby, diocèse d'Alençon, Champagne.

1753, (12 février) Ile-St-Jean. [2]
I.—**DESCHAMPS,** Joseph-Philippe, b 1735; fils de Nicolas-Joseph et de Judith Doiron, de l'Ile-St-Jean, Acadie; s 13 février 1787, à Quebec [1]
Trahan, Madeleine, fille de Jean-Baptiste et de Catherine-Joseph Boudrot, de l'Ile-St-Jean, Acadie.
Charles-Joseph, b [2] 28 mai 1754.—*Jean-Baptiste,* b 7 mars 1757, à St-Charles; s [1] 30 oct 1788.—*François-Philippe,* b... m [1] 28 mai 1793, à Catherine Rousset. — *Ephrem,* b... m [1] 21 oct 1794, à Marie Pageot. — *Louis-François,* b [1] 25 avril 1762.

1754, (21 janvier) Nicolet. [1]
II.—**DESCHAMPS** (2), Joseph, [Adrien I b 1727; s [1] 5 janvier 1796.
Terrien, Marie-Joseph, [Jean-Bte II b 1720; veuve de Louis Malbœuf, s [1] 16 mars 1797.

DESCHAMPS, Basile-Amable.—Voy. Hunault, 1751.

1764, (19 nov) Kamouraska.
I.—**DESCHAMPS** (3), Jacques, fils de Jacques et de Claudine Guilbouet, de St-Pierre-de-l'Ange, diocèse d'Avranches, Normandie
Levasseur, Geneviève, [Joseph-Clément IV b 1745.

1766, (14 avril) Ste-Anne-de-la-Pocatière.
II.—**DESCHAMPS,** André. [André I
Bourgela, Marie-Geneviève. [Pierre I

(1) Arrivé en 1755; il voyageait tous les étés dans l'ouest (Registre des Procès-verbaux, 1766, archevêché de Québec.)

(2) Dechau est son vrai nom; voy p. 267.

(3) Frère de Louis; arrivé, en 1755, à Kamouraska

1770, (22 janvier) Ste-Anne-de-la-Pocatière.

I.—DESCHAMPS (1), Louis, b 1739 ; fils de Jacques et de Claudine Guilbouet, de St-Pierre-de-l'Ange, diocèse d'Avranches, Normandie.
LECLERC (2), Catherine, [JOACHIM II.
b 1739 ; s 28 janvier 1775, à Kamouraska.[8]
Marie-Geneviève, b [8] 31 oct. 1770. — *Louis*, b [8] 14 nov. 1771.

DESCHAMPS, AMABLE.—Voy. HUNAULT, 1776.

1793, (28 mai) Québec.

II.—DESCHAMPS, FRS-PHILIP. [JOS.-PHILIPPE I.
ROUSSET, Catherine. [FRANÇOIS.

1794, (21 oct.) Québec.

II.—DESCHAMPS, EPHREM. [JOSEPH-PHILIPPE I.
PAGEOT, Marie. [CHARLES-JOSEPH III.

DESCHAMPS, SUZANNE, épouse de François FOURNIER.

DESCHAMPS, CÉCILE, épouse de Michel MOREAU.

DESCHASTELETS.—Voy. PINOT.

DESCHASTELETS, ANNE, b 1681 ; s 25 oct 1758, à Yamachiche.

1759, (8 fevrier) Trois-Rivières.[9]

I.—DESCHAUX, PIERRE, fils d'Antoine et d'Anne Martin, de Billieux, diocèse de Vienne, Dauphine.
COURCHÈNE, Marie-Anne, [PIERRE II.
s [9] 2 juin 1759.
Antoine, b [9] 6 avril 1759.

DESCHENAUX. —Voy. BRASSARD—CREVIER—DESCHOLS—PINEAU.

DESCHÊNES.—Voy. MIVILLE.

1744, (20 avril) Québec [6]

I.—DESCHEVAUX (3), ANDRÉ, b 1714 ; fils de Jacques et d'Elisabeth Foureau ; de Ste-Marguerite, Paris, s [6] 7 fevrier 1780.
1° GIRARD, Jeanne-Elisabeth, [JOACHIM I.
b 1686 ; veuve de Pierre Migenon.
1756, (6 oct.) [6]
2° SAREAU (4), Suzanne, [LAURENT I.
b 1707, veuve de Claude Landry, s [6] 13 janvier 1787.

DESCHEVERT.—*Surnoms* : BESCHERFS—DEROCHEMONT.

---

(1) Il vint s'établir à Kamouraska, en 1756. Il faisait la pêche à Gaspé.

(2) Dit Francœur.

(3) Dit Lajoie ; soldat de la compagnie de Cabanac.

(4) Devenue idiote dans sa vieillesse, elle fut trouvée gelée sur le chemin de Sillery.

1702, (15 sept.) Contrecœur.

I.—DESCHEVERT (1), BERNARD-ALEXANDRE, officier ; fils de Pierre et de Marie Marschal.
PASSARD, Marie-Anne, [JACQUES I.
b 1677 ; s 14 avril 1703, à Montréal.[8]
Marie-Anne, b [8] 4 et s [8] 17 avril 1703.

DESCHEVERY.—*Variations et surnoms* : CHEVALIER — CHEVERY — DECHEVERY— DETCHEVERY—GÉBARD—MAISONBASSE.

1716, (3 mai) Québec.[7]

I.—DESCHEVERY (2), JEAN, b 1685, navigateur, fils de Jean et de Catherine Deschetaut, de St-Jean du Lude, diocèse de Bayonne ; s [7] 23 avril 1760.
LEMARIÉ, Charlotte. [MICHEL II.
Jean-Baptiste, b [7] 6 juillet 1717 ; m [7] 13 nov. 1747, à Marthe PAQUET — *Pierre*, b [7] 26 sept. 1720.—*Louis*, b 1722, s [7] 30 avril 1727.—*Martin-Joseph*, b [7] 18 juin 1723 ; s [7] 26 déc. 1724.—*Marie-Anne*, b [7] 6 mars 1725 ; m [7] 19 janvier 1750, à Jean DETCHEPARD. — *Joseph-Thomas*, b [7] 22 dec. 1726.—*Charlotte*, b 1727 ; m [7] 20 janvier 1749, à Jean LESCABIETTE. — *Amand-Joseph*, b [7] 21 janvier et s [7] 4 mars 1729.—*Pierre*, b [7] 19 février 1730, s [7] 4 mai 1733. — *Marie-Claire*, b [7] 9 avril 1732 s [7] 25 mai 1777. — *Marguerite-Catherine*, b [7] 17 juin 1734.

1718, (24 janvier) Montreal.[8]

I.—DESCHEVERY (3), JEAN-BTE, fils de Jean et de Jeanne Damboise, de Notre-Dame de Bayonne.
COURTERON, Louise-Elisabeth, [ANDRÉ I.
b 1695.
Madeleine-Elisabeth, b [8] 22 nov. 1718.— *Elisabeth-Geneviève*, b [8] 7 déc. 1719. — *Jean-Baptiste*, b [8] 7 janvier 1721. — *Marguerite*, b [8] 11 janvier 1723.—*Jacques*, b [8] 1er et s [8] 3 mars 1724. — *Michel*, b [8] 6 nov. 1725.— *Pierre*, b [8] 2 et s [8] 9 janvier 1727.—*Marie-Françoise*, b [8] 20 et s [8] 22 nov. 1727.—*Joseph-Etienne*, b [8] 17 et s [8] 20 avril 1729.—*Nicolas-Gabriel*, b [8] 21 et s [8] 23 août 1730.

1739, (7 avril) Montréal.[8]

I.—DESCHEVERY, JEAN, b 1708, navigateur ; fils de Jean et de Marie-Anne Hyriard, de Vidard, diocèse de Bayonne.
CARTIER, Marie-Anne, [JOSEPH II.
b 1718.
Marie-Anne, b [8] 29 déc. 1739 ; s [8] 24 oct. 1740. —*Jean-Amable*, b [8] 14 déc. 1740, s [8] 28 août 1741. — *Charlotte*, b [8] 8 dec. 1741 ; s [8] 31 juillet 1742.— *Marie-Anne*, b [8] 29 janvier 1743. — *Jean-Augustin*, b [8] 28 août et s [8] 3 oct. 1744. — *François*, b [6] 6 oct. 1745 ; s [8] 26 avril 1748. — *Marie-Claire*, b [8] 23 oct. 1747. — *Joseph*, b [8] 27 août 1748.—*Marie-Claire*, b [8] 13 nov. 1749.

---

(1) Et Bescherfs, sieur de Rochemont.

(2) Appelé Gebard (1726) et Chevalier.

(3) Dit Maisonbasse ; marchand-orfèvre.

1741, (19 mars) Lotbinière.

I.—DESCHEVERY (1), PIERRE, fils de Martin et de Catherine de Moncequet, de St-Jean du Lude, diocèse de Bayonne.

BARIBEAU, Marie-Anne, [JEAN II.
b 1711; veuve de Joseph Baril.

Pierre, b 5 août 1741, à Champlain. — *Jean-Baptiste*, b 18 juillet 1743, à St-Pierre-les-Becquets [9]; s [9] 19 mai 1744. — *François*, b 7 février 1746, à Batiscan; m 8 oct. 1770, à Geneviève TERRIEN, à Nicolet.

1747, (13 nov.) Québec.

II.—DESCHEVERY, JEAN, [JEAN I.
b 1717; s avant 1759.

PAQUET (2), Marthe, [ETIENNE III.
b 1724.

1770, (8 oct.) Nicolet. [9]

II.—DESCHEVERY (3), FRANÇOIS, [PIERRE I.
b 1746.

TERRIEN, Geneviève, [JOSEPH III.
b 1746; s [9] 1er avril 1793.

I.—DESCHOELL (4), GEORGE, fils de George-Charles-Louis et de Guillimine Woly.

DESCHOLS. — *Surnoms :* DESCHENAUX — ST-PIERRE.

1758, (6 février) Beauport. [6]

I.—DESCHOLS (5), PIERRE, fils de Jean et d'Antoinette Cusset, de Mornan, diocèse de Lyon.

ISOIR, Marguerite, [JEAN II.
b 1734.

Marie-Marguerite, b [6] 1er sept. 1758; s [6] 27 août 1759. — *Marguerite*, b [6] 1er et s [6] 20 nov. 1759.

1758, (27 nov.) Montréal.

I.—DESCLAIRS, LOUIS, fils de Jean-Baptiste et de Catherine Prenon, de St-Jean-en-Grève, Paris.

MAILLOU (6), Marie-Anne, [JOSEPH III.
b 1725, veuve de François Billard.

DESCLU.—Voy. GALARD, 1741.

DESCO.—*Variation et surnom :* DESCAUT—MONTAUBAN.

(1) Et Chevery.

(2) Elle épouse, le 8 janvier 1759, Pierre-Jean Gaudon, à Québec.

(3) Et Chevery.

(4) Capitaine, commandant le régiment de Hesse; il abjura l'hérésie et fut baptisé, le 6 déc. 1786, à la Rivière-Ouelle.

(5) Et Deschenaux dit St-Pierre; grenadier, compagnie de Foulhiac, régiment de Berry.

(6) Dit Desmoulins.

1734, (28 juin) Québec. [1]

I.—DESCO (1), PIERRE, fils de Pierre et de Françoise Pelette, de Montauban.

COIGNAC, Therèse, [PIERRE I
b 1709; s [1] 5 sept. 1740.

Pierre, b [1] 21 avril et s [1] 3 mai 1736. — *Pierre-François*, b [1] 13 et s [1] 14 avril 1737. — *Jean-Baptiste*, b [1] 5 juin 1738; m [1] 6 juillet 1761, à Madeleine GAGNÉ. — *Joseph*, b [1] 12 juillet 1740; s [1] 11 juin 1744.

1761, (6 juillet) Québec. [1]

II.—DESCO (2), JEAN-BTE, [PIERRE I
b 1738

GAGNÉ, Madeleine, [PIERRE V.
b 1742.

Madeleine, b [1] 21 juillet 1762. — *Louise*, b... m [1] 27 nov. 1781, à Jacques LEVÊQUE.

1762, (21 avril) Baie-St-Paul. [1]

I.—DESCO, PIERRE, fils de Jean et d'Elisabeth Jouin, de St-Michel de Bordeaux, Gascogne.

PERRON, Dorothee, [ANTOINE III
b 1739.

Dorothée, b [1] 21 mai et s [1] 2 août 1762. — *Pierre*, b 1er et s 4 sept. 1763, à Kamouraska. — *Pierre*, b [1] 24 juillet 1765. — *Marie-Dorothée-Monique*, b [1] 4 mai 1767. — *Laurent-Jean-Baptiste-Michel*, b [1] 9 août 1769.

DESCOLOMBIERS. — *Surnoms :* GALIBERT, 1660 — LADOUCEUR.

DESCOLOMBIERS, JEAN, b 1670; s 20 janvier 1713, à Montréal.

1705, (26 oct.) Montréal. [1]

I.—DESCOLOMBIERS (3), FRANÇOIS, b 1680, fils de Nicolas et de Catherine Taver, de St-Jean, ville d'Amiens.

FLEURY, Jeanne, [FRANÇOIS I
b 1671; veuve de Jean Jonceau-LeGascon.

Joseph-François, b [1] 15 juin 1707.

DESCOMPS. — *Variations et surnoms :* DESCOMPTE — BODICHON — FILLAU — LABADY — LABADIE.

1727, (17 nov.) Montréal. [1]

I.—DESCOMPS (4), PIERRE, b 1702; fils de Jean-Baptiste et de Marie-Anne Manceau, de St-Nicolas, LaRochelle; s 10 sept. 1782, au Detroit. [2]

DELACELLE, Angelique, [JACQUES I.
b 1706.

Joseph, b [1] 18 dec. 1728; s [1] 8 août 1729. — *Marguerite*, b [1] 22 août 1734; m à Claude SOLO, s [2] 25 avril 1765. — *Marie-Joseph*, b [1] 16 janvier

(1) Dit Montauban.

(2) Dit Montauban et Descaut en 1781.

(3) Dit Ladouceur; soldat de M. de Beaucours, 1704, Montréal.

(4) Dit Labadie.

1737; m[2] 18 août 1755, à Charles CHESNE.—*Marguerite-Angélique*, b[1] 6 sept. 1738, m[2] 22 janvier 1759, à Martin LEVRY. — *Antoine-Louis*, b... 1° m[2] 26 fevrier 1759, à Angelique CAMPEAU; 2° m[2] 18 oct. 1784, à Charlotte BARTHE — *Elisabeth*, b... m[2] 7 nov. 1766, à Joseph BARON. —*Alexis*, b... m[2] 26 fevrier 1770, à Marie-Françoise ROBERT.—*Pierre*, b[2] 6 sept. 1742; m 1769, à Thérèse GAILLARD.

1759, (26 février) Détroit. [1]

II.—DESCOMPS (1), ANTOINE-LS. [PIERRE I.
1° CAMPEAU, Angelique, [NICOLAS III.
b 1742, s[1] 11 dec. 1767.

Marie-Angélique, b[1] 18 fevrier 1760; m[1] 20 nov. 1776, à Pierre DROUILLARD.—*Catherine*, b[1] et s[1] 8 dec. 1761. —*Jean-Baptiste*, b[1] 7 fevrier 1763.—*Jacques-Philippe*, b[1] 22 sept. 1765, s[1] 23 août 1770.—*Elisabeth*, b[1] 24 nov. 1767.

1784, (18 oct.) [1]

2° BARTHE, Charlotte, [PIERRE II.
b 1753; veuve de Louis Réaume.

1769.

II.—DESCOMPS (2), PIERRE, [PIERRE I.
b 1742.
GAILLARD (3), Therèse, [HYPOLITE I.
b 1746.

Marie-Angélique, b 9 avril 1771, au Detroit.[4]—*Pierre*, b[4] 12 et s[4] 13 fevrier 1773.—*Alexis*, b[4] 24 mars 1774. — *Médard*, b[4] 9 janvier 1776. — *Marguerite*, b[4] 8 sept. 1778.—*Marie-Joseph*, b[4] 8 sept. 1778.—*Pierre*, b[4] 18 nov. 1780. — *Elisabeth*, b[4] 17 avril 1783.

1770, (26 février) Détroit. [4]

II.—DESCOMPS, ALEXIS. [PIERRE I.
ROBERT, Marie-Françoise, [ANTOINE IV.
b 1752.

Alexis, b[4] 19 août 1771. —*Marguerite*, b[4] 7 mars 1773; m[4] 5 nov. 1792, à Etienne DUBOIS. —*Marie-Françoise*, b[4] 29 oct. 1774; m[4] 18 juin 1795, à Isidore NAVARRE. — *Cécile*, b[4] 24 août 1776, s[4] (4) 9 nov. 1777. —*Cecile*, b[4] 15 fevrier 1778 —*Alexis*, b[4] 14 juin 1780. — *Pierre*, b[4] 22 oct 1782.

---

(1) Dit Labadie—Bodichon, en 1767.

Antoine-Louis Descomps-Labadie avait su gagner l'estime et l'affection des Indiens ottawas, au milieu desquels il vivait, par l'honnêteté qu'il avait invariablement apportee dans ses rapports avec eux.

Son petit-fils, le capitaine Charles Labadie, possède une curieuse collection d'actes passes entre son grand-père et divers chefs ottawas, notamment le fameux chef Pondiack. Un de ces actes commence ainsi :

"Moi, Pondiack, chef de la nation ottawa, avec le consentement de toute la nation, en presence de George Croghan, surintendant des affaires indiennes, en considération des bons sentiments que je porte a Antoine-Louis Labadie, etc."

La signature de Pondiack consiste en une espèce de signe hieroglyphique ressemblant au chiffre 9.

La plupart des titres sont en français et quelques-uns sont ecrits sur de petites feuilles de papier revetues de huit à dix chefs : vaches, ours, cerfs, renards, poissons, etc.

(2) Dit Labadie—Fillau en 1778.

(3) Dit Lionais.

(4) Sous le nom de Marie-Françoise, âgée de 13 mois.

DESCONGÉS.—Voy. DUCONGÉ.

DESCORMIERS.—Voy. FOURNIER—GUILLAUME—VANIER.

DESCOTEAUX. — Voy. COURVILLE— LEFEBVRE —PICORON.

I.—DESCOTES (1), ANTOINE-NICOLAS,
s avant 1760.
HERPIN, Françoise.

Thérèse, b... m 28 nov. 1760, à François TIBAUT, à Lanoraie. — *Jacques*, b 4 fevrier 1753, à St-Ours.[2] — *Marie-Françoise*, b... s[2] 20 oct. 1756. —*Marie-Joseph*, b 15 août 1780, à Sorel.

DESCOTOIS, THÉRÈSE, epouse de Pierre SANS-CHAGRIN.

I.—DESCROSES (2), CHARLES.

I.—DESDEVENS (3), MAURICE.
MATHON, Thérèse, [JOSEPH I.
b 1752.

Marie-Thérèse, b 26 oct. 1773, aux Ecureuils.

DESELLES.—Voy CELLES-DUCLOS.

1713, (12 dec.) Quebec. [1]

I.—DESELLES (4), FRANÇOIS, b 1664; fils de Charles (conseiller du Roy, lieutenant-general des amirautes de France, general de la table de marbre du palais à Paris) et de Madeleine Lefebvre; s[1] 14 juillet 1714 (dans l'eglise).
DAUTEUIL (5), Madel.-Catherine, [FRANÇOIS II.
b 1689.

Jean-François, b[1] 5 oct. 1714.

DESENNECY.—Voy. DECHOISY, 1730.

DESENNEVILLE.—Voy. DEGANEAU.

DESERRE, ...
BOUCHARD, Madeleine, [MICHEL I.
veuve de Pierre Dancosse.

Marie-Anne, b 18 juin 1700, à la Rivière-Ouelle.

1674, (2 oct.) Château-Richer.

I.—DESERRE (6), ANTOINE,
b 1637; s 1er nov. 1687, à la Pte-aux-Trembles, Q.
BÉLANGER (7), Mathurine, [FRANÇOIS I.
b 1652; veuve de Jean Maheu.

---

(1) Dit Languedoc.

(2) Soldat au regiment de Languedoc.

(3) DeGlandon, arpenteur royal; voy. aussi Derdevens, p 351.

(4) Sieur de Marbrelle, lieutenant; il mourut d'une chûte accidentelle.

(5) Elle épouse, vers 1717, Charles Potier, chevalier de Courcy, officier d'artillerie.

(6) Voy. vol. I, p. 187.

(7) Elle epouse, le 16 avril 1688, François Grégoire, a la Pte-aux-Trembles, Q.

Michel, b 15 août 1675, à Quebec; m 22 juin 1702, à Marie-Catherine CREVIER-BELLERIVE, à Sorel; s 9 sept. 1712, aux Trois-Rivières.

1702, (22 juin) Sorel.

II.—DESERRE, MICHEL, [ANTOINE I.
b 1675; s 9 sept. 1712, aux Trois-Rivières. [8]
CREVIER (1), Marie-Catherine. (NICOLAS II.
Marguerite, b [8] 20 nov. 1706. — *Michel*, b [8] 1er mai 1710; m [8] 17 août 1738, à Marie-Anne TRULLIER. — *Ursule*, b [8] 7 juin 1711; s 15 nov. 1744, au Cap-de-la-Madeleine. — *Marie-Catherine*, b [8] 5 janvier 1713; m 16 juin 1748, à Jean-Baptiste FAUCHER, à la Pte-aux-Trembles, Q. [9]; s [9] 29 dec. 1766.

1738, (17 août) Trois-Rivières. [1]

III.—DESERRE, MICHEL, [MICHEL II.
b 1710.
TRULLIER (2), Marie-Anne, [JEAN-BTE I.
b 1718.
Marie-Madeleine, b [1] 18 juin 1741, s [1] 14 août 1742.

DESERRIAU.—Voy. DALQUIER (chevalier).

DESERY.—*Variations et surnoms :* DESHÉRY—DEZERY—LATOUR.

1705, (25 oct.) Montreal. [3]

I.—DESERY (3), CHARLES, b 1674; fils de François et d'Antoinette Lizabois, de Beaumont, diocèse de Poitiers; s [3] 15 fevrier 1750.
LORIN, Françoise, [PIERRE I.
b 1680; veuve de Michel Boivin, s [3] 8 fevrier 1750.
Charles, b [3] 18 sept. 1706; m [3] 22 sept. 1738, à Marie-Françoise LEROUX. — *Marie-Joseph*, b [3] 29 août 1708.—*Anonyme*, b [3] et s [3] 1er juillet 1710.—*François*, b [3] 20 avril 1712; m [3] 11 janvier 1740, à Françoise LEFEBVRE. — *Jacques*, b [3] 21 mai et s [3] 9 nov. 1714. — *Marie-Françoise*, b [3] 1er avril et s [3] 27 nov. 1716.—*Angélique*, b [3] 29 nov. 1717; s [3] 15 juin 1718.—*Marie-Angelique*, b [3] 6 mai 1720, m [3] 23 nov. 1739, à Pierre-Joseph PICARD.—*Charles*, b [3] 1er juillet 1739.

1738, (22 sept.) Montreal. [1]

II.—DESERY (4), CHARLES, [CHARLES I.
b 1706.
LEROUX (5), Françoise, [LOUIS I.
b 1708.
Pierre-Amable, b [1] 21 juillet 1740.— *Louis*, b [1] 12 nov. 1741.—*Marie-Françoise*, b [1] 6 avril et s [1] 4 août 1743. — *Marie-Françoise*, b [1] 26 mai 1744. — *Jean-Baptiste*, b [1] 4 déc. 1745. — *Charlotte-Catherine*, b [1] 10 et s [1] 14 fevrier 1748.—*Marie-Madeleine*, b [1] 3 sept. 1749.

(1) Dit Bellerive.
(2) Dit Lacombe.
(3) Dit Latour; soldat de la compagnie de M. de la Chassaigne.
(4) Dit Latour.
(5) Dit Lachaussée.

1740, (11 janvier) Montréal. [1]

II.—DESERY (1), FRANÇOIS, [CHARLES I.
b 1712.
LEFEBVRE, Françoise, [GEOFFROY II.
b 1721.
François, b [1] 13 oct. 1740; m 28 oct. 1765, à Marie-Angélique TRUTEAU, à la Longue-Pointe —*Françoise*, b [1] et s [1] 7 mai 1742.—*Marie-Françoise*, b [1] 16 mars 1743. — *Paul*, b [1] 19 janvier 1745; s [1] 22 sept. 1747. — *Marie-Thérèse*, b [1] 20 août 1746.—*Marie-Louise*, b [1] 23 juillet 1749.

1765, (28 oct.) Longue-Pointe.

III.—DESERY (1), FRANÇOIS, [FRANÇOIS II.
b 1740.
TRUTEAU, Marie-Angelique, [JOSEPH III.
b 1743.

DESÈVE — *Variation et surnom :* DESÈVRE—POITEVIN.

1692, (11 fevrier) Québec. [2]

I.—DESÈVE (2), DENIS,
b 1662.
1° VANNIER, Marie-Anne, [GERMAIN I.
b 1670.
Joseph-Denis, b [2] 14 nov. 1692; m [2] 18 fevrier 1715, à Catherine CHAUSSÉ. — *Jean-Baptiste*, b [2] 13 mai 1695; m 14 juillet 1714, à Catherine HAGUENIER, à Montreal [4], s 13 nov. 1766, à l'Hôpital-Genéral, M. — *Marie-Madeleine*, b [2] 7 janvier 1699.

1703, (20 août). [2]

2° PASQUIER, Marguerite-Angélique. [ISAAC I.
b 1686.
Charles, b [2] 18 sept. 1704; 1° m 3 fevrier 1726, à Françoise SARAZIN, à Charlesbourg; 2° m 3 avril 1769, à Catherine RIVARD, à Batiscan [5]; s [5] 8 mars 1788.—*François*, b 22 juin 1706, à St-Laurent, I.O.; 1° m [4] 4 juin 1732, à Marie-Anne BAYARD; 2° m 5 fevrier 1742, à Angelique ACHIN, à Longueuil. — *Anne-Françoise*, b [2] 17 fevrier 1709; 1° m [2] 8 janvier 1729, à François VOCELLE; 2° m [2] 7 fevrier 1757, à François MORISSEAU.

1714, (14 juillet) Montréal. [2]

II.—DESÈVE (3), JEAN-BTE, [DENIS I.
b 1695; s 13 nov. 1766, à l'Hôpital-Genéral, M.
HAGUENIER, Catherine, [PAUL II.
s [2] 7 oct. 1755.
Louis-Joseph, b [2] 6 et s [2] 11 avril 1716.—*Joseph*, b [2] 18 mars et s [2] 6 mai 1717.—*Marie-Joseph*, b [2] 10 juin 1718; s [2] 17 sept. 1719.—*Jean-Baptiste*, b [2] 22 nov. 1719; m [2] 15 mai 1744, à Geneviève BOUCHARD.—*Nicolas*, b [2] 23 juin et s [2] 12 août 1721. — *André*, b 1722; m à Angelique GAUTIER. — *Joseph*, b [2] 5 juillet 1724; s [2] 29 dec 1729.—*Marie-Françoise*, b [2] 21 juin et s [2] 7 juillet 1727.—*Marguerite*, b [2] 2 nov. et s [2] 10 dec 1728

(1) Dit Latour.
(2) Et Desèvre dit Poitevin, voy. vol. I, p. 187.
(3) Dit Poitevin.

1715, (18 février) Quebec.[7]

II.—DESÈVE (1), JOSEPH-DENIS, [DENIS I. b 1692.

CHAUSSÉ (2), Marie-Catherine. [PIERRE I.

Joseph-Denis, b [7] 28 janvier 1716.—*Jean-Baptiste*, b 22 janvier 1718, à Montreal[8]; m [8] 1er février 1751, à Madeleine DENEAU.—*Catherine*, b [8] 18 juillet 1719; s [8] 29 mai 1723. — *Catherine-Angélique*, b [8] 19 nov. 1720; m [8] 20 juin 1740, à Pierre MARTIN.—*Marie-Joseph*, b [8] 30 mars 1722 —*Anonyme*, b [8] et s [8] 8 mai 1723.— *Pierre-Hyacinthe*, b [8] 10 mai 1724; m [8] 25 février 1754, à Marie-Joseph MADELEINE. — *Pierre*, b [8] 5 juin 1725; s [8] 6 janvier 1750.—*Joseph*, b [8] 14 et s [8] 30 mai 1727.— *Pierre-Louis*, b [8] 9 juin 1728; s [8] 21 nov. 1729. — *Elisabeth*, b [8] 31 juillet 1729.— *Elisabeth*, b [8] 28 dec. 1730; m [8] 11 oct. 1751, à Joseph LARCHEVÊQUE.—*Charles-François*, b [8] 30 avril et s [8] 23 juillet 1734.—*Marie-Charlotte*, b [8] 9 et s [8] 15 juin 1735.— *Marie-Anne*, b [8] 13 mars 1737; m [8] 8 janvier 1759, à Jean-Marie LABATH. —*François-Amable*, b [8] 10 juin et [8] 15 août 1738. *Anonyme*, b [8] et s [8] 21 nov. 1739.

1726, (3 fevrier) Charlesbourg.[5]

II.—DESÈVE (3), CHARLES, [DENIS I. b 1704; s 8 mars 1788, à Batiscan.[6]

1° SARAZIN, Marie-Françoise, [NICOLAS II. b 1688; veuve de Jacques Frichet.

Pierre-Charles, b [5] 12 mars 1728, s [5] 6 juin 1733.

1769, (3 avril).[6]

2° RIVARD, Catherine, [NICOLAS II. b 1714; veuve de François Herbecq; s [6] 16 août 1788.

1732, (4 juin) Montréal.[1]

II.—DESÈVE, FRANÇOIS, [DENIS I b 1706; cordonnier.

1° BAYARD, Marie-Anne, [JACQUES II. b 1715; s [1] 9 mai 1740.

Joseph, b 1733; m [1] 14 fevrier 1763, à Marie-Anne AUGER.— *François*, b [1] 9 juillet 1734; s [1] 2 fevrier 1735.— *Marie-Geneviève*, b [1] 19 fevrier et s [1] 6 août 1737.—*Marie-Joseph*, b [1] 29 mars 1738, m [1] 11 nov. 1760, à Jean JOUTEAU.—*Marie-Anne*, b... m 21 juin 1762, à Joseph DERVAUX, à Quebec.

1742, (5 fevrier) Longueuil.

2° ACHIN, Angelique, [ETIENNE II. b 1721.

Marie-Angélique, b [1] 10 et s [1] 13 janvier 1743. — *Anonyme*, b [1] et s [1] 27 fevrier 1744. — *Marie-Joseph*, b [1] 21 mars 1747.—*Angélique*, b [1] 17 nov. 1748.

1744, (15 mai) Montréal.[1]

III.—DESÈVE, JEAN-BTE, [JEAN-BTE II. b 1719.

BOUCHARD, Geneviève, [RENÉ I. b 1720.

Jean-Baptiste, b [1] 20 sept. 1744.— *Marie-Charlotte*, b [1] 21 sept. 1746.—*Joseph*, b [1] 7 sept. 1747. —*Marguerite*, b [1] 17 avril et s [1] 28 juillet 1749.— *Philippe-Amable*, b [1] 8 avril et s [1] 25 mai 1750.

III.—DESÈVE, ANDRÉ, [JEAN-BTE II. b 1722.

GAUTIER, Angelique, b 1722; s 14 juin 1750, à Montréal.

1751, (1er fevrier) Montréal.

III.—DESÈVE, JEAN-BTE, [JOSEPH-DENIS II. b 1718.

DENEAU, Madeleine, [CHARLES II. b 1733.

1754, (25 février) Montréal.

III.—DESEVE (1), PIERRE-HYAC., [JOS.-DENIS II. b 1724.

MADELEINE, Marie-Joseph. [JEAN-BTE II.

1763, (14 fevrier) Montréal.

III.—DESEVE, JOSEPH. [FRANÇOIS II. b 1733.

AUGER, Marie-Anne, [PAUL II. b 1742.

DESÈVRE.—Voy. DESÈVE.

DESFONDS.—Voy. DEFONTTROUVER, 1711.

DESFONTAINES.—Voy. DEBEAU, 1735 —JOUBERT.

DESFORÊTS. — *Surnoms* : MARGANE — RICHELIEU.

I.—DESFORÊTS, JEAN, soldat; s 25 janvier 1723, à Montreal.

1741, (10 avril) Montreal.[2]

I.—DESFORÊTS (2), PIERRE, b 1713, boulanger; fils de Michel et de Renée Bernardeau, de Ste-Croix, ville de Parthenay, diocèse de Poitiers.

LANGEVIN, Elisabeth, [LOUIS II. b 1715, s [2] 14 fevrier 1748.

Pierre, b [2] 19 dec. 1741.—*Marie-Madeleine*, b [2] 3 fevrier 1748

DESFORGES. — *Surnoms* : GASTINON—LAMONTAGNE—PICART—ST-MAURICE.

1689, (14 fevrier) Lachine.

I.—DESFORGES (3), JEAN, b 1656; s 26 nov. 1734, à Montreal.[6]

VERDON, Marie-Marguerite, [JEAN I. b 1677.

Marie-Geneviève, b 9 nov. 1691, à Champlain; 1° m [6] 16 nov. 1710, à Jean-Baptiste PRÉVOST; 2° m 25 janvier 1728, à François PICARD, au

(1) Et Desèvre dit Poitevin.
(2) Dit Lemeine.
(3) Dit Poitevin.

(1) Dit Poitevin.
(2) Dit Richelieu.
(3) Dit St-Maurice; voy. vol. I, p. 187.

Détroit [7]; 3° m [7] 24 nov. 1729, à Pierre STÈBRE. —*Anne-Céleste*, b [6] 1er oct. 1694; m [6] 5 sept. 1718, à Pierre LEFOURCUR. — *Jean-Baptiste-Claude*, b [6] 6 oct. 1696; m 3 nov. 1722, à Marie-Madeleine RIVIÈRE, à Boucherville.[9]—*Jean-Baptiste*, b [6] 6 juillet 1700; s [6] 23 oct. 1726.—*Alexis*, b [6] 7 avril 1702; s [6] 27 nov. 1714. — *Paul*, b [6] 8 janvier 1704; m [6] 12 juillet 1726, à Jeanne TARTRE.—*Marie-Joseph*, b [6] 1er nov. 1705; 1° m [6] 7 janvier 1726, à Bernard AUDON. 2° m [6] 26 oct 1761, à Nicolas JENOT. — *Marie-Thérèse*, b [6] 1706. — *Madeleine-Françoise*, b [6] 6 juillet 1707; m [6] 3 oct. 1738, à Jean-Baptiste LAPORTE. — *Marie-Geneviève*, b [6] 15 fevrier 1709; m [6] 17 juillet 1731, à Hugues-Pierre HUART.—*Pierre*, b [6] 7 oct. 1710. — *Louis*, b [6] 29 juin 1713, s [6] 17 nov. 1714. — *Jean-Marie*, b [6] 19 mai 1715, m [9] 3 fevrier 1739, à Louise RIVIÈRE.—*Joseph*, b [6] 16 juin 1717. — *Marie-Joseph*, b [6] 29 juin et s [6] 12 juillet 1719.

1700, (12 oct.) Quebec.

I.—**DESFORGES**, ETIENNE, fils d'Etienne et de Marie Laurent, de St-Mederic, Paris.
NIEL, Marie, [PIERRE I.
b 1660; veuve de Jacques DeVerneuil.

DESFORGES, LÉONARD.—Voy. GASTINON.

1722, (3 nov.) Boucherville. [5]

II.—**DESFORGES** (1), J.-BTE-CLAUDE, [JEAN I.
b 1696.
RIVIÈRE, Marie-Madeleine, [JACQUES I.
b 1703.
Jean-François, b [5] 11 août 1723; m 1745, à Marie-Joseph MARTIN.—*Jean-Baptiste*, b 28 juillet 1727, à Montreal[6], s [6] 12 juillet 1728.

1726, (12 juillet) Montréal. [5]

II.—**DESFORGES** (2), PAUL, [JEAN I.
b 1704
TARTRE, Marie-Jeanne, [GUILLAUME I.
b 1699.
Marguerite, b [5] 19 et s [5] 27 janvier 1727.— *Marie-Jeanne*, b [5] 17 janvier 1728. — *Joseph*, b [5] 20 janvier 1729; s [5] 14 fevrier 1748 —*Jean-Marie*, b [5] 24 oct. 1730, m [5] 22 nov. 1762, à Marie-Joseph JÉRÔME — *Monique*, b 1732; m [5] 29 mai 1752, à Andre HÉRAULT. — *Marie-Jeanne*, b [5] 9 fevrier 1734. — *Antoine*, b [5] 28 nov. 1735, m [5] 19 avril 1762, à Louise BOUCHARD. — *Michel-François*, b [5] 19 juillet 1737; s [5] 5 mai 1738. —*Elisabeth*, b [5] 6 avril 1739, m [5] 7 fevrier 1763, à François BERNARD — *Marie-Catherine*, b [5] 21 juin 1741. — *Marie-Marguerite*, b [5] 18 mai et s [5] 6 juin 1743. — *Charles*, b [5] 4 mars 1745.— *Jean-Baptiste*, b [5] 21 sept. et s [5] 5 oct. 1746.

1739, (3 fevrier) Boucherville.

II—**DESFORGES**, JEAN-MARIE, [JEAN I.
b 1715.
RIVIÈRE, Louise, [JACQUES I.
b 1715.

(1) Dit St-Maurice.
(2) Dit St-Maurice; serrurier.

1745.

III.—**DESFORGES** (1), JEAN-FRS, [J.-CLAUDE II
b 1723.
MARTIN, Marie-Joseph, [JEAN-BTE II
b 1721.
Marie-Louise, b 1746, s 23 juin 1751, à St-Laurent, M. [8]—*Marie-Joseph*, b... m [8] 18 janvier 1762, à Joseph DANY.— *Joseph*, b [8] 1er sept. 1750. —*Jean-Marie*, b [8] 19 mai 1752. — *Jean-Baptiste*, b [8] 25 mars 1757. — *Pierre*, b [8] et s [8] 11 juillet 1759.

1758, (6 février) Ste-Anne. [1]

I.—**DESFORGES** (2), ROBERT, fils de Nicolas et de Marie Lemoine, de St-Athys, diocèse de Laon
MALBEUF (3), Marie, [JEAN-BTE II
b 1737.
Louis, b [1] 21 nov. 1758. — *Blaise-Benjamin*, b 15 juillet 1761, à St-Antoine-de-Chambly.

1762, (19 avril) Montréal.

III—**DESFORGES** (1), ANTOINE, [PAUL II
b 1735.
BOUCHARD, Marie-Louise, [JOSEPH II
b 1740.
Joseph, b... m 26 janvier 1789, à Angelique TURGEON, à Beaumont.

1762, (22 nov.) Montréal.

III.—**DESFORGES**, JEAN-MARIE, [PAUL II
b 1730
JÉRÔME, Marie-Joseph, [FRANÇOIS II
b 1739.

1789, (26 janvier) Beaumont.

IV.—**DESFORGES** (1), JOSEPH. [ANTOINE III.
TURGEON, Angelique. [FRANÇOIS IV

DESFOSSÉS.—*Surnoms:* LASPRON—LACHARITÉ —ST-LOUIS.

III—**DESFOSSÉS** (4), CLAUDE, [JEAN-BTE II
b 1702, s 10 oct. 1769, à Nicolet. [3]
GUERTIN, Marie-Françoise, [PIERRE II
b 1705.
Louis, b 1732; s [3] 14 fevrier 1749. — *Marie-Françoise*, b [3] 12 mars 1734; s [3] 9 fevrier 1749 — *Marie-Thérèse*, b [3] 25 mars 1736, 1° m [3] 10 fevrier 1755, à Michel PRÉCOUR, 2° m 15 oct 1760, à Pierre BERGERON, à la Baie-du-Febvre— *Marie-Anne*, b [3] 7 juillet 1738, m [3] 22 oct 1761, à Joseph VILLEBRUN; s [3] 16 avril 1776.—*Marie-Geneviève*, b [3] 26 juin 1740, m [3] 25 nov. 1771, à Louis LEMIRE. — *Jean-Baptiste*, b [3] 9 sept. 1742, s [3] 3 avril 1749.—*Jean-Baptiste* b [3] 3 mars 1745, m [3] 15 juillet 1765, à Marie PELLERIN — *Joseph* et *Alexis*, b [3] 29 janvier 1747; s 1er fevrier 1748, aux Trois-Rivieres — *Joseph*, b [3] 27 oct. 1748, m [3] 22 janvier 1770, à Madeleine BOUDROT

(1) Dit St Maurice
(2) Dit Picart; soldat de la compagnie de Dalmas, regiment de la reine.
(3) Dit Beausoleil.
(4) Fermier de M. de Normanville, en 1748. Pour ses ancêtres, il faut voir Laspron.

DESFOSSÉS, JEAN-BTE.—Voy. LASPRON, 1749.

1750.

DESFOSSÉS, PIERRE.
CONTENT, Angelique. [ANDRÉ II.
Louise-Angélique, b 27 fevrier et s 31 mai 1751, aux Trois-Rivières.[7] — *Pierre-Luc*, b [7] 18 fevrier et s [7] 18 sept. 1752.—*Charlotte*, b [7] 6 mars 1753, m 2 mars 1772, à Jean-Baptiste MASSÉ, à Boucherville. — *Pierre-Antoine*, b [7] 11 janvier 1756.

1758, (9 janvier) Ste-Anne.

I.—DESFOSSÉS (1), FRANÇOIS, fils d'Etienne et d'Anne Beaucart, de Château-Thierry, diocèse de Soissons.
POULIN (2), Therèse-Victoire, [ANDRÉ III.
b 1730.

1765, (15 juillet) Nicolet.[9]

IV.—DESFOSSES, JEAN-BTE, [CLAUDE III.
b 1745; s [9] 10 oct. 1777.
PELLERIN (3), Marie [PIERRE.
Charles, b... m [9] 6 nov. 1786, à Madeleine BARON.

DESFOSSÉS, JEAN-BTE.—Voy. LASPRON, 1766.

DESFOSSÉS, JOSEPH.—Voy. LASPRON, 1767.

1770, (22 janvier) Nicolet.[7]

IV.—DESFOSSÉS, JOSEPH, [CLAUDE III
b 1748.
BOUDROT, Madeleine. [FRANÇOIS I.
Marie-Anne, b... m [7] 13 fevrier 1797, à Claude JUTRAS.

DESFOSSÉS, JOSEPH-GEOFFROY.—Voy. LASPRON, 1772.

1786, (6 nov.) Nicolet.

V.—DESFOSSÉS, CHARLES. [JEAN-BTE IV.
BARON, Madeleine. [JACQUES IV.

DESFOSSÉS, LOUIS.—Voy. LASPRON, 1788.

DESFOSSÉS, FRANÇOIS—Voy. LASPRON, 1797.

DESFOURCHETTES —Voy. GIROUX—VACHON, 1727.

DESFOURNEAUX —Voy. NOUEL.

I.—DESFOURNIERS, HENRI-JULES.
GADOIS, Therèse.
Louis, b 16 juin 1714, à Montréal.

DESGAGNÉS.— *Variations :* DESGAGNÉ—DESGAGNIERS

(1) Dit Montplaisir; soldat au régiment de la Reine, compagnie de M. Germain.

(2) Elle epouse, le 27 avril 1761, Bernard Guineau, à Quebec

(3) Elle épouse, le 2 août 1779, Jean-Baptiste Laspron, à Nicolet.

1690, (14 mai) Montréal.[5]

I.—DESGAGNÉS (1), JACQUES,
b 1669; s [5] 17 sept. 1714.
PELLETIER, Geneviève, [FRANÇOIS II.
b 1668.
Jacques, b 1er janvier 1691, à Sorel; m [5] 30 oct. 1712, à Marguerite JOUSSET.— *Benjamin*, b... m 5 mai 1743, à Claire GAGNÉ, au Cap-St-Ignace. — *Marie-Louise*, b 1698; 1° m 29 avril 1715, à Eustache GOURDEL, à Quebec[6]; 2° m [6] 27 juillet 1737, à Louis ALAIRE; s 25 janvier 1749, à St-François, I. O.—*Nicolas*, b [6] 23 oct. 1699; s 21 nov. 1780, à l'Ile-aux-Coudres. — *Raphael*, b... m 1744, à Marie ALAIRE.

II.—DESGAGNÉS, NICOLAS, [JACQUES I.
b 1699, s 21 nov. 1780, à l'Ile-aux-Coudres.

1712, (30 oct.) Montréal.[1]

II.—DESGAGNÉS, JACQUES, [JACQUES I.
b 1691.
JOUSSET, Marguerite, [PIERRE I.
b 1692.
Paul, b [1] 20 avril 1713. — *Jean-Baptiste*, b [1] 5 sept. 1717.—*Guillaume*, b [1] 16 juillet et s [1] 7 oct. 1720 — *Antoine*, b 7 janvier 1722, au Bout-de-l'Ile, M.[2], s 8 août 1784, au Detroit.[3] — *Marie-Marguerite*, b [2] 14 dec. 1723; s [2] 5 fevrier 1724.— *Marie-Marguerite*, b [2] 30 oct. 1724; s [1] 15 janvier 1736. — *Marie-Catherine*, b [2] 18 sept. 1726 — *Marie-Thérèse*, b [2] 6 mai et s [2] 17 juin 1728 — *Jacques*, b [1] 7 et s [1] 9 fevrier 1730.— *Jacques*, b 1733, s [1] 2 janvier 1734. —*Jean-Baptiste*, b [3] 29 août 1738.

1729, (18 oct.) Québec.[5]

II.—DESGAGNÉS, PIERRE-JOSEPH, [JACQUES I.
b 1696.
ROYER (2), Marie-Madeleine. [JEAN II.
Cécile-Elisabeth, b [5] 12 janvier 1731, 1° m à Charles DEMEULES; 2° m 6 fevrier 1775, à François BOUCHARD, à l'Ile-aux-Coudres.[8] — *Marie-Louise*, b 13 sept. 1733, à St-Jean, I. O [6]; m [3] 22 nov. 1753, à Andre BERGERON. —*Marie-Françoise*, b [5] 13 sept. 1735, s [5] 22 mars 1753.— *Geneviève*, b [5] 27 juin 1737; m 27 juillet 1766, à Claude BOUCHARD, à la Baie-St-Paul. — *Joseph*, b [8] 9 sept. 1739, m [3] 4 oct 1762, à Thècle TREMBLAY.—*Jean*, b .. m 1769, à Angelique SAVARD.

III.—DESGAGNÉS, ANTOINE, [JACQUES II.
b 1722, s 8 août 1784, au Détroit.

1743, (5 mai) Cap-St-Ignace.

II.—DESGAGNÉS, BENJAMIN. [JACQUES I.
GAGNÉ, Claire, [ALEXIS IV.
b 1718.

1744.

II.—DESGAGNÉS, RAPHAEL. [JACQUES I.
ALAIRE, Marie.
Marie-Louise, b 11 août 1745, à St-Jean, I. O.

(1) Voy. vol I, pp. 187-188.

(2) Et Voyer, 1762.

1762, (4 oct.) Ile-aux-Coudres. [7]

III.—DESGAGNÉS, JOSEPH, [PIERRE-JOSEPH II.
b 1739.
TREMBLAY, Thècle, [GUILLAUME III.
b 1742.
Marie-Thècle, b [7] 15 juin 1764.—*Joseph-Marie*, b [7] 29 juillet 1765. — *Marie-Anne*, b [7] 10 avril 1767. — *Madeleine-Sophie*, b [7] 23 avril 1769. — *Cécile*, b [7] 27 nov. 1771.—*Michel*, b [7] 5 dec. 1773. —*Louis*, b [7] 16 dec. 1775. — *Etienne*, b [7] 26 dec. 1777.— *Germain*, b [7] 22 mars 1780. — *Abraham*, b [7] 18 et s [7] 24 sept. 1782.

1769.

III.—DESGAGNÉS, JEAN. [PIERRE-JOSEPH II.
SAVARD, Angelique, [PIERRE IV.
b 1744; s 22 mai 1843, à l'Ile-aux-Coudres. [8]
Louis-Marie, b [8] 8 juin 1770. — *Joseph-Louis*, b [8] 24 août 1772.—*Victoire*, b [8] 8 nov. 1774. — *Charlotte*, b [8] 23 mars 1777. — *Angélique*, b [8] 20 août 1779.—*Marie-Joseph*, b [8] 24 janvier 1782.

DESGLY.—Voy. MARIAUCHAU.

DESGOUGRES.—*Variation et surnom :* DEGONGRE—LAGRENADE.

1759, (8 janvier) Montreal.

I.—DESGOUGRES (1), JEAN-JOSEPH, b 1731, sergent; fils de Jean-Mathieu et de Marie Lacroix, de Ste-Helène, ville et diocèse de Cordulac, Espagne; s 21 sept. 1761, à St-Philippe.
TREMBLAY (2), Marie-Joseph, [JACQUES III.
b 1736
Louis, b 27 mai 1761, à St-Philippe-du-Roulle, Paris, m 30 sept. 1789 (3), à Marie-Joseph COULON.

DESGRANGES. — *Surnoms :* CASMIN, 1725. — DEMAUPRÉ.

I.—DESGRANGES (4), LOUIS.
DE LA FEUILLÉE (5), Alexandrine,
b 1640.

1731, (26 nov.) Château-Richer.

I.—DESGRANGES, MICHEL, fils de Jacques et de Marguerite Martin, de St-Savinien.
MALBEUF, Dorothee, [JEAN-BTE I.
b 1711.
Charles-Victor, b 5 sept. 1732, à Québec.—*Dorothée*, b 1er oct. et s 7 nov. 1733, à St-Valier.[1] — *Marie-Anne*, b [1] 15 mars 1737. — *Michel*, b 5 avril 1739, à Berthier.—*Françoise-Madeleine*, b [1] 29 oct. 1741. — *Pierre*, b... m à Madeleine LABRANCHE.— *Marie-Rose*, b [1] 20 mai 1744. — *Jean-Baptiste*, b [1] 29 mai 1746. — *Jacques-Marie*, b [1] 30 dec. 1748 —*Marie-Dorothée*, b [1] 31 mars 1751.

(1) Et Degongre dit Lagrenade.

(2) Elle épouse, le 30 juillet 1770, Jean-Louis Deneau, à St-Philippe.

(3) Date du contrat de mariage déposé au greffe de M. J.-G. Bourassa.

(4) Sieur de Maupré.

(5) Elle épouse, le 24 déc. 1680, Dominique De la Mothe, à Montréal.

II.—DESGRANGES, PIERRE. [MICHEL I.
LABRANCHE, Madeleine.
Ignace, b... s 23 juillet 1761, à Quebec.

DESGRAVIERS.—Voy. COLIN.

1743, (22 juillet) Montréal.

I.—DESGRITAUX (1), CHARLES, fils de Charles et de Louise Fernond, de Vast, diocèse de Die, Dauphine.
MEZERAY, Marguerite, [JEAN II
b 1697 ; veuve de François Coiteux.

DESGROSEILLERS.— *Surnoms :* BOUCHARD—CHOUART—DORVAL — ROCHECHOUÈRE — ROCHOUARD.

1734, (26 sept) Beauport.

III.—DESGROSEILLERS (2), J.-BTE, [J.-BTE II
b 1698 ; s 12 oct. 1755, à Deschambault. [4]
DECHAVIGNY (3), Marie-Joseph, [FRANÇOIS II
b 1717; s [4] 20 juillet 1762.
Marie-Joseph, b 1736, s 25 avril 1775, à Repentigny. [5]—*Joseph-Léonard*, b [4] 23 mai et s [4] 20 juin 1746.—*François-Léonard*, b [4] 12 mai et s [4] 12 juillet 1748 —*Marie-Françoise*, b [4] 31 juillet et s [4] 23 août 1750.—*Marie-Louise*, b [4] 7 nov. 1752; m[5] 2 mars 1772, à Pierre ARNAUD. — *Anonyme*, b [4] et s [4] 13 avril 1755.

DESGUERROIS —*Surnom* . DESROSIERS.

1715, (18 mars) Quebec. [2]

I.—DESGUERROIS (4), PIERRE-EUSTACHE,
b 1688 ; s [2] 15 oct. 1719 (dans l'eglise).
DE LA CITIÈRE, Madeleine, [FLORENT I.
b 1697 , s [2] 10 juin 1717.
Florent, b [2] 6 juin 1717.

I.—DESGUITTES, ADRIEN.
TILIS, Marguerite.
Honoré, b et s 28 dec 1759, à St-Laurent, M.

DESHAIES.— *Variations et surnoms :* DEHAI—DEHAIS — DEHAYE — DESHAYES—DESTREE—SANSOUCY—ST-CYR—TOURIGNY.

DESHAIES, CATHERINE, epouse de Rene DURAND.

DESHAIES, FRANÇOISE, epouse de Joseph LEVASSEUR.

DESHAIES, JEANNE, epouse de Jacques RICHARD

1676.

I.—DESHAIES (5), PIERRE,
b 1648 , s 7 juin 1732, à Becancour [1]
GUILLET, Marguerite, [PIERRE I.
b 1660.

(1) Dit Desnoyers ; soldat de la compagnie de Sabrevois.

(2) Et Bouchard ; voy. ce nom, vol II, pp 367-368

(3) DeLachevrotière.

(4) Sieur DesRosiers.

(5) Et Deshayes dit St-Cyr ; voy. vol. I, p. 188.

Jean-Baptiste, b 28 nov. 1687, au Cap-de-la-Madeleine; m [1] 7 février 1718, à Marie-Joseph ARCENEAU. — *Pierre*, b... 1° m [1] 2 nov. 1722, à Marie-Joseph MOREAU; 2° m 17 juillet 1744, à Marguerite LEFEBVRE, aux Trois-Rivières.—*Marguerite*, b... 1° m [1] 1er février 1723, à François DESROSIERS; 2° m [1] 9 janvier 1736, à Jean-Baptiste LEDUC. — *Marie-Jeanne*, b... m [1] 30 août 1735, à François-Marie FRIGON.—*Joseph*, b... m [1] 7 janvier 1733, à Marie-Françoise PERROT. — *Augustin*, b... m [1] 30 août 1737, à Anne-Celeste BOURBEAU. — *Marie-Anne*, b... m à Jean DAVID.

DESHAIES, DOMINIQUE. — Voy. DESTRÉE, 1718.

1718, (7 février) Becancour. [1]

II.—**DESHAIES**, JEAN-BTE, [PIERRE I
b 1687.
ARCENEAU, Marie-Joseph, [MICHEL I.
b 1691; s [1] 27 mars 1744.

Marie-Joseph-Anne, b [1] 13 février 1719; m [1] 23 janvier 1741, à Benjamin-Pierre DURUEAU. — *Marie-Agathe*, b [1] 4 juillet 1720, m [1] 6 nov. 1747, à Charles MACÉ; s [1] 14 dec. 1749.—*Marie-Louise-Elisabeth*, b [1] 24 août 1722; m [1] 29 avril 1748, à Bonaventure DURUEAU.—*Jean-Baptiste*, b... s [1] 16 avril 1726. — *Marie-Jeanne*, b [1] 29 mai 1727.—*Marie-Françoise*, b [1] 16 juin 1731.— *Marie-Charlotte*, b [1] 22 avril 1734.

1722, (2 nov.) Bécancour. [1]

II.—**DESHAIES** (1), PIERRE. [PIERRE I.
1° MOREAU, Marie-Joseph, [JOSEPH II
b 1702; s [1] 20 avril 1743.

Joseph-Charles, b [1] 12 août 1723; m à Claire-Amable .... — *Pierre-François-Xavier*, b [1] 4 juin et s [1] 1er oct. 1725. — *Joseph-Pierre*, b [1] 15 mars 1728; m à Marie-Joseph GÉNÉREUX. — *Marie-Françoise*, b [1] 25 janvier 1730. — *Marie-Joseph-Françoise*, b [1] 28 oct. 1731.—*Marie-Anne-Elisabeth*, b [1] 6 mai 1733. — *Jean-Marie*, b [1] 25 avril 1735.—*Marie-Marguerite*, b [1] 28 mars 1737, m [1] 28 janvier 1761, à Jean-Baptiste LÉPINE.—*Marie-Louise*, b [1] 31 mars 1740 —*Louis-Antoine*, b [1] 27 juin 1742; s [1] 2 août 1744.

1744, (17 juillet) Trois-Rivières.
2° LEFEBVRE (2), Marguerite.
Pierre, b [1] 12 nov. 1745.

1733, (7 janvier) Becancour. [3]

II.—**DESHAIES** (3), JOSEPH. [PIERRE I.
PERROT (4), Marie-Françoise. [NICOLAS II.

François, b [3] 27 janvier 1734. — *Gabrielle*, b [3] 26 mai 1735. — *Marie-Joseph-Ursule*, b [3] 5 juin 1736, m [3] 27 juillet 1761, à Gabriel DAVID.—*Joseph*, b [3] 15 juillet 1737. — *Alexis*, b [3] 10 mars 1740 —*Laurent*, b [3] 16 mai 1741; s [3] 7 avril 1743. —*Marie-Françoise*, b [3] 22 mai et s [3] 6 juin 1742 —*Marie-Louise*, b [3] 26 août 1743, s [3] 6 avril 1747. — *Charles*, b [3] 1er oct. 1744; s [3] 30 mars 1746.—*Laurent*, b [3] 28 déc. 1745.—*Pierre*, b [3] 25 janvier et s [3] 8 juillet 1748.—*Jean-Baptiste*, b [3] 4 et s [3] 10 mai 1749.

(1) Dit St-Cyr.
(2) Dit Belisle.
(3) Dit Tourigny.
(4) Dit Turbal.

1737, (30 août) Bécancour. [1]

II.—**DESHAIES**, AUGUSTIN. [PIERRE I.
BOURBEAU, Anne-Celeste. [PIERRE III.

Jean-Baptiste-Louis, b [1] 22 février 1740. — *René-Augustin*, b [1] 27 avril 1742.—*Joseph-Régis*, b [1] 15 janvier 1745 —*Marie-Françoise*, b [1] 28 sept. 1748.—*Antoine*, b 1755; s [1] 18 oct. 1759.

DESHAIES, CHARLES, b 1741; s 6 nov. 1755, au Château-Richer.

III.—**DESHAIES** (1), JOS.-PIERRE, [PIERRE II.
b 1728.
GÉNÉREUX, Marie-Joseph.

Antoine, b... m 20 oct. 1783, à Marie-Anne VILLAT, à Nicolet. [2] — *Marie-Joseph*, b 19 mars 1763, à l'Ile-Dupas; m [2] 4 nov. 1788, à Antoine RATIER.—*François*, b... m [2] 7 janvier 1789, à Marie-Joseph LAPLANTE.—*Marie-Agathe*, b... m [2] 3 mars 1794, à Pierre PROVENCHER.—*Marguerite*, b... m [2] 11 avril 1794, à Louis ORION.—*Joseph*, b... m [2] 29 sept. 1794, à Antoinette RATIER.

III.—**DESHAIES** (1), JOS.-CHARLES, [PIERRE II.
b 1723.
......, Claire-Amable.

Marie-Françoise, b 4 janvier 1761, à Becancour.

1783, (20 oct.) Nicolet.

IV.—**DESHAIES** (1), ANTOINE. [JOS.-PIERRE III.
VILLAT, Marie-Anne, [JEAN-BTE II.
b 1765.

1789, (7 janvier) Nicolet.

IV.—**DESHAIES** (1), FRS. [JOS.-PIERRE III.
LAPLANTE, Marie-Joseph. [JOSEPH I.

1794, (29 sept.) Nicolet.

IV.—**DESHAIES**, JOSEPH. [JOSEPH-PIERRE III.
RATIER, Antoinette. [ANTOINE III.

DESHÉRY.—Voy. DESERY.

I.—**DESHÊTRES** (2), ANTOINE.
CHEVALIER (3), Marie-Charlotte, [JEAN-BTE II.
b 1710.

Marie-Anne, b... m 8 mai 1754, à Jean-Baptiste DUBBOIS, au Detroit. [3] — *Louis-de-Gonzague*, b... m à Louise BEAULIEU.—*Louis*, b... m [3] 18 février 1760, à Marie-Therèse DAMOURS.—*Hyacinthe*, b... m [3] 6 février 1764, à Marie-Anne PILET.—*Marie-Joseph*, née 29 dec. 1747; b [3] 29 août 1751; m [3] 15 mai 1765, à Jean-Baptiste ROUCOUX.—*Jeanne*, née 27 sept. 1749; b [3] 29 août 1751, m [3] 6 janvier 1767, à Bonaventure RÉAUME. — *Thérèse*, b [3] 10 avril 1752; s [3] 31 août 1758.

(1) Dit St-Cyr.
(2) Habitant la Grosse Pointe du Detroit; maître-armurier.
(3) Dit Chesne.

1760, (18 février) Détroit.

II.—DESHÊTRES (1), Louis. [Antoine I.
Damours, Marie-Thérèse, [Louis III.
b 1746.

1764, (6 fevrier) Détroit. [4]

II.—DESHÊTRES, Hyacinthe. [Antoine I.
Pilet, Marie-Anne, [Jean-Bte II.
b 1748.
Hyacinthe, b [4] 10 sept. 1764.—*Geneviève*, b [4] 3 mars 1766.—*Charlotte*, b 1771; s [4] 28 sept. 1772.

II.—DESHÊTRES (2), Ls-de-Gonzague. [Ant. I.
Beaulieu (3), Louise.

I.—DESIÈVE, Jean.
Nogue, Marguerite.
Marie-Marguerite, b 20 mars 1767, à St-Charles.

DESILETS.—*Surnoms :* Couillard—Desjordis—Desrosiers—Laporte—Mousseau, 1694.

DESILETS, Marguerite, b 1659; m à .... Doucet; s 29 dec. 1737, à Québec.

DESILETS, Madeleine, épouse de François Desruisseaux.

DESILETS (4), Madeleine, épouse de Louis Robillard.

DESILETS, Jean-Bte, epouse de Joseph Lapierre.

DESILETS, Thérèse, épouse de Charles Macé.

DESILETS, ...
s avant 1772.
Guay, Marie-Elisabeth,
b 1700; s 11 fevrier 1772, à la Baie-du-Febvre.

DESILETS, François.—Voy. Mousseau.

DesILLES.—Voy. Chatigny.

DeSIMBLIN.—Voy. Raimbaut.

DeSINTRÉ.—Voy. LeGrand, sieur de Sintré.

DESIRE, Jean-Bte —Voy. Delisle, 1743.

DeSIVRAC.—Voy. DeLabath, 1750.

DESJADON.—Voy. Dubouchet.

DESJARDINS.—*Surnoms :* Bodin, 1730—Charbonnier—DeGonneville—Delboeuf, 1726—DeRupalley—Galand—Lourdin—Roulier-Lamarche—Roy—Salmon—Senat—Verger—Zacharie.

(1) Interprête à la Rivière St-Joseph, Illinois.

(2) Dit Pigeon; tous deux excommuniés, le 2 oct. 1774, au Détroit.

(3) Epouse de Labatterie.

(4) Dit Mousseau.

DESJARDINS, Marie, épouse de Jean-Baptiste Lussier.

DESJARDINS, Marie-Joseph, épouse de Pierre Laforge.

DESJARDINS, Catherine, b 1727; m à ..... Lachaufet, s 20 juin 1777, à Nicolet.

DESJARDINS, Anne, b 1715; m à Michel Filiatreau; s 25 janvier 1741, à Terrebonne.

DESJARDINS, Madeleine, épouse d'Etienne Ethier.

DESJARDINS, Marguerite, b 1742; m à Roland Roland; s 22 oct. 1782, à Terrebonne.

DESJARDINS, Marie, epouse d'Athanase Roussel.

DESJARDINS, Marie, epouse de Claude Roussel.

DESJARDINS, Françoise, b... m à Michel Matte; s 22 nov. 1777, à Lachenaye.

DESJARDINS, Françoise, épouse de Jean-Baptiste Lafrance.

DESJARDINS, Marie-Anne, b 1713; m à Michel Rotureau; s 4 juillet 1751, à Terrebonne.

DESJARDINS, Louise, b... m 10 fevrier 1755, à Louis Ouimet, à Ste-Rose.

1666, (12 janvier) Québec.

I.—DESJARDINS (1), Claude,
b 1649.
Cardillon, Marguerite,
b 1651.
Zacharie, b 13 avril 1667, à Montréal [1]; m [1] 1er fevrier 1711, à Marie-Anne Piton.—*Jean*, b [1] 16 dec. 1669; m à Suzanne Bouvier.

II.—DESJARDINS (2), Roch, [Claude I.
b 1676.
Boulard, Marie, [François I.
b 1683; s avant 1735.
Jean, b... m 7 fevrier 1729, à Marie-Anne Labelle, à St-François, I. J., s 12 août 1762, à Ste-Rose. [3]—*Pierre*, b 8 mars 1707, à la Pte-aux-Trembles, M.; 1° m 17 janvier 1735, à Marguerite Taillon, à Terrebonne [2]; 2° m [2] 13 fevrier 1736, à Geneviève Vermet; s [3] 13 avril 1762 — *François*, b... 1° m à Jeanne Desroches; 2° m [2] 16 juillet 1731, à Marie-Anne Maisonneuve.

II.—DESJARDINS, Jean, [Claude I.
b 1669.
Bouvier, Suzanne, [Michel I.
b 1664, veuve de Louis Brien.
Pierre, b... m 9 sept. 1727, à Anne Brien, à Varennes.

(1) Dit Charbonnier, voy. vol. I, p. 188.

(2) Voy. vol. I, p. 188.

1711, (1er février) Montreal.
II.—DESJARDINS (1), JACQUES-ZACH, [CLAUDE I.
b 1667; s avant 1749.
PITON, Marie-Anne, [SIMON I.
b 1689.
Jean-Baptiste, b... m 24 nov. 1749, à Angélique MAISONNEUVE, à Ste-Rose.—*Antoine*, b... m 24 avril 1747, à Therèse LEMIRE, à Châteauguay.—*Charles*, b... m 1750, à Marie-Louise TRUCHON.

DESJARDINS, PIERRE —Voy. ROULIER, 1699.

1723, (24 mai) Pte-aux-Trembles, M.
I.—DESJARDINS, PIERRE, b 1699; de Mongardon, diocèse de Coutances.
RICHARD, Madeleine, [GUILLAUME I.
b 1688, veuve de Pierre Lambeye; s 8 oct. 1726, à Varennes

DESJARDINS, PIERRE.
LAMARCHE, Marie,
s avant 1753
Jean-Baptiste, b... m 8 janvier 1753, à Geneviève LHUISSIER, à Varennes.

1727, (9 sept.) Varennes. [3]
III.—DESJARDINS (1), PIERRE, [JEAN II.
s 1734.
BRIEN, Anne, [LOUIS I.
b 1705.
Marie, b 2 oct. 1728, à Repentigny; m [3] 15 nov. 1756, à Paul JOACHIM.—*Suzanne*, b... m [3] 17 juin 1754, à Thomas KENERE. —*Pierre*, b... m [3] 28 avril 1761, à Marie LHUISSIER. — *Louis*, b... m [3] 16 juin 1766, à Suzanne GAUTIER. — *Jean-Baptiste* (posthume), b 10 sept. 1734, à St-François, I. J., 1° m [3] 6 juillet 1766, à Marie-Joseph DAUDELIN; 2° m [3] 14 oct. 1771, à Marie-Anne PAQUET.

III.—DESJARDINS, FRANÇOIS. [ROCH II.
1° DESROCHES, Jeanne [ROCH
1731, (16 juillet) Terrebonne. [4]
2° MAISONNEUVE, Marie-Anne, [PIERRE I.
b 1702; veuve de Joseph Tournoy.
François, b [4] 6 juillet 1732.—*Marie-Joseph*, b [4] 18 juillet 1734; s [4] 9 sept. 1745.—*Marie-Louise*, b [4] 2 avril 1736.—*Joseph*, b [4] 23 fevrier 1738, s [4] 21 août 1740.—*Marie*, b [4] 4 juin et s [4] 30 sept. 1739.—*Marie-Joseph*, b [4] 13 mars 1742.

1729, (7 février) St-François, I. J.
III.—DESJARDINS, JEAN, [ROCH II
s 12 août 1762, à Ste-Rose. [5]
LABELLE, Marie-Anne. [CHARLES II.
Jean, b 30 oct. 1729, à Terrebonne. [6] — *Marie-Joseph*, b 1731, m [5] 27 janvier 1755, à Jean FOUCAUT, s [5] 29 nov. 1755.—*Anne*, b [6] 27 fevrier 1733. —*Pierre*, b [6] 1er juillet 1734; m [5] 11 oct. 1762, à Therèse VERMET.—*François*, b [6] 14 dec. 1735; 1° m [6] 13 oct. 1760, à Marie-Joseph GUÉRIN; 2° m [6] 25 mai 1772, à Marie-Anne TERRIEN.—*Marie-Charlotte*, b [6] 9 dec. 1736 —*Louis*, b [6] 16 août 1738; m [5] 8 janvier 1759, à Catherine VERMET.—*Michel*, b [6] et s [6] 18 fevrier 1740.—*Joseph*, b [6] 31 janvier 1743; m [6] 15 janvier 1770, à Marie-Angélique FORGET.—*Paul*, b [6] 6 avril 1744; m [6] 13 fevrier 1764, à Marie-Joseph COLIN.—*Michel*, b [5] 14 janvier 1746, m [6] 20 fevrier 1764, à Marie-Thérèse ETHIER.—*Joseph-Amable*, b [5] 4 mai et s [6] 1er juillet 1747.—*Joseph-Amable*, b [5] 14 mars 1750. —*Guillaume*, b... m à Marie-Joseph ETHIER.

(1) Dit Charbonnier.

DESJARDINS, MARIE, b 1734; s 19 nov. 1755, à Ste-Rose.

DESJARDINS, ...
Marie-Anne, b 1735; s 2 avril 1750, à Ste-Rose.

DESJARDINS, GABRIEL, b... s 4 juin 1749, à Ste-Rose.

1735, (17 janvier) Terrebonne. [8]
III.—DESJARDINS, PIERRE, [ROCH II.
b 1707; s 13 avril 1761, à Ste-Rose [9]
1° TAILLON, Marguerite, [JEAN III.
b 1719; s [8] 26 mars 1735.
2° VERMET, Catherine-Geneviève, [ANTOINE II.
b 1715.
Jean, b... m [9] 23 janvier 1756. à Marie-Joseph VERMET.—*Pierre*, b [8] 23 nov. 1736, m [8] 26 janvier 1761, à Agathe ETHIER, s [9] 30 avril 1764.—*Marie-Geneviève*, b [8] 31 mai 1738. — *François*, b [8] 6 mars 1740: m [8] 5 fevrier 1776, à Marie OUIMET. — *Marie-Joseph*, b [8] 12 mars 1742. — *Joseph*, b [8] 30 juillet 1744, s [8] 8 sept. 1745 —*Anonyme*, b [9] et s [9] 20 juillet 1746 —*Joseph-Amable*, b [8] 3 août 1747.—*Marie-Françoise*, b [9] 3 dec. 1749. —*Marie-Louise*, b [9] 4 mai 1752.—*Marie-Catherine*, b [9] 1er janvier 1755.—*Paul*, b [9] 14 mars 1757.

DESJARDINS (1), CHARLES, s 3 août 1779, au Detroit.

DESJARDINS, JEAN-BTE.—Voy. ROY, 1727.

1737, (1er juillet) St-François, I J. [1]
III.—DESJARDINS, JOSEPH. [ROCH II.
FILIATREAU, Marguerite, [LOUIS II.
b 1716; s 15 dec. 1750, à Ste-Rose. [2]
Marie-Marguerite, b [1] 24 nov. 1738 —*Marie-Anne*, b 30 mars 1744, à Terrebonne. [3] — *Marie*, b... 1° m [2] 26 janvier 1761, à Jean DAZÉ; 2° m [2] 3 nov. 1762, à Louis FOUCAUT.—*Marie-Françoise*, b [3] 3 nov. 1747, 1° m à Joseph COLARD; 2° m [3] 16 janvier 1775, à François POITOU; s [3] 13 avril 1777.—*Marie-Thérèse*, b [2] 8 dec. 1748. —*Louis*, b [2] 2 janvier et s [2] 13 juin 1750. — *Paul*, b [2] 14 et s [2] 21 dec. 1750.

1747, (24 avril) Châteauguay.
III.—DESJARDINS, ANTOINE. [JACQUES II.
LEMIRE, Therese, [MICHEL II.
b 1725.

(1) Il était au Détroit, le 7 sept. 1761, noyé dans la Rivière-Rouge.

IV.—DESJARDINS, GUILLAUME, [JEAN III.
s avant 1774.
ETHIER, Marie-Joseph.
Joseph, b... 1° m à Angelique MINAU ; 2° m 17 janvier 1774, à Rose CHARPENTIER, à St-Henri-de-Mascouche.

1749, (24 nov.) Ste-Rose. 9
III.—DESJARDINS (1), J.-BTE. [JACQUES II.
MAISONNEUVE, Angélique. [PIERRE I.
Marie-Angélique, b 9 15 février et s 9 10 mars 1750. — *Jean-Baptiste*, b 9 27 février 1751. — *Joseph-Marie*, b 9 4 mars 1753.—*Jean-Baptiste*, b 9 20 fevrier 1755.—*Angélique*, b 9 18 nov. et s 9 20 dec. 1756.—*Angélique*, b 9 21 nov. 1757.—*Pierre*, b 9 9 fevrier 1760.—*Marie-Victoire*, b 9 27 déc. 1761.

1750.
III.—DESJARDINS (1), CHARLES. [ZACHARIE II.
TRUCHON, Marie-Louise, [JEAN-BTE II.
b 1728.
Marie-Louise, b 8 et s 30 mars 1751, à St-Henri-de-Mascouche. 3 — *Marie-Angélique*, b 3 28 juin et s 3 23 août 1756.—*Charles*, b 3 4 juin 1758 —*Laurent*, b 3 29 août 1759 ; s 3 9 fevrier 1760.— *Pierre-Zacharie*, b 7 fevrier 1766, à la Longue-Pointe.

1753, (8 janvier) Varennes.
DESJARDINS, JEAN-BTE. [PIERRE.
LHUISSIER (2), Geneviève, [JACQUES II.
b 1712 ; veuve de Jean-Baptiste Daudelin.

DESJARDINS, PIERRE.—Voy. LOURDIN.

I.—DESJARDINS (3), FRANÇOIS, b 1721 ; de Normandie ; s 7 juin 1761, à l'Hôpital-General, M.

1756, (23 janvier) Ste-Rose. 5
IV.—DESJARDINS, JEAN. [PIERRE III.
VERMET, Marie-Joseph, [ANTOINE II
b 1735.
Jean-Baptiste, b 5 20 nov. 1757.—*Pierre*, b 5 10 juin 1759.—*Marie-Joseph*, b 5 16 février 1761 ; m 1786, à Jean-Baptiste BESNARD. — *Marie-Françoise*, b 5 13 juin 1762.

1759, (8 janvier) Ste-Rose. 7
IV.—DESJARDINS, LOUIS, [JEAN III.
b 1738.
VERMET, Catherine, [ANTOINE II.
b 1739.
Marie-Marguerite, b 7 3 déc. 1759.—*Thérèse*, b 7 15 fevrier 1761.—*François*, b 17 oct. 1775, à Lachenaye.

(1) Dit Zacharie.
(2) Ou Larrivée.
(3) Dit Tranquille, ancien soldat.

1760, (13 oct.) Terrebonne. 8
IV.—DESJARDINS, FRANÇOIS, [JEAN III
b 1735.
1° GUÉRIN, Marie-Joseph, [JOSEPH III.
b 1740 ; s 8 14 oct. 1767.
Marie-Marguerite, b 24 sept. 1767, à Lachenaye.
1772, (25 mai). 8
2° TERRIEN, Marie-Anne, [FRANÇOIS III.
b 1751.

1761, (26 janvier) Terrebonne.
IV.—DESJARDINS, PIERRE, [PIERRE III.
b 1736 ; s 30 avril 1764, à Ste-Rose.
ETHIER (1), Agathe, [ANDRÉ III.
b 1740.

1761, (28 avril) Varennes.
IV.—DESJARDINS, PIERRE, [PIERRE III.
s avant 1790.
LHUISSIER, Marie. [JEAN-BTE III
Louis, b... m 21 fevrier 1791, à Marie-Joseph TROYE, à Repentigny. 9 — *Thomas*, b... m 9 2 mai 1791, à Marie-Madeleine TROYE.

DESJARDINS (2), PIERRE.
JOLY, Angelique.
Joseph, b 28 juin 1762, à Ste-Rose.

1762, (11 oct.) Ste-Rose.
IV.—DESJARDINS, PIERRE, [JEAN III.
b 1734.
VERMET, Marie-Therèse, [ANTOINE II.
b 1746.

1764, (13 fevrier) Terrebonne.
IV.—DESJARDINS, PAUL, [JEAN III.
b 1744.
COLIN, Marie-Joseph, [ANDRÉ III.
b 1743 ; veuve de Pierre Paschal Poissant.
Marie-Joseph, b 26 avril 1773, à Lachenaye. 2 —*Paul*, b 2 17 juillet 1777.

1764, (20 fevrier) Terrebonne.
IV.—DESJARDINS, MICHEL, [JEAN III.
b 1746.
ETHIER, Marie-Thérèse, [ANDRÉ III
b 1745.

1766, (16 juin) Varennes.
IV.—DESJARDINS, LOUIS. [PIERRE III
GAUTIER, Suzanne, [CHARLES II
b 1747.

1766, (6 juillet) Varennes.
IV.—DESJARDINS, JEAN-BTE, [PIERRE III.
b 1734.
1° DAUDELIN, Marie-Joseph, [JEAN-BTE III.
s avant 1771.
1771, (14 oct.) Varennes.
2° PAQUET (3), Marie-Anne. [JACQUES III.

(1) Elle épouse, le 26 oct 1765, François Lauzon, à Terrebonne
(2) Dit Zacharie.
(3) Dit Lavallée.

1770, (15 janvier) Terrebonne.
IV.—DESJARDINS, JOSEPH, [JEAN III.
b 1743.
FORGET (1), Marie-Angélique, [GABRIEL III.
b 1751.
Joseph-Marie, b 29 février 1772, à Lachenaye.

V.—DESJARDINS, JOSEPH. [GUILLAUME IV.
1° MINAU, Angélique.
1774, (17 janvier) St-Henri-de-Mascouche.
2° CHARPENTIER, Rose, [GABRIEL II.
b 1744; veuve de Basile Beauchamp.

DESJARDINS, FRANÇOIS.
LÉPINE, Angelique.
Marie-Joseph, b 23 février 1776, à Lachenaye.

1776, (5 février) Terrebonne.
IV.—DESJARDINS, FRANÇOIS, [PIERRE III
b 1740.
OUIMET, Marie. [FRANÇOIS III.

1791, (21 février) Repentigny.
V.—DESJARDINS, LOUIS. [PIERRE IV
TROYE, Marie-Joseph. [CLAUDE II

1791, (2 mai) Repentigny. [3]
V.—DESJARDINS, THOMAS. [PIERRE IV.
TROYE, Marie-Madeleine. [CLAUDE II.
Joseph, b [3] 16 oct. 1791.—*Louise*, b [3] 18 février 1793.

DESJARLÈS.—Voy. DEGERLAIS—ST-AMAND.

DESJORDY.— *Variations et surnoms :* DESJORDIS—CABANAC—DESILETS—VILLEBON.

DESJORDY, MARIE-ANNE, épouse de François LANGLOIS.

1691, (22 nov.) Champlain. [1]
I.—DESJORDY (2), JOSEPH,
b 1661; s [1] 26 avril 1713.
PEZARD (3), Madeleine, [ETIENNE I.
b 1668.
Thérèse, b [1] 21 nov. 1693; s [1] 24 juillet 1724. —*Melchior*, b [1] 15 janvier 1695, s 5 avril 1763, aux Trois-Rivières. — *Louise-Marguerite*, b [1] 5 janvier 1698; s 4 mai 1719, à Montreal.[2]— *François*, b [1] 11 fevrier 1704; m [2] 18 janvier 1734, à Therèse TONTY.— *Agnès-Angélique*, b [1] 31 juillet 1707; s [1] 4 sept. 1723.

(1) Dit Despatis.

(2) Sieur de Cabanac, major des Trois-Rivières, voy. vol. I, p. 188.

(3) Elle était en France en 1723 (Acte de foi et hommage, vol. II, p. 1) où elle mourut, car son acte de sépulture ne se trouve pas au Canada.

1696, (26 nov.) Montréal. [5]
I.—DESJORDY (1), FRANÇOIS,
b 1666; s 16 fevrier 1726, aux Trois-Rivières (dans l'église).
1° NOLAN, Marie-Anne, [PIERRE I.
b 1674; s 17 fevrier 1703, à Québec.
Marie-Anne, b [3] 25 sept. 1698; m à Louis-Hector LEFOURNIER, s [3] 20 avril 1736.
2° ROBINEAU, Louise-Catherine, [RENÉ I.
b 1677.
Marie-Louise, b 15 oct. 1713, à Repentigny, m à Joseph PROVENCHER, s [4] 29 nov. 1749.

DESJORDY (2), ... lieutenant; s 18 mars 1737, à Montréal.

1734, (18 janvier) Montreal. [6]
II.—DESJORDY (3), FRANÇOIS, [JOSEPH I.
b 1704.
TONTY, Thérèse, [ALPHONSE I.
b 1703
Anonyme, b [6] et s [6] 5 oct. 1734. — *Madeleine-Amable-Charlotte*, b [6] 22 août 1735. — *Thérèse*, b [6] 12 et s [6] 20 sept. 1736.— *Marie-Joseph*, b [6] 14 sept. 1737.—*Georges-François*, b [6] 4 janvier 1739; s [6] 24 février 1740. — *Joseph-Melchior*, b 25 déc. 1739, à Champlain. [9]—*Marie-Hélène-Thierry* (4), b [9] 25 mars 1741. — *Thérèse-Joseph*, b [6] 5 mai 1743.—*Catherine*, b [6] 7 août 1745.

II.—DESJORDY (5), MELCHIOR, [JOSEPH I.
b 1695; s 5 avril 1763, aux Trois-Rivières.

DESJORDY (6), CHARLES-RENÉ, officier.
DESRIVIÈRES, Catherine.
Paul-François, b 8 mai et s 13 juillet 1753, à Verchères.

DESJORDY, FRANÇOIS.
PEPIN, Therèse.
Louis, b 1776; s 26 fevrier 1777, à Repentigny.

DESJORDY, FRANÇOIS.
AUGE, Marie.
Marie, b 1781; s 16 mars 1782, à Repentigny.

DESJORDY (7), FRANÇOIS.
DURIVAGE, Archange,
b 1755, s 10 fevrier 1788, à Repentigny.

DESJORDY, JEAN.
HAMEL, Marie.
Jean, b... s 15 juin 1778, à Repentigny.

DESLABILLET.—Voy. LESCABIET.

(1) Voy. vol I, p. 188.

(2) Sieur de Cabanac.

(3) Sieur de Cabanac; officier, lieutenant et enseigne.

(4) Filleule de Marie-Delette Tonty, sœur St-Antoine, de la congregation N.-D.

(5) Et Cabanac, chevalier de St-Louis.

(6) Et Villebon.

(7) Dit Desilets.

DESLANDES.—*Surnom :* Champigny.

1688, (24 nov.) Boucherville. [3]
I.—DESLANDES (1), Jean,
b 1663; s 15 sept. 1710, à Montréal. [4]
1° Ronseray, Isabelle, [Jean I.
b 1672.
Jean, b [3] 11 nov. 1689; m [4] 26 août 1714, à Marie-Joseph Sérand.—*Pierre*, b [4] 7 mars 1698, m [4] 8 nov. 1723, à Marguerite Lecompte.
1701, (24 oct.) [4]
2° Galarneau (2), Marie-Madel., [Jacques I.
b 1676; veuve de Joseph Langeron.
Marie, b [4] 9 août 1705; s [4] 3 avril 1706.—*Anne*, b [4] 27 sept. 1707; m [4] 22 nov. 1728, à Jacques Beneteau, s [4] 8 sept. 1750. — *François*, b [4] 31 mai 1709; s [4] 7 mars 1711.

1714, (26 août) Montréal. [6]
II.—DESLANDES, Jean-Bte, [Jean I.
b 1689.
Sérand (3), Marie-Joseph, [Joseph I
b 1697.
Alexandrine, b [6] 17 janvier et s [6] 6 déc. 1716. —*Joseph*, b [6] 3 janvier 1718, m 6 fevrier 1741. à Catherine Jarret, à Verchères; s 5 mars 1759, à St-Antoine-de-Chambly.[7]—*Jean-Baptiste*, b [6] 29 mai et s [6] 17 août 1719.—*Jean-Baptiste*, b... m à Marguerite Jarret, s [7] 12 dec. 1760.—*Jacques*, b [6] 12 janvier 1721; 1° m à Marguerite Jarret, 2° m [7] 20 nov. 1752, à Geneviève Vigeant.—*Charles-Joseph*, b [6] 6 nov. 1722; s [6] 9 juillet 1723 —*Marie-Joseph*, b [6] 21 dec. 1723; s [6] 7 juillet 1724.—*Marie-Joseph*, b [6] 8 fevrier 1725.—*Marie-Madeleine*, b [6] 17 mars et s [6] 17 août 1726.—*Joseph*, b [6] 9 et s [6] 18 juin 1727. —*Charles-François*, b [6] 21 oct. 1729.

1723, (8 nov.) Montréal. [6]
II.—DESLANDES (4), Pierre, [Jean I.
b 1698.
Lecompte, Marguerite, [Aimé I.
b 1697.
Marguerite-Louise, b [6] 25 août 1725; s [6] 5 janvier 1733. — *Pierre-Louis*, b [6] 6 oct. 1727; s [6] 20 dec. 1730.—*Aimé-Simon*, b [6] 12 oct. et s [6] 10 dec 1729.—*Marie-Anne*, b 1734, m [6] 18 fevrier 1753, à Joseph Roy. — *Michelle-Marguerite*, b [6] 7 mai 1736. — *Marie-Marguerite*, b [6] 15 janvier et s 23 mai 1739, à Laprairie. — *Marie-Marguerite*, b [6] 4 oct. 1740; m [6] 31 mars 1761, à François Varin.

DESLANDES, Marie-Anne, b 1740; s 4 janvier 1768, à St-Antoine-de-Chambly.

I.—DESLANDES (5), Julien, b 1703; de Carole, diocèse d'Avranches, s 20 août 1748, à Quebec.

(1) Voy. vol. I, pp 188-189.
(2) Elle epouse, le 8 nov. 1715, Jean-Baptiste Joly, à Montréal.
(3) Dit L'Espagnol—Lalongé.
(4) DeChampigny
(5) Matelot sur le navire le *Fleuve St-Laurent.*

III.—DESLANDES (1), Jean-Bte, [Jean-Bte II.
s 12 dec. 1760, à St-Antoine-de-Chambly. [1]
Jarret (2), Marguerite.
Marguerite, b .. m [1] 12 oct. 1761, à François Ledoux —*Louis*, b... m [1] 16 fevrier 1767, à Marguerite Vandandaique.

1741, (6 fevrier) Verchères.
III.—DESLANDES (1), Joseph, [Jean-Bte II.
b 1718; s 5 mars 1759, à St-Antoine-de-Chambly. [2]
Jarret, Catherine, [Vincent II.
b 1725; s [2] 9 dec. 1760.
Marie-Catherine, b 1741; m [2] 22 janvier 1759, à François Messier. — *Marie-Madeleine*, b 1748, m [2] 5 nov. 1764, à Amable Messier. — *Marie-Louise*, b [2] 15 fevrier et s [2] 16 sept. 1751.—*Marie-Desanges*, b [2] 1er et s [2] 16 juin 1752.— *Geneviève*, b [2] 14 juillet 1753 —*Pierre*, b [2] 17 sept 1755, s [2] 22 mars 1756. — *Marie-Madeleine*, b [2] 4 fevrier 1757.

III.—DESLANDES, Jacques, [Jean-Bte II
b 1721.
1° Jarret, Marguerite,
b 1728; s 20 avril 1752, à St-Antoine-de-Chambly. [3]
Jacques, b [3] 14 avril et s [3] 17 juin 1752.
1752, (20 nov.) [3]
2° Vigeant, Geneviève, [Jean I.
b 1723.
Geneviève, b [3] 3 et s [3] 26 février 1754.—*Marie-Geneviève*, b [3] 27 sept. et s [3] 2 nov. 1756 — *Jacques*, b [3] 21 dec. 1757 — *Marie-Geneviève*, b [3] 24 août 1760.

DESLANDES, Jean-Bte, b 1736; s 8 nov. 1766, à St-Antoine-de-Chambly.

1760, (21 juillet) Montréal.
I.—DESLANDES (3), Pierre-Louis, b 1731, fils de Louis et de Florence Quetat, de Ste-Catherine, Honfleur, diocèse de Lizieux
Lepellé, Marie-Joseph, [Claude III
b 1734.

1767, (16 fevrier) St-Antoine-de-Chambly
IV.—DESLANDES, Louis. [Jean-Bte III
Vandandaique, Marguerite, [Pierre III.
b 1750.

DESLARD, François.—Voy. Dellard.

DESLARIEUX, Gatien. — Voy. Larieux, 1740.

DESLAURIERS.—*Variations et surnoms :* Deslorieres — Babineau — Bonin— Cordeau—Cotineau — Dauplès — Delorme — Dion—Faure—Faureau—Guyon—Jacques—Jaquet —Lafrance— Legaut — Malard—Normandeau—Renaud.

(1) DeChampigny.
(2) Elle epouse, le 7 janvier 1762, Jean-Baptiste Casavan, à St-Antoine-de-Chambly.
(3) Capitaine de navire.

DESLAURIERS, MARIE, épouse de Jean-Baptiste DESRABY.

DESLAURIERS, MARIE-CHARLOTTE, b... 1° m à Charles LAPOINTE ; 2° m 27 oct. 1749, à Pierre RICHER, à Ste-Anne-de-la-Perade.

DESLAURIERS, MARIE, b 1703 ; m à Jacques LAVIOLETTE ; s 24 fevrier 1758, à St-Charles.

DESLAURIERS, MARIE-ANNE, épouse de Jean MARTIN.

DESLAURIERS, MARGUERITE, épouse de Joseph MICHAUD.

DESLAURIERS, CHARLOTTE, épouse de Pierre PETIT.

DESLAURIERS, ANNE, epouse de Jean ROCH.

DESLAURIERS, MARIE-CHARLOTTE, épouse de Charles TOUSIGNAN.

DESLAURIERS, JEANNE, b 1675 ; s 19 août 1739, à Montreal.

DESLAURIERS, ELISABETH, b 1699; s 30 juillet 1725, à Quebec.

DESLAURIERS, AUGUSTIN.
RANCOUR, Marguerite.
Marie-Joseph, b... s 10 nov. 1724, à St-Augustin.

DESLAURIERS, JEAN.
COMEAU, Marie,
s avant 1741.
Françoise, b... m 16 oct. 1741, à Jean GUILLAUME, au Sault-au-Recollet.

DESLAURIERS (1), MICHEL, b 1720; s 7 juin 1780, à la Longue-Pointe.

IV.—DESLAURIERS (2), JACQUES. [JACQUES III.
MIRANDE, Marie,
veuve de Jean Migneau.
Marie-Joseph, b 29 mars 1728, à Kamouraska. —*Madeleine*, b...

DESLAURIERS, PIERRE.
DUROCHER, Marie.
Pierre, b... s 1er août 1730, à Laprairie.

DESLAURIERS, PIERRE.—Voy. LEGAUT.

1748, (26 fevrier) Montréal. [5]

I.—DESLAURIERS (3), FRANÇOIS, b 1705; fils de Silvain et de Marie Barthélemy, de Mauvier, diocèse de Bourges.
COLIN (4), Suzanne, [ANDRÉ II.
b 1714.
François, b [5] 17 dec. 1748.

(1) Trouve mort dans le bois.
(2) Voy. Cordeau, p 128.
(3) Dit Lafrance, soldat de la compagnie de M. de Noyan.
(4) Elle epouse, le 3 juillet 1752, Jean Morel, à Montreal.

DESLAURIERS, MARIE-MARGUERITE, b 1748; s 15 juin 1761, à St-Constant.

DESLAURIERS, FRANÇOIS.
CARDINAL, Marguerite.
Marie-Joseph, b 28 fevrier et s 3 mars 1750, à St-Antoine-de-Chambly.

DESLAURIERS, JEAN.—Voy. DELORME.

DESLAURIERS (1), CHARLES.
LEMAIRE, Marie.
Marie-Françoise, b 23 août 1756, à Contrecœur. [2]—*Elisabeth*, b [2] 5 février 1758 — *Marguerite*, b 1er et s 4 dec. 1759, à Verchères. [3]—*Marie-Angélique*, b [3] 20 fevrier 1761.

1758, (6 février) Ste-Anne.

I.—DESLAURIERS, FÉLIX, fils de Guillaume et de Jeanne Lequrd, de Tremezon, diocèse de St-Brieu, Bretagne.
PEPIN, Marie-Joseph, [JEAN II.
b 1713, veuve d'Augustin Caron; s 30 oct. 1758, à Quebec.

DESLAURIERS, PIERRE,
b 1735, s 27 nov. 1795, à Québec.
DORION, Marie-Joseph.

DESLAURIERS (2), RENÉ,
s avant 1791.
MICHEL, Madeleine.
David, b... m 11 janvier 1791, à Marie-Angélique LABADIE, à Quebec. [8] — *Elisabeth*, b 1771; s [8] 27 mai 1793.

DESLAURIERS, JOACHIM.
DESLAURIERS, Marie-Charlotte.
Joachim, b 16 janvier 1762, à St-Laurent, M.

1791, (11 janvier) Québec.

DESLAURIERS (2), DAVID [RENÉ.
LABADIE, Marie-Angelique. [JEAN.

DESLIGNERIS. — Voy. MARCHAND. — LEMARCHAND.

DESLOGES.—Voy. POIRIER, 1709.

DESLORIERS.—Voy. DESLAURIERS.

1737, (15 avril) Becancour. [9]

I.—DESMAISONS (3), GABRIEL, b 1707; fils de Joseph et de Madeleine Desroches, de St-Severin, Poitou, s 22 fevrier 1742, à Ste-Anne-de-la-Perade.
DEHORNAY (4), Isabelle. [JACQUES I.
François-Xavier, b [9] 22 mai 1737; m [9] 11 oct. 1757, à Cecile MAILLOT.—*Jean-Baptiste*, b 7 mai 1740, aux Trois-Rivières [5]; s [5] 9 avril 1742

(1) Dit Cordeau.
(2) Dit Babineau.
(3) Hydropique sous les soins du docteur Phlem.
(4) LaNeuville.

1737, (11 oct.) Becancour.

II.—DESMAISONS, François, [Gabriel I.
b 1737.
Mailiot, Cécile, [Jacques II.
b 1739.

DESMARAIS.—Voy. Desmarets.

DESMARCHAIS. — *Variations et surnoms:* Desmarchais—Desmarchets — Durand—Persigny.

DESMARCHAIS, Catherine, epouse de Pierre Fauteux.

I.—DESMARCHAIS, Antoine.
Posé, Jeanne. [Jacques I.
Jean-Baptiste, b... m 7 janvier 1744, à Marie-Charlotte Brignon, au Sault-au-Récollet.

1744, (7 janvier) Sault-au-Récollet.[1]

II.—DESMARCHAIS (1), Jean-Bte. [Antoine I.
Brignon (2), Marie-Charlotte. [Jean-Bte II.
Marie, b[1] 28 oct. 1744.—*Jean-Baptiste-Nicolas*, b 10 juin 1746, à Montreal[2]; s[2] 5 janvier 1747. —*Joseph*, b[2] 31 oct. 1747; s[2] 3 fevrier 1748.— *Gabriel*, b[2] 15 nov. 1748; s[2] 16 avril 1749.— *Jean-Baptiste*, b 2 mai 1750, au Detroit.—*Marie-Catherine*, b et s 10 août 1754, à Longueuil.

DESMARETS.—*Variations et surnoms:* Abraham — Beaulac — Binet—Courville—Desmarais — Desnarès — Desmarest—Desmaretz —Desnoyers — Doyer—Fleury—Lafleur — Lahaye—Lamothe—LePélé—Marais — Marest—Petiteau — Pinet—Trognon.

DESMARETS, Thérèse, épouse de Louis Payet.

DESMARETS, Marie-Joseph, b 1700; m à Charles Rivet; s 27 juin 1780, à Repentigny.

DESMARETS, Marie-Anne, epouse de Louis Levasseur.

DESMARETS, Marguerite, épouse de Joseph Fafard.

DESMARETS, Marguerite, epouse d'Ambroise Zemard.

DESMARETS, Angélique, épouse de Joseph Jasmin.

DESMARETS, Marie-Louise, épouse de Pierre Papineau.

DESMARETS, Marie-Joseph, épouse de Jean Ouel.

DESMARETS, Marie-Angélique, epouse de Jean-Baptiste Harbour.

(1) Dit Persigny.
(2) Et Grignon.

DESMARETS, Ignace, b... s 4 mai 1751, à Sorel.

I.—DESMARETS (1), Jacques.
Laporte, Marie-Marthe.
Michelle, b 1653; s 28 février 1723, à Montréal.

I.—DESMARETS (2), Pierre.

1673.

I.—DESMARETS (3), René,
b 1645.
1° Blondeau, Jeanne,
b 1646; s 2 nov. 1680, à Sorel.
René, b 1678; s 11 août 1703, à St-Frs-du-Lac.[7]
1690, (30 nov.)[7]
2° Girard, Marguerite,
b 1643; veuve de Pierre Forcier.
Jean-Baptiste-Abraham, b 1696; 1° m 19 fevrier 1716, à Catherine Perineau, à Montreal[8], 2° m[8] 16 nov. 1722, à Françoise Dany; 3° m[8] 3 fevrier 1735, à Marie-Jeanne Parant; 4° m 12 janvier 1750, à Marie Hay, à St-Laurent, M.

II.—DESMARETS (4), René, [René I.
b 1678, s 11 août 1703, à St-Frs-du-Lac

1681, (14 oct) Champlain.[3]

II.—DESMARETS (5), Paul, [Jacques I.
b 1656.
Tétro, Marie, [Louis I.
b 1664.
Michel, b[3] 17 nov. 1684; m 4 janvier 1712, à Françoise Benoit, à Montreal[4], s 6 août 1729, à Ste-Anne-de-la-Perade.[5]—*Paul*, b[4] 9 sept. 1687, m 1719, à Marguerite Fontaine; s[4] 12 dec. 1739. —*Pierre*, b... —*Jacques*, b[4] 22 avril 1691, m[4] 20 oct. 1718, à Marie-Louise Prévost.—*François*, b[4] 27 mai 1698, m 1724, à Therèse Pastourel —*Marie-Antoinette*, b 21 juin 1705, à Repentigny, m 1725, à Jean-Baptiste Desorcy.

1682, (23 juillet) Repentigny.

I.—DESMARETS (5), Robert,
b 1650.
Richaume (6), Elisabeth, [Pierre I.
b 1666.
Madeleine, b 1692; m 30 mai 1712, à Antoine LeSieur, à Montreal.—*Charles*, b... m à Marie Ferret.

DESMARETS, Paul, b 1699, s 30 dec. 1718, à Montreal.

(1) Dit Lahaye; voy. vol. I, p. 189.
(2) Au service de M. Mathieu Damours, conseiller du Roy (registre du Conseil Souverain, 26 juillet 1664)
(3) Dit Abraham; voy. aussi ce nom, vol. II, pp 1-2.
(4) Dit Courville.
(5) Voy. vol. I, p. 189.
(6) Elle épouse, le 16 avril 1697, Pierre Moreau, à Québec.

1712, (4 janvier) Montréal.

III.—DESMARETS, MICHEL, [PAUL II.
b 1684; s 6 août 1729, à Ste-Anne-de-la-Perade.
BENOIT, Marie-Françoise, [ETIENNE I.
b 1684.
Louis-Michel, b 25 août 1713, à Repentigny.

DESMARETS, ALEXIS. — Voy. LEPÉLÉ — LAMOTHE.

1716, (19 fevrier) Montréal.[6]

II.—DESMARETS (1), JEANBTE. [RENÉ I.
1° PÉRINAU, Louise-Catherine, [JACQUES I.
b 1693; s[6] 17 déc. 1721.
Ignace, b 30 juin 1718, à St-Frs-du-Lac; m[6] 15 mai 1747, à Françoise PARANT. — *Pierre*, b[6] 11 nov. 1720; m[6] 10 avril 1758, à Françoise PARANT.

1722, (16 nov.)[6]

2° DANY, Marie-Françoise, [JEAN II.
b 1695; veuve de Jacques Charlesbois; s[6] 10 janvier 1734.
Marie-Françoise, b 1723, m[6] 20 janvier 1741, à Joseph BRÉBANT. — *Marie-Joseph*, b... m 1746, à Antoine BENOIT. — *Marie-Angélique*, b[6] 17 avril 1726; m[6] 19 fevrier 1748, à Jean-Baptiste LEFEBVRE. — *Jean-Baptiste*, b... m 26 janvier 1753, à Marie-Angelique ROY, à Lachine.

1735, (3 fevrier).[6]

3° PARANT, Marie-Jeanne, [MATHURIN I.
b 1691; veuve de Pierre Brau; s[6] 11 janvier 1747.
Ignace, b...

1750, (12 janvier) St-Laurent, M.

4° HAY, Marie, [PIERRE I.
b 1701, veuve de Pierre Martin.

1718, (20 oct.) Montreal.

III.—DESMARETS, JACQUES, [PAUL II.
b 1691.
PREVOST, Marie-Louise, [EUSTACHE I.
b 1694.

I—DESMARETS (2), PIERRE, b 1671, s 2 mars 1726, à Montreal.

I—DESMARETS, PIERRE, b 1693; s 18 mai 1759, à la Rivière-Ouelle.

II.—DESMARETS (3), CHARLES. [ROBERT I.
FERRET, Marie, [JEAN I.
b 1702; s 2 mai 1775, à Repentigny.[7]
Marie-Louise, b... m à Louis BOUSQUET; s[7] 16 janvier 1782. — *Michel*, b 1718; m à Therèse LESCARBOT; s[7] 28 dec. 1778. — *Marie-Charlotte*, b 1719; m à Maurice BOUSQUET; s[7] 14 fevrier 1789.

(1) Dit Courville—Abraham; voy. aussi ce nom vol. II, p 2.
(2) Dit Lafleur.
(3) Dit Trognon.

1719.

III.—DESMARETS (1), PAUL, [PAUL II.
b 1687; s 12 dec. 1739, à Ste-Anne-de-la-Pérade.
FONTAINE (2), Marguerite. [PIERRE II.
Madeleine, b... m 2 oct. 1741, à François BANLIER, à Verchères.[7] — *Pierre*, b... m[7] 18 juillet 1740, à Elisabeth LEDUC. — *Joseph*, b... m à Elisabeth LUSSIER.— *Augustin*, b[7] 4 août 1728; m 8 juin 1750, à Marguerite-Geneviève BANLIER, à Varennes. — *Marie-Anne*, b... m 1751, à Pierre-Basile FOISY.

1724, (29 fevrier) Longueuil.[2]

I.—DESMARETS (3), JEAN.
MÉNARD (4), Therèse, [JACQUES I.
b 1676; veuve de Jean Deneau, s[2] 20 juin 1753.
Pierre (5), b[2] 27 août 1710; m 1740, à Marie-Joseph LETOURNEAU; s 27 juin 1760, à St-Antoine-de-Chambly. — *Ursule*, b[2] 11 août et s[2] 1er sept. 1718. — *Etienne*, b[2] 11 août 1718; m 7 janvier 1744, à Marie-Jeanne GIROUX, à Laprairie.— *Marie-Charlotte*, b 1719; m[2] 7 janvier 1736, à Laurent VIAU. — *Jean-Baptiste*, b[2] 26 juin et s[2] 6 août 1720.— *Angélique*, b... m[2] 23 nov. 1739, à Louis LETOURNEAU. — *Pierre*, b[2] 17 janvier et s[2] 30 avril 1723. — *Madeleine*, b... m à Noël CARPENTIER; s[2] 21 mars 1743.

1724.

III.—DESMARETS, FRANÇOIS, [PAUL II.
b 1698.
PASTOUREL, Therèse, [CLAUDE I.
b 1693.
Thérèse, b 17 avril 1725, à L'Assomption[8]— *Jean-Baptiste*, b[8] 16 juillet 1726.—*Louis*, b[8] 16 juillet et s[8] 25 août 1726.— *Marie-Madeleine*, b[8] 29 mai 1728. — *Marguerite*, b[8] 23 juillet 1730 — *Raymond-Amable*, b[8] 30 août et s[8] 13 sept. 1732.

III—DESMARETS, PIERRE [PAUL II.
....
Marie-Thérèse, b... 1° m à Louis LANGEVIN; 2° m 18 oct. 1751, à Andre CHAGNON, à Verchères.

III—DESMARETS (6), JEAN-BTE, [JEAN-BTE II.
b 1700.
BENOIT, Marie-Anne, [ETIENNE II.
b 1706, s 31 août 1753, à Longueuil.[7]
Geneviève, b[7] 5 fevrier 1728, m[7] 11 janvier 1745, à Pierre AYMART.

I.—DESMARETS, GILLES-VINCENT,
b 1695; s 17 oct. 1755, à Quebec.[6]
MEZONAT, Marie-Anne.

(1) Hydropique sous les soins du docteur Phlem.
(2) Elle epouse, le 9 janvier 1745, Joseph Leduc, à Verchères.
(3) Dit Desnoyers, autrefois mariés a la gomine pendant que leur missionnaire, M. de Francheville, célébrait la messe; ce mariage fut rehabilite ce 29 fevrier 1724.
(4) Dit Lafontaine.
(5) Marie sous le nom de Desnoyers; voy. ce nom, 1740.
(6) Dit Desnoyers—Deneau; voy. ce nom, 1725, p 334.

Anne-Judith, b 1724 ; m [6] 14 nov. 1746, à Rene CARTIER, s [6] 12 juin 1751. — *Renée*, b 1725 ; m [6] 13 fevrier 1747, à Joseph LEMIEUX ; s [6] 17 oct. 1748.— *Marie*, b... m [6] 22 sept. 1749, à Barthelemi HIL.

DESMARETS (1), CHARLES.
LACHAPELLE, Catherine
Pierre, b... m 26 avril 1763, à Marie-Joseph DAUNAIS, à Verchères.

1735, (21 nov.) Quebec. [5]

I.—DESMARETS, PHILIPPE, fils de Médard et de Marie Bauval, de Vitremont, diocèse d'Amiens, Picardie.
RONDEAU, Marie-Anne, [THOMAS I.
veuve de Julien Ducharme.
Jean-Philippe, b [5] 25 février 1740 ; s [5] 4 février 1746.

DESMARETS, FRANÇOIS, b... s 12 juillet 1738, à Lorette.

1740, (18 juillet) Verchères. [3]

IV.—DESMARETS, PIERRE, [PAUL III
LEDUC, Elisabeth, [PIERRE-CHARLES II.
b 1719.
Marie-Renée, b... m [3] 5 février 1759, à Christophe LUSSIER. — *Michel*, b... m 1760, à Marie-Joseph BROUSSEAU.—*Marie-Françoise*, b... m [3] 3 août 1761, à Charles TRUTEAU. — *Elisabeth*, b [3] 25 avril et s [3] 26 août 1751. — *Pierre-Paul*, b [3] 9 août 1752.—*Marie-Catherine*, b [3] 16 août 1754.— *Marie-Desanges*, b [3] 21 août 1756.

1744, (7 janvier) Laprairie.

II.—DESMARETS (2), ETIENNE. [JEAN I.
GIROUX, Marie-Jeanne, [JEAN-BTE III.
b 1719.
Etienne, b 27 sept. 1744, à Longueuil [5] ; m 21 nov. 1768, à Marie CHARLAN, à St-Philippe.— *Antoine*, b [5] 27 mars et s [5] 14 oct. 1748.

1747, (15 mai) Montreal.

III.—DESMARETS (3), IGNACE, [JEAN-BTE II.
b 1718.
PARANT, Françoise, [PIERRE II.
b 1730.

III.—DESMARETS (1), MICHEL, [CHARLES II.
b 1718, s 28 dec. 1778, à Repentigny. [7]
LESCARBOT, Therèse. [JEAN I.
Michel, b... m à Françoise FISSIAU. — *Claude*, b... m [7] 24 fevrier 1772, à Marie-Agathe LANGLOIS.—*François*, b [7] 25 juin 1771 ; m à Marguerite BOURDON.

(1) Dit Beaulac.
(2) Dit Desnoyers
(3) Dit Abraham—Courville.

1750, (8 juin) Varennes

IV.—DESMARETS, AUGUSTIN, [PAUL III.
b 1728.
BANLIER (1), Marg.-Geneviève. [JEAN-BTE II.
Marguerite, b 8 fevrier 1751, à St-Antoine-de-Chambly. [2]—*Pélagie*, b [2] 1er mai 1753.

I.—DESMARETS (2), ELIE, b 1737 ; s 13 mai 1759, aux Trois-Rivières.

1752, (26 janvier) Lachine. [5]

III.—DESMARETS (3), JEAN-BTE, [JEAN-BTE II
ROY (4), Angelique, [LOUIS II
b 1740.
Marie-Angélique, b 13 déc. 1753, à St-Laurent, M. [7], s [5] 3 oct. 1760. — *Jean-Baptiste*, b [7] 29 oct. et s [7] 7 nov. 1755.—*Toussaint*, b [7] 1er nov. 1756. —*Rene*, b [7] 4 oct. 1758

1752, (15 mai) Lavaltrie.

III.—DESMARETS (5), JEAN-BTE, [PIERRE II.
b 1728.
1° DESJARDINS, Louise, [LOUIS III.
b 1735, s 2 janvier 1756, à Contrecœur. [3]
1756, (30 juin) St-Ours. [8]
2° BEAULIEU, Geneviève.
Marie-Geneviève, b [5] 14 mai 1757. — *Joseph*, b [5] 17 sept. 1758 ; s [3] 18 juin 1759.

1757, (19 sept.) Québec. [8]

I.—DESMARETS (6), BLAISE,
b 1700 ; s [8] 11 mai 1778.
RANCOUR, Barbe, [JOSEPH I.
b 1706 ; veuve de Joseph Pilote ; s [8] 29 oct. 1785.

1758, (10 avril) Montreal.

III.—DESMARETS, PIERRE, [JEAN-BTE II.
b 1720
PARANT, Françoise, [JOSEPH III
b 1735.

IV.—DESMARETS, JOSEPH. [ANTOINE III
LUSSIER, Elisabeth.
Christophe, b 31 août 1753, à Verchères. [6]— *Marie-Elisabeth*, b [6] 3 dec. 1754.—*Michel*, b [6] 16 avril 1756. — *Louis*, b 16 mai 1762, à St-Michel-d'Yamaska [5]—*Marie-Françoise*, b [5] 16 oct. 1763. —*François-Xavier*, b [5] 26 mai 1765.

1760, (2 nov.) Deschambault.

DESMARETS, JEAN-BARTHELEMI.
soldat.
NAU, Marie-Joseph.
Marie-Marguerite, b 5 fevrier 1774, aux Grondines. [6]—*Constantin-Anaclet*, b [6] 14 juillet 1775.

(1) Dit Laperle.
(2) Chirurgien de la frégatte " Le Marchand."
(3) Dit Courville—Abraham, marié sous ce dernier nom, voy vol. II, p 2
(4) Dit Portelance.
(5) Dit Abraham, voy. ce nom, vol. II, p. 2.
(6) Et Borde ; voy. aussi ce nom, vol. II, p 358.

1760.

V.—DESMARETS, Michel. [Pierre IV.
Brousseau, Marie-Joseph.
Marie-Marguerite, b 30 janvier 1761, à Verchères.

1763, (26 avril) Verchères.

DESMARETS (1), Pierre. [Charles.
Daunais, Marie-Joseph. [Jean III.

1768, (21 nov.) St-Philippe.

III.—DESMARETS (1), Etienne, [Etienne II. b 1744.
Charlan, Marie. [Jacques III.

1772, (24 février) Repentigny.[1]

IV.—DESMARETS (1), Claude. [Michel III
Langlois, Marie-Agathe. [Joseph.
Agathe, b [1] 7 janvier et s [1] 21 mai 1773.—*Michel*, b 1777; s [1] 30 mai 1778.

IV.—DESMARETS, François. [Michel III.
Bourdon, Marguerite.
Marie-Joseph, b... s 4 août 1784, à Repentigny.[2] —*Salomon*, b [2] 1er juillet 1790. — *Jérémie*, b [2] 6 dec. 1791.

IV.—DESMARETS (1), Michel. [Michel III.
Fissiau, Françoise.
Marie-Louise, b 26 sept. 1786, à Repentigny.[9] —*Marie-Marguerite*, b [9] 11 mars 1788.—*Marie-Marguerite*, b [9] 2 janvier 1790.—*Marie-Anne*, b [9] 15 oct. 1791.—*Antoine*, b [9] 7 janvier 1793; s [9] 31 janvier 1795.—*Michel*, b [9] 13 sept. 1794.

DESMARTEAUX.—Voy. Birtz, 1757.

DESMAVRIERS, Angélique, épouse de Paul Leduc.

DESMILILES —Voy. Masson, 1698.

DESMITTES, Jean.—Voy. DeMitre, 1727.

DESMOLIERS.—Voy. Desmouliers.

I.—DESMONTAIS (2), Pierre, b 1671; s 2 mars 1726, à Montréal.

1702, (26 avril) Montréal.[1]

I.—DESMONTS (3), Léonard, b 1667; fils de Leonard et de Catherine Coussillia, du bourg de Celibas, diocèse de Perigord.
Boucher, Marie-Françoise, [François I. b 1677, s [1] 18 mars 1703.

DESMOULIERS. — *Variations :* Demoliers—Desmeillers—Desmoliers.

DESMOULIERS, Marie-Anne, épouse de Joseph Girouard.

(1) Dit Beaulac.
(2) Dit Lafleur
(3) Dit Périgord; soldat de la compagnie de Mr de Subercase.

1697, (27 nov.) Beauport.

I.—DESMOULIERS (1), Jacques, b 1667; fils de Pierre et de Jeanne DeLavant, des Laurenties-de-l'Escat, Bearn.
1° Quevillon, Marguerite, [Adrien I. b 1676.
Jacques-Lucien, b 15 mars 1699, à Quebec.[3]—*Marie-Madeleine*, b [3] 5 juillet 1701; m 26 oct. 1723, à Jean Naud, à l'Islet.[4]

1703, (11 juin).[3]

2° DeFaye, Elisabeth, [Pierre I. b 1687; s [4] 16 avril 1750.
Louis-Jean-Baptiste, b [4] 18 oct. 1704; s [4] 26 février 1724.—*Elisabeth*, b [4] 27 déc. 1706, m [4] 29 oct. 1726, à Gabriel Chamberlan.—*Anne*, b [4] 27 juillet 1708; m [4] 11 mai 1738, à Ignace Bélanger. —*Joachim*, b [4] 15 fevrier 1710; m 16 fevrier 1733, à Marie-Joseph Auger, à la Pte-aux-Trembles, Q. —*Augustin*, b [4] 29 nov. 1711, 1° m [3] 14 oct. 1744, à Marie Bélanger; 2° m 25 sept. 1747, à Marie-Louise Pepin, à St-François, I. O.; 3° m [3] 25 oct. 1762, à Marie-Louise Dubois.

1733, (16 février) Pte-aux-Trembles, Q.

II.—DESMOULIERS, Joachim, [Jacques I. b 1710; cordonnier, s avant 1793.
Auger, Marie-Joseph, [René II. b 1713, s 1er juillet 1793, à Quebec.[5]
Joachim, b 8 sept. et s 12 déc. 1734, à l'Islet.[6] —*Noel-Marie*, b [6] 28 oct. 1736; s [5] 28 mars 1738. —*Joachim*, b [5] 10 juin 1739, s 1772, à Kaskakia. —*Charles*, b [5] 16 avril et s [5] 12 mai 1741.—*Marie-Joseph* et *Marie-Elisabeth*, b [5] 13 juin et s [5] 7 juillet 1742.—*Joseph*, b [5] 28 fevrier 1744; s [6] 29 déc. 1745.—*Marie-Anne*, b [5] 25 juillet 1746.—*Pierre*, b [5] 20 juillet et s [5] 12 août 1748.—*Angelique*, b [5] 31 juillet 1750.

1744, (14 oct.) Québec.[7]

II.—DESMOULIERS, Augustin, [Jacques I. b 1711.
1° Bélanger, Marie. [Jean-François III.
Augustin, b 6 août 1746, à l'Islet.[8]

1747, (25 sept.) St-François, I. O.

2° Pepin, Marie-Louise, [Antoine III. b 1722; s [7] 17 déc. 1757.
Catherine-Françoise et *Marie-Anne*, b [8] 31 mai 1748.—*Marie-Louise*, b [8] 2 sept 1749; s [7] 30 août 1751. — *Marie-Geneviève*, b [8] 26 avril 1751. — *Augustin-Noel*, b [7] 25 dec. 1752.—*Marie-Louise*, b [7] 9 et s [7] 28 mai 1755.—*Marie-Louise*, b [7] 30 juillet et s [7] 27 oct. 1756.—*Marie-Anne*, b [7] 14 nov. 1757; s [7] 11 janvier 1758.

1762, (25 oct.)[7]

3° Dubois, Marie-Louise, [Pierre II. b 1707; veuve de Pierre Lambert, s [7] 26 mars 1778.

DESMOULINS —*Variations et surnoms :* Arnaud—Cherlot—Churlot—Demoulin—Dumoulin—Fonteneau—Lagiroflée—Maillou—Robineau.

(1) Voy. vol. I, pp 178, 189-190.

DESMOULINS, ANGÉLIQUE, b... 1° m à Alexandre McKAY; 2° m 5 nov. 1782, à René McDONELL, à Québec.

DESMOULINS, MARIE, épouse de Joseph ST-AMANT.

DESMOULINS, ANDRÉ.—Voy. RENAUD.

I.—DESMOULINS (1), MICHEL,
b 1700; s 12 juin 1750, à Ste-Geneviève, M.[7]
BIGRAS (2), Judith, [FRANÇOIS I.
b 1709.
Marie-Archange, b et s 12 déc. 1736, à Montréal.[8] — *Marie*, b... m [7] 17 mai 1751, à Charles BLAIS.—*Michel*, b... m [7] 12 février 1753, à Claire-Joseph BLAIS.— *Marie-Archange*, b [7] 10 et s [7] 18 nov. 1742.—*Gabriel-Archange*, b [7] 2 février 1745; s [8] 3 mars 1747. — *Anonyme*, b [7] et s [7] 10 déc. 1749.

DESMOULINS, JOSEPH.
LANIEL, Marie,
b 1717; s 11 mars 1757, à Ste-Geneviève, M.

DESMOULINS, JOSEPH,
b 1723; s 7 mai 1758, à Beauport.
MOREAU, Marie,
s avant 1758.

1753, (12 février) Ste-Geneviève, M.[1]
II.—DESMOULINS (3), MICHEL. [MICHEL I.
BLAIS, Marie-Claire-Joseph, [LOUIS I
b 1732.
Marie-Joseph-Amable, b [1] 23 nov. 1753; s [1] 13 nov. 1754. — *Marie-Marguerite*, b [1] 23 février 1755.—*Marie-Suzanne*, b [1] 18 oct. 1756.—*Marie*, b [1] 30 déc. 1758.

DESMOULINS, JOSEPH.—Voy. ROBINEAU.

DESNAUX, FRANÇOIS.
TRUDEL, Marie.
Marie-Louise, b et s 11 sept. 1757, à St-Laurent, M.

DESNEAU.—Voy. LABRIE.

I.—DESNEAU (4), JEAN,
b 1733.

1728, (21 oct.) Québec.[3]
I.—DESNOUHES, PIERRE, b 1691, chirurgien; fils de Pierre et de Jeanne Morineau, de Salles, diocèse de Poitiers; s [3] 30 sept. 1747.
MAILLOU, Marie-Joseph, [JOSEPH II.
b 1700, veuve de Jean Méric.
Marie-Joseph, b [3] 9 nov. et s 27 déc. 1729, à Charlesbourg [4] — *Louise-Joseph*, b [3] 5 et s [4] 12 oct. 1730.—*Pierre-Michel*, b [3] 25 février et s [3] 12 avril 1732.—*Marie-Joseph-Marguerite*, b [3] 5 avril 1733.—*Elisabeth-Ignace*, b [3] 29 mars 1735; s [3] 6 août 1739. — *Pierre-François-Marie*, b [3] 15 mai 1736; s [3] 1er déc. 1738.—*Pierre-Etienne*, b [3] 19 février 1739.—*Elisabeth*, b [3] 12 avril 1741; s [3] 17 février 1742.

(1) Et Dumoulin—Lagiroflée.

(2) Elle épouse, le 3 nov. 1751, Jean-Baptiste Gautier, à Ste-Geneviève, M.

(3) Dit Lagiroflée.

(4) Dit Montauban, soldat. (Registre des Procès-verbaux, 1761).

DESNOUX.—*Surnom :* LÉVEILLÉ.

1698, (10 nov.) L'Ange-Gardien.[4]
I.—DESNOUX (1), RENÉ,
b 1668.
GAUDIN (2), Madeleine, [CHARLES I.
b 1673.
Louise, b [4] 15 sept. 1699; s 25 février 1715, à Quebec.[5] — *Marie-Françoise*, b [4] 27 déc. 1701.—*Hélène*, b [5] 24 sept. 1704; 1° m [5] 22 août 1725, à Antoine GARNIER; 2° m [5] 26 août 1732, à Servand HAIRET; 3° m [5] 14 mai 1737, à Nicolas DUVAL.—*Jacques*, b [5] 30 août 1706; m 7 février 1735, à Therèse BOUTRON, à Montréal.—*Marie-Anne*, b... m [5] 26 juillet 1730, à Pierre LAVAUX.

1735, (7 février) Montréal.
II.—DESNOUX (3), JACQUES, [RENÉ I
b 1706.
BOUTRON (4), Thérèse, [ETIENNE I.
b 1715; s 14 sept. 1798, à l'Hôpital-Général, M
Pierre, b 1743; s 17 sept. 1751, à St-Laurent, M.[7]
—*Thérèse*, b... m [7] 10 fevrier 1760, à Jacques LEMAY. —*Nicolas*, b 1749; s [7] 8 sept. 1751.—*Marie-Anne-Félicité*, b [7] 12 avril 1750, s [7] 17 mai 1751.—*Marie-Joseph*, b [7] 16 mars et s [7] 26 août 1752.— *Pierre*, b [7] 8 oct. 1753. — *Angélique*, b 1754; s [7] 16 déc. 1760.—*Martin*, b [7] 18 fevrier et s [7] 15 juin 1755.—*Jean-Baptiste*, b [7] 8 et s [7] 20 juillet 1757.— *Marie-Brigitte*, b [7] 24 juillet et s [7] 4 août 1759.

DESNOYERS. — *Surnoms :* DESMARETS — DEGLAINE — DEGLANNE, 1749 — DESGRITAUX, 1743—LOYER—MARCHETEAU—VIEL.

DESNOYERS, CATHERINE, épouse de Pierre PETIT.

DESNOYERS, FRANÇOISE, b... 1° m à Alexandre GAULET; 2° m 2 fevrier 1761, à François MOL, à St-Vincent-de-Paul.

DESNOYERS, CÉLESTE, épouse de Jean-Baptiste TRANCHE.

DESNOYERS, MARIE-CATHERINE, épouse de Gabriel-Antoine MARTIN.

DESNOYERS, MARIE-ROSE, b 1709, m à .... RICHE; s 26 oct. 1789, à Repentigny.

DESNOYERS, ELISABETH, épouse de Pierre LAHAISE.

(1) Dit Léveillé; voy. vol I, p. 190.

(2) Elle épouse, le 15 avril 1709, Pierre Chovet, à Québec.

(3) Dit Léveillé.

(4) Dit Major.

DESNOYERS, Marie-Joseph, épouse d'Antoine Ledoux.

DESNOYERS, Marie, épouse de Joseph Ledoux.

DESNOYERS, Jean-François, b 1663; s 29 déc. 1718, à Montreal.

DESNOYERS, Pierre.—Voy. Marcheteau.

DESNOYERS, Jean, b 1673; s 6 mars 1763, à St-Philippe.

1683.

I.—DESNOYERS (1), Jacques.
Goguet, Marie-Catherine, [Pierre I. b 1666.
Pierre, b 1685; m 1716, à Barbe Chevalier. —*Jacques*, b 26 juillet 1694, à la Pte-aux-Trembles, M.[1]; m à Marie Noel.—*Joseph*, b 4 mars 1696, à Montreal[2]; s 18 nov. 1759, à l'Hôpital-Général, M.—*François*, b [1] 6 sept. 1697; 1° m [2] 23 nov. 1722, à Suzanne Aly; 2° m à Marie-Anne Migneron; 3° m 1744, à Hélène Paradis.—*Pierre*, b [1] 27 février 1700— *Marie-Anne*, b 25 sept. 1701, à Repentigny.— *Jean-Baptiste*, b... m à Marie-Françoise Couvret.

1696, (11 sept.) Montréal.[5]

I.—DESNOYERS (2), François, b 1657.
Perrot, Marie, [Paul I b 1673; veuve de François Beauregard; s [5] 24 avril 1703.
François, b [5] 30 août 1694; m à Jeanne Fleury. —*Thérèse*, b [5] 2 juin 1697; 1° m 24 avril 1716, à François Marcot, à Deschambault; 2° m 23 oct. 1730, à Jean Denevers, au Cap-Santé.

II.—DESNOYERS, Joseph, [Jacques I. b 1696; s 18 nov. 1759, à l'Hôpital-Général, M.

II.—DESNOYERS, François, [François I. b 1694.
Fleury (3), Jeanne, [François I. b 1671; veuve de François Descolombiers.

1716.

II.—DESNOYERS, Pierre, [Jacques I. b 1685.
Chevalier, Barbe, [Joseph I. b 1685; veuve de Jean Levasseur; s 21 fevrier 1743, à Montreal [3]
Charles, b [3] 14 mars 1717, s 10 mai 1729 (noyé), à Verchères.

II.—DESNOYERS, Jacques, [Jacques I. b 1694.
Noel, Marie.
Jacques, b 1717; s 22 juillet 1736, à St-François, I. J.—*Charles*, b... 1° m 21 juillet 1749, à Louise Paradis, à St-Vincent-de-Paul[7]; 2° m [7] 25 oct. 1751, à Geneviève-Gabrielle Baret.

(1) Dit Lajeunesse.
(2) Dit Lamontagne; voy. vol. I, p. 190.
(3) Elle épouse, le 13 nov. 1719, Pierre Robert, à Montréal.

1718, (22 août) Montréal.[5]

I.—DESNOYERS, Jean-Bte, fils de Pierre et de Marie Gullot, de St-Germain-de-Navarine, diocèse de Ste-Marie-d'Oléron.
Laroche, Marie-Marguerite, [Jean I. b 1693.
Jean-Baptiste, b 25 mars 1720, à Laprairie.[6]—*Pierre*, b [6] 13 déc. 1721, m 23 sept. 1754, à Marie-Louise Leduc, au Détroit.—*Marie-Joseph*, b [6] 12 juillet 1725; m [6] 16 fevrier 1746, à Jean-Baptiste St-Yves —*Marie-Marguerite*, b [6] 13 mars 1728; m [5] 13 déc. 1758, à Jacques Barsolou.—*Basile*, b [6] 6 août 1730.—*Marie-Joseph*, b [6] 1er juin 1732. —*Louis*, b [6] 17 fevrier 1736.

1722, (23 nov.) Montréal.

II.—DESNOYERS (1), François, [Jacques I. b 1697.
1° Aly, Suzanne, [Vincent I. b 1687.
2° Migneron, Marie-Anne. [Jean II.
Marie-Anne, b... m 5 juin 1748, à Pierre Monciau, à St-Vincent-de-Paul.[4]— *François*, b... m [4] 28 janvier 1754, à Agnès Graton.

1744.

3° Paradis, Hélène, [Pierre III. b 1726; s [4] 22 oct. 1753.
Marie-Cécile, b [4] 1er janvier 1745; m [4] 12 janvier 1761, à Jean-Baptiste Drapeau.— *Marie-Louise*, b [4] 3 et s [4] 10 mai 1747.— *Joseph*, b [4] 15 fevrier et s [4] 7 mars 1749. — *Marie-Suzanne*, b [4] 11 février 1751; s [4] 1er nov. 1752.—*Marie-Françoise*, b [4] 12 avril 1753.

DESNOYERS, Jean.—Voy. Desmarets, 1724

1728, (9 fevrier) Boucherville.

I.—DESNOYERS, Denis, b 1703; fils de Jean et de Catherine Morel, de St-Philbert, ville de Dijon.
Rougeau, Françoise, [Jean-Bte I. b 1692; veuve de Joseph Véronneau.

1730, (20 nov.) Montreal.

I.—DESNOYERS (2), André, b 1705; fils de Jacques et de Marthe Grenier, de la ville d'Avignon; s 8 mai 1774, à Quebec.
Jolivet, Marie-Jeanne, [Jacques I. b 1706.

DESNOYERS, Laurent.—Voy. Marcheteau.

DESNOYERS, Jean-Bte.—Voy. Loyer.

DESNOYERS, Pierre.—Voy. Marcheteau.

DESNOYERS, Etienne.—Voy. Desmarets, 1744.

1740.

II.—DESNOYERS (3), Pierre, [Jean I. b 1710; s 27 juin 1760, à St-Antoine-de-Chambly.[6]
Letourneau, Marie-Joseph. [Bernard III.

(1) Dit Lajeunesse.
(2) Dit Descampes.
(3) Dit Desmarets; voy. ce nom, 1724, pour son père.

Marie-Joseph, b... m [6] 21 février 1757, à Joseph-Xavier Beauvais. — *Marie-Thérèse*, b... m [6] 19 mai 1760, à Gaspard Monty. — *Marie-Anne*, b [6] 27 mars 1746. — *Geneviève*, b [6] 29 avril et s [6] 8 mai 1748. — *Elisabeth*, b [6] 29 avril et s [6] 11 mai 1748. — *Anonyme*, b [6] et s [6] 18 nov. 1749. — *Jean-Baptiste*, b [6] 28 janvier et s [6] 22 février 1751. — *Elisabeth*, b [6] 28 janvier 1751. — *François*, b [6] 18 août 1753. — *Toussaint-Amable*, b [6] 31 oct. 1756.

1749, (21 juillet) St-Vincent-de-Paul. [2]

III.—DESNOYERS, Charles, [Jacques II.
1° Paradis, Louise, [Pierre III.
b 1727; s [2] 12 avril 1750.
Charles, b [2] 8 avril et s [2] 3 mai 1750.
1751, (25 oct.) [2]
2° Baret, Geneviève-Gabrielle. [François.
Charles, b [2] 19 février 1753. — *François-Marie*, b [2] 23 mars 1754.

1754, (28 janvier) St-Vincent-de-Paul. [1]

III.—DESNOYERS, François, [Frs-Jacques II.
1° Graton, Agnès, [Joseph III.
b 1720, s [1] 7 oct. 1760.
1760, (24 nov.) [1]
2° Réaume, Madeleine, [Nicolas III.
b 1745.

1754, (23 sept.) Détroit. [3]

II.—DESNOYERS, Pierre, [Jean-Bte I.
b 1721.
Leduc, Marie-Louise, [Jean-Bte III.
b 1734; s [3] 26 sept. 1766.
Pierre, b [3] 12 nov. 1755. — *Marie-Louise*, b [3] 10 février 1757. — *Jean*, b [3] 10 et s [3] 14 déc. 1758. — *Suzanne*, b [3] 1er juillet 1760. — *Jean-Louis*, b [3] 15 et s [3] 17 déc. 1765. — *Anonyme*, b [3] et s [3] 22 sept. 1766.

DESNOYERS, Jean.
Gaudreau, Anne.
Anonyme, b et s 8 août 1757, à St-Charles. [7] — *Anne-Joseph*, b [7] 8 déc. 1758; s [7] 10 février 1759. — *Joseph*, b [7] 25 nov. 1759; s 19 juillet 1761, à Québec. — *François*, b... m 1er mai 1780, à Madeleine Dubé, à la Rivière-Ouelle. — *Jean-Nicolas*, b 16 oct. et s 2 nov. 1762, à Kamouraska. [9] — *Marie-Geneviève*, b [9] 2 nov. 1764. — *Marie-Joseph*, b [9] 27 sept. 1766. — *Jean-Baptiste*, b [9] 27 août 1768. — *Marie-Cécile*, née 15 mars et b 9 juillet 1774, à l'Ile-Verte.

DESNOYERS, Pierre.—Voy. Marcheteau.

DESNOYERS, Joseph.
Beauchamp, Marie-Joseph.
Marie-Charlotte, b 29 déc. 1767, à Lachenaye.

DESNOYERS, Jean-Bte.—Voy. Loyer.

DESNOYERS, Etienne.—Voy. Desmarets, 1768.

DESNOYERS, Pierre.
Drouillard, Marie-Elisabeth, [Jean-Bte II
b 1740; veuve de Jean Vallée; s 3 juin 1783, au Détroit. [4]
Basile, b... s [4] 4 avril 1770. — *Jean-Baptiste*, b [4] 19 mars 1771. — *Philippe*, b [4] 2 et s [4] 15 janvier 1775.

DESNOYERS, Pierre.
1° Lebelec, Marie.
Marie, b 1771; s 1er avril 1788, à Repentigny. [4]
1788, (4 février). [4]
2° Bérard, Catherine. [Louis.
Marie, b [4] 20 avril 1790. — *Pierre*, b [4] 9 février et s [4] 19 août 1792.

1780, (1er mai) Rivière-Ouelle.

DESNOYERS, François. [Jean-Bte
Dubé, Madeleine. [Jean-François

DESNOYERS, Joseph.—Voy. Marcheteau

DESORCY.—*Surnoms :* Laguerce—Lincour.

1656.

I.—DESORCY (1), Michel,
b 1625.
1° Barré, Françoise.
Michel, b 1657; m 7 janvier 1687, à Françoise Garnier, à la Pte-aux-Trembles, Q. — *Charles*, b 6 juin 1661, à Québec [4]
1662, (17 oct.) [4]
2° Hubou, Françoise,
b 1643.
Marie-Madeleine, b [4] 3 sept. 1663. — *Françoise*, b 1666, s 31 oct. 1749, à l'Ile-Dupas.

1687, (7 janvier) Pte-aux-Trembles, Q [4]

II.—DESORCY (2), Michel, [Michel I
b 1657; s 1723.
Garnier, Françoise, [François I
b 1668.
Marie-Joseph, b 1688; s 9 sept. 1760, à l'Ile-Dupas. [3] — *Michel*, b [4] 20 nov. 1689, 1° m à Jeanne Muloin; 2° m 3 juillet 1715, à Marie-Anne Durand, à Champlain; s [3] 1er déc. 1742 — *Marie-Angélique*, b [4] 28 nov. 1691; m [4] 30 janvier 1713, à Gabriel Bérard. — *Jean-Baptiste*, b [4] 24 juin 1696, m 1725, à Marie-Antoinette Desmarets. — *Joseph-Charles*, b [4] 24 février 1699, m 12 janvier 1734, à Angélique Fafard, à Sorel [8], s [3] 29 nov. 1749. — *Marie-Thérèse*, b [4] 11 avril 1701; m [8] 27 août 1724, à Joseph Plante. — *Joseph*, b 1704, s [3] 25 nov. 1777. — *Françoise-Elisabeth*, b [4] 2 avril 1705; m [8] 5 février 1731, à François Beauchamp. — *Gabriel*, b [4] 6 sept. 1707, m [8] 29 mai 1730, à Catherine Letendre.

III.—DESORCY. Michel, [Michel II
b 1689; s 1er déc. 1742, à l'Ile-Dupas.
1° Muloin, Jeanne.
1715, (3 juillet) Champlain.
2° Durand, Marie-Joseph. [Pierre I

(1) Voy vol. I, p. 190
(2) Voy. vol. I, pp. 190-191.

1725.

III.—DESORCY (1), JEAN-BTE, [MICHEL II.
b 1696.
DESMARETS, Marie-Antoinette, [PAUL II.
b 1705; s 2 juin 1780, à l'Ile-Dupas. 5
Marie-Anne, b 1725; m 5 30 juin 1751, à Pierre HUS-LATRAVERSE; s 20 déc. 1760, à Sorel. 6—*Marie-Antoinette*, b 6 5 avril 1726.—*Marie-Charlotte*, b 6 19 août 1727.—*Michel*, b... m 5 11 janvier 1768, à Marie-Joseph DISY. — *Marie-Gabrielle*, b 6 15 fevrier et s 6 1er mai 1732.—*Marie-Joseph*, b 6 28 sept. 1733; m 5 18 nov. 1757, à Louis PAUL. — *Jean-Baptiste*, b 6 25 avril 1736; m 5 8 fevrier 1758, à Marie-Thérèse BÉRARD. — *Marie-Thérèse-Elisabeth*, b 6 23 avril 1738; m 5 14 juin 1773, à Antoine FAFARD.

1730, (29 mai) Sorel. 3

III.—DESORCY, GABRIEL, [MICHEL II.
b 1707.
LETENDRE, Catherine, [PIERRE I.
b 1710; s 11 sept. 1780, à l'Ile-Dupas. 6
Catherine, b 3 28 avril 1731; m 6 12 février 1753, à Simon HÉNAULT. — *Agathe*, b 3 30 avril 1732 — *Marie-Geneviève*, b 3 16 nov. 1733; s 3 8 fevrier 1734. — *Michel*, b 3 27 déc. 1734; s 6 14 déc. 1755.—*Marie-Joseph-Elisabeth*, b 3 7 février 1736; m 6 24 janvier 1757, à Joseph DENIS.—*Gabriel-Ange*, b 3 25 avril et s 3 19 mai 1737.—*Marie-Gabrielle-Elisabeth*, b 6 13 sept. 1738; m 6 25 février 1759, à Pierre FAUTEUX.—*Marie-Charlotte*, b 3 21 et s 3 25 fevrier 1741.—*Joseph*, b 3 8 août 1742; m 3 8 avril 1766, à Jeanne LETENDRE.—*Marie-Charlotte*, b 3 14 juillet 1747. — *Pierre*, b 6 24 déc. 1749; 1° m 1773, à Geneviève DESROCHERS; 2° m à Françoise ST-MARTIN.—*Marie-Anne*, b 6 15 avril 1751; m 6 15 fevrier 1773, à Alexis DUTAUT.—*Pierre-Simon*, b 6 28 avril 1752.

1734, (12 janvier) Sorel. 9

III.—DESORCY (2), JOS.-CHARLES, [MICHEL II.
b 1699, s 29 nov. 1749, à l'Ile-Dupas. 4
FAFARD, Angelique, [LOUIS II.
b 1710; s 4 19 janvier 1773.
Louis-Joseph, b 9 16 oct. 1734. — *Joachim*, b 9 31 mai 1736.—*Anonyme*, b 9 et s 9 20 mars 1738.—*Joseph-Raphaël*, b 9 31 mai 1739.—*Guillaume*, b 9 6 août 1741.—*Marie-Geneviève* (posthume), b 9 24 juillet 1750.

DESORCY, JOSEPH, b... s 22 juin 1752, à l'Ile-Dupas (noyé).

DESORCY (3), SIMON.
LAMY, Marie-Joseph.
Marie-Joseph, b 25 fevrier 1753, à l'Ile-Dupas.

DESORCY, JEAN-BTE, b 1714; s 6 mars 1778, à l'Ile-Dupas

(1) Dit Lincour.
(2) Ecrasé par des pierres, près le moulin de Berthier.
(3) Dit Laguerce

1758, (8 février) Ile-Dupas. 8

IV.—DESORCY (1), JEAN-BTE, [JEAN-BTE III.
b 1736.
BÉRARD (2), Marie-Thérèse, [GABRIEL II.
b 1733.
Marie-Marguerite, b 8 2 déc. 1758. — *Alexis*, b 1760, m 1781, à Marie-Joseph VACHON.—*Marie-Thérèse*, b 8 7 juin 1762; s 8 15 mai 1763.—*Marie-Monique*, b 8 17 déc. 1763; m 8 2 février 1778, à Alexis DISY.—*Jean-Baptiste*, b 8 13 oct. 1765. — *Marguerite*, b 8 29 nov. 1767; s 8 19 juin 1768.—*Marie-Marguerite*, b 8 14 mai 1769.—*Marie-Anne*, b... s 8 19 mars 1775.—*Marie-Agnès*, b 8 9 janvier 1774.

1766, (8 avril) Sorel.

IV.—DESORCY, JOSEPH, [GABRIEL III.
b 1742.
LETENDRE, Marie-Jeanne, [JEAN-BTE II.
b 1742.
Jean-Baptiste, b... s 21 mars 1768, à l'Ile-Dupas. 8 — *Marie-Anne*, b 8 29 mars et s 8 1er avril 1771.—*Marie-Charlotte*, b 8 7 et s 8 10 sept. 1772. — *Jacques*, b 8 30 oct. 1774; s 8 5 février 1776.—*Jean-Baptiste*, b 8 24 sept. 1777. — *Marie-Catherine*, b 8 2 juin et s 8 18 oct. 1782.

1768, (11 janvier) Ile-Dupas. 4

IV.—DESORCY (3), MICHEL. [JEAN-BTE III.
DISY, Marie-Joseph. [JOSEPH IV.
Michel, b 4 18 oct. 1768.—*Marie-Joseph*, b 4 14 fevrier 1770.—*Jean-Baptiste*, b 4 13 juin 1771. — *Alexis*, b 4 22 fevrier 1774. — *Marie-Anne*, b 4 13 mars 1778. — *Anonyme*, b 4 et s 4 3 sept. 1780.—*Marie-Marguerite*, b 4 21 août 1782.

1773.

IV.—DESORCY, PIERRE, [GABRIEL III.
b 1749.
1° DESROCHERS (4), Geneviève, [GABRIEL IV.
b 1752; s 4 déc. 1774, à l'Ile-Dupas. 4
Pierre, b 4 22 nov. 1773; s 4 1er mai 1774.
2° ST-MARTIN, Françoise, [DENIS II.
b 1756.
Marie-Catherine, b 4 11 juin et s 4 20 juillet 1779.—*Catherine*, b 4 18 avril 1782.

1781.

V.—DESORCY, ALEXIS, [JEAN-BTE IV.
b 1760.
VACHON, Marie-Joseph.
Marie-Joseph, b 24 déc. 1781, à l'Ile-Dupas.

DESORMEAUX.—Voy. CHARTRAIN—DOLLARD—MONCEAU—MONTAN, 1716.

DESORMIERS.—Voy. CUSSON.

I.—DESOUBE, PIERRE, soldat · fils de Pierre et de Marguerite Marsan, d'Ax, Gascogne; s 1er janvier 1751, à Montreal.

(1) Dit Lincour, marié sous ce nom.
(2) Dit Lépine.
(3) Dit Lincour
(4) Dit Lafrenière.

1731, (9 juillet) Québec. [7]

I.—**DESPAGNOL**, Jean, fils de Jean et de Rose Delbesse, de St-Etienne d'Agen.

1° Dumesnil, Marie-Barbe, [Pierre I.
b 1704; veuve de René Lanceleur; s [7] 9 mars 1743.

Jean, b [7] 2 et s [7] 27 sept. 1732.—*Louis-Jean*, b [7] 2 sept. et s [7] 3 oct. 1732.—*Jean-François*, b [7] 10 janvier 1734; s [7] 23 février 1737.—*Jean-Pierre*, b [7] 3 juin 1738, s [7] 31 mars 1743. — *Louise-Marguerite*, b [7] 12 juin 1740.—*Catherine*, b... m [7] 16 août 1757, à Joseph Colard.—*Marie-Joseph*, b [7] 8 et s [7] 30 mars 1743.

1744, (16 nov.) [7]

2° Chrétien, Madeleine, [Jean II.
b 1703; s [7] 23 juin 1787.

DESPAROIS.—*Variations et surnoms :* Deparoy —Champagne—De la Princerie.

1728, (1er juin) St-Augustin.

I.—**DESPAROIS** (1), Laurent, fils de Louis et d'Anne Bertreuil, de St-Honoré, Paris.

Bureau, Marie-Madeleine, [Jean I.
b 1701.

Pierre-Laurent-Antoine, b 28 août 1729, à Québec [1]; m [1] 29 oct. 1753, à Madeleine Loisel.—*Marie-Madeleine*, b [1] 27 fevrier 1731; m [1] 30 oct. 1747, à Jean Godon.—*Louis-Frédéric*, b [1] 7 nov. 1732; s [1] 30 avril 1733.—*Marie-Pierre*, b [1] 5 février 1734.—*Marie-Catherine*, b 16 mai 1735, à St-Joachim; m 23 avril 1759, à François Robert, à Montréal. [2] — *Geneviève-Charlotte*, b [1] 6 oct. 1739; m [2] 23 mai 1757, à Augustin L'Eguille.—*Marie-Marguerite*, b [1] 28 mai 1741.—*Jean-Hyacinthe*, b [1] 27 avril 1743.—*Marie-Joseph*, b... m [2] 29 janvier 1759, à Jean-Baptiste Raymond.

1753, (29 oct.) Québec. [3]

II.—**DESPAROIS** (2), Laurent, [Laurent I.
b 1729.

Loisel, Marie-Madeleine, [Jacques II.
b 1733.

Laurent, b [3] 28 nov. 1754; m à Marie-Amable Auger.—*Thomas*, b [3] 28 sept. 1756.—*Marie-Louise*, b... m [3] 22 août 1763, à Jean-Paschal Girard.—*Marie-Madeleine*, b 11 sept. 1760, à la Longue-Pointe. [4] — *Paul-Romuald*, b [4] 7 février 1762; s [4] 24 dec. 1764.—*Marie-Euphrosine*, b [4] 7 sept. 1763; s [4] 24 déc. 1764.—*Jean-François*, b [4] 29 mai 1765.—*Marie-Marguerite*, b [4] 2 nov. 1767.—*Elisabeth*, b [4] 11 mai et s [4] 11 juin 1769.

III.—**DESPAROIS** (2), Laurent, [Laurent II.
b 1754.

Auger, Marie-Amable, [François III.
b 1758.

Joseph, b 11 nov. 1787, à Repentigny. [5]—*Marie-Françoise*, b [5] 16 avril 1790.—*François*, b [5] 25 mars 1792.—*Louis-Pierre*, b [5] 9 mars 1794.

---

(1) Dit Champagne; sergent de la compagnie de Mr de Longueuil, detachement des canonniers.

(2) Dit Champagne.

DESPATIS. — *Surnoms :* Forget — Froget — Parisien.

I.—**DESPATIS** (1), Léger.

Dandas, Marguerite.

Pierre, b 1685; s 13 juin 1735, au Bout-de-l'Ile, M.

II.—**DESPATIS** (1), Pierre, [Léger I.
b 1685; s 13 juin 1735, au Bout-de-l'Ile, M.

1754, (8 juillet) Québec. [1]

I. — **DESPÉRONEL**, Marc-Antoine-Escandre, fils de Louis et d'Antoinette Deborne, de Dourgne, diocèse de Lavaur, Languedoc.

Loubier, Marie-Charlotte, [Joseph I.
b 1733.

Charlotte-Escandre, b [1] 11 juillet et s [1] 2 sept 1755.

I.—**D'ESPINALLY** (2), Louis-Aug.-Jos.-Victor

DESPINS.—Voy. Giguère—Lemoine.

1773.

I.—**DESPITAUD** (3), Amand-Joseph, b 1730; de Gastello, diocèse de Lectoure, suffragant d'Auch.

Perron, Marie.

Joseph, b 18 juin 1785, à Deschambault. [2]—*Marie*, b... m [2] 25 juillet 1796, à Dominique Perron.

DESPLAINES, Marie-Anne, epouse de Charles Ratel.

DESPLAINES, Angélique, épouse d'Antoine Ratel.

DESPLANS.—*Variation :* Desplats.

1755, (3 février) Trois-Rivières. [3]

I.—**DESPLANS** (4), Jean-Bte, soldat; de la Madeleine, diocèse d'Alby.

1° Rocheleau (5), Marie-Joseph, [Antoine II.
b 1711; veuve de Jean-Baptiste Normand.

Jean-Baptiste, b [3] 2 déc. 1754.—*Joseph*, b 24 février 1759, à l'Ile-Dupas; m 11 juillet 1786, à Catherine Normandeau, à Quebec.

2° Grosleau, Marie-Joseph, [François III.
b 1747.

Hypolite, b 28 août 1767, à Repentigny.

1786, (11 juillet) Québec.

II.—**DESPLANS**, Joseph, [Jean-Bte I.
b 1759.

Normandeau, Catherine, [Louis III.
b 1763.

---

(1) Dit Parisien.

(2) Lieutenant d'artillerie en 1757, à Lévis.

(3) Venu au service de Mr De la Joncaire, comme jardinier, en 1748

(4) Et Desplats.

(5) Et Rousselon.

DESPLATS.—Voy. DESPLANS.

DESPOINTES. — Voy. HAREL — ROBIN dit LAPOINTE, 1667.

I.—DESPONTS, LAURENT.
MARIET, Claude.
Jean, b... m 7 janvier 1739, à Madeleine GUIGNARD, à Berthier.

1739, (7 janvier) Berthier. [3]

II.—DESPONTS, JEAN, [LAURENT I.
s avant 1770.
GUIGNARD, Marie-Madeleine, [NOEL II.
b 1719.
Marie-Madeleine, b [3] 18 janvier 1740.— *Marie-Anne*, b [3] 14 sept. 1742. — *Jean-Noel*, b [3] 20 janvier 1745; m 15 février 1768, à Marie-Claire CHOUINARD, à St-Thomas. — *Marie-Marguerite*, b [3] 14 déc 1746. — *Marguerite-Euphrasie*, b 16 sept. 1748, à St-Valier. [8] — *Basile*, b 28 février 1753, à St-Pierre-du-Sud. — *Marie-Geneviève*, b [3] 9 avril 1755. — *Marie*, b... m [8] 12 janvier 1770, à François PLANTE.

1768, (15 février) St-Thomas.

III.—DESPONTS, JEAN-NOEL, [JEAN II.
b 1745.
CHOUINARD, Marie-Claire, [EUSTACHE II.
b 1750.

I.—DESPORTES, FRANÇOISE, b 1641; m 1670, à Pierre RENAUD-LOCAT; s 13 avril 1736, aux Grondines.

DESPRÉS.—*Surnoms :* COUILLARD — GUYON — LORANGER—RIVARD—ST-LOUIS.

1733, (20 avril) Cap-St-Ignace. [2]

I.—DESPRÉS (1), GUY-JOSEPH, b 1707; fils de Jean et de Françoise Boisgereaux, de Medria, diocèse de St-Brieuc.
GAGNÉ, Marie-Geneviève, [ALEXIS IV.
b 1711.
Marie-Olive, b [2] 27 juin 1734.— *Geneviève*, b [2] 7 juin 1736.—*Marie*, b [2] 6 avril 1739, m 19 janvier 1758, à Gabriel ST-LAURENT, à Rimouski. [4] —*Clotilde*, b [2] 2 fevrier 1742; s [4] 27 nov. 1749.— *Jean-Baptiste*, b [4] 27 nov. 1749. — *Reine*, b 17 mai 1752, aux Trois-Pistoles.

DESPRÉS (2), JEAN,
journalier.
LARRIVEE, Marie-Joseph,
b 1719, s 21 avril 1748, à Québec. [4]
René, b [4] 19 sept. et s [4] 1er oct. 1741. — *Marie-Louise*, b [4] 15 avril 1744.— *Louis*, b 1746; s [4] 30 nov. 1748. — *Marie-Hélène*, b [4] 7 et s [4] 29 avril 1748.

(1) Taillandier et forgeron.
(2) Dit St-Louis.

1754, (21 oct.) Pte-aux-Trembles, M.

I.—DESQUILIN (1), JEAN-BTE,
b 1728.
FONTIGNY, Marguerite, [PIERRE I.
b 1734.
Marie-Louise, b 1er juillet et s 12 août 1758, à Lavaltrie.

DESRABI.—Voy. DARABI.

DESRANLOT.—*Surnom :* CHATEAUNEUF.

1698, (21 août) Batiscan. [4]

I.—DESRANLOT (2), JEAN,
b 1661; s [4] 1er fevrier 1739.
TROTIER, Madeleine, [JEAN II.
b 1667; veuve de Pierre Viel; s [4] 22 mai 1747.
Augustin, b [4] 2 oct. 1701; m 1727, à Jeanne LUSSIER.—*Marie-Louise*, b [4] 28 oct. et s [4] 25 nov. 1703. — *Jean-Baptiste*, b [4] 16 juin 1705; m [4] 10 fevrier 1727, à Madeleine RIVARD.—*Marie-Joseph*, b [4] 2 oct. 1707; m [4] 10 nov. 1726, à Joseph RIVARD.—*Joseph*, b [4] 21 et s [4] 23 janvier 1710.— *Louis-Joseph*, b [4] 3 mars 1711; s 16 mars 1729, à Verchères.

1727.

II.—DESRANLOT (3), AUGUSTIN, [JEAN I.
b 1701.
LUSSIER, Marie-Jeanne, [JEAN-BTE II.
b 1709.
Marie-Jeanne, b 21 déc. 1727, à Verchères [2]; m [2] 9 mai 1744, à Gabriel TÉTREAU. — *Marie-Catherine*, b [2] 29 mars 1729.

1727, (10 février) Batiscan. [4]

II.—DESRANLOT (3), JEAN-BTE, [JEAN I.
b 1705.
RIVARD (4), Marie-Madeleine, [FRANÇOIS II.
b 1704; s [4] 3 nov. 1789.
Marie-Madeleine, b... 1° m [4] 2 fevrier 1750, à Joseph GOUIN; 2° m [4] 24 juillet 1752, à François LEPELLÉ —*Marie-Catherine*, b [4] 10 fevrier 1730; s [4] 6 fevrier 1734.—*Jean-Baptiste*, b [4] 3 mars 1732; s [4] 15 fevrier 1734. — *Elisabeth*, b [4] 7 fevrier 1734; m [4] 7 février 1757, à Louis GUILLET. — *Marie-Joseph*, b [4] et s [4] 1er avril 1736. — *Marie-Joseph*, b [4] 10 fevrier 1737, m [4] 22 janvier 1759, à Jean TREPANIER — *Jean-Baptiste*, b [4] 20 sept. 1739, 1° m 7 fevrier 1763, à Marguerite ROY, à Ste-Anne-de-la-Pérade; 2° m [4] 9 fevrier 1784, à Marie-Charlotte TROTIER.—*Marie-Anne*, b [4] 8 juin 1742; m [4] 11 avril 1763, à Ignace ROUILLARD. — *Marie-Louise*, b [4] 8 mai 1745, m [4] 13 août 1764, à Amable BIGUÉ.

(1) Dit Duplessis; voy aussi DeQuilien, p 348.
(2) Dit Chateauneuf; voy. vol. I, p. 191.
(3) Dit Châteauneuf
(4) Dit Lacoursière.

1763, (7 fevrier) Ste-Anne-de-la-Pérade. [2]
III.—DESRANLOT (1), Jean-Bte, [Jean-Bte II.
b 1739.
1° Roy (2), Marguerite, [Michel III.
b 1743 ; s 27 fevrier 1783, à Batiscan. [3]
Marie-Angélique, b [3] 1er fevrier 1764. — *Marguerite*, b 1766 ; m [3] 21 janvier 1782, à Jean-Baptiste Rivard ; s [3] 9 dec. 1790.—*Anonyme*, b [3] et s [3] 4 février 1770. — *Marguerite-Joseph*, b [2] 17 juin 1771. — *Geneviève*, b 1772 ; s [3] 4 août 1774. —*Marie-Madeleine*, b [2] 10 juillet 1775. — *Marie-Thérèse*, b [3] 15 juin 1782.
1784, (9 février). [3]
2° Trotier (3), Marie-Charlotte, [Jean-Bte IV.
b 1748.
Charles, b [3] 18 mai 1787. — *Joseph*, b [3] 12 juillet 1789.

DESRIVES.—Voy. Sicard.

DESRIVIÈRES.—Voy. Rivet—Trotier.

DESRIVIÈRES, Marie-Anne, épouse de Timothé Perrot.

DESRIVIÈRES, Jean, b... s 23 août 1724, au Château-Richer.

DESRIVIÈRES, ...
Tibaut, Claire,
s 13 avril 1728, à L'Ange-Gardien.

DESRIVIÈRES, Marie-Joseph, épouse de Jean-Paul Dulac.

DESRIVIÈRES, Marie, epouse de Nicolas Roy.

DESRIVIÈRES, Marie, epouse d'Edmond Plairand.

DESRIVIÈRES, Marie-Renée, épouse de Jean Poitevin.

DESRIVIÈRES, Marie, épouse de Robert Péan.

DESRIVIÈRES, Louis.
Montigny, Marie-Anne.
Charles, b 1758 ; s 19 mars 1760, à St-Laurent, M.

DESROCHERS.—*Variations et surnoms :* Brien —Duquet — Durocher —Houde—Gloria—Lafrenière— Lamontagne — Loisy, 1711—Rocher—Tinon-Desroches.

DESROCHERS, Catherine, épouse de Jean-Baptiste Descoteaux.

DESROCHERS, Angelique, épouse de Joseph Fissiau.

DESROCHERS, Catherine, épouse de Louis Haguenier.

(1) Dit Chateauneuf.
(2) Dit Chatellereau
(3) Dit Belcourt.

DESROCHERS, Geneviève, épouse de Joseph Houde.

DESROCHERS, Thérèse, épouse de ...... Labat.

DESROCHERS, Victoire, épouse de Louis Laroche.

DESROCHERS, Marie-Catherine, épouse de Claude Lefebvre.

DESROCHERS, ...
s avant 1755.
Caron (1), Marie,
b 1656 ; s 28 février 1755, à la Baie-du-Febvre.

DESROCHERS (2), Marie-Joseph, épouse de François Vanasse.

DESROCHERS, Nicolas.—Voy. Desroches, 1688.

1696, (1er mai) Batiscan. [2]
I.—DESROCHERS (3), Pierre,
s 7 nov. 1743, à la Baie-du-Febvre. [9]
Rabouin, Suzanne, [Jean I.
b 1665 , veuve de Jean Levitre-Lamontagne.
Pierre-Joseph, b [2] 29 nov. 1698 ; m 12 janvier 1722, à Marie-Anne Rouleau, à St-Frs-du-Lac.—*Madeleine*, b 28 oct. 1701, aux Trois-Rivières [6] ; s [9] 8 août 1715. — *Gabriel*, b [6] 22 janvier 1704 ; m [9] 27 juin 1728, à Madeleine Lefebvre. — *Jean-Baptiste*, b 1711 ; s [9] 6 avril 1731.—*Jean-Baptiste*, b 1725 ; s [9] 15 sept. 1727. —*Joseph*, b 1729 ; s 20 juillet 1756, à St-Antoine-de-Chambly.

IV.—DESROCHERS (4), Barth. [François III.

DESROCHERS, François. — Voy. Tinon-Desroches, 1705.

DESROCHERS, Marguerite, b 1711 ; s 16 oct. 1714, à Quebec.

1722, (12 janvier) St-Frs-du-Lac. [1]
II.—DESROCHERS (5), Pierre-Jos., [Pierre I.
b 1698.
Rouleau, Marie-Anne, [Guillaume II.
b 1701.
Pierre, b [1] 22 mars 1723 ; m 6 février 1747, à Marguerite Caillé, à la Baie-du-Febvre. [2] — *Madeleine*, b [1] 15 août 1724, m [2] 1er mai 1752, à Pierre Bruneau.—*Jean-Baptiste*, b [1] 28 avril 1726. —*Joseph*, b [2] 9 mars 1728.—*Marie-Geneviève*, b [2] 23 déc. 1729 ; m [2] 16 janvier 1754, à Charles Martel.—*Jean-Baptiste*, b [2] 10 juin 1731 ; s 18 juin 1752, à St-Ours.—*Nicolas*, b [2] 6 fevrier 1734 ; s [2] 17 août 1751. — *Marie-Joseph*, b [2] 14 juillet 1735 ; m [2] 5 fevrier 1759, à Joseph Lafond.—

(1) L'acte de sépulture la dit âgée de 99 ans.
(2) Dit Lamontagne.
(3) Voy Rocher, vol. I, pp 521-525.
(4) Dit Brien , voy. vol. II, p. 467.
(5) Et Rocher.

Marie-Antoinette, b [2] 12 mai 1737 ; m [2] 10 février 1759, à Jean-Baptiste DAUPHINÉ.—*Marie-Louise*, b [2] 25 août 1741 ; s [2] 20 juin 1744.—*Marie-Louise*, b... m [2] 15 février 1762, à Etienne GAUTIER.

DESROCHERS, JACQUES-AUGUSTIN.—Voy. DESROCHES.

DESROCHERS, FRANÇOIS.—Voy. BRIEN.

1728, (27 juin) Baie-du-Febvre. [3]

II.—DESROCHERS (1), GABRIEL, [PIERRE I. b 1704.

LEFEBVRE (2), Madeleine. [ANGE II.

Gabriel, b [3] 17 sept. 1729 ; 1° m 8 janvier 1752, à Geneviève SALOIS, à St-Frs-du-Lac ; 2° m à Louise LEMERLE. — *Madeleine*, b [3] 10 juin 1731, 1° m [3] 7 janvier 1754, à François MALLETERRE, 2° m [3] 10 oct. 1768, à Joseph GAURON.—*Marie-Anne*, b [3] 24 avril 1733 ; m [3] 10 oct. 1765, à François COTÉ.—*Etienne*, b [3] 15 mai 1735.—*Joseph*, b [3] 23 juin 1737 ; m [3] 10 janvier 1762, à Véronique GAUTIER.—*Pierre-Amable*, b [3] 23 oct. 1740, m [3] 5 mars 1764, à Therèse GAUTIER.

DESROCHERS, JEAN-FRS.—Voy. DESROCHES.

DESROCHERS, JULIEN.
LANDAIS, Catherine.
Julien, b 31 juillet 1734, à St-François, I. J.

DESROCHERS, FRANÇOIS. — Voy. TINON-DESROCHES, 1738.

1747, (3 février) Baie-du-Febvre. [5]

III.—DESROCHERS, PIERRE, [PIERRE II. b 1723.

CAILLÉ, Marguerite. [JEAN-BTE III.

Marie-Marguerite, b [5] 9 déc. 1747.—*Marie-Madeleine*, b [5] 30 août 1749 ; s [5] 9 déc. 1751.—*Marie-Anne*, b [5] 14 mars et s [5] 6 déc. 1751.—*Marie-Joseph*, b [5] 30 avril 1752.—*Pierre-Charles*, b [5] 25 oct. 1753.—*Jean-Baptiste*, b [5] 8 déc. 1754.—*Louis*, b [5] 3 déc. 1755.—*Pierre*, b [5] 14 avril 1760.—*Marie-Louise*, b [5] 6 et s [5] 24 juin 1761.—*Joseph*, b [5] 29 juin et s [5] 30 juillet 1765.—*Antoine*, b [5] 28 avril 1767 ; s [5] 18 avril 1770. — *Marie-Madeleine*, b [5] 16 mai et s [5] 1er août 1769.

DESROCHERS, ISAAC.—Voy. DESROCHES, 1748.

DESROCHERS, JEAN.
BAUDRY, Marguerite.
Pierre, b 5 nov. 1752, à St-Ours.

1752, (8 janvier) St-Frs-du-Lac.

III.—DESROCHERS (3), GABRIEL, [GABRIEL II. b 1729.

1° SALOIS (4), Geneviève, [IGNACE II. b 1729.

Marie-Geneviève, b 19 nov. 1752, à la Baie-du-Febvre [7] ; m 1773, à Pierre DESORCY ; s 4 déc. 1774, à l'Ile-Dupas. — *Gabriel*, b [7] 3 avril 1754.—*Marie-Joseph*, b... s [7] 6 mars 1757. — *Marguerite*, b [7] 6 et s [7] 7 février 1757.

2° LEMERLE, Louise.

Catherine, b [7] 10 février et s [7] 16 juillet 1758.—*Marie-Joseph*, b [7] 16 août 1760.—*Antoine*, b [7] 12 et s [7] 15 avril 1762.—*Deux anonymes*, b [7] et s [7] 4 avril 1763.—*Marie-Catherine*, b [7] 3 février 1765.

DESROCHERS, PIERRE.—Voy. BRIEN.

DESROCHERS, FRANÇOIS.—Voy. DUROCHER.

DESROCHERS, JEAN-BTE. — Voy. DESROCHES, 1755.

DESROCHERS, LOUIS-BERTRAND.
THOMAS, Marie.
Pierre, b 28 juillet 1760, à Verchères.

DESROCHERS, MATHIEU.
DUPÉRÉ, Marie-Anne.
Ignace, b 27 sept. 1760, à St-Thomas.

DESROCHERS, PIERRE.—Voy. DUROCHER.

DESROCHERS, NICOLAS.—Voy. DUROCHER.

DESROCHERS, JEAN-BTE.
COURVAL, Marguerite.
Marie-Louise, b 18 mai 1764, à la Longue-Pointe.

1762, (10 janvier) Baie-du-Febvre. [7]

III.—DESROCHERS (1), JOSEPH, [GABRIEL II. b 1737.

GAUTIER, Véronique, [ETIENNE II. b 1727.

Marie-Madeleine, b [7] 2 février 1766. — *Marguerite*, b [7] 4 sept. 1768.— *Joseph*, b [7] 28 avril 1771.

DESROCHERS, ETIENNE. — Voy. DESROCHES, 1763.

DESROCHERS, GABRIEL.
MARCHAND, Marie-Joseph.
Jacques, b 29 mars et s 28 juin 1763, à Lévis.

1764, (5 mars) Baie-du-Febvre. [7]

III.—DESROCHERS (1), PIERRE, [GABRIEL II. b 1740.

GAUTIER, Therèse, [ETIENNE III. b 1740.

Pierre, b [7] 17 nov. 1765. — *Marie-Thérèse*, b [7] 14 janvier 1768. — *Marie-Angélique*, b [7] 2 avril 1771.

DESROCHERS, ETIENNE. — Voy. DESROCHES, 1784.

(1) Et Rocher dit Lafrenière.
(2) Dit Descoteaux.
(3) Dit Lafrenière.
(4) Et Salouer.

(1) Dit Lafrenière.

DESROCHES.—*Variations et surnoms :* DÉROCHE —DESROCHERS—DUROCHER—LAROCHE—ROCHE — BOUCHER — LAFONTAINE — LALIBERTÉ — PAINCOURT—TINON.

1647, (18 nov.) Montréal. [4]
I.—DESROCHES (1), JEAN,
b 1621 ; s 23 août 1684, à la Pte-aux-Trembles, M. [5]
GODE, Françoise,
b 1636.
Jean, b [4] 11 déc. 1649 ; m [5] 14 avril 1687, à Marie BEAUCHAMP. — *Nicolas,* b [4] 7 oct. 1652 ; m [5] 22 nov. 1688, à Jeanne PERTHUIS.—*Paul,* b [4] 1er janvier 1655 ; m [4] 22 nov. 1683, à Suzanne LEDUC ; s [4] 29 oct. 1718.—*Pierre,* b [4] 15 mai 1673 ; m [5] 24 nov. 1698, à Marie BEAUDRY ; s 29 avril 1739, à St-Antoine-Tilly.

1683, (22 nov.) Montreal. [3]
II.—DESROCHES (2), PAUL, [JEAN I.
b 1655 ; s [3] 29 oct. 1718.
LEDUC, Suzanne, [JEAN I
b 1662 ; s [3] 16 déc. 1729.
Charles, b [3] 29 sept. 1686 ; 1° m à Françoise MEUNSON ; 2° m 8 janvier 1739, à Geneviève AUBUCHON, à l'Ile-Dupas [1] ; s [1] 11 avril 1741.—*Suzanne,* b [3] 26 fevrier 1692 ; 1° m à Pierre GOGUET , 2° m [3] 9 juin 1740, à Pierre RIVIÈRE. — *Thérèse,* b 1693 ; s [3] 15 nov. 1728.— *Marie-Anne,* b [3] 26 juillet 1695 ; m [3] 24 janvier 1735, à Joseph DUBOIS ; s [3] 30 mars 1746. — *Pierre,* b [3] 11 mars 1698 ; m [3] 15 juin 1748, à Marie-Madeleine BRASSARD ; s 16 mai 1774, à l'Hôpital-General, M.— *Joseph,* b [3] 11 mars 1701.

1687, (14 avril) Pte-aux-Trembles, M. [3]
II.—DESROCHES (3), JEAN, [JEAN I.
b 1649 ; s avant 1754.
BEAUCHAMP, Marie, [JACQUES I.
b 1672 ; s [3] 28 sept. 1754.
Jean-Baptiste, b... m [3] 23 nov. 1722, à Catherine BRICAUT. — *Suzanne,* b... m à Germain LEROUX , s 16 juillet 1748, à Sorel.—*Marguerite,* b... 1° m à Urbain BRIEN : 2° m [3] 7 janvier 1757, à Denis TOUREAU.—*Angélique,* b [3] 19 mars 1700.

1688, (22 nov.) Pte-aux-Trembles, M. [4]
II.—DESROCHES (4), NICOLAS, [JEAN I.
b 1652.
PERTHUIS, Jeanne, [PIERRE I.
b 1673.
Jeanne, b... m [4] 14 fevrier 1707, à André POUDRET ; s 8 août 1727, à Repentigny. — *Jacques-Augustin,* b... m à Madeleine POIRIER.—*Elisabeth,* b... m [4] 14 fevrier 1707, à François MERÇAN.— *Catherine,* b... m [4] 24 avril 1718, à Louis BRIEN. —*Nicolas,* b [4] 4 janvier 1702 ; m à Marie-Joseph LAURENT.—*Jean-François,* b [4] 14 dec. 1703 ; m à Marie-Anne BROUILLET.—*Pierre,* b [4] 21 février 1706.— *Joseph,* b [4] 6 dec. 1710 ; s [4] 27 février 1713.—*Marie-Agathe,* b [4] 25 avril 1714.

(1) Voy, vol. I, p. 191.
(2) Dit Paincourt ; voy. vol. I, p. 191.
(3) Voy. vol. I, p 192.
(4) Et Desrochers.

1698, (24 nov.) Pte-aux-Trembles, M.[1]
II.—DESROCHES, PIERRE, [JEAN I.
b 1673 ; s 29 avril 1739, à St-Antoine-Tilly.
BEAUDRY, Marie, [TOUSSAINT I.
b 1680.
Marie-Madeleine, b [1] 30 sept. 1701 ; s 8 avril 1712, à Montreal. [7]—*Anne-Marguerite,* b [1] 9 oct. 1703 ; m [7] 12 fevrier 1725, à Prudent BOUGRET. —*Elisabeth,* b [1] 2 sept. 1705 ; m [7] 3 juillet 1730, à Guillaume LASERRE. — *Thérèse,* b [1] 21 juin 1707 ; m [7] 8 mars 1734, à Joseph LAMOUREUX.— *Agathe-Victoire,* b [7] 20 oct. 1709 ; s [7] 4 août 1723.—*René,* b [7] 30 mars 1711. — *Angélique,* b [7] 3 sept. et s [7] 23 oct. 1713.— *Marie-Joseph,* b [7] 21 mai 1715 ; s [7] 26 nov. 1716.—*Marie-Joseph,* b [7] 10 oct. 1720.

DESROCHES, MARIE-ROCH, épouse de François DESJARDINS.

1705, (2 nov.) Montréal. [2]
I.—DESROCHES (1), JEAN, b 1681 ; fils de Jean et d'Anne ...., de St-Michel, ville de Limoges ; s [2] 11 juillet 1717.
FAILLY, Marie-Anne, [PIERRE I.
b 1684 ; s avant 1747.
Jean, b [2] et s [2] 7 janvier 1706. — *Marie-Françoise,* b [2] 5 oct. 1708. — *Suzanne,* b [2] 25 fevrier 1711 ; m [2] 12 janvier 1745, à Joseph DUCHARME. —*Joachim,* b [2] 6 août 1713. — *Marie-Françoise,* b 1715 ; 1° m à Jean-Marie TARTE ; 2° m [2] 27 mai 1747, à Charles BOUTIN.— *Marie-Jeanne,* b [2] 15 août 1716 ; s [2] 2 août 1739.

1722, (23 nov.) Pte-aux-Trembles, M. [1]
III.—DESROCHES, JEAN-BTE. [JEAN II.
BRICAUT, Catherine,
s avant 1753.
Jean-Baptiste, b [1] 24 avril 1724 ; m [1] 27 janvier 1755, à Marguerite LOISEL.— *Marie,* b 1728 ; m [1] 12 nov. 1753, à Joseph BROUILLET. — *Thérèse,* b 1729 ; m [1] 24 nov. 1755, à Jean-Baptiste RÉGNIER. —*Charles,* b 1730 ; m 13 janvier 1759, à Marie-Charlotte LAPORTE, à St-Antoine-de-Chambly.[2] —*Isaac,* b... m [2] 9 janvier 1748, à Louise BROUILLET.—*Marie-Anne,* b 1735 ; m [1] 8 février 1762, à Jean-Baptiste POUTRÉ.

III.—DESROCHES (2), JACQ.-AUG. [NICOLAS II.
POIRIER, Madeleine, [JEAN I.
b 1682 ; s 24 août 1751, à Québec. [2]
Marie-Geneviève, b 13 sept. 1727, au Cap-St-Ignace ; 1° m 7 avril 1750, à Pierre PRUNEAU, à Charlesbourg ; 2° m [2] 31 janvier 1757, à Jacques BACQUET.

III.—DESROCHES (2), JEAN-FRS, [NICOLAS II.
b 1703.
BROUILLET, Marie-Anne, [BERNARD II
b 1711.

(1) Roche dit Lafontaine ; soldat de la compagnie de M. Duplessis.
(2) Et Desrochers.

Marie-Anne, b 1732; m 19 janvier 1750, à Toussaint RÉGNIER, à la Pte-aux-Trembles, M.[4]—*Joseph-Nicolas*, b 1735; m [4] 8 fevrier 1762, à Thérèse VOYNE.—*Marie-Joseph*, b 30 juillet 1739, à St-François, I. J.

DESROCHES, FRANÇOIS,
b 1711; s 18 août 1776, à Québec.
RÉGNIER, Marie-Joseph, [PIERRE I.
b 1726; s avant 1776.

III.—DESROCHES, CHARLES, [PAUL II.
b 1686; s 11 avril 1741, à l'Ile-Dupas. [4]
1° MEUNSON, Françoise, [CLAUDE-VINCENT I.
b 1706.
Marie-Françoise, b 1727; s 11 nov. 1729, à Montreal.
1739, (8 janvier). [4]
2° AUBUCHON (1), Geneviève, [JOSEPH II.
b 1705; veuve de Louis LeValois.
Joseph, b [4] 7 nov. 1740.

III.—DESROCHES, NICOLAS, [NICOLAS II.
b 1702.
LAURENT, Marie-Joseph.
Augustin, b 1729; m 9 juillet 1764, à Elisabeth ARCHAMBAULT, à la Pte-aux-Trembles, M.

DESROCHES, JOSEPH.—Voy. DUROCHER.

II.—DESROCHES (2), PIERRE, [JEAN I.
b 1695.
LANGLOIS, Marie.
Archange, b 1734; m 14 fevrier 1763, à Nicolas MILLET, à la Pte-aux-Trembles, M.[1] —*Judith*, b 1737, m [1] 15 fevrier 1762, à Pierre BRICAUT.—*Marie-Catherine*, b 4 août 1747, à Montreal.—*Marie*, b 1748 s [1] 27 mai 1749.—*Jean-Baptiste*, b [1] 18 janvier 1751.

DESROCHES, JOSEPH.
LAFRANCE (3), Marie-Joseph.

1748, (9 janvier) St-Antoine-de-Chambly.
IV.—DESROCHES (4), ISAAC. [JEAN-BTE III.
BROUILLET, Louise, [PIERRE II.
b 1711, veuve de ...... Lajeunesse.

1748, (15 juin) Montreal.
III.—DESROCHES (5), PIERRE, [PAUL II.
b 1698, s 16 mai 1774, à l'Hôpital-General, M.
BRASSARD, Marie-Madeleine, [LOUIS II.
veuve d'Etienne Balan.

1755, (27 janvier) Pte-aux-Trembles, M.
IV.—DESROCHES (4), JEAN-BTE, [JEAN-BTE III.
b 1724.
LOISEL, Marguerite, [JEAN-BTE III.
b 1730.

(1) Elle epouse, plus tard, Joseph Chevalier.
(2) Et Laroche; voy. vol. I, p. 349.
(3) Elle épouse, le 22 fevrier 1751, Alexis Rochereau, à Ste-Anne-de-la-Pérade.
(4) Et Desrochers
(5) Dit Paincourt.

DESROCHES, JOSEPH.—Voy. TINON.

1759, (13 janvier) St-Antoine-de-Chambly. [3]
IV.—DESROCHES, CHARLES, [JEAN-BTE III.
b 1730.
LAPORTE, Marie-Charlotte. [DENIS III.
Charles, b [3] 8 et s [3] 21 janvier 1760.

1762, (8 février) Pte-aux-Trembles, M.
IV.—DESROCHES, JOS.-NICOLAS, [FRANÇOIS III.
b 1735; s avant 1783.
VOYNE, Thérèse, [JEAN-BTE IV.
b 1742.
Marie-Joseph, b... m 7 juillet 1783, à Joseph TRUTEAU, à laLongue-Pointe.

1763, (28 juin) Québec.[4]
I.—DESROCHES (1), ETIENNE, b 1710; fils de Louis et de Gabrielle Cousin, de Rove-les-Bois, diocèse de Bourges; s [4] 19 nov. 1798
DAGNEAU (2), Geneviève, [JEAN III.
b 1742, s [4] 24 oct. 1795.
Honoré, b 18 nov. 1759, au Cap-Santé. —*Etienne*, b 19 juin 1761, à St-Michel [3], m [4] 25 mai 1784, à Angelique MALISSON. — *François*, b [3] 27 avril 1763.—*Marie-Joseph*, b... m [4] 18 oct. 1796, à Antoine DORVAL. — *Marguerite*, b... 1° m [4] 22 avril 1788, à Michel DESPATIS; 2° m [4] 4 oct. 1791, à Joseph GUILMIN.—*Geneviève*, b...

1764, (9 juillet) Pte-aux-Trembles, M.
III.—DESROCHES, AUGUSTIN, [NICOLAS II.
b 1729.
ARCHAMBAULT, Elisabeth, [JEAN-BTE IV.
b 1735, veuve de Pierre Senet.

DESROCHES, FRANÇOISE, b... m à Joseph MAROT; s avant 1765.

I.—DESROCHES, MARTIAL, b 1658; du diocèse de Poitiers; s 1er janvier 1736, à l'Hôpital-Général, Q.

1784, (25 mai) Québec.
II.—DESROCHES (3), ETIENNE, [ETIENNE I.
b 1761.
MALISSON (4), Angélique, [PHILIBERT I.
b 1763.

DESROCHES, GENEVIÈVE, épouse de Pierre SOUMIS.

DESROCHES, MARIE, epouse d'Antoine PROVENÇAL.

DESROCHES, MARIE-LOUISE, épouse de Jacques GENEST.

DESROCHES, ELISABETH, epouse de François LAPIERRE.

(1) Et Desrochers dit Laliberté
(2) Et Damian dit Laprise.
(3) Et Desrochers dit Laliberté; marié sous le nom de Desrochers.
(4) Dit Philibert.

DESROCHES, ANGÉLIQUE, epouse de Jacques LEMARIÉ.

DESROCHES, MARIE-ANNE, épouse de Jean-Baptiste DUMAIS.

DESROCHES, MARIE-ANNE, épouse de Louis MORAND.

DESROCHES, ELISABETH, b 1740; 1° m à Antoine CARBONNEAU; 2° m 12 avril 1779, à Michel MATTE, à Terrebonne; s 3 août 1782, à Lachenaye.

DESROCHES, MARGUERITE, épouse de Jean-Baptiste MABRIAND.

DESROCHES, PIERRE.
1° CIRIER, Judith, [ANTOINE III.
b 1752.
1776, (12 février) Longue-Pointe.
2° JANOT, Judith, [LAURENT IV.
b 1755.

DESROCHES, CHARLOTTE, épouse de Romain VALIÈRES.

1816, (7 oct.) Cap-Santé.
I.—DESROCHES (1), CHARLES, fils de Charles et d'Anne Delestrade, Paris.
MARCOT, Nathalie. [FRANÇOIS.

DESROSIERS.—*Surnoms :* BOUCHER—DARGY—DUTREMBLE — DEGUIRE — MILLER, 1757 — RUHOT, 1759—LANIEL — DESGUERROIS, 1715 — JUTRAS — SOULANGES, 1728 —DESILETS—PATOILE, 1723—LAFRENIÈRE.

DESROSIERS (2).

DESROSIERS, THÉRÈSE, b... 1° m 1782, à Jean VOLANT; 2° m 1806, à Louis CANUEL.

I.—DESROSIERS (3), ANTOINE,
b 1619; s 9 août 1691, à Champlain.[5]
DUHÉRISSON, Anne, [MICHEL I.
b 1632.
Michel, b 3 sept. 1652, aux Trois-Rivières; m 1680, à Marie-Jeanne ARTAUT, s[5] 11 février 1734.

1680.
II.—DESROSIERS (4), MICHEL, [ANTOINE I.
b 1652; s 11 fevrier 1734, à Champlain.[6]
ARTAUT, Marie-Jeanne, [PIERRE I.
b 1667.
Marie-Anne, b[6] 23 janvier 1685; m[6] 30 oct. 1721, à Nicolas RIVARD; s 3 avril 1749, à Yamachiche.—*Jean-Baptiste*, b[6] 6 juillet 1690, m 30 juin 1716, à Marie-Jeanne LECLERC, aux Trois-Rivières. — *Joseph*, b[6] 5 juillet 1695; m 6 juin 1729, à Marie-Thérèse LEFEBVRE, à la Baie-du-Febvre. — *Madeleine*, b[6] 9 déc. 1700; m[6] 11 février 1725, à Joseph BARET.— *Geneviève*, b[6] 7 avril 1703; m[6] 9 nov. 1734, à Charles DISY.

1682, (20 janvier) Champlain.[1]
II.—DESROSIERS (1), JEAN, [ANTOINE I.
b 1657; s[1] 23 fevrier 1704.
DANDONNEAU (2), Françoise, [PIERRE I.
b 1665.
Jean-Baptiste, b[1] 25 oct. 1682; m 17 nov. 1709, à Barbe BOUSQUET, à Montreal[2], s[2] 3 avril 1719. —*Joseph*, b[1] 12 mars 1687; m 20 janvier 1732, à Marguerite DURIVAGE, au Détroit.—*Louis*, b[1] 26 avril 1695; m 24 mai 1723, à Thérèse FAFARD, à Sorel[6], s 25 février 1750, à l'Ile-Dupas.[7]—*Marie-Madeleine*, b[1] 25 avril 1697, m[7] 9 fevrier 1723, à Michel LAMY. — *Antoine*, b[1] 12 mars 1702; m[2] 22 mai 1725, à Marie-Anne ST-AGNE, s[6] 10 oct. 1754.

1693, (27 avril), Champlain.[2]
II.—DESROSIERS (3), PIERRE, [ANTOINE I.
b 1667, s avant 1757.
AUBUCHON, Marguerite, [JACQUES I.
b 1671; s (4) 11 sept. 1757, aux Trois-Rivières.[4]
François, b[2] 16 mars 1694; m 1er fevrier 1723, à Marguerite DESHAIES, à Bécancour[3]; s[3] 15 mars 1731.—*Pierre*, b[4] 28 mars 1698, m[4] 7 nov. 1728, à Thérèse DURUAU.—*Marie-Angélique*, b... m 20 nov. 1715, à Louis COTTENOIRE, à Sorel. — *Louise-Marguerite*, b[4] 20 juillet 1700; m[3] 26 janvier 1723, à Honore HOSTEAU.—*Marie-Joseph*, b[4] 3 sept. 1702; m[3] 20 mai 1723, à Damien ROUILLARD. — *Marie-Françoise*, b[4] 15 dec. 1704; m[4] 16 fevrier 1727, à Claude HOSTEAU; s[4] 23 février 1731. — *Marie-Anne*, b[4] 24 juin 1708; m[4] 26 mai 1732, à Jacques DAGNEAU; s 16 avril 1772, à la Baie-du-Febvre.—*Marie-Jeanne*, b[4] 29 sept. 1710; m[4] 3 nov. 1743, à François BENOIT. — *Marie-Madeleine*, b... m[4] 18 nov. 1736, à Jean LISIEUX.

1696, (26 nov.) Champlain.[1]
II.—DESROSIERS (5), ANTOINE, [ANTOINE I.
b 1664.
LEPELLÉ, Marie-Renée, [JEAN I
b 1678.

(1) Maître d'école.

(2) Pour retracer la généalogie de cette famille, il faut voir les noms Jutras et Dutremble.

(3) Voy. vol. I, p. 192.

(4) Dit Desilets; voy vol. I, p. 192.

(1) Dit Dutremble; voy. vol. I, p. 192

(2) Appelee Jeanne Laferrière en 1725; elle épouse, le 21 nov. 1705, Henri Bellisle, aux Trois-Rivières.

(3) Voy. vol. I, p. 192.

(4) L'acte de sépulture ci-haut est ainsi formulé: "Avons inhumé la veuve Desrosiers, âgée d'environ 92 ans."
Quel est son nom? De quel Desrosiers est-elle veuve? Voilà les deux questions que nous nous sommes posées. Nous croyons pouvoir les resoudre par les données memes de l'acte
1° Elle résidait aux Trois-Rivières.
2° Elle était veuve.
3° Elle était née vers 1665.
Or Marguerite Aubuchon est la seule personne qui réunit toutes ces conditions. De là nous pouvons conclure que l'acte de sépulture entré au registre d'une manière si obscure est bien l'acte de sépulture de la dite Marguerite veuve Pierre Desrosiers

(5) Dit Lafrenière, voy. vol. I, p 192.

Antoine, b [1] 21 mars 1698; m 1722, à Angélique Piette.—*Marie-Joseph*, b [1] 31 janvier 1700; m 20 juin 1719, à Adrien Nepveu, à Sorel. [2]—*Geneviève*, b [1] 20 mai 1702; m à François Houré. —*Marie-Madeleine*, b [1] 27 mai 1704; 1° m à Louis Lefebvre; 2° m 9 oct. 1747, à Joseph Potier, aux Trois-Rivières.— *Marie-Agnès*, b 22 août 1706, à l'Ile-Dupas [4]; m [2] 20 juin 1725, à Joseph Jean-Denis. — *Marie-Anne*, b [2] 3 nov. 1708.—*Hyacinthe*, b [2] 9 février 1711. — *Joseph*, b [2] 27 mai 1713. — *Jean-Baptiste-Charles*, b [4] 26 déc. 1721.

DESROSIERS, Julien.—Voy. Laniel.

1709, (17 nov.) Montréal. [4]
III.—DESROSIERS (1), Jean-Bte, [Jean II.
b 1682; s [4] 3 avril 1719.
Bousquet (2), Barbe, [Jean I.
b 1684.
Jean-Baptiste, b 1710; s [4] 9 mai 1727.—*Marie-Louise*, b [4] 15 juillet 1712; s [4] 7 oct. 1729.—*Marie-Anne*, b [4] 22 avril 1714; s [4] 2 dec. 1716.—*Catherine*, b [4] 1er mars 1716, s [4] 6 mars 1726.—*Thérèse*, b [4] 13 mars 1718, s [4] 18 fevrier 1733.

1716, (28 mai) Rimouski. [1]
III.—DESROSIERS (1), Michel, [Jean II.
b 1685.
Moreau, Marie-Anne, [Jean II.
b 1697; s [1] 15 nov. 1756 (subite).
Marie-Madeleine, b [1] 10 juin 1717; m [1] 7 janvier 1734, à Antoine Ruais.—*Michel*, b [1] 25 janvier 1718; m [1] 1er fevrier 1756, à Madeleine Vautour. — *Louis*, b 1719, m 1755, à Marie-Judith Guyon-Després. — *Jean-Baptiste*, b [1] 30 mars 1720.—*Joseph*, b [1] 1er mai 1722; m 22 nov. 1751, à Marie-Anne St-Pierre, à St-Roch; s 7 juillet 1777, à St-Jean-Port-Joli.—*Gabriel*, b [1] 16 juin 1723.—*Pierre*, b [1] 4 mars 1724. — *Alexis*, b 1725, s 27 nov. 1747, à Ste-Anne-de-la-Pocatière. — *Paul*, b [1] 1er mai 1727. — *Reine*, b [1] 1er mai 1729; m 1748, à Louis Pineau.—*Catherine*, b [1] 28 mai 1731.—*Cécile*, b [1] 25 juin 1733. — *Véronique*, b [1] 24 nov. 1734, m [1] 5 janvier 1756, à François Laviolette; s [1] 3 avril 1756. — *Germain*, b [1] 3 mars 1737. — *Agathe*, b [1] 29 janvier 1740.—*Pierre*, b [1] 2 sept. 1742.

1716, (30 juin) Trois-Rivières [4]
III.—DESROSIERS (3), Jean-Bte, [Michel II.
b 1690, s 1731.
Leclerc (4), Marie-Jeanne, [Florent II
b 1695; s [4] 15 juillet 1738.
Anonyme, b et s 27 avril 1717, à Champlain. [9] —*Jean-Baptiste*, b [9] 15 sept. 1718; m 2 fevrier 1750, à Marie-Jeanne Laspron, à Nicolet. [5]—*Marie-Madeleine*, b [9] 31 juillet 1720; 1° m [4] 17 nov. 1738, à François Trotier-Belcourt; 2° m 22 fevrier 1751, à Joseph Précourt, à la Baie-du-Febvre.—*Joseph*, b [9] 20 nov. et s [9] 4 déc. 1721. —*Geneviève*, b [9] 19 déc. 1722; m [4] 23 nov. 1745, à Jean-Baptiste Leblanc. — *Antoine*, b... m 29 avril 1749, à Françoise Leblanc, à Becancour. [8] —*Marie-Joseph*, b [9] 18 mars 1724; m 27 avril 1750, à Joseph LeSieur, à Yamachiche.—*François*, b [9] 6 mai 1725. — *Joseph-Marie*, b [9] 13 juin 1726; m [5] 7 mai 1753, à Marie Jutras. — *Alexis*, b [9] 21 sept. 1728; s [9] 26 mars 1729. — *Thérèse*, b [9] 5 fevrier 1730. — *Louis-Joseph*, b [4] 8 juillet 1731; m [6] 20 juin 1761, à Marie-Catherine Frigon.

(1) Dit Dutremble.

(2) Elle épouse, le 8 janvier 1731, Charles Miville, à Montreal.

(3) Dit Desilets, 1731.

(4) Dit Fleurant.

1722.
III.—DESROSIERS, Antoine, [Antoine II.
b 1698.
Piette, Angelique. [Jean I.
Geneviève, b 22 janvier 1723, à l'Ile-Dupas. — *Marie-Antoinette*, b 3 mars et s 2 avril 1725, à Sorel. [5]—*Angelique*, b [5] 3 mars 1725.

DESROSIERS, François, b 1690; tailleur; s 9 sept. 1730, à Quebec.

1723, (1er février) Bécancour. [5]
III.—DESROSIERS, François, [Pierre II.
b 1694, s [5] 15 mars 1731.
Deshaies (1), Marguerite, [Pierre I.
b 1694.
Jean-Baptiste-François, b [5] 5 janvier 1724; m à Catherine Lecuyer. — *Marie-Madeleine*, b [5] 24 mai 1725, m [5] 24 juin 1748, à Charles Provencher.—*Pierre-Joseph*, b [5] 8 avril 1727. — *Marie-Marguerite*, b [5] 13 janvier 1729; m à Louis Lemay.

1723, (24 mai) Sorel. [4]
III.—DESROSIERS (2), Louis, [Jean II.
b 1695; s 25 fevrier 1750, à l'Ile-Dupas [5]
Fafard, Therèse, [Louis II.
b 1703; s [5] 1er mai 1773.
Marie-Joseph, b [4] 22 février 1724; m [5] 14 janvier 1743, à Joseph Casaubon; s [5] 28 nov. 1771. — *Marie-Thérèse*, b [4] 6 oct 1725. — *Ursule*, b... s [4] 12 avril 1730. — *Pierre*, b [4] 17 et s [4] 27 mai 1731.—*Etienne*, b [4] 27 sept. 1732. — *Marie-Angélique*, b [4] 29 juin 1735, m [5] 25 janvier 1768, à Amable Fleury.—*Jean-Baptiste*, b [4] 18 mai 1738. —*Michel-Ignace*, b [4] 29 janvier 1741. — *Apolline*, b... m [5] 10 fevrier 1772, à Louis Baudin.

1725, (22 mai) Montréal.
III.—DESROSIERS (3), Antoine, [Jean-Bte II.
b 1702, s 10 oct. 1754, à Sorel. [4]
St-Agne (4), Marie-Anne, [Jacques I.
b 1705.
Marie-Anne, b... m [4] 7 janvier 1750, à Joseph Ossant.—*Elisabeth*, b .. m [4] 2 nov. 1754, à Pierre Lavallée. — *Antoine*, b... 1° m [4] 8 avril 1755, à

(1) Elle épouse, le 9 janvier 1736, Jean-Baptiste Leduc, à Becancour.

(2) Dit Dutremble.

(3) Dit Jutras—Dutremble.

(4) Dit St-Yves—appelée Chartier en 1736, 1739; elle épouse, le 8 avril 1755, Marc-Antoine Hus, à Sorel.

Marie-Anne Hus; 2° m 4 7 janvier 1762, à Thérèse St-Martin.—*Jean-Baptiste*, b 13 avril 1735, à St-Frs-du-Lac[8]; s 4 11 oct. 1759.—*Marguerite*, b 8 29 oct. 1736; m 4 6 février 1758, à Pierre Péloquin; s 4 20 janvier 1761.—*Jacques*, b 8 et s 8 14 mars 1739.—*Marie-Joseph*, b 4 2 août 1740; m 4 6 février 1758, à Louis Hus-Lemoine.—*Marie-Anne*, b 4 29 juin et s 4 28 juillet 1742.—*Michel*, b 4 15 janvier 1745.

DESROSIERS, Jean-Bte.—Voy. Jutras.

DESROSIERS, Jean-Bte.—Voy. Soulanges.

DESROSIERS, Joseph.—Voy. Jutras, 1748.

1728, (7 nov.) Trois-Rivières.[5]

III.—DESROSIERS (1), Pierre, [Pierre II.
b 1698.
Duruau (2), Louise-Thérèse, [Pierre I.
b 1710; s 5 5 avril 1756.
Marie-Thérèse, b 5 2 oct. 1729; s 5 2 oct. 1732.—*Pierre*, b 5 3 mars 1731.—*Jean-Baptiste*, b 5 21 sept. 1732; s 5 26 mai 1734.—*Joseph*, b 1733; s 5 20 juin 1735.—*Michel*, b 5 29 sept. 1734.—*Pierre*, b 5 2 mars 1736.—*Marie-Joseph*, b 5 1er mai 1738; m 5 1er août 1757, à François Hély.—*Geneviève*, b 5 26 mai et s 5 23 août 1740.—*Antoine*, b 5 16 mars 1745.—*Joseph*, b... m 19 oct. 1761, à Marie-Anne Bellefeuille.—*Jean-Baptiste*, b 5 3 mars 1747.—*Pierre*, b 1748; s 5 25 mai 1757.

DESROSIERS, André.
Champagne, Marguerite,
b 1708; s 12 avril 1753, à St-Nicolas.

1729, (6 juin) Baie-du-Febvre.

III.—DESROSIERS (3), Joseph, [Michel II.
b 1695.
Lefebvre, Marie-Thérèse, [René III.
b 1705.

1732, (20 janvier) Détroit.[7]

III.—DESROSIERS (4), Joseph, [Jean II.
b 1687.
Durivage, Marguerite, [Pierre II.
b 1716.
Marie-Françoise, b 7 3 et s 7 23 nov. 1732.—*Joseph*, b 7 18 déc. 1733.—*Jean-Baptiste*, b 7 19 avril 1736.

DESROSIERS, Julien.
Martin, Marie-Anne.
Julien, b et s 15 avril 1733, à Lavaltrie.

DESROSIERS, Alexis.
Perrault, Isabelle. [François II.
Louis, b 1733; s 20 janvier 1736, à Lanoraie[9]—*Marie-Joseph*, b 9 10 juin et s 9 25 juillet 1735.

(1) Dit Dargy.
(2) Dit Poitevin.
(3) Dit Deslets.
(4) Dit Dutremble.

1749, (29 avril) Bécancour.[9]

IV.—DESROSIERS (1), Antoine. [Jean-Bte III.
Leblanc, Françoise, [René II.
b 1721.
Marie-Joseph, b 9 1er mai 1761.

1750, (2 février) Nicolet.[9]

IV.—DESROSIERS (1), J.-Bte. [Jean-Bte III.
Lasprон, Marie-Jeanne, [Jean-Bte II.
b 1717; s 9 26 sept. 1794.
Antoine, b 9 10 déc. 1750; m 9 2 février 1784, à Madeleine Ratier; s 9 9 avril 1794.—*Joseph*, b 9 19 mai 1752; m 9 7 nov. 1774, à Geneviève Trudel.—*Marie-Madeleine*, b 9 9 août 1754.—*Jean-Baptiste*, b 9 25 mai 1757.—*Marie-Jeanne*, b 9 et s 9 4 août 1757.—*Marie-Marguerite*, b 9 16 et s 9 25 juillet 1759.

1751, (2 nov.) St-Roch.

IV.—DESROSIERS, Joseph, [Michel III.
b 1722; s 7 juillet 1777, à St-Jean-Port-Joli.[2]
St-Pierre, Marie-Anne. [Ignace II.
Romain, b... m 2 10 février 1777, à Cecile Terriau.—*Joseph*, b... m 2 24 nov. 1778, à Véronique St-Pierre.—*Marie-Joseph*, b... m 2 24 août 1778, à Joseph-François Baudoin.—*Alexandre*, b... m 2 23 sept. 1783, à Marie-Modeste Fournier.

DESROSIERS, Jean-Bte.—Voy. Soulanges.

1753, (7 mai) Nicolet.[1]

IV.—DESROSIERS (1), Joseph, [Jean-Bte III.
b 1731.
Jutras, Marie, [Michel II
b 1734; s 1 9 mars 1770.
Joseph, b 1 12 juillet 1754.—*Marie-Ursule*, b 1 10 janvier 1756.—*Marie-Ursule*, b 1 9 déc. 1756.—*Élisabeth*, b... m 1 12 avril 1790, à Andre Terrien.—*Jean-Baptiste*, b... m 1 10 janvier 1791, à Angélique Lemire.

1754, Rimouski.[4]

IV.—DESROSIERS, Louis, [Michel III.
b 1719.
Guyon (2), Marie-Judith. [Ange IV.
Louis-Gabriel, b 4 10 juin 1755; m 28 août 1775, à Geneviève Lepage, à la Baie-St-Paul.[5]—*Marie-Judith*, b 4 13 avril 1757; m 5 28 août 1775, à Louis-Côme DeLavoye.—*Marie-Thérèse*, b 4 15 janvier 1761.—*Antoine*, b 4 21 janvier 1767.—*Marie-Joseph*, b... m 1785, à Jean Canuel.—*Joseph-Marie*, b 4 2 juillet 1774.—*Alexis*, b... m 4 8 janvier 1794, à Françoise Chouinard.—*François-Régis*, b... m 4 23 nov. 1802, à Théotiste Lamarre.

1755, (8 avril) Sorel.[2]

IV.—DESROSIERS (3), Antoine. [Antoine III.
1° Hus, Marie-Anne, [Marc-Antoine III
b 1732; s 2 8 juin 1761.

(1) Dit Deslets.
(2) Dit Després
(3) Dit Dutremble.

Anonyme, b [2] et s [2] 8 nov. 1755.—*Marie-Antoinette*, b 1er nov. 1756, à St-Ours.[3] — *Marie-Anne*, b [3] 11 juin 1758.

1762, (7 janvier). [3]

2° St-Martin, Thérèse, [Antoine II.
b 1738.

1756, (1er février) Rimouski. [3]

IV.—DESROSIERS (1), Michel, [Michel III.
b 1718; s avant 1773.
Vautour, Marie-Madeleine, [Joachim II.
b 1720; veuve d'Antoine Monert dit Maisonrouge.

Marie-Madeleine, b [3] 11 déc. 1756; m 25 oct. 1773, à Michel Grenon, à la Baie-St-Paul. — *Romain*, b [3] 29 mars 1758.

DESROSIERS, François.—Voy. Dubeau, 1753.

1761, (20 juin) Bécancour.

IV.—DESROSIERS (2), Ls-Joseph, [J.-Bte III.
b 1731.
Frigon, Marie-Catherine, [François III.
b 1740.

Jean-Baptiste, b... m 1er février 1796, à Marie Bourg, à Nicolet.[6] — *Antoine*, b... m [6] 10 oct. 1796, à Marie-Louise Bergeron.

1761, (19 oct.) Bécancour.

IV.—DESROSIERS, Joseph. [Pierre III.
Bellefeuille, Marie-Anne. [Nicolas.

1774, (7 nov.) Nicolet.

V.—DESROSIERS (2), Joseph. [Jean-Bte IV.
Trudel, Geneviève, [Nicolas III
b 1758.

1775, (28 août) Baie-St-Paul.

V.—DESROSIERS, Louis-Gabriel, [Louis IV.
b 1755.
Lepage (3), Geneviève, [Antoine IV.
b 1757.

Louis-Joseph, b... m 13 février 1804, à Procule Chouinard, à Rimouski. [1] — *Eustache*, b [1] 14 juillet 1783; m [1] 13 février 1804, à Emérance DeLavoye. — *Jean-Baptiste*, b [1] 12 sept. 1784; m [1] 29 fevrier 1808, à Marie-Jeanne DeLavoye. —*Geneviève*, b [1] 16 juillet 1787; m [1] 29 février 1808, à Simon Carrier. — *Paul*, b [1] 18 mai 1789; m [1] 5 janvier 1813, à Marie-Anne Drapeau.— *Antoine*, b [1] 26 mars 1791. — *Louis-Joseph*, b [1] 28 juillet 1793.

1777, (10 fevrier) St-Jean-Port-Joli.

V.—DESROSIERS, Romain. [Joseph IV.
Terriau, Cecile, [Joseph I.
Acadienne.

1778, (24 nov.) St-Jean-Port-Joli.

V.—DESROSIERS, Joseph. [Joseph IV.
St-Pierre, Véronique. [Antoine III.

(1) Dit Dutremble.
(2) Dit Desilets.
(3) Dit Molais.

1783, (23 sept.) St-Jean-Port-Joli.

V.—DESROSIERS, Alexandre. [Joseph IV.
Fournier, Marie-Modeste. [Louis IV.

1784, (2 février) Nicolet. [2]

V.—DESROSIERS (1), Antoine, [Jean-Bte IV.
b 1750; s [2] 9 avril 1794.
Ratier (2), Marguerite. [Amable III.

1791, (10 janvier) Nicolet.

V.—DESROSIERS (1), Jean-Bte. [Joseph IV.
Lemire, Angélque, [Jean-Bte IV.
veuve de Jean-Baptiste Lupien.

1794, (8 janvier) Rimouski. [3]

V.—DESROSIERS, Alexis. [Louis IV.
Chouinard, Françoise. [Gabriel III.

Geneviève-Julie, b [3] 4 oct. 1794. — *Antoine-Alexis*, b [3] 27 août 1796.

1796, (1er février) Nicolet.

V.—DESROSIERS (1), J.-Bte. [Louis-Jos. IV.
Bourg, Marie. [Joseph I.

1796, (10 oct.) Nicolet.

V.—DESROSIERS (1), Antoine. [Louis-Jos. IV.
Bergeron, Marie-Louise. [Michel I.

1802, (23 nov.) Rimouski.

V.—DESROSIERS (3), Frs-Régis. [Louis IV.
Lamarre, Theotiste. [Antoine V.

1804, (13 février) Rimouski.

VI.—DESROSIERS (3), Eustache, [Louis V.
b 1783.
DeLavoye, Emérance. [Louis-Marie V.

1804, (13 fevrier) Rimouski.

VI.—DESROSIERS (3), Louis. [Ls-Gabriel V.
Chouinard, Procule, [Gabriel III.
b 1783.

1808, (29 février) Rimouski.

VI.—DESROSIERS (3), Jean-Bte, [Louis V.
b 1784.
DeLavoye, Marie-Jeanne. [Louis-Marie V.

1813, (5 janvier) Rimouski.

VI.—DESROSIERS (3), Paul, [Louis V.
b 1789.
Drapeau, Marie-Anne. [Pierre IV.

DESROUSSELS.—Voy. Bidet.

DESROUSSELS, Marie-Joseph, épouse de François Hébert.

(1) Dit Desilets.
(2) Dit Raymond.
(3) Et Dutremble.

1742, (22 janvier) St-François, I. O.

III.—DESROUSSELS (1), Louis, [Jacques II. b 1712.
Drouin, Marie-Joseph, [François III. b 1722.
François, b 29 mars 1755, à St-Jean, I. O.; s 11 sept. 1759, à Charlesbourg.

1706, (24 mai) Montréal.

I.—DESROYAU (2), Pierre, b 1682.
Provost, Jeanne, [Jean II. b 1687; s avant 1756.
Marie-Angélique, b... 1° m à Jacques Berthelot. 2° m 1er mars 1756, à Louis Martel, à Ste-Geneviève, M.

1758, (7 janvier) Montréal.

I.—DESRU (3), Jean-Bte, b 1732; fils de Jean et de Claire Rolantin, de Dervin, diocèse de Grenoble.
Liberson (4), Marie-Joseph, [François II. b 1742.

DESRUISSEAUX.—*Surnoms* : Dagneau—Desmusseaux—Dailleboût—De la Bissonnière—Houde—Maillou, 1732—Trotier.

1738, (17 nov.) Trois-Rivières.

IV.—DESRUISSEAUX (5), François, [Frs III. b 1715.
Desrosiers (6), Madeleine, [Jean-Bte III. b 1720.
François, b 18 août 1739, à la Baie-du-Febvre. 6; m 6 10 avril 1769, à Therèse Manseau.—*Marie-Madeleine*, b 6 22 janvier 1741; m 6 15 mai 1759, à Joseph Grandmont.—*Alexis*, b 6 16 déc. 1742.—*Jean-Baptiste*, b 6 27 oct. et s 6 7 nov. 1744.

DESRUISSEAUX, Joseph—Voy. Houde, 1748.

DESRUISSEAUX, Jean-Charles.
Dugas, Marie.
Louis, b... m 15 février 1791, à Marguerite Samson, à Quebec. 7—*François*, b... m 7 29 juillet 1794, à Thérèse Robitaille.

1791, (15 février) Québec.

DESRUISSEAUX, Louis. [Jean-Charles.
Samson, Marguerite. [Jacques III.

1794, (29 juillet) Quebec.

DESRUISSEAUX, François. [Jean-Charles.
Robitaille (7), Thérèse. [Joseph III.

DESRY.—Voy. Déry.

(1) Bidet; voy. ce nom, vol. II, p. 274.
(2) Pour DeNoyon dit Laframboise, voy. p. 347.
(3) Dit Sanspitié; soldat.
(4) Elle épouse, le 29 janvier 1759, Jean Hussereau, à Montreal.
(5) Et Trotier dit Belcour; voy. Belcour, vol. II, p. 204.
(6) Dit Desilets.
(7) Elle épouse, plus tard, François Bonneville.

DESSABLONS.—Voy. Léonard.

DESSAILLANT.—Voy. DeRicheterre.

DESSAINT.—*Variations et surnoms* : Descent—Dessent—Sanscrainte—St-Pierre.

1749, (21 juillet) Québec.

I.—DESSAINT (1), Godfroi, fils de Pierre et de Barbe Rousseau, de St-Brice, diocèse d'Auxerre.
Gadiou, Marie-Françoise, [Jean-Bte II. b 1722.

DESSALINES.—*Variation* : Desaline.

I.—DESSALINES, ... b 1672; s 8 juillet 1760, à l'Hôpital-General, M.

1722, (12 nov.) Québec. 7

I.—DESSALINES, Jean-Bte, b 1679, huissier, veuf de Catherine Guignaud, de LaRochelle, s 7 1er janvier 1734.
Giroux (2), Charlotte, [Charles I b 1705.
Jean-Baptiste, b 7 24 nov. 1722; s 7 19 janvier 1730. — *Charlotte-Geneviève*, b 7 6 juillet 1724; m 7 6 nov. 1755, à Jacques DeLessard. — *Marie-Joseph*, b 7 8 fevrier 1726; s 7 4 avril 1727. — *Pierre*, b 7 2 juin 1728, m à Marguerite Giroux. — *Jean-Baptiste*, b 7 22 et s 7 24 fevrier 1730.—*Françoise-Elisabeth*, b 7 28 février et s 7 15 mars 1731.

II.—DESSALINES, Pierre, [Jean-Bte I b 1728.
Giroux, Marguerite.
Pierre, b... m 10 avril 1758, à Marie-Louise Gagné, à la Baie-St-Paul.

1758, (10 avril) Baie-St-Paul. 8

III—DESSALINES (3), Pierre. [Pierre II.
Gagné, Marie-Louise, [Ignace IV veuve d'Etienne Corneau.
Marie-Joseph, b 8 12 dec. 1759.—*Marie*, b 1763, s 9 juillet 1787, à Quebec.

DESSENS.—Voy. Descent, 1699 — Dessaint-St-Pierre.

DESSERMONS.—Voy. Demers, 1689.

I.—DESSI, (4), Antoine, Portugais; s 22 avril 1747, à Québec.

I.—DESSOMBRES (5), Dominique, de St-Chrystophe; s 27 sept. 1757, à Beaumont.

(1) Dit Sanscrainte; caporal
(2) Elle épouse, le 16 fevrier 1735, Jean-Etienne Dubreuil, à Québec.
(3) Et Desaline.
(4) Prisonnier de guerre.
(5) Noyé dans le naufrage du navire l'*Hirondelle*, sur la batture de Beaumont, avec Jean Gautier, de LaRochelle

DESSUREAUX. — *Surnoms :* LAPLANTE — LE BOURGUIGNON.

1667.

I.—DESSUREAUX (1), FRANÇOIS,
b 1633 ; s 20 mars 1688, à Batiscan.[2]
BOUART (2), Marie,
b 1641.
Jean-Baptiste, b [2] 23 avril 1685; m 13 fevrier 1714, à Jean BARIBEAU, à Ste-Anne-de-la-Perade, s 29 janvier 1738, à St-François, I. J.—*Françoise*, b... m 28 sept. 1699, à Pierre GÉNÉREUX, à Champlain.

1714, (13 février) Ste-Anne-de-la-Pérade. [1]
II.—DESSUREAUX, JEAN-BTE, [FRANÇOIS I
b 1685; s 29 janvier 1738, à St-François I. J. [2]
BARIBEAU, Marie-Jeanne, [LOUIS II.
b 1691.
Marie-Jeanne, b 4 dec. 1714, à Batiscan. — *Augustin*, b 1716; s [2] 3 juillet 1732.—*Marie-Renée*, b... m [2] 11 janvier 1740, à Jean-Baptiste CHARLES. —*Anne-Madeleine*, b [1] et s [1] 16 sept. 1721. — *Madeleine*, b 1725; s 30 oct. 1732, à Québec.— *Jean*, b... 1° m 1749, à Marguerite CHARBONNEAU; 2° m 26 juillet 1773, à Marie-Joseph LEMARIÉ, à Terrebonne.[3] — *Marie-Françoise*, b [3] 3 août 1729; s [2] 5 juillet 1730. — *Pierre*, b [2] 24 juin 1731 ; s [2] 22 mars 1733. — *Pierre-François*, b [3] 19 janvier 1734.

1718, (16 mai) Batiscan. [4]
II.—DESSUREAUX, FRANÇOIS, [FRANÇOIS I.
b 1683.
BERTRAND, Elisabeth, [PAUL I.
b 1698
Marie-Joseph, b... m 8 nov. 1734, à Jean-Baptiste BERTRAND, à Ste-Geneviève. [5]—*Marie-Françoise*, b [4] 30 mars 1718; m à Joseph PHLEM.— *François-Xavier*, b [4] 9 mars 1720. — *Agathe*, b [4] 1er mai 1722. — *Marie-Joseph*, b [4] 22 juin 1724.— *Geneviève*, b [4] 2 sept. 1726. —*Jean-Baptiste*, b... 1° m [4] 20 juin 1763, à Catherine MASSICOT; 2° m à Marguerite RIVARD —*Joseph*, b [5] 9 mars 1732.— *Marie-Anne*, b [5] 14 fevrier 1735.—*Michel-Joseph*, b [5] 14 avril 1738.

DESSUREAUX, MARIE, b 1719, s 22 déc. 1754, à Ste-Rose.

1749.
III.—DESSUREAUX (3), JEAN. [JEAN-BTE II.
1° CHARBONNEAU, Marguerite, [JEAN-BTE II.
b 1732.
Jean-Baptiste, b 17 fevrier 1750, à Lachenaye[3], m 12 fevrier 1776, à Madeleine LEMARIE, à Terrebonne. [5] — *Marie-Suzanne*, b [5] 28 mars 1757.—*Ignace-Amable*, b [3] 21 sept. 1758.—*Marie-Rose*, b [5] 29 juillet 1760.

1773, (26 juillet). [5]
2° LEMARIÉ, Marie-Joseph, [PIERRE III.
b 1738; veuve de Pierre Coron.

(1) LeBourguignon; voy. vol. I, p 192.

(2) Elle épouse, le 7 février 1689, Jean Boismené, à Batiscan.

(3) Et Dussureaux.

1763, (20 juin) Batiscan. [3]
III.—DESSUREAUX, JEAN-BTE. [FRANÇOIS II.
1° MASSICOT, Catherine, [FRANÇOIS II.
b 1741.
2° RIVARD, Marguerite.
Marguerite, b... m [3] 3 mars 1794, à Jean-Baptiste LEHOUILLIER.

1776, (12 février) Terrebonne.
IV.—DESSUREAUX, JEAN-BTE. [JEAN-BTE III.
LEMARIÉ, Madeleine, [PIERRE III.
b 1750.
Marie-Joseph, b 31 janvier 1784, à Lachenaye.[5] —*Jean-Baptiste*, b [5] 20 juillet 1785.

DEST-AGNAN.—*Variations et surnoms :* D'ALBERT — DEST-AIGNAN — DOBLEBERT — ST-AIGNAN.

1742, (18 nov.) Quebec.
I.—DE ST-AGNAN (1), TOUSSAINT, fils de Toussaint et de Marie Duter, de Courtoner, diocèse de Scez.
LECOQ (2), Marguerite, [JEAN-BTE I.
b 1723; s 20 mai 1755, à Batiscan. [5]
Marguerite-Françoise, b [5] 28 nov. 1743, m [5] 19 avril 1762, à Pierre BEAUFORT. — *Marie-Joseph-Charlotte*, b [5] 1er juillet 1745. — *Marie-Thérèse-Véronique*, b [5] 16 août 1746. — *Marie-Elisabeth*, b [5] 7 août 1747.

DESTAILLIS —Voy. DENEAU.

I.—DESTAIN, PIERRE-GUILLIN, de Ste-Croix, diocèse d'Arras.
.... (3), Marie-Joseph.

D'ESTIENNE. — *Surnoms :* DECLÉRIN — DUBOUSQUET.

1691, (24 avril) Montréal. [3]
I.—D'ESTIENNE (4), DENIS,
b 1670.
CELLES-DUCLOS, Jeanne, [GABRIEL I.
b 1669.
Suzanne, b [3] 15 fevrier 1700; m [3] 25 nov. 1737, à Louis-Claude DANRÉ DE BLANZY. — *Louise*, b [3] 17 janvier 1704; m [3] 28 nov. 1720, à Andre SOUSTE. — *Claude*, b [3] 13 août et s 9 dec. 1705, à Lachine. — *Elisabeth-Françoise*, b [3] 15 mai 1708; m [3] 6 oct. 1760, à Joachim DESCARIS. —*Marie-Elisabeth*, b [3] 26 sept. 1709.

I.—D'ESTIMAUVILLE (5), JEAN-BTE-CHARLES,
b 1750; s 14 mai 1823, à Quebec. [4]
COURREAU (6), Marie-Joseph,
s avant 1823.

(1) D'Albert de St-Agnan, procureur fiscal.

(2) Dit St-Onge.

(3) Elle épouse, le 7 janvier 1767, Augustin Plante, à Sorel.

(4) DuBousquet, sieur de Clérin; lieutenant d'une compagnie du detachement de la marine.

(5) Sire et baron de Beaumouchel; lieutenant-colonel du district des Trois-Rivières.

(6) DeLacoste.

Jean-Baptiste-Philippe, b... m[4] 25 février 1805, à Marie-Joseph DRAPEAU.—*Joséphine*, b... m[4] 18 déc. 1807, à Charles TARIEU DE LA NAUDIÈRE.—*Marguerite*, b... m[4] 1er mars 1821, à Jean-Roch ROLLAND.

1805, (25 février) Québec. [4]

II.—D'ESTIMAUVILLE(1),J.-B.-P. [JEAN-BTE I
DRAPEAU, Marie-Joseph. [JOSEPH IV.
Marie-Joseph-Joséphine-Eléonore, b[4] 31 août 1816.

I.—DESTIN, JACQUES.
BOILARD (2), Marie.

I.—DESTIVAL (3), JEAN-ATHÉNODORE, b 1684; s 14 déc. 1729, à Quebec.

DESTOUCHES.—Voy. PÉRONNE.

DESTOURS.—Voy. DUPUIS.

I—DESTOURS, FRANÇOIS.
PAUPERET, Marie-Joseph. [DAVID II.
Marie-Joseph, b... s 25 juillet 1756, aux Trois-Rivières.—*Exupère*, b 15 juin 1762, à St-François

DESST-OURS.—*Variation et surnom :* ST-OURS—DESCHAILLONS.

I.—DEST-OURS (4), PIERRE,
b 1643; s 21 oct. 1724, à St-Ours.
MULOIS, Marie,
b 1649.
Pierre, b 1673; 1° m 12 mai 1710, à Hélène-Françoise CÉLORON, à Montreal[1]; 2° m[1] 23 juin 1736, à Marie-Claire DAGNEAU.

1705, (25 nov.) Montreal.[1]

II.—DEST-OURS (5), JEAN-BTE, [PIERRE I.
b 1670; s 9 juin 1747, à Quebec.[2]
LEGARDEUR, Marguerite, [PIERRE IV.
b 1686; s[1] 24 avril 1757.
Marguerite, b[1] 6 avril 1707; s[1] 29 juillet 1728.—*Charles-Joseph*, b[1] 21 mars 1708.—*Jean-Baptiste*, b[1] 15 oct. 1709; s[1] 9 fevrier 1728.—*Agathe-Geneviève*, b[1] 10 mars et s[1] 12 avril 1711. — *Pierre-Roch*, b[1] 15 et s[1] 17 février 1712.—*Marie-Angélique*, b[1] 23 mars 1713. — *Jeanne-Elisabeth*, b[1] 3 juillet 1714.—*Angélique*, b[1] 22 sept. 1715.—*Roch*, b... m[2] 30 juin 1745, à Charlotte DESCHAMPS.

1710, (12 mai) Montréal.[1]

II.—DEST-OURS, PIERRE, [PIERRE I.
b 1673.
1° CÉLORON, Hélène-Françoise, [JEAN-BTE I.
b 1688; s[1] 15 juillet 1729.
Pierre-Joseph, b[1] 10 août 1711.— *Pierre*, b[1] 22 janvier 1713; s[1] 9 mai 1714. — *François-Marie-Joseph*, b[1] 5 mai et s[1] 25 nov. 1714.—*Marie-Louise*, b[1] 8 nov. 1715; m[1] 26 août 1737, à François LEGARDEUR.—*François-Xavier*, b[1] 12 déc. 1717; m[1] 1er mai 1742, à Thérèse HERTEL. — *Marie-Catherine*, b[1] 23 nov. 1721. — *Marie-Hélène*, b 28 et s 29 juillet 1728, à Laprairie.

1736, (23 juin).[1]

2° DAGNEAU, Marie-Claire, [MICHEL I
b 1706; s[1] 5 juin 1743.
Anonyme, b[1] et s[1] 4 août 1738.—*Pierre-Philippe*, b[1] 25 août 1739.

1742, (1er mai) Montréal.[1]

III.—DEST-OURS, FRS-XAVIER, [PIERRE II
b 1717.
HERTEL (1), Thérèse, [MICHEL IV.
b 1726.
Marie-Charlotte, b[1] 24 juillet et s 14 août 1747, au Sault-au-Récollet.—*François-Michel*, b[1] 23 nov. 1748; s[1] 1er avril 1749.—*Thérèse*, b[1] 26 oct. 1749; s[1] 10 sept. 1750. — *Marie-Geneviève*, b[1] 16 nov. 1750; s 29 sept. 1751, à St-Laurent, M.[2] — *Pierre-Joseph*, b[2] et s[2] 20 sept. 1753.

1745, (30 juin) Québec.[7]

III.—DEST-OURS (2), ROCH. [JEAN-BTE II.
DESCHAMPS (3), Charlotte, [LOUIS-HENRI II.
b 1724.
Jeanne-Geneviève, b[7] 11 juillet 1746. — *Paul-Roch*, b[7] 5 sept. 1747. — *Geneviève-Charlotte-Roch*, b[7] 27 mai 1750.—*Anonyme*, b[7] et s[7] 8 mars 1752. — *Roch-Louis*, b[7] 24 août 1753; m 1792, à Marie-Joseph MURRAY.

DEST-OURS, THÉRÈSE, epouse de .... GASTINEAU.

IV.—DEST-OURS (4), CHS-LS-ROCH, [ROCH III
b 1753.
MURRAY, Marie-Joseph.
Joseph-Marie-Anne, b 17 mars 1793, à Quebec

DESTRAMPES. — *Variations :* DESTRAMPE—D'ESTRAMPES.

1752, (6 juin) Québec.[7]

I.—DESTRAMPES (5), JEAN-BTE, fils de Pierre et de Bertrande Saillant, de Bordes, diocèse de Comminges.
BURON, Geneviève-Françoise, [NOEL I
b 1734.
Jean-Baptiste, b 2 et s 25 avril 1753, à l'Ile-Dupas.[8]—*Charles*, b[8] et s[8] 1er fevrier 1754.—*Marie-Geneviève*, b[8] 13 déc. 1754; m 24 nov. 1776, à Jean-Baptiste CHENEVERT, à Batiscan. — *Jean-Antoine*, b[8] 14 juillet 1759; m[7] 18 août 1789, à Louise BRUNEAU.—*Charles*, b[8] 10 mars et s[8] 20 avril 1761.

(1) Greffier de l'amirauté et major des Chasseurs-Canadiens.

(2) Elle épouse, le 19 février 1787, Louis Eméric dit Beauvais, à Québec.

(3) DeDaixé; il était venu sur le vaisseau du Roy l'*Eléphant* qui fit naufrage le 1er sept. 1729.

(4) Seigneur de St-Ours, chevalier de St-Louis; voy. vol. I, p 554.

(5) Sieur Deschaillons, lieutenant.

(1) Dit Cournoyer.

(2) Dit Deschaillons; lieutenant.

(3) DeBoishébert.

(4) Capitaine du 84e régiment et aide-de-camp de Lord Dorchester.

(5) Chirurgien; il était à l'Ile-Dupas, le 25 janvier 1761.

1789, (18 août) Québec.

II.—DESTRAMPES (1), JEAN-ANT., [JEAN-BTE I. b 1759.
BRUNEAU, Louise. [GUILLAUME-PIERRE I.

DESTRÉE.—*Surnoms :* DENEAU—DESHAIES.

1718, (16 août) Laprairie. [1]

I.—DESTRÉE (2), DOMINIQUE, b 1685; fils de Jean et de Marie Larose, du diocèse de Bayeux; s [1] 18 nov. 1741.
DELISLE, Madeleine, [JEAN I. b 1663; veuve de Pierre Lamarque; s 27 juillet 1755, à Montreal. [2]
Marie-Madeleine, b [1] 4 mai 1719; m [1] 24 juillet 1747, à Louis MORAND.—*Dominique,* b [1] 5 mars 1721.—*Jean-Baptiste,* b [1] 6 oct. 1722; s [2] 20 fevrier 1724.—*Bonaventure,* b [2] 17 et s [2] 19 sept. 1725.

D'ESTRÊME.—*Surnom :* COMTOIS.

1735, (27 nov.) Québec.

I.—D'ESTRÊME (3), PIERRE, fils d'Etienne et de Jeanne Saurad, de Surbac, diocèse de Pamiers.
RENAUD, Madeleine, [JEAN-BTE III. b 1691; veuve de Michel Balé.

DESTROCHES. — *Variation et surnom :* DESTROSSES—BEZIERS.

1757, (17 janvier) Longueuil. [3]

I.—DESTROCHES (4), PIERRE, fils de Pierre et de Marguerite Sauvre, de St-Félix, ville de Beziers, en Languedoc.
1° DENIAU, Marie-Charlotte, [PIERRE III. b 1739; s [3] 8 juin 1763.
Marie, b [3] 29 avril 1761.—*Archange,* b... m 23 oct. 1780, à Antoine TRUDEL, à la Longue-Pointe.
1763, (14 août). [3]
2° EDELINE, Marie-Anne, [PIERRE III. b 1740.

DESTROISMAISONS.—*Surnom :* PICARD.

1669, (18 nov.) Château-Richer. [2]

I.—DESTROISMAISONS (5), PHILIPPE, b 1637.
CROSNIER, Marie, b 1645.
Angélique, b [2] 26 oct. 1670; m 24 nov. 1692, à Alphonse MORIN, au Cap-St-Ignace [3], s 27 février 1744, à St-Thomas. [5]—*Marie-Madeleine,* b [2] 2 juin 1672; m [3] 22 juin 1699, à Jean-Baptiste ROUSSEAU; s 11 fevrier 1757, à St-Pierre-du-Sud. [6]—*Françoise* (6), b [3] 2 janvier 1674; m [3] 2 juin 1692, à Charles LANGELIER; s 22 nov. 1715, à l'Islet. [4]—*François,* b [3] 23 nov. 1678; m [5] 3 nov. 1700, à Françoise DAGNEAU; s [6] 30 mai 1749.—*Louise,* b [4] 19 avril 1680; m [5] 31 août 1702, à Jacques DAGNEAU; s 30 juin 1755, à St-Frs-du-Sud.—*Geneviève,* b [3] 23 juin 1682; m [5] 28 sept. 1704, à Robert VAILLANCOURT. — *Charles,* b [3] 13 juin 1684; 1° m [5] 27 mai 1709, à Madeleine BLANCHET; 2° m [5] 30 sept. 1721, à Marie-Madeleine BOULÉ; 3° m à Marie-Anne FONTAINE; s [6] 14 avril 1750.—*Anne,* b [3] 29 avril 1686; m [5] 7 janvier 1704, à Michel CHARTIER; s 4 avril 1721, à Berthier.—*Jacques,* b [3] 4 sept. 1688; m 30 oct. 1710, à Madeleine PELLETIER, à St-Pierre, I. O.; s [6] 19 avril 1756.—*Agathe,* b [3] 18 janvier 1691; m [5] 8 juin 1711, à Pierre PROU. — *Philippe,* b 1692; m à Hélène MARANDA.

1700, (3 nov.) St-Thomas. [8]

II.—DESTROISMAISONS (1), FRS, [PHILIPPE I. b 1678; s 30 mai 1749, à St-Pierre-du-Sud. [9]
DAGNEAU (2), Marie-Françoise, [JEAN I. b 1676; s [9] 18 oct. 1759.
Louis, b [8] 21 août 1701; m 1726, à Anne PROULX.—*Geneviève,* b [8] 7 oct. et s [8] 16 nov. 1703.—*Marie-Joseph,* b [8] 19 nov. 1704; m à Joseph BLANCHET.—*François,* b [8] 13 mai 1707; m 13 février 1730, à Ursule ROUSSEAU, à l'Islet.—*Claire,* b [8] 2 mars 1710. — *Jacques,* b [8] 13 sept. 1712; m 1750, à Geneviève GAGNÉ. — *Augustin,* b... m 1748, à Marie-Françoise LANGLOIS.

1709, (27 mai) St-Thomas. [2]

II.—DESTROISMAISONS (1), CHS, [PHILIPPE I. b 1684; s 14 avril 1750, à St-Pierre-du-Sud. [3]
1° BLANCHET, Madeleine, [PIERRE I. b 1676; veuve de Vincent Chrétien.
Charles, b [2] 10 avril 1710; 1° m... 2° m [2] 20 oct. 1732, à Marie-Marthe BOUCHARD; 3° m [3] 24 janvier 1752, à Elisabeth NOLIN.—*Madeleine,* b [2] 19 juin 1711. — *Marguerite,* b [2] 9 nov. 1712; m [2] 17 avril 1736, à Antoine LETOURNEAU.—*Augustin,* b [2] 21 mai 1714; m 26 nov. 1742, à Marie-Elisabeth BLAIS, à Berthier.
1721, (30 sept.) [2]
2° BOULÉ, Marie-Madeleine, [PAUL II. b 1699.
3° FONTAINE (3), Marie-Anne.

1710, (30 oct.) St-Pierre, I. O.

II.—DESTROISMAISONS (1), JACQ., [PHILIPPE I. b 1688, s 19 avril 1756, à St-Pierre-du-Sud. [4]
PELLETIER, Madeleine, [RENÉ III. b 1694.
Marie-Madeleine, b 29 sept. 1711, à St-Thomas. [5]—*Jacques-François,* b [5] 16 janvier 1713; m à Anne MORIN.—*René,* b [5] 22 avril 1714, m à Marie-Françoise MORIN; s 20 sept. 1760, à St-Frs-du-Sud. [6] — *Paul,* b... 1° m à Madeleine ROUSSEAU; 2° m [4] 16 juin 1749, à Marie JANOT.—*Joseph,* b... m 1746, à Marie-Geneviève ISABEL.—*Angélique,* b 1724, m [4] 10 janvier 1752, à Jacques BEAUDOIN; s [6] 29 nov. 1757.—*Jean-Baptiste,* b...

(1) Marchand à St-Cuthbert.
(2) Et Deneau—Deshaies; veuf de Marie Hogue.
(3) Dit Comtois; maître-tailleur.
(4) Dit Beziers; soldat de la compagnie de M. DeMonredon, régiment de Béarn.
(5) Dit Picard; voy. vol. I, p. 193.
(6) Elle laisse douze enfants.

(1) Dit Picard.
(2) Et Daniau dit Laprise.
(3) Elle épouse, le 27 juillet 1750, Pierre Malbeuf, à St-Pierre-du-Sud.

m[4] 19 janvier 1761, à Marie-Joseph BLAIS.—*Pierre*, b... m 1749, à Marguerite GAGNÉ. —*Alexis*, b... m 27 oct. 1750, à Marie-Anne AUDET, à St-Laurent, I. O. — *Louis*, b... m[6] 15 fevrier 1751, à Marie-Dorothée TALBOT.

II.—DESTROISMAISONS (1), PHIL., [PHIL. I.
b 1692.
MARANDA, Hélène, [ETIENNE I.
b 1690.
Philippe, b... m 5 février 1759, à Marguerite HURETTE, à St-Pierre-du-Sud. [3]— *Geneviève*, b... m[3] 4 nov. 1760, à Jean-Baptiste BLANCHET.

1726.

III.—DESTROISMAISONS (1), LOUIS, [FRS II.
b 1701.
PROULX, Anne, [JEAN I.
b 1693.
Marie-Madeleine, b 1er août 1727, à Berthier[4]; 1° m 1er fevrier 1751, à Simon MERCIER, à St-Pierre-du-Sud [5]; 2° m [5] 9 nov 1761, à Louis SAMSON. — *François*, b [4] 16 août 1729, m 2 février 1756, à Marie-Françoise TERRIEN, à St-Frs-du-Sud. — *Anne*, b 11 mars 1735, à St-Thomas; m [5] 21 fevrier 1757, à Augustin GENDRON. — *Marie-Louise*, b... m [5] 17 nov. 1760, à Charles DAGNEAU. — *Gabriel*, b... m [5] 11 janvier 1762, à Marie MOYEN. — *Marie-Madeleine*, b [5] 14 juin et s [5] 5 dec. 1750. — *Basile*, b [5] 29 oct. 1753.

III.—DESTROISMAISONS (1), CHS, [CHARLES II.
b 1710.
1° m...
1732, (20 oct.) St-Thomas.
2° BOUCHARD, Marie-Marthe, [NICOLAS I.
b 1704; veuve de Simon Fournier; s 5 fevrier 1751, à St-Pierre-du-Sud. [4]
Joseph-Marie, b 1746; m [4] 26 janvier 1761, à Marie-Angélique BLANCHET. — *Marie-Françoise*, b [4] 12 juin 1749.—*Basile*, b... m [4] 4 avril 1758, à Marie COLOMBE.
1752, (24 janvier). [4]
3° NOLIN, Elisabeth, [GABRIEL II.
b 1709; veuve d'Isidore Morin.

III.—DESTROISMAISONS (1), JACQ., [JACQ. II.
b 1713.
MORIN, Anne.
Marie-Anne, b... m 26 février 1753, à Joseph BOUCHER, à St-Frs-du-Sud. [3]—*Marie-Marthe*, b... m [3] 14 avril 1755, à Pierre-Noël TERRIEN. — *Marie-Françoise*, b... m [3] 3 oct. 1758, à Basile BAUCHÉ. — *Marie-Françoise*, b [3] 29 janvier et s [3] 19 fevrier 1741. — *Jacques*, b [3] 2 sept. 1742. — *Pierre-René*, b 14 août 1744, à Berthier [2], m [2] 7 janvier 1765, à Jeanne ALAIN. — *Joseph-Marie*, b [2] 27 juillet 1746; m 26 janvier 1761, à Marie-Angélique BLANCHET, à St-Pierre-du-Sud. — *Marie-Madeleine*, b [3] 19 juin 1750.—*Philippe*, b [3] 30 avril 1752. — *Marie-Joseph*, b [3] 9 mai 1756.—*Marie-Geneviève*, b [3] 30 mai 1758.

(1) Dit Picard.

1730, (13 fevrier) Islet.
III.—DESTROISMAISONS(1), FRS, [FRANÇOIS II.
b 1707.
ROUSSEAU, Ursule. [MARTIN II.
François, b 1er avril 1731, à St-Thomas [6]; m [6] 12 janvier 1761, à Marie-Marthe MICHON.—*Pierre*, b... m 21 janvier 1754, à Marie-Joseph MERCIER, à Berthier.—*Ursule*, b [6] 25 avril 1735, m 17 janvier 1752, à Julien BEAUPIED, à St-Pierre-du-Sud. [7] — *Thérèse*, b... m [7] 17 janvier 1757, à Alexandre NADEAU. — *Marie-Joseph*, b.. 1° m [7] 24 oct. 1757, à Jean-Marie MICHON; 2° m [6] 22 fevrier 1773, à Prisque BÉLANGER. — *Jean-Baptiste*, b... m [6] 7 janvier 1771, à Marie-Brigitte RODIN. — *Augustin*, b [7] 22 mars 1749; s [7] 29 dec. 1750.

III —DESTROISMAISONS (1), RENÉ, [JACQ. II.
b 1714, s 20 sept. 1760, à St-Frs-du-Sud. [3]
MORIN, Marie-Françoise.
Marie-Françoise, b... 1° m [3] 7 fevrier 1752, à Eustache BACON; 2° m [3] 11 fevrier 1754, à Jean-Baptiste ROUSSEAU. — *René*, b... m 23 juin 1755, à Thècle PICHET, à Ste-Famille, I. O.

1742, (26 nov.) Berthier. [2]
III.—DESTROISMAISONS (1), AUG., [CHS II.
b 1714.
BLAIS, Marie-Elisabeth, [PIERRE III.
b 1725.
Marie-Elisabeth, b [2] 30 janvier 1744, m [2] 25 janvier 1762, à Charles CARON.—*Marie-Geneviève*, b [2] 7 juin 1749; m [2] 11 avril 1768, à Jean BAULIÈRE.—*Marie-Marthe*, b [2] 25 août 1757.—*Augustin*, b [2] 30 juin 1760; m [2] 11 janvier 1780, à Marguerite GUILMET.—*Charles*, b [2] 3 août 1763.

1746.

III.—DESTROISMAISONS (1), JOS. [JACQUES II.
ISABEL, Marie-Geneviève. [MARC II
Joseph, b 5 et s 6 février 1747, à Berthier.—*Marie-Geneviève*, b 7 juin 1749, à St-Frs-du-Sud.[1] —*Marie-Joseph*, b 12 août 1750, à St-Pierre-du-Sud.—*Marie-Madeleine*, b [1] 2 mai 1752.

III.—DESTROISMAISONS (1), PAUL. [JACQ II.
1° ROUSSEAU, Madeleine.
Marie-Madeleine, b... m 8 nov. 1762, à Joachim ST-PIERRE, à St-Roch. [7]
1749, (16 juin) St-Pierre-du-Sud. [1]
2° JANOT, Marie. [JEAN II.
Anonyme, b et s 22 sept. 1750, à Levis. [2]—*Marie-Angélique*, b [2] 15 août et s [2] 3 sept. 1751. —*Marie-Rose*, b [2] 4 mars 1753; m [7] 26 oct. 1778, à Pierre BOUCHER —*Marie-Catherine*, b [1] 1er mai 1756. — *Marie-Geneviève*, b [1] 30 août 1757. — *Marie-Reine*, b [1] 1er février et s [7] 18 nov. 1759.—*Marie-Louise*, b [7] 22 dec. 1760; s [7] 12 avril 1762. — *Paul-Basile*, b [7] 7 mai 1762. — *Marie-Ange*, b [7] 4 juillet et s [7] 11 août 1763. — *Marie-Ange*, b [7] 17 juin et s [7] 10 sept. 1764.

(1) Dit Picard.

1748.

III.—DESTROISMAISONS (1), AUGUST. [FRS II.
LANGLOIS (2), Marie-Françoise. [LOUIS III.
Antoine-François, b 1748; s 8 déc. 1750, à St-Pierre-du-Sud. [1] — *Jean-François*, b 9 oct. et s 7 nov. 1750, à St-Frs-du-Sud. — *Marie-Françoise*, b [1] 20 oct. 1751. — *Marie-Geneviève*, b [1] 14 oct. 1754. — *Marie-Charlotte*, b [1] 31 janvier 1757; s [1] 28 juillet 1759.—*Marie-Marthe*, b [1] 31 janvier et s [1] 11 février 1757. — *Marie-Charlotte*, b 5 nov. 1759, à St-Thomas. [3]—*Augustin*, b... m [3] 13 oct. 1760, à Marie-Joseph GOSSELIN.

1749.

III.—DESTROISMAISONS(1), PIERRE. [JACQ. II.
GAGNÉ, Marguerite, [LOUIS-AUGUSTIN IV.
b 1712; s 14 juin 1783, à St-Jean-Port-Joli. [4]
François, b 6 avril 1750, à St-Pierre-du-Sud. [5] —*Marie-Louise*, b 1er sept. 1752, à St-Frs-du-Sud; m 8 janvier 1776, à François GAUDREAU, à l'Islet. — *Geneviève-Félicité*, b [5] 3 avril 1756; s [4] 7 juillet 1784. — *Marie-Madeleine*, b [5] 30 mai 1757; s [5] 12 déc. 1759. — *Pierre*, b... m [4] 9 oct. 1780, à Marie-Louise BÉLANGER.

1750.

III.—DESTROISMAISONS (1), JACQ., [FRS II.
b 1712.
GAGNÉ, Geneviève.
Jean-François, b 2 janvier 1751, à St-Pierre-du-Sud. [2]—*Augustin*, b [2] 23 sept. 1753. — *Marie-Reine*, b [2] 23 août 1756; s [2] 14 sept. 1758.

1750, (27 oct.) St-Laurent, I. O.

III.—DESTROISMAISONS (1), ALEXIS. [JACQ. II.
AUDET, Marie-Anne, [JEAN III.
b 1727.
Anonyme, b et s 21 oct. 1751, à St-Charles. [3]— *Marie*, b [3] 27 oct. 1752. — *Marie-Thérèse*, b [3] 27 juillet 1754; s [3] 3 janvier 1756. — *Alexis*, b [3] 24 sept. 1756. — *Jean-Baptiste*, b [3] 10 nov. 1758. — *Louis*, b [3] 20 oct. 1760.

1751, (15 février) St-Frs-du-Sud. [6]

III.—DESTROISMAISONS (1), LS, [JACQUES II.
s avant 1774.
TALBOT, Marie-Dorothée, [JACQUES II.
b 1734.
Marie-Thérèse, b [6] 11 nov. 1751.—*Louis-Marie*, b 31 juillet 1753, à St-Pierre-du-Sud. [9] — *André*, b [9] 5 février 1755; m 24 janvier 1774, à Angélique BLOUIN, à Berthier. —*Jean-Baptiste*, b [9] 22 déc. 1756.—*Marie-Marguerite*, b [9] 7 sept. 1758.

1754, (21 janvier) Berthier. [6]

IV.—DESTROISMAISONS (1), PIERRE. [FRS III.
MERCIER, Marie-Joseph, [PIERRE III.
b 1728.
Marie, b [6] 6 nov. 1754.—*Marie-Geneviève*, b 4 février 1757, à St-Valier. [7] — *Pierre-Paul*, b [7] 30 juin 1759.—*François-Marie*, b [7] 4 août 1761.

(1) Dit Picard.
(2) Dit St-Jean.

1755, (23 juin) Ste-Famille, I. O.

IV.—DESTROISMAISONS (1), RENÉ. [RENÉ III.
PICHET, Thècle, [JACQUES III.
b 1734.
Marie-Thècle, b 15 et s 21 déc. 1756, à St-Frs-du-Sud. [3] — *Marie-Françoise*, b [3] 15 déc. 1756.— *Marie-Thècle*, b [3] 19 fevrier 1758.— *Pierre-René*, b [3] 12 déc. 1759; m à Angelique ASSELIN. — *Michel*, b 30 juillet 1768, à Berthier.

1756, (2 février) St-Frs-du-Sud.

IV.—DESTROISMAISONS (1), FRS, [LOUIS III.
b 1729.
TERRIEN, Marie-Françoise. [IGNACE III.

1758, (4 avril) St-Pierre-du-Sud. [1]

IV.—DESTROISMAISONS (1), BASILE. [CHS III.
COLOMBE (2), Marie, [ALEXIS III.
b 1735.
Marie-Thérèse, b [1] 21 mars et s [1] 8 avril 1758.

1759, (5 février) St-Pierre-du-Sud. [3]

III.—DESTROISMAISONS (1), PHIL. [PHIL. II.
HURETTE (3), Marguerite. [JEAN-BTE II.
Philippe, b... m [3] 29 janvier 1793, à Rosalie FOURNIER.

1760, (13 oct.) St-Thomas.

IV.—DESTROISMAISONS (1), AUG. [AUG. III.
GOSSELIN, Marie-Joseph, [JEAN-BTE III.
b 1739.

DESTROISMAISONS (1), AUGUSTIN.
1° MORIN, Reine
1773, (9 fevrier) St-Jean-Port-Joli.
2° THIBAUT, Clotilde. [JOSEPH.

1761, (12 janvier) St-Thomas.

IV.—DESTROISMAISONS (1), FRS, [FRS III.
b 1731.
MICHON, Marie-Marthe.

1761, (19 janvier) St-Pierre-du-Sud.

III.—DESTROISMAISONS (1), J.-BTE. [JACQ. II.
BLAIS, Marie-Joseph. [JOSEPH III.

1761, (26 janvier) St-Pierre-du-Sud.

IV.—DESTROISMAISONS (1), JOS.-M., [CHS III.
b 1746.
BLANCHET, Marie-Angélique, [LOUIS II.
veuve de Jean-Baptiste Morin.

1762, (11 janvier) St-Pierre-du-Sud.

IV.—DESTROISMAISONS (1), GABRIEL. [LS III.
MOYEN (4), Marie. [JACQUES I.
Marie-Salomée, b 15 juillet 1764, à Levis, m 29 sept. 1783, à Michel ALARD, à Lachenaye. [2] — *Louis-Marie*, b [2] 26 août 1772; s [2] 29 dec. 1784. —*Marie-Anne*, b... m [2] 19 fevrier 1787, à François

(1) Dit Picard.
(2) Elle épouse, le 11 janvier 1767, Clément Corriveau, à Berthier.
(3) Et Lurette.
(4) Et Morin.

Morin.—*Gabriel*, b... m [2] 30 avril 1787, à Marie-Louise Charpentier.—*Marie-Archange*, b [2] 16 avril 1774. — *Marie-Rosalie*, b [2] 2 oct. 1776. — *Charles*, b 1780; s [2] 2 déc. 1781.—*Jacques*, b [2] 22 fevrier et s [2] 5 mai 1782.

—

1765, (7 janvier) Berthier.

IV.—DESTROISMAISONS (1), P.-R , [Jacq. III.
b 1744.
Alain, Jeanne. [Pierre I.

—

1771, (7 janvier) St-Thomas.

IV.—DESTROISMAISONS (1), J.-Bte. [Frs III.
Robin, Marie-Brigitte, [François III.
b 1748.

—

1774, (24 janvier) Berthier.

IV.—DESTROISMAISONS(1), Andre, [Louis III.
b 1755.
Blouin, Marie-Angelique, [Gabriel III.
b 1755.

—

1780, (11 janvier) Berthier. [7]

IV.—DESTROISMAISONS (1), Aug., [Aug. III.
b 1760.
Guilmet, Marguerite, [Augustin III.
b 1754.
Augustin, b [7] 30 janvier et s [7] 11 février 1781. —*Archange*, b [7] 20 août 1795.

1780, (9 oct.) St-Jean-Port-Joli.

IV.—DESTROISMAISONS (1), P. [Pierre III.
Bélanger, Marie-Louise, [Jean IV.
b 1753.

—

V.—DESTROISMAISONS (1), René, [René IV.
b 1759.
Asselin, Angélique,
b 1767; s 19 avril 1784, à St-François, I. O.[2]
Marie-Angélique, b... s [2] 20 avril 1784.

—

1787, (30 avril) Lachenaye. [1]

V.—DESTROISMAISONS(1), Gab. [Gabriel IV.
Charpentier, Marie-Louise, [Jean-Bte III.
b 1758.
Joseph-Marie-Gabriel, b [1] 19 février 1788.

1793, (29 janvier) St-Pierre-du-Sud.[2]

IV.—DESTROISMAISONS (1), Phil. [Phil. III.
Fournier, Rosalie.
Thomas-Ferruce, b [2] 12 janvier 1796, ordonne le 17 oct. 1819, s 5 avril 1866, à St-François, I. O.

—

DESTROISMAISONS, Madeleine, epouse de Julien Hervé.

—

DESTROISMAISONS, Thérèse, épouse de Louis Laurendeau.

—

DESTROSSES —Voy. Beziers—Destroches.

(1) Dit Picard.

I.—DeST-VINCENT (1), Pierre,
b 1660; s 29 août 1743, à Quebec. [1]
Dugard, Marie-Antoinette,
b 1664; s [1] 24 fevrier 1748.
Marie-Françoise, b 1695; 1° m 29 déc. 1729, à François-Roger DeFranfleur, à Beauport, 2° m [1] 12 août 1748, à Charles Dubeau; s [1] 31 janvier 1758.—*Henri-Albert*, b 1698; m [1] 5 oct. 1719, à Madeleine-Louise LeVasseur.—*Jean-Charles*, b 1700.—*Daniel*, b 1706.—*Elisabeth*, b 1708; m [1] 30 mai 1728, à Jean-Baptiste Dupin de Belugard; s [1] 17 déc. 1729.

—

1719, (5 oct.) Québec. [1]

II.—DeST-VINCENT (2), Henri-Alb., [Pierre I.
b 1698.
LeVasseur, Marie-Madeleine-Lse, [Jacques I.
b 1694; s [2] 22 juin 1742.
Thomas-Antoine, b [2] 27 avril 1727.—*Marie-Thomas-Elisabeth*, née [2] 20 juillet 1728; b [2] 15 juin et s [2] 3 sept. 1729. — *Charles-Albert* (3), b [2] 10 avril 1733.

—

DesVIGNEZ.—Voy. Sieur de Lhuilier—Tuilier.

—

DeTAILLIS.—Voy. Deneau.

—

DeTALARD.—Voy. Marin, 1759.

—

1750, (19 janvier) Québec. [3]

I.—DETCHEPARD (4), Jean, fils de Pierre et de Marie Deschetand, de St-Jean, diocèse de Bayonne.
Deschevery, Marie-Anne, [Jean I.
b 1725.
Charles, b [3] 17 oct. 1750; s [3] 29 juin 1758.—*Marie-Anne*, b [3] 8 août 1753.—*Jean-François*, b [3] 27 juillet 1756.—*Marie*, b 1757, s [3] 16 août 1758. —*Marie-Charlotte*, b [3] 14 mars 1761.

—

DETCHEVERY.—Voy. Deschevery.

—

I.—D'ETERVILLE (5), François.
Parant, Marie.
Antoine-Marie, b 25 mars 1760, à St-Antoine-de-Chambly.

—

I.—DETIER, François.
Gendron, Madeleine.
Madeleine, b 28 juillet 1758, à Lachine.—*Jean-François*, b 31 juillet 1760, à St-Laurent, M.

—

DeTONNANCOUR.—Voy. Godfroy.

(1) Baron de Narcy, chevalier de St-Louis; voy. vol. I, p. 193.
(2) Sieur de Narcy, officier des troupes; il était à Lorette, le 28 mai 1730.
(3) Filleul du gouverneur Beauharnois.
(4) Dit Raymond.
(5) Il etait à Lachenaye, le 10 février 1760

1761, (30 mars) St-Michel-d'Yamaska.[4]

I.—DETOUCHE (1), FRANÇOIS-AUGUSTIN, fils de François et de Marie-Anne Laforest, de St-Barthélemi, ville de Béthune.
THÉROUX, Marguerite, [PIERRE II.
b 1738.
Marguerite, b [4] 19 mars 1761 ; s [4] 21 juin 1762.

DETOUR.—Voy. DESTOURS—DUPUIS.

DETOURNEAU, LOUIS,—Voy. LETOURNEAU.

DeTRÉMONT.—Voy. SALVAY.

DETRESAC.—Voy. DUTRISAC.

DeTRÉPAGNY (2). — *Variations :* TRÉPAGNY—TREPANIER.

1656, (24 avril) Québec.

I.—DeTRÉPAGNY (3), ROMAIN,
b 1627; s 20 mars 1702, au Château-Richer.[8]
DROUIN, Geneviève, [ROBERT I,
b 1643; s [8] 4 oct. 1710.
François, b [8] 7 avril 1664 ; m [8] 14 février 1689, à Anne LEFRANÇOIS ; s [8] 24 août 1738.—*Jacques*, b [8] 3 juillet 1665 ; m 20 fevrier 1691, à Anne RATÉ, à St-Pierre, I. O. ; s [9] 11 août 1706.

1686, (29 janvier) Québec.[5]

II.—DeTRÉPAGNY (4), CHARLES, [ROMAIN I
b 1659; s [5] 24 déc. 1702.
JACQUEREAU (5), Marguerite, [JEAN I.
b 1666.
Charles, b [5] 24 sept. 1702; m 1727, à Marie-Madeleine VOYER ; s 7 février 1736, à la Pte-aux-Trembles, Q.

1689, (14 février) Château-Richer.[9]

II.—DeTRÉPAGNY, FRANÇOIS, [ROMAIN I.
b 1664 ; s [9] 24 août 1738.
LEFRANÇOIS, Anne, [CHARLES I.
b 1669, s [9] 16 dec. 1743.
François, b [9] 4 février 1692; m [9] 24 oct. 1712, à Marguerite RIVIÈRE. — *Augustin*, b [9] 27 août 1694 ; m [9] 17 fevrier 1721, à Marie-Angélique DÉRY ; s 14 janvier 1767, aux Ecureuils.—*Geneviève*, b [9] 10 nov. 1699 ; 1° m [9] 29 oct. 1721, à Jean COTÉ ; 2° m 14 sept. 1733, à Pierre LEFEBVRE, à Ste-Geneviève. — *Jean*, b [9] 26 janvier 1702; m 3 février 1728, à Dorothée BAUCHÉ, à Ste-Famille, I. O. ; s [9] 20 oct. 1779.—*Gabriel*, b [9] 25 oct. 1705 ; s [9] 28 février 1725. — *Claude*, b [9] 10 oct. 1709; m [9] 23 nov. 1733, à Angelique MICHEL-TAILLON.—*Claire-Françoise*, b [9] 28 juillet 1712; m [9] 22 oct. 1731, à Charles GAGNON ; s [9] 7 fevrier 1749.—*Anne*, b [9] 23 nov. 1715 ; m [9] 14 janvier 1737, à Jean MATHIEU.

(1) Dit Béthune.

(2) Les familles "DeTrépagny" sont, depuis un siècle environ, connues sous le nom de "Trépanier."

(3) Voy. vol. I, p. 193.

(4) Voy. vol. I, pp. 193-194.

(5) Elle epouse le 21 avril 1704, René Bouchaut, à Québec

1691, (20 février) St-Pierre, I. O.

II.—DeTRÉPAGNY, JACQUES, [ROMAIN I.
b 1665 ; s 11 août 1706, à Québec.
RATÉ (1), Anne, [JACQUES I.
b 1670.

1712, (24 oct.) Château-Richer.[7]

III.—DeTRÉPAGNY (2), FRS, [FRANÇOIS II.
b 1692.
RIVIÈRE, Marguerite, [JEAN I.
b 1693.
Jean-Baptiste, b [7] 21 et s [7] 22 juin 1713. — *Etienne*, b... s [7] 13 mars 1741. — *Marguerite*, b [7] 7 juin 1714 ; m 17 août 1729, à Pierre ROY, à Lachine.[8]—*François*, b [7] 1er février 1716 ; s [7] 17 mai 1718 —*Marie-Françoise*, b [7] 11 mars 1718.—*Brigitte*, b [7] 16 juin et s [7] 18 juillet 1720.—*Reine*, b [7] 13 juillet 1721 ; m 8 août 1740, à Joachim NADON, à St-François, I. J.—*François-Etienne*, b 26 dec. 1726, à Quebec [9] ; s [9] 15 janvier 1727.—*Guillaume-Amable*, b [8] 13 mars 1729.

1719, (6 février) Pte-aux-Trembles, Q.[4]

III.—DeTRÉPAGNY (2), CHS-FRS, [FRANÇOIS II.
b 1690.
LEFEBVRE (3), Marie-Madeleine, [LOUIS II.
b 1698, s 2 fevrier 1765, aux Ecureuils.[5]
Marie-Madeleine, b [4] 15 et s [4] 16 août 1719.—*Marie*, b [4] 17 août et s [4] 28 sept. 1720.— *Charles*, b [4] 15 août 1721 ; s [4] 22 février 1722.—*Jean*, b [4] 19 sept. 1723 ; m 11 janvier 1745, à Louise MIGNIER, à Charlesbourg ; s [5] 17 janvier 1764. — *Marie-Madeleine*, b [4] 10 août 1725 ; m [5] 18 janvier 1751, à Pierre FISET.—*Charles*, b 1726 ; s [4] 7 déc. 1738.—*Marie-Félicité*, b [4] 19 juin 1729.—*Augustin*, b [4] 20 mai et s [4] 1er juin 1731.—*Marie-Thérèse*, b [4] 20 mai 1731 ; m [5] 18 janvier 1762, à Augustin MATTE. — *Marie-Angélique*, b [4] 31 mars et s [4] 28 août 1733.—*Marie-Angélique*, b [4] 9 fevrier 1735; s [5] 23 mai 1750.

1721, (17 fevrier) Château-Richer.

III.—DeTRÉPAGNY, AUGUSTIN, [FRANÇOIS II.
b 1694 ; s 14 janvier 1767, aux Ecureuils.[4]
DÉRY, Marie-Angélique, [MAURICE I.
b 1696 ; s [4] 12 avril 1766.
Augustin, b 13 nov. 1721, à la Pte-aux-Trembles, Q.[5] — *Augustin*, b [5] 15 août 1723 ; m 2 fevrier 1750, à Marie-Angelique GARIÉPY, à Ste-Anne-de-la-Perade[6], s [4] 24 janvier 1778.—*François*, b [5] 30 juillet 1725 ; m [6] 1er fevrier 1751, à Françoise GARIÉPY. — *Marie-Angélique*, b [5] 20 janvier 1728 ; s [5] 3 nov. 1733. — *Jean-Baptiste*, b [5] 21 déc. 1729 ; s [5] 6 nov. 1733.—*Prisque*, b [5] 26 dec. 1731 ; m à Louise VEILLET. — *François*, b [5] 4 fevrier 1734. — *Marie-Angélique*, b [5] 9 juillet 1736 ; m [4] 27 janvier 1755, à Charles GAUDIN.—*Marie-Rosalie*, b [5] 16 dec. 1738 ; m [4] 30 mai 1763, à Prisque DUSSAULT.

(1) Elle épouse, le 8 mars 1707, Jean Anglais, au Château-Richer. Le marié, nommé Jean, Anglais de nation, avait, dans son enfance, été enlevé de son pays, en sorte qu'il ne put dire ni les noms ni les surnoms de ses parents.

(2) Et Trépanier.

(3) Dit Angers.

1724, (25 sept.) L'Ange-Gardien. [5]

III.—DeTRÉPAGNY, Prisque, [François II. b 1697.

Trudel, Marie, [Nicolas II. b 1700.

Marie-Anne, b 20 février 1726, au Château-Richer[1]; s[1] 17 août 1733. — *François,* b[5] 28 mars 1728. — *Jean,* b... m 22 janvier 1759, à Marie-Joseph Desranlot, à Batiscan. [7]—*Pierre,* b... m[7] 22 avril 1759, à Marie-Anne Rouillard.

1727.

III.—DeTRÉPAGNY, Charles, [Charles II. b 1702; s 7 février 1736, à la Pte-aux-Trembles, Q[6]

Voyer, Marie-Madeleine. [Pierre II.

Marie, b 1728; s[6] 28 août 1733.

1728, (3 fevrier) Ste-Famille, I. O.

III.—DeTRÉPAGNY, Jean, [François II. b 1702; s 20 oct. 1779, au Château-Richer.

Bauché, Dorothee, [Guillaume II. b 1709.

1733, (23 nov.) Château-Richer.

III.—DeTRÉPAGNY, Claude, [François II. b 1709.

Michel-Taillon, Angélique, [Guillaume III. b 1711.

Angélique, b[5] 30 août et s[5] 21 sept. 1734.—*Marguerite,* b[5] 1er sept. 1735, m[5] 22 nov. 1756, à Claude Racine.—*Ignace,* b 1737, m[5] 13 février 1764, à Marie-Louise Gagnon. — *François,* b[5] 3 février 1740; m[5] 16 nov. 1767, à Rose Mathieu. —*Pierre,* b[5] 17 nov. 1742; m[5] 21 sept. 1773, à Catherine Mayet.— *Angélique,* b[5] 10 mai 1745; m[5] 3 février 1766, à François Fortin. — *Anonyme,* b[5] et s[5] 28 juillet 1747. — *Jean-Baptiste,* b[5] 13 juin et s[5] 19 juillet 1748. — *Prisque,* b[5] 13 juin et s[5] 4 juillet 1748. — *Geneviève,* b[5] 25 fevrier 1750; m[5] 26 oct. 1767, à Prisque Lefrançois. — *Reine-Marguerite,* b[5] 20 juillet 1752; m[5] 11 oct. 1773, à Pierre Dion-Dumontier.—*Anne,* b[5] 29 oct. 1754; m[5] 24 oct. 1774, à Jacques Tremblay.

1745, (11 janvier) Charlesbourg.

IV.—DeTRÉPAGNY (1), Jean, [François III. b 1723; s 17 janvier 1764, aux Ecureuils [4]

Mignier (2), Marie-Louise, [Germain II. b 1721.

Jean-Baptiste, b 19 nov. 1745, à la Pte-aux-Trembles, Q.[1]; m[1] 26 janvier 1767, à Marie-Anne Prou.— *Marie-Louise,* b[4] 10 août 1747; s[4] 22 avril 1765. — *Marie-Félicité,* b[4] 2 fevrier 1749; m[4] 3 février 1772, à Jean-Baptiste Bertrand.— *Marie-Angélique,* b[4] 14 déc. 1750. — *Marie-Joseph,* b[4] 15 janvier 1753; s[4] 20 mai 1760.— *Augustin,* b[4] 6 sept. 1754. — *Marie-Rosalie,* b[1] 20 février 1756.—*Jean-François,* b[4] 11 déc. 1757.

(1) Et Trépanier.

(2) Et Magnan.

1750, (2 fevrier) Ste-Anne-de-la-Pérade.

IV.—DeTRÉPAGNY (1), Aug., [Augustin III. b 1723; s 24 janvier 1778, aux Ecureuils.[4]

Gariépy, Marie-Angelique, [Charles III. b 1726.

Françoise, b... s[6] 17 janvier 1753.

1751, (1er févrer) Ste-Anne-de-la-Perade.

IV.—DeTRÉPAGNY (1), Frs, [Augustin III. b 1725.

Gariépy (2), Françoise, [Charles III. b 1727.

Charles-François, b 20 mars 1752, aux Ecureuils[9]; m[9] 20 fevrier 1775, à Marie-Françoise Richard.—*Marie-Françoise,* b[9] 24 juillet 1753.

1759, (22 janvier) Batiscan.

IV.—DeTRÉPAGNY (1), Jean. [Prisque III. Desranlot, Marie-Joseph, [Jean-Bte II. b 1737.

1759, (22 avril) Batiscan.

IV.—DeTRÉPAGNY (1), Pierre. [Prisque III. Rouillard, Marie-Anne, [François III. b 1739.

IV.—DeTRÉPAGNY (1), Prisque, [Augustin III. b 1731.

Veillet, Louise.

Jean-François, b 30 juin 1762, à Batiscan. [8] — *Geneviève,* b[8] 25 fevrier 1764.

1764, (13 février) Château-Richer.

IV.—DeTRÉPAGNY, Ignace, [Claude III. b 1737.

Gagnon, Marie-Louise, [Jean III. b 1739.

1767, (26 janvier) Pte-aux-Trembles, Q. [7]

V.—DeTRÉPAGNY (1), Jean-Bte, [Jean IV. b 1745.

Prou, Marie-Anne, [François III. b 1745.

Jean-Baptiste, b[7] 25 déc. 1767.— *Joseph,* b[7] 5 avril 1769.—*Augustin,* b 20 oct. 1770, aux Ecureuils. [8]—*Charles,* b[8] 15 mars 1772.—*Alexandre,* b[7] 3 sept. 1773.—*Marie-Anne,* b 1775; s[8] 5 juillet 1776. — *Charles,* b[8] 17 sept. 1776; s[8] 15 août 1777.

1767, (16 nov.) Château-Richer. [4]

IV.—DeTRÉPAGNY, François, [Claude III. b 1740.

Mathieu, Rose, [Nicolas III. b 1747.

François, b[4] 8 sept. 1768; s[4] 20 mars 1770.— *Claude,* b[4] 16 nov. 1769.—*François,* b[4] 13 avril 1771. — *Marie-Marguerite,* b[4] 30 nov. 1772. — *Angélique,* b 1774; s[4] 24 mai 1775.—*Ignace,* b[4] 27 nov. 1777. — *Thérèse-Apolline,* b[4] 11 fevrier 1779.

(1) Et Trépanier.

(2) Elle épouse, le 23 janvier 1758, Jean-Baptiste Matte, aux Ecureuils.

1773, (21 sept.) Château-Richer. [7]
IV.—DeTRÉPAGNY, Pierre, [Claude III.
b 1742.
Mayet (1), Catherine, [Michel I.
b 1747.
Prisque, b [7] 30 mai 1776; s [7] 6 mai 1777. — *Ignace*, b [7] 21 nov. 1777, s [7] 27 juillet 1779.— *Marie-Catherine*, b [7] 27 oct 1779.

1775, (20 février) Ecureuils. [2]
V.—DeTRÉPAGNY, Chs-Frs, [François IV.
b 1752.
Richard, Marie-Françoise. [Pierre.
Marie-Louise, b [2] 26 mai 1777.—*Augustin*, b [2] 9 nov. 1781.

DeTRÉPAGNY, Joseph.
Rouillard (2), Marguerite.
Marie-Joseph, b 1er mars 1770, à Batiscan.

DeTRÉPAGNY (3), Prisque.
Normandin, Marie. [François.

DeTRÉPAGNY, Prisque.
Brouillet, Angelique.
Angélique, b 23 juin 1795, à Batiscan.

D'ETREVAL. — Voy. De la Houssaye, 1759. — DeTruval.

I.—DeTROYES (4), Jacques-François.

I.—DeTRU (5), Martin-Joseph, b 1735; de Berbure, diocèse de Boulogne, Artois.

DeTRUVAL, Jean-Charles-François.—Voy. De la Houssaye (le chevalier).

I.—DeVAINE, Marguerite, b 1682; s 28 juin 1754, à St-Vincent-de-Paul.

DeVALLÉE.—Voy. DeTroyes (sieur).

DeVALLETTE (6), ...

DeVALMER.—Voy. Bricault.

DeVANCHY.—Voy. Vanchy.

(1) Et Mahiet.
(2) Dit St-Cyr.
(3) Il était à Batiscan, en 1781.
(4) Sieur de Vallée; lieutenant reformé. Il était à St-Frs-du-Lac, le 27 sept. 1688
(5) Arrivé en 1754; soldat du Béarn, de la compagnie de Jourdeau. (Registre des Procès-verbaux).
(6) Capitaine d'une compagnie du Royal Roussillon.

1748, (10 juin) Montréal. [1]
I.—DeVAREIL (1), Louis-Melchior, b 1715; fils de Louis-Anne de Vareil de Racour (chevalier-seigneur de Roche) et de Jeanne-Louise St-Hilaire de Coutouchaux, de St-Pierre-d'Airvaux, diocèse de LaRochelle, Poitou.
Dagneau (2), Marie-Joseph, [Philippe II.
b 1730.
Jacques-Joseph-Louis, b [1] 4 avril 1749. — *Charles-René*, b [1] 12 juillet 1751.

1742, (3 février) Montréal. [6]
I.—DeVASSON (3), Jean-François, b 1716; fils de Charles (chevalier, lieutenant des vaisseaux du Roy) et de Renee-Françoise Goular, de Mallevale, diocèse de Kimper, Basse-Bretagne.
DeBerry, Jeanne-Angélique, [François I.
b 1723.
Charles, b [6] 14 nov. 1742. — *Gilles-Catherine*, b [6] 5 fevrier 1744. — *Charles-François*, b [6] 21 juillet et s [6] 6 août 1745.— *Marie-Jeanne*, b [6] 22 nov. 1746; s [6] 6 juillet 1747.— *Françoise-Renée*, b [6] 12 nov. 1747. — *Anonyme*, b [6] et s [6] 2 nov. 1748.

DeVAU.—*Variations et surnoms:* Denaut-Jolicoeur — DeVaux — DeVeau — DeVos — Haleau, 1739—LeVau—Retor.

1725, (1er déc.) Montréal. [6]
I.—DeVAU (4), Claude, b 1698; fils de Claude et de Marie Lepaire, de St-Sulpice, Paris; s 31 mai 1754, à l'Hôpital-General, M.
Laisné, Louise, [Olivier I.
b 1701; s [6] 17 janvier 1750.
Pierre, b [6] 14 sept. 1727.—*Claude-Marie*, b [6] 17 février 1729. — *Elisabeth*, b [6] 20 juillet 1736. — *Pierre*, b [6] 9 avril 1738.— *Jeanne-Louise*, b [6] 18 août 1740. — *Jean-Baptiste*, b [6] 6 mai et s [6] 16 juin 1742.— *Paul*, b [6] 31 juillet 1743; s [6] 14 mars 1744.—*Joseph*, b [6] 18 mai et s [6] 7 juin 1746.

I.—DeVAU, Jean,
de St-Antoine de Beau-Bassin, Acadie.
Quessy, Cecile, fille de Jean et de Marie Bourgeois, de Beau-Bassin, Acadie.
Pierre, b 1727, à Beau-Bassin, Acadie [2]; 1° m à Marie Gaudet; 2° m 5 juillet 1762, à Marie-Louise Bareau, à Montréal. — *Michel*, b [2] 1740; 1° m 1er mai 1764, à Marie-Anne Thomas, à Batiscan [9]; 2° m [9] 10 février 1772, à Marie-Victoire Landry; s [9] 20 juin 1784.

1729.
I.—DeVAU (5), Louis,
b 1695; s 1er juin 1762, à St-Vincent-de-Paul. [7]
Laporte, Marie-Madeleine, [Pierre I.
b 1709.

(1) Sieur de la Bréjonnière; enseigne.
(2) Et Daignaux de la Saussaye.
(3) Chevalier, lieutenant de la marine. Il était à Beauport, le 14 fevrier 1739.
(4) Et Deneau dit Parisien; sergent de LaTour.
(5) Et Deneau.

Marie-Madeleine, b 26 février 1730, à St-François, I. J.[8]— *Joseph* (1), b... m [7] 19 février 1759, à Marie GRAVEL. — *Pierre-Amable*, b [8] 10 août 1732.— *Léger-Amable*, b [8] 13 avril 1737; m [7] 7 février 1763, à Marie-Charlotte PAQUET.— *François-Amable*, b [7] 12 mai 1747.— *Louis-Marie*, b [7] 2 février 1750; s [7] 17 oct. 1751.

1737, (4 mars) Pte-aux-Trembles, Q.[7]
I.—DEVAU (2), JEAN-BTE, fils d'Adrien et de Marguerite Quefret, de Guillocour, diocèse d'Amiens, Picardie.
SAVARY, Louise, [PIERRE II.
b 1716.
Louise, b [7] 30 nov. 1737; m 9 janvier 1764, à François GRENIER, à Yamachiche.[8]— *Thérèse*, b... m [8] 23 juin 1766, à Pierre DESCOTEAUX.— *Marie-Angélique*, b 17 février 1754, à Ste-Croix. —*Marie-Jeanne*, b 3 juillet et s 26 août 1758, aux Trois-Rivières.

1740, (12 sept.) Quebec. [6]
I.—DEVAU, PIERRE.
CASSÉ (3), Marie-Anne, [JOSEPH II.
b 1703; veuve de Charles Poirier.
Marie-Anne, b [5] 4 oct. 1743.—*Marie-Louise*, b [5] 20 nov. 1746; m 21 sept. 1789, à Andre DELGUIEL, à Repentigny.

1742, (1er février) Ste-Anne-de-la-Pérade.[6]
I.—DEVAU (4), CLAUDE, forgeron, fils de Benoit et de Marie Potier, du Mailler-de-Montan, diocèse de Clermont.
GENDRON, Marie-Madeleine, [ANTOINE II.
b 1722.
Marie-Joseph, b [6] 12 oct. 1742; m [6] 14 janvier 1765, à Joseph LEVÊQUE.— *Elisabeth*, b [6] 8 sept. 1744; m [6] 4 février 1771, à Joseph GENDRON. — *Pierre*, b [6] 22 fevrier 1746; 1° m [6] 11 avril 1774, à Madeleine LEVÊQUE; 2° m [6] 22 juillet 1776, à Angélique VALLÉE; s [6] 30 mars 1779. — *Joseph-Joachim*, b 1748; s [6] 5 mars 1749.—*Marie-Madeleine*, b [6] 11 janvier 1750; s [6] 16 juillet 1751.— *Marie-Thérèse*, b [6] 26 mars et s [6] 3 juillet 1751. —*Michel*, b [6] 24 mai 1752; m à Marie-Françoise TESSIER. — *Alexis*, b [6] 12 fevrier 1754; m [6] 9 février 1777, à Marie-Joseph TESSIER. — *Jean-Baptiste*, b [6] 6 juin 1756. — *Marie-Madeleine*, b [6] 16 oct. 1758; m [6] 26 février 1775, à Louis GRONDIN. — *Marie-Anne*, b [6] 10 juillet 1760.—*Claude-Joseph*, b [6] 20 sept. 1763. — *François*, b [6] 19 janvier 1766.—*Joseph*, b [6] 17 avril et s [6] 6 juin 1769

II.—DEVAU, PIERRE, [JEAN I
b 1727.
1° GAUDET, Marie,
Acadienne.
Pierre, b... m 18 août 1788, à Marie MOREAU, à St-Louis, Mo.
1762, (5 juillet) Montreal.
2° BAREAU, Marie-Louise, [FRANÇOIS II
b 1736.

(1) Marie sous le nom de Deneau.

(2) Et LeVau.

(3) Dit Lacasse.

(4) Dit Retor; fauconnier et contrebandier dans les troupes.

1763, (7 février) St-Vincent-de-Paul.
II.—DEVAU, LÉGER-AMABLE, [LOUIS I.
b 1737.
PAQUET, Charlotte, [IGNACE-JEAN IV.
b 1747.

1764, (1er mai) Batiscan. [7]
II.—DEVAU, MICHEL, [JEAN I.
b 1740; Acadien; s [7] 20 juin 1784.
1° THOMAS, Marie-Anne, [FRANÇOIS II.
b 1743; s [7] 12 sept. 1764.
1772, (10 février). [7]
2° LANDRY (1), Marie-Victoire, [AUGUSTIN III.
b 1754.
Anonyme, b [7] et s [7] 1er sept. 1772. — *Marie-Madeleine*, b [7] 25 mars 1781.— *Joseph-André*, b [7] 23 oct. 1783; s [7] 9 juillet 1784. — *Victoire*, b... m [7] 10 nov. 1794, à Isaac ADAM.

1774, (11 avril) Ste-Anne-de-la-Pérade.[2]
II.—DEVAU, PIERRE, [CLAUDE I.
b 1746; s [2] 30 mars 1779.
1° LEVÊQUE, Madeleine, [JOSEPH III
b 1747; veuve de Louis Baribeau, s [2] 16 oct 1775.
Pierre, b [2] 7 oct. 1775.
1776, (22 juillet). [2]
2° VALLÉE (2), Angelique. [JOSEPH IV.
Joseph, b [2] 9 février 1778. — *Marie-Angélique*, b [2] 24 mai 1779.

1777, (9 février) Ste-Anne-de-la-Pérade.[7]
II.—DEVAU, ALEXIS, [CLAUDE I
b 1754.
TESSIER, Marie-Joseph, [PIERRE-RENE IV
b 1754; s [7] 1er avril 1779.
Alexis, b [7] 21 janvier 1778.— *Marie-Louise*, b 1779; s [7] 1er août 1780.

II.—DEVAU, MICHEL, [CLAUDE I
b 1752.
TESSIER, Marie-Françoise, [JOACHIM III.
b 1743.
Marie-Charlotte, b 2 janvier 1778, à Ste-Anne-de-la-Perade.[8]—*Michel*, b 1778; s 9 juin 1808, à St-Jean-Deschaillons (noyé). — *Marie-Françoise*, b 25 fevrier, aux Grondines et s [8] 8 août 1779.— *Geneviève-Françoise*, b [6] 27 juillet 1780.

1788, (18 août) St-Louis, Mo
III.—DEVAU, PIERRE. [PIERRE II.
MOREAU, Marie.

I.— DEVAUDREY (3), ETIENNE-JOSEPH, de la Franche-Comte, diocèse de Besançon.

DEVAUTOUR, ANDRÉ —Voy. VAUTOUR.

(1) Elle épouse, le 4 avril 1785, Jean-Baptiste Tessier,[2] Batiscan.

(2) Elle épouse, le 18 mai 1780, François Phlem, à Ste-Anne-de-la-Perade.

(3) Chevalier, seigneur de Verse, de Vaudrey, de la Chatlaine et des Planches, capitaine au régiment de Languedoc Il était à la Pte-aux-Trembles, Q., le 2 mars 1758, et à Ste-Anne-de-la-Perade, le 8 janvier 1760.

DEVÉ.—Voy. DEVISS, (Anglais), 1713.

I.—DEVEILLEINNE. — Voy. DUPONT, (chevalier de).

DEVERAC.—*Variation et surnom :* VERA—PARISIEN.

1754, (18 février) Sault-au-Récollet.

I.—DEVERAC (1), JEAN-BTE-NICOLAS, b 1704 ; tapissier; s 8 oct. 1773, à l'Hôpital-Général, M.
QUEVILLON, Marie-Catherine, [ADRIEN I. b 1686 ; veuve de Jacques Daniel.

I.—DEVERASSAC (2), JACQUES.

DEVERCHÈRES.—Voy. JARRET.

1757, (14 nov.) Trois-Rivières. [1]

I.—DEVERGIER, ETIENNE-THOMAS, fils de François et de Madeleine Heude, de Royboissis. diocèse de Beauvais, Ile-de-France.
DELPÉE, Catherine, [FRANÇOIS II. b 1729.
Catherine, b [1] 26 août 1759.

I.—DEVERLY (3), MICHEL, écuier.

DEVERNEUIL.—Voy. DELORIMIER, 1769.

1692, (25 nov.) Quebec. [2]

I.—DEVERNEUIL (4), JACQUES, b 1644 ; s [2] 29 juin 1699.
NIEL (5), Marie, [PIERRE I. b 1660 ; veuve de Zacharie Joliet.

1758, (19 sept.) St-FRANÇOIS, I. O.

I.—DEVERRE, PIERRE-JACQUES, marchand ; fils de Pierre et de Françoise Leroux, de Rouen.
GUILLORY, Marie-Joseph, [SIMON II. b 1723.

DEVERSE.—Voy. DEVAUDREY, chevalier.

DEVEZIN.—*Variation :* DEVESIN.

1749, (14 juin) Trois-Rivières.

I.—DEVEZIN (6), PIERRE-FRANÇOIS-OLIVIER, fils d'Hugues-Olivier (seigneur de Sionne, en Bassigny) et de Louise Leroux-de-Dinjolincour.
DUPLESSIS, Marie-Joseph, [JEAN-BTE II. b 1720.

(1) Et Vera dit Parisien.

(2) Bouchard de Verassac, enseigne ; il était à Kaskakia, le 18 juin 1719.

(3) Il était à St-Augustin, le 14 sept. 1744.

(4) Voy. vol. I, p. 194.

(5) Elle épouse, le 12 oct. 1700, Etienne DesForges, à Quebec

(6) Grand voyer de la province de la Louisiane, et le premier envoyé par le roi pour y etablir les forges de St-Maurice, dont il a été le premier directeur.

1754, (30 sept.) Montréal.

I.—DEVEZIN, LOUIS, b 1734 ; fils de Louis et de Marie Lemeres, de Blanze, diocèse de Poitiers.
SENET, Marie-Anne, [ESPRIT I. b 1737.

DEVIEN, MARIE-JOSEPH, épouse de Louis PARSEILLÉ.

DEVIENNES.—*Variation :* DEVIENNE.

1748, (20 août) Québec. [2]

I.—DEVIENNES (1), FRANÇOIS-JOSEPH, b 1711 ; fils de Jean et de Françoise Perdrigeon, de St-Germain, Paris.
VAILLANT, Ursule-Antoinette, [ANTOINE I. b 1732.
Anonyme, b [2] et s [2] 31 août 1749.—*François-Guillaume,* b [2] 14 janvier 1751. — *Elisabeth-Ursule,* b [2] et s [2] 12 juin 1752.—*Elisabeth-Ursule,* b [2] 11 juillet 1753. — *Michel-Antoine,* b [2] 13 juin 1754 ; s 28 août 1759, à Charlesbourg.—*Angélique-Louise,* b [2] 27 nov. 1756. — *Deux anonymes,* b [2] et s [2] 31 juillet 1757.—*François-Nicolas,* b [2] 6 déc. 1758. — *Thomas,* b [2] et s [2] 24 oct. 1762.—*Thomas,* b 25 juillet 1763, à Beauport.—*Alexandre-Joseph,* b [2] 31 juillet 1764.

I.—DEVILLANDE (2), NICOLAS.

I.—DEVILLARS (3).

I.—DEVILLE, PIERRE, b 1685 ; s 8 juillet 1713, à Varennes.
PATENOTE (4), Marie-Louise, [PIERRE II. b 1697.
François, b... m 7 mai 1742, à Marie-Louise LATOUCHE, à Verchères.

I.—DEVILLE, ANDRÉ, sergent ; s 11 janvier 1751, à Montreal.

1742, (7 mai) Verchères.

II.—DEVILLE, FRANÇOIS. [PIERRE I.
LATOUCHE, Marie-Louise, [MARIEN II. b 1724.

DEVILLÉ.—Voy. BORDERON, 1757.

DEVILLEBOIS.—*Surnom :* DE LA ROUVILLIÈRE.

(1) Ecrivain du roi, garde-magasin.

(2) Dit St-Martin, grenadier de la compagnie de Foulhiac, il était a Beauport, le 8 janvier 1759

(3) Dit Lamontagne, chambellan de Sa Majesté le Roi de Pologne et du Duc de Lorraine ; il etait a Montréal, le 23 avril 1759.

(4) Elle epouse, le 21 fevrier 1718, Pierre Edeline, à Longueuil

1737, (17 nov.) Montréal.[8]

I.—DEVILLEBOIS (1), HONORÉ-MICHEL, fils de Jean-Baptiste (conseiller du roi à Bordeaux) et d'Anne de Rostan, de Toulon.
BÉGON, Marie-Catherine-Elisabeth, [CLAUDE I.
b 1719; s[8] 21 sept. 1740.
Honoré-Henri-Michel-Etienne, b[8] 25 oct. 1738.

1697, (29 sept.) Québec.[4]

I.—DEVILLEDONNÉ (2), ETIENNE, b 1663; s[4] 12 mai 1726.
1° DAMOURS, Marie-Jacqueline, [MATHIEU I.
b 1675; s 2 avril 1703, à Montréal.[5]
Marie-Louise, b[4] 29 juillet 1698; m[5] 22 janvier 1728, à Antoine DAILLEBOUT; s[5] 10 mars 1741.—*Elisabeth-Joseph,* b[5] 17 fevrier 1701; religieuse ursuline; s[4] 10 mars 1743.—*Louis-Etienne,* b[5] 16 et s[5] 20 mars 1702.
1715, (23 mai).[4]
2° ROUSSEL, Françoise, [TIMOTHÉE I.
b 1689; s[4] 9 juin 1757.
Marie-Louise-Catherine, b[4] 26 juin 1715; m à Louis DUMONT.—*Pierre-Etienne,* b[4] 24 juillet 1716; m[5] 2 mai 1741, à Marguerite DAMOURS.

1741, (2 mai) Montréal.[6]

II.—DEVILLEDONNÉ (3), PIERRE, [ETIENNE I.
b 1716.
DAMOURS (4), Marguerite, [CHARLES II.
b 1710.
Pierre-Amable, b[6] 24 avril 1742.—*Marie-Anne,* b[6] 10 avril et s[6] 29 nov. 1743.—*Antoine,* b[6] 25 oct. 1744; s 8 juillet 1748, au Bout-de-l'Ile, M.

DEVILLEMUR. — Voy. BERTHIER, 1702.

DEVILLERAY.—Voy. ROUER.

DEVILLIERS.—Voy. COULON.

I.—DEVILLIERS (5), NICOLAS-ANTOINE.
JARRETS, Angelique, [FRANÇOIS I.
b 1680, s 30 dec. 1734, à Montreal.
Marie-Angelique, b 31 janvier 1726, à St-Ours; m 23 oct. 1749, à Charles-Thomas DEGANNES, aux Trois-Rivières.—*Marguerite,* b... m à Pierre DEGANNES.

1726, (29 nov.) Québec.[9]

I.—DEVILLY, EUGÈNE, fils de Jean DeVilly, de St-Etienne-du-Mont, Paris.
GUAY, Claude-Catherine, [MATHIEU II.
b 1698.
Françoise, b[9] 1er et s[9] 2 mai 1727. — *Jean-François,* b[9] 23 sept. 1727.

(1) Sieur de la Rouvillière; conseiller du roi, commissaire-ordonnateur.
(2) Capitaine des troupes, voy. vol. I, p. 194.
(3) Commandant le fort Senneville.
(4) DeLouvières.
(5) Voy. aussi Coulon, p. 167.

I.—DEVIN (1), RENÉ.
MARTIN, Marie-Anne, [LOUIS II.
b 1701.
Marie-Joseph, b 11 sept. 1724, à Ste-Anne-de-la-Pocatière; m 26 avril 1744, à Jacques SARCELLIER, à l'Islet[7]; s[7] 19 janvier 1750.— *Geneviève,* b... m[7] 1er sept. 1748, à Ambroise HURETTE.—*Louis-René,* b[7] 22 sept. 1729. — *Marie,* b 1731, m[7] 7 avril 1750, à Joseph ROCHEFORT; s 7 août 1782, à St-Jean-Port-Joli. — *Augustin,* b[7] 12 avril 1732. — *Marie-Françoise-Anne,* b[7] 22 oct. 1734; m à Joseph-Claude MAURICE. — *Simone-Luce-Joseph,* b[7] 24 dec. 1736; s[7] 6 mars 1737.

1752, (24 avril) Montreal.

I.—DEVIN, JEAN, b 1723; fils de David et de Marie Darch, de Galway, Irlande.
ROBIDOU, Marie, [GUILLAUME II
b 1705; veuve de Pierre Coquillard.

1760, (29 sept.) Montréal.

I.—DEVIN, FRANÇOIS, b 1731, fils de François et de Marie Pernel, de Gerbeau-de-Montrenne, diocèse de Séez, Normandie.
COTÉ, Marie-Anne, [FABIEN IV.
b 1737.

DEVIN, JEAN.
VADEBONCŒUR, Catherine.
Jean-François, b 14 oct. 1764, à Lorette.

DEVISS.—*Variation:* DEVÉ.

1713, (3 oct.) Ste-Foye.

I.—DEVISS (2), CHARLES, b 1688; fils de Jean et de Catherine Davis, de St-Jean, Londres, Angleterre; s 30 janvier 1736, à Quebec.[7]
SAVARIA (3), Jeanne, [FRANÇOIS I.
b 1693.
Bernard-Gervais, b[7] 13 juillet 1714.—*Jeanne-Agathe,* b[7] 16 juillet 1715, s[7] 20 sept. 1717—*Marie-Jeanne,* b[7] 13 dec. 1716; m[7] 23 dec. 1736, à Jean DUBILLOT. — *Charlotte,* b[7] 3 nov. 1718, m[7] 1er fevrier 1740, à François CHAPUT —*Louise,* b[7] 11 dec. 1720; m 8 janvier 1748, à Guillaume GIRARD, aux Trois-Rivières. — *Marguerite-Angélique,* b[7] 3 sept. 1722; m[7] 8 nov 1745, à Joseph RIVET.—*Françoise-Elisabeth,* b[7] 18 janvier 1724, m à Guillaume GIRARD; s[7] 18 fevrier 1755.—*Jean-Baptiste-Charles,* b[7] 19 fevrier 1726.—*Antoine,* b[7] 20 et s[7] 23 fevrier 1728.—*Marie-Louise,* b... m 9 fevrier 1750, à Pierre GARNIER, à la Pte-aux-Trembles, Q. — *Nicolas,* b[7] 5 avril 1730, m[7] 14 janvier 1754, à Marie-Joseph PARÉ —*Jean,* b[7] 13 oct. 1732; s[7] 7 dec. 1733.

1754, (14 janvier) Quebec.[7]

II.—DEVISS, NICOLAS, [CHARLES I.
b 1730
PARÉ, Marie-Joseph, [LOUIS III
b 1738.
Marie-Joseph, b[7] 14 fevrier et s[7] 27 juin 1756 —*Nicolas,* b[7] 10 avril et s[7] 28 juillet 1757.

(1) Dit Bounant, 1734.
(2) Et Devé.
(3) Et Savary; elle épouse, le 27 nov. 1737, Jean Jacquet, à Québec.

DEVITRÉ.—Voy. DENIS (sieur de).

DEVIVIER, JOSEPH.—Voy. ROCHEREAU, 1748.

DEVOISY. — Voy. LEPAILLEUR — LEPELLÉ — LAHAYE, 1730.

DEVOS.—Voy. DEVAU.

DEVOYON.—*Variation :* DENOYON.

1706, (24 mai) Montréal. [5]

I.—DEVOYON (1), PIERRE,
b 1669, s 11 oct. 1758, à St-Laurent, M.[4]
PROVOST, Marie-Jeanne, [JEAN II.
b 1687, s [4] 24 fevrier 1755.
Marie-Thérèse, b [5] 14 mars 1707.—*Angélique*, b... m à Jacques BERTHELET.—*Nicolas*, b [5] 7 avril 1713; m à Cunegonde LANGEVIN.—*Jeanne*, b[5] 23 janvier 1715; m à Antoine LIBERSON.—*Jean*, b [5] 24 et s [5] 26 dec. 1716.—*Louis-Laurent*, b[5] 10 fevrier 1720, m [5] 28 août 1741, à Marie-Louise LANGEVIN.—*Jean-Baptiste*, b 1731, m [4] 5 mars 1753, à Marie-Angelique GERMAIN.

1736.

II.—DEVOYON, NICOLAS, [PIERRE I.
b 1713.
LANGEVIN, Cunégonde, [ANTOINE II.
b 1717.
Marie-Louise, b... m 10 janvier 1757, à Eustache LADOUCEUR, à St-Laurent, M.[4] — *Marie-Catherine*, b [4] 6 mars 1750.—*Marie-Louise*, b [4] 2 nov. 1753.—*Antoine*, b [4] 12 juin 1756.

1741, (28 août) Montréal.

II.—DEVOYON (2), LOUIS-LAURENT, [PIERRE I.
b 1720.
LANGEVIN, Marie-Louise, [ANTOINE II.
b 1719.
Marie-Anne, b... m 18 avril 1757, à Louis BERTRAND, à St-Laurent, M. [9] — *Joseph*, b 1746; s [9] 13 sept. 1749. — *Jean-Baptiste*, b 28 janvier 1748, à Ste-Geneviève, M. — *François*, b [9] 20 août 1749. — *Jacques*, b [9] 16 janvier 1751. —*Marguerite*, b [9] 6 mars et s [9] 30 août 1752. — *Louis*, b [9] 10 août 1753. — *Toussaint*, b [9] 30 oct. et s [9] 18 nov. 1754. — *Marie-Monique*, b [9] 14 fevrier 1756. — *Marguerite*, b [9] 13 mai 1757.— *Pierre*, b [9] 14 avril et s [9] 29 juillet 1759.—*Louise*, b [9] 23 juin 1761.

1753, (5 mars) St-Laurent, M. [4]

II.—DEVOYON (2), JEAN-BTE, [PIERRE I.
b 1731.
GERMAIN, Marie-Angelique, [FRANÇOIS I.
b 1735.
Marie-Angélique, b [4] 11 déc. 1753.—*Jean-Baptiste*, b [4] 22 février 1755. — *François*, b [4] 21 juin 1756, s [4] 15 avril 1760.— *Marguerite*, b [4] 18 juin 1758.—*Marie-Amable*, b [4] 26 avril 1760.

DEXAINTES —Voy. DESSAINT—ST-PIERRE.

(1) Et DeNoyon dit Laframboise ; voy. p. 347.
(2) Dit Laframboise.

I.—DEXPOSE (1), JEAN.
GRENIER, Angelique.
Marie-Catherine, b 22 mai 1768, à St-Jean-Deschaillons.

DEZERY.—Voy. DESERY.

DEZIEL.—Voy. DELGUIEL.

I.—DHARMES, PHILIPPE-NICOLAS.
PINOCHET, Madeleine-Cécile.
Marguerite-Esther, b 13 juillet 1764, à Québec.

1760, (12 février) Pte-aux-Trembles, Q.[4]

I.—D'HASTREL (2), JEAN-BTE-CHRISTOPHE, fils de Pierre-Bruno (seigneur de Raillon et de la Chabosière) et de Suzanne Delacour, de St-Martin, île Ré.
LIÉNARD, Marie-Anne, [LOUIS-JOSEPH III.
b 1735.
Marie-Anne-Thérèse, b [4] 13 déc. 1764. — *Etienne*, b [4] 4 fevrier 1766.

D'HAUTEBOURG.—Voy. VOLANT, 1735.

DHAUTEL, JEAN-BTE.—Voy. DAUTEL.

D'HAZÉ.—*Variations :* DAZÉ—D'HASÉ.

1696, (19 nov.) Pte-aux-Trembles, M.

II.—D'HAZÉ (3), PAUL-CHARLES, [PAUL I.
b 1673.
1° CARTIER, Barbe, [JOSEPH I.
b 1678; s 30 juin 1705, à Montréal. [2]
Marie-Madeleine, b 25 juillet 1700, à Repentigny [4]; m [2] 5 juin 1721, à Charles MONARQUE.—*Suzanne*, b [4] 30 mars 1701; m 19 juin 1730, à Jacques LABELLE, à St-François, I. J. [5] — *Marie-Barbe*, b [5] 28 fevrier 1703; m 1725, à Etienne BRAY.

1707.

2° CHARTRAN, Anne, [THOMAS I.
b 1680.
Jean, b [5] 14 mars 1709; m [5] 26 oct. 1733, à Marie-Thérèse QUENNEVILLE; s 14 janvier 1750, à St-Vincent-de-Paul.[8]—*Augustin*, b [5] 25 février 1717; 1° m 28 janvier 1743, à Catherine LECLERC, à Lachenaye; 2° m 24 janvier 1752, à Marie-Louise LANGLOIS. — *Marie-Geneviève*, b [5] 25 fevrier 1717; m [5] 14 juillet 1738, à Jean-Charles AUBER. — *Marie-Marguerite*, b [5] 11 oct. 1725; m à Jean LABELLE.

1733, (26 oct.) St-François, I. J. [4]

III.—D'HAZE (4), JEAN, [PAUL-CHARLES II.
b 1709, s 14 janvier 1750, à St-Vincent-de-Paul. [3]
QUENNEVILLE, Marie-Therèse, [FRANÇOIS II.
b 1712.

(1) Dit St-Jean.
(2) Chevalier et seigneur de Rivedoux, lieutenant des grenadiers, regiment du Languedoc; il etait, le 12 février 1758, à la Pte-aux-Trembles, Q., et il signe, le 29 fevrier 1768, à Ste-Anne-de-la-Perade.
(3) Voy. vol. I, p. 195.
(4) Et Daze.

Marie-Thérèse, b [4] 18 juillet 1734; m [8] 15 oct. 1752, à Ignace TIBAUT. — *Jean*, b [4] 2 mars 1738; m 26 janvier 1761, à Marie DESJARDINS, à Ste-Rose; s [3] 21 dec. 1761. — *Marie-Joseph*, b [4] 21 sept. 1740. — *Marie-Anne*, b 1742; s [8] 11 mars 1754.—*Marie-Amable*, b... m [8] 14 janvier 1760, à Louis TRUDEL.

1743, (28 janvier) Lachenaye.

III.—D'HAZÉ (1), AUGUSTIN, [PAUL-CHARLES II. b 1717.

1° LECLERC, Catherine. [JEAN-BTE II.

1752, (24 janvier) St-Vincent-de-Paul.

2° LANGLOIS, Marie-Louise, [MARTIN II. b 1732.

D'HAZÉ, MARIE, épouse de Joseph FILIATREAU.

1761, (26 janvier) Ste-Rose.

IV.—D'HAZÉ, JEAN, [JEAN III. b 1738; s 21 déc. 1761, à St-Vincent-de-Paul.

DESJARDINS (2), Marie. [JOSEPH III.

D'HERBAUNE.—Voy. GUYON-DUMONTIER.

1757, (24 janvier) Longueuil.

I.—DHERRE (3), FRANÇOIS, fils de Louis et de Marie-Jeanne Myrre, de Courcival, diocèse d'Amiens, Picardie.

POUTRÉ, Marie-Anne. [PIERRE II.

D'HERVAUX.—Voy. DARVEAU.

D'HOCQUINCOURT.—Voy. DEMOUCHY.

D'HUÉ.—Voy. DUHAY, 1734.

1759, (23 avril) Montréal.

I.—DHUGUES, LOUIS-JOSEPH-FRANÇOIS, b 1728, capitaine; fils de Pierre-Joseph et de Louise Pialla, de la Madeleine, ville d'Avignon, en Provence.

DENOYELLE, Marie-Jos., [CHARLES-JOSEPH II. b 1744.

1758, (5 juin) Montreal.

I.—DHYERRE (4), FRANÇOIS, b 1728, fils de Sebastien et de Marguerite Triboudeau, de Notre-Dame de Dampierre-sur-Salon, diocèse de Dijon, Franche-Comté.

TESSEAU, Marie-Joseph. [FRANÇOIS I.

DIACRICE, MARIE-URSULE, epouse de Joseph LEFEBVRE.

(1) Et Dazé.

(2) Elle épouse, le 3 nov. 1762, Louis Foucaut, à Ste-Rose.

(3) Dit St-François; soldat de la compagnie de M. de Vassal, régiment de Béarn.

(4) Dit Jolibois.

1748, (20 août) Quebec.

I.—DIAU (1), JEAN, fils de Jean et de Marie Roquin, de St-Saturnin-de-Viennes, près de Blois.

DOYER (2), Geneviève. [MICHEL II.

DICAIRE. — *Variations et surnoms :* DICKER—DICKERRE—DIGUÈRE—SERGEANT.

I.—DICAIRE (3), LOUIS, Anglais.

LORAIN, Marie-Suzanne. [PIERRE II

Pierre, b... m 7 fevrier 1743, à Cecile VISSE, aux Lac-des-Deux-Montagnes. [9]— *Marie*, b... m 1747, à Jean BESSET. — *François*, b... m 19 février 1748, à Ursule RANGER, au Bout-de-l'Ile, M [4] —*Louis*, b... 1° m [9] 8 janvier 1752, à Marie-Charlotte LEMER; 2° m [9] 30 avril 1754, à Catherine MALET.—*Ignace*, b [8] 19 sept. 1735, s [8] 14 fevrier 1738.—*Geneviève*, b [8] 25 sept. 1737; m [8] 10 janvier 1757, à Pierre SAUVE; s [8] 6 mai 1765.—*Laurent*, b... m [8] 11 janvier 1762, à Suzanne TABAUT. — *Antoine-Amable*, b [8] 31 mai et s [8] 18 août 1740. —*Jean-Baptiste*, b [8] 31 mai et s [8] 14 août 1740.—*Joseph*, b... m [8] 5 mars 1764, à Marie LAROQUEBRUNE.— *Jean-Marie*, b 1743; s [8] 24 mai 1760.

1743, (7 février) Lac-des-Deux-Montagnes. [8]

II.—DICAIRE (4), PIERRE. [LOUIS I.

VISSE (5), Cecile, [JULIEN I. Sauvagesse.

Pierre, b [8] 11 mars 1745; m 2 mars 1767, à Marie-Françoise RANGER, au Bout-de-l'Ile, M.

1748, (19 février) Bout-de-l'Ile, M. [4]

II.—DICAIRE, FRANÇOIS. [LOUIS I

RANGER (6), Ursule, [THOMAS II. b 1727.

François, b [4] 2 oct. 1749; s [4] 29 juin 1750.—*Amable-Charlotte*, b [4] 30 déc. 1750; s 2 fevrier 1751, au Lac-des-Deux-Montagnes. [5]— *Ursule*, b [4] 28 juin 1752.— *François-Marie*, b [4] 3 août 1754. —*Joseph-Guillaume*, b [4] 14 janvier 1757; s [4] 28 sept. 1759.

1752, (8 janvier) Lac-des-Deux-Montagnes [8]

II.—DICAIRE, LOUIS. [LOUIS I

1° LEMER, Marie-Charlotte, b 1723; s [8] 25 mai 1753

Bernardin, b [8] 11 nov. 1752.

1754, (30 avril). [8]

2° MALET, Catherine.

Marie-Suzanne, b [8] 7 fevrier et s [8] 5 mars 1755. —*Thomas*, b [8] 4 avril et s [8] 29 mai 1756. — *Hya-*

(1) Second canonnier du navire le *Fleuve St-Laurent*.

(2) Elle epouse, le 12 janvier 1756, Jean-Baptiste Marcheteau, a Québec.

(3) Et Diguère; il était au Lac-des-Deux-Montagnes, le 8 juin 1713

(4) Volé par les sauvages avant la conquête.... Le gouvernement lui accorda 200 arpents de terre, au Lac-des-Deux-Montagnes, au pied du Calvaire.

(5) Ou Rix, elle était au Lac-des-Deux-Montagnes, le 17 déc. 1760.

(6) Dit Laviolette.

cinthe, b [8] 14 août 1759. — *Louis-Marie*, b [8] 17 déc. 1760. — *Marie-Louise*, b [8] 11 nov. 1762. — *Marie-Charles*, b [8] 15 février et s [8] 15 avril 1764. —*Jean-Baptiste*, b [8] 7 sept. 1765. — *Thomas*, b [8] 9 déc. 1766; s [8] 2 janvier 1767. — *André-Louis*, b [8] 13 et s [8] 22 avril 1768.

1762, (11 janvier) Bout-de-l'Ile, M. [9]

II.—DICAIRE, LAURENT. [LOUIS I.
TABAUT, Marie-Suzanne, [PIERRE-JOSEPH III.
b 1739.

Marie-Louise, b [9] 4 mai 1763.—*Marie-Suzanne*, b [9] 17 oct. 1764. — *Marie-Françoise*, b [9] 19 mai 1766.—*Marie-Joseph*, b [9] 28 avril 1768.

1764, (5 mars) Bout-de-l'Ile, M. [9]

II.—DICAIRE, JOSEPH. [LOUIS I.
LAROQUEBRUNE, Marie, [LOUIS III.
b 1744.

Joseph-Marie, b 6 mars 1765, au Lac-des-Deux-Montagnes. — *Jean-Baptiste*, b [9] 9 juin et s [9] 25 sept. 1766.—*Marie*, b [9] 6 juillet 1767.

1767, (2 mars) Bout-de-l'Ile, M. [7]

III.—DICAIRE (1), PIERRE, [PIERRE II.
b 1745.
RANGER, Marie-Françoise, [PIERRE II.
b 1745.

Bénoni, b [7] 8 février 1774.—*Antoine-Benjamin*, b... m 10 sept. 1810, à Reine TITLY, au Lac-des-Deux-Montagnes.

1810, (10 sept.) Lac-des-Deux-Montagnes. [1]

IV.—DICAIRE, ANTOINE-BENJAMIN. [PIERRE III.
TITLY, Reine. [MARTIN I.

Antoine-Macaire, b [7] 3 juillet 1811.

DICERÉ, JOSEPH.—Voy. DIFFÉRÉ.

1757, (7 février) Lorette.

I.—DICHARD, FRANÇOIS, fils de François et de Louise Nicolas, de St-Sauveur, Bas-Poitou.
TARDIF, Madeleine, [FRANÇOIS IV.
b 1738.

DICKER.—Voy. DICAIRE.

DIDIER.—*Variations et surnoms :* DAUPHINÉ—DIGUÉ — CASAUBON — LEPARISIEN, 1703 — PARISIEN.

1703, (29 nov.) Montreal. [1]

I.—DIDIER (2), SIMON, b 1669; fils de François et de Françoise Fournier, de Langres, Champagne.
BRUNEAU (3), Marie-Charlotte, [RENÉ I.
b 1683.

Marie-Charlotte, b [1] 16 sept. 1704.—*François-Marie*, b 28 nov. 1705, à Quebec, 1° m 3 oct. 1734, à Madeleine PROVENCHER, à Becancour; 2° m 4 nov. 1743, à Marie-Louise PINARD, à la Baie-du-Febvre; s 18 janvier 1745, à Nicolet. — *Noel*, b... m 31 juillet 1741, à Agathe MONTEIL, à Lachenaye.—*Jean*, b... m à Marie-Joseph RONDEAU.

DIDIER, DENIS.—Voy CASAUBON.

1734, (3 oct.) Bécancour.

II.—DIDIER (1), FRS-MARIE, [SIMON I.
b 1705; s 18 janvier 1745, à Nicolet.
1° PROVENCHER, Marie-Madeleine, [SÉBASTIEN II.
b 1697; s 18 mai 1743, à la Baie-du-Febvre.[2]

Marie-Louise, b [2] 25 fevrier et s [2] 1er mars 1736. —*François*, b [2] 25 dec. 1737; s [2] 6 janvier 1738. —*Marie-Joseph*, b [2] 21 avril et s [2] 1er mai 1741.

1743, (4 nov.) [2]

2° PINARD, Marie-Louise, [ANTOINE II.
b 1714.

1741, (31 juillet) Lachenaye.

II.—DIDIER, NOEL. [SIMON I.
MONTEIL, Agathe, [RENÉ I.
b 1721.

I.—DIDIER (2), JEAN-BTE, b 1733; de LaRochelle.

II.—DIDIER, JEAN. [SIMON I.
RONDEAU, Marie-Joseph, [JEAN II.
b 1722.

Joseph, b 1er février et s 7 août 1738, à St-Frs-du-Lac.—*Madeleine*, b... m 20 oct. 1760, à Noël RENAUD, à St-Ours.[3]—*Isabelle*, b 19 oct. 1749, à Sorel.—*François*, b [3] 20 juillet et s [3] 3 oct. 1751. —*Marie-Charlotte*, b [3] 17 sept. 1752; s [3] 9 sept. 1753.—*Marie-Joseph*, b [3] 15 mai 1754.—*Marie-Louise*, b [3] 10 sept. 1756.

1762, (18 janvier) Sault-au-Récollet.

I.—DIDIER (3), ANTOINE, b 1731; fils de Dominique et de Marguerite Vallet, de St-Julien, diocèse de Valence, Dauphiné.
PAYSANT (4), Marie, [ANTOINE I.
b 1735.

DIEL. — *Variations et surnoms :* DELGUIEL — DEZIEL—LABRÈCHE.

DIEL, MARIE-ANNE, b... m à François DUPUY; s 22 nov. 1760, à St-Constant.

DIEL, MARIE-JOSEPH, épouse d'Antoine LARIVIÈRE.

1676, (31 août) Montréal. [5]

I.—DIEL (5), CHARLES,
b 1652.
1° PICARD, Marie-Anne, [HUGUES I.
b 1663; s [5] 4 fevrier 1697.

(1) Et Dickerre.
(2) Dit LeParisien; maître-cordonnier.
(3) Dit Jolicœur.

(1) Et Digué.
(2) Venu de France en 1749, et toujours engagé aux Ursulines depuis son arrivée.
(3) Dit Dauphiné; ancien soldat.
(4) Dit Sanscartier.
(5) Voy. vol. I, p. 195.

Marie-Marguerite, b [5] 18 avril 1678; m 18 nov. 1696, à Pierre Perras, à Laprairie. [6] — *Charles*, b [6] 6 août 1688; 1° m [6] 17 février 1716, à Jeanne Boyer; 2° m 9 sept. 1732, à Marguerite Robert, à Boucherville.—*Marguerite*, b [6] 14 juin 1691; m [5] 3 février 1711, à Jean Lacombe.—*Jacques*, b [6] 2 février 1693; m [5] 13 juillet 1715, à Marie-Anne Crépin; s [5] 24 sept. 1745.

1702, (8 mai). [5]

2° Simon (1), Marie-Françoise, [Hubert I.
b 1671; veuve d'Etienne Godeau; s 6 mars 1757, au Bout-de-l'Ile, M.

Marie-Françoise, b... m [5] 1er déc. 1725, à René Larivière.—*Jean-François*, b [5] 25 déc. 1710.

1715, (13 juillet) Montréal. [7]

II.—DIEL, Jacques, [Charles I.
b 1693; forgeron, s [7] 24 sept. 1745.
Crépin (2), Marie-Anne, [Claude I.
b 1695; s 16 février 1745, au Bout-de-l'Ile, M. [8]

Marie-Anne, b [7] 17 avril et s [7] 13 août 1716.—*Marie-Anne*, b [7] 8 mai 1717; s [7] 22 dec. 1750.—*Marie-Catherine*, b [7] 30 juillet 1718; s [7] 14 février 1719. — *Geneviève*, b [7] 11 août 1719; m [8] 20 nov. 1741, à Jacques-Antoine Lupien. — *Charlotte*, b [7] 8 août 1720; s [7] 31 mai 1723. —*Jacques*, b [7] 26 sept. 1721; s [8] 17 avril 1739.—*François*, b 1722; m [7] 10 juin 1748, à Françoise Baron-Lupien; s 19 mai 1785, au Detroit. — *Charles-Joseph*, b [7] 28 janvier 1723.—*Charlotte*, b [7] 10 mai 1724; m [7] 24 mai 1752, à Charles Chevier-St-François; s 24 mars 1760, à St-Frs-du-Lac.—*Denis*, b [7] 3 juin 1725; s [7] 7 oct. 1730. —*Bernard*, b [7] 20 juin et s [7] 21 nov. 1726.—*Paul*, b [7] 1er oct. 1727, m 25 février 1755, à Marguerite Sauvage, aux Trois-Rivières.—*Marie-Louise*, b [7] 5 déc 1728; s [7] 27 nov. 1729. — *Marguerite*, b [7] 17 janvier 1730; s [7] 15 février 1749.—*Antoine*, b [8] 27 juillet 1731.—*Gabrielle-Amable*, b [8] 30 janvier 1736.—*Marie-Joseph*, b [8] 5 août 1740, m [7] 24 nov. 1760, à Antoine Leduc.

1716, (17 février) Laprairie. [4]

II.—DIEL, Charles, [Charles I.
b 1688; s 21 juin 1734, à Longueuil. [5]
1° Boyer, Jeanne, [Antoine II.
b 1694; s [5] 24 déc. 1730.

Jeanne, b [4] 24 janvier 1717; m [5] 28 avril 1738, à Jean-Baptiste Robidou.—*Marie-Louise*, b [4] 24 janvier 1717.—*Anne*, b [4] 20 mai 1720; s [4] 25 février 1737.—*Charles*, b [4] 29 janvier 1722, m 15 janvier 1746, à Felicite Sauvé, au Bout-de-l'Ile, M. [6] — *Antoine*, b [5] 5 février 1724.—*Eustache*, b [5] 5 février 1724; m à Angelique Caillé.—*Joseph-Marie*, b [5] 20 mars 1726.—*Jeanne*, b [5] 11 sept. 1727; s [5] 1er mai 1730. — *Marie-Joseph*, b [5] 18 août 1729; m [6] 7 avril 1750, à Andre Lalonde.

1732, (9 sept.) Boucherville.

2° Robert, Marguerite. [Louis II.

(1) Dit Lapointe.
(2) Et Rapin.

1746, (15 janvier) Bout-de-l'Ile, M. [9]

III.—DIEL, Charles, [Charles II.
b 1722.
Sauvé (1), Félicité, [Pierre II.
b 1727.

Charles, b [9] 16 oct. 1746.—*Marie-Louise*, b [9] 2 déc. 1748.—*Marie-Geneviève*, b [9] 20 avril 1750.—*Marie-Charlotte*, b [9] 6 février 1752.

1748, (10 juin) Montréal. [3]

III.—DIEL (2), François, [Jacques II.
b 1722; s 19 mai 1785, au Détroit.
Lupien (3), Françoise, [Pierre II.
b 1726; s 9 déc. 1762, au Bout-de-l'Ile, M. [4]

Geneviève, b [3] 2 mai 1749. — *Jacques*, b [4] 11 dec. 1750.— *Marie-Françoise*, b [4] 28 mai 1752, s [4] 24 oct. 1759. — *Marie-Amable*, b [4] 11 nov. 1753, s 19 juin 1754, à Ste-Geneviève, M.—*Marie-Joseph*, b [4] 31 janvier 1755.—*François*, b [4] 14 et s [4] 18 juin 1756.— *François*, b [4] 18 février et s [4] 3 nov. 1759.—*Marie-Françoise*, b [4] 14 août 1760

1755, (25 février) Trois-Rivières. [8]

III.—DIEL, Paul, [Jacques II
b 1727.
Sauvage, Marguerite, [François I.
b 1728; s [8] 16 janvier 1762.

Joseph-Antoine, b [8] 14 janvier 1755. — *Louis-François*, b [8] 7 mai 1756; s [8] 11 février 1758.—*Paul-Noel*, b [8] 24 déc. 1757.— *Antoine-Severin*, b [8] 24 oct. et s 17 nov. 1759, à la Pointe-du-Lac. —*Charles*, b [8] 25 mars 1761.

1755.

III.—DIEL, Eustache, [Charles II
b 1724.
Caillé, Angélique, [Jacques II.
b 1728.

Marie-Christine, b 10 oct. 1756, à St-Constant [7], m [7] 17 février 1772, à René Barbeau. — *Marie-Anne*, b 22 sept. 1762, à St-Philippe.

DIERS.—*Surnom :* Beaulieu.

1714, (8 janvier) Québec. [9]

I.—DIERS (4), Pierre, fils de Jean et de Marie-Madeleine Sot, de Plaisance, Terreneuve; s avant 1757.
Mondain, Marie-Charlotte, [Antoine I.
b 1689, s [9] 17 déc. 1763.

Joseph, b [9] et s [9] 12 août 1714.—*Pierre-Joseph*, b [9] 18 oct. 1715; s [9] 28 août 1717.—*Louise-Charlotte*, b [9] 18 déc. 1717; m [9] 16 mai 1740, à Benjamin Maillou; s [9] 28 nov. 1749.—*Louis*, b [9] 10 nov. 1720; s [9] 12 janvier 1722. — *Jean-Baptiste*, b [9] 26 nov. 1722; s [9] 8 février 1726.—*Pierre*, b [9] 8 août 1725, s [9] 14 mai 1733.—*Elisabeth*, b [9] 29 juin 1728; m [9] 16 nov. 1750, à François Poidras.

(1) Elle epouse, le 8 janvier 1757, Jean-Baptiste Crète, au Bout-de-l'Ile, M.
(2) Oncle maternel d'Agathe Réaume-Levasseur; il était au Détroit, le 16 juillet 1767.
(3) Dit Baron.
(4) Dit Beaulieu.

—*Marie-Charlotte*, b [9] 19 nov. 1730. — *Charles*, b [9] 21 février 1733; m 21 février 1757, à Geneviève AUDET, à St-Laurent, I. O.—*Augustin*, b [9] 28 août 1735; s [9] 25 oct. 1760.—*François*, b [9] 16 oct. 1737; s [9] 2 sept. 1738.

I.—DIERS, RAYMOND.
ST-MAURICE, Barbe.
Marie-Geneviève, b 15 août 1732, à Québec.

1757, (21 février) St-Laurent, I. O. [9]
II.—DIERS (1), CHARLES, [PIERRE I.
b 1733.
AUDET, Geneviève, [JEAN III.
b 1734.
Joseph-Marie, b [9] 10 sept. 1758, s [9] 5 avril 1759.—*Charles*, b [9] 29 mars 1761.

I.—DIEU-DE-PART (2), JEAN-BTE.
COTÉ, Marguerite.
Marie-Angélique, b 20 sept. 1754, à Ste-Anne-de-la-Pocatière. [7] — *Jean-Baptiste-Charles*, b [7] 9 sept. et s [7] 13 déc. 1755. — *Jean-Baptiste*, b 19 sept. 1757, à Batiscan.

1751, (24 août) Quebec. [3]
I.—DIEZ, BERNARD, b 1726, charpentier; fils de Jean et de Marie de Gilet, de Prisque, diocèse de Bayonne, Gascogne; s [3] 16 mai 1781.
BADEAU (3), Elisab.-Therèse, [JACQ.-FABIEN IV.
b 1731.
Jacques-Bernard, b [3] 20 et s [3] 31 juillet 1752. —*Ursule*, b [3] 17 juin et s [3] 28 juillet 1753.—*Louis*, b [3] 14 oct. 1754, s [3] 21 mars 1755.—*Marie-Catherine*, b [3] 4 et s [3] 6 nov. 1755. — *Michel*, b [3] 25 mars et s [3] 9 août 1757.—*Michel*, b [3] 13 mars 1759. — *Marie-Louise*, b 11 févrer 1760, à Charlesbourg. — *Denis-Bernard*, b [3] 15 avril et s [3] 23 nov. 1762.— *Marie-Elisabeth*, b [3] 10 oct. 1763.

I.—DIFFÉRÉ (4), JOSEPH.
GAGNE (5), Geneviève.
Geneviève, b 18 fevrier 1746, au Cap-St-Ignace. —*Marie-Reine*, b... m 15 janvier 1775, à Michel GAMACHE, à l'Islet.

I.—DIGANNE, JOSEPH.
MÉNARD, Catherine.
Paul, b 28 et s 30 mars 1759, à Ste-Geneviève, M.

1763, (30 janvier) Ste-Anne-de-la-Pocatière.
I.—DIGÉ, CHARLES, fils de Jacques et de Jeanne Augé, de Forillon, diocèse d'Avranches, Normandie.
LEVÊQUE, Véronique, [FRANÇOIS III.
b 1736.

DIGNAN.—Voy. RIGNAN.

(1) Dit Beaulieu.
(2) Il signe ainsi, mais l'acte dit Gudepart.
(3) Elle epouse, le 19 juin 1787, Prisque Cloutier, à Québec.
(4) Et Diceré.
(5) Dit Bellavance.

DIGUÈRE.—Voy. DICAIRE.

DIGUIER.—Voy. JOLICŒUR.

DIJON.—Voy. MICHAUD, 1747.

I.—DILAY (1), FRANÇOIS, s 31 juillet 1723, à Montreal.

I.—DILIGENT (2), NICOLAS, b 1693; de Normandie, s 5 dec. 1753, à Lachine.

I.—DILON, MARTIN, b 1740; s 2 janvier 1790, à Repentigny.

1763, (12 avril) Châteauguay.
I.—DIMEL, MICHEL, cordonnier; fils de Gaspard et de Catherine ...., de Spire, Allemagne.
GENDRON, Marie-Jeanne. [CHARLES-ISIDORE III.
Michel, b 20 dec. 1767, au Bout-de-l'Ile, M.

1757, (4 juillet) Montreal.
I.—DINANT, FÉLIX, b 1734, soldat; fils de François et de Marie-Anne Marot, de St-Nizier, Lyon.
LEBŒUF, Marie-Louise, [PIERRE-RENÉ II.
b 1739.

1775, (27 nov.) Berthier. [5]
I.—DINHARGUE, MARTIN, b 1746; fils de Martin et de Marie Arbour, de Gaspe; s [5] 26 avril 1776.
AUDET, Marie-Françoise [PIERRE III.
Marie-Marthe (posthume), b [5] 23 août 1776.

DION (3). — *Variations et surnoms:* DEHOU—DÉON—DÉOU—DESLORIERS—DUMONTIER—GUYON—LARAMÉE.

I.—DION (4), PIERRE.
BONHOMME, Anne-Agnès, [IGNACE II.
b 1675; s 28 août 1703, à Lorette. [0]
Pierre, b 1672; 1° m [5] 11 août 1705, à Geneviève FAUTEUX; 2° m 21 nov. 1718, à Marie-Ursule DELESSARD, à Quebec, s [5] 9 fevrier 1737. —*François*, b [5] 28 août 1703; m 9 janvier 1736, à Marie-Joseph ALARD, à Charlesbourg.—*Joseph*, b...

1684, (13 nov.) Québec. [4]
I.—DION (5), PHILIPPE,
b 1638.
MÉTAYER, Suzanne,
b 1664.
Augustin, b [4] 5 juin 1686.—*Gabriel*, b [4] 4 juillet 1691; m 29 janvier 1716, à Angelique DE LAVOYE, à St-Nicolas [5], s [5] 4 déc. 1736. — *Marie-*

(1) Dit Lamontagne, soldat de la compagnie de M. de St-Ours.
(2) Caporal de la compagnie de M. de Noyan.
(3) Pour Guyon. Très souvent dans la prononciation des noms, la lettre D a remplace G, et *vice versa*: Dion pour Guyon—Gunière pour Dumere.
(4) Voy. vol I, pp. 195-196
(5) Dit Desloriers, voy. vol. I, p. 195.

Suzanne, b 1692; m [6] 13 oct. 1710, à Charles CROTEAU; s 7 oct. 1752, à St-Antoine-Tilly.—*François*, b... m 1720, à Marie-Anne HOUDE.

I.—DION (1), THOMAS, b 1662; s 25 sept. 1722, à Beauport.

DION, GENEVIÈVE, b 1685; s 20 mars 1717, à Lorette.

1705, (11 août) Lorette. [4]
II.—DION (2), PIERRE, [PIERRE I.
b 1672, s [4] 9 fevrier 1737.
1° FAUTEUX (3), Geneviève, [PIERRE I.
b 1686.
Pierre, b 1706; s 22 sept. 1745, aux Trois-Rivières. — *Joseph*, b [4] 8 août 1707; m 17 avril 1730, à Madeleine DELESSARD, à Québec [9]; s [9] 13 janvier 1774. — *Jean-Baptiste*, b [4] 28 avril 1710.—*Jean-Baptiste*, b [4] 7 mai 1712.—*Denis*, b [4] 29 dec. 1713. — *Charles*, b [4] 5 août 1715; m [4] 22 fevrier 1740, à Catherine ALAIN.— *Geneviève*, b [4] 9 mars 1717; m 19 août 1743, à Louis BORDELEAU, à la Pte-aux-Trembles, Q.
1718, (21 nov.) [9]
2° DELESSARD (4), Marie-Ursule, [CHARLES II.
b 1694.
Marie-Ursule, b [4] 24 août 1719.— *Marie-Anne*, b [9] 20 fevrier 1721; m [9] 9 juillet 1748, à Joseph CAUTÉ. — *Pierre* (5), b [9] 18 mars 1722. — *Marie-Anne*, b [9] 31 dec. 1723; m 1757, à Raymond VERT.—*Pierre-Marie*, b [4] 9 sept. 1727. — *Ursule*, b [4] 2 août 1729; s [4] 18 juin 1730.—*Joseph-Marie*, b [4] 4 juillet 1731; s [4] 26 février 1732.—*Joseph*, b 1732, m [9] 4 juin 1753, à Madeleine RÉAUME.— *Félicité*, b [4] 16 avril 1734; m [9] 22 nov. 1756, à Pierre BERNARD.— *Thérèse*, b... m [9] 15 juin 1757, à Pierre PETIT.

1716, (29 janvier) St-Nicolas. [1]
II.—DION (6), GABRIEL, [PHILIPPE I.
b 1691; s [1] 4 dec. 1736.
DELAVOYE, Angelique, [JEAN II.
b 1693; s [1] 22 sept. 1758.
Angélique, b [1] 7 fevrier 1717. — *Marie-Joseph*, b [1] 15 avril 1721.—*Joseph*, b [1] 3 oct. 1723.— *Marie-Thérèse*, b [1] 25 nov. 1728; s [1] 23 sept. 1738. —*Antoine*, b [1] 4 juillet 1734; m 8 fevrier 1762, à Angelique LANGLOIS, à St-Michel-d'Yamaska.

1720.
II.—DION (7), FRANÇOIS, [PHILIPPE I.
b 1688.
HOUDE, Marie-Anne, [JACQUES II.
b 1693.

(1) Dit Laramée.
(2) Et Guyon.
(3) Dit Gaudin
(4) Elle épouse, le 23 juillet 1742, Joseph Dumareuil, à Lorette.
(5) Baptisé et confirmé, le même jour, par Mgr St-Valier
(6) Dit Desloriers.
(7) Et Guyon—Desloriers.

Marie-Charlotte, b 25 oct. 1722, à St-Antoine-Tilly. [2]—*Simon*, b [2] 22 janvier et s [2] 1er mai 1726. —*Marie-Angélique*, b [2] 19 mars 1727; m 19 avril 1751, à Jean-Joseph HOUDE, à Ste-Croix.—*Pierre-François*, b [2] 30 avril 1730.—*Louis*, b [2] 19 janvier 1738.

1721, (21 avril) Québec. [8]
II.—DION, JACQUES, [PIERRE I
b 1698.
DELESSARD (1), Louise. [CHARLES II
Marie-Louise, b [8] 16 janvier 1722; 1° m [8] 16 nov. 1750, à Julien BEZIER; 2° m [8] 22 nov. 1756, à Léonard DELAGARDE.—*Charles*, b [8] 6 dec. 1723

1727, (28 juillet) Quebec. [7]
II.—DION, IGNACE, [PIERRE I
b 1702.
DELESSARD, Françoise, [CHARLES II
b 1704.
Ignace, b 5 juin 1728, à Lorette [8]; m [8] 3 janvier 1755, à Geneviève ALAIN.—*Simon*, b [8] 13 et s [8] 18 janvier 1730.—*Marie-Françoise*, b [8] 18 juillet 1731.—*Pierre*, b [8] 24 avril 1734; s [8] 21 mai 1738 —*Joseph*, b [8] 9 fevrier 1736; s [8] 1er juin 1737.— *Charles*, b [8] 9 et s [8] 21 avril 1738.—*François-Xavier*, b [8] 18 et s [8] 19 avril 1741.—*Michel*, b [8] 7 et s [8] 10 mai 1744. — *Louis*, b [7] 5 oct. 1746— *Marie-Madeleine*, b [8] 23 juin et s [8] 20 sept. 1749. —*Marie-Anne*, b... m [8] 27 oct. 1760, à Bernard MONPERAT.

1730, (17 avril) Quebec. [4]
III.—DION, JOSEPH, [PIERRE II
b 1707; s [4] 13 janvier 1774.
DELESSARD, Madeleine, [CHARLES II.
b 1706; s [4] 28 nov. 1776.
Marie-Madeleine, b... m 27 oct. 1749, à Jean-Baptiste LACHAINE, à Lorette. [5] — *Joseph-Marie*, b [4] 21 janvier et s [4] 23 mars 1731.—*Joseph*, b [4] 30 mai 1733 —*Elisabeth-Félicité*, b [4] 31 juillet 1734, m [4] 8 janvier 1759, à Joseph LACHAINE.—*Angelique*, b [4] 22 juin 1736, m 15 janvier 1759, à Louis GENESTE, à Charlesbourg.—*Marc-Antoine*, b [4] 7 mars 1738; m [4] 1er juillet 1777, à Marguerite HÉLOT.—*Agathe-Rose*, b [4] 25 juillet 1740; m [5] 2 mars 1765, à François ALARD.—*Louis*, b [4] 6 janvier 1743.—*Marie-Elisabeth*, b [4] 31 août 1744— *Jacques*, b [4] 4 sept. 1746.—*Marie-Joseph*, b [4] 15 mars et s [4] 11 août 1748.—*Marie-Louise*, b [4] 15 août 1749.

1736, (9 janvier) Charlesbourg.
II.—DION, FRANÇOIS, [PIERRE I
b 1703.
ALARD, Marie-Joseph, [ANDRÉ II.
b 1712; s 29 mai 1760, à la Pointe-aux-Trembles, Q. [6]
Marie-Félicite, b 27 déc. 1736, à Lorette. [7]— *Louise*, b [7] 21 mars 1738; m [6] 15 juillet 1771, à Jean DUBUC.—*François*, b [7] 15 oct. 1739.—*Marie-Françoise*, b 1740; s 14 janvier 1762, à Quebec [8] —*Marguerite*, b [7] 11 août 1741; s [7] 19 janvier

(1) Elle épouse, le 1er juillet 1726, Joseph Duplessis à Lorette.

1743.—*Jean-Baptiste*, b [7] 21 avril 1743; s [7] 12 fevrier 1765.—*Joseph-Marie-Bonaventure*, b [8] 12 fevrier 1748.—*Marie-Joseph*, b [7] 10 mars 1750.

1740, (22 fevrier) Lorette.

III.—DION, CHARLES, [PIERRE II.
b 1715.
ALAIN, Catherine, [NOEL-SIMON II.
b 1721.

1753, (4 juin) Québec.

III —DION, JOSEPH, [PIERRE II.
b 1732.
RHEAUME, Madeleine, [JEAN-BTE III.
b 1732.

1755, (3 janvier) Lorette. [1]

III.—DION, IGNACE, [IGNACE II.
b 1728.
ALAIN, Geneviève, [NOEL II.
b 1722; veuve de Jacques Fluet.

Marie-Françoise, b [1] 21 dec. 1755.—*Ignace*, b [1] 22 août 1757; s [1] 24 mars 1758.—*Marie-Anne*, b [1] 20 avril 1759.—*Ignace*, b 1762; s [1] 12 fevrier 1765.

1758, (8 mai) Québec. [2]

I.—DION, NICOLAS, fils de Jean et de Madeleine Degrain, de Corterière, diocèse de Coutances, Normandie.
VICQUE (1), Marie-Anne, [ANTOINE I.
b 1741.

Marie-Anne, b [2] 7 mai 1759; m [2] 1er sept. 1778, à Augustin COTIN. — *Madeleine*, b 1760, m [2] 6 nov. 1781, à Fabien COTIN. — *Marie—Catherine*, b... m [2] 3 août 1790, à Thomas LEVÊQUE.—*Marie*, b... m [2] 26 oct. 1790, à Andre FRÉCHET.—*Nicolas*, b 6 mars 1761, à St-Thomas; m [2] 8 oct. 1792, à Marguerite LABOMBARDE.

1762, (8 février) St-Michel-d'Yamaska.

III.—DION (2), ANTOINE, [JOSEPH-GABRIEL II.
b 1734.
LANGLOIS, Angélique, [NOEL III.
b 1745.

1777, (1er juillet) Québec. [3]

IV.—DION, MARC-ANTOINE, [JOSEPH III.
b 1738.
HÉLOT, Marguerite, [FRANÇOIS II.
b 1753.

Marguerite, b... m [3] 16 oct. 1798, à Joseph GAGNON.

DION, PIERRE.
CAUCHON, Marguerite,
s avant 1787.

Pierre, b 1786, s 17 août 1787, à Quebec.

1792, (8 oct.) Quebec.

II.—DION, NICOLAS, [NICOLAS I.
b 1761.
LABOMBARDE, Marguerite. [PHILIPPE I.

(1) Dit St-Germain.
(2) Dit Desloriers.

DIONET. — *Variation et surnom :* GUIONET — LAFLEUR.

1688, (15 janvier) Pte-aux-Trembles, Q. [6]

I.—DIONET (1), JEAN,
b 1666.
ARRIVEE (2), Marie-Madeleine, [JACQUES I.
b 1669.

Jeanne, b [6] 27 oct. 1688; m 28 mai 1711, à Rene DENIGER, à Montreal [9]—*Jeanne-Madeleine*, b [6] 30 avril 1691; 1° m [9] 5 sept. 1718, à Michel ARSENAULT; 2° m [9] 26 janvier 1733, à Jacques HÉRY. — *Marie-Charlotte*, b [9] 16 juin 1693; 1° m à Joseph CHEVAUDIER; 2° m [9] 7 juillet 1744, à François TARTRE.—*François*, b [9] 28 juin 1697; 1° m 1er août 1728, à Denise .... à Kaskakia; 2° m [9] 24 avril 1741, à Judith TARTRE —*Louise*, b [9] 2 fevrier 1699; m [9] 24 sept. 1720, à Jean-Noel COUSINEAU.

1728, (1er août) Kaskakia.

II.—DIONET, FRANÇOIS, [JEAN I.
b 1700.
1° .... Denise.
1741, (24 avril) Montréal.
2° TARTRE (3), Judith, [GUILLAUME I.
b 1718.

DIONNE. — *Variation et surnom :* GUYONNE—SANSOUCY.

1660.

I.—DIONNE (4), ANTOINE,
b 1641, s 25 dec. 1721, à St-Jean, I. O.
IVORY, Catherine,
b 1644.

Jean, b 11 mars 1670, à Ste-Famille, I. O., m 2 août 1694, à Marie-Charlotte MIGNOT, au Château-Richer; s 18 août 1752, à Ste-Anne-de-la-Pocatière.

I.—DIONNE, PIERRE.
....

Jean-Baptiste, b... m 1728, à Madeleine MICHAUD.

1694, (2 août) Château-Richer.

II.—DIONNE, JEAN, [ANTOINE I.
b 1670; s 18 août 1752, à Ste-Anne-de-la-Pocatière. [6]
MIGNOT, Marie-Charlotte, [JEAN I.
b 1671; s [6] 9 oct. 1747.

Jean, b 5 mars 1700, à Ste-Famille, I. O.; s 12 juin 1773, à Kamouraska. [2] — *Augustin*, b 26 sept. 1702, à la Rivière-Ouelle [8]; 1° m 2 sept. 1726, à Marie PARADIS, à St-Pierre, I. O.; 2° m [2] 1er mars 1729, à Marie MOREAU.—*Geneviève*, b 1704, s [6] 26 juin 1770. — *Antoine*, b [8] 16 janvier 1707; 1° m [6] 21 juin 1734, à Marie-Anne LISOTTE; 2° m [6] 4 oct. 1768, à Eaupère TROTIER DE LA BIS-

(1) Et Guionet, voy, vol. I, pp. 196 et 296.
(2) Elle épouse, le 15 janvier 1729, Jean Fontenelle, à Montreal.
(3) Dit Larivière.
(4) Dit Sansoucy; voy. vol. I, p. 196.

SONNIÈRE.—*Marie-Anne*, b [8] 21 juillet 1709 ; 1° m 1726, à Jean MOREAU ; 2° m [6] 6 juin 1763, à Pierre MORIN.—*Marie*, b... 1° m à François MICHAUD ; 2° m [6] 4 juillet 1729, à Philippe BOUCHER.—*Joseph*, b... m[6] 11 juillet 1729, à Madeleine MENEUX.—*Marie*, b... m à Jacques MICHAUD.

1726, (2 sept.) St-Pierre, I. O.

III.—DIONNE, AUGUSTIN, [JEAN II.
b 1702.
1° PARADIS, Marie, [GUILLAUME II.
b 1703 ; s 14 juillet 1728, à Kamouraska.[4]
Augustin, b [4] 8 juillet 1727 ; 1° m 5 juillet 1751, à Marie-Anne MIGNOT, à Ste-Anne-de-la-Pocatière [8] ; 2° m [8] 1er sept. 1760, à Marie DUBÉ.

1729, (1er mars). [4]

2° MOREAU, Marie-Jeanne, [JEAN II.
b 1699 ; veuve de Jean Guy.
Marie-Catherine, b [8] 13 janvier 1730. — *Germain*, b... m 16 janvier 1754, à Marie-Louise BERNIER, au Cap-St-Ignace. — *Marie-Agnès*, b [8] 8 nov. 1733 ; m [8] 12 avril 1752, à Basile BERNIER. — *Marie-Angélique*, b [8] 30 avril 1735, m [8] 21 janvier 1754, à Ignace FORTIN — *Marie-Thérèse*, b [8] 6 janvier 1737 ; m [8] 21 janvier 1754, à Joseph BERNIER.—*Pierre-Jean*, b [8] 25 mai 1738. —*Marie-Françoise*, b [8] 5 nov. 1739 ; m[8] 14 juillet 1766, à Charles BOUCHARD. — *Jean-Baptiste*, b [8] 13 août 1741.—*Joseph-Marie*, b [8] 11 février 1743, 1° m [8] 15 juillet 1765, à Marie-Anne SIROIS, 2° m 18 janvier 1773, à Marie-Angélique PARADIS, à la Rivière-Ouelle. — *Charles*, b [8] 23 avril 1745, s [8] 28 juin 1748.

III.—DIONNE, JEAN, [JEAN II.
b 1700 ; s 12 juin 1773, à Kamouraska.

1728.

II.—DIONNE, JEAN-BTE. [PIERRE I.
MICHAUD, Marie-Madeleine, [PIERRE II.
b 1706 ; s 16 juin 1771, à Kamouraska. [4]
Marie, b [4] 6 juin 1729 ; 1° m 1753, à Jean-Baptiste PARADIS ; 2° m [4] 16 février 1767, à Germain SOUCY ; s [4] 21 sept. 1767.—*Jean-Baptiste*, b... m [4] 2 sept. 1748, à Marie-Louise PARADIS, s [4] 13 oct. 1755. — *Joseph-Marie*, b [4] 8 nov. 1731 ; 1° m [4] 25 février 1754, à Therèse PARADIS ; 2° m 6 oct. 1760, à Marguerite HUDON, à la Rivière-Ouelle [5], 3° m [5] 26 juillet 1785, à Marie-Claire SOUCY.—*François-Germain*, b [4] 16 août 1734, m [4] 3 nov. 1756, à Marie-Joseph MICHAUD.—*Jean-Baptiste*, b... s [4] 23 nov. 1755.—*Alexandre*, b [4] 22 juillet 1736 ; m [4] 19 janvier 1761, à Madeleine MICHAUD. —*Augustin*, b [4] 11 mars 1739 ; m [5] 12 février 1765, à Marie-Louise PLOURDE. — *Marie-Jeanne*, b [4] 22 oct. 1741 ; m [4] 17 janvier 1763, à Louis DUBÉ. —*Marie-Catherine*, b [4] 7 février 1745.—*Benjamin*, b... m [5] 3 août 1772, à Judith DUBÉ.

1729, (11 juillet) Ste-Anne-de-la-Pocatière. [6]

III.—DIONNE, JOSEPH, [JEAN II.
notaire-royal.
MENEUX (1), Madeleine, [JOSEPH II.
b 1702 ; s 14 avril 1767, à St-Thomas. [7]

Marie-Madeleine, b [6] 20 oct. 1730 ; m [6] 28 janvier 1755, à Mathurin BÉRUBÉ. — *Joseph*, b [6] 27 mars 1732 ; m [6] 28 juillet 1760, à Marie-Joseph ANCTIL. — *Marie-Reine*, b [6] 10 mai 1734 ; m [6] 21 nov. 1762, à Noël LEBRETON. — *Jean-François*, b [6] 21 février 1736.—*Marie-Angélique*, b [6] 14 mai 1738 ; m 1761, à Jean-Marie FOURNIER. — *Benjamin*, b [6] 3 juillet 1740 ; 1° m [7] 16 février 1767, à Marie-Angélique FOURNIER ; 2° m 11 février 1771, à Marie-Louise DELAVOYE, à la Rivière-Ouelle. — *Germain*, b [6] 5 oct. 1742 ; m [7] 24 nov. 1766, à Marie-Thérèse FOURNIER. — *Louis-Roch*, b [6] 21 février 1745, s [6] 14 sept. 1765. — *Marie-Catherine* et *Anne*, b [6] 30 avril et s [6] 27 mai 1747. —*Jérémie*, b [6] 15 mai 1749.—*Henri-Marie*, b [6] 19 nov. 1750.—*Anne*, b[6] 14 juillet 1752 ; m [6] 13 nov. 1769, à Germain GAUTIER.

1734, (21 juin) Ste-Anne-de-la-Pocatière. [6]

III.—DIONNE (1), ANTOINE, [JEAN II.
b 1707.
1° LISOTTE, Marie-Anne, [JOSEPH II.
b 1715.
Marie-Anne, b [6] 7 oct. 1735 ; m 14 février 1757, à Dominique LEVÊQUE, à la Rivière-Ouelle. [7]— *Antoine*, b [6] 27 dec. 1738 ; m 7 février 1763, à Marie-Louise CARON, à St-Roch. — *Germain* (*Gervais*), b [6] 10 janvier 1740 ; m [7] 15 janvier 1770, à Dorothée LEVÊQUE. — *Marie-Catherine*, b [6] 3 juin 1743. — *Marie-Joseph*, b [6] 5 mars 1746 ; m [6] 8 janvier 1770, à Pierre LEVÊQUE. — *Barthélemi*, b [6] 16 juillet 1747.—*Elisabeth*, b [6] 5 février 1749 ; m [6] 30 janvier 1769, à Louis CARON.—*Maurice*, b[6] 17 sept. 1750. —*Marie-Euphrosine*, b [6] 12 août 1752 ; s [6] 22 dec. 1759.

1768, (4 oct.) [6]

2° TROTIER (2), Exupère, [NOEL III.
b 1719, veuve de Joseph Gagnon.

1748, (2 sept.) Kamouraska [1]

III.—DIONNE, JEAN-BTE. [JEAN-BTE II.
PARADIS (3), Marie-Louise, [GABRIEL III.
b 1728.
Justine, b [1] 25 mars et s [1] 19 avril 1753.—*Marie-Justine*, b [1] 24 mars 1754 ; m [1] 7 janvier 1777, à Jean-Baptiste DURET.—*Marie*, b [1] 30 mars 1756.—*Marie-Louise*, b... m [1] 4 oct. 1773, à Jean-Baptiste ROY.

1751, (5 juillet) Ste-Anne-de-la-Pocatière. [2]

IV.—DIONNE, AUGUSTIN, [AUGUSTIN III.
b 1727.
1° MIGNOT, Marie-Anne, [CHARLES II.
b 1728 ; s [2] 2 février 1760.
Gabriel, b [2] 8 juillet 1752 ; 1° m à Marie RICHARD ; 2° m 6 juillet 1796, à Marie-Louise LANGLOIS, à Québec. — *Augustin*, b [2] 9 oct. 1753.—*Raphael*, b 1759 ; s [2] 15 mai 1760.

1760, (1er sept.) [2]

2° DUBÉ, Marie. [LOUIS II.
Jean-Baptiste, b [2] 3 août 1761.—*Augustin*, b [2] 15 dec. 1762.

(1) Et LeMenu—Chateauneuf.

(1) Dit Sansoucy ; baillif et arpenteur

(2) De la Bissonnière.

(3) Elle épouse, le 9 août 1756, Charles Soucy, à Kamouraska.

1754, (16 janvier) Cap-St-Ignace.

IV.—DIONNE, GERMAIN. [AUGUSTIN III.
BERNIER, Marie-Louise, [PIERRE-BASILE III.
b 1738.
Marie-Beuve, b 6 mars 1755, à Ste-Anne-de-la-Pocatière. [3]; m [3] 22 janvier 1770, à Clement GOSSELIN. — *Louise-Opportune*, b 22 fevrier, à St-Roch, et s [3] 11 nov. 1759. — *Pierre*, b [4] 20 janvier 1761.

1754, (25 février) Kamouraska. [5]

III.—DIONNE, JOSEPH-MARIE, [JEAN-BTE II.
b 1731 ; notaire.
1° PARADIS, Marie-Thérèse, [GABRIEL III.
b 1736.
Marie-Catherine, b [5] 2 et s [5] 5 août 1757.
1760, (6 oct.) Rivière-Ouelle. [6]
2° HUDON, Marguerite, [JEAN-BTE II.
b 1735.
Marie-Anne, b [5] 19 juillet 1761. — *Marie-Anastasie*, b [5] 22 et s [5] 31 août 1762. — *Marie-Judith*, b [5] 30 août 1763. — *Joseph*, b [5] 30 janvier 1764 ; s [5] 24 février 1768 —*Cyriac*, b [5] 30 avril 1767. — *Marie-Anne*, b [5] 28 janvier 1769. — *Marie-Madeleine*, b [5] 18 janvier 1771.
1785, (26 juillet). [6]
3° SOUCY, Marie-Claire, [FRANÇOIS III.
b 1738.

1756, (3 nov.) Kamouraska. [7]

III.—DIONNE, FRS-GERMAIN, [JEAN-BTE II.
b 1734.
MICHAUD, Marie-Joseph, [LOUIS III.
b 1735; veuve de Marc-Antoine Paradis.
François-Cyrile, b [7] 8 sept. 1757; m [7] 13 nov. 1780, à Marie-Louise PARADIS.—*Jean-François*, b [7] 18 nov. 1760.—*Marie-Anne*, b [7] 20 oct. 1762. —*Joseph-Marie*, b [7] 9 sept. et s [7] 22 déc. 1764.— *Marie-Joseph*, b [7] 27 oct. 1765 ; s [7] 30 déc. 1766. —*Marie-Euphrosine*, b [7] 4 oct. 1767.—*Alexandre*, b [7] 20 février 1770.—*Marie-Joseph*, b [7] 4 janvier 1772.

1760, (28 juillet) Ste-Anne-de-la-Pocatière. [8]

IV.—DIONNE, JOSEPH, [JOSEPH III
b 1732.
ANCTIL, Marie-Joseph, [JEAN I
b 1739.
Marie-Joseph, b [8] 17 juillet 1761.

1761, (19 janvier) Kamouraska. [9]

III.—DIONNE, ALEXANDRE, [JEAN-BTE II.
b 1736.
MICHAUD, Madeleine, [LOUIS III.
b 1742.
Louis-Alexandre, b [9] 1er janvier 1762.—*Augustin*, b [9] 17 fevrier 1764.—*Jean-Baptiste*, b [9] 9 janvier 1766.—*Marie-Madeleine*, b [9] 19 déc. 1767.— *Benjamin*, b [9] 19 janvier 1770.—*Joseph*, b [9] 6 nov. 1771.

1763, (7 février) St-Roch.

IV.—DIONNE (1), ANTOINE, [ANTOINE III.
b 1738.
CARON, Marie-Louise, [LOUIS IV.
b 1745.

1765, (12 février) Rivière-Ouelle.

III.—DIONNE, AUGUSTIN, [JEAN-BTE II.
b 1739.
PLOURDE, Marie-Louise, [PIERRE II.
b 1747.
Marie-Louise, b 4 janvier 1766, à Kamouraska.[3] —*Marie-Anne*, b [3] 20 mars et s [3] 3 juin 1767.— *Marie-Madeleine*, b [3] 4 sept. 1768.—*Augustin*, b [3] 18 juillet 1770.

1765, (15 juillet) Ste-Anne-de-la-Pocatière.

IV.—DIONNE, JOSEPH-MARIE, [AUGUSTIN III.
b 1743.
1° SIROIS (2), Marie-Anne, [JEAN III.
b 1746 ; s 8 mars 1772, à la Rivière-Ouelle. [1]
1773, (18 janvier). [1]
2° PARADIS, Marie-Angelique, [JEAN IV.
b 1756.

1766, (24 nov.) St-Thomas.

IV.—DIONNE, GERMAIN, [JOSEPH III.
b 1742.
FOURNIER, Marie-Thérèse, [LOUIS III.
b 1742.

1767, (16 fevrier) St-Thomas.

IV.—DIONNE, BENJAMIN, [JOSEPH III.
b 1740.
1° FOURNIER, Angélique, [LOUIS III.
b 1740 ; s 24 fevrier 1770, à Ste-Anne-de-la-Pocatière.
1771, (11 février) Rivière-Ouelle.
2° DELAVOYE, Marie-Louise, [ALEXIS III.
b 1736.

DIONNE, AUGUSTIN.
1° AUTIN, Geneviève, [FRANÇOIS I.
b 1704.
1771, (1er janvier) Rivière-Ouelle.
2° MARINIER, Marie-Madeleine, [SEBASTIEN I.
veuve de Jean-Baptiste Baudet.

1770, (15 janvier) Rivière-Ouelle.

IV.—DIONNE, GERVAIS. [ANTOINE III.
LEVÊQUE, Dorothée, [DOMINIQUE III.
b 1749.

1772, (3 août) Rivière-Ouelle.

III.—DIONNE, BENJAMIN. [JEAN-BTE II.
DUBÉ, Judith, [AUGUSTIN III.
b 1749.

(1) Avec dispenses du 4me degre de consanguinité.

(2) Dit Duplessis; appelée Soucy aux secondes noces de Joseph Dionne.

V.—**DIONNE**, Gabriel, [Augustin IV.
b 1752.
1° Richard, Marie,
b 1757; s 31 oct. 1793, à Québec. [2]
1796, (6 juillet). [2]
2° Langlois, Marie-Louise, [Jean IV.
b 1760; veuve d'Etienne Chevalier.

1780, (13 nov.) Kamouraska.

IV—**DIONNE**, Frs-Cyrille, [Frs-Germain III.
b 1757.
Paradis, Marie-Louise, [Joseph-Antoine IV.
b 1765.

I.—**DIONY** (1), François, b 1704; de Launay, Normandie, s 12 nov. 1767, à l'Hôpital-Genéral, M.

DIORSEVAL, Martin.—Voy. Dorceval.

I.—**DIOUX** (2), Etienne.
Just, Marie-Madeleine.
Marie-Louise, b... s 24 juin 1750, à St-Laurent, M.

I.—**DIRÈS** (3), Pierre, b 1696; de St-Louis de Rochefort, diocèse de LaRochelle; s 29 août 1748, à Quebec.

1717, (9 sept.) Quebec. [1]

I.—**DIRIGOYEN**, Jean, fils de Jean et de Marie Darmour, de Notre-Dame de Bayonne, Gascogne.
1° Thibaut, Marie-Anne, [François-Louis I.
b 1684; veuve de Jean Dumay; s [1] 25 avril 1736.
1737, (29 avril). [1]
2° Riopel, Barbe, [Pierre I.
b 1690; s [1] 21 oct. 1758.

DISCO.—Voy. Lescot, 1758.

I.—**DISLY**, Philippe,
s avant 1768.
Robinson, Angelique.
Philippe, b... m 4 juillet 1778, à Marie-Catherine DeNiger, à St-Philippe.

1768, (4 juillet) St-Philippe.

II.—**DISLY**, Philippe. [Philippe I.
DeNiger, Marie-Catherine, [Laurent III.
b 1745.

1758.

I.—**DISQUET**, Antoine.
Laroche, Marguerite, [Jean-Bte II.
b 1731.
Antoine, b 24 nov. 1759, aux Ecureuils.

I.—**DISURAT**, Catherine, épouse d'Ambroise Nicolet.

(1) Dit Jolicœur, ancien soldat du regiment de Bearn.
(2) Sergent et maitre-tailleur.
(3) Pilote du navire "le Fleuve-St-Laurent."

DISY.—*Variation et surnom*: Dizy—Monplaisir.

DISY, Thérèse, épouse de Jean Toupin.

DISY (1), Marie, épouse de Pierre Dufour.

1659, (13 juillet) Trois-Rivières. [5]

I.—**DISY** (2), Pierre,
b 1635; s 13 juin 1698, à Champlain. [6]
Drouillard, Marie,
b 1639.
Ignace-Michel, b [5] 16 août 1661; m [6] 6 février 1690, à Marie-Jeanne Beaudoin; s [6] 13 fevrier 1723.—*François*, b... m à Catherine Beaudoin.

1690, (6 février) Champlain. [1]

II.—**DISY** (3), Ignace-Michel, [Pierre I.
b 1661; s [1] 13 fevrier 1723.
Beaudoin, Marie-Jeanne, [René I.
b 1674; s [1] 31 mars 1737.
Ignace, b [1] 17 juin 1692; 1° m 1720, à Marie-Anne Brisset; 2° m 18 juillet 1729, à Marguerite LePelé, à l'Ile-Dupas. [2] — *Pierre*, b [1] 22 déc. 1693, m [1] 29 juillet 1725, à Thérèse Raoul, s [1] 5 mai 1738.—*Elisabeth*, b [1] 14 nov. 1695; m [1] 7 janvier 1715, à François Poisson. —*François*, b [1] 9 sept. 1698; m [2] 16 mars 1728, à Geneviève Brisset; s [1] 19 mai 1737.—*Michel*, b [1] 6 janvier 1701.—*Charles*, b [1] 23 avril 1705; m [1] 9 nov. 1734, à Geneviève Desrosiers.—*Joseph*, b [1] 17 sept. 1707. — *Jean-Baptiste*, b [1] 18 avril 1711.—*Raymond*, b [1] 21 dec. 1713. — *Antoine*, b [1] 22 avril 1716.

1700, (11 nov.) Champlain. [1]

II.—**DISY** (4), Pierre, [Pierre I.
b 1674.
Beaudoin, Madeleine, [René I.
b 1675; veuve de François Lucas.
Marie-Madeleine, b [1] 23 sept. 1701; m [1] 17 mai 1723, à Charles Turgeon.—*Geneviève*, b [1] 13 avril et s [1] 11 mai 1703.—*Geneviève*, b [1] 7 mai 1704, m [1] 10 nov. 1727, à Joseph Lefebvre. — *Marie-Anne*, b [1] 22 juillet 1706, m [1] 27 juillet 1729, à Jean-Baptiste Toupin; s [1] 27 oct. 1733. —*Françoise*. b [1] 7 juin 1708 —*Elisabeth*, b [1] 1er mars 1710.—*Marie-Elisabeth*, b [1] 29 dec. 1711; m [1] 9 mars 1734, à Joseph Toupin; s 10 oct. 1739, à la Pte-aux-Trembles, Q.—*Pierre*, b [1] 19 et s [1] 20 nov. 1713. —*Marie-Joseph*, b [1] 30 dec. 1714; m [1] 26 mai 1741, à Joseph Lefebvre. — *Marguerite*, b [1] 15 avril 1717; sœur hospitalière dite St-Pierre; s 23 dec. 1746, à l'Hôtel-Dieu, Q. — *Gervais-Pierre*, b [1] 2 mars 1719.

II.—**DISY**, François. [Pierre I
Beaudoin, Catherine. [René I.

DISY, Jean-Baptiste, b 1709, s 7 déc. 1729, à Champlain.

(1) Dit Monplaisir.
(2) Et Dizy; voy vol. I. p. 196.
(3) Juge a Champlain. Et Dizy; voy vol. I, p 196.
(4) Dit Monplaisir; commandant les milices du gouvernement des Trois-Rivieres.

1720.

III.—DISY, IGNACE, [IGNACE-MICHEL II.
b 1692; s 11 juin 1731, à l'Ile-Dupas. [2]
1° BRISSET, Marie-Anne, [JACQUES II.
b 1700; s [2] 21 nov. 1728.
Marie-Joseph, b 16 février 1721, à Champlain.[3] —*Marie-Marguerite*, b [3] 31 mars 1722. — *Marie-Anne*, b [3] 7 avril 1723; s [2] 30 juin 1731. — *Geneviève*, b 28 sept. 1724, à Sorel. [4] — *Ignace*, b [4] 30 juin 1726.—*Joseph*, b [2] 28 dec. 1727; m à Thérèse DUVAL.

1729, (18 juillet). [2]

2° LE PELÉ (1), Marguerite, [ANTOINE II.
b 1703.
Marie-Charlotte, b [2] 22 mai 1730

1725, (29 juillet) Champlain. [4]

III.—DISY, PIERRE, [IGNACE-MICHEL II.
b 1693; s [4] 5 mai 1738.
RAOUL (2), Therèse, [JOSEPH II.
b 1702.
Marie-Thérèse, b [4] 6 oct. 1726, m 1750, à Jean TROTIER.—*Marie-Joseph*, b [4] 30 dec. 1727; s [4] 3 fevrier 1728. — *Marie-Geneviève*, b [4] 9 juin et s [4] 20 juillet 1729.—*Pierre-Marie*, b [4] 25 mai et s [4] 24 juillet 1730.—*Michel-Marie*, b [4] 19 oct. 1731; m 1754, à Marie-Joseph TOUTANT.—*Joseph*, b [4] 1er fevrier et s [4] 4 mars 1733.— *Marie-Joseph*, b [4] 18 et s [4] 28 avril 1734.—*Raymond*, b [4] 9 mars 1736. —*Joseph*, b [4] 1er avril et s [4] 3 sept. 1737.—*Marie-Angélique*, b [4] 6 et s [4] 12 mai 1738

1728, (16 mars) Ile-Dupas.

III.—DISY, FRANÇOIS, [IGNACE-MICHEL II.
b 1698, s 19 mai 1737, à Champlain. [3]
BRISSET, Geneviève, [JACQUES II
b 1697.
Deux anonymes, b [3] et s [3] 12 oct. 1728.— *Trois anonymes*, b [3] et [3] 10 juillet 1729 — *Jean-François*, b [3] 26 dec. 1730.— *Alexis*, b [3] 18 déc. 1732; m 25 janvier 1761, à Marie-Joseph CHARTIER, au Cap-de-la-Madeleine.—*Pierre*, b [3] 13 février 1734. —*François-Charles* et *Marie-Geneviève*, b [3] 22 août 1736.

DISY, NICOLAS.
GUERTIN, Marie-Catherine, [LOUIS II.
b 1701.
François-Nicolas, b 29 mars 1729, à Verchères.

1734, (9 nov.) Champlain. [2]

III.—DISY, CHARLES, [IGNACE-MICHEL II.
b 1705.
DESROSIERS, Geneviève, [MICHEL II.
b 1703.
Michel-Ignace, b [2] 26 janvier 1736.—*Geneviève*, b [2] 20 oct. 1737.

1748.

DISY, ANTOINE.
DUBORD, Françoise. [DOMINIQUE II.
b 1715.
Antoine, b 1er sept 1749, à Batiscan.

(1) Dit Desmarets
(2) Elle épouse, en 1740, Joseph Blanchard.

1754.

III.—DISY, MICHEL, [PIERRE II.
b 1731.
TOUTANT, Marie-Joseph. [JOSEPH II.
Michel, b et s 8 dec. 1755, à l'Ile-Dupas. [8]— *Marie-Anne*, b [8] 16 déc. 1757; s [8] 16 juillet 1778.—*Michel-Ignace*, b [8] 2 avril 1759.—*Pierre*, b [8] 15 sept. 1760; s [8] 10 nov. 1763.—*Marguerite*, b [8] 3 juin 1762.—*Marie-Joseph*, b [8] 24 sept. 1763. —*Geneviève*, b [8] 24 fevrier 1765; m [8] 10 juin 1782, à Charles GERVAIS.—*Françoise*, b [8] et s [8] 8 déc. 1767. — *Agathe*, b [8] 18 mars et s [8] 1er août 1769.

IV.—DISY, JOSEPH, [IGNACE III.
b 1727.
DUVAL, Thérèse.
Marie-Joseph, b... m 11 janvier 1768, à Michel DESORCY, à l'Ile-Dupas. [1]—*Marie-Anne*, b... m [1] 29 avril 1777, à Jean-Baptiste HUS-PAUL. — *Alexis*, b... m [1] 2 fevrier 1778, à Monique DESORCY.

1761, (25 janvier) Cap-de-la-Madeleine. [7]

IV.—DISY (1), ALEXIS, [FRANÇOIS III.
b 1732.
CHARTIER, Marie-Joseph,
veuve de Pierre Toupin.
Jean-Baptiste, b [7] 12 mars 1763; m [7] 13 février 1787, à Claire LEFEBVRE. — *Alexis*, b... m [7] 13 juillet 1790, à Marguerite ARCENEAU. — *Marie-Claire*, b [7] 10 dec. 1768; m [7] 7 oct. 1791, à François LEFEBVRE.—*Paschal*, b... m [7] 9 fevrier 1795, à Cecile TOUPIN.

1778, (2 fevrier) Ile-Dupas. [1]

V.—DISY, ALEXIS. [JOSEPH IV.
DESORCY (2), Monique, [JEAN-BTE IV.
b 1763.
Marie-Thérèse, b [1] 13 mars 1779. — *Marie-Monique*, b [1] 22 mars 1781.

1787, (13 fevrier) Cap-de-la-Madeleine. [1]

V.—DISY, JEAN-BTE, [ALEXIS IV.
b 1763.
LEFEBVRE, Claire. [JEAN-BTE III.
Marie-Anne, b [1] 27 nov. 1787. — *Thérèse*, b [1] 26 sept. et s [1] 2 oct. 1789.—*Paschal*, b [1] 31 avril 1793.—*Thérèse*, b [1] 26 oct. 1794.

1790, (13 juillet) Cap-de-la-Madeleine.

V.—DISY, ALEXIS [ALEXIS IV.
ARCENEAU, Marguerite, [FRANÇOIS III.
b 1764.

1795, (9 février) Cap-de-la-Madeleine. [1]

V.—DISY, PASCHAL. [ALEXIS IV.
TOUPIN, Marie-Cecile. [JEAN-BTE IV.
Anonyme, b [1] 11 oct. 1795.

DITOT, JEAN.—Voy. SÉDILOT.

(1) Dit Monplaisir.
(2) Dit Laucour.

1791, (8 février) Québec.
I.—**DITZEL**, Jean, fils de Gaspard et de Marie Cliet, d'Ademburg, de Hesse-Hanan, Allemagne.
Deligny, Françoise, [Guillaume I. b 1752.

DIVELEC.—*Surnom :* Quimper.

1718, (1er dec.) Longueuil. [7]
I.—DIVELEC (1), Louis, b 1688 ; fils de Jacques et de Marie Lacorne, de Laukemaniak-Quimper-Corantin, diocèse de Cornouailles, en Bretagne ; s 4 janvier 1755, à Terrebonne.
Viau (2), Marie-Joseph, [Bertrand II. b 1700 ; s 12 oct. 1745, au Sault-au-Recollet.
Louis, b [7] 1er nov. 1720.—*Marie-Joseph*, b [7] 16 sept. 1722 ; s [7] 9 janvier 1723. — *Marie-Joseph*, b [7] 15 nov. 1724 ; s [7] 3 août 1725.— *Marie-Anne*, b [7] 13 août 1727. — *Louise-Amable*, b 1er avril 1729, à Montreal [8] ; s [8] 5 février 1733.—*Antoine*, b [8] 3 déc. 1740.—*Marie-Hélène*, b [8] 11 nov. 1743, s [8] 24 janvier 1744.

1728, (17 oct.) Québec. [2]
I.—DIVERNY (3), Nicolas, b 1694, perruquier ; fils de Jean et de Françoise Pelletier, de St-Martin-d'Achère, Paris.
Noel, Catherine, [François II. b 1699 ; s [2] 12 déc. 1754.
Catherine, b [2] 16 juillet 1729 ; m [2] 18 avril 1757, à Honoré Ginier.—*Jean-Louis-Nicolas*, b [2] 6 août 1730.—*Jacques*, b [2] 2 oct. 1732 ; m [2] 16 sept. 1755, à Angélique Berdin-Lafontaine.—*Geneviève*, b [2] 30 mai 1734 ; m 23 juin 1761, à Jean-Baptiste Dupras, à St-Michel-d'Yamaska. — *Pierre*, b [2] 29 sept. et s [2] 1er oct. 1736. — *Charles*, b [2] 20 sept. 1737. — *Joseph*, b [2] 5 et s [2] 9 avril 1740.— *Charlotte*, b [2] 31 août 1741. — *Marie-Madeleine*, b [2] 17 et s [2] 24 oct. 1743.

1755, (16 sept.) Québec. [1]
II.—DIVERNY (4), Jacques, [Nicolas I. b 1732.
Berdin (5), Angélique. [Denis I.
Jacques-Nicolas, b [1] 16 août 1756. — *Bernard*, b [1] 24 août 1757 ; s [1] 17 oct. 1759. — *Alexandre*, b [1] 30 juillet et s [1] 3 août 1758.—*Marie-Angélique*, b 1er août 1759, à Lorette. — *Alexandre*, b [1] 10 nov. 1760.—*Catherine*, b [1] 7 et s [1] 17 dec. 1761. —*Honoré*, b [1] 16 janvier 1763 ; s [1] 10 avril 1764. —*Marie-Geneviève*, b [1] 29 janvier 1764.

DIVERTISSANT.—Voy. Farineau, 1763—Ferrier—Goutche—Philibert.

DIVERTISSANT, Joseph, b 1749 ; s 6 février 1751, à Lorette.

DIZIER.—Voy. Nivard-St-Dizier.

(1) Dit Quimper.
(2) Dit Lesperance
(3) Dit St-Germain, 1734.
(4) Dit St-Germain.
(5) Dit Lafontaine.

I.—DIZIER (1), Michel.

I.—D'LOPATIGUI (2), Manuel.

DOBÉ, Pierre.—Voy. Jobet, 1742.

1747, (29 mai) St-Michel.
I.—DOBERT (3), François.
Morillon, Marguerite, [Mathurin I. b 1716.
Joseph-François, b 16 juin 1753, à Quebec ; s 26 février 1754, à Beauport.

I.—D'OBIGNY (4), Jean-Pierre-Fiacre.
Deleau, Jacqueline.
Louis-Robert, b 12 à Montréal [2] et s 21 juillet 1711, à Charlesbourg. — *Jeanne-Marguerite*, b [2] 29 oct. 1712 ; s 23 sept. 1714, à Lorette.

I.—DOBLEBERT (5), Toussaint.

DOCYS.—Voy. Dubuisson (Docile), 1749.

DODELIN.—Voy. Daudelin.

DODELIN, Madeleine, epouse de Joseph Fremon.

DODIENNE.—Voy. Fisback, 1759.

DODIER.—*Variation :* Doyer.

DODIER, Marie, epouse de Mathurin Normandin.

DODIER, Françoise, épouse de Pierre Matau.

1662, (30 nov.) Château-Richer.
I.—DODIER (6), Jacques, b 1638, s 7 déc. 1677, à Ste-Anne. [3]
Caron (7), Catherine, [Robert I. b 1649.
Anne, b [3] 1er mars 1671 ; m 26 avril 1689, à Noël Simard, à la Baie-St-Paul [5] ; s [5] 8 dec. 1728. —*Ange*, b [3] 13 mars 1673 ; m [3] 28 avril 1699, à Marguerite Paré.—*Claire*, b [3] 1er sept. 1675, m [5] 6 dec. 1690, à Pierre Simard ; s [3] 5 avril 1721.

1699, (28 avril) Ste-Anne. [6]
II.—DODIER, Ange, [Jacques I b 1673.
Paré (8), Marguerite, [Jean II b 1683.
Joseph, b... s 7 janvier 1728, à St-Joachim — *Pierre*, b... 1° m 15 janvier 1730, à Therese Carrier-Lebrun, à St-Valier [4] ; 2° m 10 fevrier

(1) Dit Sansquartier ; soldat de la compagnie de DuBergers ; il etait à Montréal, le 9 juin 1706
(2) Il était à l'Hôpital-Général, M 1757.
(3) Voy. Daubert, 1747, p 246
(4) Et D'Aubigny ; voy. ce nom, p, 246.
(5) DeSt-Agnan ; il était a Beauport, le 28 avril 1741.
(6) Voy. vol. I, p. 196.
(7) Elle épouse, le 30 avril 1680, Pierre Dupré, à Ste Anne
(8) Elle epouse, en 1714, Jacques Perier.

1744, à Isabelle Bilodeau, à Berthier, s [4] 4 déc. 1749.—*Louis*, b... m [6] 25 février 1737, à Reine Gagnon.—*Jean*, b... m 21 juillet 1744, à Marie-Louise Larrivée, à St-Frs-du-Sud.

DODIER, Augustin, s 13 fevrier 1731, à St-Joachim.

1730, (15 janvier) St-Valier.[4]

III.—DODIER, Pierre, [Ange II.
s [4] 4 déc. 1749.
1° Lebrun (1), Marie-Thérèse, [Noel I.
b 1704.
Marie-Thérèse, b 16 mai 1731, à St-Joachim; m 7 avril 1750, à François Gagné, à St-Michel.[8] —*Pierre*, b 27 fevrier 1733, à Berthier[5], s [8] 24 déc. 1749. — *Louis*, b... m [4] 20 juillet 1761, à Marie-Joseph Corriveau.—*Louise-Hélène*, b [4] 25 avril 1738. — *Marie-Joseph*, b [4] 26 mars 1740; m [4] 8 fevrier 1762, à Alexis Fauchon.— *Joseph*, b... 1° m 18 sept. 1758, à Françoise Moleur, à Beaumont; 2° m [4] 9 janvier 1769, à Marie-Christine Roy.

1744, (10 février).[5]

2° Bilodeau, Isabelle, [Gabriel III.
b 1714, s [5] 24 avril 1775.
Marie-Elisabeth, b [4] 28 février 1745; 1° m [5] 31 mars 1761, à François Houel; 2° m [5] 15 janvier 1776, à Jean-Baptiste Thibault. — *Philippe*, b [4] 23 juillet 1747, s [4] 5 fevrier 1748. — *Marthe*, b [4] 20 janvier 1749. — *Marie-Elisabeth*, b [5] et s [5] 16 déc. 1749.

DODIER, Pierre.
Morin, Marie.
Joseph, b 13 mars 1735, à St-Frs-du-Sud.

1737, (25 février) Ste-Anne.[6]

III.—DODIER, Louis. [Ange II.
Gagnon, Reine, [Pierre III.
b 1717; s 24 nov. 1777, à St-Joseph, Beauce.[7]
Marie-Joseph, b... m [7] 1er mars 1756, à Joseph Grondin.—*Ange*, b 11 avril 1742, à St-Joachim[8]; m [6] 9 juillet 1770, à Marie Caron; s [7] 23 août 1772.—*Jacques*, b [8] 27 sept. 1749. — *Marie-Monique*, b [8] 4 sept. 1750; m [7] 5 fevrier 1770, à Joseph Duquet. — *Joseph*, b... m [7] 17 février 1772, à Claire-Felicite Grondin. — *Etienne*, b... m [8] 15 fevrier 1779, à Marie-Joseph Mathieu. — *Marie-Dorothée*, b [8] 20 mai 1756.

1744, (21 juillet) St-Frs-du-Sud.[1]

III.—DODIER (2), Jean-François. [Ange II.
Larrivée (3), Marie-Louise, [François II.
b 1728.
Marie-Françoise, b 10 avril 1746, à Berthier. — *Marie-Louise*, b [2] 3 nov. 1747; s [2] 18 sept. 1748.—*Jean-François*, b [2] 9 oct. 1750.—*Basile*, b 29 dec. 1752, au Cap-St-Ignace.[6]—*Ange*, b [6] 19 juin 1755.

(1) Dit Carrier.
(2) Et Doyer.
(3) Et Rivet dit Maurice; elle épouse, le 26 fevrier 1759, Pierre-Louis Hélène, à Québec.

1758, (18 sept.) Beaumont.

IV.—DODIER, Joseph. [Pierre III.
1° Moleur, Françoise, [Jean-Bte III.
b 1732; s 22 juin 1768, à St-Valier.[2]

1769, (9 janvier).[2]

2° Roy, Marie-Christine, [Joseph III.
b 1743.

1761, (20 juillet) St-Valier.

IV.—DODIER, Louis. [Pierre III.
Corriveau (1), Marie-Joseph, [Joseph III.
b 1733, veuve de Charles Bouchard; s avril 1763, à Lévis.

1770, (9 juillet) Ste-Anne.

IV.—DODIER, Ange, [Louis III.
b 1742; s 23 août 1772, à St-Joseph, Beauce.
Caron (2), Marie. [François IV.

1772, (17 février) St-Joseph, Beauce.[6]

IV.—DODIER, Joseph. [Louis III.
Grondin (3), Marie-Claire-Félicité, [René II.
b 1754.
Marie-Reine, b [6] 26 déc. 1772. — *Marie-Joseph*, b [6] 9 oct. 1774. — *Pierre*, b [6] 1er et s [6] 10 fevrier 1777.—*Marie-Marguerite*, b [6] 23 oct. 1778.

1779, (15 fevrier) St-Joachim.

IV.—DODIER (4), Etienne. [Louis III.
Mathieu, Marie-Joseph. [Pierre III.

I.—DOINET, François, de Ste-Croix, diocèse de Bourges; prêtre de St-Sulpice; s 10 juillet 1742, à Montreal.

DOIRON, Catherine, épouse de François Turcot.

DOIRON, Marie, epouse de Jean-Baptiste Morier.

DOIRON, Madeleine, epouse de Joseph Landry.

DOIRON, Marie, b... 1° m à François Vincent; 2° m 22 sept. 1760, à Claude Nolet, à Beaumont.

I.—DOIRON, Joseph, Acadien, b 1710; s 22 avril 1760, à la Rivière-Ouelle.

DOIRON, Madeleine, b 1714, s 18 nov. 1790, à Nicolet.

I.—DOIRON, Paul,
Acadien; s 15 nov. 1804, à Beaumont.[3]
Richard, Marie,
b 1710; s [3] 15 avril 1796.
Marie-Joseph, b 1732, s [3] 2 mars 1827. — *Marguerite*, b... m [3] 29 avril 1765, à François Jolivet.

(1) C'est la malheureuse qui expia sur l'échafaud le crime d'avoir ôté la vie à ses deux maris. Voy. "Les Anciens Canadiens," edit. 1886, p 216 et suiv.
(2) Elle épouse, le 18 janvier 1773, Joseph Fortin, à St-Joseph, Beauce.
(3) Et Grandin.
(4) Ce mariage a été rehabilité à St-Joseph, Beauce, le 13 juillet 1779.

—*Elisabeth*, b... m[3] 15 juin 1767, à Augustin MARIN.—*Pierre*, b... m[3] 20 février 1792, à Therèse TERRIEN.—*Pierre-Amand*, b 1752; s 8 nov. 1757, à St-Jean, I. O. (1)—*Martine*, b[3] 30 janvier 1760. —*Marie*, b... m 20 juillet 1784, à Pierre MARINIER, à Quebec.

I.—DOIRON, HONORÉ, fils de Charles et d'Anne Terriot, de l'Ile-St-Jean, Acadie.[4]
1° BOUDREAU, Françoise,
b 1716; s[4] 28 mars 1751.
Joseph, b 1735; m à Geneviève HÉBERT; s 28 août 1775, à Quebec.
1752, (24 janvier).[4]
2° SAVARY, Marie-Bonne, fille d'Andre et de Marthe Doucet, d'Annapolis, Acadie.
Louis, b 24 avril et s 28 dec. 1760, à St-Charles.

I.—DOIRON, PHILIPPE,
b 1718; Acadien; s 6 janvier 1758, à St-Charles.
LEJEUNE, Marie-Ursule.

I.—DOIRON, JEAN,
Acadien.
LEPRINCE, Victoire,
b 1723; s 3 mai 1751, à l'Ile-St-Jean.[4]
Madeleine, b[4] 16 janvier 1751; m 23 sept. 1783, à Joseph-Marie DELAGE, à Quebec.

I.—DOIRON, ALEXIS,
b 1751; s 4 juillet 1794, à Québec.[1]
MICHEL, Athalie.
Marie-Félicité, b[1] 31 janvier 1762.—*François-Louis*, b[1] 31 mai 1763, s[1] 11 juillet 1764.—*Marie*, b... m[1] 10 fevrier 1784, à Charles GUAY —*Angélique*, b... m[1] 12 janvier 1790, à Jean-Baptiste MORIN.—*Joseph*, b... — *Louise*, b... m[1] 7 fevrier 1797, à Jean-Baptiste THOMAS.

I.—DOIRON, JOSEPH.
FORGUES, Marie.
Marie, b... m 21 sept. 1789, à Jean-Baptiste BOSSU, à Québec.[5] — *Joseph*, b... m[5] 20 sept. 1791, à Madeleine GAGNÉ.—*François*, b... m[5] 2 sept. 1793, à Marie-Anne DUPUIS.—*Charles*, b... m[5] 26 janvier 1796, à Esther DEMERS.

1791, (20 sept.) Québec.[6]
II.—DOIRON, JOSEPH. [JOSEPH I.
GAGNÉ, Madeleine, [LOUIS.
b 1768; s[6] 8 juillet 1796.

1792, (20 février) Beaumont.
II.—DOIRON, PIERRE. [PAUL I.
TERRIEN, Therèse, [PAUL II.
b 1743; veuve de Jean-Baptiste Dangeuger-Lechasseur.

1793, (2 sept.) Québec.
II.—DOIRON, FRANÇOIS. [JOSEPH I.
DUPUIS (2), Marie-Anne. [PIERRE II.

(1) Mort sur le bâtiment qui l'amenait à Québec.
(2) Dit St-Michel.

1796, (26 janvier) Quebec.
II.—DOIRON, CHARLES. [JOSEPH I.
DEMERS, Esther. [LOUIS.

1675, (19 août) Québec.[3]
I.—DOLBEC (1), FRANÇOIS,
b 1648; s 2 mai 1728, à St-Augustin.[4]
MASSE, Anne, [PIERRE I.
b 1658; veuve de Jean Pain; s[4] 10 nov. 1732.
François, b 11 avril 1680, à la Pte-aux-Trembles, Q.[5]; m 17 nov. 1732, à Marie-Madeleine RENAULT, à Charlesbourg.—*Marie-Anne*, b[5] 18 oct. 1682; m[5] 30 août 1700, à Jean-Baptiste PICHÉ.—*Romain*, b[5] 15 mars 1685; m[3] 8 février 1712, à Geneviève GUILLOT; s[3] 27 fevrier 1760.—*Catherine*, b[5] 21 déc. 1688; m[4] 12 janvier 1733, à René LETARTE. — *Jean-François*, b[5] 7 août 1692; m[4] 26 août 1719, à Marie-Jeanne TAPIN.—*Louis-Joseph*, b[5] 8 janvier 1696, 1° m[4] 9 fevrier 1733, à Marie-Joseph THIBAUT, 2° m[5] 7 fevrier 1735, à Monique ROBITAILLE.—*Marie-Angélique*, b[4] 2 avril 1697; m[4] 24 oct 1717, à Pierre GIRARD.—*Marie-Thérèse*, b[5] 12 juin 1699, m[4] 6 nov. 1719, à Etienne HUARD, s 20 janvier 1760, à Levis.

1712, (8 fevrier) Québec.[6]
II.—DOLBEC, ROMAIN, [FRANÇOIS I
b 1685, s[6] 27 fevrier 1760.
GUILLOT, Geneviève, [GUILLAUME I
b 1687; s[6] 3 nov. 1758.
Geneviève, b[6] 6 et s[6] 28 janvier 1713.— *Jean-Romain*, b[6] 2 fevrier 1714, s[6] 1er sept. 1716.—*Joseph*, b[6] 20 mars et s[6] 20 avril 1716.—*Joseph-Romain*, b[6] 10 mars 1717, ordonné 21 sept 1741, s 10 dec. 1777, à l'Hôpital-Général, Q.—*Nicolas*, b[6] 27 janvier et s[6] 20 mai 1719. — *Romain*, b[6] 6 et s[6] 24 juillet 1720. — *Paul*, b[6] 19 août 1721, s[6] 28 janvier 1726. — *Catherine*, b[6] 10 sept. 1723.— *Geneviève*, b[6] 15 sept. 1725; s[6] 2 fevrier 1726.—*Marie-Joseph*, b[6] 13 oct. 1726—*Charles*, b[6] 30 mai 1728, s[6] 2 juin 1745 (noyé) —*Marie-Geneviève*, b[6] 7 et s 19 oct. 1730, à Charlesbourg.

1719, (26 août) St-Augustin.[4]
II.—DOLBEC, JEAN-FRANÇOIS, [FRANÇOIS I.
b 1692.
TAPIN, Marie-Jeanne, [RENÉ II.
b 1699.
Marie-Jeanne, b[4] 6 sept. 1719; s[4] 23 nov. 1738.—*Jean-Baptiste*, b[4] 12 mars 1721; m 8 juin 1751, à Marie-Anne COURTOIS, à Ste-Anne-de-la-Perade.[5] — *Louise-Gabrielle*, b[4] 12 nov. 1723, m[5] 3 sept 1753, à Gabriel COURTOIS. — *Véronique*, b[4] 2 avril 1726; m[4] 10 nov. 1760, à Andre POTEL. — *Marie-Charlotte*, b[4] 10 et s[4] 11 juillet 1728. — *Marie-Angélique*, b[4] 5 sept 1729, s[4] 10 août 1730. — *Marie-Geneviève*, b[4] 9 août 1731. — *Charles-François*, b[4] 11 juin 1734; m 1767, à Marie-Charlotte GILBERT.—*Louis-Joseph*, b[4] 27 mars 1737; m à Marie DEFOYE. — *Marie*, b[4] 11 oct. 1739.

(1) Voy. vol. I. pp. 196-197.

1732, (17 nov.) Charlesbourg.
II.—DOLBEC, François, [François I.
b 1680.
Renault, Marie-Madeleine, [Louis II
b 1695.
François-Xavier, b 18 nov. 1736, à St-Augustin

1733, (9 février) St-Augustin. [5]
II.—DOLBEC, Louis-Joseph, [François I.
b 1696.
1° Thibaut, Marie-Joseph, [Jean-Bte II.
b 1704; s [5] 10 août 1733.
Anonyme, b [5] et s [5] 6 août 1733.
1735, (7 février) Pte-aux-Trembles, Q. [2]
2° Robitaille (1), Monique, [Charles-Frs II.
b 1713.
Marie-Louise, b [5] 22 nov. 1735.—*Augustin*, b [5] 23 août 1737.—*Marie-Monique*, b [5] 27 déc. 1739. —*Louis-Joseph*, b [5] 18 février 1743, m 11 juillet 1768, à Marie-Madeleine Lévêque, à Repentigny.[8] —*Jean-Baptiste*, b... m [8] 12 juillet 1773, à Marguerite Morisseau. — *Gabriel*, b [2] 24 janvier 1746; m [5] 12 janvier 1784, à Marie-Françoise Soulard. — *Charles*, b [2] 1er déc. 1751. — *Louis-Benjamin*, b 1753, s [2] 8 janvier 1774.

1751, (8 juin) Ste-Anne-de-la-Pérade [2]
III.—DOLBEC, Jean-Bte, [Jean-François II.
b 1721.
Courtois, Marie-Anne, [Gabriel II.
b 1718.
Marie-Joseph, b [2] 8 avril 1752; s [2] 28 nov. 1759. —*Jean-Charles*, b [2] 16 juillet 1753; m [2] 5 février 1777, à Marguerite-Renée Baril. — *Louis-Benjamin*, b [2] 1er sept. 1754; s [2] 10 juin 1765 (noyé).— *Charles-Joseph*, b [2] 27 mars 1756; m [2] 5 nov. 1776, à Angélique Baudoin. — *Marguerite-Rose*, b [2] 14 août 1757, s [2] 10 août 1758.— *Gabriel*, b [2] 16 février 1759. — *Anonyme*, b [2] et s [2] 14 sept. 1760. — *Marie-Marguerite*, b [2] 21 août et s [2] 7 sept 1762.—*Marie-Thérèse*, b [2] 12 janvier 1765.

III.—DOLBEC, Charles-Frs, [Jean-François II.
b 1734.
Gilbert, Marie-Charlotte.
Marie-Anne, b 12 oct. 1767, à la Pte-aux-Trembles, Q. [8] — *François-Xavier*, b [8] 6 mars 1771; s 3 mai 1795, à St-Augustin [5] (subite).— *François*, b [5] 12 nov. 1781; s [5] 10 avril 1784.

1767.
III.—DOLBEC, Louis-Jos., [Jean-François II.
b 1737.
Deroy, Marie. [Charles II.
Marie, b 1768; s 20 sept. 1786, à St-Augustin

1768, (11 juillet) Repentigny. [8]
III.—DOLBEC, Louis-Jos., [Louis-Joseph II.
b 1743.
Lévêque, Marie-Madeleine. [Nicolas

(1) Et Robillard, 1733.

Marie-Madeleine, b [8] 10 mai 1769. — *Marie-Madeleine*, b [8] 30 et s [8] 31 mars 1770. — *Marie-Thérèse*, b [8] 1er avril 1771; s [8] 1er février 1772. —*Marie-Elisabeth*, b [8] 16 mai 1772.

1773, (12 juillet) Repentigny.
III.—DOLBEC, Jean-Bte. [Louis-Joseph II.
Morisseau, Marguerite. [Louis III.

1776, (5 nov.) Ste-Anne-de-la-Pérade. [7]
IV.—DOLBEC, Charles-Joseph, [Jean-Bte III.
b 1756.
Baudoin, Marie-Angelique, [Joseph III.
b 1755.
Marie-Archange, b [7] 22 février 1778.— *Joseph*, b [7] 10 février 1780.

1777, (5 février) Ste-Anne-de-la-Pérade. [8]
IV.—DOLBEC (1), Jean-Chs, [Jean-Bte III.
b 1753.
Baril, Marguerite-Renée, [Pierre III.
b 1757.
Charles-Archange, b [8] 26 nov. 1778.

1784, (12 janvier) St-Augustin. [7]
III.—DOLBEC, Gabriel, [Louis-Joseph II.
b 1746.
Soulard, Marie-Françoise. [Jean-Bte III.
Françoise, b [7] 15 janvier 1785.—*Basile*, b [7] 27 mars 1787.—*Jean-Baptiste*, b [7] 25 avril 1791.

I.—DOLLARD (2), Adam,
b 1635.

D'OLONNE.—Voy. Guignard.

1757, (31 janvier) Charlesbourg.
I.—DOLQUE (3), Joseph, fils d'Etienne et de Catherine Mercadine, de Mariau, diocèse de Castres, Languedoc.
Guiestier (4), Marie-Louise, [Louis II.
b 1738.

1776, (11 avril) Québec.
I.—DOLTEN, Edouard, fils de Guillaume et de Catherine Kelly, de Talley, Irlande.
Laureau (5), Elisabeth, [Pierre-Edme I.
b 1752.

I.—DOLUD, Pierre, b 1697; bedeau aux Trois-Rivières [1], s [1] 28 avril 1722.

1756, (13 sept.) Quebec.
I.—DOMAS, François, fils de François et de Marguerite Bordet, de St-Martin, ville de Vandôme, diocèse de Blois.
Lambert, Françoise, [Paul I.
b 1734.

(1) Dispenses du 3eme au 3eme degré
(2) Sieur des Ormeaux, massacré le 21 mai 1660, au Long-Sault, avec ses compagnons, voy. vol. I, p 197.
(3) Soldat de la compagnie de Patri, régiment de Guyenne.
(4) Et Guetier.
(5) Et Loreau dit Florentin.

I.—DOMBLET, Jean, b 1667; s 8 mars 1707, à la Pte-aux-Trembles, M.

1752, (26 sept.) Québec. [7]

I.—DOMINÉ, Etienne, tanneur, fils de Louis et d'Anne Fourré, de St-Martin-de-Chevreuse, diocèse de Paris.

Séré, Marguerite, [Jean I.
b 1725; veuve de Jean Letartre.

Etienne, b [7] 27 août 1753. —*Jean-Baptiste*, b [7] 31 juillet 1755.—*Jean-Marie*, b [7] 21 déc. 1759; s [7] 7 oct. 1761. — *Jean-Marie*, b [7] 21 nov. 1762.

I.—DOMINÉ (1), Pierre-Henri, Acadien.

Laforest, Madeleine.

Jean-François, b 1752; s 11 déc. 1756, à Québec. [2] — *Marie-Modeste*, b 1755; s [2] 23 oct. 1756.—*Etienne*, b [2] 15 et s [2] 25 nov. 1757.

DOMINGO.—*Variations et surnoms :* Thomingau—Tomingo—Carabi.

1681, (26 août) Québec. [6]

I.—DOMINGO (2), Etienne,
b 1631; s [6] 28 déc. 1702.

Charpentier, Marie-Reine,
b 1659; veuve de Louis Prinseau; s 25 janvier 1728, à Montreal. [5]

Elisabeth, b [6] 16 juin 1682; 1° m [6] 18 oct. 1700, à Gilles Gaudreau; 2° m [6] 8 août 1720, à Pierre Leblanc; s [5] 30 janvier 1733. — *Louise-Angélique*, b [6] 16 août 1686; m [6] 24 nov. 1707, à Guillaume Chevreul.—*Marie-Geneviève*, b [6] 6 dec. 1691; m [6] 7 nov. 1707, à Antoine Sivadier. — *Anne-Geneviève*, b... 1° m 28 avril 1710, à François Caron, au Cap-St-Ignace; 2° m 17 mai 1756, à Louis Langelier, à l'Islet.

DOMINIQUE.—Voy. Janot—Regault.

I.—DOMINIQUE, George, d'Albany, Nouvelle-Angleterre.

Tamni, Marie.

Marie-Louise (3), nee en 1744; b 28 avril 1748, à Quebec.

1760, (23 sept.) Montréal.

DOMINIQUE, Charles.

Louise, Marie.

I.—DOMMANGE (4).

1669, (27 oct.) Ste-Famille, I. O. [2]

I.—DOMPIERRE, Charles,
b 1643; s [2] 5 août 1688.

Destouches (5), Marie-Agnès,
b 1650.

(1) Dit St-Sauveur.

(2) Dit Carabi; voy. vol I, p 197

(3) Enfant de quatre ans, prisonnière de guerre.

(4) Sergent au régiment du Languedoc; il était à la Pte-aux-Trembles, Q, le 22 août 1730

(5) Elle epouse, le 7 février 1690, François Guernet, à St-François, I. O; voy. vol. I, p. 197.

René, b 11 déc. 1679, à St-François, I. O. [4]; m [4] 17 fevrier 1699, à Marie-Anne Duchesne; s [4] 21 oct. 1738.

1699, (17 février) St-François, I. O. [9]

II.—DOMPIERRE (1), René, [Charles I
b 1679; s [9] 21 oct. 1738.

Duchesne, Anne, [Pierre I.
b 1677; s 15 juillet 1757, à Québec.

Marc-Antoine, b 23 fevrier 1701, à Ste-Famille, I. O. [8]; m [9] 17 nov. 1727, à Marie-Charlotte Emond; s [9] 17 déc. 1747.— *François*, b [9] 16 mars 1703; s [9] 3 dec. 1732.—*Jean-Baptiste*, b [9] 23 juin 1705; s [9] 10 mai 1756. — *Marie-Agnès*, b [8] 15 juin 1707. — *Reine*, b [9] 11 mai 1709; s [9] 30 janvier 1723. — *Marguerite*, b [9] 2 juillet 1711; s [9] 31 juillet 1735. — *Joseph*, b [8] 11 mai 1713; s [9] 14 nov. 1714.—*Joseph*, b [9] 5 avril 1715, m [9] 7 fevrier 1736, à Helène Bilodeau; s [9] 25 avril 1757. — *Dominique*, b [9] 15 mars 1718, 1° m [9] 9 fevrier 1739, à Marie Amaury; 2° m [9] 18 juin 1742, à Geneviève Fougère. — *Marguerite*, b 1720, s [9] 30 mars 1748. — *Alexis*, b [9] 27 avril 1724; m [9] 10 oct. 1746, à Dorothee Baret; s 14 juin 1771, à St-Henri-de-Mascouche.

1727, (17 nov.) St-François, I. O. [8]

III.—DOMPIERRE, Marc-Antoine, [René II.
b 1701; s [8] 17 dec. 1747.

Emond, Marie-Charlotte, [Rene II
b 1699.

Marie-Charlotte, b [8] 27 mai 1728; m [8] 11 nov. 1748, à Pierre Gourdel-Longchamp. — *Marie-Scholastique*, b [8] 24 mars 1731; m [8] 22 juin 1750, à Augustin Landry. — *Félicité*, b [8] 14 fevrier 1733.—*Joseph*, b [8] 1er avril 1736. — *François*, b [8] 23 avril 1738.—*Marie-Joseph*, b [8] 4 juillet 1740.—*Marie-Angélique*, b [8] 14 juin 1742.—*Thérèse*, b... m [8] 22 avril 1759, à Pierre DeBreu. — *Anonyme*, b [8] et s [8] 14 janvier 1745.

1736, (7 février) St-François, I. O [6]

III.—DOMPIERRE, Joseph, [René II.
b 1715; s [6] 25 avril 1757.

Bilodeau, Hélène, [Simon II
b 1703, s [6] 20 mars 1758.

Marie-Geneviève, b [6] 9 oct. 1737; m [6] 10 août 1761, à Toussaint Dupont.—*Joseph*, b [6] 21 sept 1739, m [6] 21 nov. 1757, à Marie-Joseph Pepin.—*Joseph-Benjamin*, b [6] 18 mai 1742; s [6] 3 mai 1743.—*Marie-Claire*, b [6] 24 oct. 1743.

1739, (9 fevrier) St-François, I. O [6]

III.—DOMPIERRE, Dominique, [René II
b 1718.

1° Amaury, Marie, [Michel II
b 1716; s [6] 10 mars 1742.

Marie-Joseph, b [6] 20 nov. 1739, s [6] 3 mars 1748. — *François*, b [6] 13 déc. 1741, m 25 mai 1772, à Marie Maurice, à Terrebonne.

1742, (18 juin). [6]

2° Fougère, Geneviève, [Pierre I
b 1710; s [6] 13 juin 1754.

(3) Voy. vol. I, p 197.

Marie-Geneviève, b [6] 5 juillet 1743. — *Jean-Baptiste*, b [6] 23 fevrier 1746. — *Joseph*, b [6] 28 avril 1748 ; m [6] 19 fevrier 1770, à Felicite Guyon. —*Marie-Madeleine*, b [6] 3 avril 1751 ; s [6] 27 sept. 1757.

1746, (10 oct) St-François, I. O.

III.—DOMPIERRE, Alexis, [René II.
b 1724, s 14 juin 1771, à St-Henri-de-Mascouche.
Baret (1), Dorothée, [Pierre II.
b 1727.

1757, (21 nov.) St-François, I. O. [6]

IV.—DOMPIERRE, Joseph, [Joseph III.
b 1739.
Pepin, Marie-Joseph, [Louis III.
b 1736.
Marie-Joseph, b [6] 4 février 1760, s [6] 23 juillet 1761. — *Marie-Joseph*, b [6] 16 nov. 1761 ; m [6] 12 février 1781, à Pierre Lheureux.—*Marie-Louise*, b [6] 6 août 1763 ; m 21 sept. 1789, à Antoine Vallée, à Québec. [7] —*Joseph*, b [6] 25 mai 1765. —*François*, b [6] 2 nov. 1766, s [6] 2 sept. 1767.—*François-Xavier*, b [6] 29 nov. 1768.—*Louis-Marie*, b [6] 5 sept. 1770. — *Jean-Marie*, b [6] 10 mai 1772 ; m [7] 7 juillet 1795, à Marguerite Dutille. — *Marie-Rose*, b [6] 21 mai 1774.—*Marie-Geneviève*, b [6] 24 sept. 1775.

1770, (19 fevrier) St-François, I. O. [9]

IV.—DOMPIERRE, Joseph, [Dominique III.
b 1748.
Guyon, Félicité, [Joseph V.
b 1747.
François, b [9] 2 déc. 1770. — *Marie-Gertrude*, b [9] 12 juillet et s [9] 15 août 1773.—*Marie-Joseph*, b [9] 12 fevrier 1775.

1772, (25 mai) Terrebonne.

IV.—DOMPIERRE, François, [Dominique III
b 1741
Maurice (2), Marie, [Joseph II
b 1740.

1795, (7 juillet) Quebec.

V.—DOMPIERRE, Jean-Marie, [Joseph IV.
b 1772.
Dutille, Marguerite. [Antoine II.

DONAI.—Voy. Daunet.

DONAIS.—Voy. Daunet.

I.—DONALDSON, Jean,
de Boston.
Bouchet, Marie-Anne.
Marie b... 1° m à George Devery, à Boston ; 2° m 12 mai 1752, à Jean Dwyer, à Quebec (3).

(1) Elle epouse, le 27 avril 1772, François Terrien, à Terrebonne.

(2) Dit Lafantaisie.

(3) Maries après avoir abjuré l'hérésie.

DONAT, Marc.
Donat, Madeleine.
Marie-Anne, b 5 nov. 1788, à Ste-Foye.

DONAY.—Voy. Daunet—Demers.

DONCOUR, Jean-Bte.—Voy. Gély.

I.—DONELLY, Michel, b... d'Ulster, Irlande ; s 18 sept. 1768, au Détroit.

1751, (7 nov.) St-Antoine-de-Chambly.

I.—DONGEAC de MERVILLE, Michel (1), fils de Gabriel (chevalier de St-Louis) et de Marguerite Bertrand.
Hertel (2), Geneviève. [Claude III.

1761, (31 août) Montréal.

I.—DONNERY (3), Marin, b 1719 ; fils de Henri et de Françoise Roncelet, de Carignan, diocèse de Trèves, Luxembourg.
Perier, Marguerite, [Laurent I.
b 1708 ; veuve de Jacques Coutaut.

DONNET.—*Variation :* Daunet.

I.—DONNET, Henri-Joseph, de St-Martin, diocèse de Cambray, Hainaut.
1° Desnoyers (4), Marie-Anne, [André I.
b 1731.
1748, (19 fevrier) Boucherville.
2° Blin, Marie-Charlotte. [Louis I.

1769, (27 juin) Québec. [8]

I. — DONOHUE (5), Jean-Bte, b 1734 ; de Michelstown, diocèse de Cloane, province de Munster, Irlande.
Noreau, Catherine, [Mathurin I.
b 1737.
Louis, b 1770 ; m [8] 3 sept 1793, à Marie-Françoise Petitclerc.

1793, (3 sept.) Quebec.

II.—DONOHUE, Louis, [Jean I.
b 1770.
Petitclerc, Marie-Frse. [Claude-Joseph IV.

I.—DONTAILLE (6), Jacques-Philippe,
s 22 nov. 1725, à Quebec. [8]
Bouchet (7), Marie-Madeleine.
Anne-Madeleine, b 1710 ; m [8] 4 février 1732, à Joseph Hubert de la Croix. — *Marie-Geneviève*, b... m [8] 13 nov. 1747, à Pierre Mallet.—*Philippe*, b [8] 22 août 1723. — *Jacques-Philippe*, b [8] 27 avril 1725.

(1) Capitaine d'une compagnie a Louisbourg.

(2) DeBeaulac.

(3) Dit Beauséjour.

(4) Dit Descamps

(5) Parti d'Irlande, en 1754, pour Bordeaux d'où, en 1759, il s'embarque sur *La Toison d'Or* pour Québec, où il se fait marchand au pied de la grande cote (Basseville). Procès-verbaux.

(6) Lieutenant au régiment de Noailles.

(7) Elle épouse, le 31 déc. 1725, Claude Morillonnet, à Quebec.

DONTIGNY (1), FRANÇOIS.—Voy. LUCAS.

1758, (17 juillet) Détroit.

I.—DONYS (2), JEAN-ANTOINE, fils d'Antoine et de Pierrette Forest, de St-Vincent, ville de Lyon.
MOREL DE LA DURANTAYE, Marie-Lse. [MICHEL III.

I.—DOPIN DE BELLUGE, JEAN-BTE, b 1698; de Nevers, Livernois; commissaire d'artillerie; s 30 déc. 1746, à l'Hôtel-Dieu, Q.

I.—DORAIRE (3), JEAN-BTE.
VANDET, Geneviève.
Joseph, b... m 3 mars 1794, à Marie-Joseph SAUVAGEAU, à Deschambault.

1794, (3 mars) Deschambault.

II.—DORAIRE, JOSEPH. [JEAN-BTE I.
SAUVAGEAU, Marie-Joseph. [JACQUES

I.—DORBIN, FRANÇOIS, de Burgarre, diocèse de Mayence, Allemagne.
BEAUMELLE (4), Marie-Anne.
Agathe, b... m 22 nov. 1752, à Jean LECORNU, à Québec.

DORCEVAL.—*Variation et surnom :* D'ORCEVAL —DEBOUCHEL.

I.—DORCEVAL (5), CHARLES

I.—DORCEVAL (6), MARTIN,
b 1710; s 22 mai 1798, à Québec. [2]
LACASSE, Marie-Charlotte,
b 1715; s [2] 19 nov. 1788.

I.—DORCI, MICHEL, s 21 nov. 1760, aux Eboulements.

1670, (1er sept.) Quebec. [3]

I.—DORÉ (7), LOUIS,
b 1636; s avant 1698.
FOSSE, Jeanne,
b 1638; s 7 nov. 1698, à la Pte-aux-Trembles, Q. [4]
Pierre-Louis, b [3] 5 sept. 1671; m [4] 24 nov. 1699, à Catherine COCQUIN, s 16 juillet 1744, à St-Augustin. [5]—*Etienne*, b [4] 11 fevrier 1680, 1° m [4] 6 fevrier 1720, à Louise AUBUCHON; 2° m [4] 12 avril 1723, à Marie-Charlotte MORISSET; s [5] 5 dec. 1742.

I—DORÉ (8), ROGER.

(1) Il etait a Champlain, en 1717.

(2) Sieur de St-Vincent; soldat de la compagnie de Cabanac.

(3) Dit St-Jean.

(4) Elle épouse, plus tard, Jean Jabot.

(5) Et Dubouchel; lieutenant au régiment de Berry; il était à Charlesbourg, le 13 février 1759.

(6) Charpentier de navire.

(7) Voy. vol. I, p. 197.

(8) Tué par les Iroquois avant l'année 1664.

DORÉ, MARIE-JOSEPH, epouse de Michel GINGRAS.

1699, (24 nov.) Pte-aux-Trembles, Q [3]

II.—DORÉ (1), PIERRE-LOUIS, [LOUIS I
b 1671; s 16 juillet 1744, à St-Augustin. [4]
COCQUIN, Catherine, [PIERRE I.
b 1678.
Louis, b [3] 2 fevrier 1701; m [3] 9 janvier 1730, à Marie-Charlotte GINGRAS. — *Marie-Anne*, b [4] 14 mai 1706, m [4] 4 avril 1731, à Jean-François MERCURE; s [3] 27 nov 1775 — *Marie-Geneviève*, b [3] 2 déc. 1709; m [4] 16 janvier 1730, à Pierre CONSTANTIN; s [4] 8 nov. 1784 —*Pierre*, b [3] 29 mai 1711, m [4] 23 avril 1742, à Therèse GARNIER.—*Etienne*, b [3] 22 nov. 1712.—*Joseph*, b [3] 5 déc, 1717, m [4] 25 janvier 1740, à Marie-Joseph GINGRAS, s [4] 6 avril 1787.—*Marie-Charlotte*, b [4] 30 juin 1723; s 8 juin 1741, à Quebec.—*Angélique*, b [4] 3 sept. 1725, sœur St-Henri, Congregation N.-D.; s 26 fevrier 1760, à Montréal.

1720, (6 février) Pte-aux-Trembles, Q. [5]

II.—DORÉ, ETIENNE, [LOUIS I
b 1680; s 5 dec. 1742, à St-Augustin. [6]
1° AUBUCHON (2), Louise, [PIERRE II
s [5] 14 juin 1720.

1723, (12 avril). [5]

2° MORISSET, Marie-Charlotte. [MATHURIN I
Etienne, b [6] 13 mars 1724; m [6] 18 janvier 1751, à Angelique TRUDEL.—*Marie-Charlotte*, b [6] 27 janvier 1726; m 1752, à Jean MOISAN.—*Louis Joseph*, b [6] 6 janvier 1728; s [6] 4 juillet 1733—*Jean-François*, b [6] 23 mars 1729; s [6] 13 juillet 1733. — *Etienne*, b [6] 11 août 1730. — *Marie-Françoise*, b [6] 20 mars 1732; m 2 fevrier 1761, à Jean-Baptiste GIRARD, à Varennes—*Joseph*, b [6] 13 fevrier 1734.—*Joseph*, b [6] 8 avril 1735—*Michel*, b [6] 3 oct. 1737.—*Marie-Thérèse*, b [6] 19 nov. 1739—*Jean-Baptiste*, b [6] 17 déc. 1741

1730, (9 janvier) Pte-aux-Trembles, Q [7]

III.—DORÉ, LOUIS, [LOUIS II
b 1701.
GINGRAS, Marie-Charlotte, [JEAN-BTE II
b 1708
Marie-Charlotte, b 27 fevrier 1731, à St-Augustin [8], m 1757, à Jean-Baptiste BORDELEAU—*Marie-Louise*, b [8] 1er juin 1732—*Marie-Joseph*, b [8] 25 sept. 1733; m [8] 1er fevrier 1762, à Jean Baptiste VALIÈRES. — *Marie-Félicité*, b [8] 22 dec 1734, m à Charles DUBORD.—*Louis*, b 7 mars à Ste-Foye et s [8] 5 sept. 1736.—*Louis-Joseph*, b [8] 14 juillet 1737, m [7] 6 oct. 1766, à Madeleine DUBUC—*Etienne*, b [8] 8 dec. 1739.—*Jacques-Philippe*, b [8] 19 août 1741.—*Pierre*, b [8] 14 mars et s [8] 6 oct 1743. — *Marie-Augustine*, b [8] 14 mars 1743.—*Anonyme*, b [8] et s [8] 15 sept. 1744.—*Brigitte*, b [8] 17 dec. 1745.—*Joseph*, b [8] 4 juillet 1747; m [8] 20 août 1781, à Madeleine DAGORY.

(1) Voy. vol. I, p 198.

(2) Et Pluchon.

1731, (16 août) Montréal.

I.—DORÉ, JEAN-BTE, b 1701 ; fils de Jean et de Marie Boyer, de St-Vivien, diocèse de Xaintes, Saintonge.
RENAUD, Marie-Madeleine, [JEAN II.
b 1714.
Ignace, b 15 oct. 1736, à Laprairie. [6] — *Marie-Anne*, b [6] 19 oct. 1738 ; s [6] 21 janvier 1740.—*Madeleine*, b... m 10 février 1755, à Michel LEMIRE, à Châteauguay. [8]— *Marie-Anne*, b... m [8] 6 février 1764, à Barthélemi GIROUX. — *Jean-Baptiste*, b... m [8] 7 janvier 1766, à Marie-Anne RIDE.—*Louise*, b... m [8] 10 janvier 1766, à Joseph COUILLARD.—*Jean-Louis*, b... m [8] 2 février 1767, à Marie-Joseph RIDE.

1740, (25 janvier) St-Augustin. [6]

III.—DORÉ, JOSEPH, [LOUIS II.
b 1717 ; s [6] 6 avril 1787.
GINGRAS, Marie-Joseph, [JOSEPH II.
b 1719 ; s [6] 22 oct. 1795 (subite).
Marie-Joseph, b [6] 16 nov. 1740 — *Joseph-Augustin*, b [6] 19 juin 1742 ; s [6] 18 août 1794.—*Etienne*, b [6] 2 mai 1744 ; m 21 nov. 1774, à Marie-Joseph SIMARD. à la Baie-St-Paul.—*Marie-Louise*, b [6] 30 oct. 1747. — *Marie-Angélique*, b... m [6] 15 janvier 1781, à Joseph DE LA RUE.—*Marie-Rose*, b 11 mai 1751, à la Pte-aux-Trembles, Q. [9] —*Benjamin*, b 1755 ; s [6] 30 août 1781. — *Marie-Elisabeth*, b [9] 24 janvier 1756 ; m [6] 13 nov. 1783, à Jean-Baptiste PAGÉ. — *Marie-Thérèse*, b [6] 28 février 1758 ; m à Joseph SAVARY : s 19 avril 1818, à St-Jean-Deschaillons —*Jean-Baptiste*, b [9] 7 août 1760.

1742, (23 avril) St-Augustin.

III.—DORÉ, PIERRE, [LOUIS II.
b 1711.
GARNIER, Therèse, [JEAN II.
b 1719.
Joseph, b 3 février 1743, au Cap-Santé [8], m 1780, à Madeleine QUENTIN. — *Marie-Thérèse*, b [8] 5 oct. 1744. — *Marie-Françoise*, b [8] 24 février et s [8] 22 mars 1746.— *Marie-Angélique*, b [8] 14 mars 1747. — *Marie-Joseph*, b [8] 27 juin 1748.— *Marie-Geneviève*, b [8] 26 déc. 1749.— *Jean-Baptiste*, b [8] 13 février 1751.— *Pierre-Hyacinthe*, b 15 nov. 1754, aux Ecureuils.

1751, (18 janvier) Pte-aux-Trembles, Q. [7]

III.—DORÉ, ETIENNE, [ETIENNE II.
b 1724.
TRUDEL, Angelique, [GABRIEL III.
b 1725, s 22 mai 1791, à St-Augustin [9]
Etienne, b [9] 3 juin 1755 ; m [9] 13 nov. 1786, à Marie-Charlotte VERMET.—*Marie-Felicité*, b [7] 20 janvier 1757.—*Marie-Joseph*, b [7] 16 janvier 1758, m [9] 30 janvier 1781, à Joseph ALAIRE. — *Joseph-Philippe*, b [7] 22 août 1759. — *Michel*, b [7] 28 janvier 1761 —*Jean-Baptiste*, b [9] 2 février 1762.—*Jean-Baptiste*, b [7] 28 février 1764 ; m [9] 25 janvier 1790, à Marie-Anne PROULX. — *Marie-Thérèse*, b... s [9] 1er août 1765.

1766, (7 janvier) Châteauguay.

II.—DORÉ, JEAN-BTE. [JEAN-BTE I.
RIDE, Marie-Anne, [JEAN II.
b 1742.

1766, (6 oct.) Pte-aux-Trembles, Q.

IV.—DORÉ, LOUIS-JOSEPH, [LOUIS III.
b 1737.
DUBUC, Madeleine, [LOUIS-JOSEPH III.
b 1741.
Louis, b... m 26 janvier 1795, à Marie RATÉ, à St-Augustin. [7] — *François-Xavier*, b [7] 8 avril 1781.—*Jacques*, b [7] 16 juillet 1783. — *Joseph*, b 1785, s [7] 20 mars 1791.

1767, (2 février) Châteauguay.

II.—DORÉ, JEAN-LOUIS. [JEAN-BTE I.
RIDE, Marie-Joseph. [JEAN II.

1774, (21 nov.) Baie-St-Paul. [7]

IV.—DORÉ, ETIENNE, [JOSEPH III.
b 1744.
SIMARD, Marie-Joseph-Modeste, [PAUL III.
b 1753.
Marie-Joseph, b [7] 7 août 1775.—*Etienne*, b [7] 22 mars 1777.

DORÉ, LOUIS.
ROUSSEL, Marie-Catherine.
Marie-Jeanne, b 2 nov 1775, à l'Ile-Dupas.

DORÉ, JEAN-BTE.
PAQUET, Louise.
Marie-Louise, b 3 et s 19 juillet 1779, aux Ecureuils. [1]—*Jean-Baptiste*, b... s [1] 18 sept. 1780.

1780.

IV.—DORÉ, JOSEPH, [PIERRE III.
b 1743.
QUENTIN (1), Madeleine, [LOUIS IV.
b 1754.
Marie-Joseph, b 19 mars 1781, à St-Augustin. [3] —*Louis*, b [3] 19 juillet 1783. — *Marie*, b [3] 3 avril 1787.

1781, (20 août) St-Augustin. [4]

IV.—DORÉ, JOSEPH, [LOUIS III.
b 1747.
DAGORY, Madeleine. [GEORGE I.
Madeleine, b [4] 26 mars 1783 ; s [4] 3 juillet 1784. —*Louise*, b [4] 8 sept. 1785. — *Joseph*, b [4] 18 sept. 1786.—*Brigitte*, b [4] 7 avril 1789.—*Madeleine*, b [4] 24 août 1791. — *François-Xavier*, b [4] 26 février 1793.—*Augustin*, b [4] 2 oct. 1794.

DORÉ, IGNACE.
ROBITAILLE, Anne.
Marguerite, b 15 déc. 1785, à St-Augustin. [3]— *Joseph*, b [3] 6 janvier 1791. — *Pierre*, b [3] 21 nov. 1792.—*Jérémie*, b [3] 31 oct. 1794.

(1) Et Cantin.

1786, (13 nov.) St-Augustin. [3]
IV.—DORÉ, ETIENNE, [ETIENNE III.
b 1755.
VERMET, Marie-Charlotte, [JOSEPH III.
b 1754.
Suzanne, b [3] 9 juin 1787.— *Marie-Anne*, b [3] 16 juillet 1788. — *Charlotte*, b [3] 7 mai 1792.—*Jean-Baptiste*, b [3] 20 oct. 1794.

1790, (25 janvier) St-Augustin. [9]
IV.—DORÉ, JEAN-BTE, [ETIENNE III.
b 1762.
PROULX, Marie-Anne. [JEAN-BTE III.
Marie-Anne, b [9] 28 janvier 1791. — *Nathalie*, b [9] 10 août 1792. — *Antoine*, b [9] 17 déc. 1793.— *Olivier*, b [9] 14 juillet 1795.

1795, (26 janvier) St-Augustin. [5]
V.—DORÉ, LOUIS. [LOUIS IV.
RATÉ, Marie. [JOSEPH-GASPARD IV.

DORION.—*Variation:* DORIONNE.

1688, (18 janvier) Quebec. [7]
I.—DORION (1), PIERRE,
b 1664; s [7] 26 avril 1724.
HÉDOUIN, Jeanne-Andree, [JACQUES I.
b 1670; s [7] 21 sept. 1747.
Pierre, b [7] 18 août 1695; 1° m [7] 23 oct. 1713, à Geneviève CHAPPAU; 2° m 14 janvier 1749, à Monique DUSSAULT, aux Ecureuils; 3° m [7] 13 janvier 1755, à Angelique DUBEAU; s 4 mai 1755, à Ste-Foye.

1713, (23 oct.) Quebec. [8]
II.—DORION, PIERRE, [PIERRE I.
b 1695; s 4 mai 1755, à Ste-Foye.
1° CHAPPAU, Geneviève, [JEAN II.
b 1696; s [8] 6 sept. 1747
Pierre, b [8] 7 et s [8] 16 janvier 1715. — *Jean-Claude*, b [8] 17 mars et s [8] 3 mai 1716. — *Joseph*, b [8] 5 avril 1717; m 22 août 1749, à Marie-Anne PADOKA, à Cahokia. — *Marie-Geneviève*, b [8] 18 août 1719. — *Pierre*, b [8] 28 sept. 1721; m [8] 25 fevrier 1743, à Geneviève DEGUISE.—*Marie-Jeanne*, b [8] 15 déc. 1723; m [8] 17 juin 1749, à Paschal CHARPENTIER. — *Marguerite*, b [8] 31 oct. 1725, m [8] 26 avril 1745, à Etienne BOIS. — *Charles-Etienne*, b [8] 26 oct. 1727; m [8] 19 oct. 1750, à Marie-Geneviève VALIÈRES. — *Jean-Baptiste*, b [8] 23 juin 1729, m 18 oct. 1756, à Angelique RENAULT, à Charlesbourg. — *Ignace*, b [8] 5 et s [8] 26 nov. 1731.—*Louise-Charlotte*, b [8] 24 juillet et s [8] 7 dec. 1733.—*François*, b [8] 4 juillet 1735.—*Noel*, b [8] 13 février 1738; m [8] 5 juillet 1762, à Marie-Joseph LENORMAND. — *Marie-Louise*, b [8] 27 dec 1740.

1749, (14 janvier) Ecureuils.
2° DUSSAULT, Monique, [JACQUES II.
b 1716; s 17 sept. 1754, au Cap-Sante.

1755, (13 janvier). [8]
3° DUBEAU, Angelique, [PIERRE II.
b 1702; veuve de Pierre Gagne; s 21 janvier 1773, à St-François, I. O

(1) Marié sous le nom de Dorionne; voy. vol. I, p. 198.

1718, (30 sept.) Quebec. [5]
II.—DORION, JEAN-CLAUDE, [PIERRE I.
b 1698.
CHAPPAU, Madeleine. [JEAN II.
Jean, b [5] 20 février 1719. — *Marie-Madeleine*, b [5] 28 sept. 1720; m [5] 19 juin 1741, à Joseph SÉGUIN; s [5] 19 oct. 1741. — *Françoise*, b [5] 6 déc. 1722; m [5] 13 juin 1746, à Pierre DION.—*Marguerite*, b [5] 13 avril 1725; m [5] 23 oct. 1753, à Julien HELLOT. — *Barbe*, b [5] 4 août 1727; m [5] 14 juin 1752, à Jean-Baptiste SYLVESTRE.— *Claude*, b [5] 15 dec. 1729; s [5] 25 mai 1746. — *Augustin*, b [5] 1er sept. 1732; s [5] 17 mai 1733. — *Geneviève*, b [5] 21 mai 1734; m [5] 30 juin 1751, à Joseph-Thierry GIRARD.— *Jean-Etienne*, b [5] 15 nov. 1737; m 18 janvier 1763, à Marie-Agathe DELAGE, à Beauport.

1730, (19 fevrier) Québec. [5]
II.—DORION, JEAN-MARIE, [PIERRE I
b 1704; capitaine de milice; s [5] 17 sept. 1761.
LENORMAND, Therèse, [JOSEPH II
b 1712.
Joseph, b [5] 17 nov. 1730; s [5] 9 juin 1733. — *Thérèse*, b [5] 3 mars et s [5] 19 juin 1733. — *François-Etienne*, b [5] 8 mai 1734, m [5] 6 sept. 1762, à Marie-Nathalie TRUDEL.— *Jean-Marie*, b [5] 19 janvier 1736.—*Louis-Noël*, b [5] 3 mars 1738.—*Pierre*, b [5] 17 janvier 1740.—*Françoise*, b [5] 13 mai 1742 —*Jacques-Philippe*, b [5] 1er mai 1744.—*Jean-Baptiste*, b [5] 31 déc. 1745; m [5] 7 nov. 1774, à Marie-Joseph GLINEL. — *Marie-Thérèse*, b [5] 25 sept. et s [5] 19 déc. 1747.—*Marie-Madeleine*, b [5] 12 mai 1749. —*Charlotte*, b [5] 25 sept. et s [5] 19 nov. 1751.

1743, (25 fevrier) Quebec. [7]
III.—DORION, PIERRE, [PIERRE II.
b 1721.
DEGUISE, Marie-Geneviève. [GUILLAUME II
Marie-Anne, b [7] 26 dec. 1745; m [7] 3 fevrier 1761, à François LIBERGE. — *Geneviève*, b [7] 18 août 1747; m [7] 16 août 1763, à Jacques LIBERGE. —*Charles*, b [7] 16 dec. 1748; m 18 janvier 1773, à Madeleine JUINEAU, à Ste-Anne-de-la-Perade. —*Angélique*, b [7] 16 et s [7] 31 déc. 1750.—*Pierre*, b [7] 6 oct. 1752.—*Pierre-Joseph* et *Antoine-Marie*, b [7] 3 janvier 1754. — *Louis*, b [7] 19 dec. 1755; s [7] 9 janvier 1756.

1749, (22 août) Cahokia [1]
III.—DORION, JOSEPH, [PIERRE II.
b 1717.
PADOKA, Marie-Anne,
veuve de Louis Pichard, s [1] 27 juillet 1757.

1750, (19 oct.) Québec. [3]
III.—DORION, CHARLES-ETIENNE, [PIERRE II.
b 1727.
VALIÈRES, Marie-Geneviève, [PIERRE III
b 1734.
Jean-Charles, b [3] 18 oct. 1752; s [3] 1er mars 1753. — *Pierre*, b [3] 21 mai et s 12 sept. 1755, à St-Charles. [1] — *Pierre*, b [1] 25 juillet 1756. — *Charles*, b [1] 29 oct. 1758. — *Marie-Joseph*, b [1] 29 août 1760.

1756, (18 oct.) Charlesbourg.[1]
III.—DORION (1), JEAN-BTE, [PIERRE II.
b 1729.
RENAUD, Marguerite-Angélique, [PIERRE III.
b 1735.
Marie-Angélique, b[1] 25 mars et s[1] 13 août 1759.—*Jean-Baptiste*, b[1] 30 août 1760.—*Pierre*, b[1] 17 août 1762.

DORION, GERMAIN.
LAVIGNE, Marie-Joseph.
Charles-François, b 20 août 1761, à Beauport.

1762, (5 juillet) Québec.[3]
III.—DORION, NOEL, [PIERRE II.
b 1738.
LENORMAND, Marie-Joseph, [FRANÇOIS III.
b 1743.
Marie-Joseph, b[3] 8 juillet 1763.

1762, (6 sept.) Québec.[8]
III.—DORION, FRS-ETIENNE, [JEAN-MARIE II.
b 1734.
TRUDEL, Marguerite-Nathalie, [NICOLAS III.
b 1740.
François-Xavier, b[8] 13 août 1763. — *Nicolas*, b[8] 6 août 1764.—*Pierre*, b... m[8] 19 mai 1794, à Geneviève CLARKE.

1763, (18 janvier) Beauport.
III.—DORION, JEAN-ETIENNE, [JEAN-CLAUDE II.
b 1737.
DELAGE, Marie-Agathe, [CLAUDE II.
b 1744.
Marie, b... m 11 nov. 1783, à Jean-Baptiste LABBÉ, à Quebec.[8]—*Louise*, b... m[8] 24 nov. 1789, à Louis LANGEVIN.—*Marie-Joseph*, b... m[8] 27 avril 1790, à Joseph LABBÉ. — *Marie-Agathe*, b... m[8] 23 oct. 1792, à Jacques LABRECQUE.

1773, (18 janvier) Ste-Anne-de-la-Pérade.[7]
IV.—DORION, CHARLES, [PIERRE III.
b 1748.
JUINEAU, Madeleine, [CHARLES III.
b 1730; veuve de Thomas Ricard.
Charles, b[7] 2 oct. 1775.

1774, (7 nov.) Québec.
III.—DORION (2), JEAN-BTE, [JEAN-MARIE II.
b 1745.
GLINEL (3), Marie-Joseph, [PIERRE II.
b 1753.
Barbe, b et s 8 août 1784, à Repentigny.

DORION, ISAAC.
BELLEAU, Marie-Joseph, [GUILLAUME III.
b 1756.
Marie-Joseph, b 15 mars 1785, à Quebec.[6] — *Isaac*, b[6] 9 oct. 1786.

(1) Oncle d'Isaac Dorion, de Québec, 1785.
(2) Marchand de St-Sulpice de Montréal.
(3) Et Delinel.

1794, (19 mai) Quebec.
IV.—DORION, PIERRE. [FRANÇOIS-ETIENNE III.
CLARKE, Geneviève, fille de Michel et de Marie Macown, du comté de Tyron, Ulster, Irlande.

1747, (30 janvier) Quebec.[3]
I.—DORIOT, MARTIN, navigateur, fils de Michel et de Catherine Dechevery, du Rougne, diocèse de Bayonne, Gascogne.
HÉVÉ, Olive. [PIERRE III.
Ignace-Martin, b 31 juillet 1748, à l'Islet.—*Marie-Olive*, b[2] 2 juillet 1749.—*Marie-Anne*, b[2] 14 juillet et s[2] 7 oct. 1751.—*Charles-Martin*, b[2] 8 et s[2] 10 sept. 1753.—*Christophe*, b[2] 10 mars et s[2] 18 nov. 1757.—*Jacques-Martin*, b[2] 20 avril et s[2] 20 juillet 1759. — *Louis*, b 9 juin et s 25 août 1760, à St-Valier.[3]— *Deux anonymes*, b[3] et s[3] 18 avril 1761.

D'ORLÉANS, CATHERINE, b... m 1824, à Paul OUIMET, à Montreal.

I.—DORLET (1), PIERRE-FRANÇOIS.
REALENS (2), Rebecca.
Françoise-Thérèse, b 14 déc. 1741, à Montréal. —*Pierre*, b 8 mars 1743, à Quebec[3], s[3] 31 janvier 1744.

1741, (31 janvier) St-Laurent, I. O.
I.—DORLOGE (3), FRANÇOIS-ANTOINE, fils de François et de Marguerite Dubeuf, de St-Firmin, Castillan, diocèse d'Amiens, Picardie.
CHABOT, Jeanne. [JEAN II.
Pierre, b 30 avril et s 16 mai 1742, à Quebec.

DORMICOUR.—Voy HUART (chevalier).

I.—DORN (4), GEORGE-JOSEPH, b 29 avril 1759, aux Trois-Rivières.

I.—DORNON, JEAN-BTE,
s avant 1771.
LAFONTAINE (5), Marie-Anne,
b 1701; s 12 avril 1771, à Kaskakia.

DORVAL.—*Surnoms* : BOUCHARD—DESGROSEILLERS.

1712, (5 avril) St-Pierre, I. O.[2]
III.—DORVAL (6), CHARLES, [JEAN II.
GOSSELIN, Madeleine, [GABRIEL II
b 1695.
Françoise, b[2] 20 mai 1720; 1° m 31 juillet 1741, à Pierre DUBAUT, à Charlesbourg; 2° m 1er avril 1747, à Pierre HELY, à St-Valier.

(1) Traiteur.
(2) Et Hens.
(3) Dit Cicatrice, soldat de Lantagnac.
(4) Soldat allemand de la compagnie de Benoit; il abjure l'heresie et reçoit le baptême, le 29 avril 1759, aux Trois-Rivières.
(5) Nee au Canada.
(6) Et Bouchard; voy. ce nom, vol. II, p. 366.

DORVAL, Angélique, épouse de Jean Fournel.

DORVAL, Marie, épouse de Jean Racine.

DORVAL, Catherine, epouse d'Augustin Roy.

DORVAL, Marie, epouse d'Ignace Gosselin.

DORVAL, Pierre, b 1688; s 5 février 1760, à Ste-Famille, I. O.

1730, (1er fevrier) St-Pierre, I. O.
III.—DORVAL (1), Pierre, [Jean II.
b 1685.
2° Langlois, Dorothee, [Pierre III.
b 1702.
Basile, b 20 mai 1744, à St-Laurent, I. O.

1730, (20 fevrier) Quebec. [7]
III.—DORVAL, Joseph, [Jean (2) II.
b 1702; navigateur; s [7] 15 juin 1764.
Lambert, Marie-Angélique, [François II.
s 11 mars 1774, à la Baie-St-Paul.
Jean-Baptiste, b [7] 24 nov. 1730; s 10 juin 1731, à St-Nicolas. [8]—*Joseph*, b [7] 27 déc. 1732; s [7] 1er août 1733.—*Joseph*, b 1734; m [7] 30 avril 1764, à Angélique Aide-Créquy.—*Marie-Gabrielle*, b [7] 2 sept. et s [8] 13 déc. 1737.— *Catherine*, b... m 9 nov. 1759, à François Chenard, aux Grondines. —*Marie-Louise*, b [7] 29 dec. 1743; s [7] 22 oct. 1748.

1732, (17 nov.) St-Pierre, I. O. [4]
IV.—DORVAL (3), Jean-Bte, [Jean-Bte III.
b 1707.
Crépeau, Geneviève, [Robert II.
b 1708; s 17 nov. 1761, à Québec. [9]
Geneviève, b [4] 25 fevrier 1734; m [4] 13 oct. 1755, à Louis Nadeau. — *Joseph-Marie*, b [4] 15 mars 1736, m [9] 7 janvier 1762, à Anne Thomelet. — *Marie-Cécile*, b [4] 5 fevrier 1738. — *Jean-Baptiste*, b [4] 19 juillet 1740, m 10 nov. 1766, à Marie-Louise Simon, à Ste-Foye.—*Angélique*, b [4] 26 août 1742.—*Ignace-Amable*, b [4] 2 janvier 1745. —*François*, b [4] 17 nov. 1746.— *Charles-Laurent*, b [4] 9 janvier 1750.—*Marie-Thècle*, b [4] 16 et s [4] 27 juin 1752.

DORVAL, Geneviève, b 1735; s 1er nov. 1755, au Château-Richer.

1735.
III.—DORVAL (4), J.-Bte-Noel, [Antoine II.
b 1707; pilote, s 13 nov. 1760, à la Petite-Rivière.
Tremblay, Marie-Catherine, [Etienne III.
b 1717.
François, b 1743, s 30 janvier 1768, au Detroit.

(1) Voy. Bouchard, 1709, vol. II, p. 366.
(2) Voy. Jean Bouchard, 1679, vol. II, p 364.
(3) Et Bouchard; voy. ce nom, vol. II, p 367.
(4) Et Bouchard, voy. ce nom, vol. II, p. 368.

1737, (11 nov.) St-Pierre, I. O [9]
IV.—DORVAL (1), Pierre, [Pierre III
b 1710; s 9 déc. 1749, à Ste-Famille, I. O. [6]
Raté (2), Agathe, [Guillaume II.
b 1716.
Pierre, b [9] 17 janvier 1741; m [6] 19 fevrier 1770, à Madeleine Asselin. — *Perpétue*, b [6] 23 sept. 1742; m [6] 17 nov. 1767, à Louis Asselin.— *Ignace*, b [9] 20 et s [9] 25 oct. 1744.—*Marie-Louise*, b [6] 24 mars et s [6] 12 avril 1746. — *Marie-Joseph-Monique*, b [6] 17 mars 1747; m [6] 2 février 1767, à Etienne Racine.

1737, (18 nov.) St-Pierre, I. O. [7]
IV.—DORVAL (3), Pierre, [Jean-Bte III.
b 1716.
Raté (4), Cecile, [Pierre II.
b 1719.
Marie-Reine, b [7] 13 août 1739.—*Pierre-Amable*, b [7] 24 juillet 1742; m 11 oct. 1773, à Marie-Joseph Laguerce, à Sorel.—*Louis*, b [7] 24 juillet 1744; m 8 avril 1766, à Marie-Louise Morneau, à St-Michel-d'Yamaska.—*Cécile*, b [7] 3 mai 1747, s [7] 26 fevrier 1751.—*Basile*, b [7] 6 mars 1749, s [7] 21 février 1751.—*François*, b [7] 9 déc. 1750; s [7] 5 janvier 1751. — *Jérôme*, b 1er août et s 26 dec 1752, à Québec. [6]—*Basile*, b [6] 29 mai 1755.

1741, (6 février) St-Pierre, I. O.
IV.—DORVAL, Ignace, [Pierre (5) III.
b 1718, s 3 mars 1790, à St-Augustin. [9]
Crépeau, Louise, [Maurice II.
b 1722.
Augustin, b [9] 5 avril 1742; m à Rose Tinon —*Ignace*, b [9] 6 et s [9] 17 août 1743.— *Ignace-Joachim*, b [9] 26 août et s [9] 24 sept. 1744. — *Marie-Louise*, b [9] 27 sept. 1745, m à Jean-Baptiste Gagnon.—*Marie-Joseph*, b [9] 18 sept. 1747, 1° m à Charles Tinon; 2° m [9] 9 fevrier 1784, à Joseph Tibaut.— *Geneviève*, b... m [9] 1er fevrier 1785, à Alexis Cloutier. — *Isaac*, b... m [9] 22 janvier 1787, à Marie-Louise Juneau. — *Madeleine*, b . m [9] 21 fevrier 1791, à Augustin Gingras.— *Marie-Charlotte*, b [9] 23 oct. 1754.—*Jean*, b... s [9] 2 déc. 1755. — *Pierre*, b [9] 25 mars 1758. — *Jean-Baptiste*, b [9] 9 nov. 1762; m [9] 14 nov. 1791, à Louise Gingras.

DORVAL, Michel.—Voy. Bigot, 1717.

DORVAL, Pierre.
Pierre, b... s 15 juillet 1744, à St-Pierre, I O

1746, (11 janvier) St-Pierre, I. O. [1]
IV.—DORVAL, Charles, [Charles (6) III.
b 1716.
Coté, Geneviève, [Pierre III
b 1722.

(1) Et Bouchard; voy ce nom, vol. II, p. 368.
(2) Elle épouse, le 15 fevrier 1751, Nicolas Fortier, à Ste-Famille, I. O.
(3) Et Bouchard; voy. aussi ce nom, vol. II, p. 368
(4) Elle épouse, le 17 oct. 1763, Joseph Loiseau, à Sorel.
(5) Voy Pierre Bouchard, 1709, vol. II p. 366.
(6) Voy Charles Bouchard, 1712, vol. II, p. 366.

Marie-Joseph, b [1] 15 juin et s [1] 11 août 1747 — *Marie-Luce*, b 28 mai 1748, à Ste-Famille, I. O. [3] —*Charles*, b [1] 9 janvier et s [1] 9 sept. 1750.— *Marie-Pélagie*, b [1] 5 nov. 1751. — *Geneviève*, b [1] 25 nov. 1753. — *Louis-Gabriel*, b [1] 20 avril et s [1] 28 sept. 1755. — *Marie-Catherine*, b [3] 11 juillet 1758.—*François*, b [3] 16 février 1761.

1749, (27 oct.) St-Pierre, I O. [4]

IV.—DORVAL, Louis, [Pierre (1) III.
b 1719.
Langlois, Marie-Anne, [Pierre III.
b 1721.
Louis, b [4] 13 sept. 1750.—*Marie-Madeleine*, b [4] 6 mars 1752.—*Pierre*, b [4] 4 août 1754. — *François*, b 14 juin 1758, à St-Laurent, I. O.

1762, (7 janvier) Quebec. [8]

V.—DORVAL, Joseph-Marie, [Jean-Bte IV.
b 1736.
Thomelet, Marie-Anne, [Jean II.
b 1743.
Marie-Anne, b [8] 23 oct. 1762, s [8] 30 oct. 1763. —*Marie-Anne*, b [8] 5 juin 1764.

DORVAL, Alexis.
Massé, Madeleine.
s 12 août 1762, au Cap-de-la-Madeleine.

1762, (11 oct.) Charlesbourg. [5]

IV—DORVAL, Jean-Bte, [Charles (2) III
b 1734.
Garneau, Madeleine, [Jean II.
b 1742.
Jean, b... s [5] 21 juillet 1763.

1762, (19 oct.) St-Valier.

IV.—DORVAL, Joseph, [Charles (2) III.
b 1736.
Tibaut, Angelique, [Pierre IV.
b 1739.

1764, (30 avril) Québec.

IV.—DORVAL, Joseph, [Joseph III.
b 1734.
Aide-Créquy, Marie-Angelique, [Louis II.
b 1735.

1766, (8 avril) St-Michel-d'Yamaska.

V.—DORVAL, Louis, [Pierre IV.
b 1744.
Morneau (3), Marie-Louise, [Pierre IV.
b 1742.

1766, (10 nov.) Ste-Foye.

V.—DORVAL, Jean-Bte, [Jean-Bte IV.
b 1740.
Simon (4), Marie-Louise, [Joseph IV.
b 1745.

(1) Voy. Pierre Bouchard, 1709, vol. II, p 366.
(2) Voy. Charles Bouchard, 1712, vol II, p. 366.
(3) Elle epouse, le 22 août 1770, Amable Miel, à St-Michel-d'Yamaska.
(4) Dit Delorme.

Joseph, b... m 20 sept. 1791, à Marie-Joseph Bossu, à Quebec. [4] — *Jean-Baptiste*, b... m [4] 18 sept. 1792, à Marie-Louise Loffard. — *Marie-Louise*, b... m [4] 24 juin 1794, à Pierre-Olivier Bossu.

1770, (19 février) Ste-Famille, I. O.

V.—DORVAL, Pierre, [Pierre IV.
b 1741.
Asselin, Madeleine, [François III.
b 1750.

1772.

V.—DORVAL, Augustin, [Ignace IV.
b 1742.
Tinon, Rose, [Charles III.
b 1744.
Rose, b 1773, s 20 avril 1784, à St-Augustin. [7] —*Ignace*, b [7] 19 fevrier 1782.—*Ignace*, b [7] 11 oct. 1785, s [7] 19 mai 1789.

1773, (11 oct.) Sorel.

V.—DORVAL, Pierre-Amable, [Pierre IV.
b 1742.
Laguerce, Marie-Joseph, [Nicolas II.
b 1753.

DORVAL, Joseph.
Lefebvre, Marguerite.
Marguerite, b 1777, s 12 oct. 1793, au Cap-de-la-Madeleine.

DORVAL, Antoine.
Drolet, Marguerite.
Louise, b 1778; s 12 mai 1784, à St-Augustin.[4] —*Jean-Baptiste*, b [4] 25 juin 1782; s [4] 6 avril 1784 —*Madeleine*, b [4] 4 avril 1786.—*Marie-Hélène*, b [4] 14 oct. 1790. — *Geneviève*, b [4] 19 sept. 1793.—*Jean-Baptiste*, b [4] 8 juin 1795.

DORVAL (1), Michel.
1° Lacroix (2), Marie,
b 1753; s 2 oct. 1789, au Cap-de-la-Madeleine. [7]
Marie-Anne, b 1784, s [7] 3 juin 1786.
1791, (3 oct.) [7]
2° Tifaut, Marie-Joseph. [Alexis II.

1787, (22 janvier) St-Augustin [7]

V.—DORVAL, Isaac. [Ignace IV.
Juneau, Marie-Louise. [Augustin IV.
Louise, b [7] 10 janvier 1788 —*Jean-Baptiste*, b [7] 20 nov. 1789 —*Ignace*, b [7] 13 nov 1792.

1791, (20 sept.) Québec.

VI.—DORVAL, Joseph. [Jean-Bte V.
Bossu (3), Marie-Joseph. [Louis-Joseph III.

(1) Bigot-Dorval.
(2) Dit Lefebvre.
(3) Dit Lyonnais.

1791, (14 nov.) St-Augustin. [7]
V.—DORVAL, Jean-Bte, [Ignace IV.
b 1762.
Gingras, Louise, [Joseph-Augustin IV.
b 1770.
Antoine, b [7] 3 février 1793. — *Augustin*, b [7] 28 février 1794.—*Julie*, b [7] 22 août 1795.

1792, (18 sept.) Québec.
VI.—DORVAL, Jean-Bte. [Jean-Bte V
Loffard, Marie-Louise. [Archibald I

DORVAL, Joseph-Alexis.
Tourigny, Marguerite. [Laurent III
Alexis-Michel, b 9 janvier 1794, au Cap-de-la-Madeleine. [5]—*Jean-Baptiste*, b [5] 23 mars 1795.

1796, (18 oct.) Quebec.
DORVAL, Antoine. [Pierre.
Desroches (1), Marie-Joseph. [Etienne I

DORVILLIERS.—Voy. Chorel.

I.—DOSQUE (2), Bernard-Sylvestre, b 1727; s 31 janvier 1774. à Quebec

I.—DOSTANCHEAU (3), ...

DOSTIE.—*Surnoms* : DeBellot—Desbelottes—DeMonplaisir.

1754, (18 nov.) St-Pierre, I. O. [1]
I.—DOSTIE (4), Pierre, fils de Marc et de Marie Decosse, de St-Andre, diocèse d'Agen
Rate, Marthe-Rose, [André III.
b 1739; s 2 mai 1770, à Ste-Famille, I. O. [3]
Marie, b 1756; s [3] 25 nov. 1759. — *Pierre*, b [1] 11 janvier 1758. — *Georges-David*, b [3] 5 et s [3] 13 nov. 1759.—*Michel*, b [3] 18 juin 1761; m 25 mai 1784, à Louise Hamel, à Quebec. — *Charles-Amable*, b [3] 2 janvier 1763. — *Antoine-Moise*, b [3] 10 mars 1764.—*Marie-Sarah*, b [3] 19 janvier 1766; m 7 fevrier 1785, à Jean-Baptiste Julien, à St-Augustin. — *Euphrosine*, b [3] 9 janvier 1768. — *Ambroise*, b [3] 20 janvier et s [3] 13 août 1770.

1784, (25 mai) Quebec.
II.—DOSTIE (5), Michel, [Pierre I.
b 1761.
Hamel, Louise, [Joseph IV
b 1763.

I.—DOTESSE (6), Pierre, b 1729, soldat; de Tare, près Bayonne, Gascogne; s 21 sept. 1752, à St-Antoine-de-Chambly.

DOUAIRE.—*Surnom* : DeBondy.

(1) Et Desrochers.
(2) Curé de Quebec; inhumé dans le chœur de l'église, près de la porte de la sacristie Ste-Famille.
(3) Capitaine réforme; il était, en 1746, aux Trois-Rivieres.
(4) DeMonplaisir—DeBellot.
(5) DeMonplaisir—DeBellot; appelé aussi Desbelottes.
(6) Dit Latulippe.

1693, (1er janvier) Montreal. [2]
II.—DOUAIRE (1), Augustin, [Thomas I.
b 1667, s [2] 28 dec. 1702.
Tetard, Catherine, [Charles I.
b 1671; veuve de Pierre Pinguet; s 25 janvier 1746, à Quebec. [4]
Joseph, b [4] 5 fevrier 1700; m [4] 11 oct. 1739, à Catherine Raimbaut. — *Charles-Dominique*, b [4] 13 fevrier 1702, 1° m [2] 22 dec. 1737, à Catherine Catin; 2° m [2] 11 janvier 1744, à Marie-Joseph Giasson; 3° m [4] 19 fevrier 1746, à Cecile Gosselin, s [3] 11 dec. 1754.

1697.
II.—DOUAIRE (2), Jacques, [Thomas I.
b 1660; s 25 mars 1703, à Montréal. [6]
Gatineau, Madeleine, [Nicolas I.
b 1672, s [6] 20 fevrier 1747
Jacques, b [6] 16 oct. 1698, m 14 nov. 1728, à Marie Damours, à Ste-Foye, s 7 août 1732, à Québec.—*Joseph*, b [6] 27 fevrier 1700; m 28 juillet 1732, à Anne-Cecile Campeau, au Detroit; s 6 avril 1760, à Verchères — *Jean-Baptiste*, b [6] 2 oct. 1701; m [6] 16 sept. 1750, à Marie-Anne Faye.

DOUAIRE, Charles.
Tamanikoue, Marie.
Catherine, b 1er fevrier 1727, au Bout-de-l'Ile, M.

1728, (14 nov.) Ste-Foye.
III.—DOUAIRE (3), Jacques, [Jacques II.
b 1698, s 7 aout 1732, à Quebec
Damours (4), Marie-Therèse, [Bernard II.
b 1709.

1732, (28 juillet) Détroit. [7]
III.—DOUAIRE (5), Joseph, [Jacques II.
b 1700; s 6 avril 1760, à Verchères [6]
Campeau, Anne-Cecile, [Jacques II.
b 1707.
Joseph, b... m [7] 7 août 1758, à Marie-Joseph Gamelin.—*Madeleine-Elisabeth*, b [7] 19 dec. 1736. —*Jean-Baptiste*, b [7] 28 août 1738, m [6] 16 janvier 1764, à Elisabeth Coursol. — *Louis*, b [7] 20 mai 1741, s [6] 2 nov. 1755. — *Marie-Catherine*, b [7] 11 fevrier 1743. — *Marguerite*, b [7] 24 nov. 1747. — *Louis*, b [6] 11 janvier et s [6] 27 avril 1749.

1737, (22 dec.) Montreal. [3]
III.—DOUAIRE (3), Chs-Dom., [Augustin II.
b 1702; s [3] 11 dec. 1754
1° Catin, Catherine, [Henri I
b 1693, veuve de Pierre Chartier, s [3] 29 dec. 1742.
1744, (11 janvier). [3]
2° Giasson, Marie-Joseph, [Jean I.
b 1712; s [3] 28 oct. 1744

(1) Voy. vol I, p. 198.
(2) De Bondy, voy. vol I, p 198
(3) De Bondy.
(4) Damours de Plaine; elle épouse, le 9 juillet 1736, Yves Arguin, à Québec
(5) De Bondy; il était, le 9 janvier 1758, au Detroit.

Anne-Ursule, b [3] 21 oct. 1744; s 20 janvier 1745, à Longueuil.

1746, (19 février) Quebec.

3° GOSSELIN (1), Cecile, [PIERRE II. b 1709; veuve de Gabriel Côte.

Charlotte, b [3] 5 mai 1747; s [3] 20 mai 1748.—*Charles-Antoine,* b [3] 12 sept. 1749.

1739, (11 oct.) Quebec.

III.—DOUAIRE, JOSEPH, [AUGUSTIN II. b 1700.

RAIMBAUT, Catherine, [PIERRE II. b 1699; veuve de Julien Trotier-Desrivières.

1750, (16 sept.) Montreal.

III.—DOUAIRE (2), JEAN-BTE, [JACQUES II. b 1701.

FAYE (3), Marie-Anne, [MATHIEU I. b 1691.

1758, (7 août) Detroit [1]

IV.—DOUAIRE (4), JOSEPH. [JOSEPH III.

GAMELIN, Marie-Joseph, [LAURENT III. b 1741.

Joseph, b [1] 30 janvier 1759; m [1] 10 mars 1777, à Joseph BEAUBIEN.—*Jean-Baptiste,* b [1] 31 mars et s [1] 15 juillet 1760.—*Joseph,* b... m [1] 8 oct. 1781, à Marie-Jeanne MELOCHE.—*Gabriel,* b [1] 23 oct. 1762.—*François-Noel,* b [1] 25 dec. 1763, s [1] 18 dec. 1766.—*Angélique,* b [1] 22 fevrier et s [1] 8 juillet 1765.—*Véronique,* b [1] 6 mars 1766; m à Bernard CAMPEAU.—*Antoine,* b [1] 15 nov. 1767.

1764, (16 janvier) Verchères.

IV.—DOUAIRE (5), JEAN-BTE, [JOSEPH III. b 1738.

COURSOL, Elisabeth. [MICHEL II.

1781, (8 oct.) Détroit.

V.—DOUAIRE, JOSEPH. [JOSEPH IV.

MELOCHE, Marie-Jeanne, [PIERRE III. b 1761.

1704. (28 janvier) Varennes [2]

I.—DOUAULT, FRANÇOIS, fils de François et de Catherine Durant, de St-Jean-d'Angely, diocese de Xaintes, Saintonge.

MARTEL, Marguerite, [HONORÉ I. b 1676, veuve de Louis Coulon.

Etienne, b 1713, s [2] 4 dec. 1714.—*Louise,* b... 1° m [2] 16 fevrier 1727, à Joseph DUBOIS; 2° m [2] 31 oct. 1745, à Paul DUMEST.

I.—DOUBLET, JOSEPH, b 1692; de St-Brieux, s 1er nov. 1766, à l'Hôpital-Général, M.

I.—DOUBRAM, ...

PROTEAU, Marie, b 1739, s 30 juin 1779, à Quebec.

(1) Et Gamelin, 1748.
(2) Sieur de Bondy.
(3) Dit Lafayette.
(4) DeBondy; capitaine de milice.
(5) DeBondy.

DOUCET.—*Surnoms :* PELLETIER—ST-LOUIS.

DOUCET, AMBROISE, b 1641; m 1669, à Jacques MIGNIER, à Quebec.

I.—DOUCET (1), JEAN.

DOUCET, JEANNE, épouse de .... FLEURY.

DOUCET, ANNE, épouse de Daniel GARCEAU.

I.—DOUCET, ...

DESILETS, Marguerite, b 1659, s 29 dec. 1737, à Québec.

DOUCET, CATHERINE, epouse de Jean-Baptiste LANDRY.

DOUCET, MARIE-ANNE, epouse de Jean-Baptiste THIBODEAU.

I.—DOUCET (2), JOSEPH, b 1707; fils de Joseph et d'Ursule Moreau, de St-Eustache, Paris; s 19 avril 1792, à l'Hôpital-Géneral, M.

I.—DOUCET, JEAN, de l'Ile St-Jean, Acadie.

1° PROU, Elisabeth.

Jean-François, b 20 mai 1706, à Québec. [1]

2° PINET, Anne.

Philippe, b [1] 1er dec 1713; s [1] 26 sept. 1714.—*Marie,* b 1715; s [1] 14 fevrier 1717.—*Marie-Thérèse* et *Joseph,* b [1] 12 nov. 1717.

1729, (24 avril) Cap-St-Ignace.

3° DAUPHIN (3), Therese, [JEAN II. b 1709; veuve de ...... Boyer.

1706, (11 août) Repentigny.

I.—DOUCET, PIERRE, fils de Claude et d'Helène Guerin, de St-Paul, Paris.

1° MOUSSEAU, Marguerite, [JACQUES I. b 1668, veuve de Claude Pastorel.

2° SYLVESTRE, Françoise, [NICOLAS I. b 1682.

Marguerite, b... m 7 avril 1739, à Joseph CHEVALIER, à Sorel. [7]—*Marie-Agnès,* b 6 fevrier 1721, au Cap-St-Ignace [9]; m 14 avril 1738, à Michel MOREAU, à l'Ile-Dupas. [8]—*Athanase,* b [9] 29 mars 1724.—*Pierre,* b [7] 30 juin 1726.—*Joseph,* b [8] 25 avril et s [8] 5 juillet 1730.—*Marie-Geneviève,* b [8] 7 oct. 1731; s [7] 15 mai 1738.—*Michel,* b [7] 24 février 1736.—*Marie-Joseph,* b [8] 11 août 1738.—*Laurent-Modeste,* b [7] 26 nov. 1740.

DOUCET, MARIE, b... 1° m 1714, à Jean-Baptiste GAUDET, 2° m 27 juin 1762, à Jean-Baptiste ORION, à Nicolet [1], s [1] 1er dec. 1789.

(1) On trouve ce nom au registre du Conseil Souverain, 22 mars 1664
(2) Ancien soldat de la colonie.
(3) Elle épouse, le 23 juin 1748, Louis Juineau, au Cap-St-Ignace.

1714, (10 avril) Québec. [2]

I.—DOUCET, JEAN, b 1692; fils de Bernard et de Madeleine Corporon, de Notre-Dame-du-Cap, Acadie.
1° BOURGET, Françoise, [CLAUDE I.
b 1693; s [2] 11 sept. 1726.
Marie, b 1714.—*Jean*, b [2] 5 juillet 1717; m 22 janvier 1748, à Louise DELAGE, à Charlesbourg.[3] —*Augustin*, b [2] 24 juillet 1719.—*Germain*, b [3] 19 août 1721.—*François-Clément*, b [3] 11 oct. 1723; m 16 nov. 1750, à Marie-Madeleine GARAND, à St-Frs-du-Sud. — *Marie-Louise*, b [2] 9 nov. 1725; s [2] 4 mai 1726.

1726, (27 oct.) [2]
2° PRIEUR, Catherine, [JOSEPH I.
b 1698; veuve de Jean Basque; s [2] 27 août 1741.
Marie-Catherine, b [2] 13 août 1727. — *Charles-Joseph*, b [2] 15 juillet 1734.—*Marie-Hélène*, b [2] 10 et s [2] 20 mars 1736.

DOUCET, JEAN.
CHAMPAGNE, Catherine.
Anonyme, b et s 2 mars 1720, au Cap-St-Ignace.

DOUCET, PIERRE.
CORNEAU, Françoise.
Marguerite, b 1726; s 25 juin 1776, à Québec.

1732, (15 janvier) Annapolis.

I.—DOUCET, PIERRE, b 1709; fils de Jean-Claude et de Marie Comeau, d'Annapolis, Acadie; s 28 déc. 1775, à Québec.[4]
ROBICHAUD, Marie-Joseph, b 1709; fille de Prudent et de Hugette Petitpas, d'Annapolis, Acadie; s [4] 8 février 1782.

I.—DOUCET (1), FRANÇOIS,
s avant 1763.
POIRIER, Marie-Anne,
b 1717; s 11 août 1762, aux Trois-Rivières. [7]
Madeleine, b... 1° m à François CORMIER; 2° m 18 fevrier 1760, à Pierre GIROIR, à Deschambault.—*François*, b... m [7] 10 janvier 1763, à Jeanne LAFOND; 2° m [7] 9 juillet 1764, à Helène HÉBERT.

1742, (11 oct.) Québec. [5]

I.—DOUCET, JEAN, fils de Jean et de Jeanne Descamps, de St-Remi, diocèse de Bordeaux.
DUCHESNE, Marie-Therèse. [ANDRÉ I.
Marie-Anne, b [5] 23 août 1743; s [5] 8 janvier 1745 —*Marie-Thérèse*, b [5] 7 mai 1745. — *Marie-Madeleine*, b [5] 15 juillet 1747; s [5] 8 oct. 1757.

DOUCET, FRANÇOIS, b 1753; s 5 dec. 1774, à Kamouraska.

(1) Sa belle-mère, Acadienne, est inhumee, le 4 oct. 1761, aux Trois-Rivières, à l'age de 70 ans; pas de nom.

I.—DOUCET, JOSEPH,
Acadien.
HÉBERT (1), Marie-Anne.
Joseph, b 1752; s 27 nov. 1758, à Québec. [6]— *Marie*, b 1753; s [6] 21 nov. 1757.

1748, (22 janvier) Charlesbourg. [8]

II.—DOUCET, JEAN, [JEAN I.
b 1717; s 30 nov. 1792, à Quebec. [9]
DELAGE, Marie-Louise, [JEAN-FRANÇOIS II.
b 1725.
Marie-Françoise, b [9] 2 déc. 1748; s [9] 12 juillet 1749.—*Marie-Charlotte*, b [9] 24 déc. 1749.—*Anne-Louise*, b [9] 4 mars 1751; 1° m à Michel DOLLEN, 2° m [9] 7 fevrier 1780, à Isaac-Samuel GAY.—*Marie-Louise*, b [8] 20 mars 1753. — *Ursule-Antoinette*, b [9] 22 janvier et s [9] 1er août 1758.—*Nicolas*, b [9] 22 sept. 1759.—*Jean-Baptiste*, b [8] 20 nov 1761; m [9] 10 mai 1785, à Marie MORIER.—*Pierre*, b... m 7 mars 1791, à Elisabeth FONTAINE, au Détroit.

1750, (16 nov.) St-Frs-du-Sud. [1]

II.—DOUCET, FRS-CLÉMENT, [JEAN I
b 1723.
GARAND, Marie-Madeleine, [PIERRE II.
b 1732; s [1] 4 janvier 1759.
François, b [1] 16 nov. 1751; s [1] 2 mars 1752.—*Marie-Madeleine*, b [1] 24 fevrier 1753.—*Marie-Joseph*, b [1] 27 oct. 1754; m 5 avril 1785, à Jean-Marie BARBEAU, à Quebec.—*Marie-Françoise*, b [1] 29 nov. 1756.—*Marie-Geneviève*, b [1] 3 et s [1] 17 oct. 1758.

1752, (31 janvier) St-Antoine-de-Chambly. [2]

I.—DOUCET (2), LOUIS, fils de Jean et de Suzanne Bernard, du diocèse de Sens, Lorraine.
DUBREUIL, Catherine. [JOSEPH II
Joseph, b [2] 22 nov. 1752.—*Marie-Louise*, b [2] 4 avril et s [2] 6 sept. 1754.—*Louis*, b [2] 12 août 1755 —*Louise*, b [2] 23 janvier 1757.—*Marie-Joseph*, b [2] 19 nov. 1758 —*Marie-Joseph*, b [2] 31 juillet 1759 —*Nicolas*, b [2] 13 janvier 1761.

DOUCET, CLAUDE.
LAMOTTE, Marie-Charlotte.
Marie-Louise, b... s 16 juillet 1753, à Charlesbourg.

1754, (14 oct.) Québec. [3]

I.—DOUCET (3), CHARLES.
LANDRY, Marie-Felicite, [CLAUDE III.
b 1739; s [3] 17 juillet 1762.

I.—DOUCET, PAUL,
Acadien.
LEBRUN, Marie-Anne,
Acadienne.

(1) Elle épouse, le 19 oct. 1761, Joseph Ricard, aux Trois-Rivières.
(2) Dit St-Louis, 1757.
(3) Dit Charles.

Marie, b... m 5 nov. 1770, à Jean-Baptiste Ouellet, à Ste-Anne-de-la-Pocatière. — *Anne*, b... m 4 février 1777, à Henri Langlois, à la Rivière-Ouelle. — *Amable*, b... m 9 oct. 1775, à Marie-Joseph Landry, à Kamouraska.

I.—DOUCET, Pierre-Joseph,
Acadien.
Biron, Marie-Joseph.
Pierre-Joseph, b 12 dec. 1761, aux Trois-Rivières.

1762, (8 fevrier) Sorel.

I.—DOUCET, Charles, fils d'Alexis et de Madeleine Légère, de St-François, Port-Royal.
Landry, Marguerite. [Jean.
Michel (1), b 10 avril 1768, à Maskinongé; m à Geneviève Généreux.

I.—DOUCET, Pierre,
b 1720, Acadien; s 31 oct. 1780, à Kamouraska. [7]
1° Gaudet, Cécile,
Acadienne.
1766, (10 février). [7]
2° Chassé, Françoise, [Sébastien I
b 1714; veuve de Jean-Baptiste Michaud
s [7] 7 nov. 1780.

I.—DOUCET, Pierre,
Acadien; s avant 1783.
Landry, Claire,
s avant 1783.
Marie, b... m 25 nov. 1783, à André Bernard, à Québec.

1763, (10 janvier) Trois-Rivières. [5]

II.—DOUCET, François, [François I.
s avant 1784.
1° Lafond, Jeanne, [Pierre III.
s [5] 26 nov. 1763.
Marie, b... m 16 nov. 1784, à Augustin Pepin, à Quebec.
1764, (9 juillet). [5]
2° Hébert, Helène,
veuve de Gregoire Hebert.

DOUCET, Joseph.
Melançon, Anne.
Joseph, b 9 août 1767, à Yamachiche.[5]—*Marie*, b [5] 16 août 1767.

DOUCET, Jean-Bte.
Melançon, Marie.
Jean-Baptiste, b 16 août 1768, à Yamachiche.

I.—DOUCET (2), Jean, b 1736; de St-Laurent, diocèse de Xaintes, Saintonge.

(1) Père des Messieurs Doucet, pretres.

(2) Engagé, en 1758, à Rochefort, sur le vaisseau du roi "l'Aigle," qui fit naufrage dans le détroit de Belisle; en novembre (1758), il se rend à la Rivière-Ouelle où il hiverne. Au printemps de 1759, il monte à Quebec pour assister au siége de cette ville. (Registres des procès-verbaux, évêché de Québec, 1769.)

DOUCET, Joseph,
b 1746; s 13 oct. 1780, à Quebec.
Pellerin, Madeleine.

DOUCET, Louis.
Beliveau, Marguerite.
Marguerite, b... m 8 février 1796, à François Prince, à Nicolet.

DOUCET, Jean.
Bernier, Marie-Madeleine,
b 1754, s 7 août 1790, à Québec.

1775, (9 oct.) Kamouraska.

II.—DOUCET, Amable. [Paul I.
Landry (1), Marie-Joseph. [Alexis.

DOUCET, Joseph.
Bornais, Marie,
b 1760; s 31 mars 1794, à Nicolet.

1785, (10 mai) Québec.

III.—DOUCET, Jean, [Jean-Bte II.
b 1761
Morier, Marie. [Jean-Bte III.

1791, (7 mars) Détroit.

III.—DOUCET, Pierre. [Jean-Bte II.
Fontaine, Elisabeth. [Charles.

I.—DOUEZ, Jacques.
Plouf, Geneviève, [Jean I.
b 1677.
Marie-Anne, b... m 3 fevrier 1728, à Claude Massé, à Montreal.

1766, (27 janvier) Pte-aux-Trembles, M.

I.—DOUGE (2), Joseph, b 1742; fils de Laurent et de Catherine Chudau, de St-Rémy, diocèse de Besançon, Franche-Comté.
Duval, Geneviève, [Guillaume I.
b 1751.
Marie-Rachel, b 22 avril 1770, à l'Ile-aux-Coudres.

1757, (13 avril) Montréal.

I.—DOUGLASS (3), François-Prosper, b 1727; fils de Charles (comte) et de Marie-Anne Delilia, de Montreuil-en-Bugeay, Lyon.
DeLacorne, Charlotte, [Louis II.
b 1741.

I.—DOUGLASS (4), Jean.

DOUILLARD.—Voy. Drouillard.

I.—DOUILLET, François.
Charpentier, Jeanne.

(1) Et Landrille.

(2) Dit Populus.

(3) Chevalier de St-Louis et capitaine au régiment du Languedoc; il etait, le 2 juillet 1760, à Ste-Anne-de-la-Pérade.

(4) Chevalier de Bassignac, capitaine au régiment de Béarn, il était, le 20 janvier 1760, à Longueuil.

Jean, b 1720; m 26 janvier 1749, à Marie-Anne LEMERLE, aux Trois-Rivières; s 13 sept. 1762, à St-Frs-du-Lac.—*François*, b... m à Madeleine-Amable LEMERLE.

1749, (26 janvier) Trois-Rivières.

II.—DOUILLET, JEAN, [FRANÇOIS I.
b 1720, s 13 sept. 1762, à St-Frs-du-Lac. [2]
LEMERLE, Marie-Anne, [LOUIS III.
b 1731.
Françoise, b [2] 6 mai 1753.—*Jean-Baptiste*, b 6 nov. 1754, à la Baie-du-Febvre.

II.—DOUILLET, FRANÇOIS. [FRANÇOIS I.
LEMERLE, Madeleine-Amable, [LOUIS III.
b 1735.
Jean-Baptiste, b... m 3 février 1789, à Marie-Desanges BOTQUIN, à Repentigny.

DOUILLET, JEAN-BTE
RENAUD (1), Marie.

DOUILLET, PIERRE.
RENAULT, Marie.
Marie-Joseph, b 22 juin 1762, à la Baie-du-Febvre.

1789, (3 février) Repentigny.

III.—DOUILLET, JEAN-BTE. [FRANÇOIS II.
BOTQUIN, Marie-Desanges. [ANDRÉ.

1746, (18 avril) St-Thomas.

I.—DOUSTOU (2), PIERRE.
COTÉ (3), Angelique, [CLAUDE I.
b 1725.
Pierre, b 15 mars 1747, à l'Islet.

I.—DOUTRE (4), PIERRE.
LAVIOLETTE, Françoise.
Pierre, b 23 fevrier 1728, à la Longue-Pointe.

I.—DOUTRE (5), FÉRÉOL.
1° PILON, Marie-Louise, [THOMAS II.
b 1732; s 14 oct. 1768, à Soulanges.
Anonyme, b et s 7 mars 1762, au Bout-de-l'Ile, M.
1775, (28 fevrier) Terrebonne.
2° FORGET (6), Marie-Cecile, [JEAN-BTE III.
b 1751.

1715, (20 nov.) Repentigny. [3]

I.—DOUVIER (7), LOUIS.
EDELINE, Marie.
Marguerite, b [3] 8 avril 1716. — *Louis-Guillaume*, b [3] 12 fevrier 1718.—*Jean-Baptiste*, b [3] 29 juin 1719.—*Marie-Françoise*, b [3] 22 sept. 1720.—*Joseph*, b [3] 27 sept. 1723.— *Marie-Madeleine*, b... m 3 février 1755, à Jean-Baptiste TAVERNIER, à Verchères.

DOUVILLE.—Voy. DAUVILLE—DAGNEAU—JÉRÉMIE—MORAND.

DOUVILLE, MARIE-JOSEPH, épouse de Louis DUMAIS.

DOUVILLE, MARIE-FRANÇOISE, épouse de Louis TALBOT.

I.—DOVIEN (1), ANDRÉ, s 4 avril 1731, à l'Ile-Dupas.

DOYEL —Voy. DOYLE.

DOYER. — *Variations et surnoms:* DAUVIER — DODIER—DESMARETS—SAVAI.

1722, (30 août) Quebec. [3]

II.—DOYER (2), MICHEL, [SIMON (3) I.
b 1697; s [3] 13 dec. 1727.
FILLIAU (4), Geneviève, [JEAN I.
b 1702.
Michel, b [3] 9 et s [3] 12 août 1723.—*Joachim*, b [3] 22 août 1724, s [3] 27 avril 1733.—*Geneviève*, b [3] 11 sept. 1725; 1° m [3] 20 août 1748, à Jean DIAU, 2° m [3] 12 janvier 1756, à Jean-Baptiste MARCHETEAU.—*Françoise*, b [3] 26 oct. 1726; s [3] 2 mai 1733.—*Michel-Marie*, b [3] 8 dec. 1727.

DOYER, JEAN-FRANÇOIS.—Voy. DODIER, 1744.

1753, (5 nov.) Québec. [4]

I.—DOYER (5), MARTIN, fils de Jean et de Marie Dehaly, de St-Per, diocèse de Bayonne, Gascogne.
GASSÉ-LACASSE, Marie-Charlotte, [CHARLES II.
b 1718
Laurent, b [4] 12 et s [4] 17 janvier 1755.

DOYER (6), NICOLAS.
LEMOINE, Marie-Geneviève.
Marie-Françoise, b 27 sept. 1767, à Kamouraska.

DOYLE.—*Variation:* DOYEL.

I.—DOYLE, GUILLAUME, b 1739; de Metay, Pensylvanie; s 15 oct. 1774, à Quebec.
RENAUD, Marie-Joseph.

DOYON, MARIE-JOSEPH, épouse de François GAGNON.

(1) Elle épouse, le 1er sept. 1766, François Dubois, à Nicolet.
(2) Voy. Dastou, p. 216.
(3) Et Coste.
(4) Dit Lavigne.
(5) Dit Larose.
(6) Dit Despatis.
(7) Et Douie.

(1) Huissier royal.
(2) Appelé Dauvier.
(3) Voy. vol. I, p. 199.
(4) Elle épouse, le 8 sept. 1732, Charles Janson, à Quebec
(5) Dit Savai.
(6) Dit Desmarets, réfugié à Kamouraska.

1650, (19 nov.) Québec. [3]
I.—DOYON (1), JEAN,
b 1619; s 27 avril 1664, au Château-Richer.[4]
GAGNON, Marthe. [MATHURIN I.
Thomas, b [4] 31 août 1664; 1° m [4] 28 janvier 1692, à Barbe DeTRÉPAGNY; 2° m [4] 28 mai 1714, à Angelique RENAUD.

1686, (11 fevrier) Château-Richer. [5]
II.—DOYON (1), ANTOINE, [JEAN I.
b 1662; s [5] 9 dec. 1708.
CLOUTIER, Françoise, [JEAN II.
b 1669; s [5] 12 avril 1721.
Jean-Baptiste, b [5] 10 janvier 1695; 1° m [5] 17 février 1716, à Françoise GAGNON, 2° m [5] 18 nov. 1737, à Reine BOLDUC, s 3 fevrier 1750, à Lévis. —*Marie*, b [5] 15 juin 1697; m [5] 15 nov. 1717, à Athanase GRAVEL.—*Marie-Joseph*, b [5] 24 août 1699; 1° m [5] 11 février 1719, à René BRISSON; 2° m 18 avril 1735, à Laurent LEMELIN, à Quebec.—*Prisque*, b [5] 17 dec. 1703; m [5] 3 fevrier 1728, à Catherine NAVERS — *Marguerite*, b [5] 29 mars 1706; m [5] 8 mars 1723, à Charles MARETTE. —*Françoise*, b [5] 8 nov. 1708; s [5] 25 juin 1717.

1690, (8 janvier) Château-Richer.
II.—DOYON (1), NICOLAS, [JEAN I.
b 1654; arquebusier; s 7 mars 1715, à Quebec. [9]
GUYON, Geneviève, [JEAN II.
b 1665, s [9] 3 mai 1734.
Geneviève, b [9] 6 sept. 1695; 1° m [9] 12 oct 1716, à Charles HÉDOUIN; 2° m [9] 19 janvier 1726, à François MOREAU; s [9] 20 oct. 1763 —*Marguerite*, b [9] 13 mars 1699; m [9] 2 fevrier 1732, à François CHEVALIER.—*Louise*, b [9] 3 juin 1703; m [9] 8 oct. 1721, à Jean-Baptiste BAUDRY-DESBUTTES; s 15 sept. 1778, au Detroit. — *Nicolas*, b [9] 14 mai 1705.—*Marie-Charlotte*, b [9] 11 sept 1708; s [9] 14 janvier 1731. — *Elisabeth*, b [9] 28 juillet et s [9] 10 août 1712.

1692, (28 janvier) Château-Richer. [6]
II.—DOYON (1), THOMAS, [JEAN I.
b 1664.
1° DETREPAGNY, Barbe, [ROMAIN I.
b 1672, s 21 fevrier 1711, à Beauport. [7]
Marie-Anne, b [6] 5 sept. 1700, m [7] 1er juin 1722, à Jacques BEDARD.
1714, (28 mai) Québec. [8]
2° RENAUD (2), Angelique, [JACQUES II.
b 1697
Marie-Louise, b [7] 1er mai 1716; m [6] 26 nov. 1736, à Jean CLAVEAU, s [8] 3 janvier 1748.—*Thomas*, b [7] 26 mai 1717; 1° m [8] 7 janvier 1740, à Marie-Anne LABADIE; 2° m [8] 4 juin 1743, à Marie-Louise VILLIARS.—*Pierre-Eustache*, b [7] 26 juillet 1719, m [8] 6 fevrier 1743, à Elisabeth GUAY.—*Charles-René*, b [7] 31 mars 1721.—*François*, b [7] 26 oct. 1722.—*Antoine*, b 28 avril à Charlesbourg [9] et s [8] 25 août 1724 —*Jacques*, b [8] 15 oct. 1725, s [9] 22 juillet 1726. — *Charles-Toussaint*, b [8] 2 nov. 1727; s 2 janvier 1730, à la Pte-aux-Trembles, Q.—*François-Gilles*, b [8] 17 janvier 1729; s [8] 6 juin 1730. — *Marie-Angélique*, b [8] 1er mai 1730; m [8] 20 oct. 1749, à Pierre LAMOTTE — *Yves*, b [8] 20 juin 1731.—*Marie-Anne*, b [8] 22 dec. 1732; s [9] 9 mai 1783.—*Marie-Angélique*, b [8] 10 et s [8] 21 sept. 1734.—*Françoise*, b [8] 30 juin 1736; m 19 nov. 1759, à Alexandre SÉRAT, à Montréal.[3] — *Jean-Baptiste*, b [8] 14 oct. 1737; m [3] 26 nov. 1759, à Charlotte POIRIAU.

(1) Voy vol. I. p. 199

(2) Elle épouse, le 30 sept. 1748, Germain Villiars, à Québec.

1710, (28 juillet) Boucherville.
I.—DOYON (1), NICOLAS,
b 1684.
GAREAU, Marie-Louise, [PIERRE I.
b 1688.

1716, (17 février) Château-Richer. [4]
III.—DOYON, JEAN-BTE, [ANTOINE II.
b 1695; s 3 fevrier 1750, à Lévis.
1° GAGNON, Françoise, [VINCENT II.
b 1695; s [4] 8 fevrier 1737.
Marie-Anne, b [4] 25 mars 1717; m 18 fevrier 1743, à Pierre POULIN, à St-Joachim.[5] —*Antoine*, b [4] 7 sept. 1718; s [4] 27 juillet 1719.— *Jean*, b [4] 5 fevrier 1720; 1° m 6 février 1747, à Marguerite VACHON, à St-Joseph, Beauce[6]; 2° m [6] 17 juillet 1758, à Salomee LALAGUE.—*Marie-Françoise*, b [4] 12 sept. 1721, s [4] 11 fevrier 1724. — *Marguerite*, b [4] 13 avril et s [4] 29 mai 1723.—*Charles-Amador*, b [4] 29 mai 1724; m [5] 6 fevrier 1747, à Marie-Louise RANCOUR.—*Anne*, b [4] 24 août 1726; 1° m à Paul VACHON, 2° m [6] 14 juin 1762, à Nicolas LACAILLE. — *Cécile*, b [4] 12 oct. 1728; m à Pierre JACQUES — *Prisque*, b [4] 5 dec. 1730, m [4] 9 janvier 1764, à Marie-Marthe PLANTE. — *Marie-Joseph*, b [4] 25 avril 1733; m 1754, à François GAGNON. — *Antoine*, b [4] 14 mai 1735. — *Ignace*, b [4] 8 fevrier et s [4] 30 août 1737.—*Françoise*, b [4] 8 février et s [4] 2 sept. 1737.
1737, (18 nov.) [4]
2° BOLDUC, Reine, [JACQUES II.
veuve de Jean Poulin.
Marie-Anne, b 1740, s [4] 12 juin 1741. — *Anonyme*, b [6] et s [6] 19 janvier 1745.— *Alexis*, b [6] 24 mars 1747.

1728, (3 février) Château-Richer. [4]
III.—DOYON, PRISQUE, [ANTOINE II.
b 1703; s avant 1763.
NAVERS, Catherine, [JEAN-BTE I.
b 1706.
Marie-Catherine, b [4] 5 dec. 1728, m [4] 22 janvier 1746, à Michel MAYET. — *Prisque*, b [4] 26 juillet 1730, m [4] 22 janvier 1755, à Agnès CLOUTIER. — *Marie-Françoise*, b [4] 14 août 1732. — *Agnès*, b [4] 7 août 1734; s [4] 8 fevrier 1755. — *Nicolas*, b [4] 16 sept. 1736.—*Jean-Baptiste*, b [4] 24 août 1738; m [4] 7 février 1763, à Marie-Louise PLANTE.—*Marie-Joseph*, b [4] 31 mars 1742; m [4] 17 août 1762, à Louis L'EUROPE-BERRY. —*Antoine-Michel*, b [4] 21 juin 1744, s [4] 6 nov. 1749.—*Joseph-Marie*, b [4] 30 mars 1747; s [4] 24 oct. 1749.

(1) Panis de nation; forgeron.

1740, (7 janvier) Québec.[2]

III.—DOYON, Thomas, [Thomas II.
b 1717.
1° Labadie, Marie-Anne-Frse, [Louis II.
b 1723 ; s [2] 29 déc. 1742.
Thomas, b [2] 13 et s [2] 28 sept. 1741.
1743, (4 juin).[2]
2° Villiars (1), Louise, [Germain I.
b 1726.
Thomas, b [2] 21 mars 1744 ; m à Marie-Joseph Hémond.—*Jean-Louis*, b 23 mars 1745, à Charlesbourg.

1743, (6 février) Québec.[2]

III.—DOYON, Pierre-Eustache, [Thomas II.
b 1719.
Guay, Barbe-Elisabeth, [Raymond III.
b 1718.
Pierre, b [2] 11 février 1744 ; s [2] 20 déc. 1745.—*Louise*, b [2] 29 août 1745 ; s [2] 15 avril 1746.—*Pierre*, b [2] 12 février 1747 ; s 19 août 1771, au Détroit.—*Thomas*, b [2] 5 août 1748.—*Catherine*, b [2] 2 sept. 1750.—*Marie-Anne*, b [2] 13 juin 1752 ; s [2] 10 août 1754.—*Françoise*, b [2] 23 nov. 1753, s [2] 29 juillet 1755.—*Marie-Françoise*, b [2] 15 juin 1755.—*Claude*, b [2] 6 déc. 1756 ; s [2] 7 janvier 1757.

1747, (6 février) St-Joachim.[1]

IV.—DOYON, Chs-Amador, [Jean-Bte III.
b 1724.
Rancour, Marie-Louise, [François II.
b 1726.
Charles, b 1747 ; m 27 janvier 1766, à Marie-Charlotte Racine, à St-Joseph, Beauce.[2]—*Charles*, b [1] 12 août 1753.—*Marie-Joseph*, b [2] 22 août 1756 ; m [2] 20 février 1775, à Pierre Bolduc.—*Jean-Baptiste*, b [2] 8 oct. 1758.—*Marie-Louise*, b.. m [2] 13 nov. 1775, à François Bourg.—*François*, b [2] 26 février 1761 ; m [2] 7 février 1780, à Geneviève Gagnon.

1747, (6 février) St-Joseph, Beauce.[7]

IV.—DOYON, Jean, [Jean-Bte III.
b 1720.
1° Vachon, Marguerite, [Noel III.
b 1724 ; s [7] 8 mars 1756.
Jean-Alexis, b [7] 11 janvier 1748, m [7] 22 février 1773, à Geneviève Nadeau.—*Antoine*, b 1753 ; s [7] 8 mai 1756.—*Marie-Louise*, b [7] 21 janvier 1755.—*Paul*, b [7] 3 et s [7] 8 mars 1756.—*Jean*, b [7] 3 et s [7] 26 mars 1756.—*Joseph*, b... s [7] 13 juillet 1756.—*Marguerite*, b... m [7] 12 février 1770, à René Squerré.—*Geneviève*, b... m [7] 20 janvier 1777, à Alexis Morin.
1758, (17 juillet).[7]
2° Lalague, Marie-Salomée. [Joseph I.
Anonyme, b [7] et s [7] 15 nov. 1761.—*Joseph*, b [7] 18 mars 1763.—*Marie-Salomée*, b [7] 31 déc. 1764.—*Michel*, b [7] 11 août 1766.—*Claude*, b [7] 23 juillet 1771.

(1) Elle épouse, le 25 nov. 1745, Louis Miville, à Québec.

1749, (30 janvier) Québec.[8]

III.—DOYON, Nicolas, [Thomas II.
b 1698 ; s [8] 19 mars 1760.
Corbin, Louise, [André II.
b 1706 ; veuve d'Augustin Laroche.
Nicolas, b [8] 2 nov. 1749.

1755, (22 janvier) Château-Richer.[4]

IV.—DOYON, Prisque, [Prisque III.
b 1730.
Cloutier, Agnès, [Zacharie IV
b 1739.
Marie-Catherine, b [4] 20 mars 1756.—*Marie-Agnès*, b [4] 29 nov. 1757.—*Prisque*, b [4] 10 et s [4] 12 nov. 1759.—*Prisque*, b [4] 26 mars et s [4] 18 mai 1762.—*Catherine*, b [4] 9 juillet 1763 ; s [4] 17 août 1766.—*Prisque*, b [4] 22 avril 1765.—*Marie-Marguerite*, b [4] 26 mai 1768.—*Louis-Marie*, b [4] 18 août 1770.—*Marie-Joseph*, b [4] 11 déc. 1772, s [4] 2 avril 1778.—*Pierre*, b [4] 15 janvier 1775 ; s [4] 21 janvier 1776.—*Marie-Madeleine*, b [4] 27 février et s [4] 28 juin 1778.—*Marie-Thérèse*, b [4] 28 avril et s [4] 17 août 1779.

1759, (26 nov.) Montréal.

III.—DOYON, Jean-Bte, [Thomas II.
b 1737.
Poiriau (1), Charlotte, [Paul I.
b 1739.

1763, (7 février) Château-Richer.[7]

IV.—DOYON, Jean-Bte, [Prisque III.
b 1738.
Plante, Marie-Louise, [Louis III.
b 1740.
Marie-Joseph, b [7] 7 nov. 1763.—*Jean-Baptiste*, b [7] 28 juillet 1765.—*Marie-Louise*, b [7] 14 et s [7] 26 août 1767.—*Charles*, b [7] 28 nov. et s [7] 1er déc. 1768.—*Marie-Catherine*, b [7] 28 juin 1770.—*Marie-Françoise*, b [7] 3 janvier et s [7] 12 février 1773.—*Louis*, b... s [7] 12 avril 1774.—*Anonyme*, b [7] et s [7] 2 avril 1778.

1764, (9 janvier) Château-Richer.

IV.—DOYON, Prisque, [Jean-Bte III.
b 1730.
Plante, Marie-Marthe, [Louis III.
b 1742.
Marie-Joseph, b 19 oct. 1764, à St-Joseph, Beauce.[1]—*Marie-Louise*, b [1] 10 nov. 1765.—*Joseph*, b [1] 18 mars 1767 ; s [1] 9 avril 1775.—*Marie*, b [1] 24 juillet et s [1] 7 déc. 1768.—*Jean-Joseph*, b [1] 18 mars 1770, s [1] 4 janvier 1777.—*Marie-Joseph*, b [1] 20 oct. 1771.—*Louis*, b [1] 13 avril 1773.—*Prisque*, b [1] 24 déc. 1774 ; s [1] 24 déc. 1776.—*Angélique*, b [1] 22 juillet 1776.—*Marie-Thérèse*, b [1] 30 nov. 1777, s [1] 1er août 1778.—*Marie-Geneviève*, b [1] 11 oct. 1778.—*Cécile*, b [1] 12 déc. 1779.

(1) Dit Bellefeuille.

II.—DOYON (1), Jean,
b 1742 ; s 3 oct. 1794, à Québec. [1]
Langlois, Marie-Jeanne, [Antoine IV.
b 1745.
Jean, b... m [1] 21 nov. 1797, à Agathe Chamberlan.

1766, (27 janvier) St-Joseph, Beauce. [7]
V.—DOYON, Charles, [Charles-Amador IV.
b 1747.
Racine, Marie-Charlotte, [Jean IV.
b 1746.
Charles, b [7] 17 avril 1768.— *Jean-Baptiste*, b [7] 3 oct. 1769 ; s [7] 21 janvier 1776. — *Anonyme*, b [7] et s [7] 25 déc. 1770.— *Marie-Agnès*, b 1771 ; s [7] 21 février 1773. — *Joseph*, b [7] 9 mars 1773. —*Jean-Baptiste*, b [7] 6 fevrier 1776. — *François*, b [7] 20 juin 1779.

1773, (22 février) St-Joseph, Beauce. [1]
V.—DOYON, Jean-Alexis, [Jean IV.
b 1748.
Nadeau, Geneviève, [François-Etienne IV
b 1751.
Marie-Geneviève, b [1] 12 déc. 1773, s [1] 13 fevrier 1774. — *Marie-Thérèse*, b [1] 8 dec. 1774. — *Marie-Catherine*, b [1] 11 nov. 1775. —*Alexandre*, b [1] 25 déc. 1776 ; s [1] 13 dec. 1777.

1780, (7 février) St-Joseph, Beauce.
V.—DOYON, François, [Charles IV.
b 1761
Gagnon, Marie-Geneviève, [Jean-Bte IV
b 1760.

IV.—DOYON, Thomas, [Thomas III
b 1744.
Hemond, Marie-Joseph.
François, b... m 10 avril 1804, à Pélagie Laplante, à St-Louis, Mo.

1797, (21 nov.) Quebec.
III.—DOYON (2), Jean, [Jean II.
Chamberlan, Agathe. [Prisque IV.

DOZOIS.—Voy. Chicoine.

DRAGON. — *Variations et surnoms :* Dabragon —LeDragon — DeLouvais — Heurtaux — Julien — Lafrance — Quay —St-Julien— Tué, 1749.

I.—DRAGON, Charles.
Leblanc, Françoise.
Jeanne-Angélique, b 25 nov. 1760, à St-Antoine-de-Chambly.

I.—DRAGON, François, b 1697, soldat, s 29 mars 1727, à Montreal.

DRAGON, Jean-Bte, b 1733 ; s 6 août 1751, à Longueuil (noye en se baignant).

(1) Doyon est le nom de sa mère ; Moreau est son vrai nom ; voy François-Emmanuel I, 1726.

(2) Moreau est le vrai nom.

DRAGON, Dominique,
b 1735 ; s 14 février 1775, à Québec.
Baudin, Françoise, [François II.
b 1739.

DRAGON, Jean-Bte.—Voy. Lafrance.

DRAPEAU.—*Surnom :* Laforge.

DRAPEAU, Marie-Ursule, épouse de Pierre Lorain.

DRAPEAU, Thérèse, épouse de Maurice Paquet.

DRAPEAU, Angélique, épouse de François Rotureau.

DRAPEAU, Marie-Joseph, epouse de Joseph Harel

DRAPEAU, Marie, b 1753 ; m à Pierre Gagné ; s 21 dec. 1783, à Quebec.

DRAPEAU, Marie-Charlotte, épouse de Jacques-Guillaume Houdge.

DRAPEAU, Angélique, épouse de Jean Levasseur.

1669, (20 août) Ste-Famille, I. O.
I.—DRAPEAU (1), Antoine,
b 1646 ; s 23 août 1717, à Beaumont. [2]
Joly, Charlotte,
b 1648 ; s 2 déc. 1718, à Quebec.
Pierre, b 1682 ; m [2] 16 oct. 1713, à Marie-Anne Lis ; s 19 avril 1756, à St-Charles. — *Pierre*, b 1688 ; 1° m [2] 10 nov. 1710, à Anne Lacroix, 2° m 21 oct. 1748, à Marie-Catherine Paulet, à St-Antoine-Tilly ; s 20 avril 1754, à St-Nicolas.—*Antoine*, b 9 août 1690, à Lévis.

1689, (10 juillet) Boucherville.
I.—DRAPEAU (1), Jean,
b 1659.
Pilet, Madeleine-Françoise, [François I.
b 1669, s 21 fevrier 1733, à St-François, I. J. [4]
Madeleine, b 13 janvier 1693, à Montreal [3] ; m à Jean-Baptiste Monet ; s [4] 5 oct. 1737.—*Jeanne*, b [3] 25 nov. 1695 ; m à Etienne Chartier. — *Marie*, b [4] 26 nov. 1697 ; m à François Bonneron.—*Marie-Françoise*, b... 1° m [4] 17 mai 1734, à Louis Poulin-Dalaire ; 2° m 9 fevrier 1767, à Jean Plouf, à St-Antoine-de-Chambly.—*Catherine*, b [3] 22 mars 1712 ; m [4] 2 mars 1734, à Marc-Jean Sémur. — *Charles*, b... m [4] 22 juin 1734, à Agnès Coron ; s 7 avril 1744, à St-Vincent-de-Paul.

I.—DRAPEAU, Ozanne, epouse de Pierre Jousselot.

(1) Voy vol. I, p. 200.

1700, (11 août) Lévis. [3]
II.—DRAPEAU, Jean-Bte, [Antoine I.
b 1672; s 5 avril 1721, à Beaumont. [4]
1° Bolduc, Marie-Ursule, [Louis I.
b 1675; veuve de Henri Brault.
Jean, b 1701; m 18 nov. 1728, à Thérèse Delguiel-Labrèche, à St-François, I. J. — *Marie-Jeanne,* b [3] 5 fevrier 1702; m à Pierre Lalongé.
1708, (13 nov.) [4]
2° Lacroix (1), Perinne. [David-Joseph I.
Jean-Baptiste, b [4] 2 mars 1710; m [3] 29 août 1741, à Louise Bégin.—*André,* b [4] 26 juillet 1712. — *Marguerite,* b [4] 23 janvier 1715; m 11 oct. 1729, à Joseph Pin, à Québec [6]; s [6] 15 janvier 1733.—*Pierre,* b [4] 15 juillet 1717; 1° m [3] 8 nov. 1745, à Marie-Joseph Huard; 2° m [3] 24 juin 1767, à Françoise Saunier.

1710, (10 nov.) Beaumont. [4]
II.—DRAPEAU, Pierre, [Antoine I.
b 1688; s 20 avril 1754, à St-Nicolas [5]
1° Lacroix, Anne. [David-Joseph I.
Pierre, b 1711; s [4] 15 nov. 1714.—*Joseph,* b [4] 4 mars 1712. — *Marie-Anne,* b [4] 5 juin et s [4] 28 oct. 1714. — *Marie-Madeleine,* b [4] 29 mars 1716; s [4] 18 juillet 1733. — *Pierre,* b [4] 30 juillet 1718; m 23 avril 1742, à Dorothée Hains, à Quebec [6], s [6] 20 avril 1785. — *Joseph,* b [4] 8 juillet 1721.—*Marie-Joseph,* b [4] 4 sept. 1724, m [6] 4 avril 1758, à Jacques-André Ginier.—*Marie-Madeleine,* b... 1° m 31 juillet 1747, à Guillaume Genest, à St-Antoine-Tilly [7]; 2° m [7] 1er sept. 1749, à Louis Taillon.—*Jean-Baptiste,* b 27 fevrier 1727, à St-Valier [8]; m 31 janvier 1752, à Marie-Rose Ferland, à St-Pierre, I. O.—*Jacques-Placide,* b [8] 24 juillet 1729; m [5] 25 janvier 1751, à Madeleine Bourassa. — *Antoine,* b [8] 6 nov. 1731. — *Marie-Anne,* b [8] 24 janvier 1734, m [6] 31 janvier 1757, à Mathurin Bideau.
1748, (21 oct.) [7]
2° Paulet (2), Marie-Catherine,
b 1697; veuve de François Marchand; s [5] 26 avril 1754.

1713, (16 oct.) Beaumont. [5]
II.—DRAPEAU, Pierre, [Antoine I.
b 1682, s 19 avril 1756, à St-Charles.
Lis, Marie-Anne, [Zacharie I.
b 1695.
Michel, b [5] 13 janvier 1714. — *Jean-Baptiste,* b [5] 14 sept. 1718.—*Marie-Louise,* b [5] 31 mai 1720; s [5] 2 août 1742.—*Angélique,* b [5] 15 fevrier 1722; m [5] 18 juin 1741, à Louis Audet. — *Pierre-Antoine,* b [5] 29 fevrier 1724; m [5] 28 oct. 1748, à Marie-Anne Guenet. — *Marie-Charlotte,* b [5] 5 fevrier 1726; m [5] 23 avril 1748, à Pierre Guenet. — *Etienne,* b [5] 13 février et s [5] 18 août 1728 — *Marie-Françoise,* b [5] 3 oct. 1729, s [5] 26 juin 1730. —*Madeleine,* b 1730; s [5] 12 août 1733. — *Marie-Elisabeth,* b [5] 26 avril 1731; s [5] 12 août 1733.—*Claude,* b [5] 5 sept. 1733. — *Marie-Elisabeth,* b [5] 12 mai 1735; m [5] 16 août 1755, à Louis Gosselin. — *Geneviève,* b... m 9 juillet 1753, à Joseph Commartin, à Quebec.—*Judith,* b [5] 17 avril et s [5] 17 mai 1737.

(1) Elle épouse, le 2 mai 1724, François Dumont, à Beaumont.

(2) Ou Polet—Poulet

1728, (18 nov.) St-François, I. J. [2]
III.—DRAPEAU, Jean, [Jean-Bte II.
b 1701.
Delguiel (1), Thérèse-Angelique, [Jean-Bte II.
b 1708.
Marie-Thérèse, b [2] 23 sept. 1729. — *Deux anonymes,* b [2] et s [2] 24 août 1731. — *Marie-Joseph,* b [2] 21 nov. 1732, m 31 mai 1759, à Charles Lalongé, à St-Vincent-de-Paul. [3] — *Marie-Louise,* b [2] 14 juin 1734; m [3] 4 février 1754, à Paul Handegrave; s [3] 15 sept. 1755. — *Anonyme,* b [2] et s [2] 7 avril 1737. — *Marie-Jeanne,* b [2] 22 août 1738. — *Marie-Marguerite,* b [2] 22 août et s [2] 19 sept. 1738 —*Jean-Baptiste,* b... m [3] 12 janvier 1761, à Cecile Desnoyers. — *Marie,* b... m [3] 1er fevrier 1762, à Charles Paquet.—*Marie-Charles,* b [3] 20 sept. 1745.

1734, (22 juin) St-François, I. J [4]
II.—DRAPEAU (2), Charles, [Jean I
s 7 avril 1744, à St-Vincent-de-Paul. [6]
Coron (3), Agnès, [François II.
b 1713.
Joseph-Charles, b [4] 1er et s [4] 7 juin 1735.—*Antoine,* b [4] 15 juillet 1736. — *Marie-Agnès,* b [4] 28 mars 1738. — *Anonyme,* b [4] et s [4] 6 fevrier 1740 — *Angelique,* b... m [6] 18 janvier 1762, à Jean-Baptiste Gourgon.

1741, (29 août) Lévis. [1]
III.—DRAPEAU, Jean-Bte, [Jean-Bte II.
b 1710.
Bégin, Marie-Louise, [Jean-Bte II.
b 1721; s [1] 14 fevrier 1771
Marie-Louise, b [1] 5 janvier 1743.—*Jean-Baptiste,* b [1] 16 août 1744.—*Marie-Véronique,* b [1] 5 avril 1746, m [1] 4 août 1766, à Joseph Carrier, s 1er avril 1797, à Beaumont.—*Joseph-Marie,* b [1] 14 et s [1] 17 juillet 1749.—*Marie-Anne,* b [1] 25 mai et s [1] 11 juin 1751 —*Marie-Anne,* b [1] 21 et s [1] 26 juillet 1752. — *Joseph-Marie,* b [1] 15 nov. et s [1] 8 dec. 1753.—*Joseph,* b [1] 31 août et s [1] 12 sept. 1755.

1742, (23 avril) Québec. [3]
III.—DRAPEAU (4), Pierre, [Pierre II
b 1718, s [3] 20 avril 1785.
Hains, Françoise-Dorothee, [Joseph I
b 1724, s [3] 26 oct. 1778.
Pierre, b [3] 14 oct. 1742; m à Marie-Joseph Maranda.—*Louise,* b [3] 10 mars et s [3] 31 juillet 1745.—*Marie-Louise,* b [3] 11 mai 1746; s [3] 30 mai 1761.—*Joseph,* b [3] 27 dec. 1747; m [3] 29 sept 1777, à Geneviève Verret.—*Marie-Madeleine,* b [3] 19 fevrier 1749.—*Marie-Madeleine,* b [3] 6 juin et

(1) Et Deziel dit Labreche.

(2) Dit Laforge.

(3) Elle épouse, le 18 avril 1746, Jean-François Ouellet a St-Vincent-de-Paul.

(4) Disparu en nov 1784, il fut trouvé mort dans la descente de l'Anse-des-Mères, le 20 avril 1785

s [4] 23 juillet 1750.—*Marie-Anne*, b [3] 26 avril 1751. —*Amable*, b [3] 11 sept. 1752; m [3] 14 oct. 1777, à Marguerite JEAN-TOURANGEAU.—*Marie-Charlotte*, b [3] 15 fevrier 1754.—*Jean-Baptiste*, b [3] 25 mai 1755.—*Marie-Marguerite*, b [3] 15 mars 1757. —*Michel*, b [3] 24 sept. 1758; s [3] 5 janvier 1761.—*Louis-Joseph*, b [3] 2 sept. 1761.—*André*, b [3] 8 janvier 1763; m à Marie-Anne DIONNE.

—

1745, (8 nov.) Lévis. [4]

III.—DRAPEAU, PIERRE, [JEAN-BTE II.
b 1717; s avant 1794.
1° HUARD (1), Marie-Joseph, [MATHIEU II.
b 1721; s [4] 21 fevrier 1766.
Marie-Joseph, b 1747, s [4] 14 oct. 1756.—*Pierre*, b [4] 18 avril 1749.—*Marguerite*, b [4] 22 juillet 1750. —*Joseph*, b [4] 13 avril 1752; m à Marie-Geneviève NOEL.—*Marie-Judith*, b [4] 21 juillet 1753.—*Jean-Baptiste*, b [4] 31 août et s [4] 19 oct 1755.—*Pierre*, b [4] et s [4] 11 sept. 1758. — *Jean-Baptiste*, ne 8 oct. 1759, b [4] 1er janvier et s 24 avril 1760, à Beaumont.—*Louis*, b [4] 1er nov. 1762, s 13 mars 1786 (dans l'église), à Quebec. [5]

1767, (24 juin). [4]

2° SAUNIER (2), Françoise, [PIERRE I.
s avant 1794.
François, b [4] 30 mars 1768.—*Marie-Marguerite*, b [4] 7 avril 1770; m [5] 2 sept. 1794, à Louis BELAIR —*Catherine*, b... 1° m [5] 2 sept. 1794, à Augustin TRUDEL; 2° m à Alexis RIVARD; s sept. 1869, à Rimouski.

—

1748, (28 oct.) Beaumont.

III.—DRAPEAU, PIERRE-ANTOINE, [PIERRE II.
b 1724.
GUENET, Marie-Anne, [PIERRE III.
b 1732.
Pierre-Antoine, b 21 mars 1750, à St-Charles. [6] —*Joseph*, b [6] 23 août 1751.—*Pierre*, b [6] 18 avril 1753; s [6] 26 juin 1756. — *Charles-Célestin*, b [6] 7 fevrier 1755; s [6] 16 avril 1758 —*Marguerite*, b [6] 11 sept. 1757; s [6] 16 février 1760.—*Pierre*, b [6] 23 dec. 1759.

—

1751, (25 janvier) St-Nicolas. [7]

III.—DRAPEAU, JACQUES-PLACIDE, [PIERRE II.
b 1729.
BOURASSA, Madeleine, [JEAN III.
b 1725.
Marie-Madeleine, b [7] 21 et s [7] 23 fevrier 1754. —*Anonyme*, b [7] et s [7] 23 nov. 1754. — *Marie-Joseph*, b [7] 20 et s [7] 24 janvier 1756 —*Pierre*, b... s [7] 26 avril 1757.—*Marie-Madeleine*, b [7] 12 et s [7] 13 juillet 1758. — *François*, b 27 sept. 1759, à St-Antoine-Tilly; s 5 mars 1766, à Yamachiche. [8] —*Madeleine*, b 1761, s [8] 22 juillet 1764. —*Anonyme*, b [8] et s [8] 13 fevrier 1762. — *Anonyme*, b [8] et s [8] 2 déc. 1762. — *Joseph*, b [8] 17 et s [8] 20 août 1763.—*Madeleine*, b [8] 3 août 1765.

(1) Dit Desilets.
(2) Dit Joigné—Soyer.

1752, (31 janvier) St-Pierre, I. O.

III.—DRAPEAU, JEAN-BTE, [PIERRE II.
b 1727.
FERLAND, Marie-Rose, [FRANÇOIS II.
b 1727.
Jean-Baptiste, b 11 nov. 1752, à St-Nicolas. [4] — *Marie-Rose*, b [4] 11 février 1754. — *Madeleine*, b [4] 30 août 1755.—*Pierre*, b [4] 1er mars 1757.—*Marie-Thérèse*, b [4] 29 mars 1759. —*Anonyme*, b [4] et s [4] 28 février 1761.— *Charlotte*, b [4] 12 avril 1761.—*Marie-Françoise*, b [4] 6 oct. 1762.—*Louis-Joseph*, b 29 août 1766, à St-Antoine-Tilly.

—

1761, (12 janvier) St-Vincent-de-Paul.

IV.—DRAPEAU, JEAN-BTE. [JEAN-BTE III.
DESNOYERS (1), Marie-Cécile, [FRANÇOIS II.
b 1745.

—

IV.—DRAPEAU, ANDRÉ, [PIERRE III.
b 1763.
DIONNE, Marie-Anne, [JOSEPH III.
b 1761.
Joseph, b... 1° m 17 sept. 1805, à Claire CHOUINARD, à Rimouski [8]; 2° m [8] 2 mai 1813, à Marie LABRIE.

—

1777, (29 sept.) Québec. [1]

IV.—DRAPEAU, JOSEPH, [PIERRE III.
b 1747.
VERRET, Geneviève, [JACQUES III.
b 1744, veuve de Claude Gauvreau.
Joseph, b [1] 20 mai 1778.

—

1777, (14 oct.) Québec.

IV.—DRAPEAU, AMABLE, [PIERRE III.
b 1752.
JEAN (2), Marguerite, [JOSEPH II.
b 1753.

—

IV.—DRAPEAU, PIERRE, [PIERRE III.
b 1742.
MARANDA, Marie-Joseph, [CHARLES III.
b 1753.
Pierre, b... m 15 janvier 1805, à Geneviève LANGLOIS, à Rimouski [8] — *Marguerite*, b... m [8] 1er mai 1809, à Dominique GUÉNARD. — *Marie-Anne*, b... m [8] 5 janvier 1813, à Paul DUTREMBLE. — *Charles*, b... m [8] 16 fevrier 1813, à Helène COTÉ.

—

IV.—DRAPEAU (3), JOSEPH, [PIERRE III.
b 1752.
NOEL, Marie-Geneviève,
s 20 nov. 1829, à Quebec. [1]

—

1805, (15 janvier) Rimouski.

V.—DRAPEAU, PIERRE. [PIERRE IV.
LANGLOIS, Geneviève. [JEAN V.

(1) Dit Lajeunesse.
(2) Dit Tourangeau.
(3) Seigneur de Rimouski.

1805, (17 sept.) Rimouski.[7]
V.—DRAPEAU, Joseph. [André IV.
1° Chouinard, Claire. [Gabriel III.
1813, (2 mai).[7]
2° Labrie, Marie.

1813, (16 février) Rimouski.
V.—DRAPEAU, Charles. [Pierre IV.
Coté, Helène. [Joseph VI.

DREUILLET, Jean-Bte.—Voy. Druilhet.

1721, (24 nov.) Québec.[9]
I.—DREUX, Pierre, fils de Jean et d'Anne Le Roy, de St-Pierre, ville d'Orléans.
1° Content, Angélique, [Etienne I.
b 1679; veuve de Mathieu Mireau; s [9] 26 sept. 1731.
Pierre, b... s [9] 18 déc. 1723.
2° Guay, Marie.
Louise, b 1731; s [9] 18 fevrier 1734.—*François,* b [9] 19 oct. 1732.

DREVELLE.—Voy. Durette.

I.—DROGUÉ, Pierre,
Roy, Elisabeth.
Marie-Joseph, b... m 28 août 1728, à Joseph-Alphonse Martel, à Montreal.

I.—DROGUÉ (1), Jean.
Jasmin, Marie.
Antoine, b 7 oct. 1760, à Verchères.

DROLET, Marie-Louise, epouse de Joseph Paquet.

DROLET, Angélique, epouse d'Augustin Martel.

DROLET, Catherine, épouse de Charles Gagné.

DROLET, Marie-Louise, épouse de François-Xavier Dubaut.

DROLET, Marie-Anne, epouse de Michel Poreau.

1653.
I.—DROLET (2), Christophe.
LeVasseur, Jeanne.
Pierre, b 13 avril 1654, à Quebec; m 1691, à Catherine Routier, s 29 juillet 1726, à Lorette.

1691.
II.—DROLET (2), Pierre, [Christophe I.
b 1654; s 29 juillet 1726, à Lorette.[6]
Routier, Catherine, [Jean I.
b 1673.
Pierre, b [6] 15 avril 1692; 1° m [6] 30 juillet 1710, à Geneviève Desroches; 2° m 8 nov. 1717, à Catherine Savard, à Charlesbourg [9]; 3° m [6] 21 janvier 1737, à Marie-Anne Chartré; s [6] 17 janvier 1762.—*Charles,* b [6] 12 oct. 1693, 1° m [6] 26 nov. 1715, à Geneviève Martineau; 2° m 6 avril 1723, à Louise LeMarié, à Ste-Foye.[8] — *Jacques,* b [6] 26 juillet 1695; 1° m [6] 22 oct. 1720, à Marie-Thérèse Boutin, 2° m [6] 24 nov. 1749, à Catherine Girard. —*Jean-Baptiste,* b [6] 27 janvier 1697; m 1723, à Marie-Joseph-Catherine Verret. — *Thérèse,* b [8] 22 nov. 1700; m [6] 21 nov. 1729, à Pierre Gauvin. —*Catherine,* b [6] 20 avril 1704; m [6] 21 janvier 1722, à Joseph Robitaille. — *Joseph-Marie,* b [6] 1er fevrier 1706; m [6] 6 fevrier 1731, à Angelique Girard.—*Philippe,* b [6] 14 avril 1708, m [9] 12 nov. 1731, à Marie-Marguerite Savard.— *Marie-Charlotte,* b [6] 9 et s [6] 21 juin 1710. — *Thérèse,* b [6] 12 juin 1711. — *Françoise,* b [6] 22 nov. 1712, s [6] 11 dec. 1717. — *Marie-Louise,* b [6] 8 dec. 1713, m [6] 2 mars 1734, à Andre Robitaille.— *Marguerite,* b [6] 18 juillet 1715; 1° m [6] 15 nov. 1735, à Jean Robitaille; 2° m [6] 3 sept. 1754, à François Liénard.—*Jean-François,* b [6] 16 fevrier 1717, s [6] 1er avril 1718.

1710, (30 juillet) Lorette.[1]
III.—DROLET, Pierre, [Pierre II.
b 1692; s [1] 17 janvier 1762.
1° Desroches, Geneviève, [Martial I
b 1696; s [1] 10 mai 1717.
Pierre, b [1] 21 mars 1712; m [1] 11 janvier 1734, à Marguerite Plamondon.— *Jean-Baptiste,* b [1] 10 oct. 1713; s [1] 14 avril 1715. — *Marie-Geneviève,* b [1] 22 avril et s [1] 21 juin 1716. — *Jacques,* b [1] 6 mai 1717; m 30 janvier 1741, à Marie-Anne-Joseph Dumoulin, à St-Augustin.
1717, (8 nov.) Charlesbourg.[2]
2° Savard, Catherine, [Simon II.
b 1697.
Simon, b [1] 14 sept. 1718; s [1] 9 sept. 1719— *François,* b [1] 29 juin 1720.—*Joseph,* b [1] 6 janvier 1722; s [1] 27 janvier 1736. — *Jean-Marie,* b [1] 18 juillet 1723; m [1] 13 juillet 1744, à Marie-Louise Hamel.—*Catherine,* b 1725; s [1] 24 fevrier 1728. —*Philippe,* b [1] 21 juin 1727; m [2] 11 fevrier 1754, à Marguerite Savard. — *Marie-Thérèse,* b [1] 15 janvier 1729; s [1] 30 sept. 1748.—*Marie-Catherine,* b [1] 6 avril 1730; m [1] 2 fevrier 1750, à Charles Bussière.—*Marguerite,* b [1] 3 juillet 1732, s [1] 10 juin 1733.—*Louis,* b [1] 13 juin 1734; 1° m 11 fevrier 1760, à Marie-Joseph Terrien, à Ste-Famille, I. O.; 2° m [1] 1er oct. 1764, à Thérèse Robitaille.—*Anonyme,* b [1] et s [1] 8 fevrier 1736.
1737, (21 janvier).[1]
3° Chartré, Marie-Anne, [Jean-François I.
b 1721; s [1] 25 janvier 1756.
Marie-Anne, b [1] 12 février 1738, m [1] 9 janvier 1758, à Jean-Baptiste Liénard. — *Jean-Baptiste,* b [1] 5 avril 1740, m [1] 7 mai 1764, à Marie-Angélique Gauvin.—*Catherine,* b [1] 19 mars 1742. —*Marie-Françoise,* b [1] 11 janvier 1744.—*Thérèse,* b [1] 23 août et s [1] 27 sept. 1750. — *Marie-Ursule,* b... m [1] 8 juillet 1765, à Joseph Hamel. —*Marguerite,* b... m 15 juillet 1766, à Charles Hamel, à Ste-Foye.

(1) Dit Lajoie; soldat du régiment de Guyenne.
(2) Voy. vol. I, p 200.

1715, (26 nov.) Lorette. [8]

III.—DROLET, CHARLES, [PIERRE II.
b 1693.
1° MARTINEAU (1), Geneviève, [MATHURIN I.
b 1696; s [8] 16 juillet 1722.

1723, (6 avril) Ste-Foye. [9]

2° LEMARIÉ, Louise, [CHARLES II.
b 1699.

Charles, b 1724, m 12 oct. 1744, à Madeleine VACHON, à Beauport.—*Antoine*, b [9] 18 avril 1725; m 14 avril 1749, à Geneviève DECHAMBRE, à Québec. [7] — *Joseph*, b [8] 1er dec. 1726; m [7] 19 avril 1751, à Marie-Anne DECHAMBRE. — *Marie-Joseph*, b... m à François-Noël ALAIN. — *Pierre*, b [8] 11 juin 1729; s [8] 25 fevrier 1730.—*Jean-Baptiste*, b [8] 25 juillet et s [8] 27 août 1731.—*Catherine*, b [7] 16 août 1732; s [7] 8 juin 1733.—*Marie-Louise*, b [7] 28 déc. 1734; m [7] 5 nov. 1753, à Joseph MOREAU; s [7] 14 mars 1785. — *Louis-François*, b [7] 29 mars 1736, s [7] 12 mai 1751.—*Marie-Madeleine*, b [7] 28 août 1738; m [7] 2 juin 1755, à Antoine LAMOTTE. —*Marie-Catherine*, b [7] 8 janvier 1740; m [7] 12 février 1759, à Etienne DEJEAN — *Marie-Thérèse*, b [7] 1er nov. 1742; s [7] 19 mai 1743.

1720, (22 oct.) Lorette [4]

III.—DROLET, JACQUES, [PIERRE II.
b 1695.
1° BOUTIN, Marie-Thérèse, [JEAN II.
b 1699, s [4] 17 sept. 1738.

Thérèse, b [4] 15 sept. 1721; m [4] 7 janvier 1739, à Ignace PLAMONDON.—*Jacques*, b [4] 7 sept. 1723, m [4] 29 avril 1748, à Jeanne-Veronique MARANDA. —*Marie-Louise*, b [4] 21 mai 1728 s [4] 31 dec. 1729. —*Marie-Louise*, b [4] 26 août 1730, s 27 juillet 1741, à Quebec [5] — *Marie-Joseph*, b [4] 18 mars 1733; m [4] 19 avril 1751, à Romain ROBITAILLE.—*Marie-Anne*, b [4] 15 août 1735; m [4] 8 nov. 1751, à Etienne GAGNÉ. — *Marie-Catherine*, b [4] 9 sept 1738; m [4] 17 oct. 1757, à Pierre STHILY.—*Marie-Charlotte*, b... m [4] 17 mai 1745, à Pierre ALAIN

1749, (24 nov.) [4]

2° GIRARD, Catherine, [JEAN II.
b 1712; veuve de Louis Lavigne; s [5] 5 juin 1776.

1723.

III.—DROLET, JEAN-BTE, [PIERRE II.
b 1697.
VERRET, Marie-Joseph-Catherine, [JOSEPH II.
b 1704; s 19 fevrier 1748, à Lorette. [5]

Marie-Joseph, b 22 sept. 1724, à Ste-Foye; s [5] 18 sept. 1730. — *Jean-Baptiste*, b [5] 11 fevrier 1726; m 1745, à Marie-Agathe BERTRAND. — *Joseph-Lucien*, b [5] 15 dec. 1727; m [5] 14 janvier 1765, à Angelique MOISAN. — *Louise*, b [5] 27 avril et s [5] 15 sept. 1729. — *Marie-Angélique*, b [5] 5 juin 1730; m [5] 13 avril 1750, à Romain GAUVIN.—*Pierre*, b [5] 19 fevrier 1732.—*Philippe*, b [5] 12 mars 1734; m [5] 31 janvier 1757, à Geneviève VALIN.—*Marie-Jeanne*, b [5] 15 août 1735.—*Michel*, b [5] 28 nov. 1736, m [5] 30 janvier 1764, à Louise ROBITAILLE. — *Marie-Madeleine*, b [5] 20 juillet 1738.—*Marie-Marguerite*, b [5] 29 oct. 1739; m [5] 13 juillet 1761, à Pierre MOISAN.—*Catherine*, b [5] 17 janvier et s [5] 13 juillet 1741. — *Marie-Louise*, b [5] 6 avril 1743. — *Marie-Thérèse*, b [5] 22 janvier 1745; s [5] 3 janvier 1749.— *Jean-Baptiste*, b [5] 8 juillet 1747.

1731, (6 février) Lorette. [6]

III.—DROLET, JOSEPH-MARIE, [PIERRE II.
b 1706.
GIRARD, Françoise-Angelique, [JEAN II.
b 1708.

Joseph, b [6] 13 nov. 1731; s [6] 17 janvier 1732. —*Joseph*, b [6] 18 fevrier et s [6] 18 juin 1733.—*Joseph-Marie*, b [6] 11 avril 1734, 1° m [6] 18 oct. 1762, à Marie-Thérèse ALAIN; 2° m 30 mai 1774, à Madeleine GUÉRARD, à Ste-Foye.— *Anonyme*, b [6] et s [6] 24 nov. 1735.—*Pierre*, b [6] 1er nov. 1736; m [6] 4 fevrier 1765, à Marguerite ROBITAILLE.—*Marie-Angélique*, b [6] 3 mars 1738; m [6] 8 nov. 1762, à Gabriel BELLEAU. — *Jean-Baptiste*, b [6] 16 juillet 1739.—*André*, b [6] 6 juillet 1741. — *Marie-Catherine*, b [6] 20 nov. 1742.—*Louis*, b [6] 2 juillet et s [6] 17 août 1744.—*Charles*, b [6] 24 juillet 1745. —*Louis*, b [6] 5 dec. 1747. — *Ignace*, b [6] 30 mars 1750 — *Marie-Thérèse*, b [6] 5 oct. et s [6] 3 dec. 1751.

1731, (12 nov.) Charlesbourg.

III.—DROLET, PHILIPPE, [PIERRE II.
b 1708.
SAVARD, Marguerite, [JEAN-FRANÇOIS III.
b 1708; s 7 avril 1789, à Quebec. [3]

Marguerite, b 21 nov. 1732, à Lorette [4]; m [4] 19 mai 1749, à Jacques PLAMONDON.—*Marie-Catherine*, b [4] 30 août 1734, m [4] 30 janvier 1758, à Jacques OUVRARD.— *Philippe*, b [4] 22 mars 1736; m [3] 18 janvier 1785, à Marguerite-Clotilde DUPONT.—*Joseph*, b [4] 18 avril 1738. — *Marie-Madeleine*, b [4] 14 avril 1740, m [4] 11 fevrier 1759, à Joseph MOISAN. — *Marie-Thérèse*, b [4] 31 mars 1742; m [4] 13 juillet 1761, à Ignace VALIN. — *Marie-Louise*, b [4] 15 fevrier 1744. —*Etienne*, b [4] 19 fevrier 1747; m à Angelique TRUDEL.—*Michel*, b [4] 26 sept. 1748; s [4] 22 janvier 1750. — *Michel*, b [4] 17 juillet 1750; m [3] 17 janvier 1774, à Marie VIVIER. — *Pierre*, b 1751; m [3] 26 mai 1789, à Marie-Geneviève BRUNET; s [4] 6 oct. 1792.—*Marie-Madeleine*, b [4] 23 février 1755. — *Marie-Thècle*, b [4] 11 nov. 1761.

1734, (11 janvier) Lorette. [9]

IV.—DROLET, PIERRE, [PIERRE III.
b 1712.
PLAMONDON, Marguerite, [PIERRE II.
b 1716.

Marguerite, b 1735; s [9] 7 janvier 1736.—*Pierre*, b [9] 13 avril et s [9] 19 sept. 1737.—*Marguerite*, b [9] 13 juillet 1738; m [9] 31 mars 1761, à Prisque GOULET.— *Catherine*, b [9] 25 avril 1740; s [9] 28 nov. 1748. — *Pierre*, b [9] 28 janvier 1742; m 1774, à Thérèse FAVRON. — *Marie-Angélique*, b [9] 15 juin 1744.— *Joseph*, b [9] 4 mai 1748.—*André*, b [9] 2 sept. 1749, m 1773, à Marie-Madeleine POITRAS. — *Joseph*, b [9] 9 août 1751. — *Marie-*

(1) Dit St-Onge.

Louise, b [9] 3 déc. 1753; m à François AMIOT-VILLENEUVE. — *Marie-Geneviève*, b [9] 17 mars 1755.—*Jean-Baptiste*, b [9] 25 juin et s [9] 31 juillet 1756.—*Louis*, b [9] 12 avril 1758.

1741, (30 janvier) St-Augustin.
IV.—DROLET, JACQUES, [PIERRE III.
b 1717.
DUMOULIN, Marie-Anne-Joseph.

1744, (13 juillet) Lorette. [8]
IV.—DROLET, JEAN-MARIE, [PIERRE III.
b 1723.
HAMEL, Marie-Louise, [JEAN III.
b 1727, s 15 oct. 1787, à St-Augustin. [4]
Marie-Louise, b 1746; s [8] 24 dec. 1751.—*Jean-Marie*, b [4] 4 oct. 1747; m à Angelique AMIOT-VILLENEUVE. — *Pierre*, b... m [4] 29 sept. 1783, à Marie-Anne DROLET. —*Joseph*, b... m [4] 29 sept. 1783, à Marie-Angelique OUVRARD.

1744, (12 oct.) Beauport [7]
IV.—DROLET, CHARLES, [CHARLES III.
b 1724.
VACHON, Madeleine, [LOUIS III.
b 1726.
Marie-Madeleine, b 29 oct. 1745, à Québec [8]; s [8] 28 dec. 1746.—*Marie-Jeanne*, b [8] 30 mars 1747. — *Charlotte-Victoire*, b [8] 21 oct. 1748; s [8] 5 oct. 1749.—*Marie-Geneviève*, b [8] 25 sept. 1750; s [8] 18 mai 1751. — *Marie-Louise*, b [8] 17 février 1752.— *Michel*, b [8] 30 sept. 1753, s [8] 15 mai 1754. — *Pierre*, b [8] 29 juin 1755; m à Marie-Jeanne ROBITAILLE; s [8] 17 déc. 1783.—*Charles*, b [8] 19 oct. 1756; s [7] 26 mai 1757.—*Pierre-Paul*, b [8] 10 et s [8] 11 oct. 1757.—*Anonyme*, b [8] et s [8] 10 oct. 1757. —*Marie-Joseph*, b [8] 19 mars 1759 —*Joseph-Marie*, b [8] 13 fevrier 1761.—*Marie-Françoise*, b [8] 24 juin 1763.

DROLET, JACQUES.
RÉAUME, Marie-Joseph.
Marie-Joseph, b 15 mars 1745, à Lorette.

1745.
IV.—DROLET, JEAN-BTE, [JEAN-BTE III.
b 1726.
BERTRAND, Marie-Agathe, [FRANÇOIS III.
b 1726.
Marie-Agathe, b 1747; s 8 janvier 1749, à Lorette. [5]—*Jean-Baptiste*, b [5] 30 janvier 1748.— *Ignace*, b [5] 3 mars 1750, m 1779, à Marie-Louise VOYER.—*Marie-Joseph*, b [5] 25 sept. 1753. — *Philippe*, b [5] 26 avril 1757 s [5] 5 nov. 1758.—*Marie-Agathe*, b [5] 12 juin 1760.—*Marie-Marguerite*, b [5] 7 août et s [5] 27 sept. 1762.—*François-Noel*, b [5] 24 juillet et s [5] 30 août 1764.

DROLET, JACQUES.
DALUMATE (1), Marie-Joseph.
Jean-Baptiste, b 14 juin 1747, au Cap-de-la-Madeleine. — *François-Marie*, b 22 juin 1749, à Becancour.

(1) Elle épouse, le 17 avril 1758, François-Raymond Lagrave, à Becancour.

DROLET, LOUIS-JOSEPH.
HAMEL, Marguerite.
Joseph, b 13 oct. 1747, à Lorette [4]; s [4] 18 sept. 1750.

1748, (29 avril) Lorette. [1]
IV.—DROLET, JACQUES, [JACQUES III
b 1723.
MARANDA, Jeanne-Veronique, [PIERRE III.
b 1731.
Jacques, b [1] 3 janvier 1749.—*Joseph*, b [1] 3 janvier 1751; m à Catherine MEUNIER. — *Marie-Thérèse*, b [1] 20 août 1754.— *Marie-Catherine*, b [1] 11 dec. 1756. — *Louis*, b [1] 30 sept. 1758.—*Marie-Louise*, b [1] 18 août et s [1] 15 sept. 1760 —*Michel*, b [1] 4 déc. 1761. — *Ignace*, b [1] 26 mai 1763 · m 23 avril 1793, à Marie MOREAU, à Quebec. — *Pierre*, b [1] 18 mai. 1765.

1749, (14 avril) Quebec. [3]
IV.—DROLET, ANTOINE, [CHARLES III.
b 1725; forgeron.
DECHAMBRE, Geneviève, [FRANÇOIS I.
b 1729.
Antoine, b [3] 30 sept. 1750, s [3] 12 mai 1751.— *Geneviève*, b [3] 28 mars et s [3] 4 août 1752.—*Marie-Geneviève*, b [3] 21 mai 1753.—*Marie-Madeleine*, b [3] 28 mars 1755; s [3] 16 fevrier 1759.—*Jean-Baptiste*, b [3] 19 oct. et s [3] 2 déc. 1756.—*Marie-Elisabeth*, b [3] 7 nov. 1757. — *Barbe*, b 8 janvier 1758, à St-Augustin.—*Antoine*, b 22 août et s 24 oct. 1759, à Ste-Foye. [4]— *Ursule*, b [4] 13 juillet 1762.

DROLET, JEAN-BTE.
GAUVIN, Marguerite,
veuve de François Meunier.
Philippe, b ..

1751, (19 avril) Quebec. [6]
IV.—DROLET, JOSEPH, [CHARLES III.
b 1726, forgeron.
DECHAMBRE, Marie-Anne, [FRANÇOIS I
b 1733.
Marie-Anne, b [6] 2 nov. 1752; s [6] 16 août 1755 —*Louis-Joseph*, b [6] 4 nov. 1754; m [6] 29 avril 1783, à Louise-Catherine HIANVEU.— *Marie-Anne*, b... m [6] 12 juin 1775, à Simon THIBODEAU —*Geneviève*, b [6] 6 août et s [6] 16 sept. 1756.—*George*, b [6] 30 août et s [6] 25 sept. 1758.—*Marie-Charlotte*, b [6] 12 mars 1761.—*Alexis-François-Xavier*, b [6] 9 août 1763.—*Charles*, b... m [6] 20 juillet 1790, à Angelique HILL.

1754, (11 fevrier) Charlesbourg.
IV.—DROLET, PIERRE-PHILIPPE, [PIERRE III.
b 1727.
SAVARD, Marguerite, [PIERRE IV.
b 1734.
Marie-Anne, b 12 juillet 1754, à St-Augustin [7] —*Nicolas*, b... m [7] 11 janvier 1790, à Therèse RASSET.—*Philippe*, b [7] 1er fevrier 1758.—*Joseph* b... — *Marie-Madeleine*, b... m [7] 21 nov. 1791, à Jean-Baptiste FISET.—*Euphrosine*, b... m [7] 2 fevrier 1795, à Etienne VERMET.

1757, (31 janvier), Lorette. [8]
IV.—DROLET, PHILIPPE, [JEAN-BTE III.
b 1734.
VALIN, Geneviève, [CHARLES II.
b 1736 ; s avant 1792.
Marie-Geneviève, b [8] 18 nov. 1757.—*Philippe*, b [8] 27 mars 1759.—*Marie-Marguerite*, b [8] 13 sept. 1760 ; m 1781, à Augustin JUNEAU.—*Marie-Anne*, b [8] 22 oct. 1762. — *Pierre*, b [8] 15 juin 1764.— *Joseph*, b... m [8] 13 fevrier 1792, à Marie POREAU.

1760, (11 février) St-Jean, I. O [3]
IV.—DROLET, LOUIS, [PIERRE III.
b 1734.
1° TERRIEN, Marie-Joseph, [PIERRE III.
b 1738; s [3] 20 février 1763.
Marie-Joseph, b 24 avril 1761, à Lorette. [4] — *Anonyme*, b [4] et s [4] 22 janvier 1762.
1764, (1er oct.) [4]
2° ROBITAILLE, Thérèse, [JOSEPH II.
b 1737 ; veuve de Louis Chartrain, s 28 fevrier 1788, à Quebec. [5]
Benjamin, b [4] 21 juillet 1765. — *Thérèse*, b... m [5] 2 oct. 1787, à Etienne GÉRAUX.—*Marguerite*, b... m [5] 15 janvier 1788, à Joseph BARBEAU.— *Marie*, b... m [5] 21 nov. 1797, à François LAROCHE. —*Marie-Louise*, b 20 déc. 1778, à Ste-Foye. [6]— *Marie-Charlotte*, b [6] 17 nov. 1781.

DROLET, ANTOINE, b... s 3 août 1762, à Lorette.

1762, (18 oct.) Lorette.
IV.—DROLET, JOS.-MARIE, [JOSEPH-MARIE III.
b 1734.
1° ALAIN, Marie-Therèse, [JEAN-BTE III.
b 1742; s 18 janvier 1773, à Ste-Foye. [9]
Joseph, b [9] 14 fevrier et s [9] 12 août 1770.— *Marie-Thérèse*, b [9] 28 mai 1771.—*Angélique*, b... m [9] 12 janvier 1789, à Michel GAUVIN.
1774, (30 mai). [9]
2° GUÉRARD, Madeleine, [JOSEPH III.
b 1746.

1764, (30 janvier) Lorette. [3]
IV.—DROLET, MICHEL, [JEAN-BTE III.
b 1736.
ROBITAILLE, Louise, [PIERRE III.
b 1740.
Michel, b [3] 29 oct. 1764.—*Jean-Baptiste*, b... m 28 janvier 1788, à Angélique GIRARD, à St-Augustin.

1764, (7 mai) Lorette.
IV.—DROLET, JEAN-BTE, [PIERRE III.
b 1740.
GAUVIN (1), Marie-Angelique.
Antoine, b 8 sept. 1781, à Ste-Foye.

1765, (14 janvier) Lorette.
IV.—DROLET, JOSEPH-LUCIEN, [JEAN-BTE III.
b 1727
MOISAN, Angelique, [PIERRE III.
b 1741.

(1) Fille adoptive de Joseph Gauvin.

1765, (4 février) Lorette.
IV.—DROLET, PIERRE, [JOSEPH-MARIE III.
b 1736.
ROBITAILLE, Marguerite, [JOSEPH II.
b 1735.

V.—DROLET, PIERRE, [CHARLES IV.
b 1755 ; s 17 déc 1783, à Québec. [7]
ROBITAILLE, Marie-Jeanne, [JEAN III.
b 1746.
Jean, b... m [7] 15 nov. 1796, à Marie PLAMONDON.

1769.
IV.—DROLET, ETIENNE, [PHILIPPE III.
b 1747.
TRUDEL, Therèse-Angélique, [LOUIS IV.
b 1748.
Pierre, b... m 16 mai 1797, à Marie THOMAS, à Quebec. — *Etienne*, b 4 dec. 1770, à Ste-Foye.

1773.
V.—DROLET, ANDRE, [PIERRE IV.
b 1749.
POITRAS, Marie-Madeleine, [MICHEL III.
b 1755.
Madeleine, b 14 avril 1774, à Ste-Foye. [3] — *Marie*, b 1779, s [3] 15 sept. 1781. — *Félicité*, b 1782 ; s [3] 6 mai 1787.

1774.
V.—DROLET, PIERRE, [PIERRE IV.
b 1742.
FAVRON, Thérèse, [PIERRE I.
b 1747.
Marie-Thérèse, b 15 février 1775, à la Pte-aux-Trembles, Q — *Pierre*, b... m 9 fevrier 1795, à Marie-Anne PRUDHOMME, à St-Augustin. [7] —*Prisque*, b [7] 31 août 1784.—*Louis*, b [7] 19 juillet 1785. —*Marie-Angelique*, b [7] 1er avril 1787 ; s [7] 19 mars 1794.—*Nicolas*, b [7] 13 juillet 1788.— *Louise*, b [7] 27 avril 1790.

1774, (17 janvier) Quebec. [1]
IV.—DROLET, MICHEL, [PHILIPPE III.
b 1750.
VIVIER, Marie-Michelle, [PIERRE II.
b 1731, veuve de François Racine; s [1] 23 avril 1797.

DROLET, CHARLES.
BEDARD, Therèse, [JACQUES IV.
b 1755 ; s 29 avril 1780, à Ste-Foye.

DROLET, IGNACE.
VOYER, Marie-Louise.
Joseph, b 20 août 1780, à Ste-Foye.

V.—DROLET, JOSEPH, [JACQUES IV.
b 1751.
MEUNIER, Marguerite.
André, b 14 juillet 1781, à Ste-Foye.

V.—DROLET, Jean-Marie, [Jean-Marie IV.
b 1747.
Amiot (1), Angélique.
Catherine, b 17 nov. 1782, à St-Augustin.[7] — *Marie-Joseph*, b[7] 27 sept. 1784. — *Michel*, b[7] 29 sept. 1786. — *Nicolas*, b[7] 20 juin 1789. — *Pierre*, b[7] 30 sept. 1793.

1783, (29 avril) Québec.[9]
V.—DROLET, Louis-Joseph, [Joseph IV.
b 1754.
Hianveu, Louise-Catherine, [Mathieu I.
b 1757; s[9] 14 avril 1798.

1783, (29 sept.) St-Augustin.
V.—DROLET, Pierre. [Jean-Marie IV.
Drolet, Marie-Anne.

1783, (29 sept.) St-Augustin.[7]
V.—DROLET, Joseph. [Jean-Marie IV.
Ouvrard, Marie-Angélique. [Antoine III.
Angélique, b[7] 25 août 1784. — *Françoise*, b[7] 30 dec. 1785.—*Marie-Louise*, b[7] 12 fevrier 1787; s[7] 1er avril 1791. — *Joseph*, b[7] 22 août 1788.— *Pierre*, b[7] 18 avril 1790.—*Michel*, b[7] 22 juillet 1791; s[7] 11 février 1794.—*Angélique*, b[7] 11 mai 1793.—*Louise*, b[7] 16 sept. 1794.

1785, (18 janvier) Québec.
IV.—DROLET, Philippe, [Philippe III.
b 1736.
Dupont, Marguerite-Clotilde. [Joseph III.

1788, (28 janvier) St-Augustin.
V.—DROLET, Jean-Bte. [Michel IV.
Girard, Angelique, [Philippe III.
veuve de Jean-Baptiste Gingras.

1789, (26 mai) Quebec.[9]
IV.—DROLET, Pierre, [Philippe III.
b 1751; s[9] 6 oct. 1792.
Brunet (2), Marie-Geneviève, [Alexis I.
b 1750; veuve de Jean-Baptiste Jean-Maurice.

1790, (11 janvier) St-Augustin.
V.—DROLET, Nicolas. [Pierre-Philippe IV.
Rasset, Thérèse. [Jacques III.

1790, (20 juillet) Québec.
V.—DROLET, Charles. [Joseph IV.
Hill (3), Angelique, [Barthélemi I.
b 1767.

1792, (13 fevrier) St-Augustin.
V.—DROLET, Joseph. [Philippe IV.
Poreau, Marie. [Philippe III.

1793, (28 avril) Québec.
V.—DROLET, Ignace, [Jacques IV.
b 1763.
Moreau, Marie [François IV.

(1) Et Villeneuve.
(2) Dit Dauphiné.
(3) Et Hyls.

1795, (9 février) St-Augustin.
VI.—DROLET, Pierre. [Pierre V.
Prudhomme, Marie-Anne. [François I.

1796, (15 nov.) Québec.
VI.—DROLET, Jean. [Pierre V.
Plamondon, Marie. [Pierre

1797, (16 mai) Québec.
V.—DROLET, Pierre. [Etienne IV.
Thomas (1), Marie. [François III.

DROT.—Voy. Deneau, 1740.

1707, (9 mai) Québec.[1]
II.—DROUARD, Robert, [Jean (2) I.
b 1672; s[1] 26 fevrier 1717.
Pagé, Madeleine, [Guillaume II
b 1681; s[1] 20 février 1708.
Michel, b[1] 12 fevrier 1708; m[1] 10 nov. 1726, à Catherine Rouer-Villeray; s[1] 11 mars 1733.

1726, (10 nov.) Québec.[1]
III.—DROUARD, Michel, [Robert II.
b 1708; s[1] 11 mars 1733.
Rouer (3), Marie-Catherine, [Augustin II.
b 1709.
Michel-Jean-Baptiste, b[1] 22 sept. 1727.—*Louise-Catherine*, b[1] 10 fevrier 1729.—*Marie-Anne*, b[1] 13 et s 28 avril 1730, à Lévis. — *Louis-Marie*, b[1] 28 sept. 1731; s 4 janvier 1732, à Lorette. —*Joseph*, b[1] 7 avril 1733.

DROUARD, Nicolas.—Voy. Réal, 1726.

DROUARD, Nicolas.—Voy. Réal, 1761.

DROUET.—*Variations et surnoms:* Ledret—Ledroit—DeBaudicour—DeCarqueville—DeRichardville—DeRicherville—Grandmaison—Leperche.

1669, (30 sept.) Québec.[8]
I.—DROUET (4), Mathurin,
b 1638.
Bardou, Marie-Louise,
s 3 janvier 1688, à Sorel.[4]
Marie-Thérèse, b[4] 3 juillet 1670; m 5 juillet 1684, à Michel L'Homme, à Montreal.[6] — *Nicole*, b[4] 24 mai 1676; 1° m à Thomas Berey; 2° m[8] 26 avril 1703, à Marie-Anne Blanchon.—*Marie*, b 21 avril 1681, à Contrecœur[7]; m 30 avril 1695, à Pierre Dagenais, à la Pte-aux-Trembles, M., s 29 janvier 1736, au Sault-au-Recollet.—*Marie-Elisabeth*, b[7] 8 avril 1683, 1° m[6] 19 mars 1699, à Pierre Roulier; 2° m 30 mars 1728, à Arnaud Dudemaine, à Champlain[5]; s[5] 12 mai 1743.

(1) Dit Bigaouette
(2) Voy. vol. I, p. 200.
(3) De la Cardonnière; elle epouse, le 14 mars 1735, Michel DeSallaberry, à Québec.
(4) Voy. vol. I, p. 201.

DROUET (1), LOUISE, épouse de Pierre-Melchior PEZARD DE LATOUCHE.

DROUET, GENEVIÈVE, épouse de Vital DUPONT.

1687, (18 mars) Champlain.[1]

I.—DROUET (2), CLAUDE, b 1657.

DESROSIERS, Marie-Jeanne. [ANTOINE I.

Marie-Joseph, b [1] 23 janvier 1691; m 7 dec. 1718, à Louis DANDONNEAU, à Sorel. [2] — *Denis-Didier*, b [1] 10 mai 1693. — *Armand*, b [1] 25 mars 1695; m à Catherine LAMY. — *Michel-Ignace*, b [1] 14 oct. 1696.—*Antoine*, b [1] 6 avril 1699, 1° m à Marie LAMY, 2° m à Françoise HOUTLAS. — *Etienne*, b [2] 21 avril 1705. — *Jean-Baptiste*, b 4 juillet à l'Ile-Dupas[3] et s [2] 18 sept. 1709.—*Geneviève*, b [3] 19 oct. 1710.—*Claude*, b 1718; m 8 mai 1747, à Marguerite DECOUAGNE, à Montréal.

II.—DROUET (3), ANTOINE, [CLAUDE I. b 1699.

1° LAMY, Marie. [PIERRE II.

2° HOUTLAS (4), Françoise, [JOSEPH I. b 1730.

Françoise, b... m 18 juin 1774, à François RIDAY, au Detroit.

II.—DROUET (1), ARMAND, [CLAUDE I. b 1695.

LAMY, Catherine, [PIERRE II. b 1698.

Catherine, b 1724; m à Louis PLESSIS; s 7 juillet 1807, à l'Hôpital-Général, M.—*Marie-Thérèse*, b 1727; m 4 sept. 1748, à Jean-Marie FILY, à Montréal.

1730, (24 avril) Lorette.[5]

I.—DROUET (5), FRANÇOIS, b 1698, fils de François et de Perine Freset, de St-Pair, diocèse de St-Malo, Bretagne, s 8 avril 1758, à Quebec.[6]

BOUVIER, Marie-Charlotte, [PIERRE II b 1712.

Joseph, b [5] 1er nov. 1731. — *Rosalie*, b [5] 5 sept. 1738. — *François*, b... m à Marie-Joseph SAVARD. — *Marguerite*, b [5] 29 sept 1740. — *Marie-Anne*, b 1741; m à François AUDIVERT, s [6] 25 janvier 1785. — *Marie-Ursule*, b 24 juin 1742, à Yamachiche[7]; m [7] 23 oct. 1763, à François RIVARD. — *Charlotte*, b 4 juillet et s 3 août 1743, aux Trois-Rivières. — *Jean-Etienne*, b [6] 6 sept. 1745 — *Gilles*, b [6] 28 nov. 1746, s [6] 2 janvier 1747.—*Jean-Baptiste*, b... m 7 janvier 1772, à Madeleine GAGNON, à la Rivière-Ouelle. — *Marie-Joseph*, b [6] 2 mai et s [6] 13 sept. 1753.

(1) D Richardvi le.

(2) Sieur de Richerville, ancien officier; voy. vol. I p 201.

(3) Si ur de Richerville.

(4) Pour Whittle.

(5) Domicilié depuis 5 ans à Quebec.

1731, (31 janvier) Québec.[3]

I.—DROUET (1), FRANÇOIS, fils de Vincent et d'Anne Maimbré, de Tourouvre.

GUAY (2), Marie. [MATHIEU II.

François, b... m [3] 18 oct. 1756, à Marguerite FOURRÉ.—*Marie-Françoise*, b [3] 22 avril 1734 — *Marie-Ursule*, b [3] 21 juillet 1736.—*Rosalie*, b 1738; s [3] 22 déc. 1739.—*Marie-Madeleine*, b... 1° m [3] 18 oct. 1756, à François MORIN; 2° m [3] 9 janvier 1764, à Bernard BRACONNIER. — *Marie-Anne*, b [3] 12 août 1741.—*Charles*, b [3] 10 avril et s [3] 28 août 1745.

II.—DROUET (3), MICHEL-IGNACE, [CLAUDE I. b 1696.

1747, (8 mai) Montréal.[2]

II.—DROUET (4), CLAUDE, [CLAUDE I. b 1718.

DECOUAGNE, Marguerite, [JEAN-BTE II. b 1724.

Claude, b [2] 16 et s [2] 18 juillet 1748.

II.—DROUET, FRANÇOIS. [FRANÇOIS I.

SAVARD, Marie-Joseph.

Marie-Anne, b... m 21 nov. 1786, à Jean PLAMONDON, à Quebec. [1]—*Elisabeth*, b... m [1] 18 mai 1790, à Joseph PLAMONDON—*Geneviève*, b... m [1] 26 janvier 1796, à Jean-Baptiste GALARNEAU.—*François*, b...

1756, (18 oct.) Quebec.[3]

II—DROUET (5), FRANÇOIS. [FRANÇOIS I

FOURRE, Marguerite, [RENE I. b 1735, s [3] 16 juin 1761.

François, b [3] 30 oct. 1757; m [3] 28 mai 1782, à Marie-Angelique WEXLER.

DROUET (6), JOSEPH.

SAUVAGESSE (Miamis).

Joseph, *Jean-Baptiste*, *Charlotte* et *Anne*, b 14 mars 1773, au Detroit.

1772, (7 janvier) Rivière-Ouelle.

II.—DROUET (7), JEAN-BTE. [FRANÇOIS I.

GAGNON, Madeleine, [JEAN-FRANÇOIS III. b 1740

1782, (28 mai) Quebec.[7]

III—DROUET (7), FRANÇOIS, [FRANÇOIS II. b 1757

WEXLER, Marie-Angelique. [JOSEPH I.

François, b 1786; m [7] 1820, à Angelique MORIN, s [7] 1858.

(1) Navigateur, de là le surnom de "Leperche."

(2) Dit Balan, 1734

(3) Sieur de Baudicour, officier des troupes; il était à l'Ile-Dupas, le 10 sept 1738

(4) Sieur de Carqueville; officier.

(5) Et Ledroit dit Leperche.

(6) Sieur de Richerville; lieutenant des troupes de France en Canada, il était au Detroit, le 16 mars 1711. M. Drouet, habitait, depuis plusieurs annees, avec une Miamis, au Poste Miamis, fit bapt ser ses quatre enfants au Poste Miamis, par le vicaire-général P. Gibault, alors missionnaire au pays des Illinois. Ces actes sont entrés dans les registres du Détroit.

(7) Et Ledroit.

DROUILLARD. — *Variations et surnoms :* DE ROUILLARD — DOUILLARD — LAGIROFLÉE — LAPRISE.

DROUILLARD, MARIE-ANNE, épouse de .... MARAY.

DROUILLARD, AGNÈS, épouse de Louis RENNERO.

I.—**DROUILLARD** (1), PIERRE, s 16 oct. 1713, à St-François, I. J.

1694, (4 oct.) Montréal. [4]

I.—**DROUILLARD** (2), RENÉ, b 1661, s [4] 20 juin 1737.
FORTIER, Louise, [ETIENNE I. b 1677; s [4] 18 avril 1737.
Marie-Catherine, b [4] 9 déc. 1698. — *René*, b 1700; s 2 juin 1703, à Longueuil. [3] — *Charles*, b 1701; 1° m [4] 2 dec. 1724, à Elisabeth DEMERS, 2° m 14 fevrier 1752, à Marie-Catherine JOLIETTE, à la Longue-Pointe. — *François*, b [4] 4 et s [3] 19 mai 1703.—*Marie-Anne*, b [3] 8 et s [3] 18 juillet 1704. —*René*, b [3] 5 mai 1707; 1° m [4] 16 juin 1732, à Anne DEMERS; 2° m [4] 16 janvier 1747, à Marie-Thérèse HAINS. — *Etienne*, b [4] 27 janvier 1709; s [4] 28 nov. 1716.—*Marie-Louise*, b [3] 21 sept. et s [3] 23 août 1711. — *Marie-Jeanne*, b [4] 16 sept. 1712; m [4] 12 janvier 1739, à Charles COMPAIN.— *Joseph*, b [4] 1er sept. et s [4] 3 dec. 1714.—*Louis*, b [4] 23 juillet et s [4] 12 nov. 1716.—*Augustin*, b [4] 8 août 1718; s [4] 8 mars 1719.

1698, (25 nov.) Québec. [4]

I.—**DROUILLARD** (3), SIMON, b 1668; s 21 sept. 1753, au Detroit.
1° FERRET, Marguerite, [PIERRE I. b 1681, s [4] 12 sept. 1711.
Jean, b 14 fevrier 1707, à St-François, I. O., m 5 fevrier 1731, à Elisabeth RAPIN, à Lachine.

1712, (24 nov.) Levis. [5]

2° CADORET, Anne, [GEORGE I b 1693; s [4] 2 mars 1754.
Catherine, b [4] 5 août 1721, m [5] 7 janvier 1738, à Charles CARRIER, s [4] 9 avril 1783. — *Nicolas*, b [4] 6 juin et s [5] 24 juillet 1723. — *Geneviève*, b 1733; s [5] 8 janvier 1736.

1724, (2 dec.) Montréal. [7]

II.—**DROUILLARD** (4), CHARLES, [RENÉ I b 1701.
1° DEMERS, Elisabeth, [CHARLES II. b 1704; s [7] 29 juillet 1750.
René-Charles, b [7] 12 nov. 1725; m [7] 8 janvier 1748, à Marguerite GASTONGUAY.—*Jean-François-Regis*, b [7] 10 août 1728; s [7] 31 mars 1729.—*Marie-Elisabeth*, b [7] 15 juin 1730.—*Charlotte*, b [7] 6 avril et s [7] 18 juin 1734. — *Louis-Alexandre*, b [7] 26 août et s 14 nov. 1735, à Laprairie. [8] — *Louis*, b [7] 15 fevrier 1737.—*Paul-Charlemagne*, b [7] 15 sept. 1738.—*Marie-Anne*, b [7] 6 juin 1740; s [8] 26 sept. 1741.

1752, (14 février) Longue-Pointe

2° JOLIETTE, Marie-Catherine, [JEAN-BTE III b 1712; s 5 mai 1788, à l'Hôpital-General, M

1731, (5 fevrier) Lachine.

II.—**DROUILLARD**, JEAN, [SIMON I. b 1707.
RAPIN (1), Elisabeth, [JEAN-BTE II. b 1712.
Simon-Amable, b 4 mars 1734, au Bout-de-l'Ile, M.; m 29 août 1757, à Marguerite MARTIN, à Soulanges. — *Jean-Baptiste*, b... m 25 fevrier 1754, à Marie-Charlotte FAUVEL, au Detroit. [9] — *Catherine*, b... m [9] 10 juillet 1758, à Jean-Baptiste DUBREUIL. — *François*, b... m [9] 14 janvier 1766, à Marie-Anne VILERS.— *Marie-Elisabeth*, b 1740; 1° m [9] 7 janvier 1751, à Jean VALLEE, 2° m à Pierre DESNOYERS; s [9] 3 juin 1783.— *Marie-Françoise*, b [9] 2 et s [9] 30 mai 1750.— *Pierre*, b [9] 24 et s [9] 26 avril 1751. — *Antoine*, b [9] 12 mars 1753; s [9] 10 août 1764.— *Pierre*, b... m [9] 20 nov. 1776, à Angelique DESCOMPS.

1732, (16 juin) Montréal. [7]

II.—**DROUILLARD** (2), RENÉ, [RENÉ I. b 1708.
1° DEMERS, Marie-Anne, [ROBERT II b 1706, s [7] 7 juin 1745.
René, b [7] 13 mars 1734.— *Marie-Anne*, b [7] 6 dec. 1735. — *Marie-Joseph*, b [7] 28 fevrier 1737, m [7] 8 janvier 1757, à Jerôme GILIBERT.—*Marie*, b... m [7] 16 janvier 1758, à Jean DAGERT.—*Marie-Thérèse*, b [7] 19 nov. 1738; s [7] 15 avril 1740.— *Marie-Angélique*, b [7] 5 sept. 1741.

1747, (16 janvier). [7]

2° HAINS, Marie-Therèse, [JOSEPH I b 1719, veuve de Pierre Pelot-Laflèche.
Marie-Thérèse, b [7] 26 oct. 1747. — *Françoise*, b [7] 3 oct. 1748.—*Alexis*, b [7] 1er sept. 1749.—*Anonyme*, b [7] et s [7] 17 dec. 1750.

1748, (8 janvier) Montréal. [7]

III.—**DROUILLARD**, RENÉ-CHS, [CHARLES II b 1725.
GASTONGUAY, Marguerite, [MATHIEU III b 1728
Charles-Nicolas, b [7] 6 dec. 1748; s [7] 4 mars 1750 — *Charlemagne*, b [7] 25 janvier et s [7] 9 fevrier 1750

1754, (25 fevrier) Detroit. [9]

III.—**DROUILLARD** (3), J-BTE. [JEAN II
FAUVEL (4), Marie-Charlotte. [JACQUES II

(1) Dit Lagiroflée, soldat de Lamothe. Il était à St-François-du-Lac, le 9 février 1680 Frère donné du séminaire de Québec, il était économe de la ferme de l'Ile-Jésus.

(2) Dit Laprise; voy. vol. I, p. 201.

(3) Voy vol. I, p. 201.

(4) Et Douillard dit Laprise.

(1) Elle epouse, le 12 février 17.., Joseph Guignard, au Détroit

(2) Et Douillard dit Laprise.

(3) Habitant la Côte de Misère, Détroit.

(4) Dit Bigras

Jean-Baptiste, b [9] 27 janvier 1755.— *Bonaventure-Charles*, b [9] 11 août 1756.—*Nicolas*, b [9] 22 déc. 1759; m [9] 6 février 1794, à Marie-Louise MONTMINY.—*Marie*, b 1766; s [9] 17 janvier 1767.

1757, (29 août) Soulanges. [5]

III.—DROUILLARD, SIMON-AMABLE, [JEAN II.
b 1734.
MARTIN (1), Marguerite. [JEAN I.
Anonyme, b [5] et s [5] 9 août 1758.—*Isabelle*, b [5] 26 oct. 1759; m 22 janvier 1777, à Jean BONJOUR, au Detroit.

DROUILLARD, JEAN-BTE.
GUIGNARD, Marie-Charlotte. [PIERRE.
Etienne, b 1763; s 9 janvier 1764, au Détroit.

1762, (7 janvier) Soulanges.

I.—DROUILLARD, RENÉ. fils de René et de Jeanne Lancelot, de St-Pierre-de-la-Cour, diocèse du Mans, Maine.
SÉDILOT (2), Marie-Anne, [JEAN-BTE III.
b 1717; veuve d'Antoine Gignac.

1766, (14 janvier) Détroit [6]

III.—DROUILLARD, FRANÇOIS. [JEAN-BTE II.
VILERS, Marie-Anne, [LOUIS I.
b 1749.
François-Xavier, b [6] 6 sept. 1781.

1776, (20 nov.) Détroit. [6]

III.—DROUILLARD (3), PIERRE [JEAN-BTE II.
DESCOMPS (4), Angelique, [ANTOINE-LOUIS II.
b 1760.
Anonyme, b [6] et s [6] 10 août 1777. — *Marie-Louise*, b [6] 6 déc. 1778.—*Cécile*, b [6] 14 juin 1780. —*Catherine*, b [6] 9 oct. 1781.—*Elisabeth*, b [6] 3 fevrier et s [6] 31 mai 1783.—*François-Xavier*, b [6] 13 mars 1784.

1794, (6 fevrier) Detroit.

IV.—DROUILLARD, NICOLAS, [JEAN-BTE III.
b 1759.
MONTMINY, Marie-Louise. [LOUIS.

DROUIN, MARIE-THÈCLE, épouse de Joseph FAUCHER.

DROUIN, MARIE-JOSEPH, épouse de Jean MARTIN.

DROUIN, MADELEINE, epouse de Jean-Baptiste MARTINEAU.

DROUIN, MARIE, épouse de Louis GRATON.

DROUIN, GENEVIÈVE, épouse de François GAGNON.

DROUIN, MADELEINE, 1° m à Joseph GAUVREAU, 2° m 25 sept. 1781, à Louis FLUET, à Québec.

(1) Dit St-Jean.
(2) Elle épouse, le 23 février 1767, Jean Desloges, à Soulanges.
(3) Interprète, pour le Roy, de plusieurs langues sauvages
(4) Dit Labadie.

DROUIN, CATHERINE, b 1747; m à Michel RODRIGUE; s 11 sept. 1827, à Beaumont.

DROUIN, MARIE-CATHERINE, b 1747; m à Pierre-Guillaume ROY; s 22 mars 1788, à Beaumont.

DROUIN, MARIE-ROSALIE, epouse de Louis LACROIX.

DROUIN, MARGUERITE, épouse de Jean-Baptiste GARIÉPY.

1637, (12 juillet) Québec. [3]

I.—DROUIN (1), ROBERT,
b 1606; s 1er juin 1685, au Château-Richer. [4]
1° CLOUTIER, Anne, [ZACHARIE I.
s [3] 3 fevrier 1648.
1649, (29 nov.) [3]
2° CHAPELIER, Marie,
b 1621; veuve de Pierre Petit.
Nicolas, b [3] 7 janvier 1652; m [3] 6 nov. 1674, à Marie LOIGNON; s 7 oct. 1723, à Ste-Famille, I. O. [5] — *Etienne*, b 1658; 1° m [5] 3 nov. 1682, à Catherine LOIGNON; 2° m 13 avril 1711, à Jeanne BARETTE, à Ste-Anne; s [4] 19 sept 1732, —*Catherine*, b [3] 5 janvier 1660; 1° m [4] 24 nov. 1676, à Michel ROULOIS; 2° m [4] 17 nov. 1688, à Guillaume SIMON; s [4] 26 mars 1734.

1674, (6 nov.) Québec.

II.—DROUIN (2), NICOLAS, [ROBERT I.
b 1652; s 7 oct. 1723, à Ste-Famille, I. O. [2]
(noye).
LOIGNON (3), Marie, [PIERRE-DENIS I.
b 1659; s [2] 13 sept. 1717.
Pierre, b 11 avril 1677, au Château-Richer [1]; m [2] 7 avril 1704, à Louise LETOURNEAU; s [2] 18 juillet 1748.—*Marie-Madeleine*, b [2] 21 mai 1680; 1° m [2] 28 fevrier 1696, à Noël COTÉ; 2° m 27 juillet 1701, à Pierre PARADIS, à St-Pierre, I O [5]; s [5] 17 déc. 1702. —*Jeanne*, b [2] 25 fevrier 1682, m [2] 1er juin 1699, à Hypolite LEHOUX.—*Elisabeth*, b [2] 12 janvier 1686, m [2] 18 nov. 1704, à Guillaume LEDUC.—*Catherine*, b [2] 21 janvier 1689; m [2] 3 nov. 1706, à Joseph LEBLOND; s [2] 16 mai 1754. — *Nicolas*, b [2] 30 oct. 1690; m [2] 22 nov. 1717, à Geneviève PERROT.— *François*, b [2] 20 sept. 1692; 1° m [2] 19 avril 1719, à Catherine CANAC; 2° m 12 juillet 1756, à Elisabeth FONTAINE, à St-Jean, I. O.; s 3 avril 1767, à St-François, I. O. — *Marguerite*, b [2] 29 août 1695; 1° m [2] 23 nov. 1711, à Charles-Jacques ASSELIN; 2° m [2] 3 nov. 1715, à Gabriel CHARLAND, s [2] 10 mai 1766.—*Joseph*, b [2] 13 août 1699, m [1] 27 juillet 1719, à Marie-Charlotte AUBERT; s [2] 11 dec. 1760.

1682, (3 nov.) Ste-Famille, I. O.

II.—DROUIN (4), ETIENNE, [ROBERT I.
b 1658, s 13 sept. 1732, au Château-Richer. [1]
1° LOIGNON, Catherine, [PIERRE-DENIS I.
b 1669, s [1] 13 mars 1703.

(1) Voy. vol. I, p. 201.
(2) Voy. vol. I, pp. 201-202
(3) Voy Aloignon, vol. I, p. 5.
(4) Voy vol I, p. 202.

Marie, b 1683; m 8 nov. 1723, à Jean Baugis, à Beauport [2]; s [2] 13 dec. 1751.—*Etienne*, b [1] 13 sept. 1686; m 24 nov. 1716, à Cécile Paré, à Ste-Anne[3]; s [1] 27 janvier 1741. — *Jean*, b [1] 9 juin 1689; m [1] 3 fevrier 1723, à Françoise Poulin, s[1] 9 mars 1744.—*Agnès*, b 1691, m [1] 21 juillet 1711, à Jean Poulin; s [3] 7 nov. 1741.—*Pierre*, b [1] 29 juin 1694; m 1727, à Marie-Anne Vanier.—*Catherine*, b [1] 29 août 1696; m [1] 18 oct. 1718, à André Poulin; s [3] 10 juin 1724. — *François*, b [1] 8 août 1698; m 3 fevrier 1732, à Madeleine Roy, à Charlesbourg. — *Geneviève*, b [1] 27 nov. 1699; m [1] 22 oct. 1726, à Antoine Morel.

1711, (13 avril). [3]

2° Barette, Jeanne, [Jean I.
b 1668; veuve de Martin Poulin, s [1] 16 nov. 1745.

1704, (7 avril) Ste-Famille, I. O.[5]

III.—DROUIN, Pierre, [Nicolas II.
b 1677; s[5] 18 juillet 1748.

Letourneau, Louise, [David I.
b 1681; veuve de Pierre Gagnon; s [5] 19 sept. 1752.

Pierre, b [5] 16 février 1705; 1° m [5] 13 fevrier 1730, à Marie-Joseph Canac; 2° m [5] 11 fevrier 1734, à Madeleine DeBlois, s[5] 17 oct. 1763 —*Louise*, b[5] 13 nov. 1706; s[5] 9 fevrier 1707.— *Dorothée*, b [5] 7 fevrier 1708, s [5] 25 juillet 1715.— *Marguerite*, b [5] 14 février 1710, m [5] 13 fevrier 1730, à Jean-Baptiste Canac — *Marie*, b [5] 16 avril 1712, m [5] 13 fevrier 1730, à Joseph Canac —*Marie-Louise*, b [5] 10 mai 1714; m [5] 4 juin 1731, à Jean-Baptiste Leblond; s [5] 29 sept. 1738.—*Catherine*, b [5] 7 juin 1716; m [5] 13 fevrier 1734, à Simon Levreau; s 5 mai 1739, à Quebec. — *Etienne*, b [5] 30 août 1720; m [5] 10 fevrier 1744, à Marguerite Rocheron. — *Brigitte*, b [5] 11 sept. 1722; m [5] 18 fevrier 1743, à François Perrot.—*Dorothée*, b... 1° m [5] 18 fevrier 1743, à Joseph Martineau, 2° m [5] 7 février 1757, à Charles Bauché. — *Marie-Marthe*, b [5] 21 mars 1726.

1716, (24 nov.) Ste-Anne. [3]

III.—DROUIN, Etienne, [Etienne II.
b 1686; s 27 janvier 1741, au Château-Richer. [4]

Paré (1), Cécile, [Joseph II
b 1693.

Marie, b [3] 18 dec. 1721.—*Marie-Cécile*, b 1722, m [4] 3 fevrier 1738, à Louis Gagnon, s [4] 9 fevrier 1739.

1717, (22 nov.) Ste-Famille, I. O. [4]

III.—DROUIN, Nicolas, [Nicolas II.
b 1690; s avant 1762.

Perrot, Geneviève, [Joseph II
b 1698; s [4] 23 avril 1765.

Marie-Geneviève, b [4] 5 janvier 1719; m [4] 2 fevrier 1756, à Guillaume Bauché. — *Joseph*, b [4] 7 avril et s [4] 9 juin 1720. — *Joseph*, b [4] 11 mars 1721; 1° m [4] 1er mars 1745, à Marie-Angélique Chaussé; 2° m [4] 15 février 1751, à Marie-Anne Guyon; 3° m 12 fevrier 1771, à Marie-Anne Langlois, à la Pte-aux-Trembles, Q. — *Marie-Catherine*, b [4] 29 mars 1723; m [4] 10 juin 1754, à Augustin DeFoye. — *Nicolas*, b [4] 17 mars 1725; m 1758, à Françoise Racine. — *Marie-Hélène*, b [4] 10 février 1727; m [4] 8 février 1757, à Charles DeFoye.—*Pierre*, b [4] 4 février 1729; m 27 sept. 1756, à Cécile Lemieux, à Montréal.—*Etienne*, b [4] 10 août 1731; m [4] 2 fevrier 1756, à Thècle Guyon.—*Marie-Joseph*, b [4] 11 avril et s [4] 25 sept. 1733.— *Augustin-Bertrand*, b [4] 1er dec. 1734; s [4] 10 sept. 1750. — *Marie-Françoise*, b [4] 28 mars 1736; m [4] 9 août 1762, à Joseph Trudel. — *Jacques*, b [4] 18 oct. 1739; m [4] 12 nov. 1764, à Marie-Gertrude Bauché.

1719, (19 avril) Ste-Famille, I. O.

III.—DROUIN, François, [Nicolas II.
b 1692; s 3 avril 1767, à St-François, I. O [2]

1° Canac, Catherine, [Marc-Antoine I
b 1693; s [2] 18 dec. 1754.

Catherine, b [2] 16 février 1720; s [2] 27 août 1733.—*Marie-Angélique*, b [2] 15 nov. et s [2] 20 dec. 1721. — *Marie-Joseph*, b [2] 25 nov. 1722; m [2] 22 janvier 1742, à Louis Bidet. — *François*, b [2] 28 oct. 1724; s [2] 15 août 1733. — *Joseph*, b [2] 7 janvier et s [2] 1er août 1727. — *Jean-Baptiste*, b [2] 8 mars 1728, s [2] 26 août 1729 — *Marie-Angélique*, b [2] 6 et s [2] 21 oct. 1729. — *Marie-Louise*, b [2] 26 août 1731; m [2] 19 avril 1751, à André Asselin. —*Joseph-Marie*, b [2] 23 juillet 1733; m 14 avril 1755, à Marie-Geneviève Cauchon, à St-Jean, I O.[3]—*Marie-Angélique*, b [2] 29 août et s [2] 12 sept 1735.

1756, (12 juillet). [3]

2° Fontaine, Elisabeth, [Etienne I.
b 1698; veuve de Louis Fortier; s [2] 22 mars 1762.

1719, (27 juillet) Château-Richer.

III.—DROUIN, Joseph, [Nicolas II
b 1699; s 11 dec. 1760, à Ste-Famille, I O.[5]

Aubert, Charlotte, [François III.
b 1700.

Marie-Charlotte, b... m 17 nov. 1760, à Jean Mayer, à Quebec [4]; s [4] 2 juillet 1763. — *Joseph*, b [5] 30 avril 1722; m 29 juillet 1748, à Marie-Catherine Chatigny, à St-Pierre, I. O. — *Nicolas*, b [5] 26 avril 1723; s [5] 3 oct. 1733.— *Alexis*, b [5] 17 juillet 1724; 1° m [4] 18 oct. 1756, à Marie-Françoise Travers; 2° m 12 fevrier 1759, à Marie-Geneviève Bisson, à Ste-Foye.—*Marie-Catherine*, b [5] 21 sept. 1725; s [5] 7 janvier 1740.—*Marie-Madeleine*, b... s [5] 16 mars 1727. — *Marie-Thérèse*, b [5] 26 dec. 1728; s [5] 2 janvier 1729.— *Geneviève*, b [5] 1er et s [5] 4 juin 1730.—*Marie-Elisabeth*, b [5] 12 et s [5] 14 juin 1731.—*Anonyme*, b [5] et s [5] 1er avril 1732. — *François*, b [5] 1er et s [5] 3 fevrier 1733. — *Geneviève*, b [5] 13 et s [5] 15 janvier 1734.—*Thècle*, b [5] 8 et s [5] 17 oct. 1734. — *Anonyme*, b [5] et s [5] 25 juin 1735.—*Pierre*, b [5] 8 avril 1736.— *Marie*, b [5] 8 sept. 1737; s [5] 28 juillet 1738.—*Charles-Amable*, b [5] 12 février 1739; m 2 fevrier 1761, à Jeanne Dauphin, à Charlesbourg. — *Rose-Scholastique*, b [5] 7 fevrier 1741.—*Théophile*, b [5] 7 oct. 1743.— *Catherine*, b [5] 26 fevrier 1745.

(1) Elle épouse, la 2 juillet 1742, François Jarois, à Beauport.

1723, (3 février) Château-Richer. [9]
III.—DROUIN, JEAN, [ETIENNE II.
b 1689; s [9] 9 mars 1744.
POULIN, Françoise, [MARTIN II.
b 1707.
Marie-Françoise, b [9] 19 nov. 1723, m [9] 10 février 1749, à Ignace QUIRION. — *Etienne*, b [9] 13 sept. 1726; m 13 nov. 1747, à Elisabeth GAGNON, à Ste-Anne. — *Jean*, b [9] 27 déc. 1728, m 12 janvier 1756, à Catherine CHARIÉ, à Québec [4]; s [4] 19 nov. 1757.—*Gabriel*, b [9] 28 avril et s [9] 19 mai 1731. — *Gabriel*, b [9] 27 juin 1732. — *Jacques*, b [9] 18 mars 1735. — *Marie-Anne*, b [9] 25 oct. 1737.—*Jeanne*, b... m 4 nov. 1760, à Joseph ROY, à St-Joseph, Beauce. [8] — *Catherine-Judith*, b [9] 7 janvier 1741; m [8] 23 sept. 1766, à Jean-François CLOUTIER.—*Michel*, b [9] 13 et s [9] 22 sept. 1743.—*Michel* (posthume), b [9] 1er oct. 1744; 1° m [8] 4 mai 1764, à Angélique PREVOST; 2° m [8] 19 février 1776, à Madeleine GRAVEL.

1727.
III.—DROUIN, PIERRE, [ETIENNE II.
b 1694.
VANIER (1), Marie-Anne, [JEAN-BTE III.
b 1707.
Marie-Charlotte, b 1728; m 18 nov. 1748, à Ignace CREVIER, au Sault-au-Recollet [9]; s 20 avril 1756, à St-Laurent, M. — *Marie-Joseph*, b 1731; s [9] 4 mai 1748.—*Marie-Geneviève*, b 1732, m [9] 22 sept. 1749, à Joseph LORAIN.—*Joseph*, b [9] 18 février 1736. — *Jean-Louis*, b [9] 26 oct. 1737, m 7 fevrier 1758, à Marie-Louise DUFOUR, à Terrebonne.—*Marie-Françoise*, b [9] 29 nov. 1739; m [9] 7 nov. 1757, à Charles LATOUR.—*Jean-Baptiste*, b [9] 2 avril 1741.—*Jean-Etienne*, b [9] 18 mai 1743.—*Anonyme*, b [9] et s [9] 7 sept. 1745.— *Louis-Gabriel*, b [9] 6 mars 1747.

1730, (13 fevrier) Ste-Famille, I. O. [3]
IV.—DROUIN, PIERRE, [PIERRE III.
b 1705; s [3] 17 oct. 1763.
1° CANAC, Marie-Joseph, [MARC-ANTOINE I.
b 1698; s [3] 29 sept. 1733.
Marie-Joseph, b [3] 22 sept. 1733.
1734, (11 fevrier). [3]
2° DEBLOIS, Madeleine, [GERMAIN II.
b 1713.
Pierre-Athanase, b [3] 14 et s [3] 25 oct. 1734.—*Dorothée*, b [3] 21 dec. 1735.—*Marie-Madeleine*, b [3] 24 avril 1738; m [3] 11 fevrier 1767, à Joseph PERRAULT.—*Pierre*, b [3] 10 mars 1740, m 9 mai 1764, à Catherine HUARD, à St-Joseph, Beauce.—*Jean-Baptiste*, b [3] 13 juillet 1742. — *Charles-Amable*, b [3] 12 juin 1745; m [3] 4 fevrier 1771, à Marie PERRAULT.—*Jérôme*, b [3] 21 oct. 1747; m [3] 28 oct. 1771, à Geneviève PRÉMONT. — *Marie-Mathilde*, b [3] 6 sept. 1751.—*Joseph-Félix*, b [3] 11 mai 1754.

1732, (3 février) Charlesbourg. [1]
III.—DROUIN, FRANÇOIS, [ETIENNE II.
b 1698.
ROY-AUDY, Madeleine, [JEAN II.
b 1704; s 2 dec. 1776, à Quebec. [2]
Jean-François, b [1] 13 déc. 1732; s [1] 28 juin 1733.—*Pierre-François*, b [1] 25 mars 1734; m [1] 7 août 1752, à Marie-Jeanne VERRET; s [2] 27 déc. 1795.—*Marie-Thérèse*, b [1] 11 sept. 1735; m [1] 2 juillet 1753, à Ignace DENIS.—*Jean-Charles*, b [1] 28 déc. 1736; m [1] 23 oct. 1758, à Marie-Charlotte LEFEBVRE.—*Jean-Baptiste*, b [1] 15 avril 1739; m 31 août 1767, à Marie-Françoise BAUGIS, à Beauport. —*Marie-Charlotte*, b [1] 28 sept. 1740.—*Marie-Joseph*, b [1] 20 juillet 1742.—*Madeleine*, b [1] 12 nov. 1744.—*Marie-Geneviève*, b [1] 6 déc. 1746; s [1] 25 janvier 1747.—*Joseph*, b [1] 25 et s [1] 30 mars 1750.

1744, (10 février) Ste-Famille, I. O. [3]
IV.—DROUIN, ETIENNE, [PIERRE III.
b 1720.
ROCHERON, Marguerite, [GERVAIS II.
b 1720.
Etienne, b [3] 7 janvier 1745; m [3] 1er fevrier 1768, à Marie-Angélique LOISEAU.—*Marguerite*, b [3] 11 avril 1747; m [3] 6 nov. 1764, à Jean SIMARD.—*Marie-Apolline*, b [3] 8 mars 1749; m [3] 15 nov. 1770, à Jean-Baptiste SIMARD.—*Joseph*, b [3] 19 dec. 1751.—*Marie-Monique*, b [3] 11 mars 1754; s [3] 18 janvier 1756.—*Marie-Catherine*, b [3] 8 janvier 1757; s [3] 14 oct. 1759. — *Marie-Madeleine*, b [3] 11 juillet 1759. — *Marie-Anne*, b [3] 4 mars 1762. — *Jean-Baptiste*, b [3] 7 janvier et s [3] 10 nov. 1765.

1745, (1er mars) Ste-Famille, I. O. [4]
IV.—DROUIN, JOSEPH, [NICOLAS III
b 1721.
1° CHAUSSÉ, Marie-Angélique, [JEAN-BTE II.
b 1718; veuve de Jean-Baptiste Lehoux; s [4] 21 janvier 1750.
Marie-Julienne, b [4] 17 mars 1746; m [4] 1er juillet 1766, à Vincent RIOU; s 26 déc. 1788, aux Trois-Pistoles.—*Marie-Madeleine*, b [4] 5 fevrier 1748; m [4] 16 fevrier 1767, à François LETOURNEAU.
1751, (15 fevrier). [4]
2° GUYON, Marie-Anne, [JEAN IV.
b 1723.
Marie-Anne-Abondance, b [4] 17 fevrier 1752; s [4] 19 mars 1770.—*Joseph-Maxime*, b [4] 1er sept. 1754. —*Jean-Baptiste*, b [4] 13 juin 1756.—*Marie*, b [4] 13 janvier 1758.—*Marie-Madeleine*, b [4] 26 oct. 1760. —*Michel*, b [4] 20 juillet et s [4] 4 août 1763.—*Geneviève*, b [4] 24 juillet et s [4] 1er août 1766.
1771, (12 fevrier) Pte-aux-Trembles, Q.
3° LANGLOIS, Marie-Anne, [JEAN-BTE III.
b 1754.

1747, (13 nov.) Ste-Anne.
IV.—DROUIN, ETIENNE, [JEAN III.
b 1726.
GAGNON, Elisabeth, [PIERRE III.
b 1726.
Marie-Elisabeth, b 13 sept. et s 10 nov. 1748, au Château-Richer. [5] — *Marie-Joseph*, b [5] 30 avril 1750.—*Angélique*, b [5] 23 mars 1752, s [5] 7 mars 1761.—*Etienne*, b [5] 3 oct. 1754, m 11 août 1782, à Marguerite BERLOIN, à Terrebonne.—*Catherine*, b 1756; s 8 fevrier 1773, à Lachenaye. [6] — *Marguerite*, b [5] 26 juin 1757.—*Etienne*, b [5] 17 janvier 1760.—*Joseph*, b [5] 23 mars 1762.—*Helène*, b [5] 2 nov. 1764.—*Agnès*, b 1765, s [6] 8 fevrier 1773.

(1) Vanier-Descormiers, elle épouse, le 15 janvier 1759, Jacques Osselet, au Sault-au-Récollet.

1748, (29 juillet) St-Pierre, I. O.
IV.—DROUIN, JOSEPH, [JOSEPH III.
b 1722.
CHATIGNY, Marie-Catherine. [PIERRE II.
b 1722; s 23 janvier 1790, à Québec.[7]
Joseph-Marie, b 27 et s 30 nov. 1749, à Ste-Famille, I. O.[8] — *Joseph-Marie*, b[8] 6 et s[8] 19 sept. 1750. — *François*, b[8] 6 sept. 1751; m[7] 1er août 1774, à Madeleine GODBOUT.—*Marie-Claire*, b[8] 5 février et s[8] 5 sept. 1753.—*Marie-Catherine*, b[8] 18 janvier 1754. — *Marie-Marguerite*, b[8] 12 août 1755.—*Marie-Françoise*, b[8] 4 sept. 1756; 1° m[7] 7 avril 1779, à Guillaume MORONEY; 2° m[7] 18 sept. 1792, à Louis THOMAS.—*Marie*, b[8] 20 mars et s[8] 8 avril 1758.—*Joseph-Jacques*, b[8] 23 et s[8] 29 mai 1761.—*Marie-Geneviève*, b[8] 5 avril et s[8] 19 mai 1763.

1752, (7 août) Charlesbourg.[9]
IV.—DROUIN, PIERRE-FRANÇOIS, [FRANÇOIS III.
b 1734; s 27 déc. 1795, à Quebec.
VERRET (1), Marie-Jeanne, [JACQUES II.
b 1722; veuve de Jean-Baptiste Cliche.
Pierre-François, b[9] 19 août 1753; s[9] 30 avril 1754.—*Pierre-François*, b[9] 22 mai 1755.—*Marie-Louise*, b[9] 27 janvier 1757.—*Jean-Baptiste*, b[9] 19 juin 1758; s[9] 19 juin 1759.—*Marie-Joseph*, b[9] 5 avril et s[9] 8 nov. 1760.—*Jean-Baptiste*, b[9] 28 mai 1762.—*Joseph*, b[9] 5 nov. 1763.

1755, (14 avril) St-Jean, I. O.
IV.—DROUIN, JOSEPH-MARIE, [FRANÇOIS III.
b 1733.
CAUCHON (2), Marie-Geneviève, [LOUIS III.
b 1736; s 28 août 1781, à St-François, I. O.[2]
Joseph, b[2] 29 oct. 1756; s[2] 24 août 1757.—*Marie-Joseph*, b[2] 10 juin 1758.—*Joseph-Marie*, b[2] 6 sept. 1760; m 26 juillet 1785, à Geneviève GAULIN, à Quebec.—*Marie-Angélique*, b[2] 22 mars 1762; m[2] 29 oct. 1781, à François PAINCHAUD.—*Louis-Marie*, b[2] 5 août 1764.—*Marie-Marguerite*, b[2] 27 fevrier 1766.—*François*, b[2] 13 fevrier 1768.—*Marie-Angélique*, b[2] 13 nov. 1769.—*Marie-Catherine*, b[2] 15 nov. 1771.—*Pierre*, b[2] 12 janvier 1773.

1756, (12 janvier) Quebec.[3]
IV.—DROUIN, JEAN, [JEAN III.
b 1728; s[3] 19 nov. 1757.
CHARIÉ, Catherine, [JACQUES-ANTOINE I.
b 1732.
Marie-Madeleine, b[3] 2 oct. 1756, s[3] 11 sept. 1757.—*Jean-Baptiste* (posthume), b[3] 3 fevrier 1758.

1756, (2 fevrier) Ste-Famille, I. O.[7]
IV.—DROUIN, ETIENNE, [NICOLAS III.
b 1731.
GUYON, Thècle, [JEAN IV.
b 1735.
Thècle-Abondance, b[7] 31 oct. 1756.—*Geneviève*, b[7] 8 août 1758.—*Etienne*, b[7] 17 avril 1761; m 24 juin 1794, à Marie-Anne DELRU, à Quebec.[8]—*Marie-Catherine*, b[7] 19 janvier 1763. — *Jean-Baptiste*, b[7] 14 juin et s[7] 16 juillet 1765.—*Pierre*, b[7] 25 février 1767. — *Joseph*, b... m[8] 17 janvier 1797, à Angélique PARANT.

(1) Appelée aussi Marie-Françoise.
(2) Dit Laverdière

1756, (27 sept.) Montréal.
IV.—DROUIN, PIERRE, [NICOLAS III.
b 1729.
LEMIEUX, Marie-Cécile, [CHS-FRANÇOIS III.
b 1735.

1756, (18 oct.) Québec.[7]
IV.—DROUIN, ALEXIS, [JOSEPH III.
b 1724.
1° TRAVERS, Marie-Françoise, [FRANÇOIS I.
b 1729; s[7] 7 juillet 1758.
Alexis, b[7] 14 août 1757, s 29 nov. 1759, à Ste-Foye.[8]
1759, (12 fevrier).[8]
2° BISSON, Marie-Geneviève, [JOSEPH IV.
b 1732; s[7] 29 sept. 1784.
Guillaume, b[8] 31 dec. 1760; s[8] 5 janvier 1761. — *Marie-Geneviève*, b[8] 14 avril 1762, m[7] 22 juillet 1783, à Charles LARRIVÉE. — *Joseph-Alexis*, b[7] 14 janvier 1764.

1758, (7 février) Terrebonne.
IV.—DROUIN, JEAN-LOUIS, [PIERRE III.
b 1737.
DUFOUR-LATOUR, Marie-Louise, [PIERRE I.
b 1741.

1758, (23 oct.) Charlesbourg.[4]
IV.—DROUIN, JEAN-CHARLES, [FRANÇOIS III.
b 1736.
LEFEBVRE, Marie-Charlotte, [CLAUDE III
b 1736.
Charles-François, b[4] 19 août 1759. — *Marie-Charlotte*, b[4] 29 janvier et s[4] 8 juillet 1761. — *Marie-Joseph* b[4] 23 janvier 1762. — *Marie-Charlotte*, b[4] 26 janvier 1763.

1758.
IV.—DROUIN, NICOLAS, [NICOLAS III.
b 1725.
RACINE, Françoise, [FRANÇOIS III.
b 1735.
Marie, b 30 janvier 1759, à Ste-Anne.[7]—*François*, b[7] 3 dec. 1761. — *Catherine*, b[7] 27 fevrier 1765.—*Marie-Geneviève*, b[7] 8 août 1769.

1761, (2 février) Charlesbourg.
IV.—DROUIN, CHARLES-AMABLE, [JOSEPH III.
b 1739.
DAUPHIN (1), Jeanne, [RENÉ III.
b 1735.
Marie-Angélique, b 5 sept. 1763, à Québec.[4]—*Marie*, b... m[4] 6 nov. 1781, à Bonaventure BERTHELOT. — *Joseph*, b... m[4] 22 janvier 1788, à Marie-Joseph ROBITAILLE.

(1) Elle épouse, plus tard, Etienne Couture.

1764, (4 mai) St-Joseph, Beauce. [3]
IV—DROUIN, MICHEL, [JEAN III.
b 1744.
1° PREVOST, Angélique, [FRANÇOIS III.
b 1746, s [3] 27 juin 1774.
Michel, b [3] 14 mars et s [3] 1er juillet 1765. — *Joseph*, b [3] 26 janvier 1766. — *Marie-Anne*, b [3] 30 mars 1768; s [3] 26 août 1769.— *Jean-Baptiste*, b [3] 4 fevrier 1770. — *Etienne*, b [3] 18 janvier 1771.— *Marie-Louise*, b [3] 16 janvier 1773.
1776, (19 février). [3]
2° GRAVEL, Madeleine, [CLAUDE IV.
b 1756.
Marie-Madeleine, b [3] 29 mai et s [3] 13 déc. 1777. —*Michel*, b [3] 13 mars 1779.

1764, (9 mai) St-Joseph, Beauce. [3]
V.—DROUIN, PIERRE, [PIERRE IV.
b 1740.
HUARD, Catherine, [ETIENNE II.
b 1729, veuve de Jean-Baptiste Jacques.
Deux anonymes, b [3] et s [3] 6 janvier 1765.

1764, (12 nov.) Ste-Famille, I. O. [7]
IV.—DROUIN, JACQUES, [NICOLAS III.
b 1739.
BAUCHÉ, Marie-Gertrude, [GUILLAUME III.
b 1742.
Marie-Joseph, b [7] 29 oct. 1765.— *Marie-Geneviève*, b [7] 14 fevrier 1768.

DROUIN, JEAN-BTE.
GOULET, Therèse.
Jean-Baptiste, b 24 déc. 1767, à Ste-Famille, I.O.

1767, (31 août) Beauport.
IV.—DROUIN, JEAN-BTE, [FRANÇOIS III.
b 1739.
BAUGIS, Marie-Françoise, [LOUIS IV.
b 1746.

1768, (1er février) Ste-Famille, I. O. [7]
V.—DROUIN, ETIENNE, [ETIENNE IV.
b 1745.
LOISEAU, Marie-Angelique, [CHARLES.
b 1747; s [7] 2 dec. 1771.
Etienne, b [7] 24 sept. et s [7] 1er oct. 1768.—*Pierre*, b 3 août 1769, à St-François, I. O.

1771, (4 février) Ste-Famille, I. O.
V.—DROUIN, CHARLES-AMABLE, [PIERRE IV.
b 1745.
PERRAULT, Marie. [JOSEPH IV.

1771, (28 oct.) Ste-Famille, I. O.
V.—DROUIN, JÉROME, [PIERRE IV.
b 1747.
PRÉMONT, Marie-Geneviève, [JEAN-BTE III.
b 1747.

1774, (1er août) Québec.
V.—DROUIN, FRANÇOIS, [JOSEPH IV.
b 1751.
GODBOUT, Madeleine, [ANDRE III.
b 1747.

1782, (11 août) Terrebonne.
V.—DROUIN, ETIENNE, [ETIENNE IV.
b 1754.
BERLOIN, Marguerite. [JEAN-MARIE III.
Joseph, b 28 août 1787, à Lachenaye.

1785, (26 juillet) Québec.
V.—DROUIN, JOS.-MARIE, [JOSEPH-MARIE IV.
b 1760.
GAULIN, Geneviève, [FRANÇOIS IV.
b 1753.

1788, (22 janvier) Québec.
V —DROUIN, JOSEPH. [CHARLES IV.
ROBITAILLE, Marie-Joseph. [FRANÇOIS IV.

DROUIN, PIERRE.
1° GIGUÈRE, Geneviève,
b 1768; s 22 juin 1795, à Québec. [3]
1798, (23 janvier). [3]
2° HAMEL, Ursule. [JOSEPH-MARIE IV.

1794, (24 juin) Québec.
V.—DROUIN, ETIENNE, [ETIENNE IV.
b 1761.
DELRU (1), Marie-Anne. [MARTIN-JOSEPH I.

1797, (17 janvier) Québec.
V.—DROUIN, JOSEPH. [ETIENNE IV.
PARANT, Angelique. [JOSEPH.

DROUSSON. — *Variations et surnoms:* DOISON —DROSSON—DRUSON—ROBERT.

DROUSSON, MARGUERITE, epouse de Jean-Baptiste LEFORT.

DROUSSON, MARIE-JOSEPH, épouse de Pierre MARTEL.

1681, (25 août) Beauport.
I.—DROUSSON (2), ROBERT,
b 1656; s 14 juillet 1730, à Longueuil. [8]
TARDE (3), Jeanne, [JEAN I.
b 1666.
Madeleine, b 3 avril 1689, à Laprairie [9]; m [8] 15 janvier 1720, à Louis EDELINE.—*François*, b [9] 12 fevrier 1703; 1° m à Madeleine CHARLES; 2° m à Agathe RATEL.—*Marie-Joseph*, b 1704; m [8] 15 fevrier 1734, Jean-François COULON; s 7 avril 1754, à St-Antoine-de-Chambly. — *Ange*, b [9] 7 mai 1706; 1° m à Marie-Joseph CHARLES; 2° m [8] 20 août 1742, à Marie-Madeleine SOREL.

II.—DROUSSON (4), FRANÇOIS, [ROBERT I.
b 1703.
1° CHARLES, Madeleine, [ETIENNE-CHARLES II.
b 1708; s 17 avril 1733, à St-François, I. J.
2° RATEL, Agathe,
s avant 1752.
Marie-Angélique, b 18 nov. 1739, à Laprairie. —*François*, b... s 18 juin 1752, à Longueuil.

(1) Et Demeru dit Artois.
(2) Voy vol. I, p. 202.
(3) Dit Geoffroy—Damours, 1734.
(4) Dit Robert.

1726.

II.—DROUSSON (1), ANGE, [ROBERT I.
b 1706.

1° CHARLES, Marie-Joseph, [ETIENNE-CHS II.
b 1706; s 6 mai 1736, à Longueuil.[6]

François, b[6] 26 oct. 1727; s[6] 20 juillet 1730. —*Pierre-Antoine*, b[6] 7 oct. 1728; s[6] 18 mars 1742. — *Marie-Joseph*, b[6] 31 juillet 1730; s[6] 14 mai 1733. — *Jean*, b[6] 9 sept. 1732; s[6] 18 avril 1749.—*Louis*, b[6] 25 sept. 1734.

1742, (20 août).[6]

2° SOREL, Madeleine, [JEAN-BTE I.
b 1717; s[6] 11 nov. 1757.

Joseph, b[6] 8 sept. 1743; s[6] 16 sept. 1748 — *François*, b[6] 15 fevrier 1745.— *Marie-Geneviève*, b[6] 4 nov. 1746. — *Etienne*, b[6] 11 août 1748. — *Jean-Baptiste*, b[6] 12 fevrier 1750. — *Marguerite*, b[6] 7 août 1751.—*Marie-Julie*, b[6] 11 juillet 1753.

DROUX.—Voy. GENDREAU, 1720.

I.—DRUGEON, ELISABETH, b 1636, m 7 oct. 1659, à Jean LEHOUX, à Quebec; s 17 janvier 1722, à Ste-Famille, I. O.

1739, (7 sept.) St-Thomas.[8]

I.—DRUGEOT, FRANÇOIS, fils de François et de Germaine Besche, d'Antrême, diocèse du Mans, Maine.

DANDURAND (2), Marie-Anne, [ANTOINE I.
b 1718; veuve de Louis Ruel.

Marie-Angélique, b[8] 21 juin 1740, m[8] 17 janvier 1763, à François FOURNIER. — *Marie-Madeleine*, b[8] 22 juillet 1742. — *Thérèse*, b[8] 6 juillet 1744.—*François*, b[8] 29 avril 1746.—*Jacques*, b[8] 10 nov. 1748.— *Elisabeth*, b[8] 13 sept. 1750; m 9 juin 1775, à Louis VERMET, à Berthier. — *Claire*, b[8] 24 juin 1752; m[8] 4 fevrier 1771, à Louis FOURNIER.

DRUILHET. — *Surnoms :* LATEICLERC — DELATHRULIÈRE.

1753, (29 janvier) Beauport.[1]

I.—DRUILHET (3), JEAN, fils de Henri et de Claire de Dupin-de-Montfort, de St-Jean-des-Gouts, diocèse de Lectoure, Gascogne

LAURENT, Louise, [JEAN II.
b 1727.

Jean-Baptiste, b[1] 16 août 1757; s[1] 4 juillet 1758.

DRUINEAU, FRANÇOIS.—Voy. BRUNEAU, 1699.

1714, (3 juillet) Québec.

II.—DRUINEAU (4), PIERRE. [FRANÇOIS I.

CHAPELAIN, Catherine, [BERNARD II.
b 1676.

Pierre, b 6 et s 26 juin 1717, aux Trois-Rivieres.[2]—*Marie-Françoise*, b[2] 24 août et s[2] 27 nov. 1718

(1) Dit Robert.

(2) Elle épouse, le 4 nov. 1756, Claude Carlot, à St-Thomas.

(3) Lateiclerc; ci-devant garde-magasin du roi à l'Acadie.

(4) Voy. Bruneau, vol. II, p. 492.

1764, (16 janvier) Québec.

I.—DUBARRY (1), GUILLAUME, b 1734, chirurgien; fils de Cyprien et de Cécile Cazeau, de Campau, diocèse de Tarbes, en Bigorre.

BERTHELOT, Marie-Anne, [CHARLES I.
b 1735.

DUBEAU.— *Variations et surnoms :* DUBAU—DUBOC—DUBOCQ—DUBOCS—DUBOS — DESROSIERS—LETARTE—ST-GODARD.

DUBEAU, MARIE-CHARLOTTE, épouse de Mathurin PINEAU.

DUBEAU, JEANNE, épouse de Rene LAVERDIÈRE.

DUBEAU, MARGUERITE, epouse de Pierre DUBÉ.

DUBEAU, MARIE-JEANNE, epouse de Pierre LOMBARD.

DUBEAU, MARIE-JOSEPH, epouse de Charles VÉSINA.

DUBEAU, MARIE-CHARLES, épouse d'Ambroise MARTEL.

I.—DUBEAU (2), TOUSSAINT,
b 1641; s 8 août 1693, à Quebec.[3]

1° DAMY, Marguerite,
b 1630, s[3] 5 oct. 1677.

Pierre, b 1661; m 21 nov. 1684, à Marie-Marthe ALAIRE, à St-François, I. O.; s 8 fevrier 1706, à St-Jean, I. O.—*Barbe*, b 1666; m[3] 18 janvier 1688, à Louis DUPUIS; s 5 mai 1734, à Laprairie.

1678, (23 mai).[3]

2° JOUSSELOT (3), Anne, [PIERRE I.
b 1659.

Louis, b[3] 23 oct. 1689; m à Louise MORIN.

1662, (19 sept.) Quebec.[6]

I.—DUBEAU (2), LAURENT,
b 1636.

ARONTIO, Marie-Felix,
Huronne; s 1er nov. 1689, à Montréal.

Jean, b[6] 10 juin 1669; m 22 nov. 1703, à Marguerite HARNOIS, à St-Augustin[9]; s[9] 12 sept. 1743. — *Laurent*, b[6] 3 fevrier 1672; 1° m[9] 23 sept. 1697, à Françoise-Paule CAMPAGNA; 2° m[9] 10 sept. 1718, à Marie-Françoise SÉVIGNY; s[9] 15 juillet 1731.

1684, (21 nov.) St-François, I. O.[5]

II.—DUBEAU (2), PIERRE, [TOUSSAINT I.
b 1661; s 8 fevrier 1706, à St-Jean, I. O.[6]

ALAIRE, Marie-Marthe, [CHARLES I.
b 1664; s avant 1728.

Marie-Catherine, b[5] 3 janvier 1688; m[5] 20 nov. 1707, à Joseph DEMEULE. — *Jeanne*, b[5] 23 juin 1690; m[6] 25 nov. 1710, à Rene CAUCHON. —*Pierre*, b[6] 10 août 1692; m 1716, à Marie

(1) Il etait à Ste-Foye, en 1760.

(2) Voy. vol. I, p. 202.

(3) Elle epouse, le 21 juillet 1698, André Duval, à Charlesbourg.

Réaume; s 12 déc. 1726, à St-Valier.[7]—*Jean*, b[6] 8 avril 1699; m 6 avril 1728, à Angelique Gravel, au Château-Richer. — *Angélique*, b 1702; 1° m[5] 14 mai 1725, à Pierre Gagné; 2° m 13 janvier 1755, à Pierre Dorion, à Quebec; s[5] 21 janvier 1773.—*Louis-Augustin*, b[6] 21 nov. 1703; m[7] 26 juin 1729, à Marie-Joseph Filteau; s[7] 4 fevrier 1732.

1691, (23 avril) Québec.[3]

I.—DUBEAU (1), Guillaume, b 1661, couvreur; fils d'Alexandre et de Madeleine Cretel, de St-Godard, ville de Rouen, Normandie.

1° LeBaron, Barbe, [Jacques I. b 1637; veuve de Jean Merienne; s[3] 13 mars 1715.

Marie-Madeleine, b[3] 2 mars 1693; 1° m[3] 18 sept. 1713, à Joseph Chenier; 2° m 17 avril 1736, à Jacques Gautier, à Montreal.—*Alexandre*, b[3] 19 sept. et s[3] 3 oct. 1696.

1715, (2 oct.)[3]

2° Renault, Marie-Catherine, [Jacques II. b 1671; veuve de Romain Chappau, s[3] 10 mai 1723.

1724, (30 juillet) Beauport.[4]

3° DeL'Espinay (2), Marie-Madeleine, [Jean I. b 1675, veuve de Pierre Morin; s[4] 29 nov. 1752.

1697, (23 sept.) St-Augustin.[5]

II.—DUBEAU, Laurent, [Laurent I. b 1672, s[5] 15 juillet 1731.

1° Campagna, Françoise-Paule, [Pierre I. b 1683, s[5] 10 dec. 1717.

Marie-Thérèse, b[5] 26 fevrier 1699; m[5] 7 janvier 1728, à Etienne Valières.—*Laurent*, b[5] 22 août 1700. — *Marie-Louise*, b 26 juin 1702, à Quebec[6], s[6] 17 juin 1718.—*Marie-Jeanne*, b[5] 11 mai 1704, s[5] 29 mai 1732.—*Marie-Thérèse*, b[5] 22 mai 1706; m 3 nov. 1723, à François Rose, à Montreal[7]; s[7] 3 juin 1725.—*Jacques*, b[6] 13 fevrier 1708.—*Joseph-Marie*, b 27 mars 1710, à Lorette[8]; m[5] 27 août 1731, à Madeleine Gaboury.—*Marguerite-Agnès*, b[8] 13 mai et s[8] 8 sept. 1712.—*Philippe*, b[6] 13 août 1715; m 10 avril 1741, à Marie-Therèse Gaboury, à Ste-Foye[9]; s[9] 20 dec. 1759.

1718, (10 sept.)[5]

2° Sévigny (3), Marie-Frse, [Julien-Charles I. b 1700.

Mathieu, b[5] 17 avril et s[5] 6 mai 1719.—*Charles-Laurent*, b[5] 9 mai 1720; m à Madeleine Loiseau.—*Marie-Françoise*, b[5] 12 oct. et s[5] 12 nov. 1721. — *Laurent*, b[5] 18 nov. 1722; s[5] 11 juin 1723.—*Laurent*, b[5] 24 avril 1724. — *Marie-Joseph*, b[5] 24 mai et s[5] 30 nov. 1725. — *Joseph*, b[5] 18 oct. 1726, s[5] 16 juin 1728.—*Marie-Joseph*, b[5] 30 sept. 1727; s[5] 12 janvier 1728.—*Marie-Louise*, b[5] 10 dec. 1728. — *Marie-Marguerite*, b 1729, s[5] 17 janvier 1730.—*Jean-Baptiste*, b[5] 1er nov 1730.

(1) Et Duboc dit St-Godard; voy. vol. I, p. 203.

(2) Et Lepinet.

(3) Elle épouse, le 27 sept. 1734, Jacques DeLeugré, à St-Augustin.

1703, (22 nov.) St-Augustin.[1]

II.—DUBEAU (1), Jean, [Laurent I. b 1669; s[1] 12 sept. 1743 (dans l'église).

Harnois, Marguerite, [Isaac I. b 1677; s[1] 20 mai 1747.

Marguerite-Louise, b 9 juillet 1704, à Ste-Foye[2]; m[1] 20 oct. 1722, à Antoine LeMarié.—*Marie-Joseph*, b[1] 5 avril 1706; s 8 déc. 1729, à Quebec.[3] — *Jean-Baptiste*, b[3] 13 août 1707; m à Marie Lamotte.—*Jeanne*, b[2] 11 janvier 1709; s[2] 9 oct. 1713. — *Marie-Jeanne*, b 1710; m[1] 4 août 1734, à Jean-François Chantal. — *Joseph-Charles*, b 8 mars 1712, à Lorette; s[2] 30 sept. 1713. — *Marie-Françoise*, b[1] 24 fevrier 1715; m[1] 19 avril 1736, à Jean-Baptiste Valières.—*Marie-Charles*, b[1] 25 avril 1717; s[3] 3 mai 1740.—*Joseph*, b... m 1753, à Marie-Louise Petit.

1704, (29 oct.) Charlesbourg.[1]

II.—DUBEAU (2), Jacques, [Toussaint I. b 1681; s[1] 4 nov. 1723.

Bedard, Catherine, [Louis II. b 1682.

Antoine, b[1] 1er août 1705; m[1] 15 juillet 1726, à Therèse Renaud; s[1] 6 oct. 1734. — *Marie-Ursule*, b[1] 27 mars 1708; 1° m 12 sept. 1731, à Rene Leroux, à Quebec[2]; 2° m 6 juillet 1744, à Marc-Antoine Hus, aux Trois-Rivières; s 29 dec. 1754, à Sorel. — *Marie-Madeleine*, b[1] 11 sept. 1709; m[2] 15 février 1734, à Jean Heurtaux.—*Pierre*, b[1] 29 juin 1711; 1° m 4 nov. 1732, à Barbe Jolivet, à L'Ange-Gardien; 2° m[1] 27 juillet 1756, à Marie-Joseph Philippe.—*Jacques*, b[1] 8 janvier 1714, m à Marie-Celeste Verdon. — *Marie-Jeanne*, b[1] 10 janvier 1716; m[1] 7 janvier 1737, à Pierre Touron.—*Jean-Baptiste*, b[1] 20 déc. 1717; m 3 mai 1739, à Marie-Jeanne Guillot, à Beauport. — *Jean-Thomas*, b[1] 20 dec. 1717. — *Louis*, b[1] 8 fevrier 1720; m 30 juin 1750, à Marie-Charlotte Mallet, à Montreal. — *Marie-Joseph*, b[1] 27 mars 1723; s[1] 6 août 1725.

1716.

III.—DUBEAU, Pierre, [Pierre II. b 1692; s 12 dec. 1726, à St-Valier.[2]

Reaume (3), Marie [René II.

Pierre, b[2] 12 août 1717; m 31 juillet 1741, à Marie-Françoise Dorval, au Château-Richer; s[2] 20 dec. 1746. — *Marie-Françoise*, b[2] 7 août 1719; m 1738, à Andre Clément.

II.—DUBEAU, Louis, [Toussaint I. b 1689.

Morin, Louise.

Charlotte, b... 1° m 17 janvier 1740, à Joseph Dupuis, à Batiscan, 2° m 17 juin 1746, à Joseph Dubé, à Quebec.

(1) Et Dubocq, capitaine de milice.

(2) Et Dubos.

(3) Elle epouse, le 12 nov 1728, Louis Labrecque, a St-Valier.

1726, (15 juillet) Charlesbourg.[1]

III.—DUBEAU, ANTOINE, [JACQUES II.
b 1705 ; s [1] 6 oct. 1734.

RENAUD (1), Thérèse, [PIERRE II.
b 1708.

Anonyme, b [1] et s [1] 21 mai 1727. — *Marie-Thérèse*, b [1] 20 nov. 1729, m [1] 11 juillet 1763, à François LÉCUYER. — *Antoine*, b [1] 9 avril 1731 ; m [1] 5 nov. 1754, à Françoise PAGEOT.—*François*, b [1] 19 janvier 1733 ; m 22 nov. 1753, à Catherine LÉCUYER, à Batiscan.—*Marie-Joseph* (posthume), b [1] 12 nov. 1734.

DUBEAU, JEAN-BTE, b 1683 ; s 1er juillet 1750, à Montreal.

1728, (6 avril) Château-Richer.

III.—DUBEAU, JEAN, [PIERRE II.
b 1699 ; charretier.

GRAVEL, Angelique, [CHARLES II.
b 1702 ; s 3 avril 1761, à Québec.[2]

Marie-Angélique, b [2] 21 janvier 1729, m [2] 12 oct. 1750, à Jean-Baptiste BRUNET, s 24 avril 1760, à Beaumont.[4]—*Françoise*, b [2] 16 oct. 1730 ; s [2] 15 juin 1733. — *Marie-Anne*, b [2] 29 nov. 1731, s [2] 2 juin 1733.—*Jean-Baptiste*, b [2] 1er et s [2] 4 fevrier 1734.— *Florant*, b [2] 1er fevrier 1734 ; m 12 fevrier 1759, à Madeleine AUDET, à St-Laurent, I. O. — *Louis-Marie*, b [2] 1er déc. 1735 ; s [4] 12 janvier 1760. — *Joseph*, b [2] 20 et s [2] 26 déc. 1736.— *Marie-Joseph*, b [2] et s [2] 1er déc. 1738.— *Jean-Baptiste*, b [2] 21 oct. 1739. — *Marie-Louise*, b [2] 16 avril 1741. — *Marie-Ursule*, b [2] 30 août et s [2] 12 sept. 1743. — *François-Romain*, b [2] 2 juin et s [2] 1er sept. 1745.

1729, (26 juin) St-Valier.[3]

III.—DUBEAU, LOUIS-AUGUSTIN, [PIERRE II.
b 1703 ; s [3] 4 février 1732.

FILTEAU (2), Marie-Joseph, [NICOLAS II.
b 1705 ; veuve de Pierre Chamberlan.

Louis-Marie, b [3] 23 mars et s [3] 30 juillet 1730. —*Pierre*, b [3] 13 mai 1731.

1731, (27 août) St-Augustin.[5]

III.—DUBEAU, JOSEPH-MARIE, [LAURENT II.
b 1710.

GABOURY, Madeleine, [JEAN-BTE II.
b 1711.

Marie-Madeleine, b [5] 12 avril 1732 ; m [5] 18 avril 1762, à Simon POREAU.—*Joseph*, b [5] 6 juin et s [5] 8 nov. 1733.—*Marie-Françoise*, b [5] 13 juin 1734, s [5] 10 avril 1736. — *Marie-Joseph*, b [5] 17 sept. et s [5] 1er oct. 1735. —*Joseph*, b [5] 30 mars et s [5] 18 avril 1737.—*Jean-Joseph*, b [5] 2 juillet et s [5] 14 sept. 1738. — *Augustin*, b [5] 6 janvier et s [5] 14 fevrier 1740.—*Eustache*, b [5] 13 mai 1741.—*Marie-Louise*, b [5] 12 mars et s [5] 2 mai 1743.—*Joseph*, b [5] 5 avril et s [5] 28 juillet 1744.—*Jacques*, b [5] et s [5] 19 juin 1745. — *Marie-Anne*, b [5] 15 février 1748.

(1) Elle épouse, le 6 mai 1737, Jacques Henne-Lepire, à Charlesbourg.

(2) Elle épouse, le 19 oct. 1734, Charles Lacasse, à St-Valier.

1732, (4 nov.) L'Ange-Gardien.

III.—DUBEAU, PIERRE, [JACQUES II
b 1711.

1° JOLIVET, Barbe, [AYMÉ I.
b 1708 ; veuve d'Athanase Letarte ; s 3 janvier 1756, à Charlesbourg.[8]

1756, (27 juillet).[8]

2° PHILIPPE (1), Marie-Joseph, [JACQUES III.
b 1735.

Marie-Françoise, b [8] 24 oct. 1759.— *Marguerite*, b [8] 21 juillet 1761. — *Pierre*, b [8] 6 fevrier 1763.

III.—DUBEAU, CHS-LAURENT, [LAURENT II.
b 1720.

LOISEAU, Madeleine.

Bernard, b... m 2 fevrier 1761, à Charlotte GUIMOND, au Cap-St-Ignace.

1738, (9 juin) Quebec.[3]

I.—DUBEAU, CHARLES, marchand ; fils de Jean et de Marie Dubois, de Bouverêne, diocèse d'Amiens, Picardie.

1° PARANT, Geneviève, [CHARLES II.
b 1719, s [3] 14 avril 1748.

Marie-Julie, b [3] 14 janvier 1741 ; m 24 sept. 1760, à Antoine-Florent MIGNAU, à Beauport[4] s [3] 5 mai 1764. — *Marie-Thérèse*, b [3] 11 mai 1745 — *Marie-Charlotte*, b [3] 14 oct. 1747, s [4] 13 dec 1748.

1748, (12 août).[3]

2° DEST-VINCENT (2), Marie-Frse, [PIERRE I.
b 1695 ; veuve de François-Roger de Franfleur ; s [3] 31 janvier 1758 (dans l'eglise).

III.—DUBEAU, JACQUES, [JACQUES II.
b 1714.

VERDON, Marie-Céleste, [PIERRE II
b 1722.

Marie-Joseph, b 1739 ; m 8 janvier 1759, à Joseph MALLET, à St-Laurent, M.[7] — *Madeleine*, b 1740 ; m [7] 19 fevrier 1759, à René DELAVOYE. — *Pierre*, b 1741 ; m 12 mai 1766, à Marie-Anne LEROUX, à Lachine. — *Joachim*, b [7] 10 fevrier et s [7] 16 juillet 1750. — *Marie-Marguerite*, b [7] 10 sept. 1751. — *André*, b [7] 31 juillet 1753 ; s [7] 23 juillet 1761.—*Marie-Louise*, b [7] 28 juillet 1756.

1739, (3 mai) Beauport.[8]

III.—DUBEAU, JEAN-BTE, [JACQUES II.
b 1717.

GUILLOT, Marie-Jeanne, [VINCENT II.
b 1720.

Marie-Angélique, b [8] 16 juin 1740 ; m [8] 1er sept. 1760, à Germain ISOIR. — *Jean-Baptiste*, b [8] 28 dec. 1741 ; m [8] 14 nov. 1768, à Marie-Angelique DAUPHIN. — *Pierre*, b [8] 25 déc. 1743 ; s [8] 15 juin 1744. — *Marie-Pélagie*, b [8] 9 mai 1745 ; m [8] 21 janvier 1765, à Prisque DUMESNIL. — *Louise-Hélène*, b [8] 21 juin 1747 ; s [8] 7 mars 1771.— *Pierre*, b [8] 19 oct. 1749.—*Jean-Noel*, b [8] 28 sept. 1751 —

(1) Lebel dit Beaulieu.

(2) DeNarcy.

Simon, b [8] 18 mars 1754; s [8] 29 oct. 1755.—*Louis-Michel*, b [8] 25 février 1756.—*Germain*, b [8] 10 mai 1758 —*Marie-Pélagie*, b [8] 14 juin 1761.—*Marie-Thérèse*, b [8] 1er nov. 1763; s [8] 20 nov. 1765

III.—DUBEAU, Jean-Bte, [Jean II.
b 1707.
Lamotte, Marie.
Charlotte, b 1742, s 16 mai 1744, à Quebec.

1741, (10 avril) Ste-Foye. [9]

III.—DUBEAU (1), Philippe, [Laurent II.
b 1715; s [9] 20 dec. 1759.
Gaboury, Marie-Thérèse, [Antoine II.
b 1714; s 28 août 1784, à Québec. [7]
Jean-Ambroise, b [9] 30 mai 1743.— *Antoine*, b [9] 13 sept 1744, m [7] 26 juin 1775, à Marie-Françoise Gagné. — *Philippe-François*, b [9] 13 août 1746, s [9] 28 janvier 1748.—*Marie-Thérèse*, b [9] 20 fevrier 1748. — *Marie-Joseph*, b [9] 8 juillet 1749; s [9] 7 mai 1751. — *Marie-Marguerite*, b [9] 19 mai 1751; m [7] 28 oct. 1783, à Frederic Coppay. — *Marie-Louise*, b [9] 19 juin 1752; m [7] 26 août 1777, à François Dupille.—*Marie-Joseph*, b [9] 14 mars 1755.

1741, (31 juillet) Château-Richer.

IV.—DUBEAU, Pierre, [Pierre III.
b 1717; s 20 dec. 1746, à St-Valier. [7]
Dorval (2), Marie-Françoise, [Charles III.
b 1720.
Pierre-Louis, b [7] 26 juin 1742, s [7] 17 nov. 1746 —*Marie-Françoise*, b [7] 12 dec. 1743, m [7] 19 avril 1762, à François Fleury. — *Marie-Joseph*, b [7] 17 fevrier 1746.

1750, (30 juin) Montréal.

III.—DUBEAU, Louis, [Jacques II.
b 1720.
Mallet, Marie-Charlotte, [Gabriel III.
b 1725.

1753, (22 nov.) Batiscan.

IV.—DUBEAU (3), François, [Antoine III.
b 1733.
Lecuyer, Marie-Catherine, [Nicolas II.
b 1730.
François, b 13 et s 16 nov. 1756, à Sorel. [9]—*François*, b [9] 23 mars 1758.

III.—DUBEAU, Joseph. [Jean II.
Petit, Marie-Louise, [Jean III.
b 1730.
Thérèse, b 26 mai 1754, à St-Augustin. [1]—*Marie-Joseph*, b [1] 25 sept. 1755.—*Marguerite*, b [1] 11 juin 1758, s [1] 29 juin 1760 —*Marie-Geneviève*, b [1] 24 juin et s [1] 1er juillet 1760. — *Pierre*, b [1] 17 juin 1761.

(1) Et Dubos.

(2) Et Bouchard; elle épouse, le 1er avril 1747, Pierre Hely, à St-Valier.

(3) Appele Desrosiers en 1758.

1754, (5 nov.) Charlesbourg. [2]

IV.—DUBEAU, Antoine, [Antoine III.
b 1731.
Pageot, Françoise, [Joseph II.
b 1730.
Marie-Françoise, b [2] 2 août 1755. — *Antoine*, b [2] 8 juillet 1757.—*Augustin*, b 1760; s [2] 26 février 1761.—*Marie-Joseph*, b [2] 5 nov. et s [2] 21 dec. 1763.

I.—DUBEAU (1), Denis.

DUBEAU, Charles.
Verdon, Madeleine.
Joachim, b 21 sept. et s 12 oct. 1759, à St-Laurent, M.

1759, (12 février) St-Laurent, I. O.

IV.—DUBEAU, Florent, [Jean-Bte III.
b 1734.
Audet (2), Madeleine, [Jean III.
b 1736, s 23 oct. 1788, à Québec. [1]
Florent, b 18 fevrier 1760, à St-Charles.—*Louis*, b [1] 16 déc. 1761. — *Marie-Madeleine*, b [1] 6 août 1763. — *Geneviève*, b... m [1] 13 fevrier 1787, à Guillaume-Olivier Vitré.

1761, (2 fevrier) Cap-St-Ignace.

IV.—DUBEAU, Bernard. [Chs-Laurent III.
Guimont, Charlotte, [Claude II.
b 1728; veuve de Jean-Baptiste Langlois.

1766, (12 mai) Lachine.

IV.—DUBEAU, Pierre, [Jacques III.
b 1741.
Leroux, Marie-Anne. [Hubert III.

DUBEAU, Jean.
Sedilot, Angelique.
Angélique, b... m à Jean-Baptiste Brunet.

1768, (14 nov.) Beauport.

IV.—DUBEAU, Jean-Bte, [Jean-Bte III.
b 1741.
Dauphin, Marie-Angelique, [Vincent IV.
b 1751.

DUBEAU, Guillaume.
Paquin, Marie-Charlotte.
Jean-Baptiste, b 28 fevrier 1770, à Ste-Anne-de-la-Perade.

1775, (26 juin) Québec. [1]

IV.—DUBEAU, Antoine, [Philippe III.
b 1744
Gagne Marie-Françoise [François.
Marie, b... m [1] 21 fevrier 1797, à Pierre Rancour.

(1) Et Dubos, sergent grenadier dans les troupes de la marine, il etait à la Pte-aux-Trembles, Q, le 22 avril 1760.

(2) Dit Lapointe.

DUBEAU, FRANÇOIS-XAVIER.
DROLET, Marie-Louise.
François-Xavier, b 27 mars 1789, à St-Augustin.[9] — *Louise*, b [9] 16 juin 1790.— *Joseph*, b [9] 13 juin 1792.—*Louise*, b [9] 17 août 1794.

DUBÉ, MARIE-JOSEPH, épouse de François GOSSELIN.

DUBÉ, MARIE-ANNE, épouse de Jean HUDON.

DUBÉ, MARIE-MADELEINE, épouse de Joseph LEMAY.

DUBÉ, JEANNE, épouse d'André MORIN.

DUBÉ, MADELEINE, b... m à Gregoire OUELLET s 15 juin 1749, à la Rivière-Ouelle.

DUBÉ, ANGÉLIQUE, b... m à Louis ROUSSEAU; s avant 1765.

DUBÉ, MARIE-MADELEINE, b... m 1773, à Jean PELLETIER.

1670, (3 sept.) Ste-Famille, I. O. [4]
I.—DUBÉ (1), MATHURIN,
b 1631; s 30 dec. 1695, à la Rivière-Ouelle. [5]
CAMPION, Marie,
b 1654.
Louis, b [4] 28 mai 1676; 1° m [5] 28 janvier 1697, à Angelique BOUCHER; 2° m [5] 9 janvier 1719, à Marguerite LEBEL; s [5] 1er mars 1747.—*Laurent*, b 20 avril 1683, à St-Jean, I. O.; m [5] 7 janvier 1706, à Geneviève BOUCHER; s 8 avril 1768, à Ste-Anne-de-la-Pocatière.

1691, (13 mai) Rivière-Ouelle.[7]
II.—DUBÉ (1), MATHURIN, [MATHURIN I.
b 1672.
MIVILLE, Anne, [FRANÇOIS II.
b 1673, s 11 mars 1717, à Ste-Anne-de-la-Pocatière.[8]
Marie-Anne, b [7] 16 avril 1693; 1° m [7] 8 fevrier 1712, à Jean-Baptiste GRONDIN; 2° m à Jean MIGNEAU, 3° m 3 fevrier 1744, à François POSÉ, à St-Thomas.—*Augustin*, b [7] 16 janvier 1695; m [8] 7 janvier 1721, à Marie-Anne SOUCY; s [7] 12 nov. 1779.—*Marie-Charles*, b [7] 17 mai 1696, m [8] 7 janvier 1722, à Pierre MORIN; s 20 oct. 1758, à St-Roch.—*Marie-Angélique*, b [7] 10 janvier 1701. —*Marie-Gertrude*, b [7] 9 dec. 1702; m [8] 7 janvier 1721, à François DUTARTRE. — *Mathurin*, b [7] 16 nov. 1704. — *Jean-François*, b [7] 7 janvier 1706. — *Joseph*, b [7] 26 dec. 1707; m 1729, à Ursule MORIN.—*Marie-Jeanne*, b [7] 18 avril 1710.— *Jean-Baptiste*, b [7] 10 avril 1712; m 29 avril 1737, à Marie-Anne RASSET, à Quebec [9]; s [9] 30 juin 1780. — *Marie-Joseph*, b [7] 19 mars 1713; 1° m [8] 5 oct. 1739, à Bernard MIGNIER; 2° m [8] 12 oct. 1766, à François SIROIS.

(1) Voy. vol. I, p. 203.

1697, (28 janvier) Rivière-Ouelle.[7]
II.—DUBÉ (1), LOUIS, [MATHURIN I.
b 1676; s [7] 1er mars 1747.
1° BOUCHER, Marie-Angelique, [PIERRE II.
b 1676; s [7] 2 mars 1717.
Louis, b [7] 2 fevrier 1699; m [7] 8 janvier 1721, à Cécile EMOND; s [7] 16 avril 1765. — *Simon*, b [7] 6 déc. 1700; m à Marguerite GAUDIN. — *Joseph*, b [7] 20 déc. 1702; m à Rosalie-Angelique MORIN; s 3 avril 1751, à St-Roch.— *Alexandre*, b [7] 18 mai 1704; m à Marguerite-Jeanne LEVÊQUE.—*Joseph*, b [7] 30 avril 1706; s 3 mars 1733, à Ste-Anne-de-la-Pocatière. [8]—*Jean-Baptiste*, b [7] 3 janvier 1708. — *René*, b [7] 5 janvier 1710. — *Pierre*, b [7] 8 nov. 1711; s [8] 30 juin 1769.—*Jean-François*, b [7] 8 nov. 1711; m [8] 9 fevrier 1744, à Marie-Joseph GAGNON. — *Marie-Angélique*, b [7] 17 janvier 1714; m [7] 10 janvier 1735, à Louis ASSELIN.—*Augustin*, b [7] 24 mai 1716; 1° m [7] 30 juillet 1736, à Marie-Joseph MIVILLE; 2° m 11 janvier 1740, à Marie-Ambroise PROTEAU, à Charlesbourg.
1719, (9 janvier). [7]
2° LEBEL, Marguerite, [JEAN II.
b 1699; s [7] 19 dec. 1739.
Pierre, b [7] 23 janvier 1720, s [7] 25 oct. 1739 — *Marie-Anne*, b [7] 4 sept. 1721; s [7] 9 août 1737.— *Nicolas-Germain*, b [7] 6 juillet 1732.—*Jean-Marie*, b [7] 17 dec. 1734. — *Marie-Elisabeth*, b [7] 18 oct. 1736, m [7] 3 mai 1762, à Antoine LEVÊQUE. — *Charles*, b [7] 20 nov. 1739; s [7] 15 mars 1740.— *Marie-Anne*, b... m [8] 1er sept. 1760, à Augustin DIONNE.—*Louis*, b... m [8] 14 fevrier 1763, à Veronique MIVILLE.

1704, (7 janvier) Rivière-Ouelle [1]
II.—DUBÉ, PIERRE, [MATHURIN I.
b 1678; s avant 1747.
BOUCHER, Marie-Thérèse, [PIERRE II.
b 1683; s 15 juillet 1743, à Montreal. [2]
Pierre, b 1704, 1° m 9 fevrier 1728, à Marguerite SÉGUIN, à Charlesbourg [3], 2° m 14 février 1747, à Charlotte BLENIER, à Ste-Geneviève, M., 3° m 25 août 1749, à Angelique LENORMAND, au Sault-au-Recollet; s [2] 26 mars 1750. — *Jean-Baptiste*, b [1] 24 août 1707; m à Suzanne BLENIER.— *Marie-Madeleine*, b [1] 29 juin 1709; m 1728, à Jean-Baptiste ST-ROMAIN. —*Charlemagne*, b [1] 5 avril 1711.— *Joseph*, b [1] 19 mars 1713. — *Marie-Thérèse*, b 1715, m [2] 10 janvier 1733, à Jean MALEPART.—*Joachim*, b [1] 29 nov. 1716. — *Marie-Françoise*, b [1] 15 avril 1719; m [2] 25 nov. 1743, à Jean-Baptiste RUFFIGNY.— *Marie-Joseph*, b [1] 3 dec. 1721; 1° m [2] 8 janvier 1742, à Frederic DE LEMONT; 2° m 18 mai 1767, à Michel PERROT, à St-Antoine-de-Chambly.

1706, (7 janvier) Rivière-Ouelle. [4]
II.—DUBÉ, LAURENT, [MATHURIN I.
b 1676; s 8 avril 1768, à Ste-Anne-de-la-Pocatière. [5]
BOUCHER, Geneviève, [PIERRE II.
b 1685, s [5] 24 juin 1769.
Marie-Angélique, b [4] 28 oct. 1706. — *Joseph*, b [4] 16 sept. 1708, 1° m à Marie-Angelique PI...-

(1) Voy vol. I, p 203.

TIER ; 2° m 27 août 1730, à Marguerite CLOUTIER, à l'Islet. — *Marie-Madeleine,* b [4] 2 janvier 1711. s 20 déc. 1759, à St-Roch. [6]—*Laurent,* b [4] 22 janvier et s [4] 18 nov. 1713.—*Marie-Joseph,* b [4] 29 sept. 1714 ; m [6] 30 oct. 1736, à Ignace LEBEL.—*Simon,* b [6] 13 avril 1717.—*Geneviève,* b [5] 17 mars 1719 ; m [6] 30 oct. 1736, à Augustin LEBEL ; s [6] 6 sept. 1738 —*Jean-François,* b [5] 7 juillet 1721 ; 1° m [6] 15 fevrier 1745, à Marie-Charlotte ST-PIERRE ; 2° m [6] 30 juin 1756, à Marie-Catherine LEBEL.—*Pierre-Jacques,* b [5] 8 janvier 1724 ; m [5] 7 janvier 1747, à Marie-Anne PELLETIER.—*Marie-Françoise,* b [6] 15 juillet 1730 ; m [6] 23 août 1751, à Charles GAUVIN.

1721, (7 janvier) Ste-Anne-de-la-Pocatière. [7]

III.—DUBÉ, AUGUSTIN, [MATHURIN II.
b 1695 ; s 12 nov. 1779, à la Rivière-Ouelle. [8]
SOUCY, Marie-Anne, [PIERRE II.
b 1700 ; s [8] 29 sept. 1785.

Augustin, b [7] 28 janvier et s [7] 3 fevrier 1722.—*Augustin,* b [7] 8 février 1723 ; m 18 nov. 1748, à Judith CORDEAU, à Kamouraska. [9] —*Marie-Catherine, b...* m [8] 14 fevrier 1746, à Jean-Baptiste HUDON.—*Marie-Joseph,* b ... m [8] 24 juillet 1747, à Gabriel PHOCAS.—*Anne-Angélique,* b 1731 ; 1° m [8] 19 février 1748, à Louis LEVÊQUE ; 2° m [8] 6 février 1764, à Joseph CHAMBRELAN ; s [8] 19 février 1784. —*Jean, b...* m [9] 10 janvier 1752, à Marie-Anne HAYOT.—*Joseph,* b... 1° m [8] 28 oct. 1754, à Marie-Geneviève HUDON ; 2° m [8] 10 avril 1758, à Marie-Madeleine BEAUDET.—*Marie-Madeleine,* b... m [8] 3 mai 1762, à Jean-Baptiste LEVÊQUE. — *Isidore,* b [8] 12 mars 1733. — *Louis,* b [8] 18 juin 1734 ; m [9] 17 janvier 1763, à Marie-Jeanne DIONNE.—*Geneviève,* b [8] 10 et s [8] 20 oct. 1735.—*Anonyme,* b [8] et s [8] 28 oct. 1736.—*Anonyme,* b [8] et s [8] 28 oct. 1738. —*Marie-Marguerite,* b [8] 20 sept. 1740.—*Charles,* b [8] 5 janvier 1742 ; m [9] 16 juillet 1764, à Marie MICHAUD.—*Zacharie,* b [8] 4 sept. 1744, m [8] 21 nov. 1768, à Catherine LEVÊQUE.

1721, (8 janvier) Rivière-Ouelle [2]

III.—DUBÉ, LOUIS, [LOUIS II.
b 1699 ; s [2] 16 avril 1765.
EMOND (1), Cecile, [PIERRE I.
b 1704.

Jean-François, b... m [2] 5 nov. 1748, à Marie-Angelique COTÉ —*Marie-Madeleine,* b [2] 27 mars 1732 ; m [2] 5 nov. 1753, à Pierre HUDON. —*Joseph-Maurice,* b [2] 15 février 1734, m [2] 12 janvier 1761, à Marie-Anne PLOURDE. — *Jean-Baptiste,* b [2] 15 fevrier 1734 ; m 28 juin 1756, à Claire FOURNEL, à la Pte-aux-Trembles, Q. — *Charles,* b [2] 16 nov. 1735 ; m [2] 14 fevrier 1757, à Madeleine GAGNON.—*Pierre,* b [2] 8 sept. 1737 ; m [2] 15 juin 1761, à Marie-Rosalie BEAUDET.—*Augustin,* b [2] 31 août 1739 ; m [2] 11 fevrier 1771, à Catherine HUDON.—*Nicolas,* b [2] 12 sept. et s [2] 6 dec. 1741.—*Barthélemi,* b [2] 21 oct. 1742 ; 1° m [2] 4 juin 1764, à Angelique HUDON ; 2° m à Marie-Louise LEPAGE—*Louis,* b... m [2] 2 juillet 1764, à Marie-Catherine .... — *Pierre,* b [2] 19 janvier 1746.—*Thomas,* b [2] 21 dec. 1747.

(1) Elle épouse Jean Moyen, en 1754.

1728, (9 février) Charlesbourg. [6]

III.—DUBÉ, PIERRE, [PIERRE II.
b 1704 ; s 26 mars 1750, à Montreal. [7]
1° SÉGUIN (1), Marguerite, [JEAN II.
b 1707 ; s [7] 1er mars 1745.

Marie-Anne-Marguerite, b 20 nov. 1728, à Quebec ; m [7] 29 juillet 1743, à François LOGNON. —*Joseph,* b [6] 8 juin 1730 ; s [6] 13 avril 1731. —*Pierre,* b [6] 17 et s [6] 19 nov. 1731.—*Madeleine,* b 1732 ; m [7] 1er mai 1752, à Vital GIROGUE ; s 26 janvier 1761, au Bout-de-l'Ile, M. — *Jean-Baptiste-Amable,* b [7] 29 août 1734. — *Cécile,* b 1735 ; m [7] 5 juillet 1756, à Léonard FRESNE.—*Marie-Joseph,* b [7] 20 nov. 1737 ; m [7] 2 février 1756, à Antoine CHARPENTIER. — *Pierre,* b [7] 3 avril 1740. — *Mathurin,* b [7] 8 juillet 1741 ; s [7] 19 oct. 1748. — *Jean-Baptiste,* b [7] 2 mars 1743 ; s [7] 5 oct. 1744.—*Nicolas,* b [7] 13 et s [7] 27 juillet 1744.

1747, (14 fevrier) Ste-Geneviève, M. [8]

2° BLENIER, Charlotte, [BERNARD I.
b 1707 ; s [7] 12 dec. 1748.

Joseph, b [8] 24 dec 1747 ; s [7] 21 août 1748.

1749, (25 août) Sault-au-Récollet.

3° LENORMAND (2), Angélique, [PIERRE I.
b 1728.

1729.

III.—DUBÉ, JOSEPH, [MATHURIN II.
b 1707.
MORIN (3), Ursule.

Joseph, b 7 sept. 1730, à Ste-Anne-de-la-Pocatière. [8]— *Jean-François,* b [8] 27 janvier 1732 ; m 20 juillet 1757, à Marie-Joseph DEBLOIS, à St-François, I. O.

III.—DUBÉ, JOSEPH, [LAURENT II.
b 1708.
1° PELLETIER, Marie-Angelique.

Joseph, b... m 19 fevrier 1759, à Angélique CARON, à l'Islet. [6]

1730, (27 août) [6]

2° CLOUTIER, Marguerite-Barbe, [LOUIS IV.
b 1711.

Marie-Judith, b... m 18 sept. 1752, à Joseph-Marie BARDE, au Cap-St-Ignace. [1] — *Joseph-François,* b [1] 15 mars 1732 — *Joseph,* b 30 août 1733, à Ste-Anne-de-la-Pocatière ; m 8 janvier 1759, à Marie-Basilisse ST-PIERRE, à St-Roch. [2] — *Jean-Baptiste,* b 1734 ; m 23 janvier 1764, à Therèse TALON, à Rimouski. — *Marie-Françoise,* b 28 janvier 1743, à St-Frs-du-Sud [3] ; m [2] 2 mars 1778, à François DUMAINE. — *François-Marie,* b [3] et s [3] 4 juin 1745.—*Marie-Anne,* b 28 juillet 1749, à Berthier, m 15 fevrier 1779, à Dominique LEVÊQUE, à la Rivière-Ouelle.—*Louis,* b 14 mars 1751, à St-Pierre-du-Sud.

III.—DUBÉ, ALEXANDRE, [LOUIS II.
b 1704.
LEVÊQUE, Marguerite-Jeanne, [JOACHIM II.
b 1706.

(1) Elle s'est aussi appelée Dubeau, du nom de sa mere.

(2) Elle epouse, le 1er mai 1754, Marcellin Foran, au Sault-au-Recollet.

(3) Elle épouse, le 8 nov. 1739, Charles Labbé, à l'Islet.

Marie-Madeleine, b... m 26 nov. 1743, à Pierre LANCOGNARD, à la Rivière-Ouelle. [1] — *Louise-Geneviève*, b... m [1] 11 nov. 1749, à Nicolas LEMIÈRE. — *Alexandre*, b... m 9 juillet 1753, à Madeleine LECLERC, à Ste-Anne-de-la-Pocatière. [2] — *Alexandre*, b [1] 27 et s [1] 28 fevrier 1732.—*Marie-Angélique*, b [1] 1er oct. 1733 ; m [1] 10 janvier 1752, à Charles POITEVIN. — *Jean-François*, b [1] 2 déc. 1735 ; 1° m [2] 28 janvier 1755, à Madeleine ST-PIERRE ; 2° m [1] 8 avril 1777, à Madeleine OUELLET. —*Geneviève*, b [1] 15 déc. 1736 ; s [1] 1er août 1737.

III.—DUBÉ, JOSEPH, [LOUIS II.
b 1702 ; s 3 avril 1751, à St-Roch. [3]
MORIN (1), Angelique-Rosalie, [ROBERT I.
b 1710.

Joseph, b 1730 ; s [3] 26 mars 1751.—*Louis*, b 2 février 1732, à Ste-Anne-de-la-Pocatière [4] ; m 1756, à Thérèse NADEAU. — *Marie-Angélique*, b [4] 16 mars 1734 ; m [3] 4 fevrier 1752, à Pierre PAQUET. — *Barthélemi*, b [3] 21 oct. 1735. *Marie-Joseph*, b [3] 15 mai 1738. — *Jean-Baptiste*, b [3] 15 janvier 1740 ; m [4] 18 janvier 1768, à Marie-Geneviève OUELLET.— *François-Marie*, b [3] 6 mai 1742.—*Catherine*, b [3] 13 juin 1744, m [4] 27 sept. 1762, à Jean LEBRET.— *Marie-Louise*, b [3] 21 mai 1746.—*Augustin*, b [3] 20 avril 1748. — *Marie-Judith*, b [3] 14 mars 1751. — *Marie-Charlotte*, b [3] 14 mars et s [3] 7 juin 1751.—*Marie-Charlotte*, b... m [4] 7 janvier 1771, à Charles MIVILLE.

DUBÉ, AUGUSTIN.

....

Julien-Germain, b et s 20 mars 1734, à la Rivière-Ouelle.

1736, (30 juillet) Rivière-Ouelle

III.—DUBÉ, AUGUSTIN, [LOUIS II.
b 1716, journalier.
1° MIVILLE, Marie-Joseph, [CHARLES III.
b 1716 ; s 17 mai 1737, à Quebec. [4]
1740, (11 janvier) Charlesbourg. [5]
2° PROTEAU, Marie-Ambroise, [JEAN II.
b 1717.

Marie-Louise, b [4] 17 sept. 1740.—*Marie-Anne*, b... m [5] 21 nov. 1763, à François BÉLANGER.— *Joseph*, b [4] 3 avril et s [4] 23 mai 1743.—*Pierre*, b [4] 9 mai et s [4] 6 août 1744. —*Anonyme*, b [4] et s [4] 9 août 1745. — *Pierre*, b [4] 22 juillet et s [4] 13 août 1746. — *Anonyme*, b [4] et s [4] 3 mai 1747. — *Augustin*, b [4] 6 juin et s [4] 11 juillet 1748. —*Geneviève*, b [4] 11 fevrier 1750 ; s [4] 15 dec. 1753. — *Louise*, b [4] 14 juin et s [4] 1er août 1753. — *François*, b [4] 18 et s [4] 28 juin 1754. — *Marie-Joseph*, b [4] 12 mars 1756 ; s [5] 1er juin 1758.— *Marie-Joseph*, b [5] 20 juillet et s [5] 17 sept. 1759.— *Marie-Angélique*, b [5] 16 déc. 1761.

DUBÉ, MICHEL.
LEVÊQUE, Angélique.

Michel, b 1742, s 24 janvier 1763, à la Rivière-Ouelle.

(1) Elle épouse, le 25 nov. 1755, Michel Mignot-Labry, à St-Roch.

1737, (29 avril) Québec. [4]

III.—DUBÉ, JEAN-BTE, [MATHURIN II.
b 1712 ; tonnelier ; s [4] 30 juin 1780.
RASSET, Marie-Anne, [JEAN-BTE II.
b 1716 ; s [4] 29 janvier 1797.

Jean-Baptiste, b [4] 19 janvier et s [4] 15 nov. 1738. — *Jean-Sylvestre*, b [4] 1er janvier 1739. — *François-Marie*, b [4] 25 juin et s 15 août 1740, à St-Augustin. — *Anonyme*, b [4] et s [4] 11 fevrier 1742. — *Marie-Anne*, b [4] 2 janvier 1743.— *Marie-Joseph*, b [4] 2 mai 1744. — *Jean-Baptiste*, b [4] 24 juin 1745 ; s [4] 6 mars 1748.— *Amable-Louis*, b [4] 24 juin et s 10 sept. 1745, à Charlesbourg. [5] *Geneviève-Amable*, b [4] 31 juillet 1746 ; s [4] 25 juillet 1748. — *Marie-Françoise*, b [4] 29 juin et s [5] 27 août 1747.— *Jean-Baptiste-Amable*, b [4] 24 nov. 1748 ; s [4] 13 sept. 1750. — *Marie-Louise*, b [4] 27 janvier 1750 ; s [4] 2 mars 1751.—*Jean-Baptiste*, b [4] 15 mars 1751 ; m [4] 24 juin 1776, à Marie VALADE.—*Marie-Amable*, b [4] 15 mars 1751.—*Marie-Louise*, b [4] 29 août et s 28 sept. 1752, à Levis. [6] —*François*, b [4] 11 janvier 1754.— *Gabriel*, b [4] 11 janvier et s [6] 6 mai 1754. — *Pierre*, b [4] 22 avril 1755.

III.—DUBÉ, JEAN-BTE, [PIERRE II.
b 1707.
BLENIER, Suzanne, [BERNARD I.
b 1719.

Joseph, b... m 31 janvier 1758, à Suzanne DEMERS, à Ste-Geneviève, M. [9]—*Marie-Louise*, b 24 sept. et s 21 oct. 1744, à Montreal. — *Jean-Baptiste*, b [9] 4 août 1748 ; s [9] 4 janvier 1749.— *Jean-Baptiste*, b [9] 17 mai et s [9] 23 juin 1750.—*Pierre-Amable*, b [9] 8 avril 1754.

III.—DUBÉ, SIMON, [LOUIS II.
b 1700
GAUDIN, Marguerite.

Jean-Marie, b 21 déc. 1738, à St-Roch [3], m 9 sept. 1771, à Marie-Joseph SÉGUIN, au Detroit.— *Marie-Joseph*, b [3] 17 juillet 1740 ; m [3] 14 mai 1764, à Pierre JEAN.— *Joseph*, b [3] 6 avril 1743.— *Marguerite*, b [3] 3 déc. 1744. s [3] 7 janvier 1745. — *Jean-Baptiste*, b [3] 20 fevrier 1746 ; m 21 janvier 1771, à Veronique FOURNIER, à St-Jean-Port-Joli. [4]—*Marie-Rose*, b [3] 23 juin 1748.—*Jean-Baptiste*, b [3] 31 mai 1750. — *Pierre-Noel*, b [3] 10 août 1752. — *Simon*, b [3] 29 oct. 1754 ; m [4] 20 nov. 1775, à Marie-Anne CHOUINARD. — *Marie-Thérèse*, b [3] 14 nov. 1756 ; s [3] 20 janvier 1757.— *Jean-Bernard*, b [3] 29 oct 1757 ; m [4] 26 nov. 1781, à Therèse CHRÉTIEN. — *Jean-Roch*, b [3] 13 mai 1760. — *Marie-Ange*, b [3] 17 mars et s [3] 29 juillet 1762.

1744, (9 fevrier) St-Roch. [1]

III.—DUBÉ, JEAN-FRANÇOIS, [LOUIS II.
b 1711.
GAGNON, Marie-Joseph, [JACQUES II.
b 1703.

Marie-Modeste, b [1] 7 et s [1] 27 mars 1745.

1745, (15 février) St-Roch. [6]
III.—DUBÉ, Jean-François, [Laurent II.
b 1721.
1° St-Pierre, Marie-Charlotte, [Ignace II.
b 1720; s [6] 23 janvier 1756.
Jean-François, b [6] 30 oct. et s [6] 15 nov. 1745. —*Marie-Madeleine,* b [6] 30 oct. 1745; m 2 mars 1767, à Louis Caron, à Ste-Anne-de-la-Pocatière [7], s [7] 28 juin 1767.—*Joseph-François,* b [6] 23 avril 1747; m [7] 4 février 1771, à Françoise Gauvin.—*Marie-Françoise,* b [6] 15 sept. 1748.—*Marie-Charlotte,* b [6] 26 février 1750; m [6] 27 oct. 1777, à Pierre Pelletier. — *Angélique,* b [6] 26 mars 1752. — *Marie-Rose,* b [7] 30 sept. 1753; m [6] 11 janvier 1779, à Jean-Charles Gerbert. — *Marie-Louise,* b [6] 26 sept. 1755, s [6] 11 oct. 1756.
1756, (30 juin). [6]
2° Lebel, Marie-Catherine, [Joseph III.
b 1734; s [6] 10 sept. 1761.
Marie-Catherine, b [6] 23 avril 1757. — *Marie-Agathe,* b [6] 22 août 1758. — *Marie-Cécile,* b [8] 8 mars et s [6] 14 avril 1760. — *Marie-Elisabeth,* b [7] 11 avril 1761.

1747, (7 janvier) Ste-Anne-de-la-Pocatière
III.—DUBÉ, Pierre-Jacques, [Laurent II.
b 1724.
Pelletier, Marie-Anne. [Jean-Bte IV.
Pierre-François, b 8 oct. 1747, à St-Roch. [6]— *Jean-Raphaël,* b [6] 18 février 1750, m 21 nov. 1773, à Angelique Fournier, à St-Jean-Port-Joli. [7] — *Marie-Anne-Euphrasie,* b [6] 15 février 1752; m [7] 13 oct. 1783, à Louis Dupont. — *Jean-Baptiste-Michel,* b [6] 12 mai 1754; m 18 août 1783, à Louise Hudon, à la Rivière-Ouelle.—*Anselme,* b [6] 30 janvier 1757.—*Joseph-Marie,* b [6] 14 avril 1759, m [7] 10 oct. 1785, à Madeleine Fournier. — *Pierre-Roch,* b [6] 26 oct. 1761. — *Marie-Théotiste,* b [6] 20 avril 1764.

1748, (5 nov.) Rivière-Ouelle [9]
IV.—DUBÉ, Jean-François. [Louis III.
Coté, Marie-Angelique. [Jean-Bte IV.
Marie-Louise, b [9] 14 janvier 1750; 1° m [9] 25 oct. 1773, à Nicolas Grenier; 2° m [9] 14 mai 1793, à Joseph-Marie Lepage, à Quebec. — *Noel-Grégoire,* b [9] 25 nov. 1751; m [9] 23 janvier 1776, à Marie-Joseph Mace. — *Marie-Angelique,* b [9] 27 oct. et s [9] 26 nov. 1753.—*Marie-Madeleine,* b [9] 20 janvier 1755, m [9] 1er mai 1780, à François Desnoyers. — *Jean-François,* b [9] 25 juin 1757. — *Marie-Joseph* et *Pierre,* b [9] 1er avril 1759.— *Catherine,* b... m [9] 11 oct. 1779, à Basile Mignier. —*Marguerite,* b... m [9] 7 janvier 1782, à Joseph Gagnon.

1748, (18 nov.) Kamouraska.
IV.—DUBÉ, Augustin, [Augustin III.
b 1723.
Cordeau (1), Marie-Judith. [Jacques III.
Marie-Judith, b 5 nov. 1749, à la Rivière-Ouelle [6], m [6] 3 août 1772, à Benjamin Dionne.— *Augustin,* b [6] 29 août 1751; s [6] 3 janvier 1760.— *Marie-Madeleine,* b [6] 29 mai 1753; m [6] 19 juin 1780, à Charles-Joseph Boisbriant.—*Marie-Geneviève,* b [6] 13 déc. 1754; s [6] 3 sept. 1755.—*Jean-Paschal,* b [6] 3 juillet 1756; m [6] 31 juillet 1780, à Théotiste Boucher. — *Louis,* b [6] 21 mai 1758; m [6] 28 juillet 1783, à Julie Boucher. — *Marie-Anne,* b... m [6] 4 nov. 1782, à Prosper Garon.

(1) Dit Deslauriers.

DUBÉ, Jean-Bte.
Morin, Rose.
Marie-Rose, b 11 février 1750, à St-Frs-du-Sud. —*Marie-Madeleine,* b 18 juin 1753, à St-Pierre-du-Sud. [1] — *Pierre,* b [1] 18 mai et s [1] 26 juin 1755. —*Marie-Anne,* b [1] 5 mai 1756.—*Pierre,* b [1] 18 mai 1758; s [1] 3 février 1759.—*Antoine,* b [1] 19 déc. 1759.

DUBÉ, Basile,
b 1726, s 29 mars 1784, à la Rivière-Ouelle. [2]
Coté, Louise.
Marie-Louise, b [2] 19 déc. 1752. — *Marie-Geneviève,* b [2] 13 mai 1754.—*Marie-Angélique,* b [2] 18 sept. 1755; s [2] 27 juillet 1756.—*Félicité,* b [2] 8 sept. 1756; m [2] 16 janvier 1775, à Louis Martin. —*Marie-Joseph,* b [2] 17 juillet 1758; 1° m [2] 10 oct. 1774, à Vital Hudon; 2° m [2] 13 nov. 1780, à Joseph Levêque.—*Madeleine,* b [2] 13 février 1760. —*Marie-Rose,* b 1er mai 1763, aux Trois-Pistoles, m [2] 16 juin 1783, à Joseph Miville.

1752, (10 janvier) Kamouraska. [3]
IV.—DUBÉ, Jean. [Augustin III.
Hayot, Anne, [Zacharie IV.
b 1730.
Marie-Anne, b 19 avril 1753, à la Rivière-Ouelle [4]; m [3] 27 janvier 1777, à Jean Tardif.— *Marie-Euphrosine,* b [4] 30 août et s [4] 30 sept. 1754. —*Marie-Dorothée,* b [4] 25 août 1755; s [3] 4 juin 1766.—*Marie-Théodose,* b [4] 27 juin et s [4] 21 août 1757.—*Jean-Théodore,* b [4] 11 mars 1759.—*Marie-Joseph,* b... s [4] 21 mai 1761.—*Augustin,* b... m 13 oct. 1788, à Marie-Ursule Guyon, à l'Ile-Verte. —*Jean-François-Régis,* b [3] 16 sept. et s [3] 2 nov. 1765.—*Marie-Catherine,* b [3] 1er mai 1767.

1753, (9 juillet) Ste-Anne-de-la-Pocatière. [5]
IV.—DUBÉ, Alexandre. [Alexandre III.
Leclerc, Marie-Madeleine, [Etienne II.
b 1735.
Marie-Madeleine, b [5] 21 juillet 1754.—*Jean-Charles,* b [5] 14 nov. et s [5] 8 déc. 1759.—*Charles,* b [5] 28 sept. 1762.

1754, (28 oct.) Rivière-Ouelle. [8]
IV.—DUBÉ, Joseph. [Augustin III.
1° Hudon, Marie-Geneviève, [Jean-Bte II.
b 1733, s [6] 26 sept. 1757.
Geneviève, b [6] 13 août 1755; s [6] 16 sept. 1758. —*Joseph,* b [6] 7 sept. 1757.
1758, (10 avril). [6]
2° Baudet, Marie-Madeleine. [Jean-Bte II.

1755, (28 janvier) Ste-Anne-de-la-Pocatière.
IV.—DUBÉ, JEAN-FRANÇOIS, [ALEXANDRE III.
b 1735.
1° ST-PIERRE (1), Madeleine, [ALEXANDRE II.
b 1735.
Marie-Madeleine, b 20 mars, à St-Roch et s 17 juillet 1756, à la Rivière-Ouelle.[7] — *Marie-Joseph*, b [7] 30 nov. 1757; m 8 sept. 1790, à Jean-Baptiste GAUVREAU, à Québec.—*Jean-Noel*, b [7] 25 déc. 1759. — *Marie-Madeleine*, b... m 2 fevrier 1784, à Jean-Baptiste COTÉ, à l'Ile-Verte.
1777, (8 avril).[7]
2° OUELLET, Madeleine, [JOSEPH III.
b 1734; veuve de Joseph Gagnon.

1756, (28 juin) Pte-aux-Trembles, Q.
IV.—DUBÉ, JEAN-BTE, [LOUIS III.
b 1734.
FOURNEL, Claire, [JACQUES II.
b 1731.
Marie-Geneviève, b 30 sept. 1756, à la Rivière-Ouelle; m 5 février 1776, à Jean-Baptiste MONET, à Terrebonne.—*Boniface*, b 29 mai 1759, à l'Islet.

1756.
IV.—DUBÉ, LOUIS, [JOSEPH III.
b 1732.
NADEAU, Therèse, [JOSEPH III.
b 1740.
Marie-Thérèse, b 23 avril à St-Roch [2] et s 22 mai 1757, à la Rivière-Ouelle. — *Marie-Geneviève*, b [3] 6 dec. 1760; m 19 février 1781, à Augustin FONZAMI, à St-Jean-Port-Joli.[3] —*Louis-Charles*, b [2] 19 juillet 1762.—*Marie-Madeleine*, b [2] 20 mars 1764, m [3] 20 oct. 1783, à Jean-Baptiste GRANDMAISON; s [3] 27 janvier 1785.

1757, (14 février) Rivière-Ouelle.[4]
IV.—DUBÉ, CHARLES, [LOUIS III.
b 1735.
GAGNON, Madeleine, [PIERRE IV.
b 1737.
Marie-Madeleine, b [4] 11 dec. 1757, m [4] 11 janvier 1779, à Joseph HUDON.—*Marie-Louise*, b [4] 8 oct. et s [4] 19 dec. 1760.—*Théotiste*, b [4] 29 mai 1763; m [4] 28 oct. 1782, à Germain LAMARRE.

1757, (20 juillet) St-François, I. O.
IV.—DUBÉ, JEAN-FRANÇOIS, [JOSEPH III.
b 1732.
DEBLOIS (2), Marie-Joseph, [FRANÇOIS III.
b 1736.
François-Julien, b 23 juin 1758, à l'Islet.[8] — *Pierre*, b [8] 22 nov. 1761. — *Joseph-Marie*, b [8] 11 avril 1763.—*Marie-Barbe*, b [8] 29 avril 1764.

1758, (31 janvier) Ste-Geneviève, M.[6]
IV.—DUBE, JOSEPH. [JEAN-BTE III.
DEMERS, Suzanne. [JEAN-BTE III.
Joseph, b [6] 3 nov. 1758, s [6] 19 janvier 1759.

(1) Dit Dessaint.

(2) Dit Gregoire; elle épouse, le 27 juillet 1778, Augustin Pelletier, à St-Jean-Port-Joli.

1759, (8 janvier) St-Roch.[7]
IV.—DUBÉ, JOSEPH, [JOSEPH III.
b 1733.
ST-PIERRE (1), Marie-Basilisse, [IGNACE II.
b 1722; veuve de Jean Pain.
Joseph-Basile, b [7] 7 déc. 1759.—*Jean-Pierre*, b [7] 27 oct. 1761. — *Charles*, b [7] 14 dec. 1762. — *Michel*, b [7] 3 fevrier 1764

1759, (19 fevrier) Islet.[8]
IV.—DUBÉ, JOSEPH. [JOSEPH III.
CARON, Angelique, [JOSEPH III.
b 1720. veuve de Pierre Aucouturier.
Marie-Théotiste, b [8] 26 fevrier 1762.

1761, (12 janvier) Rivière-Ouelle.[9]
IV.—DUBÉ, JOSEPH-MAURICE, [LOUIS III.
b 1734.
PLOURDE (2), Marie-Anne, [AUGUSTIN II.
b 1740.
Augustin-Joseph, b [9] 13 juin 1763; 1° m 26 janvier 1807, à Elisabeth HUNAULT, à St-Louis, Mo, 2° m 8 fevrier 1836, à Marie-Anne LIBERGE, à Caroudet.

1761, (15 juin) Rivière-Ouelle.[8]
IV.—DUBÉ, PIERRE, [LOUIS III.
b 1737.
BAUDET, Marie-Rosalie, [JEAN-BTE II.
s [8] 6 juin 1784.

DUBÉ, JOSEPH, b 1736; s 14 février 1783, à St-Jean-Port-Joli.

1763, (17 janvier) Kamouraska.
IV.—DUBÉ, LOUIS, [AUGUSTIN III.
b 1734.
DIONNE, Marie-Jeanne, [JEAN-BTE II.
b 1741.

1763, (14 fevrier) Ste-Anne-de-la-Pocatière.
III.—DUBÉ, LOUIS. [LOUIS II
MIVILLE, Veronique, [PIERRE IV
b 1736.

1764, (23 janvier) Rimouski.
IV.—DUBÉ, JEAN-BTE, [JOSEPH III.
b 1734.
TALON, Marie-Therèse, [AUGUSTIN II.
b 1747.
Pierre, b 20 août 1769, à Kamouraska.

1764, (4 juin) Rivière-Ouelle.[5]
IV.—DUBÉ, BARTHÉLEMI, [LOUIS III.
b 1742.
1° HUDON, Angelique, [LOUIS-CHS II.
b 1736, s [5] 10 avril 1769.
Marie-Anne, b... m 20 janvier 1794, à Michel SIMON, aux Trois-Pistoles.[6]
2° LEPAGE, Marie-Louise.
Charlotte, nee 15 nov. 1782, à l'Ile-Verte[7], b [7] 12 janvier 1783.—*Firmin*, b [6] 28 dec. 1784 —

(1) Marie-Joseph, 1762.

(2) Dit Placide, 1836.

André-Simon, b [6] 13 mars 1786; s [6] 5 oct. 1792. —*Marie-Louise,* b 1788; s [6] 5 oct. 1792.—*Augustin,* b [6] 21 nov. 1790; s [6] 29 sept. 1793.

1764, (2 juillet) Rivière-Ouelle.
IV.—DUBÉ, Louis. [Louis III.
........, Marie-Catherine.

1764, (16 juillet) Kamouraska. [5]
IV.—DUBÉ, Charles, [Augustin III.
b 1742.
Michaud, Marie, [Pierre III.
b 1737.
Jean-Baptiste, b [5] 3 janvier 1767. — *Marie-Joseph,* b [5] 5 oct. et s [5] 6 nov. 1768.—*Marie-Victoire,* b [5] 2 nov. 1769.—*Marie,* b [5] 6 janvier 1772.

1768, (18 janvier) Ste-Anne-de-la-Pocatière.
IV.—DUBÉ, Jean-Bte, [Joseph III.
b 1740.
Ouellet (1), Marie-Geneviève, [Joseph III.
b 1747.

1768, (21 nov.) Rivière-Ouelle.
IV.—DUBÉ, Zacharie, [Augustin III.
b 1744.
Levêque, Catherine, [Jean III.
b 1745.

1771, (21 janvier) St-Jean-Port-Joli.
IV.—DUBÉ, Jean-Bte, [Simon III.
b 1746.
Fournier, Veronique, [Guillaume III.
b 1751.

1771, (4 février) Ste-Anne-de-la-Pocatière.
IV.—DUBÉ, Joseph-François, [Jean-Frs III.
b 1747.
Gauvin, Françoise, [Louis III.
b 1755.

1771, (11 fevrier) Rivière-Ouelle.
IV.—DUBÉ, Augustin, [Louis III.
b 1739.
Hudon, Catherine, [Louis-Chs II.
b 1746.

1771, (9 sept.) Détroit. [8]
IV.—DUBÉ (2), Jean-Marie, [Simon III.
b 1738.
Seguin, Marie-Joseph, [Joseph III.
b 1754.
Marie-Joseph, b [8] 27 nov. 1771; m [8] 27 janvier 1794, à Charles Chauvin.—*Jean-Baptiste,* b [8] 13 nov. 1773.—*Thérèse,* b [8] 7 sept. 1775, s [8] 5 avril 1778.—*Joseph,* b [8] 24 fevrier 1777. — *Marie,* b [8] 27 fevrier 1779. — *Archange,* b 1781 — *Marie-Geneviève,* b [8] 14 et s [8] 20 mars 1784 —*Cecile,* b [8] 15 mars 1785.

(1) Elle épouse, le 19 août 1777, Paschal Gerbert, à St-Roch.

(2) Habitant du Grandmarais, Détroit.

1773, (21 nov.) St-Jean-Port-Joli.
IV.—DUBÉ, Jean-Raphael, [Pierre-Jacq. III.
b 1750.
Fournier, Angelique. [Guillaume III.

1775, (20 nov.) St-Jean-Port-Joli.
IV.—DUBÉ, Simon, [Simon III.
b 1754.
Chouinard, Marie-Anne, [Pierre II.
b 1750.

1776, (23 janvier) Rivière-Ouelle.
V.—DUBÉ, Noel-Grégoire, [Jean-Frs IV.
b 1751.
Macé, Marie-Joseph, [François I.
b 1760.
Vincent, b... m 15 janvier 1810, à Marie-Charlotte Gagnon, à Kamouraska.

1776, (24 juin) Québec.
IV.—DUBE. Jean-Bte, [Jean-Bte III.
b 1751.
Valade, Marie. [Pierre.
Jean-Baptiste, b 19 mars 1779, à Ste-Foye.

DUBÉ, Jean. [Jean-Bte.
1° Damien, Therèse, [René I.
b 1746.
1778, (22 juin) Québec.
2° Lefebvre, Marie-Charlotte. [Guillaume.

1780, (31 juillet) Rivière-Ouelle.
IV.—DUBÉ, Jean-Paschal, [Augustin III.
b 1756.
Boucher, Marie-Theotiste. [Joseph IV.

1781, (26 nov.) St-Jean-Port-Joli.
IV.—DUBE, Jean-Bernard, [Simon III.
b 1757.
Chretien, Therèse, [Charles III.
b 1752.

1783, (28 juillet) Rivière-Ouelle.
IV.—DUBÉ, Louis, [Augustin III.
b 1758.
Boucher, Julie. [Ignace V.

1783, (18 août) Rivière-Ouelle.
IV.—DUBE, J.-Bte-Michel, [Pierre-Jacq. III.
b 1754.
Hudon, Louise, [Louis III.
b 1749.

1785, (10 oct.) St-Jean-Port-Joli.
IV.—DUBÉ, Joseph-Marie, [Pierre-Jacq III
b 1759.
Fournier, Madeleine. [Louis.

1788, (13 oct.) Ile-Verte.
V.—DUBE, Augustin. [Jean IV.
Guyon (1), Marie-Ursule. [Basile.

(1) Et Dion.

1803, (18 janvier) St-Charles, Mo.
DUBÉ, Jean-Bte. [Jean-Bte.
Roy-Lapensée, Marguerite. [Jean-Pierre.

1810, (15 janvier) Kamouraska.
VI.—DUBÉ, Vincent. [Noel-Grégoire V.
Gagnon, Marie-Charlotte. [Léon.

DUBERGER. — *Surnom :* Sanschagrin.

1763.
I.—DUBERGER (1), Jean-Bte,
s avant 1793
Courtois (2), Louise, [Thomas-Simon III.
b 1741.
Charles, b... s 17 juillet 1764, au Detroit. [9] — *Marie-Catherine*, b [9] 27 mai 1765, s [9] 7 déc. 1766. — *Jean-Baptiste*, b [9] 7 fevrier 1767; 1° m 8 janvier 1793, à Geneviève Langlois, à Québec; 2° m 27 mai 1812, à Marie Plumby, à l'Hôpital-General, Q. — *Françoise*, b [9] 11 sept. 1768; s [9] 2 mai 1770. — *Jacques*, b [9] 22 juin 1770; s [9] 26 août 1771.—*Marie-des-Anges*, b [9] 9 janvier 1774. — *Joseph*, b [9] 16 janvier 1776. — *Jacques*, b [9] 16 oct. et s [9] 10 nov. 1777.—*Marie-Catherine*, b [9] 22 nov. 1778.

1793, (8 janvier) Quebec. [9]
II.—DUBERGER, Jean-Bte, [Jean-Bte I.
b 1767, arpenteur.
1° Langlois, Geneviève. [Thomas.
Marie-Mathilde, b [9] 1er janvier 1798; m à Felix Tétu.
1812, (27 mai) Hôpital-General, Q.
2° Pluvby, Marie. [Thomas I.

1746, (14 février) St-Pierre, I. O. [9]
I.—DUBERGÈS, Bernard, b 1722, chirurgien; fils de Bernard (chirurgien) et de Jeanne Drouillet, de Calliaut, archidiocèse d'Auch, Gascogne; s 15 oct. 1792, à Quebec. [8]
1° Noel, Madeleine, [Ignace III.
b 1726; s 25 oct. 1764, à St-Thomas. [7]
Marie-Madeleine, b [9] 16 août 1746, 1° m [7] 7 nov. 1768, à Jean-Baptiste-François Delisle; 2° m [7] 30 juillet 1770, à Louis Hamelin. — *Marguerite-Angélique*, b [9] 15 et s [9] 20 mars 1749. — *Marie-Abondance*, b [9] 15 et s [9] 23 dec. 1750.
1771, (20 oct.) St-Laurent, I. O.
2° Pouliot, Cecile, [François III.
b 1740, veuve d'Antoine Goujou.
Marie-Pelagie, b [7] 8 dec. 1772. — *Jacques-Bernard*, b... m [8] 28 nov. 1799, à Elisabeth Amiot.
1784, (11 nov.) [8]
3° Cureux, Louise, [Louis-Antoine II.
b 1736.

1799, (28 nov.) Quebec.
II.—DUBERGÈS, Jacq.-Bernard, [Bernard I.
notaire public.
Amiot, Elisabeth. [Louis.
Elisabeth, b... m à Pierre Gauvreau, s à St-Nicolas.

(1) Dit Sanschagrin.
(2) Et Marin.

DUBIAU.—Voy. Dubillot.

DUBIEN, Marie-Joseph, epouse de Jean Rouanais.

DUBILLOT.—*Variation et surnom :* Dubiau—Chaput.

1736, (23 déc.) Québec. [9]
I.—DUBILLOT (1), Jean, fils de Jean et de Marie Baudin, de Chanlay, diocèse de LaRochelle, Aunis.
Deviss (2), Marie-Jeanne, [Charles I.
b 1716.
Jeanne-Indégonde, b [9] 23 janvier 1737. — *Jean*, b [9] 25 juillet 1738. — *Madeleine*, b 28 oct. 1739, aux Trois-Rivières [3]; s [3] 8 fevrier 1740. — *Anonyme*, b [3] et s [3] 14 nov. 1740. — *Pierre*, b [9] 3 avril 1742; s [3] 11 juin 1744.

DUBLANC.—Voy. Leblanc, 1748.

DUBOIS.—*Surnoms :* Berthelot — Boucher—Brisebois — DeBeaucour—De la Miltière—Filiau—Jolicœur—Lafrance—Laguerre—Lajoie—Lalancette — Laréjouissance—Laviolette — LeBreton, 1741 — Picard—St-Agnan—St-Michel.

DUBOIS, Marie-Joseph, épouse de Joseph Rognon.

DUBOIS, Marguerite, epouse de Jacques Pagé.

DUBOIS, Charlotte, b... m à Alexis Paquet, s avant 1808.

DUBOIS, Marie-Joseph, épouse de Charles Legaut.

DUBOIS, Madeleine, b 1712; m à Antoine Godard; s 27 dec. 1750, à Lachenaye.

DUBOIS, Ursule, epouse de .... Rapidiou.

DUBOIS, Marie-Joseph, epouse de Jean-Baptiste Louis.

DUBOIS, Louise, b 1726, m à Augustin Gosselin, s 29 mai 1756, à Lachenaye.

DUBOIS, Geneviève, b 1716, m à Simon Regent.

DUBOIS, Geneviève, b 1725; m à Jean-Baptiste Roy; s 27 déc. 1794, à Québec.

DUBOIS, Marie-Geneviève, b... 1° m à Paul Martin; 2° m 14 oct. 1765, à Joseph Gaudreau, à St-Thomas.

DUBOIS, Marie-Joseph, épouse de Jean-Baptiste Garaut.

(1) Et Chaput, 1740.
(2) Et Deve—Davis.

DUBOIS, MARIE-ANNE, b... m 25 janvier 1761, à Louis CASTONGUAY, à St-Roch ; s 10 nov. 1766, à Ste-Anne-de-la-Pocatière.

DUBOIS, MARIE-JOSEPH, b... 1° m à Jean-Baptiste BARON ; 2° m 23 oct. 1769, à Joseph GALESSE, à Varennes.

DUBOIS, EUPHROSINE, épouse de Charles LIMOGES.

DUBOIS, MARIE-MARGUERITE, épouse de Jean LAMOUREUX.

1665, (25 nov.) Québec.[3]

I.—DUBOIS (1), PIERRE-RENÉ,
b 1630 ; s [3] 25 janvier 1691.
DUMONT, Anne,
b 1646.

Elisabeth, b... m 23 sept. 1703, à Jacques RICHOT, à St-Frs-du-Lac.[4]—*Charles*, b [3] 5 dec. 1680, m [4] 3 août 1704, à Marie-Ursule PLAGNOL.—*Jean-Baptiste*, b... m 25 juin 1704, à Marguerite ANDRÉ, à Lachine.

1667, (18 oct.) Québec.

I.—DUBOIS (1), JACQUES,
b 1640 ; s 17 mars 1675, à Ste-Famille, I. O.[7]
VIEILLOT, Catherine,
b 1647.

Clément, b [7] 25 nov. 1671 ; 1° m à Agnès LABRECQUE ; 2° m 1er février 1706, à Marie-Anne JOUIN, à Beaumont[8] ; s 16 mai 1720, à Becancour.—*Jeanne*, b [7] 13 oct. 1673, m 15 sept. 1693, à Jacques CHARETS, à Lévis ; s[8] 26 déc. 1705.

1671, (19 oct.) Québec.[5]

I.—DUBOIS (2), FRANÇOIS,
b 1651 ; s 10 juillet 1712, à St-Nicolas.[6]
GUILLAUME, Anne,
b 1652 ; s [6] 30 janvier 1716.

Anne, b [5] 1er août 1673 ; m 1699, à René DUMAY ; s[6] 8 fevrier 1712.—*Jean*, b 1674.—*Marie*, b[5] 8 avril 1676 ; m [5] 3 nov. 1694, à Eustache DUMAY.—*Jean-Baptiste*, b 10 janvier 1680, à Levis[7] ; m 8 août 1707, à Marie BISSON, à St-Antoine-Tilly[8], s[8] 21 janvier 1728.—*Philippe*, b 1681, 1° m [6] 18 janvier 1712, à Marie-Thérèse BOUCHER ; 2° m [6] 11 avril 1728, à Marie-Charlotte CHATEL ; s [6] 30 sept. 1743.—*Françoise*, b... m [6] 12 fevrier 1708, à Jean HOUDE.—*François*, b [7] 7 janvier 1686, m [6] 20 avril 1711, à Anne LAMBERT.—*Nicolas*, b... m [6] 2 mai 1718, à Marie-Therèse CHATEL, s[6] 29 sept. 1761.—*Jacques*, b... 1° m à Madeleine POITEVIN, 2° m 11 nov. 1720, à Therèse MIGNERON, à Ste-Foye ; 3° m 30 juin 1744, à Marie MÉNARD, à Beauport.

1682, (23 nov.) Trois-Rivières.[5]

I.—DUBOIS (1), ANTOINE,
b 1648 ; s 19 août 1703, à St-Frs-du-Lac.[6]
MORAL, Marie-Marthe, [QUENTIN I.
b 1661.

(1) Voy. vol I, p. 204.
(2) Dit Lafrance, voy. vol. I, p 204

Antoine, b [5] 10 août 1683 ; m 17 sept. 1736, à Madeleine RENOU, à St-Michel-d'Yamaska ; s [6] 22 avril 1756.—*Marie-Louise*, b 31 mai 1687, à Sorel.—*Anne*, b [6] 22 mars 1689 ; s[6] 2 mars 1699.—*Marie-Charlotte*, b [6] 17 août 1691 ; 1° m [6] 24 nov. 1711, à Jacques PETIT ; 2° m [6] 15 nov. 1717, à Etienne VANASSE ; s [6] 7 mars 1761.

1688, (16 août) Charlesbourg.[5]

I.—DUBOIS (1), FRANÇOIS,
s [5] 4 janvier 1734.
GUILBAUT, Marie, [PIERRE I.
b 1668 ; s 3 janvier 1747, à Quebec.[4]

Pierre, b [5] 21 août 1689 ; m 22 nov. 1711, à Anne-Barbe HAGUENIER, à Montréal.—*Marie-Louise*, b [5] 7 nov. 1695 ; 1° m [5] 10 oct. 1712, à Simon BOIN-DUFRESNE, 2° m 19 fevrier 1726, à Pierre CHAGAU, à Lorette ; 3° m [4] 7 sept. 1733, à Jacques BARBIER.—*Joseph*, b [5] 25 nov. 1699 ; m [5] 29 oct. 1732, à Anne-Marguerite CHRÉTIEN ; s [5] 23 juillet 1763.

1688, (7 sept.) Quebec.

I.—DUBOIS (2), JEAN,
b 1659 ; s 24 sept. 1738, à Champlain.[5]
1° JEAN (3), Catherine, [DENIS I.
b 1670.

Claude-Catherine, b 1690 ; m à François BESSET.

1693, (23 nov.)[5]

2° RAOULT, Jeanne, [ALEXANDRE I.
b 1678, s [5] 8 janvier 1709.

Pierre, b 23 oct. 1695, à Batiscan[6] ; 1° m[6] 24 mai 1736, à Therèse-Françoise RIVARD ; 2° m [6] 31 janvier 1745, à Madeleine RIVARD.—*Marie-Joseph*, b [6] 14 oct. 1697 ; m [5] 25 nov. 1718, à Joseph LIMOUSIN.—*Marie-Jeanne*, b [5] 29 janvier 1700 ; m [5] 24 nov. 1727, à Pierre RIVARD ; s [6] 7 oct. 1751.—*Marie-Charlotte*, b [5] 10 mai 1702.—*Joseph-Marie*, b [5] 14 juin 1704 ; m 24 janvier 1735, à Marie-Anne DESROCHES, à Montreal.—*Marie-Anne*, b [5] 7 avril 1707.

1713, (17 janvier).[5]

3° LIMOUSIN, Antoinette, [HILAIRE I
b 1690.

Geneviève, b [5] 26 janvier 1713, s [5] 29 janvier 1715.—*Jean-Baptiste*, b [5] 21 mai 1714.

1688, (28 nov.) Quebec.[1]

I.—DUBOIS (4), JEAN,
b 1660.
MAILLOU (5), Anne, [PIERRE I.
b 1670.

Elisabeth, b [1] 19 mai 1692 ; m [1] 7 nov. 1707, à Jean-Baptiste MORAND ; s 21 dec. 1740, à Ste-Anne-de-la-Pérade.—*Jean-Baptiste*, b [1] 19 nov. 1693.—*Madeleine*, b [1] 21 fevrier 1695 ; s [1] 4 déc. 1698.—*Geneviève*, b [1] 16 août 1696 ; m [1] 1er mars 1718, à Noël DELESSARD.—*Catherine*, b [1] 22 fe-

(1) Voy vol. I, p. 204.
(2) Maitre-maçon ; voy. vol. I, p. 204.
(3) Dit St-Onge.
(4) Dit Lafrance ; voy vol I, p 204.
(5) Elle epouse, le 1er janvier 1711, Noel Levasseur, à Quebec.

vrier 1697.—*Antoine*, b 1698, s [1] 10 juin 1699.—*Marie-Joseph*, b [1] 4 juillet 1699; 1° m [1] 3 janvier 1728, à Claude Cliche; 2° m [1] 9 janvier 1747, à Louis Louineau. — *Jean-Baptiste*, b [1] 10 nov. 1700; m à Marie Hélot. — *Madeleine*, b 1702; m 6 février 1720, à Jacques Bergeron, à St-Nicolas.

1693, (31 août) Montréal. [8]

II.—DUBOIS (1), Jean-François, [René I. b 1668.

Vinet (2), Cunegonde, [Barthélemi I. b 1674.

Geneviève, b [8] 26 fevrier 1707; m 31 mars 1723, à Pierre Ranger, au Bout-de-l'Ile, M. — *Marie*, b [8] 3 sept. 1708; s [8] 22 juin 1715. — *Marguerite*, b... m 1725, à Jean Brunet.

1695, (18 janvier) Quebec.

II.—DUBOIS (3), François, [Jacques I. b 1668.

LeGuay (4), Marie, [Jean I b 1674.

François, b 11 mai et s 7 juin 1696, à St-Pierre, I. O. — *François*, b 1697, m 27 juillet 1723, à Angélique Cadoret, à Levis [7]; s [7] 3 juin 1732 (noye). — *Marie-Anne*, b 1705, m [7] 29 oct. 1732, à François Boulé; s [7] 20 juillet 1733.—*Louis*, b [7] 27 avril 1712; m à Louise Racine, s [7] 2 juin 1732 (noyé).

DUBOIS, Pierre, b... s 7 fevrier 1728, à St-Nicolas.

DUBOIS, Pierre, b 1677; s 27 nov 1743, à Lachenaye.

I.—DUBOIS (5), Jacques-Joseph, de St-Agnan, diocèse de Berry.

Grandpre (6), Marie-Elisabeth.

Joseph, b... m 16 fevrier 1727, à Louise Douault, à Varennes.

1698, (17 sept.) Lachine. [1]

I.—DUBOIS (7), Antoine, b 1667.

Plumereau, Louise, [Julien I. b 1678; veuve de Raymond Boinneau, s 19 dec. 1736, à Montreal. [2]

Marie-Anne, b [2] 16 fevrier 1701.—*Marguerite*, b [2] 3 nov. 1702.—*Marie-Suzanne*, b [2] 13 fevrier 1704.—*Antoine-Joseph*, b [1] 23 avril 1705.—*Marie-Louise*, b [1] 20 janvier 1710. — *Marie-Madeleine*, b... m 18 nov. 1726, à Pierre Charlebois, à la Pointe-Claire. [3]— *Marie-Apolline*, b [1] 9 juin 1711; m [2] 4 avril 1731, à Jacques Goguet. — *Marie-Placide*, b 1713, m [2] 11 fevrier 1737, à Clement Prou; s 1763, à Ste-Geneviève, M. — *Geneviève-Brigitte*, b [3] 9 mai 1715; m 1745, à Jean-Baptiste Dany. — *Marie*, b 11 avril et s 5 sept. 1717, au Bout-de-l'Ile, M.

(1) Et Brisebois; voy. vol I p 205.
(2) Elle épouse, en 1717, Jacques Lantier.
(3) Voy. vol. I, p 205.
(4) Et Brière
(5) Dit St-Agnan.
(6) Dit Boucher ou Dutaut.
(7) Dit Laviolette; voy vol. I, p. 205.

1699, (3 nov.) Beaumont. [4]

II.—DUBOIS (1), Pierre, [Jacques I b 1675.

Maillou, Marie-Anne, [Michel I b 1676; s 19 dec. 1735, à St-Nicolas. [3]

Marie-Anne, b [4] 15 mai 1701. — *Pierre*, b [4] 30 juin 1705; m [3] 8 janvier 1731, à Marie-Anne Houde; s [3] 30 nov. 1747. — *Marie-Louise*, b [4] 27 juillet 1707, 1° m [3] 8 janvier 1733, à Pierre Lambert; 2° m 25 oct. 1762, à Augustin Demoliers, à Quebec [9], s [9] 26 mars 1778.—*Jeanne*, b [4] 21 juillet 1709; m [3] 5 avril 1731, à Felix Leblèquf —*Madeleine*, b [4] 3 sept. 1711; m [3] 26 nov. 1733, à Antoine Lapointe. — *Marie*, b... m 29 janvier 1736, à François Rondeau, à St-Antoine-Tilly.—*Marguerite*, b... m 19 nov. 1740, à Jean-Baptiste Baillargeon, à Sorel —*Jean-Baptiste*, b [3] 19 mai 1720 — *Anonyme*, b [3] et s [3] 11 mai 1722.

1700, (18 janvier) Boucherville.

I.—DUBOIS (2), François, b 1675; fils de Jean et de Catherine Dumas, du diocèse de Limoges, Limousin; s 30 déc. 1741, à Terrebonne. [6]

Charles (3), Marguerite, [Etienne I. b 1684; s [6] 11 fevrier 1750.

Marguerite, b 1700; m 1719, à Jacques Boyer —*Marie-Joseph*, b 18 janvier 1701, à Longueuil. [7] — *François*, b [7] 1er mai et s [7] 26 juillet 1703. — *François*, b [7] 9 juin 1705; m [6] 2 nov. 1727, à Catherine Vermet, s [6] 13 sept. 1749.—*Pierre*, b 4 fevrier 1708, à St-François, I. J. [8]—*Etienne*, b [8] 17 janvier 1713; m 6 fevrier 1741, à Marie-Angelique Hus, à Sorel; s [6] 29 août 1752. — *Etienne*, b [8] 22 avril 1714, m 10 oct. 1735, à Marie-Joseph Touin, à Lachenaye; s [6] 24 sept. 1754. — *Jean-Baptiste*, b... m [6] 3 fevrier 1739, à Marie Gareau, s 5 nov. 1749, à Ste-Rose. — *Angélique*, b... m [6] 29 mai 1740, à Jean-Baptiste Dupré. — *Michel*, b... m 1741, à Angelique Paris.

II.—DUBOIS, Clément, [Jacques I. b 1671; s 16 mai 1720, à Becancour. [6]

1° Larrecque, Agnès, s 18 mai 1703, à St-Laurent, I. O. [7]

Marie-Anne-Catherine, b [7] 18 avril 1701; 1° m 30 juin 1727, à Pierre Blanchet, à St-Ours, 2° m 27 oct. 1749, à Denis Laporte, à St-Antoine-de-Chambly [8]; s [8] 17 avril 1757.

1706, (1er fevrier) Beaumont.

2° Jouin (4), Marie-Anne, veuve de Pierre Rondeau

Joseph, b 14 juillet 1707, à Ste-Anne-de-la-Perade, m [6] 6 avril 1739, à Madeleine DeHornay-Laneuville —*Guillaume*, b 29 juillet 1709, à Quebec,

(1) Voy. vol I, p. 205
(2) Dit Jolicœur, soldat de M. de Longueuil.
(3) Dit Lajeunesse.
(4) Et Gouin.

m 9 janvier 1732, à Madeleine TERRIEN, à Nicolet[9]; s[9] 7 fevrier 1787.— *Jean-Baptiste*, b 4 mai 1712, à Batiscan; m[6] 15 fevrier 1745, à Marie-Joseph BOURBEAU. — *Marie-Anne*, b[7] 1er janvier 1719.

1704, (25 juin) Lachine. [5]

II.—DUBOIS (1), JEAN-BTE. [PIERRE-RENÉ I.
ANDRÉ (2), Marguerite, [MICHEL I.
b 1676.

Suzanne, b[5] 27 mars 1705.—*Louis*, b[5] 1er mai 1707 — *Jacques*, b[5] 12 sept. 1709. — *Ambroise*, b[5] 13 nov 1711.—*Dorothée*, b 12 février 1714, à la Pte-Claire.—*Jean-Baptiste*, b 1715; m à Marie-Anne PILON.

1704, (3 août) St-Frs-du-Lac. [6]

II.—DUBOIS (3), CHARLES, [RENÉ I
b 1680

PLAGNOL (4), Marie-Ursule.

Catherine, b .. m[6] 7 janvier 1724, à François LAUNIÈRE. — *Marguerite-Joseph*, b .. s 19 dec. 1727, à Montréal. [7] —*Marie-Ursule*, b[6] 30 sept. 1708, m[7] 4 mars 1734, à Alexis LEFEBVRE.— *Marie-Apolline*, b[6] 25 juillet 1713, s[7] 15 avril 1728. — *Marie-Françoise*, b[6] 15 août 1716.— *Catherine*, b[6] 24 juin 1718. — *François-Régis*, b[6] 10 avril et s[6] 9 sept. 1720.— *François-Régis*, b[6] 5 dec. 1723.—*Joseph-Marie*, b[6] 8 juillet 1726; m[6] 18 janvier 1750, à Catherine RENOU.

I.—DUBOIS (5), ULFRAND, b 1663, s 23 fevrier 1745, à Montréal.

1707, (8 août) St-Antoine-Tilly. [4]

II.—DUBOIS (6), JEAN-BTE, [FRANÇOIS I.
b 1680; s[4] 21 janvier 1728.

BUISSON (7), Marie-Louise, [ANTOINE II.
b 1689; s[4] 15 juin 1732

Jean-François, b[4] 1er mai 1708, m 20 nov 1737, à Angélique BUSSIÈRE, à St-Pierre, I. O.— *Joseph*, b 30 nov. 1709, à St-Nicolas. — *Charles*, b[4] 27 déc. 1711; s[4] 7 fevrier 1712. — *Marie-Angélique*, b[4] 28 mai 1713, m[4] 9 avril 1736, à Jean-Baptiste COTÉ; s[4] 18 mai 1748. — *Marie-Thérèse*, b[4] 6 mai 1715; m 5 août 1743, à Louis LETOURNEAU, à Quebec[5], s[5] 18 mars 1780. — *Charles*, b[4] 2 fevrier 1717, 1° m[4] 3 juillet 1741, à Françoise HOUDE; 2° m[4] 7 nov. 1757, à Elisabeth RONDEAU; 3° m à Marie PAULET. —*Jean-Baptiste*, b[4] 8 mars 1720; 1° m[4] 22 nov. 1741, à Marie-Charlotte HOUDE; 2° m[4] 26 fevrier 1759, à Marie-Louise HUOT.—*Antoine*, b[4] 13 juin 1725. —*Marie-Angélique*, b[4] 31 mai 1726; m 1746, à Gervais BAUDOIN. — *Deux anonymes*, b[4] et s[4] 22 juillet 1727.

(1) Dit Brisebois.
(2) Dit St-Michel.
(3) Dit Brisebois, 1716.
(4) Anglaise—Ely Meystrey; adoptee de M. de Plagnol.
(5) Dit Picard, caporal
(6) Dit Lafrance
(7) Et Bisson.

1711, (20 avril) St-Nicolas. [5]

II.—DUBOIS, FRANÇOIS, [FRANÇOIS I.
b 1686.

LAMBERT, Anne, [AUBIN I.
b 1685.

Marie-Joseph, b[5] 27 et s[5] 30 janvier 1712.— *Marie-Anne*, b[5] 11 et[5] 17 janvier 1713. — *Jean-François*, b[5] 14 mars 1714; s[5] 30 janvier 1718. — *Marie-Louise*, b[5] 8 mars 1716. — *Joseph*, b 1717; 1° m[5] 25 nov. 1736, à Marguerite DEMERS; 2° m[5] 2 fevrier 1751, à Marie-Xainte GAGNON.— *Marie-Joseph*, b[5] 29 sept. 1719. — *Gervais*, b 24 août et s 15 nov. 1728, à Ste-Croix.

1711, (22 nov.) Montréal [2]

II.—DUBOIS, PIERRE, [FRANÇOIS I.
b 1689.

HAGUENIER, Anne-Barbe, [PAUL II.
b 1689; s[2] 18 janvier 1740.

Pierre, b[2] 19 fevrier et s[2] 24 mai 1712.— *Marguerite*, b[2] 12 mai 1713; s[2] 29 janvier 1714. — *Catherine*, b[2] 28 mai 1714; 1° m[2] 7 janvier 1741, à Etienne GIBAUT, 2° m[2] 22 août 1763, à Pierre RÉAUME. —*Daniel-Marie*, b[2] 23 janvier 1716; s[2] 28 janvier 1717. — *Pierre*, b[2] 12 oct. 1717, m[2] 7 janvier 1744, à Marie-Thérèse GIBAUT.— *François*, b[2] 12 sept. et s[2] 14 oct. 1719 —*Alexis*, b[2] 2 nov. 1720; 1° m[2] 24 sept. 1742, à Marie-Charlotte GIBAUT; 2° m[2] 18 août 1749, à Marie-Anne BARITEAU. —*Marie-Joseph*, b[2] 10 mars et s[2] 27 dec. 1723. —*Marie-Angélique*, b[2] 29 juin 1724, s[2] 26 mai 1738.—*François*, b[2] 25 oct. 1725. — *Paul*, b[2] 5 fevrier et s[2] 30 août 1727 — *Barbe*, b... s[2] 1er juillet 1730.— *Amable*, b[2] 8 juin 1730.

1712, (18 janvier) St-Nicolas. [8]

II.—DUBOIS (1), PHILIPPE, [FRANÇOIS I.
b 1681; s[8] 30 sept. 1743.

1° BOUCHER, Marie-Therèse, [DENIS III.
b 1692, s 24 juin 1726, à St-Antoine-Tilly.

Jean-François, b[8] 25 oct 1712, m[8] 16 nov. 1733, à Marie-Elisabeth RENAUD; s[8] 13 avril 1749.—*Jean-Baptiste*, b[8] 7 janvier 1715; m 1746, à Marie-Louise MÉTOT. — *Marie-Thérèse*, b[8] 28 juillet 1717; s[8] 27 dec 1718. — *Charles*, b[8] 27 août 1719; m[8] 6 juin 1748, à Marie-Marguerite MARCOT.—*Denis-Joseph*, b[8] 20 oct. 1721, m[8] 24 avril 1748, à Agnès GAGNON. — *Nicolas*, b[8] 11 juin 1724, m 14 juillet 1749, à Marguerite HUARD, à Levis[9]; s[9] 24 fevrier 1759.

1728, (11 avril). [8]

2° CHATEL, Marie-Charlotte, [MICHEL I.
b 1698, s[8] 10 janvier 1758.

Joseph-Marie, b[8] 12 fevrier et s[8] 28 août 1730 — *François-Joseph*, b[8] 31 août 1731. — *Marie-Charlotte*, b[8] 16 fevrier et s[8] 23 nov. 1736.— *Louis-Charles*, b[8] 11 mai 1738.

I.—DUBOIS (2), JEAN-MAURICE, b 1662; s 11 mai 1750, à Montreal.

(1) Dit Lafrance
(2) Et Berthelot, ancien gouverneur de Montreal.

1713, (13 nov.) Québec.
I.—DUBOIS (1), Josué, chevalier; fils de Jacques-Hyacinthe (chevalier) et de Petronille de Magnan, de Bothoa, diocèse de Cornouailles, Bretagne.
AUBERT, Gabrielle-Françoise, [CHARLES I. b 1687; veuve de Paul LeMoyne.
Georges-François, b... m à Jeanne DEGOUTIN.

I.—DUBOIS, PRISQUE,
Anglais.
SENELLE (2), Louise.
Marie, b 25 mai 1715, à Ste-Famille, I. O.

1718, (2 mai) St-Nicolas. [6]
II.—DUBOIS, NICOLAS, [FRANÇOIS I. s [6] 29 sept. 1761.
CHATEL, Marie-Thérèse, [MICHEL I. b 1694; s [6] 25 janvier 1755.
Joseph, b 1719; s [6] 20 janvier 1725. — *Marie-Thérèse*, b [6] 28 oct. 1720; 1° m 6 oct. 1742, à Jean CLOUTIER, à St-Antoine-Tilly, 2° m [6] 23 juillet 1748, à Etienne MARION. — *Marie-Charlotte*, b [6] 26 dec. 1722; m [6] 7 fevrier 1752, à Joseph BOUCHER. — *Marie-Louise*, b [6] 16 avril 1725; 1° m [6] 5 février 1753, à Joseph DEMERS; 2° m [6] 3 nov. 1762, à François BOUCHER. — *Nicolas*, b [6] 31 août 1728; m [6] 26 janvier 1750, à Therèse BERGERON.—*Marie-Madeleine*, b [6] 21 oct. 1731.—*Marie-Geneviève*, b [6] 8 oct. 1733; m [6] 25 janvier 1762, à Jean-Baptiste BOUCHER.— *Marie-Madeleine*, b [6] 15 août 1735; s [6] 29 déc. 1737.—*Marie-Françoise*, b... 1° m à Joseph LADRIÈRE, 2° m 29 juillet 1754, à Eustache TOUPIN, à Québec.

DUBOIS, JEAN.—Voy. QUINTIN, 1695.

II.—DUBOIS, PIERRE-JACQUES. [FRANÇOIS I.
1° POITEVIN, Madeleine, [JEAN I. b 1692.
Marie-Charlotte, b... m 10 janvier 1741, à Joseph GUILBAUT, à Levis [3]; s [3] 8 oct. 1751.

1720, (11 nov.) Ste-Foye. [2]
2° MIGNERON, Therèse, [SÉBASTIEN II. b 1698; s [3] 11 fevrier 1742.
Marie-Thérèse, b [3] 28 oct. et s [3] 1er nov. 1721. —*Marie-Joseph*, b [3] et s [3] 24 oct. 1722.—*Antoine*, b 1723; s [3] 23 nov. 1725 —*Geneviève*, b [3] 25 janvier 1726. — *Jean-Baptiste*, b [3] 15 dec. 1727; s [3] 27 août 1728. — *Marie-Angélique*, b [3] et s [3] 20 sept. 1729 — *Joseph-Marie*, b [3] 24 fevrier et s [3] 5 mars 1731.—*Marie-Angélique*, b [3] 30 mars 1732; m [3] 9 août 1756, à Jean-Baptiste HUARD.—*Marie-Catherine*, b [3] 15 et s [3] 23 août 1733. — *Joseph-Marie*, b [3] 4 nov. 1734, s [3] 30 mars 1735.

1744, (30 juin) Beauport.
3° MÉNARD, Marie. [PIERRE II
Jacques, b [3] 23 avril 1746; m [3] 28 juillet 1766, à Charlotte DUSSAULT. — *Jacques*, b [3] 13 avril 1755. — *Marie-Marguerite*, b [3] 12 juin 1757; s [3] 11 juin 1761. — *Geneviève*, b [3] 10 juin 1758. — *Marie-Madeleine*, b 22 mai 1761, à Quebec.

(1) Et Berthelot, sieur de Beaucour
(2) Elle épouse, le 28 oct. 1726, Claude Corby, à Quebec.

II.—DUBOIS, JEAN-BTE, [JEAN I. b 1700.
HÉLOT, Marie, b 1715; s 29 déc. 1797, à Québec.

1723, (27 juillet) Levis. [6]
III.—DUBOIS (1), FRANÇOIS, [FRANÇOIS II b 1697, s [6] 3 juin 1732.
CADORET (2), Angélique. [GEORGE I
François, b [6] 20 janvier 1724; m 1751, à Françoise POULIN.—*Antoine*, b [6] 20 janvier 1727. —*Jacques*, b [6] 20 juillet 1728; m 11 janvier 1751, à Angélique MÉNARD, à Beauport. — *Jean-Baptiste*, b [6] 5 mars 1730, m 24 oct. 1752, à Marie HÉLOT, à Quebec. — *Louis-Joseph*, b [6] 14 août 1731.

III.—DUBOIS (3), LOUIS, [FRANÇOIS II. b 1712, s 2 juin 1732, à Lévis.
RACINE, Louise.

DUBOIS, JEAN-BTE.—Voy. FILIAU, 1720.

DUBOIS, FRANÇOIS, b 1725; s 17 fevrier 1746, à Montreal.

1727, (16 fevrier) Varennes. [3]
II.—DUBOIS, JOSEPH. [JACQUES-JOSEPH I
DOUAULT (4), Marie-Louise. [FRANÇOIS I
Joseph, b [3] 10 dec. 1727; 1° m 25 nov. 1754, à Thérèse LERICHE, à Boucherville [4]; 2° m [3] 9 janvier 1759, à Monique CHOQUET; 3° m [4] 3 oct 1763, à Marguerite LERICHE.—*Marie-Renée*, b... 1° m [3] 7 avril 1750, à Antoine GIRARD; 2° m [3] 2 fevrier 1761, à Joseph LHUISSIER.—*Marie-Louise*, b... m [3] 16 fevrier 1756, à René BISSONNET.— *Thérèse*, b... m [3] 2 fevrier 1761, à Ferdinand-Joseph DELFOSSE.—*Marie-Joseph*, b... m [3] 21 nov 1763, à Rene PREVOST.

1727, (2 nov.) Terrebonne. [5]
II.—DUBOIS, FRANÇOIS, [FRANÇOIS I. b 1705; s [5] 13 sept. 1749.
VERMET (5), Catherine-Geneviève, [ANTOINE II. b 1709.
Marie-Catherine, b [5] 20 août 1728. — *Marie-Joseph*, b [5] 20 nov. 1729: s [5] 23 janvier 1732.— *Marie*, b... m [5] 5 juillet 1751, à Pierre TRUCHON. —*François*, b [5] 23 dec. 1732; m 19 juillet 1762, à Pelagie ROCHON, à St-Henri-de-Mascouche. [6] — *Joseph*, b [5] 17 janvier 1735; m à Marie-Jeanne PILON. — *Charles*, b [5] 2 dec. 1736; m 3 fevrier 1767, à Marie-Joseph ROY, au Bout-de-l'Ile, M. — *Marie-Geneviève*, b... m [6] 12 janvier 1756, à Jean-Baptiste MÉNARD. — *Pierre*, b [5] 23 fevrier 1739. — *Marie-Angélique*, b [5] 28 nov. 1740, s [5] 14 août 1747.—*Marie-Joseph*, b [5] 22 mars 1742 —*Marie-Elisabeth* b [5] 3 mai 1744,

(1) Noyé dans la rivière aux Etchemins, le 1er mai 1732.
(2) Elle épouse, le 11 février 1744, Noel Maheu, à Levis
(3) Noyé dans la rivière aux Etchemins, le 1er mai 1732, avec François Dubois, son frère, et Joseph Branchaux
(4) Elle epouse, le 31 oct. 1745, Paul Dumest, à Varennes
(5) Dit Mornet; elle épouse, le 4 oct. 1751, Jean Carrière, à Terrebonne.

m 23 juin 1760, à Claude PAQUET, à St-Vincent-de-Paul.—*Marie-Thérèse*, b [5] 27 mai 1748; m 23 janvier 1764, à Jean-Baptiste VAILLANCOURT, à Ste-Rose.

1731, (8 janvier) St-Nicolas.[1]

III.—DUBOIS, PIERRE, [PIERRE II.
b 1705; s [1] 30 nov. 1747.
HOUDE (1), Marie-Anne, [JEAN II.
b 1690; veuve de Jean Aubin-Lambert.
Marie-Marguerite, b [1] 20 juillet 1732; 1° m [1] 9 oct. 1747, à Joseph MARION; 2° m [1] 10 nov. 1762, à Pierre CHARLAN.

1731, (28 août) Montréal.[8]

I.—DUBOIS (2), PIERRE, b 1698: fils de Pierre et de Catherine Fargon, de St-Louveza, diocèse de Bordeaux; s 30 oct. 1760, à Lanoraie.
QUESDRA (3), Therèse, [FRANÇOIS I.
b 1712.
Antoine, b [8] 10 janvier 1733. — *Marie-Joseph*, b [8] 21 mars et s [8] 19 août 1734.—*Pierre*, b 1735; m [8] 25 mai 1761, à Marie-Madeleine GRUET.

1732, (9 janvier) Nicolet.[3]

III.—DUBOIS, GUILLAUME, [CLÉMENT II.
b 1709; s [3] 7 fevrier 1787.
TERRIEN, Madeleine, [JEAN II.
b 1703; s [3] 15 avril 1783.
Marie-Amable, b [3] 16 nov. 1732; m à Jean-Baptiste LABONTÉ, s [3] 15 oct. 1791. — *Joseph-Séraphin*, b [3] 28 oct. 1734; s [3] 4 mars 1758.—*Marie-Jeanne*, b... m [3] 11 avril 1758, à Jean-Baptiste MAROT. — *Jacques*, b [3] 24 juillet 1739, s [3] 26 mars 1741. — *Joseph-Adrien*, b [3] 6 août 1741, m [3] 28 mai 1764, à Marguerite LASPRON, s [3] 27 dec. 1790.

1732, (29 sept.) Quebec.[8]

I.—DUBOIS (4), RENÉ, fils de Pierre et de Jeanne Chauvin, de Bourg-L'Evêque, diocèse d'Angers, Anjou.
LÉGER, Marie-Claude, [PIERRE I.
b 1714, s [8] 18 mars 1733.

1732, (29 oct.) Charlesbourg[2]

II.—DUBOIS, JEAN-JOSEPH, [FRANÇOIS I.
b 1699; s [2] 23 juillet 1763.
CHRÉTIEN (5), Anne-Marguerite, [JEAN-BTE II.
b 1704, s avant 1758.
Marie, b... m 5 mai 1758, à Paul CYR, à St-Charles. — *Honoré*, b... m 2 mai 1764, à Marthe BÉLANGER, à l'Islet.

1733, (16 nov.) St-Nicolas.[8]

III.—DUBOIS, JEAN-FRANÇOIS, [PHILIPPE II.
b 1712; s [8] 13 avril 1749.
RENAUD, Marie-Elisabeth, [PIERRE II.
b 1718; s [8] 6 sept. 1751.

(1) Elle était, à St-Antoine-Tilly, le 22 fevrier 1745.

(2) Soldat de la compagnie de Lanoue.

(3) Et Queri; appelee LeSieur, en 1734, du nom de sa mère.

(4) Dit St Michel.

(5) Dit Vincent.

Jean-François, b [8] 1er juillet 1738; m 10 janvier 1763, à Angélique HUARD, à Lévis.—*Etienne*, b [8] 19 avril 1740; m [8] 15 fevrier 1762, à Marie-Geneviève GAGNON.—*Jean-Baptiste*, b [8] 26 juin 1742. —*Pierre-Joseph*, b [8] 27 avril et s [8] 29 août 1747. —*Louis*, b [8] 4 mai 1749; s [8] 8 juillet 1758.

1735, (24 janvier) Montréal.[9]

II.—DUBOIS, JOSEPH-MARIE, [JEAN I.
b 1704.
DESROCHES, Marie-Anne, [PAUL II.
b 1695; s [9] 30 mars 1746.

1735, (10 oct.) Lachenaye.

II.—DUBOIS, ETIENNE, [FRANÇOIS I.
b 1714; s 24 sept. 1754, à Terrebonne.[6]
TOUIN (1), Joseph-Therèse, [ROCH II.
b 1716.
François, b [6] 22 juillet 1736; s [6] 31 mars 1737. — *Marie-Thérèse*, b [6] 17 oct. 1737; m [6] 7 janvier 1756, à Jean-Baptiste LECOMPTE. — *Marie-Joseph*, b [6] 20 janvier 1739; m [6] 4 août 1760, à Jean-Baptiste CUSSON. — *Etienne*, b [6] 5 juillet 1740; m [6] 4 août 1760, à Marguerite CUSSON.— *Agathe*, b [6] 6 août 1741. — *Joseph*, b [6] 16 oct. 1742, m [6] 4 oct. 1773, à Angelique CAILLÉ. — *Pierre*, b [6] 29 oct. 1744.—*Marie-Madeleine*, b [6] 15 mai 1746. — *Marie-Thérèse*, b [6] 22 avril 1747.—*Louis*, b 7 juillet 1750, à Ste-Rose; m [6] 17 nov. 1777, à Charlotte DELOEIL. — *Jean-Baptiste*, b [6] 20 nov. 1752. — *Marie-Louise*, b [6] 9 mars et s [6] 28 juin 1754

1736, (24 mai) Batiscan.[7]

II.—DUBOIS, PIERRE, [JEAN I.
b 1695.
1° RIVARD, Françoise-Thérèse, [MATHURIN III.
b 1703, s 8 mai 1741, à Champlain.[8]
Pierre, b [8] 20 avril 1737. — *Geneviève*, b [8] 12 janvier 1739.— *Marie-Françoise*, b [7] 3 nov. 1740.
1745, (31 janvier).[7] (2)
2° RIVARD, Marie-Madeleine, [NICOLAS II.
veuve de Jean-François Cadot.

1736, (17 sept.) St-Michel-d'Yamaska.

II.—DUBOIS, ANTOINE, [ANTOINE I.
b 1683, s 22 avril 1756, à St-Frs-du-Lac.
RENOU (3), Marie-Madeleine, [FRANÇOIS I.
b 1684, veuve de Louis Pinard.

1736, (25 nov.) St-Nicolas[9]

III.—DUBOIS, JOSEPH, [FRANÇOIS II.
b 1717.
1° DEMERS, Marguerite, [NICOLAS II.
b 1719, s [9] 3 juillet 1750.
Marie-Thérèse, b [9] 18 oct. 1737, m [9] 30 juin 1760, à Joseph BOURASSA.— *Marie-Louise*, b [9] 27 sept. 1739; m [9] 3 mai 1762, à Etienne HUOT.— *Joseph-Marie*, b [9] 9 mars 1741 —*Jean-Joseph*, b [9] 24 mai 1742; s [9] 15 août 1751. — *Marie-Marguerite*, b [9] 16 sept. 1743.—*François-Joseph*, b 1745,

(1) Elle epouse, le 9 janvier 1757, Antoine Gareau, à Terrebonne.

(2) Avec dispenses du 3me au 3me degré.

(3) Elle etait aux Trois-Rivières, en 1739.

s [9] 18 nov. 1747. — *Marie-Anne*, b [9] 19 juin et s [9] 10 nov. 1747. — *Marie-Louise*, b [9] 27 et s [9] 28 avril 1749. — *Joseph*, b [9] 30 mai et s [9] 27 nov. 1750.

1751, (2 février). [9]

2° GAGNON, Marie-Xainte, [PIERRE III.
b 1716.

Joseph-Marie, b [9] 1er déc. 1751. — *Marie-Charlotte*, b [9] 14 mai 1753. — *Marie-Catherine*, b [9] 13 oct. 1754 ; s [9] 30 nov. 1755. — *Marie-Anne*, b [9] 22 fevrier 1756 : s [9] 5 juin 1757. — *Louis-Augustin*, b [9] 17 juin 1757. — *Jean-Baptiste*, b 24 juillet 1759, à St-Antoine-Tilly.

DUBOIS, JEAN.
GRAVELLE, Angélique
Marie-Joseph, b 27 mai 1738, à Quebec.

1737, (20 janvier) Quebec. [8]

I.—DUBOIS (1), CHRISTOPHE, b 1707, fils de Noel et de Marie Saureau, de St-Aubin, ville de Guerande, diocèse de Nantes, Haute-Bretagne ; s [8] 10 dec. 1747.

GATIEN, Marie-Madeleine, [PIERRE I.
b 1691, veuve de Jean Marchesseau. s [8] 11 dec. 1749.

1737, (20 nov.) St-Pierre, I. O.

III.—DUBOIS (2), JEAN-FRS, [JEAN-BTE II.
b 1708.

BUSSIÈRE, Angélique, [JEAN II.
b 1713.

Marie-Angélique, b 29 janvier 1739, à St-Antoine-Tilly [7] ; m 5 sept. 1763, à Jean GARANT, à Quebec. — *Jean-François*, b [7] 3 et s [7] 28 mars 1740. — *Jean-François*, b [7] 5 juin et s [7] 6 juillet 1741. — *Jean-Baptiste*, b [7] 29 août et s [7] 15 sept 1742. — *Marie-Angélique*, b [7] 19 fevrier 1745. — *Joseph-François*, b [7] 11 et s [7] 14 janvier 1748. — *François*, b 15 et s 17 sept. 1749, à Montreal.

1739, (3 fevrier) Terrebonne. [9]

II.—DUBOIS, JEAN-BTE, [FRANÇOIS I.
s 5 nov. 1749, à Ste-Rose. [8]

GARLAU (3), Marie. [PIERRE III

Marie-Joseph, b [9] et s [9] 17 juin 1740. — *Jean-Baptiste*, b [9] 7 août 1741. — *Marie-Joseph*, b [9] 20 juillet 1743. — *Marie-Louise*, b [8] 22 juin 1746.

1739, (6 avril) Becancour. [5]

III.—DUBOIS, JOSEPH-CLÉMENT, [CLÉMENT II.
b 1707.

DEHORNAY (4), Madeleine. [JACQUES I.

Marie-Joseph-Amable, b [5] 27 oct. 1740 ; s [5] 16 mars 1741.

---

(1) Sergent dans les troupes ; il signe à Charlesbourg, le 27 nov. 1736

(2) Dit Lafiance.

(3) Elle épouse, le 31 mai 1756, Jean-Baptiste Guernouillau, à Terrebonne

(4) Dit LaNeuville.

1739, (20 mai) Québec. [5]

I.—DUBOIS, GEORGE, fils de Pierre et d'Anne Simon, de Tournay, diocèse de Sens, Bourgogne.

JEANNES, Marie-Joseph, [MARTIN II
b 1708 ; veuve de Jean Dentu.

George, b [5] 5 mars 1740 ; s [5] 22 mars 1741. — *Thomas-George*, b [5] 23 août et s [5] 9 oct. 1741. — *Jacques*, b [5] 27 oct. 1742 ; s [5] 19 fevrier 1744. — *Marie-Joseph*, b [5] 5 janvier 1745. — *Marie-Anne*, b [5] 2 avril et s [5] 28 août 1746. — *Marie-Ursule*, b [5] 5 juillet 1747 ; s [5] 16 juin 1748. — *Jean*, b [5] 2 sept. 1749, s [5] 30 nov. 1751.

1741, (6 fevrier) Sorel.

II.—DUBOIS, ETIENNE, [FRANÇOIS I.
b 1713 ; s 29 août 1752, à Terrebonne. [6]

HUS (1), Marie-Angelique, [LOUIS II.
b 1718.

Etienne, b [6] 18 janvier 1742 ; 1° m à Elisabeth CHARBONNEAU ; 2° m 5 nov. 1792, à Marguerite DESCOMPS, au Detroit. — *Joseph*, b [6] 31 juillet 1744 ; m [6] 20 janvier 1772, à Marie-Charlotte RIQUIER — *Jean-Baptiste*, b [6] 1er dec. 1745 ; m [6] 29 oct. 1770, à Elisabeth COLIN. — *Louis*, b [6] 17 fevrier 1747 ; s [6] 4 mars 1773. — *Amable*, b [6] 16 nov. 1748. — *Louis-Marie*, b [6] 27 fevrier et s [6] 17 juillet 1749. — *François*, b [6] 31 août 1750 ; m [6] 11 avril 1774, à Therèse LIMOGES, s [6] 17 janvier 1778. — *Joseph-Charles*, b [6] 7 août 1752. — *Antoine*, b [6] 7 août 1752 ; m [6] 21 avril 1777, à Therèse BEAUCHAMP.

1741, (3 juillet) St-Antoine-Tilly. [7]

III.—DUBOIS (2), CHARLES, [JEAN-BTE II.
b 1717

1° HOUDE, Françoise, [JEAN-BTE III.
b 1719 ; s [7] 2 avril 1757.

Françoise, b [7] 16 avril 1742 ; m [7] 18 fevrier 1760, à Pierre HUOT. — *Marie-Louise*, b [7] 25 nov 1743 ; m [7] 18 fevrier 1765, à Jean-Baptiste BERGERON. — *Marie-Angélique*, b [7] 12 juillet 1745. — *Marie-Joseph*, b [7] 15 oct. 1746. — *Véronique*, b [7] 17 juillet et s [7] 22 oct. 1748. — *Marie-Marguerite*, b [7] 12 et s [7] 18 oct. 1749. — *Marie-Catherine*, b [7] 12 et s [7] 14 oct. 1749. — *Marie-Thérèse*, b [7] 16 nov. 1750, s [7] 8 dec. 1752. — *Thècle*, b [7] 29 août 1752. — *Marie-Charlotte*, b [7] 20 août 1754, m [7] 17 oct. 1774, à Jean-François BOUCHER — *Marie-Geneviève*, b [7] 3 sept. 1756.

1757, (7 nov.) [7]

2° RONDEAU, Elisabeth, [FRANÇOIS III
b 1736.

Anonyme, b [7] et s [7] 8 juillet 1759. — *Marie-Marguerite*, b [7] 17 janvier 1761. — *Charles*, b [7] 26 déc. 1762. — *Marie-Madeleine*, b [7] 12 fevrier 1765.

3° PAULET, Marie,
b 1704 ; veuve de Jean-Baptiste Huot, s [7] 28 mars 1775.

---

(1) Elle epouse, le 21 janvier 1754, Louis Petitclerc, à Terrebonne

(2) Dit Lafiance.

1741.

II.—**DUBOIS**, MICHEL. [FRANÇOIS I.
PARIS, Angélique. [GILLES I.
Marie-Angélique, b 15 déc. 1742, à Terrebonne.

1741, (30 oct.) Montréal [1]

I.—**DUBOIS** (1), LOUIS, b 1705; fils de Louis et de Marie Fleury, de St-Ausone, diocèse d'Angoulême, Angoumois.
HARLAY, Charlotte, [PIERRE-CHARLES I.
b 1694; veuve de Claude Duval.
Joseph-Amable, b [1] 18 juin et s [1] 16 oct. 1742.

1741, (22 nov.) St-Antoine-Tilly. [2]

III.—**DUBOIS** (2), JEAN-BTE, [JEAN-BTE II.
b 1720.
1° HOUDE (3), Marie-Charlotte, [JEAN-BTE III.
b 1716; s [2] 6 nov. 1758.
Jean-Baptiste-Marie, b [2] 4 mai 1743; s [2] 7 oct. 1759.—*Jean-François*, b [2] 29 juillet 1744, m [2] 22 fevrier 1762, à Marie-Joseph HUOT. — *Marie-Joseph*, b [2] 25 et s [2] 28 sept. 1746.—*Marie-Joseph*, b [2] 21 mars et s [2] 18 avril 1748.—*Marie-Angélique*, b [2] 28 avril 1749; s [2] 24 sept. 1755.—*Louis-François*, b [2] 28 mai et s [2] 28 août 1751.

1759, (26 fevrier) [2]

2° HUOT, Marie-Louise, [JOSEPH III.
b 1733; veuve de Pierre Baron.
Marie-Angélique, b [2] 20 fevrier 1760.—*Marie-Madeleine*, b [2] 28 nov. 1761.—*Marie-Charlotte*, b [2] 12 avril 1763. — *Marie-Joseph*, b [2] 21 août 1764; s [2] 9 avril 1765.—*Jean-Baptiste*, b [2] 26 sept 1766.

1741, (2 dec) Québec. [6]

I.—**DUBOIS** (4), PIERRE-JOSEPH, chirurgien.
LARCHEVÊQUE, Louise-Agnès, [JEAN II.
b 1720.
Angélique, b 1746; s [6] 25 août 1747. — *Denis*, b [6] 7 août 1747; m [6] 19 juillet 1775, à Louise-Angelique DUPONT. — *Marie-Angélique*, b 11 fevrier 1749, à Ste-Anne-de-la-Pocatière.—*Marie-Catherine*, b 25 août et s 30 sept. 1750, à la Riviere-Ouelle. [7] — *Louis*, b [7] 28 août et s [7] 1er sept. 1751.—*François*, b [7] 27 sept. 1752.—*Gabriel-Marie*, b [7] 25 mars et s [7] 3 avril 1754. — *Marie-Joseph*, b [7] 6 mars 1755; m [6] 29 avril 1783, à Jacques CRÉMAZIE.—*Amand*, b [7] 8 et s [7] 18 fevrier 1757.—*Hypolite*, b [7] 13 fevrier 1758, s [7] 18 nov. 1759.—*Louis-Hypolite*, b [7] 8 dec. 1759.

1742, (24 sept) Montréal. [3]

III.—**DUBOIS**, ALEXIS, [PIERRE II.
b 1720.
1° GIBAUT, Marie-Charlotte, [ETIENNE II.
b 1724, s [3] 23 juillet 1748.
Alexis, b [3] 11 avril 1743.—*Etienne*, b [3] 14 août 1745.—*André*, b [3] 13 mai et s [3] 7 août 1747.—*André*, b [3] 19 et s [3] 20 juillet 1748.

1749, (18 août). [3]

2° BARITEAU (1), Marie-Anne, [LOUIS II.
b 1722.
Louis, b [3] 10 mai 1750. — *Raymond*, b... s 9 avril 1757, à Longueuil.

II.—**DUBOIS** (2), GEORGE-FRANÇOIS. [JOSUÉ I.
DEGOUTIN, Jeanne, [MATHIEU I.
b 1707.
Joseph, b 1743; s 29 août 1744, à Quebec. [4] — *Roch-Josué*, b [4] 7 et s 11 sept. 1744, à Charlesbourg.

1744, (7 janvier) Montréal.

III.—**DUBOIS**, Pierre, [PIERRE II.
b 1717.
GIBAULT, Marie-Thérèse, [ETIENNE II.
b 1718.

1745, (15 fevrier) Bécancour. [6]

III.—**DUBOIS**, JEAN-BTE, [CLÉMENT II.
b 1712.
BOURBEAU, Marie-Joseph, [PIERRE III.
b 1728.
Jean-Baptiste, b [6] 11 sept. 1746.—*Marie-Joseph*, b [6] 21 fevrier 1748.—*Charles*, b [6] 19 juin 1761.

1746.

III.—**DUBOIS** (3), JEAN-BTE, [PHILIPPE II.
b 1715
MÉTOT, Marie-Louise, [RENÉ II.
b 1723.
Marie-Anne, b 7 mai 1747, à St-Nicolas [5] — *Jean-Baptiste*, b [5] 8 août 1749.—*Michel*, b [5] 8 janvier 1752.—*Jean-Marie*, b [5] 7 oct. 1753.—*Pélagie*, b [5] 24 août 1755; m à Jacques COTÉ.—*Louis*, b [5] 10 nov. 1759.—*Charles*, b [5] 18 août 1762.

1747, (30 oct.) Québec.

I.—**DUBOIS**, JEAN, officier de fregate; fils de Briand (commandant la fregate "LaMarthe") et d'Helène Mars, de St-Servant, diocèse de St-Malo, Bretagne.
PAGÉ (4), Marie-Louise, [JOSEPH III.
b 1725.

I.—**DUBOIS**, PIERRE, b 1722, tailleur, de Montauban; s 25 mars 1757, à Quebec.

I.—**DUBOIS**, JEAN-CHARLES, b 1712, de Rouen; s 17 janvier 1757, à Quebec.

DUBOIS, CHARLES-CLAUDE.—Voy. QUINTIN.

1748, (24 avril) St-Nicolas. [8]

III.—**DUBOIS**, DENIS-JOSEPH, [PHILIPPE II.
b 1721.
GAGNON, Agnès, [JEAN III.
b 1717.

(1) Dit St-Michel.
(2) Dit Lafrance.
(3) Appelee Noel, 1762.
(4) Dit Lalancette—LeBreton, voy aussi ce nom, vol II, p 401.

(1) Et Lamarche.
(2) Dit Berthelot; capitaine du detachement de la marine de Louisbourg.
(3) Dit Lafrance.
(4) Dit Quercy; elle epouse, le 7 janvier 1755, Jean-Baptiste Decharnay, a Quebec

Marie, b [8] 2 janvier 1749.—*Anonyme*, b [8] et s [8] 27 avril 1750.—*Denis*, b [8] 30 mars et s [8] 22 juillet 1751.—*Angélique-Geneviève*, b [8] 17 mai 1752.—*Jean-Baptiste*, b [8] 21 février 1754.—*Joseph-Marie*, b [8] 20 oct. 1755.—*Marie-Geneviève*, b [8] 16 avril et s [8] 11 août 1758.—*Denis*, b [8] 17 mars 1760.

1748, (6 juin) St-Nicolas. [2]

III.—DUBOIS (1), CHARLES, [PHILIPPE II.
b 1719.
MARCOT, Marie-Marguerite, [PIERRE II.
veuve de Jacques Huot.
Etienne, b [2] 6 juin 1749. — *Marie-Marguerite*, b [2] 10 mars et s [2] 29 août 1751.—*Marie-Rosalie*, b [2] 21 sept. 1752. — *Jean-Baptiste*, b [2] 20 avril 1756.—*Pierre*, b [2] 10 nov. 1759.

1749, (5 mai) Montréal. [1]

I.—DUBOIS (2), JOSEPH, b 1721; fils de Joseph et de Marie Chapoteau, de St-Martin, diocèse de Langres, Champagne.
QUAY (3), Marie-Amable, [LOUIS-FRANÇOIS II.
b 1733.
Marie-Amable, b [1] 9 oct. 1750.

1749, (14 juillet) Lévis. [5]

III.—DUBOIS (1), NICOLAS, [PHILIPPE II.
b 1724; s [5] 24 fevrier 1759.
HUARD, Marguerite, [JEAN-BTE II.
b 1722.
Marguerite, b [5] 5 oct. 1750; m 18 mai 1778, à Jean THOMASSIN, à St-Joachim — *Marie-Geneviève*, b [5] 9 août 1753.—*Jean*, b [5] 19 juillet 1755. —*Nicolas*, b [5] 18 juillet 1757.

1749, (24 nov.) Montreal. [1]

I.—DUBOIS (4), PIERRE-IGNACE, b 1714; fils d'Antoine et de Françoise Lievin, de Paume, diocèse d'Arras, Artois.
1° DUCROS, Geneviève, [ANTOINE I.
b 1725.
Antoine-Ignace, b [2] 9 sept. et s [2] 24 oct. 1750.
1754, (4 fevrier). [2]
2° CAMPION, Thérèse-Charlotte, [ETIENNE I.
b 1734.

III.—DUBOIS, JEAN-BTE, [JEAN-BTE II.
b 1715.
PILON, Marie-Anne, [JEAN II.
b 1725.
Toussaint, b... m 15 sept. 1766, à Marie-Rose LEGROS, au Bout-de-l'Ile, M.

DUBOIS, PHILIPPE.—Voy. FILIAU, 1746.

1750, (18 janvier) St-Frs-du-Lac.

III.—DUBOIS (5), JOSEPH-MARIE, [CHARLES II.
b 1726.
RENOU, Catherine-Therèse, [MICHEL-FRS II.
b 1720.

(1) Dit Lafrance.

(2) Dit Laréjouissance, soldat de la compagnie de La-Valtrie.

(3) Et Thué—Tué.

(4) Dit Lajoie; soldat de la compagnie de Lepervanche.

(5) Voy. aussi Brisebois.

DUBOIS (1), JEAN-BTE.
TEBRE, Catherine.
Jean-François, b 30 oct. 1749, à Lachine.

DUBOIS, JEAN-BTE, b 1752; s 9 sept. 1753, à Terrebonne.

II.—DUBOIS, ANTOINE, [ANTOINE I.
b 1683; s 22 avril 1756, à St-Frs-du-Lac.

DUBOIS, CHARLES, b 1706; s 26 mai 1756, à Quebec.

1750, (26 janvier) St-Nicolas. [5]

III.—DUBOIS, NICOLAS, [NICOLAS II
b 1728.
BERGERON, Thérèse, [ANDRÉ II
b 1730.
Marie-Thérèse, b [5] 24 juillet 1751. — *Marie-Geneviève*, b [5] 10 avril et s [5] 27 juillet 1753 — *Marie-Louise*, b [5] 29 avril 1754.—*Nicolas*, b [5] 28 juillet et s [5] 17 août 1755.— *Marie-Monique*, b [5] 11 février 1757.—*Marie-Louise*, b 22 août 1758, à St-Antoine-Tilly.—*Charles*, b 12 oct. 1760, à St-Michel.

1751, (11 janvier) Beauport. [1]

IV.—DUBOIS, JACQUES, [FRANÇOIS III.
b 1728; s avant 1798.
MÉNARD, Marie-Angélique, [PIERRE II.
b 1725, s 1er dec. 1798, à Québec.
Jacques, b 16 et s 26 sept. 1751, à Levis.—*Marie-Thérèse*, b [1] 8 juin 1753.

1751.

IV.—DUBOIS, FRANÇOIS, [FRANÇOIS III
b 1724.
POULIN, Françoise.
Anonyme, b et s 19 fevrier 1752, à Levis. [7] — *Anonyme*, b [7] et s [7] 21 janvier 1753.—*Marie-Françoise*, b [7] 2 oct. 1754.—*Marie-Madeleine*, b [7] 21 sept. 1757.—*Marie-Joseph*, b 13 oct. 1760, à St-Joseph, Beauce. [8] — *Gabriel*, b [8] 14 sept 1762 —*Marie-Charlotte*, b [8] 13 août 1764, s [8] 29 juin 1765.—*François*, b [8] 10 mai et s [8] 23 juin 1766 — *François*, b [8] 23 août 1767.

1752, (24 oct.) Quebec. [4]

IV.—DUBOIS, JEAN-BTE, [FRANÇOIS III
b 1730.
HÉLOT, Marie-Guilmette, [JULIEN I
b 1721; veuve de François Samson.
Jean-Baptiste, b [4] 30 sept. 1753; 1° m [4] 14 fevrier 1774, à Marie-Charlotte GAUVREAU; 2° m [4] 23 nov. 1779, à Marie-Joseph RICHARD.—*François*, b [4] 22 mai 1755; m [4] 3 février 1777, à Marie-Catherine GARANT.—*Charles*, b [4] 26 fevrier 1758. —*Marie-Charlotte*, b [4] 23 mai 1759.—*Charles*, b [4] 21 fevrier 1762.—*Marie*, b [4] 30 juin 1764.

(1) Laguerre, bedeau, en 1729, à Lachine.

DUBOIS, François.
Delage (1), Madeleine, [Jean-François II.
b 1720.

DUBOIS, François.
Biron, Marie-Anne.
Charles-François, b 30 sept. 1753, à St-Antoine-Tilly.

1754, (25 nov.) Boucherville.[1]
III.—DUBOIS, Joseph, [Joseph II.
b 1727.
1° Leriche, Thérèse. [François II.
1759, (9 janvier) Varennes.
2° Choquet, Marie-Monique. [Jacques III.
1763, (3 oct.)[1]
3° Leriche, Marguerite. [François II.

DUBOIS, Jacques.—Voy. Rondel, 1756

DUBOIS, Jacques.
Laborde, Marguerite.
Marie-Madeleine, b 25 sept 1757, à Kamouraska.

DUBOIS, Charles.
Turcot, Marie.
Angélique, b 19 août 1757, à St-Nicolas.

1757, (8 janvier) St-Frs-du-Lac.[7]
I.—DUBOIS, Michel,
Sauvage.
Campagna, Marie-Joseph, [Jean-Bte III.
b 1736.
Marie-Joseph, b [7] 7 août 1757, s[7] 4 janvier 1758.—*Michel*, b [7] 16 dec. 1758, s 28 avril 1760, à St-Laurent, M

1757, (21 fevrier) Québec.
I.—DUBOIS, Jean-Claude, sergent; fils de Claude et de Joanne Auger, de St-Eustache, Paris.
Prou, Marie-Madeleine, [Joseph II.
b 1737.
Claude, b 24 dec. 1757, à St-Antoine-de-Chambly.

1757, (19 sept.) Montreal.
I.—DUBOIS (2), Honore, b 1735; fils de Joseph et de Françoise Friconneau, de N-D. des Sables-d'Olonne, diocèse de Luçon, Poitou
DeJoncaire, Gabrielle, [Philippe II
b 1736.

1758, (9 janvier) Montreal.
I.—DUBOIS, Antoine-Jean, b 1733, soldat; fils d'Antoine et de Paule Galand, de St-Nicolas, Toulouse, Languedoc.
Dupont, Therèse, [Jacques I.
b 1736.

I.—DUBOIS (3), Gabriel.

(1) Elle épouse, le 24 juillet 1752, Jean Barbeau, à Québec.
(2) De la Miltière; lieutenant.
(3) Chevalier de la Miltière, il était à Batiscan en 1760.

1760, (4 août) Terrebonne.
III.—DUBOIS, Etienne, [Etienne II.
b 1740.
Cusson, Marguerite, [Jean-Bte III.
b 1740.

1760, (27 oct.) Laprairie.
I.—DUBOIS, François, fils de François et de Marie Lemarin, de Luneville, diocèse de Toul, Lorraine.
Monet, Marie-Anne, [Pierre II.
b 1734; veuve de Louis Vignon.

III—DUBOIS, Joseph, [François II.
b 1735.
Pilon, Marie-Jeanne.
Marie-Angélique, b 9 nov. 1761, au Bout-de-l'Ile, M.[1], s[1] 27 mai 1765.—*Anonyme*, b[1] et s[1] 9 nov. 1761.—*Joseph-Marie*, b[1] 2 dec 1762; s[1] 14 janvier 1763.—*Marie-Madeleine*, b[1] 23 dec. 1763.—*Joseph*, b[1] 10 mars 1765.—*Hyacinthe*, b[1] 3 et s[1] 23 oct. 1766.—*Clémence*, b[1] 23 nov. 1767.

1761, (25 mai) Montréal.
II.—DUBOIS, Pierre, [Pierre I.
b 1735.
Gruet, Marie-Madeleine, [Charles I.
b 1737.

I.—DUBOIS (1), Jean-Bte, b 1740; de Viala, diocese d'Auch, Gascogne.
Blondin, Marie.

1761, (7 sept.) Québec.[4]
I.—DUBOIS (2), Joseph-Henri, b 1738; fils de Claude et de Claire Duchesne, de l'Assomption, de Briançon, diocèse d'Ambrun, en Dauphine.
Hélot, Marie-Angelique, [Julien I.
b 1729; s[4] 25 nov. 1797.
Catherine-Joseph, b[4] 26 juin 1762.—*Charles*, b... m[4] 23 oct. 1787, à Marie Géraux.—*Joseph-Louis*, b... m[4] 7 mai 1793, à Catherine Chretien.

1762, (15 fevrier) St-Nicolas.
IV.—DUBOIS, Etienne, [François III.
b 1740.
Gagnon, Marie-Geneviève, [Bonaventure IV.
b 1744.
Marie-Geneviève, b 11 nov. 1765, à St-Antoine-Tilly.

1762, (22 février) St-Antoine-Tilly.[7]
IV—DUBOIS, Jean-François, [Jean-Bte III.
b 1744.
Huot, Marie-Joseph, [Joseph III.
b 1735.
Jean-François, b[7] 14 avril et s[7] 24 juillet 1762.—*Jean-François*, b[7] 1er oct. 1763—*Pierre*, b[7] 10 août 1765.—*Marie-Joseph*, b[7] 21 février 1768.

(1) Venu en 1759, sur la flotte du sieur Cadet; commis aux vivres a Lévis, pris par les Anglais et echangé a la prise de Québec
(2) Arrivé en 1757.

1762, (19 juillet) St-Henri-de-Mascouche.
III.—DUBOIS, FRANÇOIS, [FRANÇOIS II.
b 1732.
ROCHON, Pelagie, [MICHEL III.
b 1738; veuve de Charles Vaillancourt.

1763, (10 janvier) Lévis.
IV.—DUBOIS, JEAN-FRS, [JEAN-FRANÇOIS III.
b 1738.
HUARD, Angélique, [JACQUES II.
b 1743.

DUBOIS, ETIENNE.
LASELLE, Charlotte.
Etienne, b... m 5 nov. 1792, à Marguerite DESCOMPS-LABADIE, au Detroit.

DUBOIS, GEORGE.
1° ROBERT, Marie-Joseph.
Marie-Joseph, b... m 27 janvier 1784, à Jean BERTHELOT, à Quebec. [4]
1777, (22 avril). [4]
2° PROULX, Marie-Anne,
veuve de Jean-Baptiste Guillot.

DUBOIS, FRANÇOIS.
1° BOUCHER, Marie.
1766, (1er sept) Nicolet.
2° RENAUD, Marie,
veuve de Jean-Baptiste Douillet.

1764, (2 mai) Islet.
III.—DUBOIS, HONORÉ. [JEAN-JOSEPH II.
BÉLANGER, Marie-Marthe, [CHARLES III.
b 1743.
Joseph-Marie, b 4 avril 1774, à Repentigny.

1764, (28 mai) Nicolet. [5]
IV.—DUBOIS, JOSEPH-ADRIEN, [GUILLAUME III.
b 1741; s [5] 27 dec 1790.
LASPRON (1), Marguerite, [LOUIS III.
b 1742; s [5] 24 avril 1784.

DUBOIS, CHARLES.
LEGAUT, Madeleine.
Charles, b 27 nov. et s 18 déc. 1765, au Bout-de-l'Ile, M. [3]—*Joachim*, b [3] 30 nov. 1766.

1766, (28 juillet) Levis. [4]
III.—DUBOIS, JACQUES, [PIERRE-JACQUES II.
b 1746.
DUSSAULT, Marie-Charlotte,[JOSEPH-MARIE III
b 1742.
Michel, b... m 4 juillet 1796, à Marie FOURNIER, à Beaumont.—*Marie-Charlotte*, b [4] 1er juin 1767. —*Marie-Angélique*, b [4] 13 mai 1770.

I.—DUBOIS, JACQUES,
Acadien.
1° LEVRON, Marguerite.
1767, (3 nov.) Ste-Anne-de-la-Pocatière.
2° GASTONGUAY, Marguerite, [PIERRE III.
veuve de Jacques Gauvin.

(1) Dit St-Louis.

1766, (15 sept) Bout-de-l'Ile, M. [4]
IV.—DUBOIS, TOUSSAINT. [JEAN-BTE III.
LEGROS (1), Marie-Rose, [JACQUES III.
b 1749.
Marie-Anne, b [4] 1er et s [4] 4 mai 1767.—*Paschal-Toussaint*, b 11 avril 1768, au Lac-des-Deux-Montagnes.

1767, (3 février) Bout-de-l'Ile, M. [5]
III.—DUBOIS, CHARLES, [FRANÇOIS II.
b 1736.
ROY, Marie-Joseph,
veuve de Louis St-Denis.
Joseph, b [5] 14 sept. 1768.

1770, (29 oct) Terrebonne.
III.—DUBOIS, JEAN-BTE, [ETIENNE II.
b 1745.
COLIN, Elisabeth, [ANDRÉ III.
b 1749.

1772, (20 janvier) Terrebonne.
III.—DUBOIS, JOSEPH, [ETIENNE II.
b 1744.
RIQUIER (2), Marie-Charlotte, [LOUIS II.
b 1752.

DUBOIS, JEAN-BTE.
PAQUET, Marie-Charlotte,
b 1747; s 22 nov. 1783, à Québec.

1773, (4 oct.) Terrebonne.
III.—DUBOIS, JOSEPH, [ETIENNE II.
b 1742
CAILLE, Angelique. [CHARLES III.

1774, (14 fevrier) Québec. [3]
V.—DUBOIS, JEAN-BTE, [JEAN-BTE IV.
b 1753.
1° GAUVREAU, Marie-Charlotte, [CLAUDE II.
b 1754.
1779, (23 nov.) [3]
2° RICHARD, Marie-Joseph,
veuve de Jean Cordonnier-Ritaboire.

1774, (11 avril) Terrebonne. [5]
III.—DUBOIS, FRANÇOIS, [ETIENNE II
b 1750, s [5] 17 janvier 1778.
LIMOGES (3), Therèse, [JOSEPH II.
b 1753.

1777, (3 février) Québec.
V.—DUBOIS, FRANÇOIS, [JEAN-BTE IV.
b 1755.
GARANT (4), Marie-Catherine,
veuve de François Daniel.

(1) Dit Lecompte
(2) Et Ritier.
(3) Elle épouse, le 8 février 1779, Innocent Audet-Lapointe, à Terrebonne.
(4) Elle epouse, le 21 avril 1789, Ignace Coutanceneau, à Québec.

1777, (21 avril) Terrebonne.
III.—**DUBOIS**, ANTOINE, [ETIENNE II.
b 1752.
BEAUCHAMP, Thérèse. [JEAN IV.

1777, (17 nov.) Terrebonne.
III.—DUBOIS, LOUIS, [ETIENNE II.
b 1750.
DELŒIL, Charlotte, [FRANÇOIS I.
b 1734.

DUBOIS, AMABLE.
BAUDOIN, Marie-Françoise.
François, b 17 août 1786, à Lachenaye.

DUBOIS, PIERRE.
COTÉ, Marie.
Jacques, b... m 2 avril 1815, à Marguerite GIRARDIN, à St-Charles, Mo. [4]—*Pierre*, b... m [4] 9 mai 1803, à Celeste VALLET.

1787, (23 oct.) Quebec. [3]
II.—DUBOIS, CHARLES. [JOSEPH-HENRI I.
GÉRAUX (1), Marie, [ETIENNE I.
b 1763; s [3] 18 sept. 1796.

DUBOIS (2), FRANÇOIS, arpenteur.

III.—DUBOIS, ETIENNE, [ETIENNE II.
b 1742.
1° CHARBONNEAU, Elisabeth.
Marie-Elisabeth, b 26 mars 1789, à Lachenaye.
1792, (5 nov.) Detroit.
2° DESCOMPS (3), Marguerite, [ALEXIS II.
b 1773.

1793, (7 mai) Québec.
II.—DUBOIS, JOSEPH-LS. [JOSEPH-HENRI I.
CHRÉTIEN, Catherine-Elisabeth, [PIERRE III.
b 1751.

I.—DUBOIS (4), CHARLES, de Labaicontesse, diocèse de Coutances.

1796, (4 juillet) Beaumont.
IV.—DUBOIS, MICHEL, [JACQUES III.
FOURNIER, Marie. [ALEXANDRE.

DUBOIS, NOEL.
HUOT, Marie-Louise. [ETIENNE.
François-Xavier, b... m 1855, à Julie LEMIEUX, à St-Nicolas.

DUBORD.—*Variations et surnoms :* DEBORD — BEAUFORT — BOUTIN, 1722 — CLERMONT — DECHAUMONT—LAFONTAINE— LATOURELLE— LAVIOLETTE.

DUBORD, MARIE-CHARLOTTE, b 1690 ; m à Louis THIBAUT ; s 2 sept. 1778, à St-Joachim.

(1) Dit Brindamour.
(2) Il était au Détroit, le 5 mai 1791
(3) Dit Labadie.
(4) Procès-verbaux, 1793.

DUBORD, GENEVIÈVE, b... 1° m à Charles DUTAUT ; 2° m 9 février 1761, à Antoine JOANNES, à Batiscan.

DUBORD, MADELEINE, épouse d'Antoine LAPOINTE.

DUBORD, MARIE-ANNE, épouse de Louis NORMANDIN.

1670.
I.—DUBORD (1), GUILLIN,
b 1625 ; s 2 avril 1705, à Champlain. [1]
GUÉRARD (2), Catherine,
b 1642 ; s [1] 12 oct. 1727.
Pierre, b 1671 ; m [1] 9 janvier 1702, à Claire RAOULT —*Etiennette*, b 1676 ; m [1] 3 nov. 1701, à Pierre HOURÉ. — *Dominique*, b 1679 ; 1° m [1] 28 avril 1710, à Marie-Jeanne HOURÉ ; 2° m [1] 22 nov. 1714, à Françoise TURCOT.—*Charles*, b [1] 16 août 1681 ; m 1712 à Marie RIPAU, aux Grondines [2] ; s [2] 30 oct. 1749 — *Jean-Baptiste*, b [1] 3 nov. 1683 ; m [1] 11 fevrier 1709, à Marie HOURÉ. — *Daniel*, b [1] 27 oct. 1688. — *Marie-Madeleine*, b [1] 23 mars 1692 ; m [1] 12 janvier 1709, à Alexis TURCOT. — *Balthazar*, b [1] 18 déc. 1694 ; m [2] 30 janvier 1720, à Marie-Joseph RIPAU.

DUBORD, JOSEPH-ANET.—Voy. BOUTIN, 1692.

1700.
I.—DUBORD, JEAN.
DELPÉ, Marie, [JEAN I.
b 1684.
Marie-Madeleine, b 15 juin 1701, à Repentigny.

1702, (9 janvier) Champlain. [1]
II.—DUBORD (3), PIERRE, [GUILLIN I
b 1671.
RAOULT (4), Claire, [ALEXANDRE I.
b 1679.
Joseph, b [1] 15 avril 1703 ; m 19 janvier 1741, à Marie-Anne MERCEREAU, à Levis.—*Marie-Joseph*, b [1] 5 mai 1705 ; m [1] 22 février 1724, à François NEPVEU.—*Pierre*, b [1] 14 avril 1708 ; s [1] 23 nov. 1721 — *Marie-Angélique*, b [1] 27 janvier 1712, m [1] 14 fevrier 1735, à Antoine LEMAY. — *Marie-Antoinette*, b [1] 25 fevrier 1715 ; m [1] 24 janvier 1735, à Nicolas RIVARD. — *Marie-Anne*, b [1] 17 et s [1] 22 juin 1716. — *Antoine*, b [1] 22 sept. 1717. — *Claire-Geneviève*, b [1] 28 août 1720, m à Joseph TROTIER ; s 29 janvier 1754, à Batiscan.

1709, (11 fevrier) Champlain. [1]
II.—DUBORD (5), JEAN-BTE, [GUILLIN I.
b 1683.
HOURÉ, Marie, [RENÉ I.
b 1688.
Marie-Joseph, b [1] 9 nov. 1709. — *Marie-Madeleine*, b 17 mars 1712, à Sorel. [2] — *Anonyme*, b [2]

(1) Dit Lafontaine ; voy. vol. I, p. ~~205~~ 205.
(2) Et Garand.
(3) Dit Lafontaine.
(4) Et Raux dit Alexandre.
(5) Dit Latourelle.

et s[2] 21 avril 1714. — *Marie-Geneviève*, b[2] 1er juillet 1715. — *Jean-Baptiste*, b... m 6 février 1747, à Judith ABRAHAM, à St-Frs-du-Lac. — *Joseph*, b[2] 18 juin 1725; 1° m 15 mai 1752, à Marie-Joseph NEPVEU, à l'Ile-Dupas[3]; 2° m[3] 10 nov. 1760, à Marie-Catherine RIVARD.

I.—DUBORD, JEAN-BTE.
LAFONTAINE, Angelique.
Jeanne, b 1710, m 3 août 1739, à Claude LEHEU, à Montréal.

1710, (28 avril) Champlain. [1]

II.—DUBORD, JOSEPH-DOMINIQUE, [GUILLIN I.
b 1679.
1° HOURÉ, Marie-Jeanne, [RENE I.
b 1683 ; s[1] 21 mars 1712.
Pierre, b[1] 20 février 1711.
1714, (22 nov.)[1]
2° TURCOT, Françoise, [JACQUES II.
b 1691.
Marie-Françoise, b[1] 10 nov. 1715 ; m 1748, à Antoine DISY.—*Jean-Baptiste*, b[1] 13 sept. 1717 ; m 17 février 1756, à Geneviève PERRAULT, à Ste-Anne-de-la-Pérade.— *Joseph-Dominique*, b[1] 18 août 1719.—*Antoine*, b[1] 27 nov. 1720.—*Marie-Thérèse*, b[1] 13 août 1722. — *Alexis*, b[1] 9 dec. 1723; s[1] 30 janvier 1724. — *Geneviève*, b[1] 6 février et s[1] 25 août 1725. — *François*, b[1] 9 et s[1] 22 avril 1726.—*Geneviève*, b[1] 1er fevrier 1727. —*Alexis*, b[1] 9 déc. 1727.—*Jacqueline-Luce*, b[1] 13 dec. 1728. — *Marie-Angélique*, b[1] 15 juin et s[1] 21 juillet 1730.

1712, Grondines. [4]

II.—DUBORD (1), CHARLES, [GUILLIN I.
b 1681 ; s[4] 30 oct. 1749.
RIPAU (2), Marie, [JACQUES-ROCH I.
b 1691 ; s[4] 26 mars 1759.
Charles, b 9 oct. 1712, à Sorel[3]; 1° m 1743, à Marie-Anne LAMOTTE ; 2° m[4] 11 fevrier 1760, à Marguerite RICHARD. — *Pierre-Clément*, b[3] 23 nov. 1713.— *Michel*, b[4] 18 dec. 1716. — *Marie-Joseph*, b[4] 17 nov. 1718 ; s[4] 17 avril 1748. — *Joseph*, b[4] 22 fevrier 1721 ; m[4] 6 oct. 1760, à Madeleine GUYON. — *Marie-Madeleine*, b[4] 10 avril 1722.—*François*, b[3] 30 août 1723, m 7 février 1757, à Marie-Joseph BARIBAUT, à Ste-Anne-de-la-Perade.[8] — *Marie-Angélique*, b[4] 21 sept. et s[4] 14 oct. 1724. — *Joseph*, b[3] 3 avril et s[3] 18 août 1725. — *Antoine*, b[4] 29 sept. 1725 ; 1° m[8] 5 sept. 1751, à Marie-Anne BIGUET, 2° m[4] 25 juillet 1758, à Louise HAMELIN. — *Marie-Anne*, b[4] 26 août 1727; s[4] 11 janvier 1748. — *René*, b 1728 ; s[8] 17 dec. 1755. — *Louis*, b... m 5 oct. 1744, à Louise BOURON, au Detroit. — *Joseph*, b... m 7 janvier 1754, à Suzanne BARON, à Cahokia. — *Marie-Charlotte*, b[8] 13 juillet et s 18 sept. 1738, à Deschambault.

(1) Dit Lafontaine.
(2) Et Rolet.

1719, (5 août) St-Pierre, I. O.

II.—DUBORD (1), JOSEPH, [JOS.-ANET-RENÉ I.
b 1697.
MARANDA, Geneviève, [MICHEL II.
b 1696.
Marie-Joseph, b 6 oct. 1721, à St-Laurent, M.

1720, (30 janvier) Grondines.

II.—DUBORD (2), BALTHAZAR, [GUILLIN I.
b 1694.
RIPAU (3), Marie-Joseph, [JACQUES-ROCH I
b 1699.
François, b 30 août 1723, à l'Ile-Dupas ; 1° m à Marguerite VENNE ; 2° m 23 nov. 1760, à Marie-Joseph FOURNIER, à Lanoraie.[2] — *Marie-Joseph*, b... m[2] 26 juillet 1756, à Pierre FOURNIER.

I.—DUBORD, ABEL.
....
Marie-Geneviève, b... m 18 oct. 1749, à Antoine BEAUGRAND, à Lavaltrie.

1722, (19 janvier) Charlesbourg.[2]

II.—DUBORD (4), JEAN-BTE, [JOS.-ANET-RENÉ I.
b 1695.
1° BERNIER, Charlotte. [ANDRÉ I.
b 1702 , s[2] 25 sept. 1723.
Jean-Baptiste, b 28 oct. 1722, à Quebec[5], s[5] 27 août 1725.
1724, (9 oct.)[5]
2° LAMOTTE, Marie-Angelique, [JEAN I.
b 1705.
Jean-Baptiste-Laurent, b[5] 11 août 1725.— *Marie-Marguerite*, b[5] 4 dec. 1726; s[5] 9 oct. 1727. — *Jean-Baptiste*, b[5] 7 juin 1727. — *Jean-Baptiste*, b[5] 7 fevrier 1728; m[5] 5 mars 1753, à Marie-Françoise CHORET.— *Marie-Jeanne*, b[5] 23 fevrier 1729, s[5] 7 avril 1733. — *Marie-Charles*, b[5] 10 sept. 1730; s[5] 16 août 1731.— *François-Louis*, b[5] 2 nov. 1731. — *Nicolas*, b[5] 23 oct. et s[5] 1er dec. 1733. — *Noël*, b[5] 24 sept. 1734 ; m[5] 24 avril 1759, à Marie-Joseph MARANDA —*Charles-François*, b[5] 26 fevrier 1736.—*Michel*, b[5] 9 avril 1737; 1° m 23 nov. 1761, à Marie-Thérèse CHARTIER, à Berthier; 2° m 3 nov. 1794, à Marie-Anne MÉNARD, à Beaumont.—*Marie-Angélique*, b[5] 24 juillet et s[5] 13 sept. 1738. — *Marie-Joseph*, b[5] 6 août 1739 ; s[5] 17 dec. 1740. — *Marie-Joseph*, b[5] 18 mars et s[5] 20 mai 1741. — *Charlotte*, b[5] 13 mai 1742. — *Joseph*, b[5] 4 et s[5] 16 juillet 1743.— *Thérèse*, b[5] 30 sept. 1744 , s[5] 13 juin 1747.— *Joseph*, b[5] 10 nov. et s[5] 6 déc. 1745.— *Jean-Baptiste*, b[5] 22 mars et s[2] 20 août 1748.

DUBORD, CHARLES.
DORE, Felicite, [LOUIS III.
b 1734 ; s 1784, à St-Michel

(1) Voy. Boutin, vol. II, p. 437.
(2) Dit Lafontaine.
(3) Et Turcot.
(4) Et Boutin, voy. vol II, p. 437.

1741, (19 janvier) Lévis.

III.—DUBORD, JOSEPH, [PIERRE II.
b 1703.
MERCEREAU, Marie-Anne, [PIERRE II.
b 1720.

1744, (5 oct.) Détroit.[2]

III.—DUBORD (1), LOUIS. [CHARLES II.
BOURON, Louise. [ANTOINE-JOSEPH II.
Louise, b[2] 8 sept. 1745; m[2] 14 avril 1760, à Joseph BOURDEAU. — *Joseph*, b[2] 29 mai 1747.—*Louise*, née[2] 8 mars 1749; b[2] 17 juillet 1750.—*Ursule*, b[2] 7 avril 1751.—*Charles-Amable*, b[2] 12 février 1753. — *Ursule*, b[2] 2 déc. 1754.—*Michel*, b[2] 21 avril 1760.

1743, Grondines.[1]

III.—DUBORD (2), CHARLES. [CHARLES II.
1° LAMOTTE, Marie-Anne,
s[1] 19 mars 1759.
Charles, b[1] 26 nov. 1744.—*Anonyme*, b[1] et s[1] 28 oct. 1745. — *Joseph-Benoni*, b[1] 14 avril 1747; m 21 janvier 1771, à Thérèse CHARETS, à Ste-Anne-de-la-Pérade.—*Marie-Anne*, b 26 mai 1749, à Deschambault[2], m 16 juin 1766, à Antoine ROCHEREAU, au Cap-de-la-Madeleine.—*Joseph*, b[1] 2 mars 1751. — *François-Marie*, b[2] 21 janvier 1753.—*Marie-Louise*, b[1] 10 février 1755.—*Marie-Félicité*, b[1] 28 nov. 1757.
1760, (11 février).[1]
2° RICHARD (3), Marguerite, [JACQUES II.
b 1733.
Antoine, b[1] 7 déc. 1760.—*Marie-Joseph* et *Marguerite*, b[1] 16 juillet 1762.

1747, (6 février) St-Frs-du-Lac.

III.—DUBORD (4), JEAN-BTE, [JEAN-BTE II.
ABRAHAM (5), Judith, [PIERRE II.
b 1721.
Anonyme, b et s 5 oct. 1749, à l'Ile-Dupas.[5]—*Jean-Baptiste*, b... m[3] 17 janvier 1780, à Marie-Charlotte VALOIS.

III.—DUBORD, FRANÇOIS, [BALTHAZAR II.
b 1723.
1° VENNE (6), Marguerite,
b 1728; s 18 déc. 1758, à Lanoraie.[3]
Joseph-Marie, b 15 et s 21 mars 1751, à Lavaltrie.— *Marguerite*, b[3] 14 juin 1752. — *Marie-Joseph*, b[3] 16 oct. 1753; s[3] 28 mars 1758. — *François*, b[3] 23 février 1757.
1760, (23 nov.)[3]
2° FOURNIER (7), Marie-Joseph. [FRANÇOIS III.

(1) Dit Clermont; aide-major, habitant la côte sud du Détroit.
(2) Dit Clermont.
(3) Et Lavallée dit LaRichardière.
(4) Dit Latourelle.
(5) Dit Desmarets.
(6) Et Velle dit Sansoucy.
(7) DeBelleval.

1751, (5 sept.) Ste-Anne-de-la-Pérade.[4]

III—DUBORD (1), ANTOINE, [CHARLES II.
b 1725; s[4] 1er sept. 1759.
1° BIGUET, Marie-Anne, [CLAUDE II.
b 1731; s[4] 16 janvier 1758.
Antoine, b[4] 23 avril 1753; m[4] 13 février 1775, à Marie THIBAUDEAU. — *Claude*, b... s[4] 28 mai 1754.—*Marie-Anne*, b[4] 26 avril 1755; s[4] 29 juin 1756. — *Joseph*, b[4] 1er avril 1757; s[4] 10 janvier 1761.
1758, (25 juillet) Grondines.
2° HAMELIN (2), Marie-Louise, [RENÉ II.
b 1734; veuve de Charles Gariépy.
Marie-Judith, b[4] 17 avril et s[4] 2 sept. 1759.

1752, (15 mai) Ile-Dupas.[5]

III.—DUBORD (3), JOSEPH, [JEAN-BTE II.
b 1725.
1° NEPVEU, Marie-Joseph, [ADRIEN III.
b 1728.
Antoine, b[5] 25 avril 1755.
1760, (10 nov.)[5]
2° RIVARD, Marie-Catherine. [JOSEPH IV.

DUBORD, PIERRE.
DUTAUT, Marguerite.
Joseph, b 9 déc. 1753, à l'Ile-Dupas.

1753, (5 mars) Québec.[9]

III—DUBORD, JEAN-BTE, [JEAN-BTE II.
b 1728; charpentier.
CHORET, Marie-Françoise. [IGNACE III.
Jean-Baptiste, b[9] 23 mai et s[9] 18 juin 1754.—*Jean-Baptiste*, b[9] 23 nov. 1755. — *Marie-Hélène*, b[9] 22 sept. et s[9] 20 nov. 1757. — *Marie-Joseph*, b[9] 5 février 1759.—*Michel*, b[9] 24 sept. 1761; s[9] 13 août 1762.—*Michel*, b[9] 14 mars 1763.

1754, (7 janvier) Cahokia.[6]

III.—DUBORD (1), JOSEPH. [CHARLES II.
BARON, Suzanne, [JEAN-BTE II.
veuve de Jacques Barrois.
Anonyme, b[6] et s[6] 3 juin 1754.—*Joseph-Marie*, b[6] 17 mars 1756. — *Charles*, b[6] 19 avril 1758.—*Alexis*, b[6] 19 mars 1760.—*Louis*, b[6] 29 juin 1761.

1756, (17 février) Ste-Anne-de-la-Perade.

III—DUBORD, JEAN-BTE, [JOS.-DOMINIQUE II.
b 1717.
PERRAULT, Geneviève, [PIERRE II.
b 1731.

1757, (7 février) Ste-Anne-de-la-Pérade.[5]

III—DUBORD (1), FRANÇOIS, [CHARLES II.
b 1723.
BARIBAUT, Marie-Joseph, [JEAN-BTE III.
b 1739.
Marie-Joseph, b 23 mars et s 9 sept. 1758, aux Grondines.[9]—*Marie-Joseph*, b[9] 9 février 1760.—*Catherine*, b[5] 29 janvier 1762.—*François*, b[6] 26 février 1764.

(1) Dit Clermont.
(2) Dit Laganière, elle épouse, le 2 février 1761, Joseph Roy, à Ste-Anne-de-la-Pérade.
(3) Dit Latourelle.

1759, (24 avril) Québec. [3]
III.—DUBORD, NOEL, [JEAN-BTE II.
b 1734; maçon.
MARANDA, Marie-Joseph, [JOSEPH III.
b 1736.
Jean-Baptiste, b [3] 23 août 1761 ; m [3] 25 juillet 1786, à Ursule VÉSINA ; s [3] 4 janvier 1788. — *Pierre-Noel*, b [3] 17 avril 1763.—*Barthélemi*, b... m [3] 7 janvier 1789, à Catherine FOURRÉ.—*Louis*, b... m[3] 11 oct. 1796, à Marie-Françoise LEMIEUX.

1760, (6 oct.) Grondines.
III.—DUBORD, JOSEPH, [CHARLES II.
b 1721.
GUYON (1), Madeleine, [JEAN III.
b 1710 ; veuve de Pierre Gagnon.

1760, (4 nov.) St-Antoine-de-Chambly.
I.—DUBORD (2), JEAN, fils de Jean-Baptiste et de Louise Pichon, de St-Etienne, diocèse de Monbresan-en-Forêt.
LACOSTE (3), Marie-Elisabeth. [ANDRÉ II.

1761, (23 nov.) Berthier. [5]
III.—DUBORD, MICHEL, [JEAN-BTE II.
b 1737.
1° CHARTIER, Marie-Thérèse, [FRANÇOIS III.
b 1742 ; s 26 janvier 1791, à Quebec.
Michel-François, b [5] 21 août 1762 ; s [6] 23 janvier 1767. — *Marie-Judith*, b [5] 19 et s [5] 24 oct. 1763.—*Jean-Baptiste*, b [5] 1er oct. 1764 ; ordonne, 16 oct. 1789 ; s 6 janvier 1804, au Cap-Santé.— *Marie-Joseph*, b... s [5] 29 août 1766.—*Louis*, b [5] 7 juillet 1767 ; m à Antoinette BOURDAGES. — *Marguerite-Elisabeth* et *Marie-Françoise*, b [5] 6 août 1768.—*André*, b [5] 8 nov. 1769 ; s [5] 8 janvier 1770. —*Pierre*, b [5] 5 juin 1771.—*André*, b... m 10 mai 1791, à Thérèse COUILLARD, à Beaumont. [8]
1794, (3 nov.) [8]
2° MÉNARD, Marie-Anne. [PIERRE III.

DUBORD, ALEXIS.
GOULET, Marie-Joseph,
b 1743 ; s 21 août 1790, à Repentigny.

DUBORD (4), ALEXIS. [JOSEPH II
GREGOIRE, Marie-Louise.
Judith, b 19 juillet 1767, à l'Ile-Dupas ; m 5 mai 1794, à Louis GOULET, à Repentigny. [6]— *Marie-Anne*, b... m [6] 20 janvier 1794, à Joseph ETHIER.

1771, (21 janvier) Ste-Anne-de-la-Perade.
IV.—DUBORD (5), JOSEPH-BÉNONI, [CHARLES III.
b 1747.
CHARETS, Thérèse, [FRANÇOIS III.
b 1749.
Thérèse, b 17 mars 1775, aux Grondines. [1] — *Marie-Archange*, b [1] 9 mars 1778.—*Madeleine*, b [1] 7 avril 1779.—*Marguerite*, b [1] 19 juin 1780.— *Julie*, b [1] 15 juin 1784 ; s [1] 7 mai 1786.—*Pierre*, b [1] 17 juillet 1785.—*Thérèse*, b [1] 11 avril et s [1] 9 sept. 1788.

(1) Et Dion.
(2) Sieur de Chaumont.
(3) Dit Languedoc.
(4) Dit Latourelle.
(5) Dit Clermont.

DUBORD, ALEXIS.
ROUTIER, Louise.
François, b... m 7 juin 1796, à Marguerite DALAIRE, à Québec.

1775, (13 février) Ste-Anne-de-la-Perade. [3]
IV.—DUBORD (1), ANTOINE, [ANTOINE III.
b 1753.
THIBAUDEAU, Marie. [PROSPER I.
Antoine, b [3] 30 déc. 1775.—*Marie-Marguerite*, b [3] 16 janvier 1777.—*Louis*, b [3] 6 août 1778

1780, (17 janvier) Ile-Dupas.
IV.—DUBORD (2), JEAN-BTE. [JEAN-BTE III.
VALOIS, Marie-Charlotte, [JOSEPH-MARIE II.
b 1758.

DUBORD (3), PAUL.
DEGUISE, Marie-Anne.
Marie-Anne, b 19 juin 1782, au Détroit. [4] — *Jean-Paul*, b [4] 29 juin 1783.

1786, (25 juillet) Québec. [6]
III.—DUBORD, JEAN-BTE, [NOEL II.
b 1761 ; menuisier ; s [6] 4 janvier 1788.
VÉSINA (4), Ursule. [CHARLES V.

1789, (7 janvier) Quebec.
III.—DUBORD, BARTHÉLEMI. [NOEL II.
FOURRÉ (5), Catherine. [JOSEPH I.

1791, (10 mai) Beaumont.
III.—DUBORD, ANDRÉ. [MICHEL II
COUILLARD, Thérèse. [CHARLES IV.

DUBORD, HENRI.
CARPENTIER, Madeleine.
Alexis-Zénobe, b 22 août 1794, à Batiscan.

DUBORD, JOSEPH.
DUBORD, Judith.
Marie-Marguerite, b 11 nov. 1794, a Batiscan

DUBORD, PAUL.
DUTAUT, Marie.
Modeste, b 18 janvier 1795, à Batiscan.

DUBORD, JOSEPH.
CARPENTIER (6), Marie-Joseph.
Marie-Marguerite, b 20 déc. 1795, à Batiscan.

DUBORD (7), GENEVIÈVE, épouse de Charles DUTAUT.

(1) Dit Clermont.
(2) Dit Latourelle.
(3) Dit Clermont ; charpentier au service du roi.
(4) Elle épouse, le 7 juin 1791, Romain Brunet, à Quebec.
(5) Dit Lespérance.
(6) Dit Bailly.
(7) Dit Beaufort.

1796, (7 juin) Québec.

DUBORD, François. [Alexis.
Dalaire, Marguerite. [Pierre.

1796, (11 oct.) Québec.

III.—DUBORD, Louis. [Noel II.
Lemieux, Marie-Françoise, [Joseph IV.
b 1761.

III.—DUBORD, Louis, [Michel II.
b 1767 ; capitaine.
Bourdages (1), Antoinette.
Michel, b...m 15 juillet 1817, à Adélaïde Pezard, à Québec.

1817, (15 juillet) Québec.

IV.—DUBORD, Michel, [Louis III.
médecin.
Pezard, Adélaïde. [Pierre-Melchior.

I.—DUBOSQUET (2), Joseph.

DUBOUCHEL.—Voy. D'Orceval.

DUBOUCHET. — *Surnoms :* De la Codrès — Desjadons.

1737, (26 août) Levis. [3]

I.—DUBOUCHET (3), Charles, fils de Claude et de Marie-Anne Duperoux, de DuSel, en Bourbonnais, diocèse de Bourge.
Ducas, Marie-Louise, [Jean-Bte I.
b 1719.
Jean-François, b 16 mars 1739, à Quebec. [4] — *Jean-François*, b [4] 22 avril 1741 ; m [3] 15 nov. 1762, à Catherine Bourassa ; s [3] 25 fevrier 1769. —*Louise*, b... m [3] 11 oct. 1763, à François Guénet.—*Marie-Catherine*, b [3] 23 mai 1743 ; m [3] 22 janvier 1763, à Pierre Paisant.—*Pélagie*, b [3] 11 juillet 1745.—*Charles*, b [4] 11 sept. 1750.—*Ignace*, b [3] 4 oct. 1751 ; s [3] 21 oct. 1755.—*Cécile*, b [4] 21 nov. 1753.—*Charles*, b [3] 6 et s [3] 18 oct 1755.—*Louis-Charles*, b [3] 21 juin et s [3] 22 juillet 1757.

1762, (15 nov.) Lévis. [6]

II.—DUBOUCHET (3), Jean-Frs, [Charles I.
b 1741, s [6] 25 février 1769.
Bourassa, Catherine-Charlotte, [Pierre III.
b 1742.
Charles, b [6] 1er juin 1764.—*Jean-François*, b [6] 1er avril 1766 ; s [6] 12 mars 1770.

I.—DuBOURCHEMIN (4), Jacques-François.

DUBOURG.—*Variations et surnoms :* Bouhours Bourg—Lachapelle.

(1) Elle epouse, le 20 janvier 1817, Joseph-Martin Chinic, à Québec.

(2) Sergent de la compagnie de M. de la Ronde ; il était à la Pointe-aux-Trembles, Q , le 13 mars 1760.

(3) Sieur Desjadons.

(4) Sieur de l'Hermitière, lieutenant de la marine en ce pays ; seigneur de Bourchemin, 22 juin 1695.

1696, (26 nov.) Beauport.

I.—DUBOURG (1), Antoine,
b 1660.
Vandandaique, Marie-Anne, [Joseph I.
b 1680.
Jacques, b 18 sept. 1697, à Charlesbourg ; m à Françoise Becquet.

II.—DUBOURG (2), Jean-Bte, [Antoine I.
b 1701.
Becquet (3), Angélique, [François I.
b 1701.
Jean-Baptiste, b 7 juillet 1723, à Montréal [9] ; s 20 janvier 1750, à Terrebonne.—*Marie-Catherine*, b 1724 ; s [9] 3 juillet 1726.—*Jean-Baptiste*, b [9] 8 fevrier 1727. — *Catherine*, b [9] 28 mai 1736.—*Marguerite*, b [9].19 avril 1738 ; s [9] 28 sept. 1739. —*Antoine*, b [9] 27 avril 1738.

II.—DUBOURG (4), Jacques, [Antoine I.
b 1697.
Becquet (5), Françoise, [François I.
b 1704.
Marie-Catherine, b 10 mai 1725, à Montreal [6] —*Jean-Baptiste*, b [6] et s [6] 5 fevrier 1728.— *Jean-Baptiste-Ursin*, b [6] 22 nov. 1729.

I.—DUBOURG, Joseph,
navigateur.
Corneille, Marie.
Marie, b 1737, m 9 janvier 1764, à Guillaume Tremblay, aux Eboulements [7] ; s [7] 5 nov. 1764.

DUBOURGUE. — Voy. D'Estienne sieur de Clérin.

DUBOURS.—*Surnom :* Picard.

1737, (25 sept.) Québec [6]

I.—DUBOURS, François, fils d'Etienne et de Marie Durand, de Grandville, diocèse de Coutances.
Terriot (6), Marie-Gertrude. [Jean-Guy I.
Marie-Cécile, b [6] 23 avril 1739. — *Marie-Françoise*, b 1er mai 1742, à Beaumont.— *René-François*, b [6] 21 nov. 1745.

1743, (29 juillet) Quebec. [4]

I.—DUBOURS (7), Henri, b 1719, fils de Henri et de Geneviève Grifon, de St-Quentin, diocèse de Noyon, Picardie ; s [4] 24 nov. 1781.
Guay (8), Geneviève, [Mathieu II.
b 1710 ; s [4] 16 mars 1789.
Marie-Geneviève, b [4] 8 nov. 1743 ; s [4] 7 août 1744. — *Marguerite*, b [4] 4 fevrier 1745. — *Jean-Henri*, b [4] 13 nov. 1748.

(1) Voy. Bouhours. vol. I, p 75—vol. II, p. 395 ; et Bourg, vol. II, p. 419

(2) Et Bourg dit Lachapelle ; voy. vol. II, pp 419-420.

(3) Dit St-Sauveur ; elle épouse, plus tard, Eliézer Chevalier.

(4) Dit Lachapelle.

(5) Elle épouse, le 17 août 1733, Ursin Dutalmé, à Montréal.

(6) Et Guy dit Grandmaison.

(7) Dit Picard.

(8) Et Gastonguay.

DUBRESSIEUX.—Voy. DERIVON, 1712.

DUBREUIL. — *Variations et surnoms :* DE LA CORNE, 1745—DUBRULE—GAULIN—ST-FÉLIX —ST-SOLIN.

DUBREUIL, ELISABETH, épouse de Pierre DUCERPE.

DUBREUIL, MARIE-ANNE, b 1696; m à Louis MASSON; s 23 oct. 1726, à Québec.

1682, (28 sept.) Montréal. [1]

I.—DUBREUIL (1), JEAN, b 1655.

1° MARTINEAU, Isabelle, b 1668; s 22 déc. 1685, à Ste-Famille, I. O.[2]

1686, (6 août). [2]

2° GAUTIER, Marguerite, [JOSEPH-ELIE I. b 1666; s 22 déc. 1702, à St-Jean, I. O. [3]

Pierre, b [2] 8 mai 1687; 1° m à Marie-Françoise GILBERT; 2° m à Marguerite ALAIRE; 3° m 6 juillet 1719, à Jeanne SOULARD, à Québec[4], 4° m [4] 25 mai 1747, à Madeleine VALADE.—*Jean,* b[3] 4 mars 1694; m 1735, à Geneviève BLANCHET, s 11 avril 1757, à St-Frs-du-Sud. — *Marie-Anne,* b [3] 4 sept. 1696; m[4] 15 juillet 1724, à Louis GAUTREAU.— *Joseph,* b [3] 24 mars 1699; m [1] 1er déc. 1725, à Marie-Renée DUTAUT; s 25 janvier 1754, à St-Antoine-de-Chambly.

1689, (24 nov.) Charlesbourg. [6]

I.—DUBREUIL (1), CLAUDE, b 1663.

1° BŒSMÉ, Elisabeth, [JEAN I. b 1668; s [6] 29 dec. 1702.

Pierre, b [6] 27 juillet 1699; m à Marguerite VAUDRY.—*Marguerite,* b [6] 31 dec. 1701; m 28 sept. 1722, à Philippe DUDEVOIR, à Montréal.

1725, (11 oct.) [6]

2° JOUSSELOT (2), Anne, [PIERRE I. b 1659; veuve de Jean Maranda; s [6] 14 janvier 1743.

1691, (26 nov.) Québec. [6]

I.—DUBREUIL (3), JEAN-ETIENNE, b 1664; s [6] 5 juin 1734.

1° LEGARDEUR, Marguerite, [MICHEL-NICOLAS I. b 1669; s [6] 29 dec. 1702.

Marie-Anne, b [6] 30 oct. 1698; m [6] 14 mai 1724, à Joseph SIMON; s[6] 29 juillet 1739.—*Jean-Etienne,* b [6] 30 dec. 1700; 1° m [6] 25 oct. 1726, à Charlotte JANIS; 2° m[6] 16 fevrier 1735, à Charlotte GIROUX; 3° m 21 juillet 1738, à Felicité VÉSINA, à L'Ange-Gardien; s [6] 23 oct. 1742.

1703, (14 mai). [6]

2° CHEVALIER, Marie-Anne, [ETIENNE I. s [6] 5 avril 1711.

1713, (12 février) Lorette.

3° ROUTIER, Jeanne, [JEAN I. b 1666; veuve de Jacques Voyer; s [8] 14 mai 1737.

DUBREUIL, MADELEINE, b... s 29 juillet 1715, à Ste-Famille, I. O.

II.—DUBREUIL, PIERRE, [JEAN I. b 1687; menuisier; s 27 août 1749, à Québec. [6]

1° GILBERT, Marie-Françoise, [PIERRE I. b 1689.

2° ALAIRE (1), Marguerite.

Marie-Catherine, b... m [6] 28 avril 1732, à François POISSON. — *Pierre-Noël,* b 25 et s 29 nov. 1711, à St-Jean, I. O.[2]—*Joseph-Marie,* b [2] 14 janvier 1713, s [2] 29 oct. 1714.

1719, (6 juillet). [6]

3° SOULARD, Jeanne, [JEAN I. b 1696; veuve de François Comeau; s [6] 22 déc. 1746.

1747, (25 mai).[6]

4° VALADE, Marguerite, [GUILLAUME I. b 1687; veuve de Pierre Laroche.

1725, (1er déc.) Montréal.

II.—DUBREUIL, JOSEPH, [JEAN I. b 1699; s 25 janvier 1754, à St-Antoine-de-Chambly. [1]

DUTAUT (2), Marie-Renée, fille de René et de Jeanne Join, de Chambéry, Savoie.

Catherine, b... m [1] 31 janvier 1752, à Louis DOUCET.—*Jean-Baptiste,* b... m 10 juillet 1758, à Catherine DROUILLARD, au Detroit.

DUBREUIL, JOSEPH.

LAGRANDEUR, Marie-Louise.

Joseph, b 7 déc. 1726, à Boucherville.

1726, (25 oct.) Québec [3]

II.—DUBREUIL, J.-ETIENNE, [JEAN-ETIENNE I. b 1700; s [3] 23 oct. 1742.

1° JARRY (3), Charlotte, [FRANÇOIS I. b 1707; s [3] 4 juin 1733.

Anne-Françoise, b [3] 29 avril et s [3] 6 mai 1725. — *Marie-Charlotte,* b [3] 9 avril 1727, 1° m [3] 11 janvier 1745, à François VÉSINA; 2° m [3] 24 nov. 1757, à Jean DUHEMME.

1735, (16 février). [3]

2° GIROUX, Marie-Charlotte, [CHARLES I. b 1705; veuve de Jean-Baptiste Dessalines, s [3] 21 mars 1737.

1738, (21 juillet) L'Ange-Gardien.

3° VÉSINA (4), Felicite, [PIERRE III. b 1712.

Marie-Catherine, b [3] 21 mai 1739; m [3] 23 oct. 1758, à Jean-Philippe LACHEZI. — *Jean-Etienne,* b [3] 30 août 1740; s [3] 13 janvier 1741. — *Joseph-Marie,* b [3] 15 avril et s [3] 10 août 1742.

(1) Voy vol. I, p. 205.

(2) C'est son 5me mariage: 1° Galois, 1677; 2° Dubau, 1678; 3° Duval, 1698; 4° Maranda, 1712.

(3) Voy vol. I, p. 206.

(1) Et Dalère.

(2) Elle épouse, le 17 janvier 1757, Jean Autier, à St-Antoine-de-Chambly.

(3) Et Janis

(4) Elle épouse, le 10 janvier 1746, Joseph Laforest, à Québec.

1728, (8 nov.) St-François, I. J.[8]
II.—DUBREUIL, André, [Claude I.
b 1695.
Labelle, Agathe, [Charles II.
b 1709.
André, b [8] 15 juillet 1730.— *Agathe,* b [8] 6 sept. 1734; 1° m à Antoine Alinaud; 2° m à Joseph Beauchamp. — *Françoise,* b [8] 9 fevrier 1736.—*Athanase,* b [8] 4 mai 1737.—*Marie-Louise,* b [8] 9 mars 1739. — *Marie,* b... m 26 mai 1766, à Louis Crépeau, à Lachenaye.[9] — *Marie-Catherine,* b... m [9] 30 juillet 1770, à Louis Giard.

II.—DUBREUIL, Pierre, [Claude I.
b 1699.
Vaudry, Marguerite, [François II.
b 1703.
Elisabeth, b 22 février 1729, à Repentigny.— *Pierre,* b 21 nov. 1734, à St-Michel-d'Yamaska[4]; m 6 février 1758, à Madeleine Voyne, à la Pte-aux-Trembles, M.[5] — *Marguerite,* b 1736; s [5] 12 sept. 1750.—*Marie-Catherine,* b [4] 27 déc. 1738.— *Louise,* b 1740; s [5] 4 juillet 1748 (noyée). — *Joseph,* b [4] 20 juin 1743. — *Marie-Agathe,* b [4] 19 nov. 1745.

1729, (2 avril) Montréal.[1]
I.—DUBREUIL, Jean, b 1690; fils de Jacques et de Marie Turtonde, de Capelle-Biron, Agenois, s 29 mars 1760, au Bout-de-l'Ile, M.[2]
Lapointe, Marie-Joseph,
b 1709.
Joseph-Amable, b [1] 27 février 1730; m [2] 18 oct. 1751, à Geneviève Ranger.—*Marie-Louise,* b [2] 15 août 1731; m [2] 17 fevrier 1749, à Pierre Ranger; s [2] 14 janvier 1750. — *Jacques-Jean,* b [2] 21 juin 1735; m [1] 3 févrıer 1755, à Marie-Madeleine Goujon. — *Marie-Marguerite,* b [2] 23 oct. 1736; m [2] 7 janvier 1755, à Louis Leduy. — *Augustin,* b [2] 25 janvier 1738; m [1] 28 janvier 1760, à Françoise Goujon.—*Marie-Catherine,* b [2] 17 mai 1739; s [2] 16 avril 1740. — *Joseph-Marie,* b [2] 12 juin 1740; s [2] 26 dec. 1747. — *Jean-Baptiste,* b [2] 17 déc. 1741; s [2] 5 oct. 1742.—*Louis-Joseph,* b [2] 27 mars 1745; m 28 juin 1776, à Marie-Anne Laroche, à St-Louis, Mo. — *Marie-Suzanne,* b [2] 20 oct. 1746; s [2] 23 mai 1748.—*Joachim,* b [2] 16 août 1749.

DUBREUIL, Etienne, b 1713, s 30 janvier 1738, à Deschambault.

I.—DUBREUIL, Giraud, b 1713; matelot; s 19 août 1740 (noyé), à Quebec.

1735.
II.—DUBREUIL, Jean, [Jean I.
b 1694; s 11 avril 1757, à St-Frs-du-Sud.[3]
Blanchet, Geneviève, [Pierre I.
b 1696; s avant 1754.
Marie-Geneviève, b 31 mai 1736, à St-Valier; m [3] 12 août 1754, à Louis-Marie Gendreau. — *Jean-Baptiste,* b... m [3] 22 janvier 1759, à Marie-Angélique Gagnon.

1741, (27 nov.) Montréal.[8]
I.—DUBREUIL (1), Jean, b 1711; fils de Pierre et de Marie Duvernay, de Bordeuil, diocèse de Périgueux, Périgord.
Piton, Angelique, [Simon I.
b 1711.
Marguerite, b [8] 24 janvier 1742; m [8] 8 janvier 1757, à Jean-Charles Chaubert.— *Jean-Baptiste,* b [8] 12 et s [8] 19 sept. 1744.—*Marie-Louise,* b [8] 27 janvier 1747; s [8] 16 août 1748.— *Louis,* b [8] 10 sept. 1748; s [8] 20 fevrier 1749.—*Marie-Françoise,* b [8] 4 avril 1750.

DUBREUIL, Joseph.
Baudoin, Marie.
Pierre, b 26 février 1747, à St-Antoine-de-Chambly[9]; s [9] 14 janvier 1749.

1751, (18 oct.) Bout-de-l'Ile, M.[8]
II.—DUBREUIL (2), Joseph-Amable, [Jean I.
b 1730.
Ranger, Geneviève, [Pierre II.
b 1734.
Jean-Baptiste, b [8] 28 juin 1752.—*Augustin,* b [8] 21 avril et s [8] 22 juillet 1754.— *Marie,* b [8] 27 juillet et s [8] 19 oct. 1755.—*Joseph-Hubert,* b [8] 20 oct. 1756. — *Marie-Catherine,* b [8] 17 dec. 1758.— *Augustin,* b [8] 11 janvier 1761.—*Marie-Joseph,* b [8] 30 janvier 1763; s [8] 22 mars 1764.—*Marie-Rose,* b [8] 30 janvier et s [8] 20 fevrier 1763. — *Louis-Amable,* b [8] 5 janvier et s [8] 15 sept. 1765. — *Marie-Geneviève,* b [8] 22 juillet 1766. — *Marie-Louise,* b [8] 21 janvier 1768.

1755, (3 février) Montréal.
II.—DUBREUIL, Jacques-Jean, [Jean I.
b 1735.
Goujon, Marie-Madeleine, [Pierre II.
b 1732.
Marie-Joseph, b 21 janvier 1756, au Bout-de-l'Ile, M.

1758, (6 février) Pte-aux-Trembles, M.
III.—DUBREUIL, Pierre, [Pierre II.
b 1734.
Voyne, Madeleine. [Jean-Bte.
Marie-Madeleine, b 19 mars 1759, à St-Henri-de-Mascouche.[4] — *Pierre,* b [4] 27 juillet 1760. — *Marie-Madeleine,* b 28 juin 1762, à Lachenaye.

1758, (10 juillet) Détroit.[6]
III.—DUBREUIL, Jean-Bte. [Joseph II.
Drouillard, Catherine. [Jean-Bte II.
Charles, b [6] 19 oct. 1759; s [6] 6 fevrier 1763.— *Catherine,* b... m [6] 11 juin 1776, à Antoine Bernard.—*Françoise,* b 1764; s [6] 4 sept. 1765.

1759, (22 janvier) St-Frs-du-Sud.[4]
III.—DUBREUIL, Jean-Bte. [Jean II.
Gagnon, Marie-Angelique. [Joseph.
Marie-Joseph, b [4] 11 janvier 1760

---

(1) Dit St-Félix—St-Solin.
(2) Et Dubrule, 1754.

1760, (28 janvier) Montréal.
II.—DUBREUIL, AUGUSTIN, [JEAN I.
b 1738.
GOUJON, Françoise, [PIERRE II.
b 1741.
Françoise, b 16 janvier 1761, au Bout-de-l'Ile, M. [4]; s [4] 17 mars 1762.

I.—DUBROCA (1), DOMINIQUE.

I.—DUBROQUE (2), LÉON, b 1700; de Bayonne; s 30 août 1721, à Montreal.

DUBRULE.—Voy. DUBREUIL.

DUBUC.—*Variation:* DUBUCQ.

DUBUC, ANGELIQUE, epouse de Thierry LIÉNARD.

DUBUC, MARIE, b... 1° m à Jean SINDECO, 2° m à Charles DECARUEL.

1668, (14 janvier) Quebec. [3]
I.—DUBUC (3), JEAN,
b 1641; s 3 nov. 1688, à la Pointe-aux-Trembles, Q [3]
LARCHEVÊQUE, Françoise,
b 1641; s [3] 4 juillet 1711.
Jean-François, b [2] 15 nov. 1668; m [3] 20 nov. 1696, à Elisabeth CARPENTIER; s [3] 2 sept. 1732.

1682.
I.—DUBUC, MICHEL,
b 1642, s 22 juin 1722, à Longueuil. [9]
BAUDIN, Marie,
b 1645, s [9] 24 avril 1716.
Michel, b 22 nov. 1683, à Boucherville [2]; m [2] 10 août 1710, à Charlotte BOUGRET; s [9] 28 avril 1760.

1693, (15 juin) Pte-aux-Trembles, Q. [3]
II.—DUBUC (3), ROMAIN, [JEAN I.
b 1671; s [3] 20 oct. 1711.
1° PINEL, Anne, [GILLES I.
b 1671; s [3] 23 août 1708.
Romain, b [3] 4 août 1696; m 6 février 1736, à Marie-Joseph LEFEBVRE, à Champlain. [6] —*Michel*, b [3] 13 août 1700; m [3] 11 juin 1724, à Françoise VOYER.—*Marie-Catherine*, b [3] 5 sept. 1705; s [3] 28 juillet 1731.—*Noel-Augustin*, b [3] 24 mai 1707, 1° m [6] 23 janvier 1736, à Elisabeth PEPIN; 2° m 15 nov. 1744, à Marie MAILLOT, à St-Jean-Deschaillons.
1709, (7 oct.) [4]
2° MATTE (4), Marie-Anne, [NICOLAS I.
b 1687.
André, b [3] 30 nov. 1711; m 3 nov. 1740, à Cecile LANGEVIN, à Montreal.

(1) Il était, le 13 nov. 1757, à Yamachiche, et, le 30 avril 1758, à la Pte-du-Lac.

(2) Matelot de "La Janette," de la Martinique, appartenant à M. Lecompte-Dupré.

(3) Voy. vol. I, p. 206.

(4) Elle épouse, le 27 février 1713, Etienne Magnan, à la Pte-aux-Trembles, Q.

1696, (20 nov.) Pte-aux-Trembles, Q. [6]
II.—DUBUC (1), JEAN-FRANÇOIS, [JEAN I.
b 1668; s [6] 2 sept. 1732.
CARPENTIER, Marie-Elisabeth, [CLAUDE I.
b 1673; s [6] 30 mai 1735.
Marie-Marguerite, b [6] 23 sept. 1697; s [6] 4 février 1731.—*Jean-Baptiste*, b [6] 3 mai 1699; m [6] 25 juin 1736, à Marie-Françoise DELISLE; s [6] 5 juin 1758. — *Angélique*, b [6] 10 février 1703; m [6] 12 août 1737, à Louis PILLARD; s 5 déc. 1752, aux Trois-Rivières. — *Thérèse*, b [6] 8 fevrier 1706; m [6] 7 avril 1750, à Alexis DELISLE. — *Elisabeth*, b [6] 20 nov. 1708; s [6] 16 janvier 1768.—*Marie-Joseph*, b [6] 23 février 1711, m [6] 12 nov. 1742, à Jean-Baptiste FAUCHER, s [6] 1er janvier 1748. — *Marie-Catherine*, b [6] 15 août 1713; m [6] 15 juin 1744, à Augustin FAUCHER; s [6] 28 sept. 1773.

1710, (10 août) Boucherville.
II.—DUBUC, MICHEL, [MICHEL I.
b 1683; s 28 avril 1760, à Longueuil. [9]
BOUGRET, Charlotte, [PRUDENT I.
b 1686; s [9] 18 dec. 1756.
Michelle, b [9] 2 oct. 1711; m [9] 5 juin 1730, à Toussaint TRUTEAU.—*Marie-Charlotte*, b [9] 4 mai 1713; m [9] 15 nov. 1734, à Jacques BAUDRY. — *Prudent*, b [9] 29 juillet 1714; m [9] 3 février 1739, à Angélique FOURNIER. — *Marie*, b [9] 25 février 1716, m [9] 14 janvier 1743, à François-Pierre CHERRIER — *Michel*, b [9] 29 mars et s [9] 25 avril 1718.—*Michel-Paschal*, b [9] 10 avril 1719; m [9] 11 février 1743, à Charlotte TRUTEAU. — *Marie-Louise*, b [9] 23 nov. 1721; m [9] 9 oct. 1741, à Pierre CHICOINE. — *François*, b [9] 1er mars 1725, m [9] 12 janvier 1750, à Marie-Archange PATENOTE. —*Michel*, b [9] 29 nov. 1727; s [9] 6 fevrier 1730.— *Joseph*, b... m [9] 5 mai 1749, à Marie-Antoinette FOURNIER.

1724, (11 juin) Pte-aux-Trembles, Q. [1]
III.—DUBUC, MICHEL, [ROMAIN II.
b 1700.
VOYER, Françoise, [PIERRE II.
b 1698; s [1] 5 juillet 1761.
Ignace, b [1] 31 juillet 1726; s [1] 31 déc. 1734. — *Marie-Françoise*, b [1] 15 janvier 1729; s 20 oct. 1757, au Cap-de-la-Madeleine.—*Marie-Françoise*, b [1] 28 juin 1731.—*Marie-Catherine*, b [1] 24 sept. 1733. — *Marie-Joseph*, b [1] 17 avril 1737; m [1] 16 fevrier 1767, à Jean-Baptiste AUGERS. — *Angélique*, b... m [1] 5 juillet 1756, à Thierry-Jean-Baptiste BOISJOLI.—*Ignace*, b [1] 25 avril 1739; m [1] 9 janvier 1764, à Marie-Angélique LANGLOIS.— *Jean-Baptiste*, b [1] 29 mai 1741; m [1] 15 juillet 1771, à Marie-Louise DION.

1734, (18 janvier) Pte-aux-Trembles, Q. [3]
III.—DUBUC, JOSEPH, [ROMAIN II.
b 1702.
AIDE-CRÉQUY, Marie-Angélique, [JEAN I.
b 1713; s [3] 4 mai 1758.
Louis-Joseph, b [3] 22 oct. 1734; m [3] 31 janvier 1757, à Geneviève LAURIOT.—*Romain*, b [3] 21

(1) Voy vol. I, p. 206.

avril 1736 ; m [3] 22 août 1757, à Louise AMIOT.—*Jean-Baptiste*, b [3] 30 mars 1738 ; m [3] 22 avril 1771, à Therèse BORDELEAU.—*Marie-Angélique*, b [3] 24 oct. 1739 ; m [3] 19 fevrier 1759, à Eustache GAUDIN.—*Marie-Madeleine*, b [3] 16 avril 1741 ; m [3] 6 oct. 1766, à Louis-Joseph DORÉ.—*Marie-Anne*, b [3] 8 mars 1745 ; s [3] 12 nov. 1764.—*Marie-Thérèse*, b [3] 19 déc. 1746 ; m [3] 27 juin 1774, à Alexandre CHANTAL ; s 16 fevrier 1782, à St-Augustin —*Marie-Louise*, b [3] 21 avril 1748 ; s [3] 5 juin 1765.—*Antoine*, b [3] 30 mars 1750.—*Charlotte*, b [3] 5 nov. 1751.—*Marie-Joseph*, b 1752 ; s [3] 19 fevrier 1774. — *Augustin*, b... m [3] 12 nov. 1770, à Marie-Joseph FOURNEL.

1736, (23 janvier) Champlain.

III.—DUBUC, NOEL-AUGUSTIN, [ROMAIN II.
b 1707.

1° PEPIN, Elisabeth, [JEAN-BTE II.
b 1712 ; s 21 février 1744, à St-Pierre-les-Becquets. [9]

Marie-Elisabeth, b 8 oct. 1736, à Ste-Anne-de-la-Perade.—*Marie-Joseph*, b [9] 15 mai 1740 ; m [9] 2 fevrier 1761, à Alexis BARIL.—*Marie-Madeleine*, b [9] 26 avril et s [9] 19 juillet 1742.—*Noel-Augustin*, b [9] 20 avril et s [9] 7 mai 1743 —*Pierre*, b [9] 13 février 1744.

1744, (15 nov.) St-Jean-Deschaillons.

2° MAILLOT, Marie, [FRANÇOIS II.
b 1720.

Marie-Anne, b [9] 18 oct. 1745.—*Charles-Augustin*, b [9] 23 janvier 1747.—*Gervais-Timothee*, b [9] 13 et s [9] 22 nov. 1748.—*Jean-Baptiste*, b [9] 24 avril 1750.—*Marie-Charlotte*, b [9] 3 juillet 1752.—*Marie*, b [9] 25 mars 1754.—*Joseph-Rubin*, b [9] 7 mars et s [9] 9 mai 1756.—*Marie-Geneviève*, b [9] 4 déc. 1757.

1736, (6 février) Champlain. [1]

III.—DUBUC, ROMAIN, [ROMAIN II.
b 1696.

LEFEBVRE, Marie-Joseph,
veuve de Joseph Bigot.

Anonyme, b [1] et s [1] 1er août 1736.—*Joseph*, b [1] 19 août 1737.—*Marie-Joseph*, b [1] 1er avril 1739.—*Marie-Anne*, b [1] 30 déc. 1741.

1736, (25 juin) Pte-aux-Trembles, Q. [2]

III.—DUBUC, JEAN-BTE, [JEAN-FRANÇOIS II
b 1699 ; s [2] 5 juin 1758.

DELISLE, Marie-Françoise, [FRANÇOIS II.
b 1711 ; s [2] 6 fevrier 1760.

1739, (3 février) Longueuil. [4]

III.—DUBUC, PRUDENT, [MICHEL II.
b 1714.

FOURNIER, Angelique, [ADRIEN II.
b 1717.

Michel, b [4] 2 janvier 1740.—*Joseph*, b [4] 4 fevrier 1741.—*Michel-Paschal*, b [4] 12 juillet 1742 ; m 11 août 1766, à Marie-Madeleine RENAUD, à Boucherville. [5] — *François*, b [4] 11 nov. 1743.—*Angélique*, b [4] 19 avril 1745 ; m [4] 13 oct. 1760, à Nicolas PATENOTE. — *Marie-Catherine*, b [4] 13 février 1748.—*Joseph-Prudent*, b [4] 9 juillet 1750.—*Marie-Desanges*, b [4] 6 février 1753.—*François-Xavier*, b [4] 27 avril 1757.—*Marie-Joseph*, b... m [5] 16 nov. 1767, à Jean-Baptiste VIAU.

1740, (3 nov.) Montréal. [8]

III.—DUBUC, ANDRÉ, [ROMAIN II.
b 1711.

LANGEVIN, Cecile, [LOUIS II.
b 1716.

André, b [8] 8 déc. 1741 ; s [8] 4 juin 1742.—*Jean-Baptiste*, b [8] 20 janvier 1743.—*Cécile*, b [8] 18 janvier 1745 ; s [8] 22 janvier 1749.—*Jean*, b [8] 18 février et s [8] 2 août 1747.—*Marie-Louise*, b [8] 25 août 1748 ; s [8] 26 avril 1749. — *Charles-Amable*, b [8] 27 fevrier 1750.

1743, (11 fevrier) Longueuil. [9]

III.—DUBUC, MICHEL-PASCHAL, [MICHEL II.
b 1719.

TRUTEAU, Marie-Charlotte, [CHARLES II.
b 1719.

Marie-Charlotte, b [9] 17 juin et s [9] 2 juillet 1744.—*Michel*, b [9] 7 oct. 1745.—*Joseph*, b [9] 31 mai 1747 ; s [9] 2 janvier 1750 —*Marie-Charlotte*, b [9] 25 sept. 1748.—*Marie-Archange*, b [9] 3 mars 1750.—*Joseph*, b [9] 13 août 1751.—*Marie-Catherine*, b [9] 15 mars 1753.—*Toussaint-Amable*, b [9] 9 oct. 1754 ; s [9] 22 nov. 1760.—*Paschal-Marie*, b [9] 6 mars 1762.

1749, (5 mai) Longueuil. [2]

III.—DUBUC, JOSEPH, [MICHEL II.
b 1726.

FOURNIER, Marie-Antoinette. [ADRIEN II.

Marie-Desanges, b [2] 20 et s [2] 23 février 1750.—*Marie-Charlotte*, b [2] 8 et s [2] 18 février 1751.—*Marie-Joseph-Antoinette*, b [2] 7 et s [2] 9 avril 1752.—*Joseph*, b [2] 3 mai 1753 ; s [2] 12 déc. 1760.—*Joseph*, b [2] 17 mars 1761.

1750, (12 janvier) Longueuil. [3]

III.—DUBUC, FRANÇOIS. [MICHEL II.

PATENOTE, Marie-Archange [NICOLAS III.

Michel, b [3] 20 mars et s [3] 12 juillet 1751.—*François-Amable*, b [3] 9 juin 1752 ; s [3] 21 mai 1753.—*Michel*, b 1753 ; s [3] 18 oct. 1761.—*Marie-Archange*, b [3] 11 février et s [3] 3 mars 1757. — *Michel*, b [3] 1er janvier 1761.—*Marie-Michelle*, b [3] 22 avril 1762.

1757, (31 janvier) Pte-aux-Trembles, Q. [2]

IV.—DUBUC, LOUIS-JOSEPH. [JOSEPH III.
b 1734.

LAURIOT, Geneviève, [JOSEPH II
b 1721 ; veuve de Thierry Fournel.

Louis-Joseph, b [2] 2 et s [2] 25 janvier 1758 —*Jean-Baptiste*, b [2] 22 sept. 1759. — *François*, b [2] 25 avril 1761 ; m [2] 23 fevrier 1778, à Marie-Joseph MATTE. — *Joseph-Louis*, b [2] 13 janvier 1766.

1757, (22 août) Pte-aux-Trembles, Q. [1]

IV.—DUBUC, ROMAIN, [JOSEPH III.
b 1736.

AMIOT, Louise, [PIERRE IV.
b 1731 ; veuve de François-Xavier Delisle.

Joseph-Romain, b [1] 1er sept. 1758; m à Thérèse PROULX. — *Jean-Baptiste*, b [1] 14 nov. 1761. — *Antoine*, b [1] 31 oct. 1763; s [1] 27 février 1774. — *Marie-Joseph*, b [1] 6 janvier 1766.—*Augustin*, b [1] 9 février 1768; m 14 juillet 1794, à Marie-Joseph PROULX, à St-Augustin.

DUBUC, ANTOINE, b 1751; s 24 fevrier 1774, à la Pte-aux-Trembles, Q.

1764, (9 janvier) Pte-aux-Trembles, Q. [3]

IV.—DUBUC, IGNACE, [MICHEL III.
b 1726. 1739
LANGLOIS, Marie-Angélique, [JEAN-BTE II.
b 1735.
Michel, b [3] 4 février et s [3] 29 août 1765.—*Marie-Joseph*, b [3] 7 juin 1766.—*Marie-Angélique*, b [3] 27 juillet 1769. — *Marie-Louise*, b 16 mars 1772, aux Ecureuils. [1] — *Marie-Geneviève*, b [3] 20 juillet 1773. — *Marie-Louise*, b [3] 7 déc. 1775.—*Ignace*, b [1] 24 sept. 1780.

1766, (11 août) Boucherville.

IV.—DUBUC, MICHEL-PASCHAL, [PRUDENT III.
b 1742.
RENAUD, Marie-Madeleine. [LOUIS.

1770, (12 nov.) Pte-aux-Trembles, Q. [1]

IV.—DUBUC, AUGUSTIN. [JOSEPH III.
FOURNEL, Marie-Joseph, [THIERRY III.
b 1752.
Augustin, b [1] 17 août 1771.—*Thierry*, b 7 dec. 1774, aux Ecureuils. — *Marie-Joseph*, b [1] 8 oct. 1776.—*Jean-Baptiste*, b [1] 2 déc. 1777. — *Charles*, b... m 17 oct. 1809, à Marguerite DEFOY, à Québec.

1771, (22 avril) Pte-aux-Trembles, Q. [7]

IV.—DUBUC, JEAN-BTE, [JOSEPH III.
b 1738.
BORDELEAU, Thérèse, [LOUIS III.
b 1746.
Joseph, b [7] 30 avril 1775.—*Augustin*, b [7] 5 oct. 1776; s [7] 24 août 1777.

1771, (15 juillet) Pte-aux-Trembles, Q. [4]

IV.—DUBUC, JEAN-BTE, [MICHEL III.
b 1741.
DION, Marie-Louise, [FRANÇOIS II.
b 1738.
Marie-Louise et *Marie-Madeleine*, b [4] 11 février 1772.—*Jean-Baptiste*, b [4] 30 avril 1774. — *Angélique*, b [4] 8 mars et s [4] 2 juin 1776.

1778, (23 février) Pte-aux-Trembles, Q.

V.—DUBUC, FRANÇOIS, [LOUIS-JOSEPH IV.
b 1761.
MATTE, Marie-Joseph. [JEAN-LAURENT.

DUBUC, JOSEPH.
BÉLAND, Marie-Anne.
Marie-Madeleine, b 30 juillet 1780, aux Ecureuils.

V.—DUBUC, JOSEPH-ROMAIN, [ROMAIN IV.
b 1758.
PROULX, Thérèse. [JEAN-BTE III.
Thérèse, b 2 avril 1786, à St-Augustin. [4] — *Louise*, b [4] 19 janvier 1788.—*Joseph*, b [4] 20 août 1789; s [4] 8 dec. 1790. — *Victoire*, b [4] 16 juillet 1791.—*Olivier*, b [4] 4 avril 1793.

1794, (14 juillet) St-Augustin.

V.—DUBUC, AUGUSTIN, [ROMAIN IV.
b 1768.
PROULX, Marie-Joseph, [JEAN-BTE III.
b 1763.

DUBUISSON. — *Surnoms :* AMEAU — ANGERS — GUYON — HARIÉ — POITIERS — POTHIER — RADIER — RATTIER — RENAUT.

DUBUISSON, ANGÉLIQUE, epouse de Pierre GAGNÉ.

DUBUISSON, JEAN-BTE, b 1645; s 28 mars 1727, à Montréal.

DUBUISSON, MARIE-ANNE, b 1703; s 14 janvier 1772, à l'Hôpital-General, M.

I.—DUBUISSON (1), ANTOINE.
ARCOUET, Madeleine.
Marie-Joseph, b... m 3 mai 1734, à Jean-Baptiste ROY, à Montréal. [2] — *François-Xavier*, b [2] 12 juin 1713.

I.—DUBUISSON, CHARLES,
capitaine.
1° DUTOUREL, Gabrielle-Michelle.
1717, (29 oct.) Quebec.
2° BIZARD, Louise, [JACQUES I.
b 1679.

DUBUISSON, PIERRE.—Voy. RATTIER, 1704.

I.—DUBUISSON, JOSEPH.
PLUCHON, Marie-Anne.
Marie-Anne, b 12 déc. 1734, à Montreal.

DUBUISSON, MARIE-THÉRÈSE, b... s 1er mars 1744, au Sault-au-Récollet.

1747, (27 nov.) Québec. [8]

I.—DUBUISSON (2), ANDRÉ, fils de Pierre et de Marie-Louise Sabotier, de St-Laurent, Paris.
BEAUVALET (3), Marie-Thérèse, [VINCENT I.
b 1725; s [8] 30 nov. 1755.
Joseph, b [8] 24 janvier et s [8] 2 février 1754.

1749, (3 février) Bout-de-l'Ile, M. [8]

I.—DUBUISSON, PIERRE-DOCILE, de St-Martin, diocèse de Rouen.
LALONDE, Marie-Rose, [JEAN-BTE II.
veuve de Joseph Gautier.
Marie-Rose, b [8] 27 mars 1751.—*Suzanne-Amable*, b [8] 5 mai et s [8] 15 août 1755.

---

(1) Arié ou Radier.
(2) Dit Marcheterre.
(3) Et Beauval.

DuBUISSON, Louis-Jacques-Charles. — Voy. Renaud, 1741.

1727, (18 août) St-Ours.

I.—DUBURON, Mathurin, fils de Simon et de Jeanne Chaudronnière, de Rion, diocèse de Xaintes, Saintonge.
Emond, Marie-Anne, [Pierre I.
b 1706.
Marie-Joseph, b 1730; s 30 janvier 1733, à Quebec. [4] — *Marguerite*, b... m [4] 16 mai 1749, à Antoine Péronelle.—*Louis*, b [4] 14 août 1733.—*Louise-Charlotte*, b 14 nov. 1735, à la Rivière-Ouelle. — *Marie-Ursule*, b 3 mars 1738, à Ste-Anne-de-la-Pocatière ; s [4] 27 dec. 1739. — *Marie-Louise*, b [4] 7 oct. 1740.—*Nicolas*, b [4] 16 mai 1744. — *Antoine*, b [4] 15 mars et s [4] 8 avril 1747.

I.—DUBURON (1), Victor, b 1735; s 3 mai 1759, à Lorette.

DUC. — *Variation et surnom :* Leduc — Bellerose.

1757, (21 février) Lorette. [2]

I.—DUC (2), Joseph, fils de François et de Françoise Bersseau, d'Yvre, Franche-Comte.
Dion, Madeleine, [Louis II.
b 1731.
Joseph, b 22 sept. 1758, à Québec.—*Marie-Madeleine*, b [2] 3 août 1760.

DUCAP.—Voy. Baudet

DuCARDONNET.—Voy. Pepin-DesCardonnets, 1720.

DUCAS. — *Variation et surnom :* Dugas — Labrèche.

DUCAS, Marie-Marguerite, epouse de Louis Ouimet.

1708, (7 janvier) Beauport.

I.—DUCAS (3), Jean, b 1681 ; fils de Jean et de Marie Deshayes, de St-Pierre, ville de Pau, Béarn, s 19 nov. 1758, à St-Laurent, M. [3]
Vandendaique, Charlotte, [Joseph I.
b 1685.
Pierre, b 10 février 1709, à Montreal [4]; m 3 mars 1737, à Catherine Barbeau, à Ste-Foye.—*Pierre*, b [4] 11 août 1710.— *Charles*, b [4] 27 juillet 1712; m à Marie-Charlotte Fortier ; s [3] 14 juillet 1761.—*Jean-Baptiste*, b [4] 16 sept. 1714 ; m 9 juin 1749, à Monique Blais, à Ste-Geneviève, M. — *Marie-Louise*, b [4] 13 juillet 1718 ; m 6 oct. 1738, à Joseph Edeline, à Longueuil. — *Joseph*, b [4] 2 fevrier 1720; 1° m à Marie-Amable Louveteau-Ebiché ; 2° m à Françoise Cardinal

(1) Frère d'Alexis Duburon, récollet.

(2) Et Leduc dit Bellerose, soldat de la compagnie de M de Manneville.

(3) Et Dugas dit Labrèche.

1715, (29 avril) St-Laurent, I. O.

I.—DUCAS (1), Jean-Bte,
b 1668 ; s 20 avril 1768, à Lévis. [1]
Caruel (2), Marie-Louise, [Charles I.
b 1694.
Marie-Anne, b... s 30 sept. 1721, à Québec. [2] — *Anonyme*, b [1] et s [1] 22 avril 1718. — *Marie-Louise*, b [1] 25 juin 1719 ; m [1] 26 août 1737, à Charles Dubouchet. — *Louis-Joseph*, b [1] 15 juin 1721.—*Jean-Baptiste*, b [2] 14 oct. 1723 ; m 28 janvier 1749, à Marie-Anne Boucher, à St-Nicolas. —*Pierre*, b [2] 21 août 1726.—*Pierre-Michel*, b [1] 28 sept. 1727 ; m [1] 29 oct. 1754, à Geneviève Dussault ; s [1] 4 nov. 1755.—*Anonyme*, b [1] et s [1] 15 avril 1732.—*Anonyme*, b [1] et s [1] 7 mars 1735.

1737, (3 mars) Ste-Foye.

II.—DUCAS (3), Pierre, [Jean I.
b 1709 ; voiturier.
Barbeau, Catherine, [Pierre II.
b 1719.
Pierre, b 2 mars 1738, à Québec [8]; m [8] 23 nov. 1761, à Marie-Joseph Roy.—*Catherine-Charlotte*, b [8] 15 juillet et s [8] 11 août 1741.—*Jean-Baptiste*, b [8] 27 mai 1742 ; s [8] 4 déc. 1744.—*Marie-Madeleine*, b [8] 29 nov. 1744 ; s [8] 16 janvier 1748.—*Gilles-Elisabeth*, b [8] 12 janvier et s [8] 12 février 1747.—*Elisabeth*, b [8] 5 janvier 1748. — *Jacques*, b [8] 9 janvier 1750 ; m à Marie Lavanture ; s 12 mai 1849, à Maskinongé. — *Jean-Pierre*, b [8] 20 nov. 1751 ; s [8] 19 juin 1752. — *Marie-Catherine*, b [8] 30 mars 1753.—*Benjamin*, b [8] 26 fevrier 1755 ; s [8] 26 sept. 1757.—*Marie-Marguerite*, b [8] 17 avril 1757.—*Charlotte*, b [8] 10 oct. 1759.

1749, (28 janvier) St-Nicolas [3]

II.—DUCAS, Jean-Bte, [Jean-Bte I.
b 1723.
Boucher, Marie-Anne. [François IV.
Marie-Anne, b 25 oct. 1749, à Lévis. [4] —*Marie-Joseph*, b [4] 21 février 1751. — *Louis*, b [4] 19 oct. 1752.—*Marguerite*, b 17 juillet et s 11 août 1754, à St-Vincent-de-Paul. [6] —*Marguerite*, b [6] 15 juillet 1755.—*Louis-Joseph*, b [4] 1er mars 1758.—*Louise*, b [3] 25 mars et s [3] 30 juillet 1760.—*Geneviève*, b 16 nov. 1761, à St-Michel-d'Yamaska [5]; s [5] 26 avril 1762.—*Jean-Baptiste*, b [4] 2 février et s [4] 12 août 1764.—*Marie-Charlotte*, b [4] 10 juillet 1765. —*Jean-Baptiste*, b [4] 8 dec. 1767. — *Charles*, b 20 nov. 1773, à Ste-Foye.

1749, (9 juin) Ste-Geneviève, M. [7]

II.—DUCAS (4), Jean-Bte, [Jean I.
b 1714.
Blais, Monique. [Louis I.
Jean-Baptiste, b [7] 27 mai 1750.—*Pierre*, b [7] 10 oct. 1752 ; s [7] 19 juillet 1759.—*Joseph*, b [7] 10 mars et s [7] 2 juillet 1754. — *François-Amable*, b [7] 27 août 1755.—*Marie-Charlotte*, b 21 juillet 1757, au Bout-de-l'Ile, M.

(1) Anglais établi dans cette paroisse ; voy. vol. I, pp. 206-207

(2) Dit Belleville.

(3) Et Dugas dit Labrèche, 1761.

(4) Dit Labrèche.

II.—DUCAS (1), Joseph, [Jean I.
b 1720.
1° Eriché (2), Marie-Amable,
b 1730; s 13 avril 1753, à St-Laurent, M. [1]
Joseph, b [1] 23 février 1750. — *Marie-Amable*, b [1] 8 mars et s [1] 27 juillet 1751.—*Jacques*, b [1] 13 avril 1752.

2° Cardinal, Françoise.
François, b [1] 13 et s [1] 15 oct. 1754.—*Joachim*, b [1] 23 janvier 1756.—*Marie-Anne*, b [1] 18 fevrier et s [1] 29 juin 1758.— *François*, b [1] 29 janvier 1760.

II.—DUCAS (1), Charles, [Jean I.
b 1712; s 14 juillet 1761, à St-Laurent, M.
Fortier, Marie-Charlotte,
b 1724; s 18 mai 1757, à Lachine.[2]
Marguerite-Céleste, b [2] 14 avril et s [2] 30 juillet 1751.—*Amable-Paschal*, b [2] 15 juin 1752.— *Jean-Gabriel*, b [2] 8 mai et s [2] 23 juillet 1754.—*Joseph-Marie*, b [2] 20 juin et s [2] 11 nov. 1755

1754, (29 oct.) Lévis. [8]
II.—DUCAS, Pierre-Michel, [Jean-Bte I.
b 1727; s [8] 4 nov. 1755.
Dussault (3), Geneviève, [Pierre III.
b 1736.
Pierre, b [8] 7 oct. et s [8] 17 nov. 1755.

1761, (23 nov.) Québec. [3]
III.—DUCAS (1), Pierre, [Pierre II.
b 1738.
Roy, Marie-Joseph, [François.
s [3] 1er fevrier 1763.
Pierre, b [3] 30 janvier 1763.

I.—DUCASSE (4), Jean, de St-Barthélemi, ville de LaRochelle, Aunis.
Gravouil, Gilette,
Marie, b 1701; m 2 mai 1721, à François Chambellan, à Montreal.

I.—DUC-CE-ROY (5), Pierre, b 1711; s 19 juin 1728, à Montréal.

I.—DUCERPE (6), Pierre.
Dubreuil, Elisabeth,
s avant 1777.
Pierre, b... m 13 janvier 1777, à Marie-Joseph Sareau, à la Longue-Pointe. — *Marie*, b 18 mai 1753, à Lachenaye.

1777, (13 janvier) Longue-Pointe.
II.—DUCERPE, Pierre. [Pierre I.
Sareau, Marie-Joseph. [Jean-Bte III.

DUCHAINY.—Voy. Baril—Barry.

DUCHAMBON. — *Surnoms :* DeMezillac — De Vergor—Dupont.

(1) Et Dugas dit Labreche.
(2) Dit Louveteau.
(3) Elle épouse, le 22 juin 1756, Jean Noël, à Lévis.
(4) Entrepreneur de vaisseaux pour le roi.
(5) Soldat de la compagnie de Perigny.
(6) Et Dusepte.

1752, (8 juillet) Ste-Foye.
I.—DUCHAMBON (1), Louis, capitaine; fils de Louis (chevalier de St-Louis) et de Jeanne Dentremont, de Carignan, diocèse de Xaintes, Saintonge.
Riverin, Marie-Joseph, [Joseph II.
b 1726.
Louis-Bernardin, b 21 mai 1753, à Quebec.[4] —*Antoine-Marie*, b [4] 16 sept. 1754; s 29 janvier 1755, à Charlesbourg. — *Louis-Ignace*, b [4] 22 juillet et s [4] 16 nov. 1756.—*François*, b [4] 15 juillet 1757.—*Joseph*, b [4] 6 nov. 1758.—*Marie-Louise*, b [4] 9 et s [4] 18 dec. 1761.—*Henriette* (2), b 15 mai 1763.

DUCHARME.—*Surnoms :* Charon—Laverdure Provencher—Repoche—Tétreau.

DUCHARME, Marie-Joseph, épouse d'Etienne Lecours.

DUCHARME, Marie-Joseph, épouse de Joseph Lemaire-St-Germain.

DUCHARME, Suzanne, b 1724; m à Pierre Parant; s 11 juin 1754, à Lachine

DUCHARME, Marguerite, épouse de Pierre Plouf.

DUCHARME, Geneviève, épouse de Charles Ranger.

DUCHARME, Catherine, b... m 12 janvier 1672, à Pierre Roy, à Montreal.

DUCHARME, Catherine, b 1647; s 21 fevrier 1719, à Montreal.

1659, (13 janvier) Montréal. [5]
I.—DUCHARME (3), Fiacre,
b 1628, s [5] 17 mars 1677.
Pacrau, Marie,
b 1628.
Angélique, b [5] 17 février 1674; m [5] 22 nov. 1690, à Claude Dudevoir, s [5] 27 août 1742.

I.—DUCHARME (4), François,
b 1624; s 20 nov. 1701, à Montreal.
Hubert (5), Renee-Madeleine, [Frs-Jacques I.
b 1651.
Pierre-Jacques, b 26 mars 1691, à Québec[5]; m 19 nov. 1711, à Marie-Madeleine Marois, à L'Ange-Gardien; s [5] 17 oct. 1729.

1681, (27 nov.) Montréal. [6]
II.—DUCHARME (3), Louis, [Fiacre I.
b 1660; s [6] 11 août 1691.
Maillet (6), Marie-Anne, [Pierre I.
b 1666.

(1) Dupont-Duchambon—Sieur de Vergor et de Mezillac. Chevalier, lieutenant.
(2) Pensionnaire à Paris.
(3) Voy vol. I, p. 207.
(4) Et Repoche; voy. vol. I, p. 515.
(5) Elle épouse, en 1703, Julien Saugeon.
(6) Elle épouse, le 18 janvier 1698, Louis Prigeat, à Montréal.

Louis, b [6] 3 juillet 1684 ; 1° m [6] 30 déc. 1715, à Marie PICARD ; 2° m [6] 4 sept. 1727, à Jeanne PION. —*Marie-Anne*, b [6] 24 avril 1690 ; m [6] 9 février 1711, à Nicolas LEFEBVRE.

DUCHARME, PIERRE, b 1689 ; s 18 janvier 1709, à Montreal.

1705, (9 fevrier) Québec. [4]

II.—DUCHARME (1), CHARLES, [FRANÇOIS I. b 1684.

MOREL (2), Louise, [PIERRE I. b 1683.

Marie-Angélique, b [4] 27 janvier 1706 ; s [4] 1er oct. 1714.—*Julien*, b [4] 28 avril 1707 ; m [4] 19 août 1725, à Marie RONDEAU ; s [4] 26 fevrier 1731.—*Marie-Louise*, b [4] 24 oct. 1708.

1711, (19 nov.) L'Ange-Gardien

II.—DUCHARME (3), JACQ.-PIERRE, [FRS I. b 1691 ; s 17 oct. 1729, à Quebec. [3]

MAROIS (4), Marie-Madeleine, [GUILLAUME I. b 1689.

Marie-Catherine, b 23 août et s 26 sept. 1711, à Beauport. [2] —*Noel*, b [2] 2 oct. 1712 ; s [2] 1715. — *Marie-Madeleine*, b [3] 3 janvier 1715. — *Marie-Catherine*, b [3] 21 janvier 1717 ; s [3] 1er mai 1726. — *Marie-Louise*, b [3] 2 sept. 1718 ; m [3] 21 nov. 1735, à François CONSIGNY ; s [3] 4 avril 1757.—*Marie-Françoise*, b [3] 25 mars 1720.—*Jacques*, b [3] 18 juillet 1721 ; 1° m 13 février 1741, à Marie-Anne THIBAULT, à Charlesbourg ; 2° m 13 nov. 1775, à Marie MOREAU, à St-Joseph, Beauce. —*Joseph-Marie*, b [3] 27 mars 1723, s [3] 9 nov. 1724.—*Joseph*, b [3] 16 déc. 1724 ; 1° m 12 janvier 1745, à Suzanne ROCHE, à Montréal [1] ; 2° m [1] 18 avril 1757, à Françoise HAREL ; 3° m [3] 21 juin 1763, à Marie-Charlotte RENAUD.—*Catherine*, b [3] 22 oct. 1726 ; s [3] 4 janvier 1733.—*Jean-Michel*, b [3] 23 oct. 1728 ; m [3] 23 août 1751, à Marie-Helène PARANT. — *Basile* (posthume), b [3] 9 avril 1730, s [3] 20 mars 1732.

DUCHARME (5), ANTOINE, b 1719, s 12 oct. 1732, à Champlain.

1715, (30 dec.) Montreal. [4]

III.—DUCHARME, LOUIS, [LOUIS II. b 1684.

1° PICARD, Marie, [PIERRE I. b 1694 ; s [4] 10 janvier 1726.

Louis, b [4] 7 janvier 1717 ; m [4] 2 janvier 1747, à Marie-Françoise JOURDAIN. — *Marie-Barbe*, b [4] 4 dec. 1718 ; s [4] 7 mars 1747. — *Pierre*, b [4] 3 fevrier et s [4] 26 août 1721. — *Laurent*, b [4] 10 août 1723 ; m [4] 26 nov. 1753, à Marguerite MÉTIVIER.

1727, (4 sept.) [4]

2° PION, Jeanne, [NICOLAS I. b 1676 ; veuve de Jean Serre ; s [4] 27 oct. 1748.

(1) Repoche

(2) Elle epouse, le 1er août 1712, Raymond Peussard, à Quebec.

(3) Repoche—Laverdure.

(4) Elle epouse, le 21 fevrier 1740, Nicolas Duchesne, à Quebec.

(5) Engagé de M Dorvilliers

DUCHARME, JOSEPH, b 1700 ; s 10 déc. 1759, à Lachine.

1718.

III.—DUCHARME, JOSEPH, [LOUIS II. b 1688.

1° JARRET, Jeanne.

Marie-Jeanne, b 18 juillet 1719, à Verchères.

1721, (25 février) Lachine. [1]

2° TROTIER, Therèse, [JOSEPH III. b 1701.

Jean-Marie (1), b [1] 20 juillet 1723.—*Thérèse*, b 1725 ; m [1] 13 nov. 1752, à Jacques CHARLEBOIS ; s [1] 9 juin 1753.—*Marie-Barbe*, b [1] 8 nov. 1728.—*Joseph*, b [1] 13 nov. 1730 ; m 27 juin 1763, à Angelique LECOURS, à Lachenaye ; s 3 février 1766, au Detroit. — *Jean-Marie*, b... m [1] 3 août 1761, à Marie ROY. — *Pierre-Hyacinthe*, b [1] 31 août 1752.

1723, (11 janvier) Lachine. [2]

III.—DUCHARME, JEAN, [LOUIS II. b 1682.

TROTIER, Marie-Jeanne, [JOSEPH III. b 1694 ; veuve de François Martin ; s 10 mars 1765, au Bout-de-l'Ile, M. [1]

Marie-Joseph, b [2] 3 oct. 1723 ; m à Antoine SAUVÉ ; s [1] 21 mars 1755. — *Marie-Agathe*, b [2] 8 avril et s [2] 31 mai 1730.—*Marie-Anne* (posthume), b [2] 16 avril 1731 ; m [1] 8 avril 1755, à Joachim GENU.

1725, (19 août) Quebec. [3]

III.—DUCHARME (2), JULIEN, [CHARLES II. b 1707 ; s [3] 26 fevrier 1731.

RONDEAU (3), Marie. [THOMAS I.

Marie-Anne, b [3] 11 août 1726 ; m [3] 30 sept. 1748, à Julien FOURRÉ. — *Pierre*, b [3] 19 avril 1728 ; s [3] 16 juillet 1730. — *Jean-Gabriel*, b [3] 14 juillet 1729 ; s [3] 24 avril 1730. — *Marie-Anne* (posthume), b [3] 13 juin 1731.

DUCHARME, PAUL, b 1734 ; s 5 janvier 1759, à Lachine.

DUCHARME, VÉRONIQUE, b 1737 ; s 30 avril 1757, à Lachine.

III.—DUCHARME (4), FRS-ANTOINE, [PIERRE II. b 1711.

JOLY, Catherine. [JEAN-BTE III

Antoine, b 4 mars 1738, à Lanoraie ; m 14 fevrier 1757, à Therèse MARTINEAU, au Sault-au-Recollet.

1741, (13 février) Charlesbourg.

III.—DUCHARME, JACQUES, [JACQUES-PIERRE II. b 1721.

1° THIBAULT, Marie-Anne. [LOUIS III.

(1) Mort en 1825.

(2) Repoche.

(3) Elle épouse, le 21 nov 1735, Philippe Desmarets. a Quebec.

(4) Voy. aussi Charon, 1733, p 22.

1775, (13 nov.) St-Joseph, Beauce.
2° MOREAU, Marie, [PIERRE II.
b 1711; veuve de Joseph Lalague.

DUCHARME, JEAN-BTE. — Voy. PROVENCHER, 1737.

DUCHARME, JACQUES.
DUMONT (1), Marie-Anne.

1745, (12 janvier) Montréal. [7]
III.—DUCHARME (2), JOSEPH, [JACQUES II.
b 1724.
1° DESROCHES (3), Suzanne, [JEAN I.
b 1711.
Marie-Suzanne, b [7] 22 sept. 1745. — *Denis-Joseph*, b [7] 4 mars et s [7] 11 oct. 1748. — *Marie-Agathe*, b [7] 31 dec. 1749; s [7] 19 mai 1750.
1757, (18 avril). [7]
2° HAREL, Françoise, [JEAN-FRS II.
b 1717; veuve de Pierre-Joseph Brisard.
1763, (21 juin). [7]
3° RENAUD, Charlotte.
Joseph, b 8 et s 13 sept. 1765, au Bout-de-l'Ile, M. —*Toussaint-Joseph*, b 1er nov. et s 19 déc. 1767, au Détroit.

1747, (2 janvier) Montréal. [4]
IV.—DUCHARME, LOUIS, [LOUIS III.
b 1717.
JOURDAIN, Marie-Françoise, [DENIS II.
b 1727; s 18 août 1782, à la Longue-Pointe. [5]
Marie-Barbe, b [4] 21 et s [4] 28 déc. 1747.—*Louis*, b [4] 24 et s [4] 25 oct. 1748. — *Louis-Joseph*, b 20 mai 1750, à la Pte-aux-Trembles, M. [6] — *Marie-Marguerite*, b [6] 9 sept. 1753; m [6] 21 sept. 1778, à François BLAU.

1751, (23 août) Québec. [1]
III.—DUCHARME (4), MICHEL, [JACQ.-PIERRE II
b 1728; s avant 1786.
PARANT, Marie-Helène, [JACQUES III.
b 1726; s [1] 29 oct. 1786.
Marie-Hélène, b [1] 18 juin 1752.—*Michel*, b [1] 1er oct. 1755; s [1] 27 sept. 1758.—*Marie-Charles*, b [1] 17 sept. et s [1] 13 oct. 1761.

DUCHARME, FRANÇOIS.
PLOUF, Marie-Françoise.
Anonyme, b et s 15 juillet 1752, à Lanoraie. [7] — *Marie*, b [7] 20 août 1753. — *François*, b... s [7] 15 fevrier 1755. — *Marie-Françoise*, b [7] 29 avril 1755.—*Anonyme*, b [7] et s [7] 15 oct. 1758.

1753, (26 nov.) Montreal.
IV.—DUCHARME, LAURENT, [LOUIS III.
b 1723.
MÉTIVIER, Marguerite-Amable, [BARTHÉLEMI II.
b 1730.
Louis, b et s 22 sept. 1754, à St-Laurent, M.

(1) Elle épouse, le 24 avril 1752, Claude Moreau, à Montréal.
(2) Repoche—Laverdure.
(3) Et Roche dit Lafontaine.
(4) Repoche.

1761, (3 août) Lachine.
IV.—DUCHARME, JEAN-MARIE. [JOSEPH III.
ROY (1), Marie. [LOUIS II.

1763, (27 juin) Lachenaye. [4]
IV.—DUCHARME, JOSEPH. [JOSEPH III
b 1730; s 3 février 1766, au Détroit.
LECOURS, Angelique, [GILLES-ETIENNE III.
b 1748.
Joseph-Etienne, b [4] 24 juin 1765.

DUCHARME, JEAN-BTE.
BELLEFEUILLE, Marie-Pélagie.
Jean-Baptiste, b 24 avril 1764, au Cap-de-la-Madeleine.

DUCHARNAY, ...,
notaire-royal.
QUERCY, Louise.
Jean-Bernard, b 20 juin et s 25 juillet 1750, à la Pte-aux-Trembles, Q.

DUCHATEAU.—Voy. ARRACHAR, 1759.

I.—DUCHAUT, PIERRE.
BEAUPIED, Marguerite.
Pierre-Marie, b 9 août 1722, à Montréal.

DUCHEMIN.—Voy. DELONG—REGNAULT.

1765, (14 mai) Sorel.
I.—DUCHENOIS, ETIENNE, marchand; fils de Nicolas et de Marie Picard, de St-Etienne, diocèse de Toulouse, Languedoc.
LEROUX, Catherine-Françoise, [JEAN I.
b 1746.

DUCHESNAY.—Voy. JUCHEREAU.

DUCHESNAY, JACQUES.
TRÉMOU, Catherine.
Jacques, b et s 26 mai 1759, à St-Laurent, M.

DUCHESNE.—*Surnoms :* DECHAU—GASTIGNON—GATIGNON—LAPIERRE—LEROIDE—LESIEUR—LESOURD—MESSIER—ST-MICHEL.

I.—DUCHESNE, NICOLE, b 1641; fille de François et de Marie Nolet; m 1657, à Jacques DELAPORTE.

DUCHESNE, FRANÇOISE, épouse de Jean-Baptiste-Augustin LEMAITRE.

DUCHESNE, SUZANNE-CAROLINE, épouse de Jean-François PRADET.

DUCHESNE, MARIE, épouse de Louis TIBAUT.

I.—DUCHESNE (2), PIERRE,
b 1621; s 4 mars 1697, à Ste-Famille, I. O [6]
RIVET, Catherine,
b 1634.

(1) Dit Portelance.
(2) Dit Lapierre; voy. vol. I, p. 207.

Constance, b [4] 27 février 1673; m à Pierre DeLavoye.—*Simon*, b 1681; m 11 janvier 1717, à Ursule Perron, à la Baie-St-Paul [1]; s [1] 26 sept. 1729.—*Rosalie*, b 30 oct. 1683, à St-François, I. O. [4]; m 8 août 1712, à Thomas Laforest, à Berthier. — *Elisabeth*, b [4] 28 oct. 1685; m 10 nov. 1721, à Jean Lecoq, à Québec. — *Jacques*, b [4] 8 sept. 1687; 1° m [1] 11 février 1709, à Marie-Angélique Tremblay; 2° m [1] 28 juillet 1716, à Elisabeth Petit; s [1] 8 juin 1761.

1701, (22 nov.) St-François, I. O. [5]

II.—DUCHESNE, Pierre, [Pierre I.
b 1670; s [5] 16 dec. 1702.
Butaud (1), Madeleine, [Pierre I.
b 1677.
Pierre, b [5] 13 mai 1702; m 19 nov. 1731, à Geneviève Proulx, à St-Thomas.

1709, (11 février) Baie-St-Paul. [2]

II—DUCHESNE (2), Jacques, [Pierre I.
b 1687; s [2] 8 juin 1761.
1° Tremblay, Marie-Angélique, [Michel II.
b 1690; s [2] 24 oct. 1715.
Angelique, b 30 mars 1710, à St-François, I. O.; m 7 février 1729, à Augustin DeLavoye, au Château-Richer. [3]— *Pierre*, b [2] 10 oct. 1711; m [2] 23 nov. 1739, à Angelique DeLavoye. — *Geneviève*, b [2] 18 oct. 1713; m 28 sept. 1733, à Pierre Bertrand, à Laprairie.—*Marie-Thérèse*, b [2] et s[2] 19 oct. 1715.
1716, (28 juillet). [2]
2° Petit, Elisabeth, [Gaspard I.
b 1689; s [2] 26 nov. 1754.
Jacques, b [2] 30 août 1717, 1° m [3] 4 juillet 1741, à Anne Cauchon, 2° m 28 nov. 1747, à Anne Thibaut, à la Petite-Rivière.—*Marie-Anne*, b [2] 2 avril 1719. — *Jean*, b [2] 20 janvier 1721; s [2] 29 mars 1731. — *Augustin*, b [2] 6 avril 1722; s [2] 12 déc. 1760 (picote).—*Elisabeth*, b [2] 20 sept. 1724; s [2] 3 avril 1754.—*Ursule*, b [2] 16 janvier 1726, m [2] 22 janvier 1748, à Jean Boily; s [2] 28 avril 1777. —*Félicité*, b [2] 29 juin 1727; m [2] 12 nov. 1749, à Charles Tremblay. — *Marie-Madeleine*, b [2] 22 août 1728; m [2] 3 mai 1751, à Gabriel Gagné.—*Michel*, b [2] 19 et s [2] 28 nov. 1729. — *Marie*, b... m [2] 25 sept. 1747, à Jacques Banville.—*Marguerite*, b [2] 25 sept. 1731; s [2] 21 nov. 1755 (picote).

1717, (11 janvier) Baie-St-Paul. [4]

II.—DUCHESNE, Simon, [Pierre I.
b 1681; s [4] 26 sept. 1729.
Perron (3), Ursule, [Antoine II.
b 1696.
Marie-Joseph, b [4] 19 déc. 1717; s [4] 15 janvier 1718. — *Ursule*, b [4] 24 avril et s [4] 2 juin 1719. — *Marie-Geneviève*, b [4] 24 avril 1719; m [4] 25 nov. 1738, à Jean Ringuet. — *Joseph*, b [4] 8 juin 1721, m 7 février 1747, à Marie-Anne Mercier, à St-Joachim. [8]— *Angélique*, b [4] 1er nov. 1723. — *Ursule*, b [4] 27 mars 1726; m [4] 13 août 1744, à Pierre Simard; s [4] 21 oct. 1777. — *Catherine* (posthume), b [4] 7 février 1730; m [8] 7 janvier 1758, à Louis Lemire.

(1) Elle épouse, le 5 juillet 1706, Dominique Gagné, à St-François, I. O.

(2) Dit Lapierre.

(3) Elle épouse, le 5 février 1731, Olivier Saulton, à la Baie-St-Paul.

1719, (2 oct.) Québec. [1]

I.—DUCHESNE (1), André,
s 9 juin 1725, à Beaumont. [5]
Groinier (2), Marie-Anne. [Nicolas I.
André, b [5] 20 juin 1717. — *Marie-Madeleine*, b 22 août 1720, à Montréal; m [1] 11 sept. 1741, à Thomas Ginga.—*Marie-Thérèse*, b... m [1] 11 oct. 1742, à Jean Doucet. — *Geneviève*, b [5] 2 août 1722: m [1] 15 juin 1750, à Jean Cassegrain; s [1] 18 juin 1764.—*Angélique*, b [5] 18 juin 1724.

DUCHESNE, René.
Lefebvre, Suzanne,
s avant 1751.
Marguerite, b... m 17 mai 1751, à Pierre Hébert, à Varennes.

1722, (13 janvier) Quebec. [8]

I.—DUCHESNE, Nicolas, fils de Jean et de Marie Jeanne, de St-Martin, ville de Blois.
1° Faye (3), Marie-Madeleine, [Pierre I.
b 1675; veuve de Pierre Chouard.
1740, (21 février). [8]
2° Marois, Marie, [Guillaume I.
b 1689; veuve de Jacques-Pierre Ducharme; s [8] 15 nov. 1742.
1744, (13 avril). [8]
3° Bussière (4), Madeleine, [Jean II.
b 1710, veuve de Pierre Roy.
Nicolas, b [8] 29 avril et s [8] 13 juillet 1745.

DUCHESNE, François.
Tibois, Marie.
François-Raymond, b 30 mai 1723, à Ste-Anne-de-la-Pocatière.

1731, (19 nov.) St-Thomas.

III.—DUCHESNE, Pierre, [Pierre II.
b 1702.
Proulx, Geneviève, [Denis II.
b 1707.

1739, (23 nov.) Baie-St-Paul. [3]

III.—DUCHESNE (5), Pierre, [Jacques II.
b 1711.
DeLavoye, Angélique, [Jacques II.
b 1716.
Pierre-Frédéric, b [3] 25 oct. 1742; m à Julie Girard.—*Jean-Baptiste-Augustin*, b [3] 6 nov. 1744. —*Anonyme*, b [3] et s [3] 26 janvier 1747.—*Suzanne-Hypolite-Rosalie*, b [3] 30 nov. 1750.

(1) Dit Leroide, Pauis de nation.

(2) Elle épouse, le 9 nov. 1733, Jean Lefranc, à Québec.

(3) Et Failly.

(4) Elle épouse, le 7 nov. 1746, Jacques Delaune, à Québec.

(5) Dit Lapierre.

1741, (4 juillet) Château-Richer.
III.—DUCHESNE, JACQUES, [JACQUES II.
b 1717.
1° CAUCHON, Anne, [JOSEPH III.
b 1708 ; s 21 oct. 1745, à la Baie-St-Paul.[8]
Pierre-Jacques, b [8] 14 juin 1742. — *Jean-Baptiste-Augustin,* b [8] 13 avril 1744 ; m [8] 11 juillet 1768, à Françoise FILION.
1747, (28 nov.) Petite-Rivière.
2° THIBAUT, Marie-Anne.[FRANÇOIS-XAVIER III.
Marie-Félicité, b [8] 5 nov. 1748 ; m [8] 14 nov. 1774, à Jean-Baptiste GAGNÉ.—*Marie-Joseph,* b [8] 11 dec. 1749. — *Paul,* b [8] 8 sept. 1751, m [8] 16 janvier 1775, à Catherine-Felicité SIMARD. — *Louis-Bruno,* b [8] 17 janvier 1753 ; m [8] 8 août 1776, à Marguerite CADORET. — *Marie-Anne,* b [8] 29 fevrier 1756 ; m [8] 20 oct. 1777, à Augustin FORTIN. — *Louis-Adam-Victor-Absalon,* b [8] 10 mars 1758. — *Abraham-Samson,* b [8] 12 février 1760.—*Jean-Baptiste-Edouard,* b [8] 25 mars 1764. —*Isaac-Abraham,* b [8] 14 février 1766 ; s [8] 24 oct. 1773. — *Marie-Rosalie,* b [8] 9 mai 1768. — *Jean-Baptiste-Etienne-Saturnin,* b [8] 25 août 1769.

1747, (7 février) St-Joachim.[1]
III.—DUCHESNE, JOSEPH, [SIMON II.
b 1721.
MERCIER, Marie-Anne, [JACQUES I.
veuve de Jean Alaire ; s [1] 27 nov. 1760.

DUCHESNE (1), JOSEPH, b 1724 ; s 6 août 1799, à l'Hôpital-Géneral, M.

DUCHESNE, NICOLAS, b 1732 ; s 31 oct. 1780, à Repentigny.

DUCHESNE (2), MICHEL.
Marie-Thérèse, b... s 14 août 1748, au Bout-de-l'Ile, M.

IV.—DUCHESNE, PIERRE, [PIERRE III.
b 1742
GIRARD, Julie, [NICOLAS III.
b 1751.
Pierre-Nicolas-Godfroy, b 1er nov. 1769, à la Baie-St-Paul.[2] — *Damase,* b [2] 28 juin 1772. — *Antoine,* b [2] 13 juillet 1774.—*Marie-Joseph,* b [2] 29 sept. 1776.

1768, (11 juillet) Baie-St-Paul.[4]
IV.—DUCHESNE, JEAN-BTE-AUG., [JACQUES III.
b 1744.
FILION, Françoise, [JEAN III.
b 1744.
Jean, b [4] 13 sept. 1772.—*Isaac,* b [4] 8 sept. 1774. —*Chrysostôme,* b [4] 23 janvier 1777.

1775, (16 janvier) Baie-St-Paul.[5]
IV.—DUCHESNE, PAUL, [JACQUES III.
b 1751.
SIMARD, Marie-Catherine-Félicité, [ANGE IV.
b 1755.
Paul, b [5] 17 déc. 1775.

(1) Sauvage de nation ; natif de Varennes ; voyageur.
(2) Dit St-Michel.

1776, (8 août) Baie-St-Paul.
IV.—DUCHESNE, LOUIS-BRUNO, [JACQUES III.
b 1753.
CADORET, Marguerite, [ANTOINE III.
b 1746.

DUCHESNEAU.—*Variation et surnom :* DUCHENEAU—SANSREGRET.

DUCHESNEAU, MARIE, épouse de Louis SANS-FAÇON.

1695, (14 fevrier), Charlesbourg.[4]
I.—DUCHESNEAU (1), RENÉ,
b 1665 ; maçon ; s [4] 10 mai 1740.
GUÉRIN, Jeanne, [CLÉMENT I.
b 1676 ; s [4] 19 mars 1743.
René, b [4] 9 nov. 1695 ; m 30 déc. 1722, à Marguerite BÉLAND, à Quebec[5] ; s [5] 29 mai 1748 — *Pierre,* b [4] 10 nov. 1697 ; m [4] 17 juin 1726, à Catherine BARBOT ; s [4] 31 mai 1747.—*Jacques,* b [4] 25 oct. 1699 ; m [4] 21 nov. 1729, à Marie-Françoise LAUZÉ ; s [4] 2 août 1747.—*François,* b [4] 10 juin 1708 ; m [4] 15 février 1740, à Marguerite BARBOT. —*Marie-Angélique,* b [4] 19 août 1710 ; m [4] 12 janvier 1739, à Pierre LAFOND.—*Marie-Jeanne,* b [4] 22 mai 1712 ; m [4] 13 nov. 1747, à Jean-Baptiste SÉVIN.—*Jean-Baptiste,* b [4] 24 mars 1717, m [4] 6 février 1747, à Geneviève CHALIFOUR. — *Joseph,* b [4] 10 janvier 1721 ; s [4] 12 avril 1722.

1722, (30 déc.) Quebec.[6]
II.—DUCHESNEAU (2), RENÉ, [RENÉ I
b 1695, s [6] 29 mai 1748.
BÉLAND (3), Marguerite, [PIERRE I.
b 1678, veuve de Mathieu Guay ; s [6] 20 oct 1758.
Jacques, b [6] 30 juin 1723, m [6] 15 janvier 1748, à Madeleine PEPIN ; s [6] 9 oct. 1780.

1726, (17 juin) Charlesbourg.[7]
II.—DUCHESNEAU (2), PIERRE, [RENE I
b 1697 ; s [7] 31 mai 1747.
BARBOT, Catherine, [JEAN-FRANÇOIS II
b 1707.
René-Joseph, b [7] 4 sept. et s [7] 25 oct. 1727 — *Pierre,* b [7] 27 janvier 1730, s [7] 20 déc. 1754 — *Marie-Marguerite,* b [7] 4 fevrier 1732 ; m [7] 8 oct 1753, à Joseph LACHAINE-JOLICOEUR ; s [7] 29 mai 1758. — *Jean-Baptiste,* b [7] 6 fevrier 1734 —*Pierre-François,* b [7] 21 févrıer 1736 ; m [7] 17 oct. 1763, à Marguerite MORAND. — *Marie-Louise,* b [7] 20 sept. 1738 ; m 7 nov. 1757, à François MAILLY, à Québec. —*Joseph-Louis,* b [7] 16 fevrier 1741.—*Marie-Madeleine,* b [7] 18 dec 1742 ; s [7] 3 janvier 1743.—*Anonyme,* b [7] 4 et s [7] 8 février 1744.—*Jean-François,* b [7] 6 et s [7] 9 fevrier 1744.—*Jean-François,* b [7] 9 mars 1745.—*Marie-Joseph,* b [7] 19 mars et s [7] 3 août 1747.

(1) Dit Sansregret ; voy. vol. I, p. 207.
(2) Dit Sansregret.
(3) Pour Balan.

1729, (21 nov.) Charlesbourg. [8]
II.—DUCHESNEAU (1), JACQUES, [RENÉ I.
b 1699; s [8] 2 août 1747.
LAUZÉ, Marie-Françoise, [PAUL II.
b 1706.
Jacques, b [8] 1er oct. 1730; m à Geneviève MORAN.—*Jean-Baptiste*, b 31 juillet 1732, à Québec.—*Pierre*, b [8] 25 juillet 1734.—*Thomas*, b [8] 19 juin 1736; m à Marguerite CHAPEAU; s 27 août 1781, à Terrebonne.—*Joseph*, b [8] 20 juillet 1738.—*Marie-Joseph*, b [8] 9 mai et s [8] 12 juin 1740.—*André*, b [8] 27 sept. 1742.—*Marie-Françoise*, b [8] 29 nov. 1744; s [8] 23 nov. 1748.—*Jean-Basile*, b... m 5 oct. 1761, à Marie-Thérèse MATHIEU, à St-Pierre-du-Sud.

1740, (15 février) Charlesbourg. [4]
II.—DUCHESNEAU (2), FRANÇOIS, [RENÉ I.
b 1708; journalier; s 29 janvier 1750, à Québec. [5]
BARBOT (3), Marguerite, [SIMON II.
b 1720.
Marie-Marguerite, b [4] 7 février 1741.—*Thérèse*, b [4] 8 août 1742; s [5] 18 avril 1748.—*Marguerite*, b... m [5] 6 février 1758, à Jean NATTE.—*Simon*, b [5] 27 juillet 1744; s [5] 27 fevrier 1747.—*Jean*, b [5] 22 mai 1746.—*Blaise*, b [5] 3 février 1749.

DUCHESNEAU, JACQUES.
BARBOT, Marie-Françoise.
Charles, b 26 mai 1747, à Charlesbourg.

1747, (6 février) Charlesbourg. [6]
II.—DUCHESNEAU, JEAN-BTE, [RENÉ I.
b 1717.
CHALIFOUR, Geneviève, [GERMAIN III.
b 1724.
Marie-Geneviève, b [6] 18 janvier et s 26 juillet 1748, à Quebec. [7]—*Jean-Baptiste*, b [7] 26 juin 1750.—*Pierre*, b [6] 10 janvier 1752.—*Jacques*, b [6] 10 août 1753—*Marie-Geneviève*, b [6] 3 mai et s [6] 10 oct. 1755.—*Marie-Geneviève*, b [6] 10 août 1756.—*François*, b [6] 22 février 1758; s [6] 25 août 1759.

1748, (15 janvier) Québec. [6]
III.—DUCHESNEAU (1), JACQUES, [RENÉ II.
b 1723; maçon; s [6] 9 oct. 1780.
PEPIN, Madeleine, [LOUIS III.
b 1727.
René, b [6] 31 oct. 1748.—*François-Xavier*, b [6] 8 avril et s 22 dec. 1750, à Charlesbourg.—*Louis-Antoine*, b [6] 2 mars 1752; m [6] 8 juillet 1782, à Elisabeth DASYLVA.—*François*, b [6] 3 mars et s 21 août 1753, à Lorette. [7]—*Marie-Anne*, b [6] 6 juin et s [6] 14 août 1754.—*Jacques*, b [6] 12 nov. 1755; m [6] 20 juillet 1778, à Louise BRUNET.—*Michel* et *Marie-Madeleine*, b [6] 26 mars 1757, s [7] 29 mars 1758.—*Madeleine*, b [6] 23 juillet 1758—*Louis*, b [6] 28 nov. 1759.—*Charles-François*, b [6] 16 et s [6] 20 sept. 1761.—*Joseph*, b [6] 17 mars et s [6] 20 avril 1763.

(1) Dit Sansregret.
(2) Et Chenaut dit Sansregret.
(3) Elle épouse, le 21 janvier 1760, Jean-René Thibaut, à Montréal.

1761, (5 oct.) St-Pierre-du-Sud.
III—DUCHESNEAU, JEAN-BASILE. [JACQUES II.
MATHIEU, Marie-Thérèse. [CHARLES III.

1763, (17 oct.) Charlesbourg.
III.—DUCHESNEAU (1), PIERRE, [PIERRE II.
b 1736
MORAND, Marguerite, [CHARLES III.
b 1742.
André, b... m 18 fevrier 1783, à Louise LETARTE, à Québec.

III.—DUCHESNEAU, THOMAS, [JACQUES II.
b 1736; s 27 août 1781, à Terrebonne.
CHAPEAU (2), Marguerite.

III.—DUCHESNEAU, JACQUES, [JACQUES II.
b 1730.
MORAN, Geneviève.
Marie-Joseph, b... m 2 février 1796, à Jérôme BEDARD, à Québec.

1778, (20 juillet) Québec.
IV.—DUCHESNEAU, JACQUES, [JACQUES III.
b 1755.
BRUNET, Louise, [JEAN-BTE IV.
b 1754.

1782, (8 juillet) Québec.
IV.—DUCHESNEAU, LOUIS-ANT., [JACQUES III.
b 1752.
DASYLVA, Elisabeth. [DOMINIQUE.

1783, (18 février) Québec. [8]
IV.—DUCHESNEAU, ANDRÉ. [PIERRE III.
LETARTE, Louise, [CHARLES IV.
b 1761; s [8] 3 janvier 1786.

DUCHESNY.—Voy. BARIL.

DUCHESNY, MARGUERITE, épouse de Louis PETITPAS.

DUCHESNY, JEAN, b 1709; s 15 sept. 1759, aux Ecureuils.

I.—DUCHESNY, PIERRE.
AYOT, Marie-Anne.
Marie-Angelique, b 3 août 1766, à l'Ile-Dupas.

I—DUCHIRAY, JEAN-BTE.
MARIÉ, Madeleine.
Marie-Françoise, b 23 août 1741, à Terrebonne.

DUCHOUQUET.—Voy. LEFEBVRE, 1729.

DUCHOUQUET, MARIE-CHARLOTTE, epouse de Jean-Emmanuel DUMOULIN.

DUCHOUQUET, LOUISE-CÉLESTE, épouse de Louis RICHABOURG.

(1) Dit Sansregret.
(2) Elle épouse, le 21 janvier 1782, Louis Poulin, à Terrebonne.

DUCHOUQUET (1), CHARLES, b 1704 ; s 13 fevrier 1779, à Lachenaye.

DUCIMETIÈRE.—Voy. DUSEMMETIENNE.

DUCLAS. — *Variation et surnom :* DUCLOS — CARTIER.

1697, (21 oct.) Québec. [1]

I.—**DUCLAS** (2), FRANÇOIS, b 1668 ; s [1] 25 déc. 1708.
BRUNEAU (3), Jeanne, [JEAN-RENÉ I. b 1679.
Angélique, b 21 déc. 1701, à St-Pierre, I. O.—*Pierre,* b [1] 26 janvier 1707; s [1] 18 nov. 1746.

DUCLOS.— *Variations et surnoms :* CELLES—DECELLES—DECLEAU — DECLOS — DUCLEAU— — BELLEROSE — BERTHODY — BOURBEAU — CARIGNAN—CAUCHOIS—DEBOURDIN—VALIER.

DUCLOS, MARGUERITE, épouse d'Antoine DUMONT.

DUCLOS, MARIE-ANNE, épouse de Pierre LOTINVILLE.

DUCLOS (4), MARIE, b... m 1745, à Michel LOYAL.

1683, (22 déc.) Montréal. [4]

I.—**DUCLOS** (5), JACQUES, b 1652; s [4] 5 août 1708.
PRUDHOMME, Elisabeth, [LOUIS I. b 1663 ; s [4] 14 janvier 1744.
Jean, b [4] 12 nov. 1689; 1° m 9 déc. 1719, à Angélique BÉRARD-LÉPINE, à Sorel [8]; 2° m 29 juillet 1745, à Clotilde TIBAUT, au Château-Richer; s [8] 2 janvier 1757. — *Elisabeth,* b [4] 1er nov. 1704; m à Jean-Baptiste GIBAUT; s 9 avril 1781 à Terrebonne.

1693, (23 mars) Sorel.

I.—**DUCLOS,** JEAN, b 1663; fils d'Arnould et d'Isabelle Joannes, de St-Jean, diocèse de Montauban, Guyenne; s 15 mai 1718, à la Pte-aux-Trembles, M. [9]
POUDRET (6), Marie, [ANDRÉ I. veuve de Jean-Joseph Pacaut.
Marie-Madeleine, b [9] 17 dec. 1693. — *Pierre,* b [9] 23 avril 1698; m 30 sept. 1731, à Charlotte ETIENNE, à la Longue-Pointe. — *Nicolas,* b [9] 21 avril 1700.—*Elisabeth,* b [9] 31 oct. 1702.—*Joseph,* b 1er fevrier 1705, à l'Ile-Dupas. — *François,* b [9] 19 juin 1707.—*Jean-Baptiste,* b... m 1723, à Angelique LEHOU. — *Antoine,* b [9] 12 oct. 1711; m à .... s 20 janvier 1750, à St-Antoine-de-Chambly.

(1) Lefebvre ; curé de l'Ile-Jésus, desservant Lachenaye.
(2) Et Duclos dit Cartier; voy. vol. I. p. 208.
(3) Dit Jolicœur ; elle épouse, le 23 mars 1713, Alexandre Derny, à Québec.
(4) Dit Valier.
(5) Marié sous le nom de Cauchois; voy. vol. I, p. 108, et vol II, p. 582.
(6) Dit Lavigne.

1709, (11 février) Batiscan [3]

II.—**DUCLOS** (1), NICOLAS, [FRANÇOIS I b 1667 ; s [3] 21 nov. 1737.
LAFOND, Madeleine, [PIERRE II. b 1683 ; s [3] 7 juillet 1761.
Marie-Madeleine, b [3] 4 déc. 1709; s [3] 18 oct. 1734.—*Nicolas,* b [3] 1er juillet 1711.—*Marie-Charlotte,* b 1712; s [3] 25 nov. 1714.—*Marie-Françoise,* b [3] 3 août 1713; s [3] 30 oct. 1714. — *Marie-Charlotte,* b [3] 12 oct. 1714; m [3] 18 avril 1735, à Pierre GOUIN; s [3] 20 dec. 1785.—*Anonyme,* b [3] et s [3] 1er mai 1716. — *Marie-Anne-Françoise,* b [3] 26 avril 1717 ; s [3] 7 janvier 1794. — *François-Xavier,* b [3] 23 août 1719; s [3] 9 déc. 1779.—*Jeanne-Françoise,* b [3] 1er nov. 1722. — *Joseph-Marie,* b [3] 28 juin 1724. — *Marie-Joseph,* b [3] 18 mars 1726; m [3] 18 nov. 1748, à Claude-Joseph MOREAU.—*Madeleine,* b... s [3] 28 août 1747.

1710, (4 février) Champlain. [4]

II.—**DUCLOS** (2), FRANÇOIS, [FRANÇOIS I. b 1674 , s 25 août 1747, à Batiscan. [5]
DUTAUT, Marie-Charlotte, [CHARLES I. b 1687; s [5] 1er juin 1775.
Charles-François, b [4] 19 nov. 1710. — *Marie-Charlotte,* b [5] 28 janvier 1712; m [5] 15 fevrier 1735, à Joseph ROY. — *Nicolas-Joseph,* b [5] 27 avril 1714; s [5] 4 janvier 1785. — *Alexis,* b [5] 21 juin 1716. — *Pierre,* b [5] 12 juillet 1717; m [5] 29 janvier 1747, à Marie-Anne LAFOND; s [5] 26 mars 1776. — *Alexis,* b [5] 11 mai 1719; m [5] 19 fevrier 1753, à Madeleine TROTIER. — *Claude,* b [5] 6 fevrier 1721; m [5] 13 nov. 1752, à Madeleine TROTIER.—*Marie-Madeleine,* b [5] 26 avril 1723; s [5] 23 déc. 1739.—*Marie-Joseph,* b... m [5] 20 nov. 1775, à Jean TROTIER.

II.—**DUCLOS,** ANTOINE, [JEAN I. b 1711; s 20 janvier 1750, à St-Antoine-de-Chambly.

....
Antoine, b... m à Marguerite GUAY.

1719, (9 dec.) Sorel. [9]

II.—**DUCLOS,** JEAN, [JACQUES I. b 1689 ; s [9] 2 janvier 1757.
1° BÉRARD (3), Angelique, [GABRIEL I b 1690.
Jean-François, b... s [9] 17 août 1724. — *Louis,* b [9] 29 juin et s [9] 6 juillet 1725.— *Marie-Anne,* b [9] 21 sept. 1726; m [9] 17 février 1738, à François CHANTAL. — *Marie,* b 1727 ; m [9] 28 oct. 1748, à Louis LEHOUILLIER ; s [9] 10 mars 1754. — *Thérèse,* b... s [9] 11 juin 1730. — *Germain,* b [9] 5 juin et s [9] 21 août 1730. — *Thérèse,* b [9] 11 sept. 1732. — *Marie-Angélique,* b [9] 11 et s [9] 14 sept. 1732.— *François,* b [9] 20 et s [9] 21 avril 1735.
1745, (29 juillet) Château-Richer.
2° TIBAUT, Clotilde, [FRANÇOIS II. b 1706.
Marie-Agathe, b [9] 25 sept. 1746 ; m [9] 26 janvier 1761, à Antoine BÉRARD. — *Félix,* b [9] 17 et s [9] 28 juin 1748.

(1) Appele François en 1709, juge de la seigneurie de Batiscan, en 1725.
(2) Dit Carignan.
(3) Dit Lépine,

1723.

II.—DUCLOS, JEAN-BTE. [JEAN I.
LEHOU (1), Angélique, [NICOLAS I.
b 1705.
Marie-Madeleine, b 14 avril 1724, à la Pte-aux-Trembles, M. [4]; m 1743, à Joseph SIMON-LÉONARD. — *Marie*, b... 1° m [4] 14 janvier 1747, à Laurent ROY; 2° m [4] 31 mars 1761, à Joseph HUGUES. — *Jean-Baptiste*, b 11 mars 1726, à la Longue-Pointe [5]; m [4] 8 janvier 1748, à Renée PETIT; s [4] 9 mars 1749. — *Marie-Anne*, b [5] 8 avril 1728; m [4] 18 oct. 1756, à Joseph CHARTIER. —*Marguerite*, b [5] 11 avril 1734; m [4] 7 juin 1751, à Pierre BRIEN.—*Raphaël*, b 1739; m [4] 15 février 1762, à Marie-Amable BRIEN. — *Angélique*, b 1740; m [4] 21 février 1757, à Jean-Antoine BADEL. —*François*, b [4] 6 et s [5] 23 mai 1750.

1731, (30 sept.) Longue-Pointe. [4]

II.—DUCLOS, PIERRE, [JEAN I.
b 1698.
ETIENNE (2), Charlotte, [RENÉ II.
b 1710.
Pierre-François, b [4] 4 oct. 1732; s [4] 27 sept. 1734.—*Alexis*, b [4] 22 avril 1734.—*Marie-Joseph*, b [4] 13 mars 1735; m [4] 22 fevrier 1751, à Charles-Alexis PARISEAU-DESBLEDS. — *Philippe-Jacques*, b [4] 15 janvier 1736. — *Pierre*, b [4] 2 mars et s [4] 5 sept. 1737. — *Charlotte-Prospère*, b [4] 30 janvier et s [4] 18 juin 1738.—*Pierre*, b [4] 29 janvier 1739, m 29 avril 1765, à Marie-Amable MENANTEAU, à Boucherville. — *Antoine*, b [4] 5 fevrier 1740. — *Charlotte-Prospère*, b [4] 21 janvier et s [4] 5 août 1741.—*Charlotte-Prospère*, b [4] 28 dec. 1741; m [4] 25 nov. 1765, à Jean-Baptiste POIRIER. — *Jean-Baptiste*, b [4] 4 fevrier 1743; m [4] 11 fevrier 1771, à Angélique BRUNEL.

1743, (13 mai) Québec. [6]

I.—DUCLOS (3), JEAN-FRANÇOIS, b 1710, caporal; fils de Jean et de Perrine Mallet, de la Dorade, diocèse de Toulouse, Languedoc; s [6] 31 dec. 1760 (subite).
BLUTEAU (4), Marie-Angélique, [LOUIS II.
b 1720.
Marie-Angélique, b [6] 6 juillet 1743; s [6] 13 fevrier 1744.—*Jean-François*, b [6] 2 et s [6] 11 janvier 1744. — *Jean-François*, b [6] 23 juin 1746; s [6] 23 sept. 1748.— *Madeleine*, b [6] 5 dec. 1747. — *Jean-Baptiste*, b [6] 18 nov. 1748; s [6] 30 dec. 1750.— *Marie-Angélique*, b [6] 17 juin 1753; s [6] 17 sept. 1754.— *Nicolas*, b [6] 17 juin 1755. — *Marguerite*, b [6] 17 nov. 1757; s [6] 25 juillet 1758.

I.—DUCLOS, PIERRE, b 1720; sergent; s 12 janvier 1761, à St-Antoine-de-Chambly.

(1) Dit Laliberté.
(2) Dit Durivage.
(3) Dit Bellerose.
(4) Dit Larabel.

1747, (29 janvier) Batiscan. [8]

III.—DUCLOS (1), PIERRE, [FRANÇOIS II.
b 1717; s [8] 26 mars 1776.
LAFOND (2), Marie-Anne, [JEAN III.
b 1723; s [8] 17 mars 1760.
Marie-Anne, b [8] 27 juin 1747. — *Marie-Louise*, b [8] 25 août 1750. — *Pierre-Joseph*, b [8] 23 oct. 1751. — *Joseph-Louis*, b [8] 10 juin 1753; m [8] 20 janvier 1777, à Marguerite GUILLET.—*Alexis*, b... s 25 avril 1754, à St-Pierre-les-Becquets. [9] — *Françoise*, b [9] 12 mars 1755.—*Alexis*, b [9] 23 mai et s [9] 17 juin 1756.

1748, (8 janvier) Pte-aux-Trembles, M. [8]

III.—DUCLOS, JEAN-BTE, [JEAN II.
b 1726; s [8] 9 mars 1749.
PETIT (3), Marie-Renée, [NICOLAS II.
b 1696; veuve de Joseph Simon.

III.—DUCLOS (4), NICOLAS-JOS., [FRANÇOIS II.
b 1714; s 4 janvier 1785, à Batiscan.

DUCLOS, JEAN-FRANÇOIS.
HARBOUR, Marie-Isabelle.
Jean-Pierre, b 14 nov. 1751, à Québec.

1752, (13 nov.) Batiscan. [9]

III.—DUCLOS, CLAUDE, [FRANÇOIS II.
b 1721.
TROTIER, Madeleine, [LOUIS IV.
b 1726; s [9] 26 mars 1776.

1753, (19 fevrier) Batiscan.

III.—DUCLOS (4), ALEXIS, [FRANÇOIS II.
b 1719.
TROTIER (5), Madeleine, [AUGUSTIN III.
b 1724.
Marie-Joseph, b 18 nov. et s 2 déc. 1753, à St-Pierre-les-Becquets.

II.—DUCLOS (6), ANTOINE. [ANTOINE I.
GUAY, Marguerite.
Marie-Louise, b 1er juin 1756, à Lévis.—*Madeleine*, b 21 sept. 1763, à Yamachiche. [4]— *Marie-Anne*, b... m 5 fevrier 1777, à Etienne BARIL, à Ste-Anne-de-la-Perade. — *Marie-Louise*, b [4] 8 sept. 1767.

1762, (15 fevrier) Pte-aux-Trembles, M.

III.—DUCLOS, RAPHAEL, [JEAN-BTE II.
b 1739.
BRIEN, Marie-Amable, [PIERRE III.
b 1742.
Nicolas, b... m à Marguerite FORGET. — *François*, b... m à Marguerite LIMOGES.—*Ignace*, b... m 28 sept. 1795, à Marie LANGLOIS, à Repentigny.—*Raphael*, b... m à Marie-Reine VALIQUET.

(1) Dit Bourbeau—Carignan.
(2) Dit Mongrain.
(3) Dit Beauchemin; elle épouse, le 12 février 1753, Jacques Jalleteau, à la Pte-aux-Trembles, M.
(4) Dit Carignan.
(5) Elle épouse, le 23 août 1756, Pierre Viala, à St-Pierre-les-Becquets.
(6) Décleau—Ducleau.

1763, (31 janvier) Lévis.[4]
I.—DUCLOS (1), JEAN, fils d'André et de Marie Fresière, de St-Etienne, diocèse de Lavaur.
HUARD (2), Madeleine, [JOSEPH III.
b 1740.
Jean-Baptiste, b [4] 16 oct. 1763. — *Marie-Geneviève*, b [4] 12 juin et s [4] 29 sept. 1765. — *Joseph*, b [4] 17 août 1766.—*Louis*, b [4] 31 déc. 1768.

DUCLOS, ANTOINE.
LORAIN, Geneviève,
b 1748, s 13 août 1770, à la Longue-Pointe.[7]
Marie-Charlotte, b [7] 8 mars 1766.

1765, (29 avril) Boucherville.
III.—DUCLOS, PIERRE, [PIERRE II.
b 1739.
MENANTEAU, Marie-Amable, [FRANÇOIS III.
veuve de Pierre Plante.

1771, (11 février) Longue-Pointe.
III.—DUCLOS, JEAN-BTE, [PIERRE II.
b 1743.
BRUNEL, Angélique, [FRANÇOIS IV.
b 1755.

1777, (20 janvier) Batiscan.[5]
IV.—DUCLOS (3), JOSEPH-LOUIS, [PIERRE III.
b 1753.
GUILLET, Marguerite, [LOUIS IV.
b 1760; s [5] 28 juin 1793.
François-Xavier, b [5] 16 août 1782. — *Barbe*, b 1784; s [5] 12 sept. 1786. — *Marie-Anne*, b [5] 26 juillet 1786; s [5] 28 mars 1791.—*Marie-Françoise*, b [5] 3 août 1788; s [5] 28 mars 1791.—*Cécile*, b [5] 7 oct. 1790.—*Pierre*, b [5] 16 dec. 1791.

1795, (28 sept.) Repentigny.
IV.—DUCLOS, IGNACE. [RAPHAEL III.
LANGLOIS, Marie. [LOUIS-RAPHAEL III.

I.—DUCLOU, JEAN-BTE,
L'HOMME, Angélique.
Pierre, b... m 15 janvier 1759, à Marie-Charlotte BÉIQUE, à St-Antoine-de-Chambly.

1759, (15 janvier) St-Antoine-de-Chambly.[7]
II.—DUCLOU, PIERRE. [JEAN-BTE I.
BÉIQUE (4), Marie-Charlotte. [JOSEPH II.
Marie-Joseph, b [7] 30 avril 1760; m 13 sept. 1779, à François TERRIEN, à Terrebonne.[8]— *Marie-Louise*, b... m [8] 30 sept. 1782, à Athanase MIGNERON.

I.—DUCOLOMBIER, JOSEPH, b 1706; s 4 juin 1728, à Montreal.

I.—DUCONDU, ISAAC.
IZARTIER, Elisabeth.
Jean, b... m 7 janvier 1758, à Marie-Joseph BOURDON, à Lavaltrie.

(1) Et Ducleau.
(2) Dit Deslets.
(3) Dit Carignan.
(4) Et Béic.

1758, (7 janvier) Lavaltrie.[3]
II.—DUCONDU (1), JEAN. [ISAAC I.
BOURDON, Marie-Joseph. [MICHEL III.
Marie-Marguerite, b [3] 21 déc. 1758. — *Marie-Joseph*, b... s [3] 7 avril 1760.

DUCONGÉ.—*Variation et surnom :* DESCONGÉS —LAFORTUNE.

1692, (21 nov.) Pte-aux-Trembles, M.[7]
I.—DUCONGÉ (2), CLAUDE,
b 1669; s 3 sept. 1729, à Montréal.
TESSIER, Agnès, [URBAIN I.
b 1659; veuve de Guillaume Richard.
Marie-Barbe, b [7] 20 sept. 1693; m [7] 21 avril 1722, à Ignace GOULET. — *Marguerite*, b [7] 26 juin 1696; m [7] 3 janvier 1718, à François SERRAN. —*Jean*, b [7] 8 sept. 1698; s [7] 19 août 1700.—*Catherine*, b [7] 9 oct. 1700; s [7] 21 mars 1718. — *Guillaume*, b [7] 27 juin 1702; s [7] 19 juin 1705.

DUCORPS.—*Surnom :* ST-MÉDARD.

1748, (12 fevrier) Montréal.[6]
I.—DUCORPS (3), NICOLAS, b 1723; fils de Jacques et d'Anne Cassé, de St-Médard, diocèse de Paris.
BISAILLON, Marie-Marguerite, [MICHEL I.
b 1718.
Marguerite, b [6] 23 déc. 1748. — *Marie-Madeleine*, b [6] 8 avril 1750.

DUCORS, JEANNE, b 1644; m à ...... MAÏE; s 19 dec. 1727, à Montreal.

DUCROS.—*Surnom:* LATERREUR.

1725, (28 janvier) Québec.[3]
I.—DUCROS (4), ANTOINE, b 1695; fils de Jean et de Jacques Duhamel, de St-Nicolas, diocèse de Boulogne; s [3] 2 sept. 1748.
JEAN (5), Marie-Jeanne, [PIERRE II.
b 1704; s [3] 10 dec. 1749.
Marie-Geneviève, b [3] 29 dec. 1725; m 24 nov. 1749, à Pierre-Ignace DUBOIS, à Montréal.—*Nicolas*, b [3] 10 mars 1727; 1° m 14 fevrier 1752, à Marie-Ursule CHOUINARD, à l'Islet[4]; 2° m [4] 23 nov. 1761, à Marie-Joseph FORTIN.—*Marie-Madeleine*, b [3] 24 fevrier 1729; s [3] 14 juillet 1730. —*Marie-Louise*, b [3] 31 mai 1730; m [4] 23 nov. 1750, à Charles MIGNIER. — *Louis*, b [3] 5 août 1732. — *Pierre-Louis*, b [3] 9 janvier 1734. — *Jacques*, b [3] 27 déc. 1735.—*Pierre-Louis*, b [3] 24 janvier 1738. —*Marie-Joseph*, b [3] 18 février 1740.

(1) Chirurgien.
(2) Dit Lafortune; soldat.
(3) Dit St-Medard; soldat de la compagnie de M. de Verchères.
(4) Dit LaTerreur.
(5) Et Pierre-Jean.

1752, (14 février) Islet. [4]

II.—DUCROS (1), Nicolas, [Antoine I.
b 1727; s 15 avril 1776, à St-Jean-Port-Joli.[5]
1° Chouinard, Marie-Ursule, [Pierre II.
b 1734.
Geneviève, b [4] 12 janvier 1760. — *Ursule*, b... m [5] 3 nov. 1776, à Joseph Labbé.
1761, (23 nov.) [4]
2° Fortin (2), Marie-Joseph, [Julien III.
b 1736.
Marie-Joseph, b [4] 1er janvier 1764.—*Françoise*, b... m [5] 22 juillet 1782, à Jacques Chouinard.

1699, (23 fevrier) St-François, I. O. [9]

I.—DUCURONT (3), Pierre,
b 1674.
Labbé (4), Marie, [Pierre I.
b 1685, s 31 mars 1758, à Lévis.
Pierre, b [9] 20 mai 1700.

1728, (30 mars) Champlain. [1]

I.—DUDEMAINE, Armand, fils de Julien et de Laurence-Catherine Cadouzan, de Tous-les-Saints, ville de Reims.
Drouet, Marie-Elisabeth, [Mathurin I.
b 1683; veuve de Pierre Roulier; s 12 mai 1743, à l'Ile-Dupas. [2]
François-Armand, b [1] 10 mars 1729, m [2] 11 février 1760, à Marie-Joseph Rivard.

1760, (11 fevrier) Ile-Dupas.

II.—DUDEMAINE, Frs-Armand, [Armand I.
b 1729.
Rivard, Marie-Joseph. [Joseph IV.

DUDEVOIR. — *Surnoms :* Bonvouloir — Lachêne.

DUDEVOIR, Catherine, épouse de François Guertin.

DUDEVOIR, Marie-Charlotte, épouse de Pierre Plouf.

1690, (22 nov.) Montréal. [3]

I.—DUDEVOIR (3), Claude,
b 1660.
Ducharme, Angélique, [Fiacre I.
b 1674; s [3] 27 août 1742.
Claude, b [3] 21 dec. 1691; m [3] 3 oct. 1711, à Françoise Hallé.—*Louise*, b [3] 9 avril 1693; 1° m [3] 2 juin 1716, à Pierre Bougret; 2° m [3] 29 sept. 1760, à Jean Monier.—*Antoine*, b [3] 15 déc. 1694; s [3] 2 sept. 1708.—*Claude*, b [3] 15 déc. 1694; m [3] 21 mars 1719, à Barbe Cardinal.—*Philippe*, b [3] 14 avril 1701; m [3] 28 sept. 1722, à Marguerite Dubreuil.—*Catherine*, b [3] 12 juin 1704; m [3] 3 février 1728, à Jean-Baptiste LeBeau.—*Thérèse*, b [3] 19 mars 1706; m [3] 24 sept. 1742, à François Bureau.—*Jean-Hyacinthe*, b [3] 28 avril et s [3] 19 nov. 1707.—*Marie-Angélique*, b [3] 12 sept. 1708; m [3] 25 nov. 1737, à François Maugits. — *Marie-Joseph*, b [3] 26 mars et s [3] 10 août 1710. — *Charlotte*, b [3] 2 dec. 1714; m [3] 7 nov. 1740, à Jean-Marie Vallée.

1711, (3 oct.) Lévis.

II.—DUDEVOIR, Claude, [Claude I.
b 1691.
Hallé (1), Françoise. [Jean-Bte II.
Claude, b 9 juin 1712, à Quebec [4], m [4] 28 janvier 1737, à Geneviève Gosselin.—*Joseph-Marie*, b 19 mars et s 6 mai 1714, à Montréal.

1719, (21 mars) Montréal. [6]

II.—DUDEVOIR (2), Claude, [Claude I.
b 1694.
Cardinal, Barbe, [Jacques II.
b 1696.
Barbe. b [6] 22 mars 1720.—*Marie-Joseph*, b [6] 14 juin 1721, m à Laurent-Eustache Gamelin.—*Jeanne*, b [6] 24 août 1724.—*Claude*, b [6] 14 et s [6] 28 sept. 1725.—*Claude*, b [6] 14 et s [6] 15 janvier 1728.—*Geneviève-Charlotte*, b 17 oct. 1732, au Detroit [7]; m [7] 13 juillet 1751, à Charles Bonneau.—*Agathe*, b 1735; s [7] 27 août 1748.

1722, (28 sept.) Montréal. [8]

II —DUDEVOIR, Philippe, [Claude I.
b 1701, s avant 1759.
Dubreuil, Marguerite, [Claude I.
b 1701.
Philippe, b 1723; m à Jeanne Plouf; s 24 mars 1750, à St-Antoine-de-Chambly. [9] — *Claude-François*, b [8] 27 sept. 1728, m 1756, à Agathe Joubert.—*Jacques*, b 1737; m [9] 31 janvier 1763, à Marie-Marguerite Bonin.—*Jean-Baptiste*, b 1739; m [9] 8 janvier 1759, à Marie-Louise Bonin.

1737, (28 janvier) Quebec. [2]

III.—DUDEVOIR, Claude, [Claude II.
b 1712.
Gosselin, Geneviève, [Pierre II.
b 1714, s [2] 6 déc 1738.
Claude, b [2] 12 et s [2] 15 nov. 1737.—*Cécile*, b [2] 28 nov. 1738.

III.—DUDEVOIR, Philippe, [Philippe II.
b 1723; s 24 mars 1750, à St-Antoine-de-Chambly. [4]
Plouf (3), Jeanne, [Jean II.
b 1728.
Marie-Marguerite, b [4] 4 et s [4] 9 dec. 1750.

1756.

III.—DUDEVOIR, Claude-Frs, [Philippe II.
b 1728.
Joubert, Agathe, [Pierre III.
b 1734.
Pierre-Claude, b 15 avril 1757, à St-Antoine-de-Chambly.

(1) Dit LaTerreur.

(2) Elle épouse, le 13 sept. 1779, Louis Gaudin, à St-Roch.

(3) Voy. vol. I. p. 208.

(4) Elle épouse, le 24 sept. 1718, Claude Poliquin, à St-Valier.

(1) Elle épouse, le 16 août 1724, Pierre Tessier, à Québec.

(2) Dit Bonvouloir—Lachêne.

(3) Elle epouse, le 8 janvier 1753, Joseph Alard, à St-Antoine-de-Chambly.

1759, (8 janvier) St-Antoine-de-Chambly.
III.—DUDEVOIR, Jean-Bte, [Philippe II.
b 1739.
Bonin, Marie-Louise, [Louis III.
b 1740.

1763, (31 janvier) St-Antoine-de-Chambly.
III.—DUDEVOIR, Jacques, [Philippe II.
b 1737.
Bonin, Marie-Marguerite, [Louis III.
b 1739.

DUÉ.—Voy. Duhay, 1734.

DUFAILLI.—Voy. Dufaye.

DUFAUT.—*Variations et surnoms :* Dufaoux—Dufaux—Dufos—Giasson—Lamarche—Latulippe—Raclau.

DUFAUT, Marie, épouse d'Alexis Gour.

DUFAUT, Marie-Anne, epouse de Louis Lemire.

DUFAUT, Marie-Charlotte, b 1707, m à Joseph Paré, s 5 juin 1779, à Repentigny.

DUFAUT, Marie-Madeleine, epouse de Toussaint Masta.

I.—DUFAUT (1), Gilles,
b 1645 ; charpentier ; s 4 mars 1706, à Champlain.
Simon, Françoise,
b 1646 ; veuve de Claude Coignac ; s 15 mai 1699, à Québec. [1]
François, b [1] 1er mai 1680, à Boucherville [2] ; m 1706, à Françoise Perrot — *Gilles,* b [2] 5 nov. 1682, m 22 nov. 1723, à Veronique Plante, à St-Jean, I. O. [3] ; s [3] 25 nov. 1760.— *Jean-Joseph,* b [2] 4 avril 1685 ; m 14 janvier 1710, à Angelique Emond, à la Rivière-Ouelle, s 22 mai 1721, à Ste-Anne. — *Louis,* b [1] 1er juin 1687 ; m 2 août 1711, à Madeleine Dagnat, à Longueuil [4] ; s [4] 26 mai 1753.—*Michel,* b [2] 11 juillet 1689. — *Marie-Françoise* b [1] 8 mars 1693 ; m 26 août 1717, à Pierre Roquand, à Montreal.

I.—DUFAUT (2), Pierre, b 1666 ; s 5 juillet 1706, à Montreal.

I.—DUFAUT, Vital, b 1690, soldat ; natif d'Agen-en-Genois, s 11 sept 1750, à Montreal.

1706.
II.—DUFAUT, François, [Gilles I.
b 1680 ; maitre-maçon.
Perrot, Françoise. [Nicolas I.
b 1681 ; s 7 mai 1744, aux Trois-Rivières. [1]
Joseph, b 21 nov. 1706, à Batiscan ; m 2 oct. 1737, à Marie-Anne Harel, à Montréal. — *Madeleine* b 1709 ; s [1] 11 oct. 1740. — *Thérèse,* b [1] 24 mars 1711. — *Antoine,* b [1] 2 mai 1713 ; m 3 avril 1742, à Marie-Anne Plante, à la Baie-du-Febvre [2] —*Charles-François,* b [1] 3 fevrier 1715 ; 1° m [2] 24 avril 1742, à Geneviève Plante ; 2° m 21 nov. 1757, à Marie Cocheu, à Lanoraie.—*Jeanne-Geneviève,* b [1] 14 juillet 1716, m à François Beaupre ; s 28 sept. 1781, à Repentigny.—*Marie-Charlotte,* b... m 1732, à Pierre Barette. — *Louis,* b [1] 14 sept. 1721, m 30 avril 1741, à Françoise-Elisabeth Brien, à L'Assomption.

1710, (14 janvier) Rivière-Ouelle. [1]
II.—DUFAUT, Jean-Jos, [Gilles I.
b 1685 ; s 22 mai 1721, à Ste-Anne. [2]
Emond (1), Angelique, [Pierre I.
b 1695.
Jean-François, b [1] 13 nov. 1712 ; m 3 nov. 1739, à Charlotte Pilotte, à Québec. — *Marie-Madeleine,* b [1] et s [1] 24 août 1714. — *Augustin,* b [2] 15 sept. 1718 ; m à Jeanne Durand, s 11 juin 1748, à Sorel.—*Marie-Catherine,* b [2] 2 nov. 1720. —*Joseph,* b... m 1745, à Marie-Joseph Alaire.

1711, (2 août) Longueuil [1]
II.—DUFAUT, Louis, [Gilles I.
b 1687 ; s [1] 26 mai 1753.
Dagnat (2), Madeleine,
b 1676 ; veuve de Guillaume Gouyou.
Antoine, b [1] 19 avril 1712, s [1] 11 mai 1714.— *Joseph,* b 11 oct. 1713, à Montreal ; m [1] 15 fevrier 1745, à Marie-Louise Michelon. — *Louis,* b [1] 21 août 1716 ; m [1] 12 janvier 1739, à Marie-Louise Lhuissier.

1723, (22 nov.) St-Jean, I. O. [1]
II.—DUFAUT, Gilles, [Gilles I.
b 1682 ; s [1] 25 nov. 1760.
Plante, Veronique, [George II
b 1706
Marie-Madeleine, b [1] 3 oct. 1724 —*Marie-Anne,* b... m 1er fevrier 1751, à François Bussière, à Ste-Famille, I. O. — *Marie-Joseph,* b [1] 20 oct. 1734, m 5 nov. 1755, à Michel Chartier, à Québec.—*Françoise,* b [1] 6 sept. 1736 ; m 24 oct. 1757, à Bernard Dufaut, à Montreal. — *Louis,* b [1] 7 août et s [1] 20 sept. 1743.—*Marie-Marguerite,* b [1] 7 nov. 1744. — *Jean,* b 1747 ; s [1] 20 janvier 1755.—*Charles,* b... m 26 janvier 1778, à Marie-Louise Jolin, à St-François, I. O.

I.—DUFAUT (3), François-Léonard,
b 1683 ; s 10 oct. 1751, à la Pte-du-Lac [6]
Robert, Jeanne.
Jean-Baptiste, b 8 mars 1730, à Nicolet. [7]— *Marie-Joseph,* b [7] 13 juillet 1731 ; m à Jacques Mouchard, s [6] 26 fevrier 1759. — *Louise,* b [7] 10 sept. 1732 ; m [6] 9 sept. 1748, à Jacques Robin.— *Joseph,* b... s [7] 9 mai 1734.—*Joseph,* b [7] 13 fevrier 1735 ; m 14 avril 1766, à Agathe Blais, à Yamachiche.—*Léonard-Hyacinthe,* b [7] 6 sept. et s [7] 26 oct. 1736. — *Marie-Catherine,* b [7] 6 sept. 1736 ;

(1) Voy. vol. I, p. 209.
(2) Dit Latulippe, soldat de la compagnie de M. de Blainville.

(1) Elle epouse, le 5 fevrier 1722, François Hudon, à Ste-Anne.
(2) Et Gagné.
(3) Dit Lamarche.

m [6] 18 avril 1757, à Jean-Baptiste LAFLEUR.—*Marie-Madeleine,* b [7] 28 mars 1738; m 18 nov. 1766, à Pierre SAUVÉ, au Bout-de-l'Ile, M.—*Ursule,* b [7] 25 oct. 1739; m [7] 16 janvier 1764, à Claude LASPRON.—*François,* b [7] 7 juin 1741.—*Elisabeth,* b [7] 2 juin 1743.—*Thérèse,* b [7] 15 oct. 1745.—*Marie-Anne,* b [7] 26 avril 1747.

1737, (2 oct) Montreal. [8]

III.—**DUFAUT,** JOSEPH, [FRANÇOIS II. b 1707.

HAREL, Marie-Anne, [FRANÇOIS II. b 1717.

René-Marie, b [8] 21 et s [8] 28 juin 1738.—*Charles-Joseph,* b [8] 16 août 1739; s [8] 28 nov. 1745.—*Marie-Anne-Jeanne,* b [8] 12 oct 1740.—*Marie-Joseph,* b [8] 19 mars 1742; s [8] 10 fevrier 1743.—*Marie-Catherine,* b [8] 20 mai et s [8] 8 juillet 1743.—*Marie-Catherine,* b [8] 11 sept. 1744.—*Elisabeth,* b [8] 9 sept. 1745.—*Joseph-Marie,* b [8] 21 oct. 1746.—*Jean-Baptiste,* b [8] 4 et s [8] 10 juillet 1748.—*Louise-Joseph,* b [8] 26 août et s [8] 6 sept. 1749.

1739, (12 janvier) Longueuil [4]

III.—DUFAUT, LOUIS, [LOUIS II. b 1716.

LHUISSIER, Marie-Louise, [PIERRE II. b 1718.

Marie-Louise-Amable, b [4] 5 oct. 1739, m [4] 14 février 1757, à Gerard SERQUELLES.—*Marie-Jeanne,* b [4] 10 février 1741; m [4] 2 fevrier 1761, à Simon BOISLE.—*Marie-Joseph,* b [4] 2 oct. 1742.—*Louis,* b [4] 26 et s [4] 30 janvier 1744.—*Marie-Madeleine-Thérèse,* b [4] 5 mars 1745, m [4] 7 janvier 1762, à Joseph GÉLINEAU.—*Louis,* b [4] 18 avril 1747.—*Marie-Françoise,* b [4] 16 avril et s [4] 7 août 1749.—*Marie-Joseph,* b [4] 9 juillet 1752.—*Marie-Rose,* b [4] 24 juin 1754.—*Joseph,* b [4] 1er juin 1762.

1739, (3 nov) Québec. [3]

III.—DUFAUT, JEAN-FRS, [JEAN-JOSEPH II. b 1712.

PILOTTE, Charlotte, [PIERRE III. b 1718.

Pierre-François, b [3] 16 février 1741.—*Félix,* b 5 juin 1748, à Sorel [4]; s [4] 21 mai 1749.—*Marie-Anne,* b [4] 13 mars et s [4] 10 avril 1750.—*Madeleine,* b... m [4] 22 avril 1765, à Jean-François MAROT.—*Marie-Charles,* b [4] 3 mars 1751; s [4] 1er oct. 1752.—*Jean-Baptiste,* b [4] 13 avril 1753.—*Marie-Charlotte,* b [4] 16 fevrier 1755.—*Marie-Louise,* b 5 oct. 1757, à l'Ile-Dupas.

1741, (30 avril) L'Assomption

III.—DUFAUT, LOUIS, [FRANÇOIS II. b 1721.

BRIEN, Françoise-Elisabeth, [LOUIS II. b 1722.

1742, (3 avril) Baie-du-Febvre.

III.—DUFAUT (1), ANTOINE, [FRANÇOIS II. b 1713.

PLANTE, Marie-Anne, [AUGUSTIN III. b 1725, s 20 sept. 1750, aux Trois-Rivières. [5]

(1) Dit Raclau, 1748, du nom de sa grand'-mère maternelle.

Marie-Anne, b [5] 29 mars 1744.—*Joseph,* b 15 mai 1745, à Yamachiche.—*Elisabeth,* b [5] 17 juillet 1746.—*Joseph,* b [5] 25 avril 1748.—*Bénoni-François,* b [5] 27 sept. 1749; 1° m à Marie BERNARD; 2° m 15 nov. 1790, à Françoise MAILLOT, à St-Jean-Deschaillons.

1742, (24 avril) Baie-du-Febvre.

III.—DUFAUT, CHARLES-FRS, [FRANÇOIS II. b 1715.

1° PLANTE, Geneviève, [AUGUSTIN III. b 1725.

Antoine-François, b 12 mars 1743, aux Trois-Rivières [5]; s [5] 8 juin 1744.—*François,* b [5] 1er sept. 1744.—*Marie-Joseph,* b [5] 29 août 1746.—*Marie-Madeleine,* b 29 avril et s 2 mai 1749, à Lavaltrie.—*Joseph-Amable,* b 18 avril 1750, à St-Vincent-de-Paul.—*Jean-Baptiste-Bénoni,* b 5 mai 1752, à Lanoraie. [6]—*Pierre,* b [6] 17 sept. 1753.—*Marguerite,* b [6] 10 nov. 1754.

1757, (21 nov.) [6]

2° COCHEU, Marie. [PIERRE II.

Pierre, b [6] 2 sept. 1759; m 13 oct. 1788, à Judith BEAUCHAMP, à Repentigny.

DUFAUT, JOSEPH.

NOEL, Marie-Anne.

Marie, b... s 26 sept. 1745, à Longueuil.

III.—DUFAUT, AUGUSTIN, [JEAN-JOSEPH II. b 1718; s 11 juin 1748, à Sorel. [5]

DURAND, Jeanne.

Marie-Jeanne, b 21 fevrier 1745, à Lavaltrie; m 23 fevrier 1767, à Louis COTTU, à Berthier.—*Joseph,* b [5] et s [5] 10 mai 1748

1745, (15 fevrier) Longueuil. [7]

III—DUFAUT, JOSEPH, [LOUIS II. b 1713.

MICHELON, Marie-Louise, [JEAN II. b 1713.

Louis, b [7] 5 janvier 1746; s [7] 15 nov. 1752.—*Joseph,* b [7] 19 juin 1748.—*Joseph-Antoine,* b [7] 3 oct. 1749; s [7] 15 mai 1750.—*Marie-Anne,* b [7] 30 sept. 1752; s [7] 6 mars 1754.—*Joseph-Antoine,* b [7] 9 mars 1754.

1745.

III.—DUFAUT, JOSEPH. [JEAN-JOSEPH II.

ALAIRE, Marie-Joseph.

François, b 12 avril 1746, à Sorel. [5]—*Marie-Joseph,* b [5] 21 mai 1748.—*Jean-Baptiste,* b [5] 18 dec. 1749.—*Antoine,* b 13 sept. 1751, à St-Ours [6]—*Marie-Thérèse,* b [6] 25 sept. 1753.—*Marie-Marguerite,* b [6] 30 sept. 1755.—*Jean-Baptiste-Noel,* b [6] 18 sept. 1757; s [6] 15 juin 1758.—*Marie-Elisabeth,* b [6] 2 sept. 1759.

DUFAUT (1), JACQUES.

MARQUIS (2), Marie-Joseph.

Marie-Joseph, b 23 sept. et s 9 nov. 1755, à Quebec. [1]—*Marie-Joseph,* b 17 sept. 1756, à St-

(1) Garde-magasin.

(2) De Clermont.

Antoine-de-Chambly ; s 19 déc. 1762, à la Longue-Pointe.— *François*, b [1] 3 et s 30 juin 1758, à St-Augustin.—*Marie-Marguerite*, b 6 à Ste-Foye et s 22 oct. 1759, à Lorette. — *François*, b... m 17 mai 1790, à Elisabeth LIMOGES, à Repentigny.

1737, (24 oct.) Montreal.

I.—DUFAUT, BERNARD, b 1725, soldat; fils de Pierre et de Marie Catin, de St-Etienne, diocèse de Toulouse, Languedoc
DUFAUT, Françoise, [GILLES II.
b 1736.

DUFAUT (1), PIERRE, b 1717; s 11 oct. 1793, à Québec.

1759, (11 nov.) Ste-Anne-de-la-Perade.

I.—DUFAUT, PIERRE, fils de Raymond et d'Anne Sadirac, de St-Joseph-de-Verlus, diocèse d'Auch, Gascogne.
PELLETIER, Angelique-Louise, [NOEL II.
veuve de Pierre Grenet.
Marie-Félicité, b 19 déc. 1760, à la Pte-aux-Trembles, Q. [2]; s [2] 24 juillet 1761. —*Jean-Pierre*, b [2] 21 dec. 1762.

1766, (14 avril) Yamachiche. [4]

II.—DUFAUT (2), JOSEPH, [FRS-LÉONARD I.
b 1735.
BLAIS (3), Agathe, [JEAN-BTE III.
b 1747.
Joseph, b [4] 23 août 1766.—*Charles*, b [4] 29 dec. 1767.

DUFAUT, JOSEPH.
DULIGNON, Marie-Joseph.
Joseph, né 12 oct. 1776; b 26 juillet 1778, au Détroit.

1778, (26 janvier) St-François, I. O.

III.—DUFAUT, CHARLES, [GILLES II.
JOLIN, Marie-Louise, [SIMON II.
b 1733; veuve de Louis Guerard.

DUFAUT (4), ANNE, épouse de Jacques BOUFFARD.

DUFAUT, JOSEPH.
LUNAU, Marie-Anne,
b 1744; s 21 mars 1780, à Repentigny.

1788, (13 oct.) Repentigny.

IV.—DUFAUT, PIERRE, [CHARLES-FRANÇOIS III.
b 1759.
BEAUCHAMP, Judith. [PIERRE IV.

IV.—DUFAUT (5), BÉNONI-FRS, [ANTOINE III.
b 1749.
1° BERNARD, Marie.

(1) Ancien negociant.
(2) Dit Lamarche.
(3) Et Blay.
(4) Dit Giasson.
(5) Dit Raclau.

1790, (15 nov.) St-Jean-Deschaillons.
2° MAILLOT, Françoise, [FRANÇOIS-LOUIS III.
b 1767.

1790, (17 mai) Repentigny.

DUFAUT, FRANÇOIS. [JACQUES.
LIMOGES, Elisabeth,
veuve de Charles LeCercle.

DUFAYE.—*Variations et surnoms :* DUFAILLI—DUFAY—DUFAYET—LAMARCHE—SEIGNEUR.

I.—DUFAYE, FRANÇOISE, fille de Jean et de Marguerite Noury, de St-Hilaire, ville de Rheims; m 15 oct. 1674, à Martin Henne, à Quebec; s 17 dec. 1705, à Charlesbourg.

I.—DUFAYE, GUILLAUME.
CERELLE, Jeanne.
Marie-Madeleine, b 3 août 1670, à Ste-Famille, I. O.

1715, (27 sept.) Québec.

I.—DUFAYE (1), ETIENNE, b 1689, fils d'Etienne et de Marie Toinet, de St-Medard, Paris.
1° MONEAU (2), Madeleine, [MICHEL-JEAN-BTE I.
b 1695; s 17 avril 1732, à Terrebonne. [4]
Marie-Thérèse, b... m 1er août 1740, à Paul FONTAINE, à Varennes. — *Pierre*, b... s [4] 6 oct. 1727.—*Anne*, b [4] 11 fevrier 1729; s [4] 12 mars 1730.
1737 (12 oct.) Montréal.
2° LABBÉ (3), Marie-Charlotte, [LOUIS I.
b 1705.
Joseph, b 5 avril 1742, à la Longue-Pointe.—*Marie-Joseph*, b [4] 6 janvier 1744. — *Etienne*, b... s 27 oct. 1754, à Ste-Rose. [5] — *Anonyme*, b [5] et s [5] 31 oct. 1754.

1715, (23 nov.) Montreal. [6]

I.—DUFAYE (4), NICOLAS, b 1683, fils de Jean et d'Antoinette Siré, de St-Jean, Limoges.
VARIN, Therèse, [MARIN I.
b 1690.
Nicolas-Paschal, b [6] 11 avril et s [6] 22 dec. 1716.—*Louis*, b [6] 17 nov 1717, s [6] 13 fevrier 1718.—*Marie-Françoise*, b [6] 5 oct. 1723.

DUFAYE (5), LOUIS.
SARAZIN, Geneviève.
Geneviève, b 12 sept. 1753, à Ste-Geneviève, M. —*Joseph*, b 23 fevrier et s 8 mars 1756, à Ste-Rose.

I.—DUFERDIER (6), FRANÇOIS, b 1673; s 6 sept. 1708, à Montreal.

(1) Et Dufiguier dit Seigneur.
(2) Et Moineau.
(3) Et Aubin dit St-Onge
(4) Dit Lamarche; soldat de la compagnie de Duvivier; appelé aussi Defile, 1716.
(5) Et Dufailli.
(6) Dit Béarnais.

1754, (4 février) Montréal.

I.—**DUFESTE, Jacques,** fils d'Antoine et de Catherine Maheu, de Ste-Marguerite, Paris.
Bau (1), Marie-Amable, [Jean-Bte II.
b 1729.

DUFEY, Hélène, épouse de Jacques Rolland.

DUFIGUIER.—Voy. Fournier, 1732.

DUFIGUIER, Etienne. —Voy. Dufaye, 1715.

I.—DUFIGUIER (2), René-Louis.

DUFILS.—Voy. Charets.

I.—DUFION (3), ..., b 1644 ; de Landrivau, diocèse de Périgueux ; s 25 avril 1754, aux Trois-Rivières.

I.—DUFIX (4), Jérome, fils de Pierre et de Jeanne Surenne, de Carepras, diocèse de Nimes, Languedoc.

DUFLOS.—*Variation :* Duflau.

1750, (24 août) Québec. [7]

I.—DUFLOS, Louis-Nicolas, fils de Jacques-Antoine et d'Anne Leroy, de St-Etienne, diocèse de Senlis, Ile-de-France.
Panneton, Angelique, [Jean-Bte II.
b 1728 ; s [7] 7 mars 1781.
George, b [7] 29 août 1751. — *Nicolas,* b [7] 11 juillet 1753 ; s [7] 4 mai 1754.—*Michel,* b [7] 29 sept. et s [7] 1er oct. 1754.—*Nicolas,* b [7] 6 janvier 1758. —*Joseph,* b [7] 19 mars 1764 ; m [7] 1er avril 1788, à Marie-Anne Marieu.

1788, (1er avril) Québec.

II.—DUFLOS, Joseph, [Nicolas I.
b 1764.
Marieu (5), Marie-Anne, [Jean-Jacques II.
b 1759.

DUFONT.—Voy. Legris, 1735.

DuFORILLON. — Voy. Aubert-Lachenaye de Forillon, 1702.

DUFORT.—*Surnoms :* Bougret—Lacouture.

DUFORT, Marie-Anne, épouse de Jean-Baptiste Pariseau.

(1) Et Lebeau.

(2) Officier des troupes, 1705.

(3) Dit Périgord.

(4) Soldat de Guyenne; il abjure le calvinisme, le 2 avril 1756, à la Longue-Pointe.

(5) Et Mérieu.

1766, (10 février) Lac-des-Deux-Montagnes. [3]

I.—DUFORT (1), Jean-Bte, de Ste-Marie-Madeleine, ville de Besançon, Franche-Comté.
Ranger, Marie-Joseph, [Thomas III.
b 1729.
Jean-Baptiste, b [3] 19 déc. 1766.

DUFORT, Joseph.
Hunault, Marie-Joseph.
Joseph, b 1779 ; s 19 fevrier 1780, à Repentigny.

DUFORT (2), Louis.
Hunault (3), Marie-Françoise.
Marie-Catherine, b 26 nov. 1787, à Lachenaye.

DUFOUR.—*Surnoms :* Bonvivant—Lamarche—Latour.

DUFOUR, Geneviève, épouse de Raphaël Gagné.

DUFOUR, Françoise, épouse d'Alexandre Laroche.

DUFOUR, Marguerite, epouse de Charles Hubout.

DUFOUR, Marie-Anne, epouse de Jean-Baptiste Raté.

DUFOUR, Pélagie, épouse de Joseph Gaudreau.

DUFOUR, Marguerite, b... m 1795, à Joseph Neveu.

I.—DUFOUR, Antoine.
Joly, Elisabeth.
Jean-Baptiste, b 6 janvier 1681, à l'Islet.

1694.

I.—DUFOUR, Gabriel-Robert,
s avant 1726.
1° Migneron, Anne.
Marie-Angélique, b 23 mai 1695, au Château-Richer [8], m à Ignace Gagné ; s 20 août 1768, à la Baie-St-Paul. [3] — *Marie-Joseph,* b [8] 19 sept. 1697.
2° Gagné (4), Louise, [Ignace III.
b 1683.
Marie-Reine, b... m [3] 6 nov. 1726, à François Tremblay. — *Ignace,* b 1712 ; m 28 nov. 1736, à Marie-Reine Tremblay, à la Petite-Rivière [9] ; s [3] 8 oct. 1762. — *Louise,* b 1713 ; s [3] 9 sept. 1759 (idiote). — *Joseph,* b 1714 ; 1° m [3] 29 oct. 1732, à Marie-Anne Tremblay ; 2° m [3] 23 juin 1750, à Felicité Simard ; s [3] 2 sept. 1774. — *Barbe,* b... m [3] 23 nov. 1733, à Etienne Simard. —*Bonaventure,* b... m [9] 8 nov. 1734, à Elisabeth Tremblay.—*Gabriel,* b... 1° m 21 mai 1742, à Geneviève Tremblay, à l'Ile-aux-Coudres ; 2° m 9 juin 1756, à Madeleine Boissonneau, à St-Jean, I. O.

(1) Dit Lacouture ; ancien soldat. Il était, le 22 mai 1765, au Lac-des-Deux-Montagnes.

(2) Bougret-Dufort.

(3) Dit Deschamps.

(4) Elle épouse, le 30 oct 1726, Guillaume Boily, à la Baie-St-Paul.

1722, (1er juin) Montréal. [1]

I.—DUFOUR (1), PIERRE, fils de Michel et d'Hélène Neveu, de St-Jerry, ville d'Arras, Artois.

GUIGNARD, Geneviève, [PIERRE I.
b 1705; s 30 mars 1780, à l'Hôpital-Général, M.

Geneviève, b [1] 10 mars 1723; s 9 mai 1738, à Terrebonne. [2]—*Jean-Louis*, b [1] 11 avril 1724; m 1750, à Catherine HOMIER. — *Pierre*, b 20 oct. 1725, à Batiscan [3]; m [2] 9 oct. 1752, à Marie-Catherine VÉRONNEAU.—*René-Alexis*, b [3] 15 nov. et s [3] 15 déc. 1727. — *Joseph*, b [3] 3 mars 1729; m [1] 24 oct. 1752, à Marguerite CHENAY.—*Marie-Agnès*, b 15 février 1731, à Sorel; s [2] 31 mai 1738.—*François-Marie*, b [2] 5 nov. 1732; 1° m 6 sept. 1762, à Angelique CROTEAU, à Lachenaye; 2° m 7 sept. 1767, à Marie-Joseph HÉNAUT, à Repentigny. — *Joseph-Charles*, b [2] 31 mars 1735. — *Louis*, b [2] 27 mars 1737.—*Marie-Marguerite*, b [2] 11 sept. 1739; m [2] 10 nov. 1760, à Charles TOURVILLE. — *Marie-Louise*, b [2] 18 sept. 1741; m [2] 7 février 1758, à Jean DROUIN. — *François*, b [2] 10 nov. 1743.—*Marie-Louise*, b [2] 7 nov. 1745.

1732, (29 oct.) Baie-St-Paul. [7]

II.—DUFOUR (2), JOSEPH, [ROBERT I.
b 1714; s [7] 2 sept. 1774.

1° TREMBLAY, Marie-Anne, [PIERRE II.
b 1710.

Marie-Anne, b [7] 3 déc. 1733. — *Marie-Joseph*, b 9 fevrier 1735, à la Petite-Rivière [6]; m 6 juillet 1750, à François TREMBLAY, à l'Ile-aux-Coudres [9]; s [7] 19 mars 1760. — *Marie-Angélique*, b [6] 27 nov. 1736; 1° m [6] 26 janvier 1756, à Pierre GILBERT; 2° m [9] 7 oct. 1772, à Joseph MORIN.—*Marie-Agathe*, b [6] 2 nov. 1738.—*Joseph*, b [6] 7 oct. 1740; m 6 août 1770, à Marie-Joseph MORIN, à Kamouraska. — *Marie-Thérèse*, b [6] 15 oct. 1743. —*Marie-Charlotte*, b [6] 18 mars 1745.

1750, (23 juin). [7]

2° SIMARD, Félicité, [FRANÇOIS II
b 1731.

Félicité, b 1753; m [6] 20 juin 1768, à François GAGNON; s [7] 20 juillet 1775 (noyee). — *Germain*, b [6] 22 mars 1754.— *Dominique-Benjamin*, b [6] 20 avril 1756; s [7] 20 juillet 1775 (noye).— *François*, b [7] 28 juin 1758.—*Marie-Anne*, b [6] 9 mai 1761.— *Ursule-Silvie*, b [6] 30 juillet 1763.

I.—DUFOUR, THOMAS, b 1700; de St-Malo, s 18 avril 1760, à l'Hôpital-Genéral, M.

1734, (8 nov.) Petite-Rivière. [4]

II.—DUFOUR, BONAVENTURE. [ROBERT I.

TREMBLAY, Elisabeth, [LOUIS II.
b 1715.

Marie-Reine, b... m [4] 17 nov. 1756, à Pierre DELAVOYE. — *Augustin-Roch*, b [4] 13 nov. 1737; m [4] 9 nov. 1772, à Therèse TREMBLAY. — *Marie-Françoise*, née 27 déc. 1739, à l'Ile-aux-Coudres [5]; b 4 avril 1740, à la Baie-St-Paul [6]; m [4] 14 nov. 1757, à Louis BOUCHARD. —*Jean-Baptiste*, b [4] 15 nov. 1742; m [6] 17 nov. 1768, à Geneviève BOUCHARD. — *Joseph-Michel*, b [4] 14 oct. 1744; m [5] 2 sept. 1771, à Charlotte TREMBLAY. — *Constance-Colombe*, b [4] 13 janvier 1747; m [6] 17 nov. 1768, à Jean-Baptiste TREMBLAY.—*Anonyme*, b [4] et s [4] 17 mars 1749.—*Zacharie*, b [4] 23 mars 1750; m 8 janvier 1781, à Marie-Anne TERRIAU, à St-Jean-Port-Joli.—*René*, b [4] 1er nov. 1752. — *Anonyme*, b [4] et s [4] 30 oct. 1755.— *Marie-Joseph*, b [4] 28 mai 1757.

I.—DUFOUR, CLAUDE,
b 1690; s 6 juin 1750, à St-Laurent, M.

LEROUX, Madeleine,
b 1708; s 2 avril 1748, à Ste-Geneviève, M. [2]

Joseph-Marie, b 18 janvier 1735, au Bout-de-l'Ile, M. [3] — *Madeleine*, b... m [2] 17 oct. 1757, à Jean-Baptiste VILAINE.—*Marie-Geneviève*, b [3] 30 janvier 1740.—*André*, b [3] 28 février et s [3] 13 mai 1741. —*Marie-Angélique*, b [2] 23 et s [2] 24 mars 1748.

1736, (28 nov.) Petite-Rivière.

II.—DUFOUR, IGNACE, [ROBERT I.
b 1712; s 8 oct. 1762, à la Baie-St-Paul. [1]

TREMBLAY, Marie-Reine, [LOUIS II.
b 1712; s [1] 18 oct. 1758.

Marie-Reine, b... m [1] 8 février 1752, à Etienne PERRON.—*Marie-Hélène*, b [1] 25 mai 1739.—*Reine-Angélique*, b [1] 21 et s [1] 24 sept. 1741.—*Anonyme*, b [1] et s [1] 13 nov. 1742.—*Anonyme*, b [1] et s [1] 3 oct. 1746 —*Marie-Joseph-Clotilde*, b [1] 15 mars 1749. —*Anonyme*, b [1] et s [1] 22 juin 1750.—*Dominique*, b [1] 6 nov. 1752.

1737, (17 juin) Montreal. [4]

I.—DUFOUR (1), PIERRE, b 1711; fils de Pierre-Mathieu et d'Anne De la Rue, de Notre-Dame, ville de St-Malo, Bretagne.

GLORIA, Marie-Charlotte, [ANTOINE II.
b 1721, s 14 nov. 1766, au Détroit. [5]

Pierre-Antoine, b [4] 19 sept. 1737. — *Marie-Charlotte*, b [5] 30 oct. 1739; m [5] 28 avril 1755, à Joseph-Amable FAUVEL.— *Catherine*, b [5] 24 août 1740; m [5] 10 janvier 1757, à Joseph METTAY.—*Marie-Louise-Brigide*, b [5] 11 fevrier 1742; m [5] 24 oct. 1757, à Antoine BOYER. — *Jean-Baptiste-Mathieu*, b [5] 14 sept. 1743; m [5] 8 janvier 1770, à Catherine DURAND.— *Charles*, b [5] 17 oct. 1745.—*Pierre-Amand*, b 1746; s [6] 15 mai 1758. — *Joachim*, b [5] 5 sept. 1747.— *Louis*, b [5] 27 août 1749. —*Jérôme*, b [5] 5 mai 1751. — *Pierre*, b [6] 13 mai 1754. — *Angélique*, b [5] 18 février 1756, s [5] 23 janvier 1760.

1738, (19 août) Quebec. [5]

I.—DUFOUR, JEAN-BTE, b 1717, marchand; fils de Pierre et d'Etiennette Michel, du Hâvre de Grâce, diocèse de Rouen, Normandie; s [5] 4 mai 1779.

PAQUET, Marie-Jeanne, [PHILIPPE II.
b 1706; s [5] 24 avril 1774.

Anonyme, b [5] et s [5] 5 juin 1739—*Jean-Baptiste*, b [5] 19 juillet 1740; s [5] 25 nov. 1747.— *Elisabeth*,

(1) Dit Latour, soldat de la compagnie de M. de St-Ours.
(2) Maître de la Malbaye.

(1) Dit Bonvivant; anspessade.

b [5] 5 février 1742; 1° m 15 juin 1761, à Joseph CHARTIER, à St-Michel; 2° m [5] 21 juin 1779, à François FILION. — *Angélique*, b [5] 6 juillet 1743. — *Marie-Joseph*, b [5] 31 déc. 1744; s [5] 18 mai 1752.

I.—DUFOUR, ANTOINE,
MEUNIER, Jeanne.
Jean, b... m 4 nov. 1760, à Marie LANIEL, à Lavaltrie.

1742, (21 mai) Ile-aux-Coudres. [7]

II.—DUFOUR, GABRIEL. [ROBERT I.
1° TREMBLAY, Geneviève, [FRANÇOIS III
b 1720; s [7] 17 sept. 1755 (picote).
Jean-François, b [7] 16 avril 1743; m 20 oct. 1766, à Geneviève-Ursule BRISSON, à la Baie-St-Paul. — *Marie-Geneviève*, b [7] 30 mai 1745.— *Marie-Judith*, b [7] 4 avril 1747; m [7] 8 oct. 1764, à Louis TREMBLAY. — *Victoire*, b [7] 12 avril 1749, m [7] 5 nov. 1767, à Ambroise CARON. — *Pélagie*, b [7] 22 mars 1751; m [7] 1er août 1774, à Joseph GAUDREAU. — *Marc-Guillaume*, b [7] 4 nov. 1753, m [7] 7 oct. 1782, à Marie-Louise TREMBLAY.
1756, (9 juin) St-Jean, I. O.
2° BOISSONNEAU, Madeleine, [JEAN-BTE III.
b 1737.
Marie-Madeleine, b [7] 16 mars 1757; m [7] 1er oct. 1781, à Dominique HERVÉ. — *François*, b et s 16 oct. 1758, à la Petite-Rivière. — *Rosalie*, b [7] 20 janvier 1759.— *Marie-Joseph*, b [7] 21 nov. 1760.— *Jean-Alexis*, b [7] 12 juillet 1762.—*Augustin*, b [7] 15 avril 1765.—*Timothée-Gabriel*, b [7] 10 avril 1767. —*Pierre*, b [7] 9 janvier 1769. —*Louis-Michel*, b [7] 7 oct. 1770. — *Marie-Anne*, b [7] 6 juillet 1772.— *François-Gabriel*, b [7] 18 mars 1774. — *Marie-Angélique*, b [7] 6 déc. 1778.

DUFOUR, FRANÇOIS.—Voy. DUFAUT.

DUFOUR, JACQUES.
ROUSSON, Marie
Jacques, b 28 mars et s 27 août 1743, à Ste-Geneviève, M. [4]—*Anonyme*, b [4] et s [4] 10 oct. 1745.

1750.

II.—DUFOUR (1), JEAN-LOUIS, [PIERRE I.
b 1724.
HOMIER (2), Catherine. [MICHEL II.
Catherine, b 6 déc. 1750, à Terrebonne. [1]— *Jean-Marie*, b [1] 24 juillet 1752. —*Marie*, b... m [1] 21 août 1769, à Joseph BARBEAU. — *Jean-Louis*, b 1755, s [1] 7 janvier 1757.—*Joseph*, b [1] 5 et s [1] 29 juin 1756.—*François*, b [1] 17 juillet 1757.—*Louise*, b 1759; s [1] 21 mars 1773. — *Joseph*, b... m 10 nov. 1788, à Marguerite ARCHAMBAULT, à Repentigny.

(1) Dit Latour.
(2) Et Aumier—Bohemier.

1752, (9 oct.) Terrebonne. [5]

II.—DUFOUR (1), PIERRE, [PIERRE I.
b 1725.
VÉRONNEAU (2), Catherine, [FRS-DENIS II.
b 1734.
Marie-Catherine, b [5] 11 sept. 1753. — *Marie-Marguerite*, b [5] 23 avril 1756; s [5] 7 janvier 1757. —*Pierre*, b [5] 23 janvier 1758.—*Marie-Marguerite*, b [5] 13 juin 1760.

1752, (24 oct.) Montréal.

II.—DUFOUR, JOSEPH, [PIERRE I.
b 1729.
SENET (3), Marguerite, [ESPRIT I.
b 1730.

1760, (4 nov.) Lavaltrie.

II.—DUFOUR, JEAN. [ANTOINE I.
LANIEL, Marie. [NICOLAS II.

DUFOUR, JACQUES.
LAYER, Elisabeth,
Allemande.
Marie-Charlotte, b 1er janvier 1761, au Lac-des-Deux-Montagnes.

1762, (6 sept.) Lachenaye. [5]

II.—DUFOUR (1), FRANÇOIS-MARIE, [PIERRE I.
b 1732.
1° CROTEAU, Angélique, [BERNARD III.
b 1740, s [5] 9 oct. 1766.
1767, (7 sept.) Repentigny.
2° HÉNAUT (4), Marie-Jos. [ANDRÉ-JOS. III.
Marie-Joseph, b [5] et s [5] 3 oct. 1768. — *Marie-Joseph*, b [5] 7 nov. 1771, s [5] 24 avril 1772.

DUFOUR, JEAN-BTE.
HARNOIS, Marie-Louise.
Jean-Baptiste, b 24 mai 1767, à la Baie-du-Febvre [5], s [5] 18 mars 1769.

1766, (20 oct.) Baie-St-Paul.

III.—DUFOUR, JEAN-FRANÇOIS, [GABRIEL II.
b 1743.
BRISSON, Geneviève-Ursule, [IGNACE III.
b 1748
Marie-Madeleine, b 7 nov. 1767, à l'Ile-aux-Coudres. [5] — *Jean-Guillaume*, b [5] 22 oct. 1769.— *François*, b [5] 6 janvier 1772. — *Marie-Catherine*, b [5] 31 mars 1774. — *Louis*, b [5] 25 mai 1776. — *Marguerite*, b [5] 21 juin 1778. — *Joseph*, b [5] 27 sept. 1780.

1768, (17 nov.) Baie-St-Paul. [5]

III.—DUFOUR, JEAN-BTE, [BONAVENTURE II.
b 1742.
BOUCHARD, Geneviève, [JEAN-BTE III.
b 1754.
Bonaventure, b [5] 28 oct. 1770. — *Marie-Silvie*, b 26 juillet 1772, à la Petite-Rivière.

(1) Dit Latour.
(2) Elle épouse, le 11 février 1765, Joseph Chapeleau, à Terrebonne.
(3) Et Chenaye
(4) Dit Trudeau.

1770, (8 janvier) Détroit [5]
II.—DUFOUR, JEAN-BTE-MATHIEU [PIERRE I.
b 1743.
DURAND, Catherine, [PIERRE I.
b 1753.
Jean-Baptiste, b... m [5] 20 avril 1795, à Marie-Jeanne LEBEAU.

1770, (6 août) Kamouraska.
III.—DUFOUR, JOSEPH, [JOSEPH II.
b 1740.
MORIN, Marie-Joseph. [JOSEPH IV.

1771, (2 sept.) Ile-aux-Coudres. [5]
III.—DUFOUR, JOS.-MICHEL, [BONAVENTURE II.
b 1744.
TREMBLAY, Charlotte, [GUILLAUME III.
b 1746.
Marie-Geneviève, b [5] 3 juin 1774. — *Marie-Charlotte*, b [5] 8 nov. 1777.—*Marie-Constance*, b [5] 30 avril 1783.

1772, (9 nov.) Petite-Rivière.
III.—DUFOUR, AUG.-ROCH, [BONAVENTURE II.
b 1737.
TREMBLAY, Thérèse. [LOUIS-ANDRÉ IV.
Clément, b 8 mars 1773, à la Baie-St-Paul. [5]—*Isaac*, b [5] 12 mai 1775. — *Alexis*, b [5] 1er janvier 1777.

DUFOUR, FRANÇOIS.
MELOCHE, Marguerite.
Marguerite, b et s 9 juillet 1776, à Lachenaye.

1781, (8 janvier) St-Jean-Port-Joli.
III.—DUFOUR, ZACHARIE, [BONAVENTURE II
b 1750.
TERRIAU, Marie-Anne. [JOSEPH I.

1782, (7 oct.) Ile-aux-Coudres.
III.—DUFOUR, MARC-GUILLAUME, [GABRIEL II
b 1753.
TREMBLAY, Marie-Louise, [JEAN IV.
b 1764.

1788, (10 nov.) Repentigny.
III.—DUFOUR (1), JOSEPH. [JEAN-LOUIS II.
ARCHAMBAULT, Marguerite. [JEAN-BTE V.

1795, (20 avril) Detroit.
III.—DUFOUR, JEAN-BTE. [JEAN-BTE II.
LEBEAU, Marie-Jeanne. [JEAN-BTE.

I.—DUFOURNEL (2), GASPARD, b 1663 ; s 30 mars 1757, à L'Ange-Gardien.

(1) Dit Latour.

(2) Curé de L'Ange-Gardien depuis oct. 1694 ; inhumé dans le sanctuaire du côté de l'Evangile.
Par M. PARENT, prêtre-vicaire.
(Registres de L'Ange-Gardien, 30 mars 1757.)

1721, (29 déc.) Détroit. [5]
I.—DUFOURNEL (1), JEAN-BTE, b 1661 ; fils de Louis et de Françoise Trotier, de Torsont, diocèse d'Angoulême ; s [5] 31 oct. 1731.
COUTERET (2), Madeleine, [RENÉ I.
veuve de Pierre Durivage.
Marie-Catherine, b [5] 7 janvier 1723, s [5] 9 février 1732. — *Marie-Françoise*, b [5] 28 mai 1724 ; m [5] 26 juillet 1739, à Pierre PERRON.—*Jean-Baptiste-Amable*, b [5] 10 déc. 1729.

DUFRANC.—Voy. BOURG.

I.—DUFRAYER (3), FRANÇOIS-NICOLAS.

1750, (17 nov.) Quebec. [2]
I.—DUFRESNAY, JEAN-LOUIS, tapissier ; fils de Sébastien et de Madeleine Ducros, de St-Pierre-de-Ribemont, diocèse de Lâon, Ile-de-France.
1° PETITEAU, Marie-Ursule, [PIERRE I.
b 1734 ; s [2] 7 août 1755.
Pierre, b [2] 27 sept. 1751 ; s [2] 3 février 1755.—*Marie-Joseph*, b [2] 6 et s [2] 23 janvier 1753.—*François*, b [2] 6 fevrier 1754 ; s [2] 12 sept. 1755. — *Pierre*, b [2] 29 juin et s [2] 21 août 1755.
1756, (22 nov.) [2]
2° NAVARRE, Marie-Angelique, [JEAN I.
b 1727 ; s [2] 12 mars 1795.
Marie-Angélique, b [2] 26 juillet 1757 ; s [2] 22 juillet 1758.—*Louise-Barbe*, b [2] 26 août et s [2] 20 sept. 1757. — *Louis-Amable*, b [2] 1er sept. 1761, m [2] 10 nov. 1795, à Marie CORBIN.

1763, (3 oct.) Montréal
I.—DUFRESNAY, PIERRE, b 1728 ; fils d'Emard et de Beatrice Nicard, de St-Paul-de-Noyere, diocèse de Grenoble, Dauphiné.
PÉRILLARD, Marie-Catherine, [JEAN-BTE.
veuve d'Edouard Hosquents.
Marie-Catherine, b 5 août 1764, à Québec.

1795, (10 nov.) Québec.
II.—DUFRESNAY, LS-AMABLE, [JEAN-LOUIS I.
b 1761.
CORBIN, Marie. [LOUIS IV.

DUFRESNE.— *Surnoms* · BOUIN — JANVRIN — RIVARD-LAGLANDERIE — VERNAS, 1710.

DUFRESNE, GENEVIÈVE, epouse de Pierre TOUTANT.

DUFRESNE, MARIE-JOSEPH, épouse de Jean-Baptiste ROY.

DUFRESNE, GENEVIÈVE, b... 1° m à Amant GAUMONT ; 2° m 1er juillet 1755, à Jean HINS, à St-Thomas.

DUFRESNE, ANGÉLIQUE, epouse de Louis PARTHENAIS.

(1) Dit Desloriers, 1731.

(2) Et Cotret.

(3) Il était à Beauport, le 18 févier 1764

1657.

I.—DUFRESNE (1), PIERRE,
b 1627 ; s 1er dec. 1687, à St-Laurent, I. O. [3]
PALIN, Anne,
b 1634.
Jeanne, b 24 nov. 1666, à Ste-Famille, I. O.[4]; 1o m [3] 27 oct. 1682, à René MINAUD; 2o m 1687, à Gabriel ROULEAU ; s [8] 6 février 1711. — *Pierre*, b [4] 3 oct. 1669; m 28 janvier 1692, à Madeleine CRÉPEAU, à St-Pierre, I. O.; s [3] 5 nov. 1740.— *Guillaume*, b [4] 17 oct. 1676 ; m [3] 13 nov. 1702, à Geneviève RUEL ; s [3] 28 déc. 1745.

1668, (4 dec.) Montréal.

I.—DUFRESNE (1), ANTOINE,
b 1636.
FAUCONNIER, Jeanne,
b 1651 ; s 14 déc 1700, à la Pte-aux-Trembles, M.

1689, (17 janvier) Québec.[7]

I.—DUFRESNE (1), NICOLAS, b 1659, marchand; fils de Margrin Janvrin de la Chenaie et d'Anne LePicard, de Clissy, diocèse de Bayeux, Basse-Normandie.
BERSON, Madeleine, [ANTOINE I.
b 1664 ; s 18 février 1703, à Montréal. [8]
Jean-Baptiste, b 1695 ; 1o m [7] 16 oct. 1722, à Marie-Anne DAMOURS; 2o m [8] 24 nov. 1744, à Françoise CREVIER , 3o m à Angélique BOISSEAU ; s 14 oct. 1750, à la Pte-aux-Trembles, M

1692, (28 janvier) St-Pierre, I O [7]

II.—DUFRESNE, PIERRE, [PIERRE I
b 1669 ; s 5 nov. 1740, à St-Laurent, I. O.[8]
CRÉPEAU, Madeleine, [MAURICE I.
b 1675 ; s [8] 18 avril 1748.
Maurice et *Anonyme*, b [7] 9 et s [7] 10 janvier 1693. — *Madeleine*, b 1697 ; m [8] 10 nov. 1727, à François MAILLY. — *Marie*, b 1700 ; m [8] 26 avril 1718, à Jean CHABOT ; s [8] 11 sept. 1736.—*Jeanne*, b [8] 9 avril 1702; m [8] 27 nov. 1730, à Jean-Baptiste BRACONNIER. — *Guillaume*, b 1704, s [8] 14 mai 1705.—*Louis*, b [8] 29 avril 1705 ; m [8] 21 janvier 1732, à Marie-Anne LEMELIN, s [8] 15 dec 1753.—*Joseph*, b [8] 29 avril 1707 ; m 26 août 1743, à Marguerite GAUTIER, à Quebec.—*Nicolas*, b [8] 18 sept. 1708 ; m 27 nov. 1747, à Agathe LEDUC, à Montreal.—*Augustin*, b [8] 24 août 1711, m [8] 20 janvier 1749, à Agnès LECLERC ; s [8] 6 dec. 1759.— *Marc*, b [8] 8 oct. 1713, m [8] 24 nov. 1738, à Madeleine AUDET — *Marie-Anne*, b [8] 15 avril 1715, m [8] 25 oct. 1735, à Charles MICHON.—*Geneviève*, b [8] 16 août 1717; m [8] 14 février 1746, à Joseph ALAIRE.— *Pierre*, b... s [8] 31 dec. 1721. — *Marie-Françoise*, b [8] 29 janvier 1729.

1693, (23 nov.) Pte-aux-Trembles, M.[7]

II.—DUFRESNE, JEAN-BTE, [ANTOINE I.
b 1672.
MERSAN (2), Marie-Renée, [PIERRE I.
b 1674.
Elisabeth, b [7] 29 août 1694; m [7] 25 fevrier 1713, à Jacques PEPIN. — *Jean-Baptiste*, b [7] 23 juillet 1696 ; 1o m à Marie-Joseph ALARD ; 2o m à Catherine ARCHAMBAULT ; s 9 janvier 1750, à la Longue-Pointe.—*Antoine*, b [7] 11 fevrier 1698 ; s [7] 6 août 1703.—*Marie-Anne*, b [7] 7 janvier 1700 ; s [7] 3 juillet 1703.—*François*, b [7] 14 juillet 1701 ; s [7] 21 juillet 1703.—*Marie-Marguerite*, b [7] 24 février 1703 ; m [7] 28 nov. 1718, à Jacques JANOT

1702, (13 nov.) St-Laurent, I. O.[7]

II.—DUFRESNE, GUILLAUME, [PIERRE I.
b 1676 ; s [7] 28 déc. 1745.
RUEL, Geneviève, [CLÉMENT I.
b 1685 ; s 29 février 1768, à St-Thomas. [8]
Guillaume, b [7] 31 janvier 1704.—*François*, b [7] 15 février 1705 ; s [7] 14 nov. 1726.—*Marie*, b [7] 12 sept. 1706 ; 1o m [7] 23 oct. 1730, à Louis PROU ; 2o m [8] 24 nov. 1749, à Jean DUVAL.—*Geneviève*, b [7] 5 nov. 1708. — *Marie-Françoise*, b [7] 31 oct. 1710 ; m [8] 9 fevrier 1750, à François BOULET.— — *Thérèse*, b [7] 9 mai 1712; 1o m [7] 23 oct. 1730, à Joseph MORIN ; 2o m [7] 18 avril 1735, à Charles MATHIEU.—*Guillaume*, b [7] 27 oct. 1713 ; m [8] 23 oct. 1746, à Marie-Anne PROU. — *Marie-Madeleine*, b [7] 10 sept. 1718 ; s [7] 31 sept. 1725.— *Joseph*, b [7] 1er juin 1722 ; m [7] 1er mai 1753, à Marie-Joseph LECLERC. — *Monique*, b [7] 18 mai 1725 ; m [8] 12 nov. 1753, à Louis PROU ; s [8] 26 sept. 1759.—*Véronique*, b [7] 26 fevrier 1727 ; s [7] 3 avril 1751.—*Louis*, b [7] 12 février 1729.

III.—DUFRESNE, JEAN-BTE, [JEAN-BTE II.
b 1696 ; s 9 janvier 1750, à la Longue-Pte. [6]
1o ALARD, Marie-Joseph.
Marie-Joseph, b... m [6] 21 janvier 1760, à Nicolas ARCHAMBAULT.
2o ARCHAMBAULT, Catherine, [JACQUES III.
b 1701 ; s [6] 30 mai 1778.
Jean-Baptiste, b 1718. — *Jacques*, b 1719.— *Blaise*, b 1721 ; m 19 mai 1749, à Marie-Anne BOUTEILLER, à Longueuil. [8]—*Marie-Catherine*, b 27 dec. 1722, à la Pte-aux-Trembles, M. [7], m [6] 6 fevrier 1741, à Nicolas DESAUTELS. — *Joseph*, b [6] 2 janvier 1725.—*Marie-Françoise*, b [6] 12 mars 1726 ; m [6] 30 janvier 1747, à Jean MARTEL.— *Marie-Charlotte*, b [6] 17 nov. et s [6] 10 dec. 1727. —*Antoine*, b [6] 27 dec. 1728, m [8] 18 fevrier 1754, à Françoise-Archange BOUTEILLER.—*Basile*, b [6] 1er avril et s [6] 31 août 1730.—*Marie-Judith*, b [6] 15 dec. 1731 ; 1o m [6] 8 fevrier 1751, à Urbain BAUDREAU ; 2o m [6] 19 février 1770, à Gervais GIBE. — *Marie-Joseph*, b [6] 26 avril 1733 ; s [6] 30 mars 1734. — *Agathe*, b [6] 6 février 1735 ; m [6] 8 nov. 1756, à Nicolas MILLET. — *Catherine*, b [6] 1er et s [6] 25 juillet 1737.—*Basile*, b [6] 26 janvier 1739 ; m [7] 22 fevrier 1762, à Catherine BRICAUT. — *Pierre-Benjamin*, b [6] 4 juin 1743 ; m [7] 20 janvier 1766, à Anne-Therèse BRICAUT.

1722, (16 oct.) Québec. [9]

II.—DUFRESNE (1), JEAN-BTE, [NICOLAS I.
b 1695 ; s 14 oct. 1750, à la Pte-aux-Trembles, M. [7]
1o DAMOURS (2), Marie-Anne, [CHARLES II.
s 4 janvier 1739, à Montreal [8]

(1) Voy. vol. I, p. 209.

(2) Elle épouse, le 8 août 1707, Joseph Larchevêque, à la Pte-aux-Trembles, M

(1) Dit Janvrin, notaire royal

(2) De Louvières

Marie-Madeleine, b [9] 23 août 1723; m [8] 24 avril 1741, à Pierre Neveu. — *Michel,* b... m à Geneviève Catti; s [7] 31 mai 1751.—*Marie-Anne,* b [8] 15 sept. 1726; m [8] 22 avril 1748, à Joseph Jourdain; s [8] 8 sept. 1748.—*Jean-Baptiste,* b [8] 1er nov. 1727; s [8] 22 juin 1735. — *Joseph-Charles,* b [8] 21 nov. 1728.—*Jacques-Amable,* b [8] 6 nov. 1729; s [8] 21 février 1735. — *Marie-Agathe,* b... m 16 janvier 1758, à Jean-Baptiste Nolet, à St-Laurent, M.—*Antoinette-Marguerite,* b [8] 18 juillet 1736; m 19 juin 1758, à Alexis Casaubon, à Lanoraie.—*Marie-Louise,* b [8] 6 août 1737.—*Françoise-Madeleine-Amable,* b [8] 20 nov. 1738.

1744, (24 nov.) [8]

2° Crevier, Anne-Françoise, [Jean-Bte II.
b 1706; veuve de Charles Leduc.

3° Boisseau, Angélique.

Jacques, b [8] 19 oct. et s [8] 2 nov. 1746.

1729, (26 avril) Montréal. [4]

I.—DUFRESNE, Luc, b 1698, navigateur; fils de Luc et d'Olive Brideau, de Granville, diocèse de Coutances, Normandie.

Jetté (1), Marie-Joseph, [Urbain II.
b 1711.

Marie-Joseph, b 1731; m [4] 22 sept. 1750, à Jean-Baptiste Plante. — *Véronique,* b [4] 15 sept. 1736; 1° m [4] 24 nov. 1755, à Benoit Jacquet; 2° m [4] 24 nov. 1760, à Pierre Delestre.—*Louis,* b [4] 29 janvier 1738; m [4] 18 août 1760, à Charlotte-Catherine Chartrain. — *François,* b [4] 3 mars 1741.—*Marie-Amable,* b [4] 8 et s [4] 24 juillet 1744. *Amable-Joseph,* b [4] 24 mars et s [4] 10 avril 1749.

1732, (21 janvier) St-Laurent, I. O. [4]

III.—DUFRESNE, Louis, [Pierre II.
b 1705; s [4] 15 déc. 1753.

Lemelin, Marie-Anne, [Louis II.
b 1713; s [4] 9 déc. 1749.

Marie-Anne, b [4] 27 mars et s [4] 23 sept. 1733.—*Louis,* b [4] 15 août 1734; s [4] 14 mars 1756.—*Marie-Thérèse,* b [4] 8 mars et s [4] 31 juillet 1736 — *Marie-Anne,* b [4] 1er mai 1737, m [4] 10 fevrier 1755, à Pierre Godbout. — *Marie-Madeleine,* b [4] 11 sept. 1739; m [4] 14 février 1757, à Louis Godbout.—*Joseph,* b [4] 4 août 1741. — *Geneviève,* b [4] 1er février 1744; s [4] 19 août 1747. — *Augustin,* b [4] 29 oct. 1745.—*Marie-Angélique,* b [4] 22 fevrier 1748, m 12 sept. 1769, à Gilles-Victor Serindac, à Berthier.

III.—DUFRESNE (2), François, [Simon II.
b 1713.

Minguy (3), Marie-Marguerite, [Jean I.
b 1716.

Marie-Charlotte, b 6 déc. 1740, aux Trois-Rivières; 1° m 6 juin 1757, à Jacques Joyaux, à Montreal; 2° m 26 oct. 1760, à Joseph-Antoine Roupe, à St-Laurent, M.— *Marie,* b... m 12 nov. 1764, à Thomas Cromp, à Levis.

(1) Elle épouse, vers 1750, Antoine Archambault.

(2) Dit Bouin; voy. ce nom, vol. II, p 397.

(3) Dit Lachaussée

DUFRESNE, Pierre.

Bernard, Marguerite.

Madeleine, b 12 oct. 1739, à St-Laurent, I. O.

1738, (24 nov.) St-Laurent, I. O. [9]

III.—DUFRESNE, Marc, [Pierre II.
b 1713.

Audet, Madeleine, [François II.
b 1717.

Madeleine, b 1739; s [9] 30 déc. 1742. — *Marc,* b [9] 21 juillet 1741; s [9] 24 mars 1764.— *Marie-Madeleine,* b [9] 15 janvier 1744. — *François,* b 8 février 1746, à St-Jean, I. O. — *Louis,* b [9] 2 mars 1749; s [9] 9 nov. 1759. — *Etienne,* b [9] 14 fevrier 1751; s [9] 24 nov. 1757.—*Marie-Geneviève,* b [9] 11 mai 1753.— *Louise,* b [9] 17 juin 1755.—*Joseph,* b 10 sept. 1759, à Beauport.

1743, (26 août) Quebec. [8]

III.—DUFRESNE, Joseph, [Pierre II.
b 1707; navigateur.

Gautier (1), Marguerite, [François II.
b 1708.

François-Joseph, b [8] 14 juin 1744. — *Pierre-Ignace,* b [8] 2 juillet 1749; m [8] 5 sept. 1780, à Agnès-Renée Monier.

III.—DUFRESNE, Michel, [Jean-Bte II.
s 31 mai 1751, à la Pte-aux-Trembles, M. [2]

Catti (2), Geneviève, [Paul I.
b 1719.

Madeleine, b 1745; m [2] 28 janvier 1760, à Pierre Moran. — *Cécile,* b [2] 20 nov. 1749. — *Claire,* b [2] 26 avril 1751.

1746, (23 oct.) St-Thomas.

III.—DUFRESNE, Guillaume, [Guillaume II.
b 1713.

Prou, Marie-Anne. [Thomas II

1747, (2 oct.) Quebec. [5]

I.—DUFRESNE, Etienne, tourneur; fils de Jean et de Marie Barbe, de St-Etienne, ville de Lille, Flandre.

Legris, Marie-Madeleine, [Jean I
b 1722; s [5] 6 juin 1797.

Marie-Madeleine, b [5] 15 juillet 1748. — *Louise-Françoise,* b [5] 29 oct. 1750.—*Pierre,* b [5] 16 et s [5] 22 juillet 1752. — *Etienne-Charles,* b [5] 11 avril 1754; s [5] 18 janvier 1755. — *Antoine,* b [5] 21 dec 1755; m [5] 8 juillet 1788, à Geneviève Griault, s [5] 17 janvier 1794.—*Alexis,* b [5] 31 oct. 1757; s [5] 20 avril 1758. — *Joseph,* b [5] 2 nov. 1759; s [5] 19 août 1761. — *Louis-Etienne,* b [5] 7 juillet et s [5] 8 août 1763.

1747, (27 nov.) Montreal. [8]

III.—DUFRESNE, Nicolas, [Pierre II.
b 1708.

Leduc, Agathe, [Lambert III
b 1717.

(1) Dit Larouche.

(2) Et Caty elle épouse, le 7 janvier 1754, Jean-Baptiste Dumay, a la Pte-aux-Trembles, M.

Marie-Agathe, b [3] 1er oct. 1748 ; s [3] 7 avril 1749. —*Antoine-Ignace*, b [3] 2 sept. 1749. — *Marie*, b et s 14 août 1753, à St-Laurent, M.

1749, (20 janvier) St-Laurent, I. O. [5]

III.—DUFRESNE, AUGUSTIN, [PIERRE II.
b 1711 ; s [5] 6 dec. 1759.
LECLERC, Agnès. [PIERRE II.

1749, (19 mai) Longueuil.

IV.—DUFRESNE, BLAISE, [JEAN-BTE III.
b 1721.
BOUTEILLER, Marie-Anne, [ANTOINE II.
b 1724.

Jean-Baptiste, b 3 oct. 1751, à St-Antoine-de-Chambly.

1749.

III.—DUFRESNE (1), JOSEPH, [SIMON II.
b 1722.
BIBAUD, Angélique, [FRANÇOIS II.
b 1724.

Marie-Anne-Julie, b 15 février 1756, à St-Laurent, M. [1]—*Louis*, b [1] 25 août 1759.

DUFRESNE, LOUIS,
s avant 1779.
RENAUD, Marie-Barbe, [JEAN I.
b 1724.

Elisabeth, b 24 mars 1750, à Montreal. — *Françoise*, b... m 11 janvier 1779, à François POITOU, à Terrebonne.

1751, (26 avril) St-Laurent, M.

I.—DUFRESNE, PHILIPPE, fils de Philippe et de Marie Arneuf, de Dumeny, diocèse de Coutances, Normandie.
MARTIN, Marie-Joseph, [PIERRE II.
b 1729.

DUFRESNE, JACQUES.
ROBITAILLE, Marguerite, [ROMAIN II.
b 1734.

Marie-Marguerite, b 14 sept. 1753, à Ste-Foye. —*Jacques*, b 17 juin 1755, à Lorette. [5]—*Romain*, b [5] 13 sept. 1756.—*Marie-Angélique*, b [5] 29 mars 1758 ; s [5] 23 mars 1760. — *Pierre*, b [5] 29 avril 1760.—*Gabriel*, b [5] 23 mai et s [5] 31 août 1762.— *Marie-Angélique*, b [5] 7 mars 1764.

1753, (1er mai) St-Laurent, I. O. [2]

III.—DUFRESNE, JOSEPH, [GUILLAUME II.
b 1722.
LECLERC, Marie-Joseph, [JEAN III.
b 1736.

Marie-Joseph, b [2] 9 janvier 1755. — *Joseph*, b [2] 29 juillet 1756. — *Guillaume*, b [2] 28 août 1758.— *Geneviève*, b 2 mars 1761, à St-Jean, I. O.— *Louis*, b [2] 20 juin 1763 ; m 8 août 1786, à Louise PARANT, à Quebec.

(1) Dit Bouin ; voy. vol. II, p. 398.

1754, (18 fevrier) Longueuil.

IV.—DUFRESNE, ANTOINE, [JEAN-BTE III.
b 1728.
BOUTEILLER, Frse-Archange, [ANTOINE II.
b 1735.

Marie-Archange-Céleste, b 6 nov. 1754, à la Pte-aux-Trembles, M. ; m 7 fevrier 1780, a Amable LORRAIN, à la Longue-Pointe. [5]—*Marie-Marguerite*, b [5] 15 oct. 1756 ; m [5] 28 janvier 1782, à Joseph STE-MARIE. — *Antoine*, b [5] 5 janvier et s [5] 17 juin 1758.—*Marie-Louise*, b [5] 26 fevrier et s [5] 24 juin 1759.—*Antoine*, b [5] 28 juillet 1760 ; s [5] 1er février 1782. — *Agathe*, b [5] 1er nov. 1761 ; m [5] 24 janvier 1785, à Antoine PIGEON.—*Marie-Anne*, b [5] 14 et s [5] 31 mai 1763.—*Jacques*, b [6] 27 et s [6] 28 mai 1764.—*Marie-Louise*, b [5] 21 avril et s [5] 18 août 1765. — *Jean-Baptiste*, b [5] 13 avril 1766. — *Nicolas-Amable*, b [5] 19 oct. 1767.—*Marie-Louise*, b [5] 1er mai 1769.

1760, (18 août) Montreal.

II.—DUFRESNE, LOUIS, [LUC I.
b 1738.
CHARTRAIN, Charlotte-Catherine, [IGNACE II.
b 1738.

1762, (22 février) Pte-aux-Trembles, M.

IV.—DUFRESNE, BASILE, [JEAN-BTE III.
b 1739.
BRICAUT, Catherine, [PIERRE II.
b 1740.

DUFRESNE (1), PIERRE.
ROBITAILLE, Catherine.

Joseph, b 20 mai 1764, à Lorette.

I.—DUFRESNE (2), FRANÇOIS, b 1737, fils de François et de Françoise Dagenais, d'Anet, diocèse de Nantes, Bretagne ; s 28 sept. 1770, au Detroit.

1766, (20 janvier) Pte-aux-Trembles, M.

IV.—DUFRESNE, PIERRE-BENJ., [JEAN-BTE III.
b 1743.
BRICAUT, Anne-Thérèse, [PIERRE II.
b 1745.

Marie-Thérèse, b 7 dec. 1766, à la Longue-Pointe.

1780, (5 sept.) Quebec.

IV.—DUFRESNE, PIERRE-IGNACE, [JOSEPH III.
b 1749.
MONIER, Agnès-Renee.

1786, (8 août) Québec.

IV.—DUFRESNE, LOUIS, [JOSEPH III.
b 1763.
PARANT, Louise, [ANTOINE III.
b 1762.

(1) Dit Bouin.
(2) Dit Paradis.

1788, (8 juillet) Québec.[3]
II.—**DUFRESNE,** ANTOINE, [ETIENNE I.
b 1760 ; s [3] 17 janvier 1794.
GRIAULT, Geneviève. [ETIENNE II.

DUFRESNEL.—*Surnom :* DE LA PIPARDIÈRE.

1694, (25 nov.) Champlain.
I.—**DUFRESNEL** (1), JOSEPH-ANTOINE.
CHOREL, Jaqueline, [FRANÇOIS I.
b 1678 ; s 17 août 1707, à Montréal. [9]
Louise, b [9] 28 mars et s [9] 19 juillet 1706.

1701, (18 janvier) Varennes.
I.—**DUFROS** (2), CHRISTOPHE,
b 1658 ; s 1er juin 1708, à Montréal. [1]
GAULTIER (3), Marie-Renée, [RENÉ I.
b 1682.
Marie-Marguerite, b 1701 ; m [1] 12 août 1722, à François YON.—*Marie-Clémence,* b 1703 ; m [1] 16 nov. 1735, à Pierre GAMELIN.— *Marie-Louise,* b 1706 ; m [1] 31 janvier 1731, à Ignace GAMELIN.

DUGAL (4).—Voy. COTTIN.

I.—**DUGAL** (5), FRANÇOIS, b 1721 ; s 15 juin 1751 (noyé), à Beauport.

DUGAS.—*Variations et surnoms :* DUCAS — DUGAST—LABRECHE—LEVEILLÉ.

DUGAS, FRANÇOISE, epouse de Rene GAUDIN.

DUGAS, MARGUERITE, epouse de Joseph GUYON.

DUGAS, ANNE, épouse de Pierre MAILLARD.

DUGAS, MONIQUE, épouse de Charles PELLERIN.

DUGAS, MARGUERITE, epouse de Jean RICHARD.

DUGAS, MARGUERITE, épouse de Jean-Baptiste THIBAUDEAU.

1683, (27 sept.) Lachine.
I.—**DUGAS** (6), VINCENT,
b 1653 ; s 25 dec. 1698, à Montréal. [9]
1° ROY, Françoise, [JEAN I.
b 1667 ; s [9] 28 sept. 1686.
1686, (4 nov.) [9]
2° TESSIER (7), Catherine, [PIERRE I.
b 1669 ; veuve de Pierre Martin.
Joseph, b [9] 5 fevrier 1691 ; m [9] 5 fevrier 1720, à Geneviève CATIN.—*Gabrielle,* b [9] 4 mars 1695 ; m [9] 28 janvier 1726, à Jean-Baptiste POUGET ; s [9] 11 fevrier 1756.

(1) Sieur de la Pipardière.

(2) De la Jemerais ; capitaine

(3) Elle épouse, le 24 janvier 1720, Timothée Sullivan, à la Pte-aux-Trembles, Q.

(4) Formé de Tugal, nom de baptême du premier colon Cottin.

(5) Matelot de Bretagne.

(6) Voy. vol. I, p. 209.

(7) Elle épouse, le 7 février 1700, Pierre Laurent, à Montreal.

I.—**DUGAS,** JEAN-BTE.—Voy. DUCAS.

1720, (5 février) Montréal.[6]
II.—**DUGAS,** JOSEPH, [VINCENT I.
b 1691.
CATIN, Geneviève, [HENRI I.
b 1698.
Marie-Catherine-Françoise, b [6] 3 nov. 1720 ; sœur Lacroix de la Congrégation N.-D.—*Marie-Jeanne,* b [6] 12 mai 1722.— *Geneviève,* b [6] 2 mai 1724 ; m [6] 29 nov. 1747, à Jean-Baptiste BERNARD. — *Marie-Joseph,* b [6] 27 dec. 1727. — *Louise-Archange,* b [6] 26 mai 1729 ; m [6] 22 juin 1757, à Marin IMBAULT. — *Elisabeth,* b 1731 ; s [6] 7 mars 1738.—*Joseph,* b [6] 14 mai 1734 — *Thérèse,* b [6] 17 sept. 1735.—*Louise,* b [6] 30 août 1737 — *Marie,* b [6] 2 avril 1740.—*Théophile,* b [6] 4 juillet 1743.

1722, (24 nov.) Québec.[3]
I.—**DUGAS** (1), FRANÇOIS, fils de Charles et de Catherine Savarie, du diocèse de Xaintes, Saintonge.
JUCHEREAU, Michelle-Angélique,
veuve de Jean-Baptiste Champagne ; s [3] 3 oct. 1737.
Marie-Jeanne, b [3] 18 sept. 1724 ; m [3] 2 août 1745, à Joseph-Charles GILBERT , s [3] 13 février 1748.— *Jean-François,* b [3] 20 nov. 1725.—*Marie-Ursule,* b [3] 30 déc. 1727 ; s [3] 22 mai 1785. — *Joseph,* b... m à Madeleine MELANÇON.— *Pierre-Michel,* b [3] 24 août 1730 ; s 12 fevrier 1731, à Charlesbourg.—*Marie-Marguerite,* b [3] 29 janvier 1733 ; m [3] 20 août 1753, à Joseph PAQUET.

II.—**DUGAS** (2), PIERRE. [JEAN (3) I.
b 1710.
1° AUBERT, Charlotte, [JULIEN I
b 1721 ; s 11 mai 1750, à St-Laurent, M. [3]
1750, (31 août). [3]
2° BIBAUT, Marie-Joseph, [FRANÇOIS II.
b 1726 ; s [3] 18 dec. 1761.
Marie-Joseph, b [3] 26 juin 1751.—*Marie-Louise,* b [3] 28 juillet 1752. — *Marie-Catherine,* b [3] 1er mars et s [3] 27 juillet 1754. — *Jean-Baptiste,* b [3] 1er et s [3] 11 juillet 1755. — *Marie-Louise,* b [3] 18 juillet et s [3] 18 sept. 1756.—*Marie-Françoise,* b [3] 15 juin et s [3] 5 juillet 1757. — *Marie-Louise,* b [3] 23 nov. et s [3] 10 déc. 1758. — *Joseph,* b [3] 3 oct. 1760.—*François-Xavier,* b [3] 10 et s [3] 20 dec. 1761.

DUGAS, MICHEL.
ROBICHAUD, Marie,
b 1714 ; s 4 avril 1790, à Québec. [7]
Marie-Modeste, b 1755 ; s [7] 22 janvier 1840.— *Anne,* b... m [7] 14 avril 1795, à Andre ROLET.— *Armand,* b... m 9 sept. 1800, à Madeleine MARIN, à Rimouski.

(1) Dit Léveille

(2) Et Ducas—Labrèche.

(3) Voy. Jean Ducas, 1708.

DUGAS, CLAUDE,
b 1711 ; s 3 avril 1786, à Québec. [9]
GODREAU (1), Marguerite,
b 1713 ; s 2 déc. 1772, à Ste-Foye.
Joseph, b... m [9] 10 janvier 1786, à Louise ROUILLARD.

II.—**DUGAS**, JOSEPH. [FRANÇOIS I.
MELANÇON, Madeleine.
Marie-Anne, b 18 nov. 1759, à St-Charles.— *Marie*, b... m 12 juin 1781, à Simon BARBEAU, à Québec. — *Marie-Madeleine*, b 10 avril 1762, à Charlesbourg.

I.—**DUGAS**, IGNACE.
LANDRY, Cécile.
Charles-François, b 2 avril 1771, à Ste-Foye.

I.—**DUGAS**, ALEXANDRE.
BROSSARD, Marie.
François, b... m 26 sept. 1803, à Angélique DUPUIS, à St-Jacques, l'Achigan.

1786, (10 janvier) Québec.
DUGAS, JOSEPH. [CLAUDE.
ROUILLARD, Louise, [FRANÇOIS IV.
b 1759.

DUGAS, ARMAND.
DUMAS, Madeleine.
Michel, b... m 9 février 1813, à Geneviève TRUDEL, à Rimouski.

1800, (9 sept.) Rimouski.
DUGAS, ARMAND. [MICHEL.
MARIN, Madeleine. [AUGUSTIN.

1803, (26 sept.) St-Jacques, l'Achigan.
II.—DUGAS, FRANÇOIS. [ALEXANDRE I.
DUPUIS, Angelique.

1813, (9 février) Rimouski.
DUGAS, MICHEL. [ARMAND.
TRUDEL, Geneviève, [LOUIS.
b 1791.

1760, (9 déc.) Québec [4]
I.—**DUGGAN**, JÉRÉMIE, marchand ; fils de Jean et de Marie Cook, de Mallow, Cork, Irlande.
LEVITRE, Anne-Françoise, [JOSEPH III.
b 1738.
Pierre-Jérémie, b [4] 30 juin 1762 ; s [4] 22 avril 1763.

I.—**DUGGAN**, ANDRÉ.
CARVERNOCK, Marie.
Elisabeth, b... m 13 août 1798, à Michel RIORDAN, à Quebec.

DUGRAIS, MARIE-ANNE, épouse de Jean GUERGIER.

(1) Et Boudreau.

DUGRÉ.— *Variations :* DEGRÈS — DELEUGRÉ — DUGRAIS.

DUGRÉ, MADELEINE, epouse de Jean LEQUIN.

DUGRÉ, MARIE-CHARLES, épouse de Claude PRAT.

1727, (21 avril) Québec.[1]
II.—**DUGRÉ** (1), CHARLES, [JACQUES (2) I.
DURET (3), Madeleine-Judith, [JACQUES I.
b 1698.
Charles, b [1] 9 janvier 1728 ; m 10 avril 1752, à Suzanne POITEVIN, aux Trois-Rivières. — *Madeleine*, b [1] 13 août et s [1] 28 oct. 1729. — *Marie-Louise*, b [1] 28 août 1730. — *Marie-Joseph*, b [1] 9 mars 1732 ; s[1] 20 janvier 1734. — *Timothé*, b [1] 8 mars 1734. — *Henri*, b [1] 9 oct. 1735.—*Marie-Angélique*, b [1] 1er mai 1739 ; s [1] 4 avril 1740.— *Jeanne-Madeleine*, b [1] 26 juin et s [1] 11 sept. 1740. — *Madeleine*, b... m [1] 23 nov. 1756, à Louis COUET.— *Louis*, b... m 16 août 1762, à Elisabeth HUET-DULUDE, à Varennes.

DUGRÉ, JACQUES.
SÉVIGNY, Marie. [FRANÇOIS.
Marie-Joseph, b 28 déc. 1740, à Quebec. [9] — *Joseph*, b [9] 12 juin 1741.

DUGRÉ, JACQUES,
s avant 1763.
DURET, Marie-Elisabeth,
s avant 1763.
Joseph, b... m 24 nov. 1763, à Marie-Elisabeth BOUTET, à Charlesbourg.

1752, (19 avril) Trois-Rivières. [9]
III.—**DUGRÉ** (4), CHARLES, [CHARLES II.
b 1728.
POITEVIN (5), Suzanne, [JEAN I.
b 1722.
Joseph-Marie, b [9] 5 mars 1757 ; s [9] 25 janvier 1762.—*Claire*, b [9] 17 juillet 1759.— *Marie-Louise*, b [9] 7 nov. 1761.

1762, (16 août) Varennes.
III.—**DUGRÉ**, LOUIS. [CHARLES II.
HUET-DULUDE, Elisabeth, [JOSEPH II.
b 1720 ; veuve de Louis Brouillet.

1763, (24 nov.) Charlesbourg.
DUGRÉ, JOSEPH. [JACQUES.
BOUTET (6), Marie-Elisabeth, [RENÉ II.
b 1742.

DUGUAY. — *Variations et surnoms :* DUGUÉ — DUGUÉ — DUQUET — BOISBRIANT— LAFRANCHISE—DUPLAISSY—PARISIEN.

(1) Et Degres
(2) Voy. vol. I, p. 209
(3) Elle epouse, le 12 février 1748, Joseph Dugal, à Québec.
(4) Voy. aussi Degré, p. 277.
(5) Et Poitvin.
(6) Dit Lebeuf.

1667, (7 nov.) Montréal.[9]

I.—DUGUAY (1), SIDRAC,
b 1638; s [9] 18 déc. 1688.
MOYEN, Marie,
b 1649; s 24 oct. 1687, à la Pte-aux-Trembles, M.
Pierre, b [9] 21 février 1675; 1° m 17 février 1694, à Angélique DELEUGRÉ, à L'Ange-Gardien; 2° m 3 fevrier 1718, à Angélique HAYOT, à St-Antoine-Tilly [8]; s [8] 25 nov. 1740.

1672, (21 nov.) Trois-Rivières.[2]

I.—DUGUAY (2), JACQUES,
b 1647; s [2] 13 mars 1727.
1° BAUDRY (3), Jeanne, [URBAIN I.
b 1659; s [2] 22 nov. 1700.
Marie-Madeleine, b [2] 28 oct. 1675; m [2] 14 nov. 1695, à Maurice CARDIN; s [2] 9 oct. 1752.—*Jeanne,* b 1691; m 17 fevrier 1715, à Jacques CARDINAL, à Montréal; s 10 juin 1778, au Détroit.
1709, (29 avril).[2]
2° BAILLARGEON, Anne, [MATHURIN I.
b 1651; veuve de Jean Polton; s [2] 8 mars 1722.

1694, (17 février) L'Ange-Gardien.

II.—DUGUAY (4), PIERRE, [SIDRAC I.
b 1675; s 25 nov. 1740, à St-Antoine-Tilly.[2]
1° DELEUGRÉ, Angelique, [JACQUES I.
b 1673.
Geneviève, b 26 déc. 1695, à Ste-Famille, I. O.; m [2] 22 août 1719, à André BERGERON; s [2] 26 avril 1731.—*Pierre,* b 1699; m [2] 29 juillet 1731, à Françoise HOUDE; s [2] 9 avril 1756.—*Ursule,* b 17 mai 1700, à St-Pierre, I. O.; m [2] 19 nov. 1721, à Charles HOUDE.—*Angélique,* b [2] et s [2] 7 avril 1703.—*André,* b 25 nov. 1706, à St-Nicolas[3]; s [2] 20 mai 1708.—*Augustin,* b [3] 4 février 1709; s [3] 14 janvier 1712.—*Charlotte-Angélique,* b [2] 22 mars 1711, m [2] 29 août 1735, à Joseph BOURGOIN.—*Marie-Catherine,* b... m 1731, à Louis BOISVERD.
1718, (3 février).[2]
2° HAYOT (5), Angelique, [LOUIS III.
b 1701.
Ursule, b [2] 2 avril 1720.—*Antoine,* b [2] 12 oct. 1721.—*Joseph-Angélique,* b [2] 2 juillet 1724.—*Jean-Baptiste,* b [2] 19 mai 1726, s [2] 8 juin 1727.

1722, (8 nov.) Trois-Rivières.[4]

II.—DUGUAY, JACQUES, [JACQUES I.
b 1679; s [4] 25 juillet 1736 (dans l'eglise).
LEMAITRE, Louise, [PIERRE II.
b 1695; s [4] 30 avril 1760.
Marie-Anne, b [4] 26 août et s [4] 20 dec. 1723.—*Pierre,* b [4] 14 février 1725, m [4] 27 nov. 1752, à Marie-Anne PINARD.—*Joseph,* b [4] 9 nov. et s [4] 27 déc. 1726.—*Marie-Madeleine,* b [4] 15 février 1728; s [4] 8 nov. 1747.—*Louis,* b [4] 2 et s [4] 13 nov. 1730.—*Louise,* b [4] 19 mars 1735.—*Marie-Antoinette,* b... m [4] 19 avril 1751, à Claude CÉCIL.

DUGUAY, ...
DESCOTEAUX, Marie-Louise.
Barbe, b... m 11 janvier 1773, à Aubin LECOUFLE, à St-Jean-Port-Joli.

1723, (30 juillet) Québec.[8]

I.—DUGUAY, LOUIS-RÉMI, enseigne; fils de Remi (conseiller du Roy, commissaire de l'Extraordinaire des guerres) et de Marie-Catherine Delamarre, de St-Michel, Amiens, en Picardie.
DUGUÉ, Charlotte-Elisabeth, [SIDRAC I.
b 1683; veuve de Jean Petit.
Louis-Mathieu, b [8] 24 juin 1724.

1727, (5 janvier) Trois-Rivières.[5]

II.—DUGUAY (1), MAURICE, [JACQUES I.
b 1697.
LECLERC, Madeleine, [JEAN II.
b 1697.
Jacques, b [5] 17 oct. 1727; m [5] 8 avril 1755, à Madeleine GODFROY-ST-PAUL.—*Joseph,* b [5] 23 sept. 1729.—*Jean,* b [5] 5 juin 1731.—*Marie-Joseph,* b [5] 18 août 1733, m [5] 7 sept. 1761, à Charles LONGVAL.—*Marie-Claire,* b [5] 13 février 1736.—*Jean-Baptiste,* b [5] 17 mai 1739.

1731, (29 juillet) St-Antoine-Tilly.[3]

III.—DUGUAY, PIERRE, [PIERRE II.
b 1699; s [3] 9 avril 1756.
HOUDE, Françoise. [CLAUDE II.
Marie-Françoise, b [3] 25 avril 1732; s [3] 29 juillet 1749.—*Marie-Madeleine,* b [3] 10 mai 1733, m [3] 25 nov. 1754, à Charles HOUDE.—*Marie-Louise,* b [3] 2 et s [3] 4 janvier 1735.—*Pierre,* b [3] 12 et s [3] 24 février 1736.—*Joseph,* b [3] 27 mai 1737; m 21 sept. 1761, à Gabrielle BENOIT, à la Baie-du-Febvre.—*Marie-Françoise,* b [3] 28 sept. 1738; m 15 sept. 1766, à Etienne POUJOT, à Nicolet.—*Pierre-Joseph,* b [3] 19 mars 1740.—*Marguerite-Charlotte,* b [3] 21 oct. 1741.—*Marie-Marguerite,* b [3] 10 et s [3] 23 août 1743.—*Geneviève,* b [3] 11 dec. 1744.—*François,* b [3] 27 et s [3] 29 oct. 1746.—*Antoine,* b [3] 13 mai et s [3] 3 août 1748.

DUGUAY (2), JOSEPH.
GRENIER (3), Marie-Joseph. [FRANÇOIS III.
Joseph, b 7 mars 1738, à St-Antoine-Tilly.[3]—*Marie,* b 1744; s [3] 13 nov. 1760.

I.—DUGUAY (4), FRANÇOIS-NOEL.
MONTAILLE, Agathe,
b 1722; s 4 janvier 1773, à St-Henri-de-Mascouche [4]
Jean-Baptiste, b 17 avril 1742, à Lachenaye.[8]—*Marie-Agathe,* b... m [4] 13 août 1764, à François

(1) Et Dugue; voy. vol. I, pp. 209-210.
(2) Voy. vol. I, p. 210.
(3) Dit Lamarche.
(4) DeBoisbriant—Lafranchise, 1718.
(5) Elle epouse, le 13 fevrier 1741, Louis Bourgoin, à St-Antoine-Tilly.

(1) Et DuGué—Duplaissy, 1729.
(2) Ou Duquet, 1760.
(3) Elle épouse, en 1748, Pierre-Antoine Choret.
(4) Dit Parisien.

Marois.—*Marie-Rose*, b [3] 2 juillet 1747.—*Pierre*, b [3] 6 août 1748.—*Cyprien*, b [4] 6 mai et s [3] 17 nov. 1752.—*Cyprien*, b [4] 20 sept. 1753.—*François*, b [4] 26 oct. 1754.—*François-Damien*, b [4] 18 oct. 1755. —*Marie-Marguerite*, b [4] 12 et s [4] 14 août 1757.—*Marie-Catherine*, b [4] 27 déc. 1758.—*Marie-Charlotte*, b [4] 1er et s [4] 13 oct. 1760. — *Joseph-Henri*, b [3] 2 juillet 1762.

1749, (9 juin) Yamachiche.

I.—DUGUAY, Jean, fils de Bernard et de Jeanne Julien, de St-Sulpice, Languedoc.

Thomas, Jeanne. [François.

Louis, b 9 et s 10 juin 1757, à Terrebonne.

1752, (27 nov.) Trois-Rivières. [2]

III.—DUGUAY, Pierre, [Jacques II.
b 1725.

Pinard (1), Marie-Anne, [Louis II.
b 1724; veuve de Joseph Lemaitre.

Pierre, b [2] 3 janvier 1753. — *Agathe*, b [2] 26 août 1754; s [2] 23 juillet 1755. — *Antoine*, b [2] 31 mai 1756; s 11 sept. 1761, à St-Frs-du-Lac. [5] — *Jacques*, b [2] 4 fevrier 1758.— *Marie-Madeleine*, b [2] 11 janvier 1760. — *Antoinette*, b [5] 11 sept. 1761.

1755, (8 avril) Trois-Rivières. [1]

III.—DUGUAY (2), Jacques, [Maurice II.
b 1727.

Godfroy (3), Madeleine-Frse, [Jean-Bte III.
b 1729.

Marie-Madeleine, b [1] 14 août et s [1] 1er oct. 1755. —*Jacques*, b [1] 30 août 1756. — *Marie-Joseph*, b [1] 11 avril 1759; s [1] 30 déc. 1761. — *Antoine*, b [1] 7 fevrier 1761.

I.—DUGUAY (4), Michel, b 1736; d'Houme, Poitou.

1761, (21 sept) Baie-du-Febvre. [1]

IV.—DUGUAY, Joseph, [Pierre III.
b 1737.

Benoit (5), Gabrielle, [Pierre III.
b 1743.

Joseph, b [1] 15 août 1762. — *Marie-Joseph*, b [1] 28 sept. 1763.—*Joseph*, b [1] 1er mars 1766.—*Jean-Baptiste*, b [1] 14 janvier 1768; m 3 mars 1794, à Cecile Pitre, à Nicolet. — *Marie-Angélique*, b [1] 30 avril 1769.—*Marie-Anne*, b [1] 28 avril 1771.

1768, (17 oct) Québec.

I.—DUGUAY, Jean-Marie,
b 1742; Acadien.

Olivier, Marie-Anne.

(1) Dit Lausière—Laurier dit Danzier, 1760.

(2) Dit Duplessis.

(3) De St-Paul.

(4) Dit Poitevin, soldat de la reine, compagnie de Montbray, depuis 1751. (Procès-verbaux de 1762.)

(5) Dit Laforest.

1794, (3 mars) Nicolet.

V.—DUGUAY, Jean-Bte, [Joseph IV.
b 1768.

Pitre, Cecile. [Joseph II.

DUHAMEL.—*Surnoms :* Brasseux — Marette —Sansfaçon.

I.—DUHAMEL (1), Simon.

Grandin (2), Marie.

Clémence, b 1629, à Paris; hospitalière dite Marie-Clemence-de-l'Incarnation, 15 avril 1653, à l'Hôtel-Dieu, Q. [5]; s [5] 18 mars 1683.

I.—DUHAMEL (3), Antoine.

1698, (22 oct.) Champlain.

I.—DUHAMEL (4), Thomas,
b 1669.

Bégnier, Angélique. [Massé I.

Angélique, b 1702, m à Antoine Frapier.—*Thomas*, b 4 avril 1704, à l'Ile-Dupas [5]; m à Marguerite Charon. — *Louis*, b [5] 23 sept. 1706; m à Françoise Volant. — *Marie-Catherine*, b 8 nov. 1711, à Sorel.

DUHAMEL, Rose, epouse de Pierre Morin.

1723.

II.—DUHAMEL, Exupère, [Thomas I.
b 1699.

Bouvier, Marie-Catherine, [Urbain II.
b 1698.

Thomas, b 23 fevrier 1724, à St-Ours.— *François-Xavier*, b 4 dec 1727, à Verchères [6]; s [6] 9 avril 1729.—*Marguerite*, b [6] 6 juin 1729.

II.—DUHAMEL, Thomas, [Thomas I.
b 1704.

Charon, Marguerite

Angélique, b 20 dec. 1735, à Lanoraie, m à Christophe Lussier.

II.—DUHAMEL, Louis, [Thomas I.
b 1706.

Volant, Françoise.

Joseph, b... m à Madeleine Favreau.—*Marie*, b... m 1750, à Joseph Boisseau.—*Louis*, b... m 9 fevrier 1756, à Marie-Joseph Lamoureux, à Contrecœur. — *Pierre*, b... m 29 sept. 1760, à Marguerite Dupré, à St-Ours. — *Jean-François*, b...

I—DUHAMEL (5), Julien, b 1724; de St-Malo; s 16 nov. 1778, à Quebec. [2]

Duval (6), Marie-Angelique.

Julien, b 1er fevrier 1759, à l'Islet; m 2 dec.

(1) Bourgeois de Paris.

(2) Venue au Canada avec sa fille; elle demeurait à Québec, en 1650.

(3) Dit Marette; son nom se trouve dans les registres du conseil souverain, à la date du 11 juillet 1664.

(4) Dit Sansfaçon, voy. vol. I. p. 210.

(5) Capitaine de vaisseau au service du roy.

(6) Elle épouse, le 4 juillet 1780, Joseph Bauché, à Québec.

1780, à Marie-Joseph CRÊTE, au Détroit.—*Charles*, b... m [2] 26 juillet 1785, à Marie-Louise CANAC.—*Elisabeth*, b... m [2] 17 nov. 1789, à Joseph BEZEAU.

1756, (9 février) Contrecœur. [1]

III.—DUHAMEL, LOUIS. [LOUIS II.
LAMOUREUX, Marie-Joseph, [JEAN-BTE III.
Louis, b [2] et s [2] 13 juillet 1757. — *François*, b 1760; 1° m à Louise BEAUPRÉ; 2° m [1] 22 janvier 1798, à Marie-Angélique MEUNIER.

1760, (29 sept.) St-Ours.

III.—DUHAMEL, PIERRE. [LOUIS II.
DUPRE, Marguerite. [FRANÇOIS.

III.—DUHAMEL, JOSEPH. [LOUIS II.
FAVREAU, Madeleine.
Marie-Madeleine, b 16 juin 1766, à Varennes.

DUHAMEL, JEAN-BTE.
JACQUES, Marie-Angélique.
Marie-Angélique, b 1781; s 24 mai 1783, à Repentigny.

1780, (2 dec.) Detroit.

II.—DUHAMEL, JULIEN, [JULIEN I.
b 1759.
CRÊTE, Marie-Joseph, [JEAN-BTE IV.
b 1763.

1785, (26 juillet) Quebec [6]

II.—DUHAMEL (1), CHARLES. [JULIEN I.
CANAC (2), Marie-Louise. [JOSEPH III.
Angélique, b 14 juillet 1787, à Ste-Foye.—*Julien*, b [6] 27 avril 1798.

IV.—DUHAMEL, FRANÇOIS, [LOUIS III.
b 1760.
1° BEAUPRÉ, Louise.
1798, (22 janvier) Contrecœur. [1]
2° MEUNIER, Marie-Angelique. [FRANÇOIS.
François, b... m [1] 4 juillet 1825, à Marie-Joseph AUDET.

1825, (4 juillet) Contrecœur. [1]

V.—DUHAMEL, FRANÇOIS. [FRANÇOIS IV.
AUDET, Marie-Joseph. [AUGUSTIN.
Joseph-Thomas (3), b [1] 6 nov. 1841; ordonné, à Ottawa, 14 dec. 1863.

DUHAUT.—*Surnom :* JASMIN.

DUHAUT, MARIE, epouse de Jacques LECLERC.

1747, (6 nov.) Québec. [6]

I.—DUHAUT, ROBERT, ecrivain; fils de Jean et d'Anne Sylvestre, de Tourneville, diocèse de Lizieux, Normandie.
AMIOT (4), Marie-Julienne, [JOSEPH IV.
b 1718.

(1) Capitaine de long cours.

(2) Dit Marquis. Elle est fille de Joseph (marié en 1754) et non de Joseph-Benoni (1789); voy. vol. II, p. 586.

(3) Archevêque d'Ottawa, 1886.

(4) Dit Villeneuve.

Marie-Julienne, b [6] 4 et s [6] 6 nov. 1748.—*Marie-Geneviève*, b [6] 4 et s [6] 27 nov. 1748.—*Marie-Anne*, b [6] 6 oct. 1750.—*Antoine-Robert*, b [6] 11 août 1752.—*Marie-Louise*, b [6] 10 nov. 1754.

1761, (24 août) Bout-de-l'Ile, M.

I.—DUHAUT (1), LOUIS-LAURENT, fils de Louis et d'Antoinette Joachine, de Ste-Radegonde, ville de Poitiers, Poitou.
SÉRAT, Geneviève, [PIERRE III.
b 1746.

DUHAUTMÉNY.—Voy. DEHAUTMESNY.

DUHAUT-RENÉ. — Voy. DEHORNAY — LANEUVILLE.

DUHAY.—*Variations :* D'HUÉ—DUÉ.

1734, (17 mai) L'Ange-Gardien.

I.—DUHAY, JOSEPH, b 1707; fils de Jean-Baptiste et de Marie-Philippe Pamart, de Château-Cambrefil, diocèse de Cambray, Hainaut; s 15 sept. 1752, à Québec. [1]
TRUDEL, Louise, [JEAN II.
b 1709; s [1] 31 juillet 1774.
Marie-Joseph, b [1] 30 juillet 1735.—*Joseph*, b [1] 4 nov. 1736, s [1] 23 oct. 1748.—*Louis-Marie*, b [1] 4 mai 1739.—*Laurent*, b [1] 11 août et s [1] 28 oct 1741.—*Marie-Louise*, b [1] 27 sept. 1743, s [1] 6 juillet 1747 —*Marie-Elisabeth*, b [1] 21 février 1746.—*Joseph-Michel*, b [1] 22 mai 1748.

DUHEMME.—*Surnoms :* LAPLANCHE—QUERCY—TERRIEN, 1667.

1667, (26 janvier) Trois-Rivières. [2]

I.—DUHEMME (2), JEAN, fils de Jean et de Marie Elie, de St-Jacques-de-Dieppe, Picardie.
RIGAUD, Judith, de St-Jean-d'Angely, Saintonge, veuve de François Lemaistre.
Dominique, b [2] 6 nov. et s [2] 6 dec. 1667.—*Jean* (3), b [2] 17 mars 1669, m [2] 9 nov. 1700, à Marguerite LASPRON.—*Louis-Michel*, b [2] 5 avril 1671; m...

II.—DUHEMME (4), LOUIS-MICHEL, [JEAN I
b 1671.
....
François, b... m à Marie-Charlotte GUIGNARD

1730.

III.—DUHEMME, FRANÇOIS. [LOUIS-MICHEL II.
GUIGNARD, Charlotte, [PIERRE II.
b 1709.

(1) Dit Jasmin

(2) Dit Terrien—LaPlanche.

(3) Marié sous le nom de Terrien; voy ce nom, 1700.

(4) Dit Terrien. Gueri de la fièvre, par les reliques du père François Régis, (voir *Relation* ou *Journal du Voyage* du R. P. Jacques Gravier, S. J., en 1700, depuis le pays des Illinois jusqu'à l'embouchure du Missisipi, édition Shea, 1859, p. 11) Augustin Lapointe et Pierre Chabot furent aussi miraculeusement guéris; voy. ces noms.

Alexis, b... m 19 janvier 1767, à Marguerite Lesieur-Desaulniers, à Yamachiche.—*François*, b... m 1765, à Marguerite Bellegarde.

1757, (24 nov.) Quebec. [3]

I.—DUHEMME (1), Jean, soldat; fils d'Antoine et de Marie Ville, de St-Pierre de Caupet, diocèse d'Agen, Guienne.
Dubreuil, Marie-Charlotte, [Jean-Etienne II. b 1727; veuve de François Vesina.
Marie-Victoire, b [3] 29 nov. 1758; s [3] 24 août 1759.—*Angélique-Louise*, b [3] 10 avril 1762; s [3] 12 janvier 1764.—*Jean-Baptiste*, b [3] 25 juillet 1764.

1765.

IV.—DUHEMME, François. [François III.
Bellegarde, Marguerite.
Joseph, b 23 sept. 1766, à Yamachiche.

1767, (19 janvier) Yamachiche.

IV.—DUHEMME, Alexis. [François III.
Lesieur (2), Marguerite, [Jean-Bte III. b 1752.

DUHOUSSET.—Voy. Morel du Houssay.

DUJARDIN.—Voy. De la Barre, seigneur Dujardin, 1741.

I.—DUJOUR (3), Jean-Bte, b 1718, s 11 mai 1773, à St-Thomas.

DuLAC.—Voy. Bonhomme—Morin.

DuLAC, Jean-Paul.
Desrivières, Marie-Joseph.
Marie-Anne-Françoise, b 26 oct. 1723, à Québec

IV.—DuLAC (4), Guillaume, [Nicolas III. b 1710.
Piton (5), Marie-Thérèse, [Simon I b 1697; veuve de Jean-Baptiste Morin; s 3 nov. 1759, à l'Hôpital-Général, M.

1781, (17 sept.) Détroit. [4]

DuLAC, Charles. [Jean-Bte.
Jacob, Catherine. [Etienne.
Charles, b [4] 22 dec. 1782.—*Marie-Catherine*, b [4] 24 avril 1785.

DuLAURENT. — Voy. Cartier — Cocquot — Lorty.

I.—DuLAURENT, Chrystophe-Hilarion, b 1695, notaire, s 13 avril 1760, à Québec.

DULEAU.—*Surnom*: Laviolette.

(1) Dit Quercy.
(2) Dit Desaulniers
(3) DePlaine.
(4) Voy. Bonhomme, 1710, vol II, p. 350.
(5) Dit Toulouse; inhumée sous ce nom.

1760, (20 oct.) Verchères.

I.—DULEAU (1), Guillaume, fils de Jean et de Jeanne DeReille, de Bresnière, diocèse d'Auch, Gascogne.
L'Archevêque, Marie-Anne, [Philippe III. b 1720.

I.—DULÉON (2), Marie-Joseph, b 1719; s 7 oct. 1749, à Montreal.

DuLIGNON.—*Surnoms*: De la Mirante — Pic sieur de la Mirande.

1684, (9 oct.) Montréal. [3]

I.—DuLIGNON (3), Jean, b 1656.
Tétard, Marie, [Charles I. b 1667.
Jean, b [2] 14 juin 1686; m 1730, à Françoise Gosselin; s 19 mai 1757, à l'Hôpital-General, M.

1704.

II.—DuLIGNON (4), Pierre. [Jean I.
DeGerlais (5), Marguerite. [Jean I.
Jacques, b 21 sept. 1705, aux Trois-Rivieres [6]; m à Marie-Joseph Dumaine.—*Marie-Françoise*, b [6] 13 mars 1707; m à Jean-Baptiste Fleury.—*Marie-Thérèse*, b [6] 13 janvier 1709.—*Michel*, b [6] 8 juillet 1710.—*Claude*, b [6] 2 mai 1712.—*Marie-Anne*, b [6] 26 juillet 1714.—*Catherine*, b... m 18 oct. 1750, à Jean-Baptiste Caillé, à St-Frs-du-Lac.—*Jean*, b... m à Marie-Joseph Lemaire.—*François*, b... m 8 janvier 1761, à Catherine Milet, à Yamachiche.

II.—DuLIGNON, Jean, [Jean I. b 1686, s 19 mai 1757, à l'Hôpital-General, M.
Gosselin, Françoise, [Joseph III. b 1713, s avant 1760.
Angélique, b 1731, m 4 nov. 1760, à Antoine Perrot, à Montreal.

III.—DuLIGNON, Jacques, [Pierre II. b 1705, s avant 1761.
Dumaine, Marie-Joseph, s avant 1761.
Marie-Françoise, b 1737; m 27 oct. 1761, à Claude Marot, à la Pte-aux-Trembles, M.

1737, (30 sept.) Michilimackinac. [2]

III.—DuLIGNON, Jean, [Pierre II. s avant 1762.
Lemaire, Marie-Joseph-Angelique, Sauvagesse; s avant 1762.
Louis-Josué, ne 1734, b [2] 17 oct. 1736; m 23 nov. 1750, à Elisabeth Lacroix, à St-Michel—*Marie-Thérèse*, nee 19 nov. 1738, b [2] 14 juillet 1739; m 31 août 1762, à Joseph-Laurent Bertrand, à Montreal.—*Angélique*, b [2] 19 mai 1740.

(1) Dit Laviolette; soldat du regiment de Guyenne.
(2) De Michilimackinac.
(3) Voy. vol. I, p 210.
(4) Pic sieur de la Mirande.
(5) Dit St-Amand.

—*Paul*, ne 31 oct. 1742, au Sault-Ste-Marie; b [2] 17 juillet 1743.—*Françoise-Marie-Anne*, b [2] 5 août 1744.—*Marguerite-Joseph*, b [2] 17 juin 1747.

1750, (23 nov.) St-Michel. [7]

IV.—DULIGNON, LOUIS-JOSUÉ, [JEAN III. b 1736.

LACROIX, Elisabeth, [ANDRÉ II. b 1726.

Elisabeth-Louise-Joseph, b [7] 24 nov. 1752.—*Marie*, b [7] 16 mars 1755.

1761, (8 janvier) Yamachiche.

III.—DULIGNON (1), FRANÇOIS. [PIERRE II.

MILET, Catherine, [AUGUSTIN III. b 1744; Outaouaise.

I.—DULOIN (2), ...

1748, (9 sept.) Montréal.

I.—DULONG, RICHARD, b 1723; fils de Gabriel et de Jeanne Boissière, de St-Martin-de-Livray, diocèse de Lizieux, Normandie.

1° JUDITH (3), Marie-Louise, [FRANÇOIS I. b 1721.

Amable, b 1752; s 22 mai 1753, à la Longue-Pointe. [2]

1755, (10 fevrier) Pte-aux-Trembles, M.

2° BAZINET, Cecile, [ANTOINE II. b 1721.

Joseph, b... s [2] 21 juin 1757.

DULONG, LOUIS, b et s 2 mars 1755, à St-Laurent, M.

DULUDE.—Voy. HUET.

DULUDE, FRANÇOIS, b et s 3 avril 1765, à Lorette.

DULUTH.—Voy. HUET.

DUMAINE.—*Surnoms :* BELOIS — BONNERON—LAFONTAINE.

I.—DUMAINE (4), LOUIS, b 1667; de St-Leger, diocèse de Sens, Bourgogne, s 30 dec. 1747, à l'Hôpital-General, M.

1717, (9 nov.) Longueuil. [7]

I.—DUMAINE (5), FRANÇOIS, b 1695; fils de François et de Jeanne Turpande, de St-Nicolas, diocèse de LaRochelle, Aunis.

ST-AUBIN, Charlotte, [ADRIEN I. b 1696.

Marie-Charlotte, b 18 août 1718, à Montreal [8]; *François*, b [7] 10 fevrier 1720; 1° m [8] 12 juin 1741, à Marie-Joseph JOURDAIN; 2° m 26 juillet 1751, à Marie-Louise ALLAIRE, à Quebec; 3° m 2 mars 1778, à Marie-Françoise DUBÉ, à St-Roch. —*Marie-Angélique*, b [7] 23 avril 1721. — *Charles*, b [8] 15 juin 1722. — *Joseph-Marie*, b [8] 15 sept. et s [8] 26 déc. 1723.—*Joseph*, b [8] 2 nov. 1724, s [8] 25 mai 1725. — *Marie-Marguerite*, b [8] 10 fevrier 1726; s [8] 23 janvier 1728.— *Marie-Geneviève*, b [8] 21 juin 1727; m [8] 18 nov. 1748, à Nicolas MARSIL. — *Jean-Baptiste*, b [8] 12 nov. 1728; s [8] 29 avril 1729. — *Marie-Joseph*, b 1729; m [8] 24 nov. 1749, à Joseph JOURDAIN. — *Marie-Renee*, b [8] 25 mai 1730.—*Catherine-Amable*, b 1732; m [8] 12 nov. 1757, à André LABADY. — *Madeleine*, b [8] 8 mars 1734; m [8] 5 fevrier 1759, à Augustin GAUTIER.—*Suzanne*, b [8] 18 avril et s [8] 22 juillet 1735. —*Marie-Anne*, b [8] 13 mai et s [8] 2 sept. 1736. — *Louis*, b [8] 18 et s [8] 27 mai 1737. — *Marie-Anne*, b [8] 18 mai et s [8] 28 juin 1737. —*Hélène*, b [8] 21 août 1738; s [8] 5 oct. 1739. — *Hélène*, b... s [8] 31 août 1741.—*Félicité*, b [8] 13 août 1741.—*Charles*, b [8] 2 juin 1750.

DUMAINE (1), ...

BEAUCHAMP, Marguerite.

Thérèse, b et s 4 sept. 1753, à Longueuil.

1741, (12 juin) Montreal. [6]

II.—DUMAINE (2), FRANÇOIS, [FRANÇOIS I. b 1720.

1° JOURDAIN, Marie-Joseph, [GUILLAUME II. b 1715; s [6] 1er août 1746.

1751, (26 juillet) Québec.

2° ALLAIRE, Marie-Louise, [FRANÇOIS I. b 1725; veuve de Martin Langlois.

1778, (2 mars) St-Roch.

3° DUBÉ, Marie-Françoise, [JOSEPH III. b 1743.

DUMANS.—*Variations :* DUMAN—DUMANT.

1684, (9 janvier) Lachine. [1]

I.—DUMANS (3), JEAN, b 1647.

MORIN (4), Agathe. [JACQUES I.

Michel, b [1] 7 février 1689; m 10 nov. 1715, à Anne BLAIS, à Montreal.

1715, (10 nov.) Montréal. [6]

II.—DUMANS, MICHEL, [JEAN I. b 1689.

BLAIS (5), Anne, [PIERRE I. b 1694.

Marie-Anne, b [6] 6 janvier 1717; 1° m [6] 8 fevrier 1745, à Jacques DUCHARME-LESOURD; 2° m [6] 24 avril 1752, à Claude MOREAU.—*Pierre*, b [6] 6 dec. 1718; 1° m à Marthe PÉRILLARD; 2° m 30 janvier 1758, à Catherine BLÉNIER, à Ste-Geneviève, M. —*Marie-Joseph*, b 18 fevrier 1721, à la Pte-aux-Trembles, M., s [6] 7 mai 1747.

(1) Pic sieur de la Mirande.

(2) Officier de la Compagnie Royal-Roussillon, il était à St-Philippe, le 30 juin 1758.

(3) Et Judic.

(4) Dit Lafontaine, caporal.

(5) Dit Bonneron; voy. vol. II, p. 356.

(1) Dit Belois.

(2) Dit Bonneron; voy. vol. II, p. 356.

(3) Voy. vol. I, p. 211.

(4) Elle épouse, le 18 juin 1692, Pierre Hardouin, à Montreal.

(5) Et Bled.

DUMANS, Pierre.
Lalongé, Jeanne.
Pierre, b 27 sept. 1731, à St-François, I. J.

DUMANS, François, b 1682; s 8 juin 1758, à l'Hôpital-Géneral, M.

III.—DUMANS, Pierre, [Michel II.
b 1718.
1° Périllard, Marthe.
1758, (30 janvier) Ste-Geneviève, M. [1]
2° Blénier (1), Catherine. [Pierre II.
Marie, b [1] 22 janvier 1759.

DUMAREUIL.—*Surnom :* Lafranchise.

1689, (21 février) Pte-aux-Trembles, Q.
I.—DUMAREUIL (2), Blaise,
b 1661.
1° Doré, Madeleine, [Louis I.
b 1673; s 14 févrler 1694, à Québec. [3]
1694, (11 oct.) Château-Richer.
2° Lesot (3), Marie-Anne, [Jacques I.
b 1676.
Joseph, b [3] 1er sept. 1698; m 23 juillet 1742, à Ursule DeLessard, à Lorette.

1730, (11 sept.) Québec. [3]
II.—DUMAREUIL, Toussaint, [Blaise I.
b 1706.
Ferré, Louise, [Pierre-Joseph II.
b 1696; veuve de Sébastien Gingras; s [3] 20 mai 1744.
Joseph-Marie, b [3] 5 juillet 1731. — *Marie-Alexandre*, b [3] 25 avril 1733; s [3] 27 dec. 1734. — *Marie-Ursule*, b [3] 12 mars 1735.

1741, (3 juillet) Québec. [4]
II.—DUMAREUIL, Jean-Bte, [Blaise I.
b 1703, s [4] 31 oct. 1743.
Bezeau (4), Marie-Joseph, [Pierre II.
b 1714.
Jean-Baptiste, b [4] 18 juillet 1742; s [4] 15 janvier 1744.

1742, (23 juillet) Lorette.
II.—DUMAREUIL (5), Joseph, [Blaise I.
b 1698.
DeLessard, Ursule, [Charles II.
b 1694, veuve de Pierre Dion.

DUMAS. — *Variations et surnoms :* Dumais — Dumans — Dumats — Dumay — Rencontre — Sansregret.

DUMAS, Marie-Joseph, epouse de Pierre Ethier.

DUMAS, Thérèse, epouse de Marc Foucaut; s avant 1755.

(1) Dit Jarry.

(2) Dit Lafranchise; voy. vol. I, p. 211.

(3) Elle épouse, le 4 août 1715, Julien Cadet, à Charlesbourg.

(4) Elle épouse, le 1er mars 1745, Joseph Lebœuf, à Québec.

(5) Dit Lafranchise.

DUMAS, Marie-Françoise, b... 1° m à Jean Fournier; 2° m 22 février 1751, à Pierre Richard, au Cap-St-Ignace.

DUMAS, Marie-Angélique, épouse de Charles Grenier.

DUMAS, Catherine, épouse de Louis Laverdière.

DUMAS, Marie, épouse de Joseph Longtin.

DUMAS, Marie, b... m à François Monet; s avant 1758.

1668.
I.—DUMAS (1), François,
b 1636, s 24 février 1714, à St-Laurent, I. O. [3]
1° Foye, Marguerite,
b 1636.
François, b 15 juillet 1669, à Ste-Famille, I O. [3]; 1° m 1690, à Marie-Françoise Gervais; 2° m [2] 6 avril 1717, à Jeanne Rouleau; s [2] 5 avril 1733. —*Charles*, b [3] 9 mai 1671, 1° m 22 août 1694, à Françoise Rondeau, à St-Pierre, I. O.; 2° m 21 août 1702, à Marie Guignard, à St-Michel, 3° m 18 juillet 1712, à Marthe Garant, à Beaumont; s 10 avril 1734, à St-Antoine-Tilly.
1687, (25 nov.) Québec. [6]
2° Dumontmesny, Marie,
veuve de Noël Rose.
Marguerite, b [6] 20 juillet 1690.

1671, (12 oct.) Québec.
I.—DUMAS (1), René,
b 1651.
1° Lelong, Marie,
b 1646, s 14 dec. 1687, à Laprairie. [2]
Pierre, b [2] 7 avril 1682; m [2] 15 juin 1715, à Marie Dumais,
1689, (1er juin) Montreal.
2° Gilles, Jeanne,
b 1644; veuve de François Fleury.

1690.
II.—DUMAS (2), François, [François I.
b 1669; s 5 avril 1733, à St-Laurent, I O. [6]
1° Gervais, Marie-Françoise, [Marin I.
b 1673.
Madeleine, b 15 mars 1692, à St-Jean, I. O. [9]; m [6] 9 nov. 1711, à Guillaume Fortier. — *François*, b [9] 2 juillet 1694; m [6] 11 août 1717, à Marguerite Rouleau; s [6] 9 dec. 1749.— *George*, b [9] 4 août 1696, 1° m à Marguerite Gobeil, 2° m [6] 15 janvier 1725, à Marie-Anne Godbout, 3° m 28 avril 1738, à Madeleine Ferré, à Quebec [3], s [3] 2 avril 1751.—*Marguerite*, b 1698; m 6 nov. 1725, à Jean Cauchon, au Château-Richer [7]; s [7] 8 avril 1771. — *Pierre*, b [6] 30 juin 1701, m [6] 20 août 1725, à Suzanne Baillargeon. — *Joseph*, b [6] 11 sept. 1704.—*Augustin*, b 1706; m [6] 16 nov. 1733, à Geneviève Audet; s 22 avril 1756, à St-Frs-

(1) Voy. vol I, p 211.

(2) Voy vol. I, p 212.

du-Sud.— *Charles*, b[6] 14 fevrier 1709, m[6] 20 juillet 1733, à Ursule GAUDIN. — *Jeanne*, b[6] 29 août 1712.—*Marie*, b... m[6] 7 avril 1739, à Louis BAILLARGEON.

1717, (6 avril).[6]

2° ROULEAU, Jeanne, [GABRIEL II. veuve de Nicolas Baillargeon, s[6] 2 dec. 1749.

André, b[6] 3 fevrier 1718; m[6] 15 fevrier 1740, à Geneviève CHABOT. — *Jean-François*, b[6] 5 mai 1720.—*Marguerite*, b[6] 29 avril 1723, m[6] 14 oct. 1743, à Joseph LABRECQUE —*Laurent*, b[6] 4 juillet 1725.—*Louis*, b[6] 23 août et s[6] 6 nov. 1728.—*Augustin*, b[6] 23 août et s[6] 2 dec. 1728. —*Laurent*, b[6] 31 mars 1729. — *Nicolas*, b[6] 20 janvier 1730; m[9] 18 février 1754, à Marie-Anne FORTIER.—*Marie-Anne*, b[6] 28 juin 1732.

1694, (12 août) St-Pierre, I. O.

II.—DUMAS (1), CHARLES, [FRANÇOIS I. b 1671; s 10 avril 1734, à St-Antoine-Tilly.[4]

1° RONDEAU, Françoise, [THOMAS I. b 1674; s 13 oct. 1699, à St-Jean, I. O.

Jean-Baptiste, b 31 mars 1698, à St-Michel[3], m 2 juillet 1725, à Marie-Anne BERGERON, à St-Nicolas; s 22 avril 1772, à Nicolet.

1702, (21 août).[3]

2° GUIGNARD, Marie. [PIERRE I.

Etienne, b 21 avril 1704, à St-Laurent, I. O., m[4] 1er nov. 1731, à Felicite CHENAY.—*Joseph*, b 20 juin 1706, à Beaumont[5]; m 20 mars 1727, à Marie-Joseph ONDOYER, à Montreal.

1712, (18 juillet).[5]

3° GARANT, Marthe, [PIERRE I. b 1675; veuve de Charles Branchaud.

Michel, b[5] 25 mai 1713; m 15 février 1738, à Marie-Jeanne PETIT, aux Trois-Rivières —*Geneviève*, b... m[4] 26 juin 1736, à Charles CHENAY.

1698, (3 nov.) Ste-Famille, I. O.

I.—DUMAS (1), ANTOINE-PIERRE, b 1669; s 8 nov. 1720, à St-Antoine-Tilly.[3]

VAILLANCOURT (2), Louise, [ROBERT I. b 1680.

Jean-François, b 1711; s[3] 5 nov. 1717.

1704, (2 janvier) Cap-Sante.[5]

I.—DUMAS, PIERRE, b 1668, fils de Pierre et d'Elisabeth Auger, de St-Martial, diocèse d'Angoulême, Angoumois.

1° PIPARDEAU, Elisabeth. [PIERRE I.

Pierre, b[5] 18 sept. 1708.—*Alexis*, b[5] 19 mars 1711, m 30 janvier 1742, à Marie-Barbe POTÈRE, à Quebec.—*Isabelle*, b[5] 15 avril 1713.—*Etienne*, b 1715; m 14 nov. 1735, à Marie-Joseph GENDRON, à Ste-Anne-de-la-Perade[4], s[4] 12 fevrier 1736 —*Jacques*, b... m 30 mai 1740, à Marie-Joseph PERILLARD, à Montreal.[2]

1716, (22 sept.)[2]

2° GLORY, Charlotte, [LAURENT I. b 1670, veuve de Jean Prieur, s[2] 13 janvier 1725.

(1) Voy. vol. I, p. 211.

(2) Elle épouse, le 29 déc. 1721, Prisque Greslon, à St-Antoine-Tilly.

DUMAS, FRANÇOIS, b 1692; s 9 nov. 1759, à St-Laurent, I. O.

DUMAS (1), JOSEPH.

PETIT, Françoise, [JEAN I. b 1685.

Louis, b 11 fevrier 1716, à Laprairie.[3]—*Paul*, b[3] 2 mai 1717.

1715, (16 juin) Laprairie.[3]

II.—DUMAS (2), PIERRE, [RENÉ I. b 1682.

DUMAY, Marie, [EUSTACHE II. b 1690, s[3] 30 mai 1753.

Pierre, b[3] 13 avril 1716.—*Marie-Anne*, b[3] 20 nov. 1717, m[3] 15 janvier 1742, à Antoine DE NIGER; s[3] 20 juin 1744.— *Marie-Catherine*, b[3] 8 avril 1719.—*Jean-François*, b[3] 25 sept. 1720, m à Jeanne LECLERC.—*Eustache*, b[3] 6 avril 1722.—*Jean-Baptiste*, b[3] 15 mars 1723; m[3] 5 fevrier 1753, à Charlotte-Elisabeth GUY. — *Jeanne*, b[3] 21 août 1724; m[3] 22 avril 1754, à Jean-Marie BOISVERD. —*Marie-Joseph*, b[3] 1er janvier 1726.—*Jacques*, b[3] 10 et s[3] 18 juin 1728.—*Marie-Joseph*, b[3] 8 mars 1730, s[3] 3 mars 1732. — *Jacques*, b[3] 21 janvier 1733; m 12 août 1765, à Marie-Anne SUPERNANT, à St-Philippe.

1717, (11 août) St-Laurent, I. O.[2]

III.—DUMAS, FRANÇOIS, [FRANÇOIS II b 1694; s[2] 9 dec. 1749.

ROULEAU, Marguerite. [GABRIEL II

Catherine, b[2] 11 août 1718; m[2] 14 fevrier 1746, à Louis GAULIN. — *Marguerite*, b[2] 8 avril 1720; 1° m[2] 6 fevrier 1741, à Laurent LABRECQUE, 2° m[2] 7 sept. 1750, à Louis AUDET.—*François*, b[2] 23 juin 1722; m[2] 24 avril 1747, à Françoise RUEL; s[2] 4 mars 1758.— *Marie-Louise*, b[2] 11 mai et s[2] 30 juin 1724.—*Pierre*, b[2] 13 juillet 1725; m[2] 2 oct. 1747, à Charlotte BOUTIN.—*Joseph*, b[2] 21 août 1727. — *Laurent*, b... m[2] 1er fevrier 1751, à Gertrude RUEL.—*Anonyme*, b[2] et s[2] 1er oct. 1732.—*Marie*, b 1733; s 13 août 1735, à Quebec.

1723.

III.—DUMAS, GEORGE, [FRANÇOIS II. b 1696; s 2 avril 1751, à Québec.[1]

1° GOBEIL, Marguerite, [BARTHELEMI II b 1702, s 4 dec. 1723, à St-Jean, I. O.[2]

1725, (15 janvier) St-Laurent, I. O.[3]

2° GODBOUT, Marie-Anne, [NICOLAS II. b 1705; s[1] 9 avril 1737.

George, b[2] 27 nov. 1725.— *Anonyme*, b[3] et s[3] 20 juillet 1727.—*Marie-Anne*, b[1] 23 juillet 1727, s[1] 18 dec. 1730.—*Nicolas*, b[1] 1er janvier 1729.—*Joseph*, b[1] 7 nov. 1730; m[1] 25 juillet 1763, à Elisabeth BERGERON. — *Angelique*, b[1] 13 mars 1732; s[1] 1er juin 1733.—*Jean-Marie*, b[1] 26 fevrier 1734, m[1] 11 oct. 1762, à Marie-Geneviève MENARD.—*Pierre*, b[1] 4 janvier 1736.—*Marie-Joseph*, b[1] 24 mars 1737.

(1) Dit Dumay.

(2) Dit Rencontre.

1738, (28 avril). [1]
3° FERRÉ, Madeleine, [THOMAS I.
b 1704 ; veuve d'Ignace Choret ; s [1] 12 nov. 1761.
Jean-Baptiste, b [1] 9 avril 1739.—*Jean-Baptiste*, b [1] 13 avril 1742.—*François-Thomas*, b [1] 24 dec. 1743.

1725, (2 juillet) St-Nicolas.
III.—DUMAS, JEAN-BTE, [CHARLES II.
b 1698, s 22 avril 1772, à Nicolet. [4]
BERGERON, Marie-Anne, [JACQUES II.
b 1706.
Marie-Anne, b 13 nov. 1726, à St-Antoine-Tilly [6] ; s [4] 23 avril 1742.— *Jean-Baptiste*, b [6] 1er mars 1728 ; 1° m [4] 8 oct. 1751, à Angelique MALBEUF ; 2° m [4] 18 janvier 1768, à Marie ORION. — *Etienne*, b [6] 17 oct. 1729. — *Marie-Joseph*, b [6] 7 oct. 1731 ; m [4] 10 février 1749, à Jean-René COLTRET.—*Marie-Louise*, b [4] 11 avril 1738 ; m [4] 8 janvier 1758, à Michel JUTRAS.—*Joseph*, b [4] 17 avril 1740 ; s [4] 6 mai 1741. — *Joseph*, b 1742 ; s [4] 29 juillet 1747 (noye). — *Marie-Madeleine*, b [4] 29 juin et s [4] 17 oct. 1747.

1725, (20 août) St-Laurent, I. O. [5]
III.—DUMAS, PIERRE, [FRANÇOIS II.
b 1701.
BAILLARGEON, Suzanne, [NICOLAS II.
b 1710, s 28 sept. 1770, à Sorel. [1]
Marie, b [5] 7 sept. 1730 ; s [1] 25 fevrier 1751.— *Marie-Joseph*, b [5] 7 février 1733, m [1] 1er mars 1756, à Germain ROCHEREAU. — *François*, b [5] 29 mai 1735.—*Alexis*, b [1] 24 août 1743.—*André*, b [1] 18 nov. 1747.—*Marie-Anne*, b... s [1] 11 oct. 1749. —*Marie-Anne*, b [1] 16 mai 1750 ; s [1] 12 février 1751.

1725, (5 nov.) Trois-Rivières. [9]
III.—DUMAS, CHARLES, [CHARLES II.
b 1696.
CHAUVIN, Marie, [JEAN I.
b 1695 ; s [9] 8 janvier 1760.
Marie-Claire, b [9] 1er août 1726 ; m [9] 28 oct. 1742, à Elie VILLAT ; s [9] 2 mars 1752. —*Marie-Joseph-Charlotte*, b [9] 9 sept. 1728 ; s [9] 11 juillet 1737. — *Jean-Baptiste*, b [9] 16 fevrier 1733 ; m [9] 7 janvier 1754, à Ursule CHAUVET. — *François* et *Charles-Joseph*, b [9] 14 nov. 1737.

1727, (20 mars) Montreal. [5]
III.—DUMAS, JOSEPH, [CHARLES II.
b 1706.
ONDOYLR, Marie-Joseph, [MARTIN I.
b 1706.
Joseph, b 25 avril à Verchères et s [5] 22 dec. 1729.—*Marie-Joseph*, b 1733, m [5] 20 juillet 1750, à Jean-Baptiste CHARLES. — *Marie-Anne*, b [5] 4 juin 1735 ; m [5] 1er mars 1756, à Jean GARIC.— *Joseph*, b [5] 24 août 1736. — *Marie-Marguerite*, b 25 nov. 1738, à Laprairie ; m [5] 17 janvier 1757, à Jacques LECOUP. — *Madeleine*, b 1745 ; m [5] 5 oct. 1761, à Pierre PALOCHE.—*Jean-Baptiste*, b 3 sept. 1746, à St-Antoine-de-Chambly.— *Marie-Geneviève*, b [5] 30 janvier 1749.

1731, (1er nov.) St-Antoine-Tilly. [6]
III.—DUMAS, ETIENNE. [CHARLES II.
b 1704.
CHENAY, Félicité, [JEAN-BTE II.
b 1708.
Félicité, b [6] 29 sept. 1732. — *Marie-Angélique*, b [6] 9 avril 1735. — *Etienne*, b [6] 19 mars 1737. — *Marie-Joseph*, b [6] 24 juin 1739.—*Pierre*, b [6] 6 et s [6] 9 avril 1741.—*Pierre-Ignace*, b 13 mai 1745, à St-Vincent-de-Paul.

1733, (20 juillet) St-Laurent, I. O [7]
III.—DUMAS, CHARLES, [FRANÇOIS II.
b 1709.
GAUDIN, Ursule, [PIERRE II.
b 1710.
Marie-Marguerite, b [7] 18 mai 1734.—*Marguerite*, b [7] 5 fevrier 1736 ; s [7] 7 fevrier 1757 —*Jean-François*, b [7] 26 sept. 1737. — *François*, b [7] 25 dec. 1739.—*Marie-Madeleine*, b [7] 19 dec. 1741.— *Cécile*, b [7] 21 janvier 1747.—*Antoine*, b [7] 11 mars 1749. — *Pierre*, b [7] 4 avril et s [7] 18 mai 1751.— *Marie-Anne*, b [7] 8 mai 1752.—*Alexis*, b... m [7] 27 août 1770, à Françoise AUDET.

1733, (16 nov.) St-Laurent, I. O.
III.—DUMAS, AUGUSTIN, [FRANÇOIS II.
b 1706 ; s 22 avril 1756, à St-Frs-du-Sud. [8]
AUDET (1), Geneviève, [NICOLAS II.
b 1714.
Augustin, b 14 mars 1735, à Berthier ; s [8] 24 oct. 1743.—*Geneviève*, b 1737 ; s 23 avril 1748, à Ste-Famille, I. O. —*Joseph-François*, b [8] 7 nov. 1743.

1735, (14 nov.) Ste-Anne-de-la-Pérade. [7]
II.—DUMAS, ETIENNE, [PIERRE I.
b 1716, s [7] 12 fevrier 1736.
GENDRON (2), Marie-Joseph, [RENÉ II.
b 1711.

DUMAS, MARIE-JOSEPH, b et s 24 avril 1737, à Beauport.

1738, (15 fevrier) Trois-Rivières.
III —DUMAS, MICHEL, [CHARLES II.
b 1713.
PETIT, Marie-Jeanne, [JOSEPH III.
b 1718.
Angélique, b 8 mars 1739, à St-Michel-d'Yamaska. [9] — *Jean-Baptiste*, b [9] 29 sept. 1740. — *Jeanne*, b... m [9] 18 fevrier 1760, à Michel HÉBERT. —*Michel*, b... m [9] 30 avril 1764, à Geneviève MADOUE.

1740, (15 fevrier) Quebec. [6]
III.—DUMAS, ANDRÉ, [FRANÇOIS II.
b 1718.
CHABOT (3), Geneviève, [JEAN II.
b 1709

(1) Elle épouse, le 24 janvier 1757, Michel Boulé, à St-Frs-du-Sud.

(2) Elle épouse, le 9 février 1739, Louis-Joseph Gervais, à Ste-Anne de-la-Perade.

(3) Et Jabot.

Joseph, b [5] 23 avril 1741. — *Marie-Geneviève*, b [5] 1er juin et s [5] 1er juillet 1743. — *Sylvain*, b 9 juillet 1745, aux Trois-Rivières.[6] —*Jean-Baptiste*, b [6] 25 avril et s [6] 5 juin 1747. — *André*, b... s [6] 21 oct. 1749. — *Nicolas*, b [6] 20 juin 1748. — *François-Xavier*, b [5] 9 mars 1750 ; s 4 janvier 1751, à St-Laurent, I. O.

1740, (30 mai) Montréal.[8]
II.—DUMAS (1), JACQUES, [PIERRE I.
b 1717.
PÉRILLARD, Marie-Joseph, [NICOLAS I.
b 1718.
Jacques, b [8] 29 janvier et s [8] 30 août 1741.—*Marie-Joseph*, b [8] 20 mars 1742 ; s [8] 2 janvier 1744.—*Marguerite*, b [8] 11 avril et s [8] 7 août 1744. —*Pierre-Jacques*, b [8] 30 avril et s [8] 4 août 1746. —*Louis*, b [8] 6 août 1748.

1742, (30 janvier) Québec.[9]
II.—DUMAS, ALEXIS, [PIERRE I.
b 1711.
POTÈRE (2), Marie-Barbe-Margt., [SIMON I.
b 1721.
François, b [9] 1er avril 1743, s [9] 27 février 1744.

III.—DUMAS, JEAN-FRANÇOIS, [PIERRE II.
b 1720.
LECLERC, Jeanne, [PIERRE II.
b 1720.
Alexis, b 1746 ; s 13 oct. 1752, à St-Ours.[5]—*Marie*, b 1748 ; s [5] 13 oct. 1752.—*Angélique*, b [5] 14 nov. 1751 ; s [5] 20 oct. 1752. — *Jean-Baptiste*, b... s [5] 29 nov. 1754. — *Marie-Marguerite*, b [5] 27 mai 1756.

1747, (24 avril) St-Laurent, I. O.[7]
IV.—DUMAS, FRANÇOIS, [FRANÇOIS III.
b 1722 ; s [7] 4 mars 1758.
RUEL, Françoise, [PIERRE II.
b 1729, s [7] 17 déc. 1756.
Marie-Françoise, b [7] 14 mars 1748. — *Pierre*, b [7] 6 nov. 1749, s [7] 27 janvier 1757. — *François*, b [7] 20 janvier 1752.—*Marie-Joseph*, b [7] 29 juillet 1753.—*Louis*, b [7] 16 oct. 1754.—*Charlotte*, b [7] 29 mai 1756.

1747, (2 oct.) St-Laurent, I. O.[8]
IV.—DUMAS, PIERRE, [FRANÇOIS III.
b 1725.
BOUTIN, Perinne-Charlotte, [LOUIS II.
b 1727.
Pierre, b [8] 8 août 1748.—*Jean-François*, b 16 janvier 1750, à St-Jean, I. O.[9] — *Louis*, b [8] 11 oct. 1751. — *Laurent*, b [9] 18 sept. 1753 — *Marie-Charlotte*, b [8] 15 août 1755 —*Jacques*, b [8] 30 juin 1757.—*Pierre-Bernard*, b [8] 6 avril 1761.

I.—DUMAS (3), JULIEN, b 1716 ; de Plertuy, diocèse de St-Malo, Bretagne ; s 10 août 1748, à Quebec.

(1) Et Dumans, 1742—Dumais

(2) Elle épouse, le 17 août 1750, Pierre Lacier dit Tournay, à Quebec

(3) Matelot sur le *St-Laurent*.

1751, (1er février) St-Laurent, I. O.[7]
IV.—DUMAS, LAURENT. [FRANÇOIS III.
RUEL, Gertrude, [PIERRE II.
b 1732.
Laurent, b [7] 28 juin 1752. — *François*, b 25 mai 1754, à St-Charles.[8] — *Charles*, b [8] 6 avril 1756.—*Gertrude*, b [8] 27 février 1758.

DUMAS, JEAN-BTE, b 1698 ; s 27 février 1774, à Nicolet.

DUMAS, JEAN-MARIE,
b 1736 ; s 10 mai 1775, à Québec.
MÉNARD, Marie.

DUMAS, JEAN-BTE, b 1740 ; s 13 mai 1785, à Nicolet.

DUMAS, JEAN-BTE.
1° SYLVESTRE, Marie-Thérèse, [FRANÇOIS III.
b 1738 ; s 16 février 1794, à Québec.[7]
1795, (13 avril).[7]
2° VACHON, Marguerite, [LOUIS IV.
b 1746.

1751, (8 oct.) Nicolet.[5]
IV.—DUMAS, JEAN-BTE, [JEAN-BTE III.
b 1728.
1° MALBEUF, Angélique, [FRANÇOIS II.
b 1733 ; s [5] 3 juin 1767.
Marie-Anne, b [5] 4 oct. 1752. — *Marie-Louise*, b [5] 6 avril 1754 ; m [5] 7 janvier 1773, à Joseph ORION. — *Marie-Joseph*, b [5] 19 nov. 1755. — *Amable*, b [5] 8 janvier et s [5] 1er mars 1758. — *Marie-Françoise*, b [5] 12 mars 1759, m [5] 17 février 1777, à Charles ORION. — *Marie-Jeanne*, b [5] 25 sept. 1760 ; m [5] 24 juillet 1780, à François CARTIER.—*Madeleine*, b... m [5] 5 nov. 1781, à .... JÉRÔME.
1768, (18 janvier).[5]
2° ORION, Marie. [PIERRE I.
Jean-Baptiste, b... m [5] 22 oct. 1787, à Marguerite LAPLANTE.

DUMAS (1).

1753, (5 février) Laprairie.
III.—DUMAS, JEAN-BTE, [PIERRE II
b 1723.
GUY, Charlotte-Elisabeth, [FRANÇOIS I.
b 1732.

(1) Succéda à M. DeBeaujeu, dans le commandement du fort Duquesne, lorsqu'attaqué par les Anglais, il réussit à faire fuir ces derniers, après en avoir tué plusieurs. Cette bataille eut lieu le 9 juillet 1755, à trois lieues du fort Duquesne. Revenu du fort Duquesne, en 1757, il fut adjoint à l'expédition contre le fort George, sous Rigaud de Vaudreuil et autres, pour commander la marine. En 1759, il fut fait major général et inspecteur des troupes de la marine. Il fut chargé d'aller, avec 1000 hommes, attaquer les Anglais sous Wolfe, retranchés à la Pointe-Levis ; mais les 1000 hommes de bonne volonté, après s'être offerts, s'aperçurent, quand il fallut attaquer, qu'ils avaient trop presumé de leur grand cœur ; la peur pensa les faire perir et ils eurent besoin de la présence d'esprit de leur commandant pour les faire embarquer et se rendre en ville, 1760. Il était à Montreal, lors de la capitulation de cette ville. Il repassa alors en France

1754, (7 janvier) Trois-Rivières.
IV.—DUMAS, JEAN-BTE, [CHARLES III.
b 1733.
CHAUVET (1), Marie-Ursule, [PIERRE II.
b 1732; s 26 sept. 1792, à Nicolet.[1]
Marie-Ursule, b[1] 26 sept. 1754, s[1] 2 déc. 1755. — *Jean-Baptiste*, b[1] 26 dec. 1756; s[1] 29 mai 1789. — *Pierre*, b... m[1] 16 janvier 1786, à Angélique RAYMOND.—*Marie-Antoinette*, b... m[1] 13 février 1787, à Jean-Baptiste RAYMOND.

1754, (18 février) St-Jean, I. O.[6]
III—DUMAS, NICOLAS. [FRANÇOIS II.
FORTIER, Marie-Anne, [LOUIS II.
b 1736.
Louis, b[6] 24 juillet 1755. — *Marie-Anne*, b 6 avril 1757, à St-Charles.

DUMAS, NICOLAS.
LAPIERRE, Marie.
Nicolas, b 28 oct. 1759, à St-Charles.

DUMAS, ETIENNE.
JANELLE, Marie-Joseph.
Marie-Joseph, b... m 13 janvier 1777, à Antoine PINARD, à Nicolet.

DUMAS, JEAN-BTE.
TERRIEN (2), Françoise.

1760, (6 oct.) Islet.
I.—DUMAS, ALEXANDRE, notaire royal; fils d'Alexandre (bourgeois) et de Marie Favard, de Montauban, Guienne.
LAROCHE, Marie-Joseph, [AUGUSTIN II.
b 1736; veuve de Jean Requiem.
Marie-Joseph, b 30 juillet 1761, à Quebec[2]; s[2] 10 juin 1791. —*Jean*, b[2] 11 et s 13 sept. 1762, à Lorette.—*Marie-Joseph*, b 1767; s 4 nov. 1768, à Ste-Foye.[9]—*Jean-Alexis*, b[9] 15 mai 1769.

1761, (25 mai) Terrebonne.[9]
I.—DUMAS (3), ANTOINE, b 1735; fils de Jean et de Suzanne Girard, de N.-D. de Nisme, Languedoc; s[9] 19 janvier 1775.
MARIÉ (4), Geneviève, [MICHEL III.
b 1730; veuve de Nicolas Larose.

1761, (27 oct.) Quebec.[2]
I.—DUMAS, FRANÇOIS-LIBÉRAL, b 1730, marchand; fils de Jean et d'Anne Favard, de Montauban, Guienne.
CUREUX, Marguerite, [MICHEL-MARIE II.
b 1738.
Marguerite, b[2] 11 sept. 1762.—*Marie-Agathe*, b[2] 22 août 1763.—*Antoine*, b[2] 26 juillet 1764.

(1) Et Chovet dit Lagerne.
(2) Elle epouse, le 1er mai 1797, Joseph Marot, à Nicolet
(3) Dit Sansregret.
(4) Elle épouse, le 12 fevrier 1776, Nicolas Jamet, à Terrebonne.

1761, (23 nov.) Terrebonne.
I.—DUMAS, FRANÇOIS, fils de Jean et de Marie Richard, de Quercy, diocèse de Cahors, Guienne.
BOURHIS (1), Marie-Anne, [YVES II.
b 1726.
Marie-Françoise, b 5 sept. 1769, à Lachenaye.

1762, (11 oct.) Québec.[3]
IV.—DUMAS, JEAN-MARIE, [GEORGE III.
b 1734.
MÉNARD, Marie-Geneviève, [CHARLES II.
b 1737.
Marie-Louise, b[3] 25 août 1763.

1763, (25 juillet) Québec.[4]
IV.—DUMAS, JOSEPH, [GEORGE III.
b 1730.
BERGERON, Elisabeth, [NICOLAS II.
b 1734.
Elisabeth, b... m[4] 9 janvier 1781, à Joseph CHAMBERLAN.

1764, (30 avril) St-Michel-d'Yamaska[2]
IV.—DUMAS, MICHEL, [MICHEL III.
MADOUE, Geneviève, [FRANÇOIS II.
b 1742.
Geneviève-Cécile, b[2] 17 juin 1765.

1765, (12 août) St-Philippe.
III.—DUMAS (2), JACQUES, [PIERRE II.
b 1733.
SUPERNANT, Marie-Anne, [JEAN III.
b 1743.

1770, (27 août) St-Laurent, I. O.
IV.—DUMAS, ALEXIS. [CHARLES III.
AUDET, Françoise, [JEAN III.
b 1748.

DUMAS, THOMAS.
ALLEAUME, Marie-Anne.
Marie-Victoire, b... m 19 août 1794, à Jean-Pierre VACHON, à Quebec.

1786, (16 janvier) Nicolet.
V.—DUMAS, PIERRE. [JEAN-BTE IV.
RAYMOND (3), Angelique. [ANTOINE

1787, (22 oct.) Nicolet.
V—DUMAS, JEAN-BTE. [JEAN-BTE IV.
LAPLANTE, Marguerite. [JOSEPH I.

DUMAY (4). — *Variations et surnoms :* CHEDEVILLE—CHEFDEVILLE—DEMERS—DESSERMONS—DUMAIS—DUMEST—DUMETS—DUMETZ—LAFEUILLADE—MONFORT—ROSSIGNOL.

(1) Et Bourhce
(2) Dit Rencontre.
(3) Dit Ratier
(4) Nous avons placé sous la legende "Dumay", toutes les familles portant les noms et variations ci-haut mentionnés.

DUMAY, GENEVIÈVE, b... 1° m à Joseph DUSSAULT ; 2° m 25 oct. 1756, à Etienne PARADIS, à Levis.

DUMAY (1), MARIE-JOSEPH, b 1734 ; m à François GAUTIER ; s 6 fevrier 1784, à Repentigny.

DUMAY (1), MARGUERITE, épouse de Gabriel GIBAUT.

DUMAY, URSULE, épouse de Joseph LEFEBVRE.

DUMAY (1), AGNÈS, épouse de Joseph MARIÉ.

DUMAY, MARIE-LOUISE, b... 1° m à Augustin MERLOT ; 2° m 19 nov. 1764, à Gabriel LALONDE, au Bout-de-l'Ile, M.

DUMAY, JEANNE, épouse de Jacques SABOURIN.

DUMAY, GENEVIÈVE, épouse de Dominique ST-ONGE.

1648, (28 janvier) Québec.

I.—DUMAY (2), ETIENNE, b 1626.

MORIN, Françoise.

Joseph, b 1658 ; 1° m 25 oct. 1683, à Marguerite GUITAUT, à Laprairie [5] ; 2° m [5] 20 sept. 1699, à Marguerite PERRAS ; 3° m 23 juillet 1708, à Angelique BRUNEL, à Varennes [9], 4° m [9] 24 nov 1712, à Françoise PETIT ; s [5] 1er dec. 1728.—*Eustache,* b 1661 ; m [5] 21 avril 1688, à Catherine PERRAS ; s 20 mars 1707, à Montreal.

1654, (7 janvier) Montréal. [3]

I.—DUMAY (3), ANDRÉ, b 1631 ; s 23 nov. 1710, à la Pte-aux-Trembles, Q.

CHEFVILLE, Marie, b 1636 ; s [3] 23 nov. 1708.

André, b [3] 24 oct. 1659, m [3] 2 sept. 1686, à Anne JETTÉ ; s [3] 17 janvier 1707. — *Charles,* b [3] 15 juin 1667 ; 1° m 17 février 1689, à Elisabeth PAPIN, à la Pte-aux-Trembles, M., 2° m [3] 9 oct. 1707, à Catherine JETTÉ ; 3° m [3] 23 avril 1719, à Madeleine CAUCHON-BLÉRY ; s [3] 23 janvier 1749.—*Marie,* b 1668, 1° m [3] 22 oct. 1686, à Jean BOURHIS ; 2° m 1er nov. 1712, à Charles VARRY, à Longueuil.—*Robert,* b 12 janvier 1671, à Boucherville ; m [3] 26 avril 1694, à Madeleine JETTÉ ; s [3] 23 mai 1741.

1654, (9 nov.) Montreal.

I.—DUMAY (4), JEAN, b 1632 ; s 5 juillet 1708, à Quebec. [5]

REDIÉ, Jeanne, s [5] 3 dec. 1708.

Pierre, b 8 oct. 1663, à Sillery [7] ; 1° m 1691, à Jeanne POULIOT ; 2° m 16 juillet 1703, à Marie-Jeanne HOUDE, à Lotbinière. — *Eustache,* b [7] 13 août 1665 ; m [5] 3 nov. 1694, à Marie DUBOIS, s 15 dec. 1708, à St-Nicolas. [8]—*René,* b [7] 14 août 1667 ; 1° m 1694, à Anne DUBOIS ; 2° m [8] 5 février 1714, à Marie-Madeleine DELAVOYE ; s [8] 21 dec. 1729.—*Jean-Nicolas,* b [7] 13 juin 1677 ; m 3 mai 1700, à Anne ROCHERON, à Ste-Famille, I. O. ; s [3] 17 déc. 1740.

1679, (23 oct.) Montréal. [1]

II.—DUMAY (1), NICOLAS, [ANDRÉ I. b 1657.

JETTÉ, Barbe, [URBAIN I. b 1662 ; s [1] 20 oct. 1723.

Marie-Anne, b [1] 19 dec. 1685 ; s [1] 14 mars 1742. —*Elisabeth,* b [1] 24 mai 1690, m [1] 7 janvier 1730, à Barthelemi-Charles DECOURTEVILLE. — *François,* b [1] 17 août 1694 ; m [1] 26 nov. 1731, à Marie-Catherine THUNAY.

1683, (25 oct.) Laprairie. [5]

II.—DUMAY (2), JOSEPH, [ETIENNE I. b 1658 ; s [5] 1er déc. 1728.

1° GUITAUT, Marguerite, [JACQUES I. b 1667, s [5] 5 août 1699.

Pierre, b [5] 8 dec. 1684, m 31 mars 1717, à Madeleine GOUVOU, à Longueuil.—*Joseph-Marie,* b [5] 21 janvier 1687 ; s 16 juillet 1717, à Montreal. —*Anne,* b [5] 12 janvier 1697 ; m [5] 14 oct. 1726, à Charles DENEAU ; s [5] 28 sept. 1739. — *Jeanne,* b [5] 14 avril 1699, m [5] 1er mai 1729, à Joseph BEAUVAIS, s [5] 24 mars 1732.

1699, (20 sept.) [5]

2° PERRAS, Marguerite, [PIERRE I. b 1661 ; veuve de Pierre Poupart.

Marie-Angélique, b [5] 30 avril 1703.—*François,* b [5] 13 juillet 1704 ; 1° m [5] 14 mai 1731, à Agnès LAMARQUE ; 2° m 14 janvier 1755, à Marie JARED, à St-Constant [6] ; s [6] 13 dec. 1756.—*Marie-Joseph,* b... m [5] 6 sept 1726, à Pierre LEMIEUX.

1708, (23 juillet) Varennes. [7]

3° BRUNEL, Angelique, [JACQUES I. b 1687 ; s [5] 21 dec. 1711.

Jean, b [5] 26 juillet et s [5] 1er août 1710.

1712, (24 nov.) [7]

4° PETIT, Françoise, [NICOLAS I. b 1671 ; veuve de Leonard Lalue.

Paul, b... m [7] 31 oct. 1745, à Louise DAULT.

1685, (25 nov.) Montréal. [2]

II.—DUMAY (3), MICHEL, [ANDRÉ I b 1663.

JETTÉ (4), Elisabeth, [URBAIN I. b 1667.

Catherine, b [2] 16 mai 1687 ; m [2] 10 avril 1708, à Pierre PAYET.

(1) Et Dumets.
(2) Voy. vol. I, p. 212.
(3) Et Dumets ; voy. vol. I, p. 212.
(4) Et Dumets ; voy. vol. I, p. 212. Frère d'André.

(1) Et Dumets dit Montfort, voy. vol. I, p. 212.
(2) Voy vol I, p. 212.
(3) Et Dumets ; voy. vol. I, p. 212.
(4) Elle épouse, le 25 oct. 1688, Jacques Barré, à Montréal.

1686, (25 février) Pte-aux-Trembles, M.[6]

II.—DUMAY (1), JEAN-BTE, [ANDRÉ I.
b 1661 ; s avant 1723.
MASTA (2), Cunegonde, [MATHURIN I.
b 1666.

Marguerite, b 11 janvier 1687, à Montréal [7] ; m [7] 12 juin 1706, à André BOMBARDIER.—*Marie-Anne*, b [7] 8 avril 1689 ; m [6] 15 nov. 1706, à Robert CHARTIER.—*Marie-Anne*, b... sœur Ste-Catherine, Congregation N.-D. ; s [7] 16 dec. 1749.—*Jean*, b [7] 18 dec. 1690 ; m 1721, à Marie-Anne DESROCHES.—*Marie-Charlotte*, b... m à Pierre-Louis CHAUDILLON.

1686, (2 sept.) Montréal.[8]

II.—DUMAY (3), ANDRÉ, [ANDRÉ I.
b 1659; s [8] 17 janvier 1707.
JETTÉ, Anne, [URBAIN I.
b 1670 ; s [8] 15 fevrier 1746.

André, b [8] 17 sept. 1688 ; 1° m [8] 11 nov. 1720, à Elisabeth CARON ; 2° m [8] 21 fevrier 1735, à Marie-Therèse JOLIET.—*Catherine*, b [6] 10 janvier 1692, m [8] 19 nov. 1713, à Pierre HUBERT-LACROIX.—*François*, b [8] 25 sept. 1693, m [8] 25 nov. 1726, à Marie-Suzanne HAREL. — *Joseph*, b [8] 11 oct. 1695 ; m [8] 11 janvier 1723, à Marie-Joseph VIGER.—*Pierre*, b [8] 29 juin 1697 ; m [8] 6 oct. 1727, à Marie-Anne PRUDHOMME.—*Anne*, b [8] 14 mars 1700, m [8] 28 fevrier 1724, à Jacques BAU.—*Michel*, b [8] 15 mai 1702 ; s [8] 31 mars 1736.—*Marie-Madeleine*, b [8] 25 mars 1704 ; m [8] 7 nov. 1729, à Paschal HAREL.—*Marie-Françoise*, b [8] 12 fevrier 1706, m [8] 20 oct. 1732, à François LEBEAU. — *Louise* (posthume), b [8] 11 août et s [8] 3 sept. 1707.

1686, (25 nov.) Boucherville.[4]

II.—DUMAY (4), ETIENNE, [ETIENNE I.
b 1656 ; s [4] 15 sept. 1702.
MÉNARD (5), Jeanne-Françoise, [JACQUES I.
b 1669.

Marie-Angélique, b 18 janvier 1688, à Laprairie ; m [4] 22 nov. 1705, à Laurent LEVEILLÉ. — *Marguerite*, b [4] 28 sept. 1691 ; m [4] 2 dec. 1714, à Jean PREVOST.—*Etienne*, b [4] 6 fevrier 1694 ; m [4] 3 fevrier 1722, à Françoise VIGER.—*Marie*, b... 1° m à Jean-Baptiste LÉVEILLÉ ; 2° m [4] 26 nov. 1711, à Louis RENAUD. — *Jeanne*, b [4] 9 dec. 1698 ; m [4] 25 avril 1718, à Jacques ROBERT.—*Joseph*, b [4] 19 juillet 1701 ; s [4] 2 avril 1723.

1688, (21 avril) Laprairie.[6]

II.—DUMAY (6), EUSTACHE, [ETIENNE I.
b 1661 ; s 20 mars 1707, à Montreal.[5]
PERRAS, Catherine, [PIERRE I.
b 1670 ; s 8 janvier 1750, à Longueuil.[7]

Marie, b [6] 10 janvier 1690 ; m [6] 16 juin 1715, à Pierre DUMAS. — *Catherine*, b [6] 24 juin 1693. 1° m [6] 28 mai 1714, à Jean LAROCHE ; 2° m [6] 18 juin 1726, à Guillaume SOUCY. — *Marie-Anne*, b [6] 13 avril 1698 ; s [5] 2 sept. 1719. — *Eustache*, b [6] 21 mars 1700 ; m [7] 22 janvier 1725, à Jeanne MARSIL. —*Pierre*, b [6] 30 avril 1703 ; m à Madeleine LAGARDE.—*Angélique*, b [6] 13 août 1704 ; m [7] 8 janvier 1724, à Nicolas VARIN. — *Joseph*, b [6] 9 mai 1706 ; s [7] 13 janvier 1727.

(1) Et Demers ; voy. vol I, p. 213.

(2) Elle épouse, plus tard, Joseph Dambournay.

(3) Et Dumets ; voy. vol. I, p. 213.

(4) Et Dumais ; voy. vol. I, p. 213.

(5) Elle epouse, le 6 dec. 1706, Jean-Baptiste Lachaise, à Boucherville.

(6) Voy. vol. I, p. 213.

1689, (17 fevrier) Pte-aux-Trembles, M.[6]

II.—DUMAY (1), CHARLES, [ANDRÉ I.
b 1667 ; s 23 janvier 1749, à Montreal.[7]
1° PAPIN, Elisabeth, [PIERRE I.
b 1671 ; s avant 1707.

Ursule, b [7] 12 janvier 1691 ; m [7] 31 mai 1719, à Louis MÉNARD. — *Madeleine*, b [7] 14 oct. 1694, m [7] 15 nov. 1711, à Joseph ROBERT. — *Nicolas*, b 1698 ; m [6] 1er fevrier 1723, à Françoise CADIEU. —*Charles*, b [7] 13 avril 1700 ; 1° m [7] 26 août 1722, à Therèse POUGET ; 2° m à Marie-Charlotte DURAND ; 3° m 5 février 1753, à Marie-Charlotte GAUTIER, à Lavaltrie. — *Elisabeth*, b [7] 3 avril 1704, m [7] 2 dec. 1724, à Charles DROUILLARD ; s [7] 29 juillet 1750.—*Angelique*, b [7] 5 mars 1706.

1707, (9 oct.)[7]

2° JETTÉ, Catherine, [URBAIN I.
b 1661 ; veuve de Guillaume Gournay ; s [7] 5 sept. 1717.

1719, (23 avril).[7]

3° CAUCHON-BLÉRY, Madeleine, [RENÉ I.
b 1683 ; veuve de Charles Montendre ; s 7 sept. 1758, à l'Hôpital-Genéral, M.

Marie-Joseph, b [7] 12 mai 1720 ; m [7] 10 fevrier 1744, à Louis GUILBAUT. — *Charles*, b [7] 4 et s [7] 5 fevrier 1722.—*Marie-Madeleine*, b [7] 23 mai 1724 ; m [7] 21 janvier 1754, à Vincent CONSTANTIN.

1691.

II.—DUMAY (2), PIERRE, [JEAN I.
b 1663.
1° POULIOT, Jeanne, [CHARLES I.
b 1678.

Jean-Baptiste, b 1691, m 1710, à Marie-Anne HOUDE ; s 1er août 1715, à St-Nicolas.[1] — *Marie-Françoise*, b 25 déc. 1692, à Quebec ; m [1] 30 janvier 1713, à Jean-Baptiste HOUDE ; s 9 janvier 1765, à St-Antoine-Tilly.[2] — *Pierre*, b 1700 ; m [2] 12 août 1726, à Marie-Françoise HOUDE ; s [2] 27 mai 1740.

1703, (16 juillet) Lotbinière.

2° HOUDE (3), Marie-Jeanne, [JEAN II.
b 1685.

Marie-Angélique, b [2] 6 mars 1707 ; s [1] 8 juillet 1725.—*Charles*, b [2] 10 avril 1708. — *Marie-Françoise*, b [1] 19 fevrier 1713. — *Marie-Anne*, b... m 22 janvier 1725, à Louis DURAND, à Sorel.

1694, (26 avril) Montréal.[4]

II.—DUMAY (4), ROBERT, [ANDRÉ I.
b 1671 ; s [4] 23 mai 1741.
JETTE, Madeleine, [URBAIN I.
b 1673 ; s [4] 10 juillet 1737.

(1) Et Dumets—Demers—Dessermons.

(2) Et Demers.

(3) Elle epouse, le 4 mars 1715, Jean Magnan, a St-Antoine-Tilly.

(4) Et Dumets—Demers—Chefdeville ; voy. vol. I, p. 213

Catherine, b... m [4] 9 février 1728, à Joseph POIRIER.—*Marie-Madeleine*, b [4] 28 février 1697; m [4] 18 juin 1726, à François POIRIER.—*Catherine*, b [4] 2 août 1698, sœur de la charité; s 22 août 1785, à l'Hôpital-Géneral, M. — *Michel*, b [4] 18 août 1702; m 2 mai 1730, à Madeleine POIRIER, à Boucherville.[3] — *Joseph*, b [4] 29 juillet 1704; m [3] 6 février 1731, à Marie-Joseph POIRIER. — *Anne*, b [4] 21 fevrier 1706; m [4] 16 juin 1732, à René DROUILLARD; s [4] 7 juin 1745. — *Marie-Ursule*, b [4] 17 juin 1707; m [4] 11 février 1732, à Charles POIRIER.—*Henri*, b [4] 14 déc. 1708; m [3] 7 février 1735, à Thérèse POIRIER.— *Marie-Joseph*, b [4] 21 avril 1710; m 14 avril 1749, à Louis LÉTOURNEAU, à St-Antoine-de-Chambly. — *François*, b [4] 6 mars 1712; m 1731, à Marie-Anne LANTIER. — *Jean-Baptiste*, b [4] 15 et s [4] 26 juillet 1713. — *Jean-Baptiste*, b [4] 3 janvier 1715, s [4] 22 janvier 1716. — *Marie-Angélique*, b [4] 8 et s [4] 11 mars 1717.

1694.

II.—DUMAY (1), RENÉ, [JEAN I.
b 1667; s 21 déc. 1729, à St-Nicolas.[5]
1° DUBOIS, Anne, [FRANÇOIS I.
b 1673; s [5] 8 fevrier 1712.

Geneviève, b... m [5] 5 fevrier 1714, à Jean-François GRENON; s [5] 2 mai 1718.—*René*, b 1696, s [5] 17 dec. 1708. — *Pierre*, b [5] 29 mars 1701; s [5] 1er mai 1703.—*Marie-Anne*, b 29 mai 1703, à Ste-Foye; m [5] 19 août 1726, à Joseph HOUDE.— *François*, b [5] 15 avril 1705, m 23 oct. 1730, à Marie-Madeleine GAGNON, au Château-Richer[6]; s [5] 2 dec. 1742.—*Pierre*, b 1706; s [5] 17 dec. 1708. —*Joseph*, b 1707; m [5] 21 fevrier 1729, à Françoise BOUCHER; s [5] 1er mai 1731. — *Michel*, b... 1° m [6] 9 fevrier 1733, à Marguerite GAGNON, 2° m 17 août 1739, à Marie-Anne GINGRAS, à St-Augustin; s [5] 17 nov. 1759.

1714, (5 février).[5]

2° DELAVOYE (2), Marie-Madeleine, [JEAN II.
b 1691, s 1er avril 1758, à Quebec.

Anonyme, b [5] et s [5] 19 dec. 1714.—*Joseph*, b 15 à St-Antoine-Tilly [7] et s [5] 20 mars 1716.—*Louis-René*, b [7] 29 mars 1717.—*Marie-Angélique*, b [5] 12 avril 1719; m [5] 19 août 1742, à Antoine GRENIER. —*Marie-Madeleine*, b [5] 12 avril 1719, m [5] 19 août 1748, à Joseph HOUDE. — *François*, b [6] 20 avril 1721; m [5] 21 juin 1750, à Genevieve GAGNON. — *Marie-Marguerite*, b [5] 2 mai 1723, m [6] 20 juillet 1750, à Joseph LOIGNON.—*Marie-Joseph*, b [6] 21 oct. 1725, 1° m 1745, à Charles GESSERON, 2° m 12 février 1766, à Ambroise LECOURS, à Lévis.— *Hélène*, b... m à Joseph GESSERON.— *Louis*, b [5] 15 février 1728.

1694, (3 nov.) Québec.

II.—DUMAY (3), EUSTACHE, [JEAN I.
b 1665; s 15 dec. 1708, à St-Nicolas.[9]
DUBOIS, Marie, [FRANÇOIS I.
b 1676.

Nicolas, b [9] 18 sept. 1696; m 30 juin 1750, à Suzanne CARDINAL, à Ste-Geneviève, M. — *Jean-Baptiste*, b [9] 26 oct. 1698; m 1730, à Marie-Anne LAUZON.—*François-de-Sales*, b [9] 13 avril 1701.— *Marie-Françoise*, b [9] 13 avril 1701; m 1722, à Thomas BONNEAU.—*Joseph*, b [9] 18 fevrier 1704; m [9] 27 août 1725, à Therèse BOUCHER. — *Marie-Thérèse*, b [9] 7 fevrier 1706; m 7 mai 1731, à Jean-Baptiste MAILHOT, à Montréal.

1696, (2 mai) Ste-Famille, I. O.

II.—DUMAY (1), JEAN, [JEAN I.
b 1661; s 11 juillet 1736, à Québec.[3]
LARRIVÉE, Jeanne, [JEAN I.
b 1669.

Louis, b [3] 15 nov. 1703; m 11 février 1730, à Thérèse GAGNON, au Château-Richer.—*René*, b... m [3] 27 juillet 1745, à Marie-Louise DAVID.

1698, (19 juin) Montreal.[8]

I.—DUMAY (2), CLAUDE,
b 1668.
DAGENAIS, Marie-Cecile, [PIERRE I.
b 1670.

Claude, b [8] 17 mars 1699; s [8] 18 mai 1708.— *Marie-Charlotte*, b 1700.—*René*, b 5 mai 1701, à Repentigny; s 24 avril 1703, à St-François, I. J.[2] —*Joseph*, b [2] 10 juin 1703. — *Gilles*, b [3] 8 juillet 1708. — *Jean-Baptiste*, b [3] 28 juillet 1710, m 7 janvier 1754, à Geneviève CATY, à la Pte-aux-Trembles, M.

1699.

II.—DUMAY, FRANÇOIS, [JEAN I.
b 1658.
ROANES, Jeanne, [FRANÇOIS I.
veuve d'Etienne Bisaillon; s 4 déc. 1738, à Laprairie [3]

René, b [3] 25 février 1702. — *Pierre*, b [3] 8 juin 1704; m 6 avril 1728, à Angélique GERVAIS, à Longueuil, s [3] 5 mai 1730.

1700, (3 mai) Ste-Famille, I. O.

II.—DUMAY (3), NICOLAS, [JEAN I.
b 1677, s 17 dec. 1740, à St-Nicolas.[8]
ROCHERON, Anne, [GERVAIS I.
b 1681; s [8] 28 mars 1755.

Michel, b [8] 13 mars 1701, m 11 février 1726, à Marguerite GAGNON, au Château-Richer; s [8] 16 déc. 1749. — *Marie-Anne*, b [8] 6 déc. 1702; s [8] 20 février 1703. — *Angélique*, b [8] 18 juillet 1704. — *Joseph*, b [8] 7 mars 1706; 1° m 29 oct. 1732, à Marie-Joseph GINGRAS, à St-Augustin; 2° m [8] 30 oct. 1758, à Catherine GRENIER. — *Marie-Louise*, b [8] 26 oct. 1707; s [8] 30 sept. 1714. — *Marie-Anne*, b [8] 8 janvier 1709; m [8] 5 mai 1732, à François BOUCHER. — *Marie-Françoise*, b [8] 26 sept. 1710; m [8] 13 avril 1739, à Bonaventure GAGNON.— *Marie-Thérèse*, b [8] 2 fevrier 1713; s [8] 26 sept. 1714. — *Charles*, b [8] 9 sept. 1714; m 16 fevrier 1740, à Marie-Françoise HUARD, à Levis. — *Jean-Baptiste*, b [8] 30 mai 1716; m [8] 20 nov. 1741, à

(1) Voy. vol. I, p. 213.
(2) Dit Lacroix, 1717.
(3) Et Demers, voy. vol. I, p. 213.

(1) Et Demers; voy. vol. I, p. 213
(2) Et Dumets dit Lafeuillade; voy. vol. I, p. 212.
(3) Et Dumets.

Marie-Madeleine Hamel. — *François*, b[8] 3 déc. 1717 ; s[8] 30 janvier 1718.—*Marie-Marguerite*, b[8] 29 avril 1719 ; m[8] 25 nov. 1736, à Joseph Dubois ; s[8] 3 juillet 1750.—*Marie-Louise*, b[8] 3 juillet 1720 ; m[8] 7 oct. 1743, à Nicolas Rousseau.— *Jean-Baptiste-Nicolas*, b[8] 12 janvier 1722. — *Jean-François*, b[8] 11 janvier 1724 ; m 24 juillet 1747, à Marie-Anne Baricour, à Ste-Anne-de-la-Perade — *Marguerite*, b[8] 10 août 1726, m[8] 30 sept. 1748, à Alexis Gautier.

1704, (25 oct.) Islet.[8]

I.—DUMAY (1), Jean, b 1664 ; de St-Pierre, diocèse de Limoges, Limousin ; s[8] 25 janvier 1712.
Tibaut (2), Marie-Anne, [François I. b 1684.

Anonyme, b[8] et s[8] 9 janvier 1707.—*Agnès*, b[8] 5 mars 1708 ; m 16 sept. 1729, à Joseph Lemarie, à Quebec — *Anonyme*, b[8] et s[8] 15 janvier 1711.

1710.

III.—DUMAY (3), Jean-Bte, [Pierre II. b 1691 ; s 1er août 1715, à St-Nicolas.[6]
Houde, Marie-Anne, [Gervais II b 1693.

Marie-Anne, b 1710 ; 1° m à Joseph Houde, 2° m 13 avril 1733, à Pierre Morisset, à Ste-Croix[7] ; s[7] 27 mai 1758. — *Marie-Madeleine*, b[6] 23 nov. 1715.

1717, (31 mars) Longueuil[6]

III.—DUMAY, Pierre, [Joseph II b 1684.
Gouyou (4), Madeleine, [Guillaume I b 1696.

Pierre, b[6] 2 janvier 1718 ; s 13 mars 1732, à Laprairie.[7] — *Marie-Madeleine*, b[7] 9 janvier 1721 ; m[7] 24 oct 1740, à Louis Lefebvre.— *Jeanne*, b[7] 16 juillet 1722.— *Joseph-Marie*, b[7] 10 oct. 1723.

1719, (30 janvier) Laprairie.[9]

III.—DUMAY (3), Jacques, [Joseph II. b 1689.
Brosseau, Marie, [Pierre II. b 1699.

Jacques, b[9] 14 déc. 1719 ; m 21 juillet 1744, à Madeleine Chevalier, à Mackinac ; s 7 dec. 1760 (5), au Detroit.—*Marie-Joseph*, b[9] 30 avril 1721 ; s[9] 23 fevrier 1742.—*Pierre*, b[9] 11 janvier 1722. — *Marie-Joseph*, b[9] 15 avril 1724 ; m[9] 26 nov. 1742, à Julien Rousseau.— *Marie-Anne*, b[9] 6 sept. 1725 ; m[9] 15 janvier 1748, à Jean-Baptiste Gervais.—*Marie-Madeleine*, b... m[9] 15 janvier 1748, à Louis Gervais.—*Louis*, b[9] 6 juillet et s[9] 12 août 1729.—*Elisabeth*, b[9] 19 nov 1730, m 5 mai 1758, à Charles Campagnac, à Montreal. — *François-Marie*, b[9] 11 fevrier 1732 ; m[9] 1er juillet 1754, à Marie-Amable Herve. — *Marie-Françoise*, b[9] 20 février 1733 ; m[9] 4 février 1754, à Ange Lafetière.— *Marguerite*, b[9] 5 et s[9] 10 fevrier 1734. — *Marie-Marguerite*, b[9] 4 avril et s[9] 4 mai 1735.—*Marie-Catherine*, b[9] 6 juin et s[9] 14 août 1736. — *Marie-Geneviève*, b[9] 24 nov. 1737. — *Joseph-Marie*, b[9] 1er mai et s[9] 19 août 1741.

1720, (15 avril) Laprairie.[9]

III.—DUMAY (1), Jean-Frs, [François II. b 1700.
Deneau, Marie-Joseph, [Jacques II. b 1702.

Marie-Joseph, b[9] 7 février 1721 ; s[9] 7 avril 1733. — *Pierre*, b[9] 4 mai 1723 ; 1° m 21 mars 1747, à Marie-Joseph Rufiange, à Châteauguay ; 2° m[9] 14 janvier 1755, à Barbe Herlain.—*François-Marie*, b[9] 23 janvier 1725 ; m 1746, à Marie-Joseph Larocque. — *Jérémie*, b[9] et s[9] 27 sept. 1726.—*Ursule-Véronique*, b[9] 25 sept. 1727 ; m[9] 20 janvier 1749, à Jacques Hertaut.—*Marie-Marguerite*, b[9] 4 avril 1731. — *François-André*, b[9] 21 mai 1732. — *François-Marie*, b[9] 24 sept. 1733.— *Marie-Joseph*, b[9] 11 mars 1735.—*René-Ambroise*, b[9] 7 dec. 1737. — *Marie-Anne*, b[9] 7 mars et s[9] 23 août 1739. — *Catherine*, b[9] 29 mai 1740 ; m[9] 18 fevrier 1760, à Joseph Roussin. —*Louis-Marie*, b[9] 19 et s[9] 29 juin 1741.—*Marie-Madeleine*, b[9] 31 juillet et s[9] 11 août 1743.

1720, (11 nov.) Montréal.[1]

III.—DUMAY (2), André, [André II. b 1688.
1° Caron, Elisabeth, [Claude II. b 1700.

André, b[1] 12 fevrier et s[1] 17 sept. 1722. — *Anne-Elisabeth*, b[1] 25 fevrier 1723. — *Marie-Joseph*, b[1] 20 fevrier et s[1] 16 mars 1724. — *Marie-Anne*, b 1724 ; m[1] 12 janvier 1750, à Pierre Chartran. — *Claude*, b[1] 22 mars et s[1] 29 oct. 1725.—*Michel*, b[1] 30 sept. 1726 ; s 7 déc. 1806, à l'Hôpital-Géneral, M.—*Marie-Madeleine*, b 1727, s[1] 13 dec. 1746. — *Jacques-Amable*, b[1] 9 oct. 1728 ; m[1] 22 nov. 1756, à Marie-Archange Hobertin. — *Marie-Joseph*, b[1] 1er et s[1] 9 mai 1730.

1735, (21 fevrier).[1]

2° Joliet, Therese, [Jean III. b 1702 ; s 20 juin 1740, au Cap-de-la-Madeleine.[2]

Marie-Françoise, b[1] 12 mars 1736 ; m[1] 14 nov. 1757, à Simon Cartier.—*Marie-Joseph-Amable*, b[2] 11 juin 1740 ; s[2] 3 avril 1741.

1721.

III.—DUMAY, Jean, [Jean-Bte II. b 1690.
Desroches, Marie-Anne.

Jean-Baptiste, b 17 juillet et s 1er août 1722, à la Pte-aux-Trembles, M.[3] — *Alexis*, b[3] 17 et s[3] 19 juillet 1722.

(1) Et Dumais.
(2) Elle epouse, le 9 sept. 1717, Jean Dirigoyen, à Quebec.
(3) Et Demers.
(4) Dit Lagarde.
(5) Tué par un sauvage.

(1) Et Demers—Dumest.
(2) Et Demers.

1722, (3 fevrier) Boucherville. [5]

III.—DUMAY (1), ETIENNE, [ETIENNE II.
b 1694.
VIGER, Françoise, [FRANÇOIS II.
b 1704.
Antoine, b [5] 15 février 1723.—*Marie-Françoise*, b [5] 4 et s [5] 25 mars 1725. — *Marie-Françoise*, b [5] 1er juillet 1726; m [5] 15 mai 1747, à Joseph CRISTIN. — *Marie-Joseph*, b... m [5] 8 janvier 1748, à Joseph BENOIT.—*Etienne*, b 1728; m [5] 28 janvier 1749, à Marguerite AMIOT.— *Marie-Isabelle*, b... m [5] 11 janvier 1751, à Augustin QUINTAL. — *Joseph*, b... m [5] 6 fevrier 1764, à Marie-Joseph CHARON.

1722, (9 fevrier) Laprairie. [8]

III.—DUMAY (1), MAURICE, [ETIENNE II.
b 1701.
BOYER, Marie, [ANTOINE II.
b 1701; s 6 nov. 1766, à St-Philippe.[6]
Joseph, b [5] 18 déc. 1722; s 6 mars 1730, à Longueuil. [2]—*Pierre*, b [2] 7 sept. 1724 —*Antoine*, b [2] 28 avril 1726, s [2] 9 nov. 1746. — *Marguerite*, b [5] 22 oct. 1729; s [2] 2 mai 1731.— *Eustache-Laurent*, b [2] 10 août 1731; 1° m 1753, à Marie-Louise LERIGER; 2° m 1756, à Marie-Anne CIRCÉ, s [6] 30 janvier 1763.—*Marie-Amable*, b [2] 7 juin 1733; m 8 janvier 1753, à Charles BONHOMME, à St-Constant [4]; s [4] 13 mai 1751.—*Joseph*, b [2] 31 janvier 1735; m à Apolline HERTAUT. —*Charles-Amable*, b [2] 22 juin et s [2] 30 juillet 1738.

1722, (26 août) Montreal.

III.—DUMAY (2), CHARLES, [CHARLES II.
b 1700.
1° POUGET, Therèse, [JEAN I.
b 1702.
Charles, b 1723; m 1750, à Marie DUBORD.
2° DURAND, Marie-Charlotte,
b 1713; s 6 mai 1752, à Lanoraie. [3]
Marie-Joseph, b [3] 6 sept. 1735, m [3] 1er février 1759, à François GAUTIER. — *Marie-Angélique*, b... m [3] 17 juillet 1752, à Charles GERBAUT.—*Charlotte*, b... m [3] 13 juillet 1761, à Pierre AUBIN.—*Marie-Marguerite*, b [3] 28 avril et s [3] 25 mai 1752.
1753, (5 février) Lavaltrie.
3° GAUTIER, Marie-Charlotte, [JEAN-BTE II.
veuve de Michel Vaudry.

1723, (11 janvier) Montreal [5]

III.—DUMAY (3), JOSEPH, [ANDRÉ II.
b 1695.
VIGER, Marie-Joseph, [JACQUES II.
b 1700.
Joseph-Marie, b [5] 18 juillet 1724. — *Pierre-Amable*, b [5] 9 oct. 1726, s [5] 23 janvier 1727.—*Marie-Amable*, b [5] 18 oct. 1729; s [5] 19 avril 1730. —*Marie-Joseph*, b [5] 20 dec. 1730. — *Angélique*, b 1734; s [5] 13 mars 1738. — *Jean-Baptiste*, b [5] 15 juillet 1735. — *Marie-Joseph*, b [5] 7 juillet et s [5] 7 sept. 1737.—*Marie-Jeanne*, b [5] 21 mars 1739.

(1) Et Dumets
(2) Et Demers—Donay.
(3) Et Demers.

1723, (1er fevrier) Pte-aux-Trembles, M. [5]

III.—DUMAY, NICOLAS, [CHARLES II
b 1698.
CADIEU, Marie-Françoise, [PIERRE II.
b 1703; s 11 mai 1749, à Ste-Geneviève, M.[9]
Marie-Françoise, b [5] 29 nov. 1723; m [9] 10 avril 1747, à François ROY.—*Marie-Thérèse*, b 15 juillet 1725, à St-Ours.—*Antoine*, b 1727; m 4 avril 1758, à Marie-Joseph LANGLOIS, à St-Laurent, M.—*Pierre-Joseph*, b 18 fevrier 1733, à Lavaltrie; s [9] 3 juillet 1756. — *Madeleine*, b 1736; m 22 juillet 1754, à Jean RODIER, à Montréal. — *Pierre-Amable*, b [9] 8 fevrier 1741.—*Nicolas*, b [9] et s [9] 12 sept. 1742.—*Geneviève*, b [9] 12 mai et s [9] 25 juin 1743 —*Nicolas*, b [9] 10 juin et s [9] 8 juillet 1744.—*Jean-Baptiste*, b [9] 6 nov. 1745. — *Marie-Geneviève*, b [9] 1er avril 1747.— *Gabriel-Archange*, b [9] 2 et s [9] 23 mai 1749.

I.—DUMAY (1), ANDRÉ,
s avant 1760
LEVRON, Marie-Anne, [JOSEPH I
s avant 1760.
Michel, b 1725; m 4 février 1760, à Louise DUMOUCHEL, à Montréal.

1725, (22 janvier) Longueuil. [6]

III.—DUMAY, EUSTACHE, [EUSTACHE II.
b 1700.
MARSIL, Jeanne, [CHARLES II.
b 1707
Marie-Catherine, b [6] 24 janvier 1728; m [6] 27 nov. 1747, à Jacques DENIAU.—*Marie-Jeanne*, b [6] 15 avril 1730; s [6] 15 avril 1732. — *Jeanne*, b 15 juillet 1732, à Laprairie. — *Anne-Amable*, b [6] 29 mai 1734; s 4 août 1735, à Montréal.[5]—*Eustache*, b [5] 8 nov. 1735; s [6] 30 janvier 1736.—*Pierre-Eustache*, b [5] 19 et s [5] 30 juillet 1737.—*Marie-Joseph*, b [6] 24 mars 1739.—*Eustache*, b [6] 20 nov. 1740, s [6] 20 nov. 1746.—*Joseph-Marie*, b [6] 21 oct. 1742.—*Marie-Amable*, b 1747; s [6] 18 mai 1748.

1725, (27 août) St-Nicolas.[6]

III.—DUMAY (1), JOSEPH, [EUSTACHE II.
b 1704.
BOUCHER (2), Therèse, [DENIS III.
b 1712.
Marguerite, b [6] 27 sept. 1728; m [6] 15 fevrier 1751, à François LAMBERT.— *Denis-Joseph*, b [6] 9 oct. 1733; s [6] 14 juin 1753. — *François*, b [6] 24 août 1735; m [6] 9 fevrier 1759, à Angelique LOIGNON.—*Augustin*, b [6] 1er sept. 1737.—*Marie-Thérèse*, b [6] 10 mai 1739.—*Marie-Jeanne*, b [6] 17 juillet et s [6] 12 nov. 1740. — *Marie-Louise*, b [6] 3 mars 1743; m [6] 12 janvier 1761, à Jean CROTEAU.—*Marie-Thérèse* (posthume), b [6] 27 avril et s [6] 2 juin 1744.

(1) Et Demers.
(2) Elle épouse, le 18 mars 1743, Louis Bourgouin, à St-Nicolas.

1726, (11 février) Château-Richer.
III.—DUMAY (1), MICHEL, [NICOLAS II.
b 1701 ; s 16 déc. 1749, à St-Nicolas.[1]
GAGNON (2), Marguerite, [FRANÇOIS III.
b 1701.
Marguerite, b... m[1] 2 mai 1743, à Jean-Marie HUARD. — *Madeleine*, b[1] 30 mai et s[1] 18 août 1729.—*Louis*, b... m 23 sept. 1752, à Marie-Anne MARTEL, à Ste-Croix.—*Marie-Madeleine*, b[1] 26 déc. 1736 ; m[1] 15 février 1762, à Etienne PAQUET. — *Marie-Catherine*, b[1] 14 déc. 1738. — *Marie-Hélène*, b[1] 19 sept. 1740 ; s[1] 28 janvier 1741.— *Marie*, b... m[1] 25 nov. 1760, à Michel BERGERON. —*Michel*, b[1] 24 avril 1748 ; m 30 juin 1766, à Charlotte AUBIN, à St-Antoine-Tilly —*Geneviève-Angélique* (posthume), b[1] 11 et s[1] 28 mai 1750.

1726, (12 août) St-Antoine-Tilly.[4]
III.—DUMAY (1), PIERRE, [PIERRE II.
b 1700 ; s[4] 27 mai 1740.
HOUDE (3), Marie-Françoise, [JACQUES II.
b 1704.
Charlotte-Judith, b[4] 14 août 1726 ; s[4] 24 août 1746.—*Pierre*, b[4] 1er nov. 1727 ; m[4] 22 février 1751, à Marie-Françoise HAYOT. — *Marie-Françoise*, b[4] 6 nov. 1729 ; s[4] 25 sept. 1746.—*Joseph-Marie*, b[4] 30 mai et s[4] 6 août 1731. — *Marie-Joseph*, b[4] 24 août 1732 ; m[4] 14 février 1752, à François DUSSAULT. — *Jean-Joseph*, b[4] 21 mars 1734 ; m[4] 16 janvier 1758, à Marie-Geneviève DUSSAULT. — *Augustin*, b[4] 20 nov. 1735 ; s[4] 7 juillet 1738. — *Jean-Baptiste-Marie*, b[4] 8 avril 1738 ; s[4] 11 mai 1741. — *Louis-Marie*, b[4] 9 fevrier 1740 ; s[4] 17 mars 1743.

1726, (25 nov.) Montréal.[7]
III.—DUMAY (1), FRANÇOIS, [ANDRÉ II.
b 1693.
HAREL, Marie-Suzanne, [FRANÇOIS II.
b 1704.
Marie-Françoise, b[7] 31 oct. 1728 ; s[7] 6 février 1730. — *Pierre-Amable*, b[7] 10 fevrier et s[7] 19 sept. 1730. — *Marie-Joseph*, b 1731 ; s[7] 22 juin 1736.— *Marie-Barbe-Amable*, b 1732 ; m[7] 5 nov. 1750, à Mathurin MONDION. — *Elisabeth*, b[7] 16 oct. 1735 ; m[7] 12 juillet 1756, à Michel-Jean PERUS. — *Jean-Baptiste*, b[7] 7 août 1737, m[7] 6 oct. 1760, à Elisabeth SIMON. — *Etienne*, b[7] 10 mai et s[7] 26 juillet 1739. — *Marie-Françoise*, b[7] 18 janvier et s[7] 5 juin 1741.— *Pierre*, b[7] 9 juin 1742.—*Marie-Angelique*, b[7] 19 mai 1744.—*Marie-Marguerite*, b[7] 18 et s[7] 27 juin 1748.

1727, (6 oct.) Montréal.[2]
III.—DUMAY (1), PIERRE, [ANDRÉ II.
b 1697.
PRUDHOMME, Marie-Anne, [FRANÇOIS II.
b 1699.
Marie-Madeleine, b[2] 14 sept. 1728. — *Marie-Joseph*, b[2] 22 et s[2] 25 avril 1730.— *Marie-Anne*, b 1731 ; m[2] 9 février 1750, à Pierre POUPART.— *Marie-Joseph*, b 1735 ; m[2] 11 février 1760, à Antoine SENET.— *Etienne*, b[2] 12 sept. 1736. m[2] 20 nov. 1758, à Françoise CARON. — *Pierre*, b[2] 2 sept. 1738.— *François-Amable*, b[2] 12 août 1744.

III.—DUMAY, JEAN-BTE, [EUSTACHE II.
b 1698.
LAUZON, Marie-Anne, [MICHEL II.
b 1704.
Michel, b... m 12 janvier 1750, à Françoise LACOMBE, à Ste-Geneviève, M.[9] — *Geneviève*, b... m[9] 8 janvier 1753, à Joseph LEFEBVRE. — *Raphaël*, b 1730, m[9] 1er mars 1756, à Marie-Joseph LABERGE. — *Jean-Baptiste*, b... m[9] 7 nov. 1757, à Ursule BEAUNE.—*Suzanne*, b... m[9] 31 janvier 1758, à Joseph DUBÉ. — *Marie-Catherine*, b... m[9] 19 fevrier 1759, à Jean-Baptiste PROU.— *Gabriel-Eustache*, b[9] 13 mars 1741. — *Marie-Archange*, b[9] 17 mai 1743. — *François-Amable*, b[9] 26 mars 1746.

1728, (6 avril) Longueuil.[6]
III.—DUMAY (1), PIERRE, [FRANÇOIS II.
b 1704 ; s 5 mai 1730, à Laprairie.
GERVAIS (2), Angelique, [JEAN II.
b 1709.
Marie-Anne, b 11 juin 1729, à Laprairie ; m[6] 26 avril 1746, à Jean-Baptiste LANCTÔT.

1729, (21 fevrier) St-Nicolas.[3]
III.—DUMAY (1), JOSEPH-EUST., [RENÉ II.
b 1707 ; s[3] 1er mai 1731.
BOUCHER (3), Françoise, [IGNACE IV.
b 1710.
Joseph, b[3] 24 déc. 1730 ; m[3] 5 fevrier 1753, à Louise DUBOIS.— *Marie-Charlotte*, b[3] 29 janvier 1731 ; m[3] 14 février 1752, à Pierre CHENAY.

1730, (11 février) Château-Richer.
III.—DUMAY (1), LOUIS, [JEAN II.
b 1703.
GAGNON, Thérèse, [JEAN III.
b 1705.
Louis-Joseph, b 2 avril 1731, à St-Nicolas[7] ; 1° m 7 février 1752, à Geneviève HUARD, à Levis ; 2° m 16 juin 1761, à Marie-Françoise PAQUET, à St-Jean, I. O.—*Jean*, b[7] 1er janvier 1733.—*Marie-Joseph*, b[7] 13 janvier 1735. — *Charles-Sulpice*, b[7] 17 sept. 1737, s[7] 17 nov. 1758. — *Jacques-Augustin*, b[7] 2 juillet 1739.—*Joseph-Marie*, b 1741 ; m 28 sept. 1761, à Marie-Madeleine PAQUET, à St-Michel. — *Marie-Thérèse*, b[7] 11 mars 1743.— *Marie-Helène*, b[7] 15 janvier 1748.

1730, (2 mai) Boucherville.
III.—DUMAY (4), MICHEL, [ROBERT II.
b 1702.
POIRIER, Madeleine, [DANIEL II.
b 1701.

(1) Et Demers
(2) Elle épouse, le 4 sept. 1752, Joseph Bergeron, à St-Nicolas.
(3) Elle épouse, le 4 sept. 1741, François Lamotte, à St-Antoine-Tilly.

(1) Et Demers
(2) Elle epouse, le 27 juillet 1733, Jacques Supernant, à Longueuil.
(3) Elle épouse, le 29 avril 1732, Louis Bourassa, à St-Nicolas.
(4) Et Chedeville.

Michel, b 1732; m 17 janvier 1757, à Marie-Anne Brazeau, à Montréal. [1] — *Joseph*, b [1] 10 janvier 1733; m à Marie-Anne Lefebvre. — *Paul*, b [1] 3 et s [1] 10 avril 1734. — *Charles-Paschal*, b [1] 10 avril et s [1] 26 mai 1735. — *Suzanne*, b 1739; m [1] 17 janvier 1757, à Joseph Gauthier. — *Hyacinthe-Amable*, b [1] 11 mai et s [1] 24 juin 1744.

1730, (23 oct.) Château-Richer.

III.—DUMAY (1), François, [René II.
b 1705; s 2 déc. 1742, à St-Nicolas. [1]
Gagnon (2), Marie-Madeleine, [Jean III.
b 1713.

Marie-Madeleine, b [1] 26 nov. 1731, s [1] 14 juin 1733. — *Pierre*, né [1] 23 août 1733; b [1] 6 avril 1750 (3).—*François-Jérôme*, b [1] 14 juin 1735; m [1] 9 août 1762, à Marie-Anne Dauville. — *Marie-Thérèse*, b [1] 19 mars 1737.—*Louis-Augustin*, b [1] 8 déc. 1738; s [1] 3 janvier 1739. — *Jean-François*, b [1] 8 janvier 1740, m 27 oct. 1777, à Françoise Laguerre, à Ste-Anne-de-la-Pérade. — *Marie-Catherine*, b [1] 27 déc. 1741.

1731.

III.—DUMAY, François, [Robert II.
b 1712.
Lantier, Anne, [Jacques I.
b 1711; s 7 mai 1749, à Ste-Geneviève, M. [2]

Thérèse, b 1734; s [2] 2 dec. 1752 —*François*, b 1736; s [2] 14 mai 1750.—*Angélique*, b... m [2] 3 mai 1757, à François Liberson. — *Eustache-Amable*, b [2] 15 avril 1742.—*Geneviève-Amable*, b [2] 13 dec. 1744; s [2] 7 avril 1750.

1731, (6 février) Boucherville.

III.—DUMAY (4), Joseph, [Robert II.
b 1704.
Poirier, Marie-Joseph, [Daniel II.
b 1713; s 8 mars 1753, à St-Antoine-de-Chambly. [3]

Marie-Louise, b [3] 12 sept. 1747.—*Marie-Geneviève*, b [3] 18 mai et s [3] 15 juin 1749.—*Elisabeth*, b [3] 1er janvier 1751.—*Marie-Joseph*, b... m [3] 8 janvier 1757, à Claude-François Marguerite.—*Marie-Gertrude*, b... m [3] 20 oct. 1760, à Mathias Masselot.

1731, (14 mai) Laprairie. [4]

III.—DUMAY (1), François, [Joseph II.
s 13 dec. 1756, à St-Constant. [5]
1° Lamarque, Agnès, [Pierre I.
b 1709; s [5] 5 août 1753.

François, b [4] 26 juin et s [4] 30 août 1732.—*François*, b 1733; s [5] 4 janvier 1753.—*Joseph-Marie*, b [4] 16 fevrier 1734.—*Charles*, b [4] 20 janvier 1736.—*Marie-Françoise*, b [4] 7 sept. 1737; m [4] 14 janvier 1760, à Jacques Faille. — *Marie-Michelle*, b [4] 21 fevrier 1740; s [5] 20 janvier 1753.—*Agnès*, b [4] 26 déc. 1741.—*Louis*, b [4] 18 et s [4] 22 nov. 1743.—*Marie-Joseph*, b 1748; s [5] 22 mai 1753.

1755, (14 janvier). [5]

2° Jared (1), Marie, [Louis II.
b 1715; veuve de Jacques Mettay; s [5] 10 janvier 1761.

1731, (26 nov.) Montreal. [6]

III.—DUMAY (2), François, [Nicolas II.
b 1694.
Thunay (3), Marie-Catherine, [Ant.-Félix II.
b 1715.

Angélique, b 1732; m [6] 19 février 1748, à Joseph Parant.—*Antoine*, b [6] 17 avril 1735.—*Joseph*, b [6] 12 mars 1739; m [6] 13 oct. 1760, à Angélique Berthelet.

1732, (29 oct.) St-Augustin.

III.—DUMAY (4), Joseph, [Nicolas II.
b 1706.
1° Gingras, Marie-Joseph, [Pierre III.
b 1717; s 29 janvier 1758, à St-Nicolas. [7]

Joseph, b [7] 11 juin 1734; m [7] 30 oct. 1758, à Catherine Grenier. — *Pierre-Michel*, b [7] 14 mai 1736.—*Charles*, b [7] 17 sept. 1737; m [7] 4 avril 1758, à Catherine-Geneviève Gagnon. — *Marie-Joseph-Geneviève*, b [7] 1er mars 1739; m [7] 14 nov. 1757, à Etienne Martineau.—*Antoine*, b [7] 13 nov. 1740; m [7] 25 oct. 1762, à Judith Gagnon.—*Marie-Madeleine*, b [7] 24 fevrier 1743.—*Marie-Geneviève*, b [7] 2 juin 1748; s [7] 26 janvier 1749.—*Marie-Madeleine*, b [7] 31 dec. 1749; s [7] 10 janvier 1750.—*Louis*, b [7] 10 juin 1753; s [7] 13 juin 1754. —*Marie-Monique*, b [7] 20 mai 1756.—*Michel-Jean-Baptiste*, b 26, à St-Antoine-Tilly, et s [7] 29 janvier 1758.

1758, (30 oct.) [7]

2° Grenier, Catherine, [Louis III.
b 1731.

1733, (9 février) Château-Richer.

III.—DUMAY (5), Michel, [René II.
b 1698, s 17 nov. 1759, à St-Nicolas. [8]
1° Gagnon, Marguerite, [Jean III.
b 1715.

1739, (17 août) St-Augustin.

2° Gingras (6), Marie-Anne, [Pierre II.
b 1709.

Marguerite, b 1740; 1° m à Jean-Marie Renard; 2° m [8] 15 sept. 1760, à Etienne Demers. —*Marie-Anne*, b [8] 23 juillet 1741; m [8] 21 nov. 1757, à Pierre-Noël Fortier. — *Thérèse*, b [8] 13 juillet 1743; m [8] 24 nov. 1760, à Louis Grenier. —*Thomas-Louis*, b [8] 18 nov. 1748.—*Marie-Joseph*, b [8] 15 mars 1752.—*François*, b [8] 21 et s [8] 22 mars 1756.

---

(1) Et Demers.

(2) Elle épouse, le 29 juillet 1743, Charles Filteau, à St-Nicolas.

(3) Cérémonies du baptême suppléées.

(4) Et Demers—Dumets.

(1) Et Jarret.

(2) Et Demers dit Montfort.

(3) Dit Dufresne.

(4) Et Demers.

(5) Et Demers—Dumest.

(6) Elle épouse, le 22 nov. 1762, Jacques Baron, à St-Nicolas.

DUMAY (1), JOSEPH.
DUGUAY, Marie-Joseph.
Marie-Angélique-Amable, b 27 février 1734, à Montréal.

1735, (7 fevrier) Boucherville.
III.—DUMAY (2), HENRI, [ROBERT II.
b 1708.
POIRIER, Thérèse, [PHILIPPE II.
b 1713 ; s 22 fevrier 1753, à St-Antoine-de-Chambly [3]
Marie-Thérèse, b 2 janvier 1736, à Montréal; m [3] 24 nov 1760, à Augustin FOURNIER.—*Ursule*, b 1741 ; s [3] 6 sept. 1747. — *Marie-Rose-Amable*, b [3] 27 avril 1747. — *Marie-Amable*, b [3] 5 nov. 1748 ; s [3] 11 oct. 1750.—*Marie-Rose*, b [3] 7 mai et s [3] 15 août 1750. — *Louise-Madeleine*, b [3] 5 et s [3] 15 sept. 1751.—*Marie-Joseph*, b... s [3] 30 juin 1756.

1735, (15 février) Lévis. [9]
III.—DUMAY (1), LOUIS-JOSEPH, [JEAN II.
b 1711 ; s [9] 20 dec. 1749.
HUARD, Geneviève, [JEAN II.
b 1712; s [9] 12 janvier 1770.
Marie-Geneviève, b [9] 31 janvier 1736 ; 1° m [9] 2 oct. 1752, à Joseph DUSSAULT; 2° m [9] 25 oct. 1756, à Etienne PARADIS. — *Louis-Joseph*, b [9] 14 février 1738. — *Etienne*, b 1740, m 15 sept. 1760, à Marguerite DEMERS, à St-Nicolas.—*Marguerite*, b [9] 19 oct. 1745; m [9] 9 juillet 1764, à Louis PARADIS.

1739, (9 février) Lévis. [5]
III.—DUMAY (1), JEAN, [JEAN II.
b 1709.
DUSSAULT, Marie-Anne. [PIERRE III.
Jean-Baptiste, b [5] 10 janvier 1740, m [5] 1er mai 1764, à Veronique ROBERGE. — *Augustin*, b [5] 3 mars et s [5] 11 mai 1741. — *Marie-Anne*, b [5] 15 nov. 1742; m [5] 5 mars 1764, à Jean DUSSAULT.—*Charles*, b [5] 4 avril et s [5] 16 oct. 1744. — *Joseph*, b [5] 4 avril 1744. — *François*, b [5] 25 juillet 1745, s [5] 16 juillet 1764 (noye). — *Joseph*, b... s [5] 13 août 1748.—*Louis-Gaspard*, b [5] 6 janvier 1750.—*Joachim*, b [5] 3 mars 1751.— *Marie-Geneviève*, b [5] 1er juillet 1752, s [5] 12 mai 1756.—*Etienne*, b [5] 17 fevrier 1754.—*Marie-Louise*, b [5] 1er août 1755. — *Catherine*, b [5] 12 oct. 1756. — *Philippe*, b [5] 14 dec. 1757 ; s [5] 25 juin 1761.

1740, (16 fevrier) Lévis.
III.—DUMAY (1), CHARLES, [NICOLAS II.
b 1714.
HUARD, Marie-Françoise, [JEAN-BTE II
b 1717.
Charles, b 27 dec. 1741, à St-Nicolas.[1]—*Geneviève*, b [1] 27 juin 1743; s [1] 27 avril 1744.—*Marie-Angélique*, b [1] 19 nov. 1747.—*Marie-Véronique*, b [1] 28 nov. 1749.—*Thérèse*, b [1] 23 juillet 1751.—*Marguerite*, b [1] 16 mars 1753. — *Suzanne*, b [1] 22 fevrier et s [1] 26 août 1755.—*Marie-Louise*, b [1] 2 mai et s [1] 20 août 1756.

(1) Et Demers.
(2) Et Demers—Chefdeville.

1741, (20 nov.) St-Nicolas. [1]
III.—DUMAY (1), JEAN-BTE, [NICOLAS II
b 1716.
HAMEL, Marie-Madeleine, [JEAN II.
veuve de Louis Grenier.
Agathe, b... m [1] 23 août 1762, à François GAGNON.

1744, (21 juillet) Mackinac. [7]
IV.—DUMAY (2), JACQUES, [JACQUES III.
b 1719, s 7 dec. 1760, au Détroit. [8]
CHEVALIER, Marie-Madeleine, [JEAN-BTE II.
b 1724.
Madeleine, b 1745 ; m [8] 11 avril 1763, à Alexis CAMPEAU ; s [8] 30 juin 1795. — *Jacques*, b [7] et s [7] 28 fevrier 1748. — *Marie-Joseph*, b... m [8] 30 juin 1774, à Joseph ANDRÉ. — *Jean-Baptiste*, b [8] 4 juillet 1760.

1745, (26 avril) Kamouraska. [9]
I.—DUMAY (3), PIERRE, fils de Jean et de Marguerite Richard, d'Omble, diocèse de Clermont, Auvergne.
1° CHAMBERLAN, Marie-Anne, [SIMON III.
b 1725 ; s [9] 14 avril 1755.
Jean-Baptiste, b [9] 27 juin 1746. — *Marie-Madeleine*, b 3 oct. 1748, à Quebec [1], m 30 mai 1774, à Joseph OUIMET, à Terrebonne [2]; s [2] 19 juillet 1780. — *Marie-Angélique*, b [1] 18 mars et s [1] 1er juillet 1750.
1755, (25 août). [9]
2° MICHAUD, Marie-Catherine, [JEAN III.
b 1733.
Pierre-Bénoni, b 12 oct. 1756, à la Rivière-Ouelle. [3] — *Suzanne*, b [3] 15 avril 1758. — *Jean-Baptiste*, b [3] 23 et s [3] 24 mars 1760.

1745, (27 juillet) Québec.
III.—DUMAY (1), RENÉ, [JEAN II.
DAVID, Marie-Louise, [JACQUES I.
b 1721.
Marie-Louise, b 11 juin 1747, à St-Nicolas [7]; s [7] 5 mai 1753.—*Marie-Geneviève*, b [7] 22 dec. 1748 ; s [7] 2 juillet 1749 — *Jean-François*, b [7] 7 juin et s [7] 30 août 1750. — *Louis-Marie*, b [7] 15 août 1751. — *Brigitte*, b [7] 22 mai 1753.— *René*, b [7] 18 mai et s [7] 14 août 1755. — *Joseph*, b [7] 8 août 1756.—*Pierre*, b [7] 1er sept. 1758 ; s [7] 9 fevrier 1759.— *Marie-Geneviève*, b [7] 1er sept. et s [7] 23 nov. 1758.—*Pierre*, b [7] 20 août 1760. — *Jean-Baptiste*, b [7] 18 août et s [7] 21 dec. 1762.—*Marie-Louise*, b [7] 18 août et s [7] 6 sept. 1762.

1745, (31 oct.) Varennes. [4]
III.—DUMAY (1), PAUL. [JOSEPH II.
DOUAULT, Louise, [FRANÇOIS I.
b 1707 ; veuve de Joseph Dubois.
Françoise, b... m [4] 12 nov. 1770, à Paul DUC.

(1) Et Demers.
(2) Fermier du sieur Cabassier, côte des Poutouatamis, rivière St-Joseph, cote sud-ouest ; tue le 6 dec. 1760, par un sauvage.
(3) Et Dumais—Dumets dit Rossignol.

IV.—DUMAY (1), François, [Jean-Frs III.
b 1725.
Larocque, Marie-Joseph, [Guillaume I.
b 1726.
Marie-Euphrosine, b 8 janvier 1747, à St-Antoine-de-Chambly. [6] — *Marie-Pélagie*, b [6] 8 mai 1748.—*Joseph-Amable*, b [6] 4 janvier 1750.— *Marie-Anne*, b [6] 16 mai 1751 ; s [6] 29 nov. 1754.— *Alexis*, b [6] 13 août 1752. — *Henri-Marie*, b [6] 24 août 1754.—*Thérèse*, b [6] 3 mars 1756. — *Marie-Anne*, b [6] 10 nov. 1757.

I.—DUMAY (1), François.
Dumesnil, Marie-Anne.
François, b... m 1er février 1773, à Marie-Joseph Sauvageau, aux Grondines.

1747, (21 mars) Châteauguay.
IV.—DUMAY, Pierre, [Jean-Frs III.
b 1723.
1° Rufiange, Marie-Joseph, [Bertrand I.
b 1727.
1755, (14 janvier) Laprairie.
2° Herlain (2), Barbe. [Pierre II.

1747, (24 juillet) Ste-Anne-de-la-Perade. [9]
III.—DUMAY (1), Jean-Frs, [Nicolas II.
b 1724.
Baricour, Marie-Anne, [Mathurin II.
b 1725.
François-Thomas, b [9] 24 février 1749.—*Marie-Anne*, b [9] 13 déc. 1751 ; m [9] 10 janvier 1774, à François Jobin-Boisverd. — *Marie-Louise*, b [9] 6 nov. 1753 ; s [9] 7 sept. 1759. — *Louis-Joseph*, b [9] 15 oct. 1755. —*Marie-Louise*, b [9] 2 janvier 1762 ; s [9] 20 fevrier 1775.

1749, (28 janvier) Boucherville.
IV.—DUMAY (1), Etienne, [Etienne III.
b 1728.
Amiot, Marguerite, [Jean-Bte IV.
b 1722.

IV.—DUMAY (1), Charles, [Charles III.
b 1723.
Dubord, Marie. [Abel I.
Pierre-Joseph, b 7 février 1770, à Lavaltrie.

1750, (12 janvier) Ste-Geneviève, M. [6]
IV.—DUMAY, Michel. [Jean-Bte III.
Lacombe, Françoise. [Jean II.
Jean-Baptiste, b [6] 2 mai 1751.—*Marie-Marguerite*, b [6] 31 juillet 1753. — *Marie-Geneviève*, b [6] 4 août 1755.—*Marie-Françoise*, b [6] 22 avril 1757.

1750, (21 juin) St-Nicolas. [5]
III.—DUMAY (1), François, [René II.
b 1721.
Gagnon (3), Geneviève, [Jean III.
b 1723.
Marie-Geneviève, b [5] 19 août 1751. — *Louis-François*, b [5] 1er oct. et s [5] 27 déc. 1752.— *François*, b [5] 25 fevrier 1754.— *Théotiste*, b [5] 23 mars 1756.

1750, (30 juin) Ste-Geneviève, M. [1]
III.—DUMAY, Nicolas, [Eustache II.
b 1696.
Leroux (1), Suzanne, [Jean III.
b 1730.
Marie-Thérèse, b [1] 16 février 1751. — *Agathe*, b [1] 16 sept. 1753.—*Antoine*, b [1] 8 nov. 1755.—*Véronique*, b [1] 22 juillet 1757 ; s [1] 17 nov. 1770.

1751, (22 février) St-Antoine-Tilly. [9]
IV.—DUMAY (2), Pierre, [Pierre III.
b 1727.
Hayot, Marie-Françoise, [Jean-Bte IV.
b 1732.
Pierre, b [9] 13 mai 1752 ; m 19 nov. 1780, à Angélique Ménard, au Détroit. — *Marie-Françoise*, b [9] 29 juillet 1753. — *Amant*, b [9] 26 avril 1755. — *Jérôme*, b [9] 30 sept. 1756 ; s [9] 7 mars 1759.—*Louis-Joseph*, b [9] 8 oct. 1758 ; m 16 oct. 1781, à Marie-Antoinette DeCastel, à Québec.— *Jean-François*, b [9] 26 oct. 1760.—*Marie-Louise*, b [9] 23 oct. 1764.—*Reine*, b [9] 16 avril 1767.

DUMAY (2), Charles, b 1715 ; s 24 sept. 1756, à St-Nicolas.

1752, (7 février) Lévis.
IV.—DUMAY (2), Louis-Joseph, [Louis III.
b 1731.
1° Huard, Geneviève, [Jacques II.
b 1736.
Louis-Joseph-Marie, b 2 avril 1753, à St-Nicolas. [3] — *Joseph-Marie*, b [3] 17 fevrier 1754.—*Jean-Baptiste*, b [3] 29 mai 1755.—*Joseph-Charles*, b [3] 15 avril 1757.—*Michel*, b [3] 6 fevrier 1759.
1761, (16 juin) St-Jean, I. O.
2° Paquet, Marie-Frse, [Jean-François III.
b 1741.

1752, (23 sept.) Ste-Croix. [4]
IV.—DUMAY (2), Louis. [Michel III.
Martel, Marie-Anne. [Paul III
François-de-Sales, b [4] 6 juillet 1753. — *Marie-Geneviève*, b [4] 9 fevrier 1755.—*Louis-Charles*, b [4] 2 et s [4] 23 janvier 1757.—*Rose-Louise*, b [4] 9 avril 1758.

1753, (5 février) St-Nicolas [5]
IV.—DUMAY (2), Jos., [Joseph-Eustache III.
b 1730.
Dubois (3), Louise, [Nicolas II
b 1725.
Marie-Joseph, b [5] 15 déc. 1753 ; s 2 juillet 1762, à Quebec.

---

(1) Et Demers.
(2) Et Arlen.
(3) Elle épouse, le 24 nov. 1757, François Consigny, à St-Nicolas.

(1) Dit Cardinal.
(2) Et Demers.
(3) Elle épouse, le 3 nov. 1762, François Boucher, à St-Nicolas.

1753.

IV.—DUMAY (1), EUST.-LAURENT, [MAURICE III.
b 1731 ; s 30 janvier 1763, à St-Philippe. [4]
1° LÉRIGER, Marie-Louise, [PIERRE II.
b 1729.
Louis-Charles, b 9 sept. 1754, à Longueuil.[6]—*Jacques*, b [6] 16 avril 1756.

1757.

2° CIRCÉ (2), Marie-Anne. [MICHEL-FRANÇOIS II.
Pierre, b 18 août 1757, à St-Constant. [5]—*Eustache*, b [4] 18 oct. 1758 ; s [4] 27 mai 1760.—*Marie-Anne*, b [4] 24 déc. 1759. — *Eustache*, b [5] 13 avril 1761.—*Marie-Joseph*, b [4] 23 nov. 1762; s [4] 26 août 1763.

1754, (7 janvier) Pte-aux-Trembles, M. [7]

II.—DUMAY (3), JEAN-BTE, [CLAUDE I.
b 1710.
CATY, Geneviève, [PAUL I.
b 1719, veuve de Michel Dufresne.
Jean-Baptiste, b [7] 10 oct. 1754.

DUMAY, CHARLES.
GAUTIER, Charlotte-Frse, [PIERRE II.
b 1726.
Basile et *Louis*, b 8 oct. et s 10 déc. 1753, à Lanoraie. [9]—*Nicolas*, b [9] 26 février 1756.—*Paul*, b [9] 29 oct. 1756.

1754, (1er juillet) Laprairie.

IV.—DUMAY (1), FRS-MARIE, [JACQUES III.
b 1732.
HERVE, Marie-Amable, [LOUIS II.
b 1736.

1756, (1er mars) Ste-Geneviève, M. [8]

IV.—DUMAY (1), RAPHAEL, [JEAN-BTE III.
b 1730.
LABERGE (4), Marie-Joseph, [JEAN-BTE I.
b 1720.
Marie-Joseph, b [8] 12 déc. 1756 ; s [8] 7 août 1757.—*Raphael*, b [8] 21 janvier 1758.—*Agathe-Marie*, b [8] 22 déc. 1758.

1756, (22 nov.) Montreal.

IV.—DUMAY (1), JACQUES-AMABLE, [ANDRÉ III.
b 1728.
HODERTIN, Marie-Archange, [JEAN-BTE II.
b 1735.

DUMAY (1), PIERRE.
LAPORTE, Marie-Joseph.
Michel, b 1757 ; s 27 août 1758, à St-Philippe.[9]—*Jean-Baptiste*, b [9] 20 mars 1760.

(1) Et Demers.
(2) Elle épouse, le 15 avril 1765, Jean-Baptiste Reniant, à St-Philippe.
(3) Dit Lafeuillade.
(4) Dit Bonsecours.

1757, (17 janvier) Montréal.

IV.—DUMAY (1), MICHEL, [MICHEL III.
b 1732.
BRAZEAU, Marie-Anne, [NICOLAS III.
b 1733.

1757, (7 nov.) Ste-Geneviève, M. [8]

IV.—DUMAY, JEAN-BTE. [JEAN-BTE III.
BEAUNE, Ursule. [JACQUES III.
Ursule-Amable, b [8] 16 déc. 1759.

IV.—DUMAY, JOSEPH, [MICHEL III.
b 1733.
LEFEBVRE (2), Marie-Anne, [NOEL III.
b 1736.
Joseph, b 16 nov. 1758, à Ste-Geneviève, M.

IV.—DUMAY (3), JOSEPH, [MAURICE III.
b 1735.
HERTAUT, Marie-Apolline. [JACQUES I.
Marie, b 26 et s 31 déc. 1758, à St-Philippe.[5]—*Joseph*, b [5] 15 avril 1760.—*Louise*, b [5] 15 mars 1762.—*Marie-Joseph*, b [5] 13 janvier et s [5] 22 février 1764.

1758, (16 janvier) St-Antoine-Tilly.

IV.—DUMAY, JEAN-FRANÇOIS, [PIERRE III.
b 1734.
DUSSAULT, Marie-Geneviève, [FRANÇOIS III.
b 1739.

1758, (4 avril) St-Laurent, M.

IV.—DUMAY, ANTOINE, [NICOLAS III.
b 1727.
LANGLOIS (4), Marie-Joseph, [LOUIS IV.
b 1738.

1758, (4 avril) St-Nicolas.

IV.—DUMAY (3), CHARLES, [JOSEPH III.
b 1737.
GAGNON, Catherine-Geneviève, [PIERRE IV.
b 1740.
Marie-Catherine, b 26 mai et s 20 juin 1759, à St-Antoine-Tilly. [6] — *Joseph-Charles*, b [6] 16 oct. 1760.—*Pierre*, b [6] 11 août 1762. — *Augustin*, b [6] 28 janvier 1764.—*André*, b [6] 25 mars 1767.

1758, (30 oct.) St-Nicolas.[1]

IV.—DUMAY (3), JOSEPH, [JOSEPH III.
b 1734.
GRENIER, Catherine, [LOUIS III.
b 1731.
Louis-Joseph, b [1] 29 nov. 1759; s [1] 4 janvier 1760.—*François*, b [1] 4 mars 1761.—*Louise-Angélique*, b [1] 26 sept. 1762.

1758, (20 nov.) Montreal.

IV.—DUMAY (3), ETIENNE, [PIERRE III.
b 1728.
CARON, Françoise, [JEAN III.
b 1737.

(1) Et Demers dit Chedeville.
(2) Dit Lasseriseraie.
(3) Et Demers.
(4) Dit Traversy.

1759, (9 fevrier) St-Nicolas.[7]
IV.—DUMAY (1), François, [Joseph III.
b 1735.
Loignon, Angélique, [Pierre III.
b 1743.
François, b[7] 24 et s[7] 25 sept. 1760.—*Angélique*, b[7] 17 et s[7] 20 fevrier 1762.

DUMAY (1), Jean.
Dussault, Marie-Anne.
Nicolas, b 9 mars 1760, à St-Nicolas.

1760, (4 février) Montréal.
II.—DUMAY (1), Michel, [André I.
b 1725.
Dumouchel, Louise. [Louis III.

1760, (15 sept.) St-Nicolas.
IV.—DUMAY (1), Etienne, [Louis-Joseph III.
b 1740.
Demers, Marguerite, [Michel III.
b 1740, veuve de Jean-Marie Renard.
Etienne, b 3 oct. 1765, à Levis.[6] — *Joseph*, b[6] 4 mars 1767.—*Augustin*, b[6] 22 mars et s[6] 25 juillet 1769.—*Antoine*, b[6] 14 juillet 1770.

1760, (6 oct) Montréal.
IV.—DUMAY (1), Jean-Bte, [François III.
b 1737.
Simon (2), Elisabeth, [Joseph III.
b 1736.

1760, (13 oct.) Montréal.
IV.—DUMAY (1), Joseph, [François III
b 1739.
Berthelet, Angélique, [Toussaint II
b 1738.

1761, (28 sept.) St-Michel.
IV.—DUMAY (1), Joseph-Marie, [Louis III
b 1741.
Paquet, Marie-Madeleine, [Jean-François III
b 1739.
Marie-Louise, b 3 sept. 1762, à St-Nicolas.

1762, (9 août) St-Nicolas.
IV.—DUMAY (1), Frs-Jerôme, [François III.
b 1735.
Jérémie (3), Marie-Anne, [Joseph III.
b 1742.

1762, (25 oct.) St-Nicolas.
IV.—DUMAY (1), Antoine, [Joseph III.
b 1740.
Gagnon, Judith, [Pierre IV.
b 1747.

(1) Et Demers.
(2) Dit Léonard.
(3) Dit Dauville.

1764, (6 fevrier) Boucherville.
IV.—DUMAY (1), Joseph. [Etienne III.
Charon, Marie-Joseph, [Jean-Bte III.
b 1743.
François, b 9 mars 1769, à la Longue-Pointe.

1764, (1er mai) Lévis.[3]
IV.—DUMAY (2), Jean-Bte, [Jean III.
b 1740.
Roberge, Véronique, [Joseph III.
b 1745.
Jean, b[3] 15 mai 1765.—*Véronique*, b[3] 12 février 1767.

DUMAY, François.
Préville (3), Marie.
Jacques, b 6 juin 1765, à Yamachiche.[9] — *Michel*, b[9] 16 sept. 1766.—*Augustin*, b[9] 3 mai et s[9] 18 juin 1768.

DUMAY, Louis.
Gabriel, b 24 août 1766, à la Baie-du-Febvre.

DUMAY, Ambroise,
marchand-voyageur.
Emard, Marie-Joseph.
Pierre, b 23 fevrier 1767, au Detroit.[7]—*Louise*, b[7] 13 fevrier 1770.

1766, (30 juin) St-Antoine-Tilly.
IV.—DUMAY (2), Michel, [Michel III
b 1748
Aubin, Charlotte, [Joseph III
b 1741.

1773, (1er février) Grondines.
II.—DUMAY (2), François. [François I.
Sauvageau, Marie-Joseph, [Joseph III.
b 1751.
Marie-Marguerite, b 10 mai 1774, à Ste-Anne-de-la-Perade.[8] — *François*, b[8] 4 nov. 1776. — *Amable-Joseph*, b[8] 30 juillet et s[8] 17 août 1778. —*Joseph-Barthélemi*, b[8] 16 août 1779.

DUMAY (2), Marie-Joseph, b 1775; sœur Grise; s 5 juillet 1811, à l'Hôpital-Genéral, M.

1777, (27 oct) Ste-Anne-de-la-Perade.[2]
IV.—DUMAY (2), Jean-Frs, [François III.
b 1740.
Laquerre, Françoise, [Joseph III.
b 1746.
Jean-François, b[2] 4 et s[2] 24 oct. 1778.

DUMAY (2), Louis.
Jérémie (4), Marie-Joseph.
Esther, b... m 26 janvier 1796, à Charles Doiron, à Quebec. — *Marie-Françoise*, b 17 mars 1787, à Ste-Foye.

(1) Et Demers—Demets.
(2) Et Demers.
(3) Dit Laforge, 1766.
(4) Dit Dauville.

1780, (19 nov.) Détroit. [9]

V.—DUMAY (1), PIERRE, [PIERRE IV. b 1752.
MÉNARD, Marie-Angélique, [PIERRE.
Pierre, b [9] 5 dec. 1780.—*Marie-Angélique*, b [9] 21 avril 1782.

1781, (16 oct.) Québec.

IV.—DUMAY (1), LOUIS-JOSEPH, [PIERRE III. b 1758.
DECASTEL, Antoinette, [J.-BTE-BARTHÉLEMI I. b 1754.

DUMAY, MARGUERITE, épouse d'André BERGERON.

DUMAY (2), ANTOINE, b 1734; s 4 février 1782, à Repentigny.

I.—DUMERDY (3).

1741, (26 juin), Québec. [3]

I.—DUMERGUE, FRANÇOIS, huissier du conseil; fils de Jean et de Louise Mounerot, de Tousac, diocèse de Xaintes, Saintonge.
IANSON (4), Louise-Angelique, [PIERRE I b 1704.
François, b [3] 24 mars 1742; s [3] 5 août 1743.—*Marie-Louise-Angélique*, b [3] 28 mai 1743; m 10 janvier 1763, à Hypolite MAYER, à Beauport—*Françoise*, b [3] 4 oct. 1744; s [3] 20 juillet 1745—*Pierre-François*, b [3] 3 dec. 1745, s 19 juin 1747, à Montréal.

DUMESNIL. — *Variations et Surnoms :* DUMENIL—DUMESNY—ALIX — LADOUCEUR—LAMUSIQUE—MONTMÉNY—PIPART-DENORÉ.

I.—DUMESNIL, RICHARD, b 1631, s 12 août 1679, au Château-Richer.
HIARDIN, Marie-Marguerite, [JEAN I. b 1646; veuve de Pierre Lancougnier; s 31 mars 1724, à Montreal.

I.—DUMESNIL, MARIE, b 1641; s 5 août 1714, à Montreal.

1694, (22 fevrier) L'Ange-Gardien. [4]

I.—DUMESNIL (5), PIERRE, b 1670, menuisier.
GAUDIN, Catherine, [CHARLES I. b 1672; s avant 1736.
Pierre, b 23 juillet 1696, à St-Pierre, I. O. [5]; m 4 mai 1716, à Marguerite BRETEL-DUCHESNY, à Quebec. [6] — *Jean-Baptiste*, b [5] 26 dec. 1697. — *Prisque*, b [5] 2 avril 1699.—*Ignace*, b [5] 13 mai 1701; m [6] 27 avril 1722, à Catherine DUCLAS. — *Marie-Barbe*, b [6] 3 nov. 1704, 1° m [6] 23 nov. 1724, à Rene LANCELEUR; 2° m [6] 9 juillet 1731, à Jean DESPAGNOL; s [6] 9 mars 1743.—*Paul*, b [6] 1er avril 1706; m 22 oct. 1726, à Madeleine HALLÉ, à Beaumont. — *Marie-Charlotte*, b [6] 20 mars 1708. — *Nicolas*, b [6] 15 nov. 1710; m [4] 11 avril 1736, à Marguerite LETARTE; s 8 juillet 1772, à Ste-Foye. —*Marie-Françoise*, b [6] 17 avril 1713; m [6] 5 sept. 1735, à Bertrand PITHOUAS.

1716, (4 mai) Québec. [7]

II.—DUMESNIL (1), PIERRE, [PIERRE I. b 1696.
DUCHESNY (2), Marguerite, [FRANÇOIS I. b 1688.
Antoine, b [7] 20 août 1717.—*Pierre*, b 1718; m 12 nov. 1736, à Scholastique ROUSSIN, à L'Ange-Gardien; s [7] 4 dec. 1757. — *Jean-Blaise*, b [7] 15 dec. 1719.—*Louise-Marguerite* (3), b [7] 24 août 1721; m [7] 7 fevrier 1757, à Dominique AUDIRAC. —*Marie-Elisabeth*, b [7] 9 juillet 1723.—*Marie-Joseph*, b [7] 6 août 1725; m [7] 27 juillet 1761, à Pierre DUPLESSIS.

1722, (27 avril) Québec. [8]

II.—DUMESNIL, IGNACE, [PIERRE I. b 1701.
DUCLAS (4), Marie-Catherine, [FRANÇOIS I. b 1705.
Michel, b [8] 23 mars et s [8] 22 août 1723.

1726, (22 oct.) Beaumont.

II.—DUMESNIL (1), PAUL, [PIERRE I. b 1706.
HALLÉ, Marie-Madeleine, [JEAN-BTE II. b 1702.
Paul-Marie, b 14 nov. 1727, à Quebec. [6] — *Marie-Joseph*, b [6] 14 mai et s [6] 20 sept. 1729.— *Marie-Louise*, b [6] 1er juillet et s 31 dec. 1730, à Lévis.—*Marie-Angelique*, b [6] 28 janvier 1732; m [6] 29 nov. 1759, à Nicolas BEAUVOISIN.—*Claude*, b [6] 23 août 1734.—*Suzanne*, b [6] 19 août 1738; s [6] 11 fevrier 1740.

1736, (11 avril) L'Ange-Gardien. [3]

II.—DUMESNIL (5), NICOLAS, [PIERRE I. b 1710; s 8 juillet 1772, à Ste-Foye. [4]
LETARTE, Marguerite, [JOSEPH III. b 1721.
Marie, b [3] 17 avril 1737; s [4] 16 juillet 1766.—*Marguerite*, b [3] 6 août 1738; m [4] 27 juillet 1761, à Etienne MARCHAND.—*Anne*, b [3] 4 mars 1741; m [4] 28 janvier 1765, à Louis BRIÈRE.—*Geneviève*, b [3] 10 juillet 1743; m [4] 23 nov. 1767, à Louis COUTURE.—*Marie-Charlotte*, b... m [4] 30 juin 1778, à Jean MAURICE —*Jean-Baptiste*, b [4] 7 août 1758. —*Marguerite*, b... s [4] 10 oct. 1759.—*Joseph*, b [4] 6 fevrier 1761.—*Charles*, b... m 21 janvier 1783, à Louise LANGLOIS, à Quebec.

(1) Et Demers.
(2) Et Dumetz.
(3) Sergent; il etait à St-Joachim, le 10 mars 1757.
(4) Dit Lapalme.
(5) Dit LaMusique; voy. vol I, p. 214.

(1) Dit LaMusique.
(2) Et Bretel; elle épouse, le 24 avril 1730, Charles Petitpas, à Québec.
(3) Repassée en France, elle reçut pension du gouvernement (Decret du 21 fevrier 1791.)
(4) Elle epouse, le 5 nov. 1726, Jean Loiseau, à Québec.
(5) Et Dumesny dit LaMusique.

1736, (12 nov.) L'Ange-Gardien.[5]

III.—DUMESNIL (1), PIERRE, [PIERRE II.
b 1718; maçon; s 4 dec. 1757, à Quebec.[6]
ROUSSIN, Scholastique, [JOSEPH III.
b 1718; s 23 mai 1765, à Charlesbourg.
Pierre, b [5] 8 sept. 1737; m [6] 3 février 1761, à Marie-Madeleine GUYON-ST-MICHEL; s [6] 6 fevrier 1791. — *Prisque,* b [5] 19 avril 1741; m 21 janvier 1765, à Marie-Pélagie DUBEAU, à Beauport.

1757, (21 février) Montréal.

I.—DUMESNIL (2), CLAUDE, b 1722; fils de Jean et d'Anne Chauvé, de St-Germain-en-Laye, Ile-de-France.
CARDINAL, Angélique, [PIERRE II.
b 1738.
Claude, b et s 17 janvier 1760, à St-Laurent, M.

I.—DUMESNIL (3), CLAUDE-LOUIS.

1761, (3 février) Quebec.[2]

IV.—DUMESNIL, PIERRE, [PIERRE III.
b 1737; s [2] 6 fevrier 1791.
GUYON (4), Marie-Madeleine, [MATHURIN III.
b 1733.

1765, (21 janvier) Beauport.

IV.—DUMESNIL, PRISQUE, [PIERRE III.
b 1741.
DUBEAU, Marie-Pélagie, [JEAN-BTE III.
b 1745.
Paul, b... m 5 mai 1795, à Louise GAGNON, à Quebec.

1766, (20 oct.) Bout-de-l'Ile, M.[3]

I.—DUMESNIL (5), FRANÇOIS, fils de Pierre et de Madeleine Vasseur, de Marais, diocèse de Reims, Champagne.
1° LALONDE, Françoise, [GUILLAUME III.
b 1742; veuve de Joseph Cuillerier.
Marie-Rose, b [3] 5 juin 1768.
2° POIRIER, Marguerite, [PIERRE II.
b 1762.
Anonyme, b et s 18 avril 1786, à l'Ile-Perrot. —*Joseph,* b... m à Marie-Louise BAUDRY.

1783, (21 janvier) Québec.

III.—DUMESNIL, CHARLES. [NICOLAS II.
LANGLOIS, Louise, [ANTOINE IV.
b 1755; veuve de Joseph Trudel.

1795, (5 mai) Quebec.

V.—DUMESNIL, PAUL. [PRISQUE IV.
GAGNON, Louise. [CHARLES.

DUMESNY.—Voy. DUMESNIL.

(1) Et Dumesny dit LaMusique.

(2) Dit Montmény, sergent.

(3) Capitaine au régiment de la reine; il était à L'Ange-Gardien, en 1757.

(4) Dit St-Michel.

(5) Dit Ladouceur.

1761, (25 mai) Montréal.

I.—DUMEYNION, ETIENNE, b 1741; fils d'Arnaud et de Barbe Crézy, de Pregnac, diocèse de Bordeaux, Guienne.
CLAVEAU, Louise, [PIERRE I.
b 1746.

1760, (10 nov.) Montréal.

I.—DUMILON, PIERRE-JOSEPH, b 1737; fils de Pierre et de Marguerite Olivier, de St-Sépulcre-de-St-Omer, diocèse d'Arras, Artois.
ROBIN, Marie-Elisabeth, [JEAN I.
b 1742.

DUMONT.—*Surnoms:* BRETON — FOULON, 1698 —GUÉRET—LAFLEUR—LAGROSSETÊTE—LAMBERT—LAVIOLETTE—POITEVIN.

DUMONT, MARIE, épouse de Bernard LECLAIR.

DUMONT, LOUISE-CHARLOTTE, épouse de Pierre-Louis POULIN-CRESSE.

DUMONT, ANGÉLIQUE, epouse de Jean-Baptiste GRÉGOIRE.

DUMONT, MARIE-JEANNE, epouse de Charles L'ARCHEVÊQUE.

DUMONT, MARIE, épouse de Jean-Baptiste GRESLON.

DUMONT, LOUISE, b... m 14 février 1763, à Joseph FEUILLETEAU, aux Trois-Rivières.

DUMONT, MADELEINE, epouse de Jacques ROUER.

I.—DUMONT (1), ROBERT, b 1678; s 20 août 1746, à la Pte-aux-Trembles, Q.

DUMONT, MARIE-FRANÇOISE, b 1678; s 15 mars 1758, à Becancour.

1667, (2 nov.) Québec.

I.—DUMONT (2), JULIEN,
b 1648.
TOPSAN, Catherine,
b 1638; s 28 nov, 1693, à St-Jean, I. O.[7]
Charles-François, b 4 janvier 1678, à Ste-Famille, I. O; m 1697, à Madeleine TOURNEROCHE, s 1er juin 1715, à Beaumont.—*Julien,* b [7] 15 janvier 1683, m [7] 21 nov. 1702, à Angelique TOURNEROCHE, s 17 mai 1715, à St-Michel

---

1689, (6 juin) Charlesbourg.[8]

I.—DUMONT (3), JEAN,
b 1662; s [8] 17 nov. 1724.
MORIN, Marguerite, [ANDRÉ I.
b 1671, s [8] 6 avril 1715.
Louise, b 31 juillet 1690, à Québec; m [8] 10 nov. 1710, à François BARBOT. — *Marie,* b [8] 14

(1) Prêtre, arrivé de France, le 12 juin 1701; curé de la Pte-aux-Trembles, Q. depuis 1725.

(2) Dit Lafleur; voy. vol I, p. 214.

(3) Voy. vol. I, p. 214

février 1693; m[3] 24 oct. 1712, à Pierre LEBEAU.— *Louise-Marguerite*, b[3] 24 avril 1696; m[3] 29 oct. 1715, à Pierre SAVARD. — *Jeanne*, b[3] 23 juin 1700; m[3] 16 nov. 1728, à Jacques GAGNON; s[3] 26 mars 1760. — *Pierre*, b[3] 10 février 1712; m 16 nov. 1744, à Thérèse GAUDRY, à Montréal.

1697.

II.—DUMONT (1), CHARLES-FRANÇOIS, [JULIEN I. b 1678; s 1er juin 1715, à Beaumont.[1]
TOURNEROCHE (2), Madeleine, [ROBERT I. b 1679.
Marguerite, b 30 août 1698, à St-Jean, I. O.[2], m 27 juin 1723, à Louis MOREL DE LA DURANTAYE, à Montréal. — *Madeleine*, b... m 10 février 1716, à René PRUNEAU, à St-Michel.[3] — *Julien*, b[2] 9 déc. 1700; 1° m à Louise-Françoise LAROSE, 2° m 14 février 1757, à Marie-Angélique BIRON, à Ste-Croix. — *Marie-Anne*, b[2] 20 nov. 1702. — *Jean*, b[3] 25 mars 1705. — *Charles*, b[3] 2 avril 1709; m 13 février 1736, à Geneviève BARIBAUT, à Batiscan. — *Geneviève*, b[1] 27 août 1713. — *Ignace*, b 25 juin 1715, à St-Valier.

1699, (28 juin) Montréal.

I.—DUMONT (3), FRANÇOIS, b 1679.
DUMATS (4), Jeanne, [RENÉ I. b 1679; veuve de Louis-Bertrand Aubri.
Pierre, b 22 avril 1704, au Bout-de-l'Ile, M.; m à Marie-Agnès MARTHE.—*François*, b 1707; 1° m 23 avril 1730, à Marie-Anne LAMARRE, à Laprairie[5]; 2° m[5] 6 février 1741, à Catherine PÉRIER.—*Françoise*, b... m[3] 30 sept. 1726, à Jean-Baptiste LAVIOLETTE.

1702, (21 nov.) St-Jean, I. O.

II.—DUMONT, JULIEN, [JULIEN I. b 1677, s 17 mai 1715, à St-Michel.[1]
TOURNEROCHE (5), Angélique, [ROBERT I. b 1684.
François, b 1703; 1° m 2 mai 1724, à Perinne LACROIX, à Beaumont[3]; 2° m 9 mai 1735, à Marguerite MORIN, à Québec.[2] — *Marie-Angélique*, b[1] 3 et s[1] 25 mars 1704.—*Julien*, b 1704; 1° m 24 nov. 1727, à Louise GUICHARD, à St-Valier[4], 2° m 14 février 1757, à Marie-Angélique BIRON, à Ste-Croix.— *Joseph*, b 1706; m[3] 1er août 1735, à Madeleine CASSE. — *Angélique*, b[1] 6 mars 1707, 1° m[2] 22 mai 1729, à Jean-Baptiste DEBLOIS; 2° m[2] 11 oct. 1751, à Antoine AUCHER. — *Marie-Madeleine*, b[3] 25 janvier 1712, m[4] 30 sept. 1732, à Michel MASSON. — *Suzanne*, b[3] 9 avril 1713; m 8 oct. 1736, à Guillaume DAGNEAU, à Berthier[6], s[6] 19 février 1743.—*Basilisse*, b[3] 13 mars 1715; s[6] 23 sept. 1733.

(1) Voy. vol. I, p. 214.
(2) Elle épouse, le 10 février 1716, Pierre Lavoie, à St-Michel
(3) Dit Laviolette; voy. vol. I, p. 214.
(4) Elle épouse, le 22 juillet 1714, Laurent Périer, à Laprairie.
(5) Et Robert, 1751; elle épouse, le 28 juin 1716, Jean Garant, à St-Michel.

DUMONT, ALEXANDRE, b 1698; s 1er déc. 1702, aux Trois-Rivières.

DUMONT, JEAN, b 20 juin et s 10 août 1715, à Beaumont.

DUMONT, EUSTACHE.—Voy. LAMBERT.

II.—DUMONT (1), JEAN, [JACQUES I. b 1695; s 27 déc. 1729, à Kamouraska.[1]
1° LAPLANTE, Marie-Anne.
Joseph (2), b... m 29 avril 1748, à Geneviève GAGNON, à la Rivière-Ouelle.—*Marie-Rose*, b... m[1] 3 sept. 1748, à Joseph SOUCY.—*Marie-Anne*, b... m[1] 8 juin 1752, à Joseph DUROCHER.—*Jean-Baptiste*, b... m[1] 10 juillet 1765, à Marie-Louise MICHAUD.
2° AUTIN (3), Thérèse, [FRANÇOIS I. b 1699.
Marie-Louise, b 1721; s 13 déc. 1736, à Ste-Anne-de-la-Pocatière.[3] — *Jean-Baptiste*, b... m[3] 27 janvier 1749, à Marie-Geneviève MIVILLE. — *Marie*, b... m 12 avril 1763, à Louis BONNEAU, à Québec.—*Marie*, b[1] 21 avril 1728; m[3] 16 janvier 1747, à Bernard MIGNIER. — *Marie-Madeleine*, b[1] 18 nov. 1729; s[1] 8 janvier 1730.

1721, (23 juin) Bécancour.

I.—DUMONT, PIERRE, fils de Vincent et de ...., de St-Sauveur, Normandie.
TOUIN, Marie-Agnès. [PIERRE II.

1724, (2 mai) Beaumont.[3]

III.—DUMONT (4), FRANÇOIS, [JULIEN II. b 1703.
1° LACROIX, Périnne, [DAVID-JOSEPH I. b 1686; veuve de Jean-Baptiste Drapeau.
Etienne, b[3] 8 avril 1725. — *Jean-François*, b 9 mai 1727, à Québec.[2]—*Marie-Joseph*, b[2] 19 avril 1729. — *Angélique*, b[2] 19 avril 1729; s[2] 24 sept. 1762.—*Marie-Geneviève*, b[2] 29 août 1733; s[2] 26 déc. 1734.—*Marie-Joseph*, b... m 14 janvier 1754, à Joseph PLANTE, à St-Pierre-du-Sud.

1735, (9 mai).[2]

2° MORIN, Marguerite, [JOSEPH III. b 1715.

1727, (24 nov.) St-Valier.[4]

III.—DUMONT (4), JULIEN, [JULIEN II. b 1704.
1° GUICHARD (5), Louise, [PIERRE I. b 1706, s 10 sept. 1756, à Ste-Croix.[3]
Marie-Louise, b[4] 23 oct. 1729. — *Joseph*, b 1732; s[4] 2 août 1733.—*Julien*, b... m 27 nov. 1752, à Marie-Joseph GOULET, à St-Charles. — *Marie-Angélique*, b 28 mars 1736, à St-Michel[5]; m[3] 19 juillet 1756, à Antoine HAMEL. — *Joseph*, b[5] 19 déc. 1737, s 22 oct. 1745, à Beaumont.[9]—

(1) Voy. Jacques Guéret, vol I, p 288.
(2) Marié sous le nom de Guéret.
(3) Dit Haulton; elle épouse, le 4 nov. 1745, Jean Ouellet, à Ste-Anne-de-la-Pocatière.
(4) Dit Lafleur.
(5) Dit Larose en 1729.

Marie-Madeleine, b [9] 18 juillet 1740; s [9] 5 mai 1741.—*Etienne*, b [9] 8 avril 1742.— *Marie-Charlotte*, b [9] 15 sept. 1746.

1757 (14 février). [3]

2° BIRON, Marie-Angélique, [FRANÇOIS III. b 1734.

Joseph-Marie, b [3] 15 déc. 1757.

1730, (23 avril) Laprairie. [3]

II.—DUMONT, FRANÇOIS, [FRANÇOIS I. b 1707.

1° LAMARRE, Marie-Anne, [PIERRE II. veuve de Pierre Biort; s [3] 10 avril 1732.

François-Alexis, b [3] 10 fevrier 1731.

1741, (6 février). [3]

2° PÉRIER (1), Catherine. [JEAN II.

Marie-Catherine, b [3] 13 déc. 1741, m 27 sept. 1762, à Jean-Louis RAYMOND, à St-Philippe. [1]— *Marie-Madeleine*, b [3] 9 nov. 1743; m [1] 8 oct. 1764, à Thomas LAMARRE.

DUMONT, JOSEPH, b 1715; s 14 déc. 1755, à Montréal.

1735, (1er août) Beaumont.

III.—DUMONT, JOSEPH, [JULIEN II. b 1706; s 25 nov. 1749, à Lévis. [4]

CASSE (2), Madeleine, [CHARLES II. b 1716.

Jean-Baptiste, b [4] 4 et s [4] 10 sept. 1736.—*Joseph*, b [4] 29 oct. 1738; m [4] 3 juillet 1764, à Marie-Anne MARANDA. — *Madeleine*, b [4] 26 dec. 1739, s [4] 23 sept. 1755. — *Marie-Geneviève*, b [4] 11 mai 1741; m [4] 23 nov. 1761, à Ignace CARRIER; s [4] 2 mai 1769. — *Marie-Louise*, b [4] 7 avril et s [4] 24 juillet 1743. — *Suzanne*, b [4] 13 sept. 1744; s [4] 23 nov. 1760. — *Pierre-Timothée*, b [4] 24 janvier et s [4] 3 fevrier 1746.—*Charles* (posthume), b [4] 16 et s [4] 28 mars 1750.

1736, (13 fevrier) Batiscan. [4]

III.—DUMONT, CHARLES, [CHS-FRANÇOIS II. b 1709.

BARIBAUT, Geneviève, [PIERRE II. b 1720.

Geneviève, b 1er mai 1737, à Ste-Geneviève. [5] —*Charles*, b [5] 8 sept. 1739; m [4] 23 janvier 1764, à Ursule LARIOU.

1742, (3 sept.) Quebec. [6]

I.—DUMONT, JEAN-BTE, b 1712, marchand; fils de Vincent et d'Eleonore Thierry, de St-Caprais, diocèse d'Agen, Gascogne; s [6] 29 mai 1785.

DEVILLEDONNÉ, Marie-Joseph, [ETIENNE I. b 1719; s [6] 31 janvier 1786.

Marie-Joseph-Françoise, b [6] 7 août 1743; m [3] 12 avril 1763, à Louis BOURDEAU. — *Jean-Guillaume*, b [6] 30 sept. 1744; s [6] 14 sept. 1747.— *Marie-Anne*, b [6] 16 nov. 1745.—*Louise-Elisabeth*, b [6] 14 et s 29 juin 1747, à Lorette. [7]— *Anonyme*, b [6] et s [6] 1er mars 1748. — *Jean-François*, b [6] 23 janvier 1749. — *Louis-Urbain*, b [6] 22 mai et s 13 juillet 1750, à Charlesbourg.—*Louise-Elisabeth* (1), b [6] 1er nov. 1751; 1° m à Michel FLANAGAN; 2° m [6] 8 février 1787, à Louis TURGEON.— *Jacques-Caprais*, b [6] 2 nov. 1752,—*Marie-Joseph*, b [6] 23 mai et s 11 sept. 1754, à Lévis. — *Marie-Geneviève*, b [6] 11 sept. 1755; m [6] 14 juin 1784, à Pierre-Louis BRASSARD-DESCHENAUX; s [6] 26 janvier 1786. — *Jean-Baptiste*, b... m [6] 22 sept. 1777, à Marie LEBLANC. — *Nicolas-Vincent*, b [6] 24 fevrier et s [7] 27 avril 1757. — *Louis-Pierre*, b [6] 24 fevrier et s [7] 15 mai 1757.— *Marie-Angélique*, b [6] 25 mars et s [7] 23 mai 1758. — *Louis-Vincent*. b 11 fevrier 1760, à Ste-Anne-de-la-Perade.— *Paul-Vincent*, b [6] 13 fevrier et s [6] 22 sept. 1763.

(1) Elle epouse, le 24 avril 1752, Louis Jared, à St-Constant.

(2) Et Lacasse.

1743, (25 nov.) Montréal. [1]

I.—DUMONT (2), GABRIEL, b 1707; fils de Jacques et de Catherine PICHAUX, de St-Andre de-Mirebeau, diocèse de Poitiers, Poitou.

CUSTAUD, Marie-Catherine, [JACQUES I. b 1710.

Catherine, b [1] 30 déc. 1744; s [1] 4 janvier 1745. —*François*, b [1] 28 déc. 1745, s [1] 17 mars 1747. *Amable*, b [1] 16 et s [1] 24 oct. 1747. — *Philippe-Thomas*, b [1] 25 nov. 1748.

1744, (16 nov.) Montréal. [4]

II.—DUMONT, PIERRE, [JEAN I. b 1712.

GAUDRY, Thérèse, [ANDRÉ II. b 1723.

Marie-Thérèse, b [4] 7 oct. 1747.— *Marie-Joseph*, b [4] 26 nov. 1750.

1746, (21 nov.) Québec.

I.—DUMONT, MATHIEU, fils de Gabriel et d'Antoinette d'Hauteville, de St-Marcel, diocèse de Mâcon, Bourgogne.

SAMSON, Françoise, [PIERRE I. b 1701; veuve de Louis Galoudec.

1746, (21 nov.) Kamouraska. [4]

II.—DUMONT (3), PRISQUE. [JACQUES I.

1° LEBEL, Marie-Anne. [NICOLAS II.

Jean-Michel b [4] 1er oct. 1747.

2° MAUPAS (4), Catherine, [NICOLAS II. b 1731; s [4] 8 sept. 1761.

Jean, b... m [4] 26 août 1776, à Angelique MIVILLE. — *Marie-Catherine*, b [4] 15 mai 1752, m [4] 12 juillet 1779, à Athanase LÉVÊQUE.—*Anonyme*, b [4] et s [4] 20 août 1753.—*Marie-Barbe*, b [4] 4 et s [4] 29 août 1754.—*Prisque*, b [4] 8 et s [4] 10 sept. 1755. —*Marie-Joseph*, b [4] 23 mars et s [4] 23 avril 1757. — *Marie-Perpétue*, b [4] 29 juillet et s [4] 4 août 1758.—*Prisque*, b [4] 10 et s [4] 28 sept. 1761.

1763, (17 janvier). [4]

3° MOREL, Marie-Louise, [ANDRE III. b 1736.

André, b [4] 14 dec. 1763.—*Marie-Joseph*, b [4] 30 mai 1765. — *Marie-Claire*, b [4] 22 mars et s [4] 27 avril 1769.

(1) Mère de l'archeveque Turgeon, de Québec.

(2) Dit Poitevin; sergent de la compagnie de M. Lagauchetière.

(3) Dit Guéret.

(4) Dit St-Hilaire.

1749, (27 janvier) Ste-Anne-de-la-Pocatière. [2]
III.—DUMONT, JEAN-BTE. [JEAN II.
MIVILLE, Marie-Geneviève. [PIERRE IV.
Marie-Geneviève, b... m [2] 5 sept. 1768, à Sebastien OUELLET. — *Marie-Euphrosine*, b [2] 19 fevrier 1751.—*Marie-Théotiste*, b [2] 18 mars 1752 ; s [2] 8 déc. 1759.—*Anne*, b [2] 1er août 1753. —*Jean-Augustin*, b [2] 15 avril 1755.—*Marie-Charlotte*, b 8 oct. 1759, à St-Roch.—*Judith*, b [2] et s [2] 5 mars 1760.—*Jean-Baptiste*, b [2] 18 février 1761.—*Paul*, b 12 mars 1771, à Lachenaye.

II.—DUMONT (1), PIERRE, [FRANÇOIS I.
b 1704.
MARTHE (2), Agnès,
b 1711 ; s 21 déc. 1751, à Cahokia. [3]
Marie-Joseph, b [3] 24 sept. 1751 ; s [3] 16 janvier 1752.

1752, (27 nov.) St-Charles. [5]
IV.—DUMONT, JULIEN, [JULIEN III.
b 1731.
GOULET, Marie-Joseph, [JEAN-BTE IV.
b 1737 ; s [5] 19 mai 1759.
Marie-Joseph, b 21 mars 1757, à St-Antoine-Tilly [1] ; s [1] 3 oct. 1768.—*Marie-Anne*, b [5] 15 et s [5] 31 août 1758. —*Marie-Joseph*, b ... s [5] 10 août 1760.

DUMONT, PIERRE.
OUELLET, Geneviève,
s 18 oct. 1760, à Kamouraska. [3]
Louis, b [3] 19 oct. 1760. — *Anonyme*, b [3] et s [3] 18 mars 1769.

DUMONT, MICHEL.—Voy. GUÉRET, 1762.

DUMONT (3), JOSEPH.
MORIN, Marie-Joseph.
Marie-Joseph, b 27 mai 1764, à Kamouraska [3] ; s [3] 13 août 1767.—*Benjamin*, b [3] 4 oct. 1767.

1764, (23 janvier) Batiscan.
IV.—DUMONT, CHARLES, [CHARLES III.
b 1739.
LARIOU (4), Marie-Ursule. [JOSEPH III.
Louis-Joseph, b 3 juin 1776, à Ste-Anne-de-la-Perade. [3]— *Joseph*, b [3] 7 sept. 1778. — *Abraham*, b... 1° m 4 août 1801, à Marie ROY, à St-Louis, Mo. ; 2° m 6 juin 1817, à Celeste PETIT, à Sioux.

1764, (3 juillet) Lévis. [1]
IV.—DUMONT, JOSEPH, [JOSEPH III.
b 1738.
MARANDA, Marie-Anne, [CHARLES III.
b 1744.
Joseph, b [1] 22 mai 1766. — *Marie-Anne*, b [1] 3 sept. 1767.—*Ignace*, b [1] 24 juin 1769. — *Charles*, b [1] 17 fevrier 1771.

(1) Dit Laviolette.
(2) Native de Flandres.
(3) Dit Gueret
(4) Dit Lafontaine.

DUMONT, JOSEPH.—Voy. GUÉRET, 1764.

1765, (10 juillet) Kamouraska. [3]
III.—DUMONT (1), JEAN-BTE. [JEAN II.
MICHAUD, Marie-Louise. [JOSEPH III.
Jean-Baptiste, b [3] 21 mai et s [3] 19 juillet 1766. — *Jean-François-Régis*, b [3] 22 janvier 1768. — *Joseph*, b [3] 5 et s [3] 16 fevrier 1769. — *François*, b [3] 13 mai 1770.—*Joseph*, b [3] 1er avril 1772.

1766, (20 oct.) Kamouraska. [1]
III.—DUMONT (2), JEAN-BTE. [JEAN-BTE II.
1° LEMARCHAND, Angelique-Ursule, [GEORGE.
b 1745 ; s [1] 21 juin 1778.
Jean-Baptiste, b [1] 25 juillet 1767. — *Marie-Madeleine*, b [1] 14 août 1769.
1781, (18 juin). [1]
2° BÉLANGER, Marie. [IGNACE IV.

DUMONT, ANTOINE.—Voy. GUÉRET, 1768.

DUMONT, JEAN-BTE.
RIVARD (3), Marie-Joseph.
Jean-Baptiste, b 2 mars 1771, à Batiscan. [9]— *Marie-Joseph*, b [9] 1er mai 1772.

DUMONT, ZACHARIE.—Voy. GUÉRET, 1771.

DUMONT, PIERRE.
LÉCUYER, Geneviève.
Pierre, b 3 sept. 1775, aux Grondines. [3]— *Louis*, b [3] 15 oct. 1777.

1776, (26 août) Kamouraska.
III.—DUMONT (4), JEAN. [PRISQUE II.
MIVILLE, Marie-Angelique. [JEAN-BERNARD IV.
Marie-Théodore, b 4 sept. 1795, aux Trois-Pistoles. [2]—*Etienne*, b [2] 2 et s [2] 22 août 1796.

1777, (22 sept.) Québec.
II.—DUMONT, JEAN-BTE. [JEAN-BTE I.
LEBLANC, Marie. [JOSEPH.

DUMONT, ANTOINE.
1° DUCLOS, Marguerite.
1780, (7 fevrier) Batiscan.
2° HOTTE, Catherine, [CLAUDE III.
b 1760.

DUMONTET.—*Surnom :* LAGRANDEUR.

I.—DUMONTET (5), JEAN,
b 1659 ; s 22 mai 1729, à Laprairie. [2]
FORAN, Georgette.
Jean, b .. m [2] 6 nov. 1712, à Elisabeth CASSE.

(1) Dit Gueret—Lagrossetête, 1769.
(2) Dit Gueret, voy. son père, Jean-Bte Gueret. 1733.
(3) Dit Lanouette.
(4) Et Gueret.
(5) Dit Lagrandeur.

1712, (6 nov.) Laprairie. [2]
II.—DUMONTET (1), JEAN, [JEAN I.
s avant 1730.
CASSE (2), Elisabeth, [JACQUES I.
b 1695.
Marie, b [2] 17 et s [2] 22 janvier 1715.—*Elisabeth*, b [2] 14 nov. 1717; m [2] 5 mai 1732, à François MONET. — *Antoine*, b [2] 29 août 1720; 1° m [2] 23 février 1745, à Marguerite MARIE; 2° m [2] 12 nov. 1759, à Françoise BISAILLON.—*Pierre*, b [2] 3 mars 1722.— *Jean-Baptiste*, b [2] 27 juin 1724, 1° m 23 nov. 1744, à Suzanne CHARBONNEAU, à Varennes; 2° m 26 sept. 1753, à Marie-Joseph JETTÉ, à St-Antoine-de-Chambly. — *Charlotte*, b [2] 20 déc. 1725; m [2] 5 nov. 1759, à Richard BARRÉ.— *Pélagie*, b [2] 30 déc. 1728; s [2] 2 mai 1730.

1744, (23 nov.) Varennes.
III.—DUMONTET (1), JEAN-BTE, [JEAN II.
b 1724.
1° CHARBONNEAU, Suzanne. [JEAN III.
Isabelle-Suzanne, b 1745, m 1er février 1762, à Pierre ARCHAMBAULT, à St-Antoine-de-Chambly. [2]
1753, (26 sept.) [2]
2° JETTÉ, Marie-Joseph, [URBAIN II.
b 1711; veuve d'Antoine Archambault.

1745, (23 février) Laprairie. [3]
III.—DUMONTET, ANTOINE, [JEAN II.
b 1720.
1° MARIE (3), Marie-Marguerite, [MICHEL II.
b 1719.
1759, (12 nov.) [3]
2° BISAILLON, Françoise, [ETIENNE II.
b 1728.

DUMONTIER.—*Surnoms* : BRILLANT — DION— GUYON.

I.—DUMONTIER (4), FRANÇOIS.

1696, (27 février) Batiscan.
I.—DUMONTIER (5), FRANÇOIS,
b 1666.
RIVARD (6), Marie-Anne, [ROBERT II.
s 16 oct. 1750, aux Grondines. [3]
Madeleine, b 30 août 1701, à Montréal; m 19 février 1721, à François HAMELIN, à Québec [4]; s [3] 7 sept. 1762. — *Marie-Louise*, b [4] 23 janvier 1705; m 4 nov. 1730, à René HAMELIN, à Ste-Anne-de-la-Pérade; s [3] 30 janvier 1776.

DUMOUCHEL.—*Variation et surnom* : DESMOUCHEL—LAROCHE.

(1) Dit Lagrandeur.
(2) Elle épouse, le 16 janvier 1730, Pierre Monet, à Laprairie.
(3) Dit Ste-Marie.
(4) Dit Brillant; soldat de la compagnie de Lamothe, il était, le 9 février 1689, à St-François-du-Lac
(5) Secrétaire de Vaudreuil, gouverneur-général; il était à Longueuil, le 12 février 1714; voy. vol. I, p. 214.
(6) Dit Loranger.

1673.
I.—DUMOUCHEL (1), BERNARD,
b 1651.
1° JUIN, Jeanne, [PIERRE I.
b 1655.
Jeanne, b 1674.— *Marie*, b 1677. — *Madeleine*, b... m 18 mai 1699, à Claude MAURICE, à Montréal. [7] — *Marie-Françoise*, b 22 janvier 1681, à Champlain; m [7] 30 août 1706, à Jacques CROQUELOIS; s [7] 23 nov. 1748.—*Paul*, b 30 mai 1684, aux Trois-Rivières, 1° m [7] 24 nov. 1704, à Marie-Jeanne-Gabrielle DUGAS, 2° m [7] 18 nov. 1709, à Marie-Louise TESSIER; s [7] 13 janvier 1719. — *Bernard*, b [7] 26 août 1687, m [7] 27 janvier 1710, à Marie-Anne TESSIER. — *Jean*, b 30 mai 1689, à Boucherville; s [7] 12 juin 1709.
1697, (22 oct.) [7]
2° SAULNIER (2), Françoise, [GILBERT I.
veuve de Thomas Morteseigne.

1704, (24 nov.) Montréal. [7]
II.—DUMOUCHEL, PAUL, [BERNARD I.
b 1684, cordonnier, s [7] 13 février 1719.
1° DUGAS, Jeanne-Gabrielle, [VINCENT I.
b 1687; s [7] 18 juillet 1708.
Paul-Urbain, b [7] 7 janvier 1706; s [7] 19 déc. 1708. — *Philippe-Joseph*, b [7] 16 janvier 1708, s [7] 28 janvier 1731.
1709, (18 nov.) [7]
2° TESSIER (3), Marie-Louise, [JEAN II.
b 1692.
Marie-Louise, b [7] 19 août 1710; m [7] 19 sept. 1729, à Jacques BERTRAND —*Louis-Joseph*, b [7] 25 oct. 1712, m [7] 12 janvier 1739, à Marie-Louise LECLERC; s [7] 7 déc. 1769 — *Marie-Joseph*, b [7] 4 déc. 1714, m [7] 9 février 1739, à Jacques FARLY. — *Paul*, b [7] 11 janvier 1717; 1° m 26 janvier 1749, à Jeanne CHAPOTON, au Détroit; 2° m [7] 1er mai 1752, à Catherine VALADE; s [7] 25 sept. 1780. — *Jacques-Vital*, b [7] 5 janvier 1719; s [7] 5 avril 1739.

1710, (27 janvier) Montréal. [6]
II.—DUMOUCHEL, BERNARD, [BERNARD I.
b 1687, s avant 1744
TESSIER (4), Marie-Anne, [JEAN II.
b 1694.
Jean, b [6] 19 nov. 1710; 1° m [6] 2 juillet 1742, à Marie-Joseph BOYER; 2° m [6] 26 oct. 1744, à Marie-Joseph LECUYER. — *Joachim*, b [6] 26 déc. 1712.— *Marie-Joseph*, b [6] 15 mai 1715; 1° m [6] 24 nov. 1738, à Pierre BIGEAU, 2° m [6] 21 nov. 1757, à Christophe DECOSTE. — *Bernard-Paul*, b [6] 11 sept. 1720, m 8 oct. 1748, à Marguerite BERDIN, à Québec [1]; s [7] 12 juin 1757. — *Louis*, b [6] 29 juin 1722; s [6] 23 février 1723. — *Louis-Paschal*, b [7] 31 mars 1725, m 1769, à Françoise SAUVAGESSE. — *Ignace*, b [6] 13 avril 1727; s [6] 26 février 1736. — *Marie-Anne*, b [6] 27 mars 1729, 1° m [6] 20 oct. 1749, à François BERDIN; 2° m [6] 15 oct. 1759, à François BELLET.

(1) Dit Laroche; voy. vol. I, p. 216.
(2) Bernard Dumouchel est son quatrième mari.
(3) Elle épouse, le 8 juin 1722, Jean Bouchard, à Montréal.
(4) Dit Lavigne.

1739, (12 janvier) Montreal.[6]
III.—DUMOUCHEL, Louis-Joseph, [Paul II.
b 1712; s[6] 7 dec. 1769.
Leclerc, Marie-Louise, [Sauveur I.
b 1720.
Marie-Louise, b[6] 12 déc. 1739; m[6] 4 février 1760, à Michel Demers; s 12 avril 1821, à Ste-Geneviève, M.[8]—*Paul-Louis*, b[6] 12 mars 1741; m 19 janvier 1767, à Catherine Picard, à Lachine[7]; s[7] 27 sept. 1830.—*Louis-Michel*, b[6] 27 janvier et s[6] 12 juillet 1743.—*Louis-Jacques*, b[6] 31 mai 1744; 1° m[6] 17 février 1772, à Angélique Hardy; 2° m 1785, à Marie-Madeleine Gautier.—*Louis-Vital*, b[6] 12 dec. 1745; m 1773, à Marie-Madeleine Goyau, à Sandwich; s 8 fevrier 1826, à Windsor, Ont.—*Pierre*, b[6] 6 mai et s[6] 28 dec 1747.—*Marie-Joseph*, b[6] 3 juillet 1749; (religieuse hospitalière, 1778); s[6] 22 oct. 1818.—*Jean-Baptiste*, b[6] 18 oct. 1750; ordonne 17 août 1777; s[8] 26 dec. 1828.—*Charles-Hypolite*, b[6] 10 fevrier et s[6] 21 juin 1752.—*Joseph-Marie*, b[6] 27 fevrier 1753, m 27 janvier 1777, à Marguerite Brau, à Châteauguay[9], s[9] 1er janvier 1839.—*George*, b[6] 11 août 1757.—*Joseph-François*, b[6] 9 dec. 1758; s[6] 2 mai 1760.—*François-Paul*, b[6] 19 avril et s[6] 3 mai 1761.

1742, (2 juillet) Montreal.[1]
III.—DUMOUCHEL, Jean, [Bernard II.
b 1710.
1° Boyer, Marie-Joseph, [Charles II.
b 1704; veuve de Joseph Bouron; s[1] 25 dec. 1742.
1744, (26 oct.)[1]
2° Lécuyer, Marie-Joseph, [René II.
b 1720.
Suzanne, b[1] 7 mars 1745.—*Marguerite*, b[1] 13 juillet 1750.

1748, (8 oct.) Quebec.[2]
III.—DUMOUCHEL (1), Bernard, [Bernard II.
b 1720, maître-maçon; s[2] 12 juin 1757.
Berdin, Marguerite. [Denis I.
Denis, b[2] 14 oct. 1749, s[2] 29 août 1750.—*Jean-Bernard*, b[2] 26 fevrier 1751.—*Dominique*, b[2] 3 avril 1752; s[2] 11 sept. 1755.—*Marguerite-Thérèse*, b[2] 25 mars et s 8 mai 1753, à Charlesbourg—*Charlotte-Marguerite*, b[2] 1er mai 1754, s[2] 8 janvier 1756.

1749, (26 janvier) Détroit[3]
III.—DUMOUCHEL, Paul, [Paul II.
b 1717; s 25 sept. 1780, à Montreal[1]
1° Chapoton, Jeanne, [Jean-Bte I.
b 1734, s[3] 23 juillet 1750
Jeanne, b[3] 2 nov. 1749 s[3] 27 juin 1751.
1752, (1er mai).[4]
2° Valade, Catherine, [Charles II.
b 1721.

1767, (19 janvier) Lachine.[7]
IV.—DUMOUCHEL, Paul-Louis, [Louis III.
b 1741; s[7] 27 sept. 1830.
Picard, Catherine, [Antoine III.
b 1744

(1) Appele Desmouchel à son mariage.

1769.
III.—DUMOUCHEL (1), Louis, [Bernard II.
b 1725.
Sauvagesse, Françoise.
Bernard, né 22 mars 1770; b 9 juillet 1775, à Mackinac[3]—*Jean*, né 12 janvier 1772; b[3] 9 juillet 1775.—*Françoise*, née 12 mai 1774; b[3] 9 juillet 1775; 1° m à Pierre Ducheneau; 2° m 16 nov. 1795, à Antoine Grandbois, à Cahokia.[4]—*Joachim*, ne juin 1776; b[3] 22 juillet 1786.—*Marie-Joseph*, nee 26 dec. 1778; b[3] 22 juillet 1786, m[4] 28 nov. 1793, à Louis Labossière.—*Madeleine*, nee 17 août 1784; b[3] 22 juillet 1786.

1773, Sandwich.
IV.—DUMOUCHEL (2), Ls-Vital, [Louis III.
b 1745, s 8 fevrier 1826, à Windsor, Ont.[7]
Goyau, Marie-Madeleine,
s[7] 24 avril 1796.
Jean-Baptiste, b[7] 1784; m février 1809, à Marie-Victoire Félix, à St-Benoit[8], s[8] 25 mars 1844.—*Ignace*, b[7] 25 nov. 1791; 1° m[8] fevrier 1820, à Felicite Girouard; 2° m 17 fevrier 1829, à Marie-Therèse-Antoinette Fournier, à Rigaud[9]; s[9] 11 déc. 1876

1777, (27 janvier) Châteauguay.[2]
IV.—DUMOUCHEL, Joseph-Marie, [Louis III.
b 1753; s[2] 1er janvier 1839.
Brau, Marguerite.
Joseph (3), b... s 21 juillet 1864, à Sherrington.—*Louis* (3), b... s 24 nov. 1840, à Sidney, Australie.

DUMOUCHEL, ...
Ponsant, Madeleine,
b 1751; s 13 août 1790, à Québec.

1813, (4 juin) Cahokia.
DUMOUCHEL, Jean
Lagoutterie (4), Marie.

DUMOULIN.—Voy. Fonteneau—Robineau.

DUMOULIN, Jean, b 1694; s 20 dec. 1749, à St-Charles.

DUMOULIN, Antoine.
Vivier, Marguerite.
Marguerite, b... m 8 janvier 1781, à Joseph Houré-Grandmont, à Nicolet.

DUMOULIN (5), Jean-Emmanuel.
Duchouquet, Marie-Charlotte,
b 1748; s 5 mai 1823, à Quebec.

(1) Il était, à Mackinac, le 3 juin 1759.
(2) Il était, au Detroit, le 1er août 1772 Grand-père de l'honorable sénateur Leandre Dumouchel.
(3) Exile politique en 1838.
(4) Elle epouse, le 2 juillet 1815, Simon Bertrand, à Cahokia.
(5) Juge aux Illinois.

I.—DUMOULINEUF (1), MARTIAL, fils de Jean et de Marie Crisonet, d'Aix, diocèse de Limoges, Limousin.
1° BRUNET (2), Barbe, [FRANÇOIS I. b 1675; veuve de George Brault.
Angélique, b 1717; m à Joseph DUQUAY; s 23 août 1740, à Montréal.
1751, (7 janvier) Châteauguay.
2° CARDINAL, Cunégonde-Frse, [JACQUES II. b 1689; veuve de Pierre Tabeau.

I.—DUNBAR, EDOUARD.
SULLIVAN, Eleonor,
b 1712, de Meanus, Kerry, Irlande; s 30 août 1786, à Québec.

DUNÉGANT (3), FRANÇOIS.—Voy. LUNEGANT, 1748.

DUNIÈRE. — *Variations :* GUNIÈRE — GUIONNIÈRE.

1714, (1er oct.) Québec. 2
I.—DUNIÈRE (4), LOUIS, *b 1678*, bourgeois; fils de François et de Madeleine Racau, de St-Saturnin, diocèse de Tours, Touraine; s 2 28 juillet 1754 (dans l'eglise).
DURAND, Marguerite, [NICOLAS I. b 1683; veuve de Bernard Rochereau, s 2 2 sept. 1743.
Louis, b 2 19 août et s 5 sept. 1715, à Beauport.—*Gaspard* (5), b 2 20 janvier 1719; ordonne 2 22 sept. 1742; decédé 2 1er et s 3 fevrier 1762, à Beaumont — *Louis*, b 2 11 janvier 1721; m 2 1er juillet 1748, à Marie-Joseph LELIÈVRE. — *Louis*, b 2 7 mai 1723; m 2 1er juillet 1748, à Elisabeth TREFFLÉ.

1748, (1er juillet) Québec. 3
II.—DUNIÈRE (6), LOUIS, [LOUIS I. b 1721, marchand.
LELIÈVRE (7), Marie-Joseph, [JEAN-BTE I. b 1731.
Louis, b 3 25 oct. 1749.—*Marie-Joseph*, b 3 2 déc. 1750; 1° m 24 oct. 1767, à Charles-Martin CURAUX, à Berthier, 2° m 19 février 1776, à Louis MOQUIN, à Montreal. — *Marie-Elisabeth*, b 3 9 juillet 1752.—*Marie-Geneviève*, b 3 11 mars 1754; m 1784, à Meridith WILLS. — *Geneviève*, b 1er août 1760, à la Pte-aux-Trembles, Q.; m 1780, à Michel-Joseph MARAY DE LA CHAUVIGNERIE. — *Marie-Joseph*, b 3 14 nov. 1761.

1748, (1er juillet) Quebec. 4
II.—DUNIÈRE (6), LOUIS, [LOUIS I.
TREFFLÉ, Elisabeth, [PIERRE III. b 1730.

(1) Et Moulineuf.
(2) Dit Bourbonnais.
(3) Cette famille s'est établie à St-Louis, Missouri.
(4) Marié sous le nom de Gunière. Le propre nom, en France, est Guionnière —Il a été corrompu en celui de Dunière, en Canada. (Voy. Reg. de Québec, 1719, folio 3).
(5) Ancien curé de Beaumont.
(6) Et Gunière.
(7) Dit Duval.

Elisabeth, b 4 9 mai 1749; m 1768, à Henri BEAUNE.—*Pierre-Louis*, b 4 18 avril et s 4 7 mai 1750.—*Louise-Judith*, b 4 7 avril 1751; m 26 oct. 1772, à Jean-Baptiste LEMOINE-DESPINS, à Montréal —*Marguerite-Geneviève*, b 4 24 mars 1752; m 4 6 avril 1787, à Bonaventure PANET.—*Marie-Marguerite*, b 4 2 juin 1753; s 4 27 sept. 1755.—*Louis-François*, b 4 11 juillet 1754.—*Joseph-Bernard*, b 4 30 juin et s 19 sept. 1755, à Beauport.—*Pierre-Simon*, b 4 20 juin 1756; s 4 15 août 1757.—*Gaspard*, b 4 21 juin et s 17 juillet 1757, à Charlesbourg. — *Marie-Anne-Françoise*, b 4 20 sept. 1758.—*Charles*, b 4 1er et s 4 5 sept. 1760, à St-Augustin.—*Marguerite-Louise*, b 4 juin 1762, à Berthier. 5—*Marguerite-Charlotte*, b 5 8 janvier 1765.—*Pierre*, b 5 9 fevrier 1766.—*Jean-Baptiste-Joseph-Gaspard*, b 5 13 janvier 1768; s 5 23 nov. 1769.—*Anonyme*, b 5 et s 5 29 nov. 1769. — *Bernard-Henri*, b 5 26 oct. 1771.

I.—DUNKIN (1), ..., d'Orkeil, Ecosse; s 19 juillet 1758, à l'Hôpital-Général, M.

I.—DUNKIN (2), ...
......, Catherine.
Marie-Geneviève, b 6 nov. 1770, à la Baie-St-Paul.

I.—DUNN (3), JOHN, b 1736; s 8 janvier 1796, à Quebec.

I.—DUPARC (4), PIERRE,
b 1670; de Limoges; s 14 sept. 1747, à l'Hôpital-General, M.

I.—DUPARD, JEAN, b 1730; boulanger; de Coutances, Normandie; s 31 mars 1760, à Quebec.

DUPAS.—Voy. BRISSET.

1700, (20 oct.) St-Jean, I. O. 6
II.—DUPAS, MATHURIN, [GUILLAUME (5) I. b 1675.
BIDET, Jeanne, [JACQUES I. b 1676.
Jeanne, b 6 26 sept. 1701.—*Mathurin*, b 6 7 mars et s 6 12 juin 1703.—*Madeleine*, b 6 18 juillet 1704.—*Mathurin*, b 6 28 nov. 1706; s 6 20 nov. 1725. — *Marie-Charlotte*, b 6 23 mars 1712; 1° m à Louis DELAGE, 2° m 6 6 oct. 1749, à Ignace GOSSELIN.—*Marie-Françoise*, b 6 21 juin 1714, 1° m 6 20 nov. 1732, à Antoine FORTIER; 2° m à Antoine GOBEIL.

DUPAS, FRANÇOIS, b 1728; s 15 nov. 1756, à l'Ile-Dupas.

(1) Soldat du regiment d'Hilen.
(2) Et Donquienne.
(3) Soldat des Royaux volontaires en garnison.
(4) Dit Laviolette.
(5) Voy. vol. I, p. 215.

IV.—DUPAS (1), Jos.-Charles, [Charles III.
b 1719.
1° Lupien, Marie-Joseph, [Jean-Bte II.
b 1724; s 9 dec. 1762, à l'Ile-Dupas. [7]
Marie-Madeleine, b [7] 2 mai 1754; m [7] 7 février 1780, à Gabriel Beauparlant.—*Marie-Geneviève*, b [7] 3 janvier 1756.
2° Bellegarde (2), Madeleine.
Hypolite, b [7] 29 mars 1764. — *Joseph*, b [7] 13 février 1766. — *Marie-Anne*, b [7] 18 juin 1768.— *Angélique*, b [7] 1er août 1774. — *Pierre*, b [7] 13 nov. 1776.

I.—DUPASSAGE (3), Jacques, b 1694; s 19 juillet 1714, à la Pte-aux-Trembles, M. (noyé).

I.—DUPAUL, Pierre.
LeBlond, Marguerite. [Nicolas I.
Augustin, b... m 9 février 1724, à Marie-Ursule Bouvier, à Lorette.

1724, (9 février) Lorette. [5]
II.—DUPAUL, Augustin. [Pierre I.
Bouvier, Marie-Ursule, [Pierre II.
b 1704.
Marie-Ursule, b [5] 18 août 1727; m 9 janvier 1745, à Charles LeSieur, à Yamachiche. [4]— *Augustin*, b 4 janvier et s 10 déc. 1729, à Quebec. [6] —*Augustin*, b [6] 26 sept 1730; m [4] 5 fevrier 1753, à Marie-Joseph Frigon; s [4] 18 avril 1756. —*Augustine*, nee 23 nov. 1732, à Gaspe; b 4 déc. 1736, à la Rivière-Ouelle [8] (4); m [4] 31 janvier 1757, à Gabriel Gautier. — *Marie-Joseph*, b [8] 20 mars 1735. — *Louise*, b 28 mars 1736, à Rimouski [9], m [4] 22 sept. 1760, à Pierre Berthiaume.—*Catherine*, b [9] 9 mai 1737; m 1760, à Joseph Turcot. — *Pierre*, b [4] 9 avril 1739; m [4] 24 oct. 1763, à Madeleine Comeau.—*Marie-Madeleine-Charlotte*, b [4] 15 mars 1741. — *Jean-Baptiste*, b [4] 16 mai 1742; s [4] 17 juin 1743. — *François*, b [4] 1er dec. 1744; m [4] 16 nov. 1767, à Geneviève LeSieur.— *Marie-Joseph*, b [4] 21 août et s [4] 24 oct. 1746. — *Joseph*, b [4] 13 juin et s [4] 7 sept. 1748.

1753, (5 février) Yamachiche. [8]
III.—DUPAUL, Augustin, [Augustin II.
b 1730; s [8] 18 avril 1756.
Frigon, Marie-Joseph. [Jean-Frs II.

1763, (24 oct.) Yamachiche.
III.—DUPAUL, Pierre, [Augustin II.
b 1739.
Comeau, Madeleine,
Acadienne de Chipody; veuve de Jean Laur.

1767, (16 nov.) Yamachiche.
III.—DUPAUL, François, [Augustin II.
b 1744.
LeSieur (5), Geneviève, [Louis III.
b 1748.

(1) Voy. Brisset, vol. II, p. 474.
(2) Dit Gerbaut.
(3) Seigneur du Passage.
(4) Elle fut baptisée par messire Jacques Dupont, de Grandville, aumônier du navire *Le Phénix*.
(5) Dit Desaulniers.

DUPAULAU.—Voy. Duval.

DUPÉRÉ.—*Surnom*: Larivière.

DUPÉRÉ, Marie, épouse de Louis Langevin.

1686, (2 mai) Charlesbourg. [1]
I.—DUPÉRÉ (1), Michel,
b 1653; s [1] 14 fevrier 1724.
1° Chrétien, Marie, [Michel I.
b 1668; s 1702.
Marie, b 20 août 1700, à Québec [3]; 1° m [3] 4 janvier 1728, à Louis Coutanceau; 2° m [3] 26 mai 1739, à François Beausange, s [3] 6 déc. 1749.
1703, (7 août). [3]
2° Dancosse, Marie-Anne, [Pierre I.
b 1681, s [3] 29 fevrier 1712.
Jean-Baptiste, b [3] 20 juin 1704; m [3] 30 oct. 1736, à Marie-Anne Demosny; s [3] 12 avril 1751. —*Marie-Jeanne*, b [3] 26 fevrier 1706; m 7 janvier 1733, à Jean-Baptiste Lebel, à la Rivière-Ouelle [9]; s 2 nov. 1754, à Kamouraska.—*Anne-Angélique*, b [3] 25 fevrier 1712; m [9] 7 janvier 1733, à Pierre Michaud.

1715, (19 août) Québec. [4]
II.—DUPÉRÉ, Michel, [Michel I.
b 1688; tonnelier, s [4] 11 avril 1726.
Badeau (2), Marie-Anne, [Jean III.
b 1696.
Charles-Michel, b [4] 13 mai 1716; m 21 nov. 1741, à Angelique Leveque, à la Rivière-Ouelle. [5] —*Jean*, b [4] 29 mars 1718, m 23 janvier 1747, à Marie-Catherine Lisot, à Ste-Anne-de-la-Pocatière.—*Augustin*, b [4] 8 et s [4] 20 oct. 1719.—*Anonyme*, b [4] et s [4] 9 oct. 1719.—*Marie-Anne*, b [4] 13 sept. 1720, m [4] 24 juillet 1747, à Jean Moreau; s [4] 6 avril 1760. — *Marie-Geneviève*, b [4] 23 mai 1723, m [5] 9 janvier 1741, à Bernard Lisot.— *Henri*, b... s [4] 1er août 1738.

1716, (8 fevrier) Charlesbourg. [2]
II.—DUPÉRÉ, Louis, [Michel I.
b 1694.
Gagnon, Anne, [Mathurin II.
veuve de Thomas Blondeau.
Marie-Marguerite, b [2] 3 dec. 1716; 1° m [2] 8 août 1735, à Jean-Baptiste Bourbeau; 2° m [2] 18 janvier 1751, à Jean-Baptiste Thomas. — *Marie-Anne*, b [2] 18 sept. 1718; m 22 avril 1743, à Etienne Fréchet, à St-Nicolas. [3]—*Louis-Charles*, b [2] 1er sept. 1720, m [3] 9 oct. 1747, à Madeleine Fréchet.— *Joseph*, b [2] 10 fevrier 1723; m [2] 21 août 1747, à Cecile-Catherine Alard.—*Louise-Geneviève*, b [2] 8 mars 1725, m [2] 22 fevrier 1745, à François-Marie Bedard.— *François*, b [2] 7 sept. 1727; s [2] 24 mai 1733. — *Catherine*, b 1728, m 1758, à Joseph-Marie Saucier; s 2 mars 1767, à Ste-Anne-de-la-Pocatière. — *Louise-Jeanne*, b [2] 9 nov. 1729; m 12 juin 1752, à Jacques Corriveau, à Berthier.

(1) Dit Larivière, voy. vol I, p. 215.
(2) Elle épouse, le 9 avril 1738, Henri Arnaud, à Québec.

1726, (29 déc.) Québec. [1]

II.—DUPÉRÉ, CHARLES, [MICHEL I.
b 1698.

RIVIÈRE (1), Marie-Joseph, [JÉRÔME-FRS I.
b 1701; s 7 sept. 1741, à la Rivière-Ouelle. [2]

Pierre-Charles, b [1] 1er déc. 1727; m [2] 9 janvier 1758, à Marie-Louise PLOURDE; s [2] 9 avril 1760.—*Suzanne-Joseph*, b [1] 30 oct. 1729; s [1] 3 sept. 1731.—*Marie-Anne*, b [1] 10 mai 1731; m [2] 27 oct. 1749, à Mathurin DUROCHER.—*Catherine*, b [2] 30 avril 1733; m 7 janvier 1751, à Jean-Baptiste OUELLET, à Ste-Anne-de-la-Pocatière [3]; s [3] 26 mars 1770.—*Jean*, b [2] 31 oct. 1734, m [2] 20 juillet 1761, à Madeleine BÉRUBÉ.—*Charles*, b [2] 24 nov. 1736.—*François*, b [2] 11 mai 1739.—*Jean-Marie*, b [2] 7 sept. 1741; s [2] 27 oct. 1754.

1736, (30 oct.) Quebec. [1]

II.—DUPÉRÉ, JEAN-BTE, [MICHEL I.
b 1704; marchand; s [1] 12 avril 1751 (dans l'eglise).

DEMOSNY, Marie-Anne, [JEAN II.
b 1708.

Marie-Anne, b [1] 9 nov. 1737; 1° m [1] 29 janvier 1753, à Pierre CLAVERY; 2° m 9 mai 1758, à Nicolas-Antoine DANDANE-DANSEVILLE, à Ste-Foye.—*Jean-Baptiste*, b 1738, m à Marie-Joseph ROY.

1741, (21 nov.) Rivière-Ouelle. [1]

III.—DUPÉRÉ, CHARLES-MICHEL, [MICHEL II.
b 1716.

LEVÊQUE, Angelique, [JOACHIM II.
b 1719; s [1] 11 fevrier 1781.

Charles-Michel, b [1] 5 oct. 1742.—*Jean-Baptiste*, b [1] 23 avril 1744; m [1] 15 nov. 1773, à Louise CHAMARD.—*Louis*, b [1] 12 nov. 1745.—*Marie-Angélique*, b [1] 9 juillet 1747, s [1] 29 avril 1769.—*Augustin*, b [1] 12 février et s [1] 21 mars 1749.—*Marie-Théotiste*, b [1] 6 mars et s [1] 17 avril 1753.—*Jean-Bernard*, b [1] 30 avril 1754; m [1] 23 fevrier 1778, à Marie-Marthe FORTIN.—*Radegonde*, b [1] 17 mars et s [1] 19 avril 1756—*Marie-Joseph*, b [1] 26 avril 1757; m [1] 4 février 1782, à Joseph ROY.

1747, (23 janvier) Ste-Anne-de-la-Pocatière.

III.—DUPÉRÉ, JEAN, [MICHEL II
b 1718.

LISOT, Marie-Catherine, [JOSEPH II.
b 1726; s 9 janvier 1756, à la Rivière-Ouelle. [9]

Jean-Marie, b [9] 6 et s [9] 25 juillet 1748.—*Marie-Catherine*, b [9] 24 août 1749, m [9] 24 janvier 1774, à Ignace MARTIN.—*Jean-Baptiste*, b [9] 20 fevrier 1751.—*Marie-Perpétue*, b [9] 16 mars 1752; m [9] 20 janvier 1772, à Germain MIVILLE; s 24 nov. 1783, à Québec.—*Joseph-Barthélemi*, b [9] 19 août 1753.—*Nicolas-Henri-Marie*, b [9] 4 dec. 1754.

1747, (21 août) Charlesbourg. [8]

III.—DUPÉRÉ, JOSEPH, [LOUIS II.
b 1723.

ALARD, Cecile-Catherine, [JACQUES III.
b 1726; s 26 sept. 1786, à Québec. [9]

Jean-Baptiste, b [8] 24 juin 1748.—*Marie-Joseph*, b [9] 8 mars 1750; m [9] 17 nov. 1789, à François BORNAIS.—*Marie-Cécile*, b [8] 8 juin 1753, s [8] 30 avril 1754.—*Marie-Madeleine*, b [8] 31 janvier 1755.—*Pierre*, b [8] 17 sept. 1756.—*Joseph-François*, b [8] 21 déc. 1758; m [9] 28 nov. 1780, à Marie-Charlotte GIRARD.—*Louis-François*, b [8] 8 mars 1761; m [9] 18 février 1783, à Angélique DASYLVA.—*Joseph*, b [8] 16 janvier 1763.—*Marie-Charlotte*, b... m [9] 30 janvier 1787, à Pierre PERROT.—*Angélique*, b... m [9] 24 mai 1795, à Jean BURGESSE.

1747, (9 oct.) St-Nicolas. [6]

III.—DUPÉRÉ, LOUIS-CHARLES, [LOUIS II.
b 1720.

FRÉCHET, Marie-Madeleine, [FRANÇOIS II.
b 1726.

Marie-Louise, b [6] 16 sept. 1752.—*Marie-Thècle*, b [6] 22 sept. 1754.—*Louis-Joseph*, b 31 mai 1756, à St-Antoine-Tilly, s [6] 9 juin 1757.—*Louis*, b [6] 16 février 1760.

I.—DUPÉRÉ (1), ...
s 9 nov. 1758, aux Trois-Rivières.

III.—DUPÉRÉ, JEAN-BTE, [JEAN-BTE II.
b 1738, s avant 1787.

ROY (2), Marie-Joseph, [AUGUSTIN III
b 1734; s 23 nov. 1772, à la Rivière-Ouelle [3]

Victoire, b 1752; m 13 février 1787, à Charles COTÉ, à Quebec [9]; s [9] 17 juin 1798.—*Joseph*, b [3] 19 août 1757.—*André*, b [3] 25 nov. 1758.—*Jean-Bénoni*, b [3] 8 sept. 1760.—*Marie-Joseph*, b... s 27 juillet 1762, à Ste-Anne-de-la-Pocatière.

1758, (9 janvier) Rivière-Ouelle. [9]

III.—DUPÉRÉ, PIERRE-CHS, [CHARLES II.
b 1727, s [9] 9 avril 1760.

PLOURDE (3), Marie-Louise, [AUGUSTIN II.
b 1738.

Pierre, b [9] 15 dec. 1758.—*Marie-Louise*, b [9] 12 juin et s [9] 1er oct. 1760

1761, (20 juillet) Rivière-Ouelle.

III.—DUPERÉ, JEAN, [CHARLES II
b 1734.

BÉRUBÉ, Madeleine, [MATHURIN II
b 1733.

1773, (15 nov.) Rivière-Ouelle.

IV.—DUPÉRÉ, JEAN-BTE, [MICHEL III.
b 1744.

CHAMARD, Louise, [MICHEL IV.
b 1742.

1778, (23 fevrier) Rivière-Ouelle.

IV.—DUPÉRÉ, JEAN-BERNARD, [MICHEL III
b 1754.

FORTIN, Marie-Marthe, [JEAN-BTE III.
b 1741, veuve de Jean-Baptiste Caron.

---

(1) Et DesRivières.

(1) Soldat de la compagnie de Rouglas, régiment de Berry; decedé à son retour de Carillon.

(2) Dit Lauzier.

(3) Elle épouse, le 11 janvier 1762, Jean Lisot, à la Rivière-Ouelle.

1780, (28 nov.) Québec. [3]
IV.—DUPÉRÉ (1), JOSEPH-FRS, [JOSEPH III.
b 1758.
GIRARD, Marie-Charlotte, [JOSEPH III.
b 1758[*]; s [3] 18 fevrier 1788.

1783, (18 février) Québec.
IV.—DUPÉRÉ, LOUIS-FRS, [JOSEPH III.
b 1761.
DASYLVA, Angélique. [PIERRE-DOM. III.

I.—DUPÉRET, JEANNE, épouse de François POUCHAT-LAFORCE.

DUPÉRON.—*Variations et surnoms :* DUPERON —PERRON—BABIE—LEGROS—SANSREGRET.

1748, (23 sept.) Quebec. [9]
I.—DUPÉRON (2), CHARLES-NICOLAS, fils de Léonard et de Therèse Dufresne, de St-Laurent, Paris.
CHANDONNET, Elisabeth, [CHARLES I.
b 1722; s [9] 26 mars 1784.
Marie-Elisabeth, b [9] 2 oct. 1748; 1° m à Jacques ....; 2° m [9] 25 oct. 1784, à Pierre PAGÉ. —*Anonyme*, b [9] et s [9] 8 dec. 1749.— *Thérèse*, b [9] 28 mars 1751.—*Pierre*, b [9] 26 août 1752; m [9] 23 janvier 1775, à Marie-Joseph TIBEAU.— *Charles*, b [9] 2 juin 1755.—*Jacques*, b [9] 27 sept. et s [9] 9 oct. 1756. — *Jean*, b [9] 6 mars 1758, s [9] 27 sept. 1759.—*Marie-Anne*, b [9] 17 oct. 1759, s [9] 26 nov. 1783.—*Pierre*, b [9] 1er et s [9] 20 oct. 1761.

DUPÉRON, LOUIS.—Voy. PERRON, 1748.

1758, (6 nov.) Montréal.
I.—DUPÉRON, JACQUES, b 1727; fils de Jacques et de Catherine Bicheret, de Ste-Anne-de-Vervin, diocèse de Laon, Ile-de-France
VENET, Marie-Anne, [RENÉ I.
b 1739.

1775, (23 janvier) Quebec.
II.—DUPÉRON, PIERRE, [CHARLES I.
b 1752.
TIBEAU, Marie-Joseph, [AUGUSTIN IV.
b 1755.

DUPILLE, GENEVIÈVE, b... 1° m à Pierre RICHARD; 2° m 13 janvier 1789, à Jean-Marie PEPIN, à Quebec [2]; 3° m [2] 3 fevrier 1795, à François GREFFARD.

1682, (8 janvier) Ptc-aux-Trembles, Q. [0]
I.—DUPILLE (3), RÉMI,
b 1640; s 7 déc. 1700, à St-Augustin. [2]
LAGOUE, Anne,
veuve de Pierre Valières; s [2] 17 dec. 1728.
Marie-Françoise, b [3] 9 janvier 1686; 1° m 28 fevrier 1707, à Jean-Baptiste MICHAUD, à la Rivière-Ouelle, 2° m à Barthelemi NORMANDIN, s 25 déc. 1758, à Kamouraska.— *Françoise*, b [3] 29 mai 1687; 1° m 21 juillet 1710, à Mathieu COTÉ, à St-Pierre, I. O. [4]; 2° m [4] 20 janvier 1716, à Jean BUSSIÈRE; s [4] 4 avril 1758.—*Geneviève*, b... m [2] 20 janvier 1710, à Jean-Baptiste CHARON; s 13 sept. 1752, à St-Michel.—*Madeleine*, b [3] 17 juillet 1691, 1° m 7 janvier 1723, à Michel TOUIN, à Montreal [5]; 2° m [5] 28 nov. 1741, à Pierre BRUNET. — *Augustin*, b [3] 30 mai 1695; m [4] 26 août 1719, à Madeleine-Françoise LECOMPTE; s [4] 26 nov. 1755. — *Thérèse*, b [2] 21 sept. 1699; m [4] 17 février 1721, à Jean GOSSELIN.

(1) Dit Larivière.
(2) Dit Sansregret; soldat de la compagnie de M de Beaujeu.
(3) Voy vol. I, p. 215.

1719, (26 août) St-Pierre, I. O. [6]
II.—DUPILLE, AUGUSTIN, [REMI I.
b 1695; s [6] 26 nov. 1755.
LECOMPTE, Madeleine-Françoise, [ANTOINE I.
b 1699.
Dorothee, b [6] 23 mai 1720; m [6] 20 nov. 1741, à François LANGLOIS.—*Augustin*, b [6] 6 sept. 1721; m [6] 19 fevrier 1748, à Madeleine COTÉ.—*Jean*, b [6] 28 fevrier 1722.—*Jean*, b [6] 8 avril 1723 (1).—*Marie-Madeleine*, b [6] 17 juin 1724; m [6] 14 fevrier 1757, à Jacques NOEL.—*Véronique*, b [6] 1er mai 1726.—*Marie-Thérèse*, b [6] 11 oct. 1727; 1° m [6] 11 nov. 1749, à François THAVERS; 2° m 29 janvier 1759, à François TAILLEUR, à Quebec.[7]—*Marguerite*, b... m [6] 11 nov. 1749, à Pierre TRAVERS — *Joseph-Marie*, b [6] 27 juin 1730. — *Pierre*, b [6] 20 fevrier 1732; 1° m [7] 8 nov. 1751, à Geneviève TAILLEUR; 2° m [7] 18 juillet 1780, à Marie-Louise DUPUIS.—*Michel*, b [6] 7 oct. 1734; m [6] 19 fevrier 1759, à Louise LECLERC.—*Marie-Joseph*, b [6] 8 et s [6] 30 avril 1736.—*Charles*, b [6] 27 mars 1737; s [6] 23 fevrier 1742. — *Marie-Françoise*, b [6] 25 dec 1739; s [6] 16 janvier 1740.— *Marie-Louise*, b [6] 10 juillet 1741.

1748, (19 février) St-Pierre, I. O. [8]
III.—DUPILLE, AUGUSTIN, [AUGUSTIN II.
b 1721.
COTÉ, Madeleine, [PIERRE-MARTIN III.
b 1711.
Augustin, b [8] 5 oct. 1749.—*Marie-Madeleine*, b [8] 5 avril et s [8] 2 mai 1752.—*Joseph*, b [8] 10 août 1753.—*François-Marie*, b [8] 23 fevrier 1755, s [8] 18 fevrier 1756.—*Angélique*, b [8] 24 juin 1757.

1751, (8 nov) Québec. [2]
III.—DUPILLE, PIERRE, [AUGUSTIN II.
b 1732.
1° TAILLEUR, Geneviève-Therèse, [GUILLAUME I.
b 1728, s [2] 30 mars 1780.
Pierre, b [2] 4 sept. 1752; s [2] 17 avril 1754.—*François*, b [2] 21 mars 1754; m [2] 26 août 1777, à Marie-Louise DUBEAU —*Pierre*, b [2] et s [2] 17 sept. 1756.—*Joseph*, b [2] 27 juillet 1757, s [2] 6 nov. 1759. —*Geneviève*, b [2] 19 avril 1761.—*Augustin*, b 1763; m 28 janvier 1788, à Marie-Louise FORGUES, à Beaumont.

1780, (18 juillet). [2]
2° DUPUIS, Marie-Louise, [PIERRE I.
b 1762.

(1) Cet acte est inscrit au 24 sept. 1747, à St-Pierre, I. O.

DUPILLE, JOSEPH.— Voy. DUPUYAU, 1748.

1759, (19 février) St-Pierre, I. O.
III.—DUPILLE, MICHEL, [AUGUSTIN II.
b 1734.
LECLERC, Marie-Louise, [JEAN III.
b 1734.
Michel, b 21 avril 1765, à St-Antoine-Tilly; m 16 nov. 1789, à Marie-Charlotte DELGUIEL-LABRÈCHE, à Repentigny.—*Marie-Elisabeth*, b 18 juillet 1767, à Levis.

1777, (26 août) Québec.
IV.—DUPILLE, FRANÇOIS, [PIERRE III.
b 1754.
DUBEAU, Marie-Louise, [PHILIPPE III.
b 1752.

1788, (28 janvier) Beaumont.
IV.—DUPILLE, AUGUSTIN, [PIERRE III.
b 1763.
FORGUES, Marie-LOUISE, [JEAN-BTE IV.
b 1764.

1789, (16 nov.) Repentigny.
IV.—DUPILLE, MICHEL, [MICHEL III.
b 1765.
DELGUIEL (1), Marie-Charlotte, [JEAN-BTE III.
b 1769.

1728, (30 mai) Québec.[1]
I.—DUPIN (2), JEAN-BTE, fils de George (chevalier de St-Louis) et d'Adrienne Langlois, de Rochefort, Saintonge.
DE ST-VINCENT, Elisabeth, [PIERRE I.
b 1708; s[1] 17 déc. 1729.
Marie-Antoinette, b[1] 25 mai 1729.

1720, (25 juin) Québec.[1]
II.—DUPLAIS, LOUIS, [SILVAIN (3) I.
b 1685.
GAUTIER (4), Louise-Geneviève, [FRANÇOIS II.
b 1698.
Louise, b[1] 28 juin 1721.

DUPLANTY.—Voy. GERMAIN—HÉRY.

DUPLANTY, PIERRE.
....
Maurice, b 4 août 1733 à Mackinac.

DUPLANTY, ...
LAFLEUR (5), Marie,
b 1691; s 13 janvier 1757, à l'Hôpital-Général, M.

DUPLARIAL.—Voy. DUPLASSIAL.

(1) Dit Labrèche.
(2) De Belugard; commissaire d'artillerie de Québec.
(3) Voy. vol. I, p. 215.
(4) Elle épouse, le 9 nov. 1728, Jean-Baptiste Cotton, à Quebec.
(5) Veuve en 3ème noces.

DUPLASSIAL. — Voy. GUIBORD— GUILBAUT — ST-AMAND.

DUPLESSIS. — *Variations et surnoms :* DUPLAISSY—DUPLASSY — DUPLESSY-DEMORAMPONT — DEQUILIEN — DESQUILIN — DUGUAY— FABER — GARDET — GATINEAU — GOURLET — GUILLON — JUSSEREAU — LEBRUN, 1762 — LEFEBVRE — MOREAU — NOBLET — PERRAIN — PERRIN— REGNARD, 1691—ROBREAU.

DUPLESSIS, FRANÇOISE, epouse de Jean DURAND.

DUPLESSIS, ROSE, épouse de Louis-Côme DE LAVOYE.

I.—DUPLESSIS (1), NICOLAS.
CREVIER, Marie, [CHRISTOPHE I.
b 1650.
Jean-Baptiste, b 1671; m à Marie-Charlotte LEBOULANGER; s 9 fevrier 1750, aux Trois-Rivières. — *Louis*, b 1674, m 22 janvier 1710, à Jeanne LEMOYNE, à Batiscan.

1689, (7 janvier) Champlain.[1]
I.—DUPLESSIS (2), FRANÇOIS,
b 1637, s 12 avril 1712, à Montreal.[2]
CHOREL, Madeleine, [FRANÇOIS I
b 1668; s[2] 21 sept. 1712.
François, b[1] 11 nov. 1689; m[2] 31 déc. 1713, à Catherine-Geneviève PELLETIER.—*Périnne*, b[1] 14 juillet 1695, m[2] 10 juillet 1713, à François HEBAULT. — *François-Antoine*, b[2] 13 juin 1703, m à Elisabeth JUSSEREAU-ST-AMAND — *Guillaume-Charles*, b[2] 15 et s[2] 19 mars 1705. — *Marie-Anne*, b[2] 11 et s[2] 12 juin 1708.— *Anonyme*, b[2] et s[2] 11 juin 1708.

I.—DUPLESSIS (3), GEORGE,
s 31 oct. 1714 (dans l'eglise), à Québec.[1]
LEROY, Marie.
Geneviève, b[1] 7 fevrier 1692; hospitalière dite de l'Enfant-Jesus —*François*, b[1] 14 janvier 1694, m 1727, à Madeleine COULON. — *Joseph*, b[1] 7 avril 1697; m 1er juillet 1726, à Louise DELESSARD, à Lorette.

1710, (22 janvier) Batiscan.[4]
II.—DUPLESSIS (4), LOUIS, [NICOLAS I.
b 1674.
LEMOYNE, Jeanne, [JEAN I.
b 1676; s 13 oct. 1765, aux Trois-Rivieres.[5]
Marie-Joseph, b[4] 19 mai 1712; s[5] 14 juillet 1765.—*Louis-Joseph*, b[4] 22 juin 1716.

(1) Gatineau, voy. vol. I, pp. 216 et 255.
(2) Faber, capitaine d'un détachement de la marine; voy. Lefebvre, vol I, p. 367.
(3) Dit Regnard, voy vol. I, p. 512
(4) Gatineau, seigneur de Ste-Marie, proche Ste-Anne (Bécancour, 1722).

1713, (31 déc.) Montréal.[8]
II.—DUPLESSIS (1), FRANÇOIS, [FRANÇOIS I.
b 1689.
LEPELLETIER, Catherine-Geneviève.
François-Marie, b [8] 20 et s [8] 25 oct. 1714. — *Deux anonymes*, b [8] et s [8] 5 nov. 1715.—*Etienne*, b[8] 11 et s [8] 15 mars 1717.—*Charlotte-Françoise*, b [8] 10 mars et s [8] 14 mai 1718.— *François-Hypolite*, b [8] 6 janvier 1721.—*Joseph-Alphonse*, b [8] 28 mars 1722.—*Geneviève-Françoise*, b [8] 8 mai 1723. —*Catherine-Jeanne*, b [8] 1er avril 1724 ; m [8] 25 avril 1753, à Louis-Jean-Baptiste LEBAILLY.—*Madeleine*, b [8] 26 juillet 1725.—*Marie-Madeleine*, b [8] 11 sept. 1729 ; s [8] 27 janvier 1730.— *Etienne-André*, b [8] 30 nov. 1730.

II.—DUPLESSIS (2), JEAN-BTE, [NICOLAS I.
b 1671 ; s 9 fevrier 1750, aux Trois-Rivières.[5]
LEBOULANGER (3), Marie-Charlotte, [PIERRE I.
b 1679 ; s 1er juillet 1756, à Nicolet.
Marie-Joseph, b [5] 4 sept. 1720, m [5] 14 juin 1749, à Pierre-François-Olivier DEVEZIN.—*Jean-Baptiste*, b 1730 ; s [5] 8 dec. 1733.

DUPLESSIS (4), CHARLES-DOMINIQUE, né 1729 ; b 3 août 1733, à Mackinac.

1726, (1er juillet) Lorette.[4]
II.—DUPLESSIS (5), JOSEPH, [GEORGE I.
b 1697.
DELESSARD, Louise, [CHARLES II.
b 1696 ; veuve de Jacques Dion.
Madeleine, b [4] 14 avril 1727.—*Noel-Joseph*, b [4] 24 dec. 1728.—*Henri*, b [4] 28 mai 1730 ; s [4] 19 juin 1733.—*Pierre*, b [4] 21 sept. 1731 ; m 27 juillet 1761, à Marie-Joseph DUMESNIL, à Quebec —*François*, b [4] 22 février 1733 ; s [4] 29 dec. 1734.—*Simon*, b [4] 17 mai et s [4] 26 août 1734.—*François*, b [4] 12 juillet 1735.—*Marguerite*, b [4] 5 janvier 1738 ; m [4] 2 fevrier 1761, à Charles DION.—*François-Marie*, b [4] 29 avril 1739.—*Jacques*, b [4] 4 juin et s [4] 7 juillet 1740.— *Marie-Madeleine*, b [4] 22 mai 1742, m 2 juin 1760, à Denis BROSSARD, à Montreal. — *Marie-Joseph*, b [4] 10 mars 1745.

DUPLESSIS, MAURICE.—Voy. DUGUAY, 1727.

1727.
II.—DUPLESSIS (5), FRANÇOIS, [GEORGE I.
b 1694.
COULON (6), Madeleine, [NICOLAS I.
b 1707.
Geneviève, b 5 nov. 1728, à Montreal [6] ; s [6] 22 avril 1729.

(1) Faber, capitaine.
(2) Gatineau ; capitaine de milice.
(3) De St-Pierre.
(4) Et Duplassy.
(5) Dit Regnard.
(6) DeVilliers ; elle épouse, le 30 déc. 1737, Claude Marin de la Marque, à Montréal.

II.—DUPLESSIS (1), FRS-ANTOINE, [FRANÇOIS I.
b 1703.
JUSSEREAU (2), Elisabeth, [PIERRE I.
b 1705.
Marie-Madeleine, b 7 oct. 1728, à Montréal [6] ; s [6] 5 mai 1738.

DUPLESSIS, JOSEPH.—Voy. JUSSEREAU, 1724.

I.—DUPLESSIS (3), JEAN-BTE.
VACHER (4), Françoise, [GUILLAUME I.
b 1705.
Marie-Joseph, b 25 mars 1741, aux Trois-Rivières [6] ; s [6] 25 janvier 1743.— *Marie-Amable*, b 30 nov. 1742, à Yamachiche [1] ; m [1] 4 oct. 1765, à Hypolite CARLY. — *Charles-Jean-Baptiste*, b 1er mai 1745, à la Pte-du-Lac. [2] — *Marie-Louise*, b [2] 15 sept. 1746. — *Marie-Joseph*, b [2] 4 oct. 1748 ; s [2] 26 juillet 1749.—*Joseph*, b [2] 26 février 1753.—*Marie-Anne*, b [2] 20 juillet 1755. —*Madeleine*, b [2] 6 mars 1758. —*Marie-Joseph*, b [2] 23 juin 1760.

1742, (29 mai) Québec. [3]
II.—DUPLESSIS (5), CHS-DENIS, [GEORGE I.
b 1704.
GUILLIMIN, Geneviève-Elisabeth, [CHARLES I.
b 1720.
Marie-Joseph, b [3] 26 fevrier 1743 ; m 30 sept. 1760, à Pierre-Louis DERASTEL, à Montréal. — *Louise-Geneviève*, b [3] 31 dec. 1743.

DUPLESSIS, JACQUES.—Voy. DUGUAY, 1755.

1761, (27 juillet) Québec. [5]
III.—DUPLESSIS, PIERRE, [JOSEPH II.
b 1731.
DUMESNIL, Marie-Joseph, [PIERRE II.
b 1725.
Angélique, b [5] 10 déc. 1762.

DUPLESSIS, JEAN-BTE.—Voy. DEQUILLIEN, 1754 et DESQUILIN

DUPLESSIS, JOSEPH.
MIGNERON, Marie-Amable.
Marie-Marthe, b 1er dec. 1773, à Lachenaye.

DUPLESSIS (6), ANTOINE-GUILLAUME.
Antoine-Guillaume, b 23 mai 1787, à Quebec.

DUPLESSIS, JOSEPH-MARIE.—Voy. GUILLON.

(1) Faber.
(2) Dit St-Amant ; elle épouse, le 7 janvier 1733, Barthélemi Vallée, à Montréal.
(3) Noblet.
(4) Dit Laserte.
(5) Voy. Regnard, vol. I, p. 511 ; sieur Morampont ; officier, aide-major et prévost des marechaux ; remplace le feu sieur de St-Simon. 1er mai 1749. Edits, t. III, p. 108. Major de Montréal ; homme d'esprit et d'intelligence, mais décrié par sa mauvaise conduite et son ignorance. (1758).
(6) Maître musicien du 60me régiment.

DUPONT.— *Surnoms :* ANDRÉ, 1729 — BELHUMEUR — DENEUVILLE—DERENOU— DESPONTS —DEVEILLEINNE—DUCHAMBON, sieur de VERGOR—FLAMANT— GAUDAIS—LEBLOND—VADEBONCŒUR.

DUPONT, MARIE-LOUISE, épouse d'Etienne DUPRAT.

DUPONT, MARIE-JOSEPH, épouse de Pierre DUVAL.

DUPONT, MARIE, épouse de Jacques MINET.

I.—DUPONT (1), LOUIS.
GAUCHET, Marie,
s 8 dec. 1665, à Quebec.

DUPONT, MARIE, epouse de Basile TIBAUT.

1663, (7 juin) Château-Richer.
I.—DUPONT (2), FRANÇOIS,
b 1631 ; s 9 sept. 1700, à Ste-Famille, I. O.[1]
FAROU, Suzanne,
b 1639 ; s [1] 15 déc. 1687.
Louis, b [1] 20 sept. 1676 ; m 21 nov. 1701, à Jeanne PARADIS, à St-Pierre,I. O.; s [1] 14 avril 1714.

1669.
I.—DUPONT (2), GILLES,
b 1636.
MICHELLE, Françoise,
b 1655.
Marie-Barbe, b... 1° m 27 nov. 1692, à Pierre PINEL, à Quebec ; 2° m 21 mai 1709, à Jacques JULIEN, à Montreal.—*Marie-Joseph,* b 1679 ; m à Joseph PROU ; s 28 oct. 1729, à Nicolet.

I.—DUPONT (3), JACQUES, b 1660 ; s 5 juillet 1710, à Montreal.

1688, (21 juillet) Ste-Famille, I. O. [1]
II.—DUPONT (2), FRANÇOIS, [FRANÇOIS I.
b 1664 ; s [1] 30 janvier 1703.
ROUSSEAU (4), Marguerite, [SYMPHORIEN I.
b 1675.
Marie-Madeleine, b [1] 6 mars 1695 ; m [1] 26 février 1715, à Charles CAUCHON.

DUPONT, MADELEINE, b 1689 ; s 16 août 1709, à Ste-Famille, I. O.

1693, (12 janvier) Québec. [2]
I.—DUPONT (5), GUILLAUME,
b 1670 ; s [2] 1er dec. 1730.
1° MICHEL, Marie-Madeleine, [OLIVIER II.
b 1674 ; s 1702.
Guillaume, b [2] 25 oct. 1693 ; m à Marguerite ROY ; s 9 juillet 1729, à Montreal.

1704, (8 sept.) Batiscan.
2° TROTAIN, Anne, [FRANÇOIS I.
b 1670 ; veuve d'Antoine Choquet.
Marie-Anne, b [2] 23 août 1705 ; m [2] 3 mai 1732, à Louis LIARD. — *François,* b [2] 18 août 1707 ; m 29 avril 1738, à Catherine BAUGIS, à Beauport, s [2] 25 nov. 1752.—*Noel,* b [2] 25 déc. 1710 ; m 6 février 1737, à Angelique MORNEAU, à l'Islet.

1693, (30 juin) Québec. [2]
I.—DUPONT (1), GUILLAUME,
b 1663.
MÉTAYER (2), Suzanne,
b 1664 ; veuve de Philippe Dion.
Jean-François, b... m 20 nov. 1719, à Marie-Louise BERGERON, à St-Nicolas.[3]— *Nicolas,* b [2] 29 mai 1700 ; m 5 nov. 1720, à Marie-Angelique PARANT, à Beauport.—*Marie-Charlotte,* b [3] 20 fevrier 1704 ; m 11 oct. 1728, à Jacques CROTEAU, à St-Antoine-Tilly[4] ; s [4] 19 mai 1760.

DUPONT, PIERRE, b 1660, s 22 mai 1743, à Quebec.

1695, (9 juin) Ste-Famille, I. O.[5]
II.—DUPONT (1), JEAN-BTE, [FRANÇOIS I.
b 1667.
DEBLOIS, Marie, [GRÉGOIRE I.
b 1678 ; s [5] 28 déc. 1703.
François, b [5] 11 fevrier 1698 ; m 12 fevrier 1726, à Françoise BUTEAU, à St-François, I. O.—*Jean-Baptiste,* b [5] 29 oct. 1701 ; m [5] 9 nov. 1723, à Marie-Thérèse LEBLOND.

1701, (21 nov.) St-Pierre, I. O.[7]
II.—DUPONT, LOUIS, [FRANÇOIS I.
b 1676 ; s [7] 14 avril 1714.
PARADIS (3), Jeanne, [PIERRE II.
b 1682.
Marie-Anne, b [7] 4 fevrier 1704 ; s [7] 1er août 1709 —*Louis,* b [7] 1er oct. 1705 ; s [7] 11 juin 1715 —*Marc-Antoine,* b [7] 10 avril 1707 ; 1° m 22 oct. 1731, à Marthe GAGNÉ, à St-François, I. O., 2° m 14 juin 1745, à Marie-Françoise PARÉ, à Ste-Anne[8] ; 3° m [8] 18 juin 1770, à Geneviève POULIN.—*Jean,* b [7] 27 dec. 1708 ; m [7] 23 avril 1736, à Geneviève LEVREAU.—*Marie-Joseph,* b [7] 9 sept. 1710 ; s [7] 5 juin 1715.—*Geneviève,* b [7] 7 et s [7] 10 février 1712.—*Jean-Baptiste,* b [7] 31 juillet 1713.

1710, (26 fevrier) Annapolis.
I. — DUPONT (4), MICHEL, lieutenant ; fils d'Hughes (seigneur de Duvivier) et de Marie Herault, de Gourville, diocèse de Xaintes, Saintoge.
DEGOUTIN (5), Anne. [MATHIEU I.

(1) Et Gaudais ; sieur Dupont, oncle de Thérèse Nau, épouse de Joseph Giffard.
(2) Voy. vol. I, p. 216.
(3) Soldat de la compagnie de M. Courtemanche.
(4) Elle épouse, le 13 août 1703, Pierre Pelletier, à Ste-Famille, I. O.
(5) Dit Leblond ; voy. vol. I, p. 216.

(1) Voy. vol. I, p. 216.
(2) Elle épouse, le 7 fevrier 1717, François Fréchet, à St-Nicolas.
(3) Elle épouse, le 8 février 1718, Germain Martineau, à Ste-Famille, I. O.
(4) Sieur de Renou.
(5) Elle épouse, plus tard, Michel Hertel.

1719, (20 nov.) St-Nicolas. [8]
II.—DUPONT, JEAN-FRANÇOIS. [GUILLAUME I.
BERGERON, Marie-Louise. [ANDRÉ I.
Marie-Louise, b [8] 6 déc. 1720; m [8] 7 avril 1742, à Charles LETARTE.—*Marie-Joseph*, b [8] 1er mai 1723; m [8] 7 février 1763, à Joseph JÉRÉMIE-DAUVILLE. — *Marie-Louise*, b [8] 16 et s [8] 24 juillet 1724.—*Marie-Anne*, b [8] 1er février 1726; m [8] 3 nov. 1761, à Pierre BELETTE.—*Paul*, b [8] 25 déc. 1728; s [8] 19 nov. 1751.—*Marie-Françoise*, b [8] 28 mai 1731; m [8] 6 juillet 1750, à René ROUSSEAU. —*Jean-Michel*, b [8] 22 déc. 1732; s [8] 10 janvier 1733. — *Marie-Madeleine*, b [8] 3 janvier 1734. — *Anonyme*, b [8] et s [8] 10 août 1735.—*Louis-Joseph*, b [8] 21 oct. 1736; s [8] 8 juillet 1758.—*Marguerite*, b [8] 7 et s [8] 15 sept. 1738.—*Michel-François*, b [8] 10 mai 1740; 1° m [8] 22 février 1762, à Marie-Catherine JÉRÉMIE-DAUVILLE; 2° m 22 juin 1767, à Geneviève HAYOT, à St-Antoine-Tilly.

DUPONT, JEAN, b... s 25 mars 1725, à Ste-Famille, I. O.

1720, (5 nov.) Beauport. [2]
II.—DUPONT, NICOLAS, [GUILLAUME I.
b 1700.
PARANT, Marie-Angélique, [JACQUES II.
b 1688; veuve de Germain Langlois, s 30 juin 1777, à Quebec. [3]
Charles, b [2] 13 février 1722.—*Joseph*, b [2] 12 juin 1723; m [3] 22 février 1745, à Geneviève-Angelique COTÉ.—*Louis*, b [2] 10 dec. 1724.—*Nicolas*, b [2] 10 dec. 1724; m à Angélique GIARD.—*Marie-Anne*, b [2] 28 juillet 1726. — *Marie-Madeleine*, b [2] 17 avril 1728 —*Louise-Marguerite*, b [2] 31 janvier et s [2] 5 fevrier 1733.

I.—DUPONT, JEAN-BAPTISTE-GILLES (1).
RIGARD (2), Marie-Renee, [JEAN I.
b 1686.
Marie-Anne, b 14 déc. 1723, aux Trois-Rivières [4]; m 27 août 1747, à Etienne DUVAL, à la Pte-du-Lac. [5]—*Jean-Baptiste*, b [4] 21 dec. 1725; m [5] 8 janvier 1754, à Charlotte GLADU.—*Joseph*, b [4] 22 avril 1727; 1° m 4 nov. 1748, à Marie-Joseph BLAIS, à Yamachiche; 2° m à Marie-Joseph GLADU. —*Michel*, b [4] 8 dec. 1729.

1723, (9 nov.) Ste-Famille, I. O. [7]
III.—DUPONT, JEAN-BTE, [JEAN-BTE II.
b 1701.
LEBLOND, Marie-Therèse, [JEAN-BTE II.
b 1704.
Marie-Thérèse, b [7] 29 oct. 1724.—*Jean-Baptiste*, b [7] 18 sept. 1726; s [7] 30 juillet 1727.—*Marie-Joseph*, b [7] 19 mars 1728; s [7] 31 juillet 1730.—*Marie*, b [7] 6 avril 1730.—*Jean-Baptiste*, b [7] 4 nov. 1731.—*Louis*, b [7] 30 avril et s [7] 15 nov. 1733.—*Louis-Benoni*, b [7] 24 mai 1735; m 1760, à Marie-Angelique LEFEBVRE.—*Marie-Marthe*, b [7] 16 mai 1737. — *Marie-Charlotte*, b 28 nov. 1738, à St-François, I. O.; m 9 février 1762, à André MARTIN, à St-Joseph, Beauce. [8] —*Marie-Agathe*, b [7] 7 avril 1741; m [8] 21 janvier 1765, à Augustin LEFEBVRE.—*Marie-Angélique*, b [7] 16 avril 1743.

(1) Et Joseph, 1734.
(2) Appelée Pineau.

I.—DUPONT DE VEILLEINNE (1).

DUPONT, LOUIS.
GERMAIN, Catherine.
Louis, b... s 14 oct. 1725, à Beauport.

1726, (12 février) St-François, I. O. [8]
III.—DUPONT, FRANÇOIS, [JEAN-BTE II.
b 1698.
BUTEAU, Marie-Françoise, [PIERRE I.
b 1694; veuve de Jacques Baudon; s [8] 4 déc. 1764.
François, b [8] 10 avril 1727; m [8] 3 juin 1758, à Madeleine MARCEAU. — *Madeleine*, b [8] 10 avril 1727; m [8] 12 août 1754, à Jean BARON.— *Pierre*, b [8] 25 avril et s [8] 17 juin 1729. — *Joseph*, b [8] 25 avril et s [8] 22 juin 1729. — *Joseph-Marie*, b [8] 2 nov. 1730; s [8] 24 juillet 1733.—*Toussaint*, b [8] 2 nov. 1730; m [8] 10 août 1761, à Geneviève DOMPIERRE.—*Augustin*, b [8] 26 juin 1733.

II.—DUPONT (2), GUILLAUME, [GUILLAUME I.
b 1693; s 9 juillet 1729, à Montréal.
ROY (3), Marguerite.
Marie-Marguerite, b 27 nov. 1728, à Quebec; s 14 avril 1731, à la Pte-aux-Trembles, Q.

1730, (14 août) Lachenaye. [7]
II.—DUPONT, JEAN-CLÉMENT, [GUILLAUME I.
b 1700.
BAUDOIN, Marie-Anne. [JACQUES II.
Marie, b... m [7] 19 janvier 1756, à Jean LAPOINTE.

1731, (22 oct.) St-François, I. O. [9]
III.—DUPONT, MARC-ANTOINE, [LOUIS II.
b 1707.
1° GAGNÉ, Marthe, [JEAN-BTE IV
b 1711; s 17 avril 1742, à Ste-Anne. [8]
Marie-Marthe, b [9] 24 août 1732, m [8] 27 juin 1757, à Michel PARÉ.—*Jean-Baptiste*, b [8] 15 mai 1734; m [8] 7 février 1757, à Agnès CARON. — *Louis*, b [8] 19 août 1736, m [8] 4 fevrier 1765, à Marie-Joseph CARON —*Marie-Joseph*, b [8] 29 janvier 1739; m [8] 9 juillet 1764, à Etienne DELESSARD. — *François-Xavier*, b 23 mai 1741, à St-Joachim; s [8] 30 janvier 1749
1745, (14 juin). [8]
2° PARÉ, Marie-Françoise, [FRANÇOIS II.
b 1712; s [8] 13 fevrier 1770.
Pierre, b [8] 27 juin 1746; 1° m [8] 3 sept. 1764, à Elisabeth RACINE, 2° m [8] 22 juillet 1771, à Veronique BOIVIN.
1770, (18 juin). [8]
3° POULIN, Geneviève, [MARTIN II.
b 1703; veuve de François Gagnon.

(1) Chevalier; il etait à Beauport, le 2 mai 1725.
(2) Dit Leblond.
(3) Elle épouse, le 19 mai 1735, Jean-Baptiste Dupuis, à Québec.

DUPONT, Joseph, b 1733; s 24 déc. 1749, à Montréal.

I.—**DUPONT**, Jacques.
Itasse, Thérèse.
Thérèse, b 1736; m 9 janvier 1758, à Jean-Antoine Dubois, à Montréal.

1735, (22 nov.) Montréal. [3]
I.—**DUPONT** (1), Jacques, b 1704; fils de Jacques et de Jeanne Fouladou, de Briou, diocèse de Xaintes, Saintonge.
1° Trotier, Marie-Anne (2), [Joseph III.
b 1696; veuve de Joseph Cécire.
Jacques, b... m 23 avril 1770, à Antoinette Deneau, à Lachine.[4]
1745, (21 juin). [3]
2° Quenneville, Catherine, [Jean II.
b 1723.
3° Daubigeon, Suzanne.
Marie-Charlotte, b [4] 10 janvier et s [4] 29 avril 1754.

1736, (23 avril) Ste-Famille, I. O. [9]
III.—**DUPONT**, Jean, [Louis II.
b 1708.
Levreau, Geneviève, [Xiste II.
b 1708.
Geneviève, b [9] 14 mai 1737; m 6 oct. 1755, à Augustin Vergueur, à St-François-du-Sud. [8]—*Anonyme*, b et s 23 avril 1740, à St-Valier. [7]—*Jean-Baptiste*, b [8] 18 juin et s [7] 16 juillet 1741.—*Marie-Thérèse*, b [7] 16 oct. 1742. —*Joseph*, b [7] 1er mai 1744.—*Marie-Marguerite*, b [7] 29 mai 1746.—*Jean-Baptiste*, b [7] 11 sept. 1748.—*Joseph-Marie*, b [8] 12 nov. 1750.

1737, (6 février) Islet. [6]
II.—**DUPONT**, Noel, [Guillaume I.
b 1710; marchand, notaire royal.
Morneau, Angelique, [François III.
b 1714.
Noel-François, b 10 déc. 1737, au Cap-St-Ignace. [7]—*Charlotte*, b [7] 3 avril 1739; m [6] 21 nov. 1763, à Louis Gamache. — *Jean-Baptiste-Benjamin*, b [6] 22 janvier 1741; m [7] 20 fevrier 1764, à Marie-Anne Girouard.— *Marie-Geneviève*, b [6] 16 nov. 1742; s [6] 21 janvier 1743.—*Marie-Angélique*, b [6] 18 février 1744; m [7] 19 nov. 1764, à Adrien Ménard.—*Marie-Claire*, b [6] 23 mars 1746. —*Marie-Geneviève*, b [6] 1er mars 1748. —*Joseph-Marie*, b [6] 29 juin 1750; 1° m à Marguerite Couillard-Després; 2° m [6] 10 oct. 1774, à Marie-Anne Méthot.—*Catherine*, b [6] 20 juillet 1753.

1738, (29 avril) Beauport.
II.—**DUPONT** (3), François, [Guillaume I.
b 1707; maitre-forgeron; s 25 nov. 1752, à Quebec. [5]
Baugis, Catherine, [Jean III.
b 1714.

(1) Dit Vadeboncœur; sergent de la compagnie Duplessis. Dans l'acte du 21 juin 1745, on le dit venant du diocèse de Poitiers.

(2) Marguerite, 1770.

(3) Dit Leblond.

Claude, b [5] 12 juin 1739.—*Louis-François*, b [5] 21 août et s [5] 29 déc. 1740. — *Marie-Catherine*, b [5] 28 oct. 1742.—*Marie-Louise*, b [5] 24 août 1744; s [5] 7 janvier 1749. — *Elisabeth*, b [5] 9 avril 1746; s [5] 2 oct. 1748.—*François-Mathieu*, b [5] 1er avril et s [5] 14 mai 1748.—*Marie-Angélique*, b [5] 15 janvier 1750.

I.—**DUPONT** (1), Vital, fils de Jean et de Marie Lavigne, de Lourdes, diocèse de Tarbes, Gascogne.
1° Drouet (2), Geneviève, [Claude I.
b 1710; s 25 déc. 1749, à Québec. [3]
Apolline, b 20 nov. 1738, à l'Ile-Dupas. — *Geneviève*, b 1739; s [3] 6 mai 1751. — *Michel-Ignace*, b [3] 15 oct. 1749.
1751, (19 nov.) [3]
2° Trefflé, Geneviève-Frse, [François III.
b 1732.

1739, (7 janvier) Berthier.
II.—**DUPONT** (3), Jean. [Laurent I.
Guignard, Marie-Madeleine, [Noel II.
b 1719.
Marguerite-Euphrasie, b 16 sept. 1748, à St-Valier; s 26 janvier 1758, à St-Frs-du-Sud. [9]—*Marie-Marguerite*, b [9] 19 déc. 1750.—*Basile*, b 28 février, à St-Pierre-du-Sud et s [9] 25 mars 1753.

1745, (22 fevrier) Québec. [3]
III.—**DUPONT**, Joseph, [Nicolas II.
b 1723.
Coté, Geneviève-Angélique, [Guillaume III.
b 1720; s [3] 16 mars 1786.
Joseph, b [3] 14 février 1747; s [3] 17 août 1748.—*Louise-Angélique*, b [3] 30 mars 1748; 1° m à Jean-Olivier LeGoude; 2° m [3] 19 juillet 1775, à Denis LeBreton.—*Joseph*, b... s 26 janvier 1748, à St-Augustin. — *Joseph*, b [3] 17 janvier et s [3] 28 février 1750. — *Marie-Ursule*, b [3] 24 déc. 1750.—*Louis*, b [3] 19 et s [3] 24 janvier 1752.— *Charles*, b [3] 14 et s [3] 16 déc. 1752. — *Joseph*, b [3] 14 et s [3] 15 déc. 1752. — *Joseph-Charles*, b [3] 18 janvier 1754. — *Louise-Angélique*, b [3] 10 janvier 1755; m [3] 14 juin 1796, à Isaac Colombe. — *Elisabeth*, b [3] 12 fevrier 1756, m [3] 29 juillet 1777, à Jean-Baptiste Chaillé. — *Joseph-Paul*, b [3] 23 janvier 1757; m [3] 18 nov. 1777, à Geneviève Louvé.—*Marie-Marguerite*, b [3] et s [3] 25 mars 1758.—*Jean-Baptiste*, b 19 août 1759, à Ste-Foye. [4]— *Marie-Claude*, b [4] 15 oct. 1760.—*Deux anonymes*, b [4] et s [4] 11 juillet 1762. — *Marguerite-Clotilde*, b... m [3] 18 janvier 1785, à Philippe Drolet.

1748, (12 août) St-Roch. [4]
I.—**DUPONT**, Jacques, fils d'Etienne et de Julienne Bedouin, de Rasilly, diocèse d'Avranches, Normandie.
Brisson, Marie-Louise. [Jean II.
Jacques, b [4] 9 et s [4] 12 nov. 1749. — *Louis-Marie*, b [4] 13 août 1751; m 13 oct. 1783, à Marie-

(1) Chirurgien à l'Ile-Dupas; il était dans cette ile, le 12 janvier 1738.

(2) Dit Richerville.

(3) Desponts est son véritable nom; voy. p. 391.

Anne Dubé, à St-Jean-Port-Joli. [5]—*Marie-Louise*, b [4] 13 oct. 1754. — *Marie-Françoise*, b [4] 5 déc. 1756 ; m [5] 5 nov. 1781, à Michel Caron. — *Anonyme*, b [4] et s [4] 9 février 1759. — *Marie-Madeleine*, b [4] 4 déc. 1760 ; s [4] 15 janvier 1761. — *Marie-Rosalie*, b [4] 10 déc. 1761 ; m [5] 5 oct. 1781, à Louis-Charles Gagnon.— *Charles-François*, b [4] 22 avril 1764.

1748, (4 nov.) Yamachiche. [8]

II.—DUPONT, Joseph, [Jean-Bte-Gilles I.
b 1727.
1° Blais, Marie-Joseph. [Jean II.
Joseph, b 27 avril 1751, à la Pte-du-Lac [4] ; m 19 février 1776, à Angélique Provencher, à Nicolet [5] —*André*, b [4] 26 dec. 1752.—*Marie-Joseph*, b [4] 31 déc. 1754 ; s [4] 29 juillet 1756.—*Dominique*, b [4] 11 janvier 1757 ; m [5] 7 février 1780, à Marie-Thérèse Coltret.—*Marie-Joseph*, b [4] 20 fevrier 1759.
2° Gladu, Marie-Joseph.
Marie-Amable, b [8] 19 juillet 1765.

III.—DUPONT, Nicolas, [Nicolas II.
b 1724.
Giard, Angélique. [Gabriel.
Nicolas, b 1754 ; s 30 janvier 1757, à Contrecœur. [7] —*François*, b [7] 4 et s [7] 12 avril 1756. — *Marie-Angélique*, b [7] 14 juin 1757.

1754, (8 janvier) Pte-du-Lac. [9]

II.—DUPONT, Jean-Bte, [J.-Bte-Gilles-Jos I.
b 1725.
Gladu, Charlotte. [Pierre III.
Charlotte, b [9] 10 mars 1761.

1756, (9 février) Québec. [6]

I.—DUPONT, Jacques, navigateur ; fils de Barnabé et d'Elisabeth Brousseau, de St-Sauveur-de-Dieu, diocèse de Luçon, Poitou.
Chalifour, Marie-Geneviève, [Joseph III.
b 1722 ; veuve de Louis Bonedeau.
Jacques-Barnabé, b [6] 30 juillet 1756.

1757, (7 février) Ste-Anne. [6]

IV.—DUPONT, Jean-Bte, [Marc-Antoine III.
b 1734.
Caron, Agnès, [Jean III.
b 1720 ; veuve de Louis Prévost ; s 22 mars 1795, à Quebec. [7]
Marie-Joseph, b [6] 23 nov. 1757 ; s [7] 12 juillet 1794.

1758, (6 fevrier) Montreal.

I.—DUPONT (1), Pierre, b 1727 ; fils de Nicolas et de Marguerite Taillet, de St-Jacques, diocèse de Reims, Champagne.
Aubin, Marie, [René II.
b 1718.

(1) Dit Belhumeur ; soldat.

1758, (3 juin) St-François, I. O. [8]

IV.—DUPONT, François, [François III.
b 1727.
Marceau, Madeleine, [Jean III.
b 1737.
Marie-Louise, b [8] 22 août 1762. — *Madeleine*, b [8] 23 janvier 1766.

1760.

IV.—DUPONT, Louis-Benoni, [Jean-Bte III.
b 1735.
Lefebvre, Marie-Angélique, [Alexandre III.
b 1739.
Marie-Louise, b 6 janvier 1761, à St-Joseph, Beauce. [5] —*Marie-Angélique*, b [6] 23 janvier 1763. —*Thomas*, b [5] 15 juillet 1764.

1761, (10 août) St-François, I. O. [5]

IV.—DUPONT, Toussaint, [François III.
b 1730.
Dompierre, Geneviève, [Joseph III.
b 1737.
Toussaint, b 22 sept. 1762, à Ste-Famille, I. O. —*François*, b [5] 12 août 1764.—*Marie-Joseph*, b 2 mars 1766, à St-Antoine-Tilly.—*Marie-Geneviève*, b [5] 19 mars 1768. — *Marie-Victoire*, b... m 1er mai 1798, à Jean-Baptiste Terrien, à Québec.

1762, (22 février) St-Nicolas.

III.—DUPONT, Michel-Frs, [Jean-Frs II.
b 1740.
1° Jerémie (1), Marie-Catherine. [Joseph III.
1767, (22 juin) St-Antoine-Tilly.
2° Hayot (2), Geneviève, [Jean-Bte IV.
b 1743.

1764, (20 février) Cap-St-Ignace. [2]

III.—DUPONT, Jean-Bte-Benjamin, [Noel II.
b 1741.
Girouard, Marie-Anne. [Germain I.
Benjamin, b [2] 12 mars 1765. — *Jean-Baptiste-Benjamin*, b 1772 ; s 12 sept. 1773, à l'Islet. [3]— *Anonyme*, b [3] et s [3] 8 août 1774. — *Marie-Elisabeth*, b [3] 23 janvier 1776.

1764, (3 sept.) Ste-Anne. [5]

IV.—DUPONT, Pierre, [Marc-Antoine III.
b 1746.
1° Racine, Marie-Elisabeth, [Joseph IV.
b 1742, s [5] 6 mai 1771.
Marie-Françoise, b [5] 13 oct. 1765.—*Marie*, b [5] 30 janvier 1767.— *Marie-Rose*, b [5] 5 juin 1768.— *Pierre-Jacques*, b [5] 10 dec. 1770 ; s [5] 18 mai 1771.
1771, (22 juillet). [5]
2° Boivin, Véronique, [Alexis II.
b 1734.
Marie-Geneviève, b [5] 13 oct. 1772.

(1) Dit Dauville
(2) Elle épouse, le 11 mai 1784, Jean Magnan, à Québec.

1765, (4 février) Ste-Anne. [5]
IV.—DUPONT, Louis, [Marc-Antoine III.
b 1736.
Caron, Marie-Joseph, [Jean IV.
b 1743.
Louis, b [5] 20 janvier 1766. — *Pierre,* b [5] 23 avril 1767. — *Marie-Joseph,* b [5] 6 août 1769.— *Marie-Rosalie,* b [5] 2 mars 1772.

1770, (23 avril) Lachine.
II.—DUPONT, Jacques. [Jacques I.
Deneau (1), Antoinette, [Pierre-Noel III.
b 1751.

III.—DUPONT, Joseph-Marie, [Noel II.
b 1750.
1° Couillard (2), Marguerite, [Clément IV.
b 1751 ; s 18 nov. 1773, à l'Islet. [4]
Marguerite, b [4] 12 et s [4] 18 nov. 1773.
1774, (10 oct.) [4]
2° Méthot, Marie-Anne, [Jean III.
b 1752.
Joseph, b [4] 10 août 1775.

1776, (19 fevrier) Nicolet.
III.—DUPONT, Joseph, [Joseph II.
b 1751.
Provencher, Angélique, [Charles III.
b 1758.

1777, (18 nov.) Québec.
IV.—DUPONT, Joseph-Paul, [Joseph III.
b 1757.
Louvé, Geneviève, [François I.
b 1751.
Angélique, b...

DUPONT (3), Alexis,
b 1757, s 3 juin 1791, à Québec.
Jacob, Marie-Elisabeth.

1780, (7 février) Nicolet.
III.—DUPONT, Dominique, [Joseph II.
b 1757.
Coltret, Marie-Thérèse, [Jean-René III.

1783, (13 oct.) St-Jean-Port-Joli.
II.—DUPONT, Louis-Marie, [Jacques I.
b 1751.
Dubé, Anne-Euphrasie, [Pierre-Jacq. III.
b 1752.

DUPONTHAU.—Voy. Duval.

I.—DUPORT, Jean-Bte.
Maufait, Charlotte.
Louise-Charlotte, b 1er janvier et s 24 sept. 1725, à Quebec. [7] —*Jean-Baptiste-Nicolas,* b [7] 17 août 1726 ; s [7] 12 fevrier 1728.—*Madeleine-Thomas,* b [7] 7 août 1727. — *Marie-Charles,* b [7] 26 août 1728.—*Louise-Françoise,* b [7] 28 juillet 1729 ; s [7] 4 juillet 1730.

(1) Et Deniau.
(2) Dit Despres.
(3) Dit Flamant.

DUPRAT. — *Variations et surnoms :* Duprac — Dupras—Prat—Pierre—Provençal.

I.—DUPRAT, Louis, de Notre-Dame de Ninière, Languedoc.
Gobeil, Jeanne,
veuve de Pierre Philippe.

1678.
I.—DUPRAT (1), Jean-Robert,
b 1647; notaire royal; s 30 août 1726, à Beauport. [9]
Vachon, Marguerite, [Paul I.
b 1658 ; s [9] 24 juin 1703.
Noel, b [9] 21 sept. 1681 ; 1° m 26 nov. 1708, à Louise Paradis, à Charlesbourg ; 2° m [9] 4 juin 1715, à Marie-Anne Ménard ; s [9] 20 avril 1748. —*René,* b [9] 16 juin 1687 ; m 20 janvier 1716, à Geneviève Gosselin, à St-Pierre, I. O. — *Jean-Baptiste,* b [9] 9 mars 1689 ; 1° m [9] 26 janvier 1712, à Thérèse Giroux, 2° m [9] 17 juin 1722, à Marie Landry ; 3° m [9] 4 nov. 1727, à Marie Bruneau ; s [9] 12 oct. 1758. — *Jacques,* b [9] 4 mai 1694 ; m 11 nov. 1715, à Catherine Hubout, à St-François, I. J. ; s 21 janvier 1750, à Lachenaye.

1691.
I.—DUPRAT (2), Louis, b 1662; s 22 février 1726, à Quebec (dans l'église).

1702, (6 août) Quebec. [5]
I.—DUPRAT, Jean, b 1668, boulanger ; fils de Jean et de Marie Sauviat, de Lamarque, diocèse d'Agen, Guienne ; s [5] 20 oct. 1717.
1° Auriot, Marie, [Louis I.
b 1675 ; s [5] 13 janvier 1703.
1704, (7 juillet). [5]
2° Marchand (3), Elisabeth, [Charles II.
b 1685.
Jean-Marie, b [5] 6 et s [5] 9 dec. 1705. — *Pierre-Louis,* b [5] 21 nov. 1706 ; m [5] 18 août 1732, à Thérèse Normandin. — *Jean-Marie,* b [5] 8 déc 1707 ; m 13 fevrier 1736, à Madeleine-Charlotte Godet, à Montreal [6] ; s [6] 8 mai 1745.—*Elisabeth,* b [5] 22 nov. 1708 ; m [5] 1er oct. 1729, à Joseph Mercier. — *Jean-Baptiste,* b [5] 7 janvier 1710 ; m 4 juillet 1735, à Claire Bouton, aux Trois-Rivières [7], s 21 mars 1790, à St-Cuthbert. — *Marie-Geneviève,* b [5] 7 janvier et s [5] 27 juin 1711.—*Charles,* b [5] 15 janvier 1712 ; m [7] 4 nov. 1738, à Clemence Leclerc. — *Geneviève,* b [5] 15 déc. 1712, s [5] 2 oct. 1714.—*Marie-Louise,* b [5] 25 mars 1714. —*Marie-Elisabeth,* b [5] 25 mars 1715, s [5] 22 nov. 1716.—*Marie-Madeleine,* b [5] 7 août 1716 ; m [6] 5 janvier 1743, à François Roy. — *Mathieu,* b [6] 20 sept. 1717 ; s [5] 5 janvier 1719.

1708, (26 nov.) Charlesbourg.
II.—DUPRAT, Noel, [Jean-Robert I.
b 1689 ; s 20 avril 1748, à Beauport. [7]
1° Paradis, Louise, [Jean II.
b 1689 ; s [7] 31 oct. 1714.

(1) Voy. vol. I, p. 217.
(2) Capitaine du port de Québec ; voy. Prat, vol. I, p. 498.
(3) Elle épouse, le 17 sept 1719, Nicolas Aubin, à Québec

Jean-Baptiste-Marie, b 7 4 sept. 1709; m 7 6 nov. 1731, à Geneviève DELAGE; s 7 14 mars 1762.—*Noël-René*, b 7 16 janvier et s 7 25 février 1711.—*Charlotte*, b 7 8 oct. 1712; 1° m à Louis DELAGE; 2° m 6 oct. 1749, à Ignace GOSSELIN, à St-Jean, I. O. — *Marie-Louise*, b 7 20 et s 7 21 oct. 1714.

1715, (4 juin). 7

2° MÉNARD, Marie-Anne, [JACQUES I.
b 1686.

Pierre-Noël, b 7 29 mars et s 7 13 avril 1716.—*André*, b 7 5 mars 1717.—*Marguerite*, b 7 5 mars 1717; m 7 22 sept. 1749, à Antoine ISAMBERT.—*André-Charles*, b 7 13 sept. 1718; m 7 14 fevrier 1763, à Madeleine GIROUX.

1712, (26 janvier) Beauport. 5

II.—DUPRAT, JEAN-BTE, [JEAN-ROBERT I.
b 1689; s 5 12 oct. 1758.

1° GIROUX, Marie-Therèse, [MICHEL II.
b 1690.

Jean-Paschal, b 5 2 nov. 1712. — *François*, b 5 1er nov. 1714; m 5 9 fevrier 1751, à Geneviève MAHEU.—*Marie-Thérèse*, b 5 26 fevrier 1716; m 5 10 janvier 1746, à Joseph-Noël GIROUX.—*Marie-Anne*, b 5 17 mars 1718; s 5 6 avril 1721.—*André*, b 5 8 sept. 1719; s 5 14 juillet 1721. — *Marie-Madeleine*, b 5 10 et s 5 14 janvier 1721.

1722, (17 juin). 5

2° LANDRY, Marie, [CLAUDE II.
b 1699; s 5 25 mars 1727.

Marie-Angélique, b 5 4 et s 5 6 mai 1723.—*Claude*, b 5 28 avril 1724; m 5 17 avril 1752, à Marguerite TESSIER; s 5 28 août 1755. — *Marie*, b 5 13 oct. 1725. — *Louis*, b 5 24 mars 1727; m 1758, à Marie-Joseph CHARBONNEAU.

1727, (4 nov.) 5

3° BRUNEAU, Marie-Madeleine, [FRANÇOIS II.
b 1705.

Louis, b 5 6 déc. 1728; s 5 9 mai 1731.—*Marie-Madeleine*, b 5 9 déc. 1730; m 5 3 mai 1751, à Jean-Baptiste TESSIER. — *Joseph-Alexandre*, b 5 20 et s 5 28 août 1733. — *Joseph-Antoine*, b 5 19 sept. 1734; s 5 10 janvier 1752. — *Marie-Louise*, b 5 22 janvier et s 5 18 août 1738.—*Louis*, b 5 19 août 1739.—*Marie-Marguerite*, b 5 14 juillet 1743; m 5 26 janvier 1761, à Etienne-François BOUCHER.

1715, (11 nov.) St-François, I. J. 5

II.—DUPRAT (1), JACQUES, [JEAN-ROBERT I.
b 1694; s 21 janvier 1750, à Lachenaye. 2

HUBOUT, Catherine, [MATHIEU II.
b 1696; s 2 31 janvier 1751.

Jacques, b 5 26 sept. 1716; m 2 24 sept. 1754, à Marie CHARBONNEAU; s 26 dec.1760, à St-Henri-de-Mascouche. 1 — *Athanase*, b 1717, m 2 31 janvier 1741, à Ursule GARIÉPY; s 1 4 sept. 1771.—*Jean*, b 1722; 1° m 2 22 sept. 1744, à Marie-Anne CONTENT; 2° m 3 fevrier 1755, à Charlotte CHIQUOT, à Montreal. — *Joseph*, b 1724; 1° m 13 oct. 1749, à Marie-Charlotte GERVAIS, à la Pte-aux-Trembles, M.; 2° m 1761, à Marie-Charlotte BEAULIEU.—*François*, b 1727, s 2 3 avril 1730.—

(1) Et Prat, 1736.

Marie-Catherine, b 2 22 avril 1729.—*Gabriel*, b 2 5 juillet 1730; s 2 26 avril 1733.— *Marie*, b 1732; m 2 20 janvier 1749, a Etienne CONTENT; s 2 9 avril 1781. —*Jacques*, b... s 2 23 avril 1733.—*Raphael*, b 2 1er avril et s 2 19 sept. 1733. — *Charles*, b 2 et s 2 3 janvier 1734.—*Jacques-Marie*, b 2 5 janvier 1736.—*Amable*, b 5 6 déc. 1737.

1716, (20 janvier) St-Pierre, I. O.

II.—DUPRAT, RENÉ, [JEAN-ROBERT I.
b 1687.

GOSSELIN (1), Geneviève, [GABRIEL II.
b 1693.

1731, (6 nov.) Beauport. 4

III.—DUPRAT, JEAN-BTE-MARIE, [NOEL II.
b 1709; s 4 14 mars 1762.

DELAGE, Geneviève, [JEAN I.
b 1711.

Marie-Geneviève, b 4 22 juin 1733; m 4 25 nov. 1765, à Charles-Marie CHORET. — *Jean-Baptiste*, b 4 23 mai 1735; m 10 février 1766, à Agnès TREMBLAY, au Detroit.—*Louis*, b 4 14 juillet 1738; s 4 14 août 1744 —*Louis*, b 1745; m 4 12 janvier 1767, à Geneviève-Agathe PARANT.

1732, (18 août) Québec. 5

II.—DUPRAT (2), PIERRE-LOUIS, [JEAN I.
b 1706.

NORMANDIN (3), Thérèse, [LAURENT I.
b 1712.

Marie-Thérèse, b 5 2 juin 1733; s 5 16 juillet 1734.—*Pierre*, b 5 6 mai 1734; m 5 29 mai 1752, à Catherine AIDE-CRÉQUY, s 5 1er oct. 1794 — *Marguerite*, b 5 14 juin 1735; m 21 nov. 1757, à Antoine GENDREAU, à St-Thomas. — *Marie-Michelle*, b 5 30 janvier 1737.—*Thérèse-Joseph*, b 5 16 avril 1738; m 4 nov. 1755, à Roch BAUDRY, aux Trois-Rivières.

1735, (4 juillet) Trois-Rivières. 5

II.—DUPRAT (2), JEAN-BTE, [JEAN I.
b 1710, s 21 mars 1790, à St-Cuthbert.

BOUTON, Claire, [ANTOINE I.
b 1714.

Jean-Baptiste, b 5 18 avril 1736; m 23 juin 1761, à Geneviève DIVERNY, à St-Michel-d'Yamaska.—*Joseph-Amable*, b 5 21 déc. 1737. — *Marie-Madeleine*, b 5 9 sept. 1739, m 5 14 janvier 1766, à Jean-Baptiste BURON —*Claire*, b 5 6 juillet 1741.— *Marie-Elisabeth*, b 5 9 mars 1743; s 5 9 avril 1744. — *François*, b 5 2 déc. 1744. — *Marguerite*, b 5 24 mai 1746. — *Marie-Joseph*, b 5 28 juin 1748. — *Antoine*, b 5 9 mars et s 5 29 avril 1760.

1736, (13 février) Montréal. 5

II.—DUPRAT (4), JEAN-MARIE, [JEAN I.
b 1707; s 5 8 mai 1745.

GODET, Madeleine-Charlotte, [JACQUES III.
b 1716.

(1) Elle epouse, le 7 mai 1741, Joseph Lefebvre, à Beauport.

(2) Et Prat.

(3) Dit Sauvage.

(4) Et Prat, marié sous ce nom.

Pierre-Amable, b [5] 10 janvier 1737.—*Jean-René*, b [5] 13 et s [5] 15 juillet 1738. — *Sébastien*, b [5] 21 août 1739. — *Marie-Joseph*, b [5] 4 juin 1741. — *Madeleine-Charlotte*, b [5] 4 mai 1743.—*Joseph*, b [5] 26 avril 1744; s [5] 22 fevrier 1746. — *Charles* (posthume), b [5] 8 et s [5] 18 août 1745.

1738, (4 nov.) Trois-Rivières. [3]

II.—DUPRAT (1), CHARLES, [JEAN I.
b 1712; tailleur.
LECLERC, Clémence, [JEAN-BTE II.
b 1712.

Jean-Baptiste-Amable et *Charles-Modeste*, b [3] 22 et s [3] 29 août 1739.—*Charles-Clément*, b [3] 3 juillet 1740.—*Modeste*, b [3] 27 sept. et s [3] 29 nov. 1741.—*Joseph*, b [3] 9 avril et s [3] 28 mai 1743.—*Marguerite-Claire*, b [3] 5 et s [3] 25 août 1744.—*Jacques*, b [3] 27 avril 1746; s [3] 10 sept. 1760. — *Clémence*, b [3] 30 oct. 1747.

1741, (31 janvier) Lachenaye. [6]

III.—DUPRAT, ATHANASE, [JACQUES II.
b 1717; s 4 sept. 1771, à St-Henri-de-Mascouche. [7]
GARIÉPY, Ursule, [JEAN II.
b 1720.

Jean, b [6] 19 déc. 1741; m [7] 13 janvier 1766, à Marie ROY.—*Marie-Ursule*, b [6] 31 juillet 1744.—*Hyacinthe*, b [6] 14 oct. 1746; m [7] 4 nov. 1766, à Therèse BEAUCHAMP. — *Marguerite*, b [6] 19 nov. 1748, s [6] 13 juin 1749. — *Athanase*, b [6] 10 juillet 1750. — *Louis*, b [6] 27 nov. 1751. — *Joseph*, b [6] 6 janvier 1754.—*Marie-Ursule* et *Marie-Marguerite*, b [6] 13 avril 1755. — *Simon-Amable*, b [7] 20 mars 1758.

1744, (22 sept.) Lachenaye [7]

III.—DUPRAT, JEAN, [JACQUES II.
b 1733.
1° CONTENT, Marie-Anne, [ETIENNE II.
b 1725; s [7] 31 août 1749.

Marie-Rosalie, b [7] 20 oct. 1745; m [7] 30 juin 1761, à Jean-Baptiste ETHIER. — *Jean-Baptiste*, b [7] 30 avril 1747. — *Louis*, b [7] 14 mai et s [7] 29 sept. 1749.

1755, (3 février) Montréal.

2° CHIQUOT (2), Charlotte, [JEAN III.
b 1733.

Jacques-Marie, b [7] 15 nov. et s [7] 2 dec. 1755.—*Michel*, b [7] 25 sept. 1756. — *Amable*, b [7] 19 déc. 1757. — *Marie-Charlotte*, b [7] 23 juin 1759. — *Antoine*, b [7] 25 mars 1760. — *Marie-Charles*, b [7] 22 février 1761.— *Marie-Louise*, b [7] 25 juin 1762. — *Marie-Marguerite*, b [7] 22 avril 1763. — *Marie-Elisabeth*, b [7] 11 mars 1764.

DUPRAT (3), JOSEPH, b 1710; s 4 mars 1744, à Quebec.

(1) Et Prat, 1739.
(2) Et Cicot.
(3) Et Prat dit Provençal.

1749, (13 oct.) Pte-aux-Trembles, M.

III.—DUPRAT, JOSEPH, [JACQUES II.
b 1724.
1° GERVAIS, Marie-Charlotte, [NICOLAS III.
b 1727; s 25 avril 1758, à Lachenaye. [9]

Marie-Euphroside, b [9] 21 juillet 1750.— *Joseph*, b 1752; m [9] 3 oct. 1774, à Marie-Louise LALONDE. —*Etienne*, b [9] 13 sept. 1756; m 1784, à Marie-Louise DUPONT.—*Jacques-Marie* et *Marie-Louise*, b [9] 22 avril 1758.

1761.

2° BEAULIEU (1), Marie-Charlotte, [LOUIS-THS I.
b 1736.

Athanase, b [9] 6 février 1762; m à Marie BRAU. — *Pierre*, b [9] 2 dec. 1763; m [9] 4 sept. 1786, à Marie-Joseph LECOURT. — *Marie-Charlotte*, b [9] 25 mars 1765, m [9] 10 juin 1782, à Antoine ALINAUD; s [9] 14 février 1784. — *Louis*, b [9] 19 nov. 1771.—*Jacques*, b [9] 18 fevrier 1776.

1751, (9 février) Beauport. [9]

III.—DUPRAT, FRANÇOIS, [JEAN-BTE II.
b 1714.
MAHEU, Geneviève, [PIERRE III.
b 1731.

Marie-Geneviève, b [9] 21 déc. 1751. — *Marie-Madeleine*, b [9] 11 juillet 1753. — *François*, b [9] 14 juin 1755. — *Pierre*, b [9] 1er avril 1757. — *Jean-Baptiste*, b [9] 17 mai 1760; s [9] 19 déc. 1765.— *Michel*, b [9] 31 déc. 1762; s [9] 14 dec. 1765. — *Marie-Angélique*, b [9] 9 juin et s [9] 17 déc. 1765.

1752, (17 avril) Beauport. [9]

III.—DUPRAT, CLAUDE, [JEAN-BTE II.
b 1724; s [9] 28 août 1755.
TESSIER (2), Marguerite, [JEAN-BTE II.
b 1728.

Marie-Marguerite, b [9] 24 avril et s [9] 2 mai 1753. — *Pierre*, b [9] 12 mars 1754; m 11 nov. 1776, à Louise LECLERC, à Québec. —*Marie-Marguerite* (posthume), b [9] 27 mars 1756; s [9] 21 oct. 1758.

1752, (29 mai) Québec. [8]

III.—DUPRAT (3), PIERRE, [PIERRE-LS II.
b 1734; s [8] 1er oct. 1794.
AIDE-CRÉQUY, Catherine, [FRANÇOIS II.
b 1730; s [8] 19 oct. 1794.

Marie-Joseph, b [8] 8 mars 1753; m [8] 12 août 1776, à Jean-Baptiste TOURANGEAU. — *Marie-Charles*, b [8] 29 avril 1755. — *Marie-Catherine*, b [8] 29 nov. et s [8] 19 déc. 1756.—*Pierre-François*, b [8] 6 mars 1758.—*Joseph*, b 1er oct. 1760, à Deschambault; m [8] 7 oct. 1783, à Marie-Louise LEMAITRE-JUGON.—*Catherine*, b [8] 21 déc. 1762; m [8] 24 nov. 1789, à Guillaume FORTIER; s [8] 16 juin 1790.

(1) Voy. vol. I, p. 172.
(2) Elle épouse, le 6 juillet 1761, François Kiriau à Beauport.
(3) Dit Pierre.

1754, (24 sept) Lachenaye. [8]
III.—DUPRAT, JACQUES, [JACQUES II.
b 1716; s 26 dec. 1760, à St-Henri-de-Mascouche.
CHARBONNEAU (1), Marie-Anne, [PHILIPPE III.
b 1737.
Marie, b [8] 6 août et s [8] 4 déc. 1755.—*Jacques-Marie*, b [8] 20 oct. 1756.

III.—DUPRAT, JEAN-LOUIS, [JEAN-BTE II.
b 1727.
CHARBONNEAU, Marie-Joseph, [JEAN III.
b 1737.
Jacques, b 27 déc. 1758, à St-Henri-de-Mascouche [1]; s [1] 28 juillet 1759. — *Marie-Madeleine*, b [1] 15 juin 1760.

DUPRAT (2).

1761, (23 juin) St-Michel-d'Yamaska. [2]
III.—DUPRAT, JEAN-BTE (3), [JEAN-BTE II.
b 1736.
DIVERNY, Geneviève, [NICOLAS I.
b 1734.
Pierre-Amable, b [2] 1er avril 1762.—*Geneviève*, b [2] 15 juillet 1763.

1763, (14 fevrier) Beauport.
III.—DUPRAT, ANDRÉ-CHS, [NOEL II.
b 1718.
GIROUX, Madeleine, [LOUIS III.
b 1722; veuve de Louis Binet.

1766, (13 janvier) St-Henri-de-Mascouche.
IV.—DUPRAT, JEAN, [ATHANASE III.
b 1741.
ROY, Marie, [JEAN-BTE III.
b 1736.

1766, (10 fevrier) Détroit. [1]
IV.—DUPRAT (4), JEAN, [JEAN-BTE-MARIE III.
b 1735.
TREMBLAY, Agnès, [PIERRE II.
b 1749.
Jean-Baptiste, b [1] 5 et s [1] 10 oct. 1766.— *Jean-Baptiste*, b [1] 4 mars 1768; s [1] 24 juin 1771. — *Anonyme*, b [1] et s [1] 24 janvier 1770.—*Pierre*, b [1] 25 avril 1771.—*Cécile*, b [1] 20 avril 1772.—*Louis-Michel*, b [1] 26 mars 1774.—*Marie-Therèse*, b [1] 16 dec. 1775.—*Jean-Baptiste*, b [1] 19 oct. et s [1] 7 nov. 1777.—*Agnès*, b [1] 16 oct. 1778. — *Joseph*, b [1] 30 oct. 1780. — *Julie*, b [1] 11 oct. 1782. — *Louis* b [1] 24 oct. 1783.—*Marie-Catherine*, b [1] 15 dec. 1784.

1766, (4 nov.) St-Henri-de-Mascouche.
IV.—DUPRAT, HYACINTHE, [ATHANASE III.
b 1746.
BEAUCHAMP, Therèse, [MICHEL IV.
b 1750.

(1) Elle épouse, le 25 janvier 1762, Ambroise Goguet, à St-Henri-de-Mascouche.

(2) Capitaine de volontaires, 1758.

(3) Appelé Amable, 1762.

(4) Habitant la coulée des Renards, au Détroit.

DUPRAT, JACQUES,
marchand.
ANGER, Angelique.
Jacques, b et s 6 sept. 1767, à Ste-Foye.

1767, (12 janvier) Beauport.
IV.—DUPRAT, LOUIS, [JEAN III.
b 1745.
PARANT, Geneviève-Agathe, [LOUIS IV.
b 1752.

1774, (3 oct.) Lachenaye. [5]
IV.—DUPRAT, JOSEPH, [JOSEPH III.
b 1752.
LALONDE, Marie-Louise, [LOUIS III.
b 1754.
Joseph, b [5] 2 août 1775; s [5] 8 août 1776.—*Marie-Marguerite*, b [5] 18 et s [5] 29 sept. 1776.—*Marie-Charles*, b [5] 31 oct. 1780.—*Marie-Victoire*, b [5] 11 mars et s [5] 22 juillet 1782.— *Marie-Joseph*, b [5] 1er avril 1783. — *Joseph*, b [5] 6 oct. 1784. — *Amable*, b [5] 28 oct. 1787.

1776, (11 nov.) Quebec. [3]
IV.—DUPRAT, PIERRE, [CLAUDE III.
b 1754.
LECLERC, Louise-Elisabeth, [JULIEN I.
b 1754; veuve de Robert Smith; s [3] 14 avril 1793.

DUPRAT, PIERRE.
1° LAROCHE, Felicité, [MICHEL II.
b 1742; s 21 avril 1778, à Québec. [2]
1779, (21 sept.) [2]
2° VALENTIN, Marie-Véronique, [MICHEL I.
b 1731; veuve de Jean Delrasse.

1783, (7 oct.) Québec.
IV.—DUPRAT, JOSEPH, [PIERRE III.
b 1760,
LEMAITRE-JUGON, Marie-Louise, [JEAN I.
b 1760.

1784.
IV.—DUPRAT, ETIENNE, [JOSEPH III.
b 1756.
DUPONT, Marie-Louise.
Marie-Louise, b 7 août 1785, à Lachenaye. [8] — *Marie-Charles*, b [8] 13 mars 1789.

1786, (4 sept.) Lachenaye. [8]
IV.—DUPRAT, PIERRE, [JOSEPH III.
b 1763.
LECOURT, Marie-Joseph. [CHARLES
Anonyme, b [8] et s [8] 19 juillet 1787. — *Marie-Joseph*, b [8] 16 sept. 1788.

DUPRAT, JEAN-BTE.
SOULARD, Marie-Joseph.
Louis-Edouard, b 10 sept. 1789, à St-Cuthbert. [7] — *Agathe*, b [7] 17 nov. 1792.

IV.—DUPRAT, ATHANASE, [JOSEPH III.
b 1762.
BRAU, Marie,
b 1762 ; s 3 février 1791, à Lachenaye.[8]
Paul, b[8] 14 mai 1789. — *Joseph*, b[8] et s[8] 31 janvier 1791.

DUPRÉ.—*Variations et surnoms :* PRÉ — PRAYÉ —LECOMPTE—PICHET—RICHER—ROCHEFORT.

DUPRÉ, MARIE, épouse de Clément CHARLES.

DUPRÉ, THÉRÈSE, épouse de Jean-Baptiste HOUDE.

DUPRÉ, LOUISE, épouse de François-Antoine MAGNAN.

DUPRÉ, MARIE, épouse de Jean-Baptiste MORIN.

I.—DUPRÉ (1), FRANÇOIS, b... s 29 juin 1720, à Lorette.

1680, (30 avril) Ste-Anne.

I.—DUPRÉ (2), PIERRE,
b 1646 ; s 20 mai 1723 (subite), à la Baie-St-Paul.[9]
CARON, Catherine, [ROBERT I.
b 1649, veuve de Jacques Dodier, s[9] 14 juin 1725.
Jacques, b[9] 6 et s[9] 20 fevrier 1686.

1681, (28 avril) Boucherville.[5]

I.—DUPRÉ (3), ANTOINE,
b 1645 ; s[5] 19 sept. 1689.
VALIQUET (4), Elisabeth, [JEAN I.
b 1665.
Jean, b[5] 1er mai 1685 ; m[5] 20 janvier 1710, à Claire FÉVRIER ; s 26 mars 1745, à Terrebonne. —*Marie-Angélique*, b[5] 8 août 1689 ; m[5] 4 janvier 1711, à Michel ROBIN.

1700, (23 nov.) Quebec.[6]

II.—DUPRÉ, JEAN, [ANTOINE (5) I.
b 1669.
MARCHAND, Françoise, [FRANÇOIS II.
b 1681.
Jean-Baptiste, b[6] 18 août 1701. — *Madeleine*, b... m 1726, à François DENEVERS.—*Pierre*, b 10 juin 1706, à Lachine ; m 5 mai 1728, à Marie CHEKASKIA, à Kaskakia. — *Marie-Anne*, b 17 fevrier 1710, à Montréal.

(1) Curé de Lorette, inhumé sous l'autel par le P. François Lebrun, jésuite.
M. J. Fornel lui succéda comme curé. (Répertoire du clergé, p 54.)

(2) Proprietaire de la seigneurie de la Rivière-du-Goufre, voy. vol. I, p. 217.

(3) Dit Rochefort ; voy. vol. I, p. 217.

(4) Elle épouse, le 13 mars 1690, Jean-Baptiste Menard, à Boucherville.

(5) Voy. vol. I, p. 217

1710, (20 janvier) Boucherville.

II.—DUPRÉ, JEAN, [ANTOINE I.
b 1685 ; s 26 mars 1745, à Terrebonne.[3]
FÉVRIER, Claire, [CHRISTOPHE I.
b 1691 ; s[3] 14 janvier 1750.
François, b 1710, m 1731, à Marie ALAIRE. — *Jean-Baptiste*, b 26 sept. 1712, à St-François, I. J.[4] ; m[3] 29 mai 1740, à Angelique DUBOIS.— *Louis-Joseph*, b[4] 7 nov. 1714, s[4] 18 mai 1749.— *Denis*, b 1718 ; s[3] 30 janvier 1729. — *Antoine*, b 1721 ; m 2 fevrier 1750, à Marie ROUSSIN, à Montréal ; s[3] 2 dec. 1775.—*Ambroise*, b... m[3] 22 sept. 1744, à Marie-Madeleine DERAINVILLE. — *Marie*, b... m[3] 5 oct. 1744, à Louis COURVAL.—*Elisabeth*, b 1724 ; m[3] 9 juin 1745, à Paul COURVAL ; s[3] 21 avril 1754. — *Michelle-Judith*, b[3] 29 août 1727, 1° m[3] 19 mai 1750, à Louis ROUSSIN, 2° m[3] 21 juin 1762, à Pierre DE LA RUE. — *Joseph*, b... s[3] 23 juin 1729.—*Marie-Joseph*, b[3] 22 juin 1730, s[3] 2 sept. 1746. — *Marie-Madeleine*, b[3] 13 oct. 1734 ; 1° m[3] 1er fevrier 1751, à François COURVAL ; 2° m[3] 15 avril 1771, à Charles HUPPÉ.

1724.

I.—DUPRÉ, JOSEPH.
LARCHEVÊQUE (1), Felicité, [JACQUES III.
b 1703.
Joseph, b 1725 ; s 24 mars 1734, à Montreal.

1731.

III.—DUPRÉ, FRANÇOIS, [JEAN-BTE II.
b 1710.
ALAIRE, Marie.
Marie, b... m 7 fevrier 1757, à Jean-Baptiste MORIN, à Contrecœur.—*François*, b 1732 ; m 23 fevrier 1767, à Marie-Catherine GUERTIN, à St-Antoine-de-Chambly.[9]—*Pierre*, b 1742 ; m[9] 23 fevrier 1767, à Marie-Charlotte DEGUIRE.—*Marie-Jeanne*, b... m 14 oct. 1760, à François DEGUIRE, à St-Ours.

I.—DUPRÉ, JACQUES-VINCENT, fils de Christophe et d'Helène Palin, de St-Servant, St-Malo, Bretagne.
1° LIONETTE, Marie.
1738, (15 mai) Québec.
2° BOUCHER (2), Therèse-Monique, [ELIE I.
b 1710.

1740, (29 mai) Terrebonne.[9]

III.—DUPRÉ, JEAN-BTE, [JEAN-BTE II.
b 1712.
DUBOIS, Angélique, [FRANÇOIS I.
b 1716.
Marie-Angélique, b[9] 9 mars 1741 ; m[9] 6 oct. 1760, à Pierre CASSELET.—*Jean-Baptiste*, b[9] 5 dec. 1743.—*Marie-Joseph*, b[9] 25 fevrier 1746.— *François*, b[9] 1er sept. 1748.—*Louis*, b[9] 5 janvier 1751.—*Etienne*, b[9] 16 mars 1753, s[9] 29 janvier 1755 —*Marie-Marguerite*, b[9] 22 sept. et s[9] 3 nov. 1755.—*Marie*, b[9] 15 janvier 1757.—*Marie-Marguerite*, b[9] 16 dec. 1759.

(1) Elle épouse, le 28 mai 1726, Jean Prudhomme, à Montreal.

(2) Dit Lajoie.

1744, (22 sept.) Terrebonne. [2]
III.—DUPRÉ, AMBROISE. [JEAN-BTE II.
DERAINVILLE, Marie-Madeleine, [CHARLES III.
b 1726.
Ambroise, b [2] 1er août 1745.—*Marie-Françoise*, b [2] 5 janvier 1749.—*Jean*, b [2] 23 janvier 1751.—*François*, b [2] 10 et s [2] 22 avril 1752.—*Antoine*, b [2] 24 et s [2] 25 mars 1753.—*François-Marie*, b [2] 17 fevrier 1754.—*Marie-Joseph*, b [2] 23 juillet 1756; s [2] 10 oct. 1757.—*Ambroise*, b [2] 10 mars et s [2] 6 août 1758.—*Jean-Marie*, b [2] 4 juin et s [2] 11 juillet 1759.

1750, (2 février) Montréal.
III.—DUPRÉ, ANTOINE, [JEAN-BTE II.
b 1721; s 2 dec. 1775, à Terrebonne. [3]
ROUSSIN, Marie, [LOUIS III.
b 1724.
Marie-Angélique, b [3] 29 nov. 1750; s [3] 28 sept. 1751.—*Antoine*, b [3] 17 dec. 1751; s [3] 5 avril 1753.—*Jean-Baptiste*, b [3] 22 mars 1753; s [3] 30 mars 1754.—*Jean-Louis*, b [3] 11 et s [3] 16 sept. 1754.—*Joseph-Paschal*, b [3] 4 et s [3] 9 août 1755.—*Marie-Françoise*, b [3] 29 juin 1756.—*Louis*, b [3] 27 juillet 1757.—*Jacques*, b [3] 17 et s [3] 21 juillet 1758.—*Antoine*, b 19, à Lachenaye et s [3] 26 juillet 1759.—*Marie-Louise*, b [3] 10 sept. 1760.

DUPRÉ, FRANÇOIS.
ROY, Catherine.
Marie-Louise b... m 13 juillet 1795, au Détroit.

1760, (15 sept.) Trois-Rivières.
I.—DUPRÉ, FRANÇOIS, fils de François et de Marguerite Perichau, d'Azi, diocèse de Soissons, Champagne.
RANCOUR, Marie-Frse-Charlotte, [CLAUDE II.
b 1726.

1767, (23 février) St-Antoine-de-Chambly.
IV.—DUPRÉ, FRANÇOIS, [FRANÇOIS III.
b 1732.
GUERTIN, Marie-Catherine. [PAUL III.

1767, (23 fevrier) St-Antoine-de-Chambly.
IV.—DUPRÉ, PIERRE, [FRANÇOIS III.
b 1742.
DEGUIRE, Marie-Charlotte, [LOUIS III.
b 1744.

DUPUIS. — *Variations et surnoms:* DUPUY — DUPUY — ANET — BEAUREGARD — CATON — COUILLARD — DE LA FOSSE — DESTOURS — DUPUYAU-LEMARQUIS, 1712 — GERVAIS — GILBERT—JOLICŒUR — LAGARENNE — LALIBERTE —MOÏSE,1750—PARISIEN—PERON—RAYMOND — ST-MICHEL—ST-PIERRE.

DUPUIS, MARGUERITE, epouse de Pierre GAGNON.

DUPUIS, MARIE-JOSEPH, epouse de Jean-Baptiste GAUTIER.

DUPUIS, FÉLICITÉ, epouse de Gabriel GIBAUT.

DUPUIS, GENEVIÈVE, epouse de Jean-Baptiste GIROUX.

DUPUIS, CHARLOTTE, épouse de Jean-Baptiste GUERIN.

DUPUIS, PÉLAGIE, epouse de Basile GUERTIN.

DUPUIS, CÉCILE, épouse d'Olivier HÉBERT.

DUPUIS, MADELEINE, épouse de Joseph HÉBERT.

DUPUIS, LOUISE, épouse de Jean LABORDE.

DUPUIS, THÉRÈSE, epouse de François LAFOREST.

DUPUIS, MARIE-MADELEINE, épouse de François LEBREUX.

DUPUIS, MARIE-ANNE, epouse de Pierre MARTIN.

DUPUIS, MARGUERITE, epouse de Jean-Baptiste PAGÉ.

DUPUIS, MADELEINE, epouse de Joseph ROBICHAUD.

DUPUIS, ANGÉLIQUE, epouse de Louis SEAUX.

DUPUIS, MADELEINE, b 1706; m 3 juillet 1726, à Jean GAZAILLE-ST-GERMAIN, à Sorel; s 20 janvier 1767, à St-Antoine-de-Chambly.

DUPUIS, MARGUERITE, epouse d'Alexis THIBODEAU.

DUPUIS, MARIE-JOSEPH, épouse de François TURENNE.

DUPUIS, MARIE, épouse de Philippe VENNE.

1668, (22 oct.) Quebec. [1]
I.—DUPUIS (1), PAUL,
s [1] 21 dec. 1713.
COUILLARD, Jeanne, [LOUIS II.
b 1654; s [1] 12 juillet 1702.
Geneviève, b [1] 9 août 1675; hospitalière dite De la Croix; s 28 nov. 1747, à l'Hôtel-Dieu, Q.

1670, (6 oct.) Québec. [2]
I.—DUPUIS (2), FRANÇOIS,
b 1634.
RICHER, Georgette,
b 1647.
René, b [2] 26 juin 1671; 1° m 18 oct. 1694, à Angelique MARIE-STE-MARIE, à Montreal; 2° m 7 juin 1718, à Madeleine CLÉMENT, à Laprairie [3]; s [3] 1er janvier 1739.—*Moïse*, b [2] 18 juillet 1673; m à Marie-Anne CHRISTIANSEN.

---

(1) Voy. vol I, pp. 217-218.
(2) Voy. vol. I, p. 218.

1687, (4 février) Trois-Rivières. [4]
I.—DUPUIS (1), Jacques,
b 1657; s [4] 31 déc. 1708.
Prévost (2), Madeleine, [Elie I.
b 1673.
Thérèse, b 1700; m 17 mai 1723, à Jacques Dagneau, à Nicolet [5]; s [4] 10 oct. 1731.—*Marguerite,* b [4] 20 juillet 1701; m [4] 27 juin 1722, à Jean Vertefeuille; s [5] 18 juillet 1781.—*Catherine,* b 1704; s [5] 22 nov. 1729.

1688, (18 janvier) Québec. [6]
I.—DUPUIS (3), Louis,
b 1658.
Dubeau, Barbe, [Toussaint I.
b 1666; s 5 mai 1734, à Laprairie. [7]
Marie-Madeleine, b 1691; m [7] 14 janvier 1709, à François Gagné; s [7] 3 déc. 1739.—*Jean,* b [6] 30 sept. 1695; m à Catherine Tessier.—*Anne-Hyacinthe,* b [7] 1er nov. 1702; s 28 nov. 1767, à St-Constant.—*Louise,* b [7] 26 oct. 1705.

1694, (18 oct.) Montréal. [4]
II.—DUPUIS (4), René, [François I.
b 1671; s 1er janvier 1739, à Laprairie. [8]
1° Marie-Ste-Marie, Angelique, [Louis I.
b 1676.
François, b [8] 21 sept. 1695, m [8] 3 février 1722, à Jeanne Rougier; s [4] 11 mai 1750.—*Jean-Baptiste,* b [8] 25 avril 1697; m [8] 23 janvier 1730, à Suzanne LeBer; s 29 nov. 1753, à St-Constant. [9]—*Marguerite,* b [8] 20 août 1702; 1° m [8] 23 nov. 1722, à Louis Bétourné; 2° m [8] 16 janvier 1741, à Charles Deneau.—*René,* b [8] 20 mai et s 30 nov. 1704, à Longueuil.—*Jacques,* b [8] 25 juillet 1706; s [9] 6 sept. 1771.—*Angélique,* b 1707; m [8] 23 nov. 1733, à Clement Rougier; s 27 janvier 1765, à St-Philippe.—*Jean-François,* b [8] 23 janvier 1710; s [8] 30 août 1729.—*René,* b [8] 3 mai 1711; m [8] 26 janvier 1739, à Marie-Anne Pinsonneau.—*Louis,* b [8] 5 déc. 1712; m [8] 19 mai 1733, à Marguerite Roy.

1718, (7 juin). [8]
2° Clément, Madeleine, [Jean I.
b 1668; veuve de Charles Deneau; s [8] 11 février 1760.

1698, (10 nov.) Champlain.
I.—DUPUIS (5), Jean-François,
b 1669.
Bayard (6), Marguerite, [François I.
b 1681.
Jean-François, b 9 mai 1707, aux Trois-Rivières [5]; 1° m 28 juillet 1730, à Therèse Marquet, à St-Frs-du-Lac [6]; 2° m [6] 21 janvier 1754, à Marie-Joseph Leclerc.—*Marie-Catherine,* née 1er nov. et b 21 dec. 1708, à l'Ile-Dupas; m [5] 13 mai 1732, à Guillaume Vacher-Lacerte; s [6] 3 août 1741.—*Marie-Anne,* b [5] 8 janvier 1711; m [6] 16 nov. 1734, à Pierre Marquet.—*Gertrude,* b [6] 17 oct. 1714; 1° m [5] 1er juin 1733, à Pierre Blanchard; 2° m [6] 23 mai 1757, à Jean-François Joyelle.—*Jean-Baptiste,* b... 1° m [5] 25 oct. 1739, à Catherine Coutancineau; 2° m 6 nov. 1786, à Françoise Desfossés, à Nicolet.—*Antoine,* b... 1° m à Françoise Jutras; 2° m [5] 10 sept. 1741, à Marie-Ursule Alary.

I.—DUPUIS-PÉRON, (1) ....
marchand.

DUPUIS, Marie-Joseph, b 1713; s 8 nov. 1743, aux Trois-Rivières.

II.—DUPUIS (2), Moise, [François I.
b 1673.
Christiansen, Marie-Anne,
nee en 1675, à Corlar: b 12 juillet 1699, à Montreal.
Marie-Françoise, b 11 juillet 1703, à Laprairie [6], m 21 sept. 1725, à Michel Baudin, à Longueuil.—*Charles,* b... 1° m [6] 9 fevrier 1728, à Therèse Tremblay; 2° m [6] 5 juillet 1736, à Marie-Joseph Laporte.—*Anne-Marguerite,* b [6] 4 juin 1705; m [6] 16 août 1729, à Hilaire Girardin.—*Marie-Anne,* b 1706; m [6] 14 mai 1730, à Nicolas David.—*François,* b [6] 14 fevrier 1709; 1° m [6] 12 janvier 1733, à Marie-Anne Roy; 2° m à Elisabeth Deniau; s 19 sept. 1764, à St-Philippe.—*Moïse,* b [6] 7 sept. 1710.—*Charlotte,* b [6] 16 nov. 1711; m [6] 6 fevrier 1747, à Pierre Laporte.—*Barbe,* b [6] 12 juin 1715; m [6] 17 nov. 1733, à Paul Lériger.

1706, (9 juin) Montréal. [6]
I.—DUPUIS (3), Antoine, b 1676; fils de Guillaume et de Jeanne Lecompte, de Roquebrune, diocèse d'Auch, Gascogne.
Maranda, Anne, [Etienne I.
b 1675; s [6] 8 janvier 1730.
Antoine, b 21 juin 1707, au Detroit [7]; 1° m 1736, à Marie-Joseph Cottu; 2° m à Marguerite Plouf.—*Joseph,* b [7] 24 janvier 1709.—*Marie-Anne,* b [7] 13 mars 1710, s [6] 10 oct. 1723.—*Joseph,* b 6 juillet 1712, à St-François, I. J.; s [6] 16 avril 1714.—*Dominique,* b [6] 17 mai 1714; s [6] 10 mai 1715.

DUPUIS, Jean-Bte.—Voy. Dupuyau, 1712.

1712, (24 nov.) Québec. [6]
I.—DUPUIS (4), Pierre, b 1664, journalier; fils de Bernard et de Marguerite Jeannes, de Cadro, diocèse de Limoges, Limousin; s [6] 6 nov. 1744.
Renaud, Marie-Madeleine, [Antoine I.
b 1687, s [6] 17 avril 1746.
Marie-Joseph, b... m [6] 8 oct. 1730, à Jean Contant.—*Louis-François,* b [6] 25 mars 1714.—*Marie-Geneviève,* b [6] 16 janvier 1716, m [6] 25 juin 1736, à Pierre Laigu.—*Marie-Jeanne,* b [6] 26

---

(1) Dit Lagarenne; voy. vol. I, p 218.
(2) Elle épouse, le 23 mai 1710, Thomas Stilet, aux Trois-Rivières.
(3) Dit Parisien; voy. vol. I, p. 218.
(4) Voy. vol. I, p. 218
(5) Dit Jolicœur—Destours; voy. vol. I, p. 218.
(6) Dit Lamontagne.

(1) Dit Delafosse; il était, en 1709, à Champlain.
(2) Il se maria dans le pays des Flanons.
(3) Dit Beauregard; soldat de la compagnie de DesBergères.
(4) Dit St-Pierre.

août 1718; s[6] 18 juillet 1720.—*Marie-Madeleine*, b[6] 18 mai 1721; s[6] 18 août 1722. — *Pierre-François*, b[6] 28 février 1723; m 5 février 1759, à Marie LEMIEUX, à l'Islet. — *Marie-Anne*, b[6] 26 mars 1725. — *Pierre*, b... 1° m 24 avril 1740, à Louise SÉGUIN, à Charlesbourg [8]; 2° m [8] 6 juin 1746, à Marie-Anne CHALIFOUR, 3° m [6] 12 oct. 1750, à Marie-Joseph BRODIÈRE.

1713, (1er juin) Montréal.

I.—DUPUIS (1), PIERRE, b 1679; fils d'Elie et de Marie Guérin, de St-Surin, diocèse de Bordeaux; s 17 mai 1745, à Quebec. [2]
POIRIER, Marie, [MICHEL I.
b 1691; veuve de Jean Berthody; s[2] 1er juin 1751.
Marie-Michelle, b 1713; s [2] 12 sept. 1714.—*Louis-Charles*, b [2] 20 mars 1714, m [2] 26 juin 1741, à Françoise GARIGUE; s [2] 22 mars 1760.—*Pierre-Michel*, b [2] 6 février 1716, m [2] 7 avril 1739, à Madeleine MONDAIN; s [2] 11 oct. 1776.—*Marie-Geneviève*, b [2] 1er sept. 1717; m [2] 14 sept. 1751, à Michel JOURDAIN; s [2] 9 nov. 1784.—*Jean*, b [2] 26 mars 1720.—*Antoine*, b [2] 28 nov. 1722.—*François*, b [2] 26 mai 1726; m 29 mai 1760, à Marie MERCIER, à Berthier; s [2] 24 sept. 1794.—*Jean-Gabriel*, b [2] 26 fevrier 1730.

I.—DUPUIS, SIMON, b 1678; enseigne; s 6 avril 1716, à Montreal.

I.—DUPUIS, JOSEPH.
AUCLAIR, Marie, [ANDRÉ I.
b 1691.
Marie, b 1718; m 20 juin 1742, à Jean POLET, aux Trois-Rivières. — *Joseph*, b 6 juin 1720, à Quebec; m 17 janvier 1740, à Charlotte DUDEAU, à Batiscan; s 2 sept. 1744, à Montreal.

1722, (3 février) Laprairie. [5]

III.—DUPUIS, FRANÇOIS, [RENÉ II.
b 1695; s 11 mai 1750, à Montréal.
ROUGIER, Jeanne, [ANTOINE I.
b 1704.
Jérémie, b [5] 6 août 1723; m 1752, à Marguerite GUÉRIN. — *Marguerite*, b [5] 30 nov. 1725, s [5] 28 oct. 1728.—*Michel*, b [5] 15 sept 1727; s [5] 29 juillet 1728. — *Marie-Elisabeth*, b 1729; s [5] 4 mai 1730.—*Marie-Jeanne*, b [5] 31 mai 1731; m 20 nov. 1752, à Antoine CAILLÉ, à St-Constant. [6]—*Marie-Catherine*, b [5] 4 fevrier 1733; m [6] 8 janvier 1753, à Pierre GUÉRIN.— *François-Marie*, b [5] 29 août 1734; m [5] 7 janvier 1760, à Marie-Suzanne GUÉRIN. — *Jean-Baptiste*, b [5] 8 fevrier 1736; m à Marie-Catherine DENEAU. —*Marie-Archange*, b [5] 26 juin 1738. — *Marie-Julie*, b [5] 7 mai 1740. — *Ignace*, b [5] 31 janvier 1742; m [6] 23 janvier 1769, à Agnès BARETTE. — *Marie-Anne*, b [5] 28 août et s [5] 6 nov. 1743.—*Marie-Elisabeth*, b [5] 28 oct 1744; m [6] 12 oct. 1770, à Joseph CARDINAL.—*René*, b... m [6] 12 fevrier 1770, à Marguerite CARDINAL.

(1) Dit St-Michel; sergent de la compagnie Duvivier.

1724.

II.—DUPUIS (1), JEAN, [LOUIS I.
b 1695.
TESSIER, Catherine, [JEAN II.
b 1704.
Jean-Baptiste, b 17 déc. 1724, à Laprairie. [2] — *Louis-Albert*, b [2] 10 oct. 1731; m 27 janvier 1755, à Felicite GIBAUT, à St-Constant. [3] — *Marie-Joseph*, b [2] 18 nov. 1733.—*Françoise*, b 13 sept. 1735, à Châteauguay; m [3] 22 fevrier 1762, à Hypolite BISAILLON.—*Pélagie*, b... m 26 février 1759, à St-Philippe [4]—*Marie-Joseph*, b [2] 25 juin 1737; 1° m [4] 22 oct. 1759, à Pierre PINSONNEAU; 2° m [4] 28 janvier 1771, à Pierre LEFEBVRE.—*Paul*, b [2] 2 nov. 1739; m à Marie-Anne DENEAU. —*Joseph-Amable*, b [2] 25 avril et s [2] 10 juillet 1741.—*Barthélemi*, b [2] 24 août 1742.

I.—DUPUIS (2), CLAUDE-THOMAS.
LEFOUIN, Marie-Madeleine.

DUPUIS, FRANÇOIS.
NEGRET, Jeanne.
George-Joseph, b 5 nov. 1726, à Montréal.

1726.

I.—DUPUIS, THOMAS.
JOUBERT, Marguerite. [PIERRE II.
Angélique, b 1726; s 5 nov. 1727, à Quebec.

1728, (9 fevrier) Laprairie. [5]

III.—DUPUIS, CHARLES, [MOISE II.
b 1700.
1° TREMBLAY, Thérèse, [MICHEL II.
b 1693, s [5] 3 mai 1733.
Charles, b [5] 10 dec. 1728; m 7 nov. 1762, à Catherine CASSE, au Detroit [6]; s [6] 31 août 1767. —*Geneviève*, b [5] 7 janvier 1731.—*Marie-Michelle*, b [5] 25 mars 1732; m 1763, à François BISSON.

1736, (5 juillet). [5]

2° LAPORTE (3), Marie-Joseph, [PAUL II.
b 1719.
Jean-Baptiste, b [5] 22 avril et s [5] 17 mai 1737.—*Marie-Joseph*, b [5] 7 avril 1738; 1° m 7 janvier 1761, à Jean-Baptiste ISOIR, à St-Constant [7]; 2° m 29 avril 1765, à Jean-Baptiste INHER, à St-Philippe. —*Toussaint*, b [5] 1er nov. 1739 —*Marie-Thérèse*, b [5] 10 août 1741, m [7] 7 avril 1761, à Joachim DENEAU-DESTAILLY; s [7] 18 fevrier 1762.—*François-Michel*, b [5] 8 et s [5] 23 oct. 1742.—*Marie-Marguerite*, b [5] 1er nov. 1743 —*Jean-Baptiste*, b 1747; s 10 mars 1778, à l'Hôpital-General, M.

1728, (28 juillet) Quebec. [3]

I.—DUPUIS, JÉRÔME, serrurier; fils de Pierre et de Catherine DuVignan, de Bayonne, Gascogne.
PICORUM, Barbe, [HENRI I.
b 1708.
Barbe, b [3] 31 janvier 1729; s [3] 12 janvier 1730. —*Marie-Louise*, b [3] 10 et s [3] 27 mars 1731.—

(1) Dit Parisien.

(2) Chevalier; intendant pour le roi en Canada, il était à Montreal, le 19 juillet 1727.

(3) Elle epouse, le 17 avril 1752, Pierre Lemay, à St-Constant.

Marie-Anne, b 8 février 1732, à Ste-Anne-de-la-Pocatière [4], m [3] 17 fevrier 1749, à Chrysostôme HARBOUR.—*Henri-Jérôme*, b [4] 6 juin 1734; s [4] 12 février 1737.—*Marie-Joseph*, b [4] 24 déc. 1736; s [4] 10 avril 1737.—*Marie-Louise*, b [4] 20 nov. 1739. —*Louise-Elisabeth*, b... m [3] 18 juillet 1757, à François AUBERT.—*Marie-Charlotte*, b 11 avril 1742, à l'Islet; m [3] 11 oct. 1762, à Pierre BODIN. — *Michel-Henri*, b [3] 6 août 1748; s [3] 11 février 1749.—*Madeleine-Barbe*, b [3] 14 oct. 1750.

1730, (23 janvier) Laprairie. [9]
III.—DUPUIS, JEAN-BTE, [RENÉ II.
b 1697; s 29 nov. 1753, à St-Constant. [8]
LEBER, Suzanne, [FRANÇOIS II.
b 1704.
Ambroise, b [9] 8 sept. 1731; s [8] 22 déc. 1752. —*René-Paschal*, b [9] 5 avril 1733; m 1762, à Marie-Louise ROY. — *Jean-Baptiste*, b [9] 7 nov. 1734.—*Louis*, b [9] 24 juin et s [9] 20 août 1736 — *André*, b [9] 18 mars 1738; m 1762, à Angélique ROBIDOU.—*Marie-Suzanne*, b [9] 3 avril 1740.—*Eugénie*, b [9] 18 et s [9] 20 sept. 1743.—*Antoine*, b [9] 23 et s [9] 24 sept. 1744. — *Angélique*, b... m [8] 30 juillet 1770, à Joseph FAILLE.

1730, (28 juillet) St-Frs-du-Lac. [1]
II.—DUPUIS (1), JEAN-FRS, [JEAN-FRS I.
b 1707.
1° MARQUET (2), Thérèse, [FRANÇOIS I.
b 1712; s [1] 28 juin 1753.
Jacques-Joseph, b [1] 14 mars 1734; s [1] 22 avril 1737.—*Alexis*, b 23 avril 1736, aux Trois-Rivières. [2] — *Louis*, b [1] 17 sept. 1739. — *Marie-Joseph*, b [1] 18 janvier 1741; m 13 février 1760, à Ignace FILSCH, à Montréal.—*Marie-Thérèse*, b [1] 10 avril 1742; s [1] 8 juin 1745.—*Pierre*, b [1] 18 oct. 1743.—*Marie-Françoise*, b [1] 24 juillet 1745; s [1] 23 sept. 1746.—*Amable-Félicité*, b [1] 29 avril 1747; m 30 juin 1766, à Louis BADAILLAC, à St-Michel-d'Yamaska. [8]—*Paul*, b [1] 6 sept. 1748; s [2] 18 déc. 1755.—*Thérèse*, b [1] 7 avril 1750; m 7 janvier 1771, à Etienne GAUTIER, à la Baie-du-Febvre.—*Marie-Louise*, b [1] 14 et s [1] 29 août 1751.—*Michel*, b [1] 25 et s [1] 27 juin 1753.—*François*, b [1] 25 juin 1753.

1754, (21 janvier). [1]
2° LECLAIR (3), Marie-Joseph, [PIERRE II.
b 1732.
Jean-Baptiste, b 17 déc. 1754, à Nicolet.—*Marie-Joseph*, b [2] 5 avril 1756. — *Pierre*, b [1] 5 février 1758, s [1] 17 janvier 1759.—*Pierre*, b [1] 20 oct. 1759.—*Excupère*, b [1] 15 juin 1762.—*Marie*, b [8] 20 juillet 1763.

1733, (12 janvier) Laprairie. [7]
III.—DUPUIS, FRANÇOIS, [MOISE II.
b 1709, s 19 sept. 1764, à St-Philippe. [8]
1° ROY, Marie-Anne, [PIERRE II.
b 1712.
François, b [7] 25 oct. 1733; m 1752, à Marie-Anne DIEL.—*Marie-Anne*, b [7] 23 janvier 1735; m 13 janvier 1755, à Joseph PINSONNEAU, à St-Constant. [9] — *Marie-Charlotte*, b [7] 28 août 1736; m à Jacques DENIAU. — *Hilaire*, b [7] 30 mars 1738; m [8] 10 juin 1765, à Marie-Joseph DENIGER. — *Rose*, b [7] 30 août 1739; m [8] 10 janvier 1763, à Joseph CARDINAL.—*Angélique*, b [7] 22 mars 1741; m [8] 18 février 1760, à Jean-Baptiste CARDINAL.—*Marie-Louise*, b [7] 16 janvier 1743; m [8] 13 mai 1765, à Jérémie DUQUET.— *Louis*, b [7] 7 mars 1744.
2° DENIAU, Elisabeth.
François-Régis, b [8] et s [8] 18 sept. 1758.—*Elisabeth*, b [8] 15 mars 1760. — *François*, b [9] 19 avril et s [9] 8 juin 1761.—*Marie-Anne*, b [8] 10 mars et s [8] 27 juin 1763. — *Marie-Monique*, b [8] 15 et s [8] 26 juin 1764.

1733, (19 mai) Laprairie. [7]
III.—DUPUIS, LOUIS, [RENÉ II.
b 1712.
ROY, Marguerite, [PIERRE II.
b 1707.
Marie-Angélique, b [7] 18 juillet 1734; m 3 février 1755, à Augustin ROBIDOU, à St-Constant. [8] — *Marie-Marguerite*, b [7] 14 nov. 1735; m [8] 12 janvier 1756, à Joseph ROBIDOU. — *René*, b [7] 7 juin 1737.—*Marie-Catherine*, b [7] 3 mars 1739.—*Marie-Charlotte*, b [7] 1er janvier 1741.—*Louis*, b [7] 4 nov. 1742. — *Marie-Françoise*, b [7] 22 juillet 1744; m [8] 6 oct. 1767, à François PRIMEAU.

1735, (19 mai) Québec.
I.—DUPUIS, JEAN-BTE, marchand; fils d'Eloi et de Barbe Vanzeucle de Lauzon, de St-Nicolas-des-Champs, Paris.
ROY, Marguerite,
veuve de Guillaume Dupont-Leblond.

1736.
II.—DUPUIS (1), ANTOINE, [ANTOINE I.
b 1707.
1° COTTU, Marie-Joseph, [FRANÇOIS I.
b 1716.
Jean-Baptiste, b 19 nov. 1737, à Lanoraie [5]; s [5] 20 mai 1738.
2° PLOUF, Marguerite, [FRANÇOIS II
veuve de Louis Rouleau.
Jean-Noel, b [5] 23 dec. 1755.

II.—DUPUIS, ANTOINE. [JEAN-FRS I.
1° JUTRAS, Françoise.
Michel, b... m 7 mai 1759, à Marguerite CARTIER, à St-Frs-du-Lac. [5] —*Louise*, b [5] 2 juin 1740.

1741, (10 sept.) Trois-Rivières. [7]
2° ALARY, Marie-Ursule, [PIERRE II.
b 1717.
Pierre, b [7] 11 juin 1742; s [7] 10 juillet 1760 (noyé).—*Augustin*, b [7] et s [7] 5 dec. 1743.—*Jean-Baptiste*, b [7] et s [7] 29 juin 1744 — *Claude*, b [7] 13 juillet et s [7] 15 oct. 1745.—*Antoine-Pierre*, b [7] 17 sept. 1746.—*Marie-Ursule*, b [7] 11 janvier et s [7] 28 mai 1748. — *Jean-Baptiste*, b [7] 21 avril 1749.—*Marie-Joseph*, b [7] 15 mai et s [7] 17 août 1750.—*Louise*, b [7] 27 mai 1751. —*Joseph*, b [7] 1er janvier

(1) Et Destours.
(2) Dit Périgord.
(3) Dit Pauperet.

(1) Dit Beauregard.

1753. — *Marie-Ursule*, b [7] 1er nov. 1755.—*Marie-Joseph*, b [7] 2 mars 1757; s [7] 6 janvier 1758.—*Jean-Baptiste-Joseph*, b [7] 23 mai et s [7] 26 août 1758.—*Charles*, b [7] 13 sept. 1759 (1).

1739, (26 janvier) Laprairie. [4]

III.—DUPUIS, René, [René II.
b 1711.
Pinsonneau, Marie-Anne, [Jacques II.
b 1718.
René, b [4] 15 avril 1740; m 29 avril 1765, à Françoise Hébert, à Varennes. [5]—*Jacques-Lambert*, b [4] 2 et s [4] 25 avril 1742. —*François*, b [4] 25 juin 1743; m [5] 3 février 1766, à Louise Burel.—*Marie-Madeleine*, b [4] 3 déc. 1744.

1739, (7 avril) Québec. [6]

II.—DUPUIS (2), Pierre-Michel, [Pierre I.
b 1716; s [6] 11 oct. 1776.
Mondain, Madeleine, [Pierre II.
b 1715; s [6] 23 mars 1779.
Pierre, b [6] 30 oct. 1739; m [6] 10 mai 1762, à Angélique Blais.—*Jacques*, b [6] 21 février 1742, s [6] 3 déc. 1743.

1739, (25 oct.) Trois-Rivières. [7]

II.—DUPUIS, Jean-Bte, [Jean-François I.
ouvrier.
1° Coutancineau (3), Catherine, [Jean-Frs III.
b 1723; s 28 mai 1786, à Nicolet. [9]
Marie-Joseph, b [7] 6 février 1741; s [7] 6 mai 1742.—*Marie-Anne*, b [7] 19 oct. 1742, s [7] 28 juillet 1743.—*Catherine*, b 1744; m [9] 9 nov. 1767, à Joseph Desfossés; s [9] 15 mars 1789. — *Joseph*, b [7] 29 juillet 1745; s [7] 30 août 1746.— *Marie-Louise*, b 1746; m [9] 20 juillet 1767, à Michel Coltret; s [9] 23 fevrier 1782.—*Marie-Catherine*, b [7] 4 janvier et s [7] 16 juillet 1747. — *Marie-Anne*, b [7] 4 janvier et s [7] 8 mars 1747. — *Madeleine*, b [7] 29 avril 1748. — *Madeleine*, b [7] 14 juillet 1749. — *Joseph*, b... m à Marie-Marguerite Bourgeois.—*Louise-Catherine*, b [7] 11 fevrier 1751. — *Ursule*, b [7] 5 sept. 1752. — *Jean-Baptiste*, b [7] 3 février 1754; m [9] 14 février 1774, à Françoise Baron.—*Augustin*, b [9] 29 mars 1756; m [9] 13 fevrier 1775, à Veronique Baron.—*Marie-Thérèse*, b [9] 1er mars et s 30 juin 1758, à la Baie-du-Febvre. — *Marie-Angélique*, b [9] 28 avril 1760.—*Marie-Joseph*, b... m [9] 12 fevrier 1781, à Joseph Laspron.

1786, (6 nov.) [9]

2° Laspron (4), Françoise, [Louis III.
b 1743; veuve de François St-Laurent.

1740, (17 janvier) Batiscan.

II.—DUPUIS, Joseph, [Joseph I.
b 1720; s 2 sept. 1744, à Montreal.
Dubeau (5), Charlotte. [Louis II.

(1) Date de la chûte de Quebec au pouvoir des Anglais.
(2) Dit St-Michel.
(3) Et Constantineau.
(4) Dit Desfosses.
(5) Elle épouse, le 17 juin 1746, Joseph Dubé, à Québec.

1740, (24 avril) Charlesbourg. [4]

II.—DUPUIS, Pierre-Louis. [Pierre I.
1° Séguin, Louise, [Jean II.
b 1718.
Pierre, b [4] 18 février et s [4] 17 mars 1741.

1746, (6 juin). [4]

2° Chalifour, Marie-Anne, [Germain III.
b 1721.
Geneviève, b [4] 9 sept. 1747; s [4] 7 nov. 1748.—*Marie-Anne*, b... s 30 janvier 1758, à Québec. [7]

1750, (12 oct.) [7]

3° Brodière, Marie-Joseph, [Joseph I.
b 1722, veuve de Pierre Huppé; s [7] 1er mai 1751.

1741, (26 juin) Québec. [4]

II.—DUPUIS (1), Louis-Chs, [Pierre I.
b 1714; navigateur; s [4] 22 mars 1760.
Garigue (2), Marie-Françoise, [Jean I.
b 1722.
Marie-Louise, b [4] 20 juin et s [4] 23 août 1742. —*Marie-Madeleine*, b [4] 7 oct. et s [4] 27 nov. 1743. —*Louis*, b [4] 12 juillet et s [4] 1er sept. 1745.—*Marie-Anne*, b [4] 20 mai et s [4] 27 juin 1747. — *Pierre-Claude*, b [4] 29 juin et s [4] 11 juillet 1748.—*Marie-Anne*, b [4] 23 oct. 1749; s [4] 26 oct. 1750. —*Pierre*, b [4] 21 janvier 1751; s [4] 23 juillet 1752. — *Jean-Baptiste*, b [4] 23 mars 1752, s [4] 9 mars 1761.—*Blaise*, b [4] 18 mai 1755.

DUPUIS, Marie, épouse de Nicolas Michelin.

1741, (13 nov.) Ste-Foye. [1]

I.—DUPUIS, Gilbert-Charles, b 1710; fils de Gilbert et de Françoise Petitjean, de Rose, diocèse de Bourges, en Berry; s 1er déc. 1767, à St-Joseph, Beauce. [2]
Brunet, Marie-Angélique, [Jean III.
b 1719; s [2] 9 sept. 1775.
Charles-Joseph-Gilbert, b [1] 21 sept. 1742; m 7 fevrier 1763, à Marie-Charlotte Jodin, à Charlesbourg. — *Angélique*, b [2] et s [2] 10 juin 1744. — *Marie-Angélique*, b [2] 20 mai 1745; m [2] 27 fevrier 1764, à Michel Proteau. — *Marie*, b [2] 21 nov. 1746; s [2] 23 fevrier 1770.—*François*, b 1748; s [2] 11 sept. 1760. — *Jean*, b... m [2] 15 oct. 1770, à Marguerite Mathieu. — *Claire*, b 1751; s [2] 6 fevrier 1755.—*Marie-Charlotte*, b... m [2] 3 fevrier 1772, à Joseph Lambert.—*Madeleine*, b [2] 7 avril 1754.—*Jacques*, b [2] 28 avril et s [2] 12 mai 1756.—*Joseph*, b [2] 21 mars 1757.

1743, (11 fevrier) Ste-Foye. [8]

I.—DUPUIS, Jean, fils de Gilbert et de Françoise Petitjean, de Rosé, diocèse de Bourges, Berry.
Sédillot, Jeanne, [Jean III.
b 1724.
Jean, b [8] 11 mars 1744; 1° m 26 janvier 1765, à Angélique Poulin, à St-Joseph, Beauce [3]; 2° m 1767, a Marie-Geneviève Proulx. — *Marie-*

(1) Dit St-Michel.
(2) Dit Languedoc; elle épouse, le 23 nov. 1771, Jean Jame, à Québec.

Louise, b [3] 17 juin 1746; m [3] 3 fevrier 1766, à Joseph Roy.— *Marie*, b... m [3] 20 fevrier 1775, à Pierre Marcou. — *Augustin*, b [3] 23 avril 1754.— *Joseph*, b [3] 5 février 1756. — *Charles-Gilbert*, b [3] 7 nov. 1759.—*Joseph*, b [3] 1er déc. 1762.—*Charles-Marie*, b [3] 1er avril 1764.

DUPUIS, Jean-Charles.
Gaudreau, Marie.
Marie-Rose, b... m 17 juin 1771, à Jean Lebel, à Kamouraska.

III.—DUPUIS, Jacques, [René II.
b 1706; s 6 sept. 1771, à St-Constant.

1752.

IV.—DUPUIS, François, [François III.
b 1733.
Diel, Marie-Anne,
s 22 nov. 1760, à St-Constant. [1]
Marie-Anne, b [1] 1er juillet 1753.—*Marie-Joseph*, b 27 fevrier 1758, à St-Philippe. [3] — *Marguerite*, b [3] et s [3] 15 sept. 1759.

1752.

IV.—DUPUIS, Jérémie, [François III.
b 1723.
Guérin, Marguerite, [Jean-Bte II.
b 1725.
Marie-Catherine, b 16 mars 1753, à St-Constant. [1]—*François-Dauphin*, b [1] 18 fevrier 1755.— *Marie-Suzanne*, b [1] 27 juillet 1757.—*Marie-Angélique*, b 5 dec. 1764, à St-Philippe.

1755, (27 janvier) St-Constant. [3]

III.—DUPUIS, Louis-Albert, [Jean II.
b 1731.
Gibeau, Félicité, [Gabriel III.
b 1734.
Louis, b [3] 14 nov. 1755.—*Félicité*, b 20 août et s 9 sept. 1758, à St-Philippe. [4] — *Barthélemi*, b [4] 27 janvier 1760.—*Marie-Joseph*, b [4] 14 mars 1762.

I.—DUPUIS (1), Christophe, b 1738; s 31 janvier 1758 (dans l'eglise), à Ste-Croix.

1759, (5 février) Islet. [7]

II.—DUPUIS (2), Pierre-François, [Pierre I.
b 1723.
Lemieux, Marie-Rosalie, [Pierre III.
b 1733.
Marie, b 3 janvier 1760, au Cap-St-Ignace [6]; s [6] 28 nov. 1762. — *Modeste*, b [7] 6 mai et s [6] 22 août 1761. — *Jean-Baptiste*, b [6] 15 août et s [6] 12 dec. 1762.—*Bonaventure*, b [6] 1er oct. 1763.

1759, (7 mai) St-Frs-du-Lac.

III.—DUPUIS, Michel. [Antoine II.
Cartier, Marguerite, [Guillaume II.
b 1738.

(1) Capitaine du régiment du Languedoc, en hivernement à Ste-Croix.

(2) Dit St-Pierre.

IV.—DUPUIS, Jean-Bte, [François III.
b 1736.
Deneau, Marie-Catherine.
Marie-Catherine, b 17 nov. 1761, à St-Constant. —*Marie-Charlotte*, b 13 mai 1763, à St-Philippe.

1760, (7 janvier) Laprairie.

IV.—DUPUIS, François-Marie, [François III.
b 1734.
Guérin, Marie-Suzanne, [Jean-Bte II.
b 1740.
Nicolas, b 13 mars 1763, à St-Philippe.

1760, (29 mai) Berthier. [4]

II.—DUPUIS, (1) François, [Pierre I.
b 1726; s 24 sept. 1794, à Québec. [5]
Mercier, Marie,
s [5] 11 sept. 1795.
Marie-Madeleine, b [4] 4 mars 1761; s [5] 18 sept. 1777.

1760, (17 nov.) Verchères.

I.—DUPUIS (2), Etienne, fils de Jean et de Marie-Anne Place, du diocèse d'Auch, Gascogne.
Terrenoire, Marie-Joseph. [Pierre I.

1760, (23 nov.) St-Michel. [4]

I.—DUPUIS (3), Pierre, fils de Pierre et de Marguerite Benoit, d'Ivron, diocèse d'Angoulême, Angoumois; s 10 juillet 1778, à Québec. [5]
Gautron, Marie-Louise, [Pierre II.
b 1741.
Marie-Elisabeth, b [4] 31 juillet et s [4] 1er août 1761. — *Marie-Louise*, b [4] 12 août 1762; m [5] 18 juillet 1780, à Pierre Dupille.

1761, (7 janvier) St-Antoine-de-Chambly.

I.—DUPUIS, Joseph, fils de François et de Jeanne Gravière, de St-Denis, diocèse de Montpellier, Bas-Languedoc.
St-Aubin, Marie. [Jean-Simon III.

1762.

IV.—DUPUIS, André, [Jean-Bte III.
b 1738.
Robidou, Angélique.
Marie-Angélique, b 27 juin 1763, à St-Philippe.

1762.

IV.—DUPUIS, René, [Jean-Bte III.
b 1733.
Roy, Marie-Louise.
Anonyme, b et s 5 janvier 1763, à St-Philippe.

(1) Caton dit St-Michel.

(2) Soldat de la compagnie de M. de Bonneau, régiment de Guyenne

(3) Dit Laliberté.

1762, (10 mai) Québec.[3]

III.—DUPUIS (1), PIERRE, [PIERRE II.
b 1739.
BLAIS, Angélique, [FRANÇOIS II.
b 1733; veuve de Joseph Hotte; s[3] 13 dec. 1790.
Marie-Angélique, b[3] 1er mars 1763. — *Marie-Anne*, b... m[3] 2 sept. 1793, à François DOIRON.

1762, (7 nov.) Détroit.[4]

IV.—DUPUIS (2), CHARLES, [CHARLES III.
b 1728; s[4] 31 août 1767.
CASSE (3), Catherine. [PIERRE II.
Charles, b 1763; s[4] 8 mai 1764.—*Jean-Baptiste*, b[4] 4 oct. 1765.—*Charles*, b[4] 3 mars 1767.

1763, (7 février) Charlesbourg.

II.—DUPUIS (4), CHS-JOS.-GILBERT, [GILBERT I.
b 1742.
JOBIN, Marie-Charlotte, [CHARLES III.
b 1738.
Charles, b 22 déc. 1763, à St-Joseph, Beauce.[4] — *Joseph*, b[4] 14 mai 1765. — *Michel*, b[4] 2 nov. 1766.—*Jean-Baptiste*, b[4] 4 sept. 1769. — *Marie-Angélique*, b[4] 1er avril 1771. — *Gervais*, b[4] 20 février 1773. — *Marie-Catherine*, b[4] 18 fevrier 1775. — *Marie-Marguerite*, b[4] 17 sept. 1777. — *Pierre*, b[4] 11 mai 1779.

1765, (26 janvier) St-Joseph, Beauce.[4]

II.—DUPUIS, JEAN, [JEAN I.
b 1744.
1° POULIN, Angélique, [JOSEPH.
1767.
2° PROULX, Marie-Geneviève.
Jean, b[4] 24 janvier 1768. — *Joseph*, b[4] 7 et s[4] 20 janvier 1770. — *Marie*, b[4] 7 et s[4] 10 janvier 1770. — *Augustin*, b[4] 1er avril 1771.—*Joseph*, b[4] 25 juin 1773.—*Louis-François*, b[4] 3 sept. 1775.— *Charles*, b[4] 22 fevrier 1778.

1765, (29 avril) Varennes.

IV.—DUPUIS, RENE, [RENÉ III.
b 1740.
HÉBERT, Françoise. [JOSEPH IV.

1765, (10 juin) St-Philippe.

IV.—DUPUIS, HILAIRE, [FRANÇOIS III.
b 1738.
DENIGER, Marie-Joseph. [FRANÇOIS III.

1765, (29 oct.) Ste-Anne-de-la-Pérade.

I.—DUPUIS (5), JEAN, fils de Jean et de Michelle Delon, de St-Jacques, Languedoc.
LAQUERRE, Marie-Anne, [PIERRE III.
b 1733, veuve de Joachim Gouin.

DUPUIS, GABRIEL, b 1740; s 13 avril 1780, à Repentigny.

(1) Caton dit St-Michel.
(2) Dit Moïse, au Détroit, vers 1750.
(3) Elle épouse, le 18 janvier 1768, Etienne Langeron, au Détroit.
(4) Dit Gilbert.
(5) Dit Anet.

DUPUIS, AMAND.
LANDRY, Marie-Blanche,
b 1733; s 10 dec. 1783, à Repentigny.[4]
Isaac, b... m[4] 6 oct. 1788, à Marie-Joseph MIGNERON. — *Joseph*, b... m[4] 11 janvier 1790, à Marie-Claire MIGNERON.

III.—DUPUIS, PAUL, [JEAN II.
b 1739.
DENEAU, Marie-Anne,
b 1746; s 23 avril 1768, à St-Philippe.

DUPUIS, JOSEPH.
PICHET, Marie-Louise,
b 1738; s 12 mars 1783, à Repentigny.

1766, (3 fevrier) Varennes.

IV.—DUPUIS, FRANÇOIS, [RENÉ III.
b 1743.
BUREL, Louise. [JOSEPH II.

1769, (23 janvier) St-Constant.

IV.—DUPUIS, IGNACE, [FRANÇOIS III.
b 1742.
BARETTE, Agnès, [PIERRE III.
b 1752.

1769, (6 février) Lachenaye.[8]

I.—DUPUIS, GABRIEL, fils de Jean-Maurice et de Jeanne-Elisabeth de Bressaut, de St-Vincent, Poitou.
VAUDRY, Marie-Charlotte, [JACQUES III.
b 1742.
Jean-Maurice, b[3] 30 nov. 1769.— *Marie-Charlotte-Marguerite*, b[3] 28 février et s[3] 14 avril 1771. — *Gabriel*, b[3] et s[3] 11 août 1772. —*Jean-Baptiste*, b[3] 15 février 1773. — *Marie-Charlotte*, b[3] 11 fevrier et s[3] 18 mars 1774. — *Marguerite-Reine*, b[3] 4 janvier 1775, s[3] 1er déc. 1776.

1770, (12 février) St-Constant.

IV.—DUPUIS, RENÉ. [FRANÇOIS III.
CARDINAL, Marie-Marguerite, [PAUL-FRS IV.
b 1752.

1770, (15 oct.) St-Joseph, Beauce.[4]

II.—DUPUIS (1), JEAN. [GILBERT-CHARLES I.
MATHIEU, Marguerite, [JEAN III.
b 1752.
Marguerite, b[4] 23 sept. 1771. — *Jean-Baptiste*, b[4] 24 juillet 1773; s[4] 27 avril 1776 —*Marie*, b[4] 13 mai 1775.—*Louise*, b[4] 27 mars 1779.

III.—DUPUIS, JOSEPH. [JEAN-BTE II.
BOURGEOIS, Marguerite.
Charles, b... m 6 fevrier 1797, à Madeleine BELIVEAU, à Nicolet.

1774, (14 fevrier) Nicolet.

III.—DUPUIS, JEAN-BTE, [JEAN-BTE II.
b 1754.
BARON, Françoise, [JACQUES IV.
b 1748.

(1) Dit Gilbert.

1774, (16 août) Québec.

I.—DUPUIS (1), François, fils d'Ambroise et d'Anne Aucoin, de l'Acadie.
Richard, Monique, fille de Jean-Baptiste et de Marguerite Robichaud, de l'Acadie.

—

DUPUIS, Joseph.
Mirault, Marie-Anne.
Marie-Angélique, b... m 26 sept. 1803, à François Dugas, à St-Jacques-l'Achigan

1775, (13 février) Nicolet.

III.—DUPUIS, Augustin, [Jean-Bte II.
b 1756.
Baron, Véronique, [Jacques IV.
b 1749.

—

DUPUIS, Louis.
Gagné, Marguerite.
Marie-Hyacinthe, b... m 14 avril 1806, à François Lerigé-Laplante, à Laprairie.

1788, (6 oct.) Repentigny.

DUPUIS, Isaac. [Amand.
Migneron, Marie-Joseph. [François.

1790, (11 janvier) Repentigny. [8]

DUPUIS, Joseph. [Amand.
Migneron, Marie-Claire. [François.
Joseph, b [8] 9 et s [8] 12 sept. 1790.— *Joseph*, b [8] 30 juillet 1791.— *Marie-Claire*, b [8] 26 janvier et s [8] 23 février 1793.

1797, (6 février) Nicolet.

IV.—DUPUIS, Charles. [Joseph III.
Beliveau, Madeleine. [Joseph.

DUPUYAU. — *Variation et surnom :* Dupuis — Lemarquis.

1712, (8 février) Québec. [7]

I.—DUPUYAU (2), Jean, b 1680, cordonnier; fils d'André et de Catherine Basque, de St-Martin, diocèse de Bayonne, Gascogne; s [7] 4 déc. 1741.
Gosselin, Marie-Charlotte, [Michel II.
b 1693.
Jean, b [7] 25 mai 1713; s [7] 29 mai 1714.— *Louise-Charlotte*, b [7] 28 déc. 1714; s [7] 16 janvier 1715. — *Marie-Louise*, b [7] 31 janvier 1716, m [7] 3 février 1738, à Pierre Noel.—*Jean-Baptiste*, b [7] 26 février 1718; m 7 avril 1739, à Marie-Joseph Ripau, aux Grondines.—*Louis-Simon*, b [7] 15 nov. 1719; s [7] 5 février 1720.—*Cécile*, b [7] 22 nov. 1720. — *Anonyme*, b [7] et s [7] 22 nov. 1720 — *Charlotte*, b [7] 19 déc. 1721; m [7] 20 oct. 1749, à Pierre Racine. — *Louis*, b [7] 19 juillet 1723; s [7] 28 juillet 1724. — *Joseph*, b [7] 13 avril 1725, m [7] 28 oct. 1748, à Marguerite Racine. — *Marie-Anne*, b [7] 2 nov. 1726; m [7] 2 mai 1757, à Laurent Martin.—*Catherine*, b [7] 11 mai et s [7] 2 juin 1728. — *Pierre*, b [7] 3 et s [7] 11 sept. 1729.— *Nicolas*, b [7] 2 oct. et s [7] 21 nov. 1730. — *Michel-Marie*, b [7] 8 et s [7] 27 sept. 1731. — *Guillaume*, b [7] 12 nov. 1732; s [7] 12 février 1733.— *Marie-Angélique*, b [7] 30 oct. et s [7] 26 nov. 1733. — *Pierre-Paul*, b [7] 3 avril et s [7] 19 juillet 1736.

1739, (7 avril) Grondines.

II.—DUPUYAU (1), Jean-Bte, [Jean I.
b 1718; maître-forgeron.
Ripau-Rolet, Marie-Joseph, [Jacques II.
b 1722.
Marie-Joseph, b 12 janvier 1740, à Ste-Anne-de-la-Pérade

1748, (28 oct.) Québec. [8]

II.—DUPUYAU (2), Joseph, [Jean I.
b 1725.
Racine, Marguerite, [Joseph III
b 1723; veuve de Charles Grégoire.
Joseph-Marie, b [8] 23 sept. 1749.—*Pierre*, b [8] 29 nov. 1750; s 12 sept. 1751, à Charlesbourg.— *Louise*, b [8] 8 janvier 1752.—*Jean-Jacques*, b [8] 6 janvier 1753.— *Marie-Louise*, b [8] 9 février 1754. —*Martin*, b [8] 21 juillet 1755. — *Marguerite-Geneviève*, b [8] 27 avril et s [8] 28 sept. 1757.— *Louis* b 3 juin 1761, à la Longue-Pte; s [8] 20 juillet 1762. —*Marie-Geneviève*, b [8] 30 avril et s [8] 10 mai 1762.

—

I.—DUQUESNE (3), ...

—

DUQUET. — *Variations et surnoms :* Duguay— Duqué — De la Chenaye — Desrochers — Madrid — Madry.

1638, (13 mai) Québec. [3]

I.—DUQUET (4), Denis,
b 1605; s [3] 26 nov. 1675.
Gauthier, Catherine,
b 1627.
Antoine, b [3] 18 nov. 1660; m 20 déc. 1694, à Marie Tétard, à Montréal; s 20 mai 1733, à Lachenaye.

1666, (25 août) Québec. [1]

II.—DUQUET (5), Pierre, [Denis I.
b 1643; notaire royal; s [1] 13 oct. 1687.
Lamarre, Anne,
b 1649.
Anne, b [1] 5 avril 1674; 1° m [1] 24 oct. 1695, à Jean Thomas; 2° m [1] 18 mars 1721, à Jean Parant; 3° m [1] 21 oct. 1724, à Louis Jourdain.— *Catherine-Angélique*, b [1] 11 février 1677; m [1] 2 nov. 1698, à Jean-Baptiste Maranda-LaTourette, s 6 juillet 1744, à l'Hôpital-Général, Q.

—

DUQUET, Thérèse, épouse de Louis Guay.

(1) Ils s'étaient mariés civilement le 16 oct. 1769, par-devant Louis Robichaud, autorisé par le V. G. Pierre Maillard.

(2) Dit Lemarquis.

(1) Marié sous le nom de Marquis.

(2) Dit Lemarquis; tonnelier.

(3) Marquis, capitaine de vaisseaux; remplaça M. de la Jonquière. 1752.

(4) Voy. vol. 1, p. 219.

(5) Voy. vol. I, p. 219; il acheta les minutes du greffe de Guillaume Audouard (Registre du Conseil Souverain, 30 oct. 1663).

DUQUET, MARIE, épouse de François NADEAU.

DUQUET, JEAN-BTE, b... s 16 fevrier 1703, à St-Laurent, I. O.

1683, (11 nov.) Pte-aux-Trembles, Q.

II.—DUQUET (1), JEAN, [DENIS I.
b 1651.
AMIOT, Catherine-Ursule, [MATHIEU II.
b 1664; s avant 1719.

Gabriel, b 7 août 1687, à Québec[5]; 1° m 1er juin 1722, à Marguerite HALLÉ, à Lévis[4]; 2° m[4] 23 mai 1737, à Marie-Madeleine GRONDIN; s[4] 12 oct. 1759. — *Charles*, b[4] 29 fevrier 1692; m 3 juillet 1719, à Catherine MALET, au Bout-de-l'Ile, M. — *Marie*, b[4] 31 mars 1697; 1° m[4] 23 mai 1718, à Louis HALLÉ; 2° m[4] 9 mai 1735, à Rene FOCQUE; 3° m[5] 30 juin 1745, à Louis BOIVIN; s[5] 14 nov. 1759. — *Veronique*, b 1703, m[4] 26 nov. 1736, à Jean GOURCE; s 14 juillet 1773, à St-Joseph, Beauce.

1694, (20 dec.) Montreal.[2]

II.—DUQUET (2), ANTOINE, [DENIS I.
b 1660, s 20 mai 1733, à Lachenaye.[3]
TÉTARD, Marie, [CHARLES I.
b 1682.

Antoine, b[2] 25 sept. 1695; m 9 février 1719, à Marie MÉNARD, à Boucherville, s[3] 19 août 1732.—*Marie-Agnès*, b... 1° m[3] 21 janvier 1737, à Antoine FORGET; 2° m 18 août 1766, à Joseph ALAIRE, à St-Henri-de-Mascouche.

1702, (3 août) Québec.

II.—DUQUET, JOSEPH, [DENIS I.
b 1664.
CHORET, Suzanne, [ROBERT II
b 1681.

Joseph, b 20 fevrier 1707, à St-Antoine-Tilly; 1° m à Angelique MARTINEAU; 2° m 4 mai 1744, à Françoise BOURDEAU, à Châteauguay.

1710, (20 août) Levis.[4]

III.—DUQUET, JEAN-BTE, [JEAN II.
b 1685; s[4] 16 avril 1731.
HALLÉ, Geneviève, [JEAN-BTE II.
b 1682; veuve de Jean Maheu, s[4] 22 août 1758.

Jean-Baptiste, b[4] 2 mai 1711; m[4] 20 nov. 1737, à Ursule MORIN. — *Gabriel*, b 21 juin 1712, à Quebec; m 7 sept. 1739, à Marie LIS, à Beaumont.[8]—*Gabriel*, b... 1° m à Marie-Joseph MARCHAND; 2° m[4] 29 août 1768, à Marie-Joseph BOUCHER.—*Joseph*, b 1713; s[4] 26 janvier 1725.—*Anne-Geneviève*, b... m[4] 8 nov. 1732 à Louis NADEAU. — *Louis*, b[4] 8 mai 1717. — *Etienne*, b[4] 17 août 1721.— *Marguerite*, b[4] 1er mai 1723; s[4] 19 juillet 1725 — *Pierre-Joseph*, b[4] 10 février 1725; m 3 aout 1750, à Marie-Marguerite BERNIER, à Charlesbourg; s[8] 27 février 1760. — *Suzanne*, b[4] 14 janvier 1727; 1° m[4] 29 oct. 1744, à Charles-Louis BÉGIN; 2° m[4] 18 janvier 1751, à Jean-Baptiste CARRIER. — *Marie-Joseph*, b[4] 27 juin 1730; m à Joseph BISSON; s 13 déc. 1779, à Terrebonne.

(1) Dit Desrochers; voy. vol. I, p. 219.

(2) Dit Madrid—Madry.

DUQUET, PIERRE.
SAUVAGESSE, ...

Pierre, b 1717; s 19 avril 1760, à Ste-Famille, I. O.

1719, (9 février) Boucherville.

III.—DUQUET (1), ANTOINE, [ANTOINE II.
b 1695; s 19 août 1732, à Lachenaye.[2]
MÉNARD (2), Marie, [LOUIS II.
b 1695.

Marie-Anne, b 1720; 1° m[2] 10 nov. 1749, à Jean BEAUCHAMP; 2° m 26 nov. 1764, à Pierre PAQUET, à Ste-Rose.—*Jean-Baptiste-Joseph*, b... m à Geneviève CHARBONNEAU.—*Joseph*, b... m à Elisabeth CHARBONNEAU.—*Marie-Jeanne*, b[2] 1er dec. 1731; s 21 déc. 1748, à Montréal.

1719, (3 juillet) Bout-de-l'Ile, M.[3]

III.—DUQUET, CHARLES, [JEAN II.
b 1692.
MALET, Catherine, [LOUIS II.
b 1700.

Marie-Louise, b... m 1737, à Jacques FAUBERT, à Châteauguay.[4] — *Louis-Lambert*, b[3] 30 janvier 1722; m[4] 7 janvier 1749, à Suzanne BOURSIER.—*Marie-Charlotte*, b[3] 1er sept. 1724; m[4] 26 février 1748, à Jacques-Hubert TABEAU.—*Marie-Joseph*, b... m[4] 7 avril 1750, à Jean-Baptiste CARON. — *Madeleine*, b... m[4] 12 février 1759, à Claude DURANSEAU. — *Jean-Baptiste*, b... m[4] 20 fevrier 1764, à Marie-Françoise DENEAU.— *Véronique*, b... m[4] 11 fevrier 1765, à Toussaint DENEAU.

1722, (15 fevrier) Laprairie.[6]

III.—DUQUET (3), ETIENNE, [JEAN II.
b 1695, s avant 1754.
DENEAU, Françoise, [JACQUES II.
b 1698, s avant 1754.

Etienne, b[6] 28 sept. 1723. — *Joseph*, b[6] 13 fevrier 1725; m[6] 2 fevrier 1761, à Marie-Anne FAILLE. — *Basile*, b[6] 26 mars 1726, m[6] 29 avril 1754, à Marie-Suzanne SENÉCAL. —*Pierre*, b... m[6] 23 fevrier 1756, à Marie-Louise LAROCHE. — *Véronique*, b[6] 17 sept. 1728; m[6] 1er mars 1756, à Pierre MALAIRE. — *André*, b[6] 12 mars 1730; m 22 juillet 1765, à Angélique BABEU, à St-Philippe[7] — *François-Albert*, b[6] 12 mai 1731. — *Marie-Anne*, b[6] 3 août 1732. — *Marie-Madeleine*, b[6] 25 août 1734; m[6] 2 fevrier 1761, à Joseph PINSONNEAU. — *Jérémie*, b[6] 21 juillet 1736, m[7] 13 mai 1765, à Marie-Louise DUPUIS. — *Raphaël*, b[6] 9 fevrier et s[6] 2 avril 1738. — *Louis-Marie*, b[6] 24 juillet 1739. — *Raphaël*, b[6] 13 et s[6] 22 fevrier 1741.—*Gabriel*, b[6] 19 juillet 1743.

(1) Et Duqué dit Madrid—Madry.

(2) Elle épouse, le 2 nov. 1733, Jean Charpentier, à Lachenaye.

(3) Et Duguay.

1722, (1er juin) Levis. [2]
III.—DUQUET, Gabriel, [Jean II.
b 1687; s [2] 12 oct. 1759.
1° Hallé, Marguerite, [Jean-Bte II
b 1700; s 16 juin 1731, à Québec.
Marie-Marguerite, b [2] 14 avril 1723; m [2] 11 mai 1750, à René Foucqué. — *Marie-Madeleine*, b [2] 13 avril 1726.—*Augustin*, b [2] 12 mars 1728, m 15 janvier 1761, à Marie-Anne Crosnier, à Montreal.—*Louis*, b [2] 10 oct. 1729; s [2] 1er janvier 1760.—*Madeleine-Ursule*, b [2] 4 et s [2] 7 juin 1731.
1737, (23 mai). [2]
2° Grondin, Marie-Madeleine, [Pierre I.
b 1699; s [2] 14 août 1750.
Joseph, b [2] 23 fevrier 1738; m 5 février 1770, à Monique Dodier, à St-Joseph, Beauce.[5] —*Marie-Madeleine*, b [2] 27 juin 1740; m [5] 6 juin 1763, à Zacharie Cloutier.—*Suzanne*, b [2] 4 sept. 1742

III.—DUQUET, Joseph, [Joseph II.
1° Martineau, Angelique,
b 1717; s 23 août 1740, à Montréal.
Martial, b... m 14 nov. 1757, à Suzanne-Amable Prejean, à Lachine.—*Joseph-Marie*, b 31 janvier 1738, à Châteauguay. [1] — *Angélique*, b... m [1] 4 nov. 1760, à Antoine Picard. — *Jean-Baptiste*, b... m [1] 12 janvier 1761, à Marie Laberge.
1744, (4 mai). [1]
2° Bourdeau, Françoise.
Françoise, b... m [1] 6 fevrier 1764, à Joachim Primot.

1737, (20 nov.) Lévis. [3]
IV.—DUQUET, Jean-Bte, [Jean-Bte III.
b 1711.
Morin (1), Marie-Ursule. [Jacques I.
Jean-Baptiste, b [3] 29 août 1738; s [3] 26 oct. 1749. —*Louis-Jacques*, b [3] 27 mars 1740.—*Joseph*, b [3] 18 mars 1742; s [3] 10 oct. 1749. — *Etienne*, b [3] 26 juin 1745.—*Marie-Ursule*, b [3] 25 nov. 1749.—*Joseph*, b [3] 8 août 1751; s [3] 4 mai 1755.—*Bonaventure*, b [3] 8 juillet 1753.—*Michel*, b [3] 11 dec. 1755; s [3] 22 oct. 1758.—*Francois*, b [3] 14 avril 1758.—*Marie-Louise*, b [3] 21 juillet 1761.

1739, (7 sept.) Beaumont [4]
IV.—DUQUET Gabriel, [Jean-Bte III.
b 1712.
Lis, Marie. [Jacques II.
Marie-Geneviève, b [4] 11 fevrier 1741; m 16 avril 1760, à Jean Rouleau, à St-Charles. [5] — *Gabriel*, b [4] 24 fevrier 1744.—*Joseph*, b [4] 2 janvier 1746.—*Etienne*, b [4] 20 août 1747.—*Jean-Baptiste*, b [4] 16 août 1749; s [5] 13 fevrier 1751.—*Charles*, b [5] 17 mars 1752; s [5] 19 fevrier 1754.

1749, (7 janvier) Châteauguay.
IV.—DUQUET, Louis-Lambert, [Charles III.
b 1722.
Boursier, Suzanne. [Alexandre II.

(1) Dit Beauséjour.

IV.—DUQUET, Gabriel. [Jean-Bte III.
1° Marchand, Marie-Joseph, [Louis II.
b 1727; s 5 avril 1767, à Lévis. [7]
Marie-Geneviève, b [7] 29 janvier 1750.—*Marie-Thérèse*, b [7] 13 mai et s [7] 29 août 1751.—*Louis*, b [7] 22 février et s [7] 21 juillet 1753.—*Marie-Joseph*, b [7] 24 avril et s [7] 25 juin 1754.—*Marie-Anne*, b [7] 3 et s [7] 31 juillet 1755.—*Joseph*, b [7] 10 août et s [7] 26 oct. 1758.—*Gabriel*, b [7] 15 juin 1760.—*Marie-Joseph*, b [7] 20 sept. 1761.—*Jacques*, b [7] 29 mars et s [7] 28 juin 1763.—*Marie-Anne*, b [7] 21 juin 1764, s [7] 7 juillet 1765.—*Marie-Anne*, b [7] 5 mars 1766; s [7] 5 avril 1767.
1768, (29 août). [7]
2° Boucher, Marie-Joseph, [Prisque III.
b 1728.

1750, (3 août) Charlesbourg. [8]
IV.—DUQUET, Pierre-Joseph, [Jean-Bte III.
b 1725; s 27 février 1760, à Beaumont.
Bernier, Marie-Marguerite, [André II.
b 1726.
Joseph, b 5 nov. 1751, à Lévis [9]; s [8] 28 août 1752.—*Jean-Baptiste*, b [9] 30 mars 1754.—*Marie-Louise-Victoire*, b [9] 30 déc. 1757. — *Joseph*, b 4 mars 1760, à St-Charles; s [8] 20 mars 1762.

IV.—DUQUET, Jean-Bte-Joseph. [Antoine III
Charbonneau, Geneviève.
Jean-Baptiste, b 23 mars et s 31 juillet 1751, à Terrebonne.[3] — *Jean-Baptiste*, b... m [3] 3 oct. 1774, à Angélique Goulet.—*Marie-Geneviève*, b [3] 12 et s [3] 26 juin 1754.—*Marie-Angélique*, b [3] 24 juillet 1755.—*Marie-Geneviève*, b [3] 3 sept. 1756.—*Marie-Joseph*, b [3] 13 et s [3] 30 avril 1758.—*Marie-Euphrosine*, b [3] 20 janvier et s [3] 15 mars 1760.

DUQUET, Jean-Bte.
Daillebout, Geneviève.
Jean-Baptiste, b 23 janvier 1753, à Terrebonne.

1754, (29 avril) Laprairie.
IV.—DUQUET, Basile, [Etienne III.
b 1726.
Senécal, Marie-Suzanne, [Pierre IV.
b 1736.

IV.—DUQUET, Joseph. [Antoine III.
Charbonneau, Elisabeth.
Marie-Anne, b 4 et s 30 janvier 1755, à Ste-Rose. [9]—*Joseph*, b [9] 6 mars 1756, 1° m 9 février 1778, à Marie-Louise Parant, à St-Eustache [7]; 2° m [7] 6 fevrier 1787, à Marie-Elisabeth Gourgon. —*Toussaint*, b [9] 1er nov. et s [9] 6 déc. 1757.—*Marie-Pélagie*, b [9] 17 janvier 1759. — *Marie-Louise*, b [9] 10 août 1760. — *Marie-Joseph*, b [9] 4 janvier et s [9] 14 août 1762.—*Pierre*, b 1771; m [7] 21 oct. 1793, à Marguerite Paillefer; s [7] 5 juillet 1795. — *François*, b... m [7] 21 janvier 1793, à Marie-Madeleine Masta. — *Marie-Archange*, b [7] 26 oct. 1776.

1756, (23 fevrier) Laprairie.
IV.—DUQUET, Pierre. [Etienne III.
Laroche, Marie-Louise, [Jean I.
b 1737.

1757, (14 nov.) Lachine.
IV.—DUQUET, Martial. [Joseph III.
Préjean, Suzanne-Amable. [Louis II.

DUQUET, François,
s avant 1788.
Bienvenu, Agathe,
s avant 1788.
François, b 1760; s 20 déc. 1788, à Lachenaye.

1761, (12 janvier) Châteauguay.
IV.—DUQUET, Jean-Bte. [Joseph III.
Laberge, Marie, [Timothée III.
b 1743.

1761, (15 janvier) Montréal.
IV.—DUQUET, Augustin. [Gabriel III.
Crosnier, Marie-Anne, [Jacques.
b 1731.

1761, (2 février) Laprairie.
IV.—DUQUET, Joseph, [Etienne III.
b 1725.
Faille, Marie-Anne, [François II.
b 1734.

1764, (20 février) Châteauguay.
IV.—DUQUET, Jean-Bte. [Charles III.
Deneau (1), Marie-Françoise. [Jean-Bte III.

1765, (13 mai) St-Philippe.
IV.—DUQUET, Jérémie, [Etienne III.
b 1736.
Dupuis, Marie-Louise, [François III.
b 1743.

1765, (22 juillet) St-Philippe.
IV.—DUQUET, André, [Etienne III.
b 1730.
Babeu, Angelique. [Etienne II.

1770, (5 février) St-Joseph, Beauce. [1]
IV.—DUQUET (2), Joseph, [Gabriel III.
b 1738.
Dodier, Marie-Monique, [Louis III.
b 1750.
Marie-Marguerite, b [1] 24 fevrier et s [1] 10 mars 1771. — *Marie-Monique*, b [1] 16 février 1772. — *Marie-Ursule*, b [1] 18 fevrier 1775; s [1] 16 janvier 1779. — *Joseph*, b [1] 9 mars 1777. — *Louis*, b [1] 18 mars 1779.

1774, (3 oct.) Terrebonne.
V.—DUQUET, Jean-Bte. [Jean-Bte-Joseph IV.
Goulet, Angélique, [Jean-Bte V.
b 1755.

1778, (9 février) St-Eustache. [1]
V.—DUQUET, Joseph. [Joseph IV.
1° Parant, Marie-Louise, [Toussaint.
s [1] 8 mai 1785.

(1) Et Deniau.
(2) Dit Desroches.

Marie-Joseph, b [1] 19 nov. 1778; s [1] 1er avril 1779.—*Joseph*, b [1] 8 sept. 1780; 1° m 13 fevrier 1804, à Elisabeth Vaudry, à Ste-Therèse [2]; 2° m à .... Charbonneau: 3° m [1] à Veronique Presseau; s [2] 27 juin 1851.—*Louise*, b [1] 17 juillet 1782.—*Elisabeth*, b [1] 23 mai 1784; s [1] 8 avril 1794.

1787, (6 février). [1]
2° Gourgon, Marie-Elisabeth. [Jean-Antoine.
Jean-Baptiste-Antoine, b [1] 25 mai 1788.—*François*, b [1] 15 dec. 1789.—*Marie-Joseph*, b [1] 17 mai 1792.—*Joachim*, b [1] 16 fevrier 1795.—*Marie-Elisabeth*, b [1] 27 sept. 1796. — *Jean-Baptiste*, b [1] 9 oct. 1798.—*Pierre*, b [1] 19 avril 1801.

1793, (21 janvier) St-Eustache. [1]
V.—DUQUET, François. [Joseph IV.
Masta, Marie-Madeleine, [Antoine III.
b 1774.
François, b [1] 18 déc 1793, s [1] 14 février 1794.

1793, (21 oct.) St-Eustache. [1]
V.—DUQUET, Pierre, [Joseph IV.
b 1771; s [1] 5 juillet 1795.
Paillefer, Marguerite. [Henri-Paul.
Marguerite, b [1] 16 dec. 1794; s [1] 16 avril 1795. —*Pierre-Paul* (posthume), b [1] 7 sept. 1795.

1804, (13 février) Ste-Thérèse. [2]
VI.—DUQUET, Joseph, [Joseph V.
b 1780, s [2] 27 juin 1851.
1° Vaudry, Elisabeth, [Jean-Marie.
veuve d'Antoine Filion.
Marie-Suzanne, b [2] 20 dec. 1804; m à Pierre Deguire.—*Marguerite*, b [2] 26 mars 1806; s [2] 14 janvier 1812.—*Marie-Elisabeth*, b [2] 18 avril 1808; m à François Filion. — *Marie-Narcisse*, b [2] 27 nov. 1809; m [2] 21 janvier 1834, à Joseph-Pierre Gaudin; s 26 déc. 1859, à St-Eustache. [1]—*Joseph*, b [2] 7 février 1811, ordonné [2] 2 août 1840, s [2] 17 juin 1857. — *Marie-Flavie*, b [2] 7 oct. 1812; m à Lambert Leclerc. — *Marcel*, b [2] 5 février 1815; 1° m [2] 11 fevrier 1840, à Louise Gratton, 2° m [2] à Marie Matte.— *Marie-Desneiges-Gertrude*, b [1] 1817; m à Joseph Gaudin.—*François*, b [2] 26 mai 1819 (medecin).—*Antoine*, b [2] 12 sept. 1821.
2° Charbonneau, ...
3° Presseau, Veronique.

DURANCEAU.—Voy. Duranseau.

DURAND.—*Surnoms:* Arsenault — Buron — Chevigny—Couturier—Desmarchais — Duranseau—Manchaut, 1758—Montmirel.

DURAND, Catherine, epouse de Pierre Gallien.

DURAND, Marie-Charlotte, b 1750; m à Jean Hébert, s 6 dec. 1785, à Quebec.

DURAND, Marie-Joseph, épouse de Gabriel Leber.

DURAND, Madeleine, épouse de Joseph Levêque.

DURAND, Marie-Louise, épouse de Joseph Loyer.

DURAND, Catherine, épouse de Jacques Mondina.

DURAND, Jeanne, b 1683 ; m à Joseph Perrin ; s 24 nov. 1717, à Montreal.

I.—**DURAND**, Marie-Claude, b 1643 : sœur de la congregation N.-D. ; s 13 avril 1723, à Montreal.

1661, (12 sept.) Québec.

I.—**DURAND** (1), Nicolas,
b 1637 ; s 1er avril 1663, au Château-Richer.[2]
Gausse (2), Françoise, [Maurice I.
b 1639.

Marie-Ursule, b [2] 6 juin 1662 ; m 1680, à Antoine Huppe ; s 26 août 1750, à Beauport.

I.—**DURAND**, Jean-Claude, b 1641 ; s (3) 7 février 1725, à l'Hôpital-General, M.

1662, (26 sept.) Quebec.[7]

I.—**DURAND** (1), Jean,
b 1640.
Annennontak, Catherine,
b 1649, Huronne.

Louis, b 14 nov. 1670, à Sillery ; 1° m [7] 9 sept. 1698, à Elisabeth-Agnès Michel, 2° m 30 janvier 1719, à Jeanne Houde, à St-Nicolas.

1665, (22 dec.) Quebec.[3]

I.—**DURAND** (4), Nicolas,
b 1635.
Renouard, Marie,
b 1646.

Nicolas, b [3] 26 sept. 1666, m 7 janvier 1685, à Marguerite Huot, à la Rivière-Ouelle ; s 28 sept. 1740, à l'Islet.

1673, (17 oct.) Quebec.

I.—**DURAND** (5), Pierre,
b 1646.
Chartier (6), Jeanne, [René I.
b 1653.

Pierre, b 1674 ; m 14 juillet 1704, à Marie-Thérèse Mondin, à Montreal[4] ; s [4] 28 sept. 1748. —*Marie-Joseph*, b... m 3 juillet 1715, à Michel Desorcy, à Champlain.[6] —*Jean-Baptiste*, b [6] 2 août 1683 ; m 1725, à Catherine David.—*Jeanne*, b... m [6] 30 juin 1716, à Joseph Perrin.—*François*, b [6] 13 avril 1686, m [5] 28 fevrier 1729, à Marie-Madeleine David. — *Marie-Catherine*, b [6] 15 sept. 1692, m [6] 3 fevrier 1717, à Pierre Fauteux.—*Vivien*, b [6] 26 janvier 1697, m [4] 30 mai 1718, à Barbe Perrin.

(1) Voy. vol. I, p. 219.

(2) Elle epouse, le 28 mai 1663, Robert Laberge, au Château-Richer.

(3) Première sépulture entrée au registre de l'Hôpital-General de Montreal.

(4) Voy. vol. I, pp. 219-220.

(5) Dit Desmarchais ; voy. vol. I, p. 220.

(6) Elle épouse, le 1er sept. 1710, René Baudoin, à Champlain.

1685, (7 janvier) Rivière-Ouelle.

II.—**DURAND** (1), Nicolas, [Nicolas I.
b 1666 ; s 28 sept. 1740, à l'Islet.[7]
Huot (2), Marguerite, [Nicolas I.
b 1664 ; s [7] 2 janvier 1722.

Jean-Baptiste, b 4 juillet 1694, au Cap-St-Ignace.[8], 1° m [8] 28 janvier 1726, à Anne Fournier ; 2° m [7] 12 nov. 1738, à Marguerite Cloutier ; s [8] 26 nov. 1755. — *François*, b [8] 11 mai 1697 ; m [7] 18 nov. 1726, à Louise Langelier.

1693.

I.—**DURAND**, René.
Esnard, Marie. [Simon I.

André, b 12 sept. 1694, à Batiscan.—*René*, b... m à Catherine Diers-Deshaies.

1698, (9 sept.) Quebec.[1]

II.—**DURAND** (3), Louis, [Jean I.
b 1670.
1° Michel (4), Elisabeth-Agnès, [Olivier I.
b 1682 ; s 12 mai 1718, à St-Antoine-Tilly.[2]

Louis, b [1] 13 août 1700 m 22 janvier 1725, à Marie-Anne Dumay, à Sorel.[3]—*Antoine*, b [1] 28 oct. 1702.—*Marie-Anne*, b 11 mars 1704, à St-Nicolas[4] ; m [2] 11 janvier 1723, à Nicolas Marion. —*Marie-Angélique*, b [4] 1er mai 1706 ; m [3] 4 fevrier 1725, à Jean Boudon. —*Elisabeth*, b [2] 26 mars 1708, m 10 avril 1736, à Andre Lacoste, à Montreal.[5]— *Geneviève*, b [4] 25 dec. 1709 ; s [4] 21 janvier 1710.—*Marie-Charlotte*, b [4] 3 avril 1711. —*Marie-Louise*, b [4] 10 sept. 1713.—*Marie-Madeleine*, b [4] 13 mars 1715, m [5] 7 janvier 1738, à Jean-Baptiste Bibaut, s [5] 11 oct. 1749.—*Pierre-Joseph*, b [2] 24 août 1717.

1719, (30 janvier).[4]

2° Houde, Jeanne, [Jean I.
b 1685 ; veuve de Jean Magnan ; s 5 avril 1749, à Lavaltrie.

Marie-Ursule, b [2] 31 janvier 1720. — *Marie-Jeanne*, b [2] 2 avril 1722. — *Marie-Catherine*, b [3] 12 mars 1724.—*Joseph*, b [3] 31 janvier 1725.

1704, (14 juillet) Montreal.[3]

II.—**DURAND** (5), Pierre, [Pierre I.
b 1674, s [3] 28 sept. 1748.
Mondin, Therèse, [Antoine I.
b 1676 ; veuve de Jean Paladeau ; s [3] 30 juillet 1752.

Marie-Barbe, b [3] 14 nov. 1705 ; m [3] 4 nov. 1723, à Jean Guitard.—*Marguerite*, b [3] 15 avril 1708 ; m [3] 8 janvier 1726, à Pierre Bernard.— *Anonyme*, b [3] et s [3] 7 sept. 1711. — *Marie-Jeanne*, b [3] 7 sept. 1711, m [3] 31 janvier 1735, à Simon Imbaut.—*Marie-Jeanne*, b [3] 12 août 1714 ; m [3] 28 nov. 1743, à Charles Larivière ; s [3] 11 fevrier 1745.—*Pierre*, b [3] 18 janvier 1717 ; m [3] 13 avril 1744, à Marie-Louise Trudel.—*Anne-Geneviève*, b [3] 10 dec. 1719, m [5] 8 nov. 1745, à Jean-Baptiste Sarrazin.

(1) Voy. vol. I, p. 220.

(2) Dit St-Laurent.

(3) Dit Couturier.

(4) Dit Taillon.

(5) Et Desmarchais.

II.—DURAND, René. [René I.
Diers-Deshaies, Catherine.
Marie-Geneviève, b 14 mai 1717, à Bécancour[7]; s 2 février 1732, à Champlain.—*Marie-Joseph*, b [7] 24 juillet 1720.

1718, (30 mai) Montréal.[1]
II.—DURAND, Vivien, [Pierre I.
b 1697.
Perrin, Marie-Barbe, [Mathieu II.
b 1700.
Antoine, b [1] et s [1] 12 sept. 1718.—*Louis*, b [1] 17 août 1719. — *Louis*, b [1] 18 nov. 1721. — *Jean-Baptiste*, b 8 janvier 1724, à Champlain.[8] — *Jean-Baptiste-Joseph*, b [8] 19 février 1726. — *Geneviève*, b [8] 30 janvier 1729.—*Pierre-Alexis*, b [8] 27 juillet et s [8] 12 août 1731.—*Marie-Joseph*, b [8] 20 sept. 1733.—*Marie-Louise*, b [8] 19 sept. 1735.—*Thérèse*, b [8] 7 janvier 1738.—*Gabriel-Baptiste*, b [8] 21 juillet 1740.

DURAND, Alexis.
Gareau, Marguerite.
Louis, b 1720; s 2 mars 1735, à Champlain.

DURAND, Jacques.
Lemaitre, Marie.
Marie-Catherine, b 25 mai 1721, à St-Ours.

DURAND (1), Pierre,
b 1699, s 12 avril 1724, à Kaskakia.[1]
....
Jean-Baptiste, b [1] et s [1] 12 nov. 1723.

I.—DURAND, Julien,
de l'île de Terreneuve.
Borni (2), Anne,
b 1688; s 2 mai 1772, à Berthier.
Jean, b 1727, en Normandie; m 17 oct. 1746, à Anne Boissel, à Quebec[1]; s[1] 18 sept. 1750.

1725, (22 janvier) Sorel.
III.—DURAND, Louis, [Louis II.
b 1700.
Dumay (3), Marie-Anne. [Pierre II.
Marie-Catherine, b et s 26 mars 1724, à St-Ours.[7]—*Louis*, b [7] 25 dec. 1725; m 2 juin 1751, à Marie-Charlotte Trutaut, à Terrebonne. — *Jean-Baptiste*, b 23 juillet 1735, à Lanoraie[8]; m 1757, à Françoise Duplessis. — *Marie-Joseph*, b [8] 23 avril 1737. — *Pierre*, b [8] 12 juin 1738; m [8] 26 nov. 1760, à Marie-Louise Dufresne-Janvrin. — *François*, b 6 et s 13 dec. 1750, à Lavaltrie.

1725.
II.—DURAND, Jean-Bte, [Pierre I.
b 1683.
David (4), Catherine. [Barthélemi II.

(1) Tué par les Renards.
(2) Et Borai.
(3) Et Demers.
(4) Dit Barthélemi.

Jean-Baptiste, b 7 mars 1726, à Champlain.[8] — *Joseph*, b [8] 13 déc. 1729.—*Alexis-Gabriel*, b [8] 18 oct. 1732; s [8] 17 août 1734.—*Alexis-Ignace*, b [8] 25 dec. 1736.

1726, (28 janvier) Cap-St-Ignace.[4]
III.—DURAND, Jean-Bte, [Nicolas II.
b 1694; s [4] 26 nov. 1755.
1° Fournier, Anne, [Jean II.
b 1700; s [4] 16 avril 1728.
Jean-Baptiste, b [4] 17 fevrier et s [4] 23 mars 1727.—*Jean-Marie*, b [4] 15 avril 1728.

1738, (12 nov.) Islet.[5]
2° Cloutier (1), Marguerite, [Jean-Bte IV.
b 1715.
Jean-Baptiste, b [4] 22 août 1739; m 11 nov. 1768, à Marie-Joseph Marcheteau, à St-Louis, Mo.—*Marie-Angélique*, b [4] 24 fevrier 1741; m [4] 26 janvier 1761, à Charles Boivin. — *Pierre-Ignace*, b [4] 2 juin 1743; m [5] 21 mai 1764, à Marie-Joseph Robichaud. — *Marie*, b 1745; s [4] 13 avril 1746.—*Marie-Reine*, b [4] 26 fevrier 1747. — *François*, b [4] 6 oct. 1748.—*Victor-Honoré*, b [4] 22 nov. 1750. — *Michel*, b [4] 14 mars et s [4] 12 avril 1752. —*Jérôme*, b [4] 21 janvier 1753.—*François*, b [4] 11 nov. 1755.

1726, (18 nov.) Islet.[3]
III.—DURAND, François, [Nicolas II.
b 1697.
Langelier, Louise, [Charles II.
b 1701.
Anonyme, b [3] et s [3] 17 déc. 1727.—*François-Xavier*, b [3] 18 déc. 1727, s [3] 11 février 1728.—*Michel-François*, b [3] 9 juillet 1729.—*Nicolas*, b... m 11 fevrier 1754, à Marie-Claire Bernier, au Cap-St-Ignace. — *Joseph*, b [3] 9 août 1732; m [3] 7 février 1757, à Marie-Joseph Pelletier.—*Pierre*, b [3] 17 oct. 1734.—*Elisabeth-Ursule*, b [3] 3 février 1737; m 28 janvier 1754, à Joseph Fournier, à St-Thomas.[4] — *Marie-Françoise*, b [3] 11 janvier 1740; m [4] 25 janvier 1762, à Pierre Aucouturier. — *Jean-Baptiste*, b... m [4] 27 oct. 1766, à Marie-Ursule Barde.

1729, (28 février) Champlain.[8]
II.—DURAND (2), François, [Pierre I.
b 1686.
David, Marie-Madeleine. [Barthélemi II.
Marie-Joseph, b [8] 23 dec. 1729. — *Marie-Madeleine*, b [8] 6 déc. 1731, s [8] 15 août 1734.—*Joseph-Baptiste*, b [8] 20 juin 1733.—*Marie-Thérèse*, b [8] 22 janvier 1736.—*Jean-Baptiste*, b [8] 21 avril 1738.

1729, (29 août) Quebec.[3]
I.—DURAND (3), Noel,
b 1708.
Michelon, Catherine, [Jean II.
b 1711; s [2] 4 dec. 1741.

(1) Elle épouse, le 28 nov. 1758, Basile Bernier, au Cap-St-Ignace.
(2) Dit Desmarchais.
(3) Voy. Buron, vol. II, p. 507.

Pierre-Jean-Baptiste (1), b [2] 14 sept 1738 ; m 14 janvier 1766, à Madeleine Duprat, aux Trois-Rivières.

1737, (28 juin) Québec. [2]

I.—DURAND, François, b 1708, cordonnier ; fils de François et de Marie Corbin, d'Haze, diocèse d'Angers, Anjou ; s [2] 6 juillet 1758.
Verret, Marguerite, [Pierre II.
b 1713.
Geneviève-Marguerite, b [2] 4 juillet 1737 ; s [2] 29 juillet 1758 —*Jacques*, b 2 février 1740, à Charlesbourg. [3] — *Jacques*, b [3] 2 nov. 1742 ; s [3] 24 août 1743.—*Anonyme*, b [3] et s [3] 3 mars 1745.—*Marie-Charlotte*, b [3] 25 juillet 1747.— *Marie-Angélique*, b [3] 24 avril 1749. — *Marguerite*, b 1752, s [3] 18 juillet 1758.—*Madeleine-Angélique*, b [3] 12 janvier 1756 ; s [3] 13 août 1758.

1744, (13 avril) Montreal. [1]

III.—DURAND (2), Pierre, [Pierre II.
b 1717.
Trudel, Marie-Louise, [Jean III.
b 1722.
Louise, b [1] 20 mars 1745 ; m [1] 12 janvier 1761, à Charles Poirier. — *Dorothée*, b [1] 19 mai 1746 ; m [1] 8 nov. 1762, à Jean-Baptiste Poirier. — *Pierre*, b [1] 11 déc. 1747. — *Marie-Angélique*, b [1] 17 sept. 1749.

I.—DURAND, Jacques, b 1710 ; de St-Malo ; s 20 janvier 1779, à l'Hôpital-Général, M.

I.—DURAND, Jean, b 1711 ; de Ste-Catherine, Ile Re, diocèse de LaRochelle, Aunis ; s 29 janvier 1777, à l'Hôpital-Genéral, M.

1746, (17 oct.) Québec. [4]

II.—DURAND, Jean, [Julien I.
b 1727 ; navigateur ; s [4] 18 sept. 1760.
Boissel (3), Marie-Anne, [Joseph III.
b 1723.
Jean-Baptiste, b [4] 7 et s [4] 20 sept. 1751. —*Barthélemi*, b [4] 24 sept. 1757. — *Marie-Anne*, b [4] 27 déc. 1759 ; s [4] 9 avril 1760.

1750, (26 nov.) Détroit. [2]

I.—DURAND (4), Pierre, b 1706 ; fils de Sébastien et de Catherine Heros, de Sésane, diocèse de Sens, Champagne ; s [2] 9 mars 1792.
Guignon, Catherine. [Pierre I.
Jean-Baptiste, b [2] 14 nov. 1751.—*Catherine*, b [2] 29 sept. 1753 ; m [2] 8 janvier 1770, à Jean-Baptiste-Mathieu Dufour.—*Joseph*, b [2] 30 avril 1755.

DURAND, Pierre, b 1738 ; s 13 janvier 1794, au Detroit.

(1) Voy. Buron, 1766.
(2) Dit Desmarchais.
(3) Elle épouse, le 7 février 1774, Pierre Alaire, à Berthier.
(4) Dit Montmirel.

1751, (2 juin) Terrebonne.

IV.—DURAND, Louis, [Louis III.
b 1725.
Thutaut, Marie-Charlotte. [Etienne III.
Louis, b et s 5 mai 1752, à Lanoraie.

DURAND, Louis.—Voy. Lallemand.

DURAND, Daniel.
b 1708 ; s 21 mars 1783, à Repentigny.
Guertin, Marie-Rose.
Marie-Angélique, b 11 mai 1752, à Verchères, [1] —*Jean-Baptiste*, b [1] 18 oct. 1759.

1754, (11 février) Cap-St-Ignace. [2]

IV.—DURAND, Nicolas. [François III.
Bernier (1), Marie-Claire. [Alexandre III.
Marie-Claire, b [2] 12 fevrier 1755 ; m 20 fevrier 1775, à François Guyon, à l'Islet.

1754, (25 nov.) Québec. [3]

I.—DURAND, Pierre, boulanger ; fils de Nicolas et d'Anne Cournaillon, de St-Porchaise, diocèse de Xaintes, Saintonge.
Laroche, Marie-Jeanne, [Michel I.
b 1705, veuve de Pierre Denis ; s [3] 26 mars 1763
1763, (22 août) Charlesbourg.
2° Proteau, Marie-Elisabeth, [Michel II.
b 1711, veuve de Simon Savard.

1757, (7 février) Islet [4]

IV.—DURAND (2), Joseph, [François III.
b 1732.
Pelletier, Marie-Joseph, [Joseph IV.
b 1730 ; veuve de Charles Gagnon.
Joseph, b [4] 25 dec. 1757.—*Joseph-Marie*, b [4] 1er nov. 1761.—*Marie-Madeleine*, b [4] 16 mars 1763.

1757.

IV.—DURAND, Jean-Bte, [Louis III.
b 1735.
Duplessis, Françoise, [François II.
b 1723.
Marie-Anne, b 1758 ; s 5 déc. 1760, à St-Antoine-de-Chambly.

1760, (27 oct.) Montréal.

I.—DURAND, Antoine, b 1732 ; fils d'Antoine et de Geneviève Balan, de St-Gervais, Rouen, Normandie.
Contant, Marie-Françoise-Claire, [André II.
b 1721 ; veuve de Thomas Laniel.

1760, (26 nov.) Lanoraie. [5]

IV.—DURAND, Pierre, [Louis III.
b 1738.
Dufresne (3), Marie-Louise, [Jean-Bte II.
b 1737 ; s [5] 10 sept. 1761.

(1) Elle épouse, le 24 nov. 1756, Jean Emond, au Cap-St-Ignace.
(2) Sous-lieutenant des grenadiers, régiment de la reine, il était à la Pointe-aux-Trembles, Q. le 18 janvier 1759.
(3) Dit Jauvrin.

1761, (1er juin) Ste-Foye.
I.—DURAND (1), PIERRE, fils de Jean et de Marie-Anne Vacheri de Mirambau, de Dupetitvier, diocèse de Xaintes, Saintonge.
SAMSON, Elisabeth, [ANTOINE III. b 1740.

DURAND, JOSEPH.
PRIMOT, Marie.
Marie, b... m 2 février 1779, à Jean-Marie ST-MICHEL, à Québec. — *Ursule-Amable*, b 8 avril 1775, à St-Cuthbert.

DURAND, JOSEPH.
PRINCE, Marie.
Clément, b 22 mars 1763, à l'Ile-Dupas.

1763, (12 sept.) Montreal.
I.—DURAND, JOSEPH-AUGUSTIN, b 1733; fils de Joseph et de Françoise Pintou, de Ste-Felicité, diocèse de Limoges, Limousin.
BOUCHER, Marie-Françoise, [PIERRE I. b 1747.

1764, (21 mai) Islet. [5]
IV.—DURAND, PIERRE-IGNACE, [JEAN-BTE III. b 1743.
ROBICHAUD, Marie-Joseph. [FRANÇOIS I.
Marie-Geneviève, b... m [5] 29 janvier 1782, à Jacques-Bonaventure BERNIER. — *Marie-Elisabeth*, b 23 mars 1765, au Cap-St-Ignace.

1766, (27 oct.) St-Thomas.
IV.—DURAND, JEAN-BTE. [FRANÇOIS III.
BARDE, Marie-Ursule, [JEAN I. b 1743.

I.—DURAND (2), GUILLAUME.

1768, (11 nov.) St-Louis, Mo. [1]
IV.—DURAND, JEAN-BTE, [JEAN-BTE III. b 1739.
MARCHETEAU, Marie-Joseph, [FRANÇOIS II. b 1751.
Théotiste, b... m [1] 4 juillet 1783, à Jean-Emilien YOSTY.

DURANSEAU. — *Variations et surnoms :* DURANCEAU — DURONCEAU — DURAND — BRINDAMOUR.

1696, (21 oct.) Québec. [7]
I.—DURANSEAU (3), PIERRE, b 1666; fils de Jean et d'Elisabeth Marsillac, de St-Andre de Niort, diocèse de Poitiers, Poitou.
FRAPIER (4), Marie-Jeanne, [HILAIRE I. b 1669.
Pierre, b [7] et s [7] 7 oct. 1697. — *Pierre*, b [7] 19 fevrier 1701.—*Jacques*, b 8 avril 1703, à St-Thomas; m à Barbe PRIMEAU. — *Marie*, b 1705; s [7] 17 janvier 1717.—*Brigitte*, b 1706; s [7] 20 janvier 1709.—*Louis*, b [7] 22 août 1710; s [7] 19 nov. 1711. —*René*, b [7] 9 avril 1713, s [7] 15 oct. 1714 —*Jean-Baptiste*, b [7] et s [7] 9 août 1715. — *Geneviève*, b [7] 22 et s [7] 26 juillet 1716.—*Jean-Baptiste*, b [7] 4 mai 1718; m [7] 25 mai 1750, à Marie-Elisabeth PAQUET; s [7] 13 mars 1754. — *Thomas*, b [7] 8 mai 1720; m [7] 31 mai 1745, à Marie-Joseph BLUTEAU.

II.—DURANSEAU (1), JACQUES, [PIERRE I. b 1703.
PRIMAUT, Marie-Barbe, [FRANÇOIS I. b 1702.
Marie-Joseph, b 1728; s 4 sept. 1729, à Laprairie.—*Claude*, b 18 dec. 1735, à Châteauguay [6]; m [6] 12 fevrier 1759, à Madeleine DUQUET.— *Marie*, b... 1° m [6] 20 mai 1751, à Pierre LEBER; 2° m [6] 13 janvier 1761, à Ignace TURGEON. — *Jacques*, b... m [6] 26 avril 1756, à Marguerite LEBER. — *Marie-Anne*, b... m [6] 26 avril 1756, à François GENDRON —*Angélique*, b... m [6] 16 août 1763, à Augustin LEFEBVRE.

1745, (31 mai) Québec. [4]
II.—DURANSEAU (2), THOMAS, [PIERRE I. b 1720.
BLUTEAU (3), Marie-Joseph, [LOUIS II. b 1727.
Marie-Louise, b [4] 29 août 1745.— *Reine-Geneviève*, b [4] 6 janvier 1748.—*Pierre-Thomas*, b [4] 28 nov. et s [4] 29 déc. 1749. — *Catherine*, b... m 18 août 1771, à Thomas DELAUNAY, à Boucherville.

1750, (25 mai) Quebec. [1]
II.—DURANSEAU, JEAN-BTE, [PIERRE I. b 1718; s [1] 13 mars 1754.
PAQUET (4), Marie-Elisabeth, [PIERRE II. b 1723.
Marie-Elisabeth, b [1] 11 mars 1751.—*Jean-Baptiste-Joseph*, b [1] 1er oct. 1752, s [1] 11 sept. 1753. —*Jean-Baptiste*, b [1] 9 avril 1754.

1756, (26 avril) Châteauguay.
III.—DURANSEAU (5), JACQUES. [JACQUES II.
LEBER, Marguerite. [PIERRE I.

1759, (12 fevrier) Châteauguay.
III.—DURANSEAU, CLAUDE, [JACQUES II. b 1735.
DUQUET, Madeleine. [CHARLES III.

DURASOIR.—Voy. ROUHAUT.

DURAULT.—Voy. DURUAU—DUVERGER.

DURBOIS.—*Surnoms :* LARIVIÈRE —LIÉNARD.

DURBOIS, GENEVIÈVE, épouse de François GREGOIRE.

(1) Arrivé en 1752. (Registre des procès-verbaux, 1761)
(2) Son nom paraît dans les régistres du Conseil Souverain, le 26 juillet 1664.
(3) Dit Brindamour, voy. vol. I, p. 220
(4) Elle épouse, le 29 sept. 1732, Jean-Baptiste Parant, à Québec.

(1) Et Durand dit Brindamour.
(2) Dit Brindamour.
(3) Et Buteau; elle épouse, le 19 janvier 1756, François Husson, à Montréal.
(4) Elle épouse, le 17 nov. 1755. Pierre Fiset, à Québec
(5) Marié sous le nom de Durand.

DURBOIS, Marie-Joseph, épouse de François Lavertu.

DURBOIS, Marie-Louise, épouse de Jacques Martin.

DURBOIS, Jeanne, b 1722; s 25 mars 1760, à l'Hôpital-Général, M.

DUREAU.—Voy. Duruau.

1761, (13 mai) Trois-Rivières.

I.—DUREL, Jean, fils de Jean et de Marie Lantduce, de St-Pierre, diocèse d'Yprès, Flandre.
Labonne, Marie-Madeleine, [Pierre I.
b 1740.

1753, (28 nov.) St-Thomas. [3]

I.—DUREPOS, Gabriel, fils de Nicolas et de Marie Boissel, de Genest, diocèse d'Avranches, Normandie.
Coté, Marguerite, [Louis IV.
b 1731; s [3] 29 juillet 1770.
Marguerite-Marthe, b [3] 16 oct. 1754. — *Jean-Baptiste*, b [3] 20 sept. 1757.—*Joseph*, b [3] 23 et s [3] 24 sept. 1759.

DURET.—*Variation:* Durette.

1687, (10 fevrier) Québec. [2]

I.—DURET (1), Jacques,
b 1658; s [2] 29 août 1723.
Jamein, Catherine, [Julien I.
b 1672; s 12 avril 1755, à l'Hôpital-General, M.
Charles, b [2] 23 janvier 1702; 1° m 1722, à Catherine Germain; 2° m 13 janvier 1727, à Simone Boutet, à Charlesbourg; 3° m 8 nov. 1734, à Françoise Girard, à Lorette; s 12 fevrier 1755, à Montréal. [3] — *Marie-Charlotte*, b [2] 28 février 1704; 1° m [2] 28 mai 1725, à Jacques Bernard, 2° m 26 avril 1733, à Pierre Leblanc, au Cap-St-Ignace; 3° m [8] 22 juin 1761, à Antoine Chiroux. — *Jean-Baptiste*, b [2] 31 juillet 1715; m [2] 4 mai 1750, à Françoise Legris.—*Marie-Geneviève*, b [2] 25 sept. 1718; 1° m à Jean-Baptiste Denoyon; 2° m 22 oct. 1770, à François Morin, à Boucherville.

1715, (23 sept.) Quebec. [8]

I.—DURET, Louis, b 1691; fils de Jean et de Jeanne Lajoue, de Lamarne, diocèse de Nantes, Haute-Bretagne; s [8] 23 fevrier 1716.
LeBer (2), Marie. [Pierre-Yves I.
Marie, b 1716, m 26 février 1759, à Louis Langelier, au Cap-St-Ignace.

1722.

II—DURET, Charles, [Jacques I.
b 1702; s 12 fevrier 1755, à Montreal. [2]
1° Germain, Catherine, [Jean I.
b 1702.
Geneviève, b 1722, m [2] 5 fevrier 1748, à Jean Chapelle.

(1) Voy. vol. I, p. 220.

(2) Dit Yvon.

1727, (13 janvier) Charlesbourg. [3]

2° Boutet, Simone, [Pierre-Jean I.
b 1702.
Pierre, b 20 nov. 1727, à Quebec [4]; m [4] 30 juin 1761, à Geneviève Briard—*Charles*, b [4] 3 dec. 1728; m [4] 3 juin 1765, à Elisabeth Turgeon; s [4] 9 nov. 1787.—*Marie-Louise*, b [4] 17 et s [4] 22 janvier 1730.—*Jérôme*, b [4] 24 fevrier 1731.—*Marie-Françoise*, b [4] 17 avril 1732; s [3] 13 août 1733.—*Geneviève*, b [4] 2 juin et s [3] 31 oct. 1733.

1734, (8 nov.) Lorette.

3° Girard (1), Marie-Françoise, [Etienne I.
b 1714.
Jean-Baptiste, b [4] 6 mai 1735; m [4] 7 janvier 1761, à Marie-Bibianne Laberge.—*Geneviève*, b [4] 21 déc. 1736.—*Marie-Joseph*, b [4] 6 oct. 1738.—*Marie-Joseph*, b [4] 9 mai 1740.—*Louise-Françoise*, b [4] 11 dec. 1741, s [4] 5 mai 1743.—*Joseph-Etienne*, b [4] 4 août 1743; s [4] 5 nov. 1745.—*Marie-Louise*, b [4] 10 mai 1745.—*Catherine*, b [4] 28 avril 1749.—*Madeleine*, b [4] 23 avril 1750; s [4] 19 fevrier 1751.—*Antoine*, b [4] 26 oct. 1751; s [4] 15 dec 1753.—*Marie-Jeanne*, b [4] 20 juin et s [4] 6 nov. 1753.

I.—DURET, François,
de Beaubassin, Acadie; s avant 1765.
Arseneau, Marie.
François, b 1744; m 16 sept. 1765, à Marie-Joseph Forcier, à St-Michel-d'Yamaska.

1750, (4 mai) Quebec. [5]

II.—DURET, Jean-Bte, [Jacques I.
b 1715.
Legris, Marie-Françoise, [Jean II.
b 1730.
Jean-Baptiste, b [5] 4 avril 1751; m 7 janvier 1777, à Marie-Justine Dionne, à Kamouraska.—*Marie-Françoise*, b [5] 12 et s [5] 15 février 1753.—*Charles* (posthume), b [5] 1er mars 1755.

1761, (7 janvier) Québec. [6]

III.—DURET, Jean-Bte, [Charles II.
b 1735.
Laberge, Marie-Bibianne.
Marie-Madeleine, b [6] 8 oct. 1761; m 29 avril 1783, à François Tremblay, aux Eboulements. [7] —*Jean-Baptiste*, b [6] 25 déc. 1762.—*Jean-Charles*, b 9 mai 1771, à la Baie-St-Paul; s [7] 18 mai 1785.—*Marguerite*, b [7] 25 oct. 1773

1761, (30 juin) Quebec. [8]

III.—DURET, Pierre, [Charles II.
b 1727.
Briard, Geneviève, [Jean I.
b 1741.
Pierre, b [8] 6 juin 1762.—*Marie-Geneviève*, b [8] 15 juin et s [8] 24 juillet 1764.—*Germain*, b 1765; m [8] 4 nov. 1783, à Geneviève Gaboury.

1765, (3 juin) Quebec. [9]

III.—DURET, Charles, [Charles II.
b 1728, maitre-tonnelier; s [9] 9 nov. 1787.
Turgeon, Elisabeth, [Joseph III.
b 1742, s [9] 22 nov. 1826.

(1) Elle epouse, le 30 oct. 1758, Louis Regnindeau, à Boucherville.

Elisabeth, b 1767; m [9] 15 août 1797, à Etienne Bégin —*François-Xavier*, b [9] 9 mars 1775; m [9] 17 nov. 1807, à Madeleine Derome; s [9] 4 mars 1834. —*Joseph*, b [9] 30 nov. 1779; s [9] 24 juin 1780.—*Pierre*, b [9] 4 avril 1781.

1765, (16 sept.) St-Michel-d'Yamaska.
II.—DURET, François, [François I.
b 1744.
Forcier, Marie-Joseph, [Jacques III.
b 1747.

1777, (7 janvier) Kamouraska.
III.—DURET, Jean-Bte, [Jean-Bte II.
b 1751.
Dionne, Marie-Justine, [Jean-Bte III.
b 1754.

1783, (4 nov.) Québec.
IV.—DURET, Germain, [Pierre III.
b 1765.
Gaboury, Marie-Geneviève, [Joseph IV.
b 1766.

1807, (17 nov.) Québec. [2]
IV.—DURET, François-Xavier, [Charles III.
b 1775; marchand, s [2] 4 mars 1834.
Derome, Madeleine. [Charles IV.
Adèle, b...—*Caroline*, b... m [2] 16 juin 1835, à Zéphirin Nault; s [2] mai 1885.—*George*, b 1815; s 1835.

I.—DURFORT (1),
b 1724, s (2) 5 sept. 1742 (dans l'eglise), à Quebec.

I.—DURIEUX, Nicolas, b 1726; de la Gascogne; s 10 juin 1756, à Kamouraska.

1761, (2 juillet) Beauport.
I.—DURIEUX, Robert, fils de Pierre et de Jeanne-Françoise ......, de St-Germain, diocèse de Lisieux, Normandie.
Morel, Louise-Benjamin, [Jean I.
b 1745.

DURIVAGE.—*Surnoms :* Ango — Baillargeon —Etienne—Laramée—Philippe.

DURIVAGE, Ignace.
Ignace, b 8 dec. 1713, à Mackinac. [4] — *Michel*, b [4] 2 août 1716.

DURIVAGE, Joseph.—Voy. Etienne, 1739.

1715, (4 août) Trois-Rivières. [5]
II.—DURIVAGE (3), Pierre, [Pierre I.
b 1691.
Couteret (4), Madeleine, [René I.
b 1696.

(1) Le marquis; garde-marine du département de Rochefort.

(2) Présents à cette sépulture : DeBeauharnois, Hocquart et le commandant du vaisseau du roi "le Rubis."

(3) Voy. Ango du Rivage, vol. I, p 10, et vol. II, p. 39.

(4) Et Cotray, elle épouse, le 29 déc 1721, Jean-Baptiste DuFournel, au Detroit.

François, b [5] 3 avril 1716; 1° m 10 nov. 1738, à Marguerite Morneau, à St-Michel-d'Yamaska; 2° m 1750, à Angélique Cirier. — *Marguerite*, b [5] 19 sept. 1717; m 20 janvier 1732, à Joseph Desrosiers, au Détroit.

1738, (10 nov.) St-Michel-d'Yamaska. [4]
III.—DURIVAGE (1), François, [Pierre II.
b 1716.
1° Morneau, Marguerite, [Pierre III.
b 1715; s [4] 9 oct. 1745.
Jean-Baptiste, b [4] 23 mai 1739; s [4] 23 sept. 1748.—*Antoine*, b [4] 27 août 1741.—*Marie-Louise*, b 9 sept. 1743, à Montréal; s [4] 2 février 1744.—*Anonyme*, b [4] et s [4] 6 oct. 1745.

1750.
2° Cirier, Angelique. [Martin II.
Francois, b 19 sept. 1751, à Verchères. [9] — *Marie-Angélique*, b [9] 10 nov. 1753.—*Etienne*, b [9] 22 fevrier 1756.

DURIVAULT.—Voy. Huet (chevalier), 1685.

DURIVEAU.—*Surnom* : Lafleur.

1721, (24 fevrier) Québec. [6]
I.—DURIVEAU (2), Etienne, fils d'Etienne et de Marie Pelisson, de Pont, diocèse de Xaintes, Saintonge.
Jeannes, Geneviève, [Robert I.
b 1682; veuve de Charles Marchand; s [6] 20 nov. 1749.
Marie-Madeleine-Geneviève, b [6] 3 oct. 1721; m [6] 21 juillet 1749, à Joseph Bayard-Lamontagne.

DUROCHER. — *Variations et surnoms :* Desrochers—Desroches—DeMarsac — Frappe — Lafleur—Lamontagne—Renaud, 1735.

I.—DUROCHER, Joseph, b 1686; de Dol, Haute-Bretagne; s 4 mai 1756, à la Rivière-Ouelle. [2]
1° Girault, Françoise,
b 1685, s [2] 17 janvier 1745.
Mathurin, b... m [2] 27 oct. 1749, à Marie-Anne Dupéré.

1748, (26 fevrier) Charlesbourg.
2° Pivain, Marie-Françoise, [Jacques II.
b 1723, s [2] 5 avril 1752.
Joseph-Marie, b [2] 2 août 1749; s [2] 19 mars 1751.—*Geneviève*, b [2] 10 sept. et s [2] 28 dec. 1751.

1752, (8 juin) Kamouraska.
3° Dumont, Marie-Anne. [Jean II.
Louise-Geneviève, b [2] 26 août 1754. — *Marie-Exupère* (posthume), b [2] 26 juillet 1756.

1719, (20 fevrier) Québec. [3]
I.—DUROCHER, Yves-François, fils de Julien et de Philippine Debon, de Toussaint, ville de Rennes, Bretagne.
Feuilleteau (3), Marguerite, [Pierre I.
b 1687; s [3] 22 juin 1776.

(1) Dit Ango.

(2) Dit Lafleur.

(3) Et Filteau.

Marie-Marguerite, b [3] et s [3] 18 mars 1720.—*Marguerite-Geneviève* et *Pierre*, b [3] 1er et s [3] 18 juin 1722. — *Augustin*, b... m [3] 6 mai 1748, à Marie-Françoise-Rose BIORT; s [3] 7 sept. 1755.

1729, (15 février) Montreal. [2]

I.—DUROCHER (1), FRANÇOIS, b 1690; fils de Pierre et de Catherine Rocher, de St-Romain, diocèse de Xaintes, Saintonge; s 22 nov. 1760, au Lac-des-Deux-Montagnes. [1]

1° RENAUD, Geneviève, [JEAN II. b 1712; s [1] 2 mai 1752.

Geneviève, b [2] 31 juillet 1730; m [1] 8 nov. 1753, à Jean-Baptiste FOUBERT.— *Marie-Louise*, b .. m 26 fevrier 1759, à Louis LIBORON, au Bout-de-l'Ile, M. [4] — *François*, b [4] et s [4] 9 mars 1732. — *Marie-Claire*, b [4] 26 avril 1733.— *Pierre-Amable*, b [4] 31 juillet 1735; m [4] 26 janvier 1761, à Marie-Amable MAURICE. — *Jean-Baptiste*, b [4] 26 mai 1737. — *René-Nicolas*, b [4] 21 juin 1739; m [4] 18 janvier 1762, à Catherine LAUZON.—*Marie-Charlotte*, b [4] 29 janvier 1741; m [4] 13 oct. 1761, à Vital GIROGUE.—*Marie-Anne*, b 1748; s [1] 19 juillet 1750 (noyée).—*Marie-Suzanne*, b [1] 11 et s [1] 22 avril 1752.

1755, (30 janvier). [1]

2° BIBAU, Marie-Catherine, [JEAN-BTE II. b 1723; veuve de Jean-Baptiste Auger-Baron; s [1] 23 nov. 1760.

Marie-Joseph, b [1] 7 déc. 1755.—*Antoine*, b [4] 9 février 1760.

1730, (6 mai) Batiscan.

I.—DUROCHER (2), JOSEPH, b 1706, tailleur; fils de Joseph (marchand) et de Marguerite Le Roy, de St-Maurille, diocèse d'Angers, Anjou.

1° JUILLET, Marie-Lse-Catherine, [BLAISE III. b 1710.

Joseph, b 13 déc. 1730, à la Longue-Pointe.[4]— *Elisabeth*, b 18 août 1734, à Laprairie. — *Marie-Françoise*, b 21 juin 1735, à Montreal [3] — *René-Amable*, b [3] 10 janvier 1737.— *Marie-Louise*, b [3] 6 février et s [4] 1er août 1738. — *Blaise-Benjamin* (3), b [3] 20 mars 1739.—*Joseph-Marie*, b [3] 20 mars et s [4] 10 juillet 1740. — *Marie-Marguerite*, b [3] 22 fevrier 1741; m 25 nov. 1765, à Louis-François COURTEMANCHE, à St-Antoine-de-Chambly.—*Jacques*, b [3] 7 fevrier et s [4] 28 juin 1742.

1743, (24 juin). [3]

2° GAUDET, Marguerite, [JACQUES III. b 1702; veuve de Jean-Baptiste Jarry.

Paul, b [3] 16 fevrier et s [3] 21 mars 1745.

1741, (25 sept.) Montréal. [4]

I.—DUROCHER (2), OLIVIER, b 1717; fils de Joseph et de Marguerite LeRoy, de St-Maurille, diocèse d'Angers, Anjou.

JUILLET, Thérèse, [BLAISE III. b 1718.

Olivier, b 1742; m 9 février 1768, à Marie-Louise-Angélique COURTEMANCHE, à St-Antoine-de-Chambly.—*François*, b [4] 14 février et s [4] 18 mars 1745. — *Catherine-Thérèse*, b... m 2 oct. 1769, à Joseph ARCHAMBAULT, à Varennes.

1748, (6 mai) Québec. [3]

II.—DUROCHER, AUGUSTIN, [YVES-FRANÇOIS I. journalier; s [3] 7 sept. 1755.

BIORT (1), Marie-Françoise-Rose, [PIERRE I. b 1726.

Marie-Louise, b [3] 9 mars 1749.—*Augustin*, b [3] 15 et s [3] 29 août 1750. — *Joseph-Jean-Baptiste*, b 25 janvier 1753, aux Trois-Rivières. [3]—*Suzanne*, b [3] 24 avril 1754; s [3] 12 nov. 1755.

1749, (27 oct.) Rivière-Ouelle. [5]

II.—DUROCHER, MATHURIN. [JOSEPH I.

DUPERÉ, Marie-Anne, [CHARLES II. b 1731.

Marie-Anne, b [5] 15 déc. 1750.—*Marie-Catherine*, b [5] 7 juillet 1752.—*Joseph*, b [5] 4 sept. 1754.—*François*, b [5] 25 juin 1756.—*Marie-Louise*, b [5] 10 juillet 1758.

I.—DUROCHER, ANTOINE.

AUGER, Marie-Charlotte.

Antoine, b... m 8 avril 1771, à Marie-Rose LIMOGES, à Terrebonne.

1761, (26 janvier) Bout-de-l'Ile, M. [6]

II.—DUROCHER, PIERRE-AMABLE, [FRANÇOIS I. b 1735.

MAURICE (2), Marie-Amable, [CHARLES II. b 1736.

Pierre, b 24 août 1761, au Lac-des-Deux-Montagnes. [7] —*Jean-Baptiste*, b [6] 1er sept. et s [7] 16 nov. 1762.—*Marie-Amable*, b [7] 30 oct. 1763.—*Marie-Joseph*, b [7] 22 mai 1765.

1762, (18 janvier) Bout-de-l'Ile, M. [8]

II.—DUROCHER (3), RENÉ-NICOLAS, [FRS I. b 1739.

LAUZON, Marie-Catherine, [PIERRE III. b 1740.

Nicolas, b [8] 15 oct. et s [8] 22 déc. 1762.—*Marie-Agathe*, b 28 mai 1764, au Lac-des-Deux-Montagnes. [9]— *Marie-Joseph*, b [9] 18 fevrier 1767.

DUROCHER, JEAN-BTE, s 21 déc. 1795, à Nicolet. [3]

DAROIS (4), Marguerite.

Marguerite, b... m [3] 9 nov. 1794, à Alexis BEAUBIEN.—*Claire-Charlotte*, b... m [3] 9 nov. 1795, à Paul BEAUBIEN.—*Alexis*, b 30 mai 1767, à L'Assomption; ordonné 9 avril 1791; s 30 juin 1835, à la Pte-aux-Trembles, M.

---

(1) Et Desroches—Frappe—Lafleur; marié sous ce dernier nom.

(2) Et Brien.

(3) Baptisé sous le nom de Desroches.

(1) Elle épouse, le 2 février 1756, Jean Gilles, à Québec

(2) Dit Lafantaisie.

(3) Dit Frappe.

(4) Boucher.

1768, (9 fevrier) St-Antoine-de-Chambly.
II.—DUROCHER, OLIVIER, [OLIVIER I.
b 1742.
COURTEMANCHE, Marie-Lse-Angél., [JACQUES III.
b 1732.

1771, (8 avril) Terrebonne.
II.—DUROCHER, ANTOINE. [ANTOINE I.
LIMOGES, Marie-Rose, [LOUIS II.
b 1741; veuve de Daniel Delaunay.

DURODEAU.—Voy. DUVERGÉ—ROBERT.

DURODU.—Voy. LECABELLAC, 1713.

DURON.—Voy. DURUAU.

DUROS.—Voy. DURUAU—POTVIN—ROBERT.

DUROSEAU.—Voy. DUROZEAU.

DUROSEAU, RENÉ-THÉODORE,
forgeron.
VILERS-ST-LOUIS, Anne.
Anne, née 12 nov. 1772, aux Miamis [4]; b 14 mars 1773, au Détroit. [5]—*René*, né [4] 3 oct. 1774; b [5] 1er mai 1775.

I.—DUROSOY (1), GENEVIÈVE, b 1643, à Paris; sœur de la congrégation de Notre-Dame; s 6 déc. 1683, à Montreal.

DUROUSSEAU.—*Variation et surnom :* DUROZEAU—HOUDE.

DUROUSSEAU, JOSEPH.—Voy. HOUDE, 1748.

I.—DUROUSSEL, JEAN-BTE, b 1712; s 5 mai 1788, à l'Hôpital-General, M.

DUROUVRAY.—Voy. GUYON.

DUROUZEAU.—Voy. DUROZEAU.

DUROY.—Voy. BERTRAND, 1759.

1689, (21 février) Quebec. [4]
I.—DUROY (2), PIERRE,
b 1650; marchand; s [4] 24 dec. 1723.
LEVASSEUR, Marguerite, [LOUIS I.
b 1667; s [4] 19 nov. 1739.

DUROZEAU.—*Variations :* DUROSEAU—DUROUSSEAU—DUROUZEAU.

1729, (19 oct.) Quebec. [8]
I.—DUROZEAU (3), ANTOINE, forgeron; fils de Pierre et de Marguerite Legros, de St-Pierre, ville d'Orleans, Orleanois.
MARCHAND, Louise-Claire, [PIERRE II.
b 1712.

(1) Brûlée dans l'incendie de la maison de la congrégation, le 6 dec. 1683, avec Marguerite Sommeillard.

(2) Voy. vol. I, p. 220-221.

(3) Et Durousseau.

Louise, b [8] 21 oct. 1730; m 4 nov. 1749, à Joseph CHEVALIER, à Montréal. [9] — *Antoine*, b 19 fevrier 1732, à Lachenaye.—*Marie-Louise*, b [9] 5 juin 1734; m [9] 21 avril 1760, à Antoine DESFONDS. —*Antoine*, b [9] 20 janvier 1736.—*Marie*, b [9] 5 février et s [9] 21 juin 1737. — *Charles-Antoine*, b [9] 13 mai et s [9] 30 juin 1739. — *Antoine*, b [9] 22 mai 1740; s [9] 7 avril 1741. — *Marie-Charlotte*, b [9] 10 août 1741, m [9] 29 janvier 1759, à François MOUTON. — *Charles-Antoine*, b [9] 22 février et s [9] 16 avril 1743 —*Marie-Elisabeth*, b [9] 22 juillet et s [9] 14 sept. 1744.—*Thérèse*, b [9] 30 août et s [9] 27 nov. 1747. — *Marguerite*, b 22 juin 1752, aux Trois-Rivières.

DURTUBISE.—Voy. HEURTEBISE.

DURUAU. — *Variations et surnoms :* DURAULT DUREAU—DURON—DUROS—DURVAU—POITEVIN.

1707, (1er sept.) Trois-Rivières. [7]
I.—DURUAU (1), PIERRE, b 1670, sergent; fils de George et de Renee De la Chaussee, de St-Paul, diocèse de Poitiers, Poitou; s [7] 4 nov. 1750.
GÉLINAS, Marguerite, [JEAN II.
b 1683.
Benjamin-Pierre, b [7] 22 sept. 1707; m 23 janvier 1741, à Marie-Joseph DESHAIES, à Bécancour. [5] —*Antoine*, b [7] 22 nov. 1708.—*Louise-Therèse*, b [7] 14 août 1710; m [7] 7 nov. 1728, à Pierre DESROSIERS; s [7] 5 avril 1756. — *Bonaventure*, b [7] 29 sept. 1712; 1° m [8] 18 janvier 1740, à Charlotte BIGOT; 2° m [8] 29 avril 1748, à Marie-Louise DESHAIES. — *Marguerite*, b [7] 24 juin 1714; m [7] 4 nov. 1742, à Edouard HAMBLETON.—*Marie-Madeleine*, b [7] 30 avril 1716; m [7] 9 juin 1743, à Jean-Baptiste HÉROU.—*Marie-Anne*, b [7] 23 mars 1718; m [7] 22 nov. 1740, à Pierre MARCHETEAU-DESNOYERS.—*Alexis*, b [7] 10 nov. et s [7] 5 dec. 1721.—*Catherine*, b [7] 4 et s [7] 8 oct. 1724.—*Geneviève*, b [7] 1er nov. 1725, m [7] 9 oct 1747, à Joseph ARCOUET. —*Marie-Renée*, b... m [7] 20 fevrier 1753, à Gabriel BENOIT.

1740, (18 janvier) Bécancour. [1]
II.—DURUAU (1), BONAVENTURE, [PIERRE I.
b 1712.
1° BIGOT, Charlotte, [FRANÇOIS III.
b 1716.
1748, (29 avril). [1]
2° DESHAIES, Marie-Louise, [JEAN-BTE II.
b 1722.

1741, (23 janvier) Bécancour. [5]
II.—DURUAU (1), BENJAMIN-PIERRE, [PIERRE I.
b 1707.
DESHAIES, Marie-Joseph, [JEAN-BTE II.
b 1719.
Anonyme, b [5] et s [5] 31 déc. 1741. — *Anonyme*, b [5] et s [5] 12 juillet 1744.

(1) Dit Poitevin.

1730, (25 sept.) Quebec. [7]

I.—DURUEY DE VALCOUR, ANTOINE, fils d'Edme et de Catherine Mony, de St-Eustache, Paris.

LAVIGNE, Marie-Anne-Agathe, [GUILLAUME I. b 1709.

Marie, b [7] 29 avril 1731; s [7] 10 nov. 1732.—*Antoine-Joseph*, b [7] 24 mars 1733.—*Jean-Baptiste*, b [7] 26 oct. 1735. — *Angélique*, b [7] 5 fevrier 1738.

DURVAU.—Voy. DURUAU, 1707.

DURY.—*Surnom :* SANSCARTIER.

1760, (19 oct.) Ste-Anne-de-la-Pérade. [5]

I.—DURY (1), NICOLAS, fils de Nicolas et de Marguerite D'Alançon, de St-Gorgon, ville et diocèse de Metz, Lorraine.

TOUTAN, Marie-Madeleine, [JEAN-BTE II. b 1745.

Nicolas, b [5] 6 juillet 1765. — *Marie-Madeleine*, b [5] 13 juin 1768.—*Joseph*, b [5] 13 fevrier 1771.—*Marie-Elisabeth*, b [5] 22 mai 1775.—*Jean-Baptiste*, b [5] 12 et s [5] 25 janvier 1778. — *Madeleine*, b [5] 26 août 1779.

DUSABLÉ.—Voy. DANDONNEAU—MASCELIN, 1760.

DUSABLON.—Voy. LEVÊQUE.

DUSAILLI.—Voy. DENIAU.

1741, (4 août) Quebec. [9]

I.—DUSAUTOY (2), ANNE-HENRI.

ROUSSEL, Marie-Anne, [TIMOTHÉE I. veuve de Louis Baudoin; s [9] 5 oct. 1750 (dans l'eglise).

1758, (7 janvier) Québec. [5]

I.—DUSEMMETIENNE (3), JOSEPH, fils de Nicolas et d'Antoinette Martin, de St-Vincent, diocèse de Besançon, Franche-Comte.

DELAUNAY, Marie-Angelique, [JEAN III. b 1734.

Anonyme, b [5] et s [5] 20 oct. 1758.—*Marie-Joseph*, b 22 dec. 1759, à Ste-Anne-de-la-Pérade; s [5] 2 oct. 1760.

I.—DUSEP, PIERRE.

BEAUCHAMP, Marie-Geneviève, [JEAN III. b 1738.

Marie-Geneviève, b 10 nov. 1760, à St-Henri-de-Mascouche.

I.—DUSERRE (4), FRANÇOIS.

I.—DUSERREAU (5), JEAN-BTE.

(1) Dit Sanscartier, 1765.

(2) Visiteur du domaine d'Occident.

(3) Pendant le siège de Québec, la famille s'était retirée à Ste-Anne-de-la-Perade, où fut baptisée Marie-Joseph, dite fille de Joseph Ducimetière.

(4) Second capitaine de la frégate "La Chesine"; il était, en 1759, à Batiscan.

(5) Cadet de la compagnie de Lamothe; il était, le 9 fevrier 1689, à St-Frs-du-Lac.

DUSOUCHET.—Voy. CAVELIER — LECAVELIER.

DUSSAUT.—*Variations et surnoms :* DUFAUT—DUSAULT—DUSCEAU— DUSOS — DUSSAULT—DUSSEAU—LAFLEUR—LEBLANC—TOUPIN.

DUSSAUT, CHARLOTTE, b 1767; m à Alexis PAQUET; s 23 sept. 1805, à Beaumont.

1675.

I.—DUSSAUT (1), FRANÇOIS, b 1647.

MEZERAY, Geneviève, [RENÉ I. b 1648; veuve d'Etienne Letellier.

Denis, b... 1° m 1716, à Thérèse PLEAU; 2° m 10 avril 1725, à Madeleine LAROCHE au Cap-Sante; s 25 janvier 1744, aux Ecureuils.

1687, (20 nov.) Québec.

II.—DUSSAUT (2), PIERRE, [ELIE I. b 1665.

ROULEAU, Marie, [GABRIEL I b 1667; s 8 mars 1703, à St-Jean, I. O. [4]

Marie-Madeleine, b 6 sept. 1691, à Ste-Famille, I. O.; s 25 mars 1703, à St-Laurent, I. O. [5]—*Angélique*, b 1697; s [5] 2 avril 1703.—*Geneviève*, b [5] 5 sept. 1699. — *Geneviève*, b [4] 1er sept. 1700; s [5] 31 mars 1703.—*Marie-Anne*, b [4] 8 août 1701; s [5] 10 avril 1703. — *Catherine*, b... s [5] 31 mars 1703.

DUSSAUT, ANTOINE, b 1636, s 11 nov. 1716, à Montreal.

DUSSAUT (3), MARIE-LOUISE, b 1700; s 8 mars 1722, à Batiscan.

1692, (8 janvier) Levis. [3]

II.—DUSSAUT (4), JEAN-FRANÇOIS, [ELIE I. b 1668.

BOURASSA (5), Madeleine, [JEAN I. b 1673.

Marguerite, b [3] 18 janvier 1699; m 6 sept. 1722, à Joseph BERGERON, à St-Antoine-Tilly. [4] — *François*, b 1706; m [4] 2 mai 1729, à Louise BERGERON; s [4] 6 sept. 1741.— *Joseph-Marie*, b .. m 18 juin 1736, à Françoise BOUCHER, à St-Nicolas.

1704, (2 avril) Pte-aux-Trembles, Q. [5]

II.—DUSSAUT (6), JACQUES, [FRANÇOIS I. b 1677; s avant 1749.

COUTANCINEAU, Marie-Romaine, [JULIEN I. b 1675; veuve de Jean Pinel; s 20 fevrier 1751, aux Ecureuils. [1]

François, b [5] 1er février 1705, m [5] 18 fevrier 1737, à Marie-Louise PAGÉ.—*Michel-Ambroise* (7),

(1) Toupin; voy. vol I, p. 221.—C'est, probablement, un des fils de Toussaint Toupin; voy. vol. I, p. 569.

(2) Dit Leblanc; voy. vol. I, p. 221.

(3) Ou Dufaut.

(4) Dit Lafleur; voy. vol I, p. 221.

(5) Et Bourasseau; elle epouse, le 18 mai 1719, Jean Bergeron, à Lévis.

(6) Toupin.

(7) Marié sous le nom de Toupin.

b [5] 26 juin 1707 ; m [5] 16 nov. 1739, à Marie-Anne Gaudin.—*Thérèse*, b [5] 11 et s [5] 14 février 1710.—*Marie-Thérèse*, b [5] 28 avril 1711, m [5] 31 janvier 1729, à Joseph Delaroche.—*Marie-Joseph*, b [5] 31 mars 1713 ; m [5] 19 janvier 1739, à François Gaudin. — *Jacques*, b [5] 8 juin et s [5] 10 août 1715. — *Marie-Monique*, b [5] 28 août 1716 ; m [1] 14 janvier 1749, à Pierre Dorion ; s 17 sept. 1754, au Cap-Santé.

DUSSAUT, André, b 1715 ; s 25 juillet 1733, à St-Antoine-Tilly.

1708, (8 nov) Québec. [1]

II.—DUSSAUT, François, [François I.
b 1686 ; navigateur.

Paris, Marie-Anne, [François I.
b 1687 ; s [1] 9 nov. 1755.

Marie-Madeleine-Françoise, b [1] 31 août 1709 ; m [1] 10 nov. 1732, à François Couture.—*François*, b 9 mai 1711, à la Pte-aux-Trembles, Q. ; 1° m [1] 20 mai 1738, à Catherine Hotte ; 2° m [1] 7 février 1746, à Marie-Louise Hains ; s [1] 17 sept. 1750. — *Marie-Aimée*, b [1] 7 février 1713 ; s [1] 22 déc. 1735. — *Marie-Anne*, b [1] 12 juillet 1717 ; m [1] 22 avril 1748, à Jean Daruns. — *Louise*, b [1] 9 août 1719 ; m [1] 21 août 1741, à Michel Chamard ; s [1] 21 janvier 1748. — *Joseph-Marie*, b [1] 16 août 1721 ; 1° m [1] 15 juillet 1749, à Marguerite Gervais ; 2° m [1] 18 avril 1757, à Marie-Anne Beaulieu.—*Marie-Angélique*, b [1] 11 août 1723 ; m [1] 20 janvier 1755, à Clément Valéran.—*Jean-Marie*, b [1] 30 mars 1724 ; s [1] 10 nov. 1725. — *Jean*, b [1] 8 juillet 1727, m [1] 11 oct. 1751, à Louise Degré.—*Geneviève*, b [1] 15 et s [1] 19 oct. 1730. — *Jean-Baptiste*, b [1] 13 dec. 1734 ; s [1] 17 oct. 1735.

1714, (16 avril) Quebec. [2]

II.—DUSSAUT, Gabriel, [François I.
b 1687.

Lavergne, Angelique, [Louis I.
b 1685, veuve de Louis-René Hubert ; s [2] 8 oct. 1746.

Gabriel-François, b [2] 7 mars 1715 ; s [2] 6 janvier 1744. —*Joseph*, b [2] 13 sept. 1716. — *Pierre*, b [2] 27 sept. 1718.—*Marie-Angélique*, b [2] 29 août 1720.—*Louis*, b [2] 8 mars 1722. — *Marie-Louise*, b [2] 1er et s [2] 15 mai 1724.

DUSSAUT, Jean, b 1720 ; s 14 oct. 1750, à Levis.

II.—DUSSAUT, Denis, [François I.
s 25 janvier 1744, aux Ecureuils. [2]

1° Pleau, Therèse, [Simon I.
b 1692 ; s 30 oct. 1724, à la Pte-aux-Trembles, Q. [3]

Marie-Veronique, b [3] 19 mai 1717, m [2] 20 avril 1744, à Pierre Richard, s [2] 28 février 1761 —*Marie-Thérèse*, b [3] 27 oct. 1721 ; m [2] 27 nov. 1752, à Pierre Lefebvre ; s [2] 28 avril 1767.—*Geneviève*, b [3] 30 avril 1724 ; m [2] 17 fevrier 1744, à Etienne Morin ; s 9 sept. 1756, à Quebec.

1725, (10 avril) Cap-Sante.

2° Laroche, Madeleine, [François II
b 1696 ; s [2] 20 août 1747.

Marie-Madeleine, b [3] 13 août 1726 ; m [2] 3 février 1749, à Alexandre Vésina ; s [2] 29 avril 1759. — *François*, b [3] 11 avril 1728 ; m [2] 2 août 1756, à Marie-Louise Fiset. — *Angélique*, b [3] 25 juin 1730 ; m [2] 12 janvier 1755, à Jean-Baptiste Pleau.—*Michel*, b [3] 14 juin et s [3] 29 août 1732.—*Marie-Joseph*, b [3] 12 sept. 1733 ; m [2] 22 nov. 1756, à Joseph Bertrand. — *Scholastique*, b [3] 15 août 1735 ; m [2] 12 janvier 1755, à Jean-Baptiste Pagé

III.—DUSSAUT (1), Pierre, [Jean-François II.
b 1694.

Huard, Geneviève, [Jean I.
b 1692 ; veuve de Louis Levasseur.

Marie, b 13 juillet 1721, à Lévis. [1] — *Marie-Anne*, b... m [1] 9 fevrier 1739, à Jean Demers — *Pierre*, b [1] 11 avril 1723 ; s [1] 2 juillet 1738. — *Joseph*, b [1] 8 février 1725 ; 1° m [1] 6 sept. 1751, à Marie-Charlotte Levasseur ; 2° m [1] 2 oct. 1752, à Geneviève Demers ; s [1] 20 oct. 1755.—*François*, b [1] 17 nov. 1726. — *Michel*, b [1] 9 avril 1729 ; m [1] 31 juillet 1752, à Geneviève Bégin.—*Marie-Angélique*, b [1] 28 fevrier 1731 ; s [1] 24 mars 1751 (dans l'eglise).—*Véronique*, b [1] 28 fevrier 1731 ; m [1] 1er février 1751, à Philippe Girard.—*Marie-Thérèse*, b [1] 31 juillet 1733 ; m [1] 10 avril 1752, à Charles Lambert.— *Geneviève*, b [1] 23 juin 1736, 1° m [1] 29 oct. 1754, à Pierre-Michel Ducas ; 2° m [1] 22 juin 1756, à Jean Noel.

DUSSAUT, Jean-Bte, b 1691 ; s 6 janvier 1751, aux Ecureuils.

1728, (30 dec) Lévis. [2]

III.—DUSSAUT, Jean, [Jean-François II.
s [2] 14 oct. 1750.

Huard, Angelique, [Jean II.
b 1704 ; s [2] 18 nov. 1757.

Angelique, b [2] 10 oct. 1729, s [2] 30 sept. 1730. —*Marie-Joseph*, b [2] 21 avril 1731 ; s [2] 25 oct. 1757.—*Louise*, b [2] 8 sept. 1732 ; m [2] 8 nov. 1751, à Michel Bourassa —*Jean*, b [2] 17 sept. 1734, m [2] 5 mars 1764, à Marie-Anne Demers.—*Marie-Catherine*, b [2] 10 février 1736.—*Marie-Angélique*, b [2] 22 juin 1737 ; Sœur Grise ; s 8 juin 1809, à l'Hôpital-Général, M. [3] — *Geneviève*, b [2] 24 juin 1739 ; m [2] 10 avril 1758, à Jacques Leclerc.—*Marie-Anne*, b... m [2] 28 fevrier 1764, à Jean-Baptiste Bégin —*Etienne*, b [2] 28 mai 1741 ; s 31 mars 1760, à Berthier.—*Joseph*, b [2] 25 avril 1744 ; s [3] 11 juin 1768.—*Elisabeth*, b [2] 2 oct. 1746.—*Marie-Françoise*, b [2] 31 août 1750.

1729, (2 mai) St-Antoine-Tilly. [4]

III.—DUSSAUT, François, [Jean-François II.
b 1706, s [4] 6 sept. 1741.

Bergeron (2), Louise, [Jean II.
b 1704.

Marie-Louise, b [4] 3 mars 1730 ; s [4] 28 mars 1731.—*François*, b [4] 18 sept. 1731 ; m [4] 14 fevrier 1752, à Marie-Joseph Demers.—*Joseph-François*, b [4] 4 dec. 1733 ; m [4] 16 janvier 1758, à Marie-Charlotte Houde ; s [4] 2 juin 1758.—*Marie-Louise*,

(1) Dit Lafleur.

(2) Elle epouse, le 3 février 1743, Jean-Baptiste Cauchon, à St-Antoine-Tilly.

b [4] 29 avril 1735; s [4] 24 juillet 1737.—*Pierre-Joseph*, b [4] 7 janvier 1737; m [4] 2 février 1761, à Marie-Joseph CROTEAU.—*Geneviève*, b [4] 17 février 1739; m [4] 16 janvier 1758, à Joseph DEMERS.—*Marie-Louise*, b [4] 19 juillet 1740; m [4] 17 janvier 1757, à Pierre BAUDRY. —*Ignace* (posthume), b [4] 16 déc. 1741; m [4] 14 nov. 1763, à Angelique HOUDE.

1736, (18 juin) St-Nicolas.

III.—**DUSSAUT**, JOSEPH-MARIE. [JEAN-FRS II.
BOUCHER, Françoise-Claude, [FRANÇOIS IV.
b 1715.

Jean-François, b 29 oct. 1737, à St-Antoine-Tilly [5]; s 18 juin 1760, aux Ecureuils. —*Marie-Françoise*, b [5] 9 avril 1740, s [5] 6 nov. 1755. —*Marie-Charlotte*, b [5] 21 janvier 1742; m 28 juillet 1766, à Jacques DUBOIS, à Lévis.[6] —*Marie-Geneviève*, b [5] 23 mars 1746; m [6] 28 fevrier 1767, à Joseph LADRIÈRE.—*Joseph-Marie*, b [5] 18 février 1749; s [5] 8 oct. 1759.—*Marie-Marguerite*, b [5] 1er mars 1751.—*Marie-Anne*, b [5] 26 avril 1754.

1737, (18 février) Pte-aux-Trembles, Q.

III.—**DUSSAUT**, FRANÇOIS, [JACQUES II.
b 1705.
PAGÉ, Marie-Louise. [MARTIN III.

1738, (20 mai) Québec. [7]

III.—**DUSSAUT**, FRANÇOIS, [FRANÇOIS II.
b 1711; charpentier; s [7] 17 sept. 1750.
1° HOTTE, Catherine, [MATHURIN II.
b 1716; s [7] 11 août 1744.

1746, (7 février). [7]

2° HAINS (1), Marie-Louise, [JOSEPH I.
b 1727.

Jean-François, b [7] 30 nov. 1746; s [7] 11 janvier 1747.—*François-Xavier*, b [7] 29 fevrier 1748; s [7] 7 sept. 1757.—*Anonyme*, b [7] et s [7] 14 oct. 1749.—*Charles* (posthume), b [7] 21 janvier et s [7] 5 mars 1751.

DUSSAUT, MICHEL-AMBROISE. — Voy. TOUPIN, 1739.

1749, (15 juillet) Québec. [8]

III.—**DUSSAUT**, JOSEPH-MARIE, [FRANÇOIS II.
b 1721; charpentier de navire.
1° GERVAIS (2), Marie-Marguerite, [JEAN-FRS I.
b 1728; s [8] 30 avril 1756.

Marie-Anne, b [8] 19 et s [8] 22 août 1750.—*Joseph*, b [8] 9 oct. 1751; s [8] 10 déc. 1752. —*Joseph-Marie*, b [8] 9 sept. 1753; 1° m [8] 1er juillet 1777, à Marie-Joseph CORNEAU; 2° m [8] 2 fevrier 1796, à Marie-Barbe BADEAU.

1757, (18 avril). [8]

2° BEAULIEU, Marie-Anne, [LOUIS-THOMAS.
b 1734.

DUSSAUT, FRANÇOIS, s 12 janvier 1760, aux Ecureuils.

DUSSAUT, ALEXIS.—Voy. TOUPIN, 1750.

(1) Elle épouse, le 24 avril 1752, Jean-Baptiste Leclerc, à Quebec.

(2) Dit Beauséjour.

1751, (6 sept.) Lévis. [5]

IV.—**DUSSAUT**, JOSEPH, [PIERRE III.
b 1725; s [5] 20 oct. 1755.
1° LEVASSEUR, Marie-Charlotte, [JEAN III.
b 1730; s [5] 28 déc. 1751.

1752, (2 oct.) [5]

2° DUMAY (1), Geneviève, [LOUIS-JOSEPH III.
b 1736.

Joseph, b [5] 13 et s [5] 16 février 1754.—*Anonyme*, b [5] et s [5] 11 oct. 1754.—*Anonyme*, b [5] et s [5] 28 mai 1755.

1751, (11 oct.) Québec. [3]

III.—**DUSSAUT**, JEAN, [FRANÇOIS II.
b 1727.
DEGRÉ (2), Louise, [RAYMOND I.
b 1731.

Louise, b [3] 15 juillet 1753; s [3] 30 nov. 1754.—*Angélique*, b [3] 2 et s [3] 13 août 1755.—*Jean-Baptiste*, b [3] 20 mai 1757; s [3] 6 sept. 1758.—*Marie-Louise*, b [3] 12 août 1758; m [3] 30 nov. 1786, à Antoine PASCHAL.—*Marie-Joseph*, b 14 juin 1760, aux Ecureuils; s [3] 21 août 1761.—*Thérèse*, b [3] 12 avril 1762; s [3] 10 mai 1763. —*Jean-Baptiste*, b [3] 28 juillet 1763.

1752, (14 février) St-Antoine-Tilly. [8]

IV.—**DUSSAUT**, FRANÇOIS, [FRANÇOIS III.
b 1731.
DUMAY (3), Marie-Joseph, [PIERRE III.
b 1732.

Marie-Joseph, b [8] 9 mars 1753.—*Marie-Charlotte*, b [8] 14 fevrier et s [8] 21 nov. 1754.—*Marie-Françoise*, b [8] 2 mai et s [8] 4 nov. 1755.—*Jean-François*, b [8] 1er sept. 1756; s [8] 29 juillet 1757.—*Marie-Madeleine*, b [8] 19 mai et s [8] 19 juin 1758 —*Joseph*, b [8] 7 juillet 1759.—*Marie-Catherine*, b [8] 22 fevrier 1761.—*Jean-Baptiste*, b [8] 3 juillet et s [8] 6 oct. 1762.—*François*, b [8] 3 nov. 1763.—*Judith*, b [8] 19 sept. 1765.—*Marie-Madeleine*, b [8] 11 sept. 1767.

1752, (31 juillet) Lévis. [1]

IV.—**DUSSAUT**, MICHEL, [PIERRE III.
b 1729.
BÉGIN, Geneviève, [ETIENNE II.
b 1732.

Michel-Amable, b [1] 22 juin 1753. — *Pierre*, b [1] 13 avril 1755; s [1] 9 juin 1756.— *Jean*, b [1] 14 oct 1756.—*Charles*, b [1] 1er sept. 1758.— *Louis*, b 13 juin 1760, à Ste-Foye. — *François*, b [1] 22 juillet 1764.—*Marie-Geneviève*, b [1] 7 juin 1767.—*Louis-Gaspard*, b [1] 4 août 1769.

1756, (2 août) Ecureuils. [2]

III.—**DUSSAUT**, FRANÇOIS, [DENIS II.
b 1728.
FISET, Marie-Louise, [LOUIS II.
b 1735.

(1) Et Demors, elle epouse, le 25 oct. 1756, Etienne Paradis, à Lévis.

(2) Elle épouse, le 29 sept. 1778, Jean-Baptiste Guillet, à Quebec

(3) Et Demers.

François, b [2] 13 août 1757 ; m 10 août 1794, à Marie-Louise Langlois, à Repentigny. — *Louis-Joseph*, b 1759 ; s [2] 1er nov. 1760.—*François*, b [2] 6 dec. 1761.— *Jean-Baptiste*, b [2] 24 août 1763.— *Joseph*, b [2] 24 août 1763 ; s [2] 28 nov. 1772. — *Alexandre*, b [2] 4 juin 1765. — *Marie-Louise*, b 21 juillet 1767, à la Pte-aux-Trembles, Q. [3] — *Scholastique*, b [2] 28 août 1769 ; s [2] 31 janvier 1773. —*Michel*, b [3] 29 oct. 1771.— *Marie-Joseph*, b [2] 26 dec. 1774.

1758, (16 janvier) St-Antoine-Tilly. [3]

IV.—DUSSAUT, Joseph-Frs, [François III. b 1733 ; s [3] 2 juin 1758.

Houde, Geneviève-Charlotte, [Jacques III. b 1729 ; veuve de Jean-Baptiste Baron.

Marie-Charlotte, (posthume) b [3] 13 nov. 1758.

1758, (14 août) Montréal.

IV.—DUSSAUT (1), Augustin, [Jean-Bte III. b 1727.

Jean-Denis, Marie-Anne, [Jacques III. b 1733.

Augustin, b 10 mai 1759, aux Ecureuils [8] ; m [8] 30 janvier 1781, à Marie-Rosalie Delisle.—*Marie-Anne*, b [8] 14 août 1760 ; s [8] 9 janvier 1776.— *Augustin-Michel*, b [8] 23 mars 1762. — *Jean-Baptiste*, b [8] 20 nov. 1763. — *Marie-Thérèse*, b [8] 5 janvier 1765.—*Jean-Baptiste*, b [8] 19 fevrier et s [8] 9 mars 1766.— *Marie-Christine*, b [8] 25 fevrier et s [8] 2 mars 1767. — *Marie-Thérèse*, b 3 juin 1768, à la Pte-aux-Trembles, Q. [4]—*Louise-Amable*, b [4] 24 avril et s [3] 7 mai 1771.

1759, (20 février) St-Jean, I. O. [9]

I.—DUSSAUT (2), Dominique, fils de Claude et de Lionne Baudet, de St-Pipolin.

Royer, Marie-Louise, [Augustin III. b 1738.

Dominique, b [9] 24 nov. 1759 ; s [9] 27 février 1760.—*Dominique*, b [9] 3 février 1761.— *Joseph-Marie*, b [9] 20 oct. 1762.

DUSSAUT, François.

Gaudin, Geneviève.

Louis-Joseph, b 12 sept. 1759, aux Ecureuils.

DUSSAUT, François-Amable. — Voy. Toupin, 1756.

DUSSAUT, Jean.

Chatard, Marie-Anne.

Marie-Louise, b 30 sept. 1760, à l'Ile-Dupas.

DUSSAUT, Jean.

Prevost, Marie-Françoise.

Jean, b 3 oct. 1761, à St-Joseph, Beauce.

DUSSAUT, Jean.

St-Ours, Marie-Anne.

Louise, b et s 6 nov. 1760, à St-Nicolas.

(1) Pour ses ancêtres, voy. Toupin.

(2) Pour Dussan dit Lagrandeur ; soldat de Berry, de la compagnie de M. de Goforteau.

1761, (2 février) St-Antoine-Tilly. [6]

IV.—DUSSAUT, Pierre-Joseph. [François III.

Croteau, Marie-Joseph, [Pierre III. b 1741.

Anonyme, b [6] et s [6] 8 août 1761. — *Anonyme*, b [6] et s [6] 7 août 1762. — *Marie-Geneviève*, b [6] 8 sept. 1764.—*François*, b [6] 25 juillet et s [6] 22 oct. 1766.—*Louis*, b 28 juillet 1770, à St-Jean-Deschaillons.

DUSSAUT, Joseph.—Voy. Toupin, 1762.

DUSSAUT, Joseph.—Voy. Toupin, 1762.

DUSSAUT, Jean-Bte.

Poiré, Marie.

Marie-Madeleine, b 28 avril 1760, aux Ecureuils. [1]—*Jean-Baptiste*, b [1] 5 dec. 1761.—*Louis-Joseph*, b [1] 6 sept. 1764.—*Scholastique*, b [1] 18 et s [1] 25 dec. 1766.

1763, (30 mai) Ecureuils. [5]

IV.—DUSSAUT (1), Prisque, [Jean-Bte III. b 1731.

DeTrepagny, Rosalie, [Augustin III. b 1738.

Prisque, b [5] 2 avril 1764.—*Anonyme*, b [5] et s [5] 28 déc. 1766.—*Jean-Baptiste*, b 22 oct. 1767, à la Pte-aux-Trembles, Q. — *Marie-Rosalie*, b [5] 11 mars 1769. — *Marie-Louise*, b [5] 19 oct. 1770.— *Marie-Françoise*, b [5] et s [5] 7 sept. 1772. — *Toussaint*, b [5] 1er nov 1774.—*Augustin*, b [5] 28 juillet et s [5] 23 août 1777. — *Paul*, b [5] 30 mars et s [5] 23 avril 1781.

1763, (14 nov.) St-Antoine-Tilly. [4]

IV.—DUSSAUT, Ignace, [François III. b 1741.

Houde, Angélique, [Charles III. b 1741.

Joseph, b [4] 21 oct. 1764 —*Ignace*, b [4] 19 fevrier 1766.—*Marie-Angélique*, b [4] 14 fevrier 1768.

DUSSAUT, Jean-Bte.—Voy. Toupin, 1763.

1764, (5 mars) Levis [1] (2).

IV.—DUSSAUT, Jean, [Jean III. b 1734.

Demers, Marie-Anne, [Jean III. b 1742.

Jean-Baptiste, b [1] 14 janvier 1766 ; s [1] 26 mars 1770.—*Marie-Anne*, b [1] 19 mai 1767 ; s [1] 20 sept. 1768. — *Louis*, b [1] 28 août et s [1] 5 sept. 1768.— *Anonyme*, b [1] et s [1] 14 fevrier 1770.

1771, (28 janvier) Ecureuils. [5]

V.—DUSSAUT (1), Jos-Amable, [Jean-Bte IV. b 1743 ; s [5] 25 dec. 1777.

Léveillé (3), Marie-Thérèse, [Jean III. b 1745.

(1) Dit Toupin ; pour ses ancêtres, voy. ce nom.

(2) Dispense du 2me au 3me degré de consanguinité.

(3) Elle épouse, le 3 août 1779, Antoine Delisle, aux Ecureuils.

Marie-Thérèse, b [5] 13 sept. 1772; s [5] 21 juin 1773. — *Joseph-Amable*, b [5] 6 janvier et s [5] 11 août 1774. — *Marie-Louise*, b 1775; s [5] 20 nov. 1776.—*Marie-Thérèse*, b [5] 16 juillet 1777; s [5] 20 mai 1778.

V.—**DUSSAUT** (1), ALEXIS, [JEAN-BTE IV. b 1746.
CARPENTIER, Madeleine.
Alexis, b et s 6 sept. 1773, aux Ecureuils.[5]— *Marie-Madeleine*, b [5] 18 dec. 1775. — *Jean-Baptiste*, b [5] 12 août 1777. — *Marguerite*, b [5] 22 juin 1779.

DUSSAUT, JOSEPH.
BERNARD, Madeleine.
Geneviève, b... m 14 avril 1795, à François LÉCUYER, à Quebec.

1777, (1er juillet) Québec.[4]
IV.—DUSSAUT, JOS.-MARIE, [JOS.-MARIE III. b 1753.
1° CORNEAU, Marie-Joseph, [FRANÇOIS II. b 1750; s [4] 16 février 1795.
1796, (2 février). [4]
2° BADEAU, Marie-Barbe. [JACQUES V.

DUSSAUT, JEAN-BTE.—Voy. TOUPIN, 1779.

1781, (30 janvier) Ecureuils.[7]
V.—DUSSAUT, AUGUSTIN, [AUGUSTIN IV. b 1759.
DELISLE, Marie-Rosalie, [JACQUES III. b 1758.
Marie-Rosalie, b [7] 13 déc. 1781.

DUSSAUT, JOSEPH,
b 1711; s 1er mai 1787, à Québec.
DUMONTIER, Geneviève.

1794, (10 août) Repentigny.
IV.—DUSSAUT, FRANÇOIS, [FRANÇOIS III. b 1757.
LANGLOIS, Marie-Louise. [LS-RAPHAEL III.

DUSSAUT, JOSEPH.
CHORET (2), Charlotte. [JOS.-GASPARD IV.
Nicolas, b 26 juillet 1796, à Ste-Croix.

DUSSAUT, FRANÇOIS.—Voy. TOUPIN, 1817.

DUSSESTE, JACQUES.
LEBEAU, Marie-Amable.
Jacques, b et s 29 août 1757, à St-Laurent, M.

DUSSON, MARGUERITE, b... m 1672, à Jean LAVALLÉE.

DUSTAU (3), CHARLES.—Voy. BUVETEAU.

DUSURAULT.—Voy. DESSUREAUX.

(1) Dit Toupin, pour ses ancêtres, voy. ce nom.
(2) Et Chaurette; appelée Louise aux Testaments.
(3) Dit Vadeboncœur.

1732, (9 nov.) Deschambault.[6]
I.—DUTAILLY, DENIS, b 1708; fils de Jean et de Marguerite Dutailly, de Notre-Dame de Lyon, de Granville, Normandie; s [6] 27 mai 1768.
1° GIRODEAU, Louise, [DAVID I. b 1716; s [6] 26 mai 1751.
Marie-Louise, b [6] 20 nov. 1733; 1° m [6] 10 nov. 1760, à Joseph PHILIBERT; 2° m 31 juillet 1775, à Jean-Baptiste BRIARD, à Quebec [7]; s [7] 31 dec. 1776. — *Marie-Joseph*, b [6] 1er sept. 1735; m [6] 4 février 1754, à Joseph NAU.—*Louis* (1), b 1737; s [6] 19 juin 1760. — *Denis*, b [6] 21 janvier 1738.— *Joseph-Marie*, b [6] 26 avril 1740. — *Pierre*, b [6] 7 nov. 1742; s [6] 17 août 1743. — *Marguerite*, b [6] 28 juillet et s [6] 29 nov. 1744. — *Marguerite*, b [6] 31 mars 1746; m [6] 5 oct. 1767, à Michel GIROU. —*Jean-François*, b [6] 18 mars et s [6] 13 août 1749. —*Louis*, b [6] 19 avril 1751.
1752, (21 août). [6]
2° NAU, Marie-Joseph, [JEAN-FRANÇOIS II. b 1719.
Marie-Joseph, b [6] 30 juin 1753.—*Marie-Suzanne*, b [6] 4 fevrier et s [6] 20 mai 1755. — *Suzanne*, b [6] 29 juin 1756.

DUTALMÉ.—*Surnom* : CHAVAUDREUIL.

1733, (17 août) Montréal. [4]
I.—DUTALMÉ (2), URSIN, b 1701, fils de Jacques (marchand-drapier) et de Marguerite Roy, de St-Philibert, ville de Dijon, Bourgogne.
BECQUET, Françoise, [FRANÇOIS I. b 1704; veuve de Jacques Dubourg-Lachapelle.
Joseph-Hypolite, b [4] 19 juillet 1735; m [4] 27 nov. 1758, à Geneviève ROY.—*Marie-Françoise*, b [4] 19 août 1741. — *Françoise-Catherine*, b [4] 20 mai 1743; s [4] 24 juin 1748.—*Louise*, b [4] 22 sept. 1745.

1758, (27 nov.) Montréal.
II.—DUTALMÉ (3), JOS.-HYPOLITE, [URSIN I. b 1735.
ROY, Geneviève, [JOSEPH-GUILLAUME. b 1737.

DUTARTE.—Voy DUTERTRE—LETARTE.

I.—DUTASTA (4), JEAN.

DUTAUT. — *Variations et surnoms* : DUFAUT—DUTEAU—DUTOS—GRANDPRÉ—TOURVILLE—VILANDRE.

DUTAUT, GENEVIÈVE, epouse de Michel LAVALLÉE.

(1) Soldat de la compagnie de Gaspé.
(2) Dit Chavaudreuil; soldat de la compagnie de Duplessis.
(3) Dit Chavaudreuil—Chavaudray, 1758.
(4) Dit Libourne; son nom se trouve dans les registres du conseil souverain, à la date du 19 janvier 1664.

DUTAUT, Geneviève, épouse d'Alexis Rivard.

DUTAUT, Madeleine, épouse d'Alexis Turcot.

I.—DUTAUT, Renée, fille de René et de Jeanne Join, de Chambery, Savoie; 1° m 1er dec. 1725, à Joseph Dubreuil, à Montréal; 2° m 17 janvier 1757, à Jean Autier, à St-Antoine-de-Chambly.

1672.

I.—DUTAUT (1), Charles,
b 1642; s 13 juin 1717, à Champlain. 7
Rivard-Lavigne, Jeanne, [Nicolas I.
b 1656; s 7 25 nov. 1698.

Charles, b 7 5 janvier 1685; m 20 janvier 1718, à Françoise Duval, à Contrecœur. — *Pierre*, b 7 25 juillet 1688; m 11 janvier 1719, à Françoise Casaubon, à Sorel; s 25 fevrier 1770, à l'Ile-Dupas. 9 — *Louis*, b... m... — *Marguerite*, b 7 13 janvier 1691; sœur dite Des Anges, congrégation N.-D.; s 16 août 1726, au Château-Richer.—*Marie-Joseph*, b 7 19 mars 1695; sœur dite De la Trinité, congrégation N.-D.; s 20 mai 1730, à Québec.—*Alexis*, b 1698; m 9 13 janvier 1722, à Marie-Charlotte Brisset; s 9 3 mai 1773.

1707, (18 janvier) Batiscan.

II.—DUTAUT, Jacques. [Charles I.
Duclos, Marguerite, [François I.
b 1679.

Marie-Catherine, b 7 déc. 1707, à Verchères; m 7 janvier 1728, à Michel Aubuchon, à l'Ile-Dupas. 4—*Marie-Joseph*, b 30 dec. 1709, à Sorel.7—*Joseph*, b 7 25 mars 1711; s 7 27 avril 1735.—*Marie-Jeanne*, b 7 4 sept. 1712; s 4 24 fevrier 1728.—*Pierre*, b 7 1er mai 1714; m à Geneviève Barette. — *Marie-Marguerite*, b 7 2 avril 1718; m à Antoine-Bernard Brisset.—*Françoise*, b... m à Jean-Baptiste Brisset. — *Alexis*, b... s 4 6 déc. 1737.

II.—DUTAUT, Louis. [Charles I.
....

Marie-Joseph, b... m 5 juin 1732, à Pierre-Simon Beaugrand, à l'Ile-Dupas.

1718, (20 janvier) Contrecœur.

II.—DUTAUT (2), Charles, [Charles I.
b 1685.
Duval, Françoise, [Jean I.
b 1682.

Charles, b 1720; m à Geneviève Dubord; s 28 janvier 1760, à l'Ile-Dupas. — *Joseph-Alexis*, b 2 sept. 1724, à Champlain.

1719, (11 janvier) Sorel. 3

II.—DUTAUT (3), Pierre, [Charles I.
b 1688; s 25 fevrier 1770, à l'Ile-Dupas. 4
Casaubon, Françoise, [Martin I.
b 1700.

Anonyme, b 3 et s 3 18 juin 1719.—*Marie-Geneviève*, b 3 12 janvier 1724. — *Pierre*, b... 1° m 3 2 nov. 1746, à Marie-Louise Hus; 2° m 4 14 juillet 1760, à Marguerite Cottenoire.— *Marie-Joseph*, b 4 3 mars 1732; 1° m 4 5 février 1754, à Jean-Baptiste DeRainville; 2° m 3 14 nov. 1768, à Pierre Bergeron.—*Vital*, b 1734; m 4 16 janvier 1758, à Angélique Lemay; s 4 27 mars 1779.—*Pélagie*, b 1735; s 3 8 déc. 1760.—......... b 1738; s 4 1er déc. 1757. — *Alexis*, b 4 20 déc. 1739, m 4 15 fevrier 1773, à Marie-Anne Desorcy.—*Marie-Charlotte*, b... m 4 23 nov. 1761, à Joseph Roberge.

1722, (13 janvier) Ile-Dupas. 5

II.—DUTAUT (1), Alexis, [Charles I.
b 1698; s 5 3 mai 1773.
Brisset, Marie-Charlotte, [Jacques II.
b 1698; s 5 19 mars 1731.

Alexis, b 13 juin 1723, à Sorel 6; 1° m à Geneviève Casaubon; 2° m 1764, à Geneviève Lemay.—*Jacques*, b 6 24 juillet 1724; m à Marie-Joseph Charon-Laferrière. — *Marie-Charlotte*, b 6 17 fevrier 1726; m à Pierre Fafard-Joinville; s 5 14 août 1750.—*Madeleine*, b 5 28 avril 1728; m 5 25 janvier 1751, à Antoine Fafard-Joinville; s 5 28 janvier 1769.—*Alexis*, b 1729; s 5 26 nov. 1738.—*Marie-Joseph*, b 5 9 et s 5 26 avril 1730.

1728, (11 sept.) Québec. 6

I.—DUTAUT, André-Guillaume, fils d'André et de Jeanne Chadeau, de St-Louis-de-Rochefort, diocèse de LaRochelle, Aunis.
Loiseau, Anne-Geneviève, [Jean I.
b 1706.

Louis-Thomas, b 6 26 juin 1729; s 6 29 avril 1733. — *Jean-Charles*, b 6 8 oct. 1731; m 17 mai 1751, à Catherine ...., à Montreal. 7 — *François-Joseph*, b 6 30 mai 1734; m 7 4 mai 1761, à Marie-Louise Gendreau. — *Bernard*, b 6 27 juin 1737.

DUTAUT, Pierre.
Bourdon, Geneviève, [Ignace II.
b 1715; s 7 mai 1765, à l'Ile-Dupas.

III.—DUTAUT, Pierre, [Jacques II.
b 1714.
Barette, Geneviève.

Marie, b 1746; m 22 juillet 1765, à Jacques Dandonneau, à l'Ile-Dupas 1; s 1 30 juin 1766.—*Pierre*, b 1 3 juin 1754.

1746, (2 nov.) Sorel.

III.—DUTAUT (1), Pierre. [Pierre II.
1° Hus (2), Marie-Louise, [Marc-Antoine II.
b 1716.

Marie-Louise, b... m 1er février 1773, à Michel Gina, à l'Ile-Dupas. 9 — *Antoine-Amable*, b 9 26 juin 1753; 1° m 9 22 janvier 1776, à Françoise Gagnon, 2° m 9 27 oct. 1777, à Marie-Angelique Alard. — *Marie-Charlotte*, b 9 6 et s 9 11 nov. 1755. — *Marie-Marguerite*, b 9 10 mars 1759; s 9 16 oct. 1779.

(1) Voy. vol. I, p. 221.
(2) Dit Tourville.
(3) Dit Vilandré.

(1) Dit Vilandré.
(2) Dit Millet—Miette.

1760, (14 juillet). [9]
2° COTTENOIRE (1), Marguerite, [ANTOINE III.
b 1736.
Marguerite, b [9] 11 mai 1761. — *Joseph*, b [9] 19 mars 1764. — *Vital*, b [9] 15 mai 1765 ; m 26 janvier 1795, à Marie-Anne SÉVIGNY, à St-Cuthbert. — *Charles-François*, b [9] 6 août 1766. — *Pierre*, b [9] et s [9] 8 sept. 1770. — *Jacques*, b [9] et s [9] 23 août 1771. — *Geneviève*, b [9] 19 oct et s [9] 26 nov. 1772. — *Pierre*, b [9] et s [9] 6 juin 1774. — *Pierre*, b [9] 13 sept. et s [9] 25 oct. 1776.

DUTAUT, JEAN-FRANÇOIS. — Voy. DUFAUT.

DUTAUT, MICHEL.
DUTAUT, Marie.
Marie-Catherine, b... m 21 janvier 1765, à Jean-Baptiste FAFARD, à l'Ile-Dupas.

III. — DUTAUT (2), CHARLES, [CHARLES II.
b 1720 ; s 28 janvier 1760, à l'Ile-Dupas.
DUBORD (3), Geneviève.
Geneviève-Agathe, b 24 juillet 1751, à Batiscan. [8] — *Thérèse*, b [8] 21 nov. 1752 ; s [8] 26 janvier 1758. — *Luce*, b [8] 14 mars 1754. — *Joseph*, b [8] 26 juillet 1755 ; s [8] 23 mai 1758. — *Marie-Joseph*, b [8] 15 mars 1757 ; s [8] 28 février 1759. — *Marie-Louise*, b [8] 14 et s [8] 28 juillet 1758.

DUTAUT, CHARLES.
GAUTIER, Marguerite.
Ambroise, b 29 nov. 1750, à Lachine [1] ; s [1] 26 juillet 1751.

1750.
III. — DUTAUT (4), JACQUES, [ALEXIS II.
b 1724.
CHARON (5), Marie-Joseph, [JEAN-BTE III.
b 1738.
Jacques, b 14 février 1751, à l'Ile-Dupas [4] ; m 1er février 1779, à Marie-Amable BRISSET, à St-Cuthbert. — *Marie-Joseph*, b [4] 26 août 1752 ; s [4] 13 juillet 1774. — *Marie-Louise*, b [4] 19 déc. 1753. — *Marie-Marguerite*, b [4] 15 août 1755. — *Alexis*, b 1757 ; m [4] 18 février 1781, à Therèse CASAUBON. — *Joseph-Louis*, b [4] 16 juin 1758. — *Joseph*, b [4] 14 février 1760. — *Marie-Charlotte*, b [4] 28 oct. 1761. — *Michel*, b [4] 28 mars 1763. — *François*, b [4] 11 juillet 1764 — *Jean-Baptiste*, b [4] 31 déc. 1765. — *Vital*, b [4] 5 oct. 1767. — *Geneviève*, b 1769 ; s [4] 11 février 1770. — *Rosalie*, b [4] 29 nov. 1770. — *Louis*, b [4] 19 février 1773. — *Antoine-Louis*, b [4] 5 janvier et s [4] 20 mai 1777.

1751, (17 mai) Montréal.
II. — DUTAUT, JEAN-CHS, [ANDRÉ-GUILLAUME I.
b 1731.
........., Marie-Catherine.

(1) Dit Préville.
(2) Dit Tourville.
(3) Dit Beaufort, 1759 ; elle épouse, le 9 février 1761, Antoine Joannes, à Batiscan.
(4) Dit Grandpré.
(5) Dit Laferrière.

1758, (16 janvier) Ile-Dupas. [6]
III. — DUTAUT (1), VITAL, [PIERRE II.
b 1734 ; s [6] 27 mars 1779.
LEMAY, Angélique. [ANTOINE III
Vital, b [6] 3 avril 1759 ; m [6] 4 février 1782, à Thérèse DANDONNEAU. — *Marie-Angélique*, b [6] 18 oct. 1761 ; m [6] 15 janvier 1781, à Amable DANDONNEAU. — *Pélagie*, b [6] 26 février 1763. — *Geneviève*, b [6] 3 sept. 1766 ; s [6] 25 janvier 1768. — *Joseph-Vital*, b [6] 28 avril 1768. — *Antoine-Bernard*, b [6] 24 déc. 1769 ; s [6] 7 mai 1771. — *Jacques*, b [6] 25 mars 1772 ; s [6] 8 mai 1775. — *Jean-François*, b [6] 2 déc. 1773. — *Marie-Joseph*, b [6] 17 avril 1775 — *Charlotte-Amable*, b [6] 29 août 1777 ; s [6] 2 février 1778. — *Antoine* (posthume), b [6] 26 oct. et s [6] 15 nov. 1779.

DUTAUT (2), JOSEPH.
SAVAIRE, Marguerite,
s avant 1789.
Marguerite, b... m 16 février 1789, à Antoine MARCHAND, à Batiscan.

1761, (4 mai) Montreal.
II. — DUTAUT, FRS-JOS., [ANDRÉ-GUILLAUME I.
b 1734.
GENDREAU (3), Marie-Louise, [JEAN-FRS III.
b 1738 ; veuve de Germain Lefort.

III. — DUTAUT (4), ALEXIS, [ALEXIS II.
b 1723.
1° CASAUBON, Geneviève, [JEAN-BTE II.
b 1724.
François, b 31 mars 1762, à l'Ile-Dupas. [9]
1764.
2° LEMAY, Geneviève, [ANTOINE III.
b 1744.
Marie-Anne, b [9] 1er mai 1765 ; s [9] 1er mai 1773. — *Pierre*, b [9] et s [9] 18 oct. 1776.

1773, (15 février) Ile-Dupas. [7]
III. — DUTAUT (1), ALEXIS, [PIERRE II.
b 1739.
DESORCY, Marie-Anne, [GABRIEL III.
b 1751.
Marie-Anne, b [7] 22 nov. 1773. — *Marie-Marguerite*, b [7] 7 juillet 1775. — *Françoise*, b [7] 10 juillet 1777. — *Alexis*, b [7] 21 oct. 1781.

1776, (22 janvier) Ile-Dupas. [7]
IV. — DUTAUT (1), ANT.-AMABLE, [PIERRE III.
b 1753.
1° GAGNON, Françoise, [MATHURIN IV.
b 1752 ; s [7] 15 oct. 1776.
1777, (27 oct.). [7]
ALARD, Marie-Angelique, [PIERRE III.
b 1749.
Pierre, b [7] 2 nov. 1778. — *Antoine*, b [7] 14 juillet 1781.

(1) Dit Vilandre.
(2) Dit Tourville.
(3) Et Gendron ; elle épouse, le 4 juillet 1763, Alexis Larichardie, à Montréal.
(4) Dit Grandpre.

1779, (1er février) St-Cuthbert[1] (1).
IV.—DUTAUT (2), JACQUES, [JACQUES III.
b 1751.
BRISSET (3), Marie-Amable. [JEAN-BTE IV.
Jacques, b[1] 12 sept 1780.—*Marie-Pélagie*, b[1] 11 juillet 1786.—*Marie-Joseph*, b[1] 2 août 1788.—*Jacques*, b[1] 5 juillet 1791.

1781, (18 fevrier) Ile-Dupas.
IV.—DUTAUT (2), ALEXIS, [JACQUES III.
b 1757.
CASAUBON (4), Therèse, [JOSEPH III.
b 1758; s 2 février 1790, à St-Cuthbert.[2]
Alexis, b[2] 25 et s[2] 27 janvier 1790.

1782, (4 fevrier) Ile-Dupas.
IV.—DUTAUT (5), VITAL, [VITAL III.
b 1759.
DANDONNEAU, Therèse, [JOSEPH III.
b 1761.

1795, (26 janvier) St-Cuthbert.
IV.—DUTAUT, VITAL, [PIERRE III.
b 1765.
SÉVIGNY, Marie-Anne, [AUGUSTIN III.
b 1778.

DUTEAU.—Voy. DUTAUT.

1768, (26 sept) Soulanges.
I.—DUTEMPLE, ETIENNE, b 1744; fils de Jean et de Catherine Marillard, de Bordeaux.
CHAMELOT, Marie-Joseph, [LÉONARD I.
b 1750.

DUTERTRE. — *Variations :* DUTART—DUTARTE—DUTARTRE.

I.—DUTERTRE, PAUL, de Bourges, en Berry.
SOUTAR, Jeanne, de Bourges, en Berry.
Antoinette, b 1635, à Bourges; hospitalière dite de la Visitation, le 15 avril 1659, à l'Hôtel-Dieu, Q.[8]; s[8] 26 dec. 1713.

I.—DUTERTRE (6), JEAN, b... s 11 sept. 1705, à Montreal.

I.—DUTERTRE, ...
COUILLARD, Genevieve, [LOUIS II.
b 1660, s 9 sept. 1720, à l'Islet.

1697, (29 juillet) Lévis.
I.—DUTERTRE, FRANÇOIS, b 1667; fils de Claude et de Marie Giroux, de St-Michel, ville d'Angers, Anjou.
BOUCHARD (7), Marguerite, [MICHEL I.
b 1674.

(1) Dispense du 3me au 3me degré
(2) Dit Grandpre.
(3) Françoise Dutaut est le nom de sa mère.
(4) Et Didier.
(5) Dit Vilandré.
(6) Et Dutarte dit Laverdure; soldat de M de Ramezay, decedé à l'Hotel-Dieu de Montréal.
(7) Elle épouse, vers 1703, Guillaume Soucy.

Marie-Françoise, b 25 janvier 1697, à la Rivière-Ouelle[5]; m 1715, à Alexis DELAVOYE. — *François*, b[5] 15 mai 1698; m 7 janvier 1721, à Gertrude DUBÉ, à Ste-Anne-de-la-Pocatière; s 7 oct. 1757, à Québec.

1721, (7 janvier) Ste-Anne-de-la-Pocatière.[1]
II.—DUTERTRE (1), FRANÇOIS, [FRANÇOIS I.
b 1698; navigateur; s 7 oct. 1757, à Quebec.[2]
DUBÉ, Marie-Gertrude, [MATHURIN II.
b 1702.
François-Roch, b[1] 15 et s[1] 23 sept. 1722.—*Marie-Gertrude*, b[2] 18 oct. 1725. — *Françoise*, b[2] 20 et s[2] 23 juillet 1727. — *Marguerite*, b[2] 30 dec 1728, m[2] 16 fevrier 1751, à Jean JANTON.—*Joseph*, b[2] 14 avril 1731. — *François*, b[2] 2 sept. 1733; s[2] 4 oct. 1734 —*Pierre*, b[2] 25 août et s[2] 29 sept. 1736.—*Marie-Anne*, b[2] 31 mai 1741.

I.—DUTERTRE (2), JOSEPH.
s 22 janvier 1761, à l'Islet.[7]
COUILLARD, Marguerite.
Marguerite, b[7] 17 mai 1759. — *Marie-Marthe*, (posthume) b[7] 6 fevrier 1761.

1754, (21 janvier) Charlesbourg.[3]
I.—DUTHU, JEAN-PAUL, b 1731, chirurgien; fils de Jean-Jacques (chirurgien) et de Jeanne Lecamus, de Bagneresse, diocèse de Tarbes, Gascogne; s 15 janvier 1776, à Quebec[4]
PAQUET, Marie-Geneviève, [NOEL IV.
b 1731.
Marie-Geneviève, b[3] 24 oct. 1754; m[4] 20 nov. 1775, à François SAMSON.—*Louise-Madeleine*, b[3] 5 dec. 1756.

I.—DUTILLE, CLÉMENT, b 1732; s 14 fevrier 1756, à Lorette.

1740, (11 janvier) St-Michel.[5]
I.—DUTILLE, ANTOINE, b 1719; fils d'Antoine et de Geneviève Delisle, de Forge-en-Braie, diocèse de Rouen, Normandie; s[5] 26 nov. 1749.
LEFEBVRE (3), Ursule, [CLAUDE II.
b 1720.
Antoine, b[5] 30 oct 1740; m 19 nov. 1764, à Marguerite ADAM, à Beaumont.[6]—*Anonyme*, b[5] et s[5] 13 janvier 1743.—*Marie-Ursule*, b[5] 13 janvier et s[5] 15 sept 1743.—*François*, b[5] 17 août 1744, m 1770, à Marie-Joseph BOULÉ. — *Marie-Ursule*, b[5] 11 mars 1747; m[6] 7 nov. 1763, à François GOSSELIN; s[6] 3 juin 1782.—*Michel*, b[5] 22 août 1749; m à Marie GOSSELIN, s 17 nov. 1795, à Quebec.— *Marie-Anne*, b[5] 22 août 1749.

II.—DUTILLE, MICHEL, [ANTOINE I.
b 1749; s 17 nov. 1795, à Quebec.
GOSSELIN, Marie. [PIERRE III.

(1) Ou Dutart.
(2) Et Dutartre.
(3) Elle epouse, le 4 nov. 1754, Ignace Adam, à St-Michel.

1764, (19 nov.) Beaumont.

II.—DUTILLE, ANTOINE, [ANTOINE I.
b 1740.
ADAM, Marguerite, [RENÉ III.
b 1745.
Marguerite, b... m 7 juillet 1795, à Jean-Marie DOMPIERRE, à Québec.

II.—DUTILLE, FRANÇOIS, [ANTOINE I.
b 1744.
BOULÉ, Marie-Joseph, [PIERRE IV.
b 1744.
Marie-Joseph, b 6 juin 1771, à Berthier. [8] — *François*, b [8] 30 sept. 1772.—*Pierre*, b [8] 30 sept. 1772; s [8] 24 nov. 1795.—*Jean-Baptiste*, b [8] 27 juin 1774.—*Abraham*, b [8] 9 janvier et s [8] 10 nov. 1776.—*Catherine*, b [8] 23 juin 1777.—*Louise*, b [8] 7 mars 1779.—*Marie-Thècle*, b [8] 2 déc. 1781.

DUTILLY. — Voy. BUISSON — GUYON — STILSON, 1795.

1708, (6 février) Québec. [3]

I.—DUTISNÉ (1), CLAUDE-CHARLES, fils de Charles-Claude et de Catherine Duclos, de St-Germain-d'Auxerre, Paris.
1° GAUTIER (2), Marie-Anne, [PHILIPPE I.
b 1681; veuve d'Alexandre Peuvret; s [3] 18 juin 1711 (dans l'eglise).
Louis-Marie-Charles, b [3] 29 déc. 1708. — *Charles*, b [3] 10 dec. 1709; s 16 janvier 1715, à Montreal.—*Louis-Marie-Joseph*, b [3] 17 nov. 1710.
1713, (28 oct.) [3]
2° MARGANE, Louise-Marguerite, [SÉRAPHIN I.
b 1691.

DUTOS.—Voy. DUTAUT.

1718, (4 nov.) Quebec. [5]

I.—DUTOUR, JEAN-PIERRE, fils de Jean et de Marie Bussière, de St-Barthélemi, diocèse de LaRochelle, Aunis, s avant 1746.
PARANT, Marie, [JEAN II.
b 1690
Louis-Pierre, b [5] 2 juillet et s 29 nov. 1721, à Beauport.—*Anonyme*, b [5] et s [5] 20 juin 1722.—*Marie-Françoise*, b [5] 30 juin 1723; m 22 fevrier 1746, à Alexandre L'ARCHEVÊQUE, à Montreal.—*Pierre-Marc*, b [5] 26 avril 1725; m 1755, à Marie DIZY.—*Louis*, b [5] 12 fevrier et s 13 juillet 1728, à Charlesbourg.

1755.

II.—DUTOUR, PIERRE-MARC, [JEAN-PIERRE I.
b 1725.
DIZY (3), Marie.
Jacques, b 3 juillet 1757, à St-Antoine-de-Chambly.

(1) Enseigne en pied d'une compagnie franche de la marine.
(2) Dit DeComporté.
(3) Dit Montplaisir.

1761, (6 avril) Québec.

I.—DUTOUR (1), ANTOINE, fils de Raymond et de Rose Couperon, de Cadoue, diocèse de Lombez, Gascogne.
AYMOND (2), Dorothee. [PIERRE-AUGUSTIN II.
Joseph, b... m 18 janvier 1802, à Marguerite BARSOLOU, à Montreal.

1802, (18 janvier) Montréal. [6]

II.—DUTOUR (1), JOSEPH. [ANTOINE I.
BARSOLOU, Marguerite, [PIERRE IV.
b 1785.
Marie-Sophie, b [6] 12 déc. 1802; m [6] à Julien PERRAULT.

DUTREMBLE.—*Surnom:* DESROSIERS.

DUTREMBLE, CATHERINE, épouse de Jean VAILLANCOURT.

DUTREMBLE, MARIE-JOSEPH, b 1700; s 5 mai 1765, à l'Ile-Dupas.

DUTREMBLE, MARIE-CATHÈRINE, b 1704; s 3 mars 1764, à l'Ile-Dupas.

DUTREMBLE, JOSEPH.
FAFARD, Charlotte.
Pierre, b 9 avril 1728, à l'Ile-Dupas.

1716, (28 mai) Rimouski. [1]

III.—DUTREMBLE (3), MICHEL-GERMAIN, [JEAN II.
b 1685, s avant 1764.
MOREAU, Marie-Anne-Jeanne, [JEAN II.
b 1699.
Germain, b [1] 3 mars 1737; m 13 février 1764, à Barbe MORIN, à St-Roch.

1764, (13 fevrier) St-Roch.

IV.—DUTREMBLE, GERM., [MICHEL-GERMAIN III.
b 1737.
MORIN, Barbe, [JEAN III.
b 1742.

DUTRISAC.—*Surnom:* HÉBERT.

I.—DUTRISAC (4), MAURICE-ALBERT-JEAN-BTE.
1° LEMARIE (5), Marie-Françoise, [THOMAS II.
b 1714; s 20 août 1754, à Terrebonne. [9]
Jean-Baptiste, b [9] 15 nov. 1742.—*Marie-Madeleine*, b [9] 6 avril et s [9] 18 mai 1744.—*Marie-Marguerite*, b [9] 19 juillet 1745; m [9] 12 janvier 1761, a Jean-Baptiste OLIVIER. — *François*, b [9] 3 juin 1748. — *Marie-Marguerite*, b 31 janvier 1752, à Ste-Rose. [8]—*Joseph*, b [9] 26 juillet 1754; m [9] 7 février 1780, à Marie-Joseph LIMOGES, s 11 mars 1786, à Lachenaye.

(1) Dit Gauvin.
(2) Et Emond.
(3) Voy. Desrosiers, 1716, p. 395.
(4) Le nom de bapteme "Albert" s'est changé en celui d'Hebert, surnom que portent les descendants de Dutrisac.
(5) Et Marsé, 1744.

1757, (18 juillet).[9]
2° PETITCLERC (1), Marie-Joseph, [JEAN-FRS II. b 1734.
Marie, b [8] 23 et s [9] 27 mars 1758.

1780, (7 février) Terrebonne.

II.—DUTRISAC, JOSEPH, [JEAN-BTE I. b 1754 ; s 11 mars 1786, à Lachenaye. [8]
LIMOGES (2), Marie-Joseph, [PIERRE III. b 1759.
Marie-Joseph, b [8] et s [8] 7 nov. 1783. — *Marie-Joseph*, b [8] 12 déc. 1784. — *Pierre*, b [8] 14 fevrier 1786.

DUTUYAU, JOSEPH.—Voy. DUPUYAU.

DUVAL.—*Surnoms :* BIGOT — CHEVREUIL — DUPAULO — DUPONTHAUT — LELIÈVRE, 1725 — THUOT, 1730—VINAIGRE.

I.—DUVAL, MADELEINE, b 1643, en France; m 1678, à Jacques JOUBERT.

DUVAL, ANTOINETTE-CHARLOTTE, epouse de Pierre-Louis MAYER.

DUVAL, MARIE-ANNE, epouse de Pierre-Jacques MONTFORT.

DUVAL, MARIE-CHARLOTTE, b 1704; m à Hypolite MAILLET; s 19 oct. 1802, à l'Hôpital-Genéral, M.

DUVAL, MARIE-JOSEPH, épouse de Jean-Baptiste VALLÉE.

DUVAL, MARIE-ANNE, épouse de Joseph LEBEL.

DUVAL, MARIE, épouse de Jean-Baptiste NEVEU.

DUVAL, MADELEINE, épouse de Charles HUS-COURNOYER.

DUVAL, MARIE-FRANÇOISE, épouse de Pierre GODON.

DUVAL, MARIE-JOSEPH, épouse d'Ignace LECLERC.

DUVAL, MARIE-ANNE, épouse de François GAÏET.

DUVAL, SUZANNE, b... m 29 janvier 1759, à Jean GIARD, à St-Ours.

1671.

I.—DUVAL (3), JEAN, b 1641 ; s avant 1718.
LAMY, Marie, b 1653 ; veuve de François Chèvrefils.

(1) Devenu Leclair.
(2) Elle épouse, le 28 sept. 1789, Joseph Filiatreau, à Lachenaye.
(3) Voy. vol. I, p. 222.

Françoise, b 8 nov. 1682, à Contrecœur [9]; m 20 janvier 1718, à Charles DUTAUT, à St-Ours. [8] —*Pierre*, b [9] 26 février 1685; m à Madeleine BRISSET.— *Marie-Jeanne*, b... m [8] 8 oct. 1725, à François MESSIER.— *Marc-Antoine*, b 1692, m 6 mai 1726, à Marie CELLES-DUCLOS, à Varennes.

DUVAL, JEAN, b 1670; s 13 oct. 1715, à Montréal.

1692, (21 janvier) Rivière-Ouelle. [9]

I.—DUVAL, (1), FRANÇOIS, b 1657 ; fils de Guillaume (seigneur du Ponthaut) et de Marie Giguelle, de Ponsot, Bretagne.
BOUCHER, Marie-Anne, [JEAN-GALERAN II. b 1675.
Augustin, b [9] 26 nov. 1696; m 7 janvier 1730, à Geneviève LECLERC, à l'Islet. [8] — *Jean*, b [9] 23 oct. 1698; 1° m [8] 21 nov. 1729, à Marie-Anne FORTIN; 2° m [8] 10 fevrier 1733, à Marie-Françoise MOREL DE LA DURANTAYE ; 3° m 6 février 1736, à Catherine MIVILLE, à Ste-Anne-de-la-Pocatière. [6] —*Marie-Anne*, b [9] 17 oct. 1700 ; s 17 mars 1759, à St-Roch. [7]—*Joseph*, b [8] 27 déc. 1704.—*Elisabeth*, b [8] 26 avril 1707; m [6] 7 janvier 1739, à Augustin LEBEL.— *Louis*, b [8] 17 mars 1709; m à Marie-Anne FOURNIER.—*Marie-Hélène*, b [8] 5 mars 1713 ; m [7] 12 avril 1744, à Pierre OUELLET. — *Pierre*, b [8] 5 et s [8] 7 août 1714.—*Marie-Joseph*, b [8] 27 oct. 1715.

1694.

I.—DUVAL, BORROMÉE.
HAYOT, Marie-Madeleine.
Pierre, b 1695, 1° m 22 juin 1716, à Marie-Anne LEGRIS, à Québec; 2° m 12 août 1748, à Anne LEGARÉ, au Château-Richer [4]; s [4] 8 déc. 1749.

DUVAL, PIERRE-GABRIEL, b 1685, boulanger.
FOURNIER-PRÉFONTAINE, Marie, [ANTOINE I. b 1689 ; s 14 sept. 1725, à Montréal.

1716, (23 février) Québec. [8]

I.—DUVAL (2), CLAUDE, b 1693 ; fils de Claude et de Madeleine Rousseau, de Marmontier, diocèse de Tours, Touraine; s 18 fevrier 1741, à Montréal. [9]
HARLAY (3), Charlotte, [CHARLES I. b 1698.
Charlotte, b [8] 5 février 1717; m [9] 27 juillet 1743, à François SEIZEVILLE. — *Marie-Anne*, b [9] 21 fevrier 1719 ; s [9] 26 janvier 1733.—*Geneviève*, b [9] 14 avril 1720 ; s [9] 17 mars 1722.—*Françoise*, b [9] 12 mai 1723 ; m [9] 28 avril 1749, à Joseph TIBAUT.—*Marie-Joseph*, b [9] 23 fevrier 1725 ; m [9] 2 juin 1749, à Jean-Nicolas CAQUEREL. — *Marie-Louise-Elisabeth*, b [9] 21 mars 1727. — *Claude-Joseph-Marie*, b [9] 3 nov. 1728.—*Marie-Elisabeth*, b [9] 17 fevrier et s [9] 19 mai 1730.—*Marie*, b 1730;

(1) Dit Duponthaut.
(2) Dit Vinaigre.
(3) Et Denis, en 1759 ; elle épouse, le 30 oct. 1741, Louis Dubois, à Montréal.

m [9] 5 nov. 1759, à Antoine VIGNAL.—*Madeleine*, b 1731 ; s [9] 16 février 1733.—*Louis*, b 1734 ; m [9] 26 nov. 1759, à Marie-Anne NOLAN. — *Marie-Joseph*, b [9] 3 janvier 1735 ; s [8] 11 oct. 1738.— *Marie-Joseph*, b [9] 5 et s [9] 13 déc. 1740.

1716, (22 juin) Québec. [8]

II.—DUVAL, PIERRE, [BORROMÉE I.
b 1695 ; s 8 déc. 1749, au Château-Richer. [9]
1° LEGRIS, Marie-Anne, [JEAN I.
b 1694 ; s [8] 29 juillet 1747.
Marie-Joseph, b [8] 24 mars 1718 ; s [8] 3 mars 1719.—*Jean-Baptiste*, b [8] 22 fevrier 1720.—*Marie-Anne*, b [8] 19 fevrier 1722 ; s [8] 8 fevrier 1724.— *Marie-Joseph*, b [8] 7 avril 1724 ; s [8] 10 janvier 1725. — *Pierre*, b [8] 12 dec. 1725 ; m [8] 13 oct. 1749, à Françoise-Elisabeth PANNETON.—*Jacques*, b [8] 17 nov. 1727 ; s [8] 11 fevrier 1728. — *Charles*, b [8] 7 sept. 1730 ; s [8] 30 janvier 1735.— *Claude*, b [8] 9 nov. 1732.—*Marie-Anne*, b [8] 1er mars 1734 ; m [8] 23 avril 1759, à François-Philibert GALET.— *Louis*, b... m [8] 15 nov. 1762, à Marie CARDINAL.
1748, (12 août). [9]
2° LEGARÉ, Anne, [NICOLAS II.
b 1702 ; veuve de Joseph Toupin.

I.—DUVAL, JACQUES.
FOUREAU, Julienne. [MICHEL I.
Etienne, b... m 27 août 1747, à Marie-Anne DUPONT, à la Pte-du-Lac.

II.—DUVAL, PIERRE, [JEAN I.
b 1685.
BRISSET, Madeleine, [JACQUES II.
b 1697.
Madeleine, b 10 nov. 1720, à St-Ours. [9]—*Marc-Antoine* b [9] 3 nov. 1724 ; s [9] 24 janvier 1726.— *Pierre*, b 1725 ; m à Marie-Joseph DUPONT, s [9] 22 juin 1755. — *Marie-Joseph*, b 13 oct. 1726, à Sorel. [8]—*Marie-Charlotte*, b... m [9] 14 fevrier 1752, à François BOUVIER. — *Marie*, b... s [8] 8 janvier 1750.

I.—DUVAL, LOUIS, b 1680 ; s 25 janvier 1755, à Montréal.

DUVAL, JEAN-BTE.—Voy. LELIÈVRE, 1725.

1726, (6 mai) Varennes.

II.—DUVAL, MARC-ANTOINE, [JEAN I.
b 1692.
CELLES-DUCLOS, Marie-Renée, [LAMBERT II.
b 1708.
Marie-Anne, b 2 avril 1727, à St-Ours.

1729, (21 nov.) Islet. [6]

II.—DUVAL, JEAN, [FRANÇOIS I.
b 1698.
1° FORTIN, Marie-Anne, [PIERRE II.
b 1700 ; s [6] 3 mars 1730.
1733, (10 fevrier). [6]
2° MOREL (1), Françoise, [CHARLES II.
b 1704 ; s [6] 21 mai 1735.
Jean-Baptiste, b [6] 5 juillet 1734.

(1) De la Durantaye.

1736, (6 février) Ste-Anne-de-la-Pocatière. [7]
3° MIVILLE, Catherine, [CHARLES III.
b 1702 ; veuve de Michel Morin.
Gabriel, b [7] 22 oct. 1736 ; 1° m 6 août 1764, à Marie-Reine CLOUTIER, au Cap-St-Ignace [8], 2° m [8] 22 janvier 1776, à Elisabeth LEMIEUX.— *Marie-Joseph*, b [6] 26 mars 1738. — *Marie-Catherine*, b [6] 11 et s [6] 21 juillet 1739.— *Anonyme*, b [6] et s [6] 11 juillet 1739.—*Bernard*, b [6] 20 août 1740.

1730, (7 janvier) Islet. [9]

II.—DUVAL (1), AUGUSTIN, [FRANÇOIS I.
b 1696.
LECLERC, Geneviève, [JEAN-BTE I.
b 1700.
Basile, b [9] 31 oct. et s [9] 16 nov. 1730.—*Simon*, b [9] 18 nov. 1731 ; m à Elisabeth BLANCHET.— *Marie-Geneviève*, b [9] 13 sept. 1733 ; m 1751, à Pierre LEPELE-LAMOTHE.—*Marie-Joseph*, b 1735 ; s 10 mars 1736, à Ste-Anne-de-la-Pocatière.—*Augustin*, b [9] 12 fevrier 1736 ; 1° m [9] 12 nov. 1764, à Ursule TONDREAU ; 2° m à Marie-Madeleine BELANGER. — *Marie-Marthe-Salomée*, b [9] 27 déc. 1737.—*Marie-Jacobée*, b [9] 9 janvier 1741.

1732, (14 janvier) Islet. [1]

II.—DUVAL (2), FRANÇOIS, [FRANÇOIS I.
b 1695.
GOUPY (3), Elisabeth, [ANTOINE I.
b 1706.
Marie-Angélique, b [1] 3 août 1733. — *François-Pierre*, b [1] 25 mars 1735 ; m [1] 20 oct. 1760, à Geneviève GAGNON.—*Augustin*, b [1] 17 février 1737. —*Joseph-Romain*, b [1] 3 août 1739 ; 1° m [1] 14 juillet 1760, à Marie-Claire-Françoise GAGNON ; 2° m 15 janvier 1770, à Catherine ANCTIL, à Ste-Anne-de-la-Pocatière ; s 6 mai 1773, à St-Jean-Port-Joli. [2] — *Pierre*, b [1] 28 mars 1741. — *Marie-Elisabeth*, b [1] 17 juin 1749, m [2] 9 juin 1777, à Leonard FONJAMY. — *Barbe*, b [1] 1er août 1752.

I.—DUVAL (4), SIMON, b 1713 ; fils de Simon (marchand) et de Françoise Guérin, de St-Hilaire, diocèse de Tours, Touraine ; s 7 février 1735, à Montréal.

1737, (14 mai) Québec. [5]

I.—DUVAL, NICOLAS, fils de Fabien et de Françoise Debie, de N.-D. du Hâvre-de-Grâce, Normandie.
DESNOUX, Helène, [JACQUES-RENÉ I.
b 1704 ; veuve de Servand Hairet.
Marie-Jeanne, b [5] 17 oct. 1738 ; s [5] 31 juillet 1739.

1741, (24 avril) Beaumont.

I.—DUVAL, GUILLAUME, fils de Henri et de Martine Dubau, de Ste-Marguerite, diocèse de Paris.
JERÉMIE (5), Marie-Françoise, [JOSEPH II.
b 1719.

(1) Dit Dupaulo.
(2) Dit Duponthaut.
(3) Et Coupil.
(4) Soldat de la compagnie de M. DuFiguier.
(5) Dit Dauville.

Guillaume, b 1743; s 18 janvier 1749, à Quebec.[6] — *Marie-Françoise,* b 1744; s[6] 18 janvier 1749. — *Louis,* b[6] 9 oct. 1746. — *François,* b[6] 29 avril 1748; s[6] 11 janvier 1749. — *Marie-Françoise,* b[6] 21 août 1749. — *Geneviève,* b[6] 29 mars 1751; m 27 janvier 1766, à Joseph DOUGE, à la Pte-aux-Trembles, M.[7] — *Marie-Catherine,* b 15 avril 1752, à Charlesbourg.—*Marie-Charlotte,* b[7] 23 avril 1753. — *Marie-Joseph,* b[7] 27 avril et s[7] 15 juin 1754.

I.—DUVAL, JACQUES.
PRIMEAU, Barbe. [CHARLES I.
Angélique, b 9 mai 1742, à Québec; s 19 oct. 1773, à St-Jean-Port-Joli.

1745, (10 août) Trois-Rivières.
I.—DUVAL, JULIEN, b 1695; fils de Nicolas et de Jeanne Degoie, de St-Germain, diocèse d'Angers, Anjou; s 2 janvier 1750, à la Pointe-du-Lac.[8]
GUENY, Antoinette,
b 1700; veuve de Jean Aubry; s[8] 12 janvier 1750.

1747, (27 août) Pointe-du-Lac.[4]
II.—DUVAL, ETIENNE. [JACQUES I.
DUPONT, Marie-Anne. [JEAN-GILLES I.
Etienne, b[4] 30 déc. 1754. — *Marie-Joseph,* b[4] et s[4] 30 dec. 1755. — *Jean-Baptiste,* b[4] 26 juin 1756.—*Louis,* b[4] 19 juillet 1758.— *Joseph,* b[4] 5 oct. 1760.

II.—DUVAL, LOUIS-JOSEPH, [FRANÇOIS I.
b 1709.
FOURNIER, Anne, [CHARLES II.
b 1717.
Louis, b 25 juin 1749, à l'Islet.[5] — *Firmin,* b[5] 29 août 1752.—*Labondance,* b... m 19 août 1782, à Elisabeth GAUDRAULT, à l'Ile-aux-Coudres.

1749, (13 oct.) Quebec.[8]
III.—DUVAL, PIERRE, [PIERRE II.
b 1725.
PANNETON, Françoise-Elisabeth, [JEAN-BTE II.
b 1724.
Angélique, b[8] 2 août 1750; m[8] 9 janvier 1775, à Pierre POULIN; s[8] 7 mai 1793.— *Pierre,* b[8] 27 oct. 1751; m[8] 17 janvier 1775, à Louise GAUVREAU. — *Louis,* b[8] 30 mai 1753; s[8] 14 janvier 1760. — *Marie-Anne,* b[8] 6 février 1755, m[8] 24 juillet 1775, à George MACLURE. — *Louise-Elisabeth,* b[8] 16 juillet 1756. — *Jean,* b[8] 5 avril 1758. —*Marie-Charlotte,* b[8] 11 juin 1763.

1749, (24 nov.) St-Thomas.
I.—DUVAL, JEAN, fils de Robert et d'Olive Hivon, de Chance, diocèse d'Avranches, Normandie.
DUFRESNE, Marie, [GUILLAUME II.
b 1706; veuve de Louis Prou.

1751.
III.—DUVAL, PIERRE, [PIERRE II.
b 1725; s 22 juin 1755, à St-Ours.
DUPONT, Marie-Joseph. [JEAN-GILLES I.
Marie-Joseph, b 10 déc. 1752, à la Pointe-du-Lac.

1754, (4 nov.) Québec.[5]
I.—DUVAL, FRANÇOIS, b 1704, maître-sellier; fils de Nicolas et de Gabrielle Delaporte, de St-Jean-en-Grève, Paris; s[5] 25 oct. 1779.
MORAS (1), Catherine, [JEAN I.
b 1732.
Marie-Catherine, b[5] 24 août 1755; m[5] 9 mai 1786, à Etienne GALARNEAU.—*Marie-Anne,* b[5] 29 sept. 1756. — *Marie-Anne,* b[5] 2 sept. 1757. — *Marie-Anne,* b[5] 6 oct. 1758; s[5] 26 oct. 1761. — *Thérèse,* b[5] 7 dec. 1759. — *Ursule,* b[5] 10 avril 1761; m[5] 1er mai 1787, à Jean DALY.—*François,* b[5] 29 avril 1762; s[5] 22 août 1763.—*Marguerite,* b[5] 27 juin 1763.—*Julie,* b... m[5] 17 janvier 1792, à Michel WATERS. — *Barbe,* b... m[5] 8 février 1796, à Eustache MINGUÉ.

1759, (26 nov.) Montréal.
II.—DUVAL, LOUIS, [CLAUDE I.
b 1734; s 12 juin 1776, à Québec.[8]
NOLAN, Marie-Anne, [PIERRE I.
b 1725; s[8] 6 juillet 1776.

1760, (14 juillet) Islet.[5]
III.—DUVAL, JOSEPH-ROMAIN, [FRANÇOIS II.
b 1739; s 6 mai 1773, à St-Jean-Port-Joli.[4]
1° GAGNON, Marie-Claire-Frse, [JOSEPH IV.
b 1740.
Joseph-Marie, b[5] 26 juillet 1764.—*Marie-Claire,* b... m[4] 28 oct. 1782, à Jean GAGNON.
1770, (15 janvier) Ste-Anne-de-la-Pocatière
2° ANCTIL, Catherine, [JEAN I.
b 1752.

1760, (20 oct.) Islet.[5]
III.—DUVAL, FRANÇOIS, [FRANÇOIS II.
b 1735.
GAGNON, Geneviève. [JOSEPH IV.
Geneviève, b... s[5] 3 sept. 1761.—*Marie-Claire,* b[5] 26 fevrier 1764.—*Thérèse,* b... m 30 juillet 1781, à Louis-Antoine ST-PIERRE, à St-Jean-Port-Joli.—*Noel-François,* b... m à Marie-Françoise MIGNOT.

III.—DUVAL (2), SIMON, [AUGUSTIN II.
b 1731.
BLANCHET, Elisabeth.
Pierre, b 18 août 1762, à Québec.—*Simon,* b 2 nov. 1768, à St-Joseph, Beauce.

1762, (15 nov.) Québec.[3]
III.—DUVAL, LOUIS. [PIERRE II.
CARDINAL, Marie.
Louis, b[3] 31 oct. et s[3] 16 déc. 1762.

(1) Dit Lorain.
(2) Dit Dupaulau.

1764, (6 août) Cap-St-Ignace.[1]

III.—DUVAL, Gabriel, [Jean II.
b 1736.

1° Cloutier, Marie-Reine, [Joseph V.
b 1742; s 27 février 1775, à l'Islet.[2]

Marie-Reine, b [2] 28 janvier 1765.—*François-Marie,* b [1] 11 avril 1774.

1776, (22 janvier).[1]

2° Lemieux, Elisabeth. [Pierre III.

1764, (12 nov.) Islet.

III.—DUVAL (1), Augustin, [Augustin II.
b 1736.

1° Tondreau, Marguerite-Ursule, [Jean II.
b 1736.

Augustin, b... m 16 janvier 1792, à Marie-Joseph Merçan, à Repentigny.[2]

2° Bélanger, Marie-Madeleine.

Augustin, b 1784; s [2] 10 août 1786. — *Jean-Baptiste,* b [2] 20 et s [2] 24 avril 1786.—*Jacques,* b [2] et s [2] 1er avril 1789.

IV.—DUVAL (2), Jean-Bte, [Jean-Bte III.
b 1715; s 22 janvier 1777, à St-Cuthbert.

Dizy, Geneviève.

Rosalie, b... m 12 avril 1790, à Jean-Baptiste Lefebvre, au Cap-de-la-Madeleine. — *Jean-Baptiste,* b... m 4 nov. 1794, à Marguerite Rouillard, à Nicolet.

DUVAL, Louis.

Séguin-St-Julien, Marie-Joseph,
b 1737; s 18 mai 1809, à l'Hôpital-Général, M.

DUVAL, Pierre.

Caron, Marie-Anne,
s 11 juin 1777, à St-Jean-Port-Joli.

1774, (25 juillet) Québec.

I.—DUVAL, Nicolas, fils de Nicolas et de Louise Leclerc, de Port-Royal.

Morin, Marie-Louise. [Jean-Bte.

1775, (17 janvier) Quebec.

III.—DUVAL, Pierre, [Pierre II.
b 1751.

Gauvreau, Louise, [Pierre II.
b 1754.

DUVAL, Joseph.

....

Joseph, b... s 20 juin 1784, à Repentigny.[6] — *Pierre,* b 1780; s [6] 25 août 1784.

1782, (19 août) Ile-aux-Coudres.

III.—DUVAL, Labondance. [Louis II.

Gaudrault, Elisabeth, [Jacques III.
b 1766.

(1) Dit Duponthaut.

(2) Pour son père, voy. Bigot, 1712, vol. II, p. 277.

1788, (7 janvier) Québec.[7]

DUVAL, René-François. [Joseph.

Bellony, Marie-Catherine, [Antoine.
s [7] 18 avril 1797.

1792, (16 janvier) Repentigny.[8]

IV.—DUVAL (1), Augustin. [Augustin III.

Merçan, Marie-Joseph. [Jean-Bte IV.

Augustin, b [8] 29 oct. 1792.—*Marie-Angélique,* b [8] 28 sept. 1795.

1794, (4 nov.) Nicolet.

V.—DUVAL, Jean-Bte. [Jean-Bte IV.

Rouillard, Marguerite. [Joseph IV.

IV.—DUVAL, Noel-François. [François III.

Mignot, Marie-Françoise.

Jean-Baptiste, b 2 oct. 1797, à St-Jean-Port-Joli.

1825, (16 août) Québec.

I.—DUVAL, Joseph-Jacques, commis; fils de Joseph et de Charlotte-Gilles Pomereau, de Paspébiac.

Dubuc (2), Adélaïde. [Jean-Bte.

DUVERGER.—*Variations et surnoms:* Bourgoin — D'Aubusson — Desjardins — De St-Blain—Duraut, 1718—Robert—Verger.

1689.

I.—DUVERGER (3), Antoine.

Jabet de Verchères (4), Marie-Jeanne, [Frs I.
b 1674.

Catherine, b 6 février 1690, à Ste-Famille, I. O.; m 8 janvier 1718, à Paul-François Raimbault, à Contrecœur.—*Marie-Jeanne,* b 1691; s 16 fevrier 1746, à Ste-Anne-de-la-Perade.

1712, (20 nov.) Québec.[8]

I.—DUVERGER (5), Pierre,
b 1686; chirurgien; s [8] 28 nov. 1718.

Lemoine, Marie, [Pierre I.
b 1675; veuve de Jacques Laborde; s [8] 18 déc. 1757.

Charlotte, b [8] 15 sept. 1713; s [8] 30 sept. 1714.—*Marie-Charlotte,* b... s [8] 5 juin 1775.—*Marie-Madeleine,* b [8] 11 juin 1715; s [8] 8 fevrier 1721.

DUVERNAY.—Voy. Crevier — Dehornay-Laneuville.

1732, (7 janvier) Nicolet.

II.—DUVERNAY (6), Joseph. [Jacques I.

Foucault, Elisabeth. [Denis II.

Joseph, b 18 oct. 1732, à la Baie-du-Febvre[5]; m 30 janvier 1747, à Marie-Charlotte Bergeron, à St-Antoine-Tilly.—*Jean-Baptiste,* b [5] 1er oct. 1734.

(1) Dit Duponthaut.

(2) Elle épouse, plus tard, Jean Duval (juge).

(3) Sieur d'Aubusson; lieutenant.

(4) Elle épouse, le 3 oct. 1698, Charles Gloria, à Québec.

(5) Et Bourgoin; voy. vol. II, p. 426.

(6) Et Dehornay-Laneuville, voy. p. 281.

DUVERNAY, Angélique, épouse de François Rassicot.

1789, (23 février) Cap-de-la-Madeleine.

IV.—**DUVERNAY** (1), Jean-Bte, [Antoine III. b 1761.
Maranda, Marie-Anne. [Jean-Bte IV.

1755, (16 sept.) *Québec.* [9]

II.—**DUVERNI** (2), Jacques. [Nicolas I.
Berdin-Lafontaine, Angelique, [Denis I. b 1722.
Jacques-Nicolas, b [9] 16 août 1756 ; s [9] 18 sept. 1782. — *Angélique,* b 1er août 1759, à Lorette ; m [9] 7 août 1781, à Pierre Lamontagne. — *Alexandre,* b [9] 10 nov. 1760 ; m [9] 14 oct. 1783, à Marie-Louise Bourg.

1783, (14 oct.) Quebec.

III.—**DUVERNI** (3), Alexandre, [Jacques II. b 1760.
Bourg, Marie-Louise, Acadienne. [Joseph I.

I.—**DUVERT,** Jacques.
Lemer, Marie. [Claude-Louis I.
Marguerite, b 14 mai 1719, à Verchères.

1761, (23 nov.) Ste-Rose. [3]

I.—**DUVILLARS,** Louis, fils de Pierre et de Marie Desjardins, de Salsbourg, Alsace.
Charles (1), Marie-Frse, [Jean-Bte-Chs III. b 1742.
Anonyme, b [3] et s [3] 12 oct. 1762.

DUVIVIER. — *Surnoms :* De la Fontaine — LeFournier, 1713—Philippe—Rochereau.

I.—**DUVIVIER** (2), Joseph,
b 1662 ; s 4 mai 1722, à Montréal.

....

Jean-Baptiste, b... s 4 janvier 1701, à la Pte-aux-Trembles, M.

DUVIVIER, Marie-Joseph, b 1711 ; s 11 nov. 1741, au Cap-de-la-Madeleine.

DUVIVIER, Hector.
Damours (3), Victoire-Charlotte.

1752, (12 mai) Québec. [9]

I.—**DWYER** (4), Jean, fils de Jean et d'Eléonore Hogan, de Perry, Irlande.
Donaldson, Marie, fille de Jean et de Marie-Anne Bouchet, de Boston ; veuve de George Devery.
Marguerite-Hélène, b [9] 5 juin et s [9] 8 août 1752. —*Jean-Pierre,* b [9] 15 sept. 1753 ; s [9] 30 juillet 1754.

E

I.—**ECHPRATREN,** Anne, épouse de Simon Romarne.

ECUYER.—Voy. Marin de la Marque.

EDELINE. — *Variations :* Deline —Ebeline — Edline.

1675, (16 oct.) Boucherville. [4]

I.—**EDELINE,** Charles,
b 1641, bedeau ; s 27 oct. 1711, à Montréal.[5]
Braconnier, Jeanne,
b 1653 ; veuve de Crespin Thuillier, s [5] 20 février 1711.
Catherine, b [4] 16 février 1677 ; m [4] 27 juillet 1697, à Bertrand DeBluche.—*Charles,* b [4] 16 nov. 1678 ; m 7 fevrier 1701, à Helène Charon, à Longueuil [9] ; s [5] 3 avril 1726. — *François,* b [4] 4 août 1680 ; m à Françoise Latouche.—*Pierre,* b [4] 1er juillet 1683 ; m [9] 21 février 1718, à Louise Patenote. — *Madeleine,* b 1684, m à Guillaume Lalonde ; s 26 dec. 1764, à Soulanges.—*Marie-Anne,* b [4] 29 juillet 1685 ; m 16 oct. 1702, à Etienne Parseillé, à Laprairie. — *Agathe,* b [4] 15 août 1688, s [5] 23 août 1741. — *Louis-Antoine,* b [4] 22 sept. 1690 ; m [9] 15 janvier 1720, à Madeleine Drousson. — *Jean-Baptiste,* b [4] 4 janvier 1693 ; m [9] 29 mai 1712, à Marguerite Benoit ; s [5] 14 août 1715.—*Marie,* b... m 20 nov. 1715, à Louis Doué, à Repentigny.

1701, (7 février) Longueuil [7]

II.—**EDELINE,** Charles, [Charles I.
b 1678 ; s 3 avril 1726, à Montreal.
Charon, Helène, [Pierre I.
b 1682 ; s [7] 8 mars 1738.
Charles, b [7] 11 mai et s [7] 27 août 1704.— *Charles,* b [7] 19 juin 1705, s [7] 29 mars 1724.— *Pierre-Charles,* b [7] 30 juillet 1707 ; 1° m [7] 5 nov. 1731, à Catherine Lussier ; 2° m [7] 28 janvier 1754, à Marie-Joseph Harel.—*Anne,* b [7] 18 sept. 1709, m [7] 16 sept. 1742, à Michel Lamarre-Rouillé. — *Joseph,* b [7] 8 oct. 1711 ; m [7] 6 oct. 1738, à Louise Ducas.—*Laurent,* b [7] 7 dec. 1713 ; s [7] 7 mars 1717. — *Etienne,* b [7] 4 mars et s [7] 11

(1) Dehornay-Laneuville ; voy. ce nom, 1757, p. 282.
(2) Pour Diverny dit St-Germain ; voy. p. 424.
(3) Pour Diverny.

(1) Dit Lajeunesse.
(2) Sergent de la compagnie de Budemont.
(3) Elle épouse, le 31 mars 1761, Louis Roy, à Lanoraie.
(4) Il se fait catholique ainsi que son épouse.

juillet 1716.—*Antoine*, b [7] 31 juillet et s [7] 10 août 1717. — *François*, b [7] 23 janvier et s [7] 11 juillet 1719. —*Jean-Baptiste*, b [7] 27 déc. 1720.

1712, (29 mai) Longueuil. [3]

II.—EDELINE, JEAN-BTE, [CHARLES I.
b 1693; s 14 août 1715, à Montreal.
BENOIT (1), Marguerite, [LAURENT II.
b 1694.
Jean-Baptiste, b [3] 20 août 1712.—*Anonyme*, b et s 29 mai 1714, à Repentigny.—*Marie-Marguerite*, b [3] 30 nov. 1715; s [3] 25 fevrier 1716.

1718, (21 février) Longueuil. [9]

II.—EDELINE, PIERRE, [CHARLES I.
b 1683.
PATENOTE, Louise, [PIERRE II.
b 1697, s 22 mai 1742, à Verchères.
Pierre, b [9] 25 mai 1718; m 11 janvier 1740, à Catherine ROCH, à Varennes.—*Louise-Catherine*, b [9] 15 avril 1721; s [9] 22 mai 1722.—*Angélique*, b [9] 26 août et s [9] 3 nov. 1722. —*François*, b [9] 14 et s [9] 25 juillet 1725.—*Joseph*, b [9] 8 juillet 1726; s [9] 21 mai 1730.—*Etienne*, b [9] 26 dec. 1727; s [9] 6 avril 1733.—*Marie-Louise*, b [9] 10 avril 1729; s [9] 11 avril 1733.—*Jean-Baptiste*, b [9] et s [9] 21 sept. 1730.—*Anonyme*, b [9] et s [9] 8 août 1731.—*Joseph*, b [9] 13 mars 1733.—*Angélique*, b [9] 15 mai 1735.—*Marie-Amable*, b [9] 1er et s [9] 21 juillet 1736.

1720, (15 janvier) Longueuil. [4]

II.—EDELINE, LOUIS-ANTOINE, [CHARLES I.
b 1690, s 6 mai 1758, au Detroit. [6]
DROUSSON (2), Madeleine, [ROBERT I.
b 1689; s 26 août 1747, à Montréal. [5]
Louise, b 1721; m [5] 25 nov. 1743, à Jacques DENIS, s [5] 26 avril 1748.—*Marie-Joseph*, b [5] 22 juin 1722.—*Antoine*, b [4] 14 fevrier 1725; s [4] 20 oct. 1727. — *Louis-Victor*, b [4] 23 dec. 1730; m [6] 14 mai 1759, à Marie THOMAS.

II.—EDELINE, FRANÇOIS, [CHARLES I.
b 1680.
LATOUCHE, Françoise, [ROGER I.
b 1700.
François, b... m à Marie-Louise VALLÉE.—*Marie-Françoise*, b... m 20 oct. 1760, à Michel NASPLAISE, à Verchères.

1731, (5 nov.) Longueuil. [6]

III.—EDELINE, PIERRE-CHS, [CHARLES II.
b 1707.
1° LUSSIER, Marie-Catherine, [PIERRE II.
b 1708; s [6] 15 avril 1750.
Pierre, b [6] 28 juillet et s [6] 2 août 1732.—*Joseph-Amable*, b [6] 31 janvier 1734. — *Louis-Amable*, b [6] 2 mai et s [6] 20 juillet 1736.—*Amable*, b [6] 20 juin 1737; s [6] 1er juillet 1754.—*Marie-Anne*, b [6] 31 oct. 1740, m [6] 14 août 1763, à Pierre DESTROCHES.—*Pierre*, b [6] 22 juin 1746; s [6] 15 janvier 1757.—*Marie-Catherine*, b [6] 23 juin et s [6] 4 sept. 1748.—*Marie-Louise*, b [6] 21 sept. 1749.

(1) Elle épouse, le 2 août 1717, Louis Gautier, à Verchères.

(2) Et Rousson dit Robert.

1754, (28 janvier). [6]
2° HAREL, Marie-Joseph, [JEAN-BTE II.
b 1713; veuve de Jean-Baptiste Lajeunesse.
Marie-Françoise, b [6] 30 nov. 1754. — *Jean-Baptiste*, b [6] et s [6] 18 mars 1757.

1738, (6 oct.) Longueuil. [7]

III.—EDELINE, JOSEPH, [CHARLES II.
b 1711.
DUCAS (1), Louise, [JEAN-BTE I.
b 1718.
Marie-Louise, b... m [7] 28 janvier 1759, à Claude-Joseph JANET.—*Marie-Amable*, b [7] 9 nov. 1739, s [7] 20 juin 1741.—*Joseph-Amable*, b [7] 5 août 1741. — *Charles*, b [7] 7 mai et s [7] 20 juillet 1743. — *Marie-Charlotte*, b [7] 18 avril et s [7] 7 juin 1745.—*Marguerite*, b [7] 23 juillet 1746 — *Charles*, b [7] 28 juin et s [7] 30 juillet 1748. — *Marie-Louise*, b [7] 22 fevrier et s [7] 28 juillet 1751. — *Marie-Archange*, b [7] 14 avril 1752.—*Pierre*, b [7] 11 oct. 1754.

1740, (11 janvier) Varennes. [8]

III.—EDELINE, PIERRE, [PIERRE II.
b 1718.
ROCH, Catherine, [JEAN I.
b 1720.
Catherine, b... m [8] 23 janvier 1764, à George JARY.—*Cécile*, b... m [8] 26 janvier 1767, à Joseph FUGÈRE.—*Marie-Desanges*, b... m [8] 29 juillet 1771, à Louis LEDOUX.

III.—EDELINE, FRANÇOIS. [FRANÇOIS II.
VALLÉE, Marie-Louise.
Marie-Joseph, b... s 24 dec. 1751, à Verchères [3]—*Marie-Victoire*, b [3] 9 mars 1753, m 2 mars 1772, à Michel LHUISSIER, à Boucherville. — *Marie-Desanges*, b [3] 9 oct. 1754. — *Etienne*, b [3] 3 fevrier 1760.

1759, (14 mai) Détroit.

III.—EDELINE, LOUIS-VICTOR, [LOUIS-ANT. II.
b 1730.
THOMAS, Marie. [ANDRÉ I.

EDINE.—*Surnoms* : EDME—LAVIOLETTE.

1754, (11 nov.) Québec. [4]

I.—EDINE (2), FRANÇOIS, fils de Michel et d'Anne LeBon, de Montigni, diocèse de Bayeux, Normandie.
BELLEFEUILLE (3), Marie-Louise, [LOUIS I.
b 1737.
Marie-Louise, b [4] 8 déc. 1754; s [4] 19 mai 1755. —*Marie-Louise*, b [4] 2 et s [4] 25 oct. 1756.—*Marie-Louise*, b [4] 18 sept. 1757.—*Jacques-François*, b [4] 28 janvier et s [4] 11 avril 1760.

EDMOND.—Voy. EMOND.

I.—EGÉ (4), ELIE, b 1651; s 9 mars 1734, à Montreal.

(1) Dit Labrèche.

(2) Dit Laviolette—Edme.

(3) Elle épouse, le 18 nov. 1760, Joseph Berdin, à Québec

(4) Serviteur des sœurs de la congrégation de Notre-Dame.

ELBEUF, SIMON,
s 14 février 1795, à Québec.
CLOUTIER, Marie-Joseph.

ELOT, JULIEN.—Voy. HELLOT.

ELOT (1), ...
......, Marie-Madeleine.
Marie, b... m 28 avril 1760, à Joseph ROY, à St-Valier.

ELY.—Voy. LIÉNARD.

I.—EMANUEL, MICHEL.
BAUDREAU (2), Madeleine.
Pierre, b... m 7 janvier 1792, à Marie-Charlotte LEFEBVRE, au Cap-de-la-Madeleine.

1792, (9 janvier) Cap-de-la-Madeleine.

II.—EMANUEL, PIERRE. [MICHEL I.
LEFEBVRE, Marie-Charlotte. [JACQUES.

EMARD.—Voy. AYMARD.

I.—EMAY, LOUIS-HENRI,
coutelier.
....
Louis-Henri, b et s 27 août 1736, à Lorette.

I.—EMBANDAOUR, JOSEPH.
BONASSE, Marie.
Joseph, b 23 nov. 1745, à St-Joseph, Beauce.

EMELOIR.—Voy. DELIÈRES-BONVOULOIR.

1760, (24 nov.) St-Ours.

EMERIAU (3), ANTOINE.
BENOIT, Marie-Anne, [JEAN-FRANÇOIS III.
b 1740.

EMERY.—Voy. CODERRE.

I.—EMERY (4), GASPARD,
b 1668.
COEFFARD (5), Marie-Thérèse,
b 1686.

EMOND.—*Variations* : AYMOND—EDMOND—HAIMOND—HÉMOND.

EMOND, MARIE-MADELEINE, épouse de François HÉLOT.

EMOND, THÉRÈSE, épouse de Joseph PAQUET.

EMOND, ANGÉLIQUE, epouse de Maurice OUELLET.

(1) Dit Labrie—Jannot.

(2) Dit Graveline.

(3) Hémério-Bélair.

(4) Dit Lasonde : chirurgien. Aux régistres de la paroisse de Beauport, année 1717, ce nom a été ecrit Ainceri.

(5) Elle épouse, le 14 sept. 1718, Henri Coffinier, à Québec.

1663, (22 oct.) Québec.

I.—EMOND (1), RENÉ,
b 1636.
LAFAYE, Marie,
b 1633 ; s 29 déc. 1708, à St-François, I. O.[1]
Robert, b 22 août 1671, à Ste-Famille, I. O.[2] ; m[1] 22 fevrier 1694, à Catherine DOMPIERRE ; s[1] 3 mai 1740. — *Anne*, b[1] 28 juillet 1679 ; m[2] 20 avril 1706, à François BRETONNET.

1690, (31 janvier) Rivière-Ouelle.[3]

I.—EMOND (1), PIERRE,
b 1665.
GRONDIN, Agnès, [JEAN I.
b 1673 ; s 24 nov. 1752, à Québec.[3]
Marie-Agnès, b[2] 15 février 1691 ; 1° m[2] 4 mai 1711, à Pierre DEFONTROUVER ; 2° m 5 mai 1749, à Michel-Charles MIVILLE, à Terrebonne.—*Pierre*, b 1692 ; m[2] 5 fevrier 1714, à Madeleine MIGNOT ; s[3] 18 nov. 1749.—*Marie-Angélique*, b[2] 20 sept. 1695 ; 1° m[2] 14 janvier 1710, à Jean-Baptiste DUFAUT ; 2° m 5 février 1722, à François HUDON, à Ste-Anne-de-la-Pocatière.—*Joseph*, b[2] 14 mars 1698 ; m à Thérèse MIGNOT ; s[2] 22 mai 1721. — *Augustin*, b[2] 29 juin 1700 ; m[2] 7 août 1720, à Ursule MIGNOT. — *Marie-Angélique*, b[2] 12 nov. 1702. — *Cécile*, b 1704 ; 1° m[2] 8 janvier 1721, à Louis DUBÉ ; 2° m 1754, à Jean MOYEN ; s[2] 21 février 1775. — *Marie-Anne*, b[2] 12 sept. 1706 ; m 18 août 1727, à Mathurin DUBURON, à St-Ours.—*Jean-Baptiste*, b[2] 11 février 1709 ; m[3] 1er août 1729, à Marie-Anne NADEAU.—*Geneviève*, b[2] 27 nov. 1712 ; m 4 nov. 1736, à Michel GIRARD, aux Trois-Rivières.—*Marguerite*, b... m[3] 4 mai 1733, à Michel ROY.

1694, (22 février) St-François, I. O.[4]

II.—EMOND (2), ROBERT, [RENÉ I.
b 1671 ; s[4] 3 mai 1740.
DOMPIERRE (3), Catherine, [CHARLES I.
b 1673 ; s[4] 4 fevrier 1736.
Jean, b... m[4] 25 oct. 1717, à Anne-Cécile GUIMOND.—*François*, b[4] 18 avril 1702 ; m[4] 17 fevrier 1727, à Françoise ASSELIN ; s[4] 1er fevrier 1736. —*Michel*, b[4] 8 mars 1708 ; 1° m[4] 26 janvier 1728, à Agathe JINCHEREAU ; 2° m[4] 17 fevrier 1744, à Marguerite GAGNON ; s[4] 7 février 1775. — *Marie-Geneviève*, b 25 fevrier 1710, à Ste-Famille, I.O.[5] —*Anonyme*, b[5] et s[5] 21 juin 1712.—*Gervais*, b[4] 24 sept. 1713 ; 1° m 27 août 1731, à Louise GUIMOND, à Ste-Anne[6] ; 2° m[4] 13 fevrier 1764, à Madeleine MERCIER ; s[6] 17 juillet 1788.—*Ignace*, b... m[6] 6 oct. 1734, à Angélique BARETTE ; s 17 juillet 1788, à Quebec.

1696.

II.—EMOND, RENE, [RENÉ I.
b 1677.
SENELÉ (4), Louise, [JEAN I.
b 1678 ; s 25 janvier 1703, à St-François, I. O.[7]

(1) Voy. vol. I, p. 224.

(2) Et Aymond ; voy. vol. I, p. 224.

(3) Dit St-Martin.

(4) Et Senelle-Picard.

Pierre, b [7] et s [7] 4 sept. 1698.—*Marie-Charlotte*, b 1699; m [7] 17 nov. 1727, à Marc DOMPIERRE.—*Marie-Françoise*, b 24 août 1701, à Ste-Famille, I. O.; m 6 février 1730, à Joseph GENDRON, à Berthier.

1714, (5 février) Rivière-Ouelle. [8]

II.—EMOND (1), PIERRE, [PIERRE I.
b 1692; s 18 nov. 1749, à Québec. [9]
MIGNOT, Marie-Madeleine, [JEAN I.
b 1690.

Marie-Madeleine, b [8] 10 et s [8] 19 août 1716.—*Marie-Joseph*, b [8] 30 juillet 1717; m [8] 19 sept. 1746, à Louis VENNE.—*Pierre*, b [8] 25 mai 1720, m [9] 30 oct. 1747, à Marie-Louise LEFEBVRE; s [9] 26 avril 1783. — *Nicolas*, b 15 août 1725, à St-Jean, I. O.; s [9] 6 avril 1751.—*Dorothée*, b... m [9] 6 avril 1761, à Antoine GAUVIN-DUTOUR.

1717, (25 oct.) St-François, I. O. [1]

III.—EMOND, JEAN. [ROBERT II.
GUIMOND, Anne-Cécile, [JOSEPH II.
b 1688; veuve de Michel Amaury.

Jean, b [1] 18 sept. 1718; 1° m [1] 22 août 1736, à Geneviève BILODEAU; 2° m [1] 5 août 1748, à Geneviève GENDRON.—*François*, b [1] 25 oct. 1720; m [1] 9 oct. 1741, à Elisabeth GENDRON; s [1] 18 avril 1761.—*Dorothée*, b [1] 12 juin et s [1] 20 juillet 1722. —*Michel*, b [1] 2 août 1723.—*Joseph*, b [1] 28 avril 1725; s [1] 20 juillet 1726.—*Marie-Louise*, b [1] 15 juin et s [1] 1er oct. 1728.

EMOND, JEAN-BTE.—Voy. HAIMOND, 1718.

II.—EMOND, JOSEPH, [PIERRE I.
b 1698; s 22 mai 1721, à la Rivière-Ouelle [2]
MIGNOT, Marie-Thérèse, [JEAN I.
b 1694.

Jean-Baptiste, b [2] 16 nov. 1720; 1° m 22 février 1745, à Marie-Madeleine OUELLET, à Ste-Anne-de-la-Pocatière; 2° m 24 nov. 1756, à Marie-Claire BERNIER, au Cap-St-Ignace.

1720, (7 août) Rivière-Ouelle. [3]

II.—EMOND, PIERRE-AUGUSTIN, [PIERRE I.
b 1700.
MIGNOT, Marie-Ursule, [JEAN I.
b 1699; s [3] 4 avril 1758.

Marie-Ursule, b [3] 14 juin 1721; m [3] 10 mai 1745, à Louis BÉRUBÉ. — *Marie-Françoise*, b... 1° m [3] 23 oct. 1747, à Louis BÉCHARD; 2° m [3] 11 avril 1758, à François BERGERON; 3° m [3] 8 juin 1761, à Joseph PILOTE. — *Madeleine*, b... m [3] 1er mai 1752, à Antoine GAGNON. — *Louis*, b... m [3] 10 janvier 1752, à Marie-Reine SOUCY. — *Dorothée*, b [3] 30 janvier 1733. — *Geneviève-Gabrielle*, b [3] 24 mars 1735; m [3] 7 janvier 1767, à Jacques ROUSSEL. — *Jean-Baptiste*, b [3] 9 juin 1737; m [3] 21 juin 1762, à Marie-Joseph LEVÊQUE. — *Marie-Catherine*, b [3] 16 fevrier 1740; m [3] 22 oct. 1781, à Charles SOUCY. — *Marie-Angélique*, b [3] 16 février 1740.—*Marie-Louise*, b [3] 17 juillet et s [3] 6 août 1743. — *Marie*, b... m [3] 16 janvier 1765, à Jacques GAUTIER.

(1) Et Aymond; voy. aussi ce nom, vol. II, p. 90.

1727, (17 fevrier) St-François, I. O. [7]

III.—EMOND (1), FRANÇOIS, [ROBERT II.
b 1702; s [7] 1er février 1736.
ASSELIN (2), Françoise, [JACQUES II.
b 1703.

François, b [7] 11 janvier et s [7] 25 mars 1728.—*Marie-Angélique*, b [7] 13 février 1729; s [7] 29 août 1730. — *Joseph*, b [7] 14 oct. 1730; 1° m [7] 8 avril 1755, à Marie JOLIN; 2° m [7] 18 oct. 1756, à Madeleine GAGNON. — *Louis*, b [7] 25 avril 1732; m 31 janvier 1757, à Marie-Joseph BOISSONNEAU, à St-Jean, I. O. [8] — *Anonyme*, b [7] et s [7] 12 août 1733.—*Jean-Marie*, b [7] 15 déc. 1734; m [8] 2 fevrier 1761, à Marie-Angélique ASSELIN.—*Marie-Françoise* (posthume), b [7] 8 et s [7] 25 mars 1736.

1728, (26 janvier) St-François, I. O. [6]

III.—EMOND (1), MICHEL, [ROBERT II.
b 1708, s [6] 7 février 1775.
1° JINCHEREAU, Agathe, [JEAN-BTE II.
b 1701.

Marie-Louise, b [6] 28 mai 1729; m [6] 4 nov. 1755, à Joseph LHEUREUX; s 14 fevrier 1767, à Ste-Famille, I. O.—*Michel*, b [6] 6 oct. 1730; m 29 oct. 1753, à Angelique CÔTÉ, à St-Pierre, I. O.—*Marie-Thérèse*, b [6] 13 avril et s [6] 14 août 1732.—*Marie-Madeleine*, b [6] 26 juin 1733; m [6] 1er fevrier 1762, à Louis GAGNON; s [6] 13 février 1778.—*Joseph-Marie*, b [6] 4 avril 1735. — *Marie-Thècle*, b [6] 3 mars 1737; m [6] 5 nov. 1753, à Joseph-Marie CÔTÉ.— *Elisabeth*, b [6] 15 juin et s [6] 2 août 1739.

1744, (17 fevrier). [6]

2° GAGNON, Marguerite, [JEAN III.
b 1703; s [6] 10 janvier 1783.

1729, (1er août) Québec. [3]

II.—EMOND, JEAN-BTE, [PIERRE I.
b 1709.
NADEAU, Marie-Anne, [JEAN-BTE II.
b 1720; veuve d'Augustin Guignard.

Jean-Baptiste, b [3] 31 mars 1733.

1731, (27 août) Ste-Anne.

III.—EMOND (1), GERVAIS, [ROBERT II.
b 1713; s 17 juillet 1788, à Québec
1° GUIMOND, Louise. [JOSEPH II.

Marie-Louise, b 23 juillet 1733, à St-François, I. O. [1]; m [1] 10 oct. 1746, à Denis GAGNÉ; s [1] 7 juillet 1748. — *Thècle*, b [1] 23 janvier 1736; s [1] 2 janvier 1748.—*François*, b [1] 1er déc. 1738; s [1] 11 fevrier 1739.

1764, (13 février). [1]

2° MERCIER, Madeleine, [PIERRE III.
veuve de Joseph Asselin.

1734, (6 oct.) Ste-Anne

III.—EMOND (1), IGNACE, [ROBERT II.
s 9 dec. 1757, à St-François, I. O. [2]
BARETTE (3), Angelique-Geneviève, [PIERRE II.
b 1711.

(1) Et Aymond.

(2) Elle épouse, le 4 juillet 1737, Augustin Marceau, à St-François, I. O.

(3) Elle épouse, le 19 février 1759, Simon Turcot, a St-François, I. O.

Dorothée, b [2] 16 juillet 1736; 1° m [2] 18 janvier 1751, à Jacques Baudon; 2° m [2] 2 février 1756, à Pierre Gagné; s [2] 20 déc. 1772. — *Jean-Baptiste*, b [2] 24 février 1738; m [2] 30 janvier 1765, à Félicité Gagnon.

1736, (22 août) St-François, I. O. [2]
IV.—EMOND (1), Jean, [Jean III.
b 1718.
1° Bilodeau, Geneviève, [Antoine II.
b 1708; s [2] 5 avril 1748.
Geneviève, b [2] 17 et s [2] 30 sept. 1737. — *Marie-Geneviève*, b [2] 30 oct. 1738; m [2] 29 oct. 1761, à Louis Boissier.—*Marie-Madeleine*, b [2] 23 février 1741; m [2] 20 juin 1757, à Louis Pepin. — *Dorothée*, b [2] 9 mai 1743. — *Jean*, b [2] 1er avril 1746; s [2] 8 nov. 1748.—*Marie-Joseph*, b [2] 12 mars et s [2] 13 juillet 1748.
1748, (5 août). [2]
2° Gendron, Geneviève, [Jos.-Jacques III.
b 1718.
Marie-Joseph, b [2] 14 nov. 1749; m [2] 20 fevrier 1775, à Jean Lescabiet. — *Marie-Basilisse*, b [2] 7 mai 1751. — *Elisabeth*, b [2] 1er janvier 1753; m [2] 19 août 1776, à Ignace Caron. — *Jean-Baptiste*, b [2] 19 août 1754; m [2] 10 juin 1776, à Marie-Thècle Guyon.— *Angélique*, b [2] 27 février 1756. —*Marie-Geneviève*, b [2] 1er et s [2] 14 janvier 1758. —*Marie-Charles*, b [2] 27 août 1761.

1741, (9 oct.) St-François, I. O. [3]
IV.—EMOND, François (2), [Jean III.
b 1720; s [3] 18 avril 1761.
Gendron, Elisabeth. [Joseph-Jacques III.
Marie-Elisabeth, b [3] 5 juillet 1742; m [3] 4 nov. 1765, à Joseph Plante. — *Jean-François*, b [3] 11 déc. 1743; s [3] 18 oct. 1744.— *Joseph*, b [3] 13 août 1745; m [3] 26 août 1765, à Marie-Joseph Leureau.—*Louise*, b [3] 24 nov. 1747; m [3] 26 février 1770, à Louis Mirray. — *Marie-Joseph*, b [3] 13 avril 1750. — *Jean-Baptiste*, b [3] 30 sept. 1752; m 17 oct. 1774, à Marie Larrivée, à Québec.— *Louis-Marie*, b [3] 1er nov. 1754, m [3] 2 mars 1778, à Marie-Brigitte Guyon. — *Alexandre*, b [3] 5 mai 1757.—*Augustin*, b 1758; s [3] 28 dec. 1769.

I.—EMOND, Jean, Acadien.
Blanchard, Marie, Acadienne.
Pierre, b... m 16 nov. 1767, à Marie-Thérèse Fradet, à St-Valier.

I.—EMOND, Jean-Pierre, Acadien.
Godet (3), Marie-Rose, Acadienne.

(1) Et Aymond.

(2) Appele Jean.

(3) Elle épouse, le 19 oct. 1767, Louis Boutin, à St-Valier. Elle expose, le 1er sept. 1767, que son mari, pris par les Anglais, a été transporté à Philadelphie; qu'elle s'est réfugiée, avec quelques parents, en 1755, à St-Valier; que, désirant épouser Louis Boutin, elle produit un certificat du R. P. Louis, missionnaire de Becancour, par lequel Olivier Thibodeau, arrivé de la Nouvelle-Angleterre, atteste avoir une lettre qui marquait la mort de son mari; de plus, qu'un nommé Tempdoux, Acadien, venant de Philadelphie, porteur des hardes du dit Jean-Pierre Emond, dit l'avoir enseveli. (Registre des procès-verbaux, 1767).

I.—EMOND, Jean.
Pelletier, Angélique.
Jean, b... m 13 nov. 1769, à Thérèse Lebel, à Ste-Anne-de-la-Pocatière. [4] — *Félicité*, b... m [4] 2 mars 1772, à Joseph Ouellet.

1745, (22 février) Ste-Anne-de-la-Pocatière. [8]
III.—EMOND, Jean-Bte, [Joseph II.
b 1720.
1° Ouellet, Marie-Madeleine, [Joseph III.
b 1726.
Marie-Madeleine, b [8] 15 janvier 1746; s [8] 1er juillet 1753. — *Marie-Joseph*, b [8] 22 mai et s [8] 19 juillet 1747. — *Marie-Anne-Françoise*, b [8] 16 juin et s [8] 8 août 1748. — *Jean-François*, b [8] 14 et s [8] 25 juillet 1749.—*Joseph-Marie*, b [8] 19 sept. 1750. —*Jean-Henri*, b [8] 20 fevrier et s [8] 12 avril 1752. —*Pierre-Henri*, b [8] 6 mars 1754.
1756, (24 nov.) Cap-St-Ignace.
2° Bernier, Marie-Claire, [Alexandre III.
b 1723; veuve de Nicolas Durand.
Marie-Joseph, b [8] 2 déc. 1759.—*Marie-Victoire*, b [8] 18 janvier 1761.

1747, (30 oct.) Québec. [1]
III.—EMOND (1), Pierre, [Pierre II.
b 1720; s [1] 26 avril 1783.
Lefebvre, Marie-Louise, [Joseph III.
b 1726.

1752, (10 janvier) Rivière-Ouelle. [4]
III.—EMOND, Louis. [Pierre-Augustin II.
Soucy, Marie-Reine, [Pierre III.
b 1734; s [4] 25 mars 1780.
Louis, b [4] 16 nov. 1752; m 27 nov. 1780, à Marie-Joseph Michaud, à Kamouraska.—*Jean-Théodore*, b [4] 13 avril 1755. — *Marie-Angélique*, b [4] 15 mars 1757; s [4] 1er mai 1778.—*Marie-Reine*, b [4] 28 fevrier 1759; s [4] 19 nov. 1760.

1753, (29 oct.) St-Pierre, I. O.
IV.—EMOND, Michel, [Michel III.
b 1730.
Coté, Marie-Angélique, [Pierre IV.
b 1735.
Michel, b 3 février 1755, à St-François, I. O. [4] —*Joseph*, b [4] 4 avril 1756; s [4] 12 août 1757. — *Marie-Angélique*, b [4] 5 et s [4] 21 mars 1758. — *Pierre*, b [4] 22 oct. 1760; s [4] 26 janvier 1782.— *Joseph*, b [4] 4 et s [4] 5 janvier 1763.—*Jean-Baptiste*, b [4] 20 février 1764; s [4] 7 mai 1773.—*Marie-Angélique*, b [4] 17 fevrier 1766.— *Marie-Agathe*, b [4] 15 avril 1768; s [4] 18 avril 1783. — *Anonyme*, b [4] et s [4] 22 mars 1770. —*Anonyme*, b [4] et s [4] 9 juillet 1771. — *Louis*, b [4] 4 et s [4] 18 août 1773. — *Jean-Baptiste*, b [4] 30 sept. 1774.

1755, (8 avril) St-François, I. O. [1]
IV.—EMOND, Joseph, [François III.
b 1730.
1° Jolin, Marie, [Simon II.
b 1735; s [1] 27 nov. 1755.

(1) Marie sous le nom de Aymond.

1756, (18 oct.)[1]
2° GAGNON, Madeleine, [ANTOINE IV.
b 1741.
Joseph-Marie, b[1] 15 juillet 1758. — *Augustin*, b[1] 14 oct. 1760. — *Marie-Madeleine*, b[1] 16 janvier 1762. — *Marguerite*, b[1] 17 janvier 1765. — *Jean*, b[1] 9 janvier 1767; s[1] 13 mars 1770. — *Louis*, b[1] 1er oct. 1768.

1757, (31 janvier) St-Jean, I. O.[2]
IV.—EMOND, LOUIS, [FRANÇOIS III.
b 1732.
BOISSONNEAU (1), Marie-Joseph, [JEAN-BTE III.
b 1738.
Marie-Joseph, b[2] 8 avril et s 13 sept 1758, à St-François, I. O.[5] — *Marie-Joseph*, b[5] 31 dec. 1764.

1761, (2 février) St-Jean, I. O.[2]
IV.—EMOND, JEAN-MARIE, [FRANÇOIS III.
b 1734.
ASSELIN, Marie-Angélique, [JEAN III.
b 1727; veuve de Joseph Laisné.
Angélique, b[2] 31 juillet 1762. — *Marie-Geneviève*, b[2] 14 fevrier 1764.

1762, (21 juin) Rivière-Ouelle.[6]
III.—EMOND, JEAN-BTE, [PIERRE-AUGUSTIN II.
b 1737.
LÉVÊQUE, Marie-Joseph, [JEAN-BERNARD III.
b 1739.
Augustin, b[6] 6 mai 1763.

1762, (6 sept.) Quebec.
I.—EMOND (2), PIERRE,
menuisier.
NAVARRE, Françoise-Régis, [JEAN I.
b 1738.

1765, (30 janvier) St-François, I. O.
IV.—EMOND (3), JEAN-BTE, [IGNACE III.
b 1738.
GAGNON, Félicité, [JEAN IV.
b 1740.

1765, (26 août) St-François, I. O.[3]
V.—EMOND (3), JOSEPH, [FRANÇOIS IV.
b 1745.
LEUREAU (4), Marie-Joseph, [SIMON III.
b 1734.
Joseph-Marie, b[3] 11 juillet 1766.—*Marie-Joseph*, b[3] 29 août 1767.—*Jacques*, b[3] 12 oct. 1768.—*Marie-Basilisse*, b[3] 10 avril 1770.—*Augustin*, b[3] 3 mars 1772.—*Marie-Louise*, b[3] 28 sept. 1773.—*Hélène*, b[3] 15 janvier 1775.

EMOND (3), JULIEN.
BIRON, Angelique.
Jean, b 24 février 1767, à St-François, I. O.[3]—*Marie-Louise*, b[3] 2 juillet 1772.

(1) Dit St-Onge.
(2) Dit Pierre.
(3) Et Edmond.
(4) Et Lheureux.

1767, (16 nov.) St-Valier.
II —EMOND, PIERRE. [JEAN I.
FRADET, Marie-Therèse. [JACQUES II.

1769, (13 nov.) Ste-Anne-de-la-Pocatière.
II.—EMOND, JEAN, [JEAN I.
LEBEL, Thérèse, [JOSEPH II.
b 1716, veuve de Joseph Lisotte.

1774, (17 oct.) Québec.
V.—EMOND (1), JEAN-BTE, [FRANÇOIS IV.
b 1752.
LARRIVÉE, Marie. [JOSEPH.
Marie-Charles, b 16 mars 1777, à Lachenaye.[7] —*Marie-Anne*, b[7] 26 juillet 1786.

1776, (10 juin) St-François, I. O.
V.—EMOND (2), JEAN-BTE, [JEAN IV.
b 1754.
GUYON, Marie-Thècle, [CLAUDE V.
b 1751.

1778, (2 mars) St-François, I. O.
V.—EMOND (2), LOUIS, [FRANÇOIS IV.
b 1754.
GUYON, Marie-Brigitte, [JOSEPH V.
b 1753.

1780, (27 nov.) Kamouraska
IV.—EMOND, LOUIS, [LOUIS III.
b 1752.
MICHAUD, Marie-Joseph, [JOSEPH IV.
b 1762.

EMOND, BARTHÉLEMI.
OUELLET, Marie-Julie.
Marie-Julie, b 21 avril 1799, aux Trois-Pistoles.

ENAUD. — *Variations et surnoms :* ENAU — ENAULT—HAINAUD— HAINAULT—HAINAUT—HÉNAUD— HÉNAULT— HÉNAUT—HUNAULT—CANADA—NAUD.

1662, (8 août) Québec.[1]
I.—ENAUD (3), MICHEL,
b 1636; s[1] 3 sept. 1701.
MACRÉ, Geneviève,
b 1636.
Hélène, b 16 avril 1668, au Château-Richer; m 14 juin 1684, à Fabien PRÉJEAN, à St-Laurent, I. O.— *Eléonore*, b 24 mars 1673, à Ste-Famille, I. O.; m 17 nov. 1692, à Jean CHABOT, à St-Pierre, I. O.

1688, (3 fevrier) Sorel.[2]
I.—ENAUD (4), PIERRE,
s[2] 5 mai 1711.
RATEL, Marie-Anne, [PIERRE I.
b 1670; s 17 oct. 1711, à Montreal.[3]

(1) Et Hémond.
(2) Et Edmond
(3) Voy. vol. I, p. 224.
(4) Dit Canada; voy. vol. I, p. 224.

Pierre, b [3] 11 sept. 1691 ; m 1721, à Geneviève GÉNÉREUX.—*Pierre*, b [2] 27 janvier 1694 ; m 1720, à Marguerite PIETTE. — *Marie*, b [2] 9 juillet 1696 ; m [2] 20 fevrier 1713, à Charles BOUCHER ; s 8 juillet 1741, à St-Frs-du-Lac. — *Jeanne-Hilaire*, b [2] 9 mai 1698. — *Marie-Anne*, b... m [2] 22 nov. 1719, à Jean-Baptiste SAVIGNAC. —*Marie-Thérèse*, b [2] 10 avril 1700.—*Marie-Geneviève*, b 27 mai 1709, à l'Ile-Dupas ; m [3] 23 avril 1731, à François ROBIDOUX.

1720.

II.—ENAUD (1), PIERRE, [PIERRE I.
b 1694.
PIETTE, Marguerite, [PIERRE II.
Marie-Madeleine, b 3 juin 1721, à l'Ile-Dupas. — *Marie-Joseph*, b 26 mai 1724, à Sorel.[6] —*Jean-Baptiste*, b [6] 2 fevrier 1725

1721.

II.—ENAUD, PIERRE, [PIERRE I.
b 1691.
GÉNÉREUX, Geneviève.
François, b 20 oct. 1725, à Sorel ; m à Charlotte LAFRANCE-HUBERDEAU. — *Simon*, b... m 12 février 1753, à Catherine DESORCY, à l'Ile-Dupas

---

ENAUD, JEAN-BTE.—Voy. NAUD, 1741.

ENAUD, JOSEPH.
MIGNERON, Catherine, [SÉBASTIEN II
b 1692.
Barthélemi-Louis, b 10 janvier 1739, à Québec.

1753, (12 février) Ile-Dupas. [2]

III.—ENAUD (2), SIMON. [PIERRE II.
DESORCY, Catherine, [GABRIEL III.
b 1731.
Marie-Anne, b [2] 12 juillet 1766.

III.—ENAUD, FRANÇOIS, [PIERRE II
b 1725.
LAFRANCE (3), Charlotte.
Antoine, b 22 juillet 1761, à l'Ile-Dupas [2] ; m [2] 4 fevrier 1782, à Marie-Joseph FAUTEUX.

1782, (4 février) Ile-Dupas.

IV.—ENAUD, ANTOINE, [FRANÇOIS III.
b 1761.
FAUTEUX, Marie-Joseph. [PIERRE III.

ENCOUGNIER.—Voy. LANCOGNET.

ENFOURS.—*Surnom :* LAMOUREUX.

(1) Dit Canada.
(2) Dit Canada ; marié sous le nom de Hénault.
(3) Dit Huberdeau.

1757, (24 oct.) Montréal.

I.—ENFOURS (1), ETIENNE, b 1727 ; fils de Claude et de Marie Arnique, de St-Martin, Marseilles, Provence.
MARIN, Charlotte. [PAUL.

I.—ENGAY, ETIENNE.
LAVIOLETTE, Louise.
Marie-Louise, b 10 oct. et s 28 déc. 1761, aux Trois-Rivières.

1782, (12 février) Québec. [4]

I.—ENNIS, GUILLAUME, b 1747 ; fils de Waster et de Marguerite French, de St-Pierre de Leinster, Irlande ; s [4] 9 juillet 1794.
GAUDIN (2), Marie-Madeleine, [NICOLAS.

ENOUILLE.—*Surnoms*. DAUTREPE—LANOIX.

1712, (19 janvier) Québec. [4]

I.—ENOUILLE (3), LOUIS, b 1682, fils de Guillaume et de Marie Ledoux, de St-Landry, Paris ; s [4] 22 mars 1743.
DELAUNAY, Marie-Madeleine, [HENRI II.
b 1694.
Marie-Charlotte, b [4] 14 avril 1712, s [4] 18 juin 1713.—*Louis*, b [4] 10 nov. 1713 ; s [4] 6 avril 1715.—*Michel-Antoine*, b [4] 28 sept. 1715 ; s [4] 11 nov. 1718. —*Jean-Baptiste*, b [4] 4 juillet 1717.—*Louis-Jacques*, b [4] 30 juin 1719, m [4] 26 nov. 1740, à Ursule LECOURT.—*Augustin*, b... m à Angelique DUCHESNE. —*Madeleine*, b [4] 11 et s [4] 19 août 1721. — *Marie-Françoise*, b [4] 29 août 1722, m [4] 1er janvier 1744, à Yves AIDE-CREQUY —*Suzanne*, b [4] 4 nov. 1724 ; s [4] 7 mai 1733.—*François*, b [4] 17 juillet 1726 ; m 19 nov. 1751, à Michelle GRISÉ, à St-Antoine-de-Chambly. — *Marie-Madeleine*, b [4] 30 avril 1728 ; s [4] 10 mai 1733. — *Marie-Geneviève*, b [4] 27 mai 1730 ; m [4] 29 janvier 1753, à Joseph BOUCHER. — *Joseph*, b [4] 4 mai 1732, m [4] 6 fevrier 1775, à Marie-Louise HALLÉ. — *Marie-Madeleine*, b [4] 11 janvier 1734.—*Antoine*, b [4] 25 nov. 1735 ; s [4] 16 janvier 1737.

1740, (26 nov.) Québec. [9]

II.—ENOUILLE (4), LOUIS-JACQUES, [LOUIS I.
b 1719
LECOURT, Ursule-Jeanne, [MICHEL I.
b 1702, veuve de Dominique Pampalon ; s [9] 31 oct. 1757.
Marie-Madeleine-Ursule, b [9] 31 mars 1743.— *Louis*, b [9] 8 août 1745, s [9] 3 nov. 1746.

II.—ENOUILLE (4), AUGUSTIN. [LOUIS I.
DUCHESNE, Angelique.
Marie-Joseph, b... m 30 janvier 1758, à Jacques MACE, à St-Antoine-de-Chambly.

(1) Dit Lamoureux ; soldat.
(2) De la Poterie.
(3) Soldat de la compagnie d'Alogny ; il s'est marié sous le nom de Dautrepe dit Lanoix ; voy. p. 252.
(4) Et Dautrepe dit Lanoix.

1751, (19 nov.) St-Antoine-de-Chambly. [3]
II.—ENOUILLE (1), FRANÇOIS, [LOUIS I.
b 1726.
GRISÉ, Marie-Michelle, [ANTOINE I.
François, b [3] 23 janvier 1752; m 23 février 1778, à Marie-Joseph GÉLINA, à l'Ile-Dupas. — *Louis*, b [4] 19 février 1753; s [3] 18 avril 1755.— *Antoine*, b [3] 1er avril 1754; s [3] 3 nov. 1755 — *Marie-Marthe*, b [3] 3 avril 1755. — *Raymond*, b [3] 28 février 1757; s [3] 15 juin 1759—*Pierre*, b [3] 27 oct. et s [3] 21 nov. 1758 — *Julienne-Claire*, b . m 15 nov. 1791, à Martin CHENNEQUY, à Quebec.

1775, (6 février) Québec. [8]
II.—ENOUILLE (1), JOSEPH, [LOUIS I.
b 1732.
HALLÉ, Marie-Louise, [JEAN-BTE III.
b 1752; s 14 sept. 1842, à St-Roch, Q.
Joseph, b [8] 18 et s [8] 19 février 1776.

1778, (23 fevrier) Ile-Dupas. [8]
III.—ENOUILLE (1), FRANÇOIS, [FRANÇOIS II.
b 1752.
GÉLINA (2), Marie-Joseph, [MICHEL IV.
b 1757.
Joseph, b [8] 6 juillet 1780. — *Marie-Joseph*, b [8] 27 mai 1782.

1741, (16 août) Montréal.
I.—ENSELIN, LOUIS, b 1706, soldat; fils de Joseph et de Suzanne Vathios, de Condé-sur-Marne, diocèse de Reims, Bourgogne.
POIRIER, Marie-Louise-Helène, [PIERRE I.
b 1707; veuve de Jean-Baptiste Vignau.

ERICHÉ. — *Variation et surnom :* RICHER — LOUVETEAU.

1698, (7 avril) Montréal. [3]
I.—ERICHÉ (3), JACQUES,
b 1664.
JOFFRION, Marie, [PIERRE I.
b 1672; veuve de Pierre LaVarraine; s [3] 11 mars 1756.
Anne, b [3] 18 fevrier 1699; m 1713, à Jean-Baptiste JOLY.—*François*, b [3] 22 oct. 1702; 1° m à Marie-Anne BRUNET; 2° m 11 oct. 1745, à Marie-Joseph LENORMAND, au Sault-au-Recollet. —*Jean-Baptiste*, b [3] 15 avril 1705; m [3] 22 janvier 1731, à Marie JARRY. — *Marie-Madeleine*, b [3] 29 août et s [3] 1er sept. 1706. — *Michel*, b [3] 30 sept. 1707.—*Jean*, b [3] 4 nov. 1708; s [3] 29 janvier 1709. —*Marie-Madeleine*, b [3] 12 dec. 1709.— *Philippe-René*, b [3] 23 nov. et s [3] 14 déc. 1710. — *Françoise*, b 1712; s [3] 27 dec. 1714.—*Marguerite*, b [3] 6 mai et s [3] 24 juin 1713.—*Marie-Anne*, b [3] 24 janvier 1715; s [3] 2 mars 1730. — *Charles-Augustin*, b [3] 17 mars 1716.—*Michel*, b [3] 18 juillet 1717.— *Marie-Agnès*, b [3] 23 sept. et s [3] 5 nov. 1718.

(1) Dit Lanoix.
(2) Dit Lacourse.
(3) Et Richer dit Louveteau; voy. vol. I, p. 225.

1731, (22 janvier) Montréal. [3]
II.—ERICHÉ (1), JEAN-BTE, [JACQUES I.
b 1705.
JARRY, Marie, [HENRI II.
b 1712.
Marie-Barbe, b [3] 11 février 1733; m à Antoine GAUTIER. — *François*, b... m 20 janvier 1755, à Madeleine LIBERSON, à Ste-Geneviève, M. [4]— *Jean-Baptiste*, b... m [4] 8 janvier 1759, à Françoise LEGAUT.

II.—ERICHÉ (1), FRS-JACQUES, [JACQUES I.
b 1702.
1° BRUNET (2), Marie-Anne, [MICHEL II.
b 1700; s 24 oct 1744, à Ste-Geneviève, M. [1]
Elisabeth, b... m [1] 25 oct. 1751, à Charles EMERY-CODERRE,—*Jean-Baptiste*, b .. m 1er mars 1756, à Marie EMERY-CODERRE, à St-Laurent, M [2] —*Paul*, b... m [2] 22 mai 1758, à Cecile BRISEBOIS.
1745, (11 oct.) Sault-au-Recollet.
2° LENORMAND, Marie-Joseph, [PIERRE I.
b 1721.
François, b [1] 23 sept. 1747.

1755, (20 janvier) Ste-Geneviève, M.[4]
III.—ERICHÉ (3), FRANÇOIS. [JEAN-BTE II.
LIBERSON, Marie-Madeleine, [ANTOINE II.
b 1738.
François, b [4] 23 sept. et s [4] 21 nov. 1755. — *François*, b [4] 18 janvier 1758. — *Joseph*, b [4] 16 août 1759.

1756, (1er mars) St-Laurent, M.
III.—ERICHÉ (3), JEAN-BTE. [FRANÇOIS II.
CODERRE (4), Marie-Louise. [LOUIS III.
Marie-Joseph, b 3 juillet et s 30 août 1756, à Ste-Geneviève, M. [7]—*Jean-Baptiste*, b [7] 27 août et s [7] 1er oct. 1757.

1758, (22 mai) St-Laurent, M.
III.—ERICHÉ (3), PAUL. [FRANÇOIS II.
BRISEBOIS, Cécile. [LOUIS III.
Louis, b 8 mars et s 27 oct. 1759, à Ste-Geneviève, M.

1759, (8 janvier) Ste-Geneviève, M.
III.—ERICHÉ (3), JEAN-BTE. [JEAN-BTE II.
LEGAUT, Françoise, [PIERRE II.
b 1741.

ESCABIET, JEAN.—Voy. LESCABIETTE, 1775.

ESCLAVES (5).

(1) Et Richer dit Louveteau.
(2) Dit Létang.
(3) Dit Louveteau.
(4) Et Emery dit Beauvais.
(5) Nous renvoyons à la fin de ce volume, page 603, la note sur l'existence de l'esclavage dans la Nouvelle-France et la liste des esclaves baptisés ou inhumés, ainsi que le nom de leurs maitres.

ESNARD.—*Variations :* ENAUD — HUARD — HUNAULT.

I.—ESPAGNET, BARBE, épouse de Richard MADÈRE.

ESPAGNOL.—Voy. SANCHE.

I.—ESPAGNOLI (1), ...

ESPRIT.—*Surnom :* CHAMPAGNE.

1742, (15 août) Détroit. [5]

I.—ESPRIT (2), CLAUDE, marchand; fils de Claude et de Claudine Cicotte, de Nin, diocèse de Langres, Champagne; s [5] 12 juin 1750 (noyé).

BIENVENU (3), Angélique, [FRANÇOIS I b 1721.

Claude, b [5] 18 mai et s [5] 19 nov. 1743.—*Catherine*, b... m [5] 23 sept. 1771, à Louis VESSIÈRE.—*Louis*, b [5] 21 juillet et s [5] 3 sept. 1745. — *Jean-Baptiste*, b [5] 13 nov. 1747; s [5] 22 juin 1748.—*Charles* (posthume), b [5] 13 août et s [5] 3 sept. 1750.

1733, (8 nov.) Beaumont.

I.—ESTÈBE (4), GUILLAUME, marchand; fils d'Armand et d'Elisabeth Garde, de Ste-Louise-de-Turbit.

TIBIERGE, Cécile-Elisabeth, [ETIENNE II. b 1717.

Guillaume, b 31 août 1734, à Québec [2]; s [2] 1er août 1738. — *Cécile-Charlotte*, b [2] 4 nov. 1735, s [2] 10 nov. 1748. — *Charles-Etienne*, b [2] 30 avril 1737; s [2] 15 déc. 1747. — *Jean-François*, b [2] 24 juin 1738, m à Marie-Joseph CADET. — *Henri-Albert*, b [2] 24 dec. 1739. — *Elisabeth-Joseph*, b [2] 27 déc. 1740.—*Gilles-Eloi*, b [2] 19 janvier 1742.—*Françoise-Louise*, b [2] 15 fevrier 1744; s [2] 5 sept. 1755. — *Elisabeth-Joseph*, b [2] 17 août 1746. — *François-Cyprien*, b [2] 23 oct. 1747. — *Charles-Vincent*, b [2] 22 janvier 1749. — *François*, b [2] 8 nov. 1753. — *Joseph-Guillaume*, b [2] 7 oct. 1755; s 1er janvier 1756, à Charlesbourg. — *Geneviève-Catherine*, b [2] 3 janvier 1758.

II.—ESTÈBE, JEAN-FRANÇOIS, [GUILLAUME I. b 1738.

CADET, Marie-Joseph, [FRS-JOSEPH II. b 1720, veuve de Jean-Baptiste Vignau.

Marie-Geneviève, b 1758; s 28 oct. 1759, aux Trois-Rivières.

(1) Chirurgien; il était à la Longue-Pointe, le 16 mars 1763.

(2) Dit Champagne.

(3) Elle épouse, le 10 janvier 1752, Joseph Cabassier, au Détroit.

(4) Il était, en 1755, garde-magasin du Roy avec Clavery; en 1757, il passa en France, et, en 1758, il est nommé conseiller honoraire au conseil supérieur. (1er fév. 1758) Edits. t. III, 116.

I.—ESTECHAUD, PIERRE, b 1718, soldat; s 7 mars 1751, à Quebec.

ESTÈNE.—Voy. ESTÈVE.

ESTÈRE.—Voy. ESTÈVE.

ESTÈVE.—*Variations et surnoms :* ESTÈNE — ESTÈRE—HESTEL—LAJEUNESSE—STÈBRE.

1706, (12 avril) Québec. [5]

I.—ESTÈVE (1), PIERRE, fils d'Antoine et de Marguerite Leblond, de St-Philippe, diocèse de Toulouse, Languedoc; s 16 juillet 1736, au Détroit. [6]

FRAPPIER, Madeleine, [HILAIRE I. b 1680; s [6] 22 dec. 1759.

Jacquette, b [5] 19 juillet 1706. — *Marie-Madeleine*, b 1707; m [6] 16 juillet 1720, à Jean CHAPOTON; s [6] 7 juillet 1753.—*Pierre*, b [6] 1er mai 1708; m [6] 24 nov. 1729, à Geneviève DESFORGES, s [6] 24 mars 1731.—*Agathe*, b [6] 14 et s [6] 21 fevrier 1710. —*Marie*, b... s [6] 27 fevrier 1718.—*Joseph-Nicolas*, b [6] 13 janvier 1711. — *Angélique*, b [6] 20 août 1712; m [6] 1er mai 1727, à Pierre BELLEPERCHE; s [6] 19 janvier 1733 (picote).—*Jacques*, b [6] 15 mai 1714; s [6] 24 mars 1748.—*Jean-Baptiste*, b 1716; s [6] 4 janvier 1733. — *Suzanne*, b [6] 31 dec. 1721; m [6] 16 fevrier 1738, à Noël CASSE. — *Marie-Thérèse*, b [6] 21 fevrier 1724; m [6] 15 janvier 1741, à Charles CASSE; s [6] 17 avril 1748.

1729, (24 nov.) Détroit. [9]

II.—ESTÈVE (2), PIERRE, [PIERRE I. b 1708, s [9] 24 mars 1731.

DESFORGES, Marie-Geneviève, [JEAN-BTE I. b 1691; veuve de François Picard.

Pierre, b [9] 4 août 1730.

1757, (18 avril) Montréal.

I.—ESTÈVE (3), FRANÇOIS, b 1727; fils de Henri et de Gabrielle Dazemar, de N-D. des Tables, diocèse de Montpellier, Bas-Languedoc.

BISSONNET (4). Elisabeth, [RENE III. b 1738.

I.—ESTÈVE (5), JEAN, b 1745; d'Alves, Marenne.

ESTHER, ANGÉLIQUE, b 1733; m 10 nov. 1749, à Jean-Eloi LECLERC, à Montreal.

(1) Hestel, 1706—Estène—Estère—Stèbre.

(2) Et Stèbre.

(3) Secrétaire de Montcalm.

(4) Elle était à Longueuil, le 27 juillet 1761.

(5) Il était arrivé en 1759. (Registre des Procès-verbaux, 1767, Archevêché).

ESTIAMBRE. — *Variation et surnom :* ESTIEMBRE—SANSFAÇON.

1712, (11 avril) Charlesbourg.[7]

I.—**ESTIAMBRE** (1), Nicolas, b 1683; fils de Louis et de Marguerite Leroux, de St-Pierre, ville de Fougère, diocèse de Rennes, Bretagne; s [7] 19 nov. 1747.

SAVARD, Marie-Marguerite, [SIMON II. b 1683.

Anonyme, b [7] et s [7] 22 mars 1713. — *François-Claude,* b [7] 1er mai 1714; m [7] 29 août 1740, à Marie-Madeleine AUCLAIR. — *Louis-Joseph,* b [7] 8 août 1716; m [7] 5 nov. 1742, à Marie-Joseph LEREAU. — *Marie-Charles,* b [7] 4 mars 1719. — *Marie-Madeleine,* b [7] 25 février 1721, m 30 juin 1755, à Jacques BERTHIAUME, à Lorette.—*Marie-Françoise,* b [7] 5 août 1723; m [7] 14 avril 1749, à Charles COTÉ; s 30 déc. 1786, à St-Augustin.—*Marie-Thérèse,* b [7] 24 janvier 1726.

I.—**ESTIAMBRE** (2), FRANÇOIS.

SAVARD, Marie-Françoise, [SIMON II. b 1694; s 29 dec. 1753, à Charlesbourg.

1740, (29 août) Charlesbourg.[9]

II.—**ESTIAMBRE,** FRS-CLAUDE, [NICOLAS I. b 1714.

AUCLAIR (3), Marie-Madeleine, [CHARLES II. b 1713; veuve de Louis-Vincent Cliche.

Marie-Anne, b [9] 10 juin 1741.—*Marie-Charlotte,* b [9] 3 janvier 1743.—*Marguerite,* b [9] 13 sept. 1744, s [9] 14 avril 1750.—*Marie-Angélique,* b [9] 20 août 1746, s [9] 22 mai 1747.—*Jean-François,* b [9] 5 sept. 1749.—*Marie-Thècle,* b [9] 26 mars 1753.

1742, (5 nov.) Charlesbourg.[1]

II.—**ESTIAMBRE,** LOUIS-JOSEPH, [NICOLAS I. b 1716.

LEREAU (4), Marie-Joseph, [PIERRE III. b 1722.

Louis, b [1] 12 sept. 1743; m à Marie DUCHENEAU. —*Marie-Joseph,* b [1] 25 nov. 1744.—*Marguerite,* b [1] 21 mars et s [1] 9 juillet 1746.—*François-Régis,* b [1] 26 mai 1747, m 1776, à Marie-Louise AMIOT. —*Joseph,* b [1] 7 juin 1749. —*Marie-Marguerite,* b [1] 20 sept. 1750.—*Jean-Baptiste,* b [1] 12 août 1755.— *Pierre,* b... s [1] 26 sept. 1755. — *Charles,* b [1] 11 juillet et s [1] 11 août 1758.—*Marie-Louise,* b [1] 12 février 1762.

III.—**ESTIAMBRE** (5), LOUIS, [LS-JOSEPH II. b 1743.

DUCHENEAU (6), Marie.

Marie, b... m 30 août 1791, à Joseph LETENDRE, à Quebec.

(1) Dit Sansfaçon, soldat de M. de Beaucourt.
(2) Frère du précédent.
(3) Elle épouse, en 1764, Joseph Frédéric
(4) Et Lhereau.
(5) Dit Sansfaçon.
(6) Dit Sansregret.

1776.

III.—**ESTIAMBRE** (1), FRS-RÉGIS, [LS-JOS. II. b 1747.

AMIOT, Marie-Louise, [JEAN I. b 1757; s 13 avril 1792, à Québec.

Marie-Louise, b 13 mai 1777, à la Pte-aux-Trembles, Q.

ESTIEMBRE.—Voy. ESTIAMBRE.

ETHIER. — *Variations et surnoms :* ESTU — ETHIÉ — HESTU — HÉTU — HÉRITIER-LAMALICE, 1705.

ETHIER, MARIE-ANNE, epouse de Jean-Baptiste LAURENT.

ETHIER, ROSE, épouse de François LARCHE.

ETHIER, MARIE, b... m 1727, à Jean VADENAY.

ETHIER, MADELEINE, b... m 1724, à Michel VANDET.

ETHIER FRANÇOISE, epouse de Louis ROTUREAU.

ETHIER, MARIE-JOSEPH, epouse de Guillaume ROY.

ETHIER, MADELEINE, épouse d'Amable MAUGÉ.

ETHIER, MARGUERITE, epouse de Joseph SARAZIN.

ETHIER, MARIE-CHARLOTTE, épouse de Gabriel MABRIANT.

ETHIER, MARIE-ANNE, épouse de François MONTFERRANT.

ETHIER, MARIE-MADELEINE, épouse de François FOUCAUT.

ETHIER, MARIE-MARGUERITE, épouse de François VALIQUET.

ETHIER, MARIE, épouse de Simon POTVIN.

ETHIER, MARIE, épouse de Laurent NOEL.

ETHIER, ANGÉLIQUE, epouse d'Alexis OUELLET.

ETHIER, GEORGE.—Voy. HÊTU.

(1) Dit Sansfaçon.

1670, (22 sept.) Montréal. [7]

I.—ETHIER (1), LÉONARD, b 1641; fils d'Etienne et de Marguerite Sabelle, de St-Martial-de-Manot, diocèse de Limoges, Limousin.

GODILLON (2), Elisabeth, b 1651; fille de Nicolas et de Marie Boulay, de N.-D. des Aides, de Blois, diocèse de Chartres, Beauce.

Jacques, b [7] 4 oct. 1671. — *Elisabeth*, b [7] 2 février 1673; m à Louis FORGET-DESPATIS. — *François*, b [7] 23 oct. 1674; 1° m 23 nov. 1701, à Marguerite MILLAULT, à Varennes; 2° m à Marie-Thérèse REGEAS.—*Anne*, b 15 mars 1676, à Repentigny [8]; m [8] 17 avril 1697, à Bertrand LALONGÉ.—*André* (3), b 6 mars 1678, à la Pte-aux-Trembles, M.; m 24 avril 1704, à Anne PERRON, à St-François, I. J. [9]— *Marguerite*, b [8] 26 déc. 1679, m [9] 23 février 1705, à Charles LABELLE; s 26 nov. 1756, à Ste-Rose. —*René*, b [8] 7 juillet 1682; 1° m [9] 3 mai 1706, à Madeleine REJAS-LAPRADE; 2° m 1724, à Marie VIAU; s 11 août 1752, à Lanoraie. — *Madeleine*, b [8] 6 mars et s [8] 30 juillet 1684. — *Ursule*, b... m [9] 5 avril 1712, à Joseph BRUNET. — *Joseph*, b... m [9] 28 nov. 1713, à Angélique LABELLE.

ETHIER (4), JOSEPH, b 1679, s 1er nov. 1708, à St-François, I. J.

1701, (23 nov.) Varennes. [6]

II.—ETHIER, FRANÇOIS, [LÉONARD I.
b 1674.

1° MILLAULT, Marguerite, [JACQUES I.
b 1682; s 12 juillet 1714, à Repentigny. [8]

François, b [6] 10 fevrier 1702.—*Marguerite*, b [8] 28 janvier 1706; m [8] 13 juin 1726, à Paul HERVIEUX. — *Marie-Joseph*, b... m [8] 26 nov. 1725, à Jean-Baptiste TRUCHON. — *Marie*, b 1708; m 17 janvier 1727, à Michel AUMIER, à Montreal.

2° REGEAS (5), Marie-Therèse.

François, b [8] 29 janvier et s [8] 2 février 1716.— *Marie-Thérèse*, b [8] 25 mars 1717. — *Charles*, b [8] 18 et s [8] 28 janvier 1719.—*Marie*, b [8] 20 et s [8] 24 février 1720. — *François*, b [8] 31 mars et s [8] 24 oct. 1721.—*Jacques*, b [8] 20 août 1723.—*Charles*, b [8] 9 juillet 1727, s [8] 19 mai 1730. — *Deux anonymes*, b [8] et s [8] 4 juillet 1729. — *Claude*, b... m 30 mars 1761, à Marie-Louise ROBILLARD, à Terrebonne. — *Jean-Baptiste*, b... m 6 nov. 1757, à Marie-Joseph BEAUCHAMP, à Lachenaye.

1704, (24 avril) St-François, I. J. [6]

II.—ETHIER, ANDRÉ, [LÉONARD I.
b 1678.

PERRON, Anne, [DANIEL I.
b 1676; veuve de Joseph Graton; s [6] 21 sept. 1735.

André, b 1705; m 7 fevrier 1735, à Marie FILION, à Lachenaye. [7] — *Jean*, b [6] 2 juin 1707; m [7] 21 janvier 1737, à Anne ROCHON; s [7] 20 mars 1786. — *Joseph* (posthume), b [6] 7 fevrier 1709.

1706, (3 mai) St-François, I. J. [5]

II.—ETHIER, RENÉ, [LÉONARD I.
b 1682; s 11 août 1752, à Lanoraie. [9]

1° REJAS (1), Madeleine. [JEAN-BTE I.

Joseph, b [5] 2 déc. 1708; 1° m 1740, à Catherine LAUZON; 2° m 30 juin 1756, à Marie-Joseph CORBEIL, au Sault-au-Recollet; s 27 avril 1760, à Terrebonne. — *Marguerite*, b [5] 4 oct. 1710; m 1739, à Jean-Baptiste ROBERT — *Marie-Joseph*, b [5] 11 juillet 1712, m 1736, à Jean LÉVEILLÉ.— *Etienne*, b... 1° m 1734, à Madeleine ROY; 2° m 11 nov. 1754, à Marie-Louise VAUDRY, à Lavaltrie. — *Marie-Dorothée*, b... m [9] 10 avril 1736, à André POUDRET. — *Louise*, b 1720; m 1746, à Germain SIGOUIN. — *René*, b... m 1743, à Marie-Charlotte COULON. — *Pierre*, b... m 1744, à Marguerite VAUDRY.

1724.

2° VIAU, Marie. [JACQUES I.

Paul, b 17 fevrier 1725, à St-Ours.

1713, (28 nov.) St-François, I. J. [5]

II.—ETHIER, JOSEPH. [LÉONARD I.

LABELLE, Angelique, [GUILLAUME I.
b 1692.

Ursule, b [5] 14 nov. 1714; m [5] 29 août 1740, à François PRUNEAU. — *Joseph*, b [5] 30 août 1716; 1° m 9 janvier 1741, à Angelique TERRIEN, à Lachenaye [6]; 2° m [6] 15 sept. 1749, à Geneviève BEAUCHAMP; s 26 avril 1774, à l'Hôpital-Général, M.—*Marie-Louise*, b [5] 17 janvier 1718; m à Jean-Baptiste BELLEVILLE.—*Jean*, b 1720; 1° m 13 janvier 1755, à Madeleine COLERET, au Sault-au-Récollet; 2° m 8 nov. 1762, à Marie-Joseph BEAUCHAMP, à St-Henri-de-Mascouche. — *Marie*, b... m 1744, à Joseph BERLOIN.—*Marie-Catherine*, b [5] 15 fevrier 1728; m 1750, à Jean-Baptiste ALARD.—*Paul*, b [5] 8 mars 1730; m 1753, à Angélique CHARBONNEAU.—*Pierre*, b [5] 7 mai 1732; m 1757, à Catherine VILLERET. — *Geneviève*, b [5] 18 déc. 1735; s [5] 6 avril 1736.—*Charles*, b [5] 18 déc. 1735. — *Gabriel*, b [5] 15 avril 1738, m 1775, à Elisabeth BERTRAND. — *Amable*, b [5] 6 mars et s [5] 27 août 1740.

1734.

III.—ETHIER, ETIENNE. [RENÉ II.

1° ROY (2), Madeleine.

Marie-Joseph, b 20 mars 1735, à Lachenaye [6]; m 1753, à Antoine BRULÉ. — *Etienne*, b [6] 29 mai 1736; m 24 fevrier 1772, à Marie-Joseph MAROIS, à St-Henri-de-Mascouche [8]; s 14 mars 1785, à Repentigny.— *Marguerite*, b [6] 28 août 1737; m 1757, à Joseph SARAZIN. — *Jean-Baptiste*, b [6] 9 mars 1740; m à Marie-Anne VAUDRY. — *Joseph*,

---

(1) Voy. vol. I, p. 225.

(2) Au recensement de 1681, elle est appelée Faudeloy.

(3) Au recensement de 1681, il est appelé Léonard.

(4) Fermier de M. Martel, seigneur de Lachenaye.

(5) Et Regence.

(1) Dit Laprade—Regal.

(2) Dit Desjardins.

b [6] 2 mai 1741 ; m à Françoise GRAVEL.—*Marie-Thérèse*, b [6] 17 avril 1743 ; m [8] 9 juillet 1764, à Athanase HUBOU. — *Marie-Agathe*, b [6] 24 mai 1747. — *Jean-Baptiste*, b [6] 24 juin 1748, s [6] 30 août 1749. — *François-Marie*, b [6] 24 mars et s [6] 30 avril 1752.

1754, (11 nov.) Lavaltrie.
2° VAUDRY, Marie-Louise, [MICHEL III.
b 1730.
Marie-Joseph, b... m [8] 17 janvier 1774, à Michel PATRY.—*Joachim*, b [6] 25 janvier 1769.

1735, (7 février) Lachenaye.
III.—ETHIER, ANDRÉ, [ANDRÉ II.
b 1705.
FILION, Marie, [ANTOINE II.
b 1710.
Joseph, b 16 février 1736, à Terrebonne [6]; m [6] 24 nov. 1766, à Marie-Madeleine DELAGE.—*Marie-Françoise*, b [6] 26 sept. 1738 ; m [6] 19 février 1770, à Pierre GAGNON.—*Agathe*, b [6] 17 nov. 1740 ; 1° m [6] 26 janvier 1761, à Pierre DESJARDINS ; 2° m [6] 28 oct. 1765, à François LAUZON.—*André*, b [6] 13 mars 1743 ; m [6] 10 février 1777, à Marie-Anne RICHARD.—*Marie-Thérèse*, b [6] 12 sept. 1745 ; m [6] 20 février 1764, à Michel DESJARDINS.—*François*, b [6] 24 avril et s [6] 9 août 1748.— *Louis*, b 12 juillet 1749, à Ste-Therèse; m [6] 15 juillet 1782, à Marie-Louise FILIATREAU — *Madeleine*, b 7 nov 1751, à Ste-Rose; m [6] 22 février 1773, à Eustache PREZOT.

1737, (21 janvier) Lachenaye. [8]
III.—ETHIER, JEAN, [ANDRÉ II.
b 1707 ; s [8] 20 mars 1786.
ROCHON, Anne, [JEAN II.
b 1716.

1740.
III.—ETHIER, JOSEPH, [RENÉ II.
b 1708 ; chirurgien ; s 27 avril 1760, à Terrebonne.
1° LAUZON, Catherine, [MICHEL II.
b 1711 ; s 18 oct. 1753, à Ste-Geneviève, M. [3]
Jean-Baptiste, b [3] 29 janvier 1741 ; m 30 juin 1761, à Rosalie DUPRAT, à Lachenaye. — *Paul*, b [3] 10 mars 1742. — *Marie-Catherine*, b [3] 2 dec. 1743.—*André*, b [3] 14 avril 1745.—*Michel*, b [3] 12 et s [3] 16 août 1746. — *Marie-Louise*, b [3] 31 août 1747.—*Marie-Joseph*, b [3] 11 avril 1749. —*Simon*, b [3] 27 août 1750.—*Ambroise*, b [3] 24 avril 1752.

1756, (30 juin) Sault-au-Récollet.
2° CORBEIL, Marie-Joseph,
veuve de François Vaillancourt.

1741, (9 janvier) Lachenaye. [1]
III.—ETHIER, JOSEPH, [JOSEPH II.
b 1716 ; s 26 avril 1774, à l'Hôpital-Géneral, M.
1° TERRIEN, Angelique, [JACQUES II.
b 1720.
Marie-Françoise, b [1] 11 mars 1743, m 11 janvier 1762, à Pierre CHARBONNEAU, à Ste-Rose.—*Marie-Marguerite*, b [1] 18 nov. 1745.—*Joseph*, b [1] 8 août 1748.

1749, (15 sept.) [1]
2° BEAUCHAMP, Geneviève, [PIERRE III.
b 1729.
Angélique, b [1] 5 juillet 1750. — *Claude*, b [1] 7 mars 1759.

1743.
III.—ETHIER, RENÉ. [RENÉ II.
COULON, Marie-Charlotte, [RENÉ II.
b 1718 ; s 11 juillet 1749, à Lavaltrie. [8]
Louis, b [8] 9 août 1744.

1744.
III.—ETHIER, PIERRE. [RENÉ II.
VAUDRY, Marguerite, [MICHEL III.
b 1725.
Pierre, b 15 août 1745, à Lavaltrie [2].— *Marie-Thérèse*, b [2] 14 mars 1747. — *Marie-Denise*, b... s 18 mai 1753, à Lanoraie. [3]—*Louis*, b [3] 10 sept. 1754 — *Marie-Scholastique*, b [3] 2 août 1756.— *Elisabeth*, b [3] 14 nov. 1759.

ETHIER, JOSEPH.—Voy. HÉTU.

I.—ETHIER, LOUIS,
b 1697, s 2 août 1776, à l'Hôpital-Général, M.
ST-MARTIN, Geneviève. [JEAN I.
Augustin, b 3 juin 1748, à Sorel [9]; m [9] 16 sept. 1771, à Brigitte OSSANT.—*Louis*, b 26 sept. 1750, à Lavaltrie. [8] — *Marie-Rose*, b [8] et s [8] 13 juillet 1753.— *Marie-Joseph*, b [8] 10 et s [8] 14 nov. 1754. —*Marguerite*, b [8] 7 dec. 1757 ; m [3] 27 sept. 1773, à Pierre PÉLOQUIN.—*Louis*, b [8] 3 dec. 1757.

1753.
III.—ETHIER, PAUL, [JOSEPH II.
b 1730.
CHARBONNEAU, Angelique.
Marie-Marguerite, b 22 février 1754, à Ste-Rose.[6]—*Paul*, b 6 oct. à Terrebonne et s [6] 5 dec. 1755. — *Pierre*, b [6] 31 juillet 1757.

1755, (13 janvier) Sault-au-Récollet.
III.—ETHIER, JEAN, [JOSEPH II.
b 1720.
1° COLLERET, Madeleine, [FRANÇOIS I.
b 1730.
François, b 1760, s 18 avril 1761, à St-Henri-de-Mascouche. [9]

1762, (8 nov.) [9]
2° BEAUCHAMP (1), Marie-Joseph. [PIERRE III.
Marie-Thérèse, b 27 février 1768, à Repentigny. [2]—*Michel*, b [2] 31 dec. 1769. — *Marie-Angélique*, b [2] 19 février et s [2] 15 juillet 1771.

1757, (6 nov.) Lachenaye.
III.—ETHIER, JEAN-BTE. [FRANÇOIS II.
BEAUCHAMP, Marie-Joseph, [PIERRE III.
b 1739.

(1) Dit Laqualité.

1757.

III.—ETHIER, Pierre, [Joseph II.
b 1732.
Villeret, Catherine. [Michel II.
Joseph-Amable, b 2 janvier 1758, à Ste-Geneviève, M.

ETHIER, Louis.
Renaud, Suzanne.
Louise, b 23 oct. 1758, à Ste-Rose. [7] — *Louis-Joseph*, b [7] 13 février 1761.

ETHIER, François, b 1760; s 18 avril 1761, à St-Henri-de-Mascouche.

1761, (30 mars) Terrebonne.

III.—ETHIER, Claude. [François II.
Robillard, Marie-Louise, [Jean-Bte III.
b 1738.
Jean, b 1763; m 27 février 1786, à Marie-Louise Troy, à Repentigny. [6] — *Marie-Rose*, b... m [6] 29 sept. 1788, à Pierre Personne-Lafond. — *Marie-Monique*, b [6] 2 mai et s [6] 14 sept. 1767. — *Marie-Anne*, b 16 mai 1768, à Lachenaye. [9] — *Joseph-Marie*, b [6] 10 mars 1770; s [6] 11 janvier 1771.— *Pierre*, b [6] 10 avril 1771; s [6] 20 oct. 1772.— *Marie-Joseph*, b [6] 3 mai et s [6] 8 sept. 1772.— *Marie-Joseph*, b [6] 15 mai et s [6] 15 août 1773.— *François*, b [9] 29 sept. 1775.

ETHIER, Pierre.
Dumas, Marie-Joseph.
Marie-Joseph, b 22 mars et s 18 juin 1761, à Ste-Rose. [1] — *Marie-Catherine*, b [1] 4 juillet 1762.

ETHIER, Louis.—Voy. Hétu, 1761.

1761, (30 juin) Lachenaye. [8]

IV.—ETHIER, Jean-Bte, [Joseph III.
b 1741
Duprat, Rosalie, [Jean III.
b 1745.
Rose, b [8] 20 oct. 1762.—*Marie-Louise*, b [8] 4 sept. 1783.

ETHIER, François.
Mayet, Marie-Anne.
Françoise, b 11 fevrier 1763, à Lachenaye.

IV.—ETHIER, Joseph, [Etienne III.
b 1741.
Gravel, Françoise.
Marie-Geneviève, b... m 23 sept. 1793, à Joseph Pelletier, à Repentigny. [4] — *Joseph*, b... m [4] 20 janvier 1794, à Marie-Anne Dubord.—*Catherine*, b... m [4] 30 juin 1795, à Germain Miville.

ETHIER, Joseph.
Turpin, Marie-Joseph.
Henri-Paul, b 18 sept. 1766, au Bout-de-l'Ile, M.

1766, (24 nov.) Terrebonne.

IV.—ETHIER, Joseph, [André III.
b 1736.
Delage, Marie-Madeleine, [Jean-Bte II.
b 1748.
Marie-Louise, b 11 oct. 1773, à Lachenaye.

ETHIER, François.
Branchaud, Angélique.
François, b 21 sept. 1767, à Yamachiche.

IV.—ETHIER, Jean-Bte, [Etienne III.
b 1740.
Vaudry (1), Marie-Anne,
b 1733; s 21 janvier 1793, à Repentigny. [5]
Françoise, b [5] 15 avril 1767; m [5] 19 janvier 1795, à Jean-Louis Brodeur. — *Marie-Amable*, b... m [5] 15 juin 1795, à Augustin Loriot.— *Pierre*, b 7 janvier 1771, à Lachenaye.—*Anonyme*, b [5] et s [5] 3 mai 1773.—*Charles*, b [5] 25 mars et s [5] 22 mai 1774.—*Marie-Anne*, b [5] 14 mai 1775.

ETHIER, Gabriel.
Cournoyer, Marie-Antoinette.
Jean-Baptiste, b 16 et s 29 avril 1770, à l'Ile-Dupas.

1771, (16 sept.) Sorel.

II.—ETHIER, Augustin, [Louis I.
b 1748
Ossant, Brigitte, [Ange III.
b 1751.

1772, (24 fevrier) St-Henri-de-Mascouche.

IV.—ETHIER, Etienne, [Etienne III.
b 1736; s 14 mars 1785, à Repentigny. [6]
Marois, Marie-Joseph, [Jean-Bte II.
b 1745.
Michel, b... s [6] 4 août 1780.

ETHIER, Pierre.—Voy. Hétu, 1773.

III.—ETHIER, Gabriel, [Joseph II.
b 1738.
Bertrand, Marie-Elisabeth.
Marie-Pélagie, b 19 juillet 1776, à Lachenaye.

1777, (10 fevrier) Terrebonne.

IV.—ETHIER, André, [André III.
b 1743.
Richard, Marie-Anne. [Joseph I.

1782, (15 juillet) Terrebonne.

IV.—ETHIER, Louis, [André III.
b 1749.
Filiatreau, Marie-Louise, [Louis IV.
b 1762.
Claude, b 4 janvier 1788, à Lachenaye.

(1) Baudry en 1774.

ETHIER, Pierre.
Girard, Marguerite.
Marie-Marguerite, b 2 juillet 1783, à Lachenaye. [7] — *Thérèse*, b [7] 10 nov. 1790.

ETHIER (1), Benoit.
Dalcour, Marie-Anne.
Marie-Anne, b... s 8 juillet 1784, à Repentigny.

1786, (27 février) Repentigny. [8]

IV.—ETHIER, Jean, [Claude III.
b 1763.
Troy (2), Marie-Louise, [Claude II.
b 1767 ; s 25 juin 1787, à Lachenaye.
Marie-Louise, b [8] 10 dec. 1786.

ETHIER, Joseph.
Girard, Thérèse.
Anonyme, b et s 24 juin 1789, à Lachenaye.

ETHIER, François.
Baudoin, Marguerite.
Amable, b 4 et s 14 février 1789, à Repentigny.[2] —*Jean-Baptiste*, b... s [2] 18 juillet 1793.

ETHIER, Jean-Marie.
Brouillet, Marie-Agathe.
Jean-Marie, b 15 déc. 1792, à Repentigny. [8] — *Marie-Joseph*, b [8] 9 et s [8] 16 fevrier 1794.

1794, (20 janvier) Repentigny.

V.—ETHIER, Joseph. [Joseph IV.
Dubord, Marie-Anne. [Alexis III.

ETHIER, Jean-Bte.
Perrault, Marie-Louise.
Marie-Louise, b 23 juillet et s 20 août 1795, à Repentigny.

I.—ETHRINGTON, Marie-Angélique, b... m 29 avril 1783, à Louis-Edouard Leblanc, à Quebec.

ETIENNE.—*Variations et surnoms :* Bélanger —Blais—DeClérin—Durivage— Laprairie —Philippe—Pont-Lamontagne— Relanger.

1655, (26 janvier) Trois-Rivières.[1]

I.—ETIENNE (3), Philippe,
b 1631 ; s 7 juillet 1710, à Montréal. [2]
1° Vien, Marie, [Etienne I.
b 1639 ; veuve de Jean Lanqueteau.
1667, (3 nov.) [1]
2° Gravois, Marie,
b 1646.
Dominique, b [1] 12 nov. 1671 ; m [2] 19 juin 1707, à Jeanne Cartier ; s [2] 1er mai 1708. — *René*, b [1] 8 sept. 1673 ; m 20 sept. 1698, à Marie Aubuchon, à la Pte-aux-Trembles, M. [3] ; s [2] 17 mai 1710.— *Jacques*, b [1] 15 sept. 1675. — *Pierre*, b [1] 15 avril 1678 ; s [1] 9 sept. 1693.— *Madeleine*, b [1] 16 juin 1680 ; m [3] 15 oct. 1697, à François Pigeon. — *Etienne*, b [1] 15 août 1682. — *François*, b [1] 25 avril 1685. — *Marie-Charlotte*, b [1] 17 mars 1690, m [3] 30 janvier 1708, à Gilbert Desautels.

(1) Ou Hétu.
(2) Dit Lafranchise.
(3) Voy. vol. I, p. 225.

1698, (20 sept.) Pte-aux-Trembles, M. [1]

II.—ETIENNE (1), René, [Philippe I.
b 1673 ; s 17 mai 1710, à Montréal. [2]
Aubuchon (2), Marie, [Jean I.
b 1671.
Joseph, b [2] 18 avril 1704 ; 1° m [2] 9 février 1739, à Marie-Angelique Harel ; 2° m [2] 17 sept. 1742, à Elisabeth Brunel ; s [2] 4 août 1750. — *Marie-Joseph*, b [1] 21 avril 1708. — *Charlotte*, b 1710 ; m 30 sept. 1731, à Pierre Duclos, à la Longue-Pointe.

1698, (4 nov.) Montréal.[1]

I.—ETIENNE (3), Jean,
b 1668.
Dessureaux, Marie, [François I.
b 1678.
Jean-Raymond, b [1] 20 sept. 1699 ; m 4 février 1722, à Anne Gaudry à Varennes.[8] —*Jean*, b 26 avril 1703, à St-François, I J. [2] —*Marguerite*, b [2] 7 mars 1706.—*Marie-Marguerite*, b [2] 22 avril 1708 ; m [3] 19 sept. 1729, à Jean-Baptiste Lemire,

1707, (19 juin) Montréal.[1]

II.—ETIENNE, Dominique-Phil., [Philippe I.
b 1671 ; s [1] 1er mai 1708.
Cartier, Jeanne-Angélique, [Joseph I.
b 1689 ; s 30 mars 1769, à la Longue-Pointe.
Angélique, b 1708 ; m à Jean-Baptiste Charbonneau.

1722, (4 février) Varennes. [2]

II.—ETIENNE (4), Jean-Raymond, [Jean I.
b 1699.
Gaudry, Anne, [Jacques II.
b 1703.
Toussaint, b 15 et s 24 oct. 1722, à la Pte-aux-Trembles, M.—*Marie-Louise*, b [2] 26 août 1723.

1739, (9 février) Montreal.[1]

III.—ETIENNE (5), Joseph, [René II.
b 1704 ; s [1] 4 août 1750.
1° Harel, Marie-Angelique, [François II.
b 1715 ; s [1] 17 juin 1740.
Suzanne, b [1] 26 août 1739 ; m [1] 22 janvier 1759, à François Filiau ; s 20 sept. 1764, au Détroit.

(1) Dit Durivage.
(2) Elle épouse, le 18 avril 1711, Maurice Lasprou, à la Pte-aux-Trembles, M.
(3) Pont dit Lamontagne, voy. vol. I, p. 226.
(4) Marié sous le nom de Blais.—Et pourquoi ? Son père, soldat de la compagnie de M. de Raymond-Blaise DesBergères, avait invité ce dernier à tenir sur les fonts de baptême son fils-aîné qui reçut le nom de Jean-Raymond-Blaise.
(5) Dit Durivage.

1742, (17 sept.)[1]
2° BRUNEL (1), Elisabeth, [JEAN I.
b 1698 ; veuve de Pierre Buisson.

I.—ETIENNE (2), SÉBASTIEN,
b 1711 ; s 4 mars 1771, à Terrebonne.
LAROCHE (3), Madeleine, [JEAN-FRANÇOIS II.
b 1731.

I.—ETIENNE, JEAN.
DEBRAIS, Anne,
Anglaise.
Marie-Joseph, b 29 août 1756, à Lachine.

1760, (27 oct.) Pte-aux-Trembles, M.

I.—ETIENNE, PIERRE, b 1727 ; fils de Jean et de Pérette Lisonette, de St-Jacques, ville de Montauban, Guienne.
POUTRÉ, Marie-Françoise, [PIERRE II.
b 1733.

1779, (15 février) Québec.

I.—ETIENNE, RENÉ, fils de Guillaume et d'Anne Lebois, de Rimoux, diocèse de Dole, Bretagne.
GAGNÉ (4), Victoire, [PIERRE V.
b 1756.

1758, (21 nov.) Québec.[8]

I.—ETIN, PIERRE-GUILIN, fils de Jean et de Marie Croisé, de Lachapelle, ville d'Arras, Artois.
JOSEPH (5), Marie, [PIERRE I
b 1735.
Marie-Anne, b [8] 1er mars 1762.

EUDES.—Voy. HUDDES.

EUGÈNE, MARIE-ANNE, épouse de Jean POUPART.

I.—EUGÈNE, ANTOINE.
MEUNIER, Marie-Barbe.
Angélique, b 1755 ; s 20 déc. 1756, à Québec.

I.—EURY (6), FRANÇOIS.
AUBERT-LACHENAYE, Charlotte, [CHARLES I.
b 1697.
Catherine (7), b 1722, à Louisbourg ; m 13 oct. 1743, à Pierre-Joseph CÉLORON, à Montreal[4]; s[4] 4 nov. 1797.

1766.

I.—EVANS, SIMON,
s avant 1784.
DECOUAGNE, Cath.-Lse-Joseph, [FRANÇOIS III.
b 1734.

(1) De la Sablonnière.

(2) Dit Laprairie.

(3) Elle épouse, le 30 sept. 1771, Pierre Belisle, à Terrebonne.

(4) Elle épouse, le 24 juin 1783, Jacques Fréchet, à Québec.

(5) Dit Langoumois.

(6) Sieur de la Perelle, major de l'Ile Royale.

(7) Elle fait profession à l'Hôpital-Général, en 1777, à Montréal.

Louise, b 28 et s 29 août 1767, à Repentigny.[7] —*Jean-Luc-Simon*, b [7] 23 juillet 1769.—*François-Simon*, b [7] 23 juillet et s [7] 6 août 1770.—*Joseph-Elisabeth-Louise*, b [7] 8 et s [7] 12 août 1771. — *Marie-Adelaïde*, b [7] 20 août 1772. — *Angélique-Julie*, b [7] 28 dec. 1772. — *Alexis-Samuel*, b [7] 28 mars 1775.—*Frédéric*, b 1778 ; s [7] 6 déc. 1784.

EVARTS.—*Variation :* EVERETT.

1816, Lorette.

I.—EVARTS (1), JEAN-ROSSETER, b 1776 ; fils d'Isaac et de Marie Rosseter, de Guilford, Connecticut, E.-U. ; s 1877, à Québec.
DÉRY, Marie.

I.—EVELIN (2), GUILLAUME, b 1635 ; de Normandie ; s 7 mai 1718, à Montréal.

EVERETT.—Voy. EVARTS.

1759, (12 février) Lachenaye.[4]

I.—EVIN (3), ALEXANDRE, fils de Jacques et de Jacquette Olly, de St-Danlas, diocèse de Nantes, Bretagne.
GIBAUT (4), Elisabeth. [JEAN-BTE III.
veuve de Charles Malbeuf-Beausoleil.
Alexandre, b [4] 31 oct. 1759.

I.—EVITT (5), CHARLES.

EVRARD.—*Variations :* HÉRARD — HERROR — HERRAUX.

1744, (1er janvier) Québec.[4]

III.—EZÉQUIEL (6), YVES, [PAUL II.
b 1718 ; s [4] 30 avril 1784.
ENOUILLE (7), Marie-Françoise, [LOUIS I.
b 1722 ; s [4] 10 avril 1781.
Madeleine, b [4] 10 février 1754 ; m [4] 8 sept. 1787, à Etienne BÉGIN. — *Marie-Théodore*, b [4] 6 oct. 1756 ; s 2 août 1757, à Lévis. —*Louis-Paul*, b [4] 22 oct. 1757 ; m [4] 15 sept. 1789, à Marie-Anne ROY.

1789, (15 sept.) Québec.[1]

IV.—EZÉQUIEL, LOUIS-PAUL, [YVES III.
b 1757.
ROY, Marie-Anne, [GUILLAUME V.
s [1] 8 nov. 1790.

I.—EZIÉRO (8), FRANÇOIS, b 1739, boulanger ; de Delarieux, diocèse de Bordeaux.

(1) Arrivé au Canada, en 1811.

(2) Dit Baupardière ; caporal.

(3) Soldat de la compagnie de M. de Villard, régiment de Lasfard.

(4) Elle épouse, le 12 juillet 1762, François Vergé, à Lachenaye.

(5) Cuisinier de Son Excellence le général Prescott. (Procès-verbaux, 19 sept. 1793.)

(6) Ce nom est une transformation de " Aide-Créquy." Les enfants sont baptisés Aide-Créquy ; voy. vol. II, p. 7.

(7) Dit Lanoix.

(8) Il est venu en 1759. (Reg. des Procès-verbaux, 1761.)

ESCLAVES.

Il est impossible de nier que l'esclavage ait existé en Canada avant et après la cession de la colonie. Il a existe non-seulement en *fait* comme le prouve la liste que nous donnons plus bas; mais encore en *droit*, ou mieux d'après *la loi*, comme l'a demontre le commandeur Jacques Viger, dans un mémoire publie par la Societé Historique de Montréal.

Trois documents prouvent que l'esclavage fut introduit au Canada, en 1688 ou peu après.

Ces documents sont:

1° L'Ordonnance de Raudot, du 13 avril 1709 qui, " sous le bon plaisir du roi, ordonne que tous " les Panis et nègres, qui ont ete achetés ou qui le seront par la suite, appartiendront en pleine " propriete à ceux qui en ont fait ou en feront l'acquisition, en qualité d'esclaves."

2° L'Ordonnance de Hocquart, du premier septembre 1736, qui declare nul et de nul effet tout affranchissement d'esclaves non fait par acte devant notaires, dont est garde minute, et en outre enregistre au greffe de la jurisdiction royale.

3° L'arrêt du Conseil d'Etat du Roy, du 23 juillet 1745, qui déclare que " les nègres qui se " sauvent des colonies ennemies aux colonies françaises et leurs effets appartiendront à Sa Majesté " le Roy Très-Chretien."

Ces trois documents constatent trois phases de l'esclavage en Canada. Le premier légalise ce qui n'était encore qu'un abus, le deuxième constate un ordre de choses établi, contre lequel on ne peut aller qu'en se servant des formes les plus solennelles; et le troisième est le complement qui conduit le système aux extrêmes.

Dans l'acte de la capitulation de Quebec, qui fut signee, comme on le sait, par le Général Amherst, commandant-en-chef les troupes et forces de Sa Majeste Britannique en l'Amérique Septentrionale, et le Marquis de Vaudreuil, Gouverneur et Lieutenant-General pour le Roy en Canada, l'article XLVII se lit ainsi:

" Les nègres et panis des deux sexes resteront, en leur qualité d'esclaves, en la possession des Français et Canadiens, à qui ils appartiennent; il leur sera libre de les garder à leur service dans la colonie ou de les vendre, et ils pourront aussi continuer à les faire elever dans la religion romaine, excepté ceux qui auront eté faits prisonniers"

Nous donnons ici le nom d'un certain nombre de ces esclaves possédes par les familles de la Nouvelle-France.

Marie-Louise, appartenant à Mr Leschelle; b 1737; s 1754, à l'Hôpital-Genéral, M.

Marie-Anne, appartenant à Mr Senneville, b 1732; s 1754, à l'Hôpital-Genéral, M.

Marie, appartenant à M. Felta; b 1748; s 1754, à l'Hôpital-Géneral, M.

Marie, appartenant à Dlle Desrivières; b 1748, s 1755, à l'Hôpital-General, M.

Charlotte, appartenant à Mr Jean Vien; b 1742; s 1782, à l'Hôpital-General, M.

Marie, appartenant à M. A. Adhémar; b 1763, s 1781, à l'Hôpital-General, M.

Joseph, appartenant à Dme Cuillerier; b 1680, s 1755, à l'Hôpital-General, M.

Joseph, appartenant à Mr De Baune; b 1737; s 1755, à l'Hôpital-General, M

Joseph, appartenant à Mr Perigny, b 1755; s 1755, à l'Hôpital-General, M.

Joseph, appartenant à Mr Simon Réaume; b 1730; s 1755, à l'Hôpital-Genéral, M.

Marie, appartenant à Mr Ducharme; b 1730, s 1755, à l'Hôpital-General, M.

Marie, appartenant à M. Lacoste; b... s 1755, à l'Hôpital-General, M.

Marguerite, appartenant à M. Laplante; b 1720; s 1755, à l'Hôpital-General, M.

Marie, appartenant à Dame Linctot; b 1710; s 1755, à l'Hôpital-General, M.

Joseph, appartenant à Mr De la Verandrie; b 1736, s 1755, à l'Hôpital-Géneral, M.

Marie, appartenant à Mr De la Verandrie; b 1736, s 1756, à l'Hôpital-General, M.

Marie, appartenant au roi; b 1744; s 1756, à l'Hôpital-Géneral, M.

Louise, appartenant au roi; b... s 1756, à l'Hôpital-Géneral, M.

Deux filles, appartenant au roi; b... s 1756, à l'Hôpital-Général, M.

Marie, appartenant au roi; b 1737; s 1757, à l'Hôpital-Général, M.

Marie, appartenant à M. Feltz; b 1749; s 1757, à l'Hôpital-Genéral, M.

Marie, appartenant à M. Godet; b 1741; s 1757, à l'Hôpital-Général, M.

Marie, appartenant au roi; b 1732; s 1757, à l'Hôpital-Genéral, M.

Marie, appartenant au roi; b 1748; s 1757, à l'Hôpital-Géneral, M.

Joseph, appartenant au roi; b 1733; s 1757, à l'Hôpital-Général, M.

Joseph, appartenant au roi; b 1747; s 1756, à l'Hôpital-Général, M.

Marie, appartenant à Dme DesLignery; b 1745; s 1757, à l'Hôpital-Général, M.

Marie, appartenant à Dlle Monier; b 1743, s 1757, à l'Hôpital-General, M.

Marie, appartenant à M. De la Corne, chevalier; b 1712; s 1757, à l'Hôpital-Général, M.

Marie, appartenant à M. De Vaudreuil; b 1712; s 1757, à l'Hôpital-Général, M.

Marie, appartenant à M. Hubert-Lacroix, b 1712; s 1757, à l'Hôpital-Géneral, M.

Marie, appartenant à M. Chenneville; b 1730, s 1757, à l'Hôpital-Genéral, M.

Louis, appartenant à M. Messière-Lahaye; b 1750; s 1758, à l'Hôpital-Géneral, M.

Joseph, appartenant à M. Jean Giasson; b 1750; s 1758, à l'Hôpital-General, M.

Louise, appartenant à Dme Couteraux; b 1742; s 1758, à l'Hôpital-Général, M.

Marie, appartenant à M. Antoine Baron; b 1746; s 1758, à l'Hôpital-Général, M.

Catherine, appartenant à M. D'Aguille; b... s 1758, à l'Hôpital-Général, M.

Joseph, appartenant à M. Pillamet; b 1750; s 1759, à l'Hôpital-Général, M.

Marie, appartenant à M. Leschelle; b 1743; s 1759, à l'Hôpital-Général, M.

Marie, appartenant à M. De la Ronde; b 1744; s 1759, à l'Hôpital-General, M.

Marie, appartenant à M. Feltz; b 1725; s 1759, à l'Hôpital-Général, M.

Joseph, appartenant à M. Corporon; b 1749; s 1759, à l'Hôpital-Général, M.

Marie, appartenant au roi; b 1719; s 1759, à l'Hôpital-Genéral, M.

Marie, appartenant à M. Perthuis, interprète des Iroquois; b... s 1759, à l'Hôpital-Genéral, M.

Marie, appartenant à M. De Bleury; b 1743; s 1759, à l'Hôpital-Géneral, M.

Marie, appartenant au roi; b 1747; s 1759, à l'Hôpital-General, M.

Joseph, appartenant à Mr Gagné; b 1748; s 1760, à l'Hôpital-Général, M.

Marie, appartenant à Dame De la Naudière; b 1740; s 1760, à l'Hôpital-Genéral, M.

Marie, appartenant au roi; b 1755; s 1760, à l'Hôpital-General, M.

Marie, appartenant à Mr Perrault; b 1745; s 1760, à l'Hôpital-Genéral, M.

Marie, appartenant à Dame Giasson; b1748; s 1760, à l'Hôpital-Genéral, M.

Marie, appartenant à Dme De Périgny; b 1740; s 1760, à l'Hôpital-Général, M.

Joseph, appartenant à M. DeQuiensek, chef des Algonquins du Lac; b 1725; s 1760, à l'Hôpital-Genéral, M.

Marie, appartenant à M. Saint-Dizier, b 1736; s 1760, à l'Hôpital-Général, M.

Marie, appartenant à M. Deschambault; b 1745; s 1760, à l'Hôpital-Général, M.

Marie, appartenant à M. Simon Réaume; b 1740; s 1760, à l'Hôpital-Genéral, M.

Antoine, appartenant à M. Deschenaux; b 1738; s 1760, à l'Hôpital-General, M.

Marie, appartenant à M. De Lessard; b... s 1760, à l'Hôpital-Genéral, M.

Anselme, appartenant à M. De la Garde, missionsionnaire des Iroquois, à la Presentation; b 1749; s 1760, à l'Hôpital-Genéral, M.

Marie, appartenant à Dme De Lignerie; b 1739; s 1760, à l'Hôpital-General, M.

Marie, appartenant à Dame Benoit; b 1736; s 1761, à l'Hôpital-General, M.

Joseph, appartenant à Dame Delisle; b 1752; s 1761, à l'Hôpital-General, M

Jean-Baptiste, appartenant à M. Paul Brossard; b 1746, s 1761, à l'Hôpital-General, M.

Joseph, appartenant à M. De Bleury; b 1745, s 1761, à l'Hôpital-Genéral, M.

Joseph, appartenant à M. De la Corne; b 1743, s 1763, à l'Hôpital-General, M.

Angélique, appartenant à M. Ferrière, b 1748, s 1763, à l'Hôpital-General, M.

Jean-Baptiste, appartenant à M. François Volant; b 1707, s 1766, à l'Hôpital-General, M.

Marie, appartenant à M. D'Auterive; b 1719; s 1769, à l'Hôpital-General, M.

Marie, appartenant à Dlle Guyon; b 1748; s 1769, à l'Hôpital-General, M.

Marie-Joseph, appartenant à Dme DeBlainville; b 1723; s 1769, à l'Hôpital-General, M.

Joseph, appartenant à M. Carignan; b 1752; s 1769, à l'Hôpital-Général, M.

Charlotte, appartenant à M. Côté, voyageur; b 1762; s 1775, à l'Hôpital-General, M.

Charlotte, appartenant à M. Dauby; b 1752; s 1776, à l'Hôpital-General, M.

Claire, appartenant à M. Jacques Lemoine-Despins; b 1769; s 1776, à l'Hôpital-General, M.

Marie-Joseph, appartenant à M. Saint-Luc-Lacorne; b 1747; s 1777, à l'Hôpital-General, M.

Joseph, appartenant à M. Bernard (anglais); b 1764; s 1778, à l'Hôpital-Géneral, M.

Marie-Joseph, appartenant à M. Jean-Baptiste Adhémar; b 1770; s 1778, à l'Hôpital-General, M.

Marie-Joseph, appartenant à Dame D'Auteuil; b 1699, s 1799, à l'Hôpital-Géneral, M.

Marguerite, appartenant à M. De Clignancour; b 1714; s 1794, à l'Hôpital-Géneral, M.

Jacques-César, (noir), appartenant à M. Ignace Gamelin; m 5 janvier 1763, à Marie (esclave de M. De Longueuil), à Longueuil.

Marie, (noire), appartenant à M. De Longueuil; m 5 janvier 1763, à Jacques-Cesar (esclave de M. Ignace Gamelin), à Longueuil.

Jean-Baptiste, appartenant à M. Guyon; b 1743; s 14 sept. 1754, à Michillimakinac.

Catherine, appartenant à M. Bourassa; b... s 26 oct. 1757, à Michillimakinac.

Charlotte, appartenant à M. Bourassa; b... s 15 nov. 1757, à Michillimakinac.

Ignace, appartenant à M. Bourassa; b... s 10 dec. 1757, à Michillimakinac.

René-Michel, enfant de Marie, appartenant aux Menard; b 29 sept. 1731, à Michilimakinac.

François, de la nation Renard, appartenant à M. DuBreuil; ne 1732; b 1er janvier 1734, à Michilimakinac.

Pierre-Louis, appartenant à M. Damours de Clignancour, né 1715; b 19 avril 1735, à Michillimakinac.

Roçambole, apostat et sauvagisé à Chikag8, en 1741.

Marie-Madeleine, appartenant à M. Langlade; née 1731; b 14 mai 1735, à Michillimakinac.

Marie-Françoise, appartenant aux Menard; nee 1696, b 7 oct. 1736, à Michillimakinac.

Marie, enfant d'une esclave appartenant à M. Jean-Baptiste Chevalier; b 21 nov. 1737, à Michillimakinac.

Augustin, enfant d'une négresse appartenant au sieur Marin Heurtebise; b 16 août 1738, à Michillimakinac.

Ignace, donné à l'église de Michillimakinac; né 1735; b 31 juillet 1739, à Michillimakinac.

Michel, enfant d'une esclave appartenant à Dme Chevalier; b 27 sept. 1739, à Michillimakinac.

Marie-Madeleine, appartenant à M. Gautier; née 1735; b 20 mai 1741, à Michillimakinac.

Joseph, appartenant à M. Blainville; né 1727; b 12 mai 1742, à Michillimakinac.

Charles, appartenant à M. Hamelin; b 12 mai 1742, à Michillimakinac.

Charles, appartenant à M. Langlade; né 1720; b 10 sept. 1742, à Michillimakinac.

Véronique (noire), fille de Boncœur, nègre, et de Marguerite, négresse, appartenant à M. Boutin; b 19 janvier 1743, à Michillimakinac.

Jean-Baptiste, appartenant à M. Tissot; né 1731; b 24 juin 1743, à Michillimakinac.

Pierre-Augustin, appartenant à M. Maugras, ne 1730; b 27 juillet 1743, à Michillimakinac.

Charles (noir), appartenant à M. Vercheret; ne 1725; b 6 janvier 1744, à Michillimakinac.

Anne, appartenant à M. Boishébert; née 1733; b 27 sept. 1744, à Michillimakinac.

Marie-Athanase, appartenant à Charles Hamelin; nee 1725; b 11 juillet 1745, à Michillimakinac; s 24 janvier 1748, à Michillimakinac (1).

Angélique, enfant d'une esclave appartenant à M. Chevalier; b 3 juillet 1746, à Michillimakinac.

Jean-Baptiste, enfant de Madeleine, esclave appartenant au sieur Chaboyer et à Daniel Villeneuve; né mars 1746; b 22 juillet 1747, à Michillimakinac.

Madeleine, appartenant à M. Marin de la Perrière; b 1er sept. 1747, à Michillimakinac.

(1) Inhumée dans l'église, à côté de sa défunte maîtresse.

Louis-René, enfant d'une esclave appartenant à M. Cadieu; b 25 oct. 1747, à Michillimakinac.

Pierre, enfant d'une Siouse, appartenant à M. Charles Chevalier-Lullier; né 1744, au Lac LaPluie; b août 1747, à Michillimakinac.

Marie-Anne, appartenant à M. Bourassa, nee 1728; b 8 sept. 1748, à Michillimakinac.

Antoine, appartenant à M. Tessier-Lavigne; né 1734; b 17 juillet 1749, à Michillimakinac.

Basile, enfant de Marie-Anne, esclave appartenant à MM. Bourassa et Jasmin; b 17 mars 1750, à Michillimakinac.

Charles, appartenant à M. René Bourassa, né 1732; b 28 mars 1750, à Michillimakinac.

Jean-François-Régis, né 1743; b 6 avril 1750, à Michillimakinac; donné par reconnaissance, à cette mission, en 1749, par M. le chevalier de la Verandrye, à son retour de l'extrémité de l'Ouest.

Antoine, enfant d'une esclave panise, appartenant à M. Chaboyer; b 10 mai 1750, à Michillimakinac.

Marie-Françoise, enfant d'une esclave Siouse, appartenant à M. Clermont; b 26 mai 1750, à Michillimakinac.

Agnès, enfant d'une esclave appartenant à M. Chaboyer; b 1er mars 1752, à Michillimakinac.

Marie, appartenant à M. Langlade; née 1732; b 10 sept. 1752, à Michillimakinac.

Catherine, appartenant à Dme Beaulieu, née 1749; b 17 sept. 1752, à Michillimakinac.

Marie-Catherine, appartenant à M. Séjourné; née 1746, b 6 janvier 1753, à Michillimakinac.

Catherine, appartenant à M. Bourassa; née 1739; b 21 avril 1753, à Michillimakinac.

Louis-Hubert, appartenant à M. le chevalier de Repentigny; né 1750; b 14 sept. 1753, à Michillimakinac.

Ignace, appartenant à M. Bourassa; né 1740; b 13 fevrier 1754, à Michillimakinac.

Jean-Baptiste, appartenant à M. Langlade, né... b 9 juin 1754, à Michillimakinac.

Joseph, appartenant au chevalier De la Vérandrye, né 1737; b 28 juillet 1754, à Michillimakinac.

Pierre-François, panis, appartenant à M. Parant; né 1742; b 30 mars 1755, à Michillimakinac.

Marie-Charlotte, panise, appartenant à M. Monbrun; née 1740; b 30 mars 1755, à Michillimakinac.

Catherine, appartenant à M. Tellier; née 1742; b 13 juillet 1755, à Michillimakinac.

Marie-Anne, appartenant à M. Caron; née 1739; b 21 juillet 1755, à Michillimakinac.

Anne, appartenant à M. St-Omer; née 1744; b 27 juillet 1755, à Michillimakinac.

Suzanne, née de l'union légitime de Charles et de Marie (esclaves mariés en 1754), b 14 janvier 1756, à Michillimakinac.

Antoine, appartenant à M. Bourassa fils; né 1741; b 17 avril 1756, à Michillimakinac.

Jean, appartenant à la mission; né 1748; b 13 avril 1756, à Michillimakinac.

Charlotte, appartenant à M. Farly; née 1740; b 17 avril 1756, à Michillimakinac.

Madeleine, appartenant à M. Chaboyer; née 1711, b 7 juin 1756, à Michillimakinac.

Charles-Joseph, enfant d'une esclave appartenant à M. De Repentigny; b 3 janvier 1757, à Michillimakinac.

Un homme, appartenant à M. Amiet; né 1745; b 9 avril 1757, à Michillimakinac.

Joseph, enfant d'une esclave appartenant à M. Jean-Baptiste Lefebvre; b 20 mai 1757, à Michillimakinac.

Antoine, appartenant à M. St-Germain; né 1741; b 3 juillet 1757, à Michillimakinac.

Marie-Catherine, appartenant à M. François Hamelin; née 1750; s 10 juillet 1757, à Michillimakinac.

Marie-Jeanne, appartenant à M. Monbrun; b 29 juin 1758, à Michillimakinac.

Marie-Anne, appartenant à M. Langlade; b 13 juillet 1758, à Michillimakinac.

Louise, appartenant à M. Beaujeu; née 1748; b 14 avril 1759, à Michillimakinac.

Catherine, appartenant à M. Langlade fils; née 1752; b 14 avril 1759, à Michillimakinac.

Louis-Joseph, panis, appartenant à M. Farly; né 1744; b 3 juin 1759, à Michillimakinac.

Marie-Xavière, née 1739; b 3 juin 1759, à Michillimakinac.

Alexandre-Louis, panis, appartenant à M. de Beaujeu; né 1746; b 25 mai 1760, à Michillimakinac.

Geneviève, panise, appartenant à M. Janis; née 1750; b 25 mai 1760, à Michillimakinac.

Marie-Joseph, panise, appartenant à M. Bourassa père, née 1746; b 26 mai 1760, à Michillimakinac.

Angélique, appartenant à M. Cardin; née 29 août 1767; b 24 juillet 1768, à Michillimakinac.

FIN DU TROISIÈME VOLUME.

E. SENÉCAL & FILS, IMPRIMEURS-ÉDITEURS, RUE ST-VINCENT, No 20, MONTRÉAL.